U1044232

王獻唐師友書札

安可荇　王書林　手稿整理

杜澤遜　编校整理

《王獻唐師友書札》編委會

名譽主任 李　剛

主　　任 孟鳴飛　胡維華　高繼民

成　　員（以姓氏筆畫爲序）

王文华　王書林　安可荇　李忠東　李　剛　杜澤遜

孟鳴飛　金　龍　胡維華　高繼民　曹永毅

手稿整理 安可荇　王書林

編校整理 杜澤遜

編輯審校 曹永毅　金　龍

王獻唐

(一八九六—一九六〇)

國家『十五』出版規劃重點圖書

王獻唐師友書札整理説明

王獻唐先生，初名家駒，改名琯，字獻唐，號鳳笙，室名雙行精舍、顧黄書寮等，以字行。山東日照人。生於一八九六年（清光緒二十二年），卒於一九六〇年。早年肄業於青島禮賢書院、青島德華特别高等專門分科學校。一九一七年任職天津《正義報》，爲譯德文小説。一九一八年任濟南《商務日報》、《山東日報》編輯，翌年以兩報記者身份長駐青島。一九二二年任膠澳督辦公署秘書，次年任青島財政局股長。一九二五年至北京，任京漢鐵路局文書科辦事員，次年經丁惟汾之介至南昌，任國民黨中央黨部秘書等職。一九二七年至南京任國民黨中央黨部宣傳部中央通訊社一等幹事等職。一九二九年經丁麟年之介，應山東省教育廳廳長何思源之邀，出任山東省立圖書館館長。全国抗日戰争爆發后，與該館編藏部主任屈萬里、工友李義貴携館藏珍本圖籍、貴重文物至四川樂山，備嘗艱辛，文物獲全。抗日戰爭中曾執教山東大學（四川萬縣）、武漢大學（四川樂山）。一九四〇年任重慶國民政府國史館副總幹事，旋改任編纂。一九四七年返濟南，仍任山東省立圖書館館長。一九四八年冬改任山東省古代文物保管委員會副主任，後任山東省人民政府文物管理委員會副主任、山東省博物館籌備處副主任、山東省文物管理處副主任等職。王獻唐先生是近代著名學者，在歷史考古、金石文字、圖書文獻、書法繪畫等方面均自成一家，在山東文獻的蒐集保護與整理研究方面貢獻尤爲卓著。主要著述有《公孫龍子懸解》、《炎黄氏族文化考》、《山東古國考》、《兩漢印帚》、《漢魏石經殘字》、《鄒滕古匋文字》、《殷周名器甄微》、《臨淄封泥文字敘目》、《五燈精舍印話》、《中國古代貨幣通考》、《國史金石志稿》、《那羅延室稽古文字》、《山左先喆遺書提要》、《雙行精舍書跋輯存》及《續編》、《雙行精舍校汪水雲集》、《王獻唐日記》等數十種。

王獻唐先生一生刻苦治學，成績斐然。一時俊彥，多相往還，留下了大量信札。這些信札，或商借秘笈，或切磋學問，或互通信息，或交流情感。時值國難，傷時感世，救亡圖存之懷，每流於書翰，可謂實錄。自獻唐先生過世，已近半個世紀，保存於獻唐先生家中的師友信札也歷經劫難，現在幸存下來的近八百通，是一批涉及二十世紀二十年代至五十年代，尤其是三十年代至四十年代中國學術史的珍貴資料。這批書信的作者有羅振玉、張元濟、蔡元培、傅增湘、丁福保、丁惟汾、顧實、黃炎培、柳詒徵、馬衡、黃侃、劉復、容庚、商承祚、董作賓、傅斯年、黃雲眉、劉國鈞、許維遹、呂振羽、高亨、王欣夫、陳直、謝國楨、沈從文、王重民、趙萬里、傅振倫、屈萬里、潘承弼、孫海波、陳夢家、胡道靜、顧廷龍、孔德成、福開森、高田忠周等近三百人，這批書信對我們認識或研究這些人物的生平、思想有不容忽視的價值。

這裡以本集收入的王重民先生致王獻唐先生書札二十二通爲例。這二十二通書札較多地探討了兩個話題：一是王重民撰寫馬國翰評傳；一是王獻唐校《汪水雲集》。清代道光年間山東歷城人馬國翰以其《玉函山房輯佚書》享譽學林，被公認爲第一輯佚學家。但是，馬氏嘔心瀝血獲得的學術成果被誣爲剽竊章宗源的遺稿。王重民先生爲澄清此案，撰寫了《清代兩個大輯佚書家評傳》，發表於《輔仁學志》一九三二年三卷一期。爲章宗源、馬國翰寫傳，主旨在爲馬國翰辨誣。其文一出，即爲學界認可，是一篇涉及清代學術史的力作。王重民在撰寫該文過程中，曾頻繁與王獻唐書信商榷，得到王獻唐的大力幫助。王重民函第十五通中曾提到：『《玉函山房文集》正續兩編均得到，聞之雀躍，竹吾先生事蹟，想能鈎出不少，輯佚經過，《續集》想能有較詳之記載矣。弟只見《文集》四卷，似是關中刻本，均是三十七八以前所作。此李氏所刻，當是全本。蒙允惠借，感荷無量。即請掛號寄下。得到此書，拙稿月內即可完成。』又第二十通：『前承惠假《玉函山房文集》《續集》共四本，又活字本輯佚書一冊，謹並掛號奉還。』除借書外，王獻唐還爲王重民購買資料。王重民函第十二通云：『《玉函山房續刻》，八元不算貴，近來清儒考據書，價多特昂，即祈速爲買下，順便寄來爲禱。』

數年前，余嘗建議北京圖書館出版社影印馬國翰《玉函山房藏書簿錄》二十五卷，並撰影印序言。該書傳世絕少，當時根據王重民文中較少引證《玉函山房藏書簿錄》，推測重民先生未見該書，這一推測還得到白化文先生的認可。現在從重民先生函第十通中『《玉函山房藏書簿錄》，體裁與衆不同，的有創見，如得全部，得知其所藏，則其所輯佚書，可知何者爲因襲前業，何者爲馬氏創輯，的是有用之書。曾憶馬氏作秀才時，即手鈔孫鐙《二十一家易注》，則所輯易部，當有多據孫氏者，未審《簿錄》有是書否』等語，以及王獻唐《蒿菴閒話跋》『舊存《藏書簿錄》不全，無從稽考』的話來看，重民先生未見《簿錄》之全當爲事實。至於王獻唐先生校《汪水雲集》，用功亦至勤。從重民先生信中可知，當時重民先生不僅努力爲獻唐先生尋找版本，而且盡心盡力探討各本關係及異同，一信有多至六頁者，原原本本，不厭其詳。老輩篤於情誼，爲人不苟，有如是者！後學覽此，能無景行嚮往之志？

其餘諸函，如羅振玉爲輯《三代吉金文存》借書事，丁福保爲輯《古泉大字典》借鈔《古泉彙考》事，蔡元培致何思源函談海源閣遺書事，黃侃因生活困窘出售《清史稿》《四部叢刊》事，傅斯年論明清學術、周雲青談《四部總錄》、陳準談《山左先喆遺書》印行事，許維遹談郝懿行藏書歸清華大學事，容庚建議輯山東石刻圖譜、丁逋代聞一多詢丁錫田、王景宋談建國後欒調甫工作事等等，無不攸關史事人物，爲治二十世紀學術史之所必資。

二〇〇七年七月，青島出版社邀余整理獻唐先生師友書信。及寄到，則爲縮小複印件，每頁複印紙容原信二頁，左右並排，計複印紙一千二百餘頁。其基本面貌是：所有書信與信封均已分離，書信總彙於前，信封總彙於後（取名『王獻唐朋友書信實寄封』）。書信大體按作者歸類，標出姓名者約百六十人。信封則基本無緒。書信部分普遍存在誤一人爲二人，誤二人爲一人，一人信札歧分多處，一信多頁散置異處，張冠李戴，有頭無尾，有尾無頭，作者姓名誤識等問題。根據實際狀況，整理工作只能逐頁審讀，確定每一頁原信的作者，作出審讀記錄。信封亦逐件審閱，結合書信及信紙標識，確定爲何人信封。審讀記錄密密麻麻計五十頁。然後以書信作者姓名爲綱作卡片，每人一卡，人名之下注出此人書信、信封散見於何頁。同時查考每位作者的生卒年或生活年代，並依作者生活年代早晚重新排列順序。依據這批按作者年代先後排列的卡片以及卡片上注出的散見頁碼，把青島出版社提供的複印本逐條裁開，重新裱在白紙上，使得每位作者的書信集中到一處，一封信包括若干頁的也集中於一處，並且文字內容前後相接。至於每位作者的信封，則附在這位作者書信之後。遺憾的是，一人多信多封的，某信配某封，已難逐一落實。爲方便讀者檢閱和徵引，全書之前加編了目錄，書中每人名下之書信、信封加編了代號。由於個人學識的限制，加上目前正承擔國家清史項目《清人著述總目》、山東省政府特批項目《山東文獻集成》編纂工作，空餘時間太少，對獻唐先生師友書札的整理工作，只能止於確認作者並按作者年代先後集中編排方面，至於一位作者的若干書信何者寫作在前、何者在後，因舊時書信只署月日，多無年份，尚待下一步作更加深入細緻的考證。信封上的郵戳可以幫助確定書信的年月，可惜信與封已被分離，並且信封複印本大都難以辨識，所以無法作更細的整理。有些書信已失去信封，還有些信封未見有相應的書信，整理時均予保存，不作淘汰。有些書信和信封未能確認作者，附於已確認者之後，以待高明。根據內容，這部書信集取名《王獻唐師友書札》。少量獻唐先生致兒子王文華的信，以及致李炳南、屈萬里、路大荒等信件，作爲附錄收在後面。其中致李炳南函八通取自王仲懿先生輯《王獻唐先生詩文書畫集》，特此說明。將來獻唐先生的書信蒐集起來，當另輯《王獻唐書札》，與《師友書札》相互配合，其史料價值才能充分顯現出來。另有屈萬里先生《載書飄流記》稿本，經獻唐先生批改、題詩、作跋，更有孔德成先生題簽，所記爲王獻唐、屈萬里、李義貴三先生攜書避蜀之歷程，亦附印於末，足與書札參證。該文曾在臺灣《山東文獻》發表，名《載書播遷記》，又收入《屈萬里文存》，文字與此有出入，可以相互校訂。整理工作時斷時續，歷時逾半載。參加整理者另有徐泳、程遠芬、王愛亭、崔曉新等同志。其間得到獻唐先生兒媳安可荇女士以及孔德成、王長水、傅合遠、丁原基、劉心明、李勇慧、杜雲虹以及斯里蘭卡留學生查迪馬、日本留學生西山尚志等師友的幫助和指教，謹此致謝。安可荇女士多年精心保存這批珍貴書札，尤其令人敬佩。整理工作的失誤，還請讀者指正爲感。

公元二千又八年四月十一日滕州後學杜澤遜識於山東大學文史哲研究院

目録

上

一 陳螘聲書二通 封二件……一
二 繆潤紱封一件……五
三 羅振玉書五通 封四件……六
四 程文龍書四通 封三件……一五
五 孫毓坦書三通 封三件……二二
六 張元濟書一通 封一件……二九
七 蔡元培致何思源書一通……三二
八 許同莘書一通……三三
九 田士懿文三篇 封二件……三五
十 陶湘書十三通 封十二件……四一
十一 陶洙書一通……七十
十二 丁菊甦書二通 封一件……七四
十三 蔣藩書二通 封二件……八二

十　四　蔣藩致李昔吾書一通　封一件……八七
十　五　傅增湘書六通、封六件……八九
十　六　張之銘書二通　封二件……一〇二
十　七　黄馥棠書一通　封一件……一〇七
十　八　晉延年書一通……一〇九
十　九　邢之襄致晉延年書一通　封一件……一一〇
二　十　崔蘭言書二通　封二件……一一二
二十一　丁啓喆書六通　封五件……一一八
二十二　張家瑞書一通……一二八
二十三　朱德裳書一通　封一件……一三〇
二十四　丁福保書五通　封四件……一三三
二十五　李寶璋書一通　封一件……一四三
二十六　張履賢書一通　封一件……一四五
二十七　程屺懷書一通　封一件……一五〇
二十八　陳鴻飛書三通……一五二
二十九　張難先書一通　封一件……一五五
三　十　王湘書一通　封一件……一五七
三十一　莊仲舒書一通……一六〇
三十二　陳承修書五通　封五件……一六二

三十三　顧燮光書四通　封四件……一七六
三十四　熙書一通……一八四
三十五　傅寶銘書一通　封一件……一八七
三十六　于均生書一通……一九〇
三十七　丁惟汾書八通　文一篇　封五件……一九一
三十八　丁原生書一通……二一二
三十九　顧實書十五通　封十四件……二一五
四　十　李蓉盛書一通……二五三
四十一　李慶施書一通……二五五
四十二　陳名豫書一通　封一件……二五七
四十三　趙畸書一通　封一件……二六〇
四十四　李宗唐書一通　封一件……二六二
四十五　黄炎培書五通　封二件……二六四
四十六　柳詒徵書四通　封四件……二七〇
四十七　易培基書三通　封三件……二七九
四十八　李禧麟書一通　封一件……二八五
四十九　辛鑄九書二通……二八八
五　十　任方同致辛鑄九書一通……二九〇
五十一　牟祥農書二通　封三件……二九三

五十二　宋玉琦書一通……三〇〇
五十三　馬衡書一通　封一件……三〇一
五十四　葉恭綽書三通　封三件……三〇五
五十五　周鍾嶽　秦光玉書一通　封一件……三一一
五十六　方樹梅書二通　封二件……三一三
五十七　劉守中書四通　封一件……三二一
五十八　周緯書二通　封一件……三三一
五十九　沈祖榮書二通　封一件……三三五
六十　孫奐崙封一件……三四〇
六十一　馮復光書十五通　封五件……三四一
六十二　黄侃書三通　封四件……三八三
六十三　張荆樵書一通　封一件……三九一
六十四　顧樹森書一通　封一件……三九四
六十五　方覺慧書一通　封一件……三九六
六十六　易忠籙書四通　封三件……三九九
六十七　楊巨斗書一通……四〇九
六十八　桂星驥書一通　封一件……四一〇
六十九　李林書一通……四一三
七十　孫文瀾書一通　封一件……四一五

七十一　羅正緯書一通……四一八
七十二　邵瑞彭書二通　封三件……四二二
七十三　汪大鐵書三通　封二件……四二八
七十四　王振鐸書二通　封二件……四三四
七十五　郭玉堂書二通　封一件……四四〇
七十六　徐爾玢書二通　封一件……四四四
七十七　丁錫綸書一通……四五〇
七十八　仲軒書一通……四五一
七十九　丁連書七十七通　詩二首　詞四首　文二篇　封四十一件……四五二
八十　丁連致丁惟汾書一通……六四三
八十一　丁連致尹莘農書一通……六四六
八十二　宣致丁連　丁惟溪書一通……六四七
八十三　緯書六通……六五一
八十四　獻玖封一件……六六七
八十五　孫方錫書二通……六六八
八十六　劉復書一通……六七一
八十七　安鵬東書一通　封一件……六七二
八十八　張丹翁書二通　封二件……六七六
八十九　趙揖武書五通　封四件……六八〇

九十　王湘岑書二通　封二件……六九七
九十一　胡善長書二通　封二件……七〇一
九十二　余超書一通　封一件……七〇五
九十三　陳蘊奇書一通……七〇八
九十四　周漢光書一通　封一件……七一〇
九十五　劉銓法書二通　封一件……七一九
九十六　向迪琮書二十七通　詩三首　封二十一件……七一九
九十七　欒調甫書十六通　封十三件……七九六
九十八　李炳南書五通　文一篇　詩一首　封一件……八五二
九十九　徐震書一通　封一件……八六五
一百　李肇禔書十三通　封五件……八六七
一百〇一　文素松書一通……九〇〇
一百〇二　民書一通……九〇一
一百〇三　張紫雝書一通……九〇二
一百〇四　鄒樹椿書二通……九〇五
一百〇五　萬方書四通　封四件……九〇九
一百〇六　張蘊藻書一通……九二一
一百〇七　王愷如書一通……九二三
一百〇八　張紹堂書一通　封一件……九二五

一百〇九　朱鏡宙書八通　封五件……九二七
一百一十　鄭時書七通　封三件……九五五
一百一十一　馬維驤書一通　封一件……九七〇
一百一十二　陳邦福書六通　封五件……九七二
一百一十三　方雨樓書四通　封二件……九八三
一百一十四　李一真書一通……九九一
一百一十五　梁烈亞書一通　封一件……九九三
一百一十六　丁錫田書二十四通　封十四件……九九五
一百一十七　馬克武封五件……一〇六五
一百一十八　許心武書一通　封一件……一〇六八
一百一十九　韓笑鵬書一通……一〇七一
一百二十　隋石卿封一件……一〇七三
一百二十一　劉世傳書二通　封一件……一〇七四
一百二十二　璧書二通　封一件……一〇八〇
一百二十三　王鄴書一通……一〇九一
一百二十四　劉次簫書三通　封三件……一〇九三
一百二十五　尹莘農書三通　封四件……一〇九八
一百二十六　邢藍田書八通　封八件……一一一二
一百二十七　孫紊亂書一通……一一三四

一百二十八 丁瑚村書一通 …… 一一三五
一百二十九 高毓華書一通 …… 一一四一
一百三十 劉仲康書一通 …… 一一四三
一百三十一 王佩南書一通 …… 一一四五
一百三十二 容庚書三通 封三件 …… 一一四六
一百三十三 董井書二十一通 封七件 …… 一一五三
一百三十四 董淮書一通 …… 一一八〇
一百三十五 董作賓書七通 封三件 …… 一一八一
一百三十六 周雲青書二通 封二件 …… 一二〇二
一百三十七 埜雲書一通 封一件 …… 一二〇七
一百三十八 袁同禮書二通 封一件 …… 一二一二
一百三十九 劉雪蓬書一通 封一件 …… 一二一五
一百四十 姜其昌書一通 封一件 …… 一二一七
一百四十一 路大荒書一通 封一件 …… 一二二一
一百四十二 高漢章書一通 封一件 …… 一二二四
一百四十三 范毓瑞書四通 封三件 …… 一二二八
一百四十四 張敦訥書三通 封二件 …… 一二四〇
一百四十五 俞劍華書一通 …… 一二五一
一百四十六 郝立權書一通 封一件 …… 一二五四
一百四十七 姜忠奎書四通 封三件 …… 一二五六

下

一百四十八　傳斯年書二十八通　封二十二件……一二六五
一百四十九　傳斯年致黃侃書一通……一三三七
一百五十　傳斯年致何思源　王近信電一件……一三三九
一百五十一　傳斯年致張鴻烈電一件……一三四〇
一百五十二　傳斯年致張鴻烈書一通……一三四一
一百五十三　張鴻烈致傳斯年書一通……一三四三
一百五十四　劉咸書一通……一三四四
一百五十五　王庸書一通……一三四六
一百五十六　王統照書一通　封一件……一三四七
一百五十七　李小緣書二通　封一件……一三五〇
一百五十八　陳希豪書十二通　封七件……一三五四
一百五十九　范重周書一通　封一件……一三九五
一百六十　陳邦懷書六通　封四件……一三九七
一百六十一　李慎吾書二通　封二件……一四一三
一百六十二　鮑文熙書一通……一四一七
一百六十三　郭本道書一通……一四一八
一百六十四　商承祚書七通　封五件……一四一九

一百六十五　王景宋書二通　封一件……一四三一
一百六十六　程枕霞書一通　封一件……一四四二
一百六十七　李菊田書一通……一四四五
一百六十八　孫敬亭書一通……一四四七
一百六十九　黄雲眉書四通　封四件……一四四八
一百七十　衛聚賢書三通……一四五七
一百七十一　韋介立書一通……一四六三
一百七十二　曾昭燏書一通　封一件……一四六七
一百七十三　黄淬伯書三通　封一件……一四六九
一百七十四　趙録綽書五通　封五件……一四七四
一百七十五　劉國鈞書一通……一五〇〇
一百七十六　張希魯書二通　封一件……一五〇一
一百七十七　賴璉書一通　封一件……一五〇五
一百七十八　陳準書十五通　封六件……一五〇八
一百七十九　王子壯書二通……一五四〇
一百八十　許維遹書二通　封二件……一五四三
一百八十一　莊柳溪書一通……一五四七
一百八十二　羅伯希書一通……一五四九
一百八十三　孫志楫書二通　封一件……一五五一

一百八十四　楊敬夫書一通　封一件……一五五九
一百八十五　吕振羽書二通　封一件……一五六三
一百八十六　高亨書一通　封一件……一五六七
一百八十七　李融書一通　封二件……一五七〇
一百八十八　徐伯璞書二通……一五七二
一百八十九　吴金鼎書七通　封一件……一五七六
一百九十　王大隆書十三通　封九件……一五九二
一百九十一　陳直書二通　封一件……一六一三
一百九十二　謝國楨書四通　封四件……一六二六
一百九十三　烏以風書三通　封一件……一六三六
一百九十四　陳訓慈書四通　封三件……一六四〇
一百九十五　陳東原書一通　封一件……一六五三
一百九十六　沈維鈞書一通　封一件……一六五七
一百九十七　司徒喬　沈從文書一通　封一件……一六六〇
一百九十八　趙貞信書一通　封一件……一六六二
一百九十九　賀培新書一通　封一件……一六六六
二百　吴兆璜書十通　封八件……一六七二
二百〇一　王雨書一通　封一件……一六九七
二百〇二　王重民書二十二通　封十五件……一六九九

二百〇三　趙萬里書一通……一七六八
二百〇四　梁竹航書一通　封一件……一七六九
二百〇五　關友聲書二通……一七七一
二百〇六　傅振倫書一通　封一件……一七七四
二百〇七　潘承弼書五通　封三件……一七七六
二百〇八　黎東方書一通　封一件……一七八九
二百〇九　屈萬里書三通　封一件……一七九二
二百一十　李祖澤封一件……一七九七
二百一十一　解方書一通……一七九八
二百一十二　王毓銓書一通　封一件……一八〇〇
二百一十三　丁希農書八通　封五件……一八〇三
二百一十四　郭味蕖書一通　封一件……一八二七
二百一十五　孫海波書一通　封一件……一八三〇
二百一十六　陳夢家書四通　封三件……一八三三
二百一十七　胡厚宣書一通　封一件……一八四七
二百一十八　孫志傑書一通　封二件……一八五〇
二百一十九　羅竹風書一通　封一件……一八五二
二百二十　金祖同書三通　封三件……一八五四
二百二十一　胡道静書一通　封一件……一八六三

二百二十二　顧廷龍致胡道静書一通……一八六五
二百二十三　孔德成書九通　封五件……一八六七
二百二十四　史樹青書一通　封一件……一八八九
二百二十五　徐淑貞書一通……一八九一
二百二十六　王雲生封一件……一八九五
二百二十七　鄭幟書一通……一八九六
二百二十八　張鑑侯書一通　封一件……一八九九
二百二十九　丁岐詳書一通　封一件……一九〇二
二百三十　丁履榮書一通……一九〇四
二百三十一　劉錫珏書二通……一九〇七
二百三十二　王裕華封一件……一九一一
二百三十三　牟浚秋書一通……一九一二
二百三十四　濬生書一通……一九一三
二百三十五　洙書一通……一九一四
二百三十六　錫書一通……一九一五
二百三十七　敬書二通……一九一七
二百三十八　某氏書一通……一九一九
二百三十九　某氏書一通……一九二〇
二百四十　某氏書一通……一九二一

二百四十一　某氏書一通……一九二三
二百四十二　某氏書一通……一九二四
二百四十三　某氏書一通……一九二五
二百四十四　某氏詩一首……一九二六
二百四十五　某氏文一篇……一九二七
二百四十六　某氏錢拓一件……一九三〇
二百四十七　管理中英庚款董事會書二通　封二件……一九三一
二百四十八　中華圖書館協會執行委員會書一通……一九三四
二百四十九　國立北平圖書館長沙辦事處封一件……一九三五
二百五十　中國科學院考古研究所書一通　封一件……一九三六
二百五十一　中國科學院考古研究所編輯室書一通　封一件……一九三八
二百五十二　中國科學院哲學研究所書一通……一九四〇
二百五十三　中國科學院上海歷史研究所籌備處書一通……一九四一
二百五十四　北京歷史博物館書二通　封一件……一九四二
二百五十五　北京文物局封一件……一九四五
二百五十六　文物參考資料編輯部書一通　封一件……一九四六
二百五十七　陳星南致文物參考資料編輯部書一通　文一篇……一九四八
二百五十八　北平印社封一件……一九五二
二百五十九　北平粹雅堂書莊封一件……一九五三
二百六十　山東省政府教育廳封一件……一九五四

二百六十一　山東古蹟研究會封一件……一九五五
二百六十二　武訓先生百年誕辰紀念籌備委員會書一通……一九五六
二百六十三　齊魯大學圖書館書一通　封二件……一九五七
二百六十四　齊魯大學封一件……一九五九
二百六十五　山東省立圖書館簡章一件……一九六〇
二百六十六　濟南市各界人民代表會議協商委員會封一件……一九六二
二百六十七　大衆日報社編輯部書一通……一九六三
二百六十八　濟南日報社封一件……一九六四
二百六十九　山東旅津同鄉會書一通　封一件……一九六五
二百七十　日照旅青同鄉會書二通　封一件……一九六八
二百七十一　濰縣縣志局封一件……一九七三
二百七十二　青島禮賢中學封二件……一九七四
二百七十三　曲阜聚文齋印譜處封一件……一九七五
二百七十四　湖北省政府教育廳封一件……一九七六
二百七十五　河北省政府秘書處封一件……一九七七
二百七十六　江西省立圖書館封一件……一九七八
二百七十七　河南博物館封一件……一九七九
二百七十八　四川茹古書局封一件　書目一件……一九八〇
二百七十九　華西協合大學圖書館書一通……一九八二
二百八十　常盤大定書一通　封一件……一九八六

二百八十一　高田忠周書二通　封一件……一九八八
二百八十二　橋川時雄書一通　封一件……一九九三
二百八十三　日本斯文會書一通……一九九五
二百八十四　福開森（John Calvin）書二通　封二件……一九九六
二百八十五　舒博德書一通　封一件……二〇〇一
二百八十六　馬牙約色斐恩（Josephine Meier）書一通　封一件……二〇〇三
二百八十七　葉蒂斯書三通　封四件……二〇〇五
二百八十八　朝鮮中華商會封一件……二〇一七
二百八十九　老鶴封二件……二〇一八
二百九十　紹武封一件……二〇一九
二百九十一　晉珊封一件……二〇二〇
二百九十二　海秋封二件……二〇二一
二百九十三　湘喬封一件……二〇二二
二百九十四　務庵封一件……二〇二三
二百九十五　眉公封一件……二〇二四
二百九十六　王封一件……二〇二五
二百九十七　歐陽封一件……二〇二六
二百九十八　龔封一件……二〇二七
二百九十九　張封一件……二〇二八
三百　馬封一件……二〇二九

三百〇一　曹封一件……二〇三〇
三百〇二　徐封一件……二〇三一
三百〇三　鍾封一件……二〇三二
三百〇四　訢封一件……二〇三三
三百〇五　黄封一件……二〇三四
三百〇六　王封一件……二〇三五
三百〇七　王封十七件……二〇三六
三百〇八　吉林長春東站鐵路局會計科封一件……二〇四五
三百〇九　友封一件……二〇四六
三百一十　濟寧電燈公司封一件……二〇四七
三百一十一　某氏封一件……二〇四八
三百一十二　某氏封一件……二〇四九
三百一十三　某氏封一件……二〇五〇
三百一十四　某氏封一件……二〇五一
三百一十五　某氏封一件……二〇五二
三百一十六　某氏封一件……二〇五三
三百一十七　某氏封一件……二〇五四
三百一十八　某氏封一件……二〇五五
三百一十九　某氏封一件……二〇五六

附録

一　王獻唐致王文華書三十一通　封十二件……二〇五七
二　王獻唐夫人致王文華書四通……二一〇五
三　王國華致王文華書一通……二一一〇
四　安可行致王文華書一通……二一一一
五　王獻唐致李炳南書八通……二一一二
六　王獻唐致路大荒書七通　封三件……二一三七
七　王獻唐致山東古代文物管理委員會書一通……二一五三
八　王獻唐瓦范跋一件……二一五四
九　吴仲超致路大荒書二通……二一五五
十　王獻唐致屈萬里書十四通……二一五八
十一　王獻唐手批屈萬里稿本《載書飄流記》……二一九七

王獻唐師友書札

（上）

青島出版社

一 陳蜚聲 書二通 封二件

書第一通

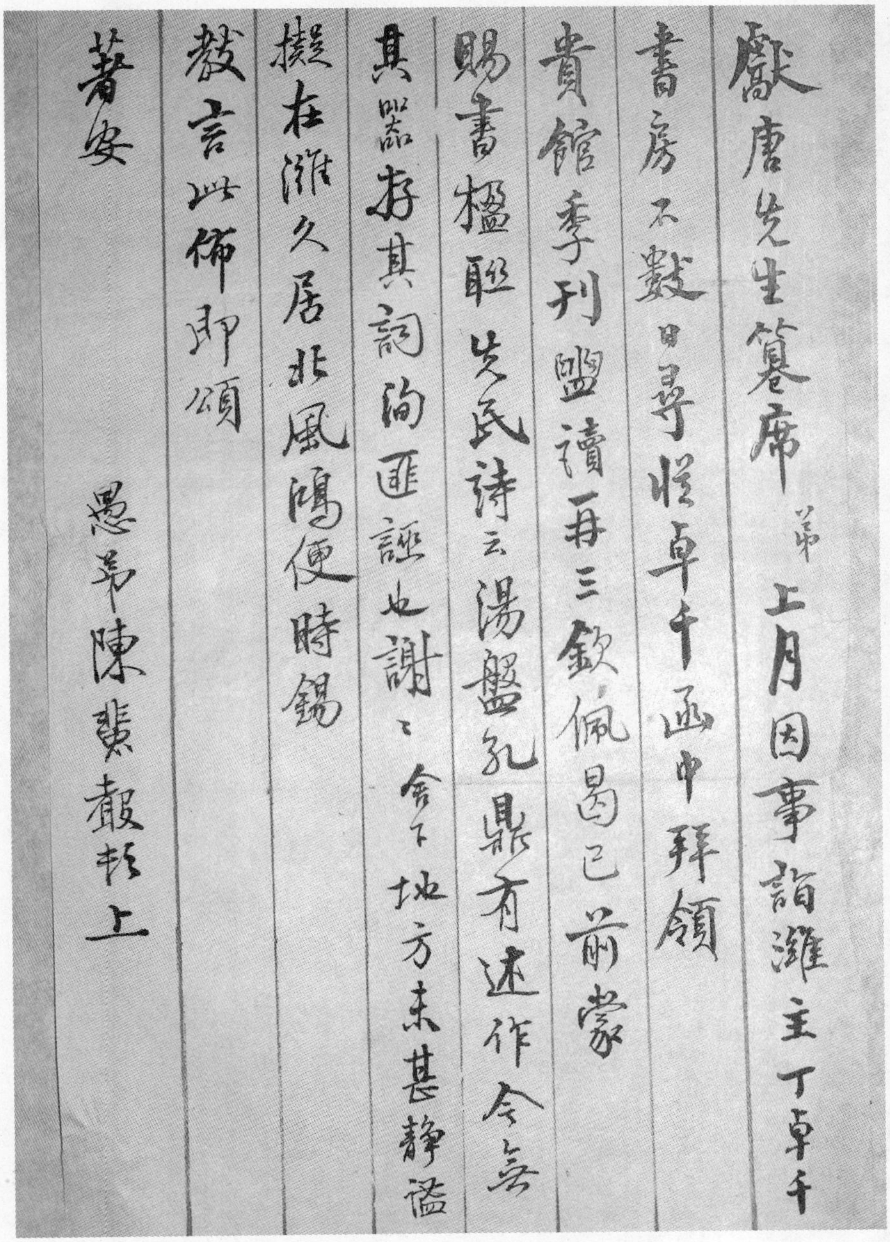

獻唐先生箸席：弟上月因事詣濰，主丁卓千書房，不數日尋從卓千函中拜領貴館季刊，盥讀再三，欽佩曷已。前蒙賜書楹聯，先氏詩云湯盤孔鼎有述作，今無其器存其詞，洵匪誣也，謝謝。今地方未甚靜謐，擬在濰久居，北風鴻便，時錫教言。此佈，即頌著安。

愚弟陳蜚聲拜上

書第二通

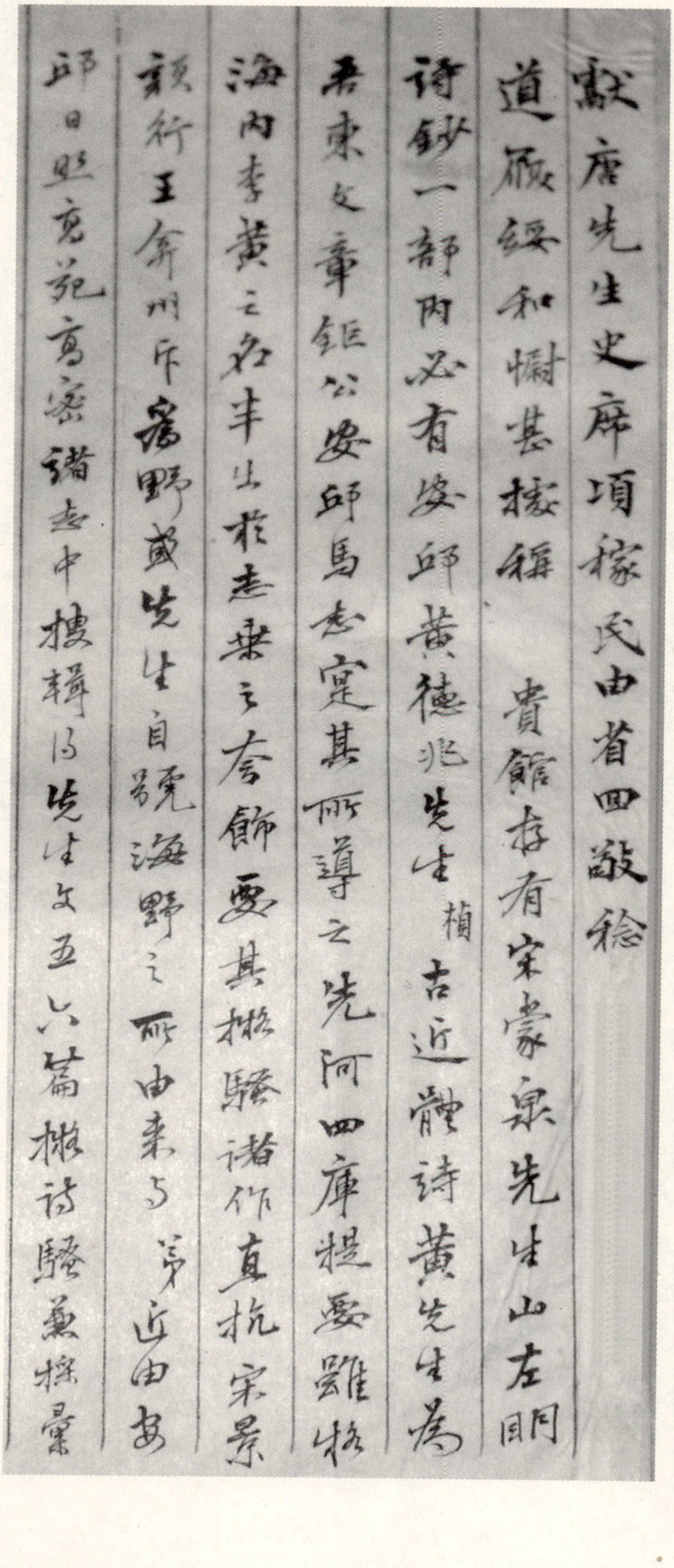
獻唐先生史席：頃稼民由省回，敬稔
道履綏和，慰甚。據稱　貴館存有宋蒙泉先生山左明
詩鈔一部，內必有安邱黃德兆先生（楨）古近體詩。黃先生為
吾東文章鉅公，安邱馬志寔其所導之先河。四庫提要雖收
海內李黃之名，半生於志乘之夸飾，要其擬騷諸作，直抗宋景，
頡頏王弇州所作。寫野盛先生自號海野之所由來與。第近由安
邱、日照、竟苑、高密諸志中搜輯得先生文五六篇，擬詩騷兼採彙

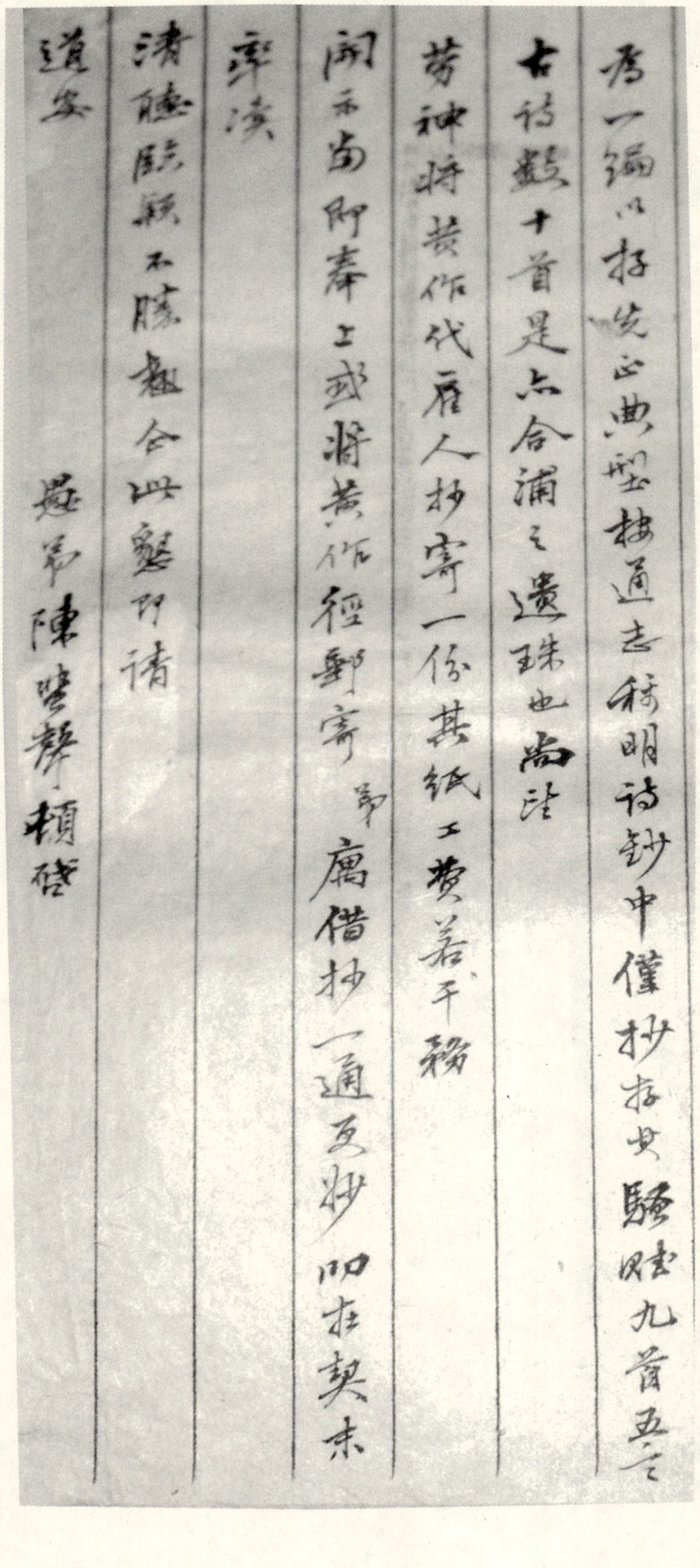

為一編以存先正典型按通志稍明詩鈔中僅抄存其騷賦九首五言
古詩數十首是亦合浦之遺珠也尚祈
勞神將黃作代雇人抄寄一份其紙工費若干務
開示尚附奉上武將黃作經郵寄弟處借抄一通更抄叩存契末
率演
清聽默穎不勝翹企此頌即請
道安
愚弟陳蜚聲頓啓

陳蜚聲

封第一件

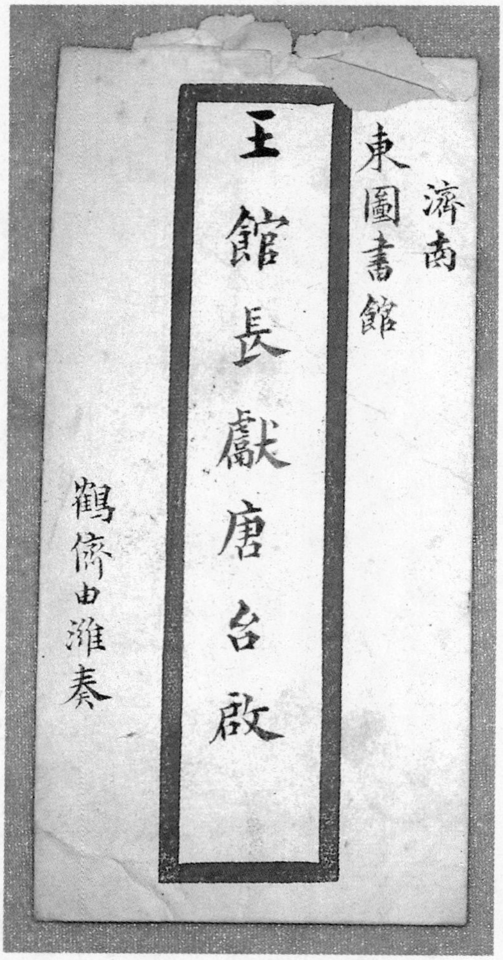

封第二件

二 繆潤紱 封一件

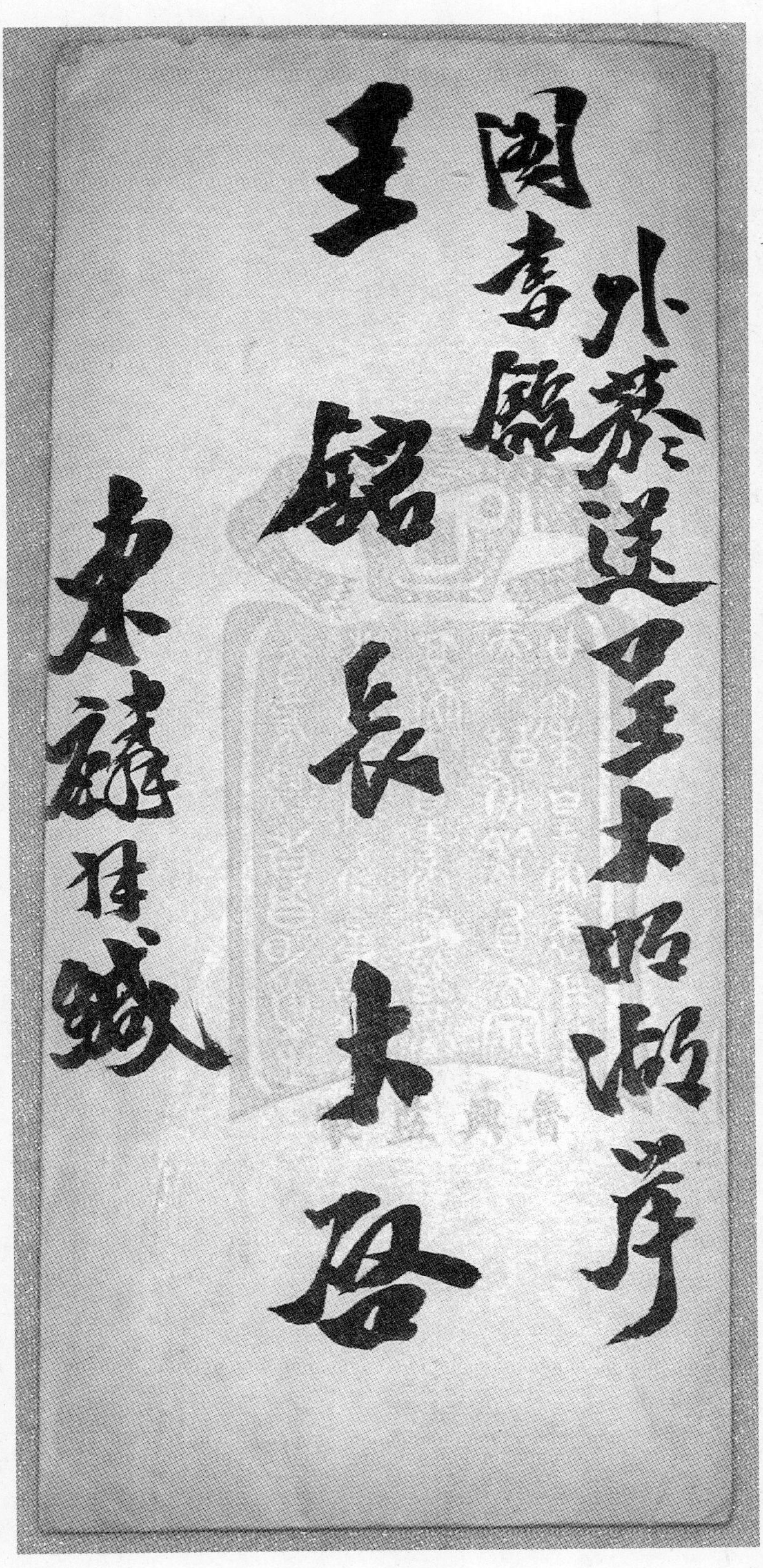

三　羅振玉

書五通　封四件

書第一通

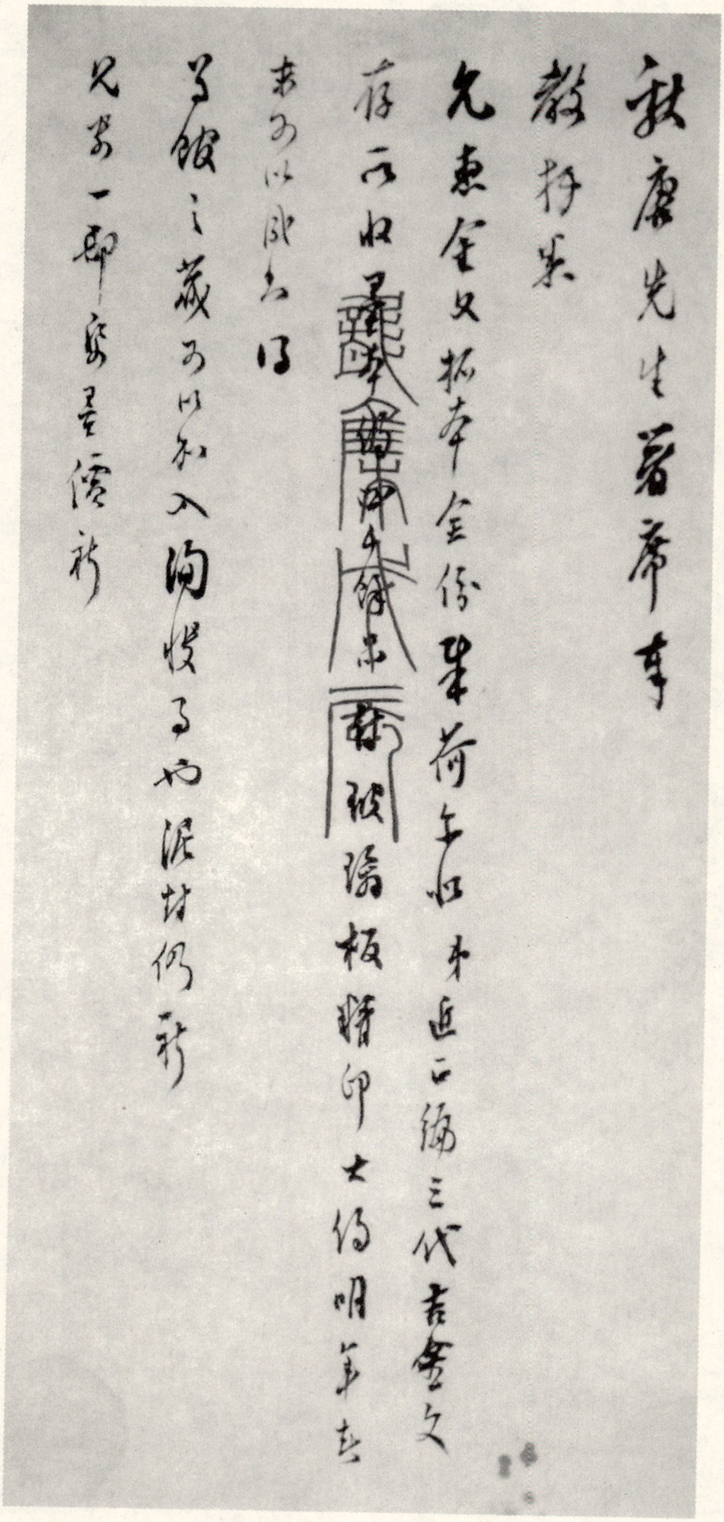

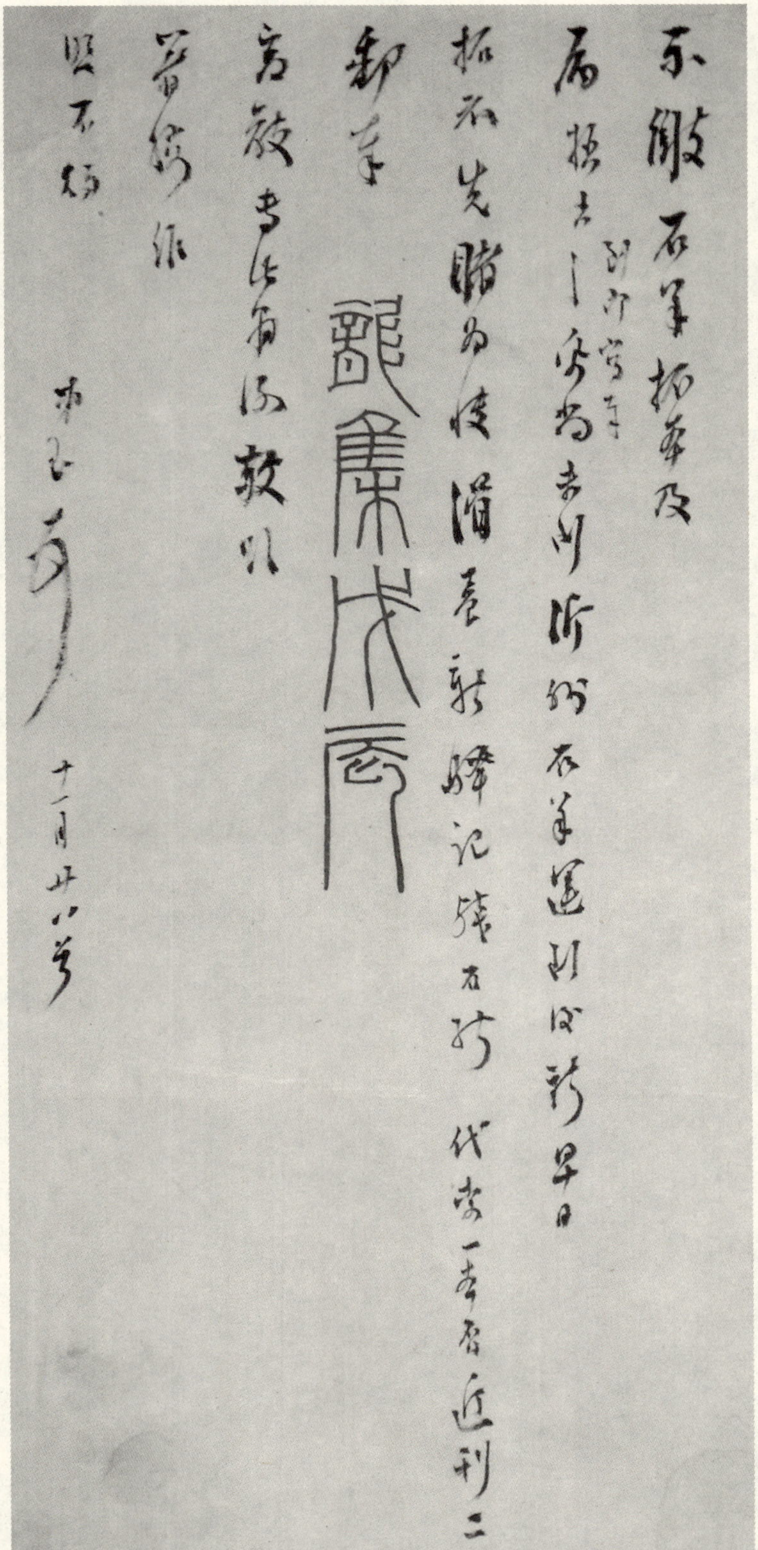

羅振玉

書第二通

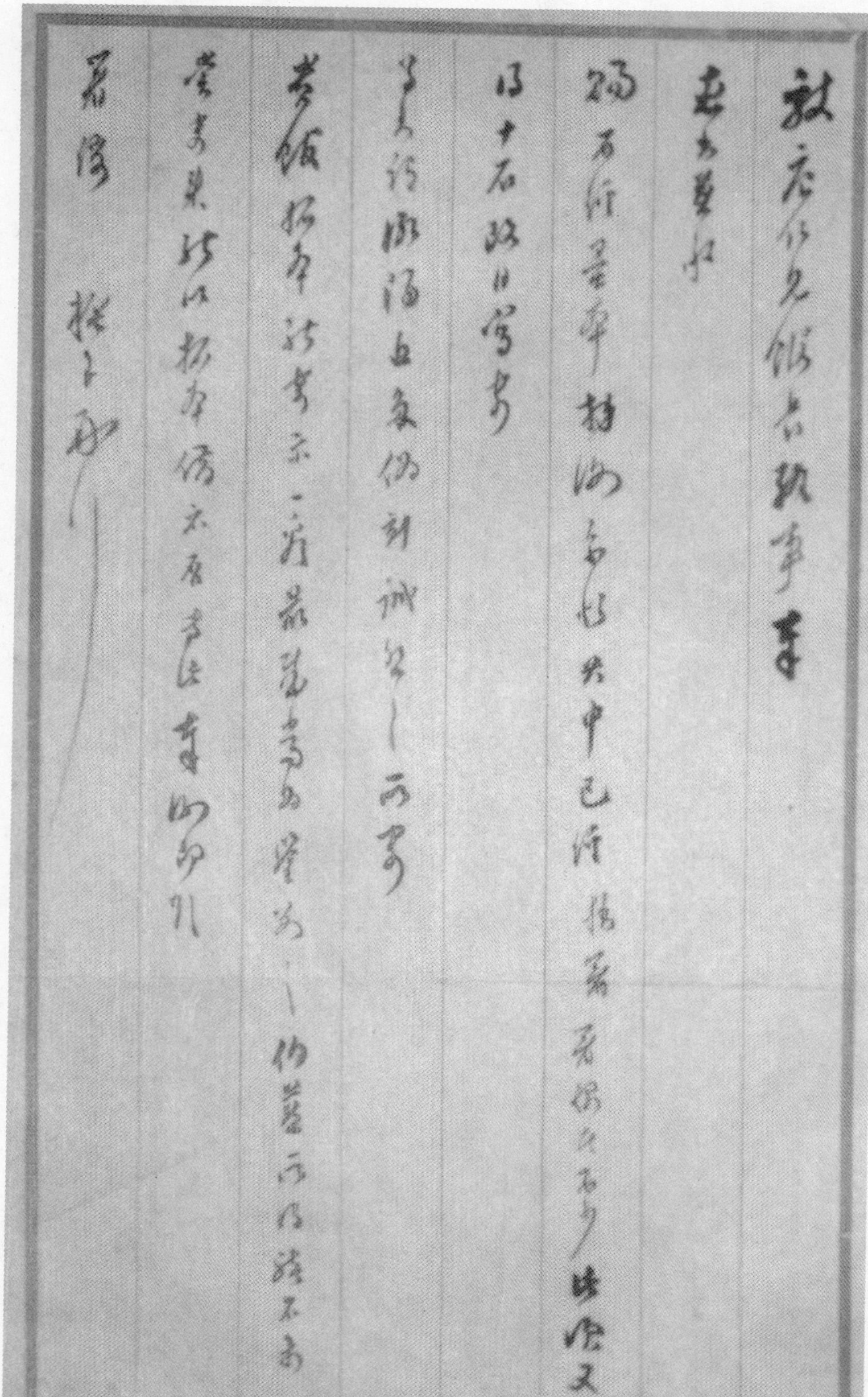

書第三通

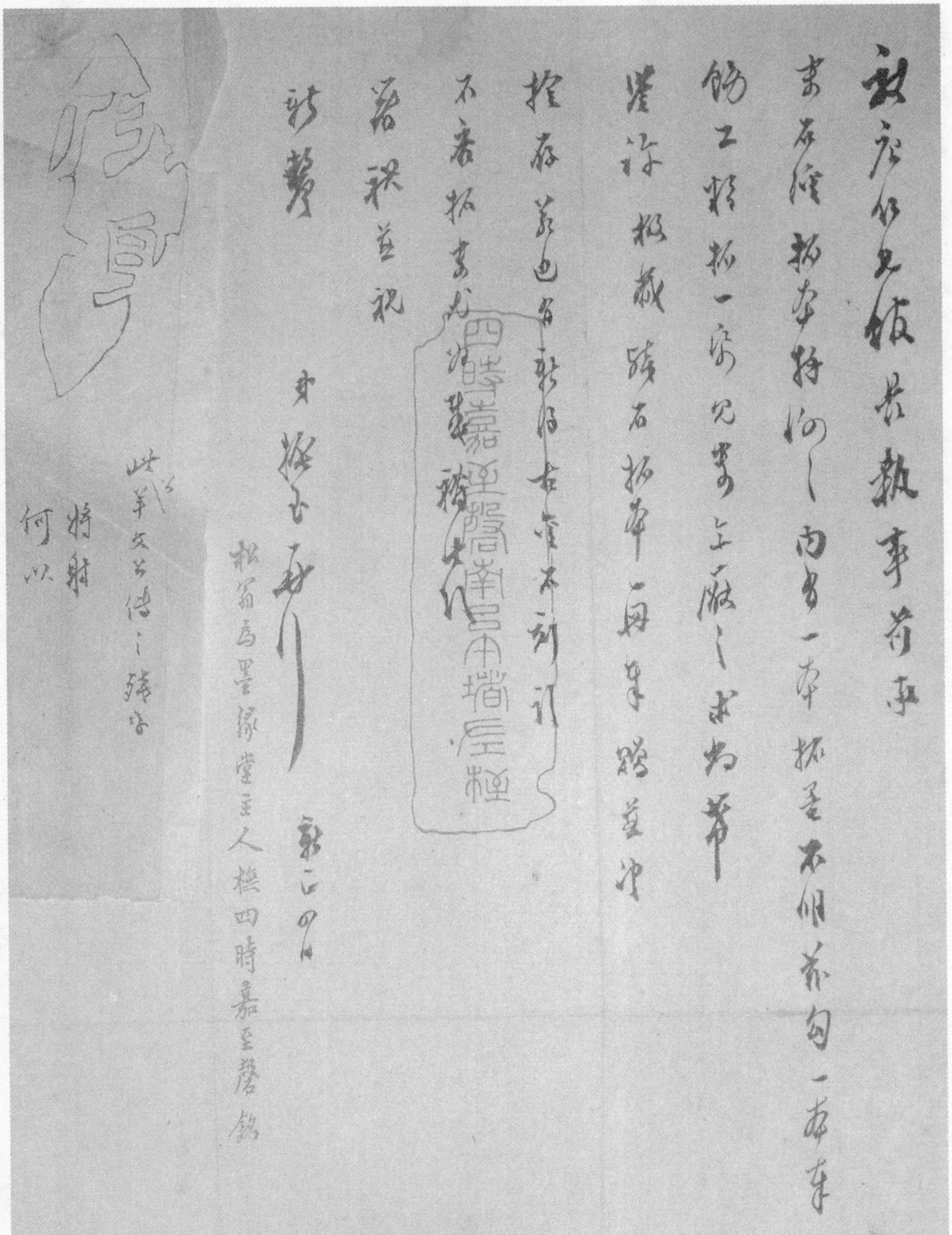

書第四通

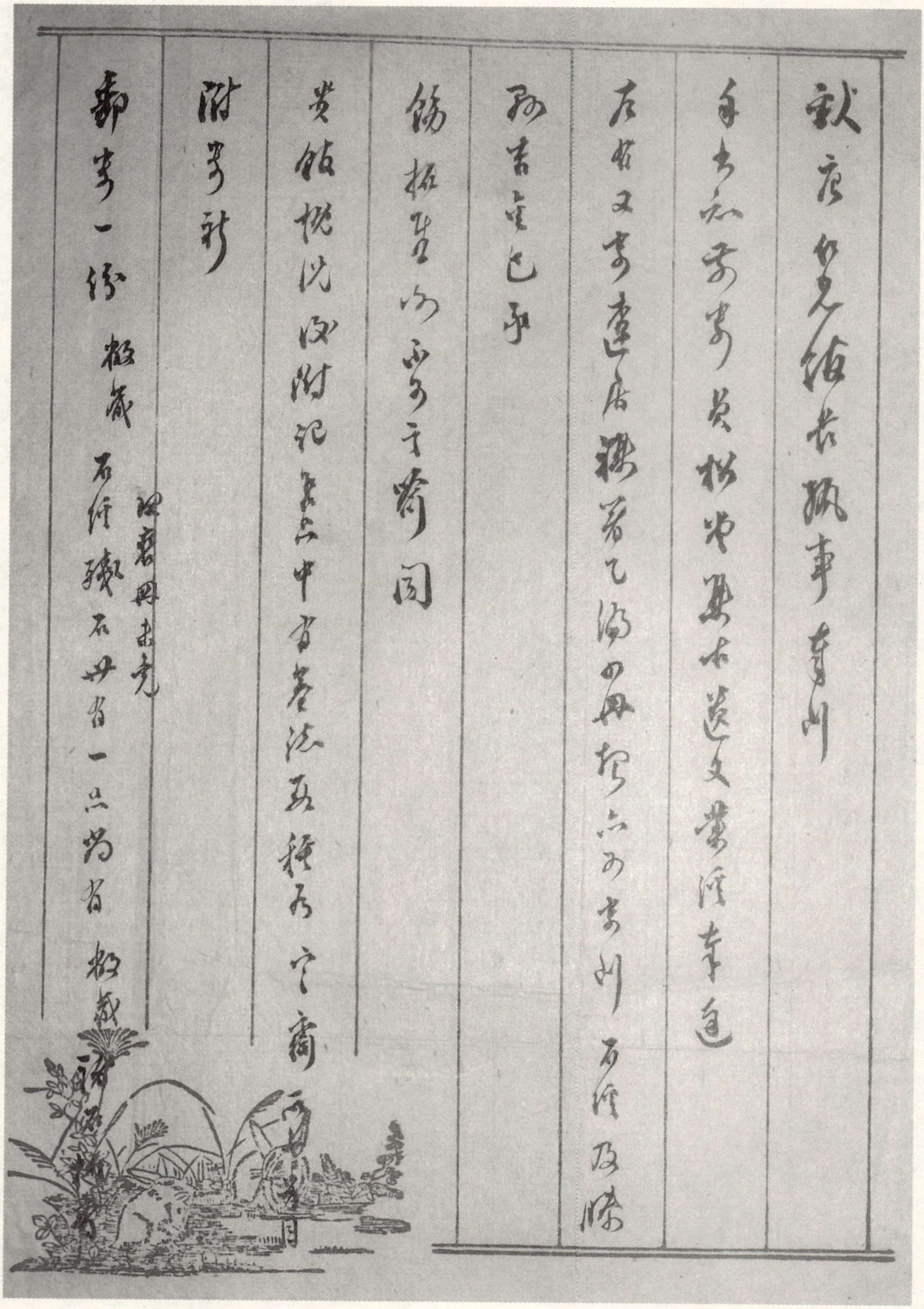

羅振玉

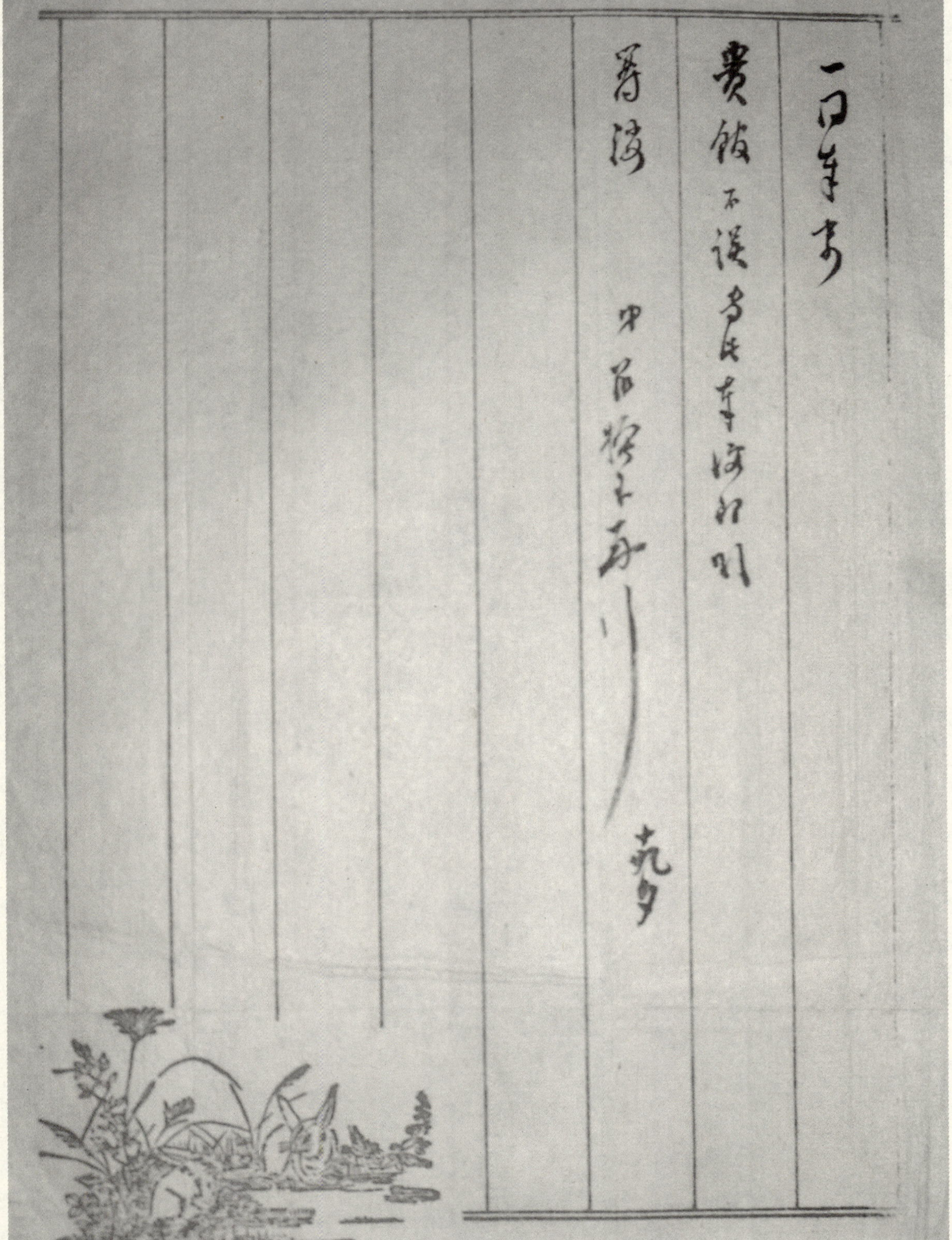

書第五通

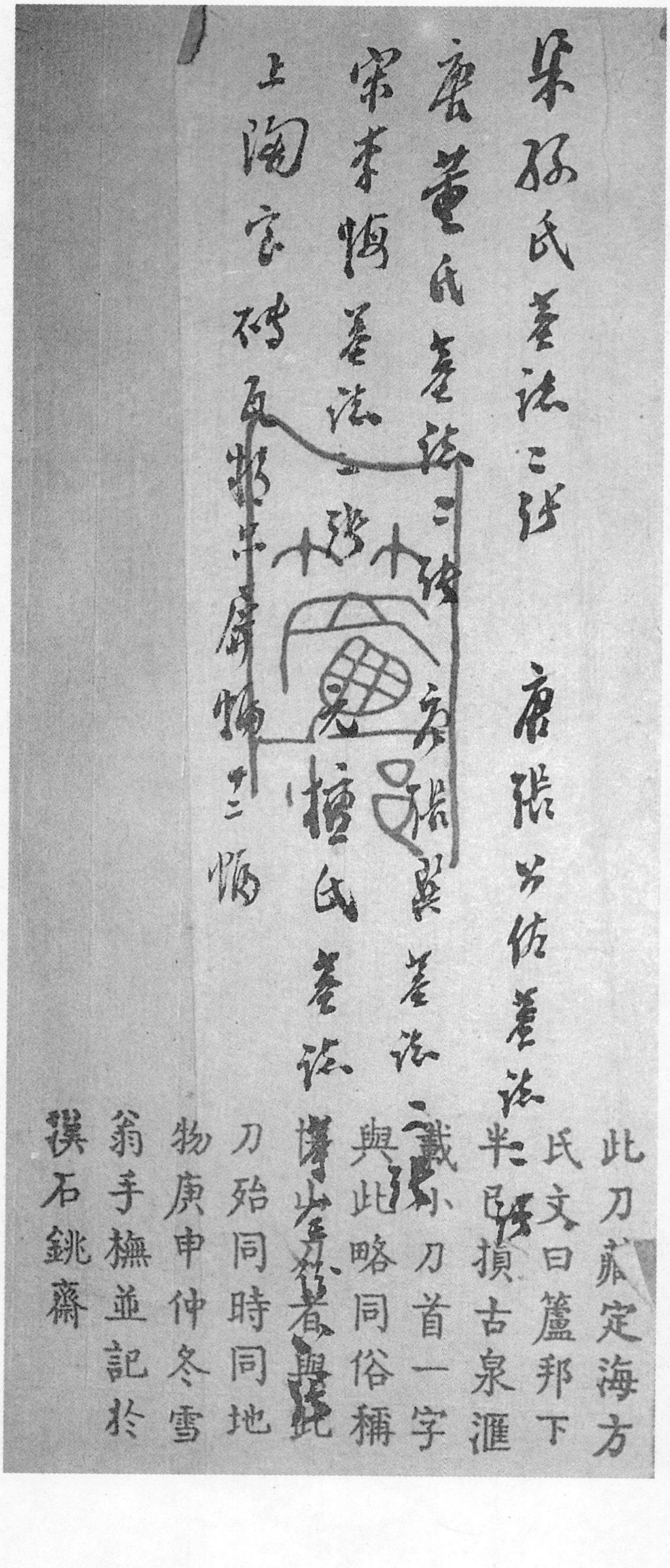
此刀藏定海方
氏文曰籚邦下
半已損古泉滙
載小刀首一字
與此略同俗稱
刀殆同時同地
物庚申仲冬雪
翁手橅並記於
譔石銚齋

封第一件

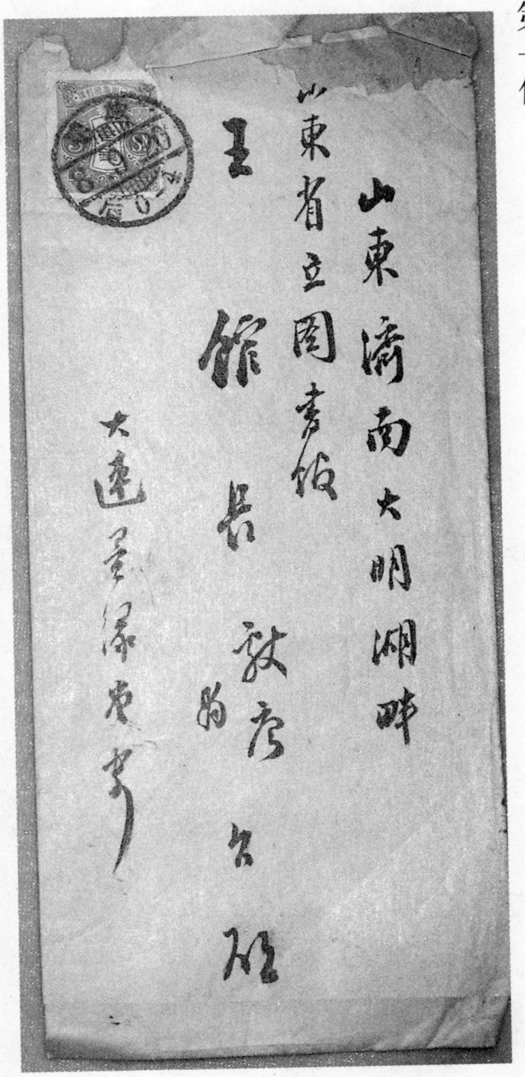

封第二件

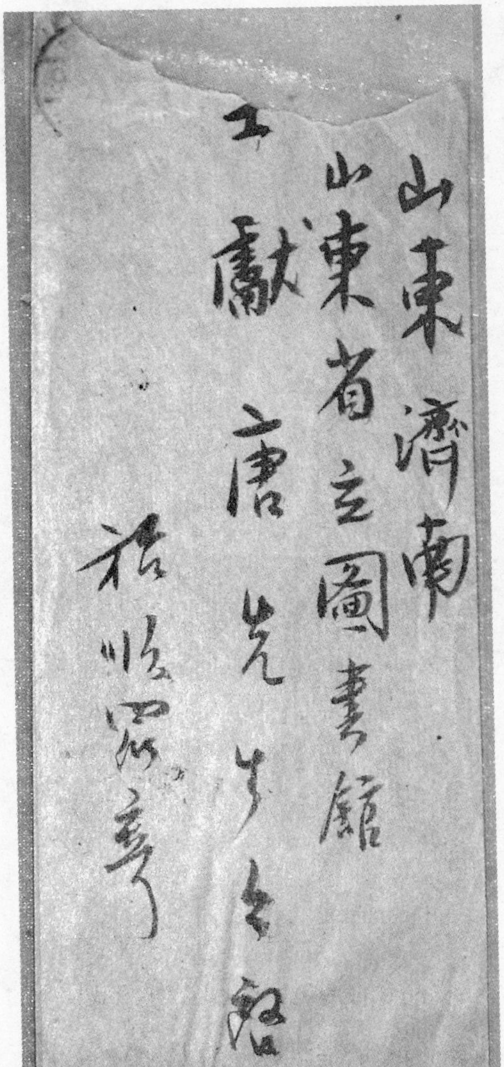

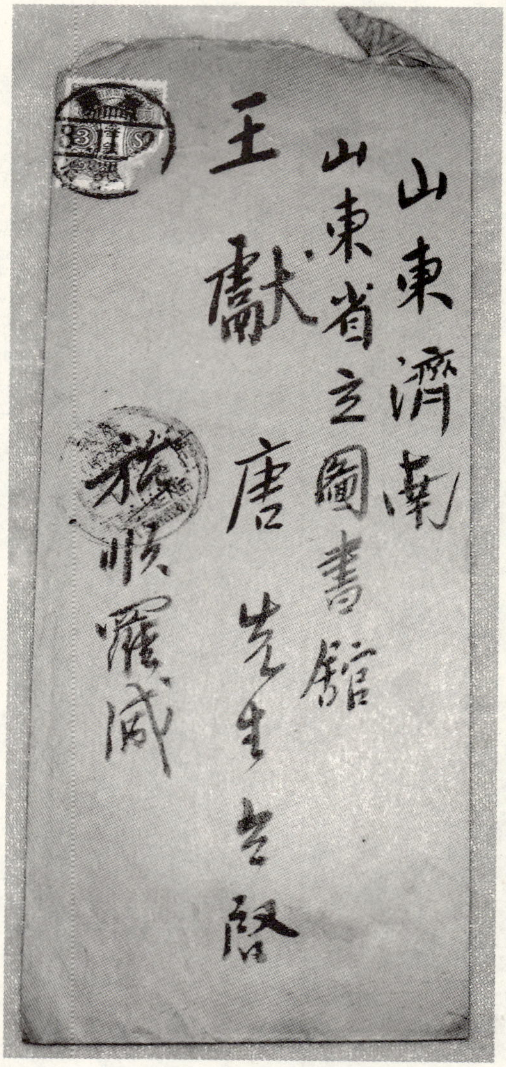

封第三件

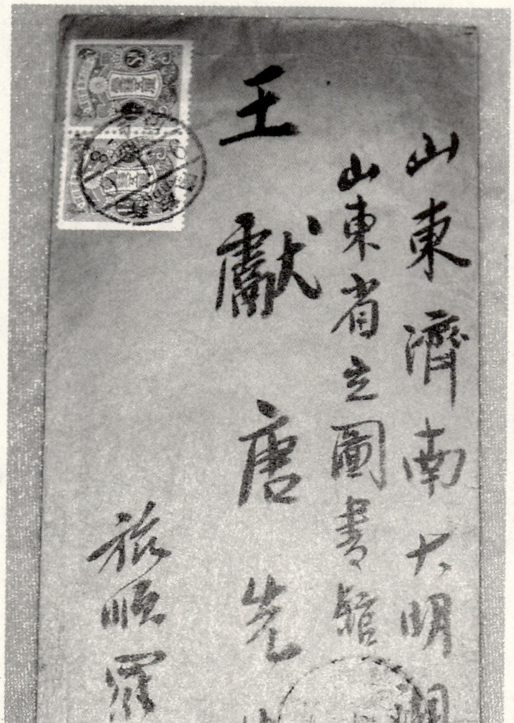

封第四件

四　程文龍 書四通　封三件

書第一通

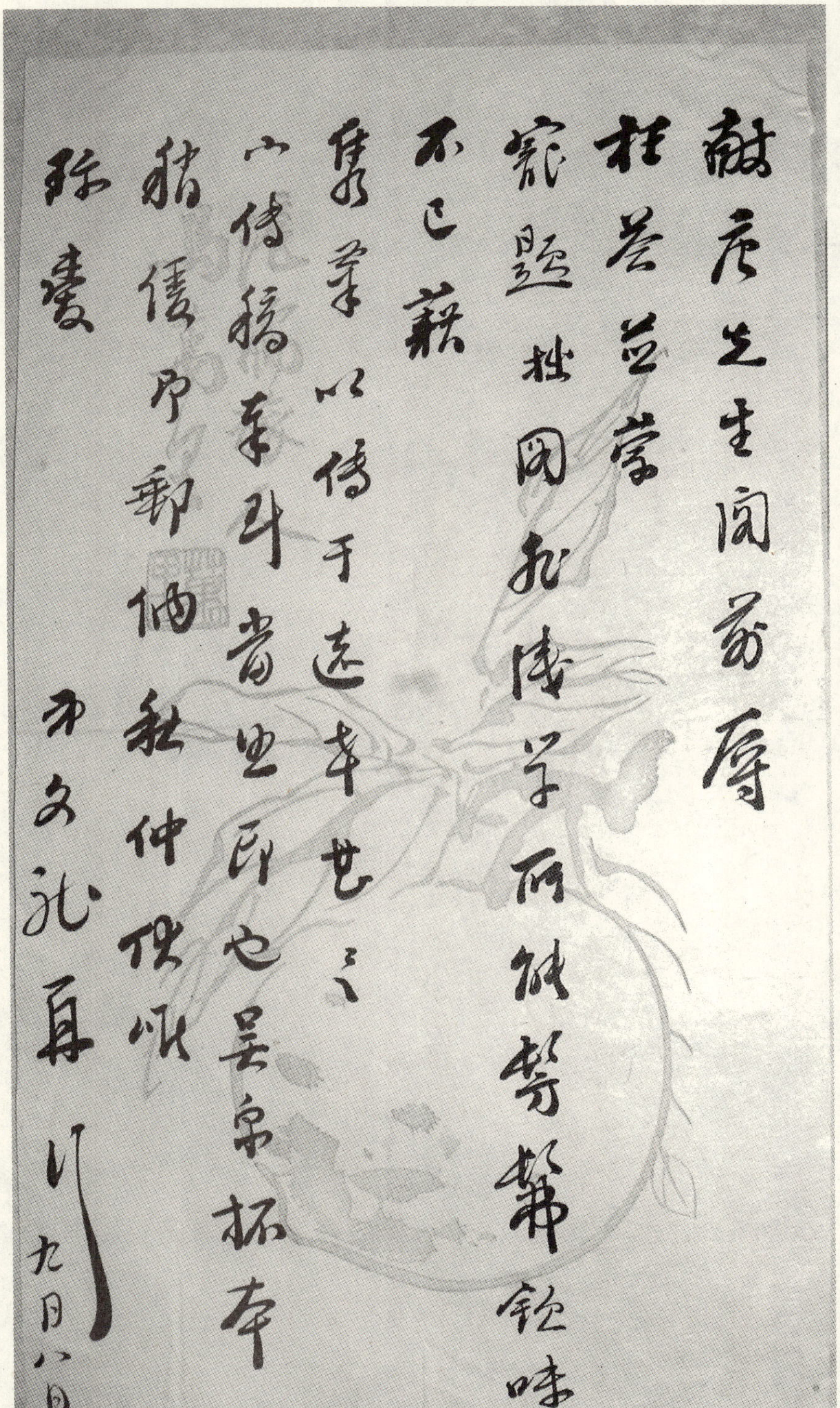

書第二通

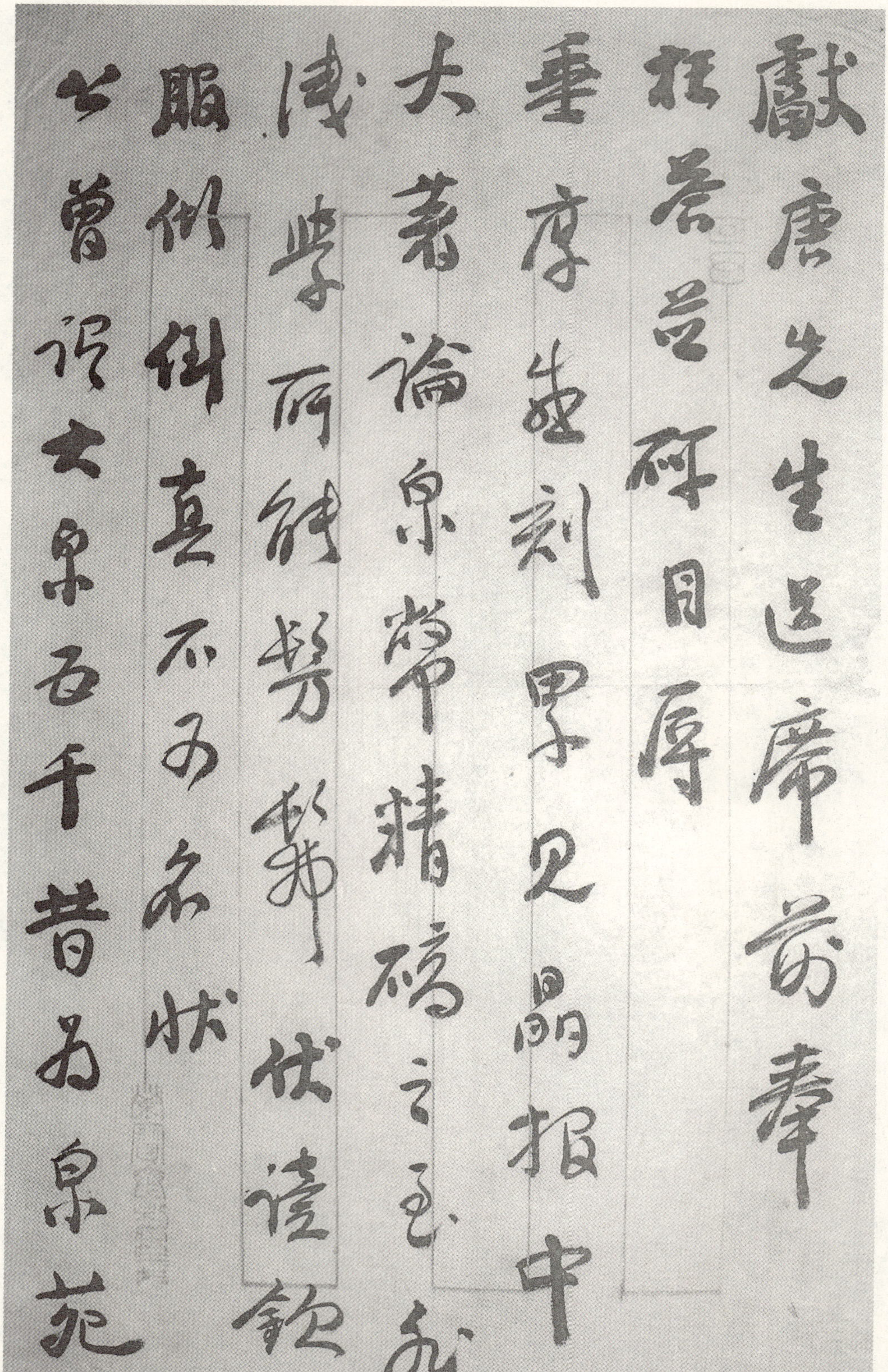
獻唐先生道席：敬奉
損書暨研目序
垂序並刻畢，見晶報中
大著論泉幣精碻之至，我
淺學所能贊辭，伏讀鉅
服佩倒真不可名狀
弟曾識大泉五千，昔為泉苑

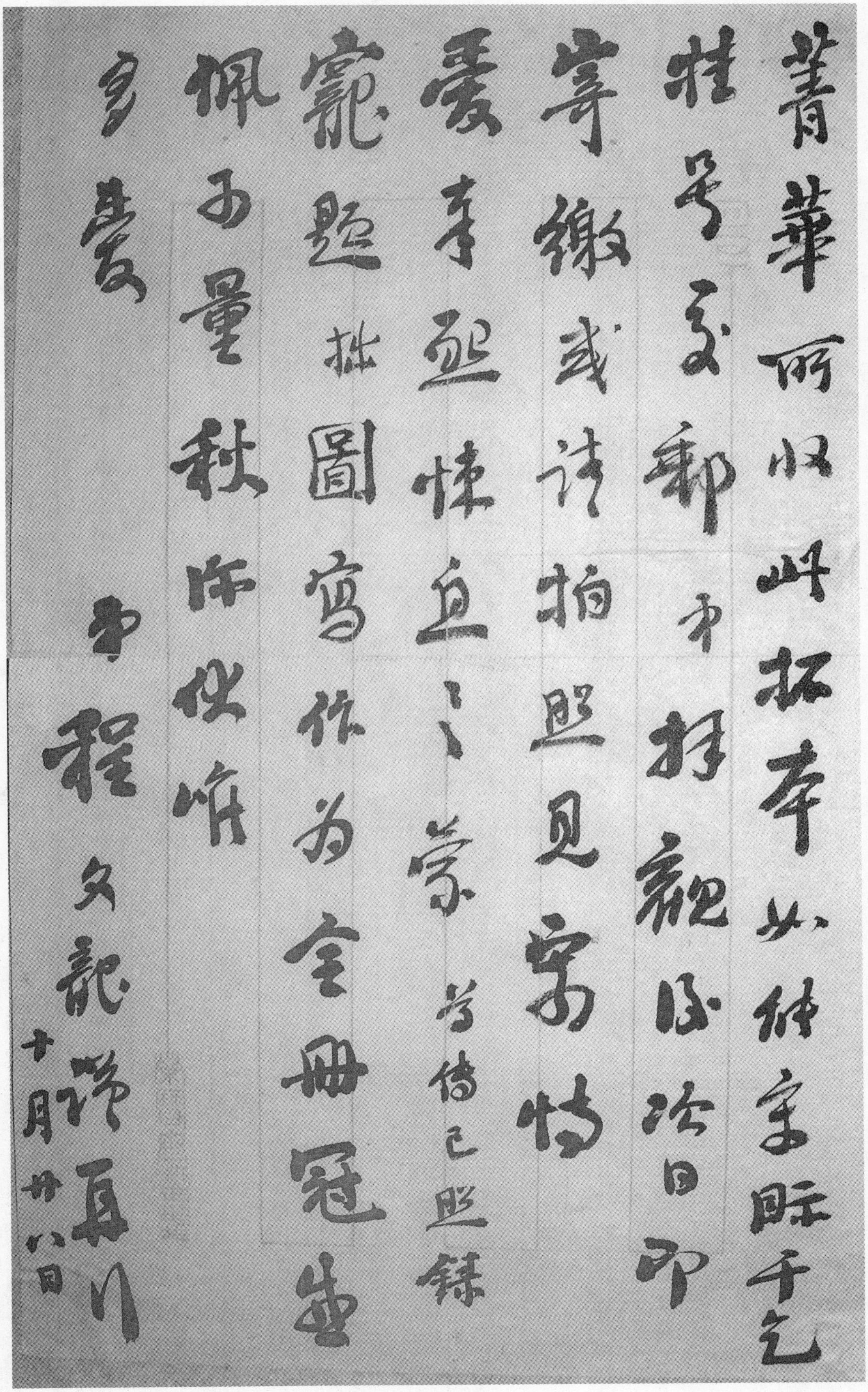
菁華所收此拓本如件字既千乞
惟是否郵中拜觀後請日即
寄繳或詩拍照見寄惜
爰未照悚且︿蒙　等傳已照錄
寵題拙圖寫作為全冊冠冕
佩子量秋荷似悟
多慶　弟程文龍頓首
十月廿八日

程文龍

書第三通

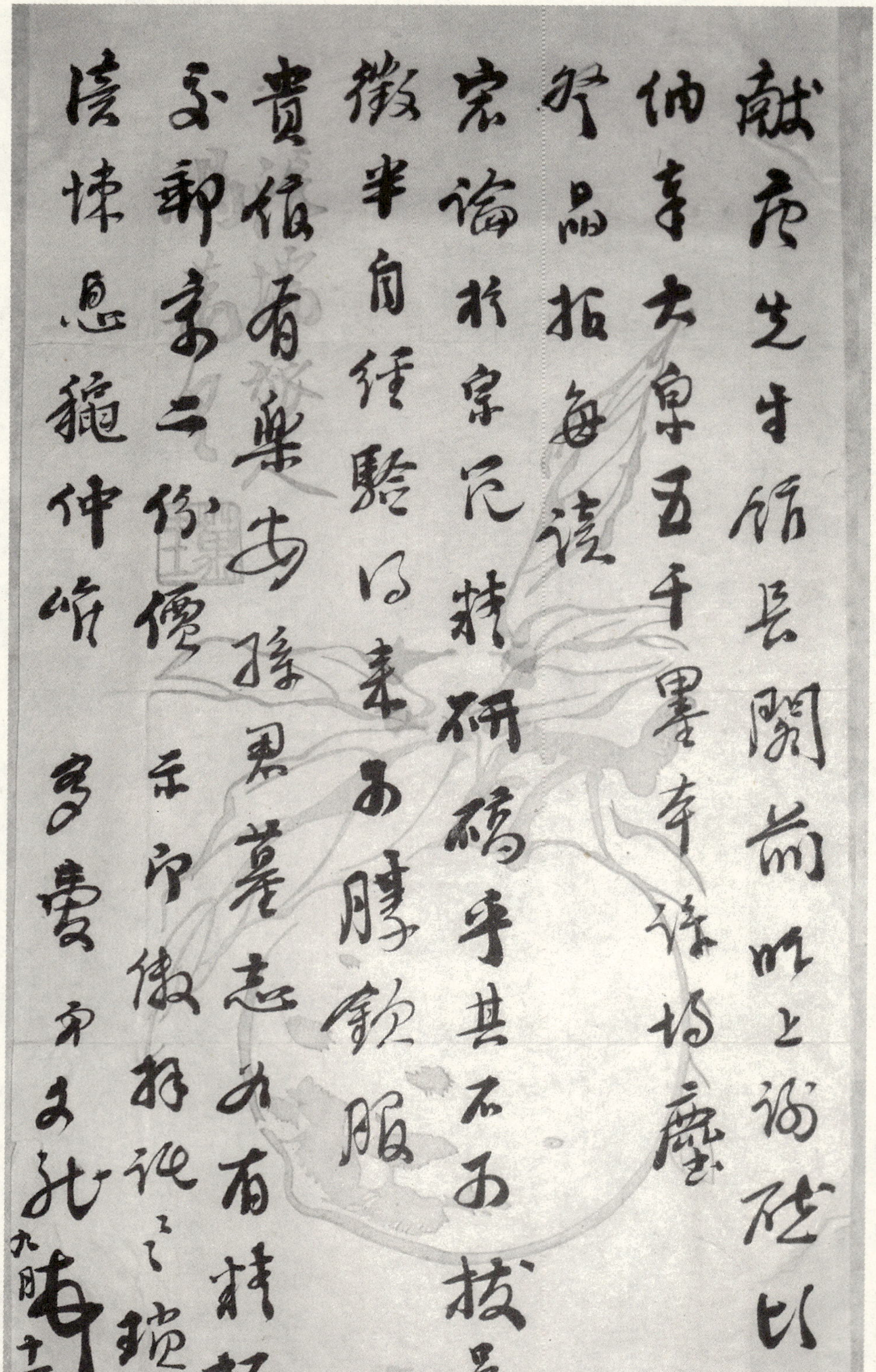

書第四通

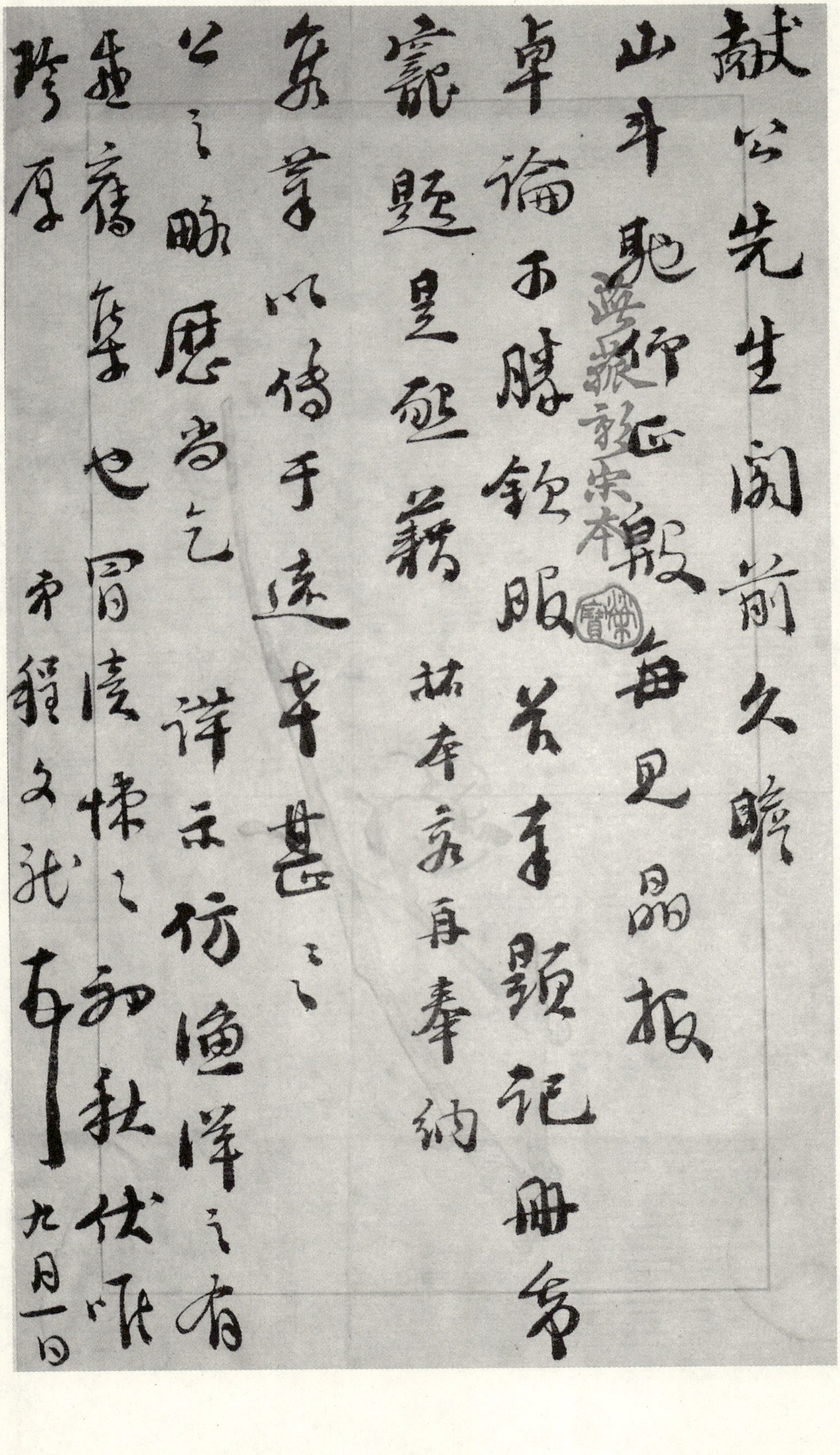

獻公先生閣前：久曠山斗，馳仰正殷。每見晶報卓論，不勝欽服。前年題記冊爲竊題，是正題籤，拓本交肩奉納家集，以傳手迹，幸甚幸甚。公之所歷，當乞詳示，仿漁洋之有承舊集也。冒昧悚悚，知秋伏惟珍厚。弟程文龍再拜　九月一日

程文龍

封第一件

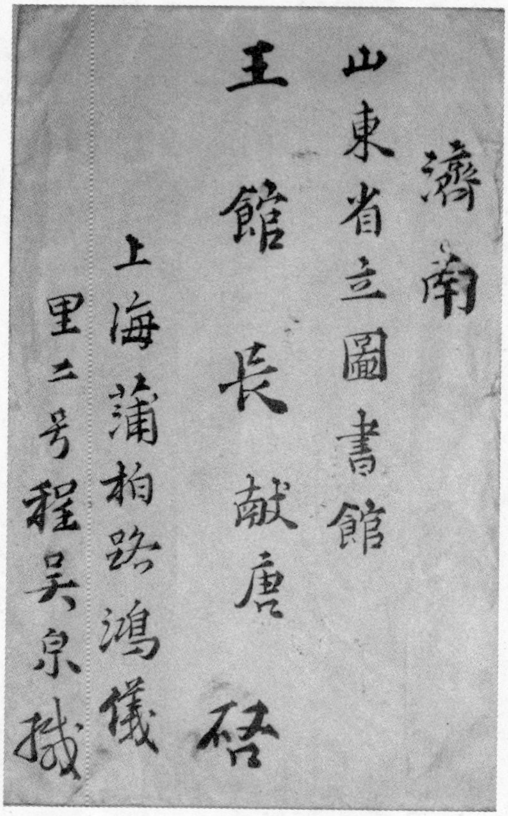

封第二件

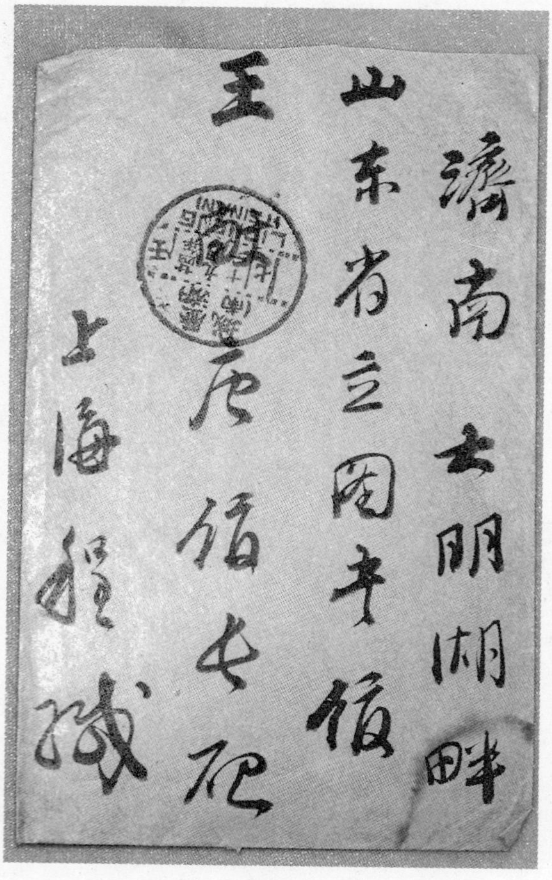

封第三件

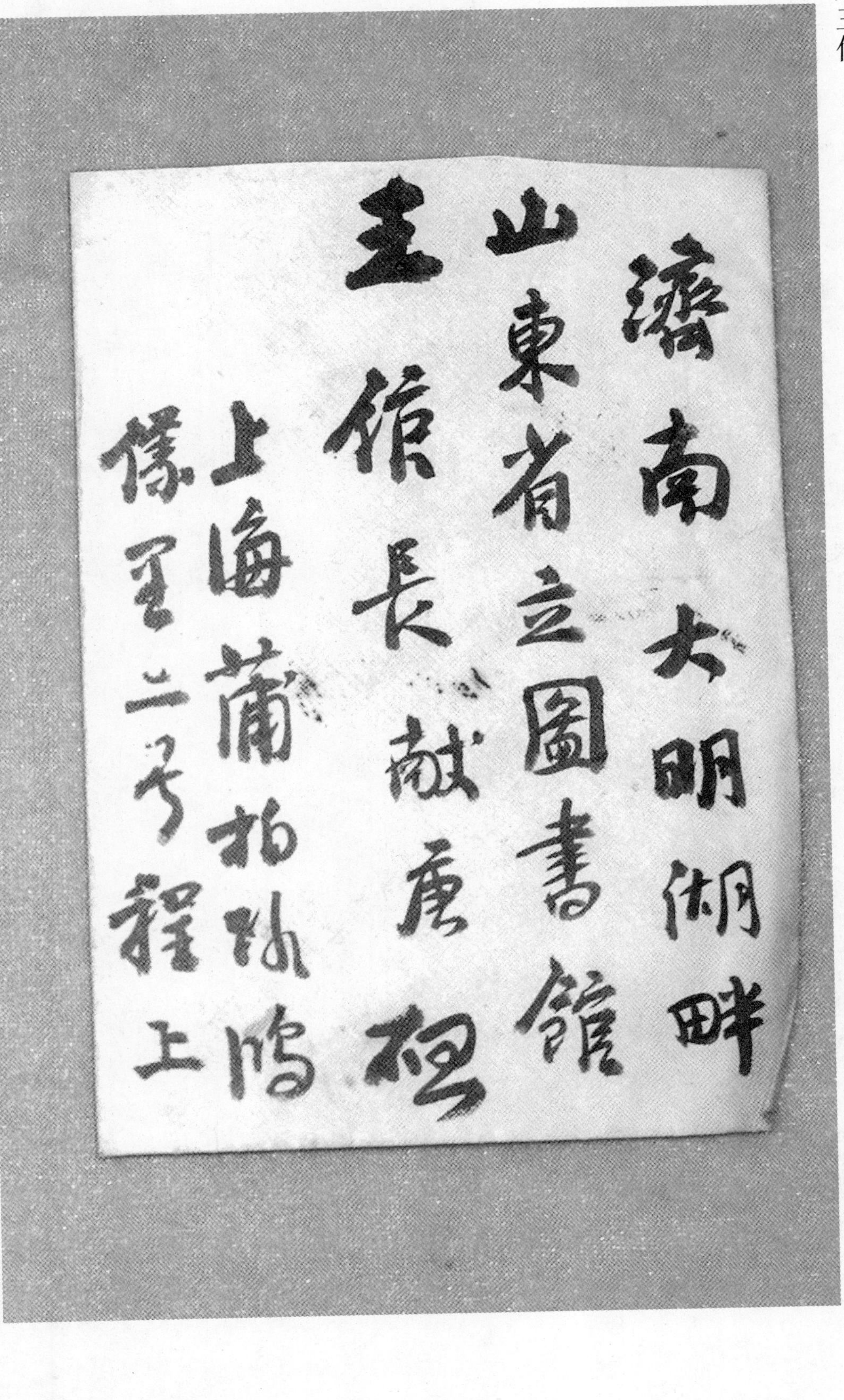

五 孫毓坦書三通 封三件

書第一通

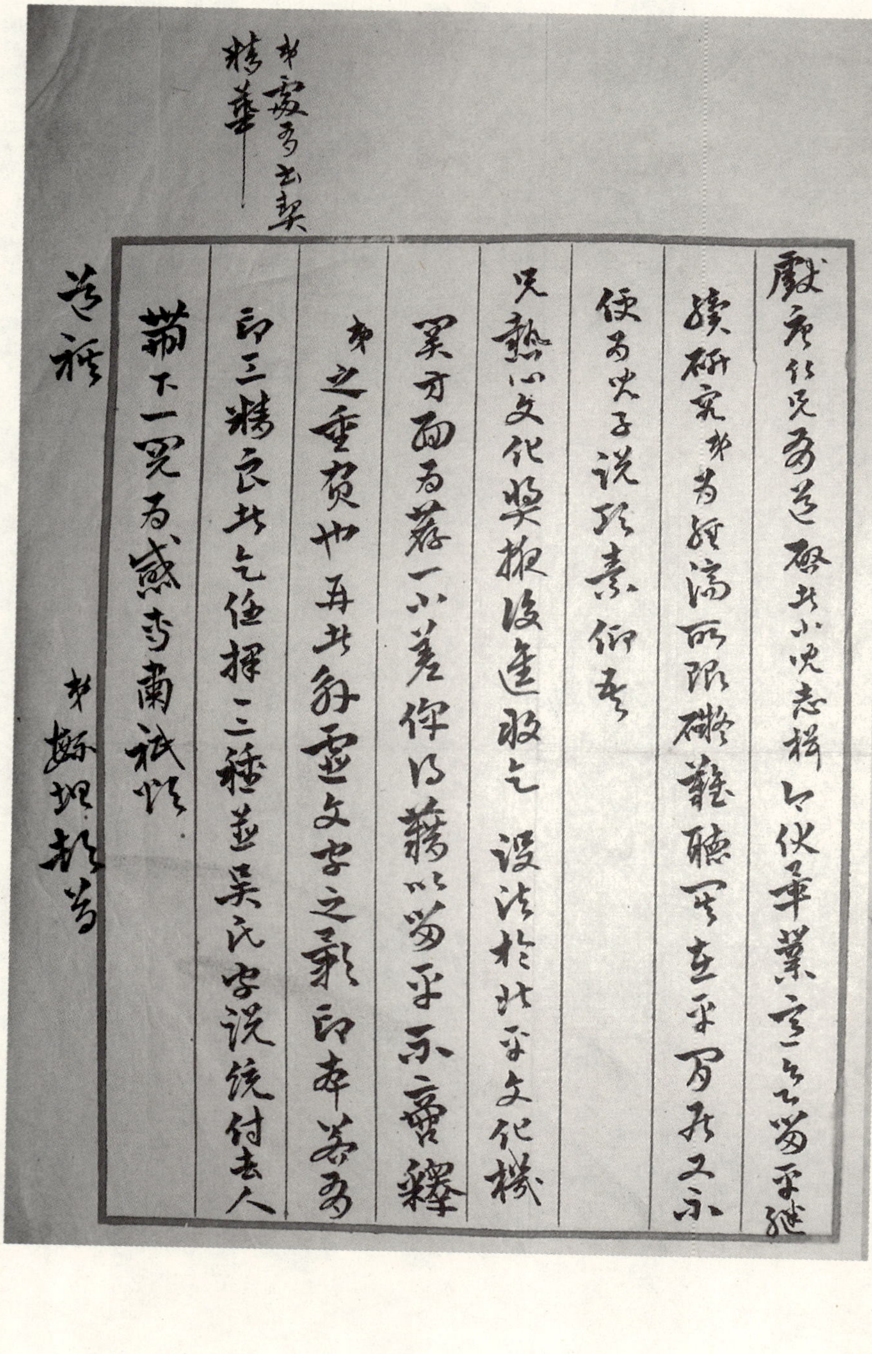
獻唐仁兄吾兄道啓：昨小兒志揚已伏承 業言云云，當再繼
續研究，弟為經濟所限，礙難聽其再求，又不
使為吾子說於素仰者
兄熱心文化，獎掖後進，役之，設法於北平文化機
關方面為薦一小差，俾得藉以當平，不啻釋
弟之重負也。再弟新璽文字之彙印本第兩
印三精良者，已任擇二種，並吳氏字說統付去人
帶下，一覽為感。專肅，祇頌
著祺
弟孫坦頓首
弟處有古契精華

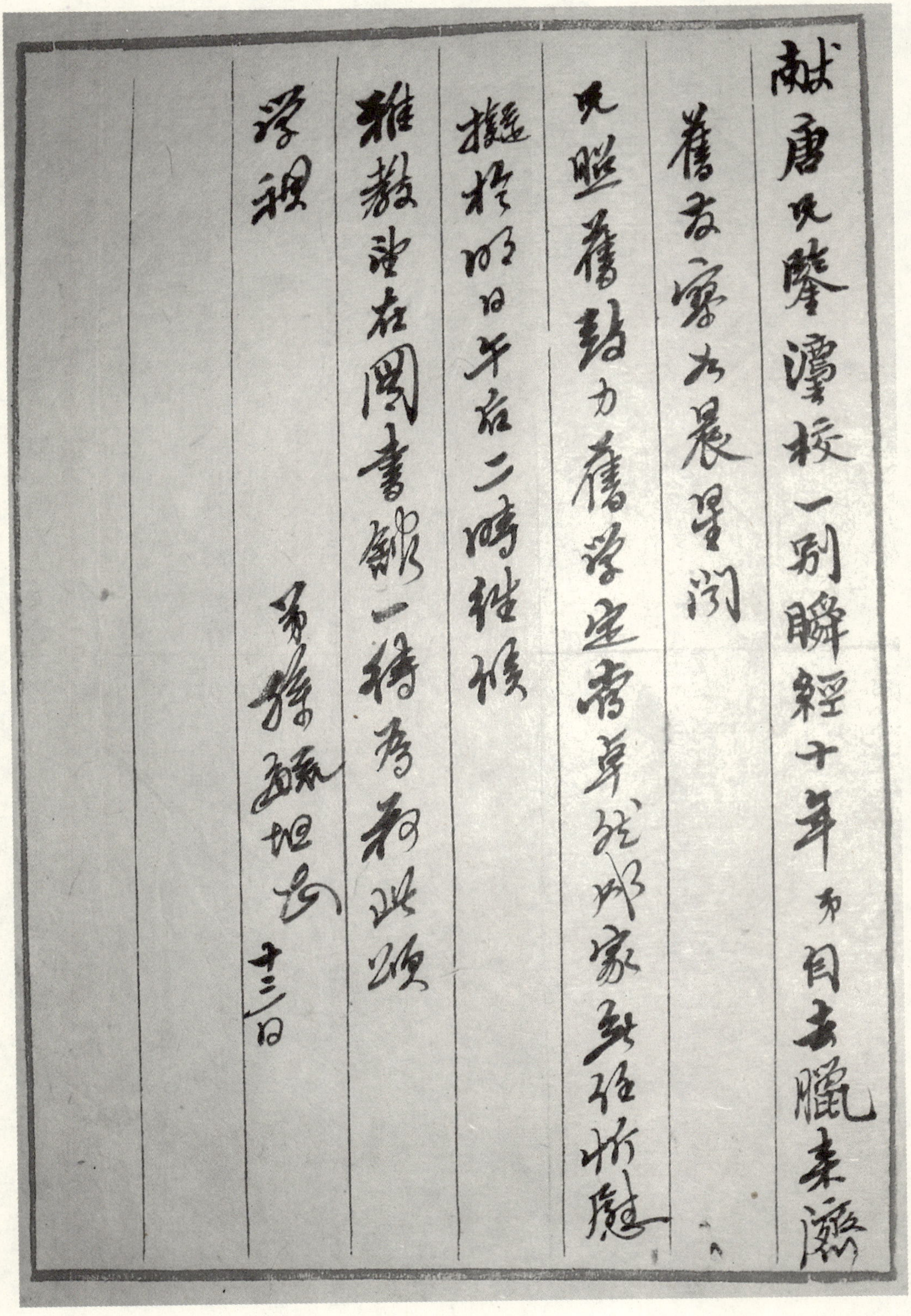
獻唐先生鑒：瀘校一別，瞬經十年。前月由臘來濟，
舊友寥若晨星，聞
先生照舊努力，舊學定當卓然名家，欽佩折服。
擬於明日午后二時趨候
雅教，諒在圖書館一轉為荷。此頌
學祺
弟孫毓坦頓　十三日

書第三通

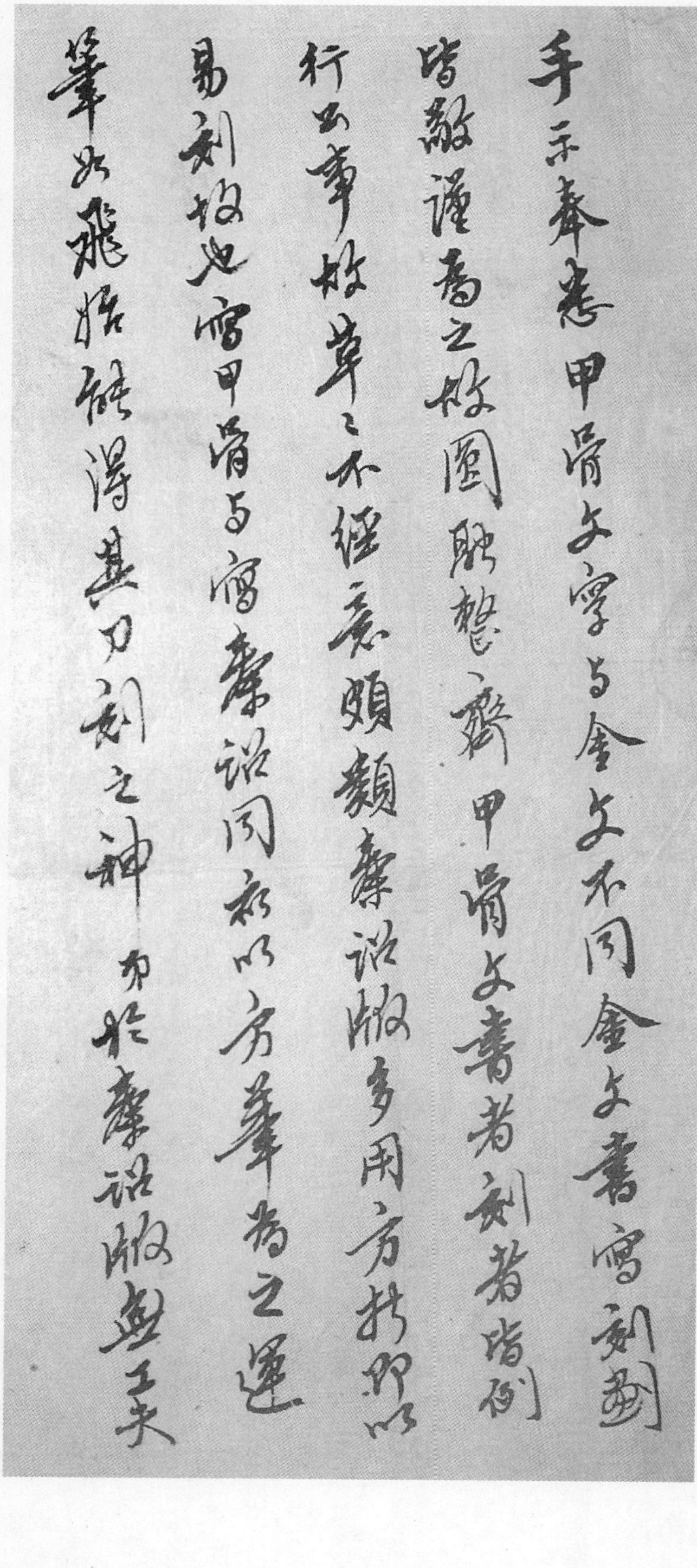
手示奉悉甲骨文字與金文不同金文書寫刻劃
皆敬謹為之故圓融整齊甲骨文書者刻者皆例
行公事故草草不經意頗類秦詔版多用方折即以
易刻故也寫甲骨與寫秦詔同亦以方筆為之運
筆如飛揚能得其刀刻之神而於秦詔版無工夫

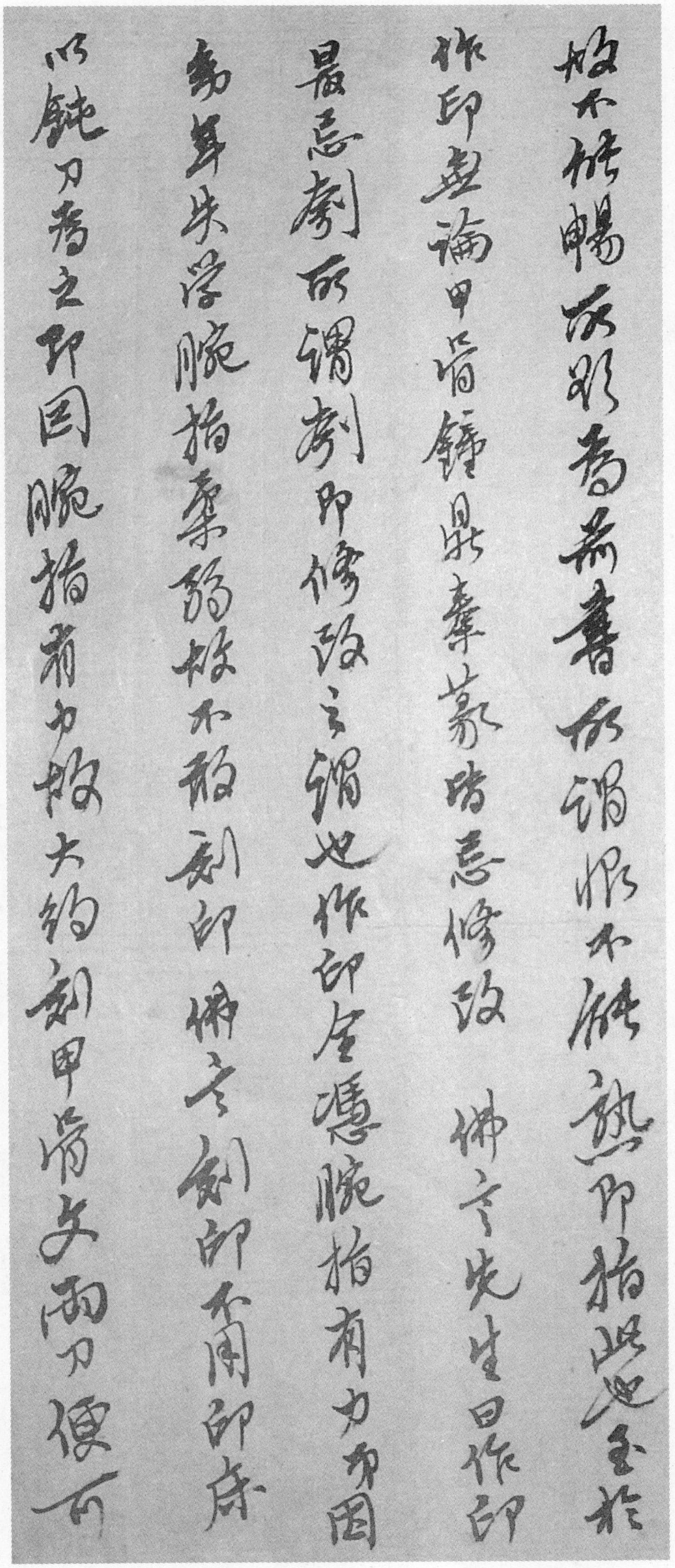
故不能暢所欲為書所謂非不能熟即指此也至於
作印與論甲骨鐘鼎彝篆皆忌修改　佛言先生曰作印
最忌刻所謂刻印修改之謂也作印全憑腕指有力功因
為其失學腕指柔弱故不敢刻印　佛言刻印不用印床
以鈍刀為之印因腕指有力故大約刻甲骨文兩刀便可

孫毓坦

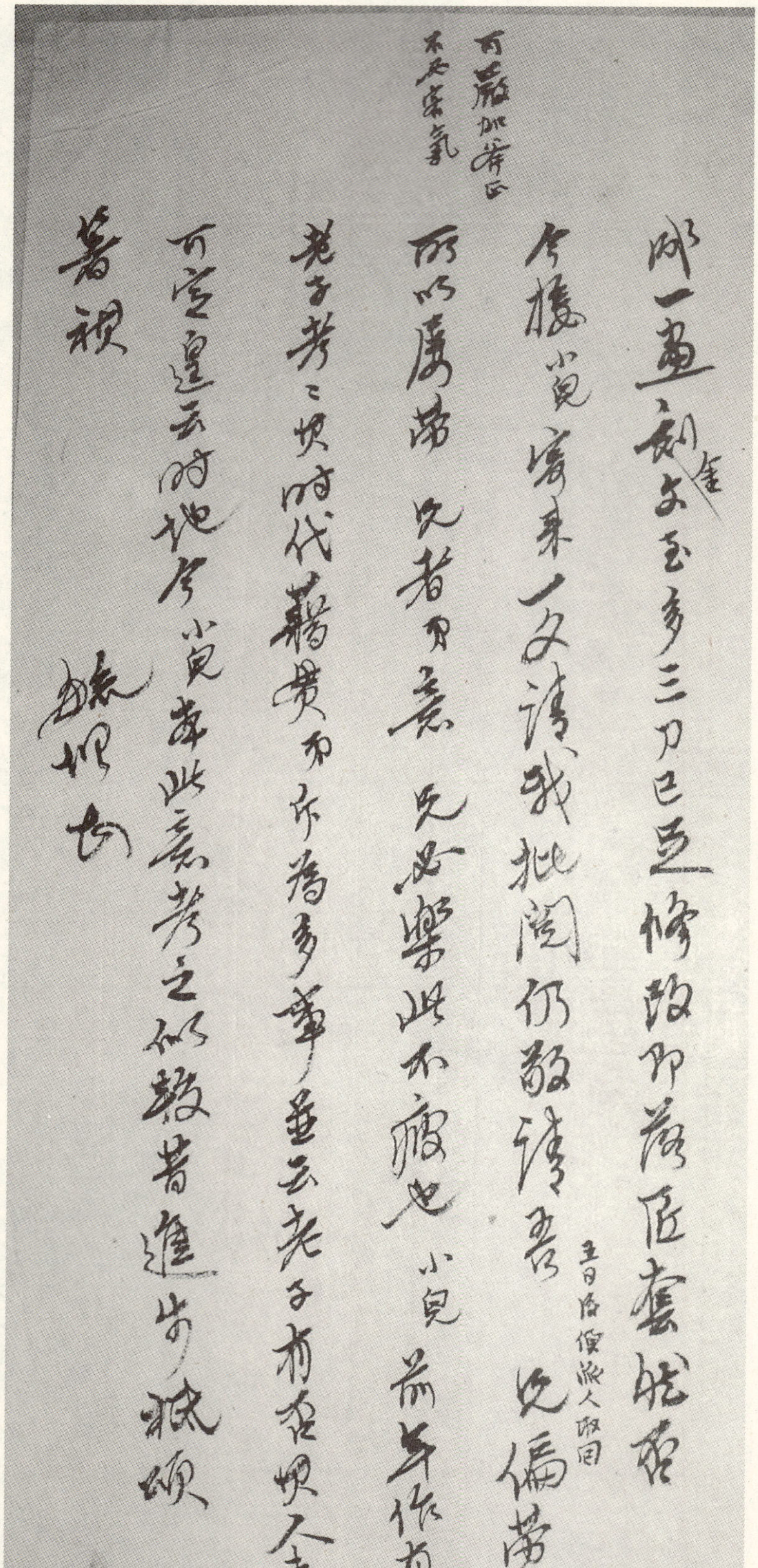

封第一件

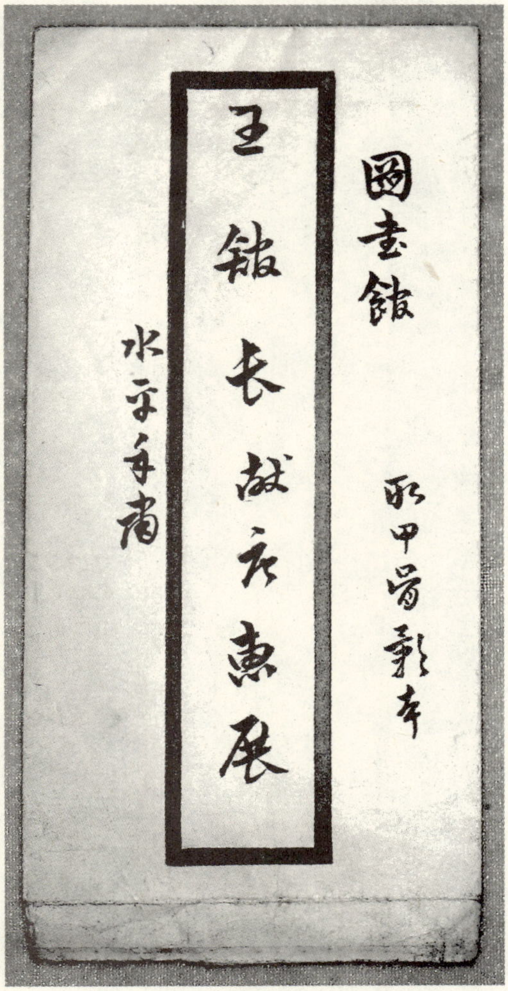

封第二件

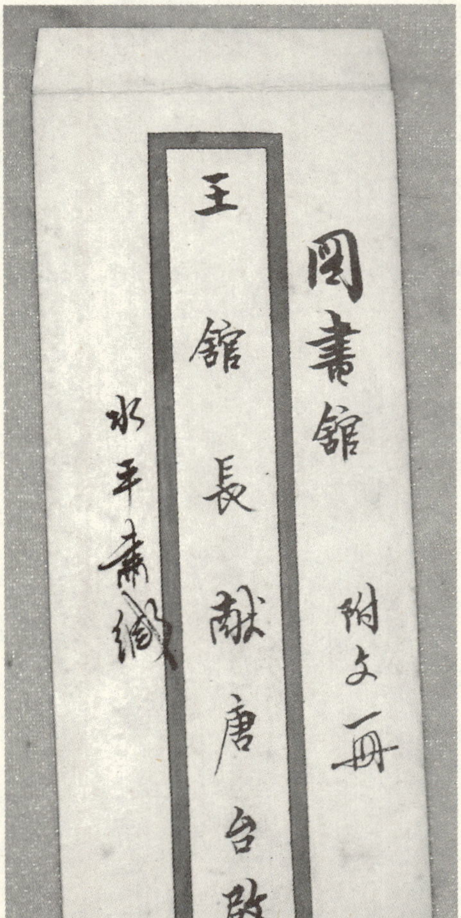

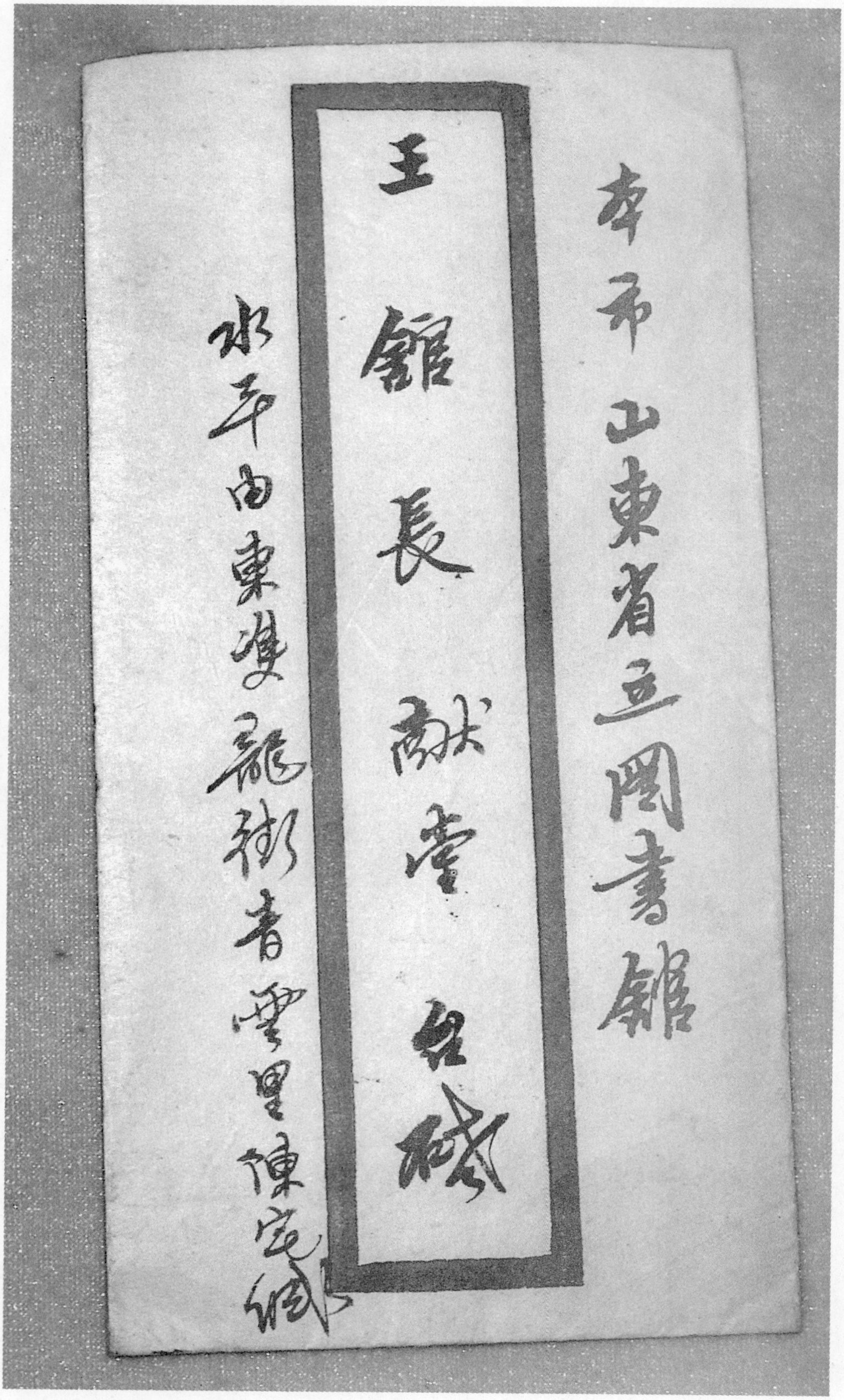

封第三件

六　張元濟　書一通　封一件

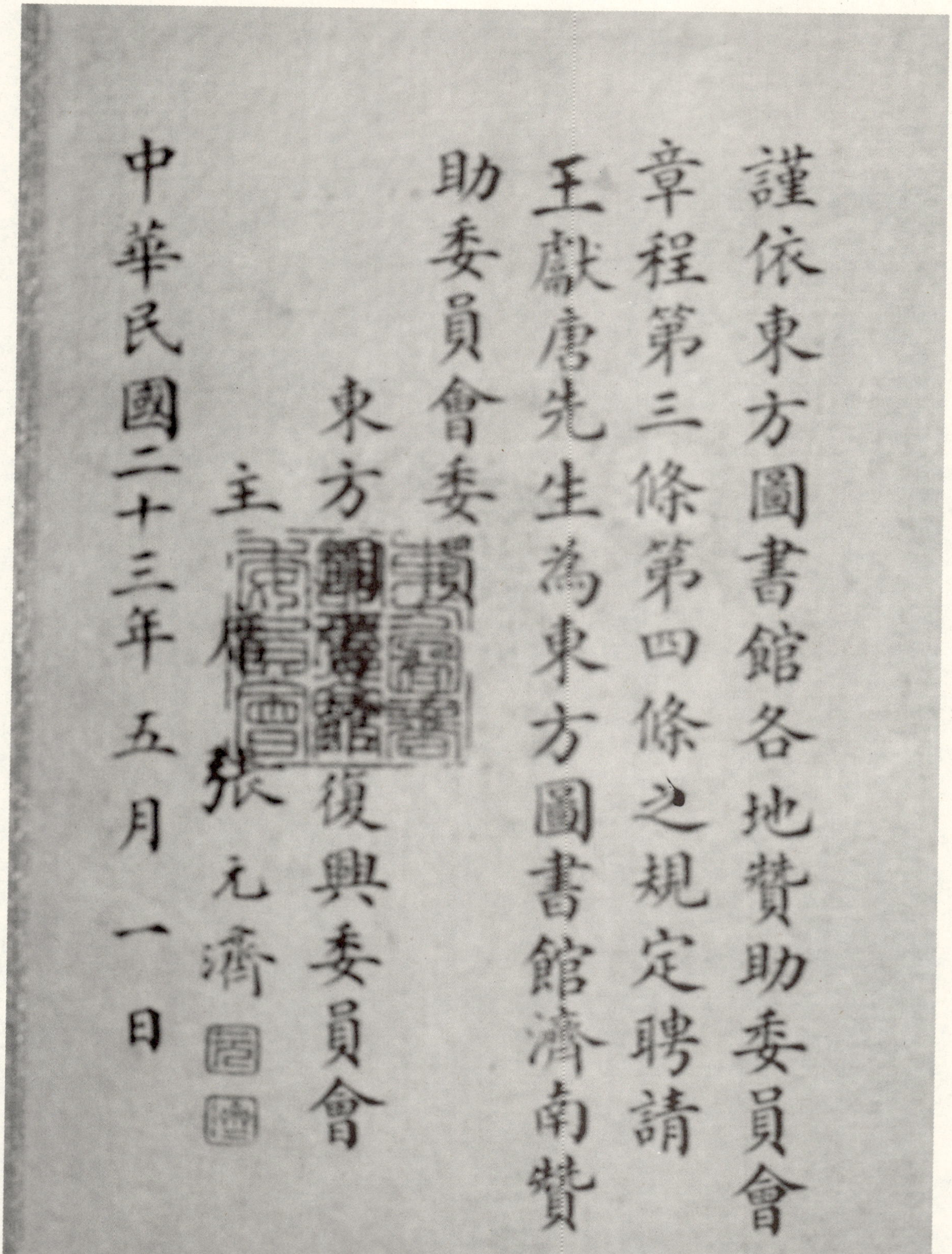
謹依東方圖書館各地贊助委員會
章程第三條第四條之規定聘請
王獻唐先生為東方圖書館濟南贊
助委員會委員
東方圖書館復興委員會
主席張元濟
中華民國二十三年五月一日

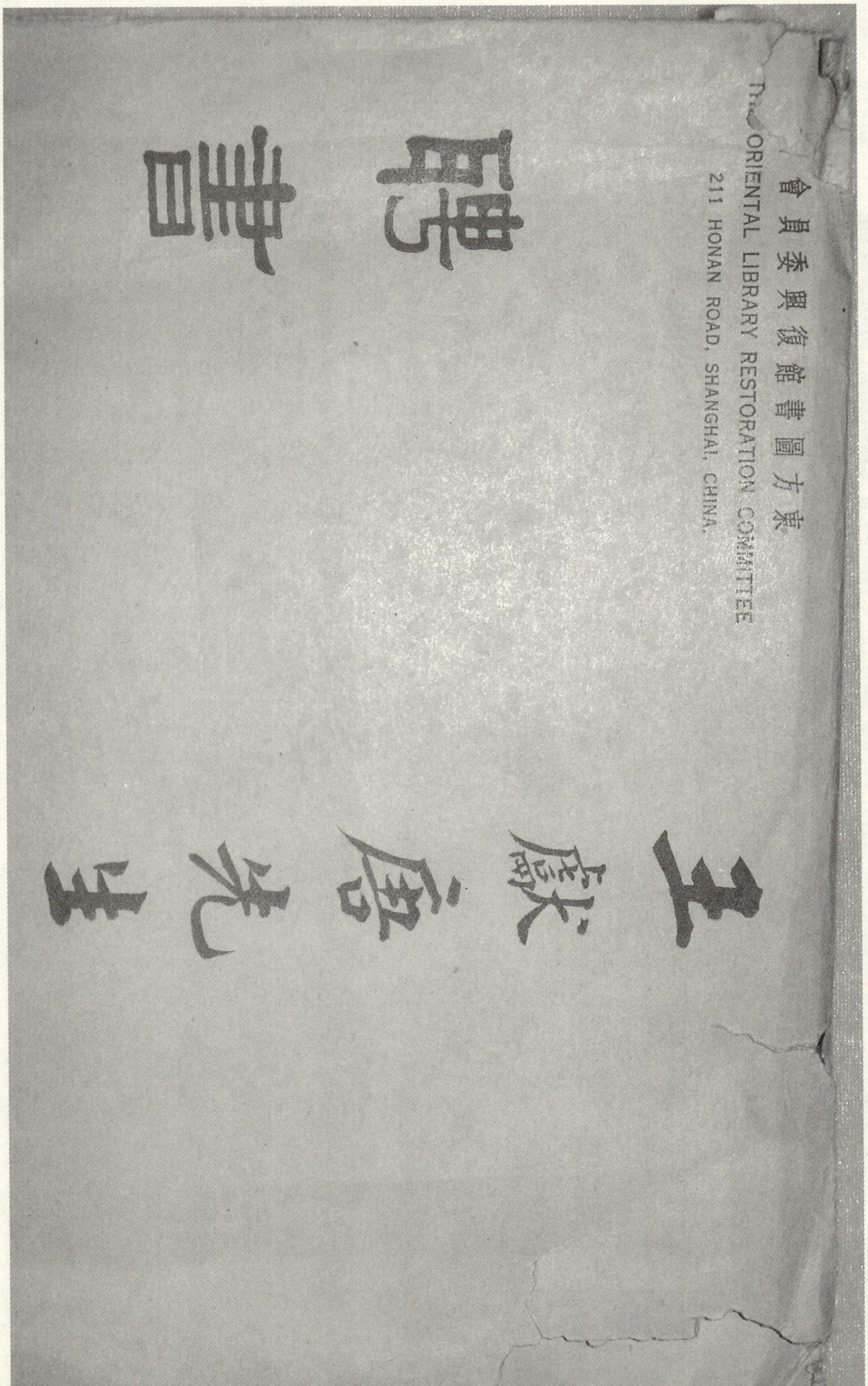
東方圖書館復興委員會
ORIENTAL LIBRARY RESTORATION COMMITTEE
211 HONAN ROAD, SHANGHAI, CHINA.
王獻唐先生
聘書

張元濟

七 蔡元培致何思源 書一通

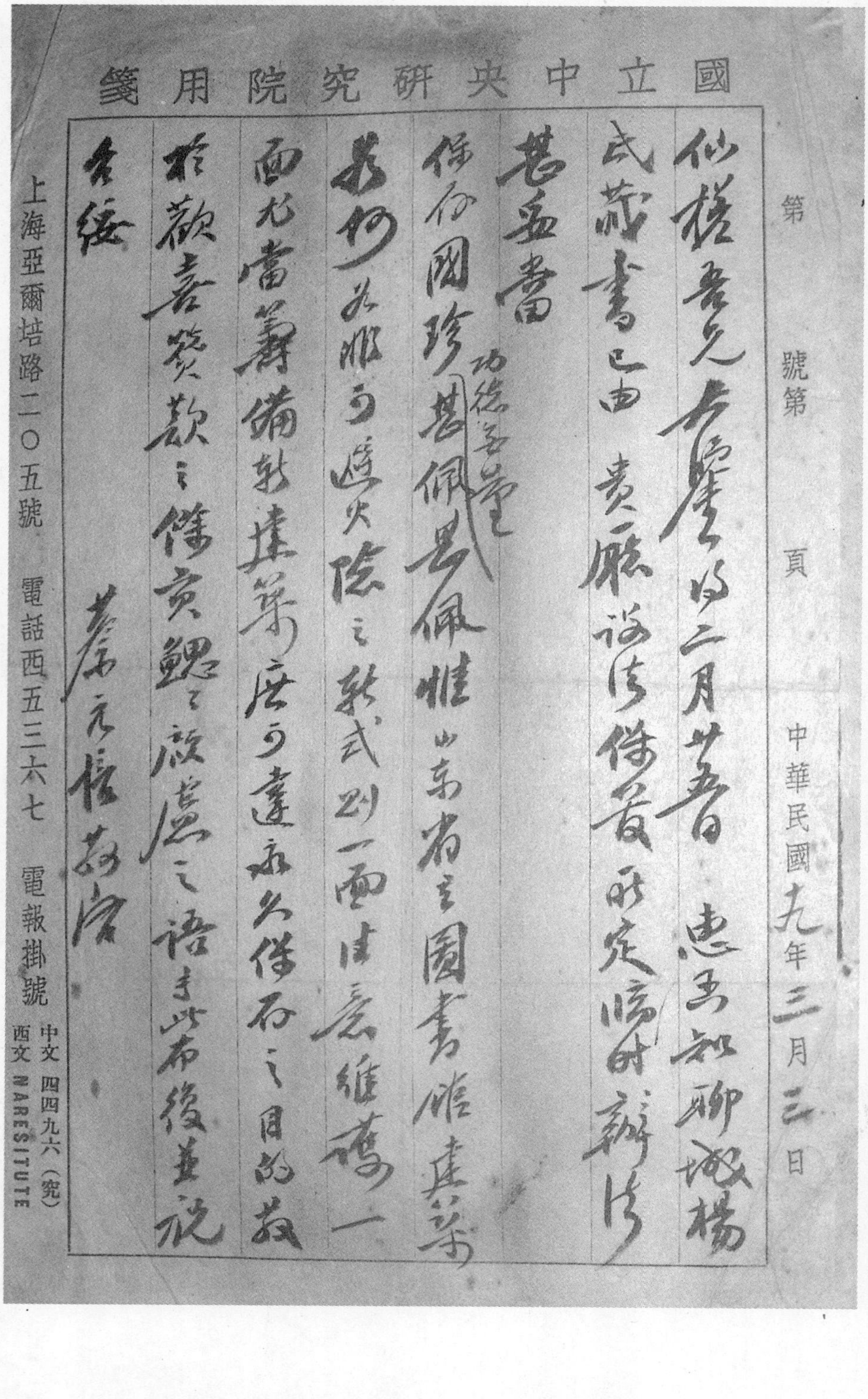

國立中央研究院用箋

第　號第　頁　中華民國十九年三月三日

仙槎吾兄大鑒：頃二月廿書惠書，敬聆。楊氏藏書已由貴廳設法保管，所定臨時辦法甚妥當。保存國珍，功德無量，甚佩甚佩。惟山東省立圖書館建築未如可避火險之新式，則一面維護，一面尤當籌備新建築，庶可達永久保存之目的。敬於欽喜贊歎之餘，貢鄙之微慮之語，于此布復，並頌台綏。蔡元培敬啓

上海亞爾培路二〇五號　電話西五三三六七　電報掛號　中文　四四九六（究）　西文　NARESITUTE

八

許同莘 書一通

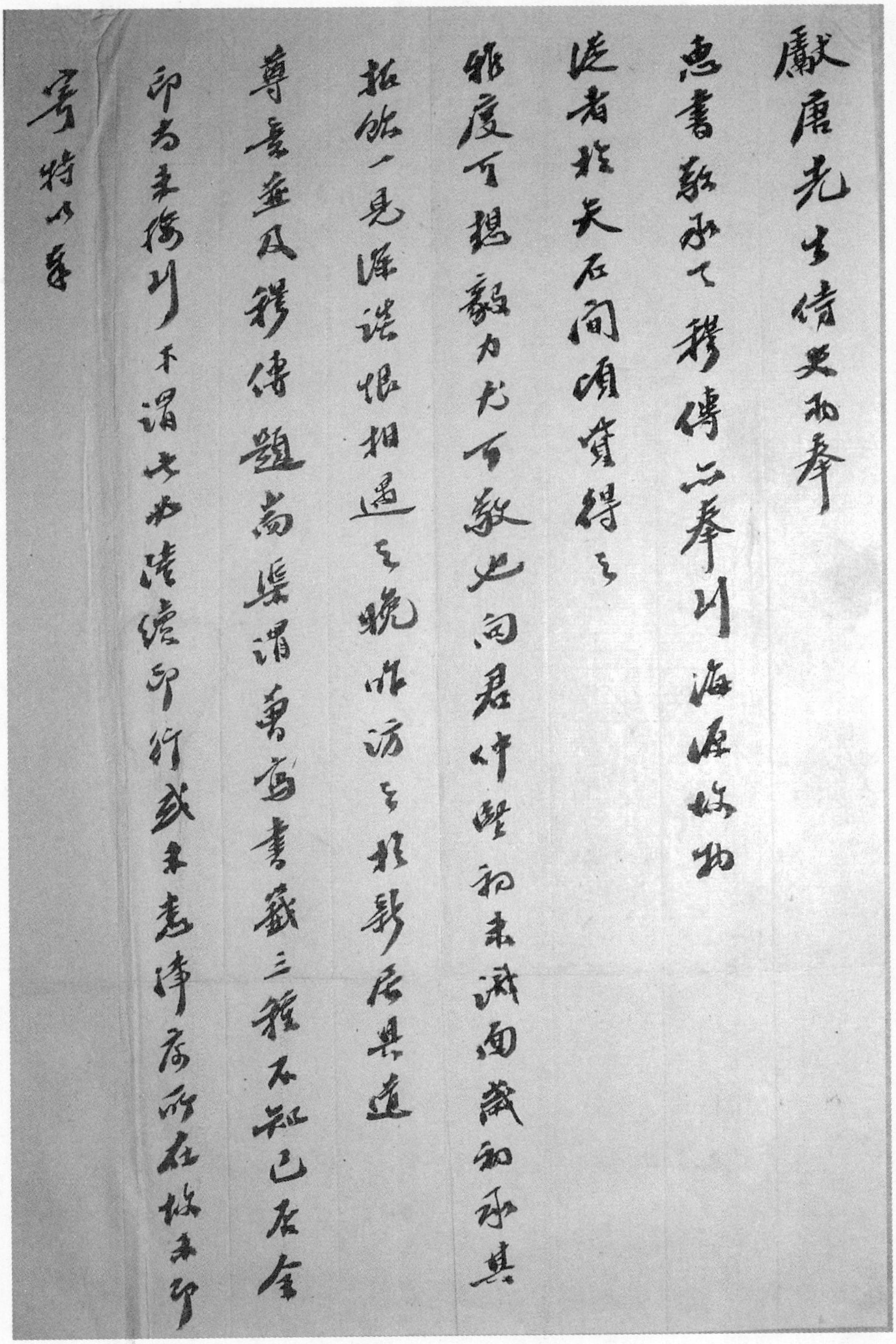
獻唐先生侍史：兩奉
惠書敬承一一。務傳亦奉到。海源故物
從者於失在間頃覓得之，
雅度可想，毅力尤可敬也。向君仲堅初未識面，截初承其
招飲，一見深諾，恨相遇之晚。昨訪之於新居，其遺
尊長並及務傳題嵩眷謂曹寓書籤三種，不知已在全
印爲未？務傳則不謂也。此陸續印行，或未悉陳序所在，故未印
寄。特以奉

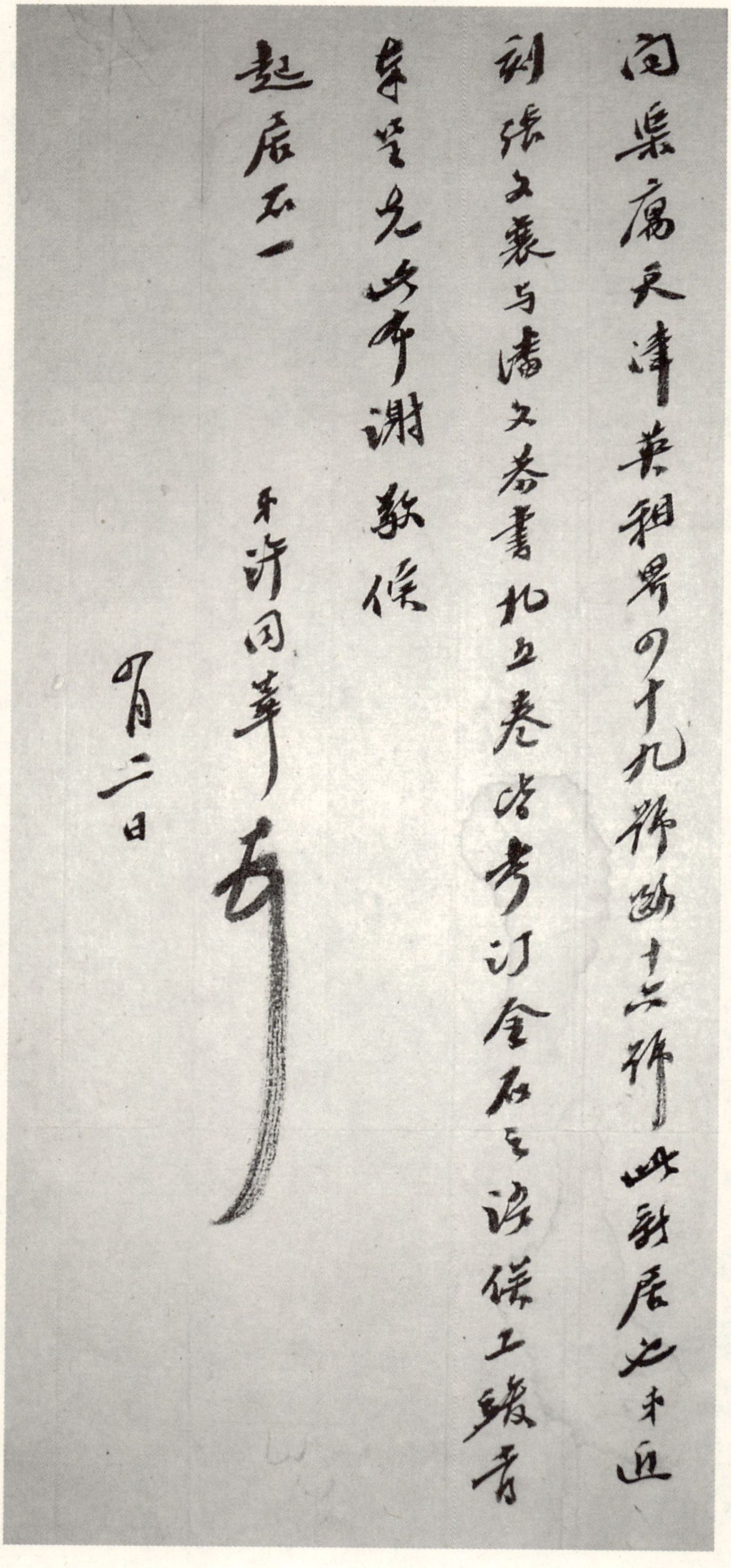

聞渠屬天津　黄綢畢四十九種刪十六種此新居之未近
刻張文襄與潘文勤書札五卷皆考訂金石之語係工緻青
奉覽先此布謝敬候
起居不一
弟許同莘頓
四月二日

九　田士懿　文三篇　封二件

文第一篇

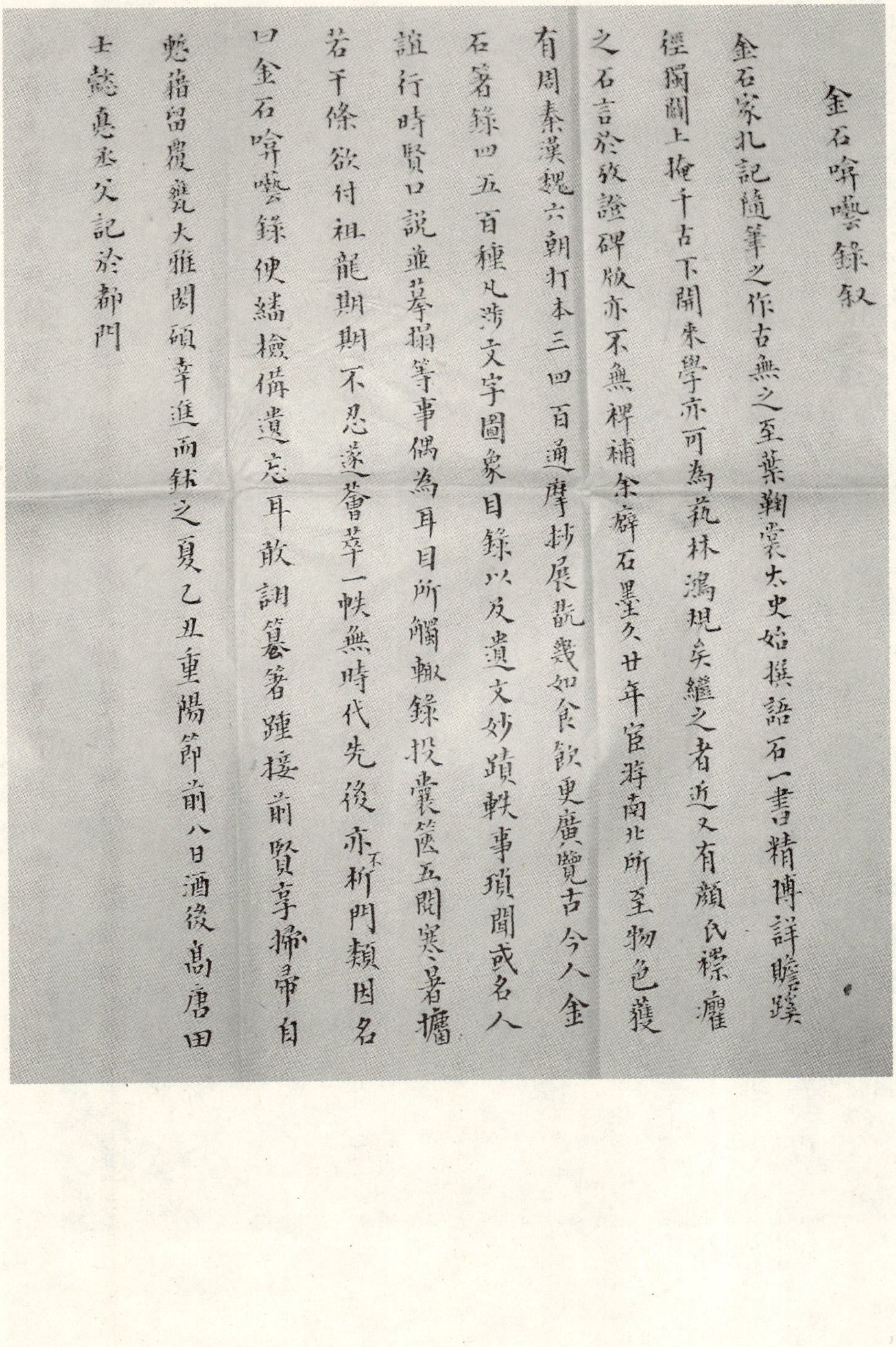

金石啽囈錄敘

金石家札記隨筆之作古無之至葉鞠裳太史始撰語石一書精博詳贍蹊徑獨闢上掩千古下開來學亦可為藝林鴻規矣繼之者近又有顔氏[illegible]之石言於考證碑版亦不無裨補余癖石墨久廿年宦游南北所至物色獲有周秦漢魏六朝打本三四百通摩挲展翫幾如食飲更廣覽古今人金石著錄四五百種凡涉文字圖象目錄以及遺文妙蹟軼事瑣聞或名人誼行時賢口說並摹搨等事偶為耳目所觸輒錄投囊篋五閱寒暑攟若干條欲付祖龍期期不忍遂薈萃一帙無時代先後亦不析門類因名曰金石啽囈錄便繙檢備遺忘耳敢詡纂著踵接前賢享掃帚自憖藉留覆甕大雅閎碩幸進而鈇之夏乙丑重陽節前八日酒後高唐田士懿息丞父記於都門

文第二篇

金石著述名家考略叙

葉九來之言曰天下之物不朽者莫如金石張松坪之言曰金石之學有益於史
者最多人足考訂輿地方志可助經學可訂小學其敘述皆聖賢典要
忠孝節廉名教循良之事行於序金石關繫既如是其重且鉅而著
述者疲精敝神日矻矻焉鎔冶於其中致託之竹素垂之宇宙流傳億萬
禩而不敝抑應如何尊異也即舉金石之勒為書權輿於趙宋而大盛於
有清歐趙洪薛尚矣康熙以來如顧朱畢王孫阮諸公撰著麟炳掩有
千古自是閎儒踵接雲興蔚起隋珠荊玉各成一家真儒林之上儀藝
苑之隆軌也余竺好金石文字摩挲打本間獵載籍竊以書畫有史

疇人印人有傳獨鉤鈲金石者鬻少專書有之惟李氏金石學錄陸氏金石學錄補卓然鴻著首開先河亦可云偉觀矣顧李陸兩氏書體例宏大靡論有無著述或攷據藏弆鑑賞凡講求金石者皆錄之而李氏於諸公爵里事蹟尤均不弗詳余性鈍腹儉某當披誦某某公行實茫然若失不能一覽畢得嘗引為病歲甲乙之交長安杜門載賦閑居天祿石渠秘藏並四庫全書得恣閱覽益以笈篋舊畜或從朋儕執借於兩書所錄之有著述獲睹其書者並及近世各家復為旁采事狀另紙最叙錄撰得百有九十四人萃為一卷以便流觀名曰金石著述名家考略於是宋訖清千百年撰輯金石之人粲然丕著而名賢遺徽芳

獨亦庶幾可窺崖略微特一堂雍容如獲親炙即謂論世之知人之星源可耳昔班固著漢書大抵多襲遷史舊辭緣事實非可虛構也又衛正叔纂禮記集說其言曰他人著書惟恐不出於己某此書惟恐不出於人余輯是編敢言竊比緬惟前哲實獲我心倘海內鴻儒幸有同者不一因襲譏我而繩糾之則願為之執鞭以從夏乙丑仲冬高唐田士懿蒐忱識於都門饕石墨厂

續金石著述名家考略敘

文第三篇

金石著述名家攷略編既竟晤濰縣陳駕部禮部丞先生談及駕部曰曷不將古今撰著金石之人以諸史篇稿可傳信或續睹其書者网羅之俾成完帙余曰然廼發篋陳書更博采旁徵上起梁下逮清季復得二百五八再續得二百三十六人拾遺八十二人都五百二十三人合前編綜七百一十八人多方攈摭萃萃成編惟海內名家著作林立管蠡所見遺漏恐多鴻博廣覽倘能匡謬而補其闕是又鄙人所昕夕企祝者也夏

丙寅春正月下澣士懿記於春明之饕石墨厂

封第一件

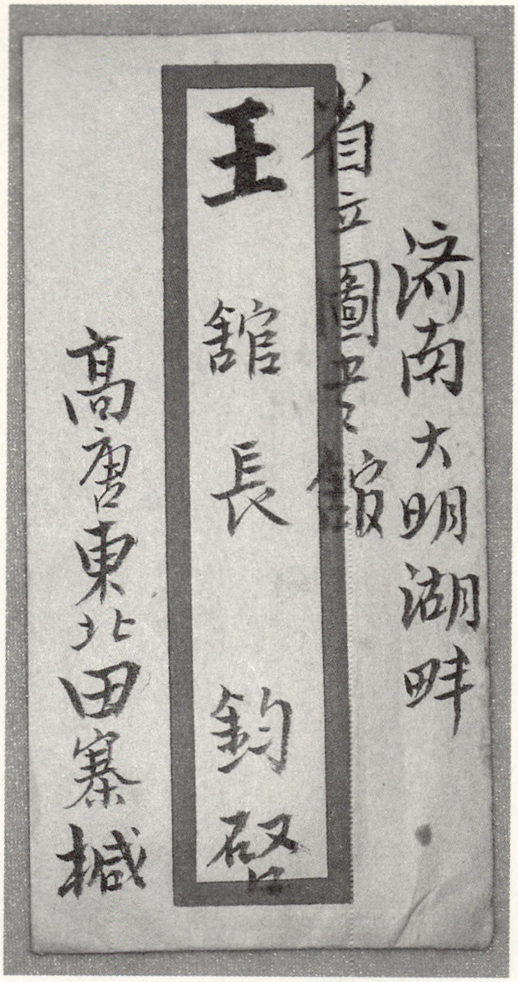

封第二件

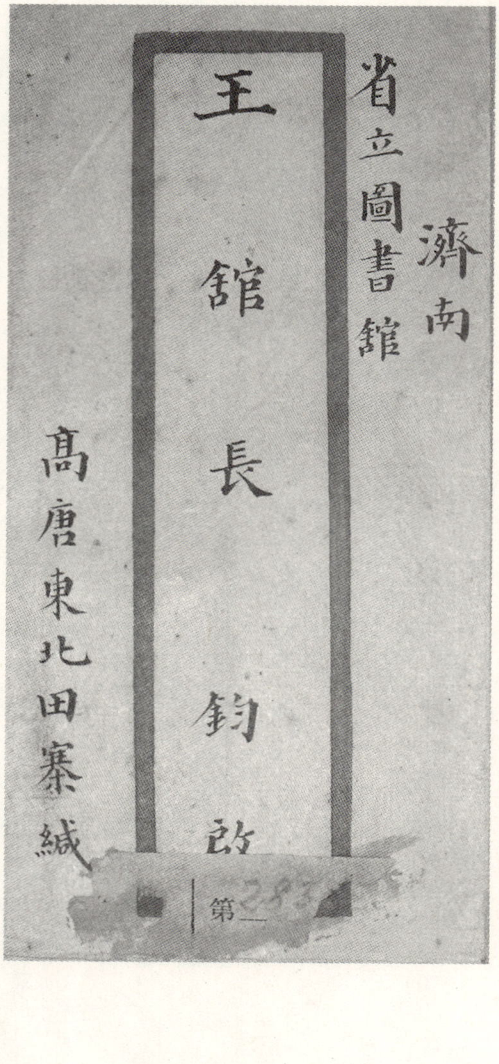

十 陶湘

書十三通 封十二件

書第一通

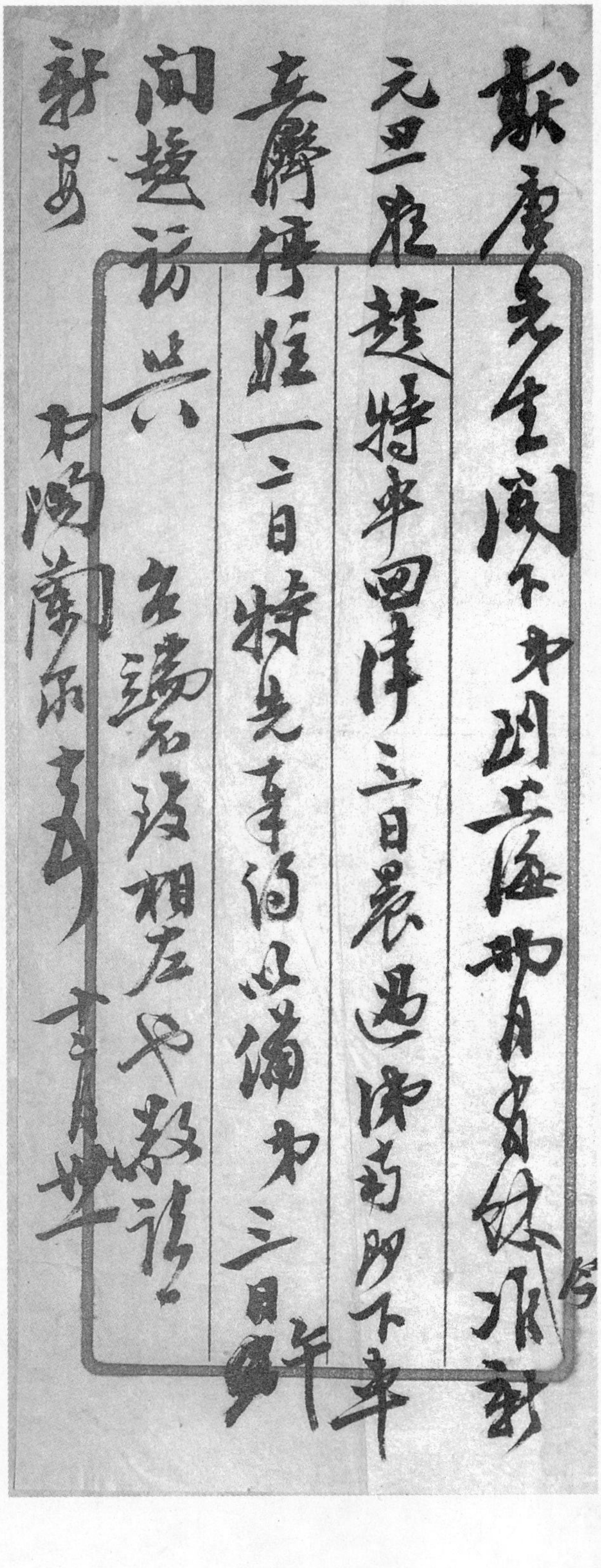

書第二通

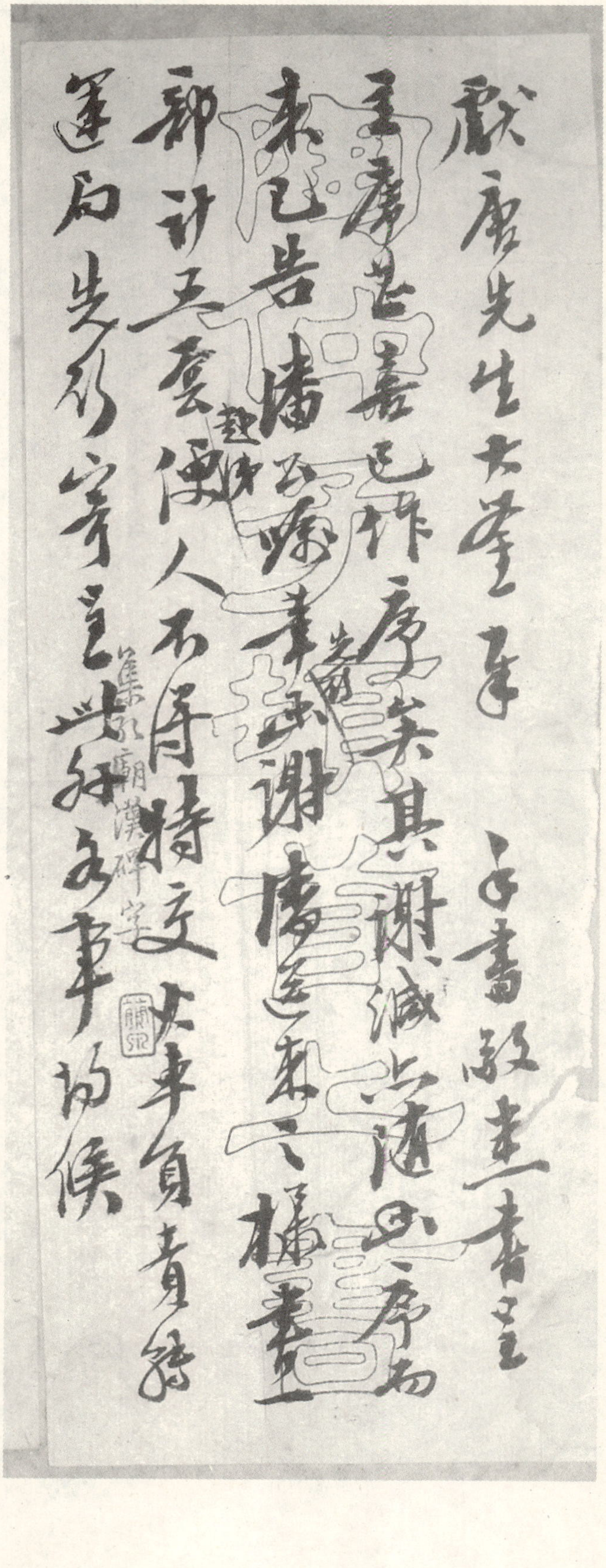

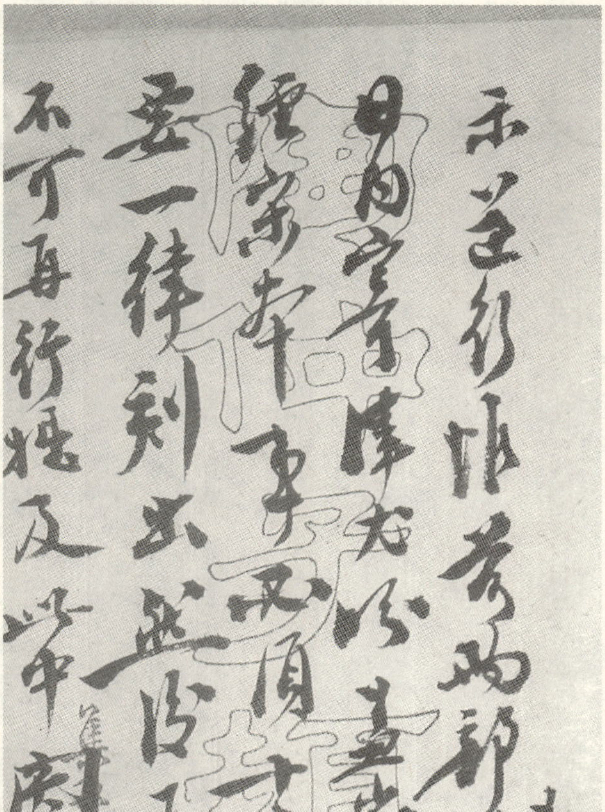

陶湘

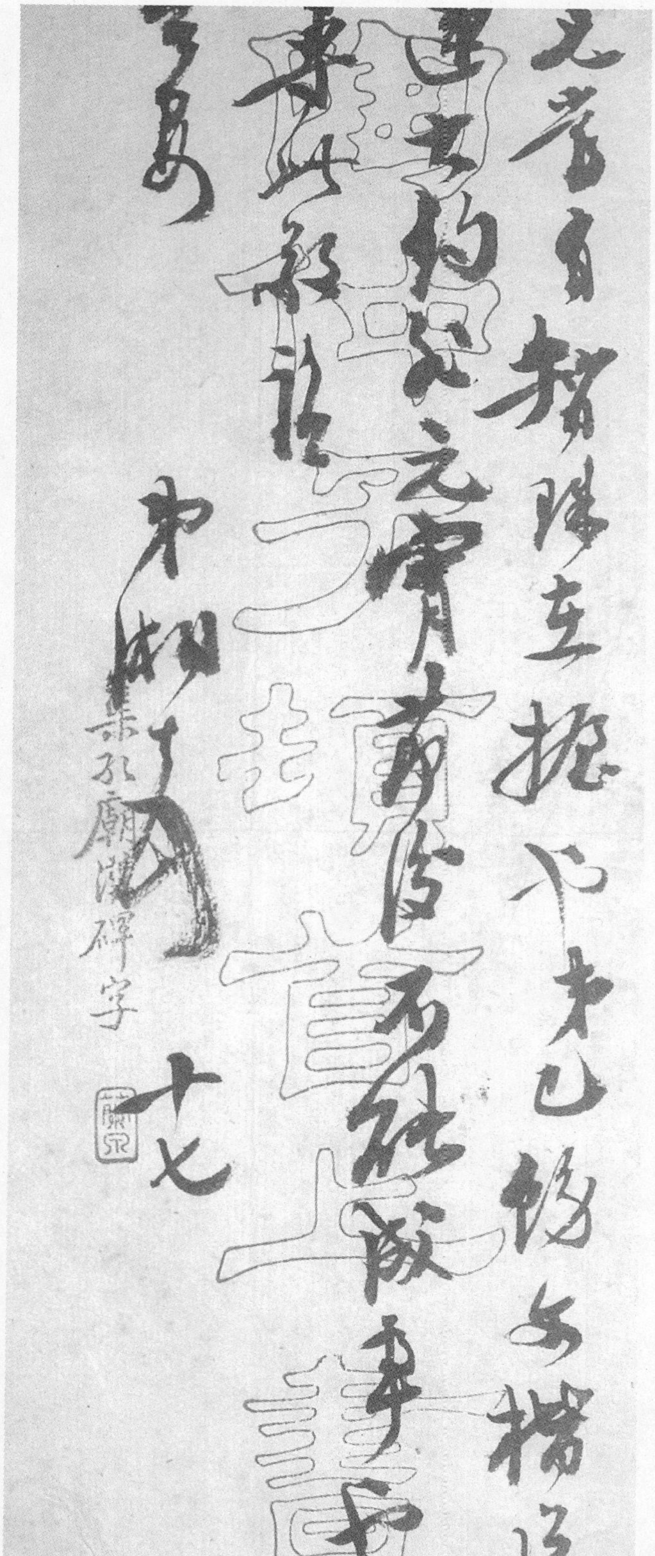

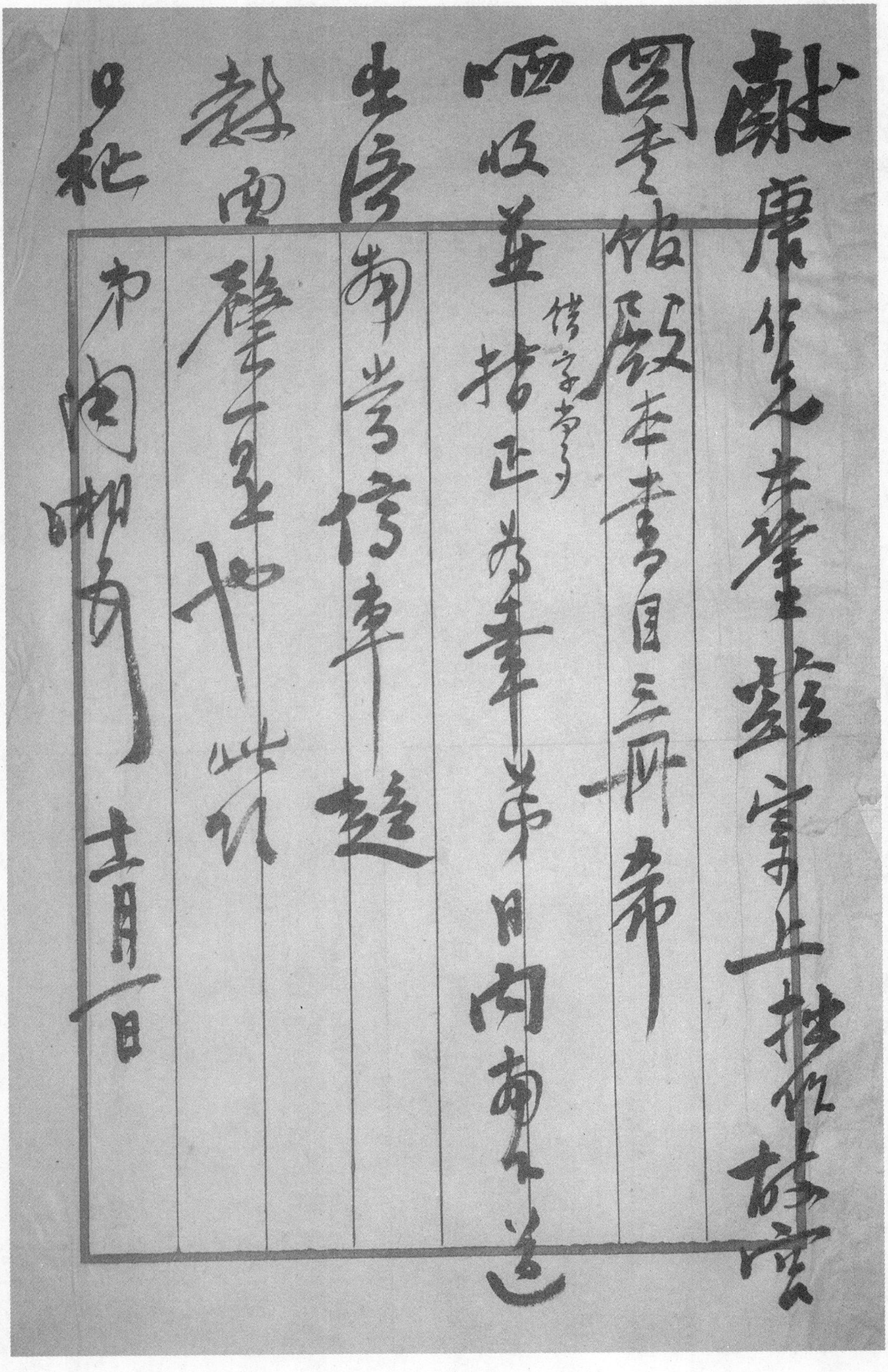
獻唐仁兄年大人執事：寄上拙作故宮
圖書館殿本書目三冊，希
哂收並指正為幸。弟日內南[illegible]
生[illegible]尚待[illegible]
靜[illegible]聲[illegible]也。此頌
日祉。弟陶湘頓首 十一月一日

陶湘

書第四通

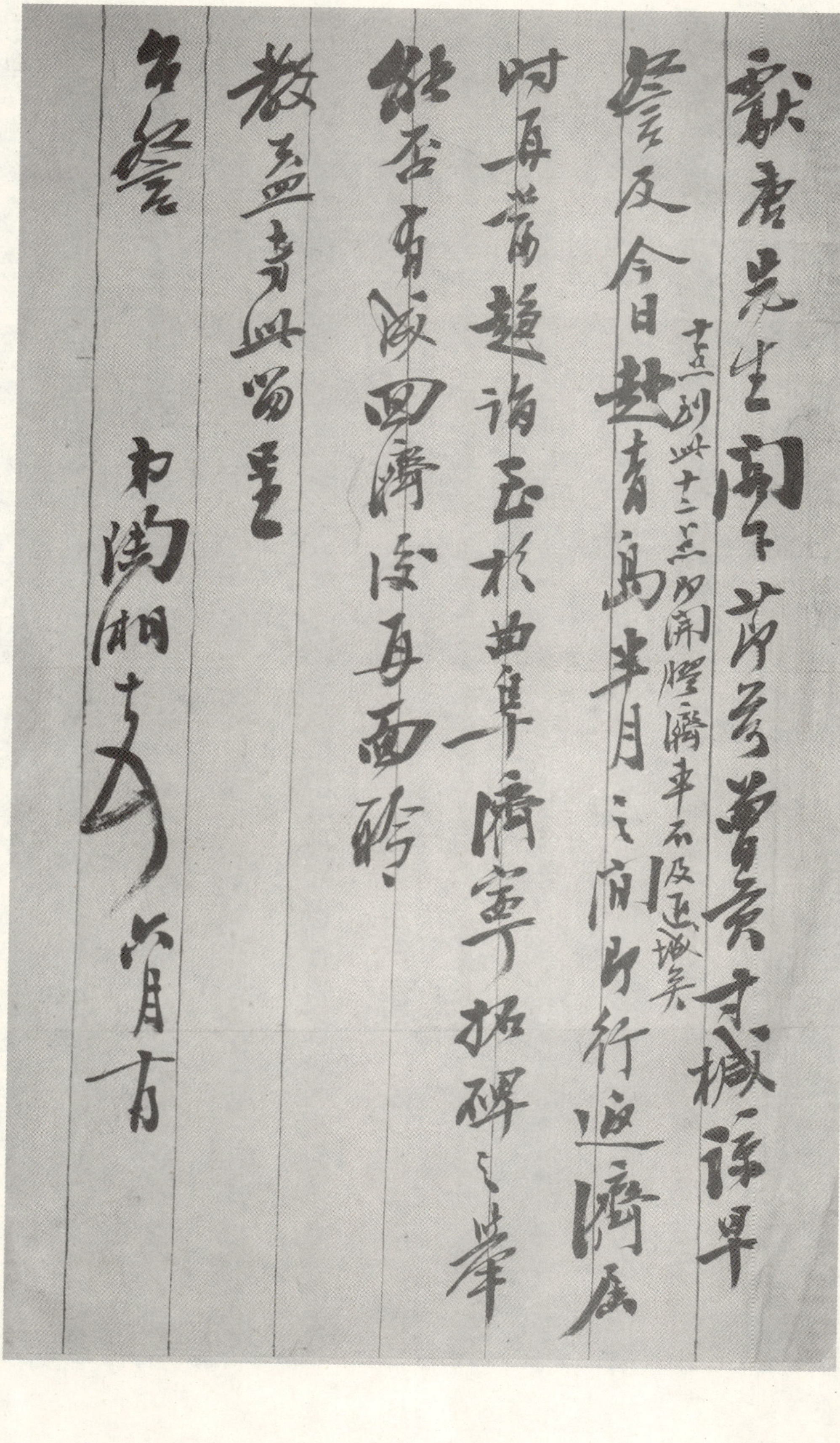
獻唐先生閣下：前寄曹貴寸楮，諒早（十五、卅、十二、十五日開濟，車不及送城矣）
登及。今日赴青島，半月之間，即行返濟。屆
時再當趨詣。丕於西集一濟寧招碑之事，
能否有暇回濟，候再面聆
教益。專此，即頌
台綏
弟陶湘支 六月廿日

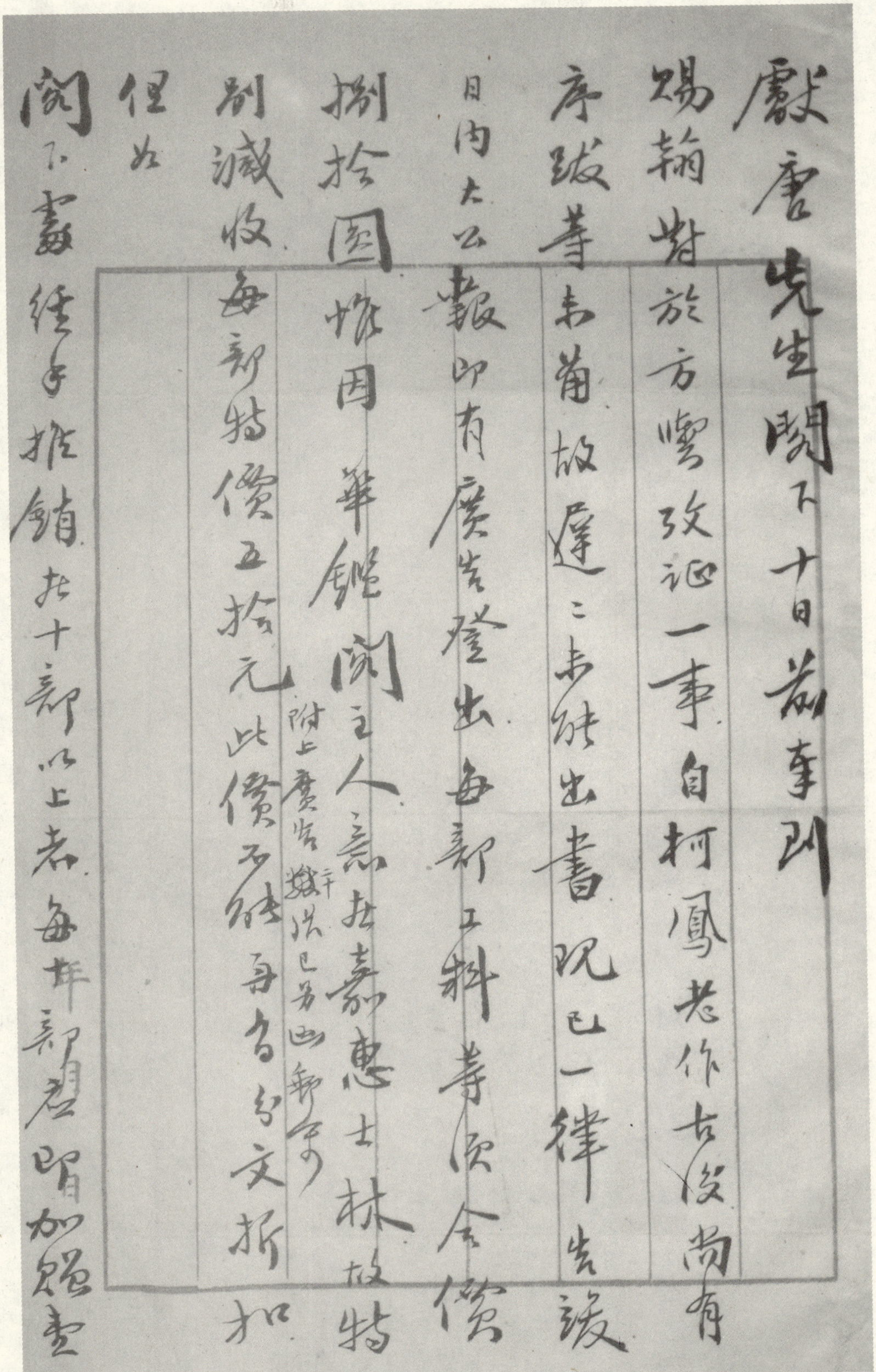

獻唐先生閣下：十日前奉到
賜翰，對於方嚮攷證一事，自柯鳳老作古後，尚有
序跋等未備，故遲遲未能出書，現已一律告竣，
日內大公報即有廣告登出，每部工料等須合價
捌拾圓，惟因華鐵閣主人意在嘉惠士林，故特
别減收每部特價五拾元，此價不能再有分文折扣。附上廣告數紙，并已另函郵寄
但如
閣下需要經手推銷，在十部以上者，每拾部者即加贈壹

陶湘

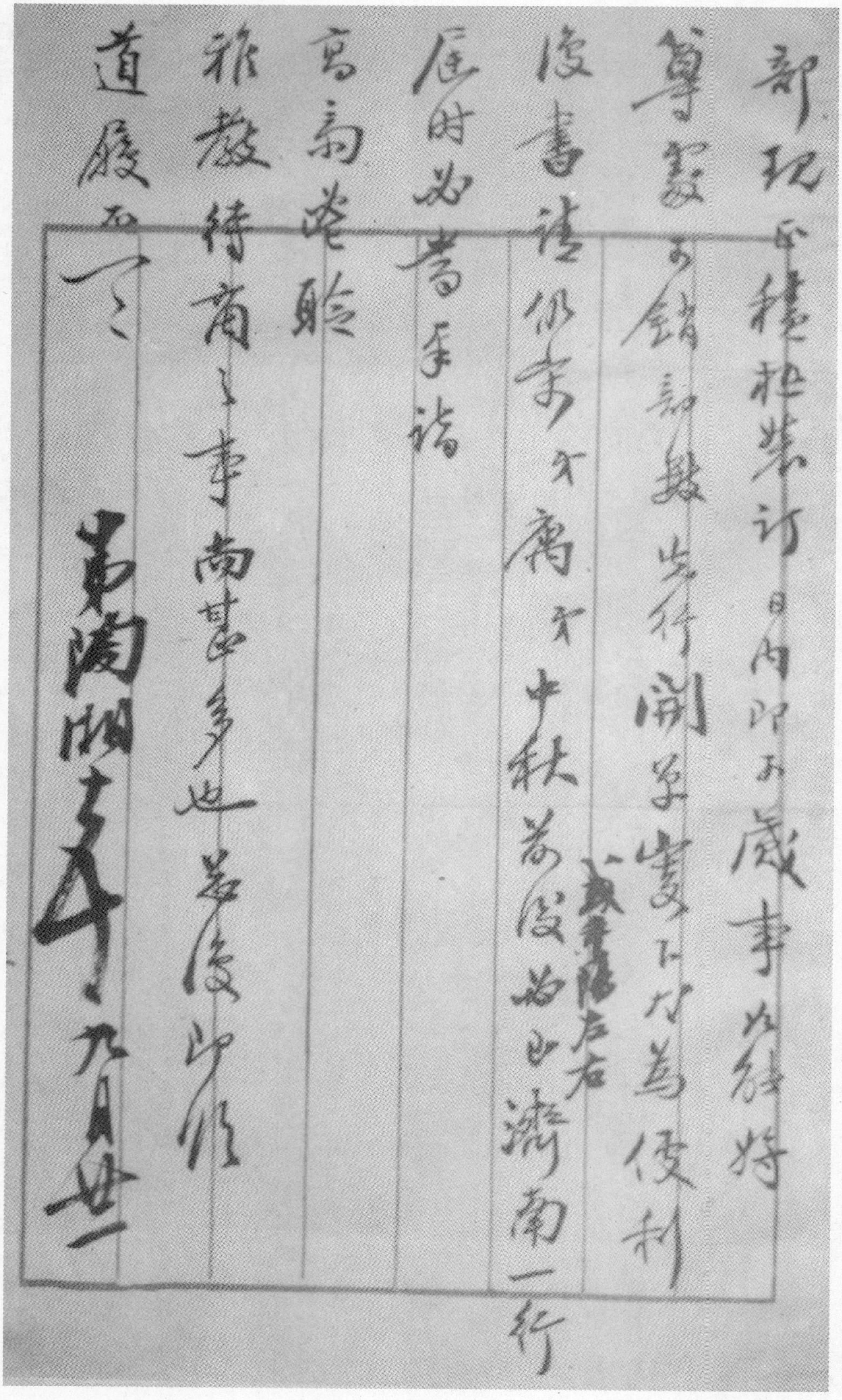

部現正積極籌計，日內即可蕆事。茲特
尊處可銷新殼若干，開單寄下，以為便利。
後書請仍寄京寓。中秋前後當由濟南一行，並奉陪左右，
屆時必當手詣
高齋面聆
雅教，待商之事甚多也。草此即頌
道履，不一。弟陶湘手上　九月廿一

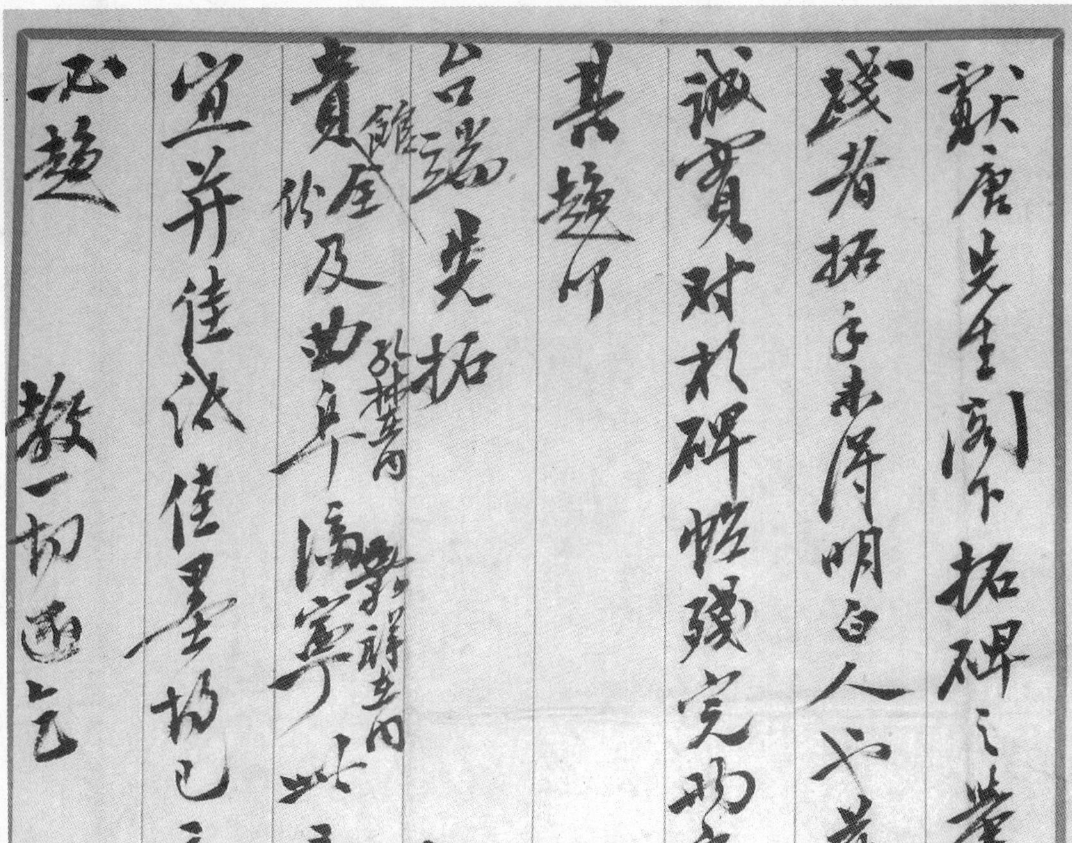

獻唐先生閣下：拓碑之举，識了一年，近来实践，着拓手未得明白人也。藉有劉保中，着人誠實，对於碑帖殘完，考字頗有研究，特令其趨候
台端。先拓
貴館全份及曲阜孔林碑碣內、[illegible]此三處，如何拓法，為[illegible]
五雲處 [illegible]均在山下為止
道，并佳紙佳墨均已辦[illegible]之和[illegible]月內
示趨。敬一切函[illegible]

陶湘

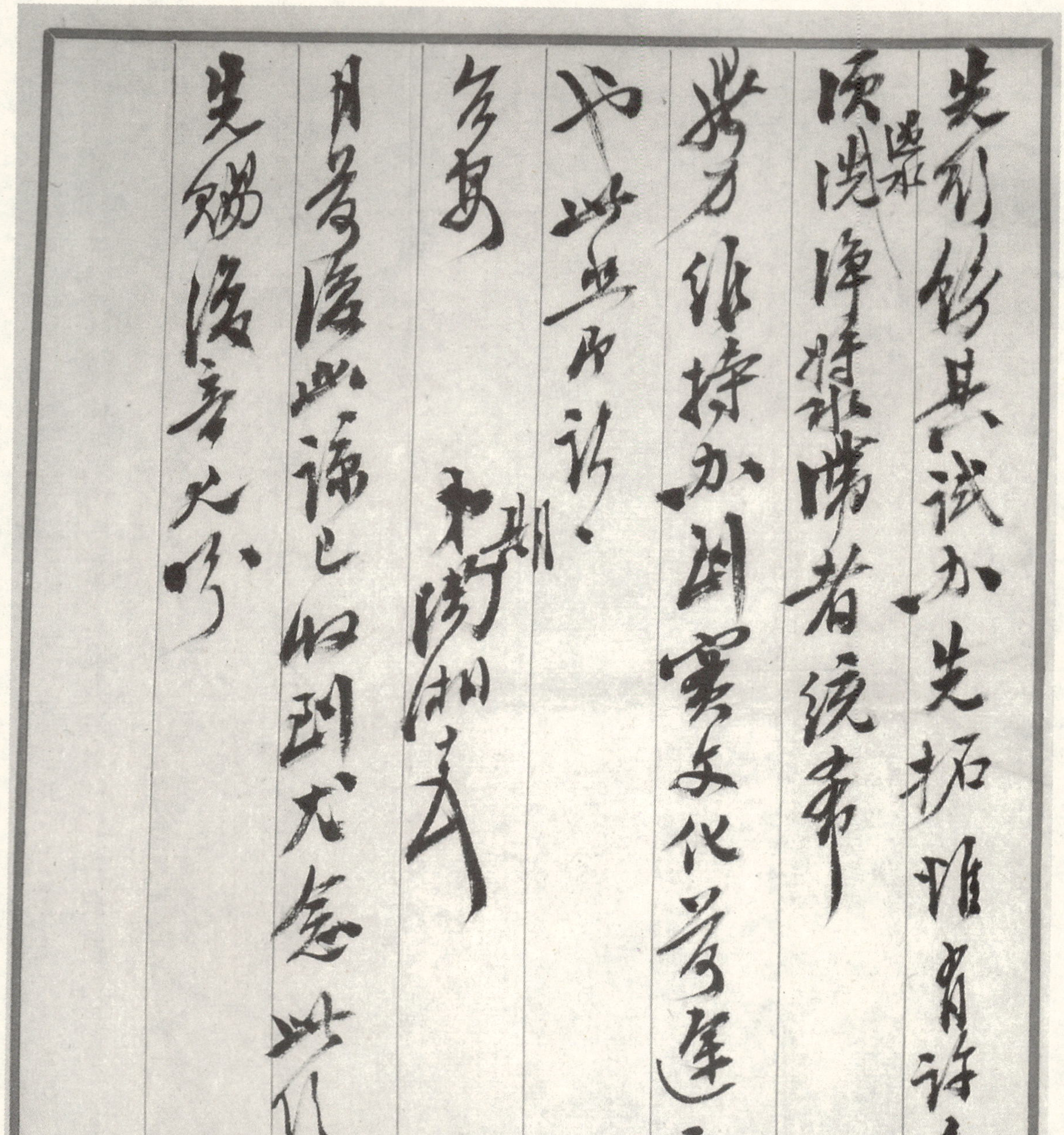

書第七通

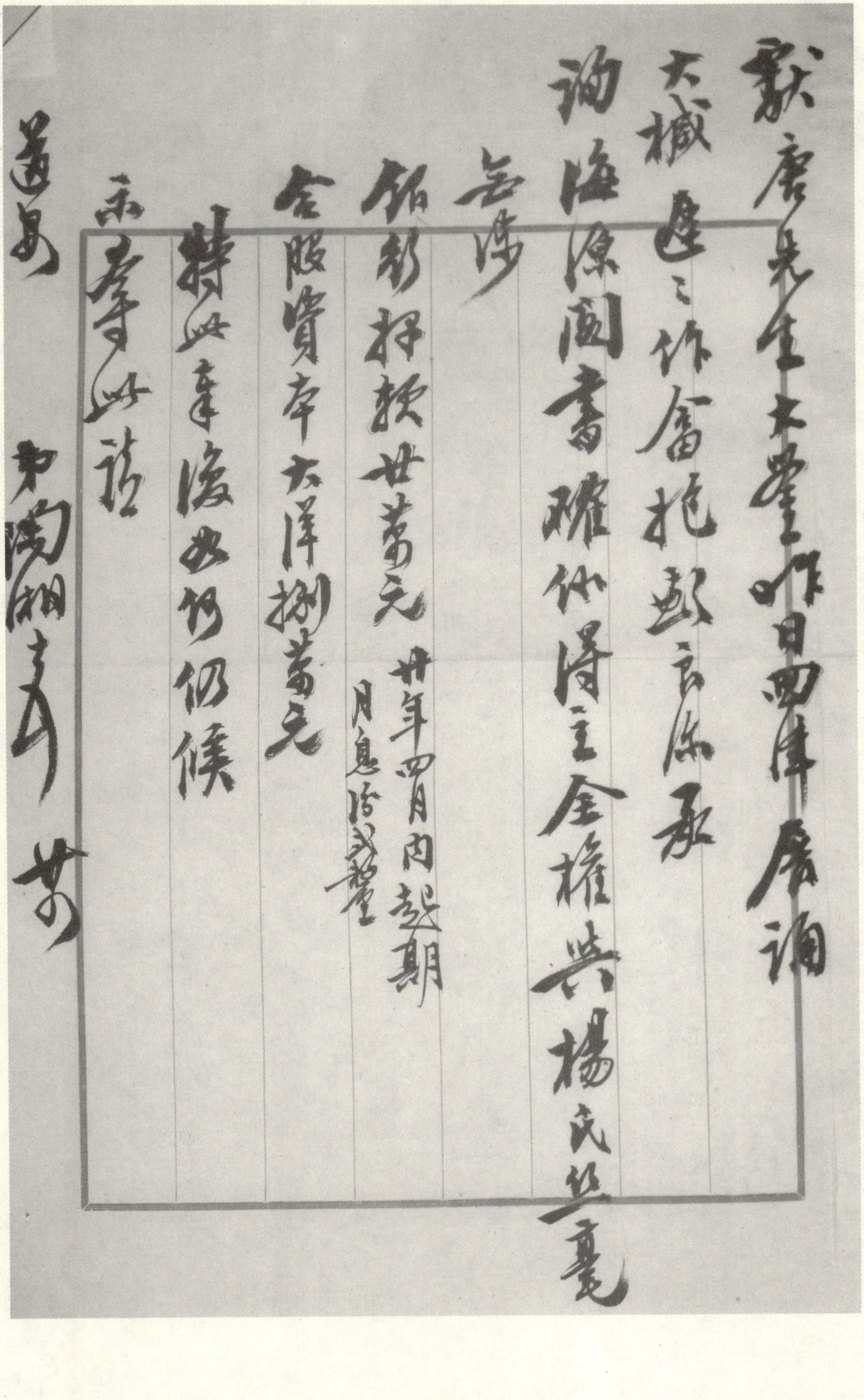

獻虞先生大鑒：昨日兩律屬誦
大撰速々作答，擬郵寄原承
論海源閣書雖仍得主全權，與楊氏毫
無涉。
估計押款廿萬元，廿年四月內起期，月息陸成整
全股資本大洋捌萬元。
特此奉復，并此仍候
示。專此謹請
道安
弟陶湘頓首 廿

陶湘

書第八通

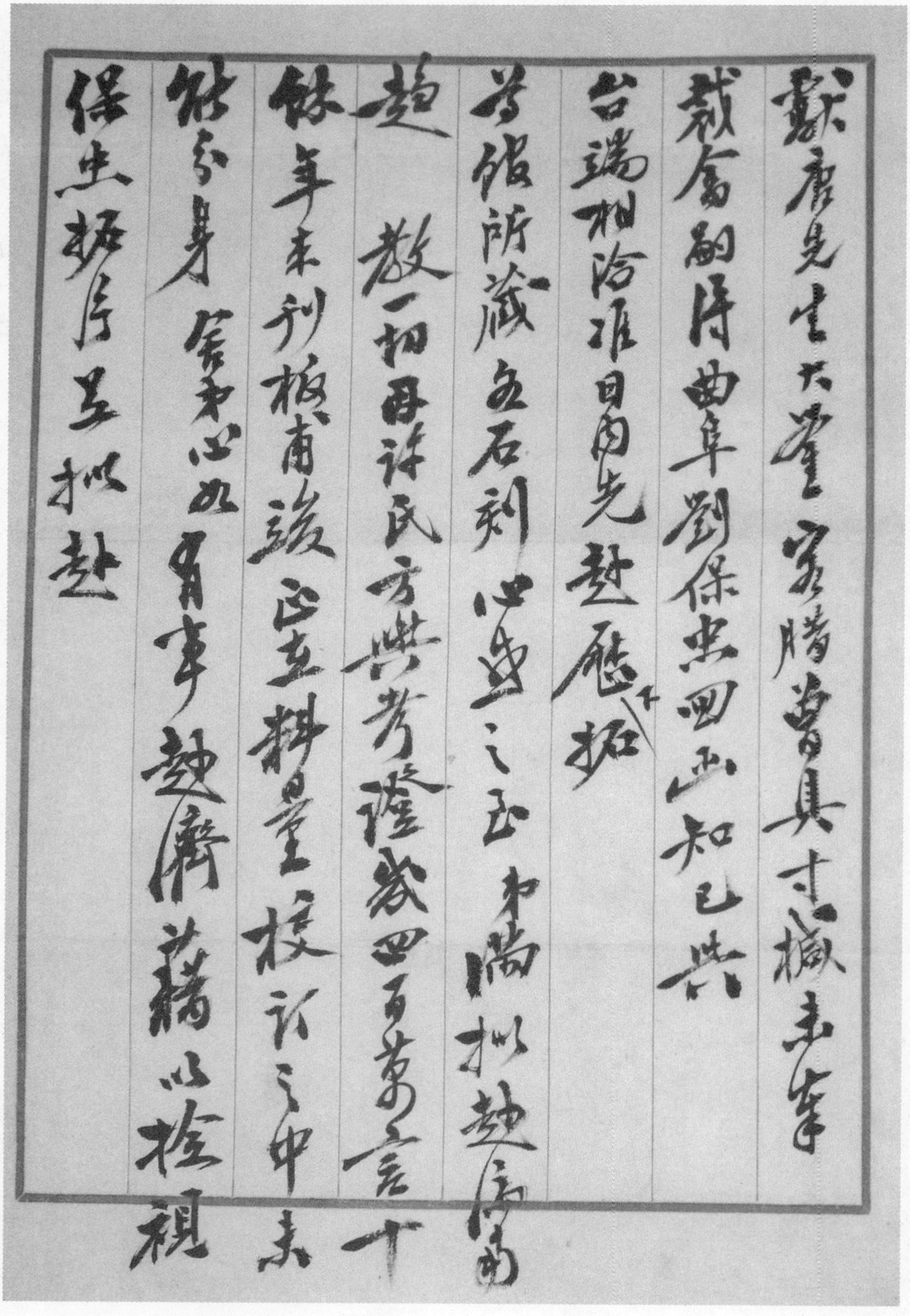
獻唐先生大鑒：客臘曾具寸椷，未奉
裁答。前得曲阜劉保忠函，知已與
台端相洽，准日內先赴歷下拓
貴館所藏金石刻，世罕見之品，中尚擬赴鄒滕
趙。敝邑一切由許氏方與考證録四百萬言，十
餘年來刊板甫竣，正在料量校訂之中，未
能分身，容秋九月來趙齋藉以拾視
保生拯序，並擬赴

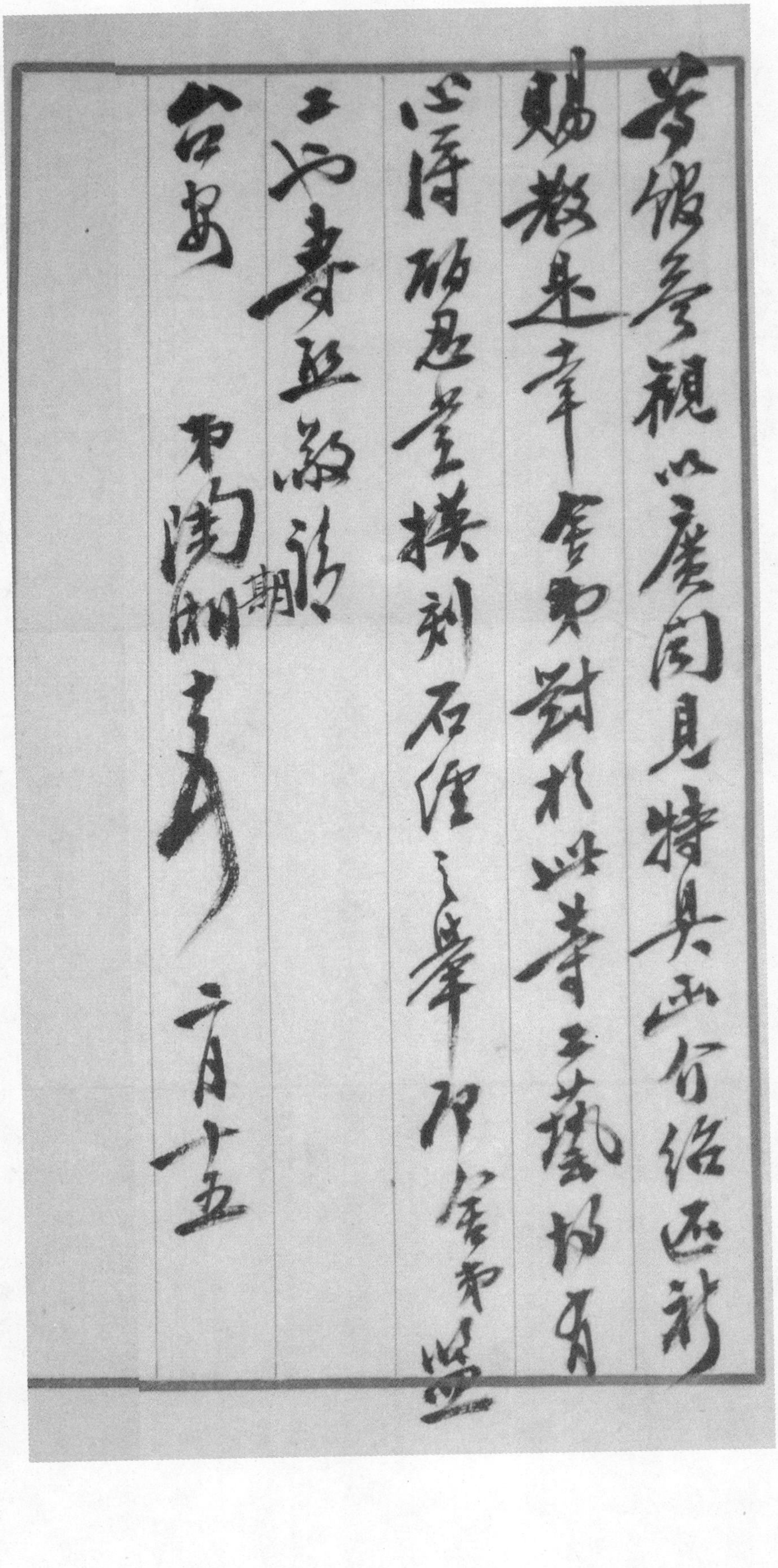
芳館參觀，以廣聞見，特具函介紹，祈
賜教是幸。舍弟對於此等之藝術有
心得，研究篆摸刻石經之學，即舍弟與
之也。專此敬請期
台安
弟陶湘上 六月十五

陶湘

書第九通

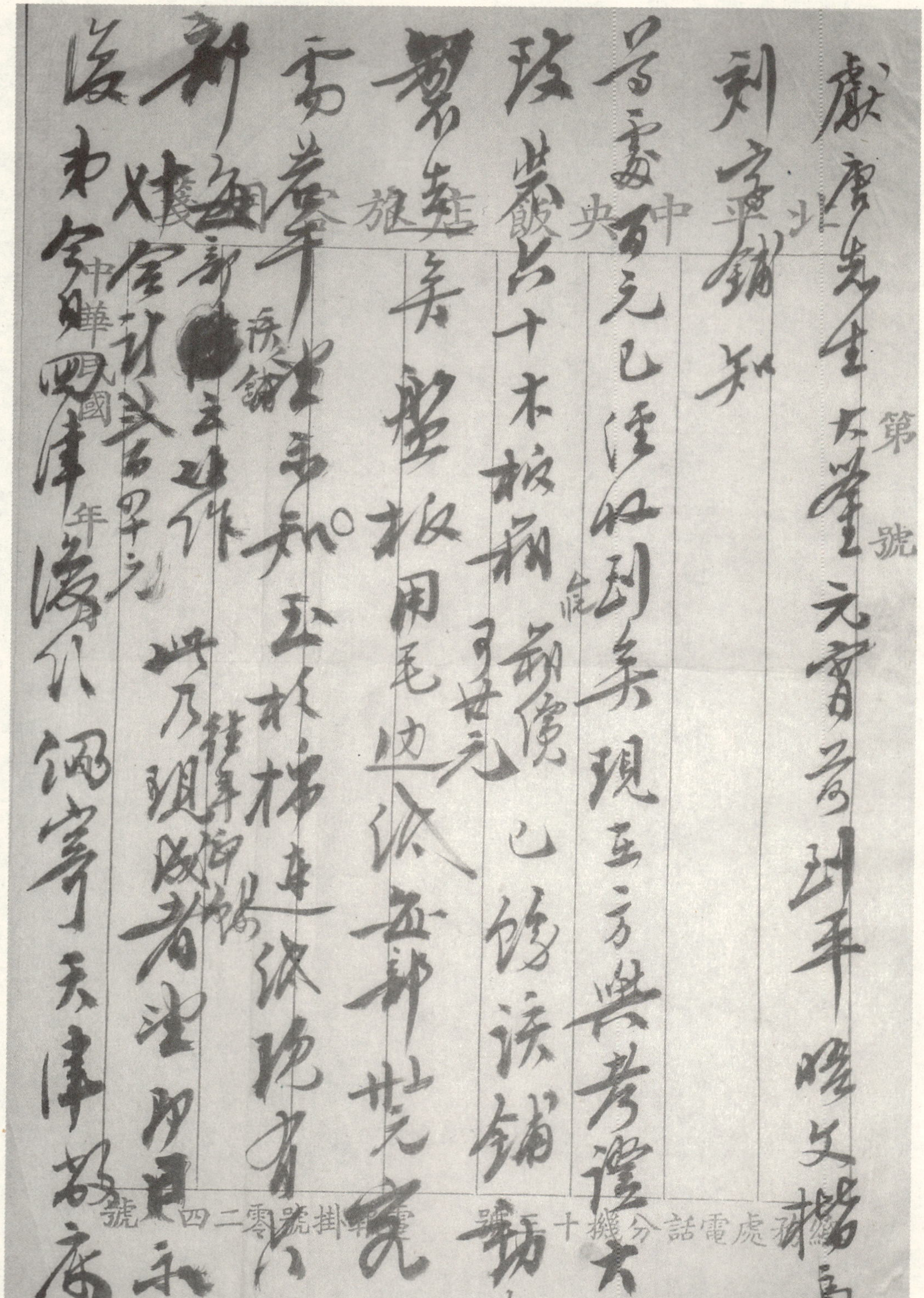

獻唐先生大鑒：元宵前到平，[illegible]
刻字鋪知[illegible]
前需百元已經收到矣，現正方興[illegible]
[illegible]共六十木板[illegible]已飭該鋪趕辦
[illegible]矣。整板用毛邊紙，五新廿元
[illegible]若干，並乞示知。至於棉紙現有
[illegible]全計若干[illegible]，也乃現做者，望即日示
復。[illegible]天津[illegible]

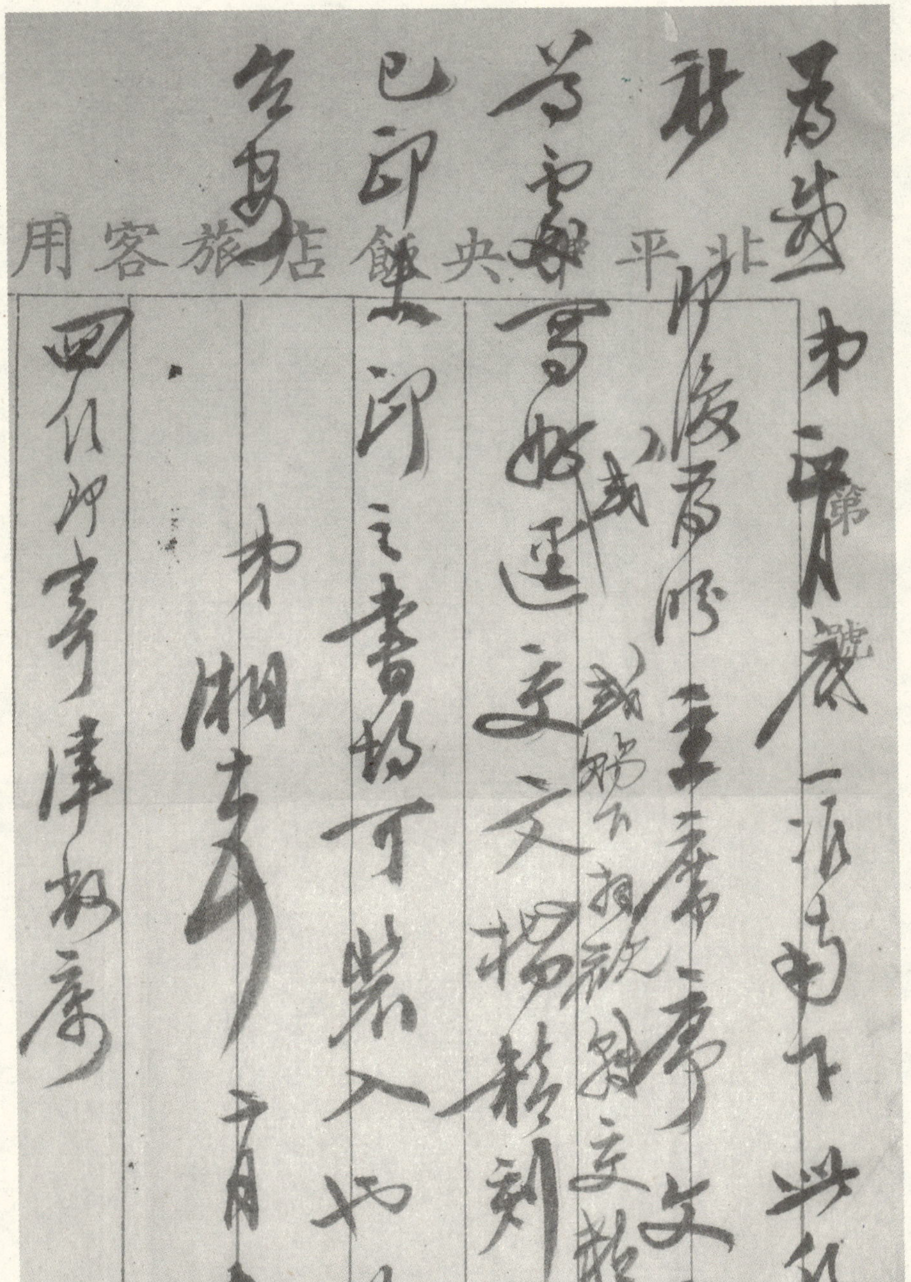

陶湘

書第十通

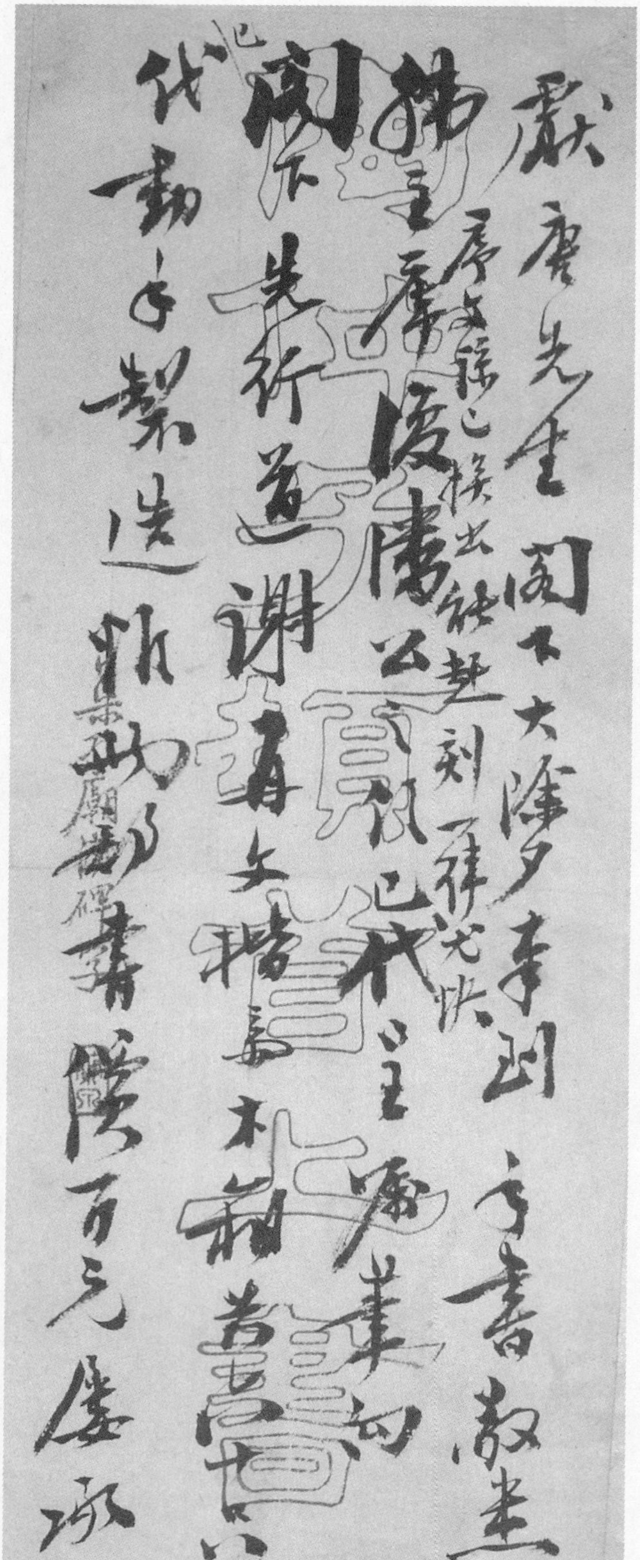

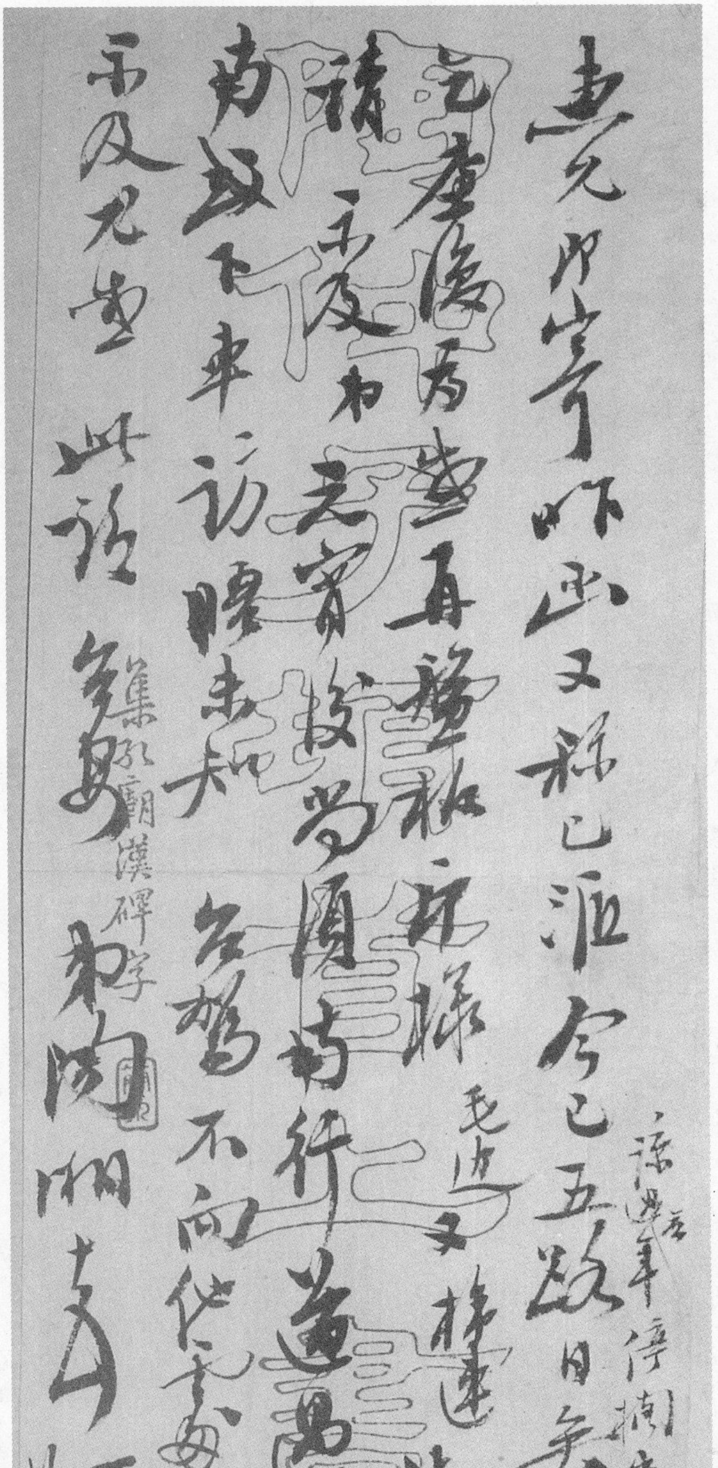

書第十一通

獻唐先生閣下：[illegible]兩奉寸緘，未荷
賜覆。弟於五月十號[illegible]過沛，[illegible]下午
有失寄候。昨日到平，晤文楷齋，知[illegible]
澄書板當未取去，唐文已經刻好，即日印
寄，不再印書矣等語。中意[illegible]最要速
將板運至沛，弟此為最要。否則不知者
將疑中經手不發，斷不說[illegible]最要，速速
不知。此為最要者，一概不印書，[illegible]廣識

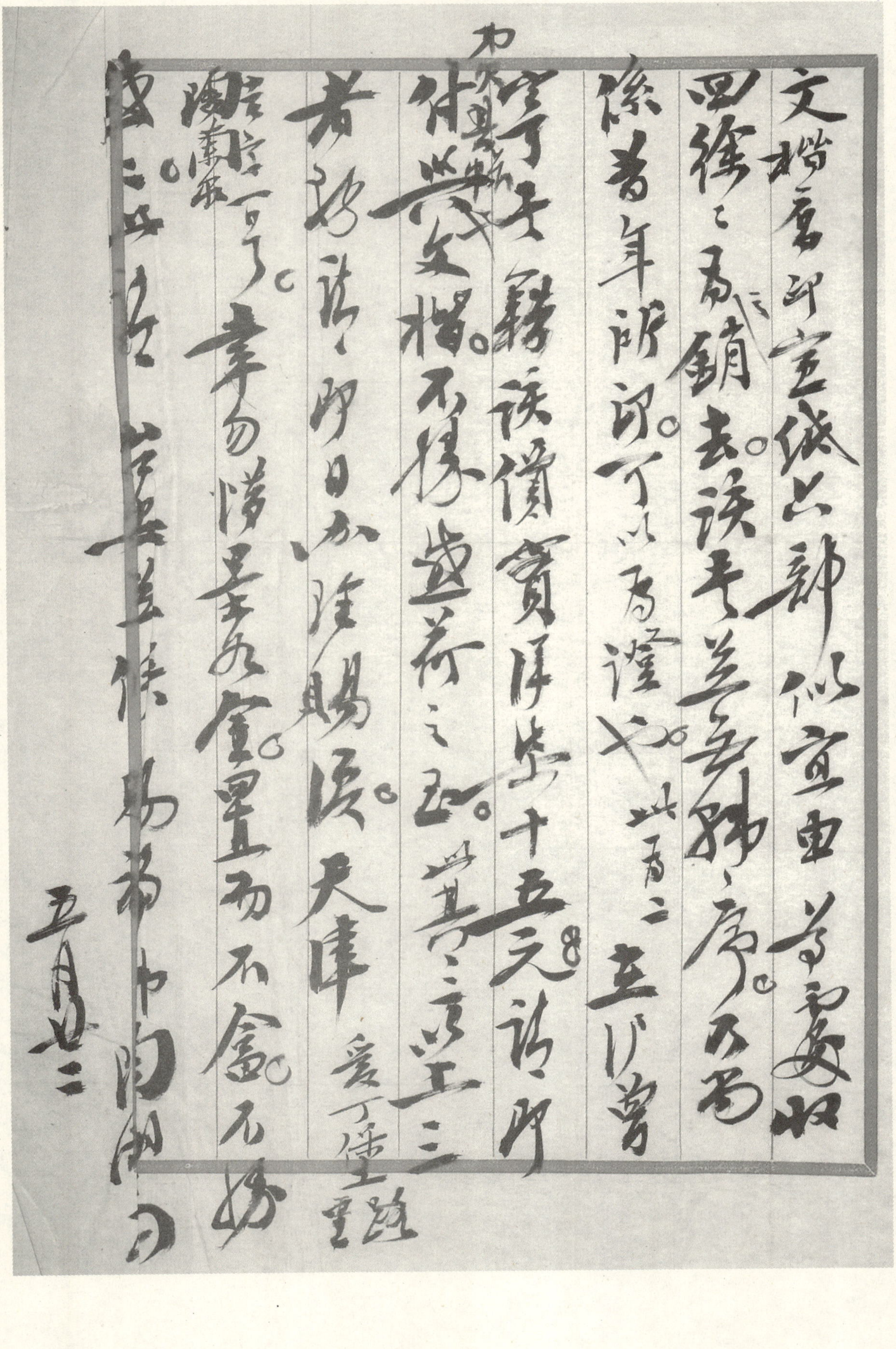

陶湘

書第十二通

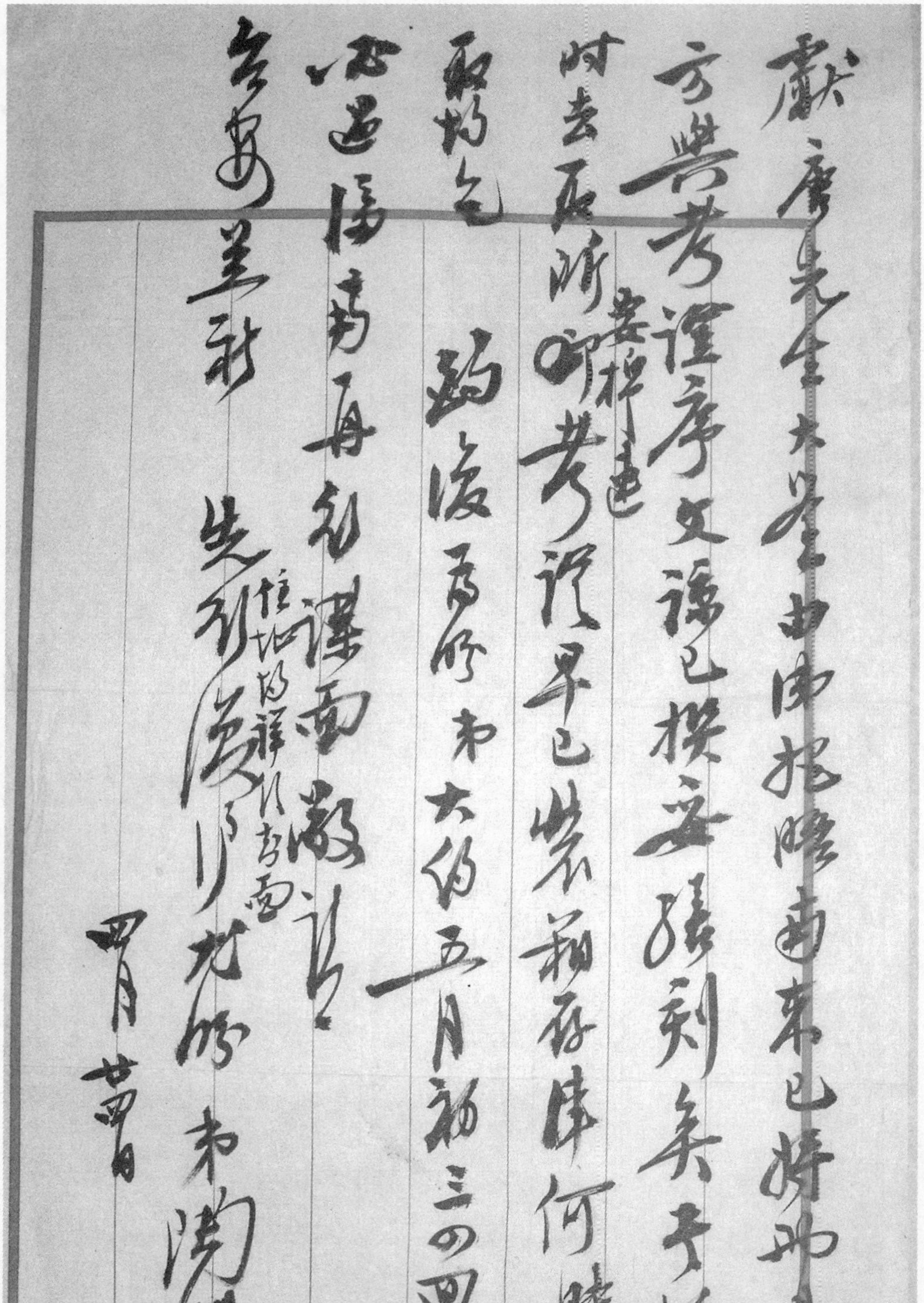

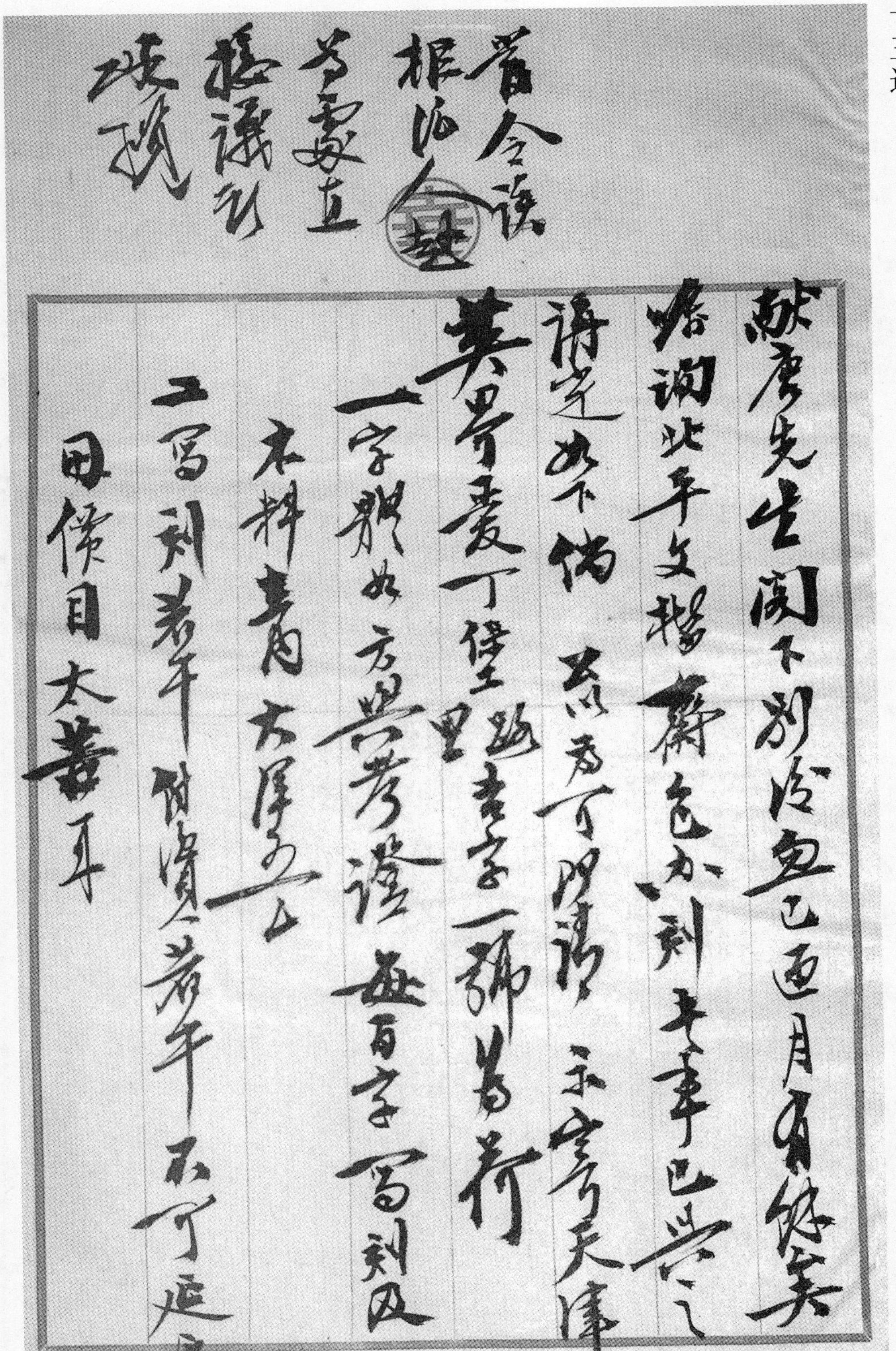

陶湘

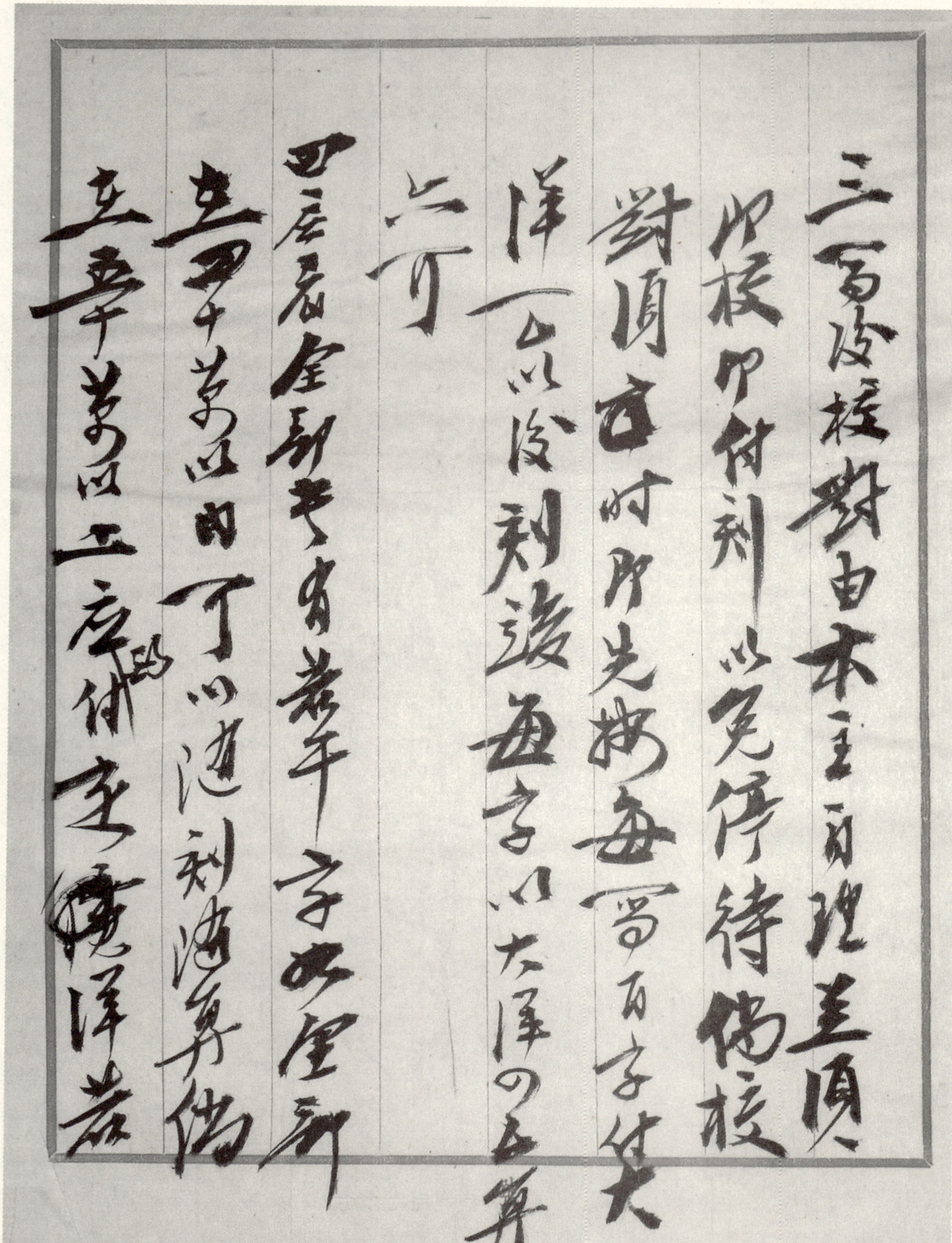

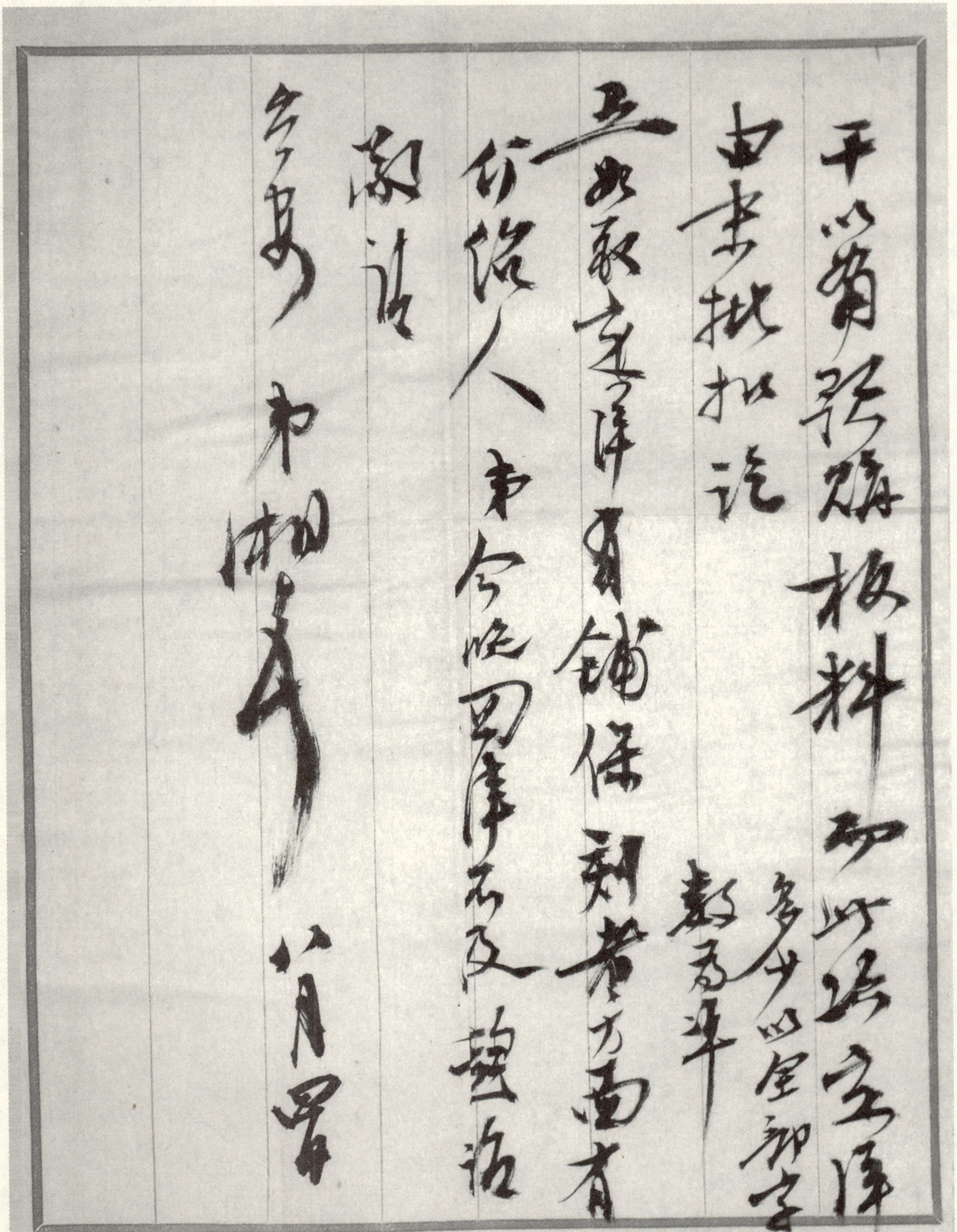
平以前張旗板料所此張文件多少以全部字數為準
由本批擬詳
立此取文件有鋪保刻者方面有
介紹人由今後四件不及趙語
敬請
公安 弟湘手 八月四日

陶湘

封第一件

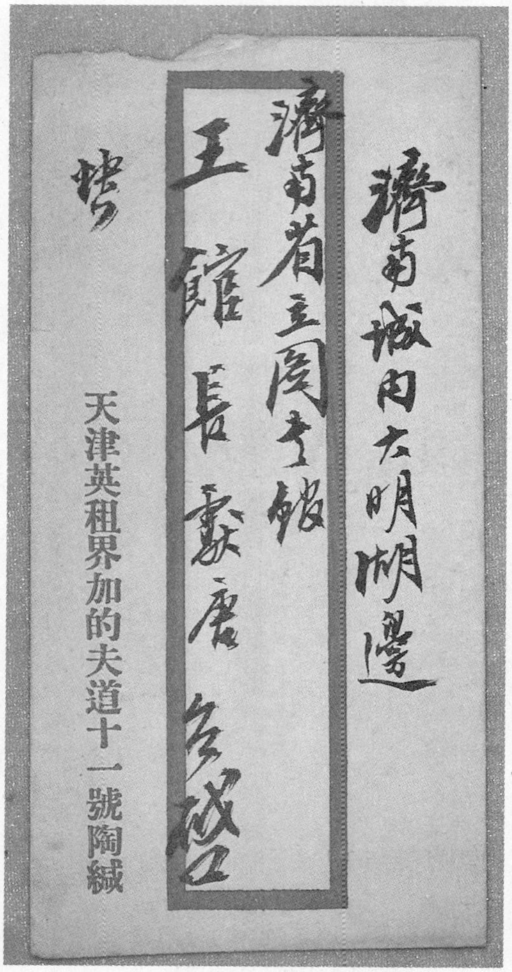
濟南城内大明湖邊
濟南省立圖書館
王館長獻唐台啓
天津英租界加的夫道十一號陶緘

封第二件

濟南城内貢院後
省立圖書館
王館長獻唐台啓
上海愷定盤路愷庭邨七號陶緘

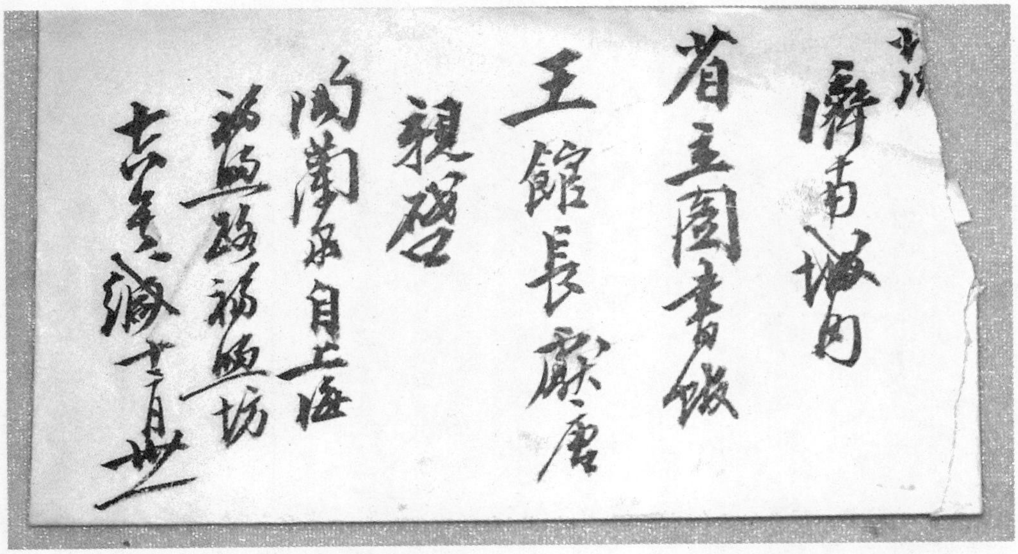
濟南城內
省立圖書館
王館長獻唐
親啓
陶蘭泉自上海
福煦路福煦坊

封第三件

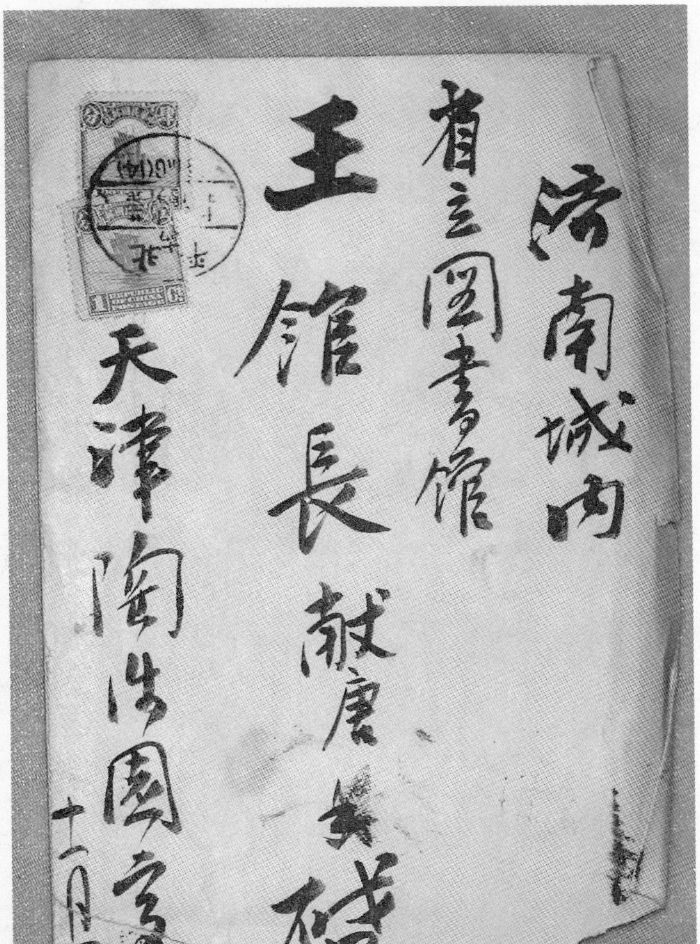
濟南城內
省立圖書館
王館長獻唐先生
啓
天津陶涉園寄

封第四件

封第五件

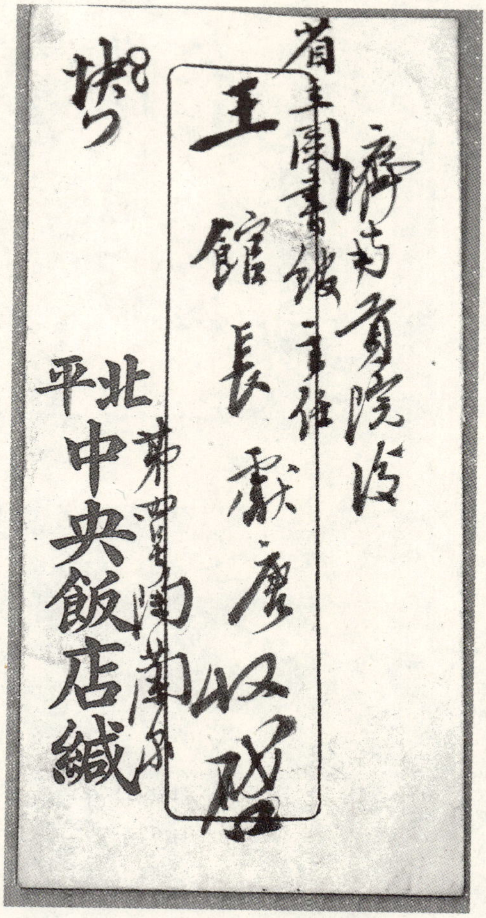

封第六件

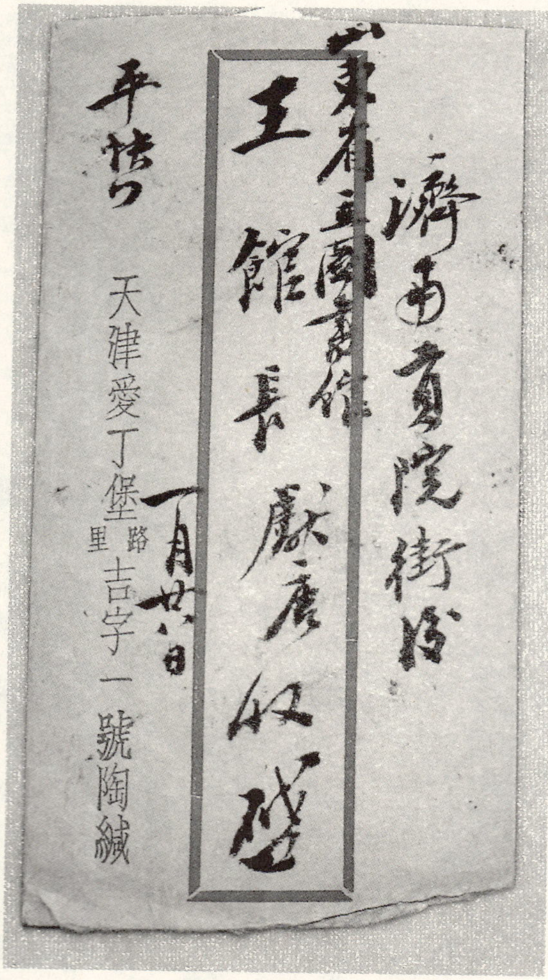

封第七件

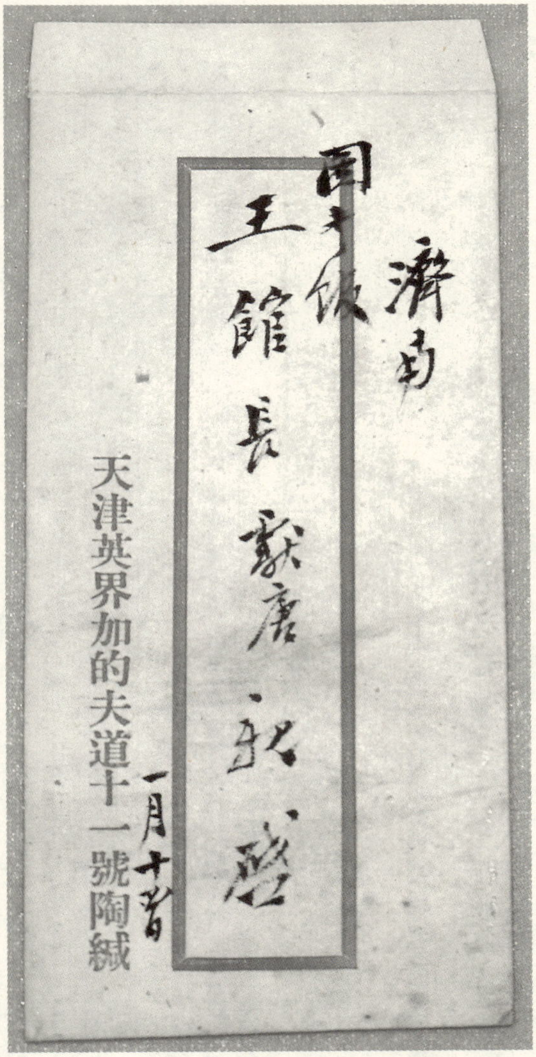
濟南
王館長獻唐 親啓
一月十日
天津英界加的夫道十一號陶緘

封第八件

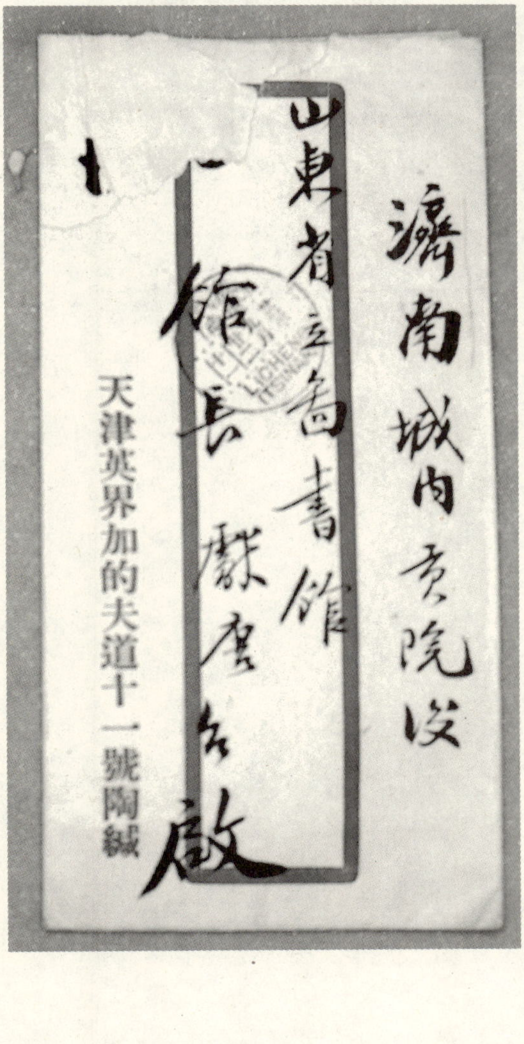
山東省立圖書館
館長獻唐台啟
天津英界加的夫道十一號陶緘

封第九件

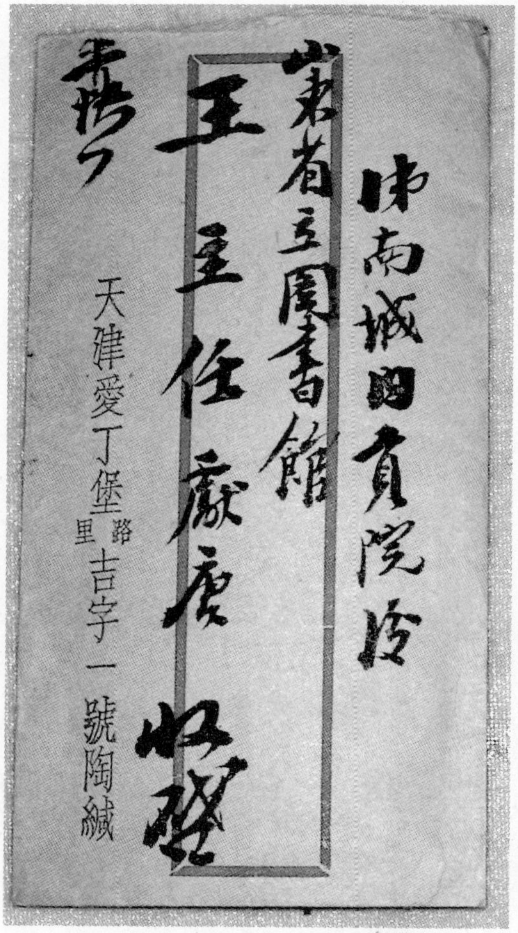

封第十件

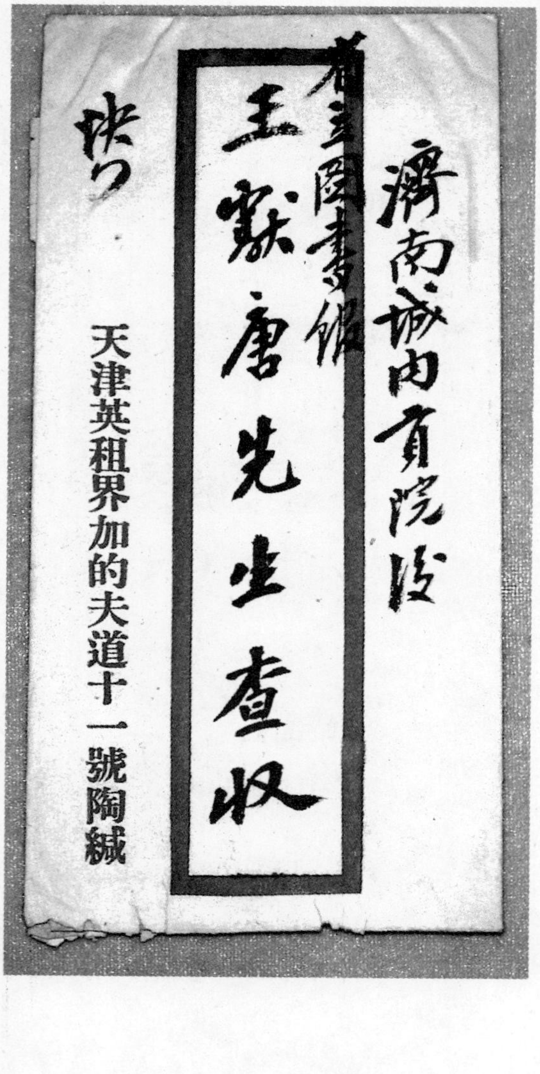

封第十一件

封第十二件

十一

陶洙

書一通

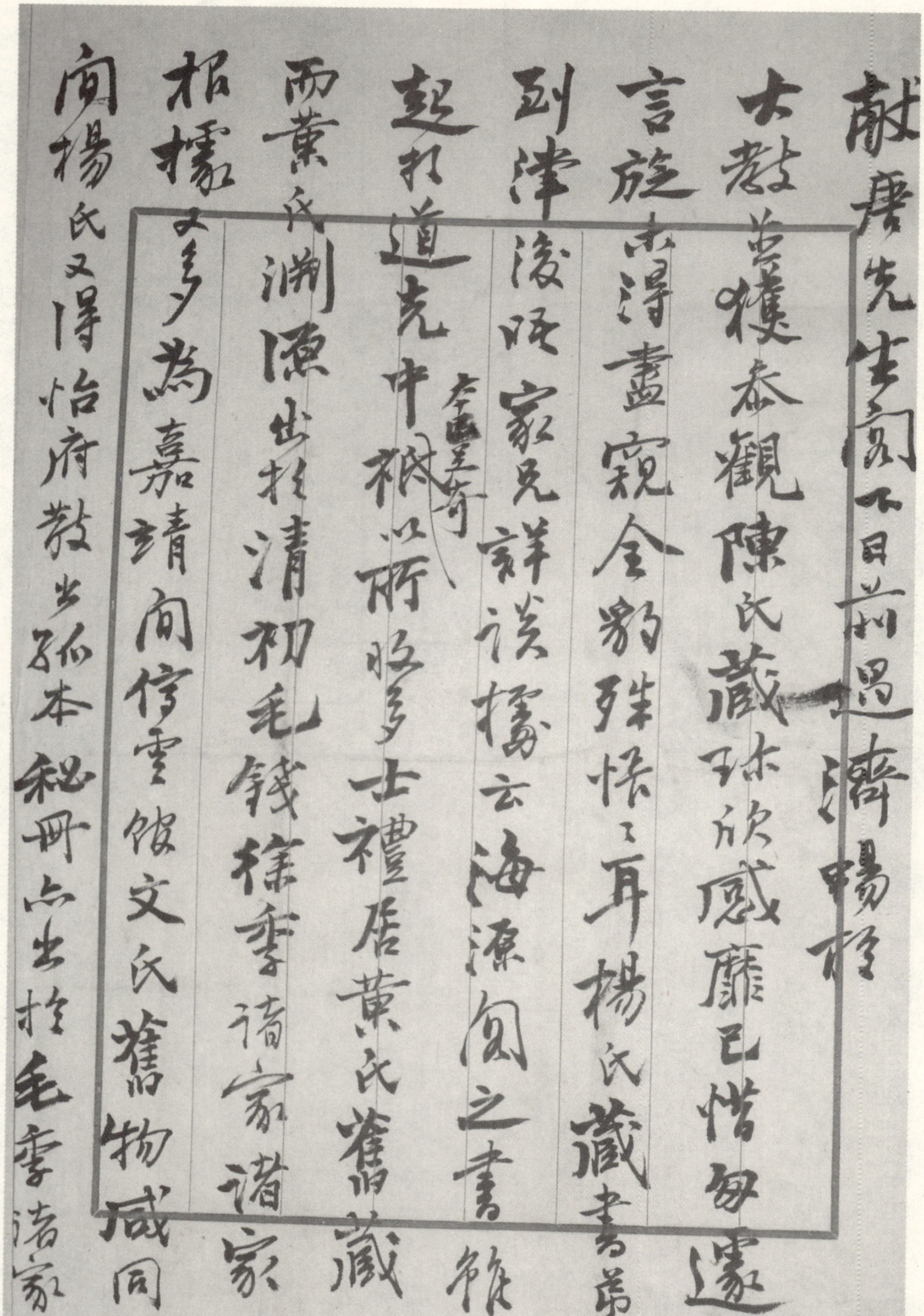
獻唐先生閣下：日前過濟，暢聆
大教，並獲泰觀陳氏藏珍，欣感靡已。惜匆遽
言旋，未得盡窺全豹，殊悵悵耳。楊氏藏書，弟
到津後，晤家兄詳談，據云海源閣之書，館
起於道光中，祇以所收多士禮居黃氏舊藏，
而黃氏淵源出於清初毛錢徐季諸家，
根據又多為嘉靖間停雲館文氏舊物。咸同
間楊氏又得怡府散出孤本秘冊，亦出於毛季諸家

是五百年來有統系之文化擴集於海源
閣中益以黃顧諸人之精校秘鈔所以海源閣
三字震耀寰宇為中外人士所欽仰不置者
也數年前平津熱心國粹好古諸君因閣外
人來華蒐討甚力亟謀保存之策初意價值
居奇俾藏園諸老咸以文獻存亡為斷遂集
貲照購多有從半途追回者蓋海源閣之粹
不獨有關魯省文獻而已抑楊氏為魯省人物

陶洙

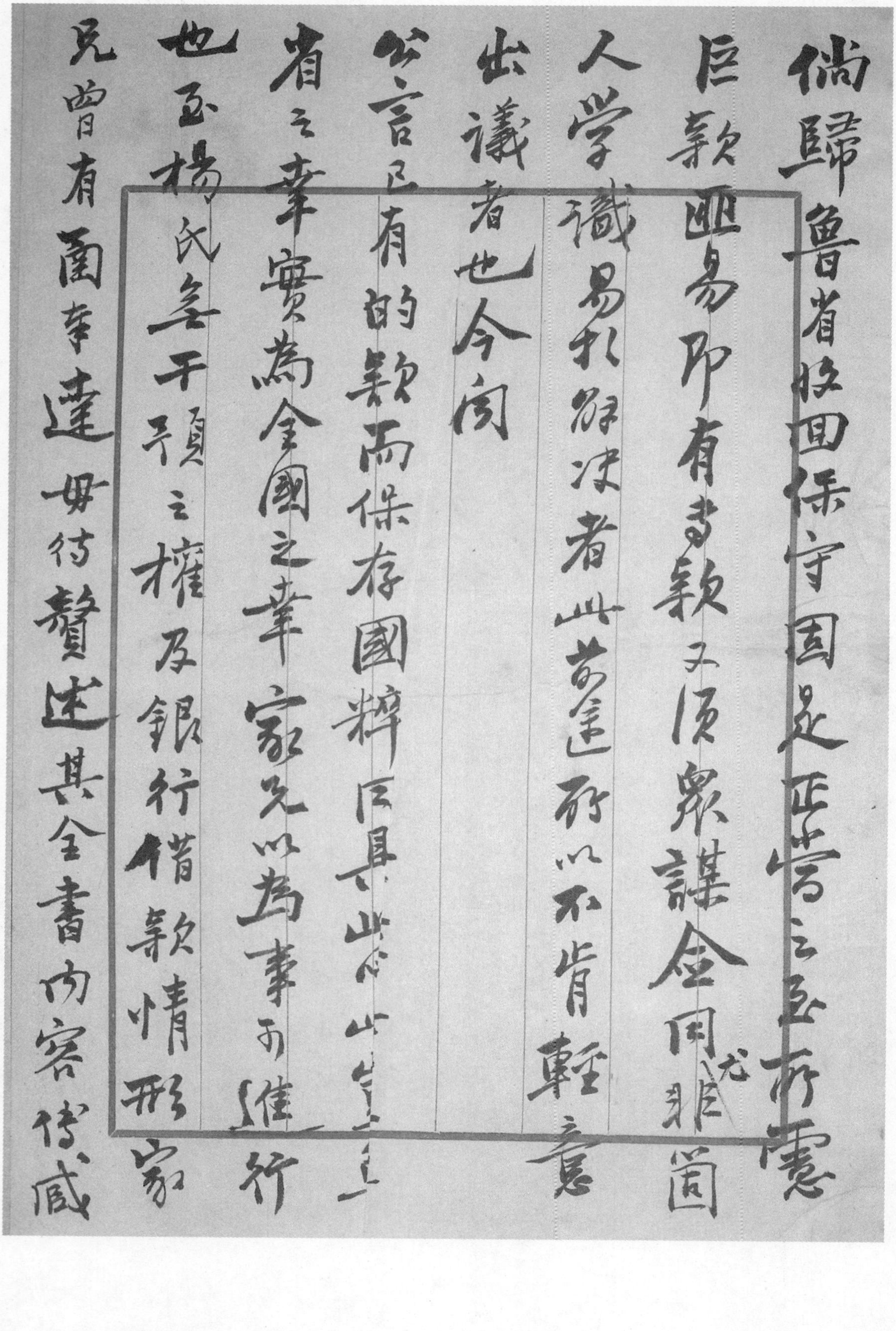
備歸魯省收回保守因是正當之至所憲
巨款匯易即有着款又須衆謀合同尤非閭
人學識易於解決者此苟達所以不肯輕意
出議者也今聞
公言已有的款而保存國粹已具此心實足上
者之幸實為全國之幸家兄以為事可進行
也至楊氏各干預之權及銀行借款情形家
兄曾有函奉達毋待贅述其全書內容待臧

園曾有海源閣藏書紀畧之文載在國聞週報二十年六月一日第八卷第二十一期想
貴館若有此報請查閱即知底蘊勝於親檢
且一面先行試諸討論
高明以為何如倘 貴館無此週報乞
示知當代購寄奉肅此敬頌
台綏 弟期陶洙拜
家兄附筆道候 再賜函請寄天津英界五十二號路綠士
歸家兄轉交即得

十二 丁菊甦 書二通 封一件

書第一通

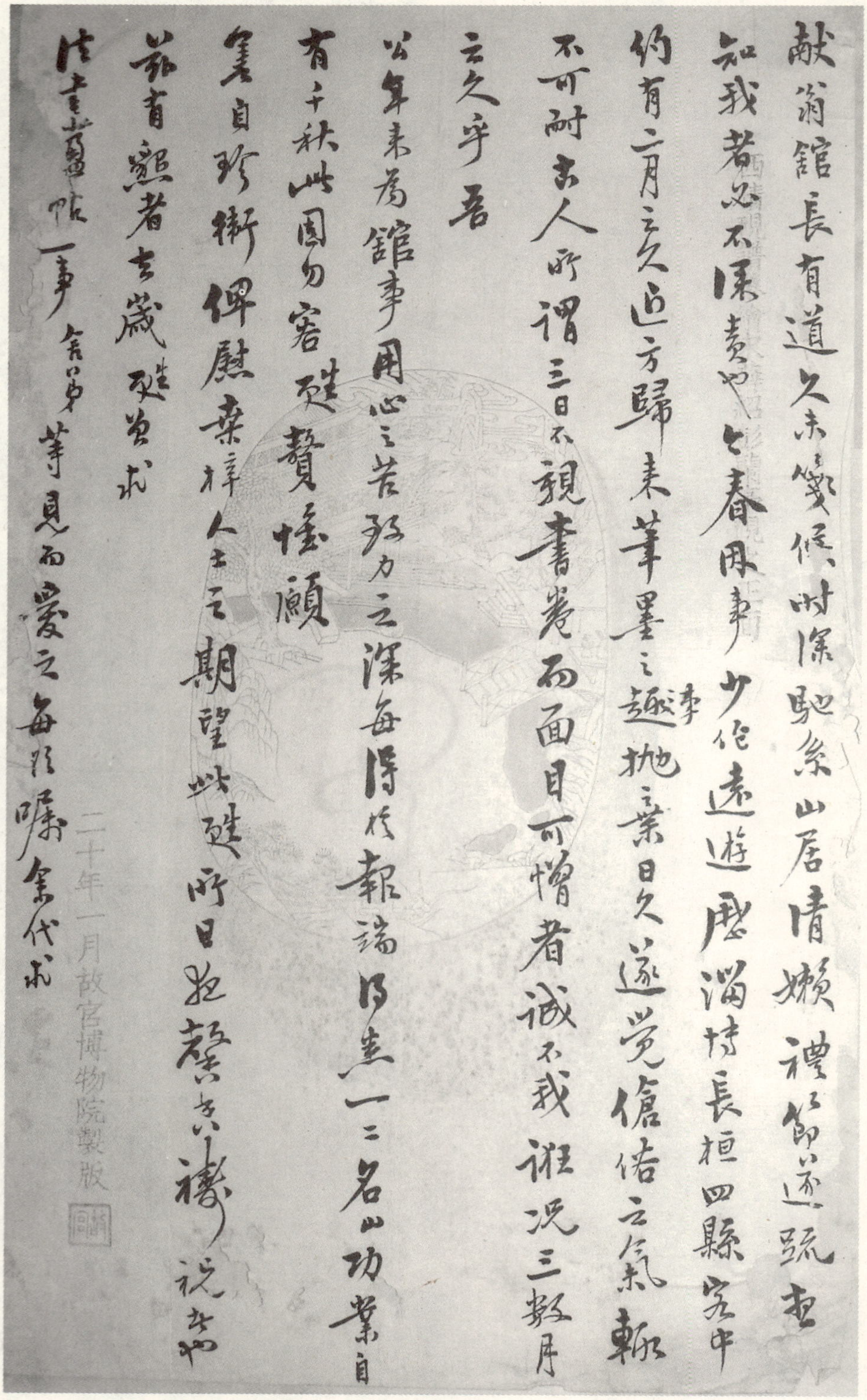

献翁館長有道久未箋候時深馳系山居清嫻禮節以遂疏曲知我者必不深責也今春因事少作遠遊歷淄博長桓四縣宕中約有二月之久近方歸來筆墨之趣拋之叢日久遂覺傖俗之氣輒不可耐古人所謂三日不親書卷面目可憎者誠不我誑況三數月之久乎吾公年來為館事用心之苦致力之深每得於報端乃悉一二名山功業自有千秋此固勿容甦贅惟願集自珍衛俾慰桑梓人士之期望此甦所日抱馨香禱祝者也前有甦者古歲甦曾求法書小幅一事無以負筆見而愛之每形嘱念代求

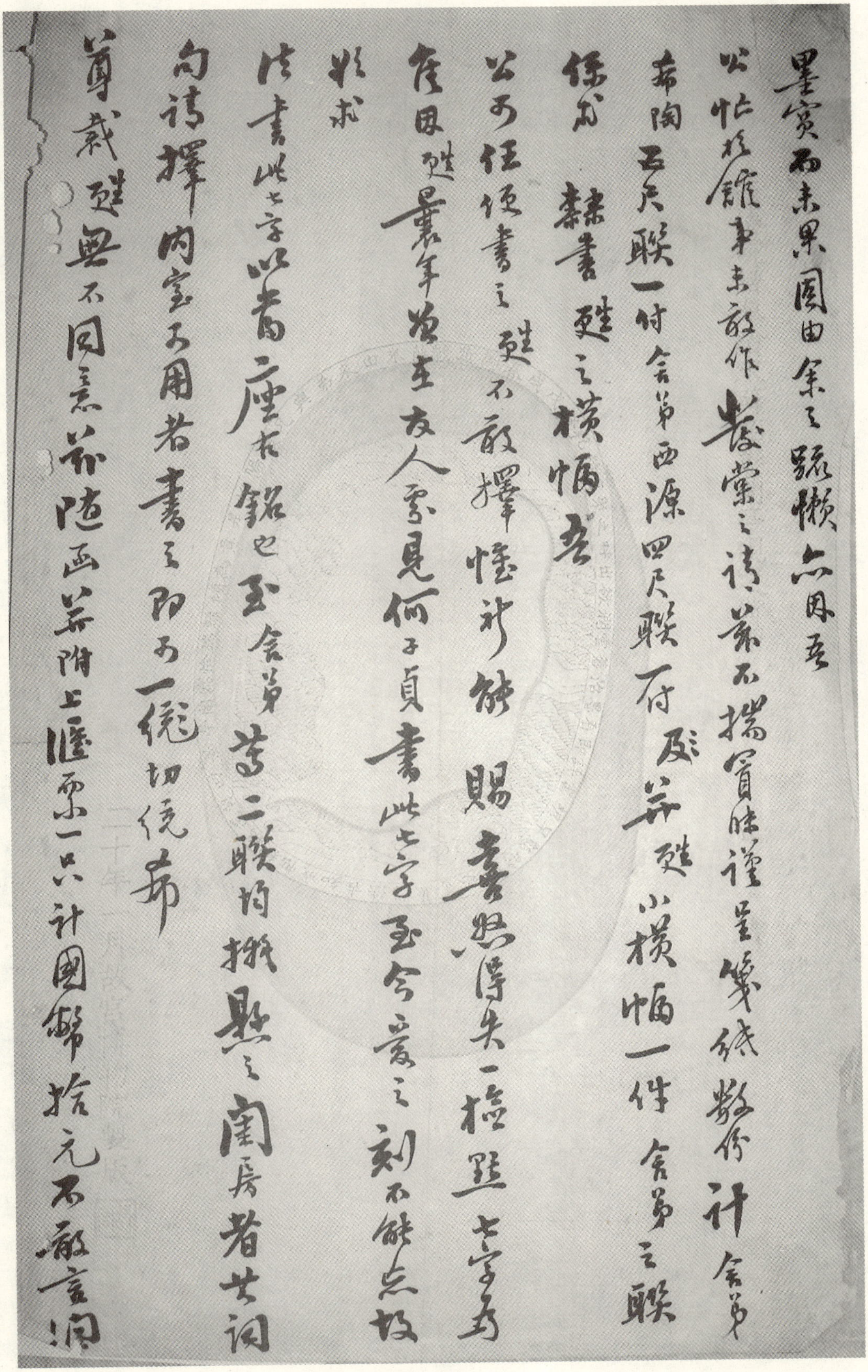
墨寶而未果園由余之號懶亦因吾
公帖於館事未敢作 崇棠之詩並不揣冒昧謹呈箋紙數付計 會弟
布陶五尺聯一付 會弟西源四尺聯一付及並甦小橫幅一件 會弟之聯
係用隸書甦之橫幅吾
公可任便書之甦不敢擇惟祈俯賜 喜怒得失一揆 甦七字對
舍因甦曩年曾在友人處見何子貞書此七字至今嘗之刻不能忘故
敢求
法書此七字以當座右銘也至會弟等二聯均擬懸之閨房者其詞
句請擇內室可用者書之即可一總切總聽
尊裁甦無不同意茲隨函並附上滙票一只計國幣拾元不敢言潤

丁菊甦

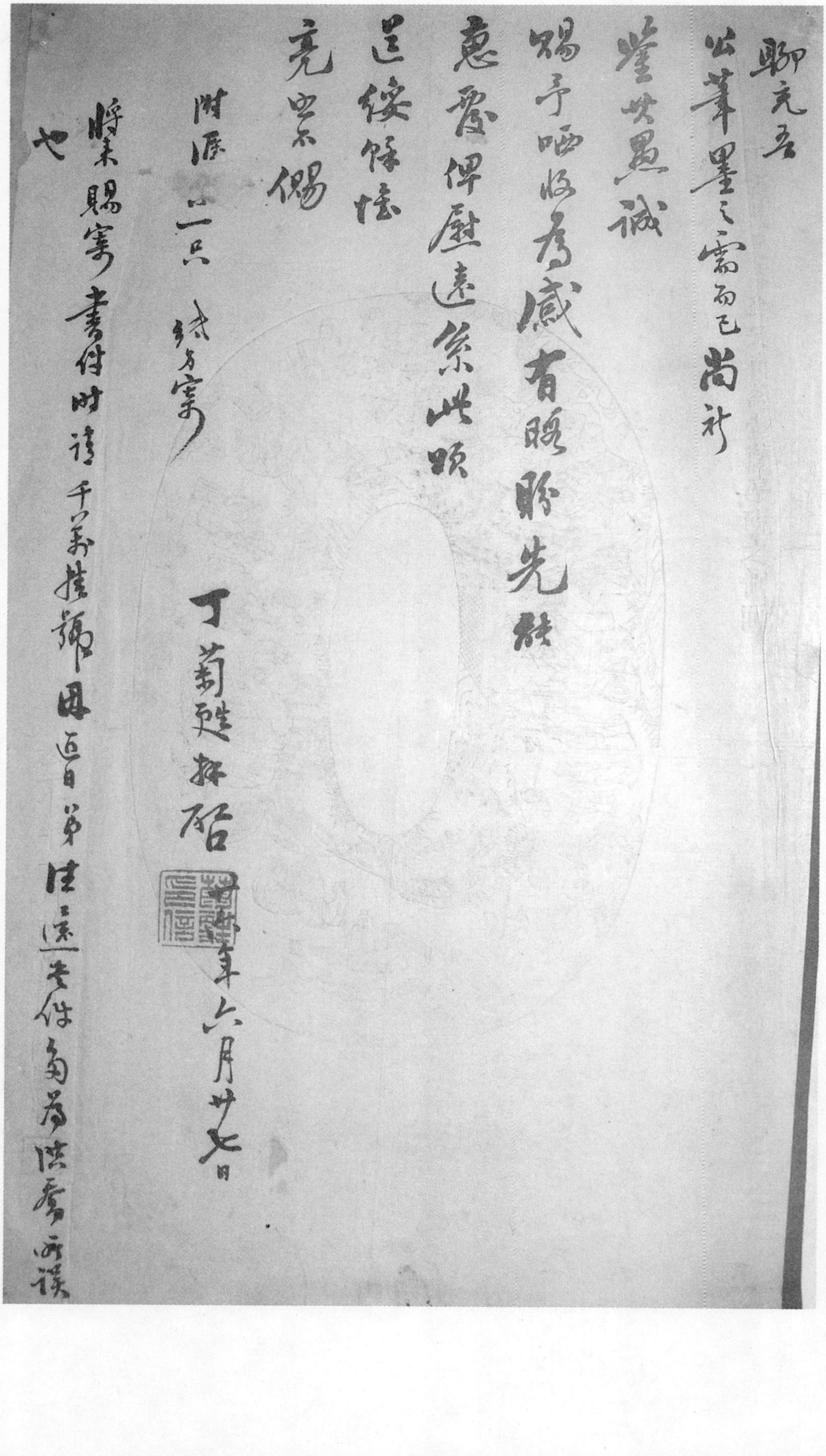

聊充吾
公筆墨之需而已尚祈
鑒其愚誠
賜予哂收為感有暇盼先賜
惠覆俾慰遠系此頌
道綏餘悰
亮察不備
附原函一只　續另寄
丁菊甦拜啓　廿年六月廿七日
將來賜寄書件時請千萬掛號因近日弟住處遞寄件多為偷兒所誤
也

丁菊甦 文字直例

學商作吏兩無才畢竟書生太可哀差喜塗鴉猶有字逢人敢自賣癡獃名士由來聲價多千金一字不爲苛飯生也有長門賦其奈文章憎命何免俗未能莫笑余親題潤格果何如不祥文字無聊甚底事倉沮故有書澗跡文壇已有年欲憑翰墨結因緣服膺竊取鄭公語不使人間造孽錢

文直

碑文墓誌銘行傳各一百洋

壽序駢文六十洋散文四十洋誄辭哀辭祭文視壽序七折

論文箋啓頌詞像贊各十洋題跋百字五洋涉考據加倍

詩絕句二洋律四洋古風十洋限韻加半

聯十字內四洋十字外六洋長聯加倍嵌字加半慶弔語減二成

凡文件涉及政治範圍及詆毀他人名譽一切不正當各件均不應命

書直

榜書尺內每字一洋逾尺加倍

楹聯三四尺二洋五尺三洋六尺四洋七尺六洋八尺八洋　題跋加半　來文加半　屏條同直限三行爲度

堂幅加倍

扇面行楷二洋小楷三洋雙行加倍　卷册每尺同直

壽屏每幅六尺八洋七尺十洋八尺十二洋

拙作文字同時求書者書直例減五成

墨費概加一成　劣紙不書　立索不應　外埠郵費每件一角

潤資請先惠

癸酉元旦還讀盦主菊甦氏手訂

書第二通

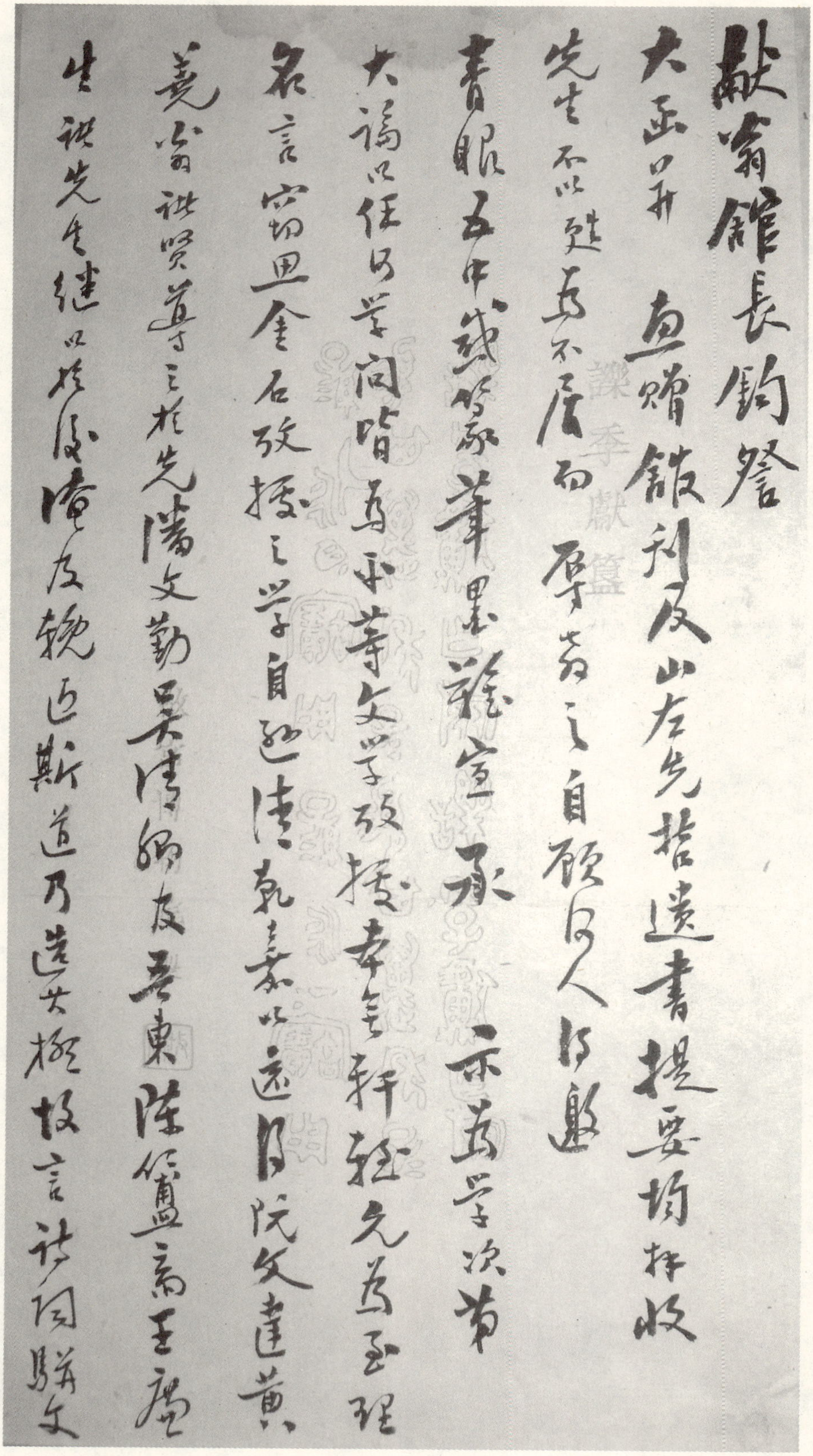
獻唐館長鈞鑒
大函[illegible] 惠贈館刊及山左先哲遺書提要均拜收
先生不以[illegible]爲不肖而厚爲之自顧何人[illegible]邀
青眼五中感[illegible]筆墨難宣承示爲學次第
大編[illegible]以學問皆爲平等文字攷據[illegible]經先爲至理
名言竊謂金石攷據之學自經清乾嘉以還阮文達黄
蕘翁諸賢尊之於先潘文勤吳清卿[illegible]吾東陳簠齋[illegible]
生諸先生繼以[illegible]挽近斯道乃造其極故言[illegible]

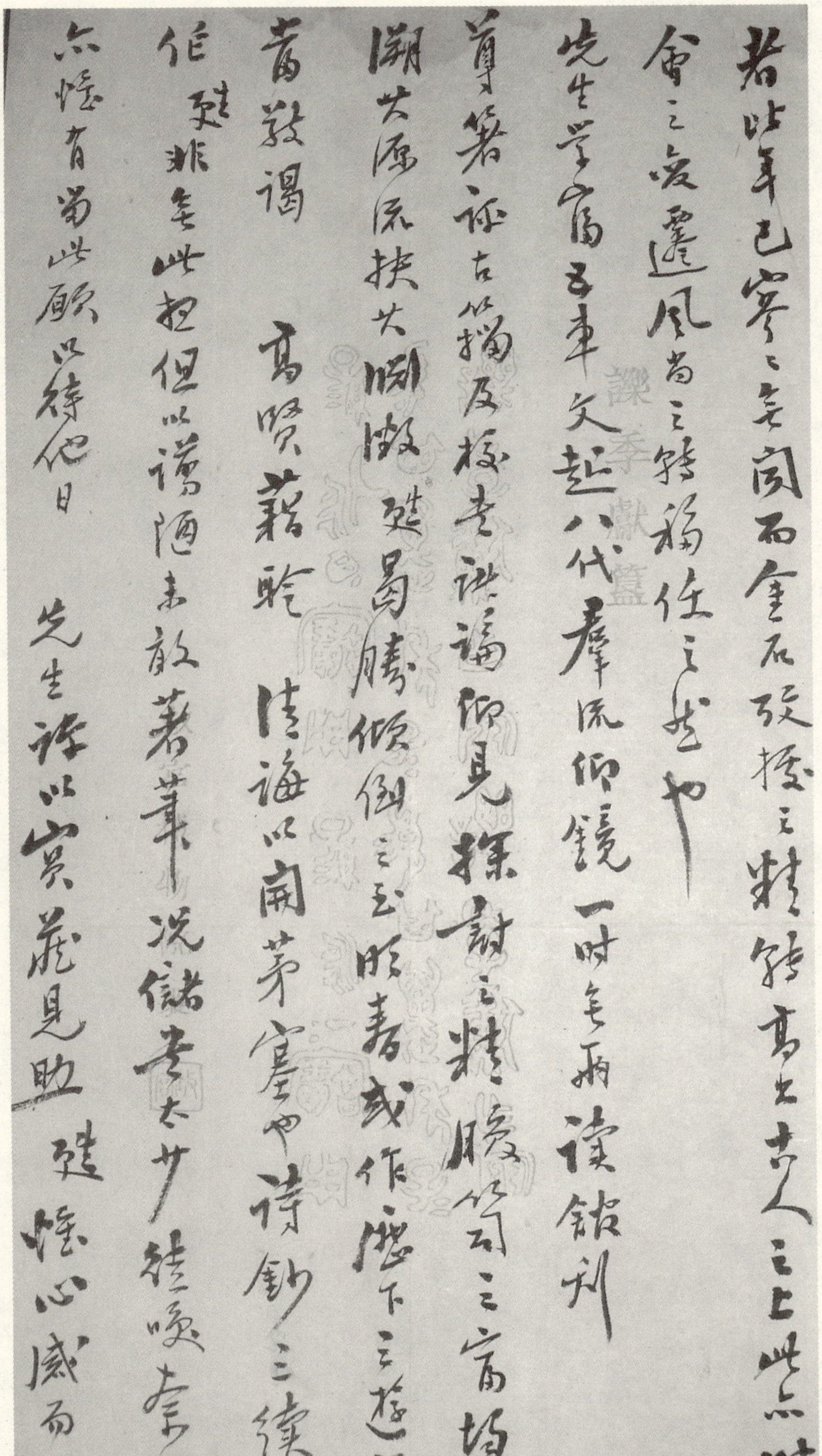

若此年已寥寥無聞，而金石碑拓之精鑑，高出古人之上，無時
會之廢遷，風尚之轉移，任之也。
先生學富五車，文起八代，羣流仰鏡，一時無兩。讀館刊
尊著論古籍及樣考諸論，仰見採討之精，勝前之富，猶能
溯其源流，抉其闡微。甦蜀勝傾倒之至，昨書或作，懷下之接遇，定
當敬謁 高賢，藉聆 清誨，以開茅塞也。詩鈔之續之
作 甦非無此想，但以譜酒未敢著筆，況儲者太少，徒嘆奈何。
亦懷有為此願，以待他日。 先生許以寶藏見助 甦懷心感而已

丁菊甦

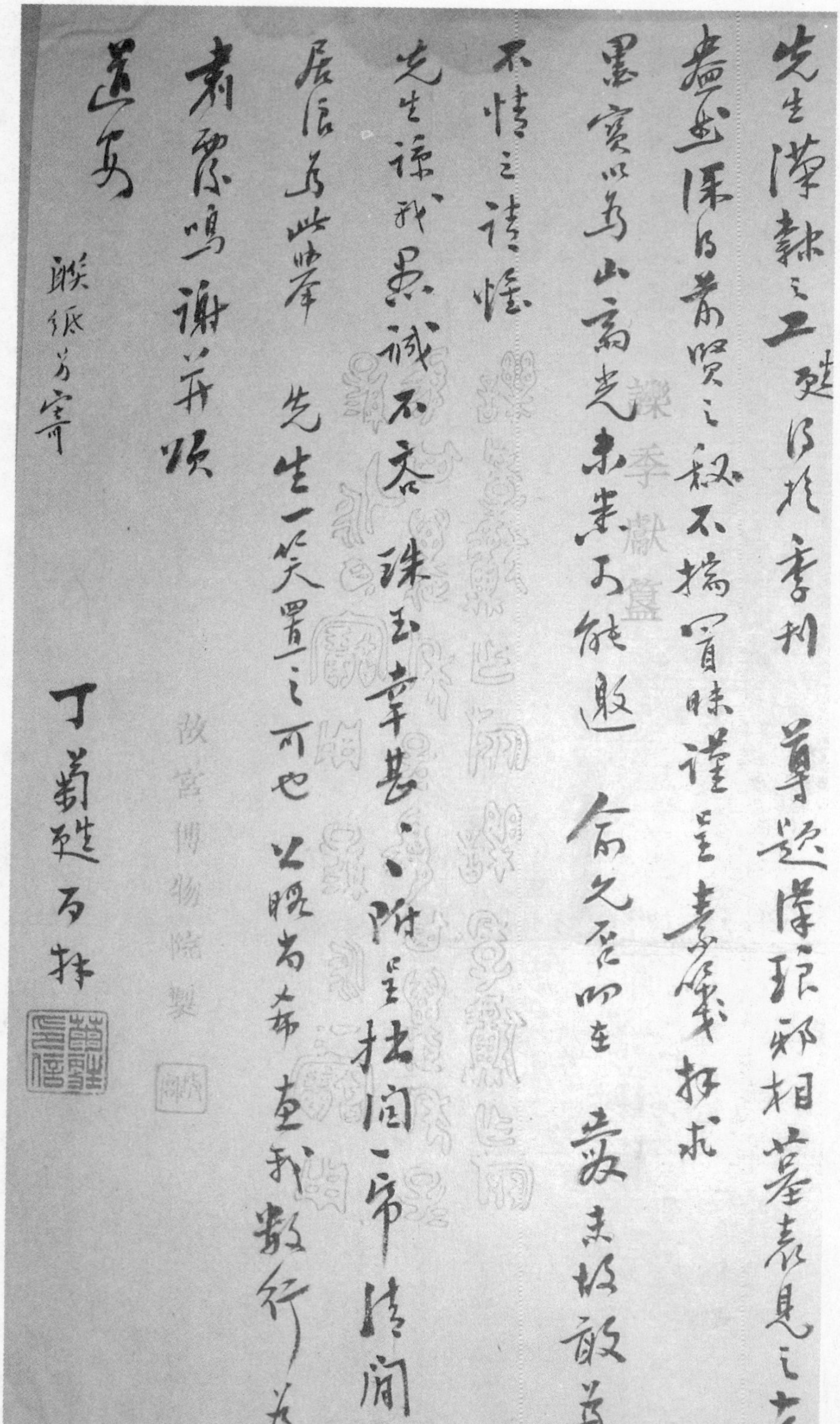
先生篆隸之工[illegible]得於[illegible] 尊題瑯琊相墓表見之[illegible]
無不[illegible]得前賢之[illegible]不揣冒昧謹呈[illegible]拜求
墨寶以為山高光來素不能邀 俞允否所望 [illegible]
不惜之請懇
先生諒我愚誠不吝 珠玉幸甚幸甚附呈拙[illegible]一帋請閱[illegible]
[illegible]此[illegible] 先生一笑置之可也 以[illegible]查我數行[illegible]
肅[illegible]鳴謝并頌
道安
丁[illegible] 頓拜
[illegible]紙另寄
故宮博物院製

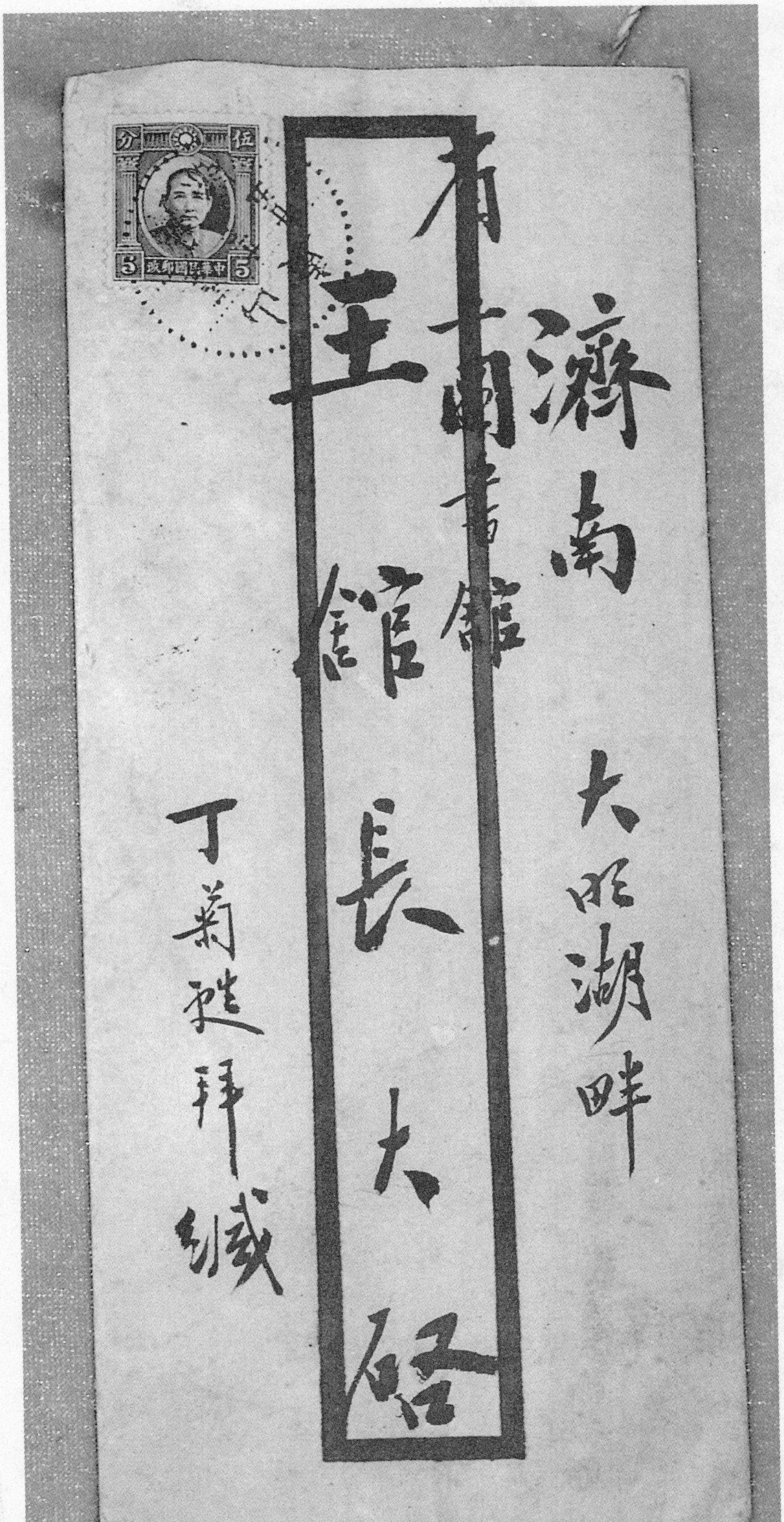
濟南
大明湖畔
圖書館
王館長大啓
丁菊甦拜緘

十三 蔣藩

書二通 封二件

書第一通

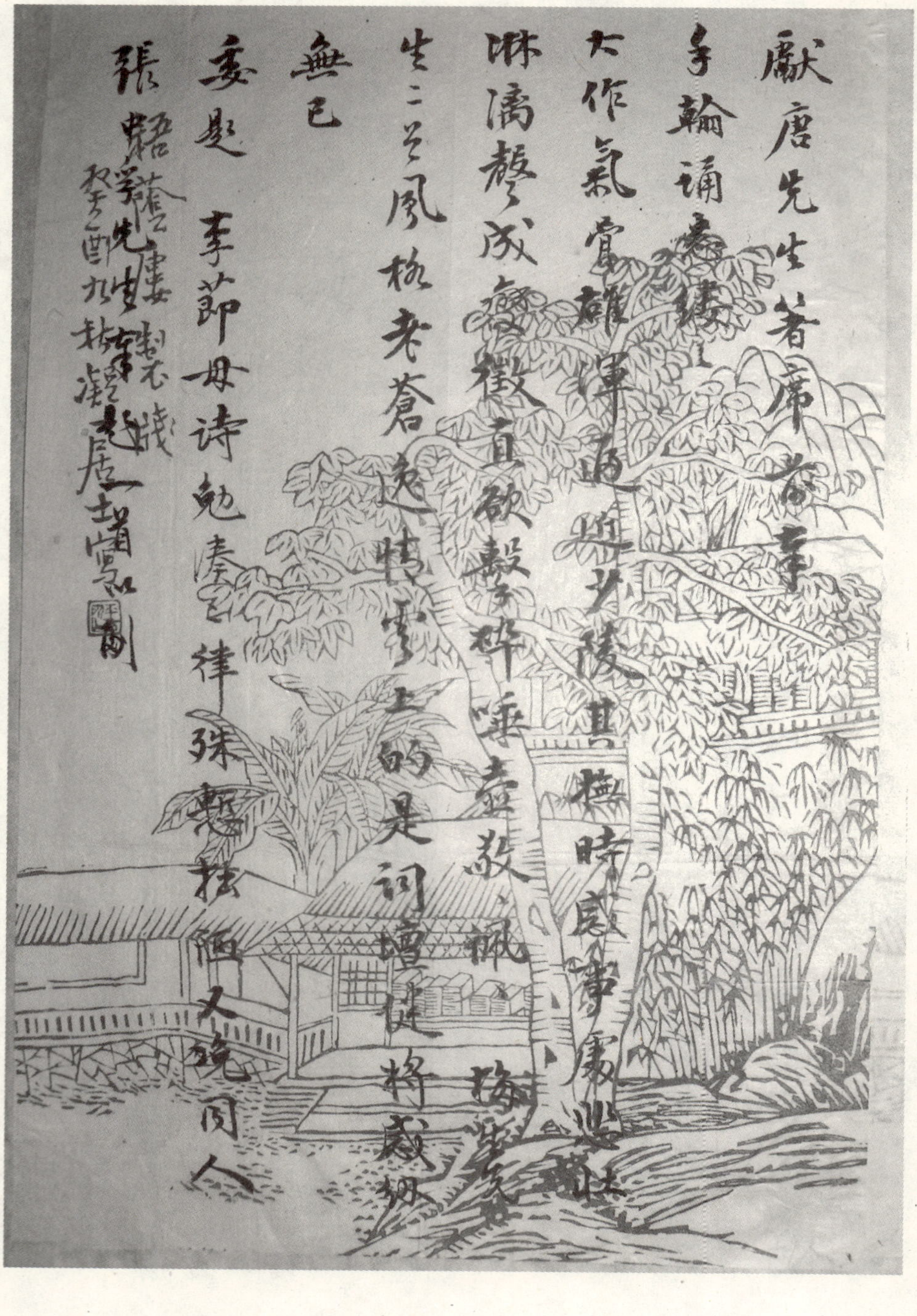
獻唐先生著席：眷章
手翰誦悉，奉讀
大作，氣骨雄渾，直追少陵。其撫時感事處，悲壯
淋漓，聲成變徵，直欲擊碎唾壺，敲缺梅花。
生之風格老蒼，逸情雲上，的是詞壇健將，感佩
無已。
委題李節母詩，勉湊七律，殊慚拙陋，又[illegible]同人
張[illegible]

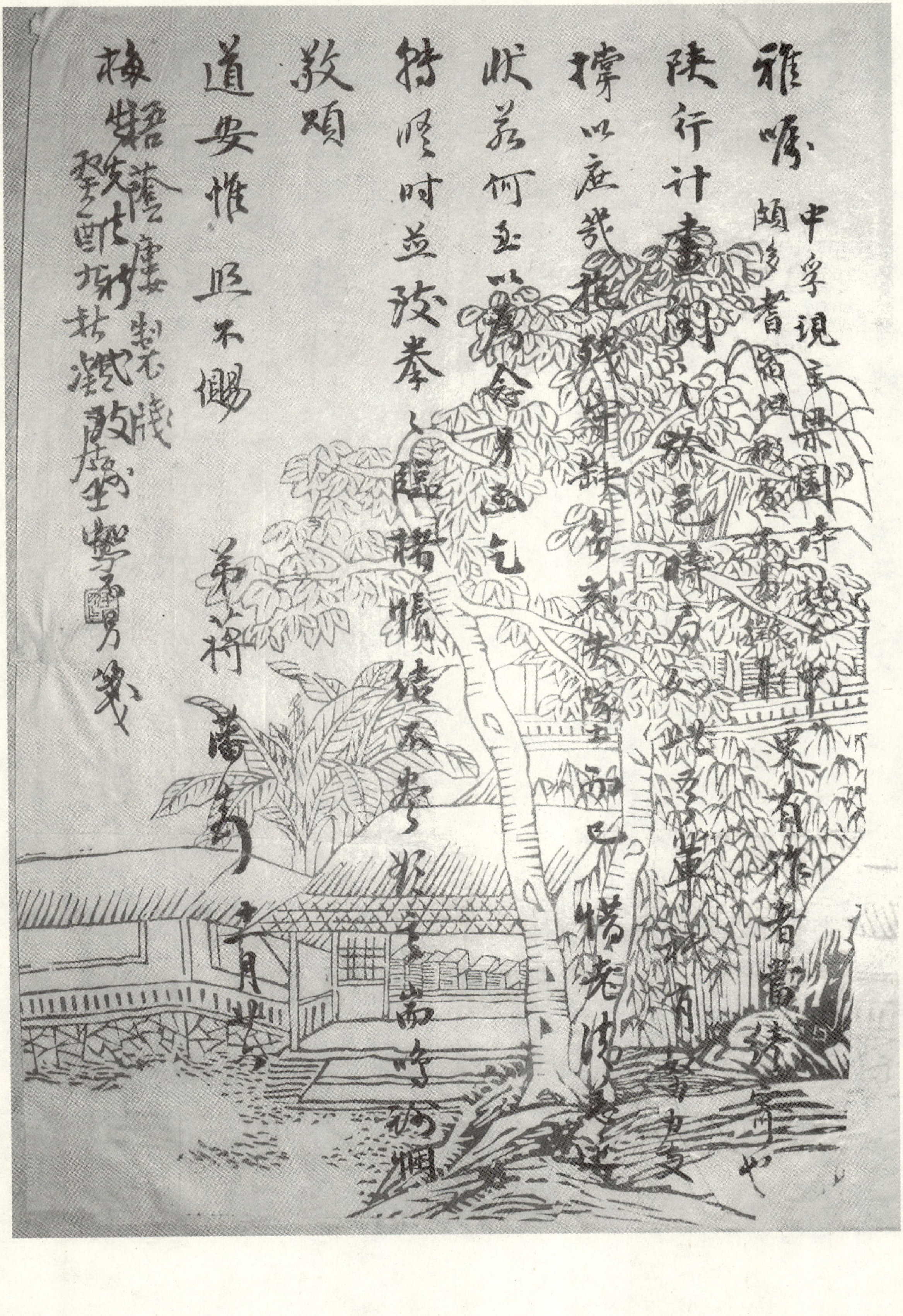
雅峰 中孚現在粵[illegible]園詩[illegible]中[illegible]更有作者當待寫也
頗多者[illegible]但[illegible]不易[illegible]
陸行計畫，閱之於邑。時局如此，真筆談有勢力文
擇以庭議，摧殘殆盡，[illegible]而已，惜老怯遠
狀若何，並以為念。另函乞
轉呈時並致拳拳。臨楮悵結，不盡欲言，尚時賜
教。順
道安。惟 照不備。
弟蔣藩上 十月廿八
[illegible]

蔣藩

書第二通

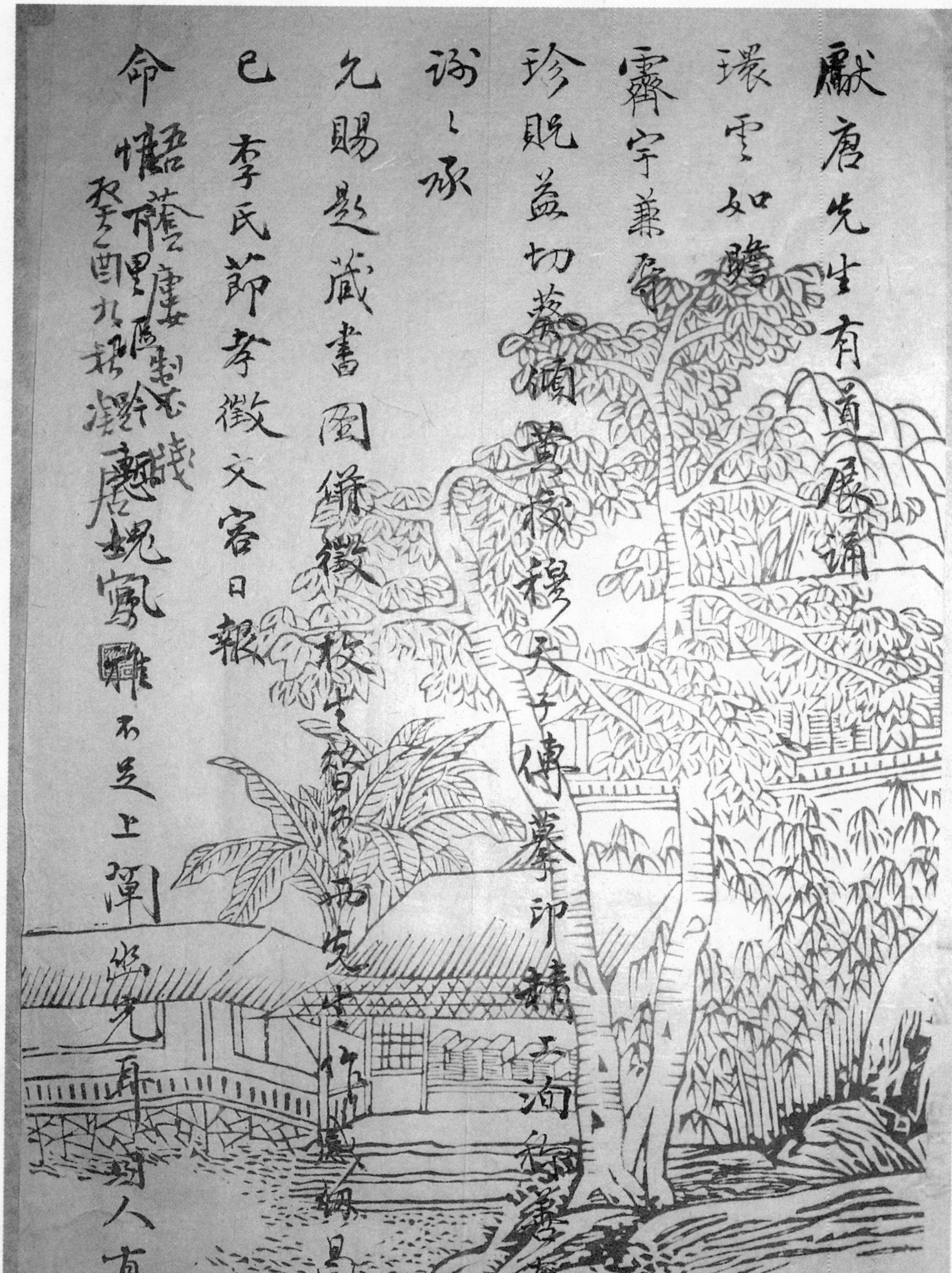

獻唐先生有道：展誦
環雲，如瞻
霽宇。兼承
珍貺，益切葵傾。曾校穆天子傳摹印精工，洵稱善本
詒〻承
允賜題藏書圖，併徵校書圖[illegible]先生作[illegible]無
已。李氏節孝徵文，容日報
命。惜[illegible]蘆下，里居[illegible]媿寡陋，不足上聞，[illegible]先再[illegible]人有

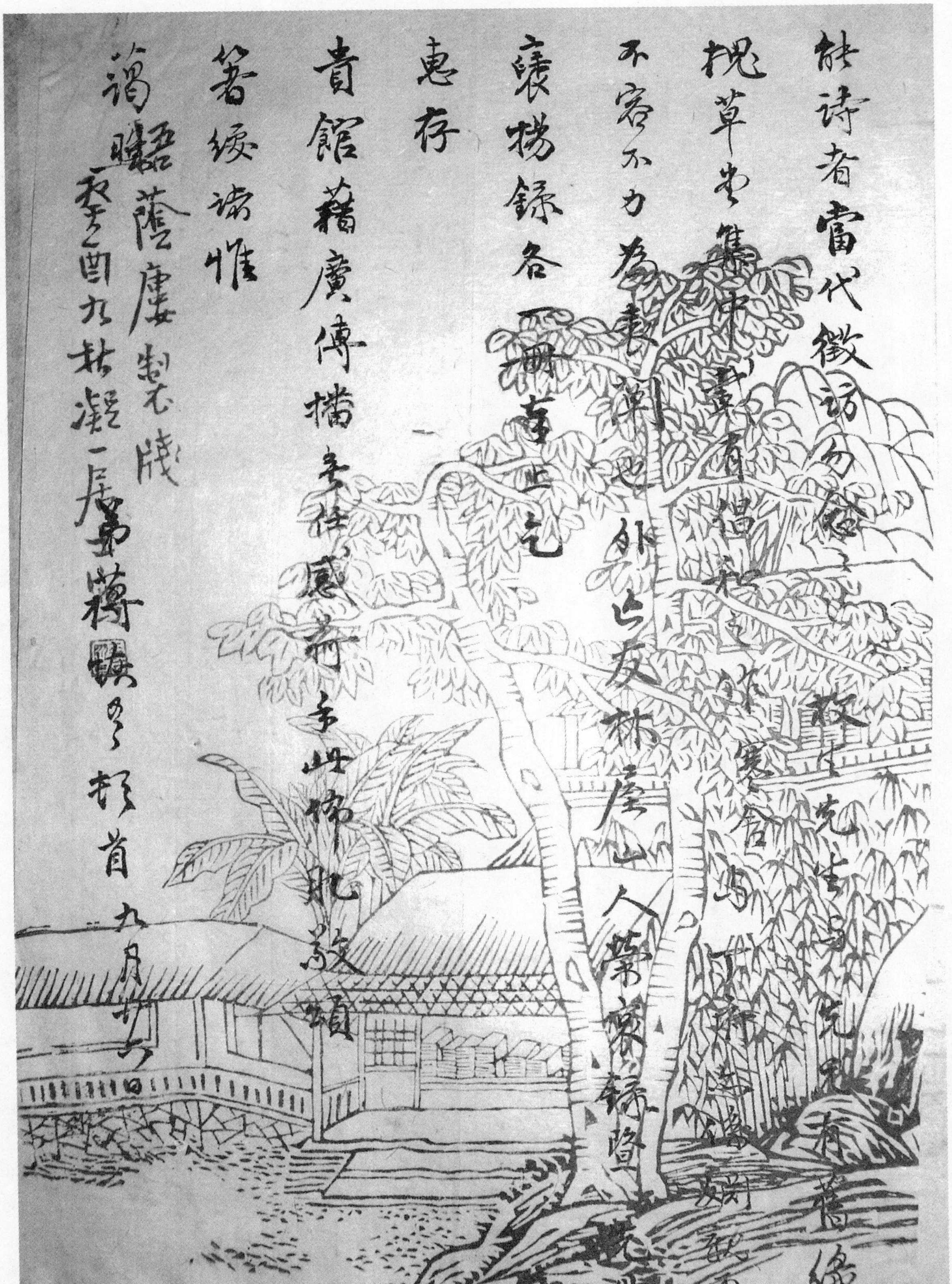

能詩者當代徵訪分任之，枚生先生與先君有舊緣，擬草堂集中書有揭花之作，寓舍與丁[illegible]
不容不力為表彰也。外山友林屋山人蔡家[illegible]
褒揚錄各一冊奉上，乞
惠存
貴館藉廣傳播，來任感荷，手此佈悃，敬頌
箸綏。諸惟
諒照。藩慶製箋
乙酉九秋凝一居弟蔣藩頓首 九月廿六日

蔣藩

封第一件

封第二件

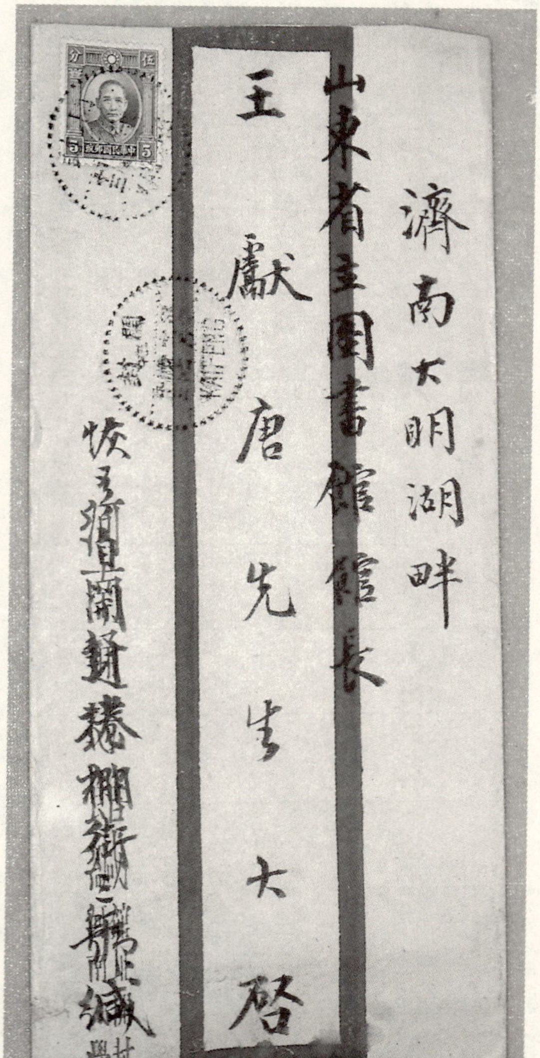

十四 蔣藩致李昔吾

書一通 封一件

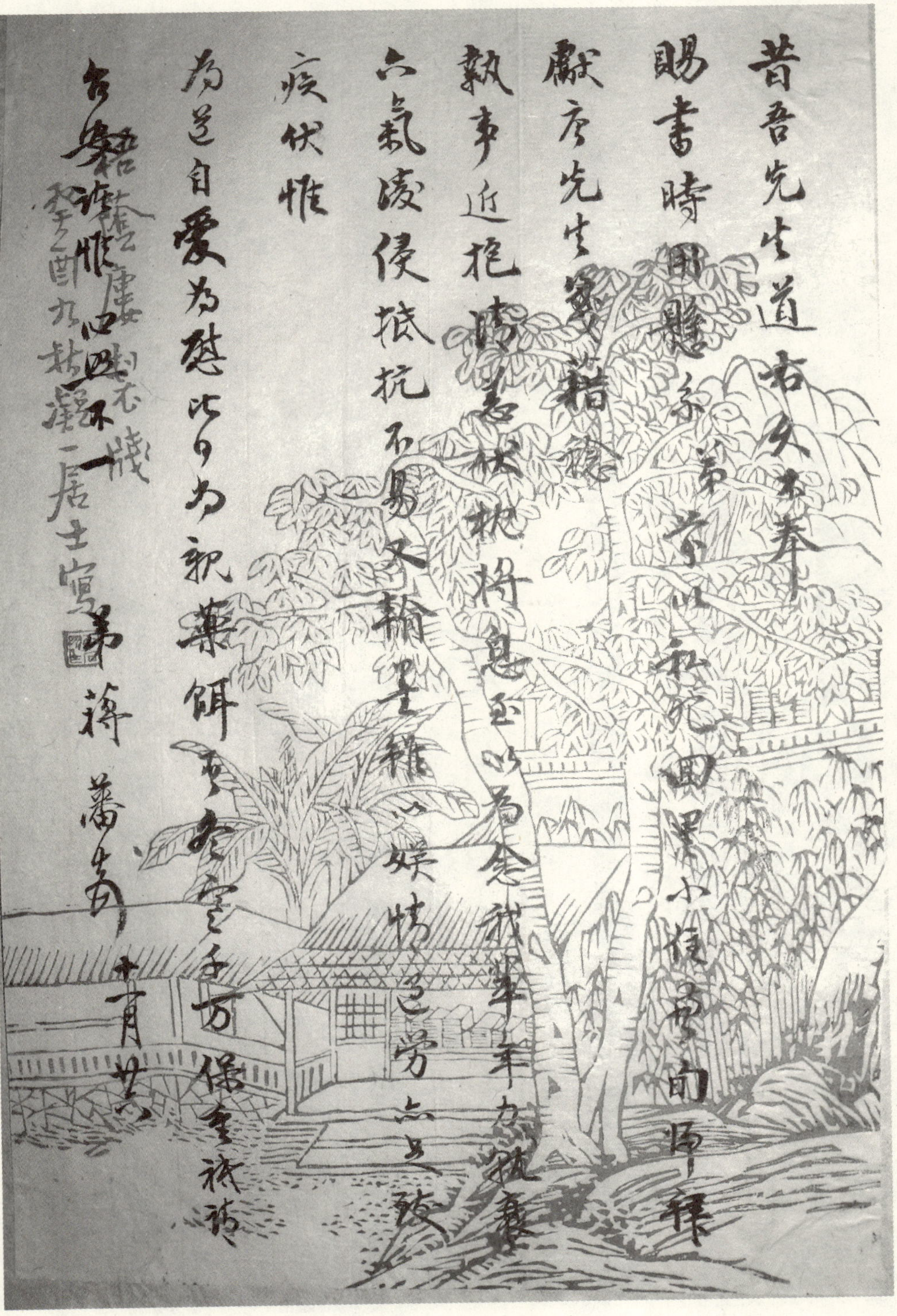

昔吾先生道右：久未奉
賜書，時用懸系。弟京以秋冗圖畢小住，當向歸程
獻庵先生處請代候
執事近抱清恙，伏枕將息，至以為念。我輩年力就衰，
六氣淩侵，抵抗不易，又輸生雜以娛情遣勞，亦足致
疾。伏惟
為道自愛為慰。昨日為訊藥餌，更交望千萬保重。祇請
台安。諸惟心照，不一。弟蔣藩頓首 十月廿六

内函敬祈
河南通志館
館址開封河南大學

十五 傅增湘 書六通 封六件

書第一通

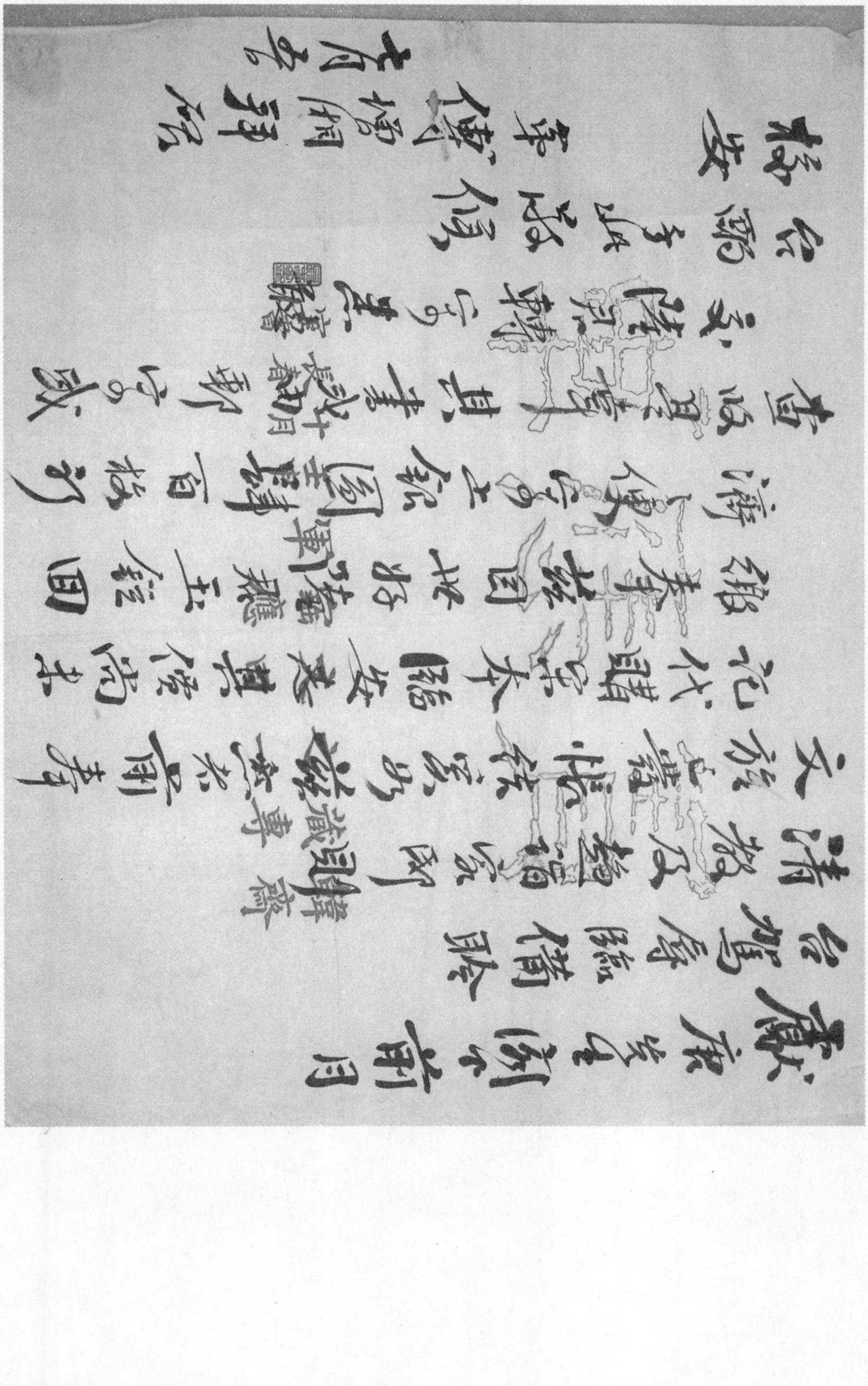

書第二通

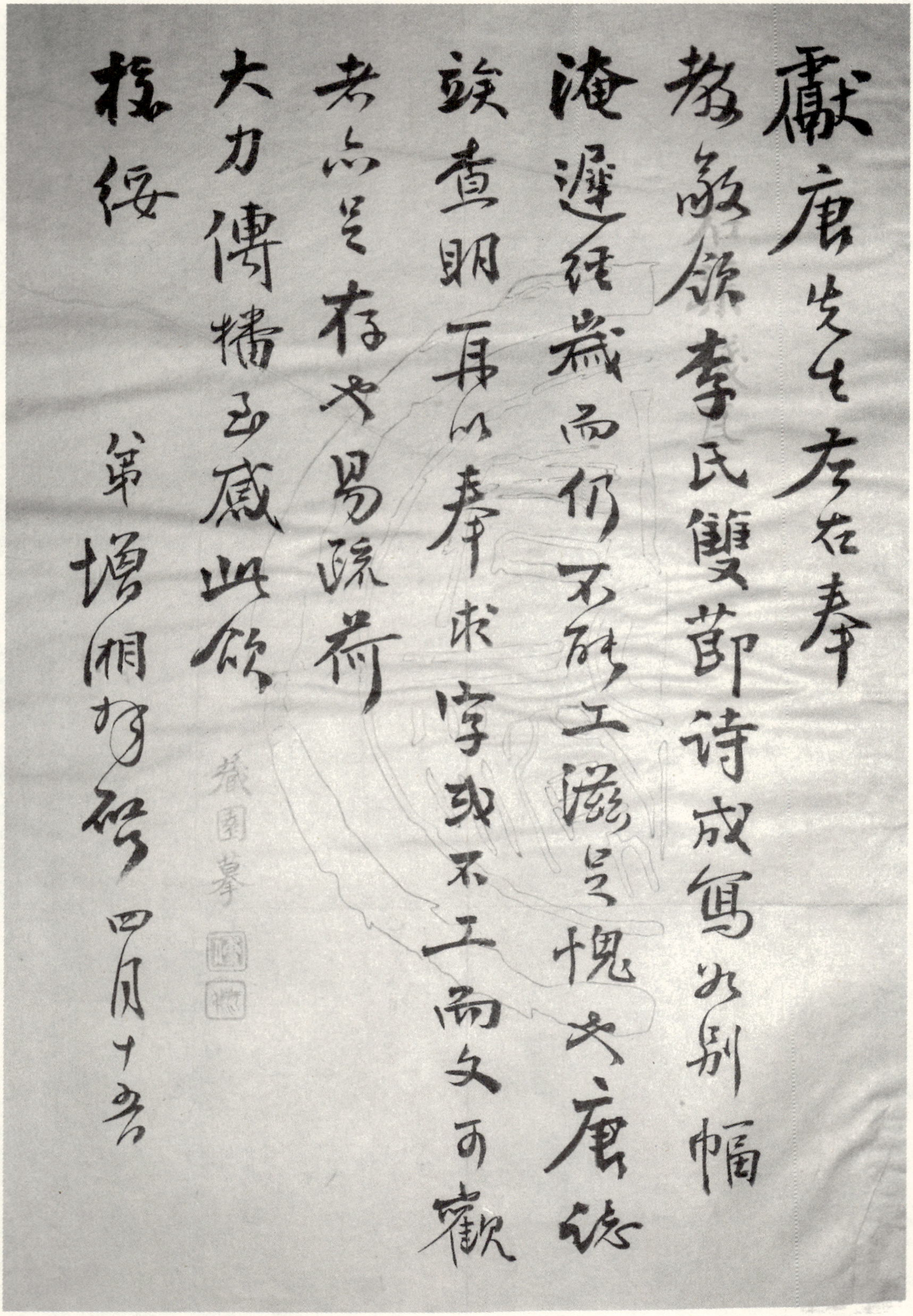
獻唐先生左右奉
教敬領李氏雙節詩成寫以别幅
淹遲經歲而仍不能工滋足愧又唐總
誼查明再以奉求字既不工而文可觀
者亦足存也易疏荷
大力傳播至感此頌
撰綏
弟增湘拜啓 四月十五

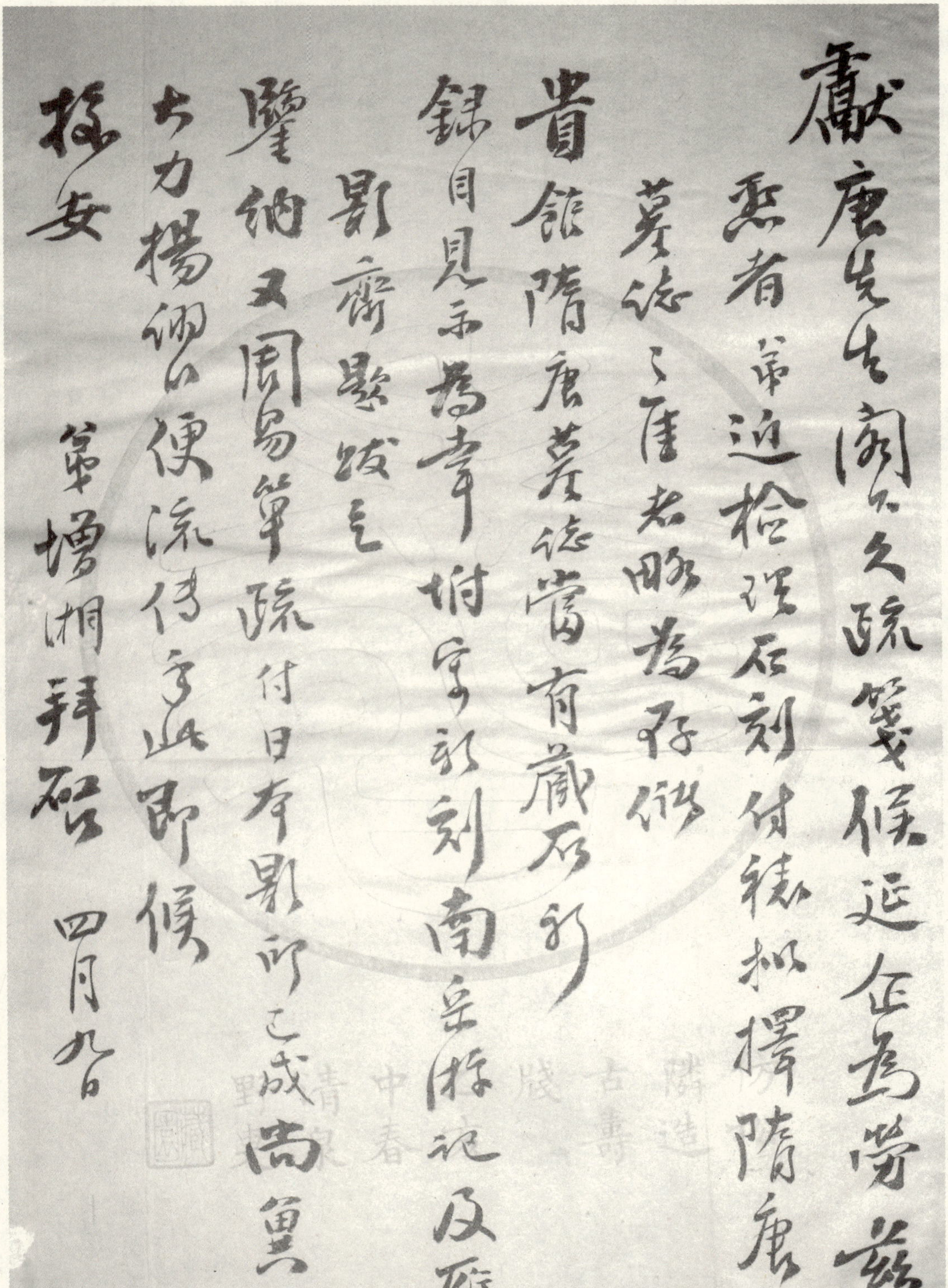

獻唐先生閣下：久疏箋候，近企爲勞。茲
悉者弟近拾理石刻，付裱擬擇隋唐
墓誌之佳者略[?]爲存錄[?]
貴館隋唐墓誌當有藏石，新
錄目見示爲幸。附寄新刻南安拼記[?]及雁
影齋題跋乞
鑒納。又周易單疏付日本影印已成，尚冀
大力揄揚，俾便流傳。專此，即候
撰安
弟增湘拜啓 四月九日

書第四通

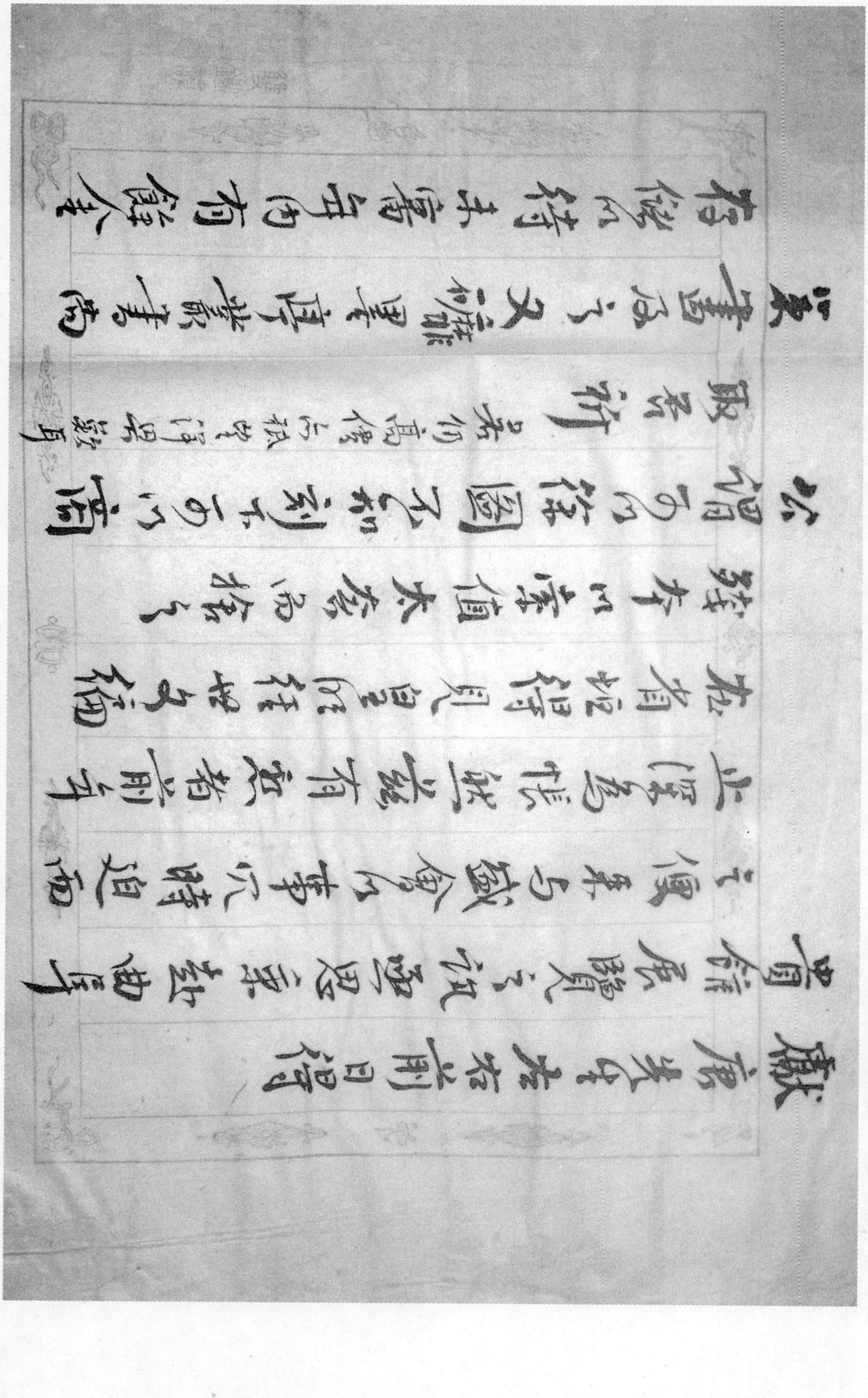

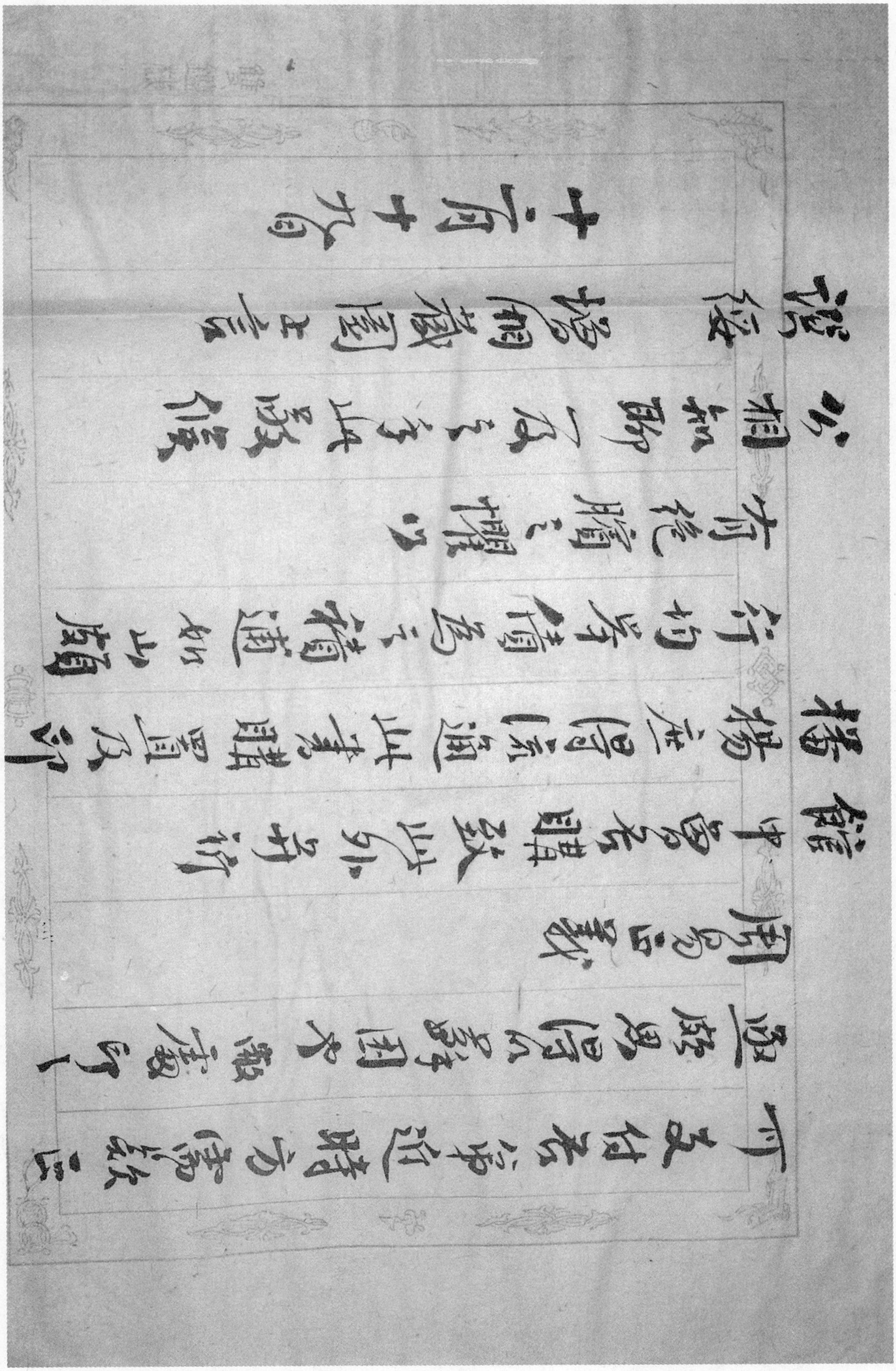

書第五通

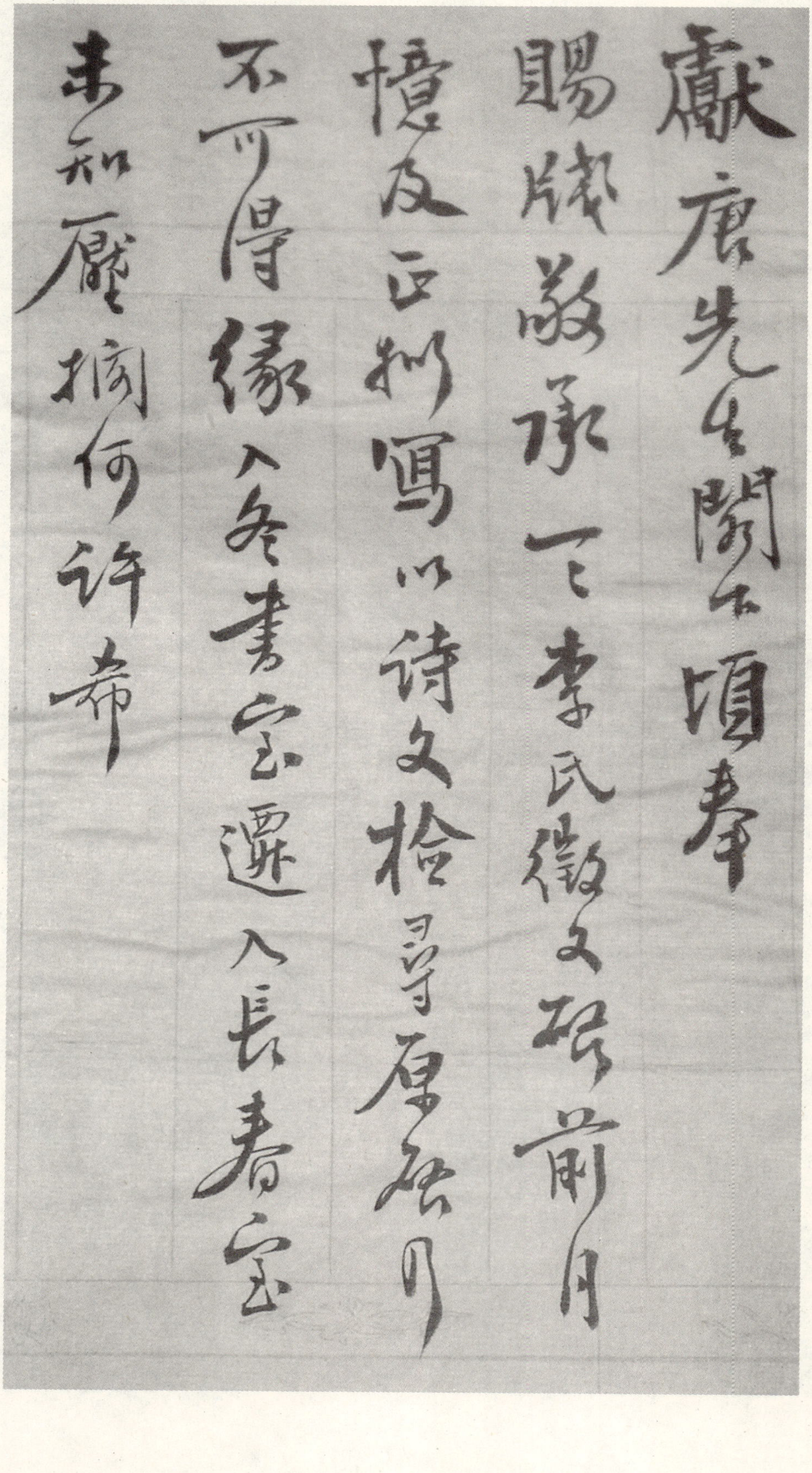
獻唐先生閣下頃奉
賜箋敬承一一李氏徵文張前月
憶及正擬寫以詩文檢尋屋居間
不可得緣入冬書室遷入長春室
未知擱何許希

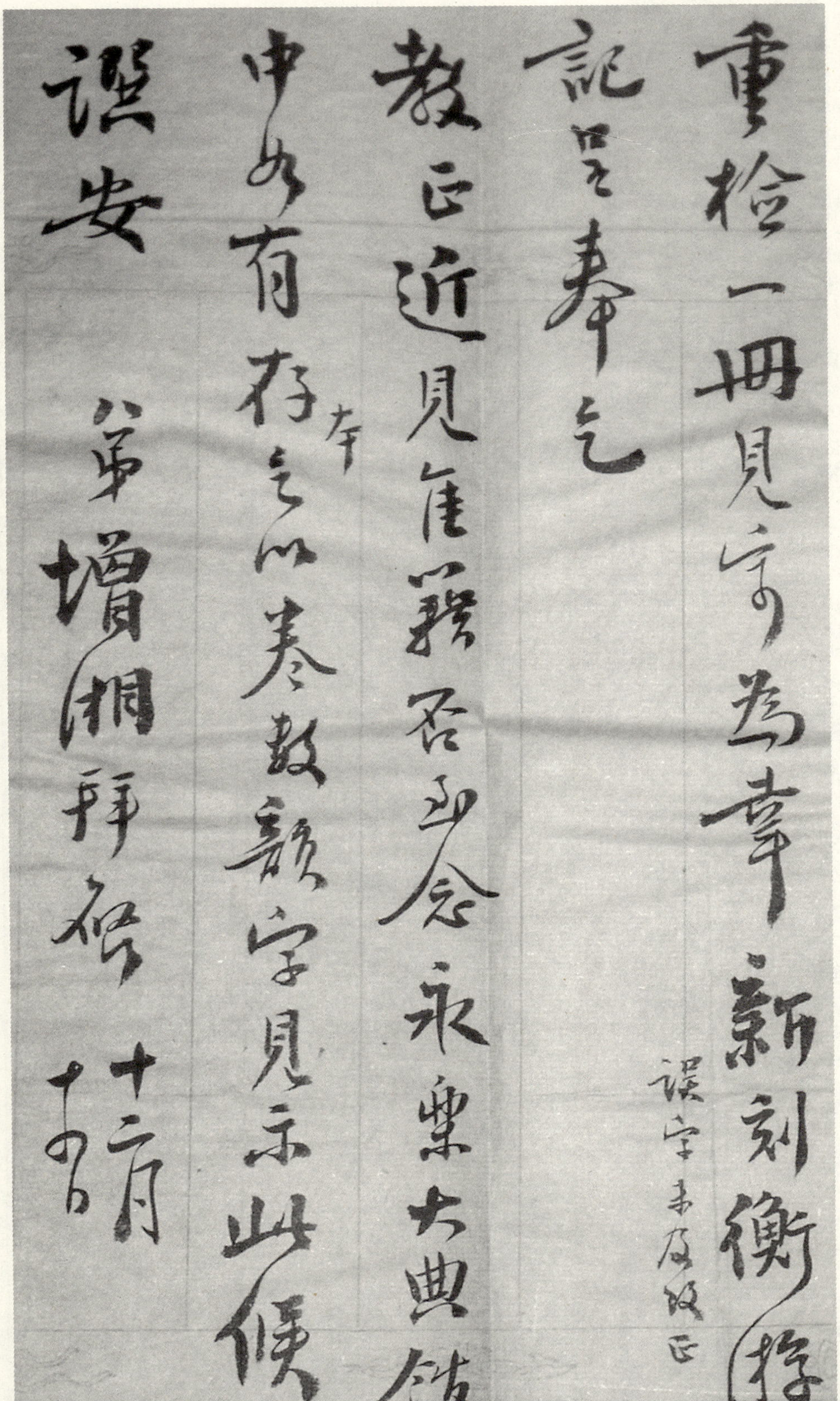
重檢一冊見寄爲幸　新刻衡粹
誤字未及改正
記呈奉乞
教正　近見雅誌否　念永樂大典錢
中如有存本　乞以卷數類字見示　此候
謹安
八弟增湘拜啓　十二月十四日

書第六通

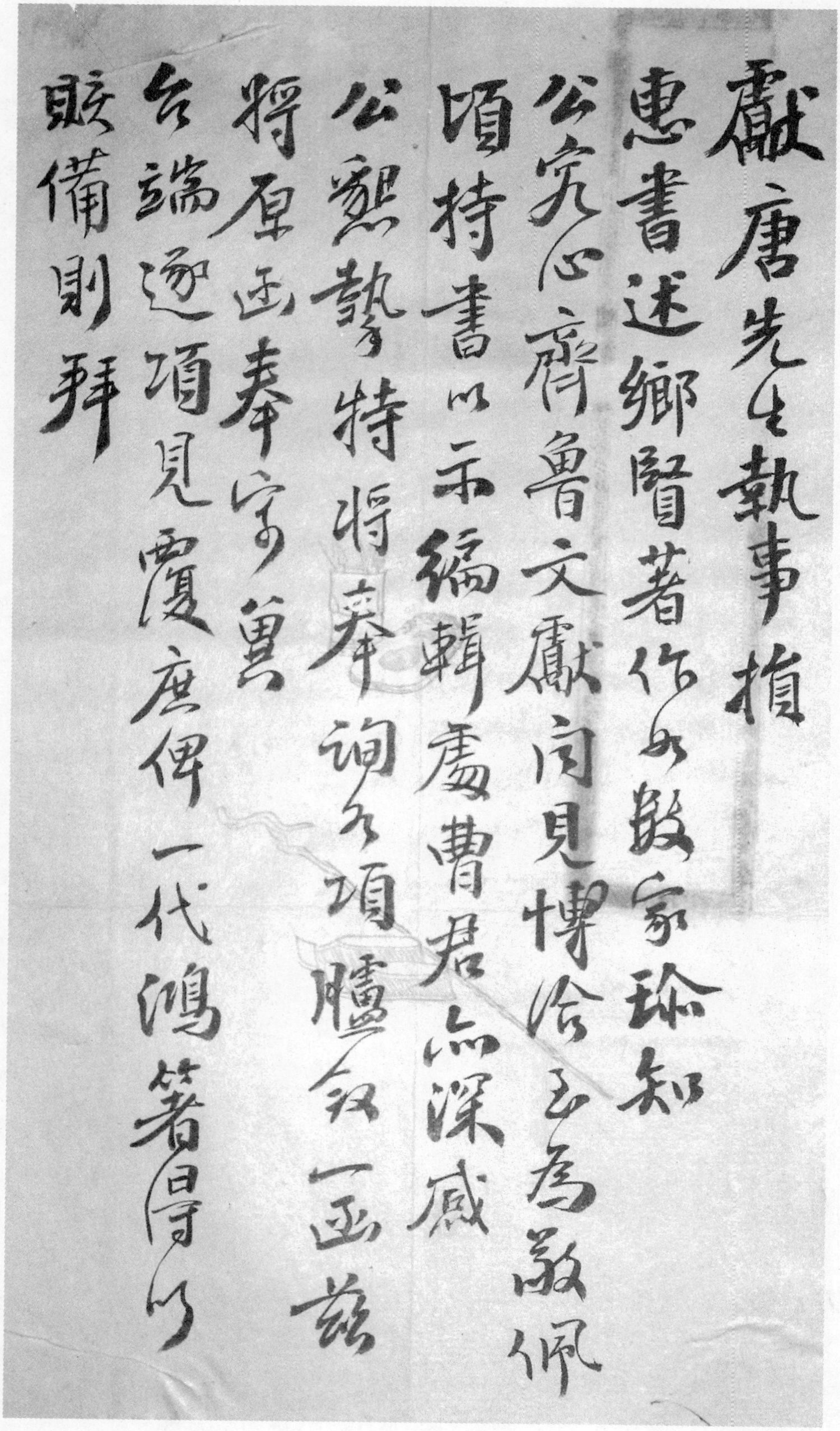

獻唐先生執事：損
惠書述鄉賢著作，如數家珍，知
公究心齊魯文獻，聞見博洽，至為欽佩。
頃持書以示編輯處曹君，亦深感
公熱摯，特將奉詢之項臚叙一函，茲
將原函奉寄，尊
台端逐項見覆，庶俾一代鴻著得以
賅備，則拜

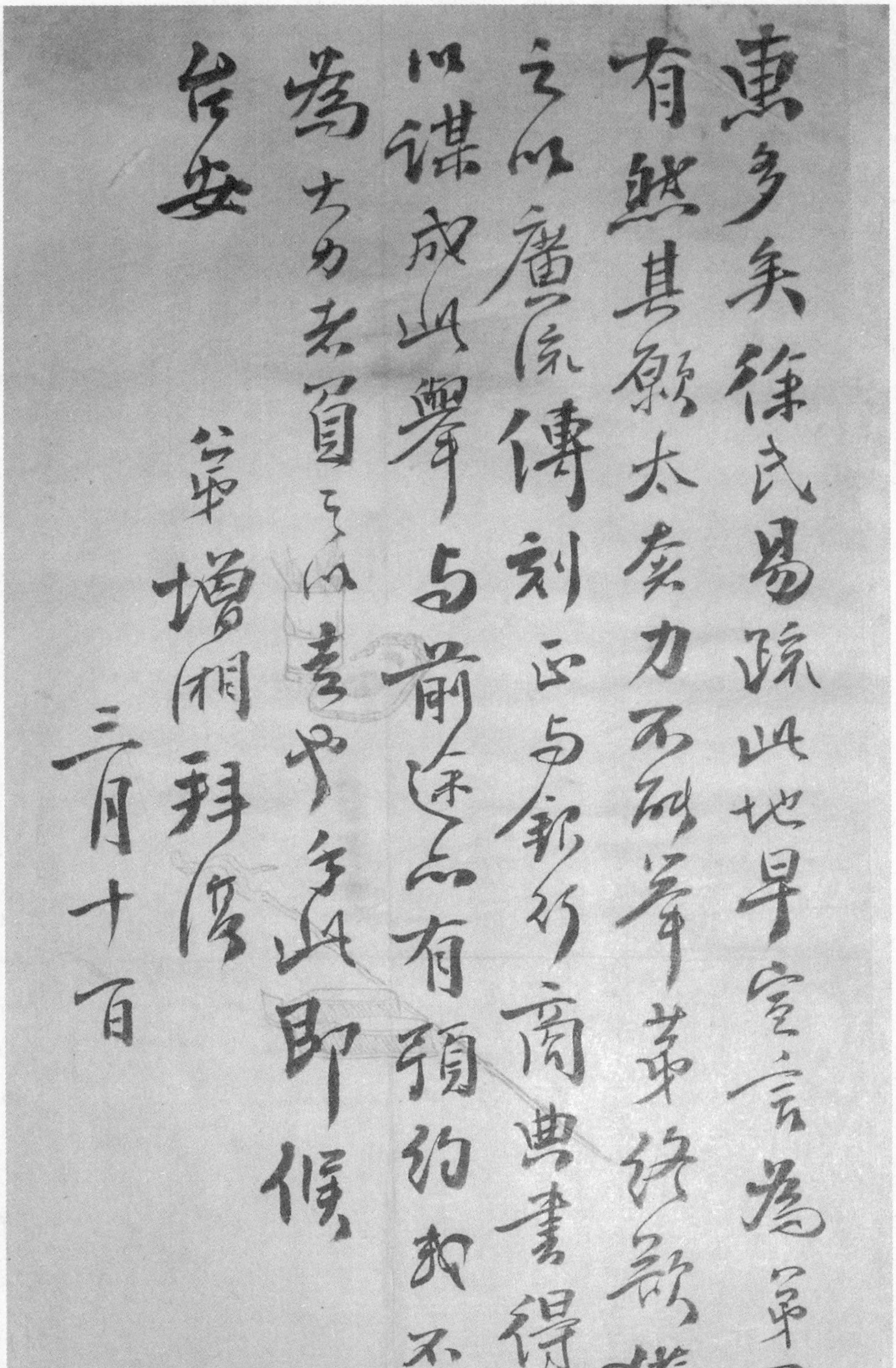
東多矣徐氏易疏此地早定言為弟所
有然其願太奢力不能舉弟終欲攫
之以廣流傳刻正與鄧行商典書得金
以謀成此舉與前途亦有預約我不致
為大力者負之以去也手此即候
台安
弟增湘拜啓
三月十日

傅增湘

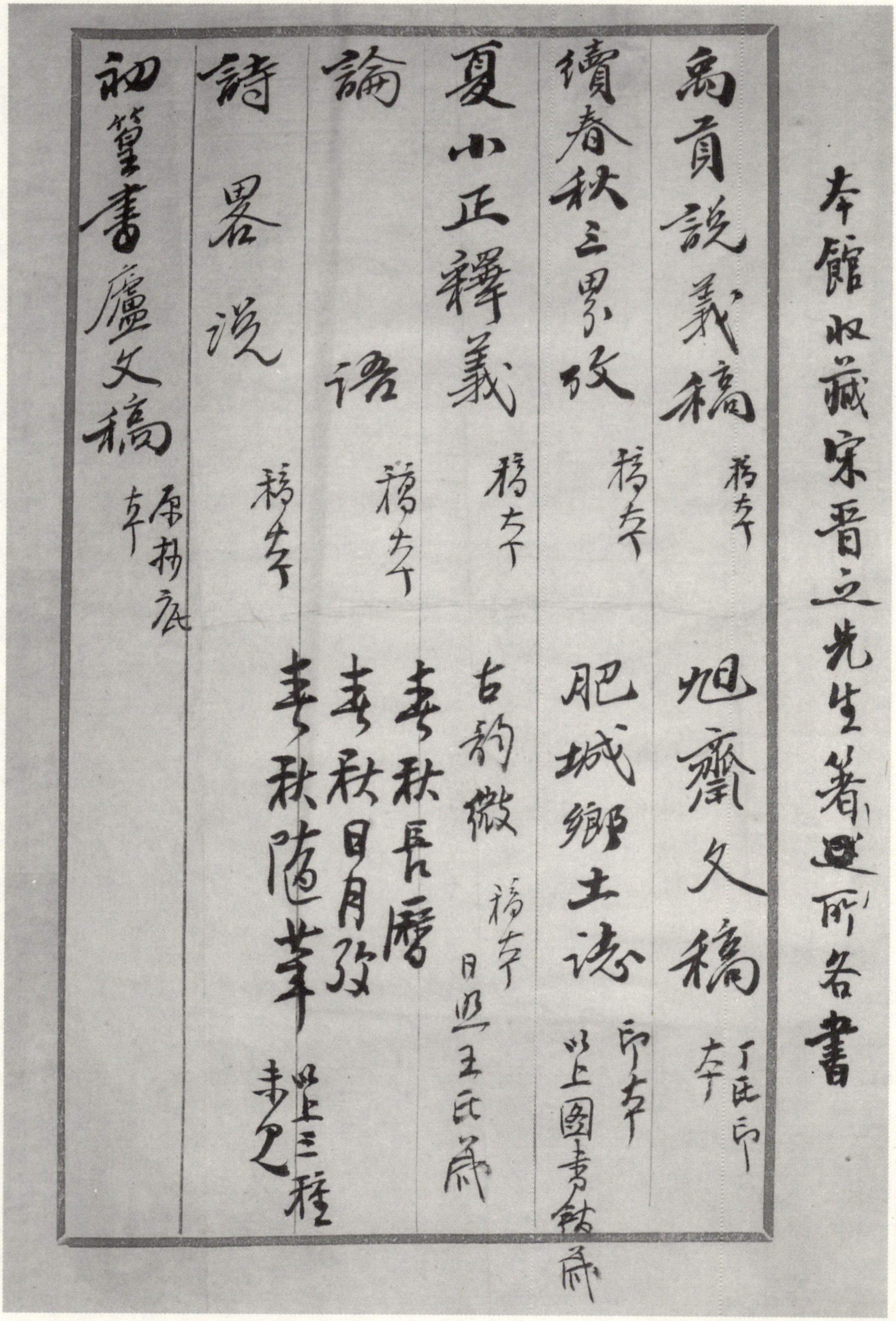

本館收藏宋晉之先生著述所各書

禹貢說義稿 稿本

續春秋三界攷 稿本

夏小正釋義 稿本

論語 稿本

詩畧說 稿本

初篁書廬文稿 原稿底本

旭齋文稿 丁氏印本

肥城鄉土志 印本 以上圖書館藏

古韵微 稿本 以上王氏藏

春秋長曆

春秋日月攷

春秋隨筆 以上三種未見

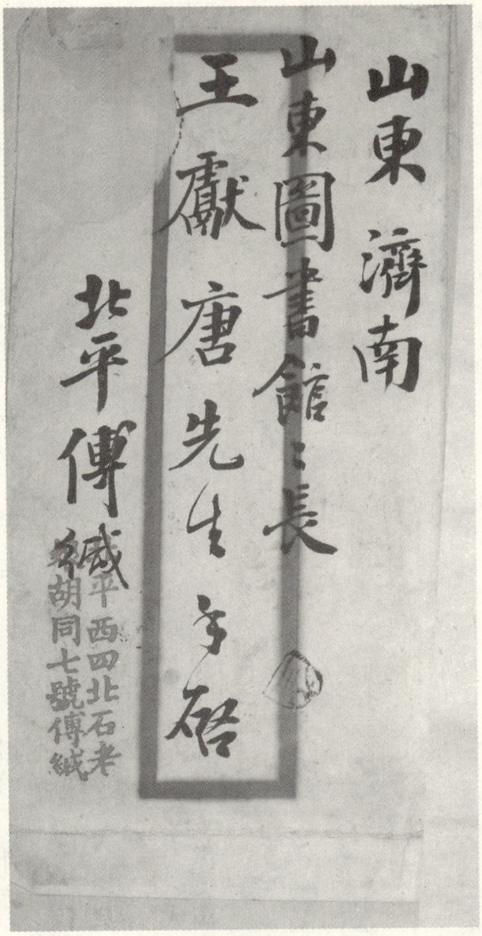
山東濟南
圖書館館長
王獻唐先生手啓
北平傅緘
北平西四北石老娘胡同七號傅緘

封第一件

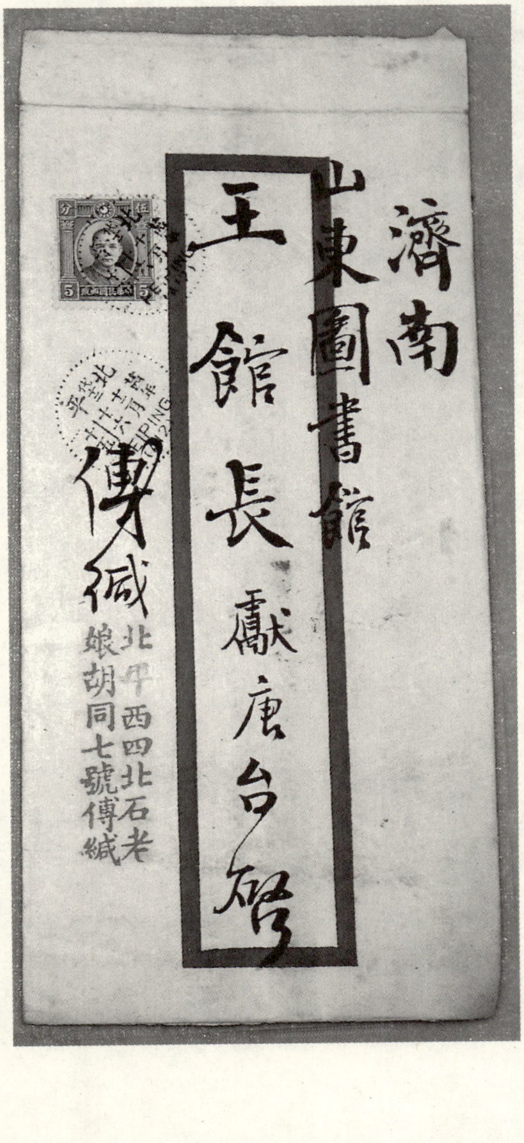
濟南
山東圖書館
王館長獻唐台啓
傅緘
北平西四北石老娘胡同七號傅緘

封第二件

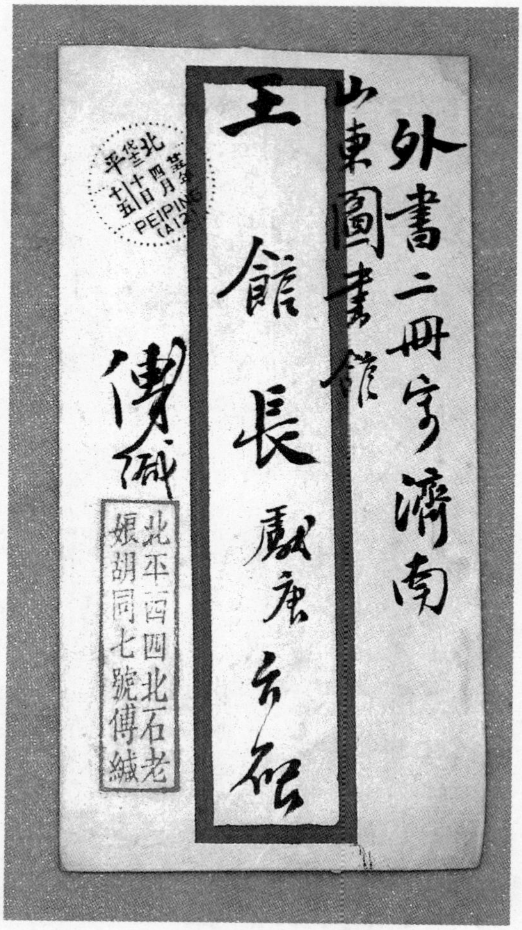
外書二冊寄濟南
山東圖書館
王館長獻唐台啟
傅緘
北平西四北石老娘胡同七號傅緘
PEIPING

封第三件

濟南
山東圖書館
王館長獻唐台啟
北平傅緘
北平西四北石老娘胡同七號傅緘

封第四件

封第五件

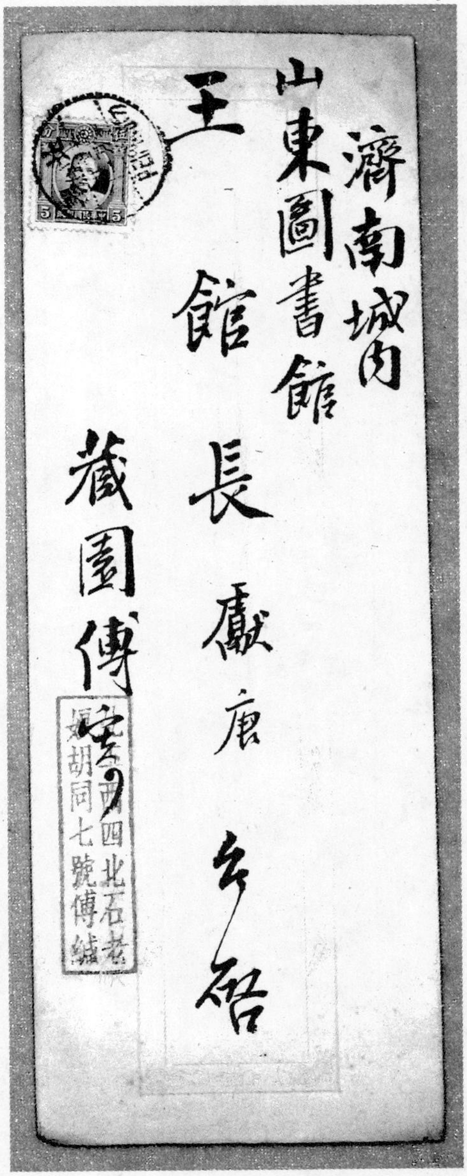
濟南城內
山東圖書館
王館長獻唐台啓
藏園傅
西四北石老娘胡同七號傅緘

封第六件

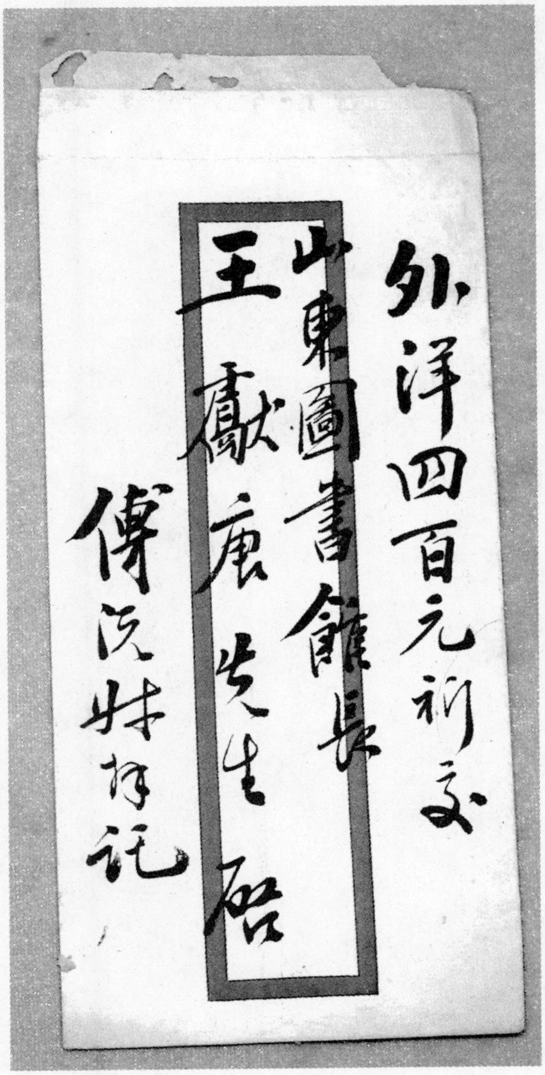
外洋四百元祈交
山東圖書館長
王獻唐先生啓
傅沅叔拜託

十六 張之銘 書二通 封二件

書第一通

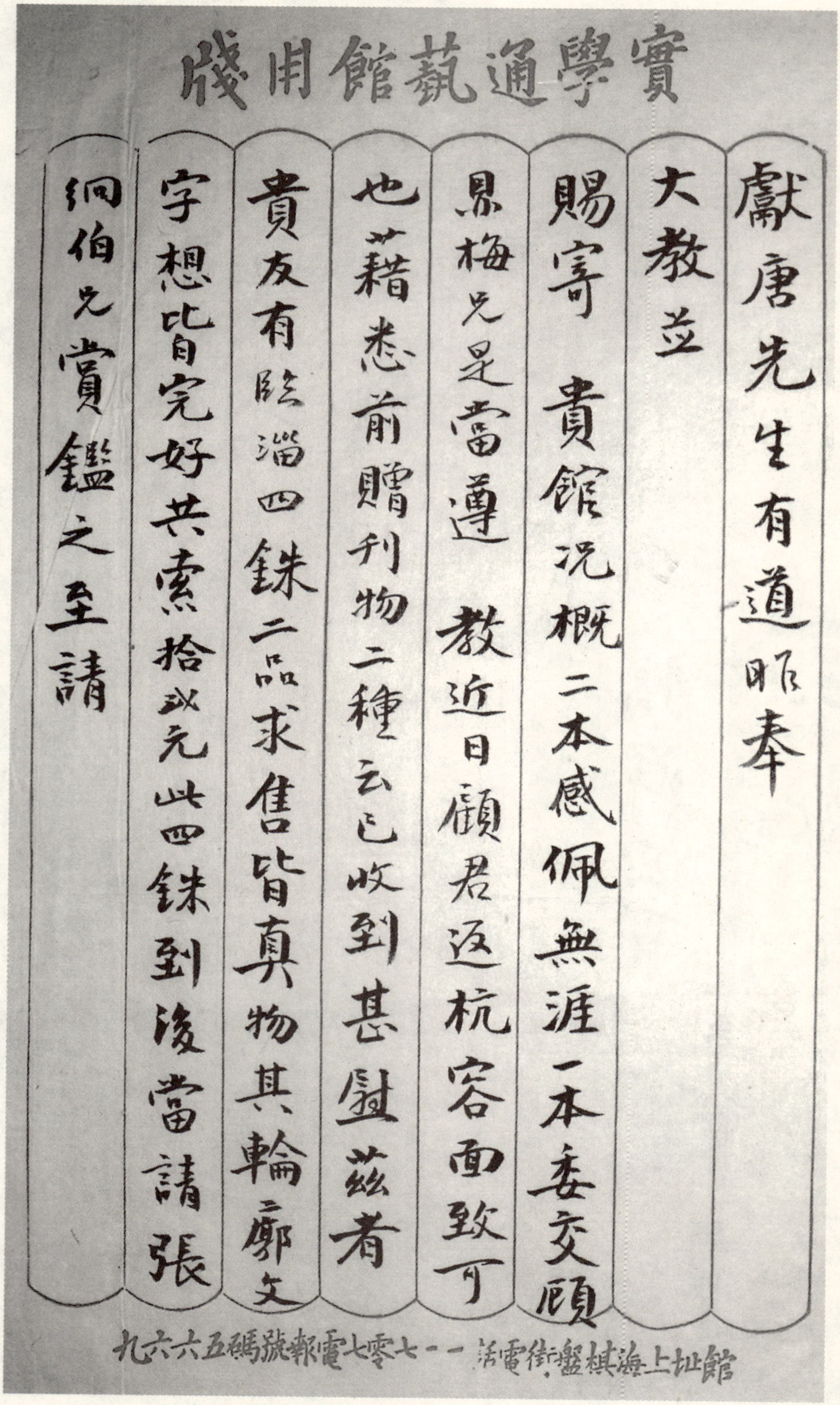

實學通藝館用箋

獻唐先生有道昭奉

大教並

賜寄 貴館況概二本感佩無涯一本委交顧

巽梅兄是當遵 教近日顧君返杭容面致可

也藉悉前贈刊物二種云已收到甚慰茲者

貴友有臨淄四銖二品求售皆真物其輪廓文

字想皆完好共索拾弍元此四銖到後當請張

絅伯兄賞鑒之至請

館址上海棋盤街、電話一一七零七電報掛號碼五六六九

付郵妥寄為盼其款後趙手此奉復順
頌
台綏　弟張之銘　十月九日
再者弟一二日擬赴杭一游約有數旬勾留
通信處杭州大學路浙江省立圖書館王祖
訓轉交　弟收可也
再者敝邑范氏天一閣在本年九月十八日被颶風毀去牆東一部
現在敝邑文獻委員會同人等發起重修擬請
先生列名贊成人不日有宣言寄奉請　示復為禱
弟之銘又及

書第二通

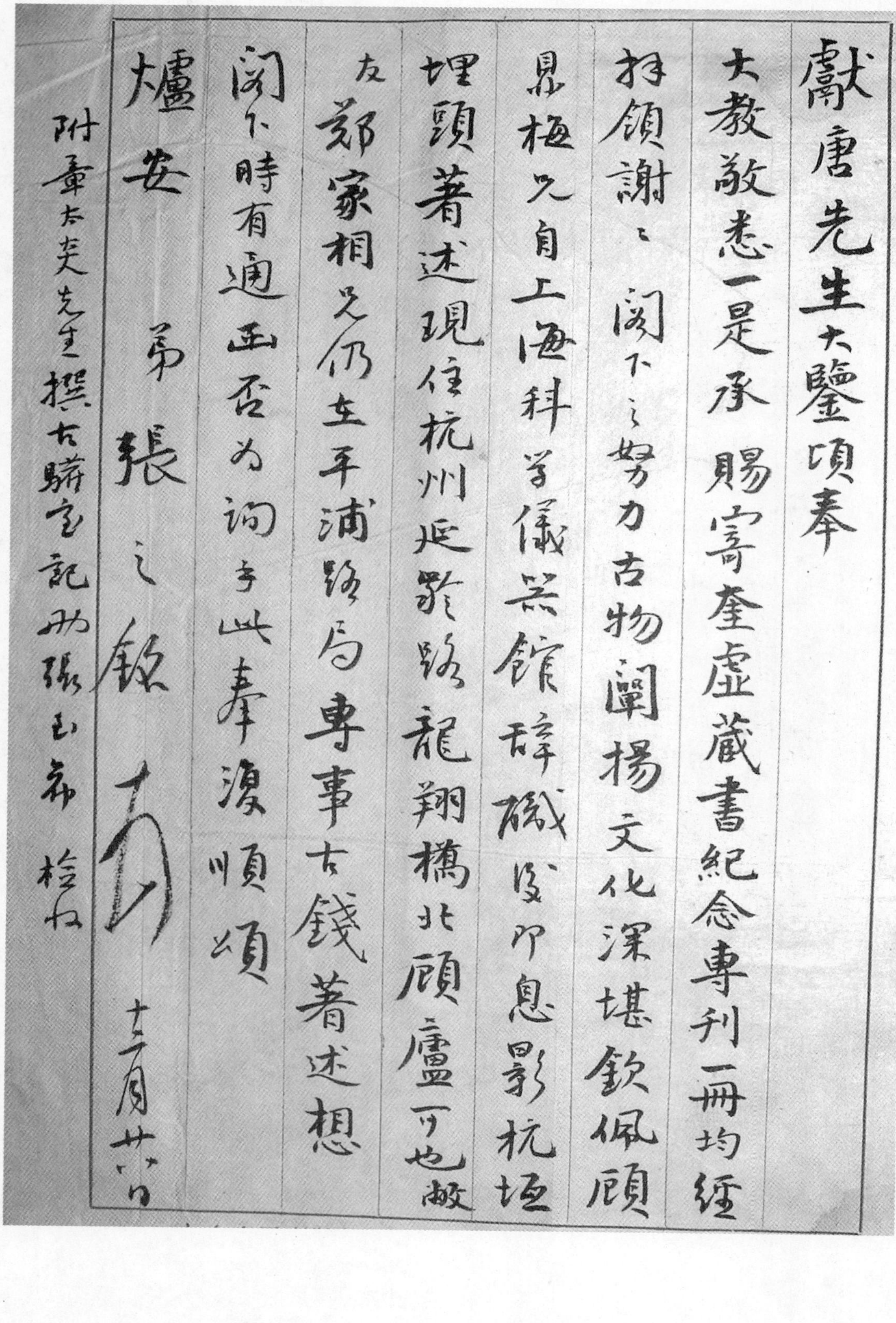

獻唐先生大鑒：頃奉

大教，敬悉一是。承　賜寄奎虛藏書紀念專刊一冊，均經

拜領，謝謝。閣下之努力古物，闡揚文化，深堪欽佩。頃

昆極久自上海科學儀器館辭職後，即息影杭垣，

埋頭著述，現住杭州延齡路龍翔橋北顧廬可也。敝

友鄭家相兄仍在平浦路局，專事古錢著述，想

閣下時有通函否？爲詢之。手此奉復，順頌

爐安

弟張之銘　十二月廿六日

附奉太炎先生撰古驩室記兩張，至希檢收。

封第一件

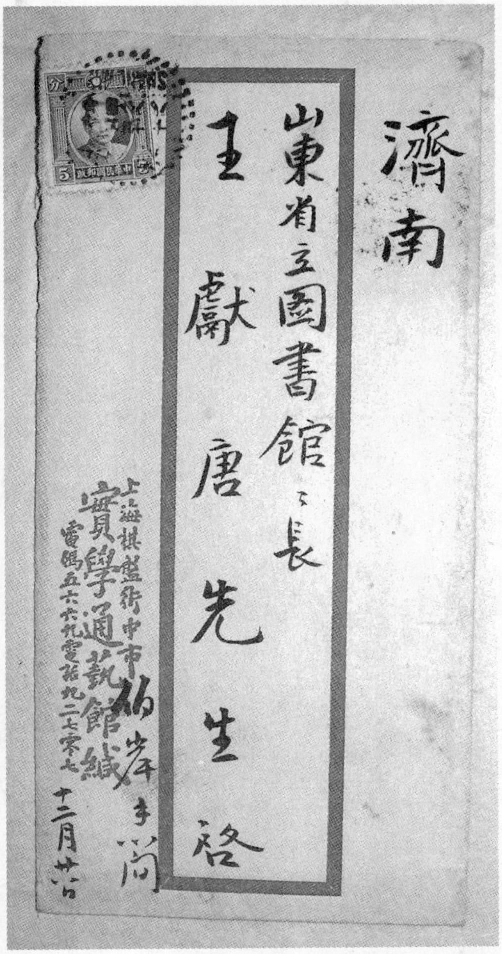
濟南
山東省立圖書館〻長
王獻唐先生啓
伯岸手简
十二月廿日

封第二件

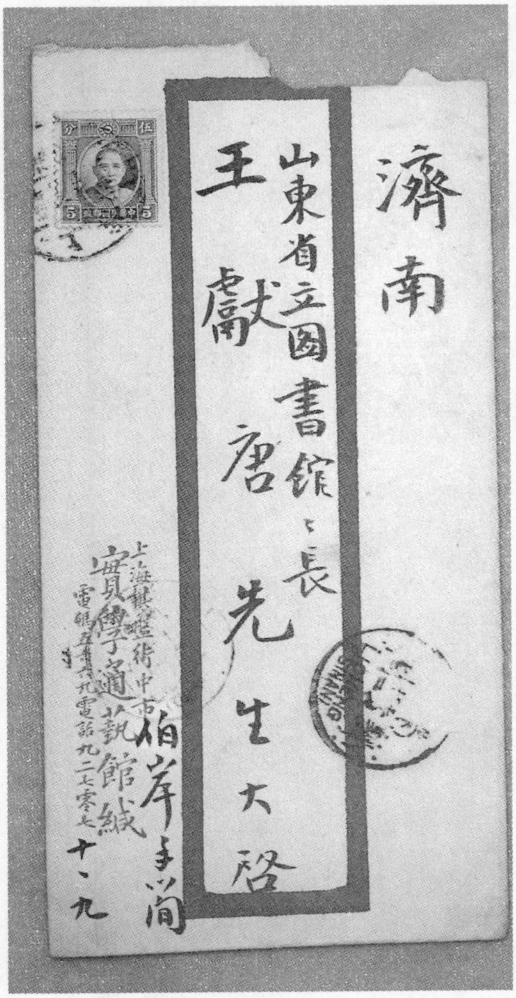
濟南
山東省立圖書館〻長
王獻唐先生大啓
伯岸手简
十、九

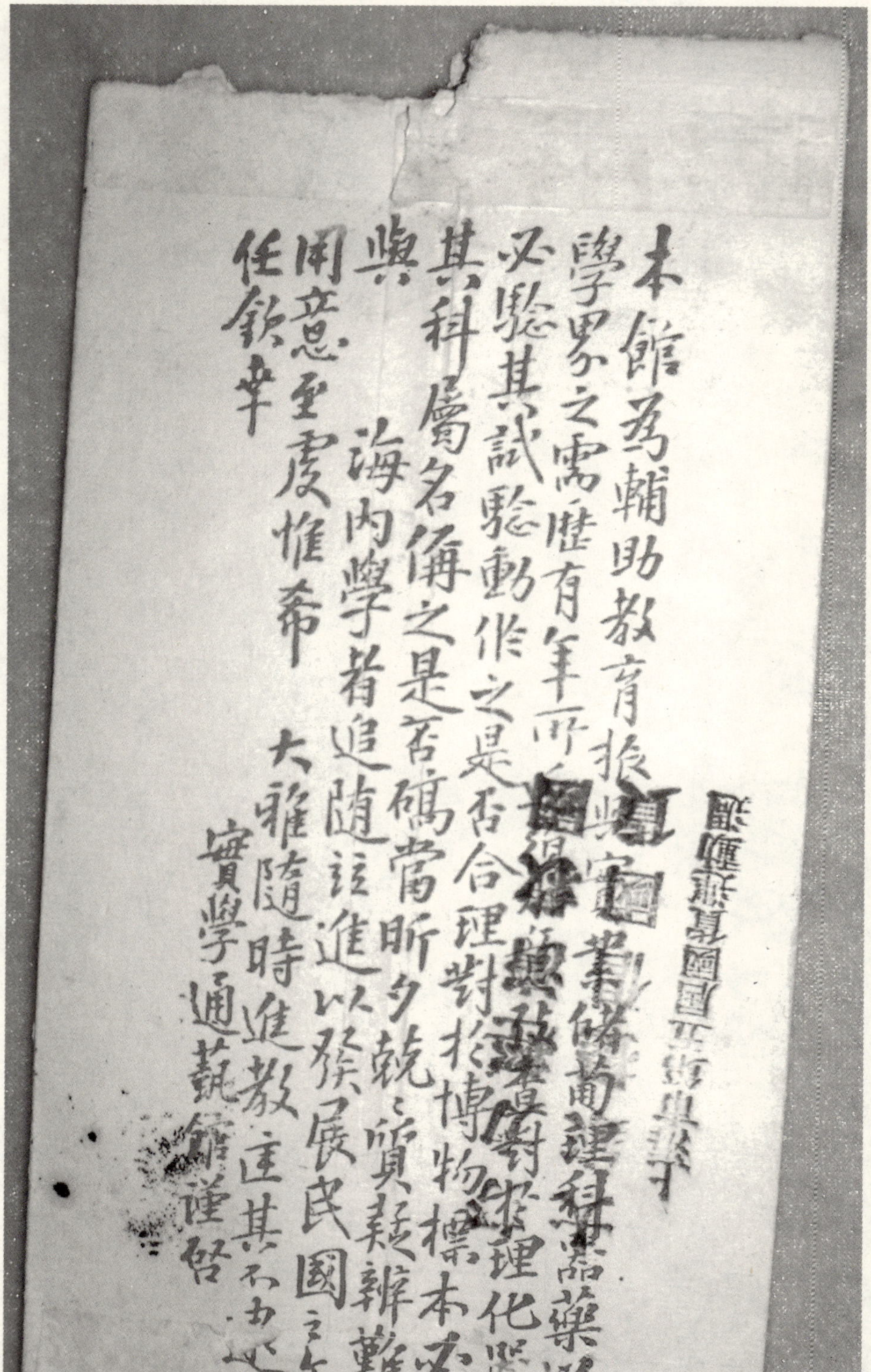
本館為輔助教育振興實業，儲備理科器藥以應學界之需，歷有年所。[illegible]對於理化[illegible]必驗其試驗動作之是否合理，對於博物標本必其科屬名稱之是否確當，昕夕兢兢，質疑辨難，與海內學者追隨往進，以發展民國之[illegible]。大雅隨時進教，匡其不逮，無任欽幸。[illegible]

實學通藝館謹啟

十七

黄馥棠

書一通 封一件

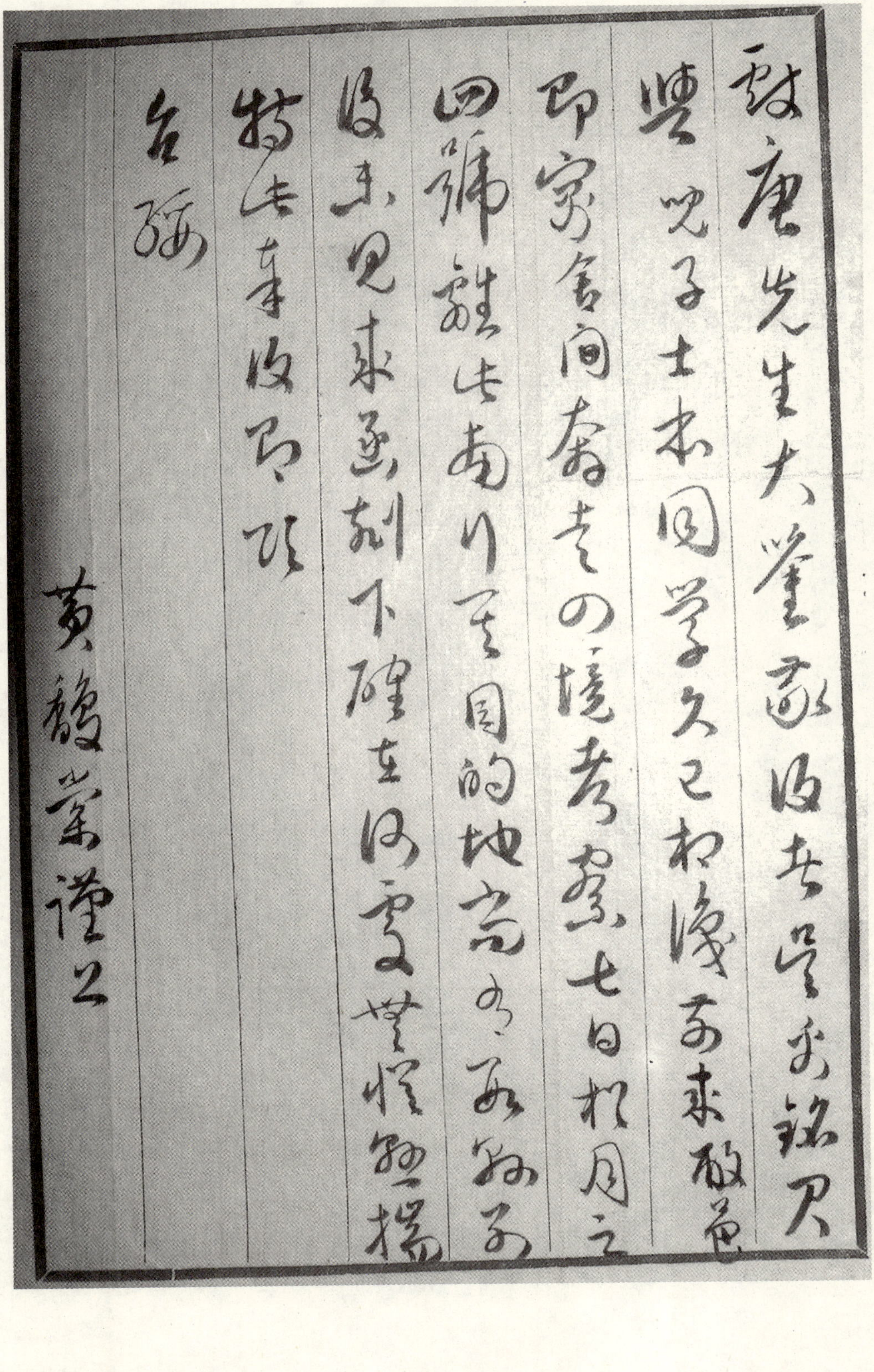

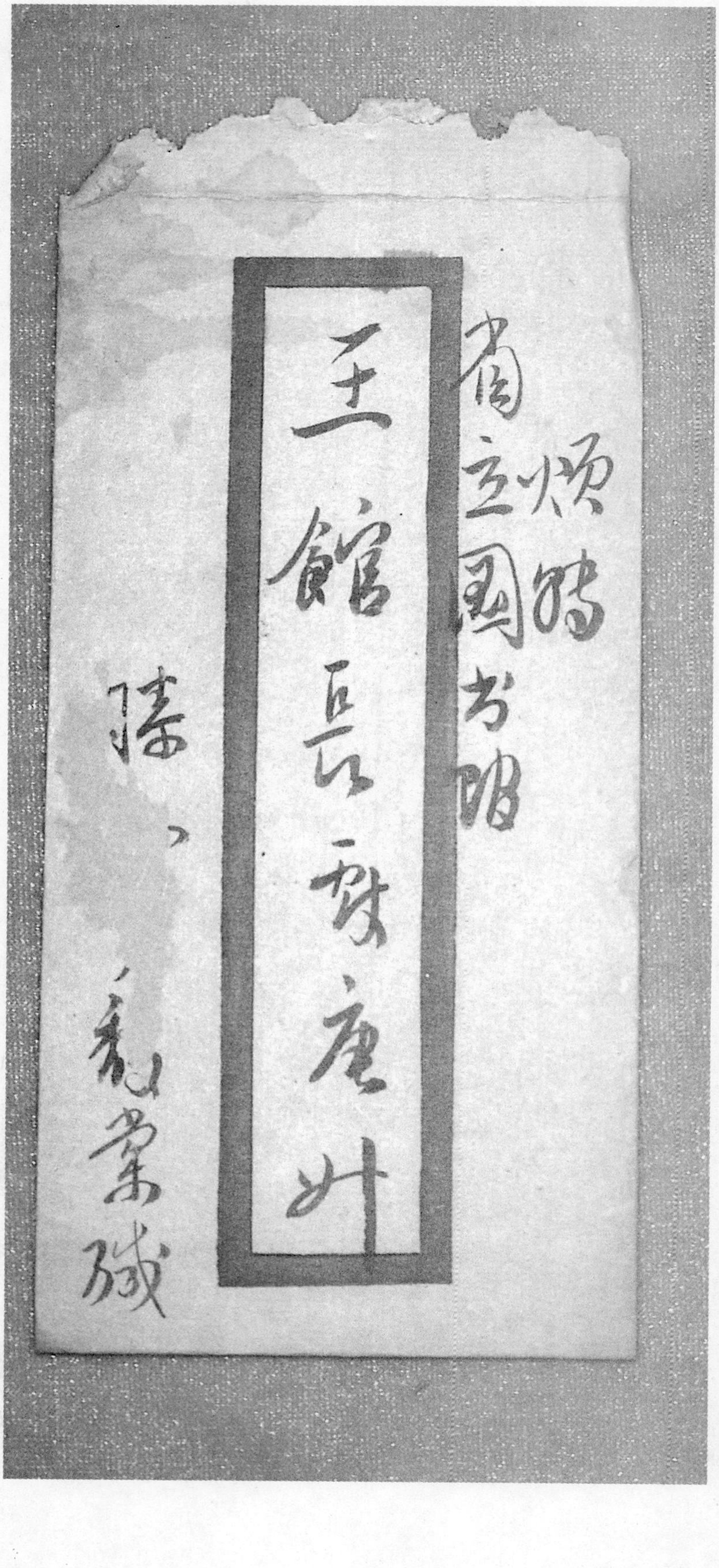
省立圖书館
王館長獻唐

十八

晉延年 書一通

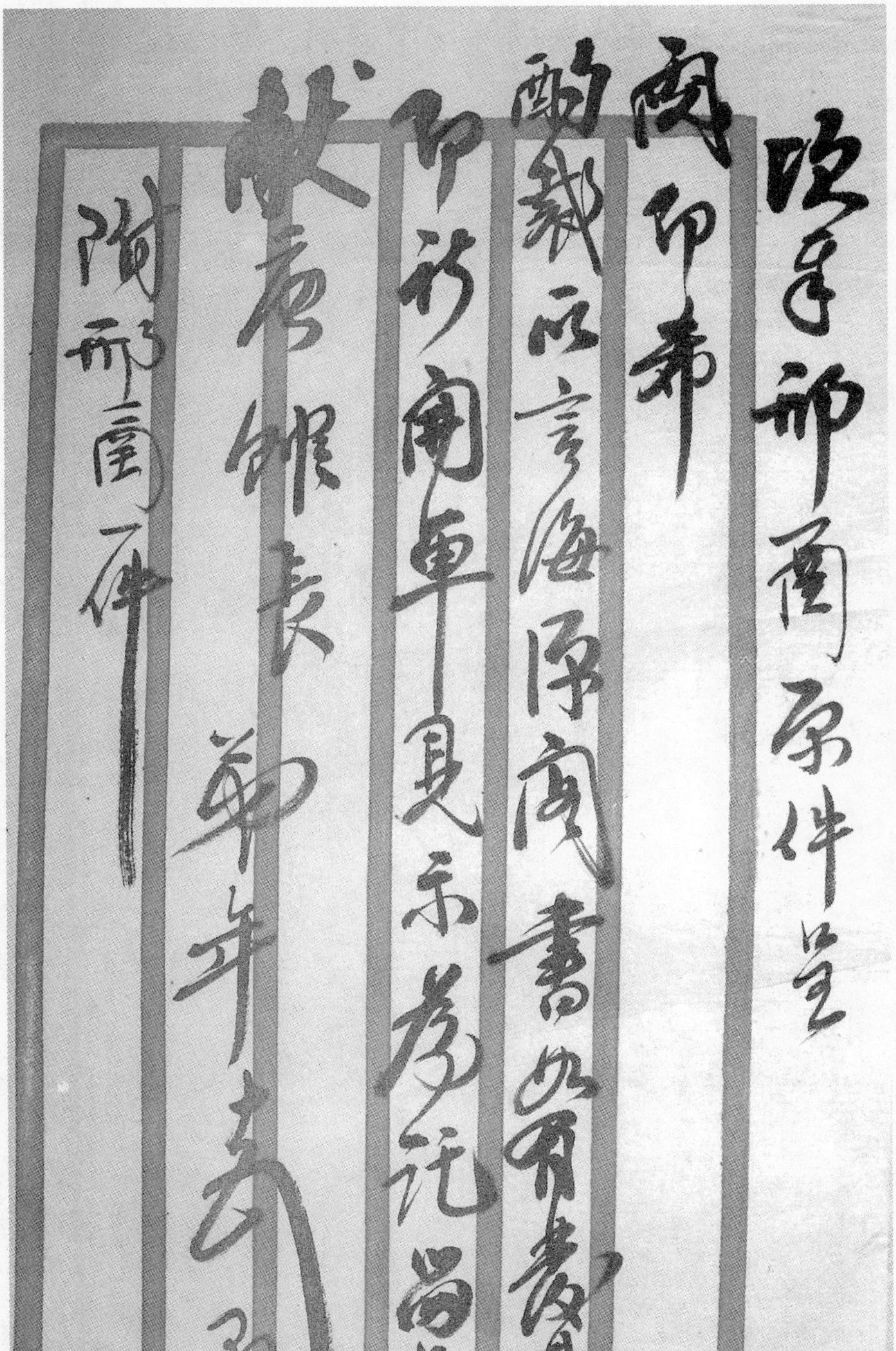

十九 邢之襄致晉延年

書一通 封一件

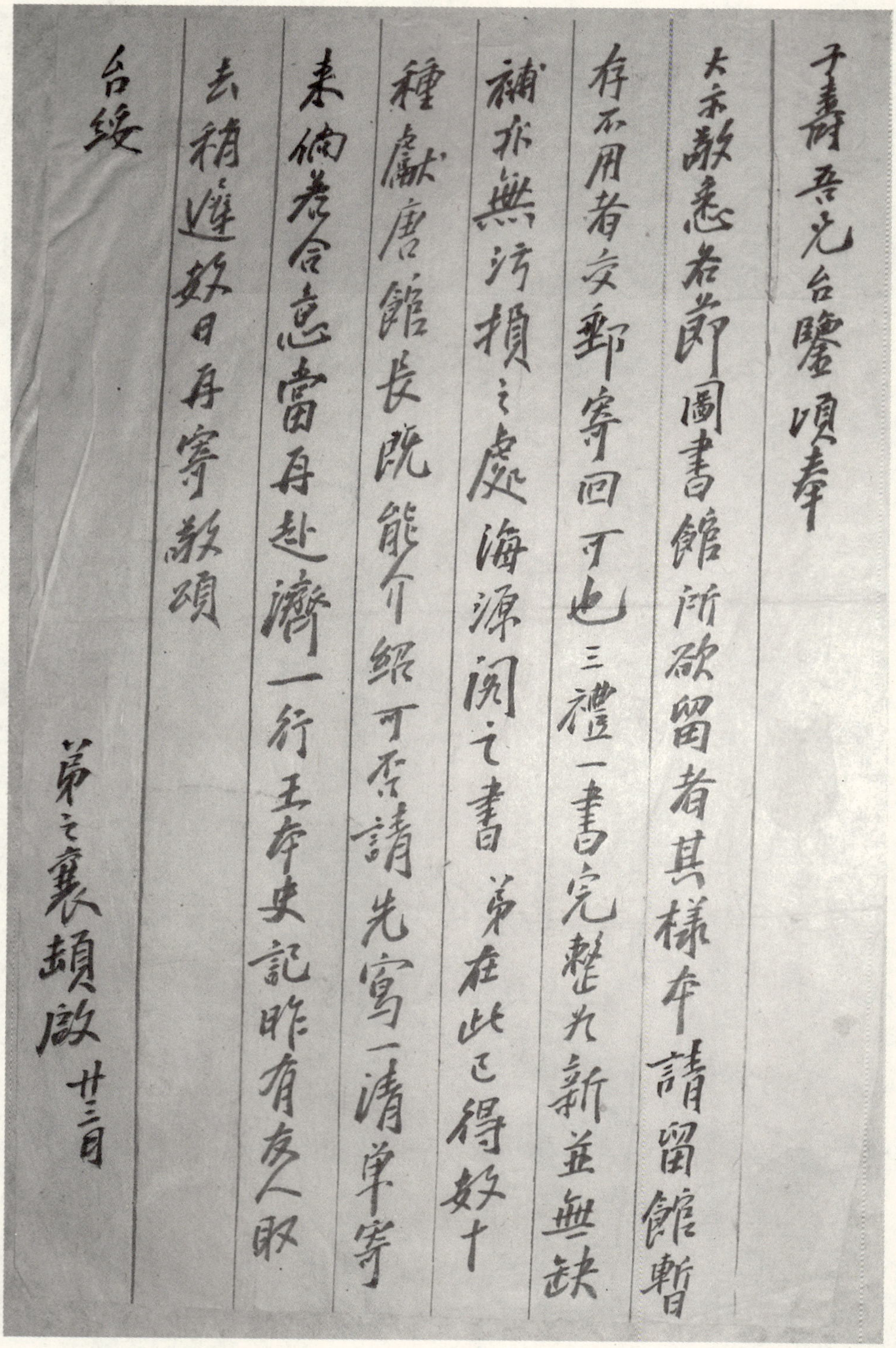
子壽吾兄台鑒頃奉
大示敬悉者節圖書館所欲留者其樣本請留館暫
存不用者交郵寄回可也三禮一書完整尤新並無缺
補亦無污損之處海源閣之書弟在此已得數十
種獻唐館長既能介紹可否請先寫一清單寄
來倘卷合意當再赴濟一行王本史記昨有友人取
去稍遲數日再寄敬頌
台綏 弟之襄頓啟 廿三日

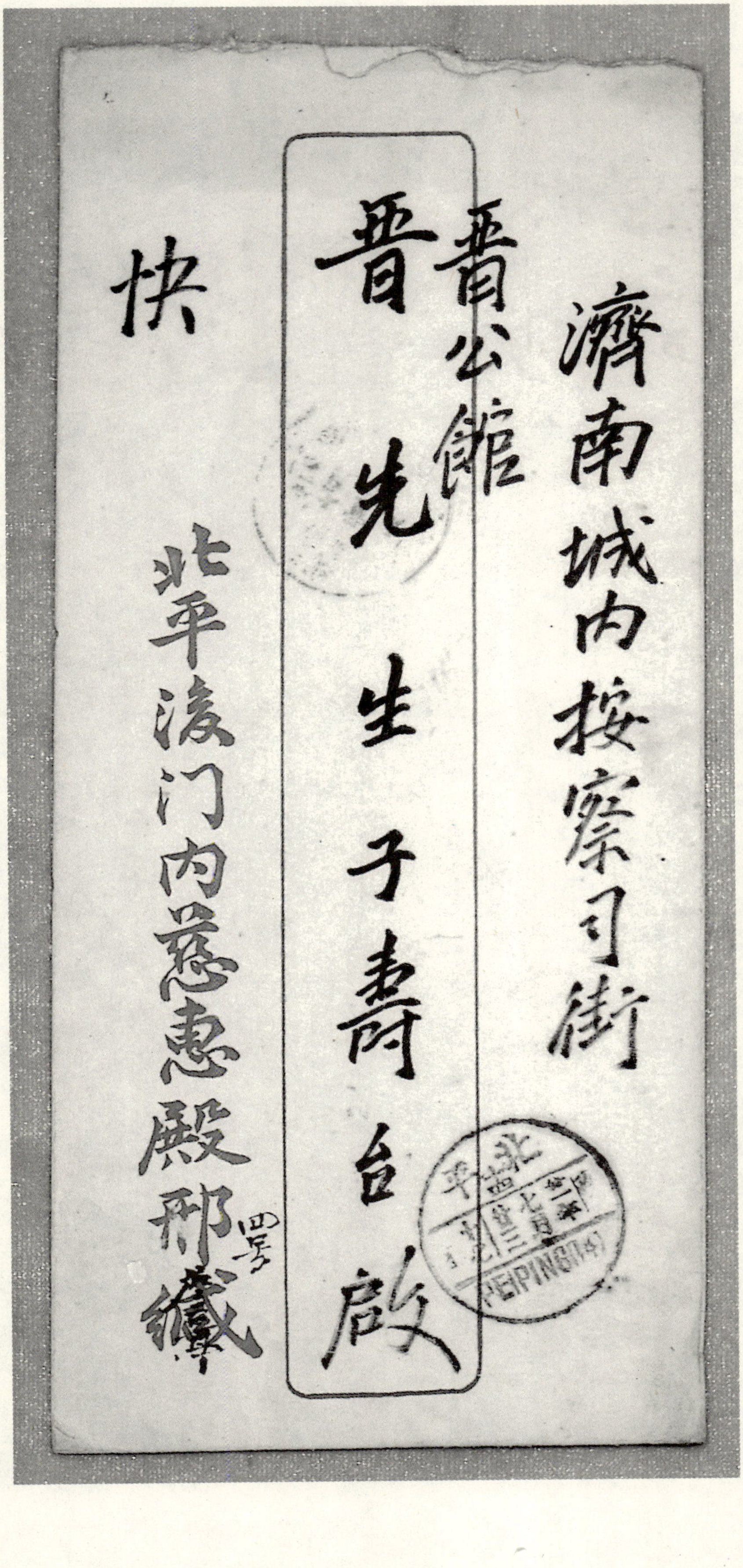

邢之襄致晋延年

二十　崔蘭言

書二通　封二件

書第一通

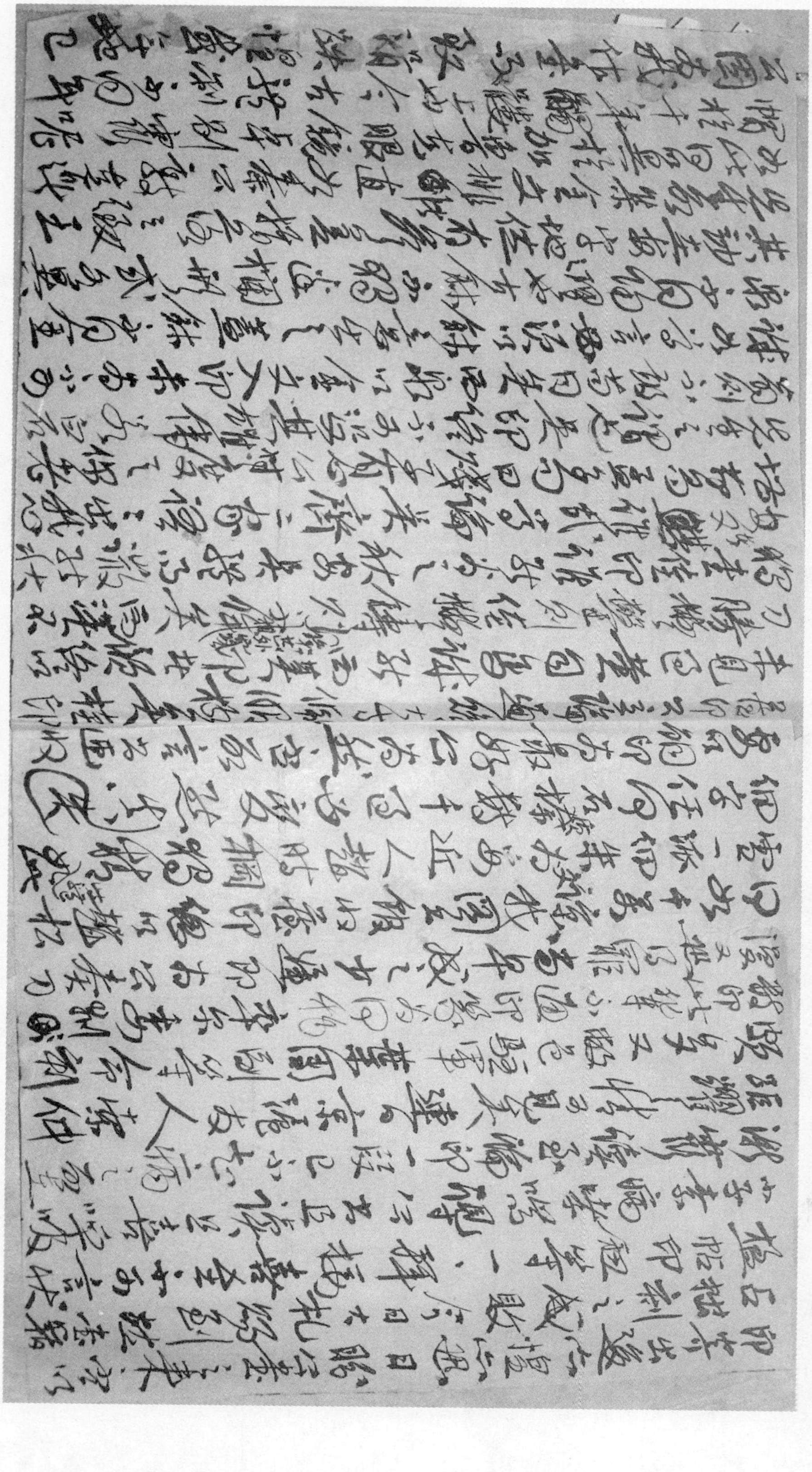

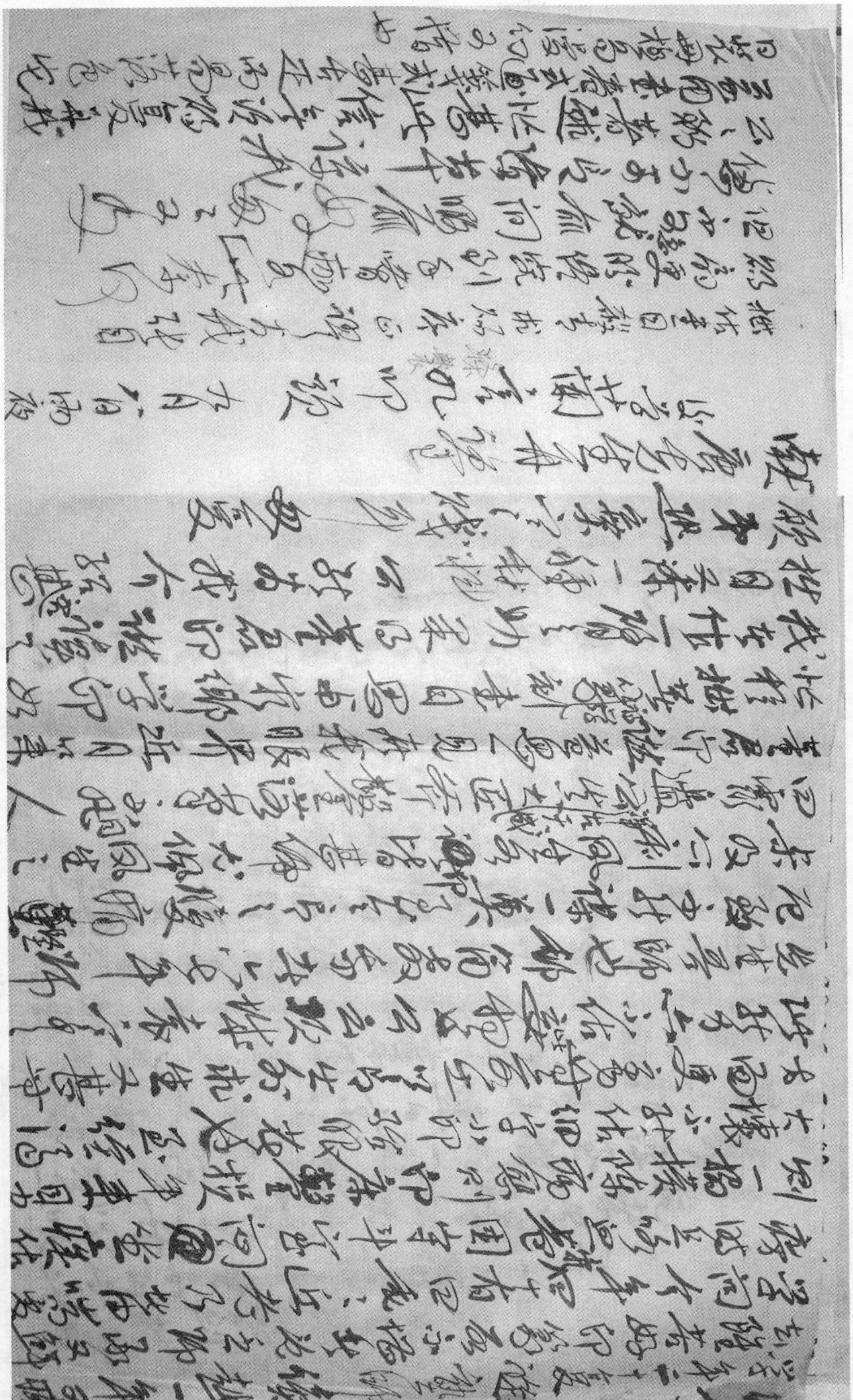

崔蘭言

書第二通

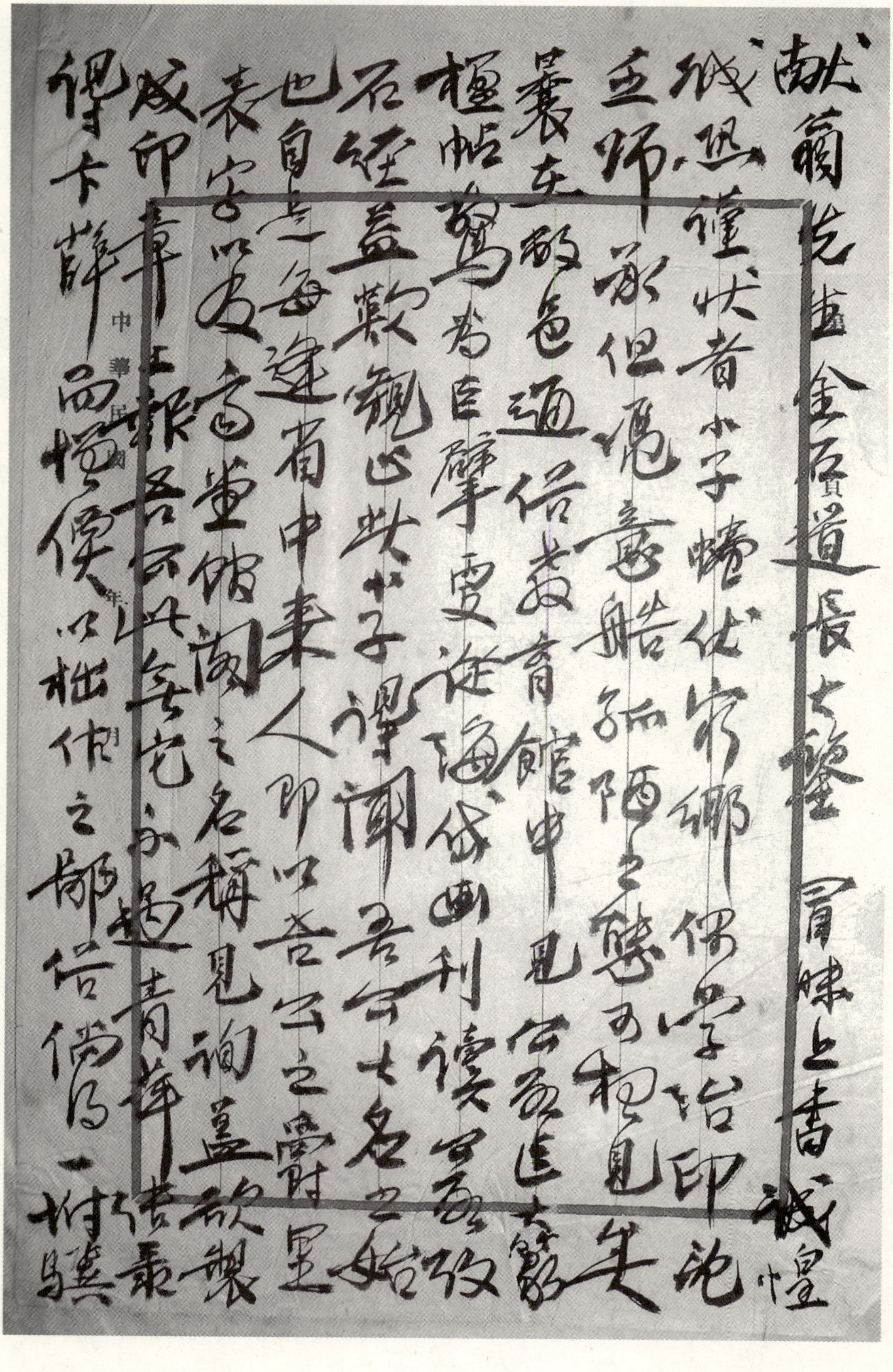

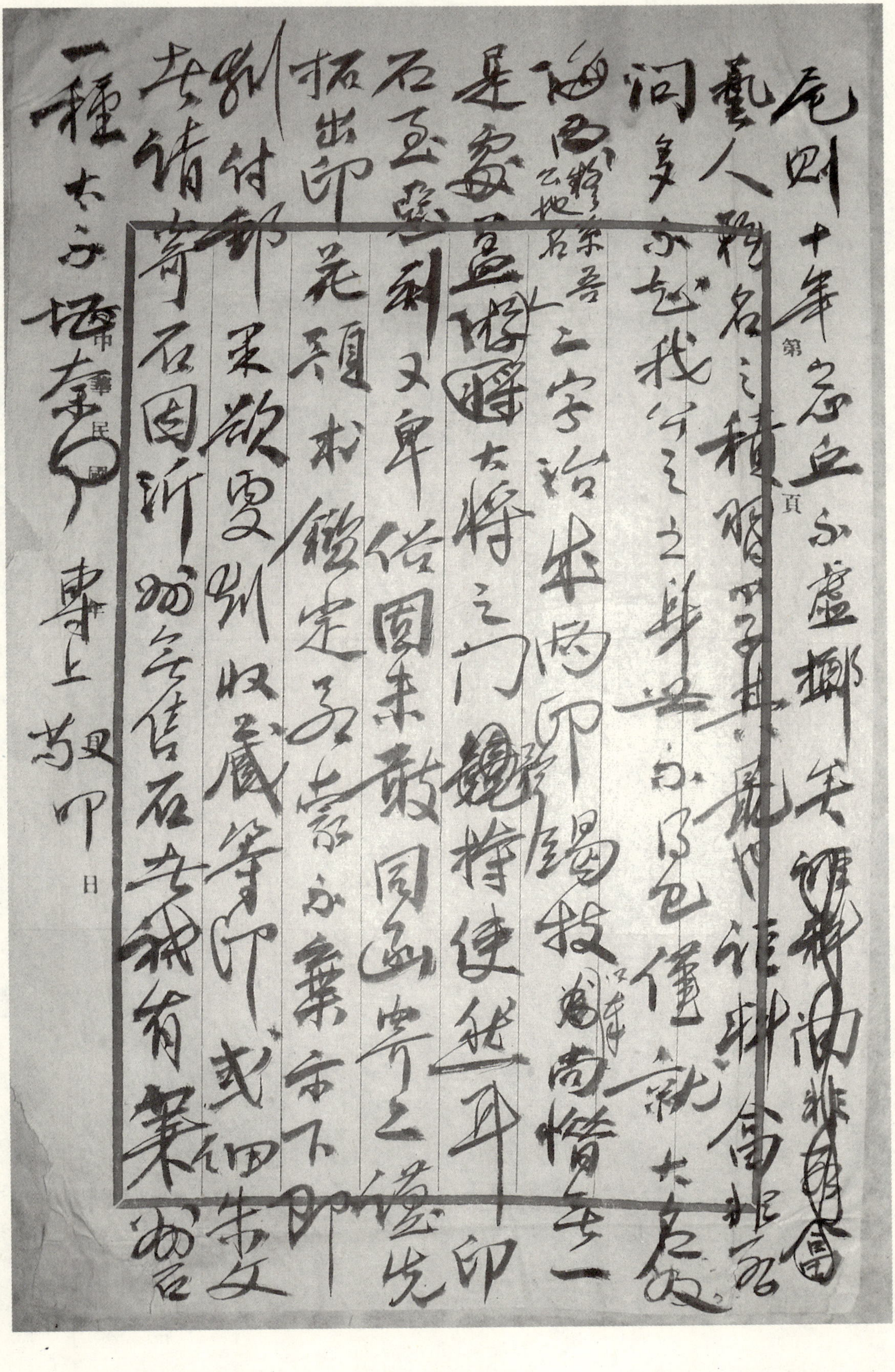

崔蘭言

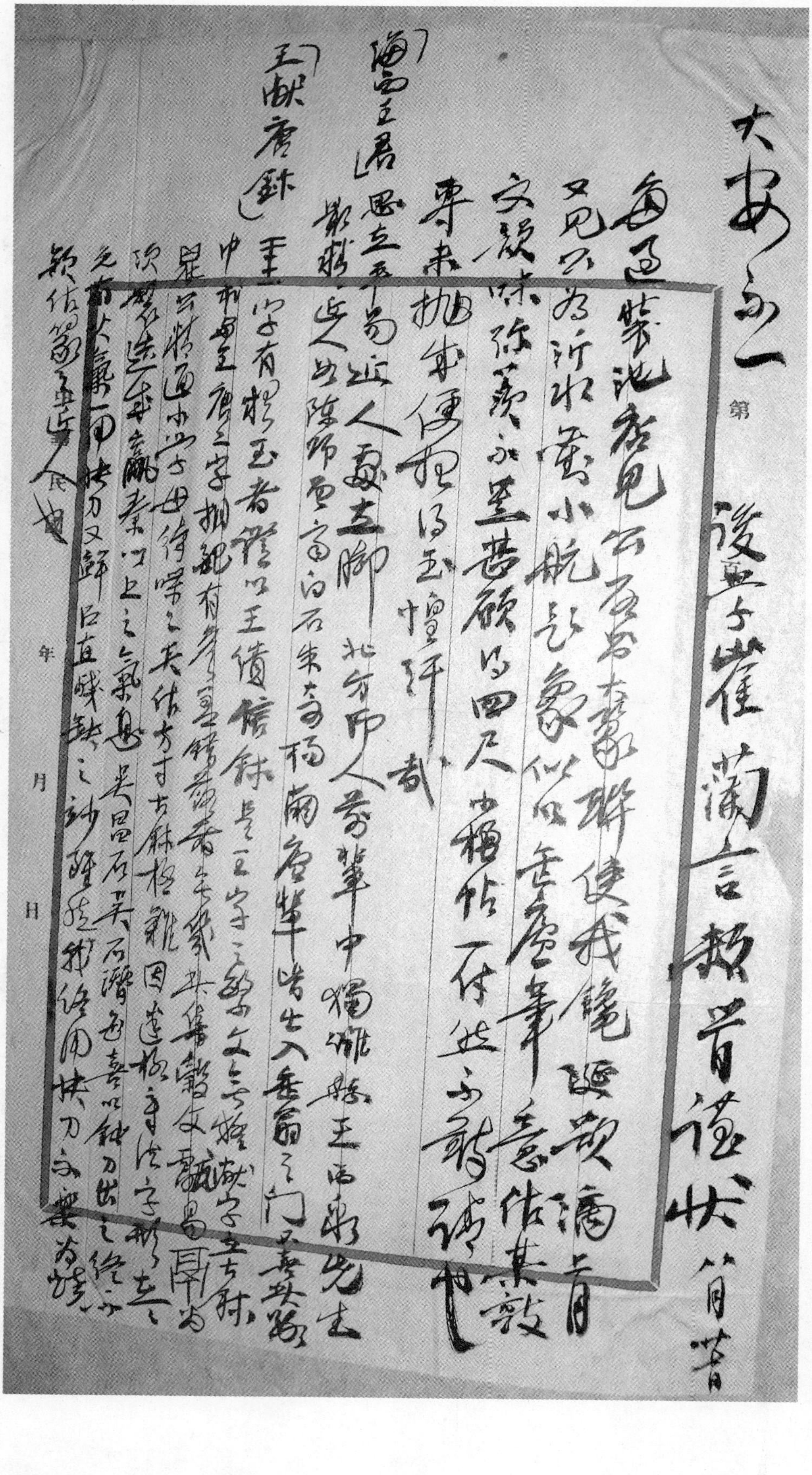

封第一件

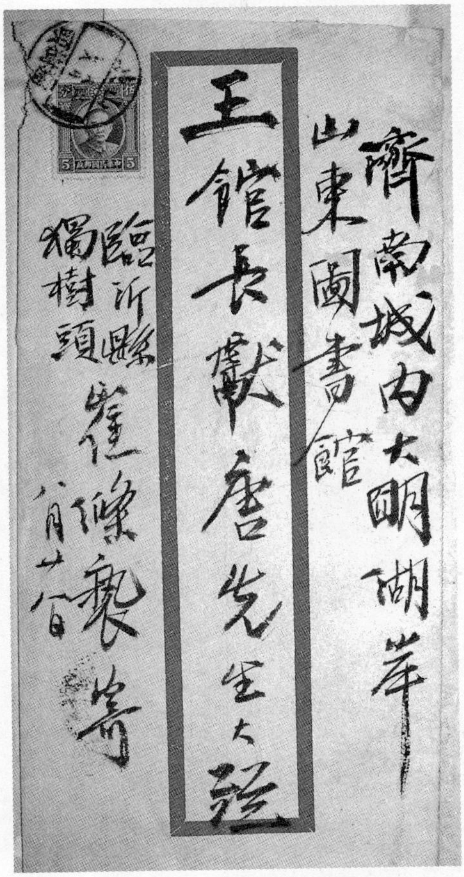
濟南城内大明湖岸
山東圖書館
王館長獻唐先生大啓
臨沂縣
獨樹頭
崔豫泉寄

封第二件

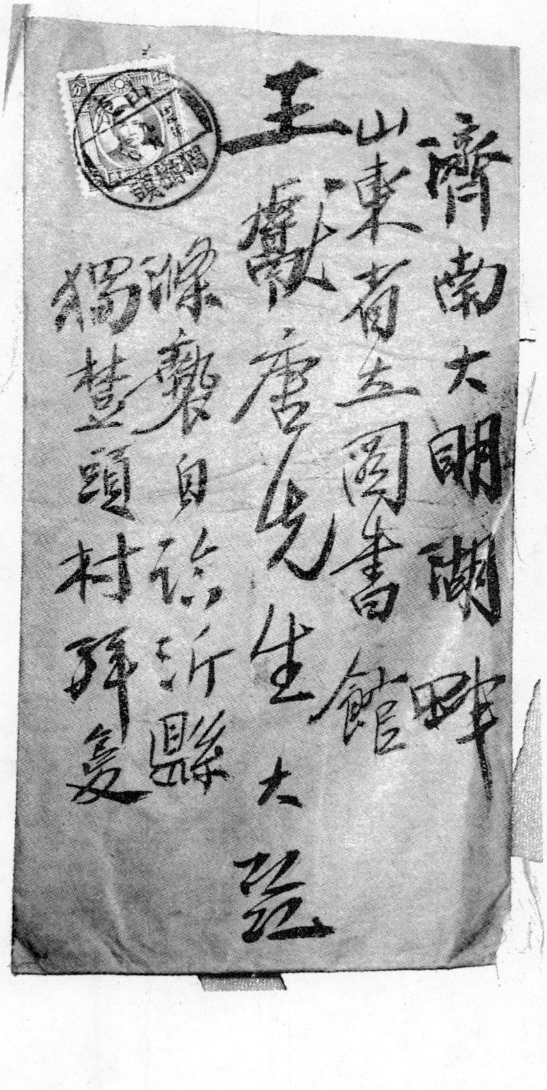
濟南大明湖畔
山東省立圖書館
王獻唐先生大啓
豫泉自臨沂縣
獨樹頭村拜复

二十一 丁啓喆 書六通 封五件

書第一通

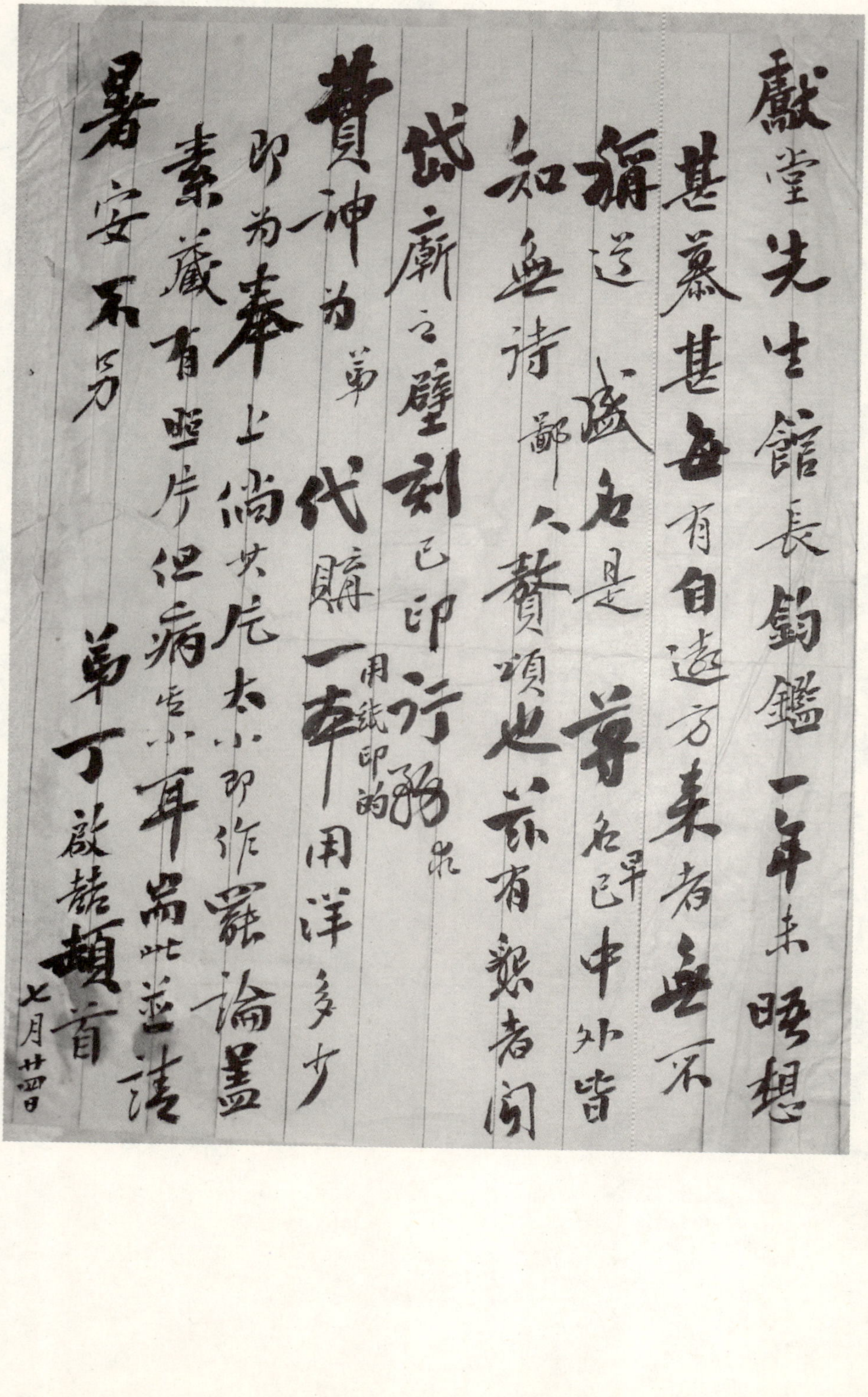
獻堂先生館長鈞鑒：一年未晤，想
甚慕甚。無有自遠方來者無不
稱道盛名，是尊名早已中外皆
知，無詩鄙人贊頌也。茲有懇者，聞
試廟之壁刻已印行（用紙印的）張紙，
費神為弟代購一本，用洋多少，
即為奉上。尚共尼太小，印作羅論盖
素藏有照片，但病告小耳。當此並請
暑安，不另。
弟丁啟喆頓首 七月廿四日

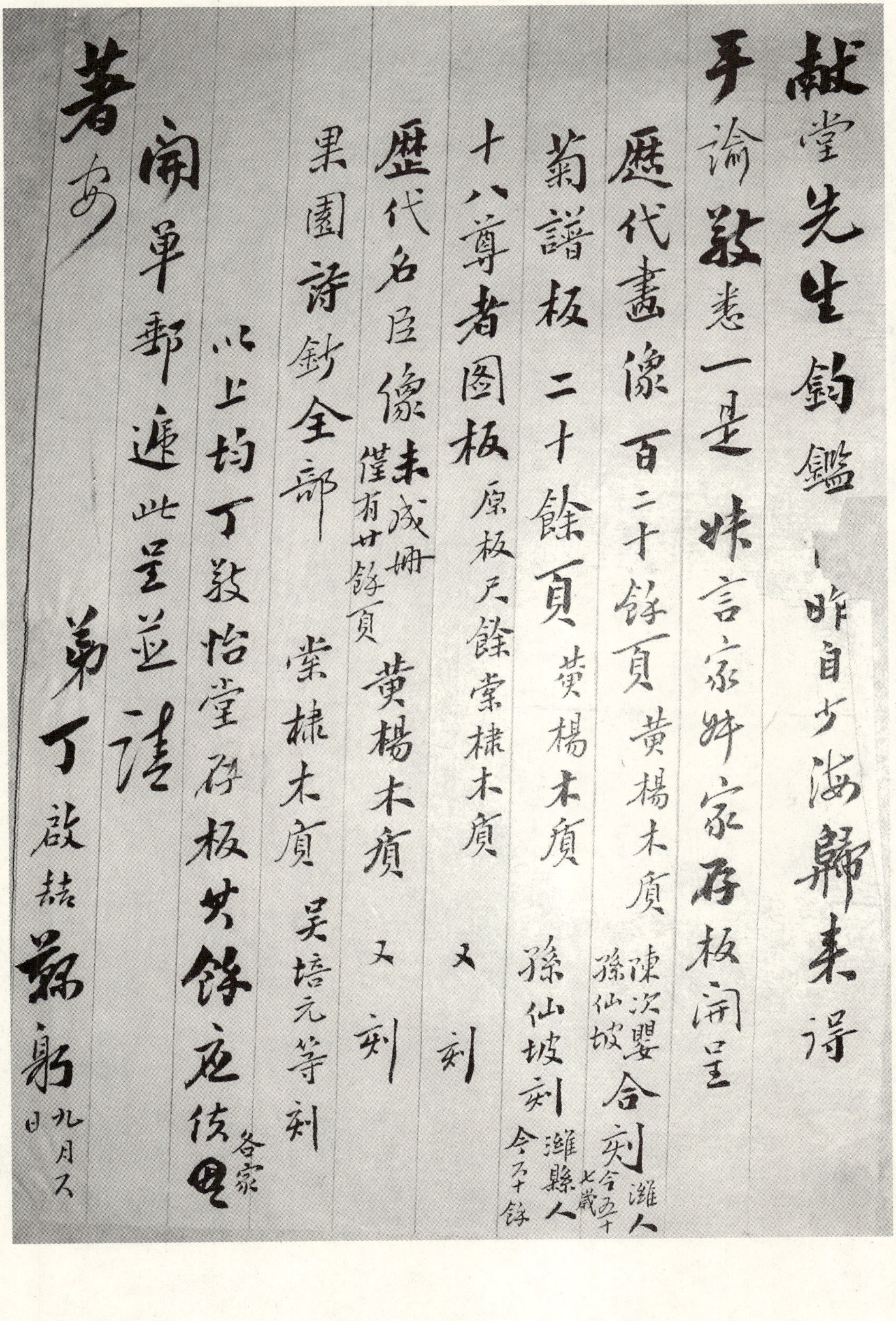

楙堂先生鈞鑒：昨自上海歸來，得
手諭，敬悉一是。頃言家姊家存板開呈：
歷代畫像百二十餘頁 黄楊木質 陳次嬰 孫仙坡 合刻 濰人 今五十七歲
菊譜板二十餘頁 黄楊木質 孫仙坡刻 濰縣人 今五十餘
十八尊者圖板 原板尺餘 棠棣木質 又刻
歷代名臣像未成 僅有廿餘頁 黄楊木質 又刻
果園詩鈔全部 棠棣木質 吴培元等刻
以上均丁敦怡堂存板，其餘應依照各家
開單郵遞。此呈，並請
著安
弟丁啓喆頓首 九月八日

丁啓喆

書第三通

獻堂先生鈞鑒：敬肅者，今晨接
手諭，內云皆悉，感激之忱，莫可言喻。
結果如何，或曾批與否，尚求得信後
示一回諭。蓋今晨已得 有府批云函請
省黨部核辦云云。此事重要，在此肅此
敬賀，屢瀆之處，尚乞
垂怜。丈夫夫之愛惡甚於婦人（女子），況自幼無
母之子耶？曾母下機不疑，僨金天

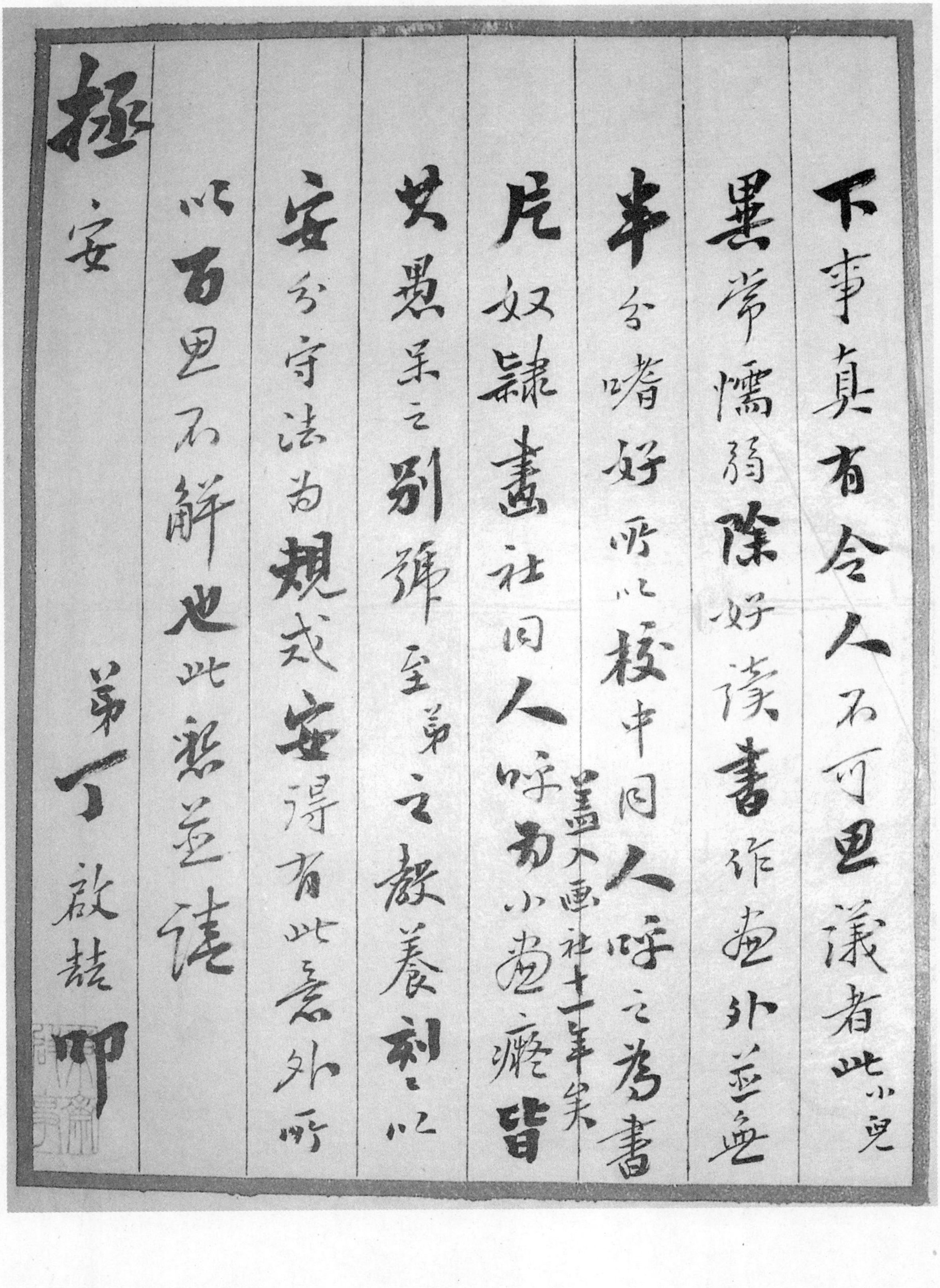
下事真有令人不可思議者此小兒
異常懦弱除好讀書作畫外並無
半分嗜好所以校中同人呼之為書
蓋入画社十一年矣
虎奴隸畫社同人呼為小畫癡皆
其愚呆之別號至弟之教養則以
安分守法為規戒安得有此意外所
以百思不解也此懇並請
極安
弟丁啟喆叩

丁啓喆

書第四通

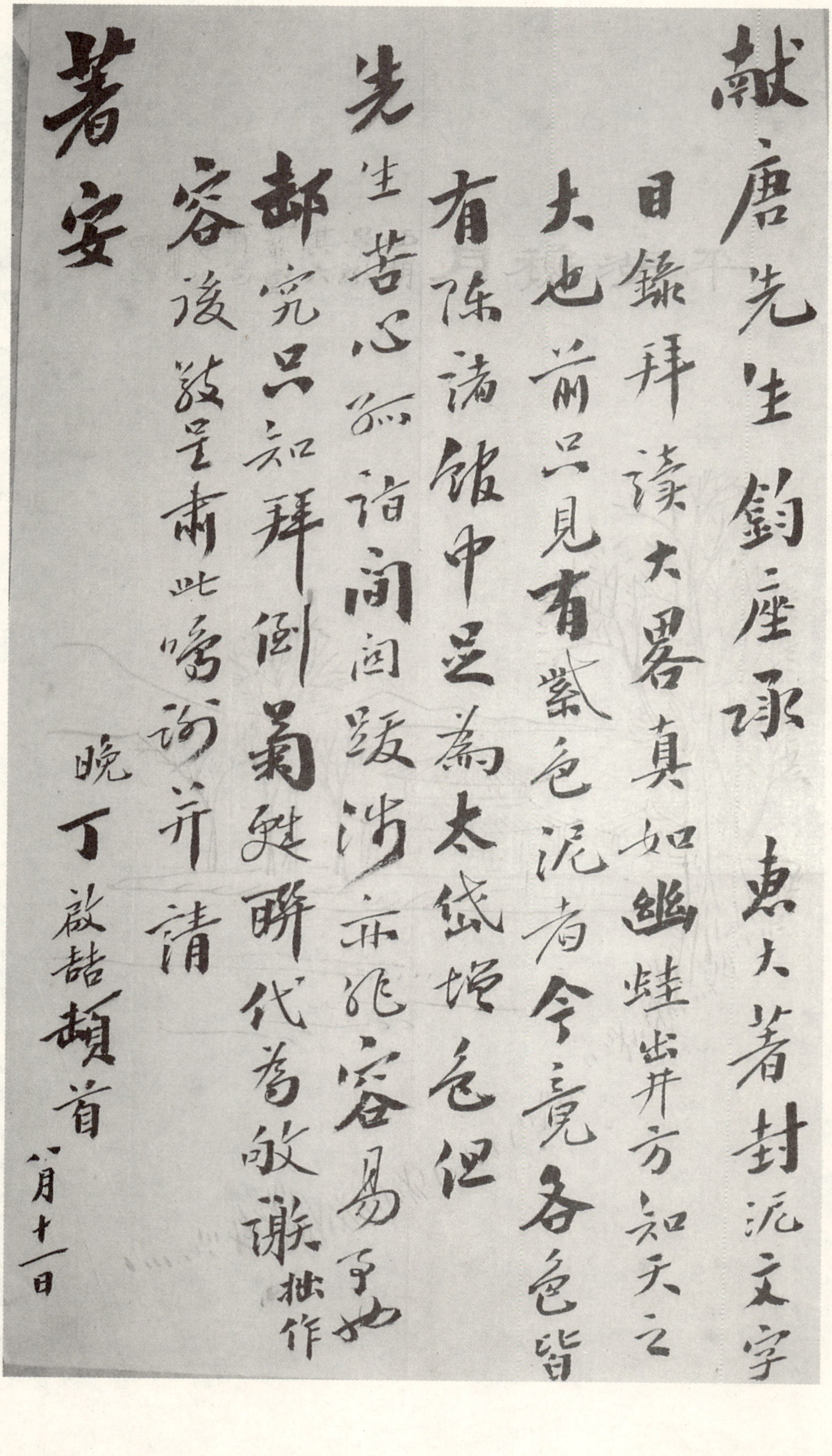
獻唐先生鈞座：承惠大著封泥文字目錄，拜讀大略，真如幽蛙出井，方知天之大也。前只見有紫色泥者，今竟各色皆有，陳諸館中，足爲大紙增色。但先生苦心孤詣，閱跋語，亦非容易。予如鄙究，只知拜倒。蜀魋聯代爲敬謝。拙作容後錄呈。肅此鳴謝，并請著安。

晚丁啟喆頓首

八月十一日

書第五通

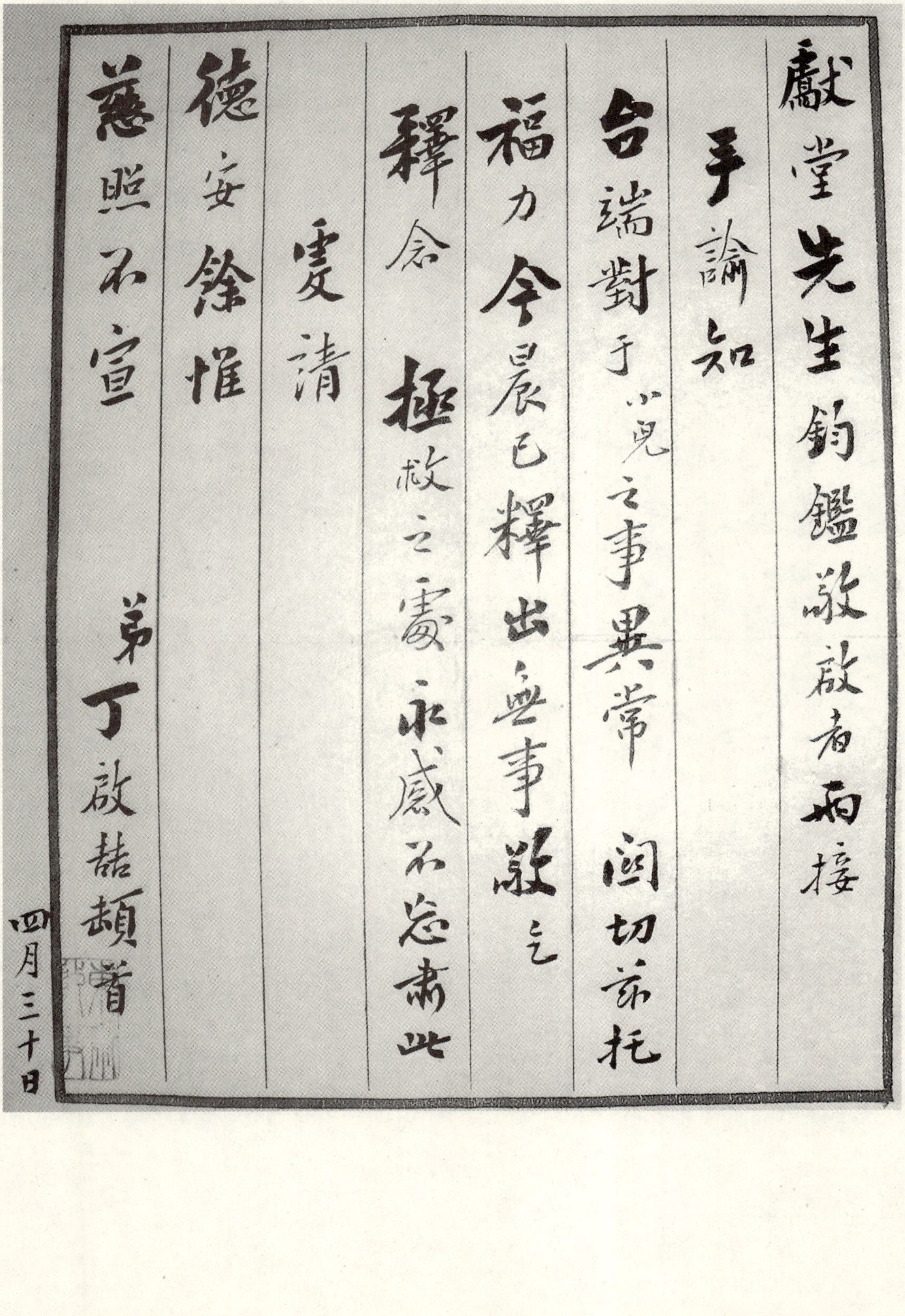
獻堂先生鈞鑒敬啟者兩接
手諭知
台端對于小兒之事異常關切訴托
福力令晨已釋出無事敬乞
釋念極敬之處永感不忘肅此
專請
德安餘惟
慈照不宣
弟丁啟喆頓首
四月三十日

丁啓喆

書第六通

獻堂先生鈞鑒：手示兩次均悉。格外關照，銘感不忘。現在省批均已到濰縣，黨部人說批中云用說服方法令其改過自新等語，各界已聯銜具保，大約今天或可釋出。弟非木石，凡愛我者終身不忘，況援救者乎。肅此鳴謝，並請仁安，不另。弟啟桂頓首 四月廿九日早

封第一件

封第二件

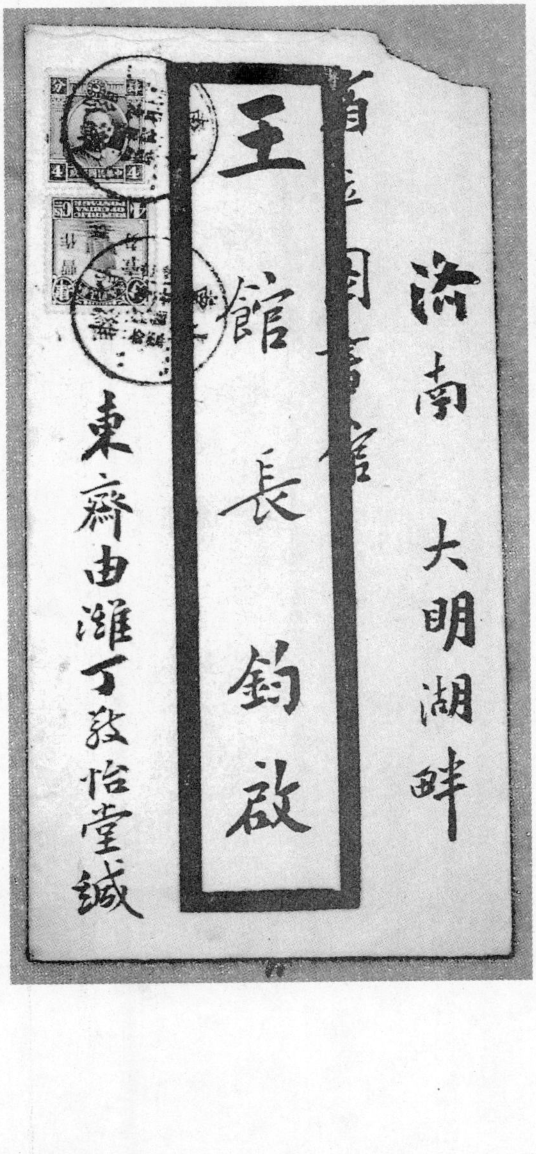

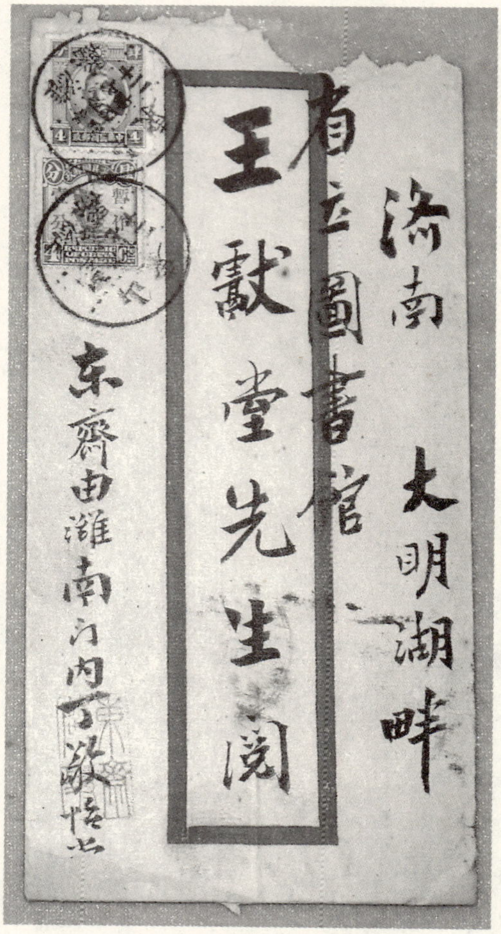

封第三件

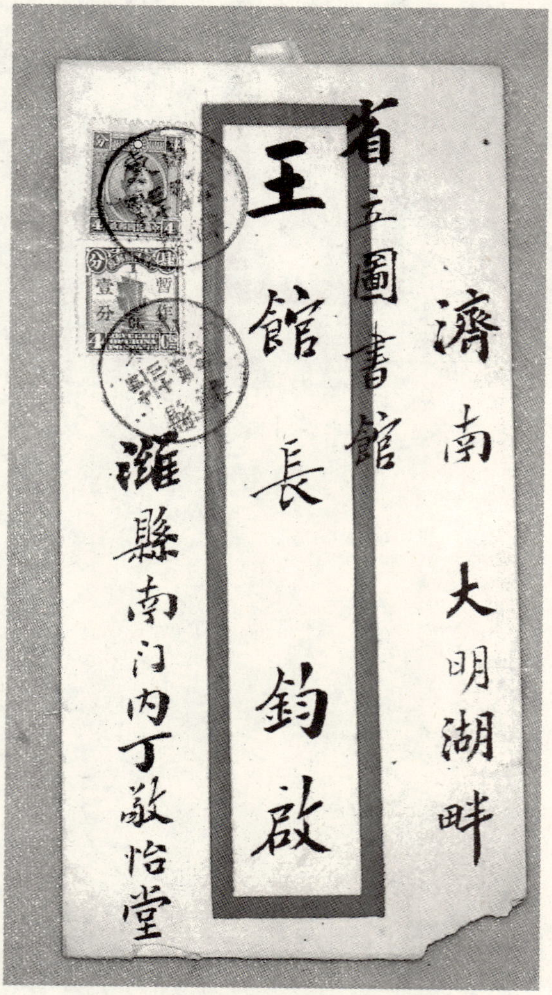

封第四件

封第五件

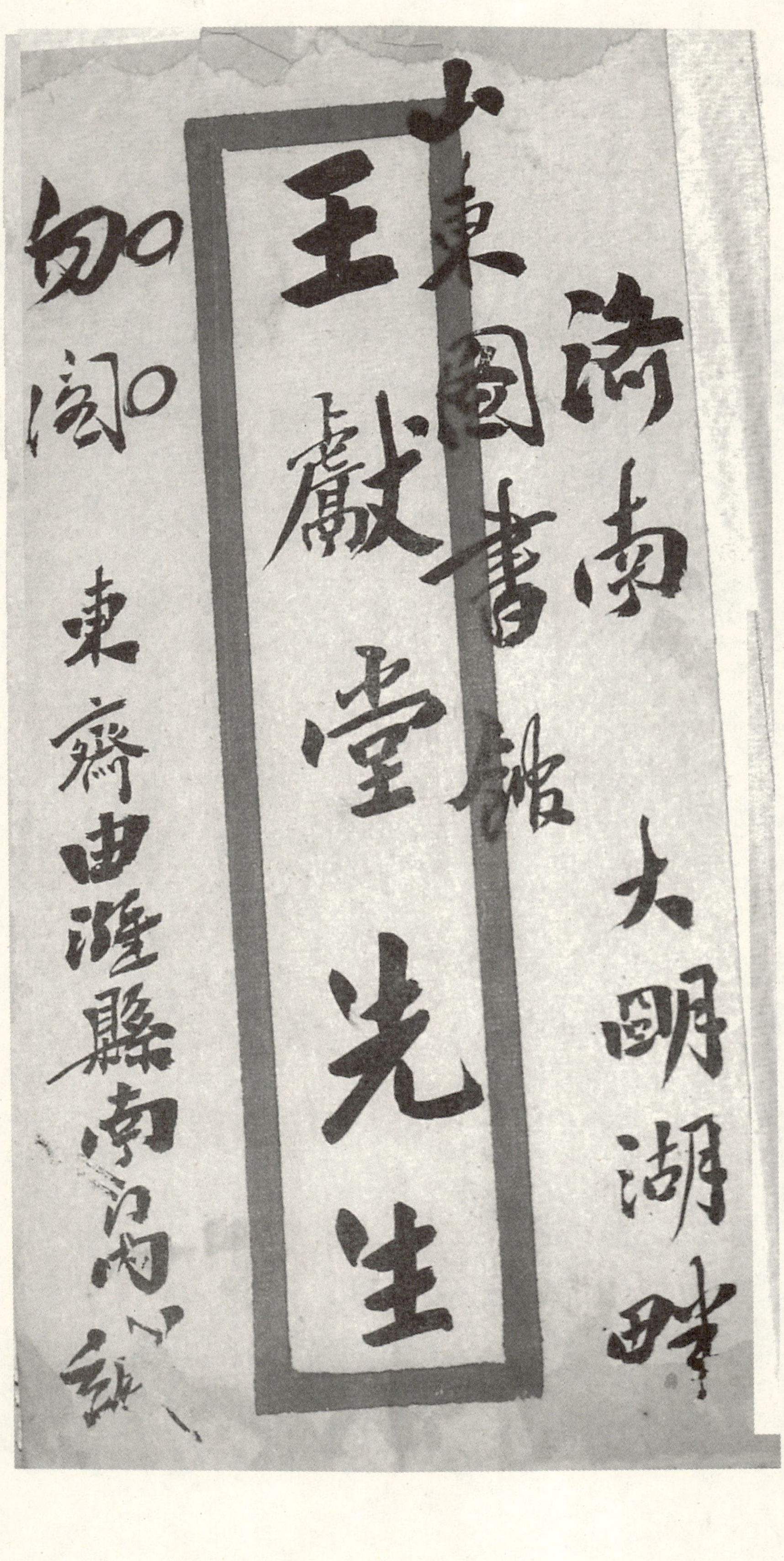

二十二 張家瑞

書一通

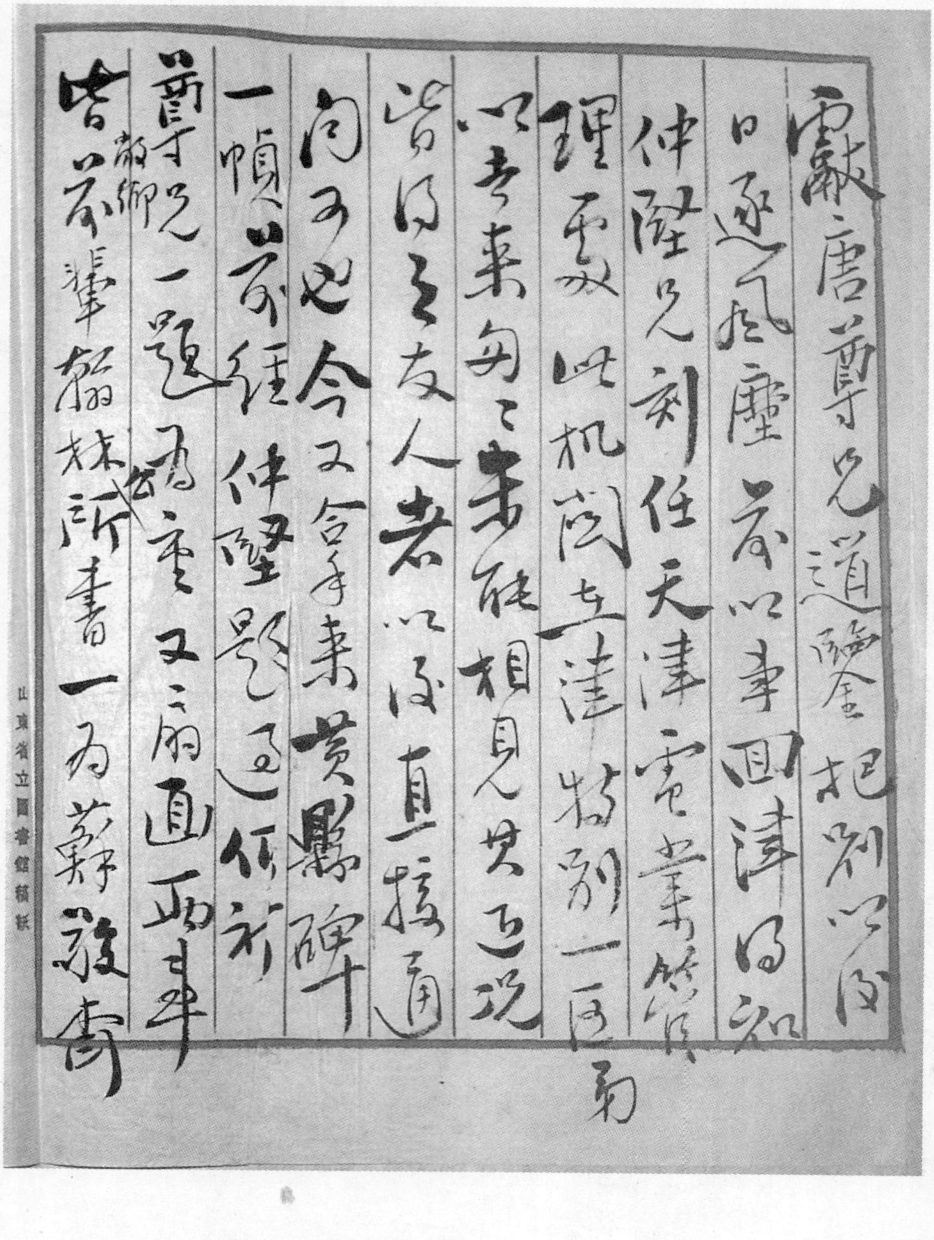

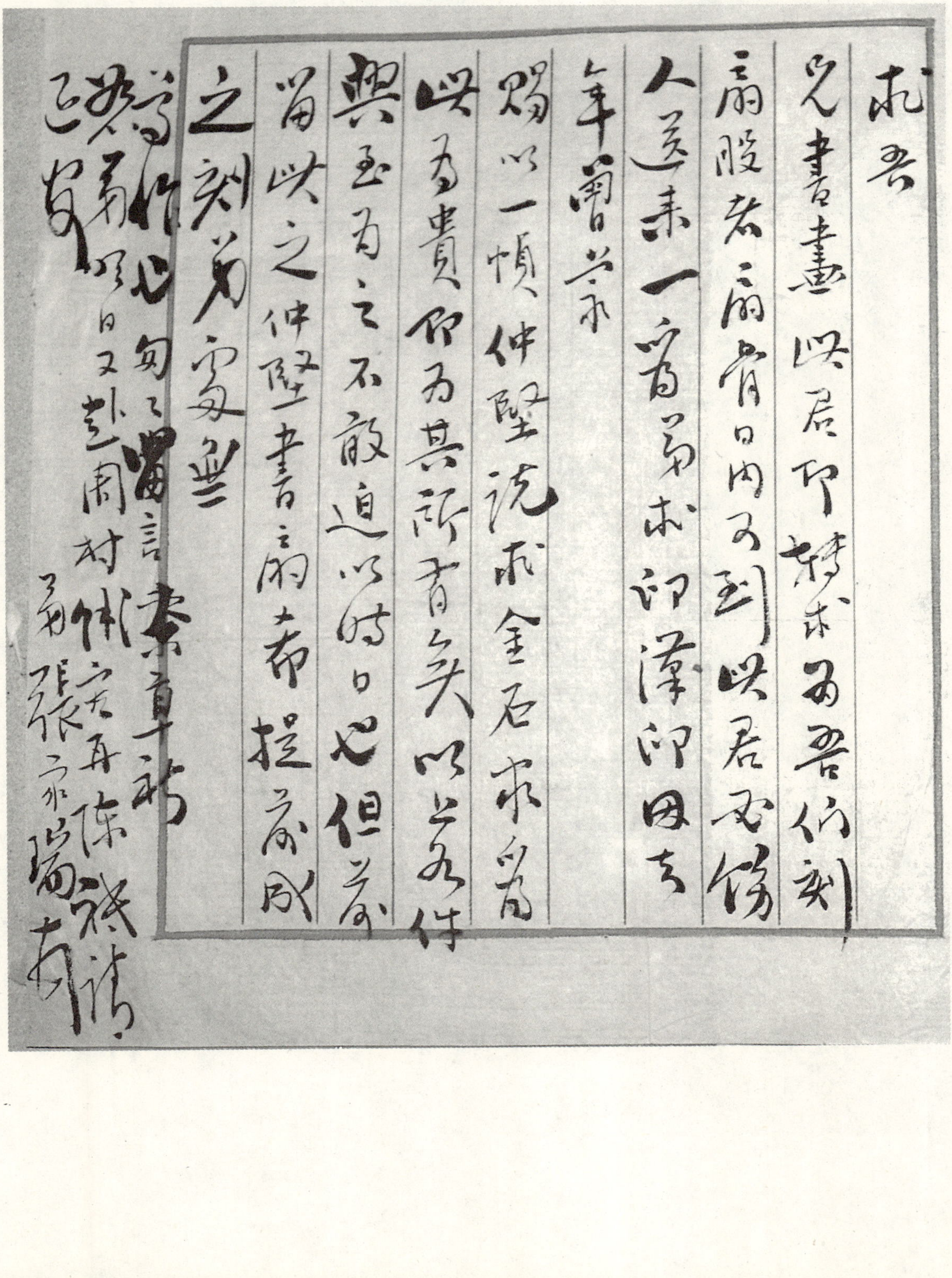

張家瑞

二十三 朱德裳

書一通 封一件

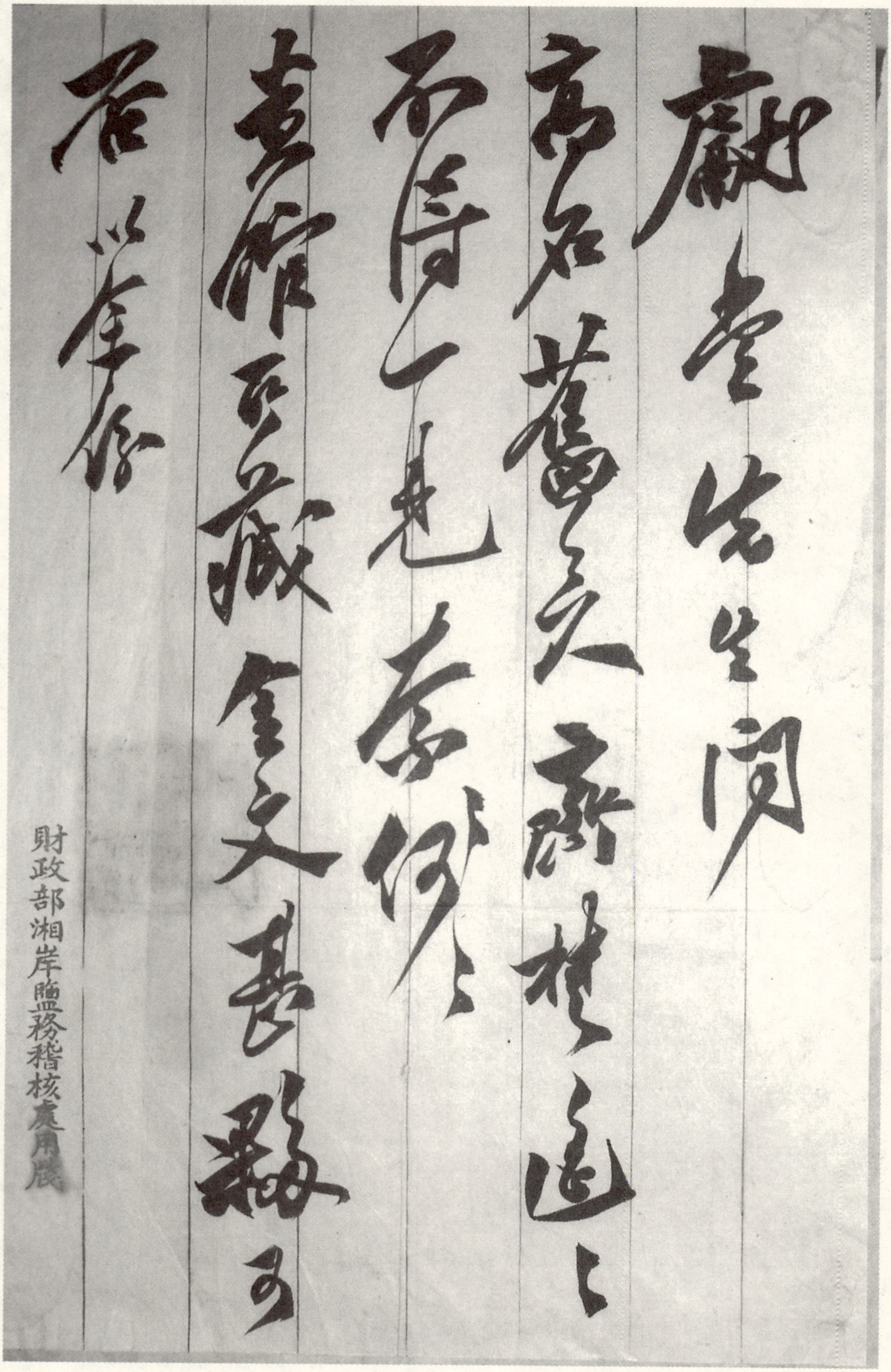

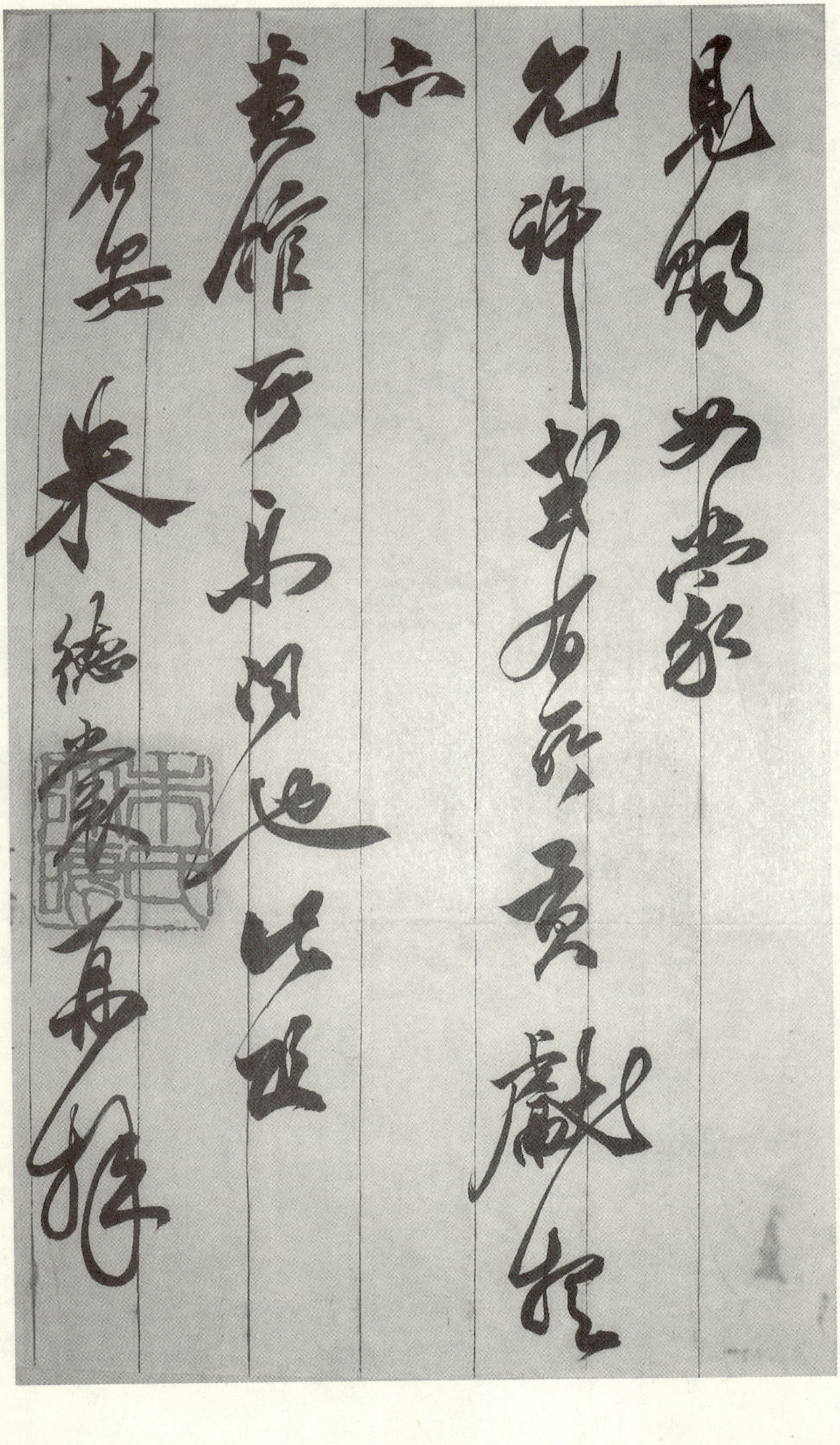

朱德裳

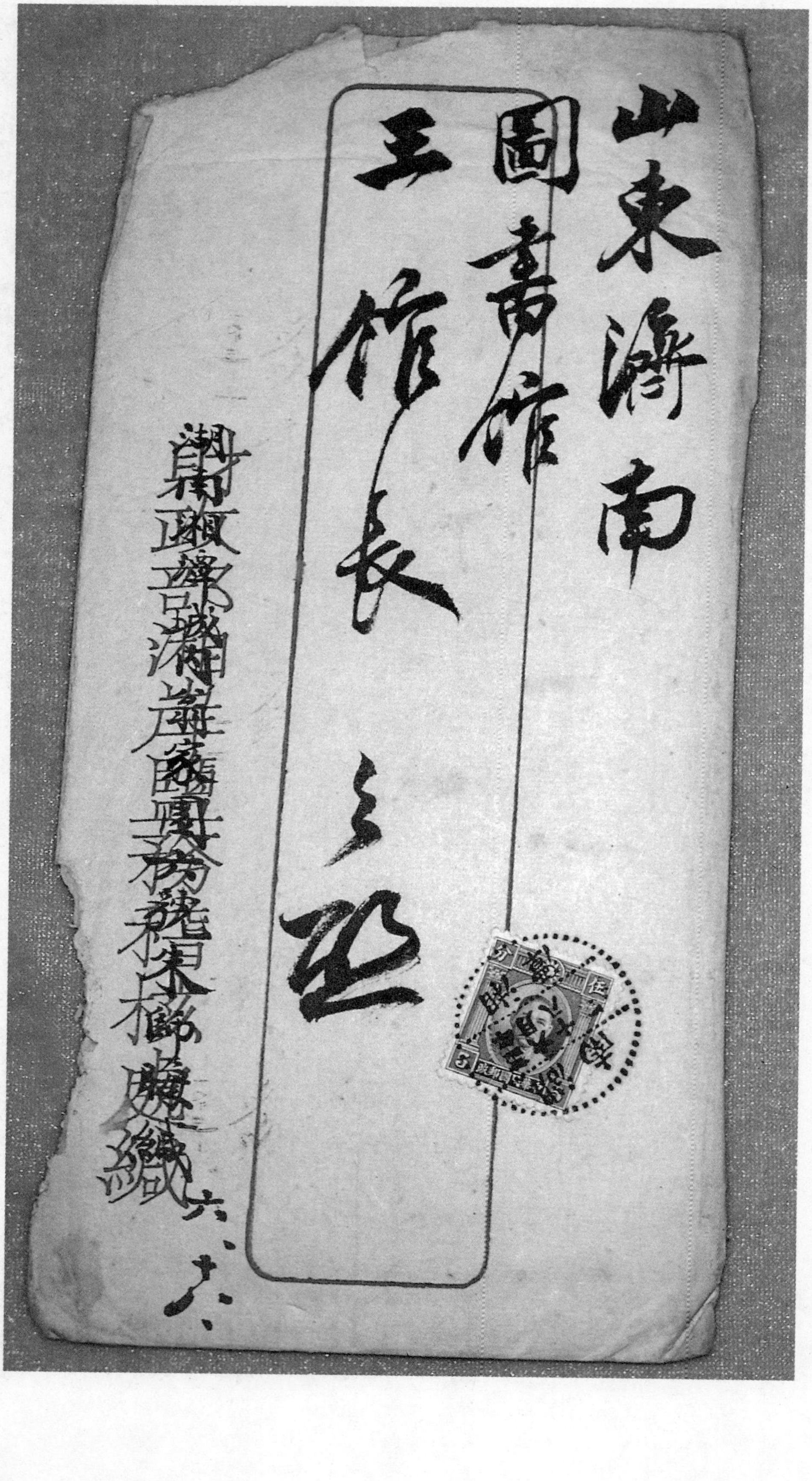
山東濟南
圖書館
王館長

二十四 丁福保 書五通 封四件

書第一通

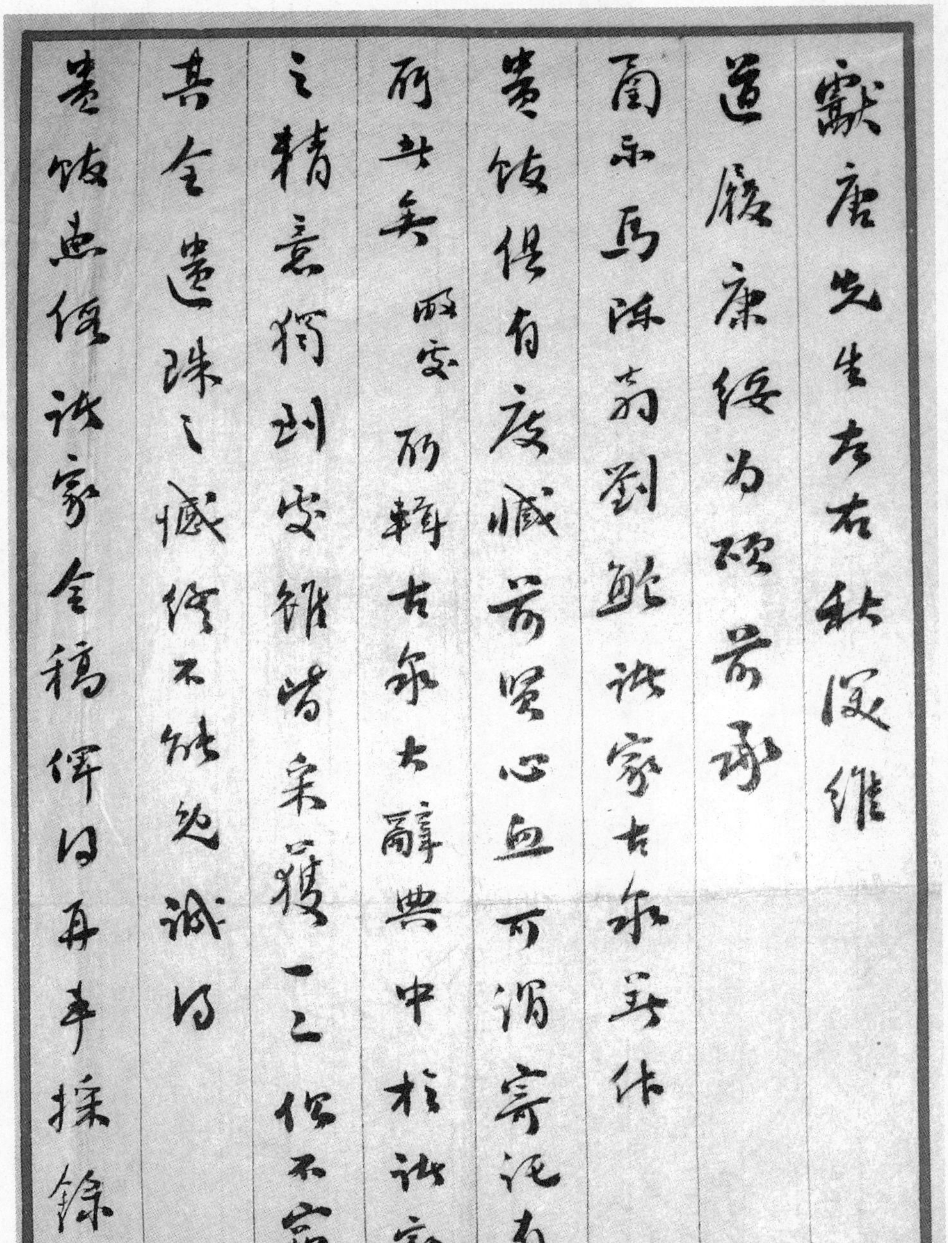

獻唐先生左右秋深維
道履康綏為頌前承
開示馬陳翁劉鮑諸家古泉拓件
貴館得有庋藏前賢心血可謂寄托有
所矣　敬安　所輯古泉大辭典中於諸家
之精意將刊安錯者采獲一二似不窺
其全遺珠之憾終不能免誠得
貴館並借諸家全稿俾得再手採錄

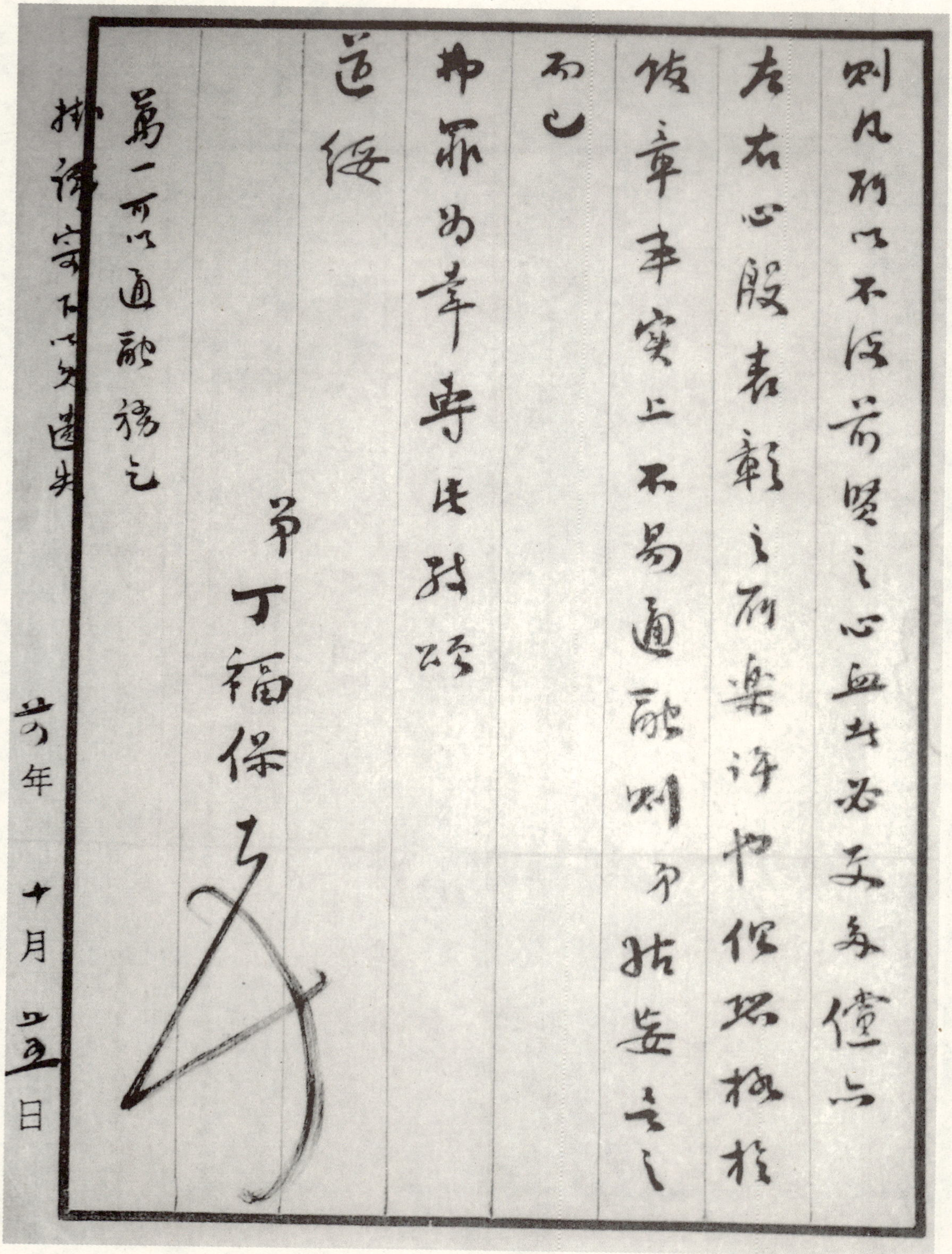
則凡所以不役前賢之心血者必受無償之
左右心腹表彰之所樂許也但恐格於
規章事實上不易通融則亦姑妄言之
而已
祈覆為幸專此敬頌
道綏
弟丁福保上
萬一可以通融務乞
掛號寄下以免遺失
廿年 十月 廿五日

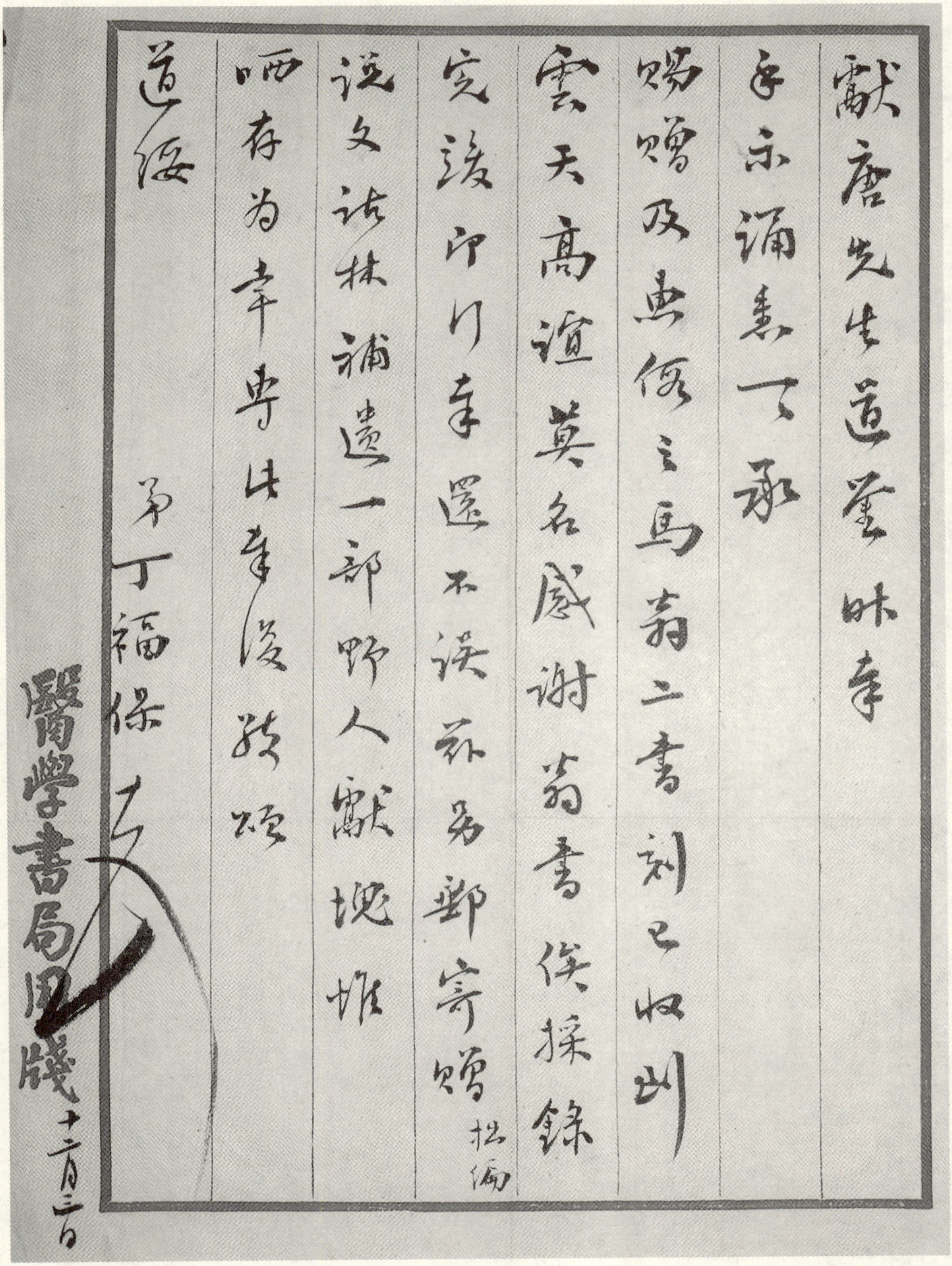

獻唐先生道鑒：昨奉
手示，誦悉一一。承
賜贈及惠假之馬翁二書，刻已收到。
雲天高誼，莫名感謝。翁書俟採錄
完後即行奉還，不誤。茲另郵寄贈拙編
說文詁林補遺一部，野人獻堄堆
哂存為幸。專此奉復，敬頌
道綏
弟丁福保頓
醫學書局用箋 十月三日

書第三通

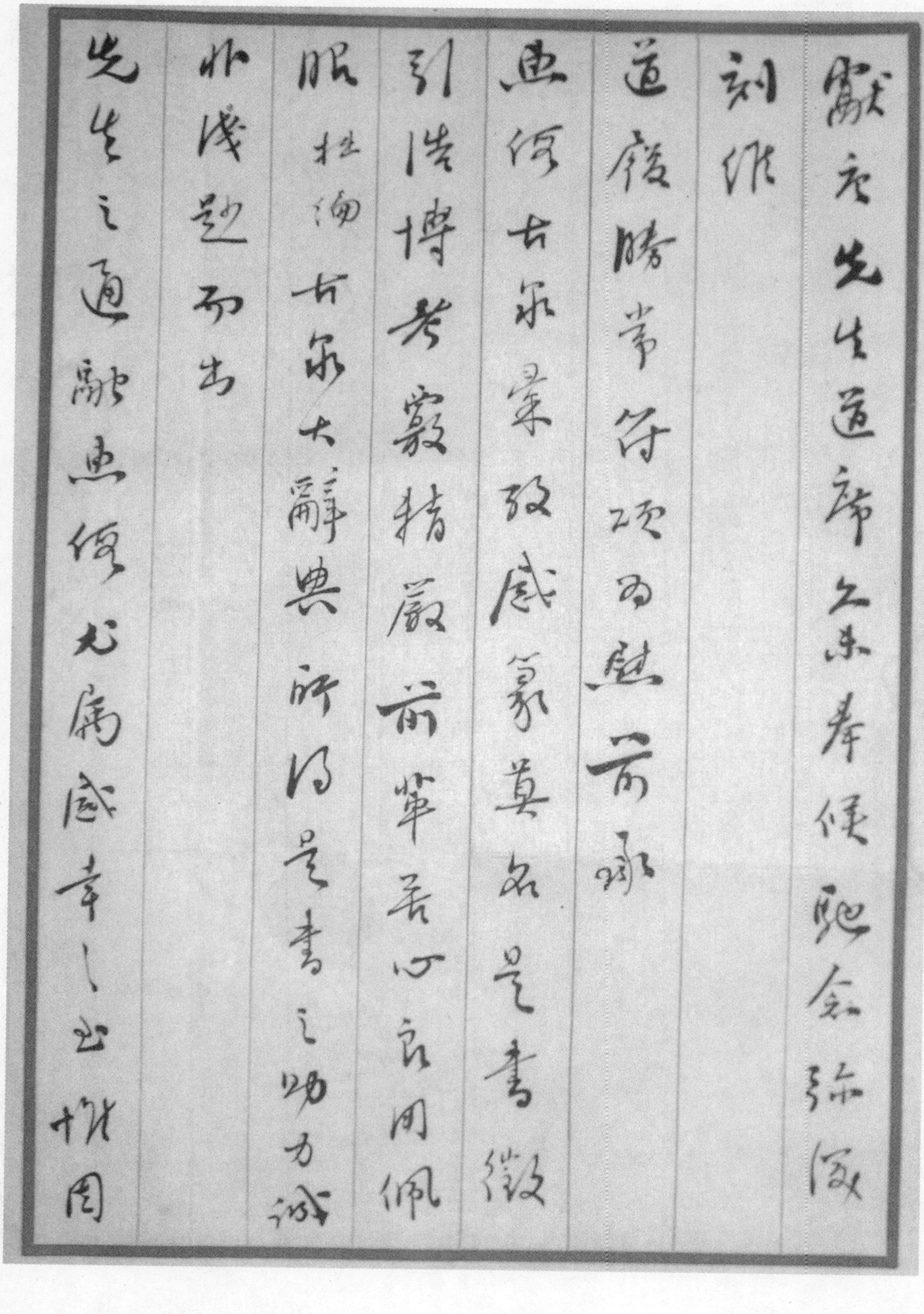
獻唐先生道席：久未奉候，馳念弥深。
刻維
道履勝常，符頌為慰。前承
惠假古籀彙攷，感篆莫名。是書徵
引浩博，考覈精嚴，前輩苦心，良用佩
服。拙編古籀大辭典，所得是書之助力誠
非淺尠，而出
先生之通融惠假，尤為感幸之至。[illegible][illegible]

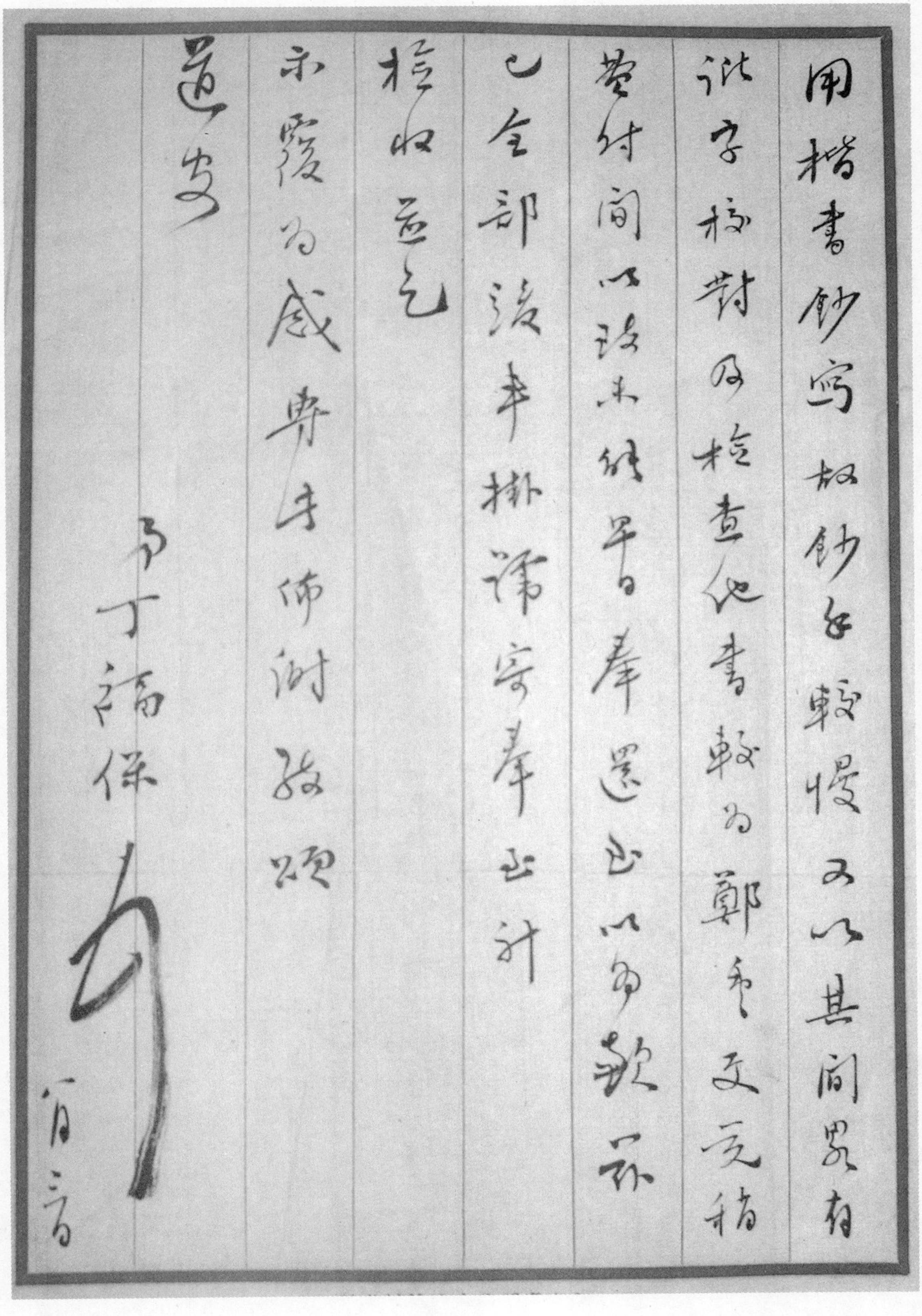
用楷書鈔寫故鈔手較慢又以其間略有訛字校對及檢查他書較為鄭重更覺費時間以致未能早日奉還也以為歉茲已全部讀後本掛號寄奉並祈檢收並乞示覆為感專此佈謝敬頌道安

弟丁福保頓首

一月二日

丁福保

書第四通

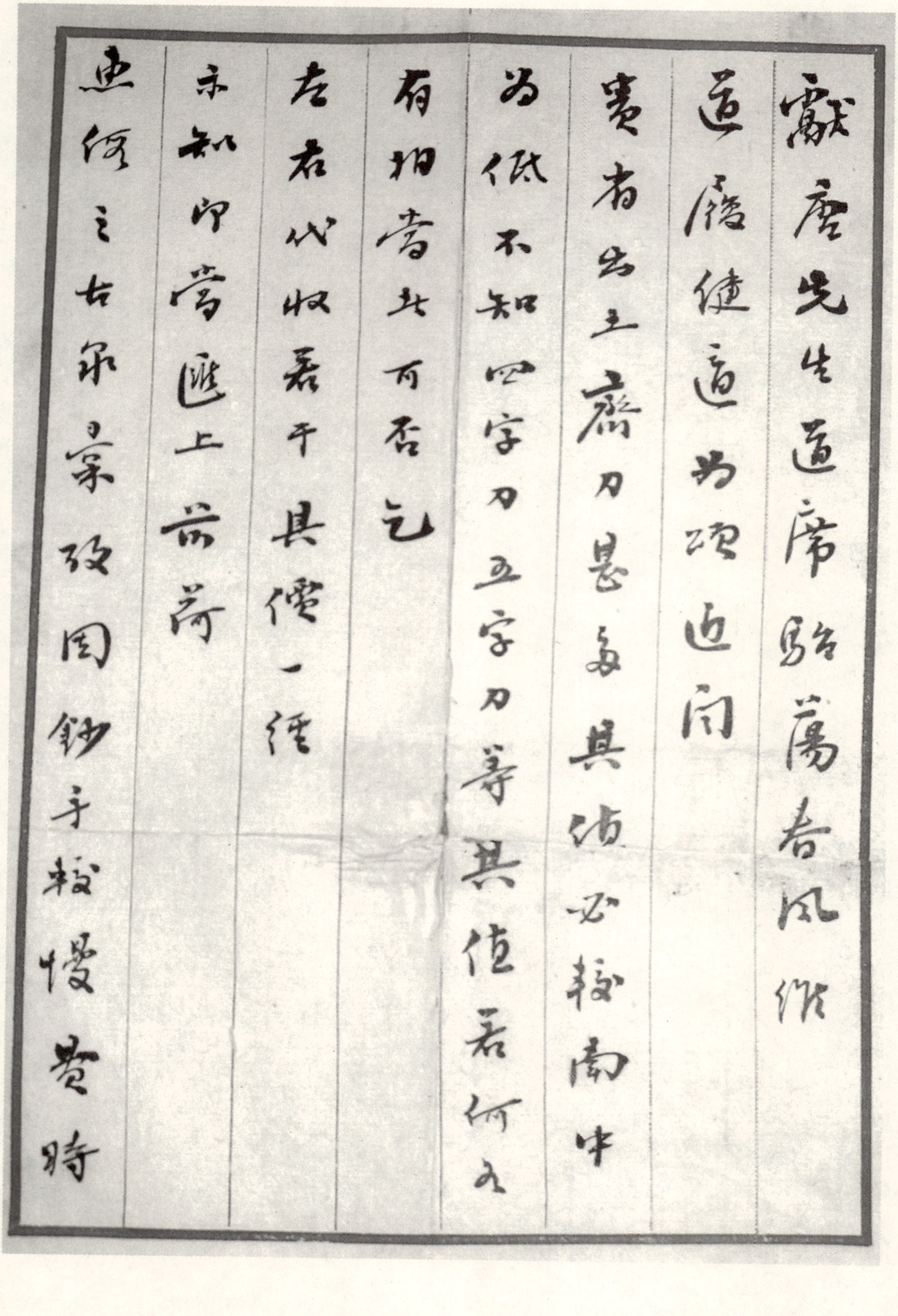
獻唐先生道席昨蕩春風備
道隨捷適為頃迫間
貴省出土齋刀甚多其值必較南中
為低不知四字刀五字刀等其值若何又
有拓書者可否乞
左右代收若干其價一併
示知即當匯上為荷
惠假之古泉彙攷因鈔手校慢費時

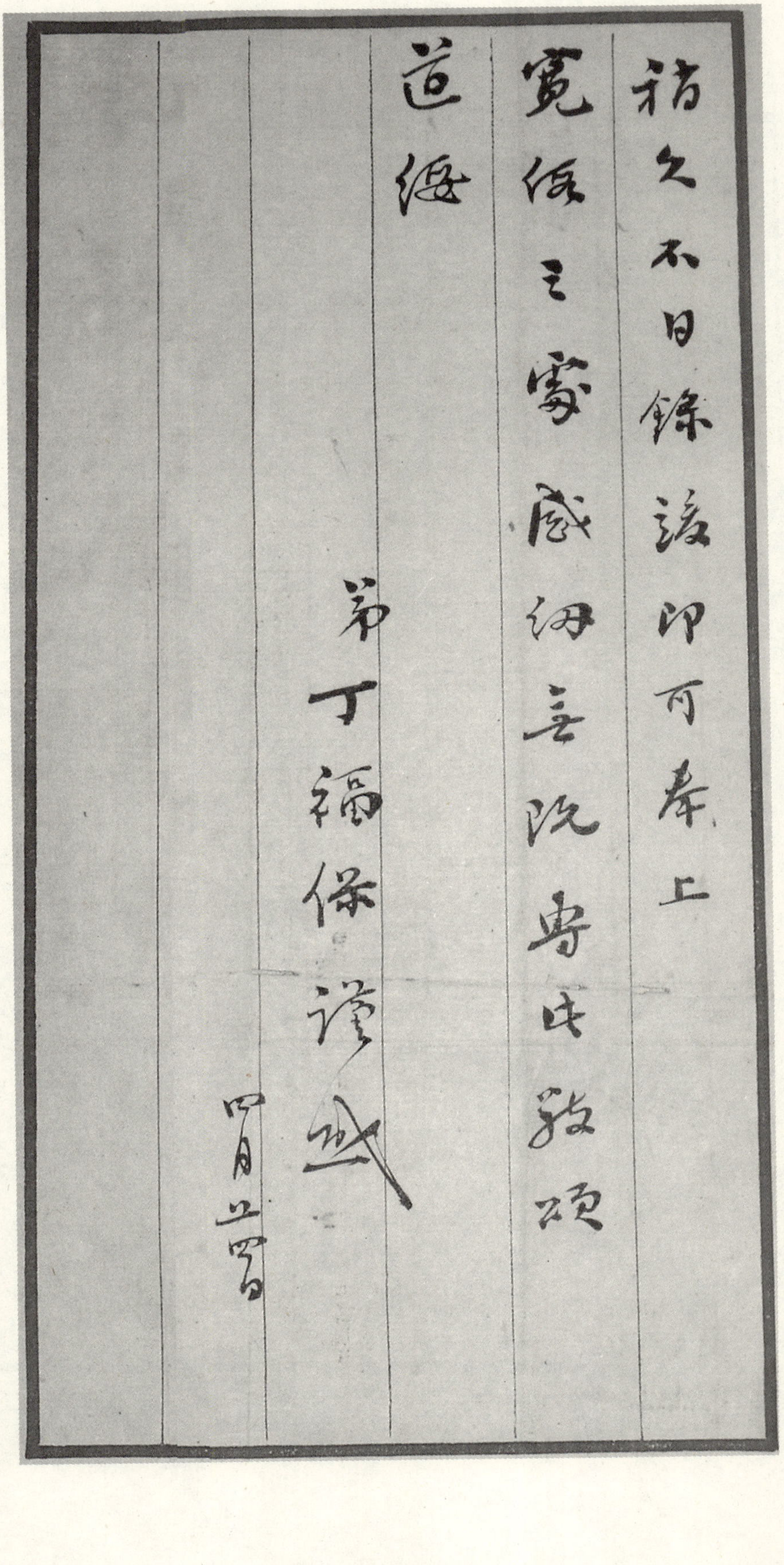

稍久不日錄諸印可奉上
寬假之處感謝無既專此致頌
道綏
弟丁福保謹啟
四月廿四

丁福保

丁福保書第五通

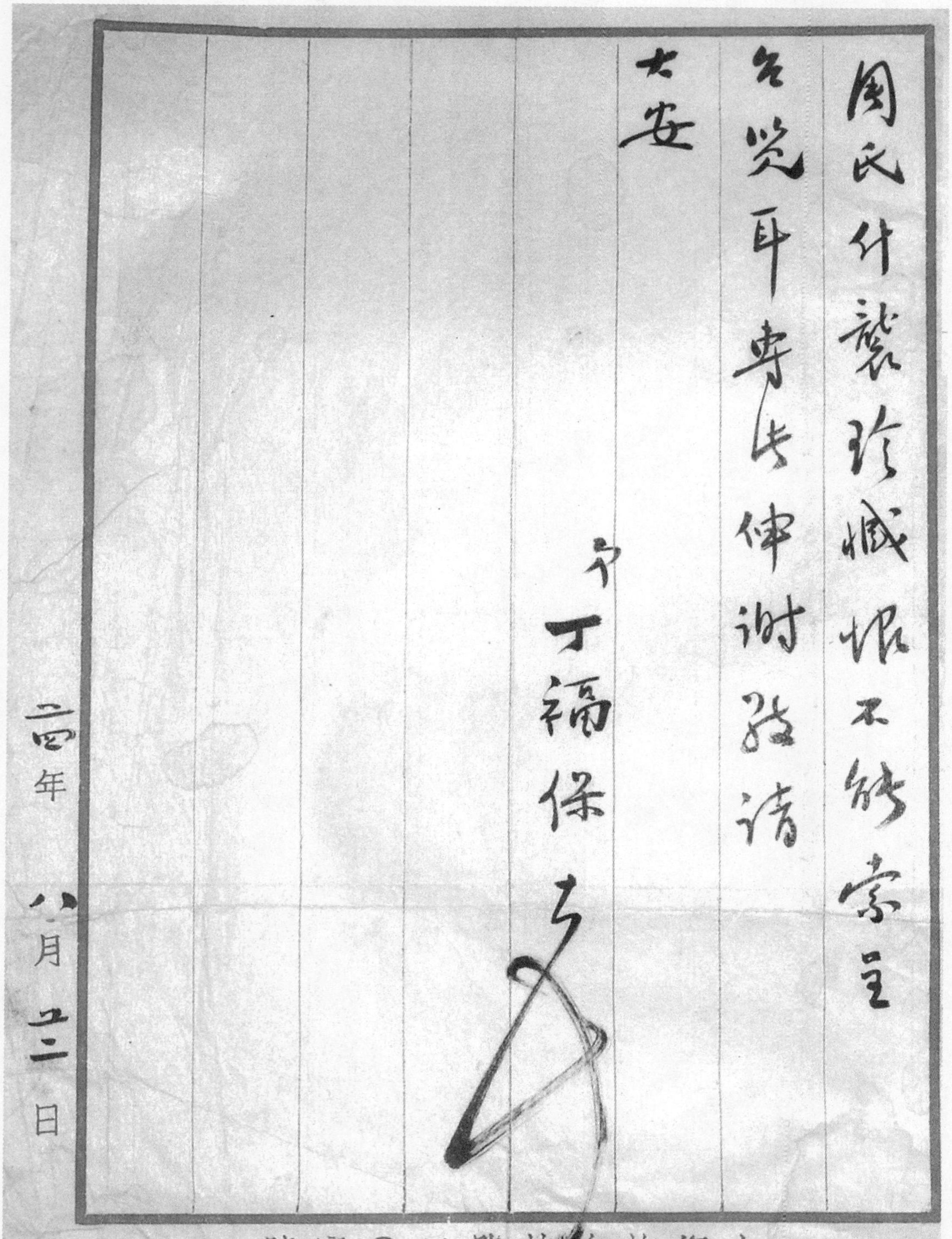

周氏什襲珍藏恨不能寄呈

台覽耳專此伸謝敬請

大安

弟丁福保

二四年八月二二日

上海梅白格路二〇四號

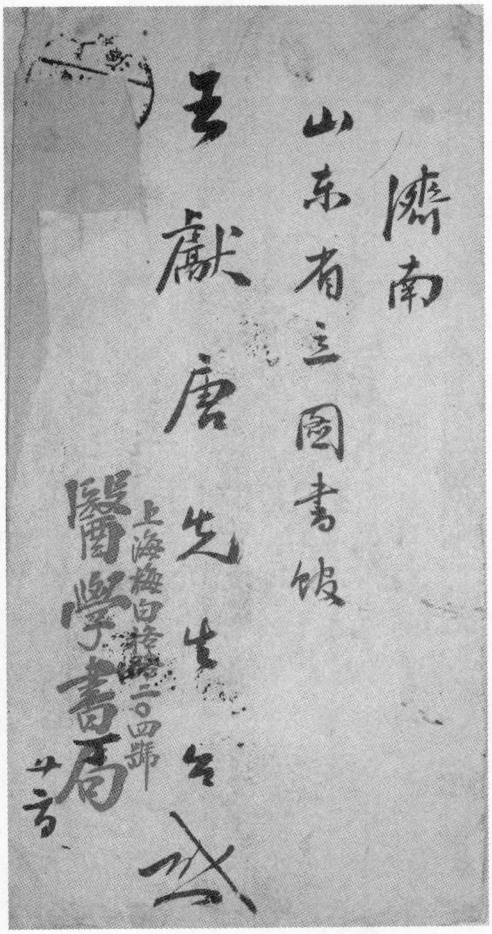
濟南
山东省立图書館
王獻唐先生大啟
醫學書局
上海梅白格路二〇四號

封第一件

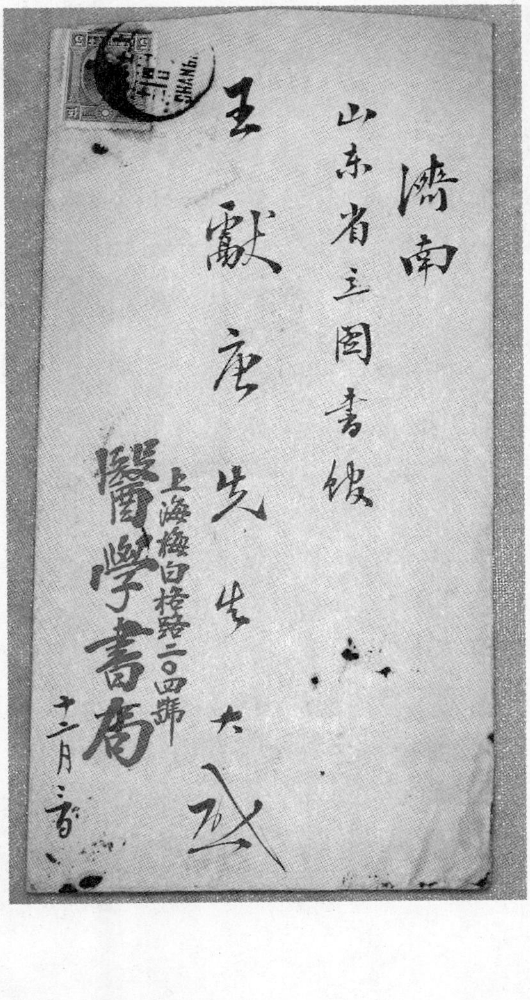
濟南
山东省立图書館
王獻唐先生大啟
醫學書局
上海梅白格路二〇四號

封第二件

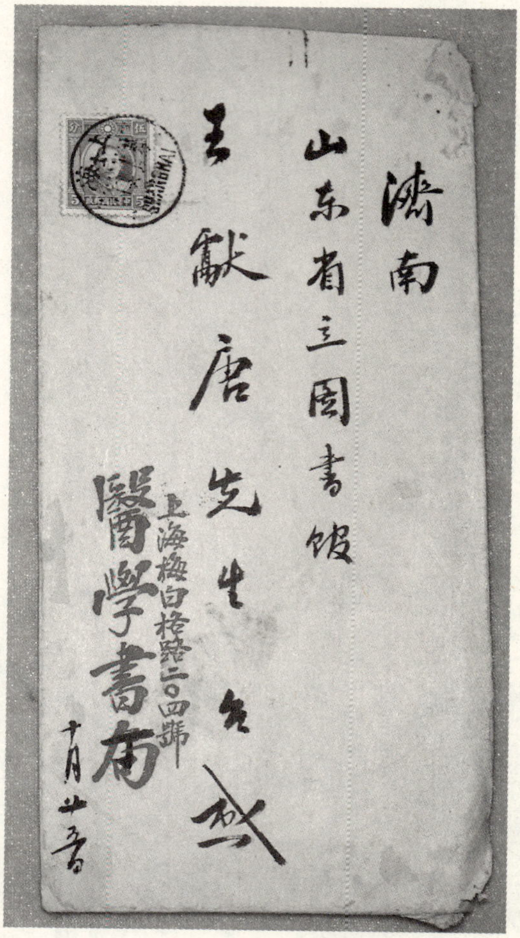
濟南
山东省立图書館
王獻唐先生台啟
上海梅白格路二百四號
醫學書局

封第三件

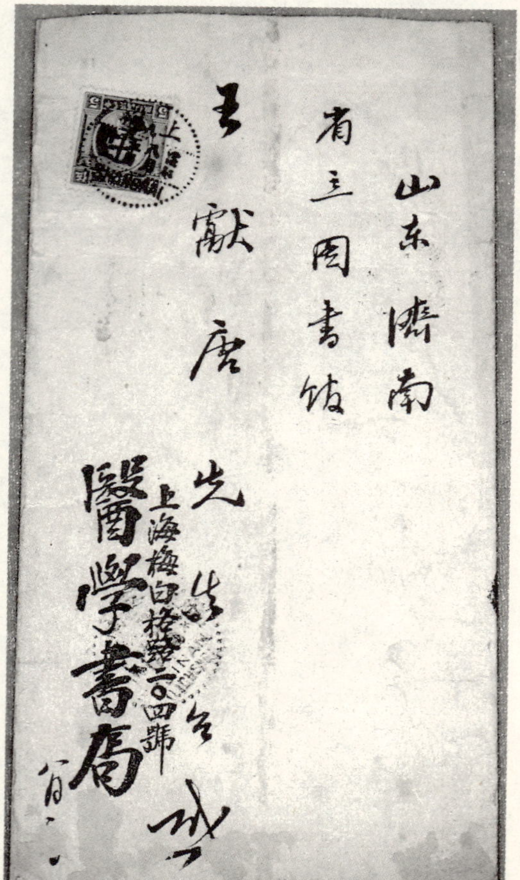
山东濟南
省立图書館
王獻唐先生台啟
上海梅白格路二百四號
醫學書局

封第四件

二十五　李寶璋

書一通　封一件

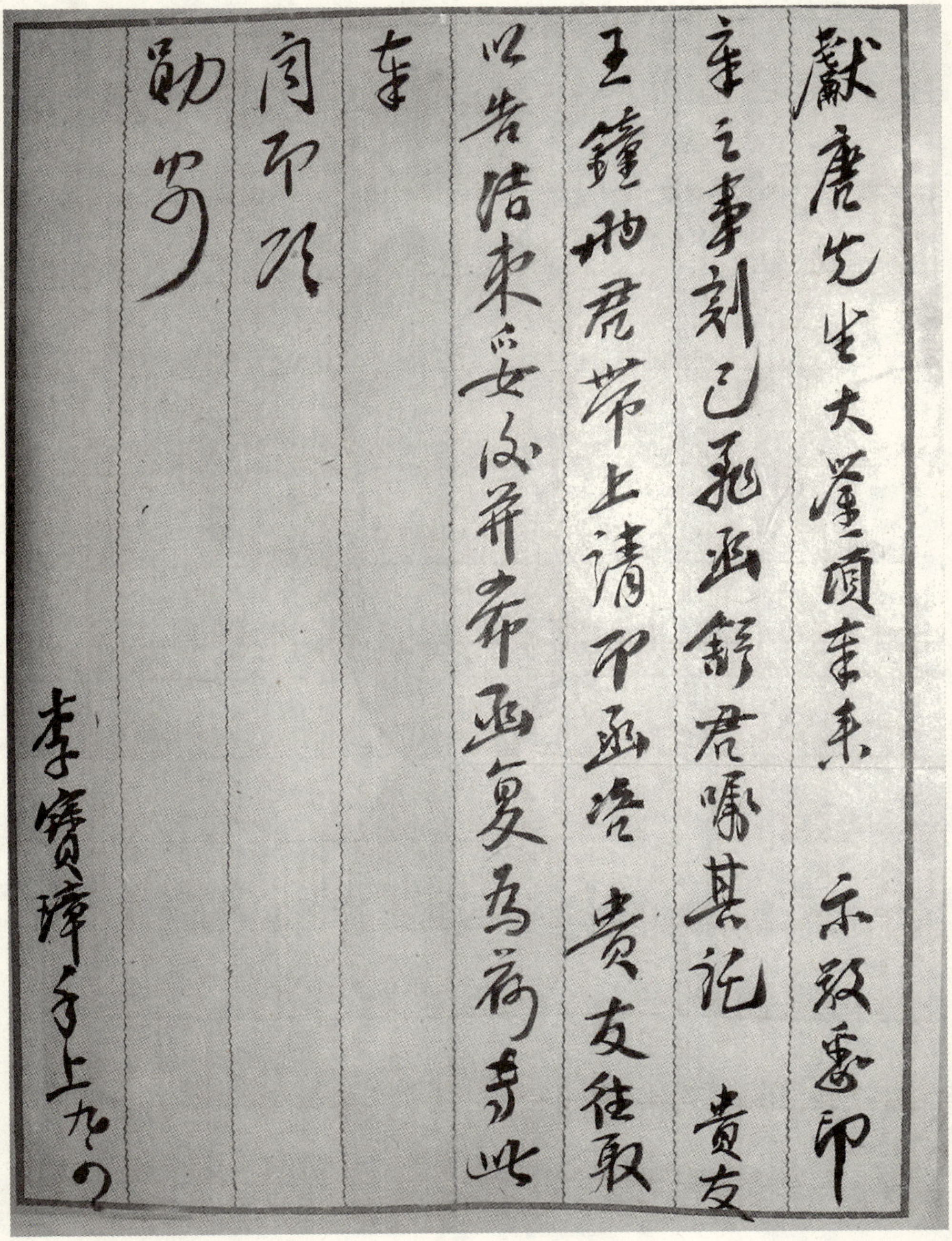

獻唐先生大鑒：頃奉來示，敬悉印章之事，刻已函錫君囑其託 貴友王鐘炳君帶上，請即函詢 貴友往取，以告結束，妥後并希函復為荷。專此奉聞，即頌勛安。

李寶璋手上　九、四

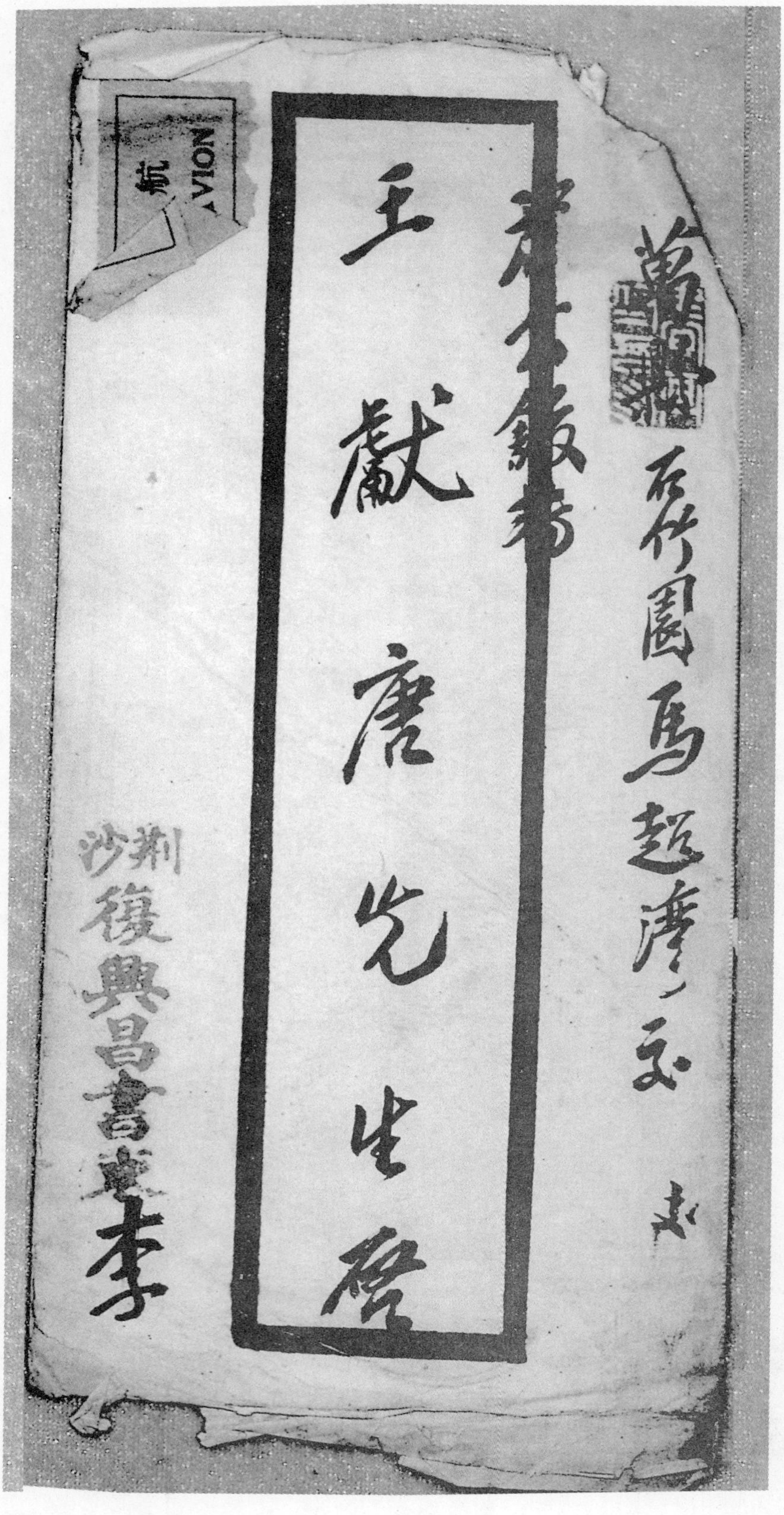
AVION
王獻唐先生啓
荊沙復興昌書莊
李

二十六

張履賢 書一通 封一件

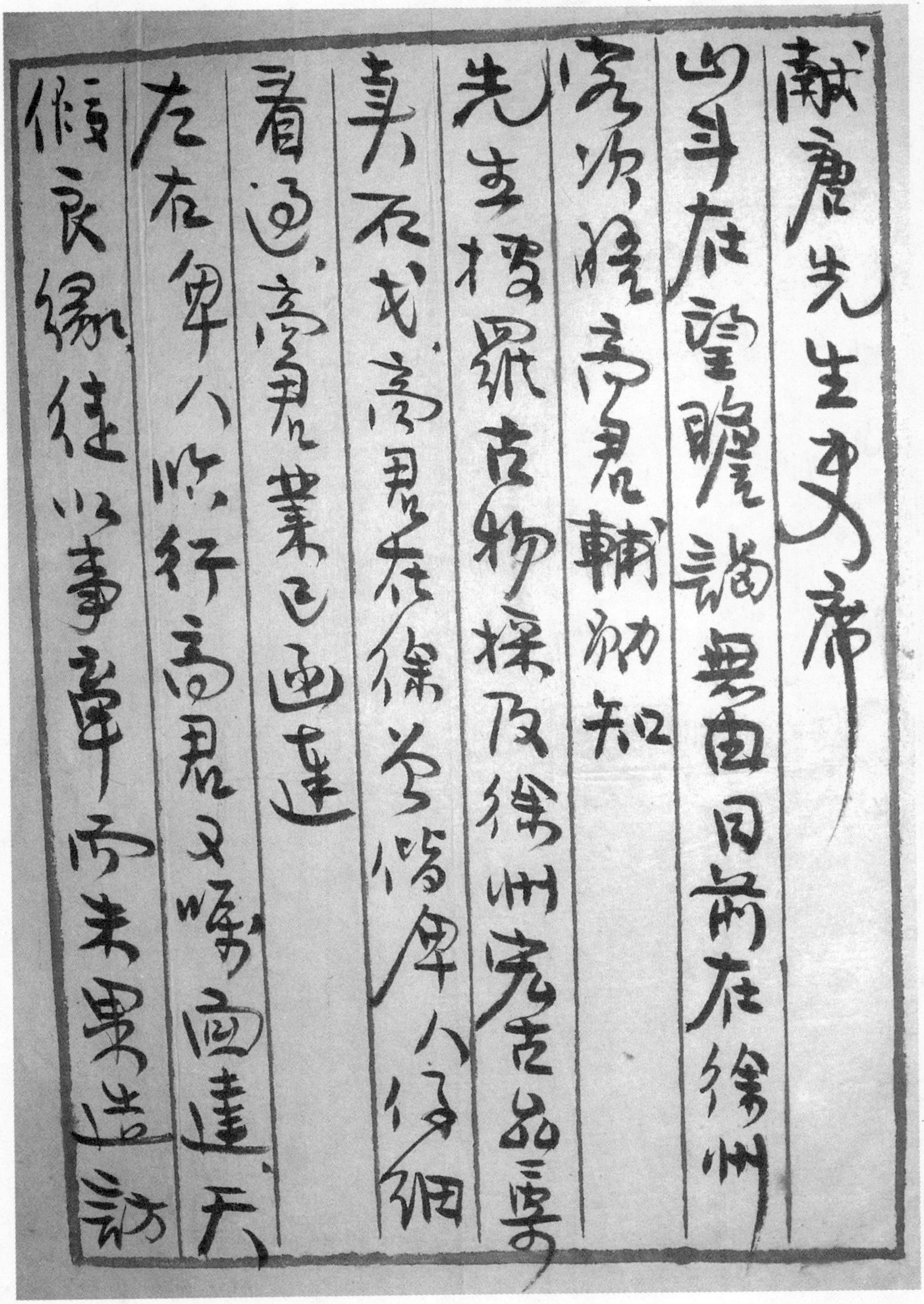

獻唐先生史席

山斗在望，瞻謁無由，日前在徐州

客次獲高君輔勃知

先生搜羅古物，採及徐州宪古品寄

矣。不戈高君在徐為修佛像八仔細

看過，高君業已函達

左右，俾八收行。高君又囑函達，天

假良緣，徙以事章，所未果造訪

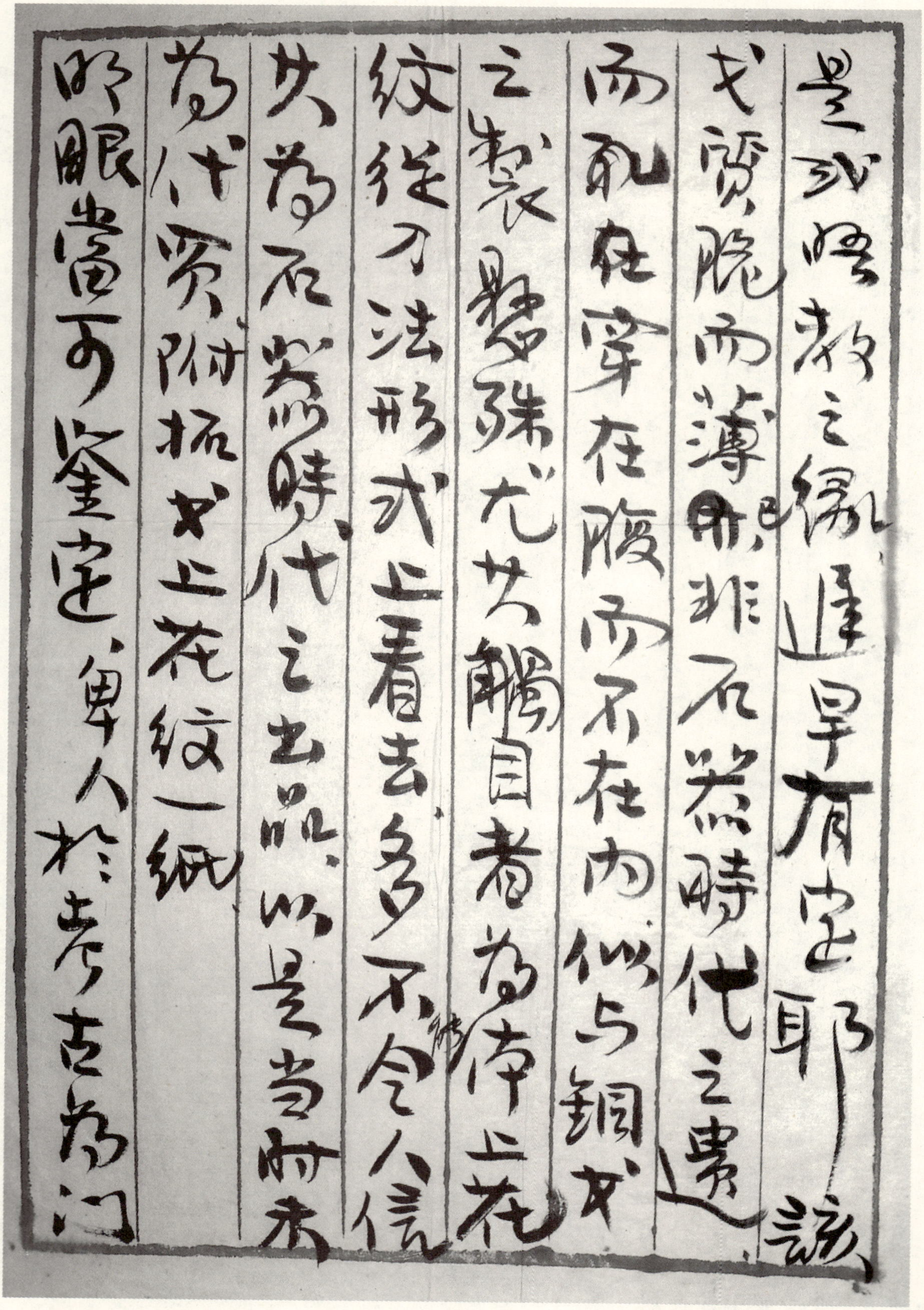

是或照敎之編遲早有定耶說
或質脆而薄耶非石器時代之遺
而亂在穿在腹而不在內似與銅器
之製殊尤其觸目者爲布上花
紋從刀法形式上看去多不令人信
其爲石器時代之出品以是尚有未
爲定付呈附拓器上花紋一紙
明眼當可鑒定卑人於考古爲門

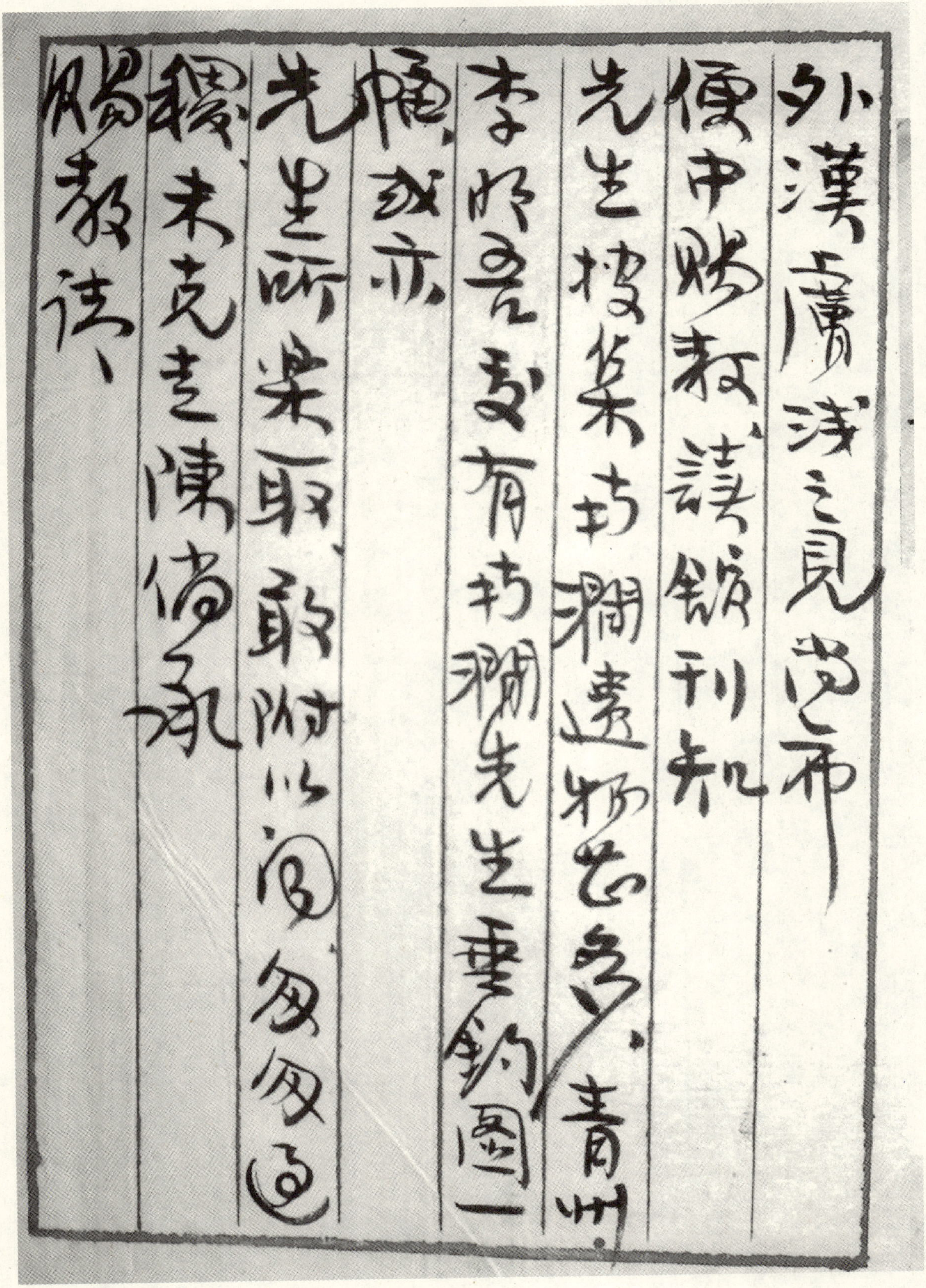

外漢,膚淺之見,尚希
便中賜教。讀錢刊,知
先生搜集拓澗遺物甚多,青州
李耶吾處有拓澗先生垂釣圖一
幀,諒亦
先生所采取,敢附以留念,匆匆函
覆,未克盡陳,借承
賜教誨、

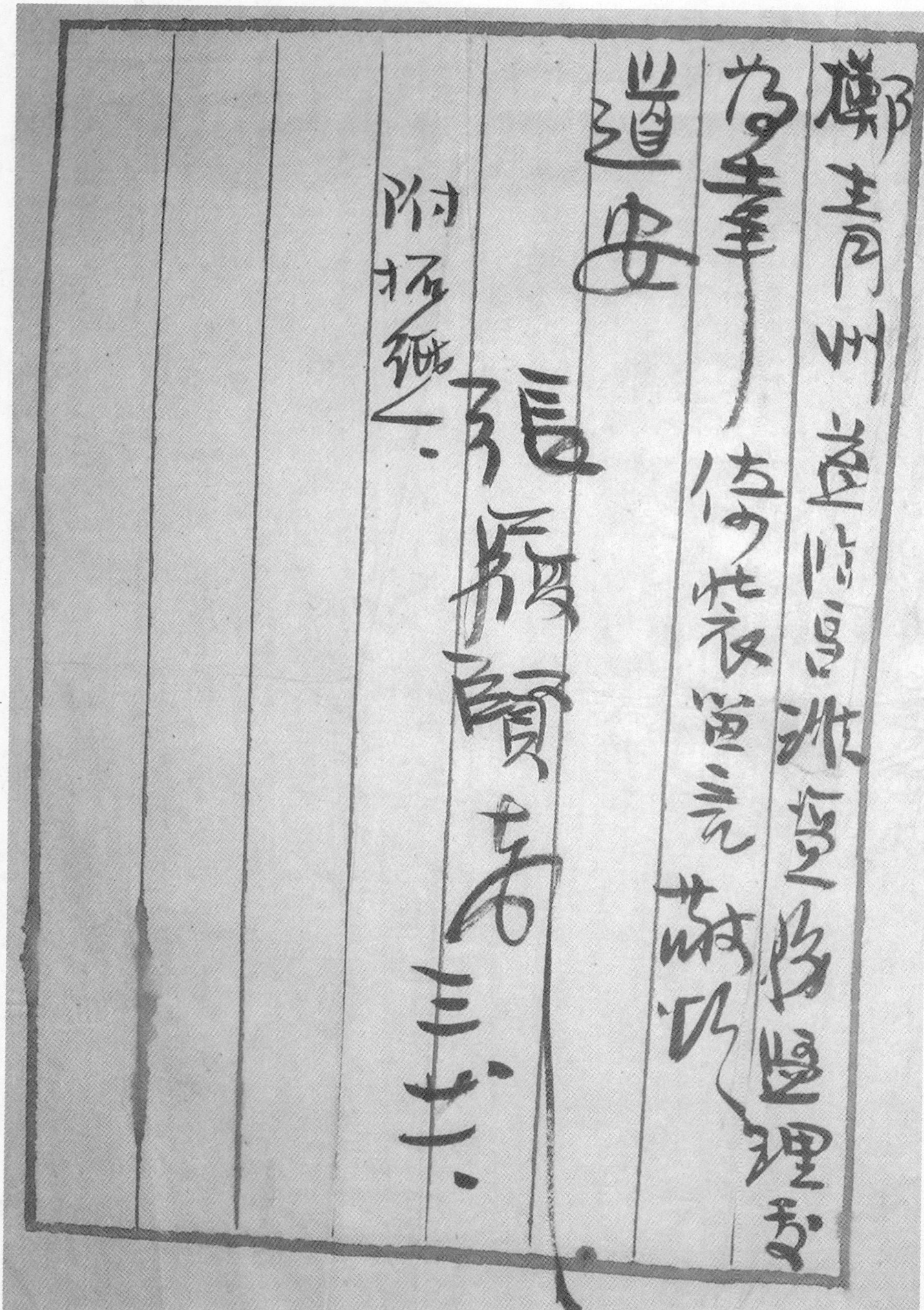

鄭青州並陪昌濰鹽務監理事為華
倚莊農留意蘇收
道安
張馥頓首
三、廿六
附拓紙一

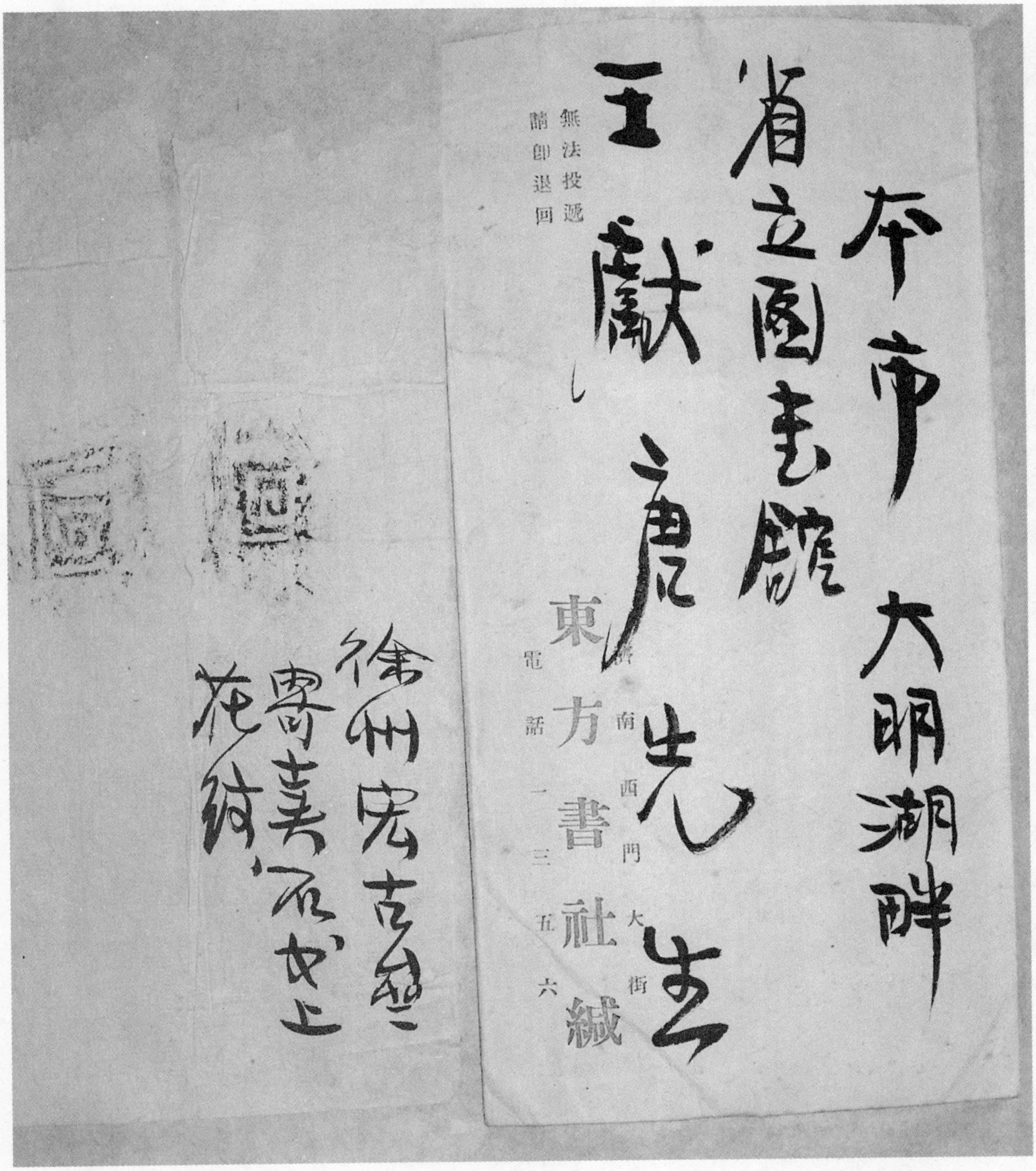

本市大明湖畔
省立圖書館
王獻唐先生
無法投遞
請即退回
東方書社緘
濟南西門大街
電話一三五六

二十七

程屺懷

書一通 封一件

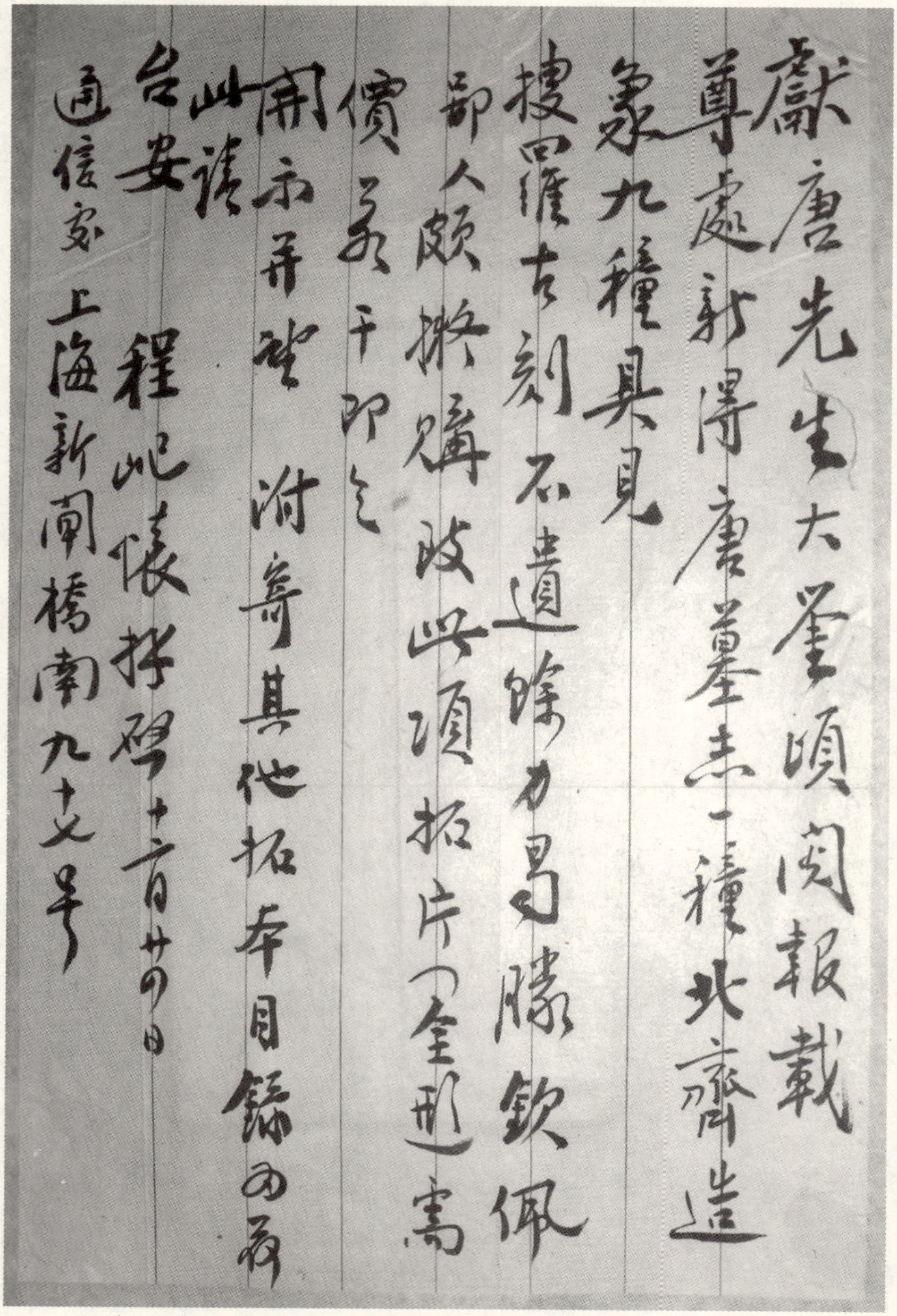

獻唐先生大鑒：頃閱報載
尊處新得唐墓志一種、北齊造
象九種，具見
搜羅古刻，不遺餘力，曷勝欽佩。
鄙人頗擬購致此項拓片（全形），需
價若干，即乞
開示，并望附寄其他拓本目錄兩冊。
此請
台安。
程屺懷拜啓 十二月廿四日
通信處 上海新聞橋南九十七號

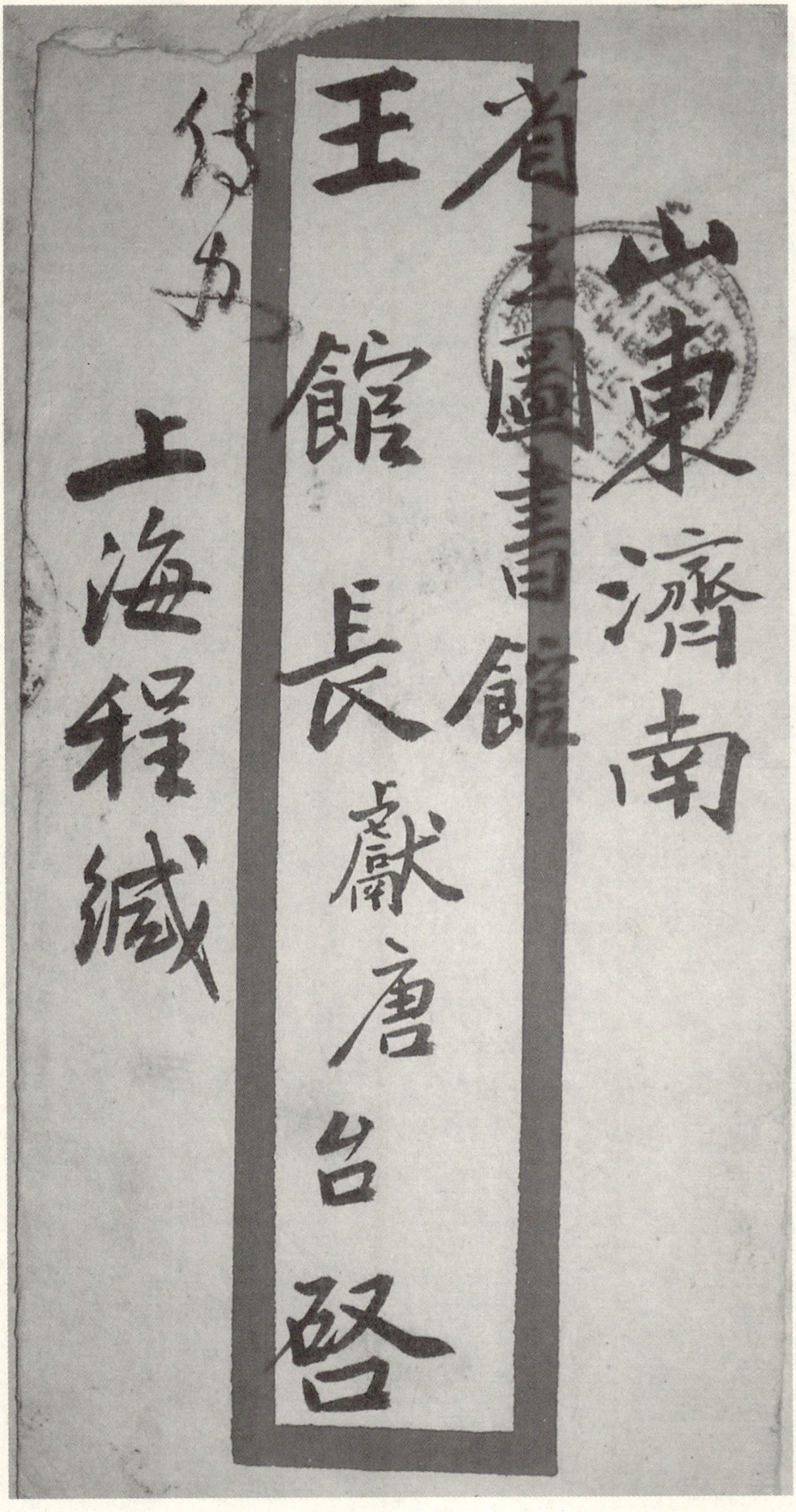
山東濟南
省立圖書館
王館長獻唐台啓
上海程緘

二十八　陳鴻飛 書三通

書第一通

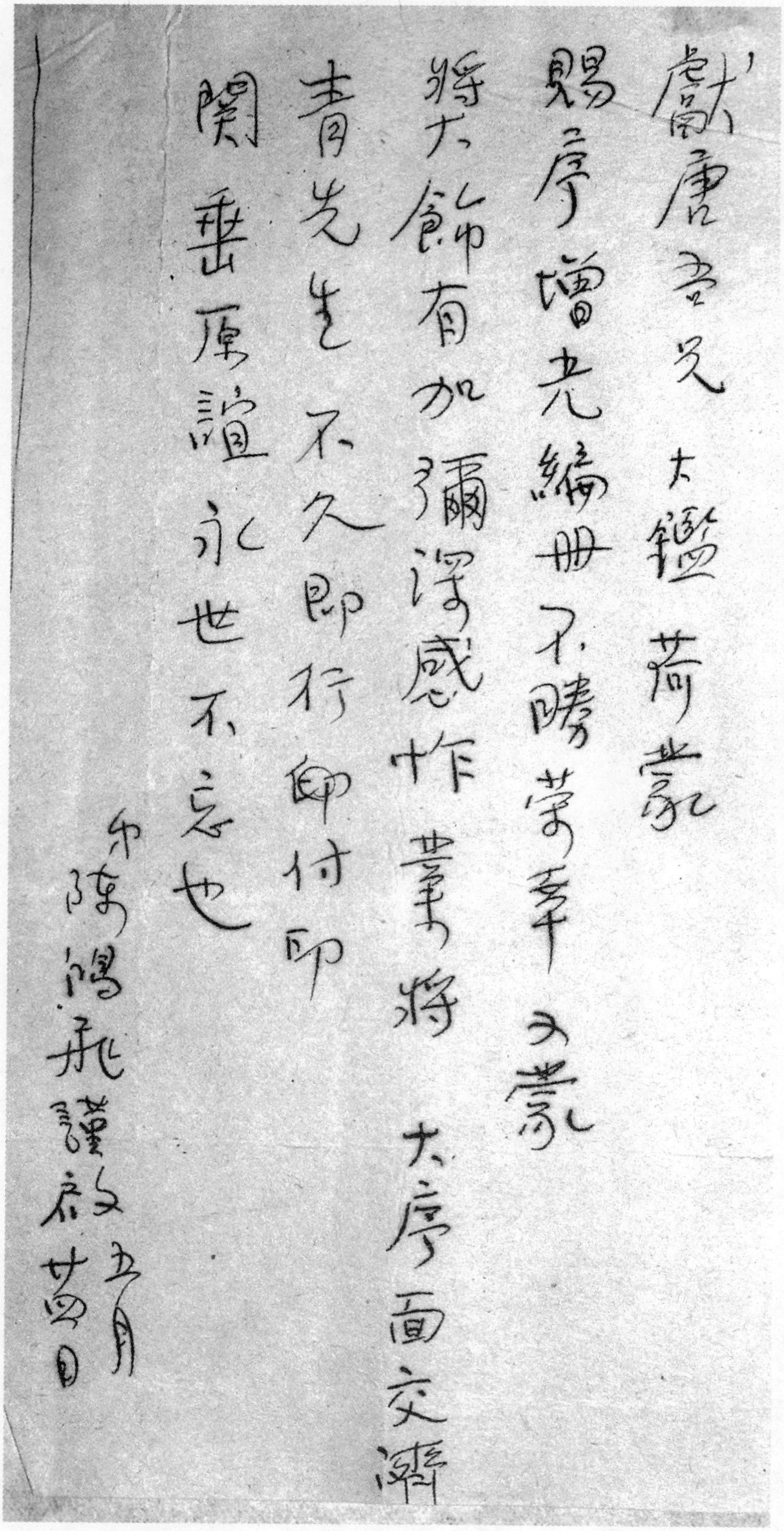
獻唐吾兄 大鑒荷蒙
賜序增光編册不勝榮幸又蒙
獎飾有加彌深感怍茲將 大序面交濟
青先生不久即付印
關垂厚誼永世不忘也
弟陳鴻飛謹啟 五月廿四日

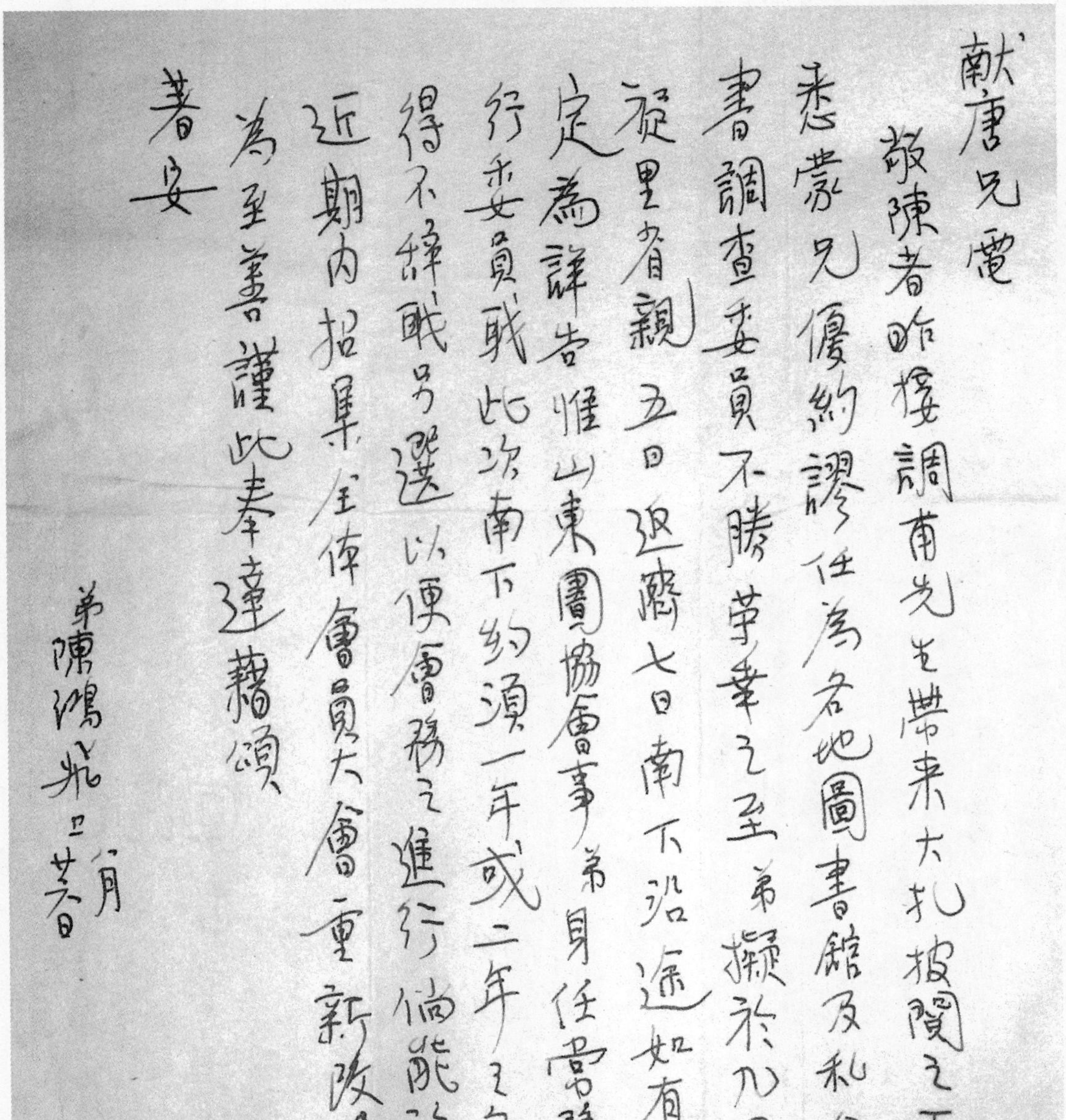

獻唐兄電

敬陳者 昨接調甫先生帶來大札 披閱之下 得悉崇兄優約 謬任為各地圖書館及私人藏書調查委員 不勝榮幸之至 弟擬於九月一日旋里省親 五日返濟 七日南下 沿途遊如有所得 定為詳告 惟山東圖協會事 弟身任常務執行委員職 此次南下 約須一年或二年之久 不得不辭職 另選 以便會務之進行 倘能於最近期內召集全體會員大會 重新改選 尤為至善 謹此奉達 藉頌

著安

弟陳鴻飛上 八月廿六日

書第三通

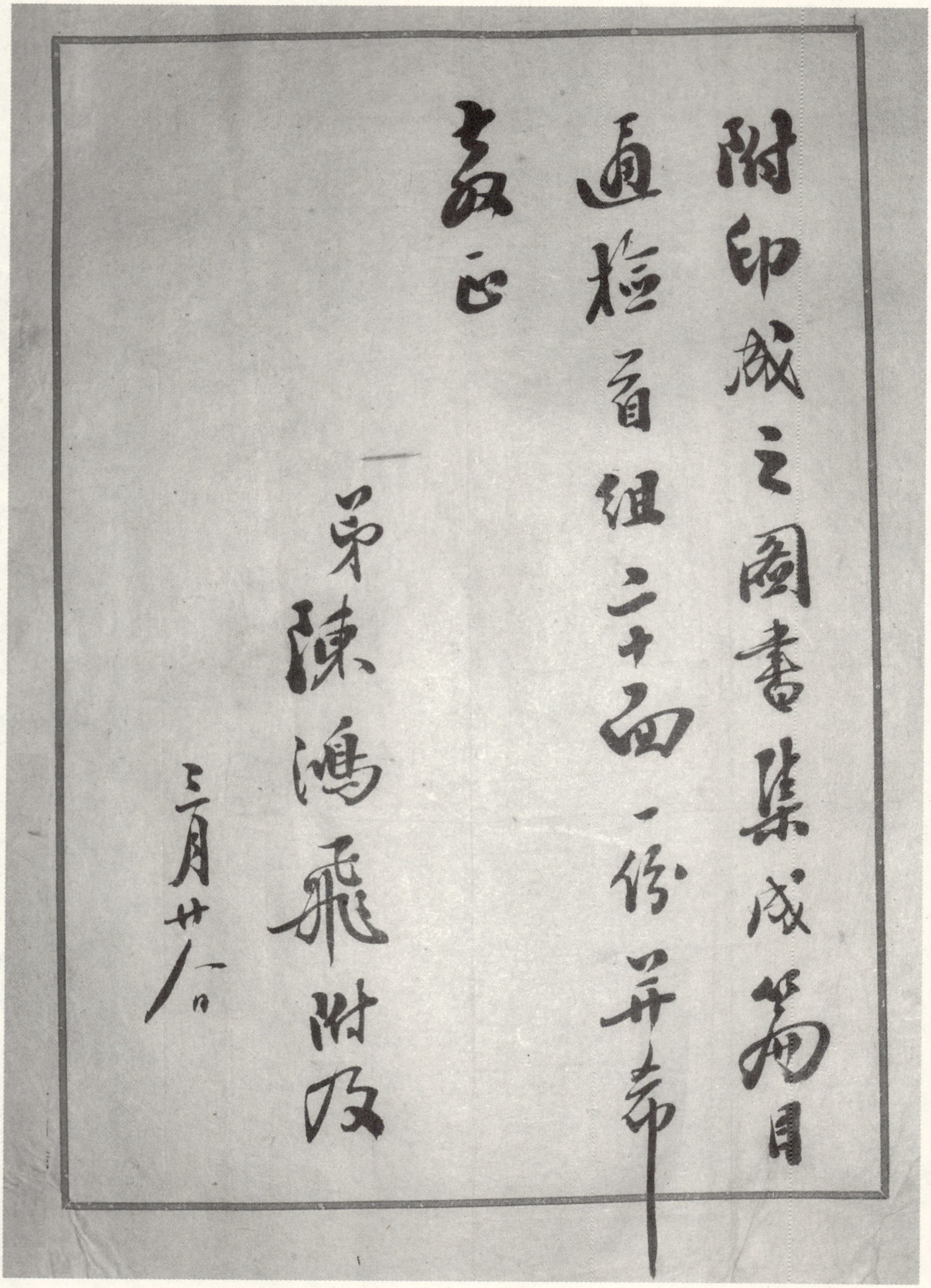
附印成之圖書集成篇目
通檢首組二十冊一併奉
教正
弟陳鴻飛附及
三月廿八日

二十九　張難先 書一通　封一件

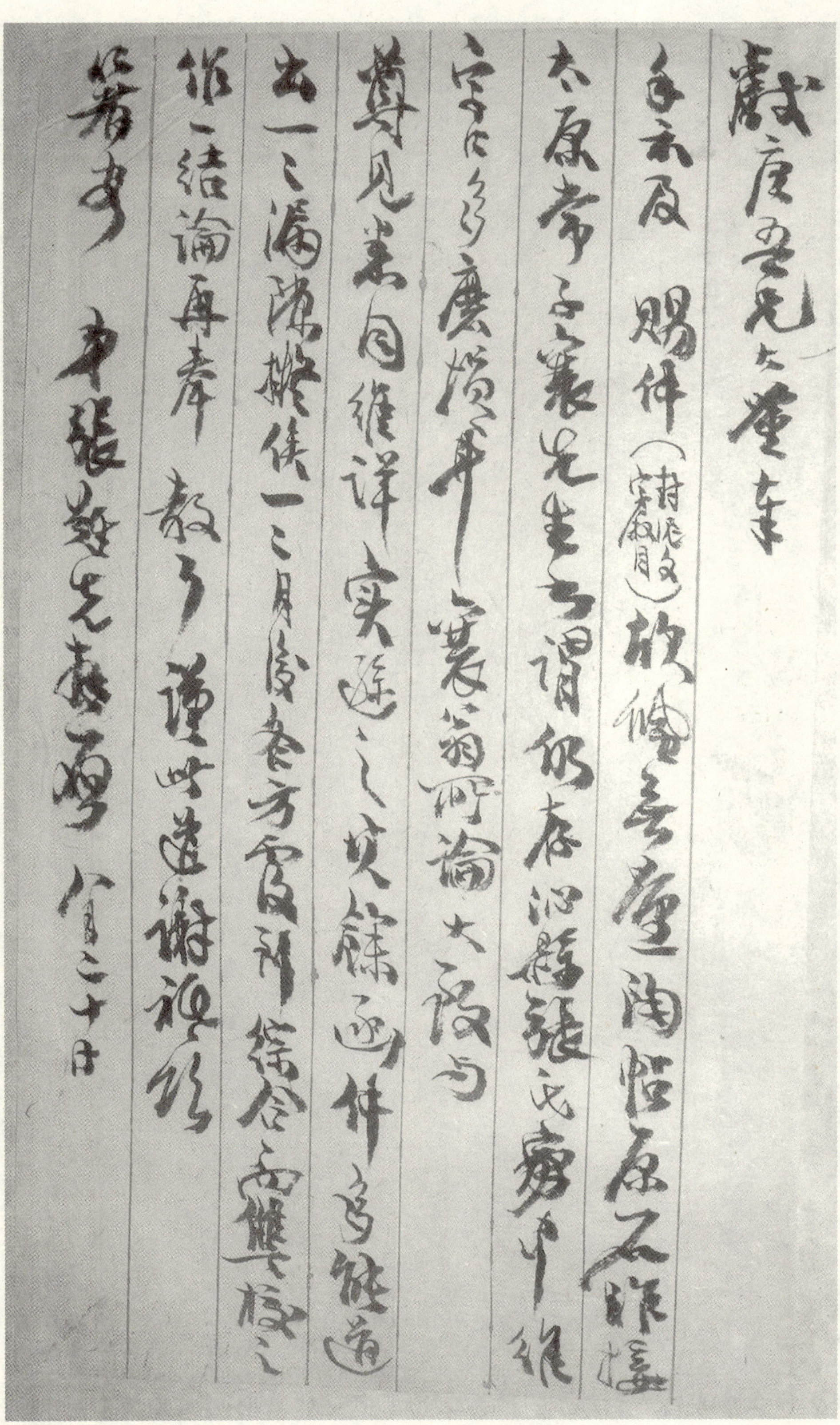

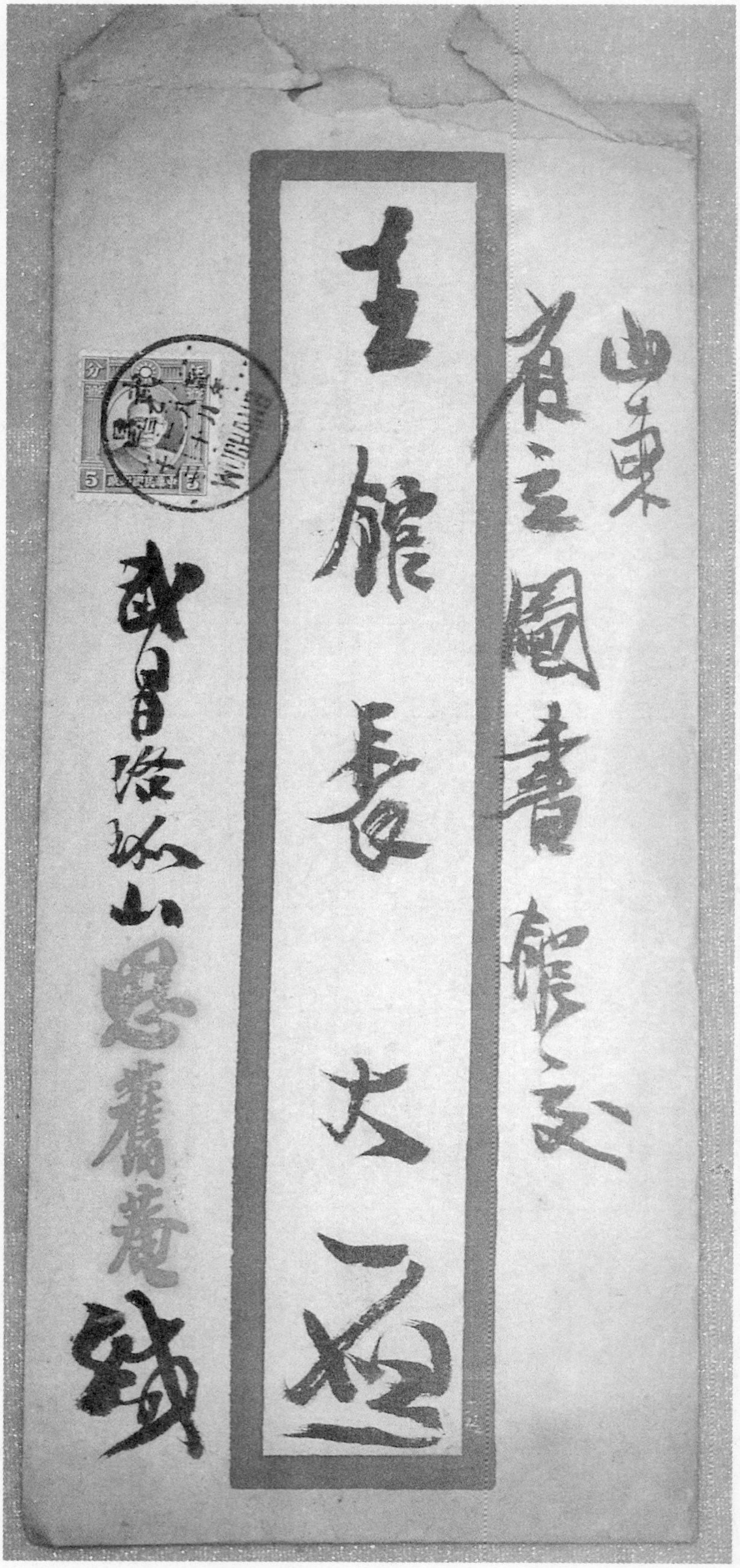
山東
省立圖書館交
王館長大啟
武昌珞珈山
錢

三十 王湘

書一通 封一件

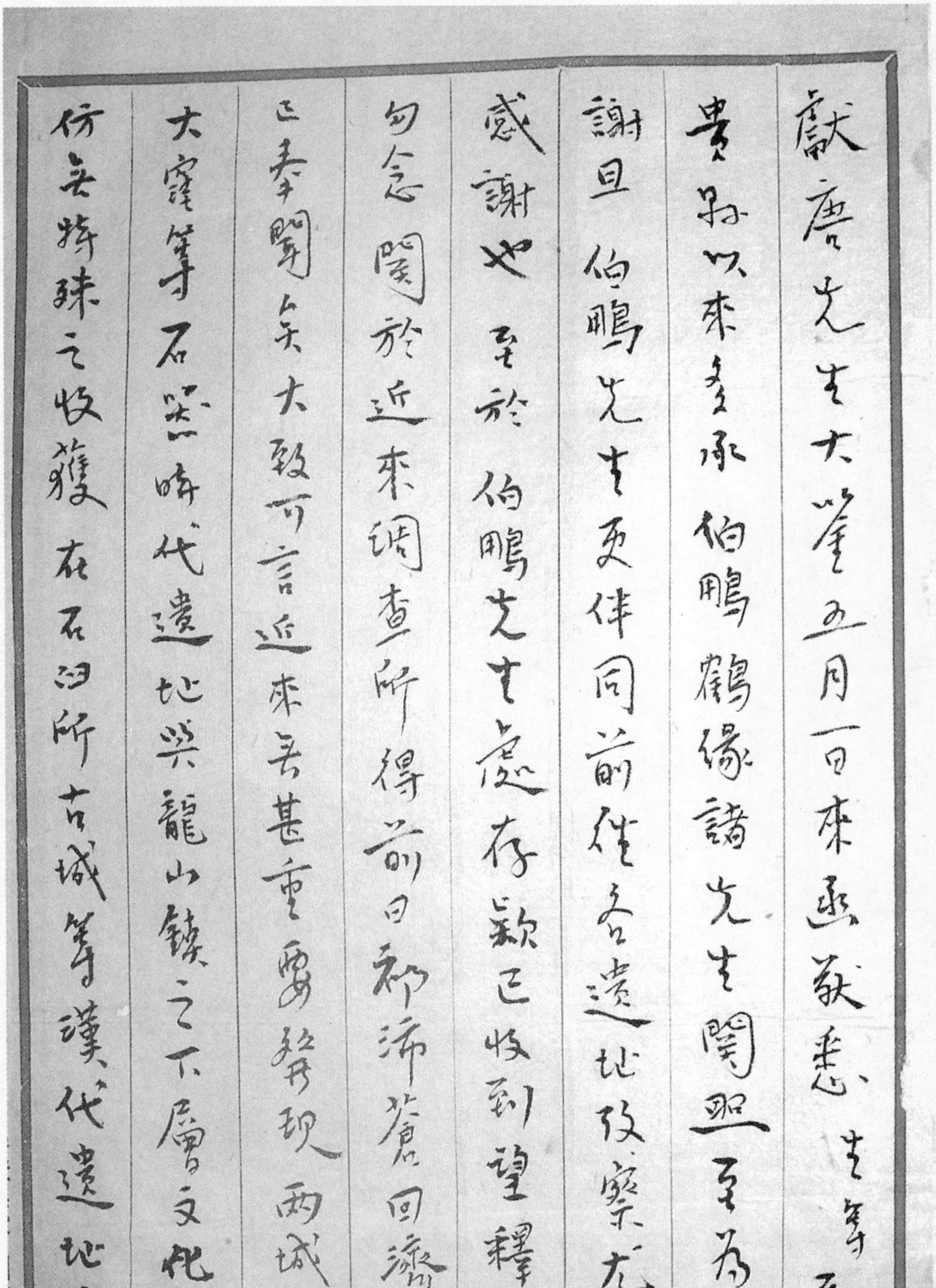

獻唐先生大鑒：五月一日來函敬悉。生等到
貴所以來，多承 伯鴨、鶴緣諸先生関照，至爲感
謝。且 伯鴨先生更伴同前往各遺址考察，尤爲
感謝也。至於 伯鴨先生處存款已收到，望釋注
勿念。関於近來調查所得，前日祁沛蒼同濟想
已奉閱矣，大致可言近來無甚重要發現。兩城鎮
大寶等石器時代遺址，與龍山鎮之下層文化相
彷，無特殊之收穫。在石臼所古城等漢代遺址中

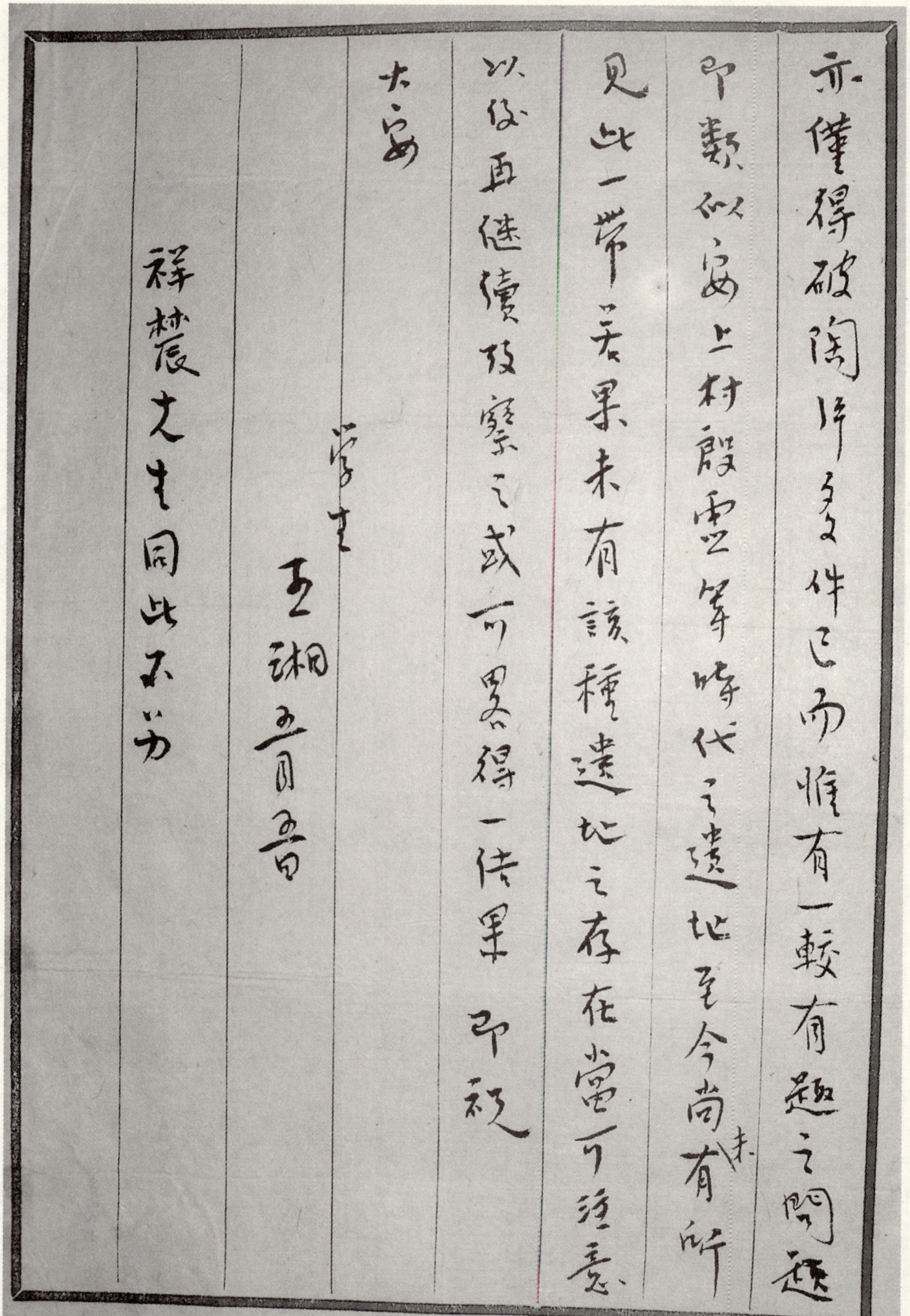

亦僅得破陶片多件已而惟有一較有趣之問題
即數似安上村殷虛等時代之遺址至今尚未有所
見此一帶若果未有該種遺址之存在當可注意
以後再繼續披察之或可冀得一結果　即祝
大安
學生　王湘　五月五日
祥麟先生同此不另

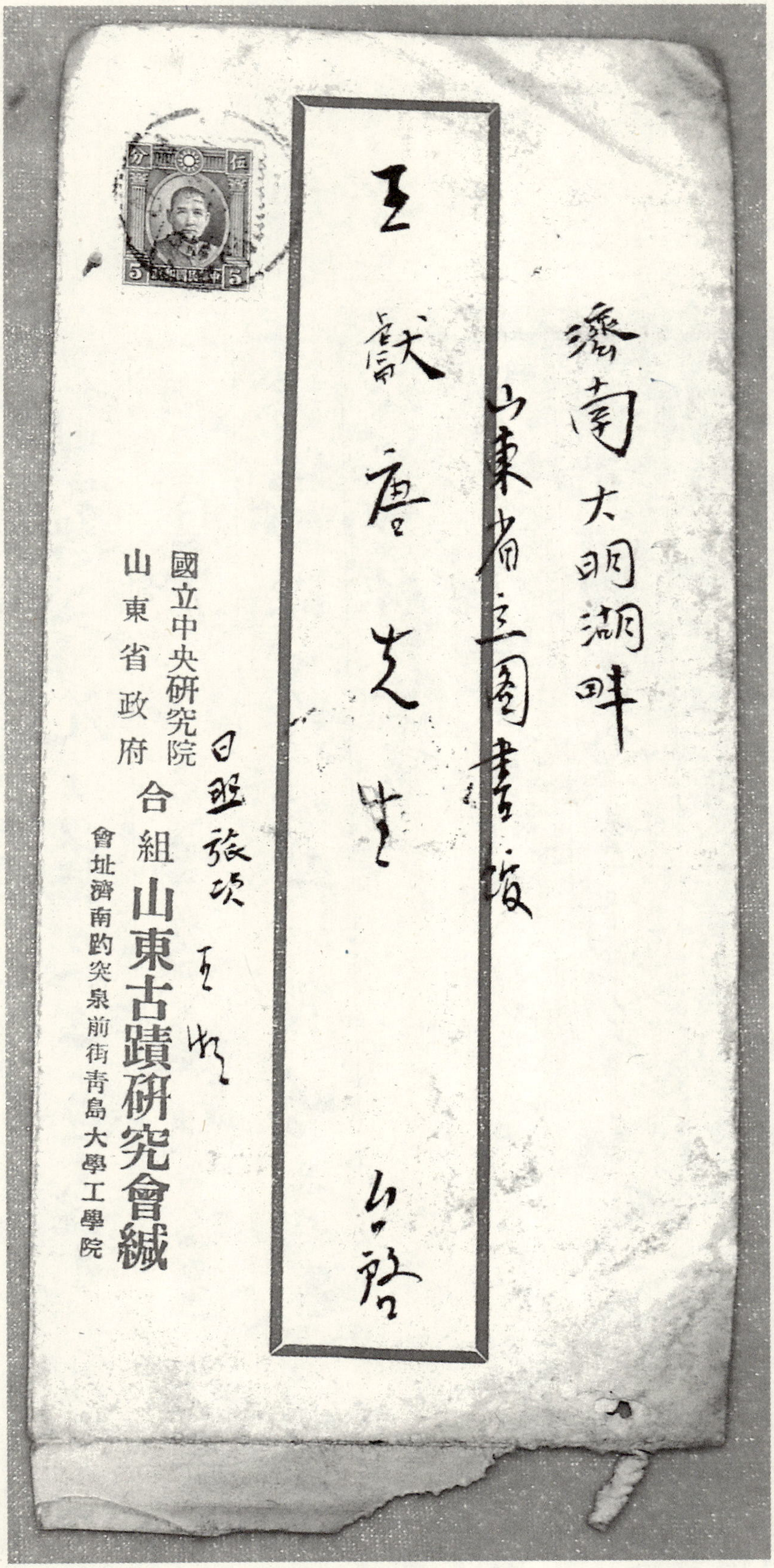
濟南大明湖畔
山東省立圖書館
王獻唐先生
台啓
國立中央研究院
山東省政府
合組山東古蹟研究會緘
會址濟南趵突泉前街青島大學工學院

三十一

莊仲舒 書一通

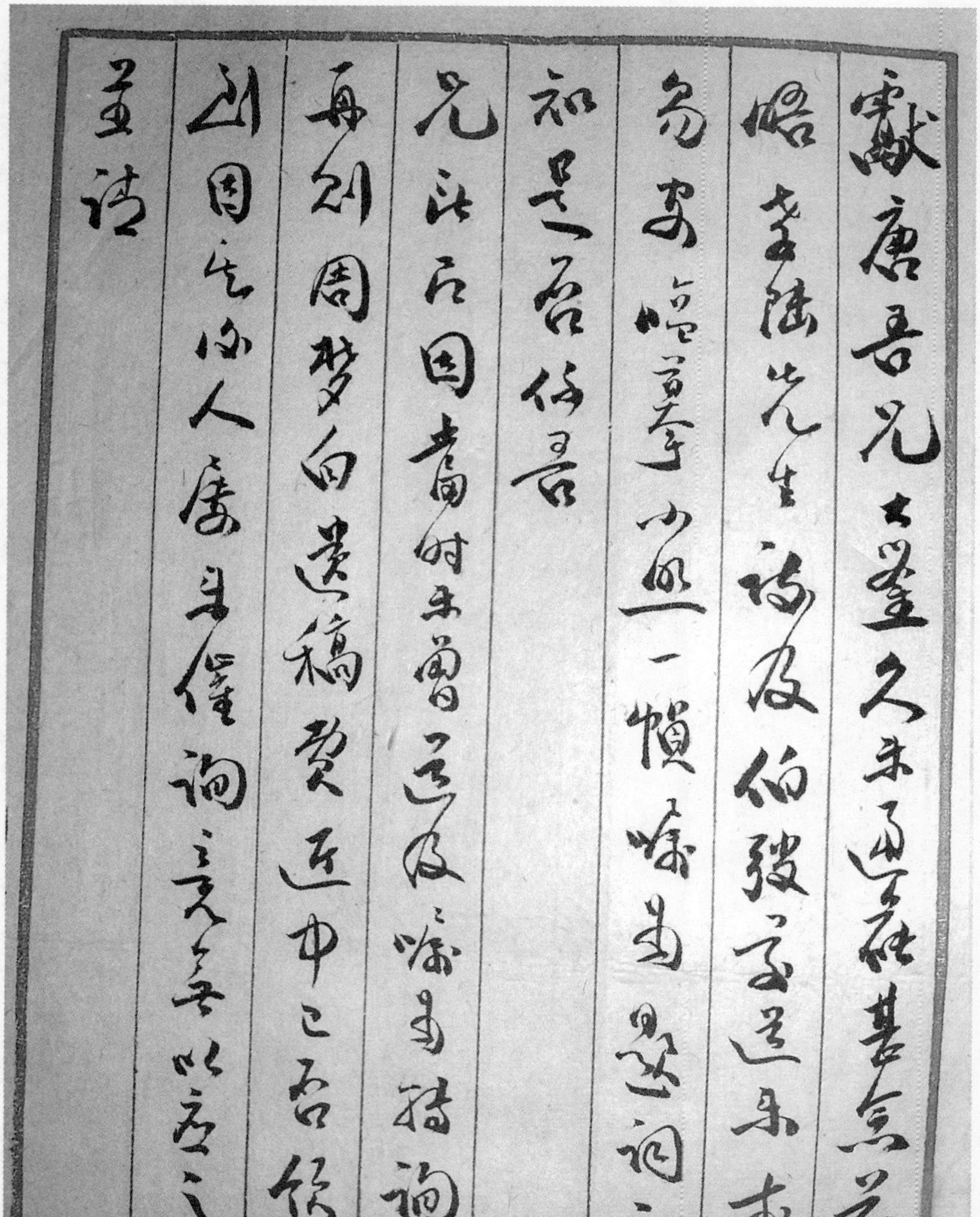
獻唐吾兄大鑒：久未通函，甚念。茲
將李陰先生詩及伯弢手迹呈求
為我賞讚一一題詠，手稿詢示
知是否任吾
兄能否因前時未曾還及之嗟手稿詢
再刊周夢白遺稿費近中已否能
刊因在外人屬手僅詢之是否以應之
并請

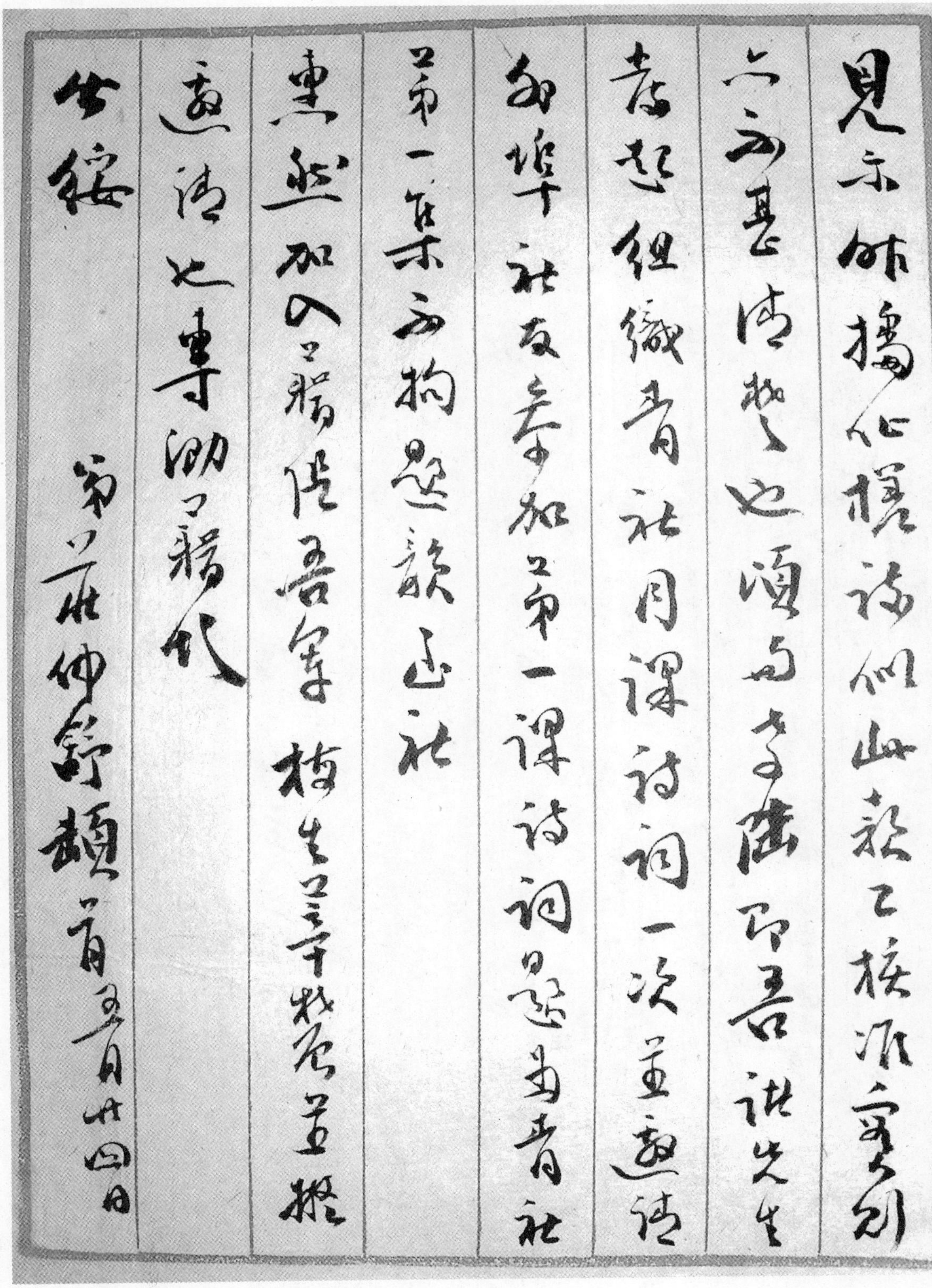

見示所攜仁棣詩似山谷，已極雅宕勁，六一為甚清挈之頌，為李廣印吾諸先生，表欵組織青社，月課詩詞一次，並邀請知好華社友參加。第一課詩詞，題為青社第一集示為擬題詠函社，惠然加入，揭傳吾學，梅生、三年牧、覃塍，邀請之事，即將代

安綏

弟莊仲舒頓首 五月廿四日

莊仲舒

三十二　陳承修　書五通　封五件

書第一通

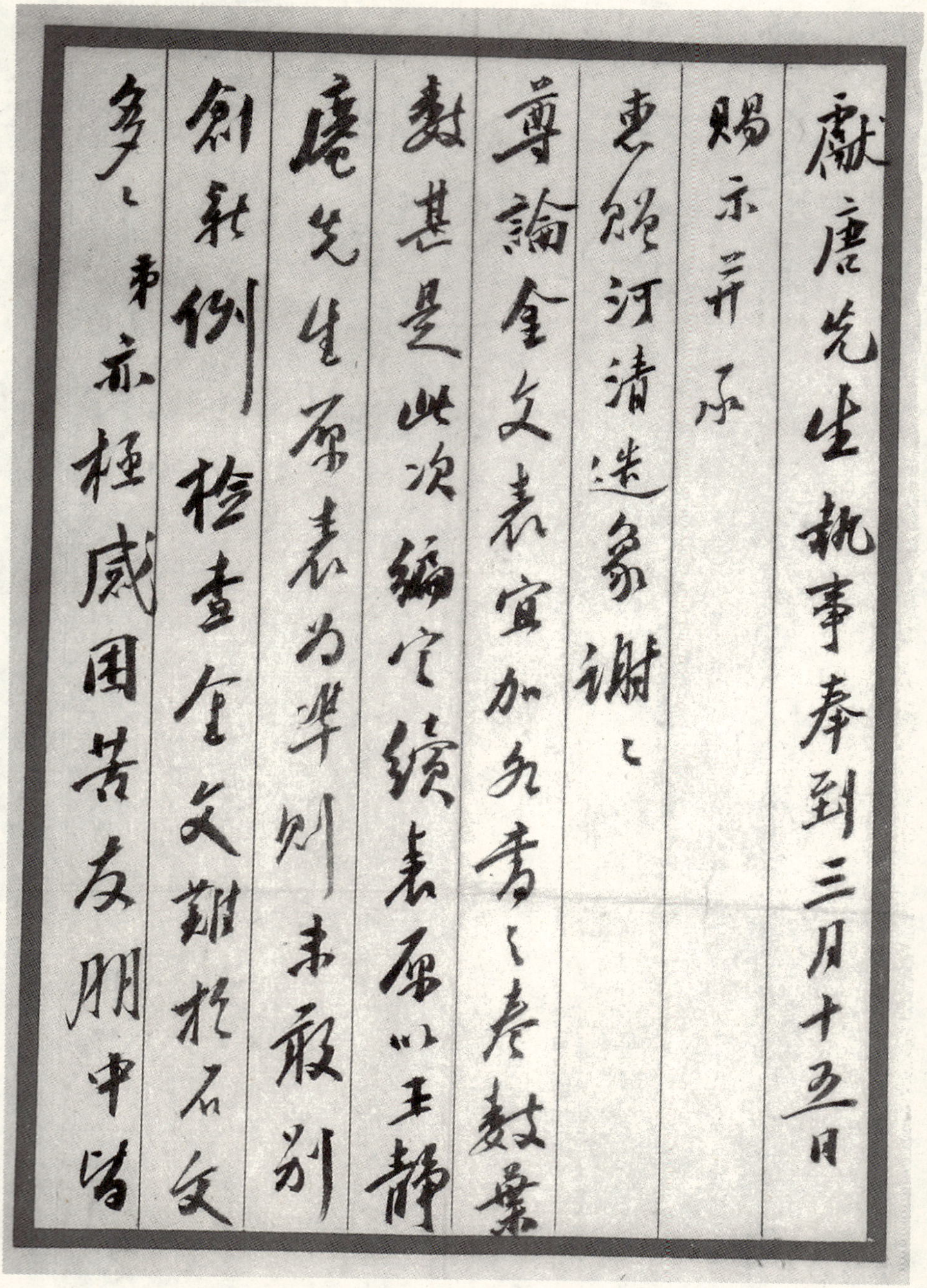
獻唐先生執事奉到三月十五日
賜示并承
惠贈河清造象謝謝
尊論金文表宜加免青青春數葉
數甚是此次編定續表原以王靜
庵先生原表為準則未敢別
創新例檢查金文雖於石文
多多弟亦極感困苦友朋中諸

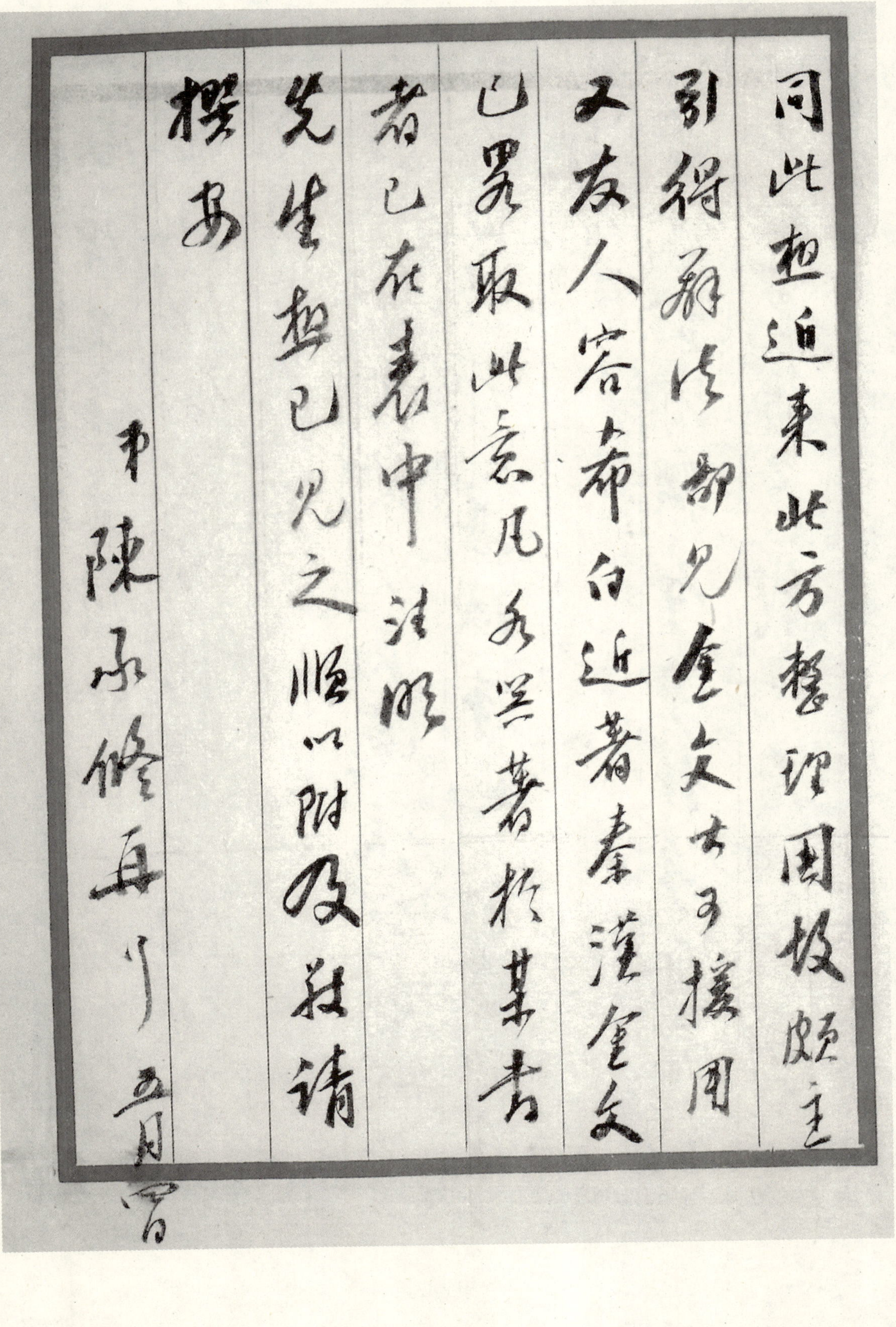
同此趣近來此方整理國故頗主
引得藉修部兒全文女子擇用
文友人容希白近著秦漢金文
已買取此意凡氏與著於某書
者已在書中注明
先生趣已兒之順以附及餘請
撰安
弟陳承修再叩 五月[illegible]

陳承修

書第二通

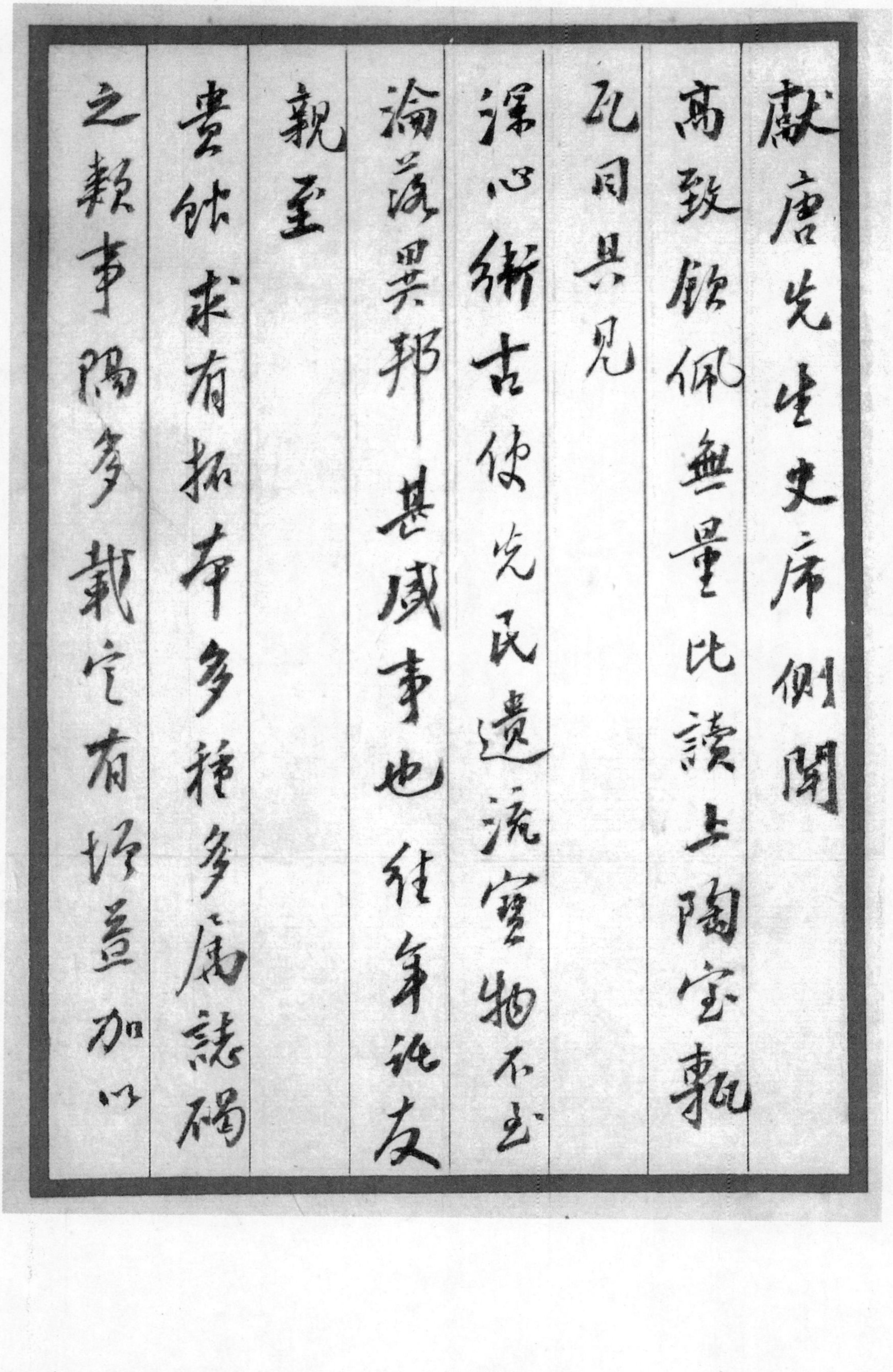

獻唐先生史席側聞
高致欽佩無量比讀上陶室執
乃同異見
深心術古使先民遺流寶物不至
淪落異邦甚感事也往年託友
親至
貴館求有拓本多種多屬誌碣
之類事隔多載定有增益加以

此次所集更覺大觀乃復能
賜一觀同俾遠道可備償求取
曷勝翹盼跂逸忱
謹箋請
著安

陳承修拜啓

一月廿七日

陳承修

書第三通

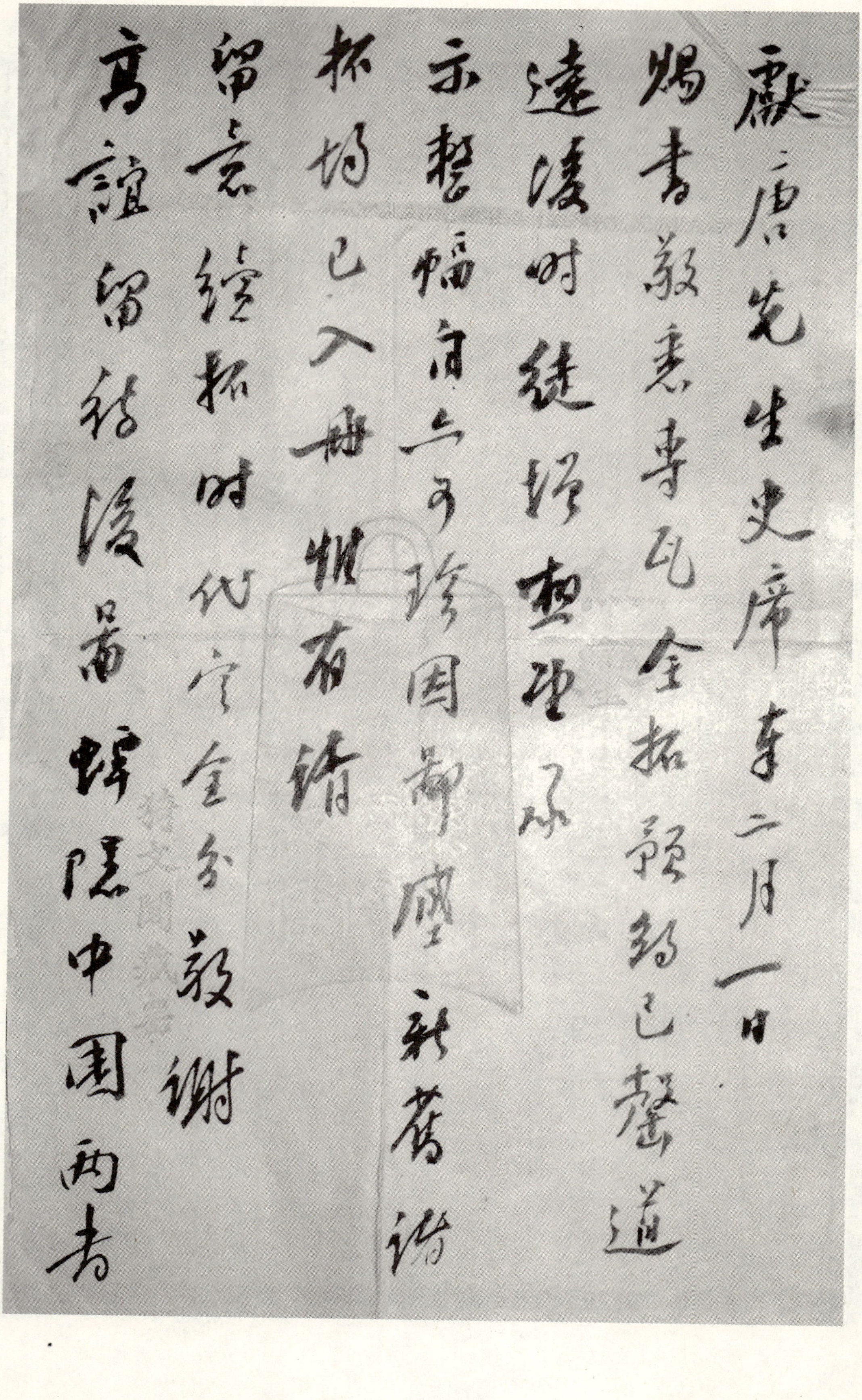
獻唐先生史席：奉二月一日
賜書，敬悉。專瓦全拓題銘已鑒。
遠後時續拓想蒙
示。整幅自六朝珍國御璽新舊譜
拓均已入冊，惟有續
留意續拓時代全分。敬謝
高誼。留待後寄。陽中國兩書

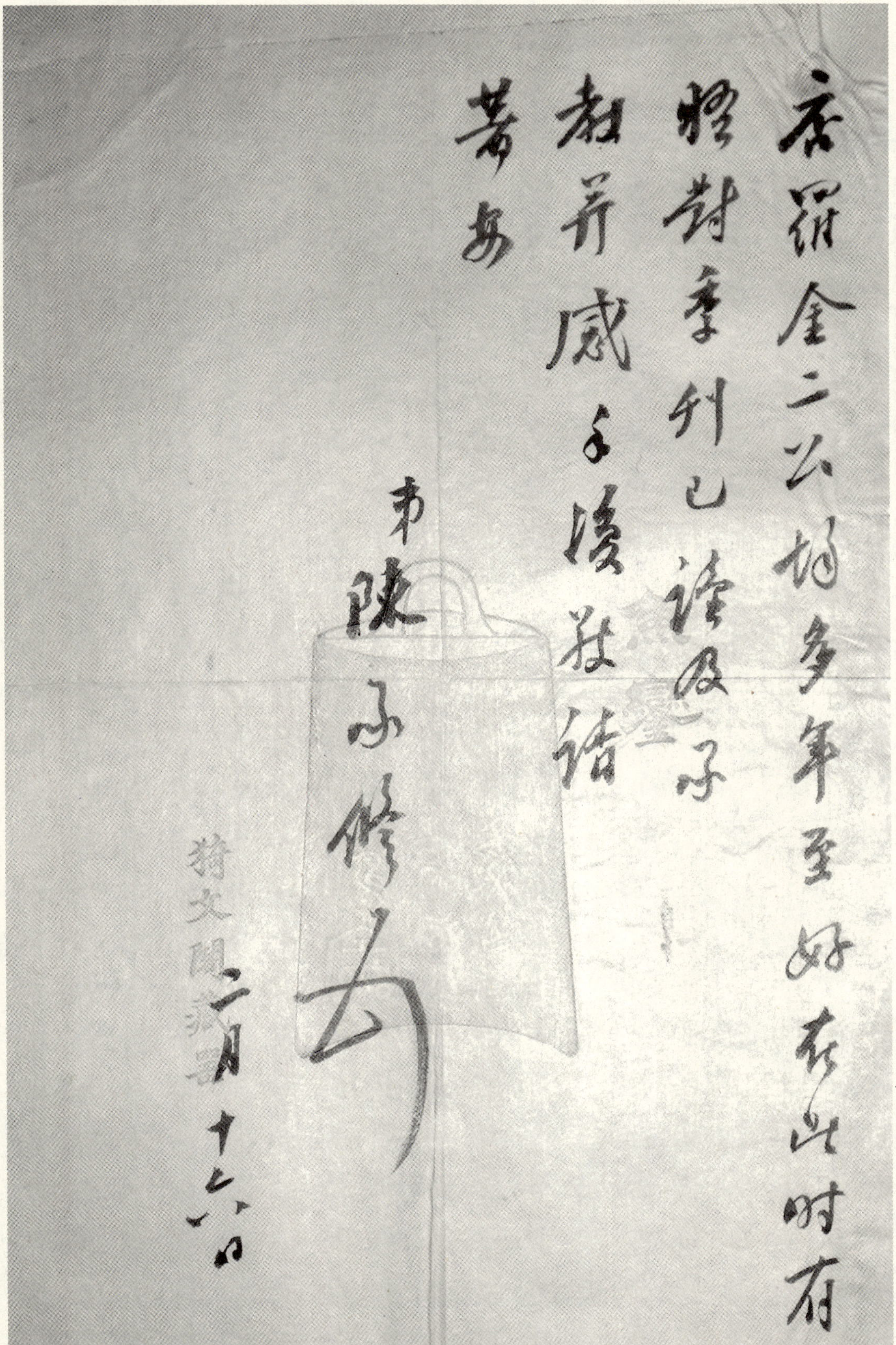

唐羅金二公相多年至好於此時有
擬對季刊已請及子
教并感乞復兼語
著安
弟陳承修右
二月十八日

陳承修

書第四通

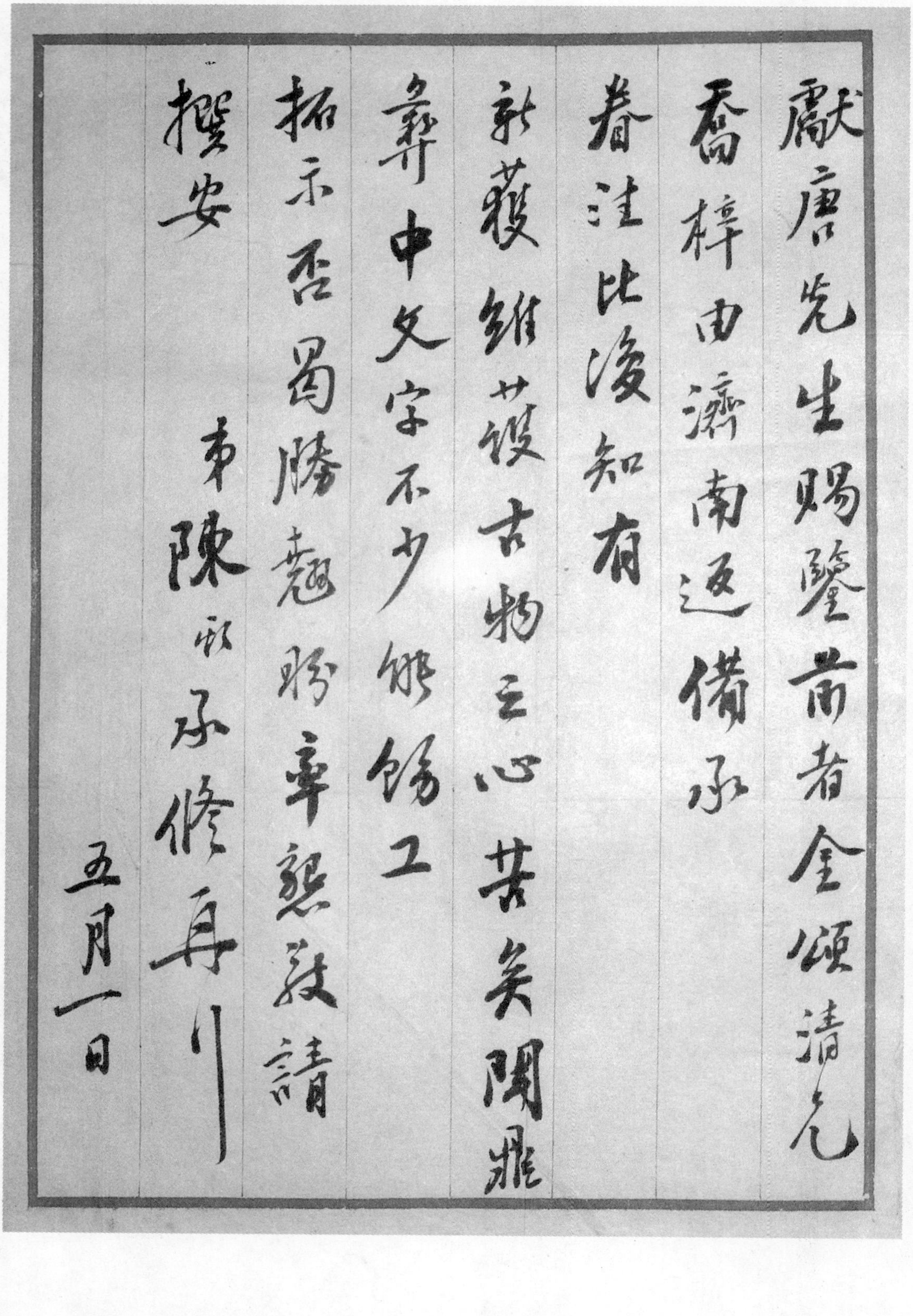
獻唐先生賜鑒前者仝傾清光
喬梓由濟南返備承
眷注比後知有
新獲維廿餘古物至心共羨聞鼎
彝中文字不少能錫工
拓示否蜀勝趨聘幸懇跂請
撰安
弟陳承修再拜
五月一日

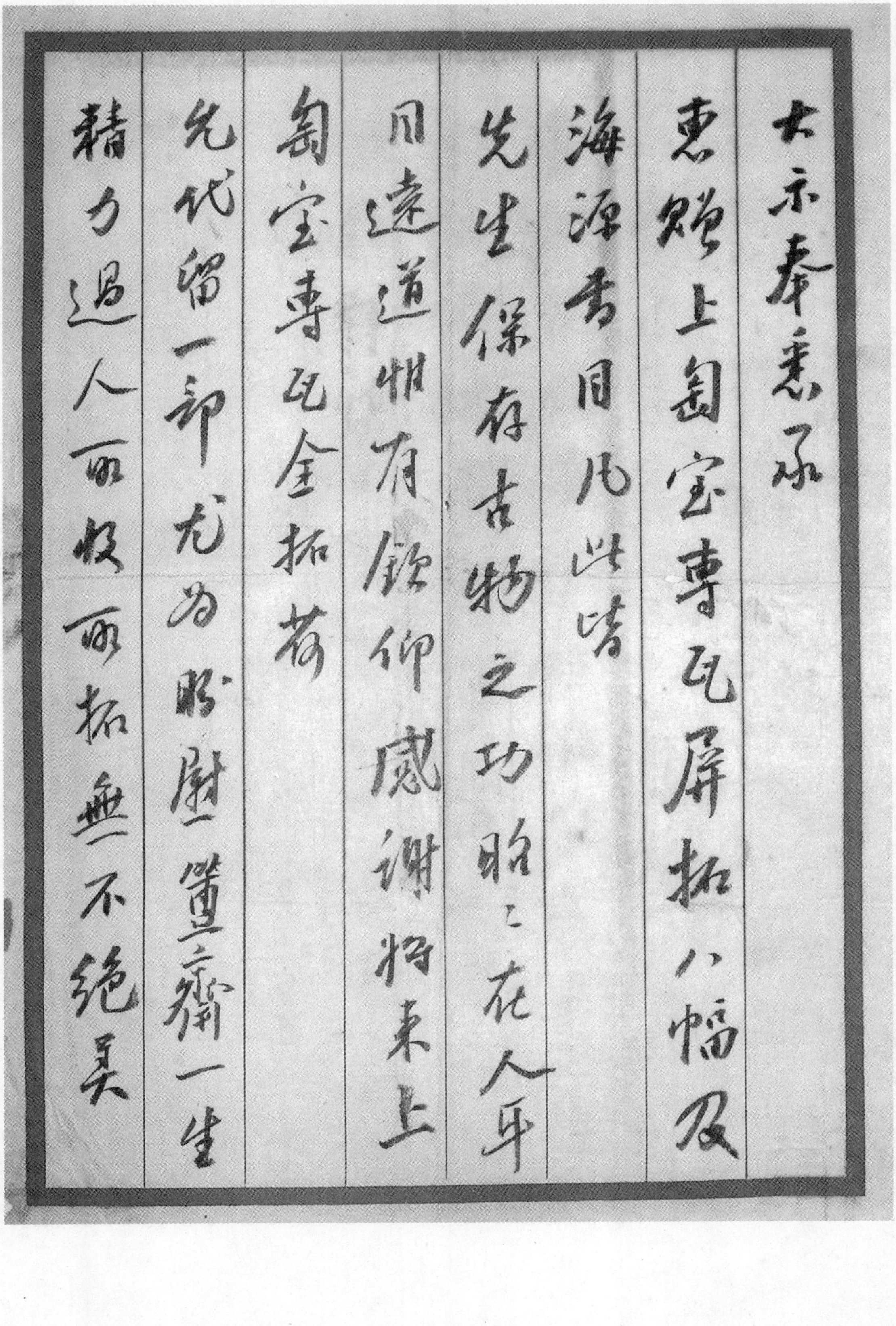

大示奉悉承
惠贈上匋室專瓦屏拓八幅及
海源書目凡此皆
先生保存古物之功昭昭在人耳
目遠道惜有錄仰感謝將來上
匋室專瓦全拓若
先代留一部尤為點綴篔簹齋一生
精力過人所收所拓無不絕美

貴館既收有全份，自宜設法印出，以資流傳。常聞簠齋先生平日過於詳慎，不肯輕於下筆，故無著作傳世，即各種精拓，閱時稍久，恐亦漸歸泯滅。此時能多印數種，即後人多得寓目，此於表揚先哲、嘉惠士林，其功至巨。弟曾與其長孫理臣先生屢言之，雖承垂納

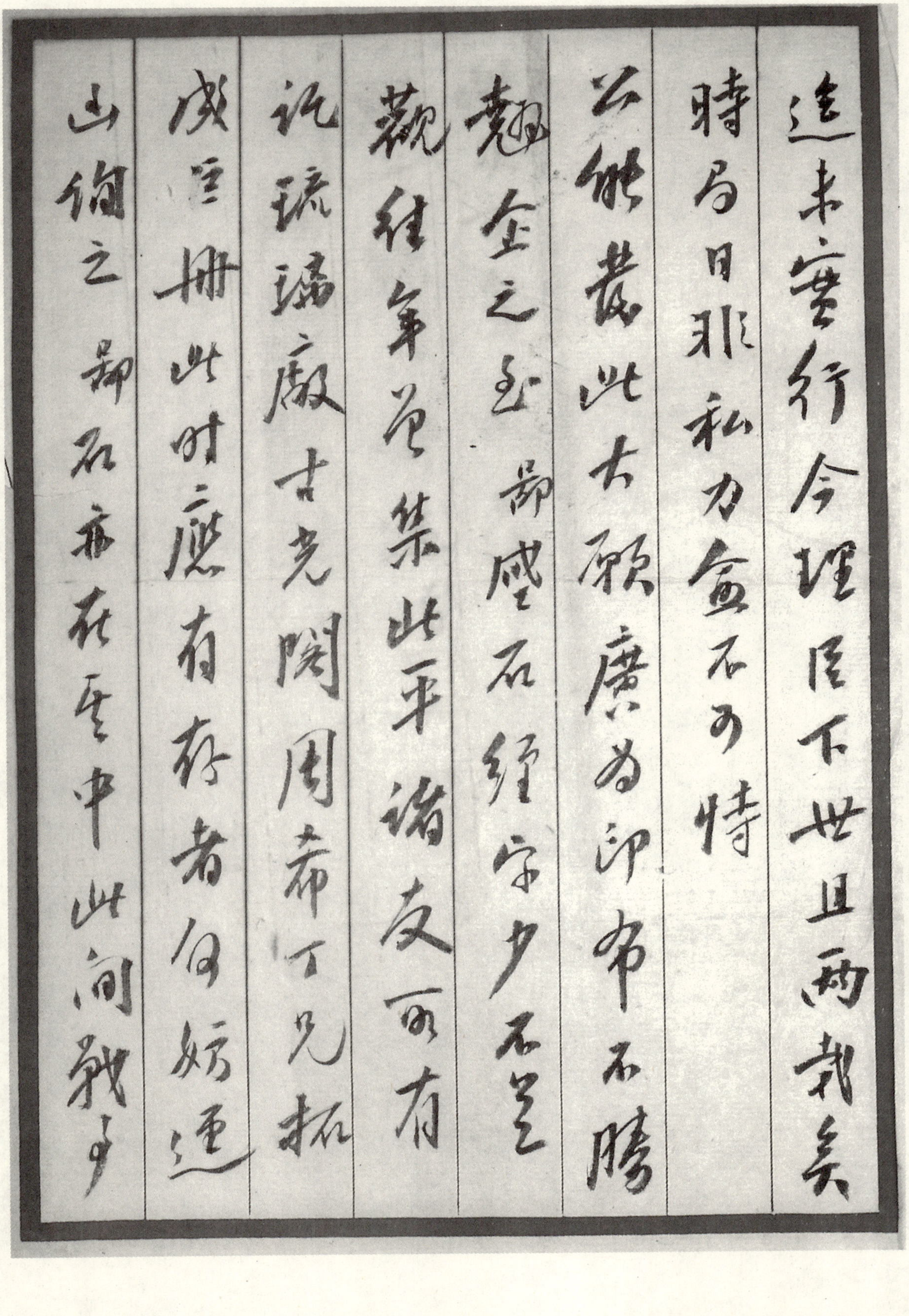
近来寒行今理臣下世且兩載矣
時局日非私力益不可恃
公能發此大願廣為印布不勝
翹企之至節感石經字少不足
觀往年見集此平諸友可有
玩琉璃廠古光閣肆下見拓
成至冊此時之應有存者何妨運
山詢之節石亦在其中此間戰事

陳承修

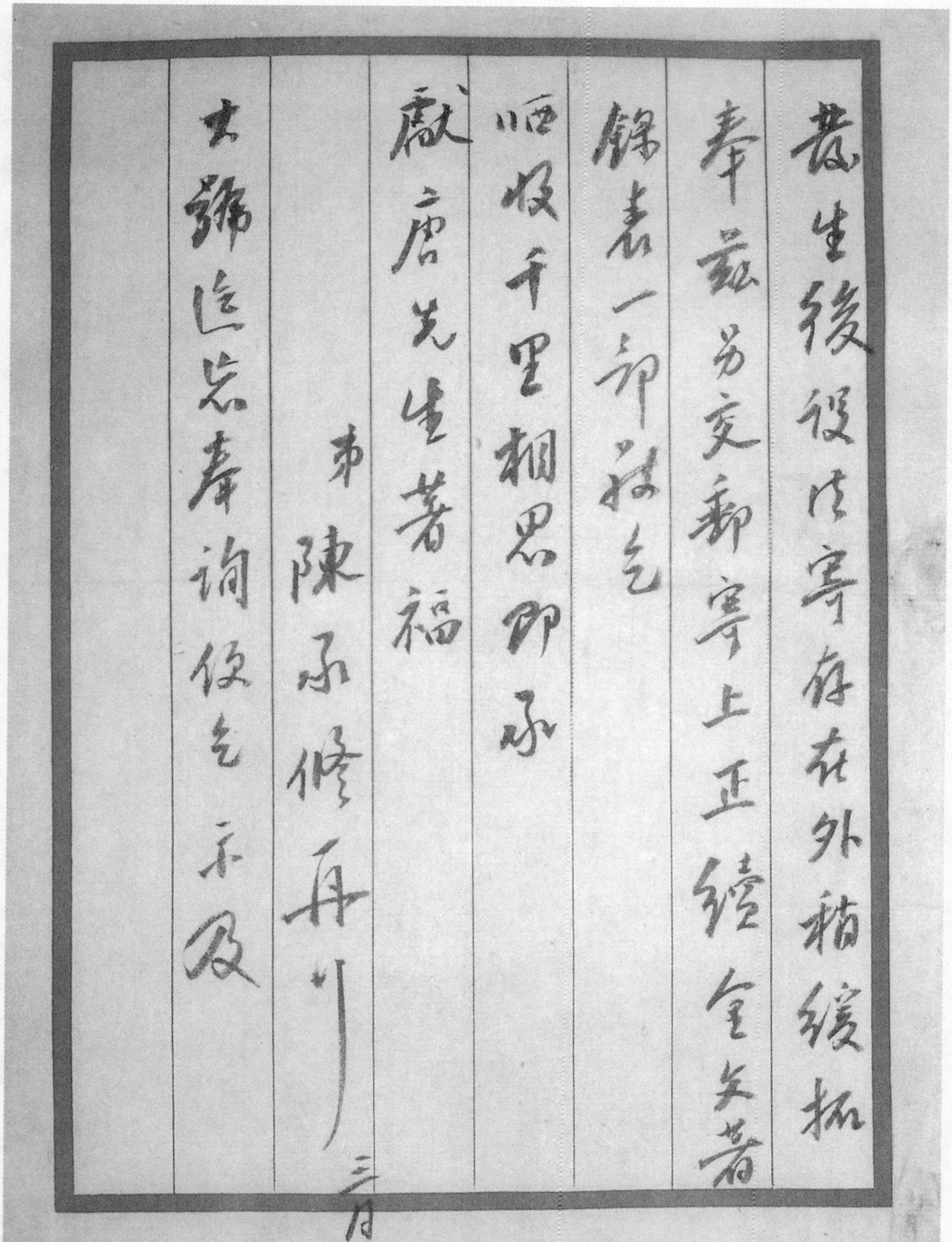
先生後段清寄存在外稍緩抵
奉茲另交郵寄上正續全文著
錄表一部敬乞
哂收千里相思即承
獻唐先生著福
弟 陳承修再拜 三月九日
大稿近忘奉詢便乞示及

封第一件

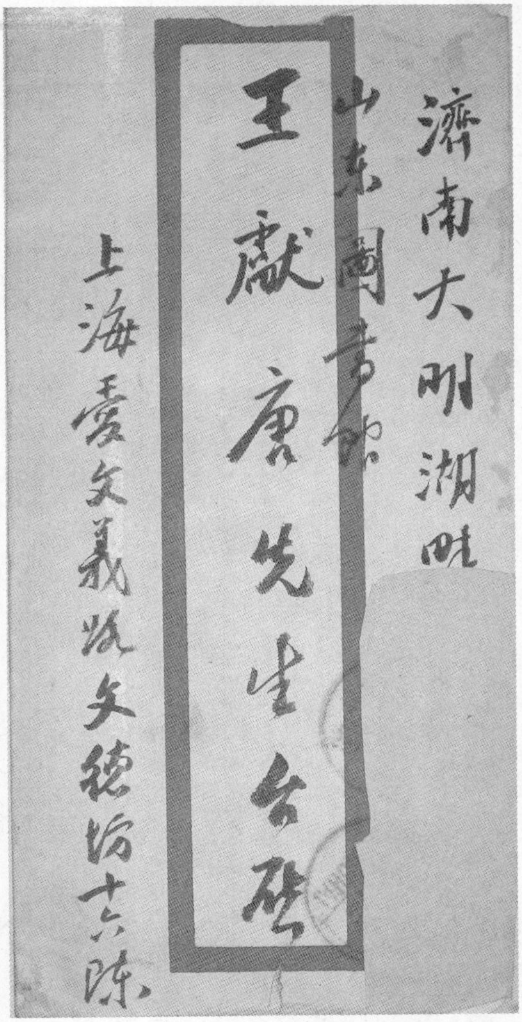
濟南大明湖畔
山东图书馆
王獻唐先生台啓
上海愛文義路文德坊十六陳

封第二件

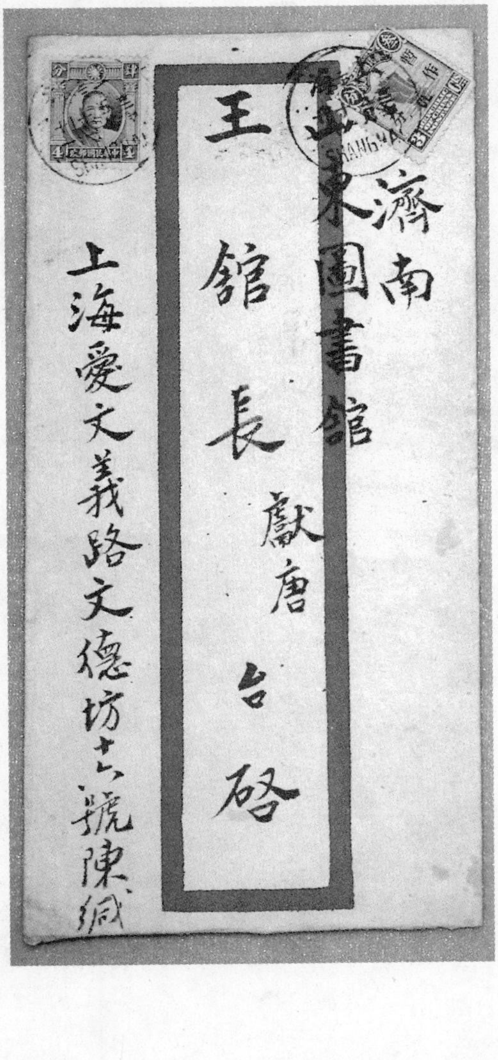
濟南
山東圖書館
王館長
獻唐
台啓
上海愛文義路文德坊十六號陳緘

封第三件

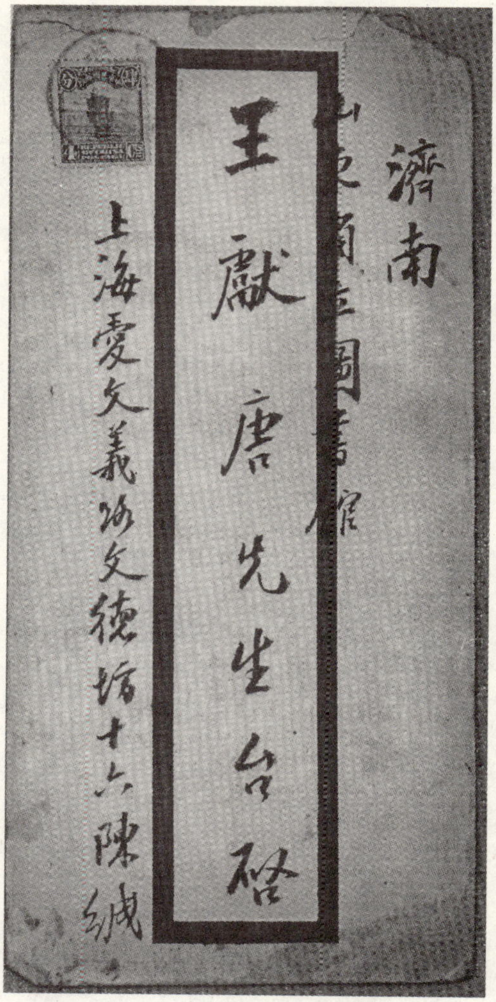
濟南
山東省立圖書館
王獻唐先生台啓
上海愛文義路文德坊十六陳緘

封第四件

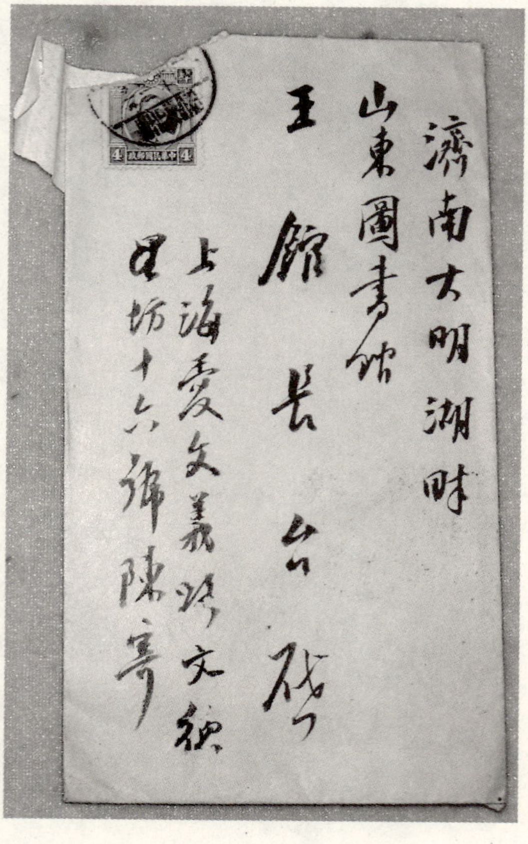
濟南大明湖畔
山東圖書館
王館長台啓
上海愛文義路文德
里坊十六號陳寄

封第五件

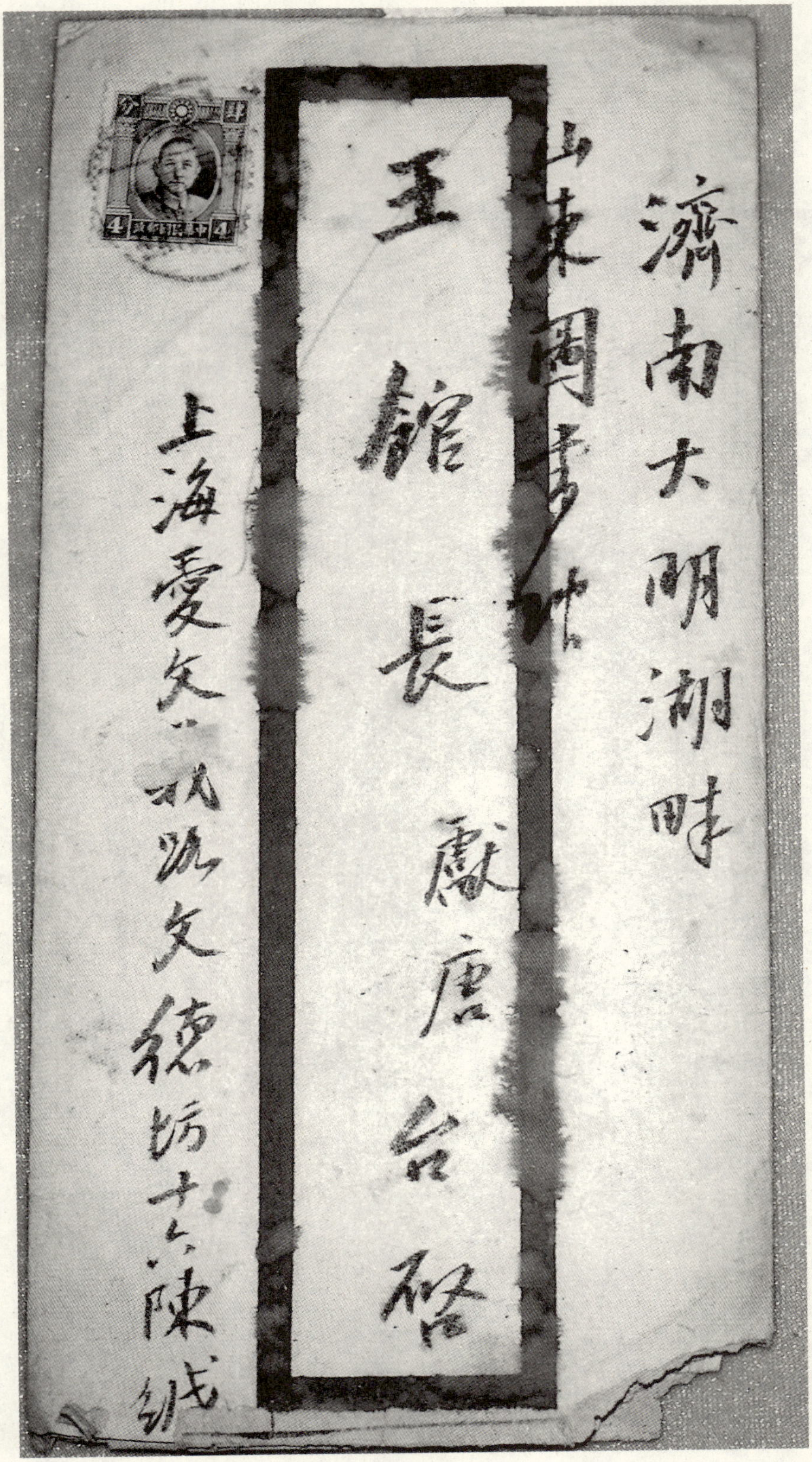

陳承修

三十三　顧燮光　書四通　封四件

書第一通

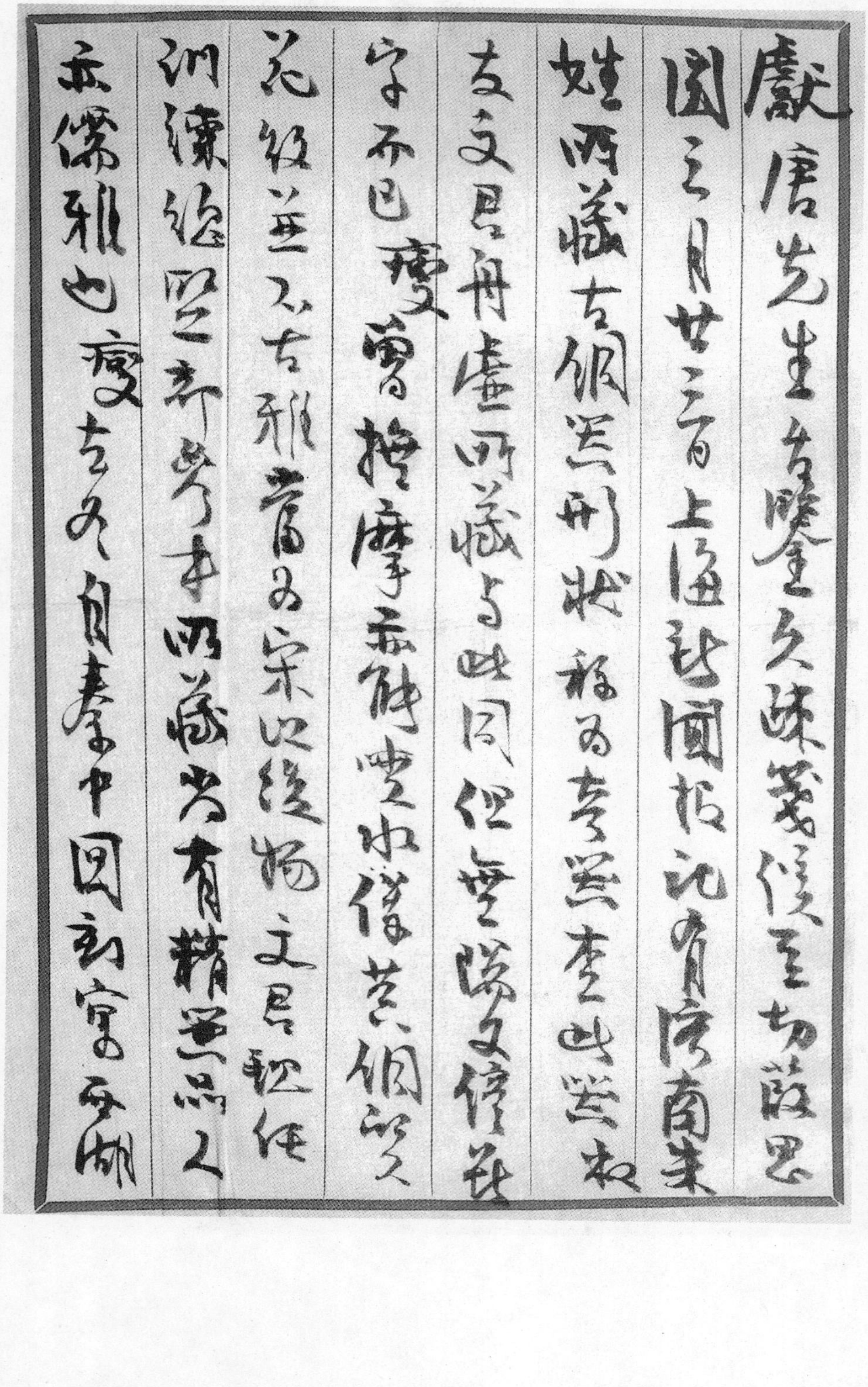
獻唐先生台鑒：久疏箋候，至切葭思。
閏三月廿三日上海[illegible]圖[illegible]記有[illegible]
[illegible]兩藏古銅[illegible]形狀，稱爲[illegible]查此[illegible]
[illegible]具冊，[illegible]所藏与此同，但無[illegible]文[illegible]
字不已。燮曾[illegible]摩[illegible]時[illegible]收[illegible]
花紋並不古雅，當爲宋以後物，文具[illegible]
[illegible]練[illegible]兩藏皆有精品，[illegible]
亦係雅也。燮去冬自秦中回，刻寓西湖

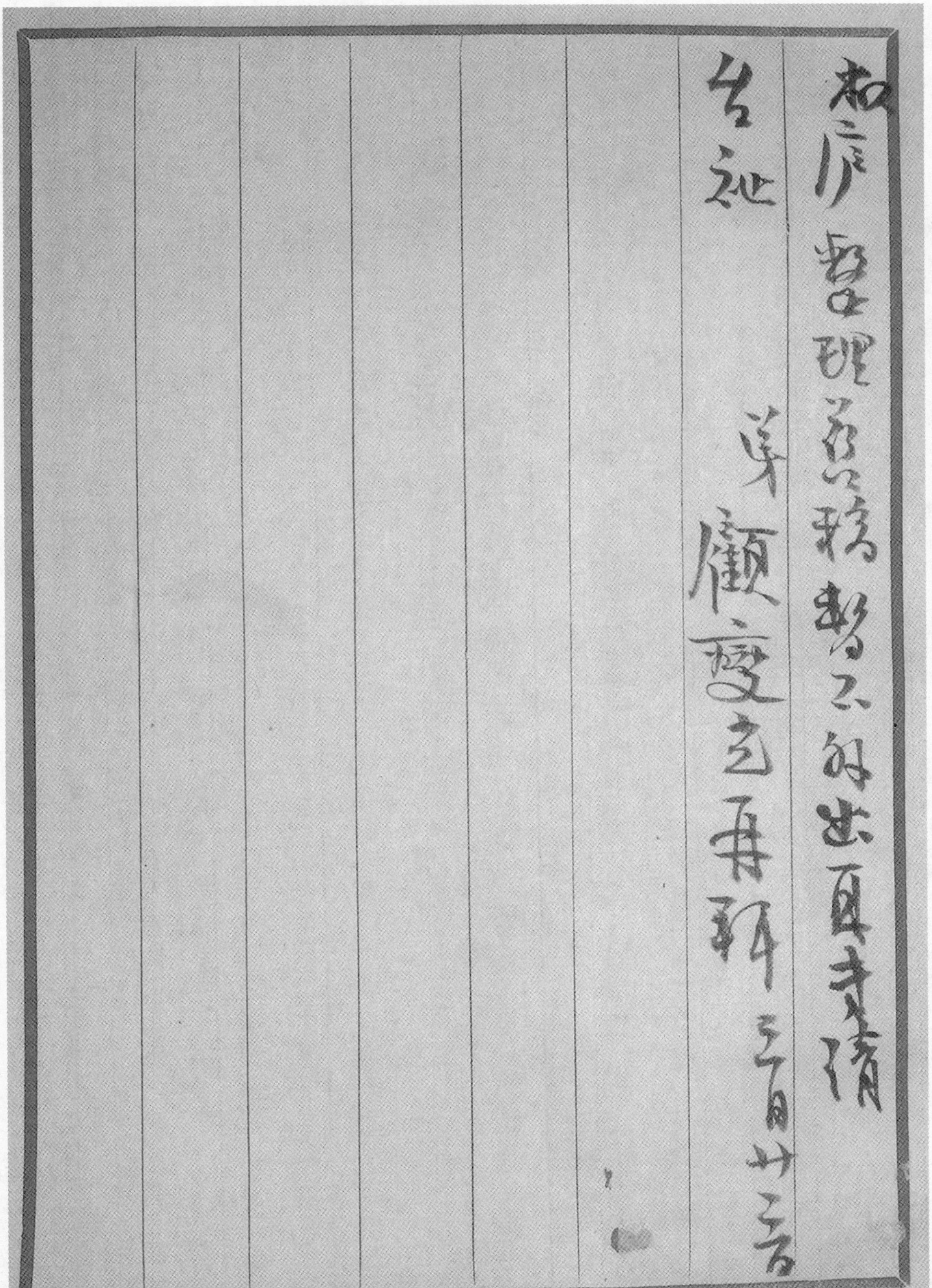
和之兄整理原稿暫不能出耳专請
台祉
弟顧燮光再拜 二月廿三日

書第二通

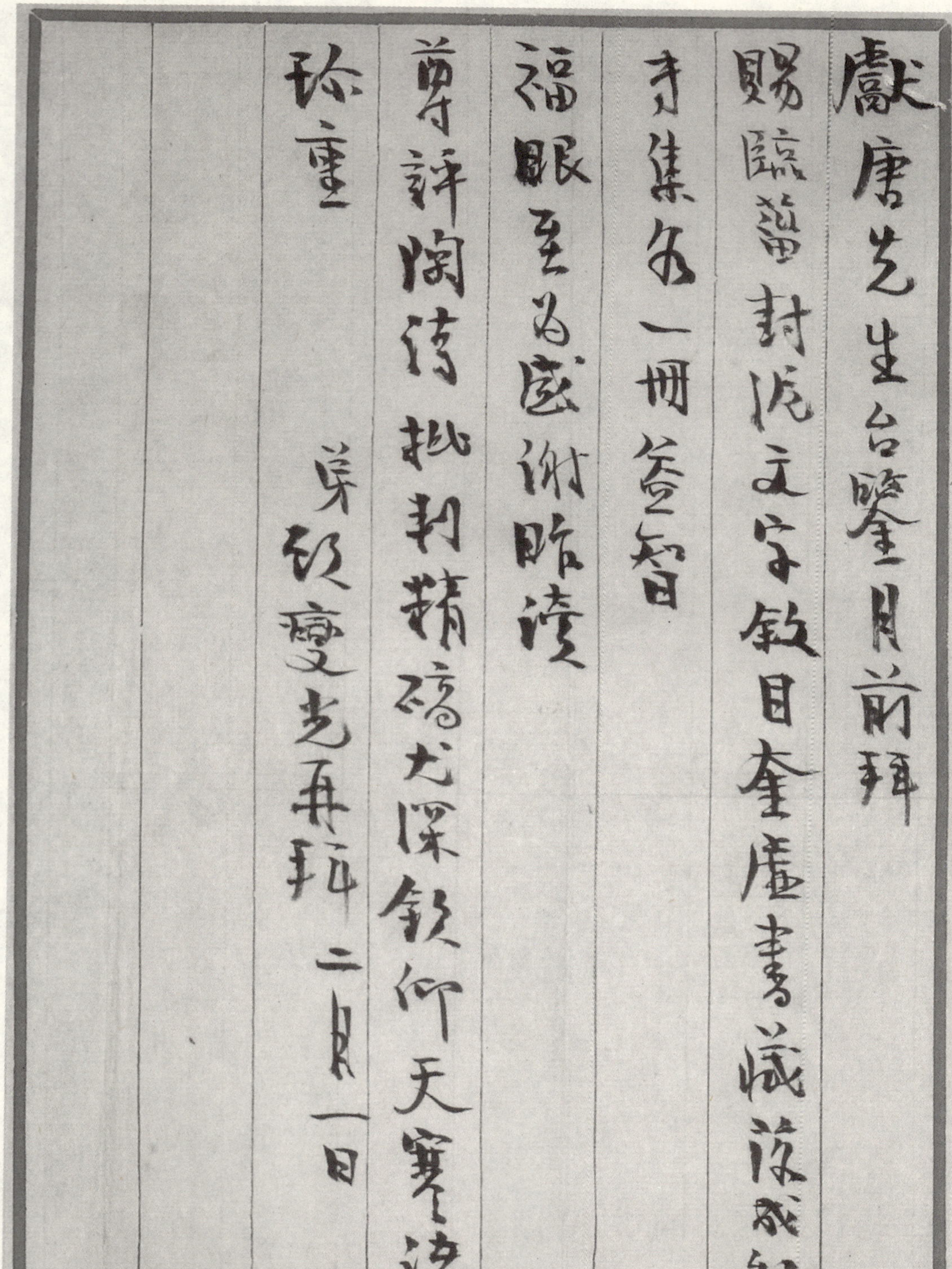
獻唐先生台鑒：月前拜
賜臨菑封泥文字敘目、奎虛書藏落成紀念
詩集各一冊，益智
福眼，至為感謝。昨讀
尊評陶詩批判，精確尤深欽佩。天寒諸惟
珍重。
弟 顧燮光再拜 二月一日

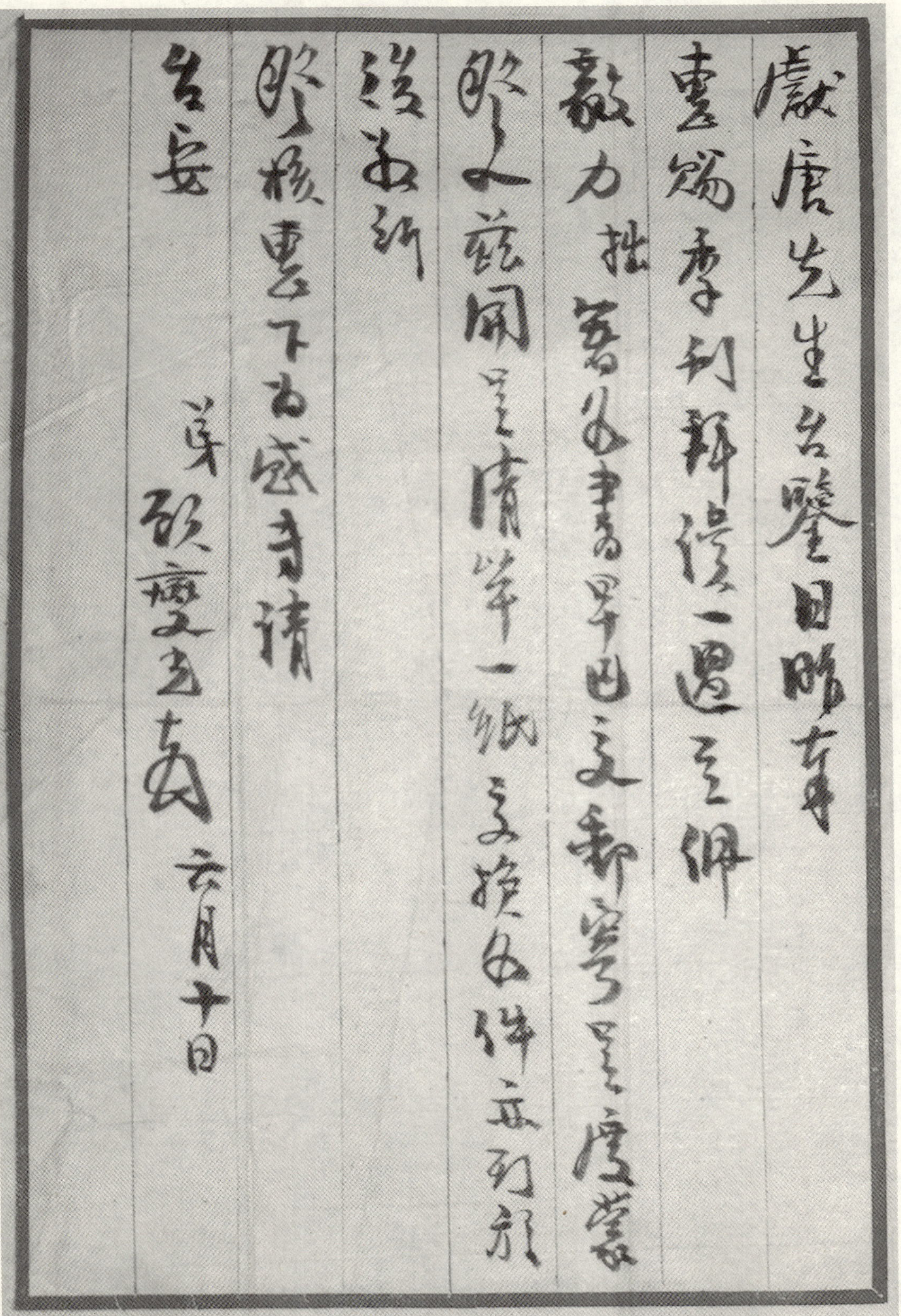

巘唐先生台鑒：日昨奉
惠寄季刊，拜讀一過，至佩
毅力。拙著各書略目，因文郵寄，呈[illegible]
賜又藝風[illegible]清單一紙，交換各件無刊[illegible]
諸希祈
賜核，是下為感。專請
台安
弟顧燮光頓首　六月十日

書第四通

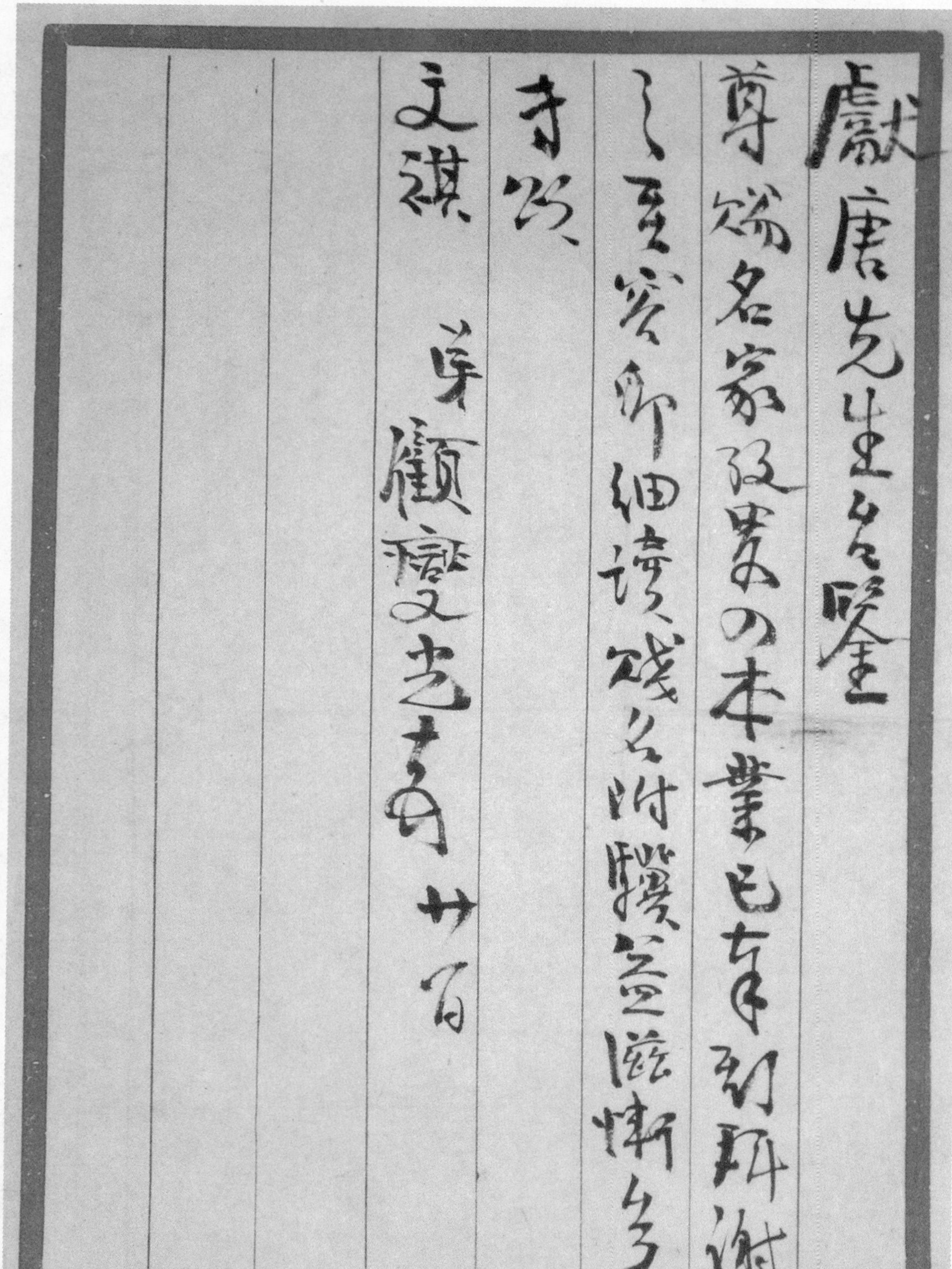
獻唐先生台鑒
尊端名家跋畧一本業已奉到拜謝
之至容即細讀賤名附驥簽題慚之
專此
文祺
弟顧燮光頓首 廿日

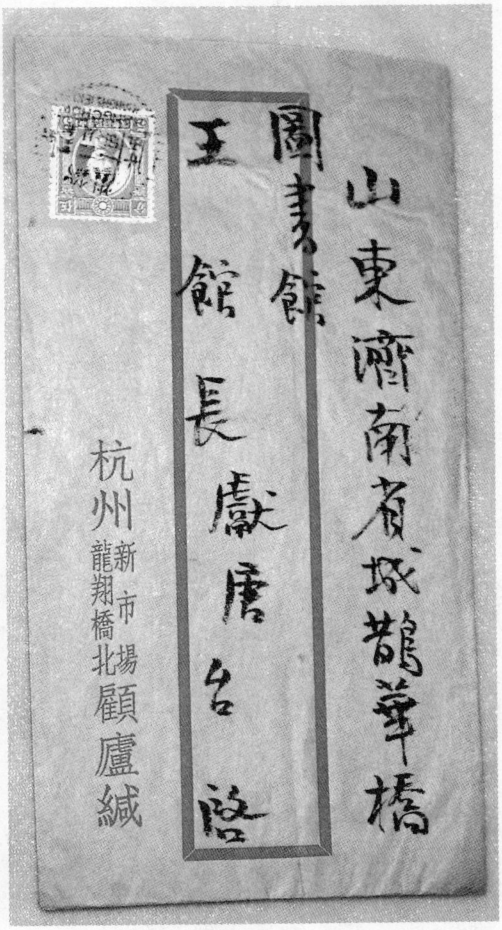
山東濟南省城鵲華橋
圖書館
王館長獻唐台啓
杭州新市場龍翔橋北顧盧緘

封第一件

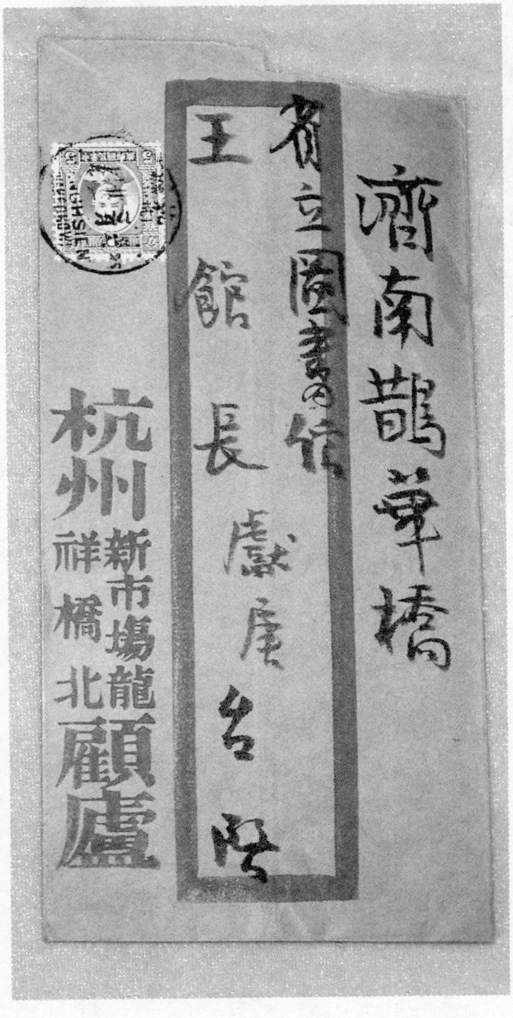
濟南鵲華橋
省立圖書館
王館長獻唐台啓
杭州新市場龍翔橋北顧盧

封第二件

封第三件

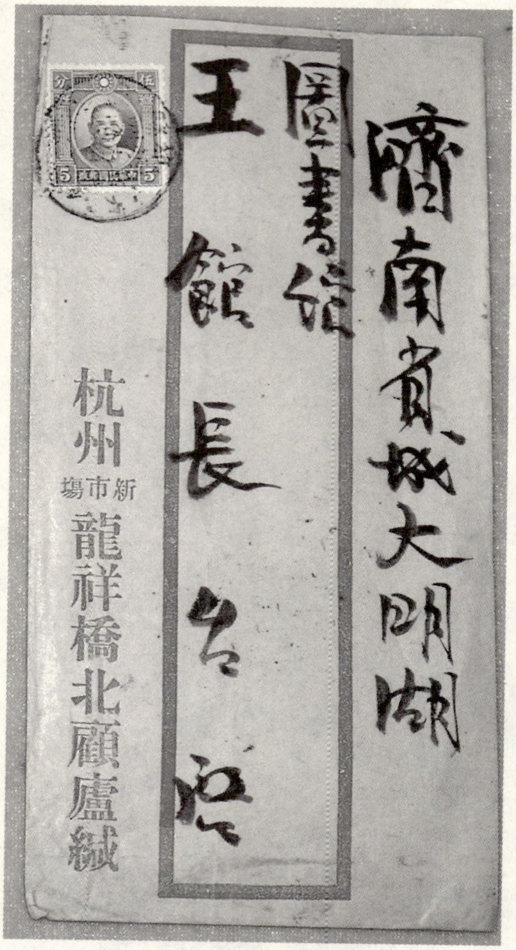
濟南省城大明湖
圖書館
王館長台啓
杭州
新市場
龍祥橋北顧盧緘

封第四件

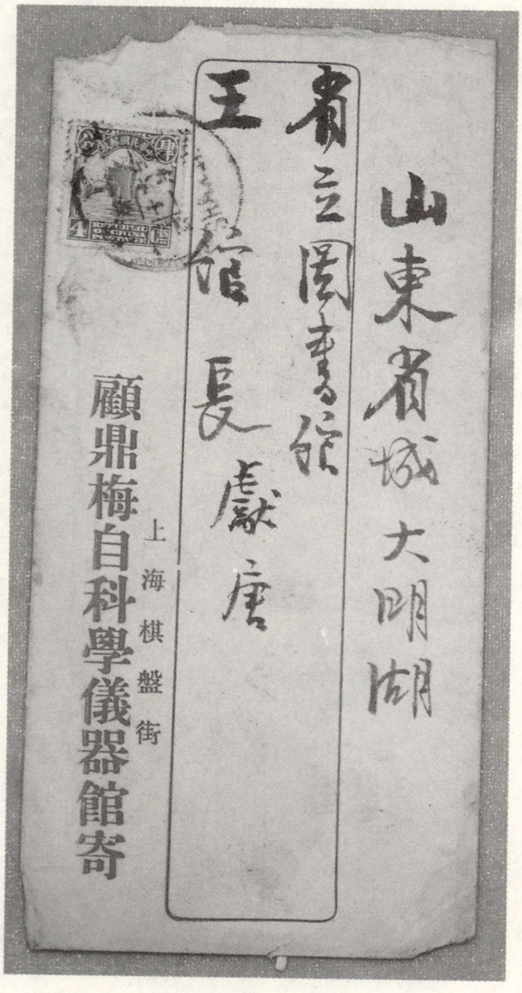
山東省城大明湖
省立圖書館
王館長獻唐
上海棋盤街
顧鼎梅自科學儀器館寄

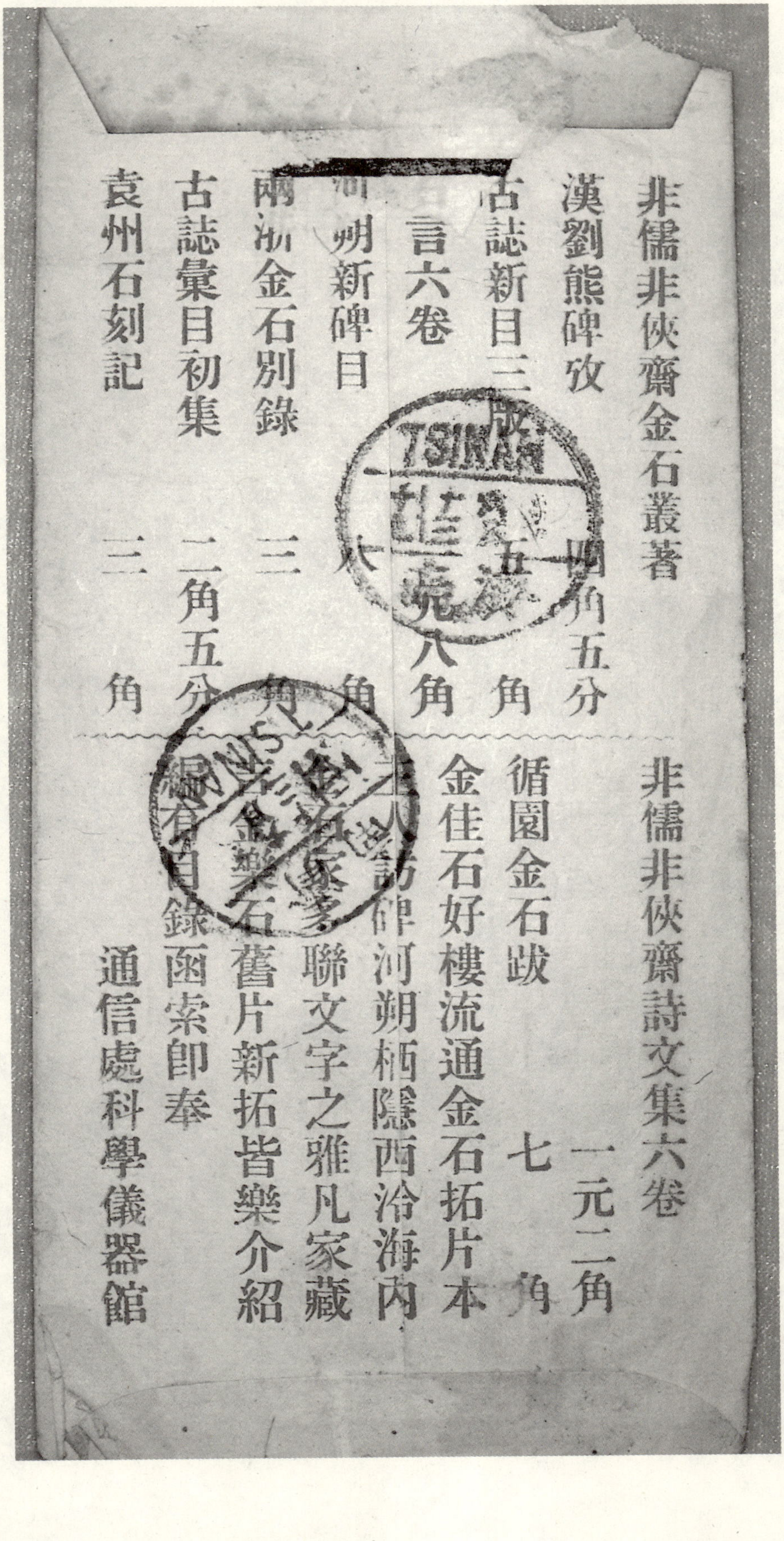

非儒非俠齋金石叢著
漢劉熊碑攷 四角五分
古誌新目三卷 五角
言六卷 八角
河朔新碑目 六角
兩浙金石別錄 三角
古誌彙目初集 二角五分
袁州石刻記 三角
TSINAN
非儒非俠齋詩文集六卷 一元二角
循園金石跋 七角
金佳石好樓流通金石拓片本
訪碑河朔栖隱西泠海內
聯文字之雅凡家藏
石舊片新拓皆樂介紹
編有目錄函索即奉
通信處科學儀器館

三十四 熙

書一通

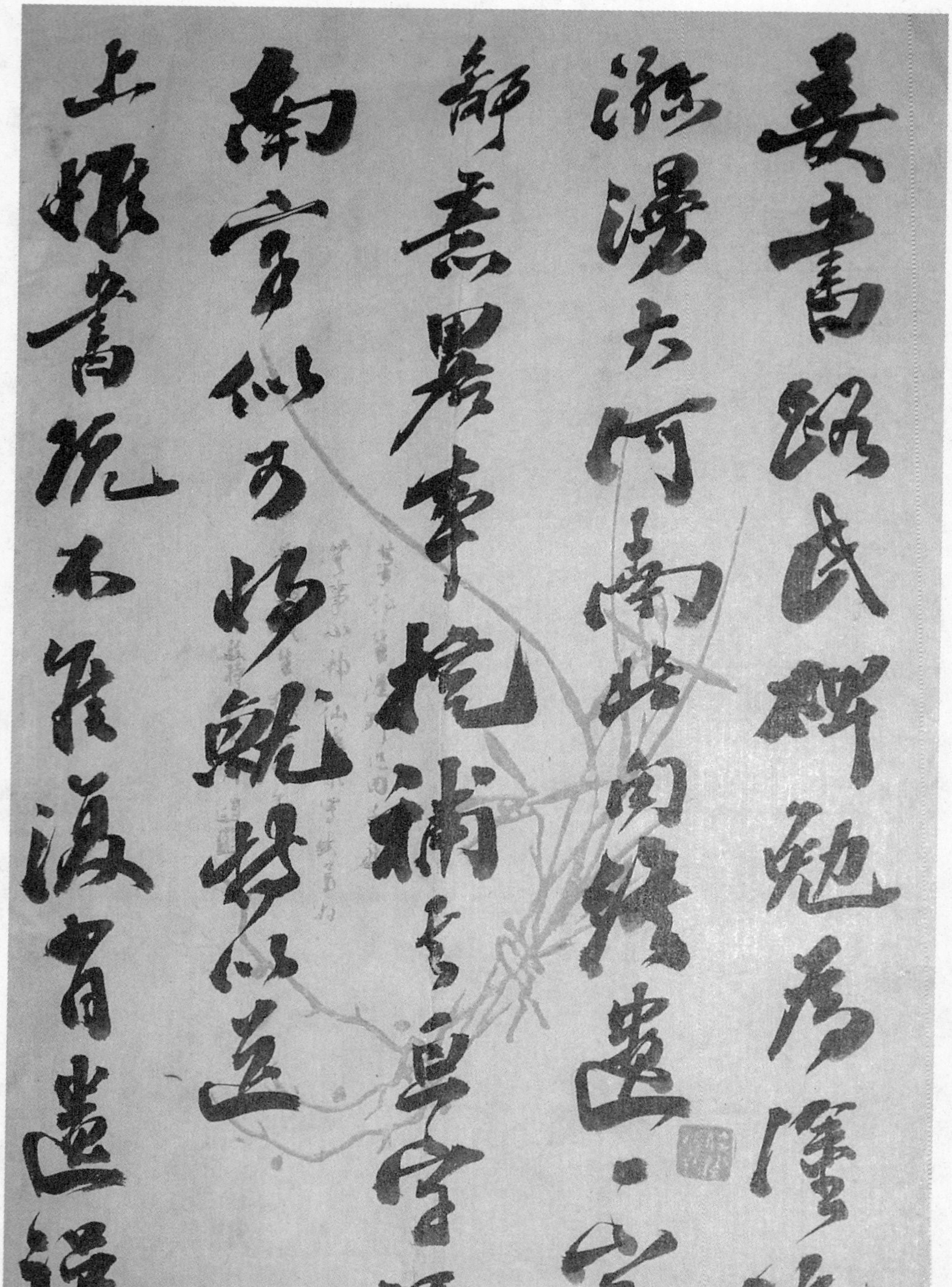

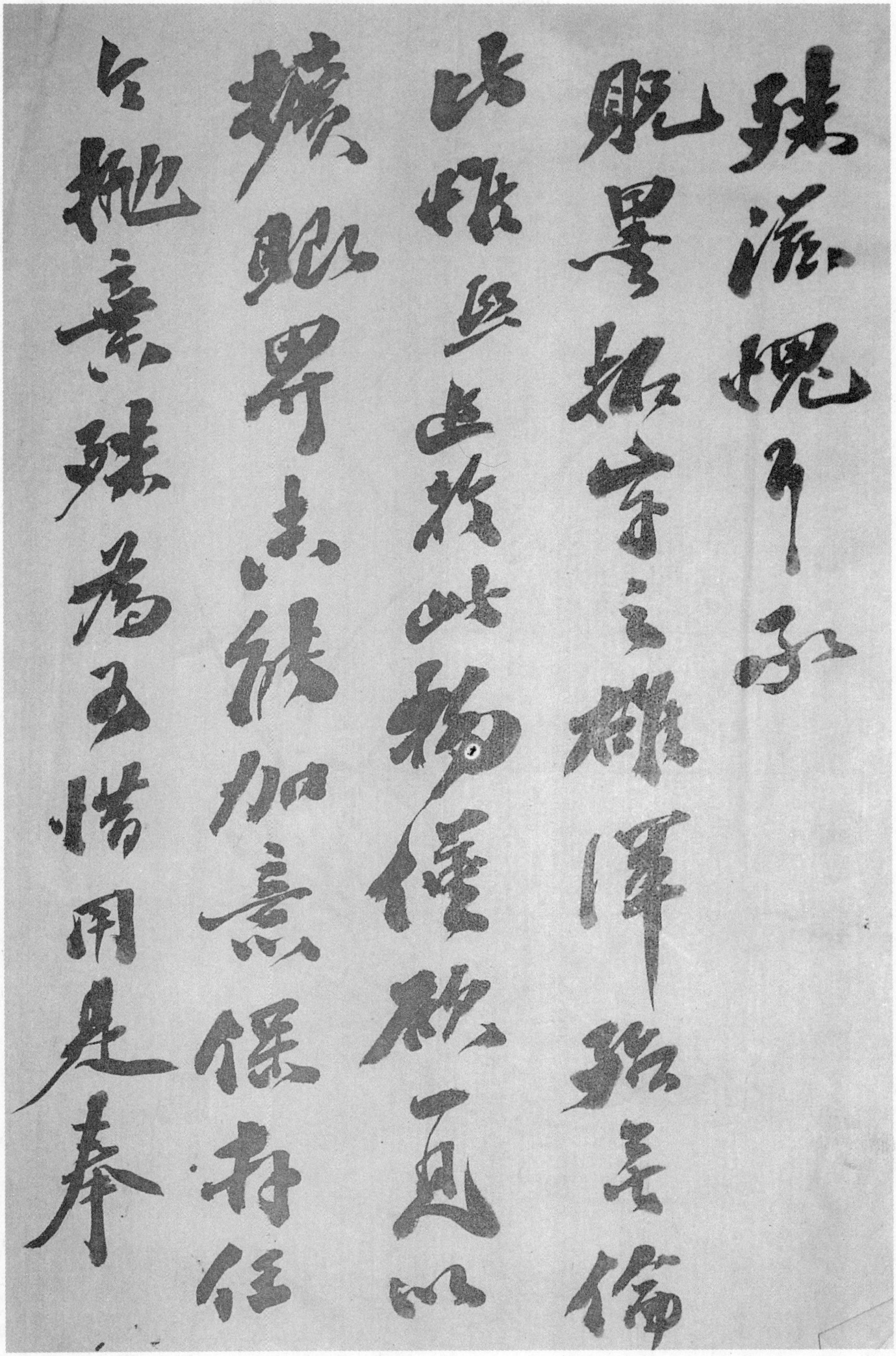

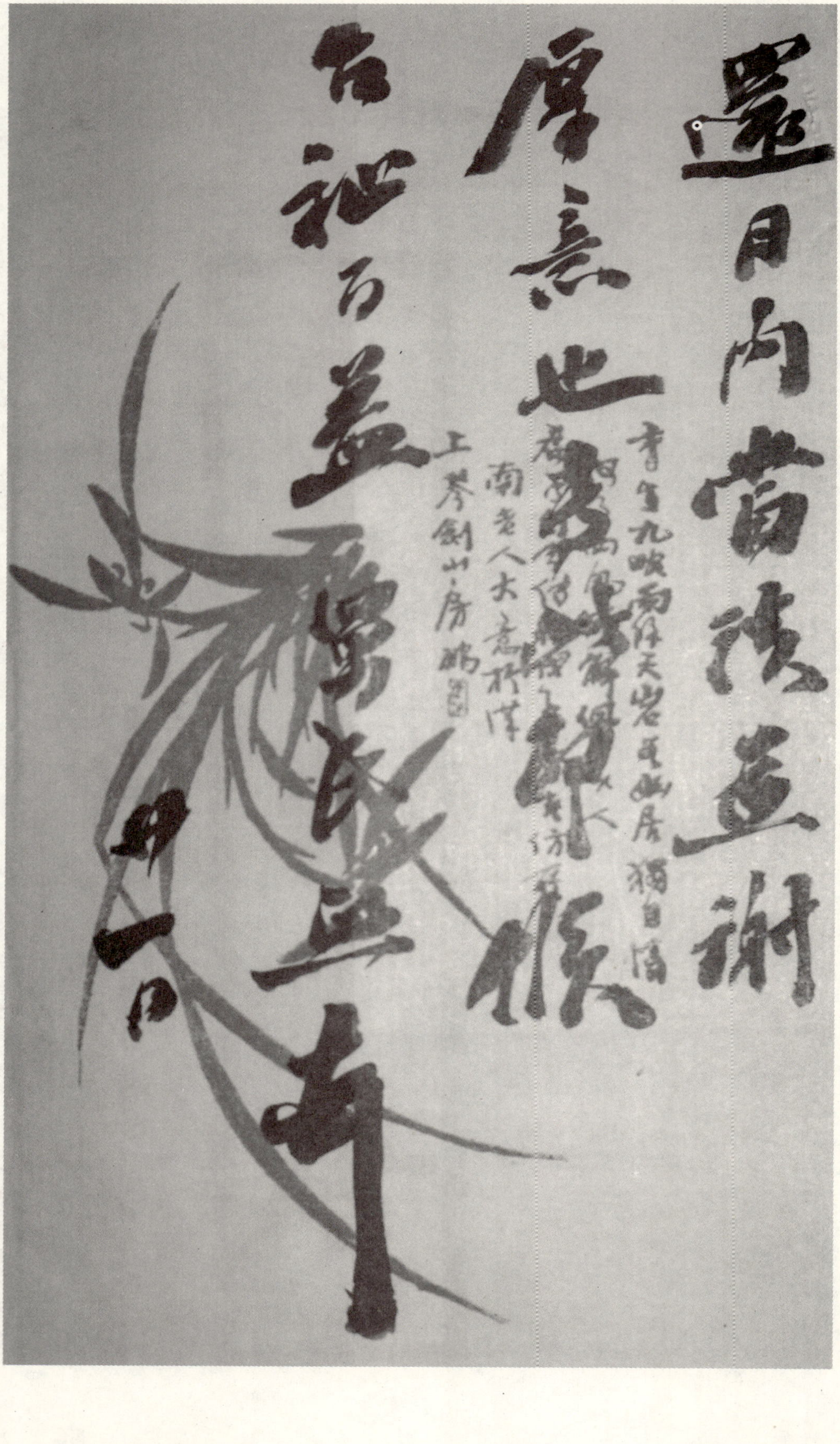

三十五 傅寶銘

書一通 封一件

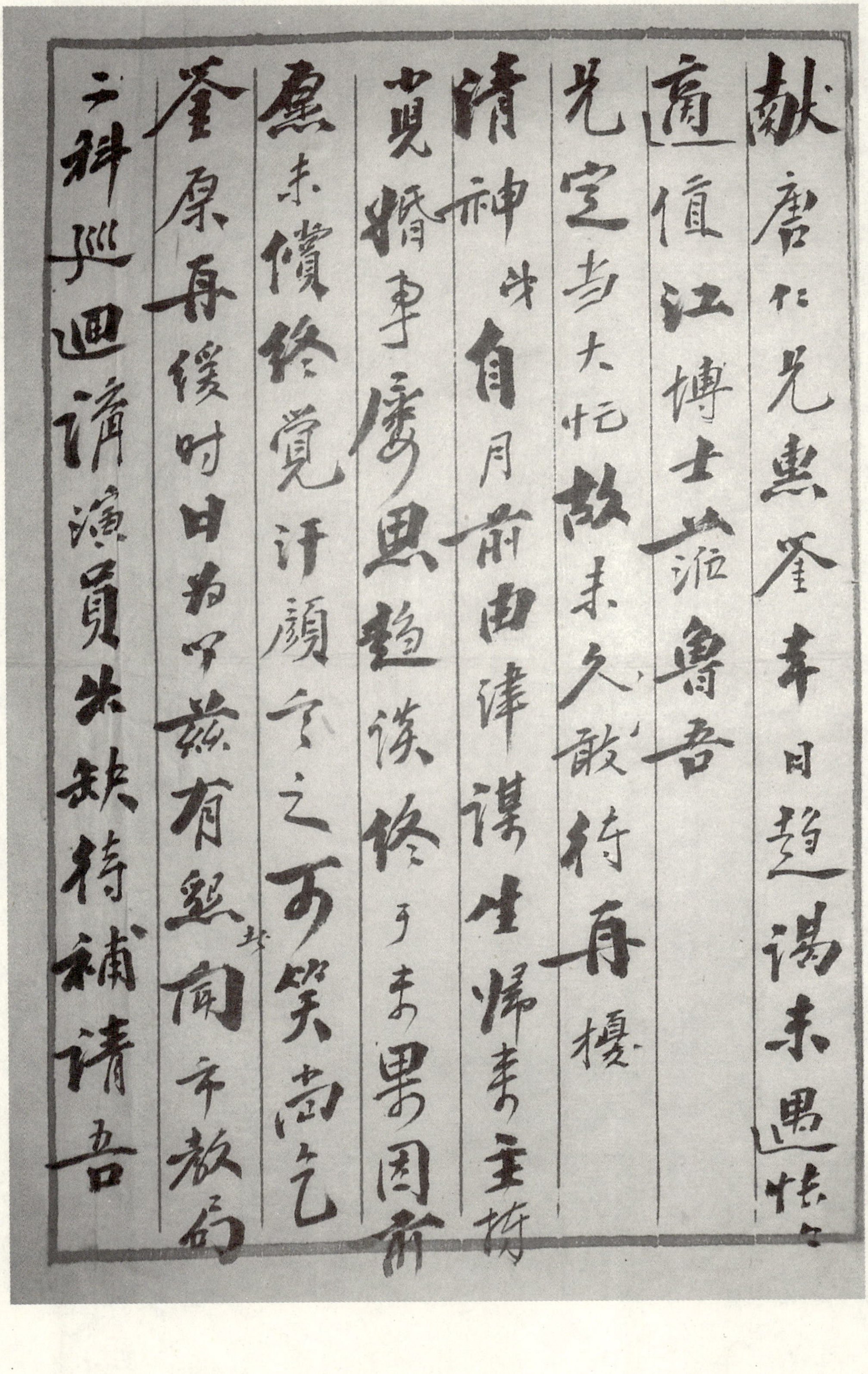
獻唐仁兄惠鑒：昨日趨謁未遇，悵悵。
適值江博士蒞魯，吾
兄定當大忙，故未久敢待再擾。
請神此自月前由津謀生歸來，主持
覓婚事，屢思趨謁，終于未果，因前
稟未償，終覺汗顏，今之可笑，尚乞
鑒原再緩時日為叩。茲有懇者，北向本敝局
二科巡迴講演員出缺待補，請吾

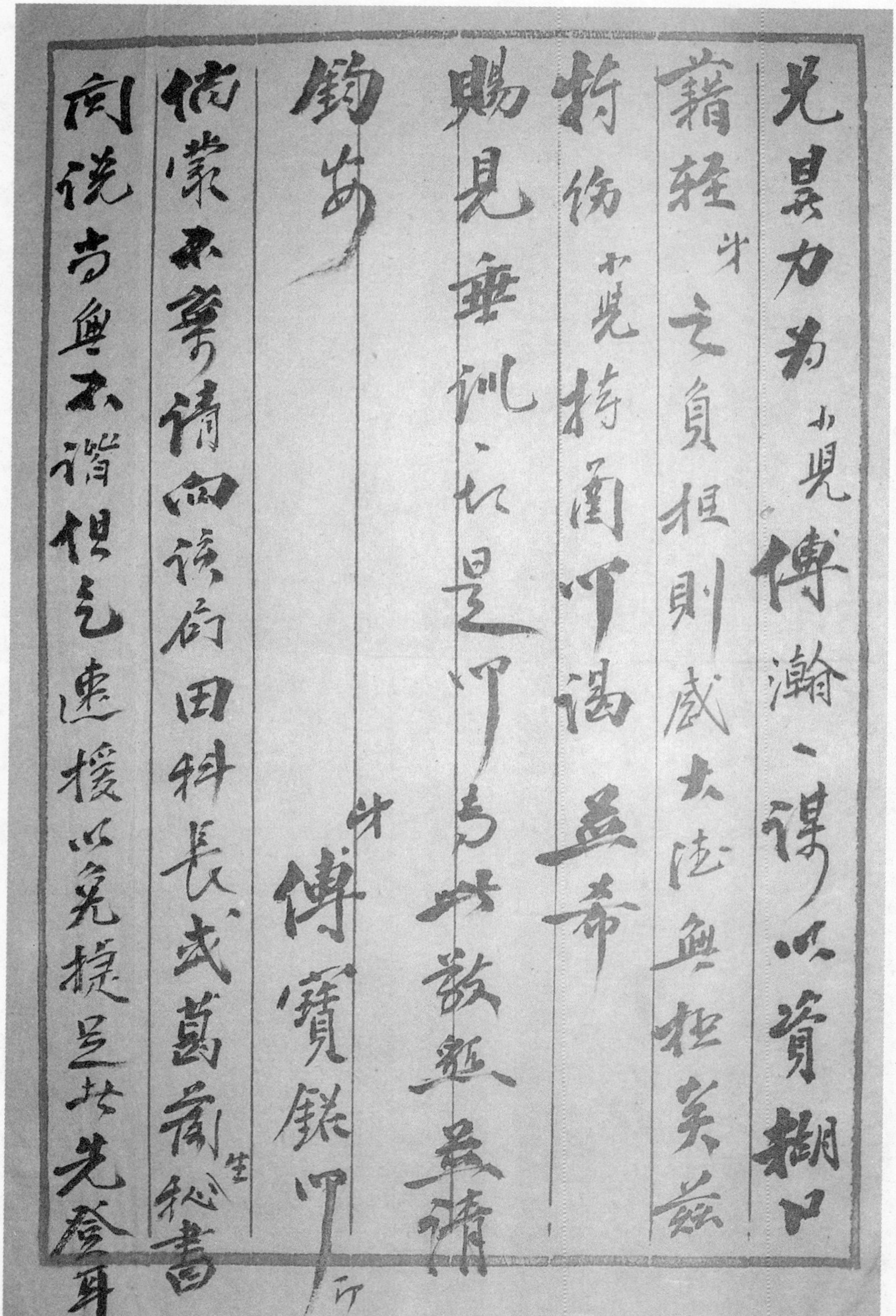

先生力為小兒傳瀚謀以資餬口
藉輕小子之負担則感大德無極矣茲
特偕小兒持函叩謁並希
賜見垂訓以是叩為此敬懇並請
鈞安
小子傅寶銘叩 廿日
倘蒙不棄請函該府田科科長武葛蘭秘書生
閣說當無不諧但乞速援以免捷足者先登耳

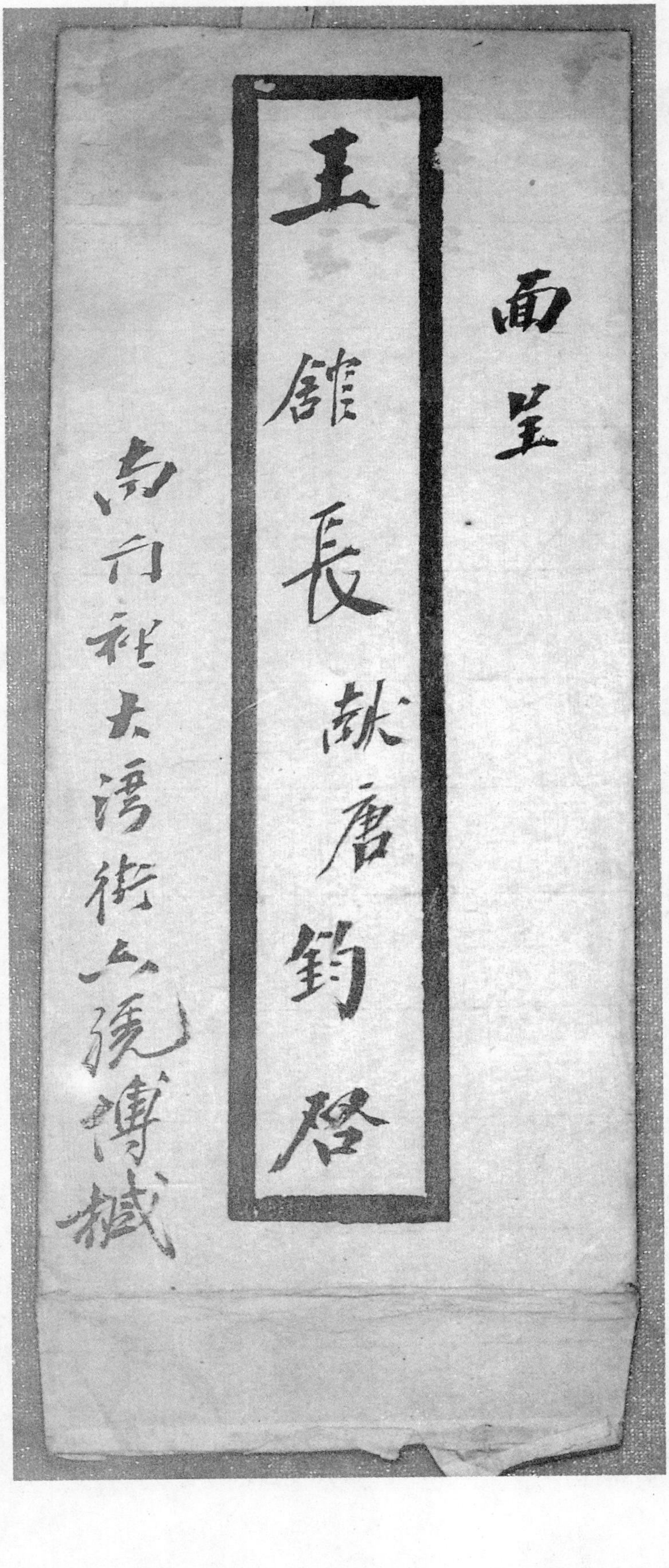
面呈
王館長獻唐鈞啓
南門裡大灣街六號傅緘

三十六　于均生書一通

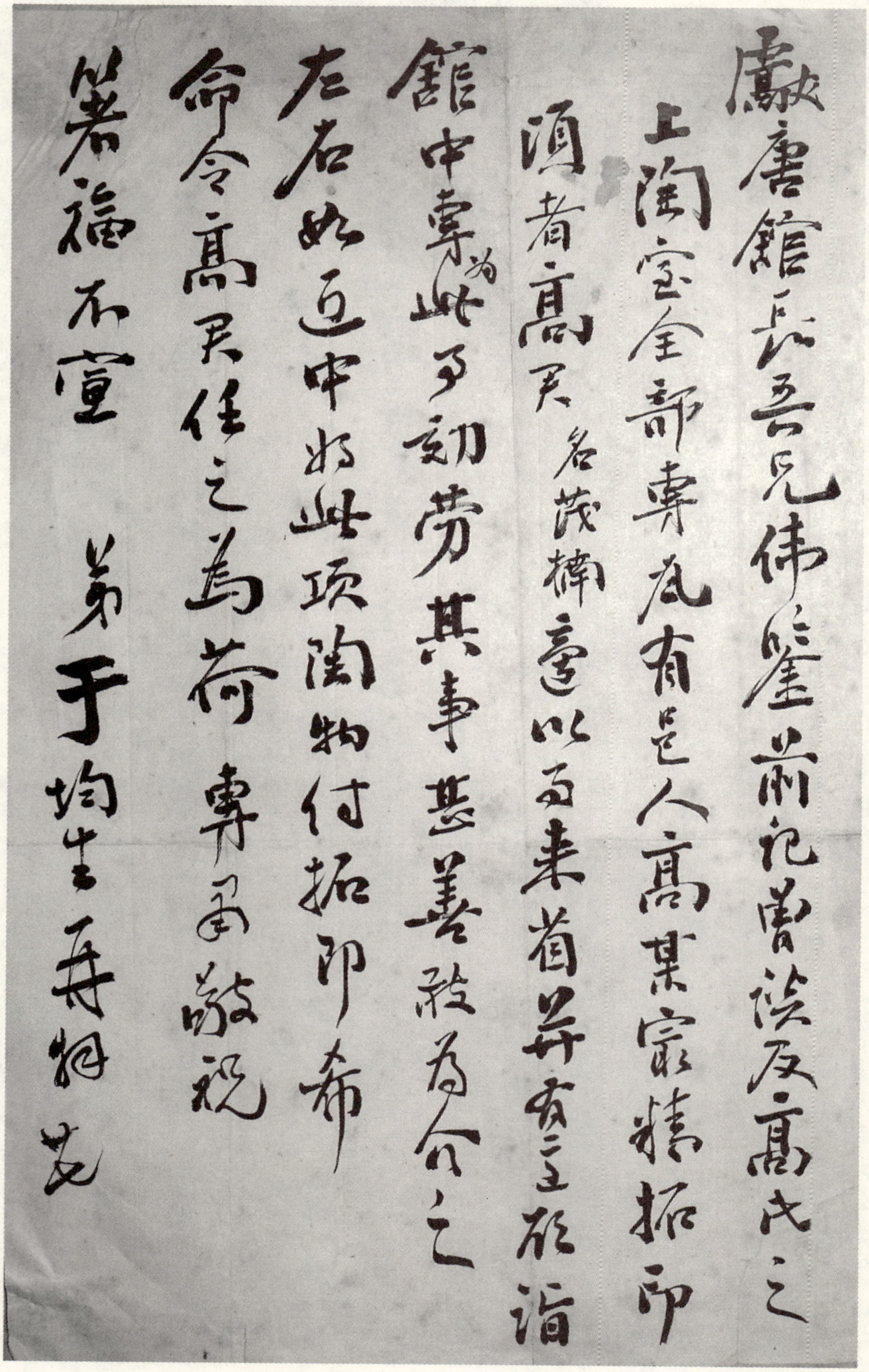

獻唐館長吾兄偉鑒前記曾談及高氏之
上陶室全部專瓦有是人高某家精拓即
須者高君名茂樟遂以爲來省拜晤之旅詣
館中專爲此予効勞其事甚善殆爲合之
左右如宜中將此項陶物付拓即希
命令高君任之爲荷專此敬祝
著福不宣
弟于均生再拜啓

三十七 丁惟汾

書八通 文一篇 封五件

書第一通

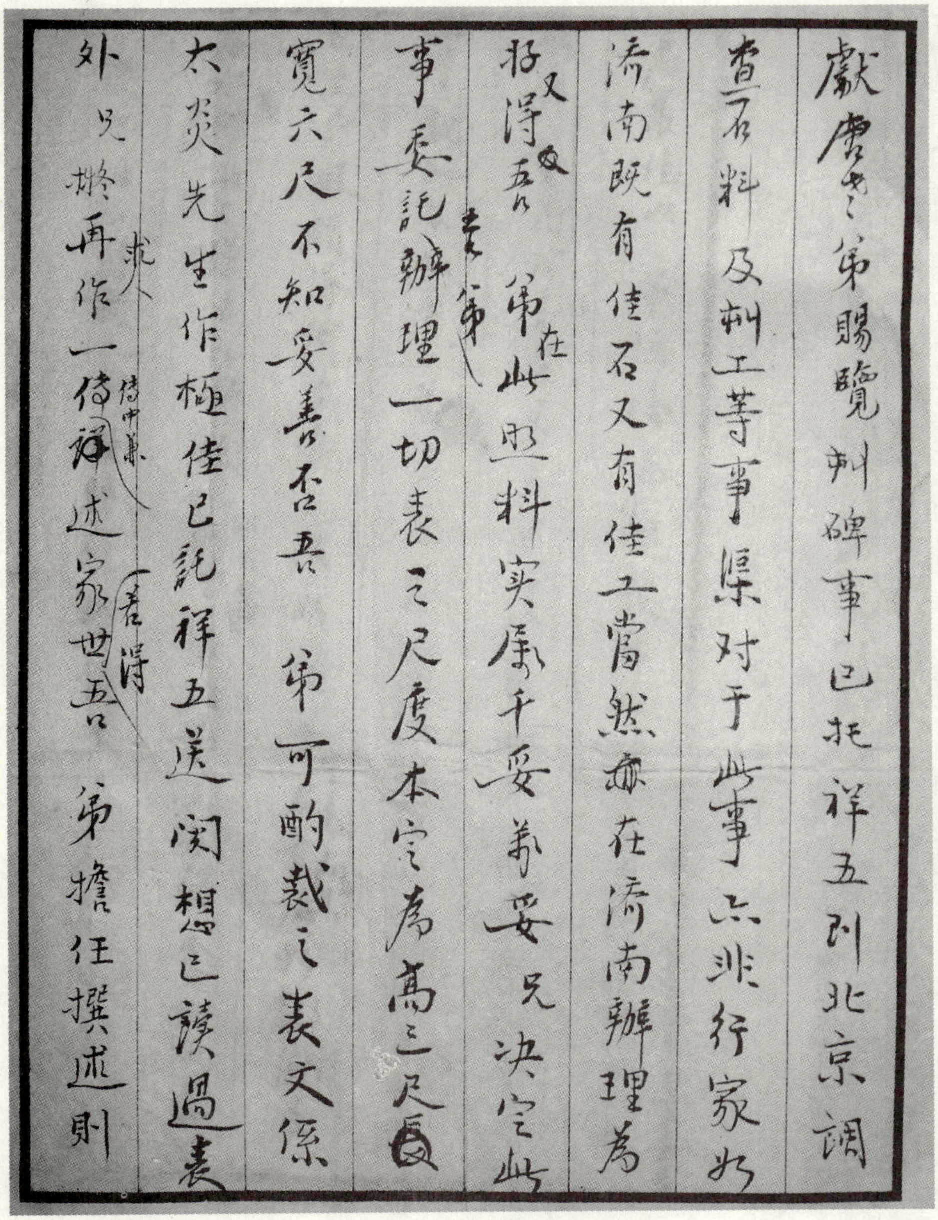
獻唐吾弟賜覽 判碑事已托祥五到北京調查石料及刻工等事 渠对于此事亦非行家 如濟南既有佳石又有佳工 當然亦在濟南辦理爲好 又得五函 又 吾弟在此照料 實屬千妥萬妥 兄決定此事委託吾弟辦理 一切表之尺度 本定爲高三尺度 寬六尺 不知妥善否 吾弟可酌裁之 表文係太炎先生作 極佳 已託祥五送閱 想已讀過 表外兄擬再作一傳 求人 傳中事 詳述家世 吾弟若得 弟擔任撰述則

為最佳以　弟係屬至親較外人明了多矣侍中大義
仍以弟圍所言者為主畧及家世附屬於天和及子明
事叙入不知吾　弟意見若何請酌裁之　兄近讀毛傳
已至齊風頗得識古音之法如願字（字為）古音讀如亂（詩）衛風
泉水（篇）聊與之謀傳云聊願也願（伯兮篇）言思伯鄭氏云願念也氓（篇）將
子無怒傳云將願也聊願、將願、願念、俱以双聲為訓推之一切（氓民也）
布幣也一切皆然有例証可舉再證以爾雅方言多有此例
如以此例求古音讀則真正之古音不難一一得到正確音讀

吾弟稍加注意略爲研究當可豁然貫通。兄因讀書太少頗矜爲創獲不知前輩有此說吾海源閣書事近辦到如何程度兄將弟意向邵力子先生說過彼甚爲贊同此事不必過慮矣專此即候

文祺

弟惟汾啟　七月十一日

丁惟汾

書第二通

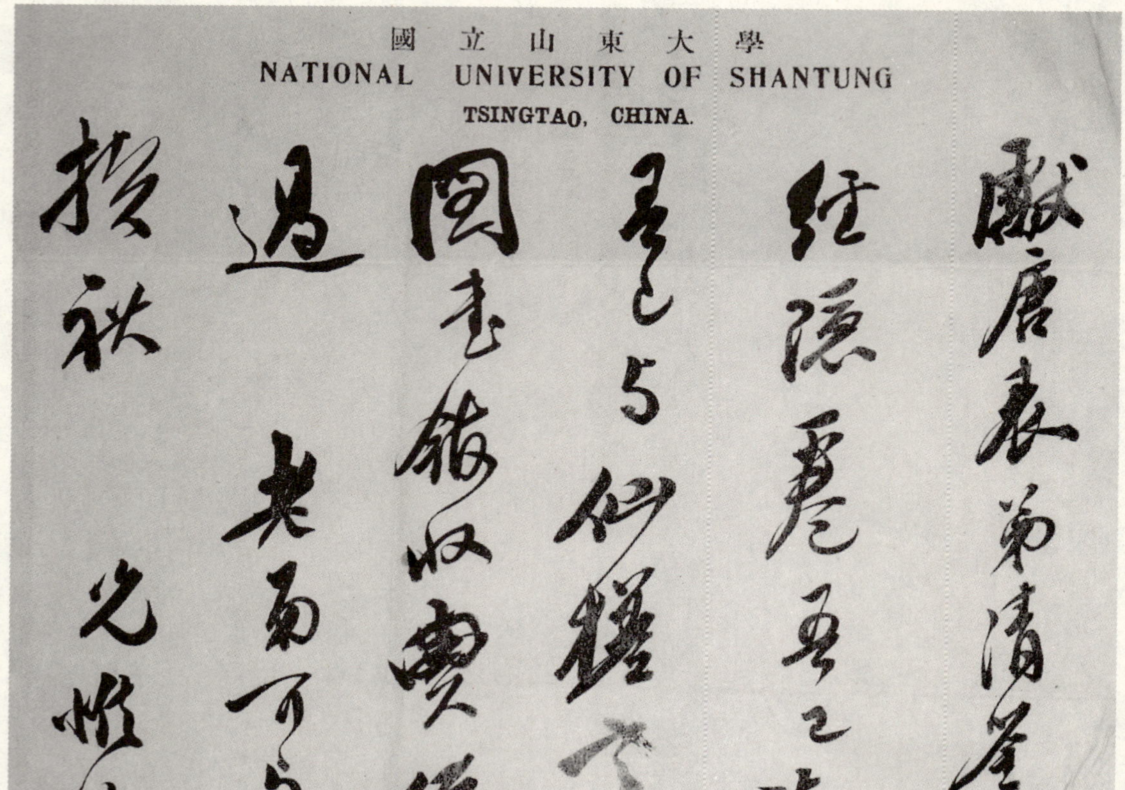
國立山東大學
NATIONAL UNIVERSITY OF SHANTUNG
TSINGTAO, CHINA.

獻唐吾弟惠覽接奉手書知校刻山東先哲遺著已獲成效聞
之不禁雀躍吾
弟年來所抱之宏願一旦實現可喜可賀先哲有靈當亦欣慰
於九原矣茲將陌人先生詩切原稿全部五大厚冊由郵局寄上到時
查收回信前托五兒
弟所訂補陌人先生手批校之戰國冊如已裝好請由郵局寄回南京
是所盼禱今夫報載河南又發現商代古物一大批其中尤以玉器爲希
世之珍其品地不忍室洵非虛言兄本擬今春旋里一行時屆初夏
起程何日尚未能定甚矣俗務之累人也茲即頌
學祺
兄惟汾啟
四月卅日灯下

鼎丞用箋

書第四通

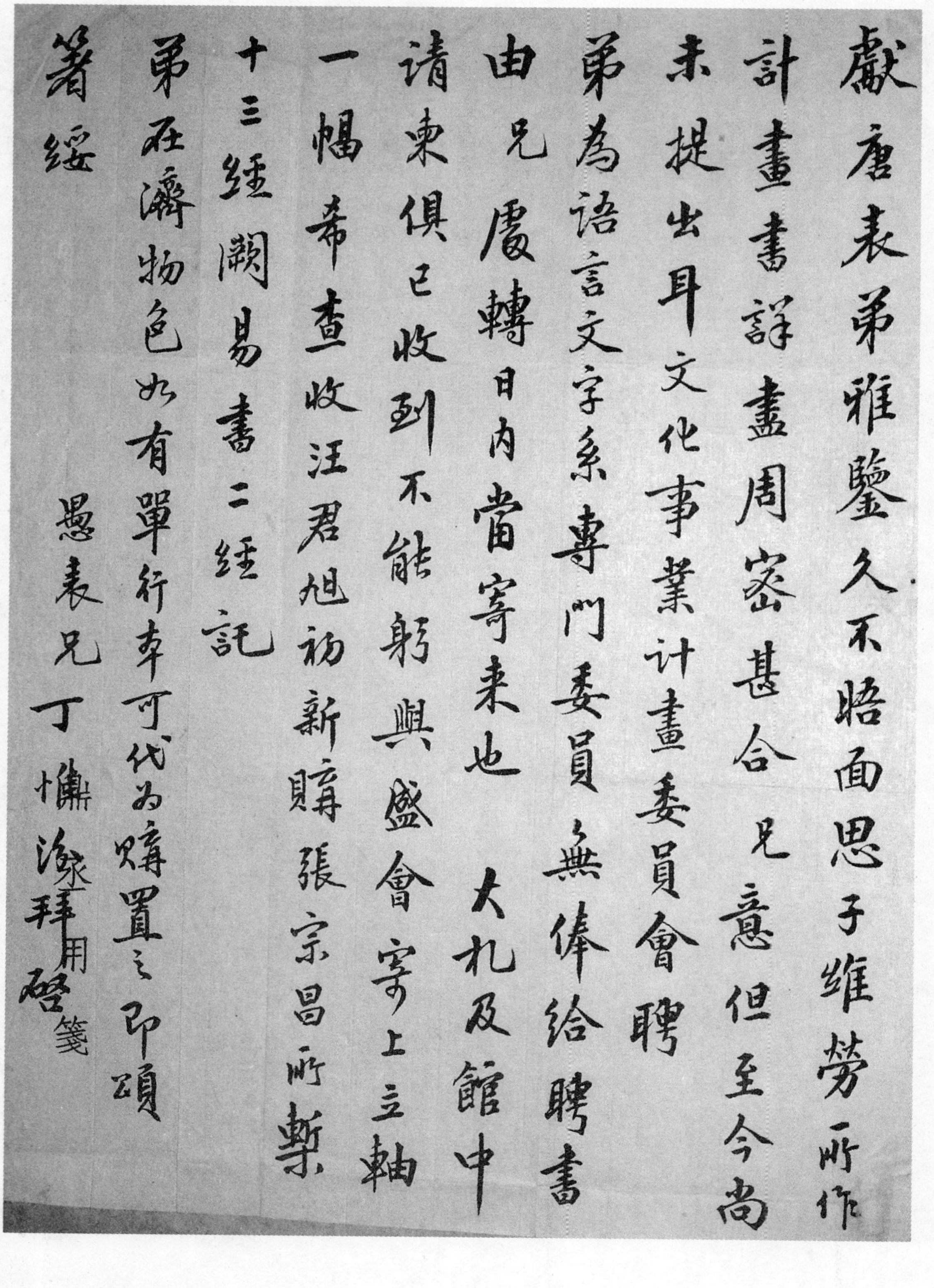

獻唐表弟雅鑒久不晤面思子維勞所作
計畫書詳盡周密甚合兄意但至今尚
未提出耳文化事業計畫委員會聘
弟為語言文字系專門委員無俸給聘書
由兄處轉日内當寄來也大札及館中
請柬俱已收到不能躬與盛會寄上立軸
一幅希查收汪君旭初新購張宗昌所槧
十三經闕易書二經託
弟在濟物色如有單行本可代為購置之即頌
著綏
愚表兄丁惟汾拜啓

獻唐吾弟賜鑒由鼎及方諸拓片均收到兩塌極可寶貴當什襲藏之
之謝之弟釋方諸為鑒方是矣鑑諸本為双聲音轉弟又以內則注紀莒之
間名諸為鑑證之可為的確不易敬佩敬佩又云御覽引許叔重淮南子注諸珠
也方石也以為古人大誤兄以為此非許氏之誤蓋後世傳寫之誤何以知其然也若為
許氏本文則方石也三字當在諸珠也三字之上此明係訛誤許氏本文當為夫石也遂
珠也此許氏釋夫遂之本文傳寫者誤書於方諸之下何以言之夫石疊韵為訓遂珠
双聲為訓遂為璲之初文詩鞙鞙佩璲傳璲瑞也瑞之初文為耑為專之異文東
山傳敦猶專專也專今作團古人所謂團皆為[illegible]圓形非平圓墩謂之團高平

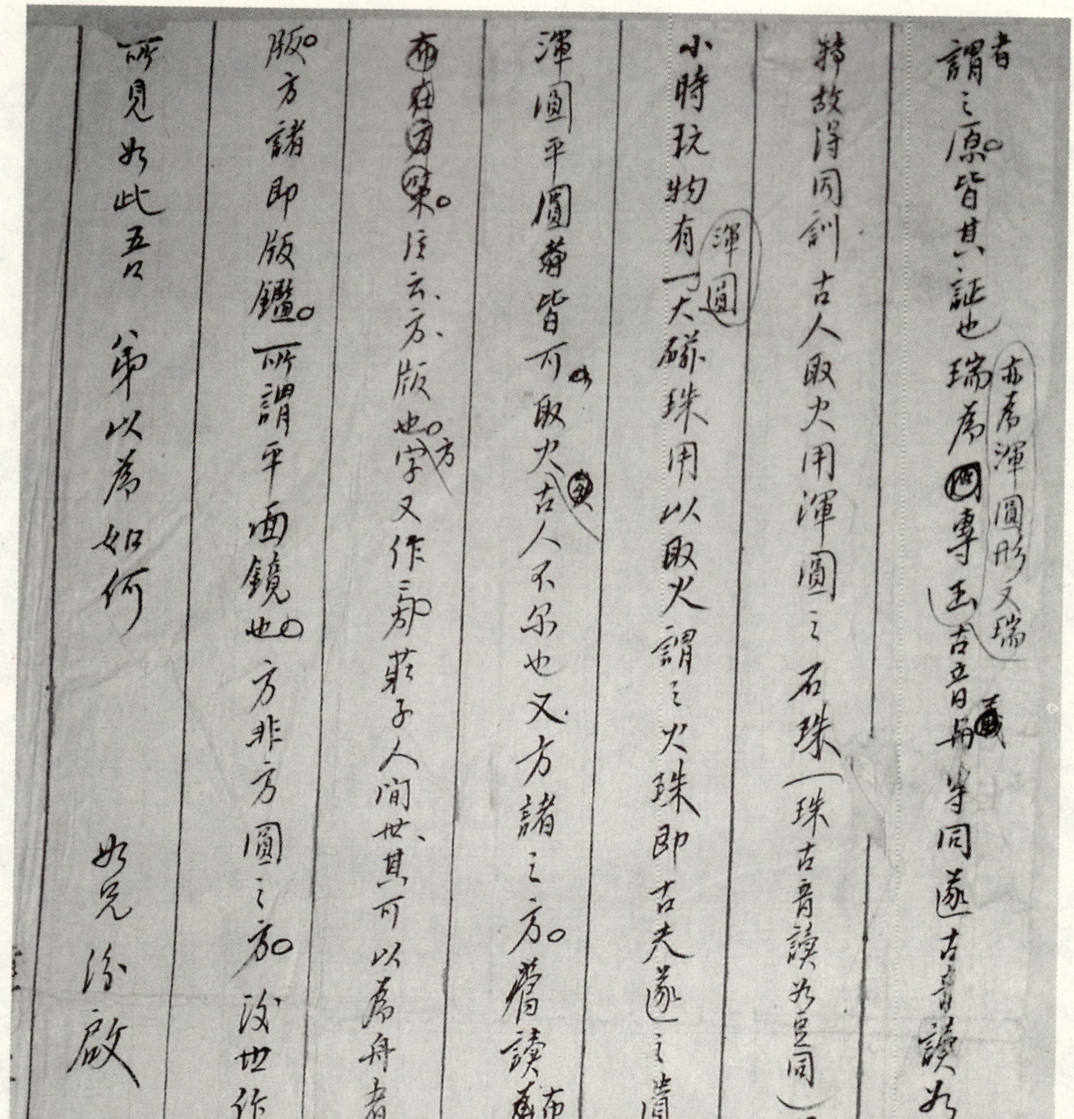
者
謂之原。皆其證也。瑞爲（亦爲渾圓形，又瑞）圜專玉，古音爲（藏）字同遂，古音讀如鍰。與瑞珠皆爲双聲音
轉，故得同訓。古人取火用渾圓之石珠（珠古音讀如豆同），與取水用平圓之鏡（其形）不同。參
小時玩物有一大（渾圓）磁珠，用以取火，謂之火珠，即古夫遂之遺制也。自西法入中國以後
渾圓平圓者皆可取火（如）（兩?）。古人不分也。又方諸之方，舊讀爲（亦在方）旁（策?）之方。禮中庸篇、
亦在方策。注云：方，版也。方字又作舫。莊子人間世：其可以爲舟者旁數十。旁即方，亦訓爲
版。方諸即版鑑，所謂平面鏡也。方非方圓之方。後世作（正）方形，取美觀耳。兄之
所見如此。吾弟以爲如何。
如兄 徐啟

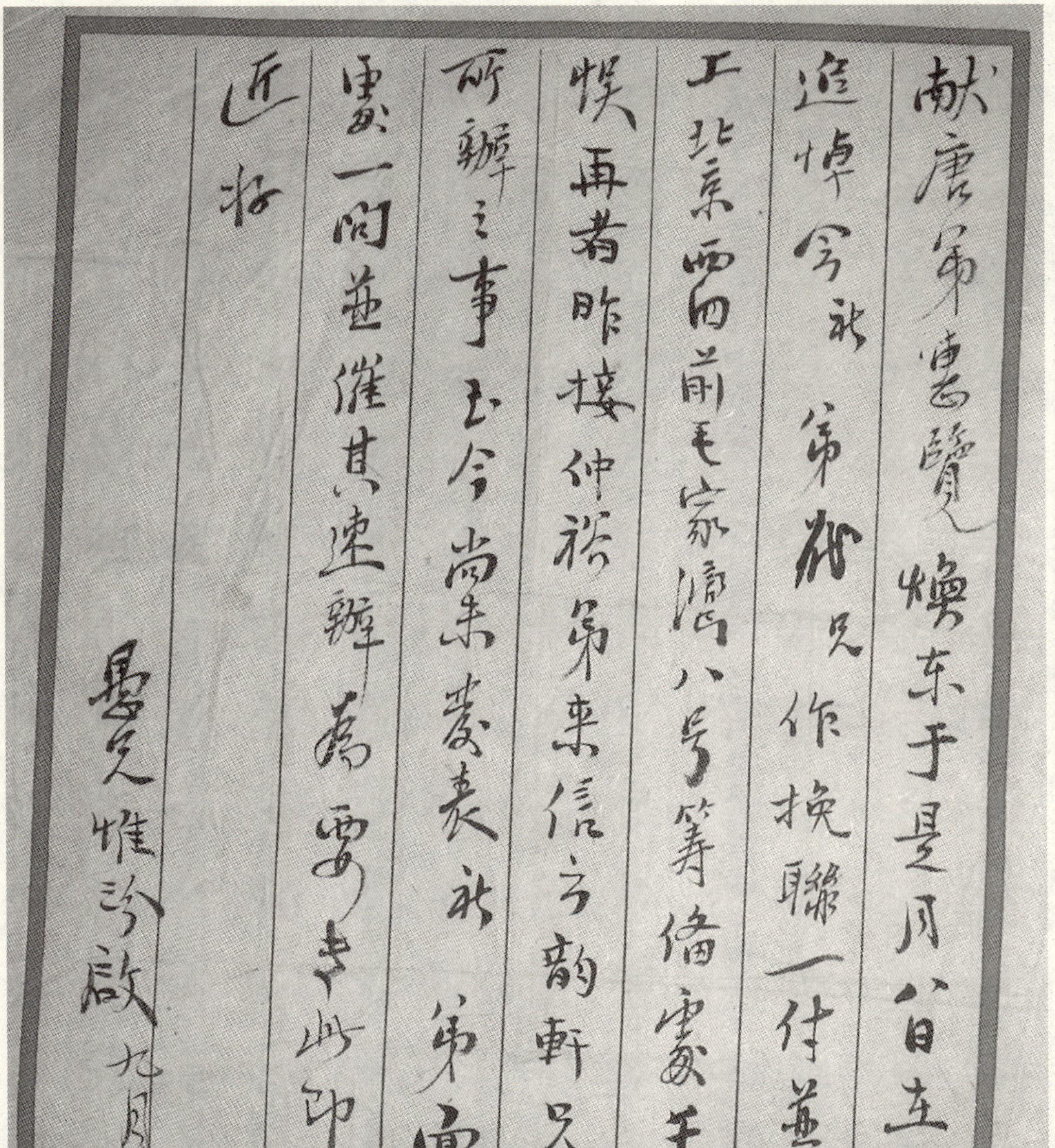

献唐弟惠覽 焕东于是月八日去北京開
追悼會 兹 弟托 兄作挽聯一付並寫好寄
工北京西四前毛家灣八号籌備處幹事莫
悞 再者昨接仲裕弟來信云韵軒兄爲伊
所辦之事 至今尚未發表 兹 弟面見韵兄
處一問 並催其速辦 爲要 專此即問
近好
愚兄惟汾啟 九月一日

書第七通

獻唐弟鑒：夏燮《述韻》業已收到，謝謝。兄已瀏覽一過，內容頗佳，古今韻對照研究，為南方學者研究古韻必由之路。吾北方人研究古韻，稍通今韻即可，無需多下功夫。古韻自在古書中，但于古書中求之即得矣，不必沾沾於《廣韻》也。王菉友先生字四種，先前在日本時曾有王某送我一部，業已讀過，其後是書失落，至今猶惜之。弟能購到，請即寄我一部北方人講古韵的確較南人精確明了言語與文字之關係確誠有限于地域而不可勉强也懋五先生之著作亦係每学人研究古韵不可少之書在當日為難能可貴之書在今时為平常矣 兄近讀說文即以此法讀之將概係照廿二部為之標出即廿十二部之古音以研究古義頗覺便利現已讀過全部三分之二我想讀完後再將方言整理一番俟整理完畢後再寄吾兄 第一、關前在南京時曾

丁惟汾

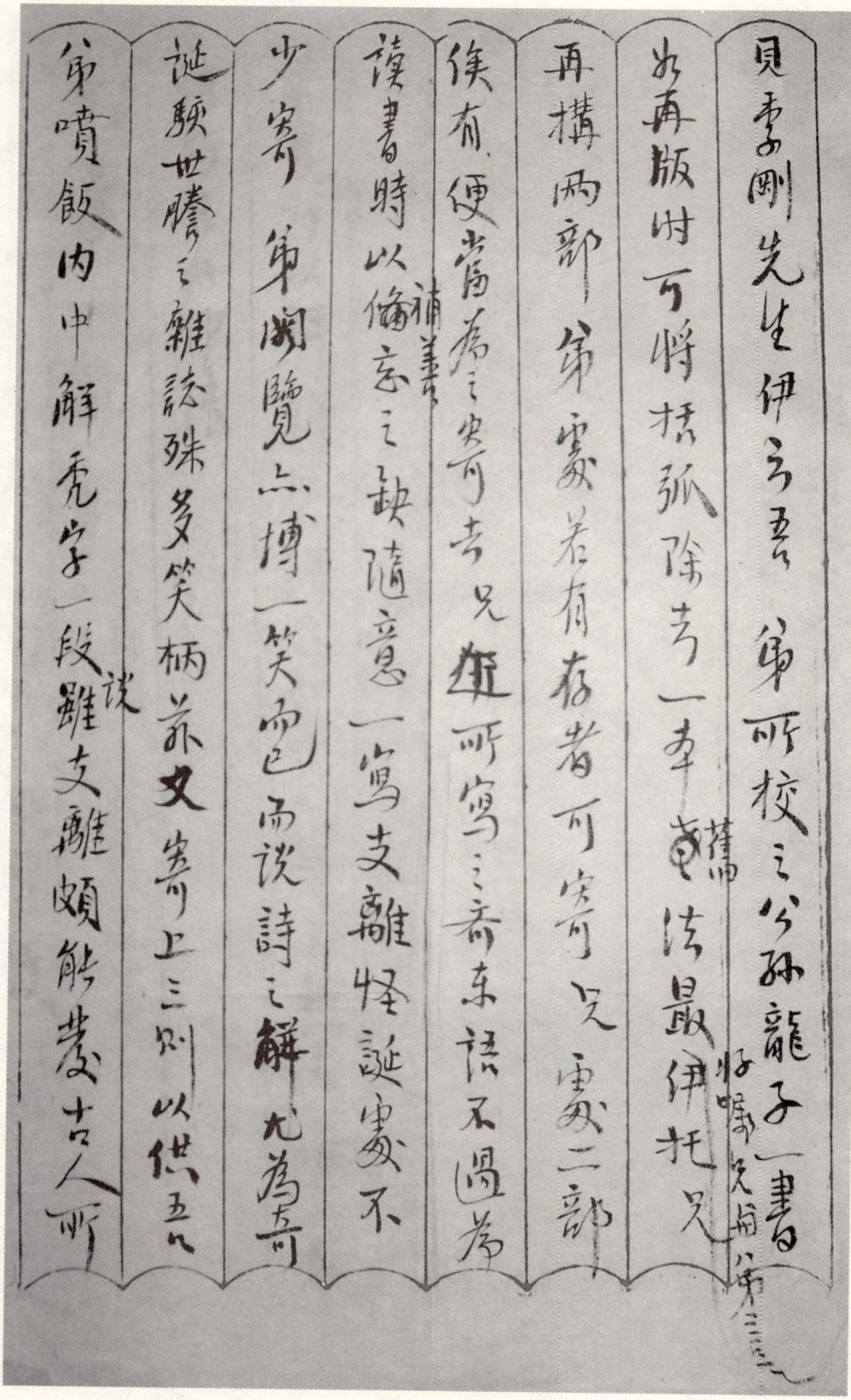

見季剛先生伊云吾弟所校之公孫龍子一書，如再版時可將括孤除去，一本舊法最佳。托兄再購兩部，弟處若有存者，可寄兄處二部。好囑兄留八部

候有便當為之寄去。兄近所寫之齋東語，不過為讀書時以備補善忘之缺，隨意一寫，支離怪誕處不少。寄弟閱覽，亦博一笑而已。而說詩之解尤為奇誕駭世，騰之雜誌，殊多笑柄。兹文寄上三則，以供五兄八弟噴飯。內中解亮字一段，雖誤支離，頗能發古人所

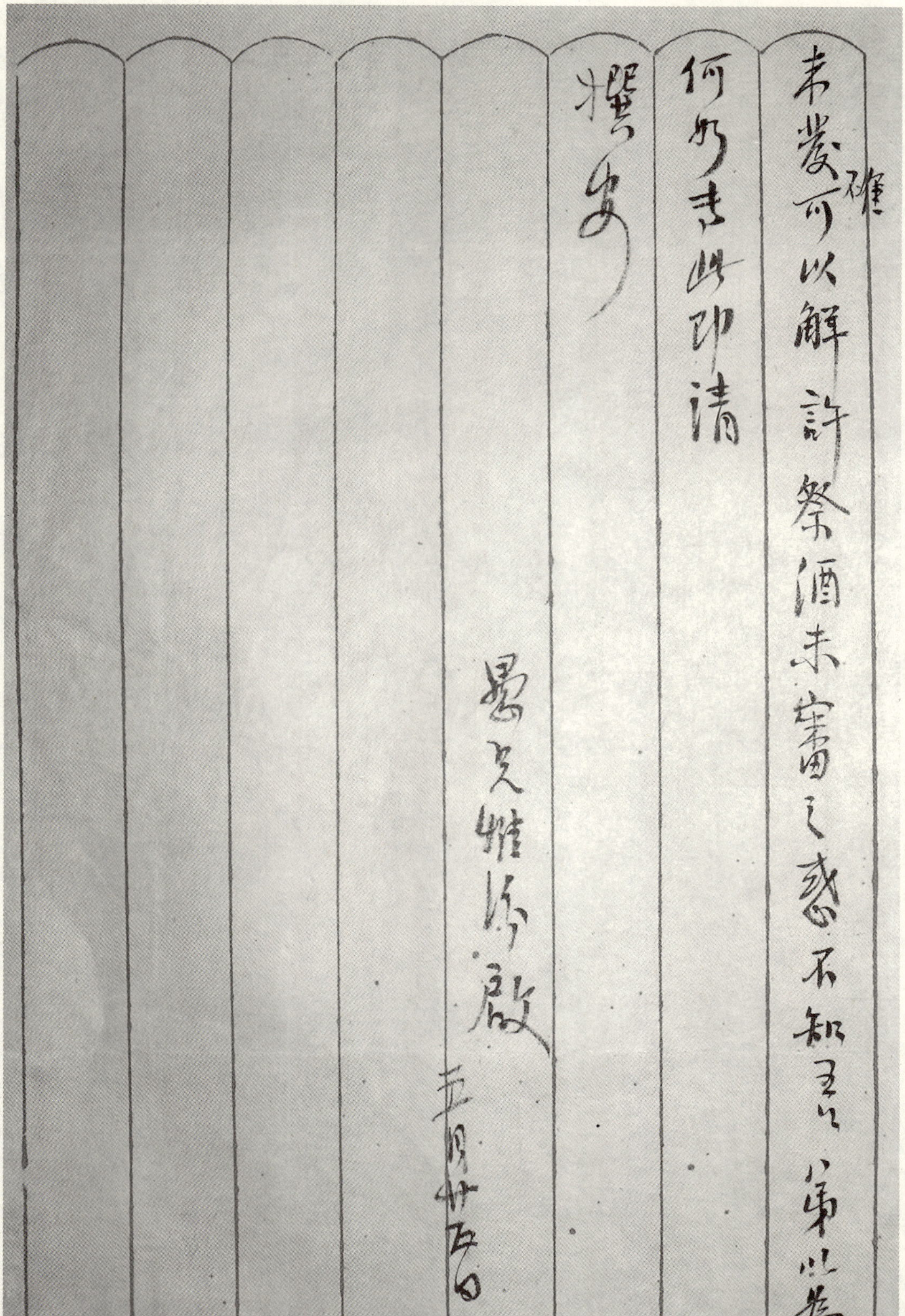
弟發可以解確許祭酒未審之惑不知王八弟以為
何如專此即請
撰安
弟又惟汾啟
五月廿五日

書第八通

獻唐老弟鑒：信悉，碑樣已收到，尚將此事勞
神，謝謝。此碑碑料與刻工共用款若干，祈即速
回信，以便付款為望。兄到南京後，讀廣雅大半本，
用工夫幾近一月，如此讀去，何日始能讀完，無怪王氏疏
證出，舉世驚嘆。此書難讀過，于方言、爾雅現已擱置，
俟多讀幾年書再說。現在尚不敢閱律，兩三月來溫讀一遍左傳，
作札記七八百條，於昨天畢業，所記諸條尚平允，間
有獨到處，較之寄東語進步矣。蘇開首讀毛詩傳

擬於次讀預計讀畢恐需五六月工夫在京除開会
應酬以外每日有餘暇即伏案樂此不疲頗
有興趣日昨晤季剛先生談述其於韻學心所獲得者吾
輩所研求者異彼特於此音紐相同求音義而於音紐
不同求音義於之部之狹指才脉魚部之古賭（讀睹）祖（讀初）
甫（俗音分）喉舌齒唇皆各異而同為一字亦以音求義之別開生面
者也又謂果字兼裸裹二字之義桃李之果為裸事
栗之果為裹義新奇而正確皆足以供吾人之研究攷

丁惟汾

證吾弟若能抽暇到南京多談幾次獲益當不淺也季刊四冊已收到擬送黃先生一份彼云吾弟之詞用字尚需斟酌又未見過弟之大作不知伊於何處得見之亦可怪也海源閣書事為中外所注目現已辦至何等限度祈示知

愚兄惟汾啟

遊百泉記

輝縣為古鄘國地。北與新鄉接壤。距輝縣城北五百里。為衛水發源處。主人呼為百泉。余于役輝縣。偕監察委員王子壯兄、師大教授李澄之兄,同往遊焉。山水佳處。燈日盛極。繁華新市萬家燈火,與羅綺媲美矣。余案百泉,為古之「肥泉」。詩邶風泉水篇「我思肥泉」。毛傳云:「所出同,所歸異,為肥泉」。「肥」古讀重唇音,與「百」字之今音同。土人不知「肥」字古音讀如今音之「百」,而誤以肥泉為千百之「百」。於是肥泉遂為百泉。又爾雅釋水云:「歸異,出同,肥」。與毛內綫義同。蓋肥,分。反,轉。出同,歸異,水分流,故謂之肥泉。肥泉者,同

丁惟汾

源。合。派。之。象。也。抑又考之爾雅有肥水。其地名合肥。「合」義為出同。「肥」義為[illegible]
歸。異。合。而。兩。合。合。謂其。水。既。合。而。復。分。也。謂泉與施水。其水為二。其合名
之義須同。又考泉水篇，亦於邶風。須肥泉。當。為。邶國。也。可。以。其間。山。水。清。
幽。風。物。宜。人。宜其。為。衛。女。所。懷。思。也。今以敘覽勝景。得知。百。泉。為。肥。泉。又
因。知。鄴。縣。為。邶。國。舊。字。接。近。鄘。國。之。北。其。趾。為。不。遠。矣。遂錄而詰之。時民
國廿二年二月廿六日也。山左丁惟汾識。

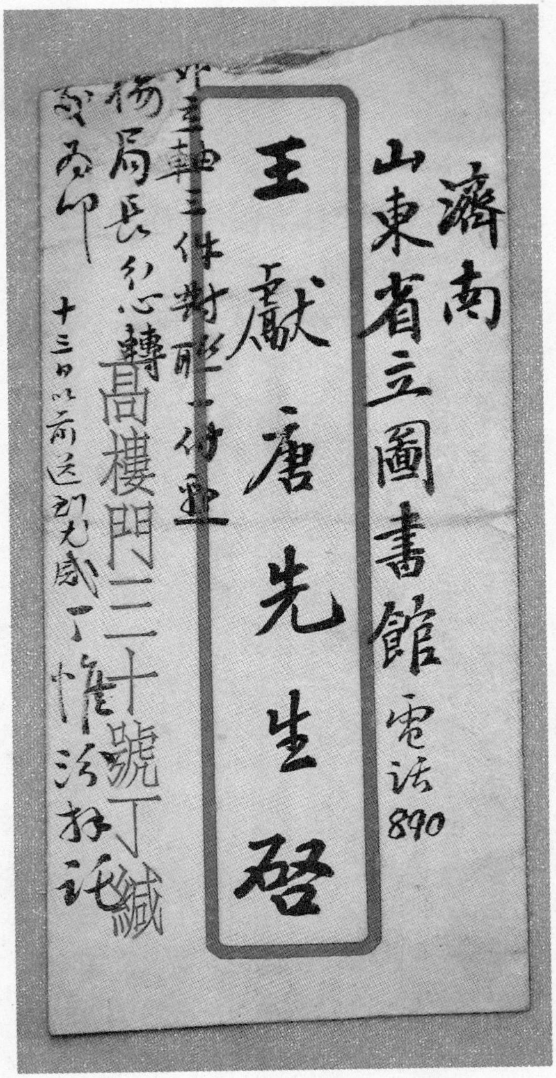

封第一件

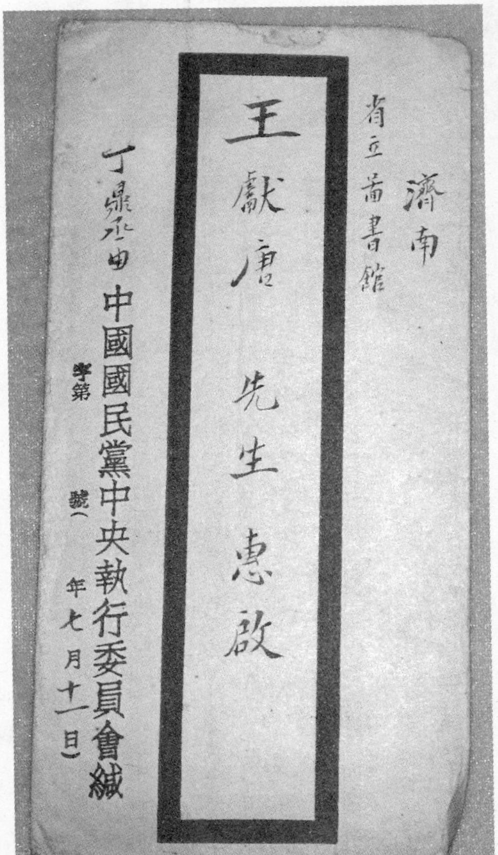

封第二件

丁惟汾

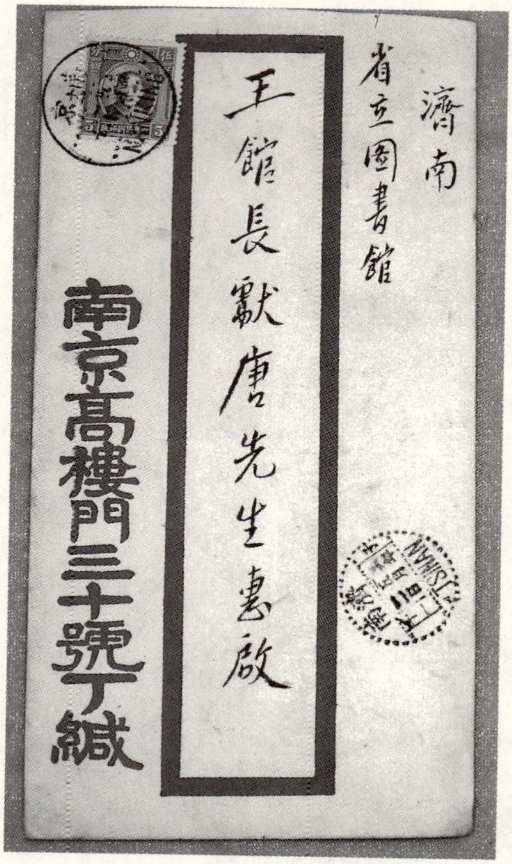

封第三件

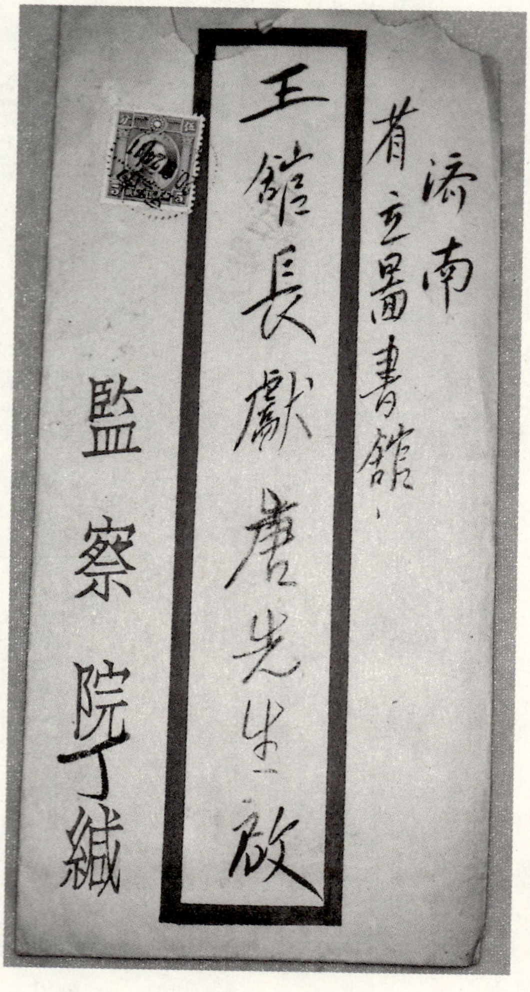

封第四件

封第五件

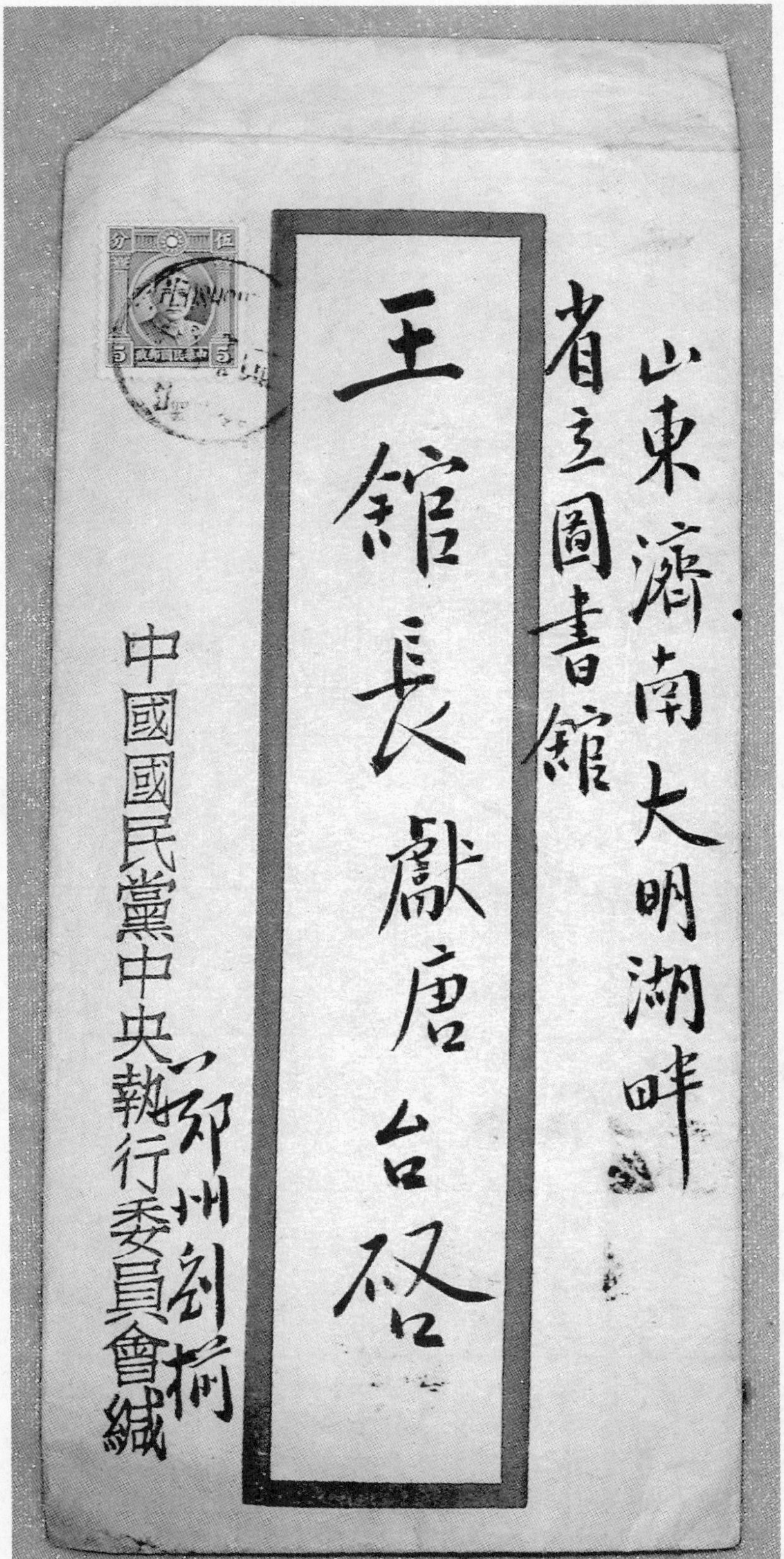

丁惟汾

三十八　丁原生

書一通

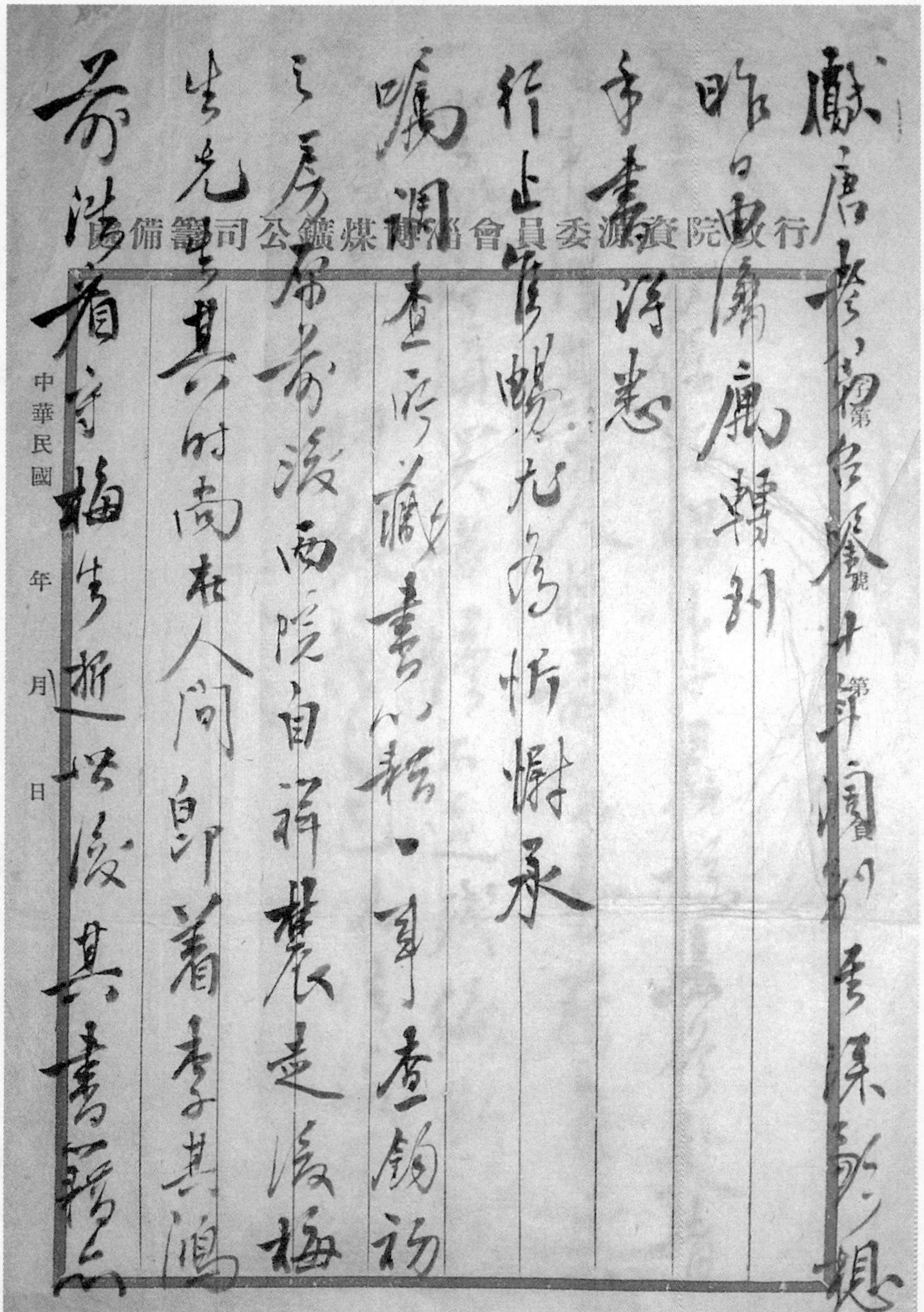

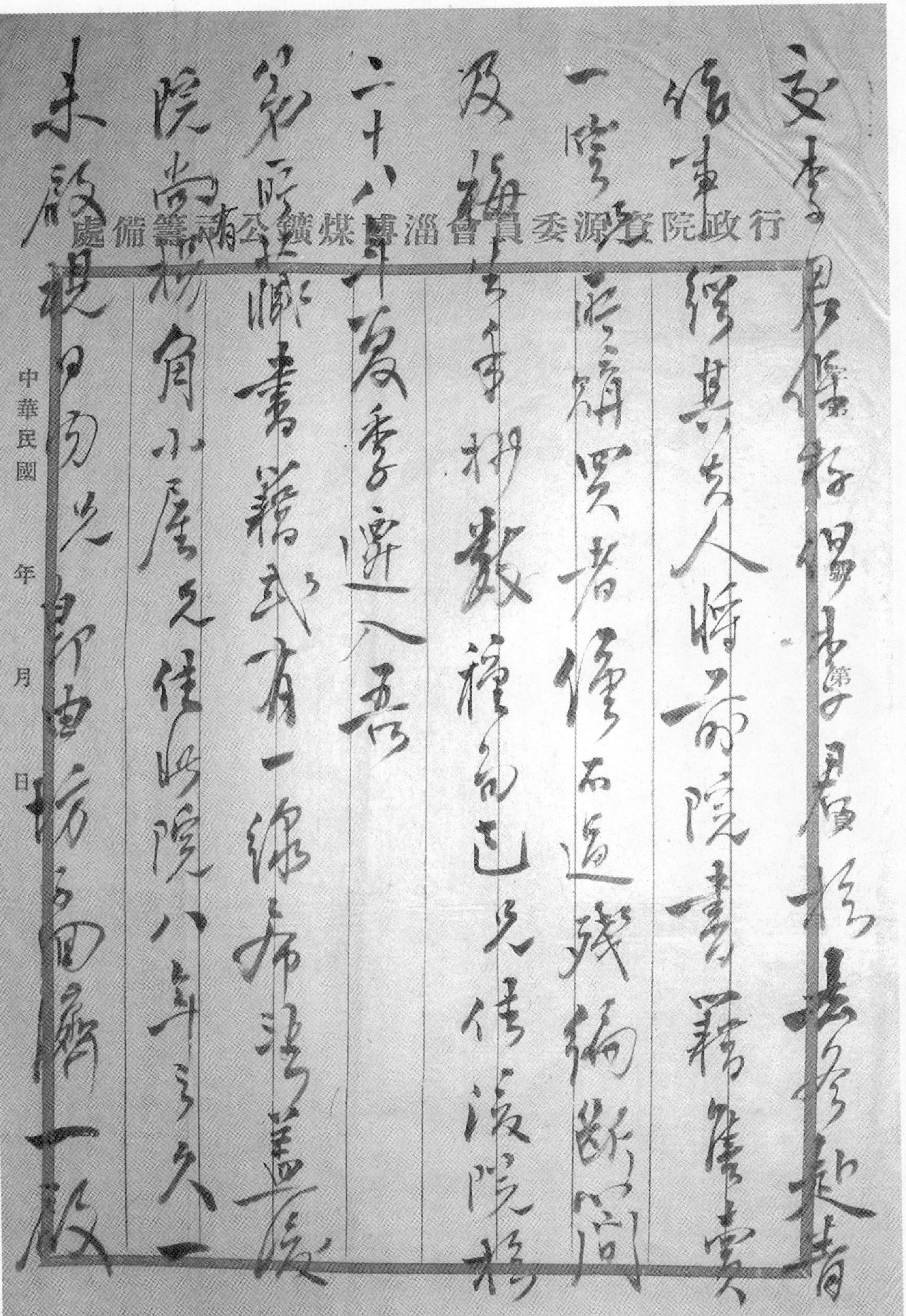
行政院資源委員會淄博煤礦公司籌備處

文季君係錫李君孫起潛
姪輩，經其先人將前院書籍售賣
一空，所購買者僅不過殘編斷簡
及梅生手冊數種而已。至後院樓
二十八年夏季遷入吾
弟所住鄉書籍，或有一線希望。蓋處
院尚稍角小屋之住此院八年之久，一
未啟視，日內先自郵由坊子回縣一啟

中華民國　年　月　日

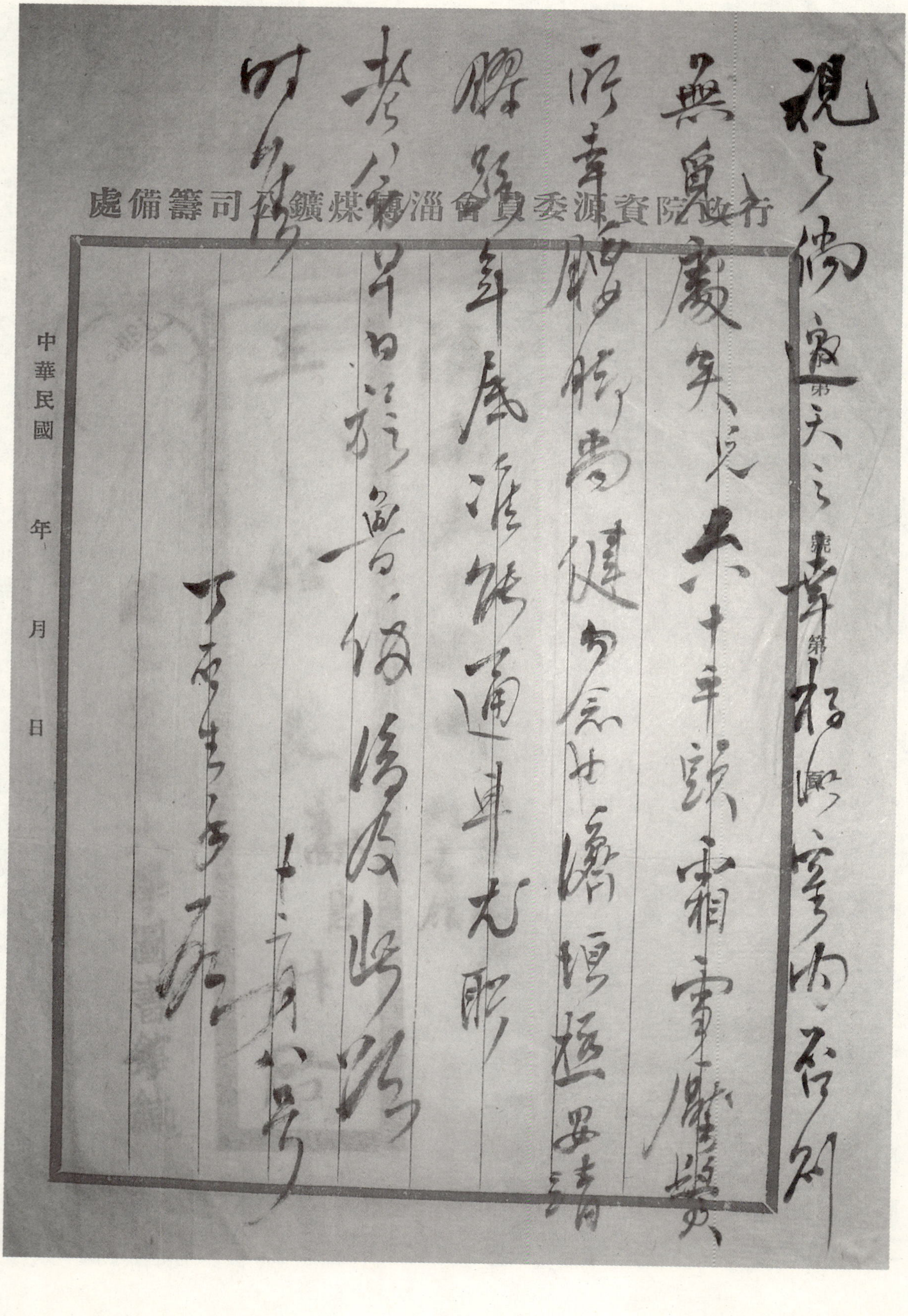

行政院資源委員會淄博煤鑛公司籌備處

中華民國　年　月　日

三十九 顧實 書十五通 封十四件

書第一通

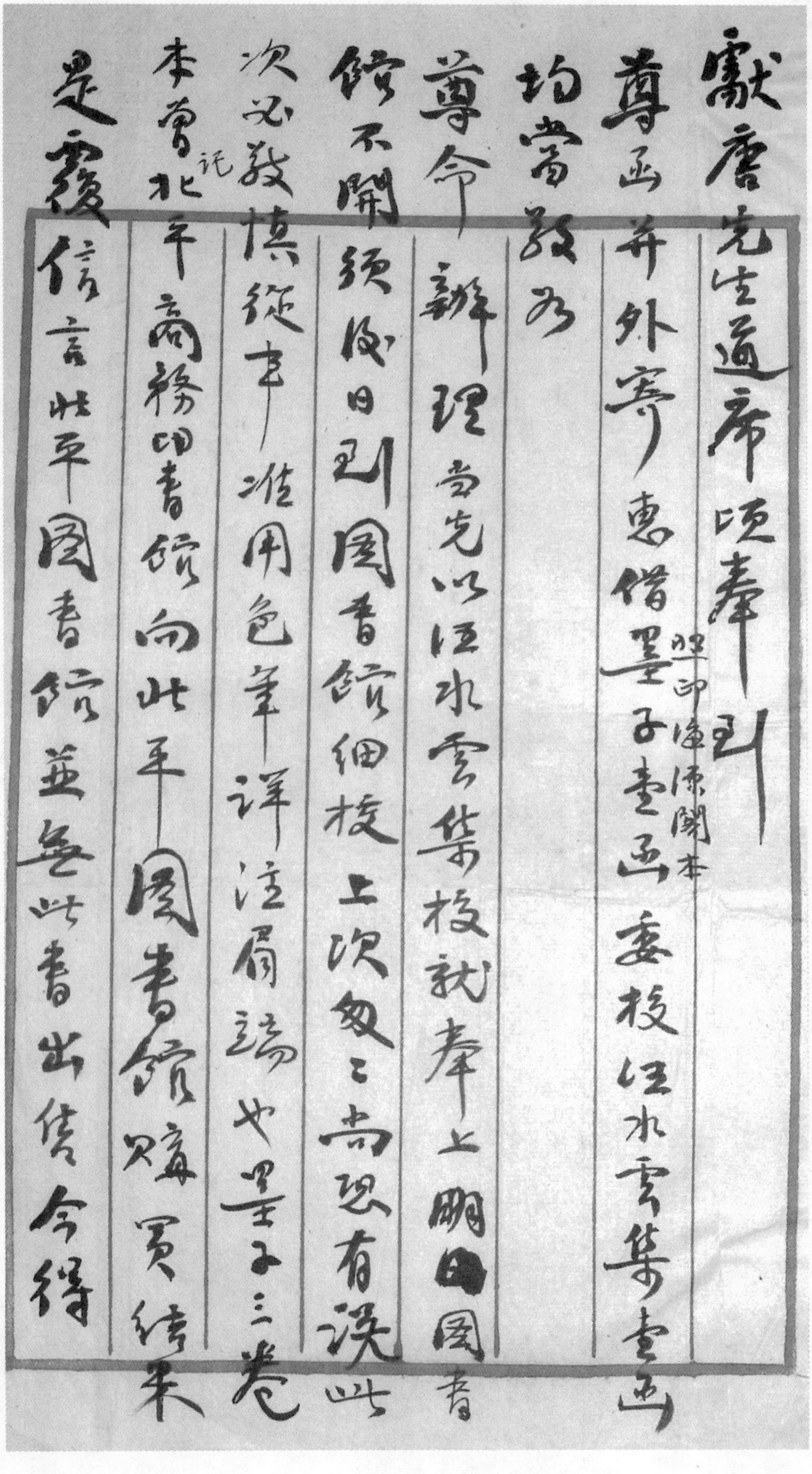
獻唐先生道席：頃奉到
尊函，并外寄惠借墨子照印海源閣本壹函、委校汪水雲集壹函，
均當敬收。
尊命辦理，當先以汪水雲集校就奉上。明日圖書
館不開，須俟假日到圖書館細校。上次匆匆，尚恐有誤，此
次必敬慎從事，惟用色筆詳注眉端也。墨子三卷
本會託北平商務印書館向北平圖書館購買，續來
是覆信，言北平圖書館並無此書出售，今得

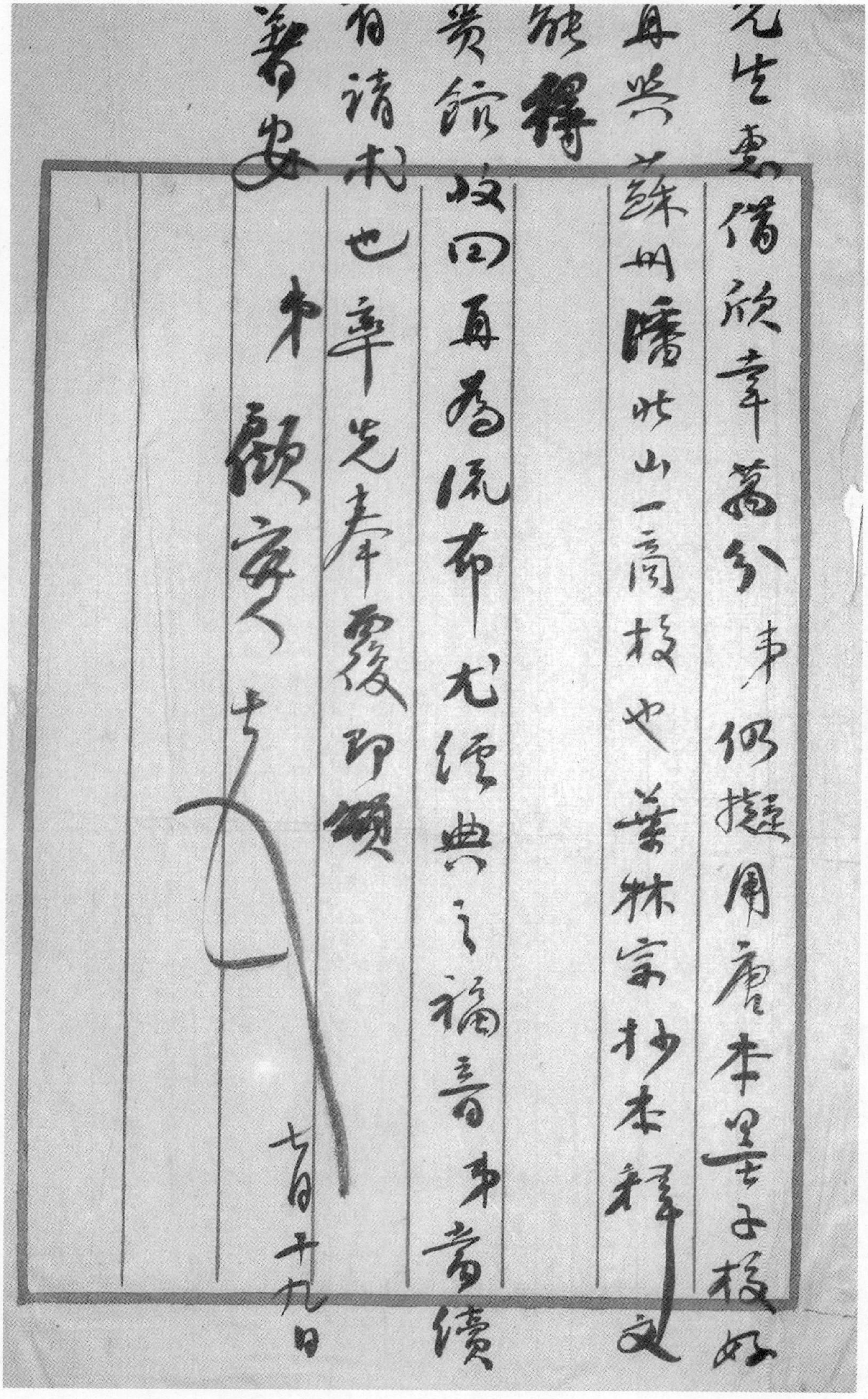
先生惠借，欣幸萬分。事仍擬用唐本墨子校好，再與蘇州潘氏山一局校也。葉林宗抄本釋文能得
貴館假回，再爲流布，尤經典之福音，事當續有請求也。幸先生奉覆。即頌
著安
弟顧實又上
七月十九日

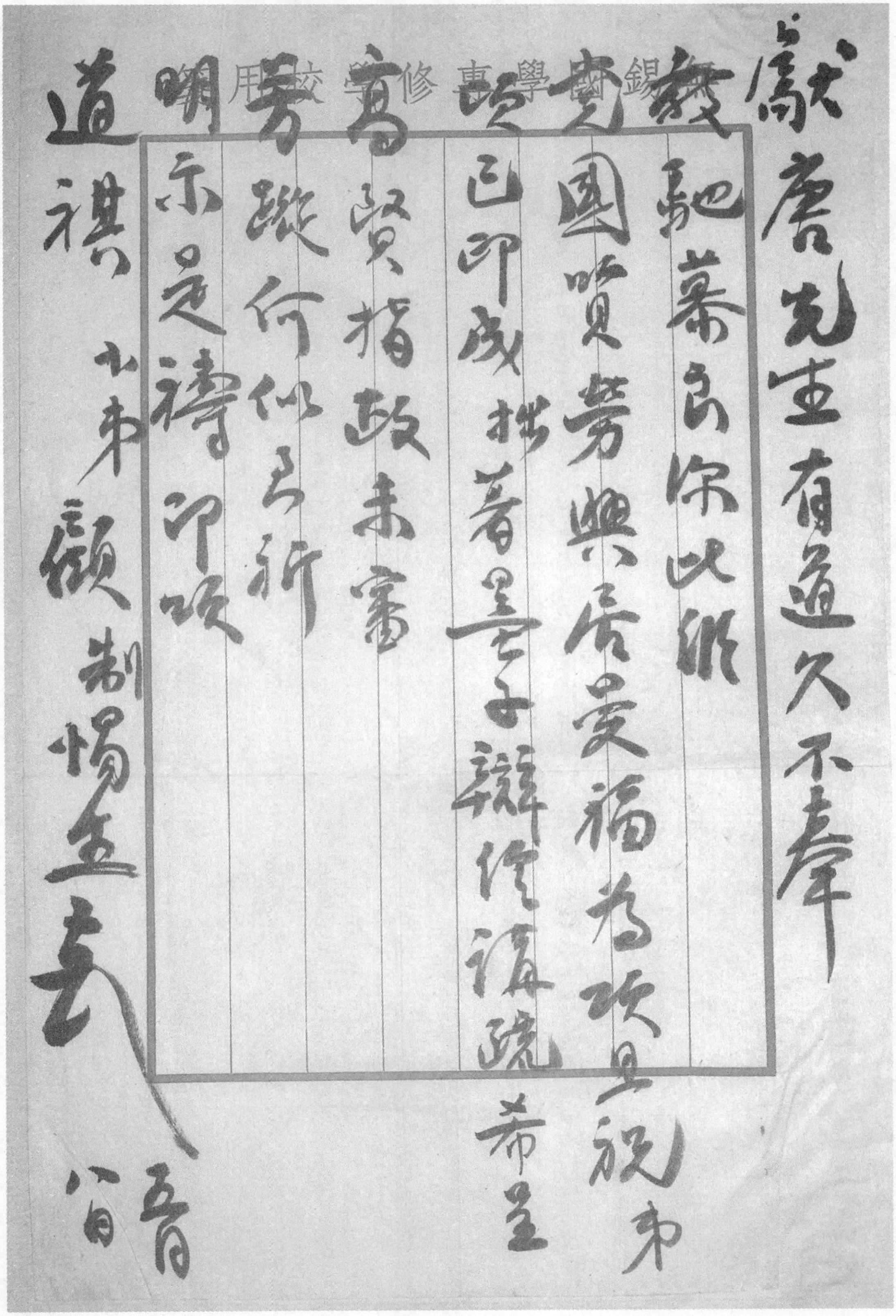

無錫國學專修學校用牋

獻唐先生有道：久不奉
教，馳慕良深。比維
[illegible]圖書賢勞，興居曼福為頌。且說弟
近已印成拙著《墨子辯經講疏》，希呈
高賢指政，未審
芳蹤何似？正祈
明示是禱。即頌
道祺。小弟顧實制惕生上　五月八日

書第三通

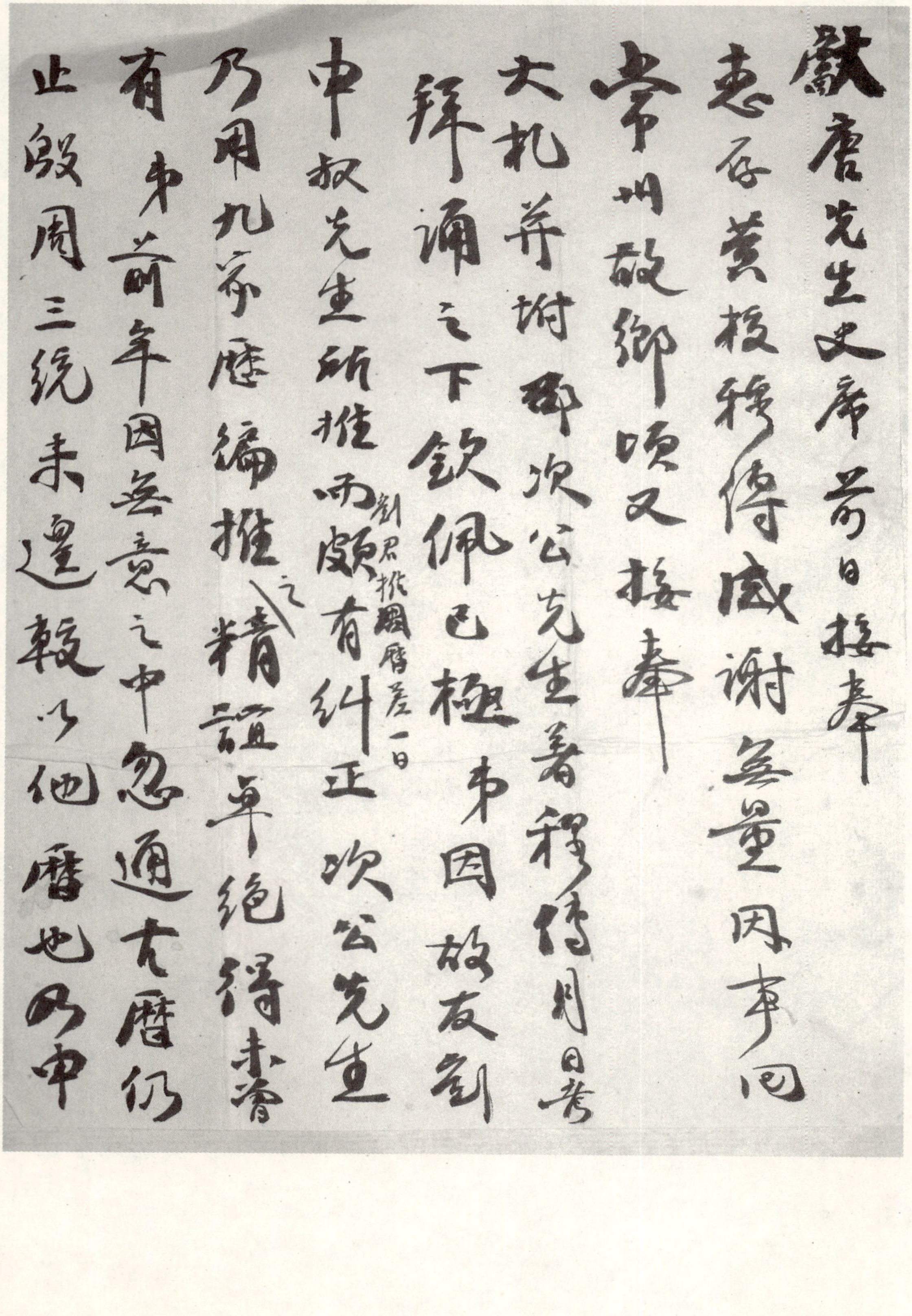
獻唐先生史席：前日接奉
惠存黃梭稼傳，感謝無量。因事回
常州故鄉，頃又接奉
大札并附鄭次公先生著稼傳月日考，
拜誦之下，欽佩已極。弟因故友劉
申叔先生所推而頗有糾正，次公先生（劉君推曆差一日）
乃用九家曆編推之，精證卓絕，得未曾
有。弟前年因無意之中忽通古曆，仍
止殷周三統，未遑較以他曆也。以中

叔岩弟鑒 次公所推惟殷歷全同而周歷三統歷則大異 猝不能言其故也 籀孫仲容撰六歷甄微一書 弟求之不得 甚希
先生轉懇 次公先生將九家曆之演法著成書 嘉惠藝林 弟亦藉開茅塞 何幸如之 拙著穆傳西征講疏交商務印行 來函說本年四月出版 但已愆期 年隨人校稿

顧實

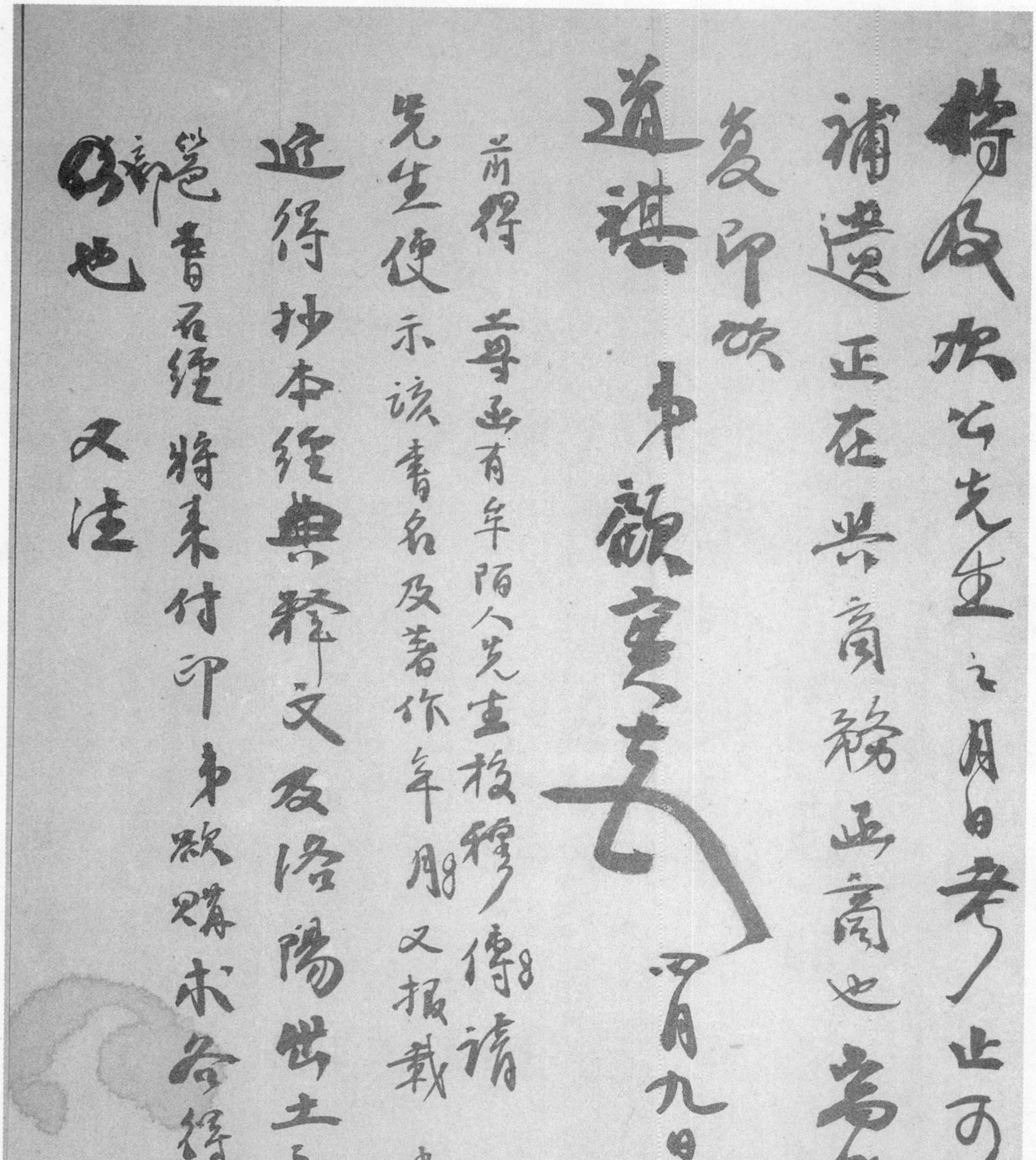
特啟次公先生之月日老人止可列
補遺正在與商務函商也為此奉
復即頌
道祺 弟顧實頓首 四月九日
前得 尊函有年陌人先生校穆傳請
先生便示該書名及著作年月又報載 貴館
近得抄本經典釋文及洛陽出土之蔡
邕書石經 將來付印 弟欲購求各得壹
部[illegible]也 又注

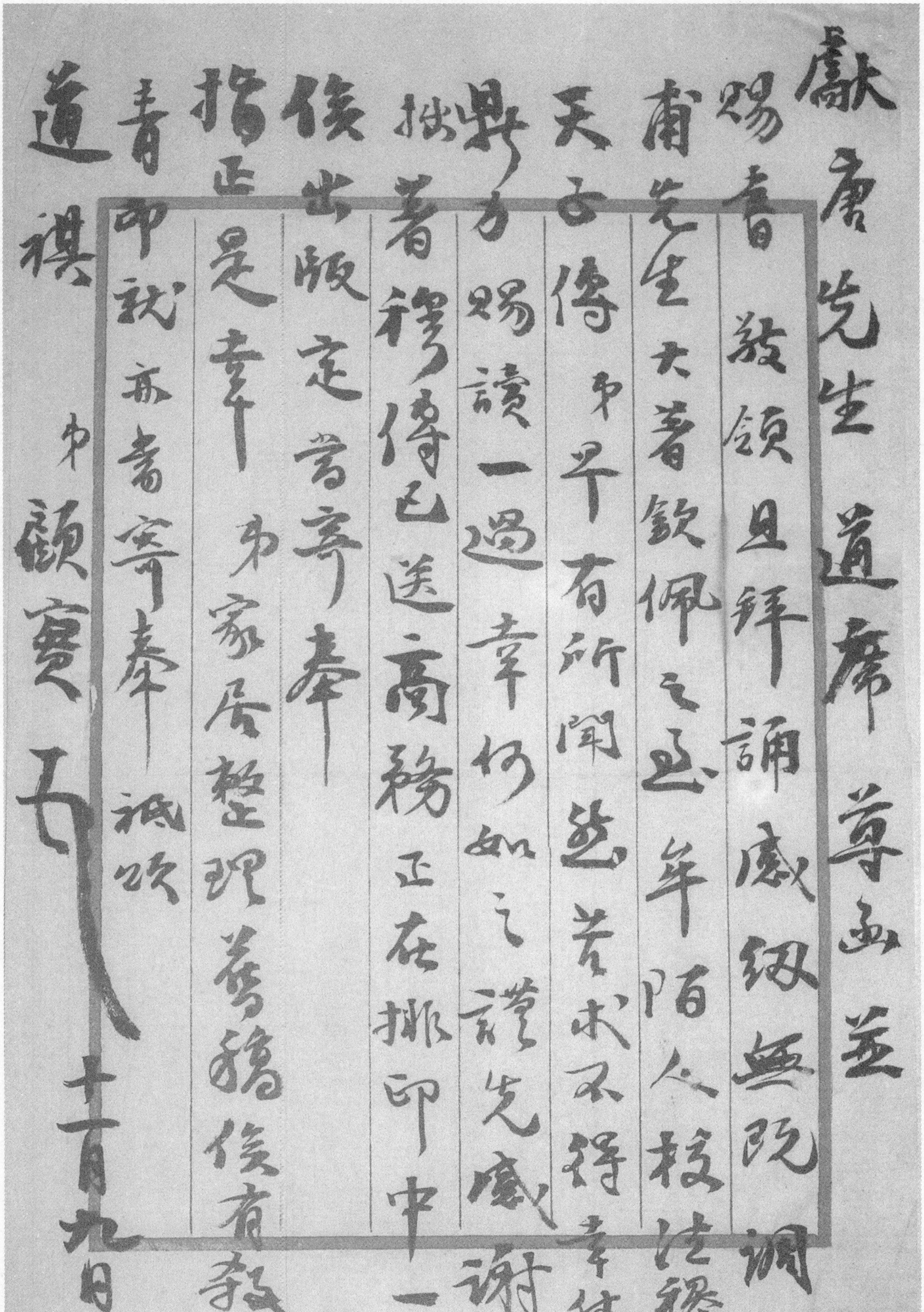
獻唐先生道席：尊函並
賜書敬領，且拜誦，感激無既。調
甫先生大著，欽佩之至。年陌人校注穆
天子傳，弟早有所聞，甚若求不得，幸仗
鼎力
賜讀一過，幸何如之，謹先感謝。
拙著穆傳已送商務，正在排印中，一
俟出版，定當寄奉
指正是幸。弟家居整理舊稿，倘有教
言，即祈示書寄奉。祇頌
道祺。弟顧實上　十月九日

顧實

書第五通

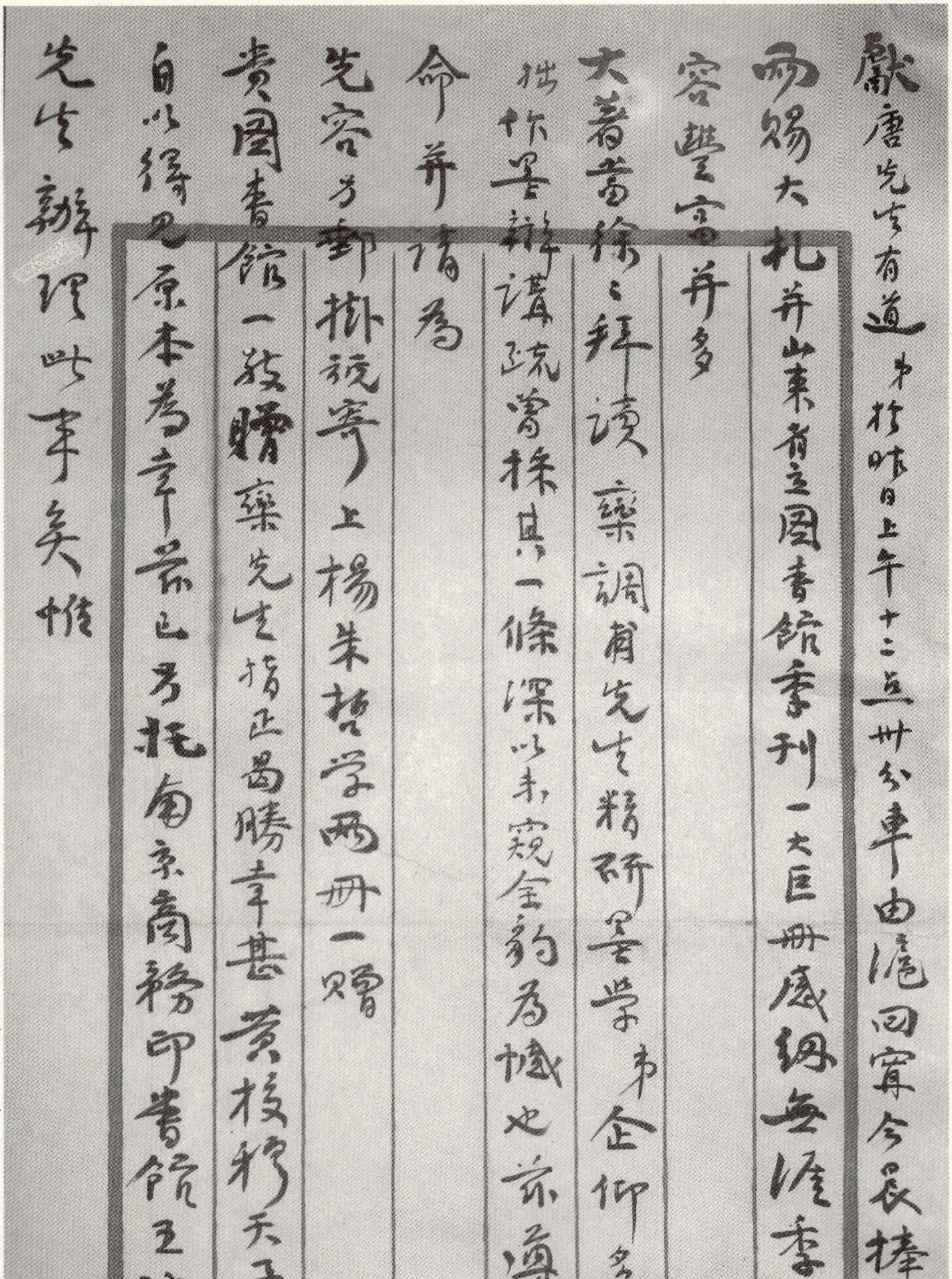

獻唐先生有道：弟於昨日上午十二點卅分車由滬回寓，今晨捧誦
手賜大札并山東省立圖書館季刊一大巨册，感紉無涯。季刊內
容豐富，并多
大著，當徐徐拜讀。欒調甫先生精研墨學，弟企仰多年，
拙作墨辯講疏，嘗採其一條，深以未窺全豹為憾也。茲遵
命并請為
先容，另郵掛號寄上楊朱哲學兩册，一贈
貴圖書館，一敬贈欒先生指正為勝。幸甚。貴校穆天子傳，弟
自以得見京本為幸。茲正另托南京商務印書館王誠彰
先生辦理此事矣。惟

尊意擬將此書影印弟尤盼禱因穆傳一書實為上古
史之原料方今各大學校史地部系須用為要史并承
示及貴州姚先生專治此書積稿十六巨冊之多弟以意
揣之或即姚華君歟即懇
先生代詢貴友確查姚先生果係何人所著書標題何名
稱最好能知其內容如何更俾文為希
隨時從中示及千萬拜禱弟作穆傳書目提要括舉
古今藝傳本及各家注本自當敬將
尊藏黃校本及因緣而得姚先生書臚叙以誌不朽也
為此奉覆敬頌

再者姚先生書十六巨冊之多，或者聚集檀萃、陳逢衡、徐文靖、郝懿行、劉師培各家之書，即不能有此鉅大之分量也。惜弟無緣能知，故難托先生調查。蘿實并以能見其書爲莫大之幸。然弟近疏穆傳并繪地圖，則穆王遊行至今波斯，通過高加索山，由波蘭而東歸，經今莫斯科、烏拉爾山南端，通過中亞細亞，循吹河而南入新疆，再回中國，此事關係吾民族莫大之光榮，故弟至盼

（或弟舊著穆天子傳西征今地考亦在內）

先生影印善校本，以增中國無上之光榮也。

弟書尚在商務排印，想在一年後方成，屆時當呈請

指正

實再拜

仝日

適安

小弟顧實頓首 五月廿三日

獻唐先生有道：前日敘敘郵上兩函，并楊朱哲學兩冊、范氏穆天
子傳西征講疏，均荷
察登記室矣。頃讀 貴圖書館雜誌，
大著沉博精絶，至佩至佩。中亦尚有懇求者三事：(一) 貴友
所爲道藏目録（叢書舉要不著録者），希望早日發表。(二) 山東省立圖
書館金石志（卷并先生原文）中之周穆王見西王母畫象八石，有題字之
石，弟願購求拓片一紙（或二紙），需費照繳。(三) 欒調甫先生精研墨
學，宿所欽佩。前者評任公墨經校釋一文登在哲學第七期，前又有
墨子書之誤傳本源流與篇什次第一文，捧誦之下，彌深欽遲。內
有經下篇「臨鑑而立」三十七字，原本錯在「不堅白說在」六十八字前

（並注從在墨辯討論旁行釋意（欒先生此文弟未見過，擬懇向欒先生借讀，即行璧還）云云，此所說之意義）弟尚有不明，必求
先生介紹與欒先生直接通信，藉開茅塞，不勝感禱。弟前
寄上楊朱哲學一冊，注明欒先生指正，亦所以為先容
也。前承
尊處擬書墨辯講疏，早日出版，弟亦甚樂，惟未見善本傳
阮叔蕭即兆奎刻墨子，托人借校（與海源閣藏同稱本），久不奉覆。頃又與其日人商
借嘉靖壬子本，若能借到，欸與欒先生共之（墨子書弟未見，併必須以開研究），惟三卷本
絕望耳。深望欒先生及先生多多見教也。草草上陳，敬頌
道祺
弟顧實頓首
五月二十七日

獻唐先生有道：頃承
賜示姚儷桓先生通信地址，感紉無涯。弟刻
正擬托北平友人吳之接洽矣。穆傳校本已
接到，弟正擬以校讀本且錄入穆傳書目提
要中，俟印成後當呈請
指正。永銘不朽之感。貴友刻道藏書目如
已印，乞
便中借寄一份，弟可繳價。其餘統懇
時錫教言為禱。即頌
著安。弟顧實叩 六月廿四號

書第八通

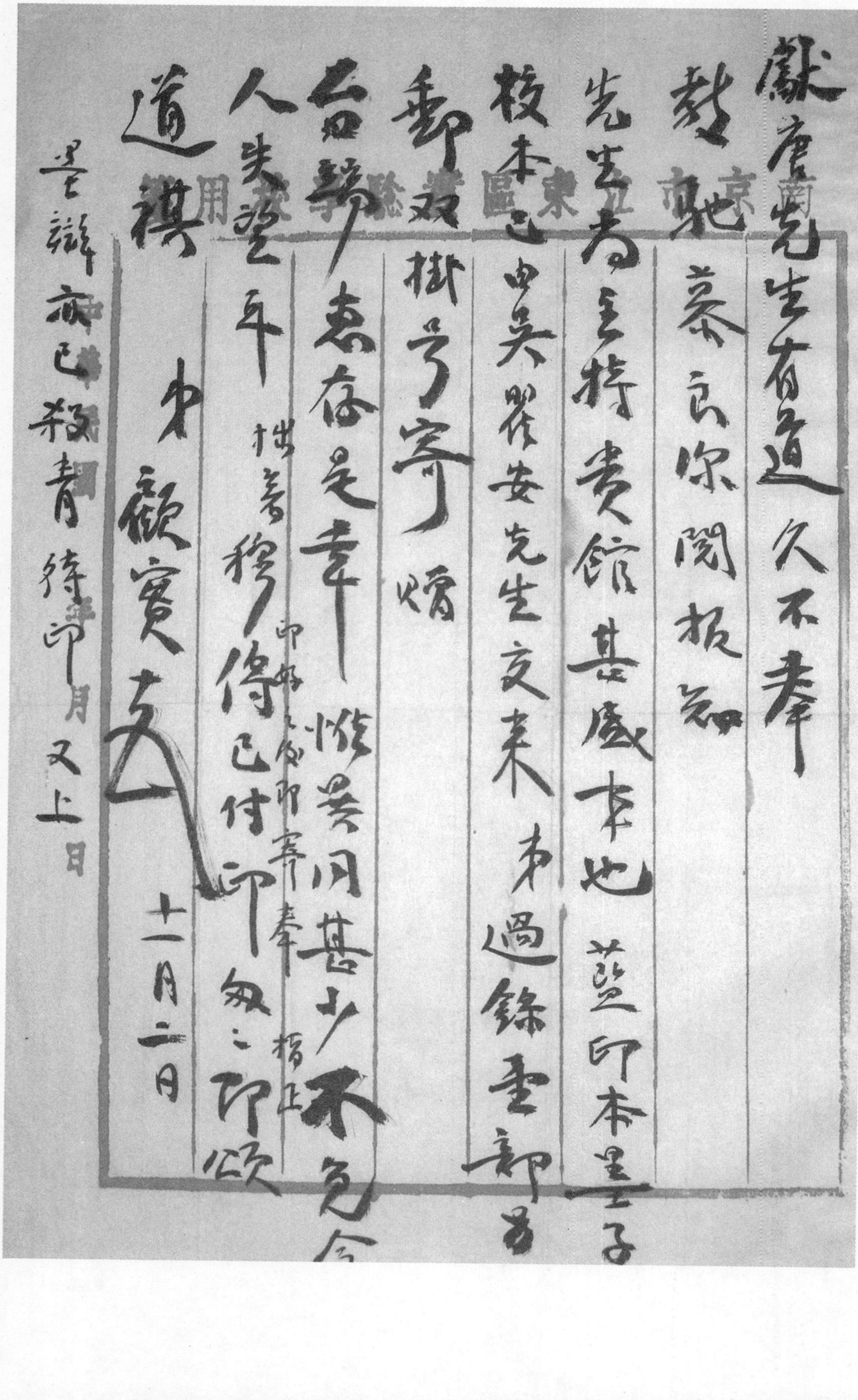

獻唐先生有道：久不奉
教，馳慕良深。閱报知
先生為主持貴館，甚盛事也。蓋印本墨子
校本已由吳器安先生交来，弟過録壹部，另
郵掛号寄，贈
台端，乞惠存是幸。惟異同甚少，不免令
人失望耳。掛号稿傳已付印，匆匆印（印好之後即寄奉指正）
道祺
弟欽賓支
十一月二日
墨辯商已殺青，待印。又上

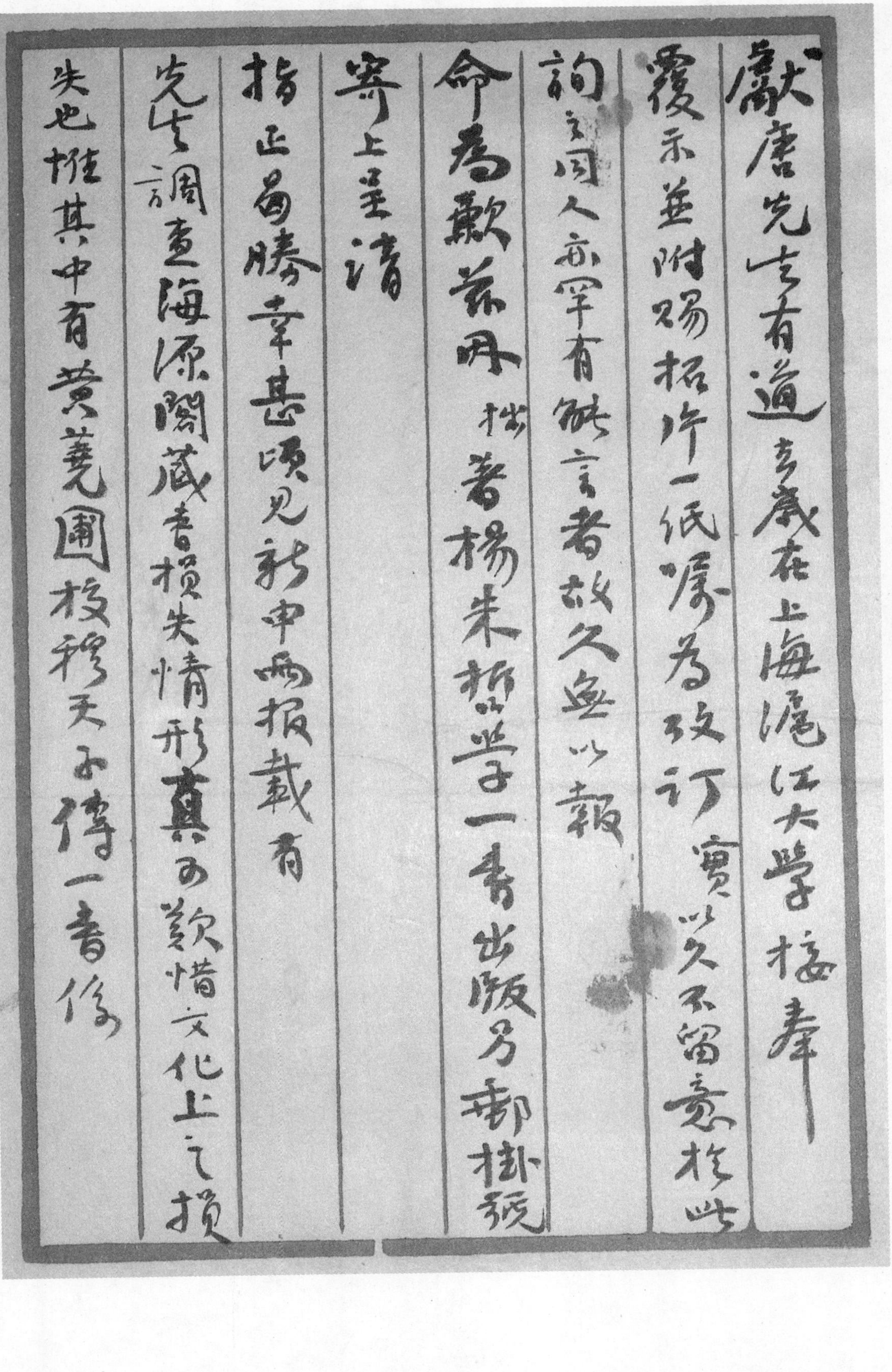

獻唐先生有道：去歲在上海滬江大學授業
覆示並附賜拓片一紙，屬為攷訂。實以久不留意於此
詢之同人，亦罕有能言者，故久無以報。
命為歎恨。拙著楊朱哲學一書出版，另郵掛號
寄上，呈請
指正，為勝幸甚。頃見新申兩報載有
先生調查海源閣藏書損失情形，真可歎惜，文化上之損
失也。惟其中有黄蕘圃校跋天下傳一書佚

先生自購可否商借校錄一過因 寶著穆天子傳西征講疏一書徧搜穆傳善本并日英德法四國人著述校文字之異同窺學說之總匯備為
賜借黃校善本玉成其事永銘不朽感何如之
惟是
賜借之方法應如何定之最好請濟南商務印書館經理先生轉南京商務印書經理王誠彰先生轉 敝處將黃校穆傳原書經 寶校過之後立

中有公正人作間萬無流弊本法雖拙當如是也

即準期璧還萬不有誤也其次則由郵保險傳遞然或

危險必不得已則實當親自到濟一行就

尊處面賜審校何如乞

便賜覆示不勝感禱祇請

道安

小弟顧實上

五月十一日

顧實

書第十通

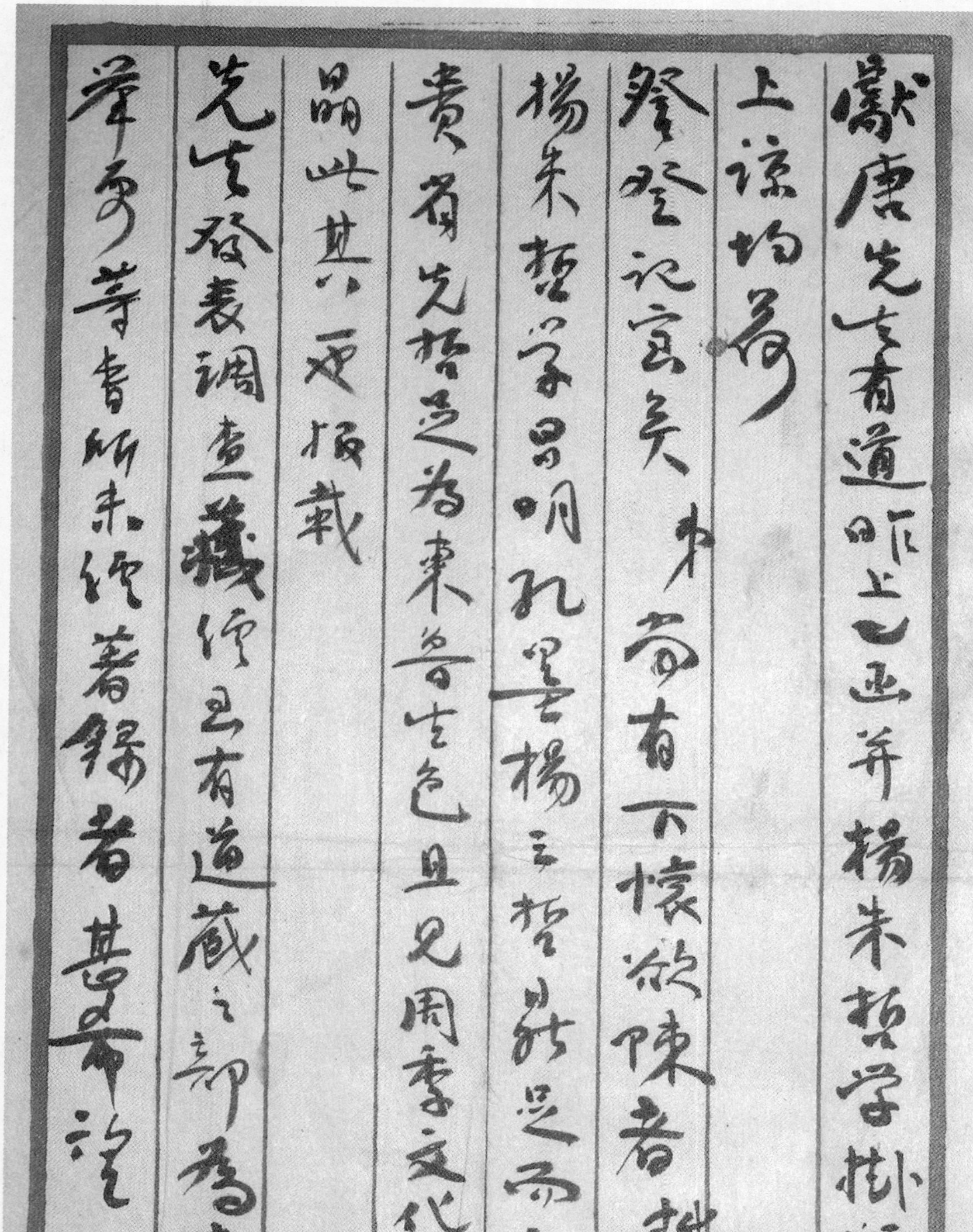

獻唐先生有道：昨上一函，并楊朱哲學，掛號寄
上，諒均蒙
登記矣。尚有下懷欲陳者，拙著
楊朱哲學，昌明孔墨楊三哲，鼎足而立，皆
貴省先哲之為東魯古色，且見周季文化之精
明，此其[illegible]要[illegible]載
先生發表調查藏經，且有道藏之部為叢書
舉要等書所未經著錄者，甚望希諭

先生遂寫竣道藏之目錄，著為成書，公諸學
術界，弟尤為歡迎者，其二也。弟方窺研道
藏，粗有所見，深惜嚴君平道德指歸一書
殘闕不完，竊冀天壤間尚有完帙，則幾尤
為中國文化之大幸，當有稀天下傳，亦深望
其有善本或在目錄家向來著錄之道藏中有所遇
也。草此匆匆上陳，敬頌
道安
小弟顧實頓首　五月十三日

顧實

書第十一通

獻唐先生有道：前覆上壹函，諒荷
詧及矣。承
惠穆傳校本，本已敘入穆傳書目中，永誌不朽。惟本
有一疑問，黃校究用何本？前接
尊函亦云黃氏用漢魏叢書程榮本（程榮刻本），如果程本，則每卷
次行有晉郭璞注明程榮校字樣，
尊校本並未注出，故本疑其非程本也。究竟是程
本抑係他本，還祈

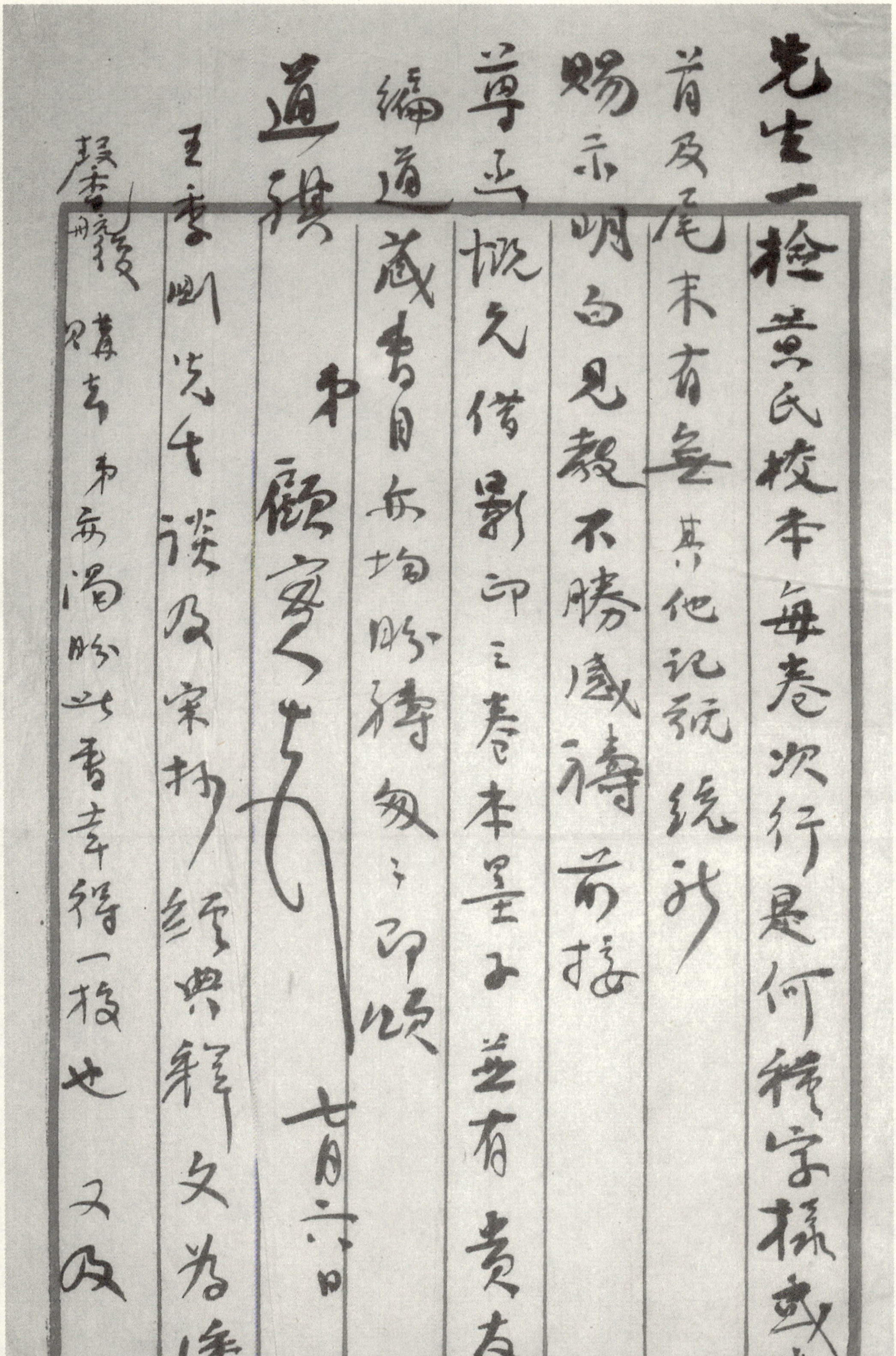

先生一檢黄氏校本每卷次行是何種字樣或卷
首及尾末有無其他記號統祈
賜示明白見教不勝感禱前接
尊函恍允借影印之卷本並有貴友
編道藏書目無均賜寄務々即頌
道祺　弟顧實頓首　七月六日
王季烈先生談及宋拓經典釋文為潘
□□舊書弟無緣賜此書幸得一校也　又及

顧實

書第十二通

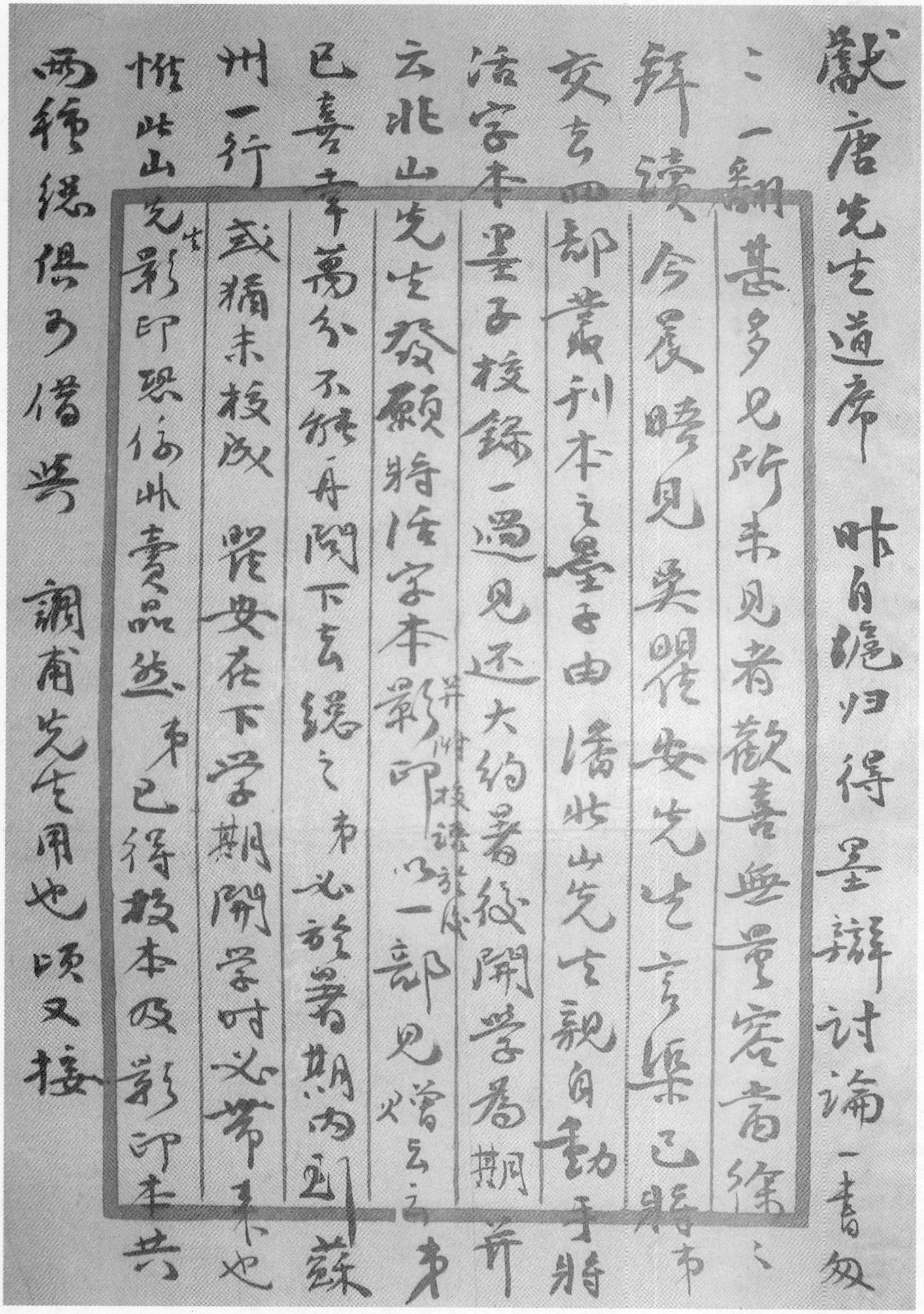
獻唐先生道席　昨自濟歸得墨辯討論一書欣
〻一翻甚多見所未見者歡喜無量容當條〻
拜讀　今晨晤見吳曜安先生言渠已將弟
交去四部叢刊本之墨子由潘北山先生親自動手將
活字本墨子校錄一過見還　大約暑假開學為期　并
云北山先生發願將活字本影印并附校讀記一部見贈云〻　弟
已喜幸萬分　不能再問下去　總之　弟必於暑期內到蘇
州一行　或猶未校成　曜安在下學期開學時必帶來也
惜北山先生影印恐係非賣品　然　弟已得校本及影印本共
兩種　總得可借與
調甫先生用也　頃又接

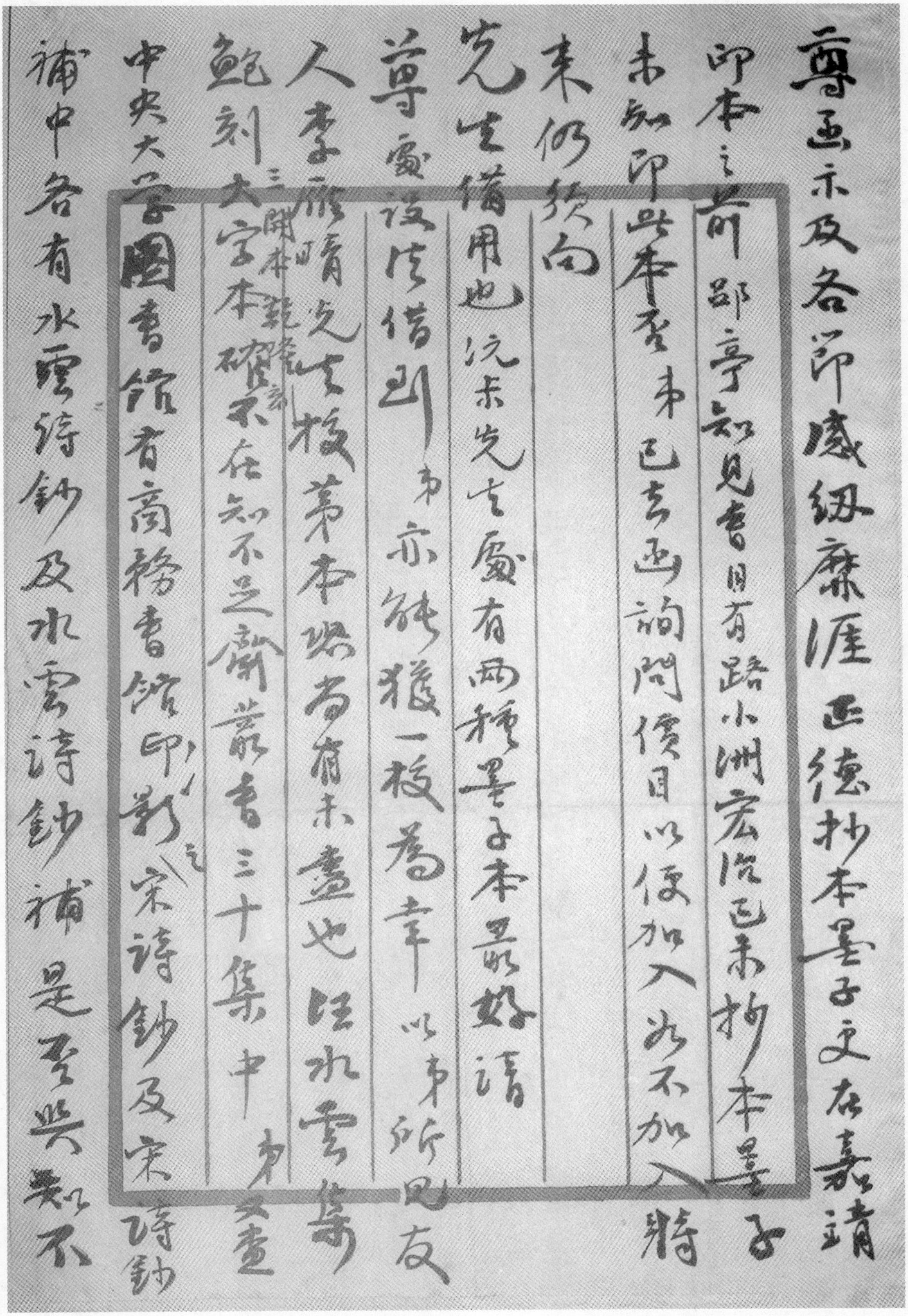
尊函示及各節，感紉靡涯。正德抄本墨子，文在嘉靖
印本之前，郘亭知見書目有路小洲宏治己未抄本墨子，
未知即此本否。弟已去函詢問價目，以便加入，如不加入，將
來仍須向
先生備用也。沅叔先生處有兩種墨子本最好，請
尊處設法借到，弟亦能獲一校為幸。以弟所見友
人李雁晴先生校墨本，恐尚有未盡也。汪水雲集，弟又查
鮑刻大字本（三開本鮑刻）確不在知不足齋叢書三十集中。
中央大學圖書館有商務書館印行之新宋詩鈔及宋詩鈔
補，中各有水雲詩鈔及水雲詩鈔補，是否與鮑刻不

顧實

足徵鮑劉有無異同候　弟向中大取來再往龍蟠里國學圖書館之鮑刻本校對一過明後日再行奉覆可也　弟現方用全力結束穆傳一書　弟所未見之明本尚有三種（一）快閣藏書本（二）三代遺書本即趙標刻本（三）青蓮閣單行本是也亟懇先生代為探覓幸得一觀為快也西王母畫像及姚著西王母之郭足徵記統希便中錄寄不勝盼禱即頌

道祺　弟　顧實　上　六月十号

欒調甫先生處代道謝。

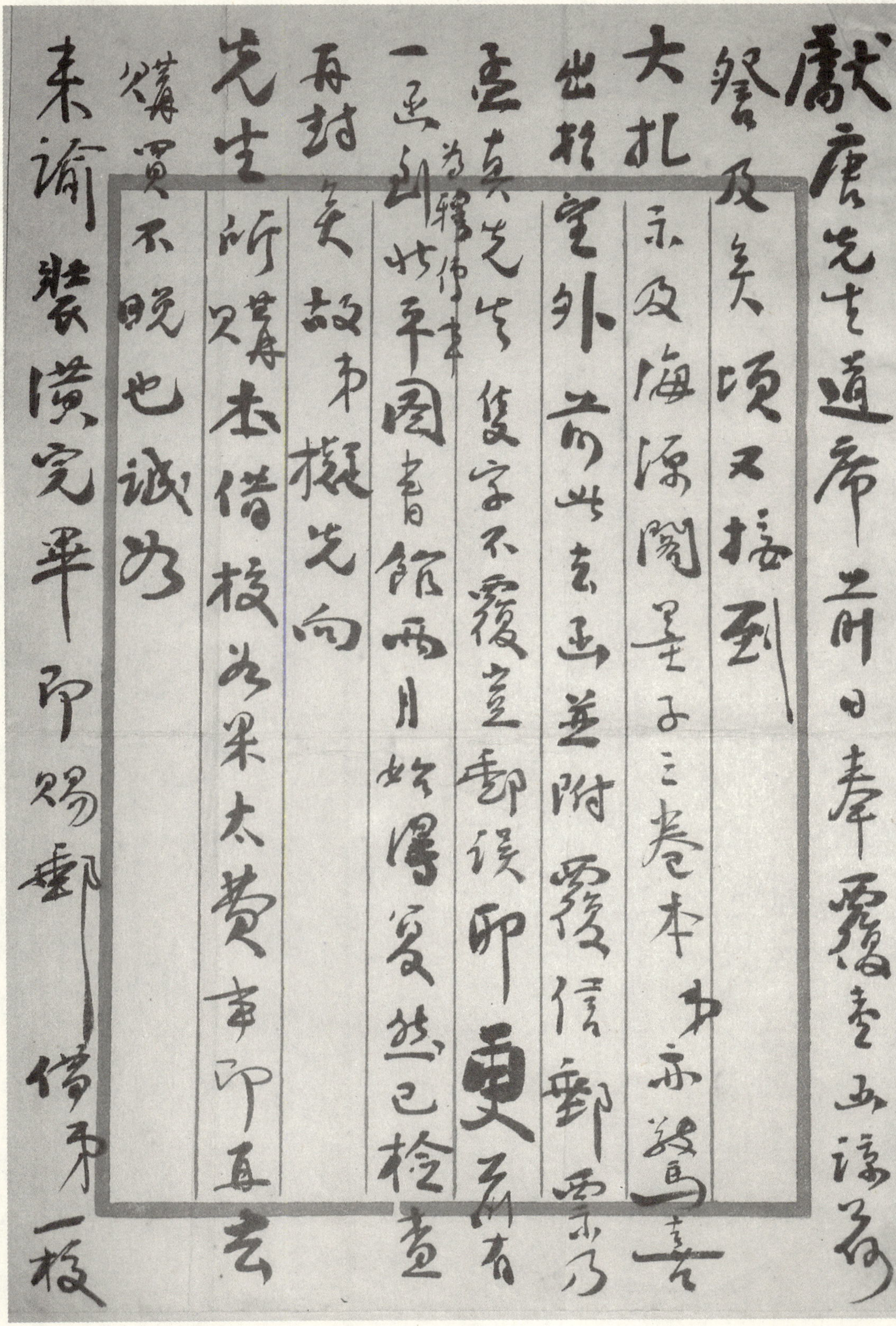
獻唐先生道席：前日奉覆壹函，諒荷
詧及矣。頃又接到
大札，示及海源閣墨子三卷本，尤爲驚喜，
出於望外。前此去函，並附覆信郵票，亦乃
函真先生，隻字不覆，豈郵誤耶？更有
一函（爲釋傳本事）寄北平圖書館，兩月始得覆，然已檢查
再封矣，故未擬先向
先生所購本借校，如果太費事，即再去
購買不晚也，識之。
來諭裝潢完畢，即賜郵借予一校

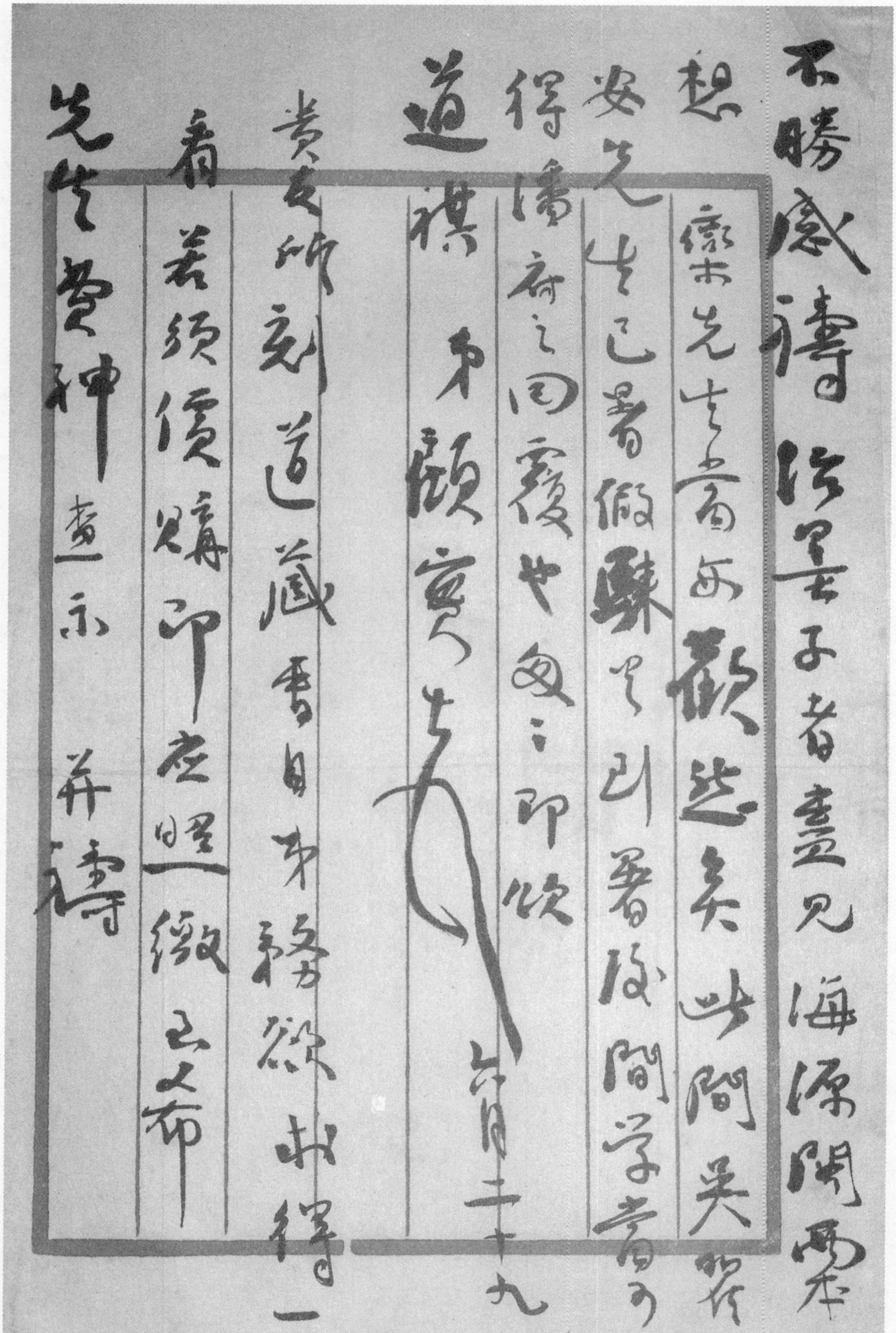
不勝感禱。昨晤子者，盡見海源閣所存
想
欒先生壽安，欽悉矣。此間吳郡存
安先生已署假縣長，已署後間學者當可
得傳前之回覆也，收之即收
道祺。弟顧實先
六月二十九
貴友所刻道藏書目，弟務欲求得一
看。若須價，即應照繳。又布
先生費神惠示，並禱。

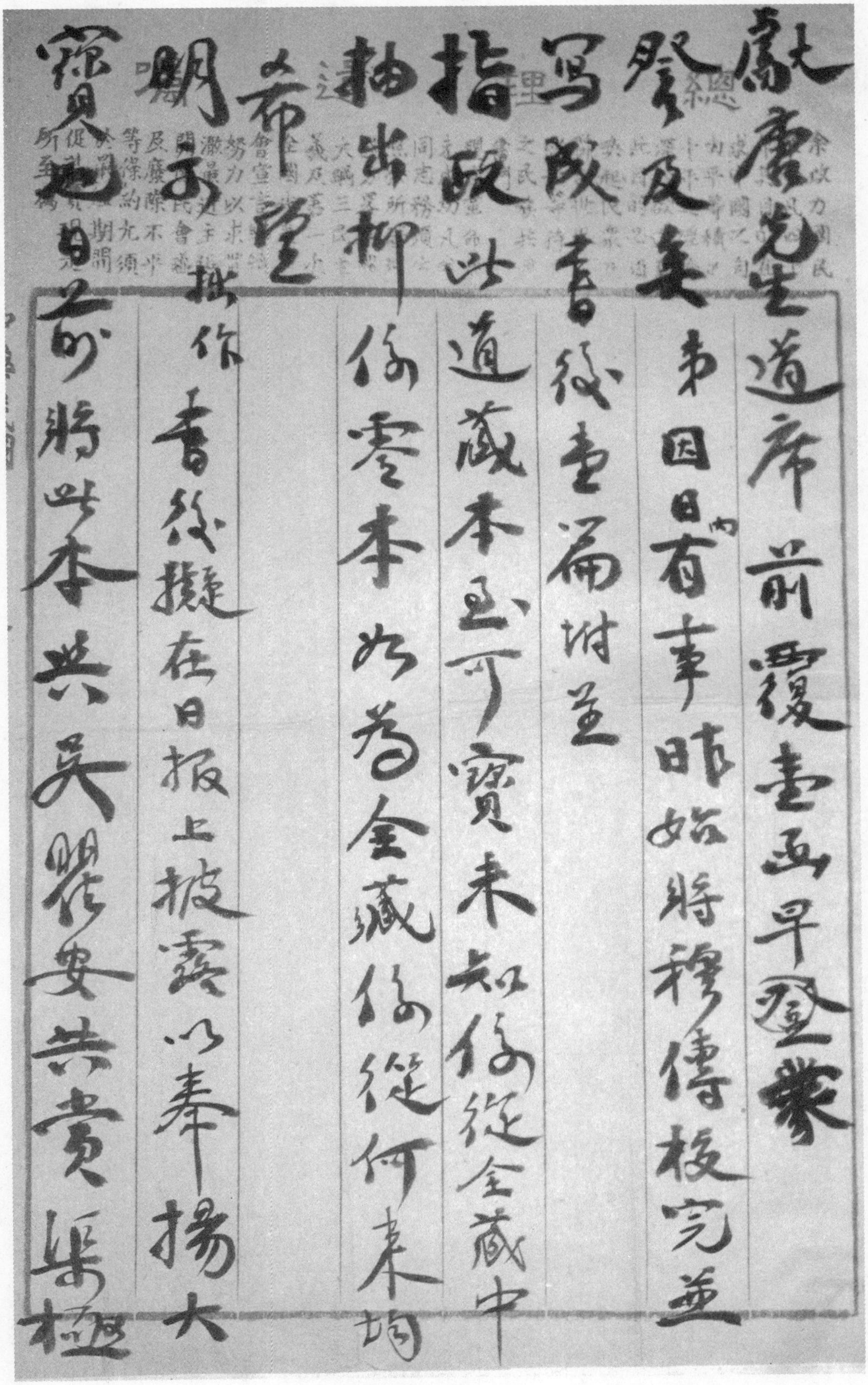
獻唐先生道席：前覆壹函早登鑒。
發及矣。弟因日內有事，昨始將穆傳校完，並
寫跋書後壹篇附呈。
指出此道藏本亟可寶，未知係從全藏中
抽出，抑係零本，如為全藏，係從何來，均
希望
明示。擬作書後擬在日報上披露，以奉揚大
寶也。日前將此本與吳瞿安共賞，歎極。

顧實

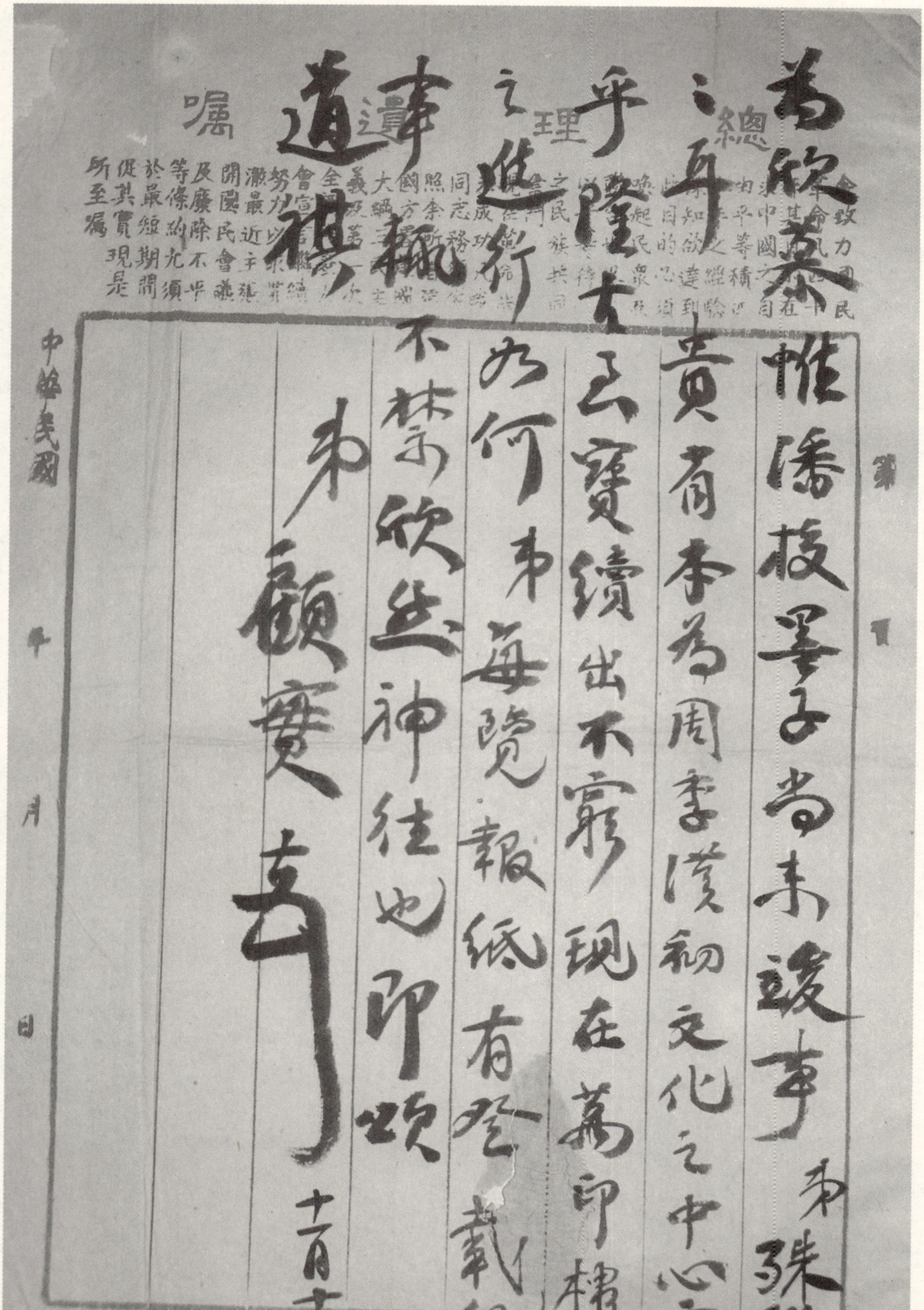

爲歆慕。惟播披墨子尚未讀竟　弟張
之耳。貴省本爲周季漢初文化之中心，言
乎隆古。云寶續出不窮，現在蔣印樓
之進行如何？弟每覽報紙有登載
事，輒不禁欣然神往也。即頌
道祺。弟顧實頓首　十月十

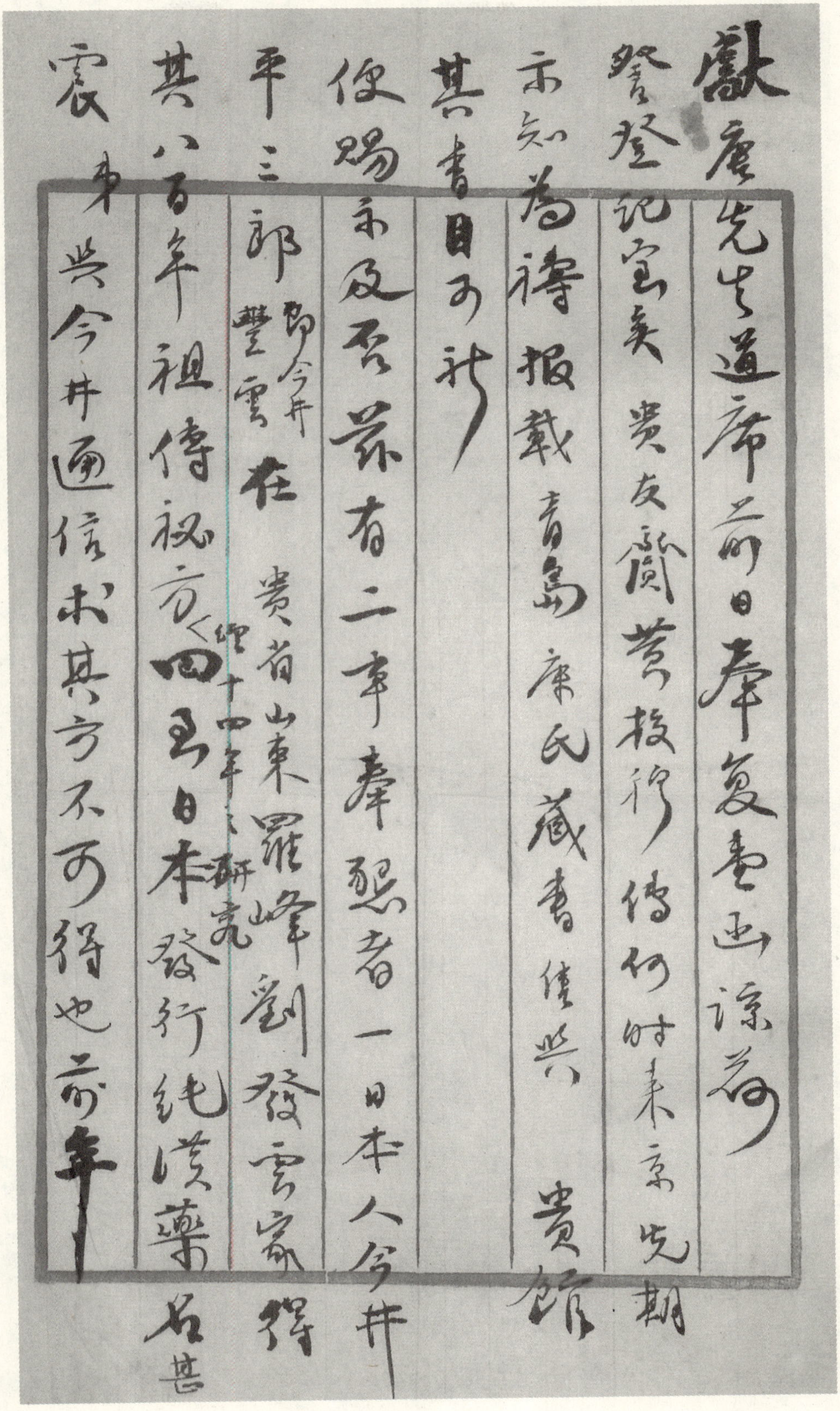
獻唐先生道席：前日奉復壹函，諒荷
登覽記室矣。貴友[illegible][illegible]按行，得何時來京，先期
示知，為禱。報載青島康氏藏書售與 貴館，
其書目可示，
便賜示及否？茲有二事奉懇者：一、日本人今井
平三郎（即今井豐雲）在 貴省山東羅峰山劉發雲家得
其八百年祖傳秘方（經十四年之研究），回至日本發行，純漢藥，名甚
震。本年與今井通信，求其方不可得也。前年

貴省劉蓬山君在弟家托其訪劉發雲家乘不能
知此真中國之國粹也弟現編輯日本皇漢醫界雜誌
知日本已有反西藥而行漢藥之傾向中國亦正宜
保存故弟擬
尊便訪確羅峰劉發雲家傳方倘能公開不
勝為幸也又一則近得孫從添慶曾上善堂藏
書目內有北宋板張仲景傷寒十五卷（汲古閣藏本有毛子晉跋）此書不知尚
在天壤否真中國醫家之至寶也並祈

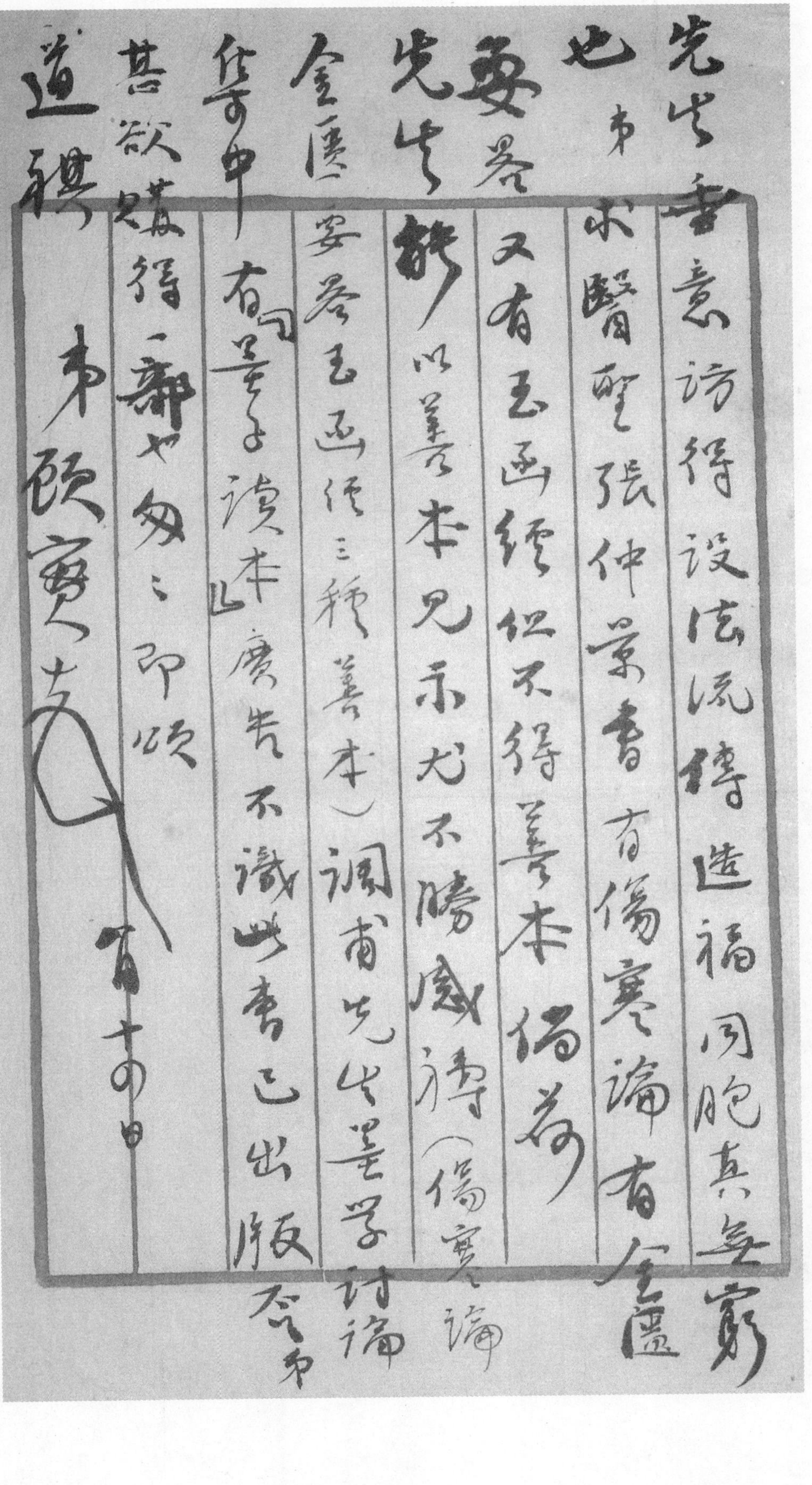

先生垂意訪得設法流傳造福同胞真無窮
也弟求醫聖張仲景書有傷寒論有金匱
要略又有玉函經但不得善本備爲
先生能（以善本見示尤不勝感禱（傷寒論
金匱要略玉函經三種善本）調甫先生墨學討論
集中有墨子讀本已廣告不識此書已出版否弟
甚欲購得一部也匆匆即頌
道祺 弟顧實上 十四日

顧實

封第一件

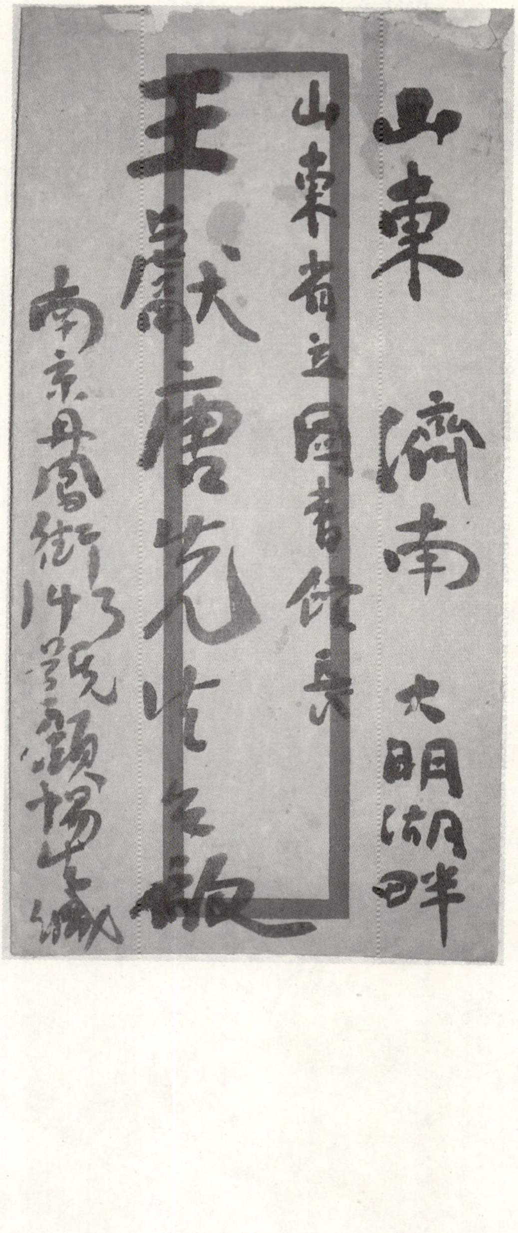
山東濟南 大明湖畔
山東省立圖書館長
王獻唐先生台啟
南京丹鳳街149號顧頡剛緘

封第二件

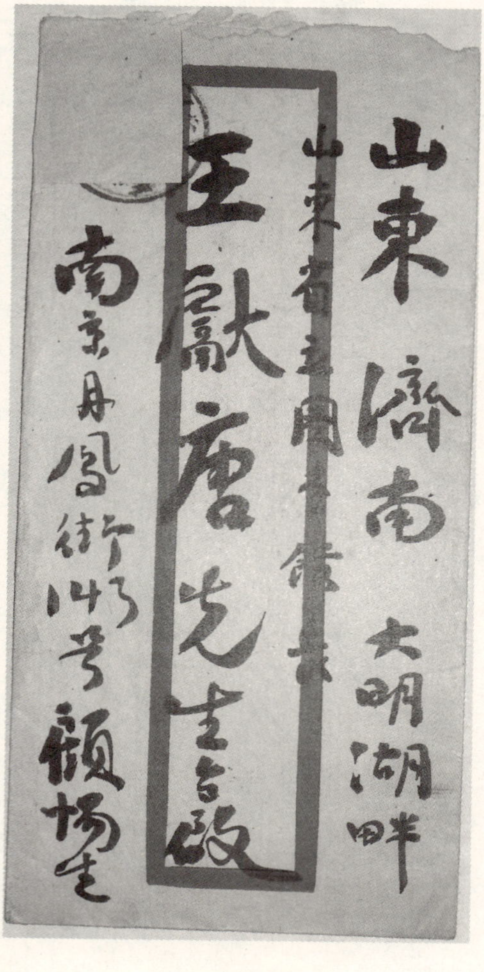
山東濟南 大明湖畔
山東省立圖書館長
王獻唐先生台啟
南京丹鳳街149号顧頡剛

封第三件

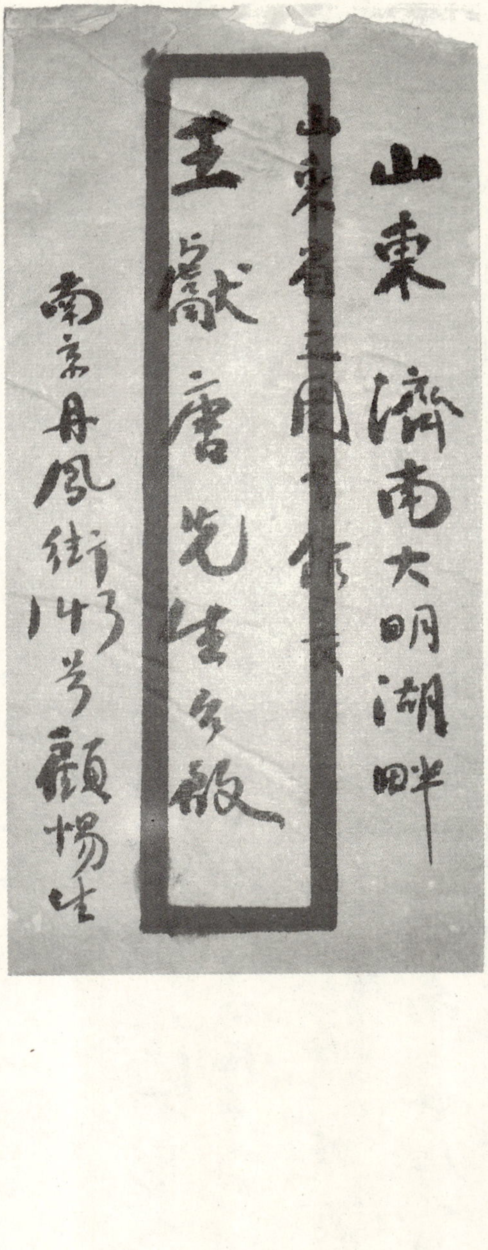
山東濟南大明湖畔
山東省立圖書館
王獻唐先生台啟
南京丹鳳街143号顧惕生

封第四件

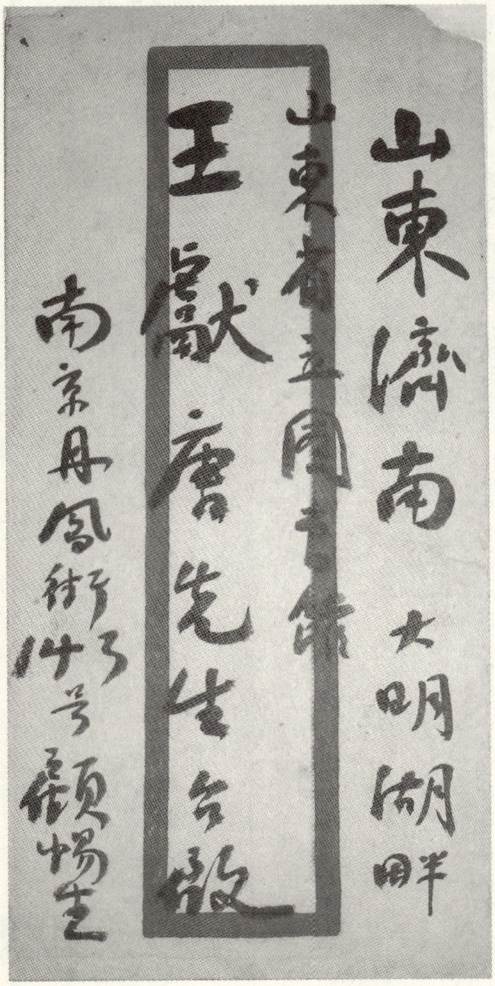
山東濟南大明湖畔
山東省立圖書館
王獻唐先生台啟
南京丹鳳街143号顧惕生

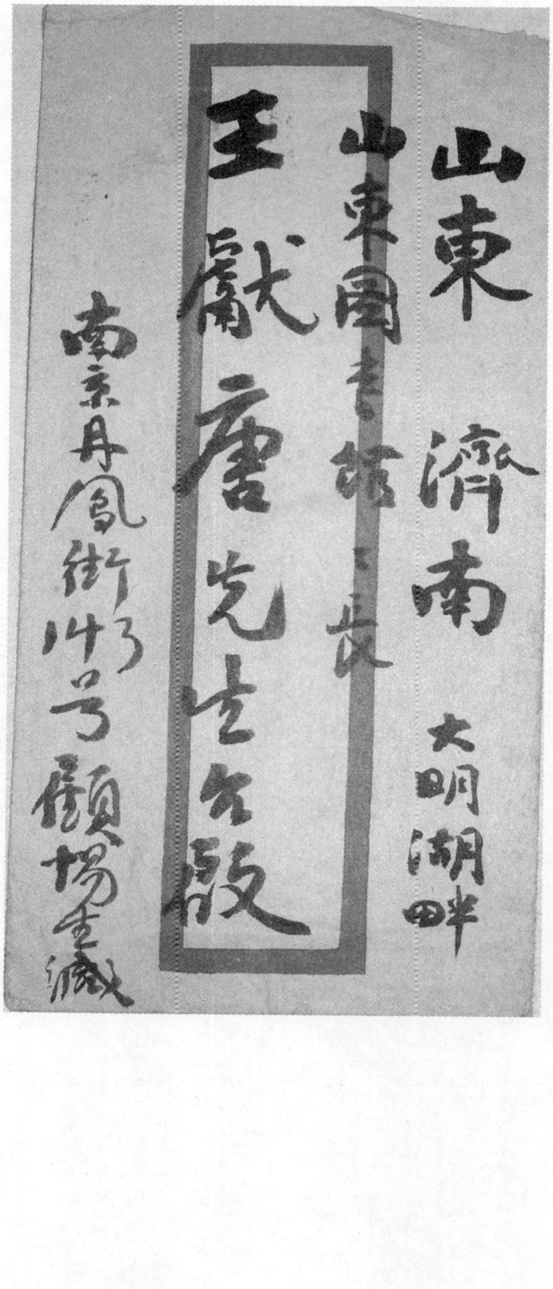
山東濟南 大明湖畔
山東圖書館館長
王獻唐先生台啟
南京丹鳳街
顧惕生緘

封第五件

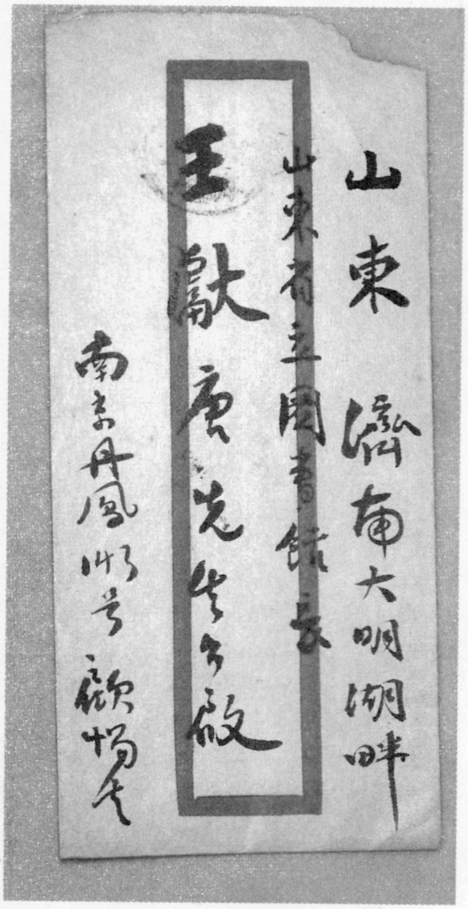
山東濟南大明湖畔
山東省立圖書館長
王獻唐先生台啟
南京丹鳳
顧惕生

封第六件

封第七件

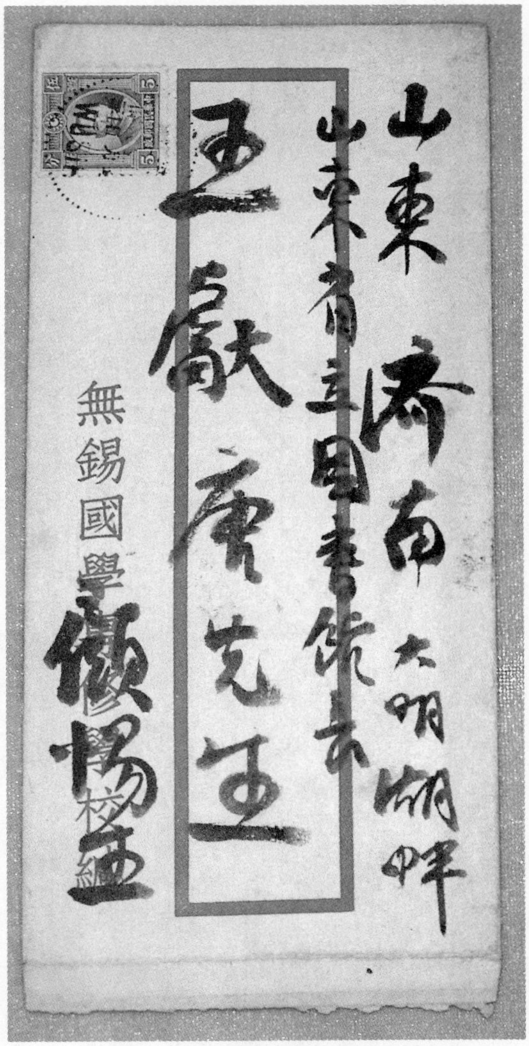
山東濟南大明湖畔
山東省立圖書館長
王獻唐先生
無錫國學專修學校緘
顧惕生

封第八件

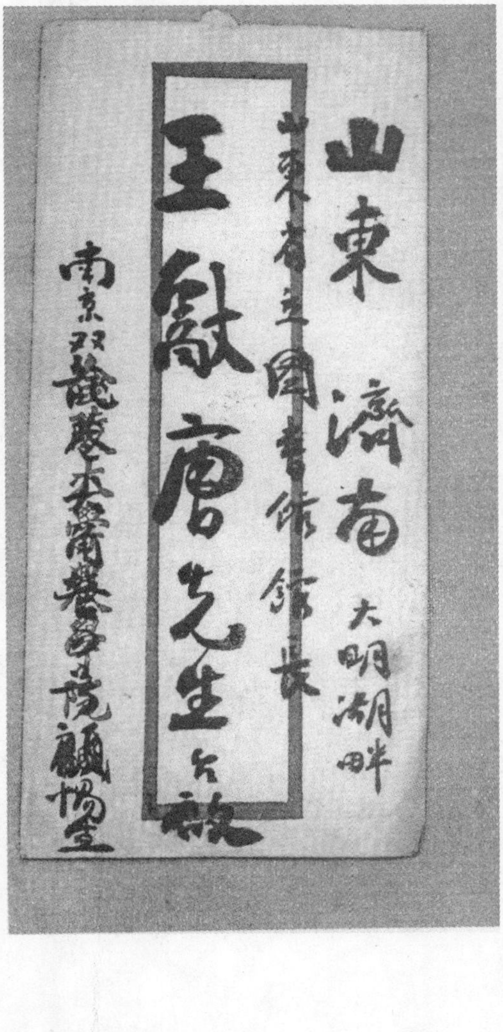
山東濟南大明湖畔
山東省立圖書館館長
王獻唐先生台啟
顧惕生

封第九件

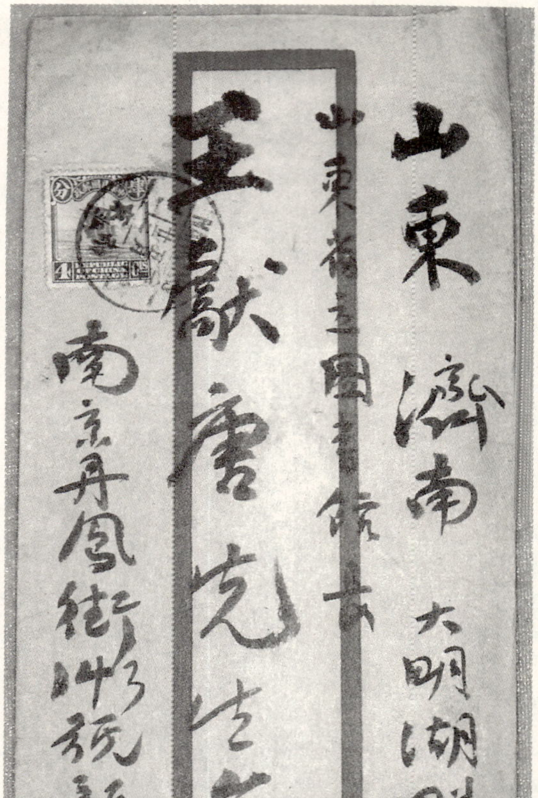
山東濟南 大明湖畔
山東省立圖書館長
王獻唐先生台啟

封第十件

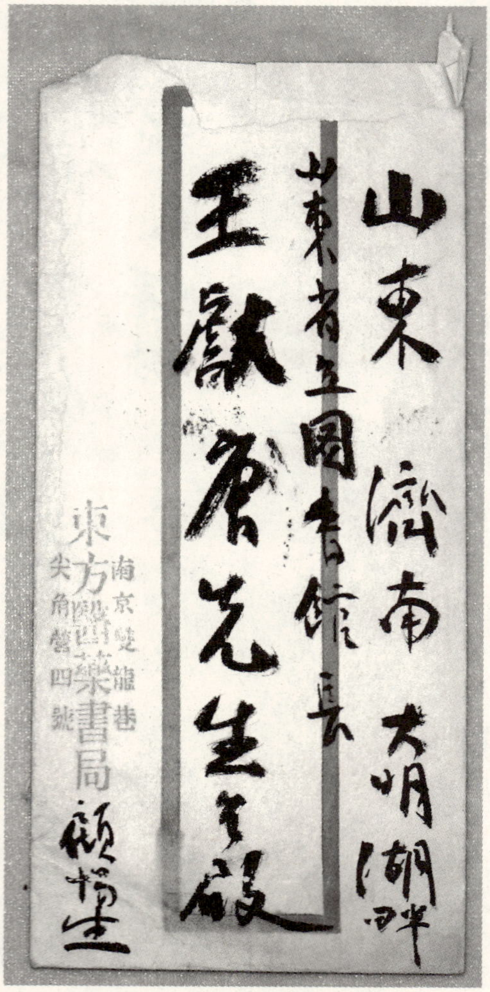
山東濟南 大明湖畔
山東省立圖書館長
王獻唐先生台啟
東方醫藥書局
南京雙龍巷
尖角營四號

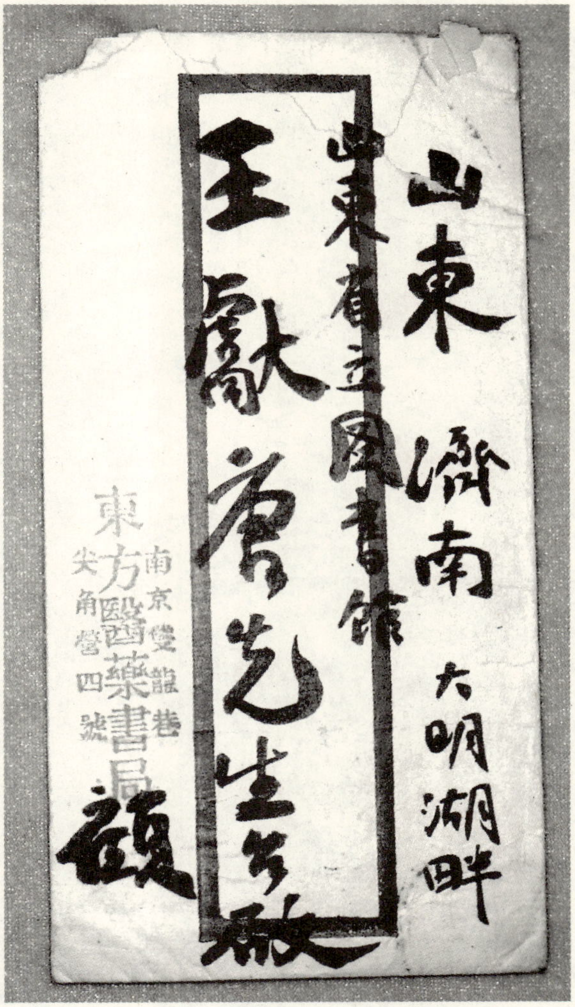
山東濟南大明湖畔
山東省立圖書館
王獻唐先生台啟
東方醫藥書局
南京雙龍巷
尖角營四號
顧

封第十一件

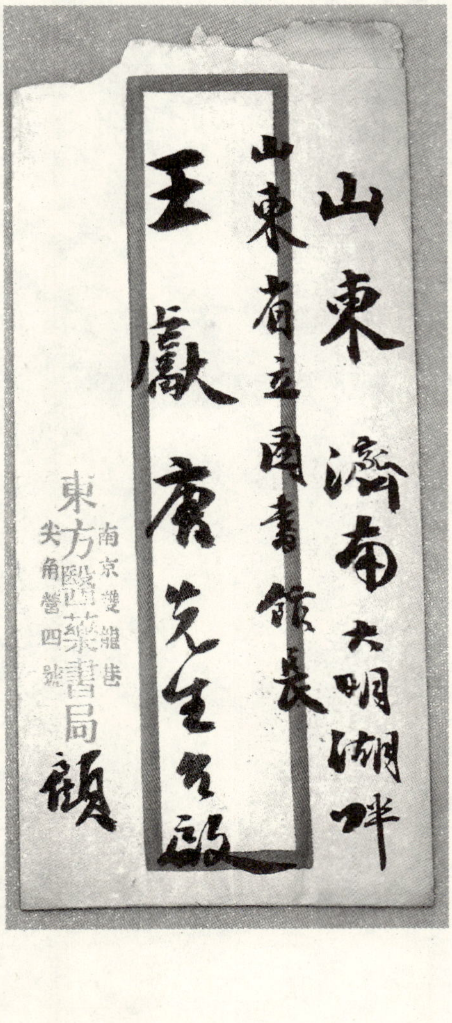
山東濟南大明湖畔
山東省立圖書館館長
王獻唐先生台啟
東方醫藥書局
南京雙龍巷
尖角營四號
顧

封第十二件

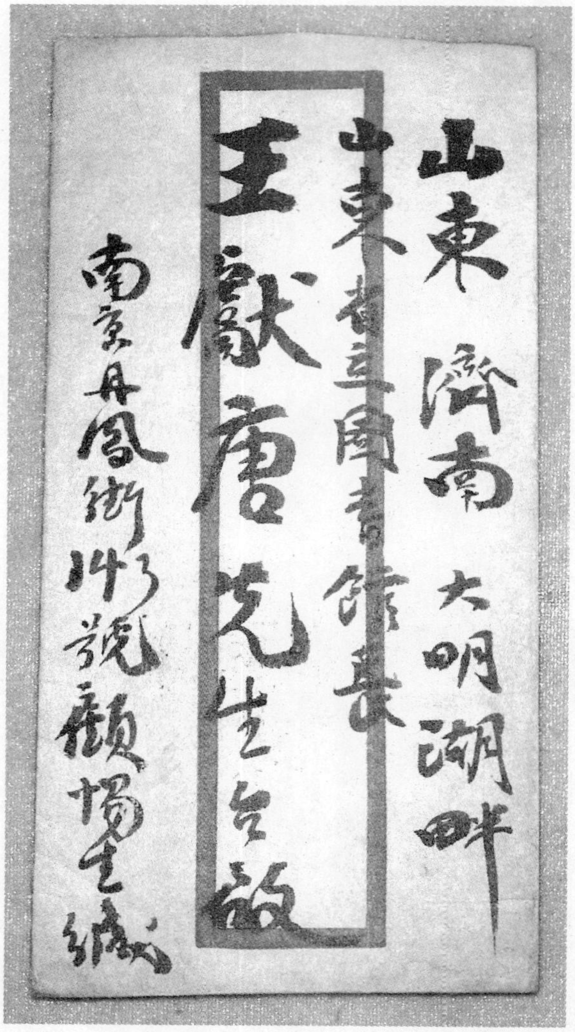

封第十三件

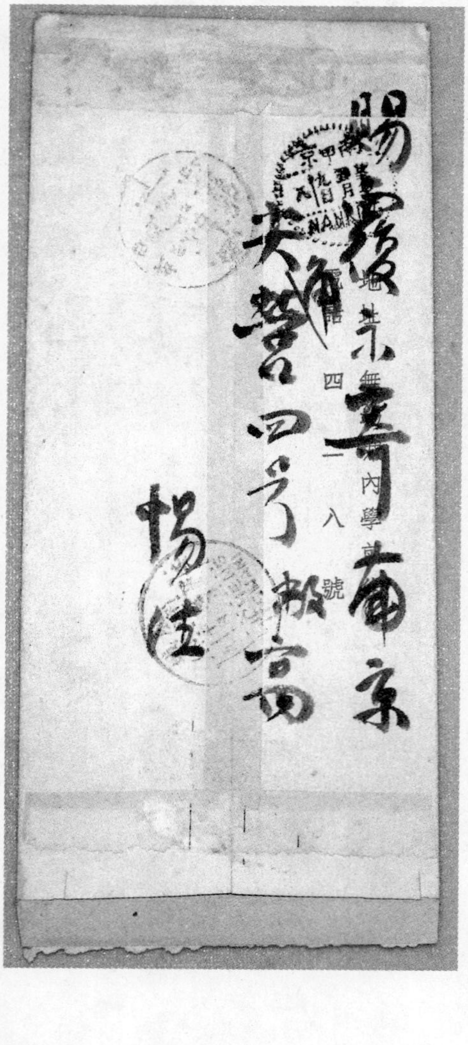

封第十四件

四十　李蓉盛

書一通

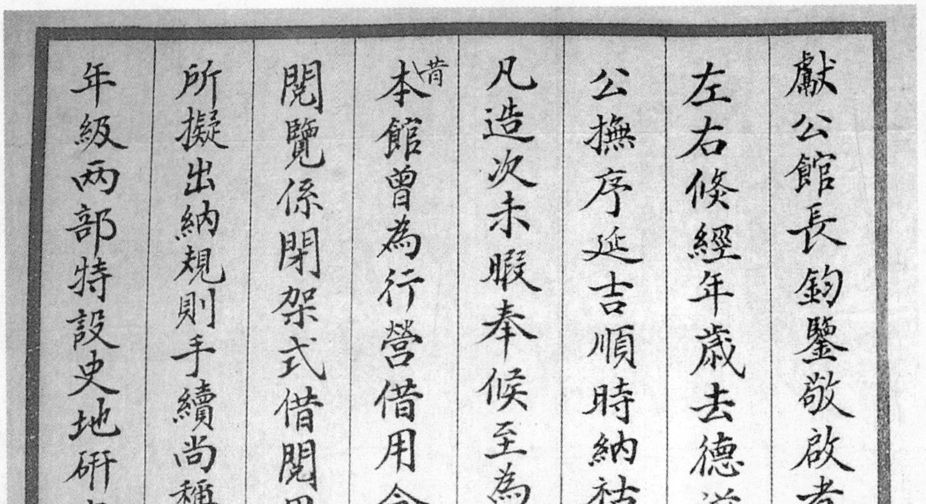
獻公館長鈞鑒敬啟者不侍
左右倏經年歲去德滋永思德滋深伏維我
公撫序延吉順時納祜為無量頌昔盛初來洪都諸
凡造次未暇奉候至為汗顏今略呈所見藉慰遠懷
背本館曾為行營借用今春遷回現已整理就緒普通
閱覽係開架式借閱用保証金實行全年晝夜開放
所擬出納規則手續尚稱簡當兒童閱覽分初年與高
年級兩部特設史地研究室均為開架式所備之明見

卡片目錄及自動圖表陳列架最為適用舉辦之巡
廻文庫除與臨近各機關學校流通而外稍遠之監獄
病院及公共地方則設代辦處收效亦巨前所呈之
編目大綱以時間倉卒未能盡詳今逐漸更訂一俟印成
當必呈示尚希
教正為幸肅此敬叩
年安并請
祥祺
亮賓兄新禧
李蓉盛拜書
二十九日

四十一 李慶施

書一通

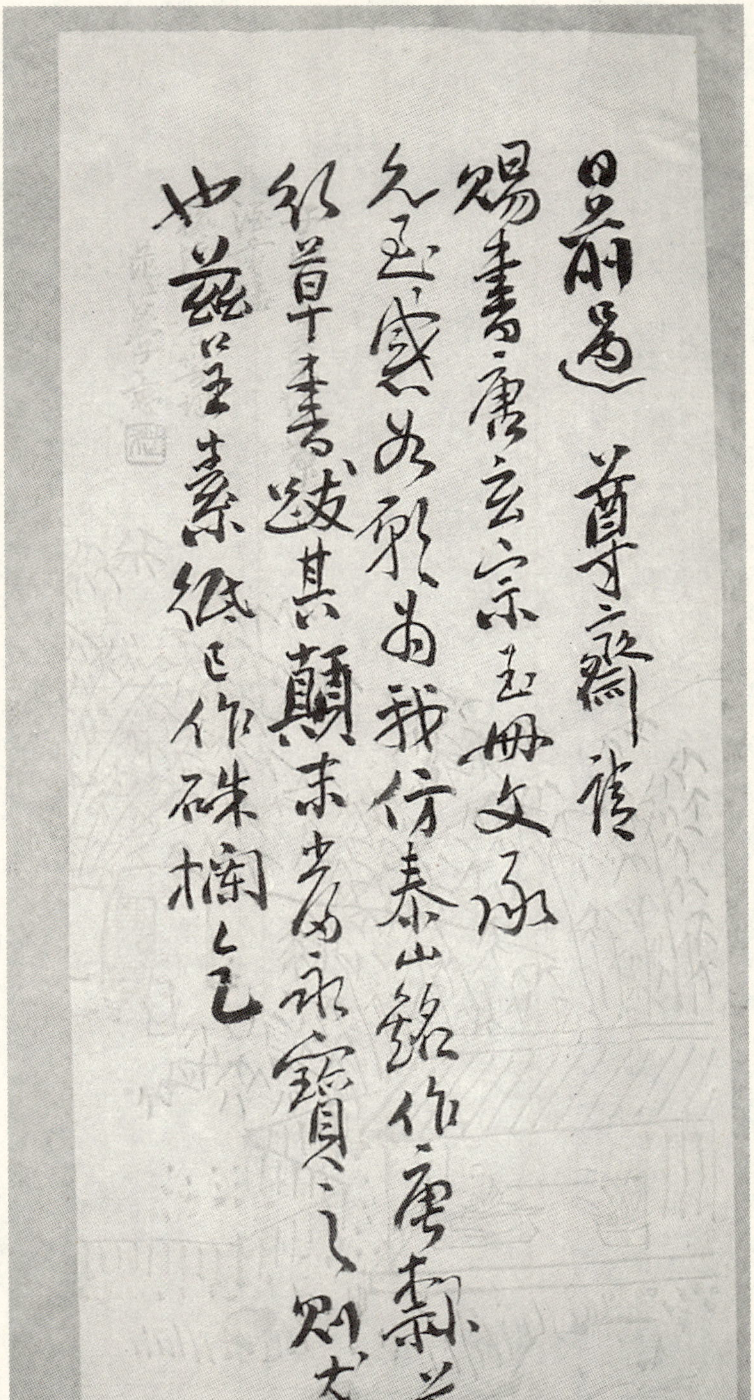

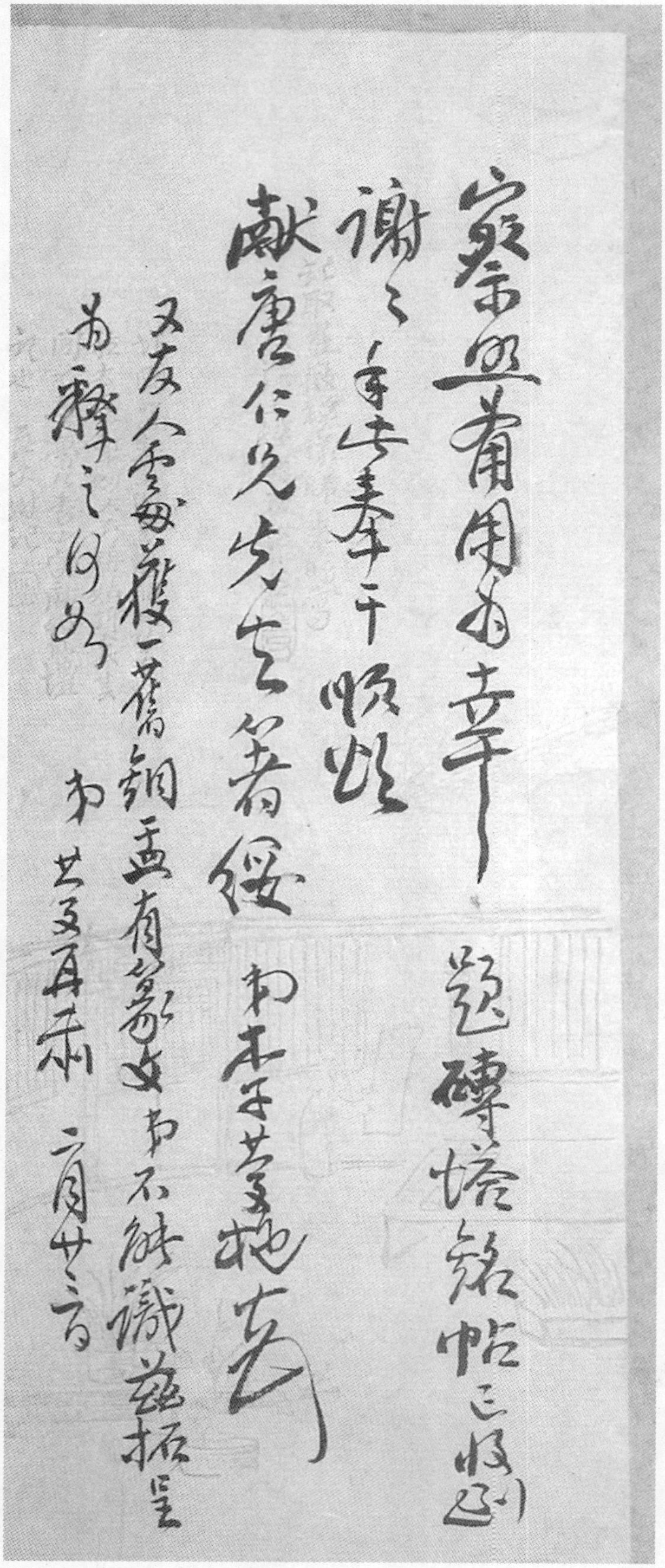
容無庸用函章 題磚塔銘帖已收到
謝謝。弟去年奉干頃照
獻唐仁兄先生箸綏 弟[illegible]
又友人處獲一舊銅盂有篆文，弟不能識，茲拓呈
爲釋之何如 弟[illegible]再[illegible] 二月廿三日

四十二　陳名豫

書一通　封一件

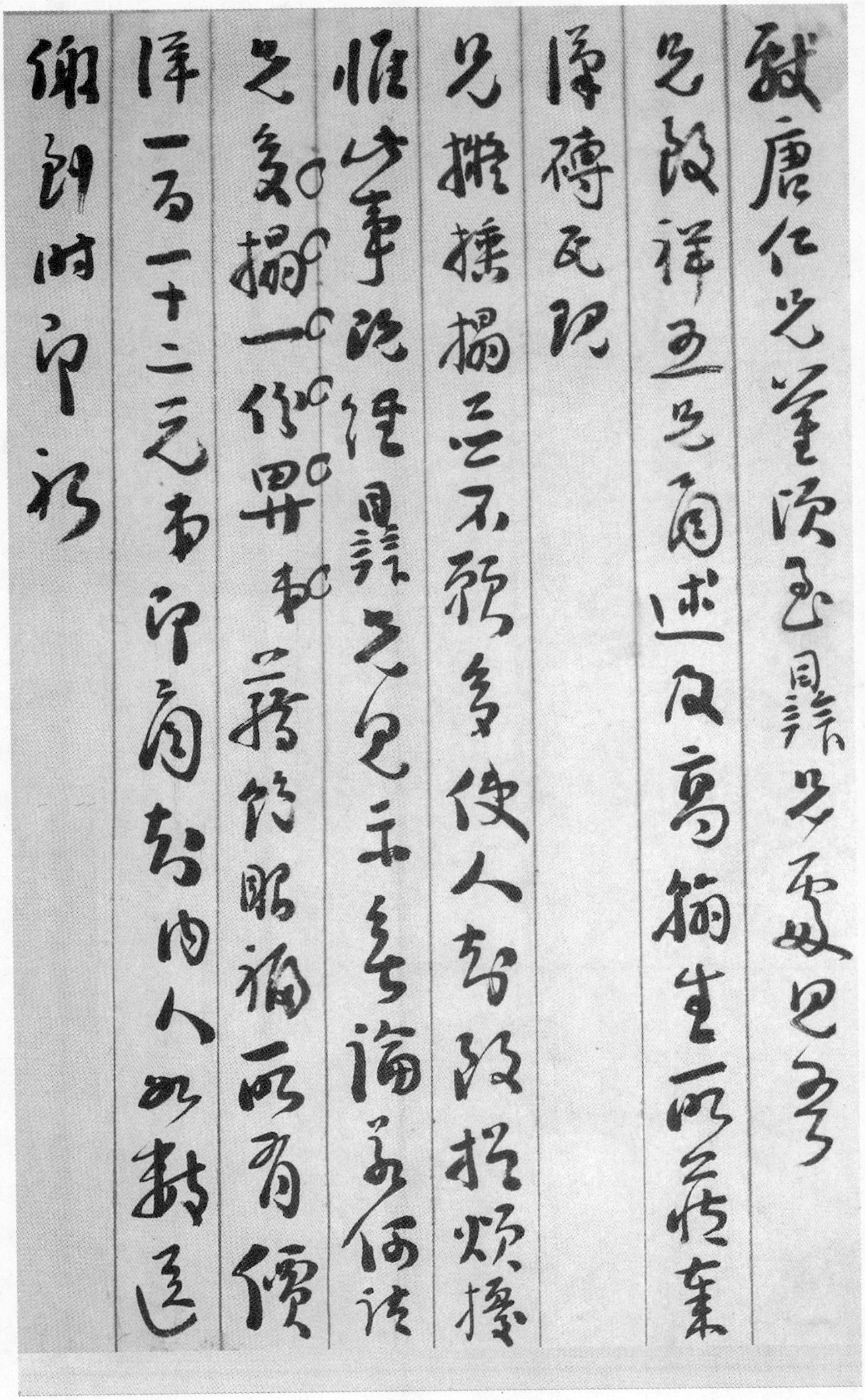

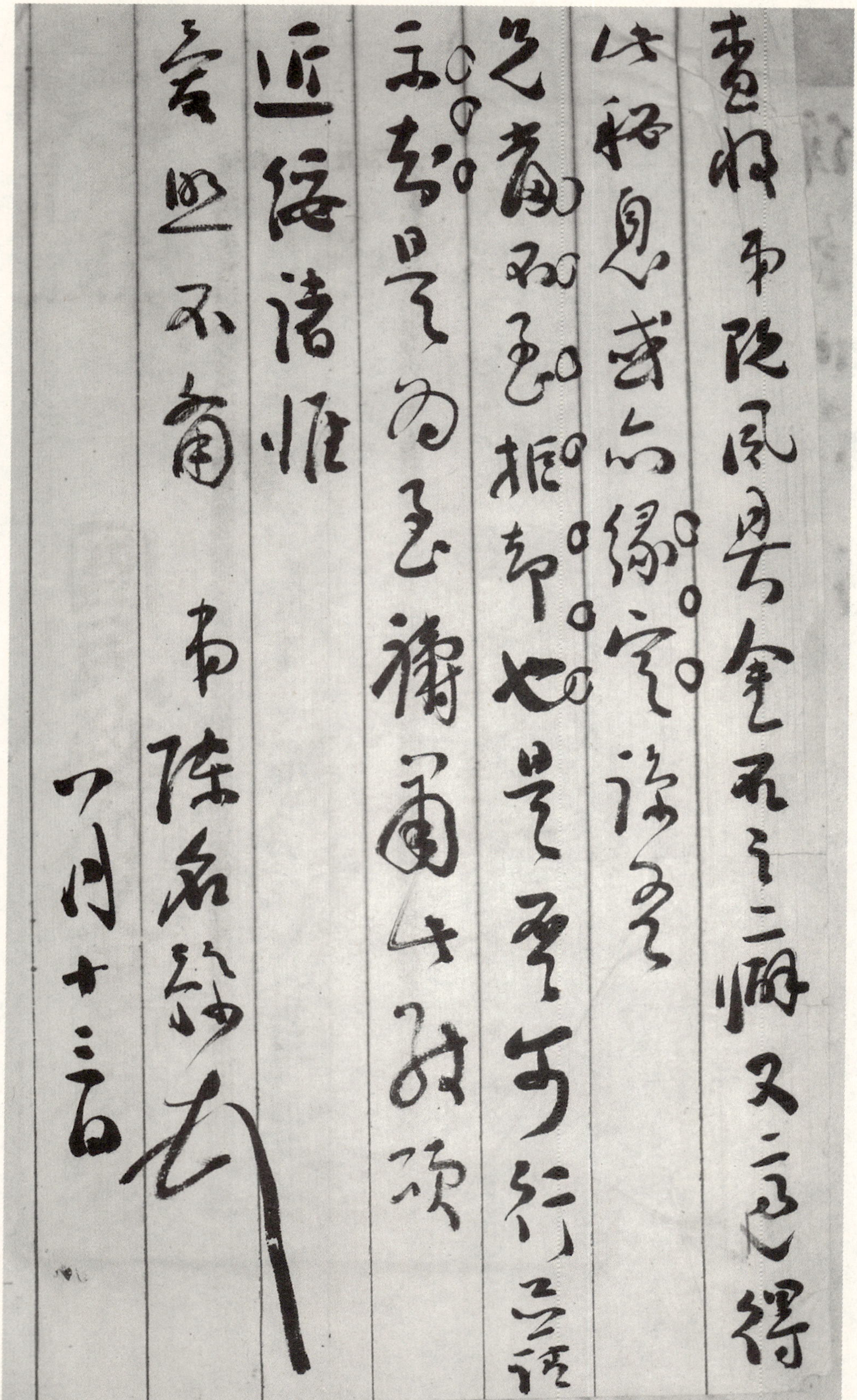
書悉弟陸風景金飛之二幅又二元已得
佳稿息或亦緣定後補
之義如是拒即也是要句行人工語
末都是為是禱南去致頌
近綏請惟
鑒照不宣
弟陳名發去
四月十三日

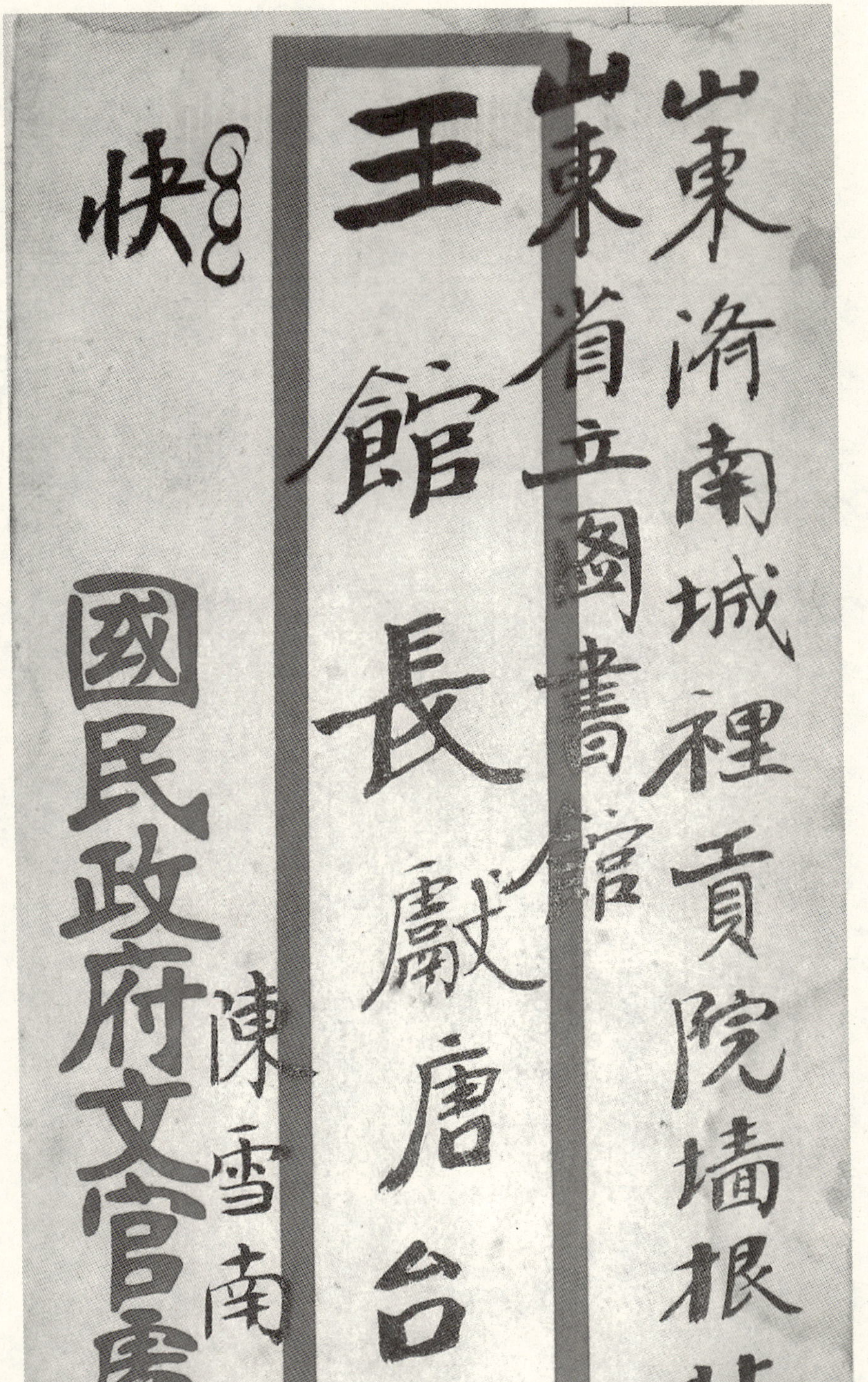
山東濟南城裡貢院墻根北頭
山東省立圖書館
王館長獻唐台啓
快
陳雪南
國民政府文官處緘

四十三

趙畸

書一通　封一件

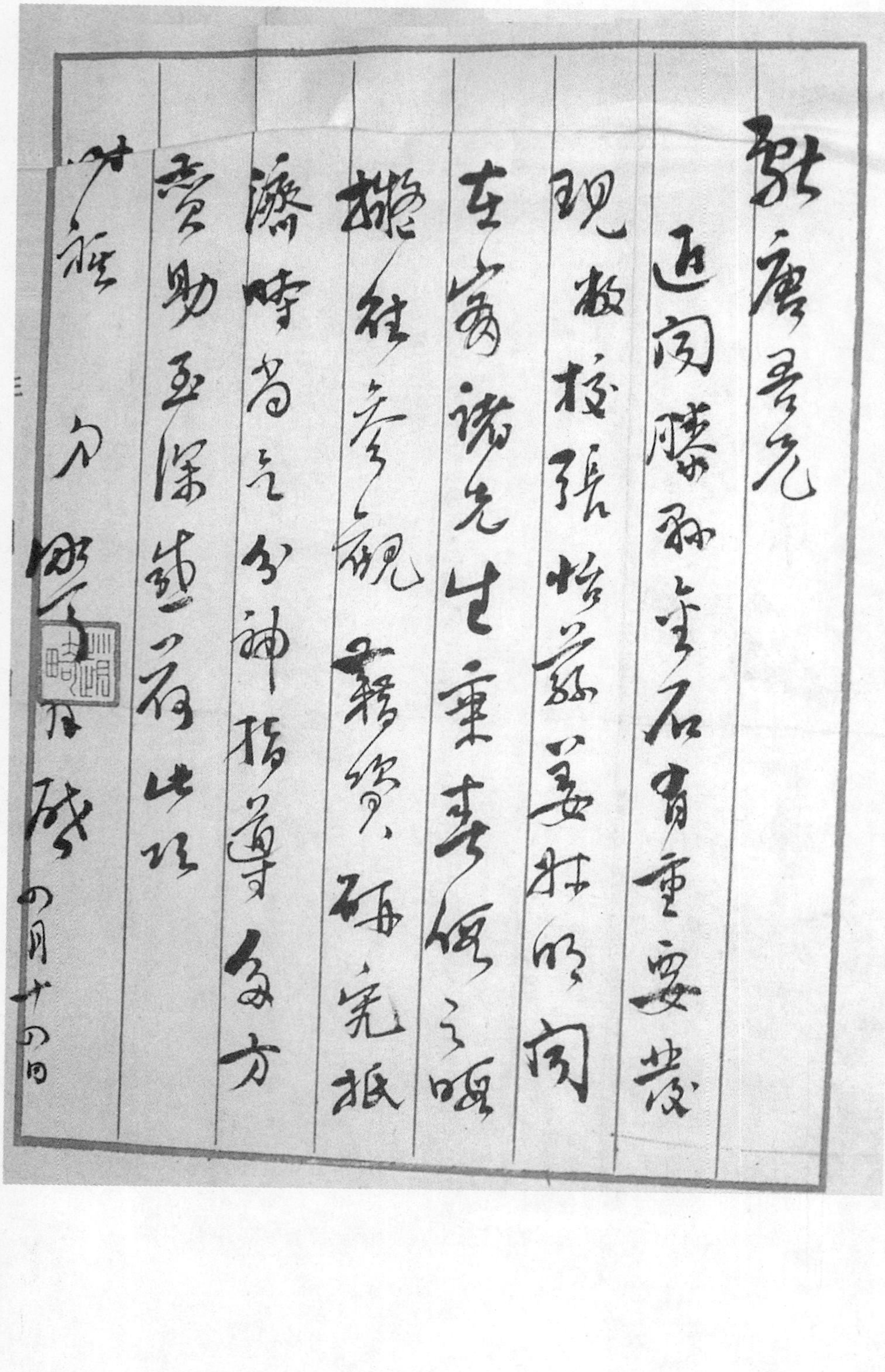

獻唐吾兄：

近閱滕縣金石有重要發
現，敝校張怡蓀、姜叔明同
在省諸先生乘春假之暇
擬往參觀，藉資研究，抵
濟時尚乞分神指導，多方
資助，至深感荷。此頌
時祺

弟趙畸頓首

四月十四日

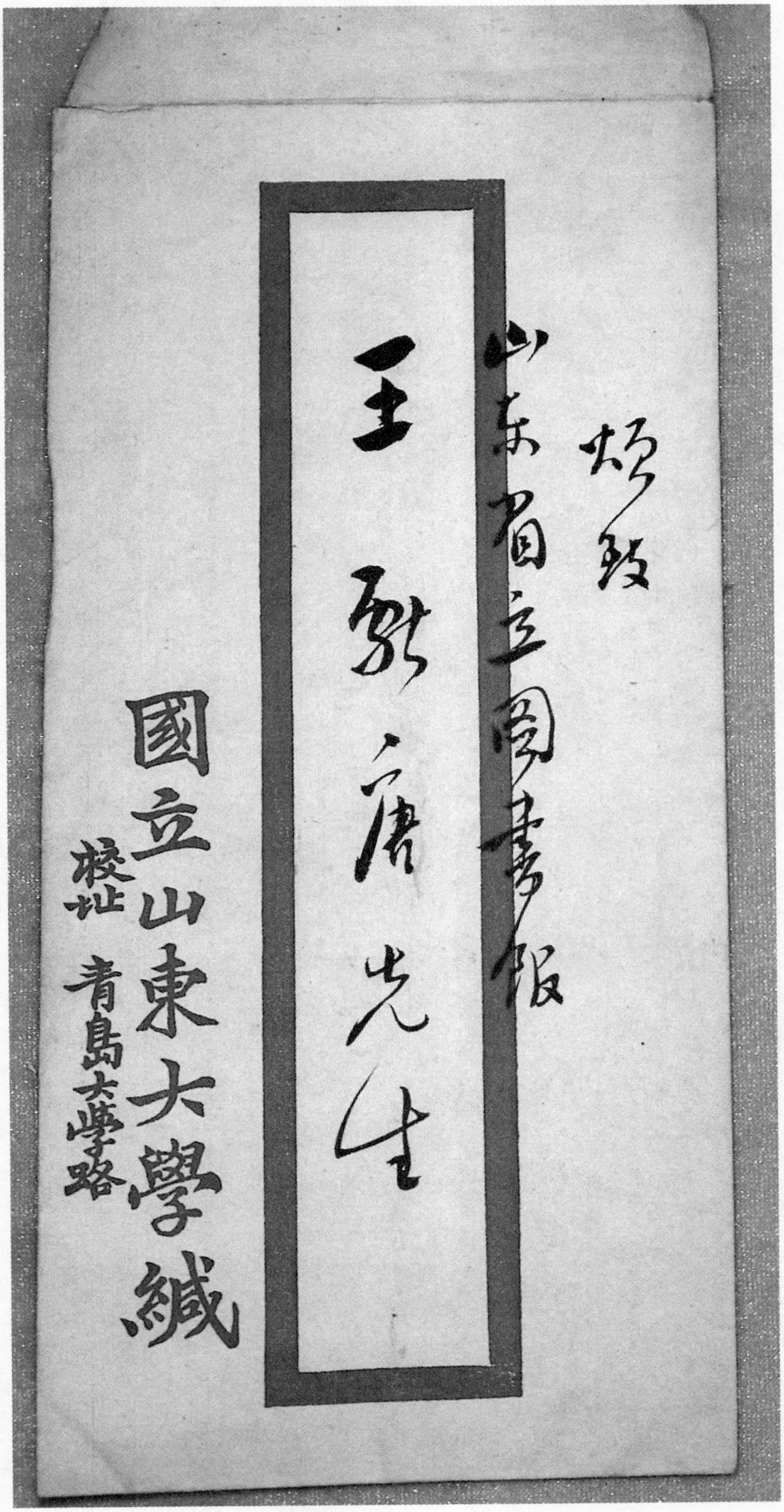
國立山東大學緘
校址 青島大學路

四十四　李宗唐

書一通　封一件

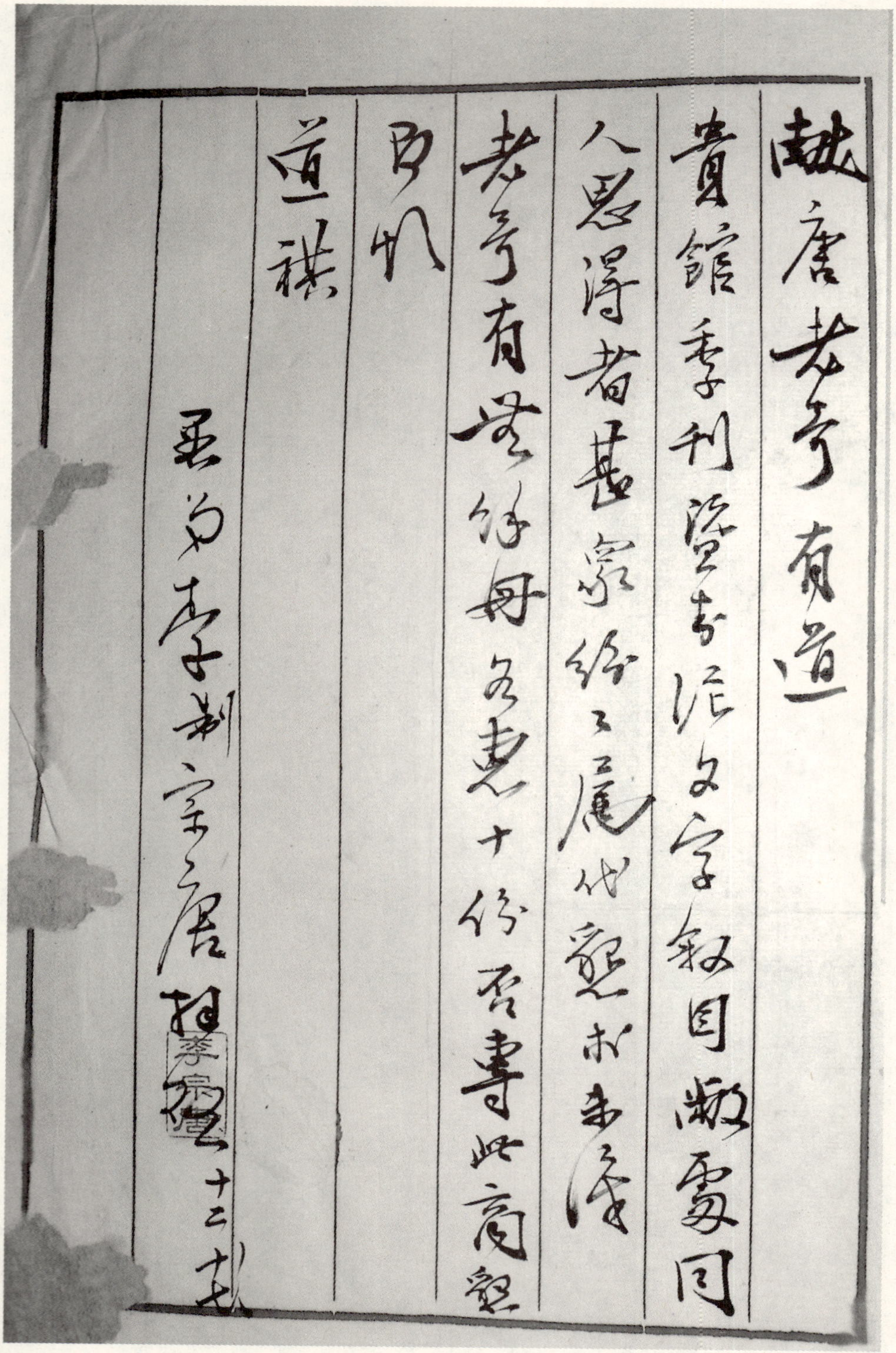
獻唐老弟有道：
貴館季刊證出文字敘目激處同
人思得者甚衆，縱之屬代懇求全份
老弟有無餘册，每惠十份否。專此商懇，
即頌
道祺
愚兄李宗唐拜　十二月七

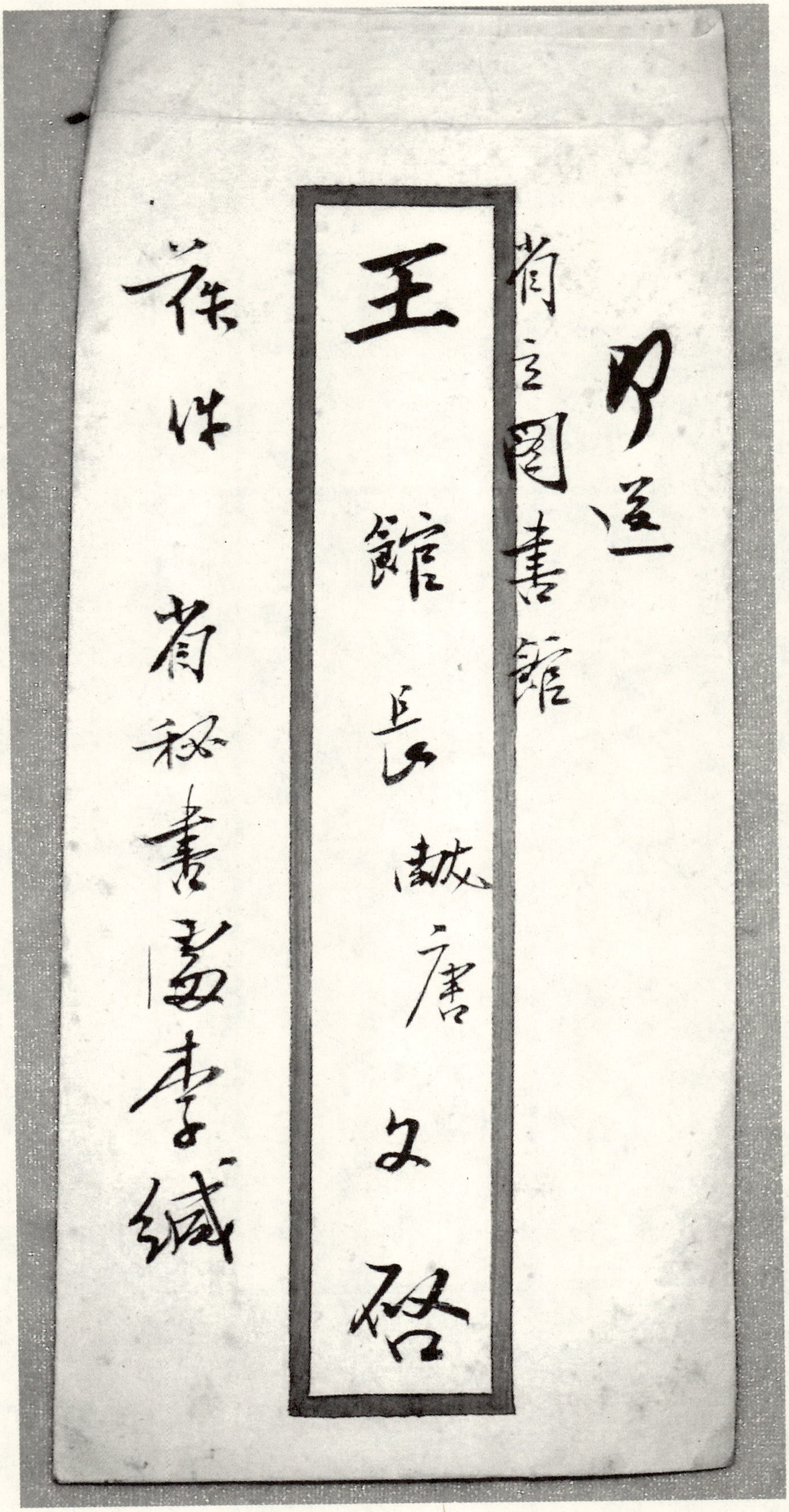

李宗唐

四十五 黃炎培

書五通 封二件

書第一通

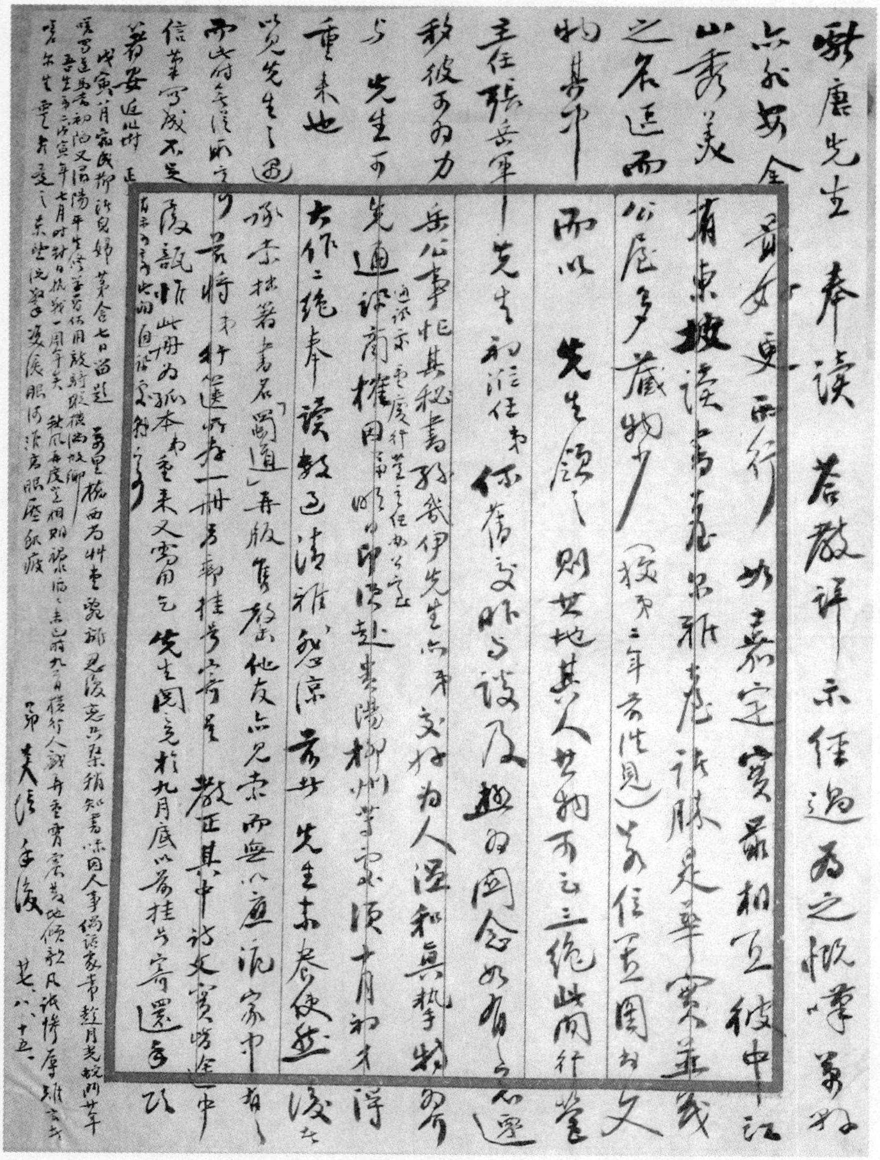

書第二通

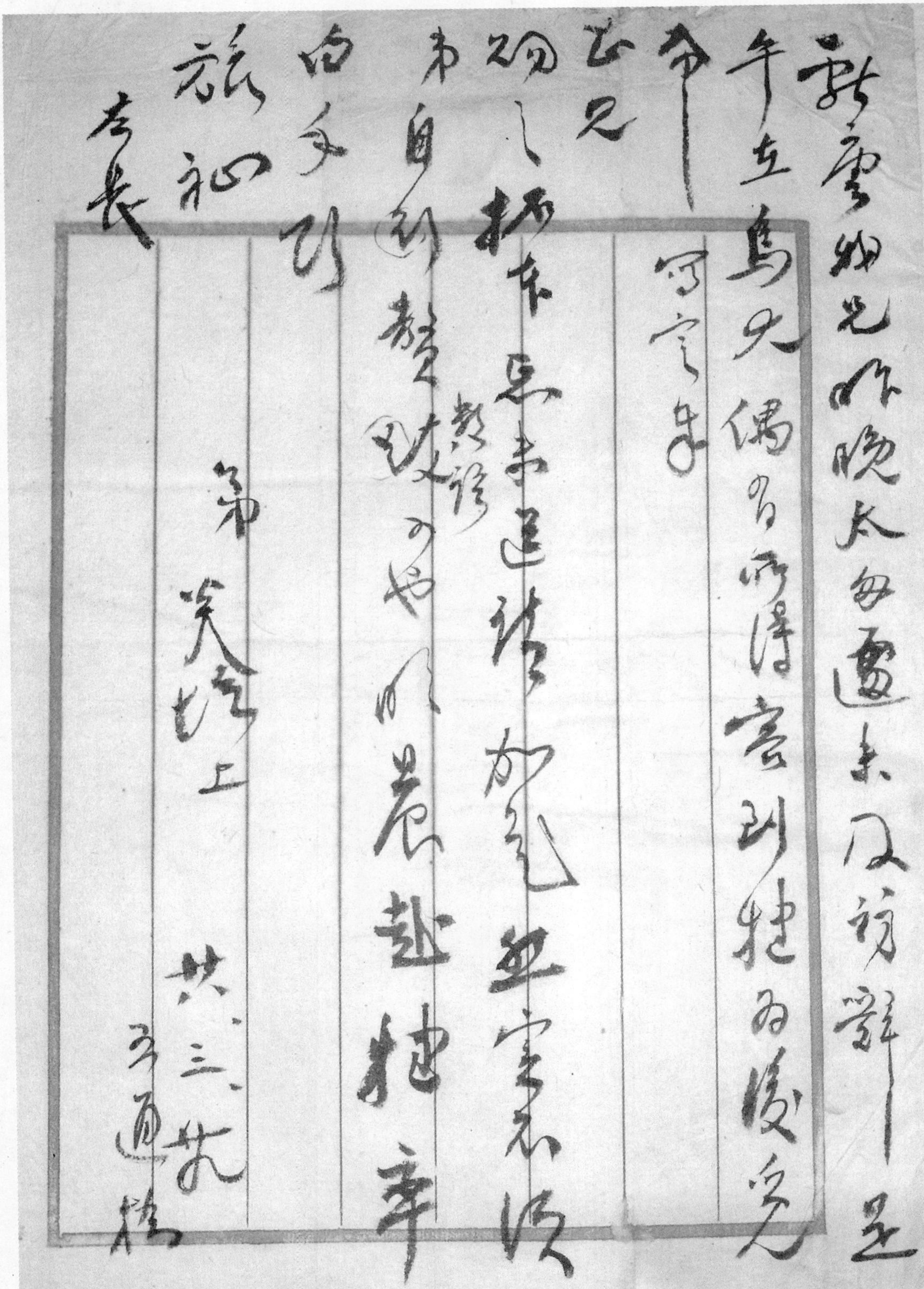

書第三通

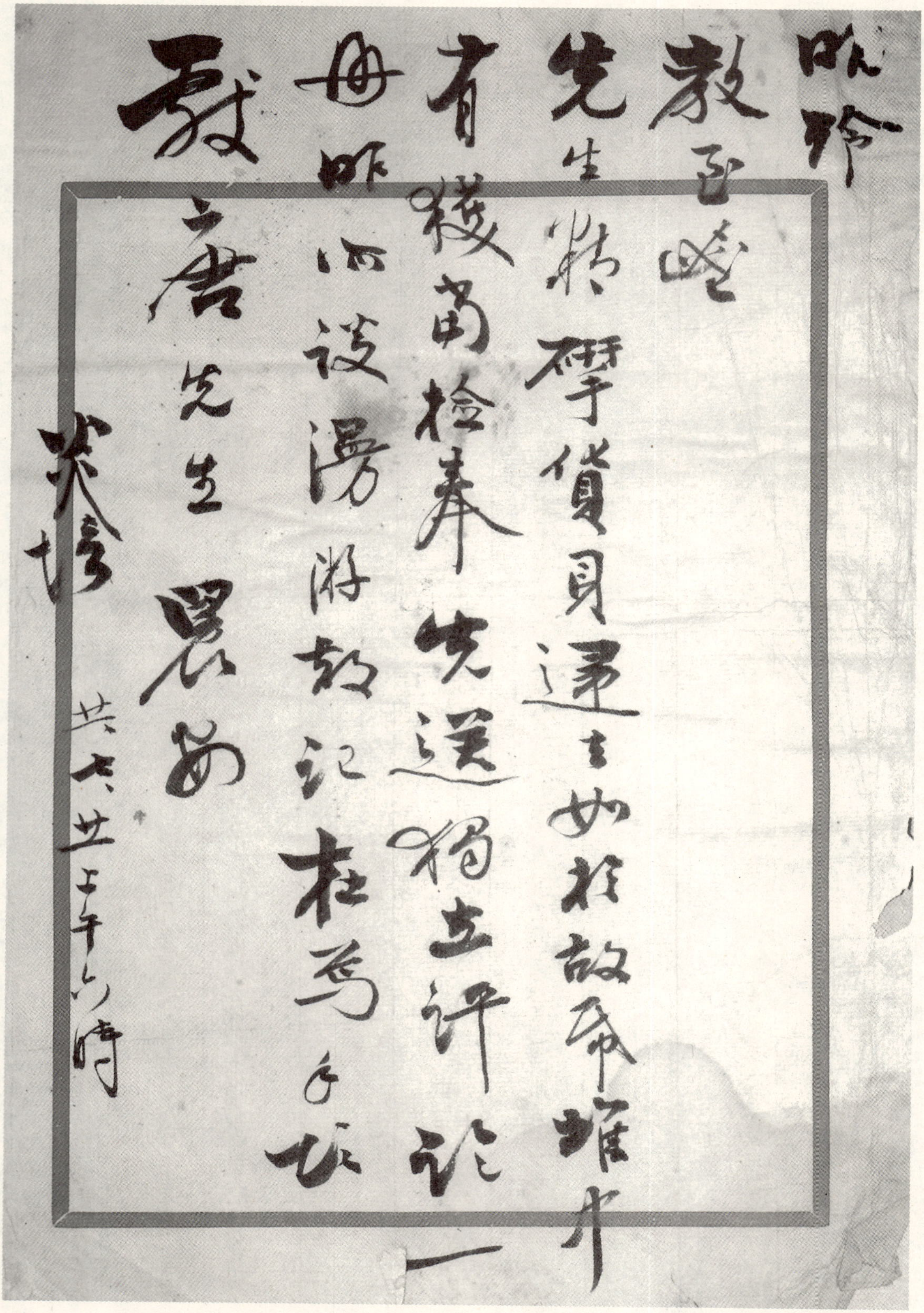
昨聆
教益
先生精擘貸[illegible]還之如於故[illegible]中
有[illegible]當檢奉
先[illegible]獨立評論一
冊昨所談湯游故記杜爲之也
[illegible]
獻唐先生晨安
[illegible]

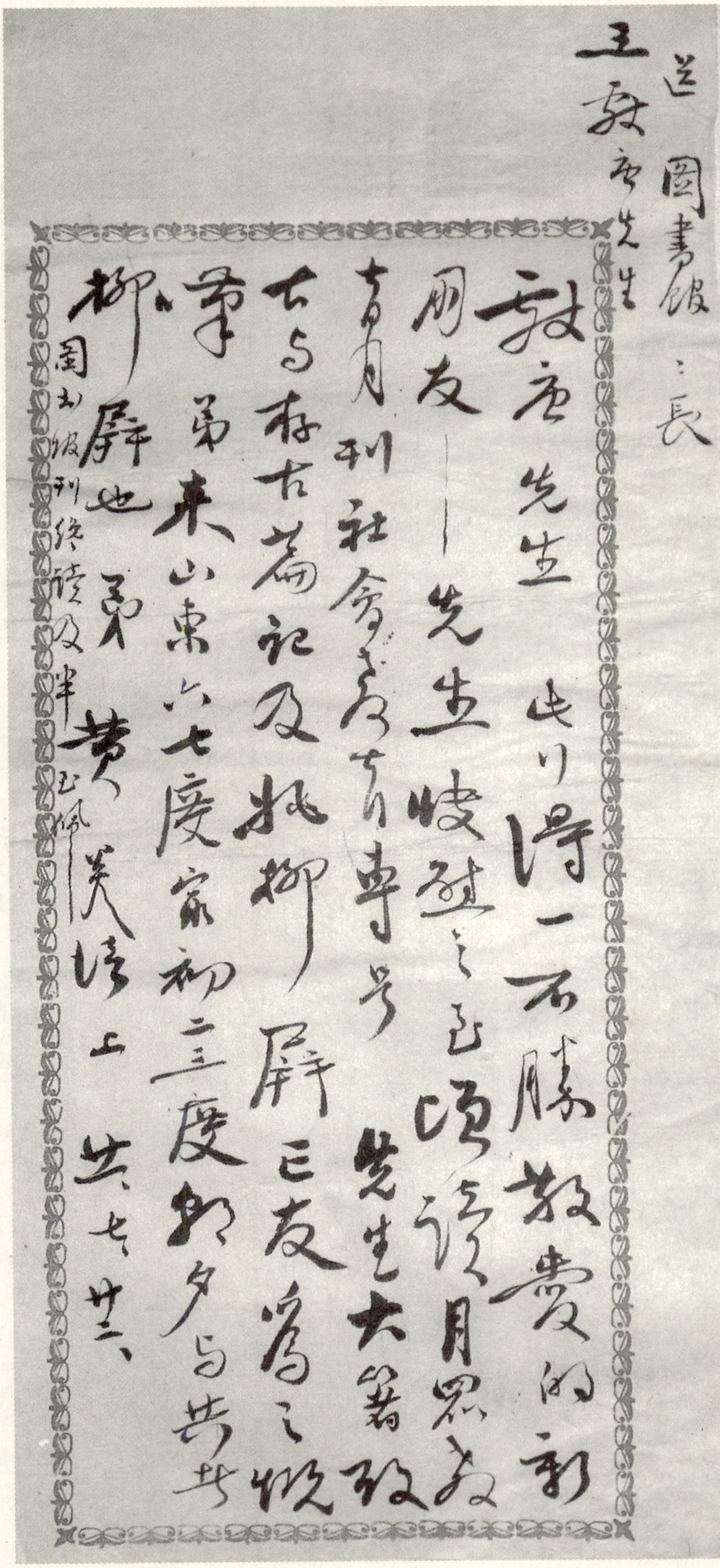

送 圖書館館長 王獻唐先生

獻唐先生 此行得一石勝教費的新朋友——先生快慰之至 頃讀民眾教育月刊社會教育專號 先生大著致古物存古籍記及桃柳屏 已交寫之收 弟來山東六七度 家初二三度 朝夕與共共柳屏也 弟黃炎培上 廿六、七、廿二

圖刊收到 終讀及半 玉佩

書第五通

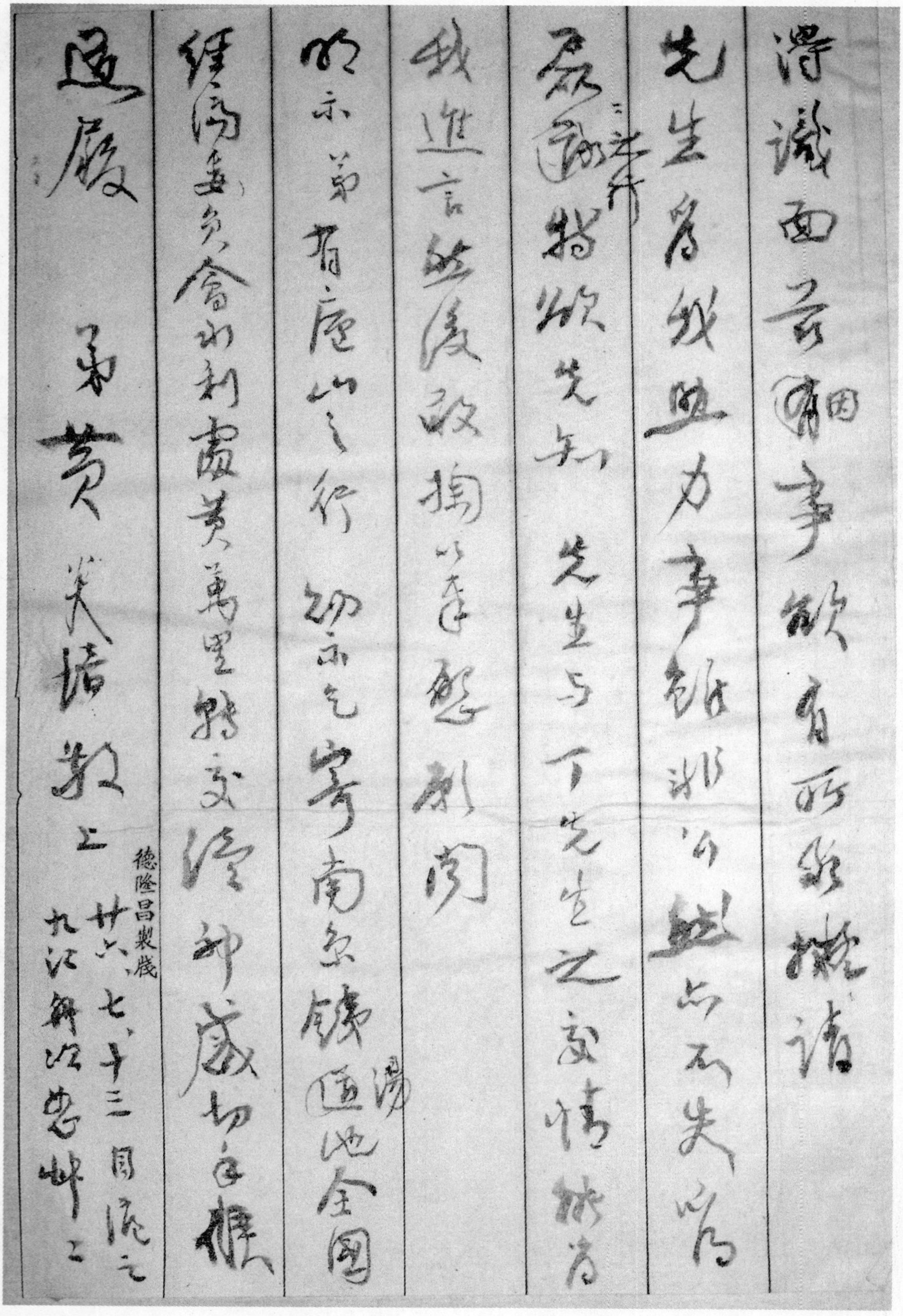

封第一件

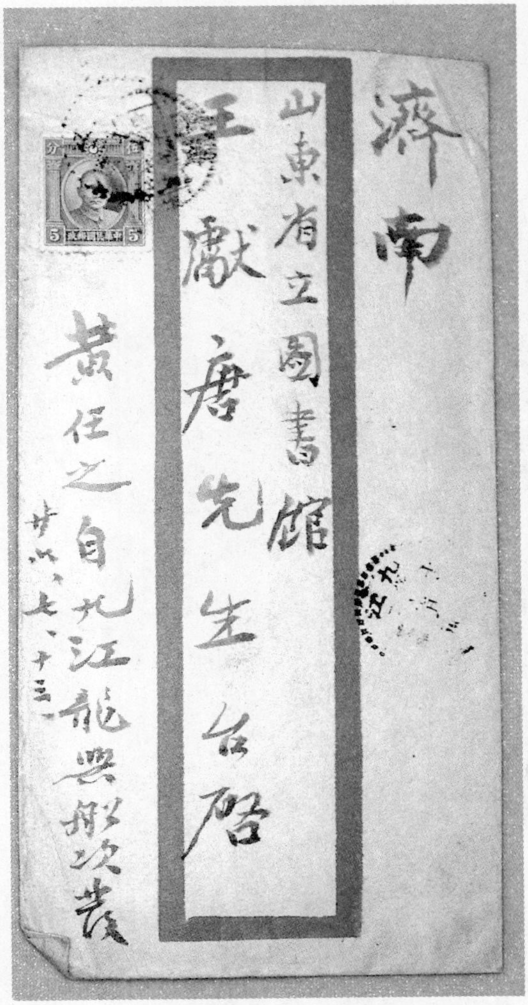
濟南
山東省立圖書館
王獻唐先生台啓
黃任之自九江龍興船次發
廿六、七、十三

封第二件

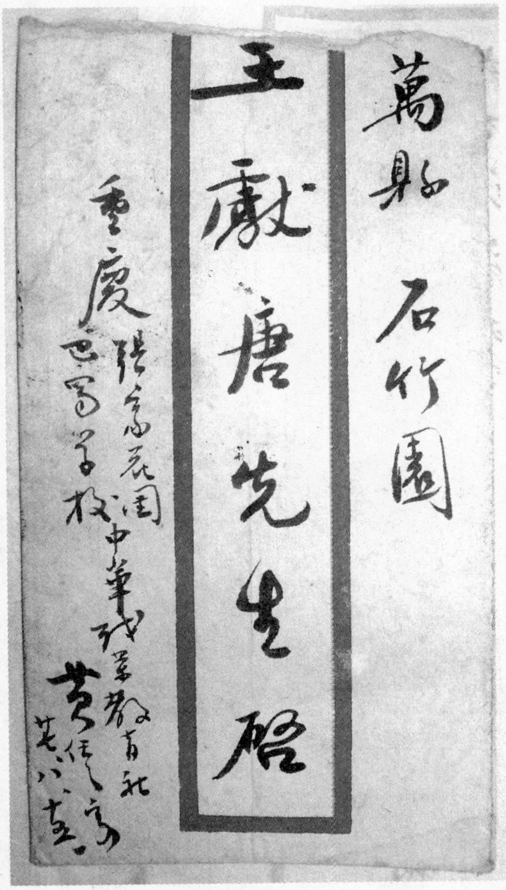
萬縣
石竹園
王獻唐先生啓
重慶
張家花園
巴蜀學校
中華職業教育社
黃任之

四十六 柳詒徵

書四通 封四件

書第一通

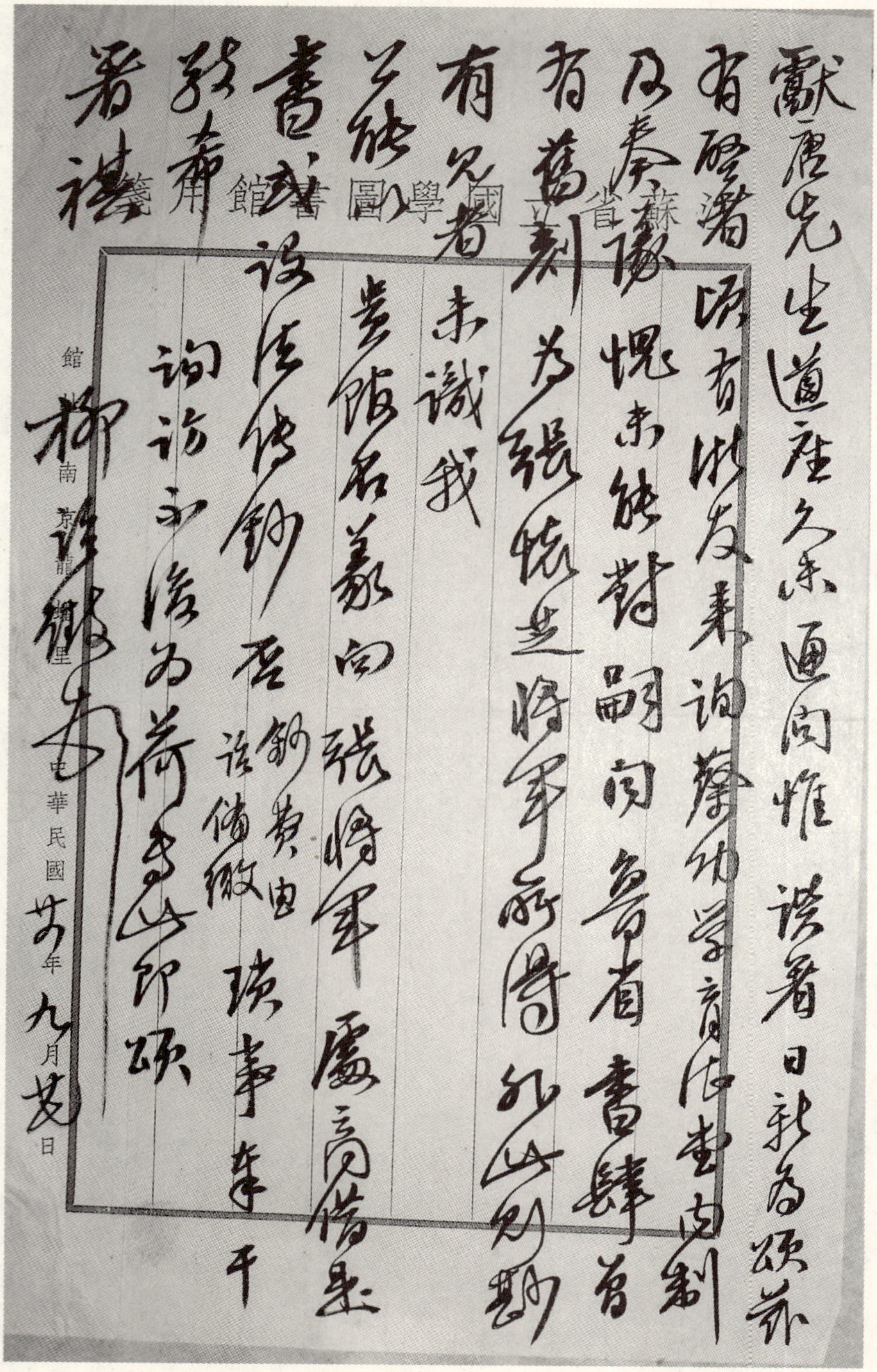

江蘇省立國學圖書館用箋

獻唐先生道座：久未通問，惟譔著日新為頌。昨有[illegible][illegible]頌青[illegible]友來詢[illegible][illegible]學者[illegible][illegible]劉[illegible]及秦漢，愧未能對。嗣閱魯省書肆首有舊刻，為張懷芝將軍所得，知此刻[illegible]有兄者，未識我兄能[illegible]告張君，慕向張將軍處商借，影書，或設法鈔錄，其鈔費由詒徵[illegible]事者干[illegible]。敦希詢訪示復為荷。專此即頌著祺。

柳詒徵[illegible]

館址南京龍蟠里

中華民國廿[illegible]年九月廿[illegible]日

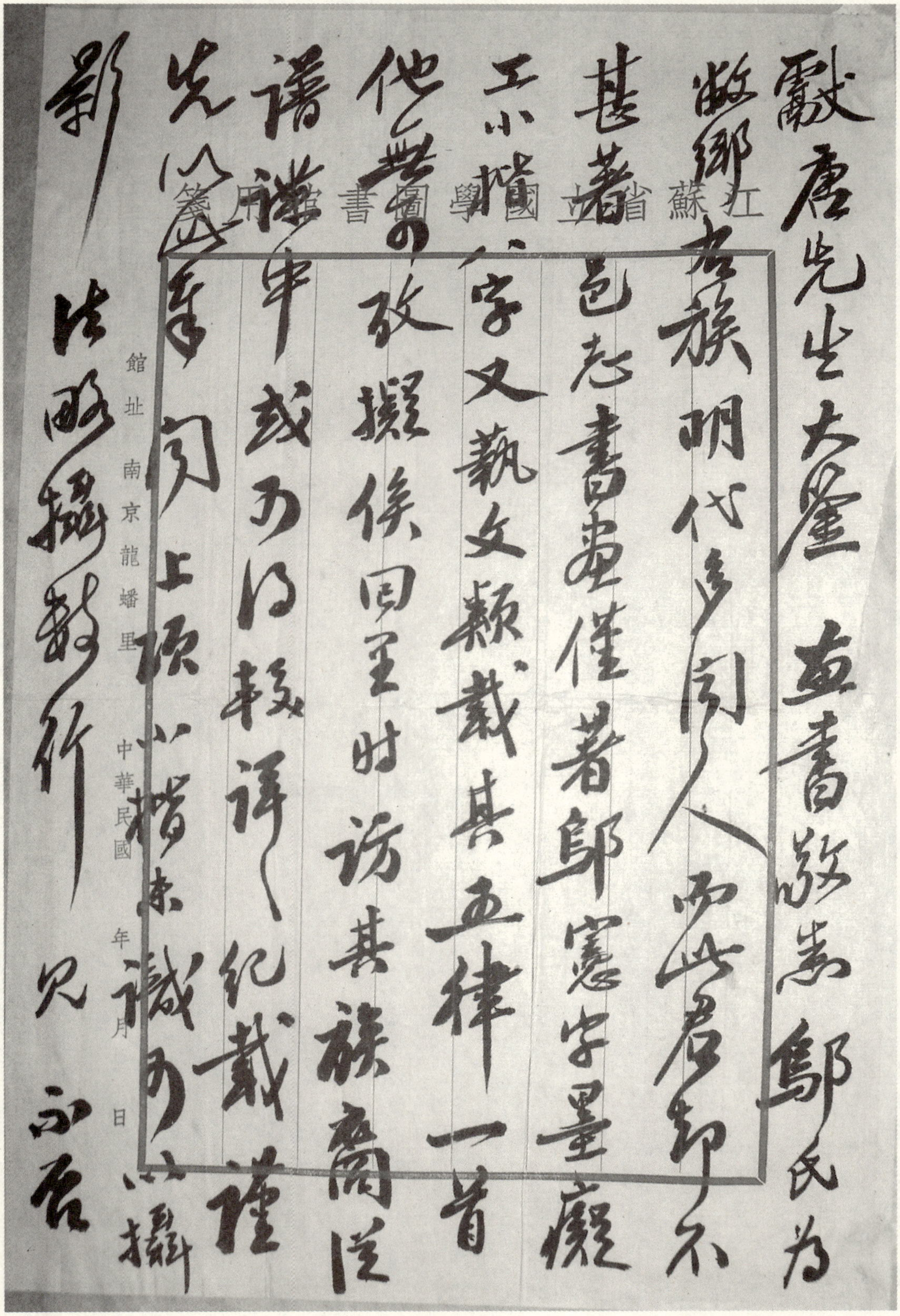
江蘇省立國學圖書館用箋

獻唐先生大鑒：惠書敬悉。鄭氏為
敝鄉右族，明代多聞人，而此君郎不
甚著。邑志書畫僅著鄭寔字墨癡，
工小楷，代字文執，文類載其五律一首，
他無可攷。擬俟回里時訪其族裔，從
譜中或可得較詳紀載。謹
先以原件閱上。原小楷未識可以攝
影，[illegible]

館址 南京龍蟠里　中華民國　年　月　日

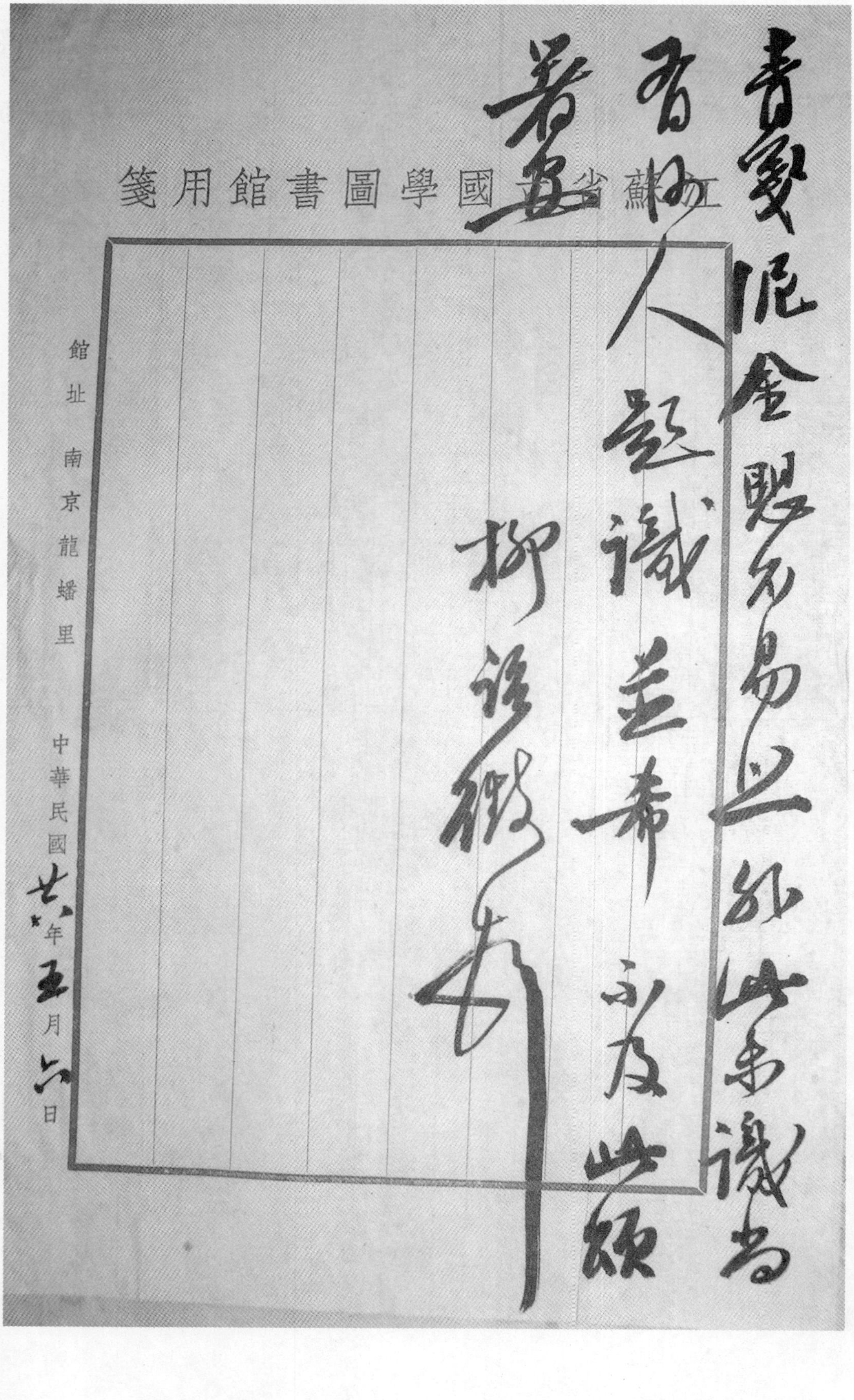
江蘇省立國學圖書館用箋

青霞兄：金題易正紙，此係誤爲晉人題識，並希示及。此頌著安。柳詒徵上

館址　南京龍蟠里

中華民國廿六年五月六日

獻唐先生道鑒拜誦
大章藉諗
興居佳勝為慰承
惠贈穆天子傳衹領謝謝另一部交敝館編
目珎存兹向
貴館訂購兩漢印帚及鄒滕古陶文字各
一部請將書及發票寄下以便將款滙奉
再有套印三色版之方法價值等

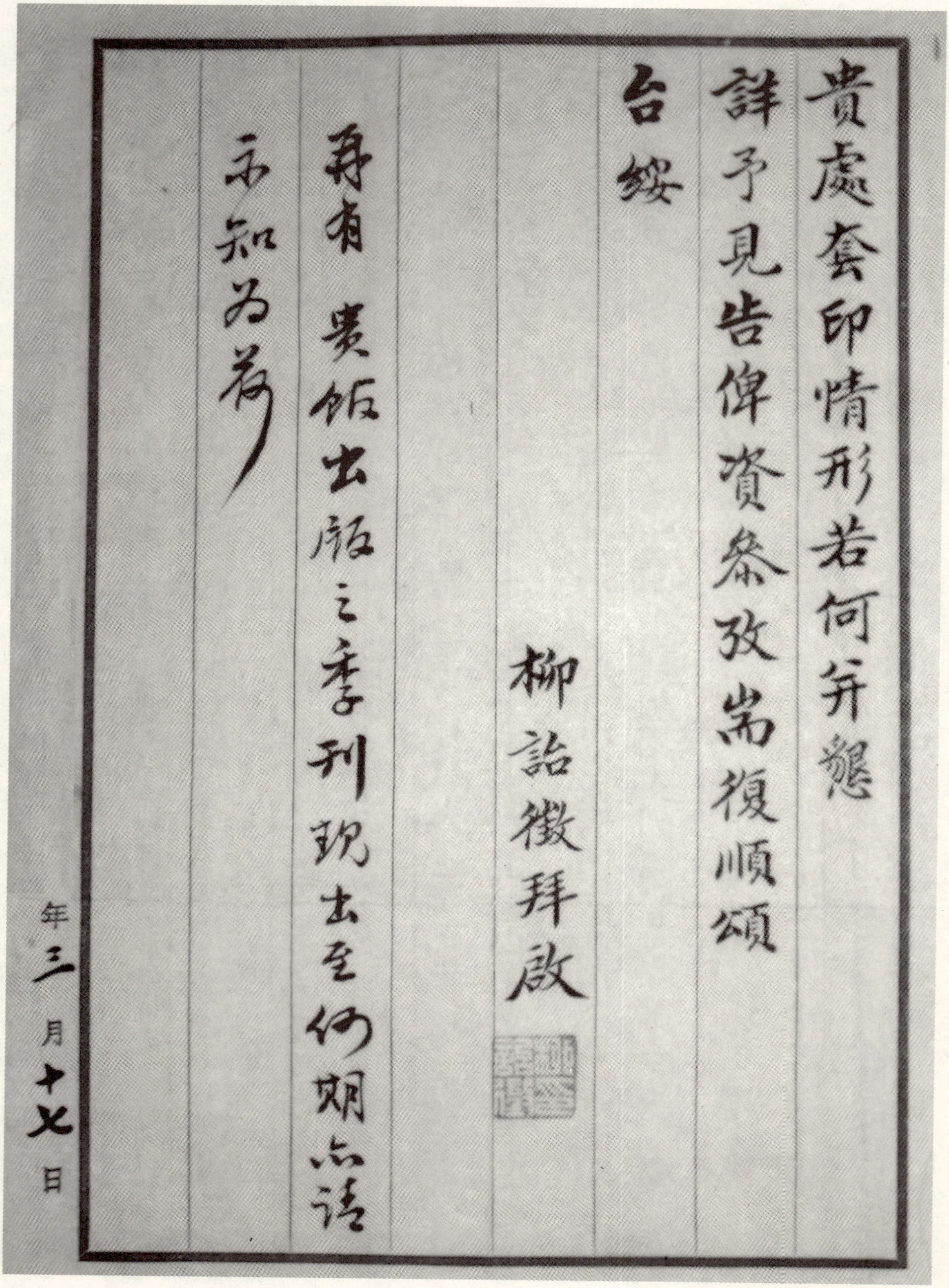

貴處套印情形若何并懇

詳予見告俾資參攷耑復順頌

台綏

柳詒徵拜啟

再有　貴館出版之季刊現出至何期亦請

示知爲荷

年三月十七日

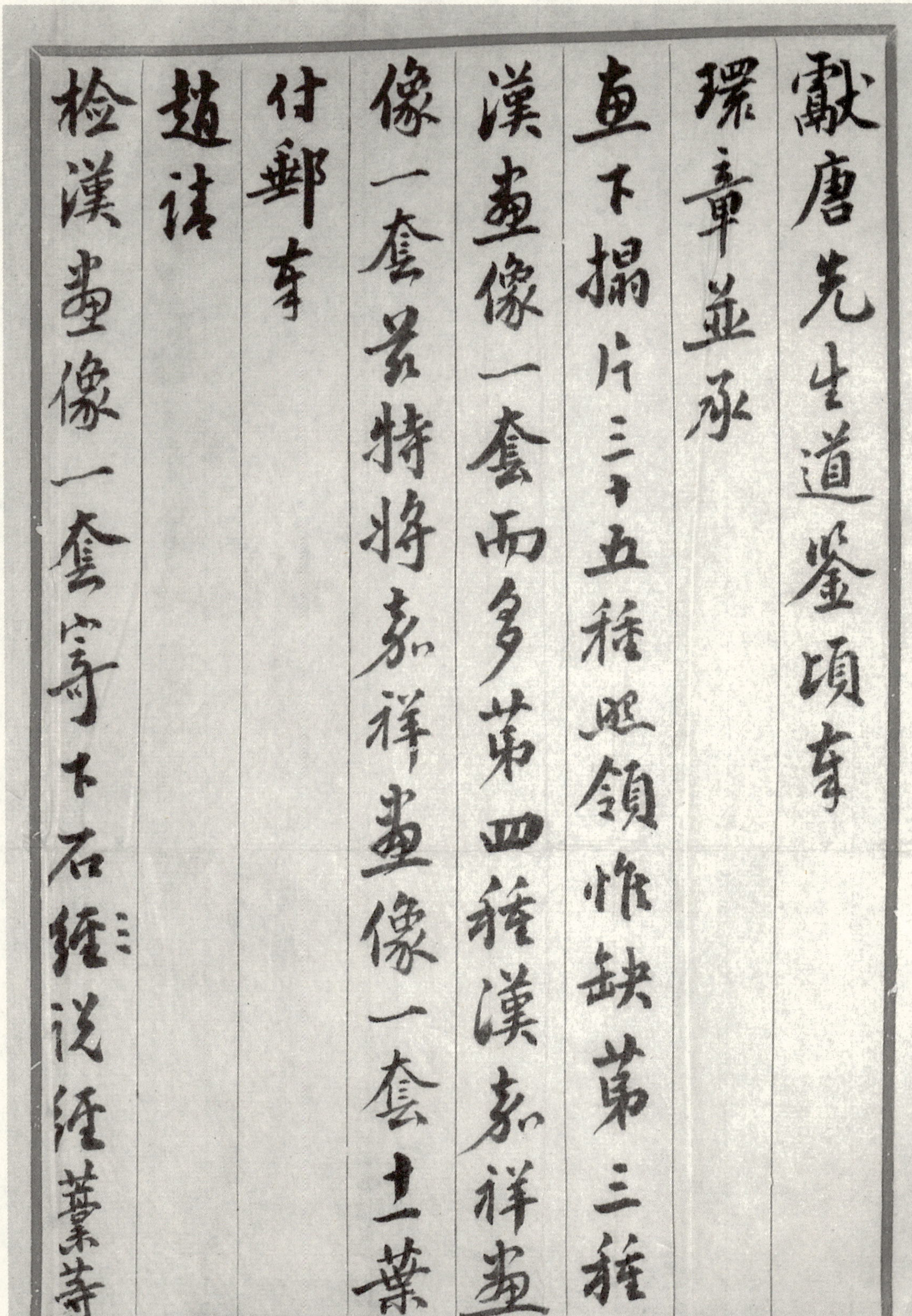
獻唐先生道鑒頃奉
環章並承
直下搨片三十五種照領作缺第三種
漢畫像一套而多第四種漢嘉祥畫
像一套茲特將嘉祥畫像一套十一葉
付郵奉
趙請
檢漢畫像一套寄下石經三說經葉等

印箋請即

直寄爲盼寄此希復即頌

著祺

柳詒徵壽

六月廿日

封第一件

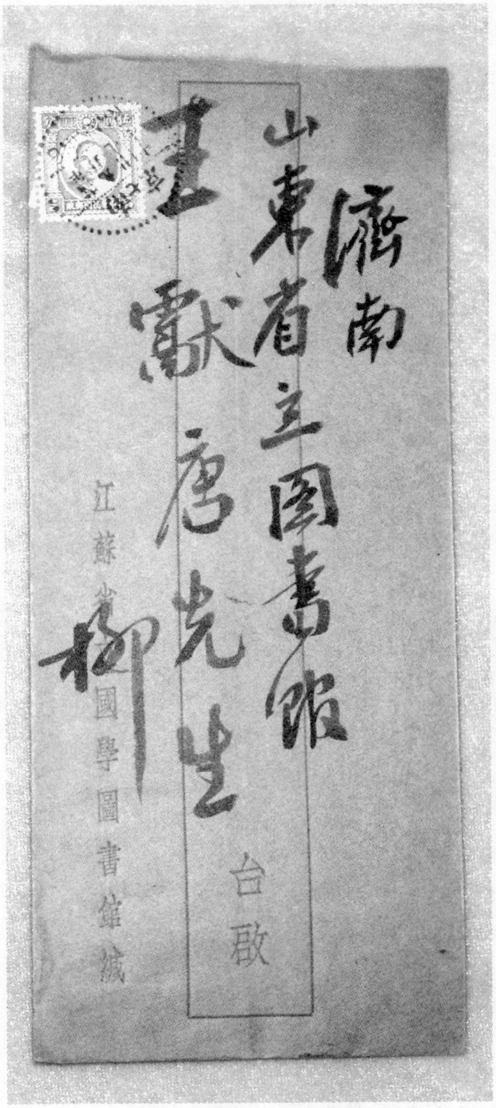
山東省立圖書館
濟南
王獻唐先生
台啟
江蘇省國學圖書館緘
柳

封第二件

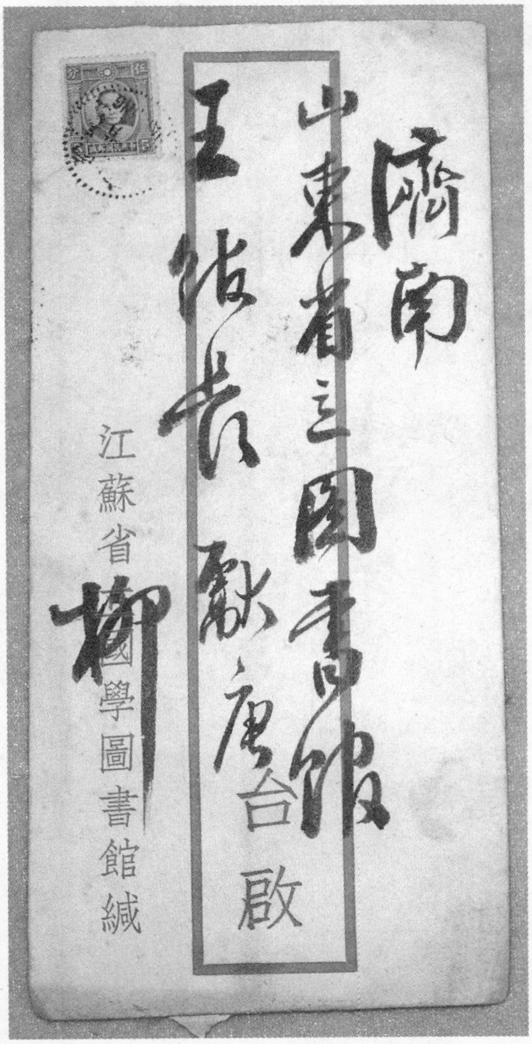
山東省立圖書館
濟南
王館長獻唐
台啟
江蘇省國學圖書館緘
柳

封第三件

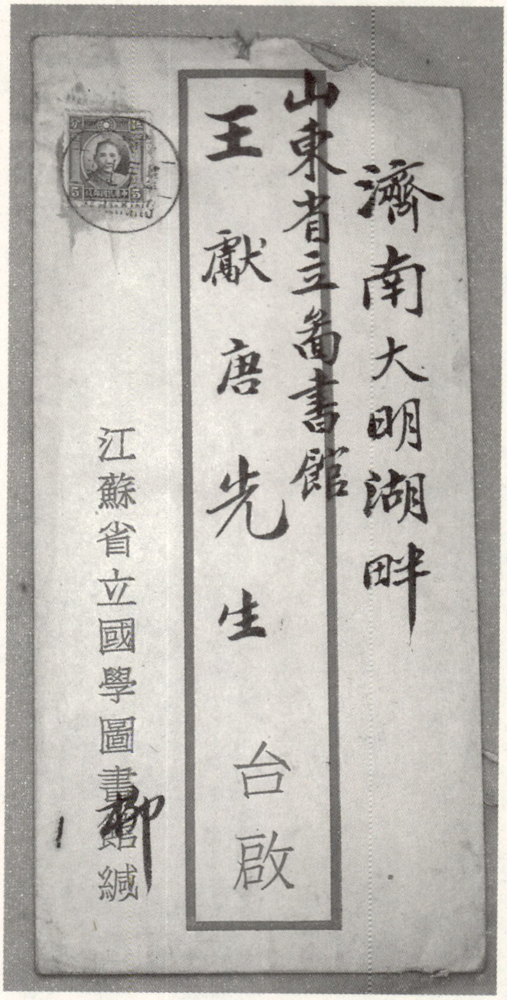
濟南大明湖畔
山東省立圖書館
王獻唐先生台啟
江蘇省立國學圖書館緘

封第四件

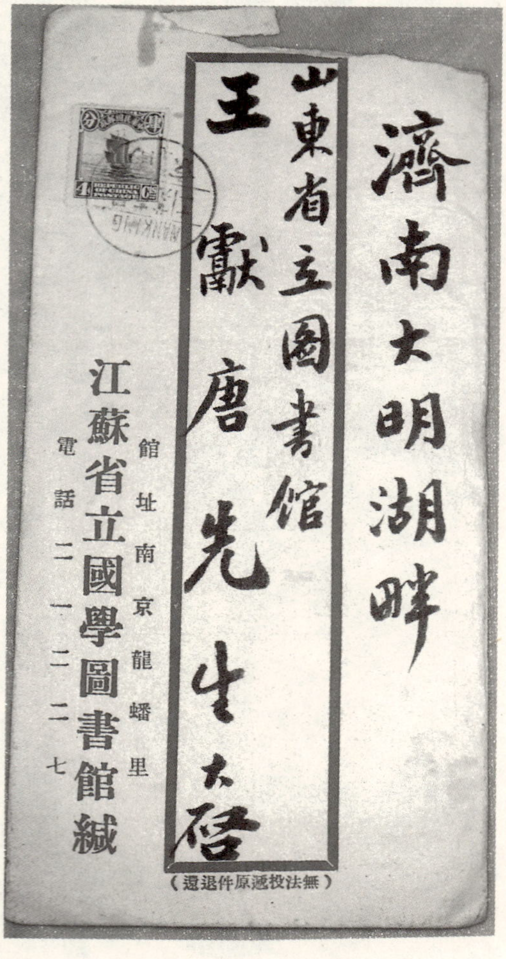
濟南大明湖畔
山東省立圖書館
王獻唐先生大啓
江蘇省立國學圖書館緘
館址南京龍蟠里
電話二一二二七
（無法投遞原件退還）

四十七　易培基

書三通　封三件

書第一通

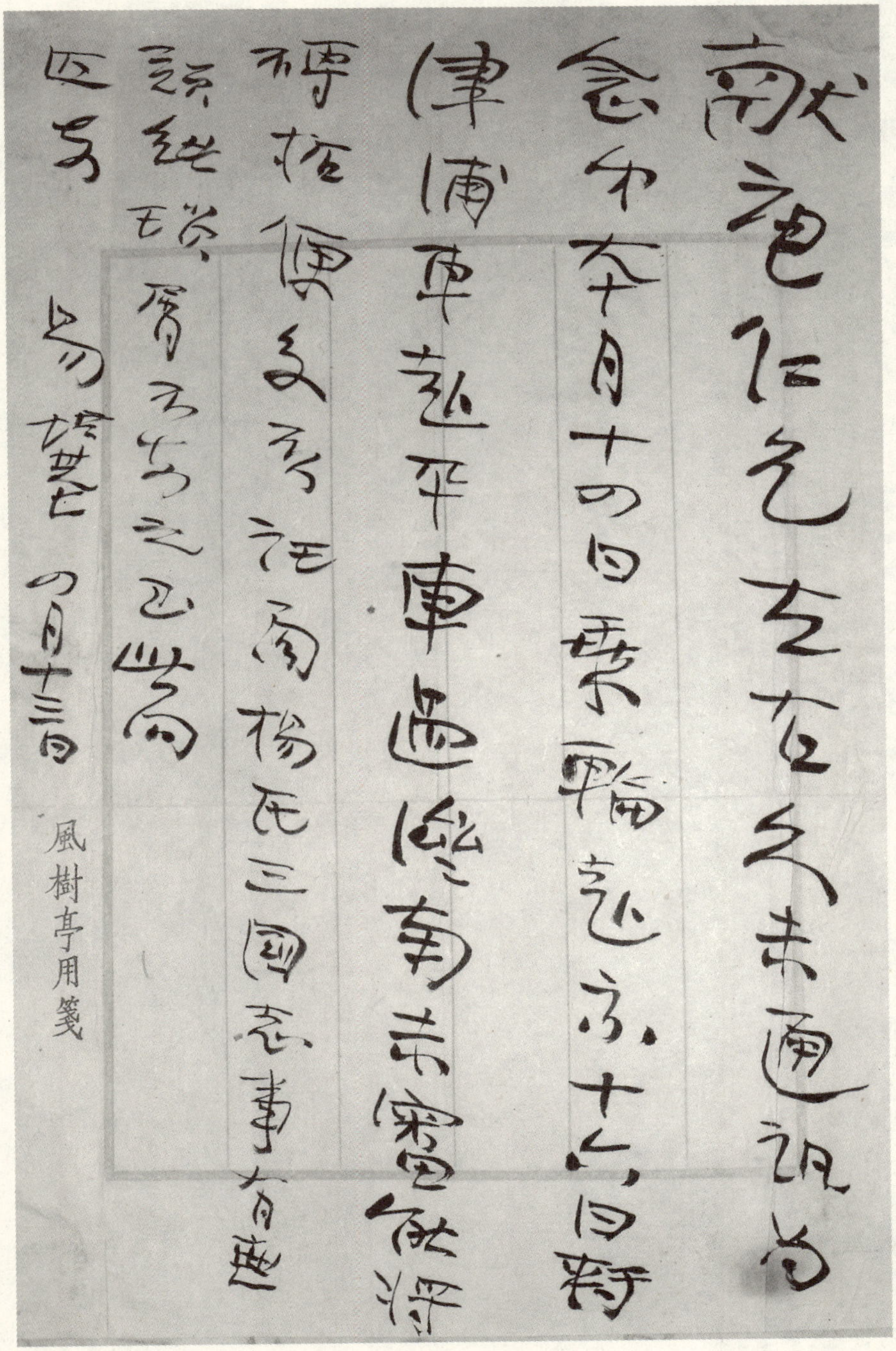

書第二通

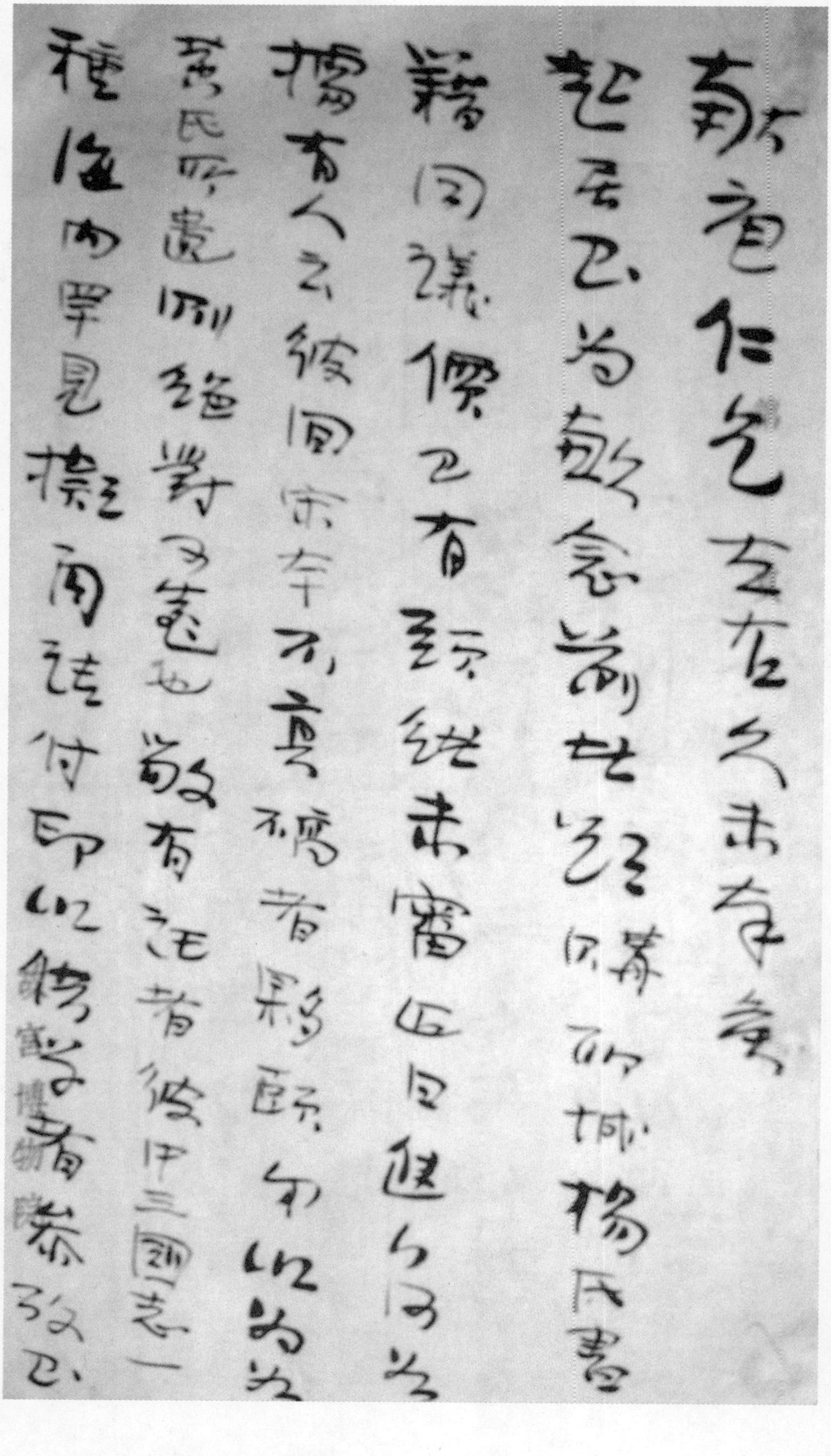

[illegible]庵仁兄左右久未奉候起居至為歉念前此[illegible]因[illegible]聊城楊氏書籍同議價至有頭緒未審近日進行何如據有人云彼間宋本不真不[illegible]者[illegible]頭[illegible]以為[illegible]氏所遺則絕對可靠也敬有託者彼中三國志一種海內罕見擬商請付印以[illegible]學者[illegible]

易培基

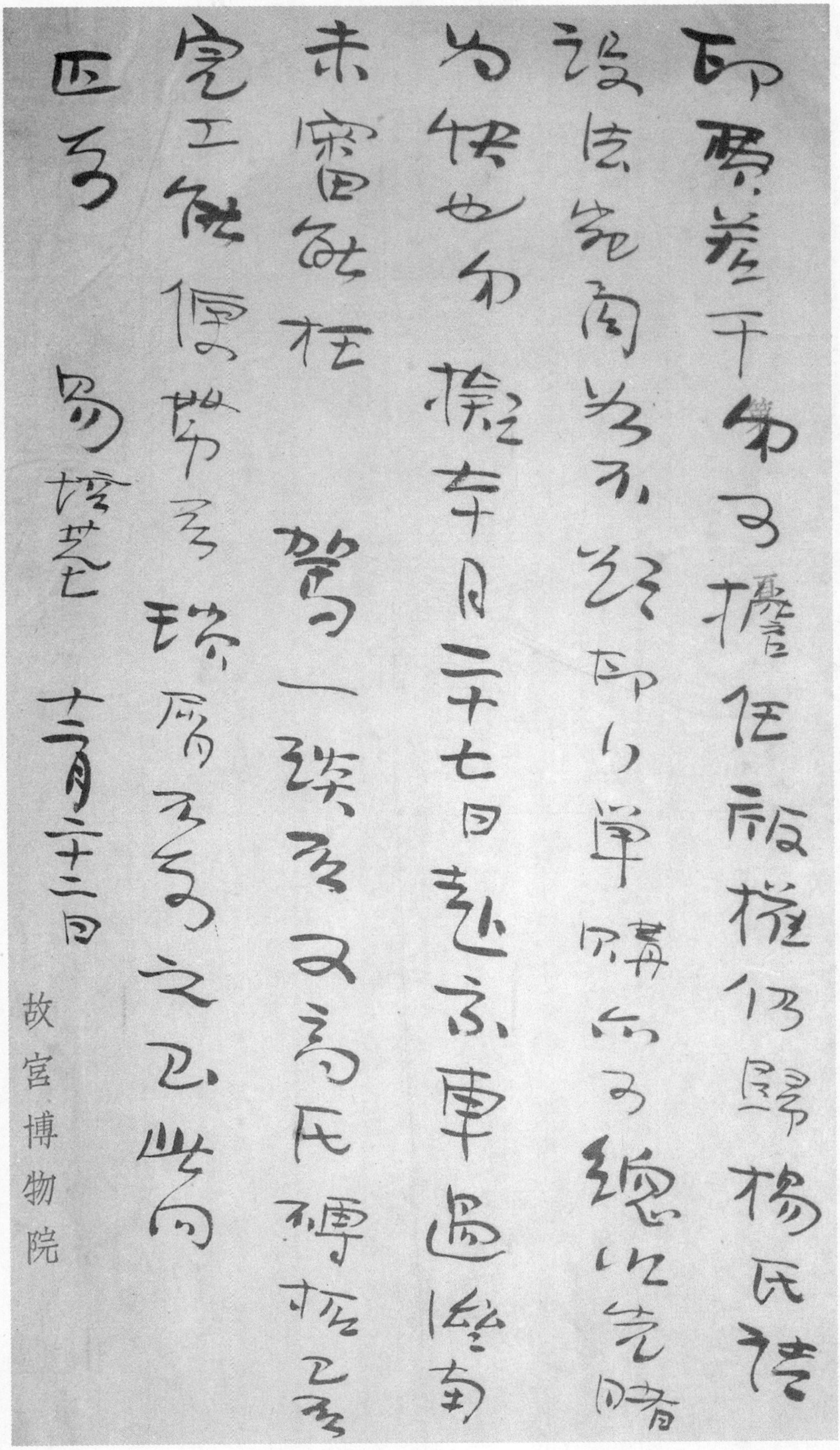

故宫博物院

書第三通

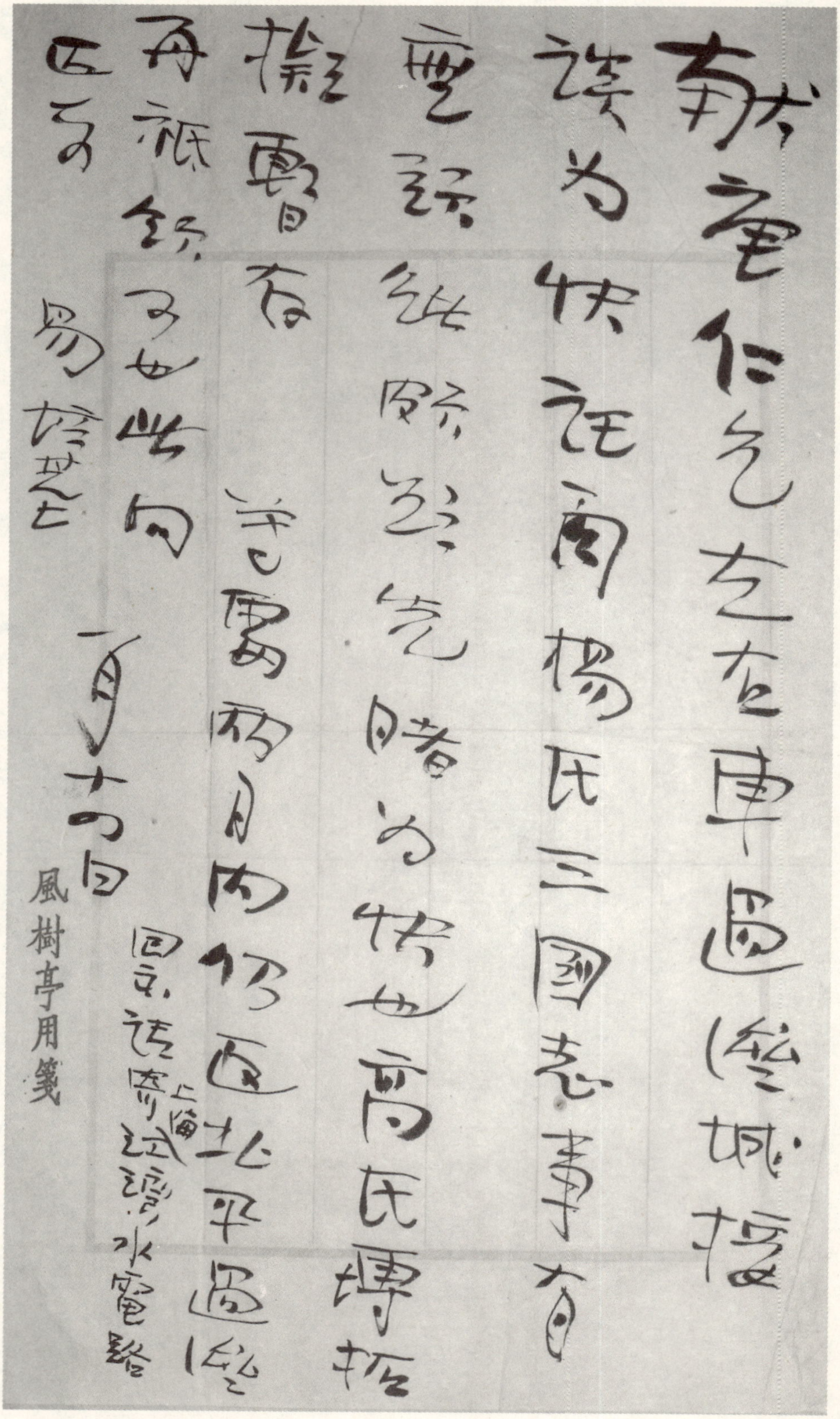

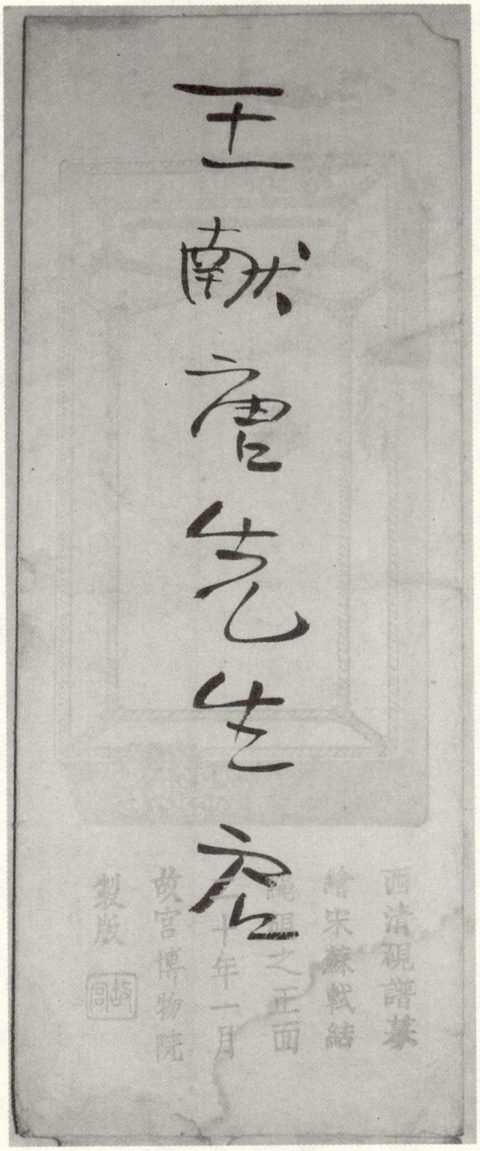
王獻唐先生啓
西清硯譜摹
繪宋蘇軾結
硯之正面
十年一月
故宮博物院
製版
封第一件

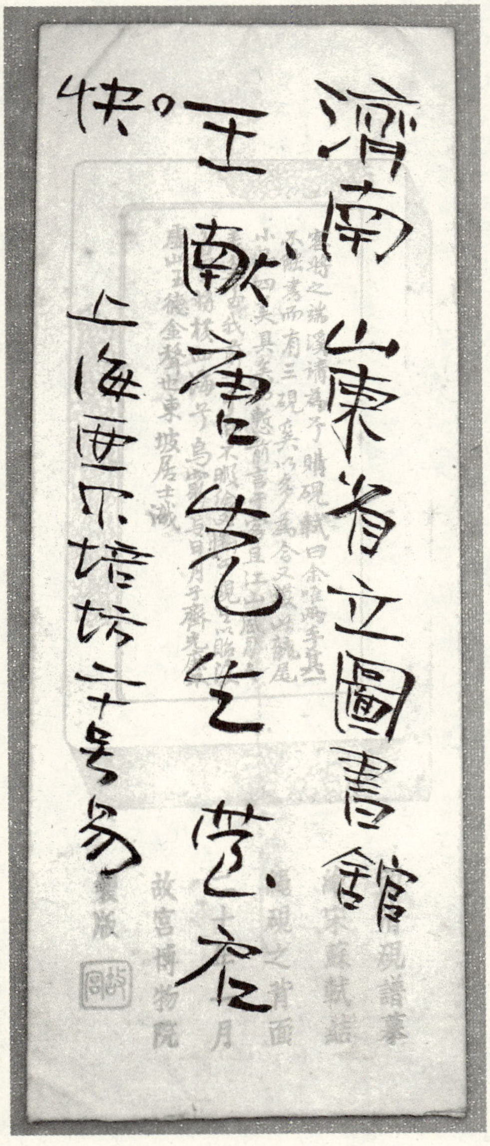
濟南山東省立圖書館
王獻唐先生台啓
快。
故宮博物院
封第二件

封第三件

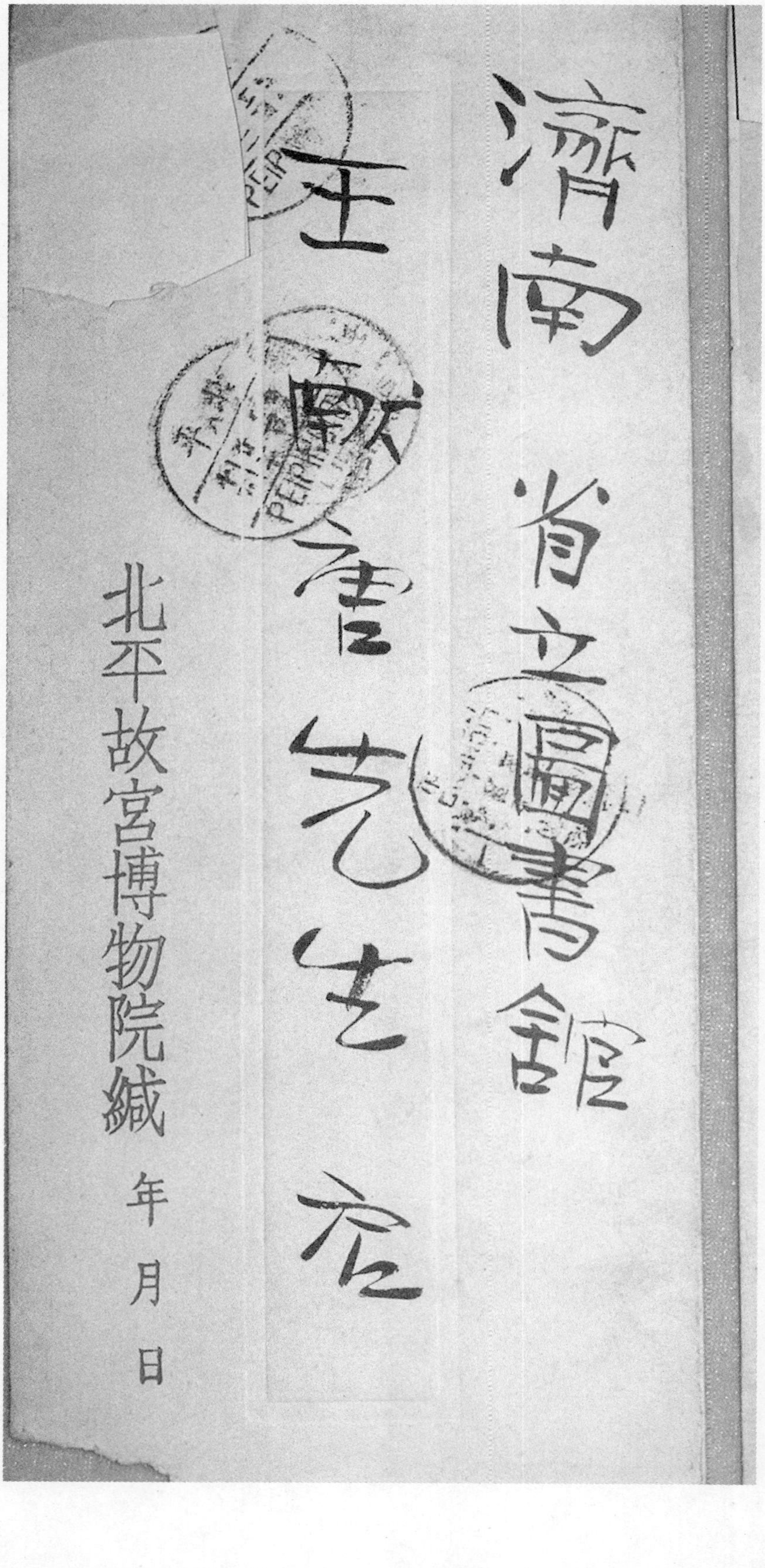

四十八　李禧麟

書一通　封一件

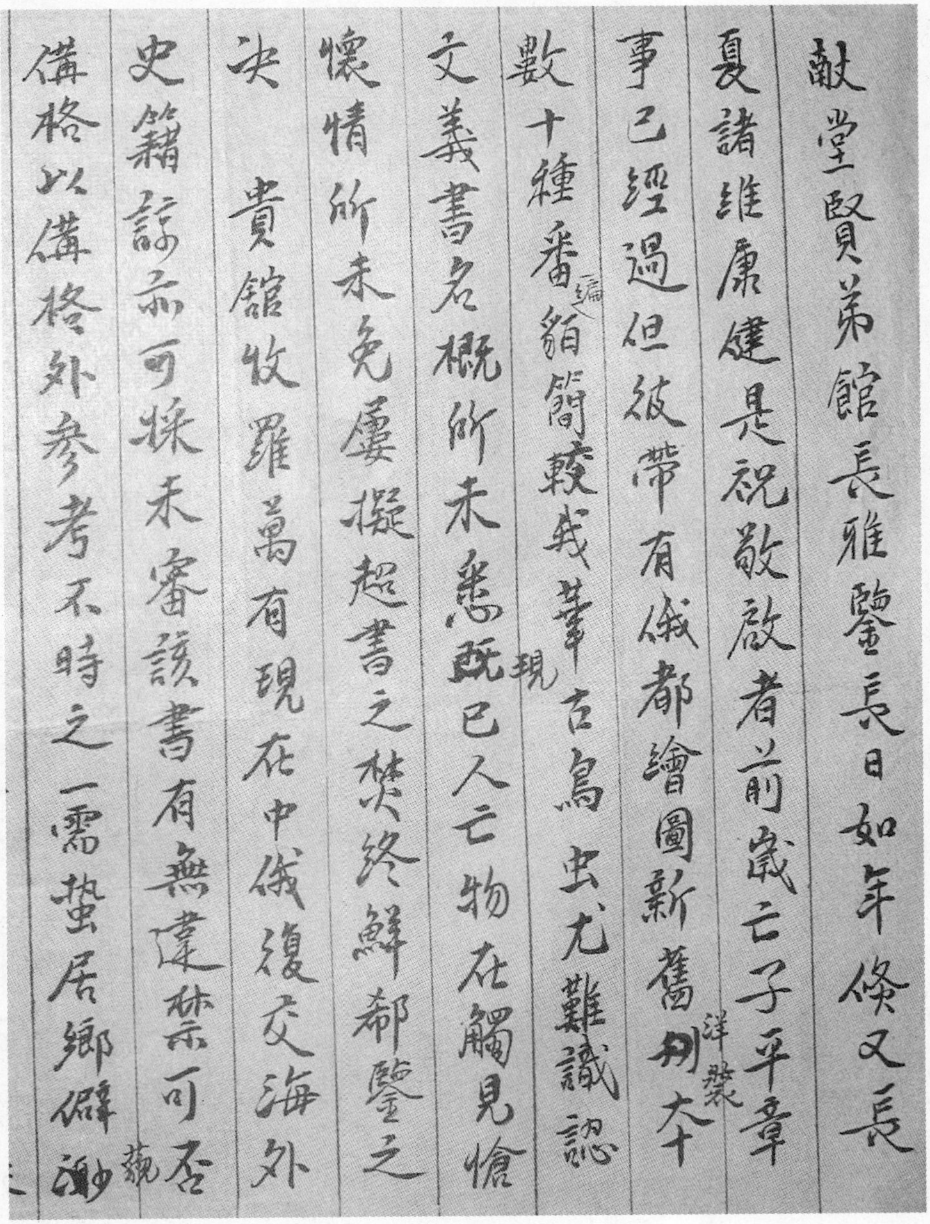

獻堂賢弟館長雅鑒：長日如年，倏又長
夏，諸維康健是祝。敬啟者，前歲亡子平章
事已經過，但彼帶有俄都繪圖新舊洋裝刊本十
數十種，番編綯簡較我華古鳥虫尤難識認，
文義書名概所未悉，現既已人亡物在，觸見愴
懷，情所未免，屢擬超書之焚，終鮮郗鑒之
決。貴館收羅萬有，現在中俄復交，海外
史籍諒亦可採，未審該書有無違禁，可否蒐
備格以備格外參考不時之需。蟄居鄉僻，渺

壽光閣敘以實告如可草發即行郵上如礙
館例此爲聲明際今多事恐滋誤會破胆之餘
蛇影杯弓不無驚懼宜存宜焚或出破格收
置館副賜以保証卯祈答覆是爲至感兄連
年遭受雖付達觀終難自勉閒滌園大著
妙具神悟未審何以教我也餘情縷縷不盡
欲言此肅敬候指示即請
教安諸維
電照不宣

愚兄李禧麟鞠躬
二十二年七月廿四日

賜函處碑廓郵局轉山口村

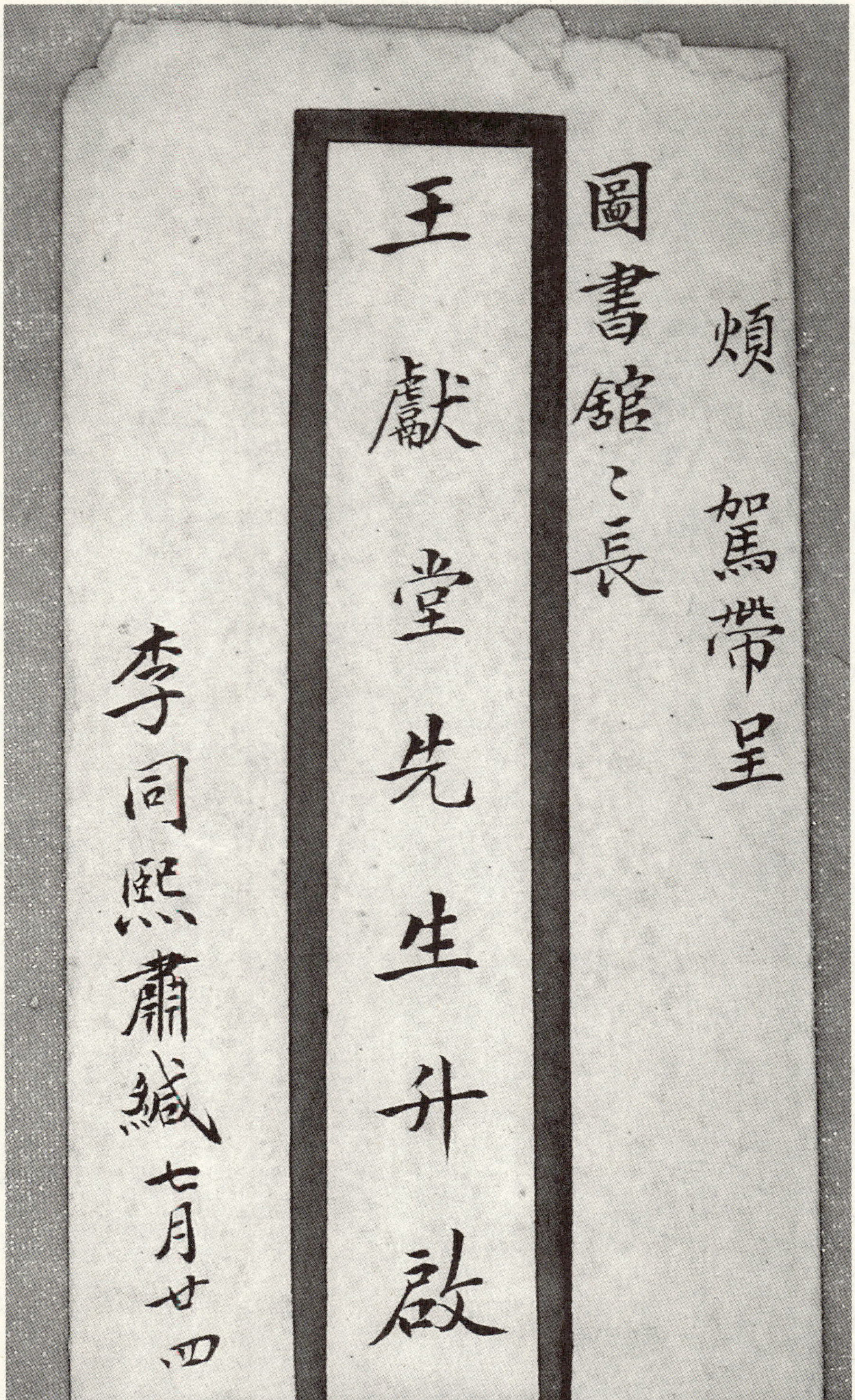
煩 駕帶呈
圖書館々長
王獻堂先生升啟
李同熙肅緘 七月廿四

四十九　辛鑄九 書二通

書第一通

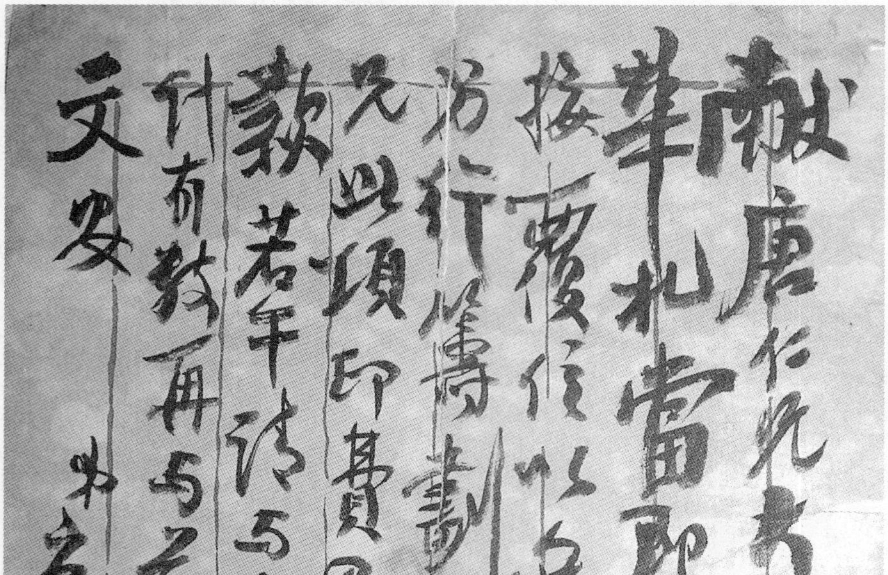
獻唐仁兄大鑒：接奉
華札，當即面商前途，頃
接覆信，以進德會無款，須
另行籌劃，俟稍有眉目再
兄所須印費及影照共需
款若干，請與季陶兄酌量預
付，有款再與前途細商。此請
文安
弟辛鑄九頓

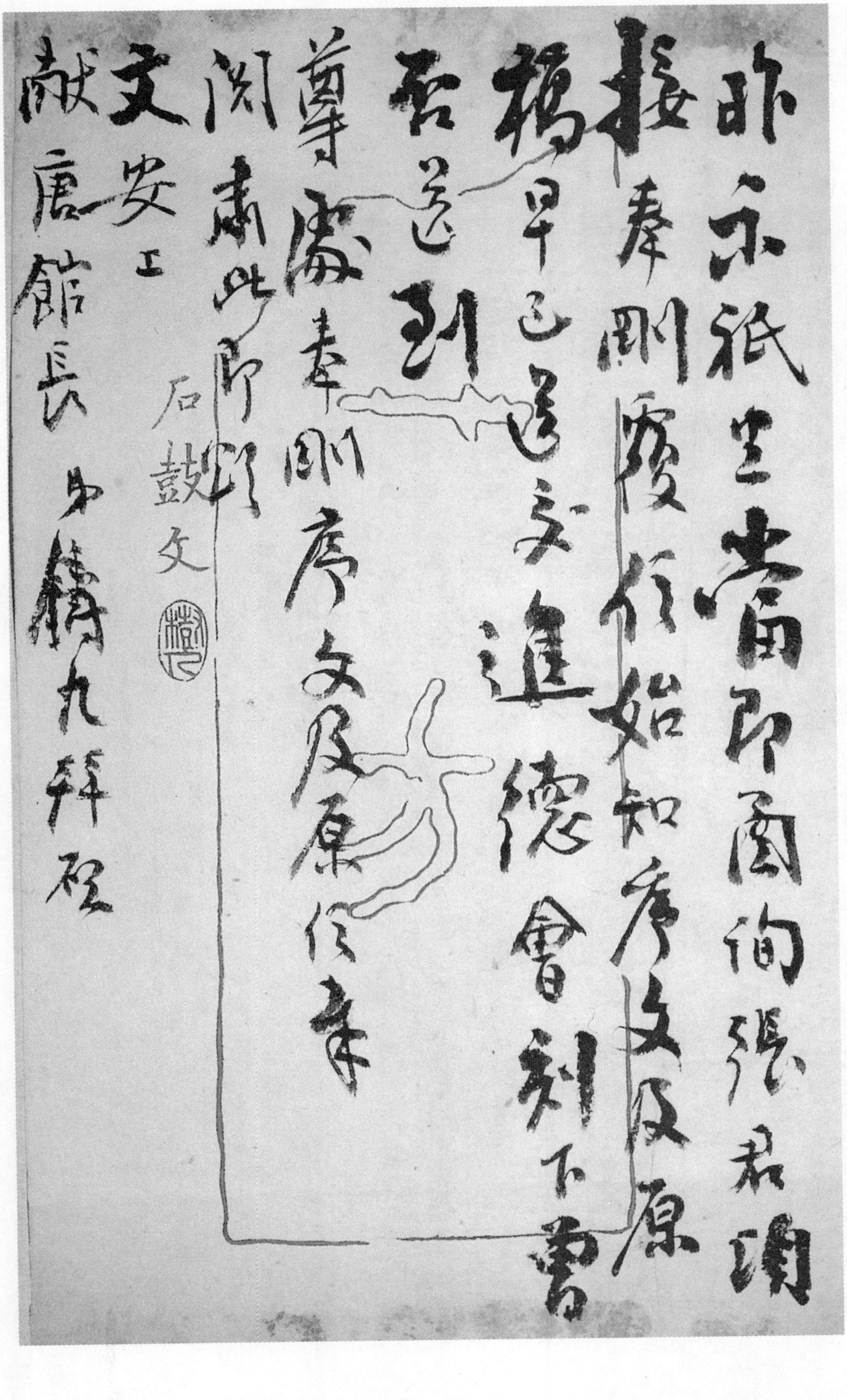

昨示紙共當即圖伯張君謂
接奉剛復作始知序文及原
稿早已送交進德會刻下書
君送到
尊處奉剛序文及原作本
閱竟此即頌
文安
献唐館長 弟鑄九拜啓
石鼓文

五十 任方同致辛鑄九書一通

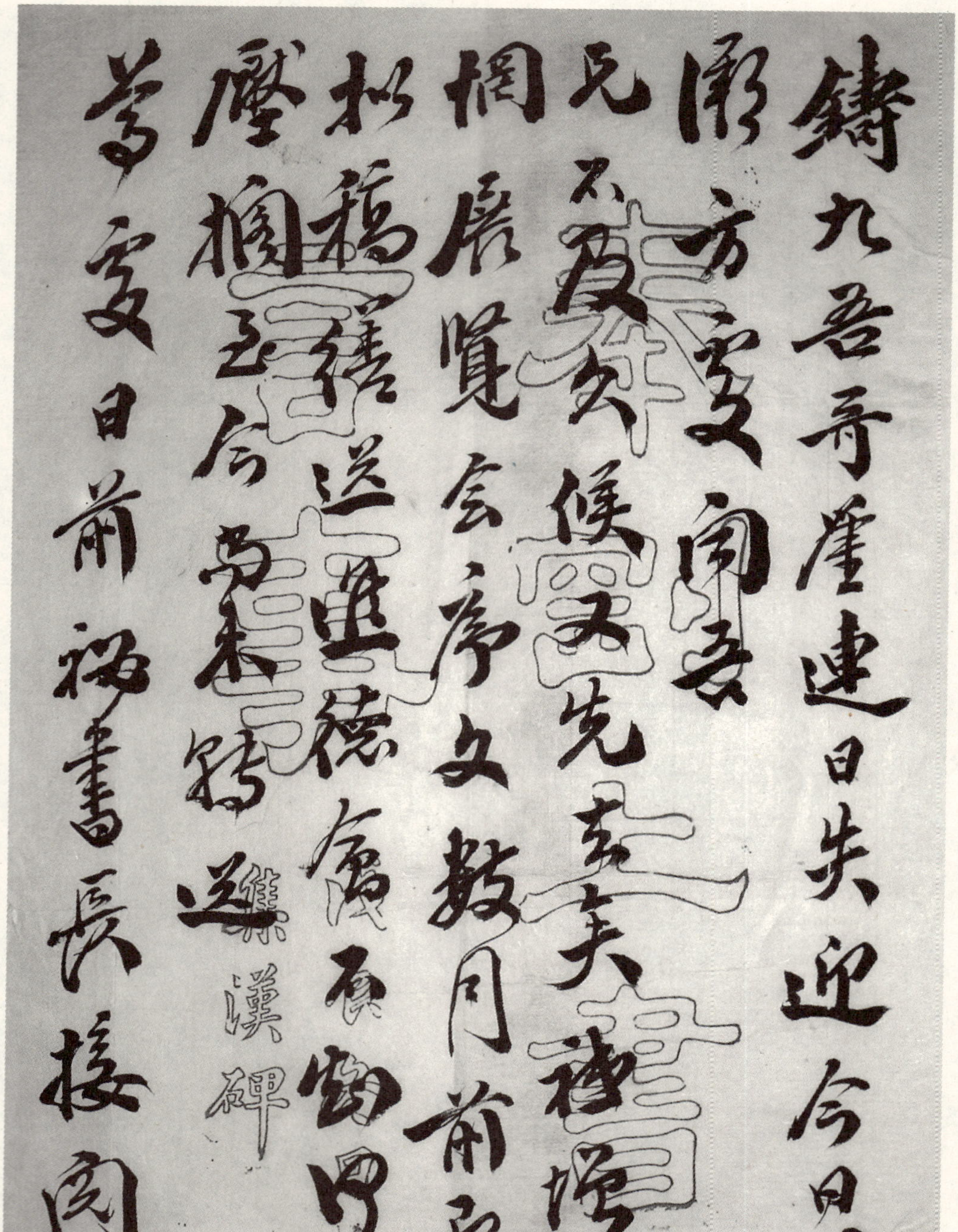
鑄九吾哥[illegible]連日失迎今日到
[illegible]方叟向吾
兄不及公候叟文先生矣[illegible]振
擱展覽金序文數月前[illegible]
擬稿繕送道德會展閱[illegible]
壓擱至今尚未轉送
[illegible]叟日前擬書長[illegible]閱

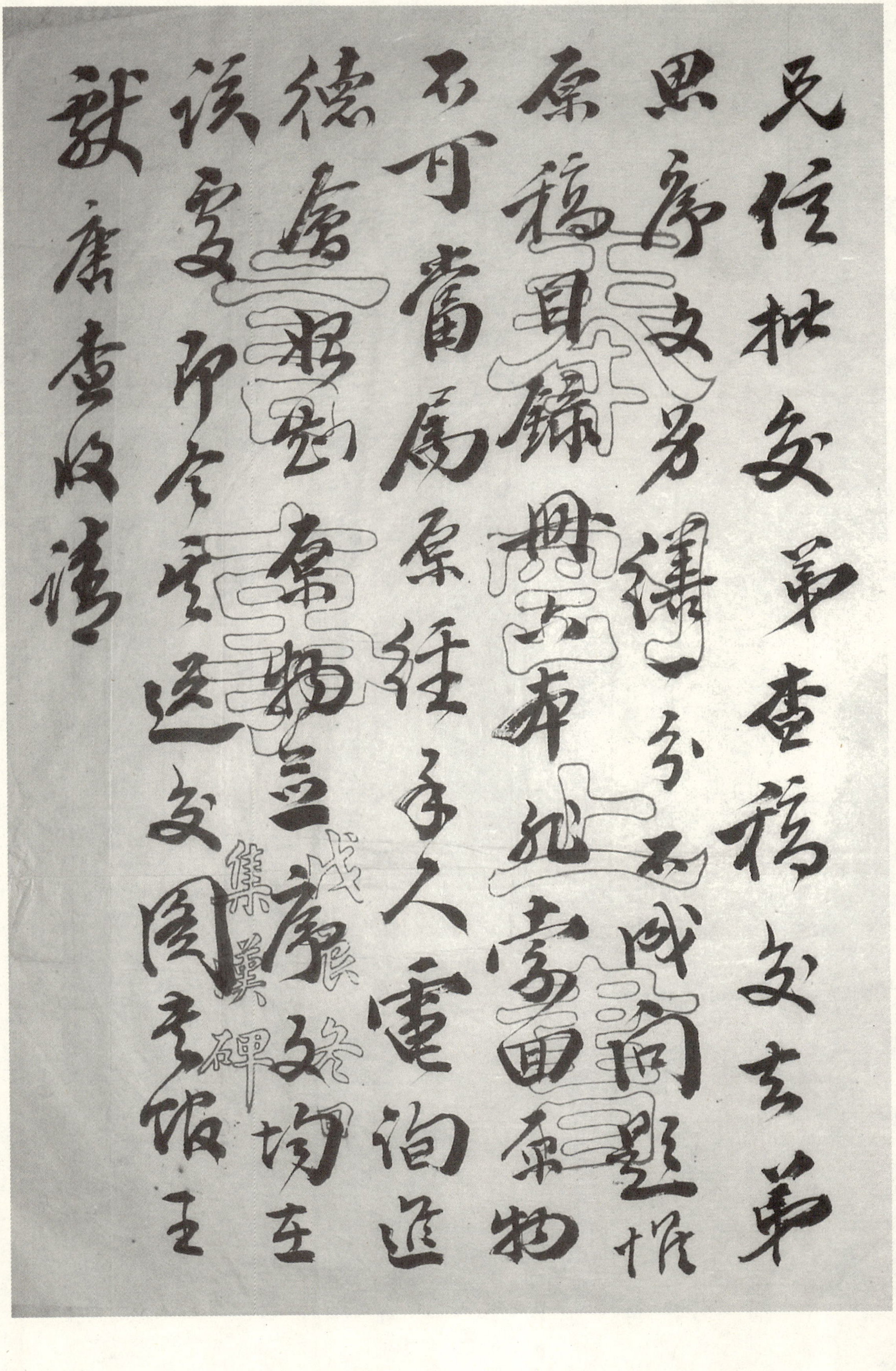
兄任批交第壹稿交去第
思序文另講一分不成問題 恨
原稿目錄冊六本此壹函原物
不可當屬原經手人電詢進
德齋照原物並序文均在
誤交印令愛送交周君收王
獻唐查收請

任方同致辛鑄九

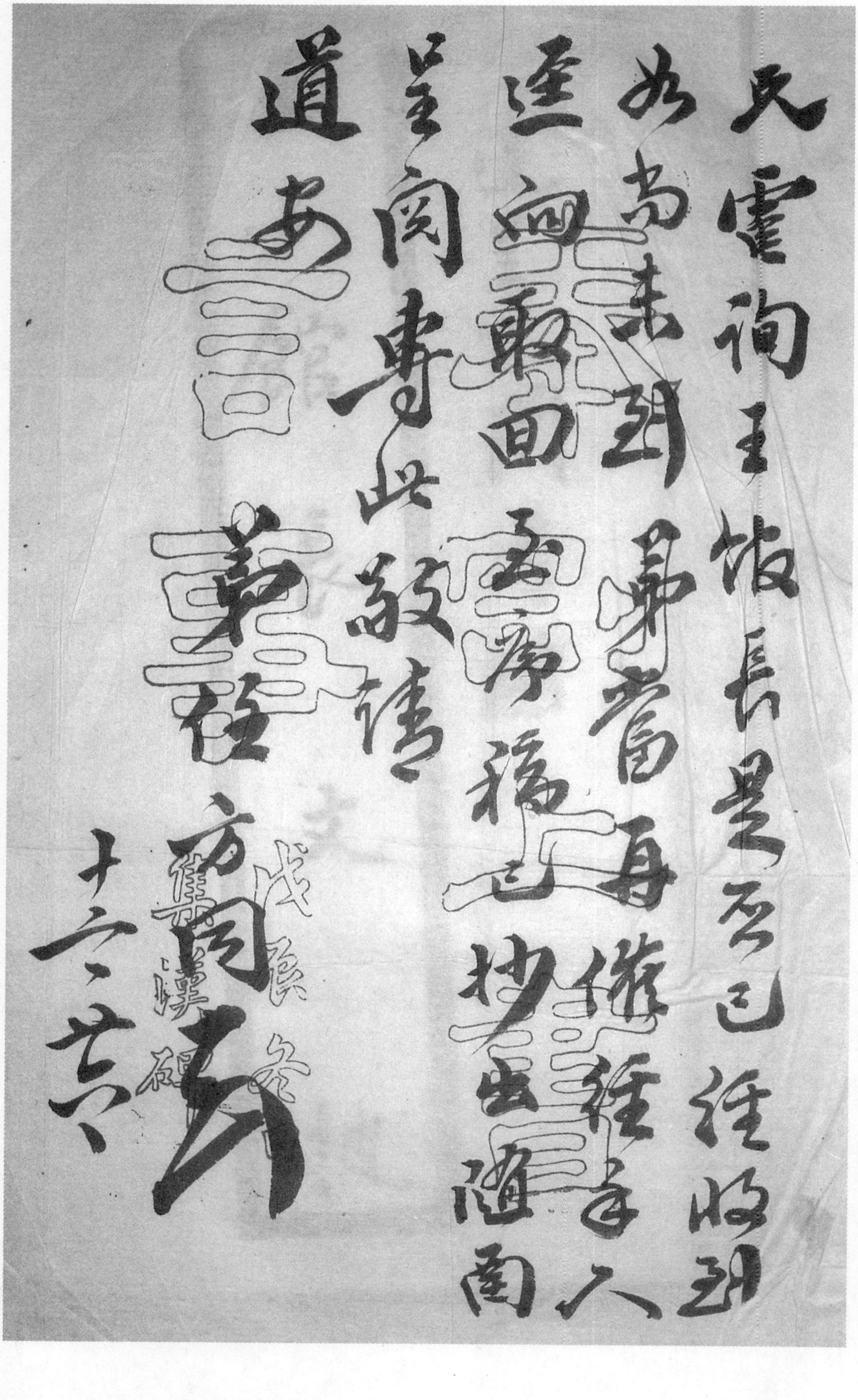

只需詢王館長是否已經收到，如尚未到，弟當再備，經手人逕向郵局索回存稿，已抄出隨函呈閱。專此，敬請
道安
弟 方回
十二、廿六

五十一　牟祥農

書二通　封三件

書第一通

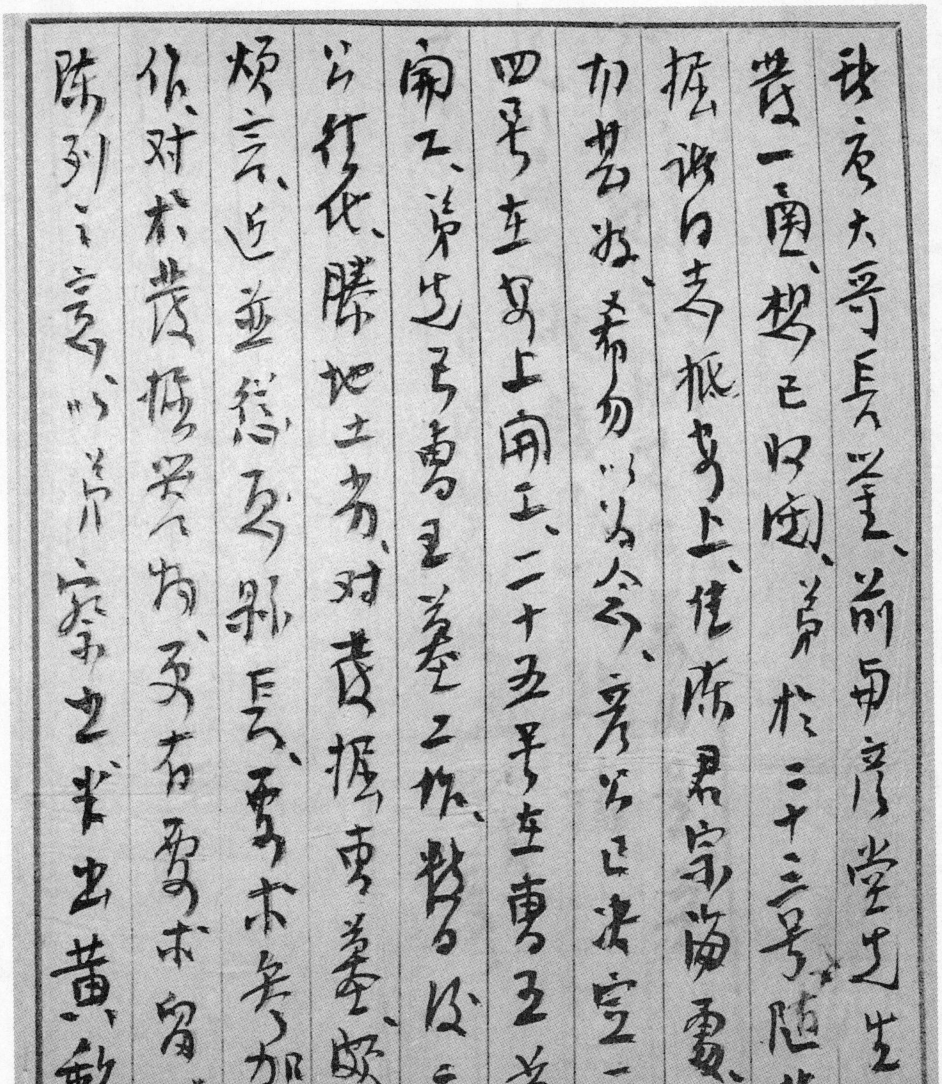

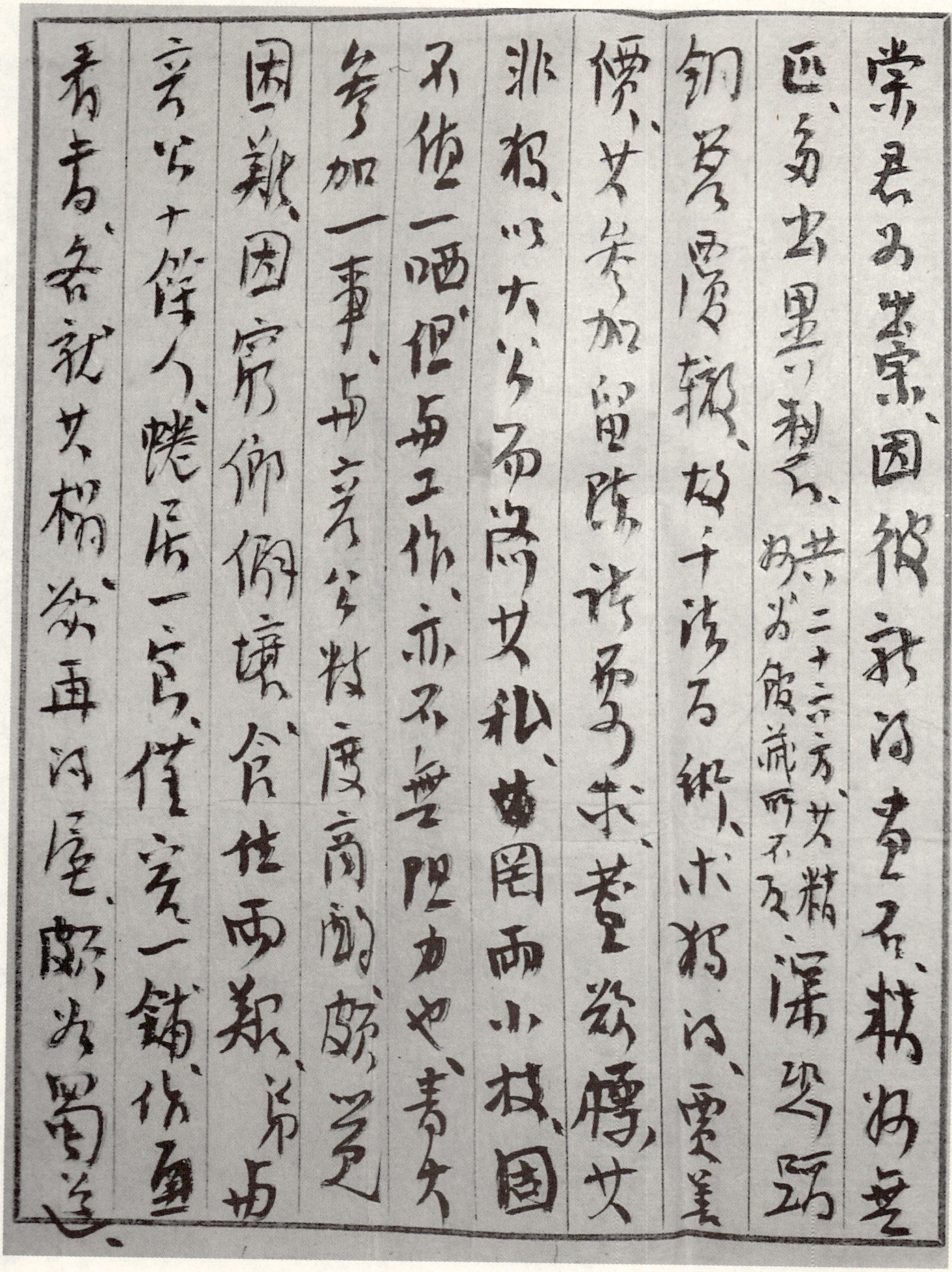
棠君頃來棠，因從我詢畫石，精好無
匹，爲出異刻數，共二十二方，其精深處爲前館藏所不及，
鈍翁覆瀨，故千計石鄉，求精研，更善
價，其參加留陳諸君可求，畫欲價，其
非稍，以大公而為其私，無間而小枝，固
不值一哂，但無工作，亦不無阻力也，青史
參加一事，與其資公款度商酌，歟，覺是
困難，因家鄉價壞，合住兩叔，弟與
安此十餘人，寄居一宅，僅安一舖，住盈
者，若就其稍寬再問屋，歟此留道，

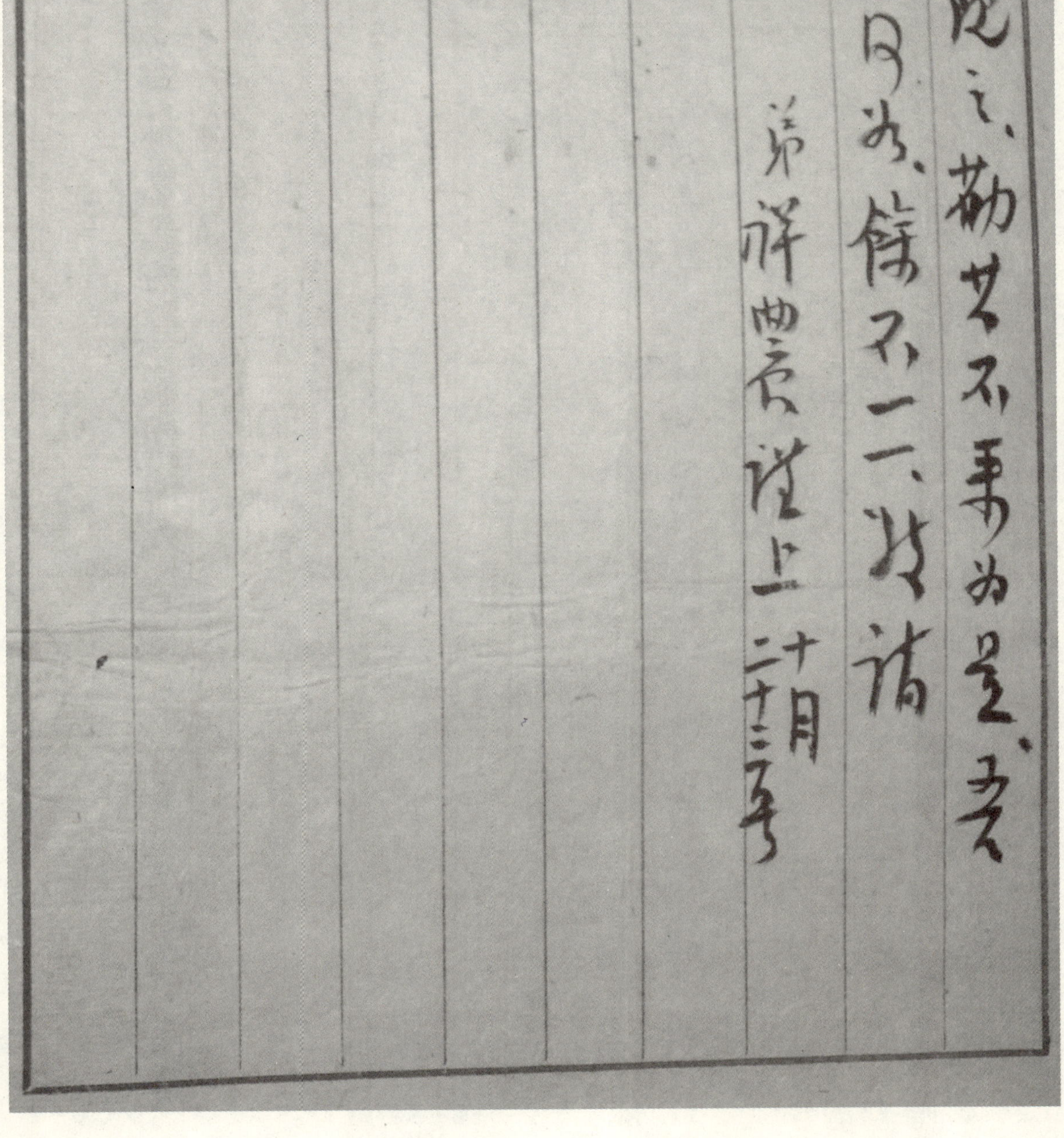
以弟範之，勸其不要如是，要
足以為日本，餘不一一，此請
大安
弟祥農謹上 十月二十二日

書第二通

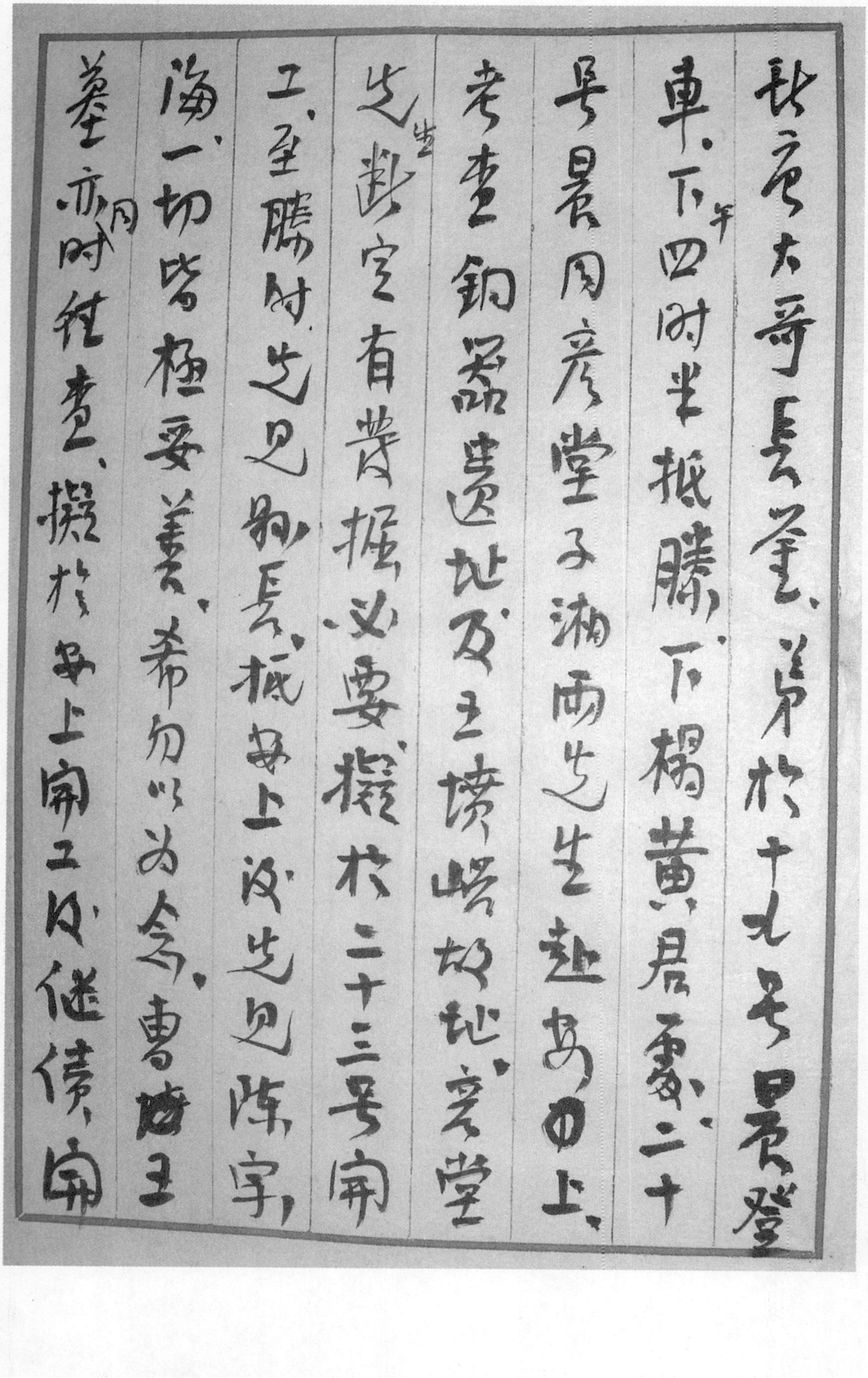
瑞庭大哥長鑒，昨於十九号晨登車，下午四時半抵滕，下榻黄君處，二十号晨同彦堂子湘兩先生赴安上，考查銅器出處遺址及土壤，略如彦堂先生斷定有發掘必要，擬於二十三号開工，至滕時先見縣長，抵安上後先見陳宇海，一切皆極安善，希勿以為念，曹[illegible]王墓亦同時往查，擬於安上開工後繼續開

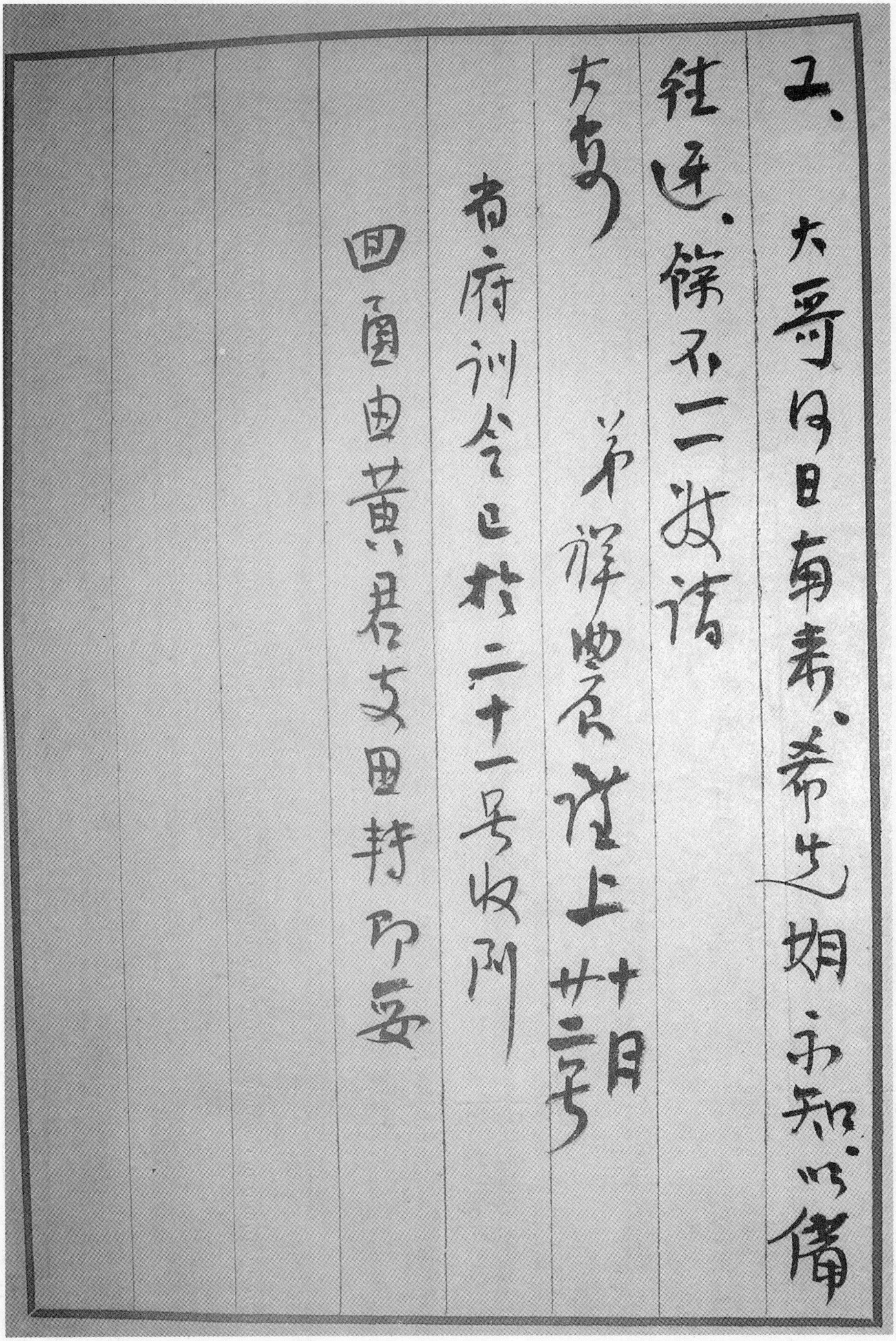
工、大哥日日南來、希先期示知、以備
往迓。餘不一一，敬請
大安
弟祥農謹上 十日 廿二號
市府訓令已於二十一号收閱
四圖由黃君交田持印妥

封第一件

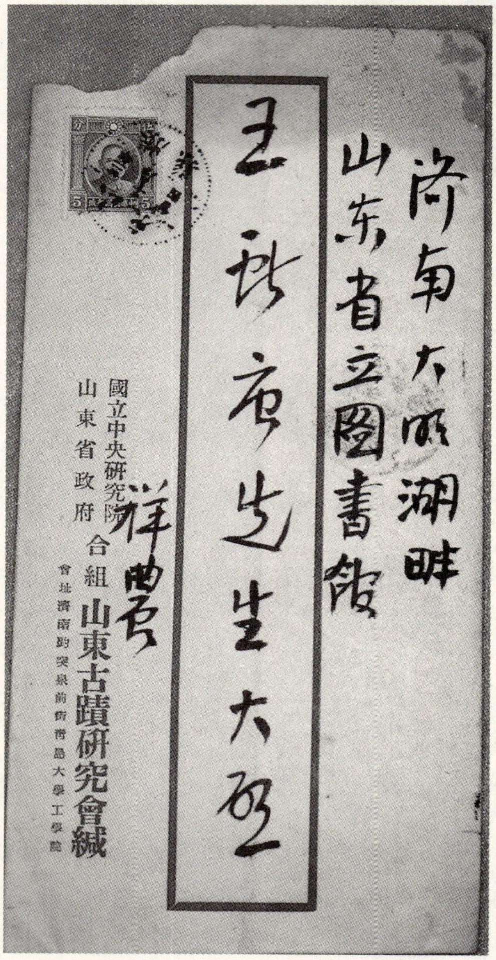
济南大明湖畔
山东省立图書館
王献唐先生大啟
祥曾
國立中央研究院
山東省政府
合組
山東古蹟研究會緘
會址濟南趵突泉前街青島大學工學院

封第二件

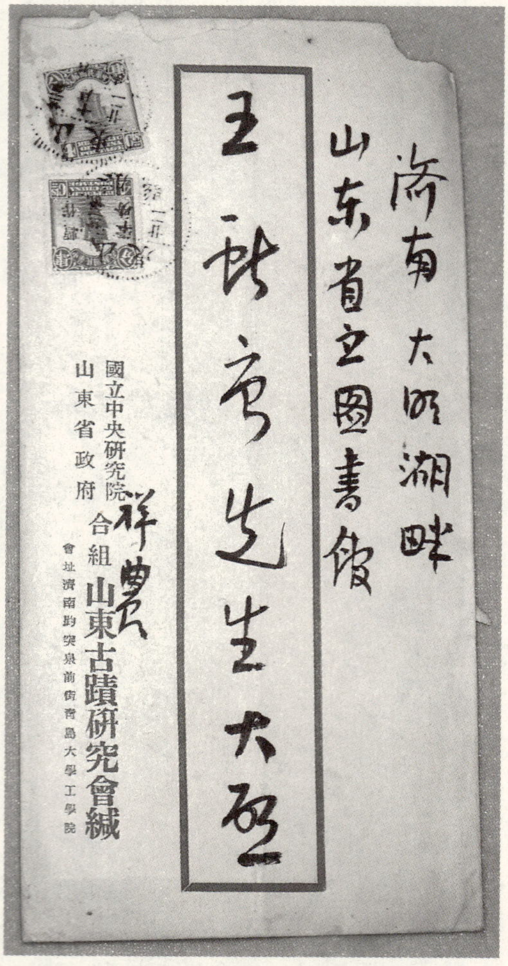
济南大明湖畔
山东省立图書館
王献唐先生大啟
祥曾
國立中央研究院
山東省政府
合組
山東古蹟研究會緘
會址濟南趵突泉前街青島大學工學院

封第三件

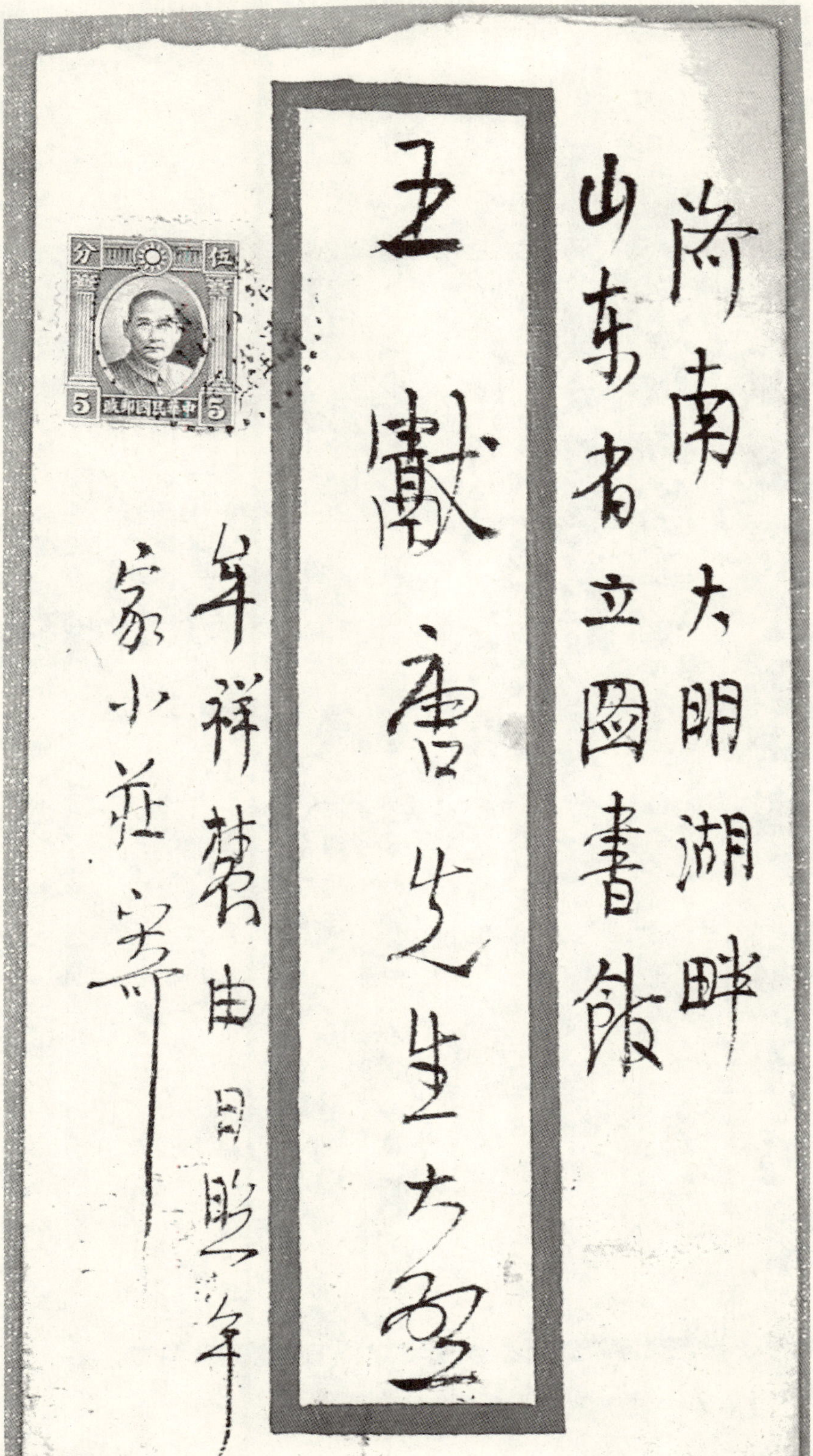

牟祥農

五十二 宋玉琦 書一通

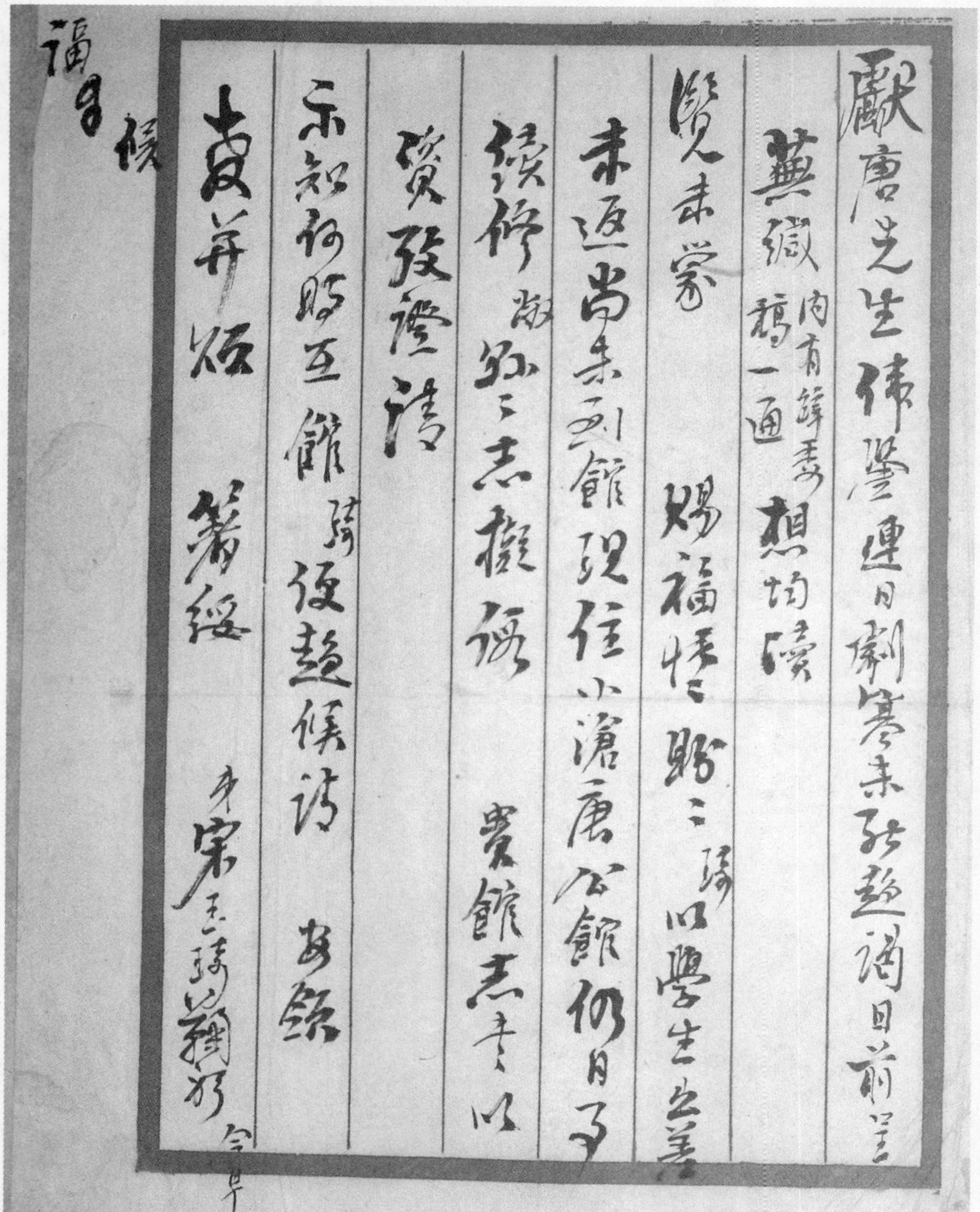

獻唐先生偉鑒：連日劇寒，未能趨謁。日前呈
蕪識（內有錢黍稿一通），想均讀
覽。未蒙
賜覆，悵悵。琦以學生出差
未返，尚未到館。現住小濱唐公館，何日可
續修敝縣之志，擬借 貴館志書以
資參證。請
示知何時至館，琦復趨候請安。餘
[illegible]并頌
箸綏。 弟宋玉琦頓首 今早

五十三

馬衡

書一通 封一件

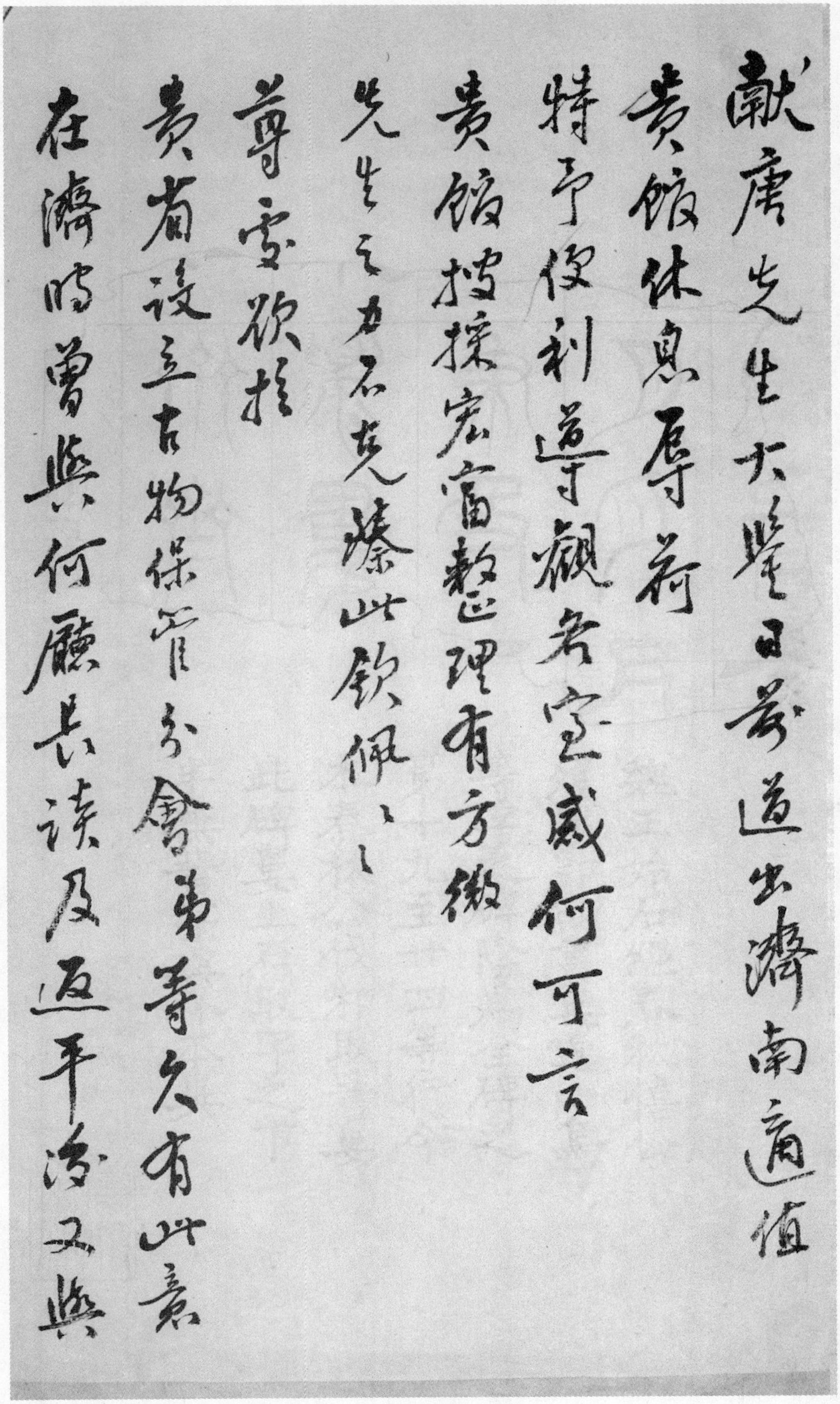
献唐先生大鑒日前道出濟南適值
貴館休息辱荷
特予便利導觀名寶感何可言
貴館搜採宏富整理有方微
先生之力不克臻此欽佩〻〻
尊處欲擬
貴省設立古物保管分會弟等久有此意
在濟時曾與何廳長談及返平後又與

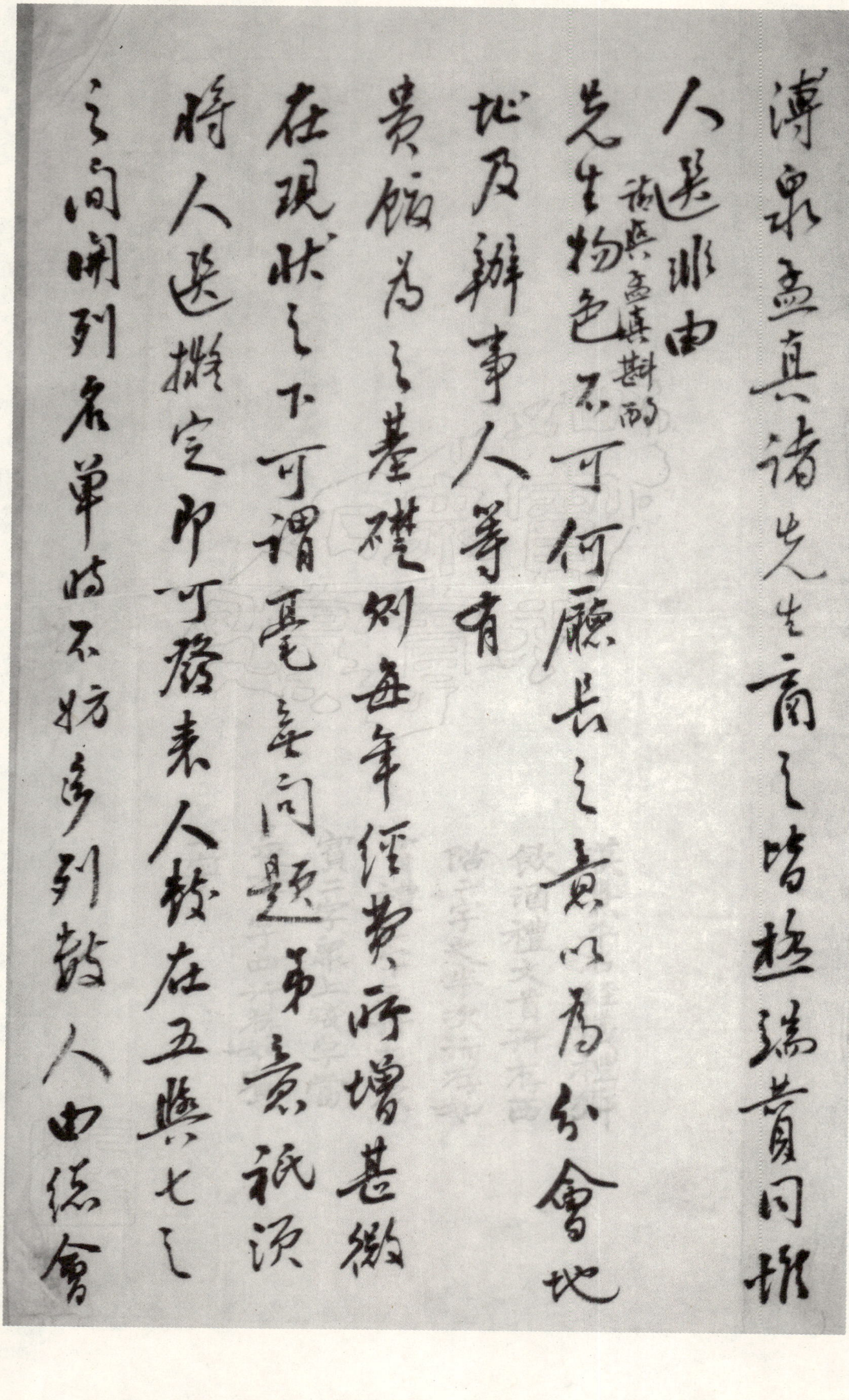
溥泉孟真諸先生商之皆極端贊同批
人選非由德與孟真斟酌
先生物色不可何應長之意以為分會地
址及辦事人等有
貴館為之基礎則每年經費所增甚微
在現狀之下可謂毫無問題第意祇須
將人選擬定即可發表人校在五與七之
之間開列名單時不妨多列數人由總會

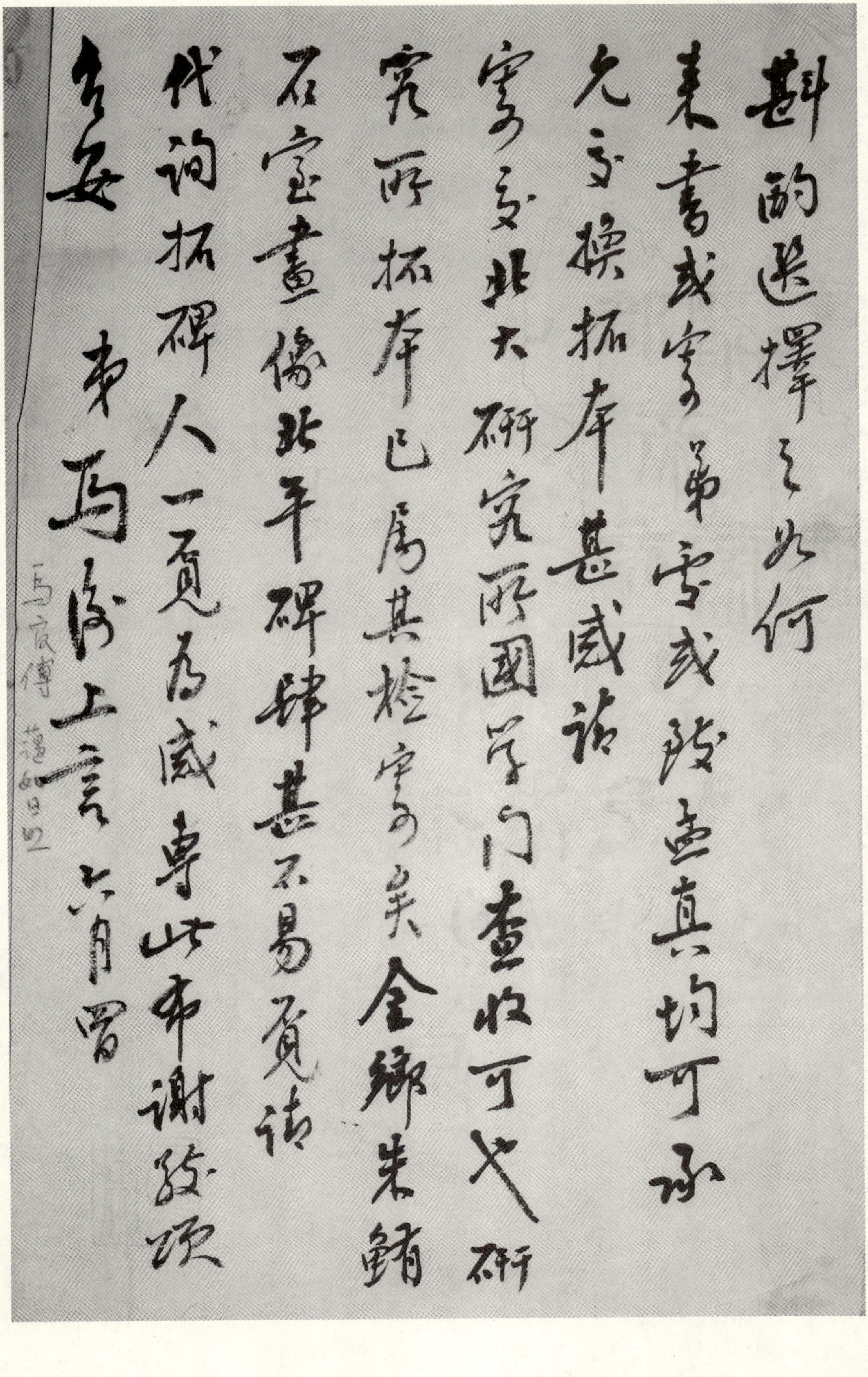
斟酌選擇之如何
來書或寄弟處或段函均可承
允予換拓本甚感謝
寄交北大研究所國學門查收可也研
究所拓本已屬其檢寄矣金鄉朱鮪
石室畫像北平碑肆甚不易覓請
代詢拓碑人一覓爲感專此布謝敬頌
大安　弟馬衡上言　六月四

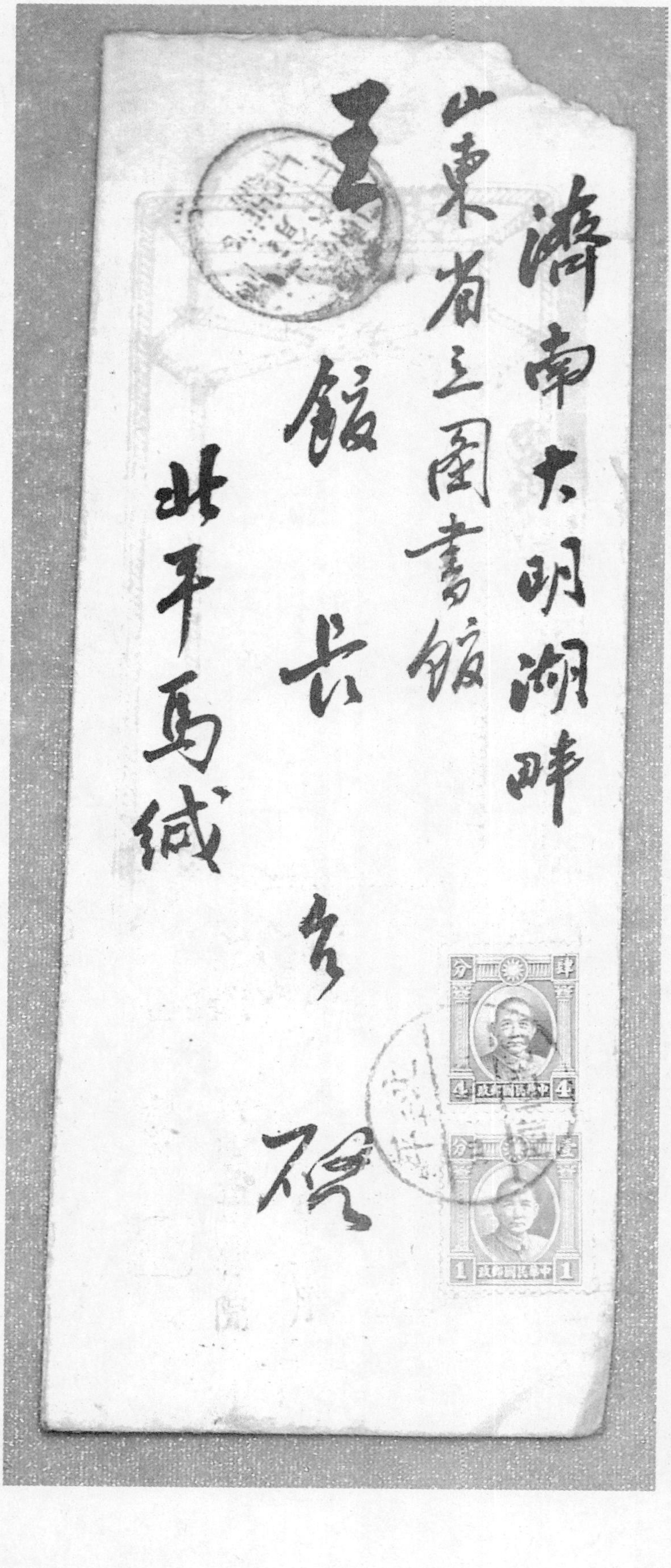
濟南大明湖畔
山東省立圖書館
王館長台啟
北平馬緘

五十四　葉恭綽 書三通　封三件

書第一通

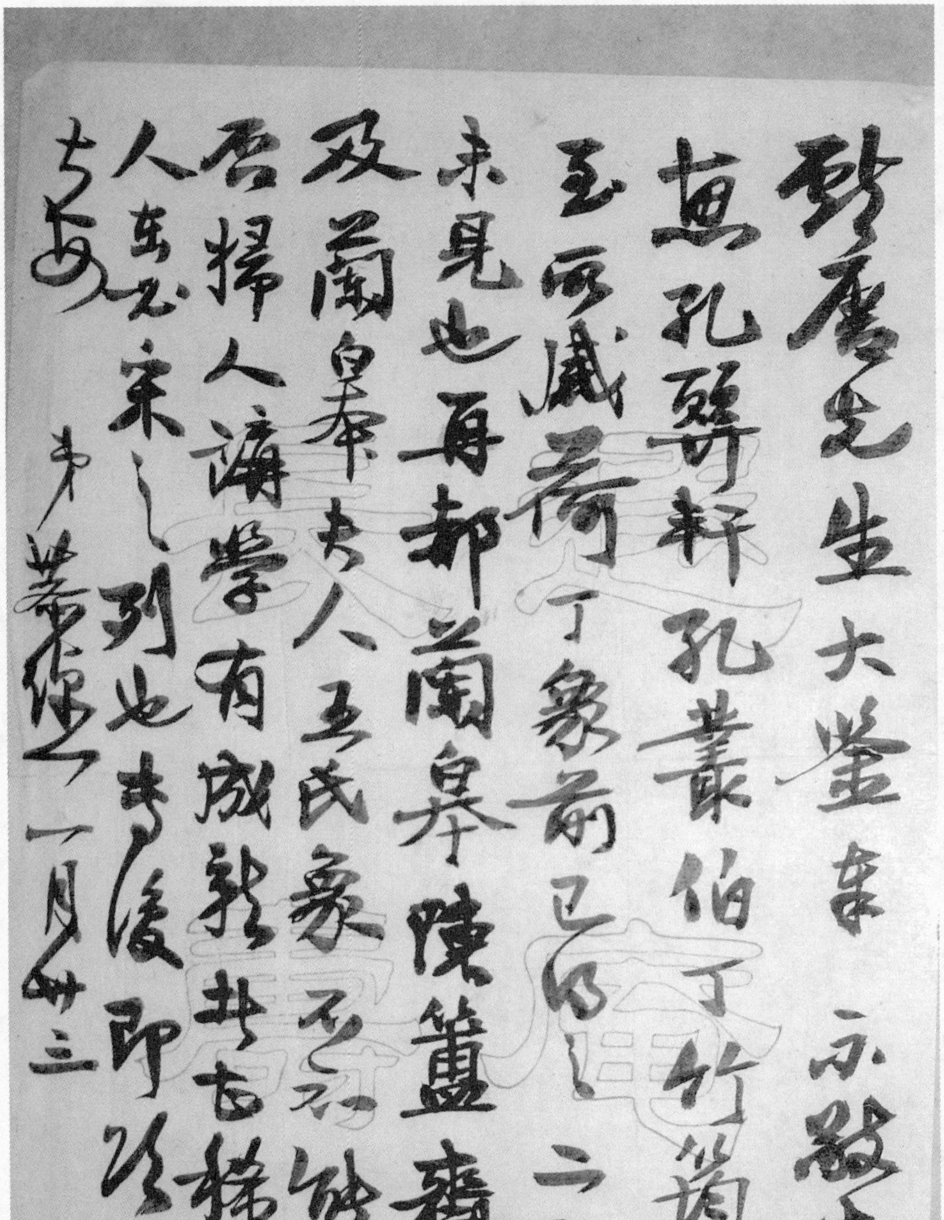
勁庵先生大鑒：來示敬悉。頃由孔殿軒、孔叢伯、丁竹筠三公象，玉所藏蒼丁象簡已得之，二孔向所未見也。再都蘭皋、陳簠齋兩公及蘭皋夫人王氏象，不得，俟代覓。居揚人論學有成就非古稀，王大人先又來之列也。此後即詳。此安。弟葉恭綽　一月卅三

第二通

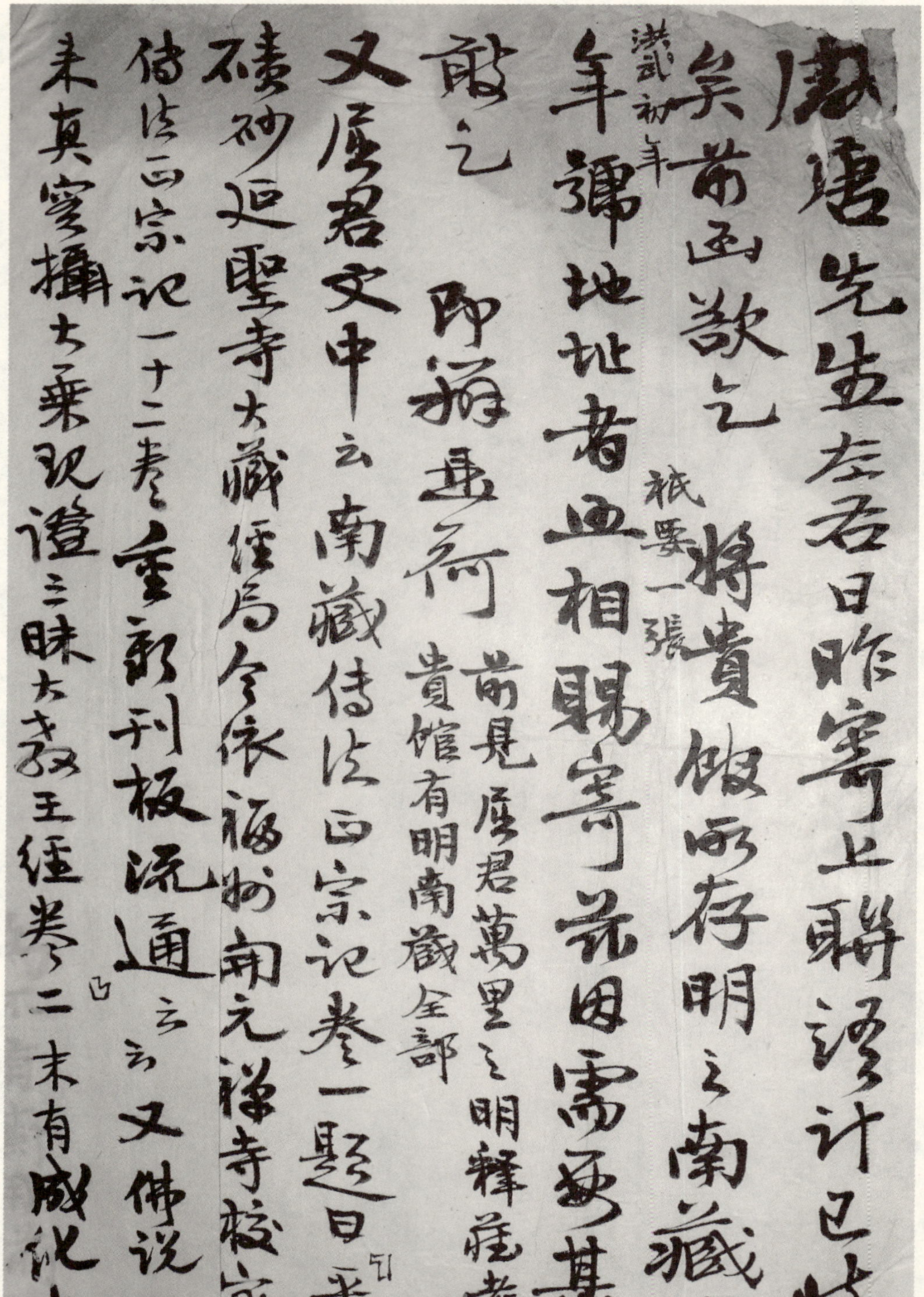
獻唐先生左右：日昨寄上聯語，計已收到矣。前函欵乞將（祇要一張）貴館所存明之南藏選有（洪武初年）年號地址者函相賜，寄託因需要甚急，敢乞
即稱垂何
前見屠君萬里之明釋藏考知
貴館有明南藏全部
又屠君文中云南藏係據西宗記卷一題曰平江路磧砂延聖寺大藏經局今依福州開元禪寺校宋元本係據西宗記一十二卷重新刊板流通云云 又佛說一切如來真實攝大乘現證三昧大教王經卷二（已）末有成化十五年

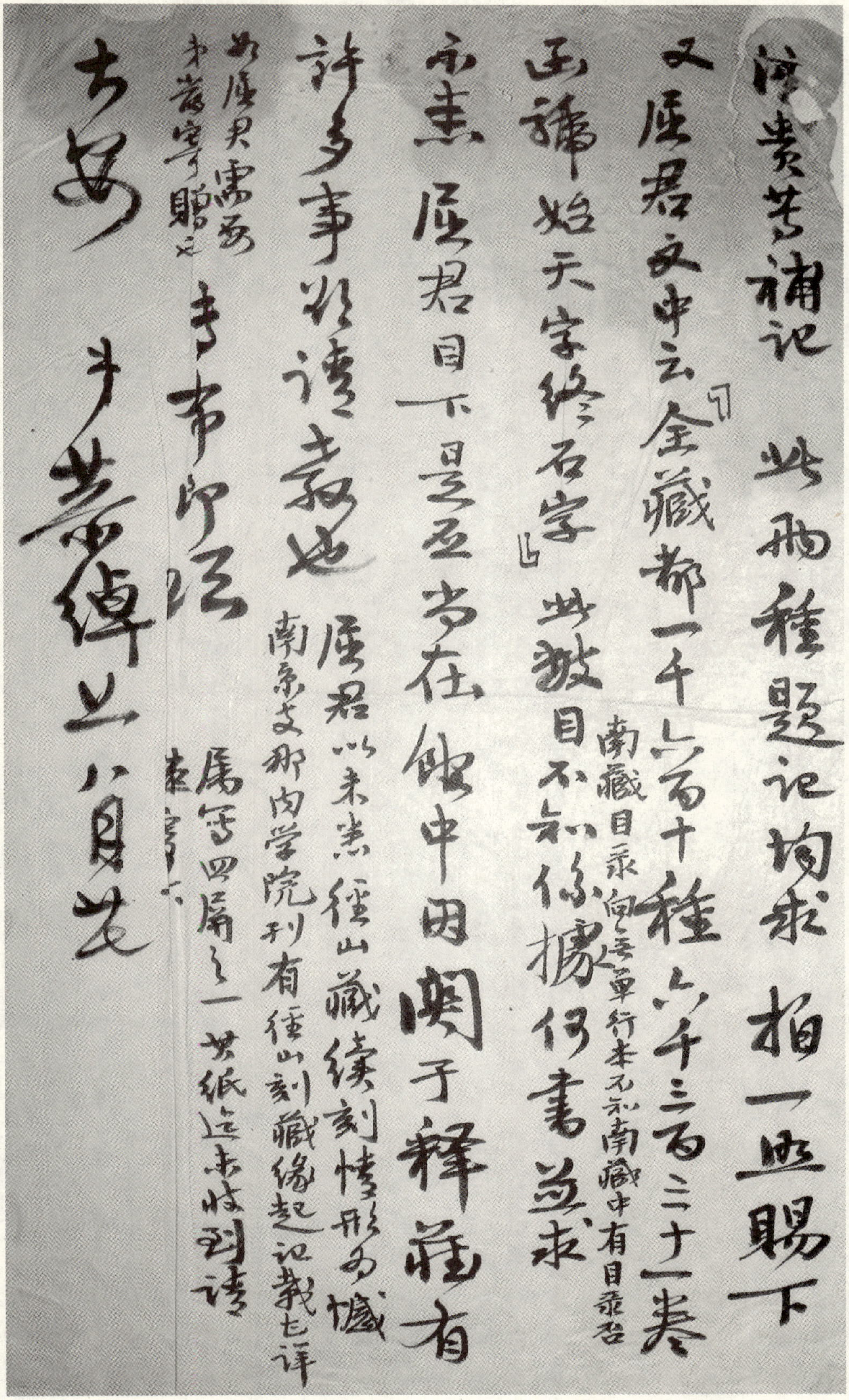
請貴寺補記　此兩種題記均求　檢一照賜下
文匡君文中云「金藏都一千六百十種六千二百二十一卷
函號始天字終石字」　此數目不知係據何書　並求
南藏目錄向無單行本不知南藏中有目錄否
示悉　匡君目下是否尚在館中　因關于釋藏有
許多事欲請教也
匡君以未悉徑山藏續刻情形為憾
南京支那內學院刊有徑山刻藏緣起記載尤詳
屬寫四扇之一　其紙近未收到請速寄
專布即頌
如匡君需要　中藏字號贈之
大安　弟葉恭綽上　八月廿七

葉恭綽

書第三通

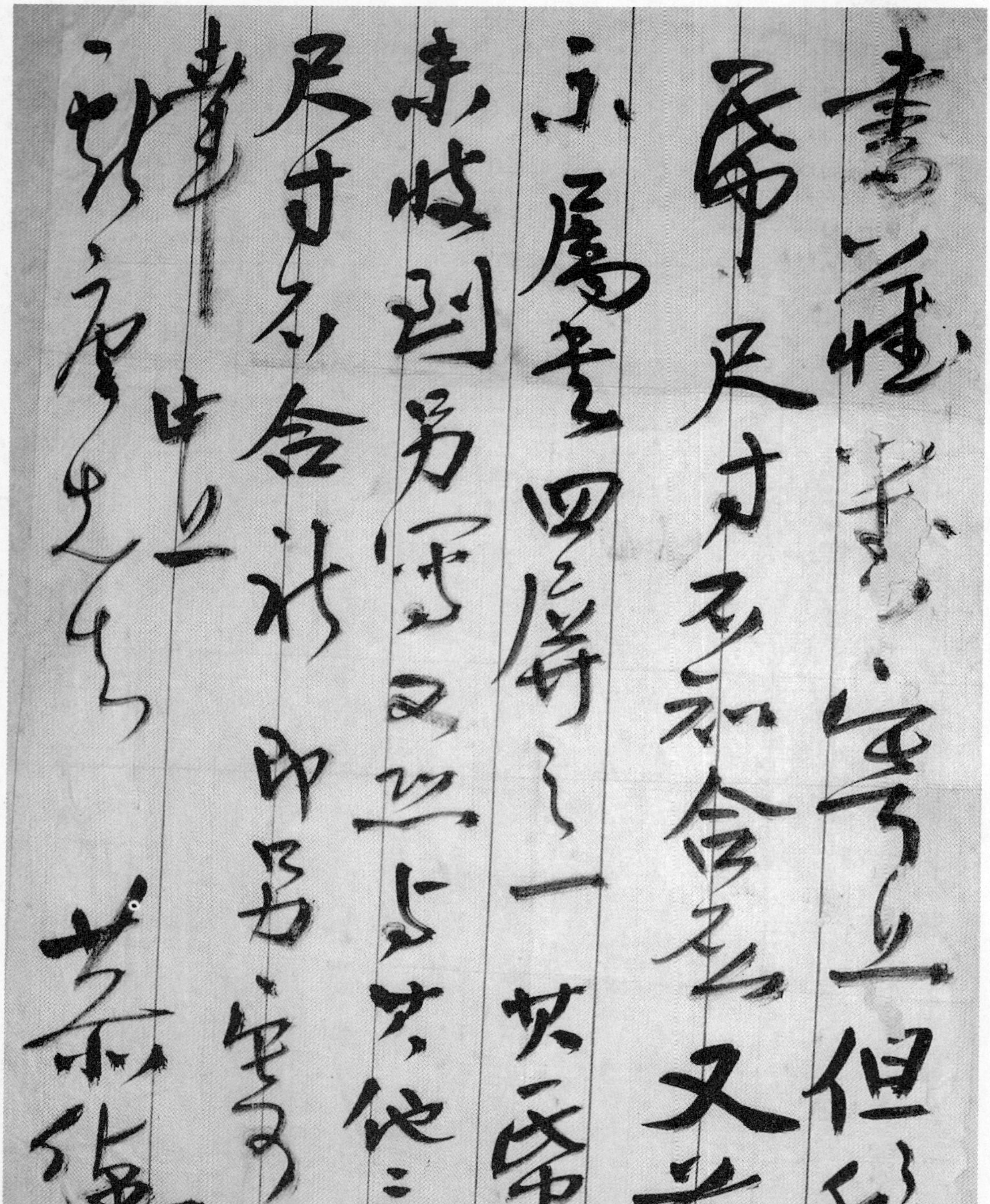
書僅奉上，但乞原
帋尺寸不知合否，又前承
示屬書四屏之一，其帋迄
未收到，另寫又恐與其他三幅
尺寸不合，於即另寫爲

封第一件

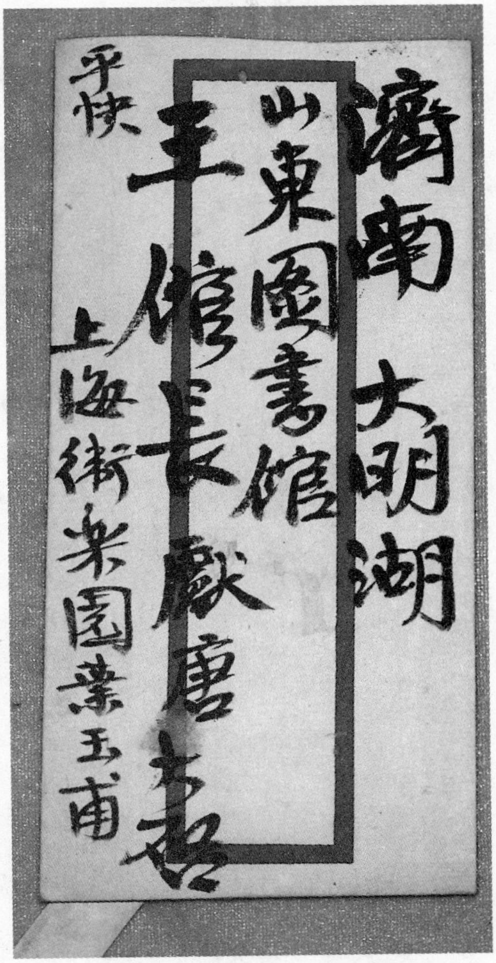

封第二件

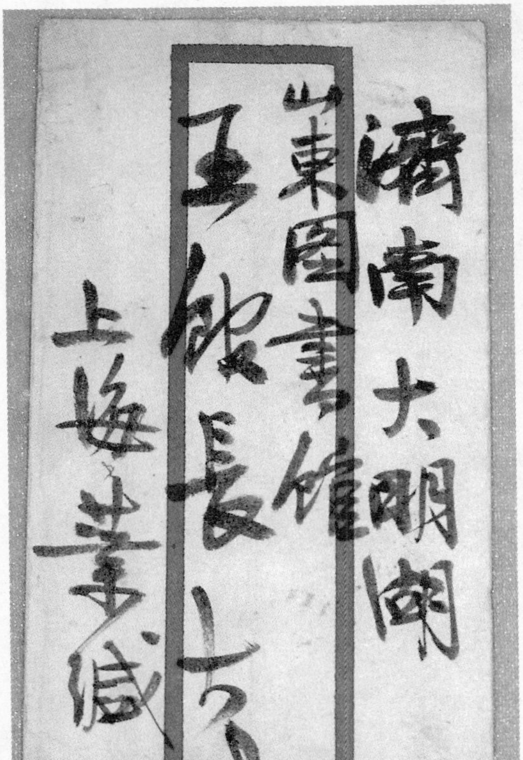

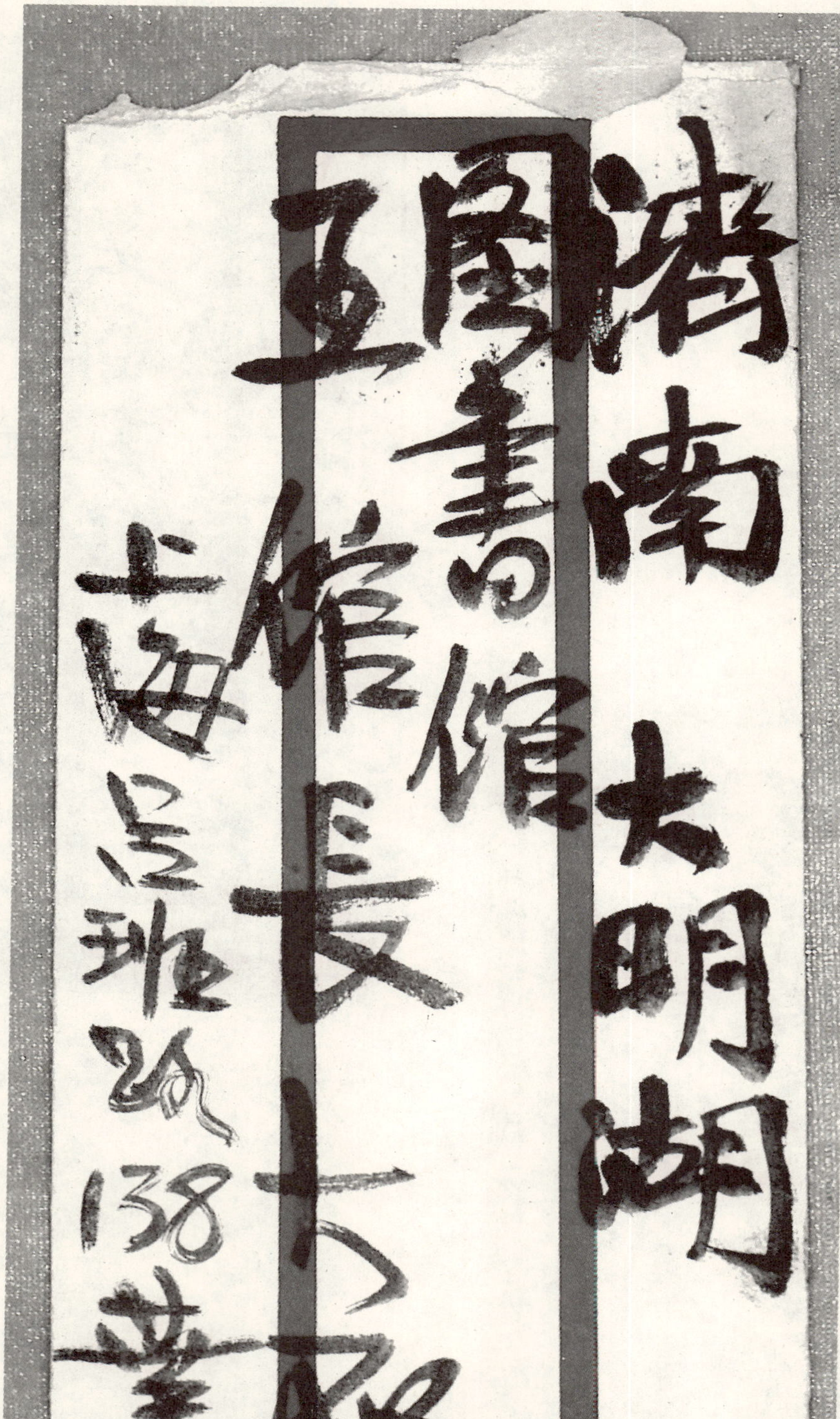

封第三件

五十五　周鍾嶽　秦光玉書一通　封一件

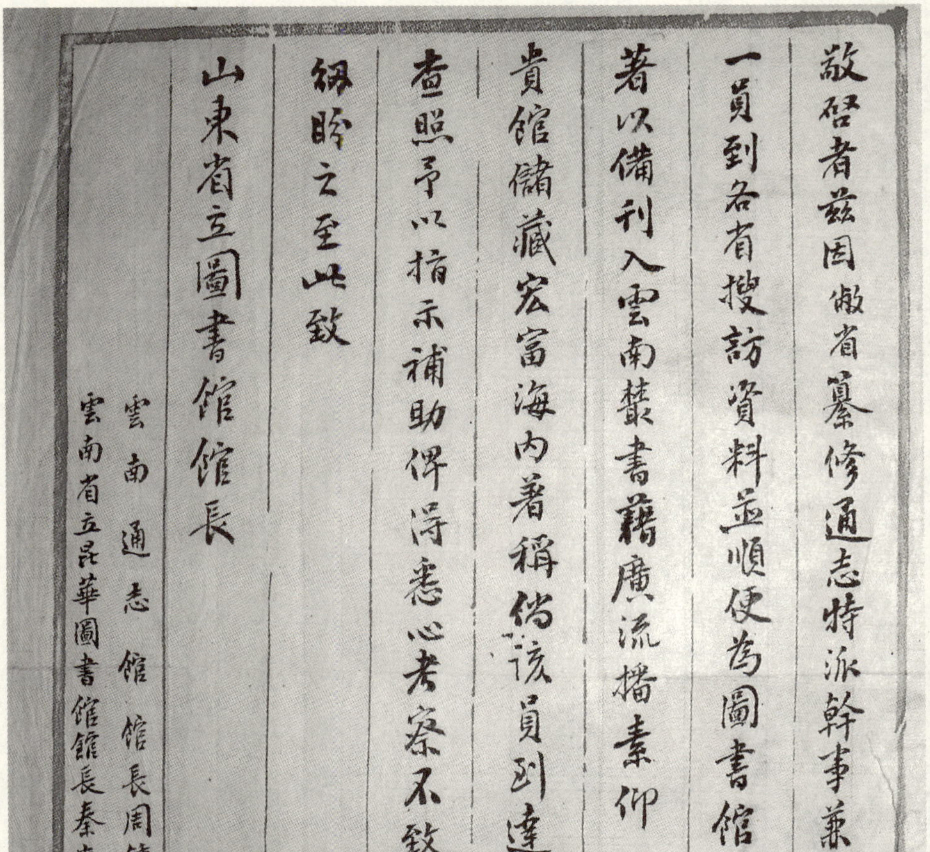

敬启者茲因敝省纂修通志特派幹事兼分纂員方樹梅
一員到各省搜訪資料並順便為圖書館徵求鄉先賢遺
著以備刊入雲南叢書藉廣流播素仰
貴館儲藏宏富海内著稱倘該員到達時敬祈
查照予以指示補助俾得悉心考察不致寶山空回曷勝
翹盼之至此致
山東省立圖書館館長
雲南通志館館長周鍾嶽
雲南省立昆華圖書館館長秦光玉
敬启

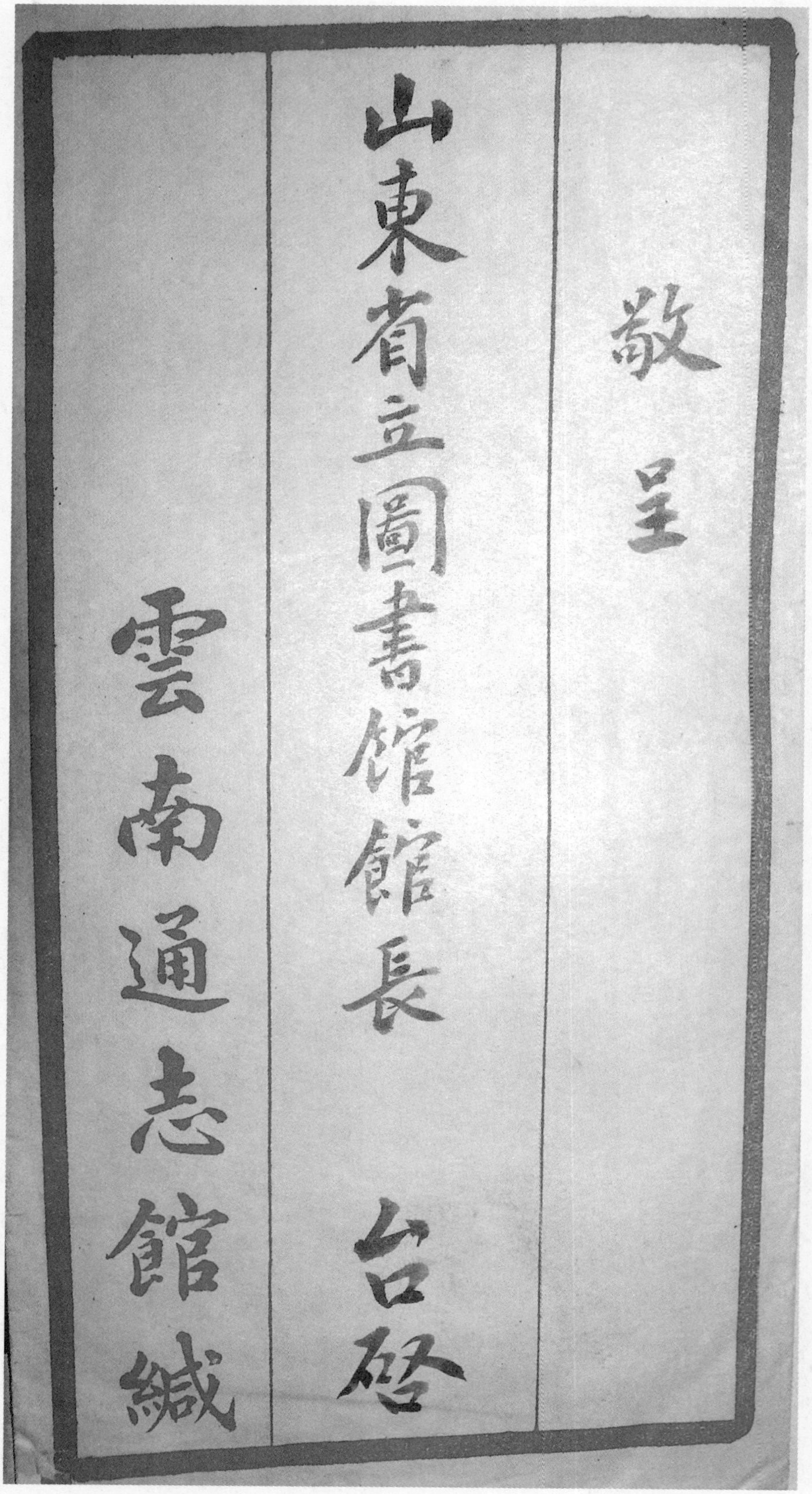

敬呈

山東省立圖書館館長　台啓

雲南通志館緘

五十六　方樹梅

書二通　封二件

第一通

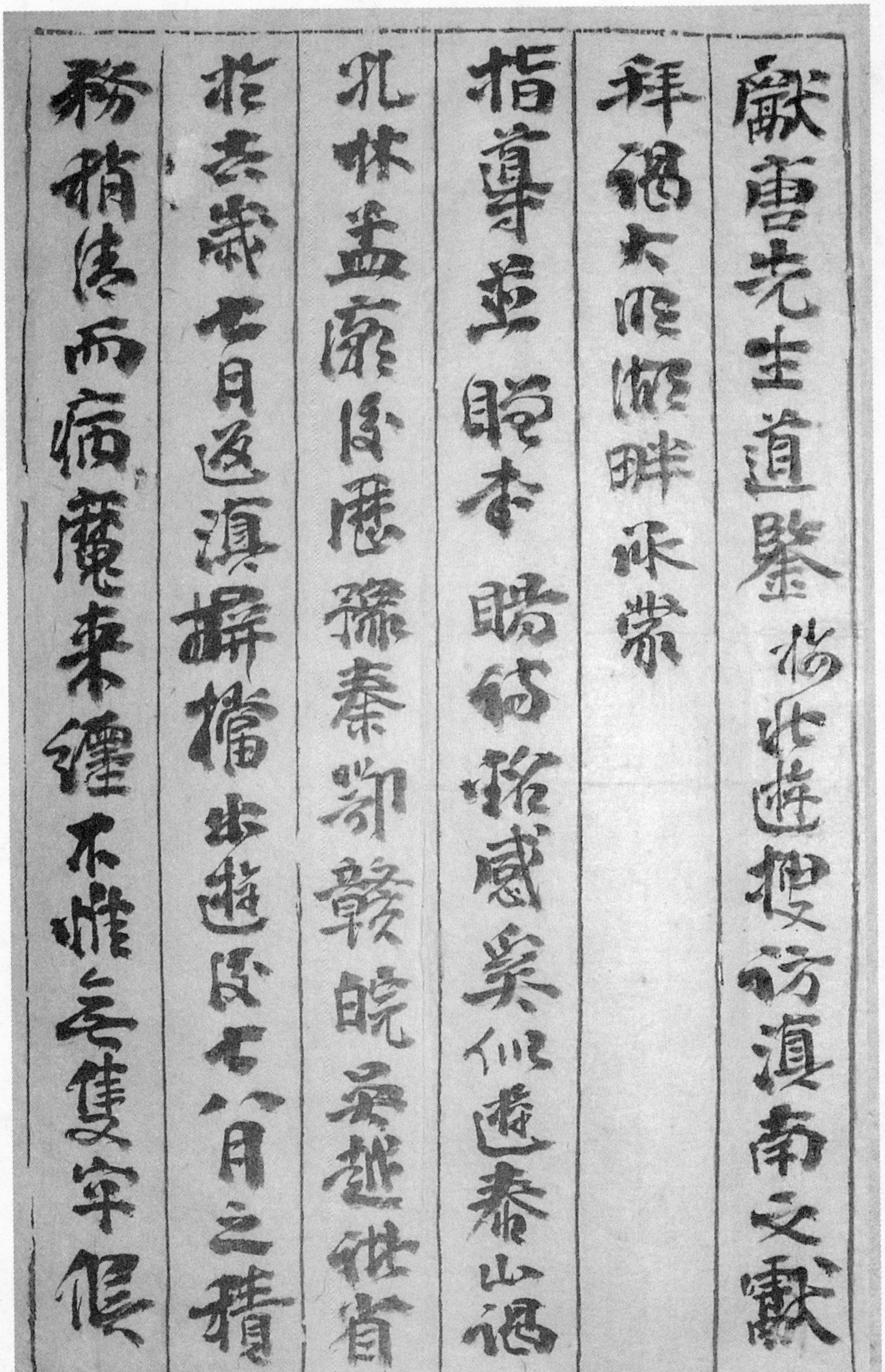
獻唐先生道鑒梅北遊搜訪滇南文獻
拜謁大雅湖畔承蒙
指導並聆教賜給銘感奚似遊泰山謁
孔林孟廟後歷豫秦鄂贛皖吳越諸省
於去歲七月返滇擬擔出遊後於八月之積
務稍清而病魔來纏不能無隻字候

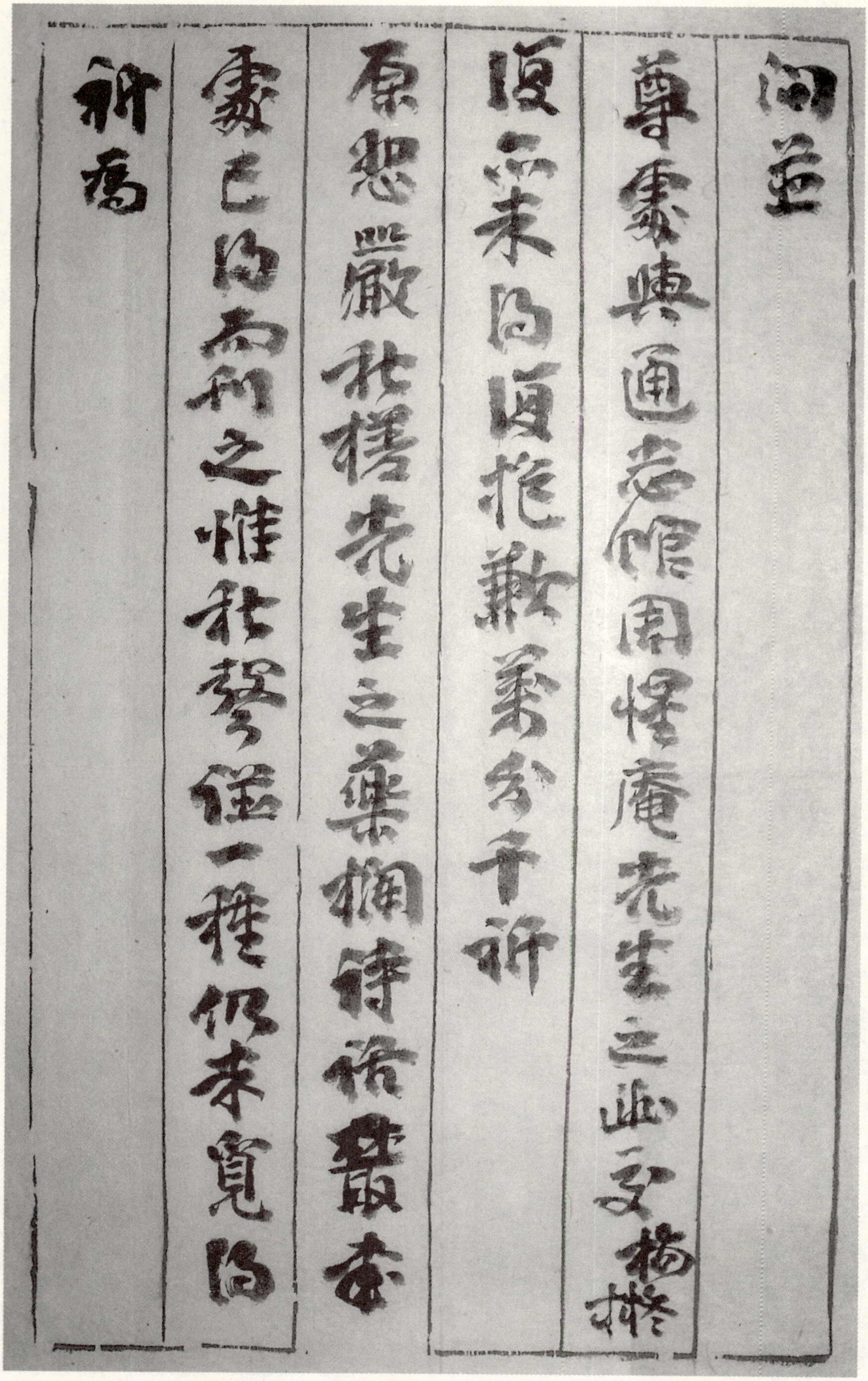

閣並
尊處與通志館周惺庵先生之世交楷揆
頃示來函頃托轉索分予祈
原恕嚴杜樗先生之集桐詩稿叢書
處已函商刊之惟杜琴經一種仍未覓函
祈爲

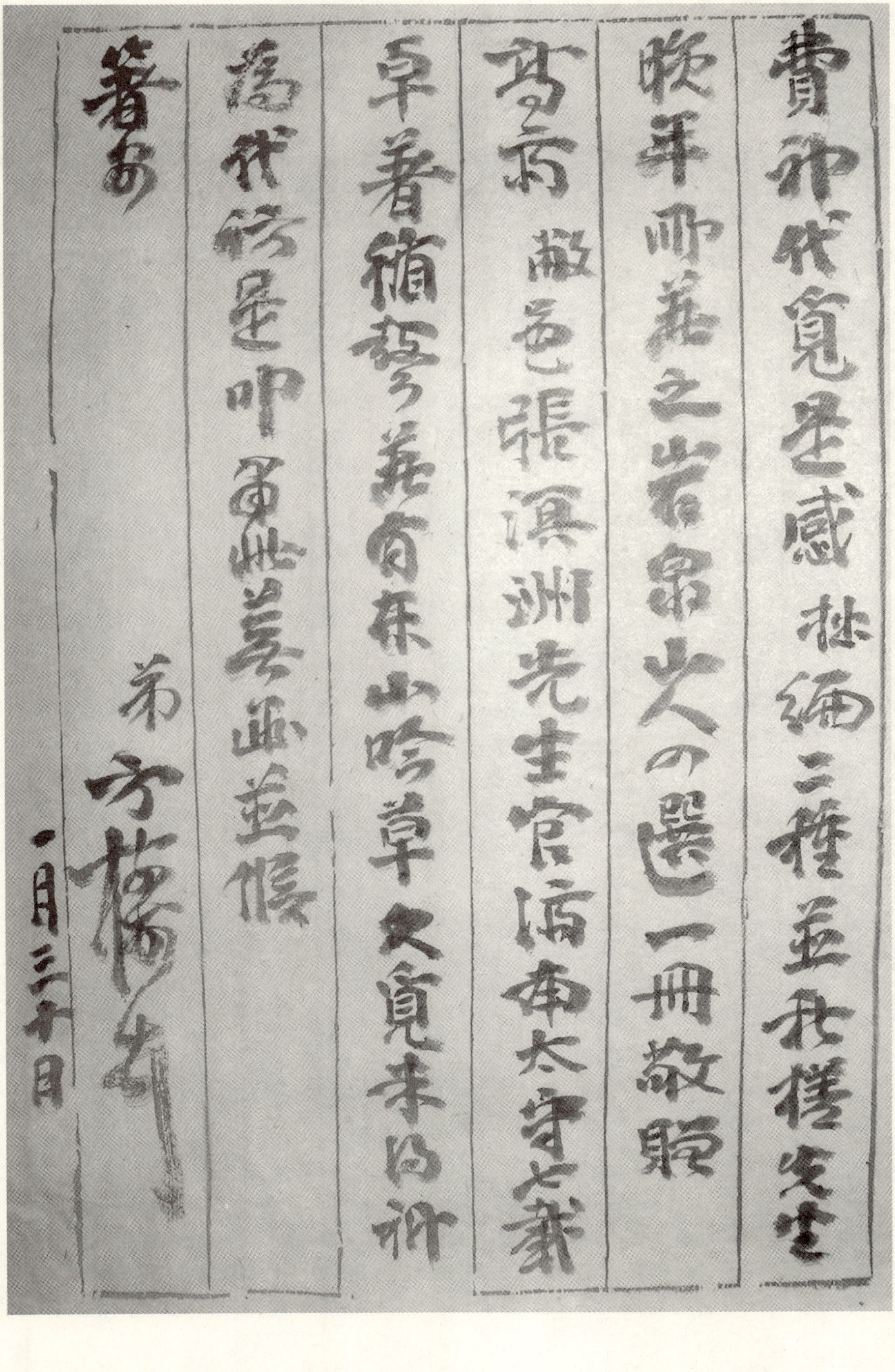

貴府代覓是感 拙編二種並我槎先生晚年所著之嵒泉山人詩選一冊敬贈

高齋 敝邑張滇洲先生官滇南太守七載早著循聲並有蒼山吟草 又覓來仍祈為我訪是叩 耑此奉函並候

著安

弟 方樹梅 頓首

一月三十日

方樹梅

書第二通

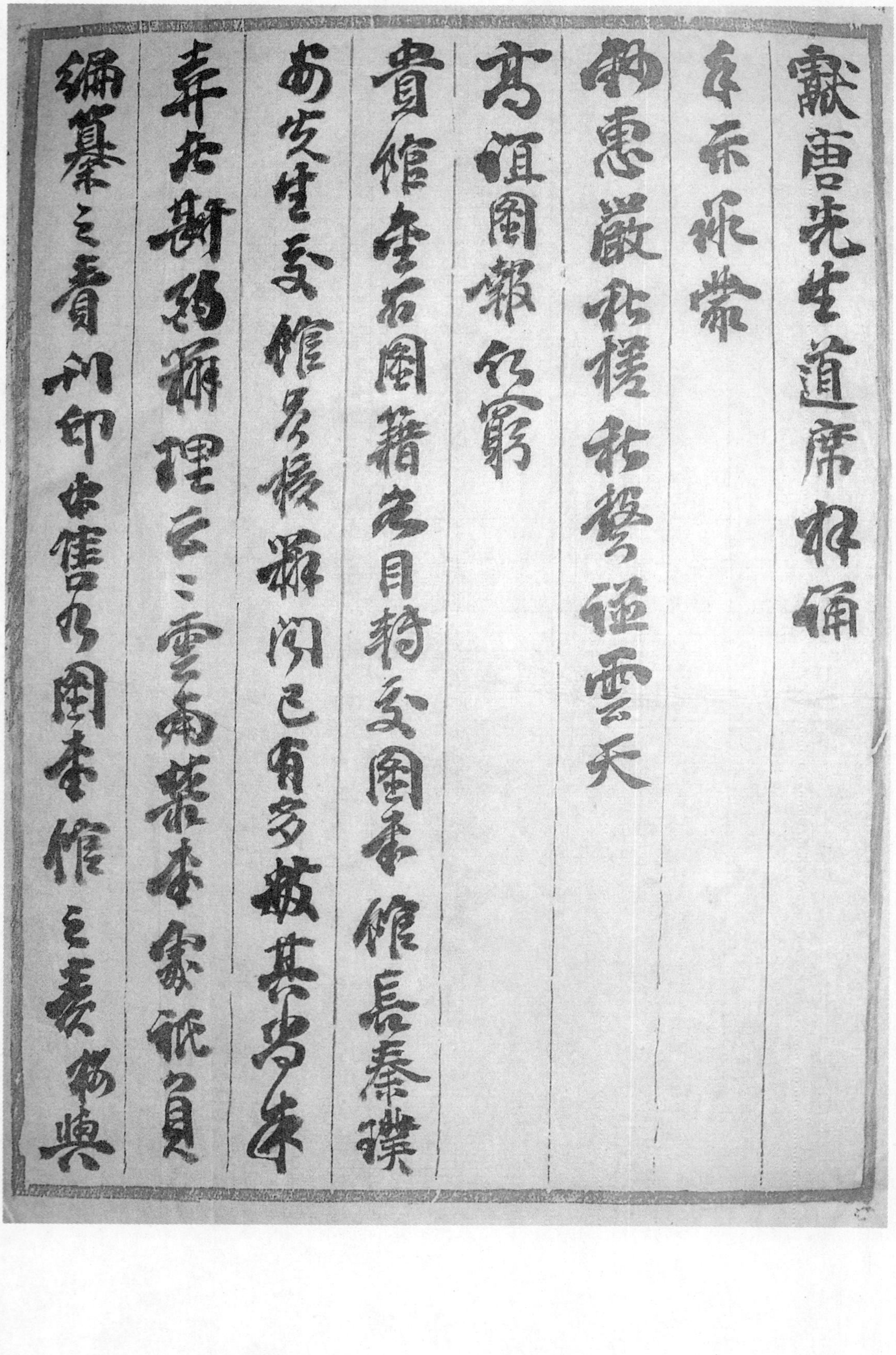
獻唐先生道席拜誦
手示承常
獎惠嚴於程於譽逾雲天
高誼圖報何窮
貴館金石圖籍之目轉交圖書館長秦璞
姜先生受館長聘閱已有多載其學本
專在斟酌辨理云云雲南叢書蒙派員
編纂之責刊印出售乃圖書館之責擬與

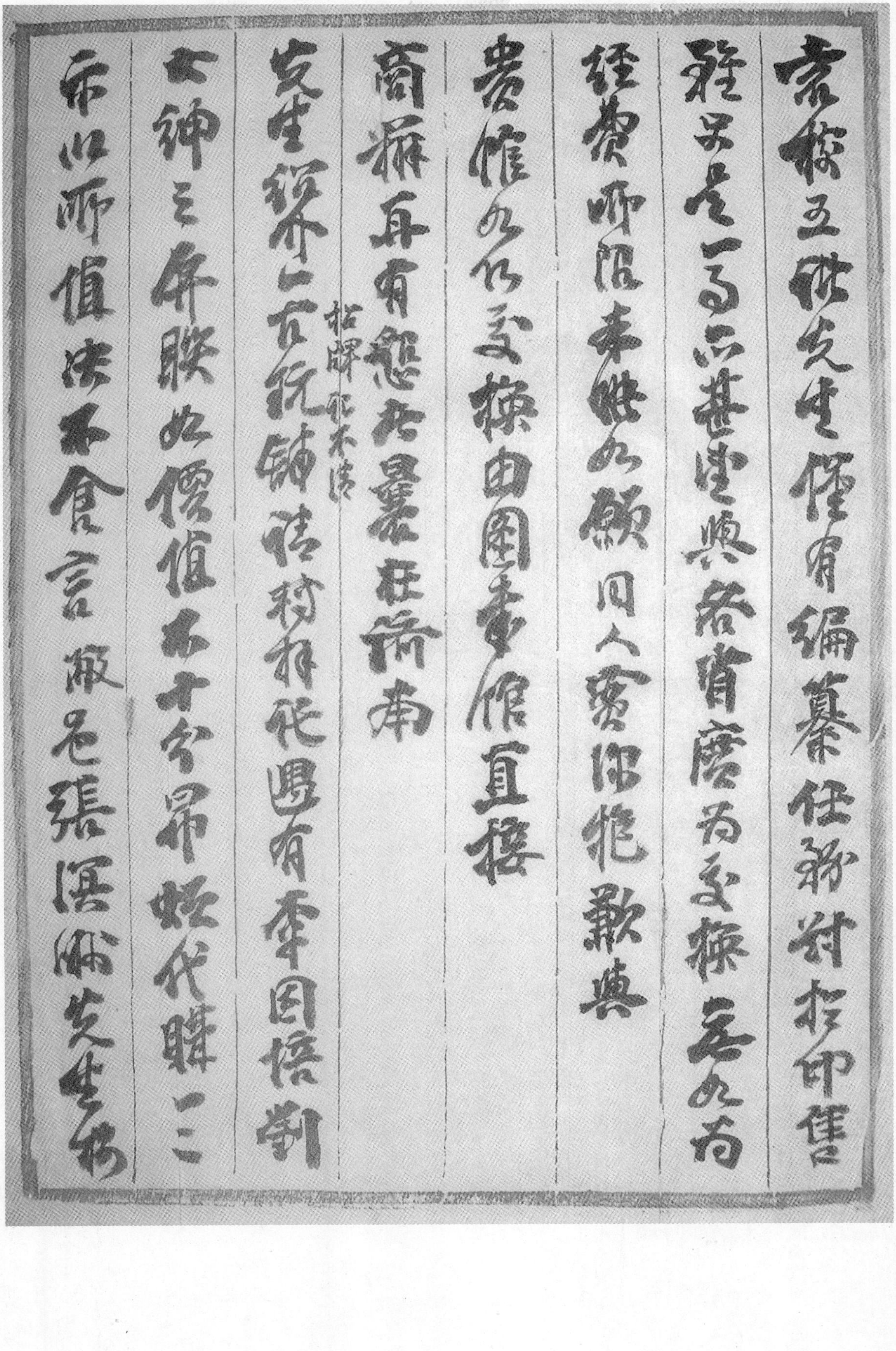

前接王殿友生信有编纂任务对於印售
虽只是一二不甚适与各省广为交换无如何
经费所限未能如愿同人实深抱歉与
贵馆如作交换由图书馆直接
商办再有恳者墨在济南
友生经济上有玩铺话材非泥遇有李同僖尉
拓碑亦不清
大钟之拓联如价值不十分昂贵代购一二
亦以所值决不食言 敝邑张溥泉先生拓

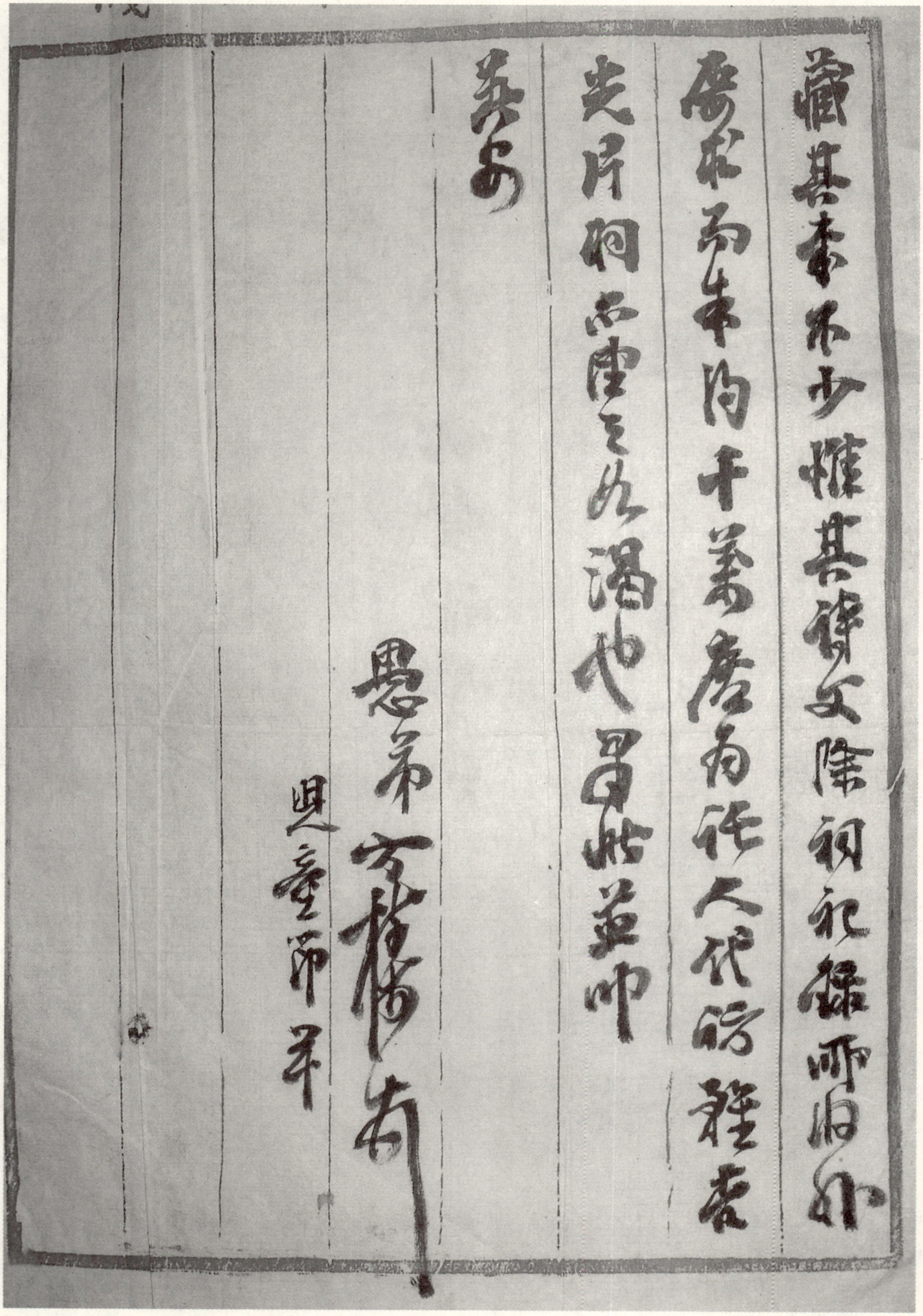
藏其書不少，惟其詩文除祠祀錄所得外，
應於兩年內千萬屬為託人代訪雜著，
先行調查之外渴也，果能並印，
甚妙。

愚弟方樹梅頓首
閏重節日

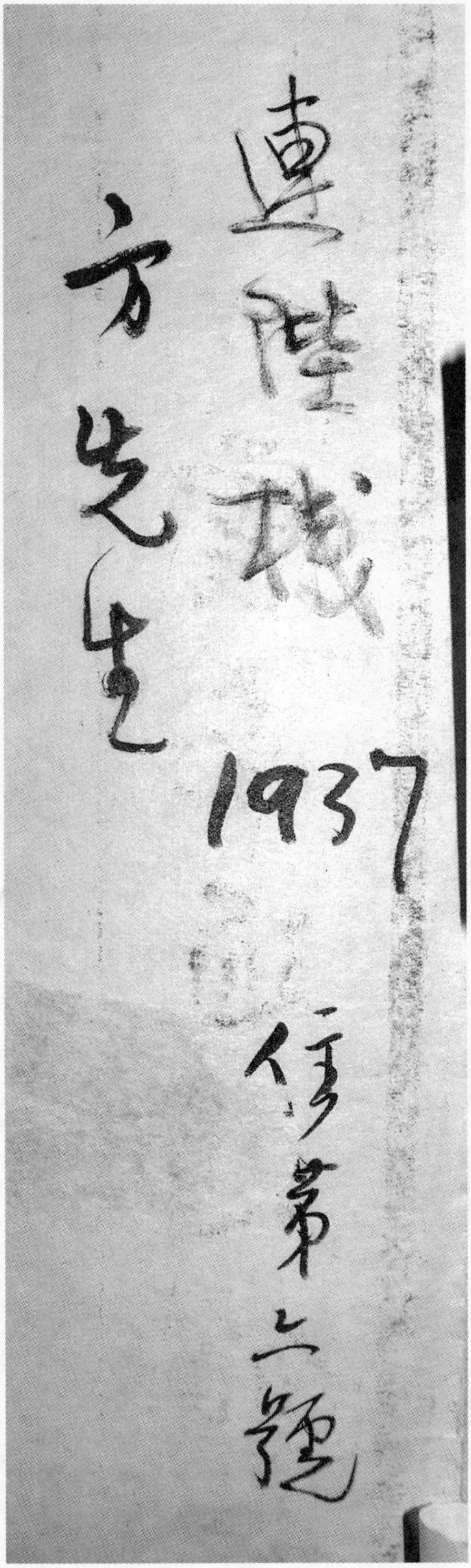
連陞棧 1937
方先生

封第一件

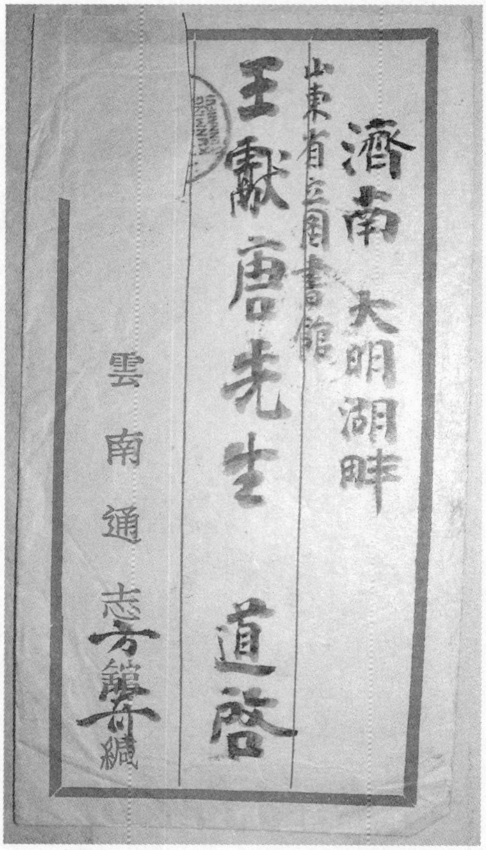
濟南大明湖畔
山東省立圖書館
王獻唐先生 道啓

封第二件

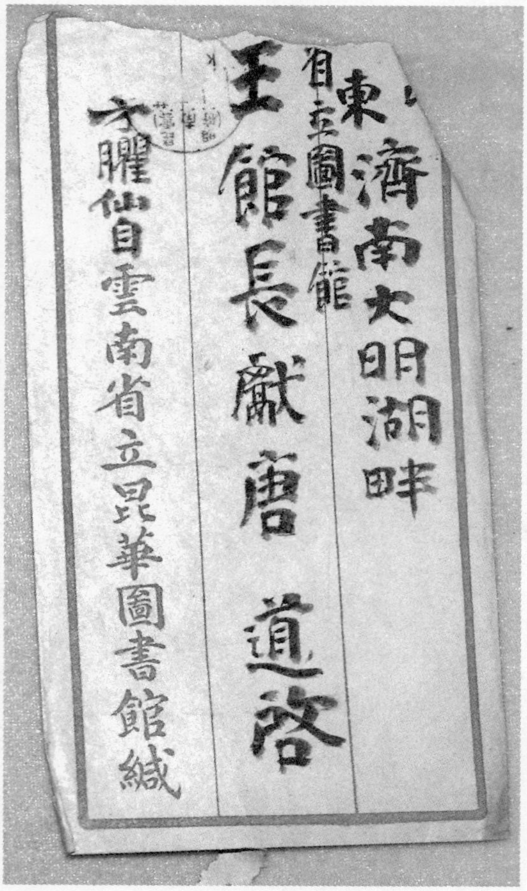
濟南大明湖畔
山東省立圖書館
王館長獻唐 道啓
雲南省立昆華圖書館緘

五十七

劉守中 書四通 封一件

書第一通

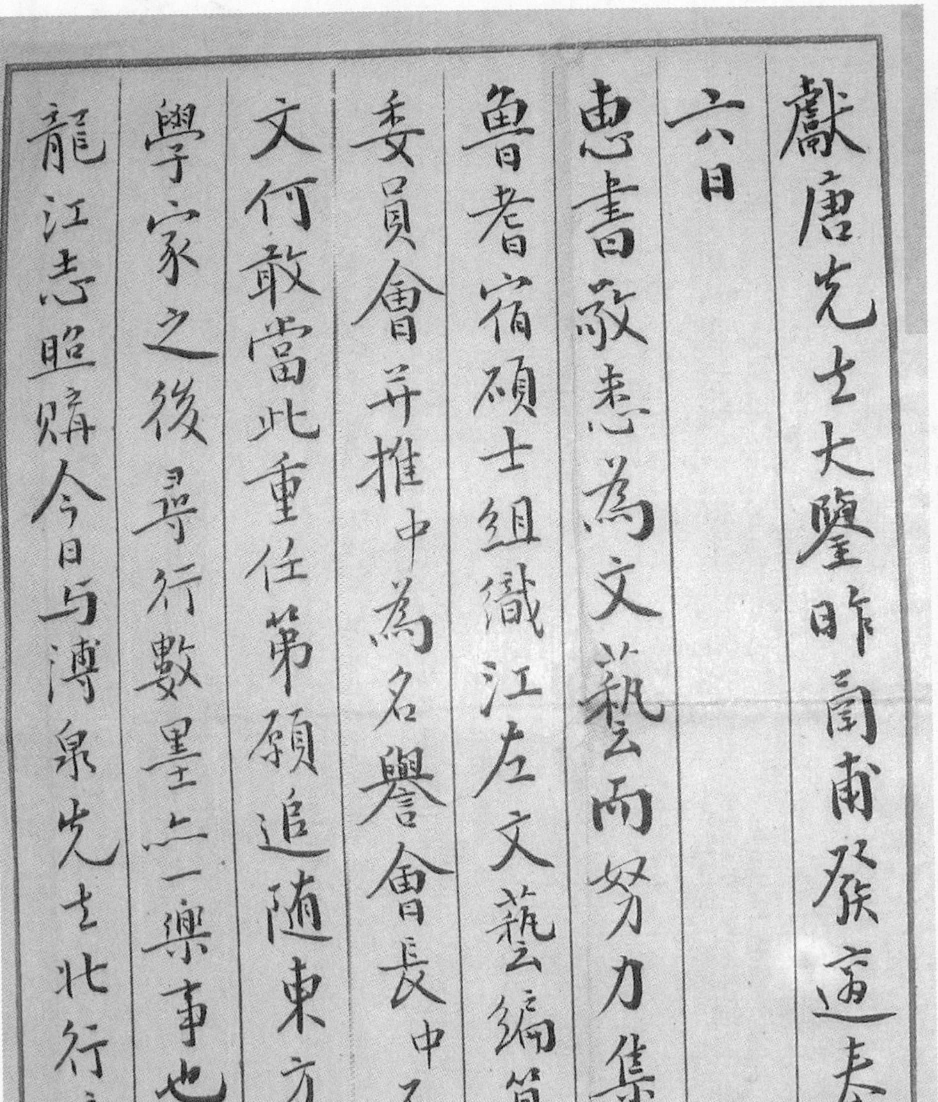

獻唐先生大鑒昨甫發寄奉十

六日

惠書敬悉爲文藝而努力集齊

魯省宿碩士組織江左文藝編纂、

委員會并推中爲名譽會長中不能

文何敢當此重任第願追隨東方文

學家之後尋行數墨亦一樂事也黑

龍江志照購今日与溥泉先生北行依裝

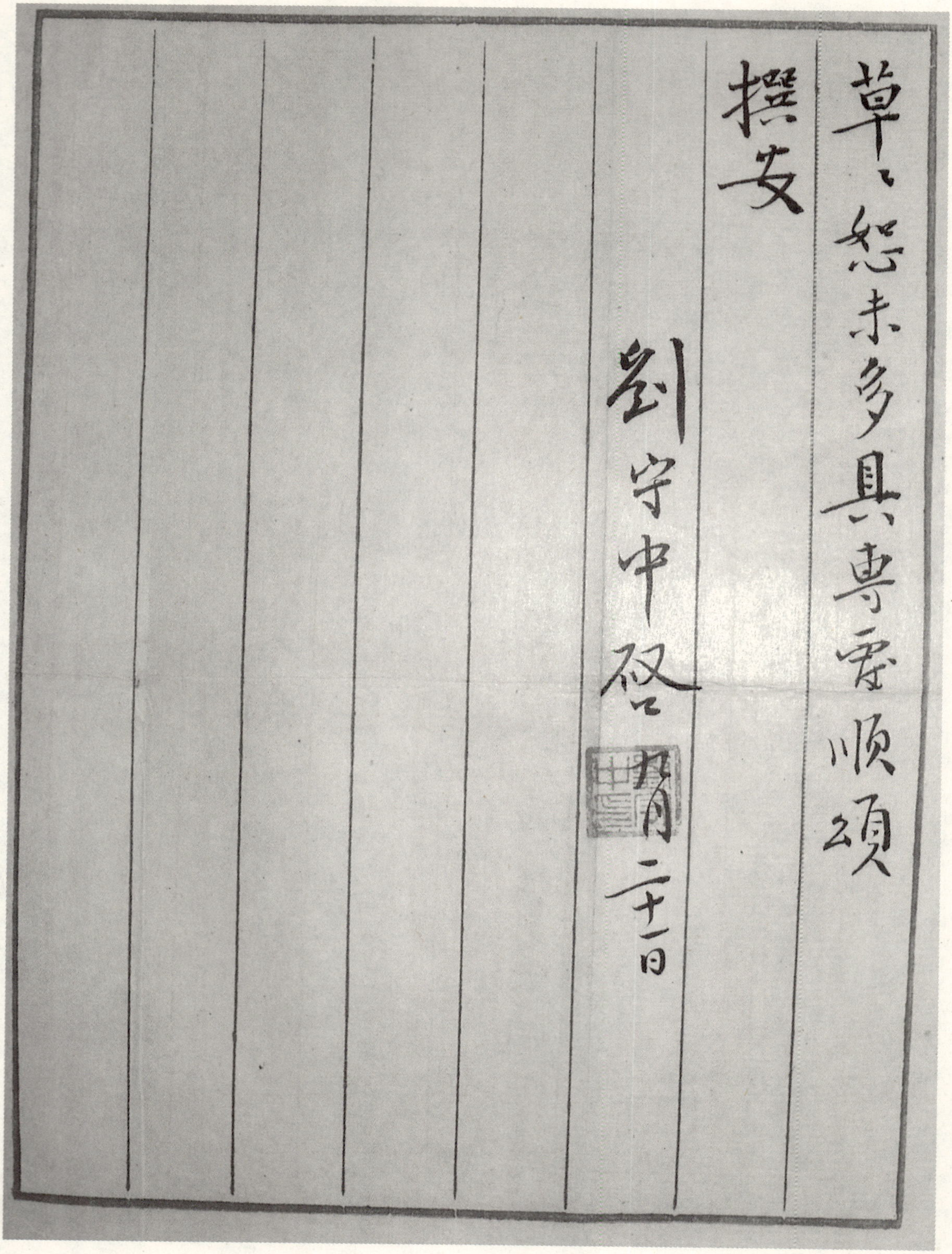

草草恕未多具，專覆順頌
撰安
劉守中啓 九月二十日

獻唐先生足下月初一椾想已收到憶前
北游途中談及邢玠為有明一代大將青
州專祠存玠在日所繪征倭團營陣圖現歸
圖書館收藏數幅其鄉人相傳謂玠當
時有意誇張承囑援事蹟因雜集眾
說以意逆推謂之誇張亦可謂為當代
史事亦無不可謹綴成文並附論語亦以
見外侮之來抵禦無策古今人如出一轍

可慨也已久居鄉僻返鄭後始閱報始知柯鳳孫先生已于八月竟歸道山耆宿凋謝始不禁為國故一中悼怛也惟新元史之作竄改舊書勝者十之三四其錯誤昏塞者十之六七曾于十九年中原大戰時取兩書讎較列柯書訛偽不下四五十處嘗怪歐陽修以文章之士輕撰新唐書新五代史讀其書者事有未悉仍須檢舊史

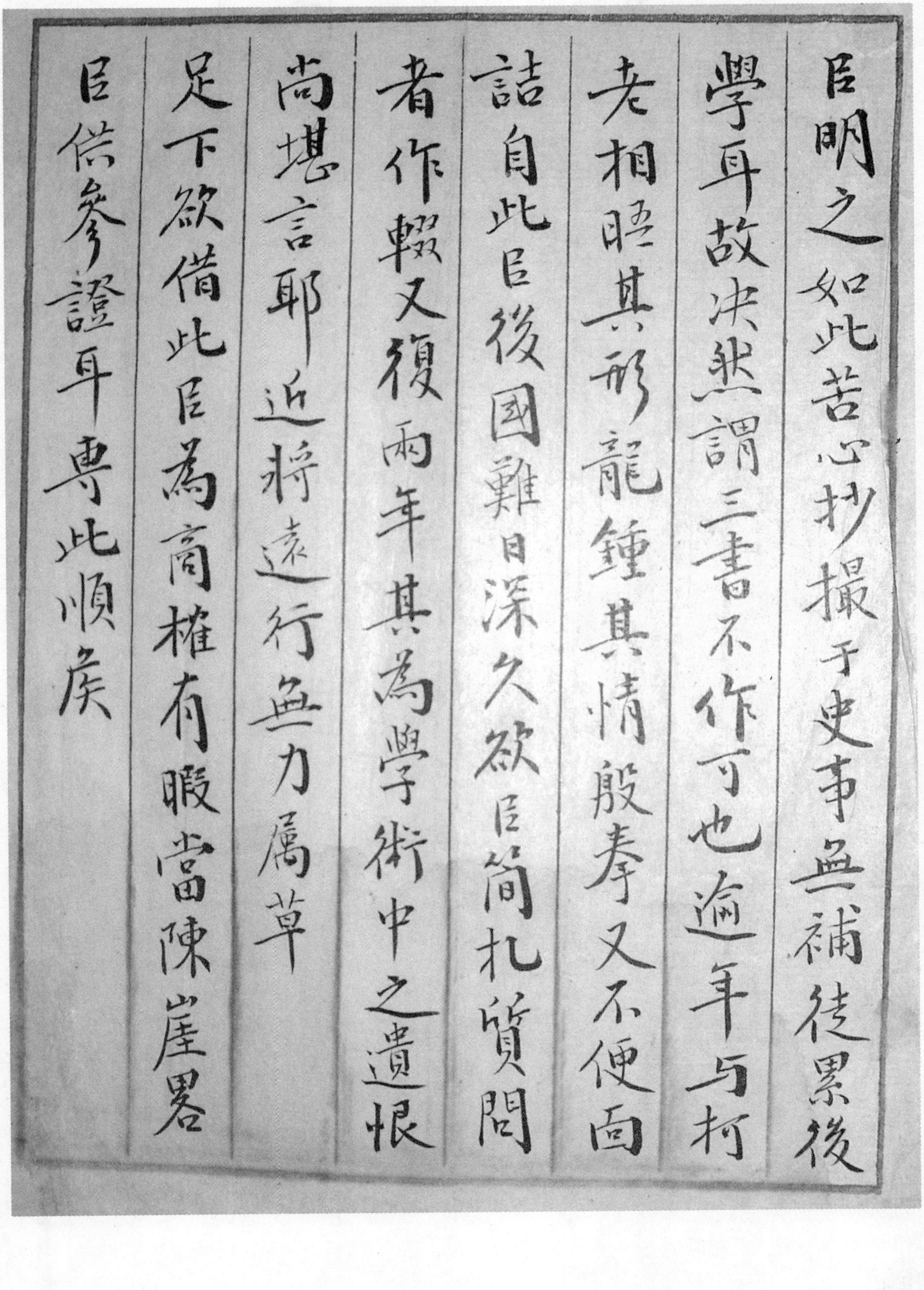
以明之如此苦心抄撮于史事無補徒累後學耳故決然謂三書不作可也逾年與柯老相晤其形龍鍾其情殷拳又不便面詰自此以後國難日深久欲以簡札質問者作輟又復兩年其為學術中之遺恨尚堪言耶近將遠行無力屬草
足下欲借此以為商榷有暇當陳崖略以供參證耳專此順候

劉守中

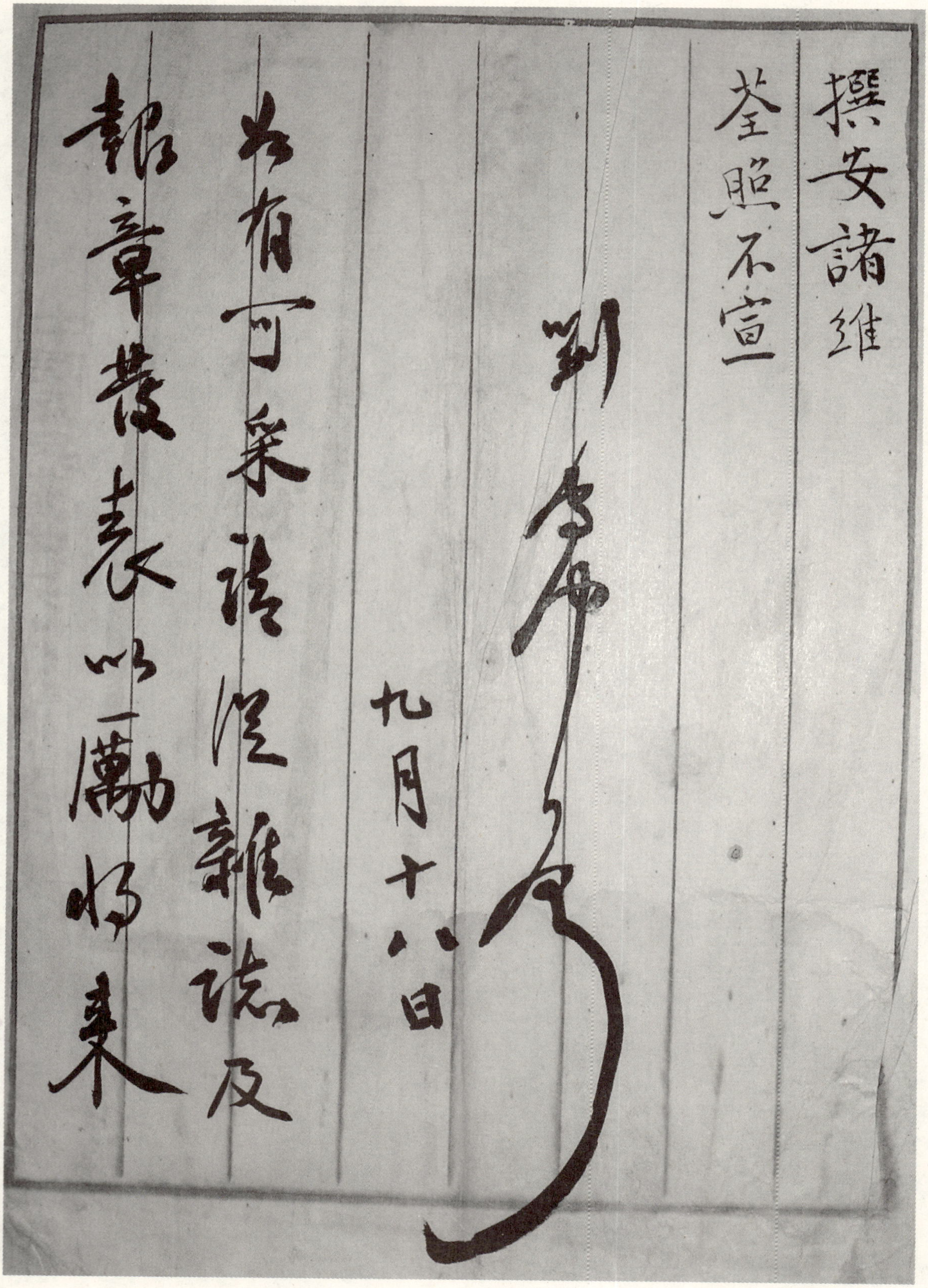

攝安諸維
荃照不宣
劉
九月十八日
尚有可采語從雜誌及
郵章叢表以勵好來

書第三通

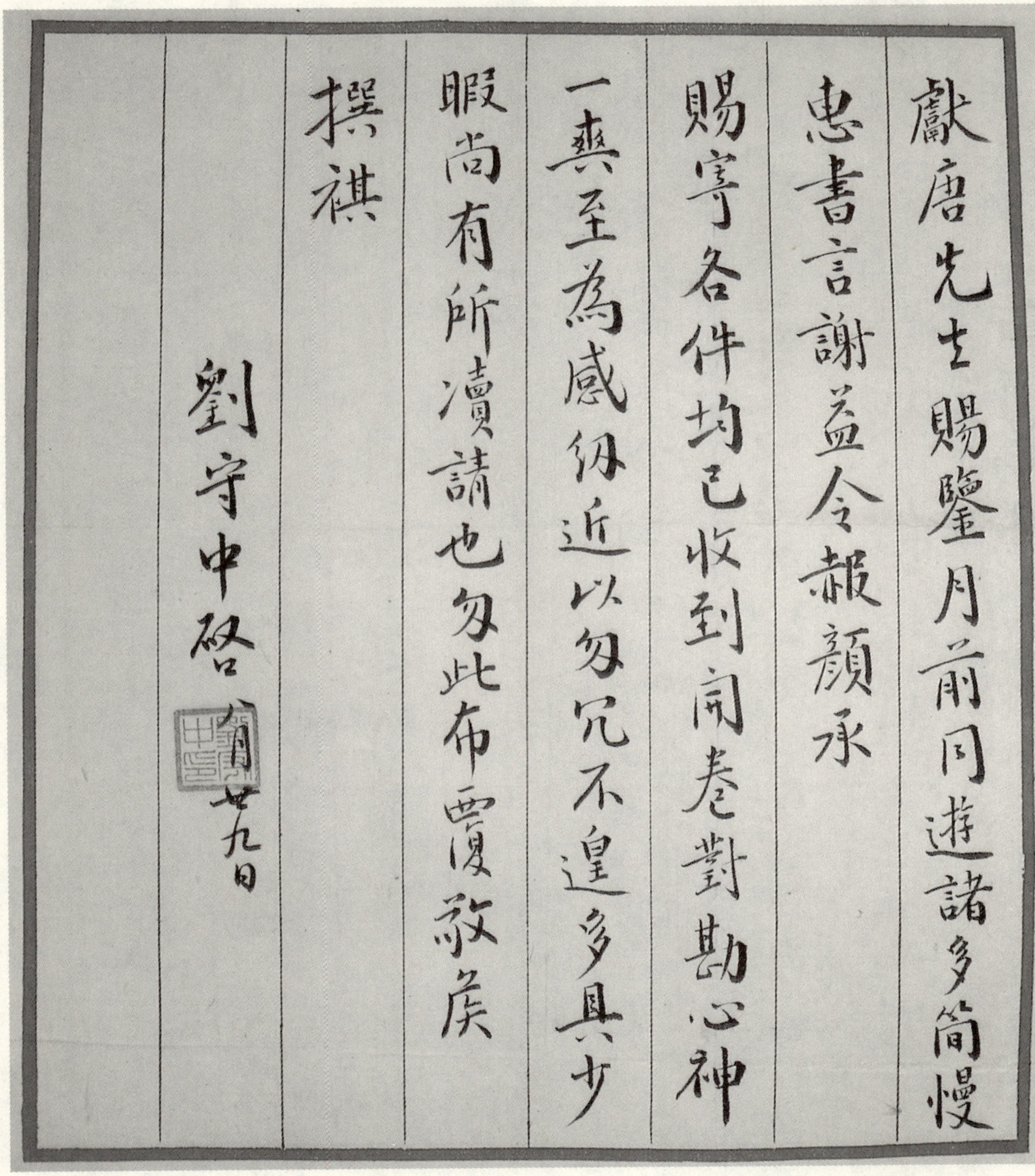

獻唐先生賜鑒：月前同遊，諸多簡慢，惠書言謝，益令赧顏。承賜寄各件均已收到，閒卷對勘，心神一爽，至為感紉。近以匆冗，不遑多具，少暇尚有所瀆請也。匆此布覆，敬候撰祺。

劉守中啓 八月廿九日

書第四通

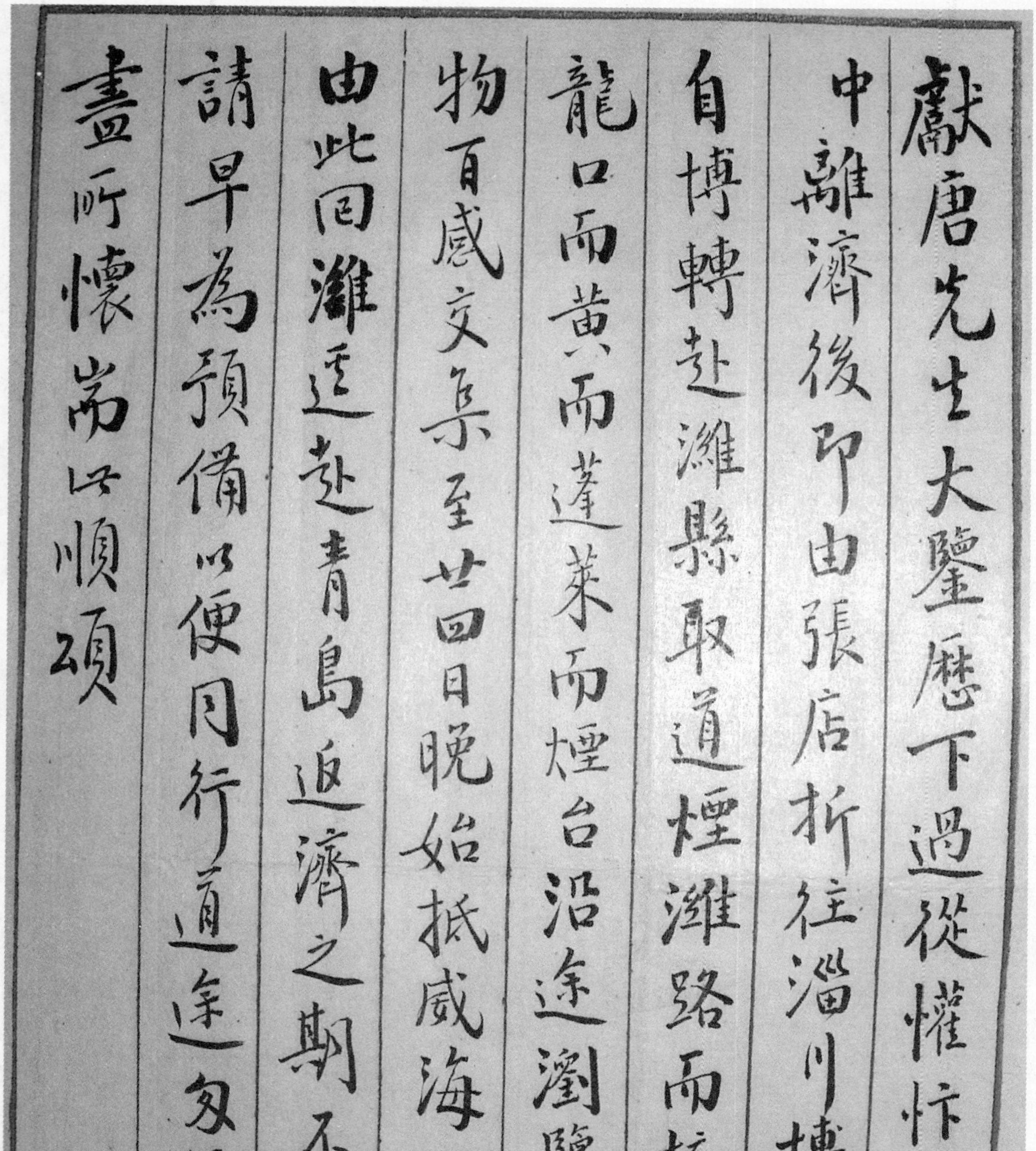
獻唐先生大鑒：歷下過從，懽忭無既。中離濟後，即由張店折往淄川、博山，自博轉赴濰縣，取道煙濰路，而掖而龍口而黄而蓬萊而煙台，沿途瀏覽風物，百感交集。至廿四日晚始抵威海。明月由此回濰，返赴青島，返濟之期不遠，請早為預備，以便同行。道途匆促，不盡所懷，尚此順頌

著祺

劉守中啓 五月廿日

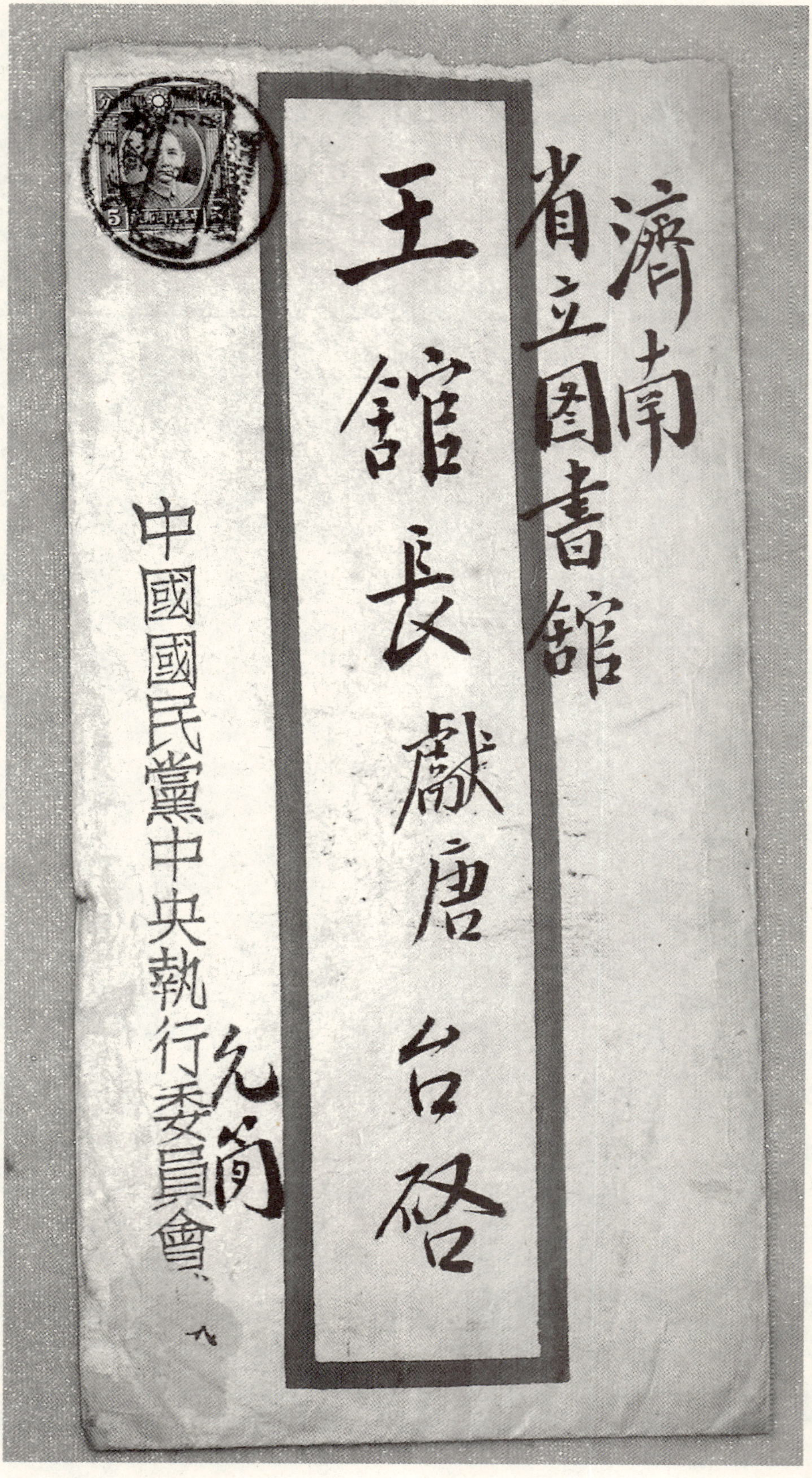
濟南
省立圖書館
王館長獻唐台啓
允简
中國國民黨中央執行委員會

五十八　周緯書二通　封一件

書第一通

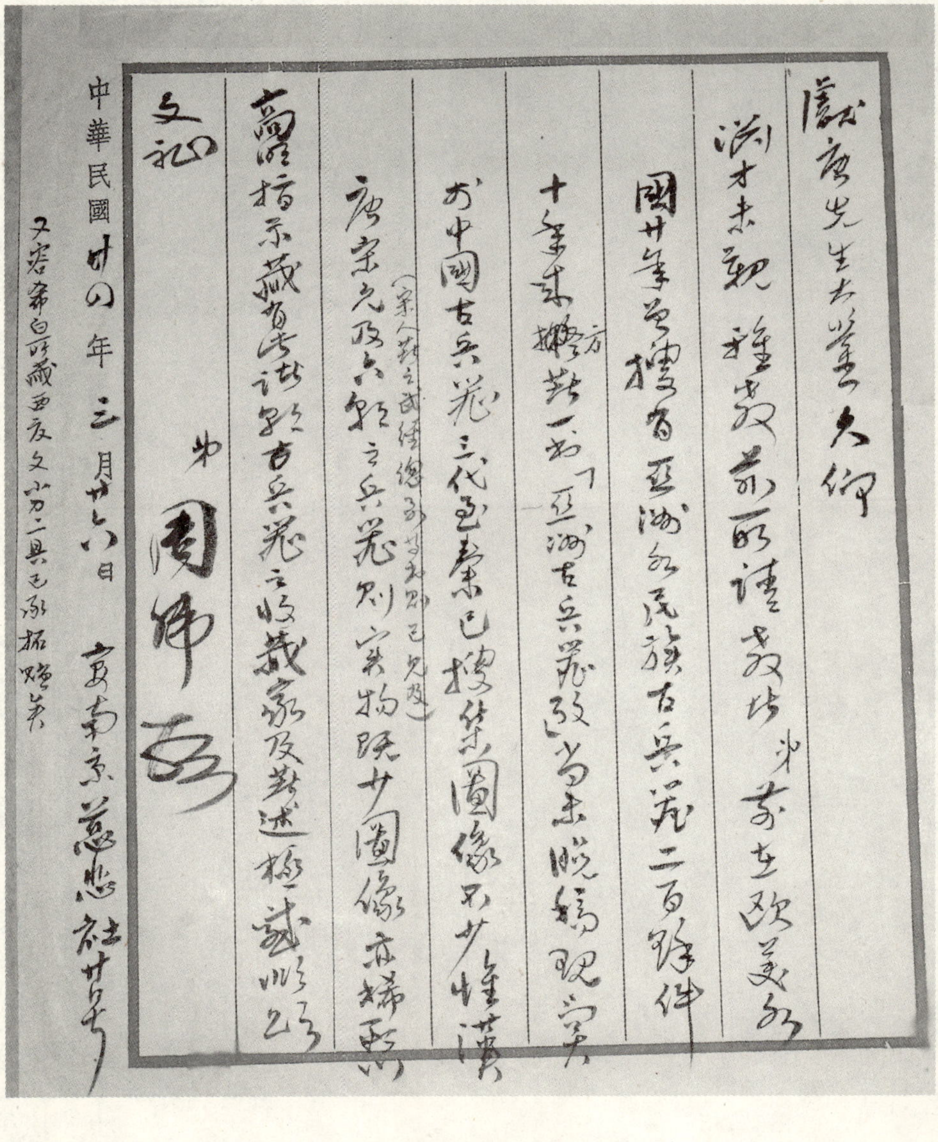

[illegible]先生大鑒：久仰
淵才，未覿
雅教。前晤談時，弟方在歐美各
國廿年，蒐搜有亞洲各民族古兵器二百餘件，
十年來撰著一部「亞洲古兵器考」，尚未脫稿，現覺
於中國古兵器三代已蒐集圖像不少，惟漢
唐宋元明各朝之兵器則實物既少，圖像亦缺，敢
（宋人所著之武經總要等書所印者已見及）
請指示藏有漢唐銅鐵古兵器之收藏家及著述，[illegible]
文祉
弟　周緯頓首
中華民國廿四年三月廿八日　寓南京蕙思社廿號
又容希白所藏西夏文小刀二具已承拓贈矣

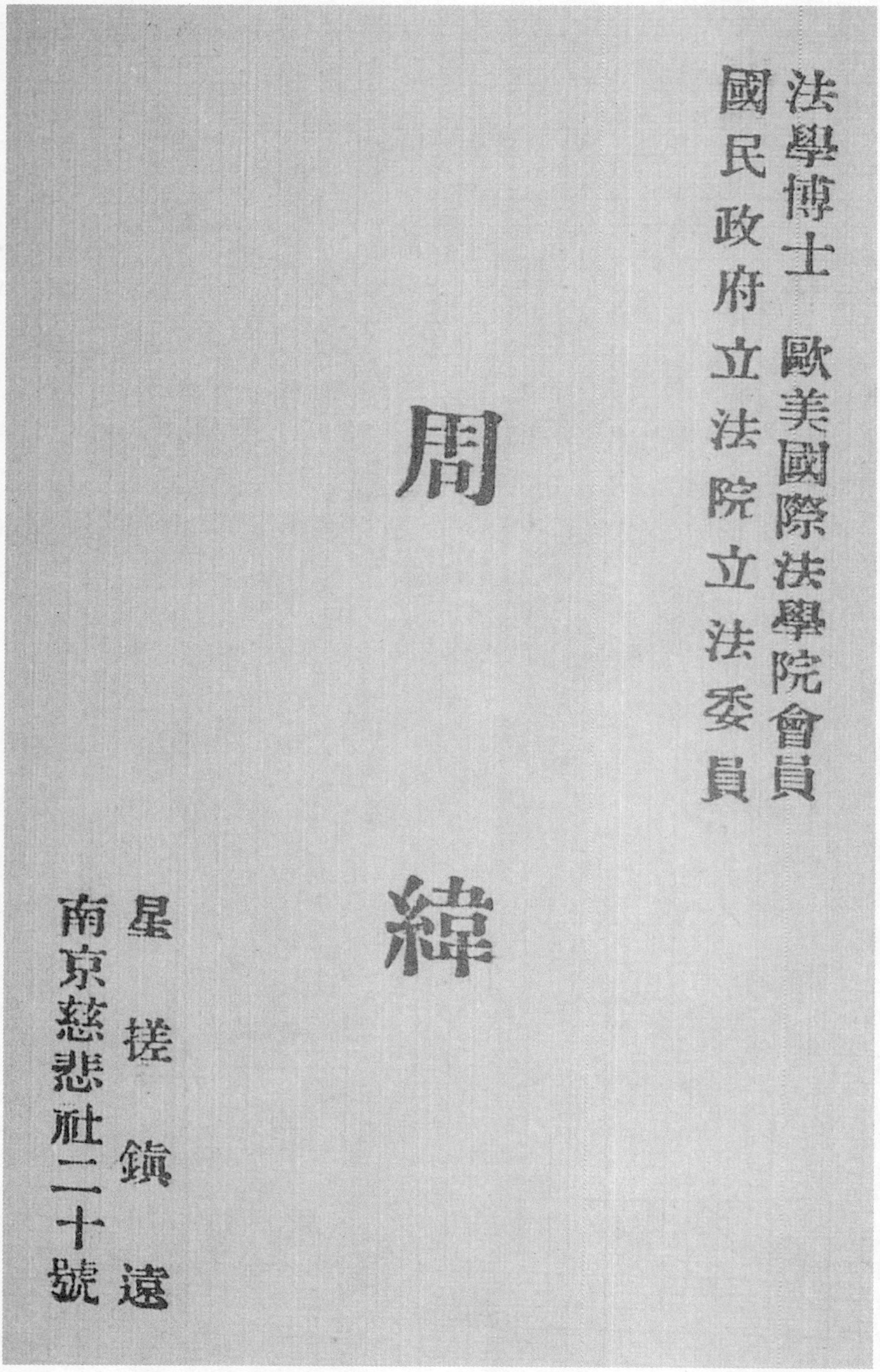
法學博士　歐美國際法學院會員
國民政府立法院立法委員

周緯

星槎　鎮遠
南京慈悲社二十號

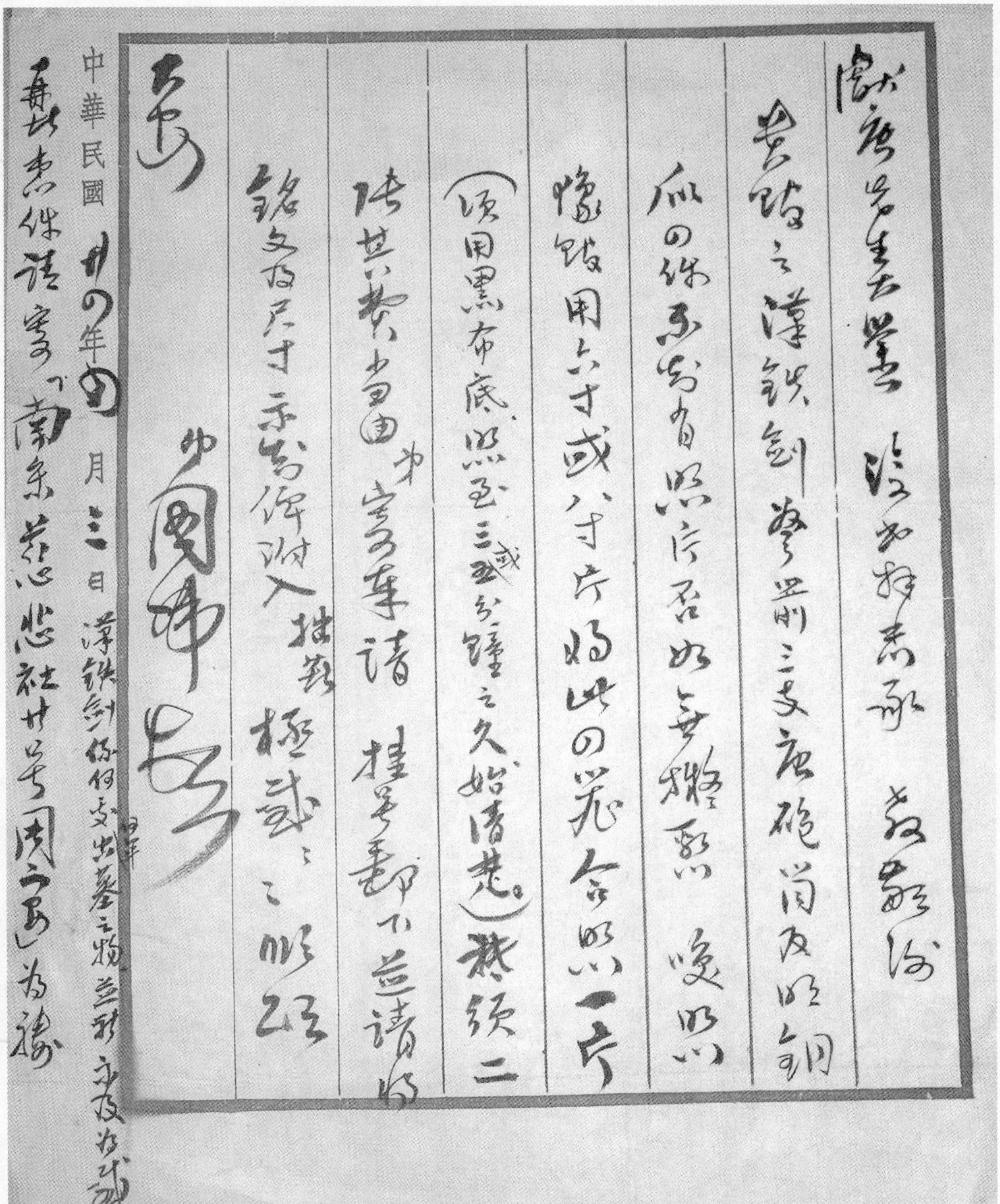
獻唐先生鑒：頃如拜悉。敬啟者，
尊處之漢鐵劍、瑩罰三支，應將箭及照銅
爪四件可否各照片否，如無攝影，喚照
像，須用六寸或八寸片，將此四器合照一片
（須用黑布底照，照五三或五分鐘之久，始清楚。）然後二
請其攝出，由 弟處奉請 桂號郵下，並請將
銘文及尺寸示知，俾便附入拙著，極感之至
此頌
著安 弟周緯上
中華民國廿四年四月三日 漢鐵劍係何處出土之物，並祈示及為感。
再此書係請寄下南京慕恩社廿號周公館為禱

周緯

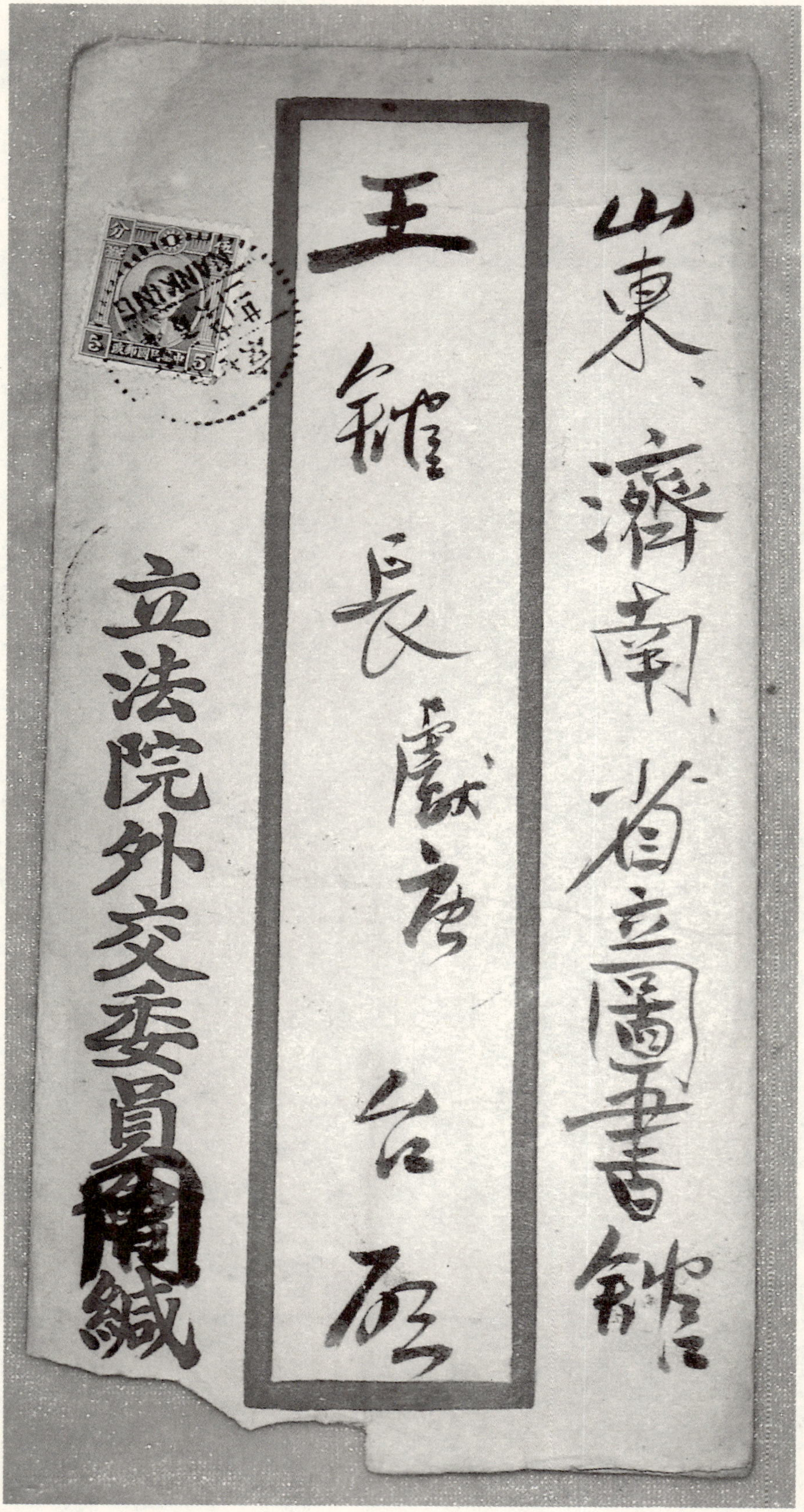
山東濟南省立圖書館
王館長獻唐台啟
立法院外交委員會緘

五十九　沈祖榮 書二通 封一件

書第一通

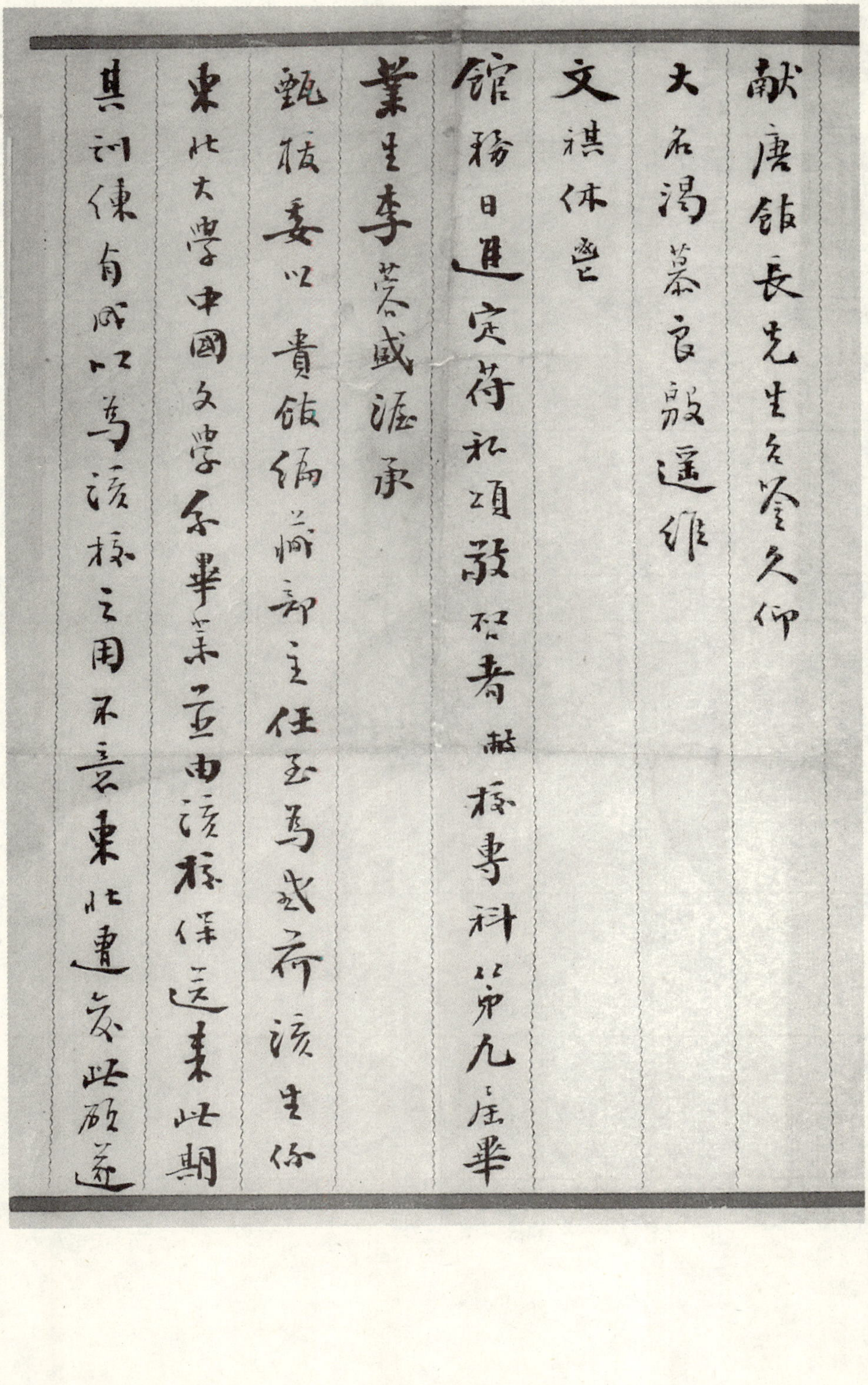

獻唐館長先生左右：久仰
大名，渴慕良殷，遙維
文祺休鬯，
館務日進，定符私頌。敬啓者，敝校專科以第九屆畢
業生李蓉盛派承
甄拔，委以貴館編藏部主任，並爲此荷。該生係
東北大學中國文學系畢業，並由該校保送來此，期
其訓練有成，以爲該校之用。不意東北遭變，此願遂

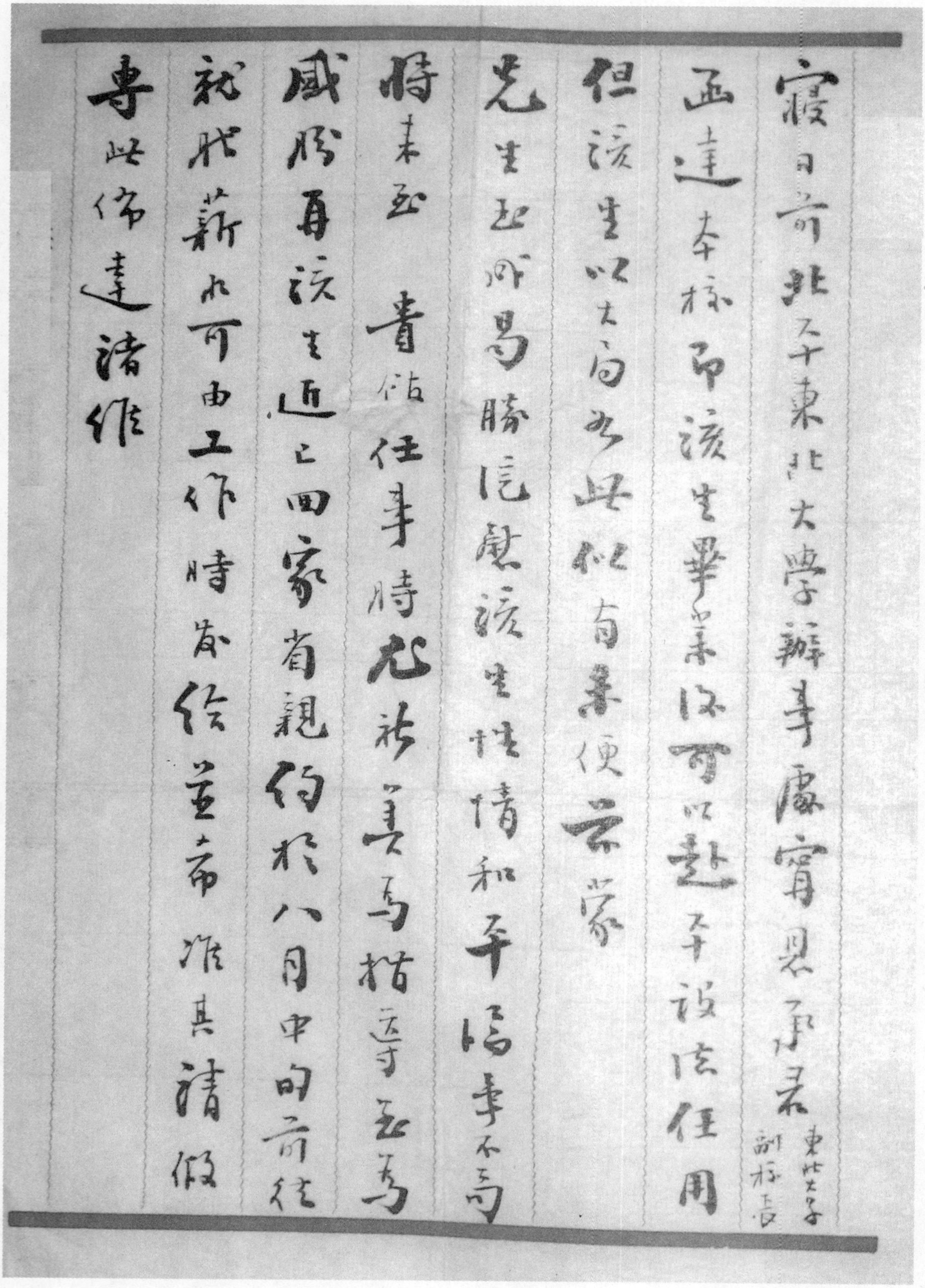
寢日前北平東北大學辦事處甯恩承君東北大學副校長
函達本校即該生畢業後可以赴平設法任用
但該生以大局為重似有未便云云
先生函所舉馬騰[illegible][illegible]該生性情和平隨事不苟
將來函 青佑任事時尤祈善為指導至為
感盼再該生適已回家省親將於八月中旬前往
就職薪水可由工作時發給並希准其請假
專此佈達 請維

霽照不宣，並頌

撰安

弟沈祖榮謹啟

六月廿三日

書第二通

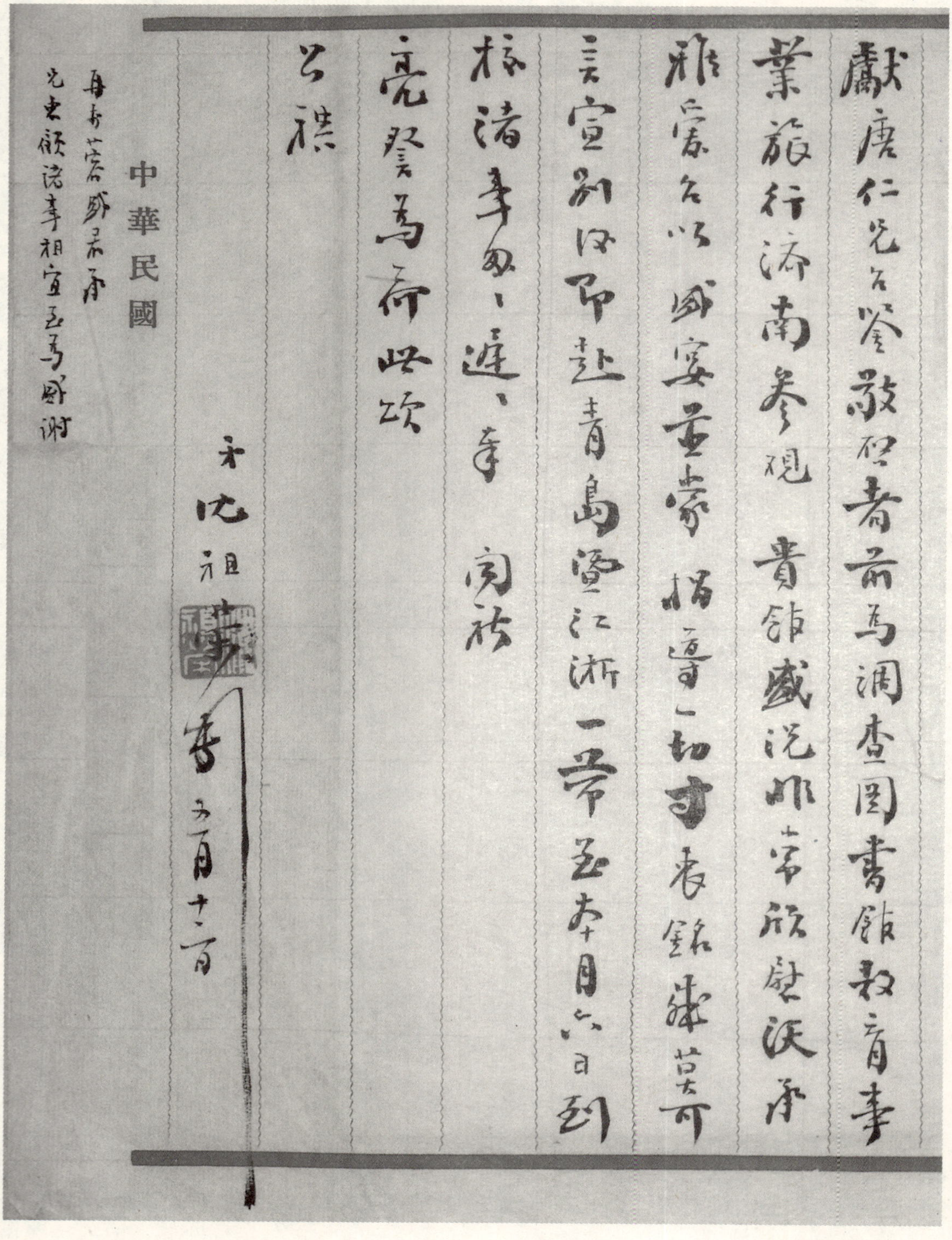

獻唐仁兄先生鑒：敬啓者，前為調查圖書館教育事業，旅行濟南，參觀 貴館，盛況非常，欣慰沃承 雅愛，屢以盛宴並蒙 指導一切，尤表銘感莫可言宣。別後即赴青島滬江浙一帶，至本月六日到校。諸事叢叢，遲遲奉 覆，務亮察為荷。此頌

公祺

弟 沈祖榮 五月十二日

中華民國

再者前蒙郵票承 先生代辦諸事相宜至為感謝

沈祖榮

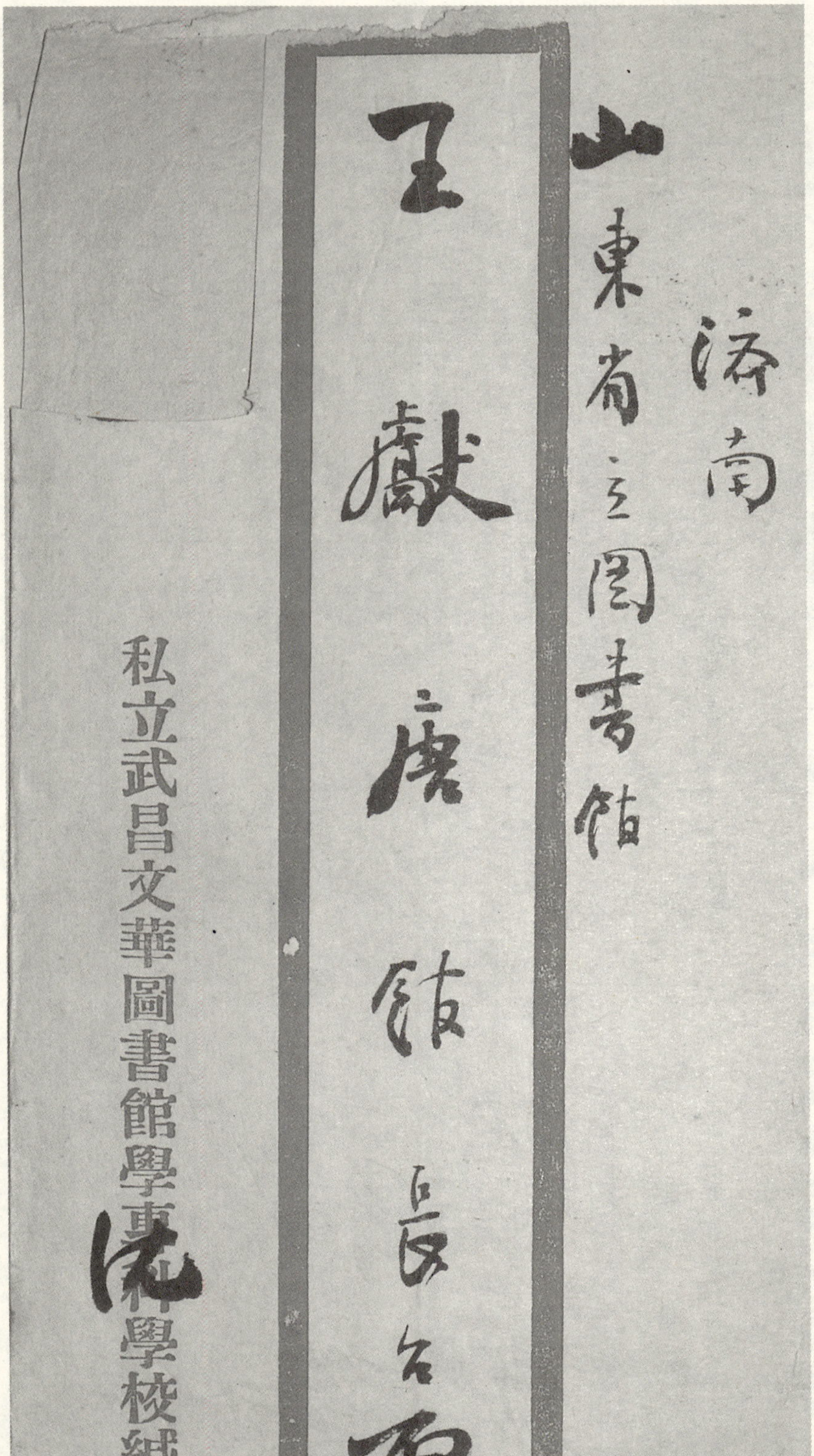

六十

孫奂侖

封一件

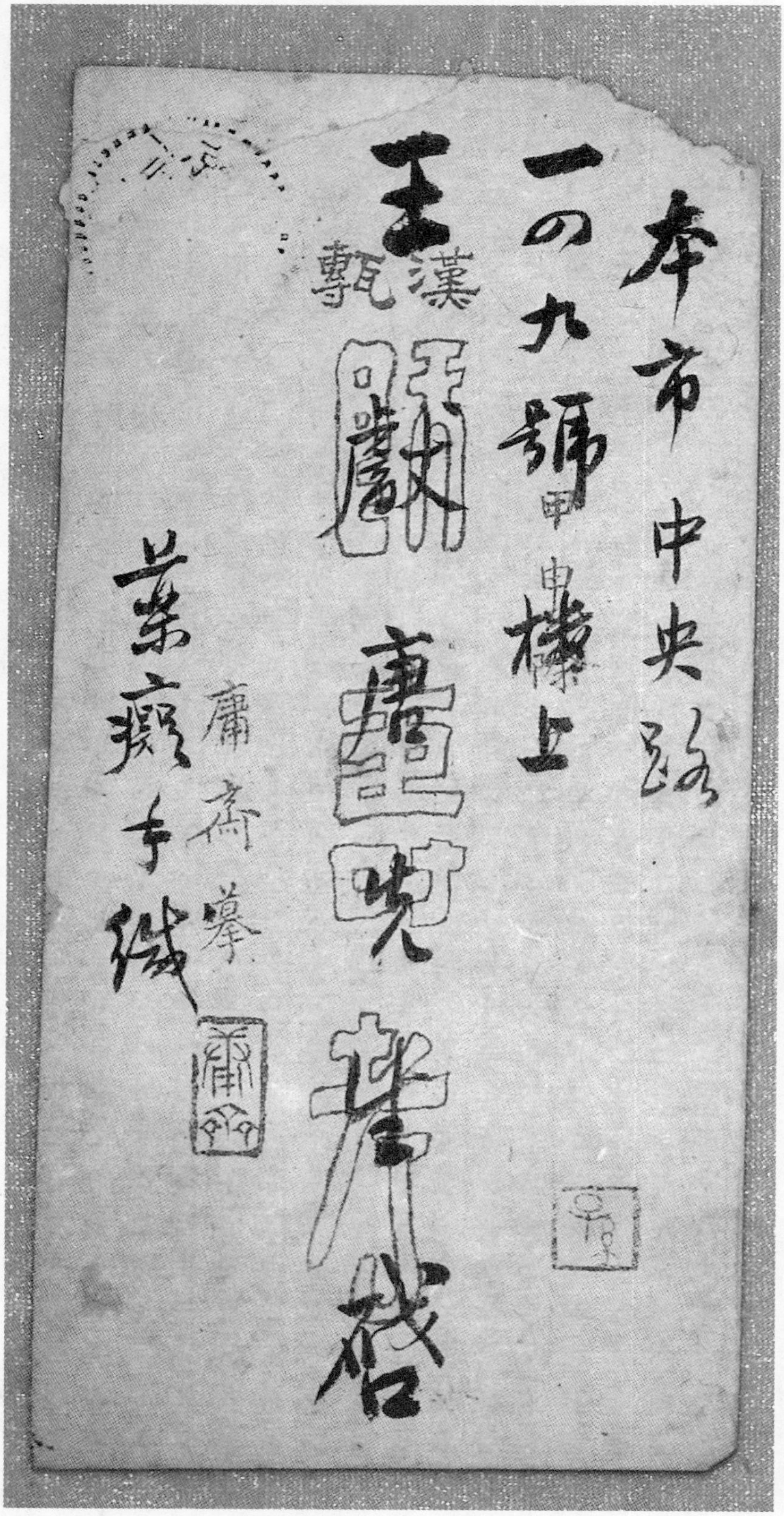

六十一 馮復光

書十五通 封五件

書第一通

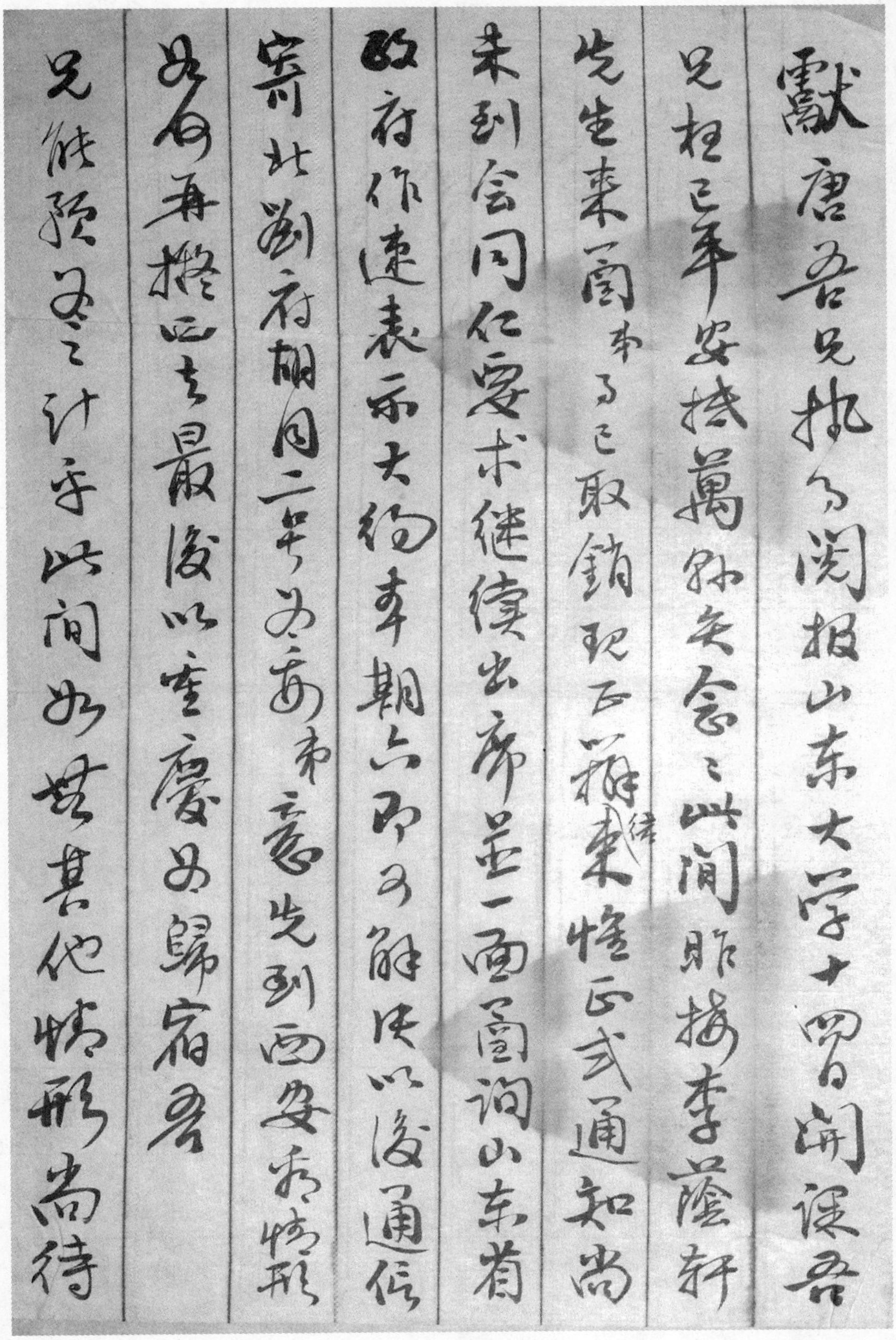

獻唐吾兄執事：閱報山東大學下月開課，吾兄想已平安抵萬縣矣，念念。此間昨接李蔭軒先生來函，弟乃已取銷聘[illegible]來，惟正式通知尚未到。会同仁要求继续出席，并一面函询山東省政府作速表示，大約本期亦即可解决。以後通信寄北劉府胡同二号為妥。弟意先到西安參觀情形，如有再接洽之，最後以重慶為歸宿。吾兄能預為之計乎？此間如無其他情形，尚待

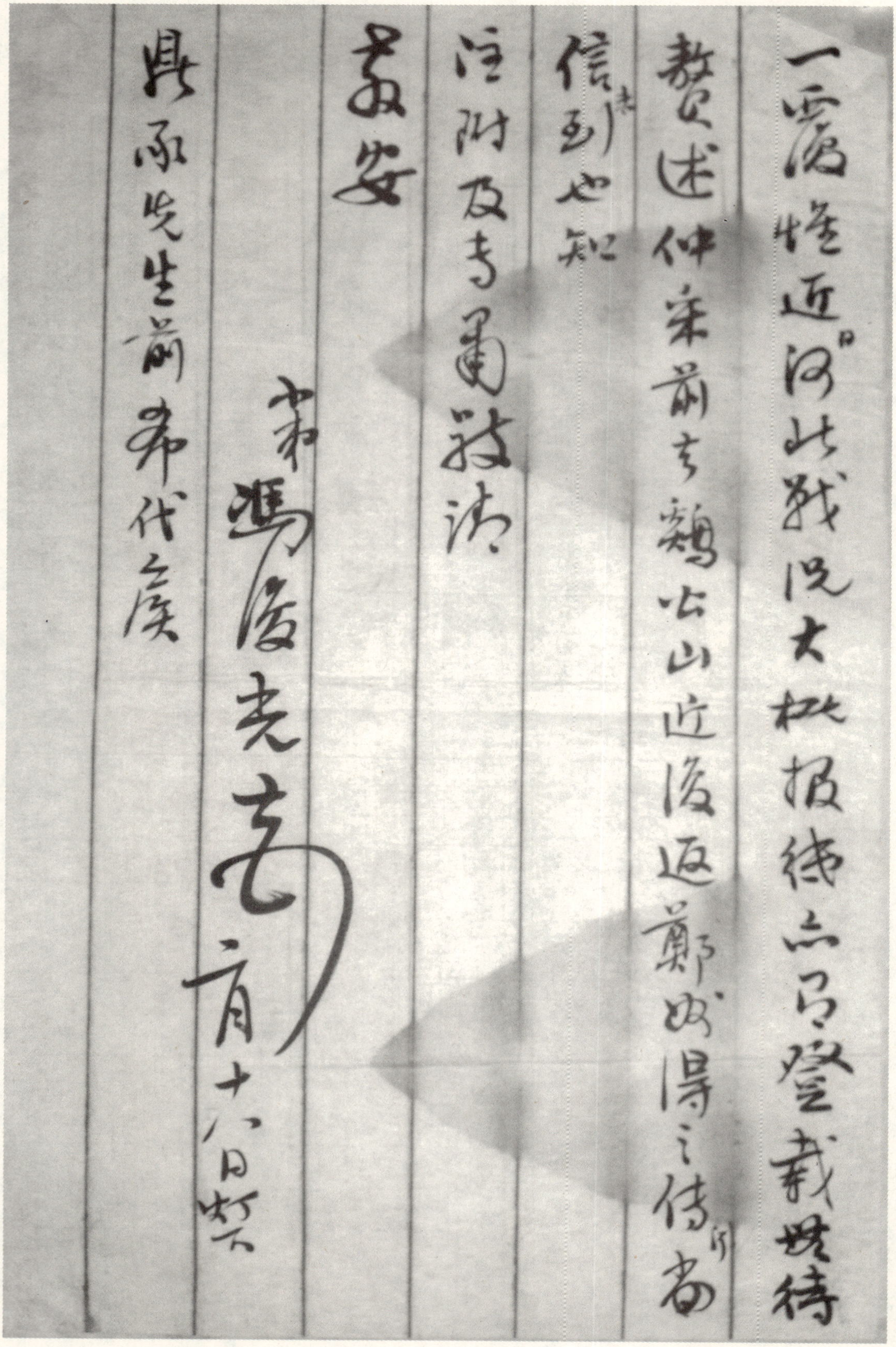

一處惟近河北戰況大概頗聞亦已登載無待

贅述。仲來前去鷄公山，近復返鄭，如得之傳者

信到也知

注附及，專肅，敬請

崇安

弟馮汝[illegible]頓首　十八日燈下

縣丞先生前　弟代候

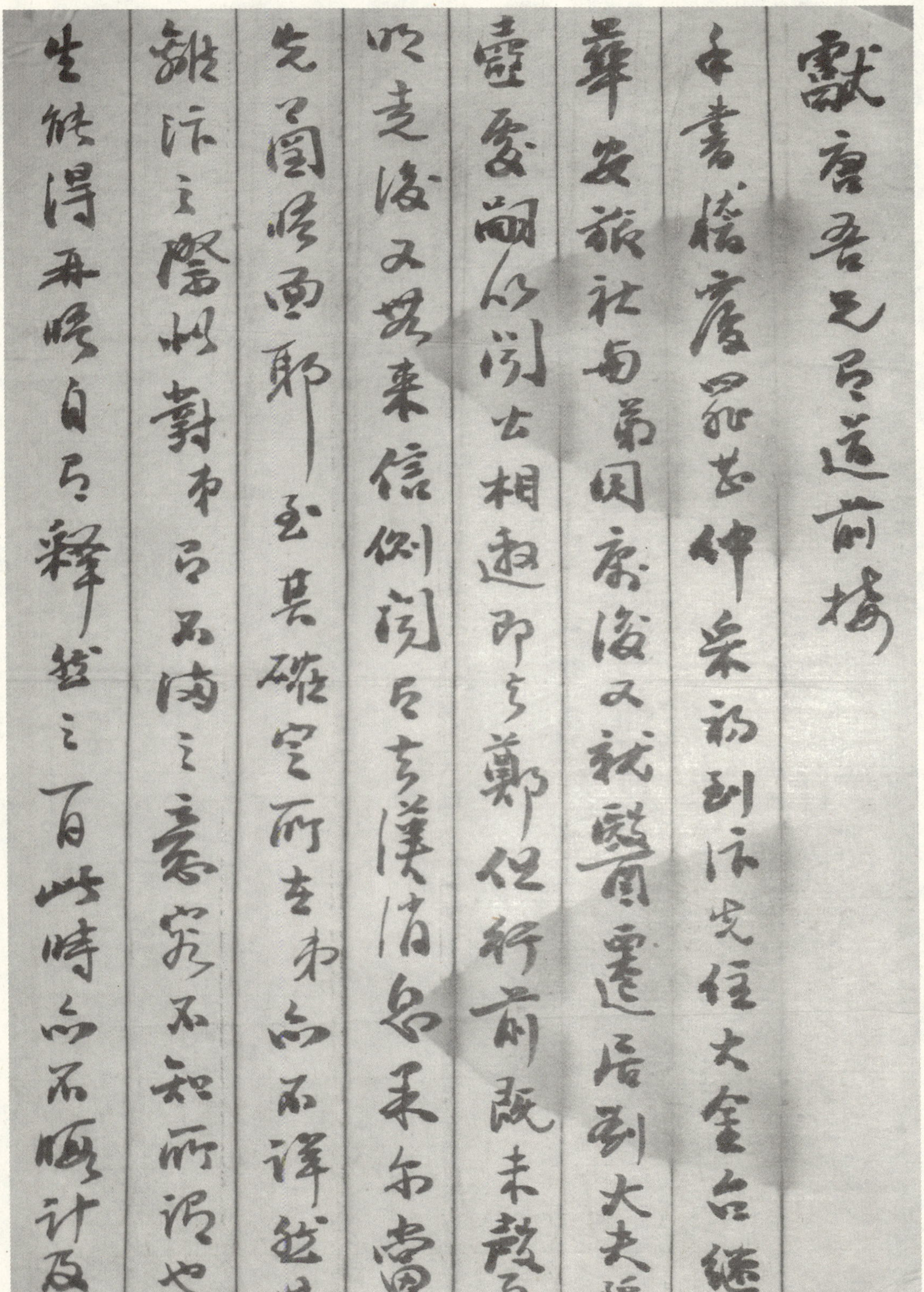

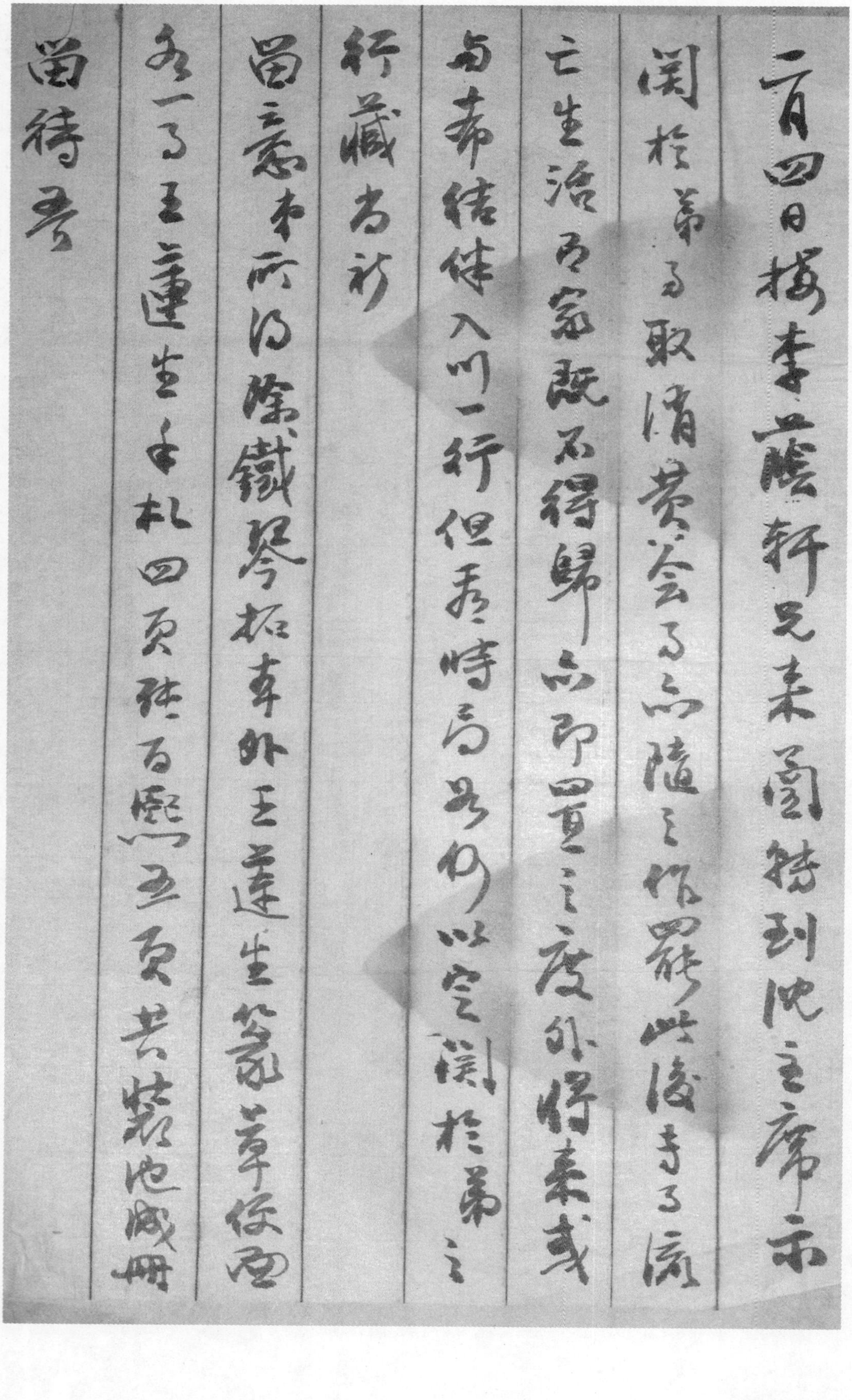

二月四日接李燕軒兄來函轉到沈主席示
閱於弟另取消貴會亦隨之作罷此後弟之流
亡生活可定既不得歸亦即置之度外得來或
與弟結伴入川一行但來時當攜以定閱於弟之
行藏為祈
留之意本所得除鐵琴拓本外王蓮生篆草僅留
各一子王蓮生手札四頁殊可愛五頁共裝池成冊
留待吾

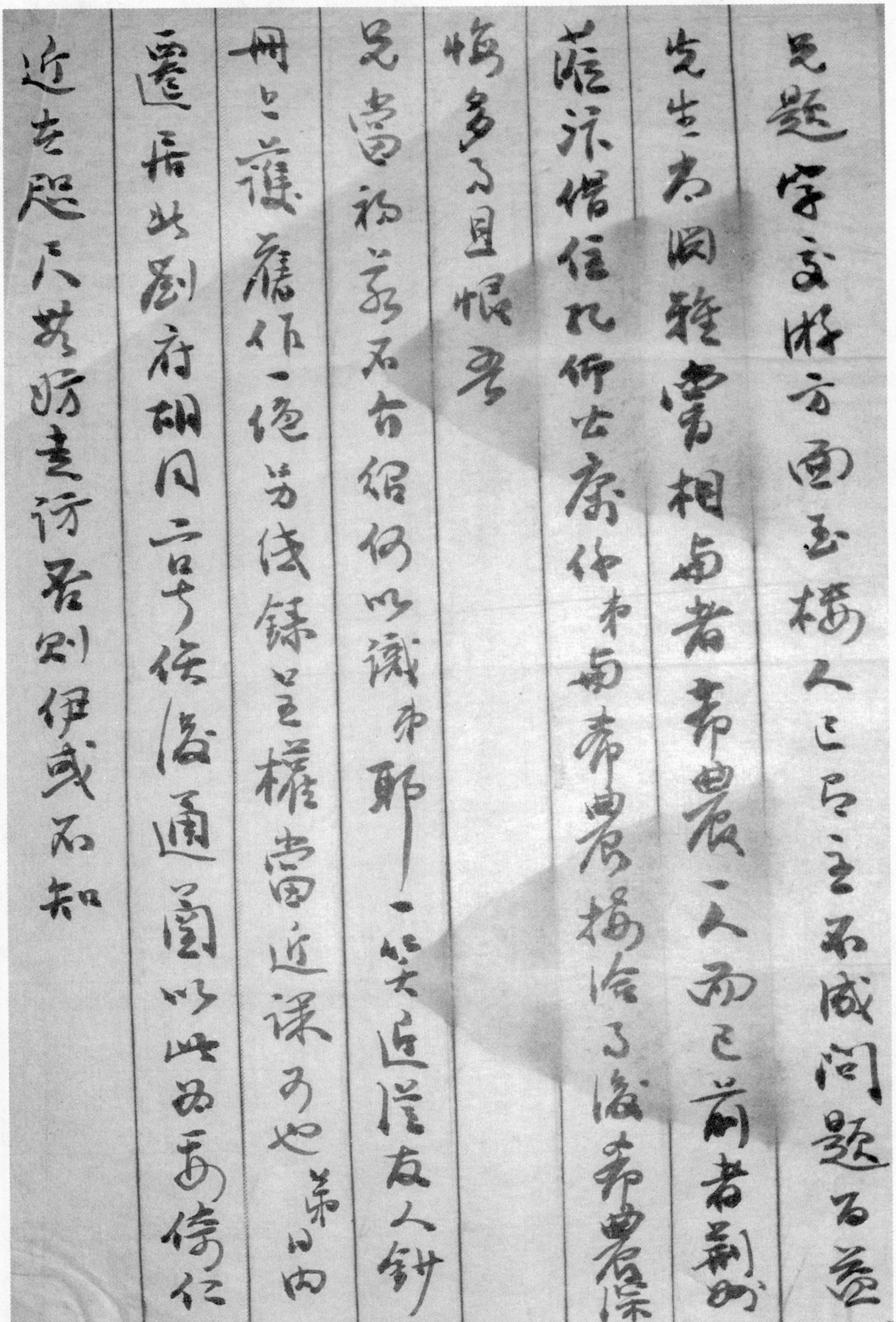

兄題字交將方面玉樓人已足至不成問題了蓋
先生高岡雅當相與者弟與農一人而已前者蒯如
薛示借任九仰古齋仲弟與弟與農揚給了後弟與農深
悔多了且恨甚
兄當稱贊不舍紹何以識弟耶一笑近從友人鈔
冊上獲藤作一絕另錢錄呈權當近課可也弟日內
還居此劉府胡同二十七號後通函以此為妥儀仁
近來想只甚勞走訪君則伊或不知

馮復光

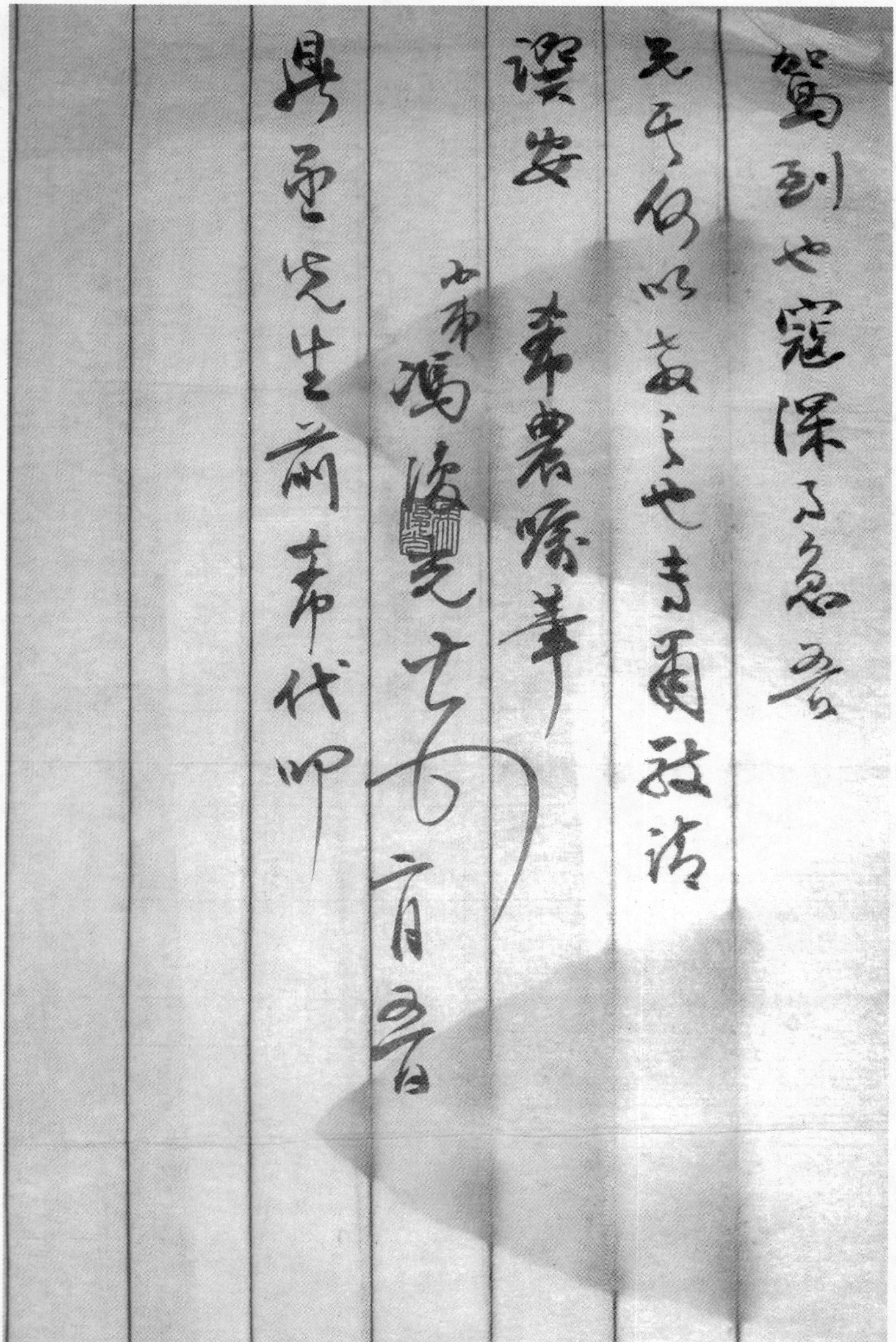
駕到也寇深可慮否
先生何以教之也幸爾敦請
譔安　弟農齋華
小弟馮汝玠頓首書
興丞先生前弟代叩

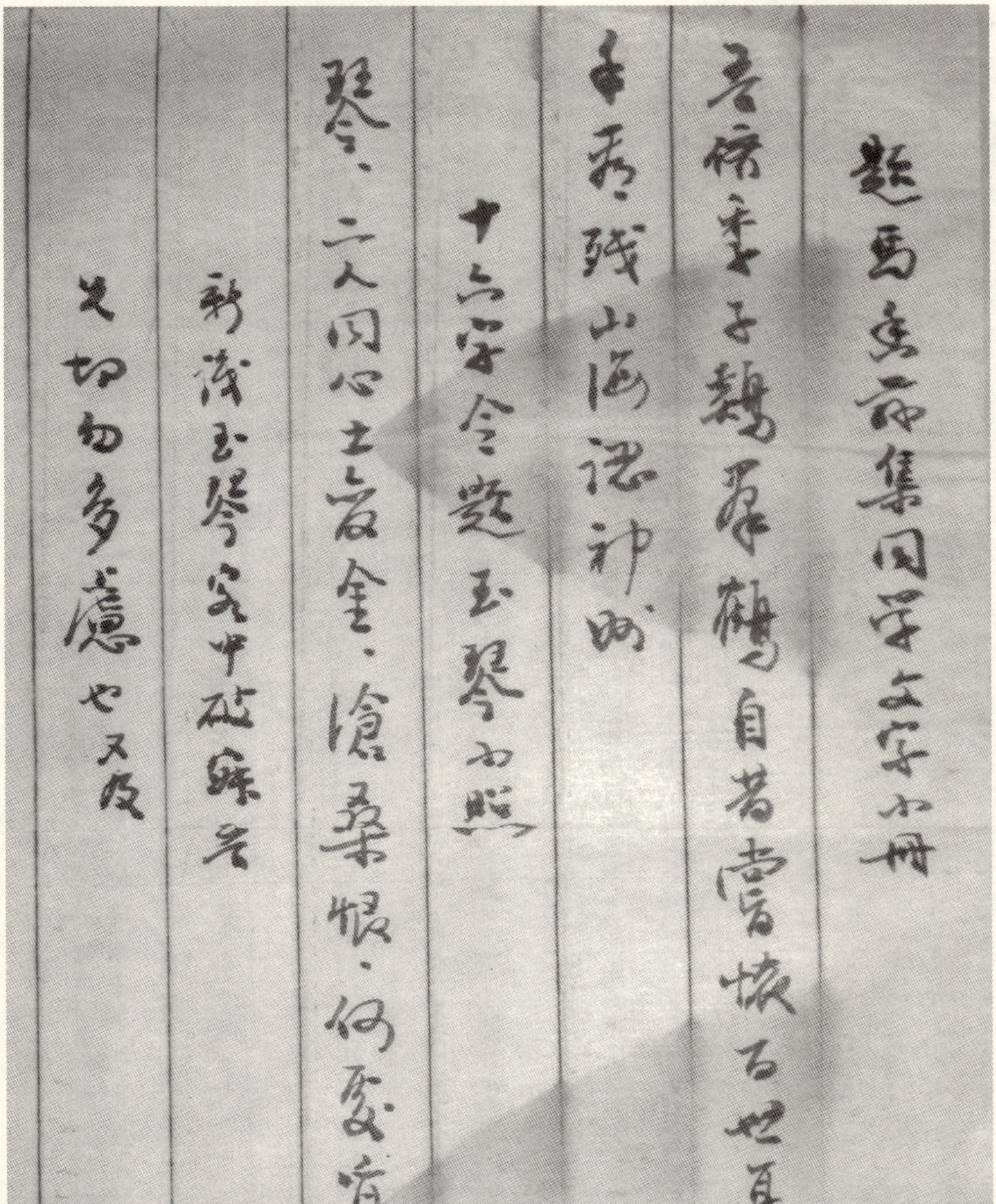
題馬來西亞集同學文字小冊

吾儕季子羈羅鶴自昔嘗懷百世憂對此一編猶在手丟殘山海認神州

十六字令題玉琴小照

琴、二人同心土變金、滄桑恨、何處覓知音

新識玉琴室中破錄者

是切勿多慮也又及

馮復光

書第三通

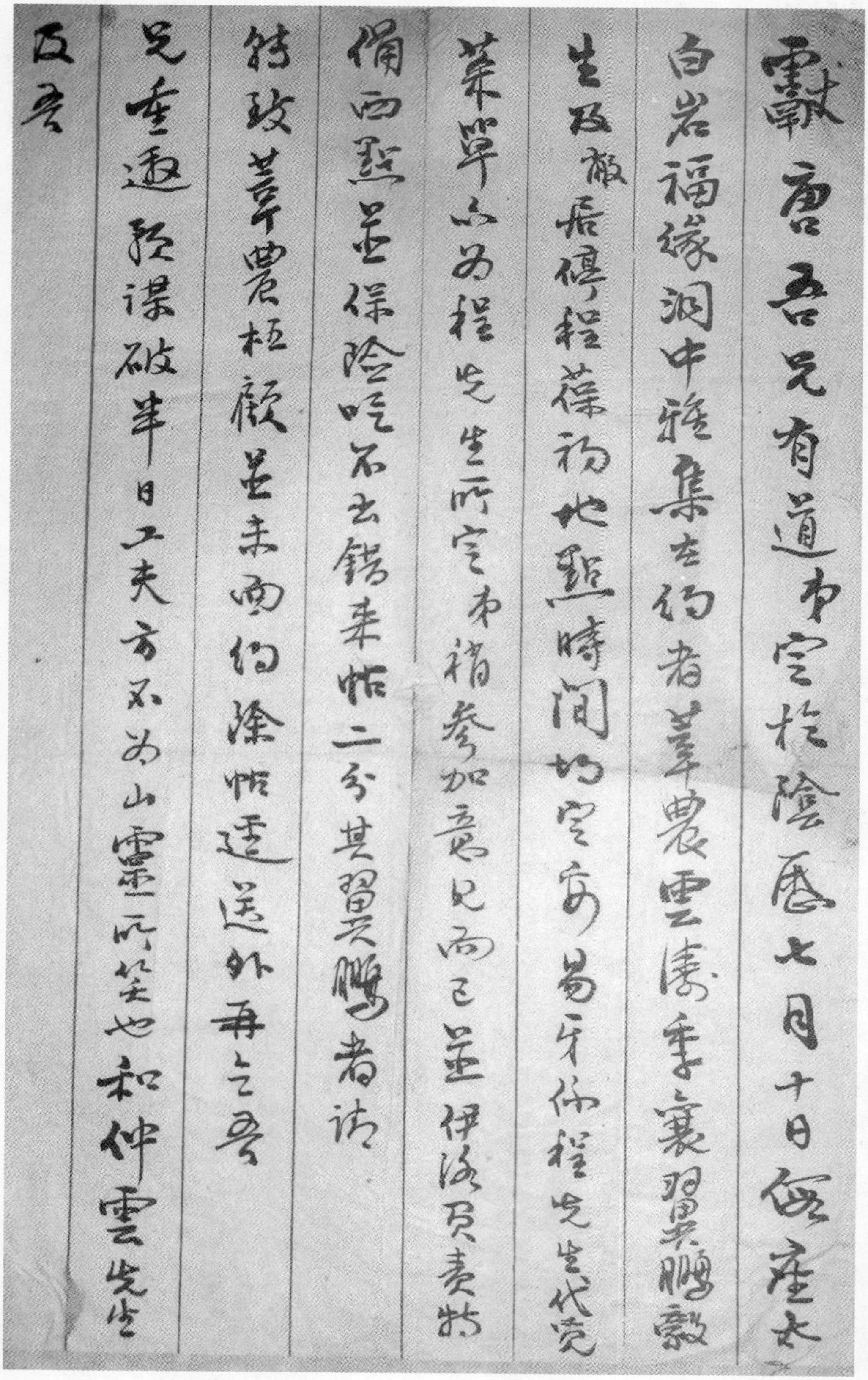

獻唐吾兄有道：弟定於陰曆七月十日偕崔太白岩福緣洞中雅集，去約者華農、雲濤、季襄、翼鵬、毅生及敝居停程藻初也。屆時問均定妥，易予伊程先生代覓草單六分，程先生所定，亦稍參加意見而已，並伊須負責，特備西點並保險吃不去錯。來帖二分，其翼鵬者請特致華農柏毅並來西約塗帖逕送外，再乞吾兄垂返，預謀破半日工夫，方不為山靈所笑也。和仲雲先生又言

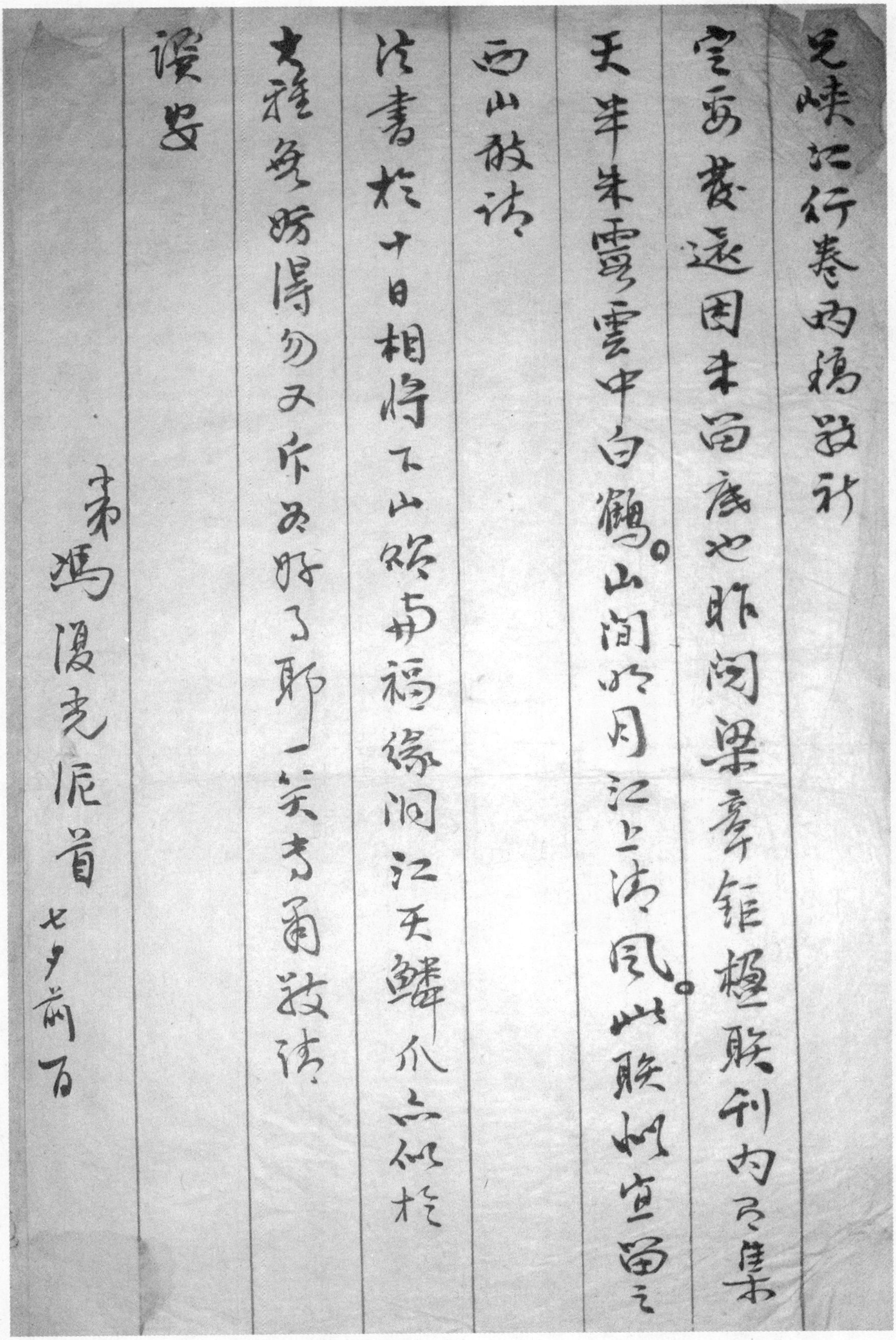
巴峽江行卷兩稿敬祈
定奪寄遠因未留底也昨閱渠亭鋒極聯刊內巴集
天半朱霞雲中白鶴。山間明月江上清風。此聯似宜留之
西山敬請
法書於十日相得下山時南福緣洞江天鱗爪亦似於
大雅無妨得勿又作兩好了耶一笑專肅敬請
撰安
弟馮復光泥首
七夕前日

馮復光

書第四通

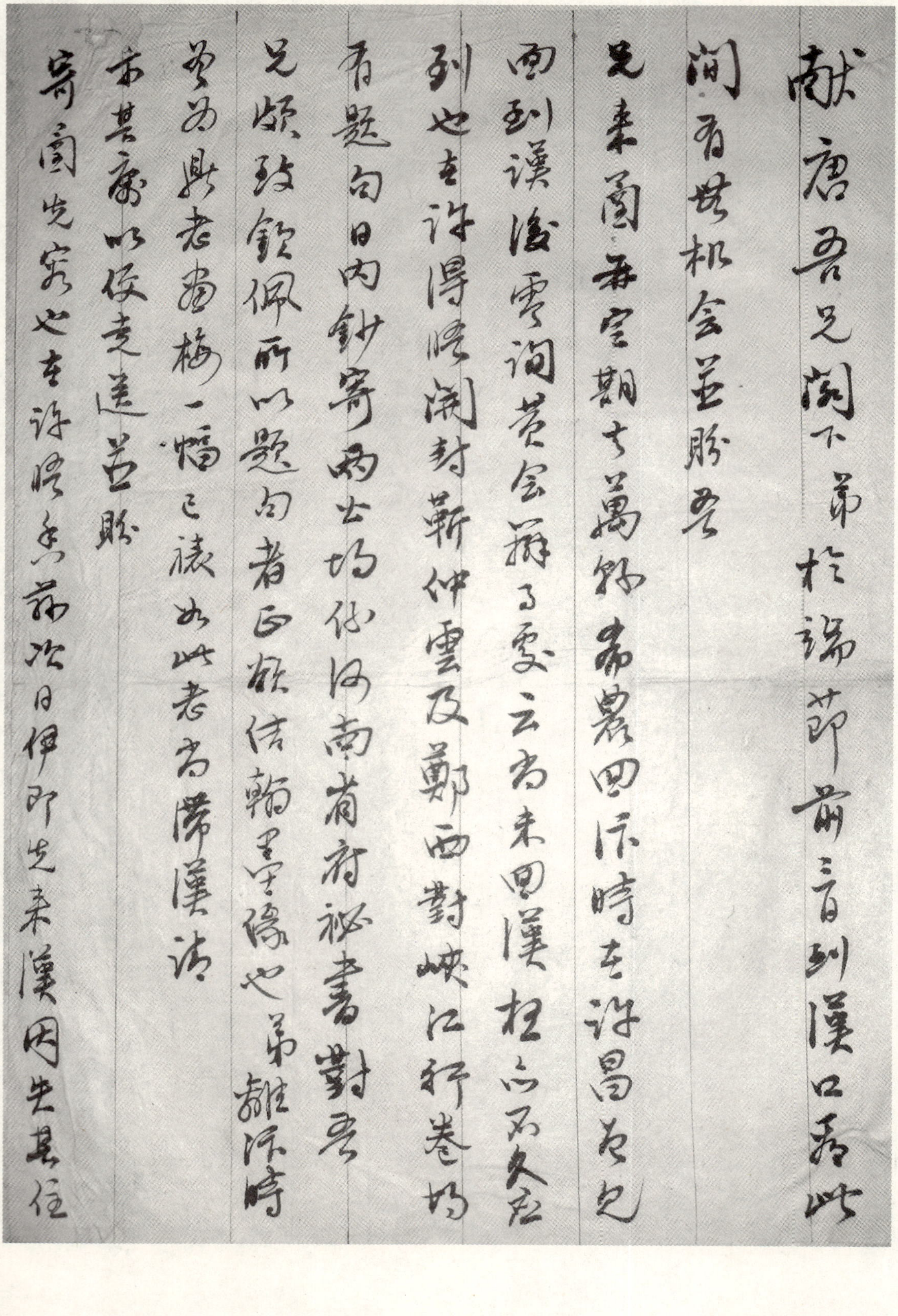
獻唐吾兄閣下：弟於端節前三日到漢口，爲此
閣有無機會，並盼告
兄來函，再定期去萬縣。弟擬回京時去許昌，爲兄
函到漢後，雲閣黃金藩乃曼云爲來回漢程亦不久，亦
到也。去許得晤，閑封靳仲雲及鄭西對峽江行卷均
有題句，日内鈔寄。兩公均任河南省府秘書，對吾
兄頗致欽佩，所以題句者，正欲結翰墨緣也。弟離京時
曾爲縣老畫梅一幅，已裱如此，老爲帶漢請
弟甚感，以後走送，並盼
寄函先寄也去許，時兵前次日伊即先來漢，因先甚任

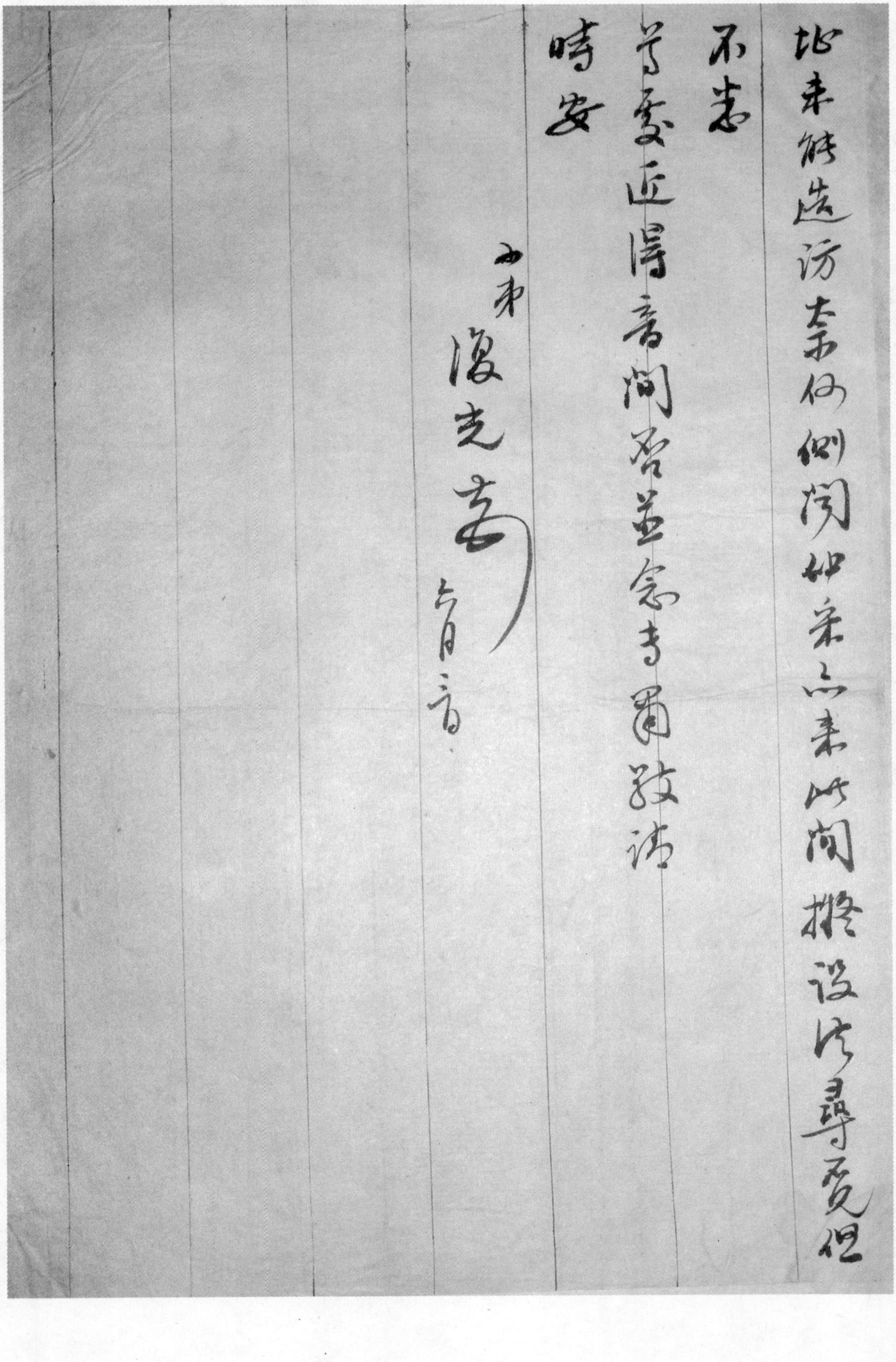

比来能造访秦似侧闻仲宋亦来此间拟设法寻觅但
不知
兄处近得音问否并念专函致请
时安

弟 复光 叩
六月言

書第五通

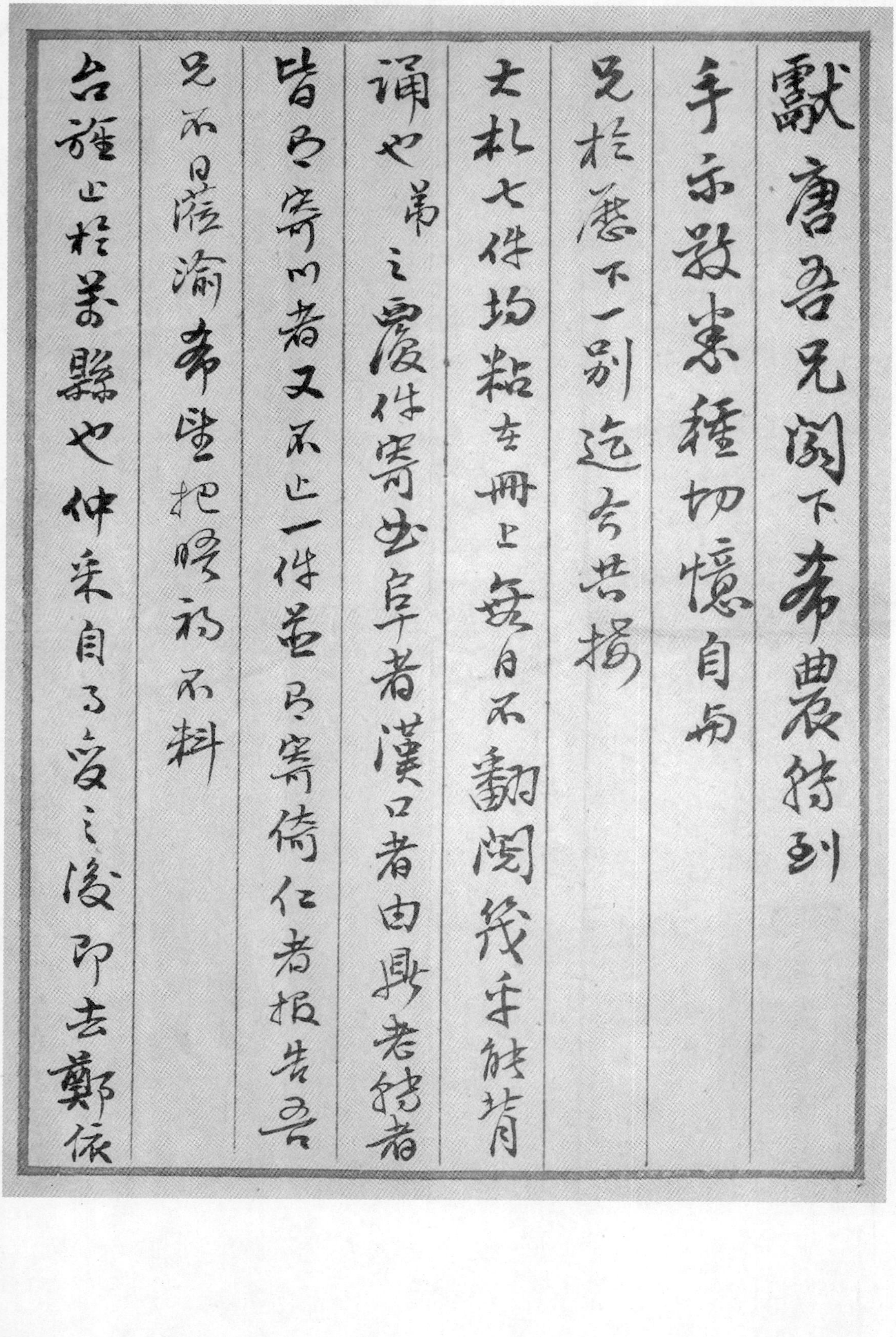

獻唐吾兄閣下弟曲農待到
手示敬悉種切憶自與
兄於歷下一別迄今昔揚
大札七件均粘在冊上無日不翻閱幾乎能背
誦也弟之農件寄出阜者漢口者由與老轉者
皆已寄以者又不止一件並已寄倚仁者報告吾
兄不日從渝弟望把晤為不料
台旌止於某縣也仲來自子安之後即去鄭依

聞，但走時文溪及弟皆不曉，至今竟無一字
大約是在西安，因仲勉在此也，弟為此乃函囑
兄去閩來，弟於
兄處得其消息，更不料亦無所聞。弟來
擬離汴往黃陂會之，事掣未能即去，自汴到
魯，弟乃即告傳頌，然玉今竟無正式通知黃會
黃會同仁即引以為藉口，不從缺席，現因沿河
完全成爲乃紀團最後決議，曰王讀撤銷文

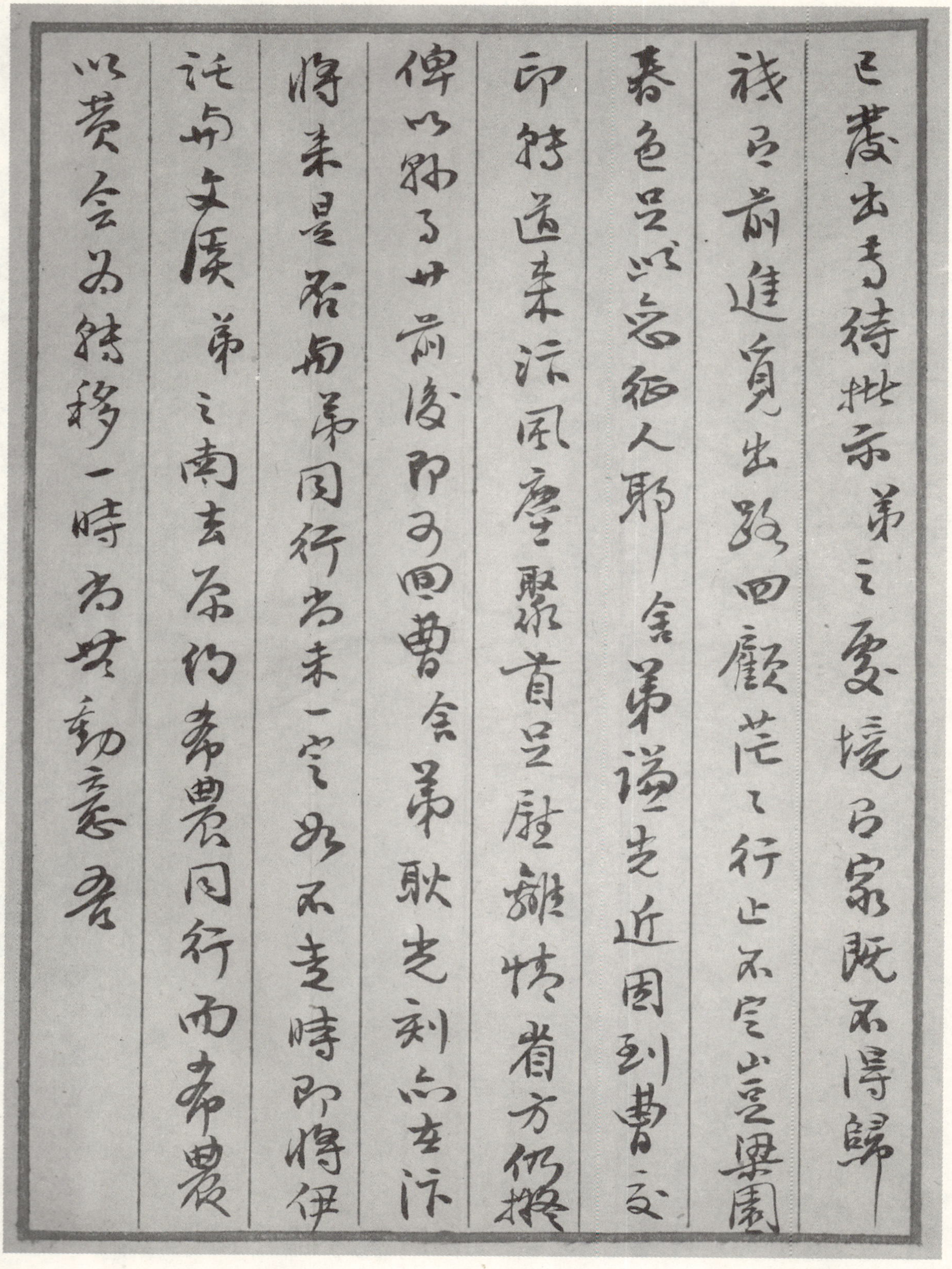
已發出等待批示 弟之處境既不得歸
祇有前進覓出路回顧茫茫行止不定豈梁園
春色足以留戀人耶 舍弟謹遠近因到曹交
卸即特道來汴風塵聚首足慰離情省方仍擬
俾以騎乃廿前後即可回曹 舍弟耿光刻尚在汴
將來是否與弟同行尚未一定如不走時即將伊
託府文侯 弟之南去原約弟農同行而弟農
以黃會爲特務一時尚難動身 書

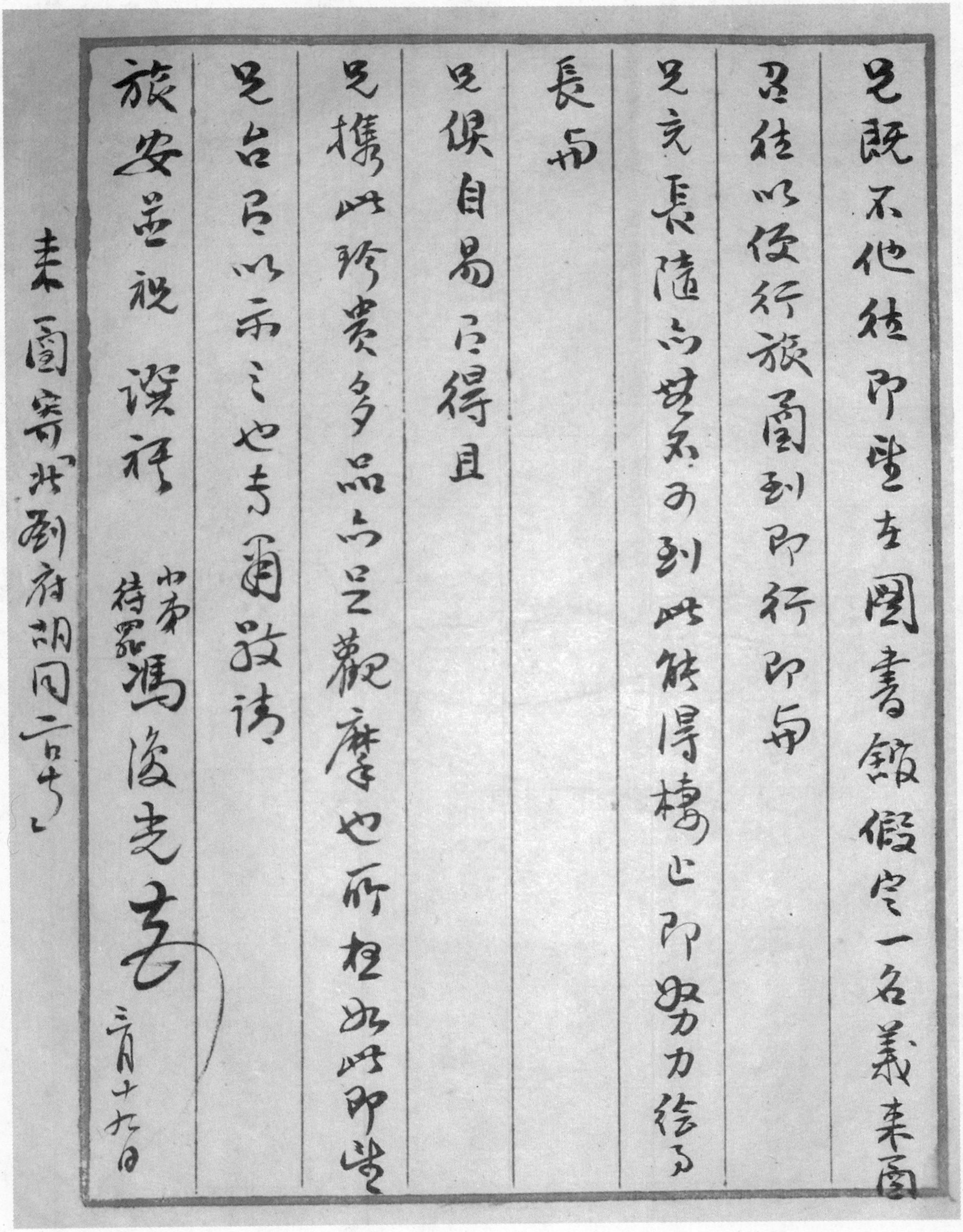
兄既不他往，即望去圖書館假定一名義來圖
召往，以便行旅，圖到即行，即函
兄充長隨亦甚不可，到此能得棲止，即努力從事
長函
兄俱自易已得，且
兄携此珍貴多品，亦足觀摩也，所相如此，即望
兄台召以示之也，專肅致請
旅安，並祝
該禧
小弟待罪馮復光
二月十九日
來函寄北劉府胡同二百七號

馮復光

書第六通

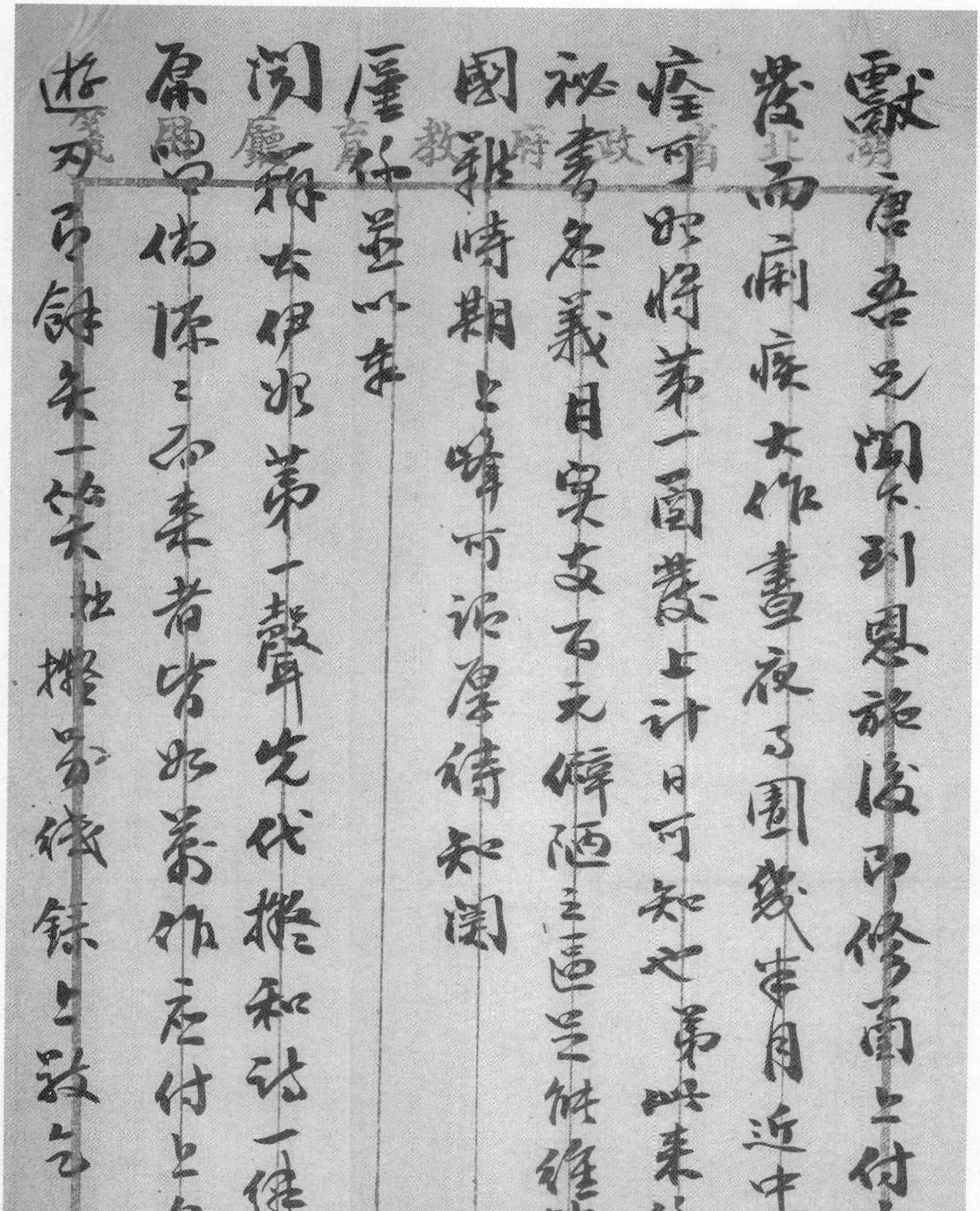
獻唐吾兄閣下到恩施後即修函上付諒未
發而閣病大作晝夜不團幾半月近中始克
痊可兹將第一函發上計日可知之弟此來係助理
秘書名義月實支百元僻陋之區足供維持在此
國難時期上峰可謂厚待知閣
厪念並以奉
聞前托去伊將第一期先代撥和記一併並附
原函備條之而來者皆如其作一應付上自可
遊刃有餘矣一笑此撥寄錢錄上款乞

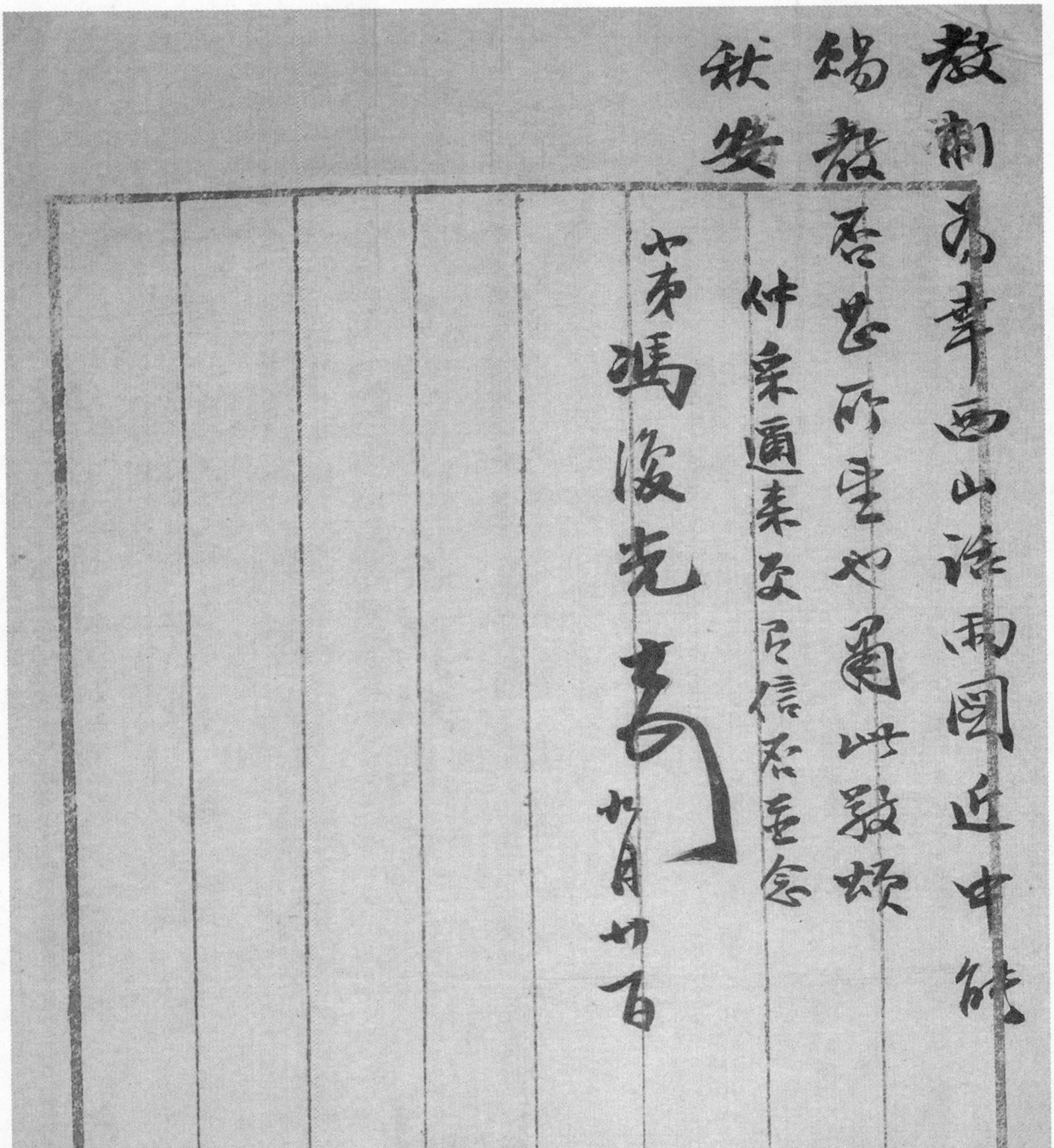

教削。為華西山諸兩圖近中能

賜教，吾甚所望也。屬此敬頌

秋安。

仲粲過來交另信，不多至念。

弟馮復光上

九月廿日

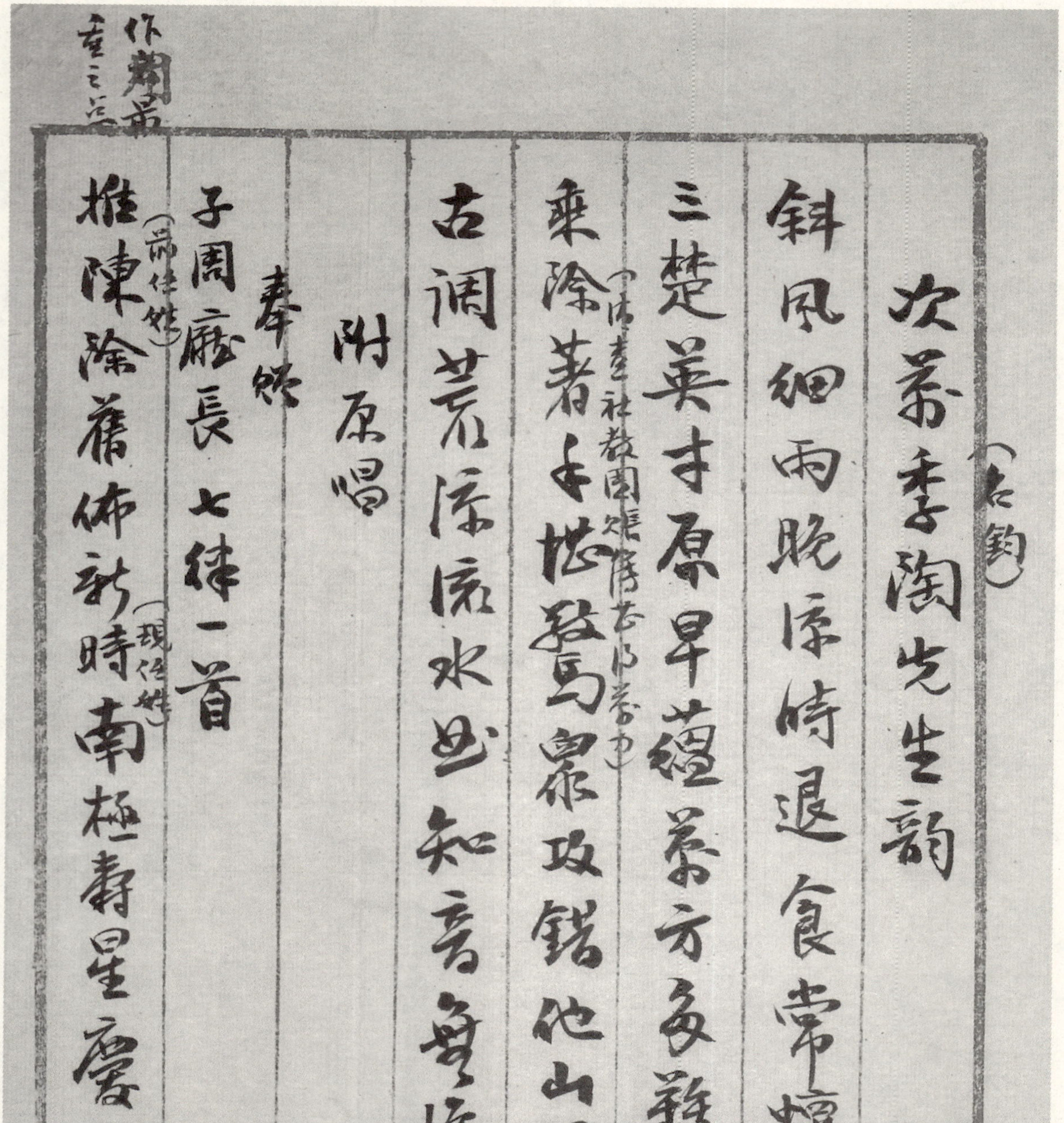

次蕭季陶先生韻（名鈞）

斜風細雨晚涼時　退食常懷負所司

三楚英才原早蘊　蕭方多難敢圖私

乘除著手[illegible]驚馬（清季社教團[illegible]修養各書）　眾攻錯他山恨已遲

古調荒涼流水曲　知音無復對鍾期

附原唱

奉和

子周（前任姓）廳長七律一首

推陳除舊佈新時（現任姓）　南極壽星慶主司　玉粒

祥和循正氣白頭勤政奉無私滿座羊羔（時先生執掌十餘年滿頭霜雪也）（時西北諸省尚貧教育）

傾飲老窖番棋戰不疑遲張古惠譯英才（賽善棋）（大概你指南臣）

育國匡非與傾別期（請是老陝寄來）

蒼山深深中藉以抒胸得句

不其多乎也

書第七通

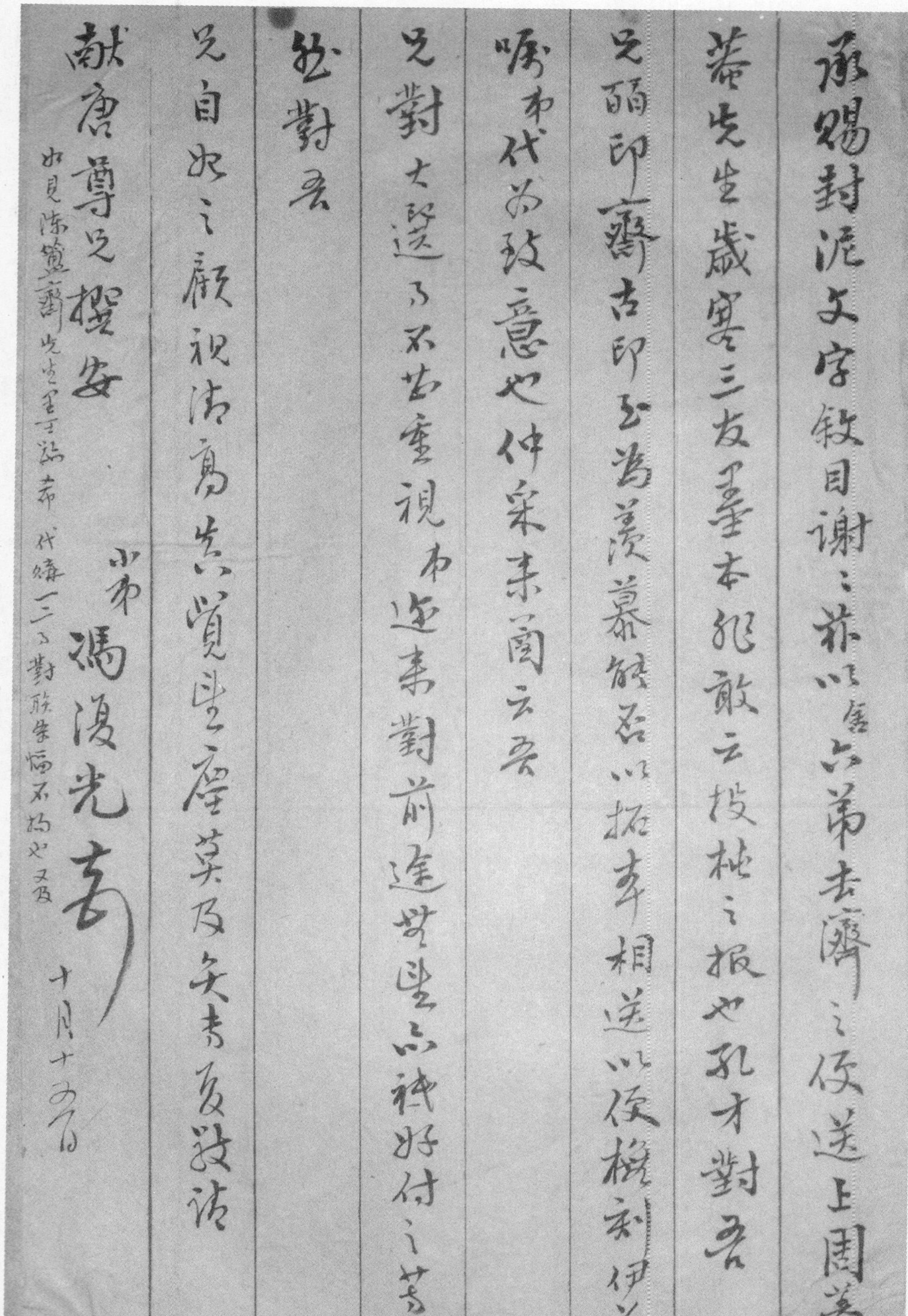
承賜封泥文字敍目謝謝茲以舍弟去齋之便送上周養
菴先生歲寒三友墨本非敢云投桃之報也孔才對吾
兄簠齋古印至爲羨慕能否以拓本相送以便模刻伊曾
囑弟代爲致意也仲先來函云吾
兄對大選乃不甚重視弟近來對前途甚悲亦祇好付之苦笑
然對吾
兄自比之顧視清高真覺望塵莫及矣未克多談
獻唐尊兄撰安
小弟馮復光頓首
十月十五日
如見陳簠齋先生之子孫輩代購一二付對聯朱幅不拘也又及

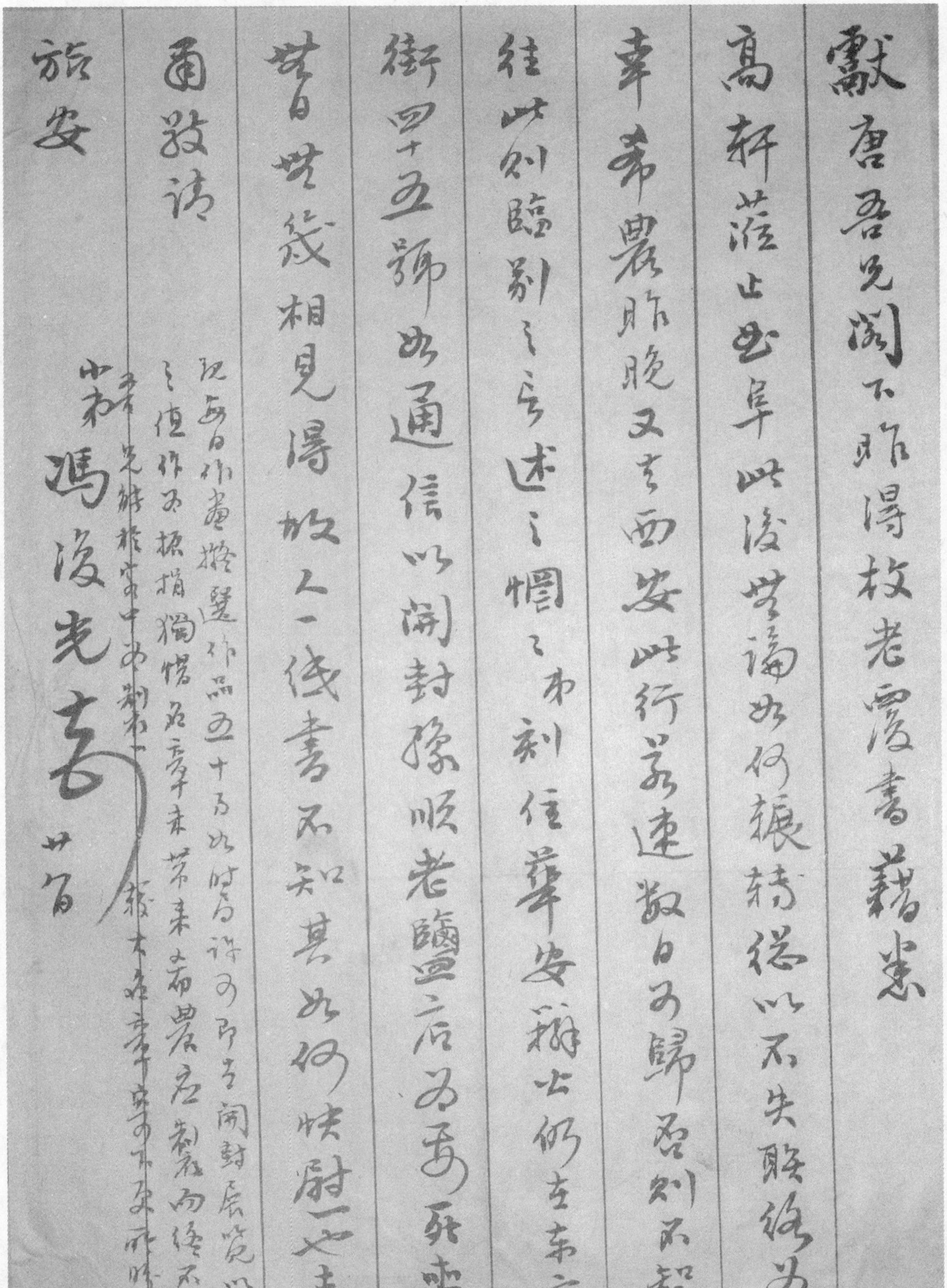

獻唐吾兄閣下：昨得枚老覆書，藉悉
高軒蒞止，甚皋。此後無論如何艱持，總以不失聯絡為
幸。弟農昨晚又去西安，此行最速數日可歸，否則不知駕
往此則臨别之言，述之惘惘。弟刻住華安飯店，仍在東道
街四十五號，如通信，以開封豫順老鹽店為最要。
舊世幾相見，得故人一綫書，不知其如何快慰也。專
肅，敬請
旅安。
小弟馮復光上　廿日

現每日作畫，擬選作品五十幅，如時局許可，即去開封展覽，以所得
之值作為振捐。獨惜名言未帶來，又命農君製框而終不果，
[illegible]

書第九通

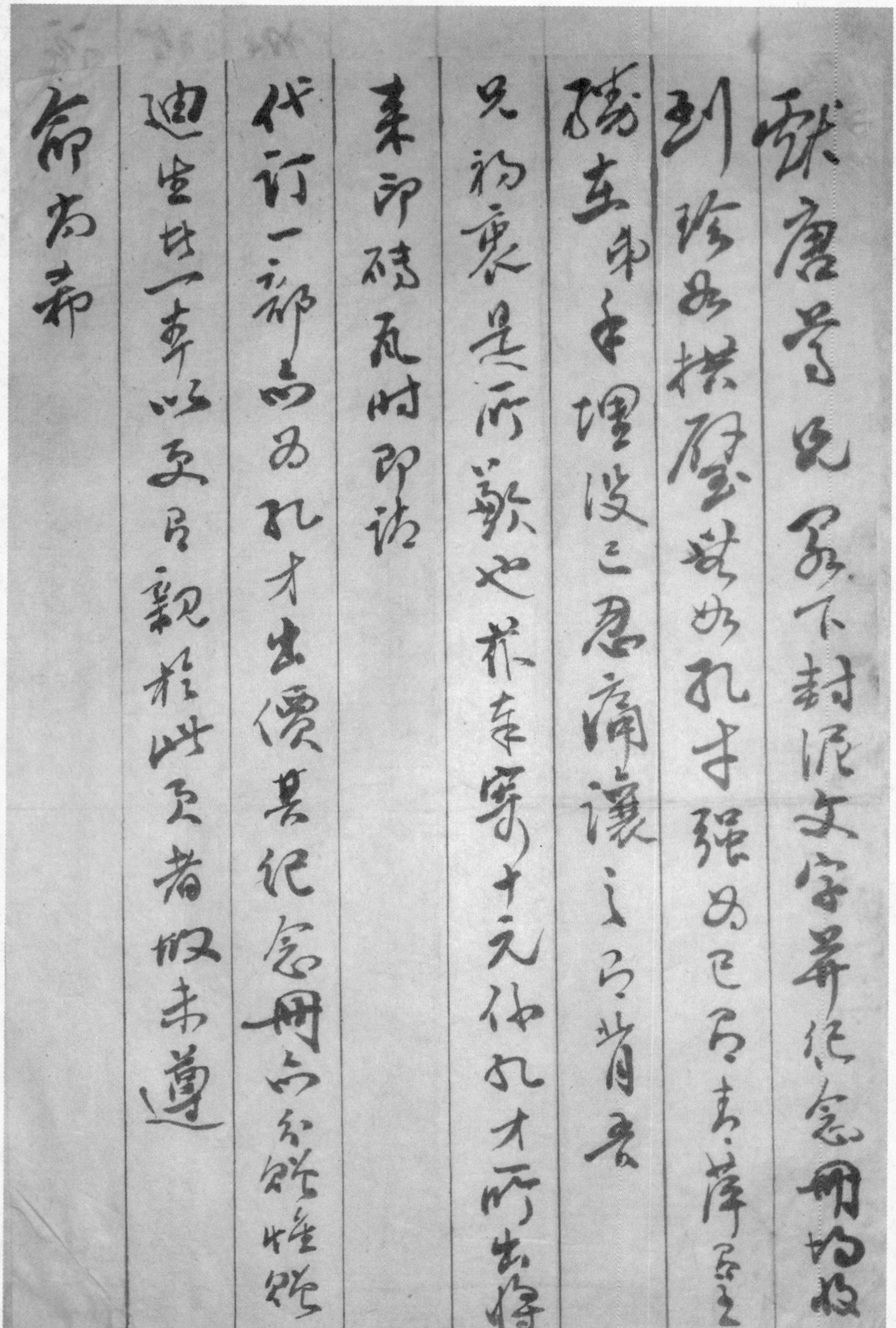
獻唐學兄閣下封泥文字并紀念册均收
到珍如拱璧然如孔才張如已可索薛不至
積存半年埋没之恩痛讓之只背長
只爲衷是所歡也於來寄十元作孔才所出得
來印積瓦時即請
代訂一部尚如孔才出價其紀念册尚分贈姪輩
迪生共一本以交只親於此只者收未遵
命爲幸

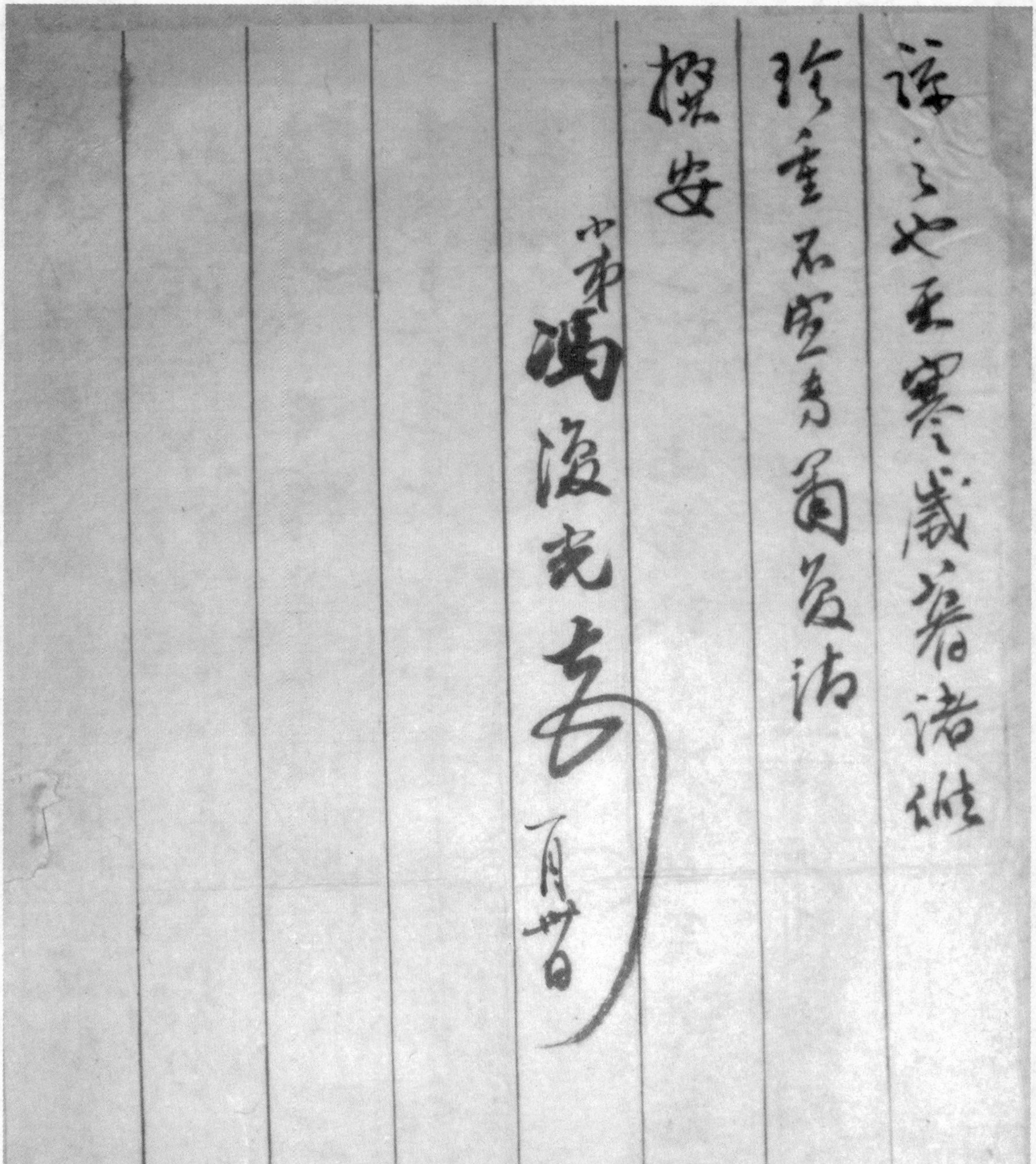

諒々也天寒歲暮諸維
珍重不宣專肅敬請
撰安
小弟馮復光上
月廿日

書第十通

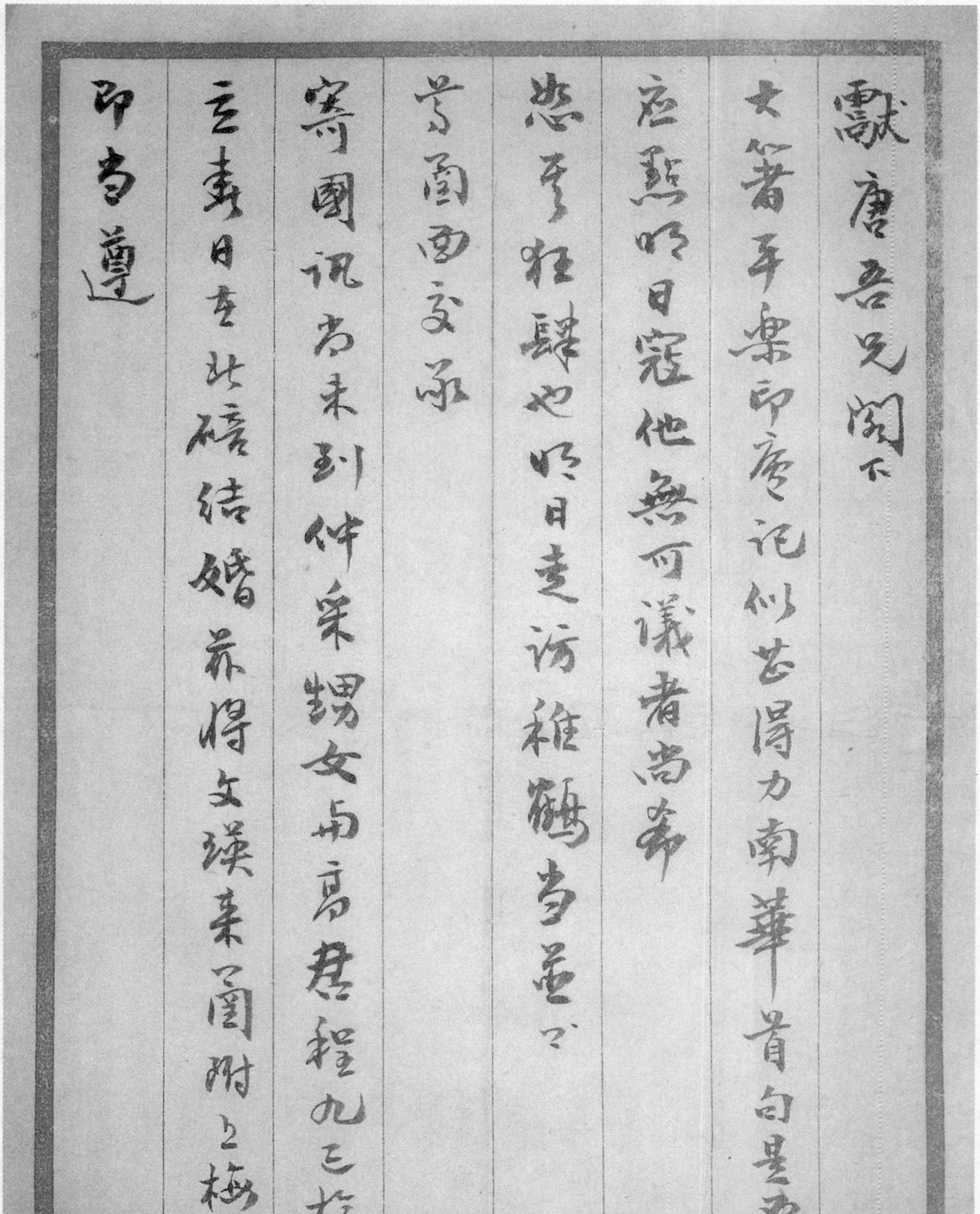

獻唐吾兄閣下
大箸平泉印廬記似甚得力南華首句是否
應點明日寇他無可議者尚希
恕予狂肆也明日走訪維鵝當面
嵩圖面交承
寄國訊尚未到仲采甥女与高君程九已於
去春日在北碚結婚亦得文瑛来圖附上梅花
印尚遵

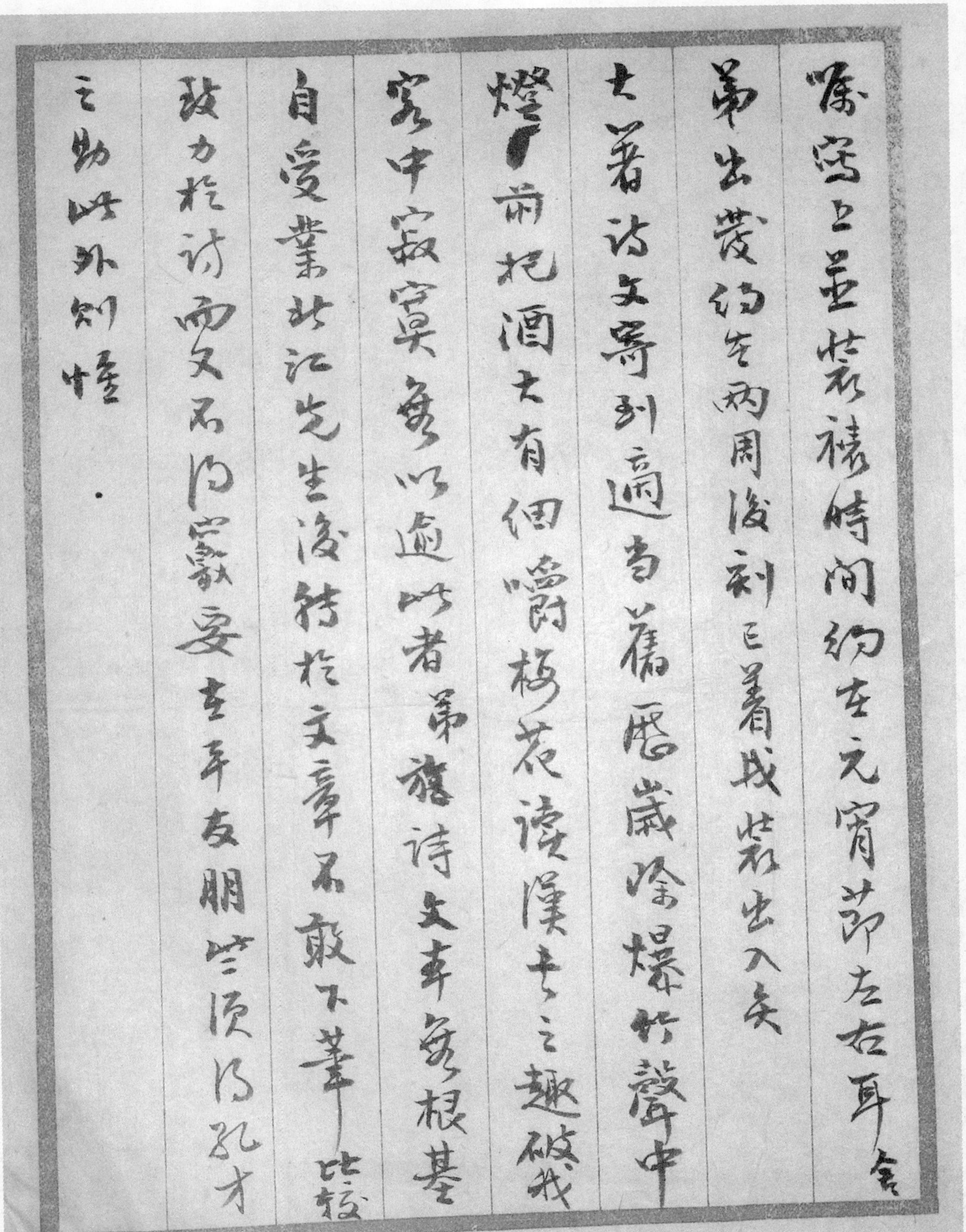
喙寫上畫裝裱時間約在元宵節左右耳
弟出院約在兩周後刻已着我出入矣
大著詩文寄到適當舊歷歲除爆竹聲中
燈前把酒大有細嚼梅花讀漢書之趣破我
客中寂寞無以逾此者弟舊詩文本無根基
自受業於江先生後轉於文章不敢下筆比較
致力於詩而又不得竅要去年友朋中須得兄才
之助此外則惶

馮復光

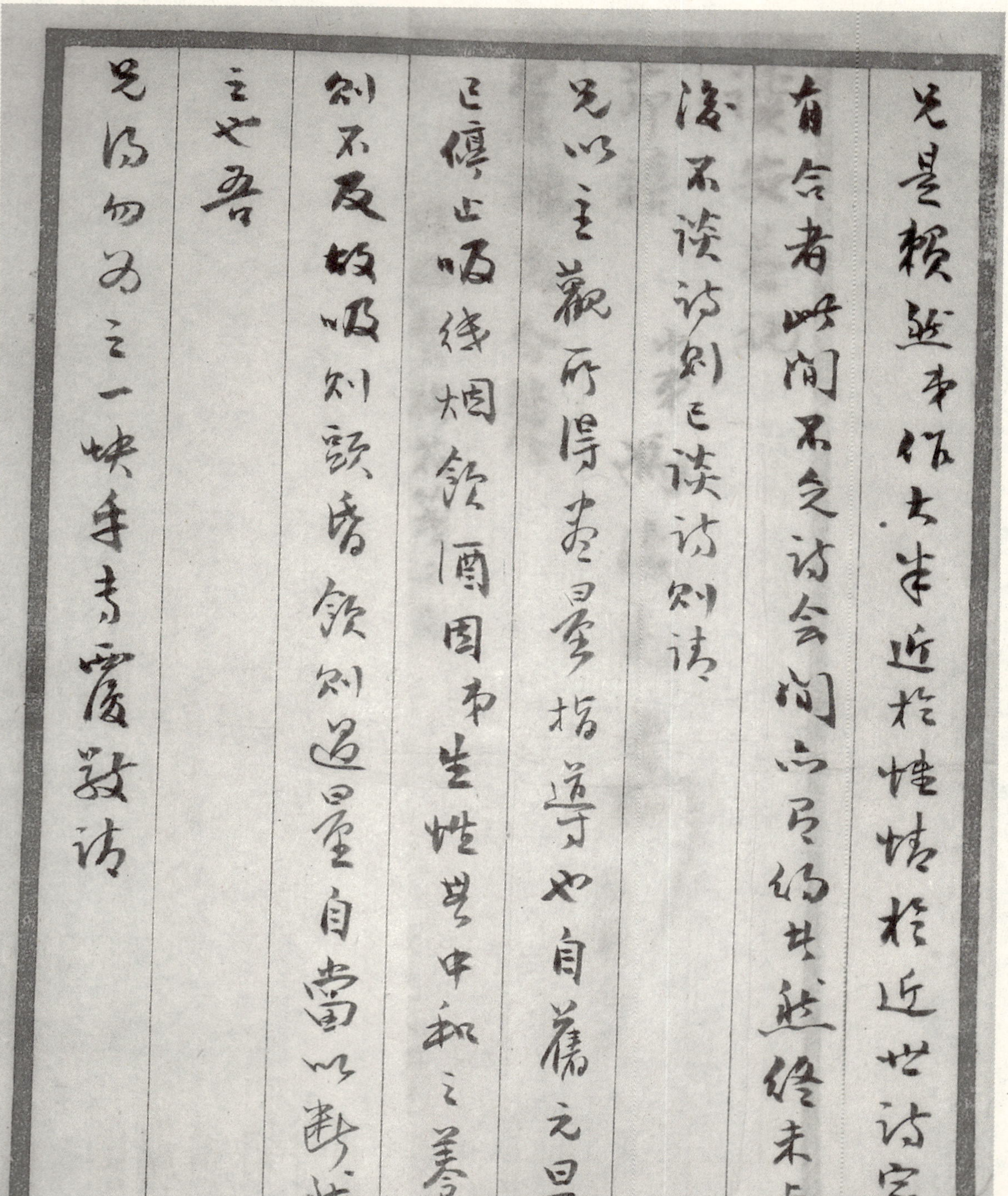

兄是頗近乎作大半近於性情於近世詩家鮮有合者此間不乏詩會間亦偶約其遊終未為也此後不談詩則已談詩則請兄以主觀所得者見指導也自舊元旦一日起已停止吸紙烟飲酒因平生性甚中和之養我道則不及故吸則頭昏飲則過量自當以斷然處之也吾兄得毋為之一快乎青霞敬請

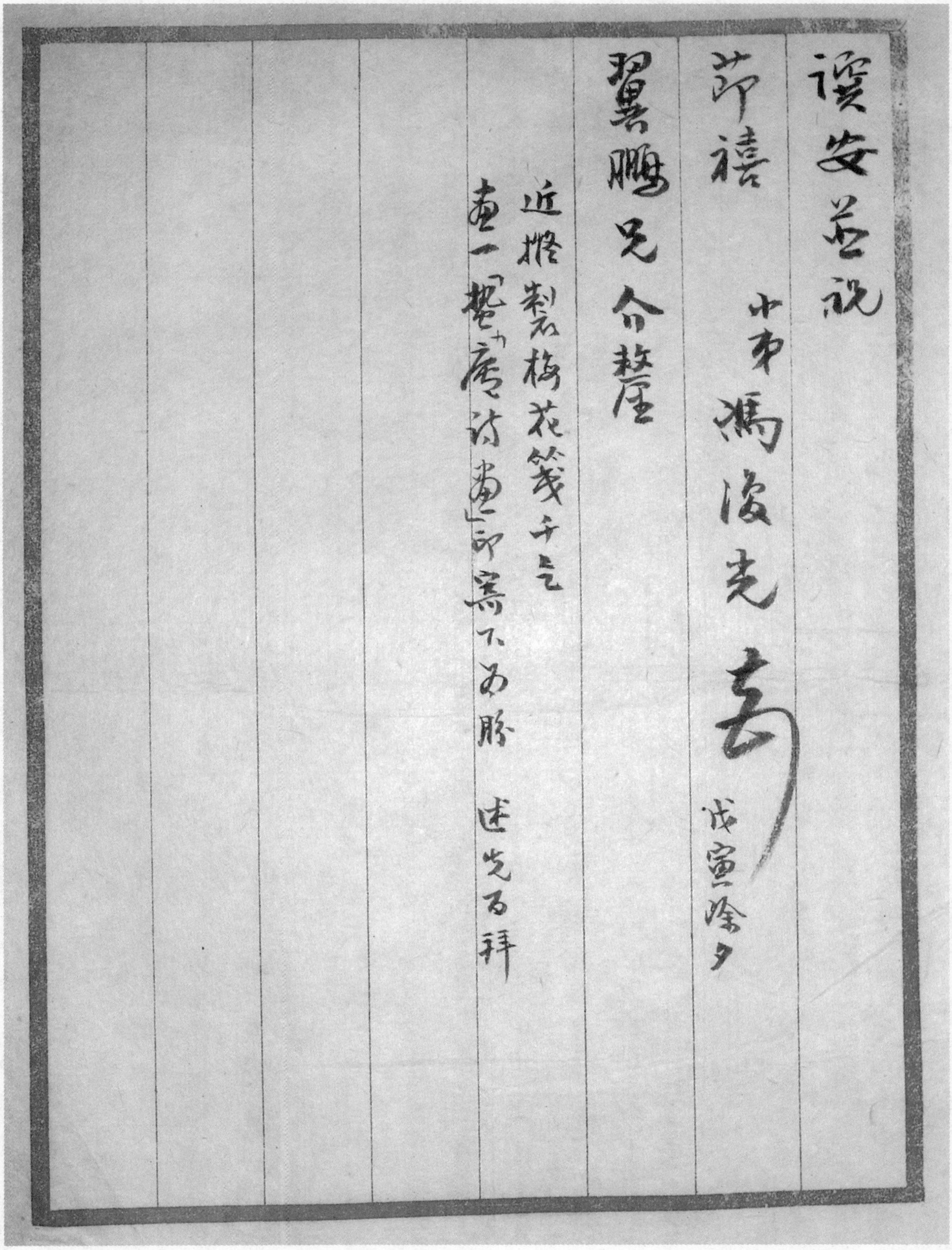

謹安並祝
節禧　小弟馮復光手　戊寅除夕
翼鵬兄台鑒
近擬製梅花箋千張
畫一「楚」庵詩畫即寫下兩幅　復光又拜

書第十一通

獻唐吾兄閣下：連宵苦雨，游山不得，無俚已極，莫可奈何。仍就鼓氣作詩，歷下存稿大略散亡，能記憶者又録出三十首，並出門以後得者，迄今並新舊稿約集百首，敬呈
吾兄削正。前讀蘇詩，苦不領略，比閲竟劍南集，則覺蘇境高陸多矣。以劍南集無一首似蘇者，則蘇陸同時，亦恐蘇必不學劍南也。胆大妄言，幸
勿見嗤也。此番呈稿，所希於
兄者，合則留，不合則去，全文去之無惜，賞罰分明，將士用命

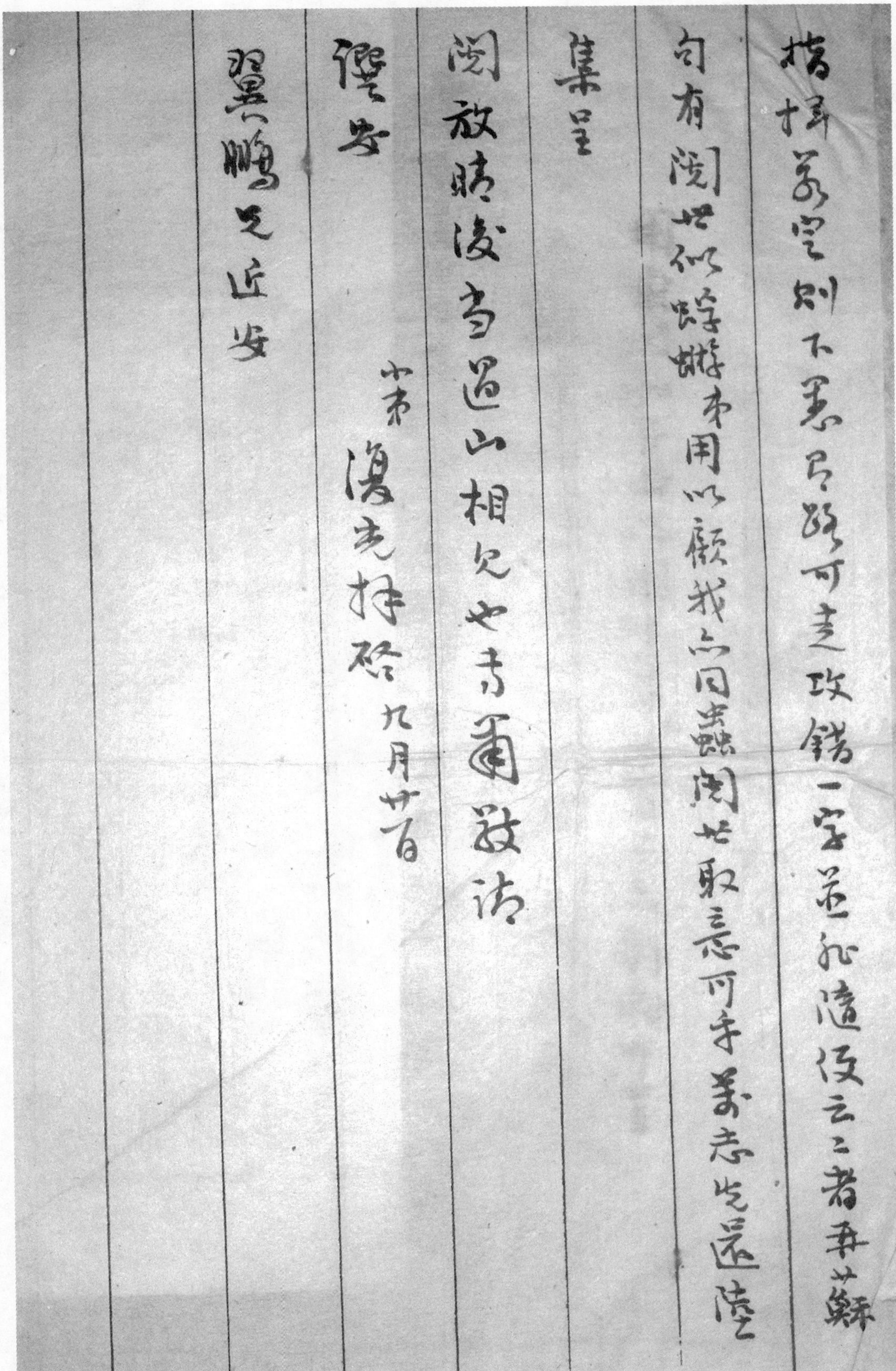

指拜蒙堂則下愚只錄可是改錯一字並無違復云云者弄廿餘

句有閱世似蜉蝣本用以譏我亦同蚍蜉閱世取意可乎美志先還陸

集呈

閱放晴後當過山相見也肅函致請

撰安

小弟復光拜啓 九月廿日

翼鵬兄近安

書第十二通

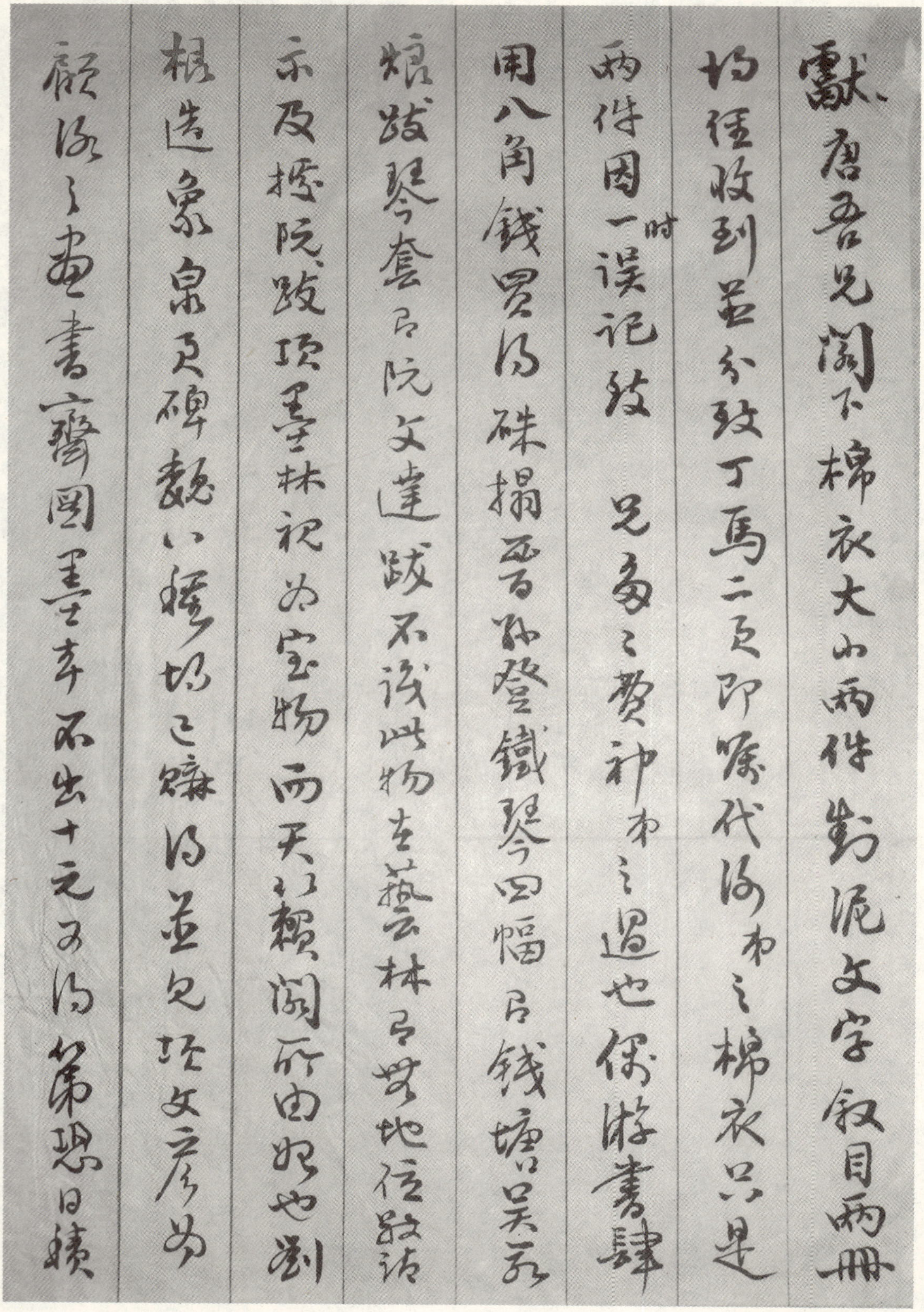

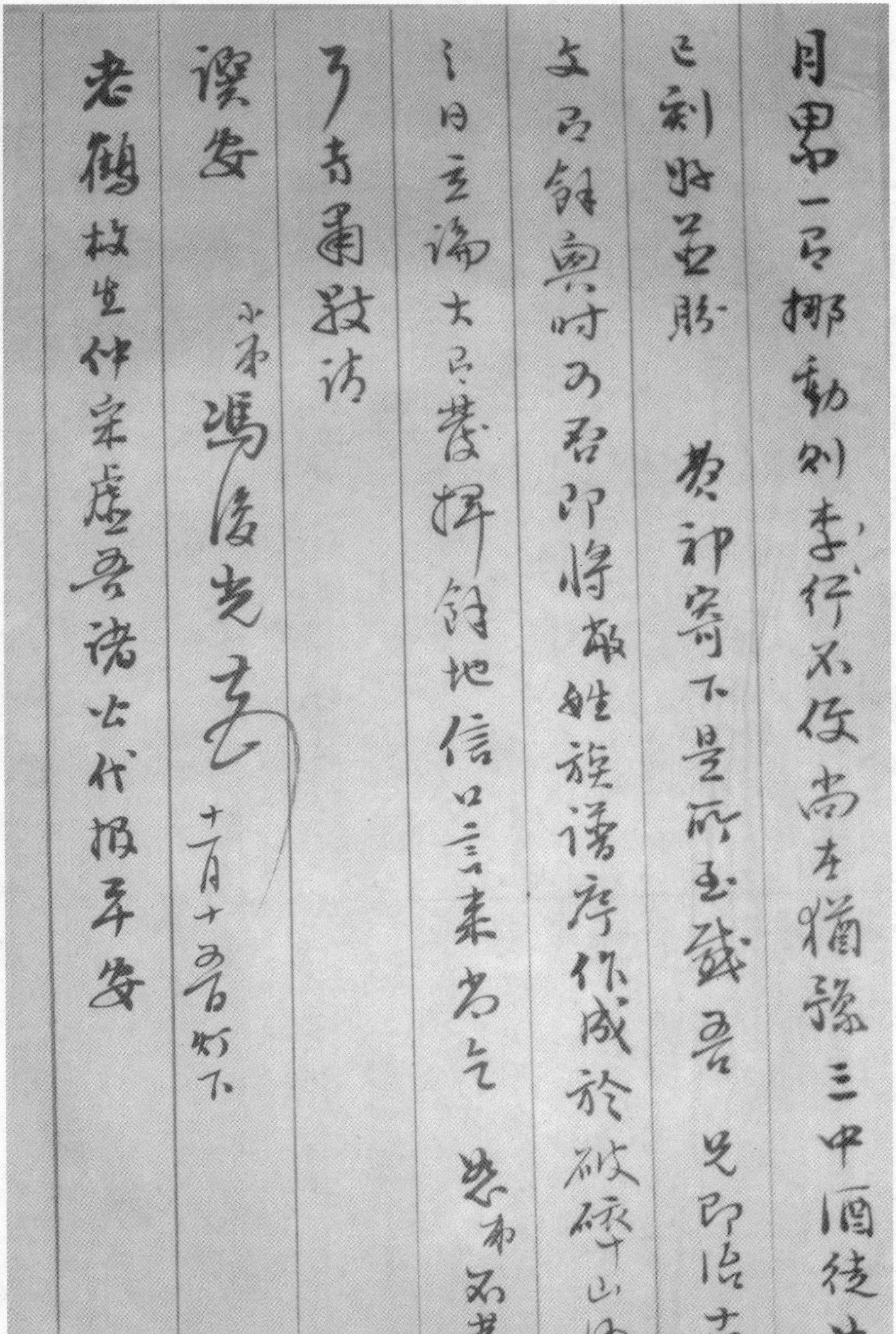

月異一日挪動則季行不佞尚在猶豫三中酒徒如已刻好否耶 尊神寄下是所至感吾兄即治古文字錄與時不合即將敵姓旗譜序作成於破碎山河之日立論大字堂揮錄地信口言來者乞 恕亦不恭可否用致請

撰安

小弟馮復光書 十月十五日燈下

老鶴枚生仲宋處吾諸兄代報平安

書第十三通

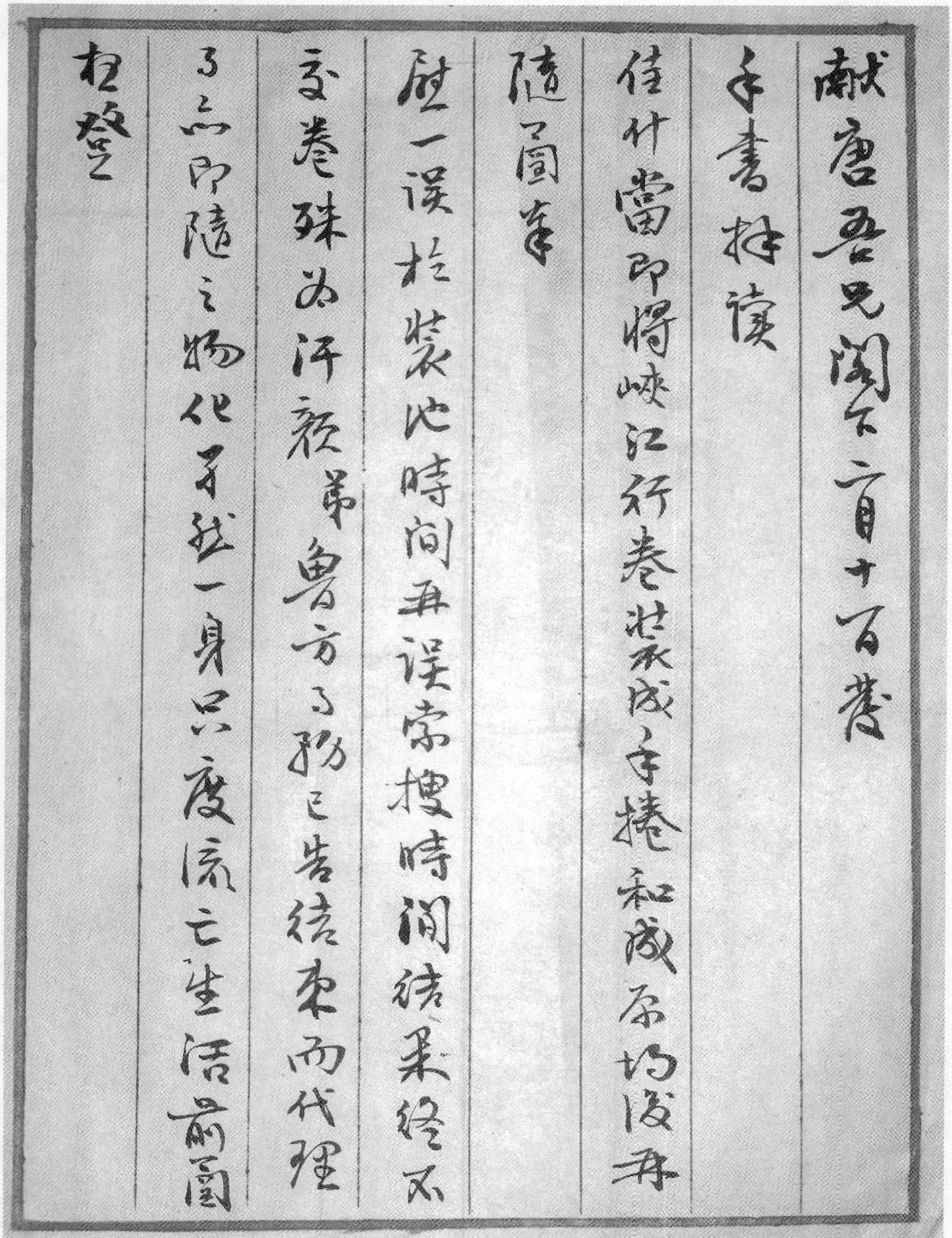

獻唐吾兄閣下：二月十日發
手書拜讀。
佳什當即將峽江行卷裝成，手捲和成原均後再
隨函奉。
前一誤於裝池時間，再誤宗搜時間，結果終不
交卷，殊為汗顏。弟魯方事務已告結束，而代理
事亦即隨之物化矣。我一身只度流亡生活，前函
想登之。

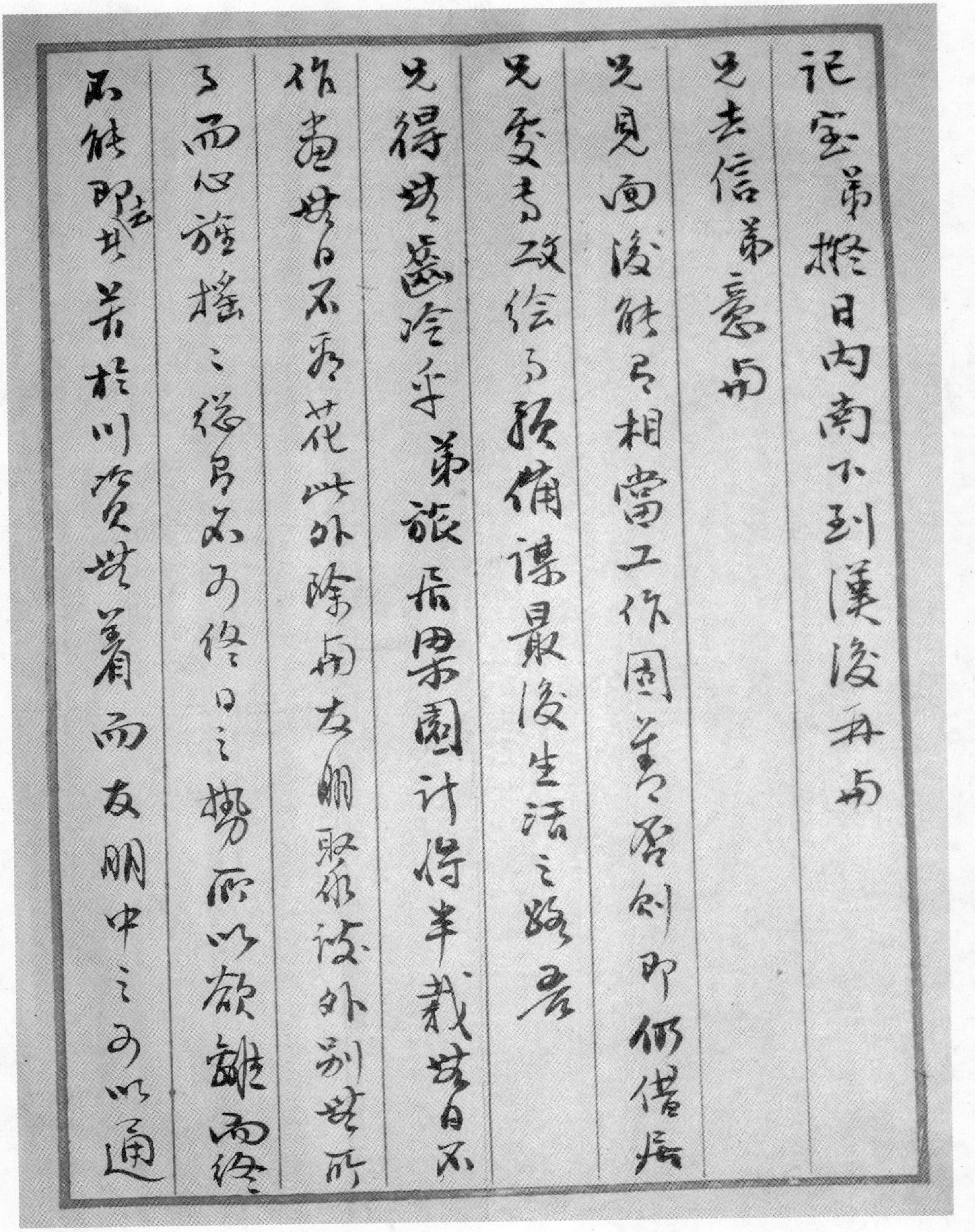
託寰弟於日內南下到漢後再函
兄去信弟處函
兄見面後能否相當工作因其習劍即仰借居
兄處青改繪了預備謀最後生活之路者
兄得無處冷乎弟旅居渠園計得半載無日不
作畫無日不寫花此外除與友朋聚作談外別無所
了而心旌搖搖從身不可終日之勞所以欲離而終
不能即法其苦於川資無着而友朋中之可以通

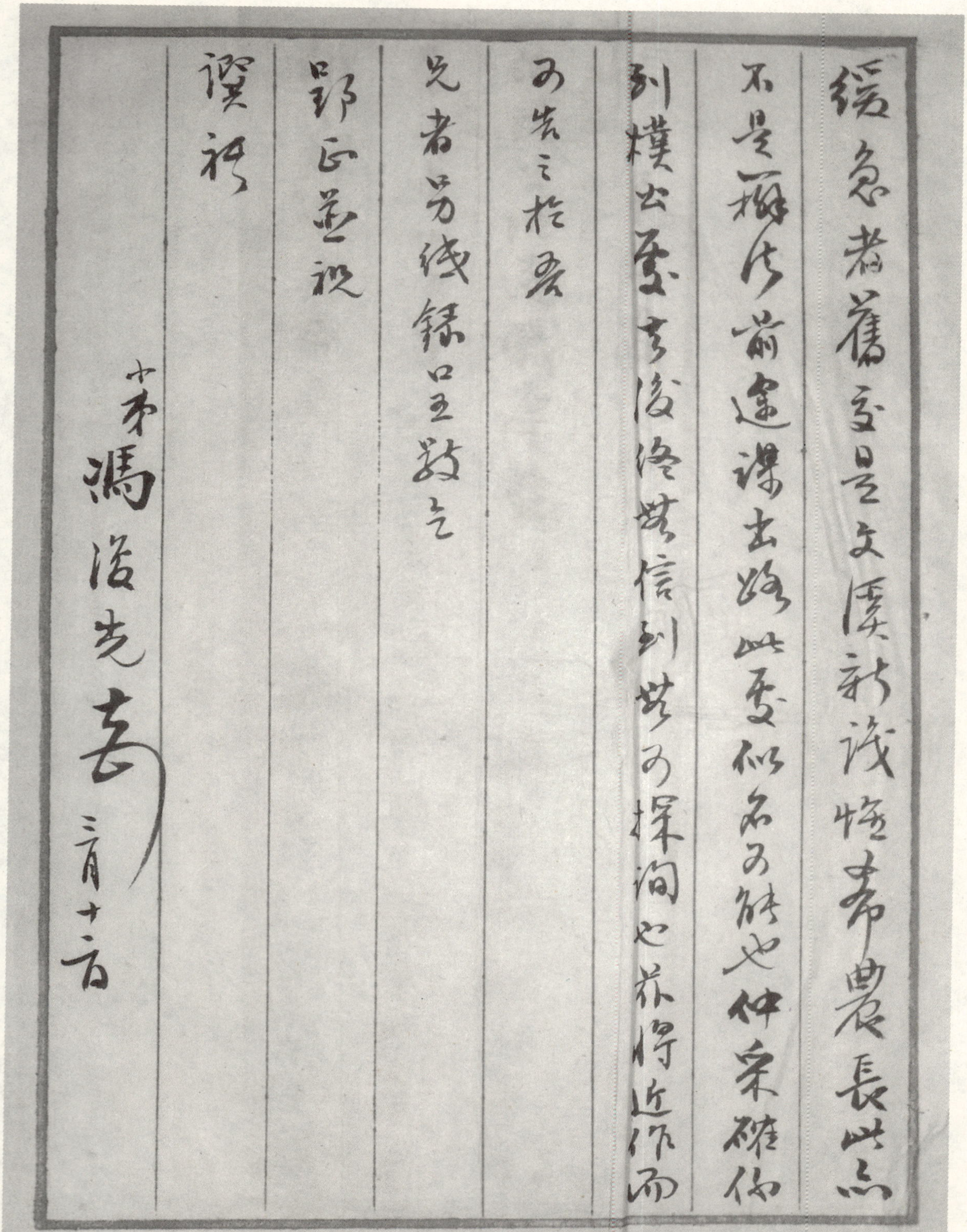
緩急者舊要是文溪新識惟希農長此亦
不是稀行前途謀出路此要似不能也仲宗雖你
則模出要者後能其信到其可探詢也獲得近作而
可告之於吾
兄者另錢錄口五類之
郢正並祝
撰祺
小弟馮濬先書
三月十二日

呈黃農

仰望大地遍纖塵，截切高情邁等倫。獻我窮途原是自，勞君深許豈無因。山川歷〻風中竹，草木離〻「劫」雨後春。今到衰亡誰是問，夷門舍家話酸辛。

題与杜宗佛合照 宗佛善雕刻

入眼滄桑揮涕淚，平生幾見信相親。中原板蕩嗟失所，肯把雕蟲誤此身。

題畫梅寄榮筱臣 與筱臣一別逾十年

欺霜傲雪歲寒盟，一笑相逢白髮生。漫對滄桑舒
困眼，十年回首不勝情。

題馬貞蘇手集同學文字小册

青衿弟子鞠屠鶴，自君嘗恨百世憂。對此一編從古
手，剩殘山海總神州。

和貴兄大作，方在努力，容待兩日呈可也。

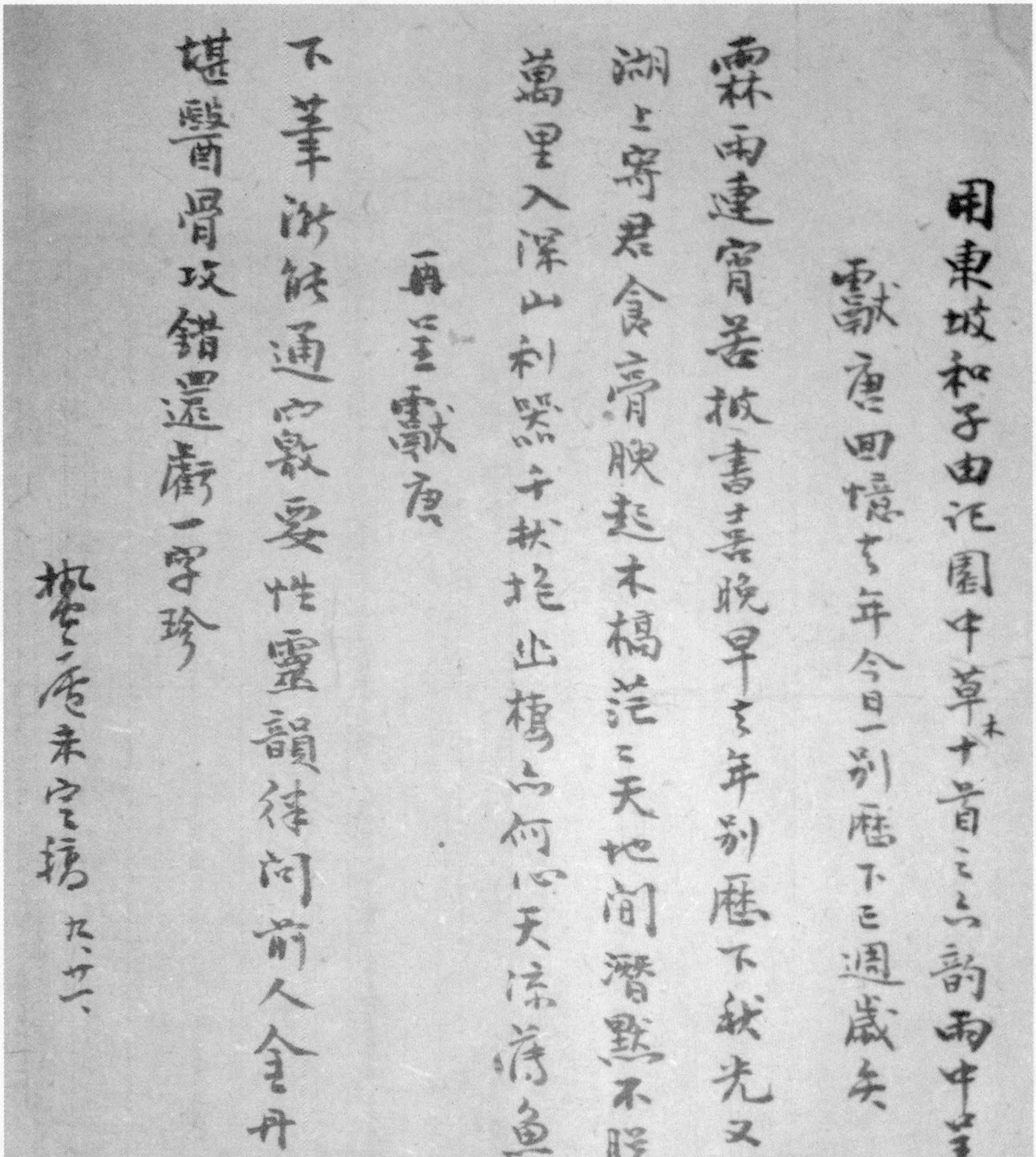
用東坡和子由記園中草木十首之六韻雨中呈

獻唐 回憶廿年今日一別歷下已週歲矣

霖雨連宵晝披書晝晚早廿年別歷下秋光又近老
湖上寄君食膏腴起木槁茫茫天地間潛默不睨皁
萬里入深山剎那千秋抱此檮亦何心天涼薦魯縞

再呈獻唐

下筆詞能通四數要性靈韻律問前人金丹果信
堪醫骨攻錯還虧一字珍

槃槃庵未定稿 九、廿六

馮復光

書第十四通

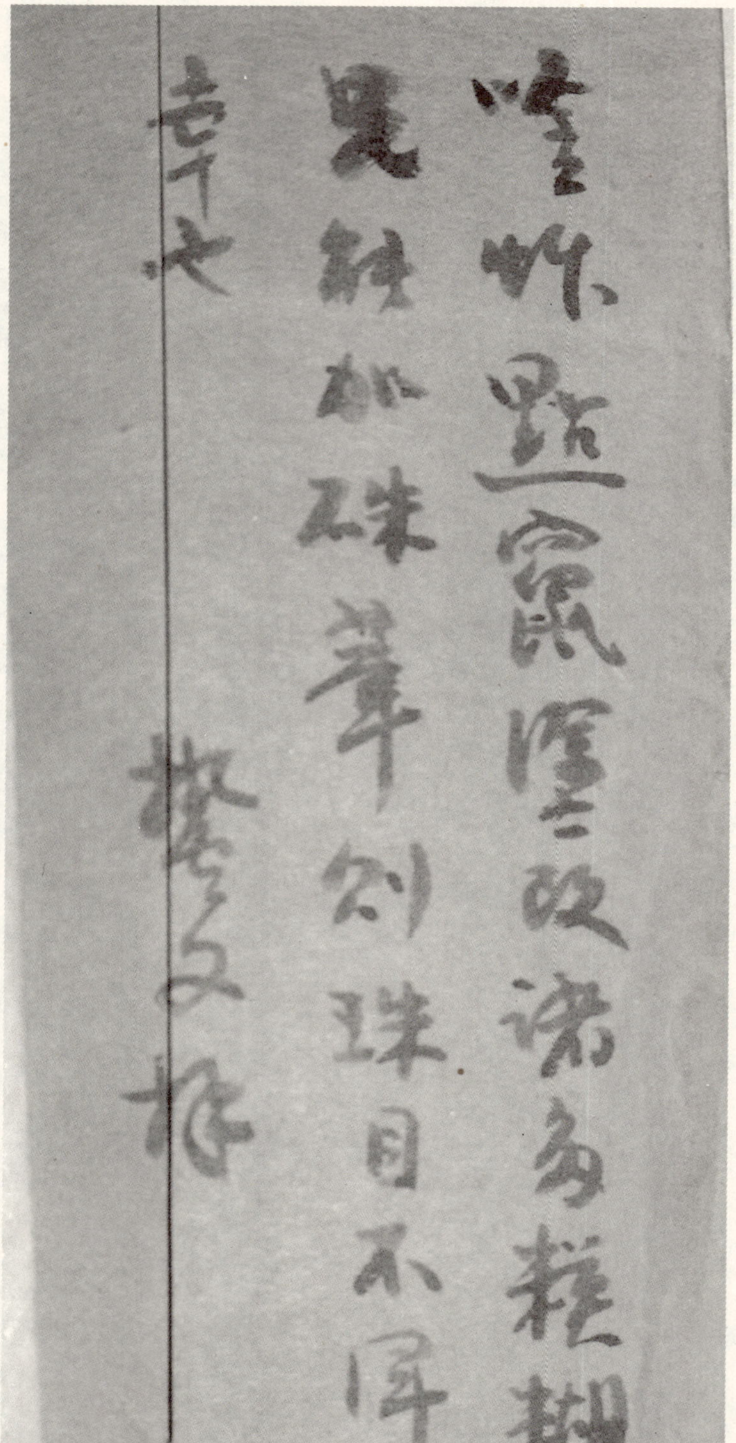

書第十五通

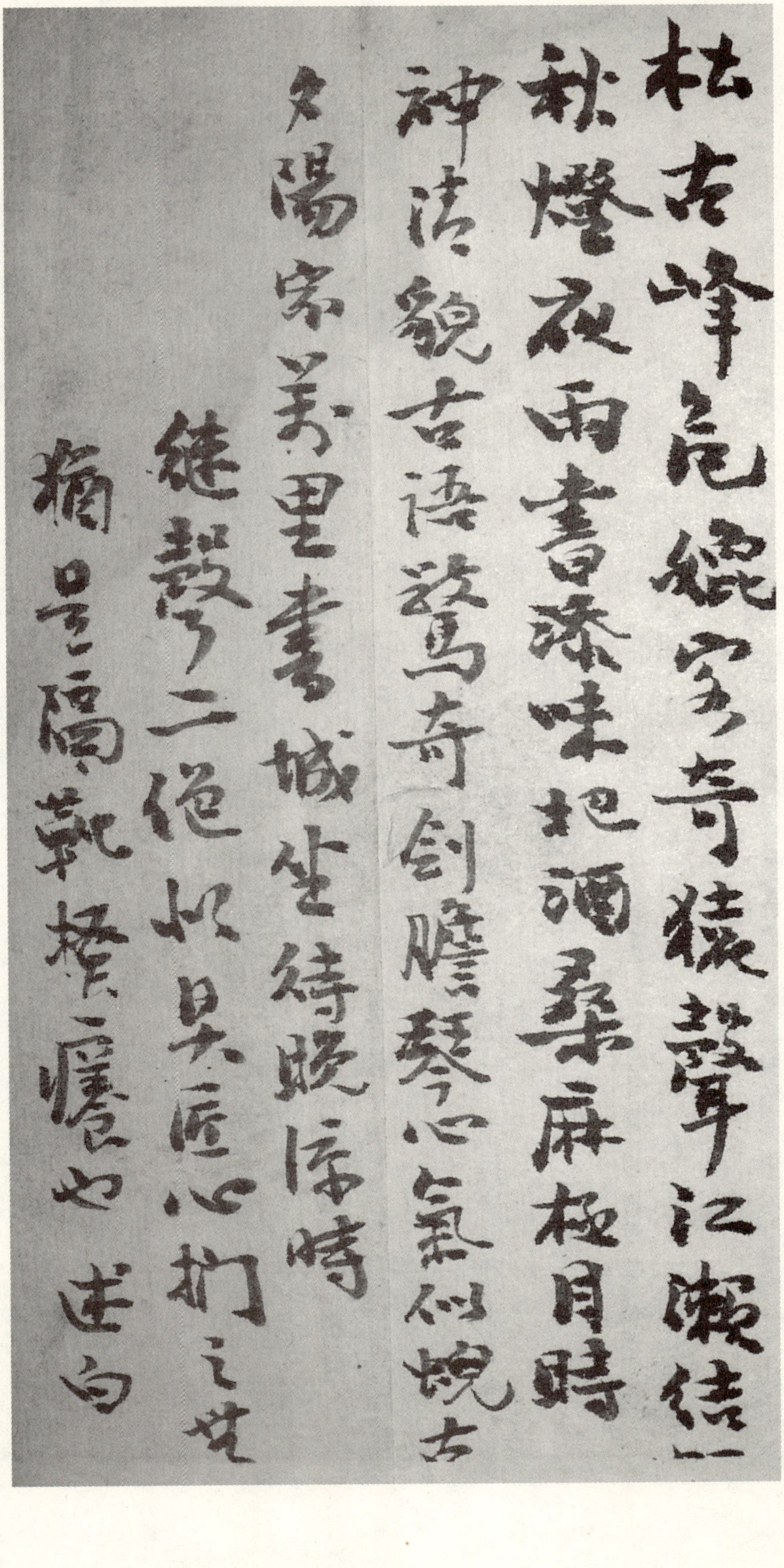

封第一件

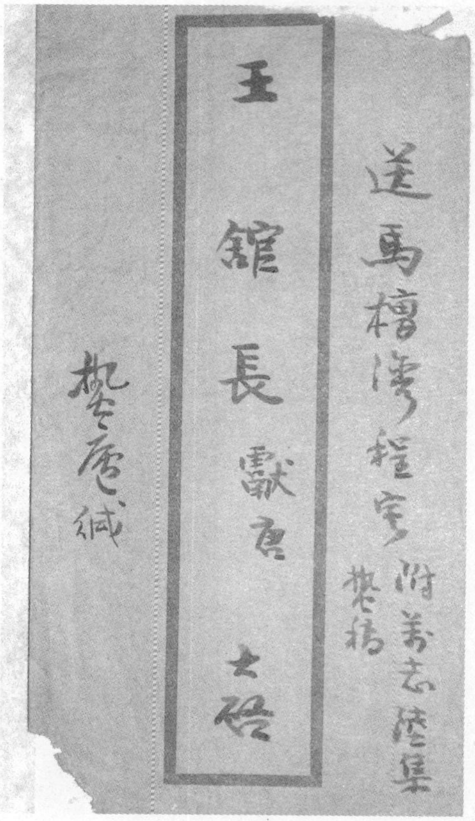

封第二件

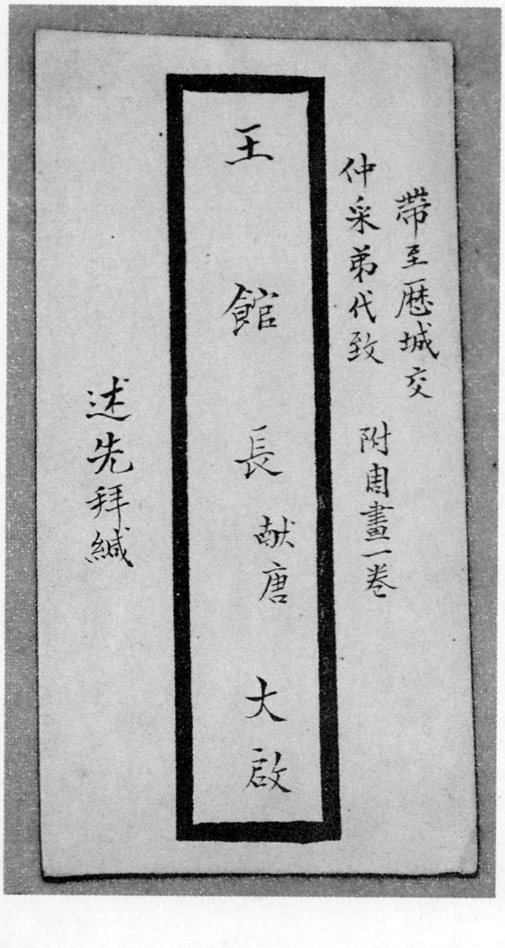

封第三件

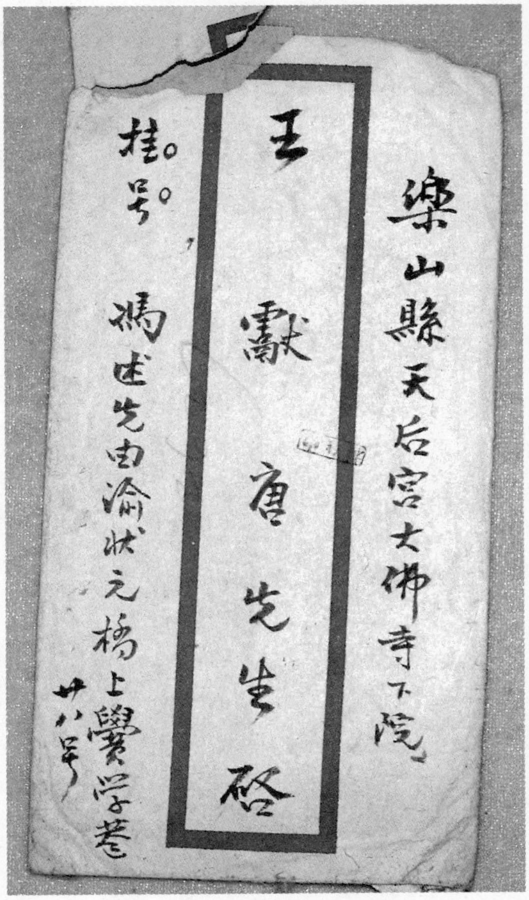
樂山縣天后宮大佛寺下院
王獻唐先生啓
掛號
馮述先由渝狀元橋上黌学巷
廿八年

封第四件

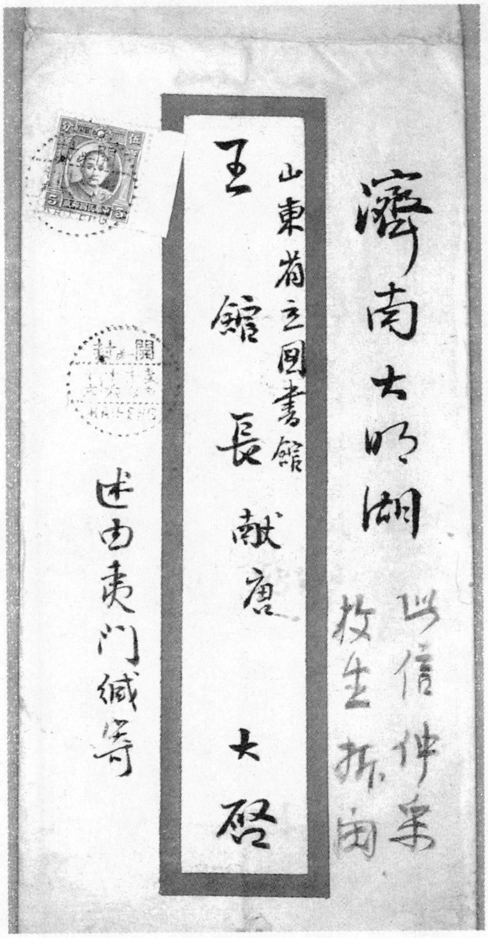
濟南大明湖
山東省立圖書館
王館長獻唐大啓

封第五件

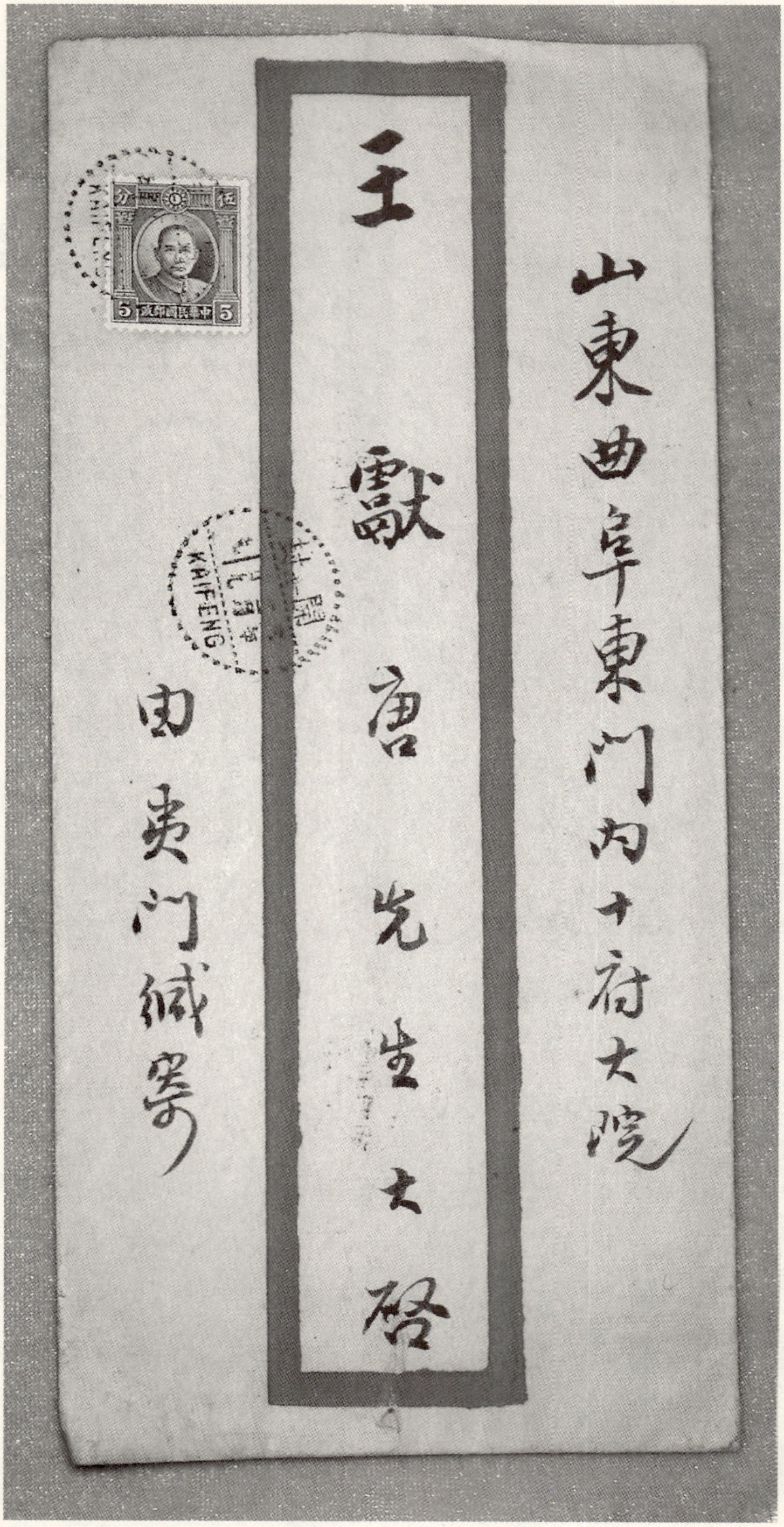

六十二 黄侃

書三通 封四件

書第一通

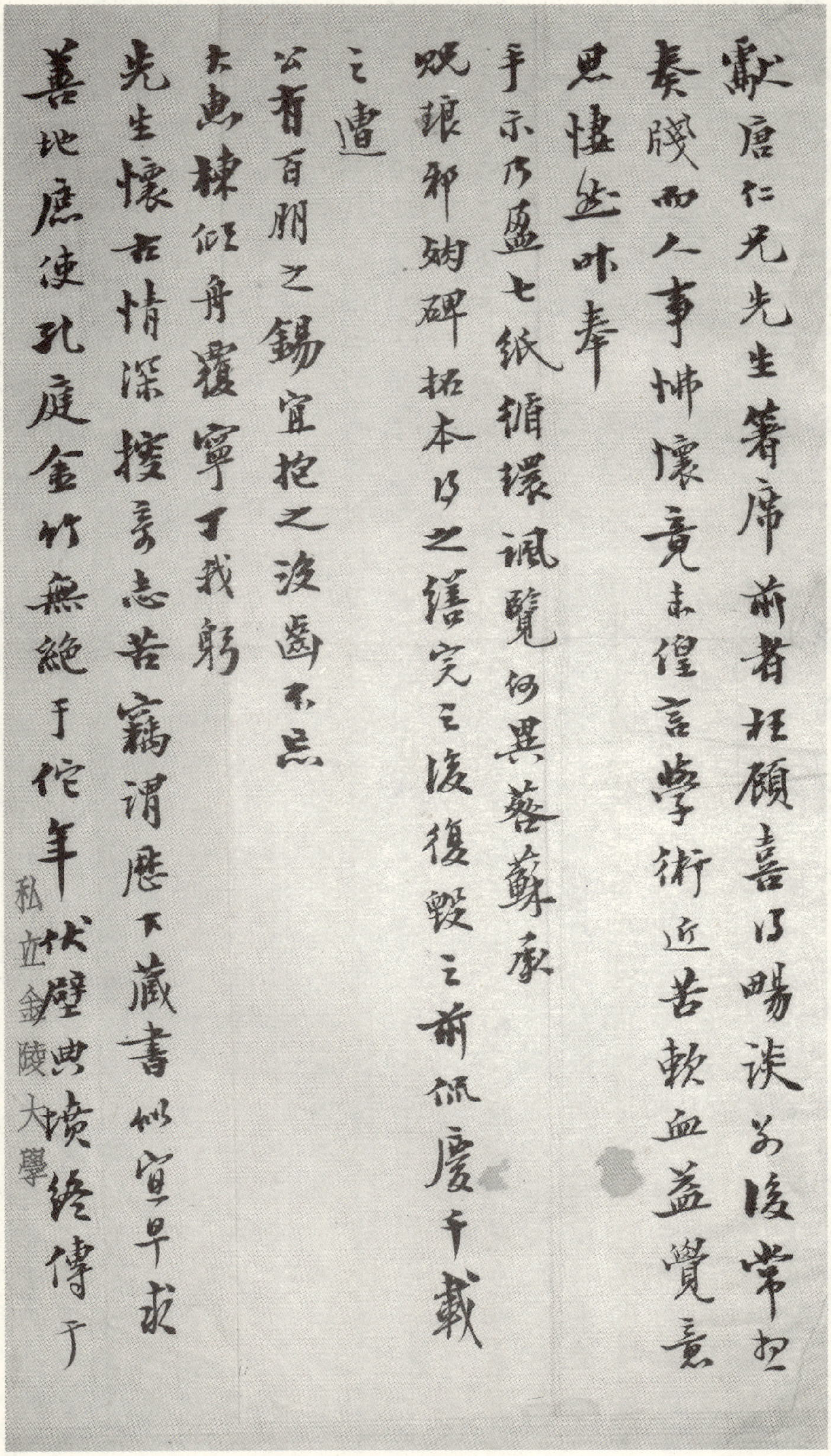
獻唐仁兄先生箸席前者枉顧喜得暢談為慰常想
奏牘而人事怫懷竟未得言學術近苦軟血益覺意
思憔悴此奉
手示乃盛七紙循環諷覽何異蓍蘇承
賜琅邪臺碑拓本得之繕完之後復毀之前誠慶千載
之遺
公有百朋之錫宜抱之沒齒不忘
大惠棣但舟還寧丁我躬
先生懷古情深撰寫忘苦竊謂歷下藏書似宜早求
善地庶使孔庭金竹無絕于後年伏壁典墳終傳于

私立金陵大學

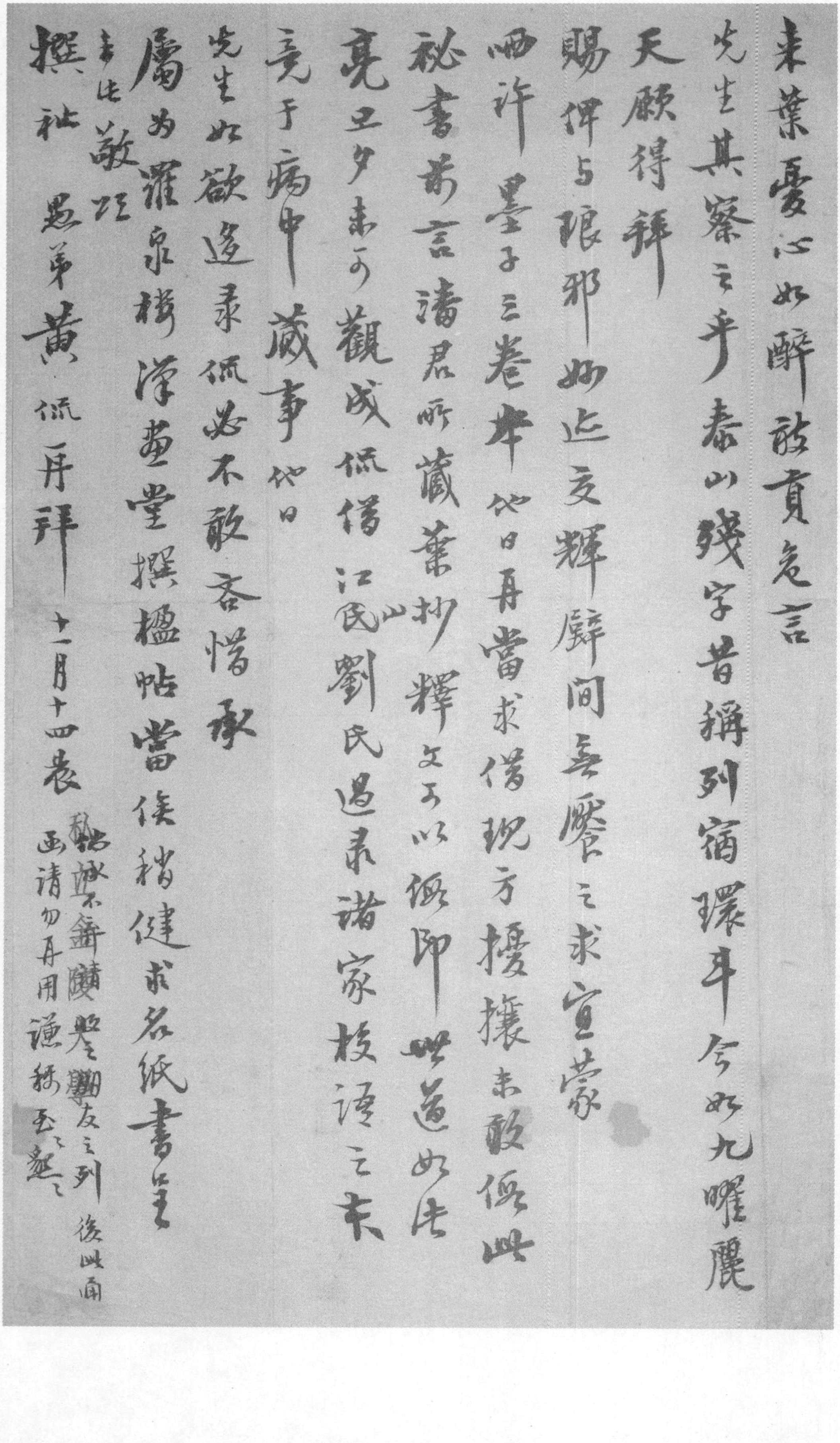

来葉憂心如醉，敢貢危言，
先生其察之乎？泰山殘字，昔稱列宿環拱，今如九曜麗
天，頗得拜
賜，俾与琅邪、如近支輝、辟閭無隱之求，宜蒙
酬許。墨子三卷，他日再當求借，現方擾攘，未敢假此
秘書。前言潘君所藏葉抄釋文，可以假印，世道如此，
亮工夕未可覯，或假借江山劉氏過錄諸家校語之本，
竟于病中蔵事。他日
先生如欲迻錄，侃必不敢吝惜。承
屬為羅泉樓[illegible]堂撰楹帖，當俟稍健，求名紙書呈。
專此敬頌
撰祉。愚弟黃侃再拜　十二月十四夜

秘此函，並不錄[illegible]友之列。後此函
函請勿再用謹移[illegible]

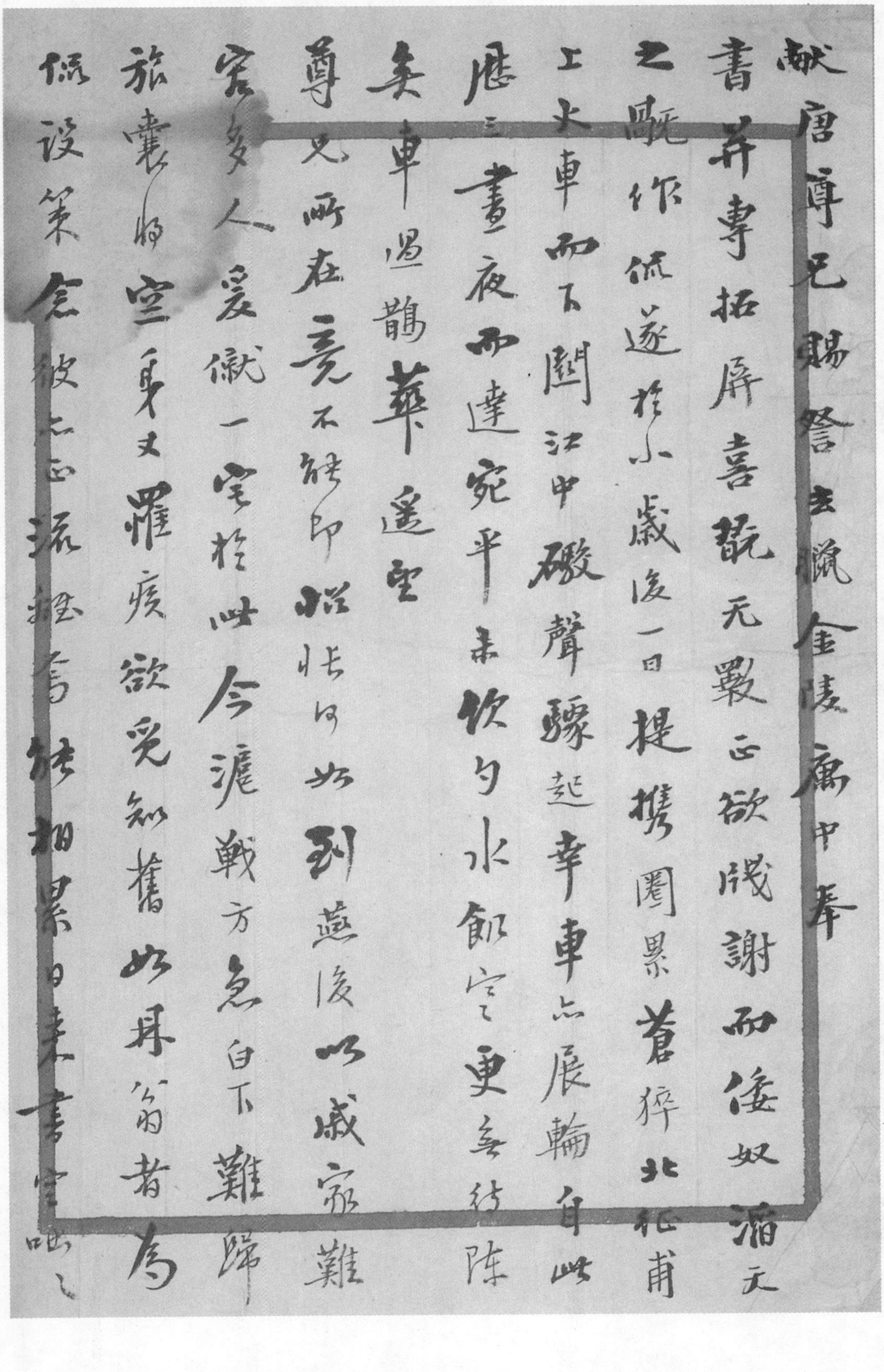

獻唐尊兄賜鑒：去臘金陵廬中奉
書并專拓，屏喜甓元戮，正欲箋謝，而倭奴滔天
之禍作，侃遂於小歲後一日提携圖畧，蒼猝北征。甫
上火車，而下關江中礮聲驟起，幸車亦展輪。自此
歷三晝夜而達宛平，未飲勺水，飢寒更無待陳
矣。車過鵲華，遙望
尊兄所在，竟不能即從，悵何如！到燕後以戚家難
容多人，爰僦一室於此。今滬戰方急，白下難歸，
旅囊將空，身又罹疾，欲覓知舊如拜翁者為
假設策，念彼亦正流離，終難相累，日來書空咄咄

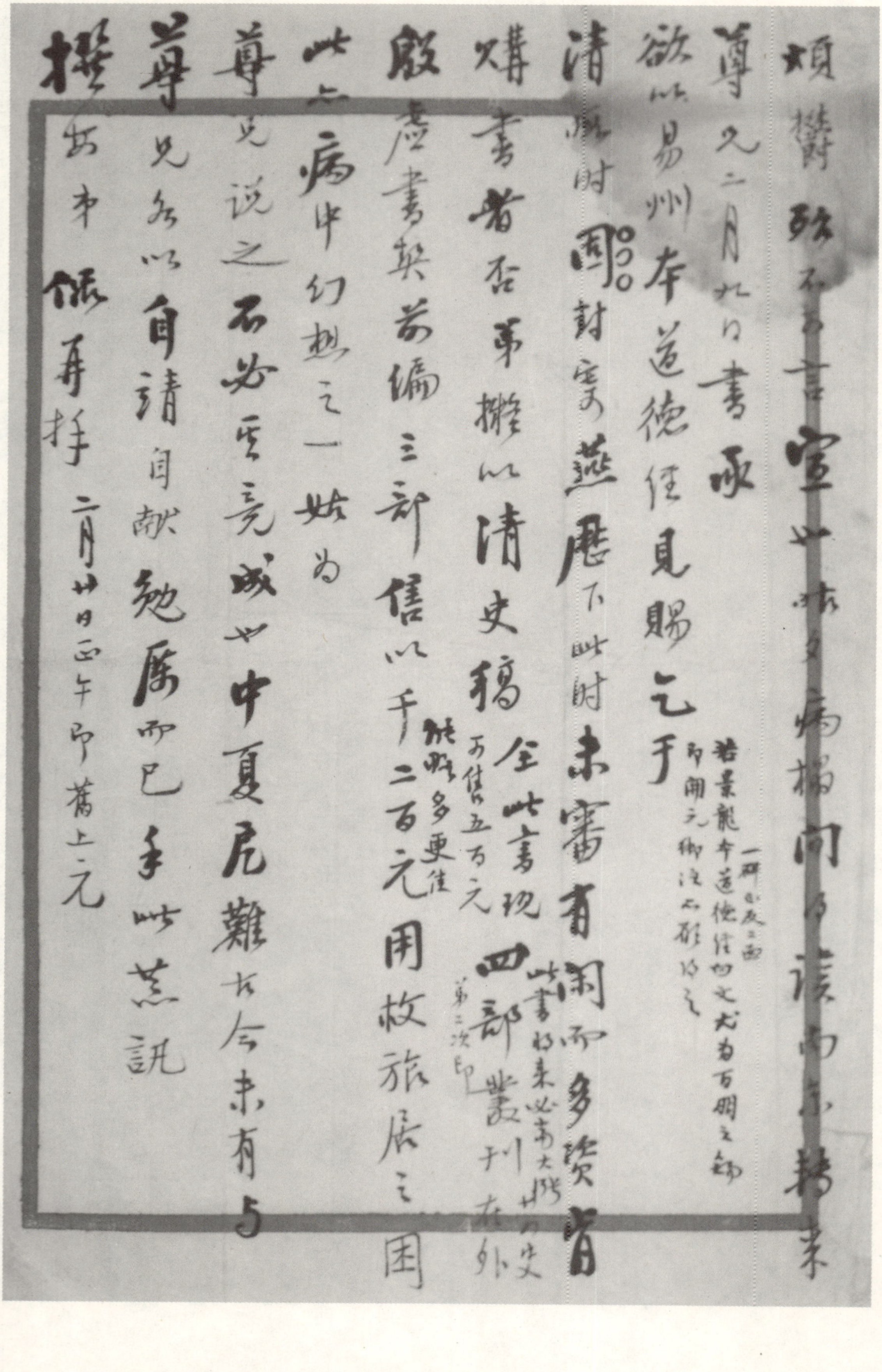
頌齋吾兄：不多言，實以病稿閱而讀而未轉來
尊兄二月九日書，承
欲以易州本道德經見賜，乞手
若景龍本道德經似以文字為百朋之錫
即開元御注不能得之
一冊亦足之耳
清風時郵封寄蒞歷下，此時未審有閑而多讀暇
惠書者否？弟擬以清史稿全，此書現四部叢刊在外
此書如來必當大獲卅四史
不售五百元
第三次印
敝處書契前編三部，售以千二百元，用救旅居之困
此版多更佳
此亦病中幻想之一端，為
尊兄說之，不必要竟成也。中夏厄難，古今未有，與
尊兄亦以自請自獻勉勵而已。手此並訊
撰安　弟張再拜　二月廿日正午即舊上元

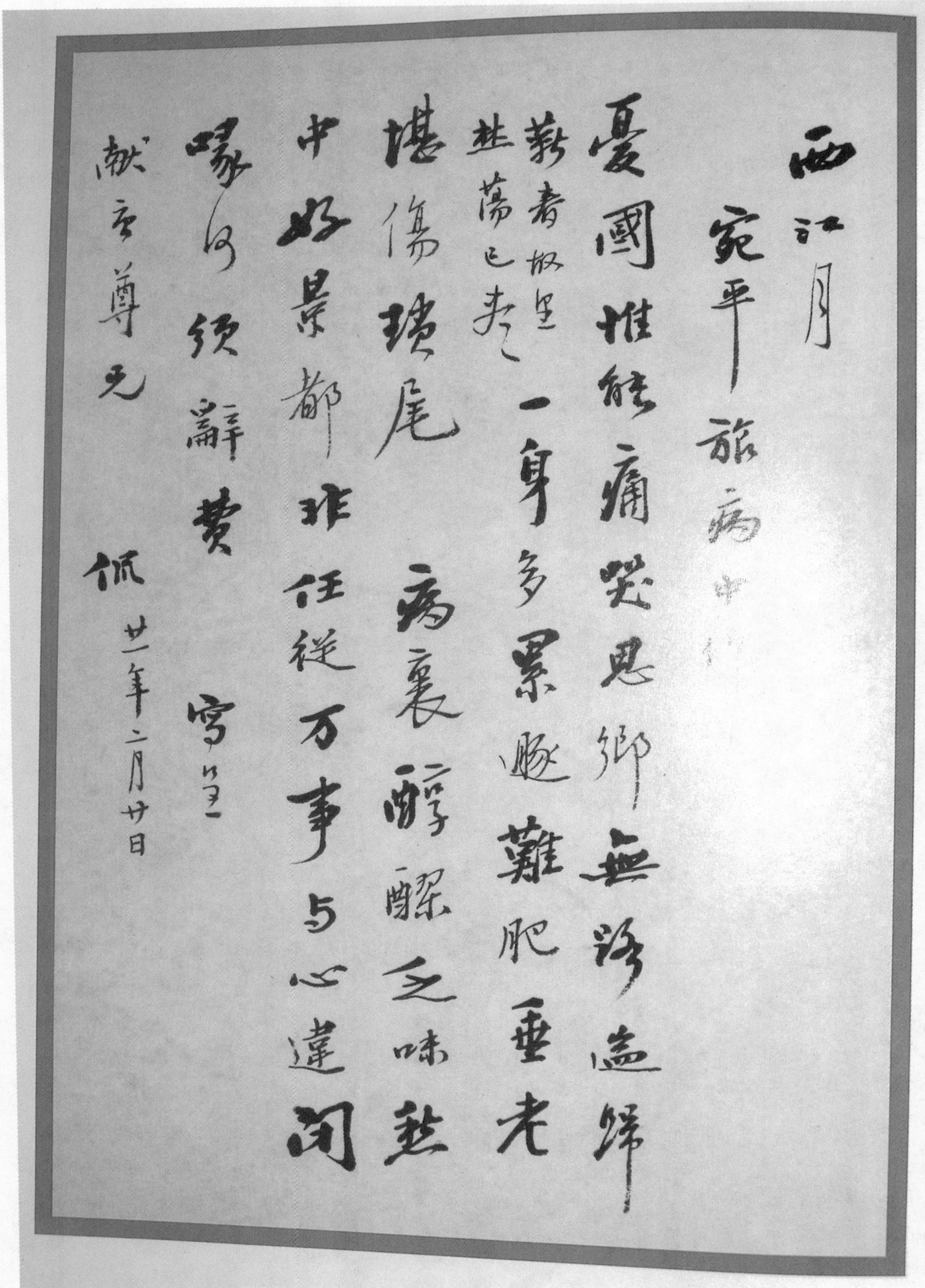
西江月
宛平旅病中
憂國惟能痛哭思鄉無路遄歸
一身多累豈難肥垂老
病裏醇醪之味
都非任從万事与心違
黃侃
廿一年二月廿日

黄侃

書第三通

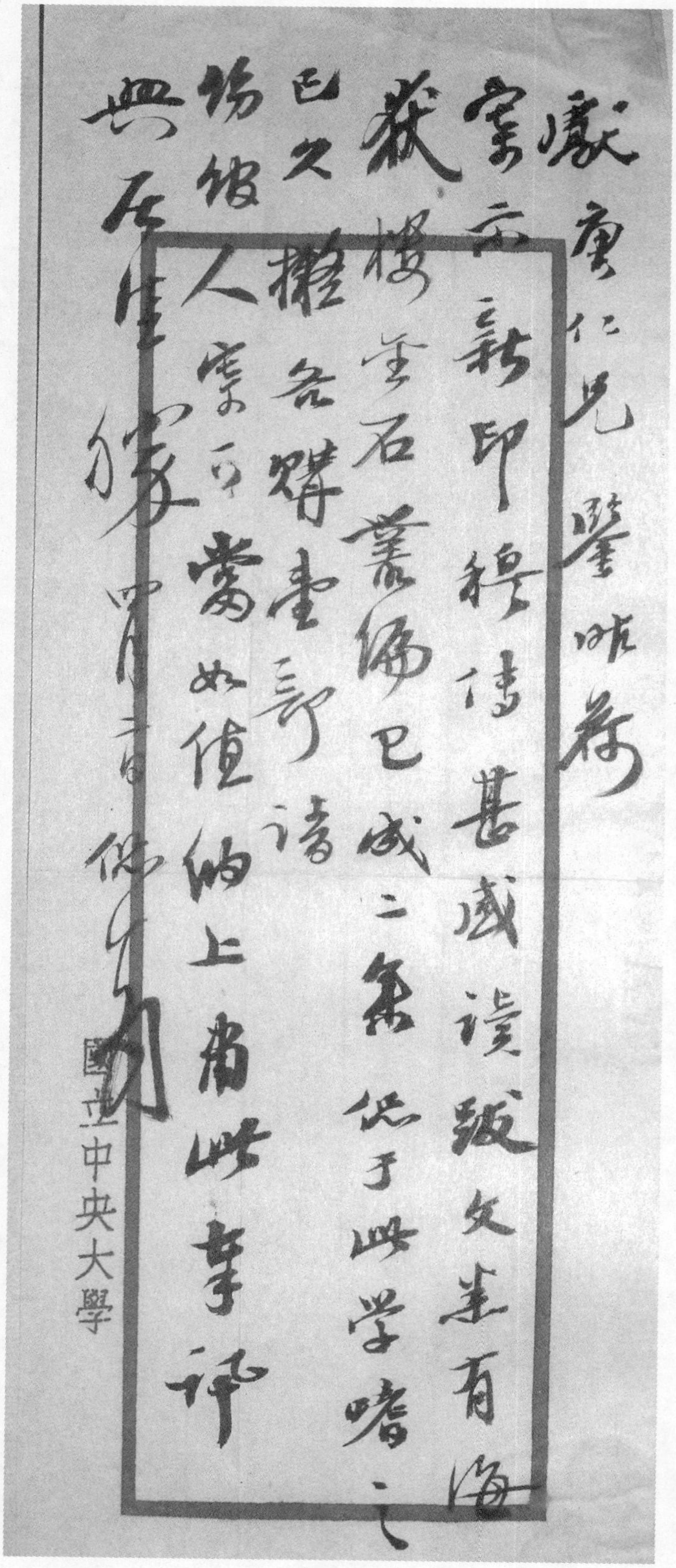
獻唐仁兄鑒：昨奉
寄示新印穆傳，甚感。讀跋文，並有海
嶽樓金石叢編已成二集，但於此學嗜之
已久，擬各購壹部，請
飭館人寄下，當如值納上。肅此奉布，
[illegible]

國立中央大學

封第一件

濟南大明湖畔
山東省立圖書館
王館長詧書
南京大石橋四号黄緘
金陵大學
十二月十四日

封第二件

濟南大明湖畔
山東省立圖書館
王館長獻唐大啓
北平前门外長巷上四條廿七號黄季子緘
一月廿日

封第三件

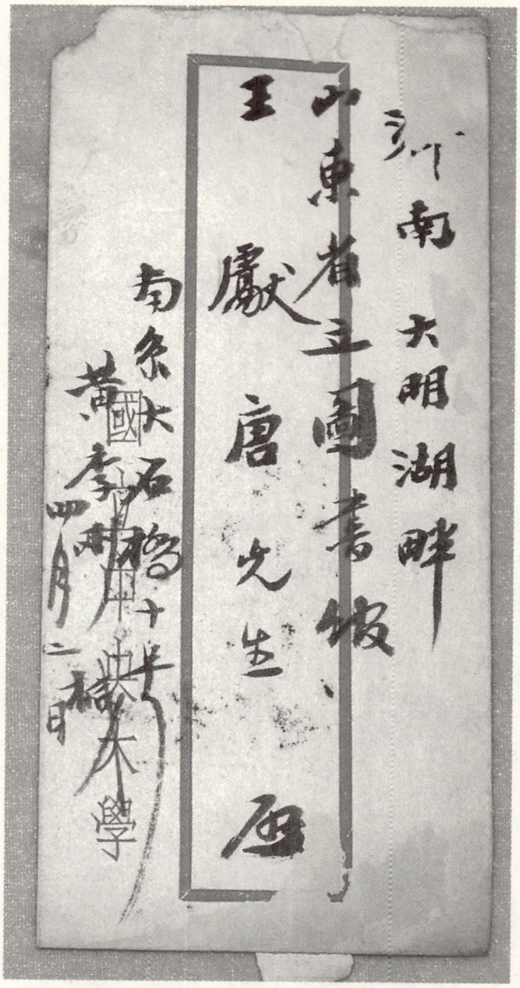

封第四件

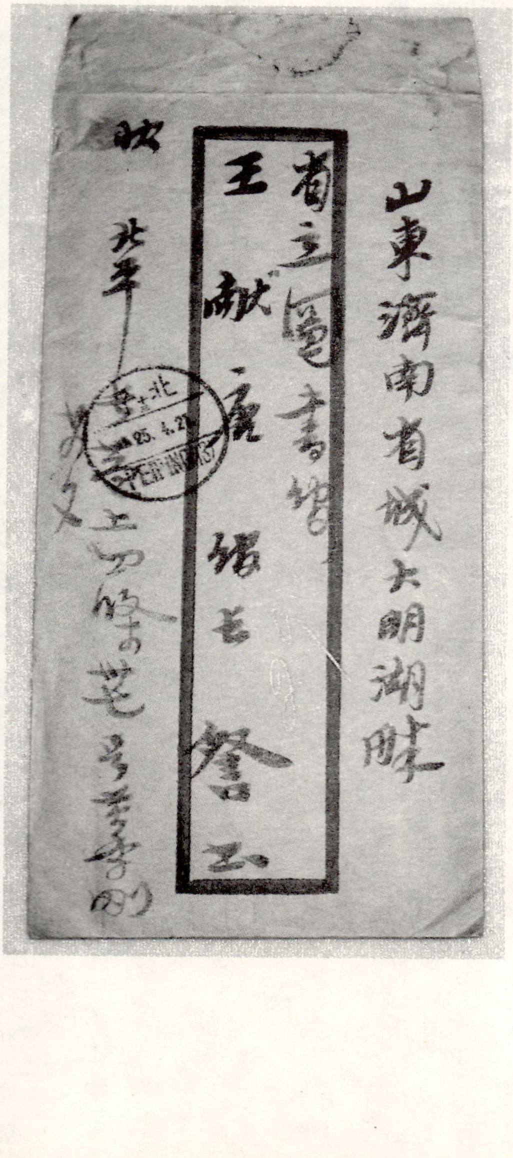

六十三　張荊樵

書一通　封一件

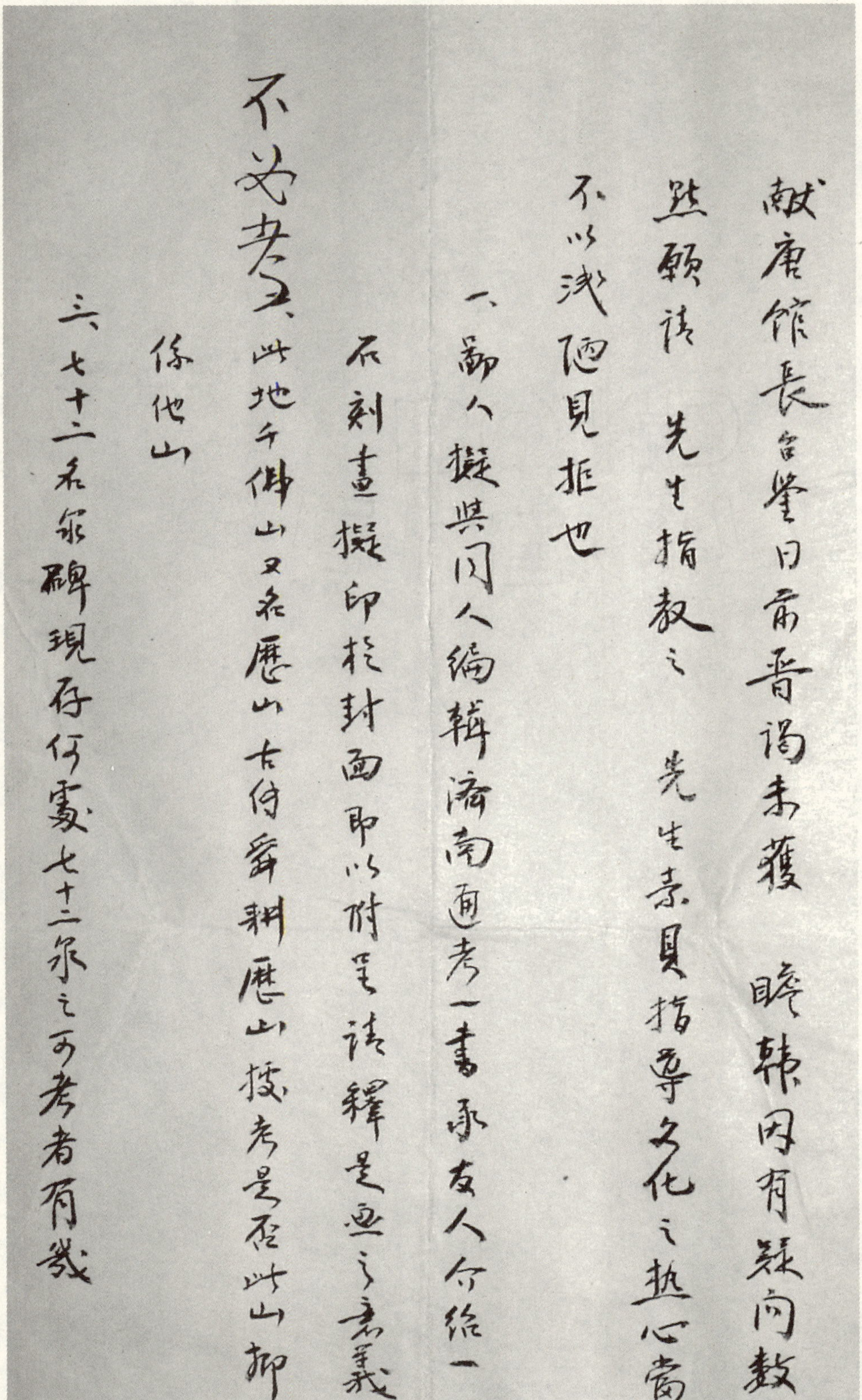
献唐館長台鑒日前晉謁未獲　晤談因有疑問數
點願請　先生指教之　先生素具指導文化之熱心當
不以淺陋見拒也
一、鄙人擬與同人編輯濟南通考一書承友人介紹一
石刻畫擬印於封面即以附箋詮釋是畫之意義
不必考矣、此地千佛山又名歷山古代舜耕歷山按考是否此山抑
係他山
三、七十二名泉碑現存何處七十二泉之可考者有幾

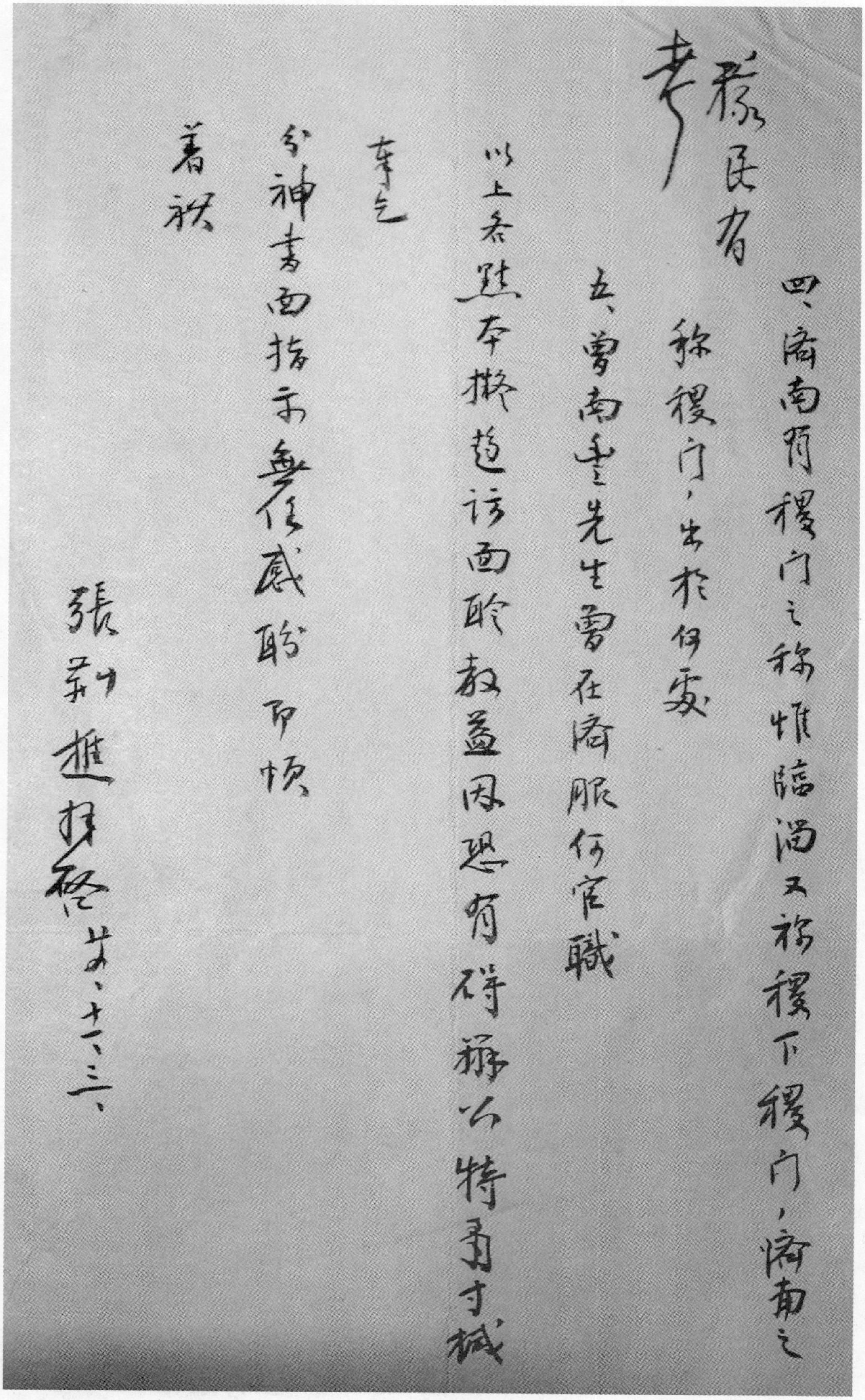
稼民者
老
四、濟南有稷門之稱,非臨淄又稱稷下稷門,濟南之
稱稷門,出於何處
五、曾南豐先生曾在濟服何官職
以上各點本擬趋訪面聆教益,因恐有碍稼公,特寫寸緘
奉乞
分神寫函指示,無任感盼,即頌
著祺
張新進拜啓 廿五、十、三、

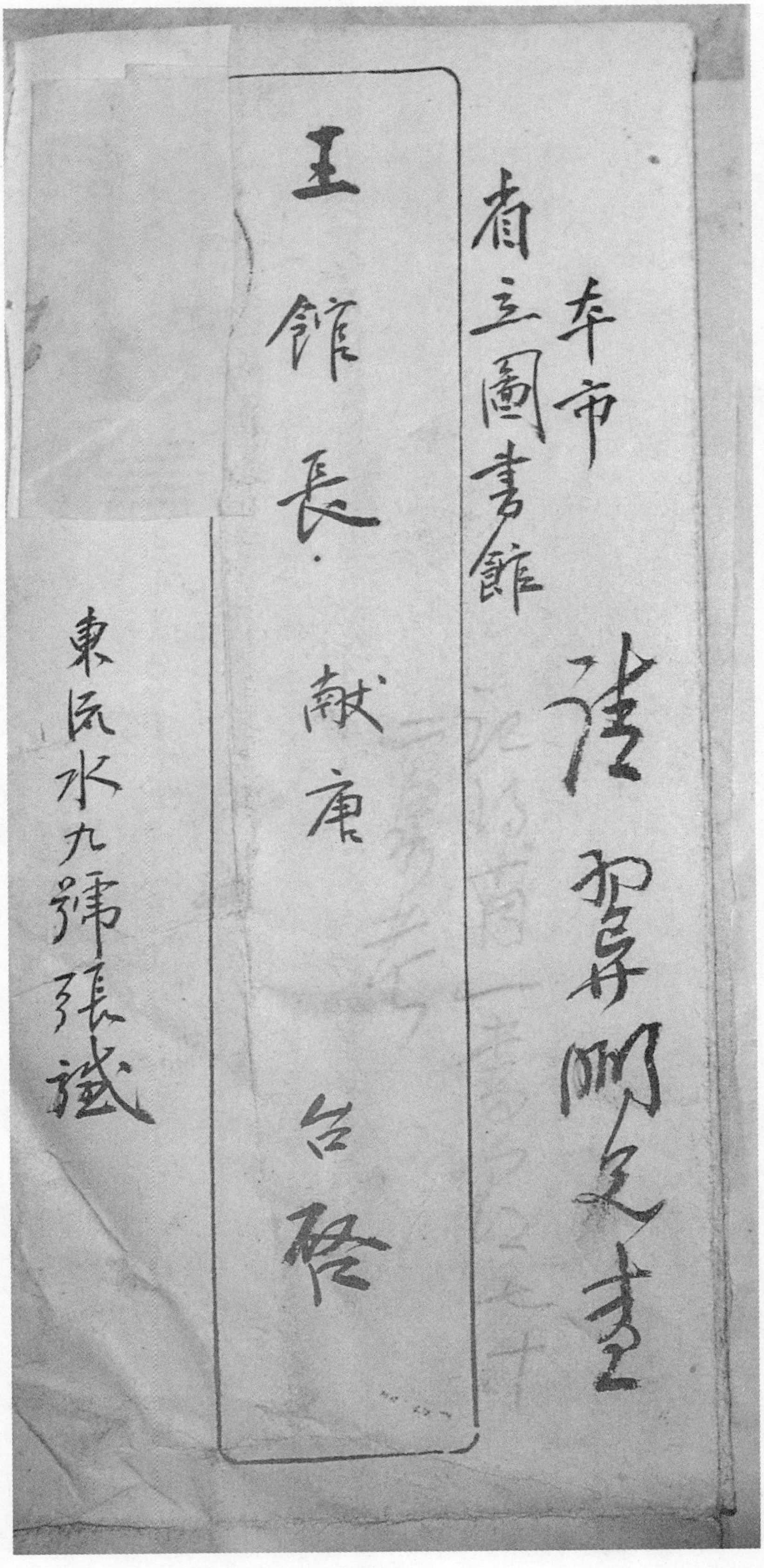
本市
省立圖書館
王館長 獻唐 台啓
東流水九號張緘

六十四 顧樹森

書一通 封一件

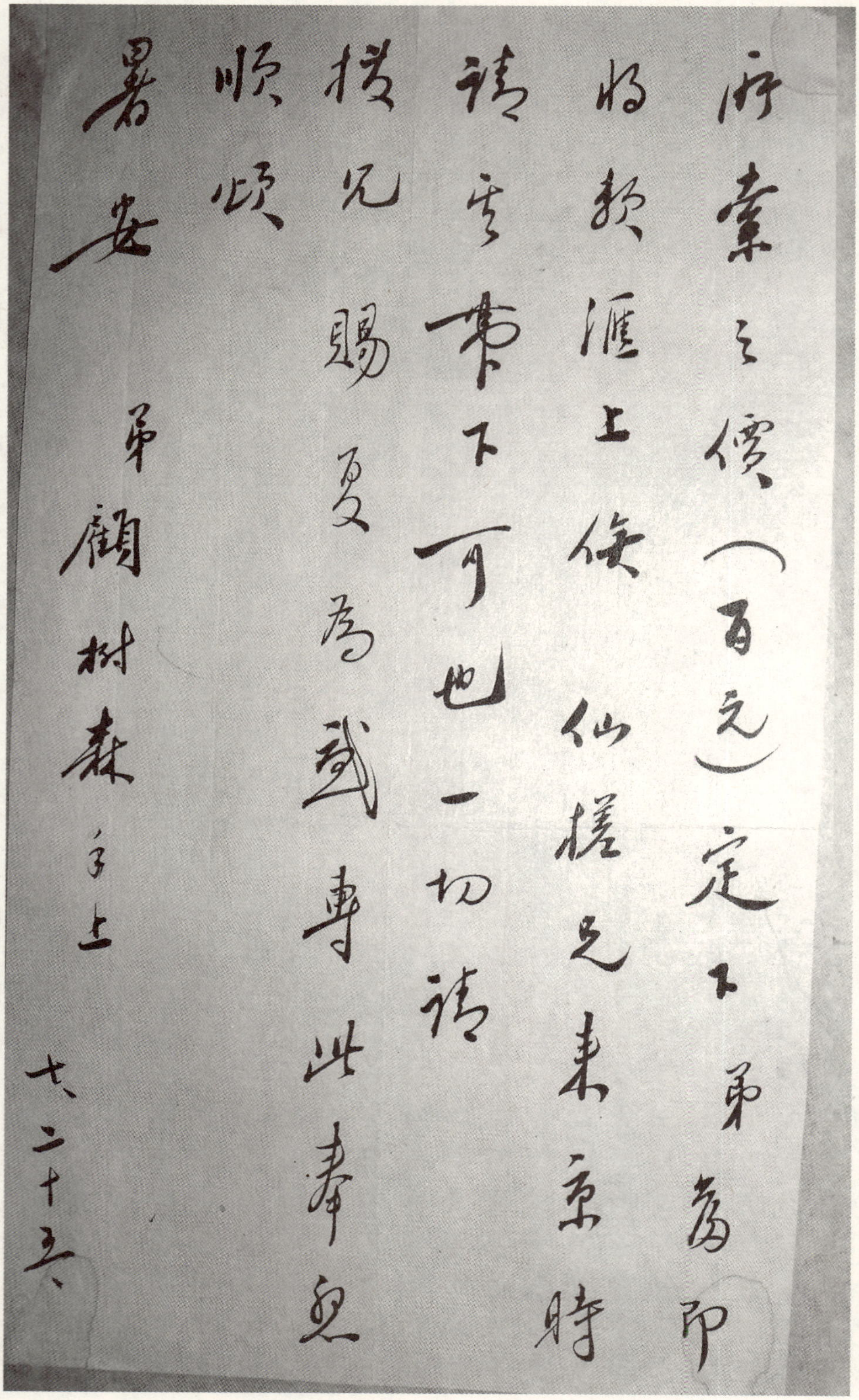

所索之價（百元）定下弟爲印將款滙上俟仙槎兄來京時請交下可也一切請撥兄賜覆爲感專此奉覆順頌

暑安

弟顧樹森手上

七、二十五、

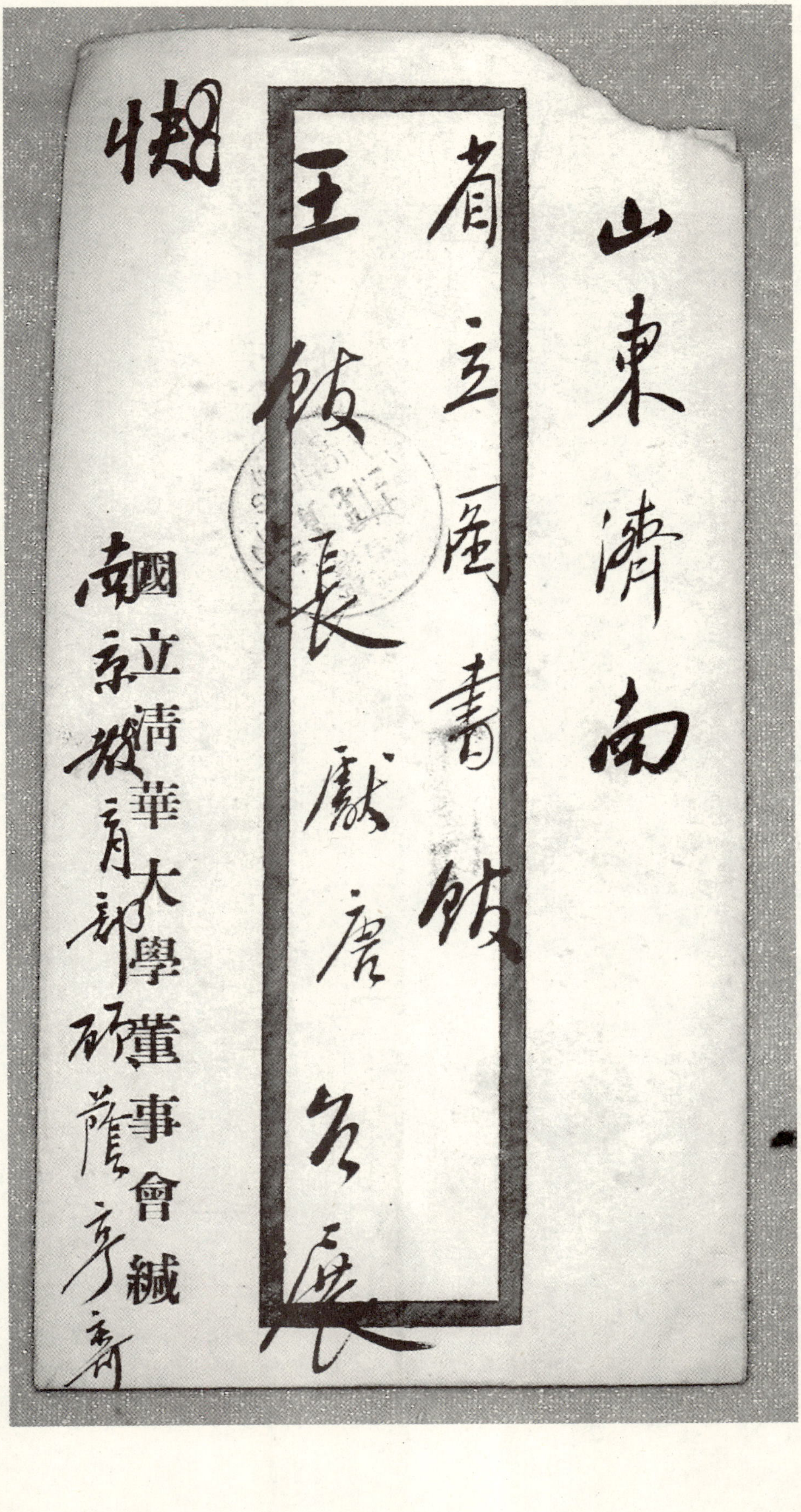
山東濟南
省立圖書館
王館長獻唐
國立清華大學董事會緘
南京教育部

六十五 方覺慧

書一通 封一件

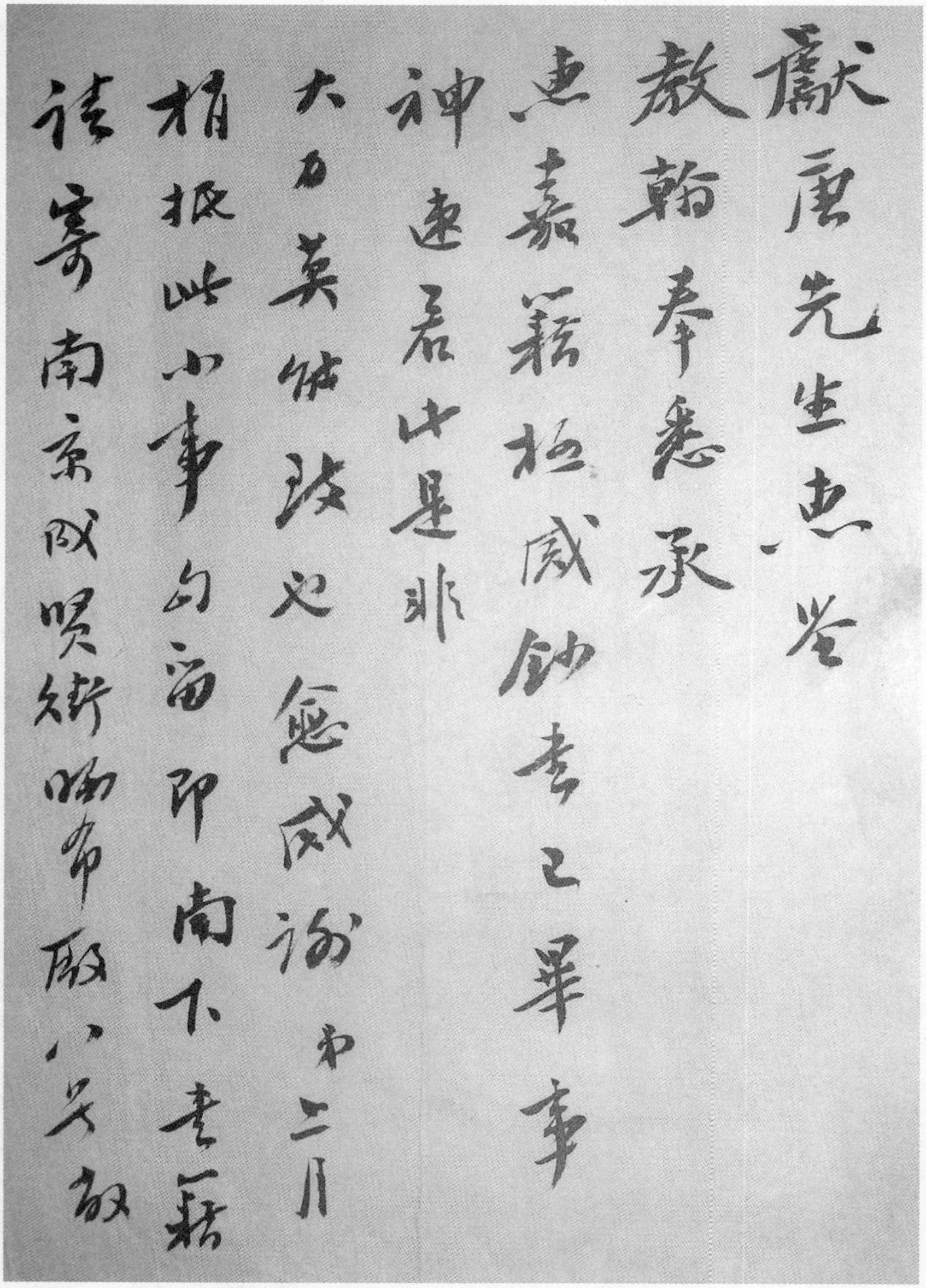
獻唐先生惠鑒：
敎翰奉悉，承
惠嘉籍，極感。鈔書已畢，事
神速君此是非
大力莫能致也。愈感謝。十二月
稍損此小事，向留印南下，書籍
請寄南京成賢街𡁏啟八兵敬

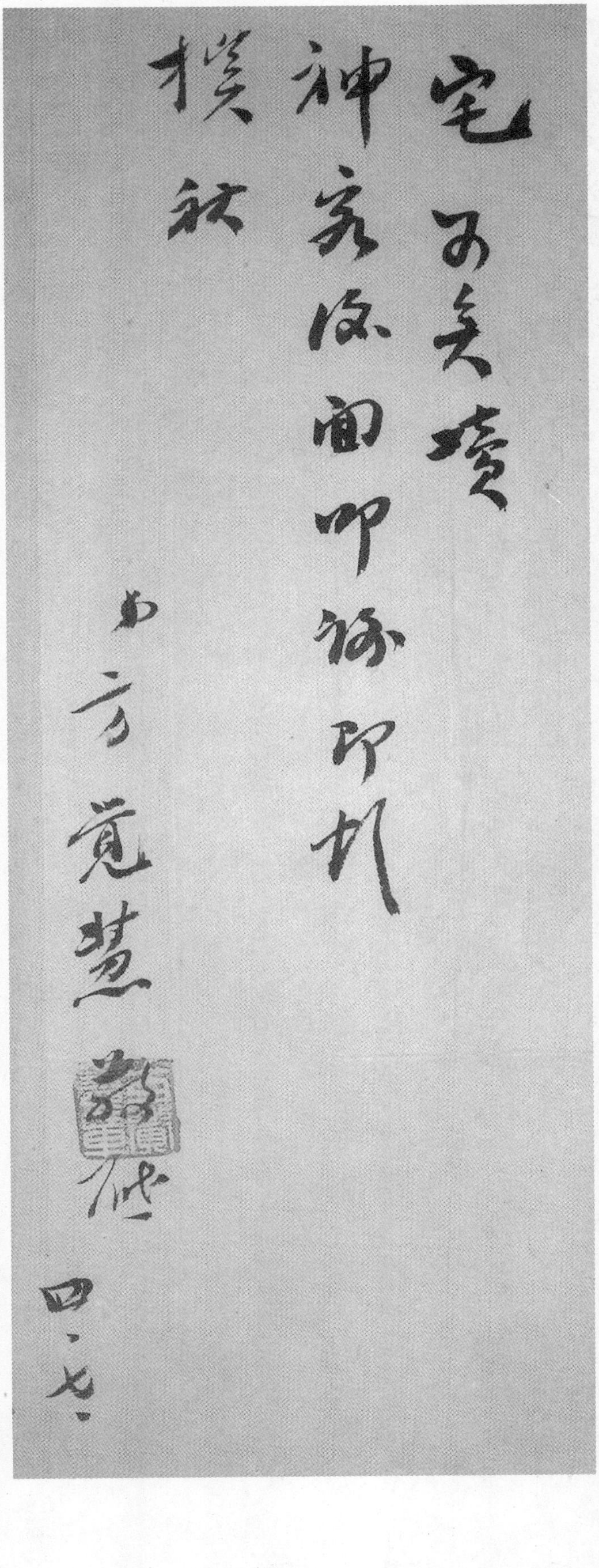

方覺慧

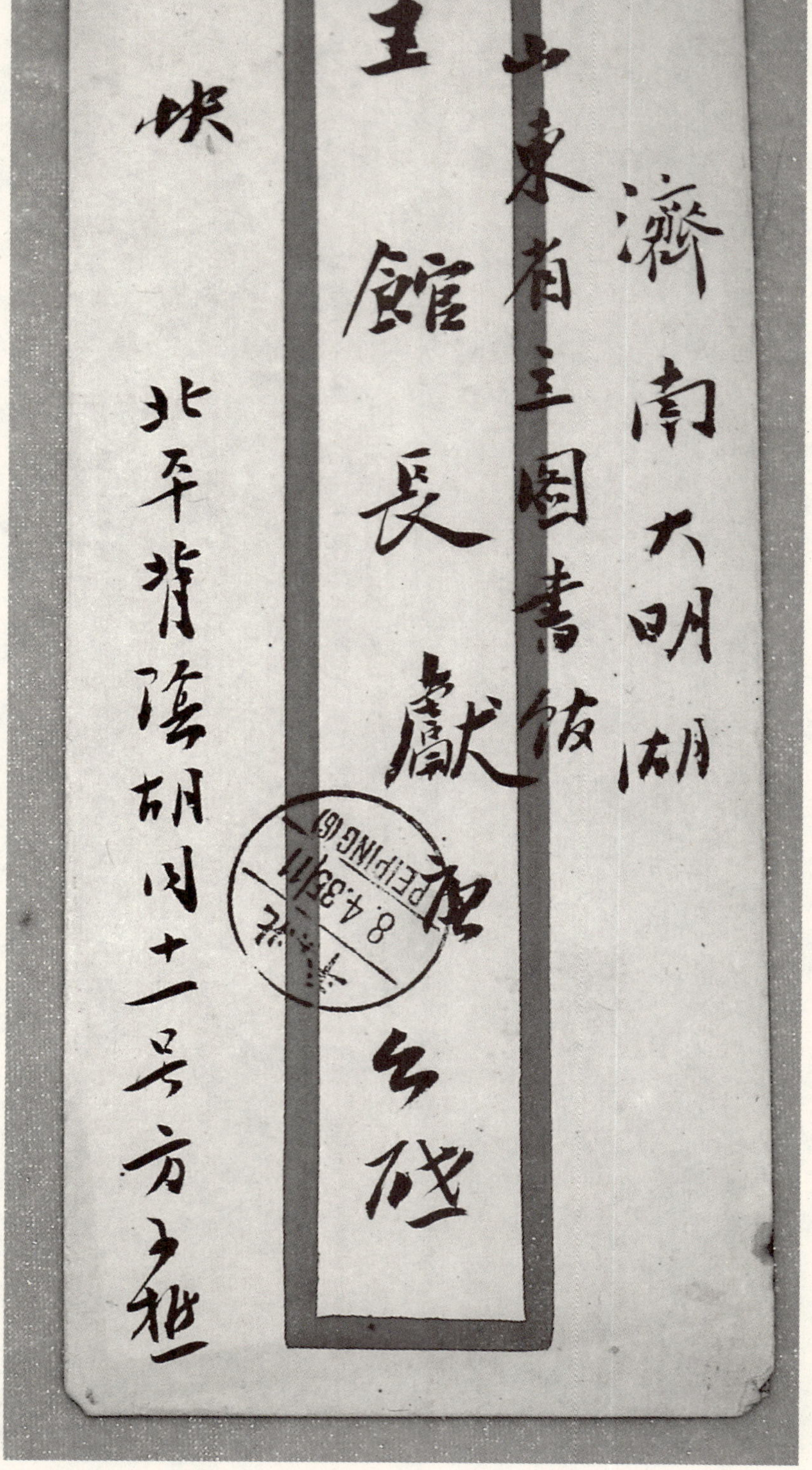
濟南大明湖
山東省立圖書館
王館長獻
北平背陰胡同十一號
PEIPING
8.4.33

六十六　易忠籙 書四通　封三件

書第一通

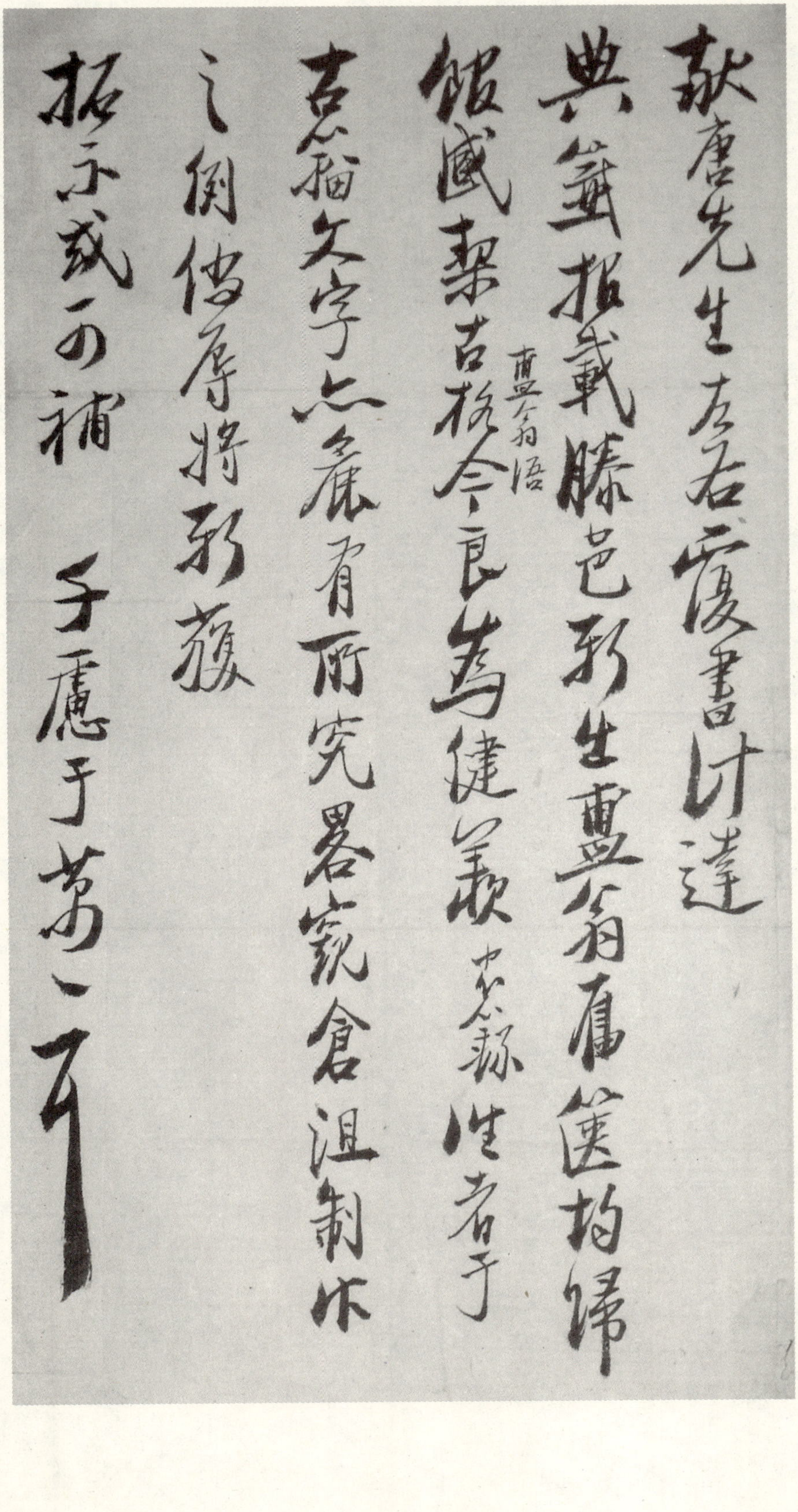

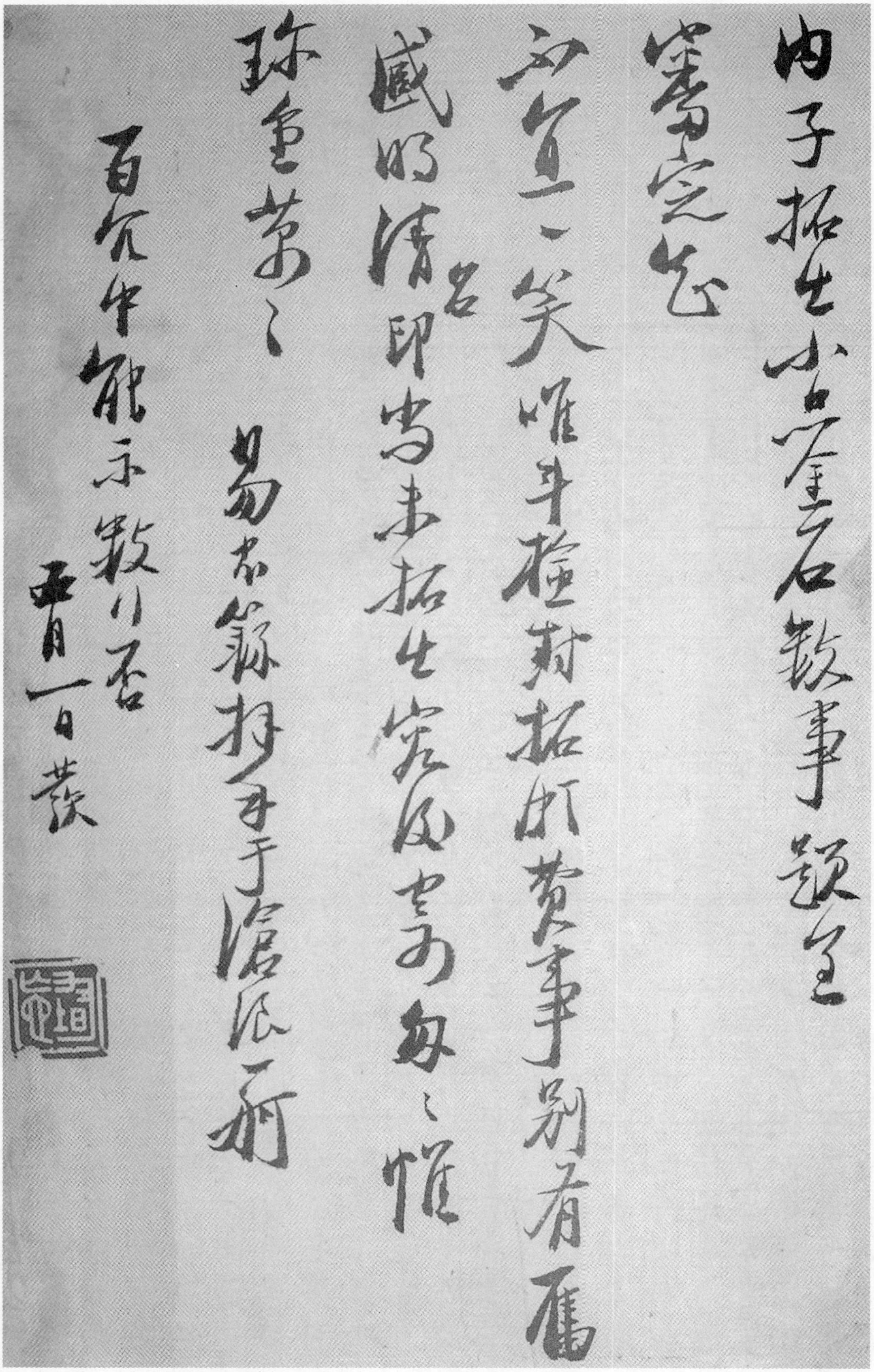

書第二通

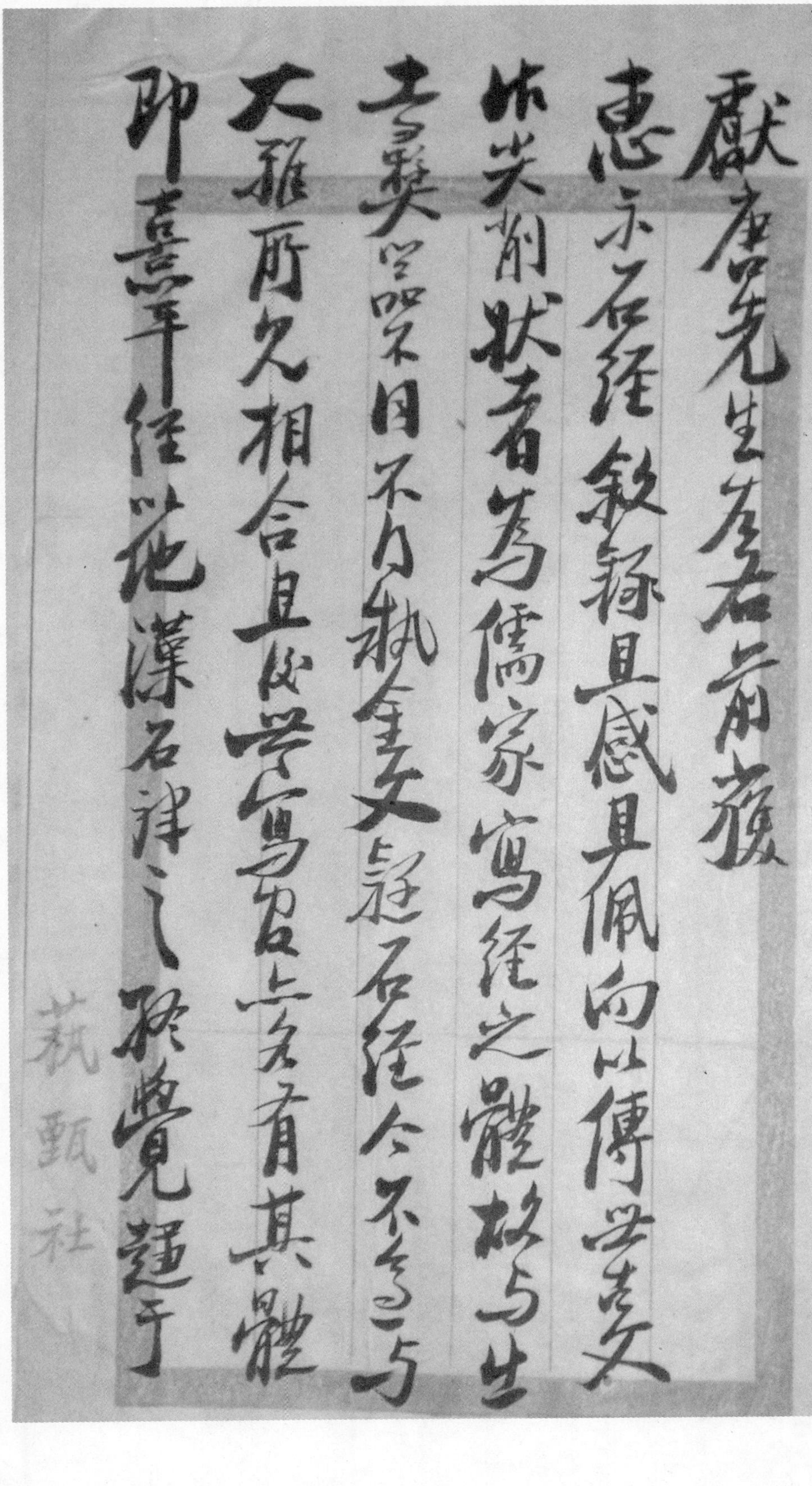
獻唐先生左右前獲
惠示石經敘録具感具佩向以傳[illegible]文
作尖削狀者為儒家寫經之體故與生
[illegible][illegible]器不[illegible]不乃執今文疑石經今不盡[illegible]與
大雅所見相合且以[illegible]寫[illegible]上者有其體
即熹平經以後漢石[illegible]之[illegible]覺題于
萩甄社

書第三通

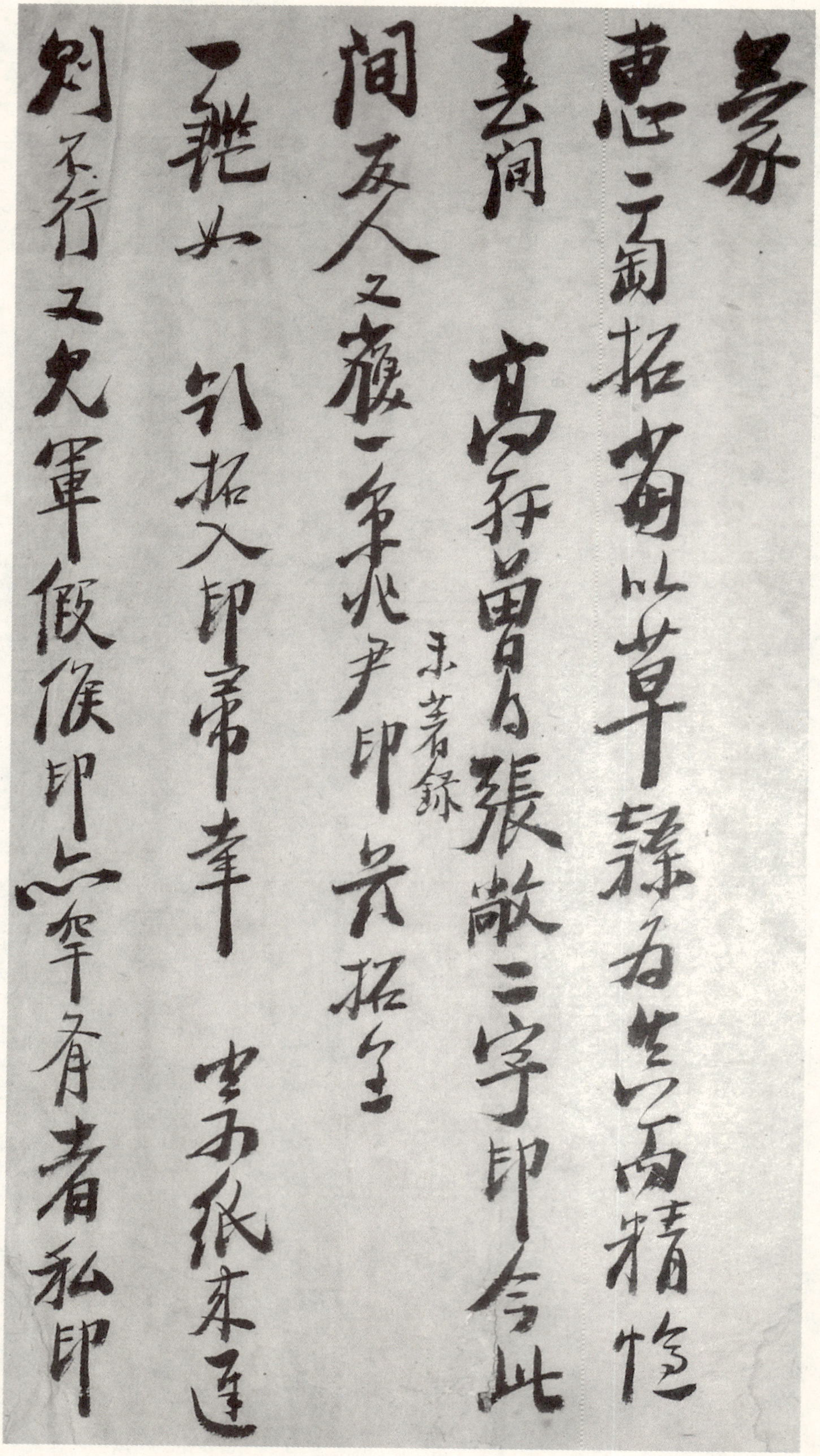

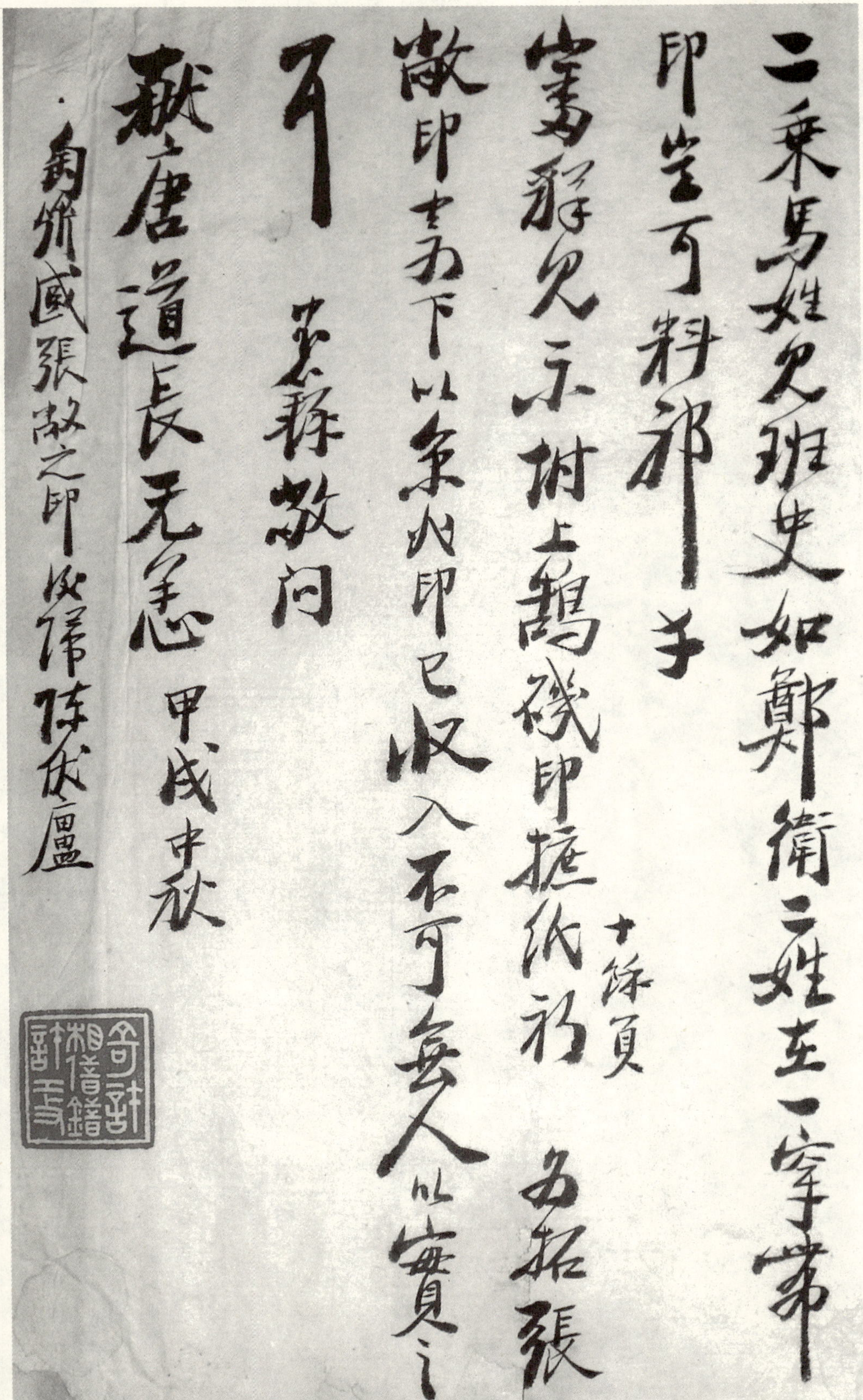
二乘馬姓見班史如鄭衛二姓左一字常
印豈可料那手
寓辭見示附上鵠儀印拖紙移 十餘頁 多招張
敬印十五下以來收印已收入不可無人以實之
可 黃縣敬問
赦唐道長無恙 甲戌中秋
自行盛張敬之印以備陳依盧

書第四通

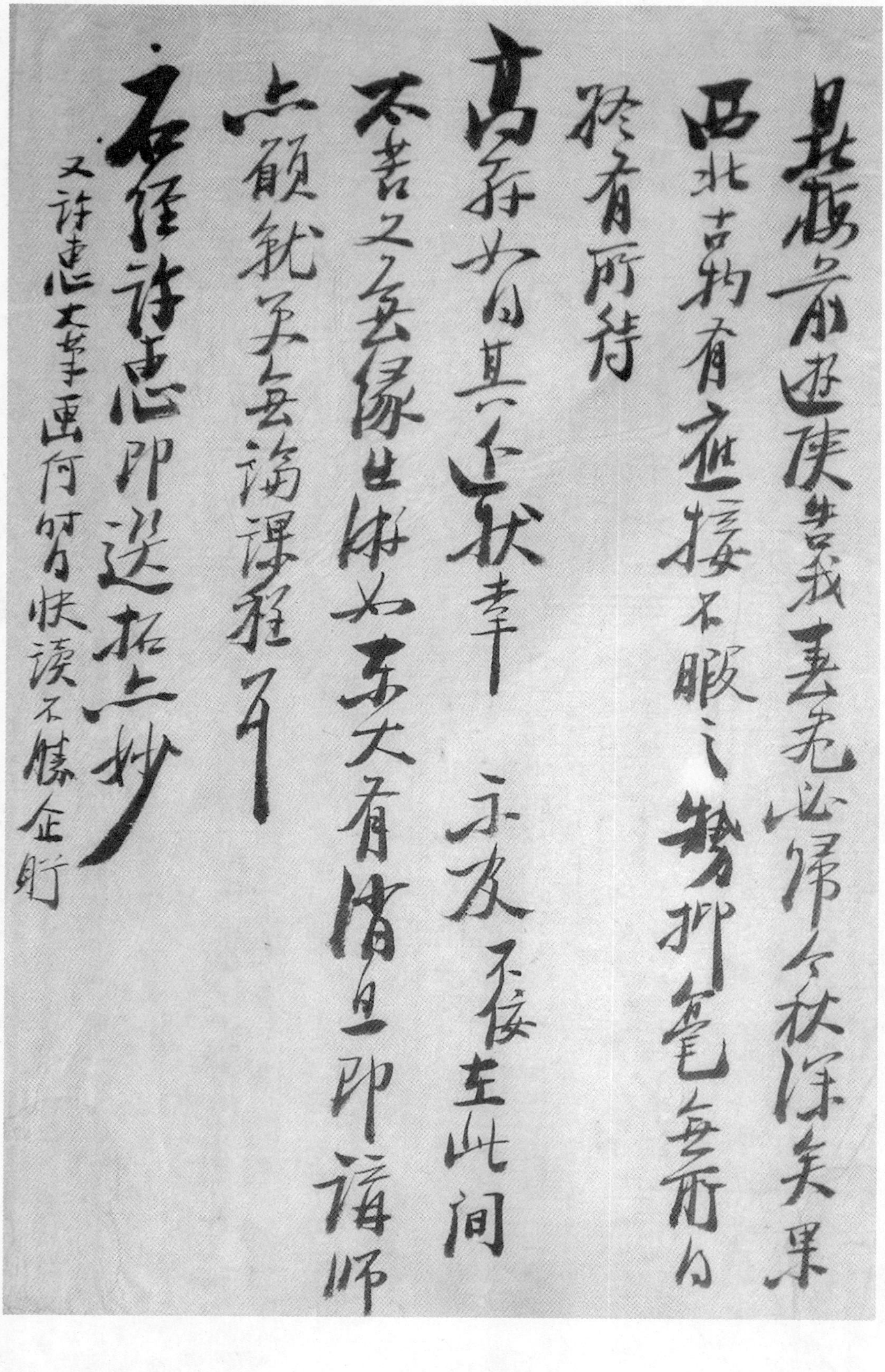

漢陽周氏石言齋藏
潛江易氏穉園審定
靈蕤館內史製譜
壬申十月

古印甄樣本附提要

自來金石拓本，惟古鉥印譜流傳至罕，無論宋明，即清末吳愙齋之十六金符齋藏印，濰縣高郭二氏之齊魯古印攈等譜、近且不易得、再前如汪秀峰之錦囊印林，則價等兼金矣、近日輯印拓譜之精者、惟黃賓虹陳伏廬二家，然不久二家之印，均已散失、或流於海外、故其譜亦難再得，侔利之徒，見古譜之日稀、乃復以西法鋅板，翻造古印、打譜誑世、實失古人篆刻眞意，徒存膚廓，固不足道、漢陽周佩之先生、酷嗜金石之學、收藏宏富，而尤癖於鉥印，所致秦漢篆刻，不下數千鈕，惟生平矜愼不以示人，故所藏諸器，同好中不易一見，今先生已下世，敝社同人乃就商其家，始得將所藏古印一部分，拓譜流傳，且經敝社易穭園先生詳加審定，去其剝蝕諸品，擷其精華，編爲古印甄初集，復得穭園佳偶萬靈蕤女史細意鈐朱，妙手傳古，無纖毫漏白蒙刀之弊，以至印泥紙墨板式裝訂，無一不古雅堅實，備藝術上之能事，且欲駕前此諸譜而上之、知世之收藏家刻賞鑑諸家，必有取於爾也，內分三代古鉥六十鈕，漢官印二十鈕，畫像印十鈕，穿帶二面印十鈕，私印六十鈕，合同花押四十鈕、計裝四冊，每部定價十六元，

藝甄社啓武昌正衛街~~三十一~~號

曇華林二十八

藝甄社出版預告

古匋甄　皆三代陶器文字、較鐵雲藏匋字多而精，漢陽周氏石言齋藏，潛江易穭園審定，靈蕤女史精拓，裝二冊定價六元

古泉甄　本社各社友藏泉，經易穭園審定、精選其難得諸品、靈蕤女史手拓成冊，古泉中之祕寶也，

武昌甎甄　自漢至明，皆武昌近年折城出土，經海內各金石名家題詠贊揚，精選百片，去其雷同，並附考證，足補史志缺失，洵爲中國城甎之創見者也、潛江易氏穭園藏、靈蕤女史手拓，裝訂二巨冊，定價十六元

穭園印譜　本社易穭園所交海內金石家特多，得各家刻石至數百鈕、均附刻邊欵，如詩文題識等，於篆刻之外，尤徵雅故，茲因求者紛紛、本社乃勸其拓譜流傳，其選拓之精，格式之雅、與古印甄相埒、內容分名號齋館收藏閒文四類，實無異近代印人精華錄也，裝訂二冊定價六元

藝甄扇面集　本社去夏所開扇面展覽會，蒙海內各地書畫名家寄至出品、有二千餘種，早擬選輯專刊、以餉藝林，嗣因武漢水災、印刷停業，致未出版，茲特重加編次增入明清兩朝大家畫扇，並印入鄒石于壽花庵便面小史、尤爲近日扇面集所未有者、

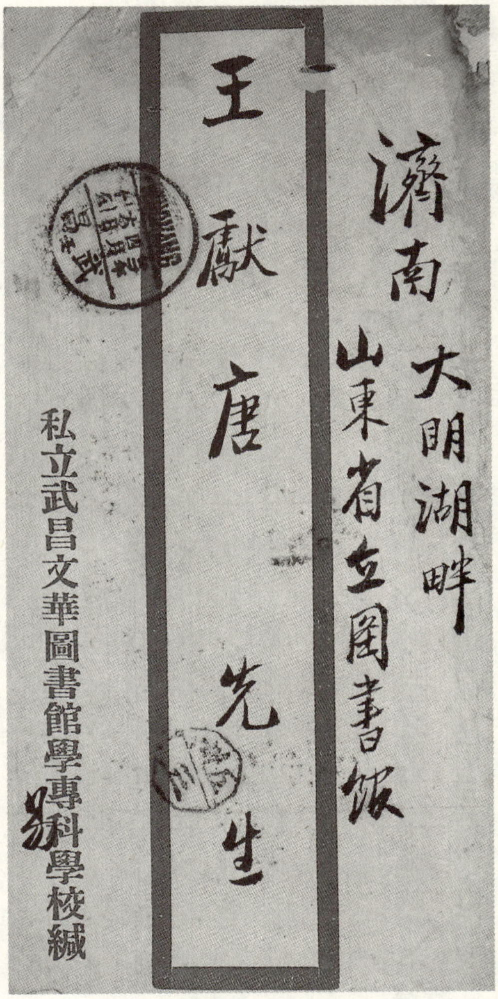
濟南
大明湖畔
山東省立圖書館
王
獻唐
先生
私立武昌文華圖書館學專科學校緘
易
封第一件

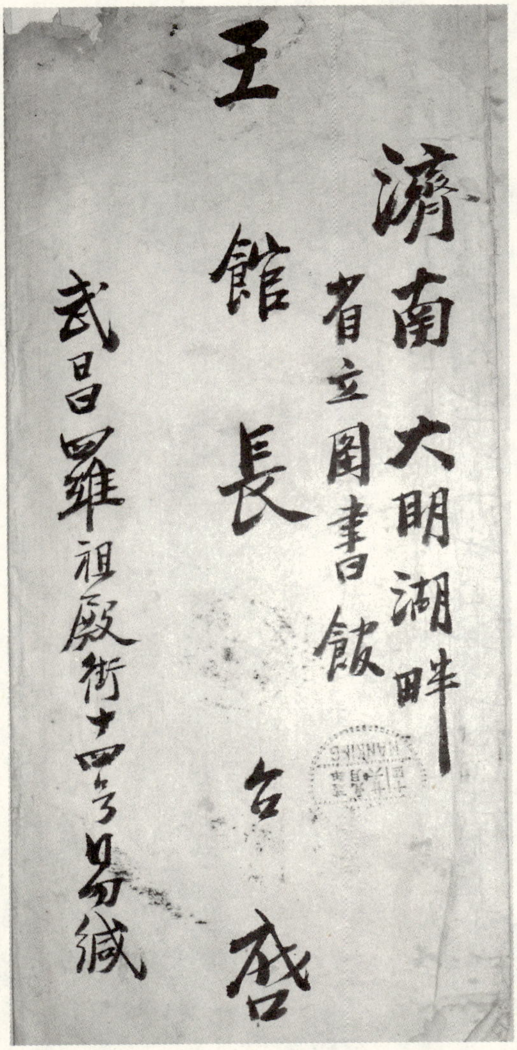
王
濟南
大明湖畔
省立圖書館
館長
台啓
武昌羅祖殿街十四号易緘
封第二件

封第三件

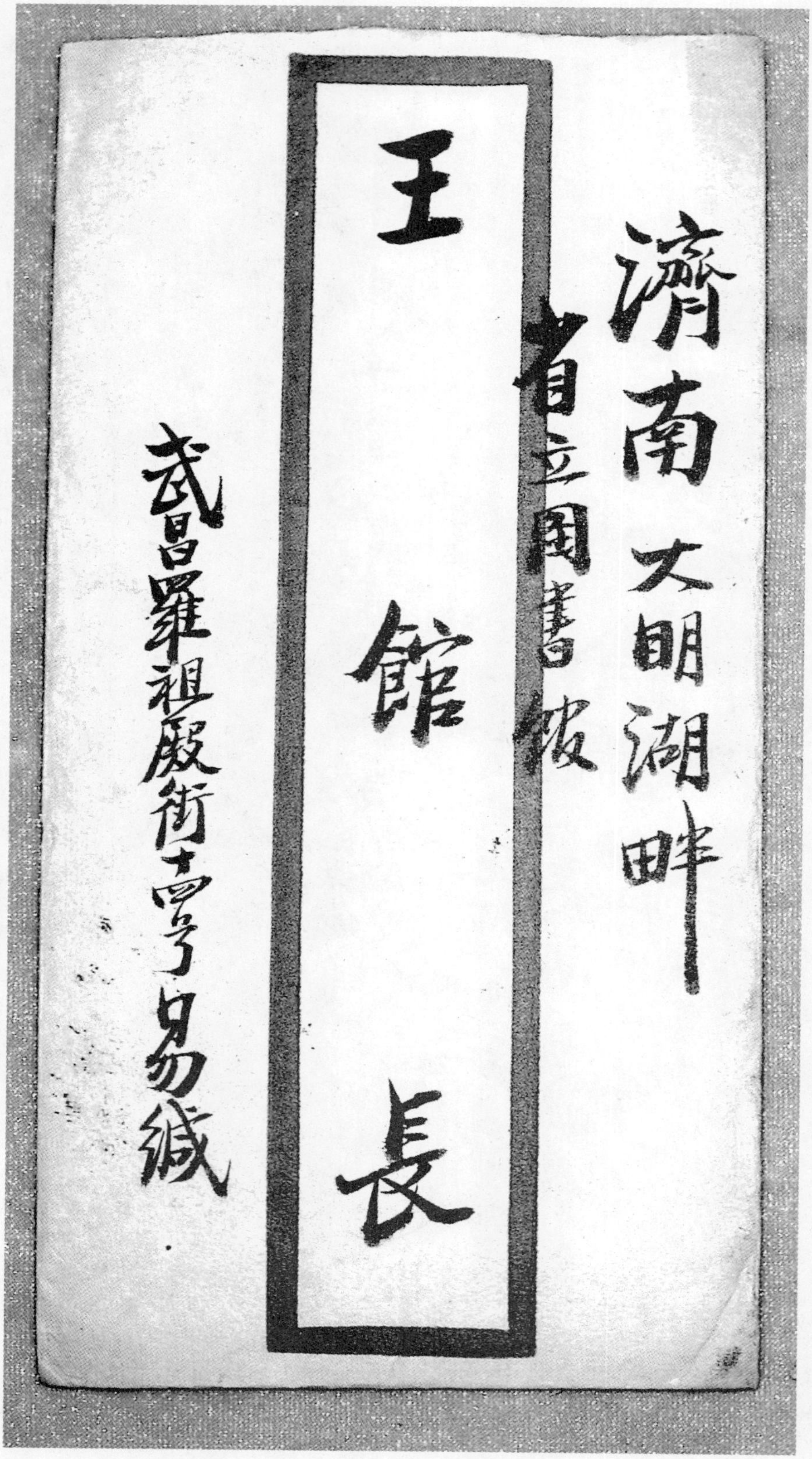

六十七　楊巨斗 書一通

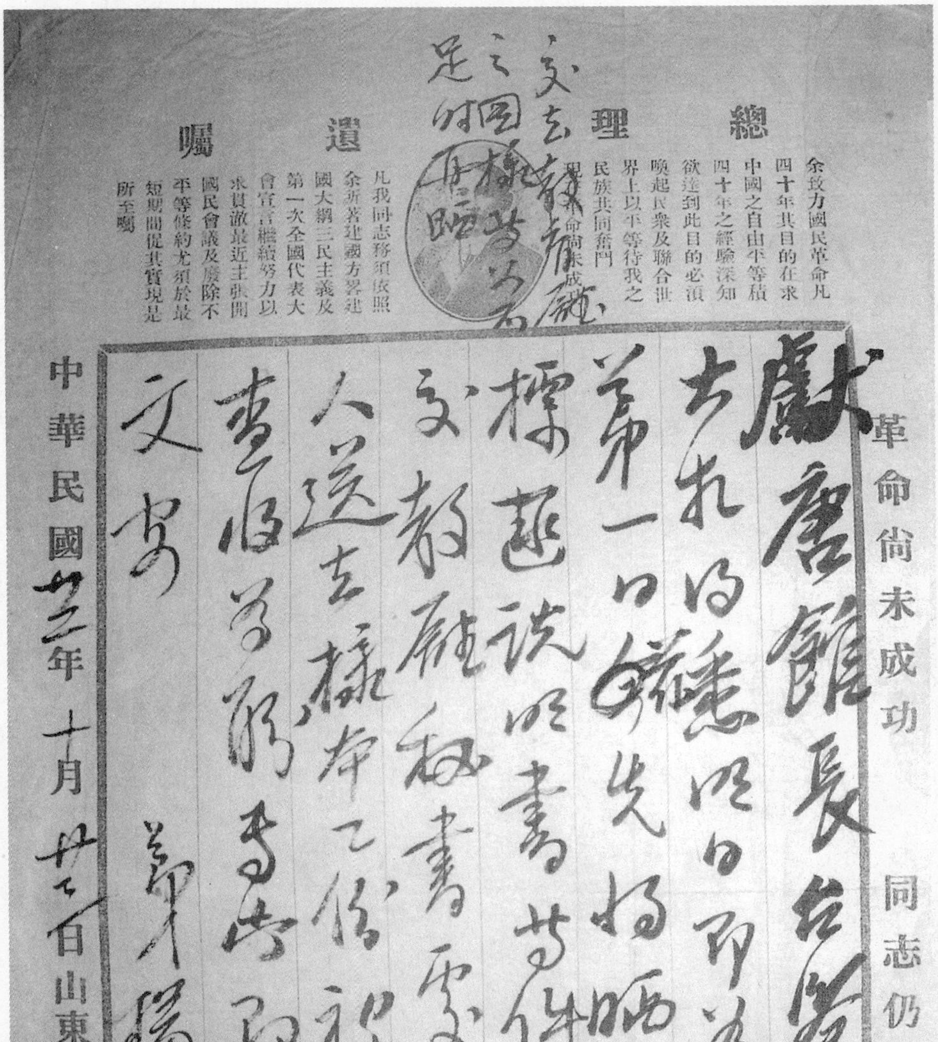

總理遺囑

余致力國民革命凡四十年其目的在求中國之自由平等積四十年之經驗深知欲達到此目的必須喚起民衆及聯合世界上以平等待我之民族共同奮鬥現在革命尚未成功凡我同志務須依照余所著建國方略建國大綱三民主義及第一次全國代表大會宣言繼續努力以求貫徹最近主張開國民會議及廢除不平等條約尤須於最短期間促其實現是所至囑

革命尚未成功　同志仍須努力

獻唐館長台鑒 [illegible]

文安

弟楊巨斗 [illegible]

中華民國廿二年十月廿七日

山東省政府建設廳用箋

六十八 桂星驥

書一通 封一件

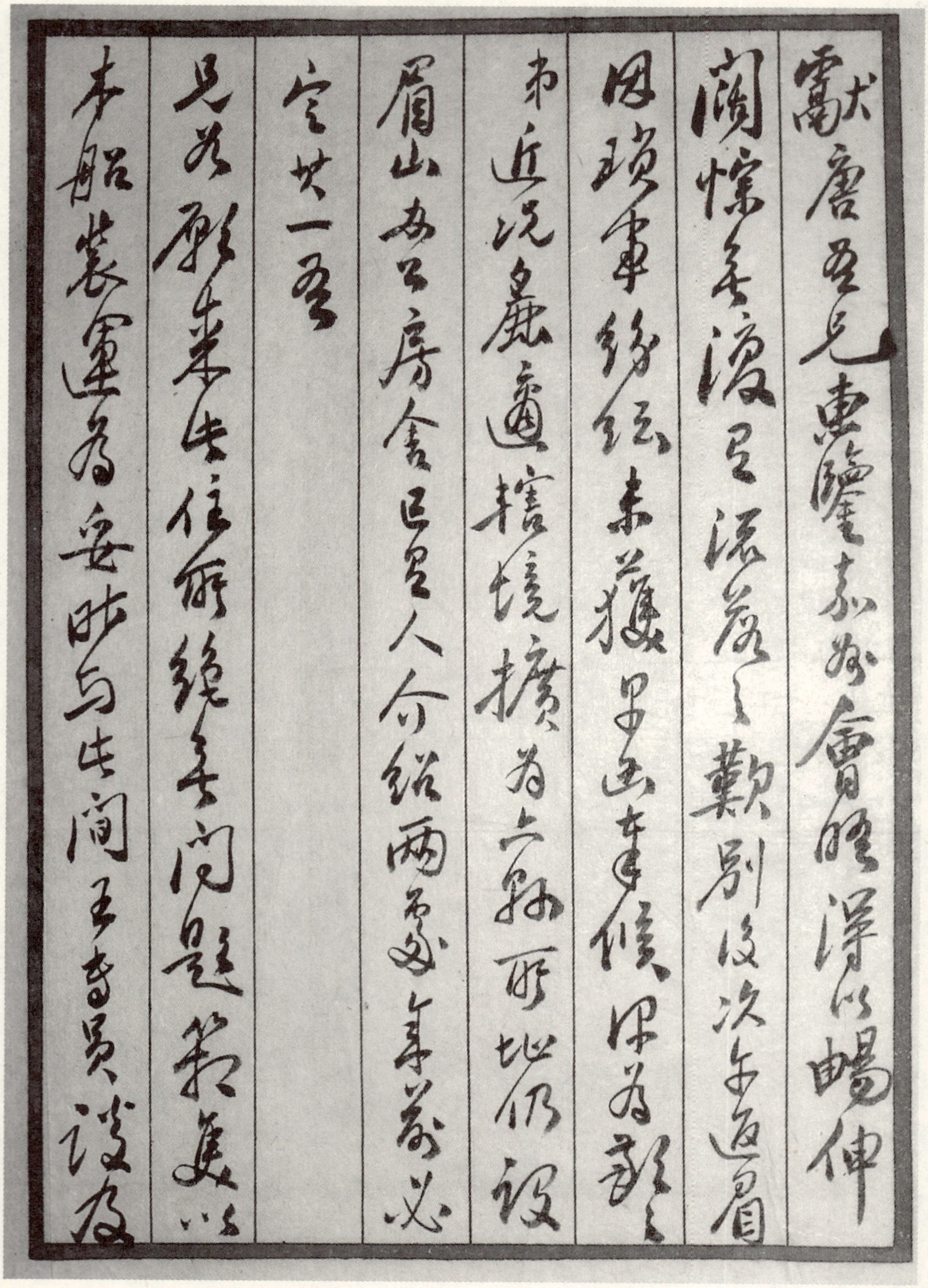

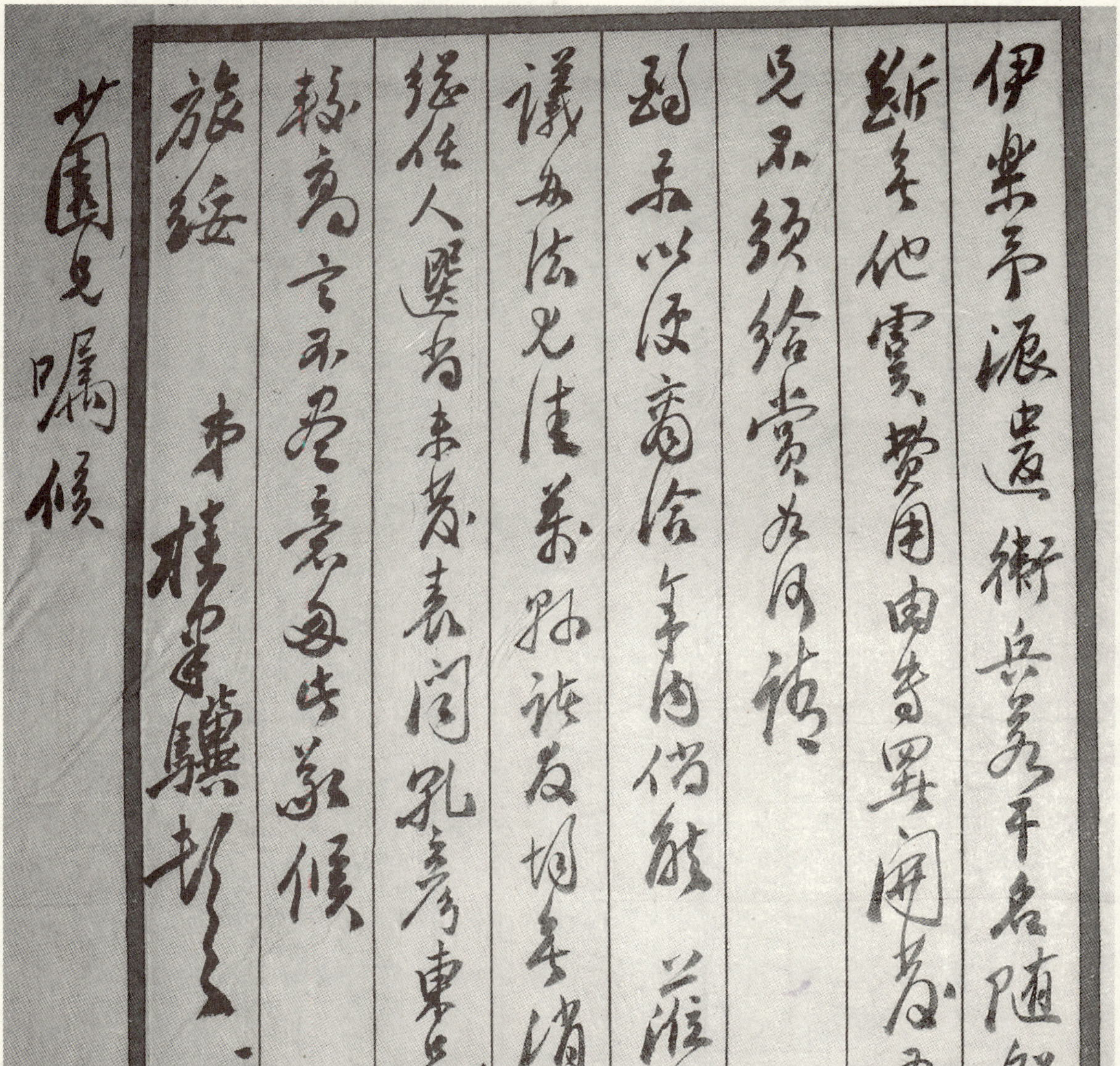
伊桑予派遣衛兵多千名隨船保護
斷無他虞費用由粵署開發云
兄不須給賞如何請
酌示以便商洽年內倘能蒞省一聚面
議無法兄佳業務報如切要消息請移局
總任人選有未發表聞孔彥東兄呼聲
較高亦不免意無妨敬候
旅綏　　弟桂星驥頓首　二十一
蘭兄囑候

桂星驥

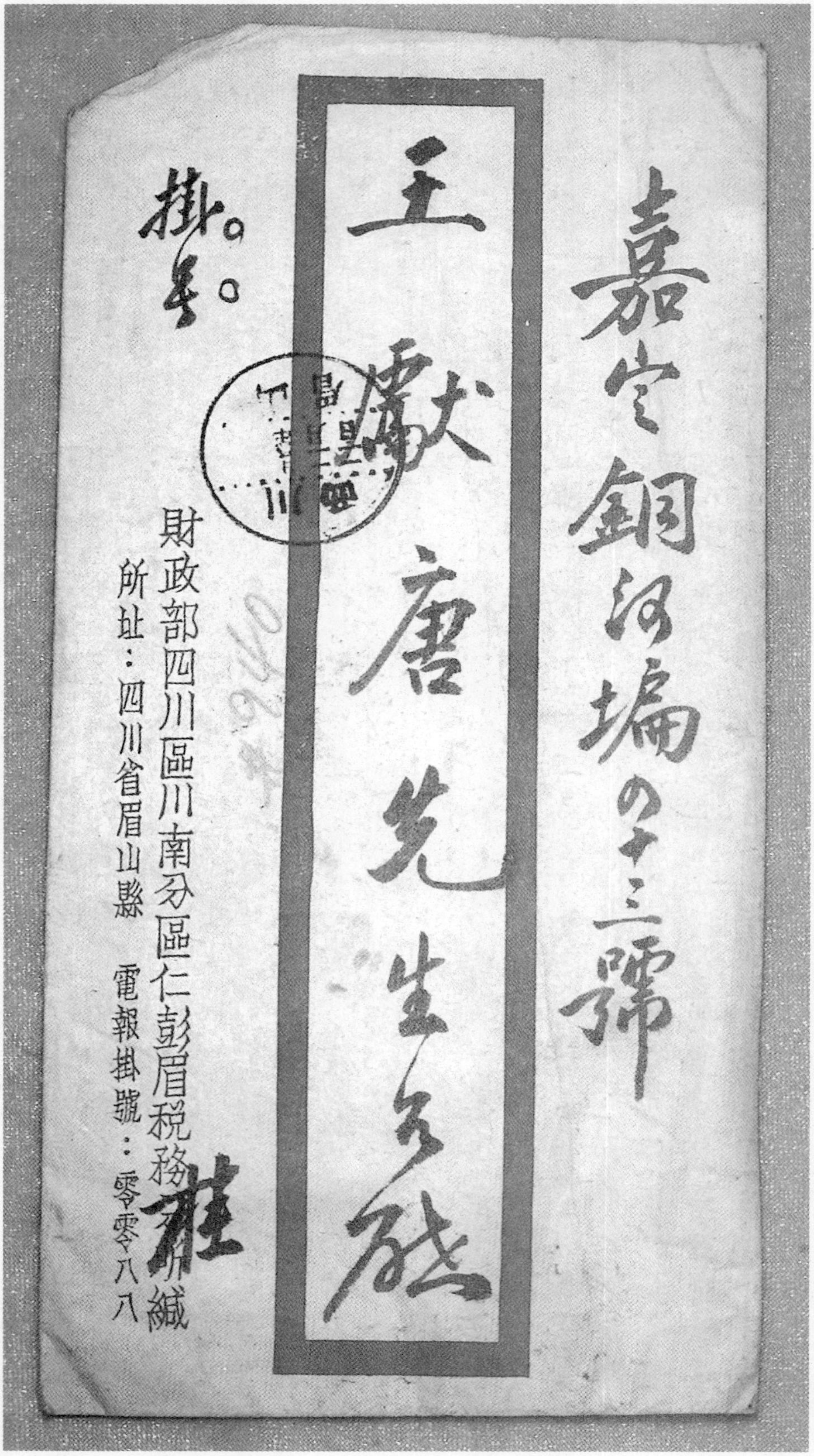
嘉定銅河壩
王獻唐先生台啟
掛號
財政部四川區川南分區仁彭眉稅務所緘
所址：四川省眉山縣 電報掛號：零零八八

六十九　李林

書一通

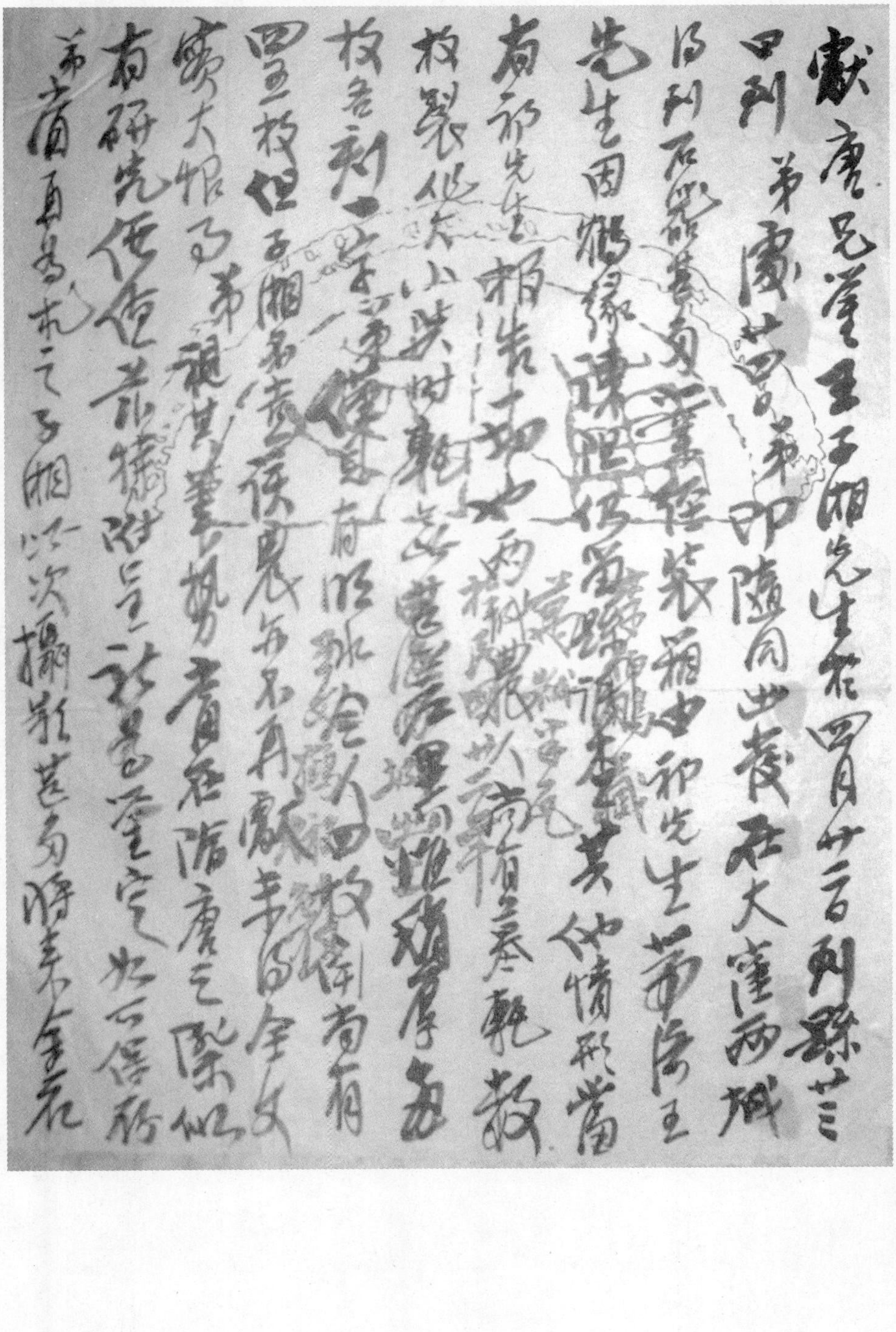

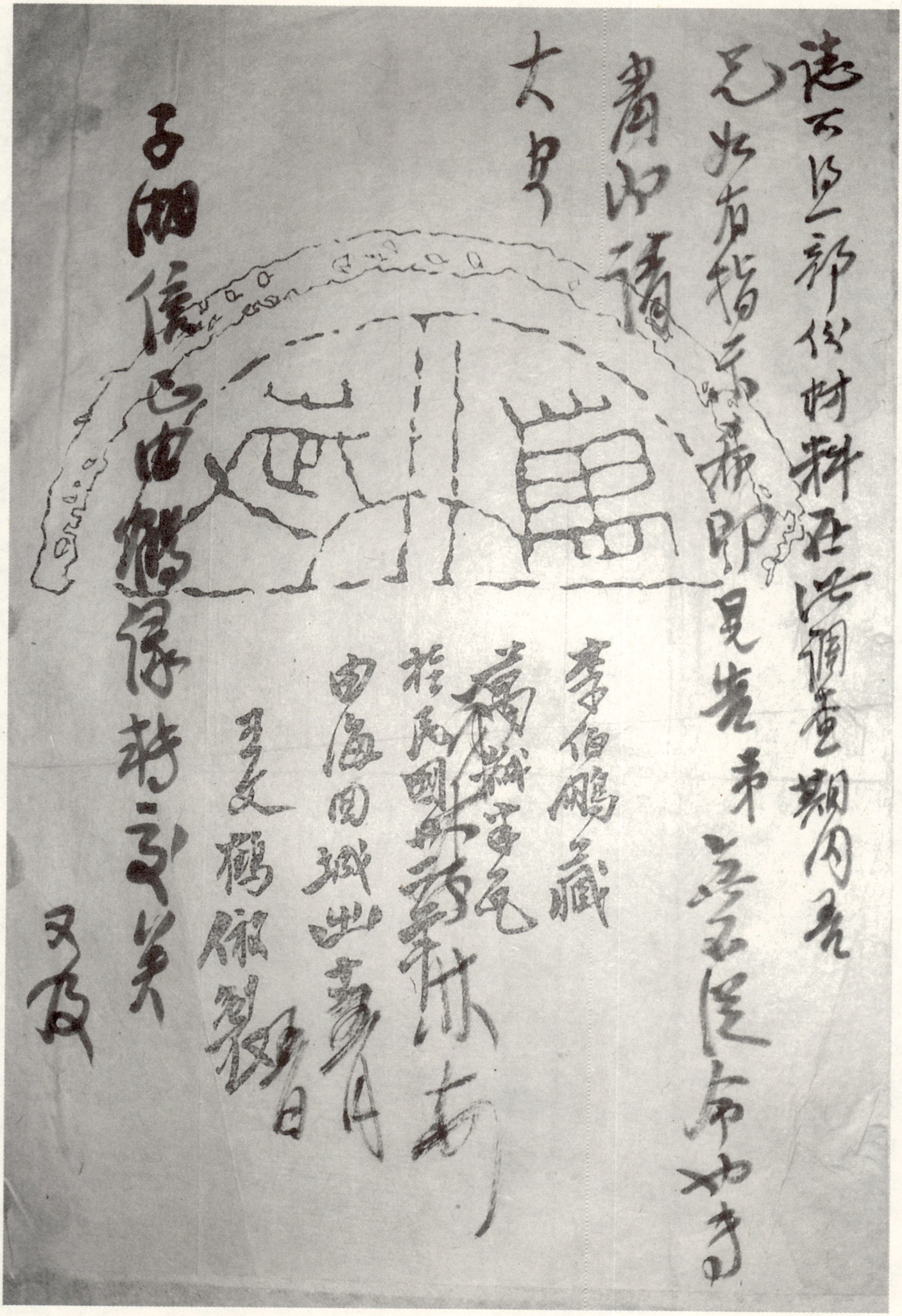

七十 孫文瀾

書一通　封一件

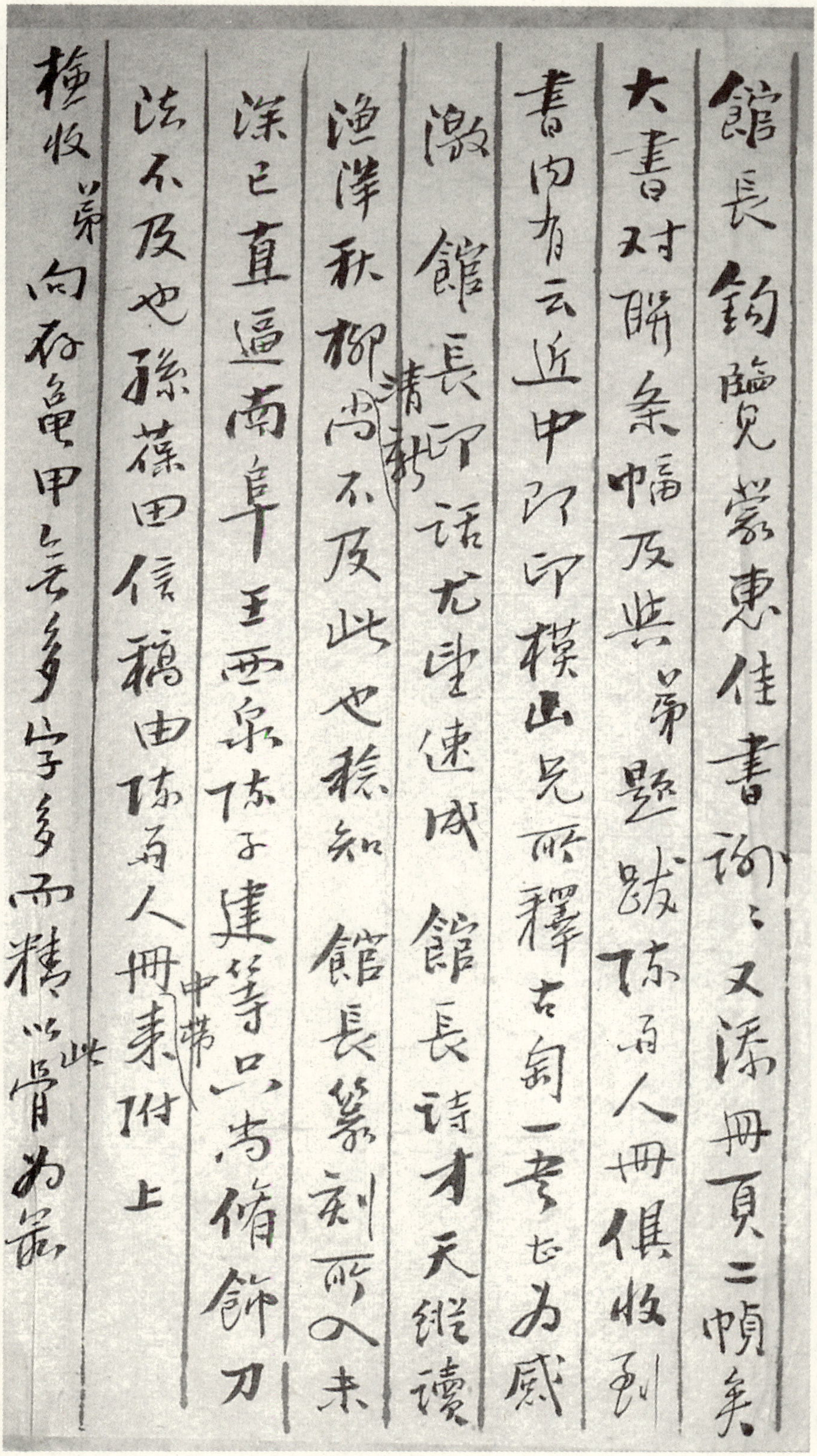

館長鈞覽蒙惠佳書詢悉又添冊頁二幀矣
大書對聯條幅及與弟題跋陳百人冊俱收到
書內有云近中印印模山兄所釋古匋一書亦為感
激　館長印話尤望速成　館長詩才天縱讀
漁洋秋柳尚不及此也（清新）孫知　館長纂刻所入未
深已直逼南阜王西泉陳子建等只尚脩飾刀
法不及也孫蓀田信稿由陳百人冊（中帶）東附上
楂收　弟向存龜甲上字多字多而精以此骨為最

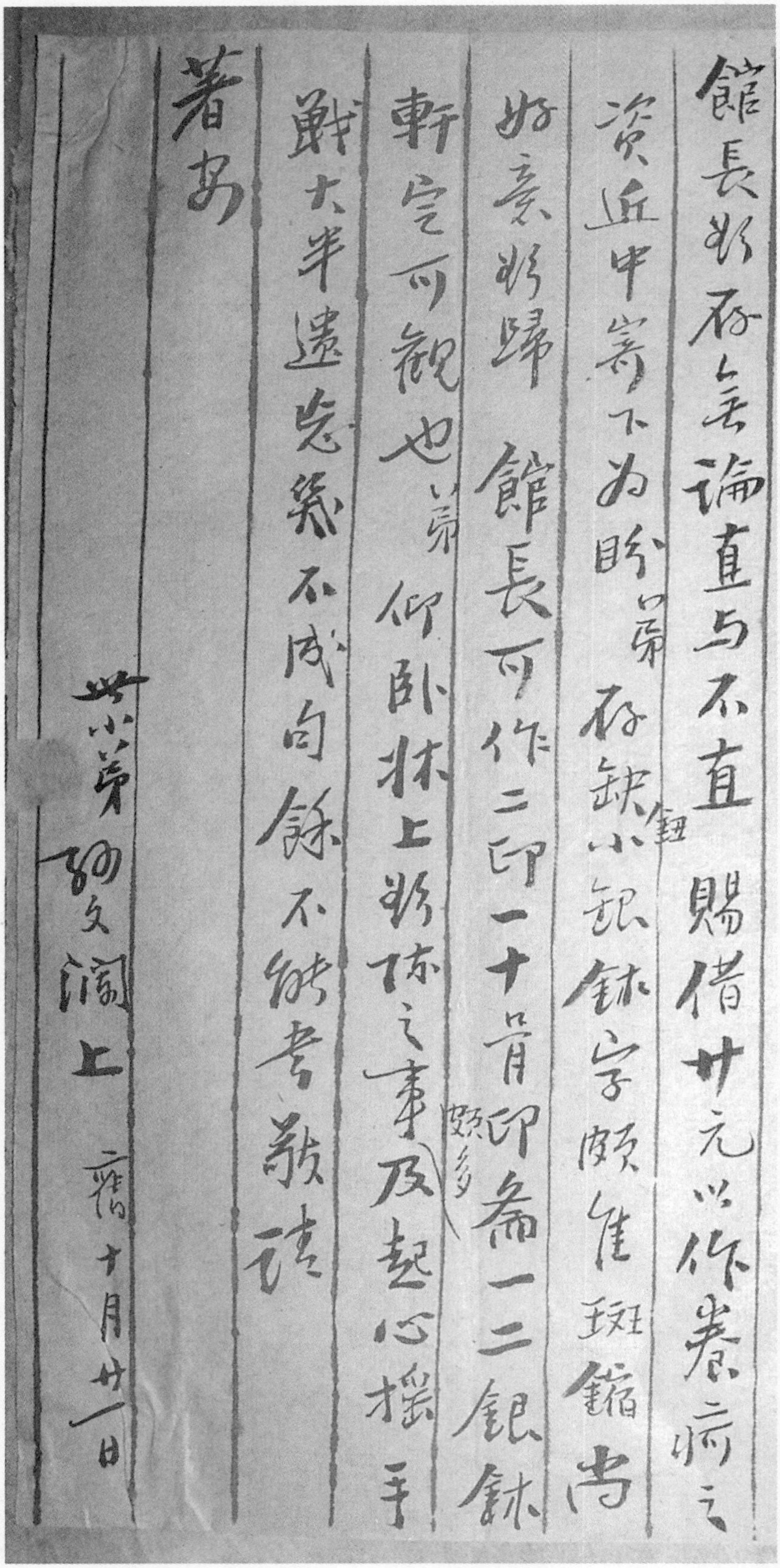
館長所存無論直與不直，賜借廿元以作春節之
資，近中寄下為盼。弟存缺鈕小銀鉢，字頗佳，斑銹尚
好，意將歸館。館長可作二印一十肖印為一二銀鉢
軒，定可觀也。以弟仰臥牀上，將你之事數多及起心擱手
戰，大半遺忘，幾不成句。餘不能書，敬請
著安
弟小萬柳文闊上　舊十月廿一日

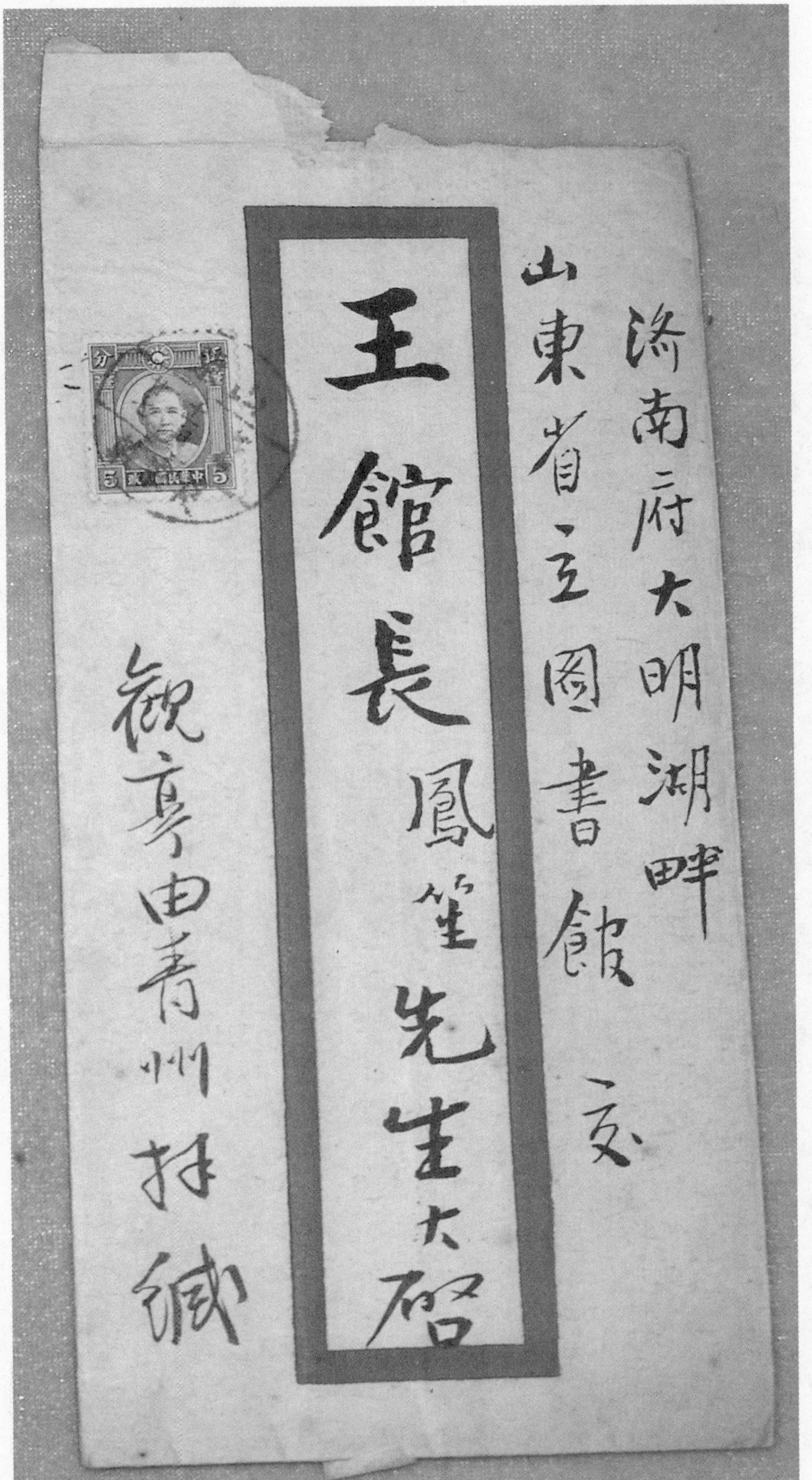

孫文瀾

七十一

羅正緯 書一通

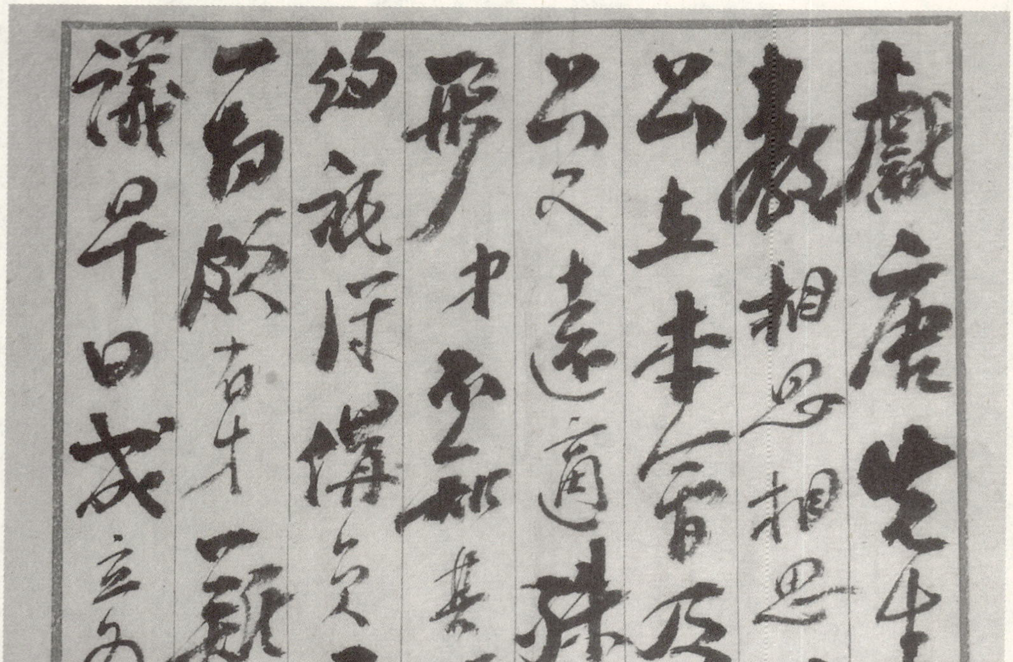

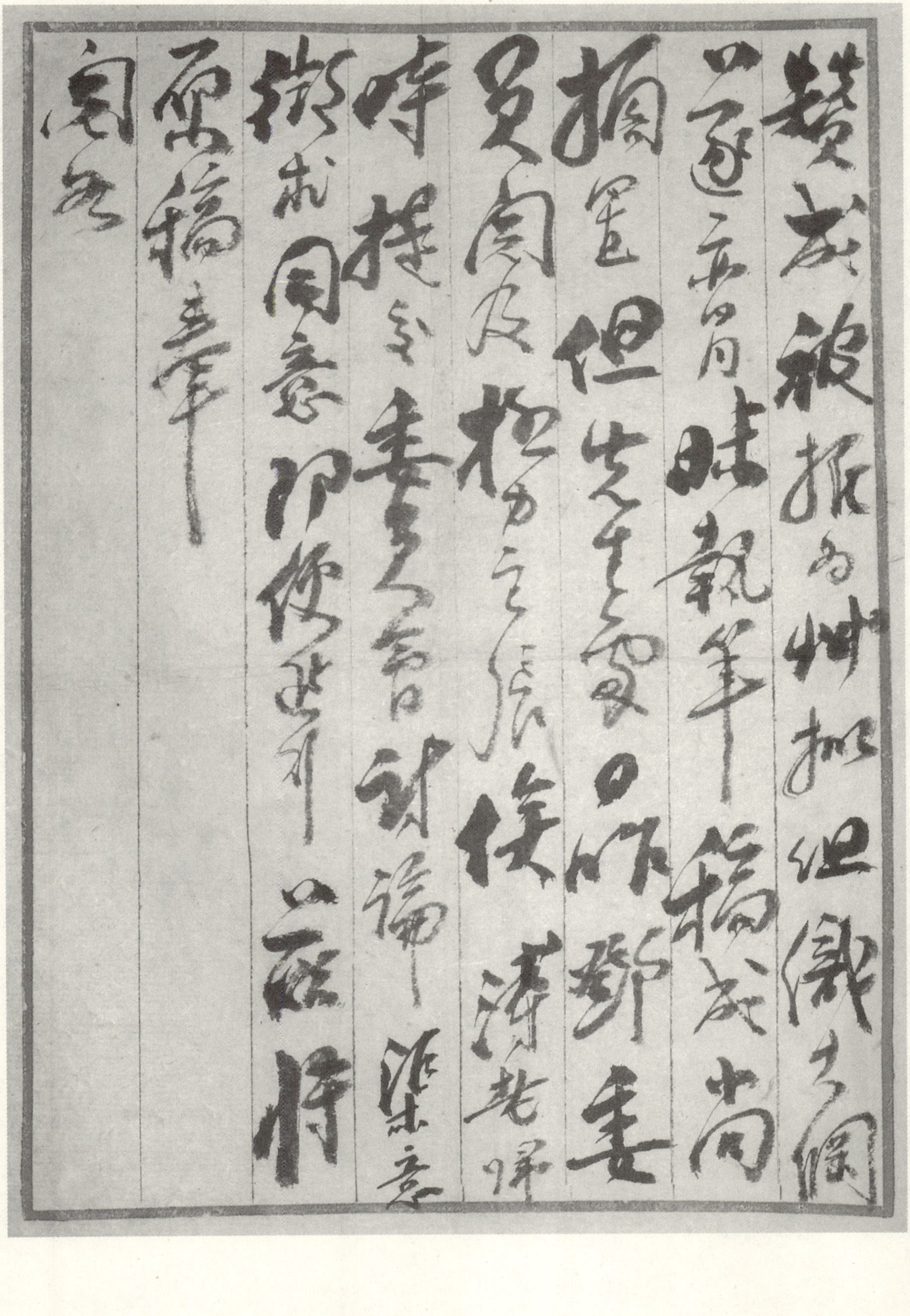

羅正緯

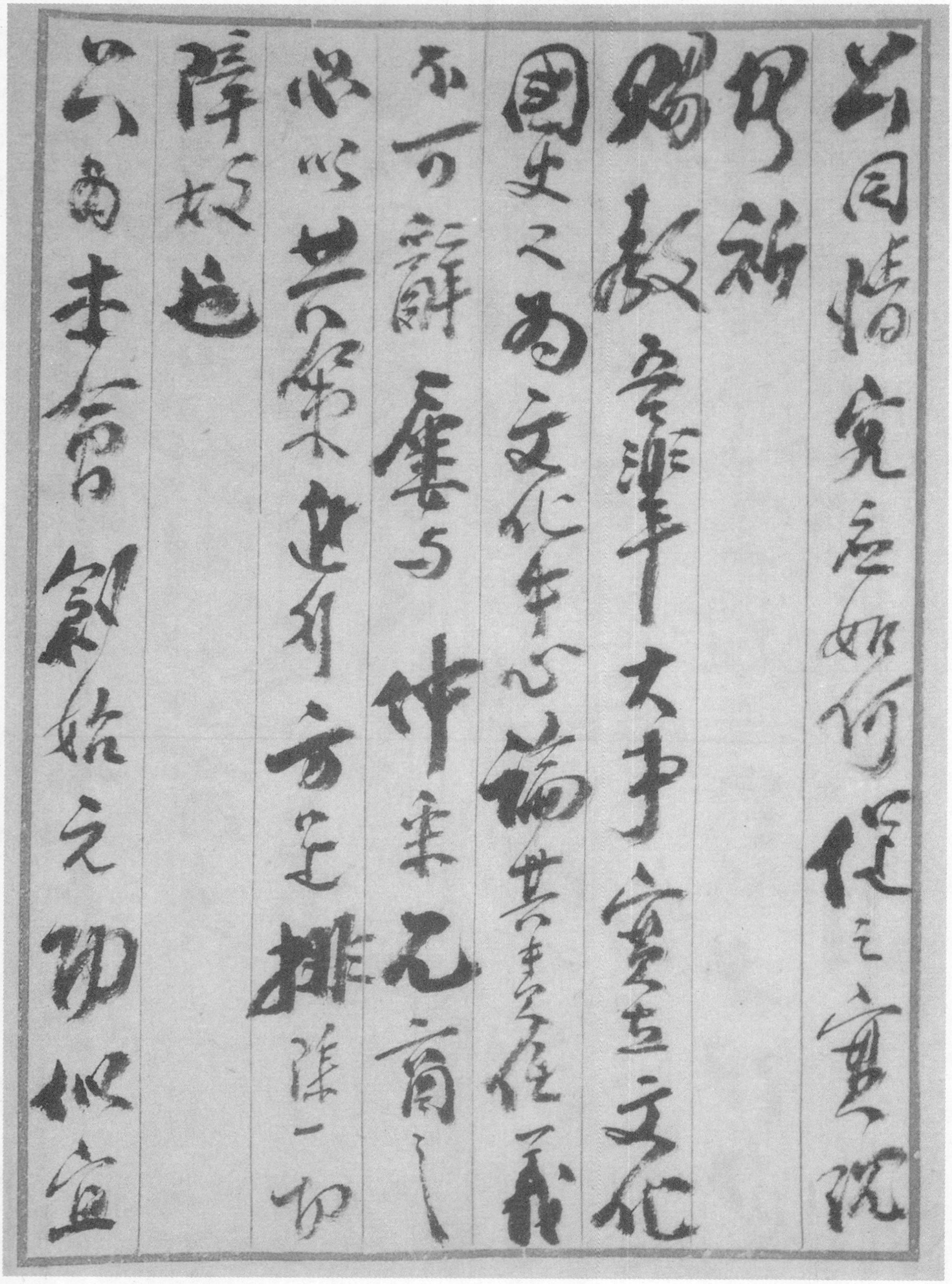
共同情究應如何從[illegible]實[illegible]況
[illegible]新
賜教[illegible]年大事實[illegible]文化
國史之為文化中心論其來久[illegible]一義
不可辭屢與仲[illegible]元[illegible]
恐以其[illegible]遺有方是排除一切
障[illegible]好也
[illegible]事[illegible]劉始元功似宜

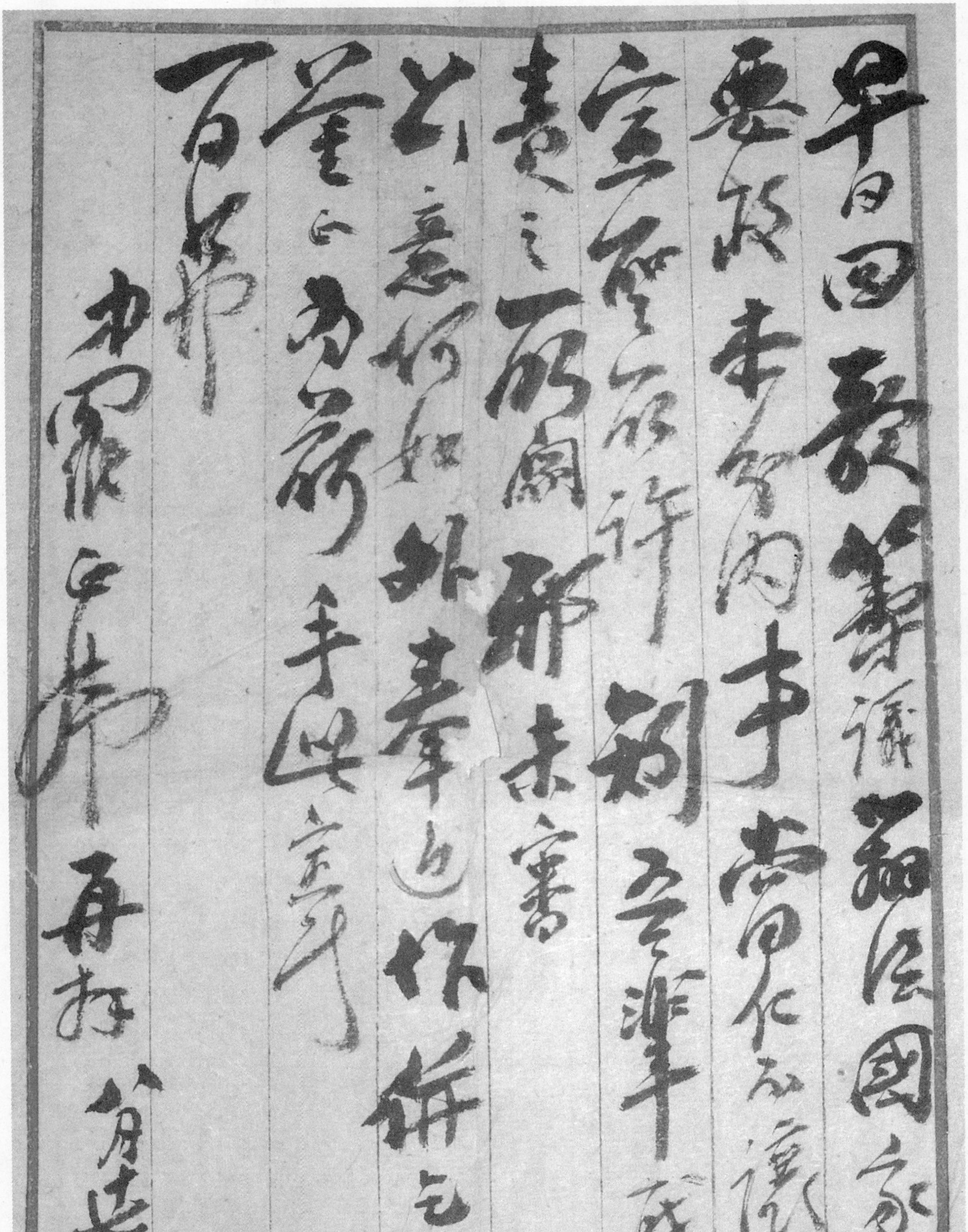

羅正緯

七十二　邵瑞彭 書二通 封三件

書第一通

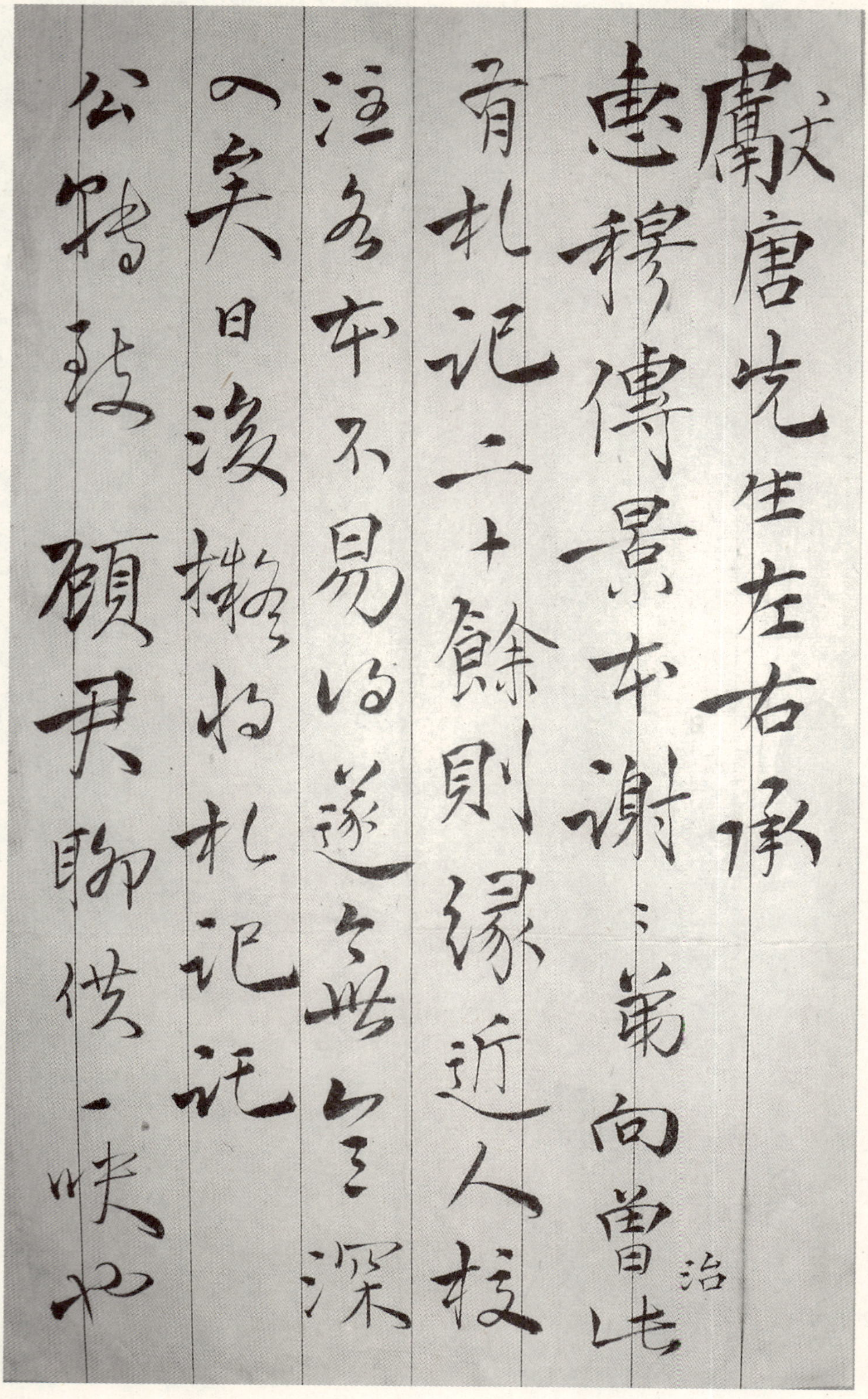
獻唐先生左右：承
惠穆傳景本，謝謝。弟向曾治
有札記二十餘則，緣近人校
注多本不易得，遂之無從深
入矣。日後擬將札記託
公轉致　顧君，聊供一咲也。

邵瑞彭

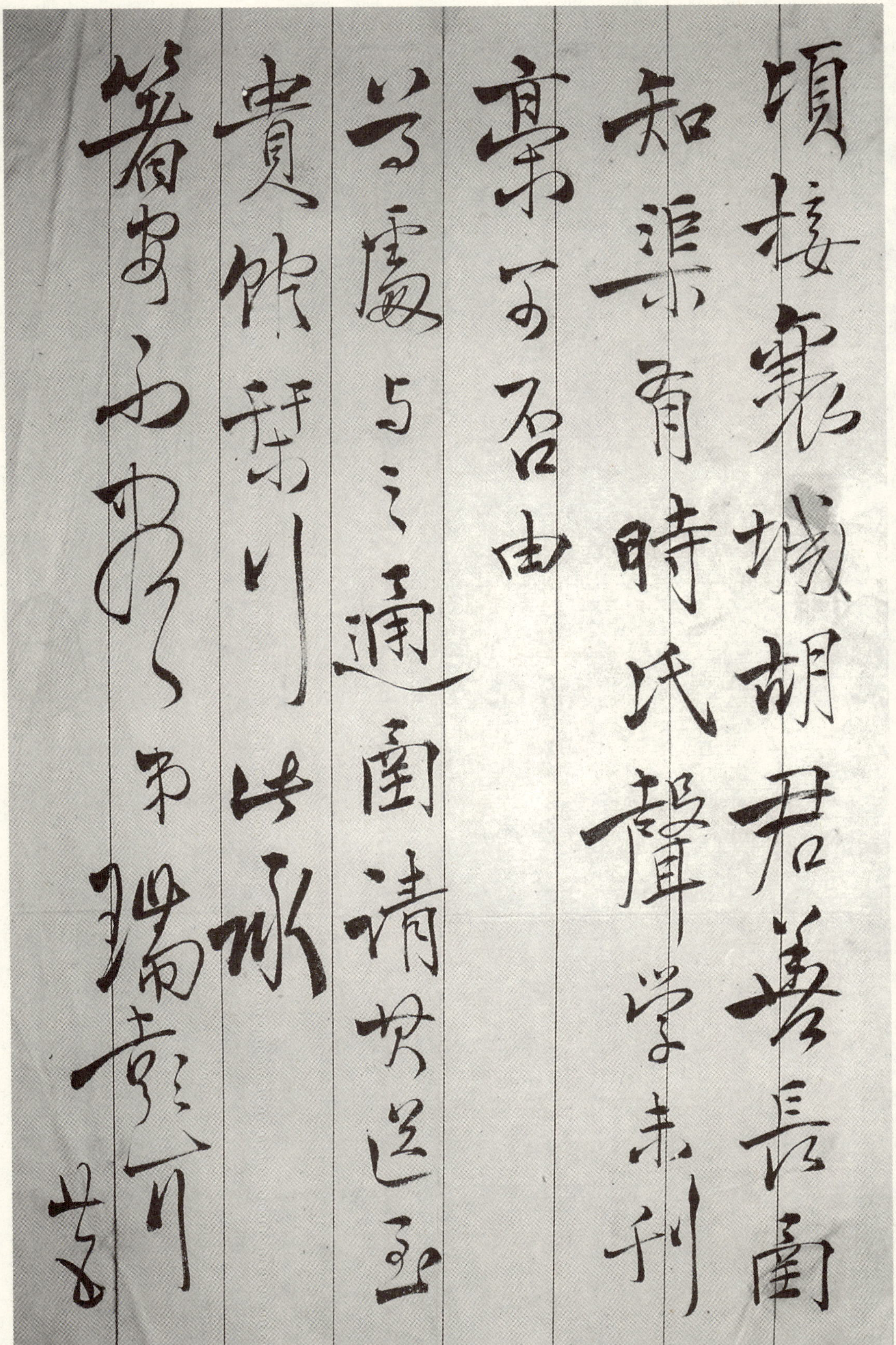

頃接霸城胡君善長函知渠有時氏聲學未刊稿可否由尊處與之通函請其送到貴館排印此承著安不盡

弟瑞彭頓首

書第二通

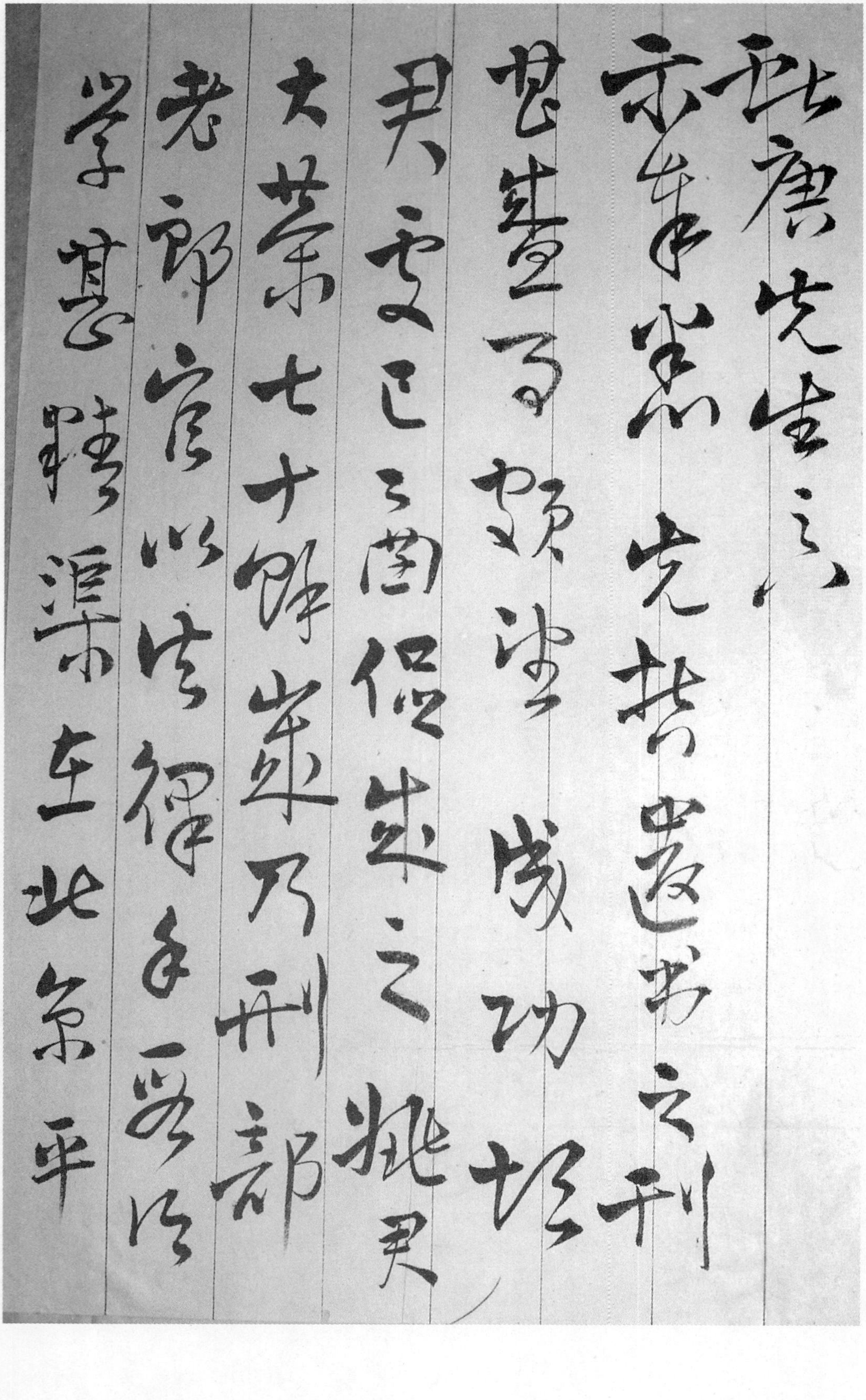
致唐先生左右：
示悉。先生著述之刊
甚望早日頒布，以觀成功。垣
具更已函催。先生之姚君
大榮七十歲矣，乃刑部
老部官，以法律專家
學甚精深，在北京平

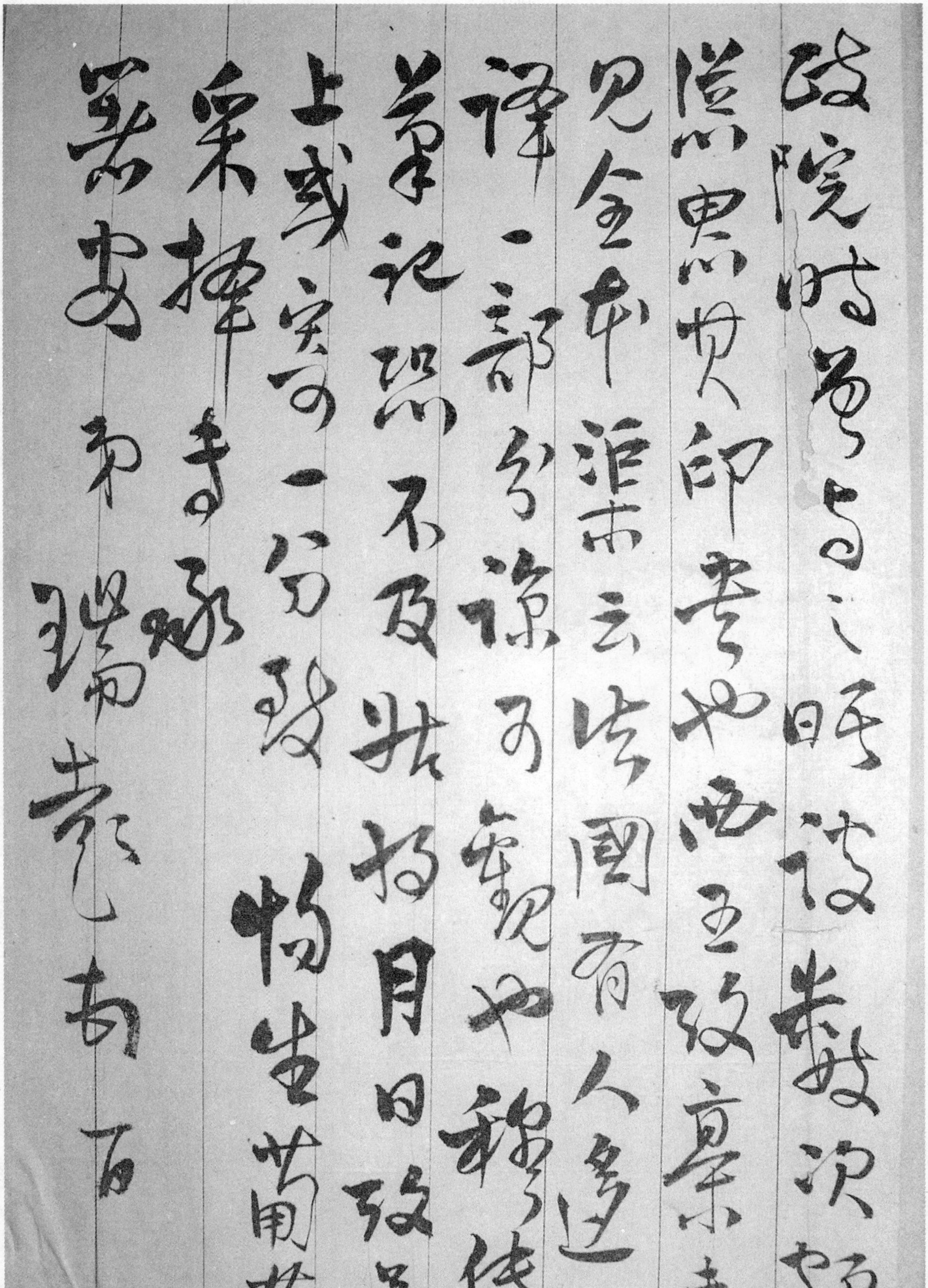

邵瑞彭

封第一件

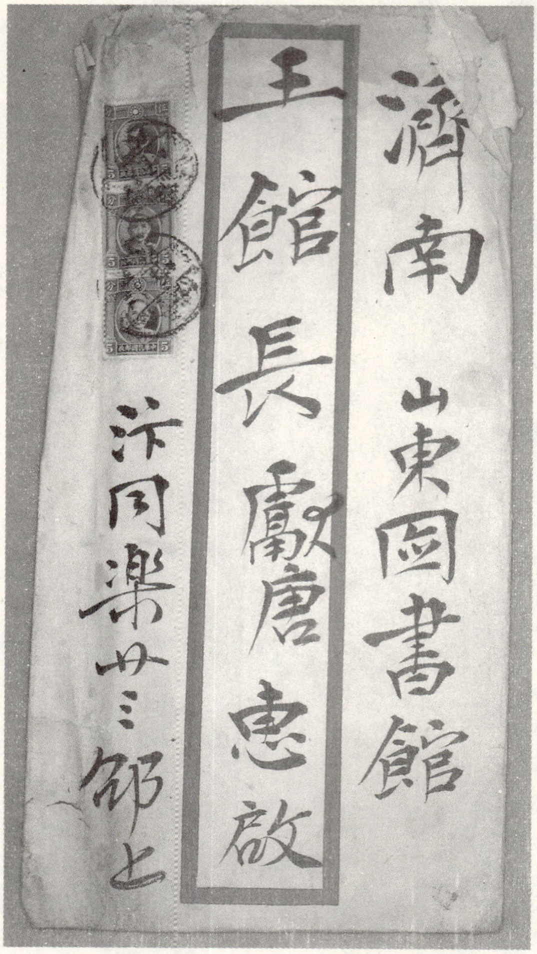

封第二件

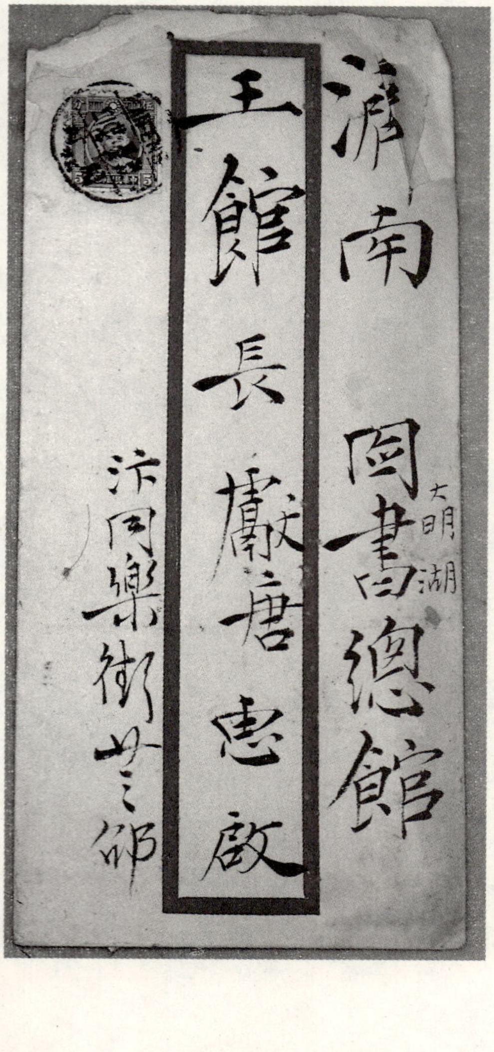

封第三件

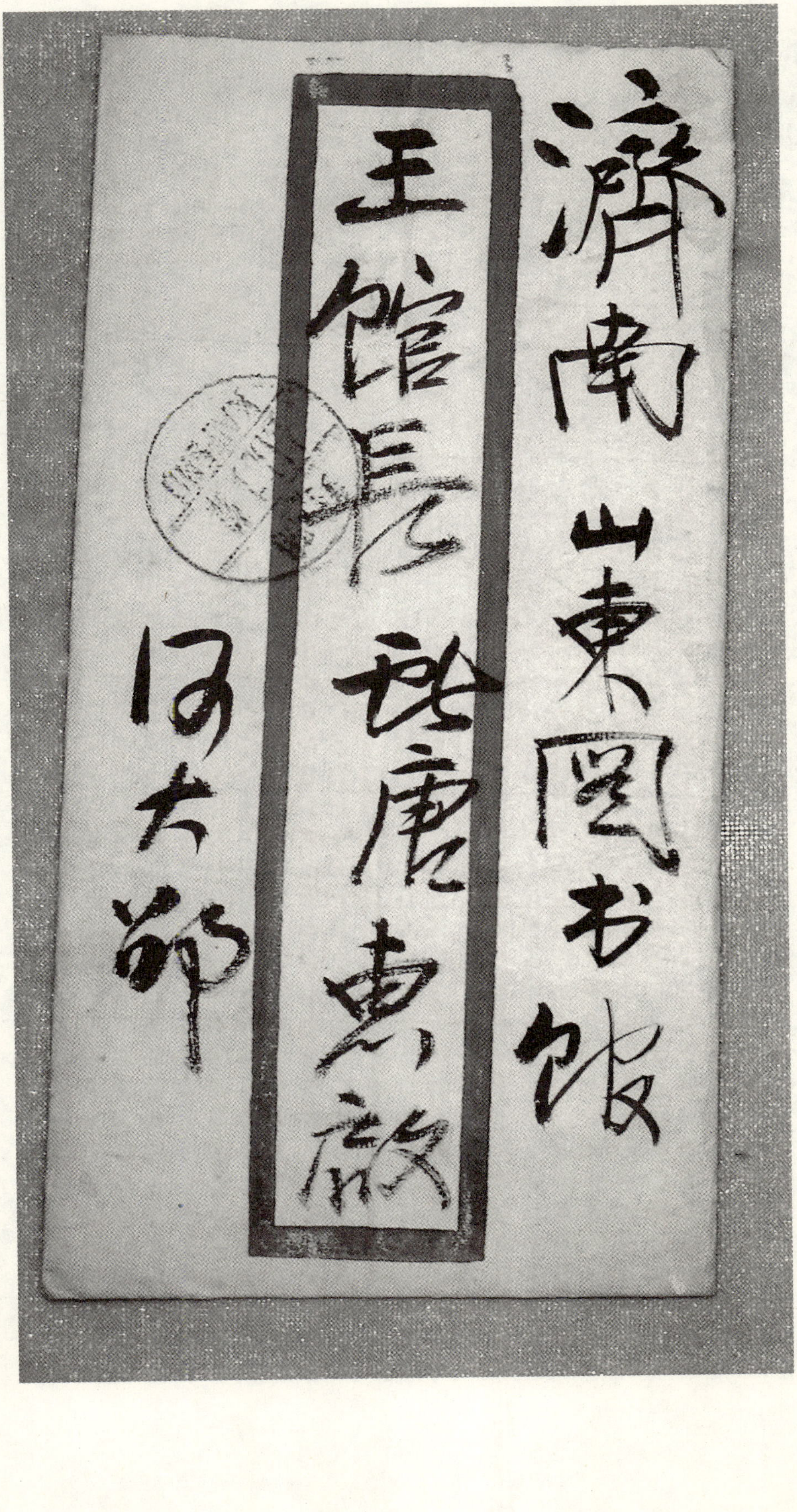

七十三 汪大鐵 書三通 封二件

書第一通

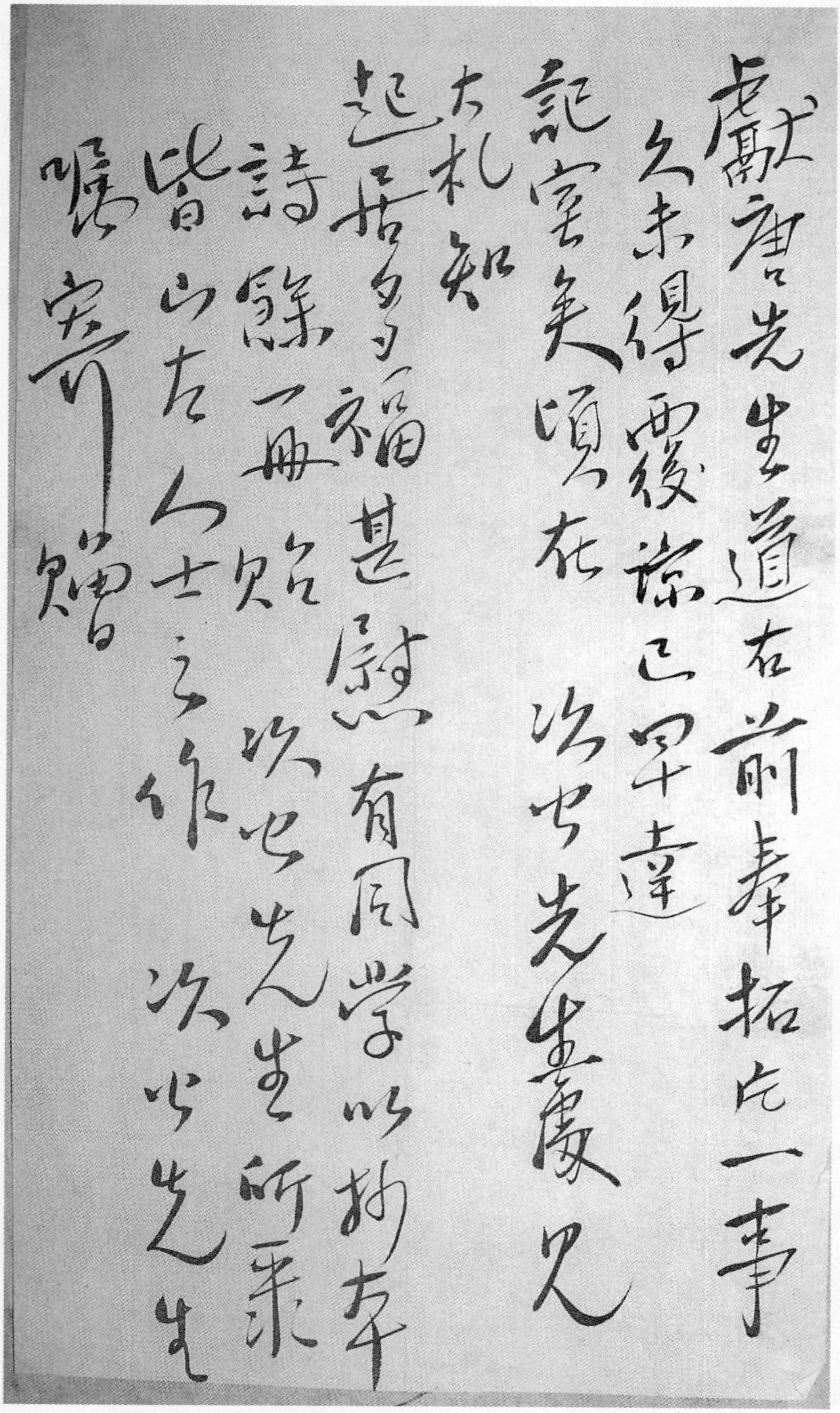

獻唐先生道右：前奉拓片一事，久未得覆，諒已早達記室矣。頃在次也先生處見大札，知起居多福，甚慰。有同學以拙著詩餘一冊貽貝次也先生所采，皆山左人士之作，次也先生囑寄贈

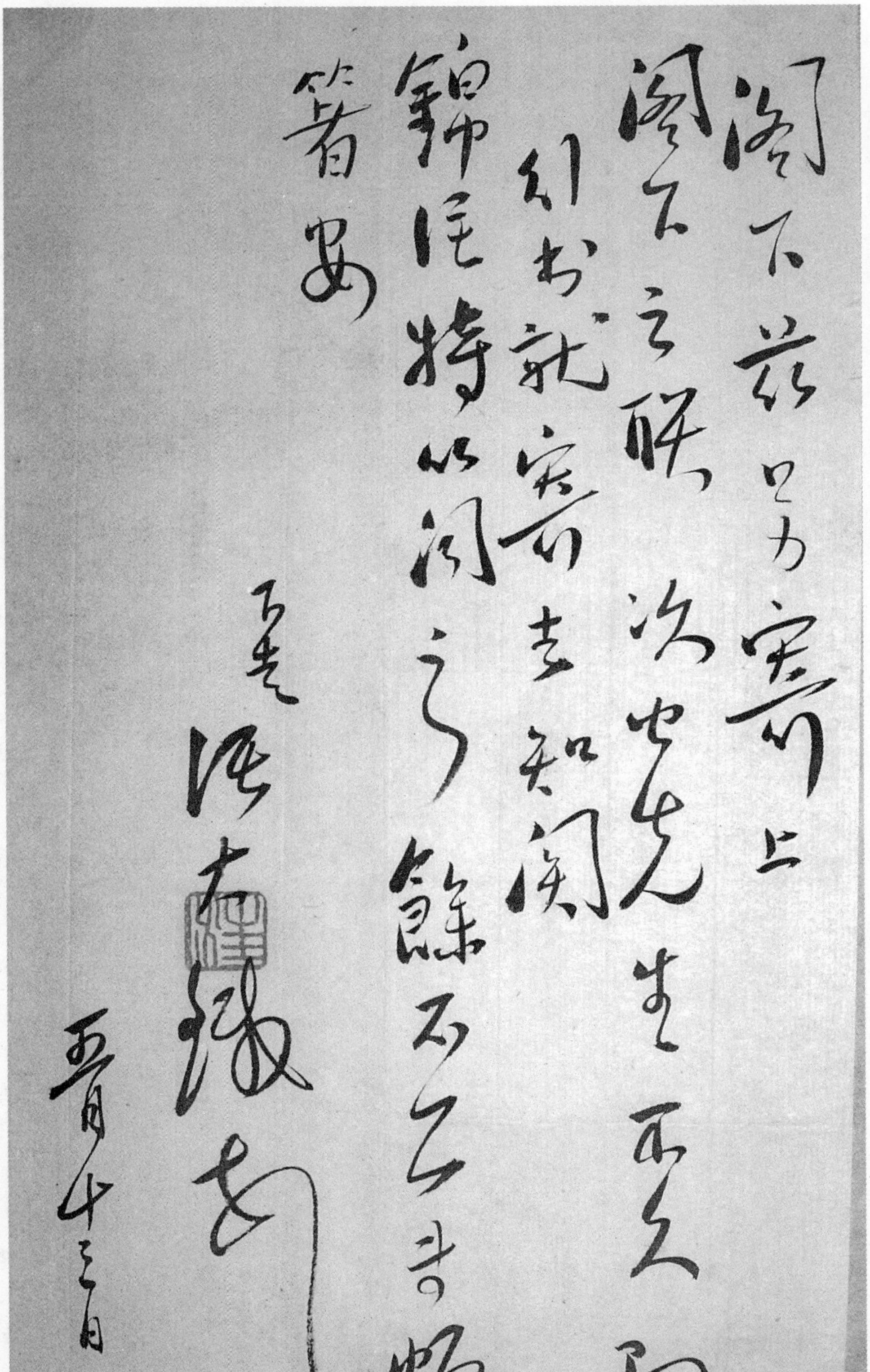

汪大鐵

書第二通

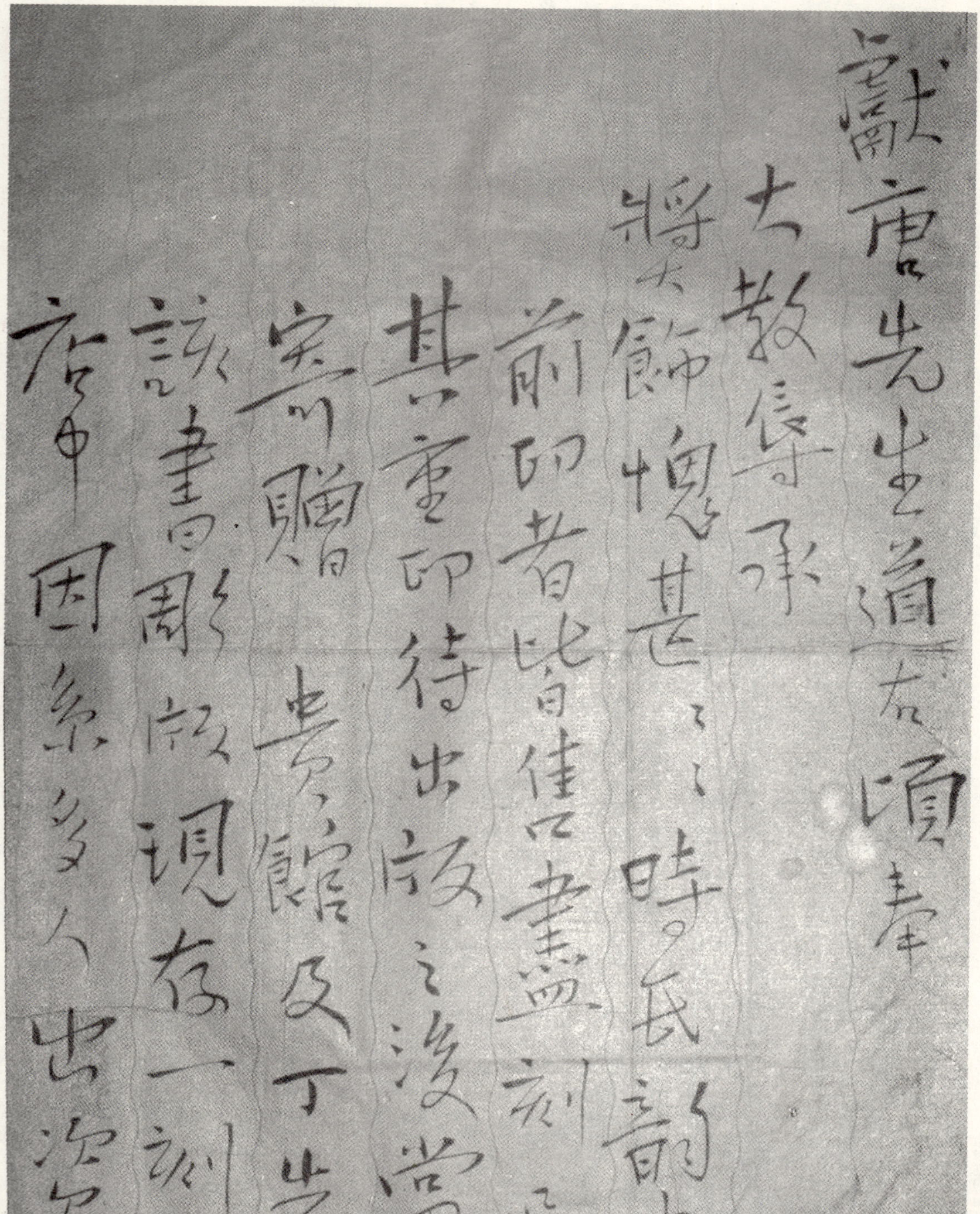
獻唐先生道左：頃奉
大教，敬承
獎飾，愧甚愧甚。時氏韻書
前印者皆佳，書畫刻已令
其重印，待出版之後當即
寄贈
貴館及丁先生。
該書刻版現存一副字
府中，因系多人出資所

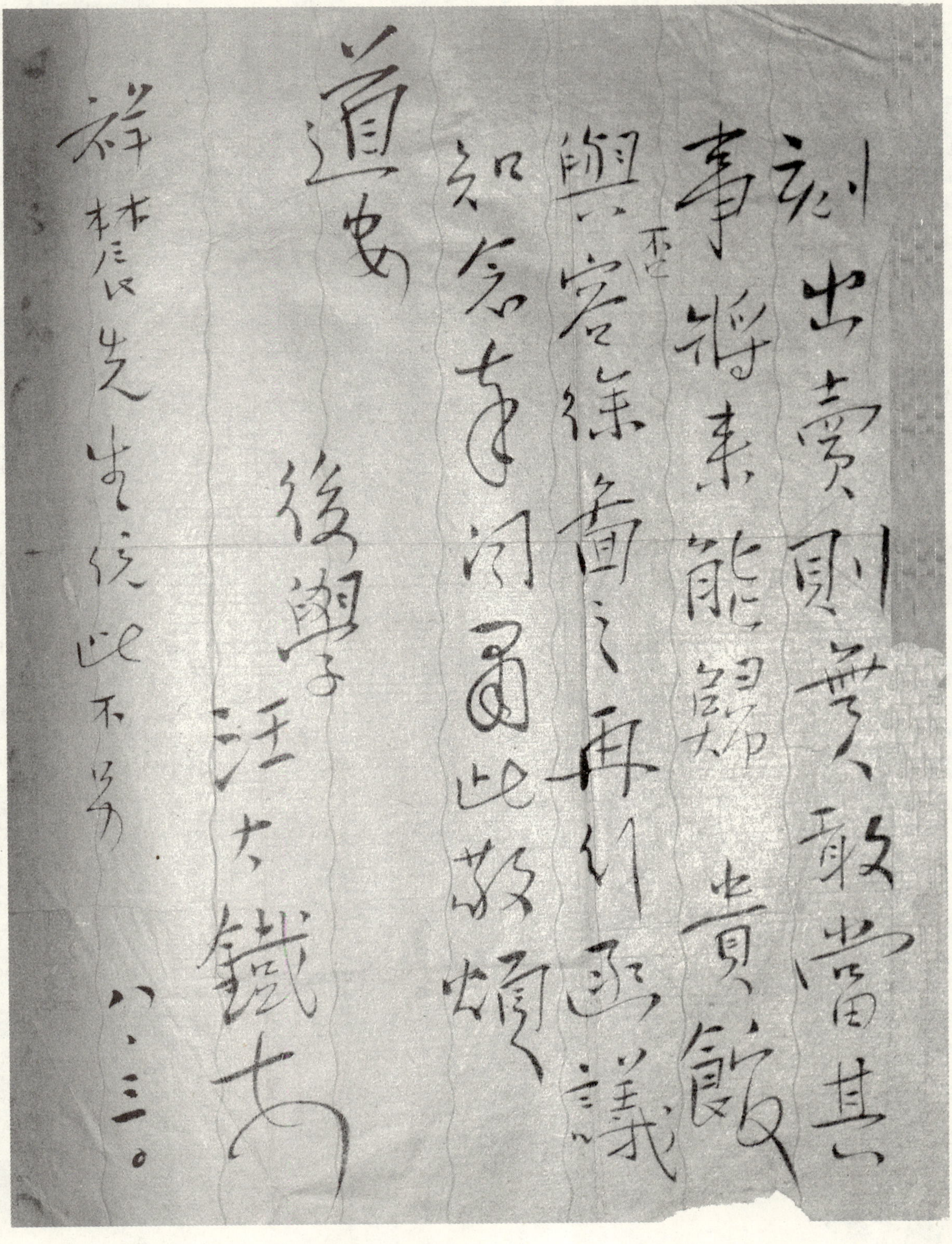
訓出實則無敢當其
事將來能歸　貴館
與容（亟）係商之再行通議
知會耳聞此敬頌
道安
後學汪大鐵上
祥林襟先生從此不另　八、三。

書第三通

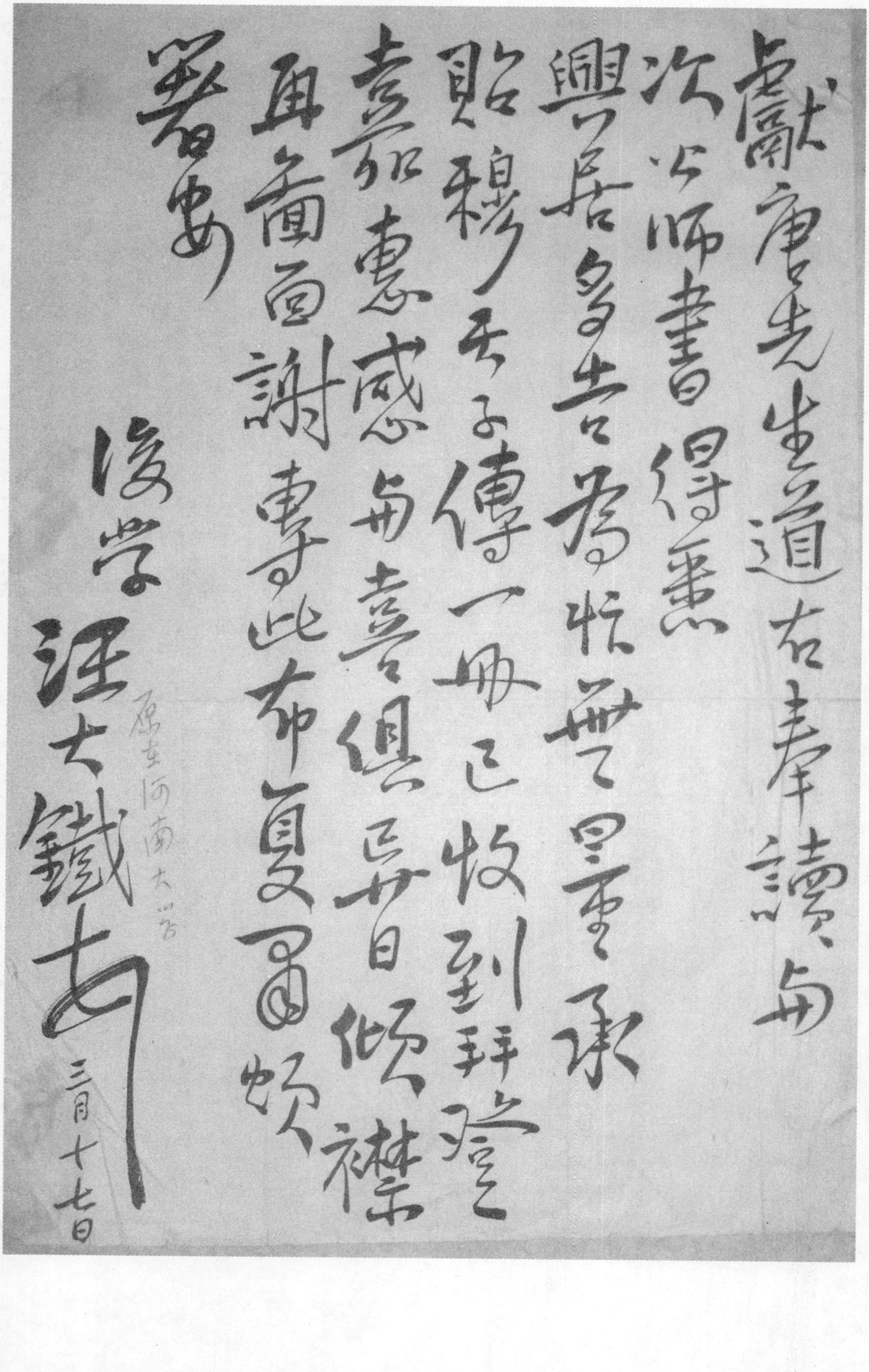
獻唐先生道右奉讀與
次公師書得悉
興居多吉爲慰無量承
貽穆天子傳一冊已收到拜登
嘉惠感與喜俱區與日傾襟
再面謝專此布覆即頌
著安
後學汪大鐵上
原在河南大學
三月十七日

封第一件

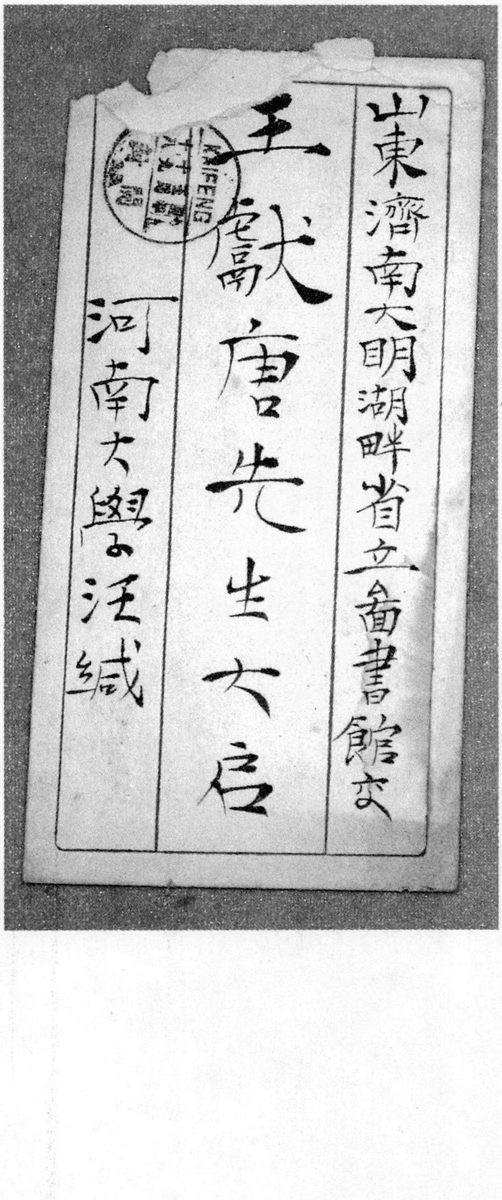
山東濟南大明湖畔省立圖書館交
王獻唐先生大启
河南大學汪綋

封第二件

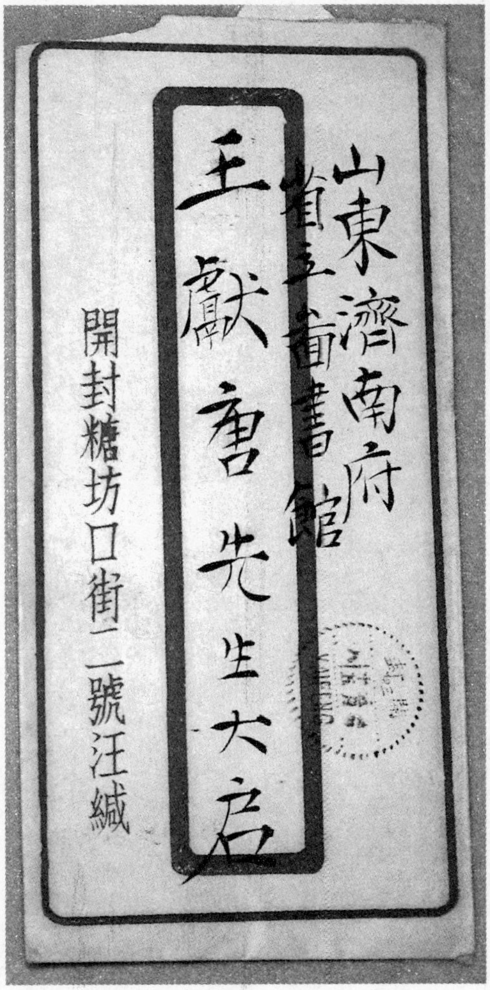
山東濟南府
省立圖書館
王獻唐先生大启
開封糖坊口街二一號汪綋

七十四 王振鐸 書二通 封二件

書第一通

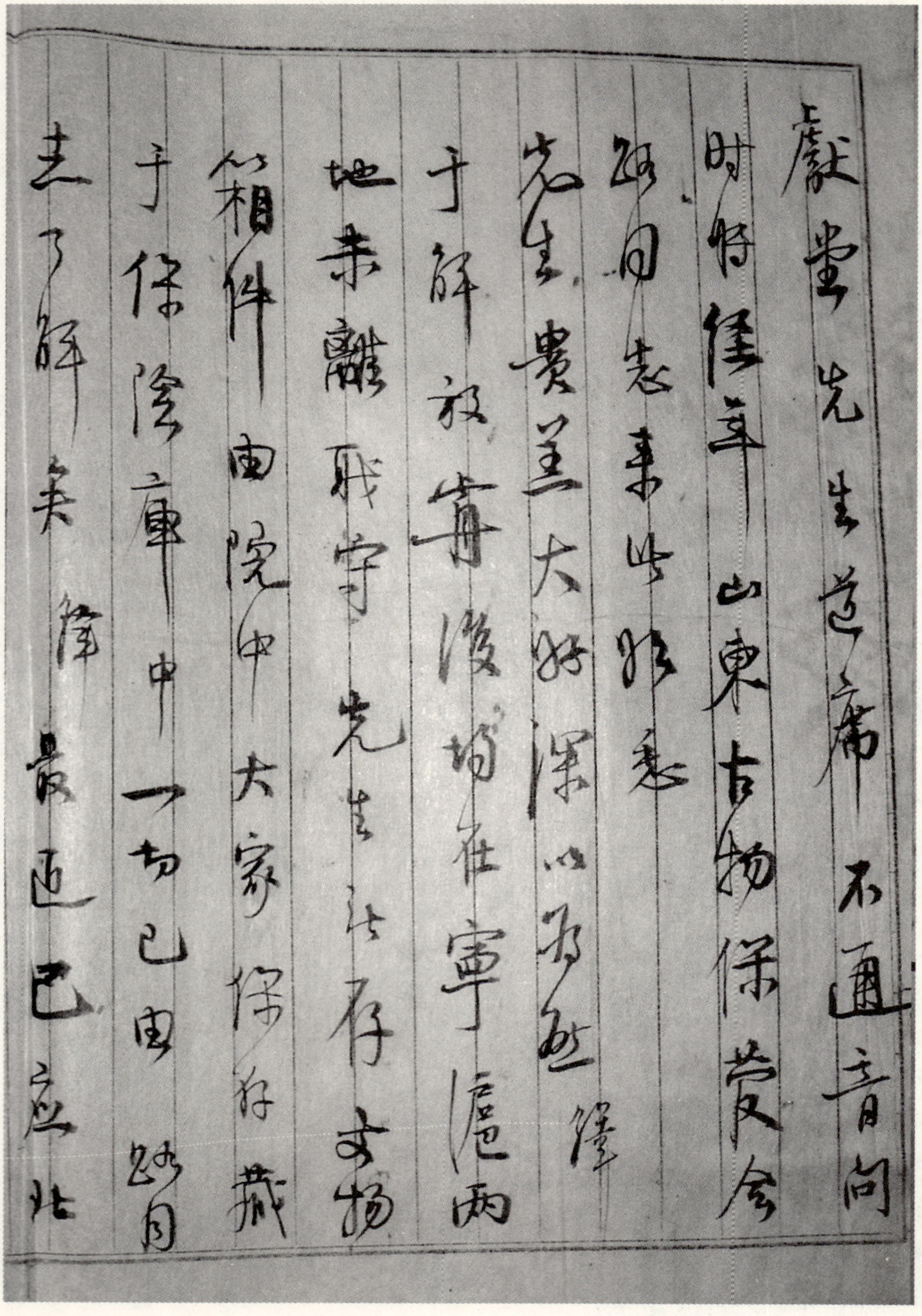
獻堂先生道席：不通音問，時將經年。山東古物保管會諸同志來此，聆悉先生貴恙大好，深以爲慰。鐸于解放前後均在寧處兩地來離戰守，先生所存文物箱件由院中大家保存，藏于保險庫中。一切已由鄒同志了解矣。鐸最近已應北

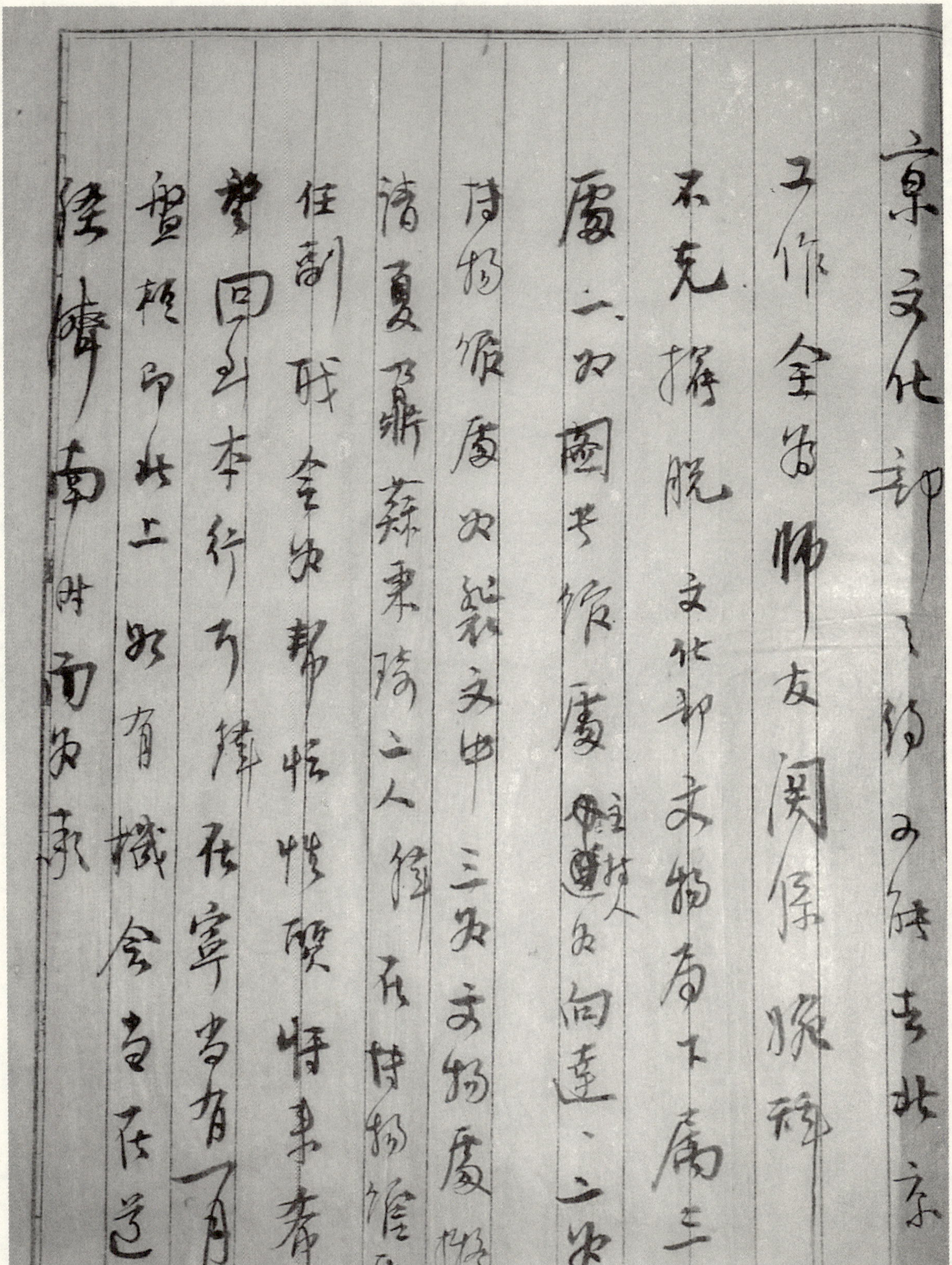
京文化部之傳予傳去北京
工作全由師友關係聯絡
不克擺脫　文化部文物局下屬三
處一、如圖書館處，由鄭振鐸主持人向達，二如
博物館處，如龍文中，三如文物處，擬
請夏鼐、蘇秉琦二人擇在博物館處
任副職，全由部裡情願特來者
鑒回此本行可擇在寧當有一月
盤桓即北上，如有機會當在道
經濟南時面承教

王振鐸

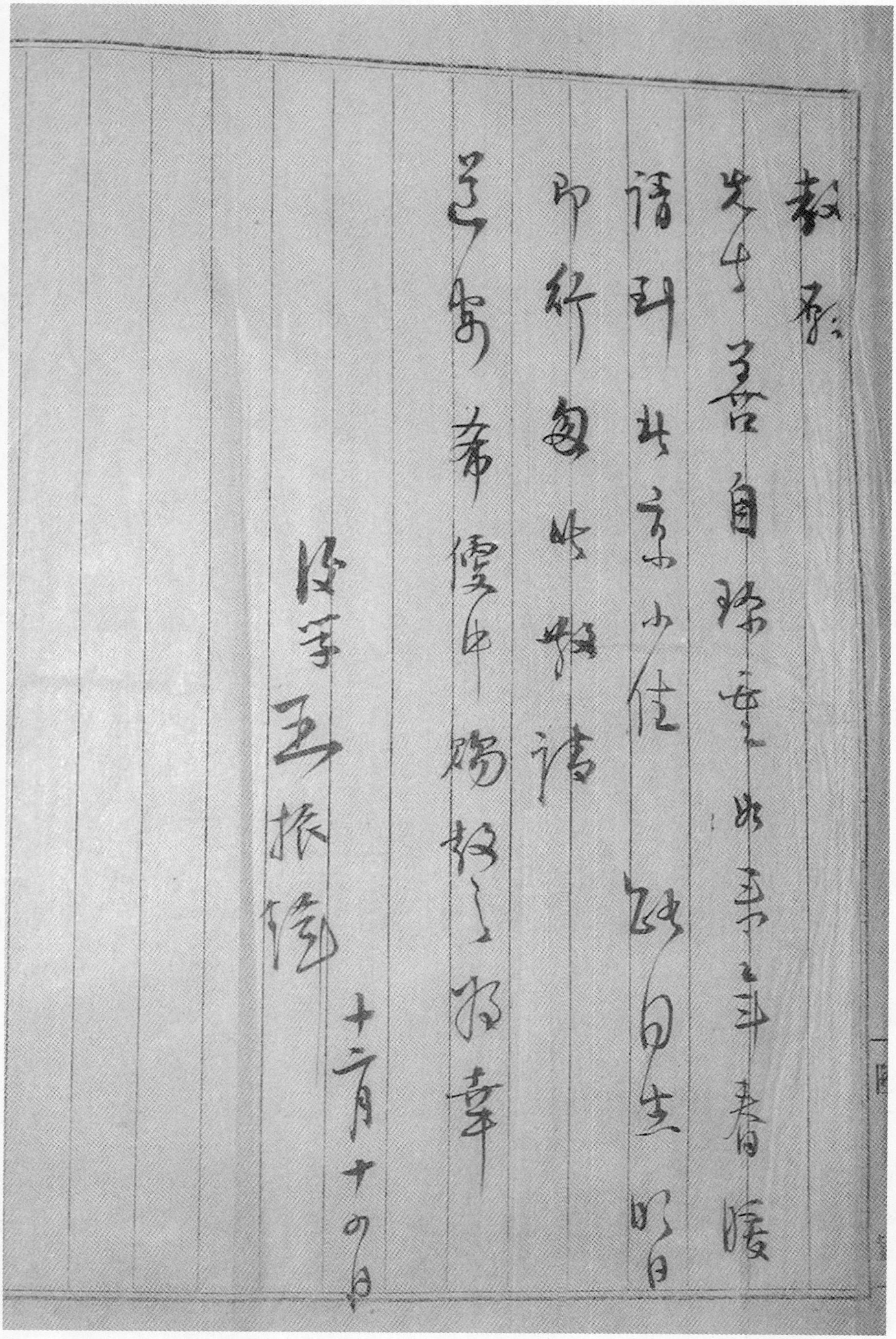
教教：

先生善自珍重。此季年春後請到北京少住，[illegible]生明日即行。匆此敬請

道安。希便中賜教為幸。

後學王振鐸

十二月十四日

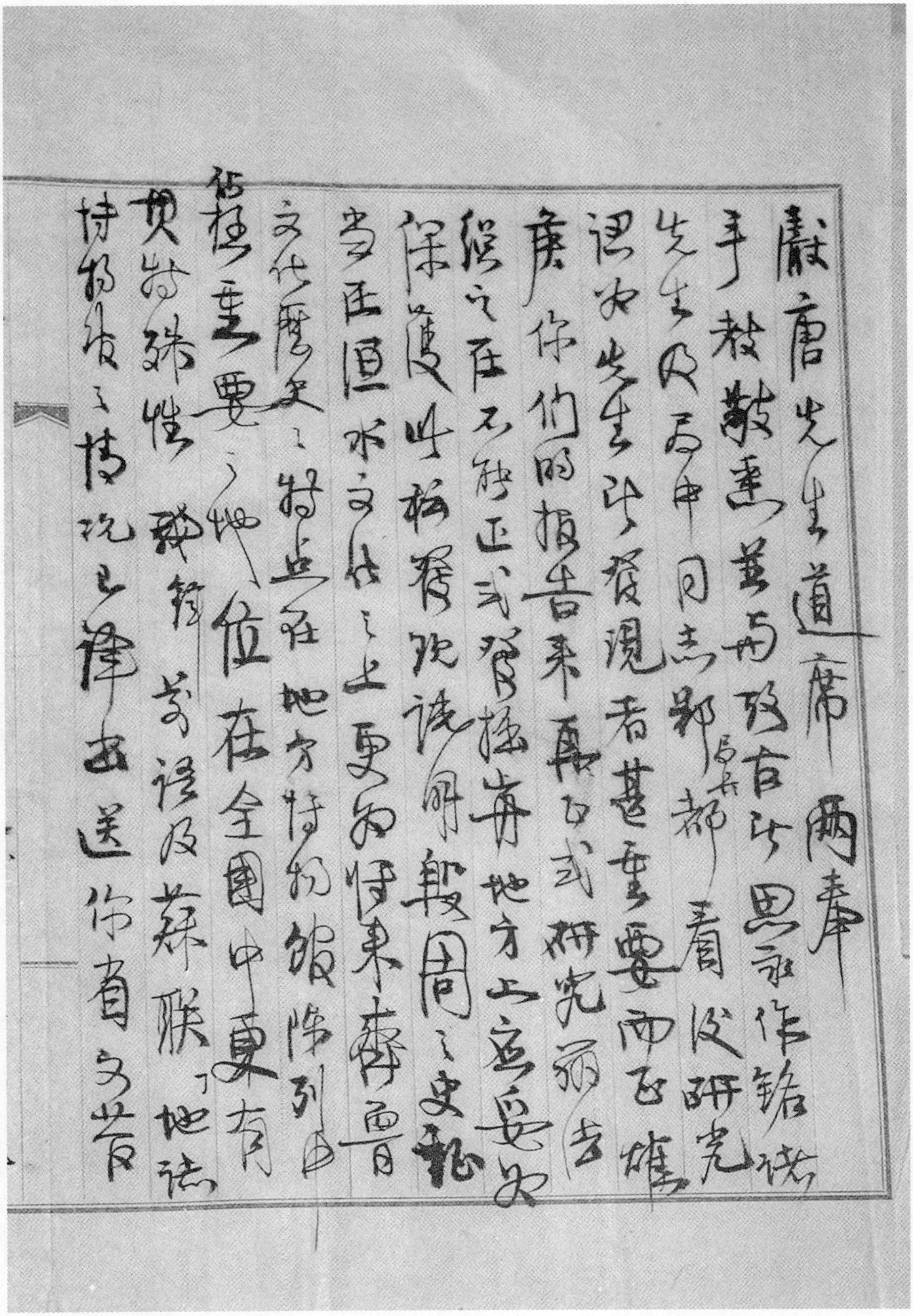

斅唐先生道席：兩奉
手教，敬悉。並承致古代思永作錯誤
先生及居申同志、郭局長都看後研究
認為先生所發現者甚重要，而且雄
廣，你們的報告來再予研究，獨苦
縣之在不能正式發掘，再地方上應妥為
保護，此種發現諸般周之史記
當匡恒水之地之上，更為得來資料
文化歷史之特點，在地方特別館陳列由
於極重要之地位，在全國中更有
貴省殊性，錢普遍及蘇聯地誌
特物館之情況已律函送你省文物

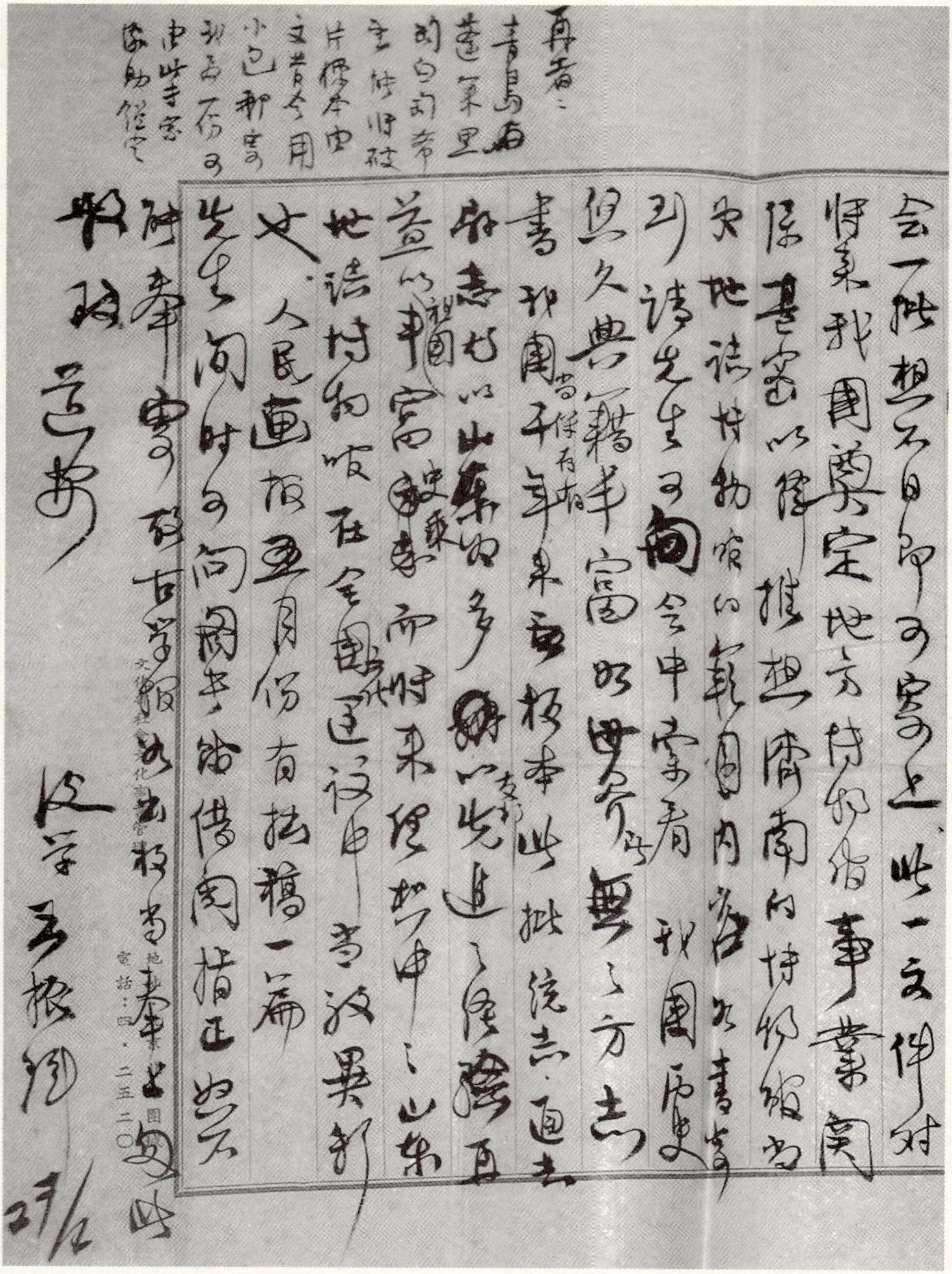
電話：四·二五二〇

封第一件

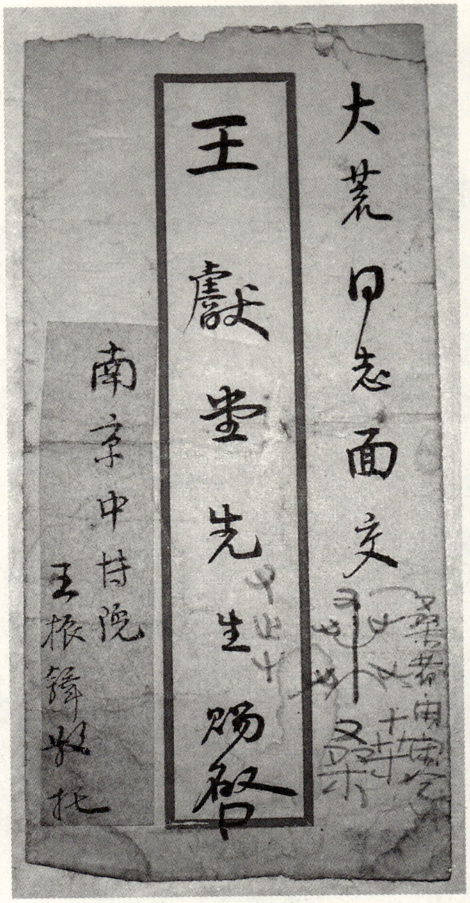

封第二件

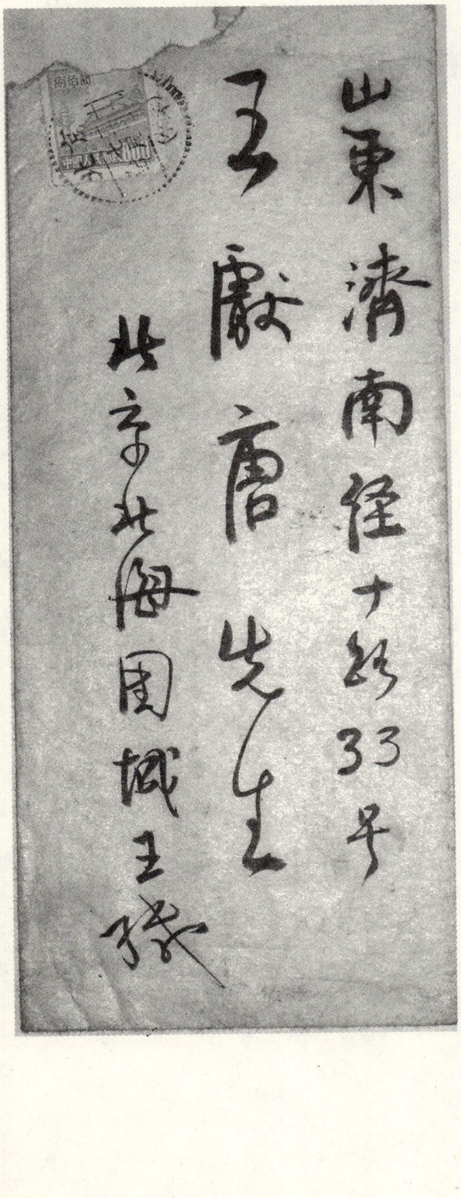

七十五　郭玉堂

書二通　封一件

書第一通

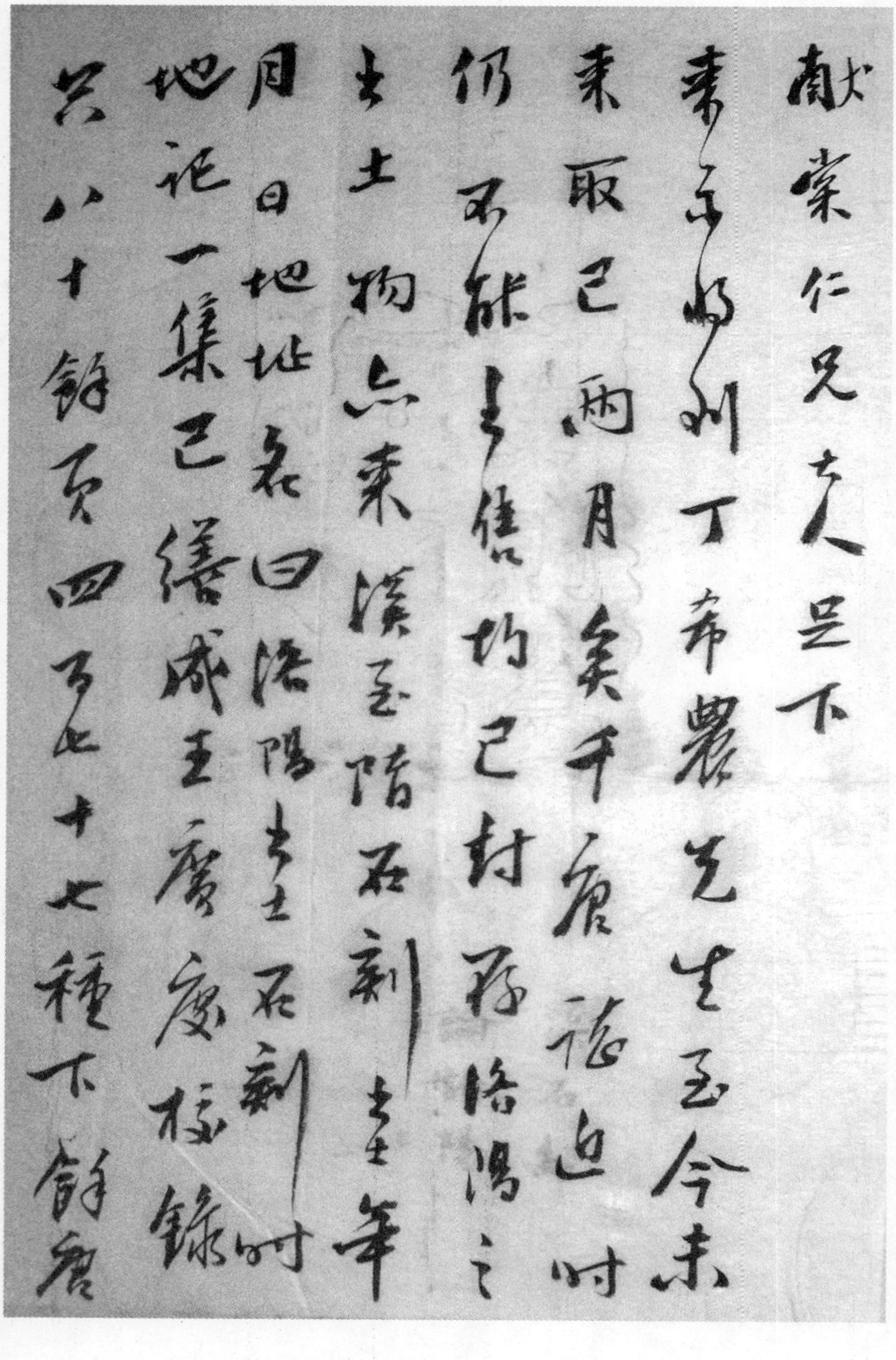

獻唐仁兄大人足下
春間將別丁佛農先生至今未
來取已兩月矣千唐誌迫时
仍不能寄售均已封存洛陽之
出土物品來漢至隋石刻出土年
月日地址名曰洛陽出土石刻时
地記一集已請戚王廣慶標錄
共八十餘頁四百七十七種下餘唐

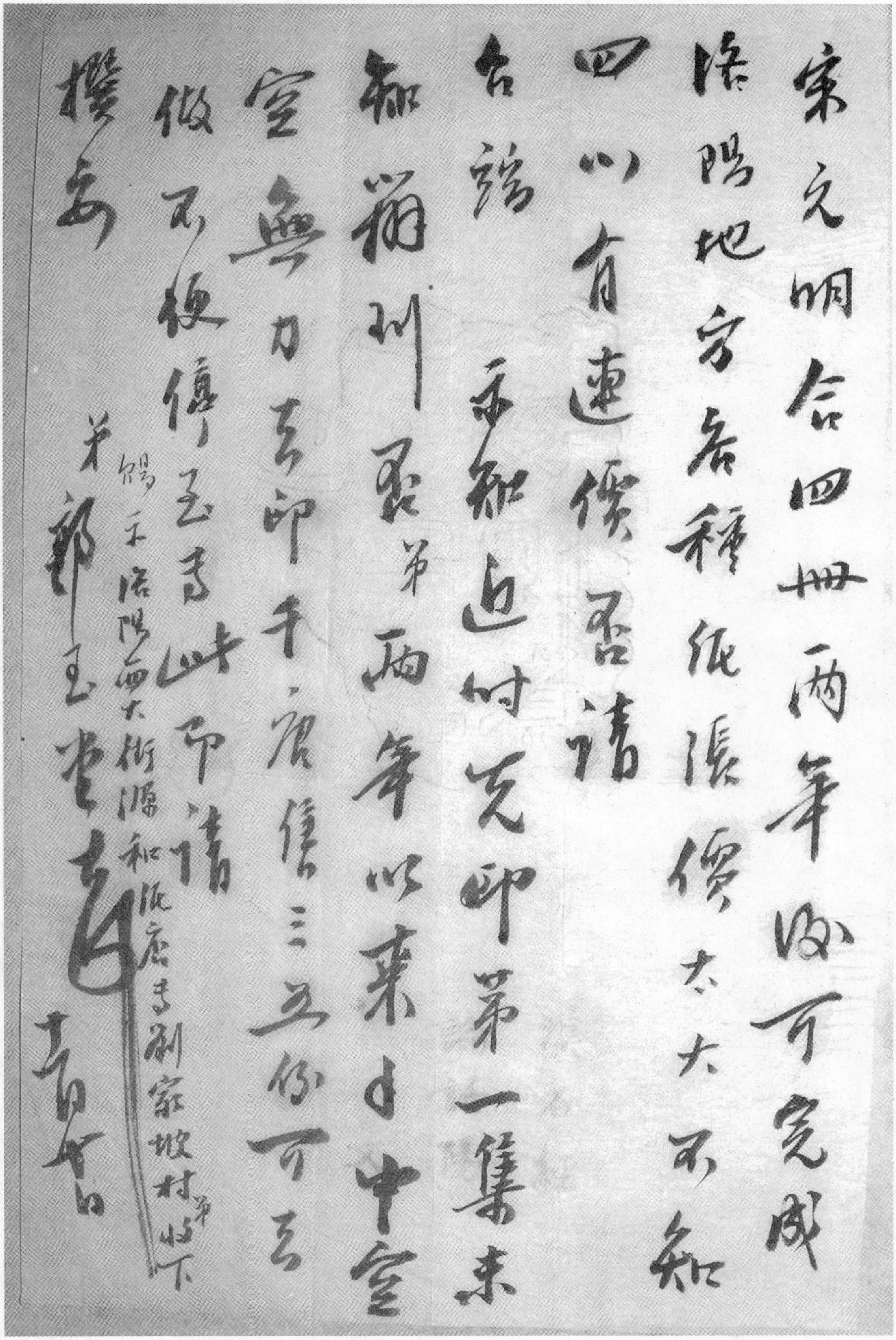
宋元明合四册兩年後可完成
洛陽地方各種紙張價太大不知
四川有連價否請
台端示知並付先印第一集未
知翻刊否弟兩年以來手中空
空無力若印千、價三五仟可否
做不便儘管寫此即請
撰安
弟郭玉堂頓首
十月廿日
賜示寄洛陽南大街濟和紙店轉劉家坡村弟收下

書第二通

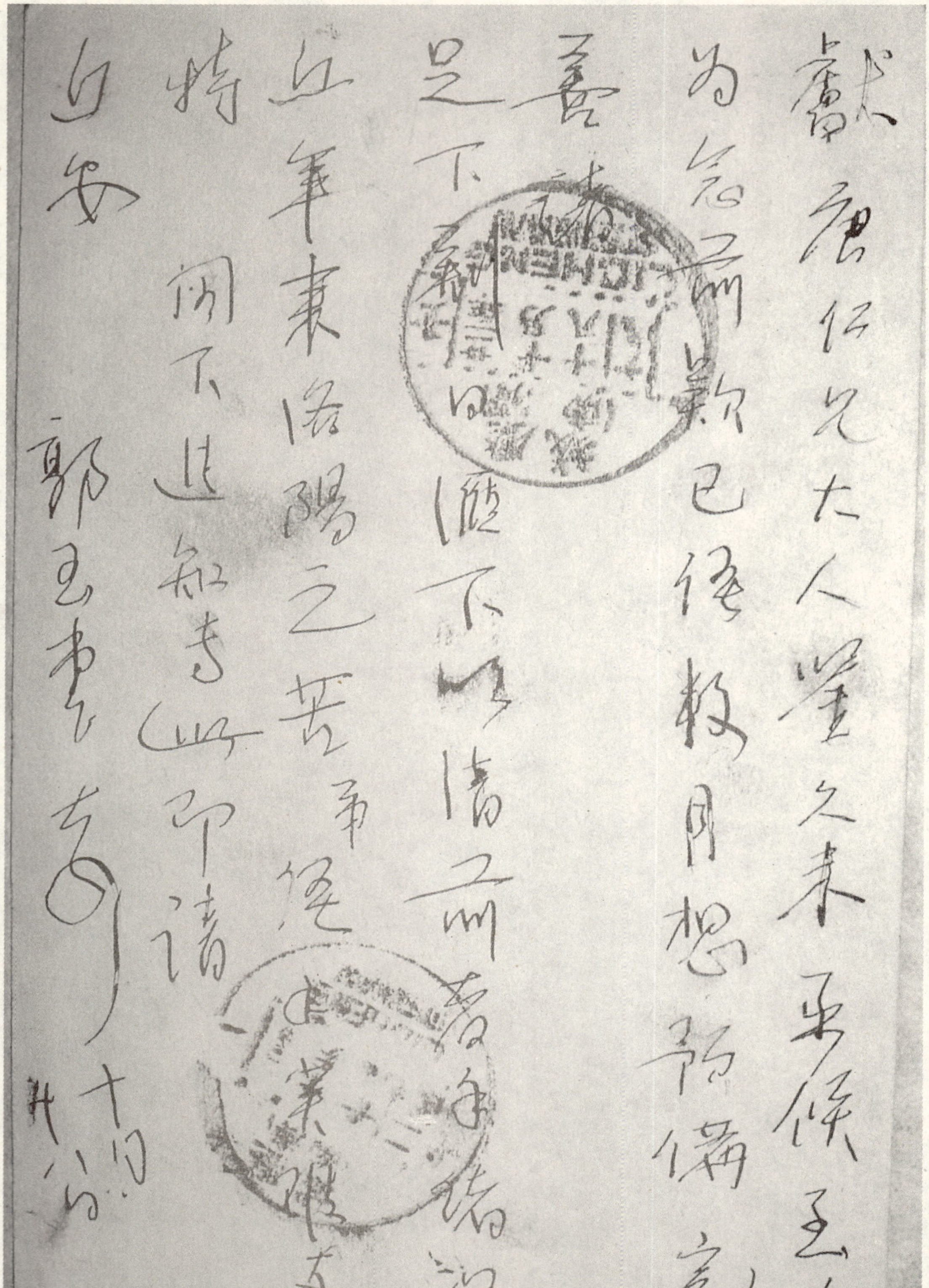
獻唐仁兄大人鑒：久未函候，至以
爲念。二冊款已經收，月想預備完
善。請
足下[illegible]繼下以請二冊寄[illegible][illegible]
近年東洛陽之苦，弟經濟支
持困不堪，敬寄此印，請
近安
郭玉堂書　十月廿八日

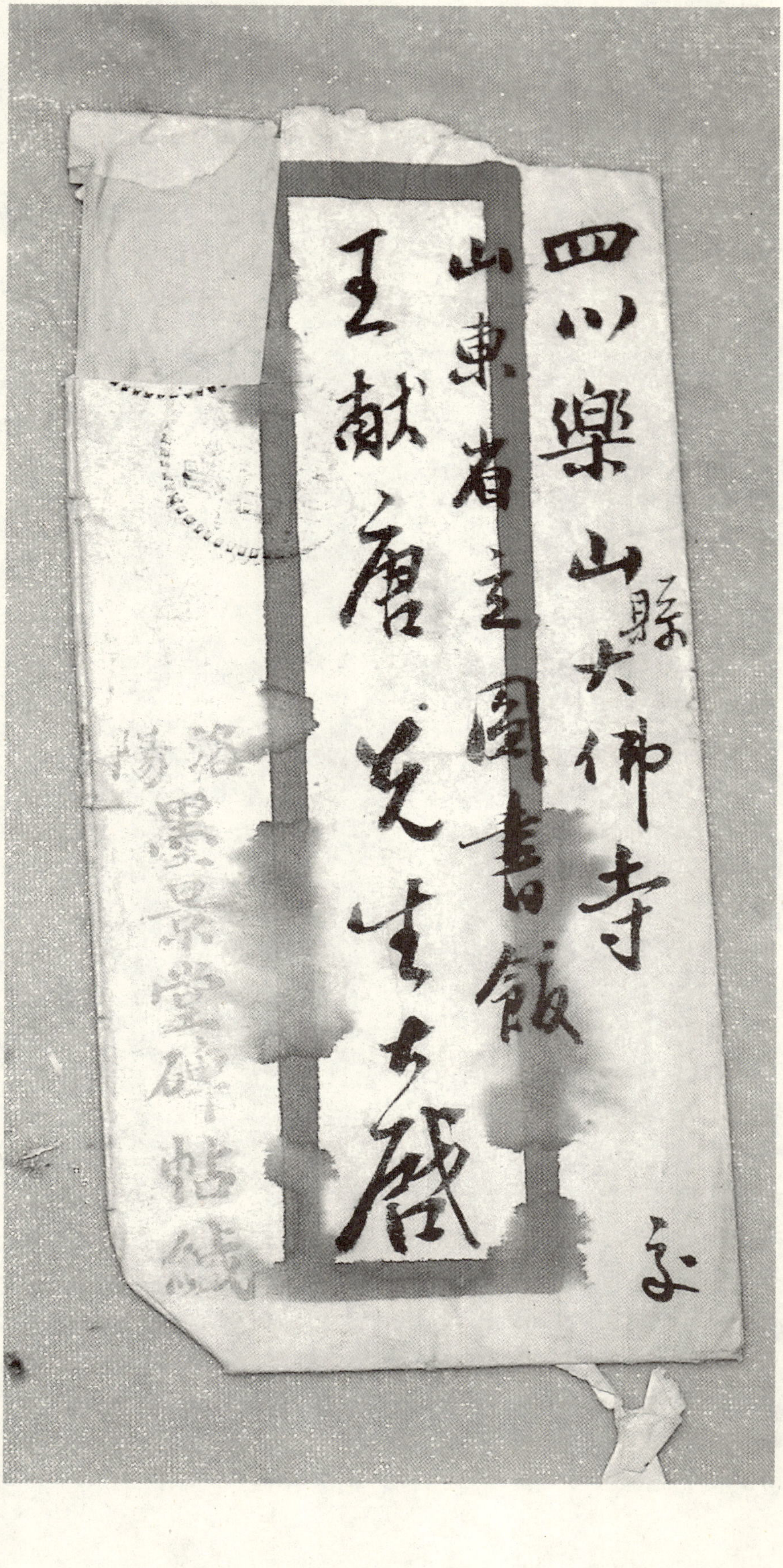

郭玉堂

七十六 徐爾玢 書二通 封一件

書第一通

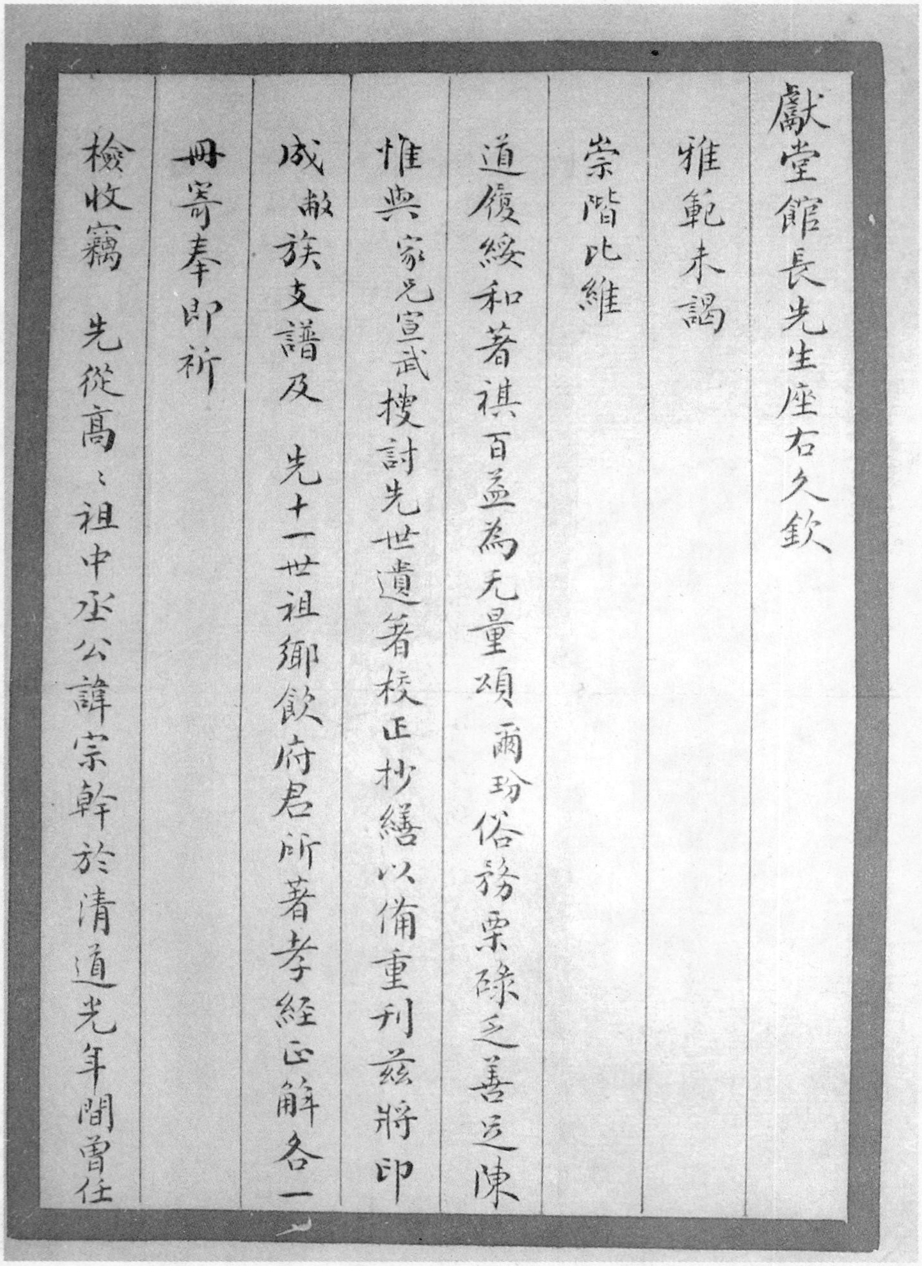

獻堂館長先生座右久欽
雅範未謁
崇階比維
道履綏和著祺百益爲无量頌爾玢俗務栗碌乏善足陳
惟與家兄宣武捜討先世遺著校正抄繕以備重刊茲將印
成敝族支譜及先十一世祖鄉飲府君所著孝經正解各一
册寄奉即祈
檢收竊先從高高祖中丞公諱宗幹於清道光年間曾任

貴省曲阜武城泰安高唐臨清濟寧諸州縣在東二十餘年
所至有惠政於修志興學尤引為己任泰安高唐濟寧諸
志亦經纂修而所著濟州金石志則尤膾炙人口餘如泰山
道里記泰山小史魯兩先生集等書亦均校刊復行于世想
貴館早為庋藏矣爾玢家世中落文獻無徵先人遺書手
澤亦多散佚飄零言之可慨敬懇
先生飭員查詢館中是否有此著述俾便借抄而存手
澤再

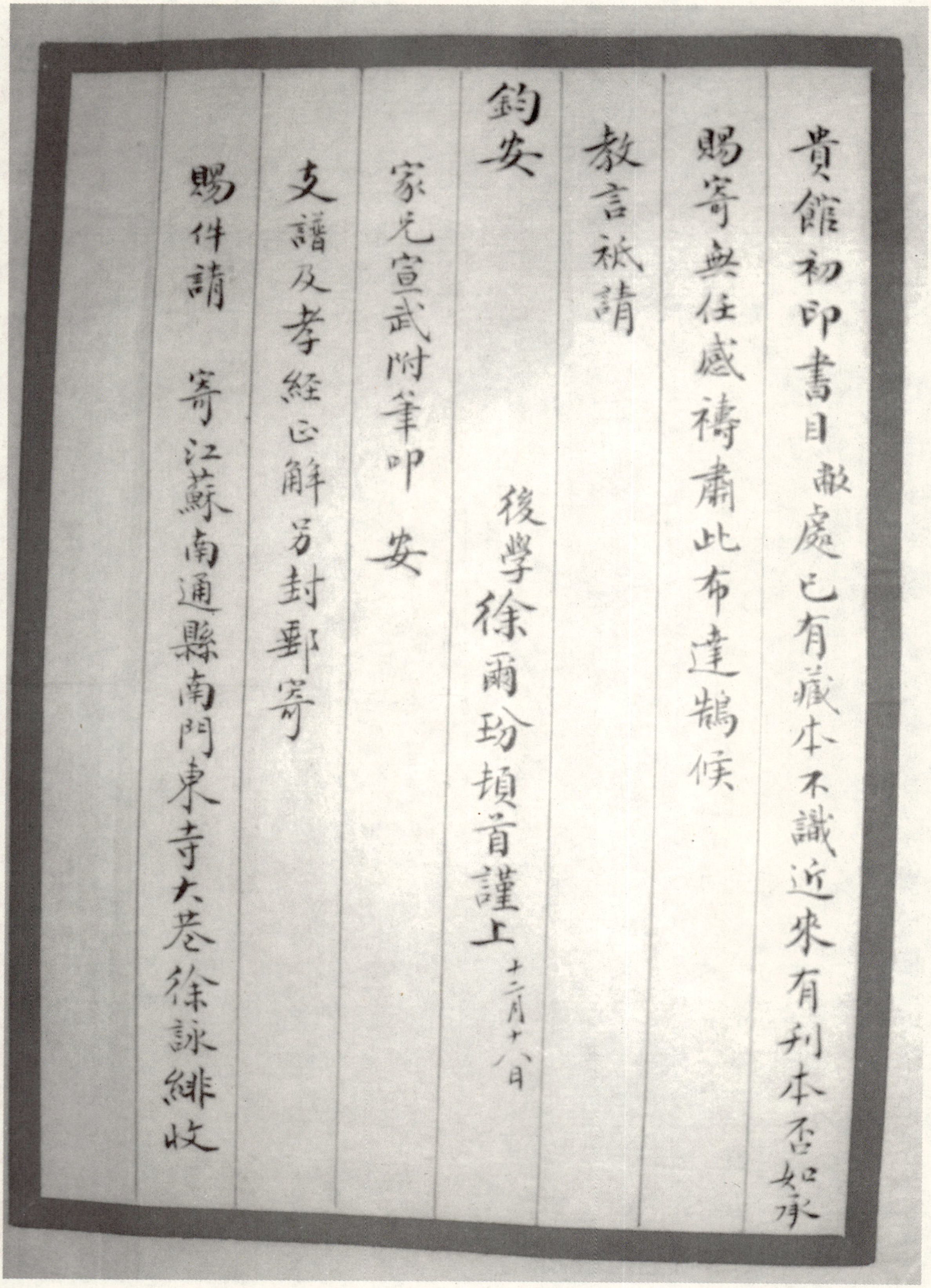
貴館初印書目敝處已有藏本不識近來有刊本否如承
賜寄無任感禱肅此布達鵠候
教言祇請
鈞安
後學徐爾玢頓首謹上 十二月十八日
家先宣武附筆叩安
支譜及孝經正解另封郵寄
賜件請 寄江蘇南通縣南門東寺大巷徐詠緋收

獻唐館長鈞鑒久未奉叩
起居至深歉仄兹者大地春回恭維
新年万福拜頌无量　許印林先生遺著我
公力為搜集不識尚有若干種未經獲到頃於上海舊
書坊書目中見有　許先生所著古今字詁疏證一卷
近时鉛印本我
公已否過目倘需此書即當購奉再
撰輯　許先生年譜脫稿成書後尚乞

徐爾玢

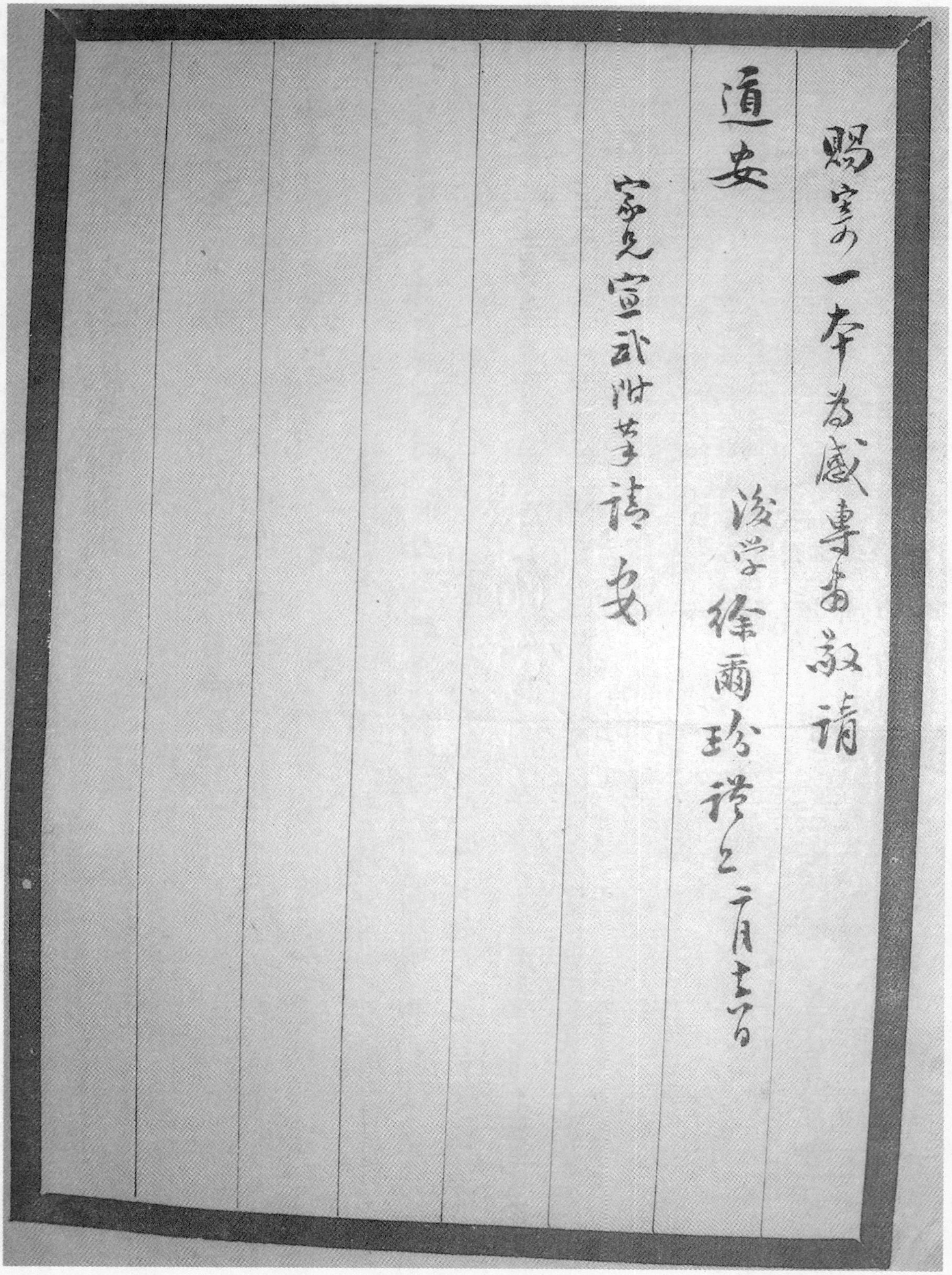

賜寄之一本爲感專函敬請

道安

後學徐爾珍謹上 二月十二日

家兄宣武附筆請安

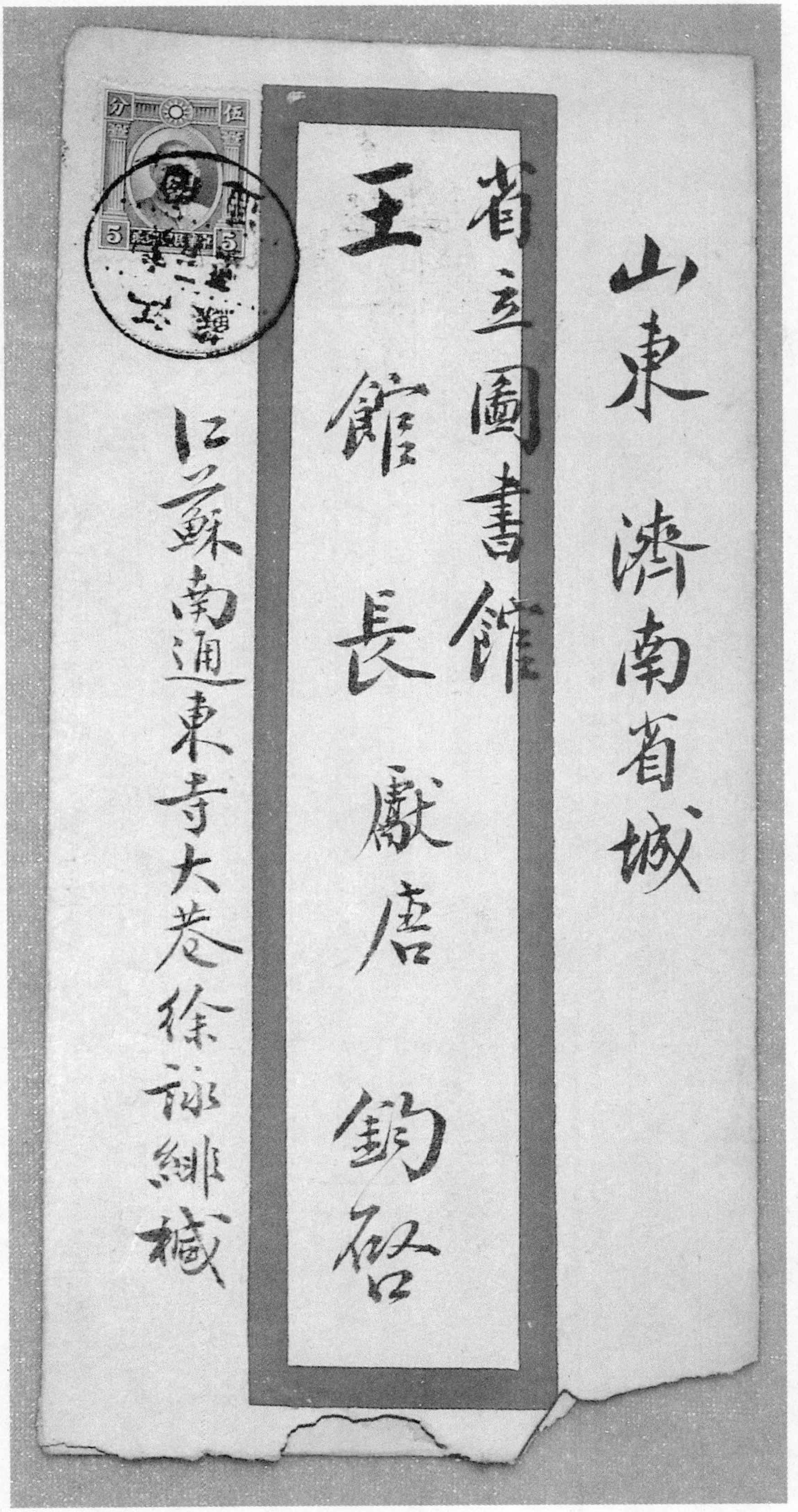
山東濟南省城
省立圖書館
王館長獻唐鈞啓
江蘇南通東寺大巷徐詠緋緘

七十七

丁錫綸 書一通

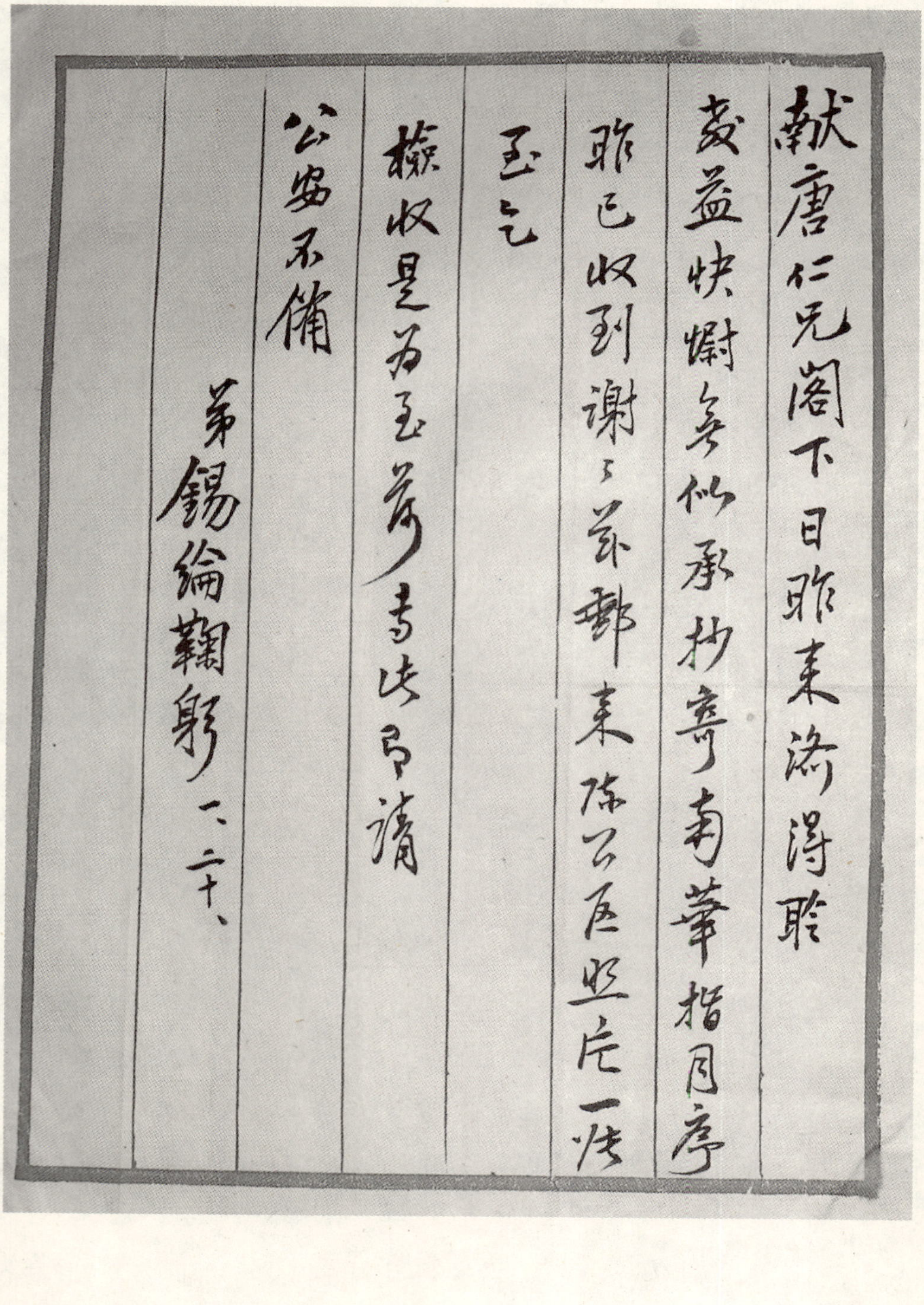
獻唐仁兄閣下：日昨來濟，得聆
麈益，快慰無似。承抄寄南華指月亭
昨已收到，謝謝。茲郵來徐公匡照片一張，
玉乞
擲收是為至荷。專此即請
公安不備。
弟錫綸鞠躬 一、二十、

七十八　仲軒 書一通

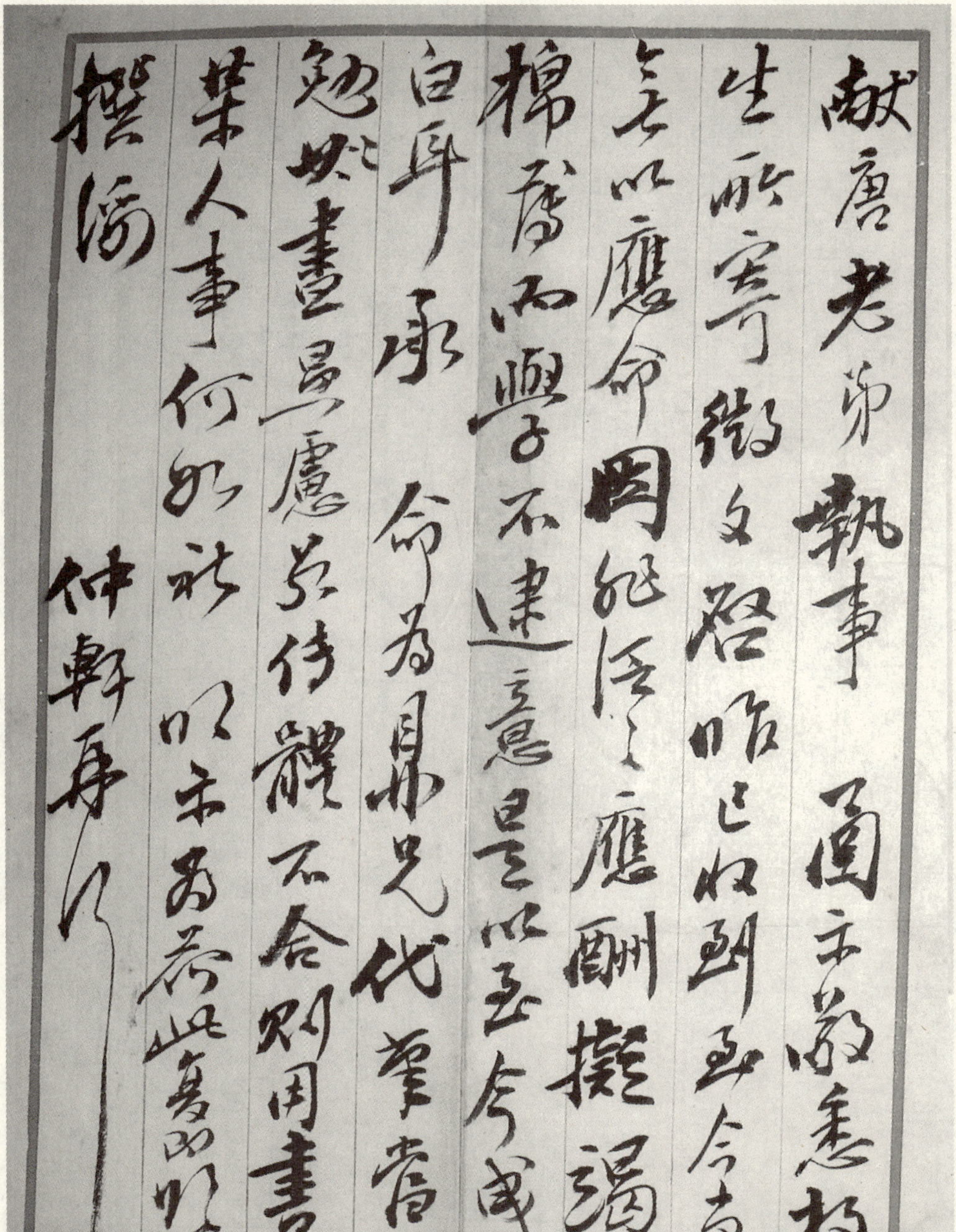
獻唐老弟執事　兩示敬悉拙
生所寄徵文啓昨已收到至今
[illegible]以應命因[illegible]應酬擬碣
[illegible]薄而學不逮[illegible]以至今[illegible]
白耳承命為[illegible]代筆[illegible]
[illegible]書[illegible]傳體不合則用書
某人事何如耶[illegible]
[illegible]　仲軒[illegible]

七十九　丁逋

書七十七通　詩二首　詞四首　文二篇　封四十一件

書第一通

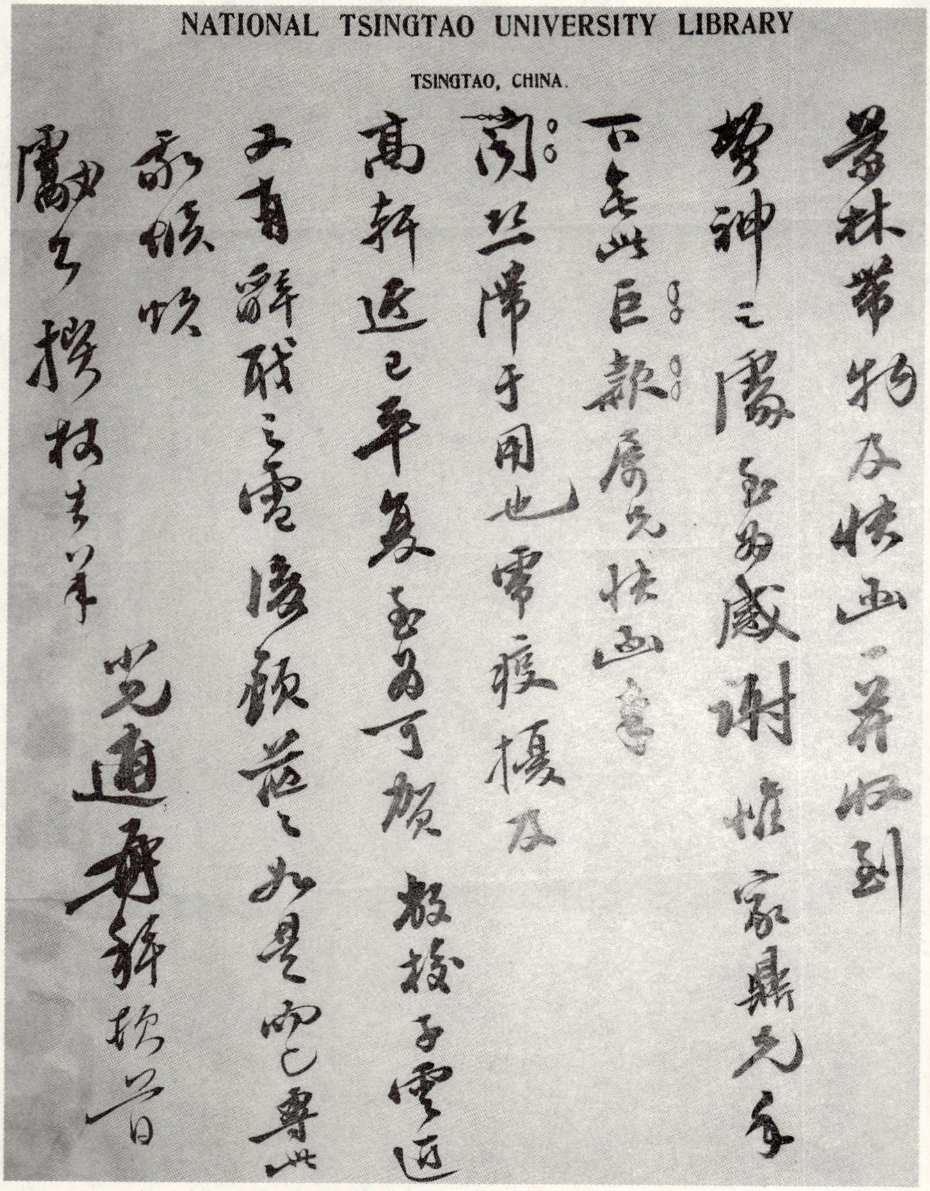
NATIONAL TSINGTAO UNIVERSITY LIBRARY

TSINGTAO, CHINA.

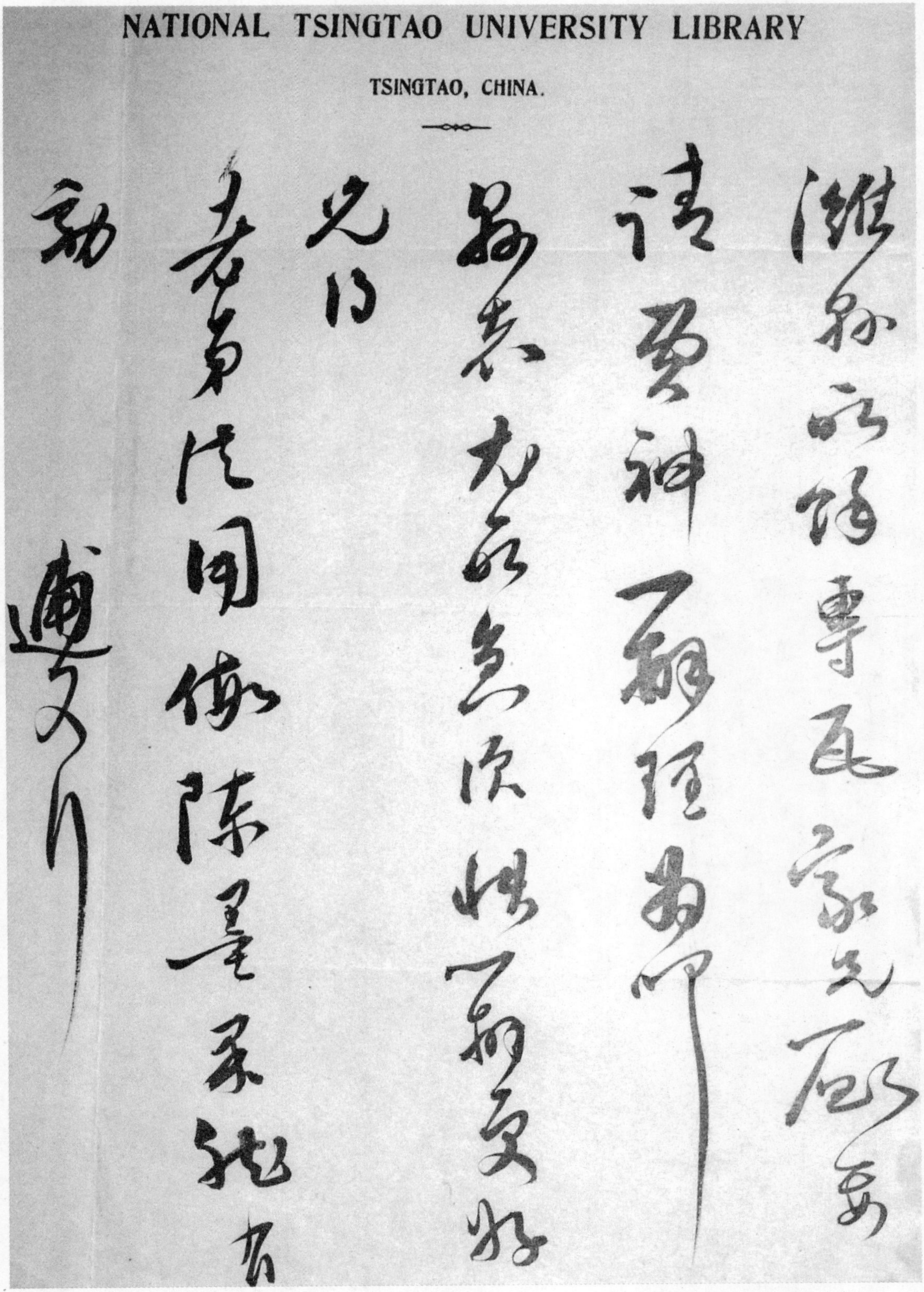
NATIONAL TSINGTAO UNIVERSITY LIBRARY

TSINGTAO, CHINA.

書第三通

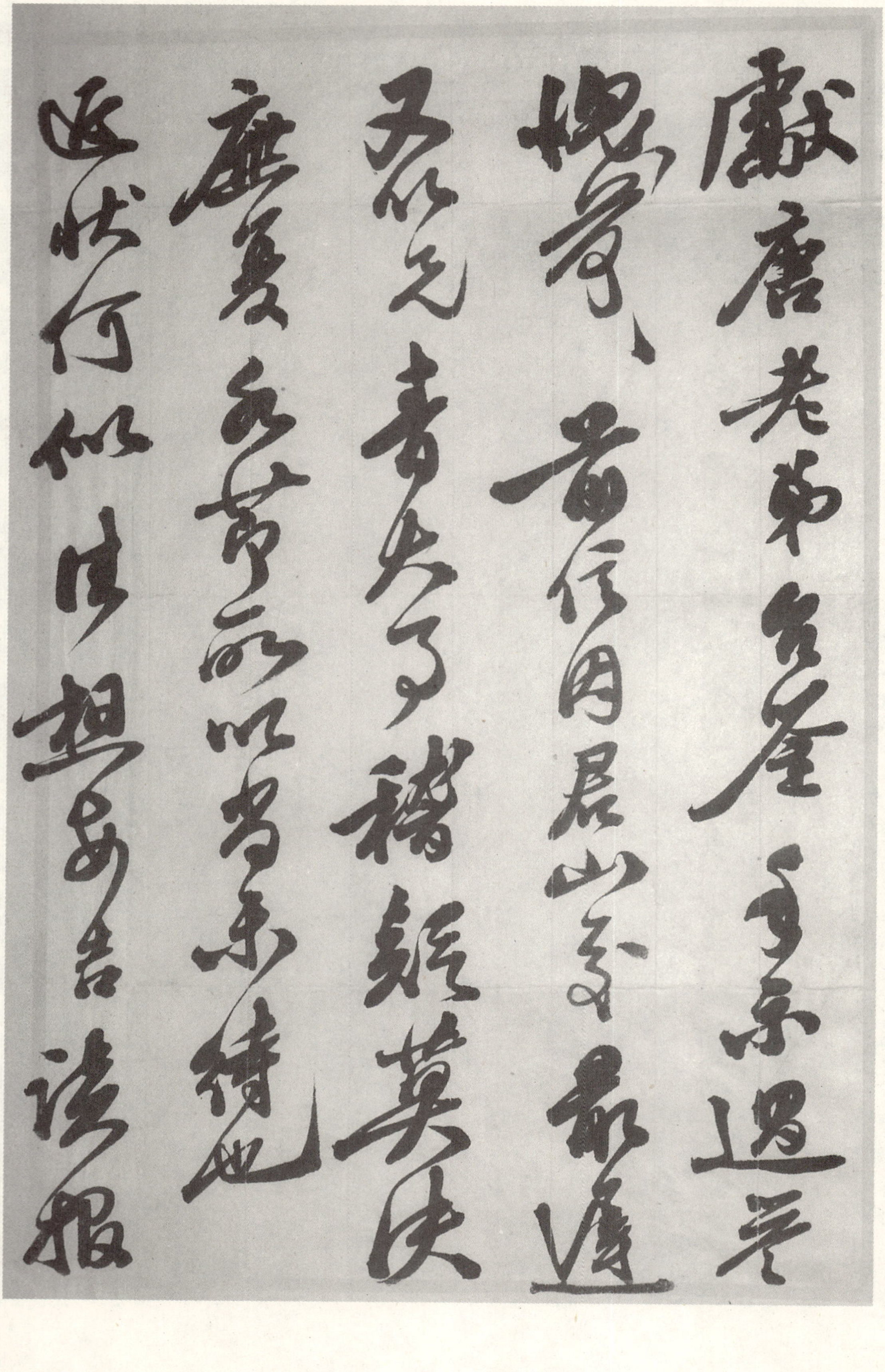

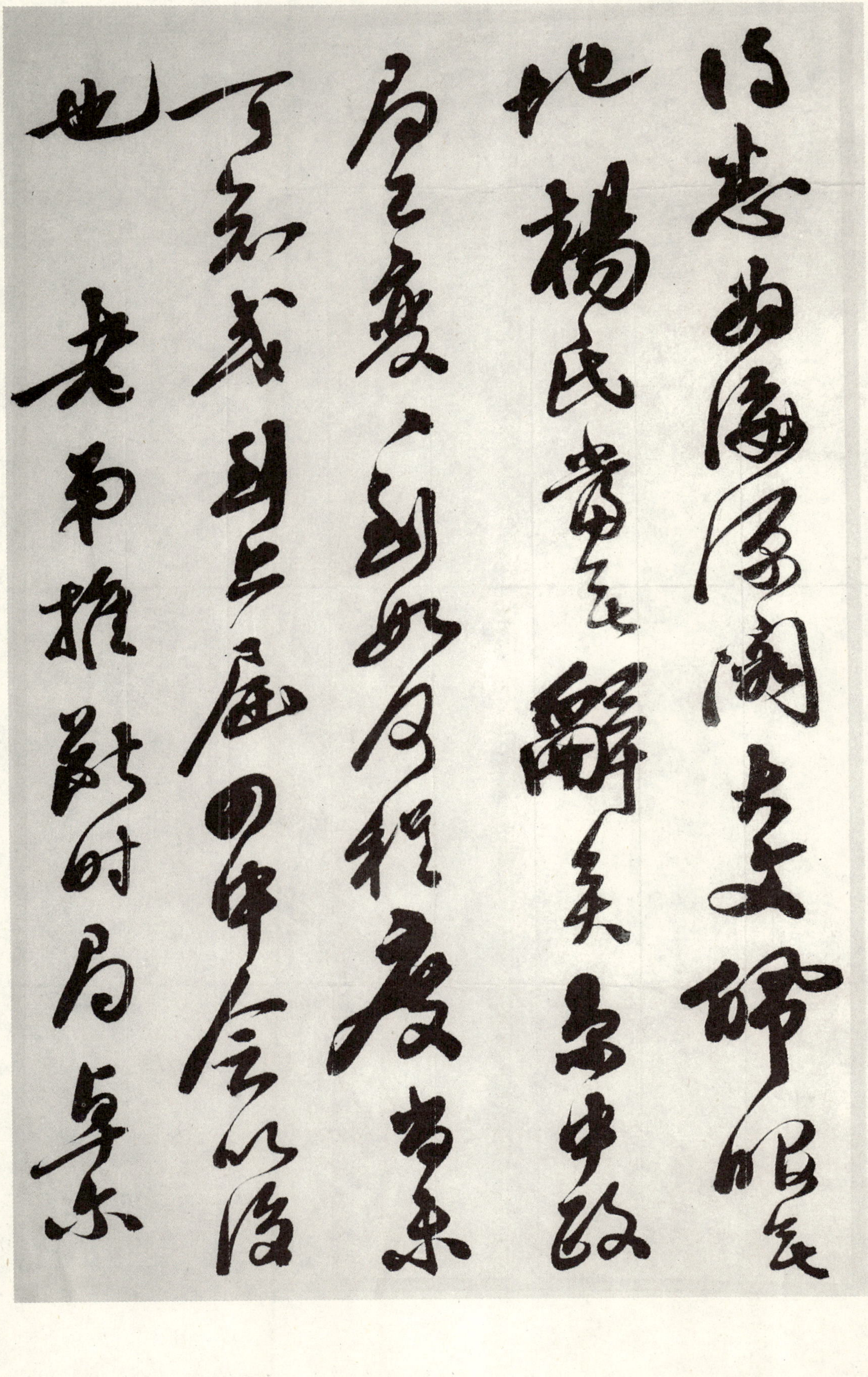

丁逋

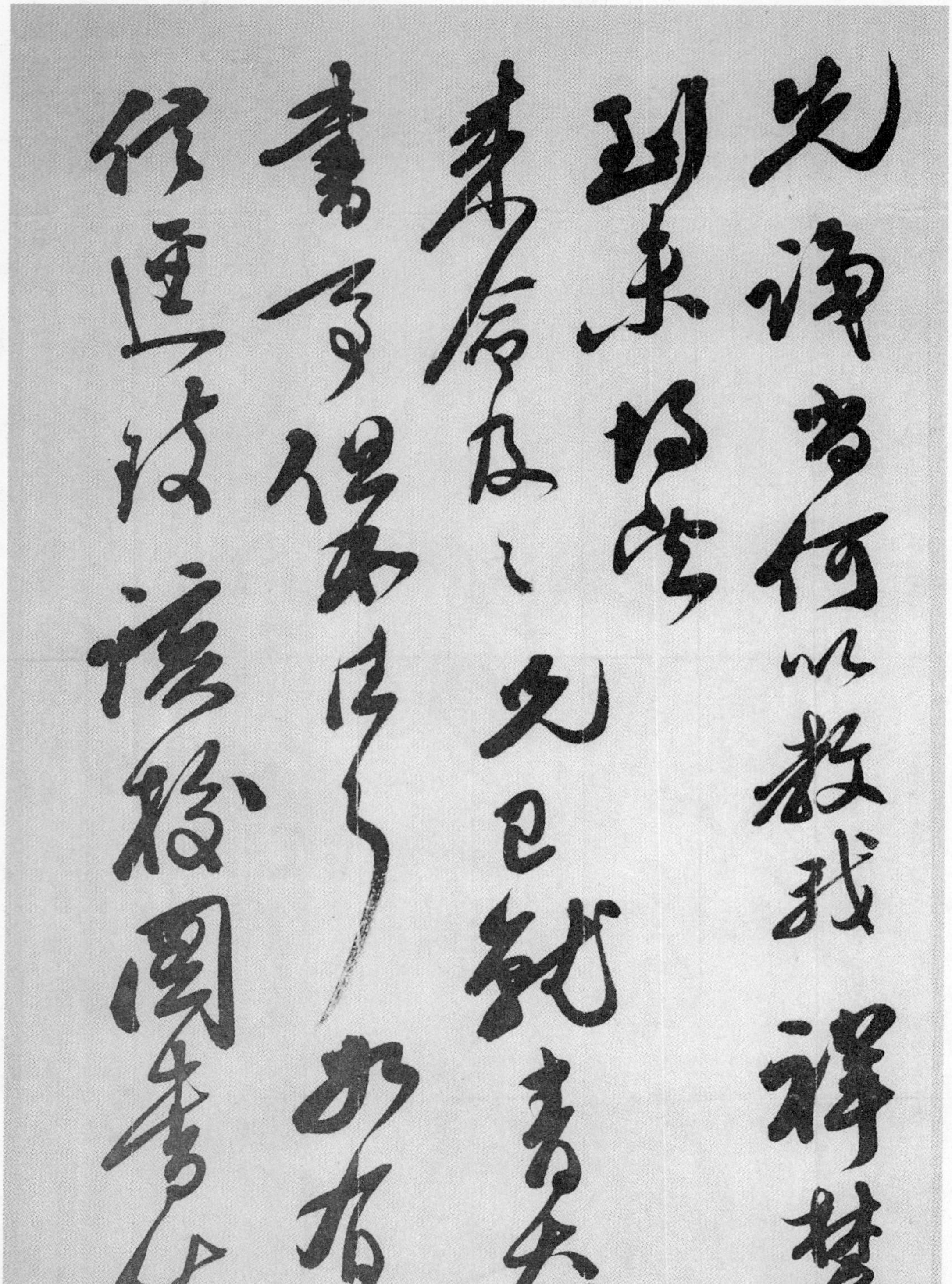

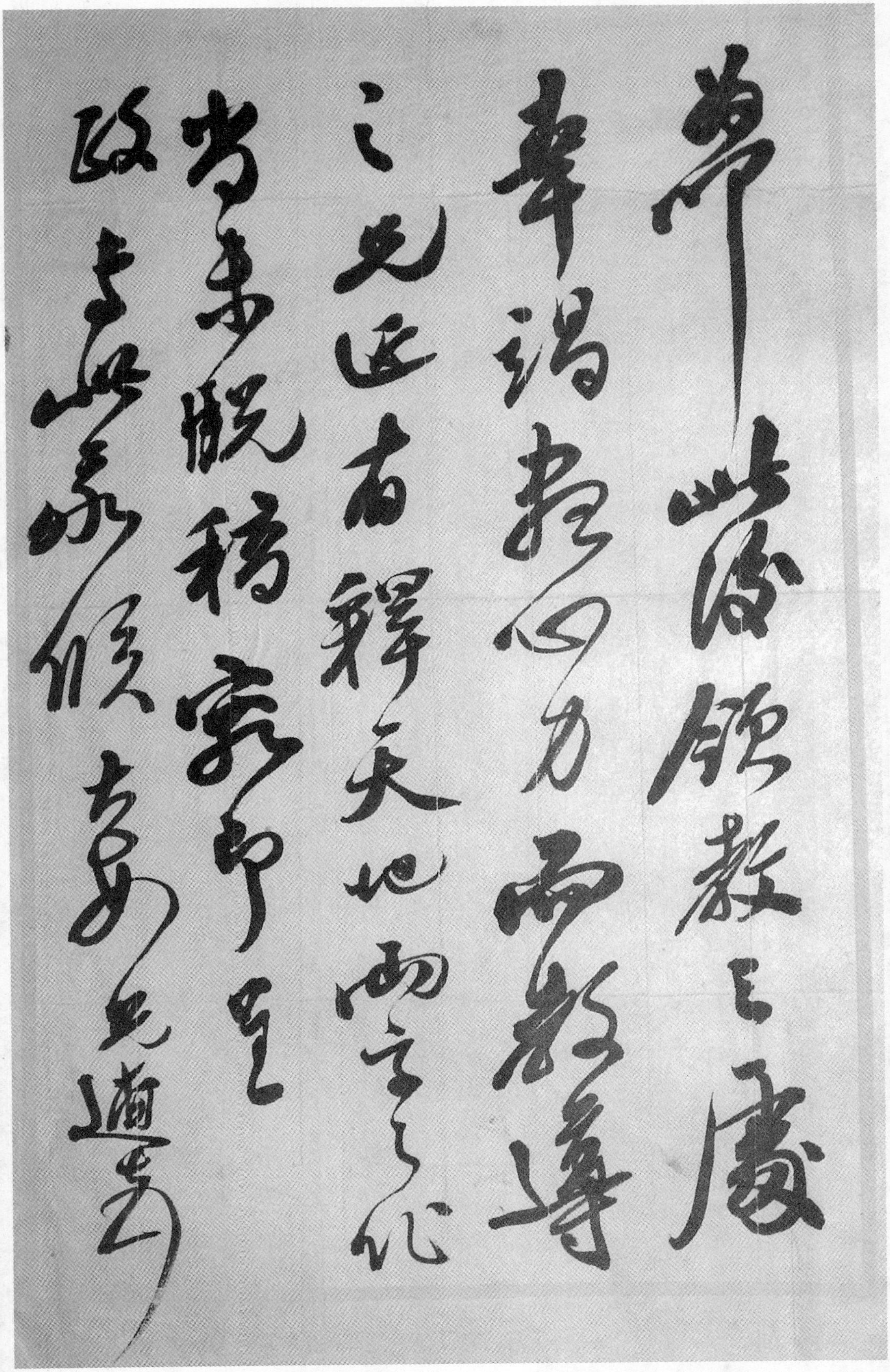

丁逋

書第四通

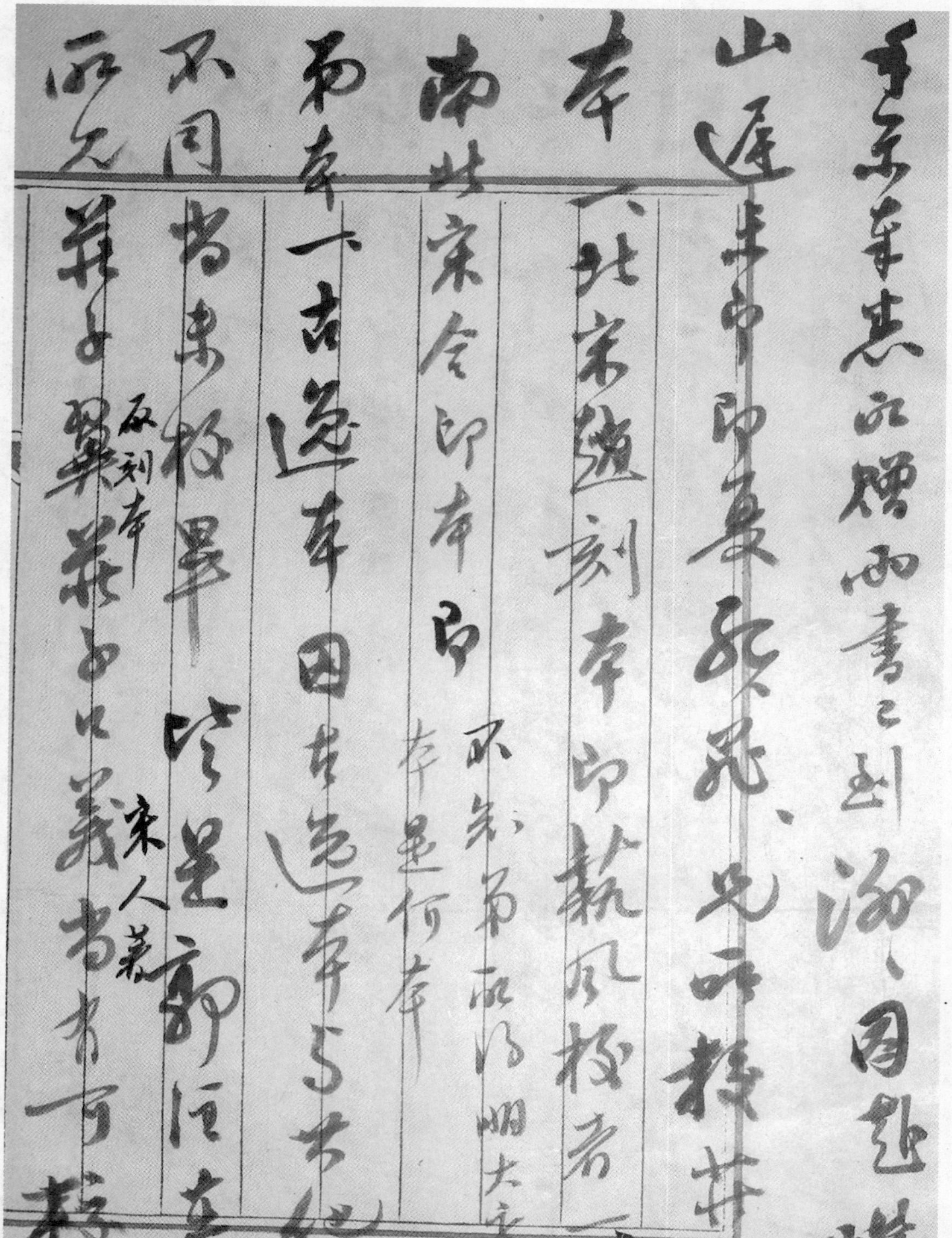

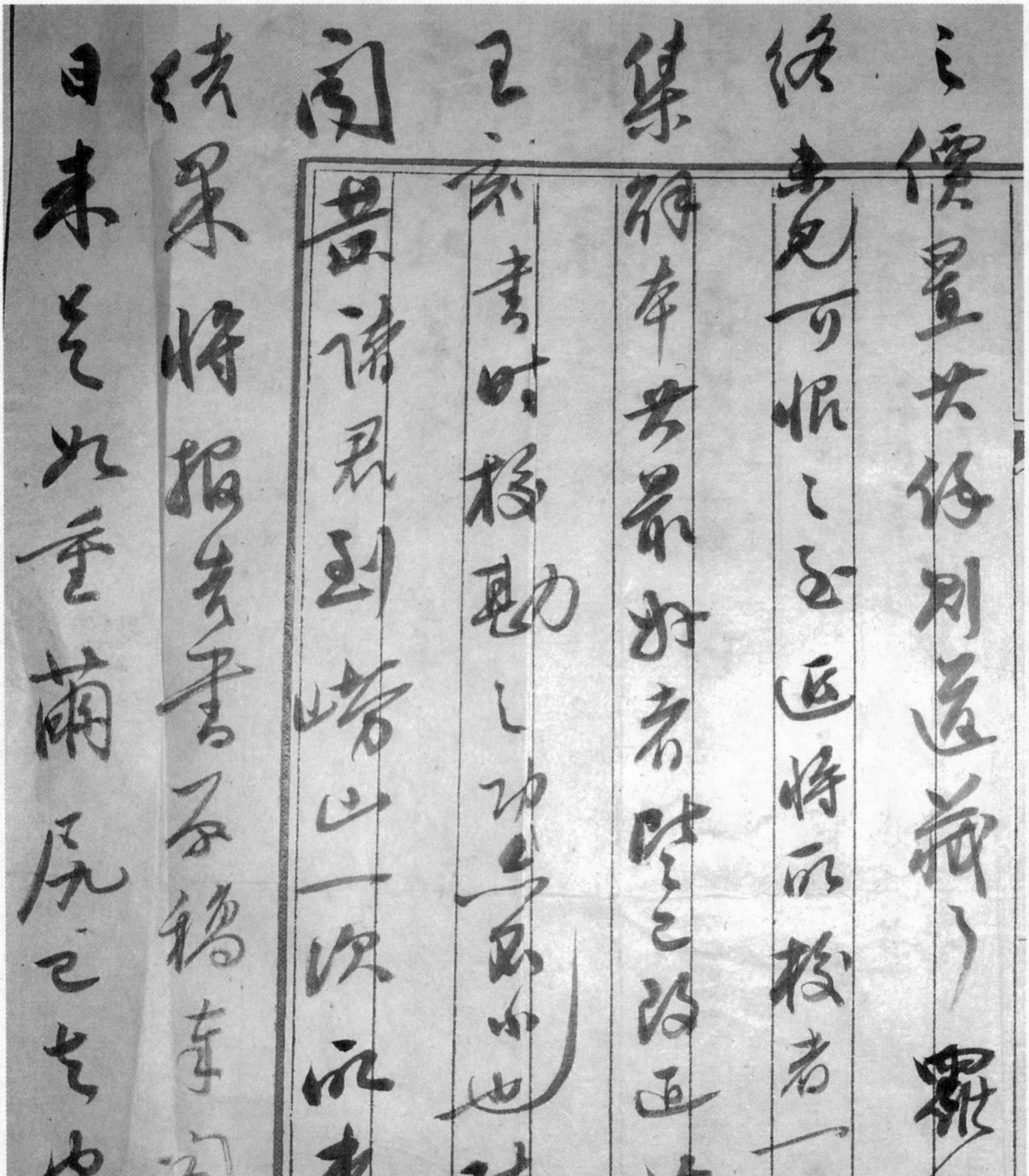

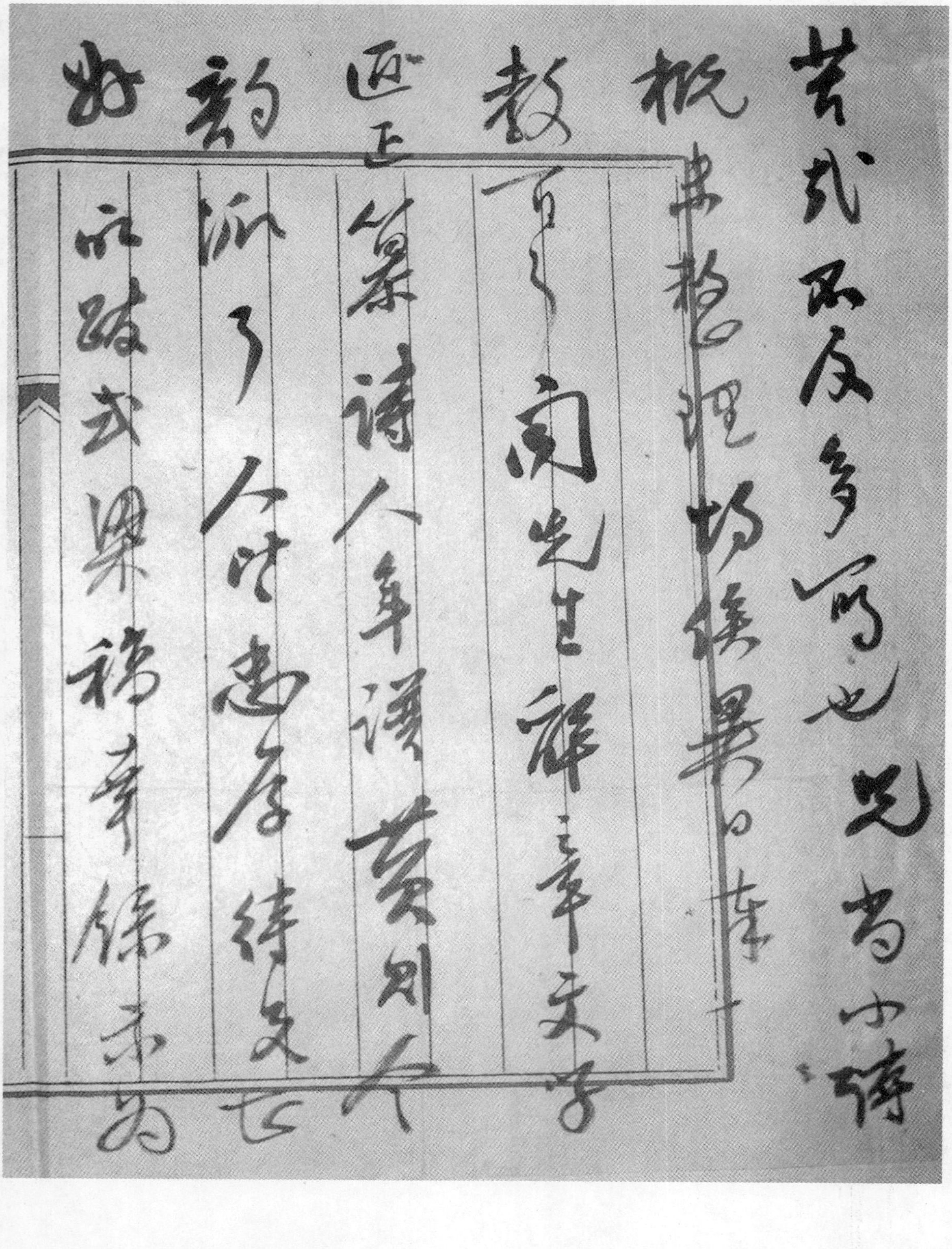

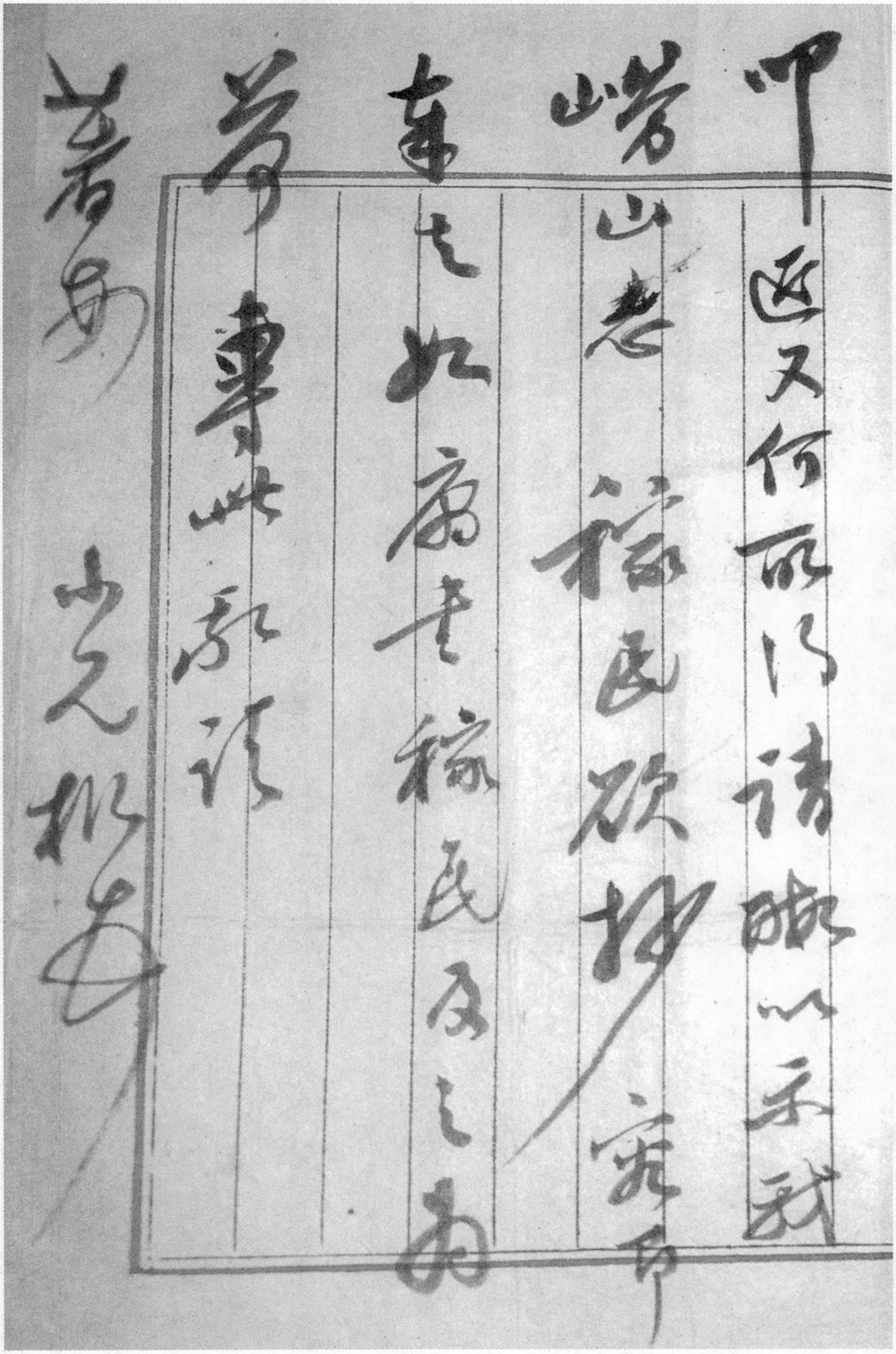

丁逋

書第五通

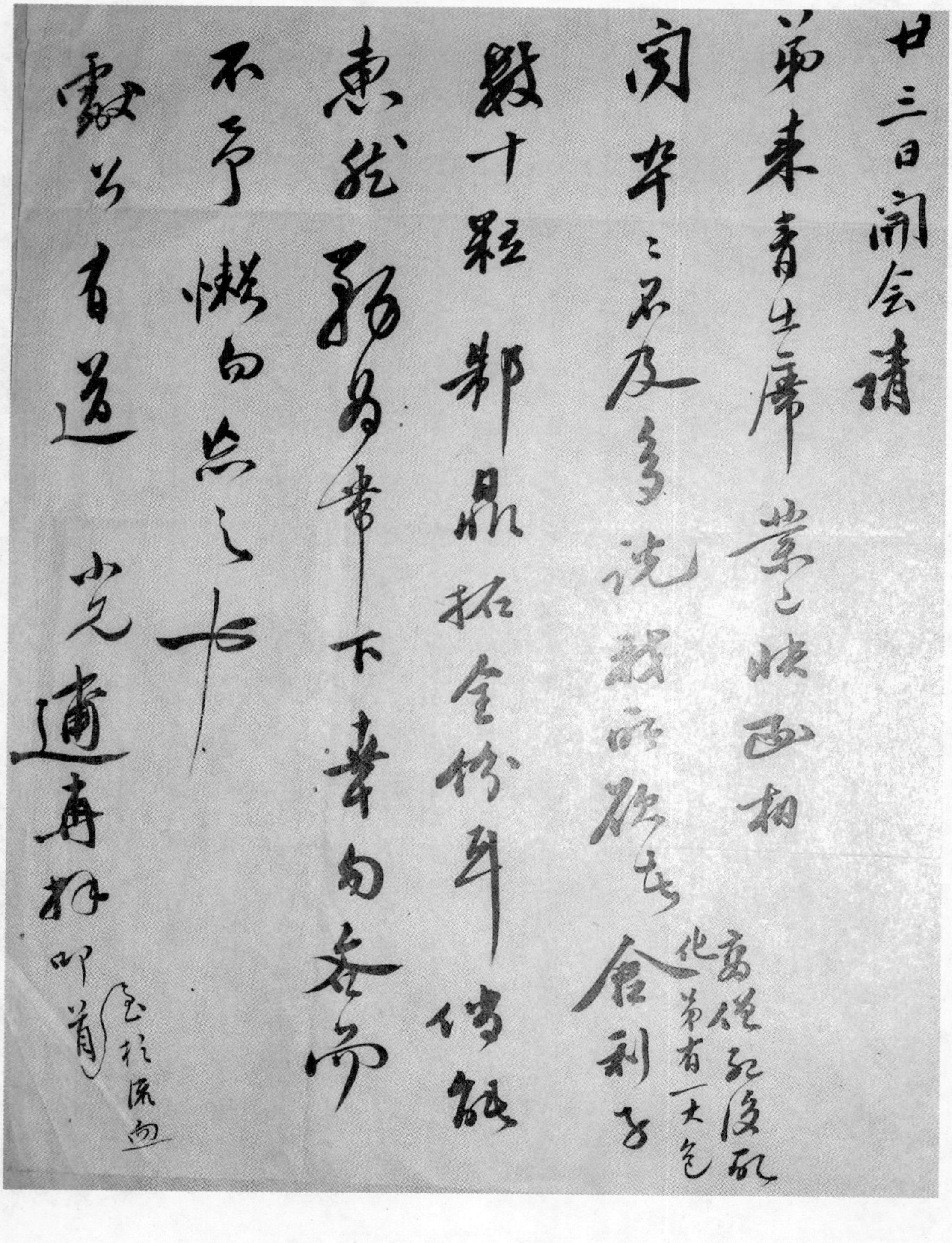
廿三日閒会請
弟來青出席，業已收函相
閱，卒卒不及多說，戢所欲去
數十種，鄴鼎拓全份并傳寄
惠，然頼為常下，幸勿吝命，
不可懶而忘之也。
獻公有道
小兄適再拜叩首

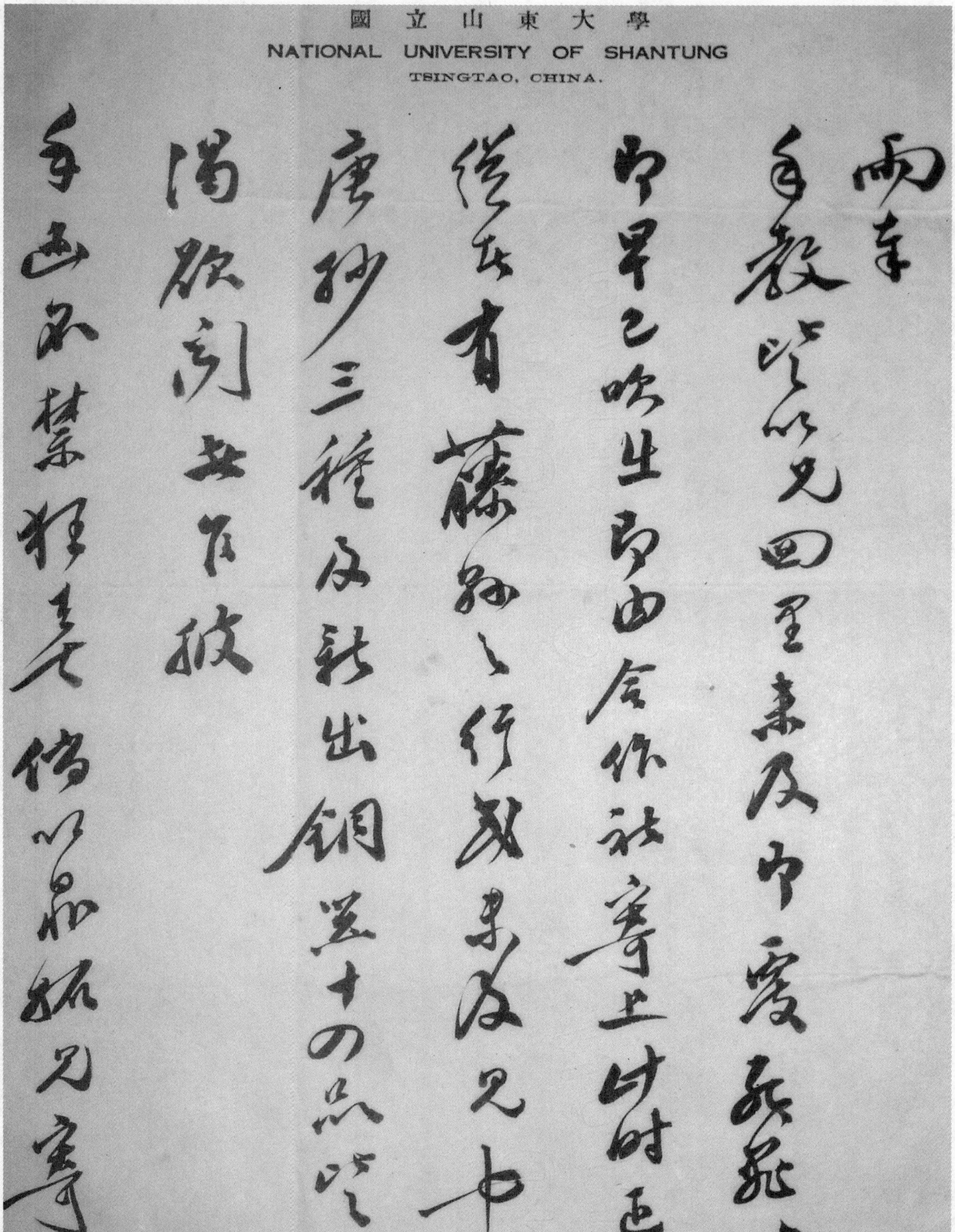

國立山東大學
NATIONAL UNIVERSITY OF SHANTUNG
TSINGTAO, CHINA.

兩奉
手教，此次兄回里來及中處未能、
即早已晤生即由合作社寄上卅时正
從兵有藤翁之行，故未及兄中
唐鈔三種及新出銅器十四品，此
滿展到無下拔
手函不禁狂喜，倘以影拓見寄

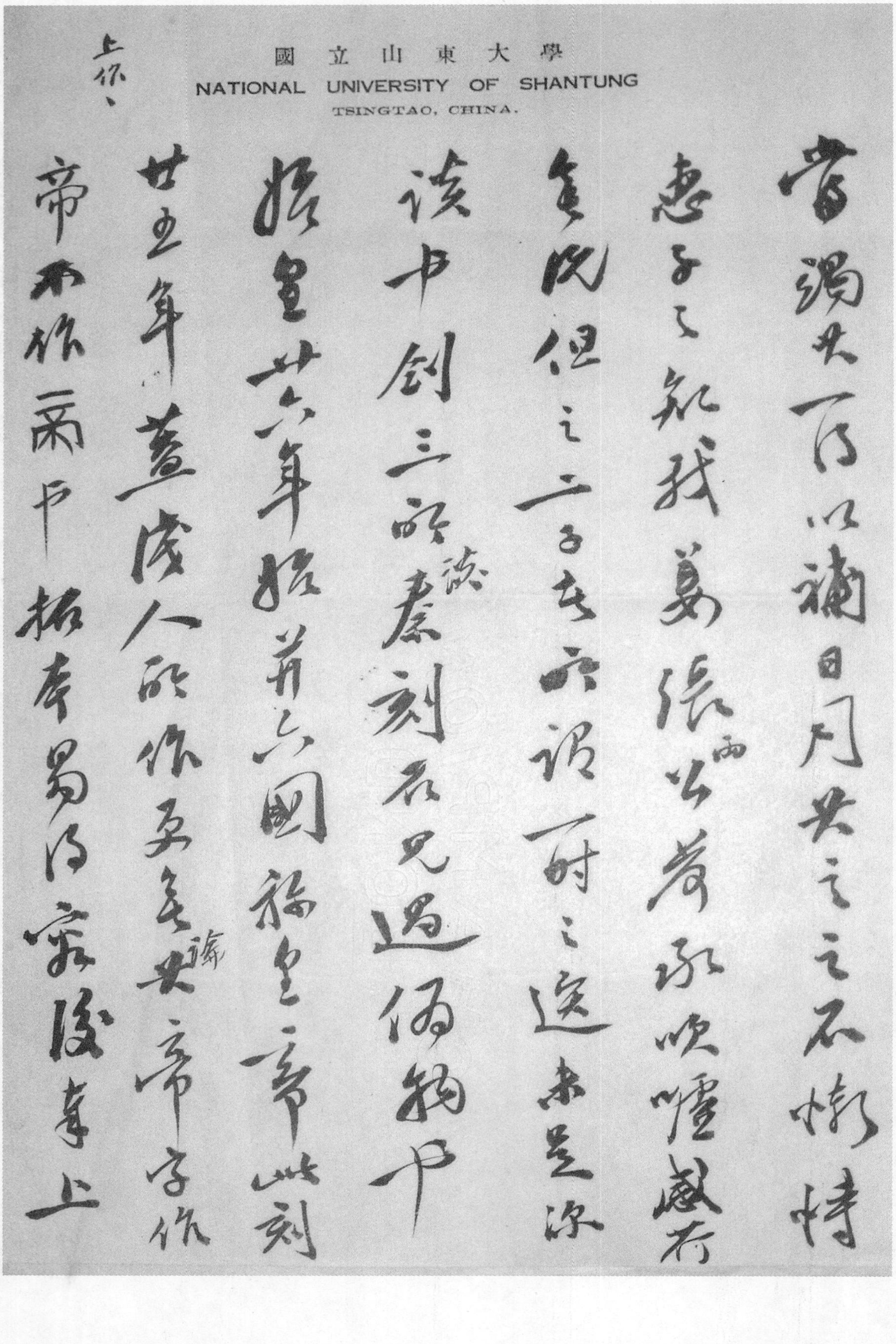
國立山東大學
NATIONAL UNIVERSITY OF SHANTUNG
TSINGTAO, CHINA.

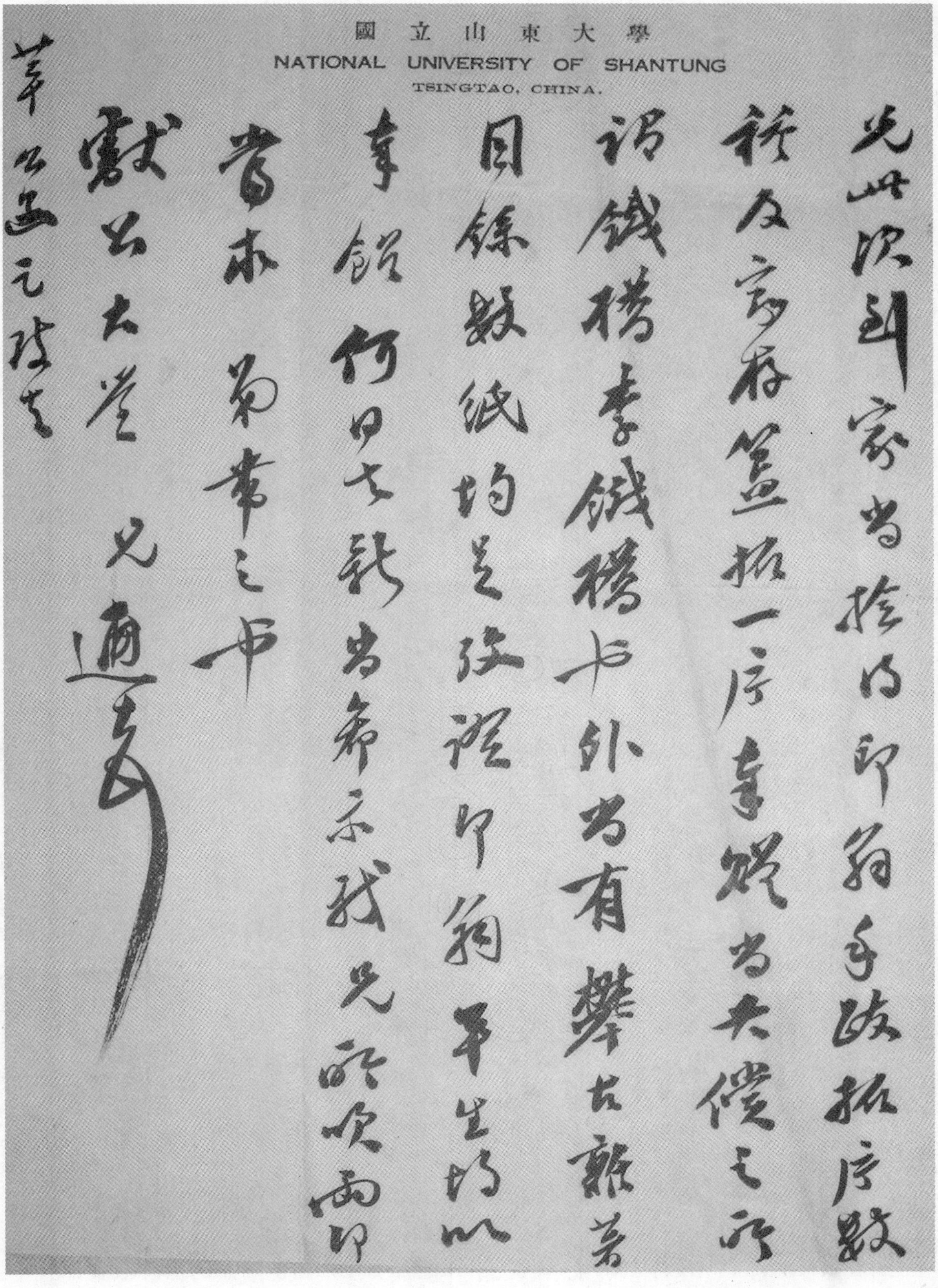
國立山東大學
NATIONAL UNIVERSITY OF SHANTUNG
TSINGTAO, CHINA.

丁逋

書第七通

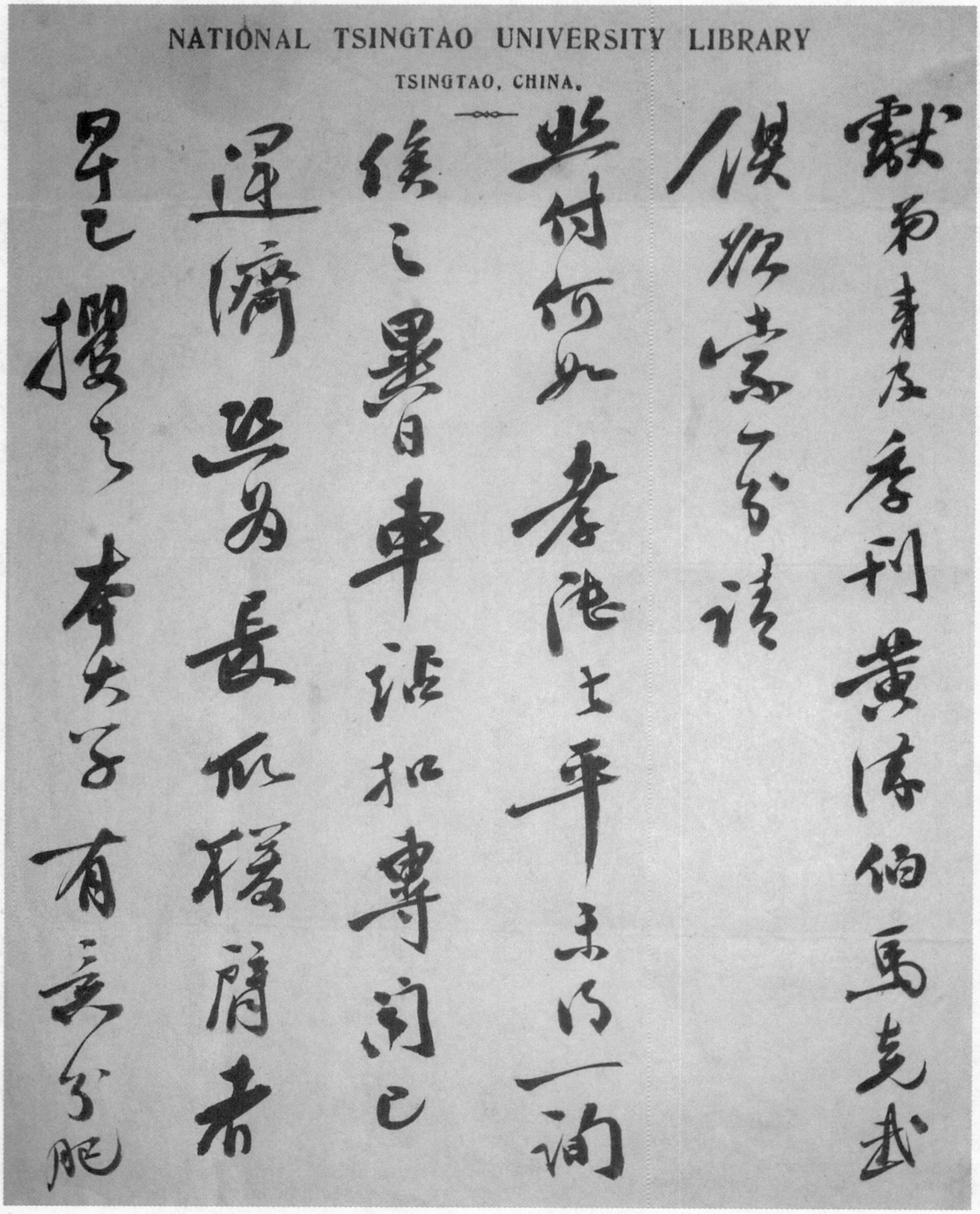
NATIONAL TSINGTAO UNIVERSITY LIBRARY

TSINGTAO, CHINA.

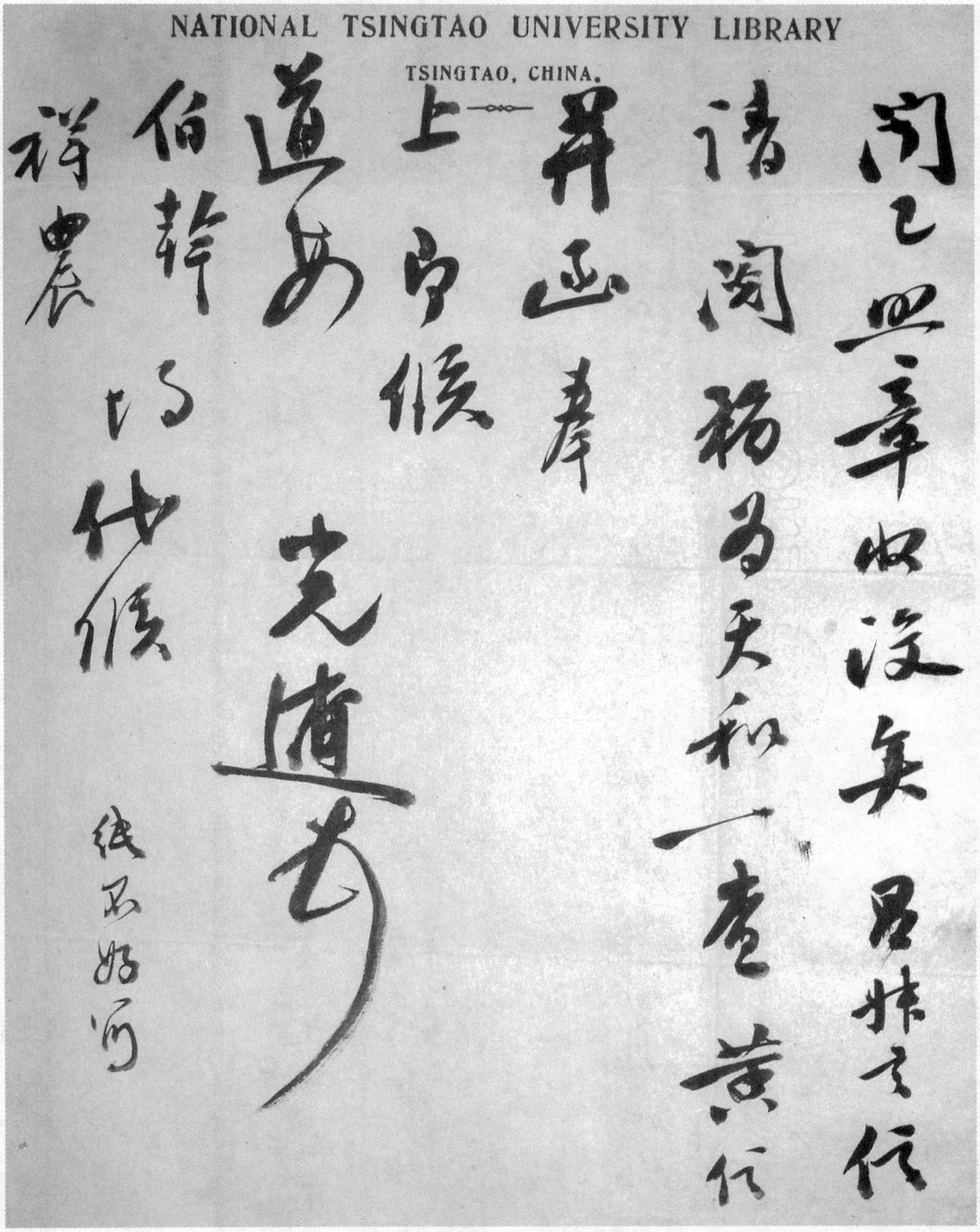

丁逋

書第八通

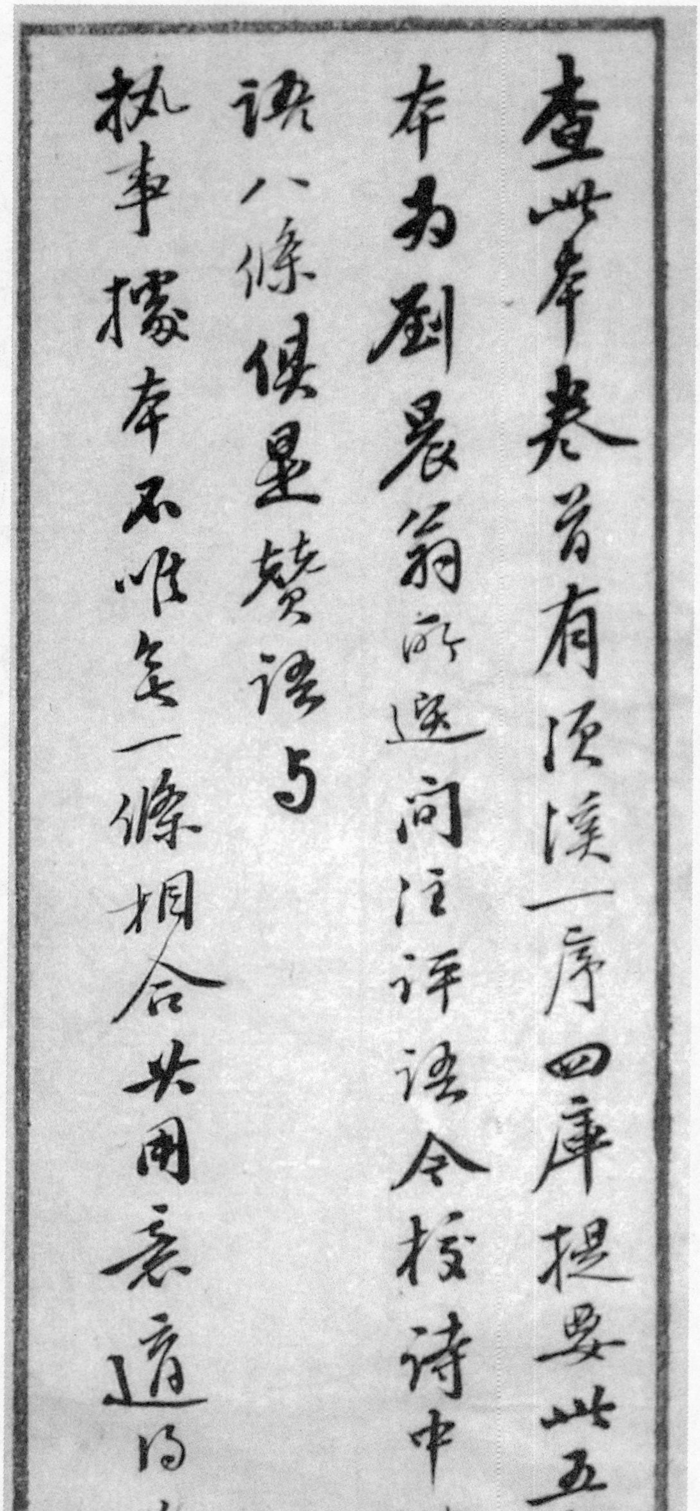
查此本卷首有須溪一序四庫提要此五卷本為劉辰翁所選向注評語今校詩中批語八條俱是贊語与執事據本不唯無一條相合其用意適同其

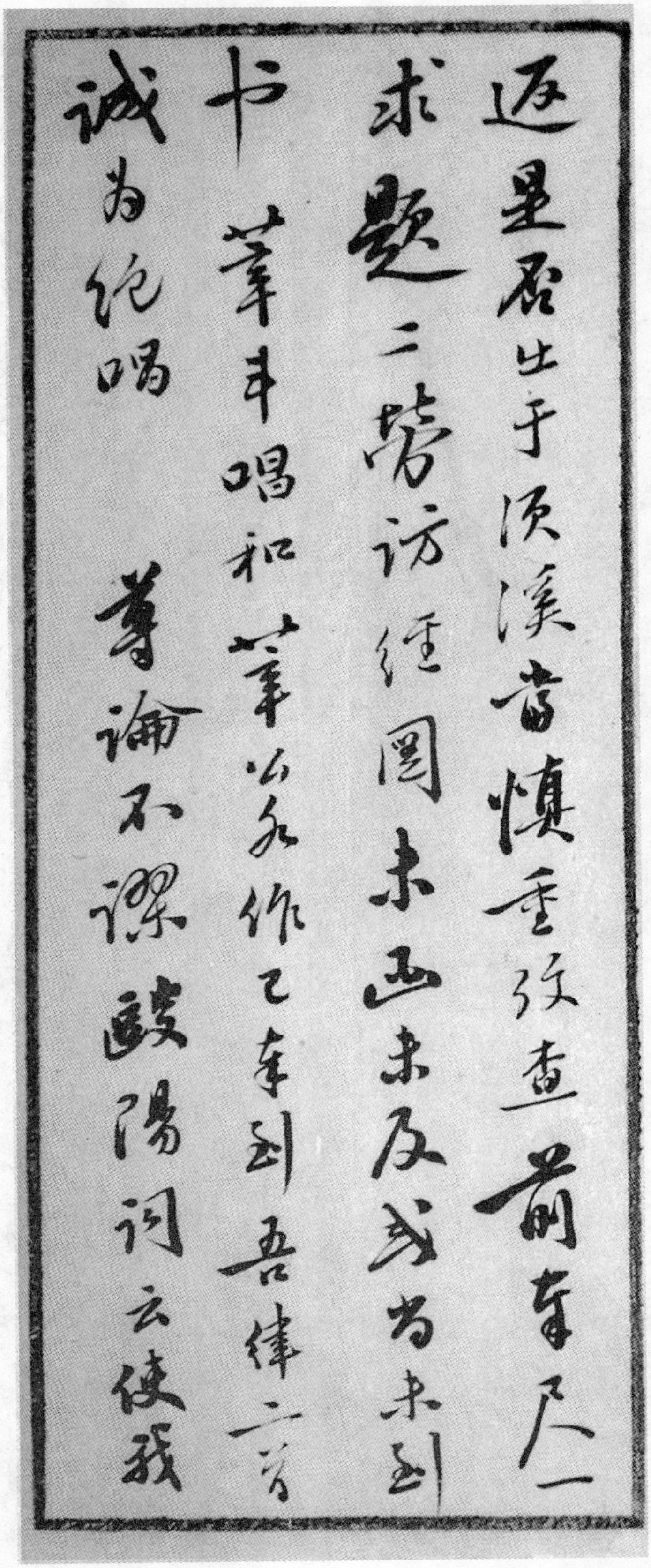
返星居士于須溪書慎重致意前年尺一
求題二詩訪經圖未畫未及成為未到
書華年唱和華以承作乙年到吾律二首
誠為絕唱尊論不謬歐陽詞云使我

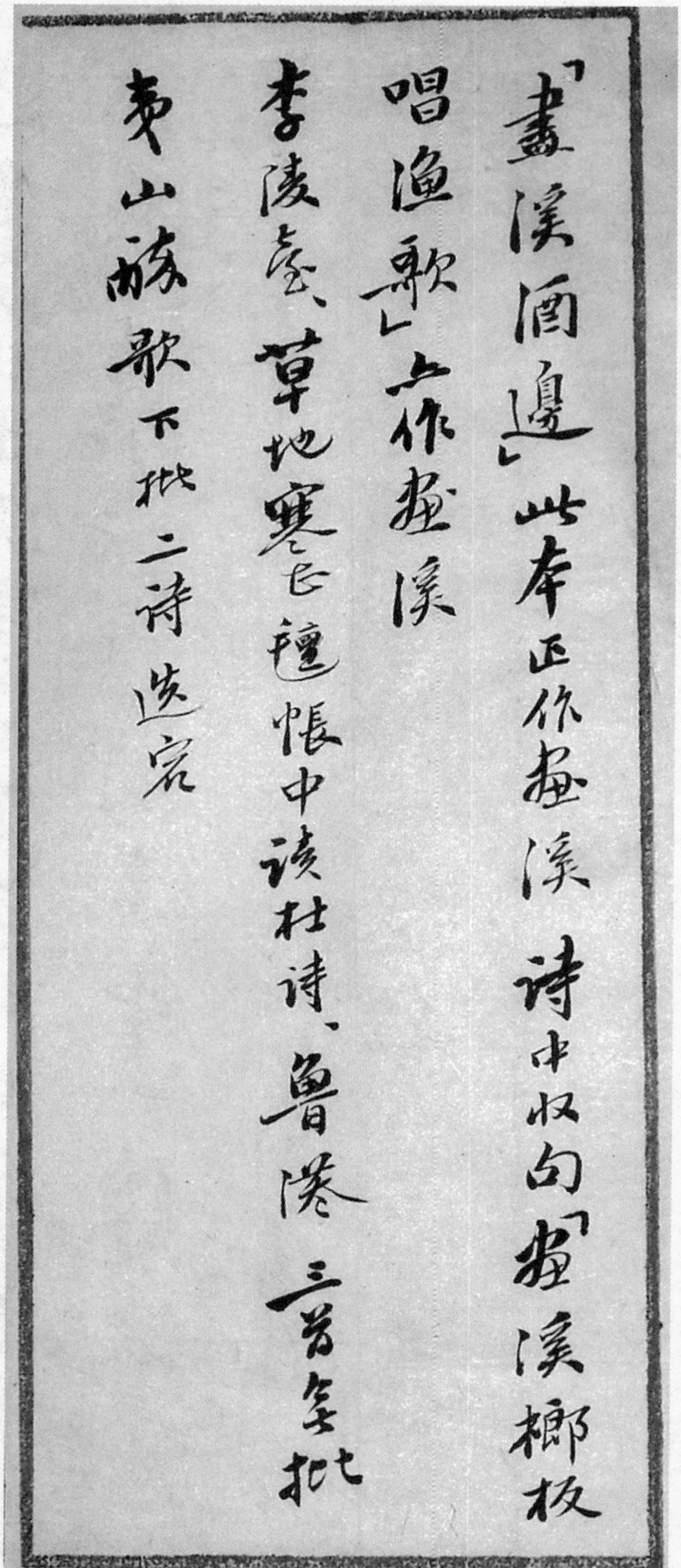

「畫溪酒邊」此本正作苕溪，詩中收句「苕溪榔枚
唱漁歌」上作苕溪
李陵臺、草地寒食、氈帳中讀杜詩、魯港 三首全批
東山謠歌下批二詩 送宮

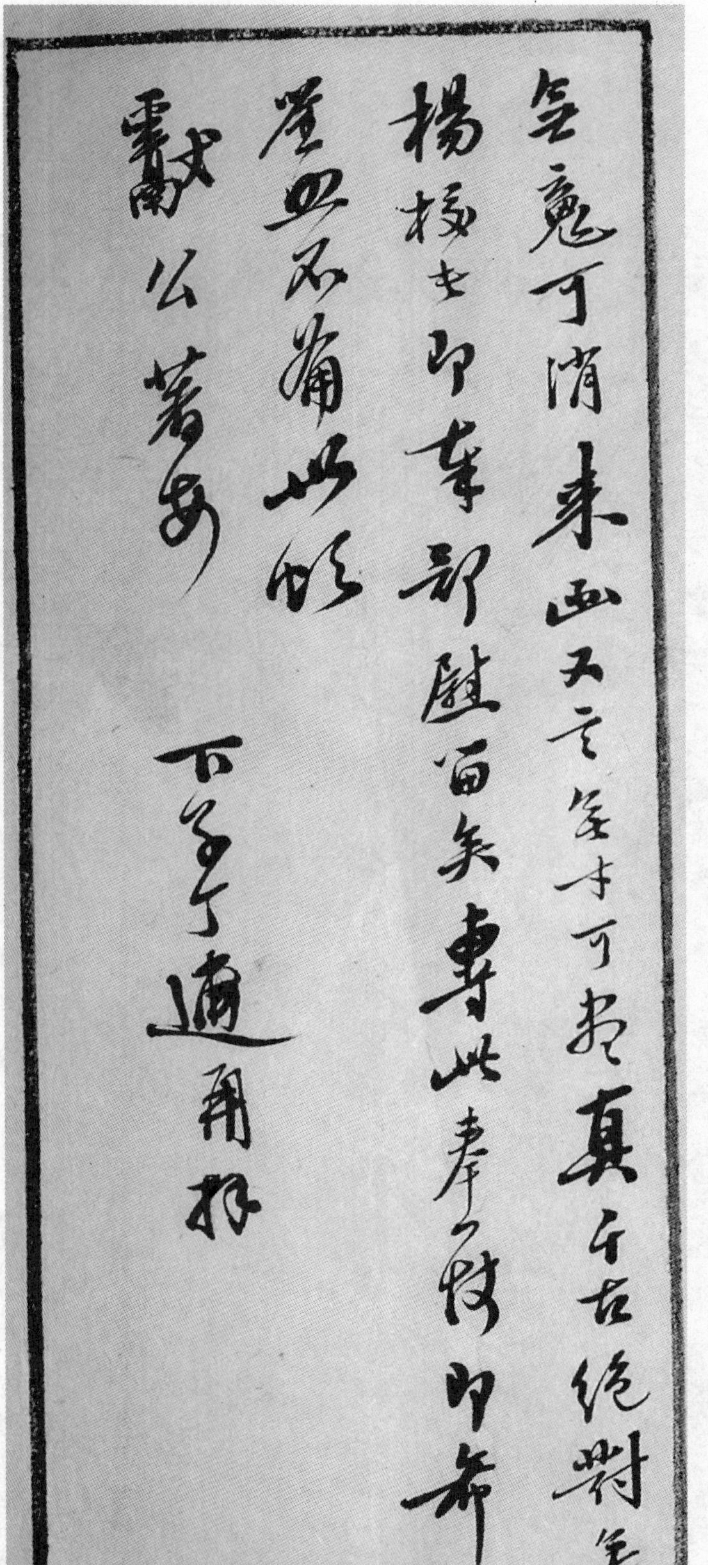

丁逋

書第九通

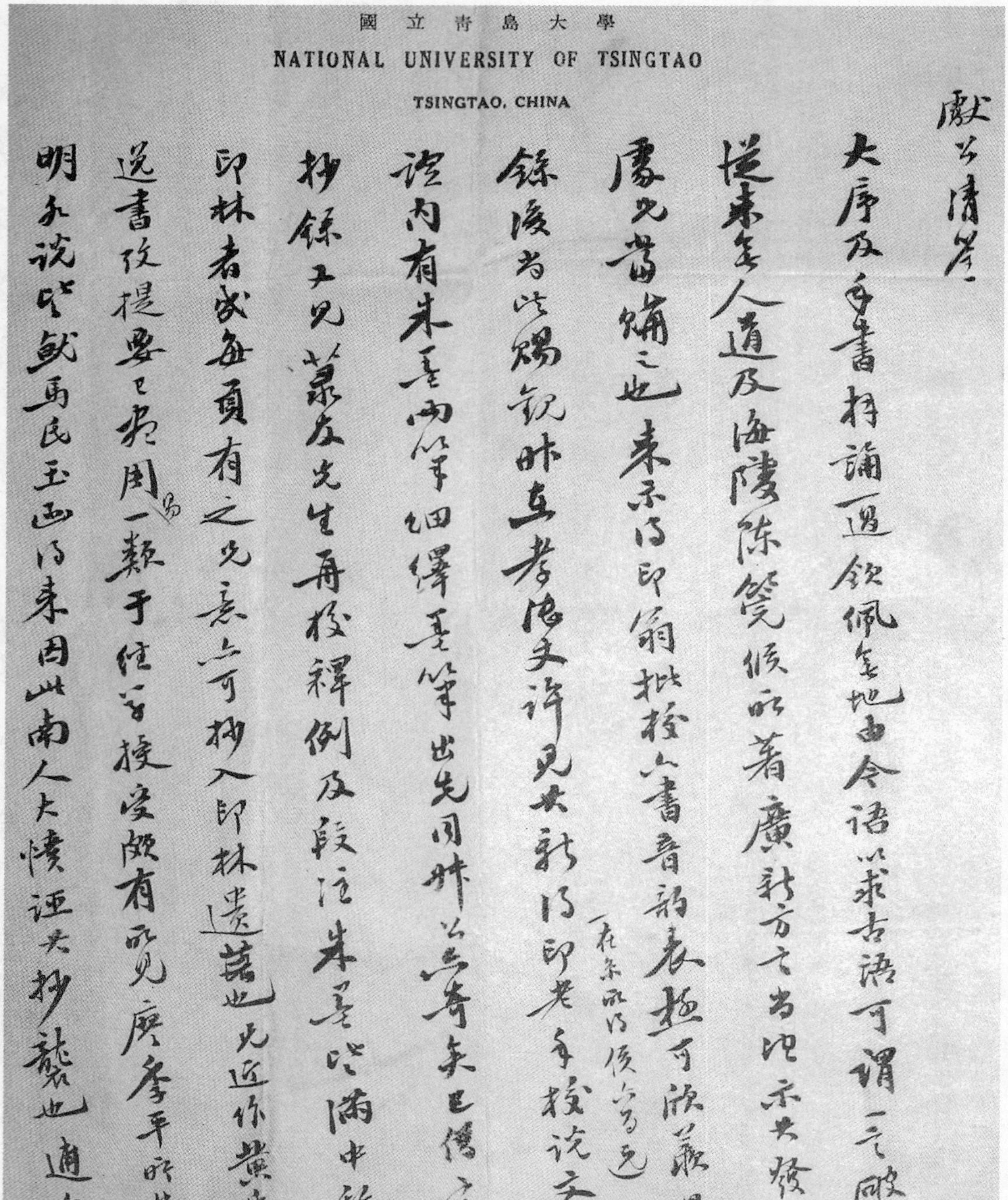
國立青島大學
NATIONAL UNIVERSITY OF TSINGTAO
TSINGTAO, CHINA

獻兮清鑒：
大序及手書拜誦一過，欽佩無地。由今語以求古語，可謂一針見血的
從來無人道及。海陵陳篋候所著廣新方言當現示其發行
處也，當補之也。來示謂印翁批校之書音韵表極可欣羨，過
錄後當收錄錢昕直孝緒文許見其新謂印老手校說文義（一在朱所謂候官見）
證內有朱墨兩筆，細繹墨筆出先周北公無奇矣，已傳定
抄錄之兒，篆及先生再校釋例及段注朱墨皆滿中縫
印林者，或每頁有之，先意亦可抄入印林遺著也。先近作黃氏
逸書攷提要已寄周（易）一類于經字接受頗有所見，庚辛平所作
明知說文馬氏玉函謂來因此南人大憤，誣其抄襲也。適白

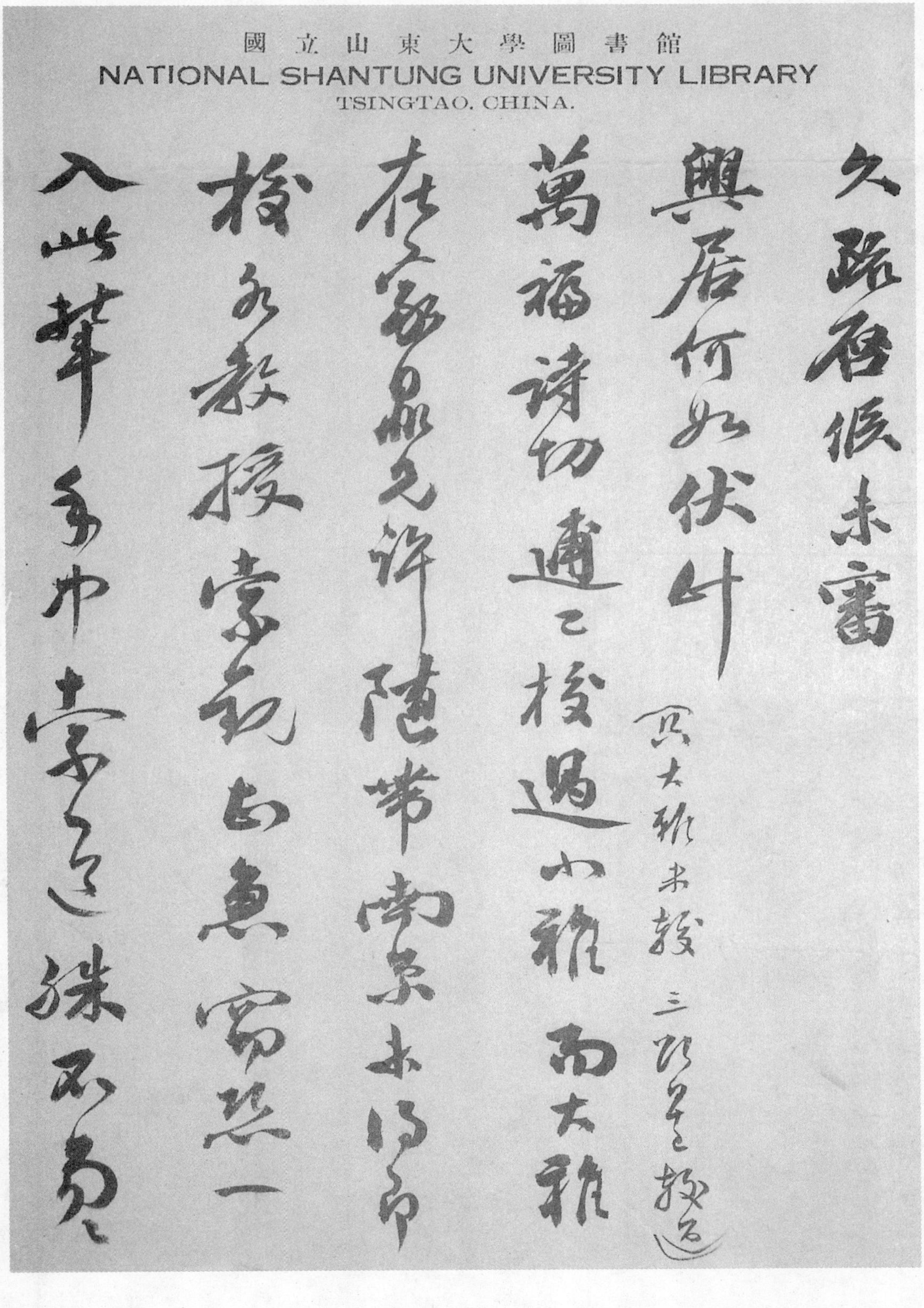

國立山東大學圖書館
NATIONAL SHANTUNG UNIVERSITY LIBRARY
TSINGTAO, CHINA.

久疏音候未審
興居何如伏計
萬福詩切適已校過小雅南大雅（只大雅未校 三頌已校過）
在家鼎兄許隨帶南京未得即
檢交教授當取出寄思一
入此華手巾壹方已逕殊不可負

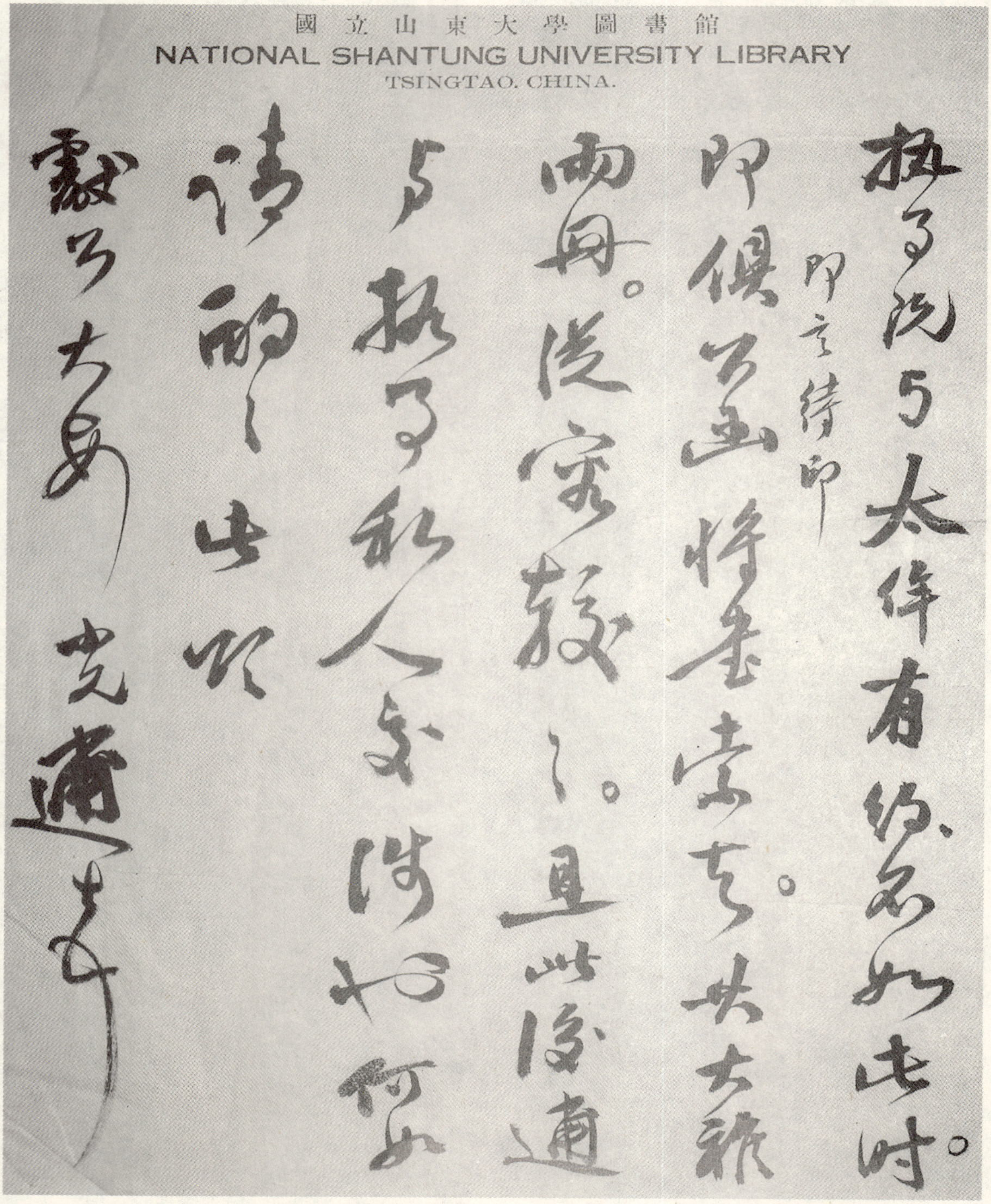

國立山東大學圖書館
NATIONAL SHANTUNG UNIVERSITY LIBRARY
TSINGTAO. CHINA.

書第十一通

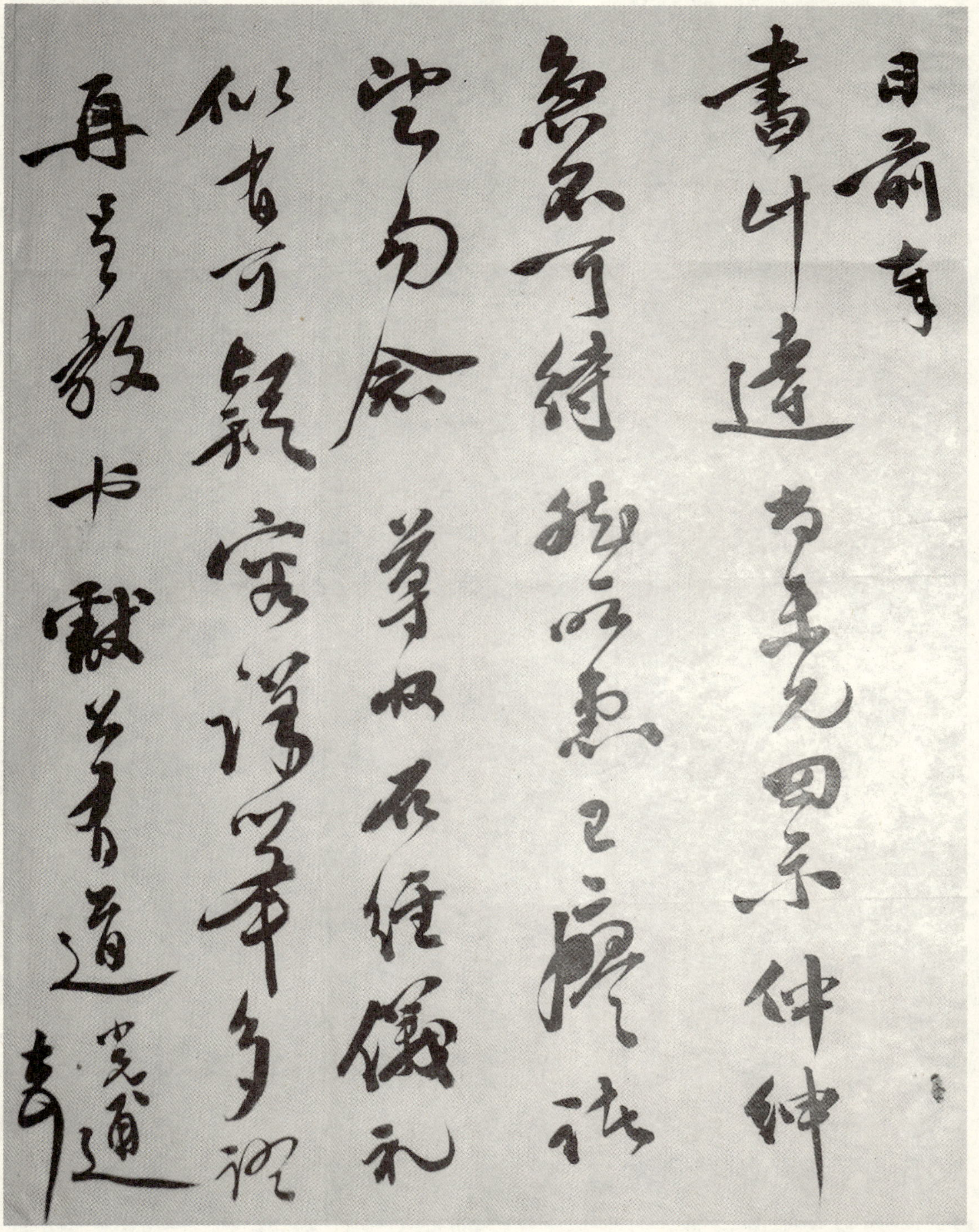

丁逋

書第十二通

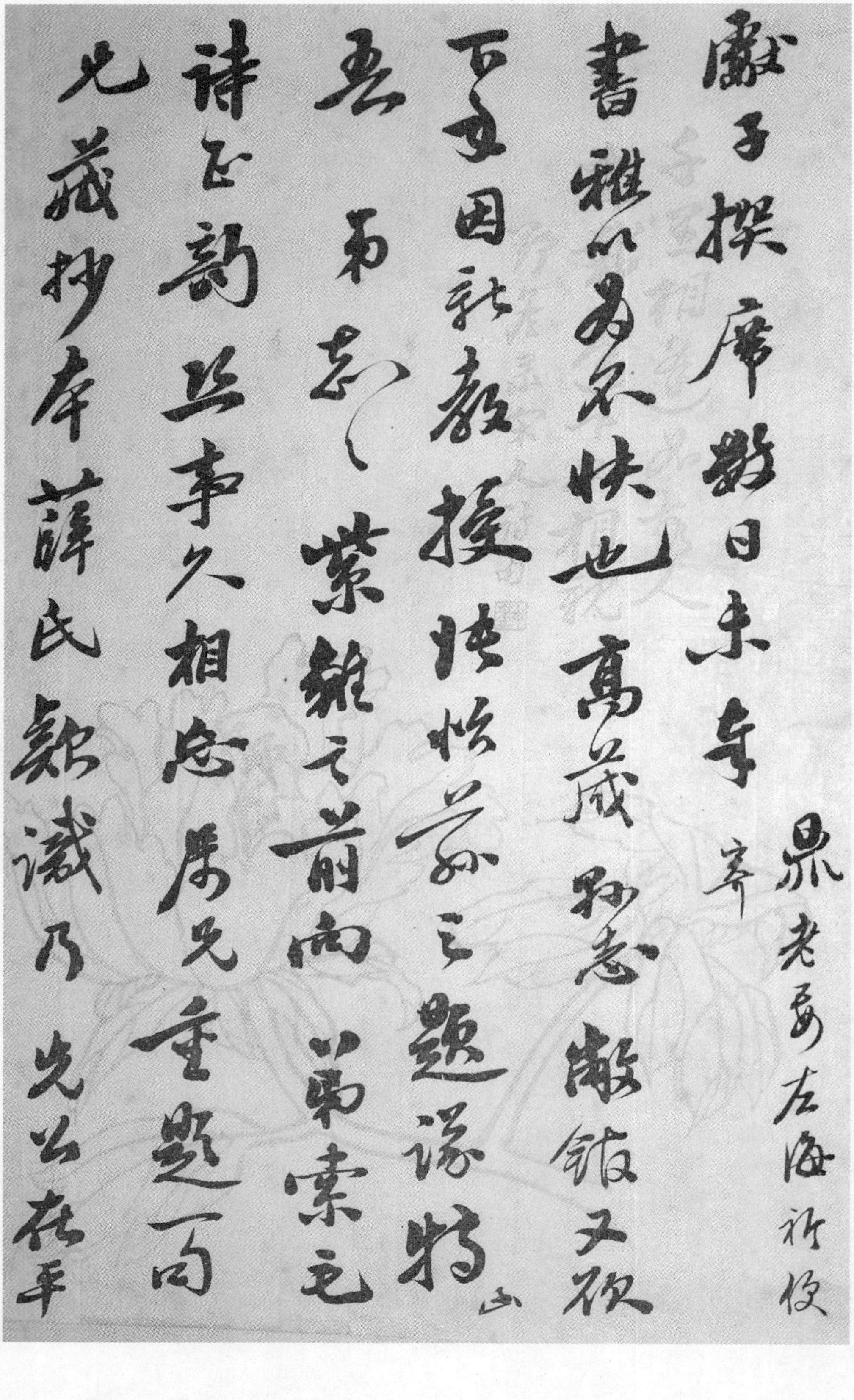

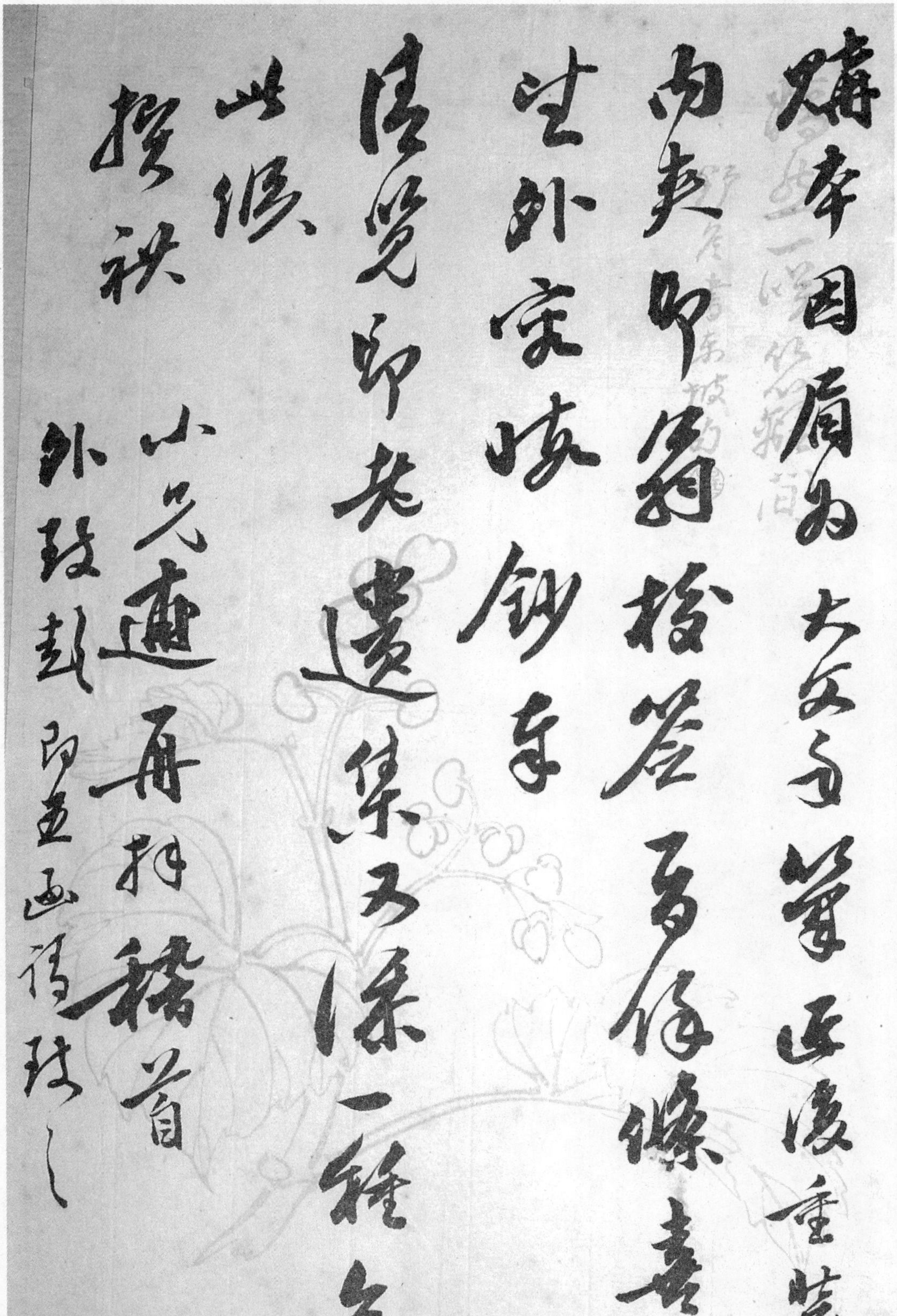

丁遒

書第十三通

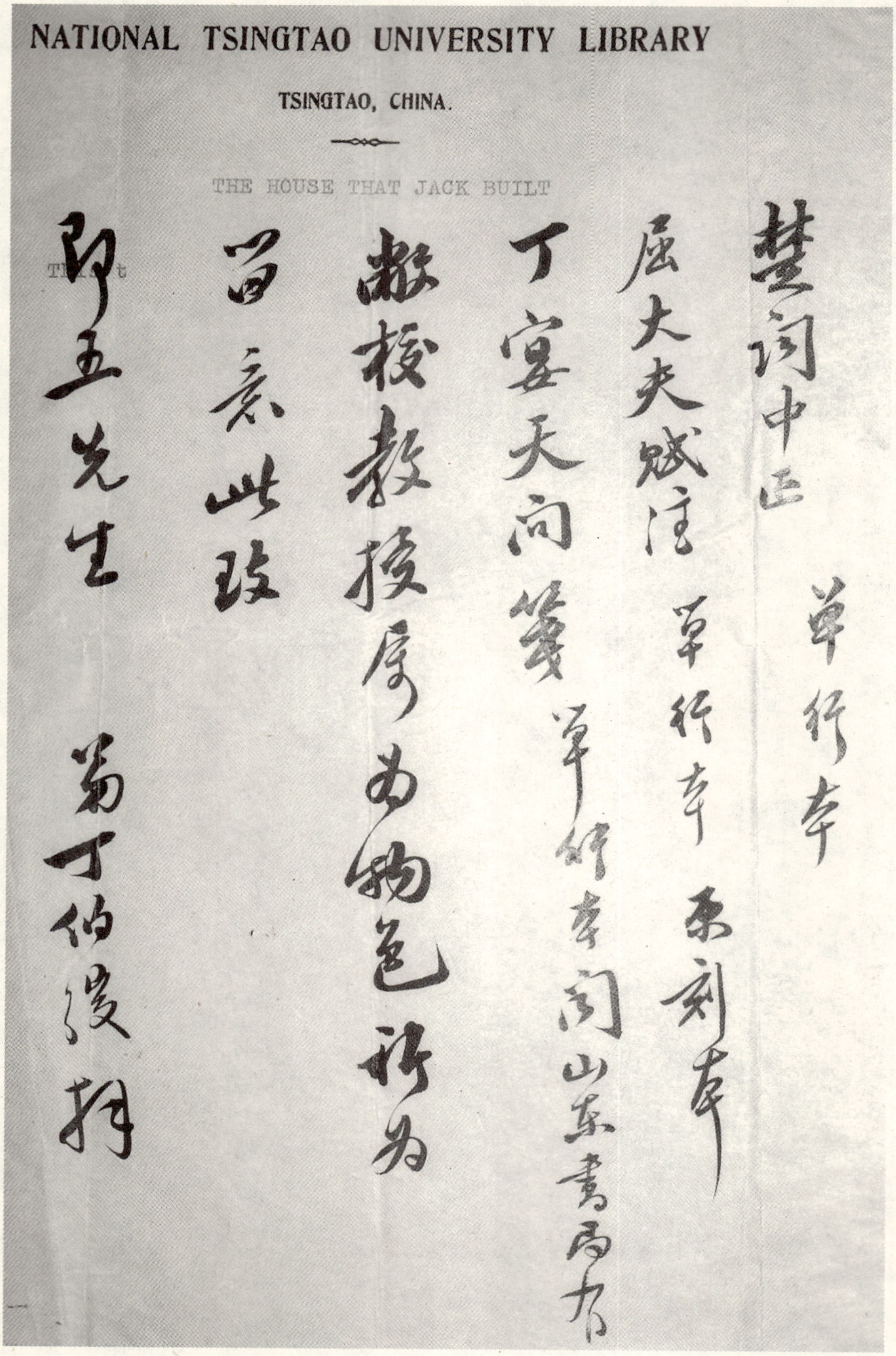
NATIONAL TSINGTAO UNIVERSITY LIBRARY

TSINGTAO, CHINA.

THE HOUSE THAT JACK BUILT

楚詞中正 草行本

屈大夫賦注 草行本 東刻本

丁晏天問箋 草行本 聞山東書局有

敝校教授屬為物色祈為

留意此致

獻唐先生

萬丁伯俊拜

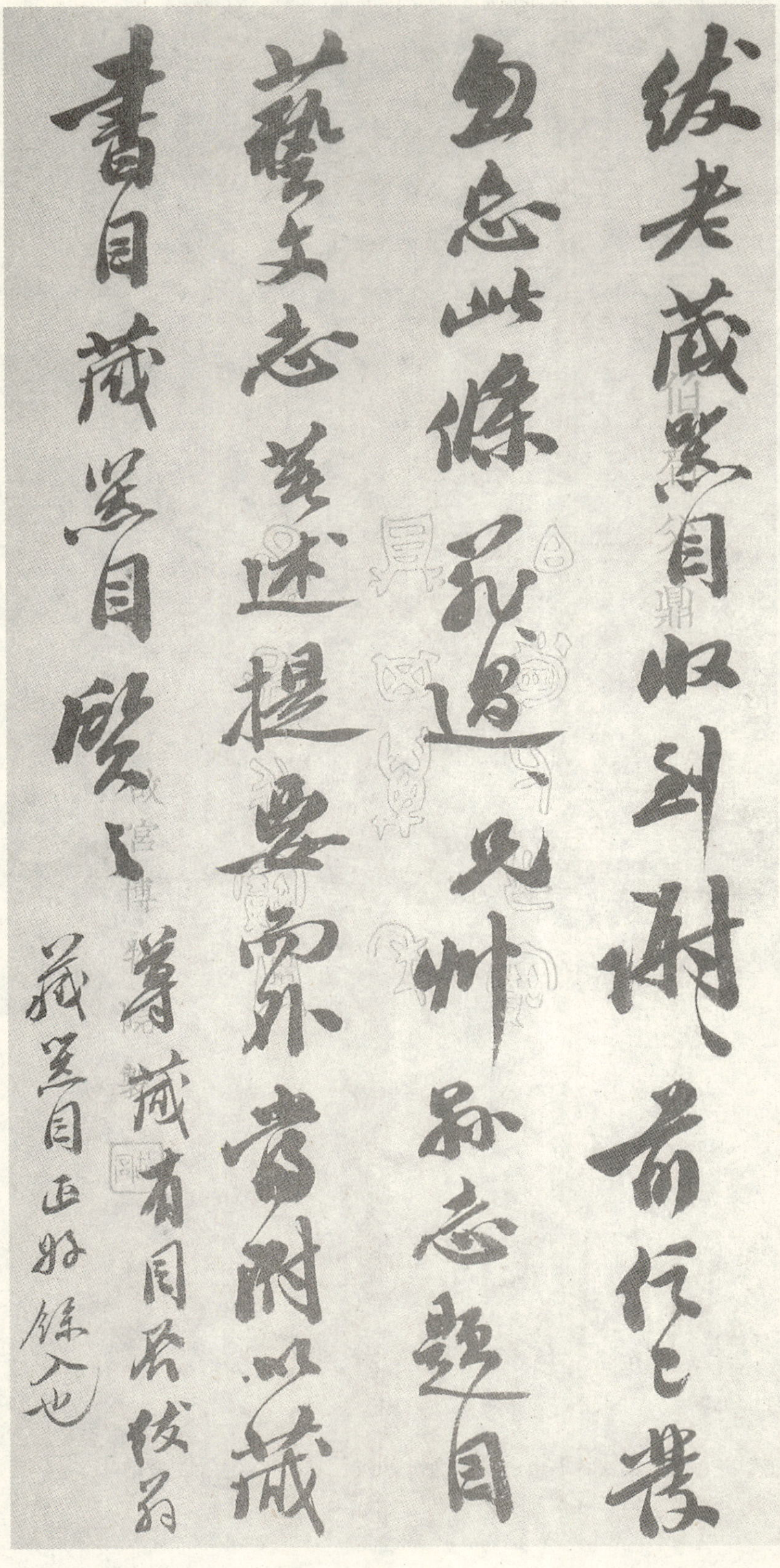
彼老藏墨目收到謝謝前信已發
自忘此條我道兄州别忘題目
藝文志著述提要所界書附以藏
書目藏墨目殷殷
尊藏有目否彼翁
藏墨目正好餘人也

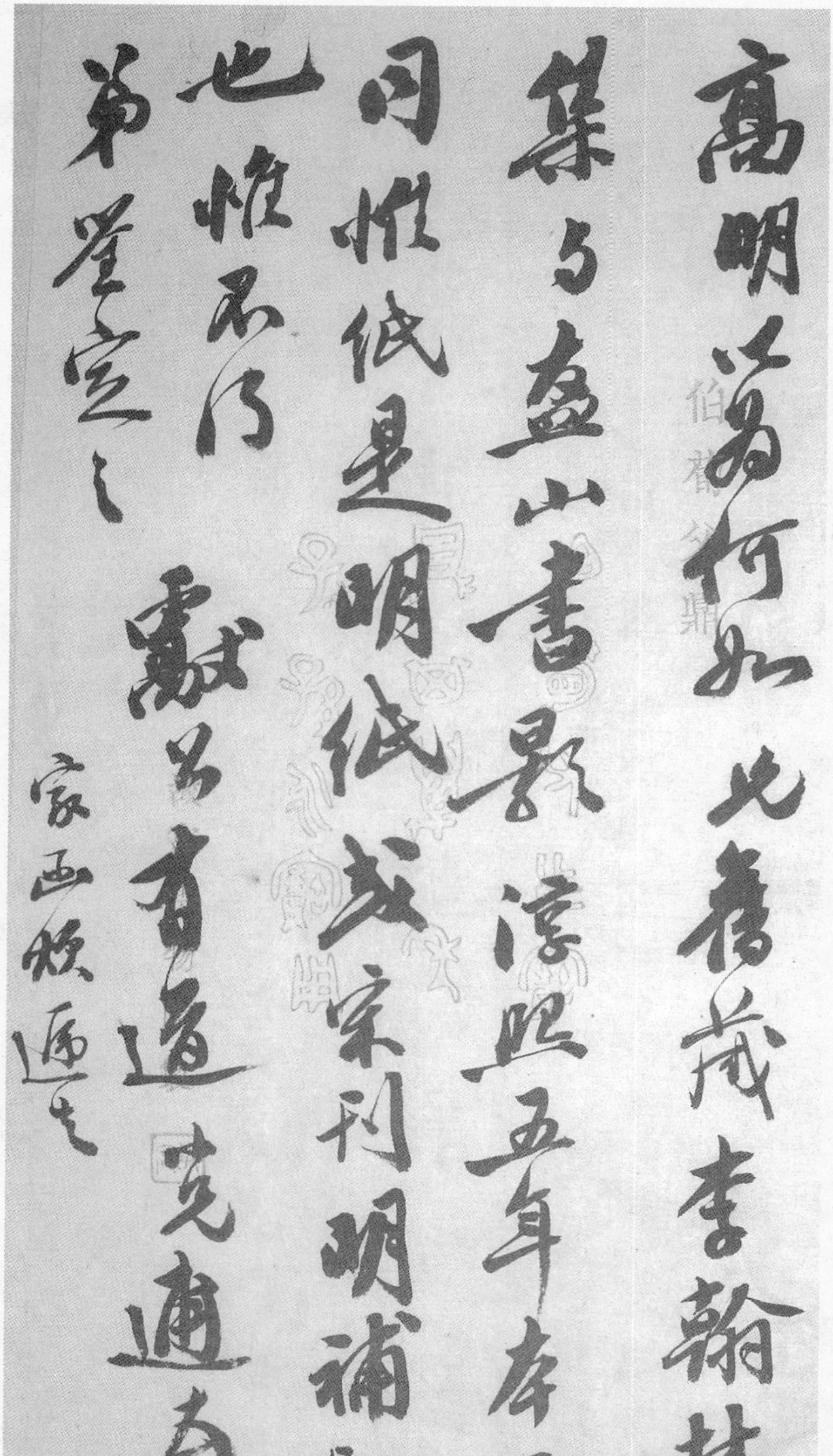
高明以爲何如此舊藏李翰林
集與盤山書最淳熙五年本正
同惟紙是明紙成宋刊明補印
也惟君乃
弟是定之
獻唐有道先生道安
宗函頓首

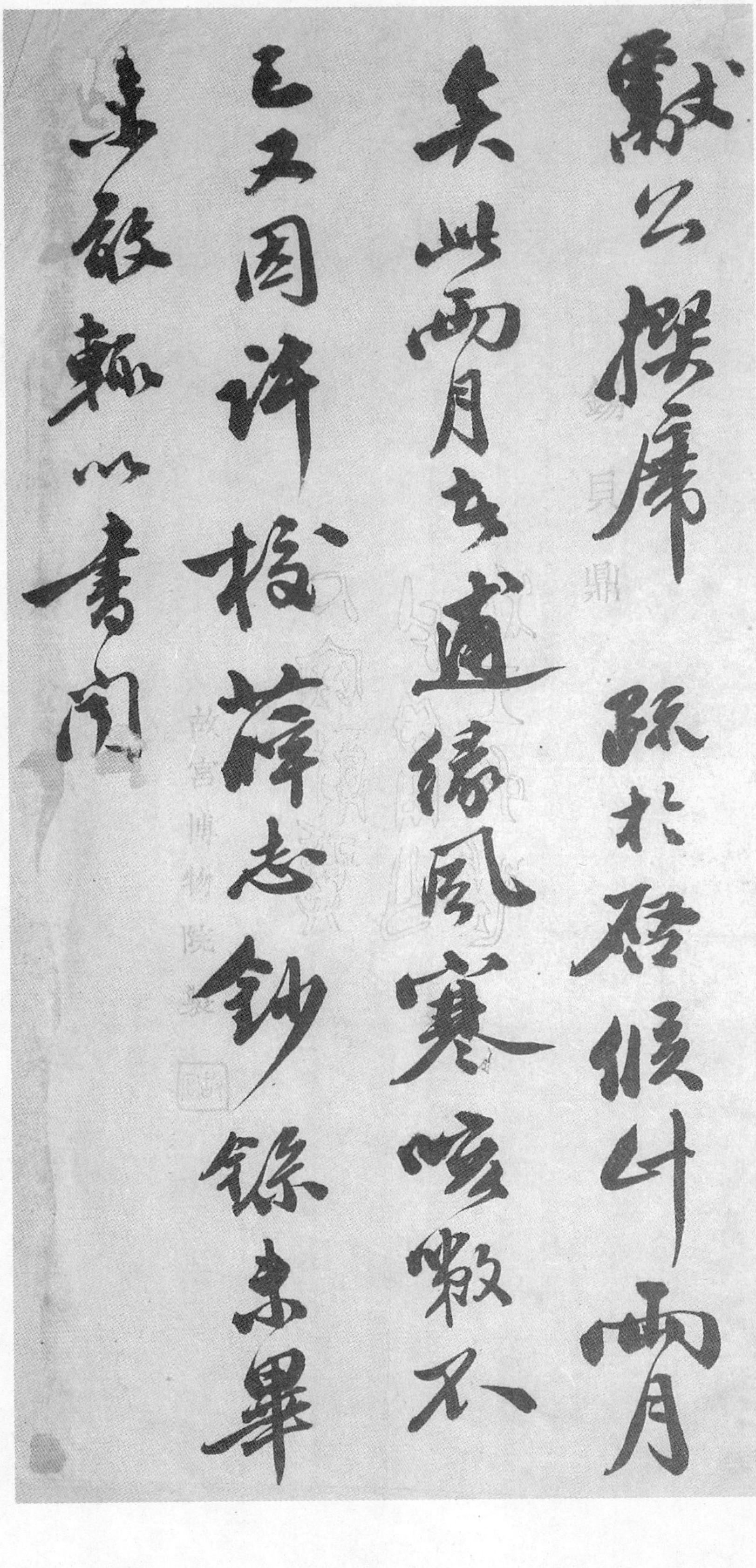
獻公撰席　疎於啓候比兩月矣此兩月來道緣風寒咳嗽不已又因許檢薛志鈔錄未畢未敢輒以書聞

故宮博物院藏

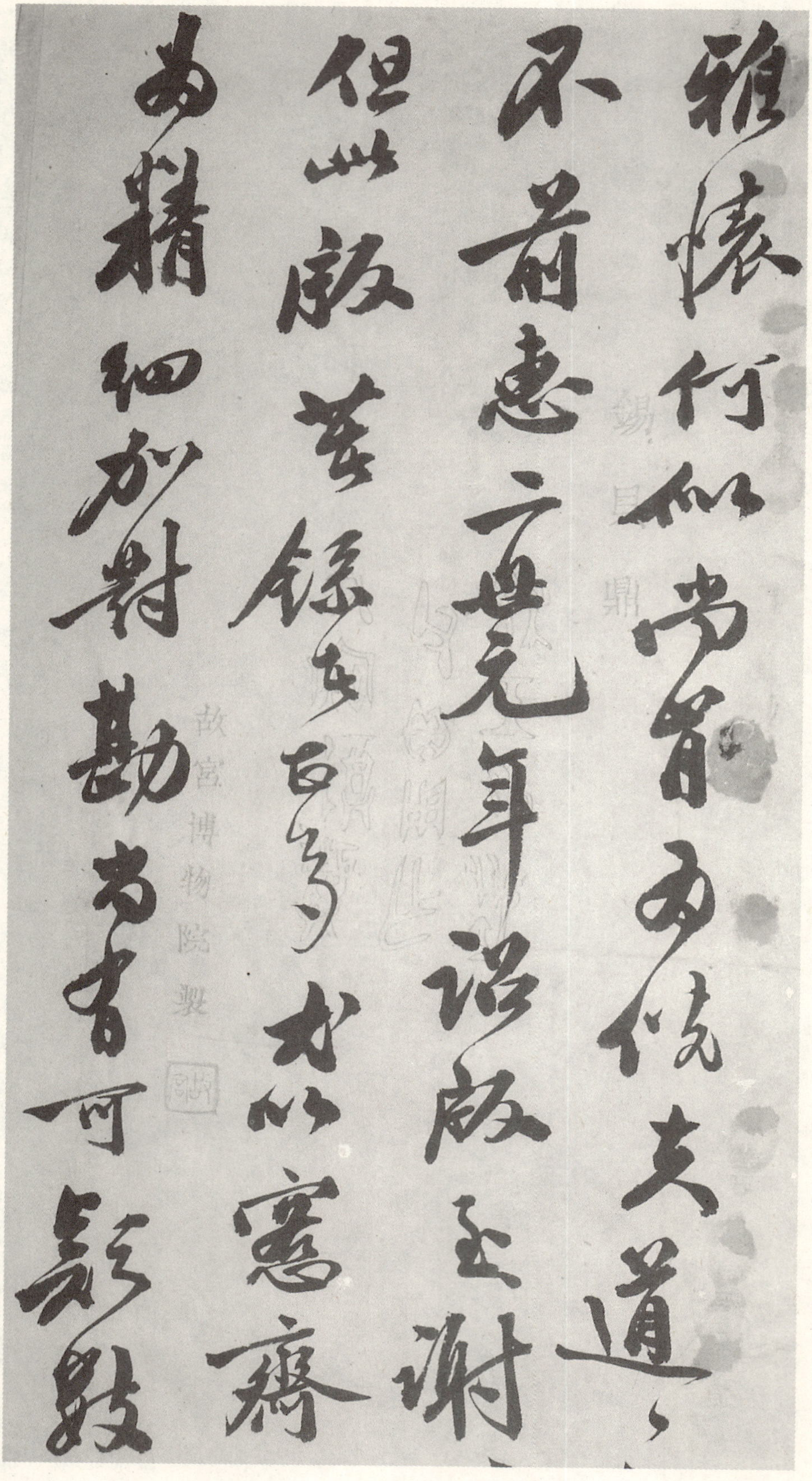

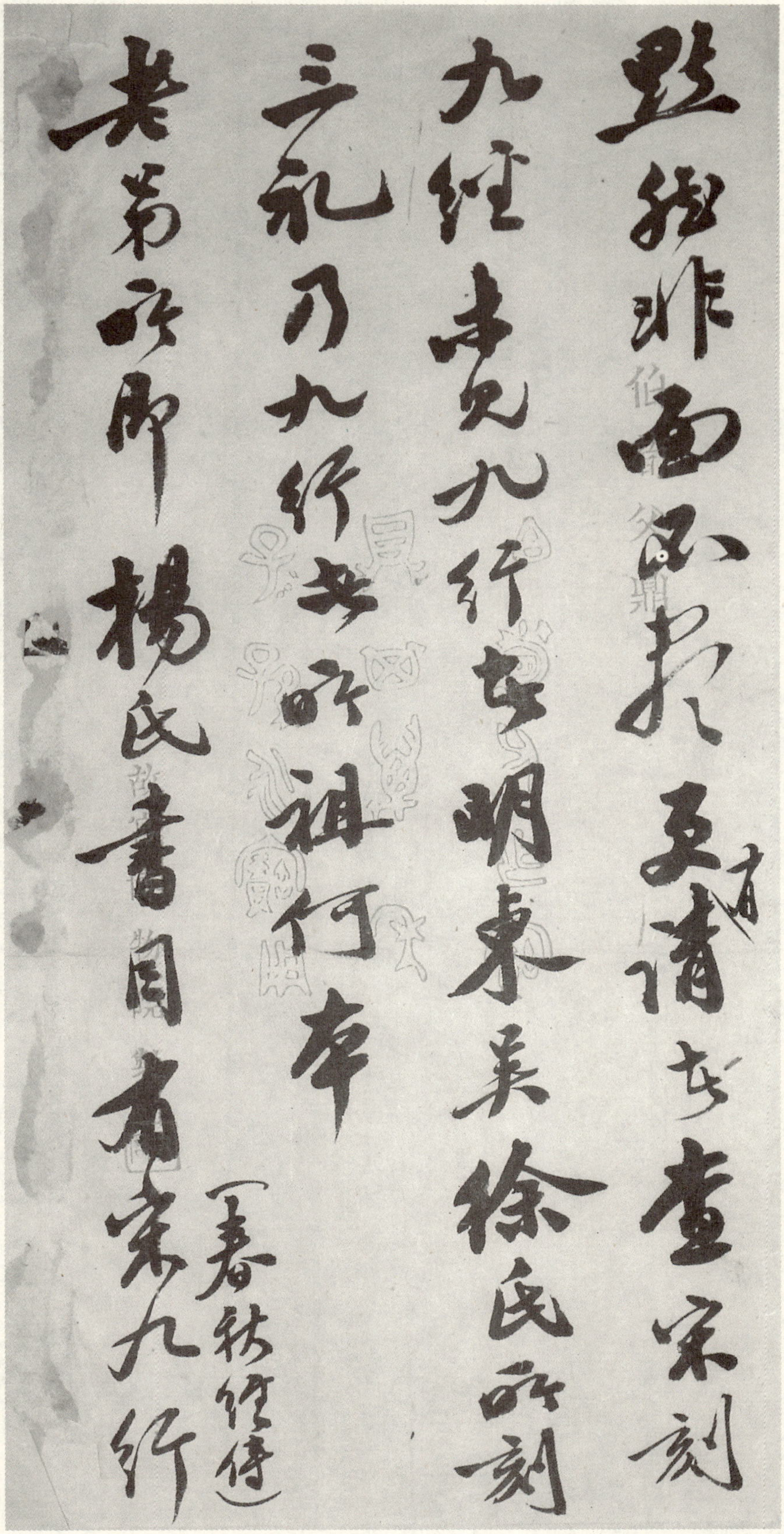

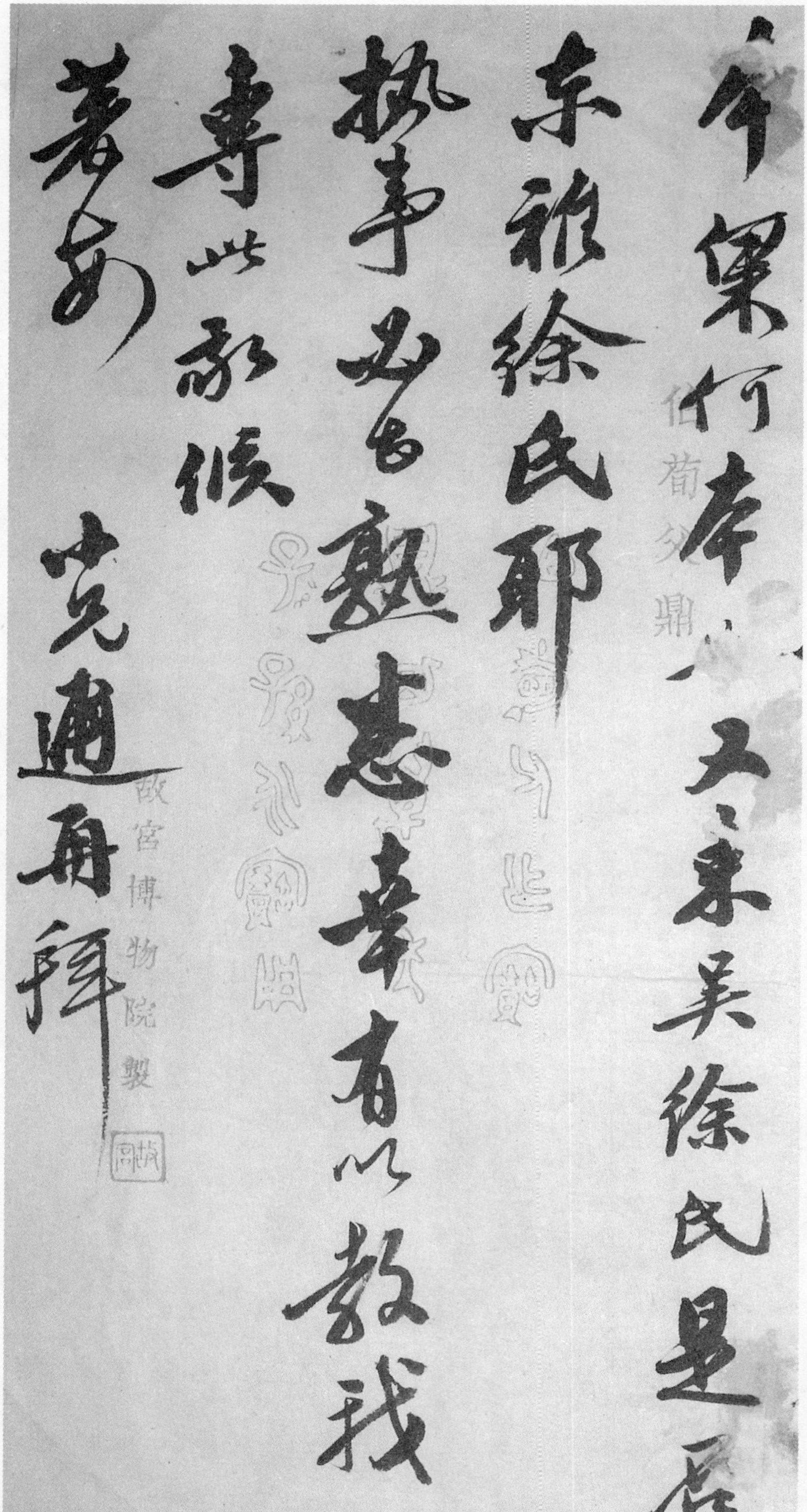
故宮博物院製

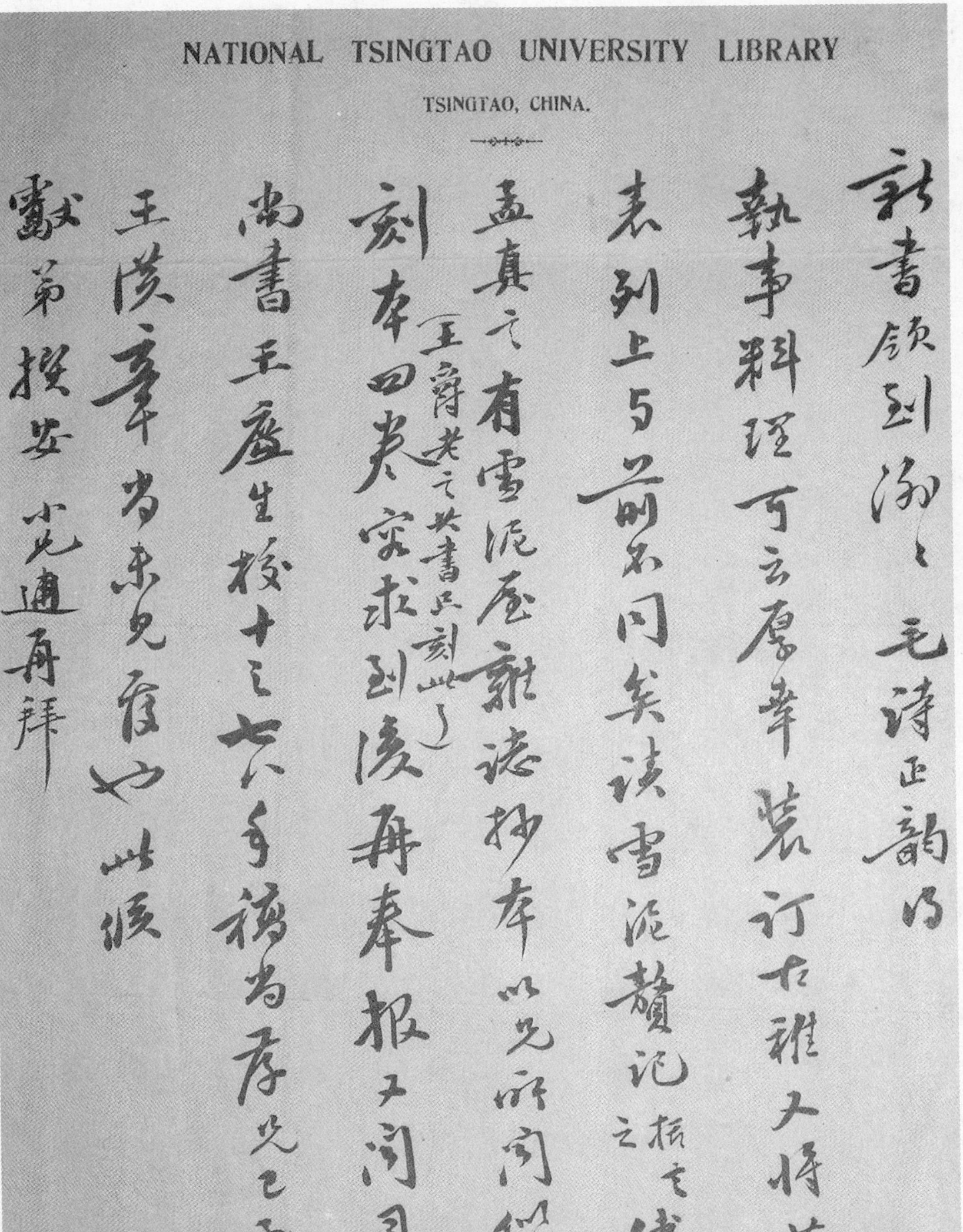

NATIONAL TSINGTAO UNIVERSITY LIBRARY

TSINGTAO, CHINA.

新書領到，謝謝。毛詩正韻乃
執事料理，可云厚幸。裝訂古雅，大將蓋
表到上5前不同矣。讀雪泥續記之，拓之傳
盡真之。有雪泥屐新誌抄本，以先所閱似是
刻本四卷（王爵老之共書正刻此），容求到後再奉報。又聞同文
尚書王廣生校十三七，太手稿爲序，先已函
王漢章，尚未見復也。此頌
獻弟撰安　小兄適再拜

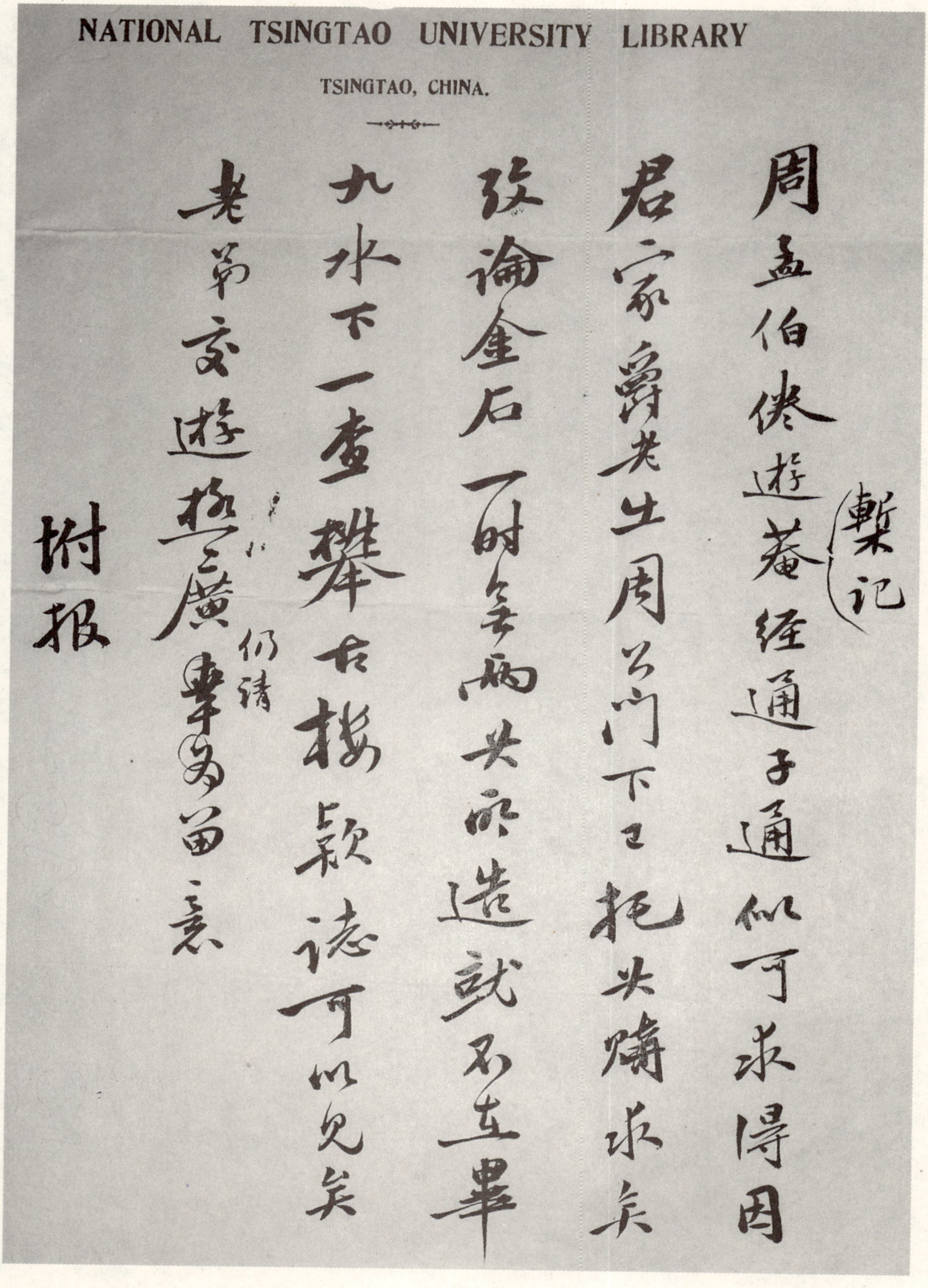

NATIONAL TSINGTAO UNIVERSITY LIBRARY

TSINGTAO, CHINA.

周孟伯倦遊菴槧記經通子通似可求得因君家爵老先生周公門下士托其隨求矣所論金石可將余兩共所造就不足畢九水下一查攀古樓款識可以見矣老弟交遊極廣仍請隨時留意

樹報

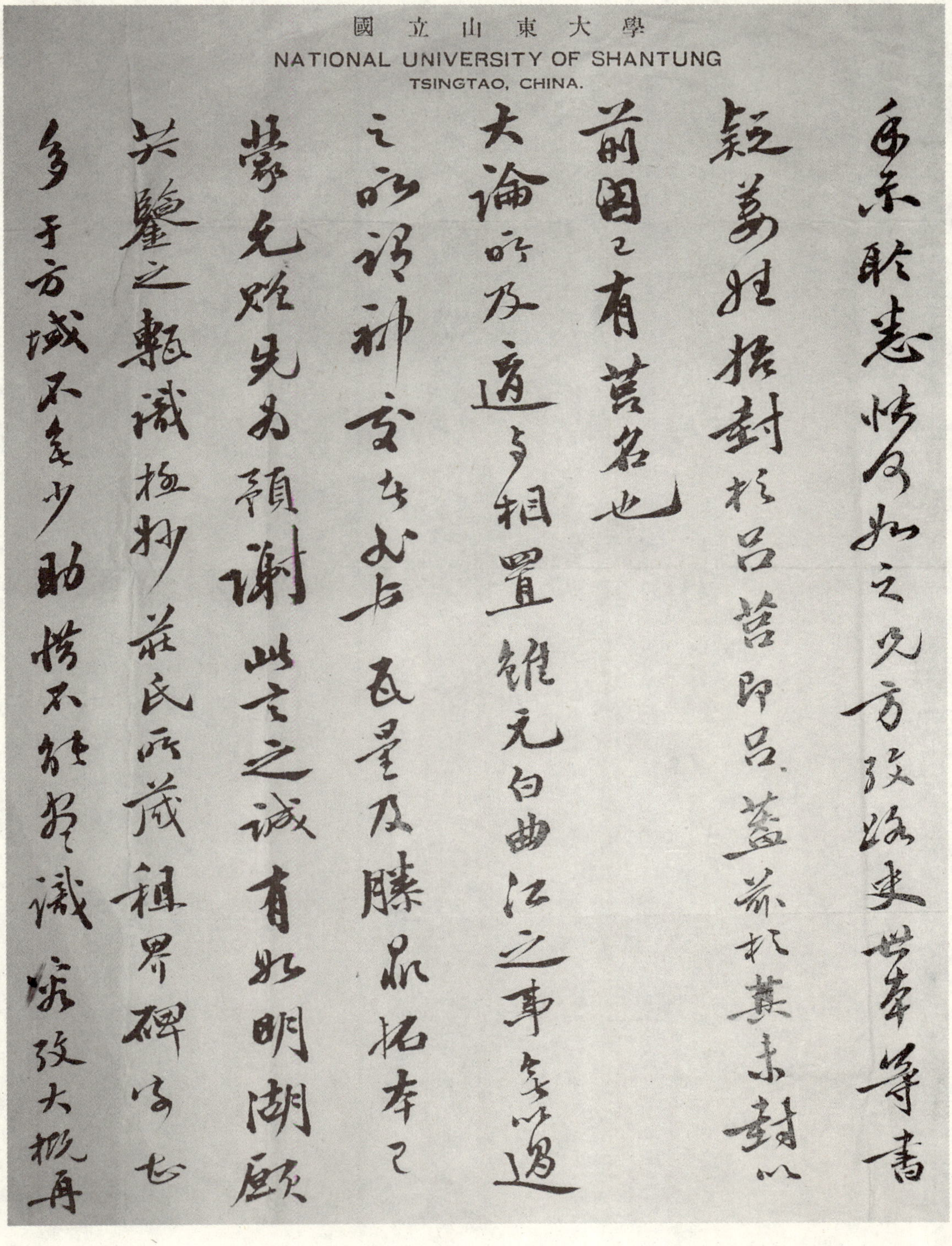

國立山東大學
NATIONAL UNIVERSITY OF SHANTUNG
TSINGTAO, CHINA.

手示聆悉快慰如之兄方致治史學等書
疑姜姓諸封於呂莒即呂蓋莒於其未封以
前固已有莒名也
大論所及適與相置韓元白曲江之事幸以過
之所謂神交者也承量及滕縣拓本已
蒙允賜先為預謝此文之誠有如明湖顧
與鑒之輯識極妙莊氏所藏租界碑等也
多于方域不無少助惜不能歸識俟致大概再

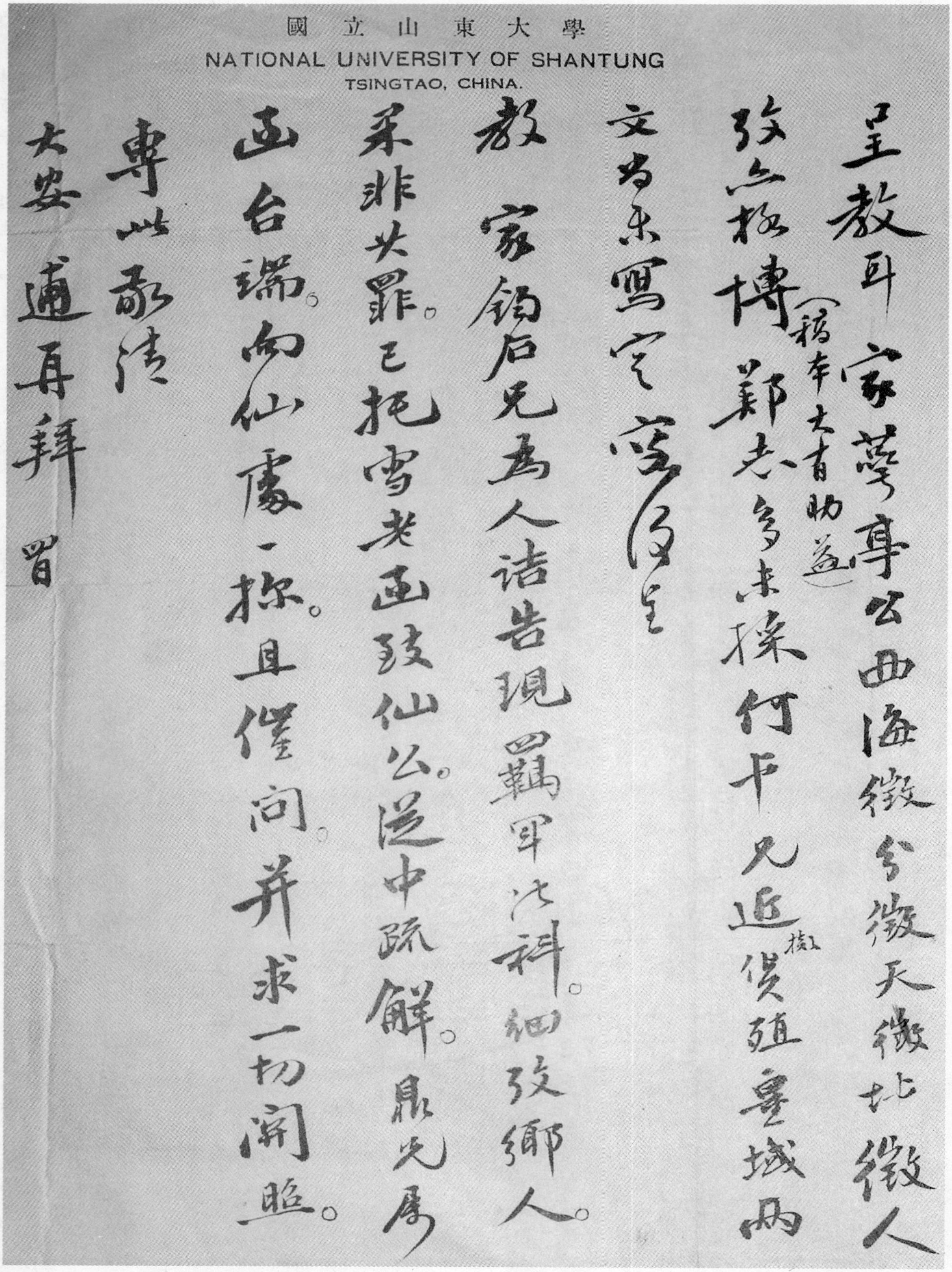
國立山東大學
NATIONAL UNIVERSITY OF SHANTUNG
TSINGTAO, CHINA.

呈教耳。家蕘亭公西海徵、今徵、天徵、地徵、人
攷亦極博（稿本大有助益）。鄭志多未採，付中兄近擬貨殖、奧域兩
文尚未寫完，容復呈
教。家錫侯兄為人詰告，現羈押法科。細攷鄉人
采非其罪。已托雪老函致仙公。從中疏解。鼎先屬
函台端向仙處一探。且僅問。并求一切關照。
專此敬請
大安 遹再拜 冒

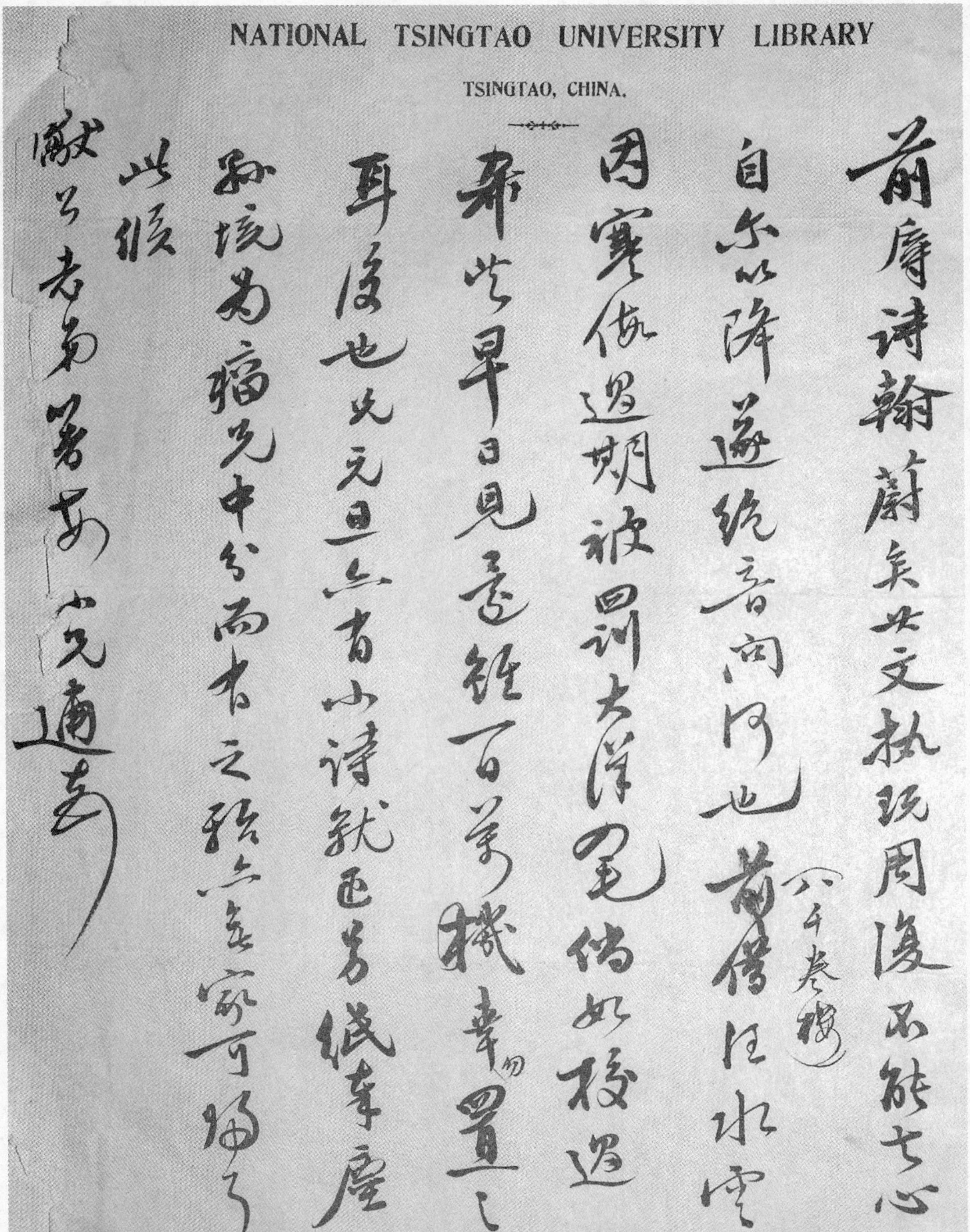

NATIONAL TSINGTAO UNIVERSITY LIBRARY

TSINGTAO, CHINA.

前辱詩翰蔚矣其文執玩周復不能去心

自爾以降遂絕音問何也前借（八千卷樓）汪水雲

因寒假過期被罰詢大學圖借如校過

希望早日見還經百葉機幸勿置之

耳後也此元旦亦有小詩就正另紙奉塵

聊境為福光中分高者之弦亦無家可歸了

此頌

獻之老弟著安　小兄逋上

NATIONAL TSINGTAO UNIVERSITY LIBRARY

TSINGTAO, CHINA.

壬申元旦

禮讓有時難為國，抑除恩怨亦忘情。盈城盈野
何多事，為罪為功少定名。胡越同歸新歷數，燕雲
斷舊邊城。開年元日真無賴，折役離憂自怨生。
戎馬生郊春復秋，螳螂異體幾時休。含沙吹满
人間世，樹國遠同水上漚。感慨乾坤餘墜甑，拋殘弓
（黨國政策因襲遠用總裁制度，所謂拋棄中山遺訓推舟于海也）
劍事推舟。五年以往垂捻首，一寄吟成雙淚流。
莫道李園種易楚，不知文信詛移秦。訪城納土

NATIONAL TSINGTAO UNIVERSITY LIBRARY

TSINGTAO, CHINA.

可無愧呵壁呼天要有人罵世何求更使酒為狂
有味是常貧回頭四十五年過豪氣不除老病身
聞君嫂已回來知現居何所 南都
近況當佳 時以箋詳之

書第十九通

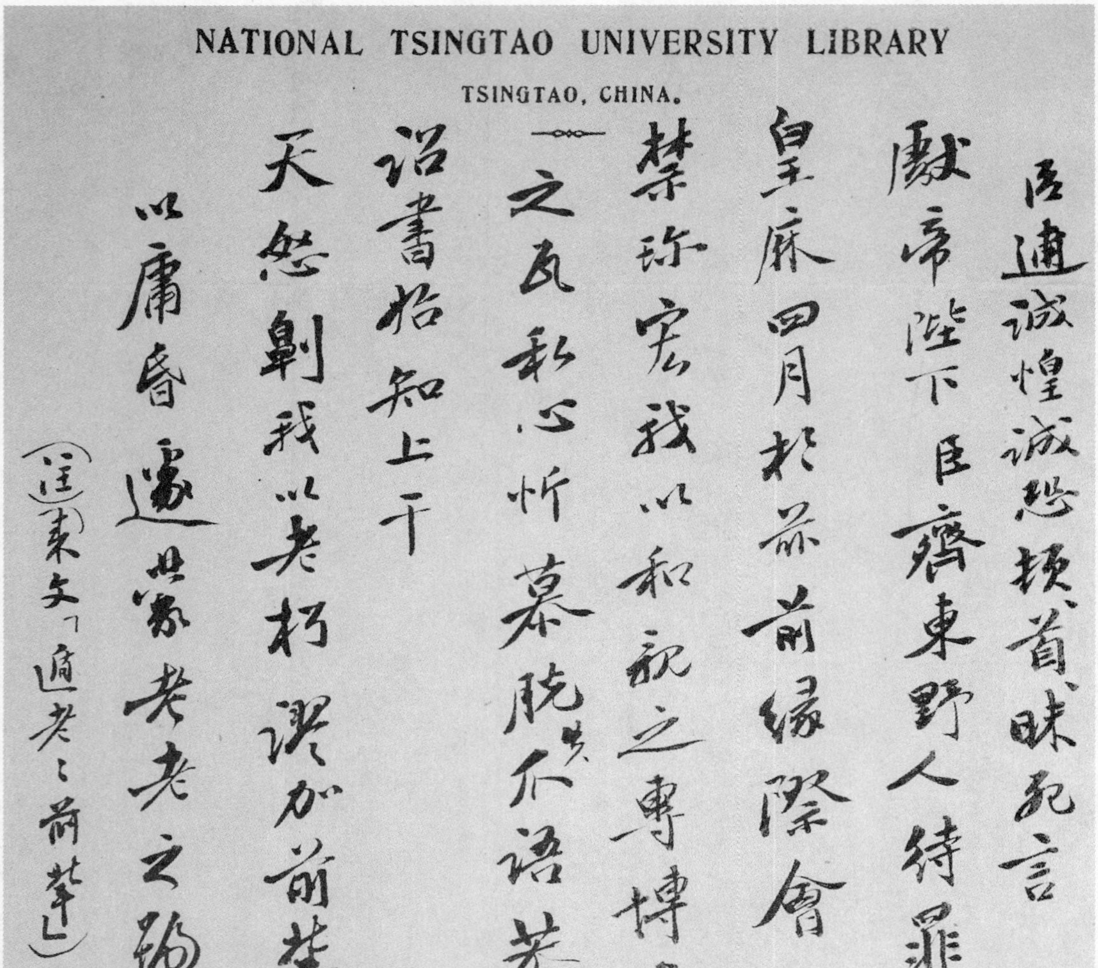
NATIONAL TSINGTAO UNIVERSITY LIBRARY

TSINGTAO, CHINA.

臣適誠惶誠恐頓首頓首昧死言

獻帝陛下　臣齊東野人　待罪海隅　仰沐

皇庥四月於茲　前緣際會　乃瞻內府

禁珎　宏我以和親之專　博我以長樂

之瓦　私心忻慕　朊失介語　茶奉

詔書　始知上干

天怒　剝我以老朽　褫加前輩之稱　刖我

以庸昏　遂無家老老之節　跪聆之下

（注：來文「適老老前輩」）

NATIONAL TSINGTAO UNIVERSITY LIBRARY

TSINGTAO, CHINA.

夏無一瘦食伏惟

天威不遠近在濟南賜死則死加刑則

刑付之有司論其當罪備録肺腑托在

外戚垂日月之分（史記魏其傳日月之際（隱）日月內外也）

垂天地之仁削藉投藩自屏荒裔

效

杖咎歸邑沒齒無二臨表涕淚昧死

以聞

（天和事廣泉州我如山向比亞鼎吞肯△△任借必見之）

（再見）

丁逋

書第二十通

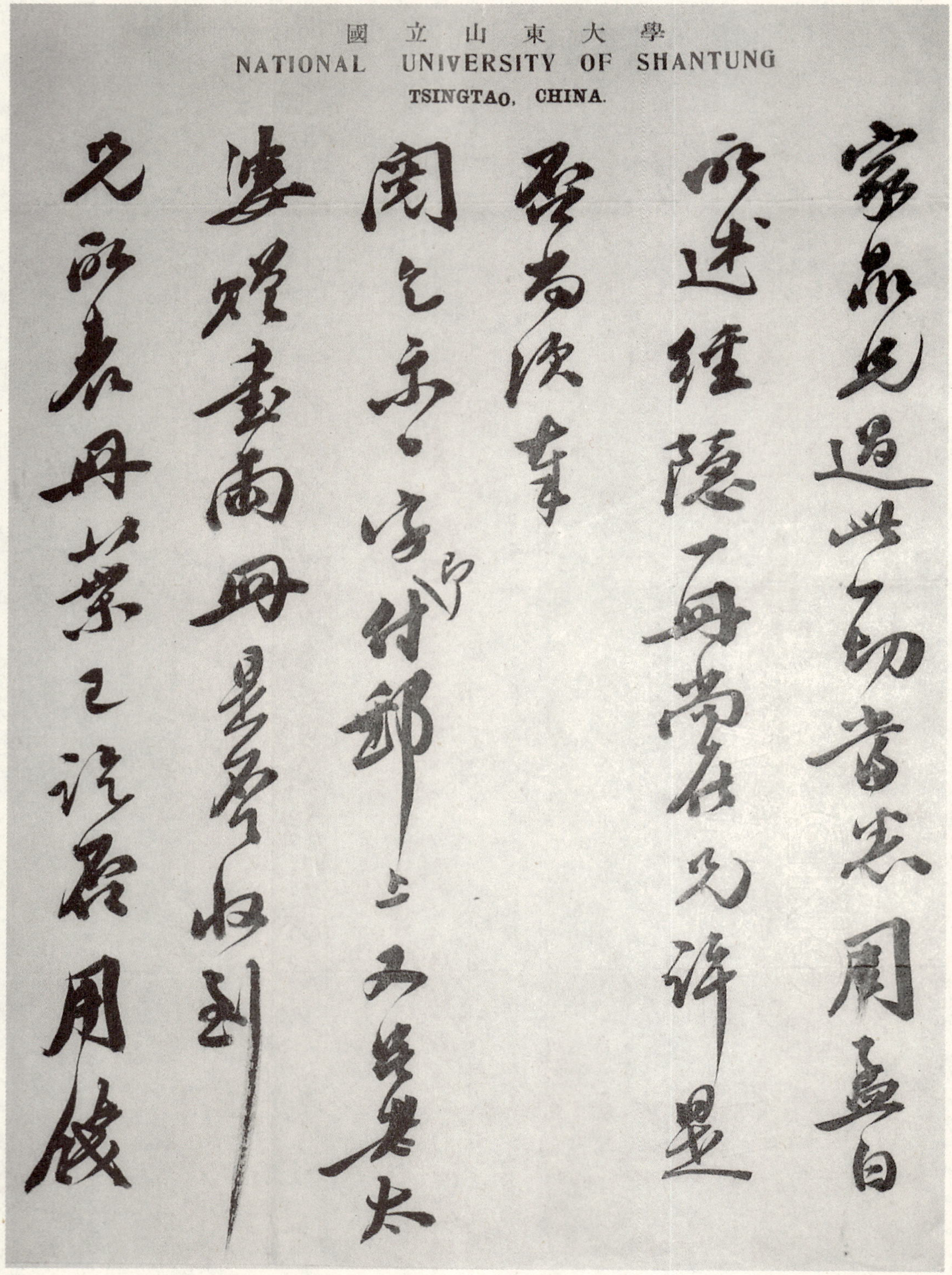

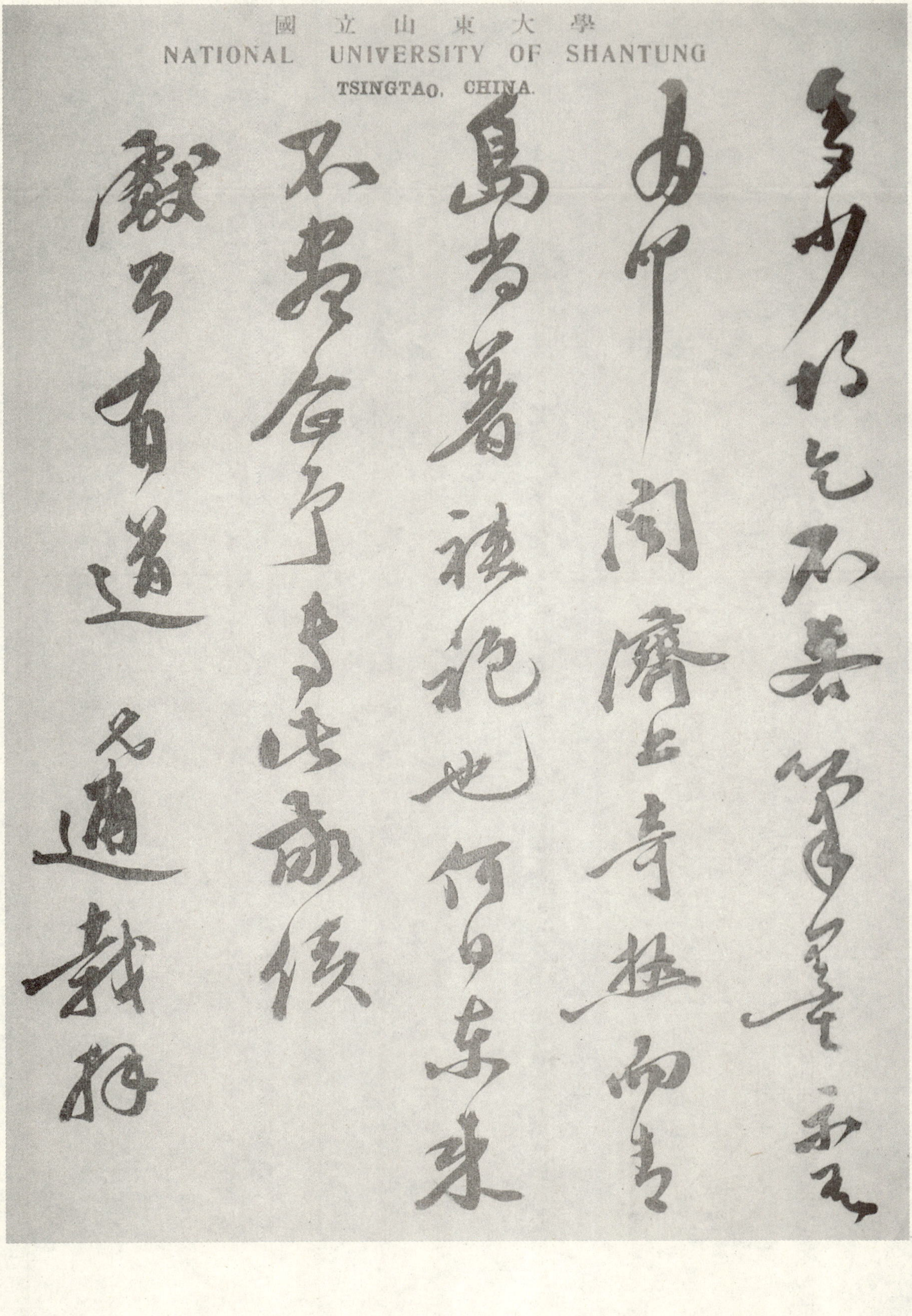
國立山東大學
NATIONAL UNIVERSITY OF SHANTUNG
TSINGTAO, CHINA.

丁逋

書第二十一通

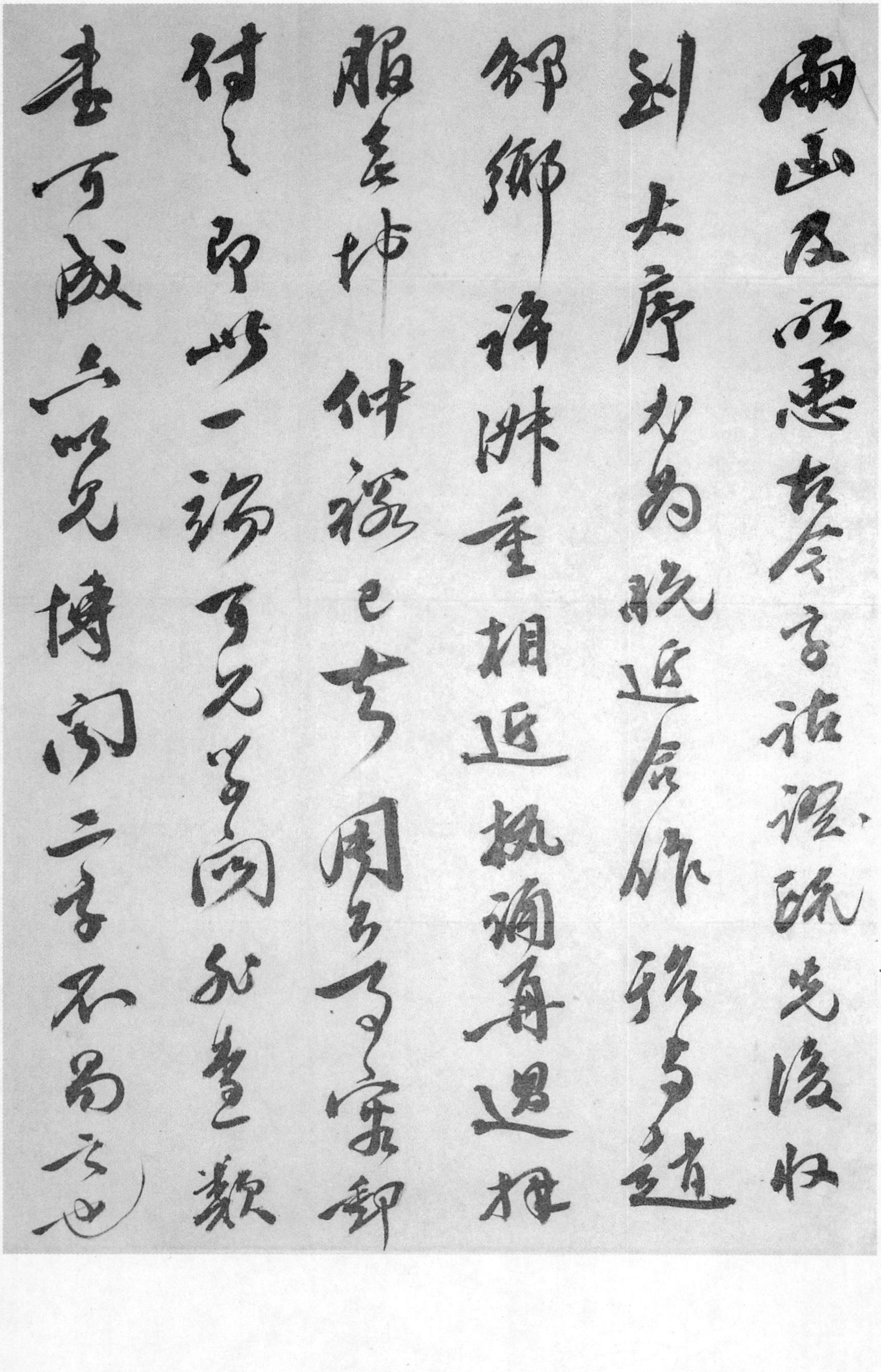

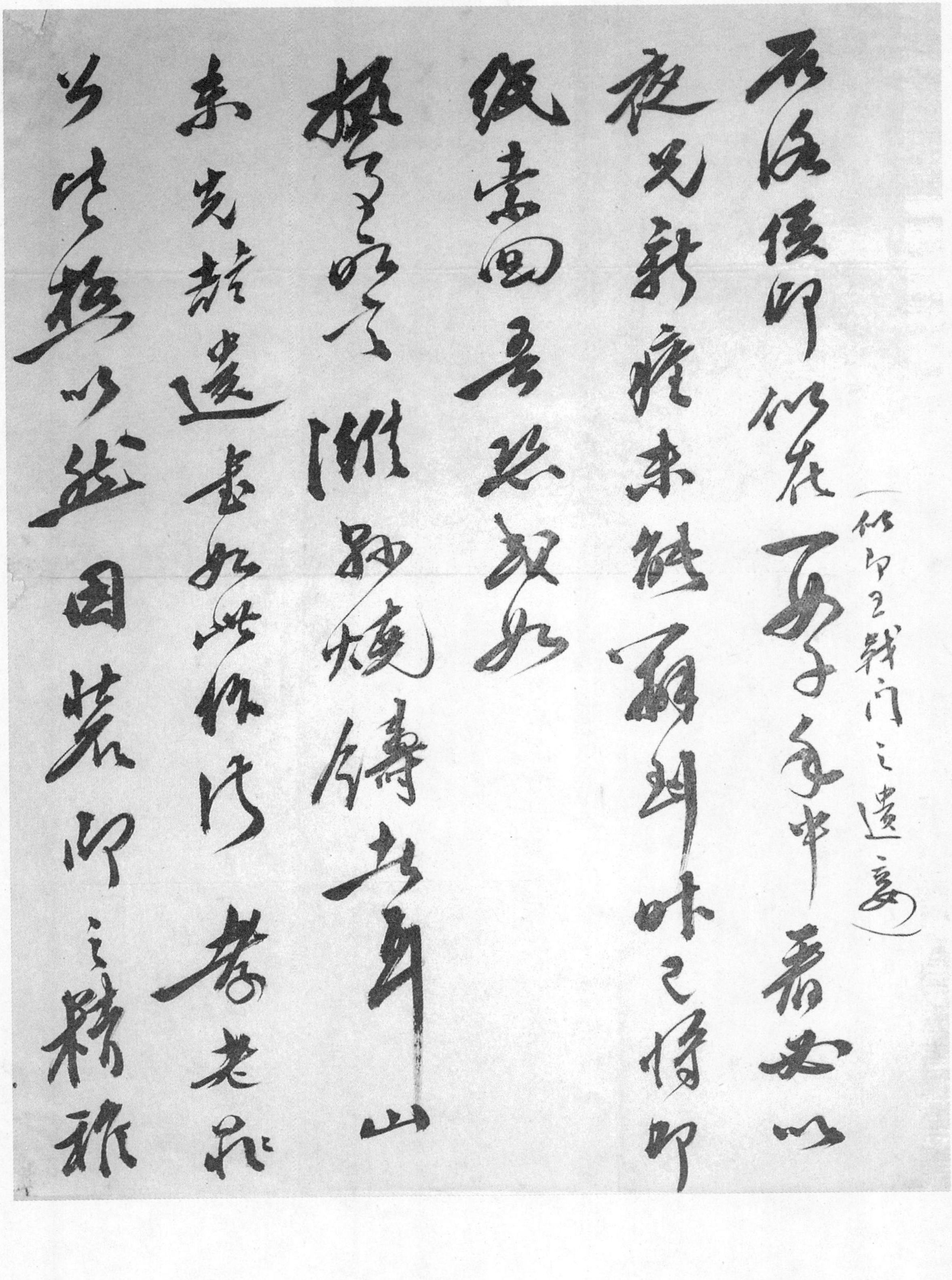

丁逋

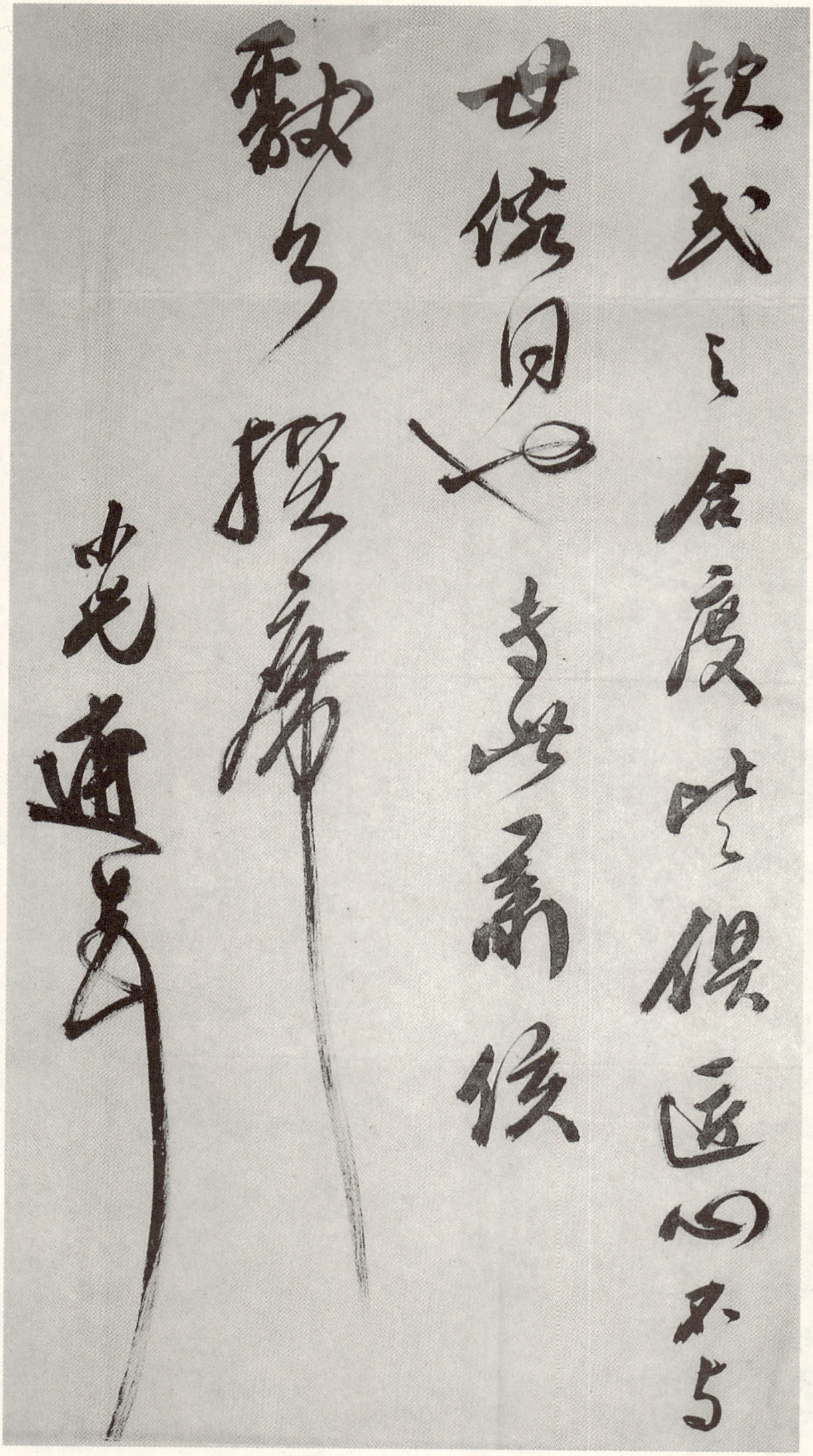

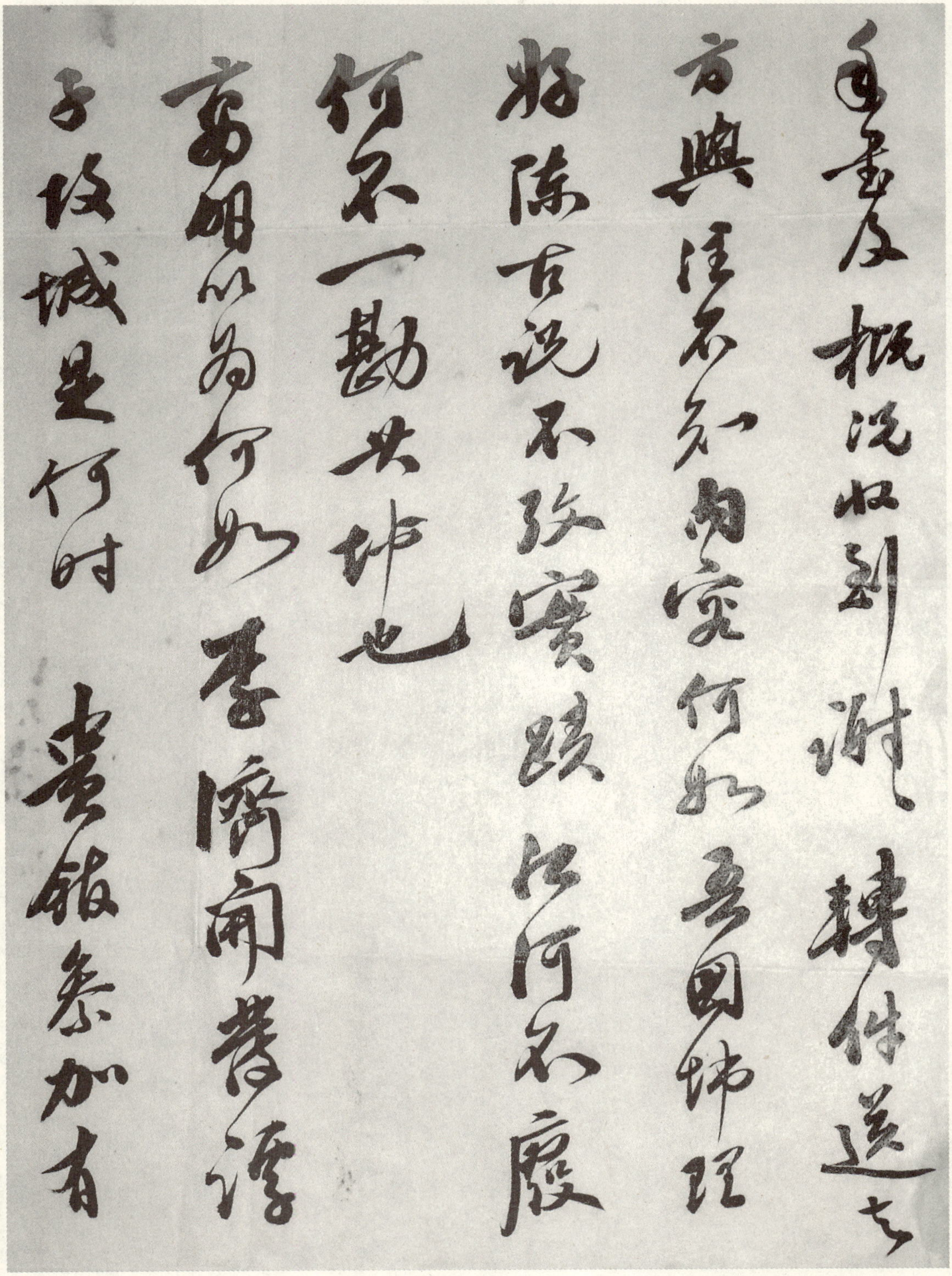

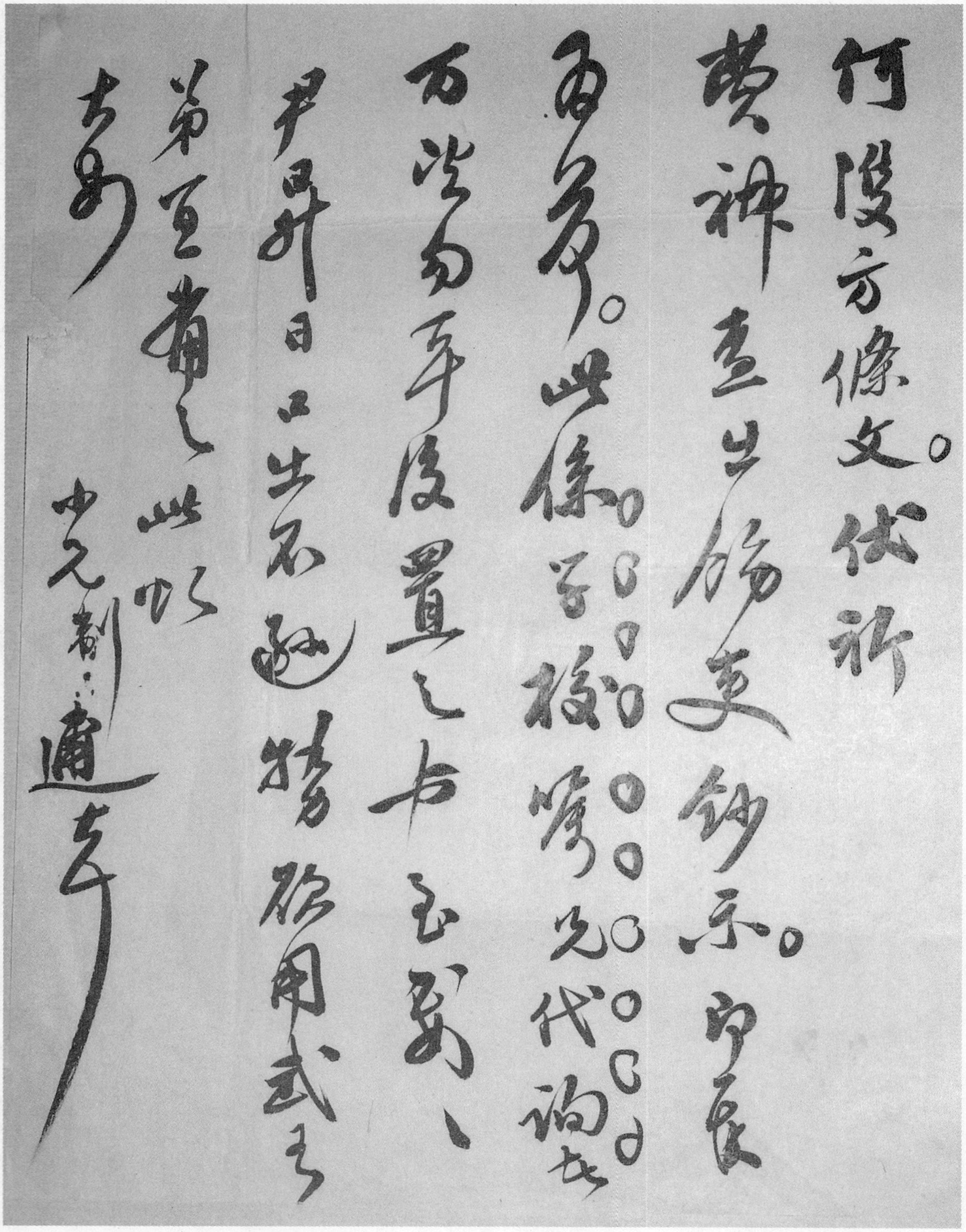

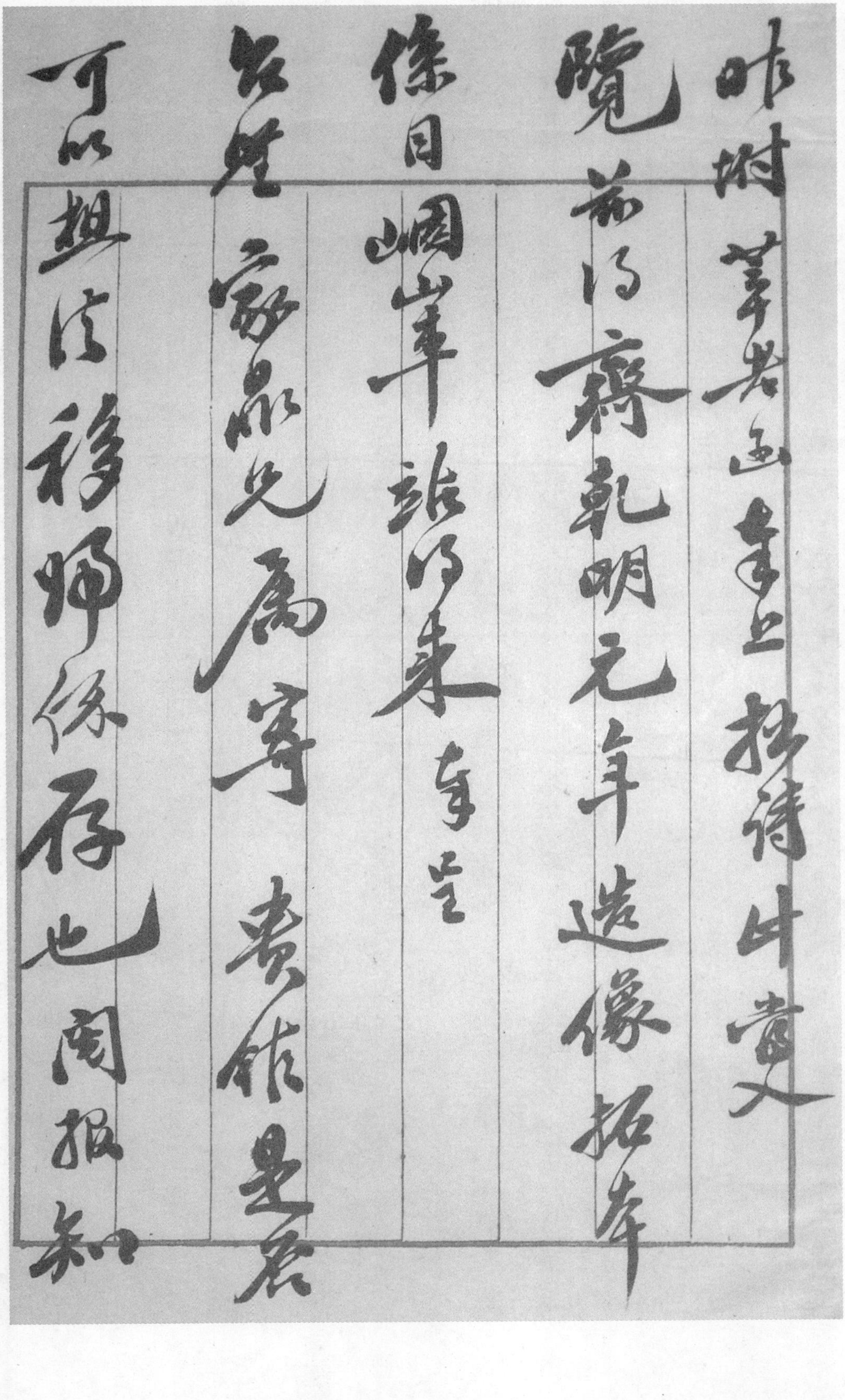

昨附莘君函奉上抄詩冊壹文
覽前承寄乾明元年造像拓本
係自岡峰張乃來奉呈
然見家鼎兄爲寄貴館是否
可以設法移歸保存也閲報知

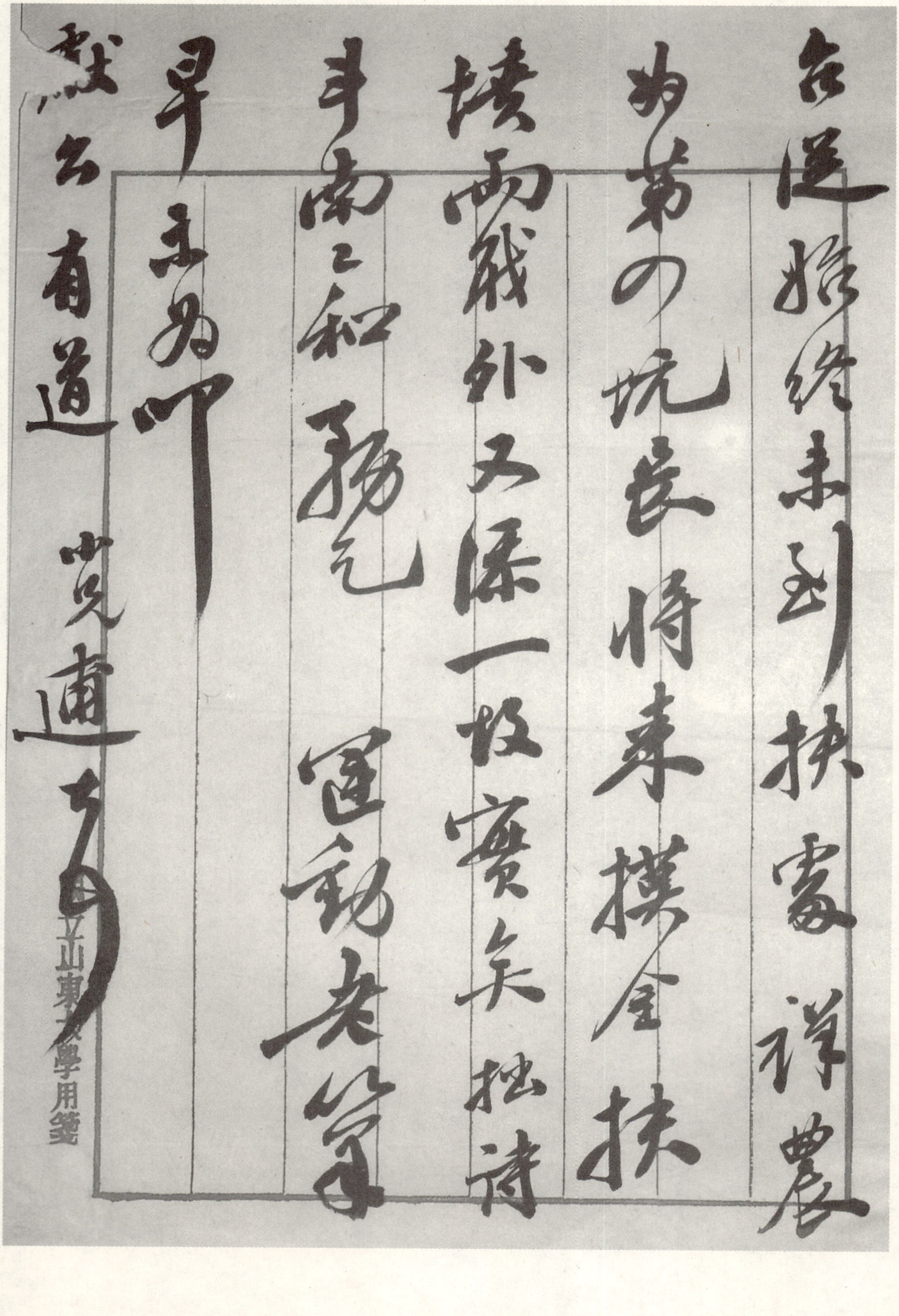
立山東大學用箋

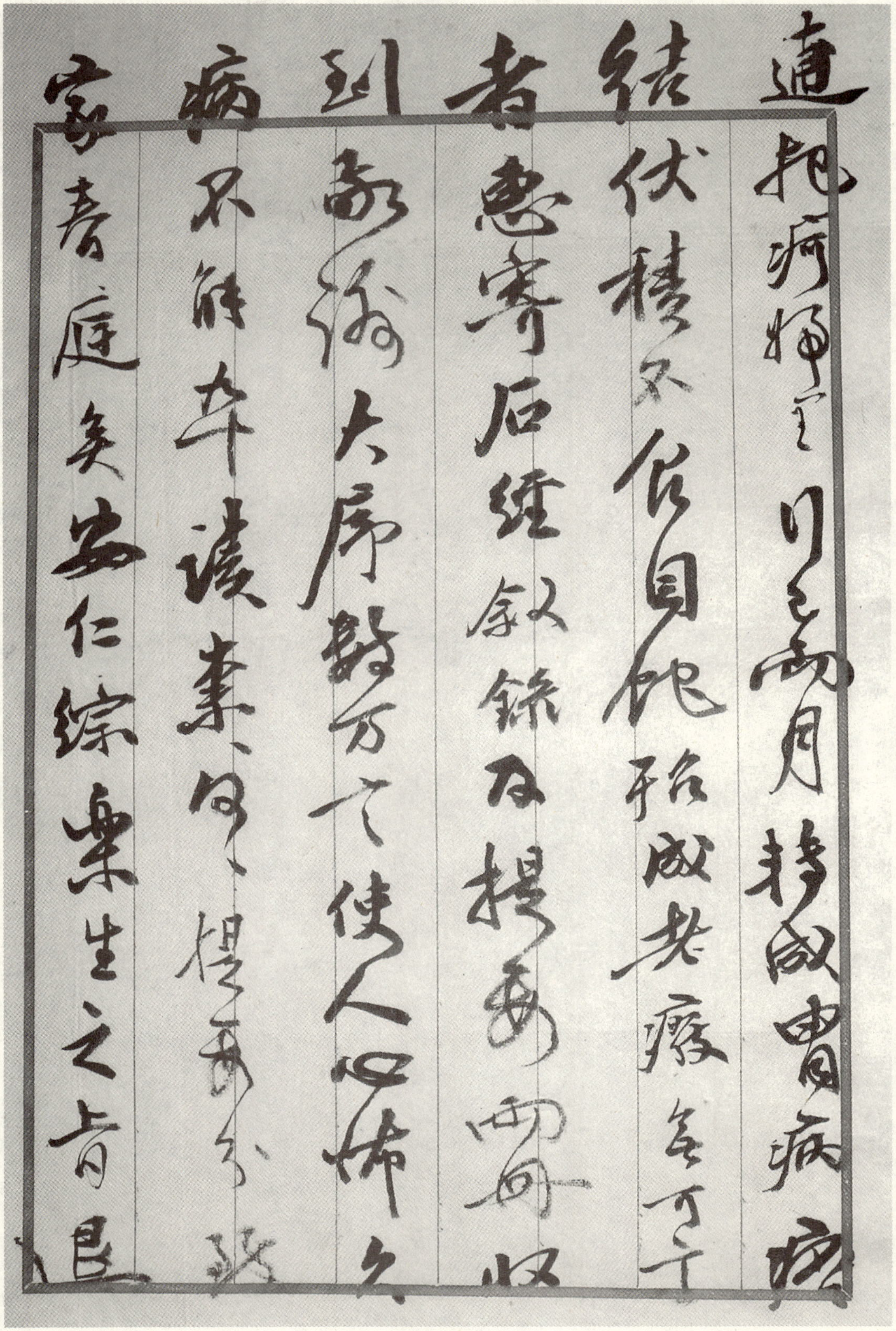

之制月餘之作何以得心感吾家
適見老年無多精神每有所作
不復省記時日已長不知所云尤
覺可繩制作存之君年隨進
笑也手錢不及多談此佈
獻弟 元旦前日

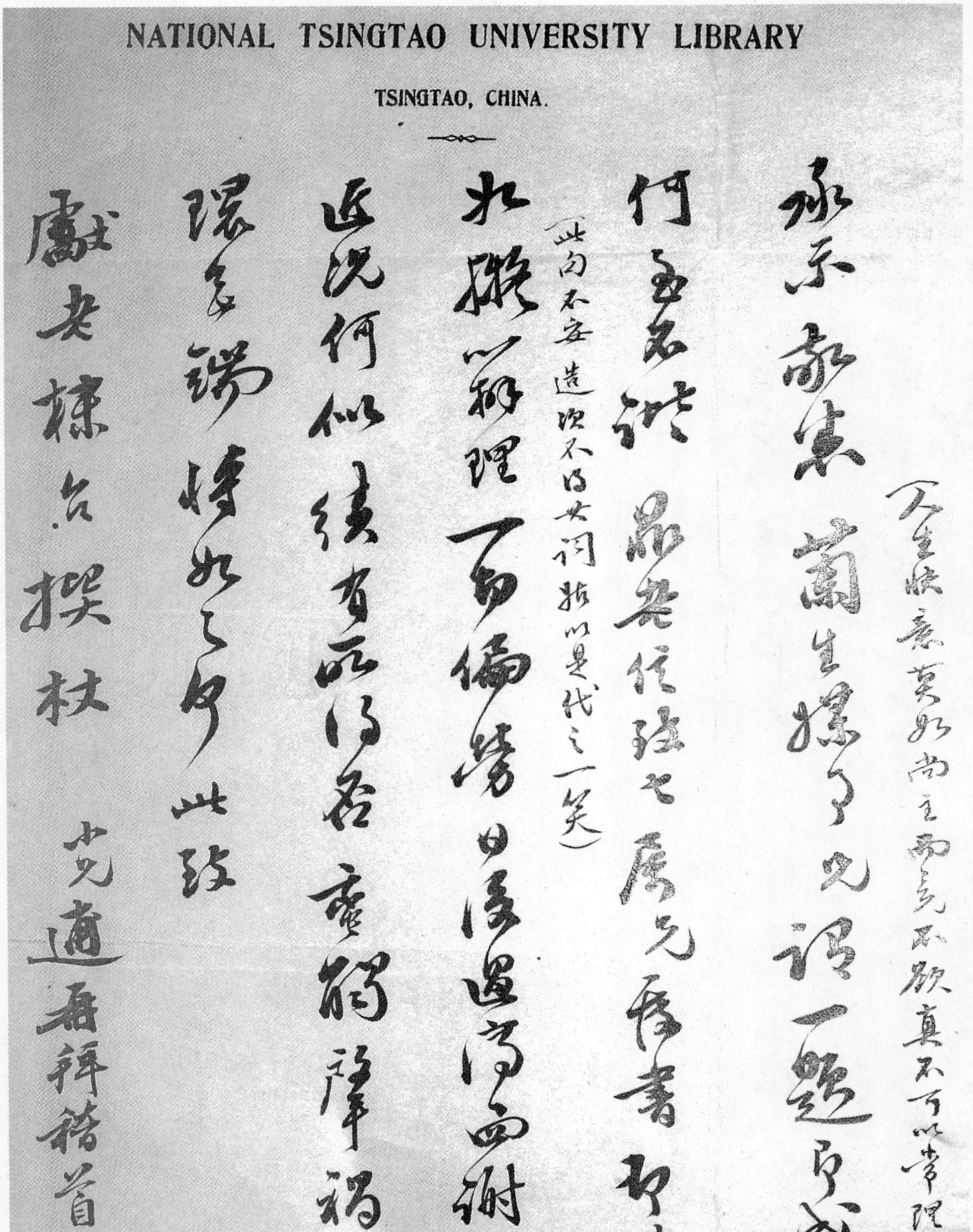

NATIONAL TSINGTAO UNIVERSITY LIBRARY

TSINGTAO, CHINA.

承示裁集，蘭生稿子已讀一過，足成（人生快意莫如尚主，而先民欲真不可以常理測）
何處名談。晶老佳什也。廣先序書好詩
（此句不妥，造次不得女詞雅，以是代之一笑）
非殊以辦理，下月偏勞，日後還清西謝。
近況何似，續有所得否？鹽譚稱如
環象瑞，時如之何。此致
獻老棣台撰杖
小兄遹再拜稽首

書第二十六通

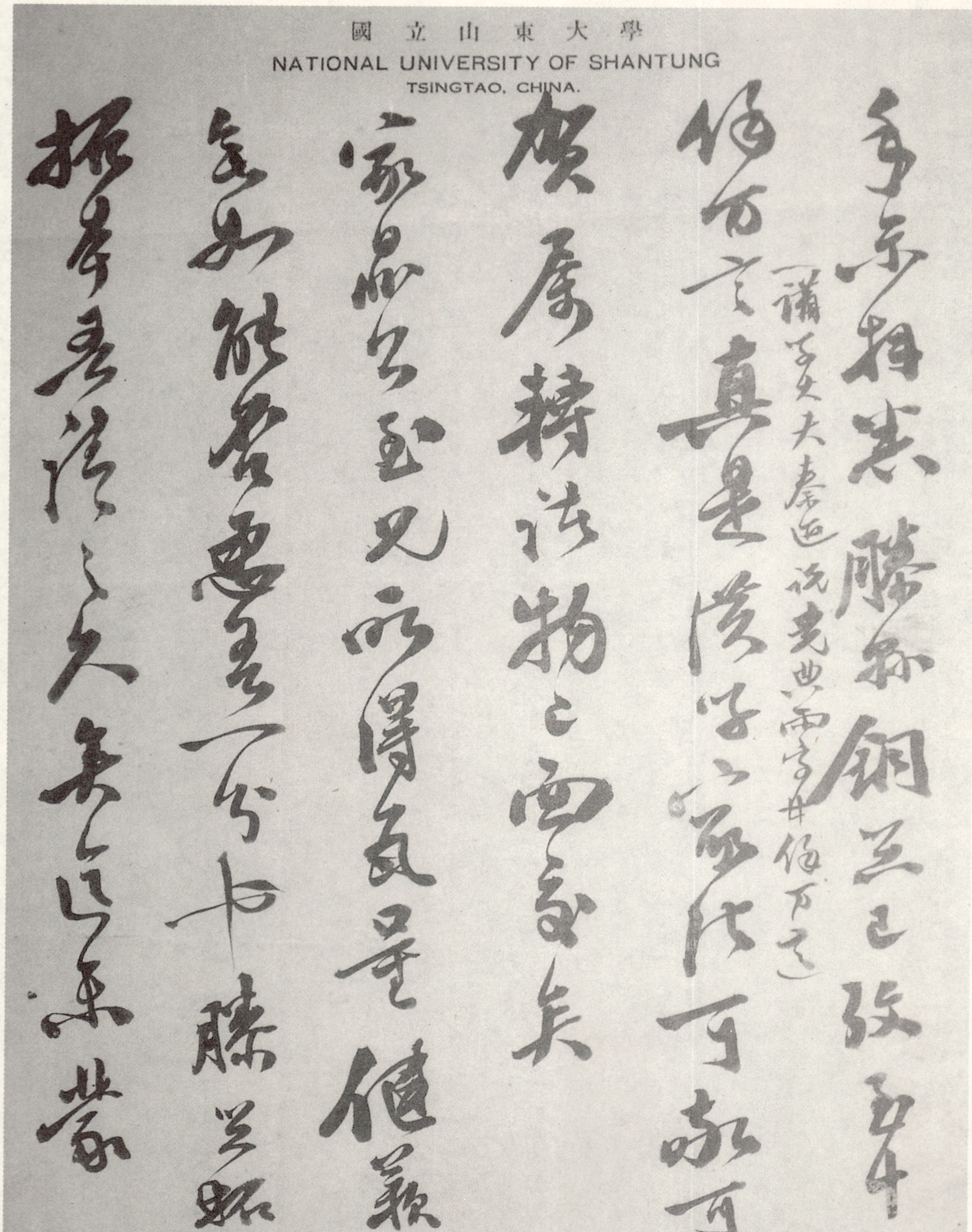

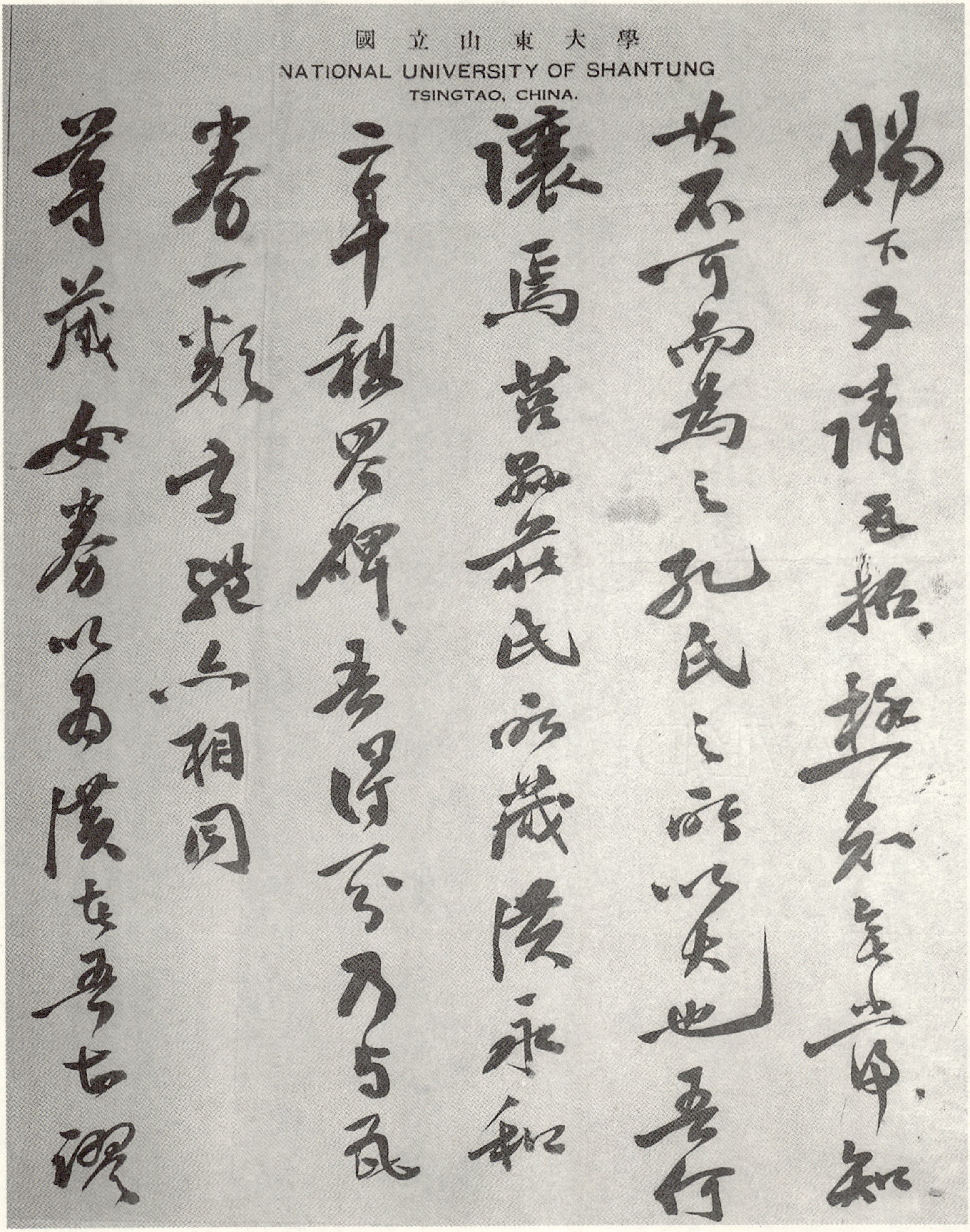

國立山東大學
NATIONAL UNIVERSITY OF SHANTUNG
TSINGTAO, CHINA.

賜下子倩函招，極承盛節。知其不可而為之，孔氏之所以異也。吾何讓焉。若孫氏所藏漢永和元年親界碑，去得至乃與壽一類，字跡亦相同。尊藏女壽以為漢長安古環

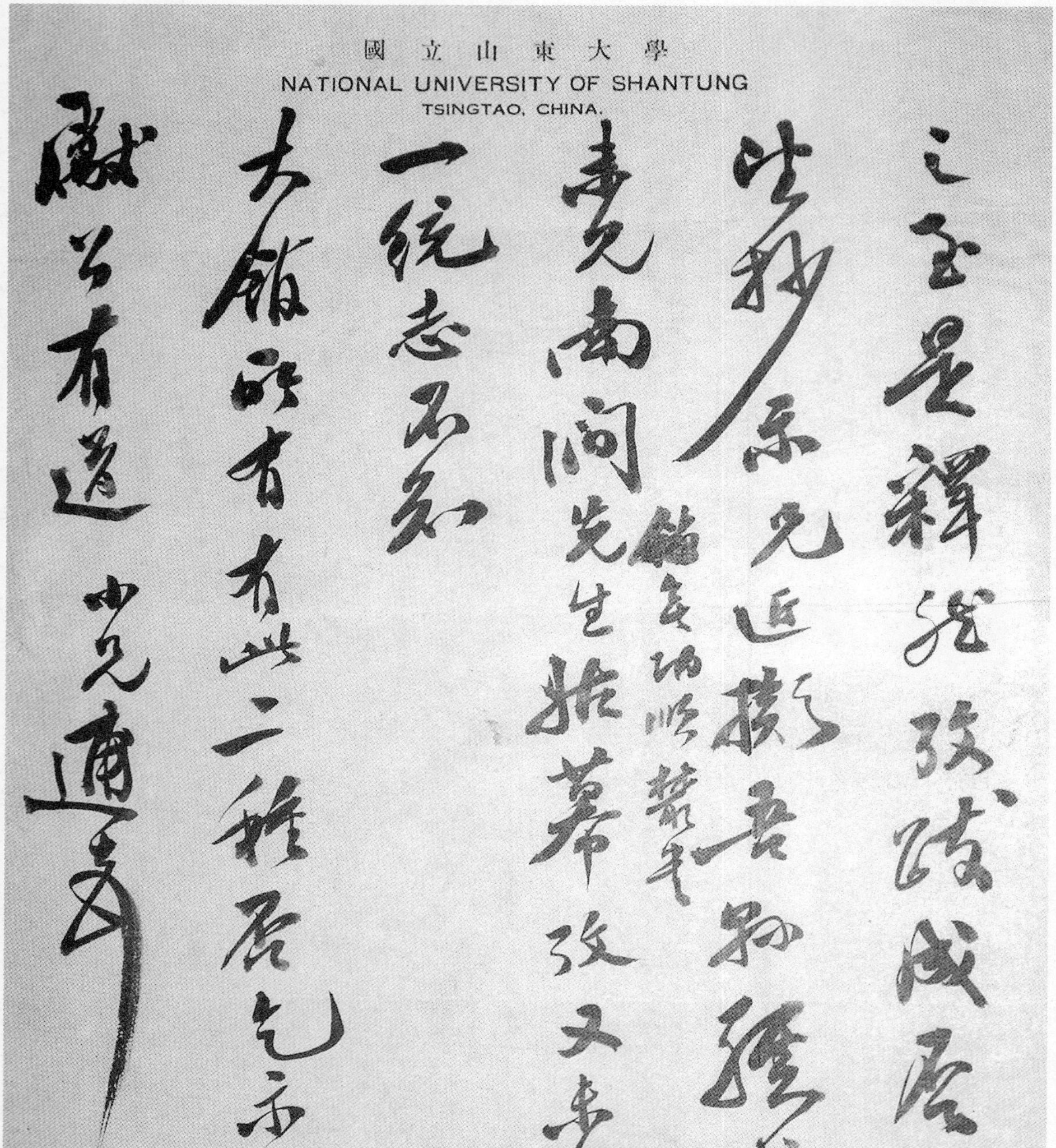
國立山東大學
NATIONAL UNIVERSITY OF SHANTUNG
TSINGTAO, CHINA.

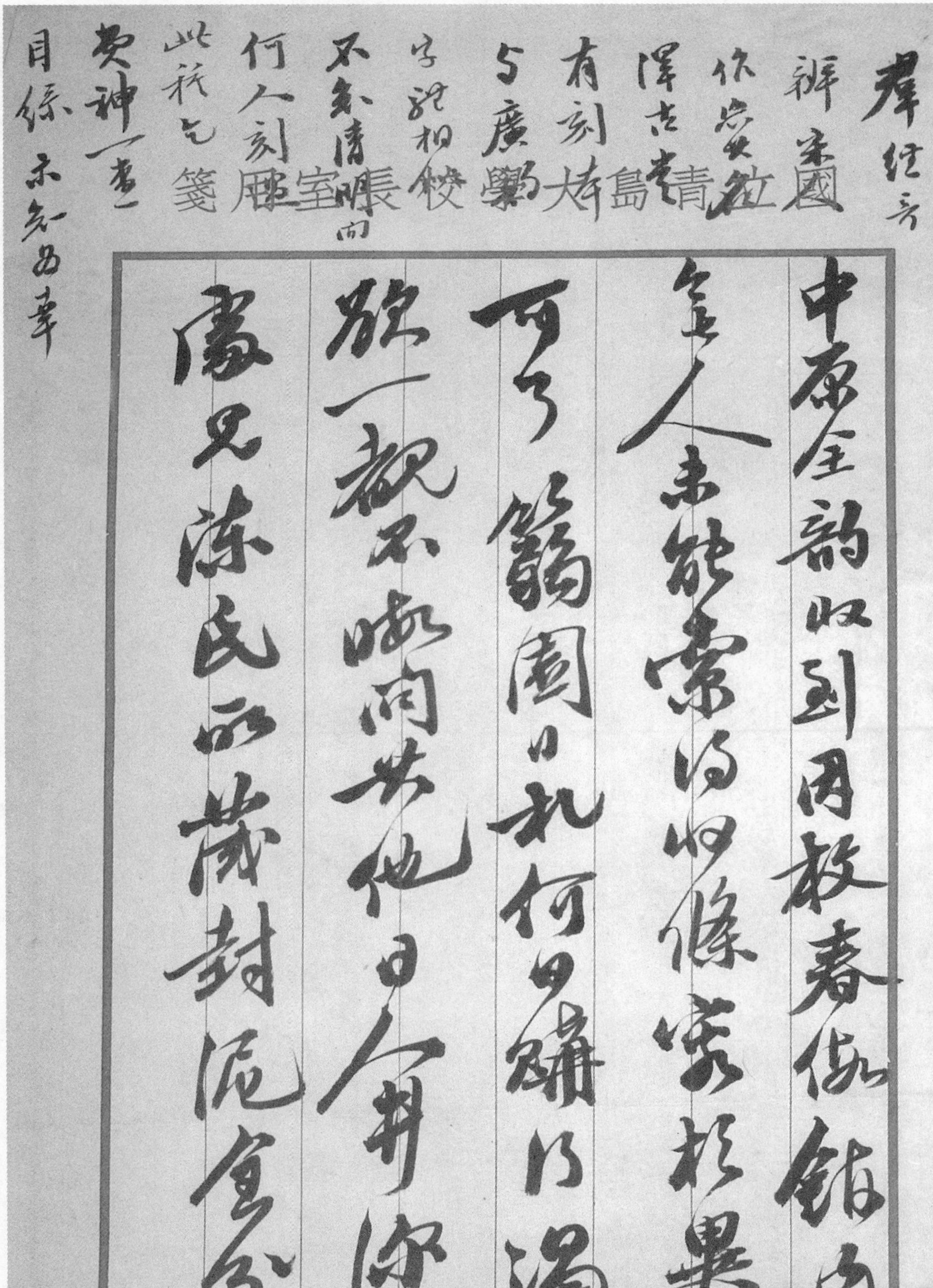

羣經音辨宋本依安徽澤古堂有刻與廣字體相校不知清代何人刻此紙乞燮神一查目錄不知出處

國立青島大學校長室用箋

中原全韵收到因校春假館内

全人未能常得偷暇於暑

假可翁園日札何日鐫得渴

盼一觀不晤間其他日人并佇

處見陳氏所藏封泥全分

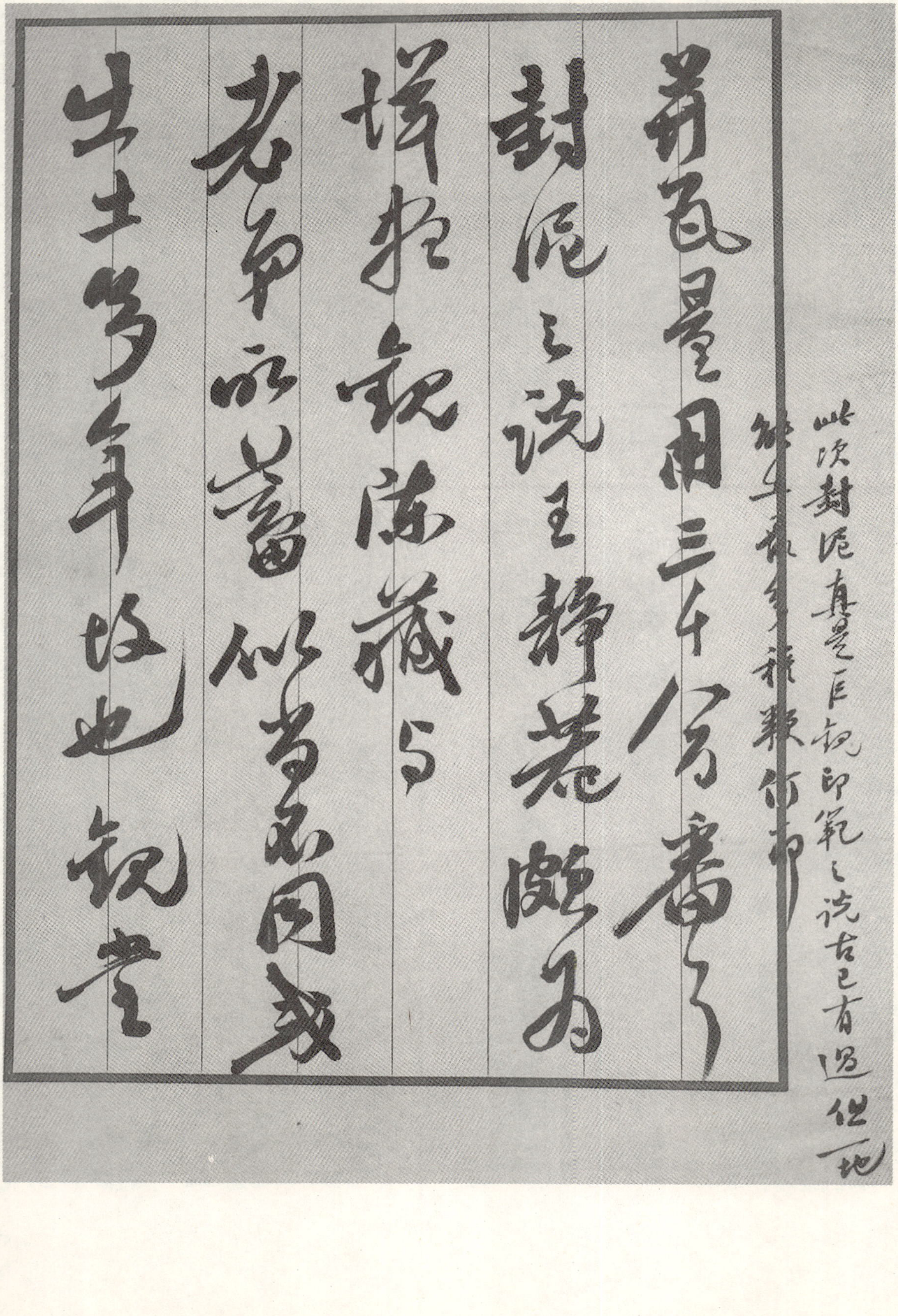
前函是用三千分寄了
封泥之説王静庵爲
博雅欽佩藏与
老弟所藏似當因或
出土多年故也 欽豊
此次封泥真是巨觀印範之説古已有過但一地
然亦無多積聚成部

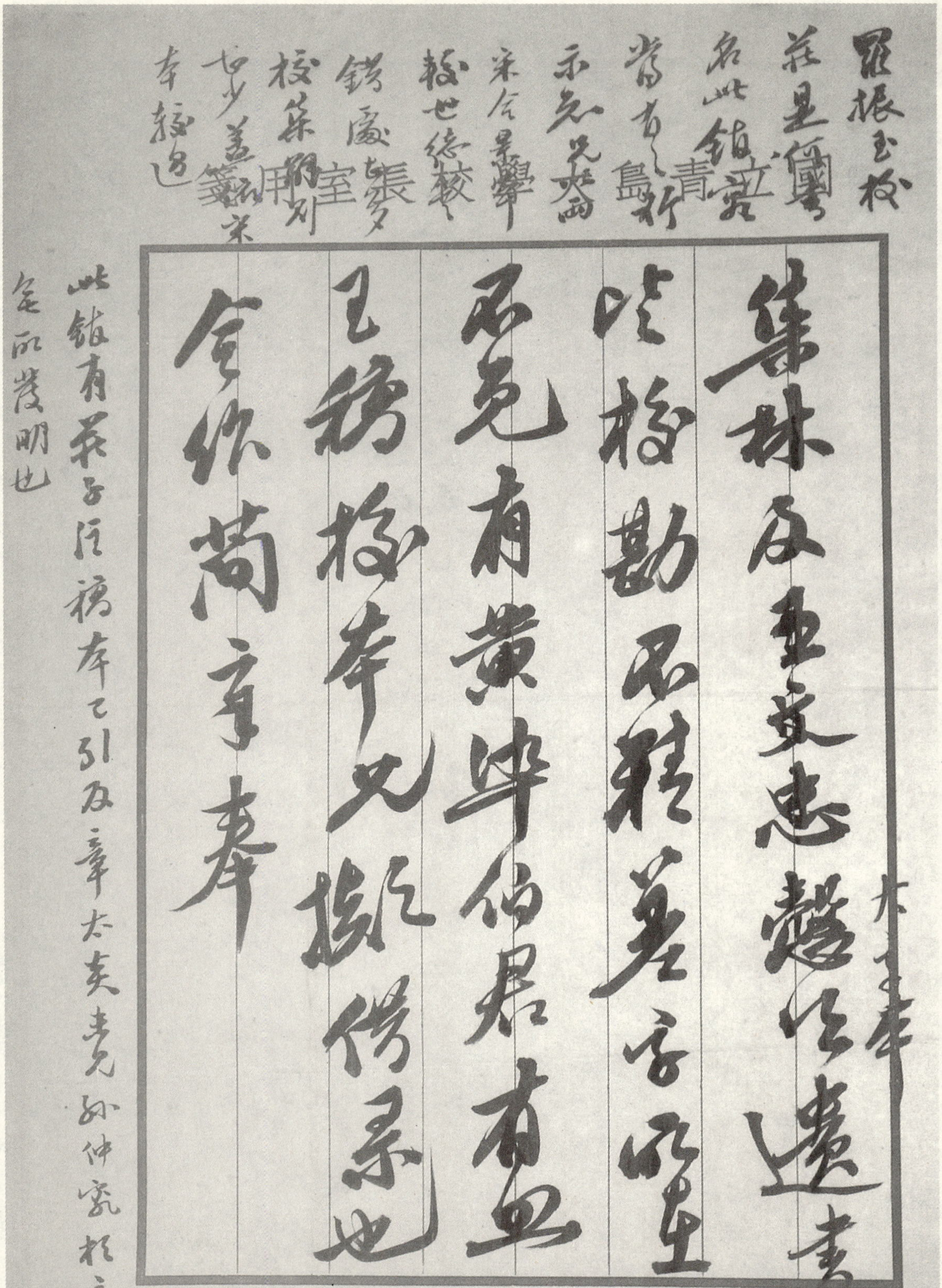

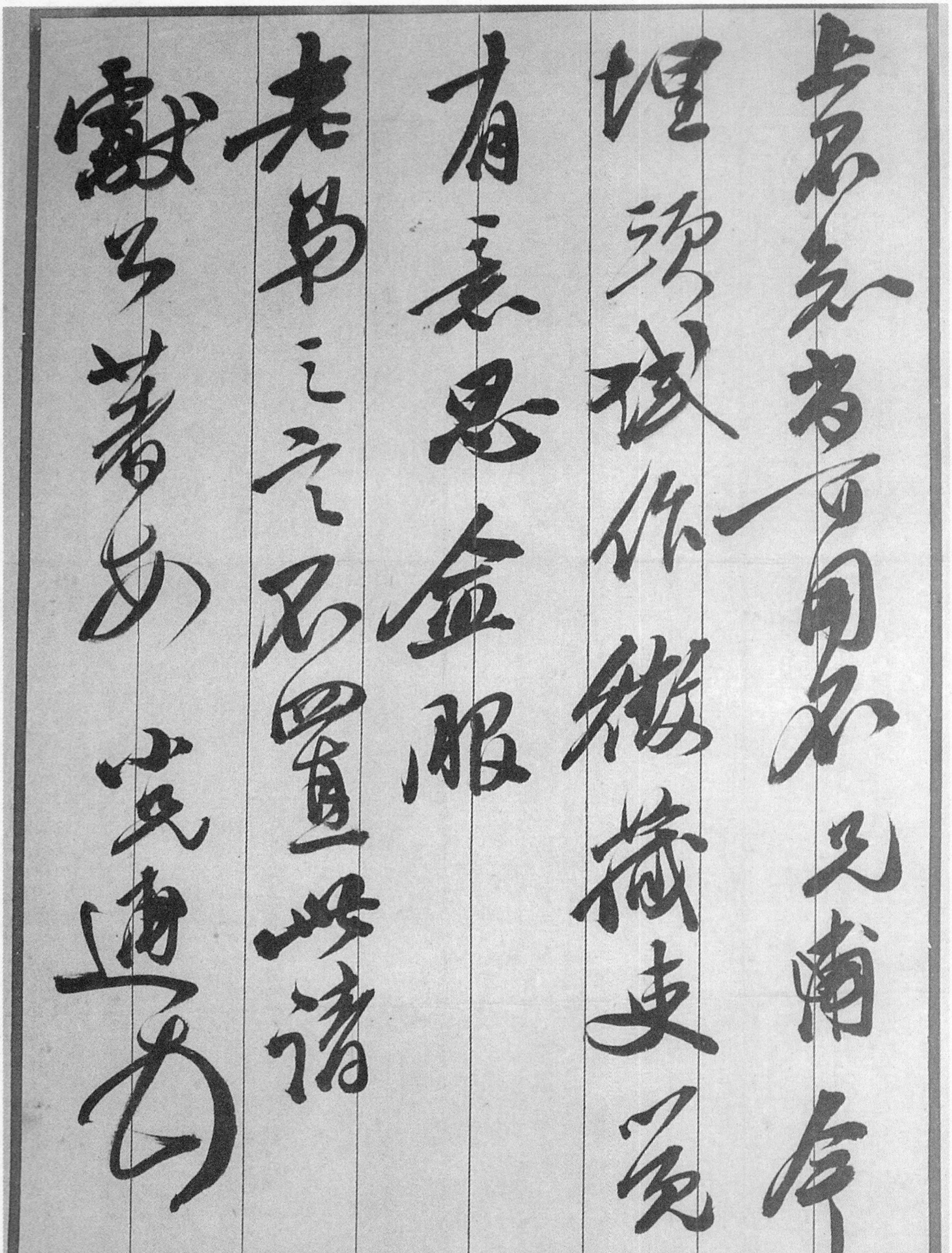

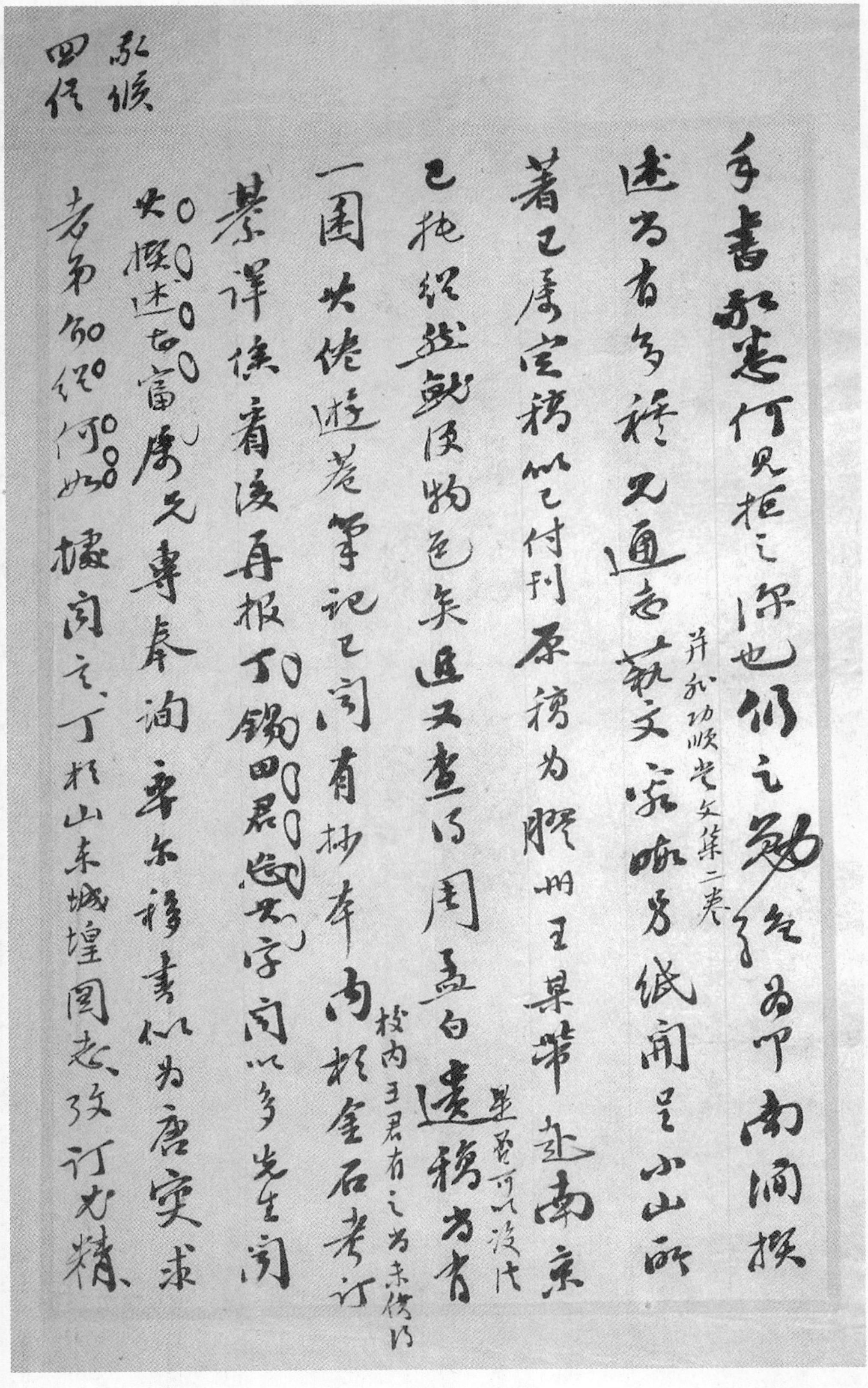

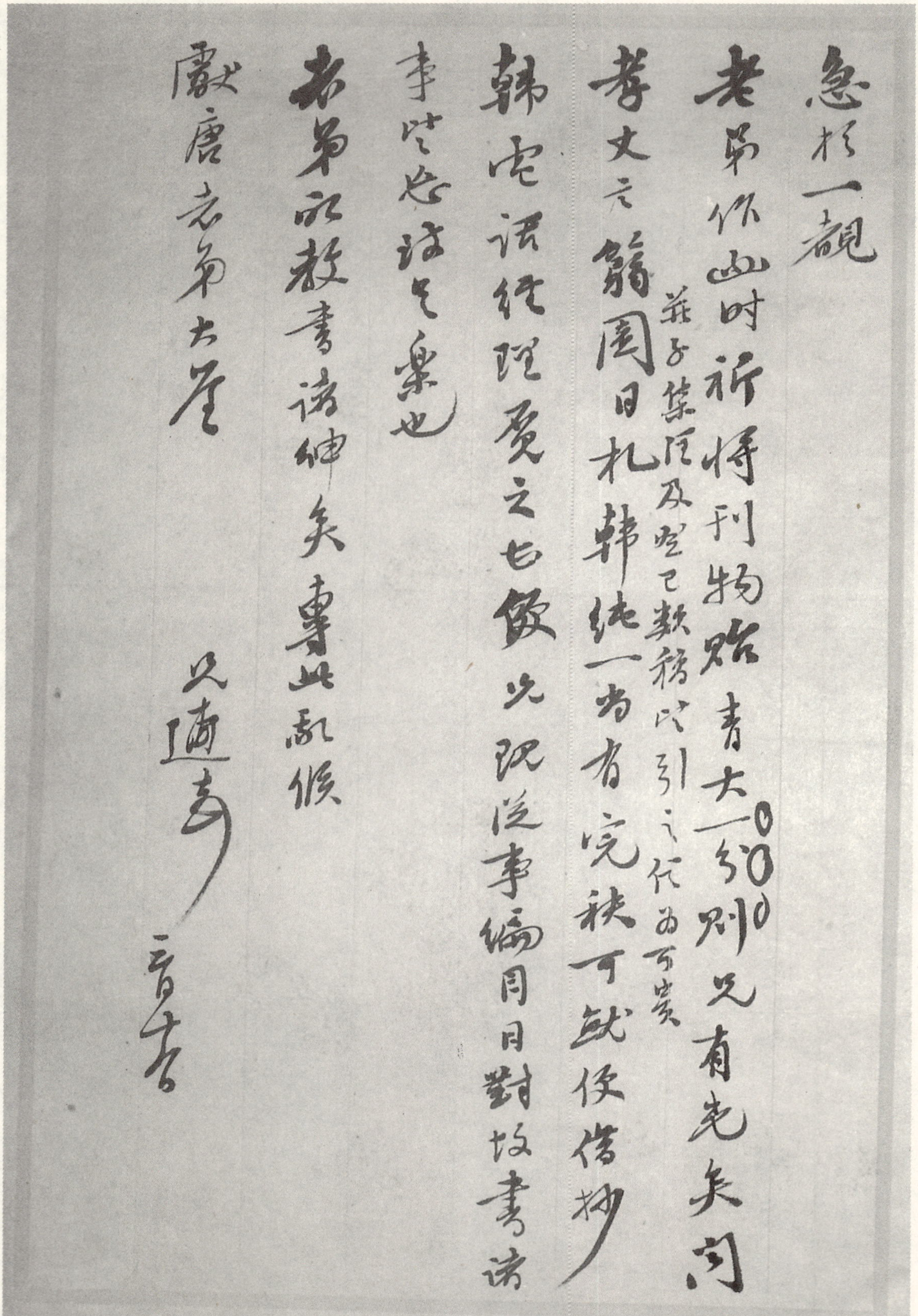
急於一覩
老弟作山時祈將刊物贈青大一份則兄有光矣聞
孝文之鶴園日札韩純一尚有完帙可缺便借抄
[illegible]
韓氏詩經理質之七鈔此次從事編目日對故書請
事從忠時之集也
老弟明教書請紳矣專此敬候
獻唐老弟大鑒
兄[illegible]

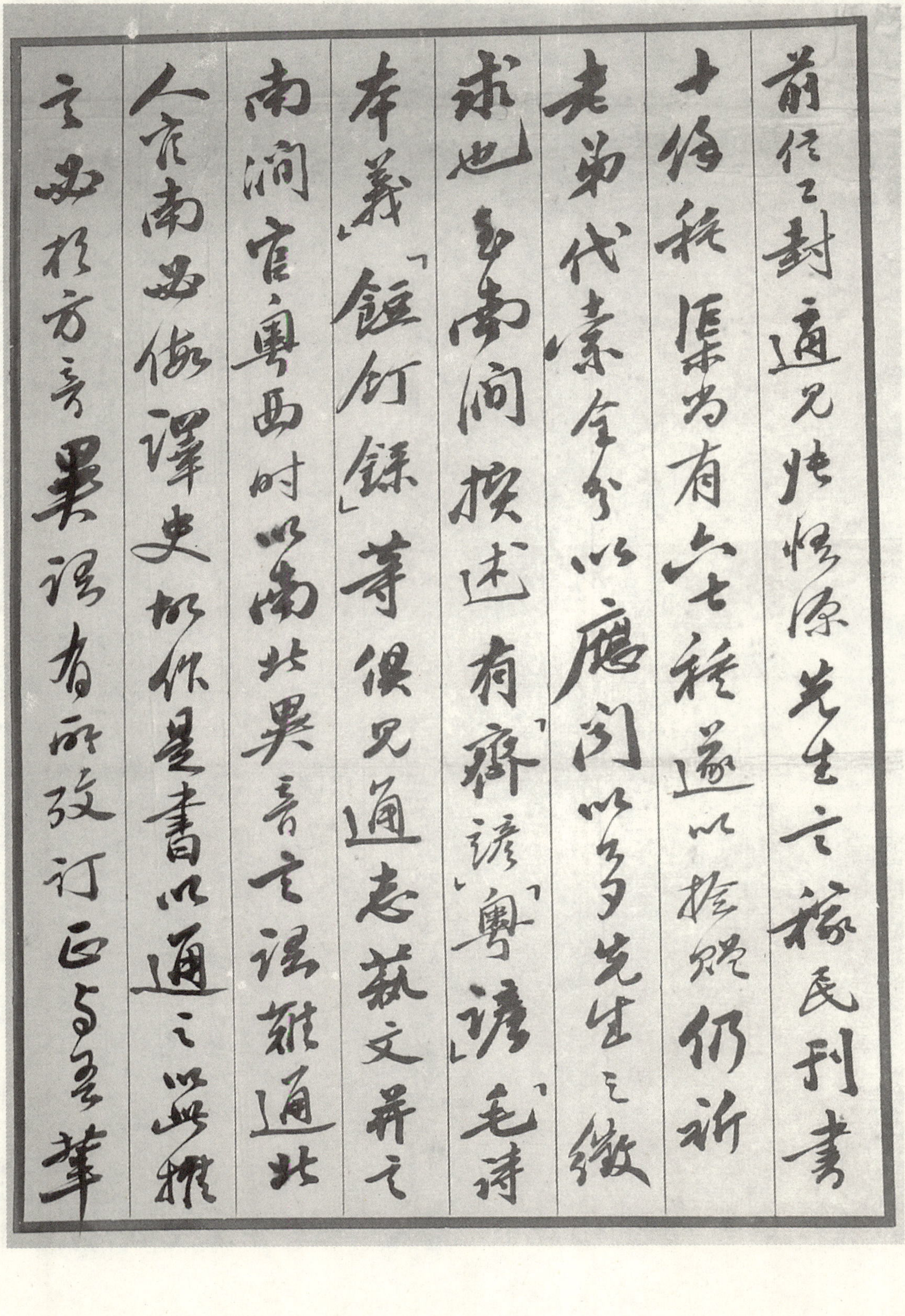

前信之封適兄先生之稼民刊書十餘種，渠爲有六七種，遂以檢照，仍祈老弟代索令弟以應門以多先生之徵求也。至南澗撰述有「齊諺」「粵諺」「毛詩本義」「餖飣錄」等，俱見通志藝文并之。南澗官粵西時，以南北異音之謠雜通北人在南西僦譯吏，故作是書以通之，以無稗之無據方音異謠有所攷訂正身之筆

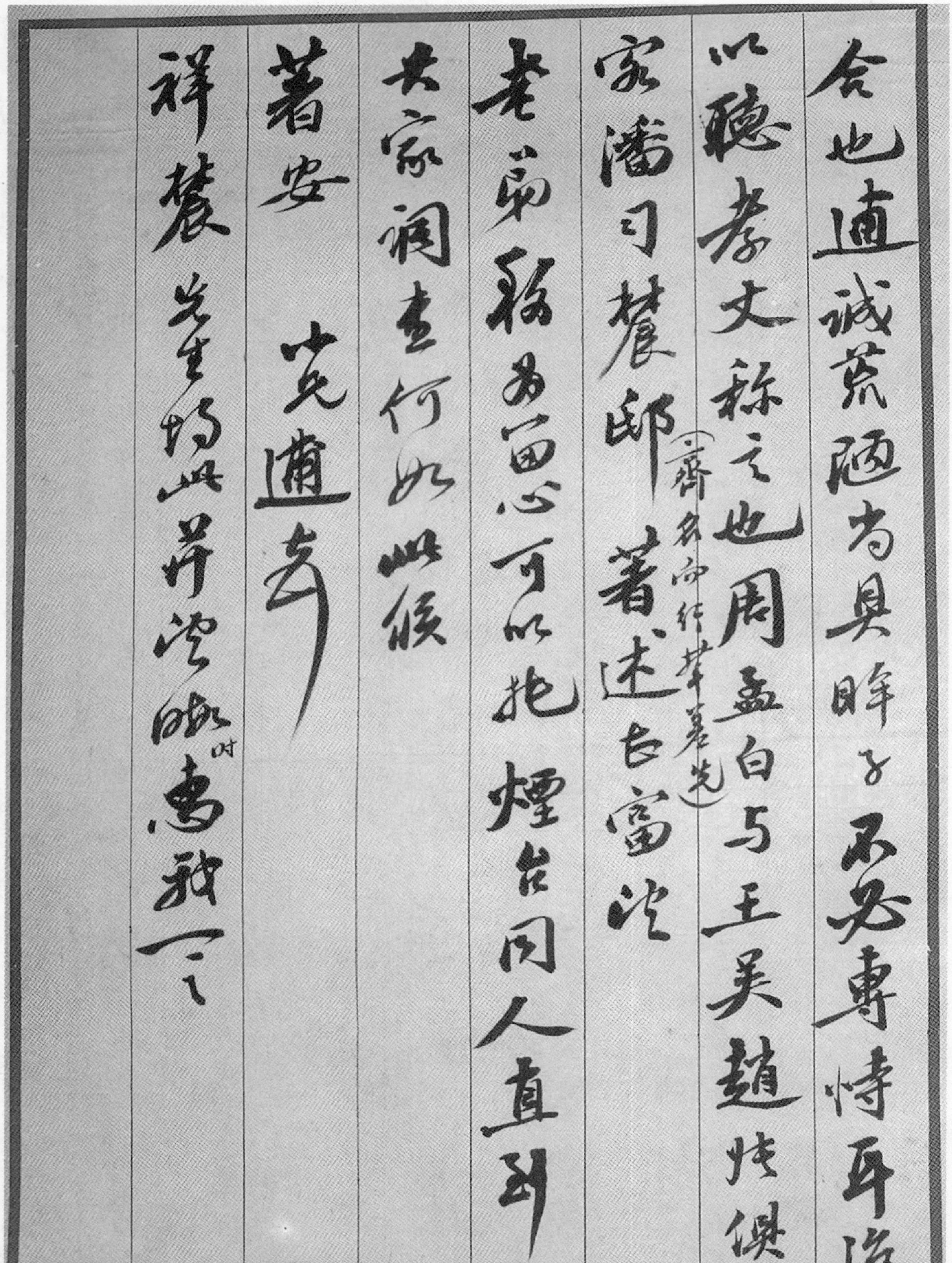

合也適識荒陋為吳曄子不允專侍耳治以聽孝文孫之也周孟白與王吳趙煥傑家潘司農邸（齋名向作廿年著先）著述良富諸老弟務為留心可以抱煙台同人直到其家詢素何如此候
著安
芝適頓
祥農先生均此并望隨时惠我一二

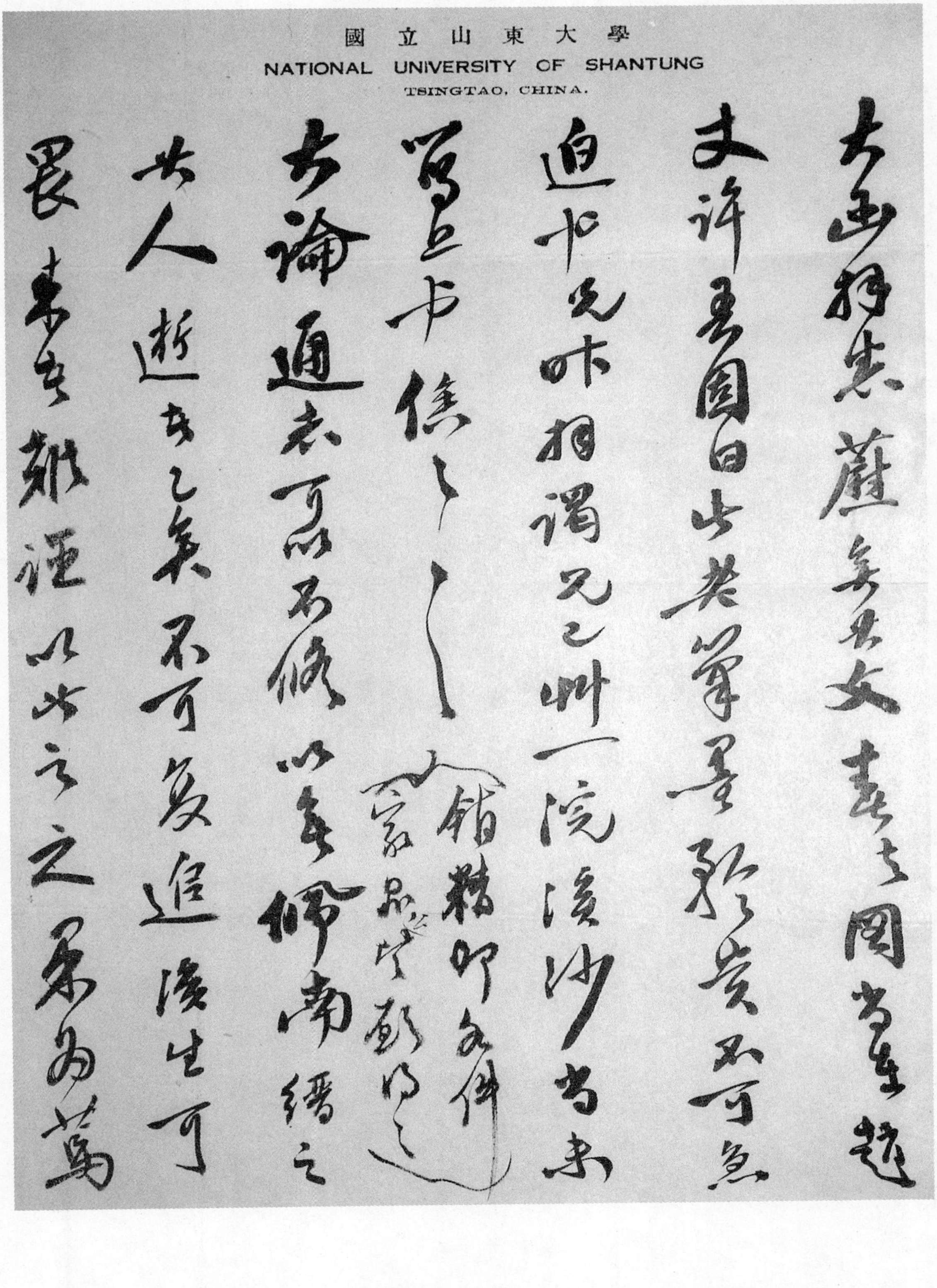
國立山東大學
NATIONAL UNIVERSITY OF SHANTUNG
TSINGTAO, CHINA.

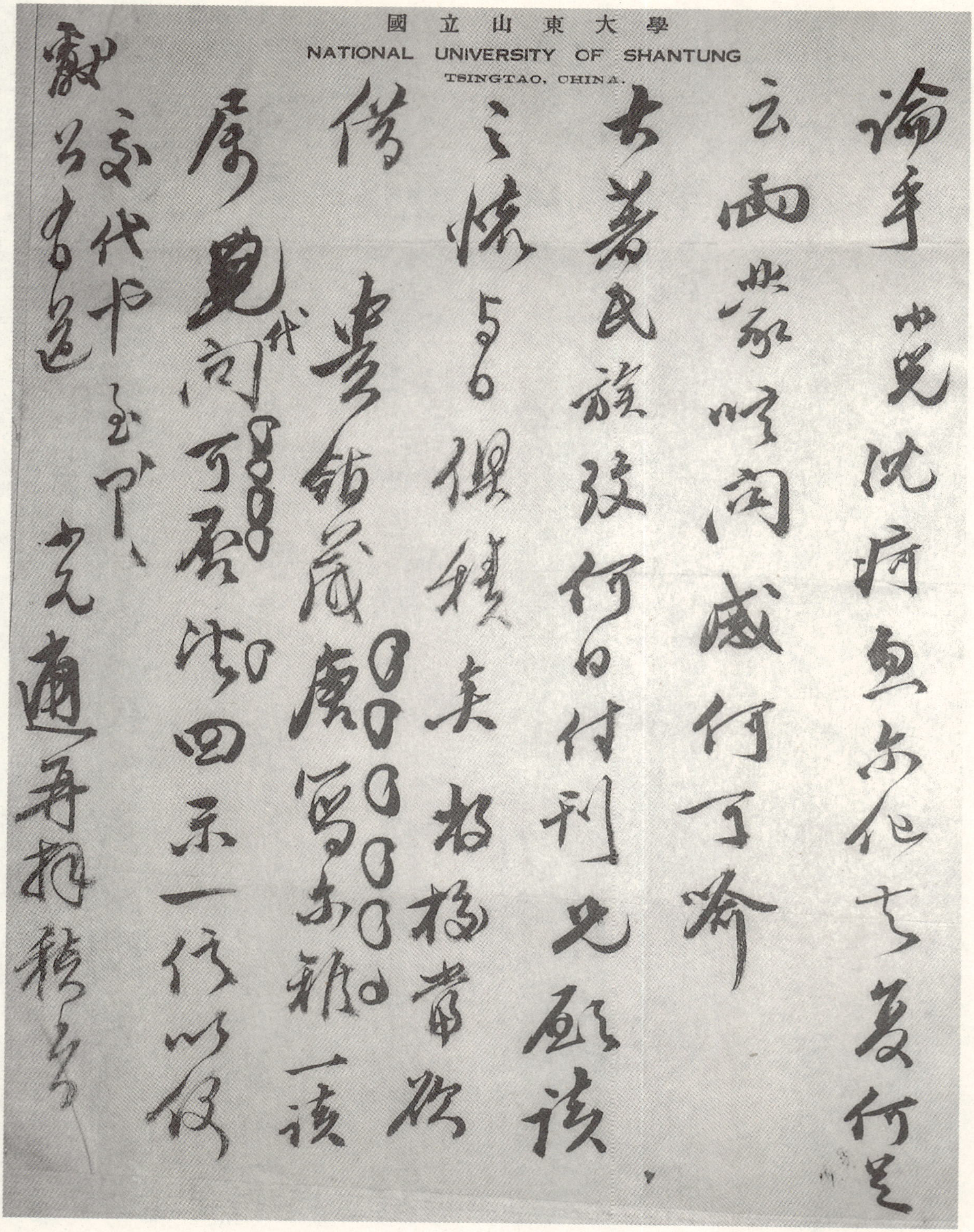

國立山東大學
NATIONAL UNIVERSITY OF SHANTUNG
TSINGTAO, CHINA.

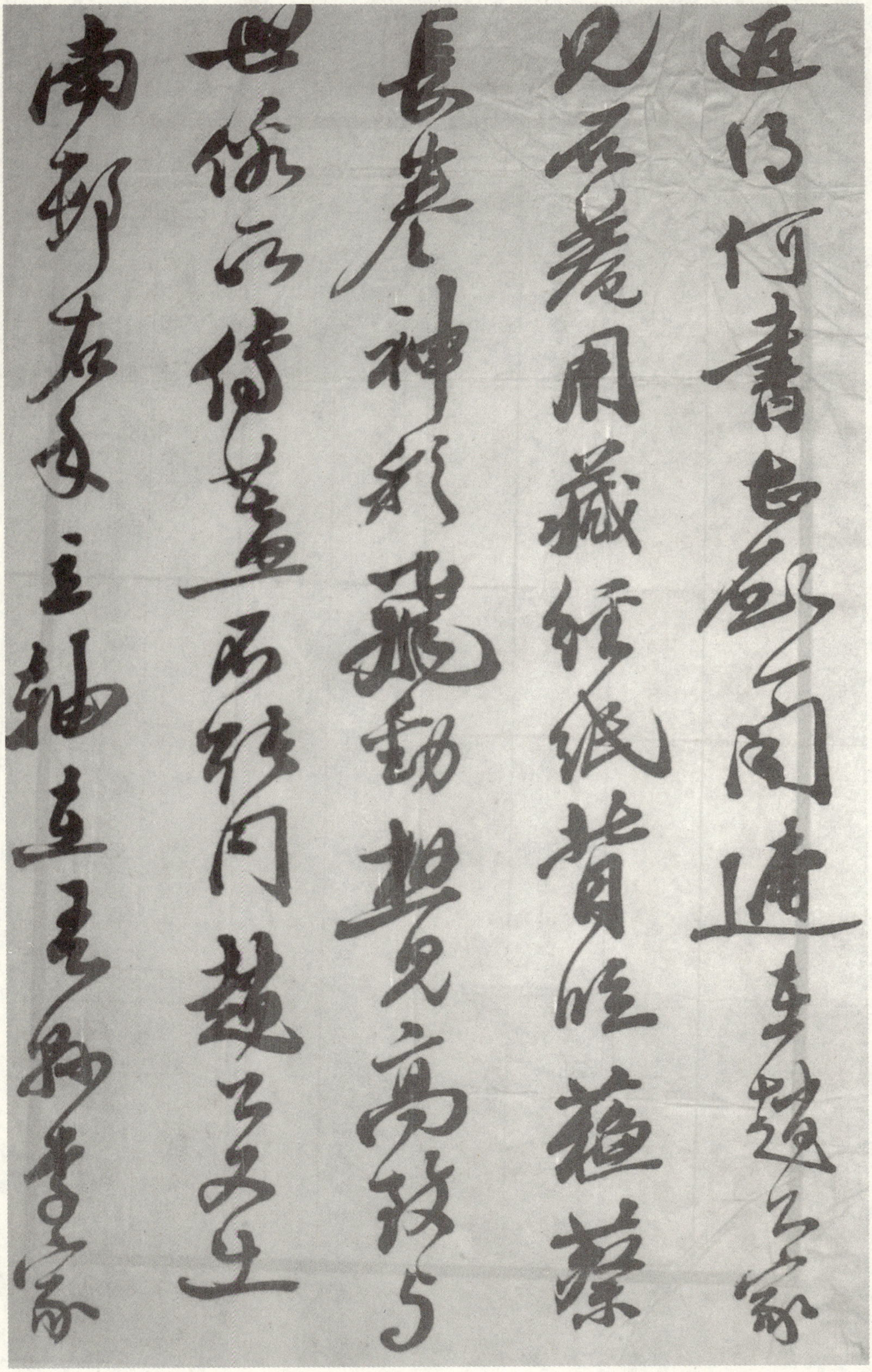

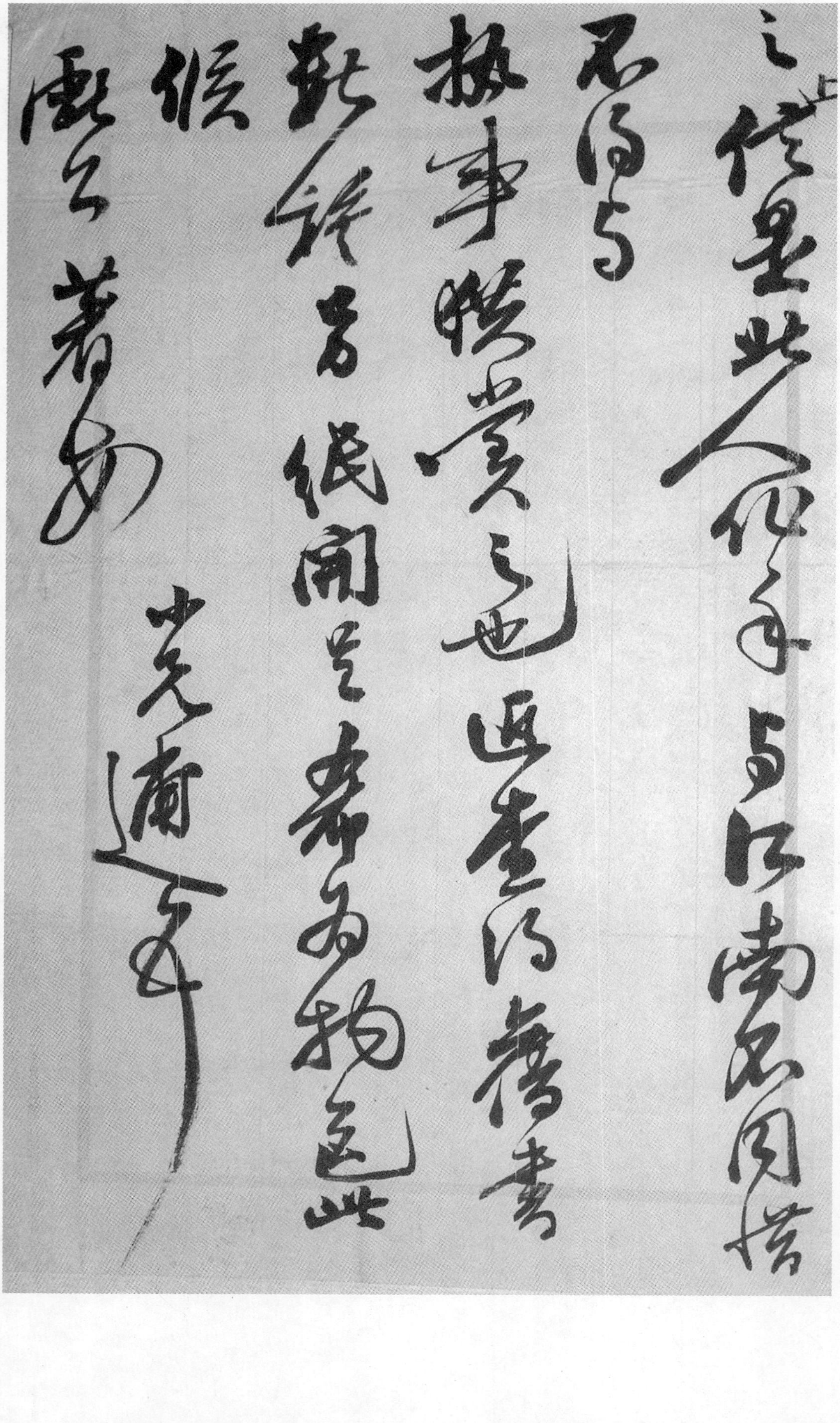

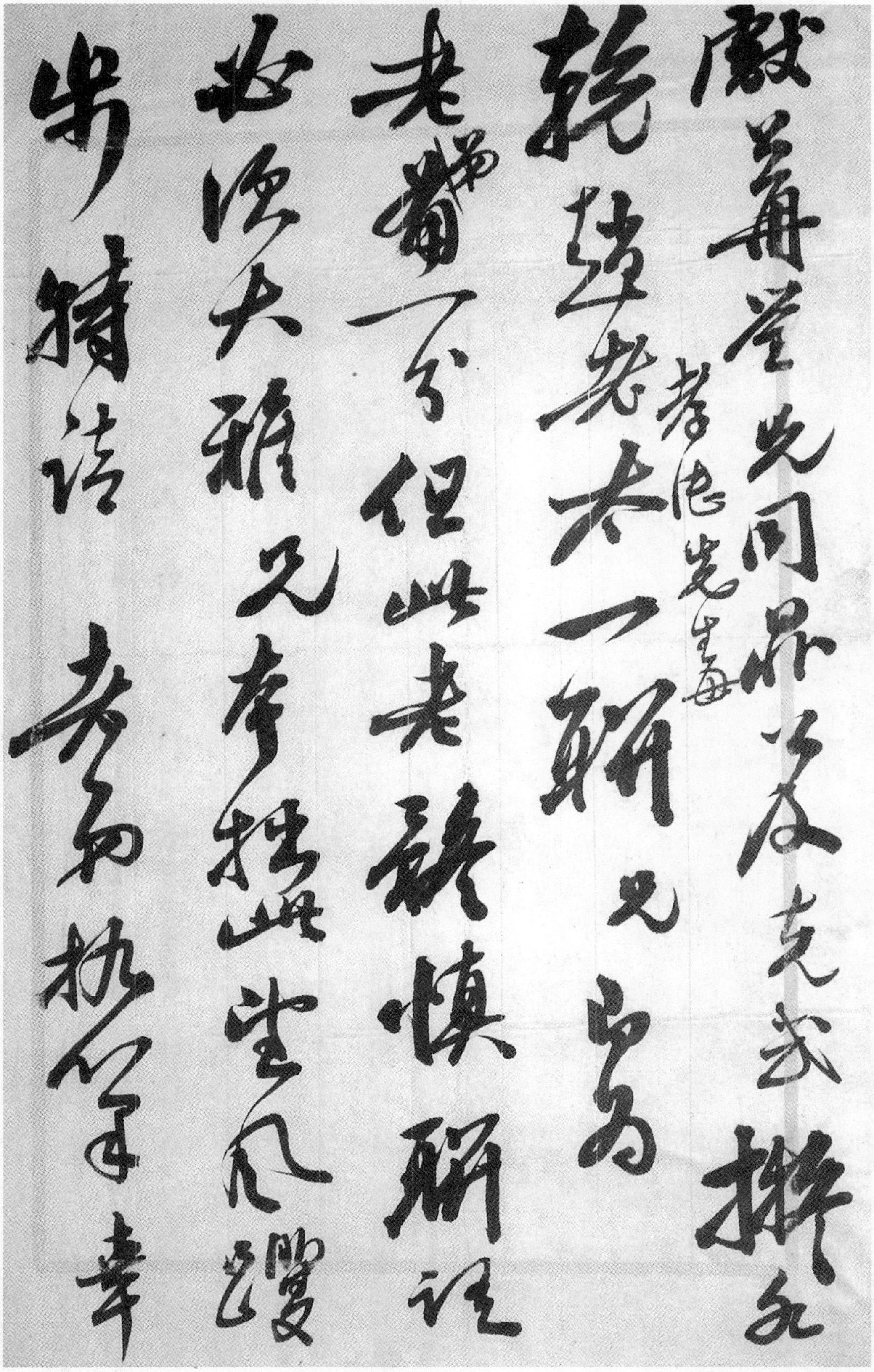

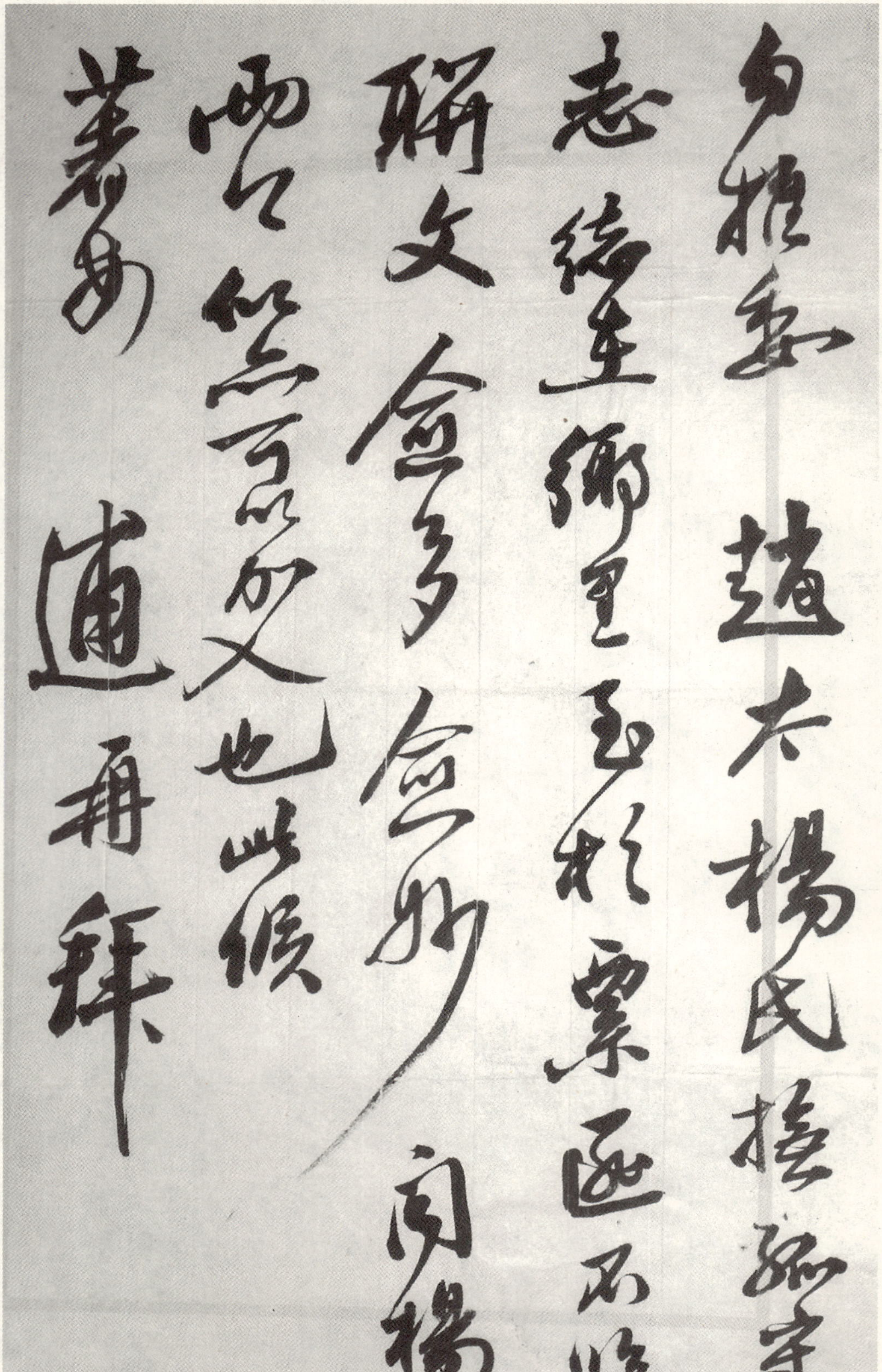

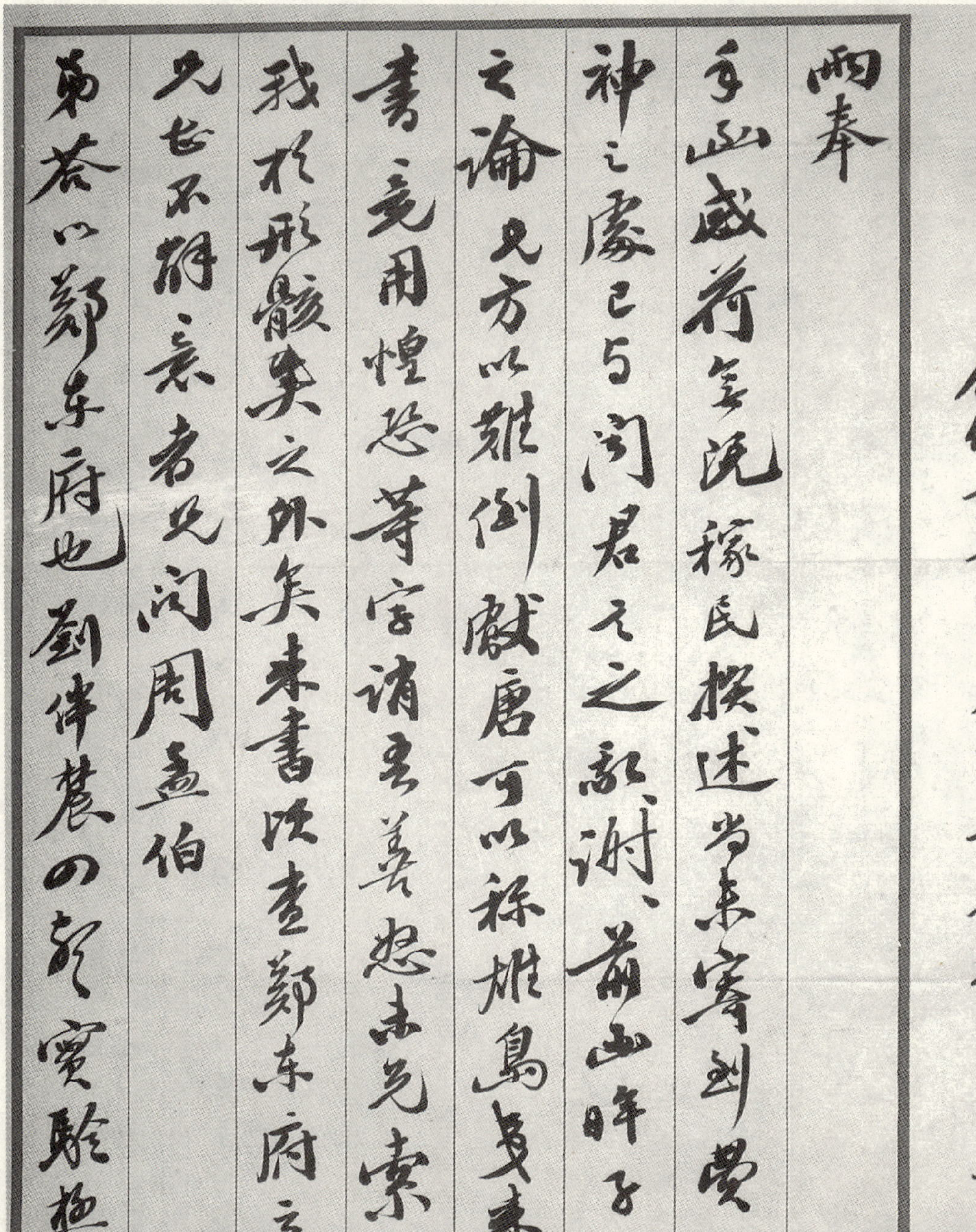
合作章程處處上直所謂投其所好也

兩奉
手函盛荷 箋既 稼民撰述 當未寄到 貴
神之處已與 聞君言之 款謝 前函昨乎
之論 尤方以雅倒 獻唐 可以孫姚鳥 未
書 竟用惶恐等字 請善悲 未免 索
我於形骸之外矣 來書以查鄭東府之
尤長不祥之意者 亦聞周孟伯
弟答以鄭東府也 劉伴農四部 實驗極

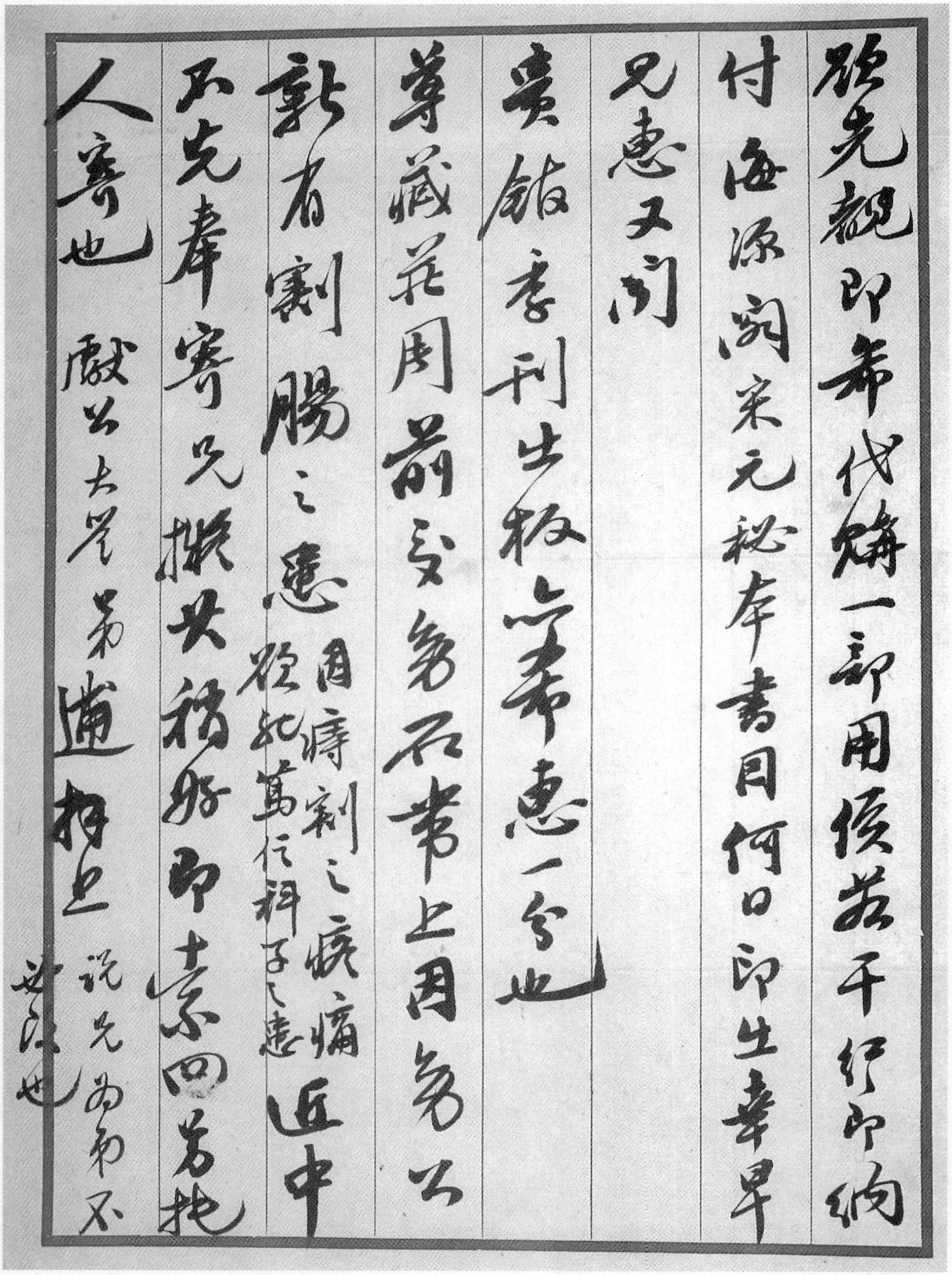

睦先觀印，希代購一部，用價若干，行即納付。海源閣宋元秘本書目何日印出，幸早見惠。又問貴館季刊出版，希惠一分也。尊藏花周前又多名不常上周多不新有割腸之患，因痔割之，疾痛近中從北萬仁科子之遠，不先奉寄。兄擬其稿，移好即寄來，四方把人寄也。
獻唐大兄　弟遵拜上
說兄為弟不安復也

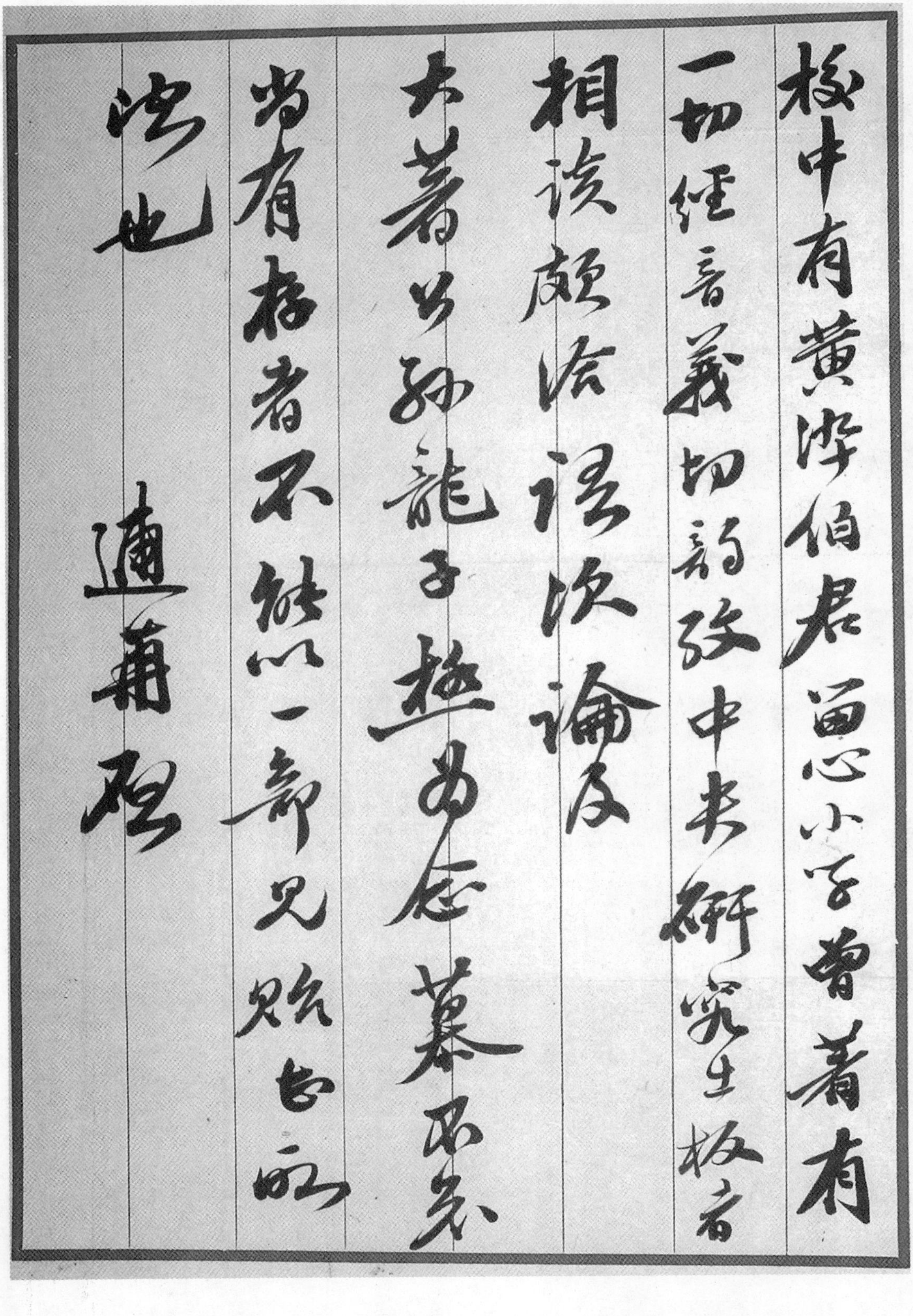
校中有黄淬伯君留心小学曾著有
一切經音義切韻攷中來研究生校者
相談頗洽談次論及
大著以爲能予極爲慕思矣
尚有存者不能以一部見貽否
請也
逋再拜

書第三十五通

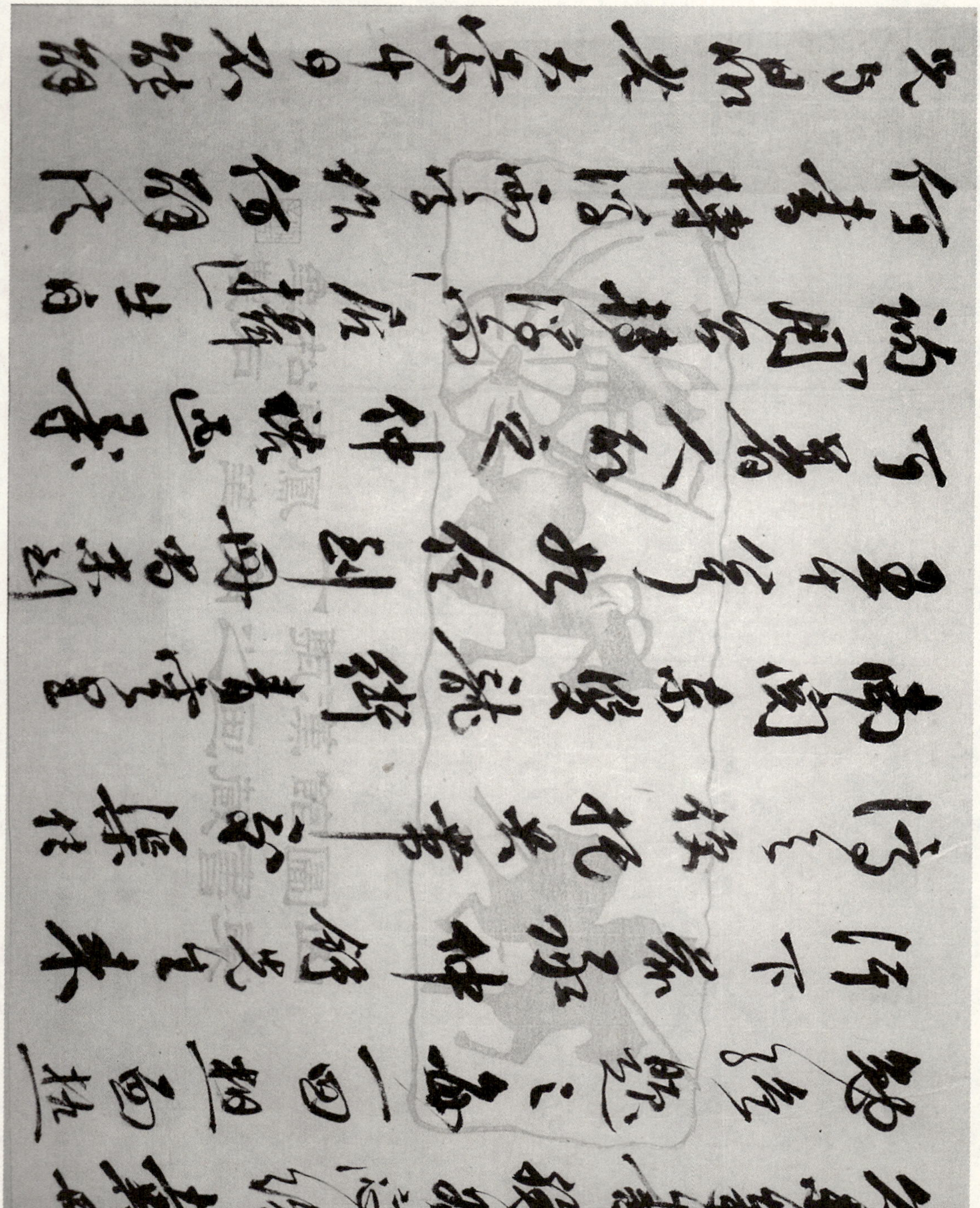

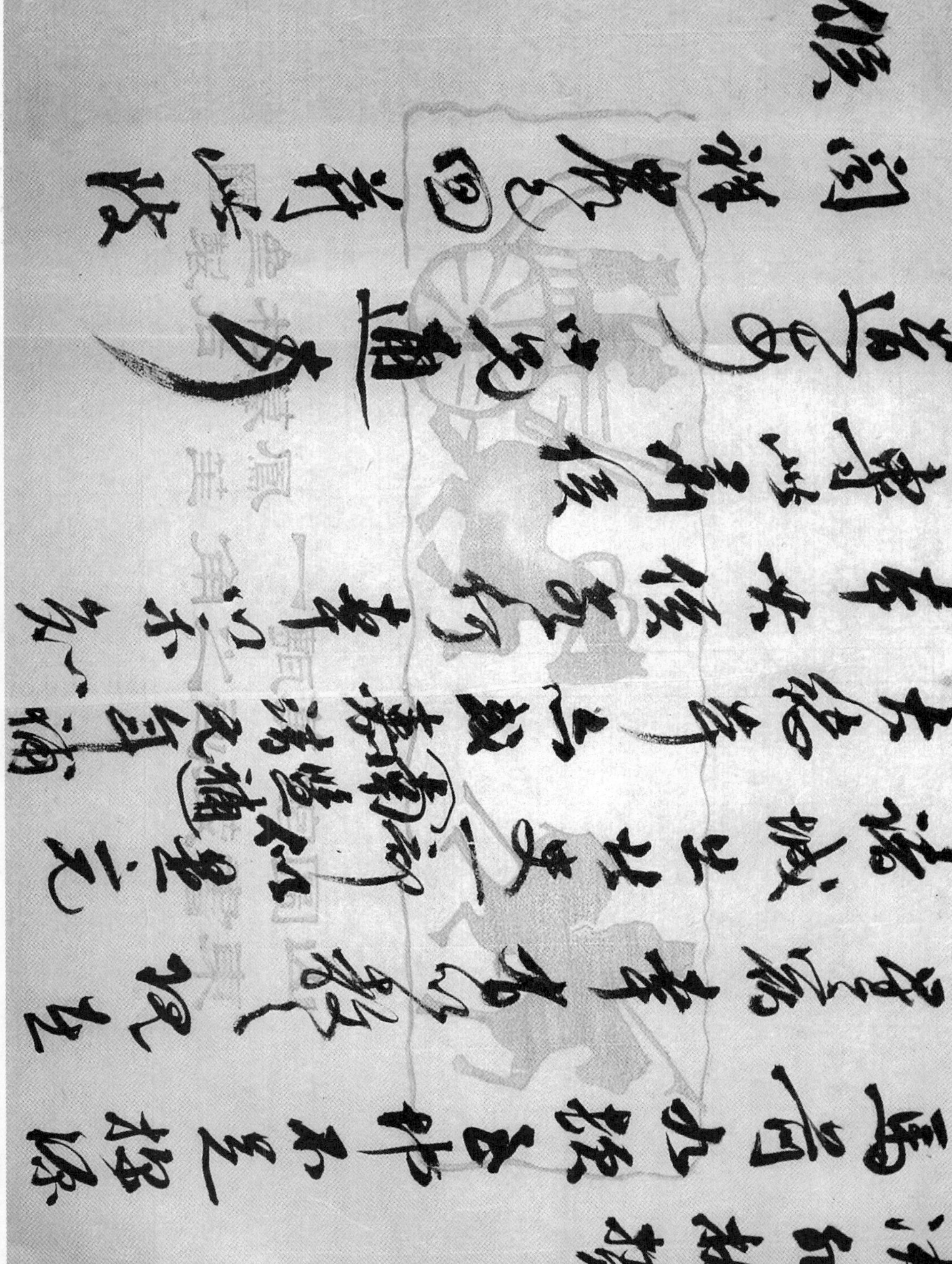

丁逋

書第三十六通

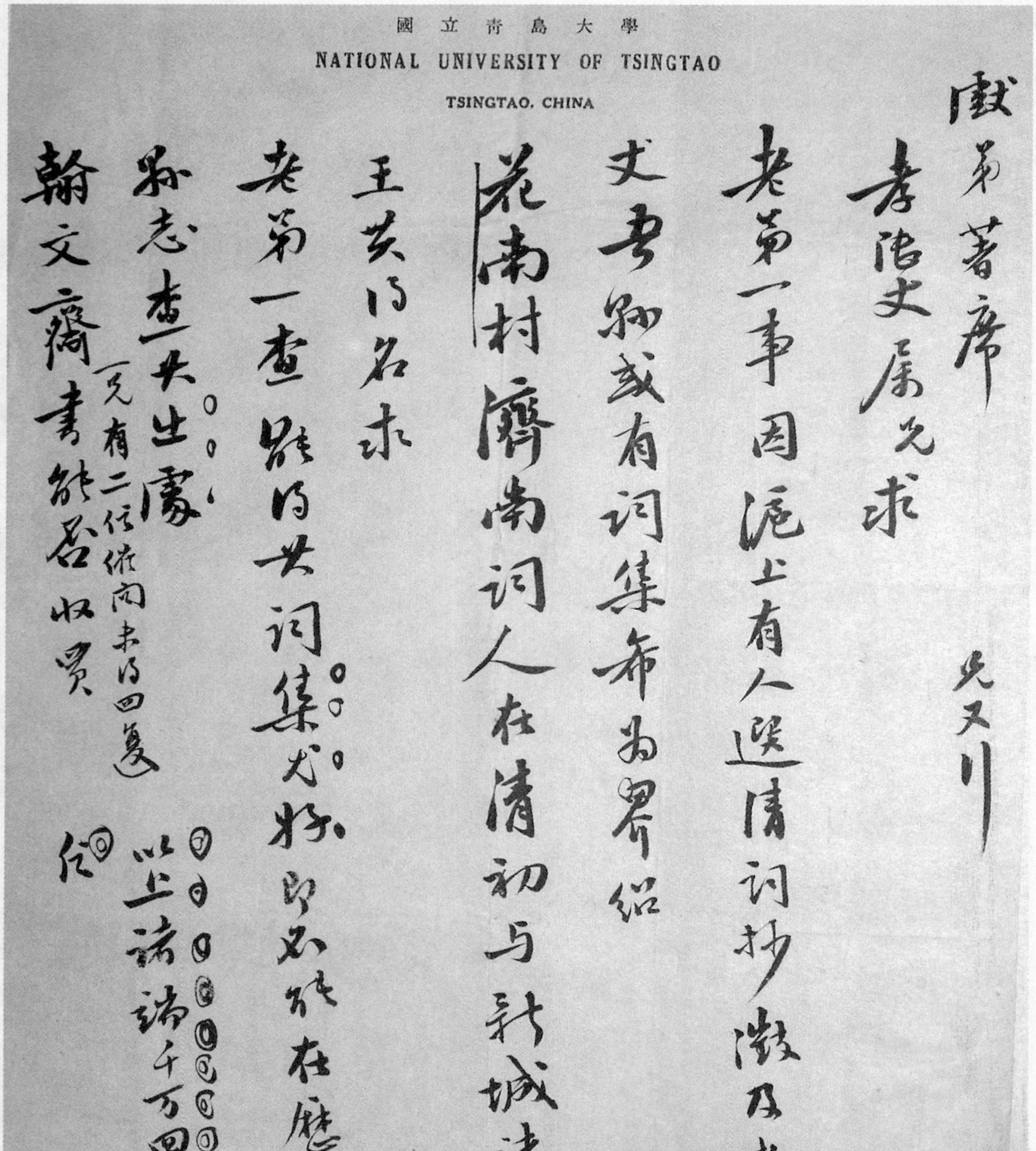

國立青島大學
NATIONAL UNIVERSITY OF TSINGTAO
TSINGTAO, CHINA

獻弟著席　兄又川
孝陸丈屬兄求
老弟一事因滬上有人選清詞抄繳及孝
丈書稱或有詞集希為介紹
花南村齋南詞人在清初與新城諸
王共以名家
老弟一查能得其詞集尤好即不能在歷城
縣志查其出處（兄有二信俱尚未得回復）
翰文齋書能否收買
以上諸請千萬回
佗

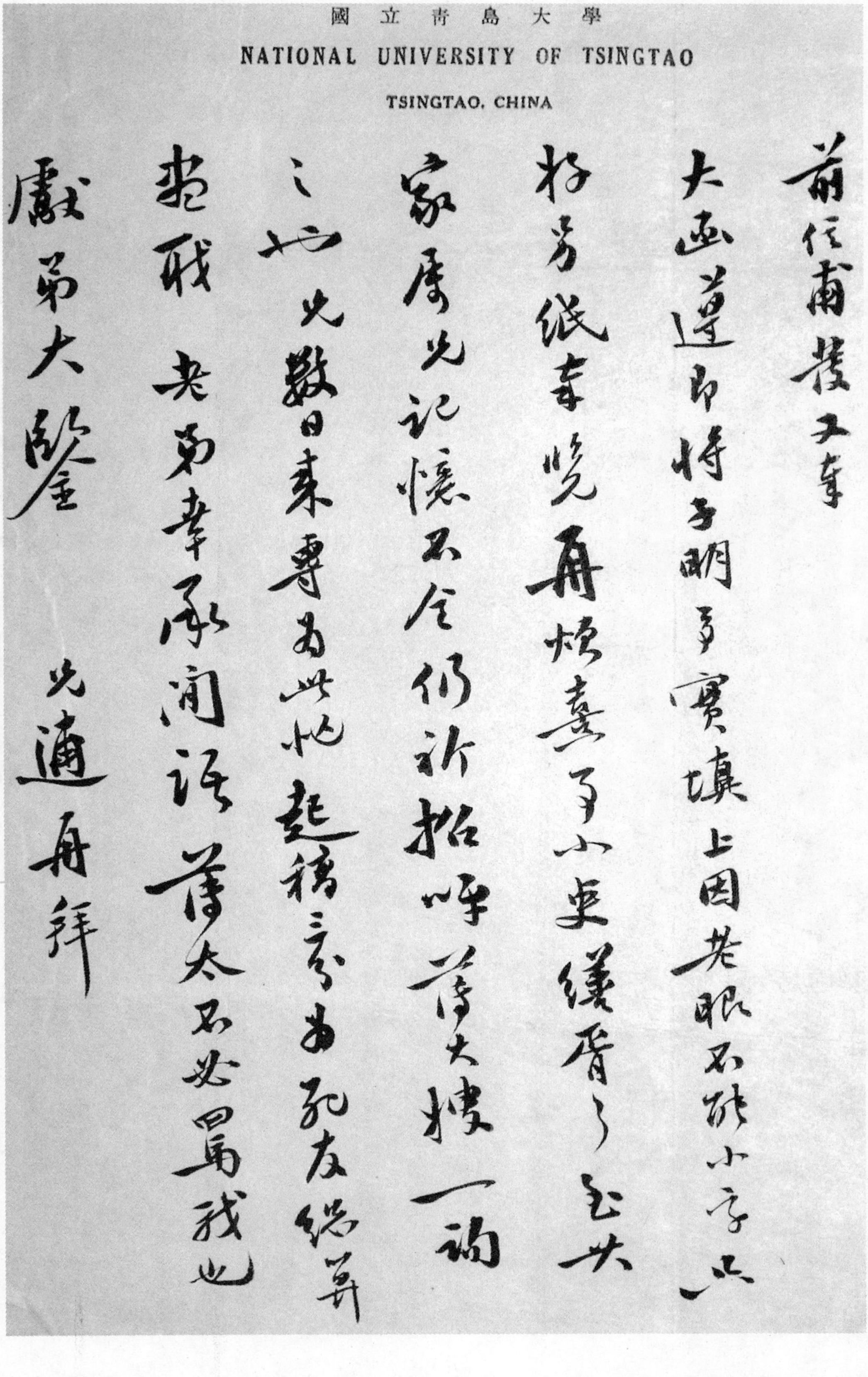

國立青島大學

NATIONAL UNIVERSITY OF TSINGTAO

TSINGTAO, CHINA

書第三十八通

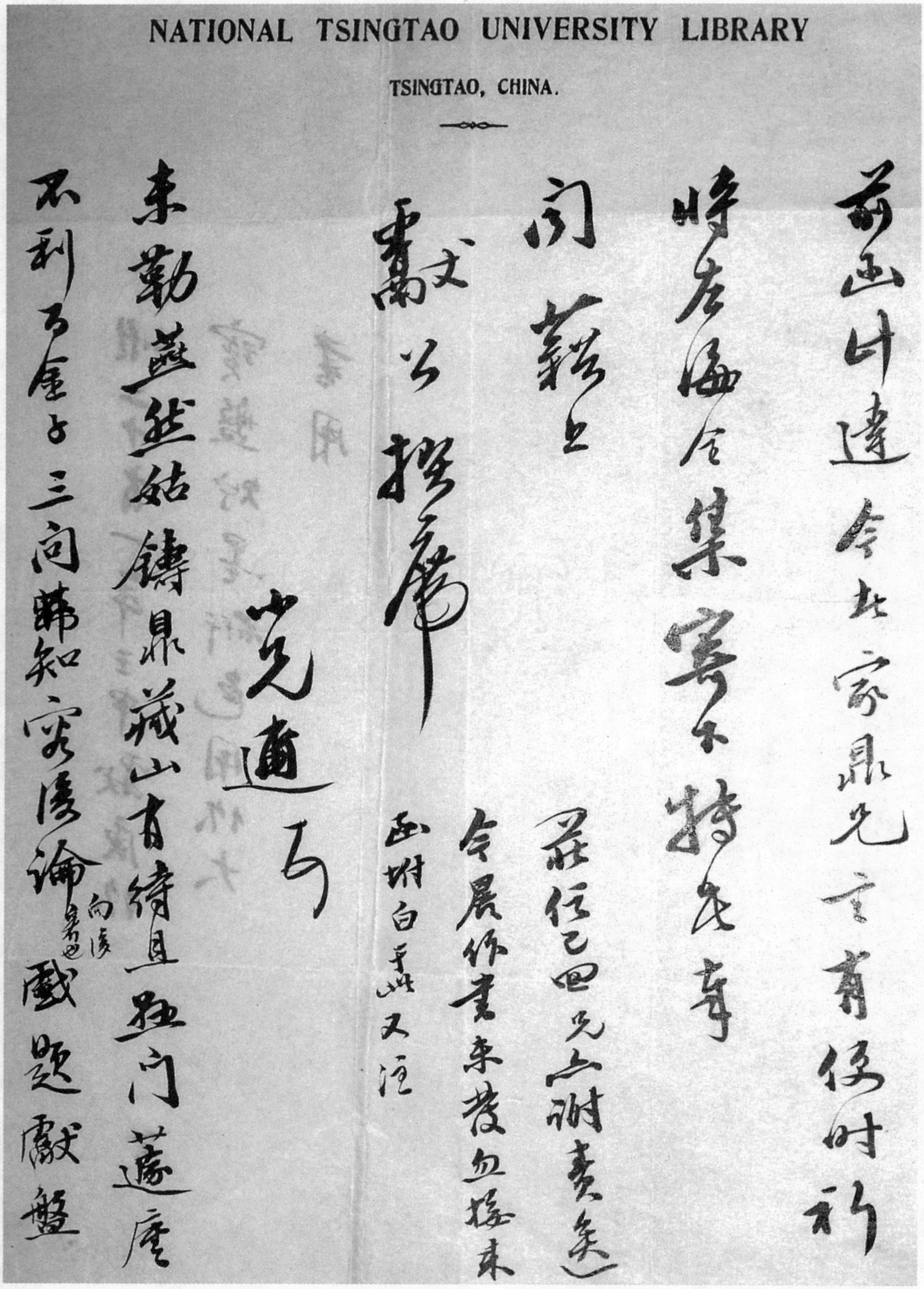

NATIONAL TSINGTAO UNIVERSITY LIBRARY

TSINGTAO, CHINA.

前函計達，今在家鼎兄處(?)獲(?)睹(?)新(?)

時在海岱(?)集寄示，特見尊(?)

閱蘇(?)上

壽(?)文以擬(?)[illegible]

羅(?)佰已回，兄亦謝素(?)矣

令晨作書來，後(?)血(?)猶(?)來

西坿白，乎與(?)又注(?)

先適可

來勸益甚，姑鑄鼎藏山有待，且亟(?)門遠處(?)

不刊(?)乃金玉，三向韓知實後論（向後[illegible]）

戲題獻盤

書第三十九通

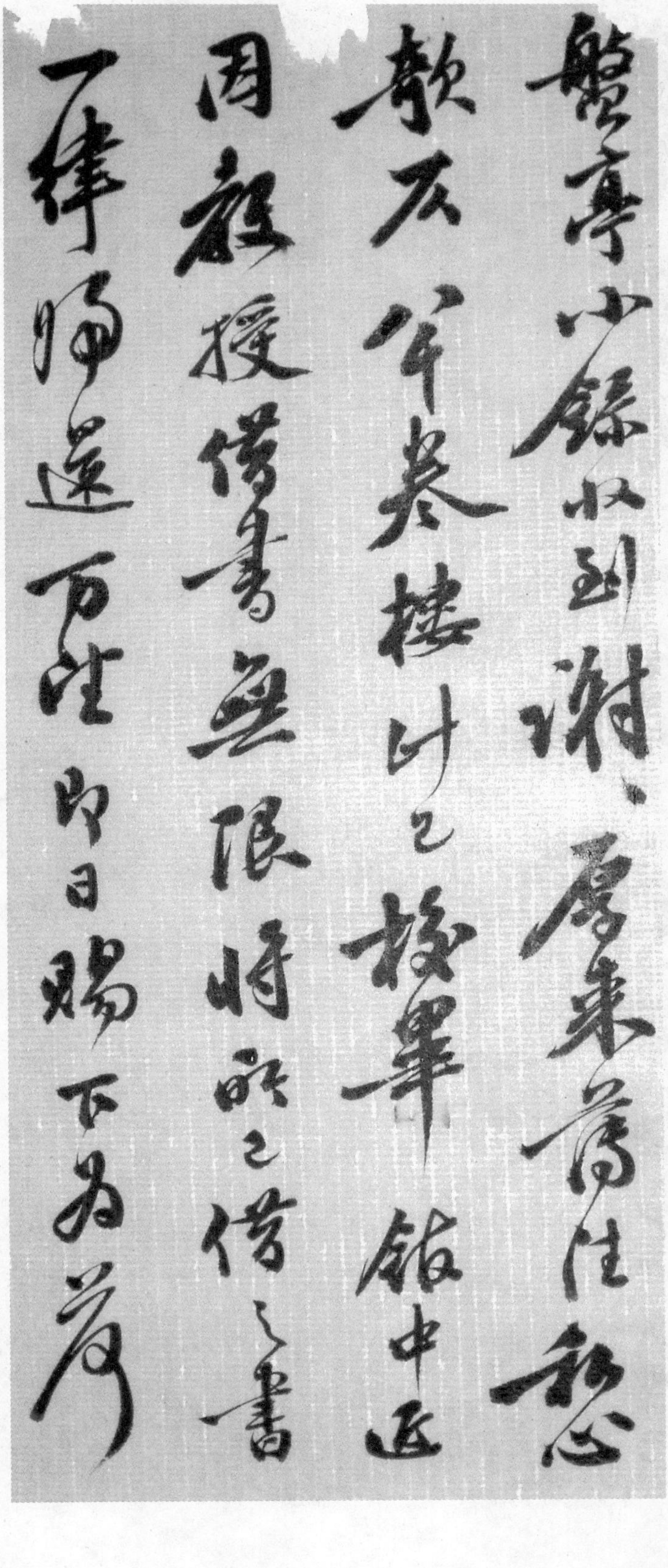

丁逋

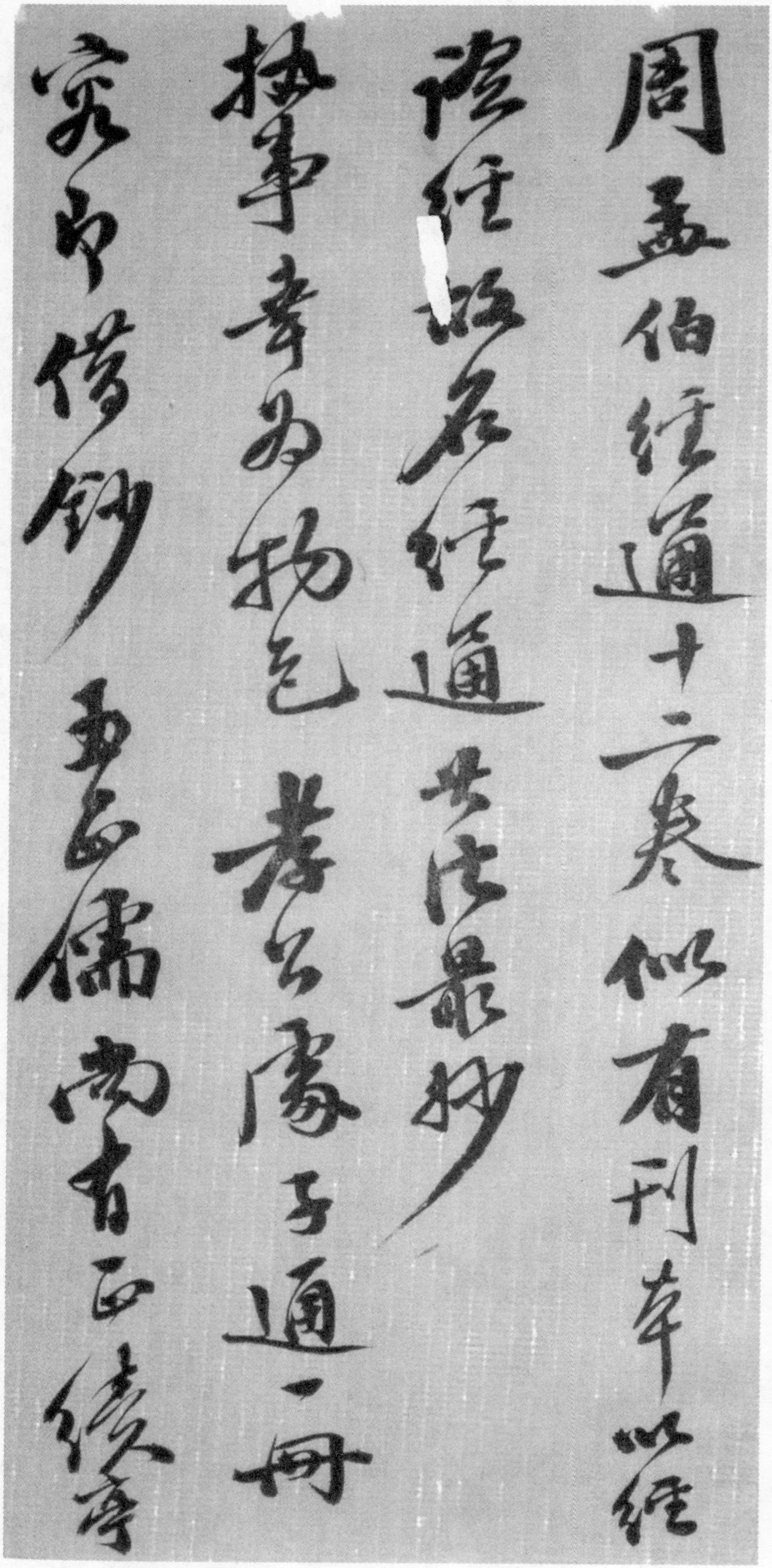

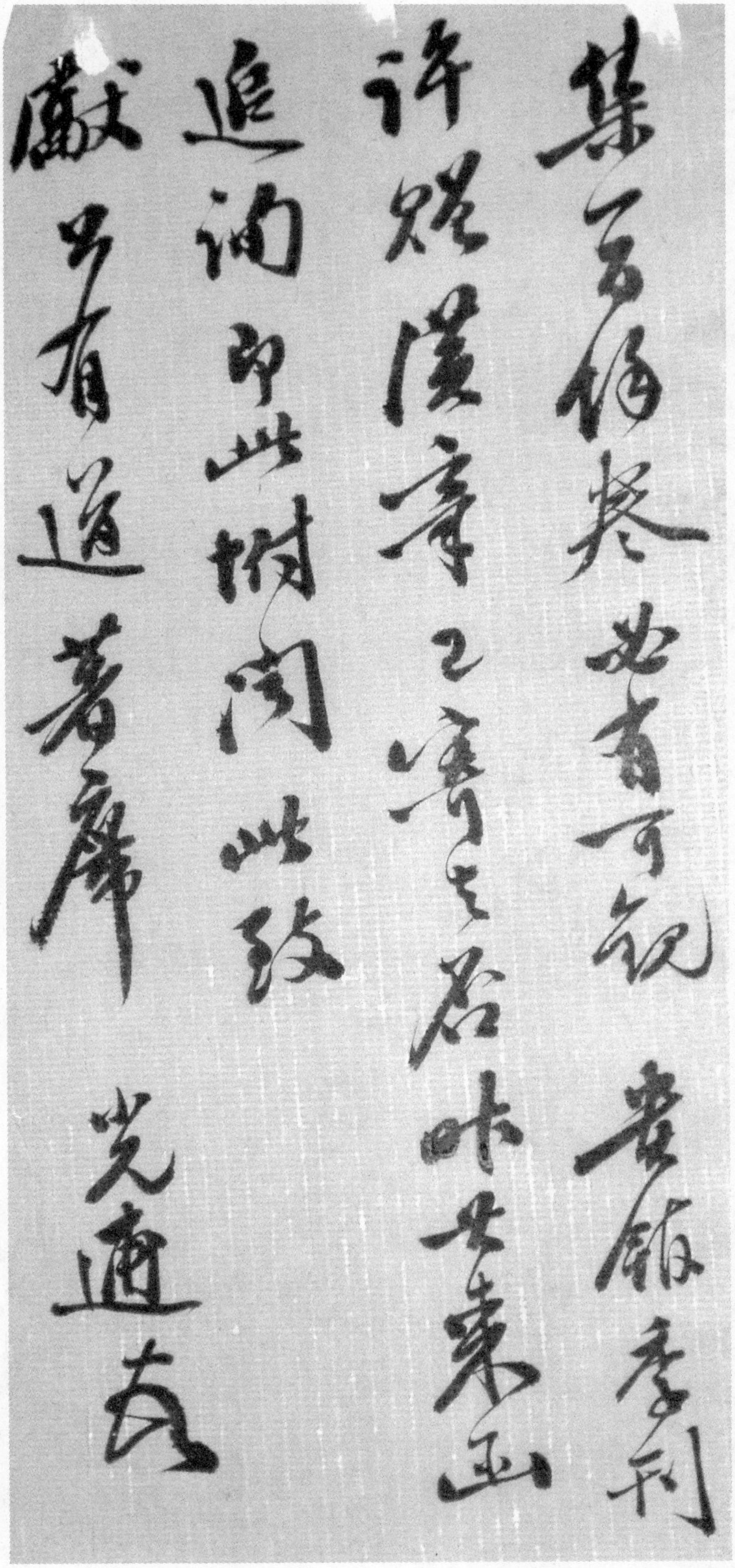

書第四十通

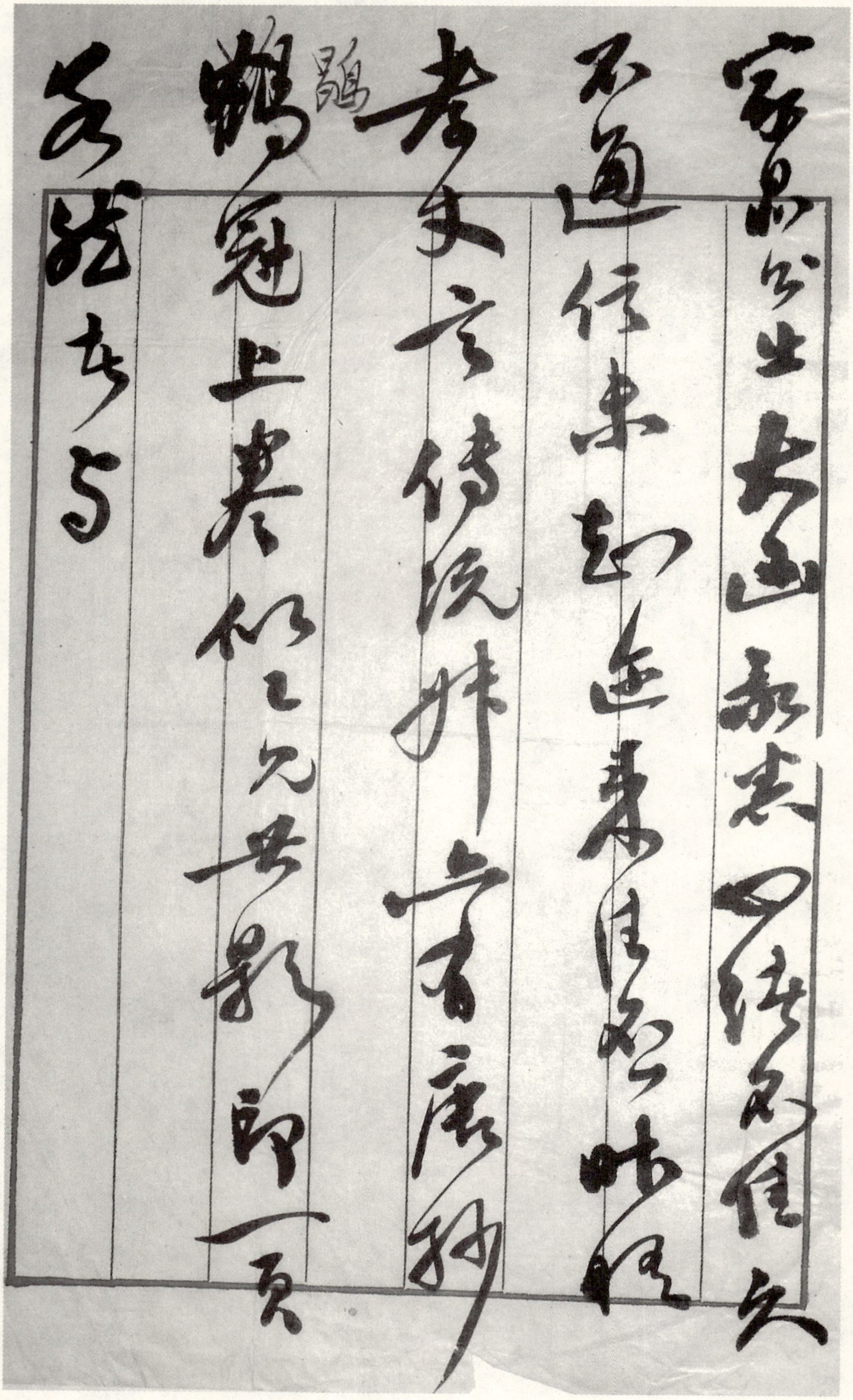

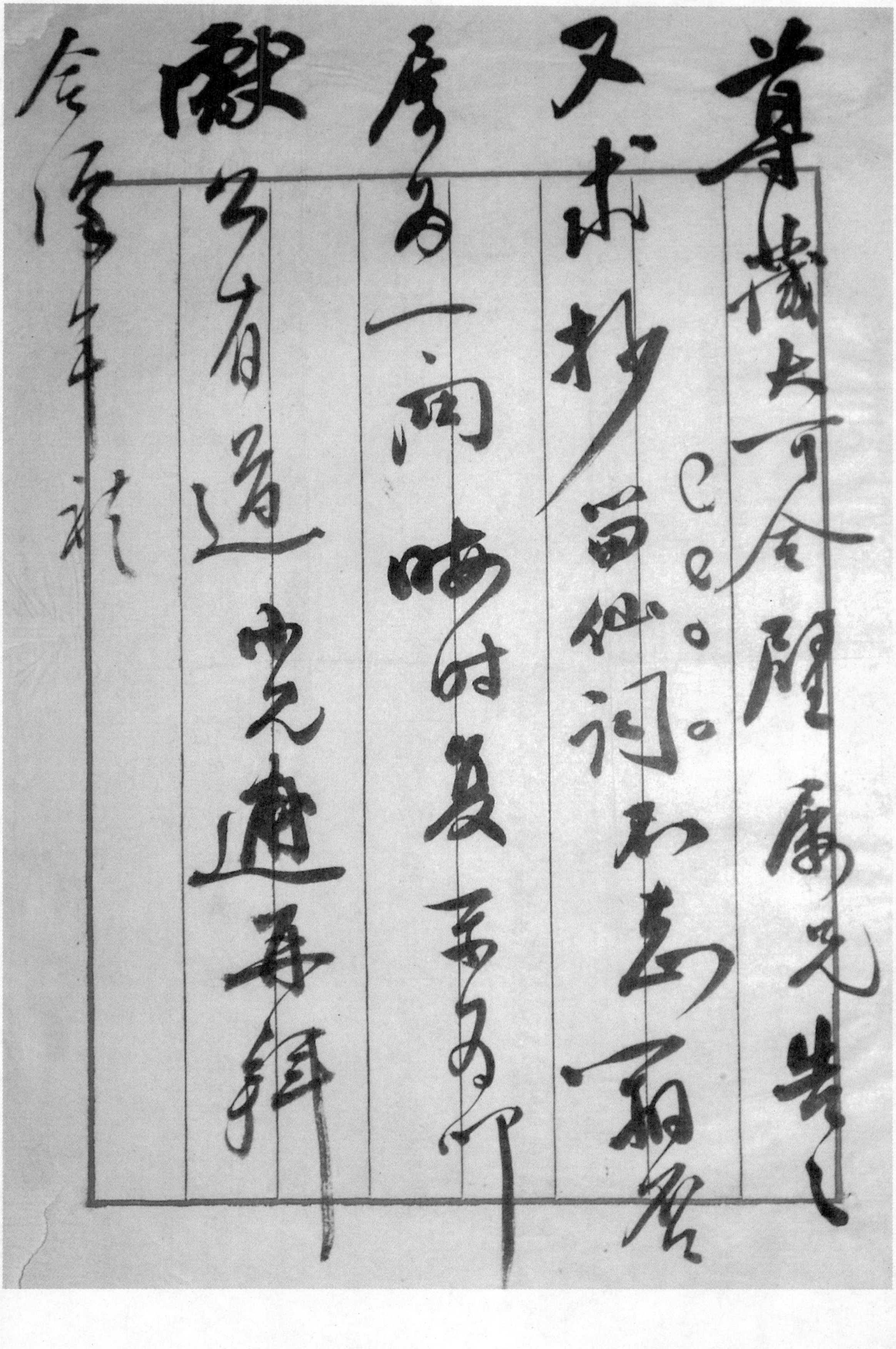

丁遖

書第四十一通

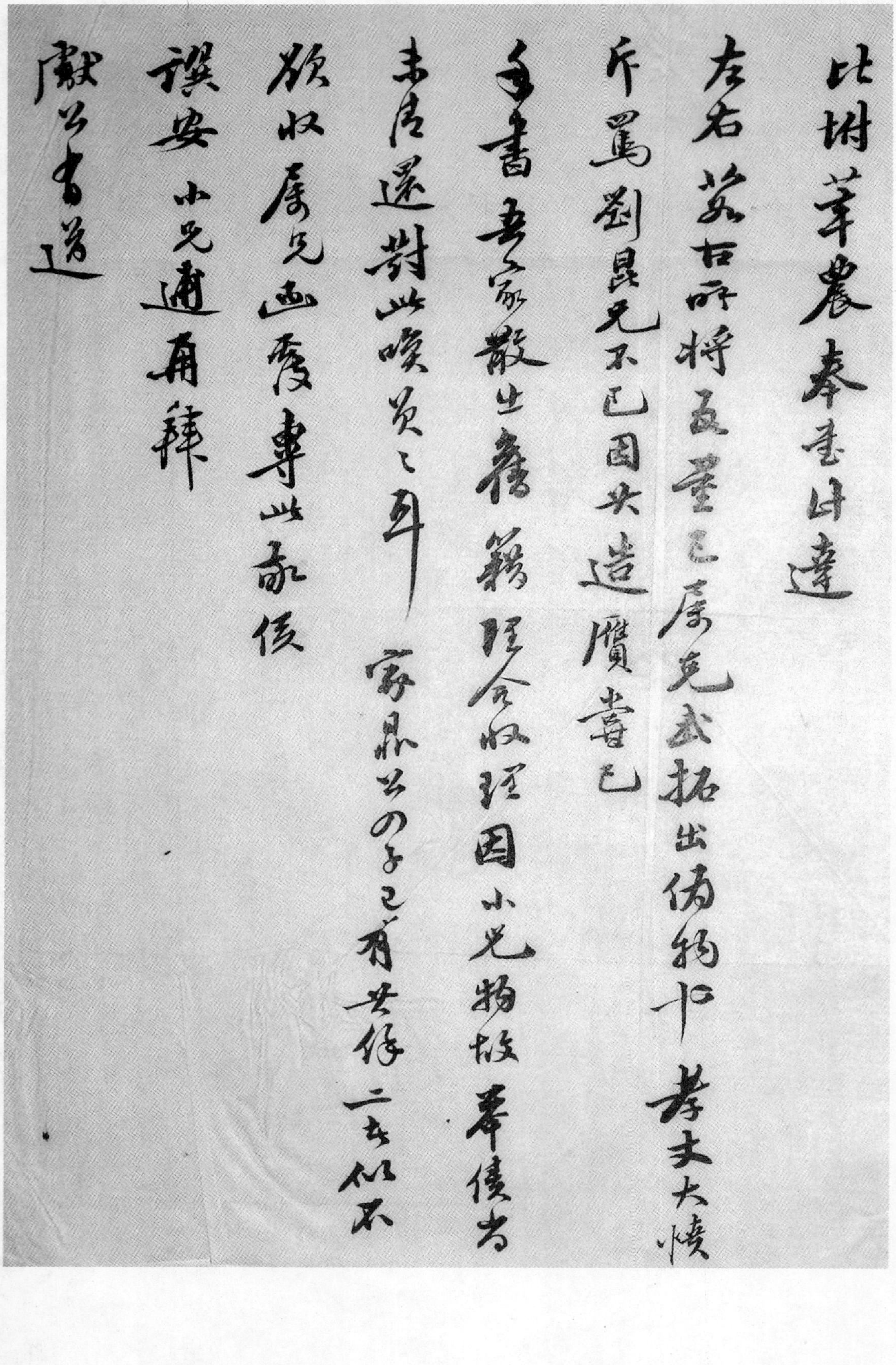
比琳莘農奉書計達
左右蓋古所將及墨已屬兄武拓出備稿十　孝丈大慎
斥罵劉君兄不已因共造價賷已
手書無家散出舊籍理合收理因小兒物故萃儀者
未居還對此嘆負負耳　家鼎公之子已有廿餘二年似不
煩收屬兄函處專此敬候
撰安　小兄遜甫再拜
獻公有道

書第四十二通

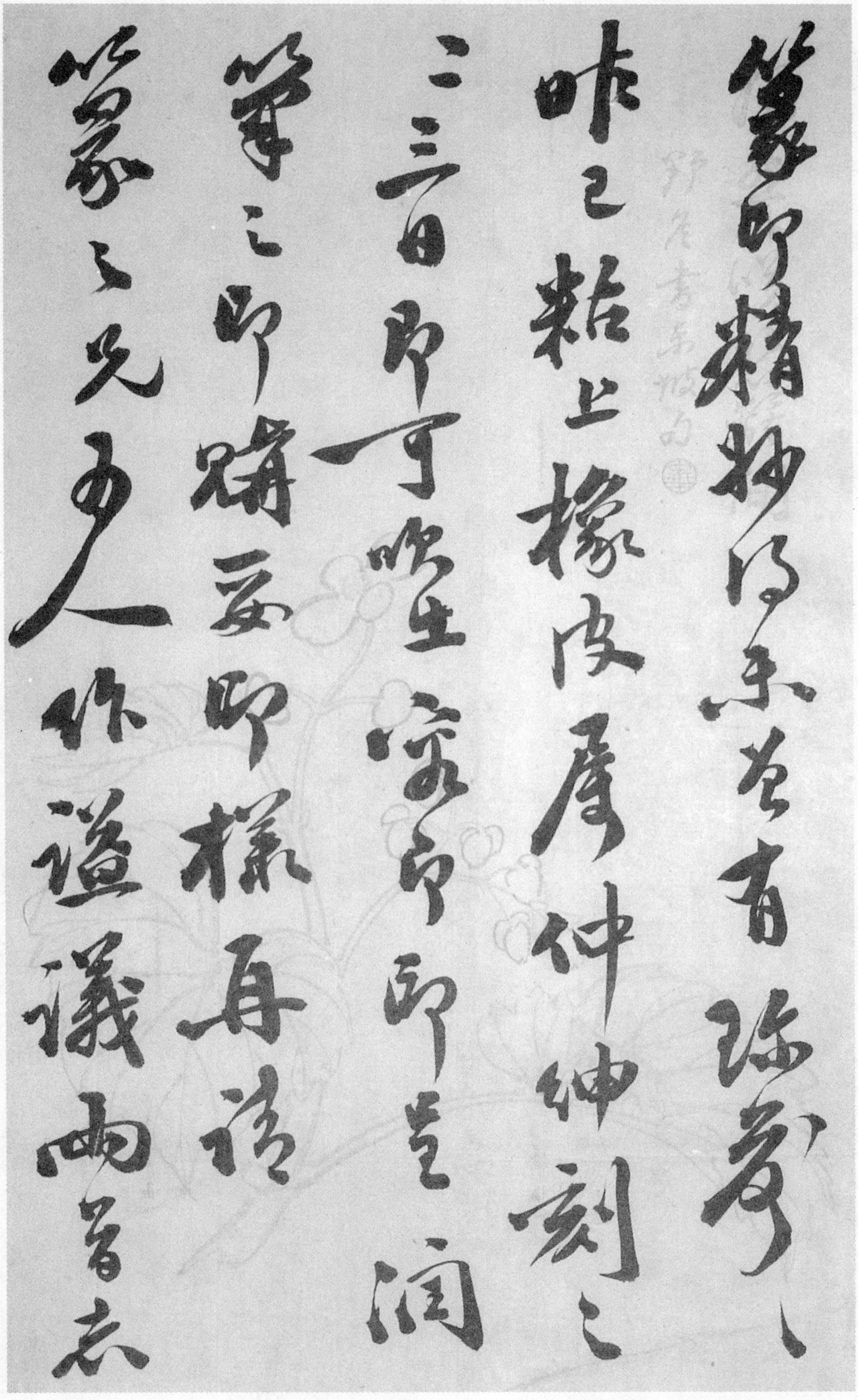

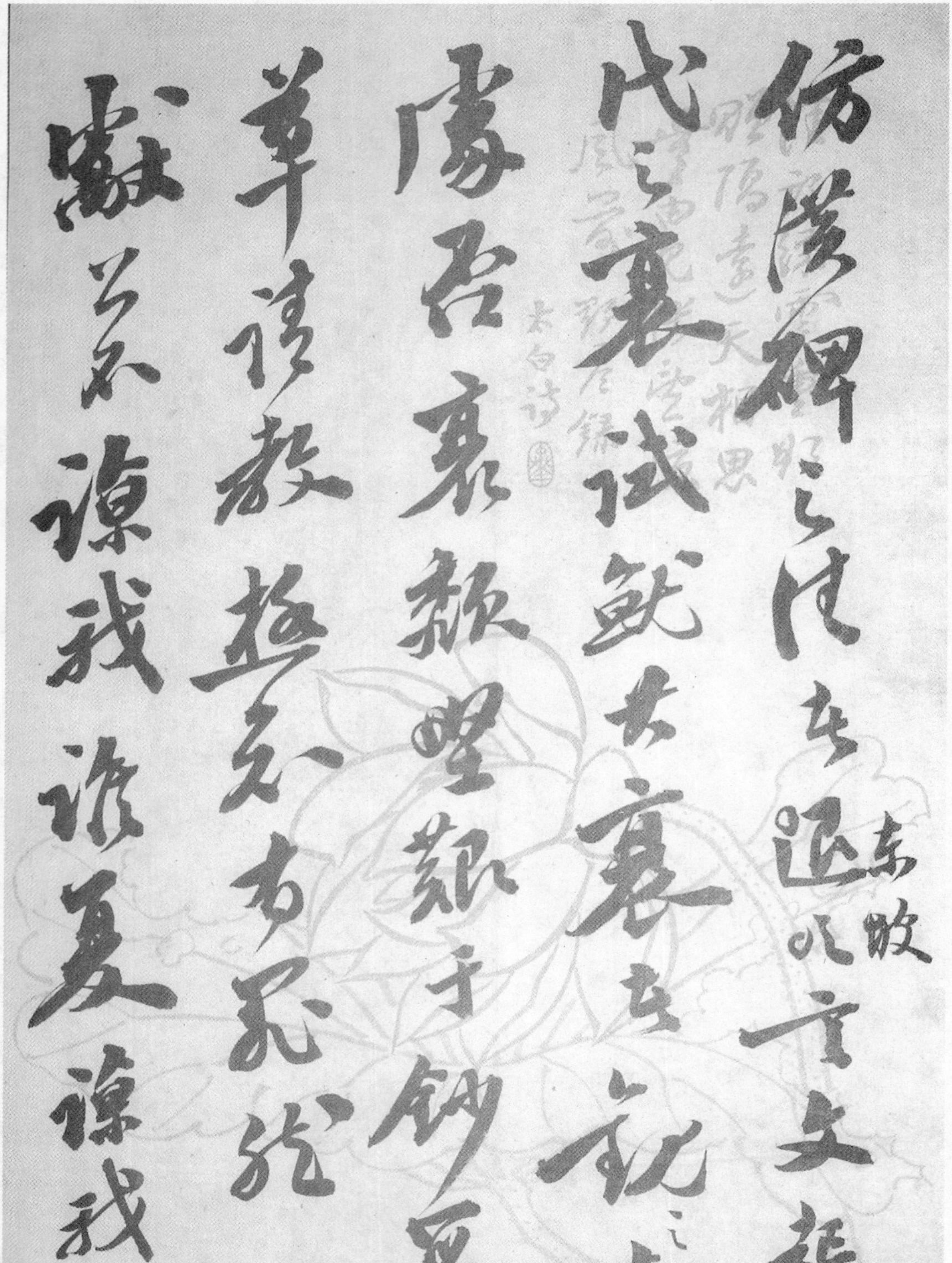

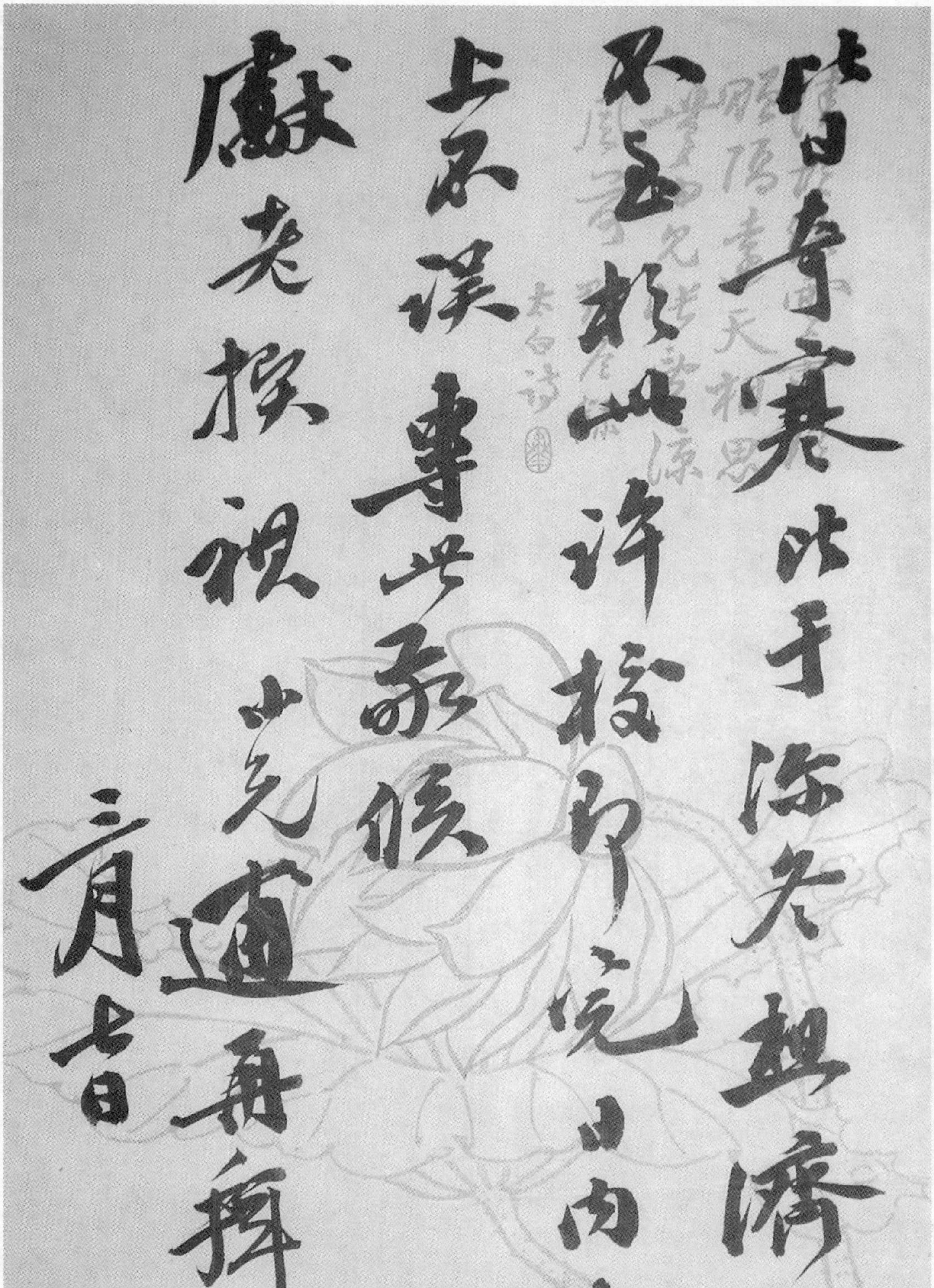

書第四十三通

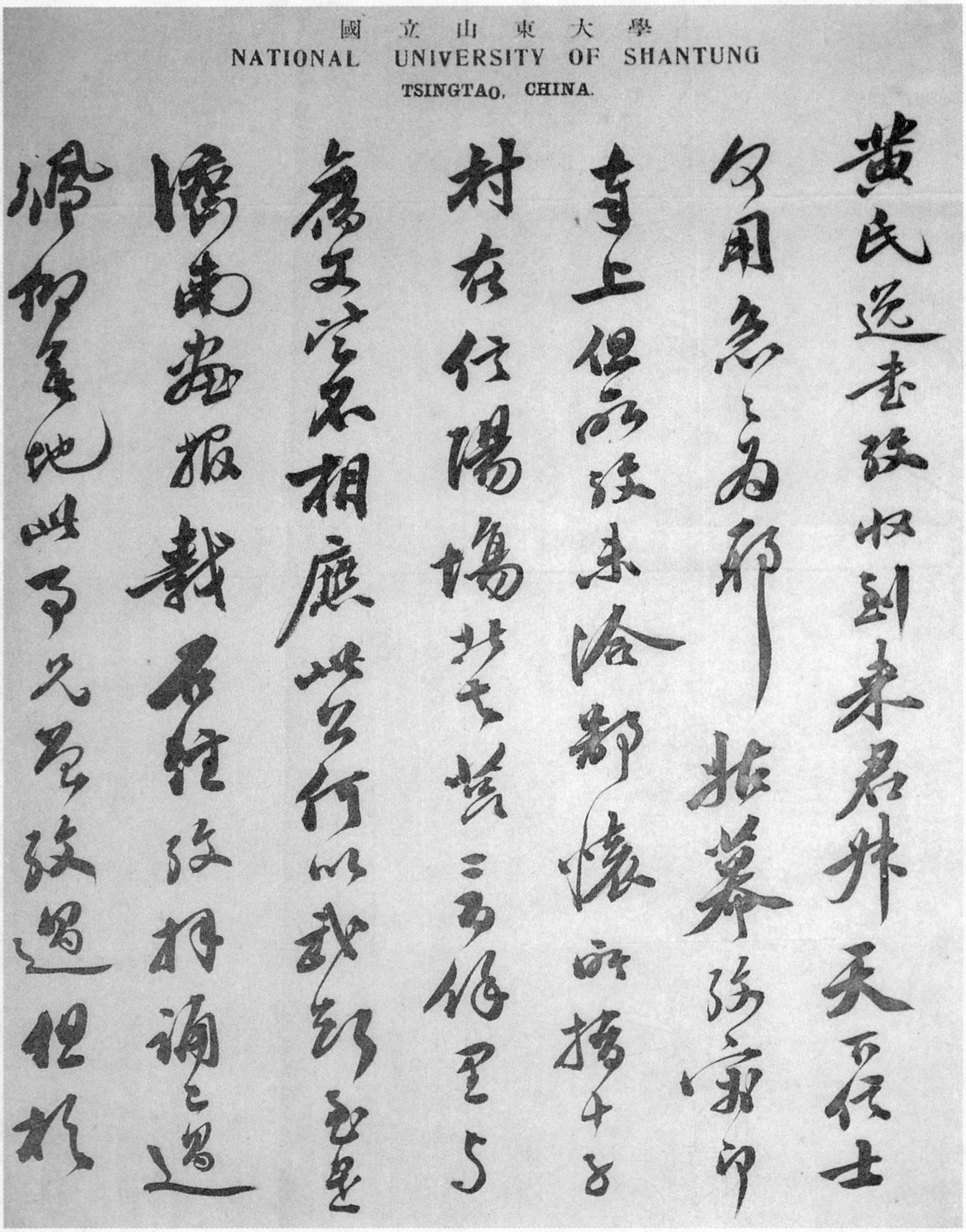

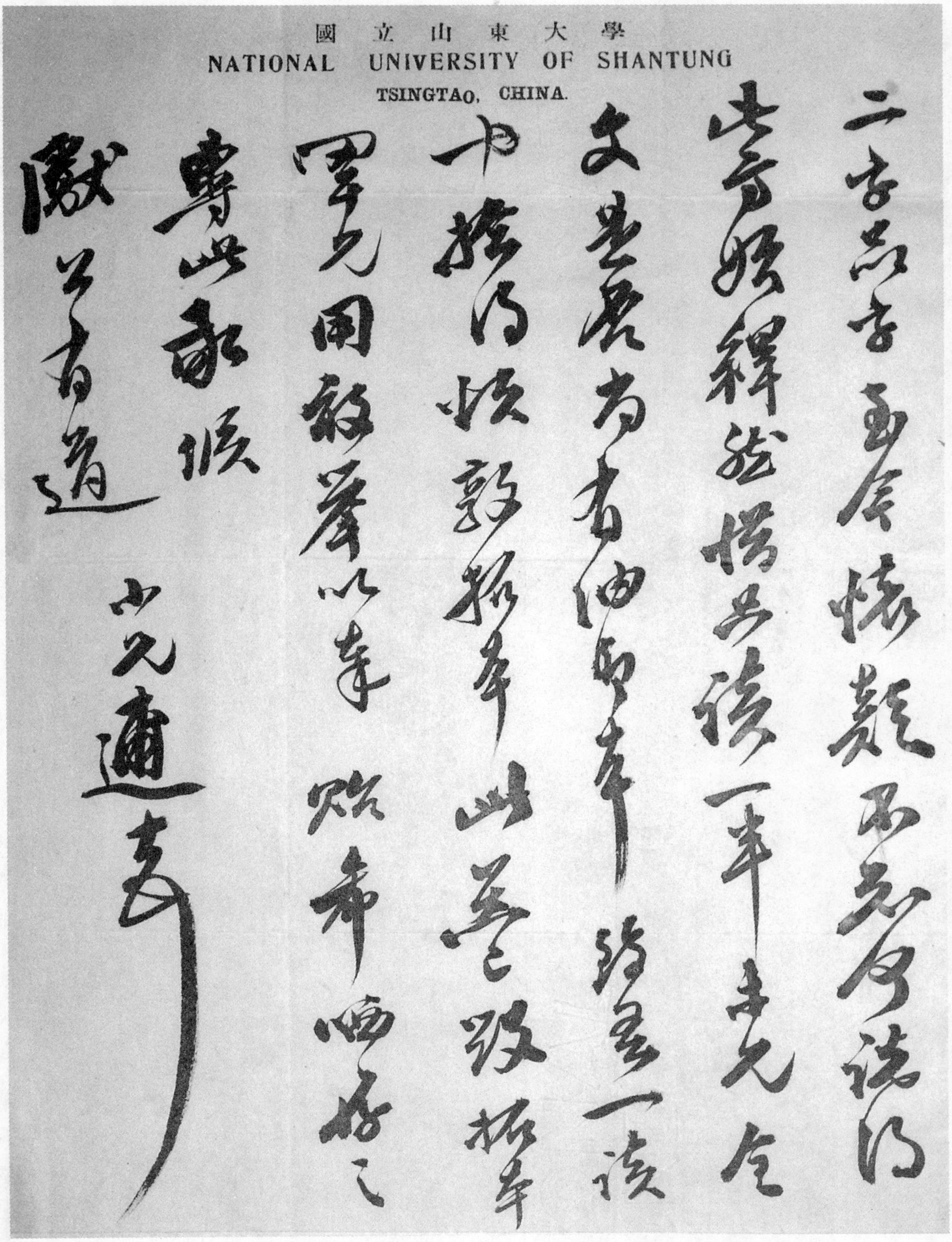

國立山東大學
NATIONAL UNIVERSITY OF SHANTUNG
TSINGTAO, CHINA.

書第四十四通

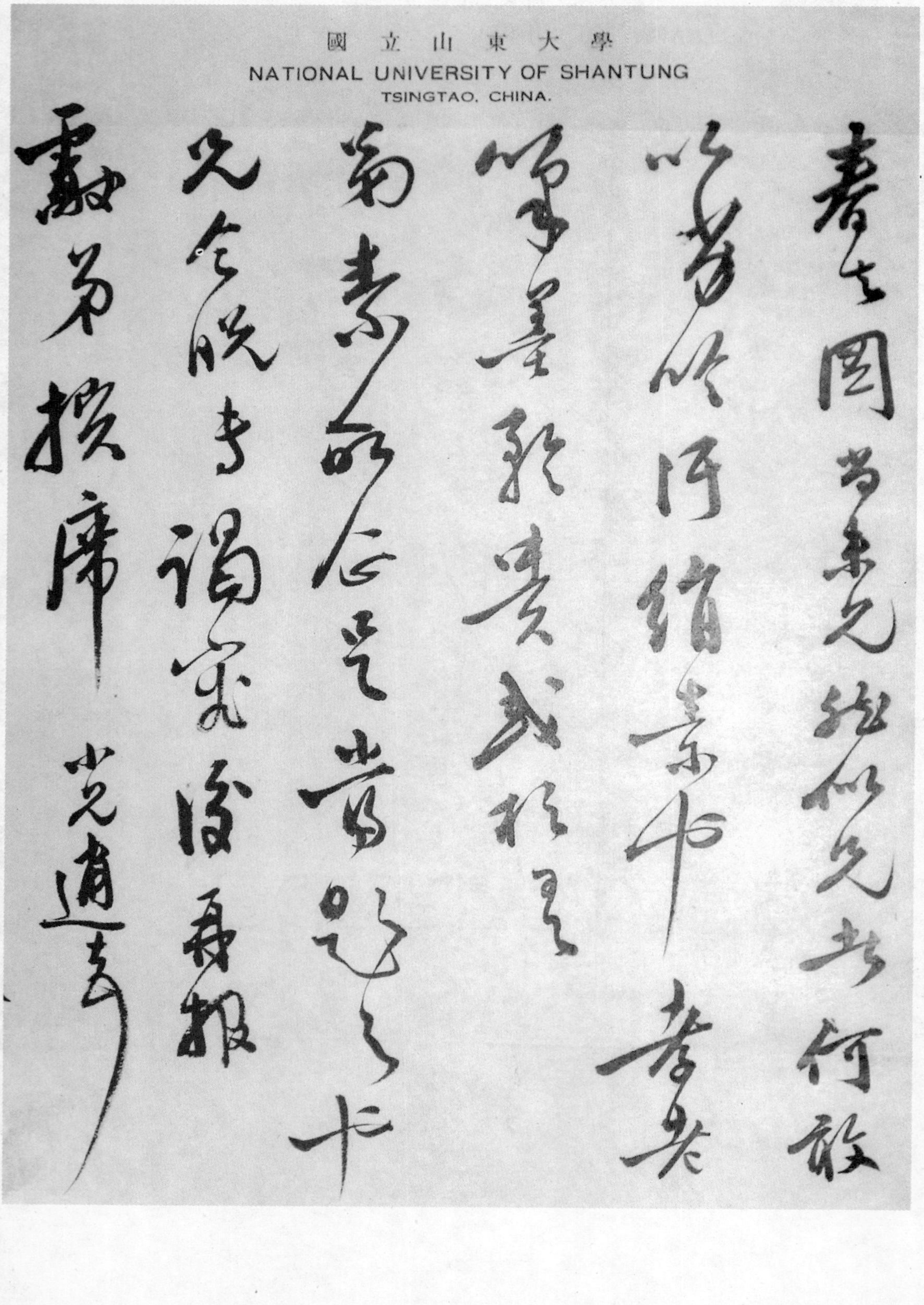

書第四十五通

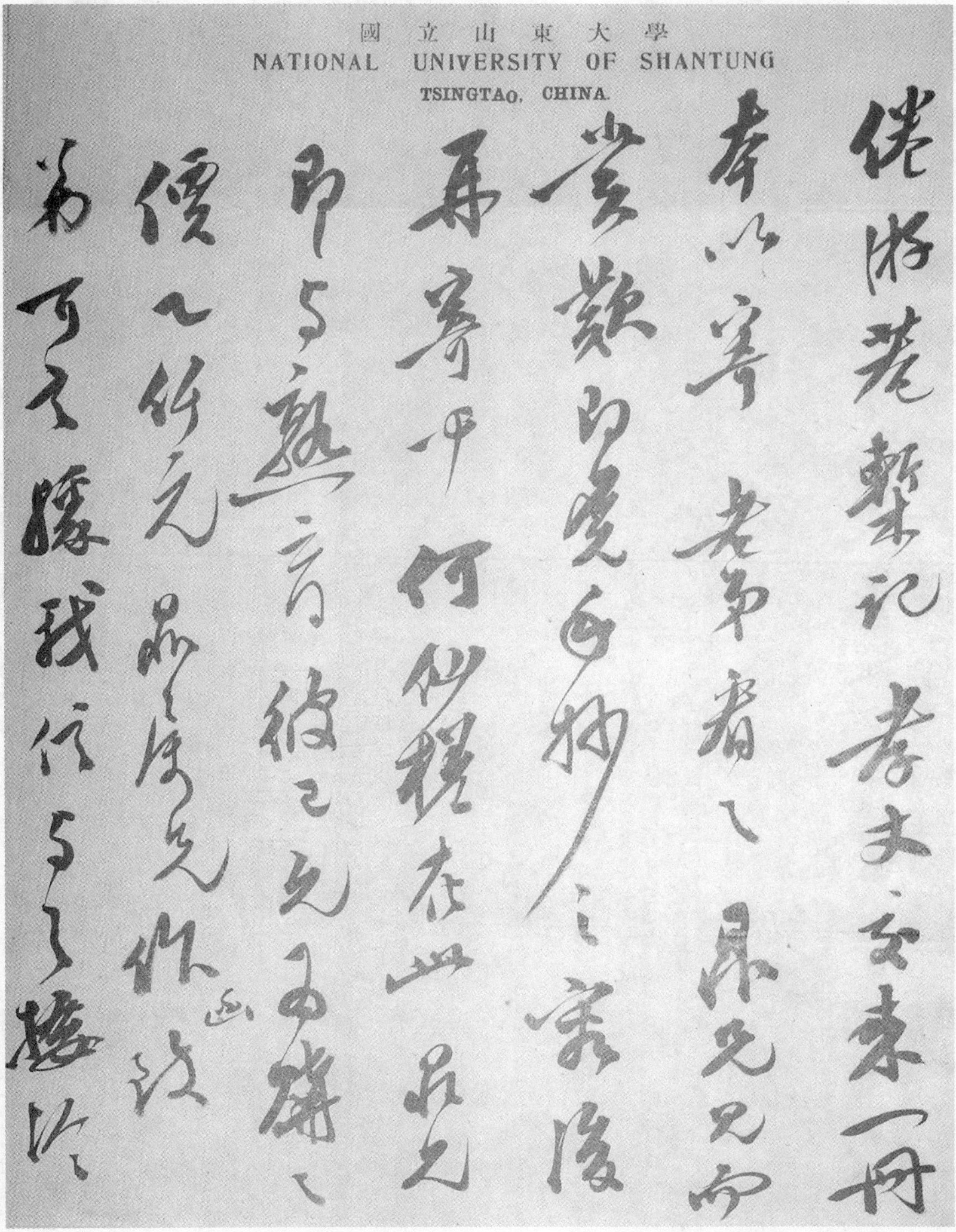
國立山東大學
NATIONAL UNIVERSITY OF SHANTUNG
TSINGTAO, CHINA.

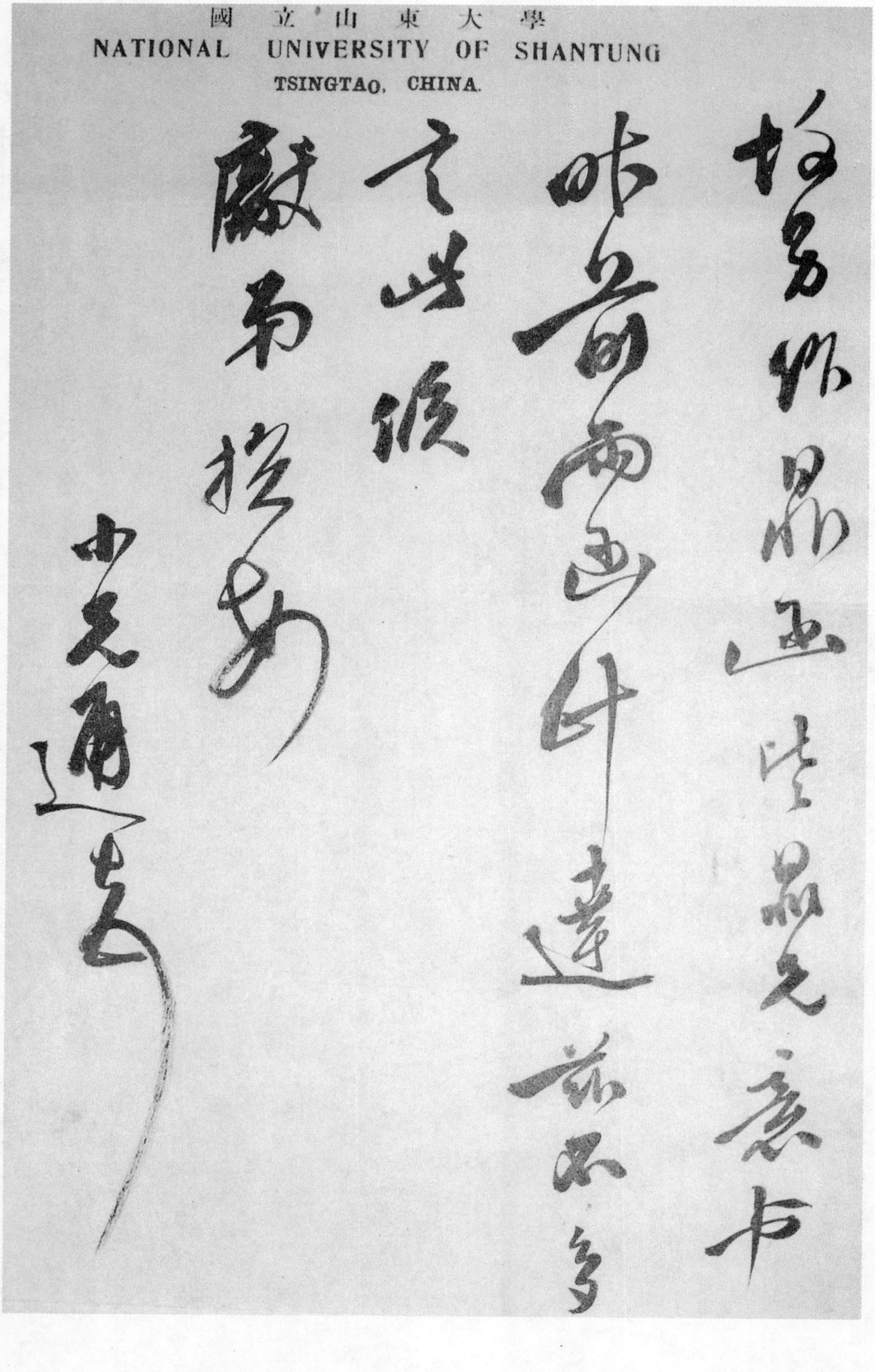
國立山東大學
NATIONAL UNIVERSITY OF SHANTUNG
TSINGTAO, CHINA.

書第四十六通

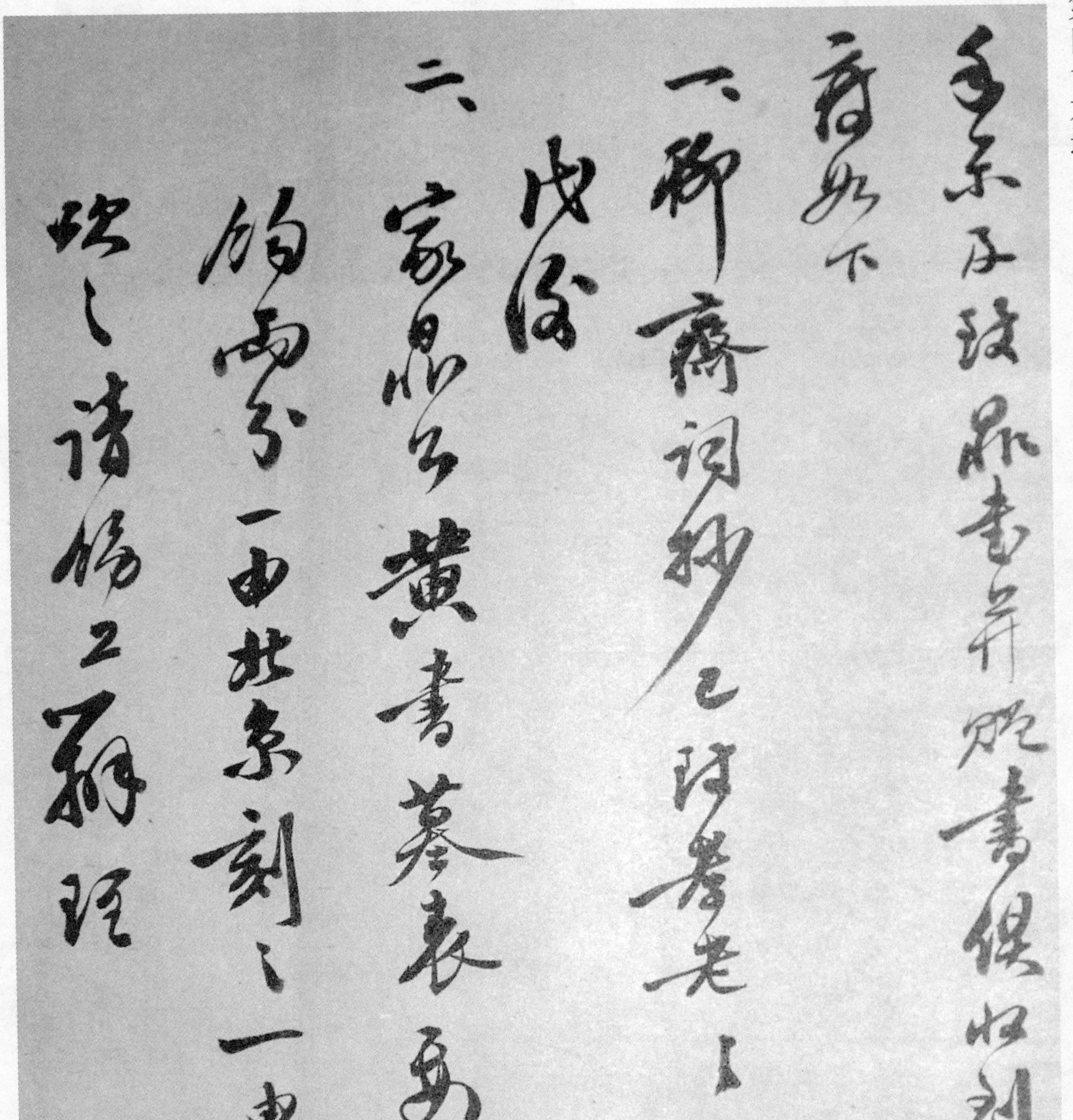

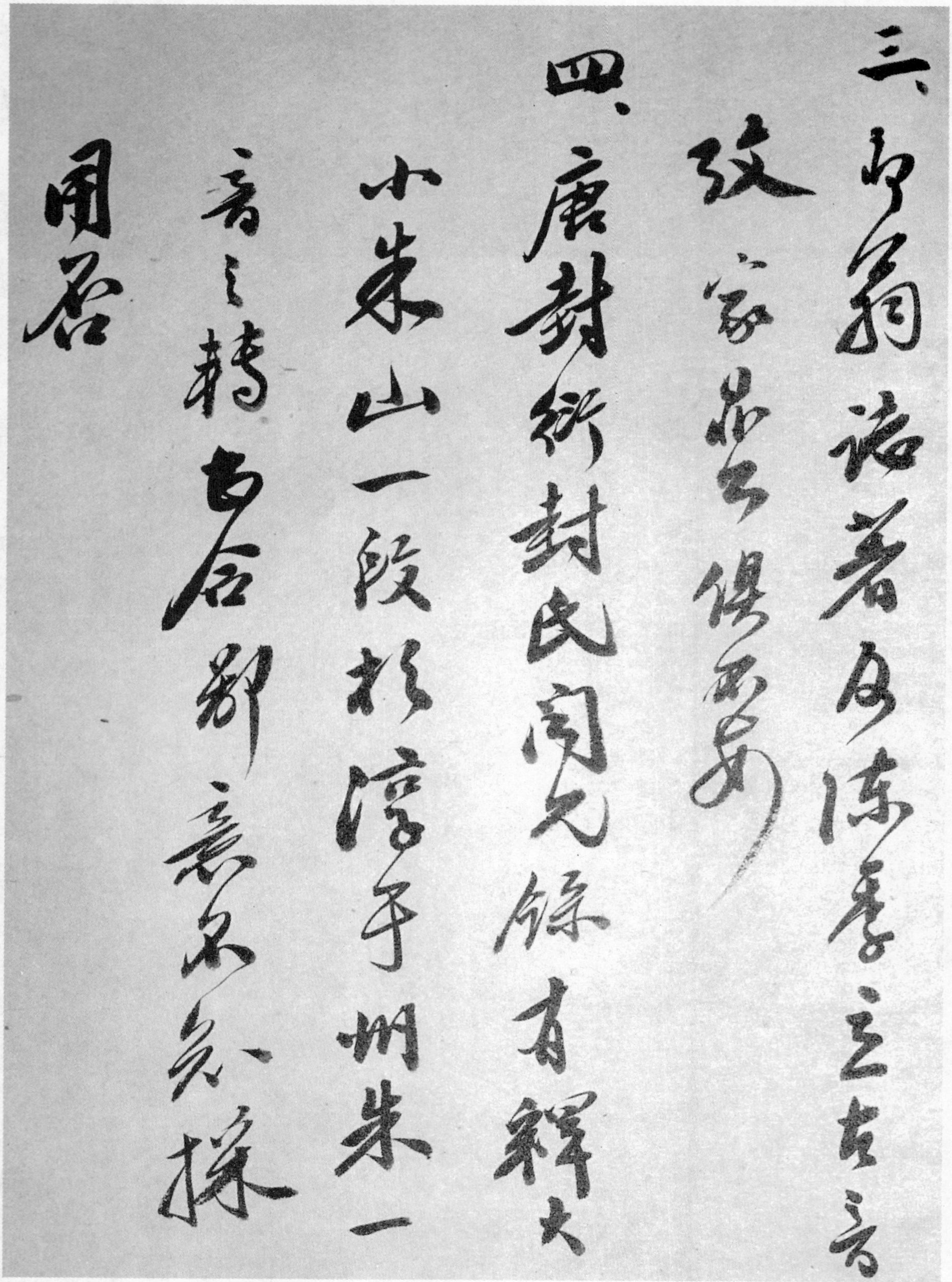
三、印翁語若友陳季之去言
致家君得無如
四、唐封紙封氏聞見錄有釋大
小朱山一段於淳于州朱一
言之精古合鄙意不負採
用否

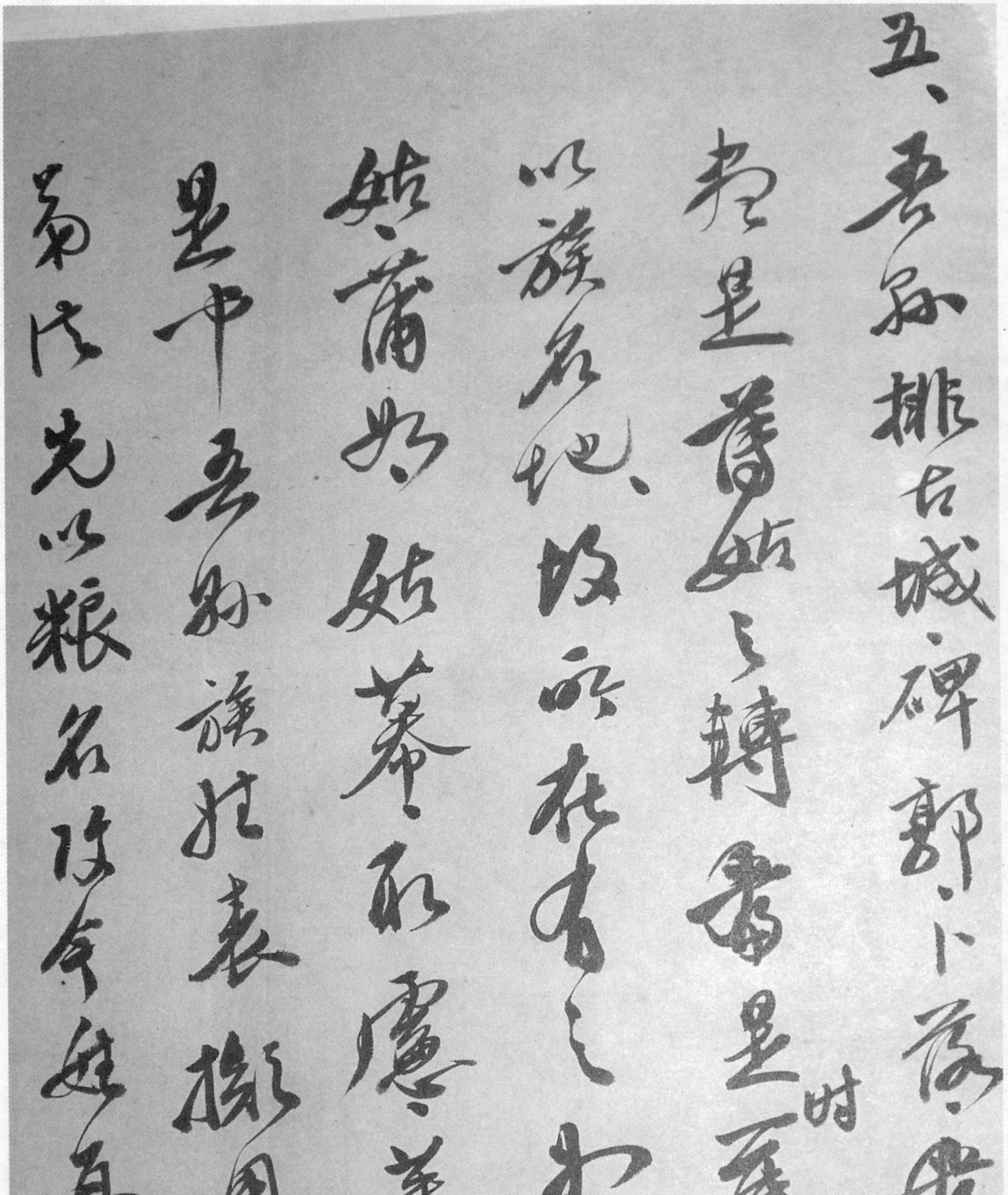
五、吾家排古城、碑郭、下蔡、蒲
者是蒲姑之轉音，是时蒲姑
以族名地，所在有之，如蒲
姑、蒲姑、姑幕、取慮等此
是中吾家族於表揚用
蒲氏先以糧名後命姓尊周

丁浦

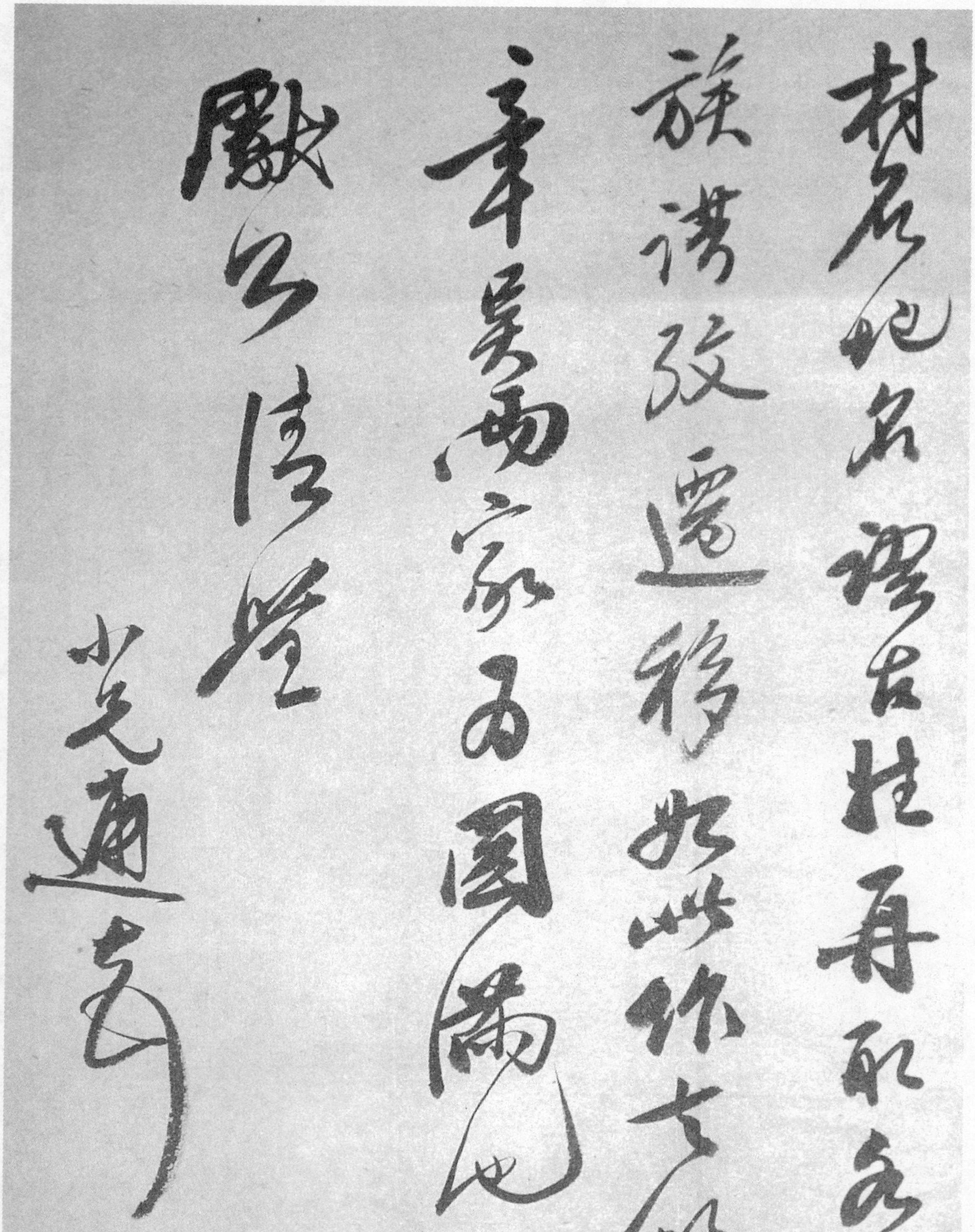

書第四十七通

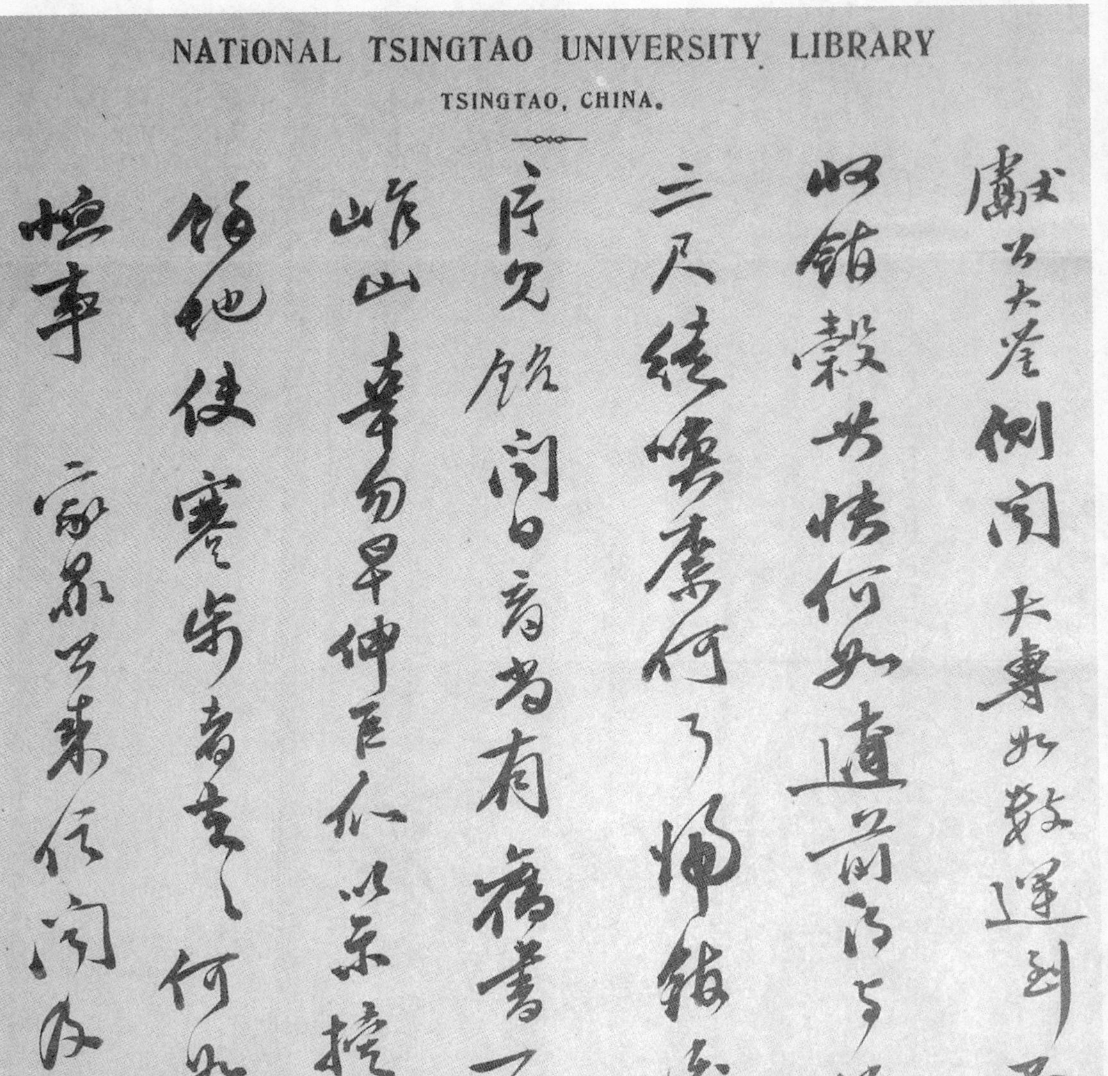

NATIONAL TSINGTAO UNIVERSITY LIBRARY

TSINGTAO, CHINA.

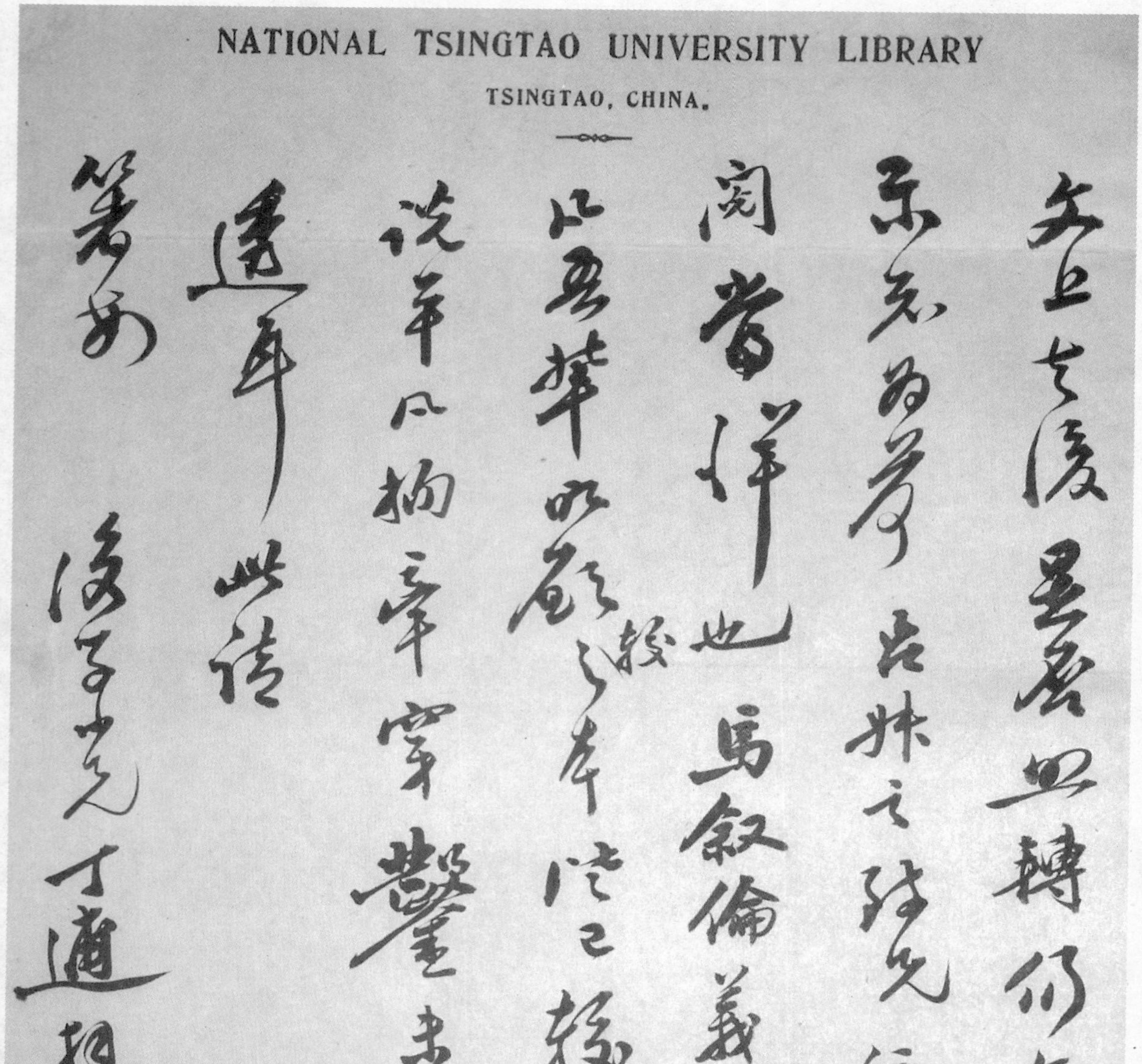

NATIONAL TSINGTAO UNIVERSITY LIBRARY

TSINGTAO, CHINA.

奉上次後是否無轉何乞
示知為荷。吳林之師範所已奉
閱，當詳也。馬叙倫義疏已購到，
比為藝林所(校)之本，該已接過增之。
流年民物常常鑒，未能具覽。
遺年此請
箸安
後學弟丁山頓首

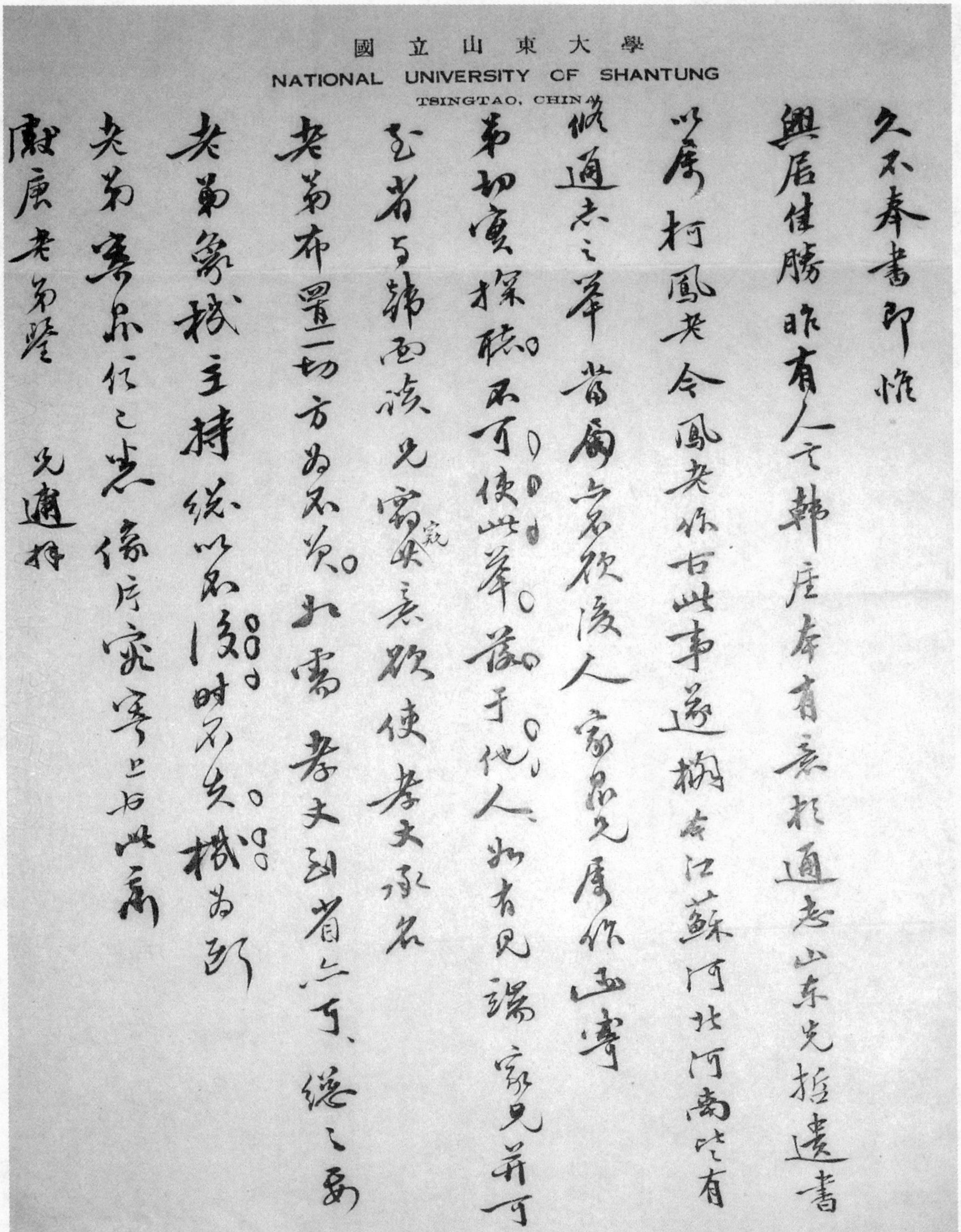
國立山東大學
NATIONAL UNIVERSITY OF SHANTUNG
TSINGTAO, CHINA

久不奉書，即惟
興居佳勝。昨有人之韓，彼本有意把通志、山东先哲遺書
以屬
柯鳳老。今鳳老作古，此事遂擱。今江蘇、河北、河南皆有
修通志之舉，當局亦欲後人，當局兄屬作函寄
吾弟切實探聽，不可使此舉落于他人。如有見端，容兄再可
至省與韓面談。兄究意欲使孝文承名
老弟布置一切，方爲不負。此需孝文到省亦可，總之要
老弟爲機主持，從以爲後，時不可失，機爲郎
老弟賽亦行之耳。係序究寄上右此屬
獻唐老弟鑒
兄通拜

書第四十九通

國立山東大學圖書館
NATIONAL SHANTUNG UNIVERSITY LIBRARY
TSINGTAO. CHINA.

祥五元轉到冊葉一切厚勞
齋心叩謝前託寫子史文精
來洋廿元不知已否收到此人上
月卅號已來濟矣近根稼
民諸撫快札
執事三米段濟水
小我弘濟不

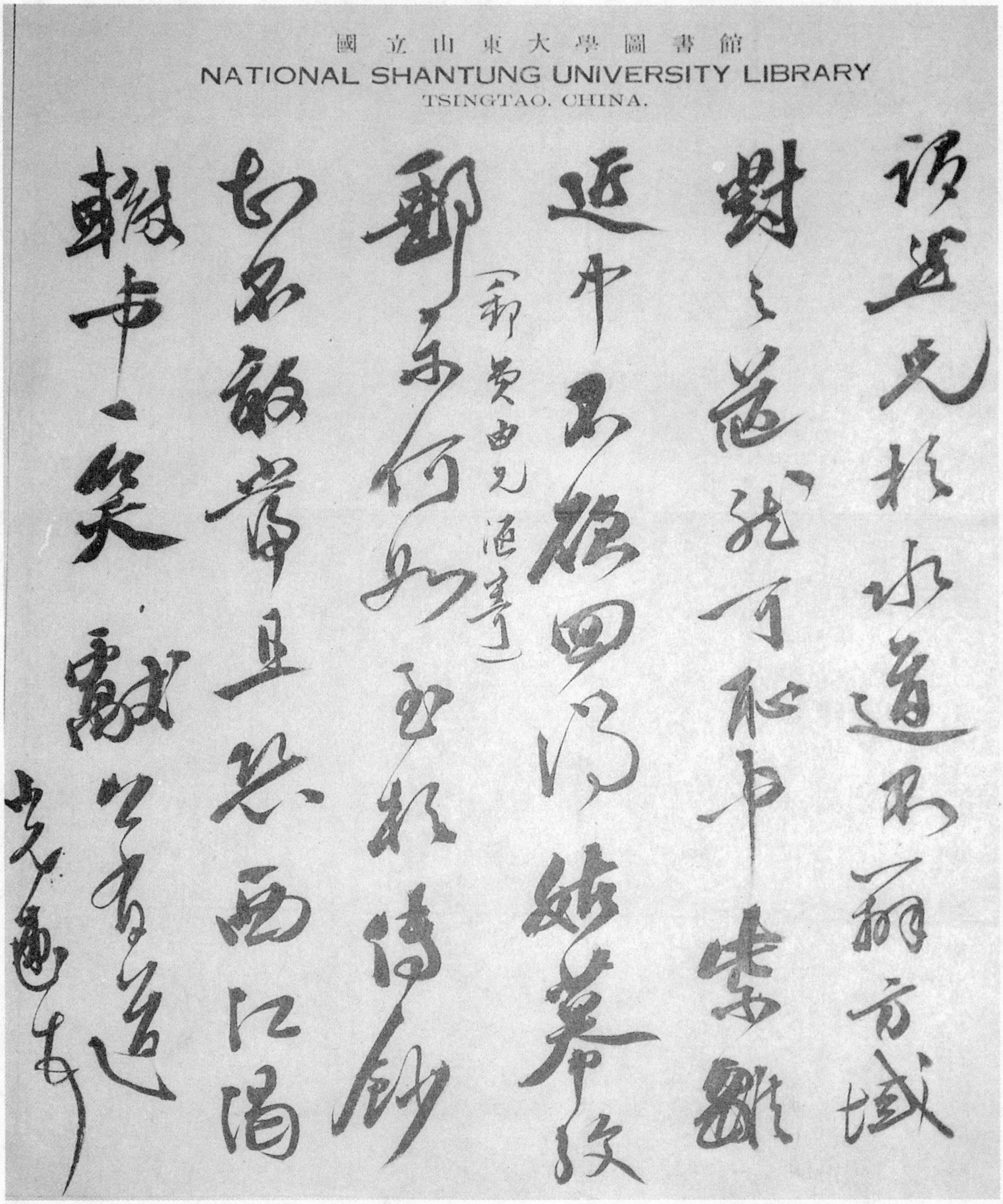

國立山東大學圖書館
NATIONAL SHANTUNG UNIVERSITY LIBRARY
TSINGTAO. CHINA.

書第五十通

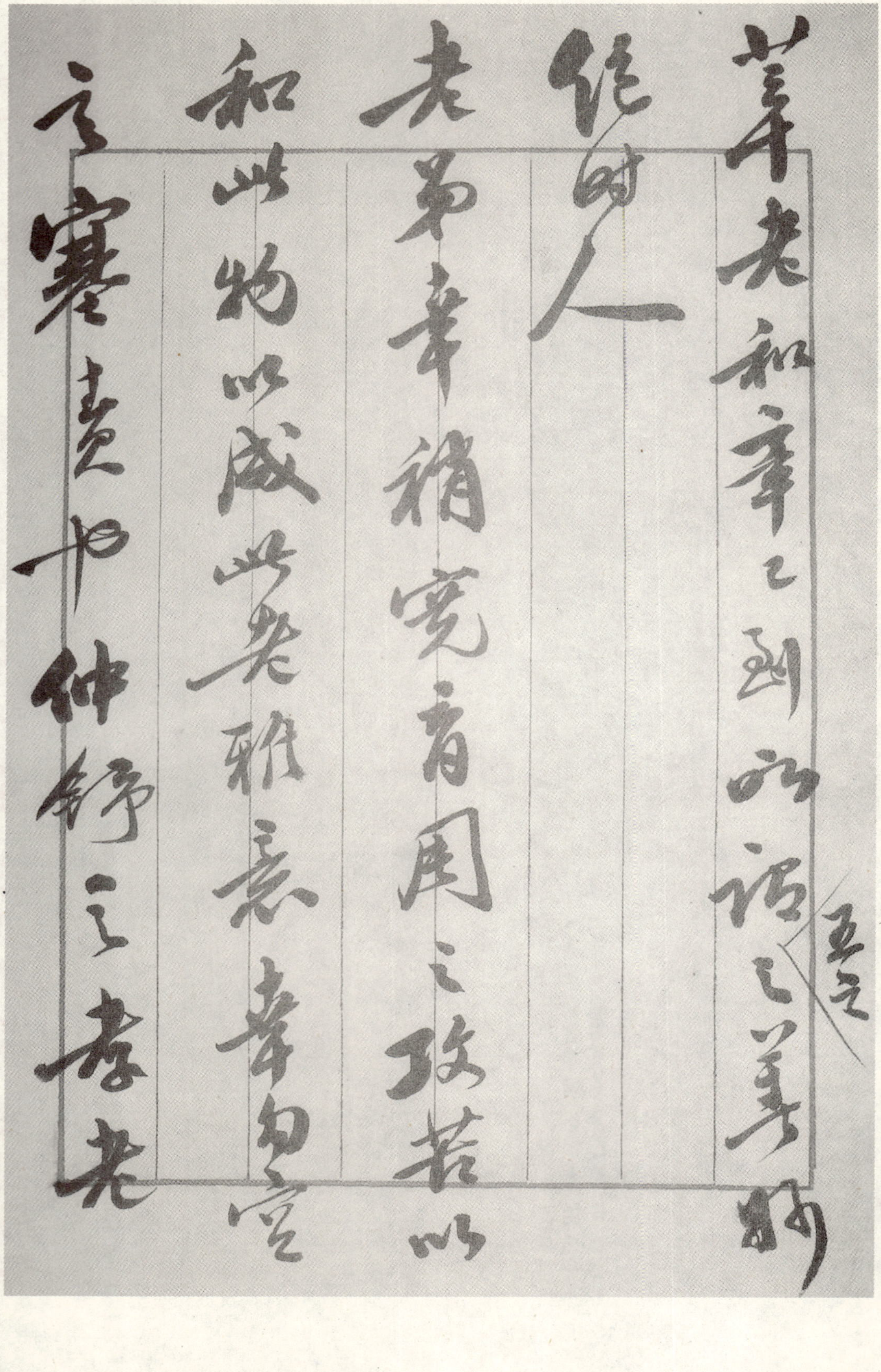

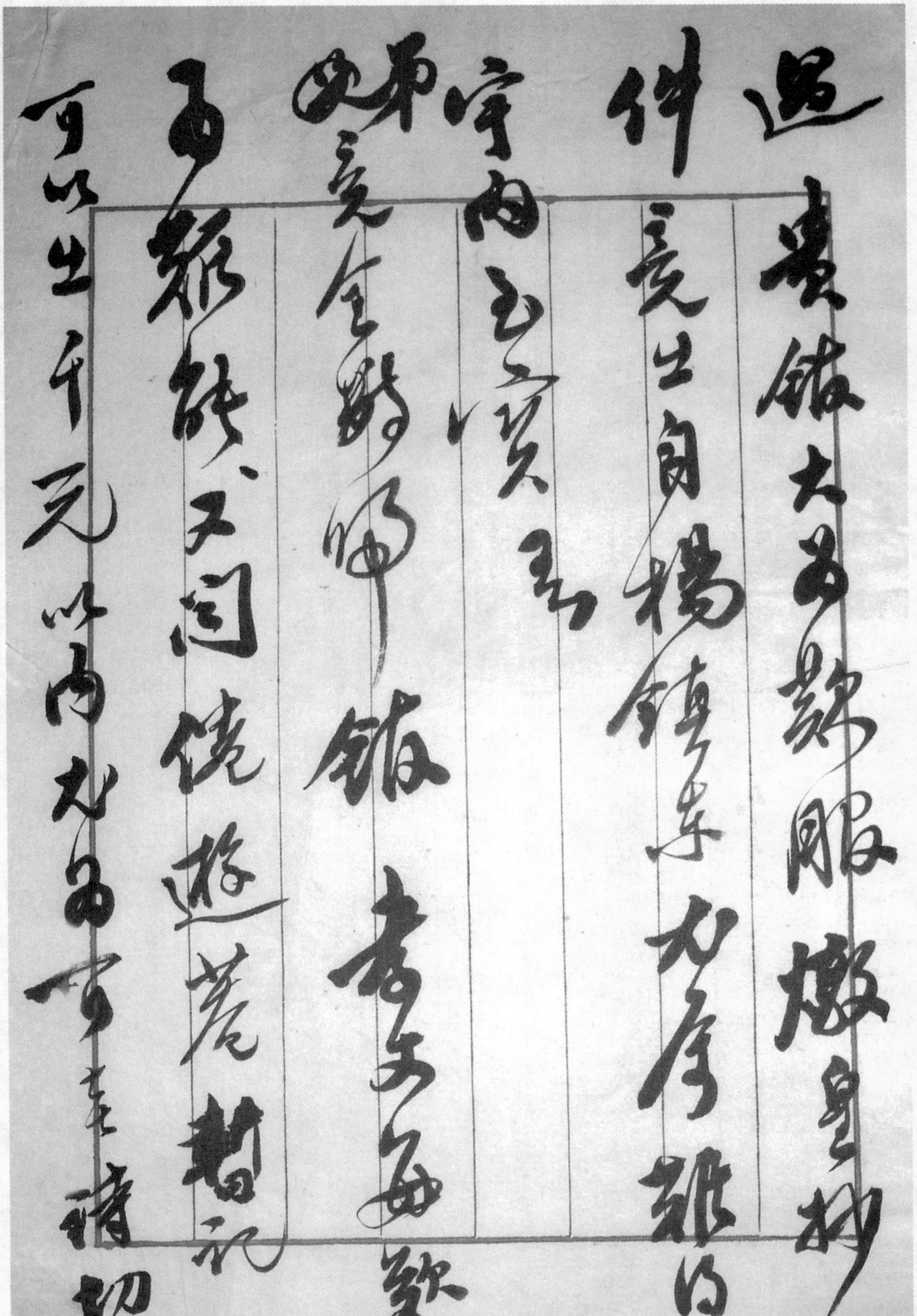

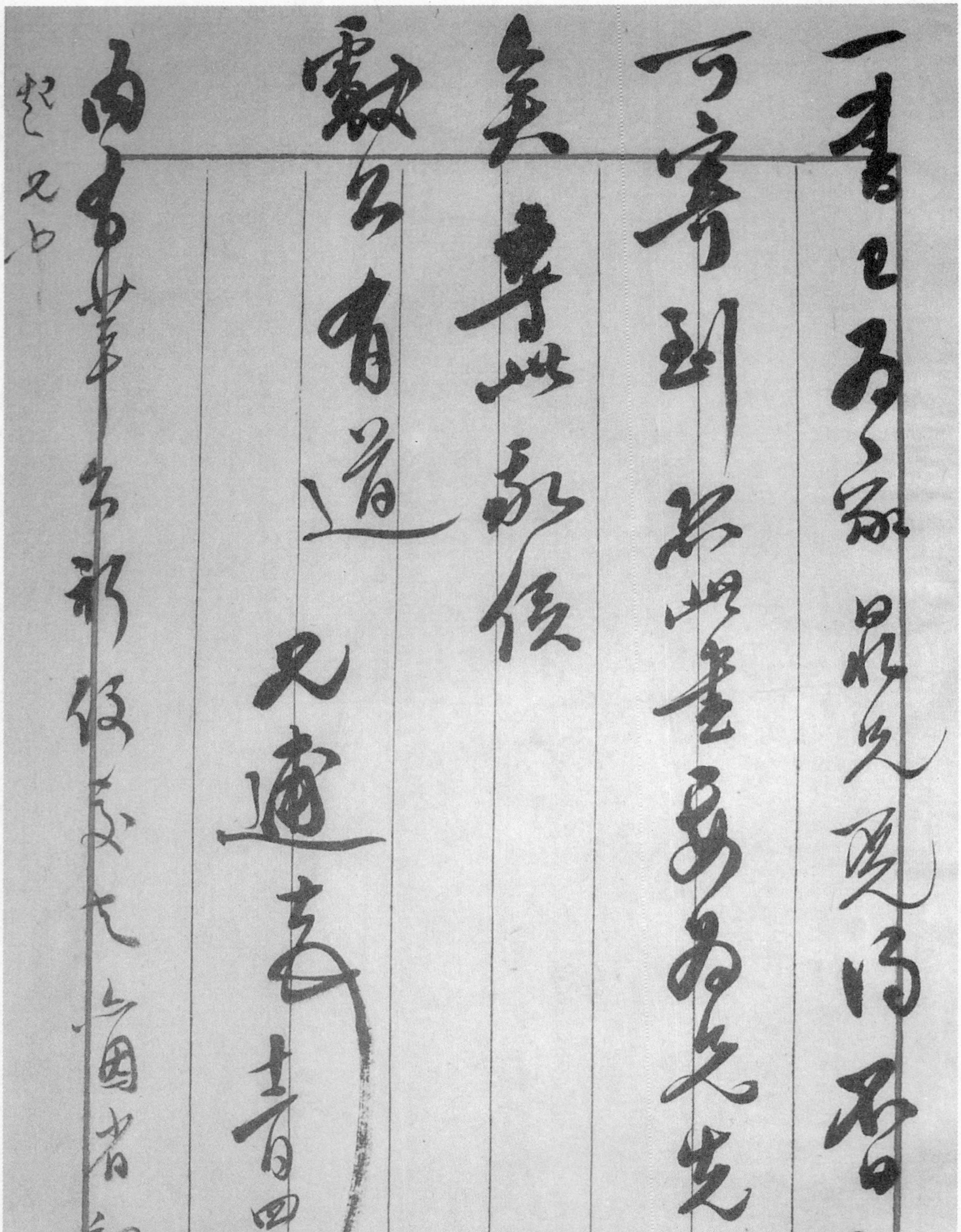
一書已交敬展兄轉呈，即可寄到。承此畫要爲先觀矣。專此敬候
獻唐有道
兄適之
十二月四日

由[illegible]新任交[illegible]圖書館郵交

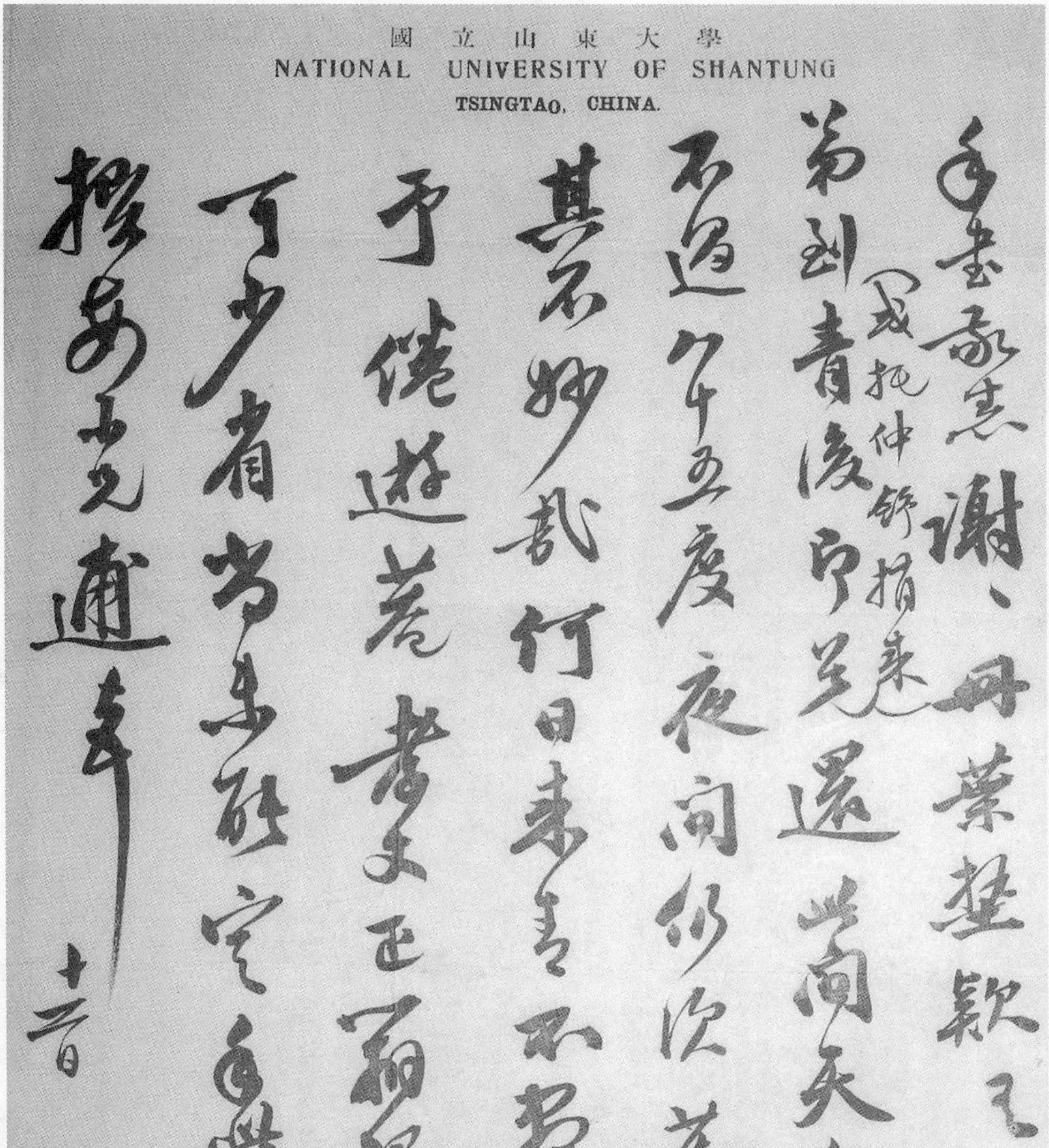
國立山東大學
NATIONAL UNIVERSITY OF SHANTUNG
TSINGTAO, CHINA.

書第五十二通

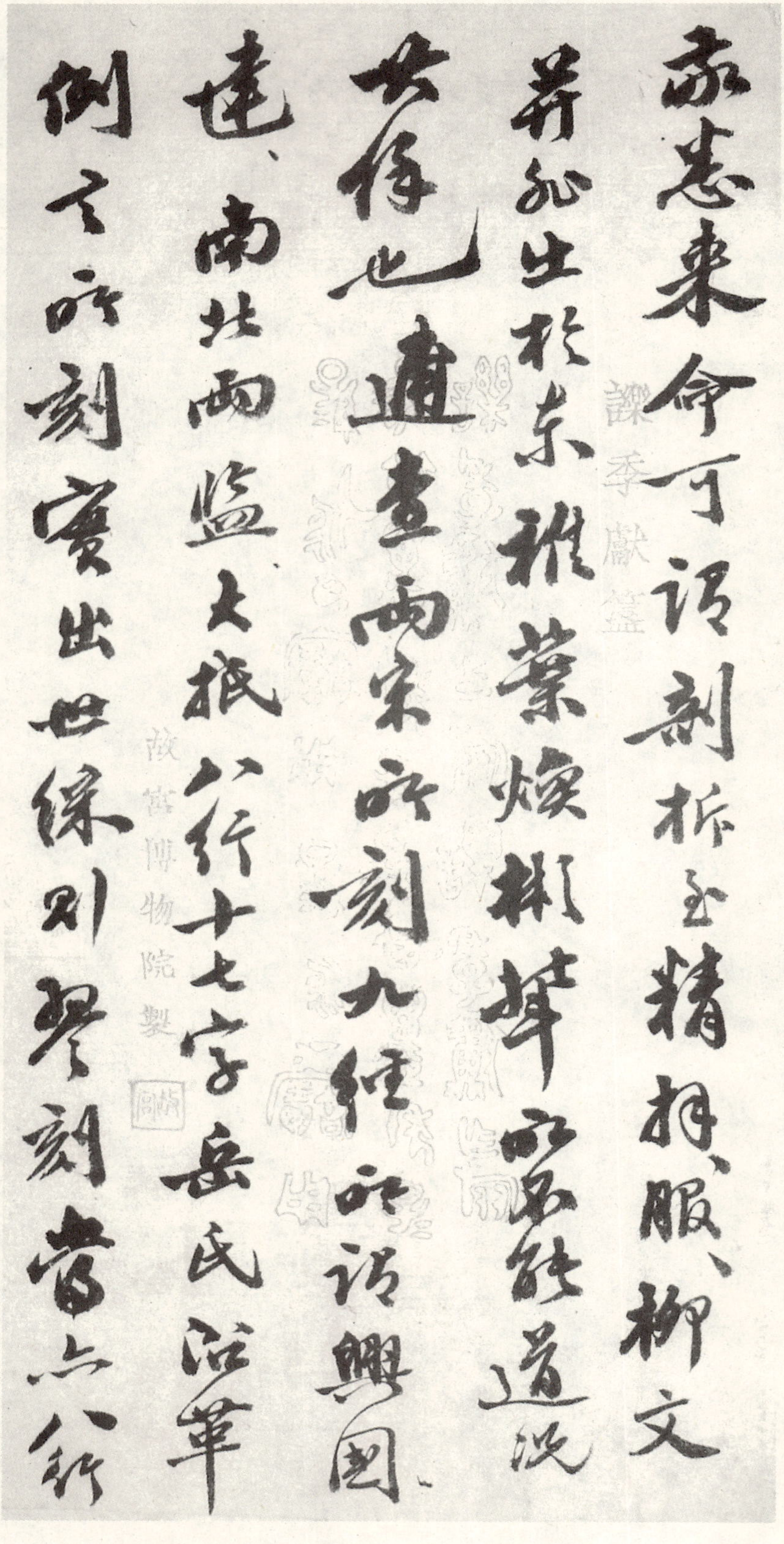

承志來命，可語剖析至精，拜服。柳文並非出於東雅，葉煥彬輩所罕能道說其詳也。遺書兩宋所刻九經，所謂興國、建、南北兩監，大抵八行十七字。岳氏沿革例言所刻實出世綵，則廖刻當亦八行

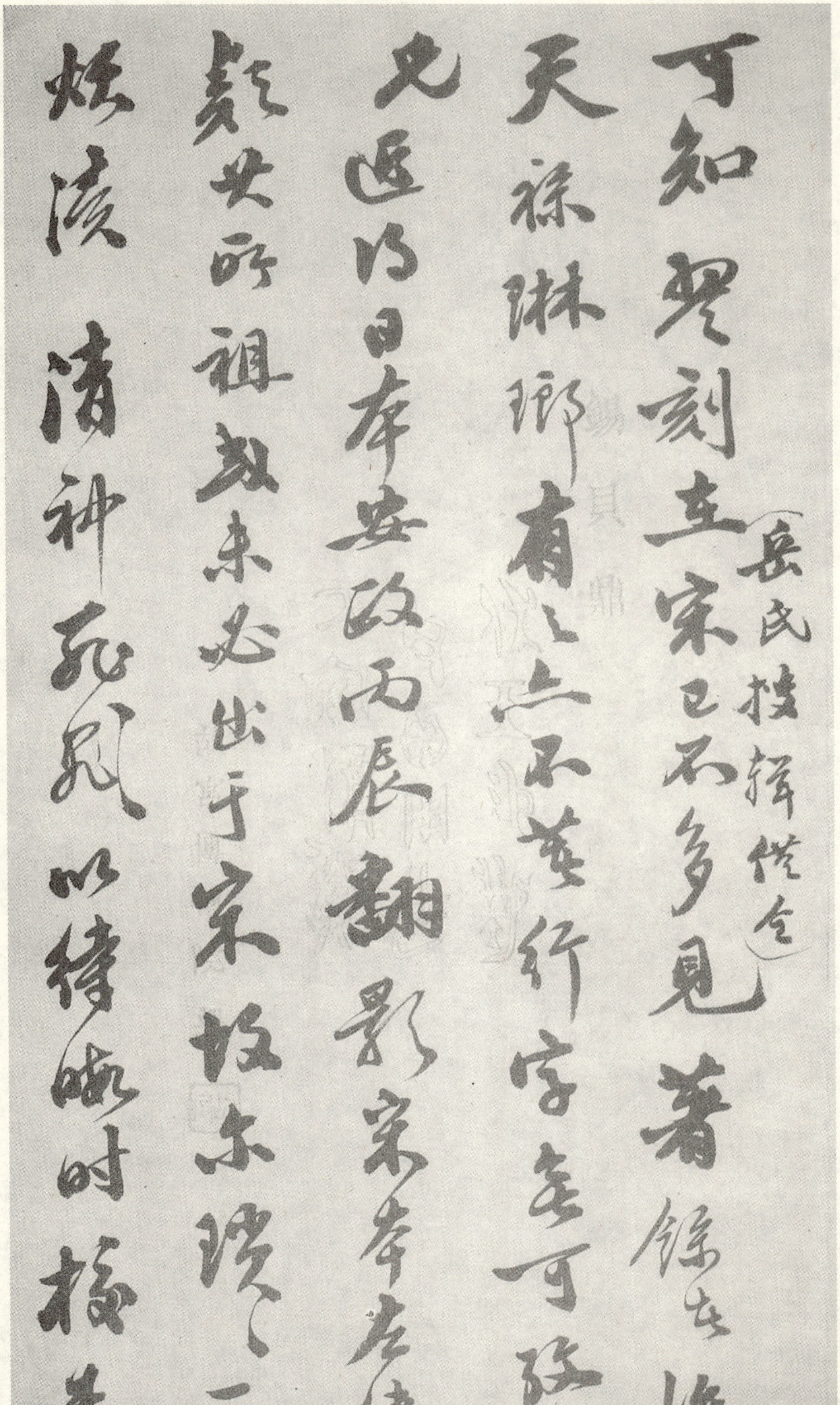

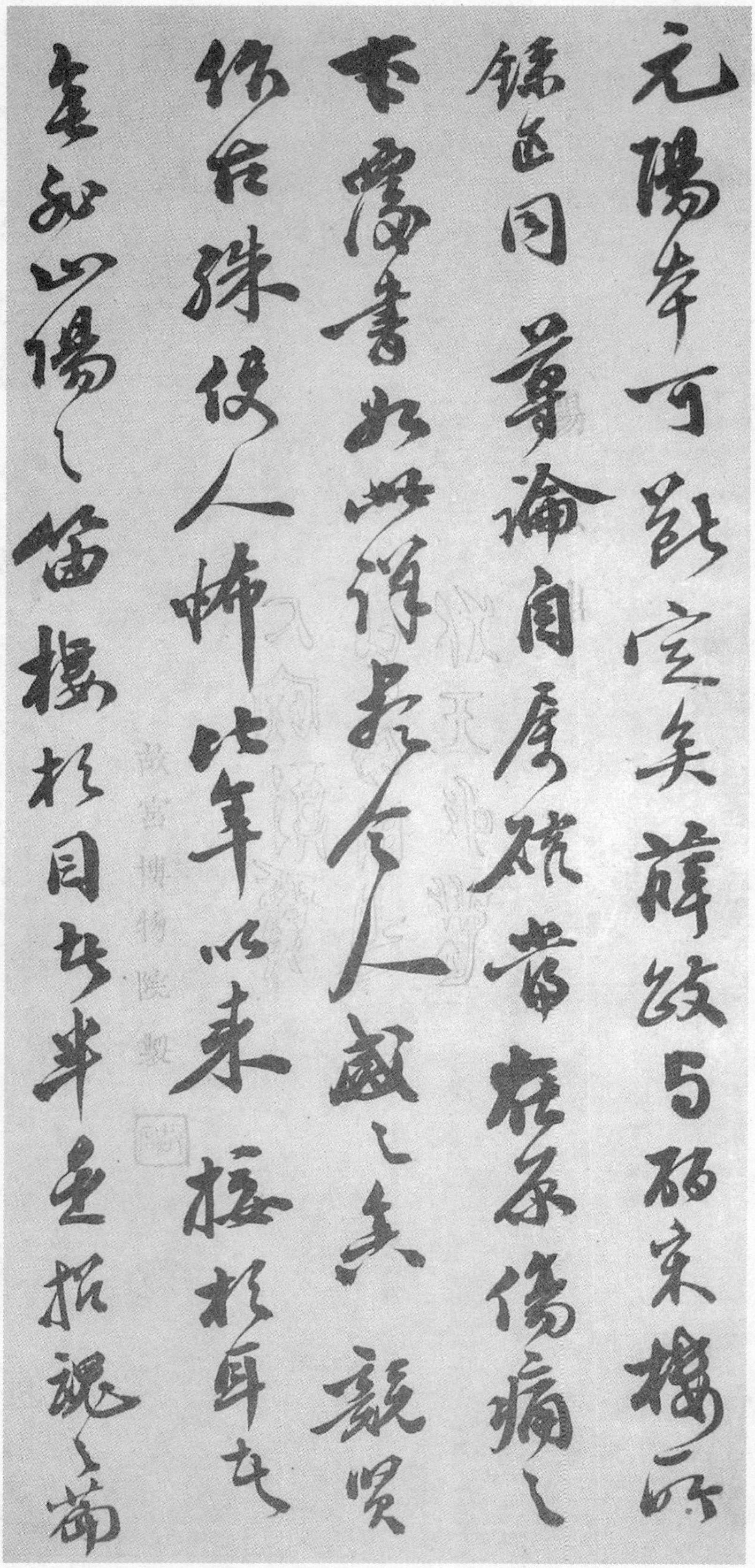
故宮博物院製

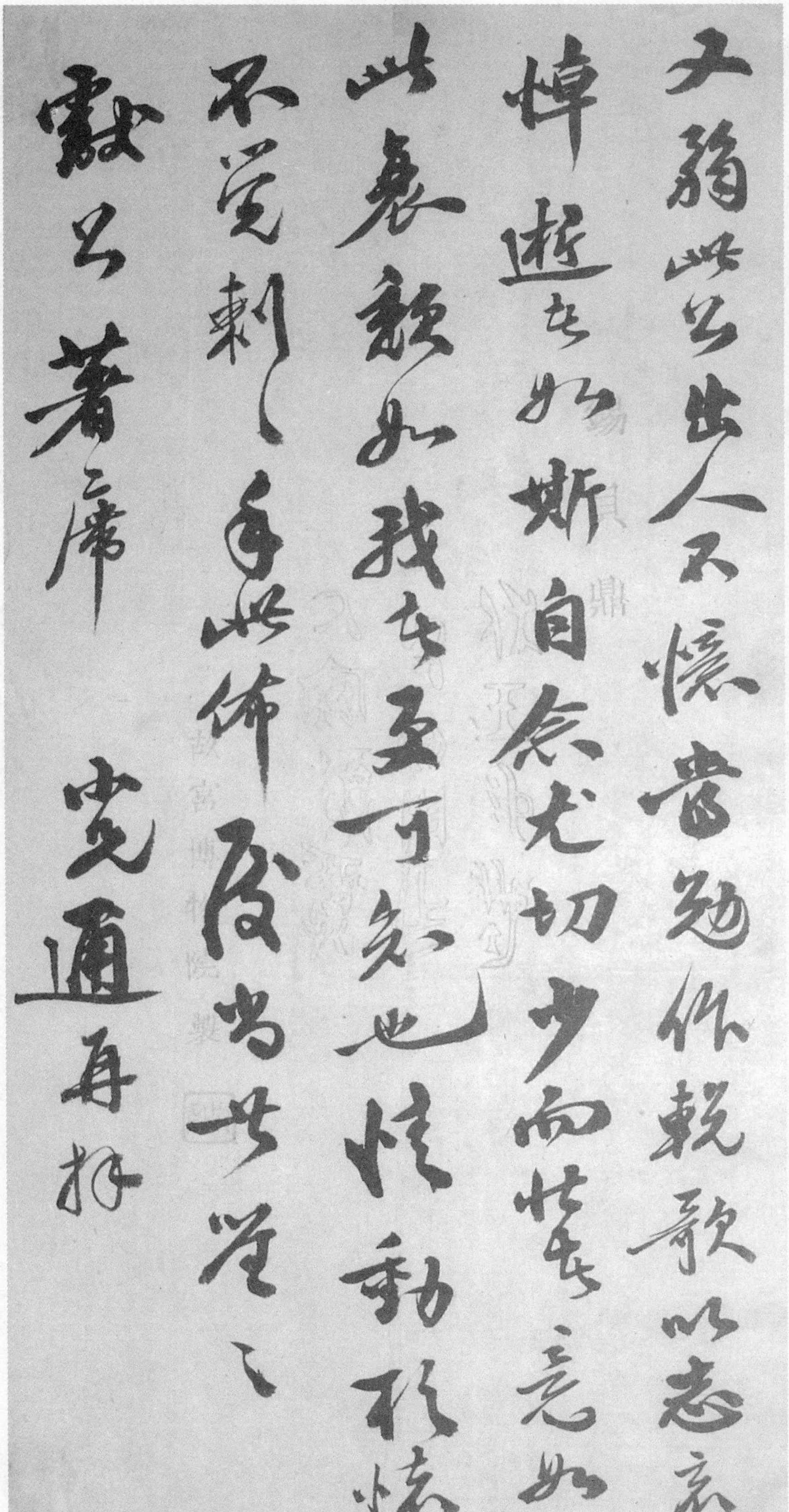

書第五十三通

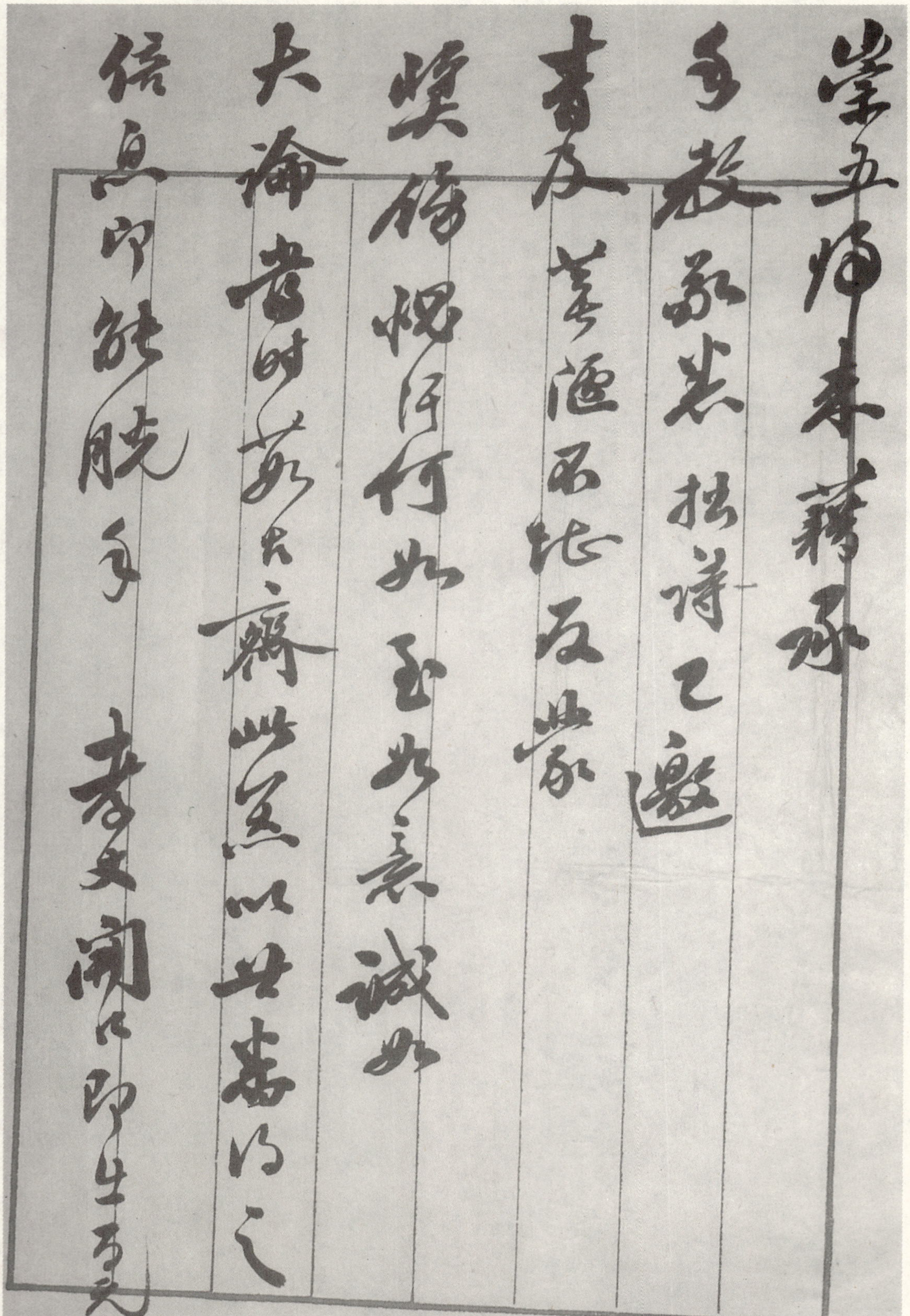

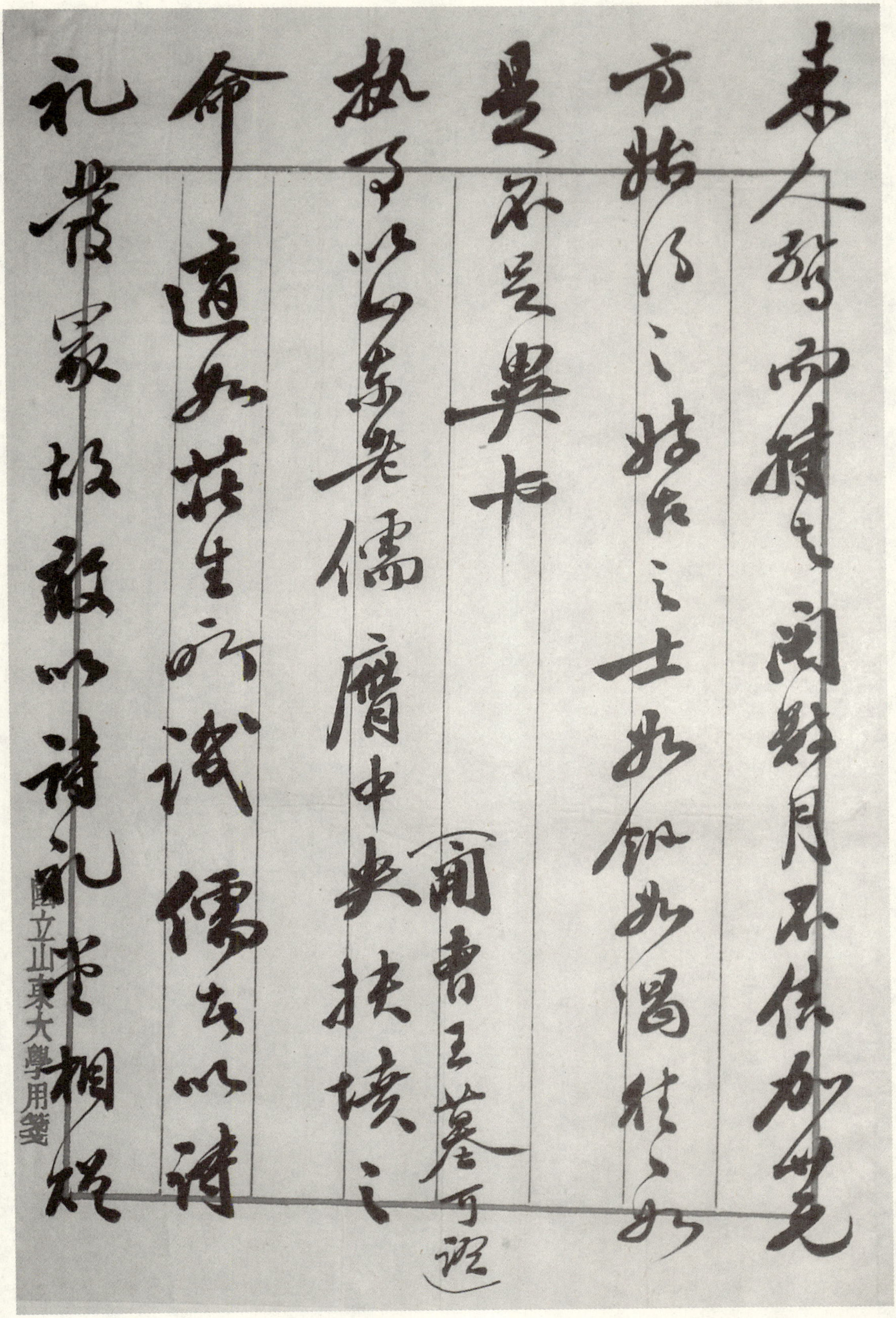
來人騎而獲之閱數月不依加先
方始得之時時之士如蟻如渴積之如
是不足異也
執事以山東老儒膺中央扶持之
（前書王蔡可證）
命適如莊生所識儒者以詩
禮發冢故敢以詩禮當相況
國立山東大學用箋

丁逋

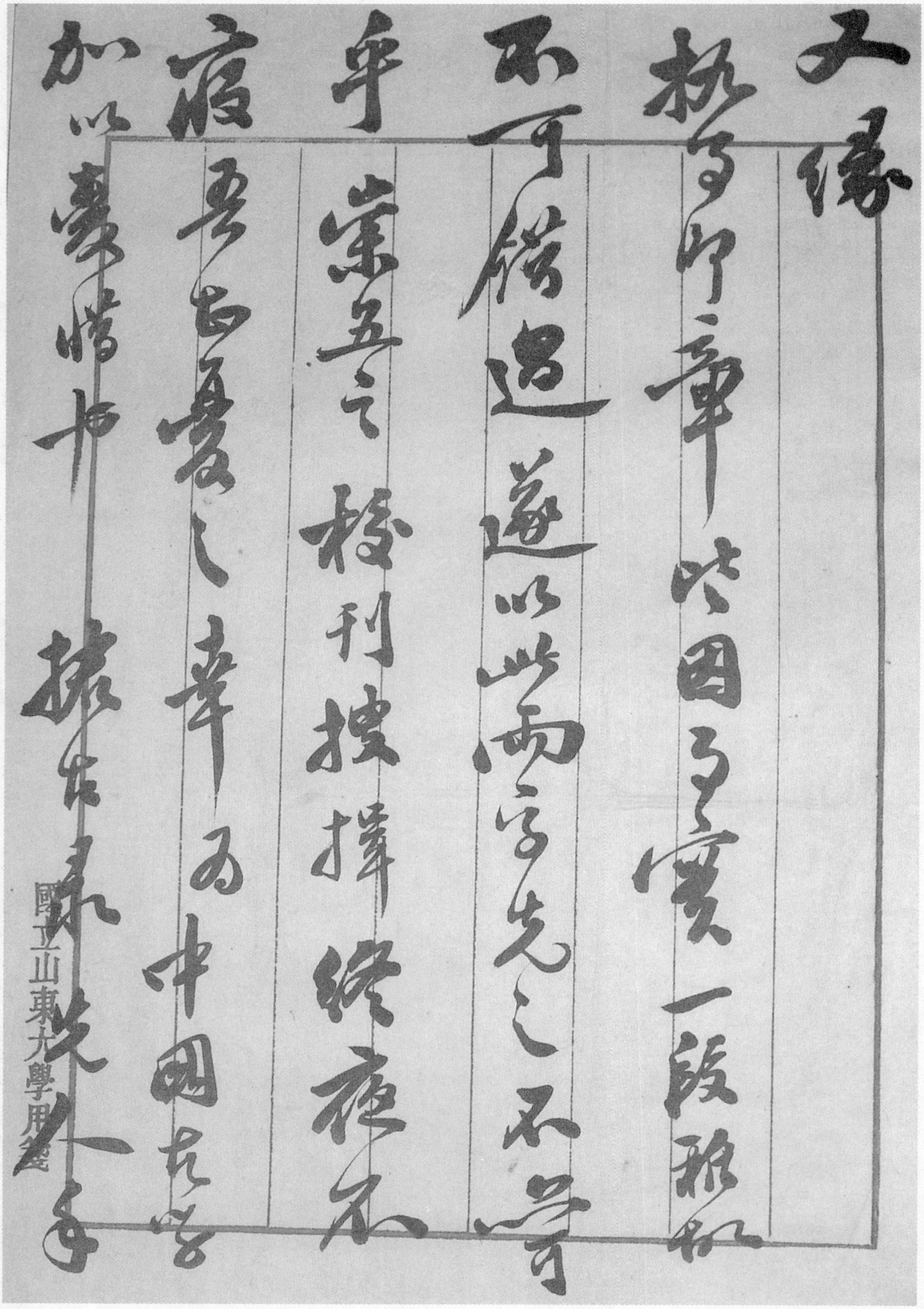
國立山東大學用箋

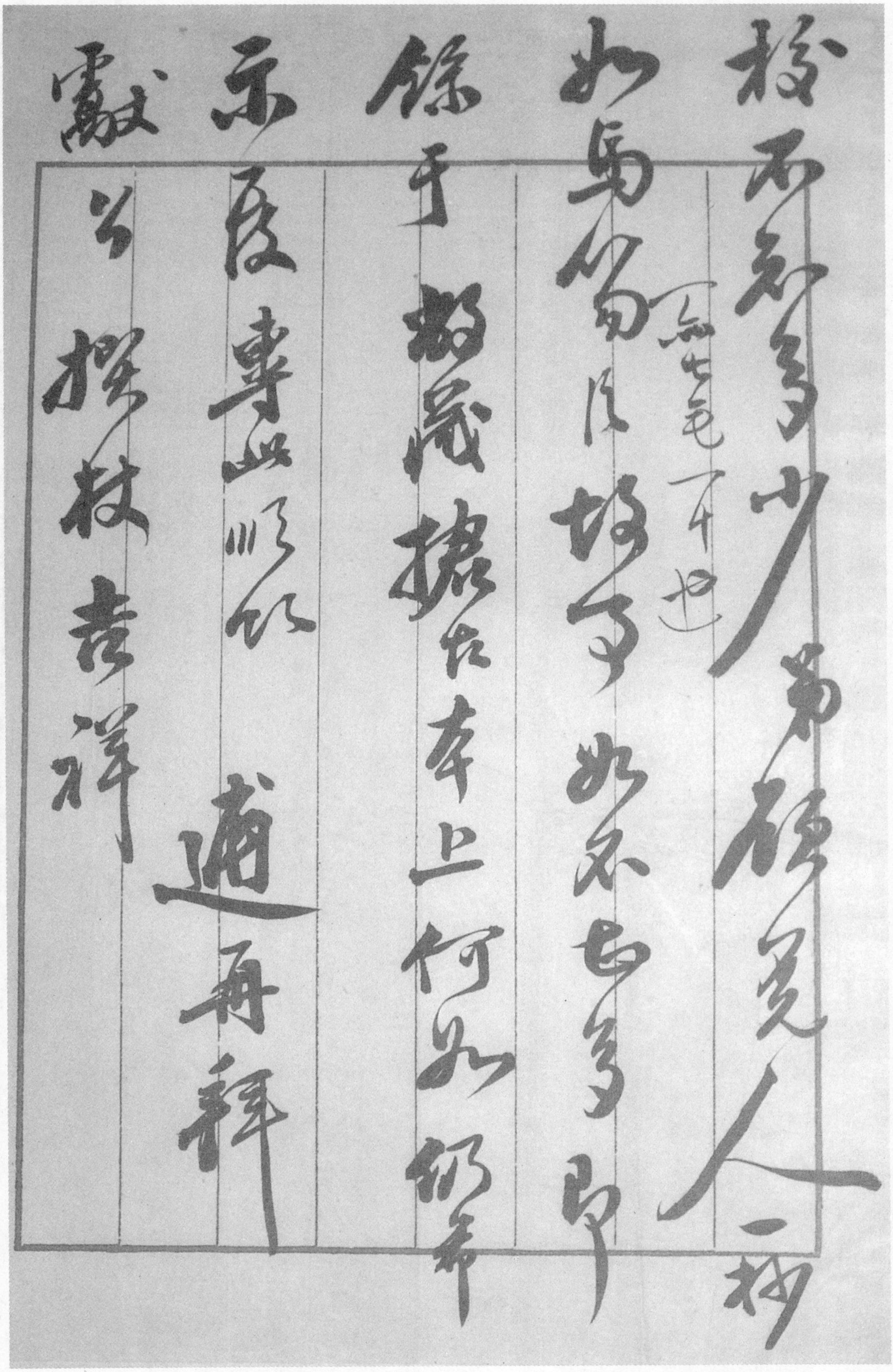
拔可先生：多少？弟硬觅人一抄，
如写何日（無七巳下午也）收得，如不写，即
缮于数纸，据本上何如？希
示复，专此顺颂　逋再拜
[illegible]公　撰祺吉祥

書第五十四通

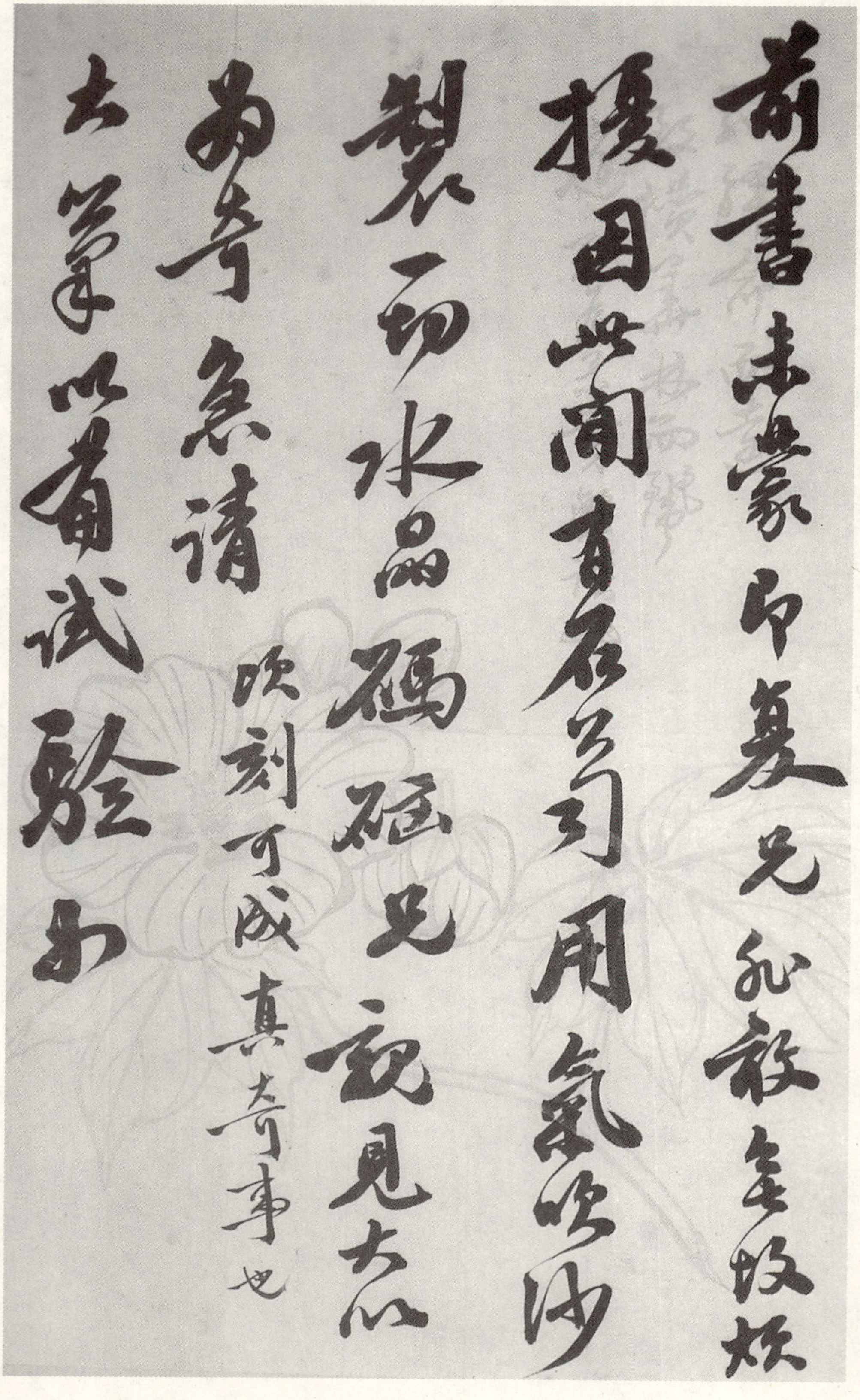

前書未蒙即復兄私叙年段妖
擾因此間有石工習用氣吹沙
製石印水晶碼碯兄亦見大心
吹刻可成真大奇事也
弟考急請
去算以備試驗如

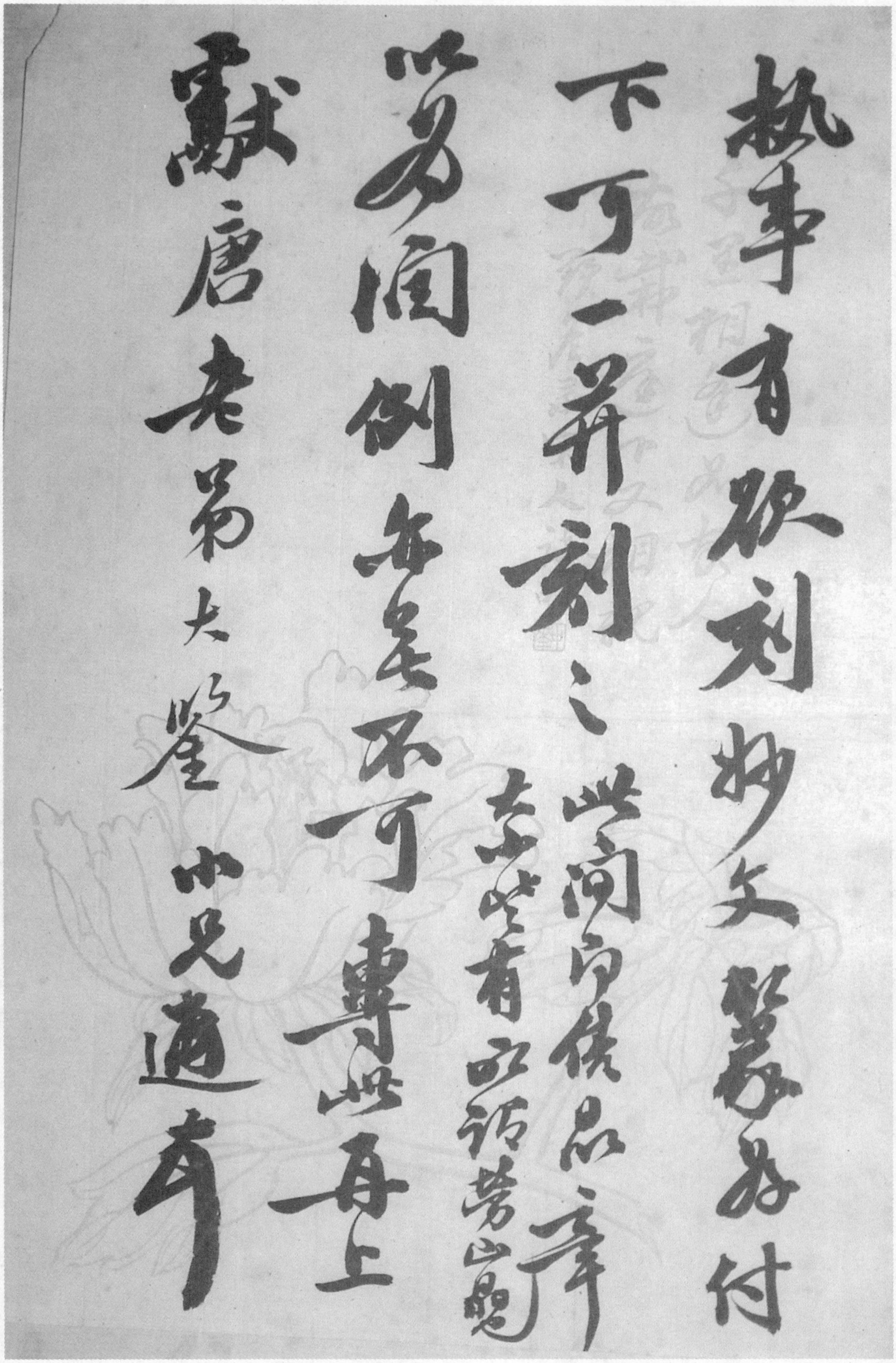
執事有願刻妙文摹拓付
獻唐老弟大鑒 小兄道升

書第五十五通

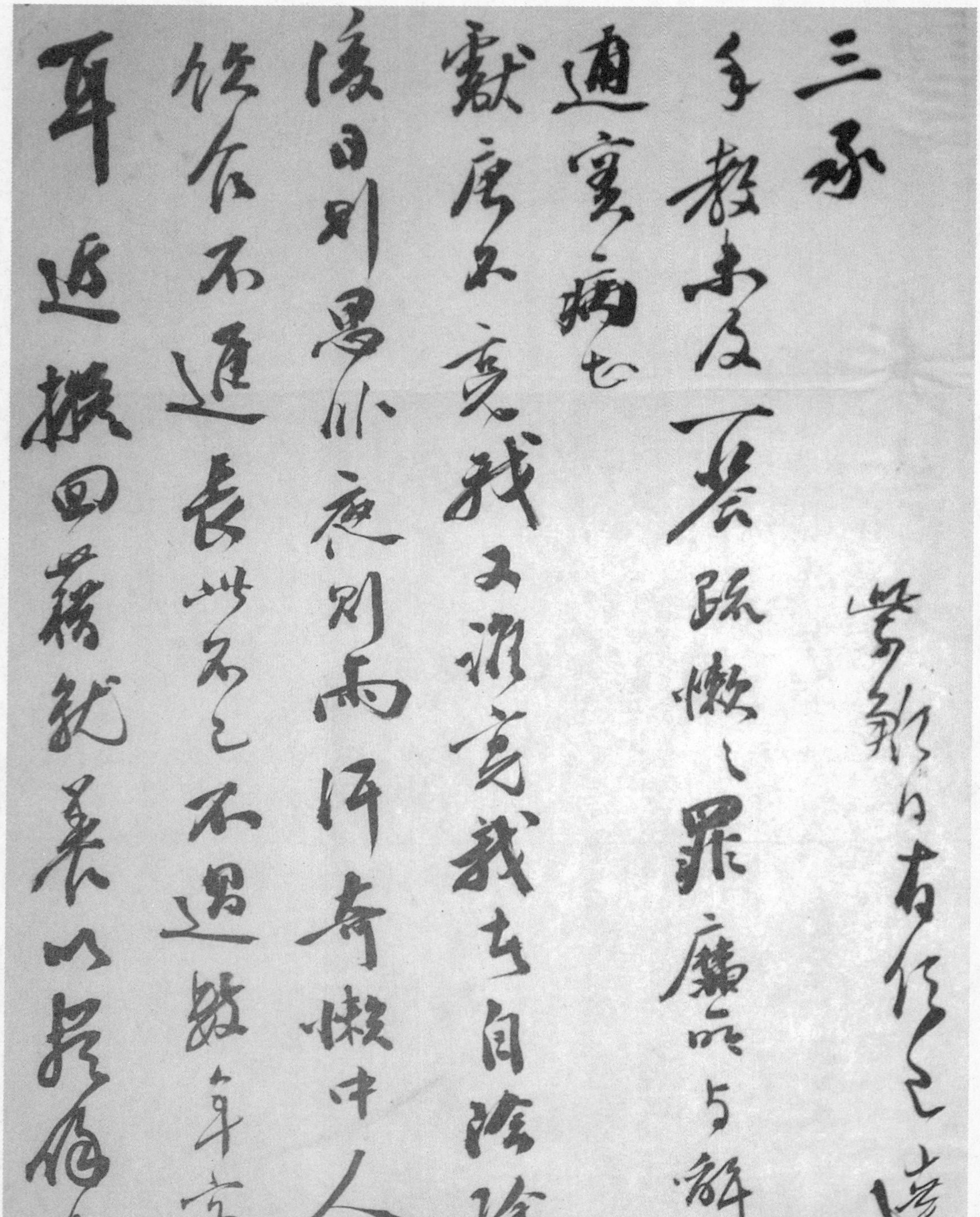

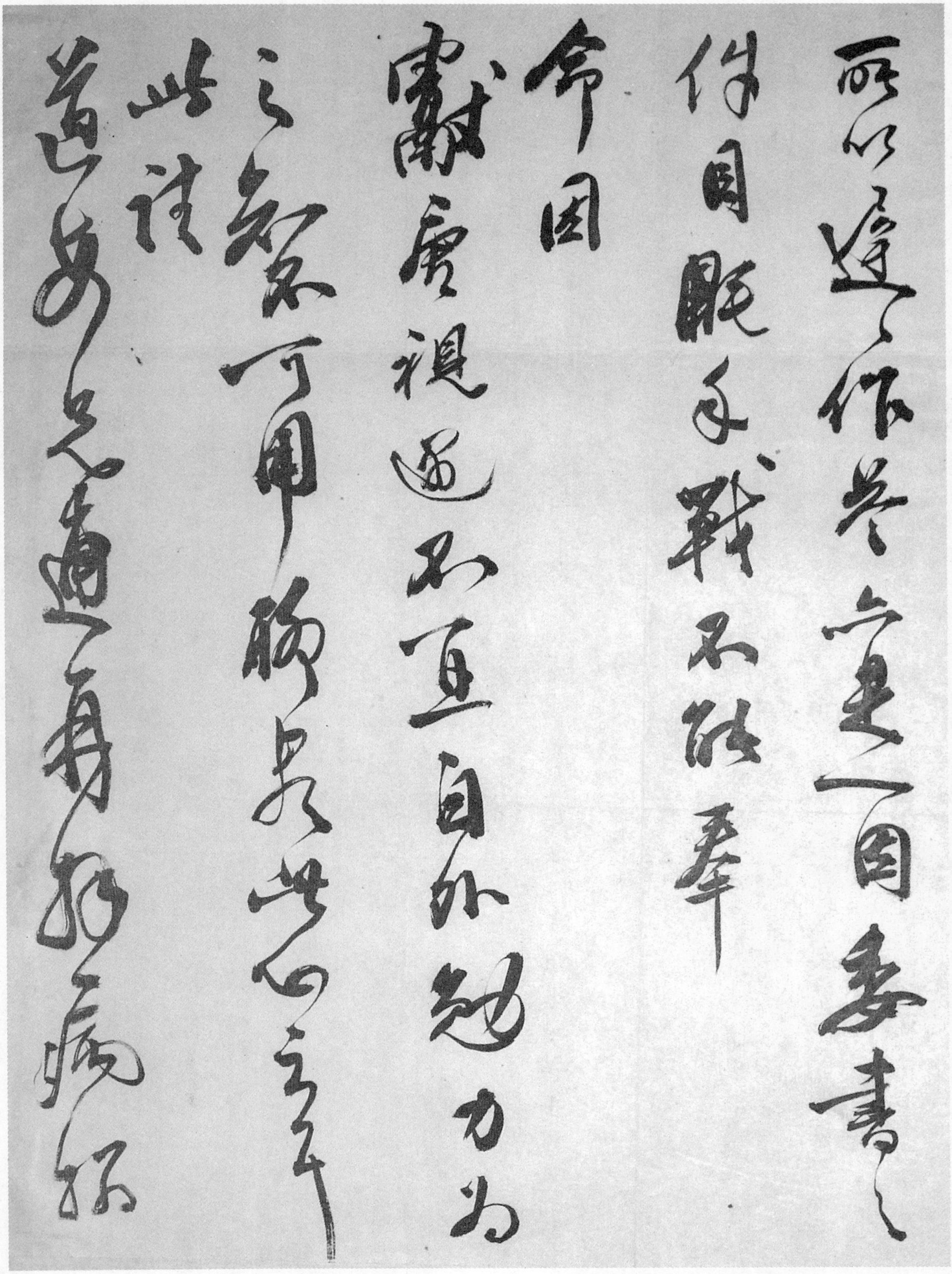

書第五十六通

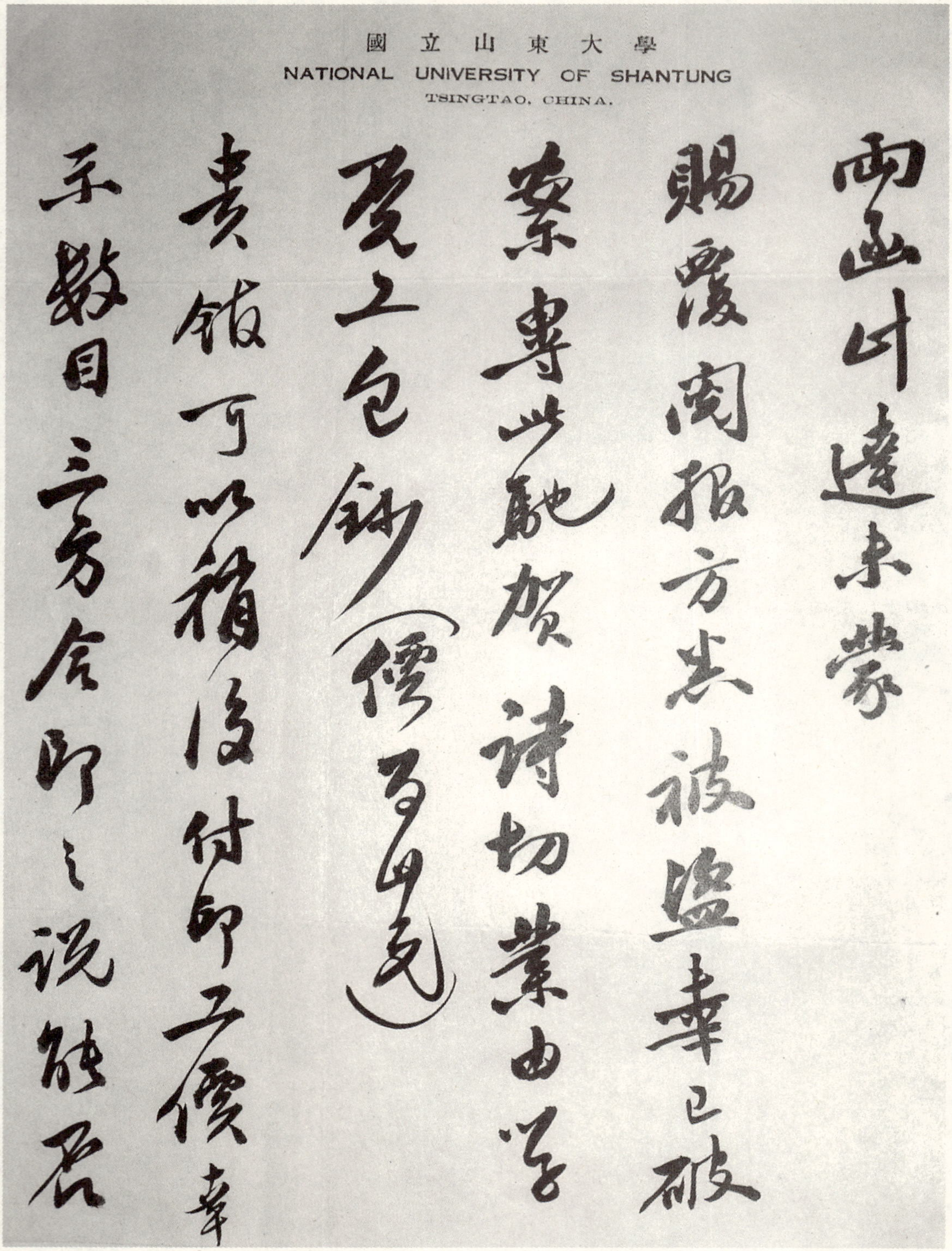

國立山東大學
NATIONAL UNIVERSITY OF SHANTUNG
TSINGTAO, CHINA.

兩函計達來蒙
賜覆閱報方悉被盜幸已破
案專此馳賀詩切葉由學
覓工包鈔（價可四元）
貴館可以稍後付印工價幸
示數目二方合印之說雖居

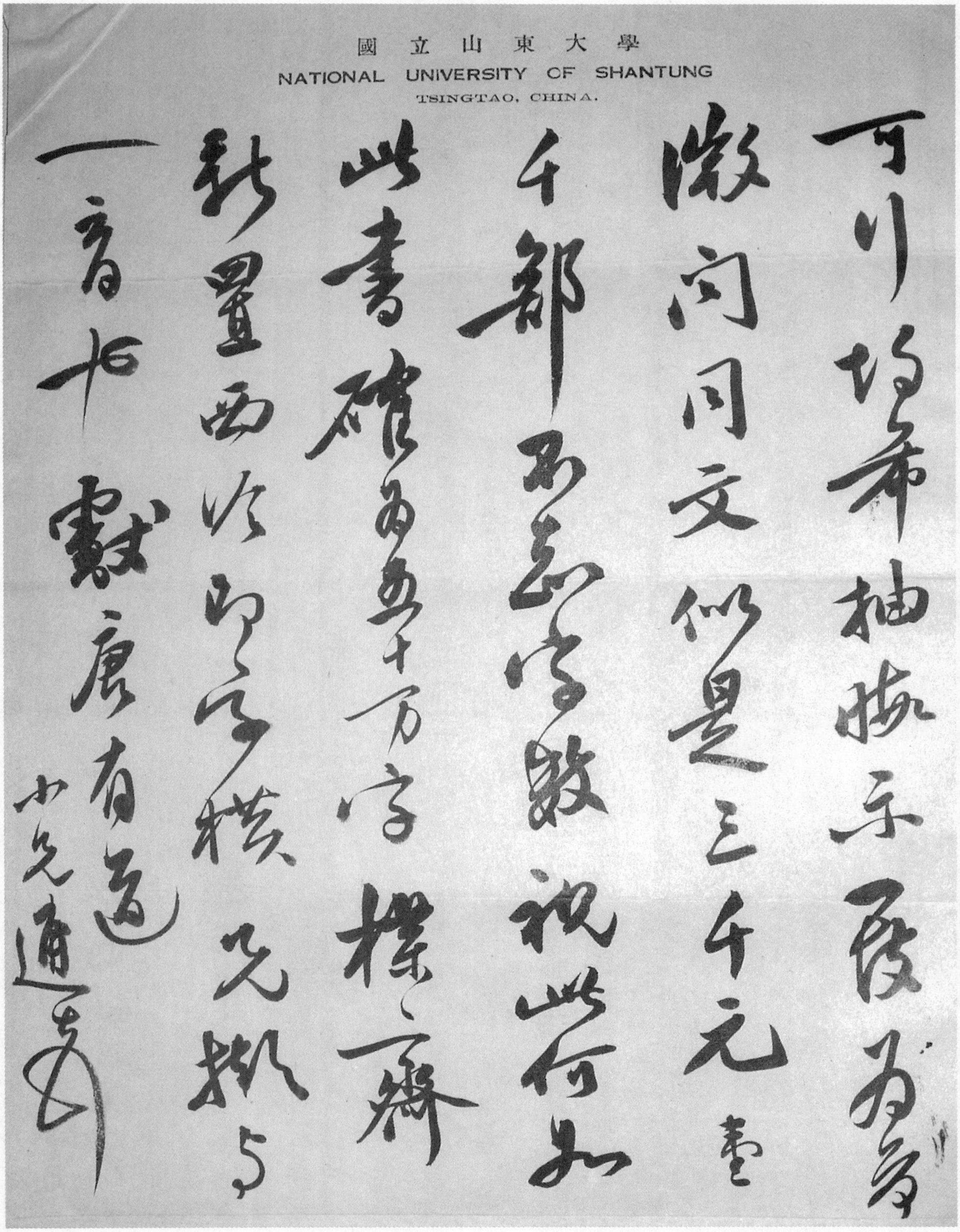
國立山東大學
NATIONAL UNIVERSITY OF SHANTUNG
TSINGTAO, CHINA.

書第五十七通

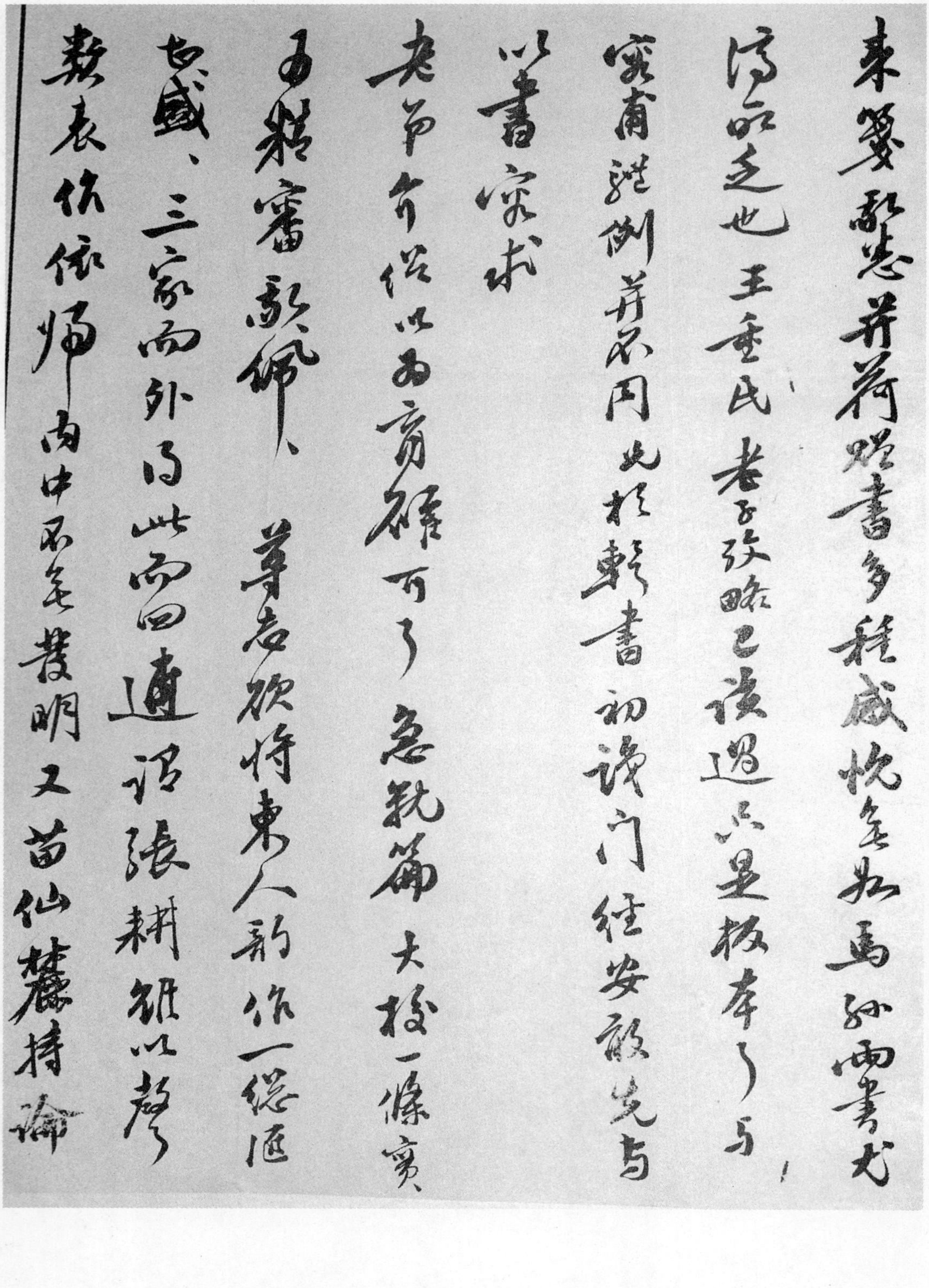

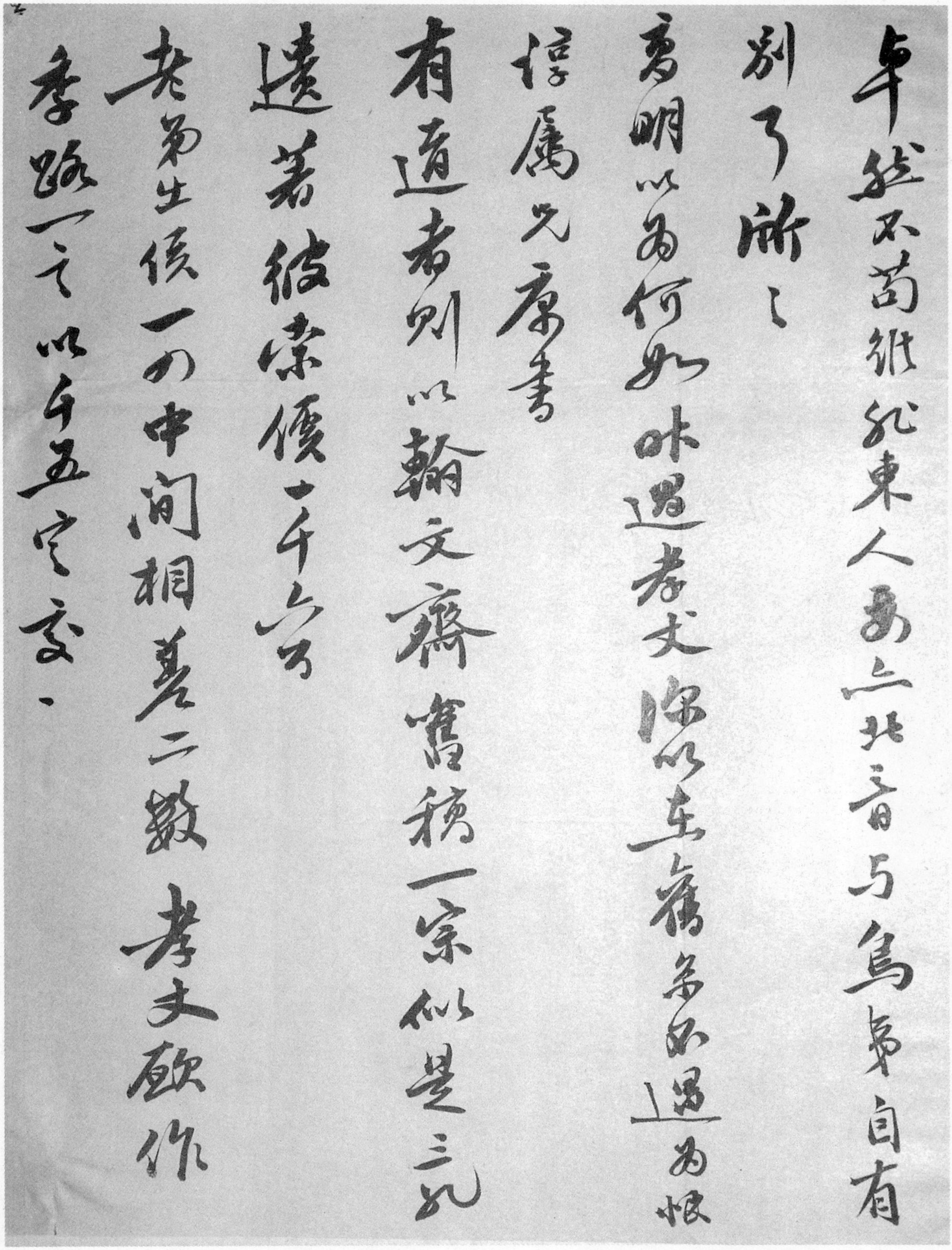

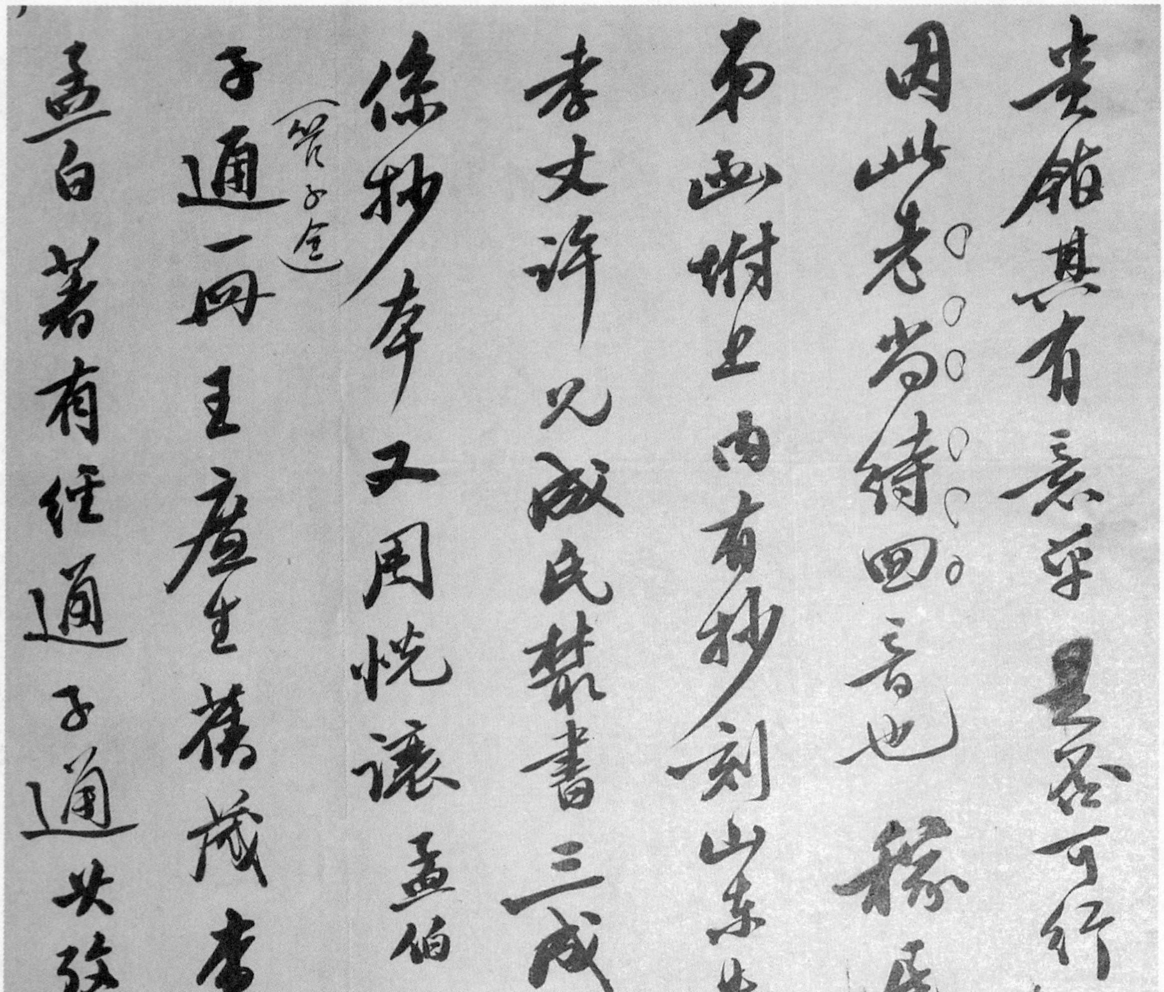

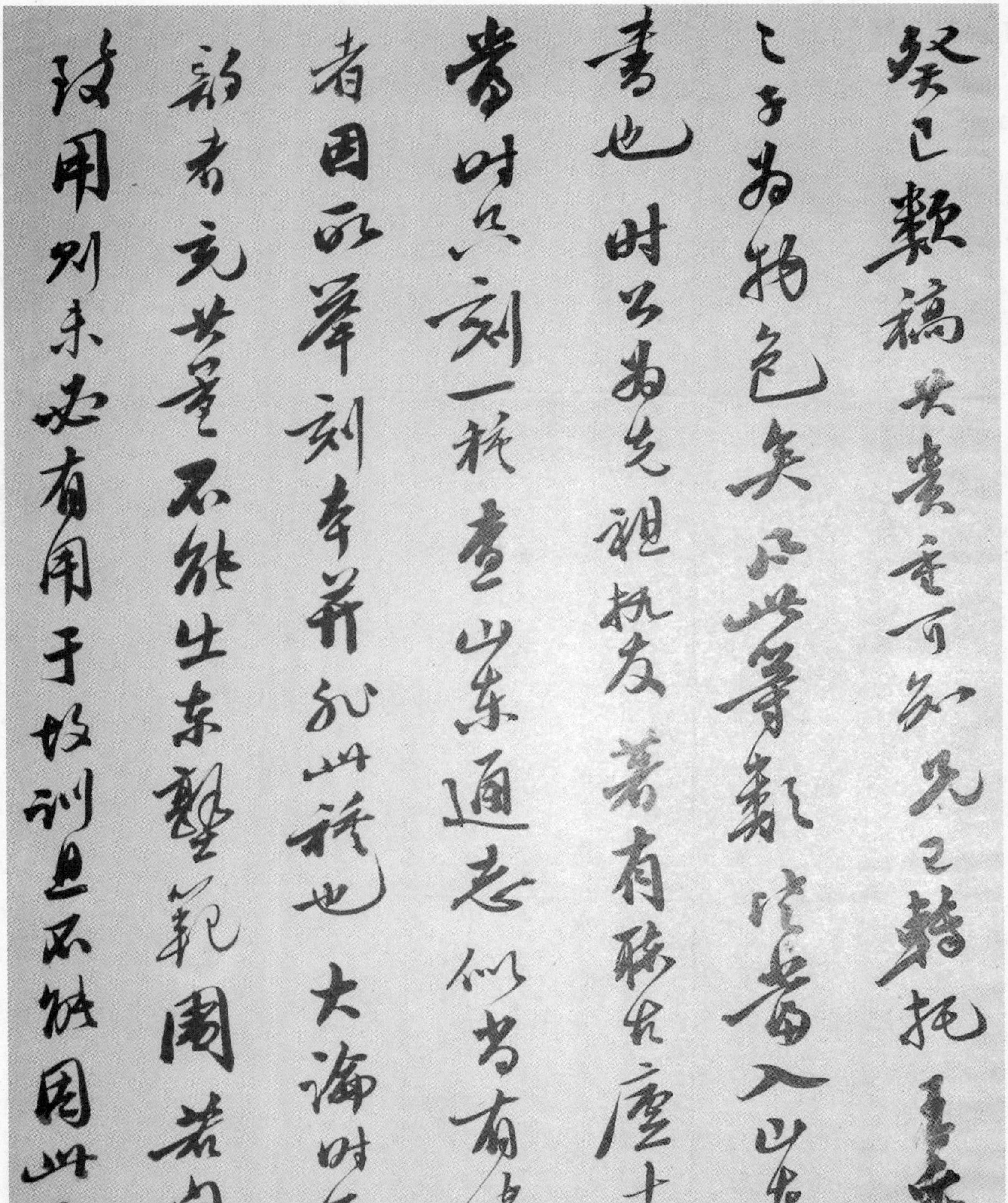

丁逋

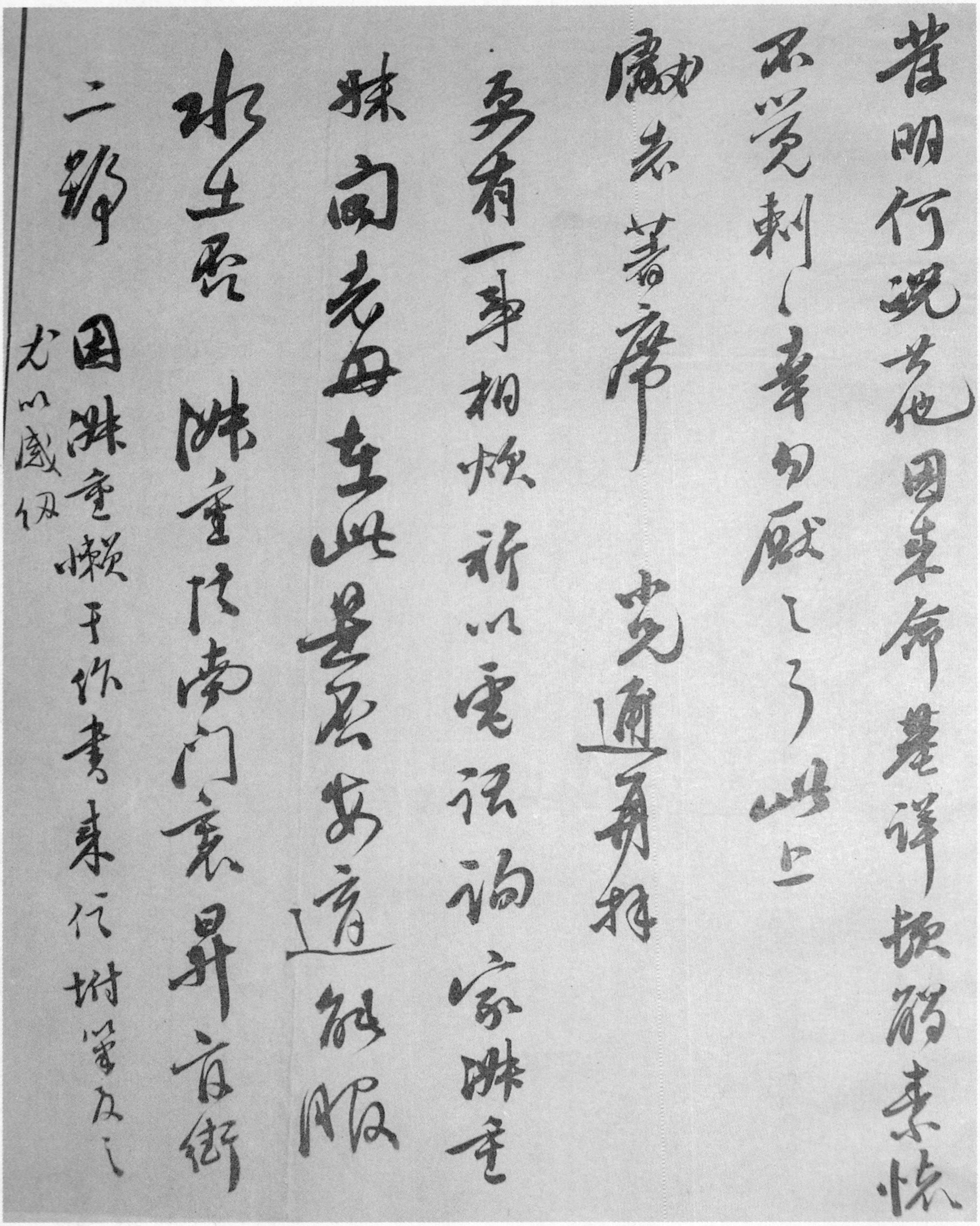
昨明何說花園來函甚詳據附來悵不覺刺刺書因啟之了此上
獻老著席　黄遹再拜
更有一事相煩祈以電話詢家姊重
妹聞老母在此甚感安適逾銀假
外生居　姊重慶南門裏昇官街
二號　因姊重懶于作書來信附筆及之
尤以感佩

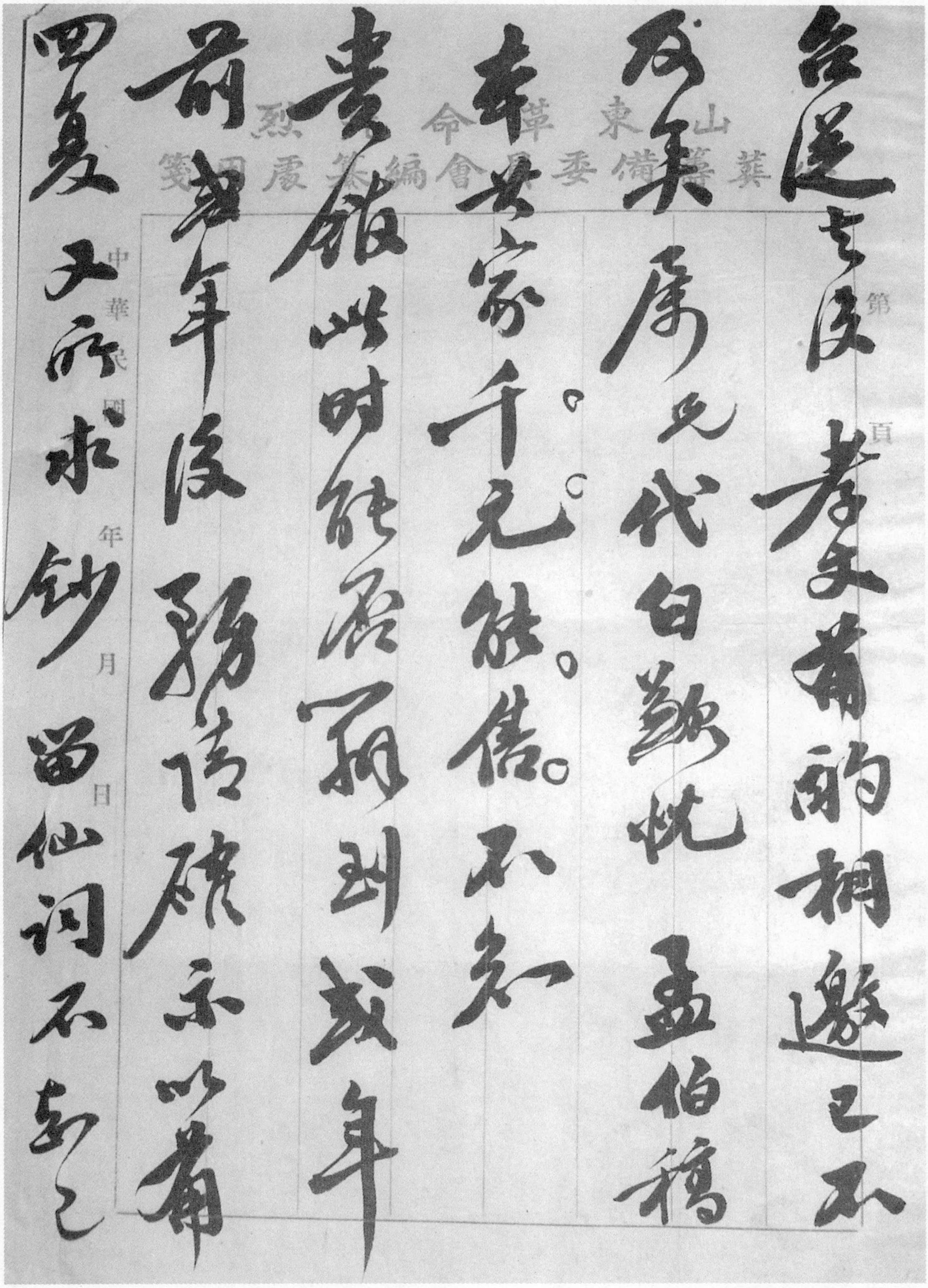
山東革命烈
葬籌備委員會編纂處用箋
第 頁
中華民國 年 月 日

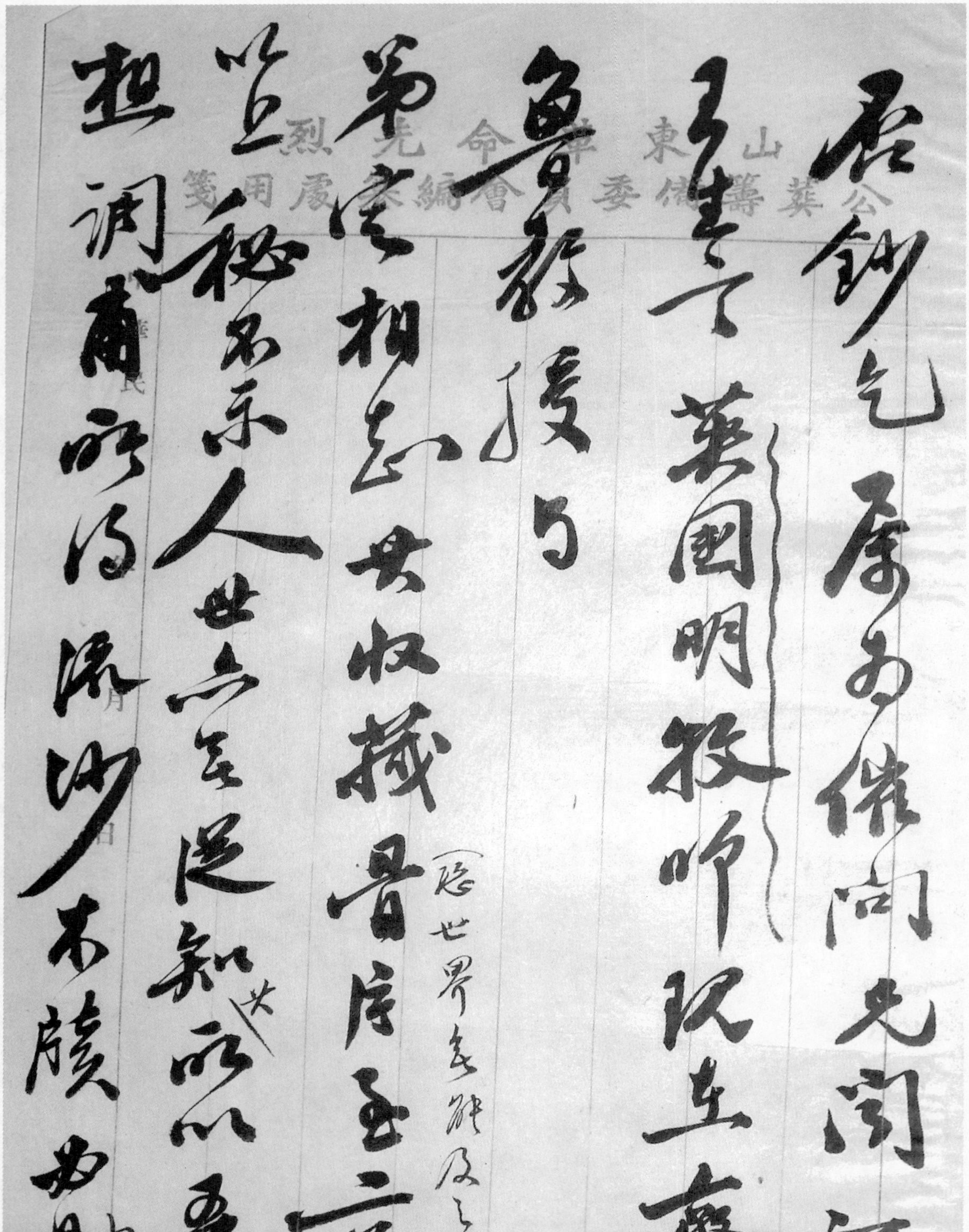
山東公葬辛亥革命先烈籌備委員會編纂處用箋
居鄉乞庵先生同河南
先生下　萬國明教昨以上齋
魯發後乃
弟從相知世收藏晉序至二第
隱世界秦碑及之我
悠秘不示人世無從知所以去
想潤甫所得流沙木牘無由
中華民國　年　月　日

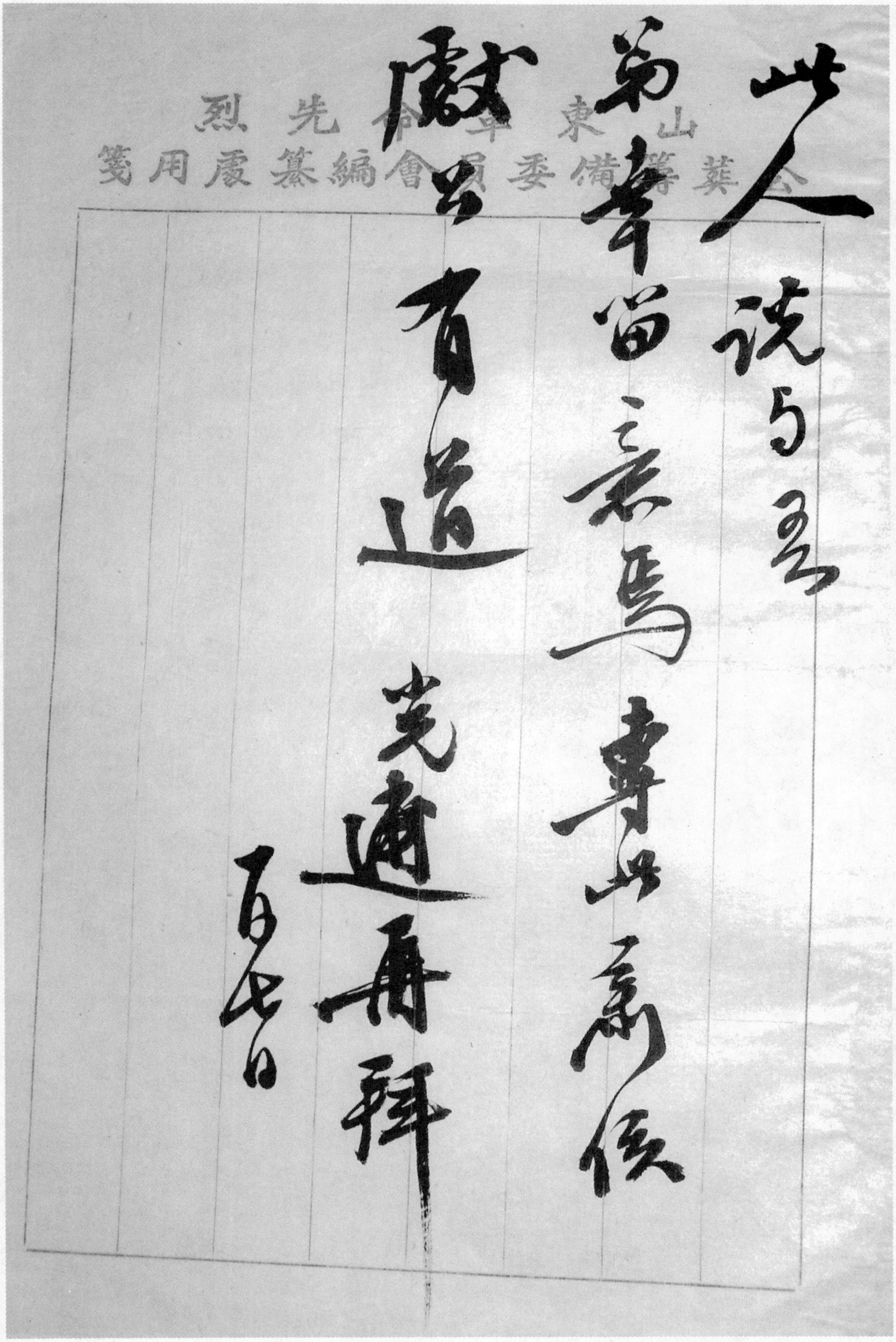
山東辛亥先烈公葬籌備委員會編纂處用箋

此人誌之
弟當留意焉專此奉候
勛安
有道
先衡
道衡再拜

丁逋

書第五十九通

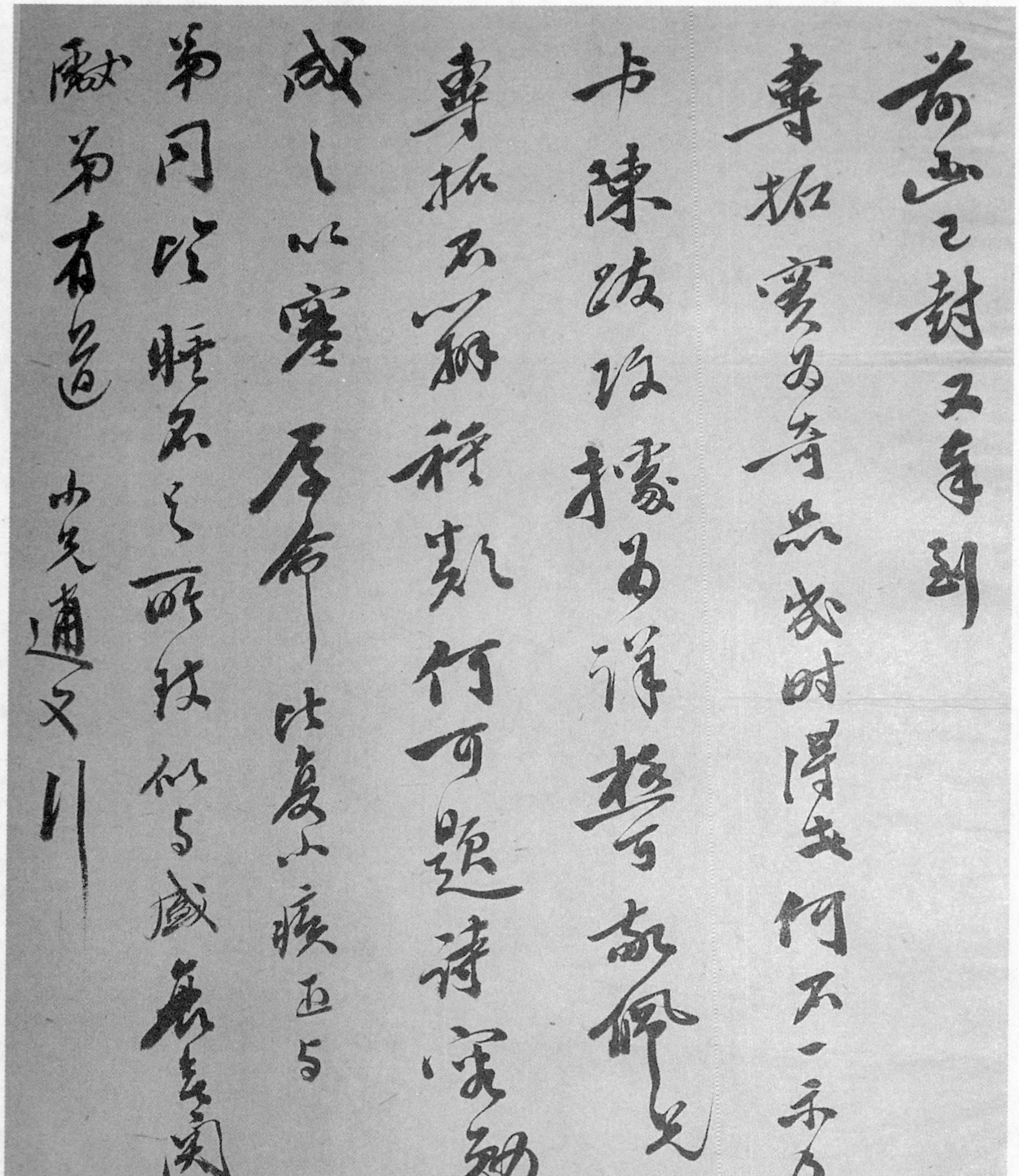

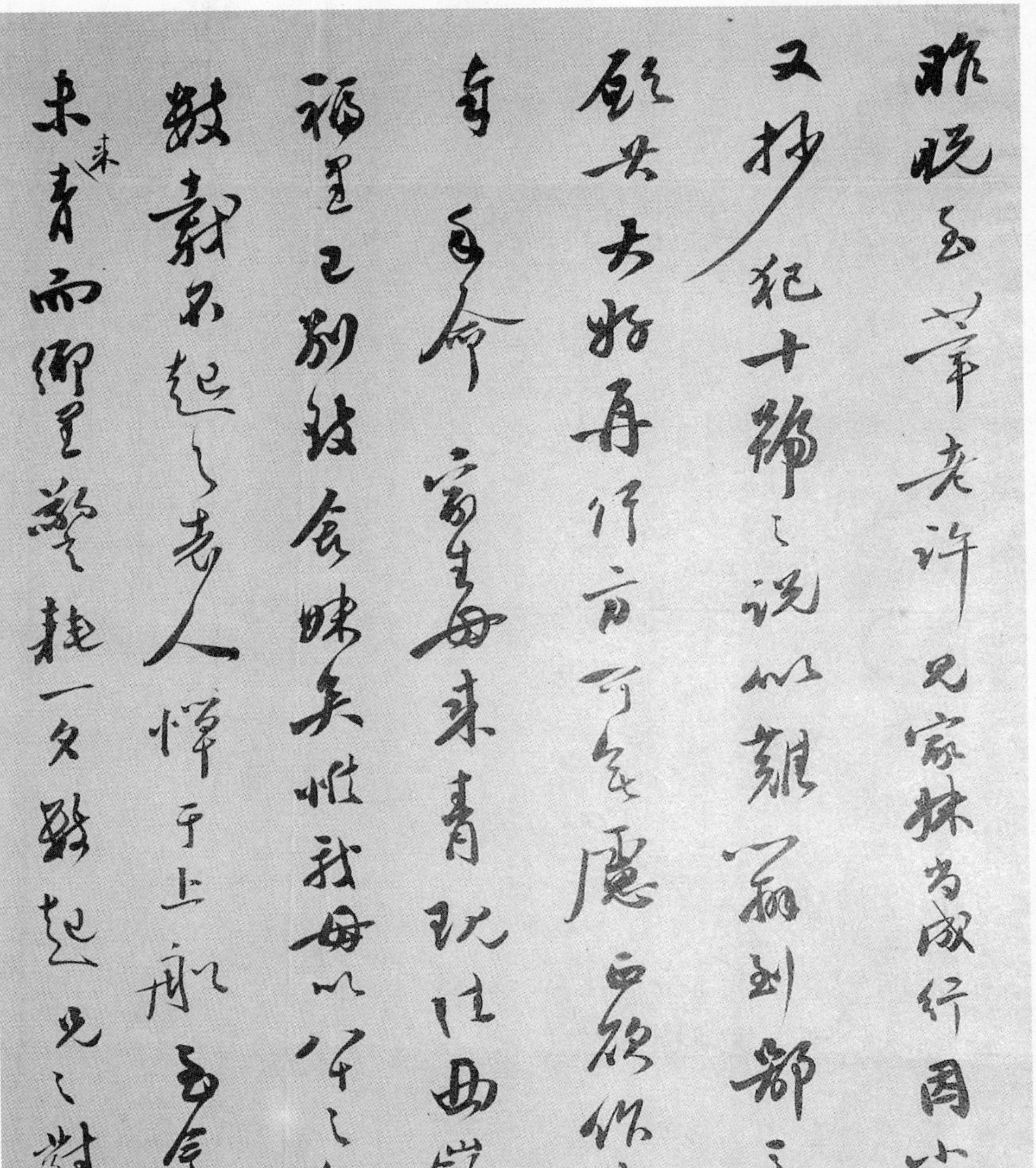
雅曉吾弟：老許兄家妹爲成行，因小孩似
又抄紀十節之說以難窮到鄧意[illegible]
能無大好再行商可能應當假書包
寄吾命。寄生母來青玖住西歲五
福星已別，後會昧矣。此我母以垂之年
數載不起之老人，悼于上船，吾命當
來青（來）而御星驚耗，一夕難起。兄之對此如

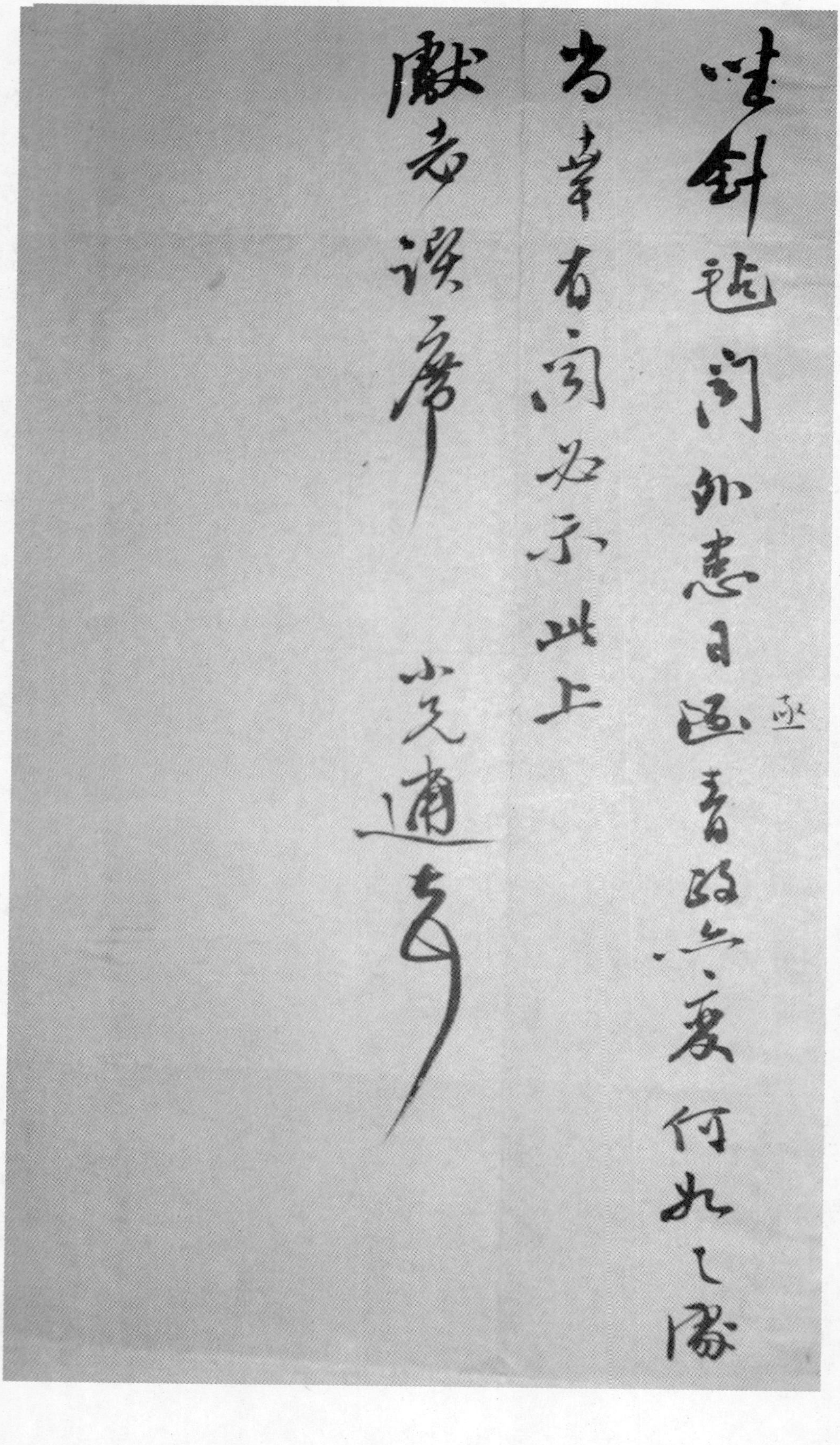
唯針遠闊外患日迫亟青島無慶何如之勝
為華有聞必示此上
獻老談席
小兄道存

書第六十一通

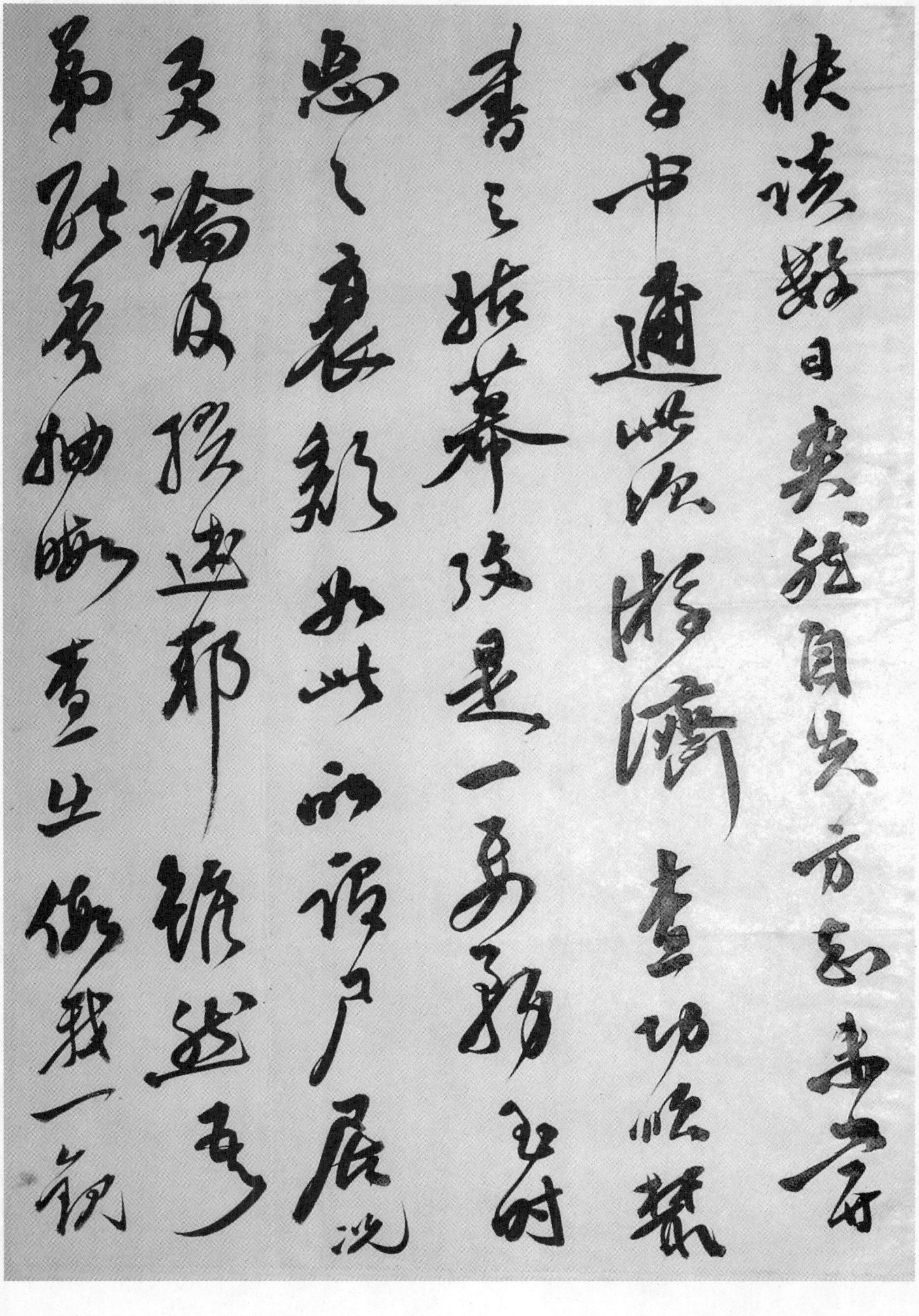

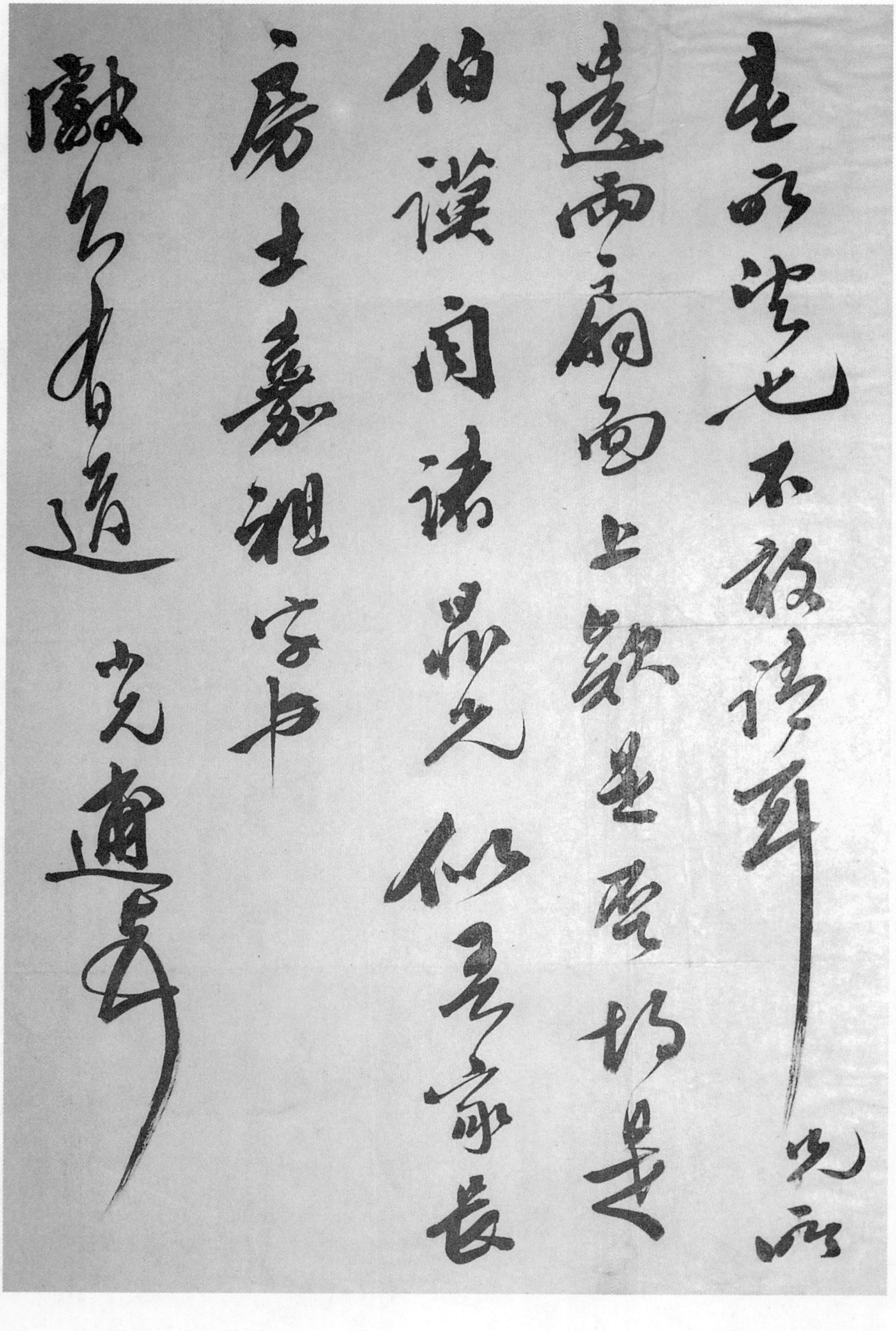

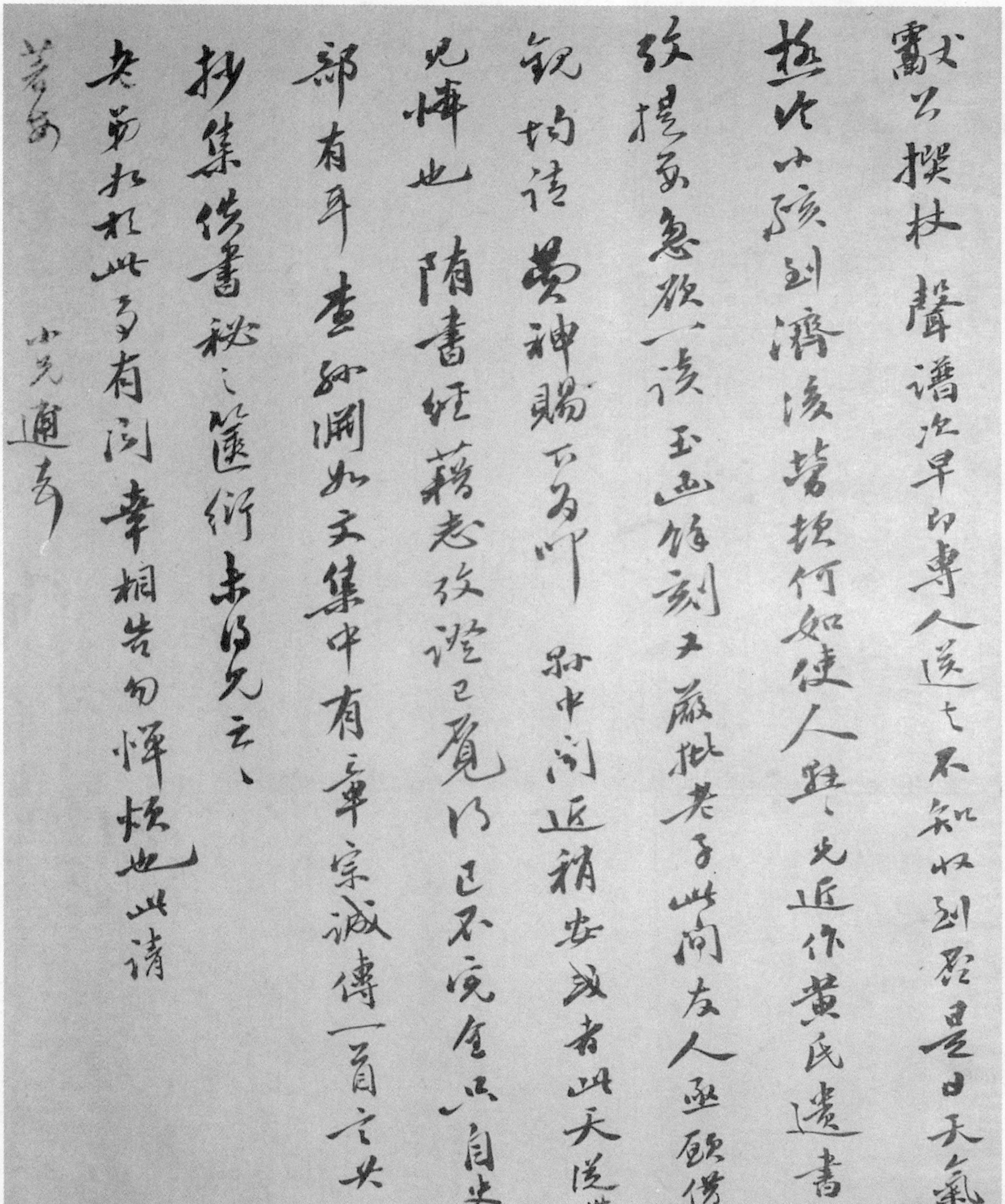

獻公撰杖 聲譜昨早即專人送去不知收到否 是日天氣
極好 小孩到濟後昔談何如 使人甚念 近作黃氏遺書
跋 提要 急欲一談 玉函所刻之嚴批老子此間友人亟願借
觀 均請 費神賜下為叩 附中間近稍安 或者此天從此
見憐也 隋書經籍志考證已覓得 已不完全 只自史
部有耳 查孫淵如文集中有章宗誠傳一篇 云其
抄集隋書秘之篋衍 未得見云云
先爲求托此君有問 幸相告勿憚煩也 此請
著安 小先 遹叩

書第六十三通

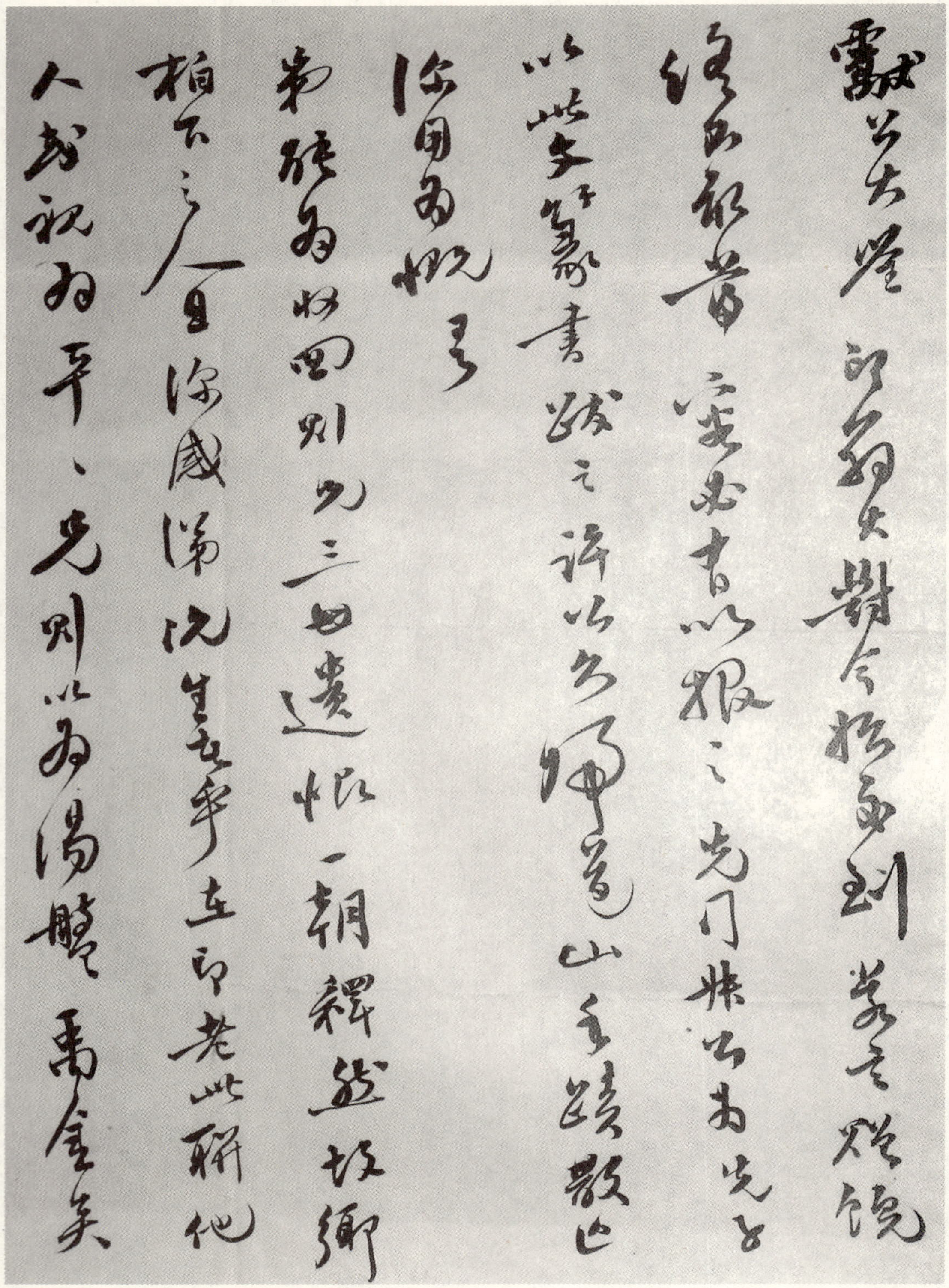

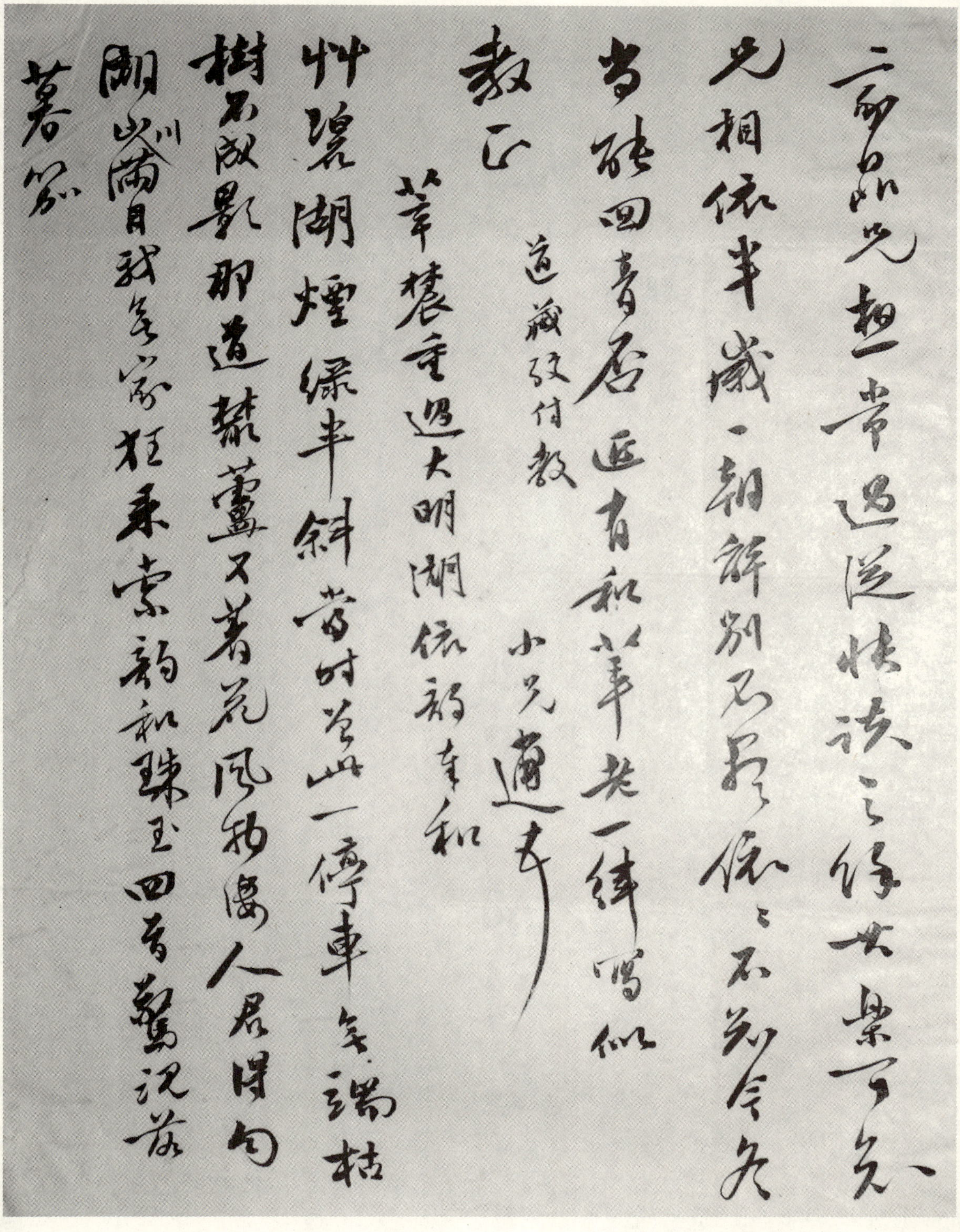
二郎吾兄想常過從快談之餘安樂可知
兄相依半歲一朝辭別不勝依依不知今冬
尚能回青否近有和草老一律寫似
教正
道藏設付教
小兄浦道未
草堂重過大明湖依韵奉和
艸堤湖煙綠半斜當時華山一停車年年端枯
樹不敞影那道籬鸎又著花風物變人君得句
湖山川滿目我無家狂來索韵和珠玉回首鶯沉落
暮鴉

丁逋

書第六十四通

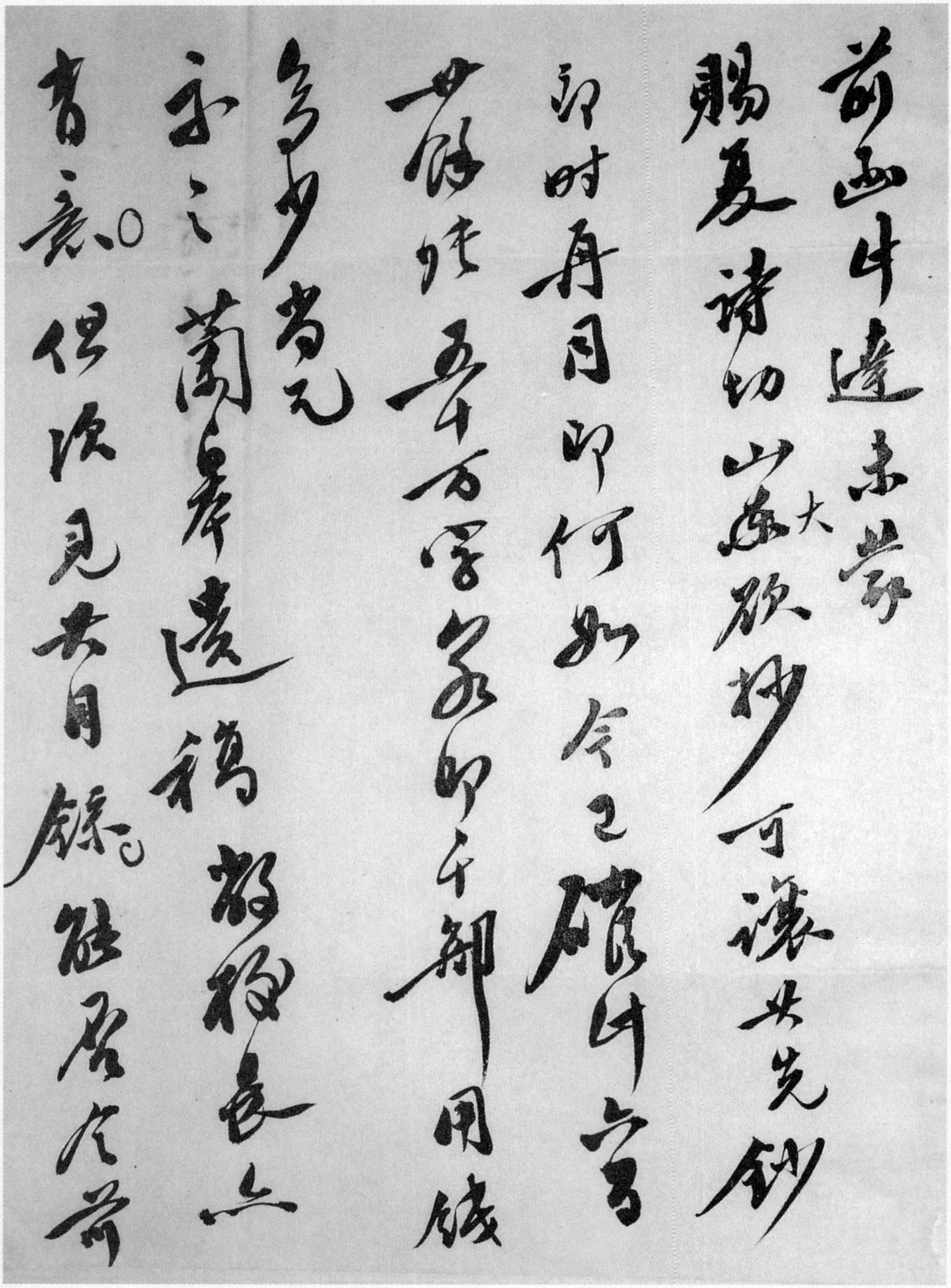

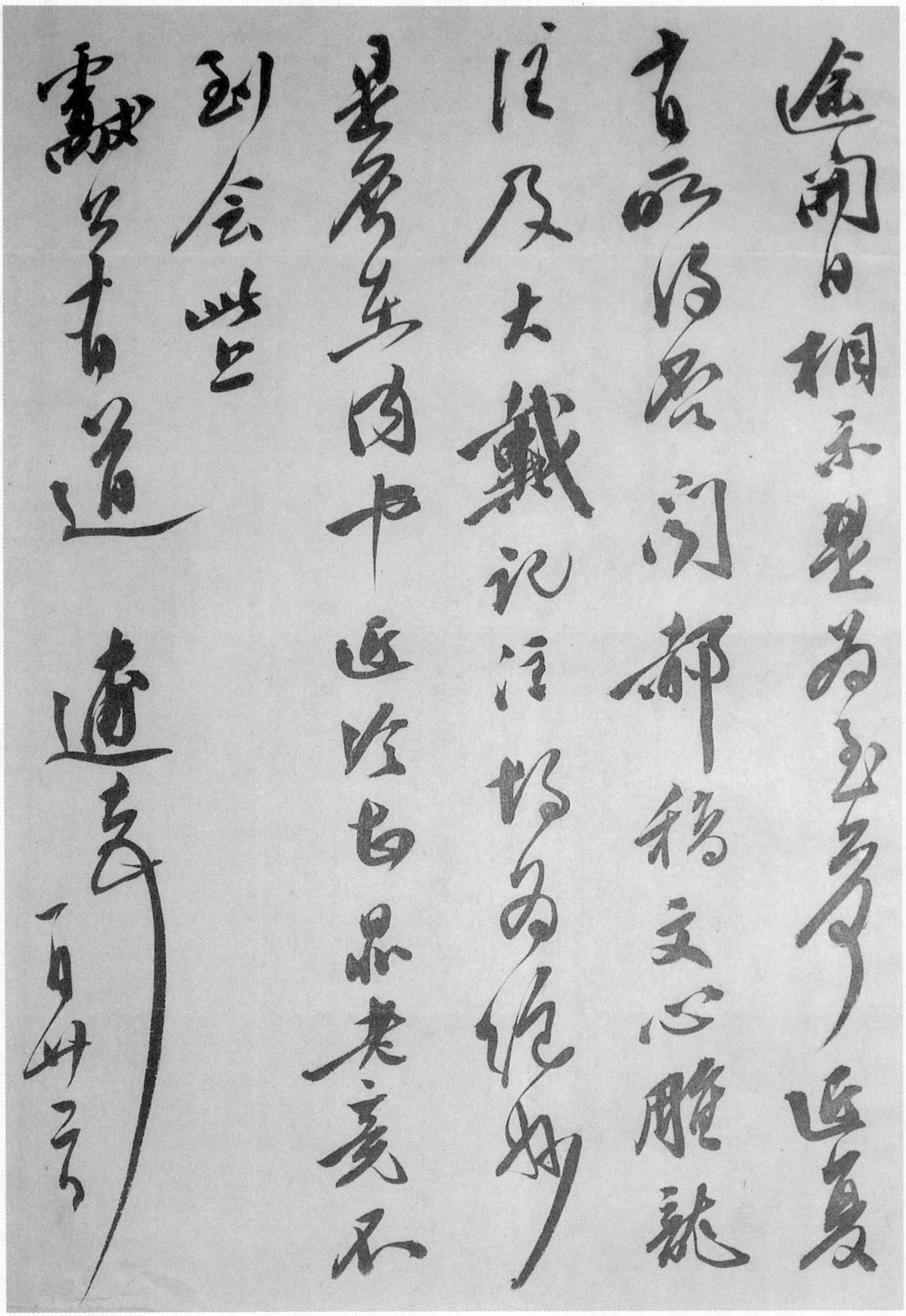

丁逋

書第六十五通

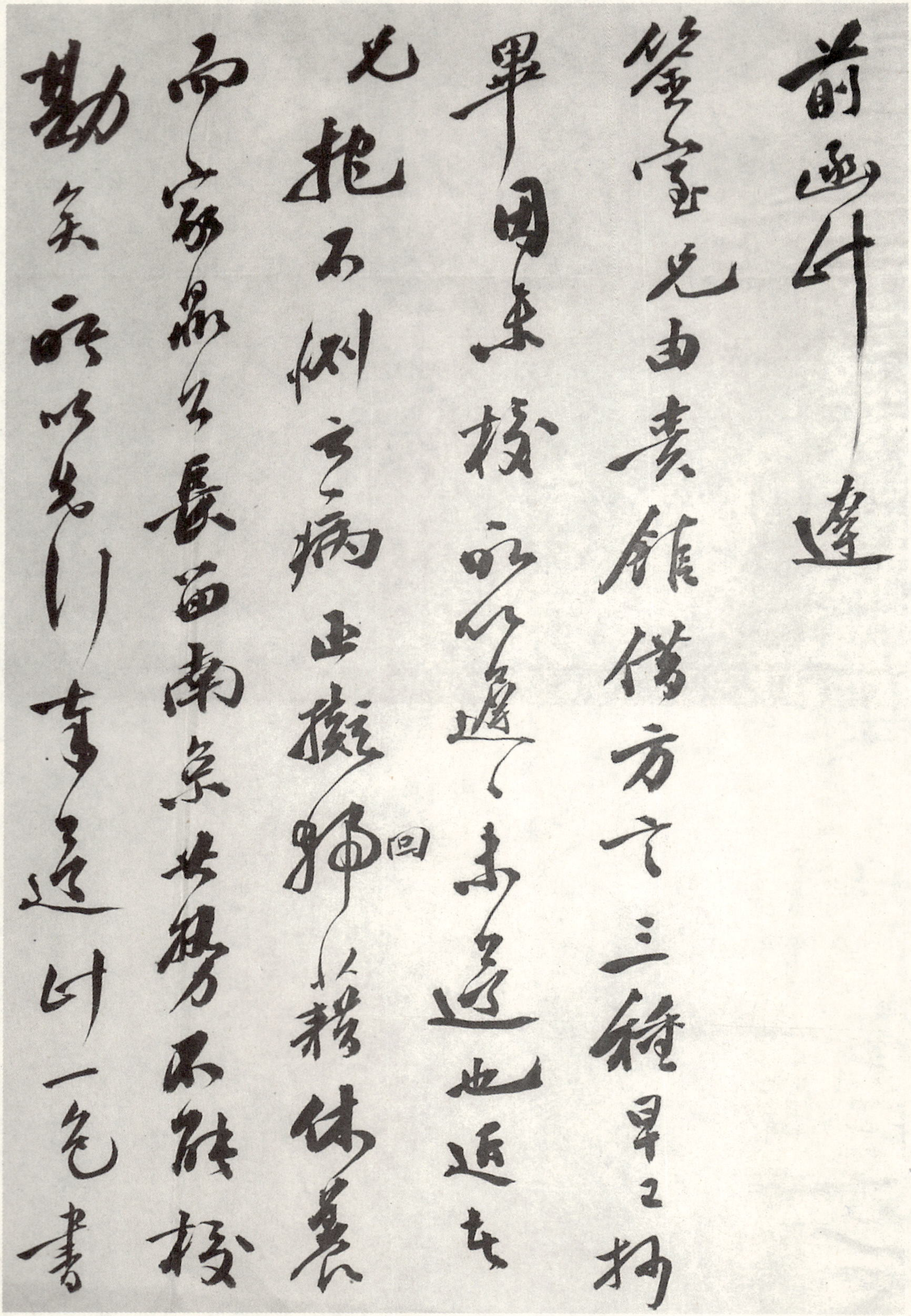

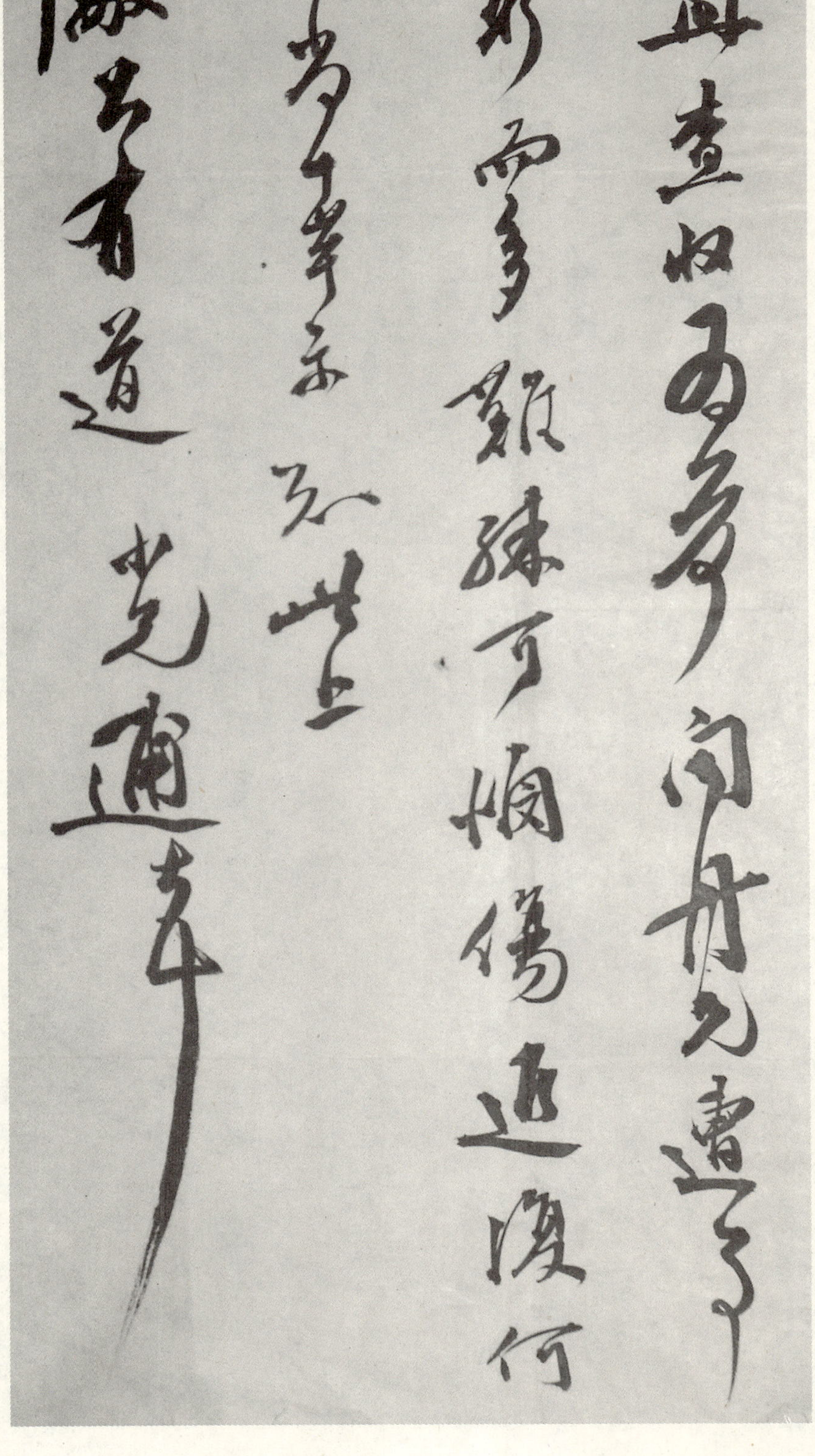

書第六十六通

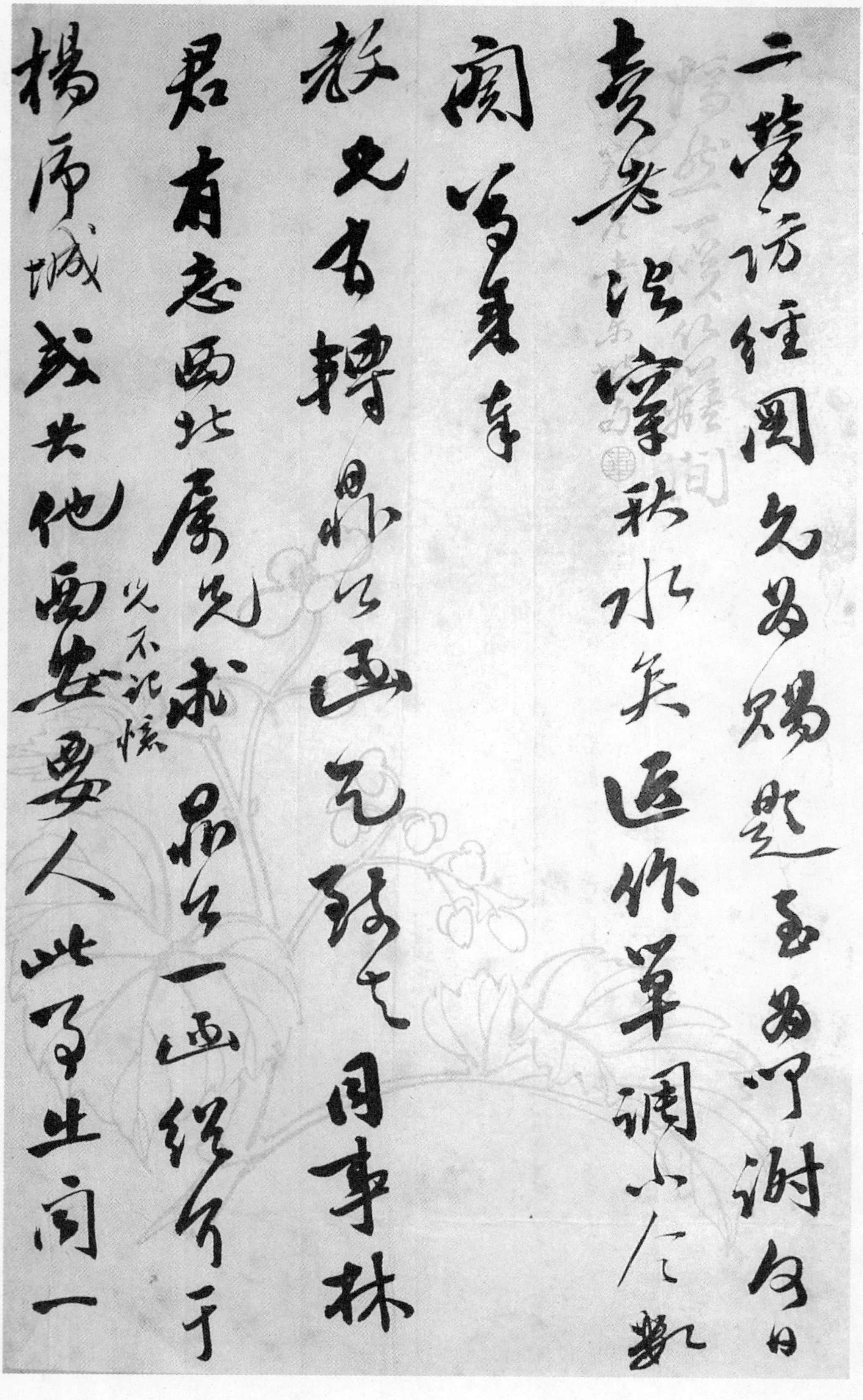

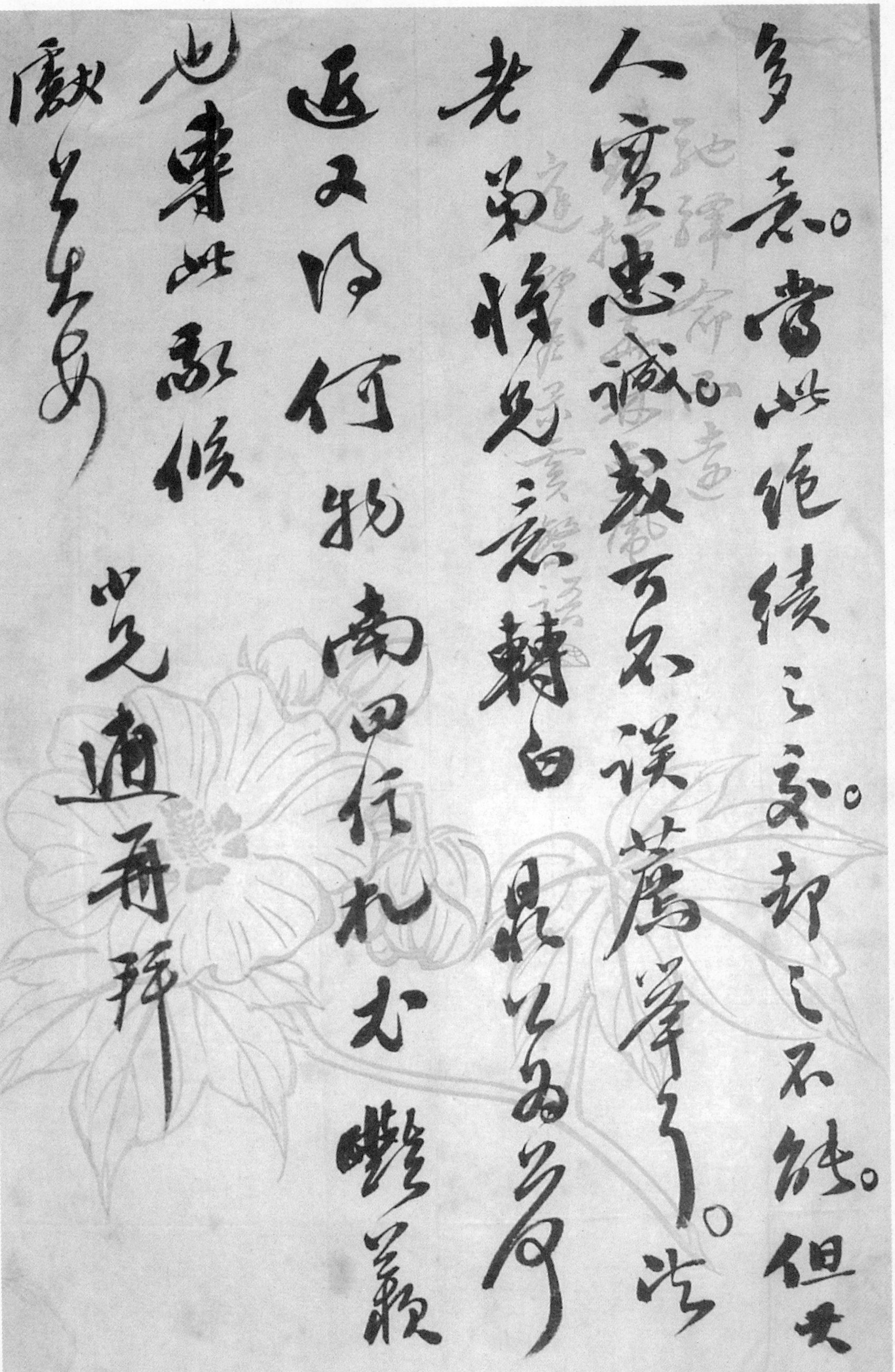

多意。當此絕續之交，却之不能。但夫人實忠誠，哉可不謨薦舉之。洪老弟將兄意轉白，是以為如何？返又將何物，南田行札尤難覯也。專此敬候勳安。

小兄逋再拜

丁逋

書第六十七通

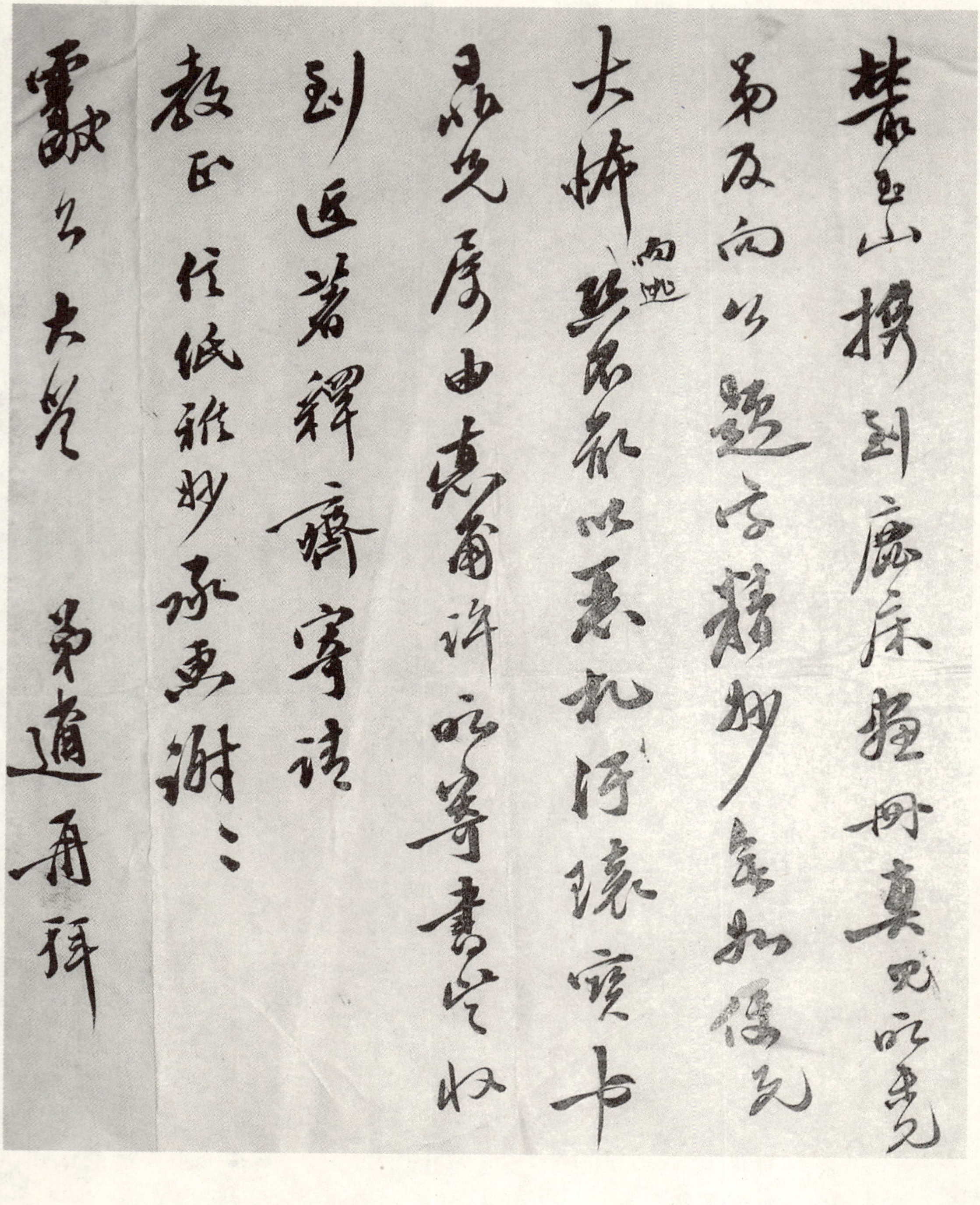
紫[illegible]山[illegible]到[illegible][illegible][illegible]冊真跡欣悉
弟及向以題字精妙無如傳見
大作兩地題跋以來札得讀[illegible][illegible]
昆見屬由惠爾許所寄書已收
到近著釋齋寄請
教正信紙雅妙承惠謝謝
獻兄大鑒　弟[illegible][illegible]再拜

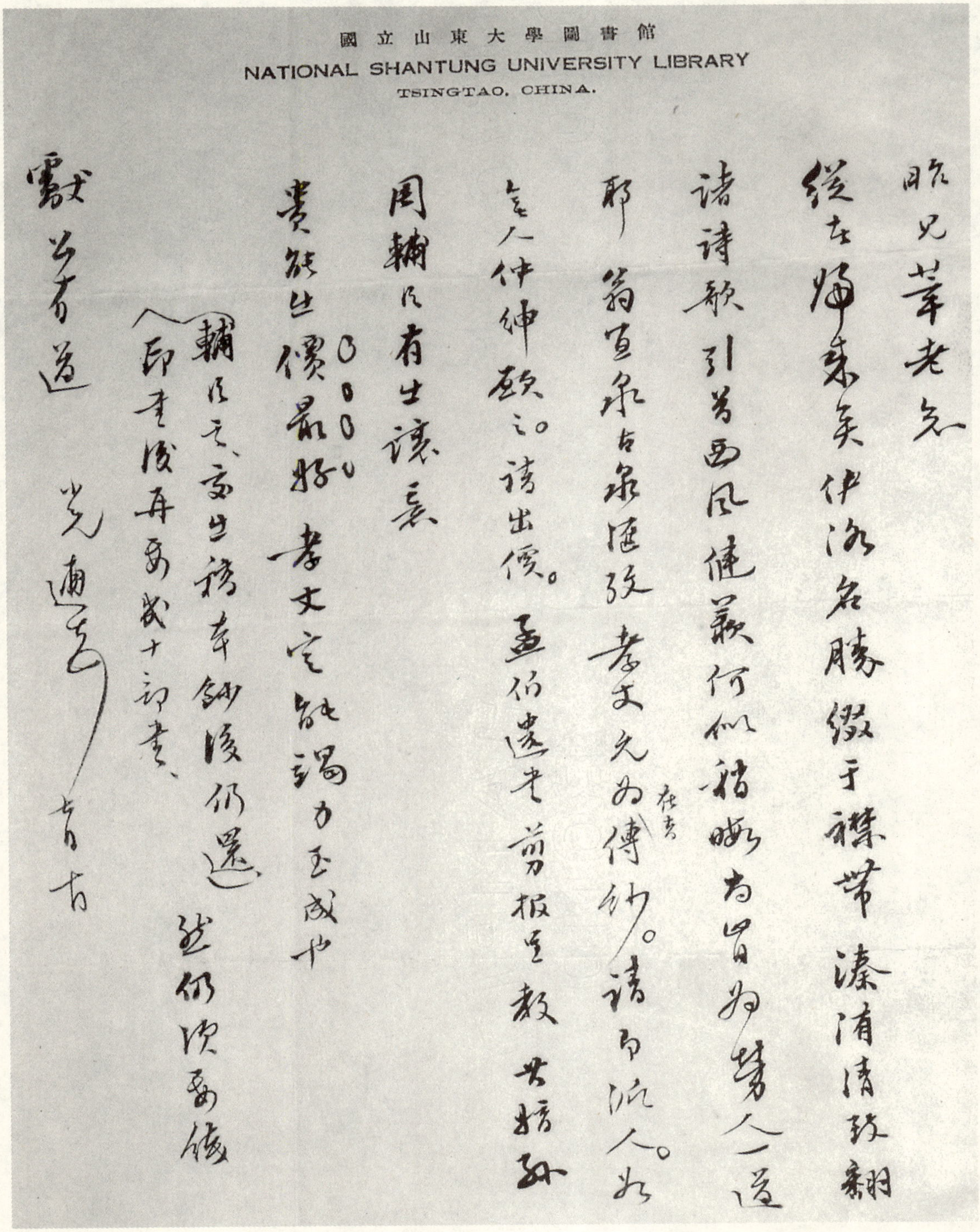
國立山東大學圖書館
NATIONAL SHANTUNG UNIVERSITY LIBRARY
TSINGTAO, CHINA.

丁逋

書第六十九通

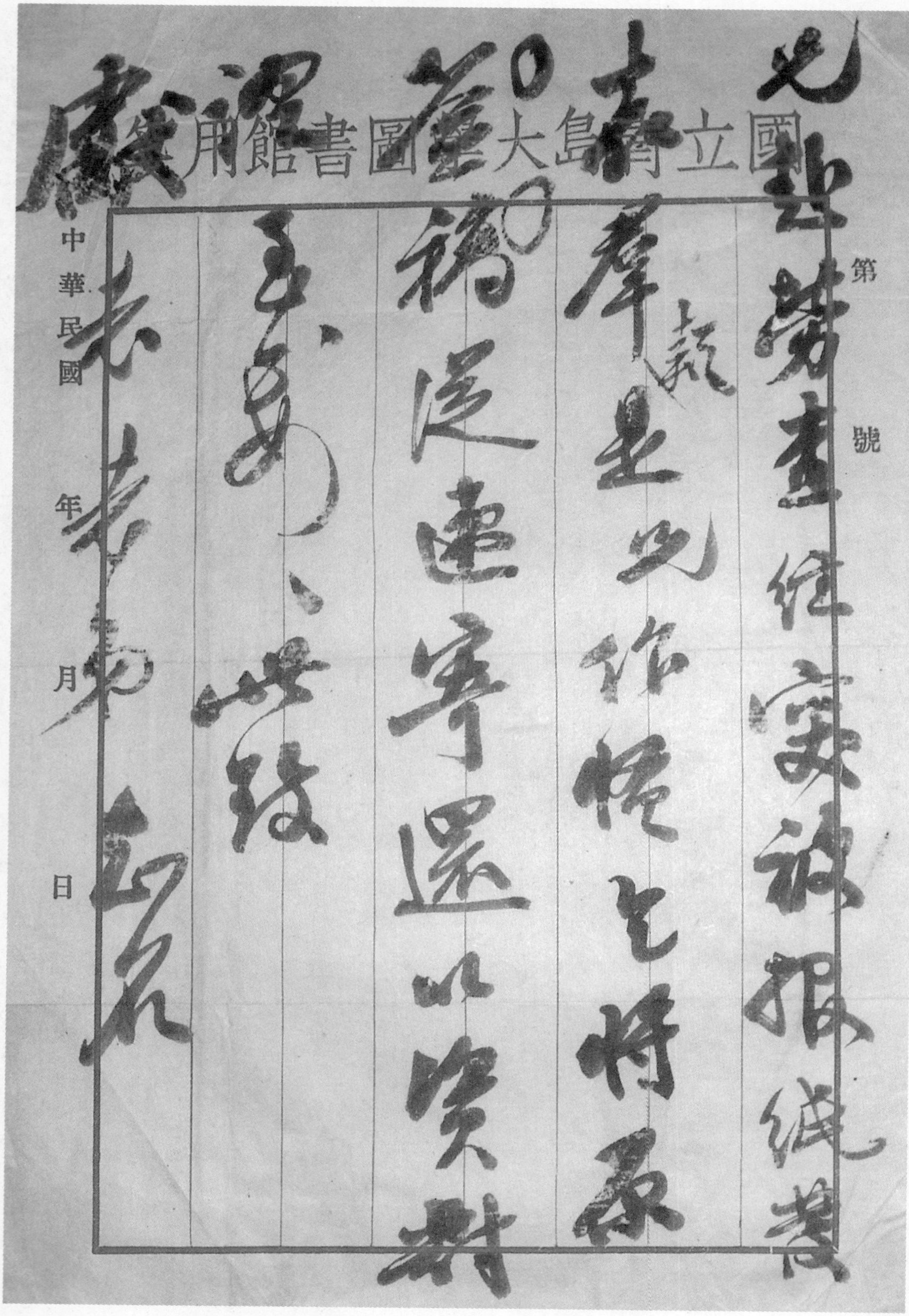

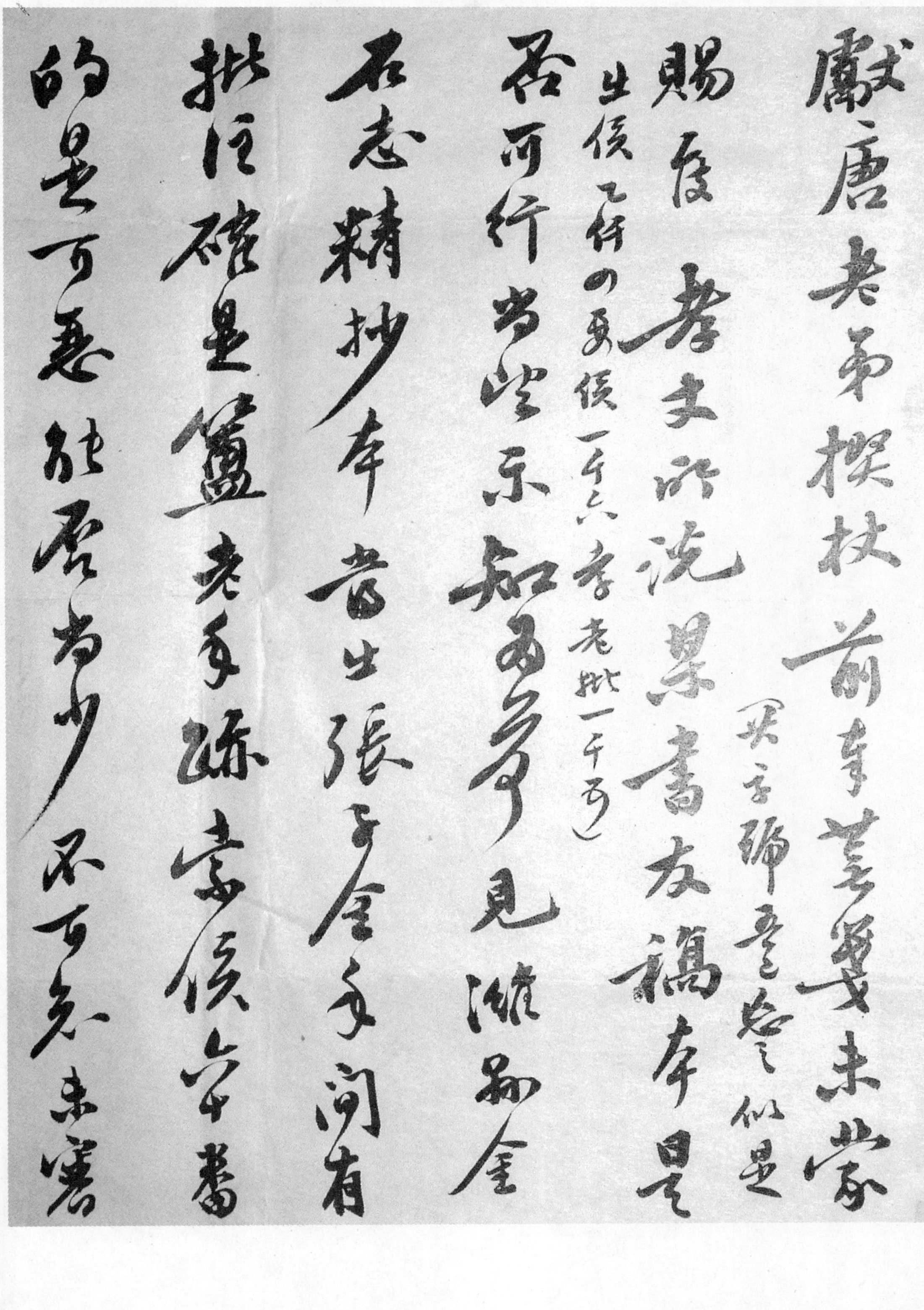

獻唐吾弟撰杖　前年蒙戈未嘗
（吳子緝來已忘之似是
賜覆　老丈所說果書友稿本是已
生僅乙仟の要價一千六　李老批一千元）
答可行　尚望示知為爭見讀新全
石志精抄本當出張氏全手間有
批語確是篁老手跡當價亦當
的是可惡　能為尚少　求上為來書

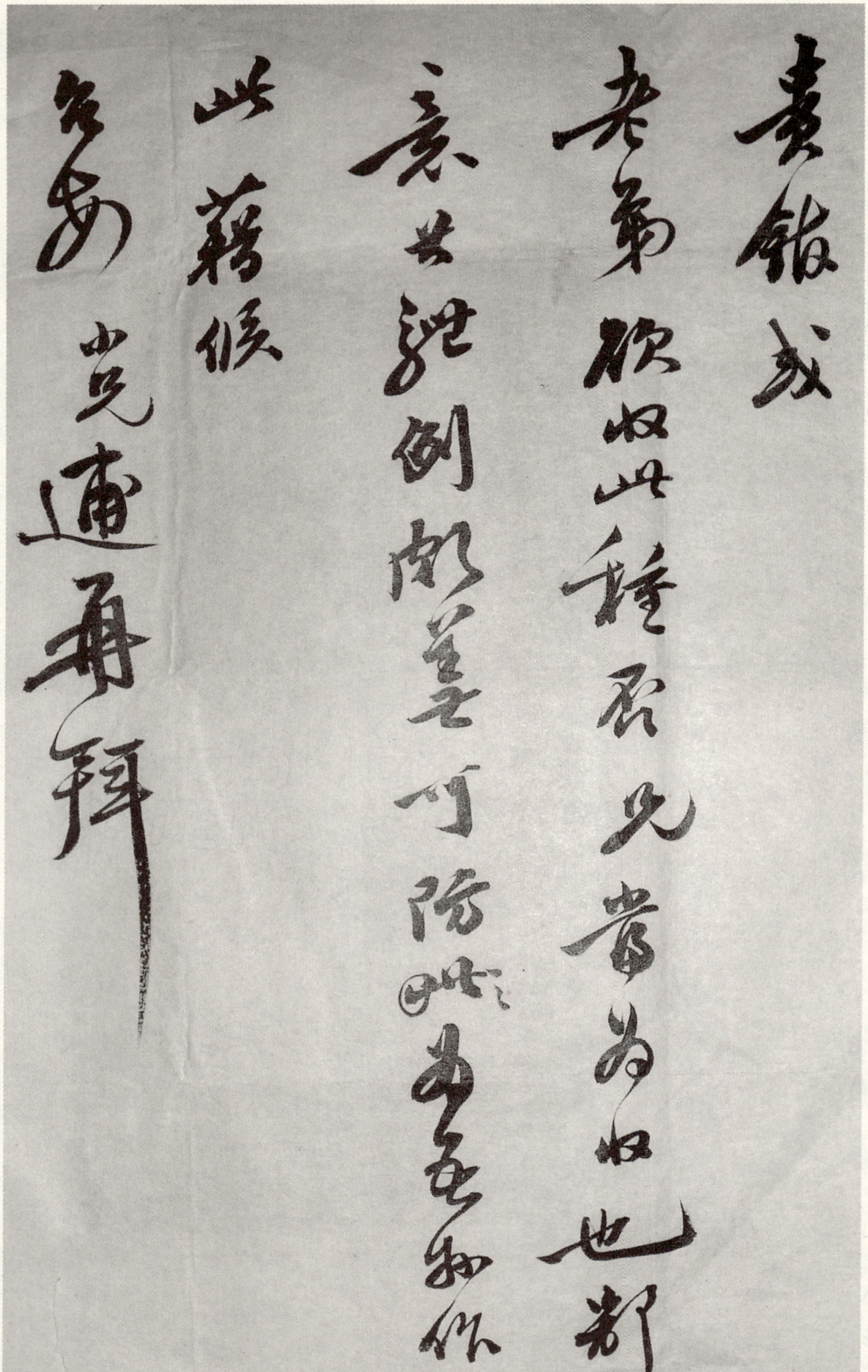

釋鏟形布全[illegible]釿

迺案原始作市不過以物相質周官司

市質人所由權輿上古貨具鏟頭[illegible]頭

斧頭[illegible]最先可作質令石堅平堅鋤並斧形最

多可以左證錢布之興蓋起於此王

氏瑄所舉刀布九類曰刀曰布曰錢

曰泉曰全曰貝曰幣曰圜曰貨見

於鏟形刀形兩種布文只全釿化三類

即三錢農具之形似也

舊釋全為金，釋鈔為釿，鉊不能通

弦三古舊籍五金作五兵，後來有以之名

錢者。自丁氏惟汾釋全為泉，厥義可

得而說。說文：錢，銚也。全之篆文作仝

形，與銚同，皆是錢之初文。一切經音

即鏟鈸也

義十二：泉，古文作洤。泉、洤、錢同聲

相借，則全之為泉甚明。文曰：潶全，丁氏惟汾

釋涅為粘，粘合作幣，以驗王氏琯所

藏鏟幣實屬粘涅兩面而成適案
廣雅釋詁三涅訓化匕古貨字周官泉
府注後鄭曰泉貨左文曰貨右文曰
泉則涅全兩字即貨泉也王氏琯釋
匕為鑱頭屬古農具確不可易證之
方言謂農器為壽貨俗以為做活女
工曰活計貨活一聲之轉又寶化匕字
也郝蘭皋爾雅義疏引此讀為壽

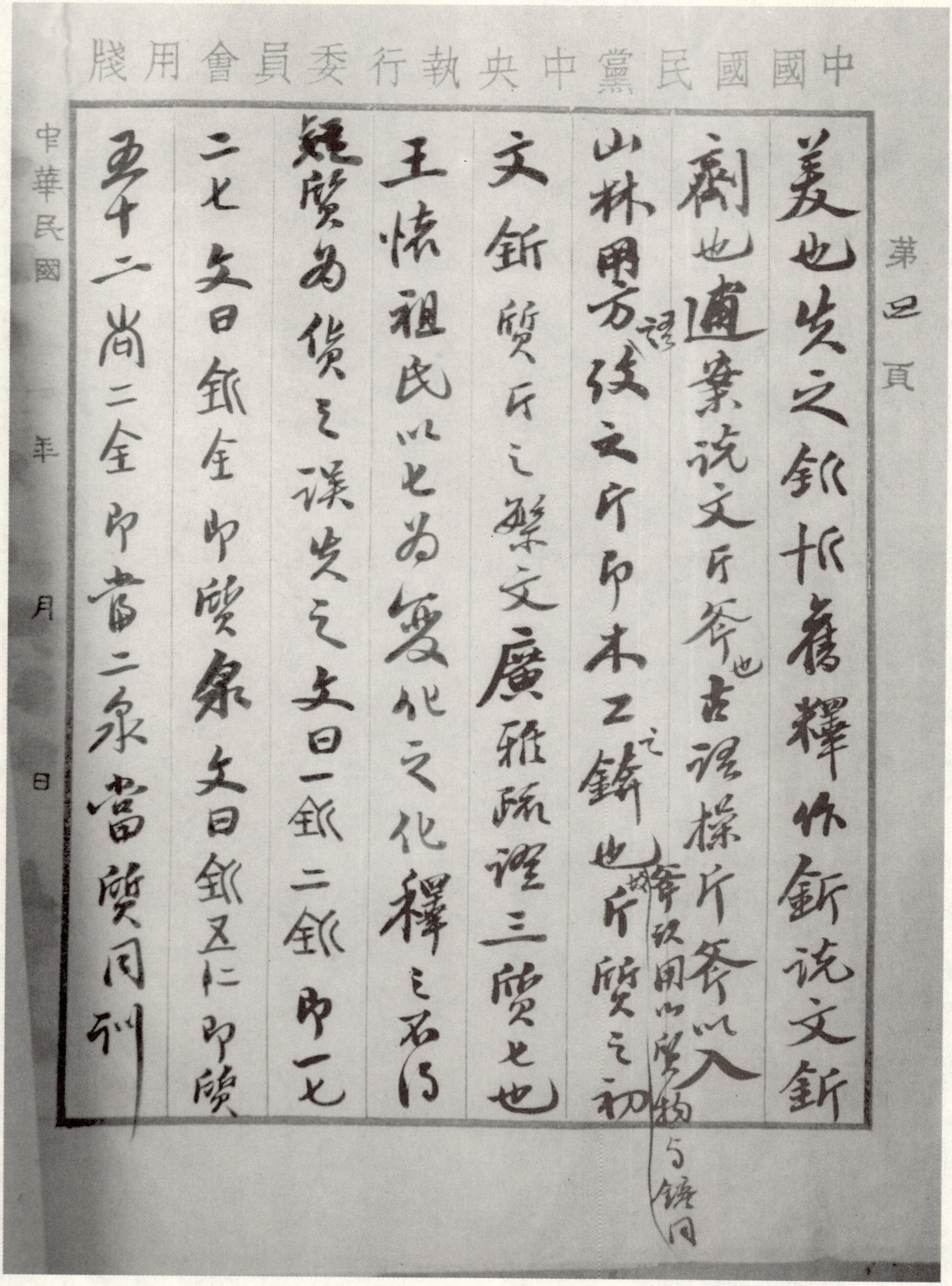
中國國民黨中央執行委員會用牋

第四頁

義也。先之釿从十，舊釋作釿。說文：釿，

劑也。適案說文：斤，斧也。古謂樑斤斧以入

山林，用方伐之。斤即木工之鐁也。斤，貨之初

文；釿，貨斤之繁文。廣雅疏證三：貨，匕也。

王懷祖氏以匕為變化之化釋之，不得，

疑貨為貨之誤。先之文曰一釿、二釿，即一匕、

二匕。文曰釿金，即貨泉。文曰釿及仁，即貨

五千二，尚二金即當二泉，當貨同刊

斧以用以覺物与鐁同

中華民國　年　月　日

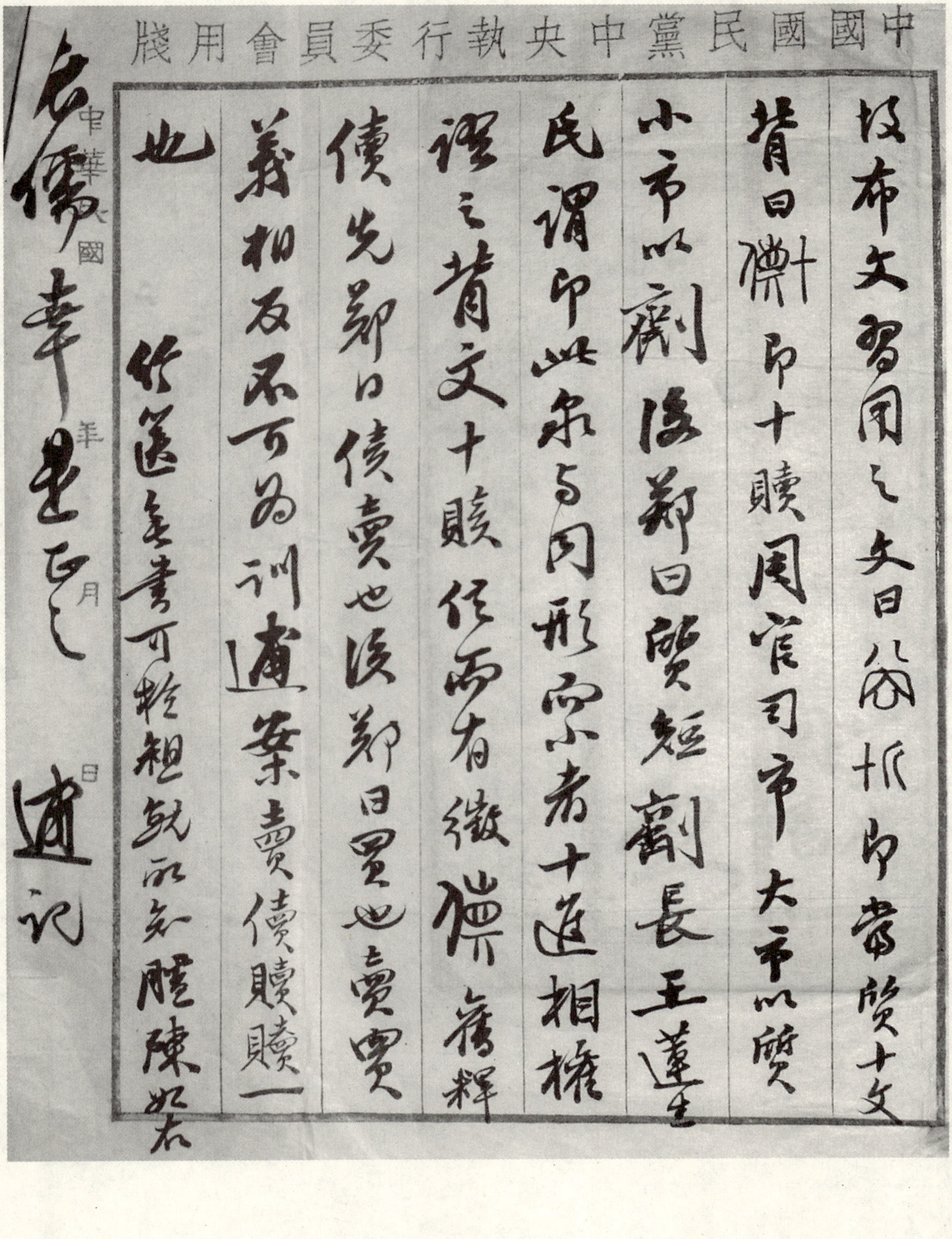
中國國民黨中央執行委員會牋

故布文習用之文曰八分折即當質十文背曰儥十即十賣周官司市大市以質小市以劑後鄭曰質短劑長王蓮生民謂即此泉與同形定者十遂相權證之背文十賣後而有徵儥舊釋儥先鄭曰儥賣也後鄭曰買也賣買義相反而不可為訓逌案賣儥贖贖一也　從篋集書可移粗貌而知體陳如右

右儒章先生正之　逌記

中華民國　年　月　日

丁逌

書第七十二通

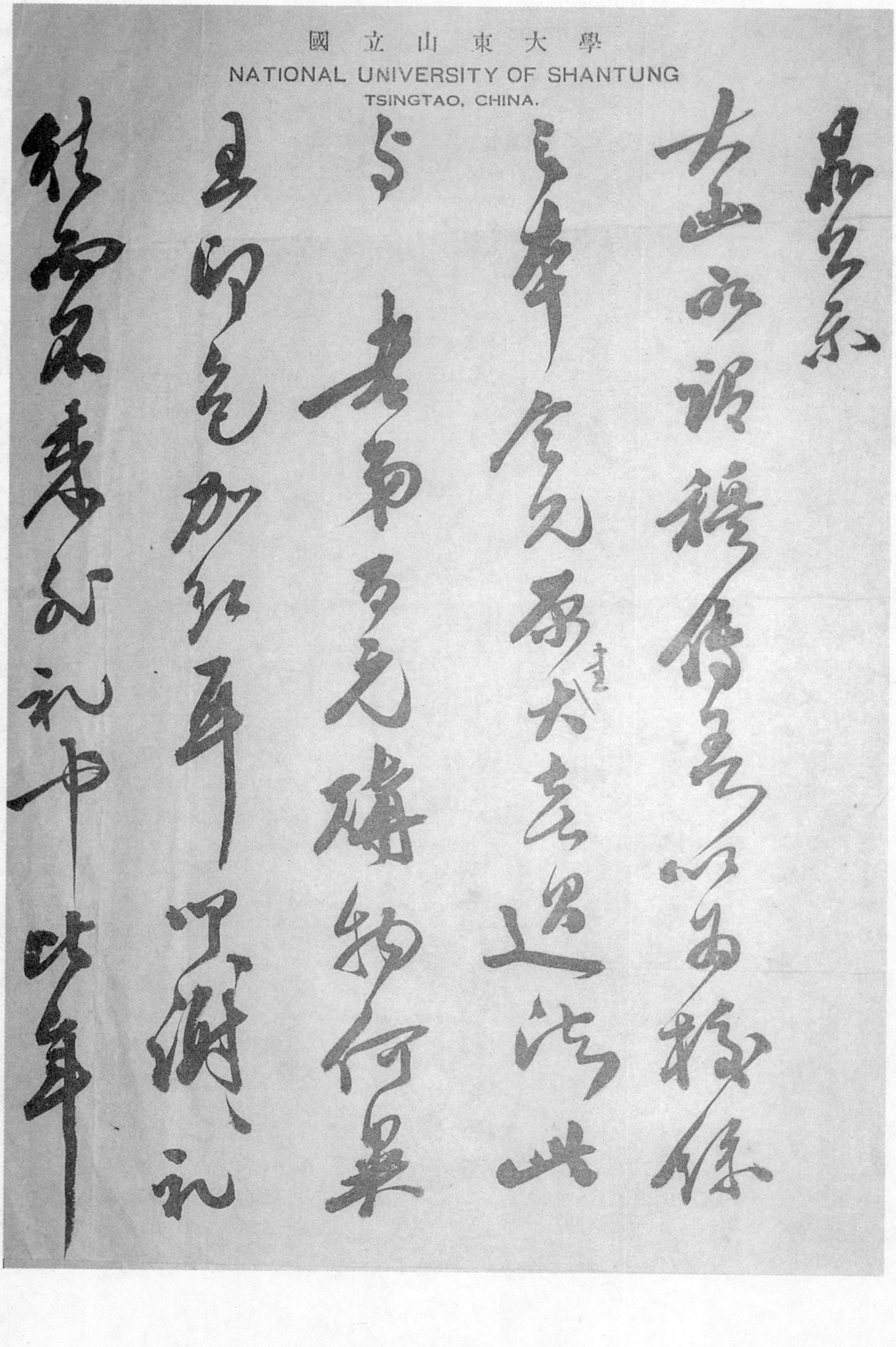
國立山東大學
NATIONAL UNIVERSITY OF SHANTUNG
TSINGTAO, CHINA.

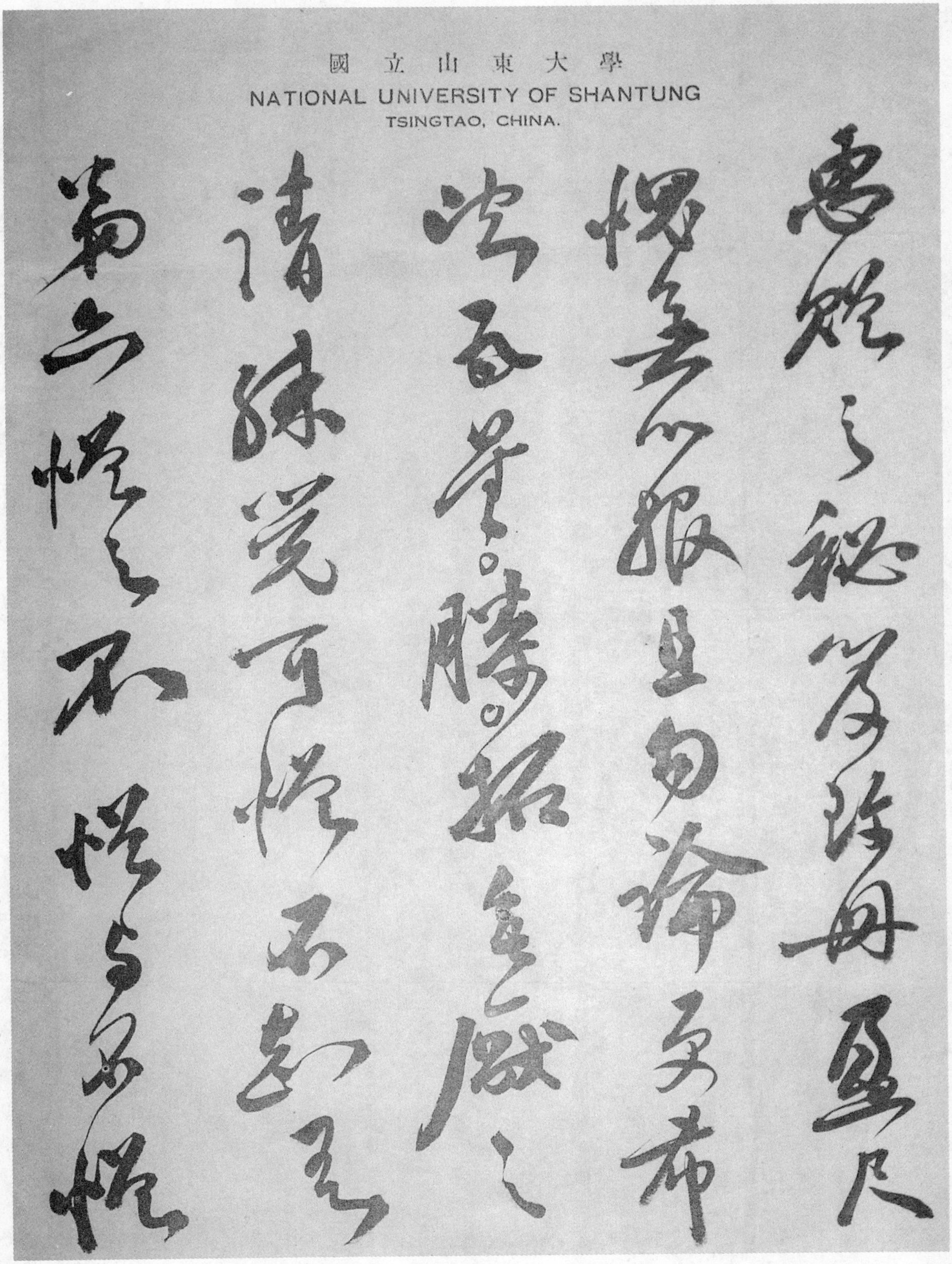

國立山東大學
NATIONAL UNIVERSITY OF SHANTUNG
TSINGTAO, CHINA.

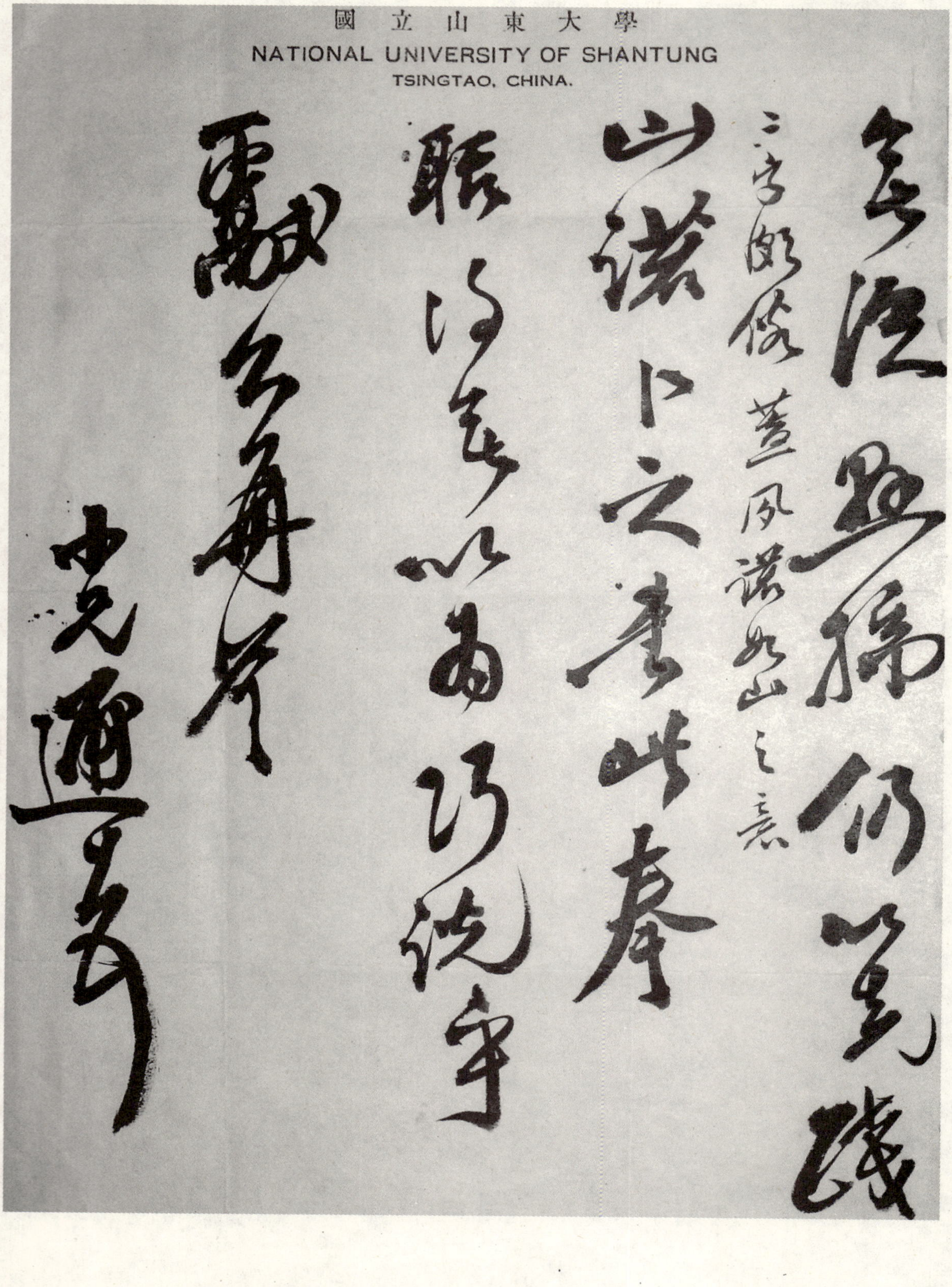

國立山東大學
NATIONAL UNIVERSITY OF SHANTUNG
TSINGTAO, CHINA.

書第七十三通

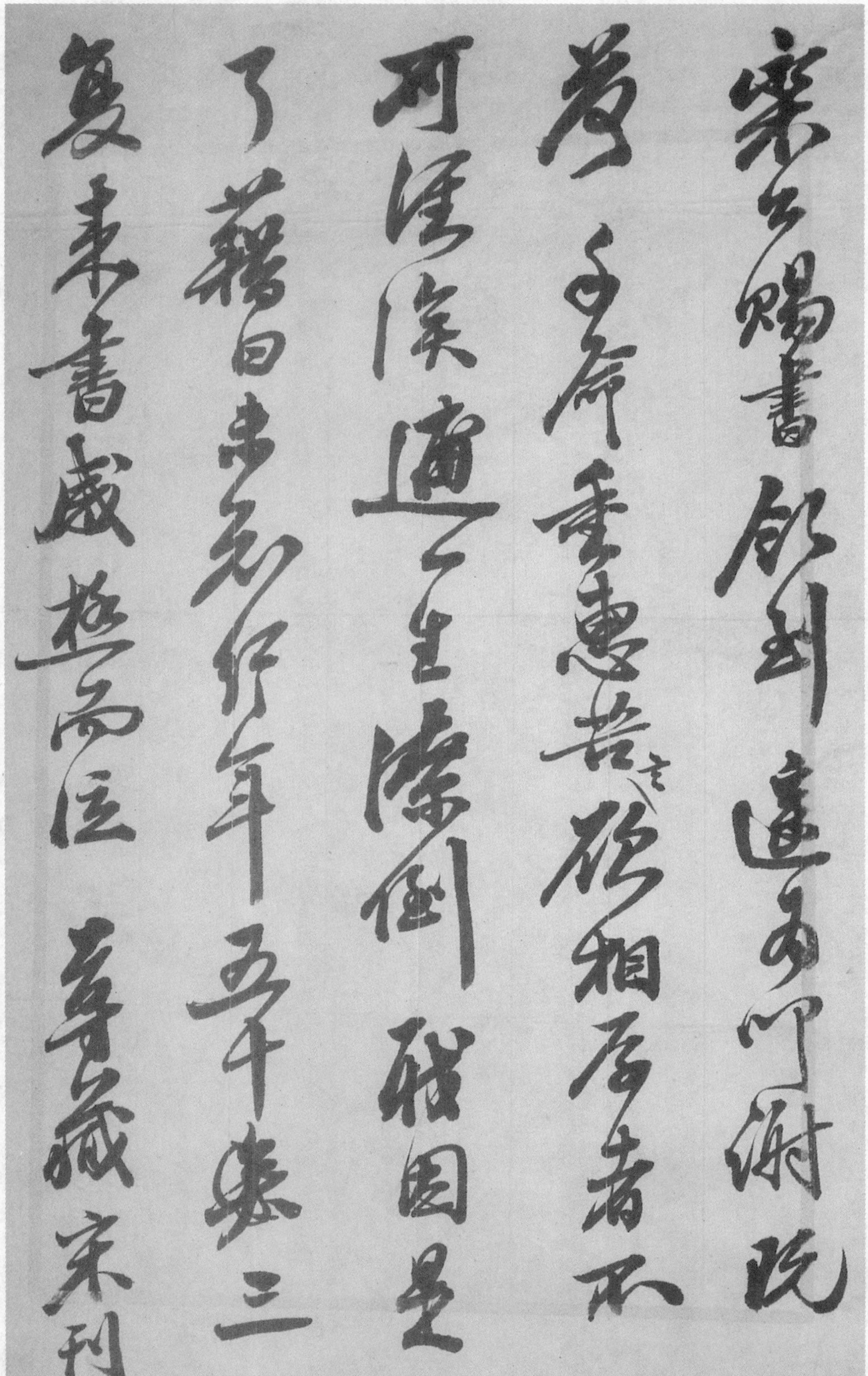

丁通

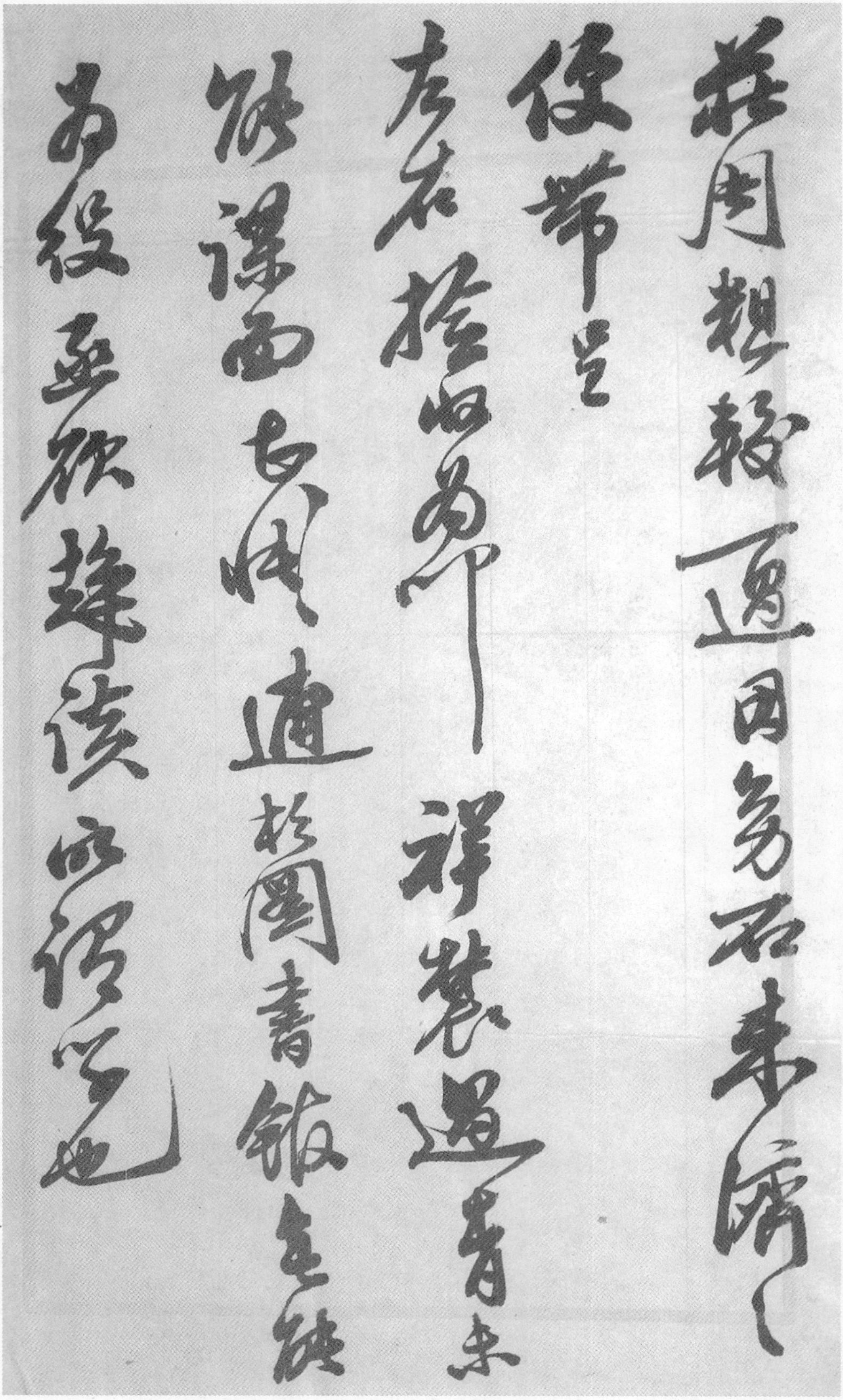

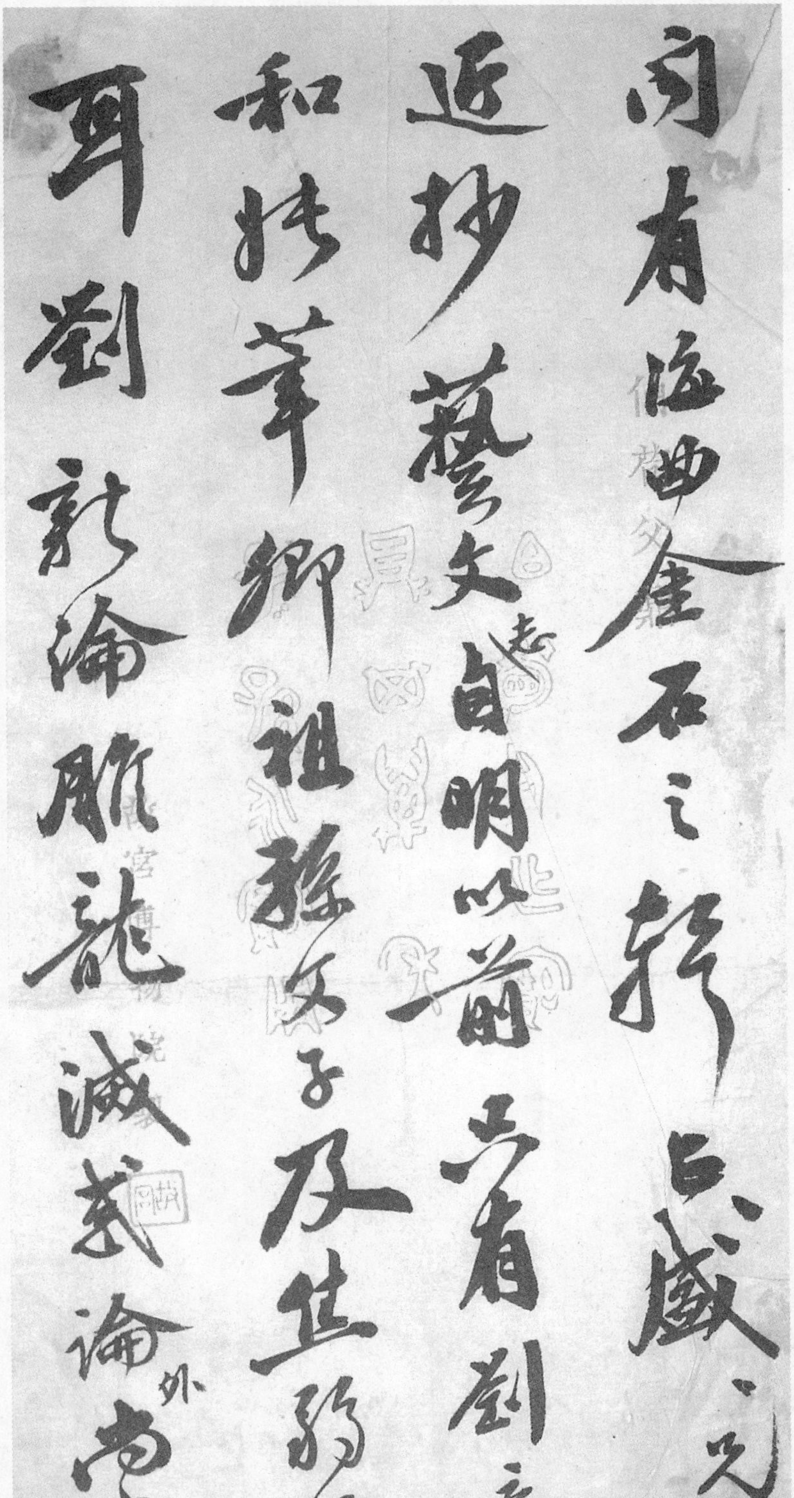

書第七十五通

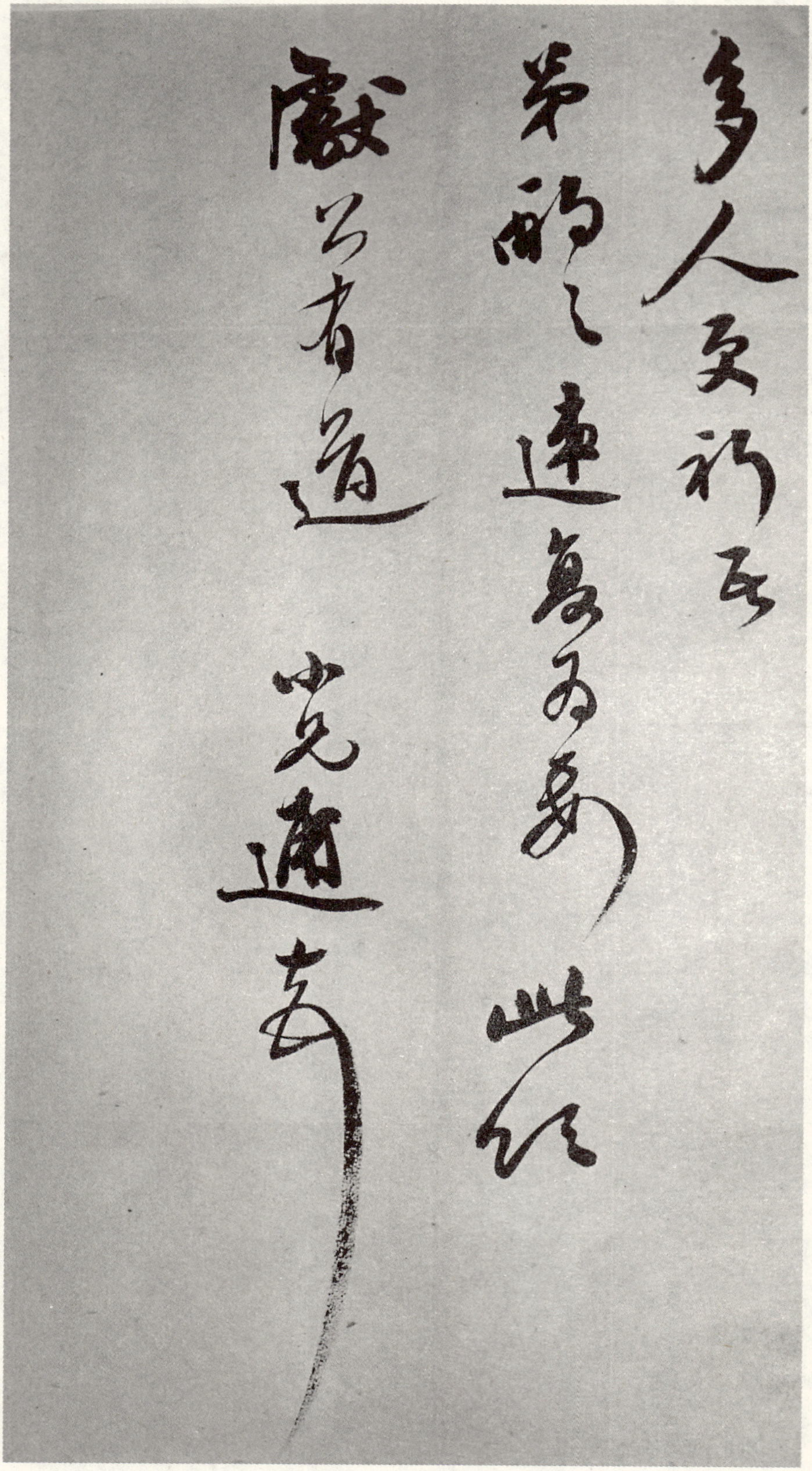

書第七十六通

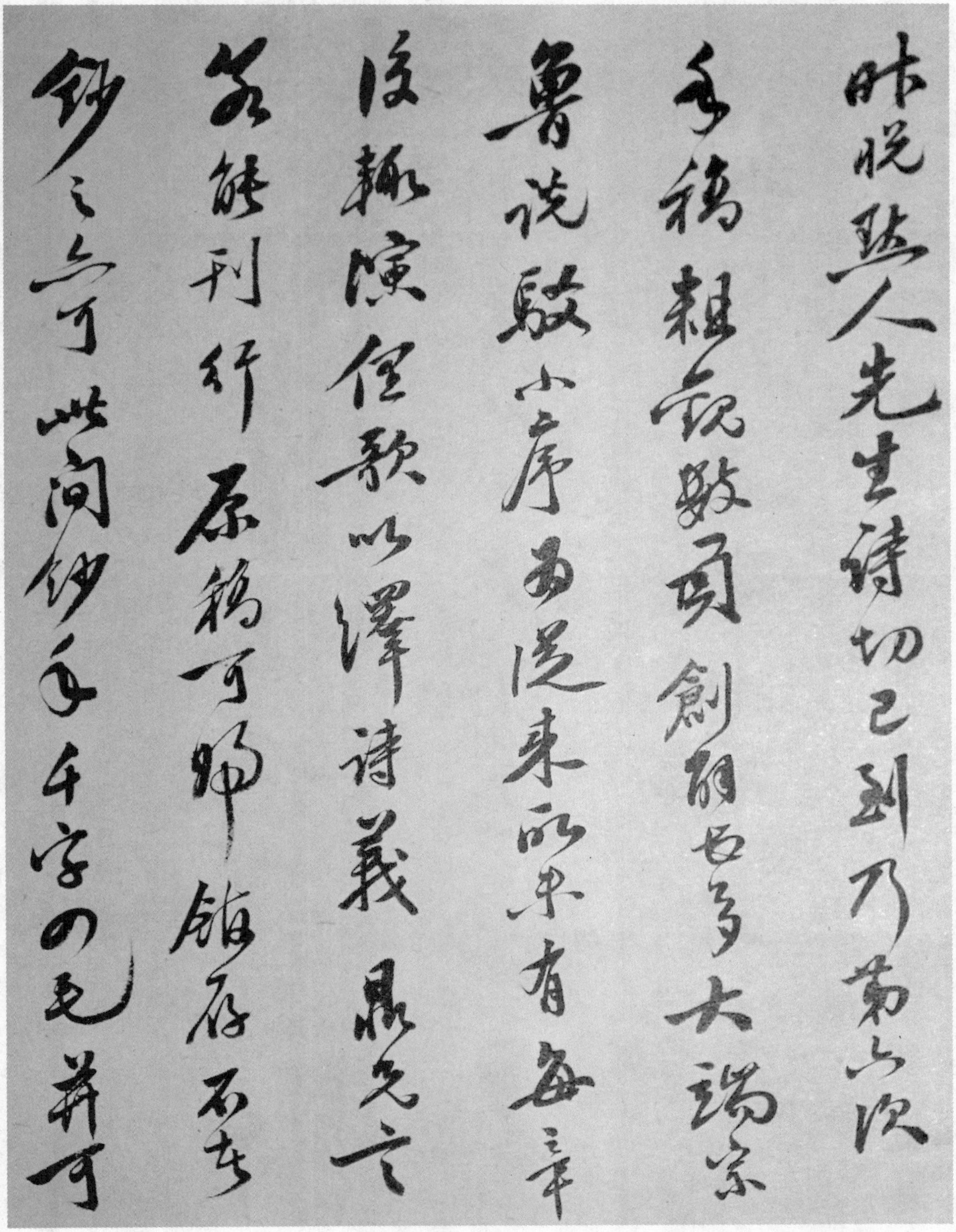
昨晚與人先生詩切已到乃第六次手稿粗閱數頁創獲甚多大端宗魯詩駁小序而從來所未有每三章後輒演俚歌以繹詩義最見之若能刊行原稿可歸館存否鈔之亦可此間鈔手千字四毛并可

書第七十七通

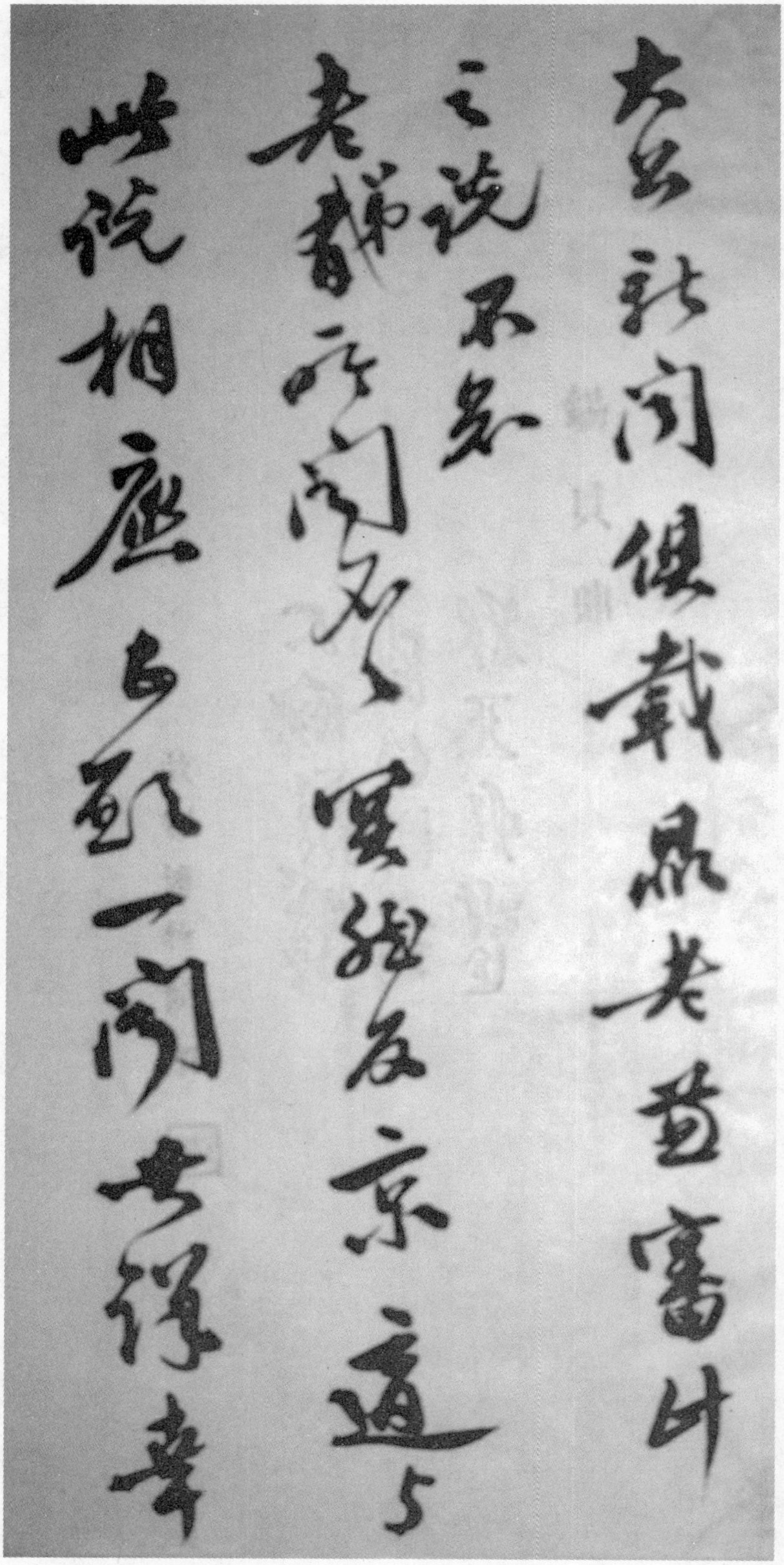

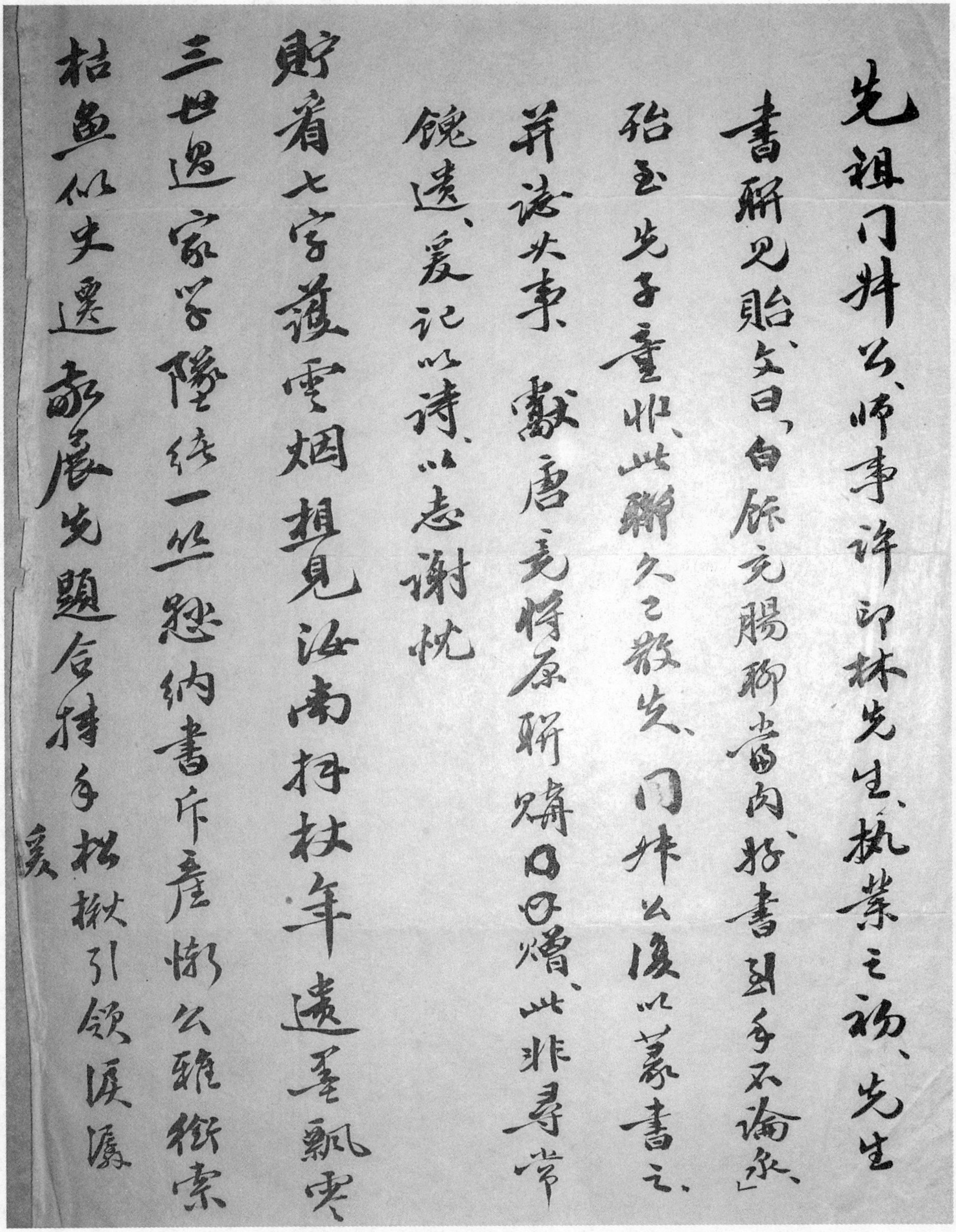

先祖门井公、师事许印林先生、执业之初、先生
书联见贻、文曰「白饭充肠聊当肉、好书到手不论钱」
贻玉先子童时、此联久已散失、门井公后以篆书之、
并添跋、东 献唐先生将原联购回以赠、此非寻常
馈遗、爰记以诗、以志谢忱
賸看七字护云烟 想见海南拄杖年 遗墨飘零
三世过 家学坠绪一丝悬 纳书斥产惭公雅 衔索
枯鱼似史还 敢展先题合持手 松楸引领泪潸
爰

诗二首

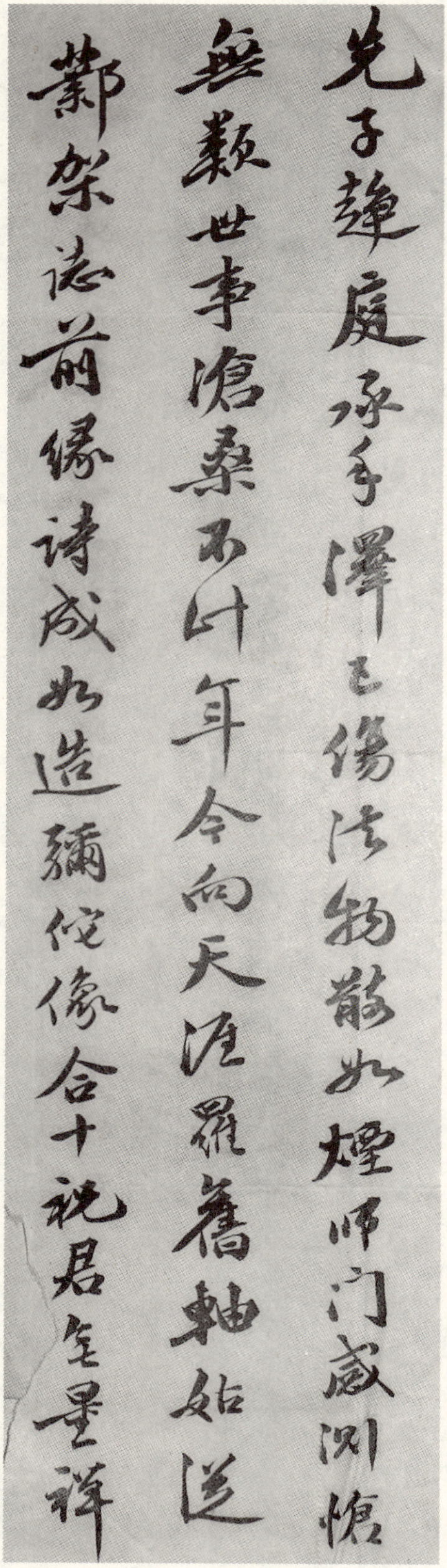

先子趨庭承手澤已傷法物散如煙師門感洞愴
無歎世事滄桑不計年今向天涯羅舊軸始從
鄴架認前緣詩成如造彌陀像合十祝君筆墨祥

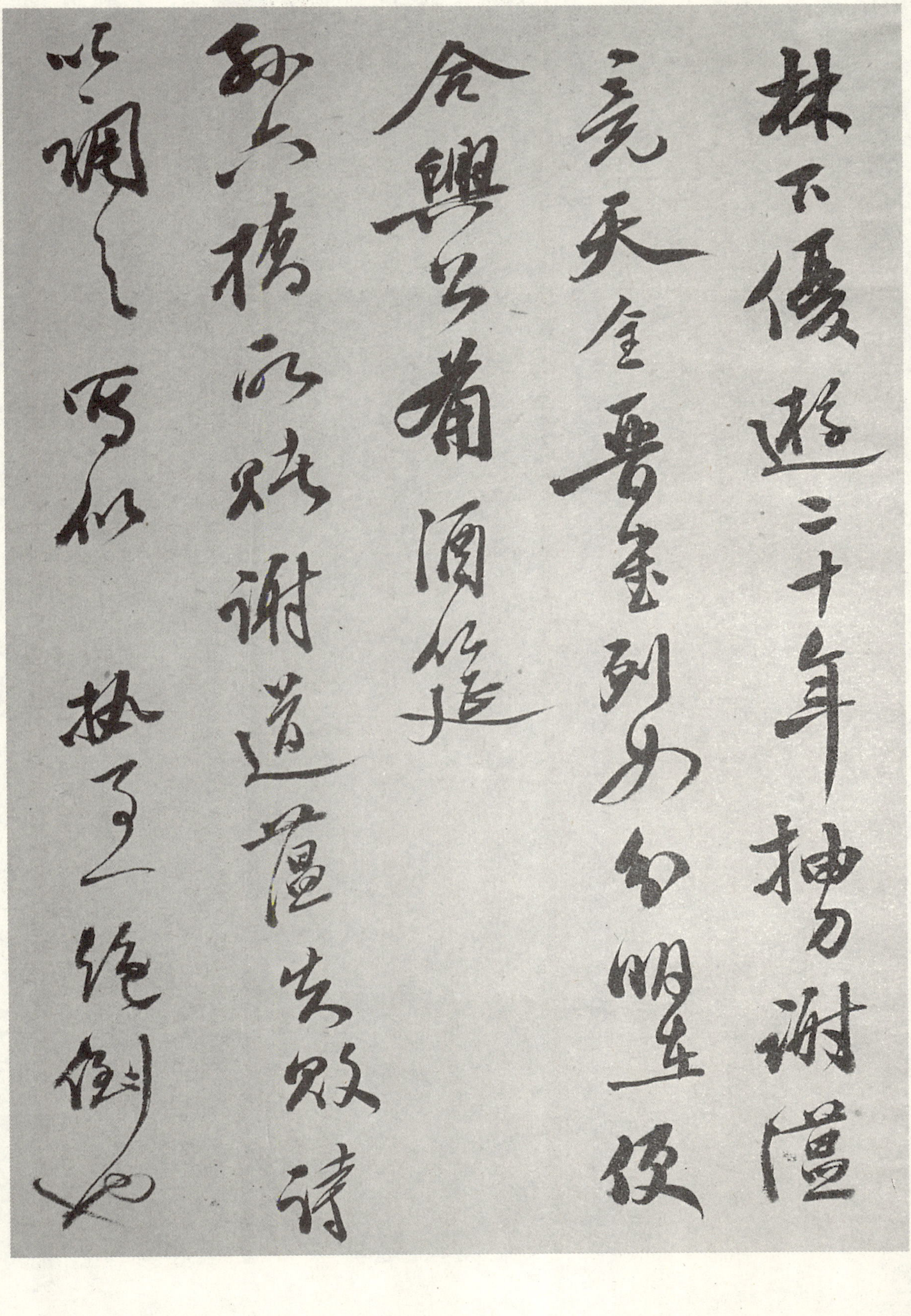

丁逋

词四首

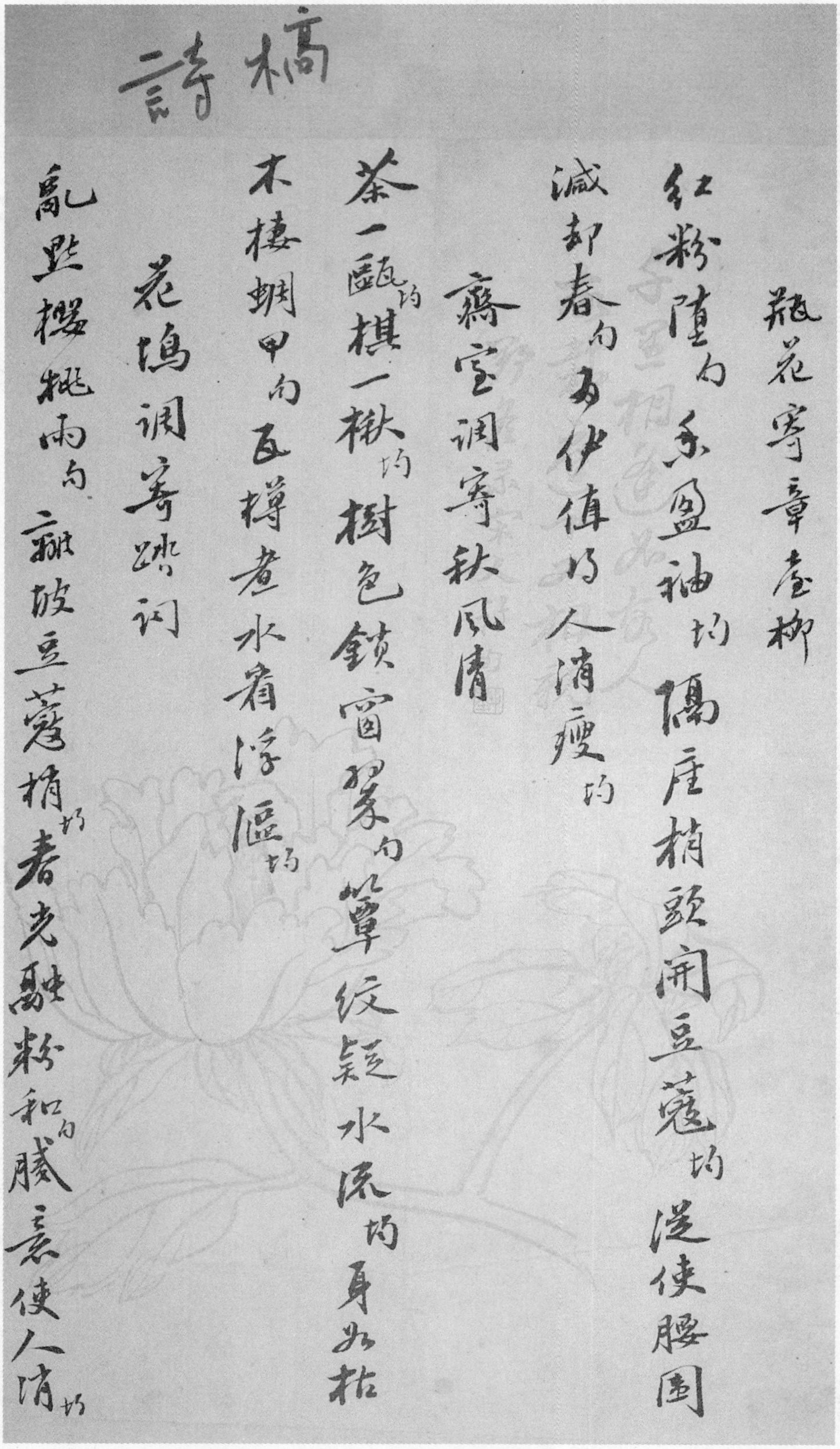

詩稿

瓶花寄章壹柳

紅粉墮句系盈袖均隔座梢頭開豆蔻均漫使腰圍減却春句爲伊值句人清瘦均

齋室調寄秋風清

茶一甌均棋一楸均樹色鎖窗櫺句簟紋疑水流均身如枯木棲蝴甲句瓦樽煮水看浮漚均

花塢調寄跳詞

亂點櫻桃雨句雛破豆蔻梢均春光融粉和句膩意使人清均

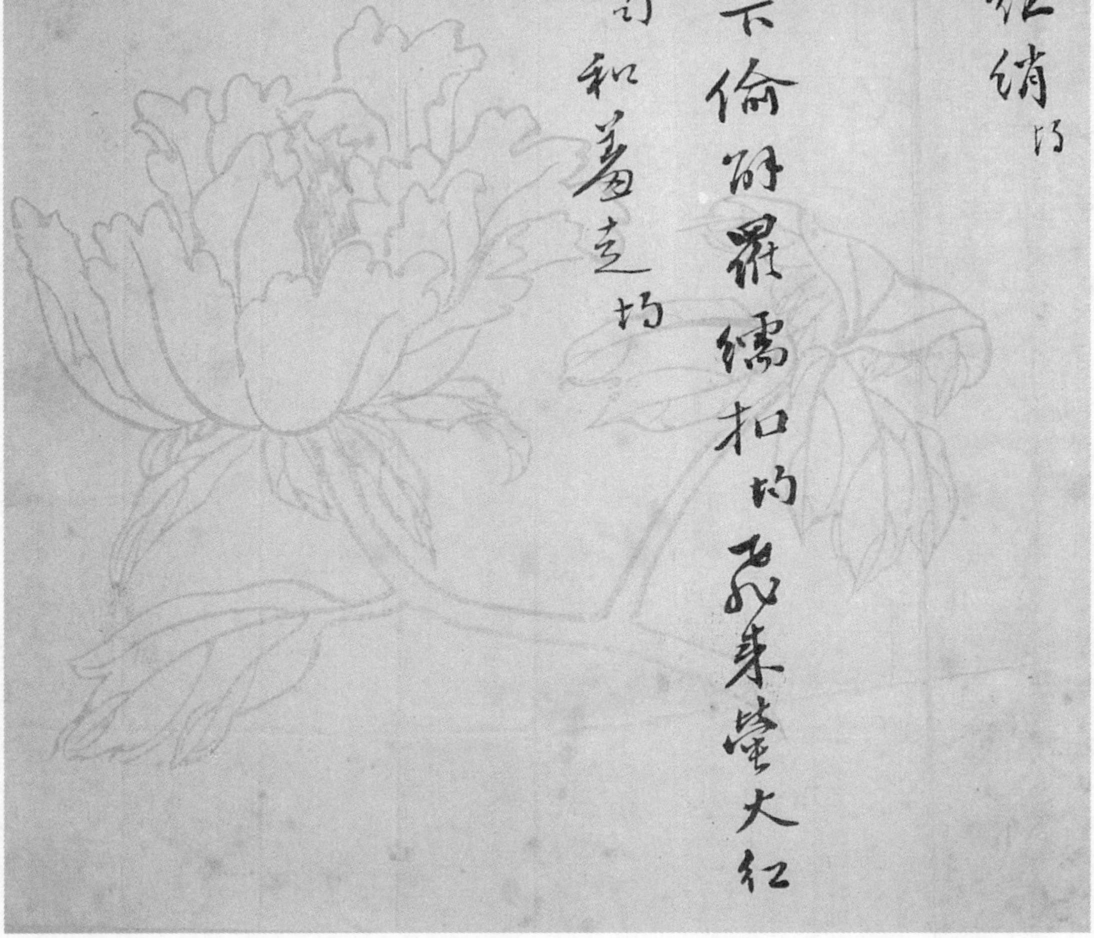

底處晴風僥切 翠鬟出紅綃切

閒意調寄春來

困人天氣黃昏後切 花下偷攜羅襦扣切 飛來螢大紅

如豆切 窄衣袖切 使人驀的 和驀走切

丁濆

文第一篇

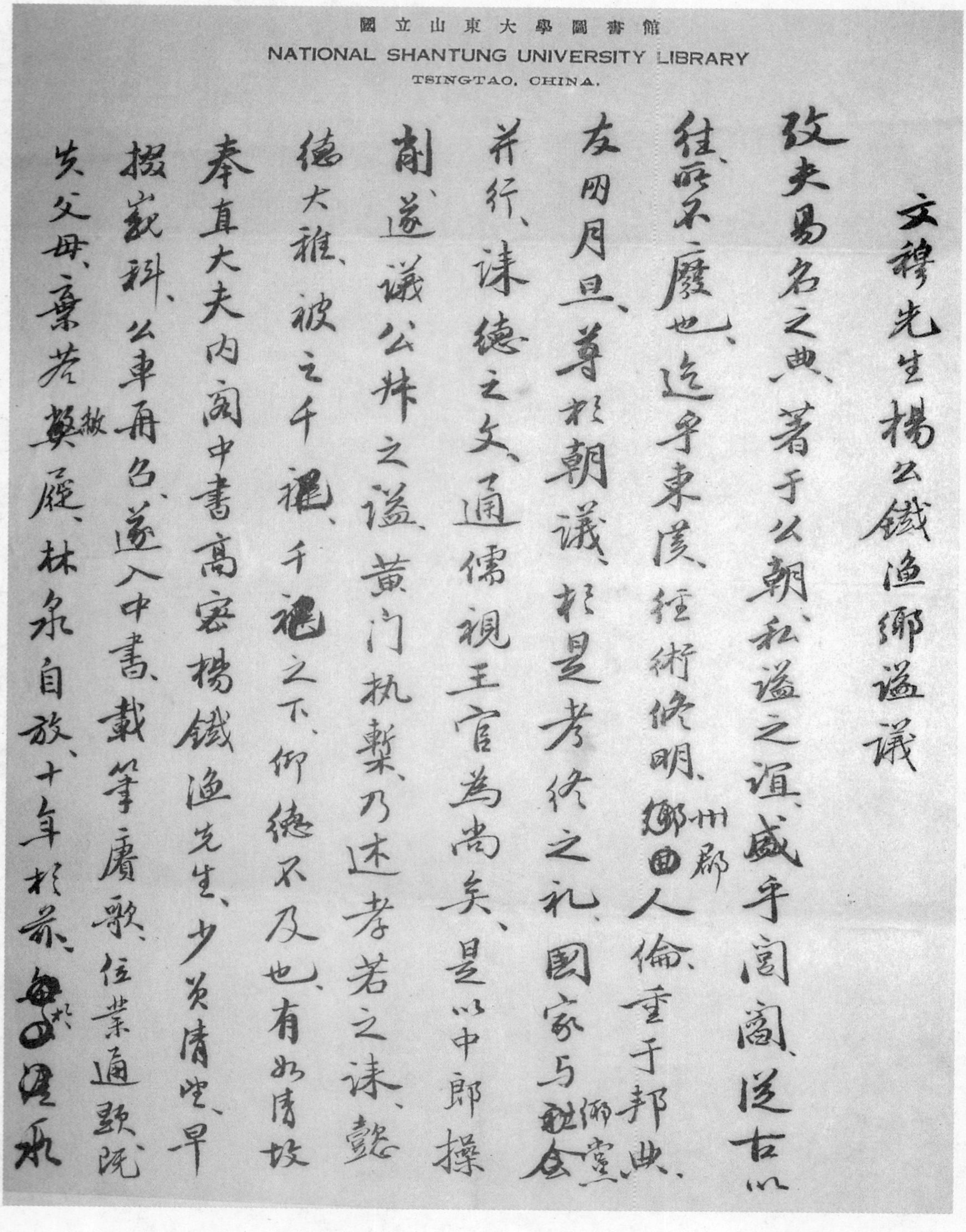

國立山東大學圖書館
NATIONAL SHANTUNG UNIVERSITY LIBRARY
TSINGTAO, CHINA.

文穆先生楊公鐵漁鄉謚議

段夫易名之典，著于公朝，私謚之誼，盛乎閭閻，從古以往，所不廢也。迨乎東漢，經術修明，州郡人倫，重于邦典，友朋月旦，尊於朝議，於是考終之禮，國家與鄉黨並行，誄德之文，通儒視王官為尚矣。是以中郎操削，遂議公井之謚，黃門執槧，乃述孝若之誄，懿德大雅，被之千禩，千禩之下，仰德不及也。有如清故奉直大夫內閣中書高密楊鐵漁先生，少負清望，早掇巍科，公車再召，遂入中書，載筆賡歌，任業通顯，既失父母，棄若敝屣，林泉自放，十年於茲，無於進承

國立山東大學圖書館
NATIONAL SHANTUNG UNIVERSITY LIBRARY
TSINGTAO, CHINA.

復、負手行吟則物我俱適、停車覓句則形神兩忘、遠近重其淵穎、中外慕其儀度、風檀倚聲、至此益進、論其所造、當求之古人矣、民國九年、言祿永終、春秋五十有四、[illegible]識、[illegible]懷、[illegible]郭[illegible]膠州村公、以考年國際款其德美、詮定詞集、惜其早殉、復銘[illegible]墓、敬礼生前、子建[illegible]其篇什、殊隨故後、伯喈誌其幽銘、以念方古、念以遠辭也、黃金身之日、去之又去、同心款情、追思應存、豈能知微、郢若失、擬之典礼、使合定謚、勤學好問曰文、布德依義曰穆、經術研精、其亡可詠、可以謂之文矣、不仕易代、齎志以沒、可不謂之穆乎、敢請謚法、比於合理、今日宜謚文穆先生、謹議、

文第二篇

國立山東大學圖書館
NATIONAL SHANTUNG UNIVERSITY LIBRARY
TSINGTAO, CHINA.

文誠先生高密楊公季雯鄉謚議

記曰生無爵、死無謚、謚法之作、其於中古、蓋王者所以彰善俾惡、示褒譏于後世也、雖然柳下冲和、閭人稱惠、黔婁清操、門士曰康、論世昭行、陳留易名貞節、述德誄迹、南陽遂謚玄文、同見採于史官、楊聲施于後世、則鄉人私謚之義、何可少哉、高密楊大夫季雯、受性淵懿、恬于清和、幼而聰哲、長而通敏、弱冠補博士弟員、食餼、旋貢拔萃科、論道閭閻、友朋傾心、貢德王室、戮力公朝、于時纓緌之徒、紳佩之士、莫不聞聲而響臻、承風而草偃者矣、乃教帝室、世胄升堂、

國立山東大學圖書館
NATIONAL SHANTUNG UNIVERSITY LIBRARY
TSINGTAO, CHINA.

乃判代州、編萌向化、上之太常、诰封奉直大夫、礼也、會遭
陽九、埽卟坟山、事親以孝、敬姊以悌、莱衣獻歲、鄉國傳
其圖[illegible]晝藁棼須、州郡欽其至性、素壯多捨捃、不治產業、
困于屢空、吟誦不輟、屬此耆僉推、代議者會、鄉鏄行
以邀直、蓋企高而引長、從容中道、敷陳大猷、夫其文
章經制、足以長世淋民、性業行能、足以儷頑立懦、嚴毅
足以威暴、方正足以鑄時、于此潔会、庶幾万一、而國事日非、戰
禍頻仍、潔身自放、山樊優游、天下大亂、羣盜滿山、休徒
眾衆奔田、膾肝以哺、攻城屠邑、平澤若薙、黃巾洛虜、泄鄭鄉、訖而萬黃巾
而解甲、逞暑過虜溪而屏息
里處成而下拜、就椅盡縛、閑遠出而歎服、至誠格非

封第一件

封第二件

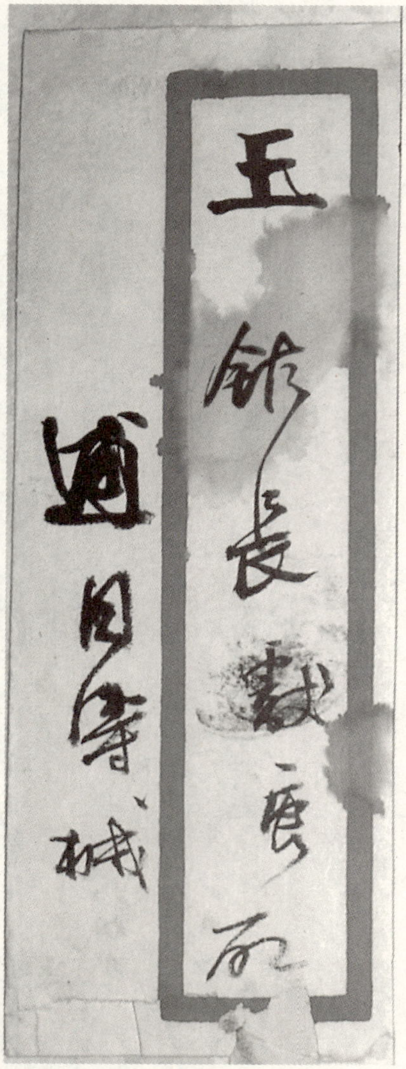

封第三件

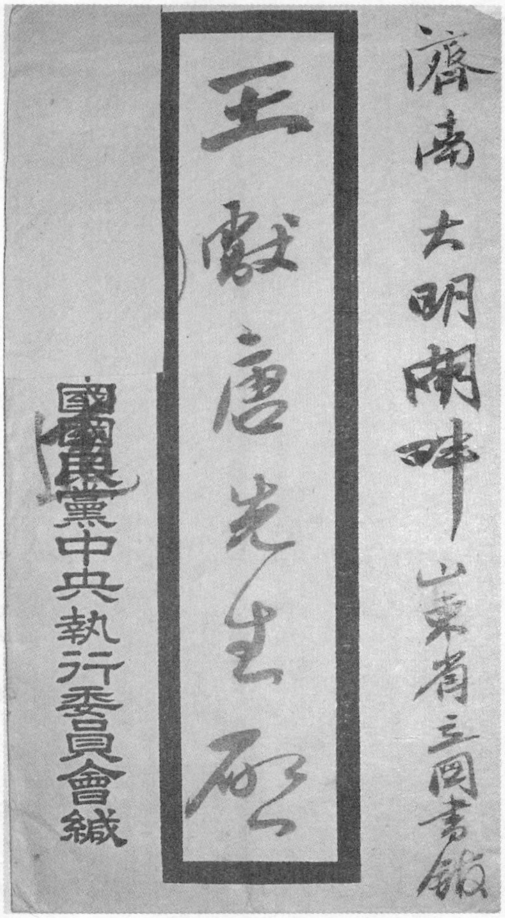
濟南大明湖畔
王獻唐先生啟
山東省立圖書館
國民黨中央執行委員會緘

封第四件

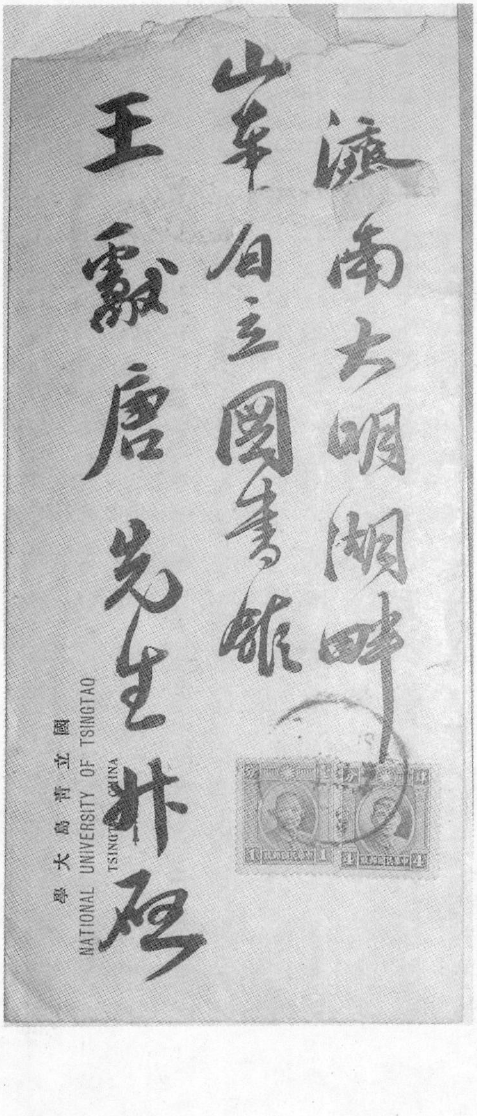
濟南大明湖畔
山東省立圖書館
王獻唐先生啟
國立青島大學
NATIONAL UNIVERSITY OF TSINGTAO
TSINGTAO CHINA

封第五件

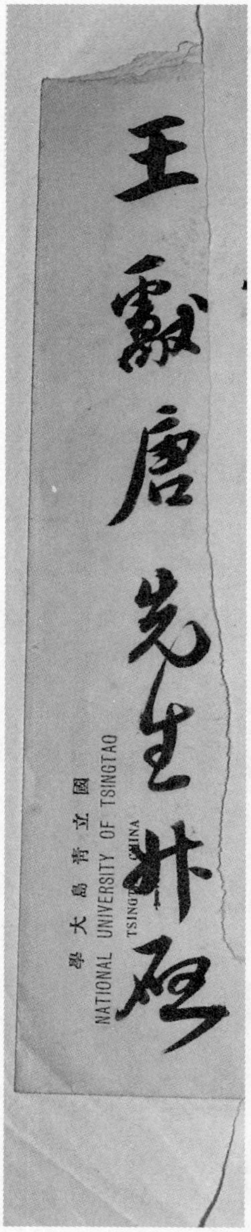
王獻唐先生
國立青島大學
NATIONAL UNIVERSITY OF TSINGTAO
TSINGTAO CHINA

封第六件

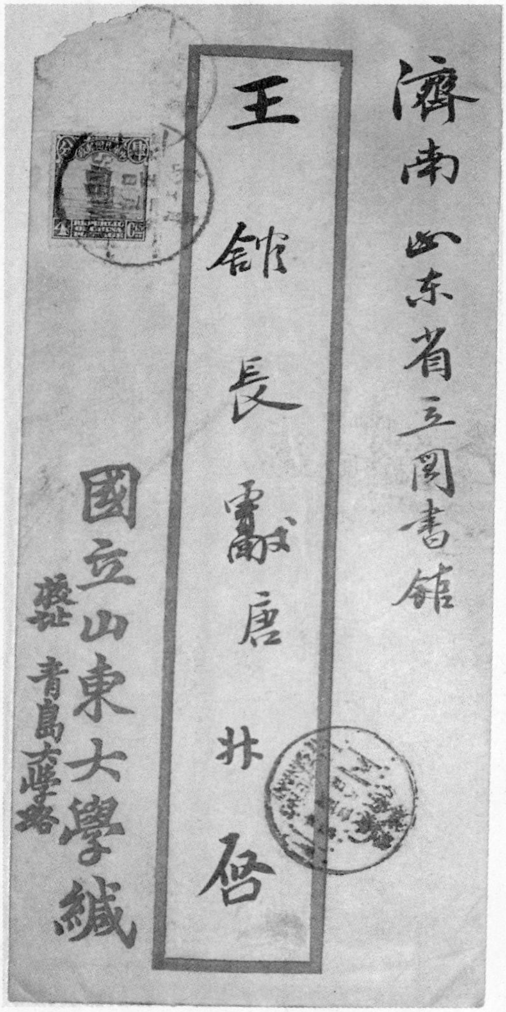
濟南山东省立圖書館
王館長獻唐
啓
國立山東大學緘
青島大學路

封第七件

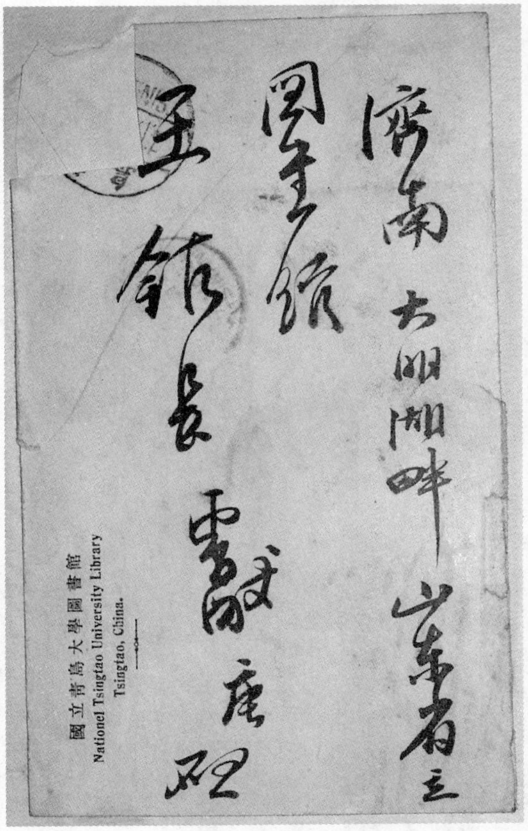
濟南大明湖畔山東省立
圖書館
王館長獻唐
國立青島大學圖書館
National Tsingtao University Library
Tsingtao, China.

封第八件

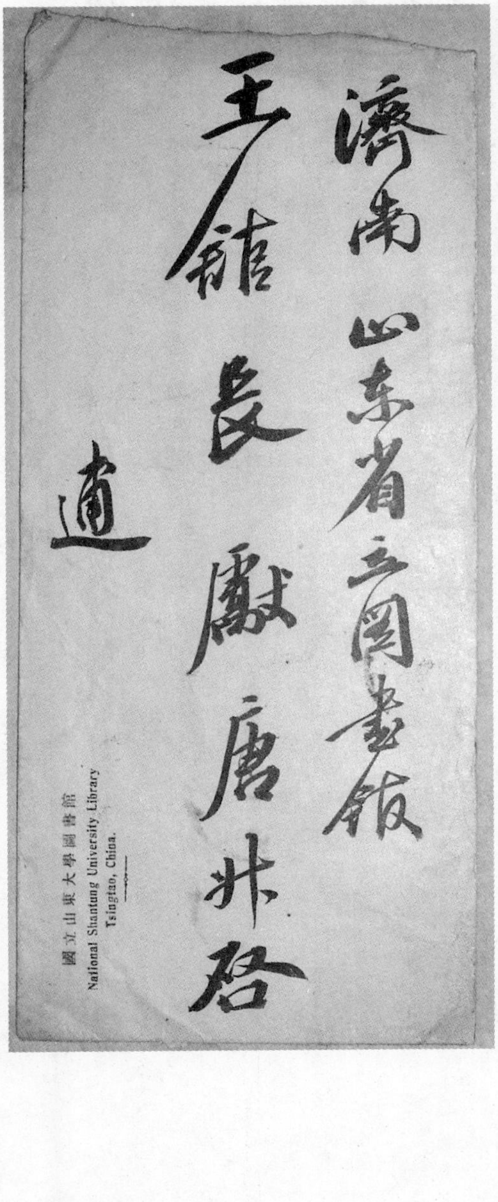
濟南山東省立圖書館
王館長獻唐
逋
國立山東大學圖書館
National Shantung University Library
Tsingtao, China.

封第九件

封第十件

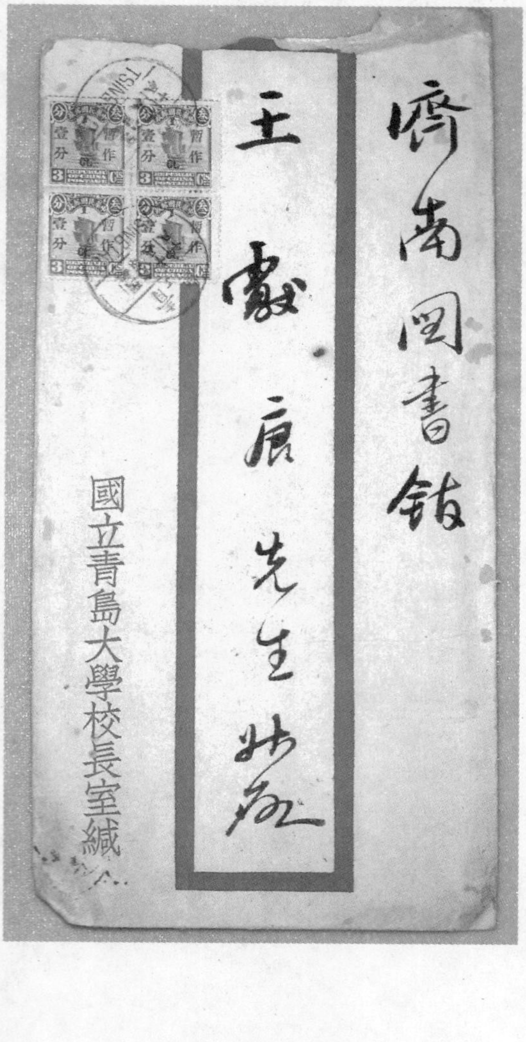

封第十一件

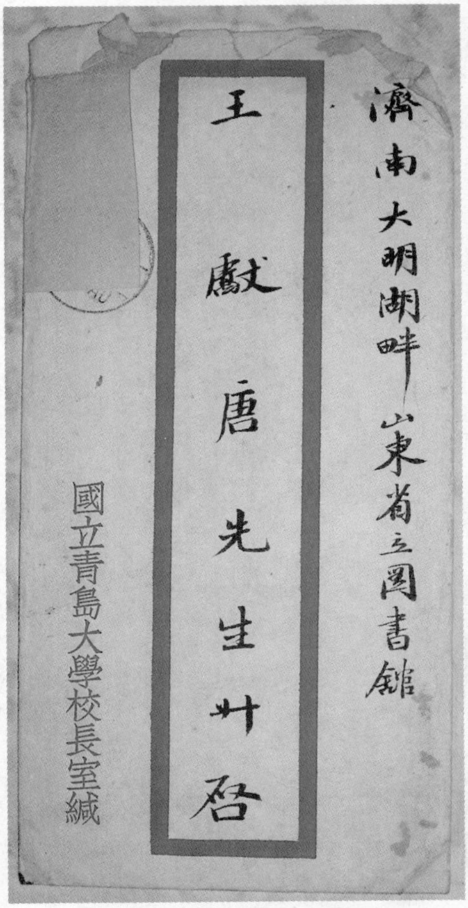

封第十二件

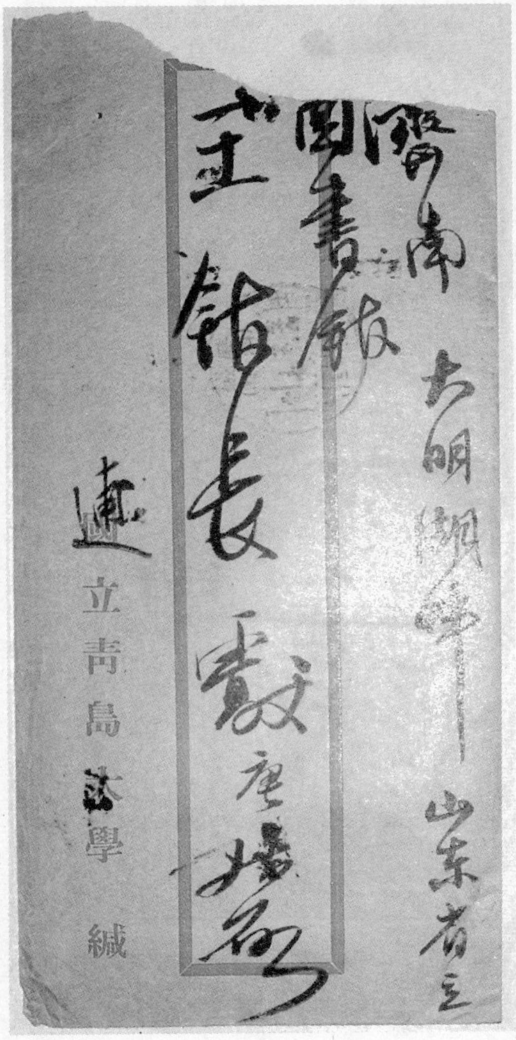

封第十三件

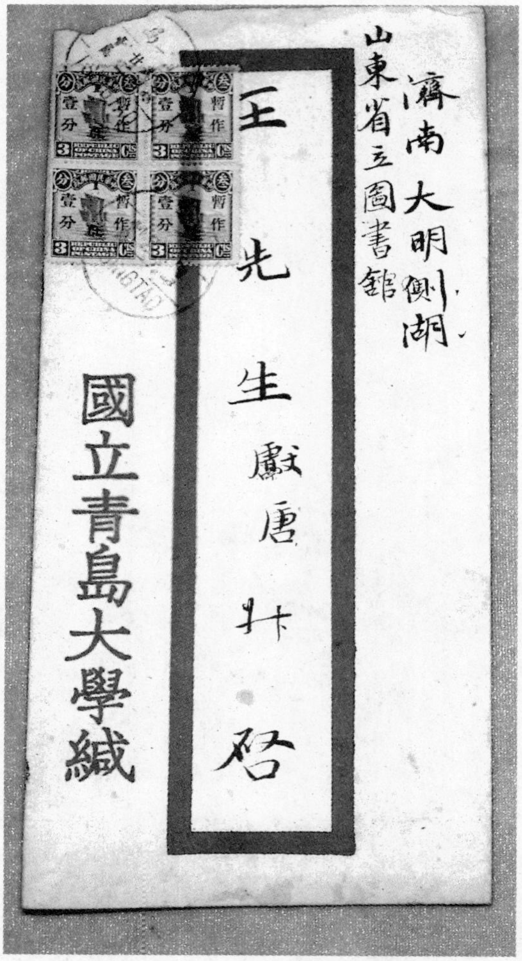
濟南大明湖側
山東省立圖書館
王先生獻唐
國立青島大學緘

封第十四件

濟南城裏大明湖畔
省立圖書館
王獻唐先生
國立青島大學圖書館緘

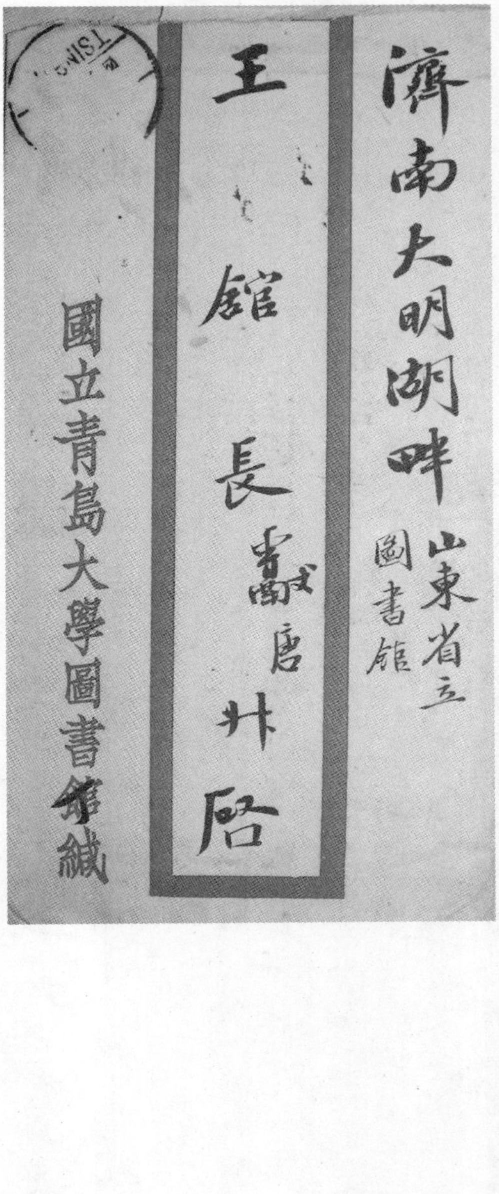
濟南大明湖畔
山東省立圖書館
王館長獻唐升啓
國立青島大學圖書館緘
封第十五件

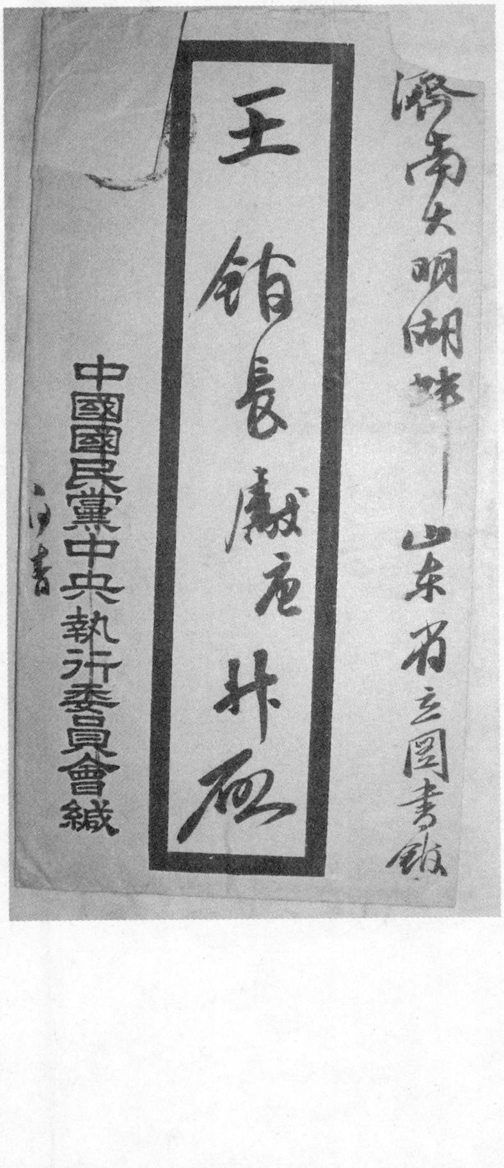
濟南大明湖畔——山東省立圖書館
王館長獻唐升啓
中國國民黨中央執行委員會緘
封第十六件

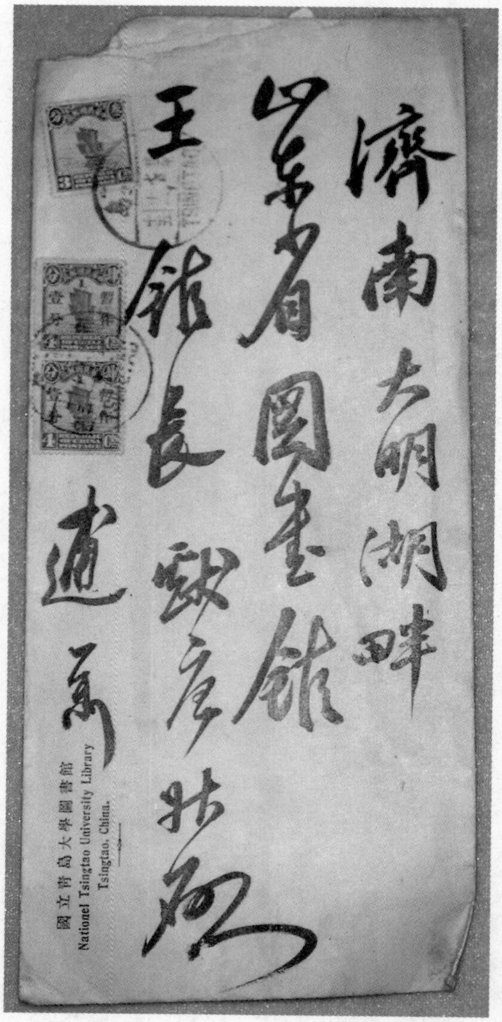
國立青島大學圖書館
National Tsingtao University Library
Tsingtao, China.

封第十七件

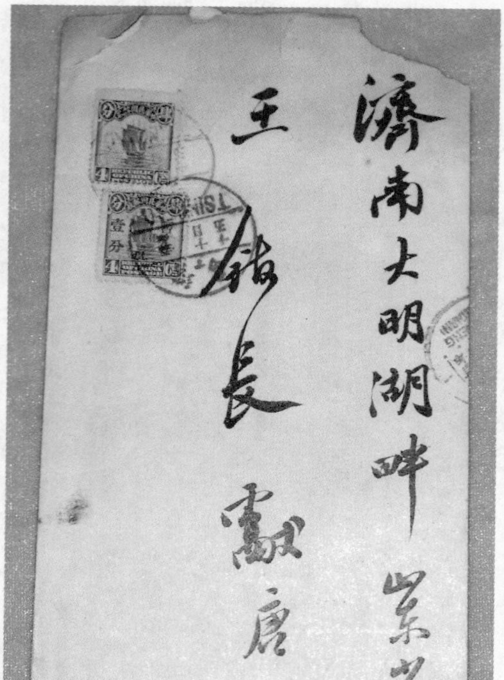
國立青島大學圖書館
National Tsingtao University Library
Tsingtao, China.

封第十八件

封第十九件

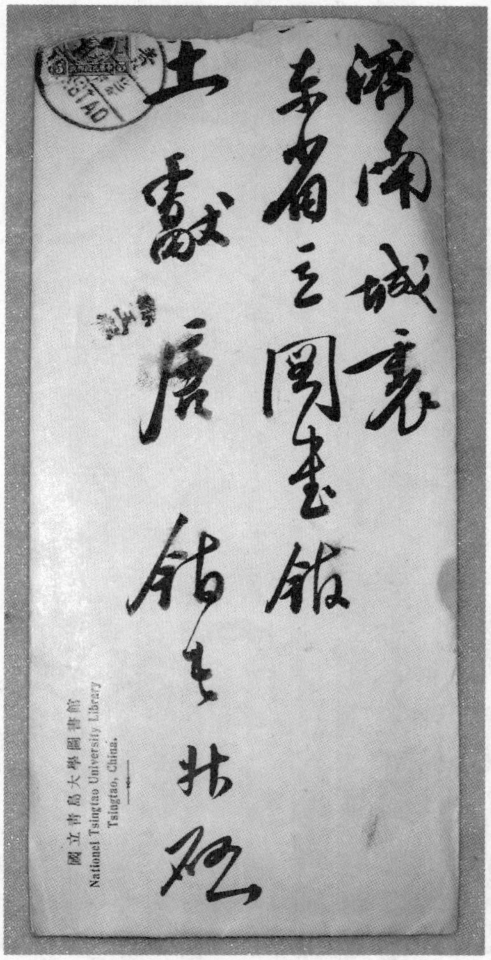
國立青島大學圖書館
National Tsingtao University Library
Tsingtao, China.

封第二十件

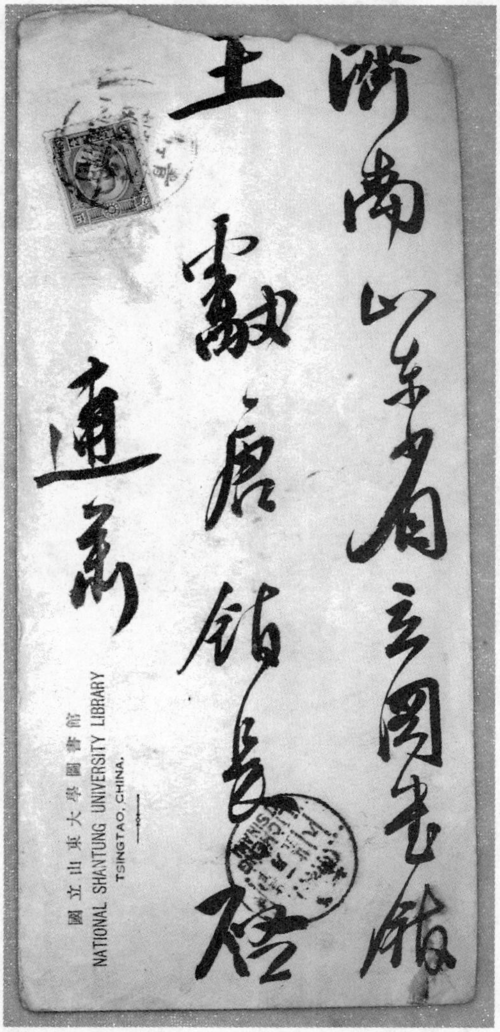
國立山東大學圖書館
NATIONAL SHANTUNG UNIVERSITY LIBRARY
TSINGTAO, CHINA.

封第二十一件

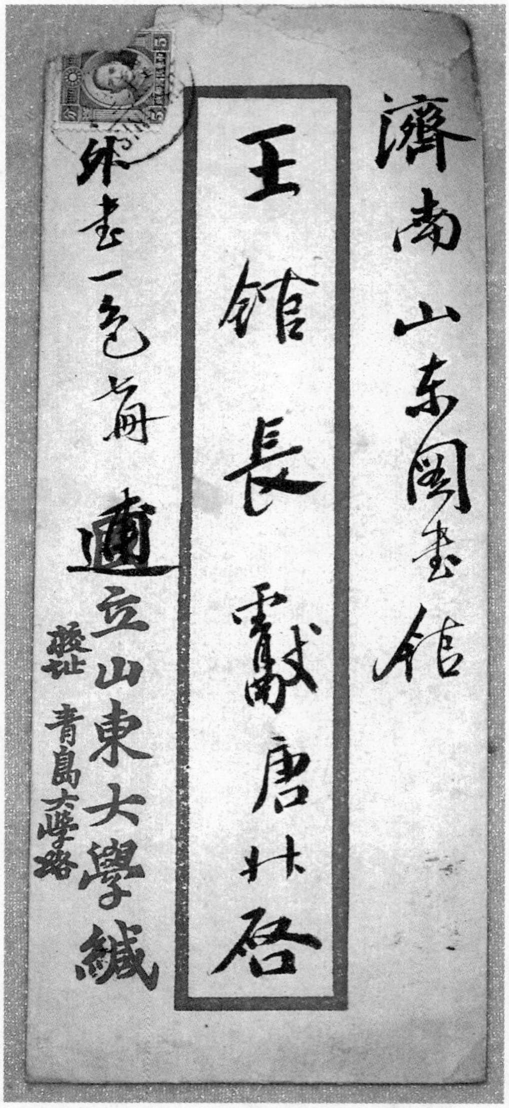

封第二十二件

封第二十三件

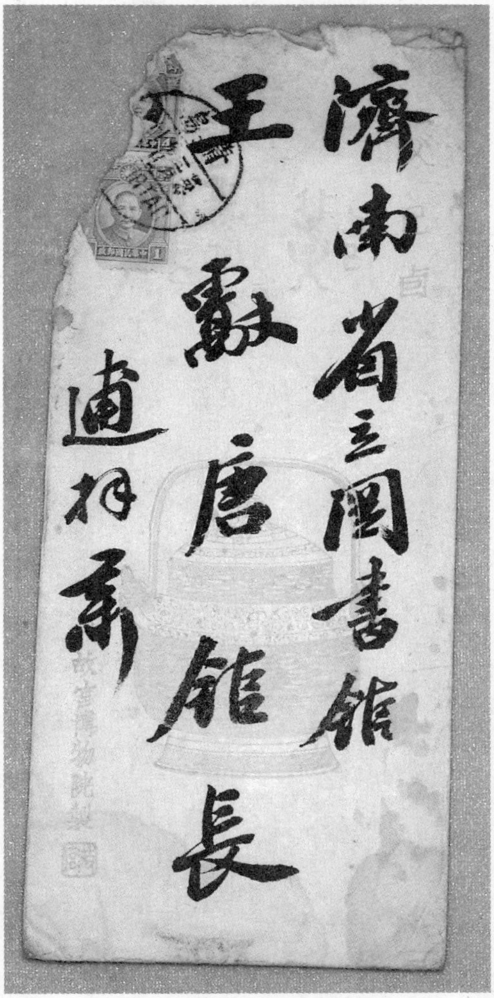

封第二十四件

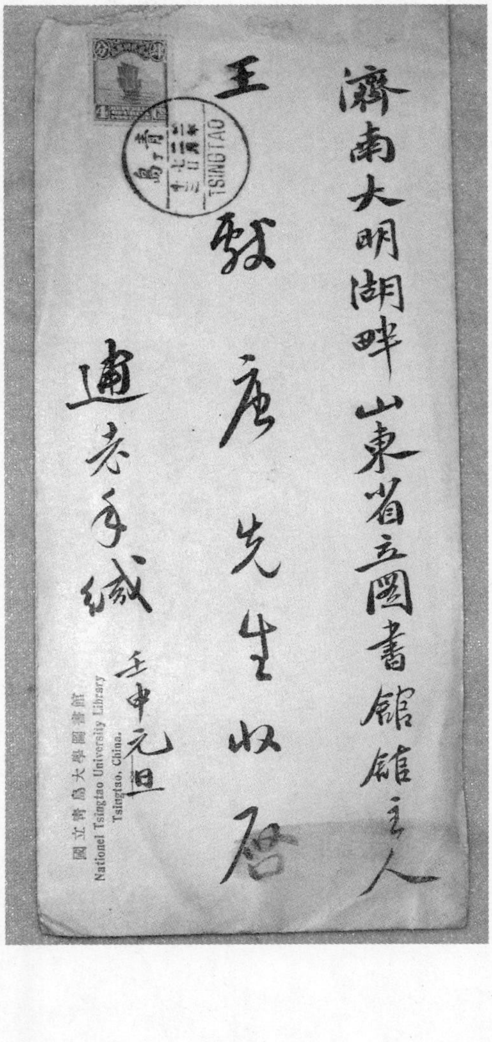

封第二十五件

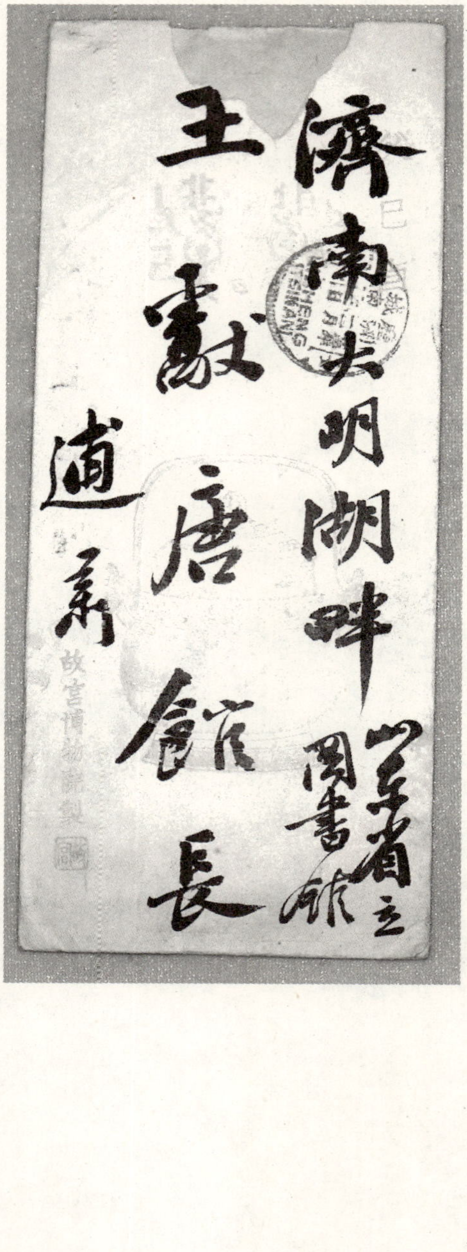

封第二十六件

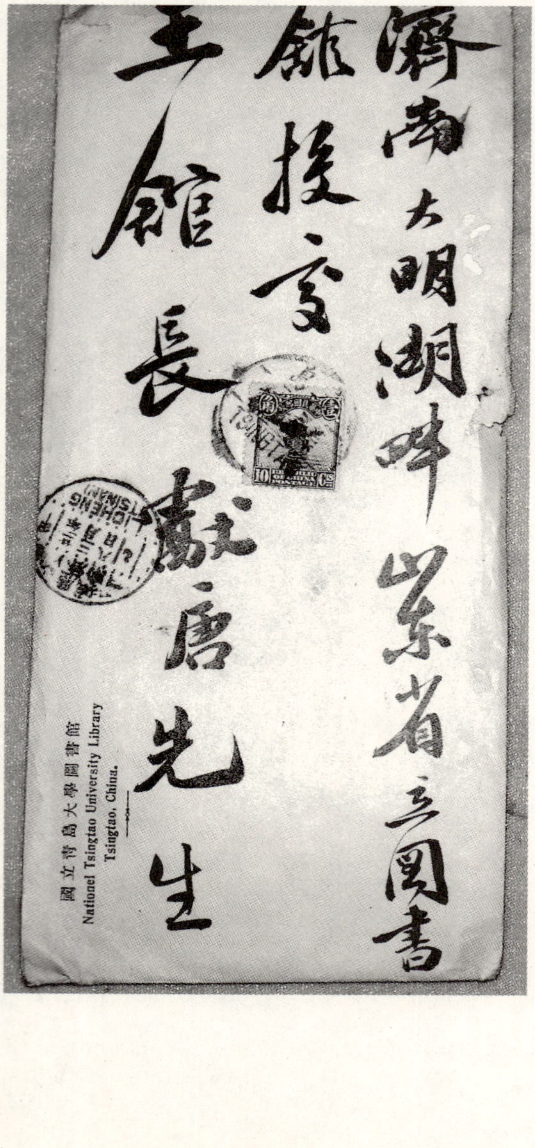

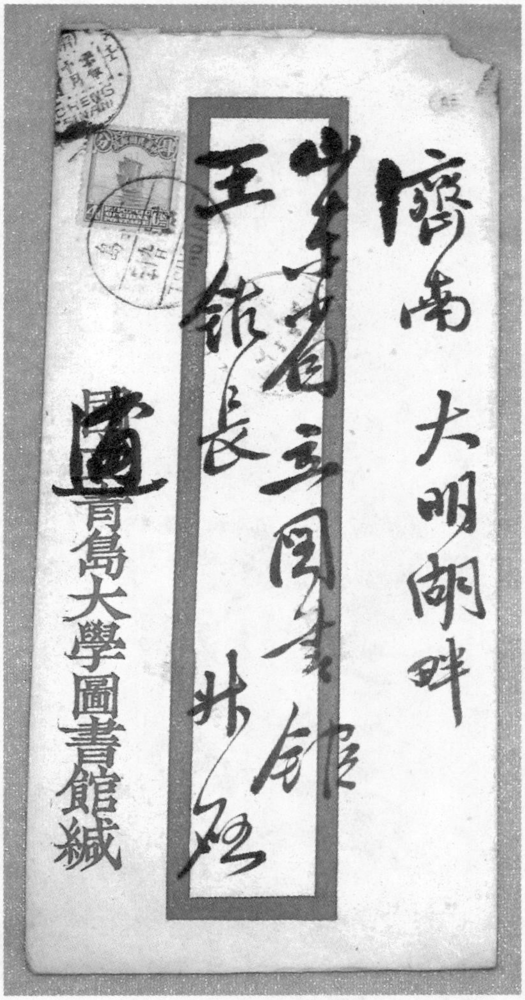

封第二十七件

封第二十八件

封第二十九件

封第三十件

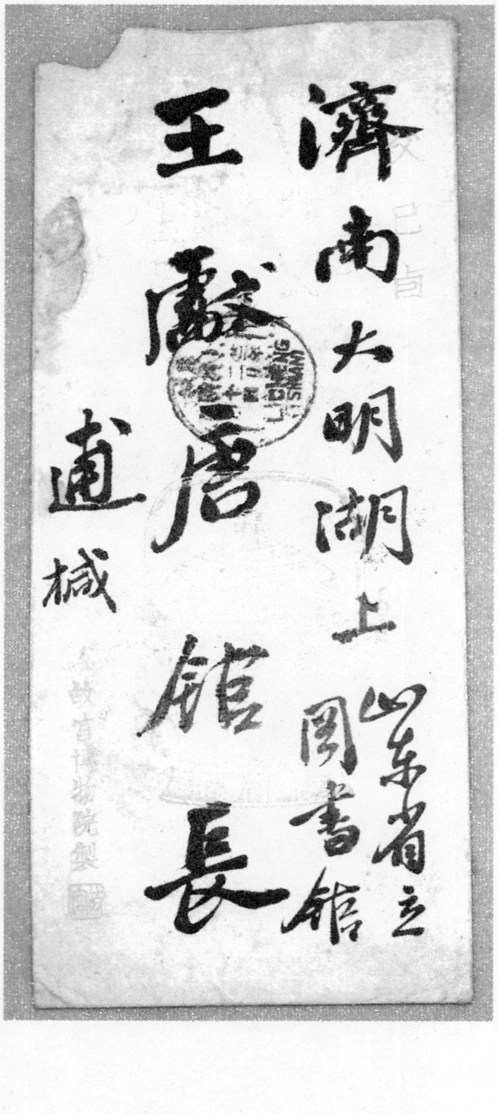

封第三十一件

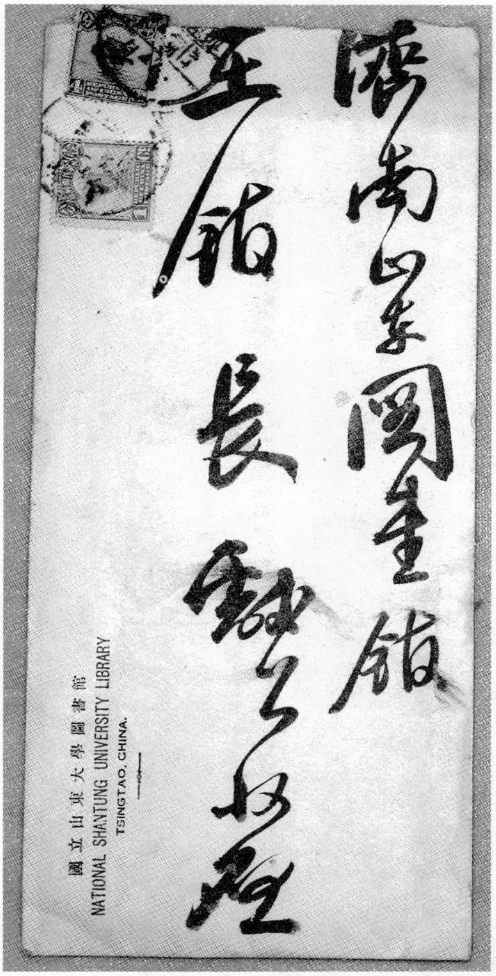

封第三十二件

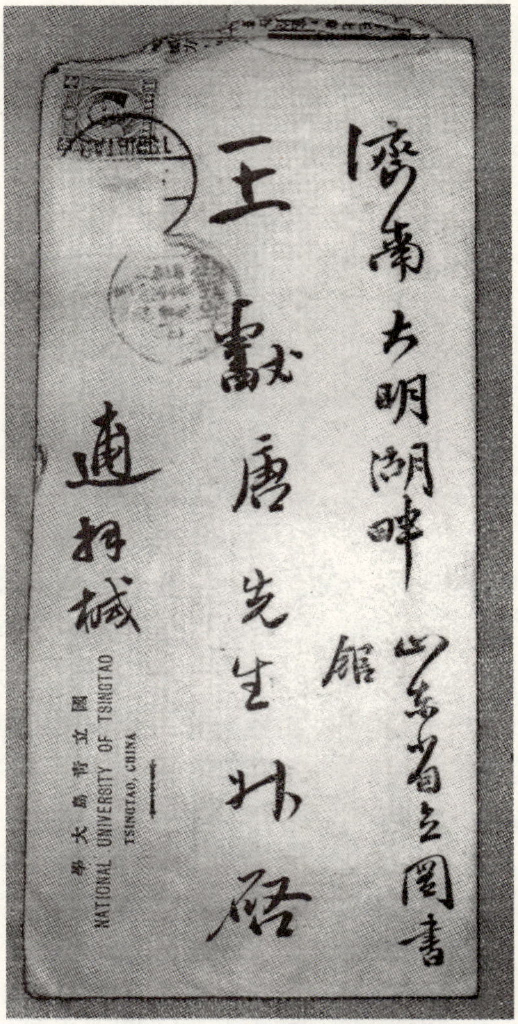

封第三十三件

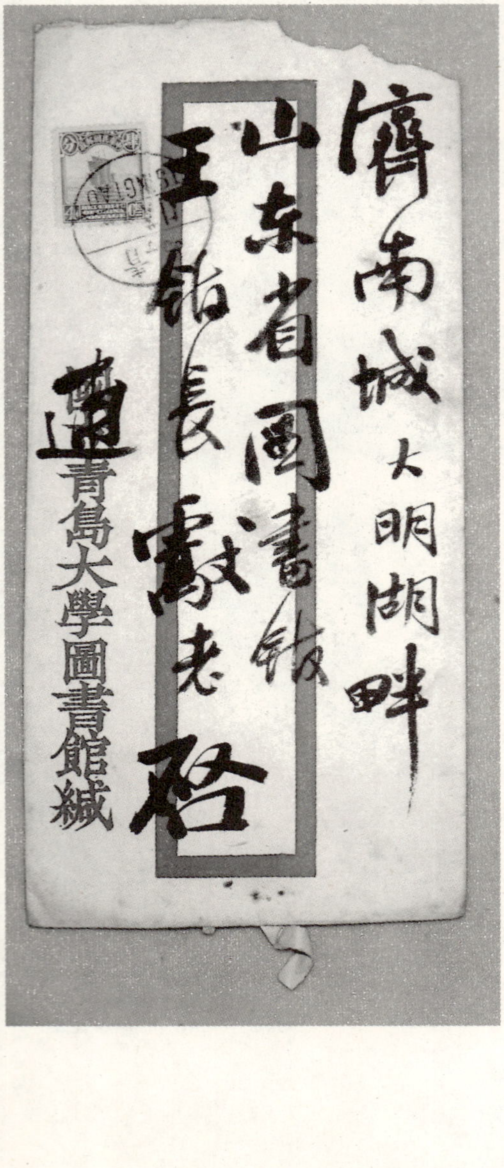

封第三十四件

封第三十五件

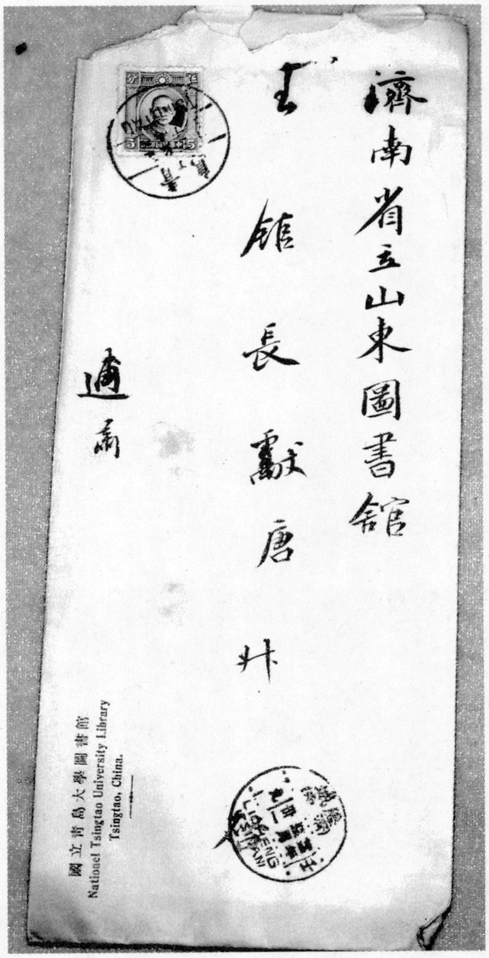

封第三十六件

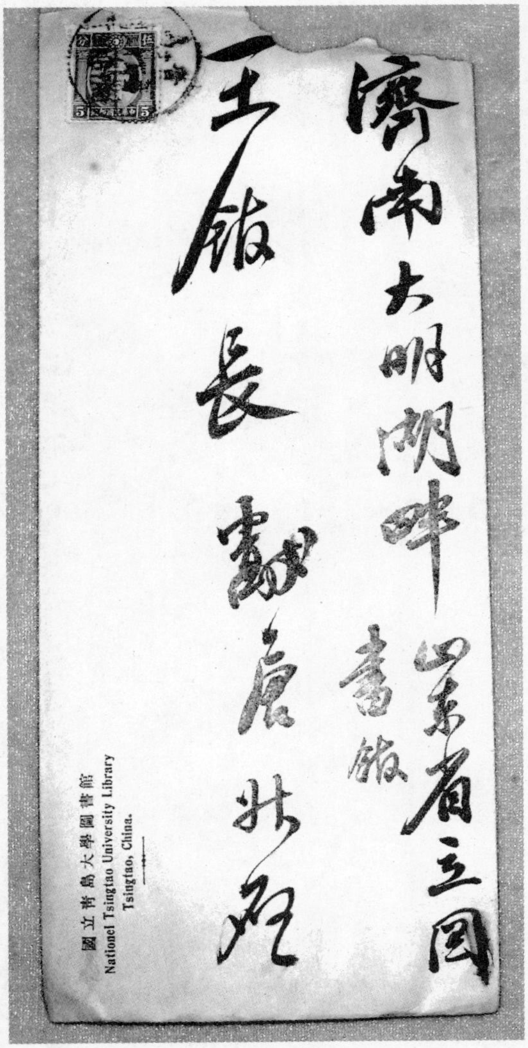

封第三十七件

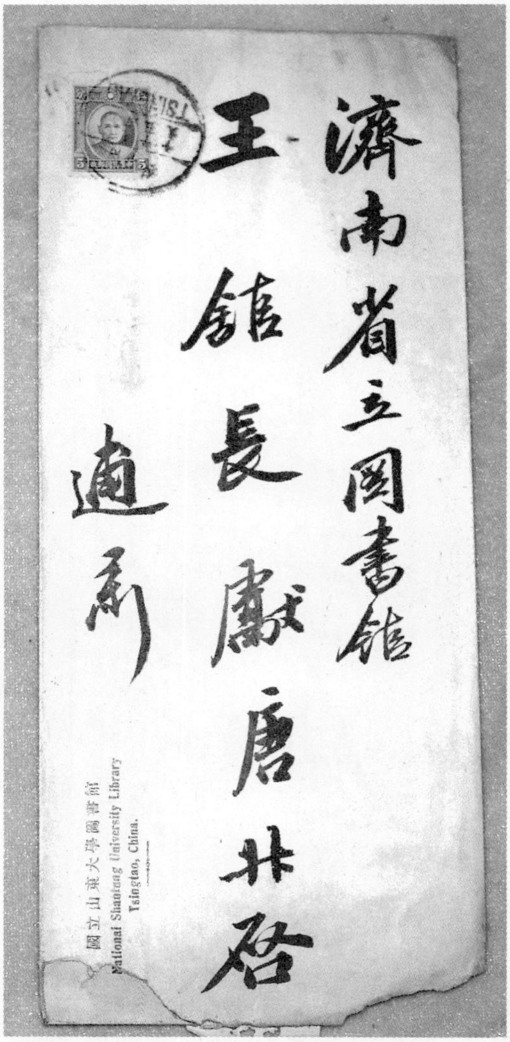

封第三十八件

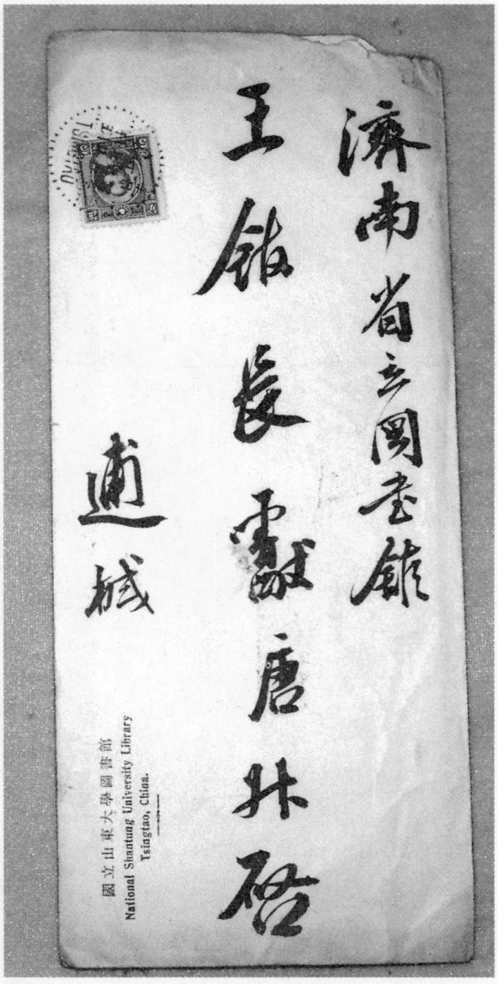

封第三十九件

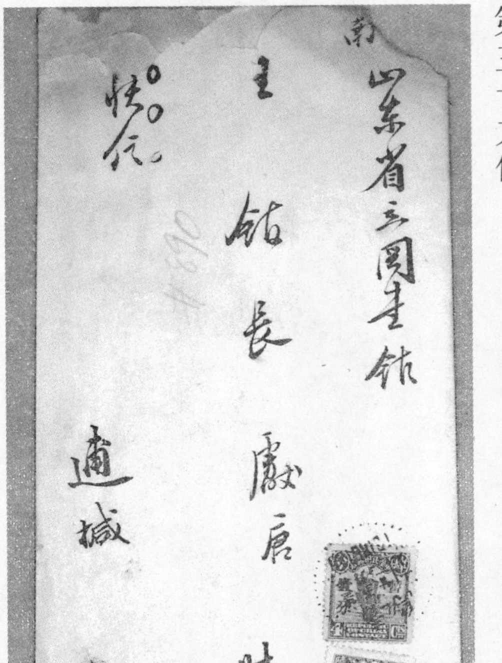

封第四十件

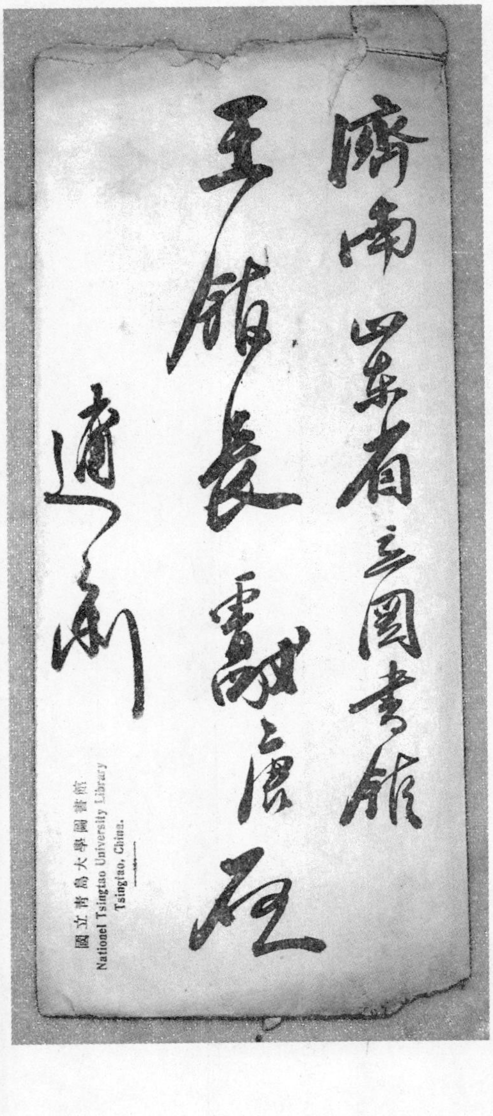

封第四十一件

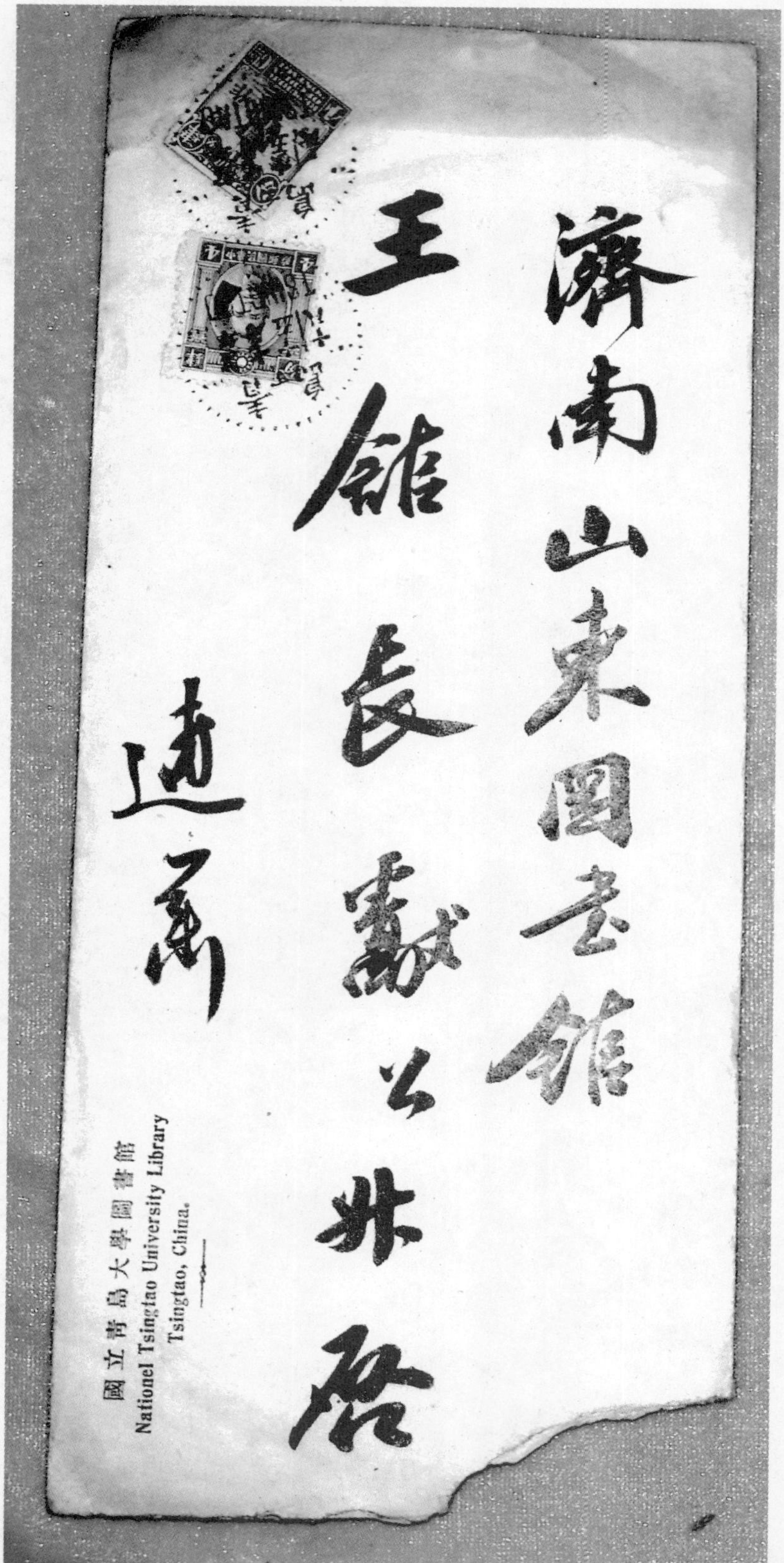
濟南山東圖書館
國立青島大學圖書館
Nationel Tsingtao University Library
Tsingtao, China.

八十 丁逋致丁惟汾書一通

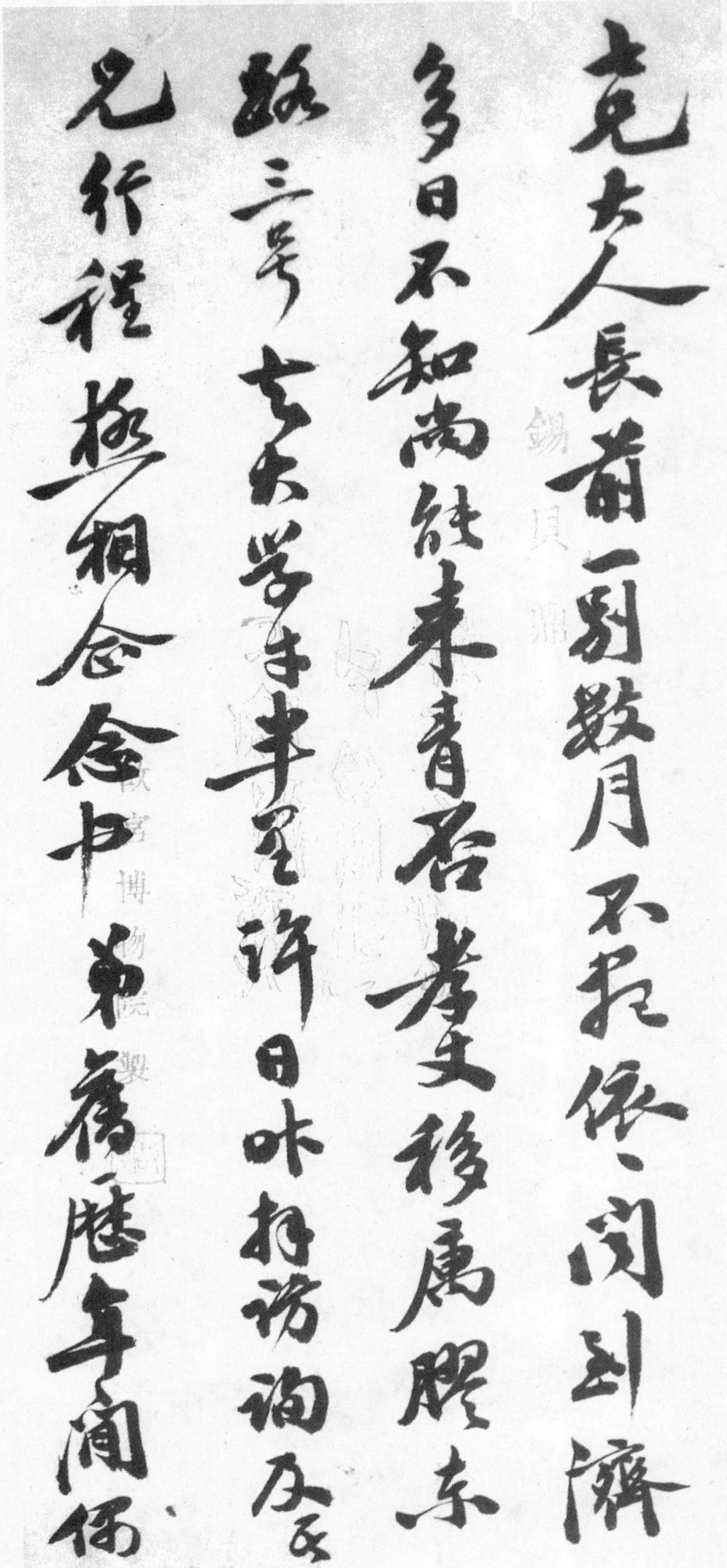

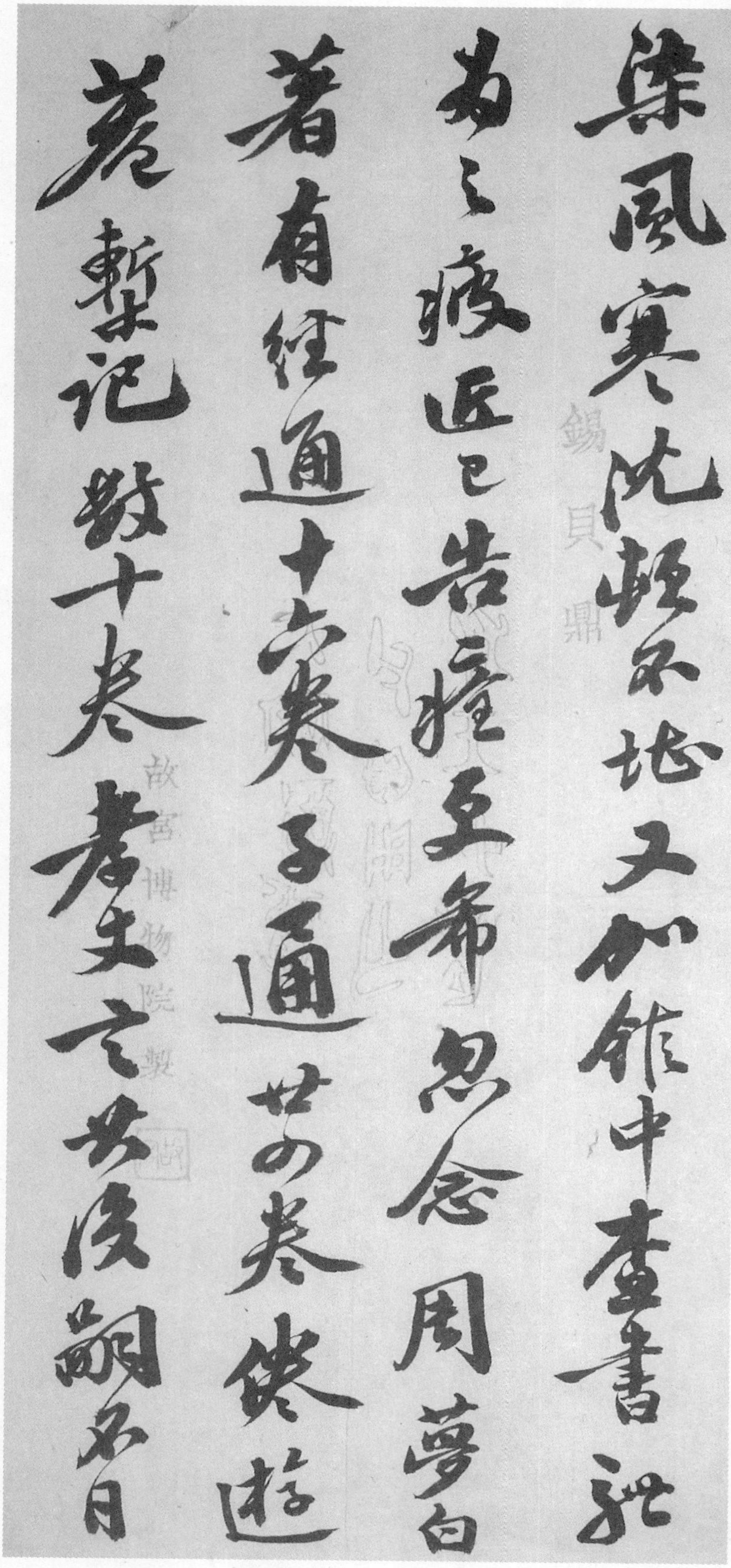

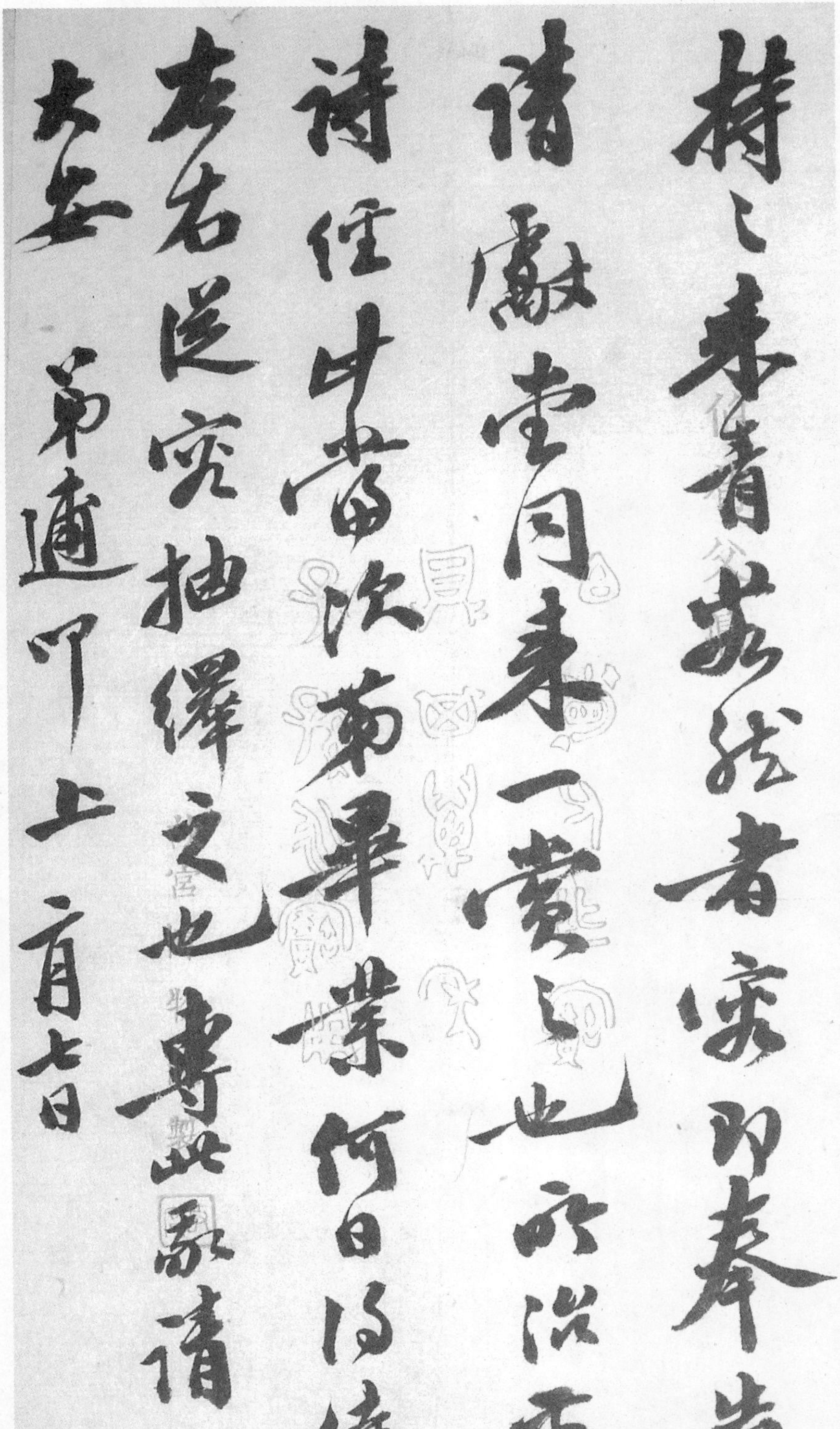
特特來青，若然者，實所奉告哉。請獻堂同來一賞也。所論爾雅、詩經、甘棠、頌茀畢業，何日得侍左右，從容抽繹之也。專此敬請
大安
弟通叩上　六月七日

八十一　丁遹致尹莘農書一通

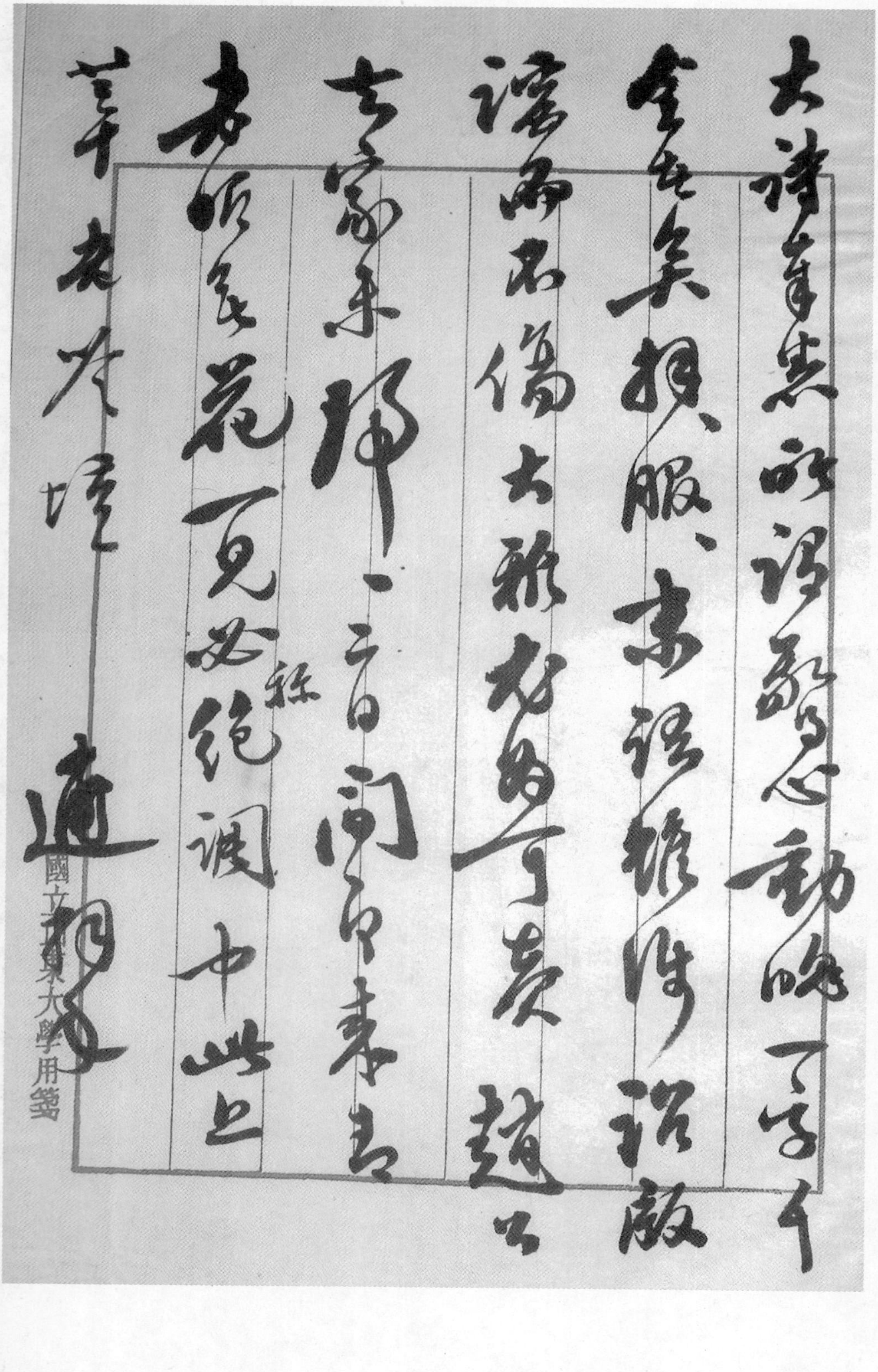
大詩奉悉，[illegible]驚心動魄，下字千金，[illegible]矣佩服。來[illegible][illegible]語敵讓兩君，備大雅，於此可見。趙[illegible][illegible]來擬一首，[illegible]即奉去。[illegible]頃見花，見必絕調中此上(録)
莘老足下
遹頓首
國立[illegible]大學用箋

八十二 宣致丁逋 丁惟溪書一通

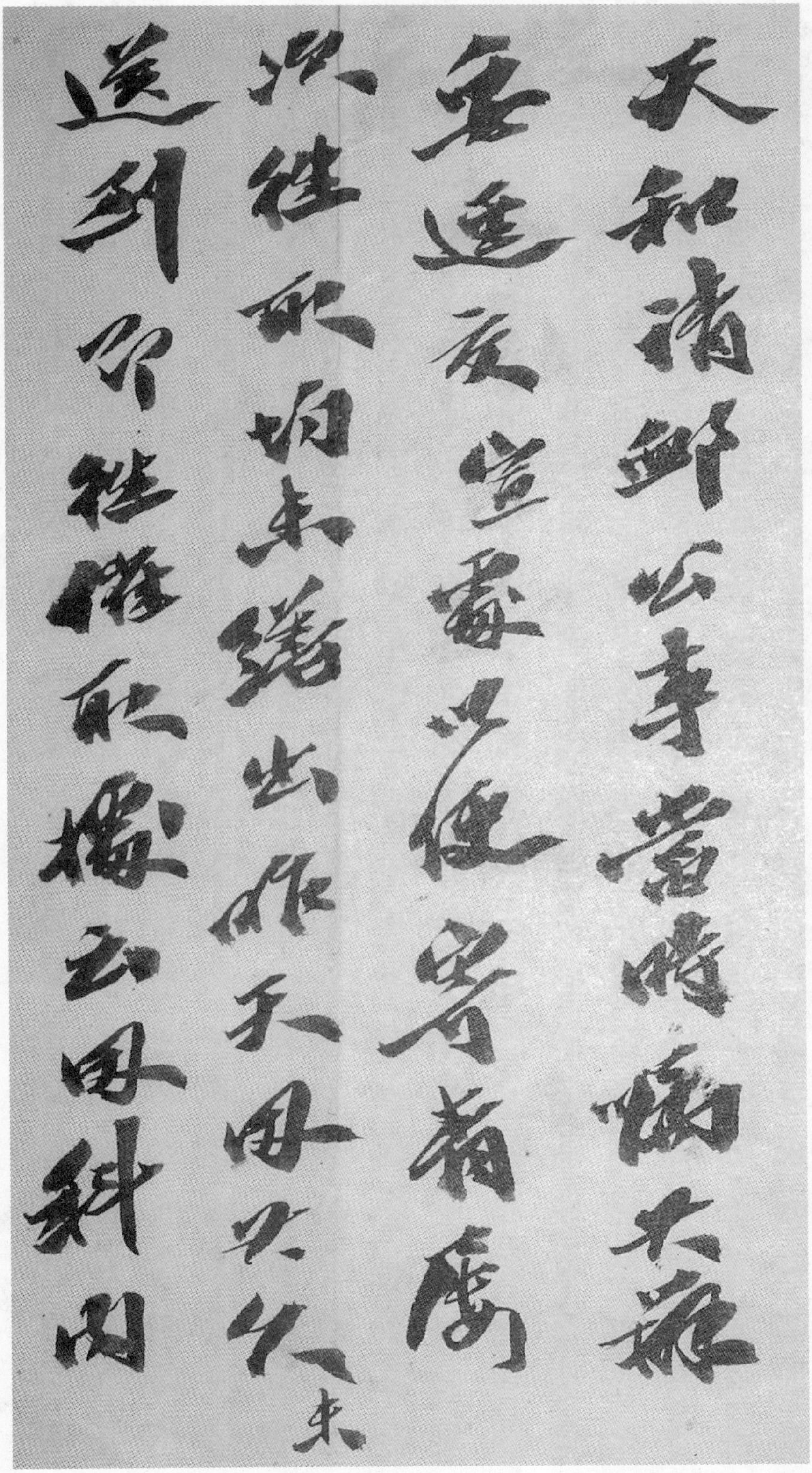

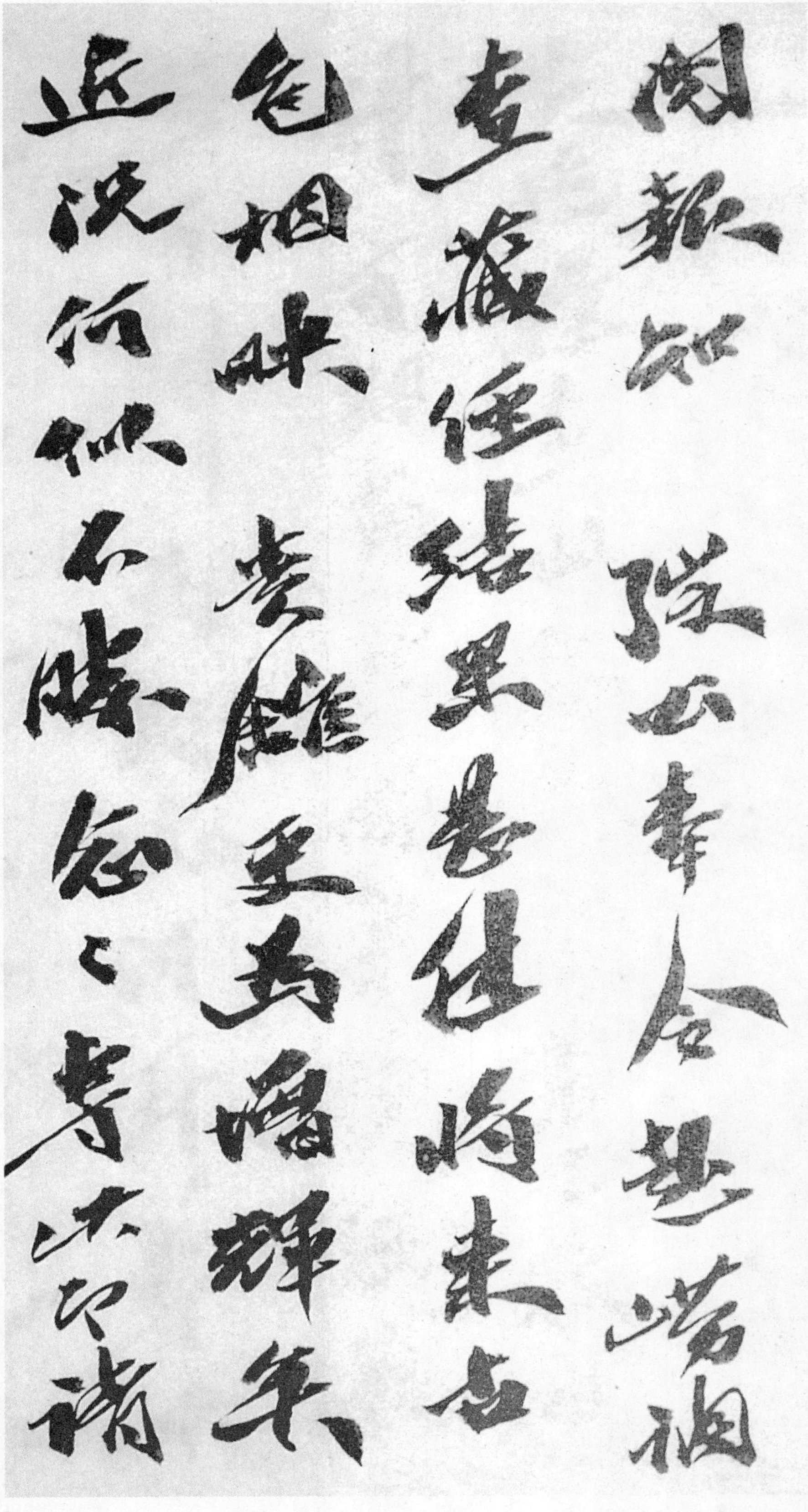

宣致丁逋 丁惟溪

八十三 緯 書六通

書第一通

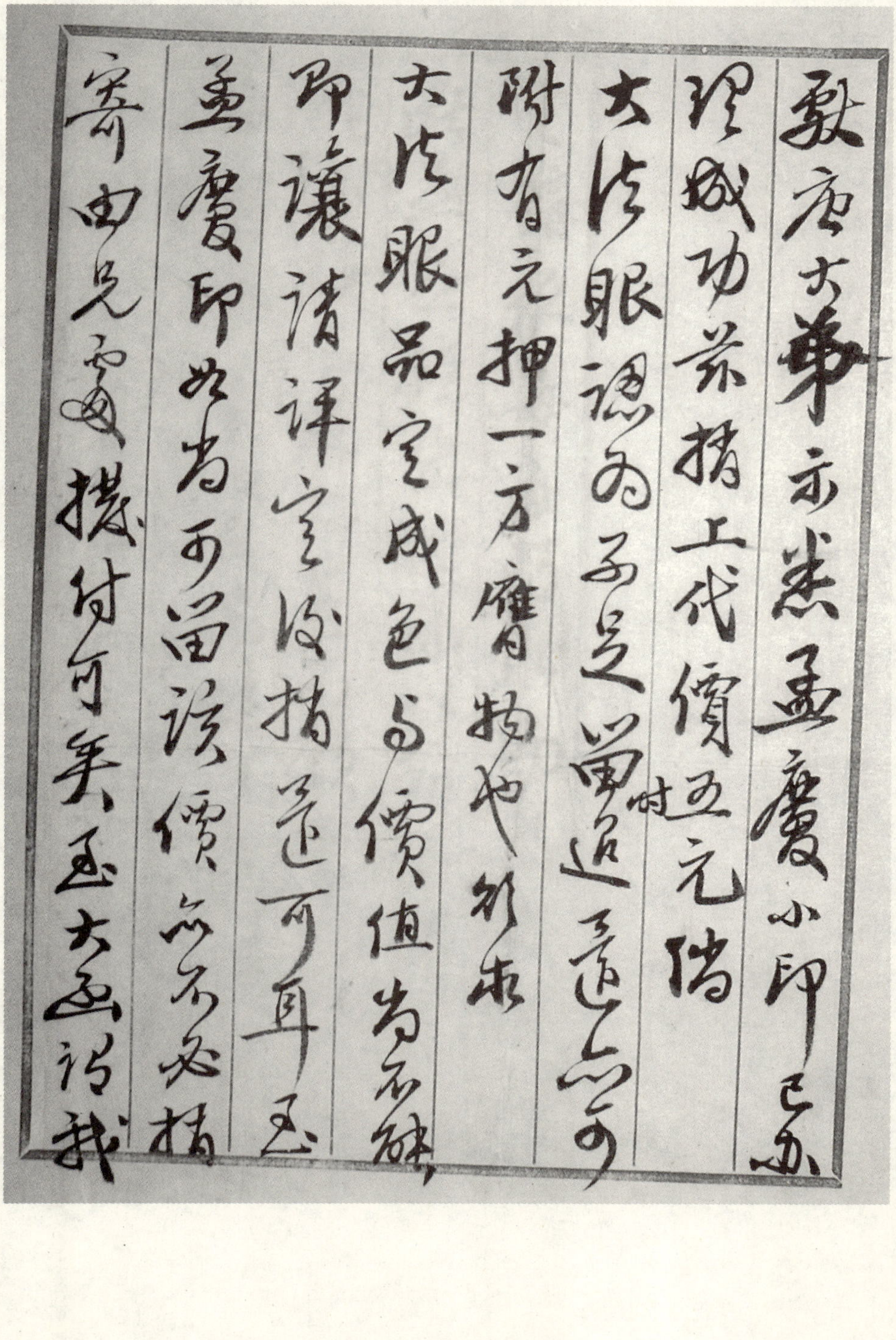

之嫌衆每多巧取而自來免於式
斷亟應提出抗議以維名譽不過而
我家換之衆亦甚不願耳
弟周贊多資傳維以廉價而得
收衆更為所聯之函惟此須物事
將來彼此代收亦收不為定宜家交換
只須彼此放棄商人收藏政策
耳弟知

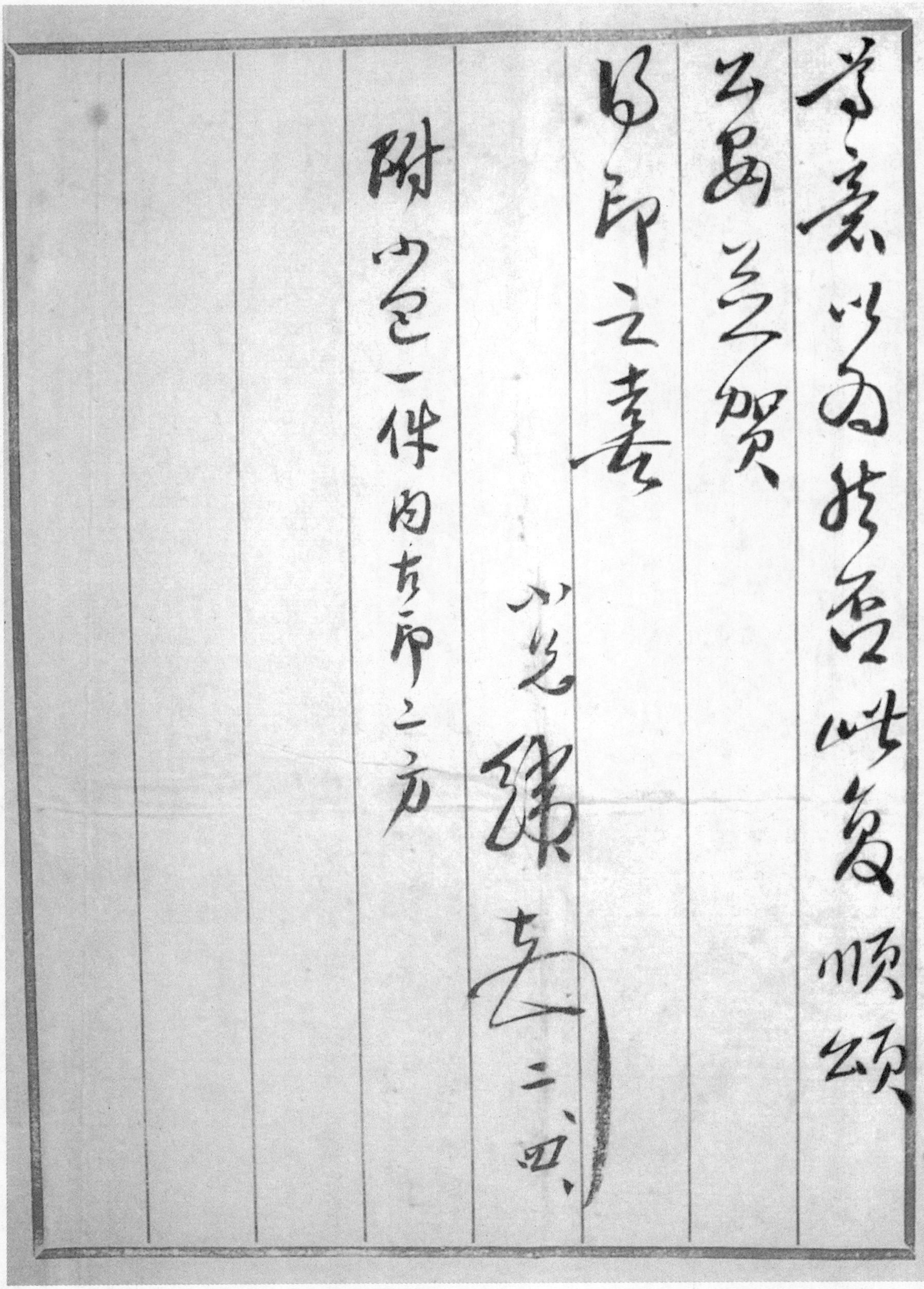

尊意以为然否此复顺颂
公安并贺
[illegible]即之春
小弟緯[illegible]
二、四
附[illegible]包一件内有即之方

緯

書第二通

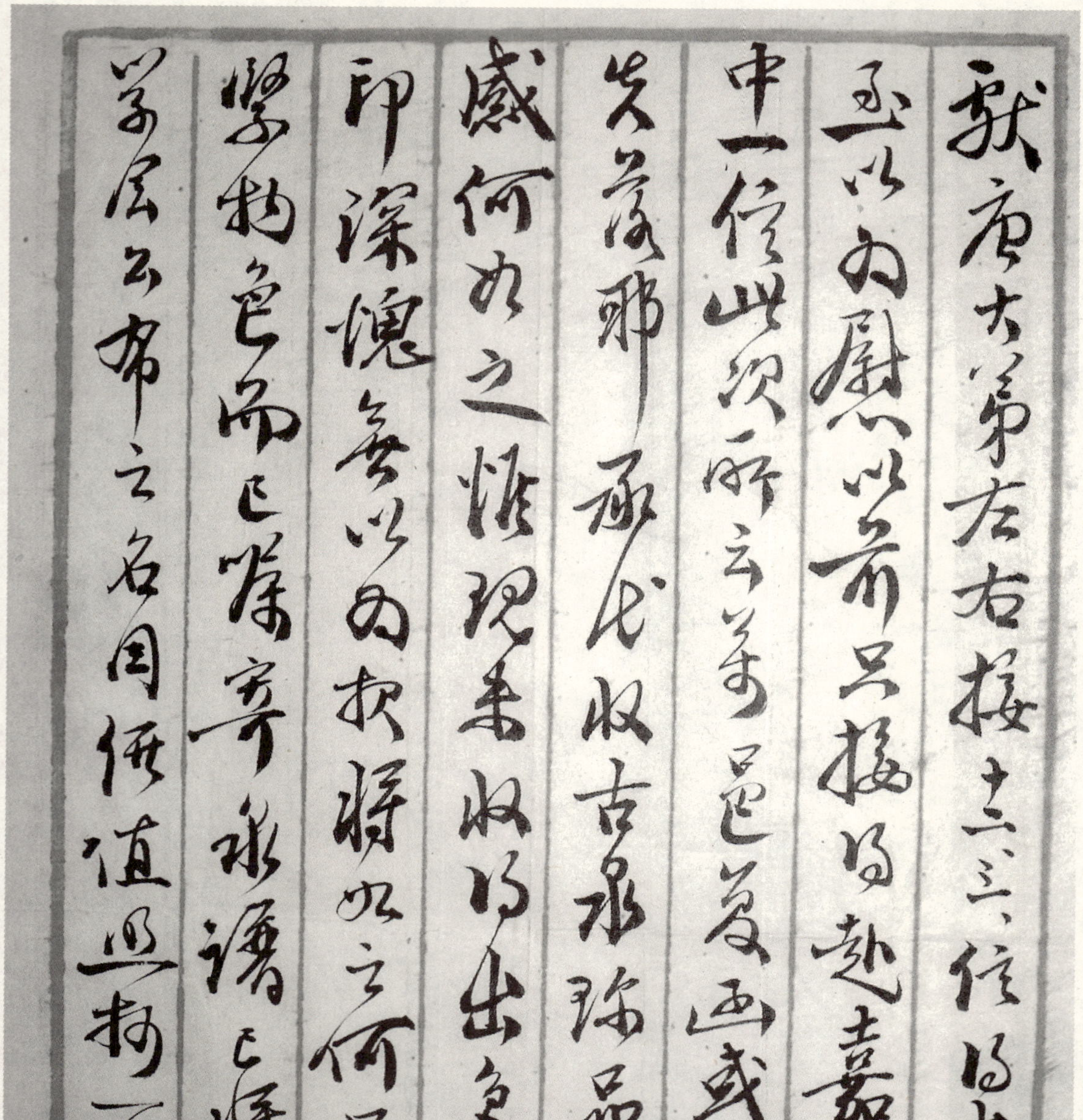

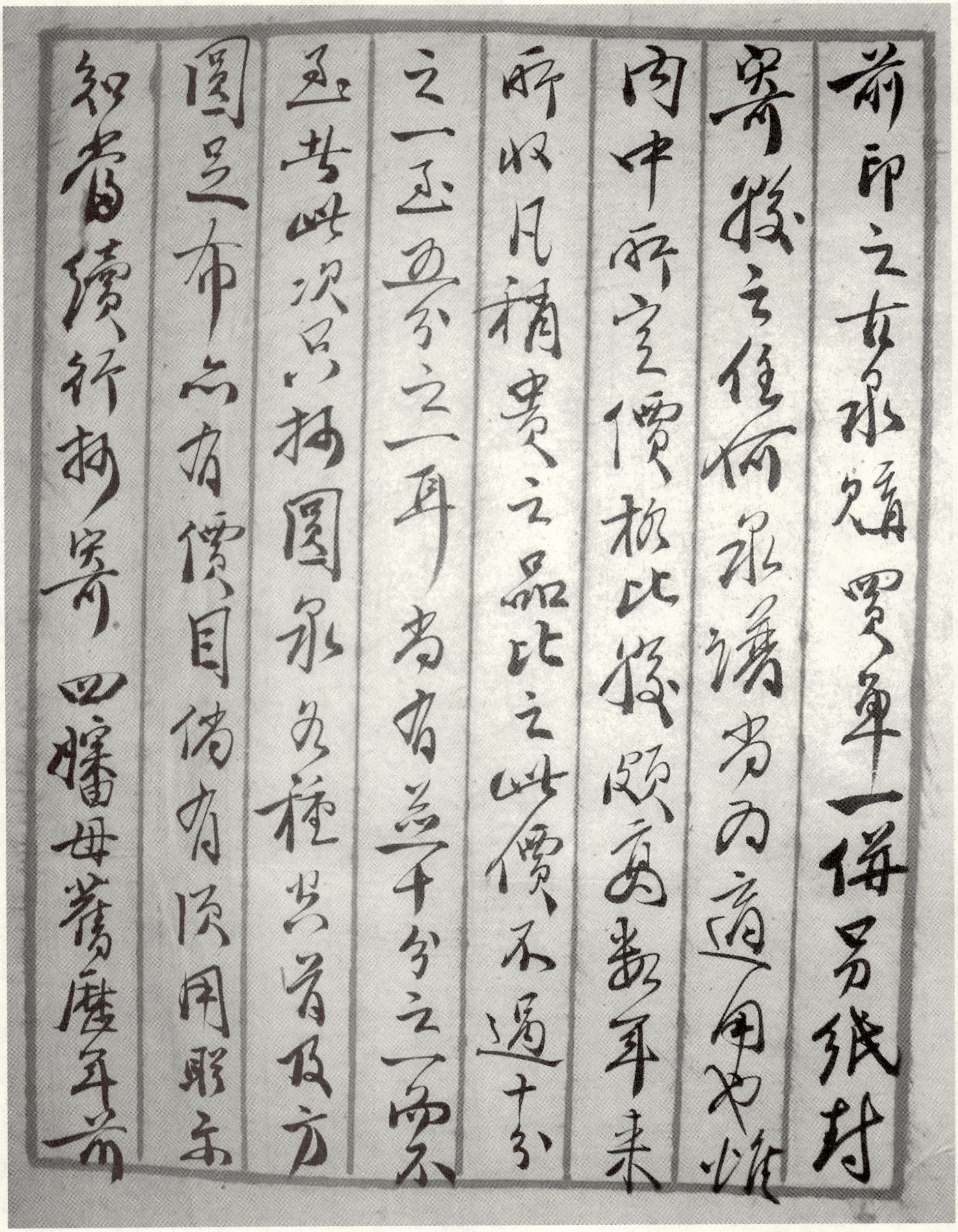
前印之古泉頭買單一併另紙封
寄樣之佳何泉請為酌適用也惟
內中所定價極比樣頗高數年來
所收凡精貴之品比之此價不過十分
之一至五分之一耳為有甚千分之一不
至若此次只擇圜泉各種必須及方
圜足之布亦有價目備有須用形示
知當續行採寄　四牘母舊歷年前

緯

有回滬之說，祥兄在青島，丹兄在青

擬近況均頗好也。明家与青島交通

仍不甚便利，小輪船僅開至王家灘

也。至商業交易，似為廿數之小商人耳。

家鄉已住數月，趙平請至，將來究

何如，實不能預定也。前接表妹來信

云多日未見

弟信，並云家中須款兩次，已摘去廿元年

前攜每有便人出秘每搨一二十元也存
衡三處之兩箱前曾向過保存
甚妥也此請
著安　覺緯手肅　廿日
南宋嘉定至寶慶鐵錢大小背文不同全套計有
數十種不知易得否價值幾何乾隆寶藏
壹兩銀質自乾隆至宣統各年另均有也

書第三通

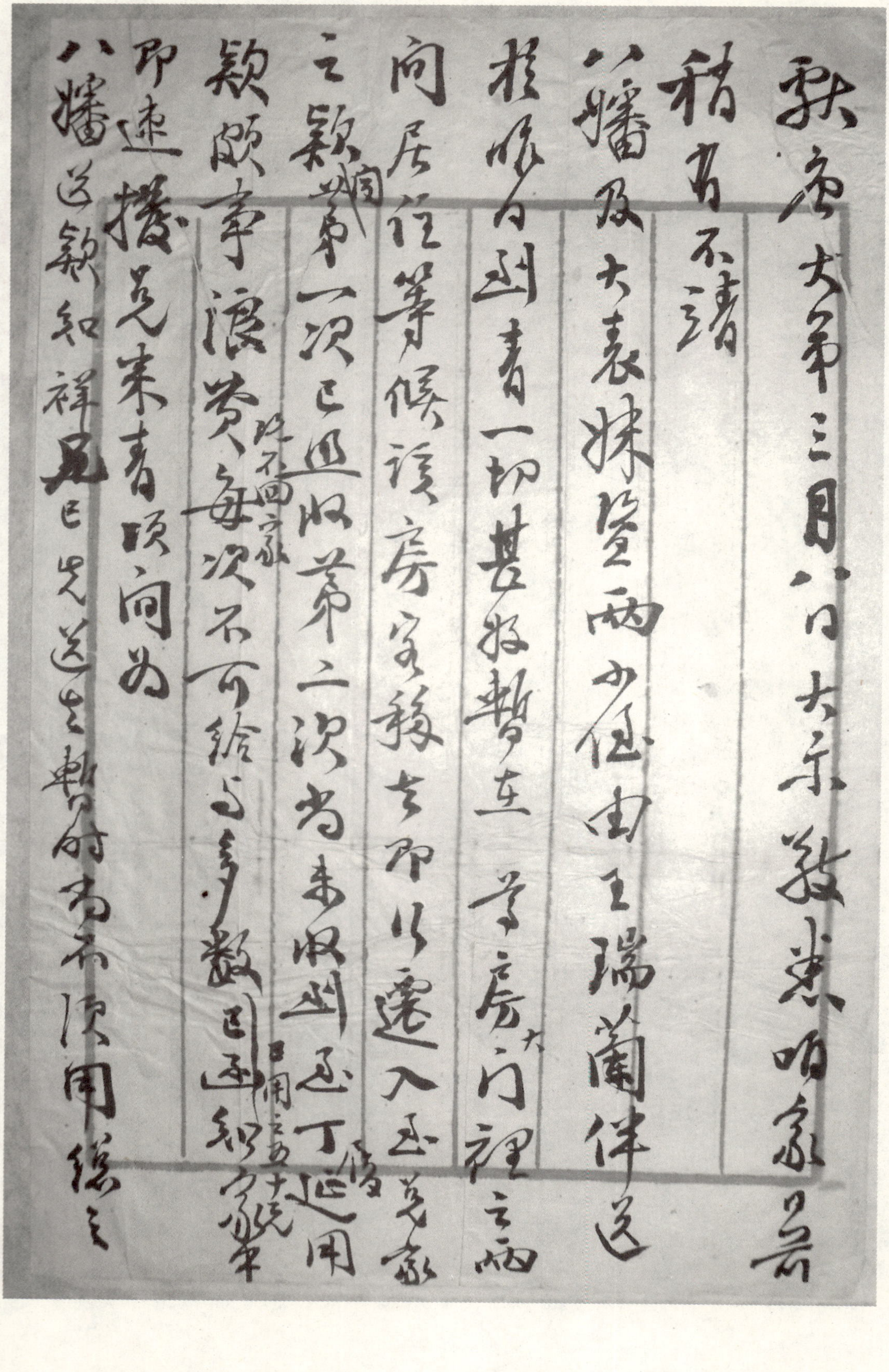
獻唐大弟三月八日大示敬悉明家昌
稍有不適
八播及大表妹暨兩少侄由王瑞蘭伴送
抵贛平安到青一切甚好暫在草房六門裡之兩
間居住等候該房客騰去即行遷入丞見家
之款第一次已匯收第二次尚未收到丞丁匯用
款頗有浪費每次不可給與多數已匯到知家
即速撥見來青頗向為
八播送款知祥兄已先送去暫行尚不須用總之

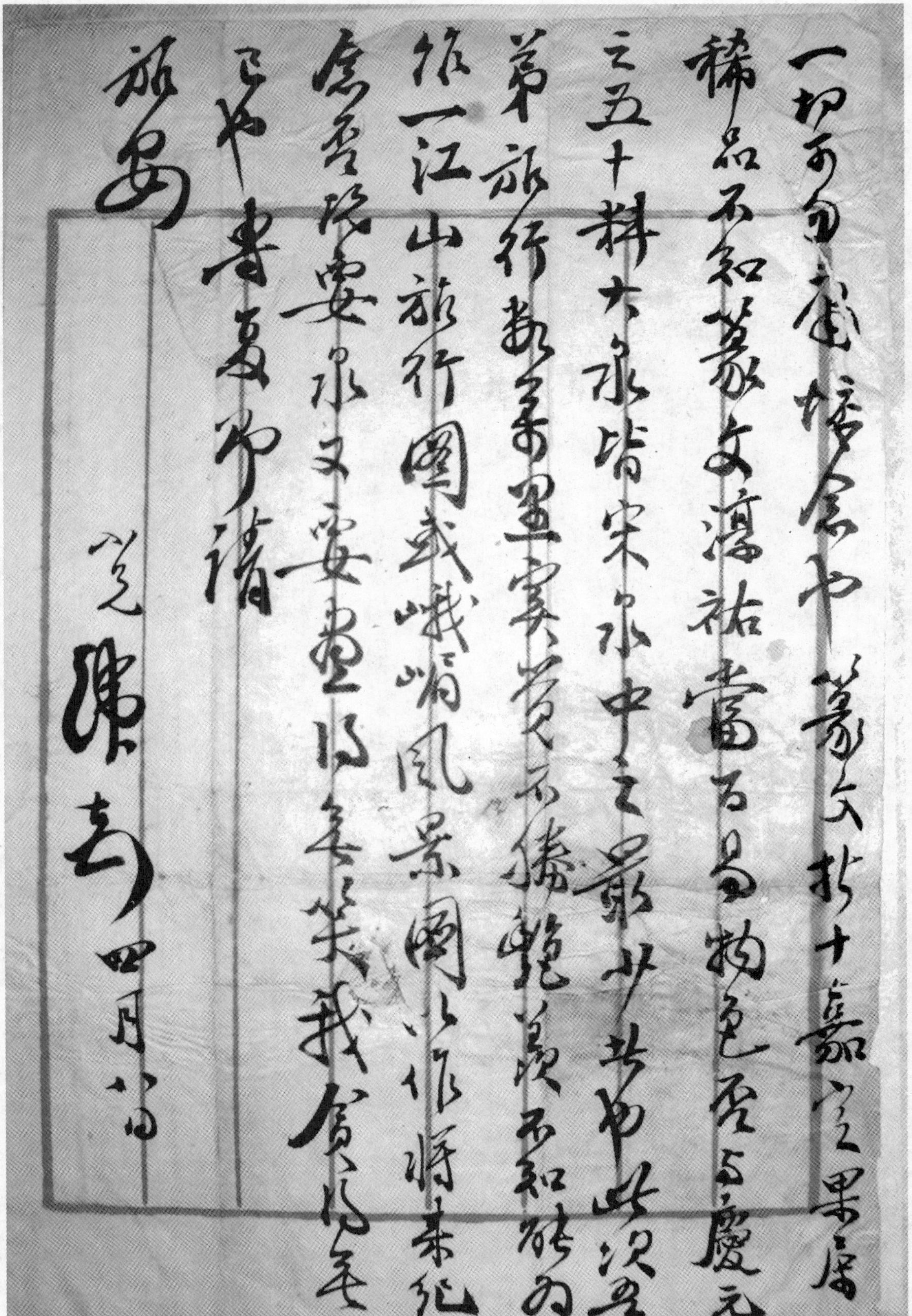
一切可自在培養也蕭文於十葉宜果屬
稀品不知蕭文瀛祐當可易物色否否慶元
之五十粹大冰皆宋水中之最少者也此次並
第旅行數處皆實貸不勝艷羨不知能乃
作一江山旅行圖或峨嵋風景圖以作將來紀
念否緣要求文要實得無樂矣我貧乃無
足也幸勿吝即請
旅安
弟 張壽 四月八日

緯

書第四通

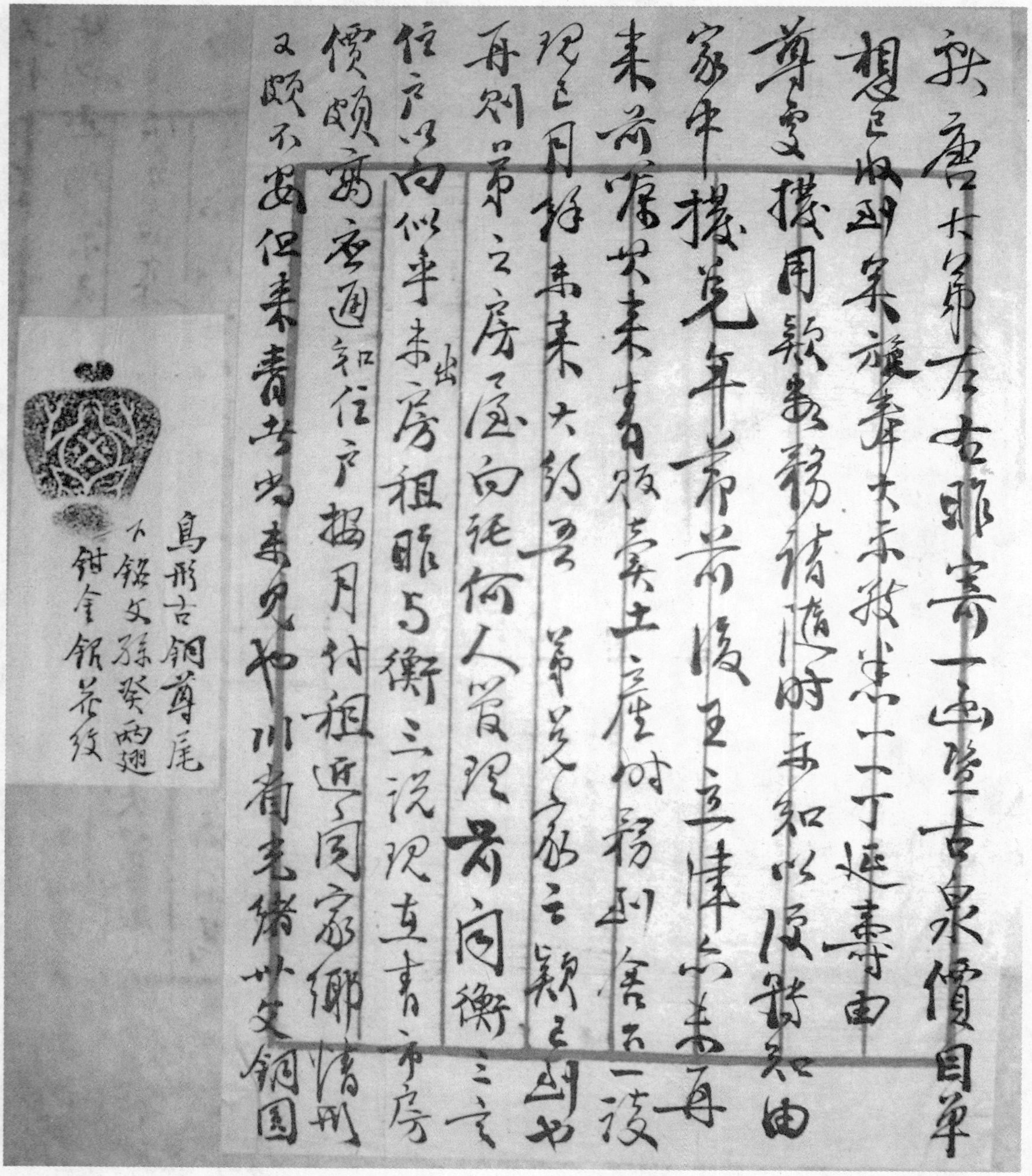

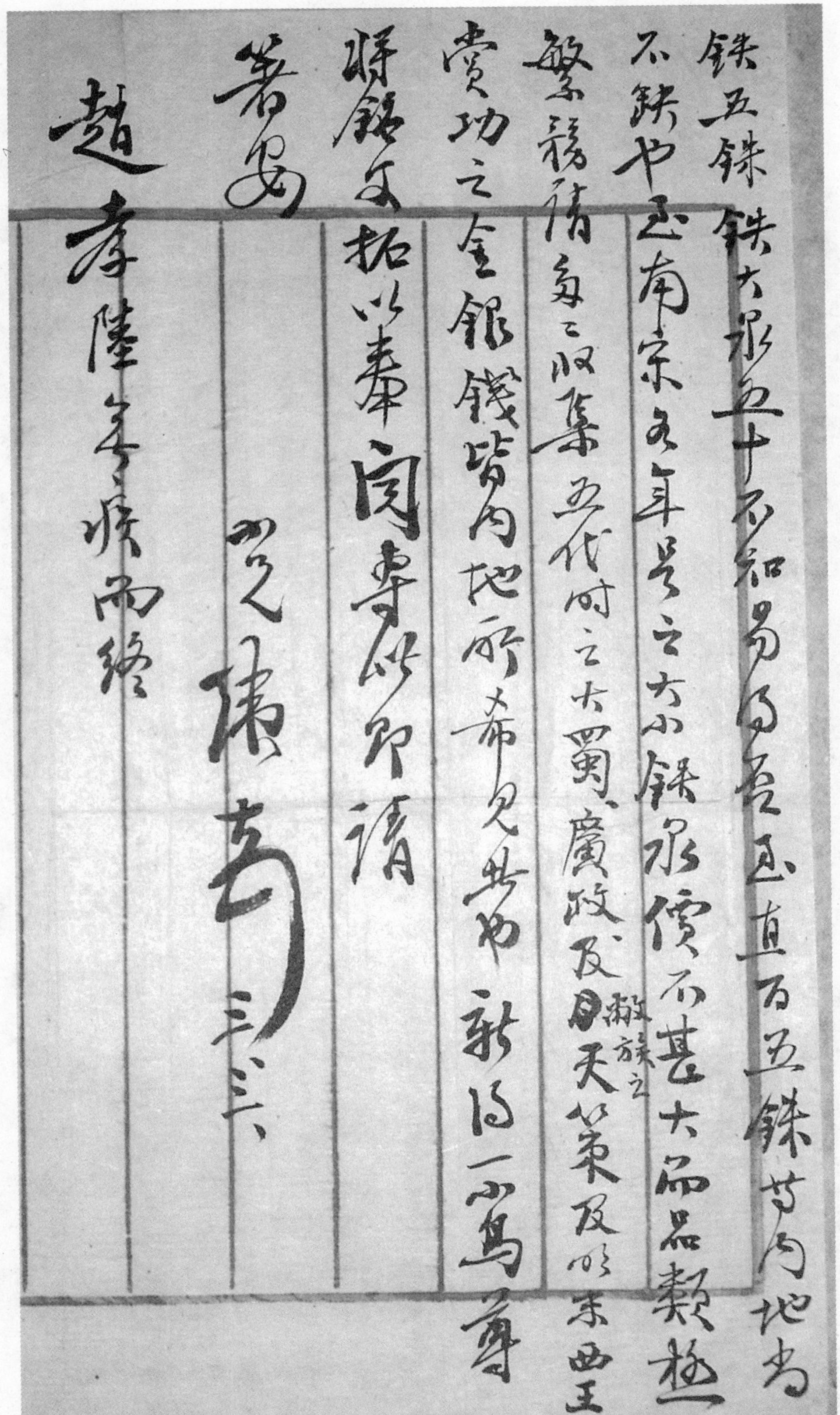
銖五銖，銖大形五十而細為蜀直百五銖，皆内地也，
不銖也。至南宋元年號之大小錢形價不甚大，而品類極
繁，務請身之收集。五代時之大蜀、廣政及湖南之天策及明末西王
賞功之金銀錢，皆内地所希見者也，新得一二為尊
將錄文拓以奉閱。專此即請
著安
弟張□　三、三、
趙孝陸先生收兩緘

緯

書第五通

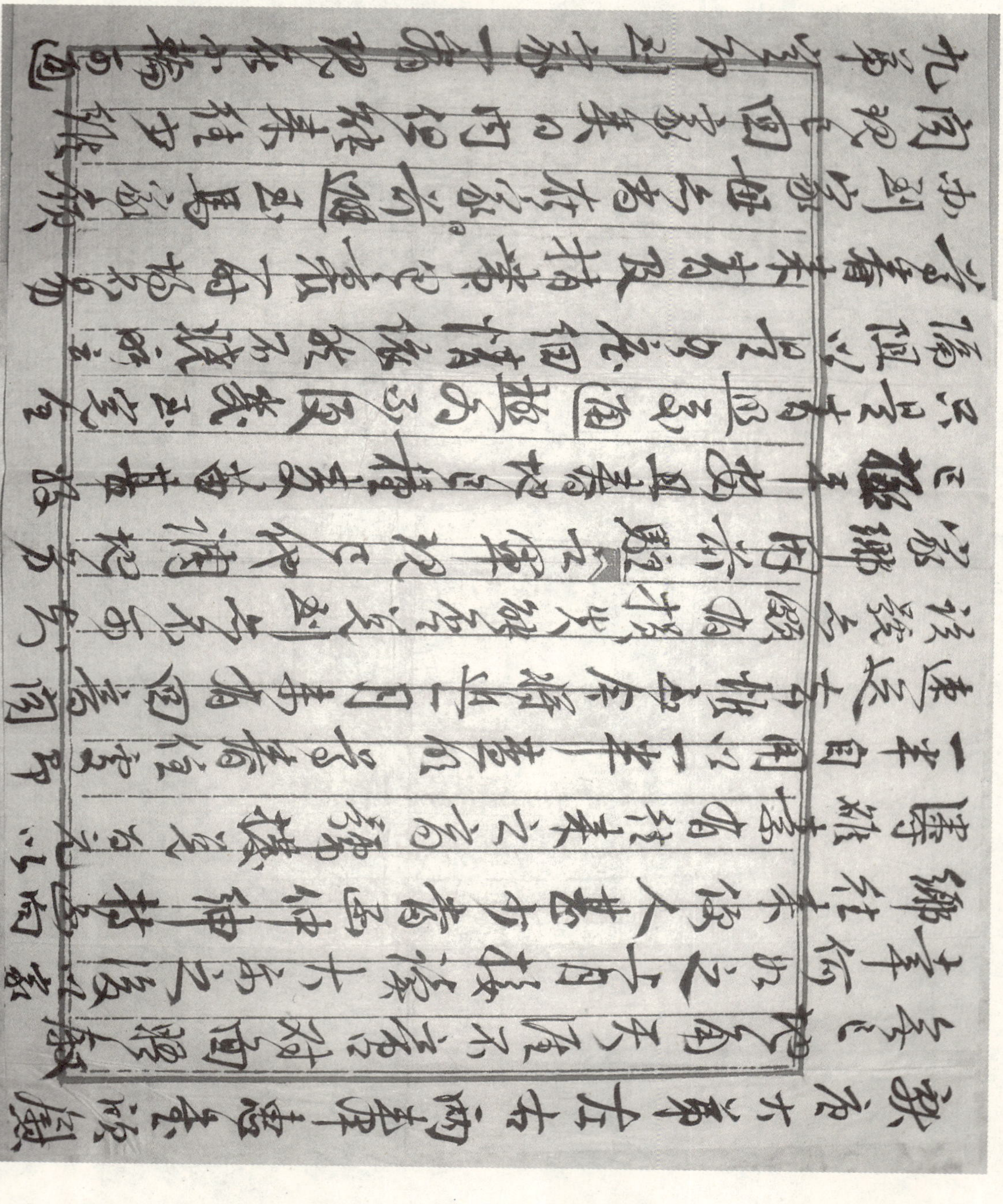

王家灘北之黃口嘴叟一帶之小風船向
或有偷來者但甚少也已小搶等或在
家或來二小零星用度宜隨付錢請
之錢余承乏代為籌措盛澂喜已悉惟用
款錢以最好報部即以此以度支付因近
來並無向有報部再請贊成換也宋錢
果有異範無論請當乘即如先來先請先答
紹興賣只殷常品贗多屢大則僅為數十倍
矣所謂鐵範銅鑄者也再則張就遣之西

緯

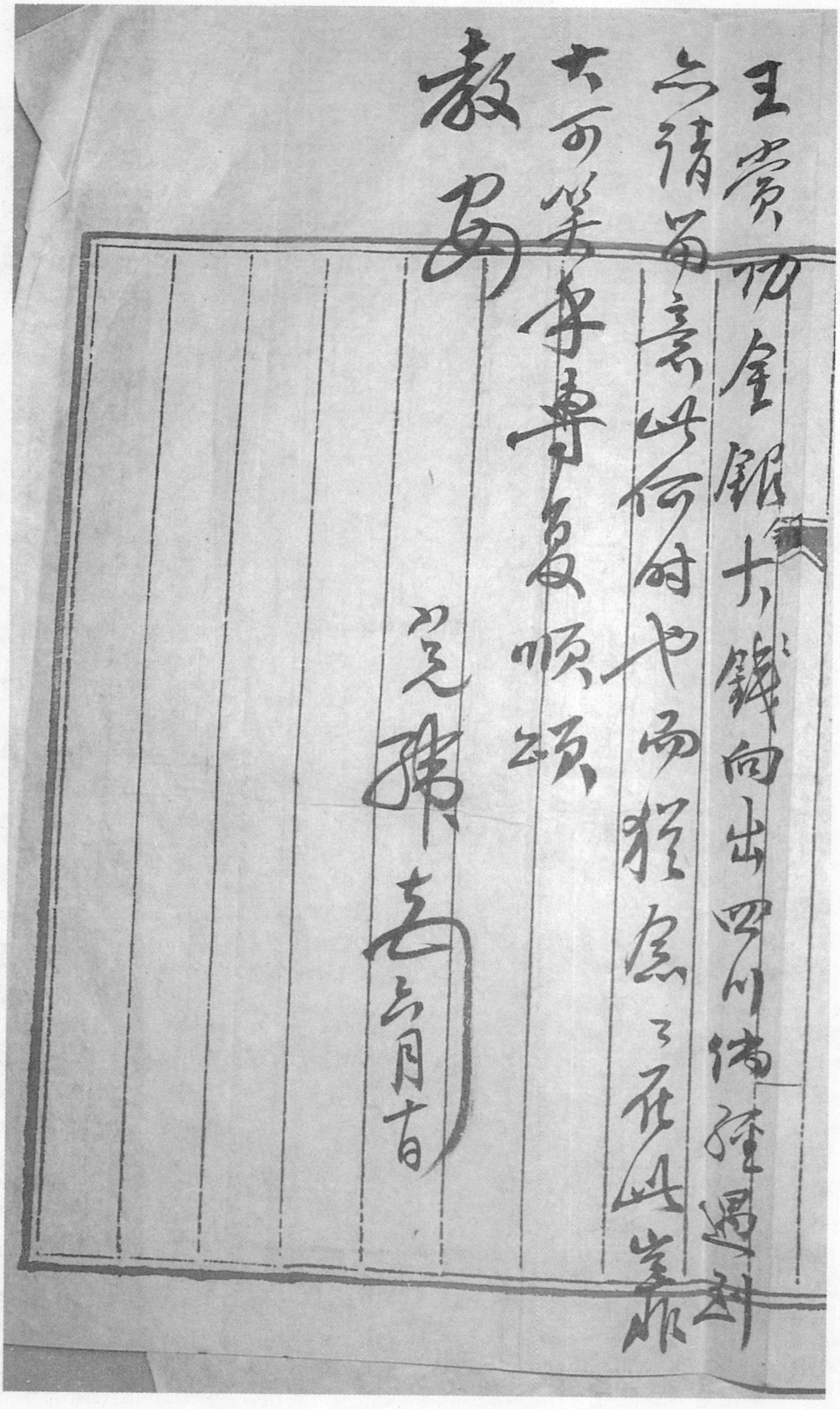

王賞功金銀十八錢，向出四川，備經過封
亦請留意。此何時也，而猖獗ゝ在此崇林
大可笑。手專復，順頌
教安。
兄張□　六月十日

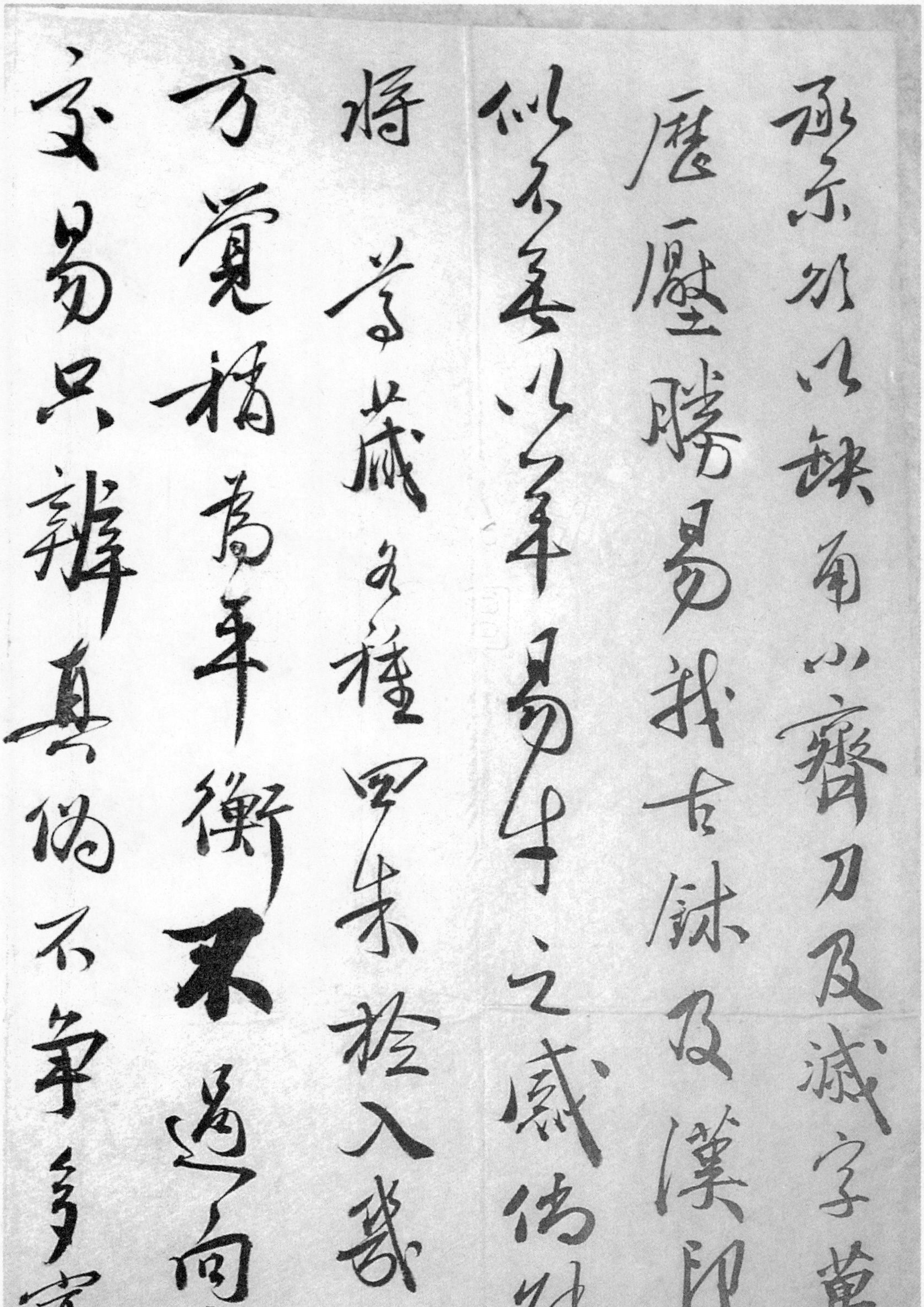

承示外以缺角小齋刀及減字萬
歷壓勝易我古錄及漢印
似不甚以年易手之感偽雖
將篆藏文種四束拴入幾
方覺精為年衡不過向來
交易只雜真偽不等多寡

緯

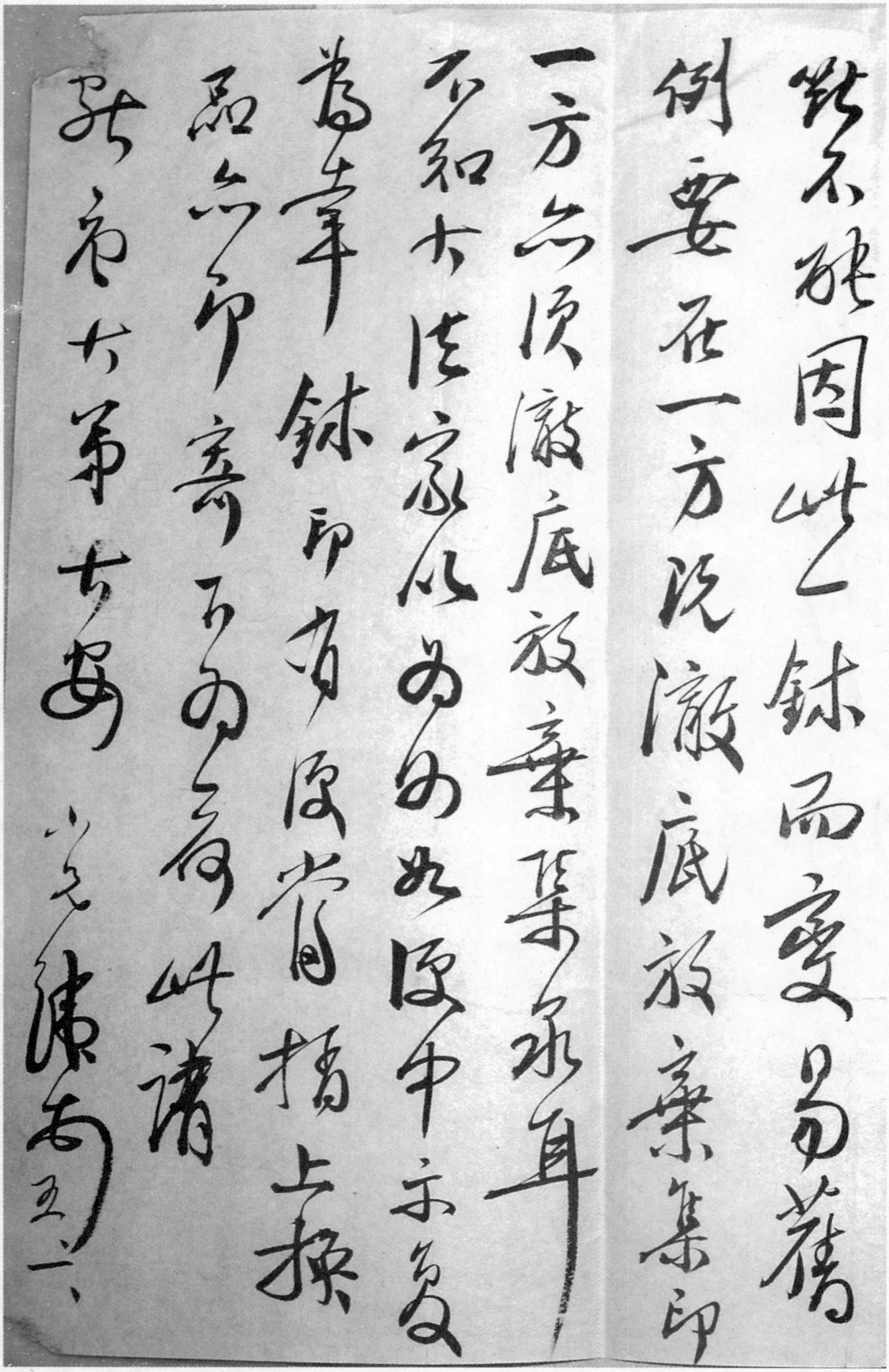

然不能因此錢而變易舊例，要在一方說澈底放棄，即一方亦須澈底放棄兼承耳。不知大法家以爲如何？原中示復爲幸。錢即有價值，稍上換而亦即寄下，多何此。請頌元大弟大安

小兄陳南　五、一

八十四 獻玖封一件

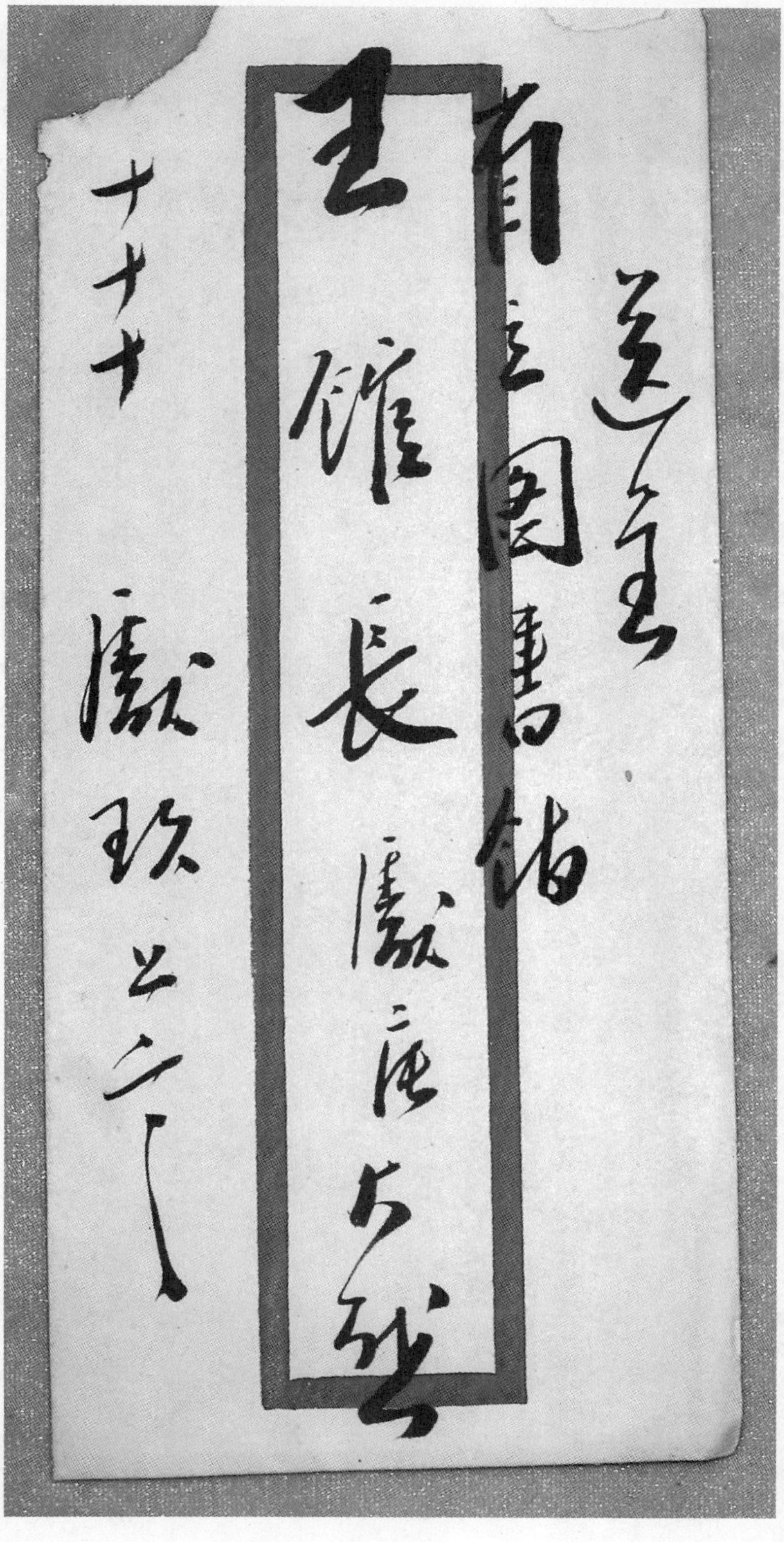

八十五　孫方錫　書二通

書第一通

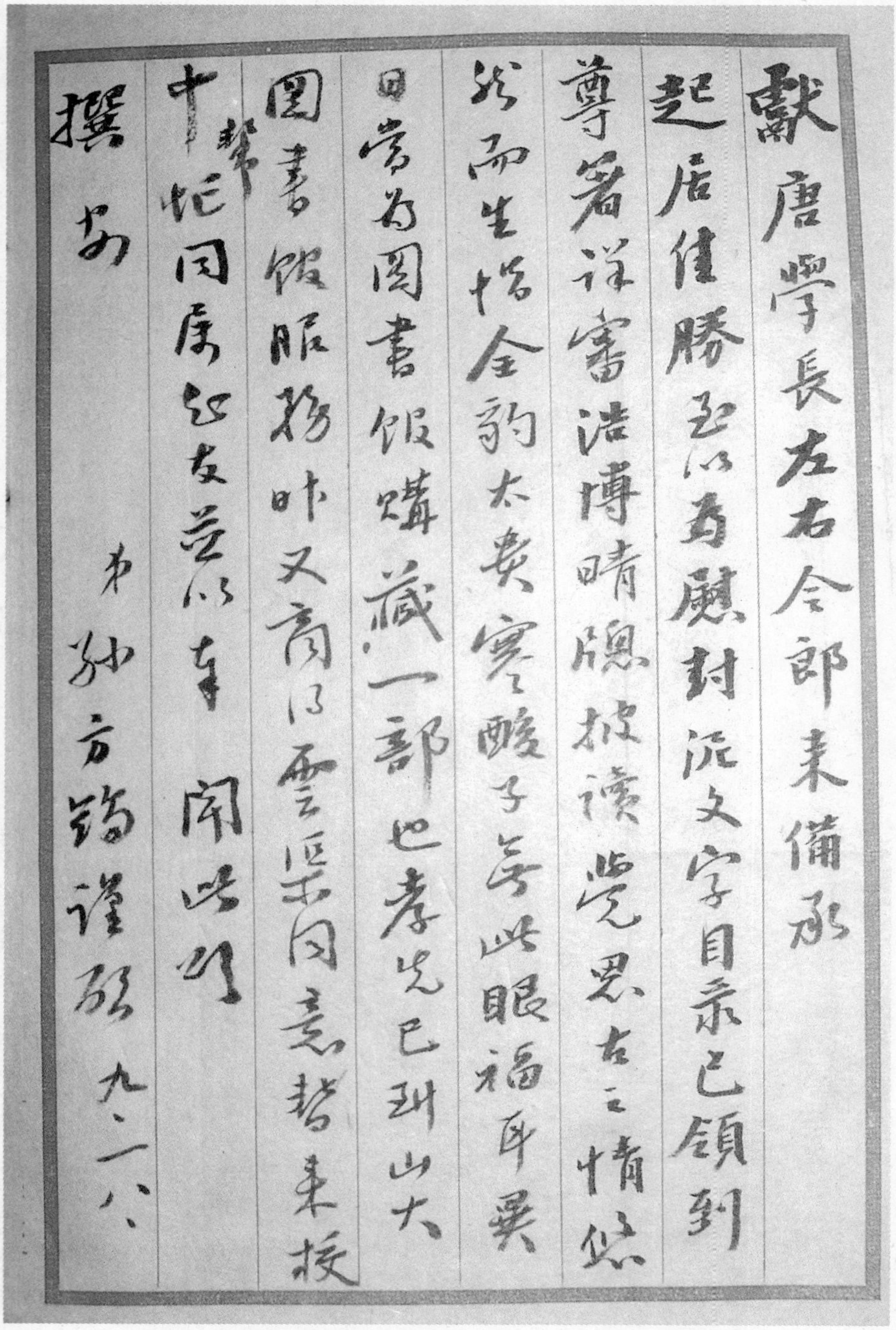
獻
唐學長左右令郎來備承
起居佳勝並以爲屬封泥文字目錄已領到
尊著詳審浩博晴窗披讀覺思古之情悠
然而生惜金韻太奥寶醆子等此眼福尤異
日當爲圖書館購藏一部也孝先已到山大
圖書館服務昨又商得雲巢同意請來授
中幫忙同康化友並以奉聞此頌
撰安
弟孫方錫謹啟　九、一八

獻唐兄來函奉悉陳銅二件此珍品已物還原主矣鄉人不辭妍媸所望乃在五六千元之間敝帚千金可笑哉先哲遺書提要一冊領到謝謝前日已由張鏡芙處購到字鑑方志詩文集等八種印刷裝訂皆雅潔可喜楊槐亭楊西溟諸先生遺著若干種其後人尚存有手稿不知是否有刊印價值日後搜求得之當寄呈

記室以備選錄也家兄病體近來頗有起色孫自起散步矣蒙念及珍感之至化南仍困頓家居去年春來青州經月餘今已多日不相聞矣此請

著安不一

弟孫方錫謹啓

五月卅日

六月二日

八十六

劉復 書一通

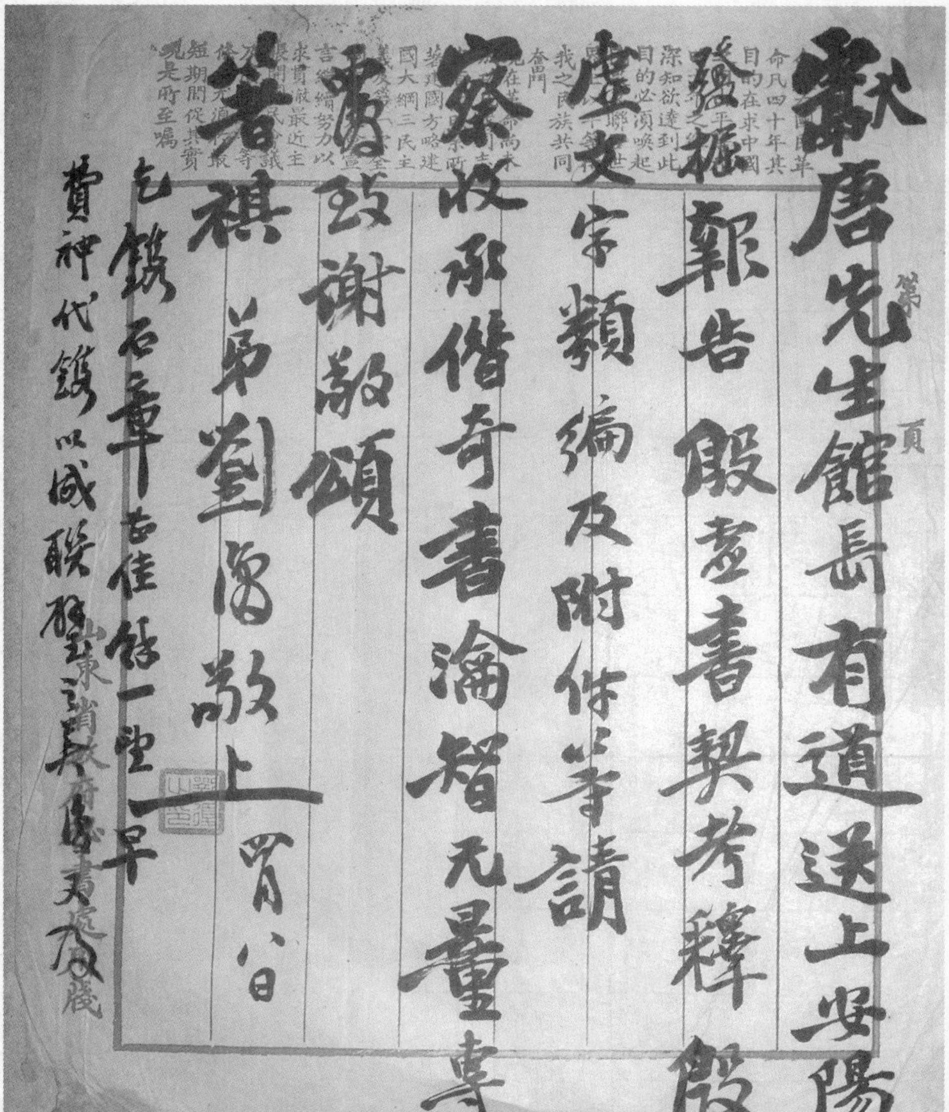
獻唐先生館長有道：送上安陽發掘報告一、殷虛書契考釋、殷虛文字類編及附件等，請察收。承借奇書，渝留无量，專此致謝，敬頌著祺。弟劉復敬上　四月八日

八十七　安鵬東

書一通　封一件

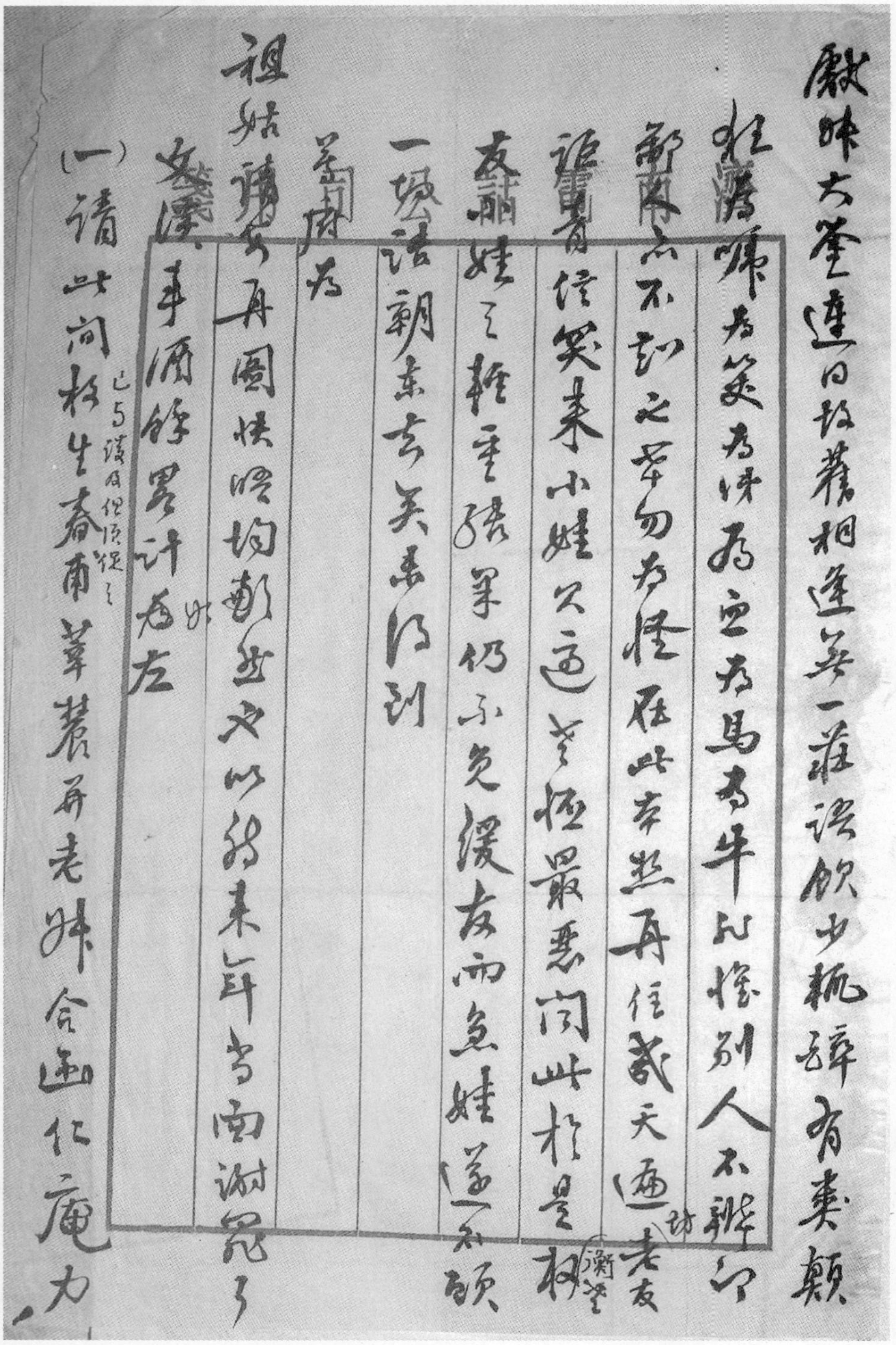
獻師大人鈞鑒：連日故舊相逢，無一暇談，飲少枕辭，有失顧
杜灣歸為笑，為侍為空為馬為牛，以憐別人不解，何
鄭雨亦不知之，幸勿為怪。在此本想再住，我天遁（訪）老友
諸青信笑來，小娃只適，芝極最惡，聞此極是（衛堂）極
友誼，娃之輕重，張羊仍不免緩友而急娃，道不頗
一談，諸朝東去矣，專此即叩
著安　為
祖姑請安，再圖快晤，均勤照，又以韶來年當面謝罪了
安鵬東手泐，餘累計為左（外）
（一）請此間杉生春甫華蓀并老林合函化庵力
已5讀及但須從之

勸合好

（一）紹兄在湘時其致函馮以田轉劝仁庵（此層似嫌讀而文繁對題已面允我照办矣）

（一）鄰人到青隨機加注一不乱強劝手段二不持論頭（綿度）益強制印可的收效將来必仍有問題滑擬就詩仁庵之道强之必謂逼之以剛強意再問文溪之家中老母挺念情形勝己無母與經雖忘古人錫類之文也

（一）鐵兒就緒後當函約文溪到青在敬宅与仁庵相見因人為計不准反覆

安鵬東

以上種種微作如附庵復生數數其必大批而特批
回憶之此只寫事皮等論弛小題大做而不易中
或某打其官司是一回所謂不打不成相識大和其
歸宿也是一回深懼兆此而不能過癮者文溪光
其話亦不敢在第一回中討生活故不得已從第二
回至今於庵猶猶過癮也）故生所謂與之為與之
為君等家或在是矣誰者　殊以為我爲至殊果
如用再行至是矣之費以為爾已滿紙華　上奉
閣下請
大安　生袁鵬手拜啓
21日早七時

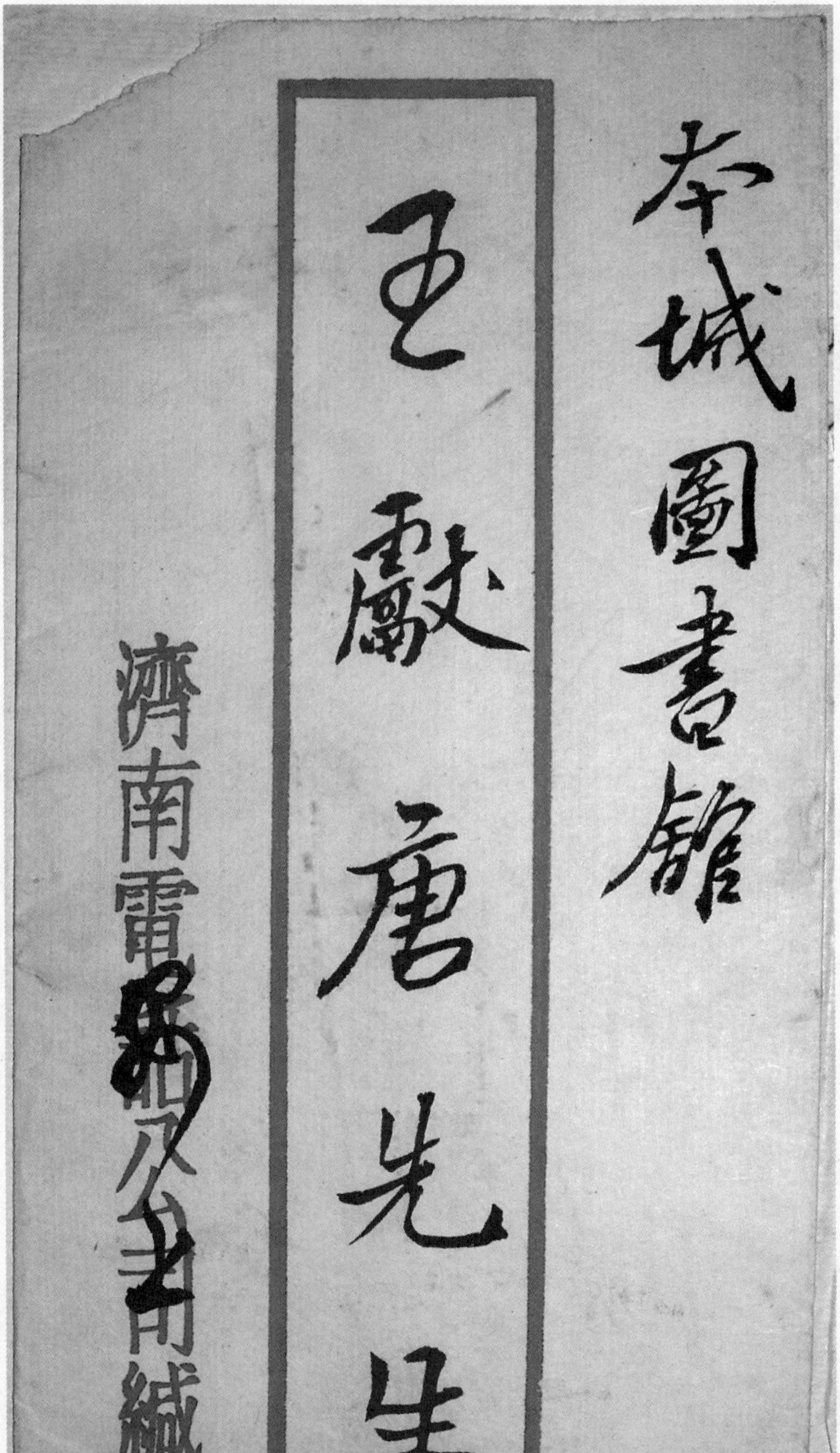
本城圖書館
王獻唐先生

八十八　張丹翁 書二通 封二件

書第一通

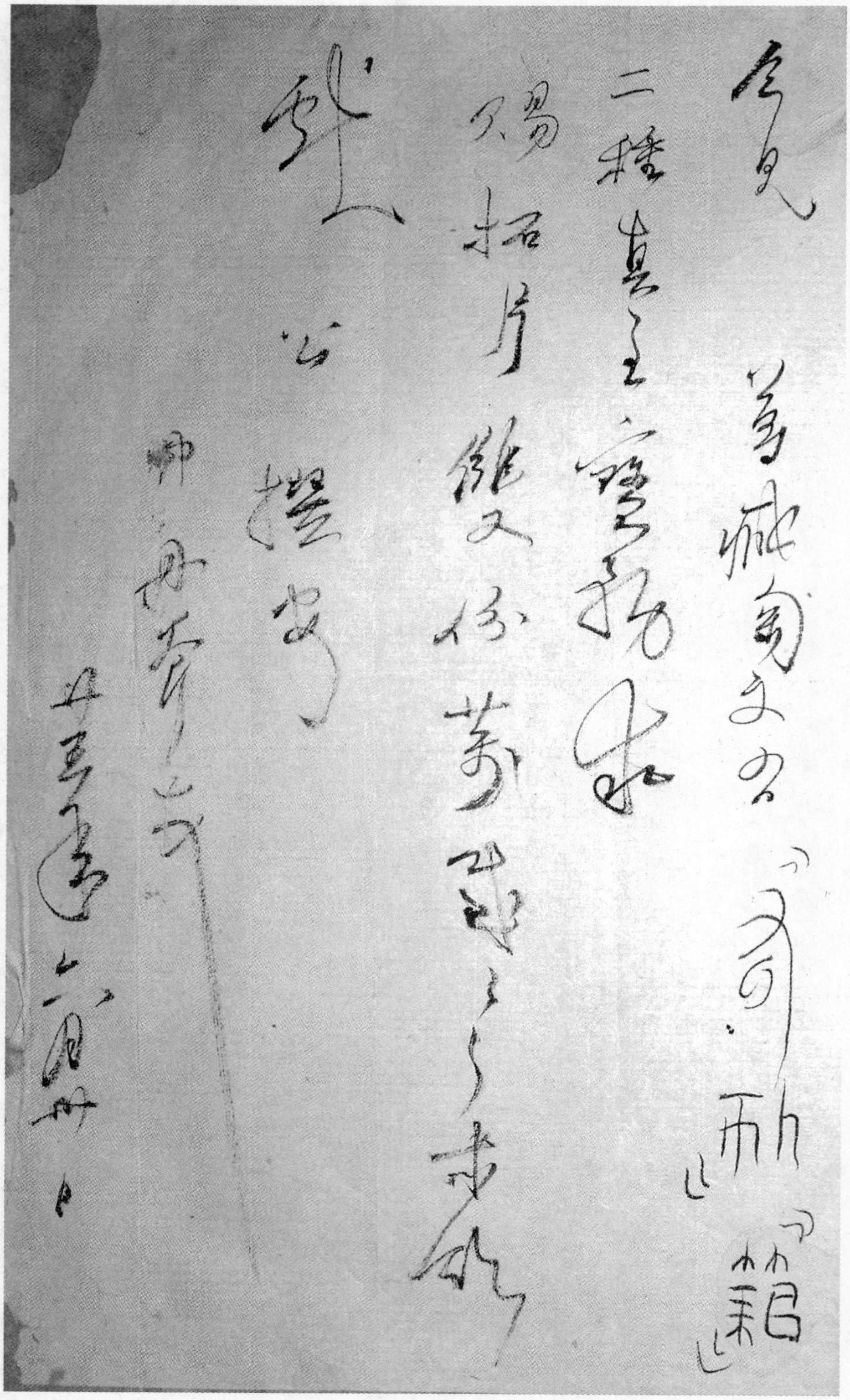

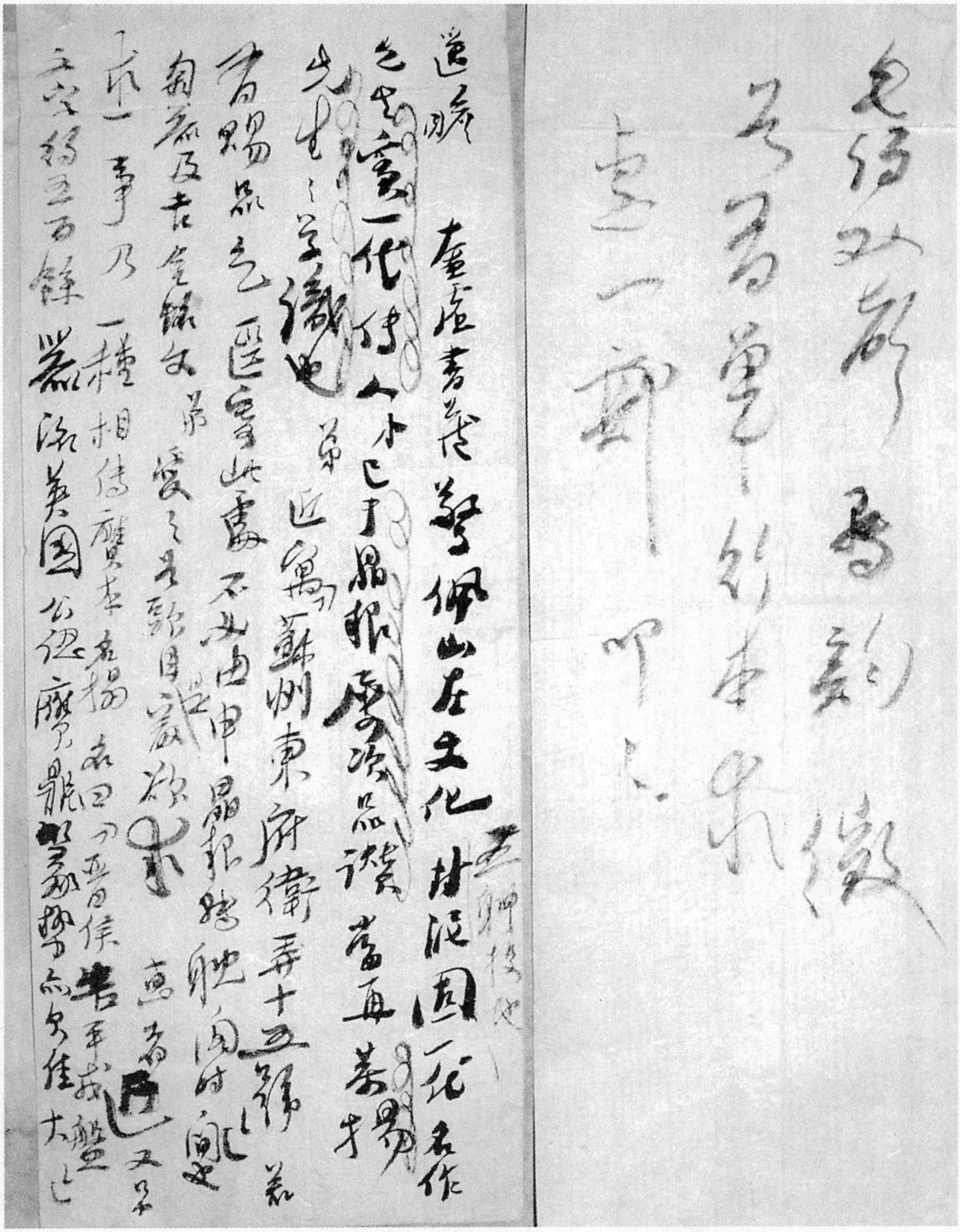

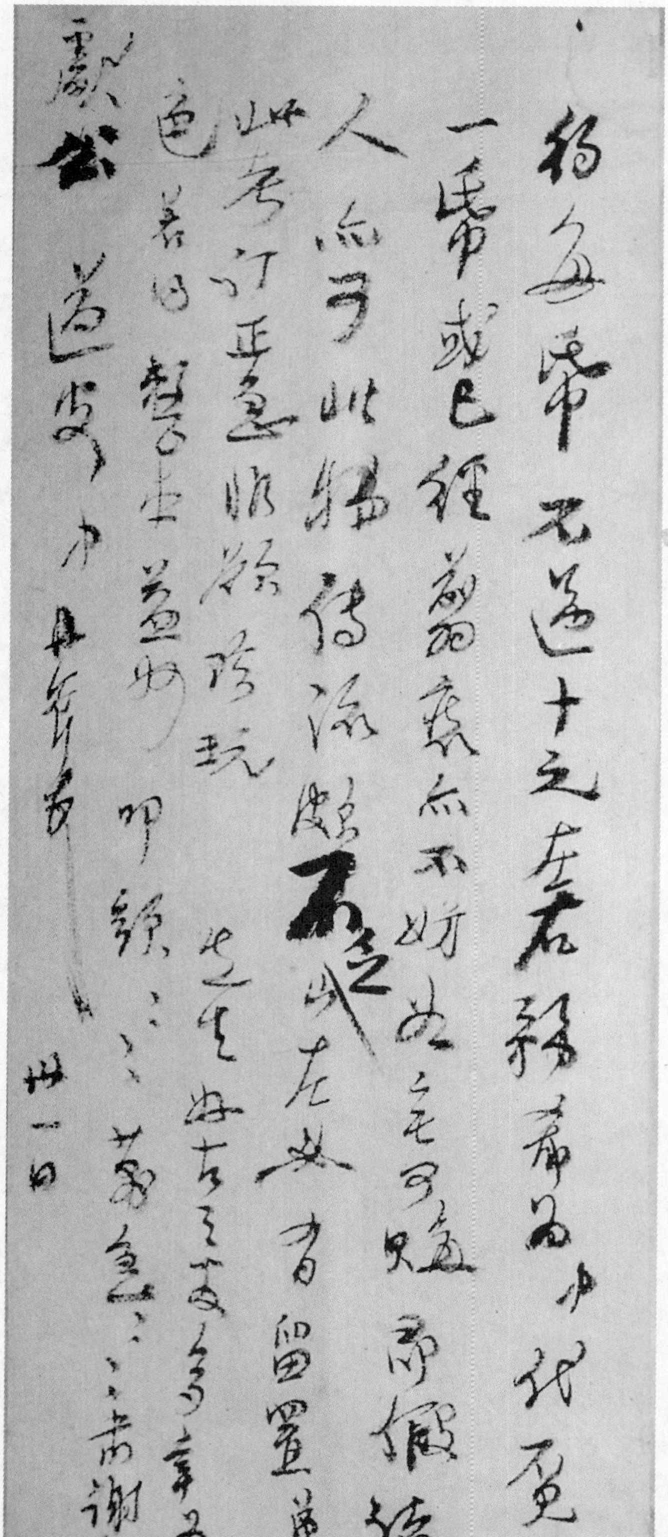

封第一件

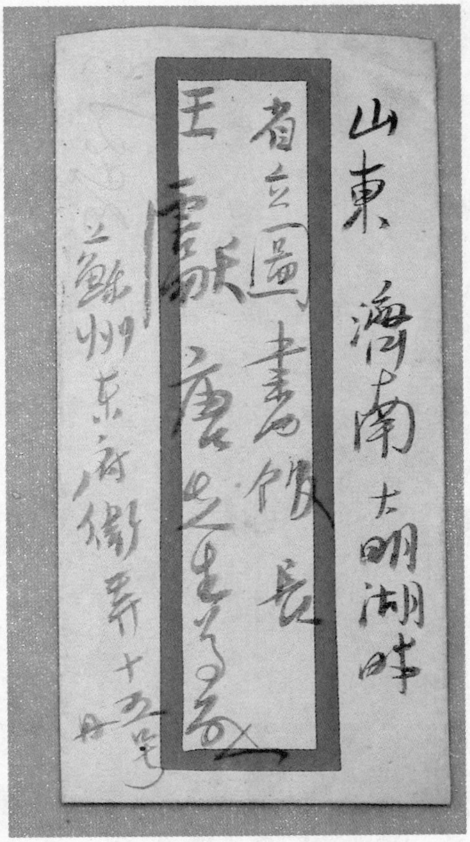
山東 濟南 大明湖畔
省立圖書館長
王獻唐先生
蘇州東府衛弄十五號 丹

封第二件

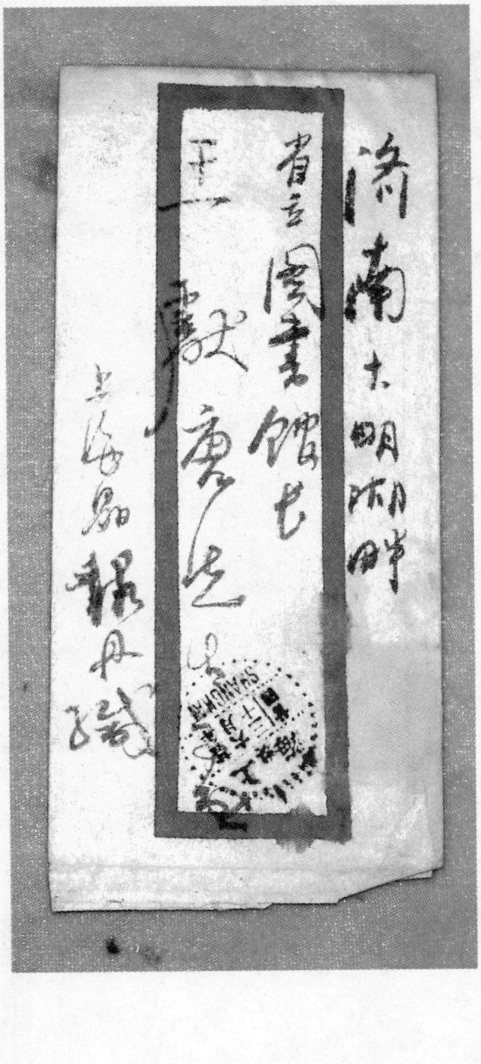
濟南 大明湖畔
省立圖書館長
王獻唐先生
上海寓 張丹翁緘

八十九 趙揖武

書五通 封四件

書第一通

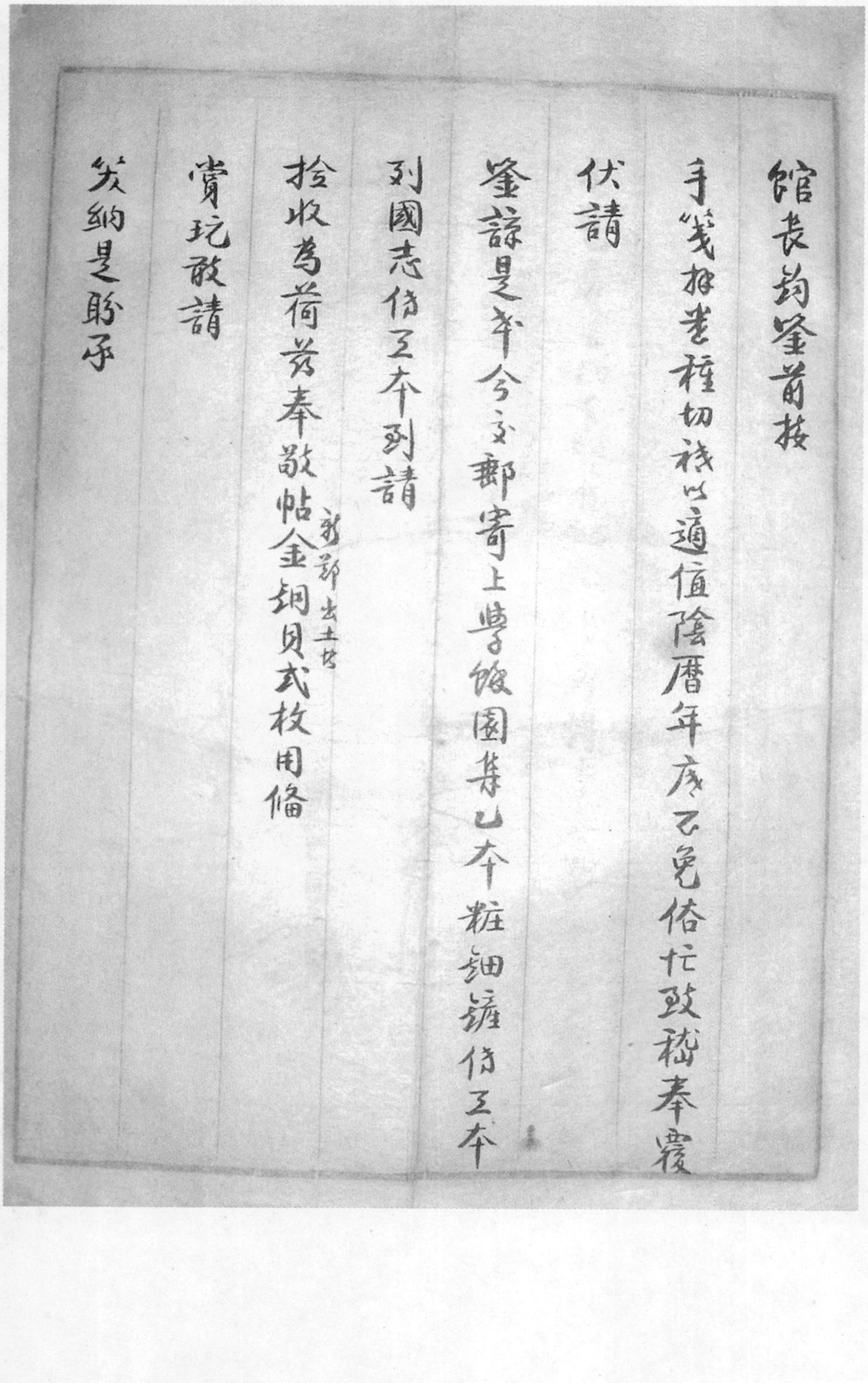

館長鈞鑒前接
手箋拜悉種切祇以適值陰曆年底已覺倍忙致稽奉覆
伏請
鑒諒是幸今交郵寄上學餘園集乙本粗細鏇傳三本
列國志傳三本到請
拾收爲荷茲奉敬帖新鄭出土古金銅貝貳枚用備
賞玩敬請
笑納是盼承

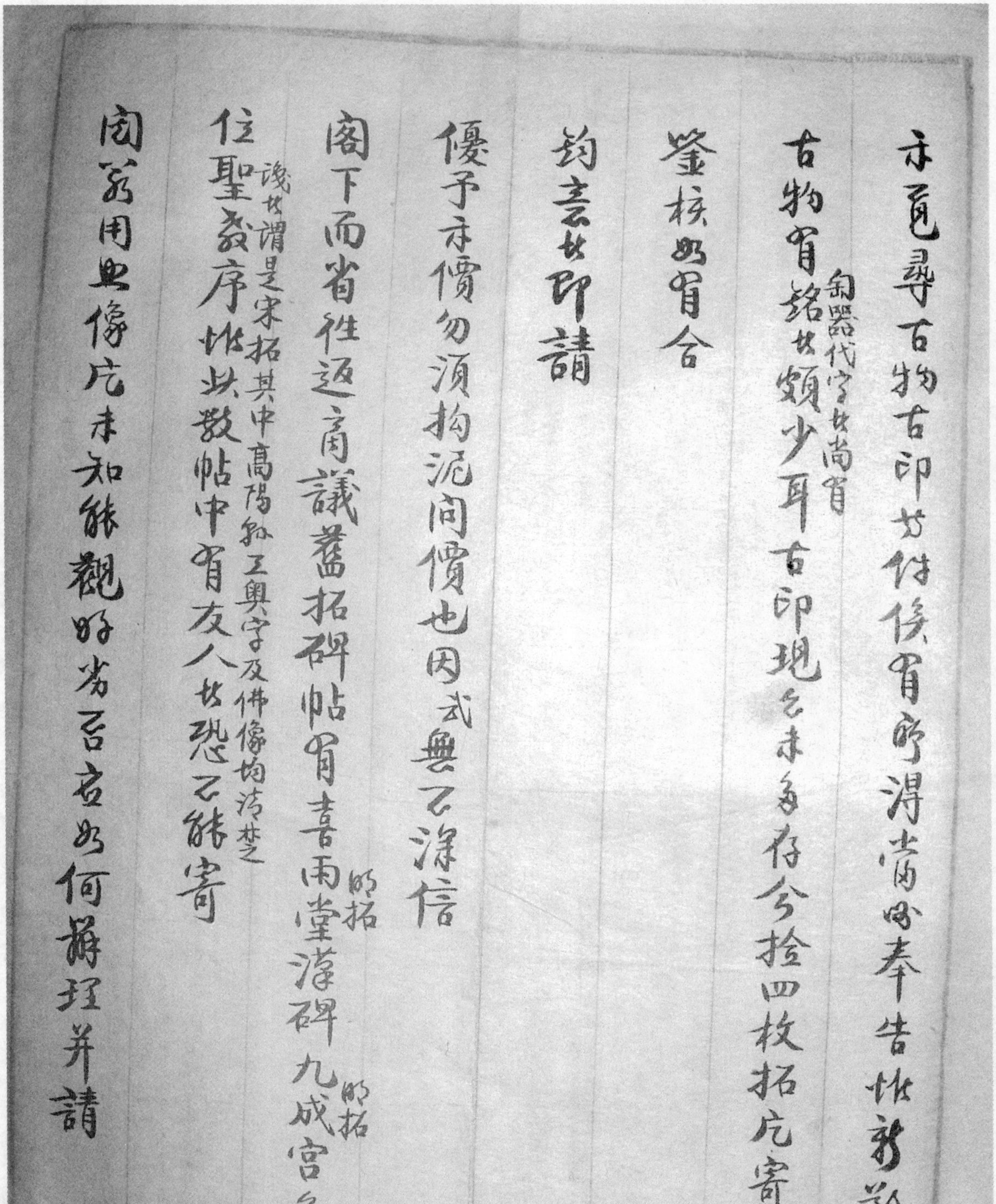

示覓尋古物古印茲付候有所得當即奉告於新節出土
古物有銘者頗少耳（銅器代字者尚有）古印現已未多存今拾四枚拓片寄呈
鑒核如有合
尊意者即請
優予示價勿須拘泥問價也因武無不深信
閣下而省往返商議舊拓碑帖有喜雨堂（明拓）漾碑九成宮（明拓）爭座
位聖教序（幾者謂是宋拓其中高陽郡王與字及佛像均清楚之）於此數帖中有友人者恐不能寄
閣爲用無像片未知能觀好劣否如何辦理并請

趙揖武

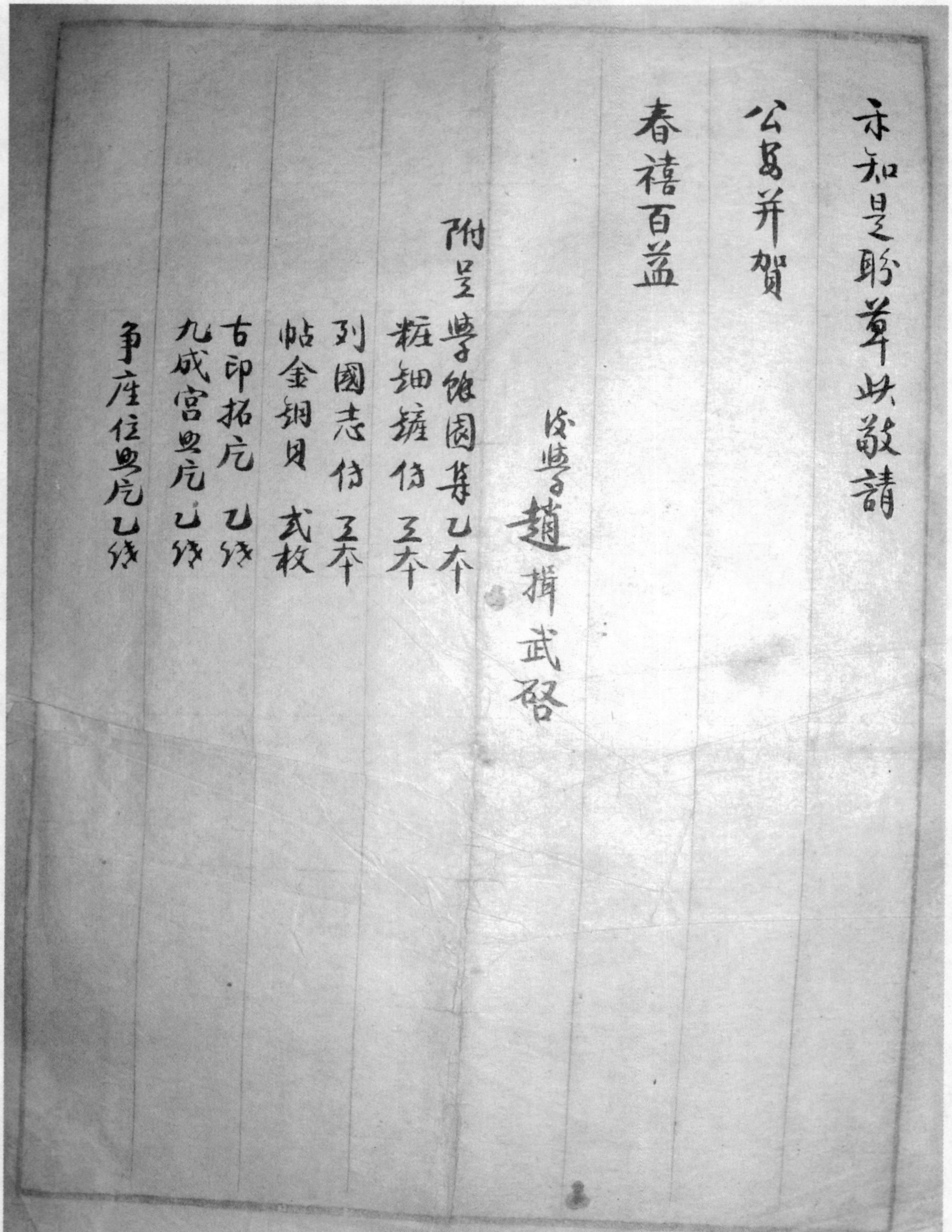

示知是盼草此敬請

公安并賀

春禧百益

後學趙揖武啓

附呈學館園集乙本

粧鈿縺傳三本

列國志傳三本

帖金鋼目貳枚

古印拓片乙張

九成宮照片乙張

爭座位照片乙張

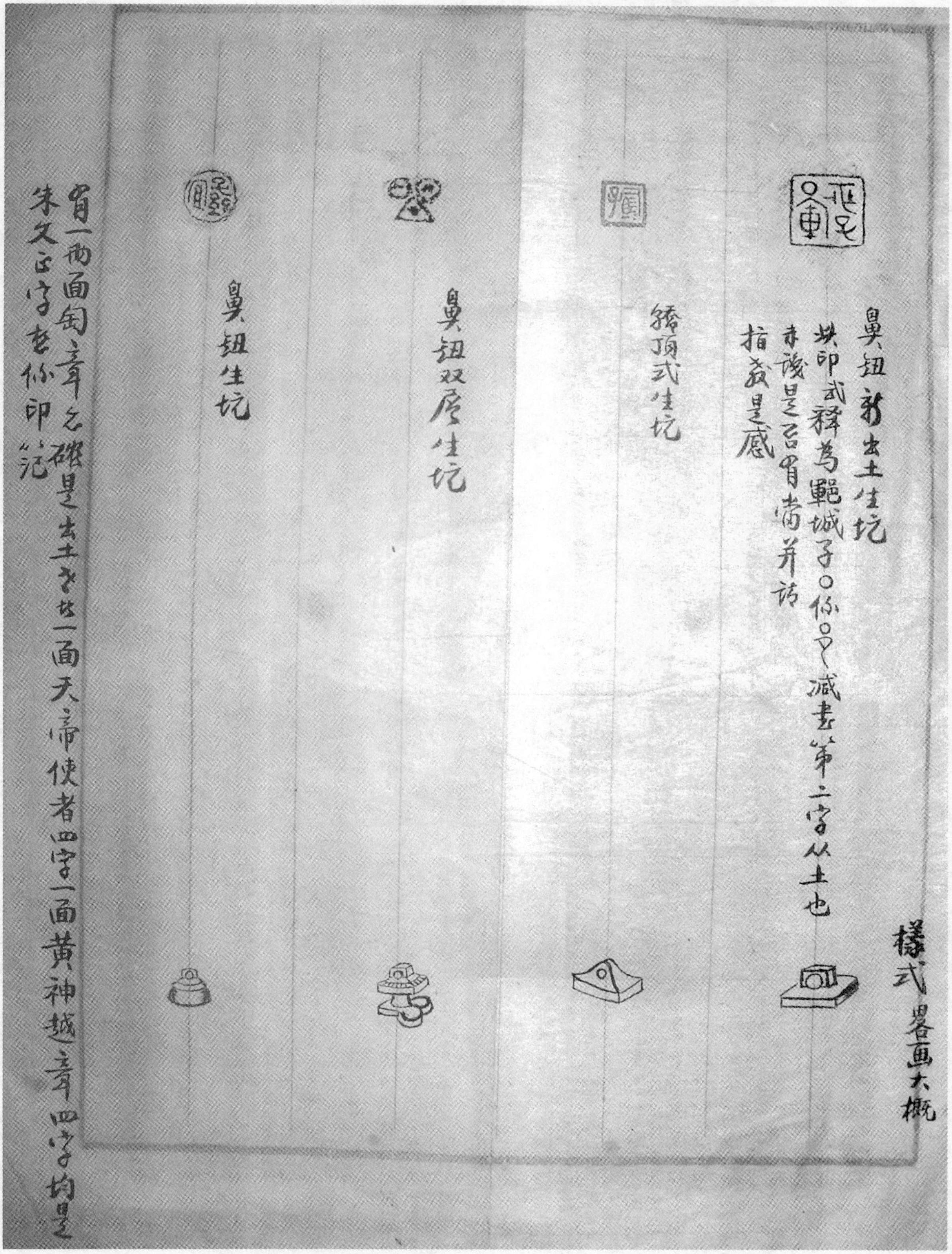
樣式畧畫大概

鼻鈕新出土生坑
此印式釋爲䣊城子○係邑減畫第二字从土也
未識是否尚希并詳
指教是感

橋頂式生坑

鼻鈕双層生坑

鼻鈕生坑

有一兩面銅章之磁是出土者其一面天帝使者四字一面黃神越章四字均是
朱文正字者係印范

趙揖武

書第二通

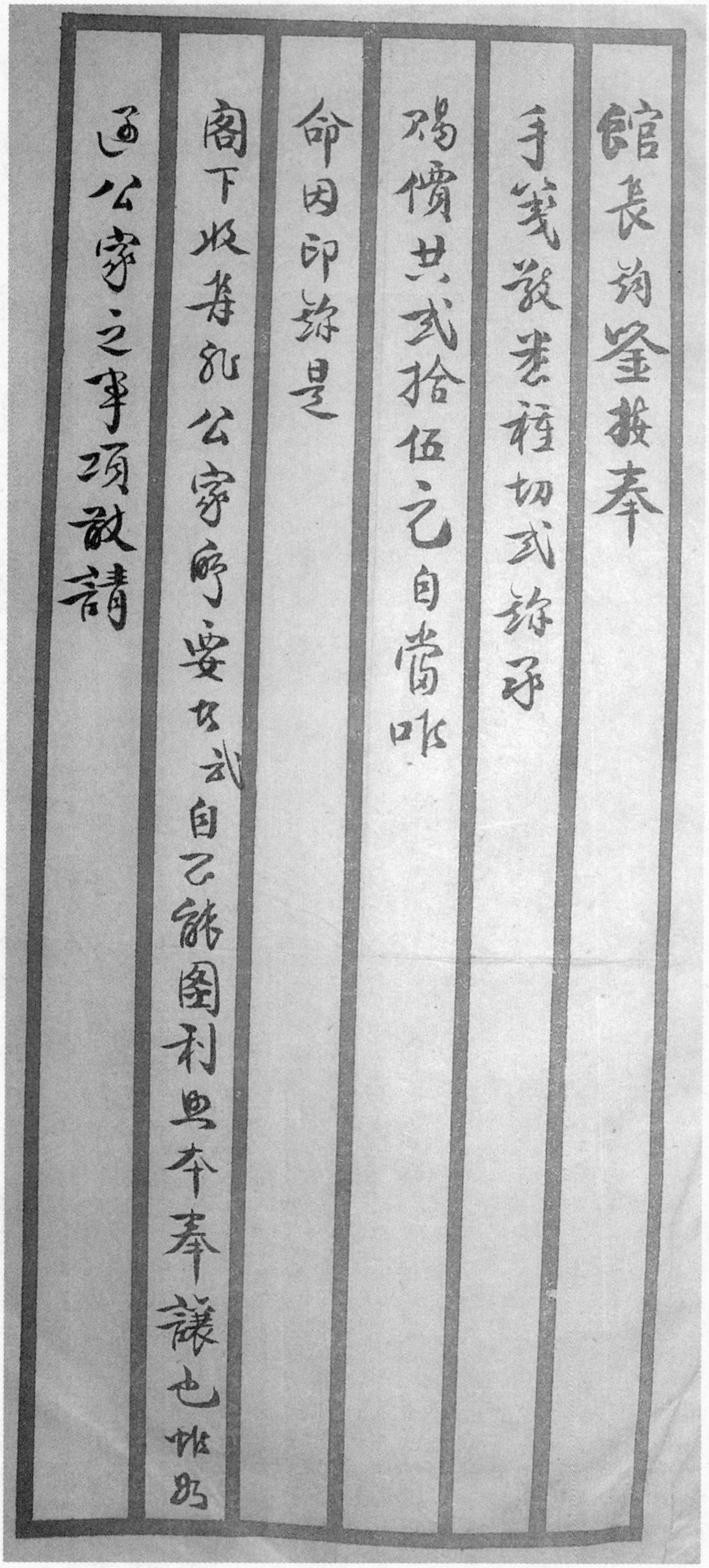
館長鈞鑒敬奉
手箋敬悉種切式詠承
賜價共弍拾伍元自當啣
命因印詠是
閣下收存乃公家所要知式自己能圖利與本奉讓也惟於
通公家之事項敢請

破格施栽則即受
賜無涯矣 貴省新土之銅器若
貴館收送該或文字拓片或器物照片務請
惠賜數種以廣見聞為盼新鄭出土銅器有銘字者頗已多
觀其銹色極似他處所出比今春武買得一銅豆細花紋内外
週身水銀地因無銘字故未採進以後函送有帶銘字者即隨

趙揖武

時祺

閏也尊兄、佈霞敬請

鈞安

後學趙揖武謹啓

貴同仁均此致候

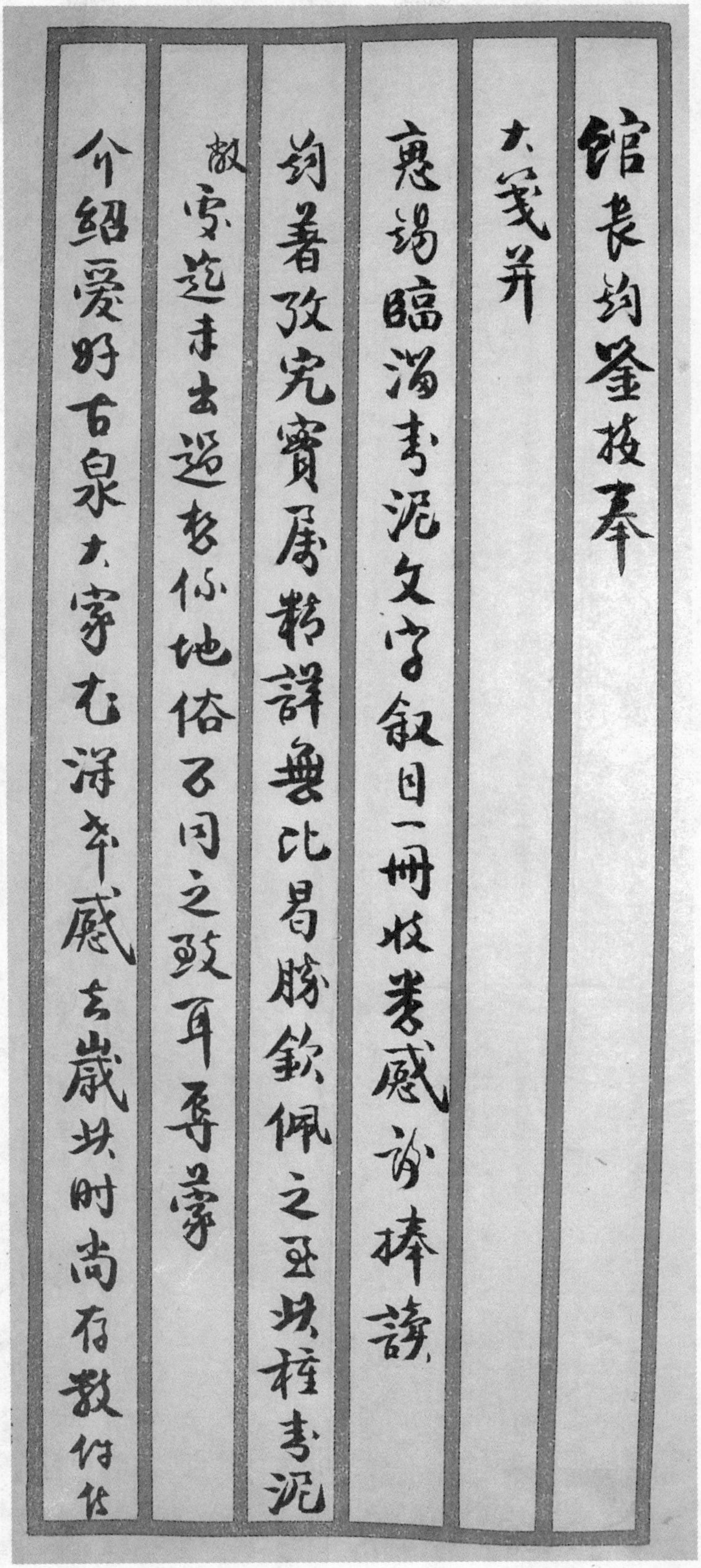
館長鈞鑒接奉
大箋并
惠賜臨淄封泥文字叙目一冊收悉感謝捧誦
鈞著攷究實屬精詳無比曷勝欽佩之至其種封泥
敝處近未出過或係地俗不同之故耳尋常
介紹愛好古泉大家屯洋年感去歲其时尚存數件估

惟去冬曾一再讓給　方藥雨先生送來所收之借無甚特

別之今僅拓數付粘帖一紙用備

鈞致候選胥別繳之自當隨時奉送金印稀少各地

皆然澂處今年間僅出貳付一為晉歸義叟王五字金印

駝鈕重四両五錢一為二字周印寶盒式鼻鈕重四錢八分字

不識金色均淡黃承

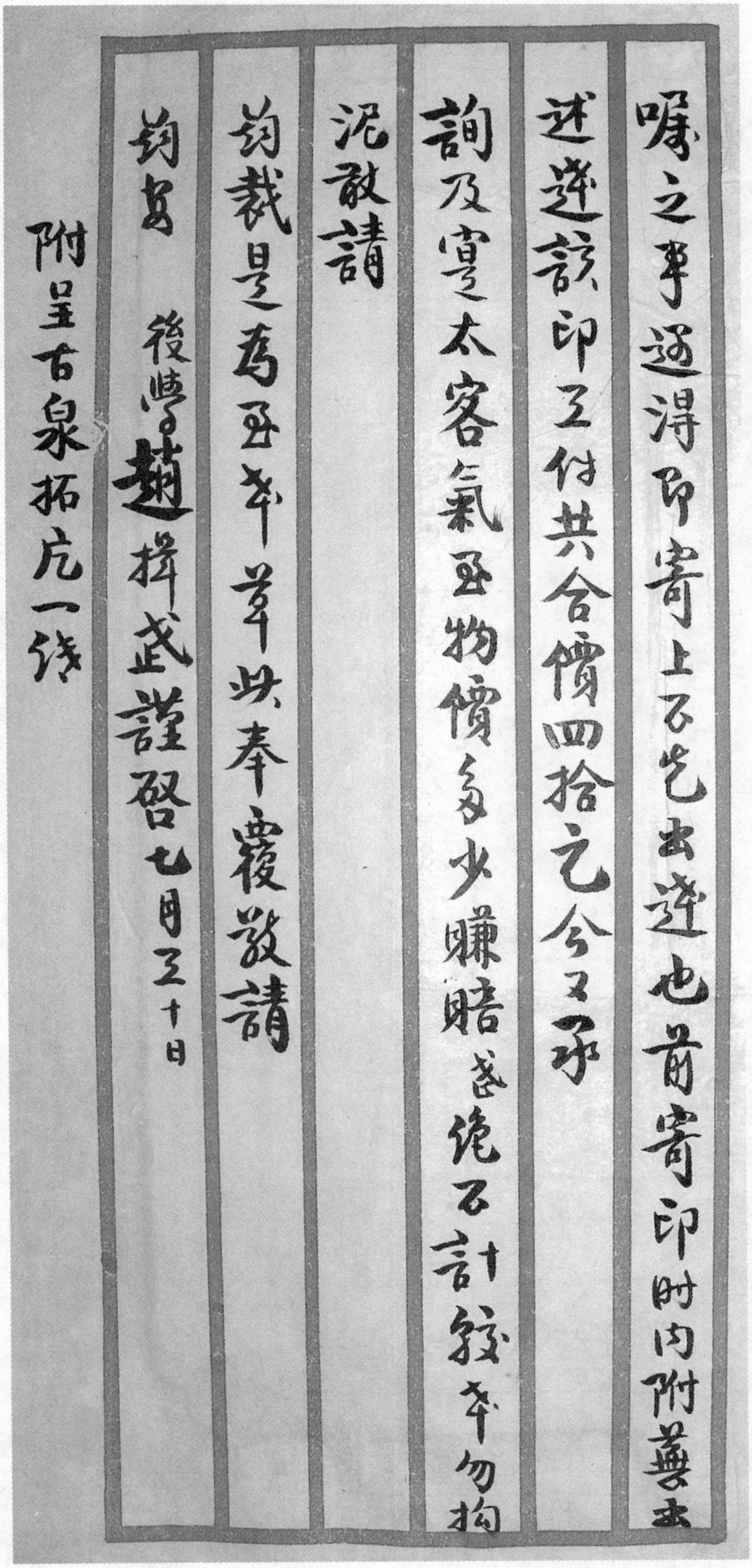
囑之事適得即寄上不乞出述也前寄印時內附箋去
述達該印工付共合價四拾元今又承
詢及寔之太客氣至物價多少賺賠甚絕不計較幸勿拘
泥啟請
鈞裁是爲至幸草此奉覆敬請
鈞安　後學趙揖武謹啟　七月三十日
附呈古泉拓片一紙

書第四通

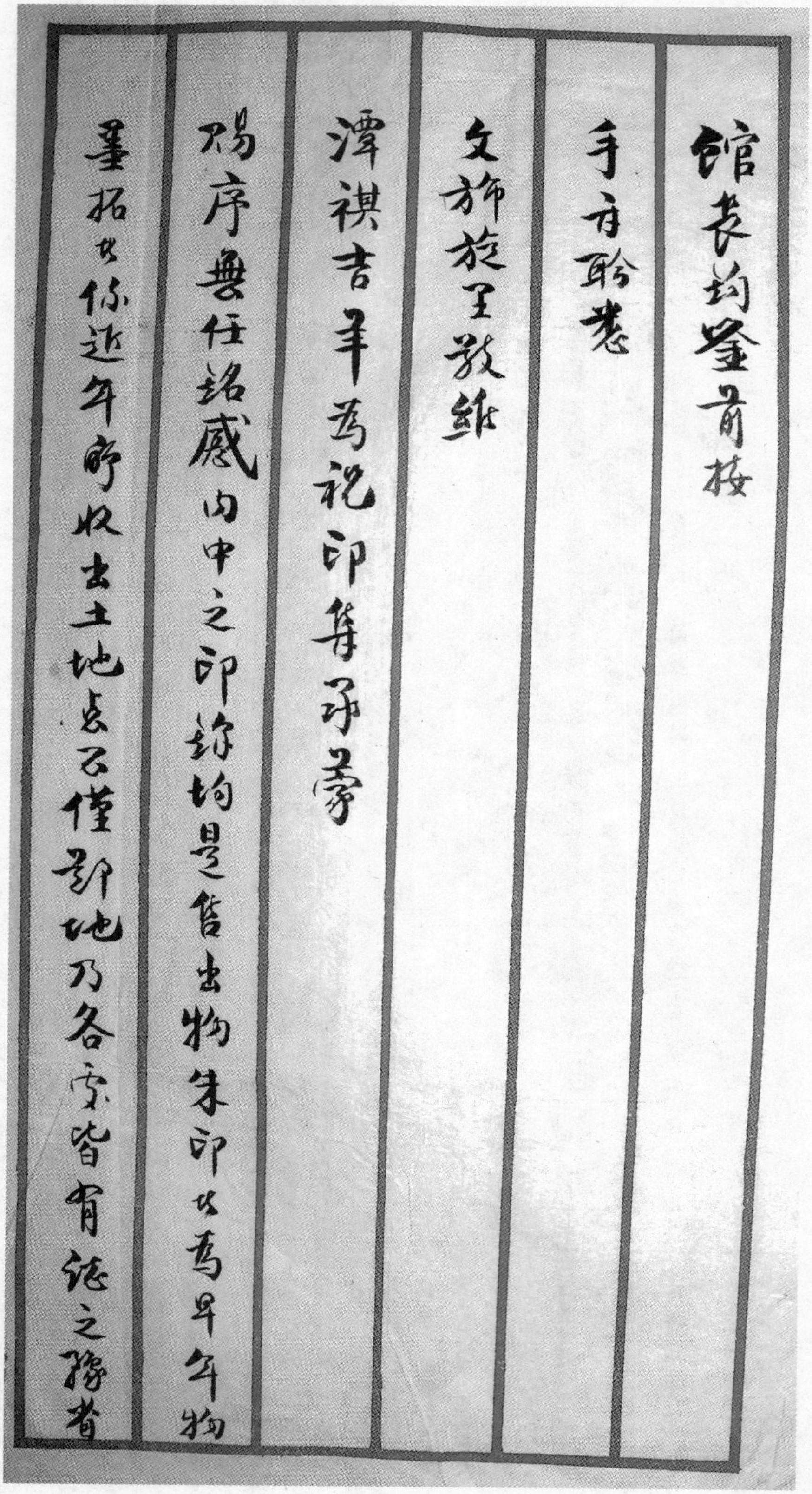
館長鈞鑒：前接
手示，聆悉
文旆旋里，敬維
潭祺吉羊為祝。印集承蒙
賜序，無任銘感。內中之印跡均是舊出物，朱印者為早年物，
墨拓者係近年所收，出土地點不僅鄒地，乃各處皆有，流之豫者

此君多耳言寄呈古官印拓片式張又一長印係東梧二字朱
文依此二字似是地名以獸鈕視之為漢物惟係熟坑無銹拓片
附呈
鑒核指發是之年并附呈唐文釋典片式張乞
鑒賞是否係初印本究竟價值幾何并乞
示知示知能售式百元否敢乞

趙揖武

代為介紹，是感切禱。附奉瀟碧堂集無虎一張，版本寄刻

均仗代借，是盼。錢耳章此奉覆，敬請

均安　後學趙擇成謹啓　八月十八日

再，此印集

陽序後擬印行，用譯版出書，或出讓版權，未知如何為當，更乞

均裁是幸。又啓

書第五通

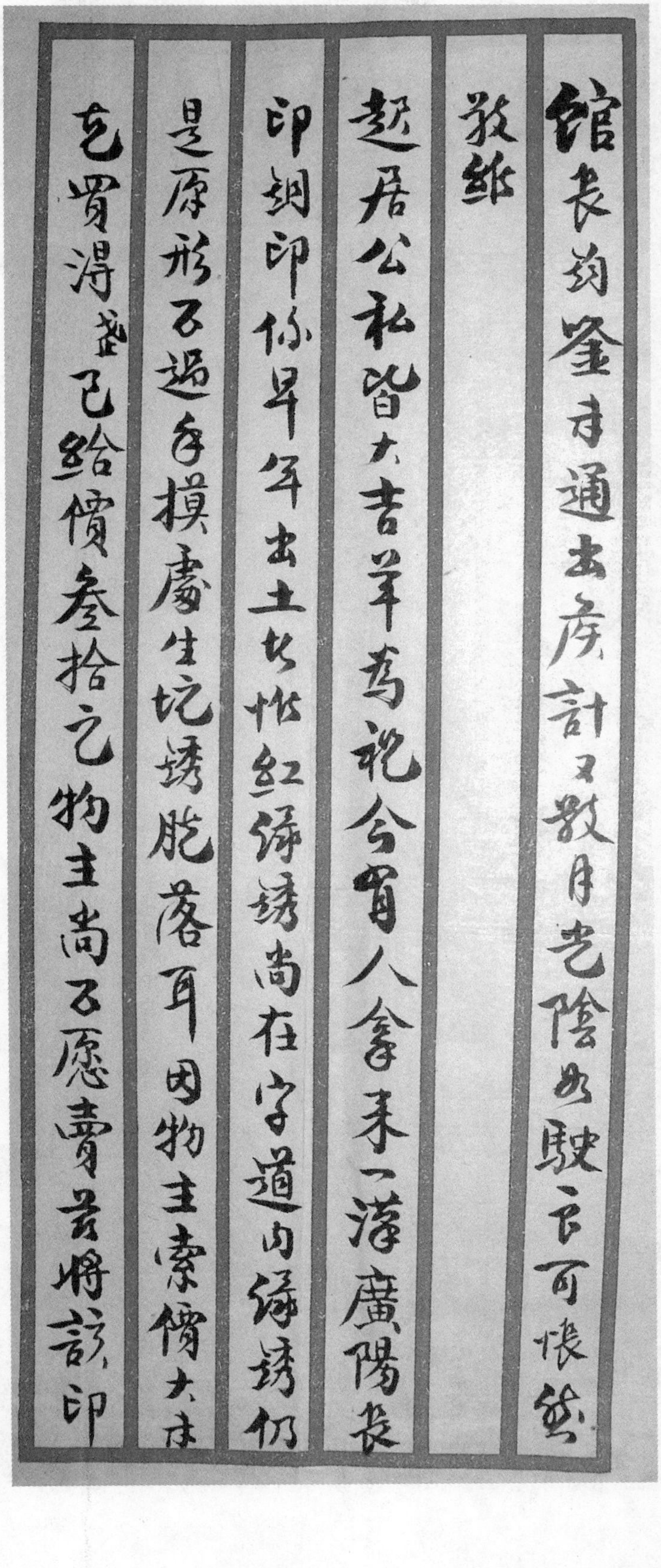

館長鈞鑒手通出府計又數月光陰如駛良可悵然

敬維

起居公私皆大吉羊為祝今有人拿來一漢廣陽長

印銅印係早年出土其帖紅綠銹尚在字道內綠銹仍

是原形不過手摸處生坑銹脫落耳因物主索價大洋

乞買得否已給價叁拾元物主尚不願賣若將該印

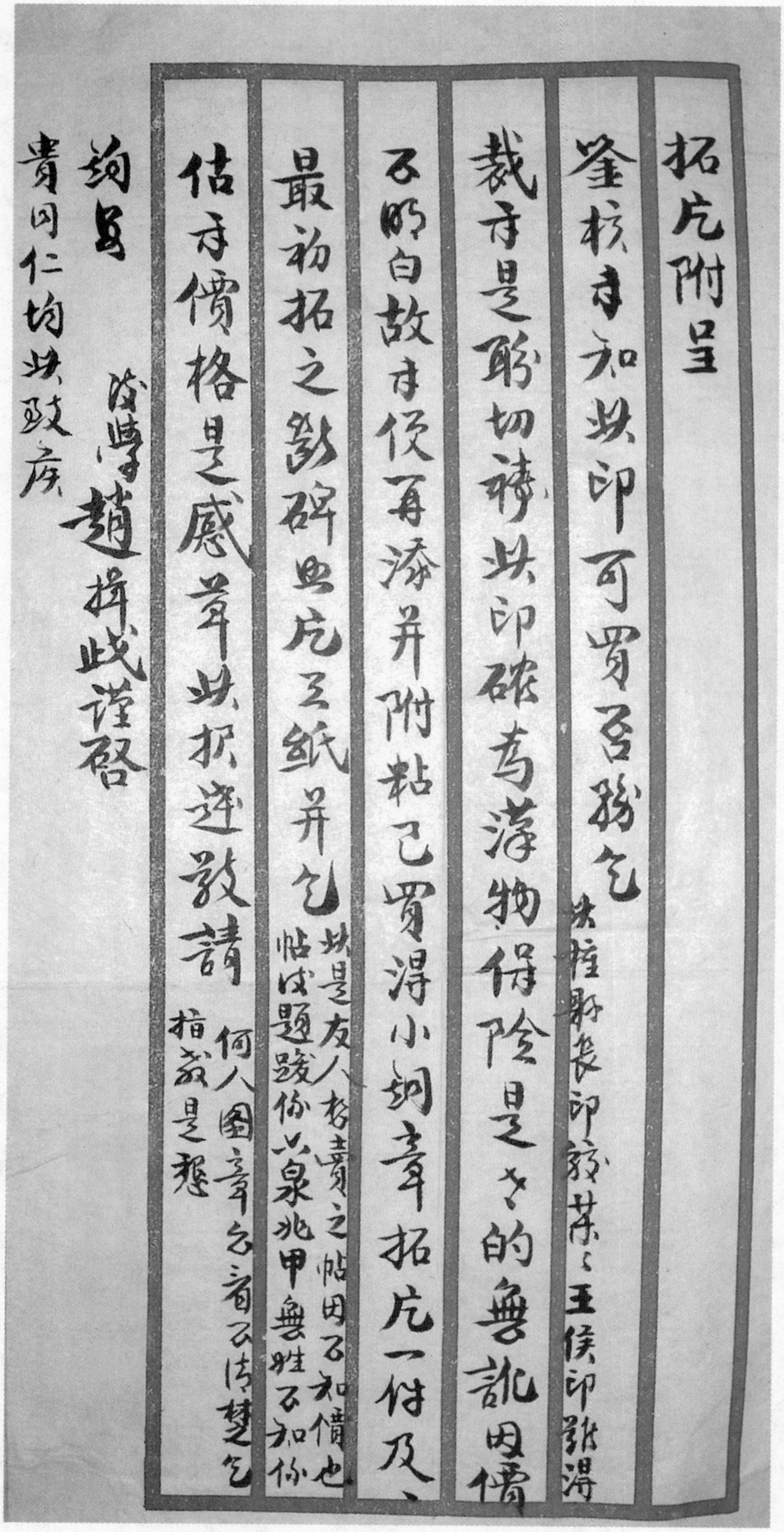

拓片附呈

鑒核亦知此印可買否務乞 此經那長印類某某王侯印能得

裁示是所切禱此印確為漢物但陰是之的無訛因價

不明白故未便再添并附粘已買得小銅章拓片一份及

最初拓之數碑照片三紙并乞 此是友人持賣之帖因不知價也 帖後題跋係六泉兆甲無姓不知係

估示價格是感草此祗達敬請 何人圖章乞首示清楚乞 指教是懇

均安

後學趙捧戩謹啟

貴同仁均此致候

封第一件

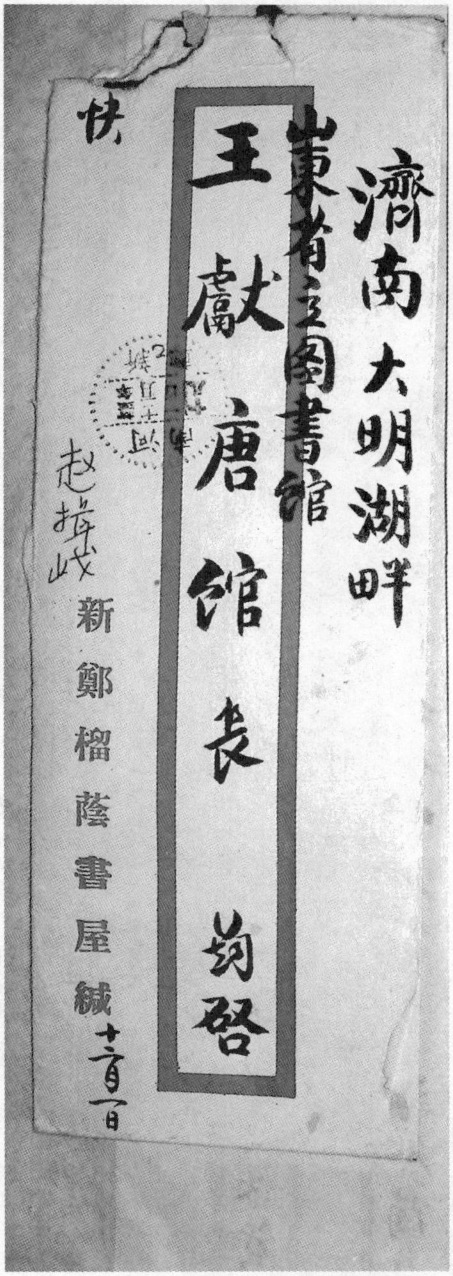
快
濟南大明湖畔
山東省立圖書館
王獻唐館長 鈞啓
赵揖武
新鄭榴蔭書屋緘
十二月一日

封第二件

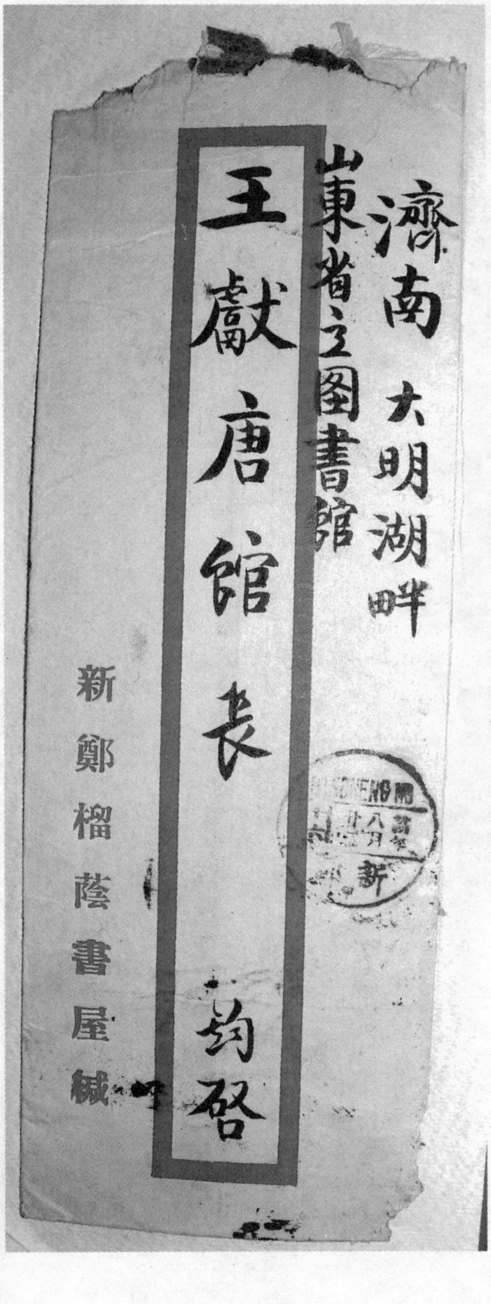
濟南大明湖畔
山東省立圖書館
王獻唐館長 鈞啓
新鄭榴蔭書屋緘

封第三件

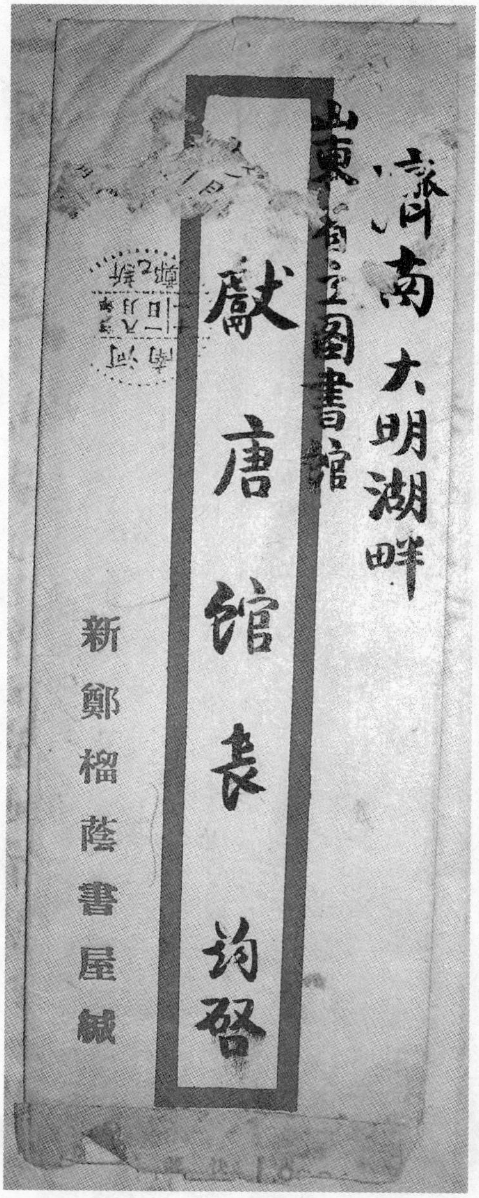

封第四件

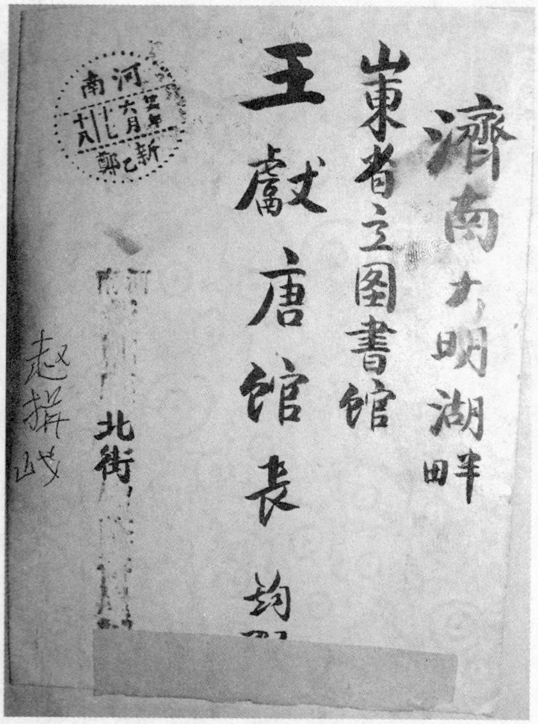

九十　王湘岑 書二通　封二件

書第一通

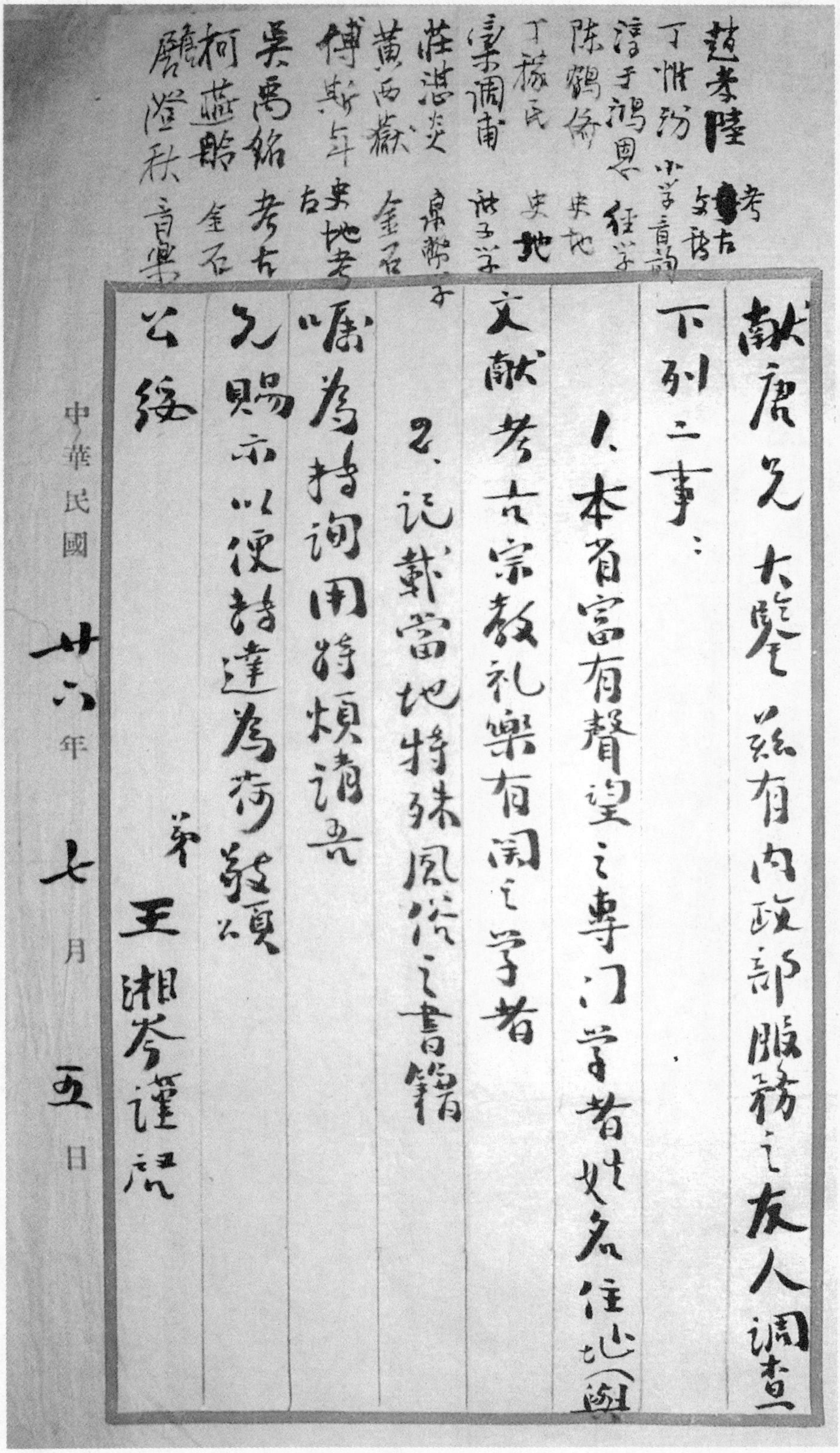

趙孝陸　考古　文字
丁惟汾　小學音韻
淳于鴻恩　經學
陳鶴侪　史地
丁蘇民　史地
欒調甫　諸子學
莊陔炎　泉幣學
黃西嶽　金石
傅斯年　史地考古
吳禹銘　考古
柯燕舲　金石
臧澄秋　音樂

獻唐兄大鑒：茲有內政部服務之友人調查下列二事：
1. 本省富有聲望之專門學者姓名住址（附）文獻考古宗教禮樂有關之學者
2. 記載當地特殊風俗之書籍
囑為特詢，用特煩請吾兄賜示，以便轉達為荷。敬頌
公綏
弟王湘岑謹啟
中華民國廿六年七月五日

書第二通

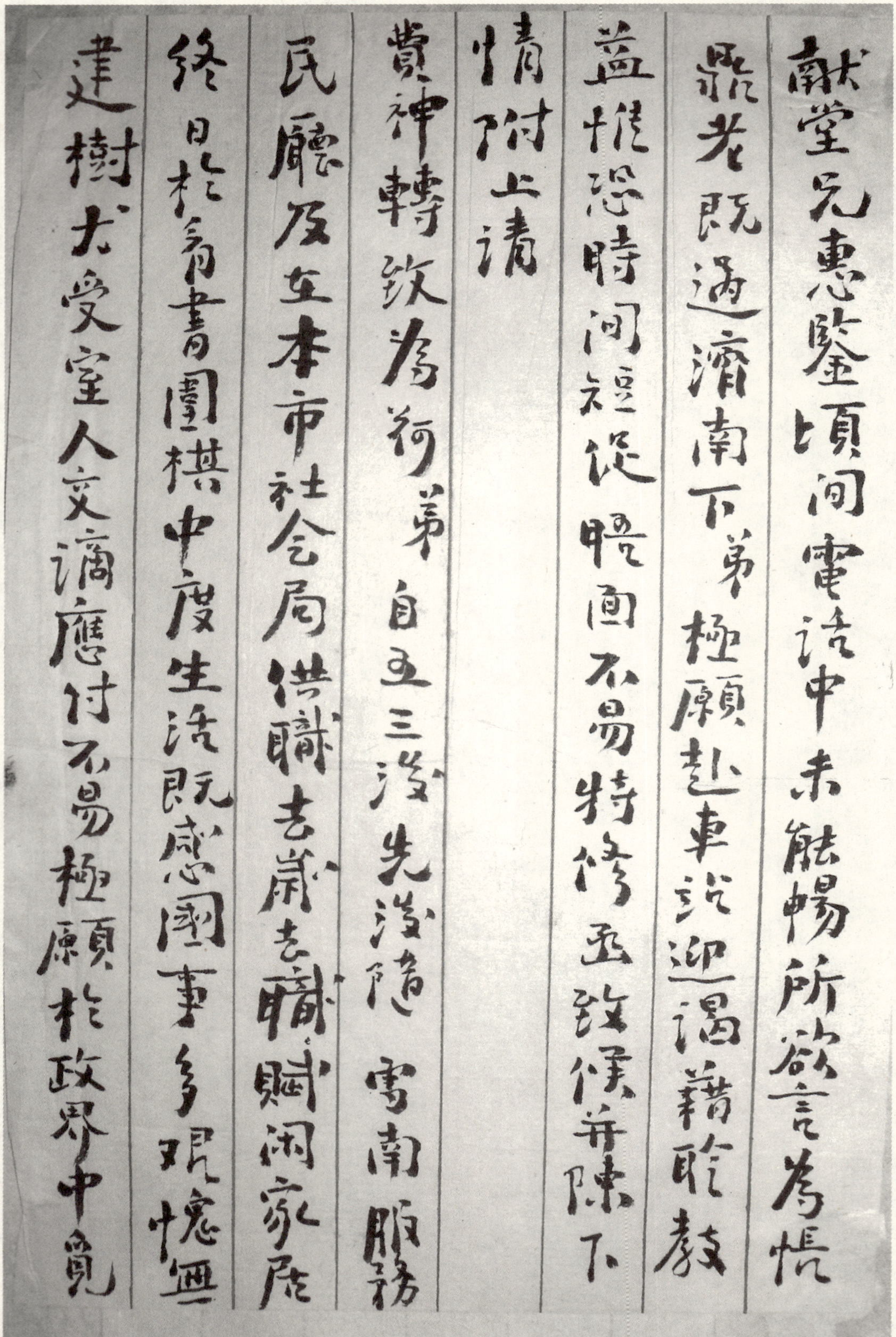
獻堂兄惠鑒：頃間電話中未能暢所欲言為憾。
鼎老既過濟南下，弟極願赴車站迎謁，藉聆教
益，祇恐時間短促，晤面不易，特修函致候，并陳下
情，附上請
費神轉致為荷。弟自五三後先後隨雪南服務
民廳及本市社會局，供職去歲去職，賦閒家居
終日於詩書圍棋中度生活，既感國事多艱，愧無
建樹，尤受室人交謫，應付不易，極願於政界中覓

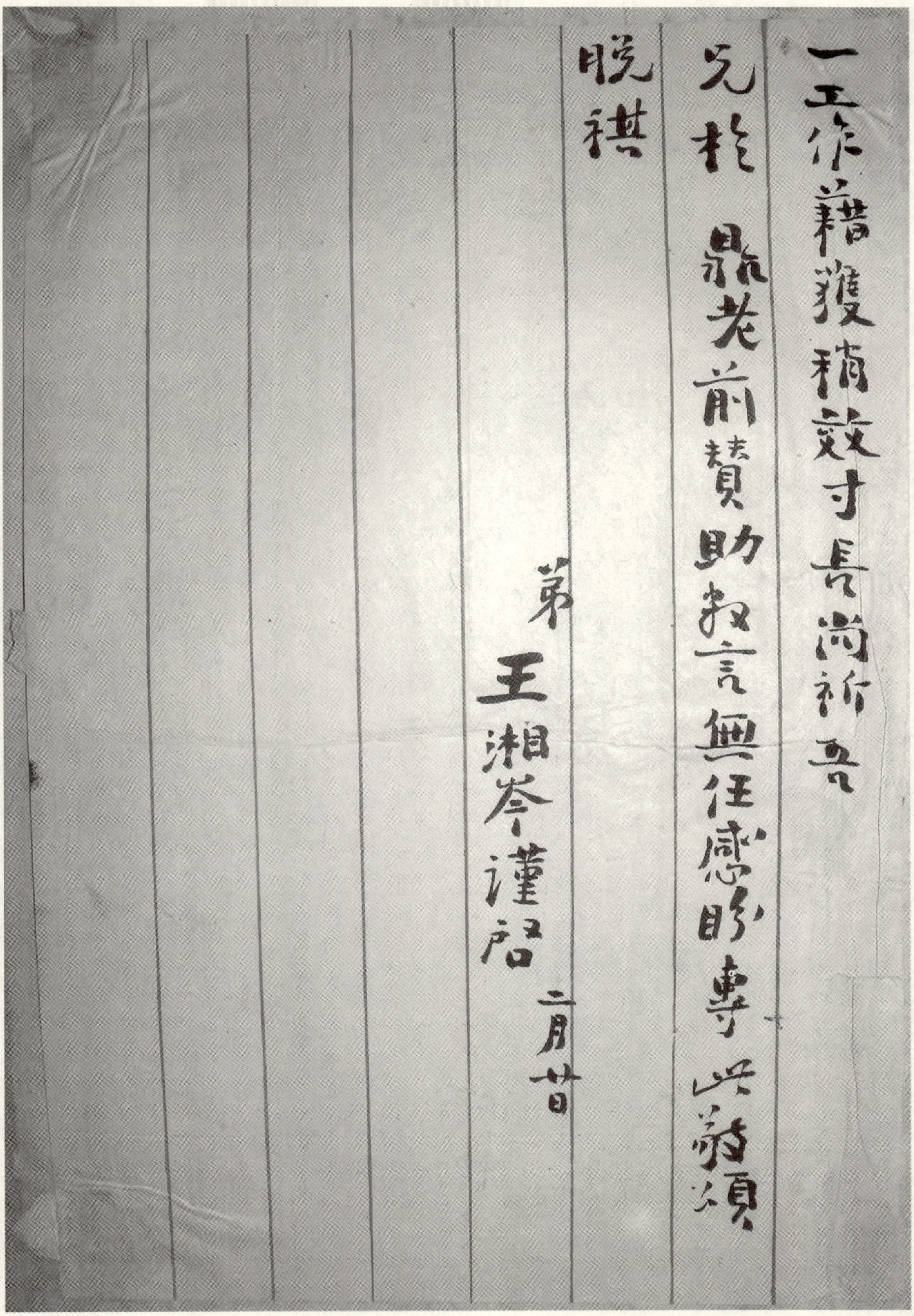

一工作藉獲稍效寸長尚祈吾
兄於鼎老前贊助數言無任感盼專此敬頌
晚祺
弟王湘岑謹啟 二月廿

封第一件

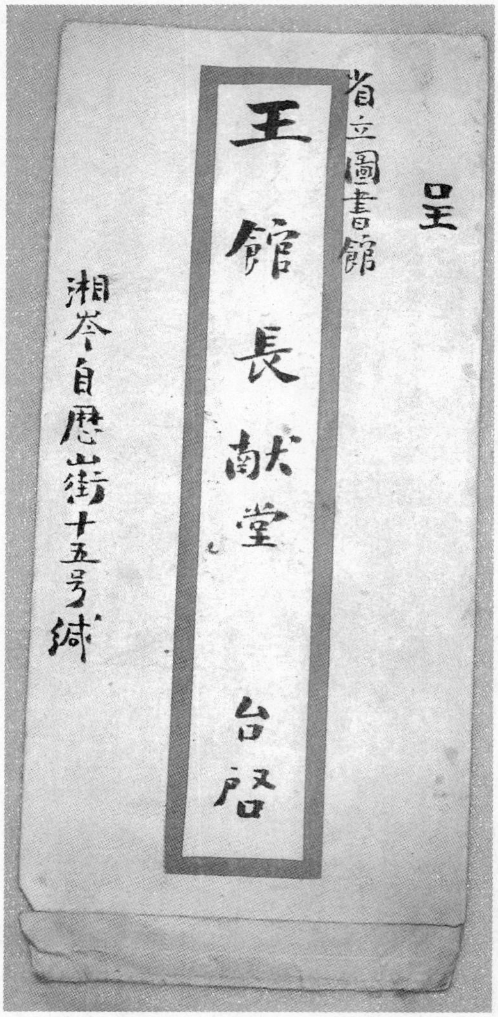

封第二件

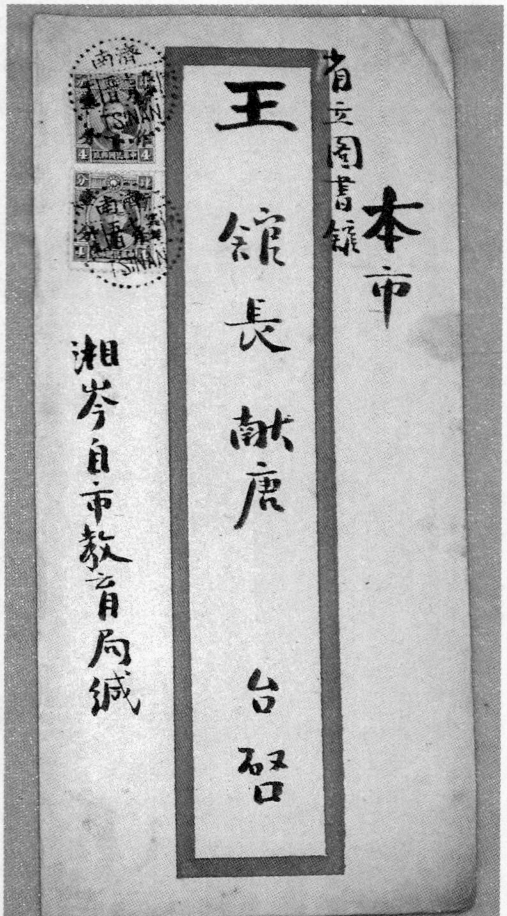

九十一 胡善長 書二通 封二件

書第一通

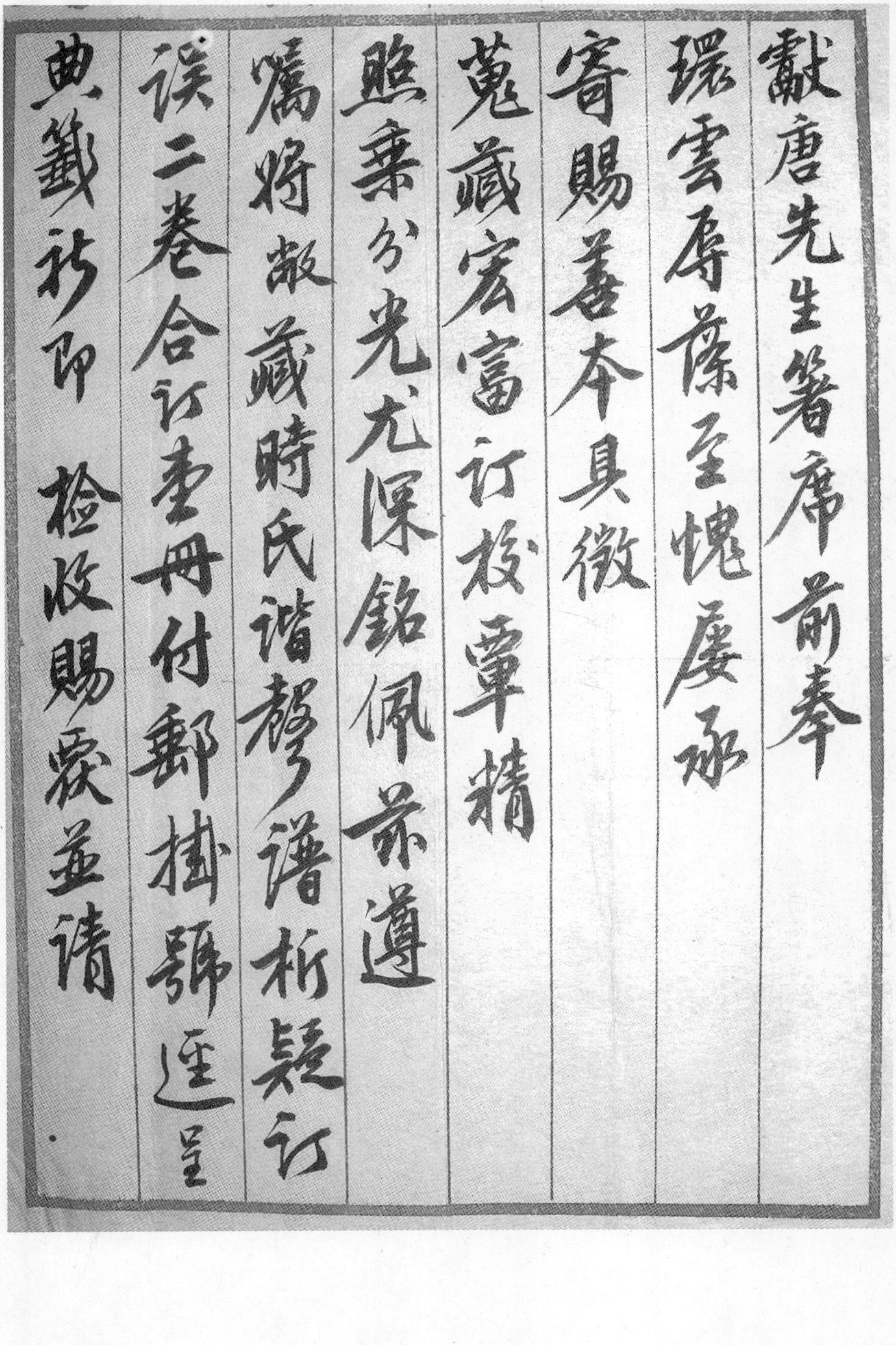

獻唐先生箸席前奉
環雲辱蒙至愧屢承
寄賜善本具徵
蒐藏宏富訂校覃精
照乘分光尤深銘佩茲遵
囑將敝藏時氏譜轉譜析疑訂
誤二卷合訂壹冊付郵掛號逕呈
典籤祈即 檢收賜覆並請

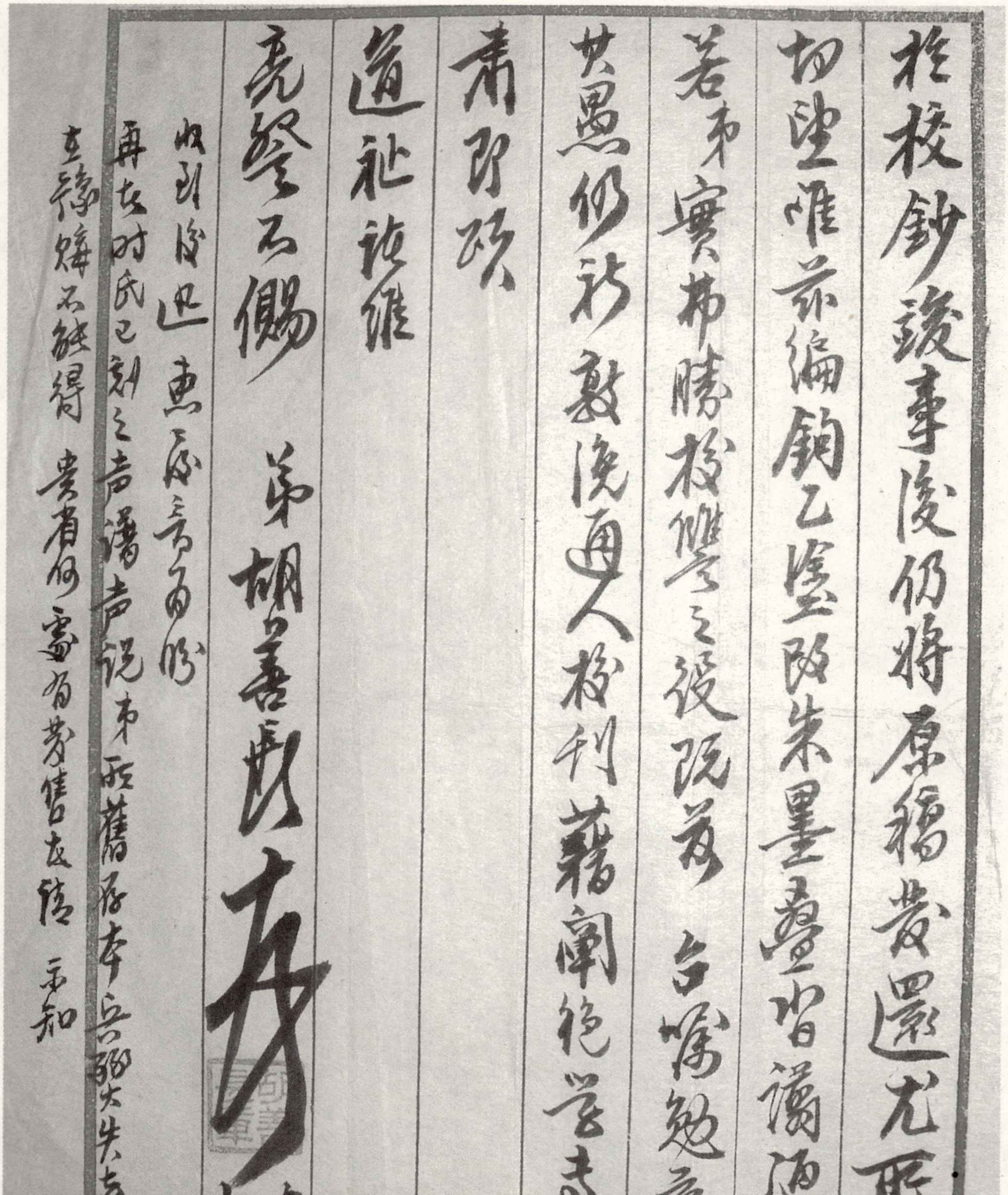

於校鈔竣事後仍將原稿發還尤所

切望惟前編鈞已照改朱墨叠出識語

若弟實補勝校讐之後既蒙　台端恕貢

其愚仍於數後再人校刊藉闡絕學者

甫即頌

道祉諸維

亮察不備　弟胡善恒頓首　十六、

收到後並惠示言明

再友好氏已刻之声譜声說弟所藉存本已弱失矣

至錄嗨不能得　貴省何處有賣售者請　示知

書第二通

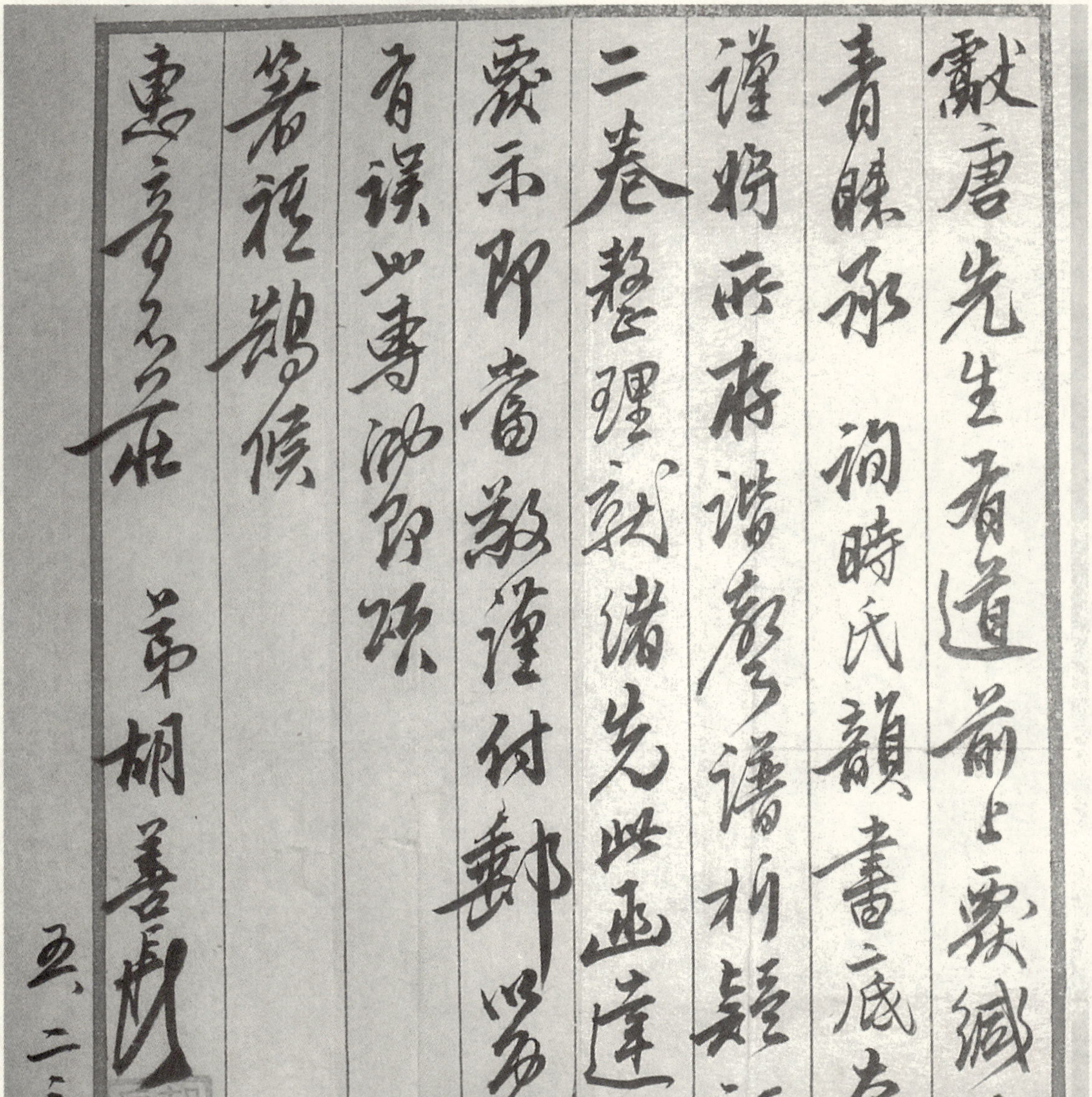
獻唐先生有道：前上一緘，諒邀
青睞。承 詢時氏韻書底本，亦
謹將所存諧聲譜、析疑、訂誤
二卷整理就緒，先此函達，俟奉
覆示，即當敬謹付郵，以免 洪喬
有誤也。專此即頌
著祺，鵠候
惠音，不莊。 弟胡善長謹
五、二三

胡善長

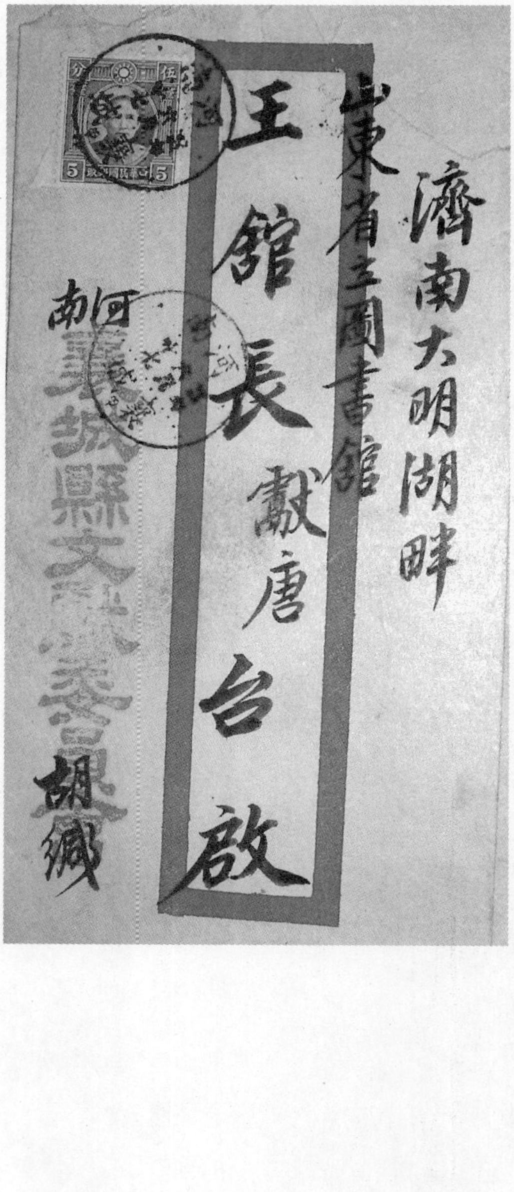
濟南大明湖畔
山東省立圖書館
王館長獻唐台啟
河南
胡緘

封第一件

山東濟南大明湖畔
山東省立圖書館
王館長獻唐台啟
河南襄城縣修志胡緘

封第二件

九十二 余超

書一通 封一件

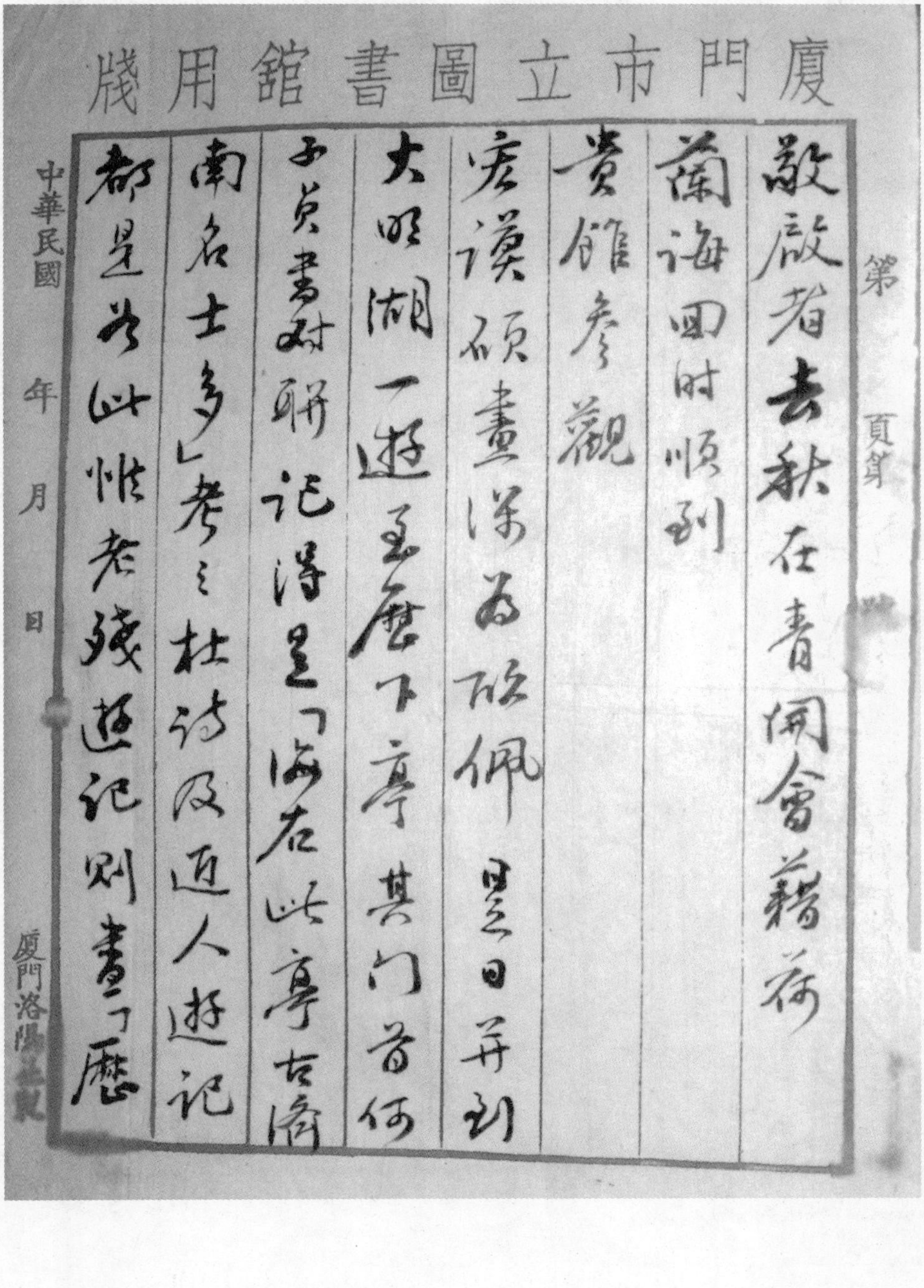

廈門市立圖書館用箋

第　頁

敬啟者去秋在青島會藉荷

蘭海回時順到

貴館參觀

宏漢碩畫深為欽佩 是日并到

大明湖一遊至歷下亭 其門首仿

于貞書對聯記得是「海右此亭古濟

南名士多」考之杜詩及近人游記

都是於此惟老殘遊記則書「歷

中華民國　年　月　日

廈門洛陽□製

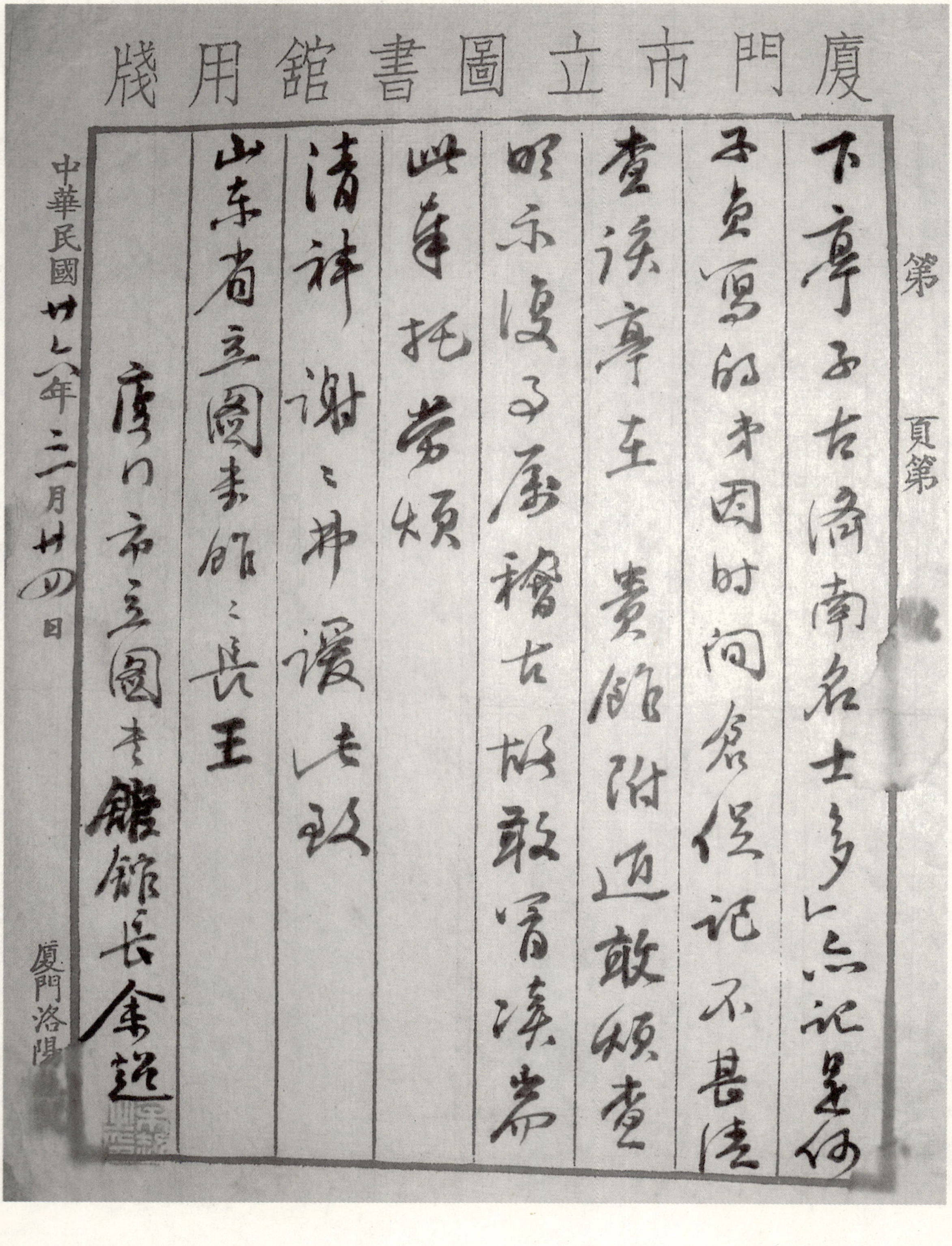

廈門市立圖書館用箋

第　頁第

下亭子古濟南名士多〻点記是何子忘寫的未因時間倉促記不甚清查該亭在貴館附近敢煩查明示復爲廈稽古城敢冒瀆希此事托勞煩清神謝〻神讓長致

山東省立圖書館〻長王

廈門市立圖書館館長余超

中華民國廿七年三月廿四日

廈門洛陽

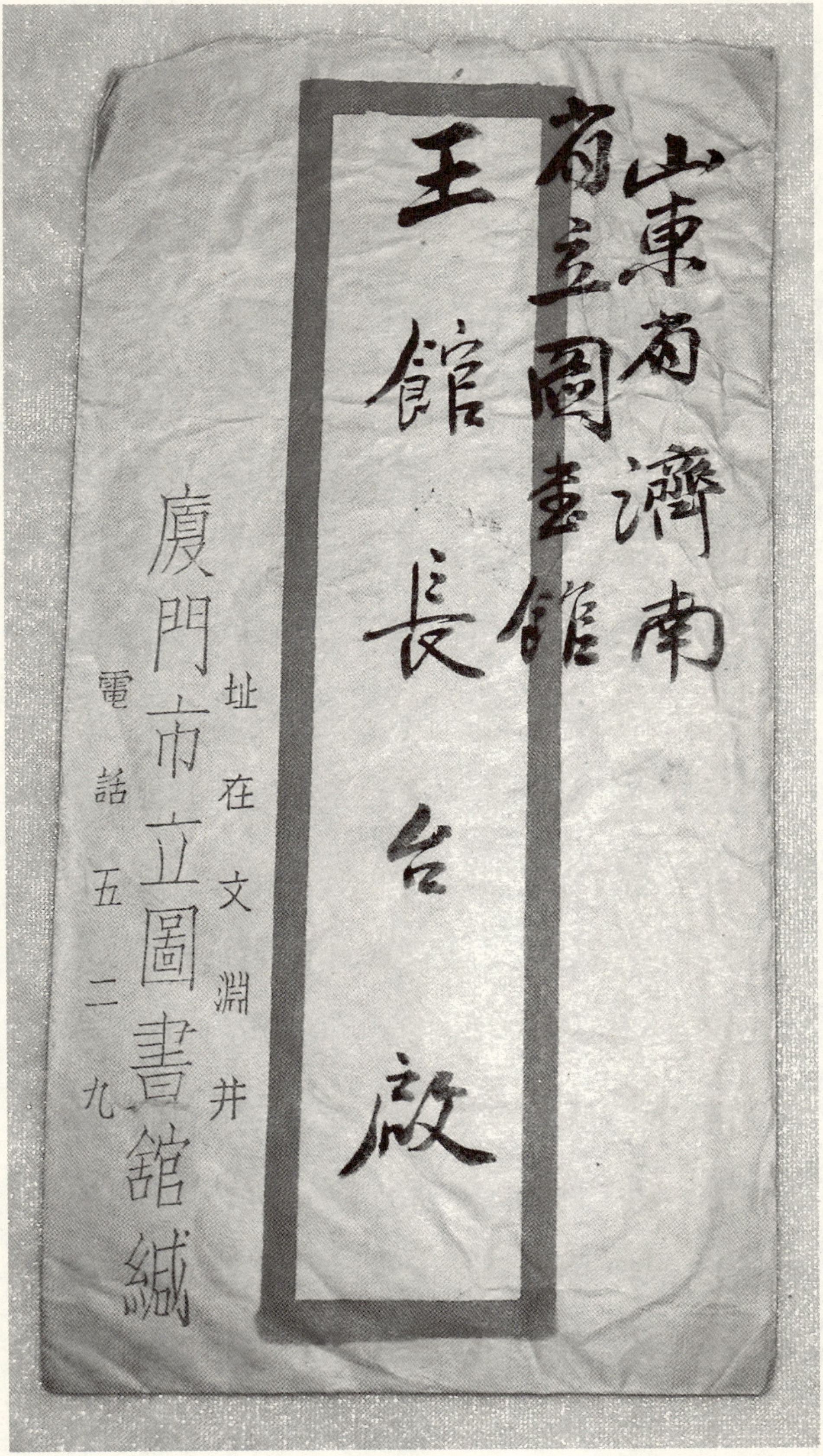
山東省濟南
省立圖書館
王館長台啟
址在文淵井
廈門市立圖書館緘
電話五二九

九十三　陳藴奇

書一通

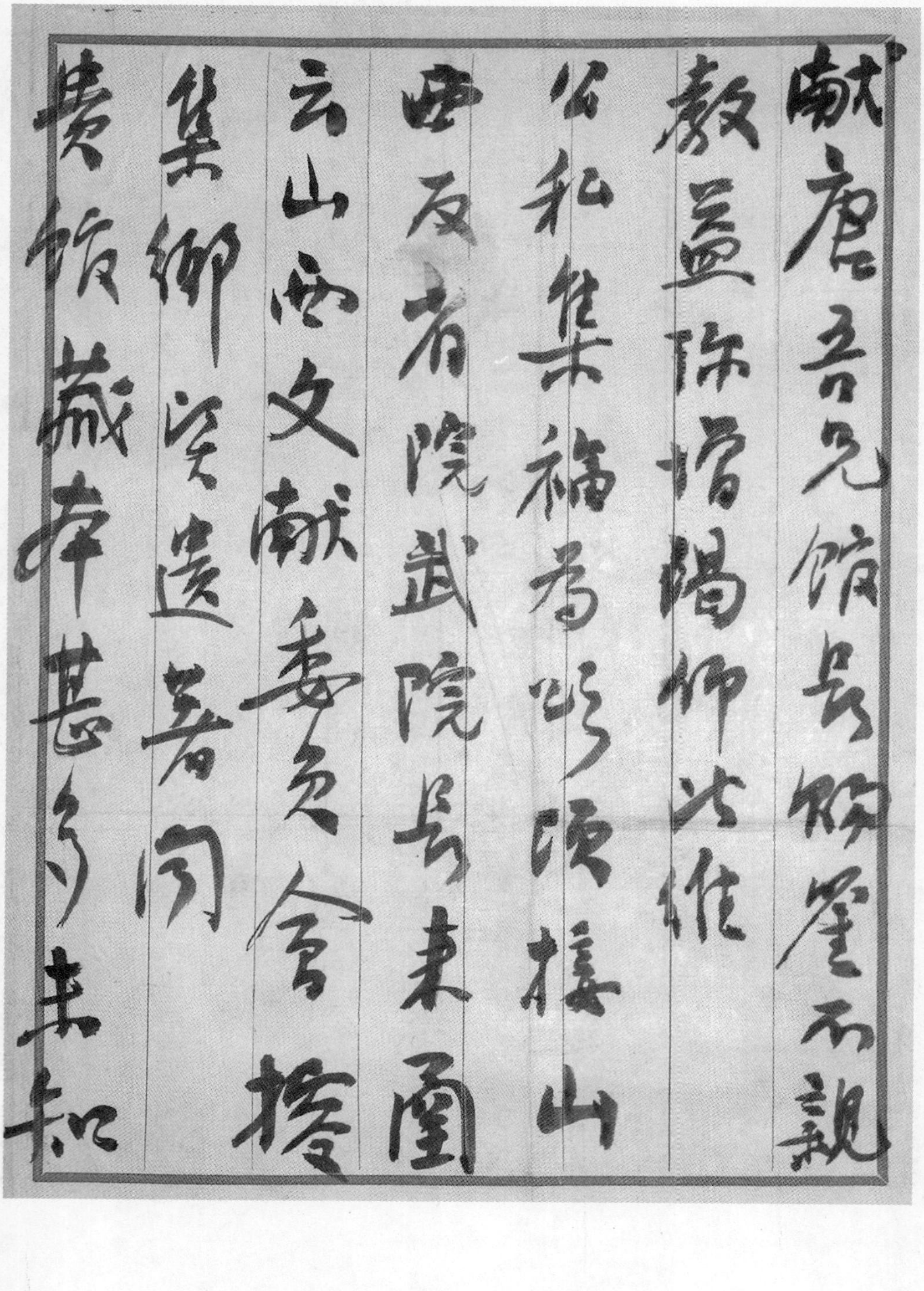

獻唐吾兄館長執事：不親
教益，殊增渴仰。比維
公私集福為頌。頃接山
西反省院武院長來函，
云山西文獻委員會擬
集鄉賢遺著，聞
貴館藏本甚多，未知

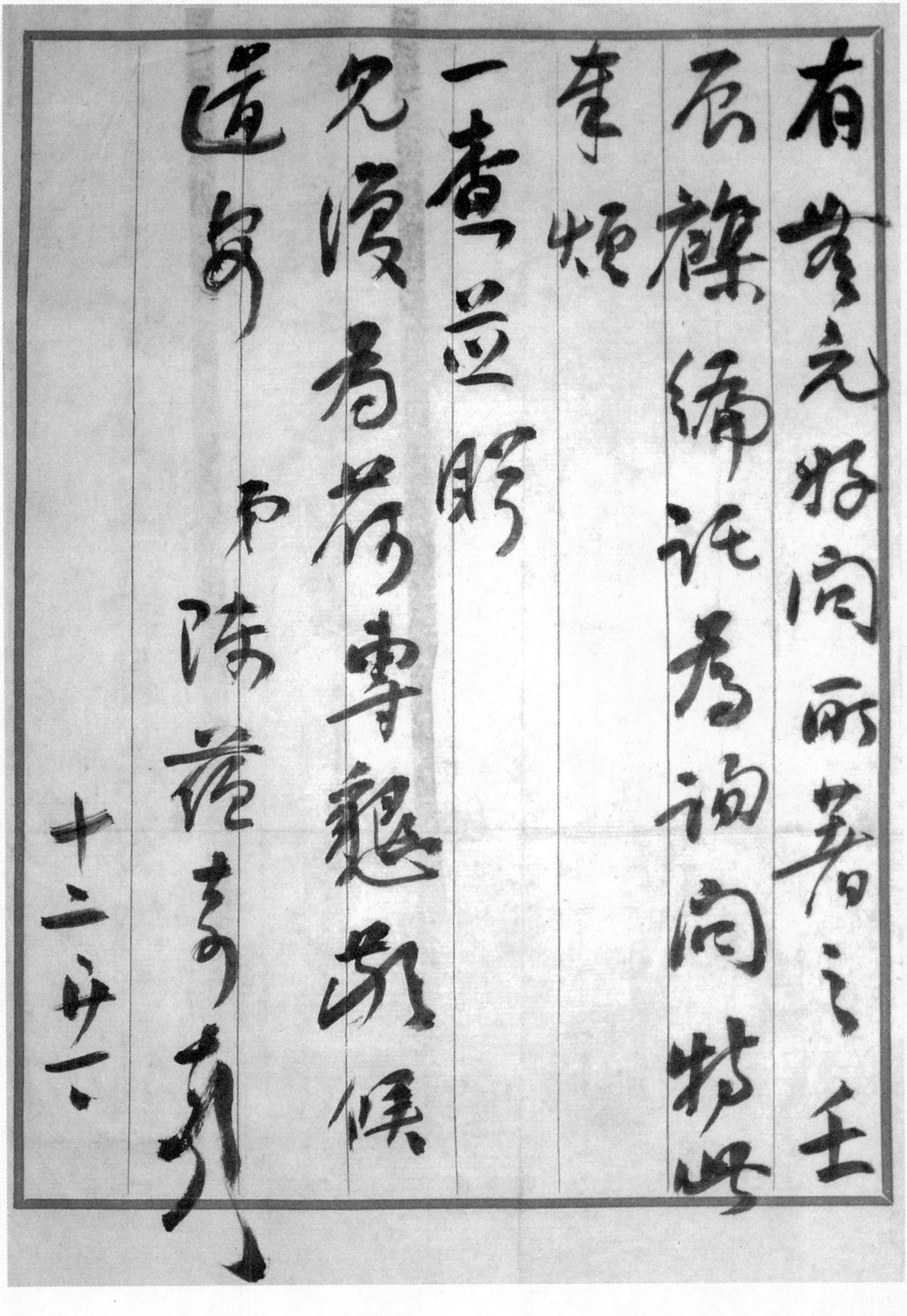
有黄元將向所著之壬
辰纂編託為詢問特此
奉煩
一查並盼
兄復為荷專懇敬候
道安
弟陳蘊奇頓
十二廿八

陳蘊奇

九十四　周漢光

書一通　封一件

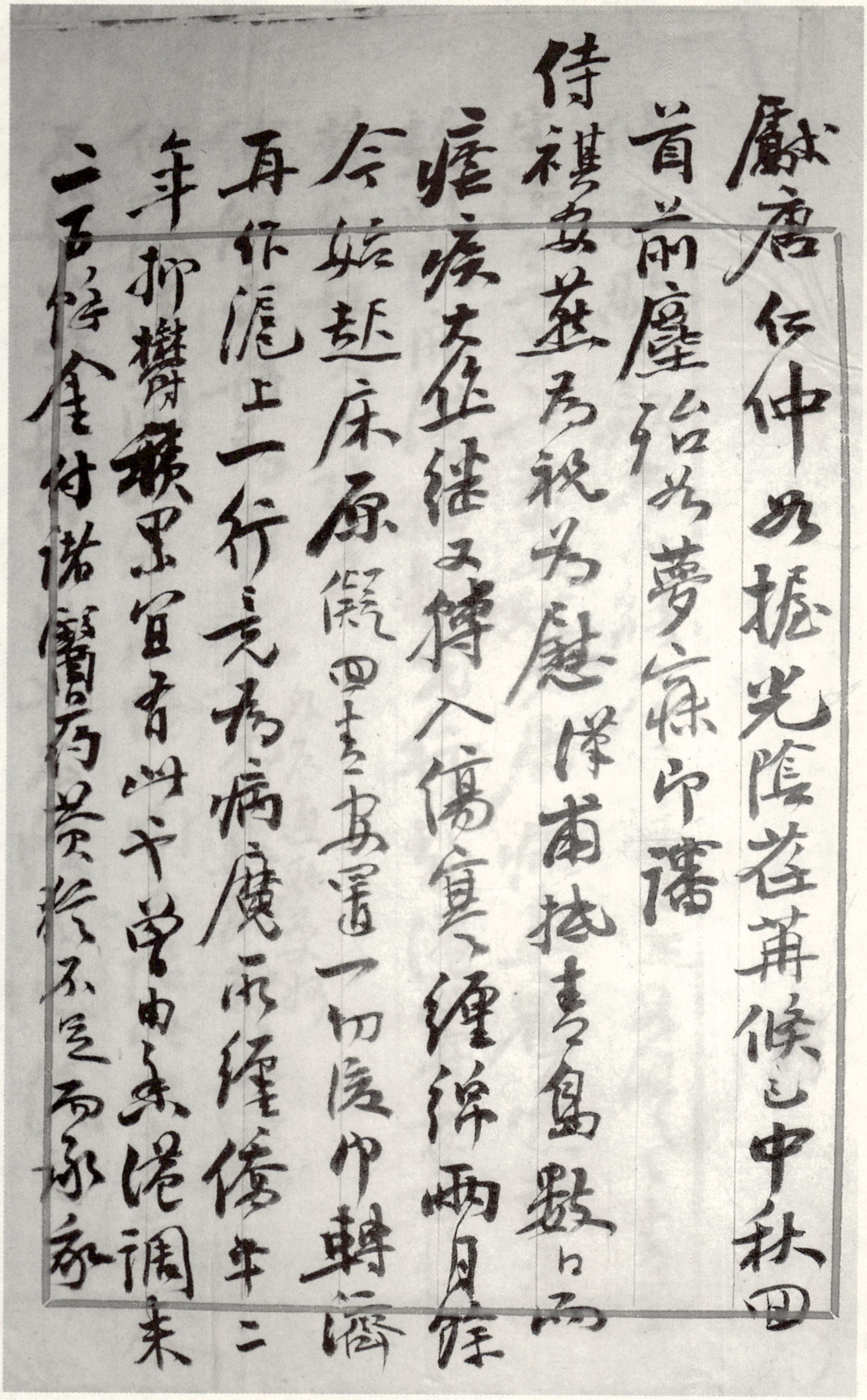

獻唐仁仲如握光陰荏苒倏已中秋回
首前塵殆如夢寐[illegible]
侍祺安燕為祝為慰漢甫抵青島數日而
瘧疾大作繼又傷寒經綿兩月餘
令姑赴床原[illegible]四十七安置一切經[illegible]轉[illegible]
再作滬上一行竟為病魔所纏[illegible]半二
年抑鬱積累宜有此[illegible]由來滬調未
二百餘金付諸醫藥[illegible]於不足而家[illegible]

仲通融之款尚未能及時歸還兄所借之書畫
生活至為異常艱難久居病痛益應速計畫
趁此間開港輪船先行赴港籌一筆經
費俾長久之計為是
仲能否再為通融四五十元以作路費深知
外為通融安好
仲處清簡我但求比較此間可得此真安之人
不得不呼將伯之助也不情之處候乞
鑒諒不勝翹企盼禱之殷太古怡和近三四

周漢光

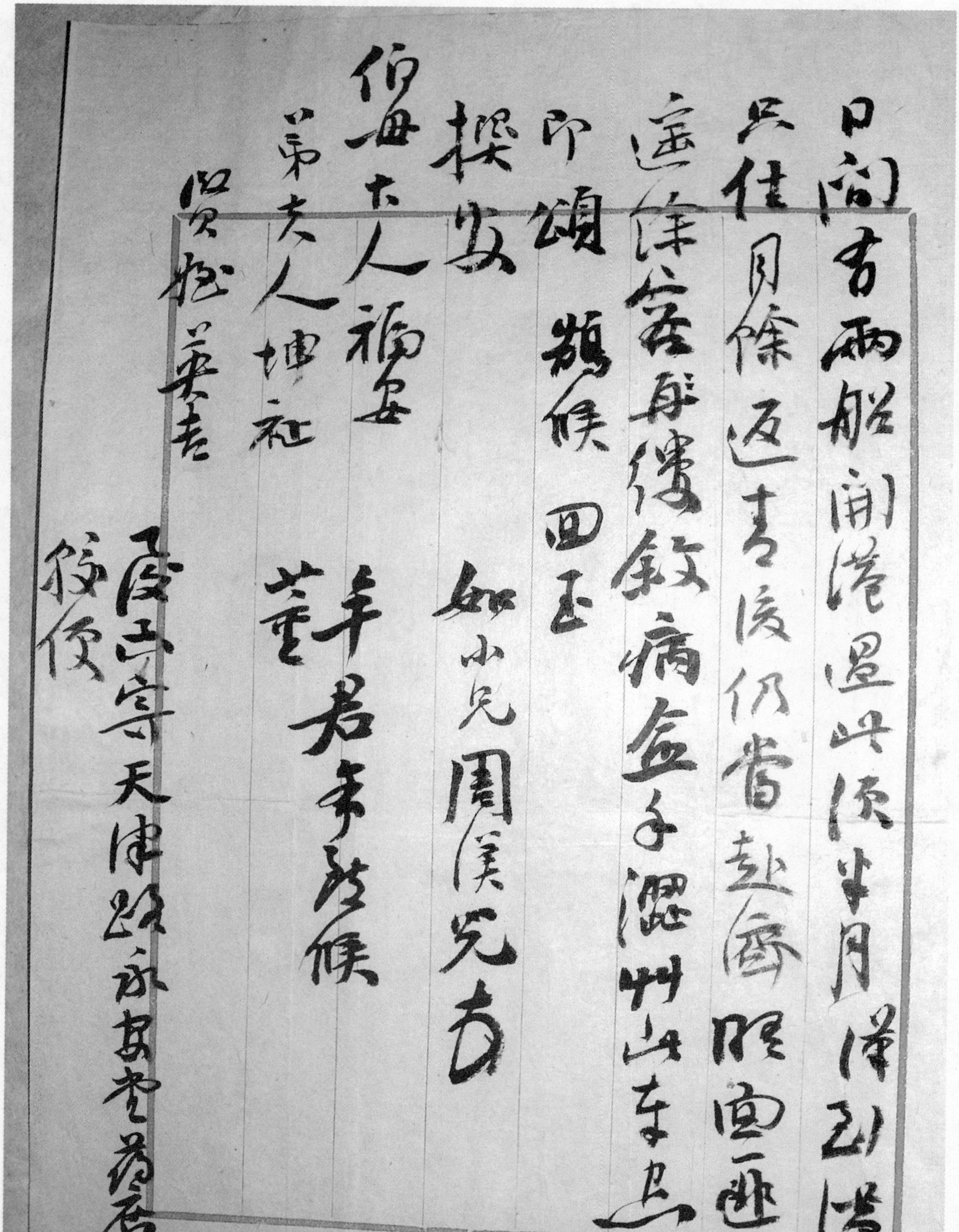

日間有兩船開港，遲些須半月得到港。
只佳貝餘返青後，仍當赴魯晤面一述。
途經公舍，尊傳鈫病在濼州山東也。
即頌
雅候 四玉
撰安 如小兄周渼兄書
伯母大人福安 年君弟敬候
弟夫人坤祉 並
賢姪英吉
復函寄天津路永安堂藥店
轉便

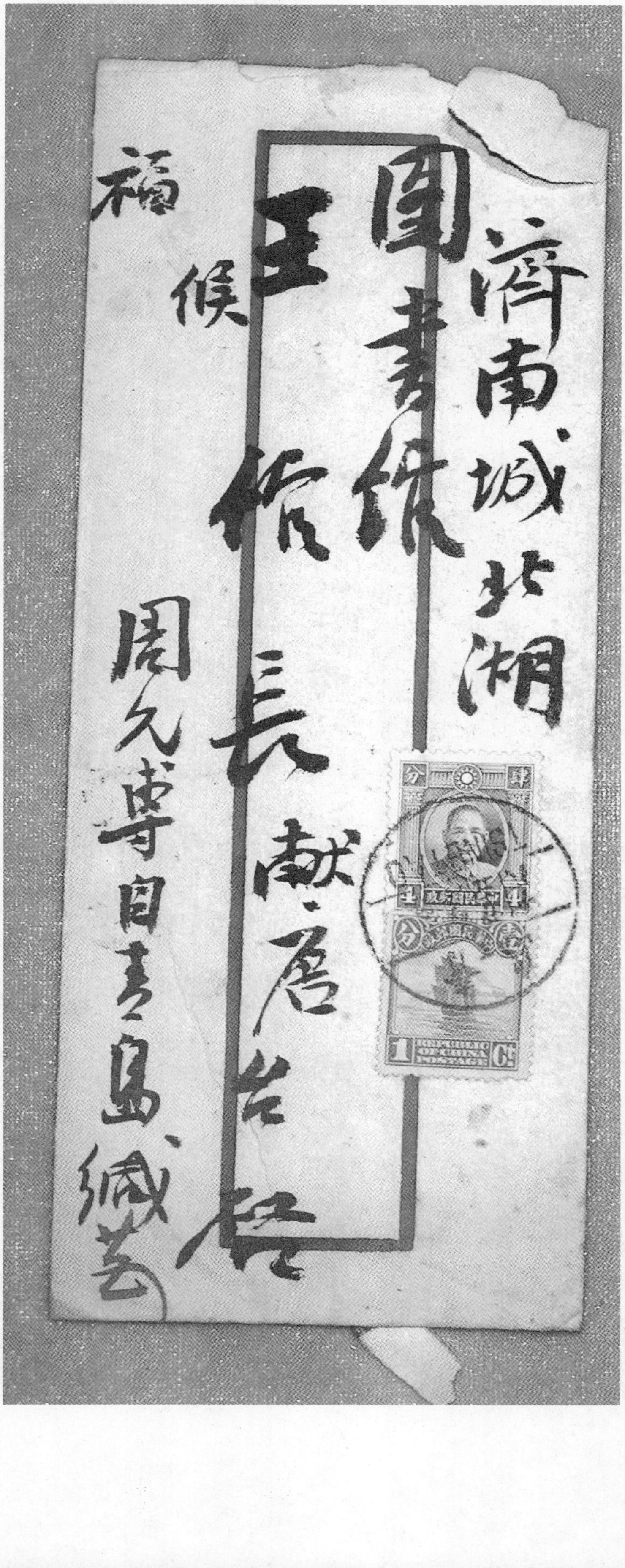
濟南城北湖
圖書館
王館長獻唐台啓
REPUBLIC OF CHINA POSTAGE

九十五 劉銓法

書二通 封一件

書第一通

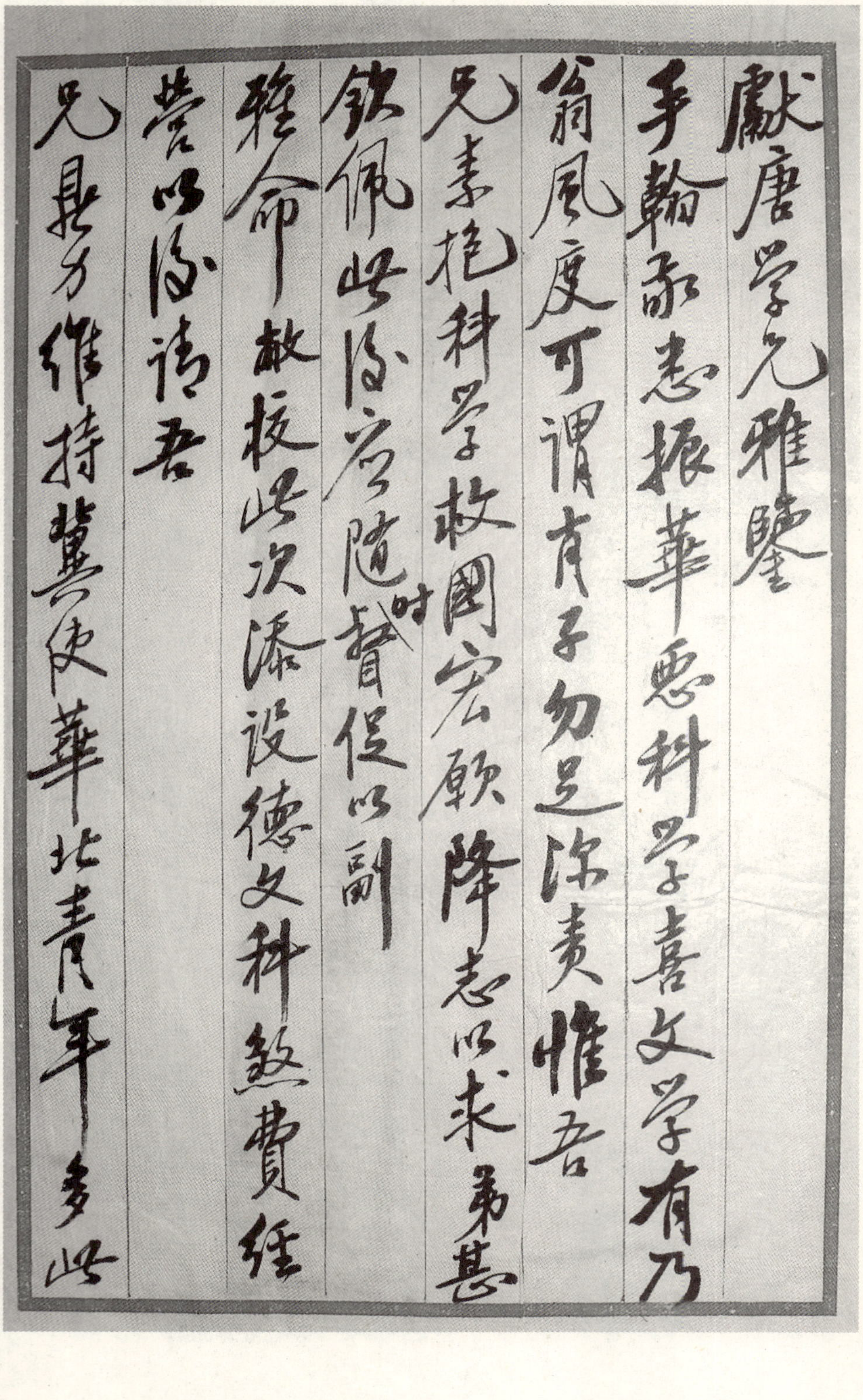
獻唐學兄雅鑒

手翰敬悉振華惡科學喜文學有乃

翁風度可謂有子勿足深責惟吾

兄素抱科學救國宏願降志以求弟甚

欽佩將以隨時督促以副

雅命 敝校將次添設德文科經費經

營以後請吾

兄竭力維持冀使華北青年多將

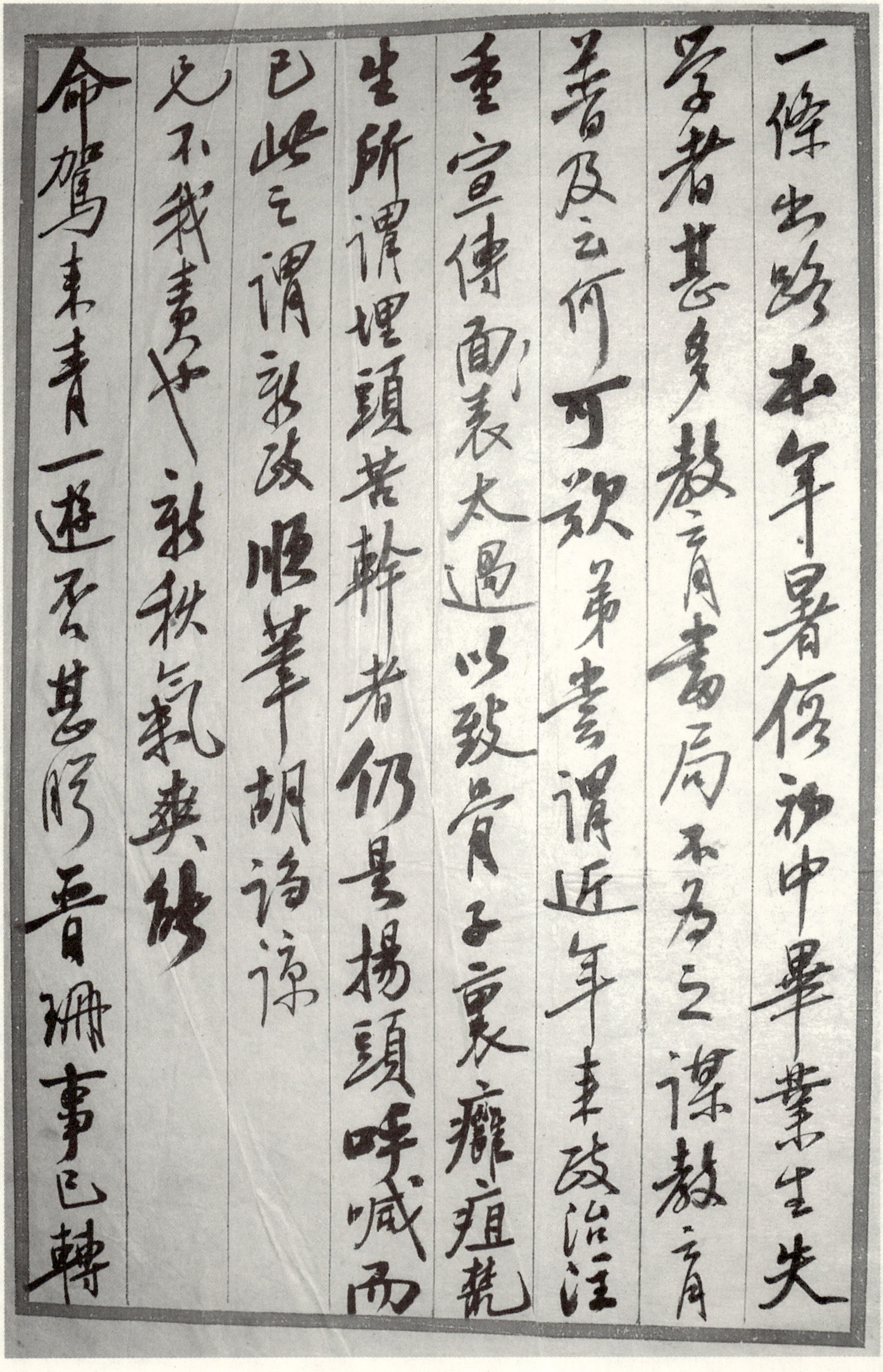
一條出路。本年暑假初中畢業生失
學者甚多，教育當局不為之謀，教育
普及云何？可歎！第書謂近年來政治注
重宣傳，面表太過，以致骨子裏癱瘓。先
生所謂埋頭苦幹者，仍是揚頭呼喊而
已。此之謂新政，信筆胡謅，諒
兄不我責也。新秋氣爽，維
命駕來青一遊否？甚盼。晉珊事已轉

劉銓法

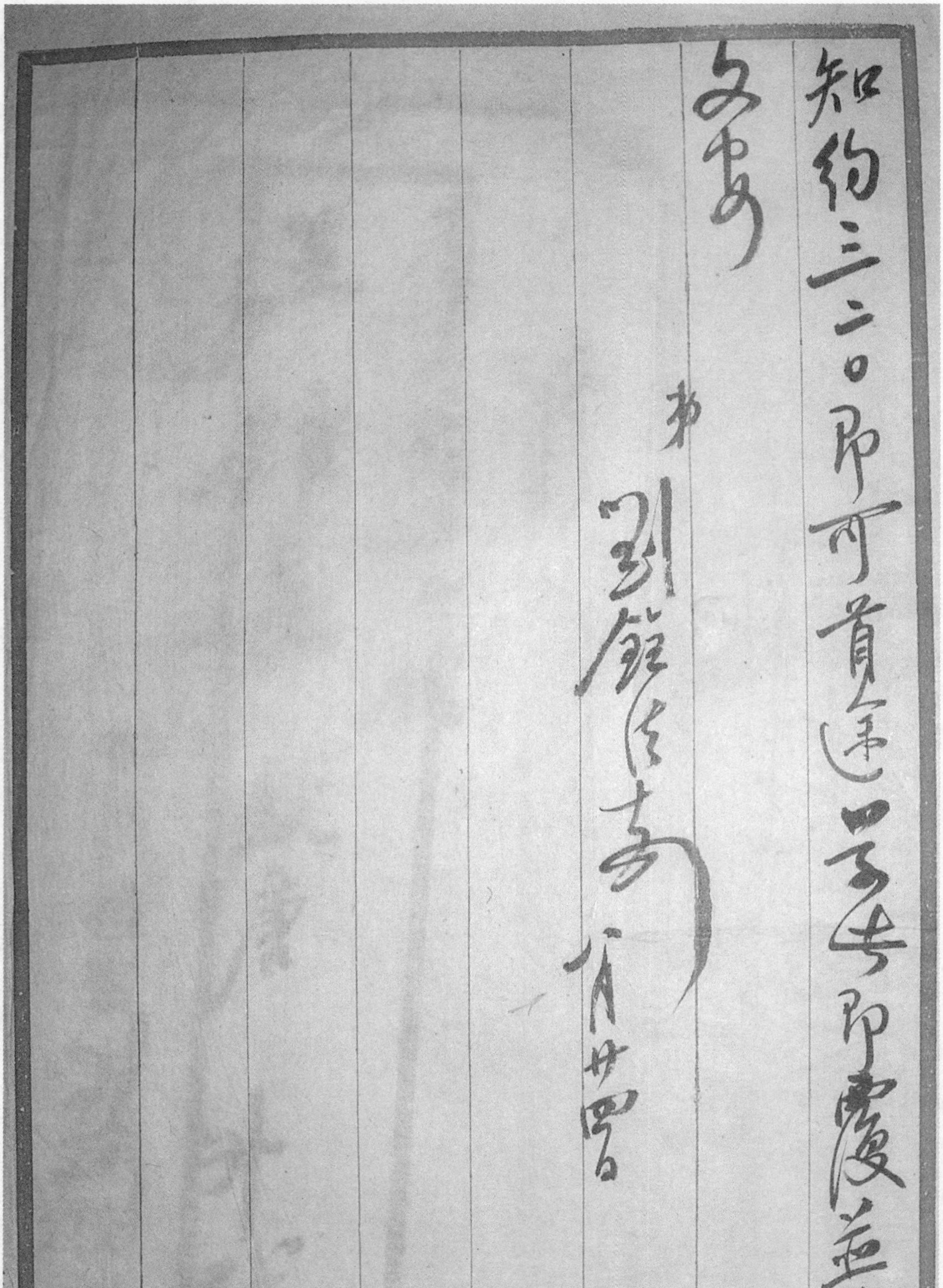
知約三二日即可首途四[illegible]安即覆並請
文安
弟 劉銘傳頓首
八月廿四

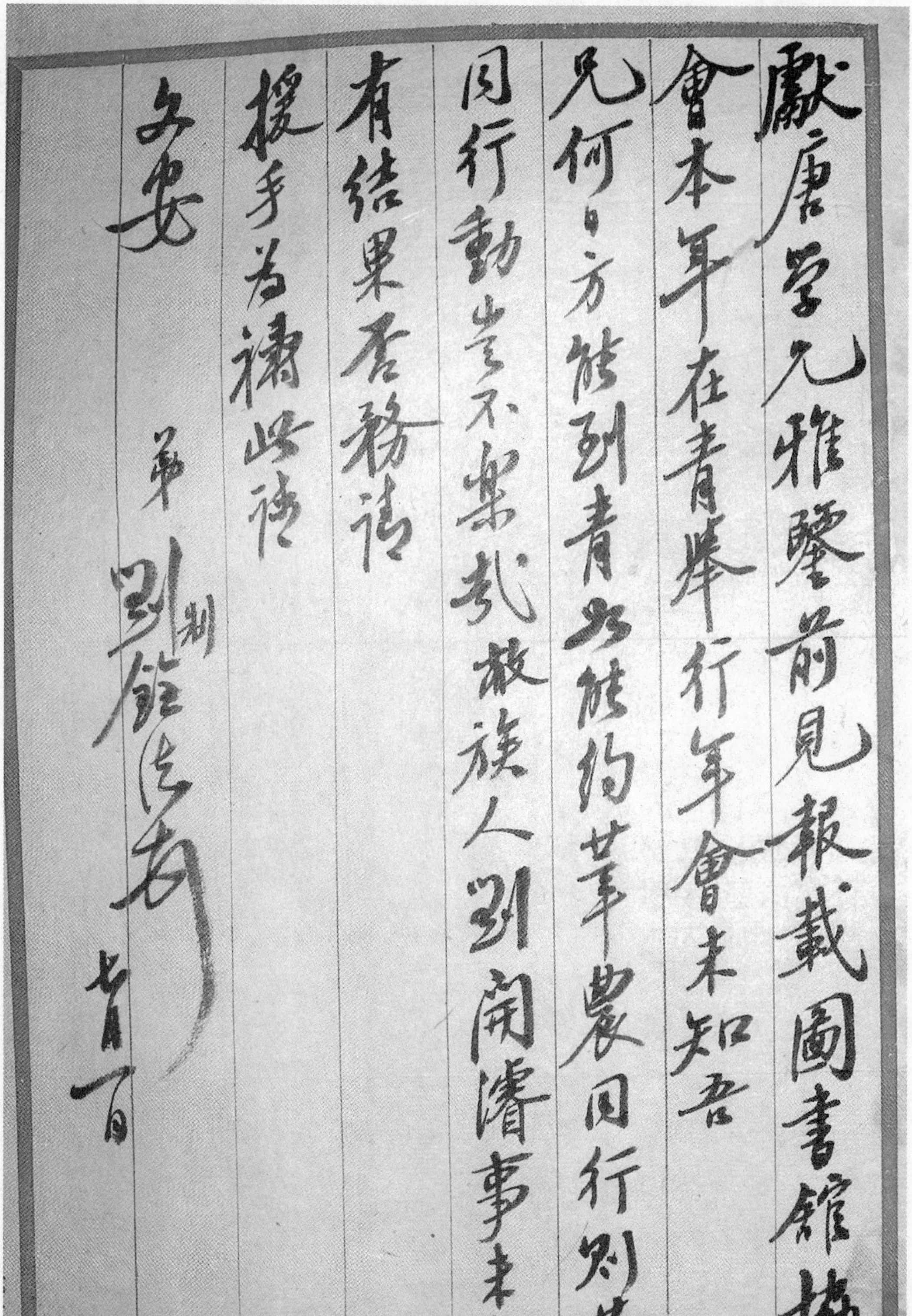

獻唐學兄雅鑒：前見報載圖書館協會本年在青島舉行年會，未知吾兄何日方能到青。如能約華農同行，則共同行動，豈不樂哉。敝族人劉闓濤事，未知有結果否，務請援手為禱。此請

文安

弟 劉銓法 頓 七月一日

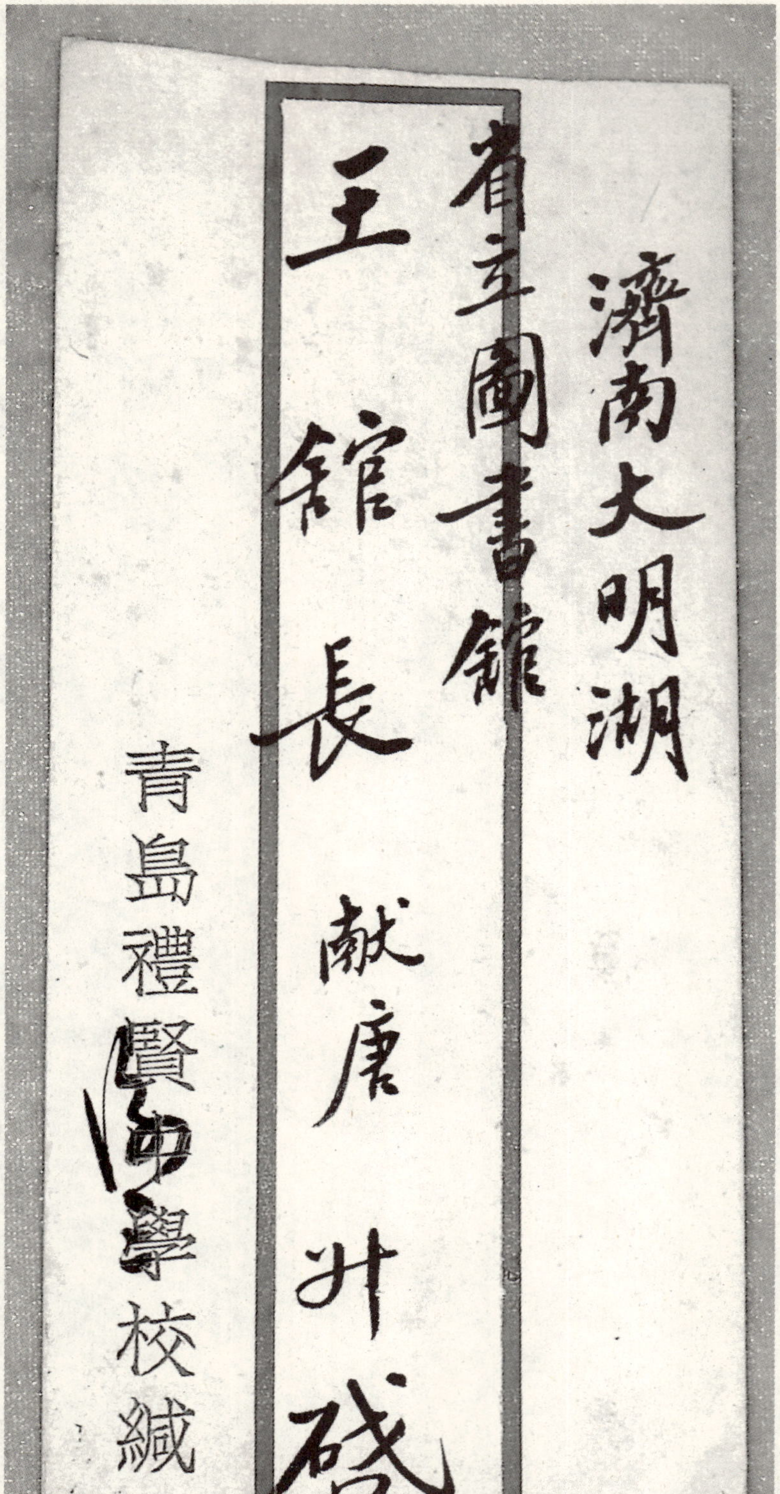
濟南大明湖
省立圖書館
王館長 獻唐 升啓
青島禮賢中學校緘

九十六 向迪琮

書二十七通 詩三首 封二十一件

書第一通

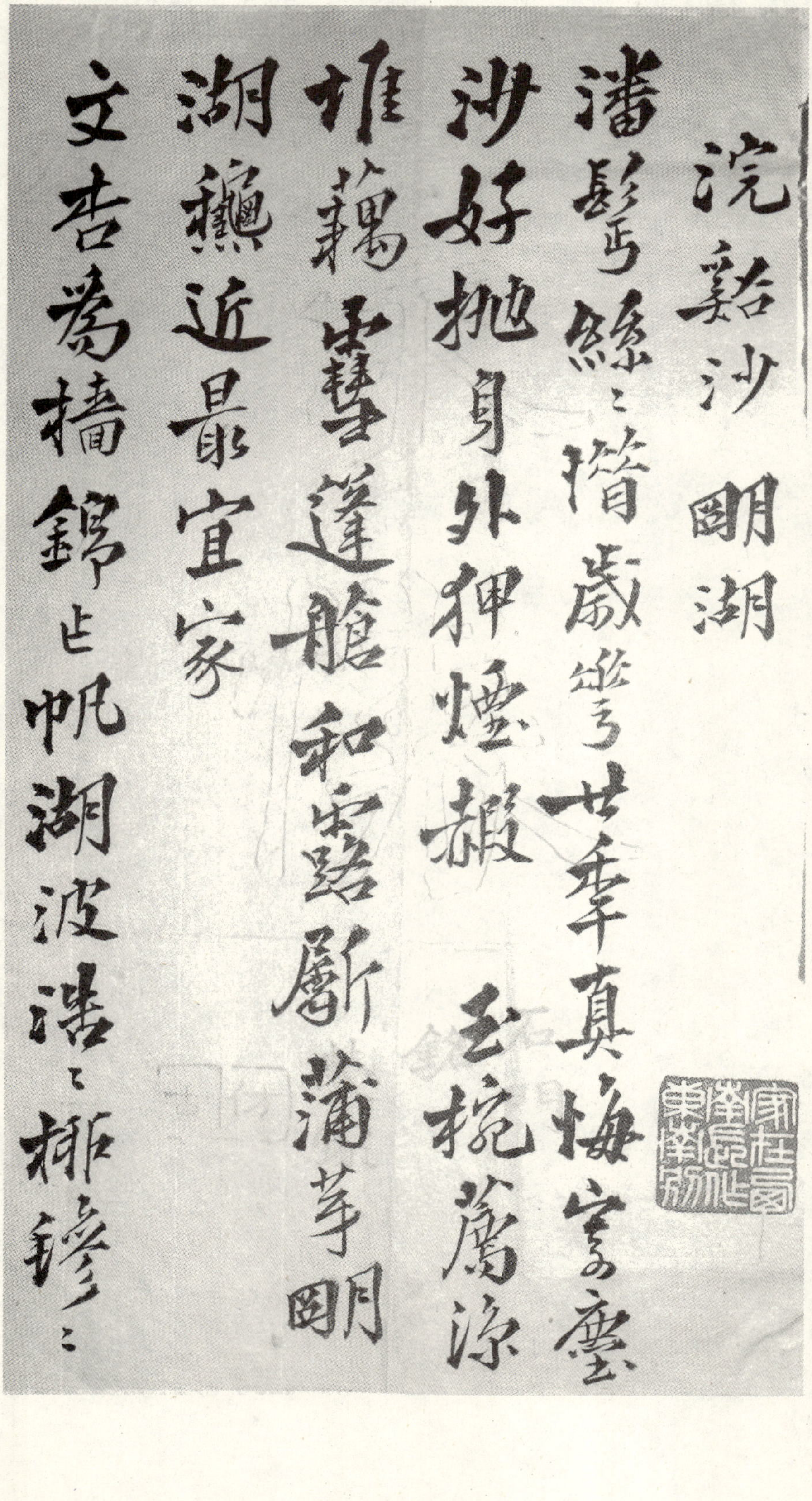
浣谿沙 明湖
潘鬢絲絲增歲營，廿年真悔宦塵
沙，好拋身外狎煙艘。玉梳鶯涼
堆藕雪，蓬船和露斷蒲芽。明
湖瓤近最宜家。
文杏爲檣錦錦帆，湖波浩浩排鐃鐃

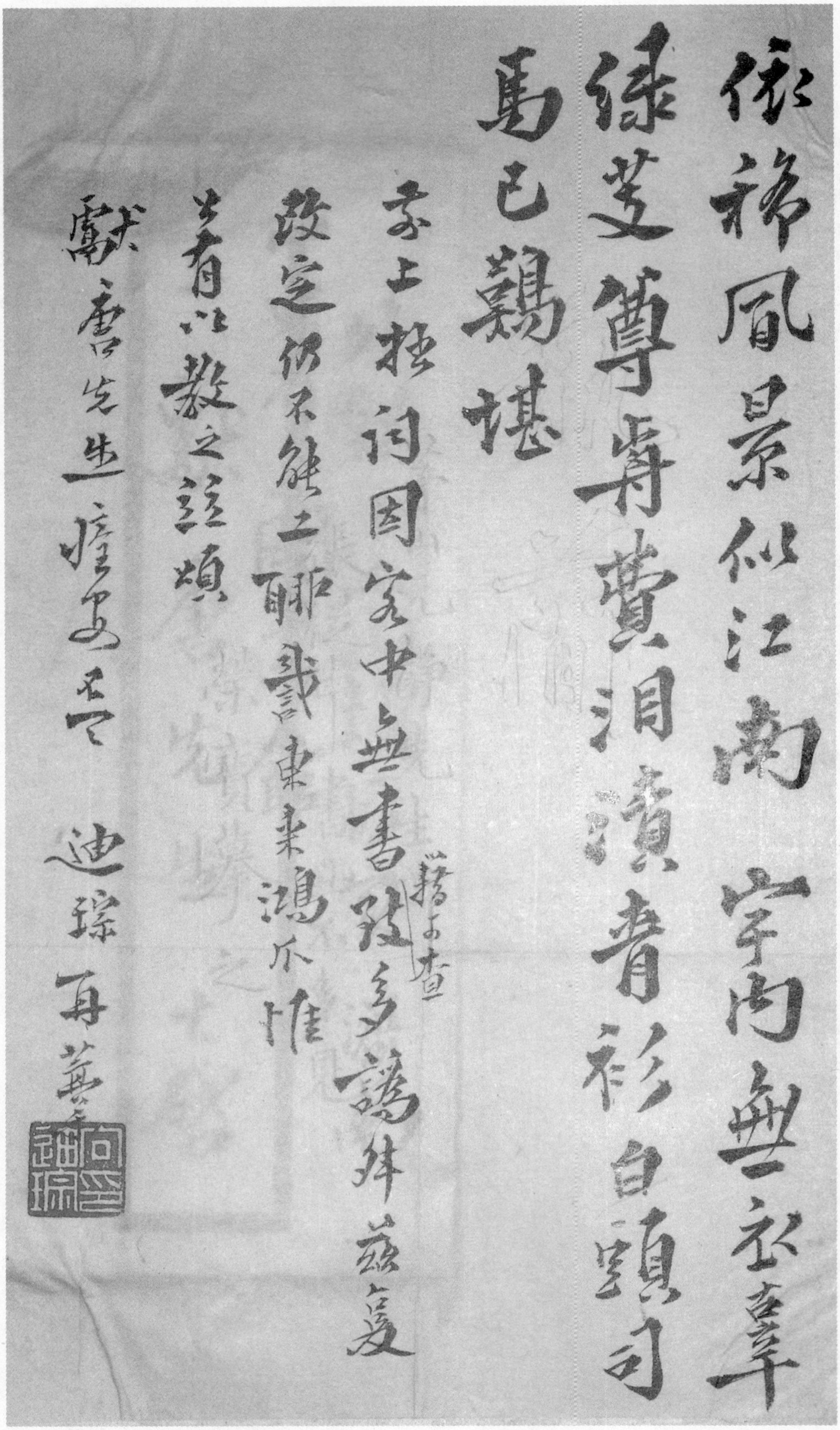
依稀風景似江南，宇內無衣韋。綠芰尊尋費涓漬，青衫白頭司馬已鷄堪。
承上按詞，因室中無書，致多譌舛（雜字查），茲復改定，仍不能工。聊報來鴻，亦惟著以教之。顧頌
獻唐先生痊安不一
迪琮再拜
向迪琮

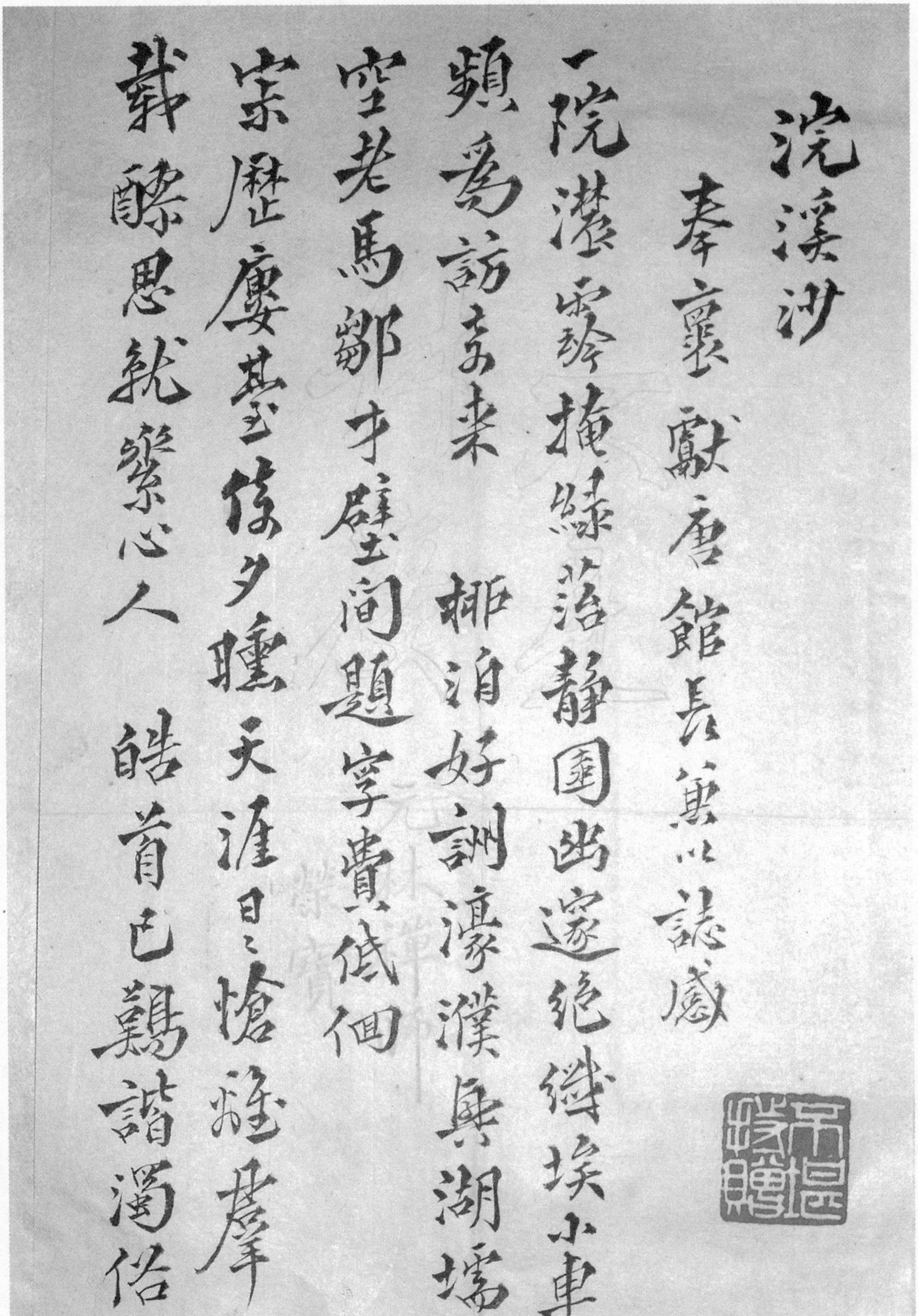

浣溪沙

奉懷獻唐館長兼以誌感

一院濃霒掩綠菭，靜園幽邃絕纖埃，小車頻爲訪古來。

排泊好詶濠濮興，湖壖空老馬鄒才，壁間題字費低佪。

宗歷慶基復夕曛，天涯日日愴離羣，栽醻恩就縈心人。

皓首已鷄諸濁倍

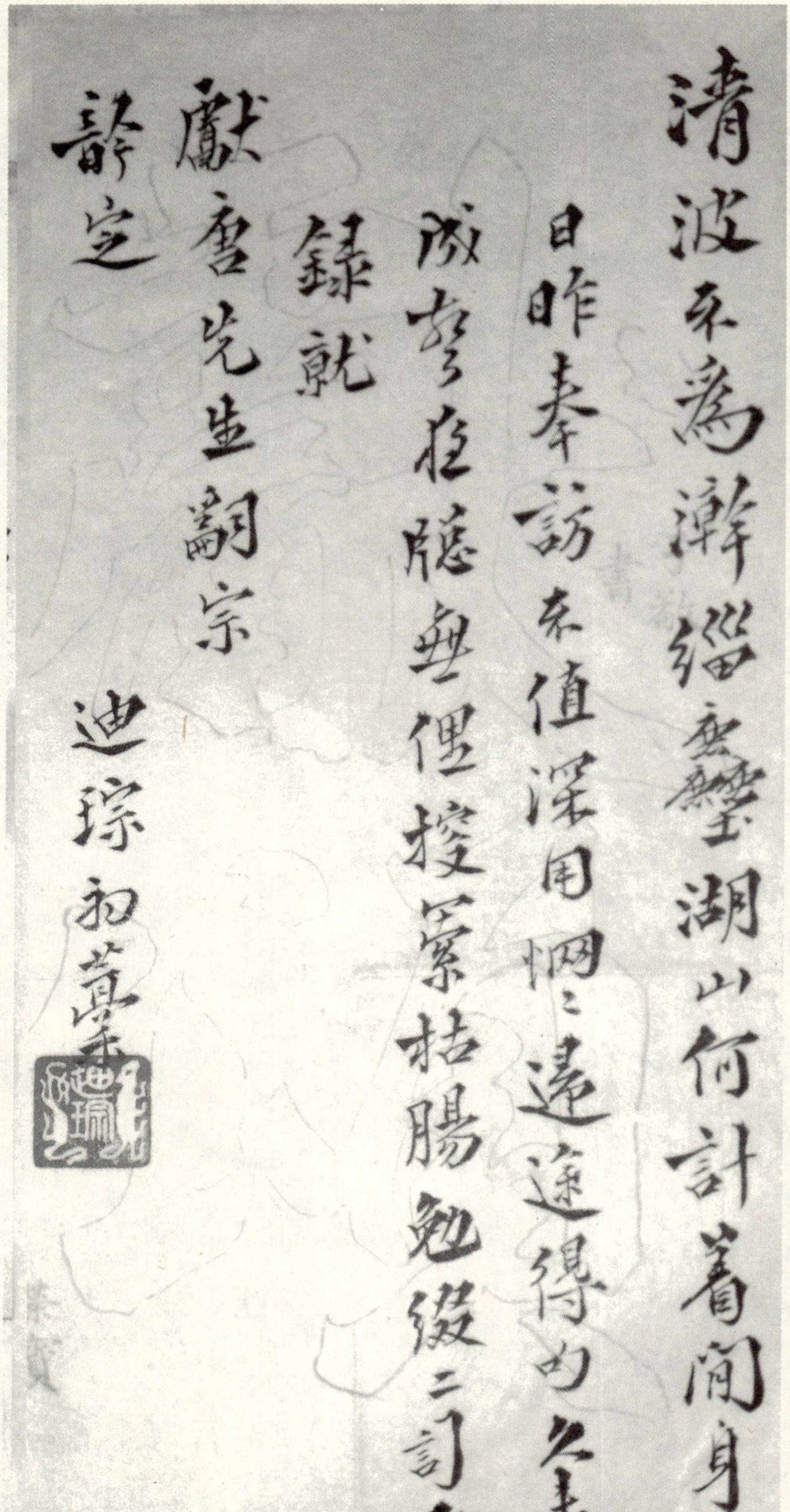

清波亦為澣緇塵湖山何計着閒身

日昨奉訪未值深用悵悵遠遠得句久未

成整在腔無俚搜索枯腸勉綴二詞呈

録就

獻唐先生嗣宗

誨定

迪琮初草

書第三通

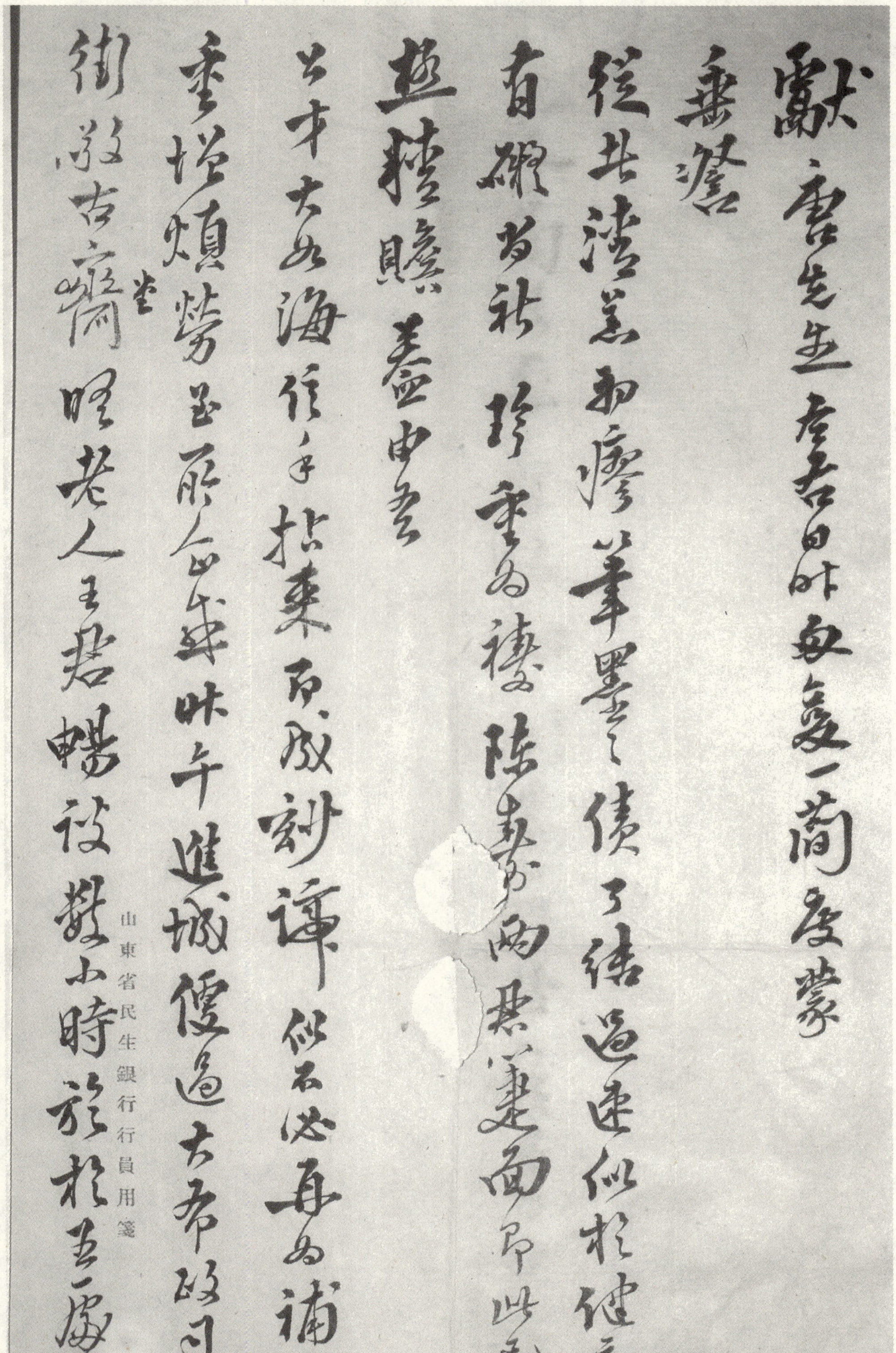
山東省民生銀行行員用箋

向迪琮

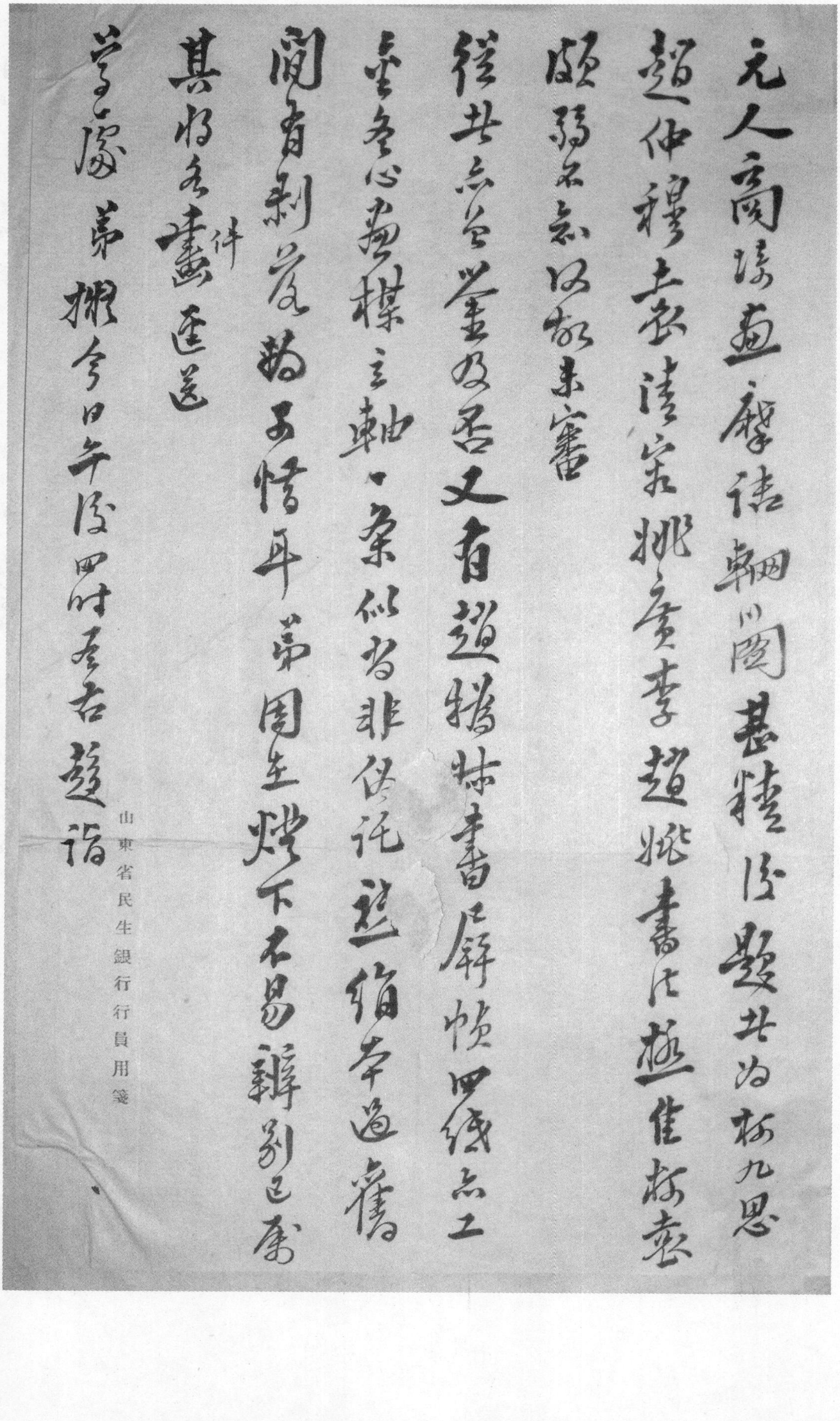
山東省民生銀行行員用箋

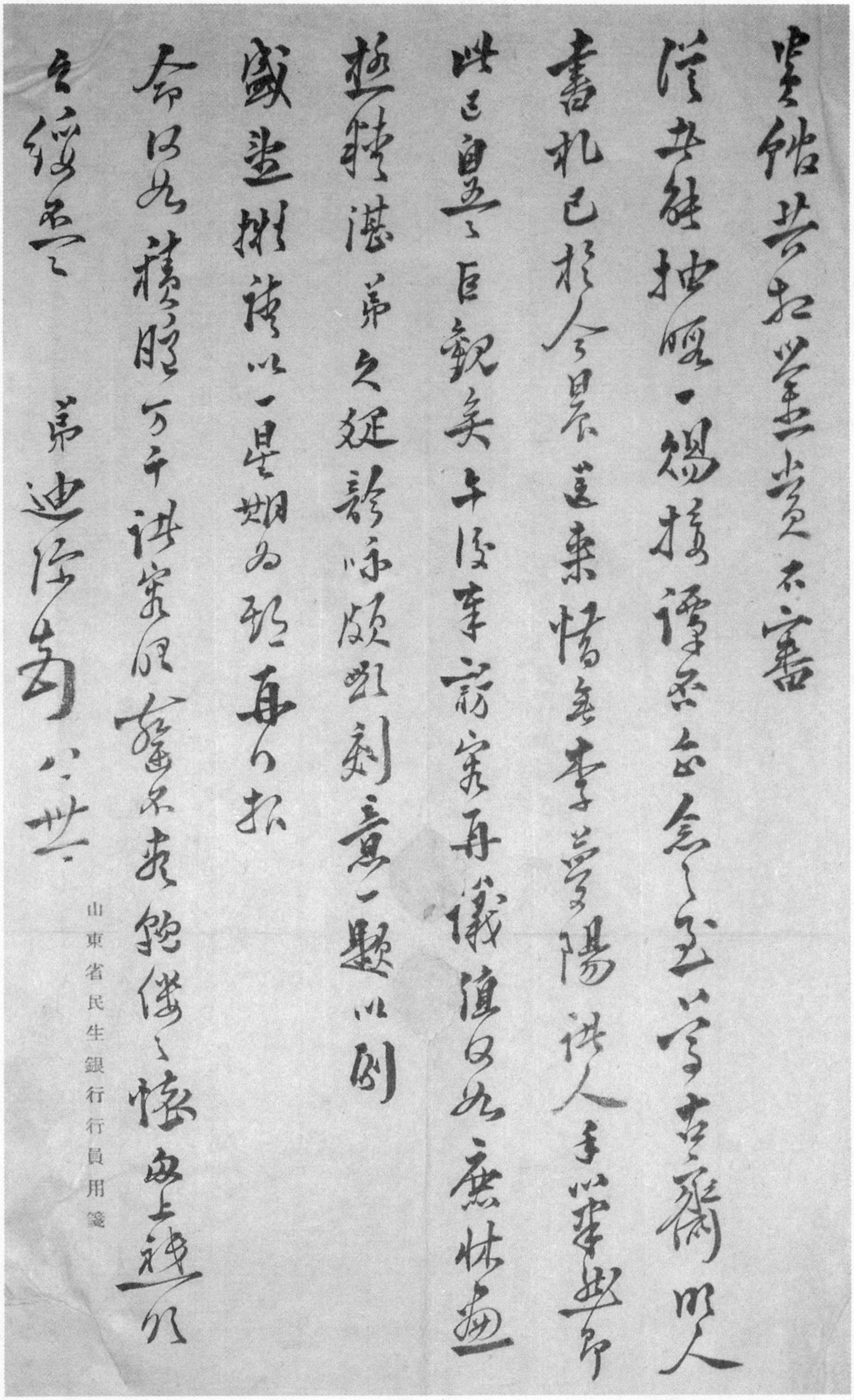

雲階共和學兄大鑒：不審
從無縱揮遐一觴，接譚無念為金以寫古籍明人
書札已於今晨送來，情無李夢陽諸人手筆與郎
此之自畫之巨觀矣。午後案前案再議，消息亦無林畫
極精湛。弟久延諸詠頌敬刻意一題以例
盛鑒。掛請以一星期為期，再行報
命。此如積暇，可千謀容健，夤緣未得繼傳之懷，無上神通
台綏。不一。
弟迪琮啓 八廿

山東省民生銀行行員用箋

向迪琮

書第四通

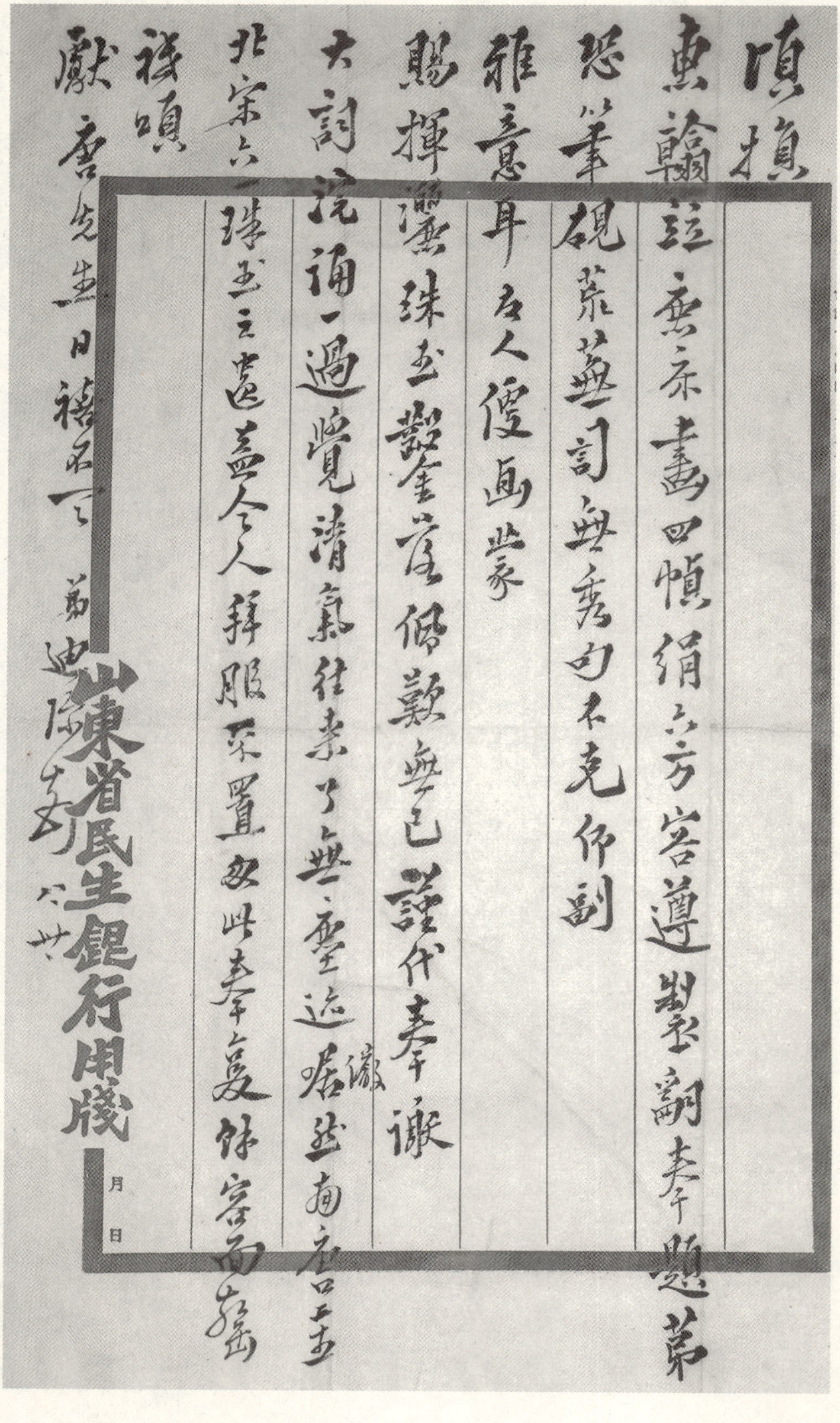
頃損
惠翰並惠示畫四幀絹六方容遵囑劃奉題簽
恐筆硯荒蕪詞無秀句不克仰副
雅意耳古人傻過此蒙
賜揮灑珠玉鑿崖隨歎無已謹代奉謝
大詞浣誦一過覺清氣往來了無塵迹堪徽盛南唐五
北宋六一諸老之遺嘉今人拜服不置效此奉復即容面罄
祺頃
獻唐先生並日禱名下 萬迪陳之如 六廿

山東省民生銀行用箋
月 日

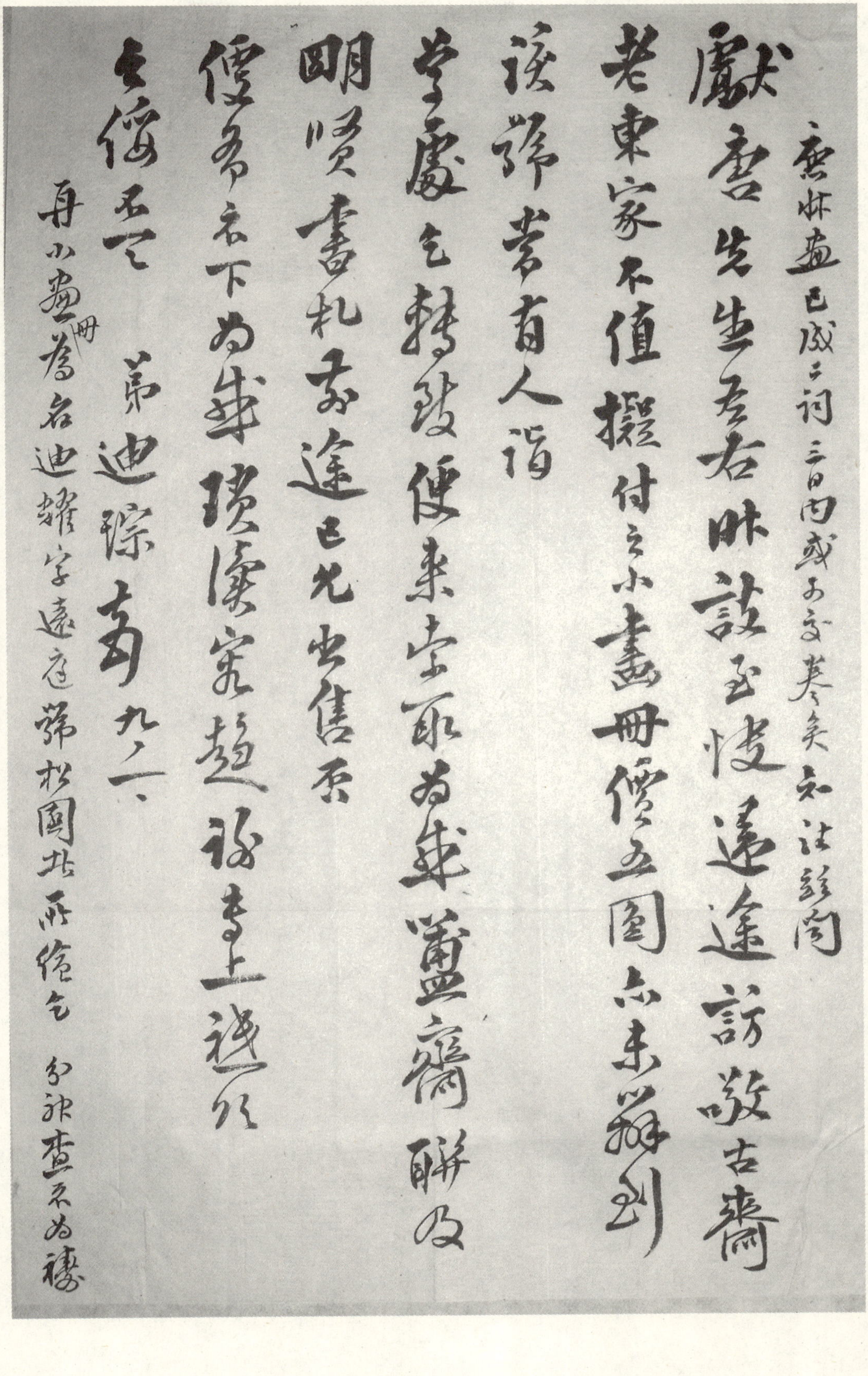
燕林盦已成二詞，三日內或可交奉矣，知注附聞。

獻唐先生左右：昨訪玉使，遂造訪敬古齋老東家，不值。擬付之小畫冊價五圓，亦未辦到。該號常有人詣尊處，乞轉致便來字取為要。簠齋聯及明賢書札，亦逢已允出售否，便希示下為要。環境窘迫，趙錄事上議行。文候不一。

弟迪琮頓首 九、八、一

再，小畫冊為名迪辭字遠庭繪松圖，其再倍乞分神查示為禱。

向迪琮

書第六通

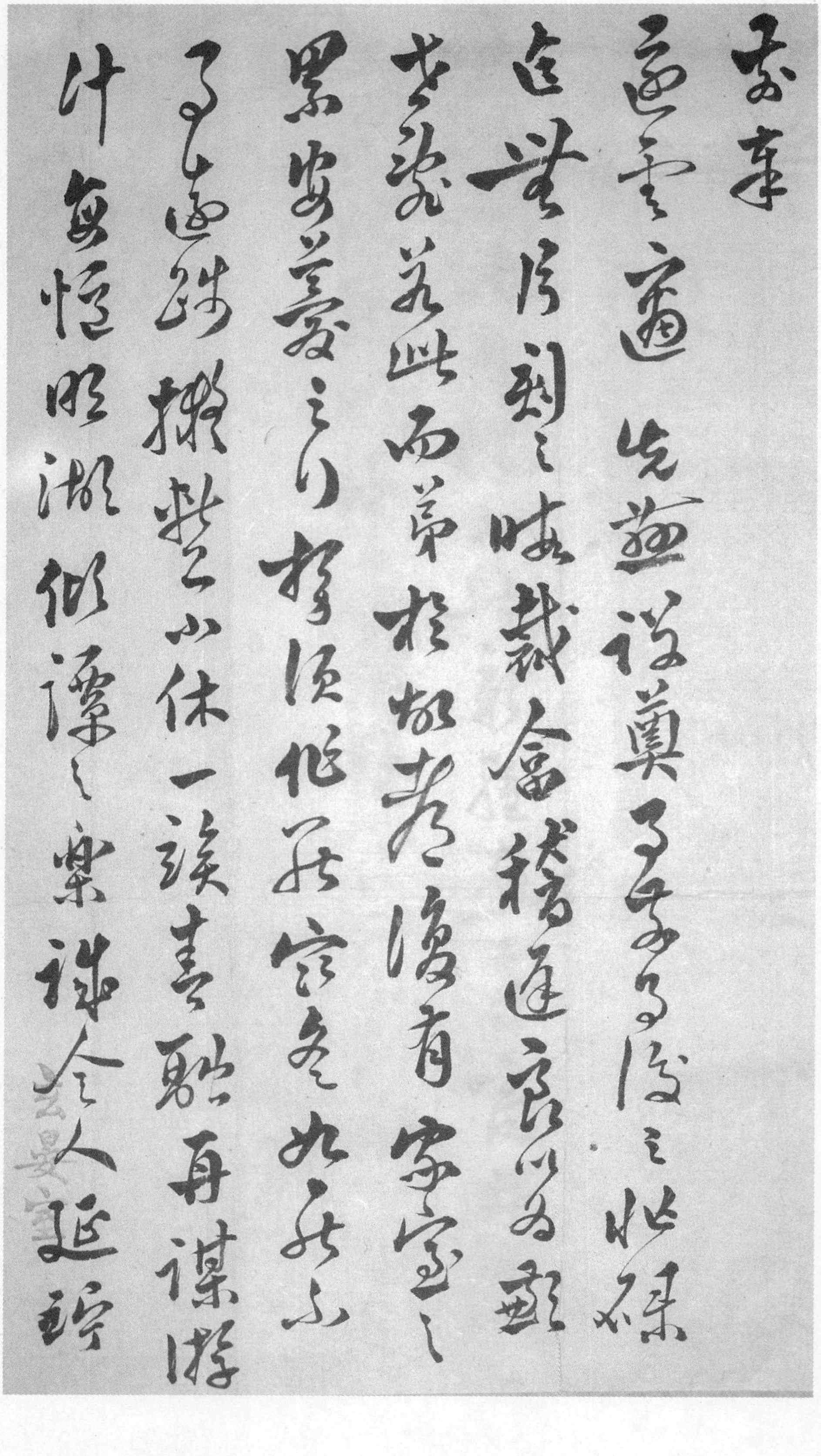

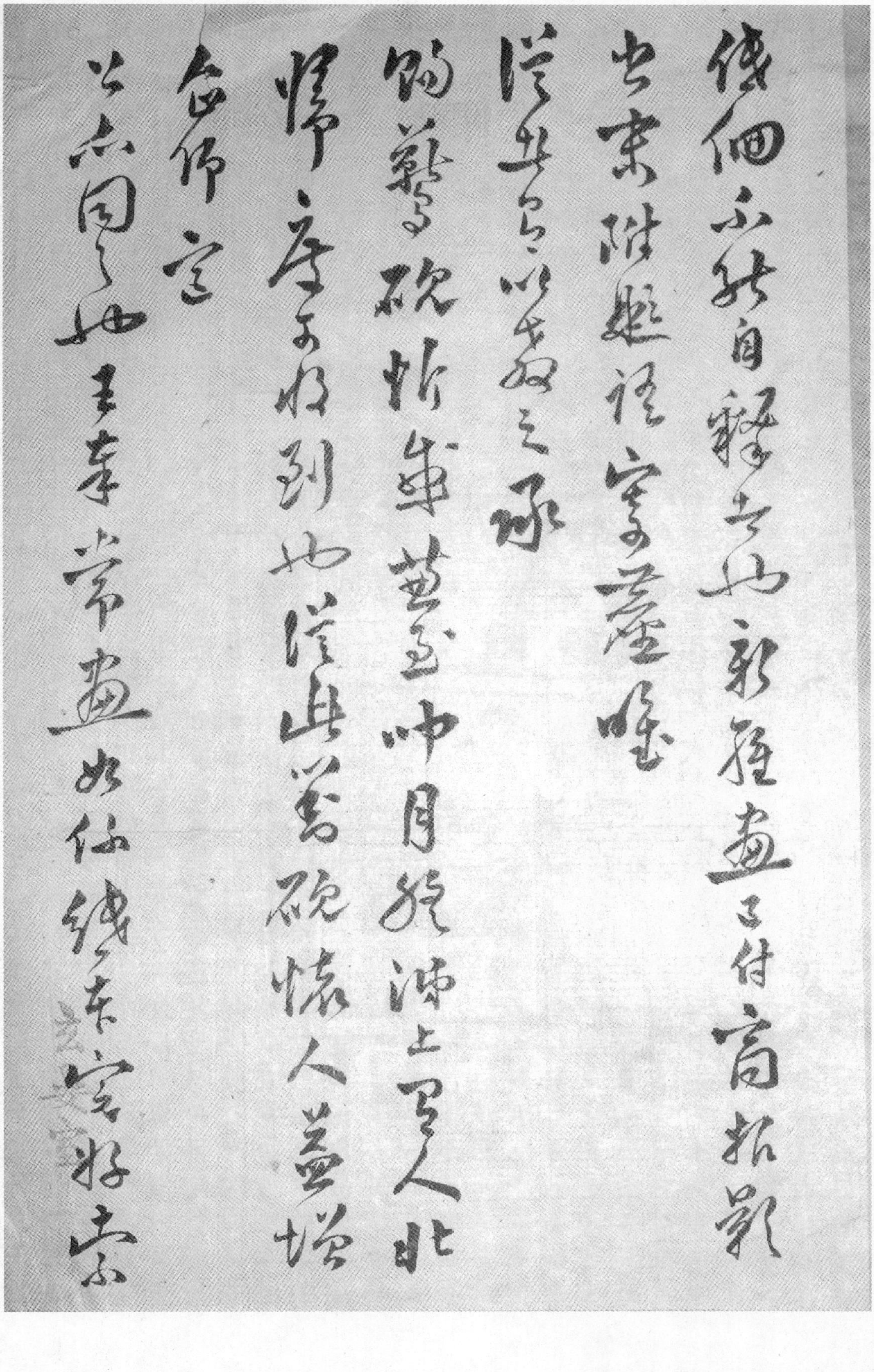

向迪琮

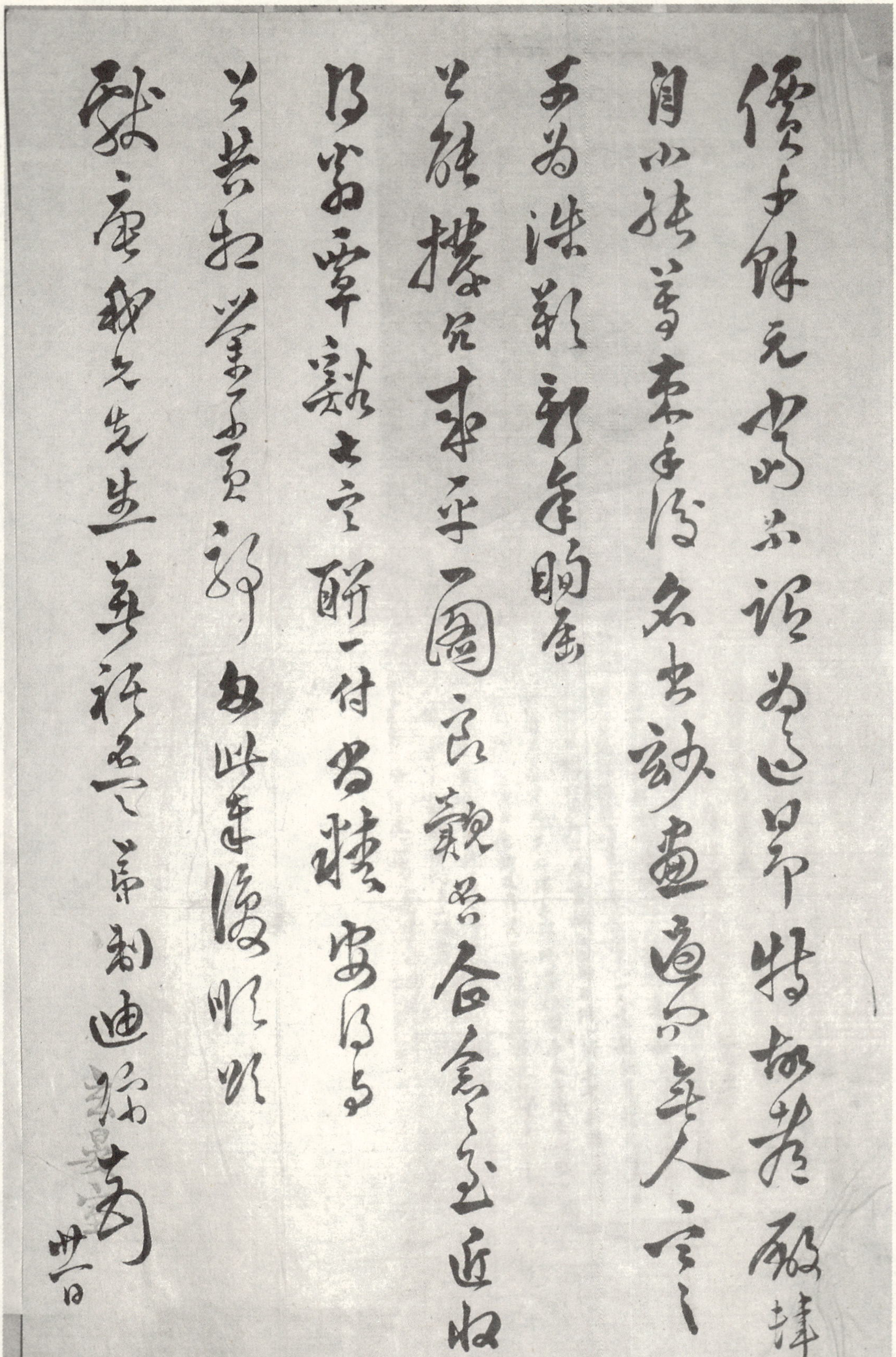

右圖紙本高英尺五尺一寸七分闊三尺十一寸紙色淨白光好如新
山人此圖規橅文通自序詮意點綴園林池沼葉桂小山趙女侍姍壇
波漁艇鷗隱屋閣適之趣非襟褱沖澹胸有邱壑者不能為此也
其筆意工細設色渾厚雖子畏衡山未遑多讓宜夫奕葉彪炳歷
久而名益彰也山人為清人顧其生平籍貫俱不可考畫徵錄謂
為蜀人錢塘縣志謂臨汀人余友綺羅宴主藏山人早年山水一幀有
笪注上跋詮極致推崇之意啟肆見山人畫題款有署乾隆者曰
人某曾就喜齋圖歷代名畫揀印成冊各附小傳其考新羅山人之生
於康熙卅四年雖其所據未詳何書但證諸吾友所藏及啟肆所見

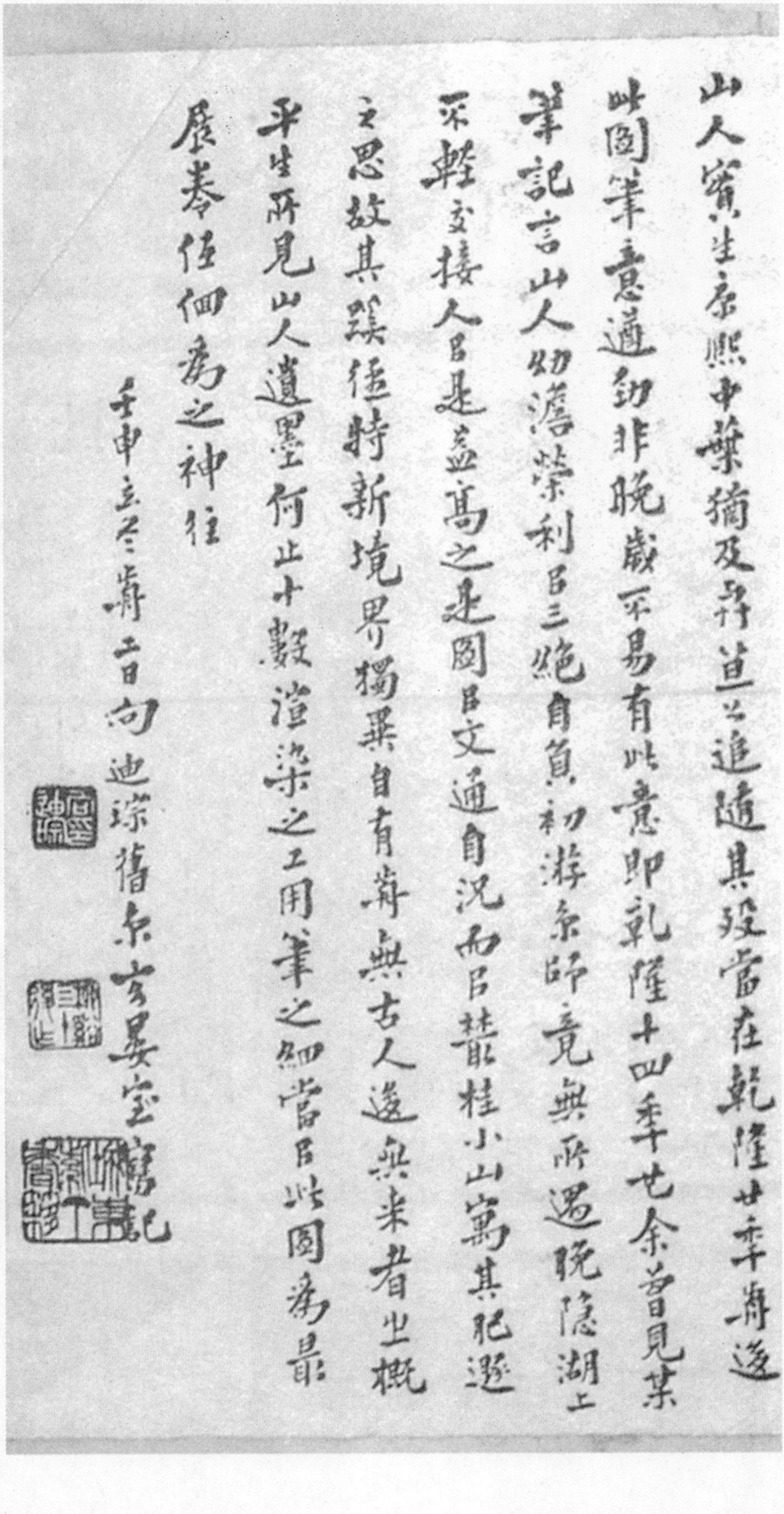
山人實生康熙中葉猶及拜道之進隨其殁當在乾隆廿年後
此圖筆意遒勁非晚歲不易有此意即乾隆十四年也余曾見某
筆記言山人幼濡榮利以三絕自負初游京師竟無所遇晚隱湖上
不輕交接人以是益高之是圖以文通自況而以龍桂小山寓其肥遯
之思故其蹊徑特新境界獨異自有嵩無古人遂無來者也概
平生所見山人遺墨何止十數渲染之工用筆之細當以此圖爲最
展卷低佪爲之神往
壬申立冬前二日向迪琮舊京玄晏室識

書第八通

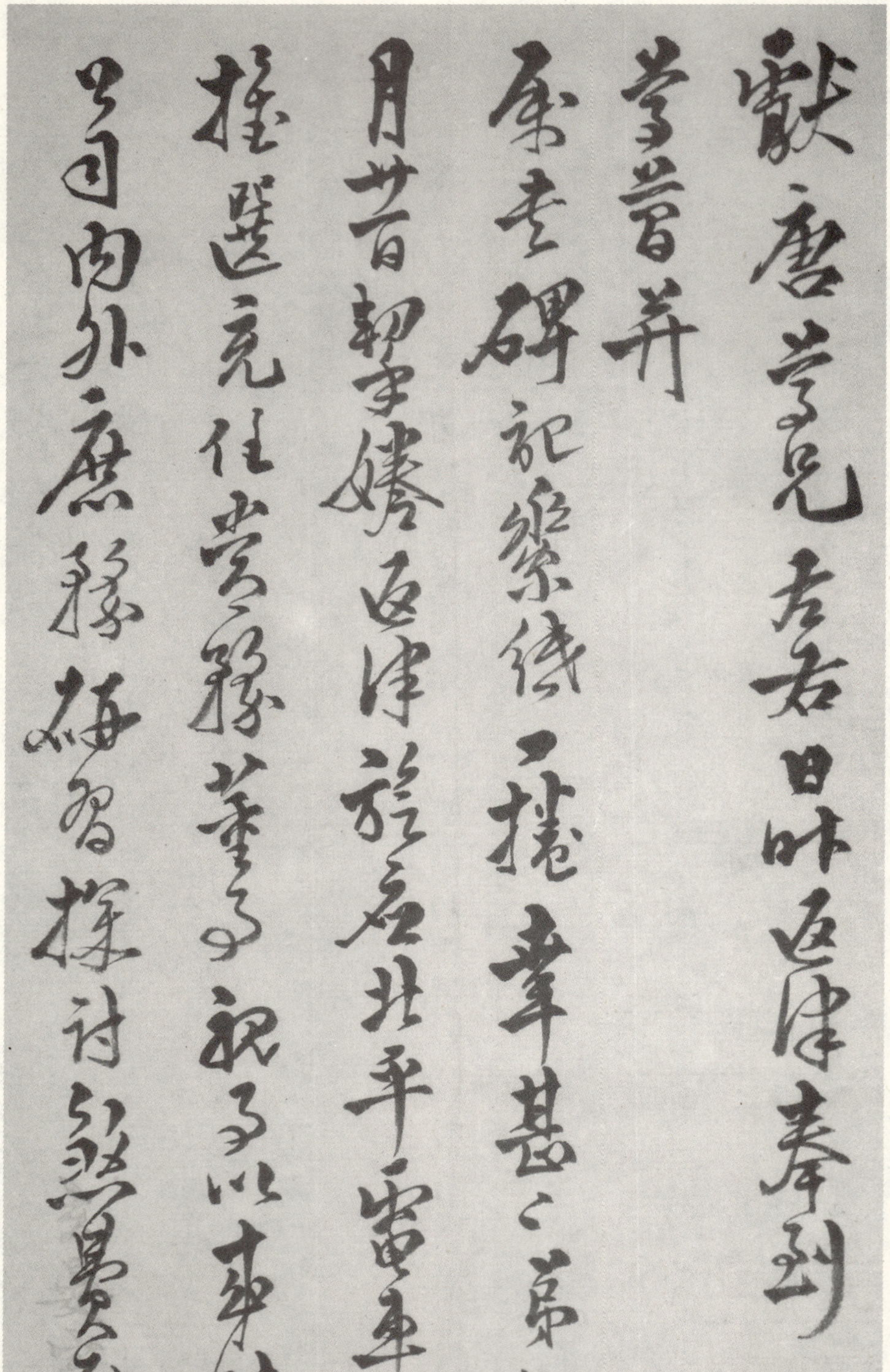
獻唐吾兄左右：日昨返津，奉到
尊函并
承寄碑記、錄綫一捲，幸甚幸甚。弟自上
月廿日挈眷返津，旋在北平留[illegible]三日，
接選充任黨務董事，視事以來，財務
日困，內外應務，每[illegible][illegible]討，[illegible][illegible][illegible][illegible]

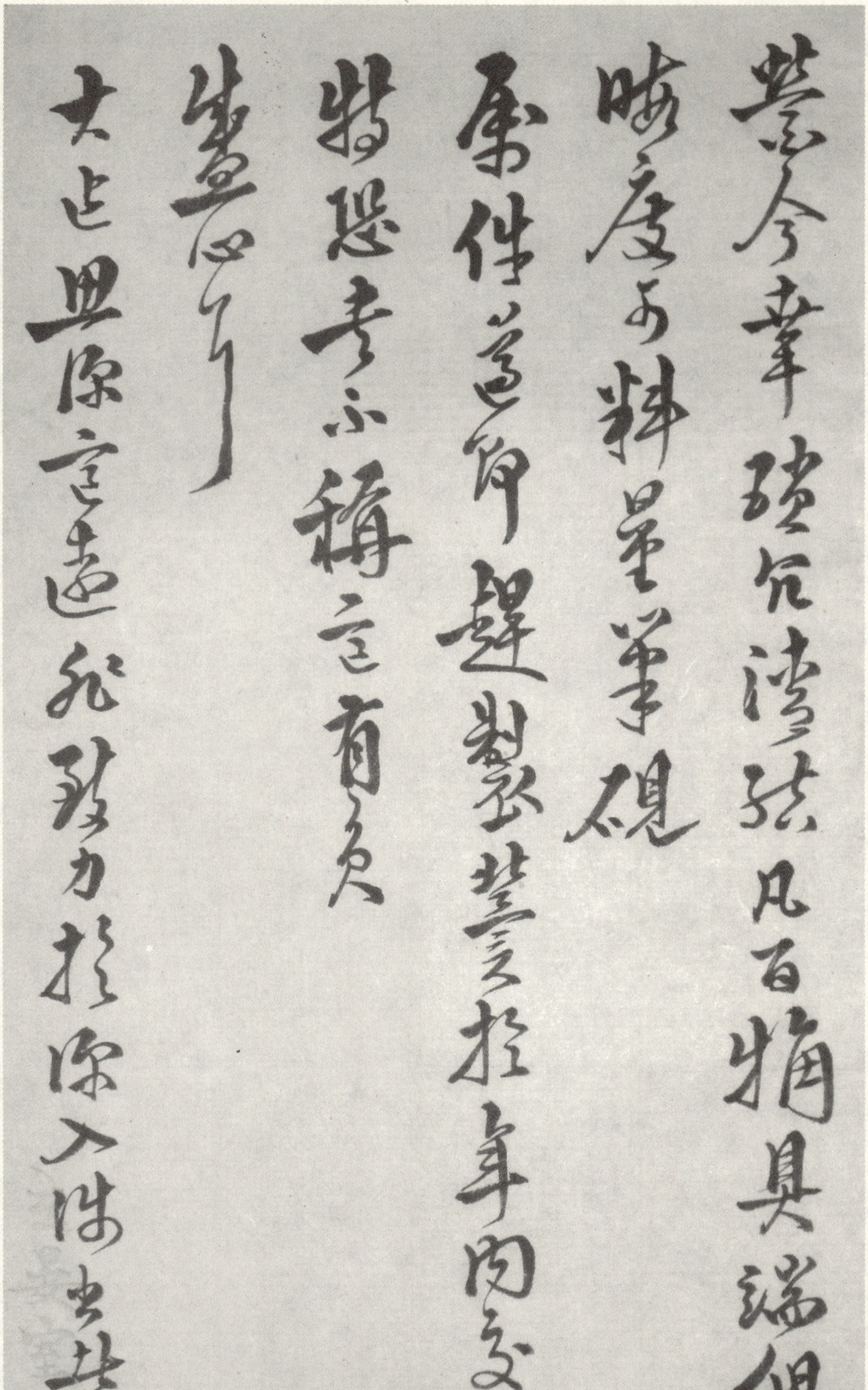

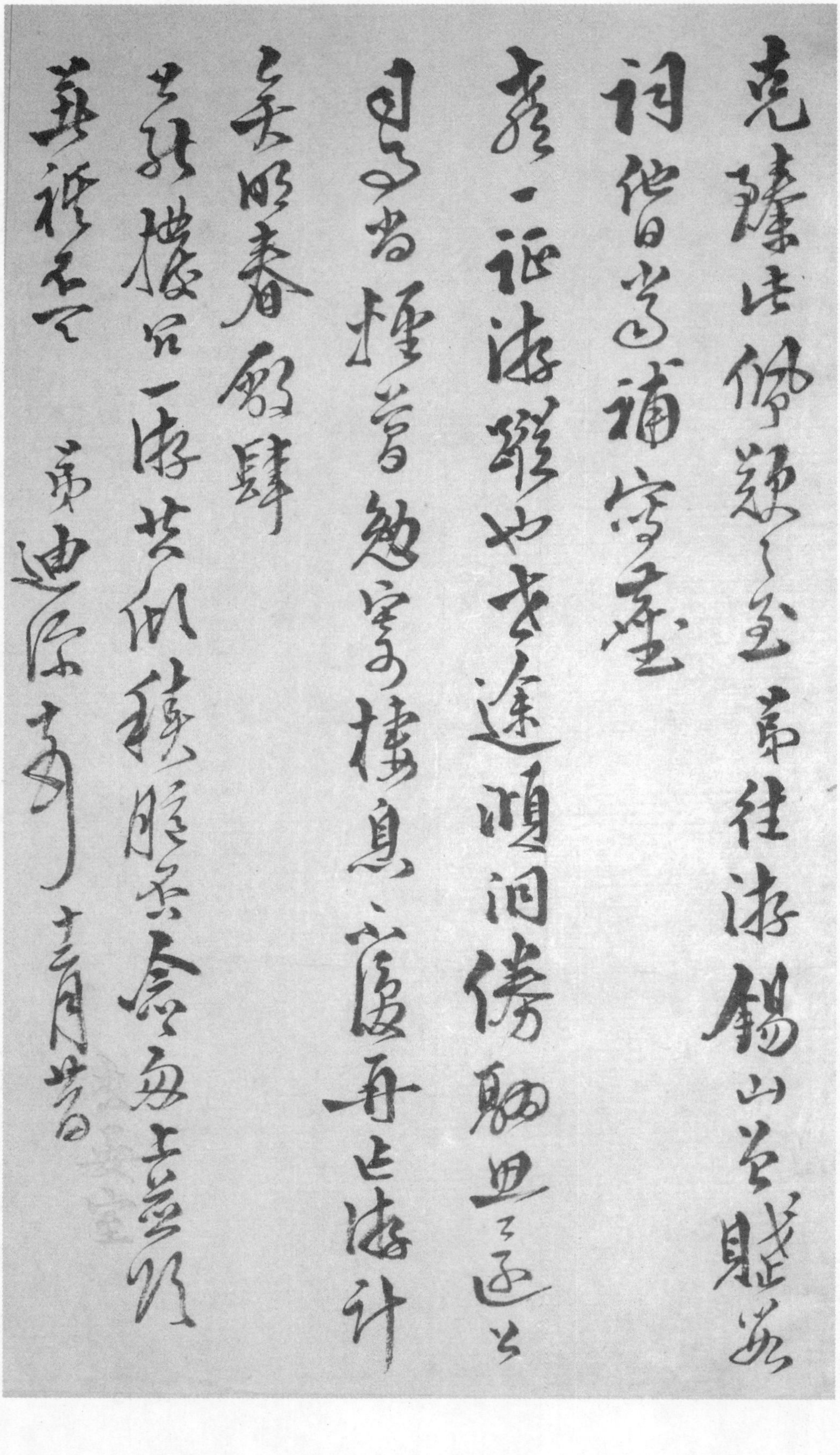

向迪琮

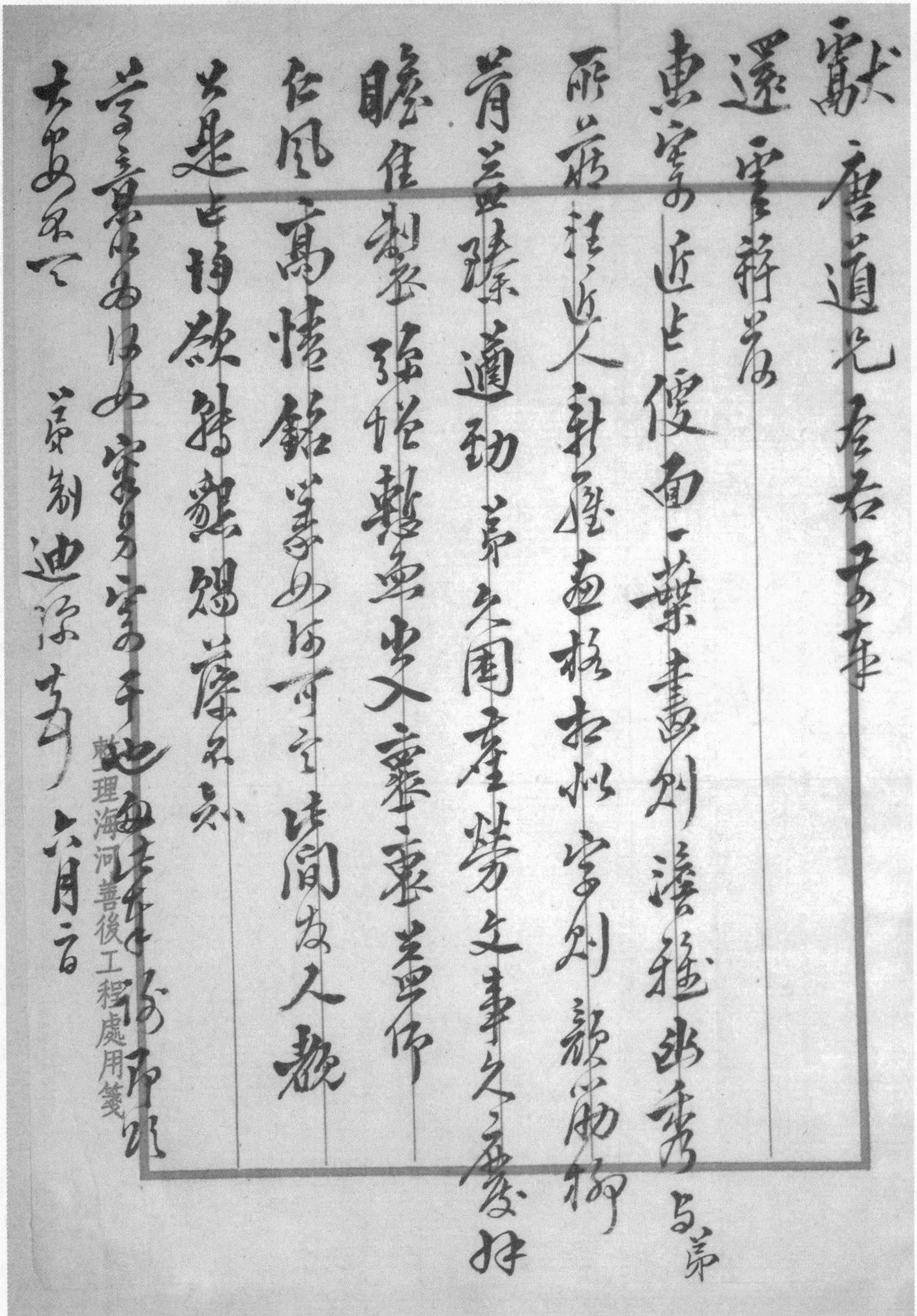

獻唐道兄左右：手書奉
還[illegible]為歉。
惠寄近出便面一葉，畫則淡雅幽秀，與弟
所藏[illegible]近人新羅畫格相似，字則顏筋柳
骨並臻遒勁。弟久困塵勞，文事久廢，拜
睹佳製[illegible]
仁風高情[illegible]
[illegible]
[illegible]
[illegible]
弟制迪琮頓首 六月三日

整理海河善後工程處用箋

書第十通

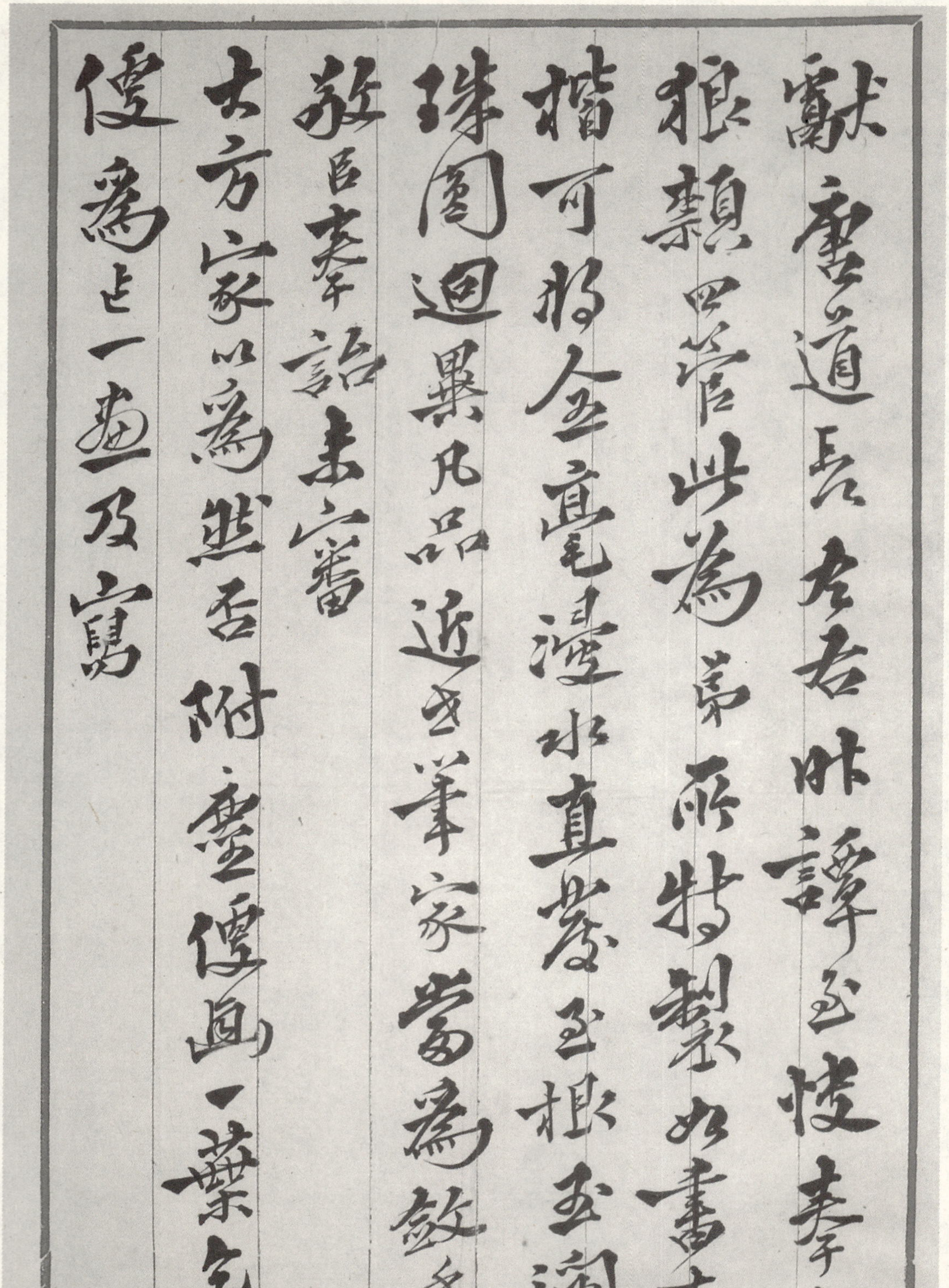

獻唐道長左右：昨謁丞棲，奉上狼穎四管，此爲弟所特製，如畫大楷可將全毫浸水，直髮至根，丞潤珠圓，迥異凡品，近之筆家當爲斂手。敬臣奉詒素六番，大方家以爲然否？附塵便函一葉，乞便爲占一畫及寫

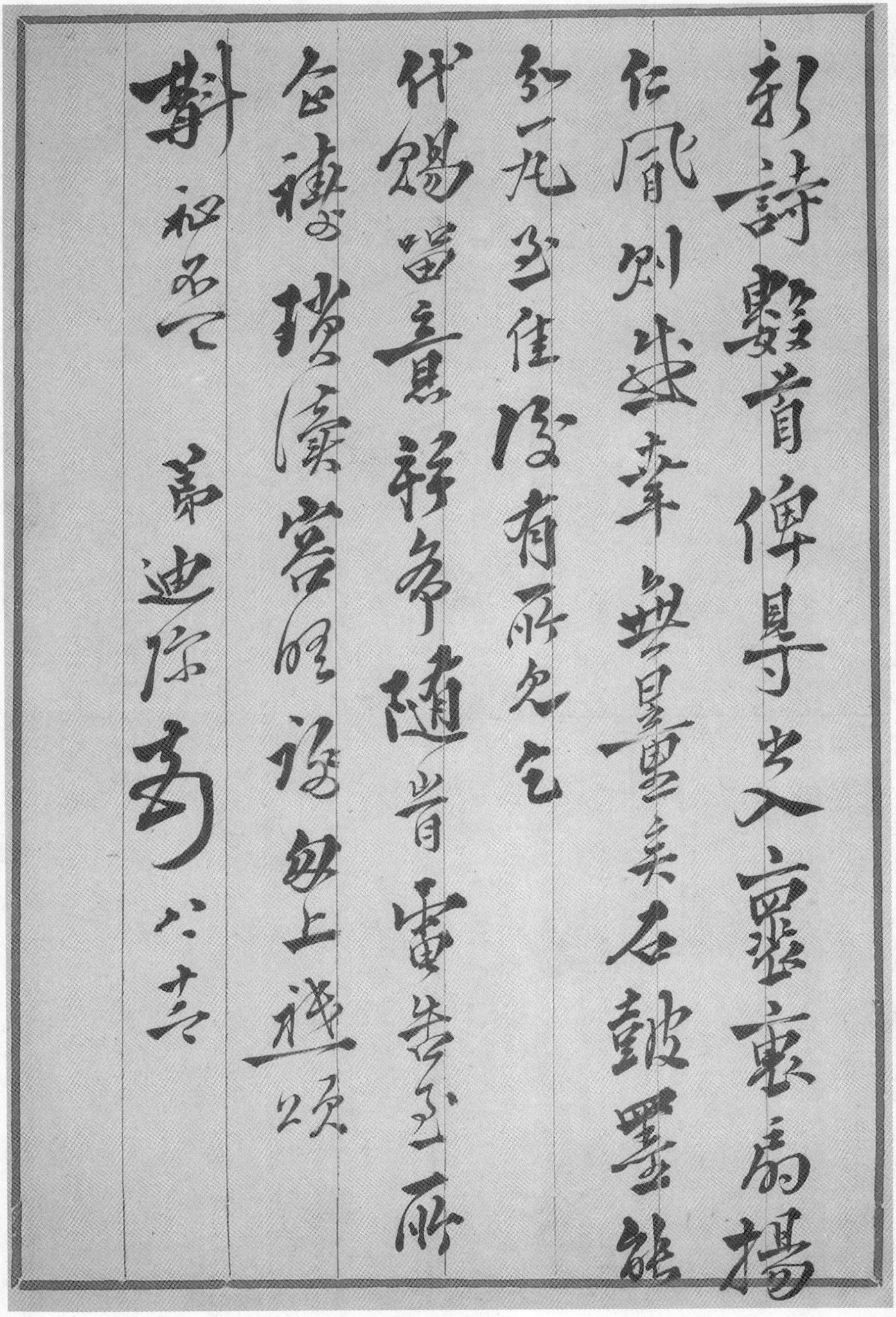

新詩數首俾尋寸出入囊橐扇揭
仁風則此華無量矣右鼓墨能
分一丸至佳倘有所免乞
代錫當意詳察隨時當告至所
合穗損讓宮賜將多上簽進頌
斟祝名之　弟迪琮高　六十七

向迪琮

書第十一通

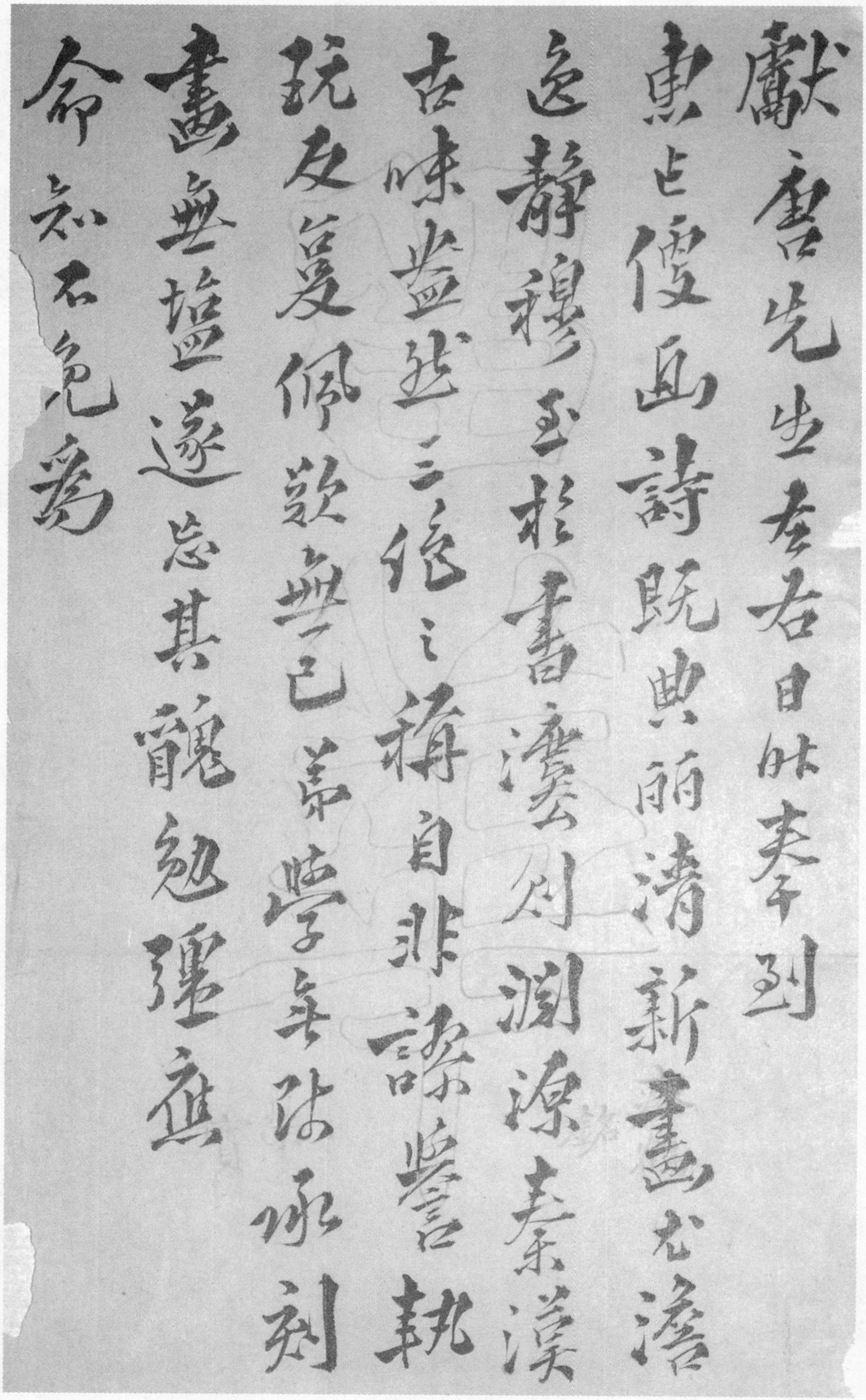
獻唐先生左右日昨奉到
惠示覆函詩既典麗清新畫尤蒼
逸靜穆至於書藝則淵源秦漢
古味盎然三絕之稱自非諛譽執
玩反覆佩欽無已弟學無法承刻
畫無益遂忘其醜勉彊進
命知不免為

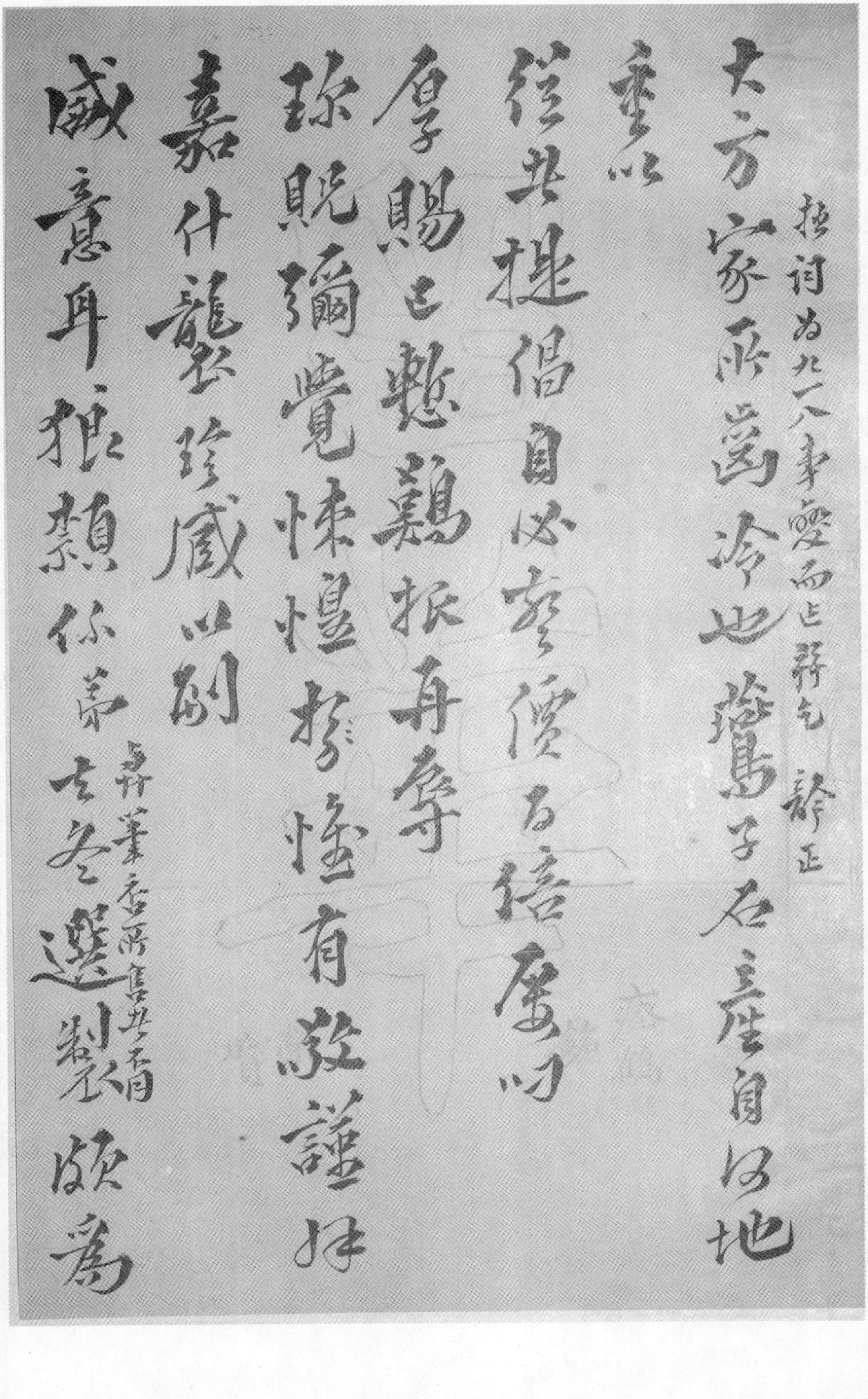
拙詞為九一八事變而作錄乞 誨正
大方家所齒冷也鶩子右座自以地
重以
往共提倡自必更便易倍屢以
厚賜之懇鷄振再尋
琮眈彌覺悚惶指惶有敬謹拜
嘉什龔珍感以酬
盛意再猥頼你吉冬選製版為
弁墨存所集共看

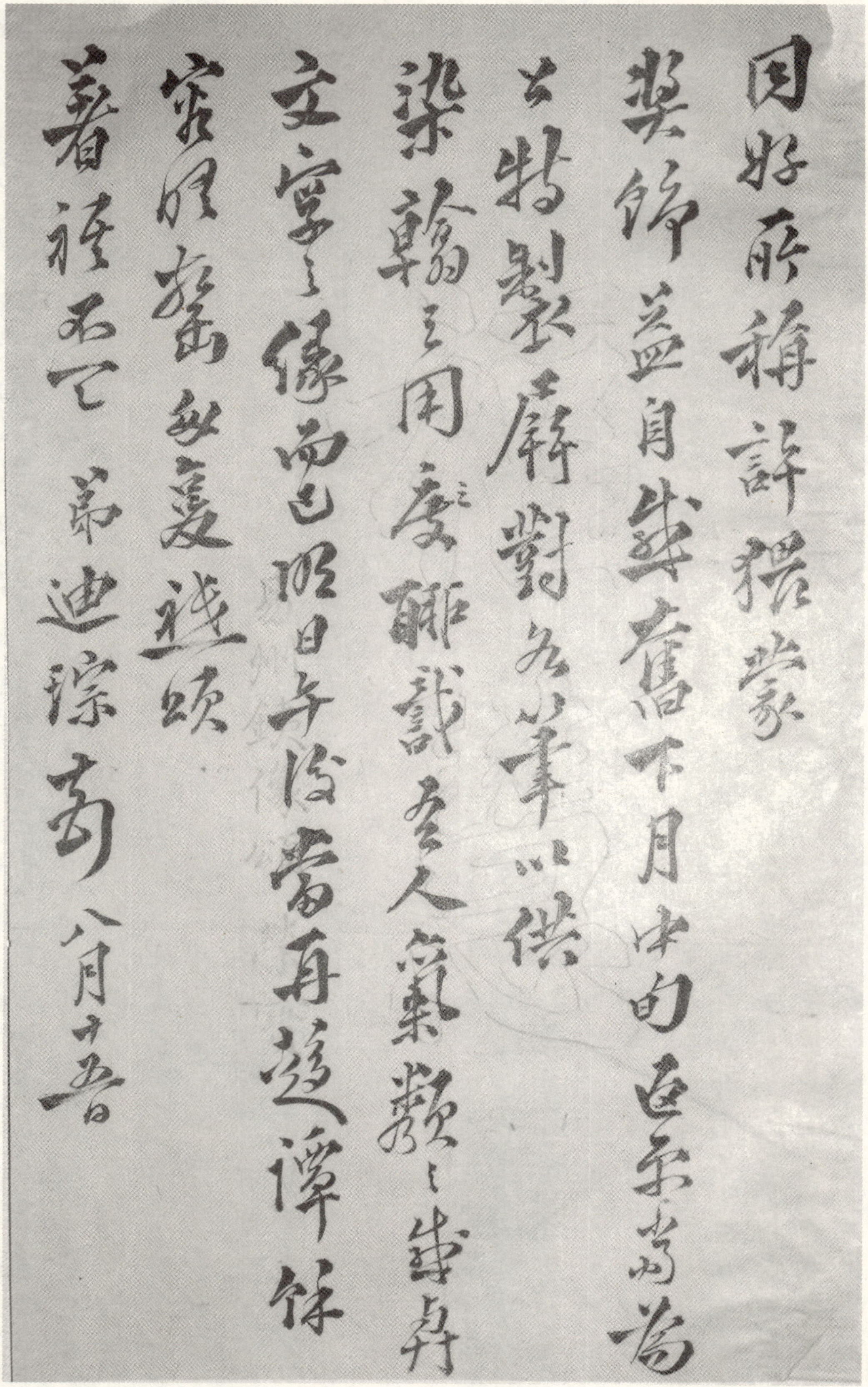

因好所稱許揩蒙
裝飾並自出舊下月中旬送來爲
出特製屏對乞筆以供
染翰之用處聯識吾人氣類之雅契
文字之緣而已明日午後當再趨譚餘
容俟晤叙敬覆祗頌
著祺不一　弟迪琮頓首　八月十五日

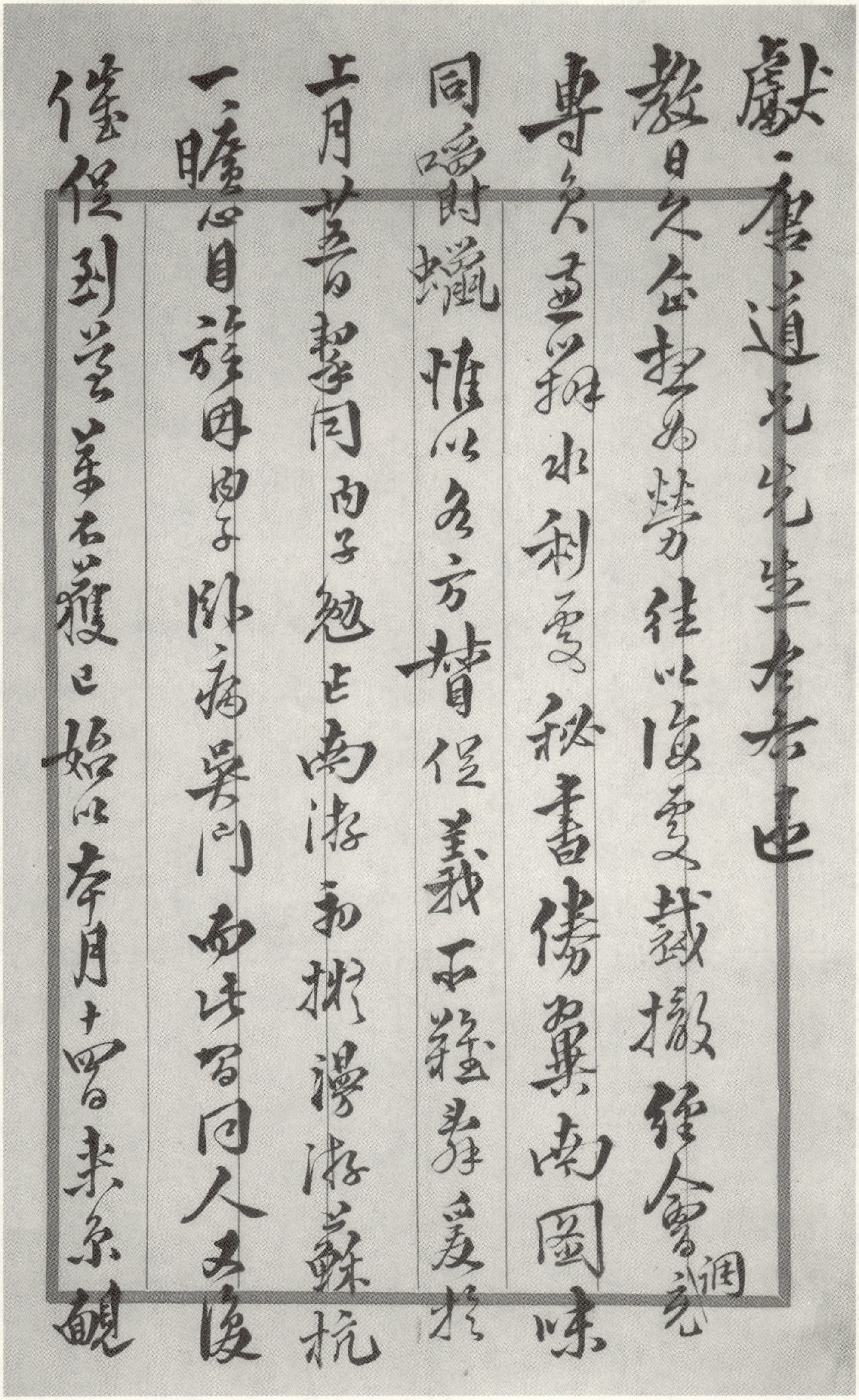
獻唐道兄先生左右：違
教日久，企想爲勞。往以[illegible]處裁撤，經會調充
專員，兼辦水利處秘書，[illegible]纂南圖，味
同嚼蠟。惟以多方贊促，義不[illegible]辭，爰於
上月[illegible]挈同內子[illegible]赴南潯、[illegible][illegible]、[illegible]、蘇杭，
一暢心目。旋因內子臥病吳門，兩[illegible][illegible]同人又復
催促到[illegible]，[illegible][illegible][illegible]已，始以本月十四日來京，覿

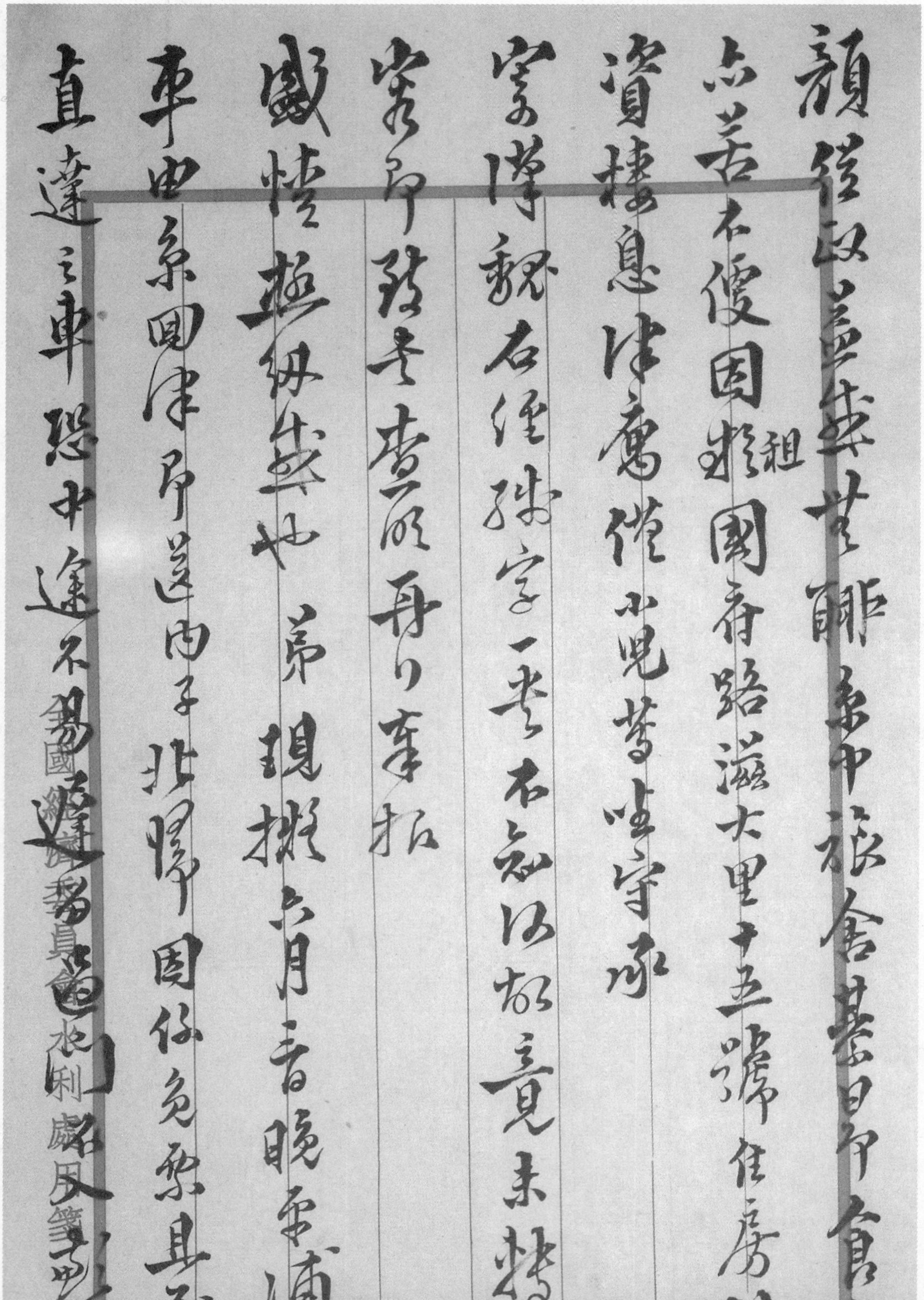

言綜獲睹手示，何時乃共傾吐胸懷？此
行擬至津，內留四日，即便南來，東壓樓上，後
何味？系中詞派衆多，吠被攝在入社。但弟屢若
幸畀此道久荒，後有所長，定再寫上
請長者以如知
余敬問書上。捷頌
道綏不宣
小弟迪琮拜　五月廿日

書第十三通

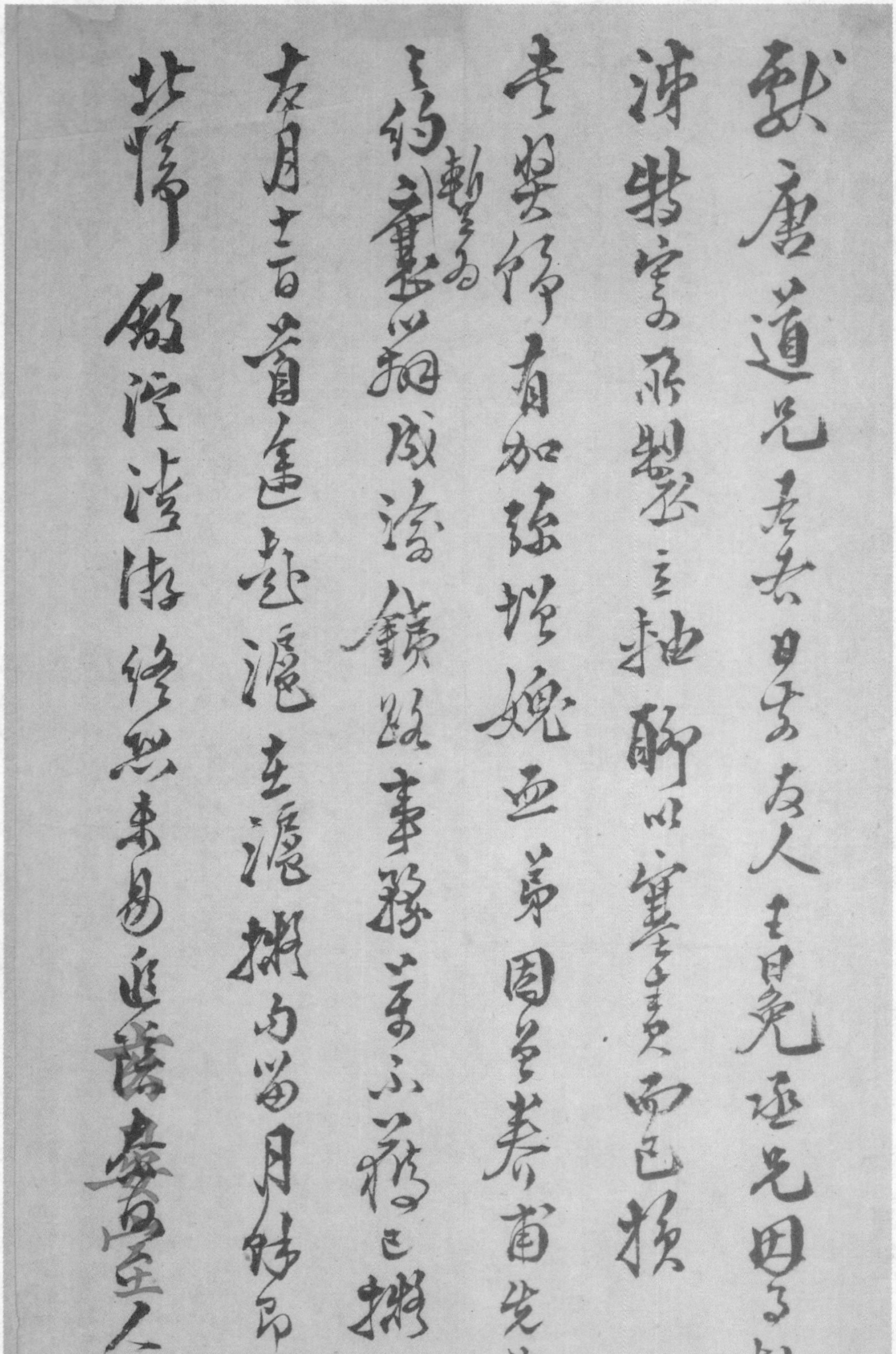

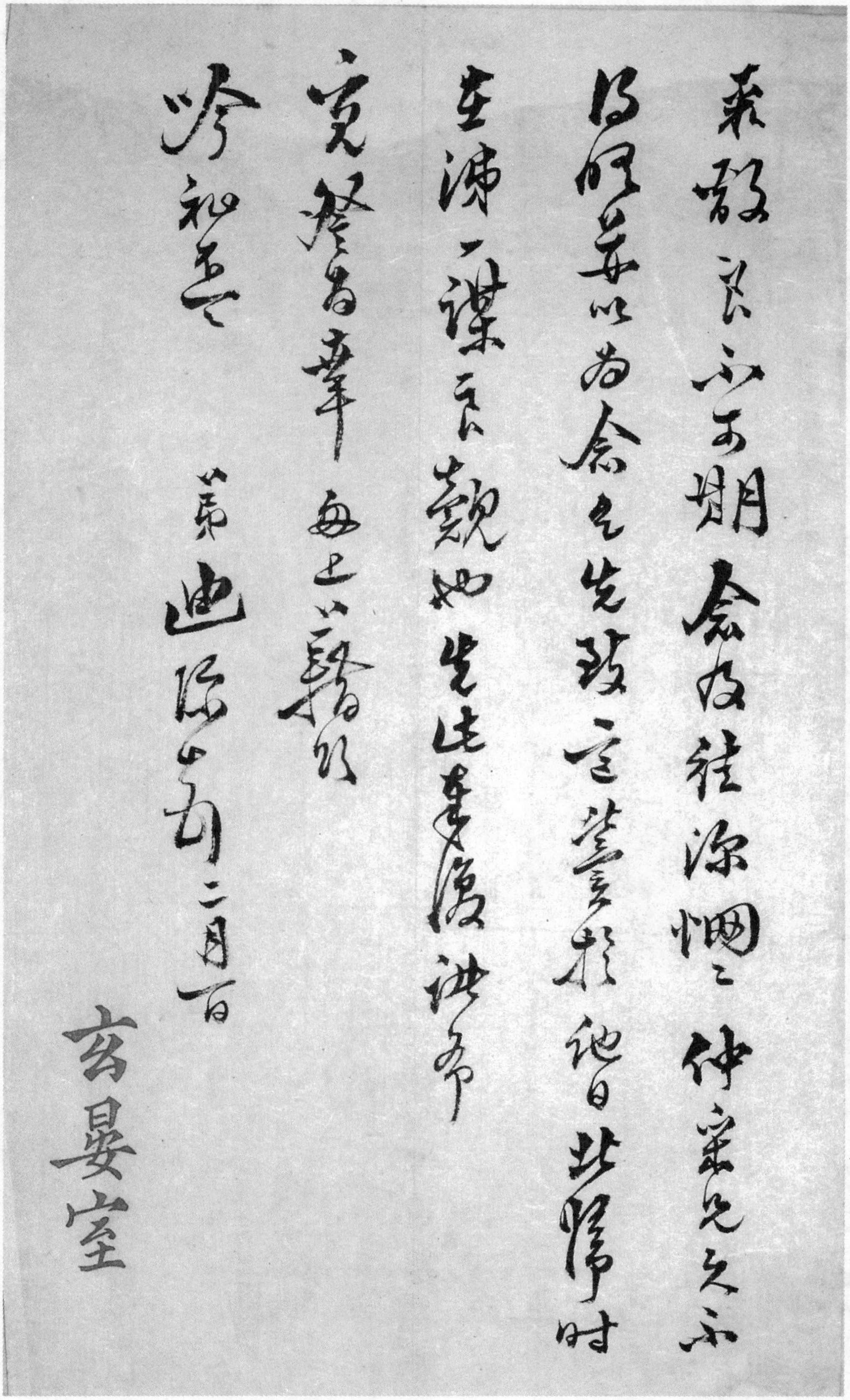

向迪琮

書第十四通

獻唐道兄左右頃接
惠書并審一是
清善如恆至以為念 錄板是否適用乞
酌示 倘不合用 前者可另寫字也 兩宋詞
自北宋境界廓大 南宋注重詞眼及鍊
字鍊句甚斲 遂入於八寶樓臺拆下
來不成片段 少游易安典韻高華詢為
詞中巨擘 惜兩家詞詩傳不多 而李字究

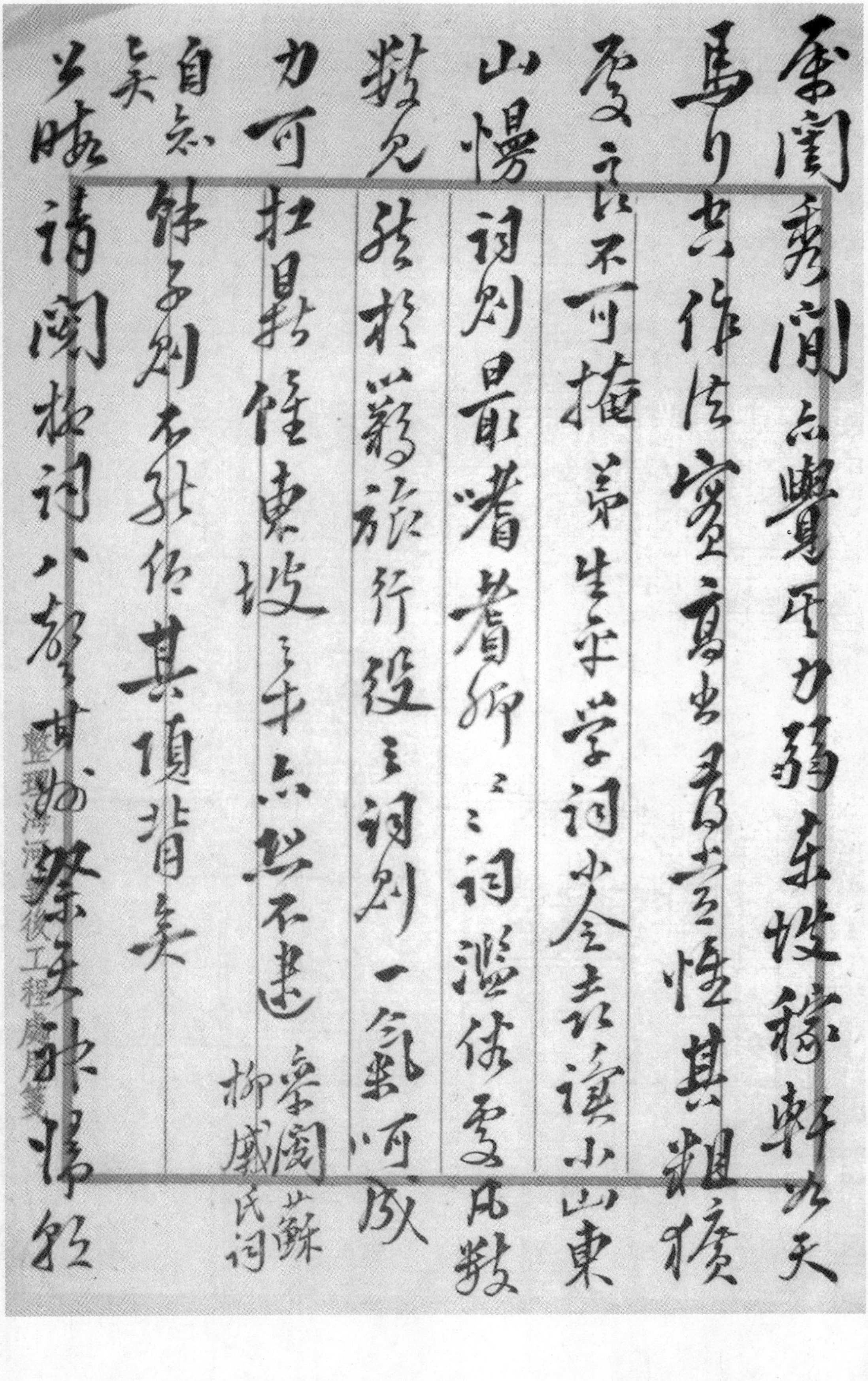

柔閨秀間亦豐厚而力弱東坡稼軒以天
馬行空作法實高出尋常惜其粗橫
處亦不可掩弟生平學詞以來喜讀小山東
山惕詞則最著耆卿之詞深佳處凡數
數見於羈旅行役之詞則一氣呵成
力可扛鼎惟東坡之手點然不逮
自念餘子則未能望其項背矣
矣
少暇請閱柳詞八聲甘州如深玉映帰鉏

學閣 蘇
柳戚氏詞

整理海河善後工程處用箋

詞之論陰陽，字實爲後於歌，此於詞譜字已既不能歌，似無須再計及陰
陽也。然近世詞家，謂四聲亦須留意於方寸間，和其真弟平時作詞甚嚴
觀玉湖錢等作，可知弟持論之不謬也。極
周先生宗仁宗淳，況蕙風爲人不嘗於當時，占
清真夢窗東山諸師皆作此，謂此四聲太拘，拘固此則甚嚴矣
其次步諧者模習之，消魂者此際之類，東坡者擬摹之，
坡稼軒稱極八，蘇辛詞，劍其地位自不可侮
其次有志於詞，似不必因後一派習之。朱古微
前所刻彊邨叢書，蒐羅既宏，斟擇之
至精，琢之，溯古宋元十二家，實爲昔賢寶之別
其要之如集，先生弟等可代爲開講，在精心之讀

整理海河善後工程處用箋

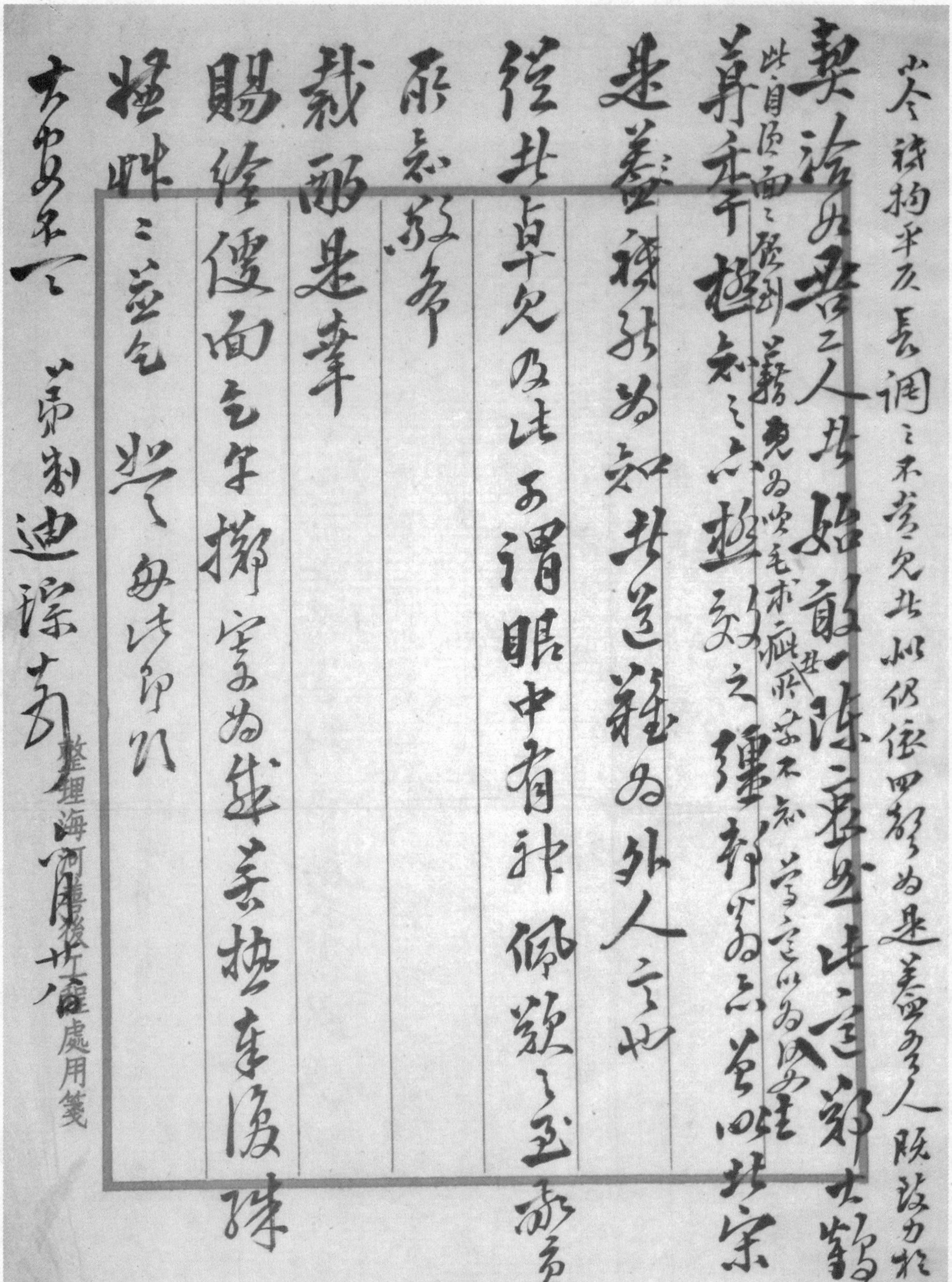

小令祇拘平仄，長調又不甚究，其以仍依四聲爲是，蓋無多人能致力於
契論如吾之人，其始敢一[illegible]此道，鄭大鶴
此自原面之歷歷[illegible]，[illegible]爲吹毛求疵，其所言不知[illegible]以爲[illegible]
尊示本趣知之，亦趣致之，纏綿[illegible]其宗
是蓋錢[illegible]爲知，其道難爲外人言也
經其卓見及此，可謂眼中有神，佩服之至，承貞
雅意[illegible]
裁酌是幸
賜給僂面之半，擲寄爲[illegible]，未接來復，[illegible]
極[illegible]無它
[illegible]大安 不一
小弟制迪琮頓首

整理海河善後工程處用箋

向迪琮

書第十五通

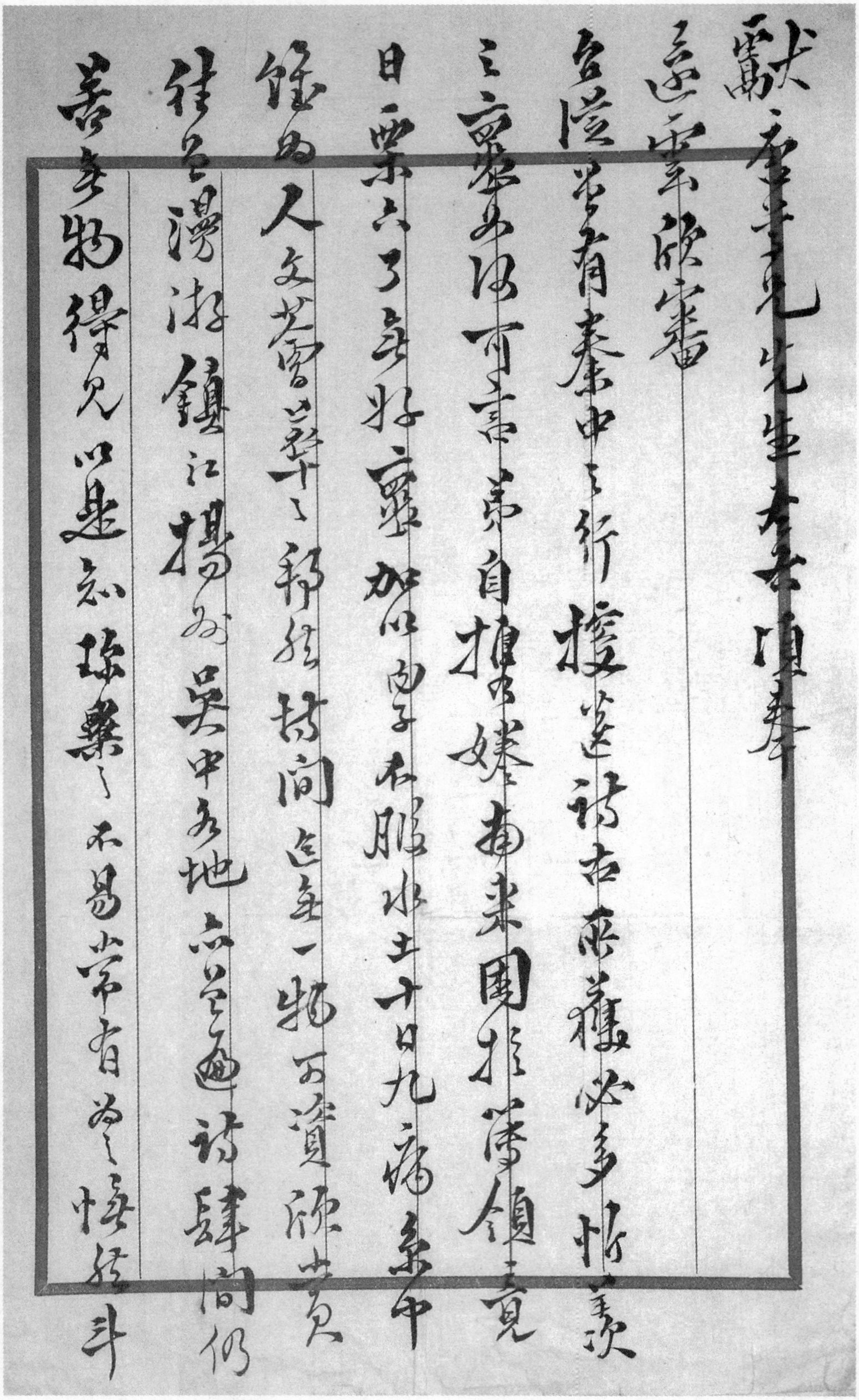
獻唐仁兄先生左右頃奉
還雲欣審
台從將有秦中之行搜覽訪古原蹟必多快意次
之京在滬可之言弟自[illegible]嫁南來困於塵鎖三見
日來六了身好塵[illegible]加[illegible]學不服水土十日九病至中
餘爲人文薈萃之區訪問近年一物可資欣賞
往來湯浙鎮江揚州吳中各地亦甚過訪肆間仍
甚多物得見以是知珍藏之不易常有爲之[illegible]斗

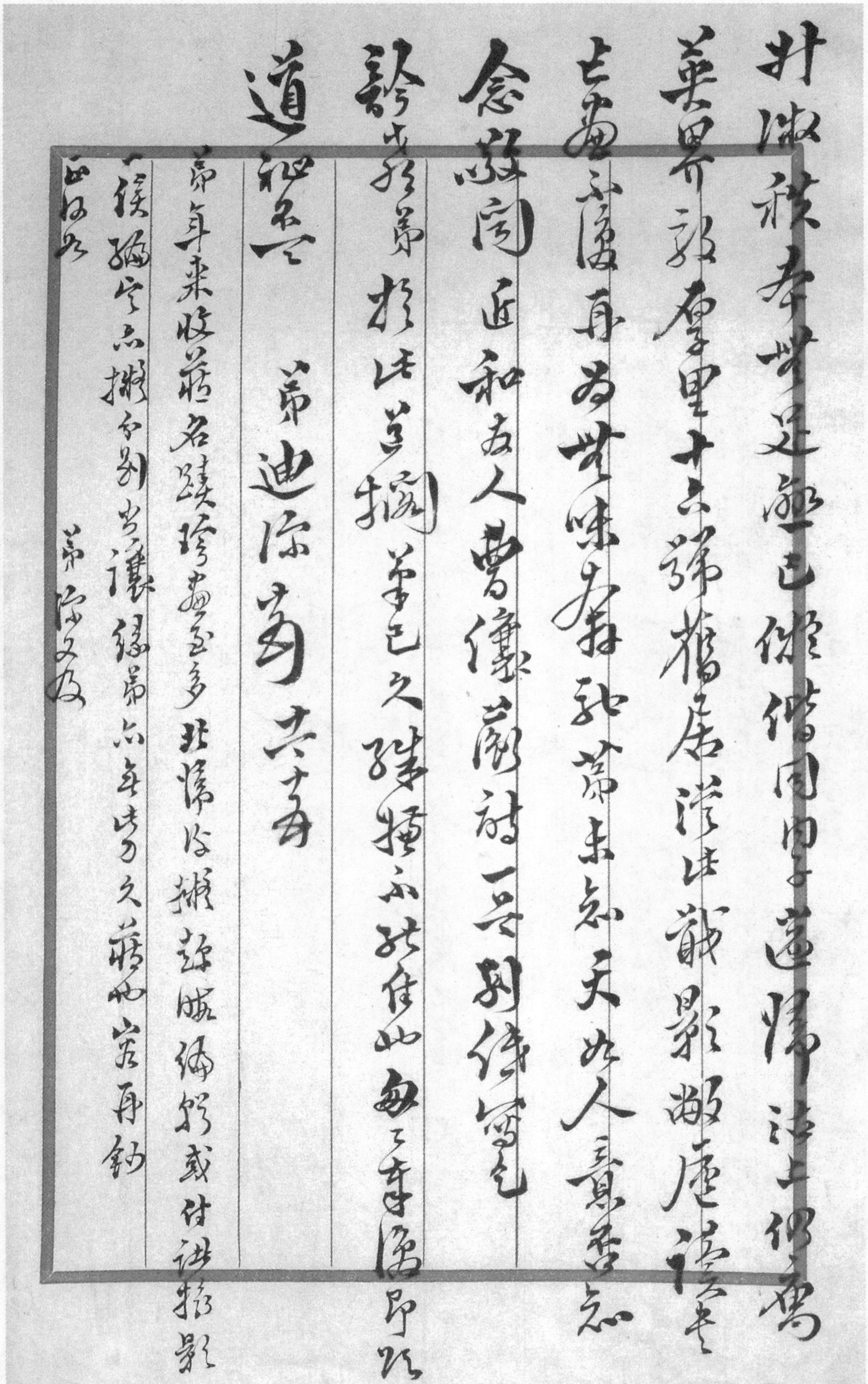

卅淑敬奉，并延盦已催借同門子蓮歸法上代為
華界[illegible]里十六號舊居將此藏影樓[illegible]
去函示[illegible]後再為並來存我弟未忘天如人意否忘
念。故園近和友人曹纕蘅詩一首，別紙寫乞
諒教，弟於此並擬。弟已久[illegible]亦於[illegible]每[illegible]即
道祉。
弟迪琮頓首 廿七日
弟年來收藏名賢墨蹟多，擬將所藏編印成冊付梓，擬影
[illegible]亦擬分別[illegible]緣弟亦年[illegible]久藏[illegible]再鈔
[illegible]
弟[illegible]又及

書第十六通

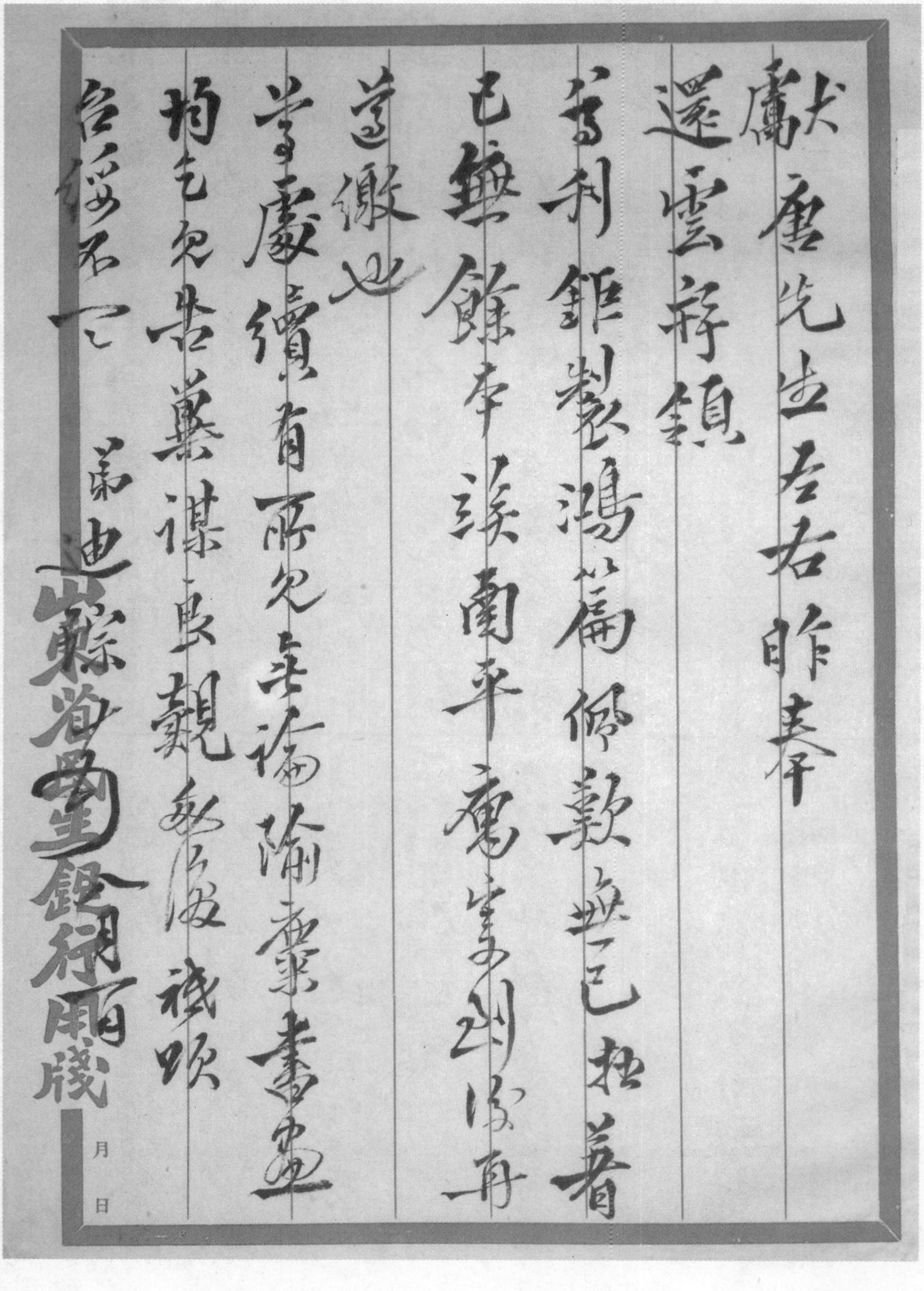

獻唐先生左右：昨奉
還雲拜領
貴刊鉅製鴻篇，佩歎無已。拙著
也無餘本，俟南平庵先生閱後再
呈繳也。
第處續有所見，無論隸書畫
均乞見告，共謀良覿。專此祇頌
台綏不一　　　弟迪
山東省圖書館用箋
月　日

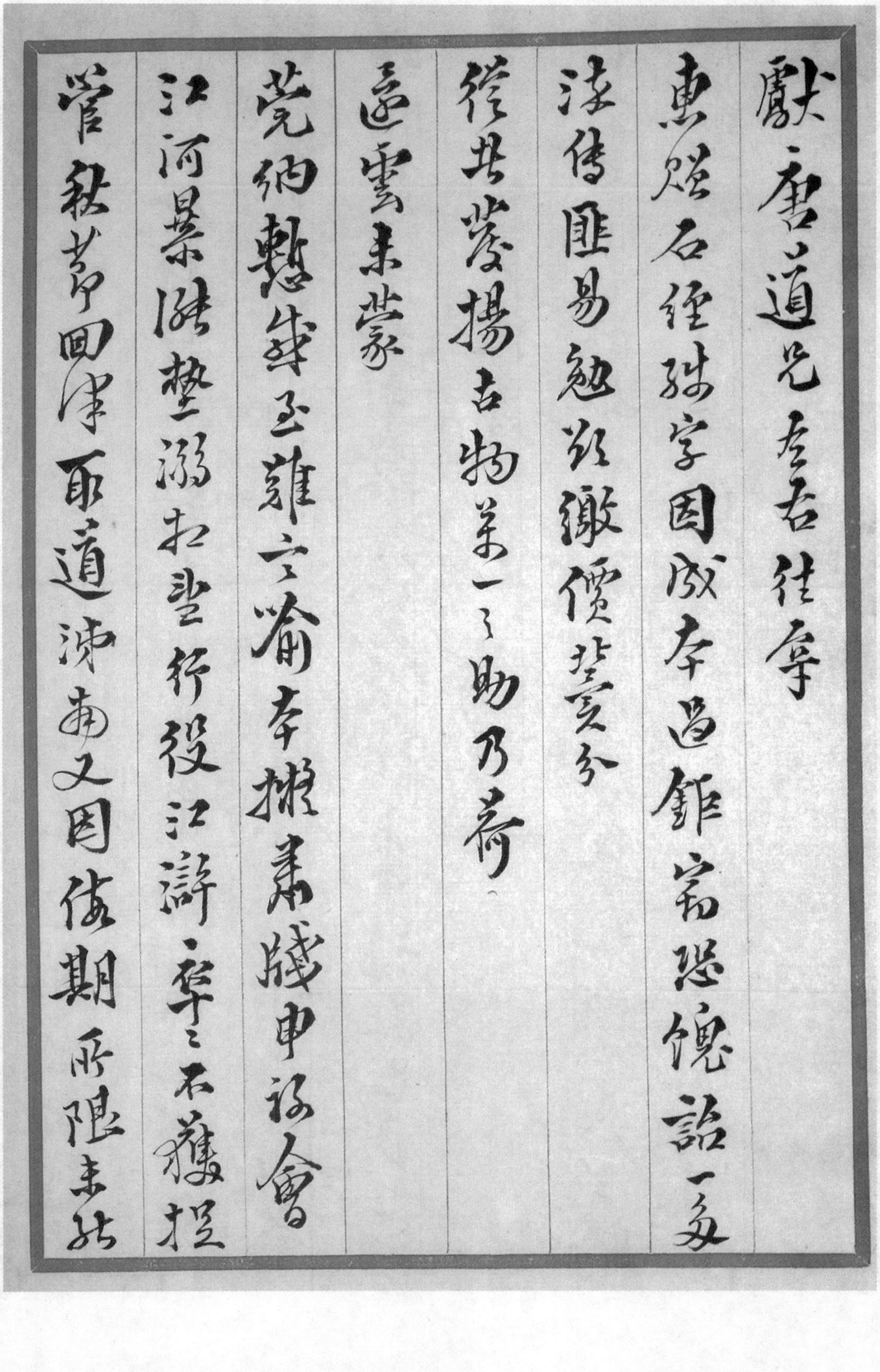
獻唐道兄左右：往年
惠賜石經殘字，因成本邑錯宮恐愧語一首
詩，借匯易勉，敦徵價鑒。今
從共發揚古物，第一之助乃荷。
遠雲未蒙
賞納，懇乞玉離之喻，本擬來歲申江會
江河暴漲，墊溺相望，行役江滸，幸之不獲握
管，秋節回川，取道滬南，又因僕期所限，未能

下車奉訪，一面面緣慳，人眾是念，及殊深歉悚。

至從以何時蒞京，惜事前未獲預知，否則當留

陪數日，一謀良覿。比弟自來京日日忙於屠領，卒

鮮暇晷，坐是未盡之緣，久致悵念，中詞友當多所

匹亦惜緣當寫產

諒我。因弟日昨始返自天津，兵百餘，抽暇奉函一抹

芳牘本欣承饋之從。來件未送題匹敬閱如何

道祉乞

弟 迪修敬 九月廿三

書第十八通

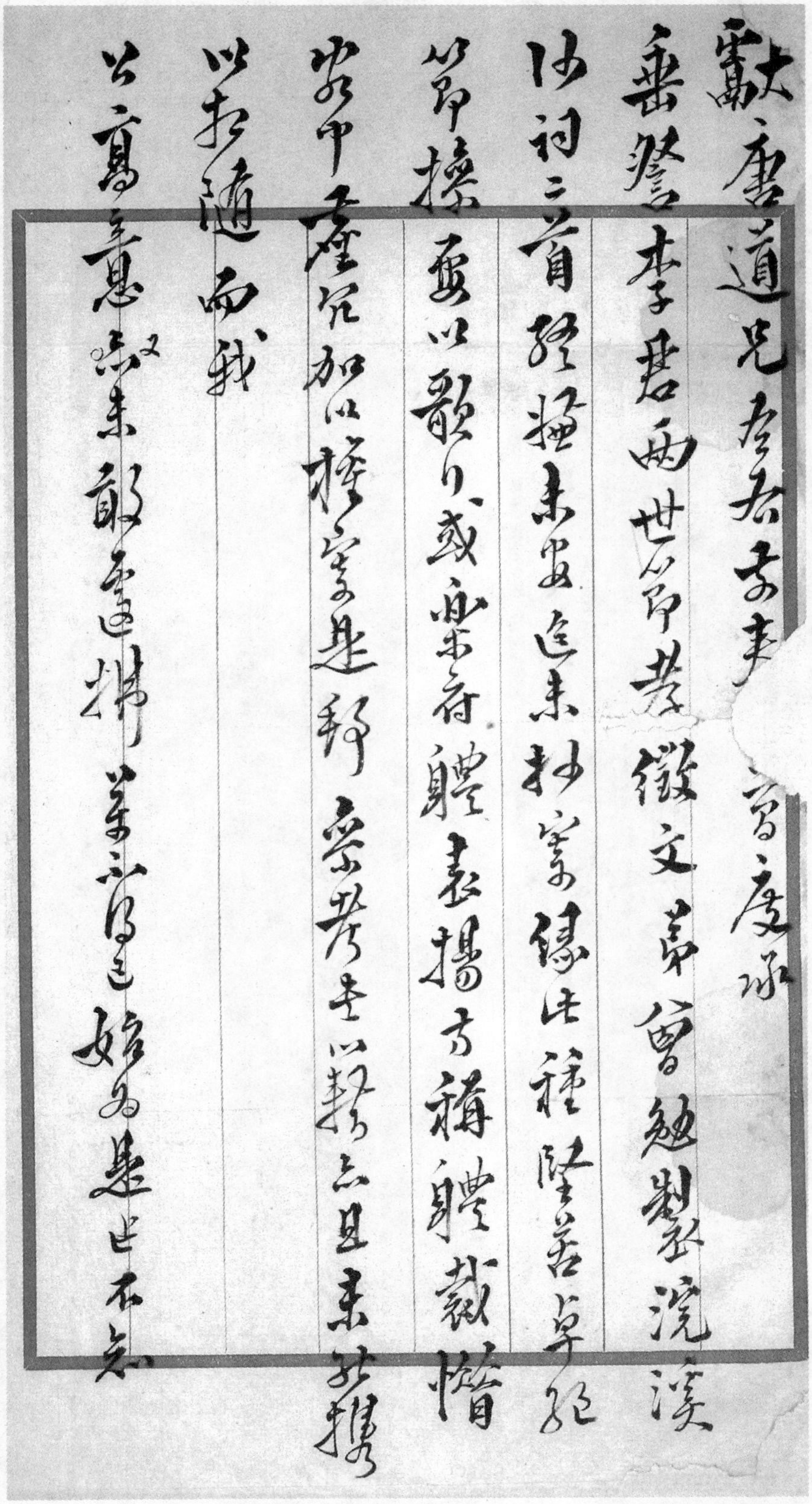

向迪琮

萬明以為伊公友人秀□莊即鄉先輩萬茂稼兼護寄之孫也
各際詩詞金石俱有淵源翰墨已託伊製矣拙上
寓上之
賜題時韻跋為感近日夢懷為詞所存當多韻酸
尚希
寓正所乞
時惠佳音以慰錦止之勞無上祇頌
著祺不一
小弟 迪 頓首 十月廿四

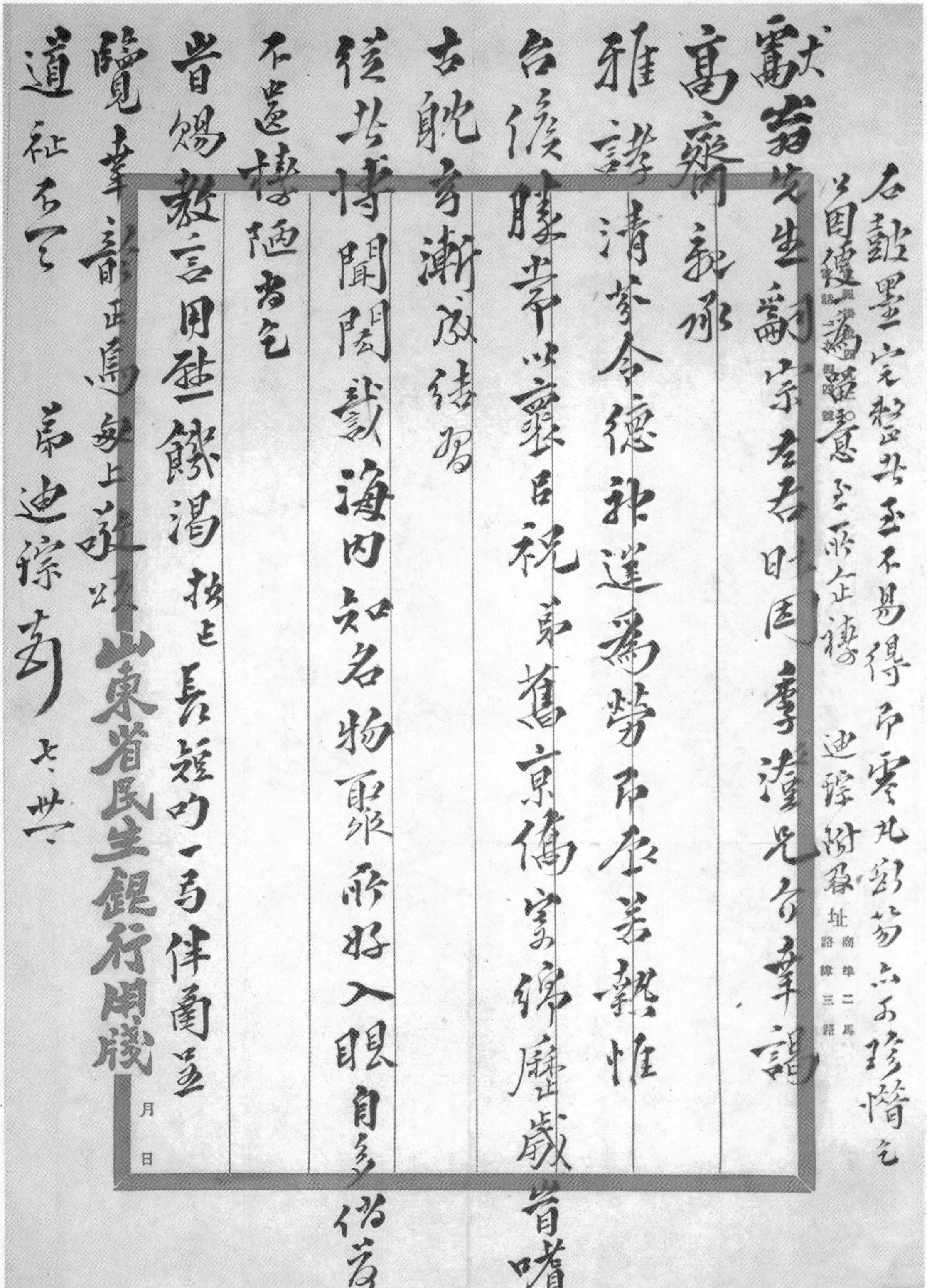

獻翁先生嗣宗左右昨因李滄兄介章謁

高齋親承

雅誨清芬令德神遙為勞而屈若熱惟

台候勝常以蒐石硯爲頌弟舊京僑寓歷歲嗜

古耽有斯癖成結習

往於博聞閎識海內知名物聚所好入眼自多佳者

不遠樓陋者也

曾賜教言用誌餘渴 拙上長短吟一首伴函呈

覽幸爲正焉敬上敬以

道祉不一 弟迪琮頓首 七、卅

石鼓墨寶想其至不易得而零丸彩笏亦不珍惜也

以自覆爲惠至所企禱 迪琮附啟

書第二十通

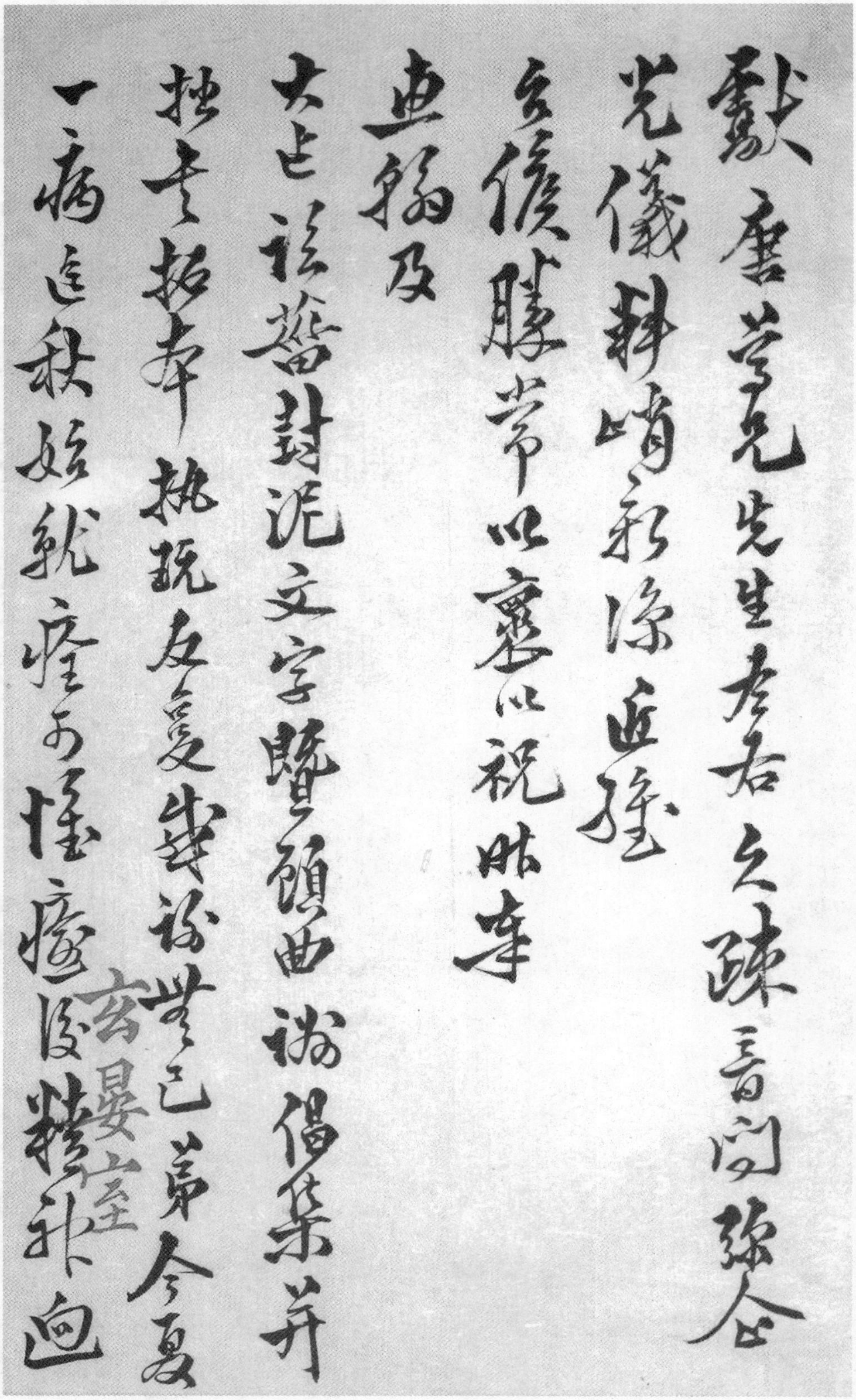
獻唐吾兄先生左右久疏音問繇企
光儀[illegible]
台候勝常以慰以祝比年
惠錫及
大著[illegible]封泥文字[illegible]
拙[illegible]捧玩反覆[illegible]今夏
一病迄秋始就痊[illegible]

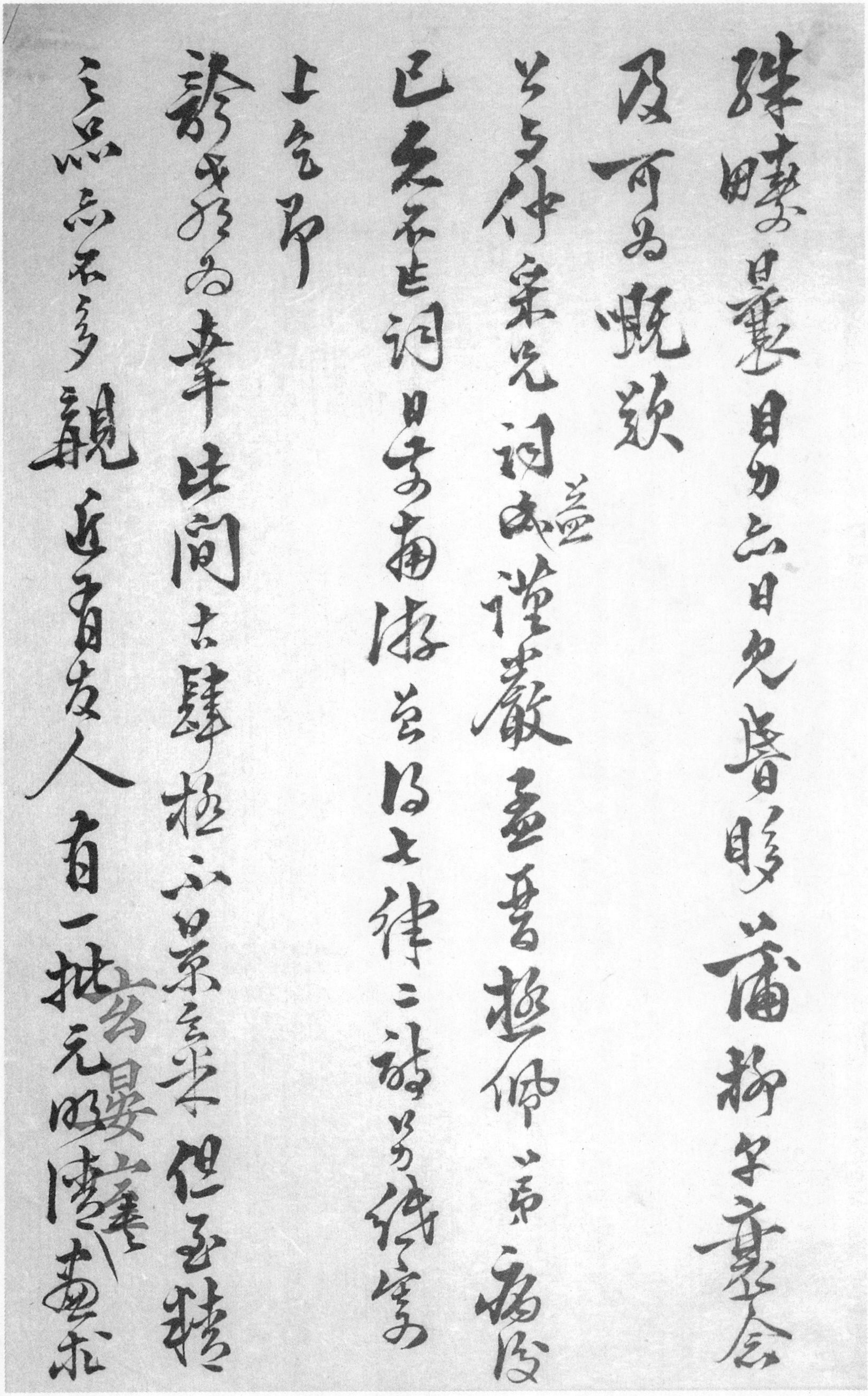

向迪琮

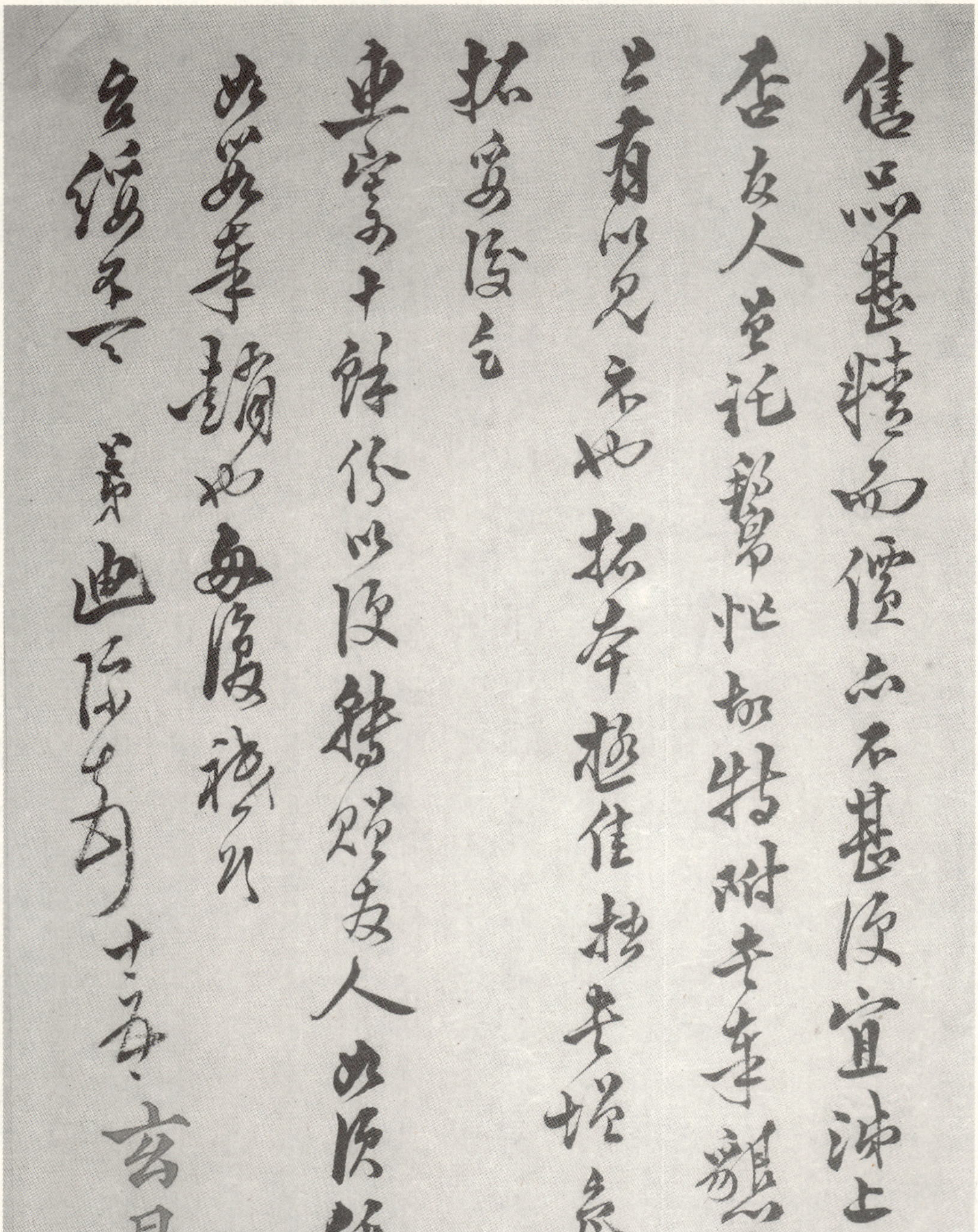

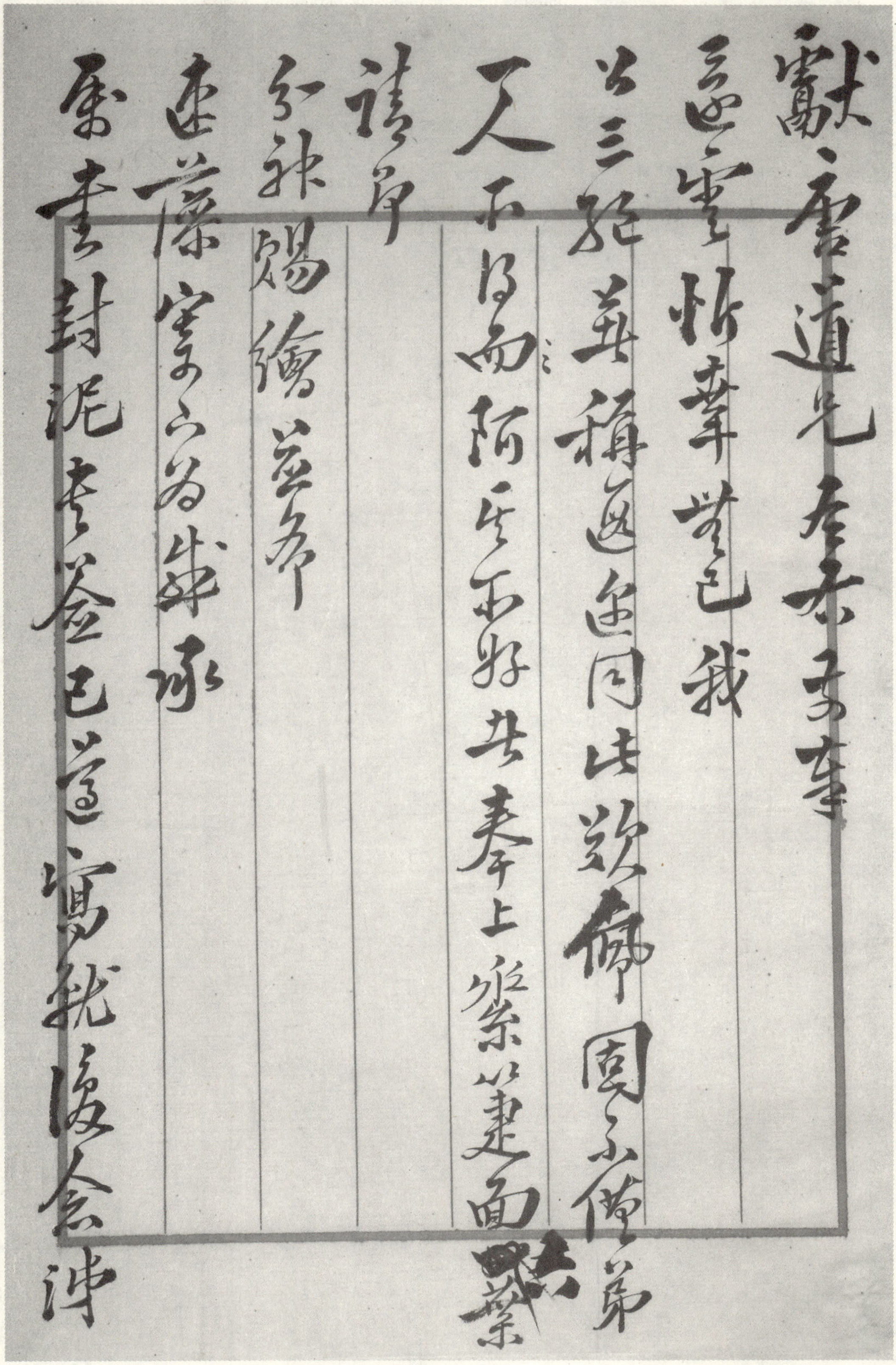

向迪琮

上刻工不甚精巧，又杜文遠左北學注

近寄刊張氏不便，圖託法閣商拓館

代製花箋版，以為精緻，茲併奉上，乞

莞納為幸。餘續罄，無上藉覆

名條不一

弟制迪琮頓首

六月廿五

書第二十二通

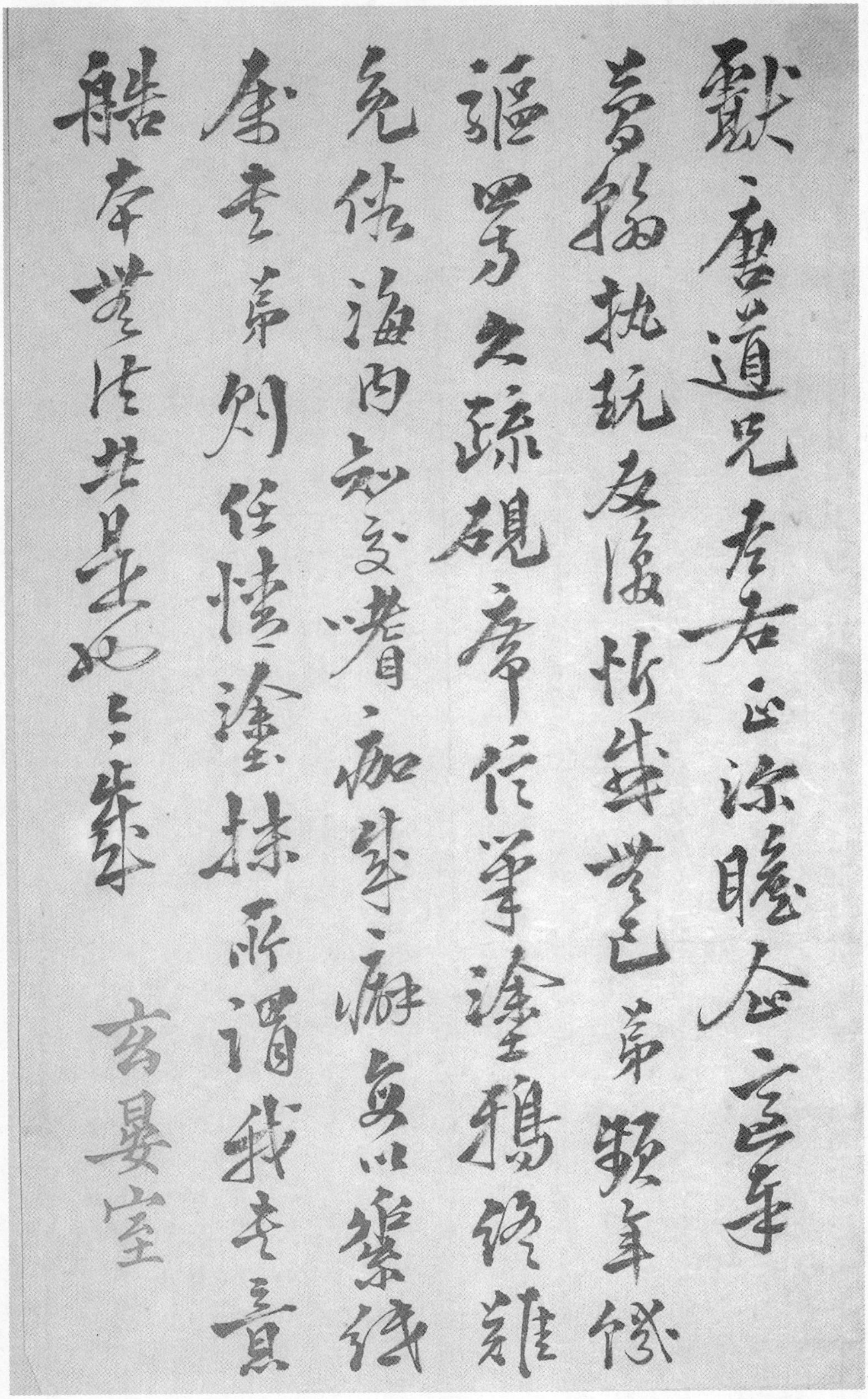

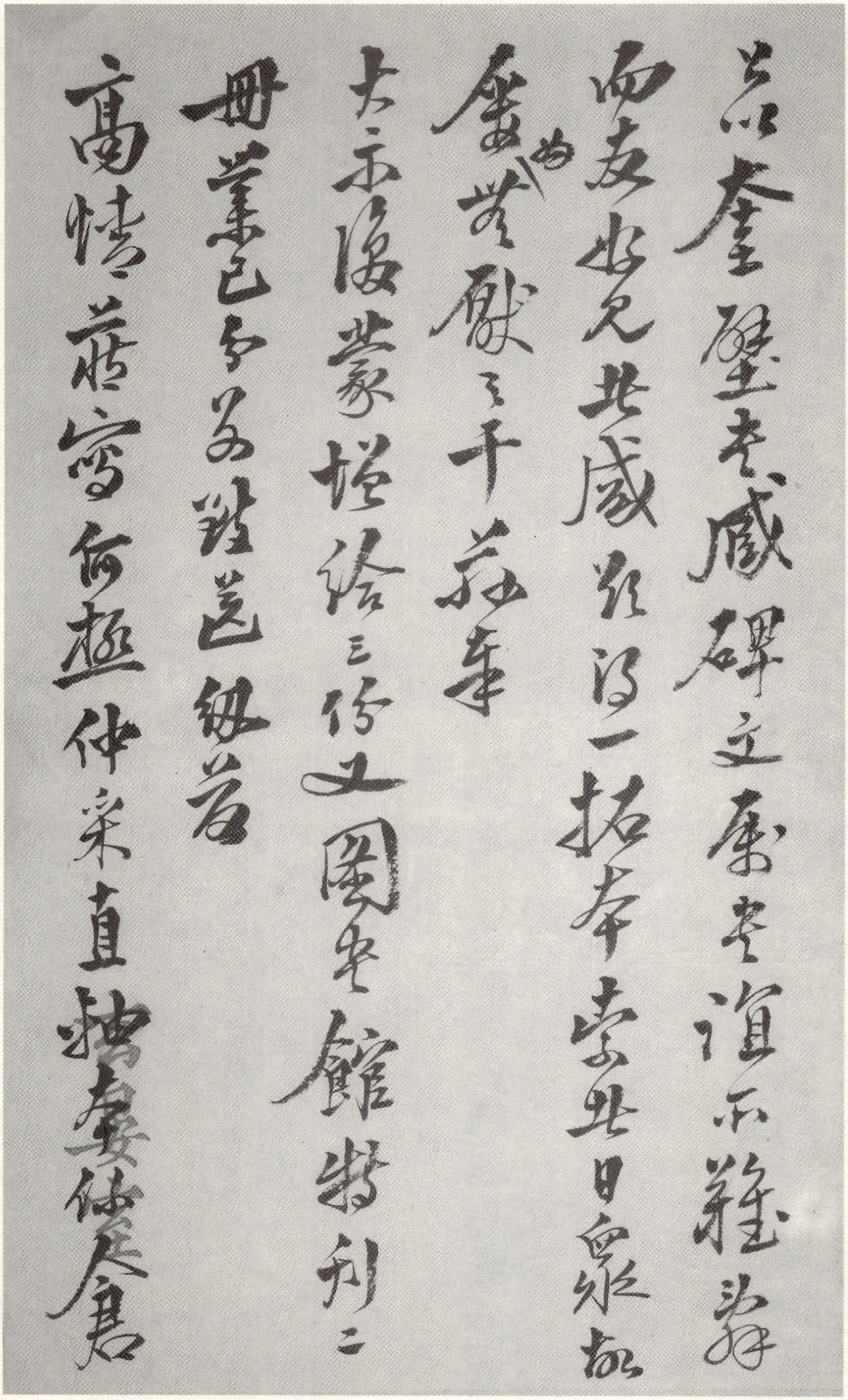
前奉璧老感碑之康老誼不難辭
而友好見其感激復一拓本索此日衆故
屢費賜賜千萬年
大示後蒙摹繪三傳文闈憲館將刊刊
冊業已分各雖遲緩答
高情厚意何極仲采直撫安住居

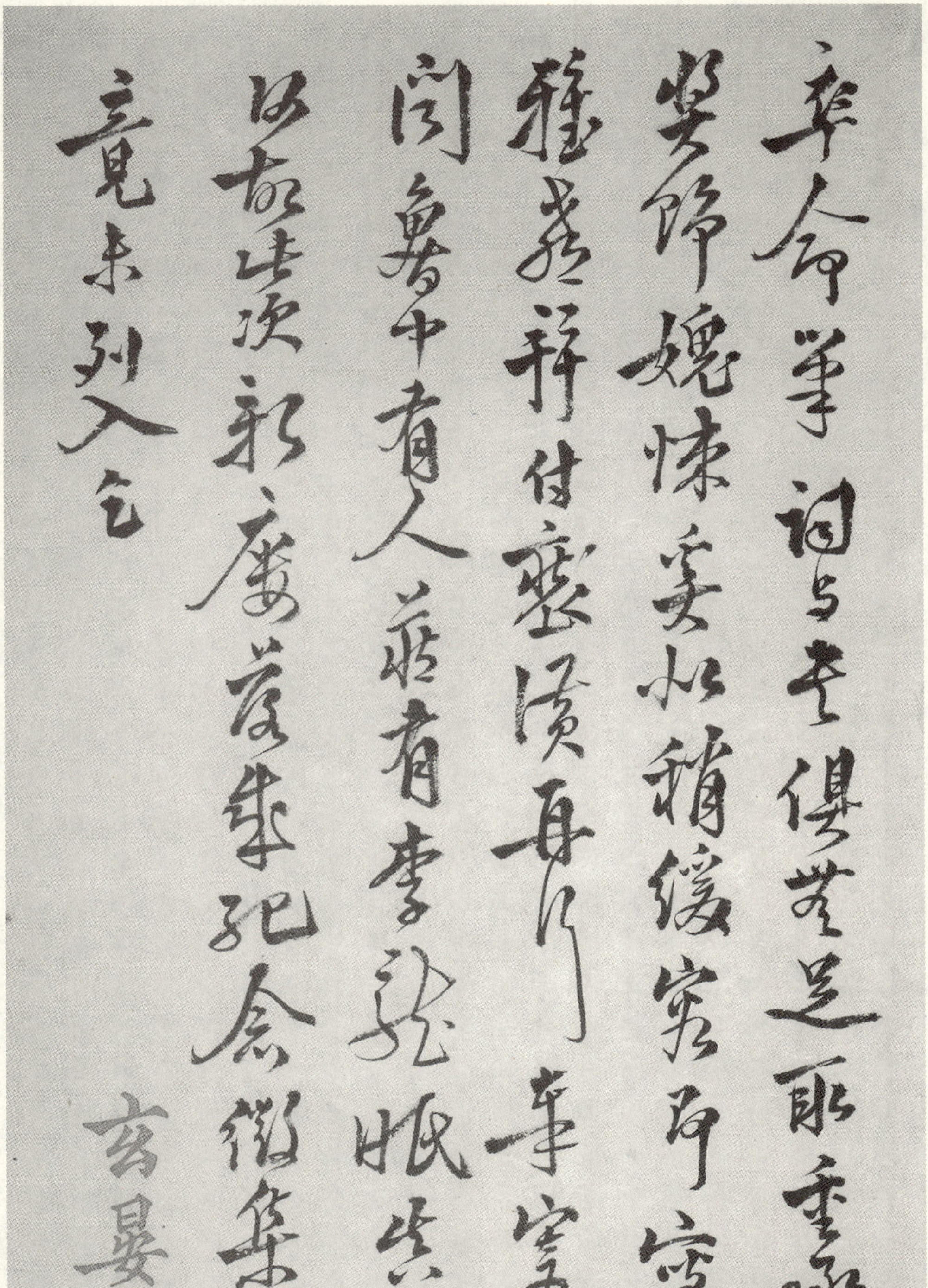
玄晏室

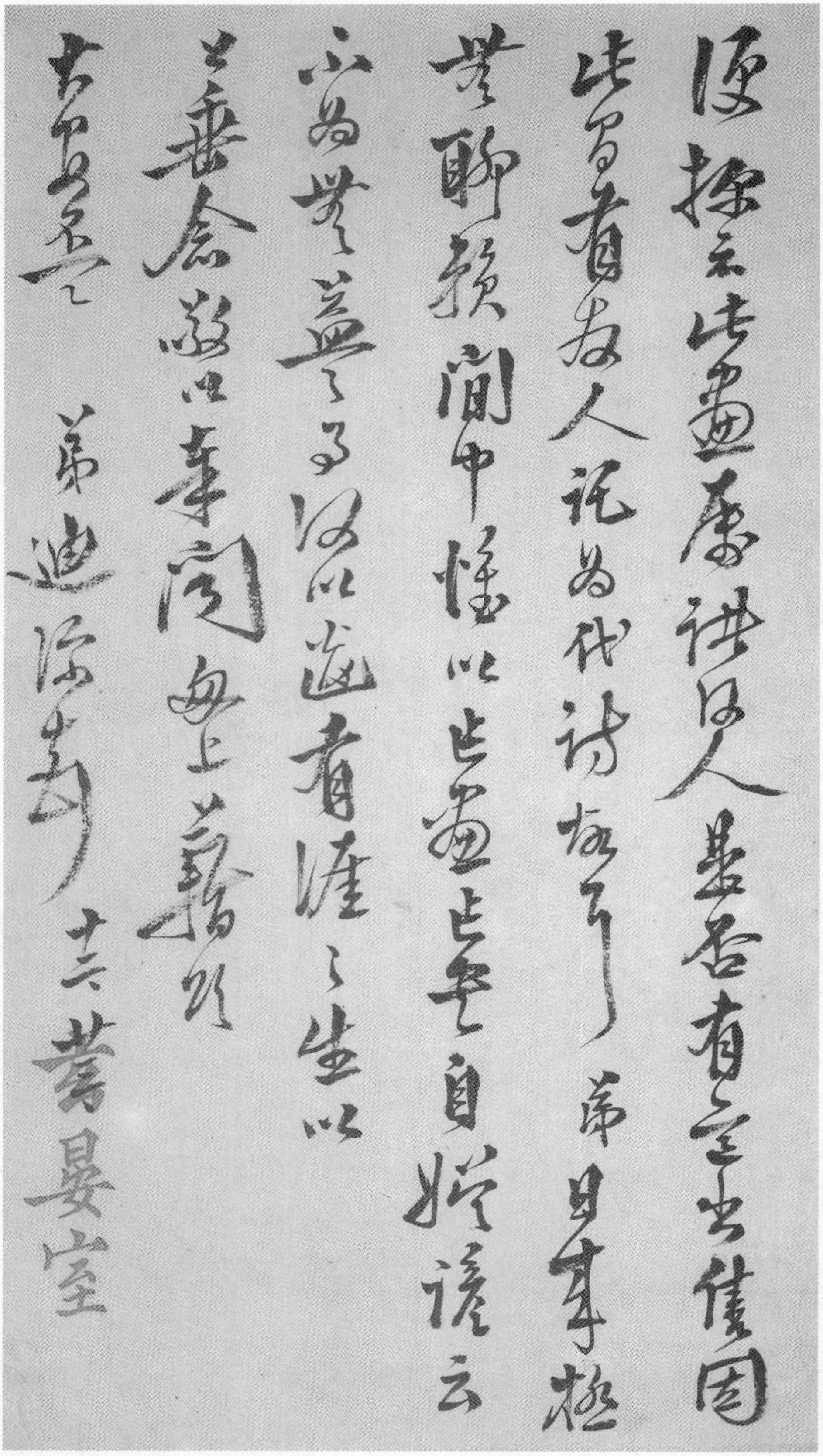

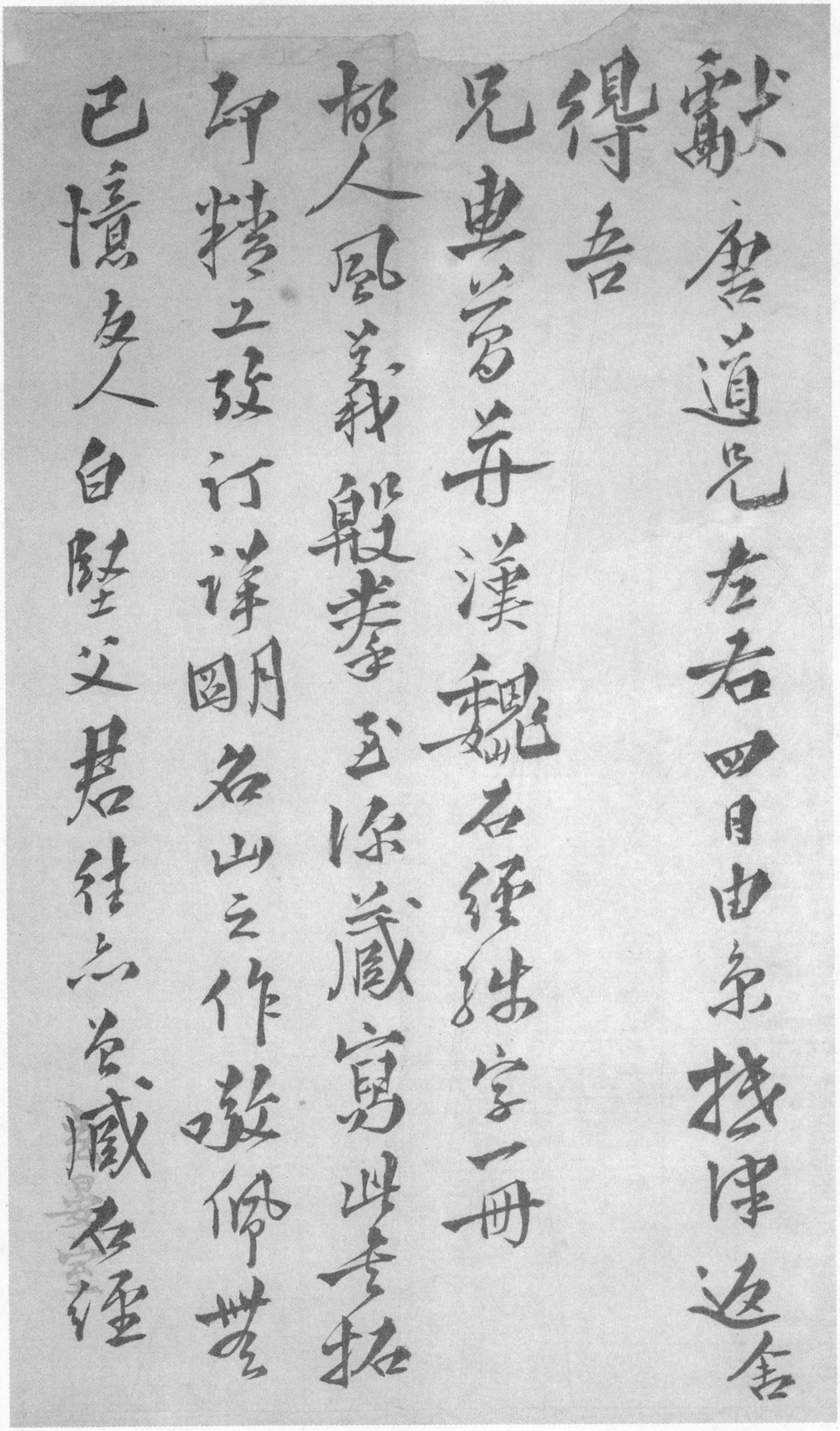
獻唐道兄左右四月由京抵津返舍
得吾
兄惠尊著漢魏石經殘字一冊
故人風義殷拳甚深感篤此書拓
印精工攷訂詳明名山之作欽佩無
已憶友人白堅父君往亦曾藏石經

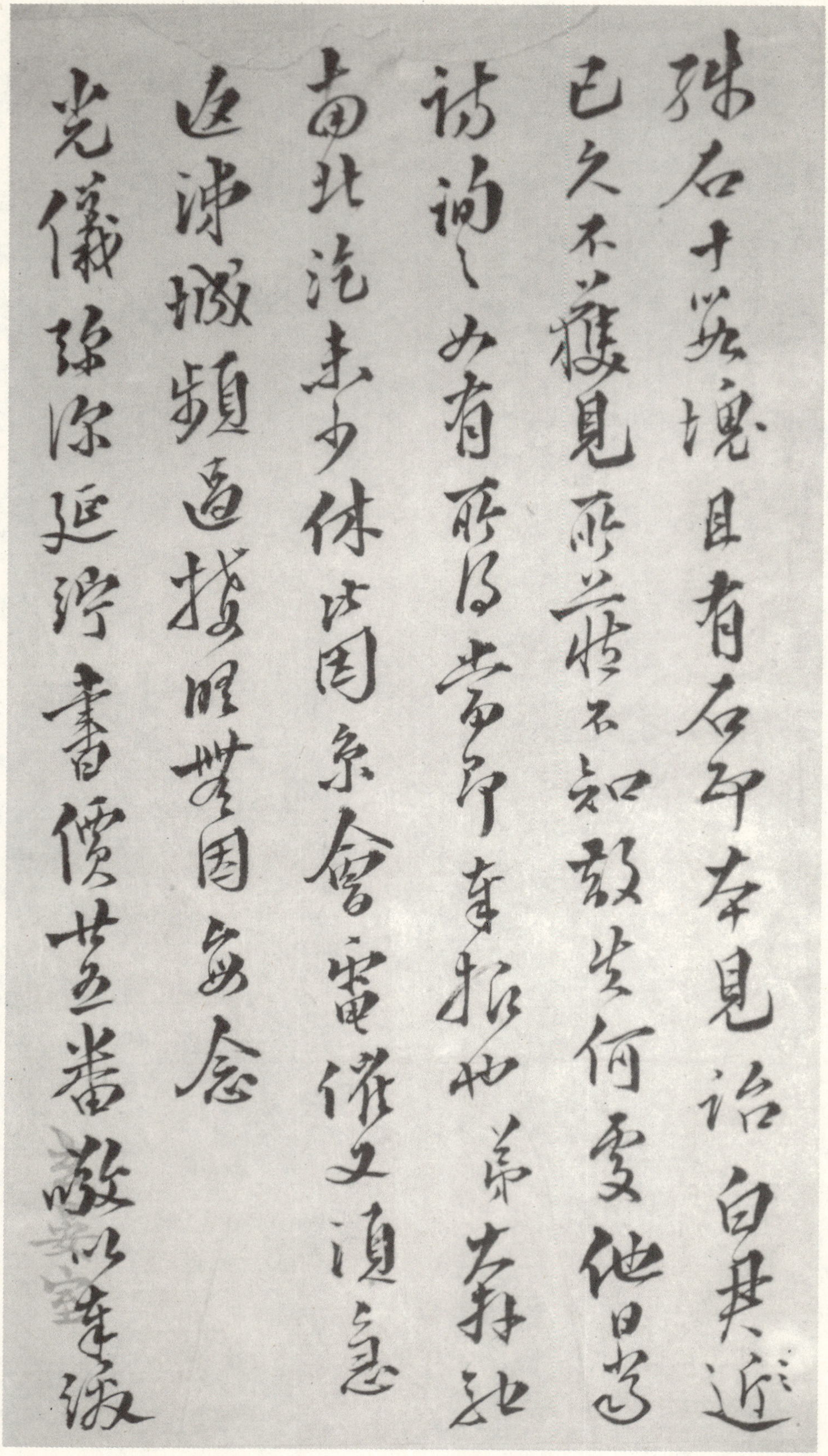

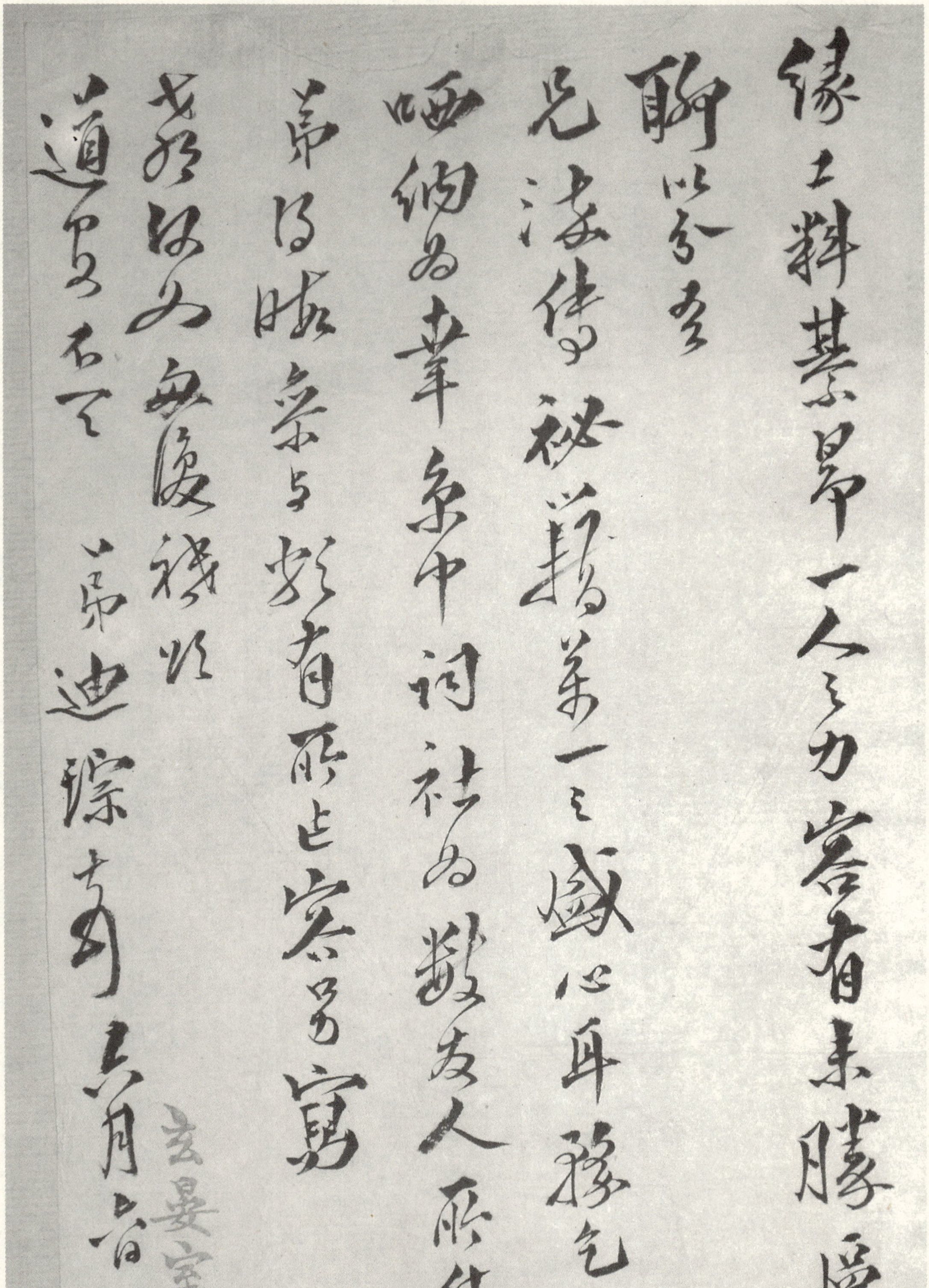

向迪琮

書第二十四通

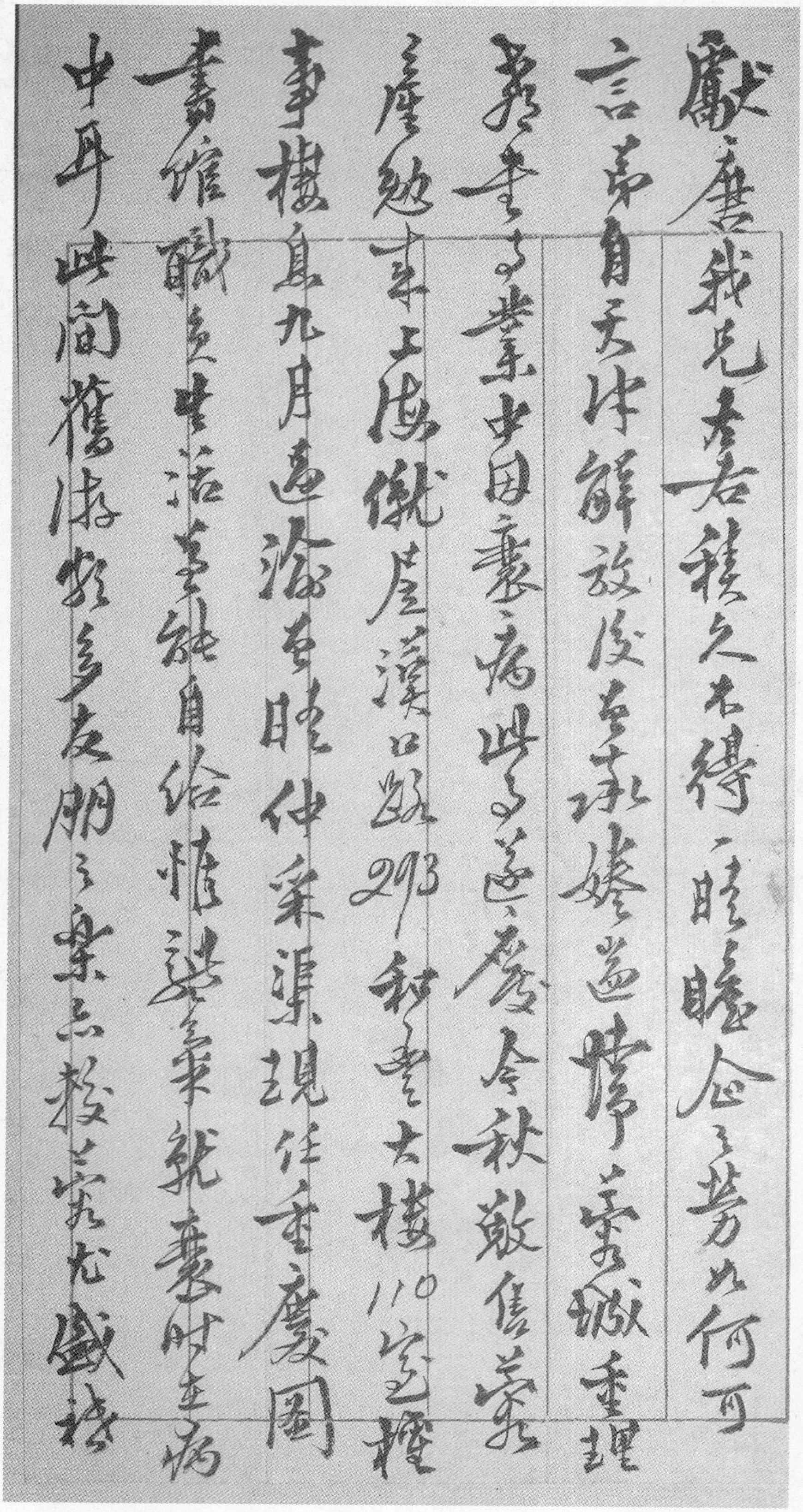

獻唐我兄左右：積久不得一晤，瞻念之勞，如何可
言。弟自天津解放後，至承德遊歷，蒙城重理
舊業，由因囊病此又遂廢，今秋敬集
之屋，勉來上海，僦居漢口路293號秋老大樓110室之權
事樓，息九月通渝，晤仲采，渠現任重慶圖
書館職，生活甚純，自給推誤，來就棄時立病
中。此間舊識數多，友朋之樂，亦殺之寬，尤盛樣

開門七事艱貴，屏營之境，頗慮畏怯，慨哉！

兄蹤業已隱，原居時以為念，茲得巢生函，始悉

尊址，良慰所衷。同在清寒，同賴腦力求活。弟方承

友人推薦，擬於此間勉圖文史一席，存居樗末，敢

台近何作，尤切馳系。撥交寓廬，借鑑。

時錫教言，用抒積念，尤所盼禱，毋任祝切。

文綏

弟 迪琮 頓首 一月五日

書第二十五通

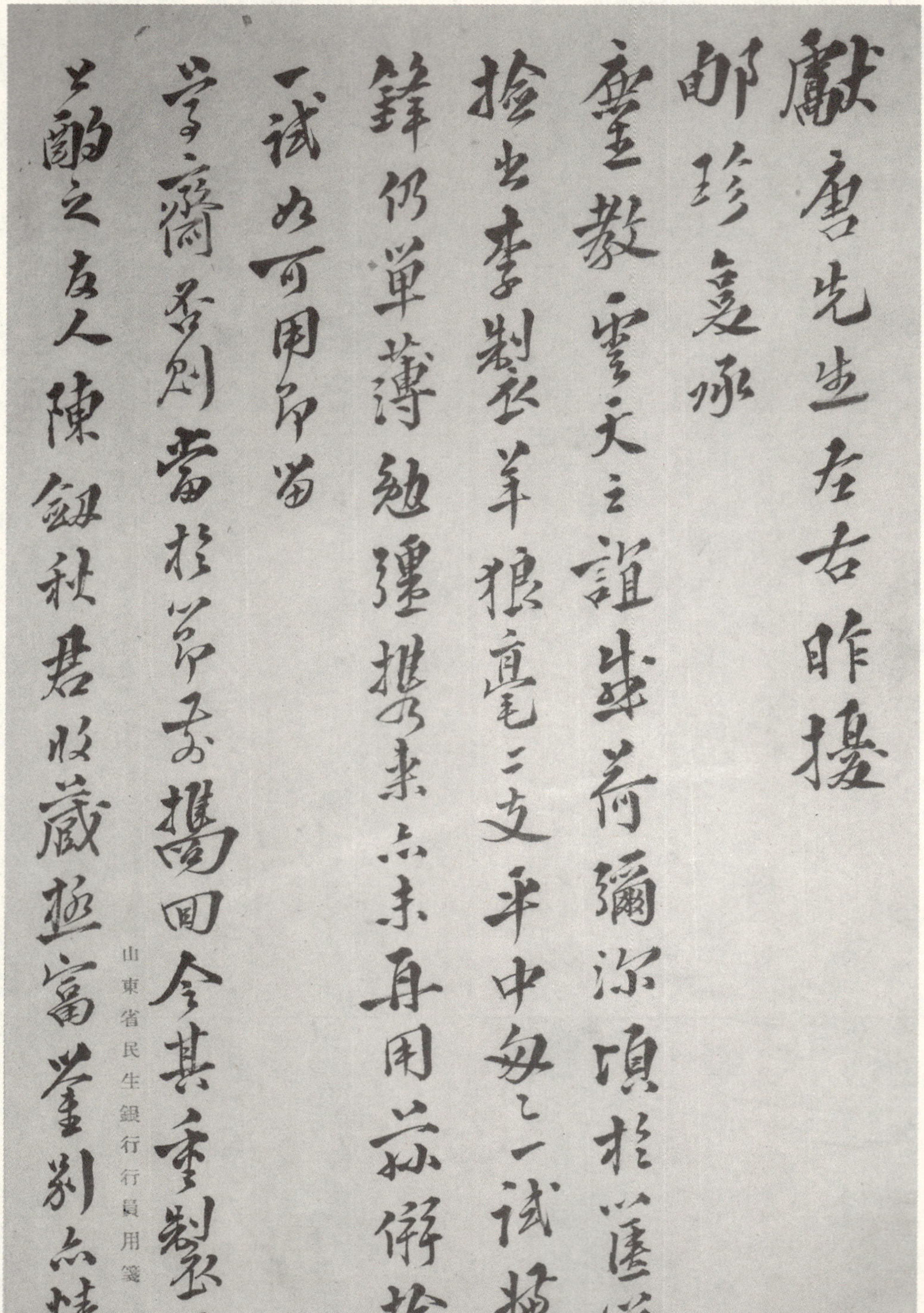

獻唐先生左右：昨接
郵珍，惠承
塵教，雲天之誼，與荷彌深。頃於匯寄中
檢出李製衣羊狼毫二支，平中每每一試，極其
鋒仍單薄，勉彊攜來，亦未再用，茲併檢奉
一試，如可用即留。
學齋吾劍當於節前攜回，令其重製。惟
芝閣之友人陳鈕秋君收藏極富，筆刻亦精，壽

山東省民生銀行行員用箋

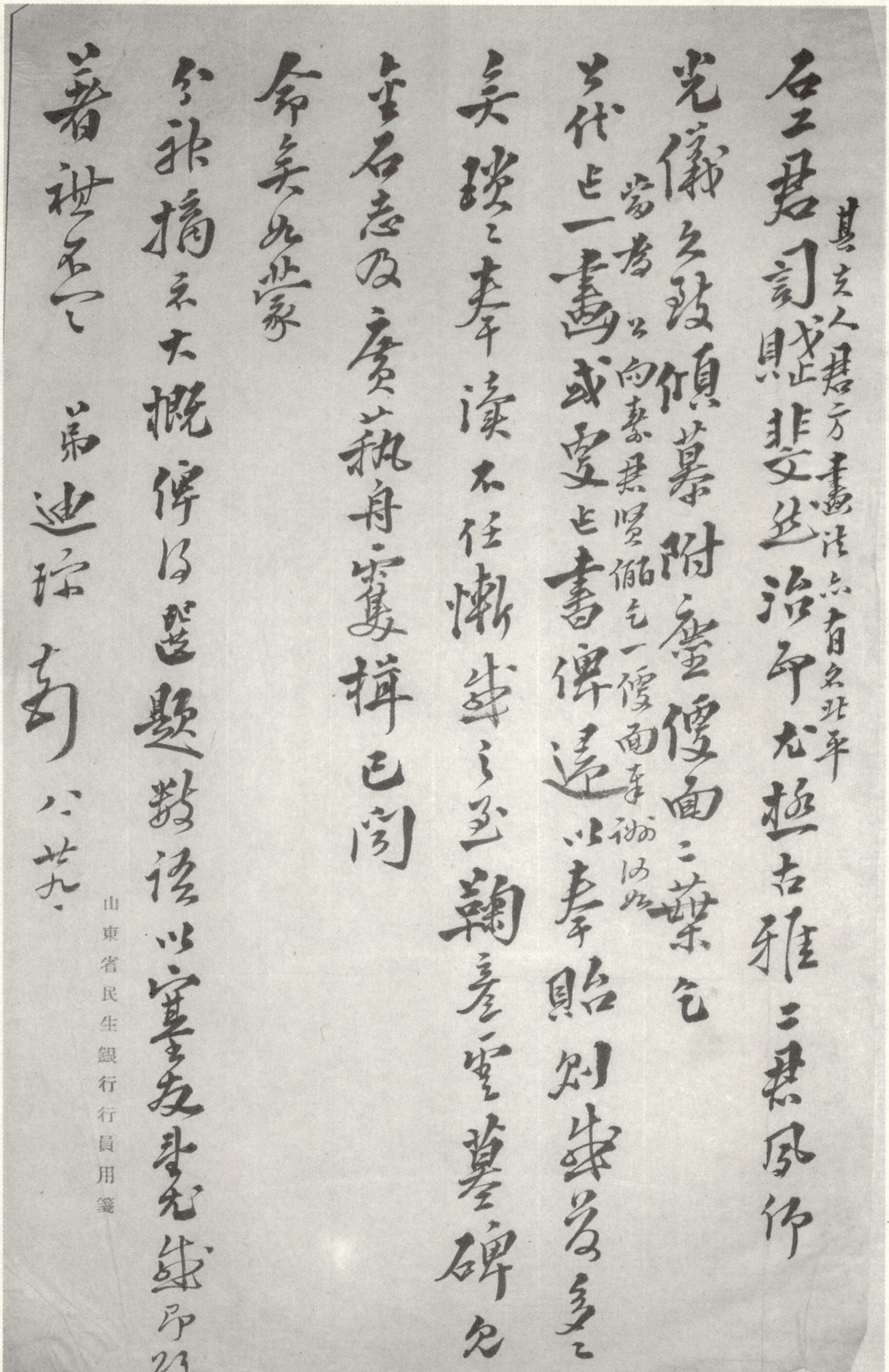

石工君詞賦斐然，治印尤極古雅。二君風節（其夫人君方畫法亦有名北平）
光儀，久殷傾慕。附呈便面二葉，乞（當代名公向慕君賢伉儷，乞一便面，幸俯從如）
其代占一畫，或並占書，俾遂以奉貽，則感荷之
矣。環之奉讀，不任慚悚之至。鞠老墓碑文
金石志及廣藝舟雙楫已閱
命矣。如蒙
公能摘示大概，俾得鑒題數語，以寄友舊，尤感。
著祺不一　弟迪琮頓首　八廿九

山東省民生銀行行員用箋

向迪琮

書第二十六通

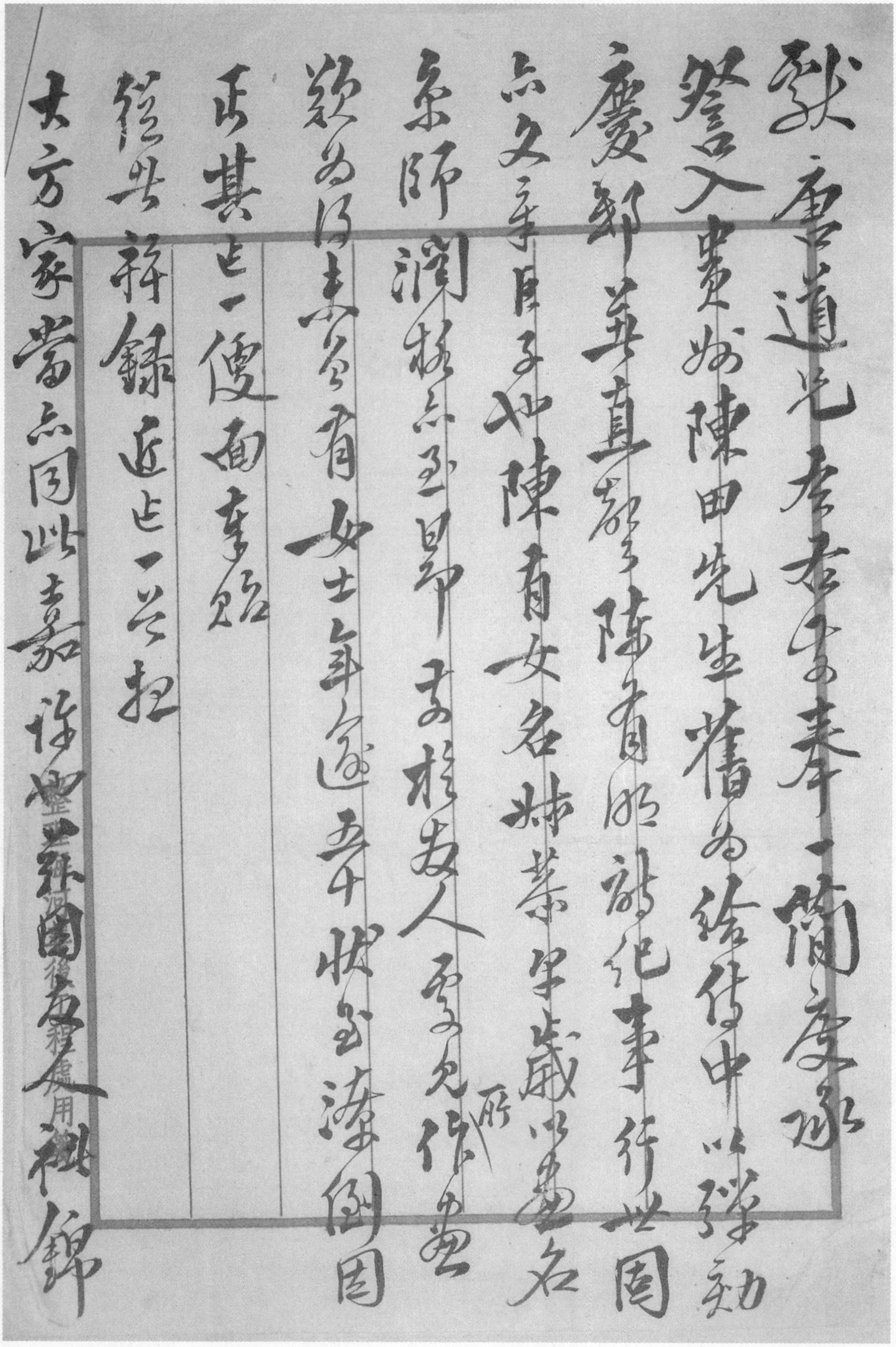

向迪琮

嘗見田沛沛便將托樸安平印乞
覽伯為吾石田畫詩有三絕堪入後
衡山六如名山徒承題跋皆極精工石田
此為千古畫家所罕見者其詩皆排惻纏
綿蒼涼感慨美豐以秋花自況暗傷搖落
耳特以
椽筆一和他日並為補題則生輝奉璧無
慕藉以
並頌
台祺　弟制迪琮頓首

□□海河善後工程處用箋

書第二十七通

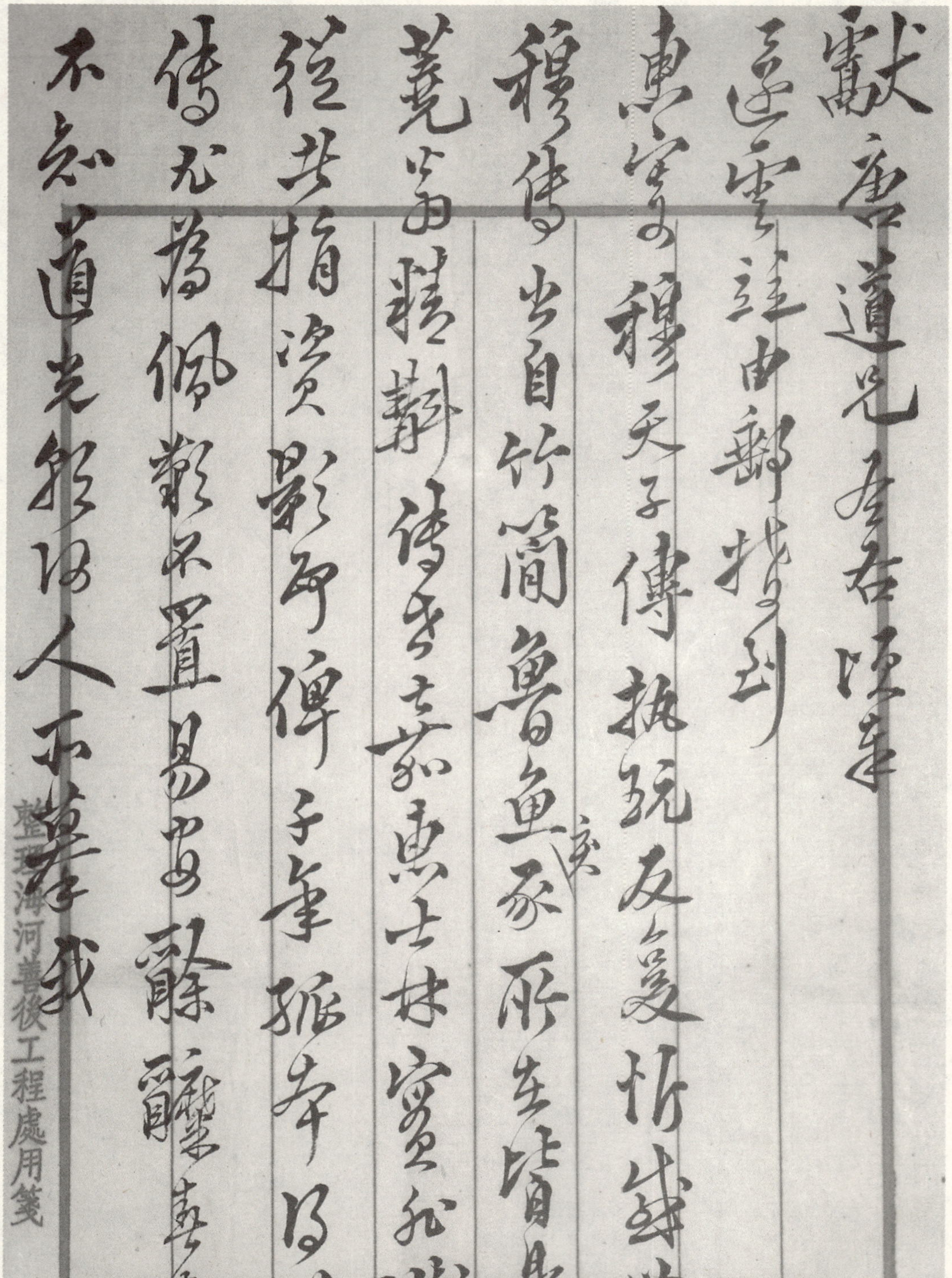

獻唐道兄左右頃奉

整理海河善後工程處用箋

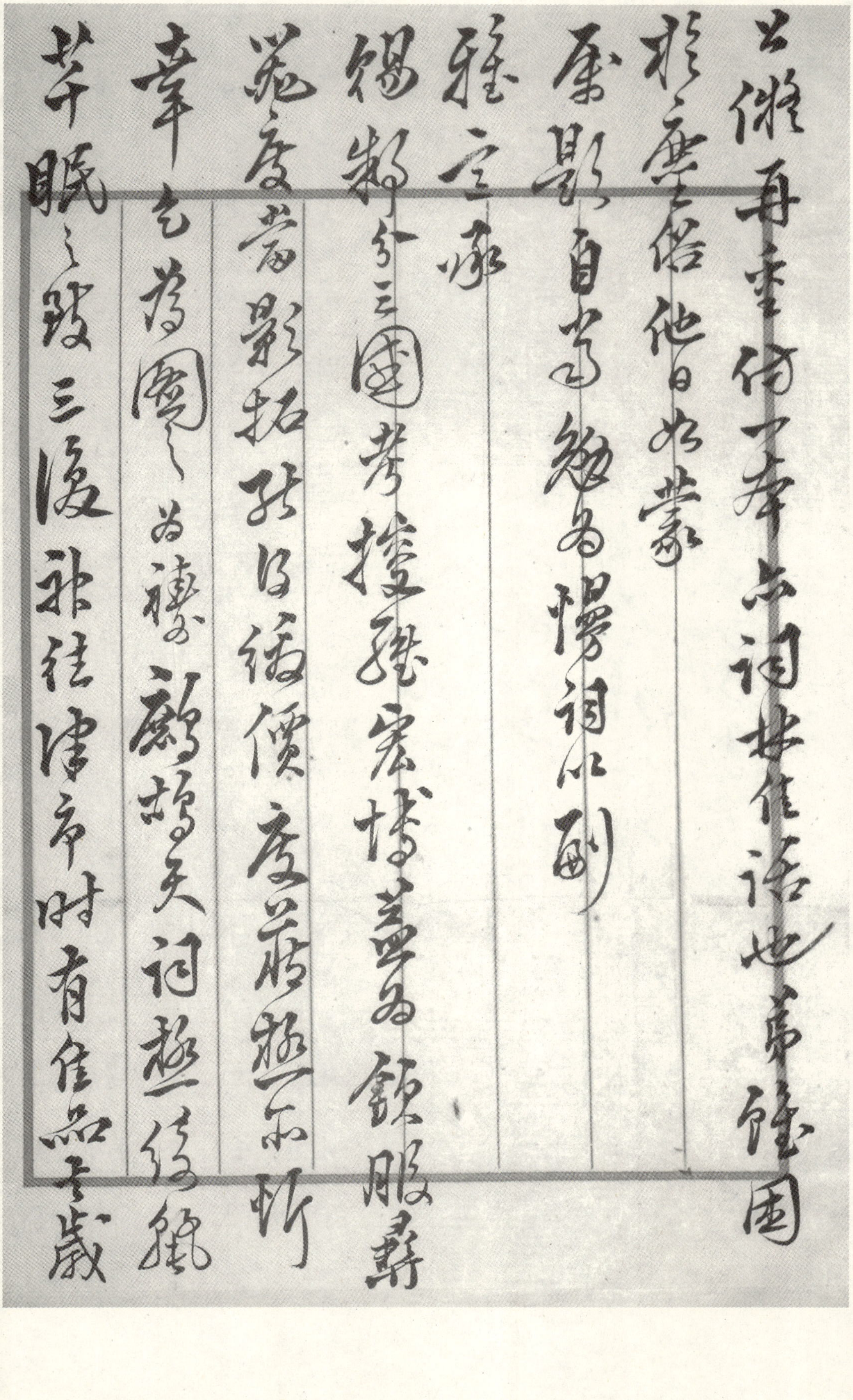

前見李穀齋冊頁一冊，計十開，內有臨仲穆山水及白描東坡笠屐像，極佳，尊當給價三百五十元，陳為人以十為譜，攜去至今只惜也，殊別。前以半價收得李竹朋所藏宋杜祁公、元趙善長絹本山水各一幀（胡兄李華錄）、文貞鶴山樵天籟道人合作竹石圖（交錢且大吳精實錄）三幀，均至精之品，安得

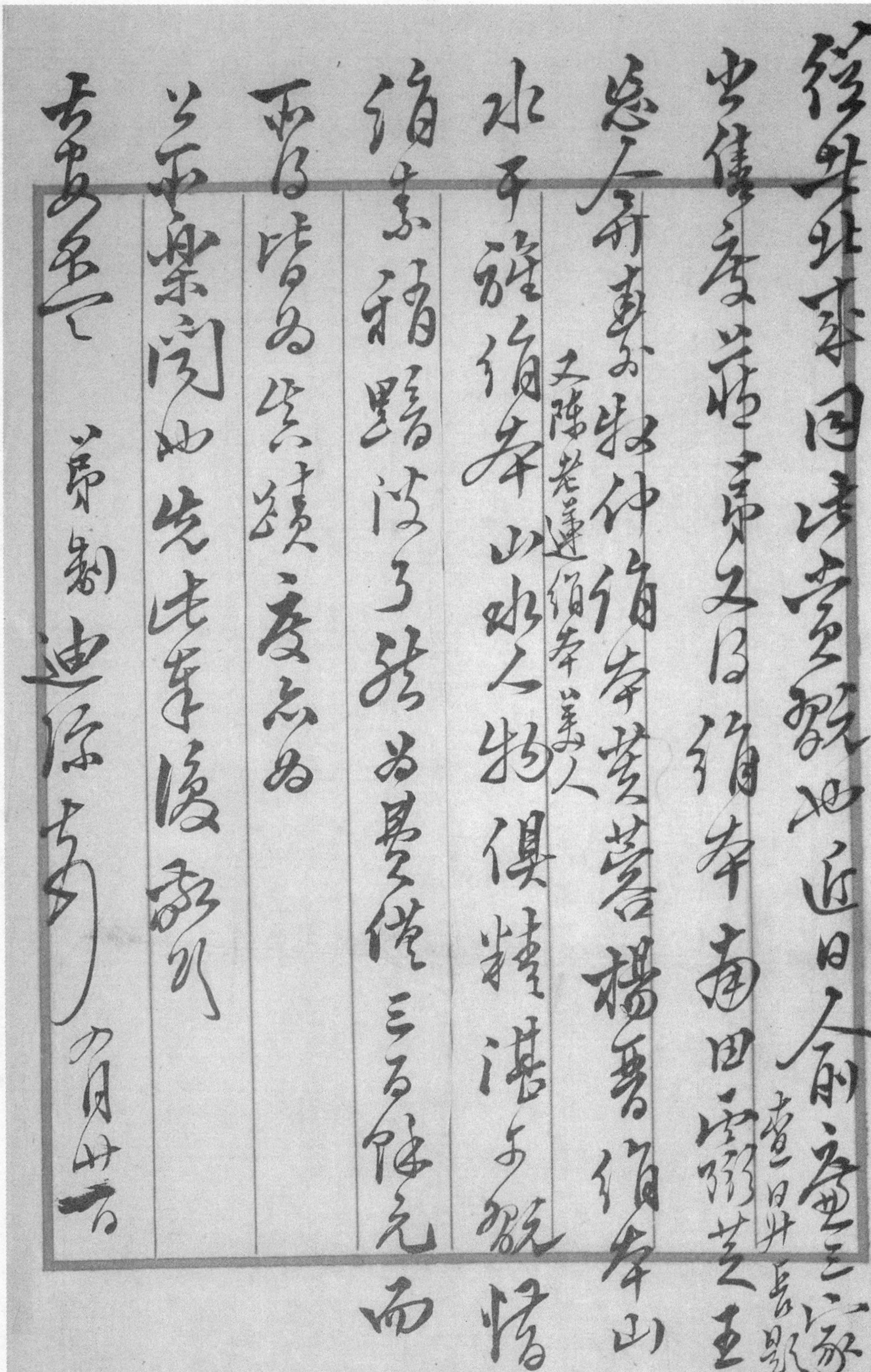

向迪琮

诗第一首

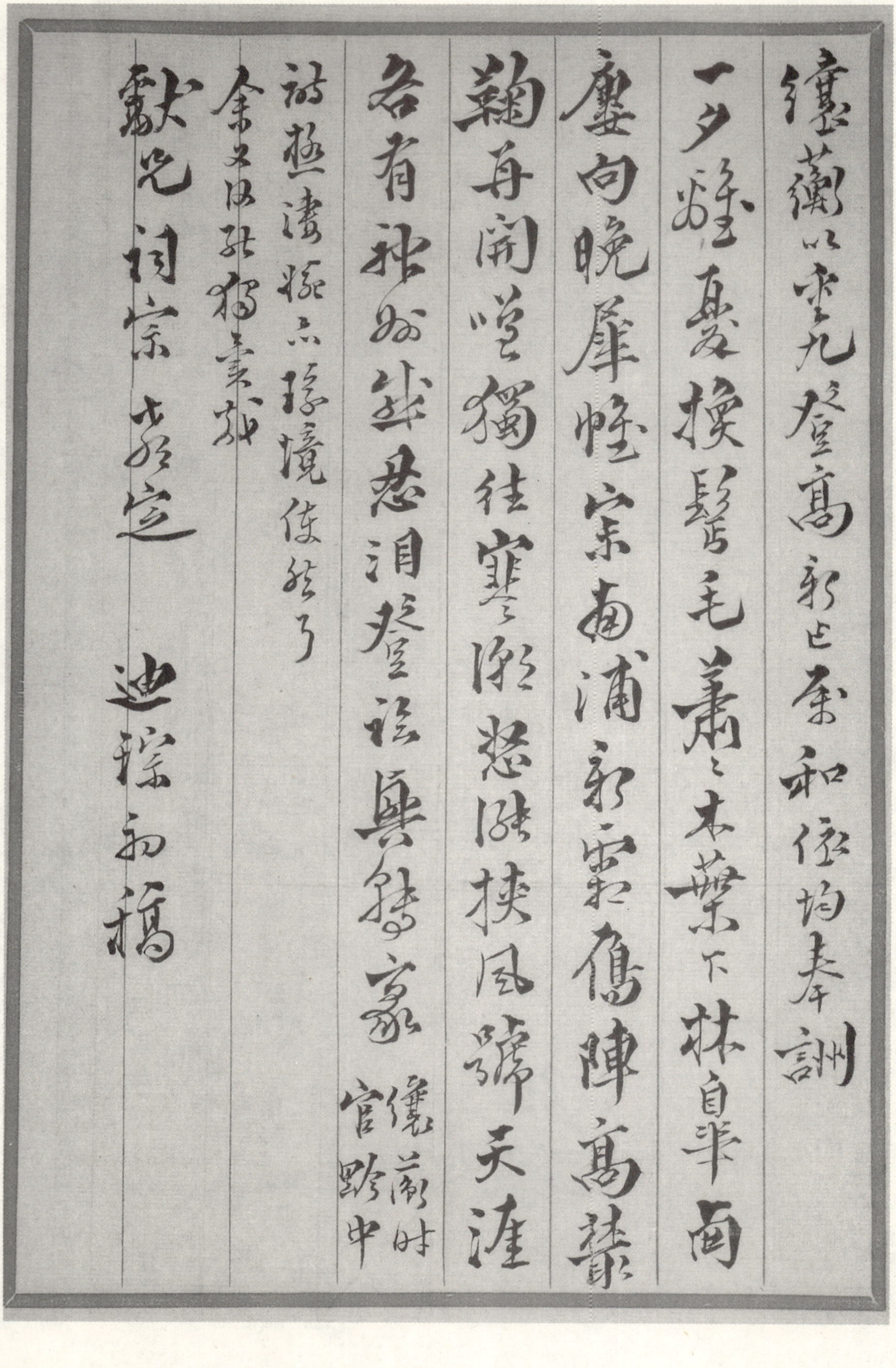
纕蘅以重九登高新作索和依均奉詶
一夕離憂擾鬢毛蕭蕭木葉下林臯西
塵向晚扉[illegible]宋[illegible]浦新雲集陣高[illegible]
雞再開嗟獨往寒潮怒濺挾風歸天涯
各有[illegible]然悲淚登臨[illegible][illegible]豪　纕蘅時官黔中
詩極淒婉亦移境使然乃
余又以舊稿奉教
獻兄詞宗教定　迪琮初稿

诗第二首

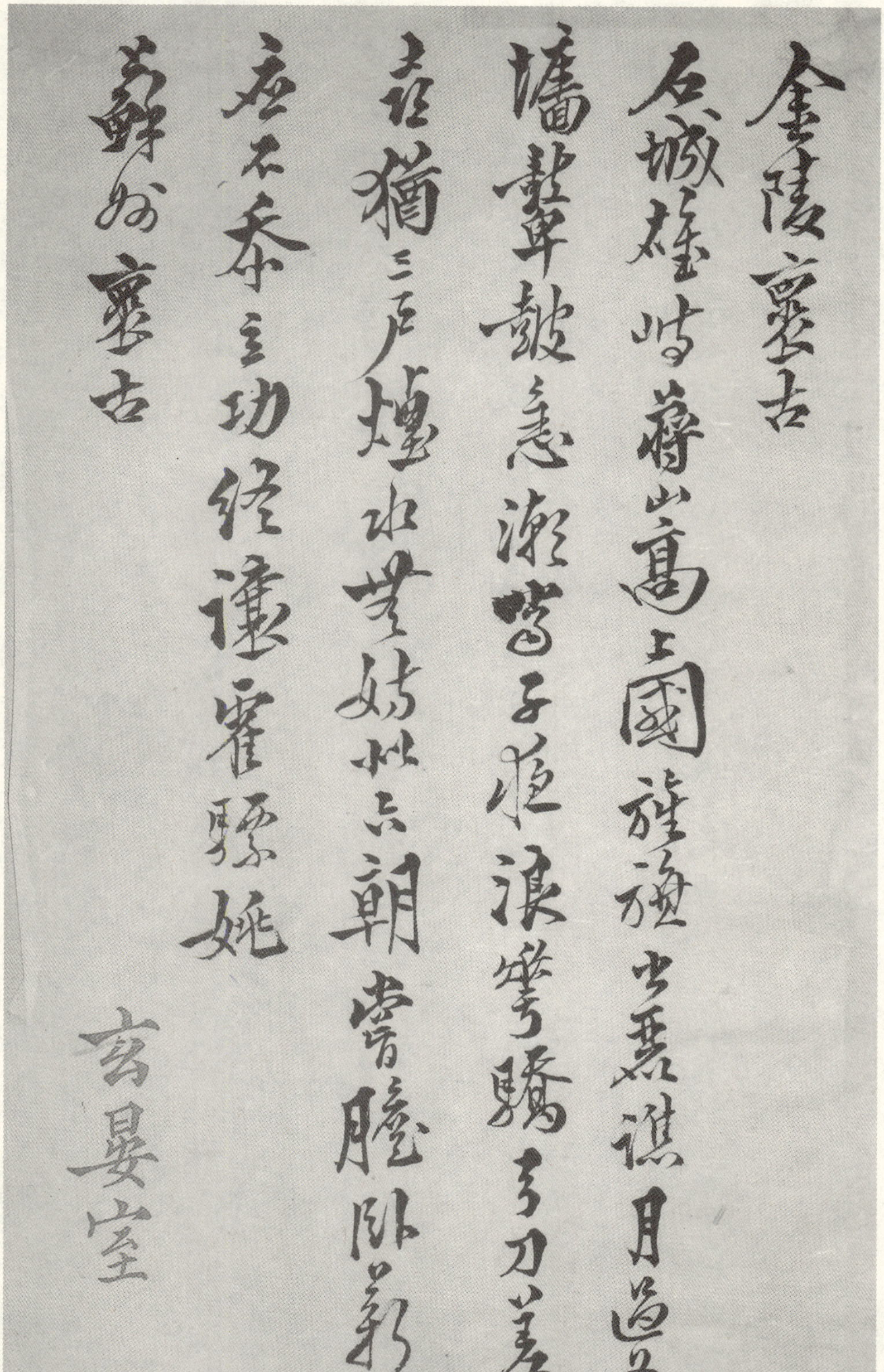

詩第三首

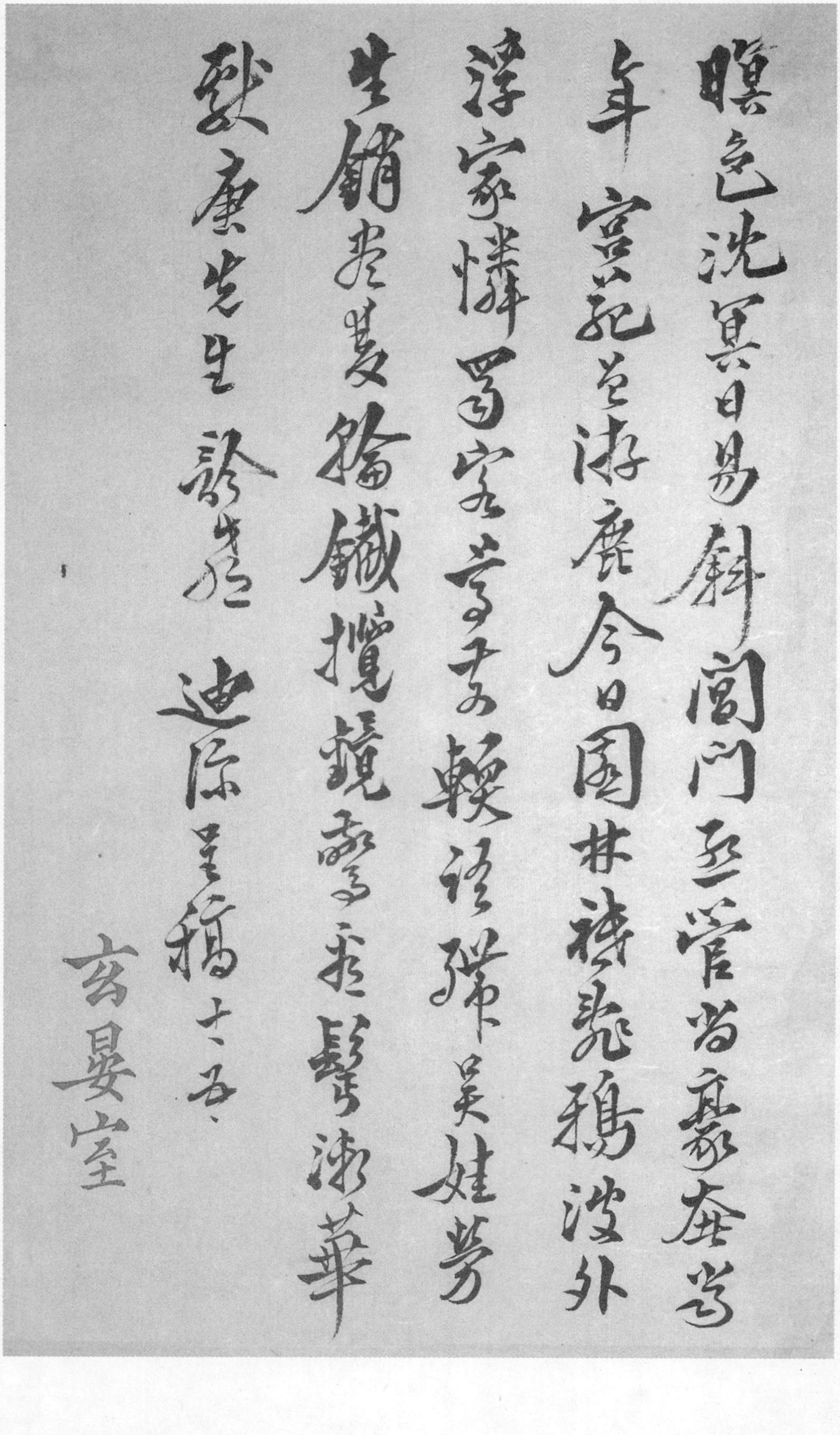

封第一件

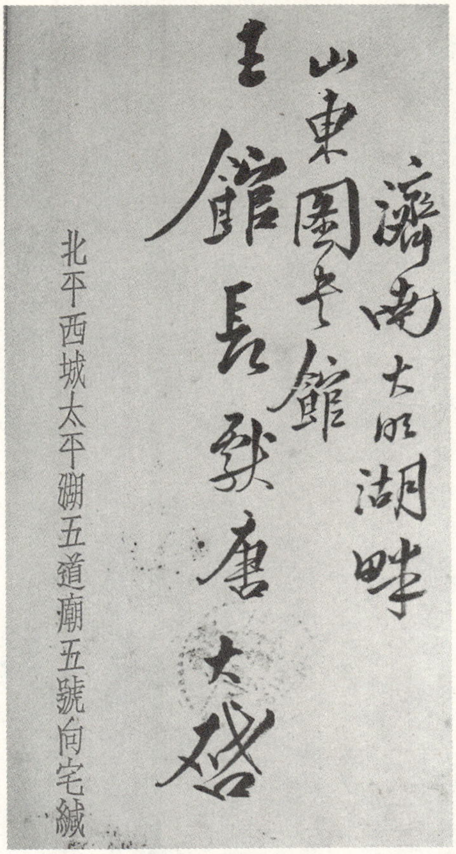
濟南大明湖畔
山東圖書館
王館長獻唐 大啓
北平西城太平湖五道廟五號向宅緘

封第二件

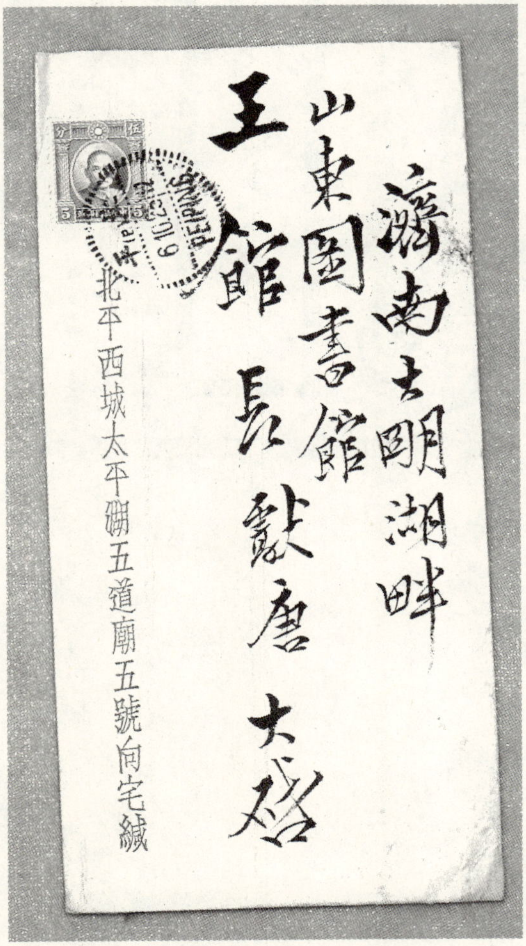
濟南大明湖畔
山東圖書館
王館長獻唐 大啓
北平西城太平湖五道廟五號向宅緘

封第三件

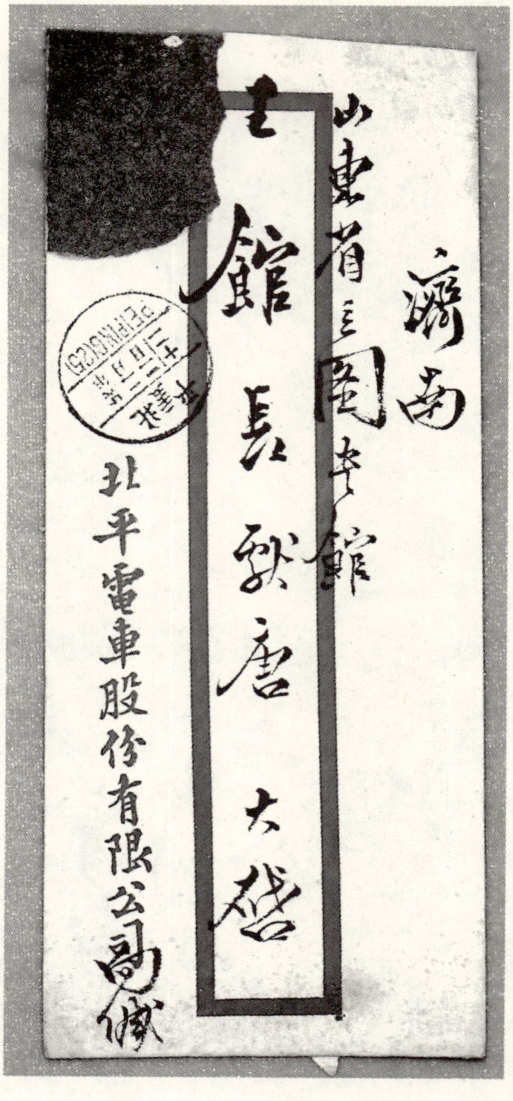

封第四件

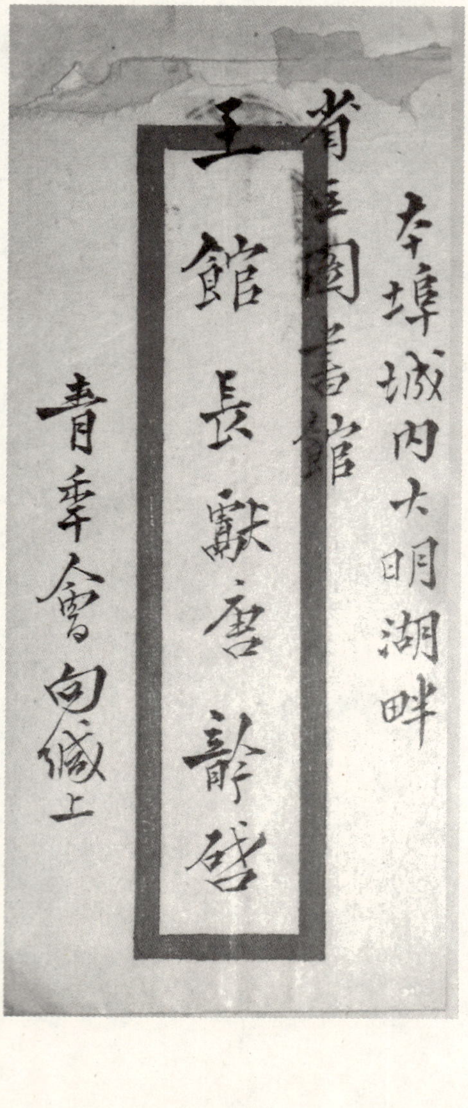

封第五件

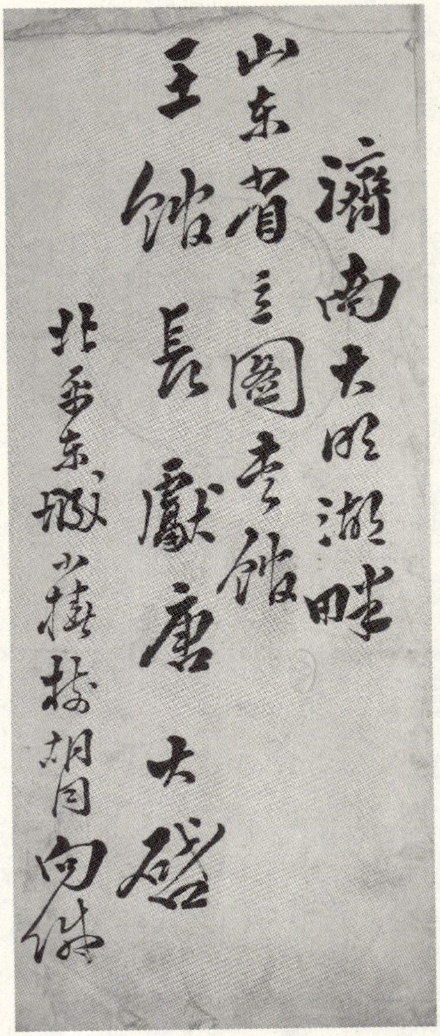

封第六件

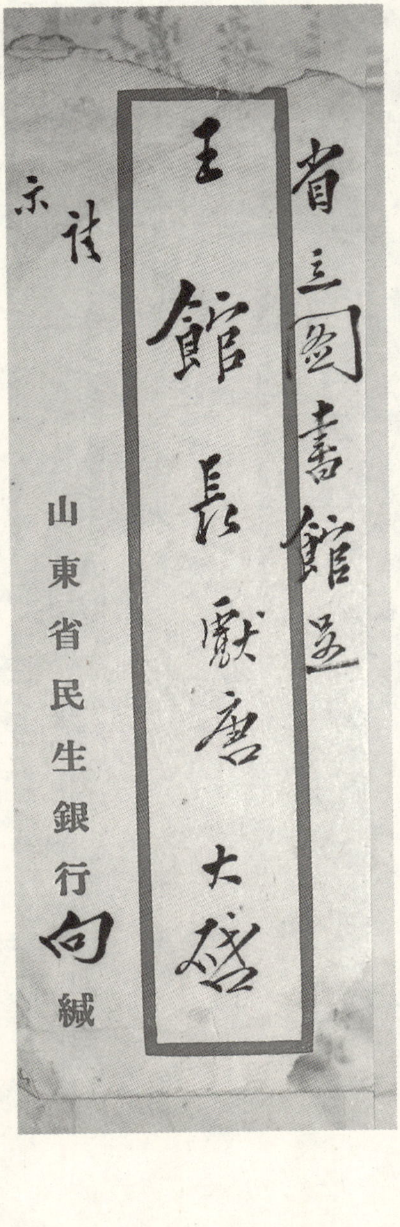

封第七件

本市大明湖畔
省立圖書館
王館長獻唐大啓
山東省民生銀行向緘

封第八件

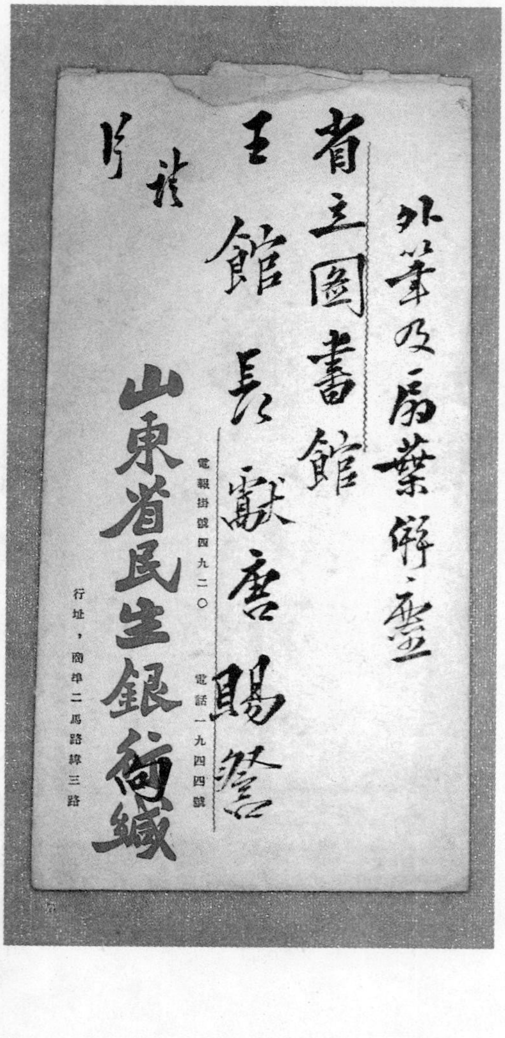
省立圖書館
王館長獻唐賜啓
山東省民生銀行向緘
電報掛號四九二〇
電話一九四四號
行址，商埠二馬路緯三路

封第九件

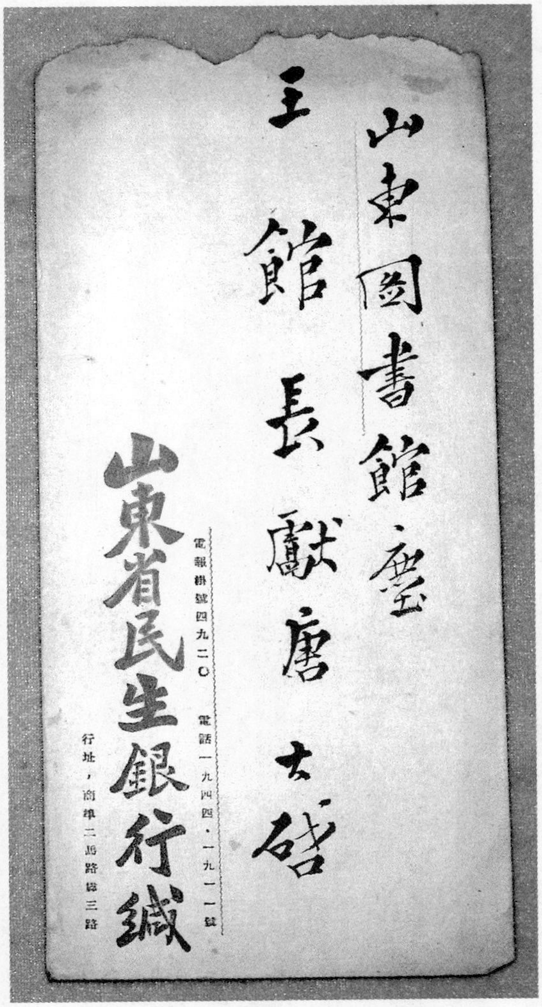
山東圖書館
王館長
獻唐
山東省民生銀行緘
電報掛號四九二〇　電話一九四四・一九一一號
行址，商埠二馬路緯三路

封第十件

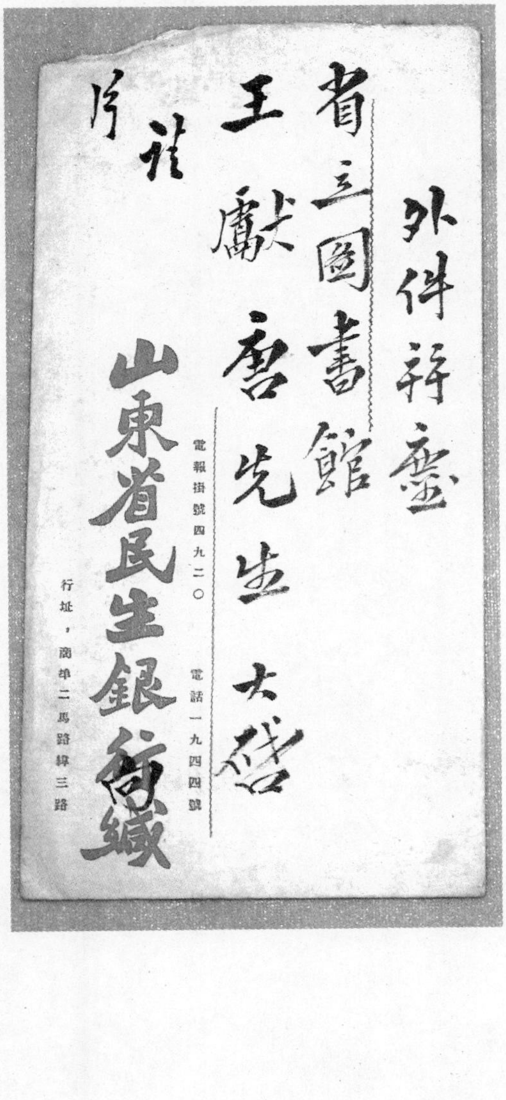
省立圖書館
王獻唐先生
山東省民生銀行緘
電報掛號四九二〇　電話一九四四號
行址，商埠二馬路緯三路

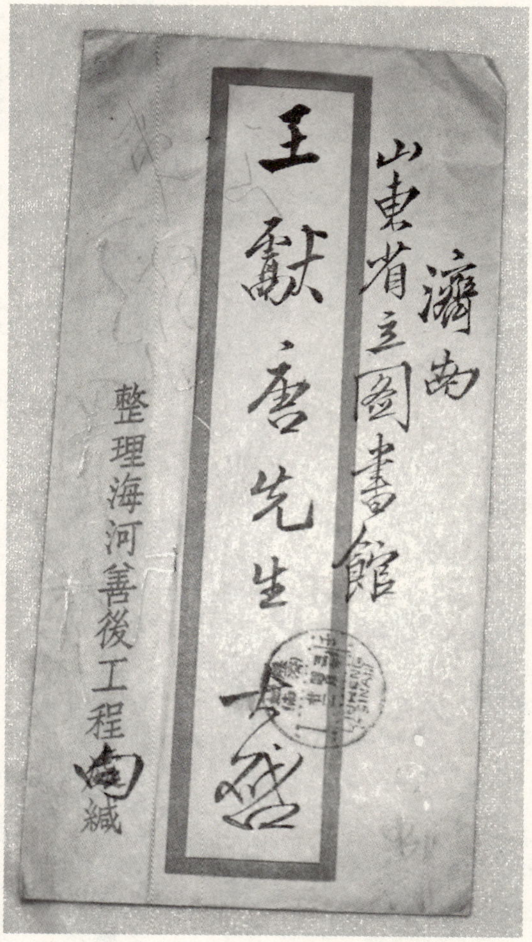

濟南
山東省立圖書館
王獻唐先生
整理海河善後工程處緘

封第十一件

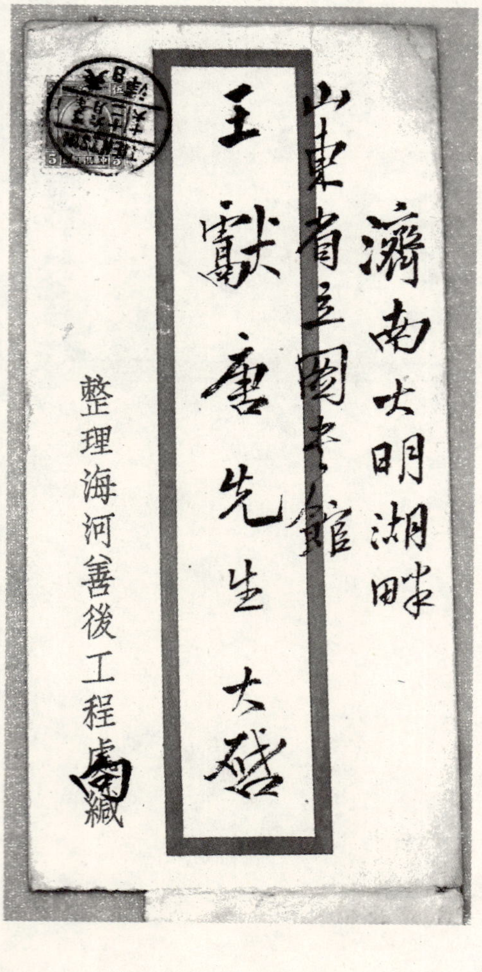

濟南大明湖畔
山東省立圖書館
王獻唐先生 大啓
整理海河善後工程處緘

封第十二件

封第十三件

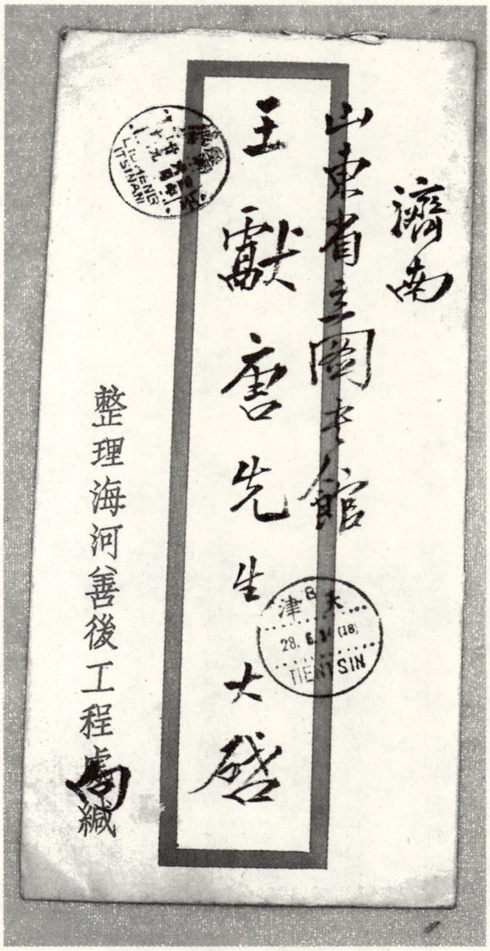
濟南
山東省立圖書館
王獻唐先生大啓
整理海河善後工程處緘
TIENTSIN

封第十四件

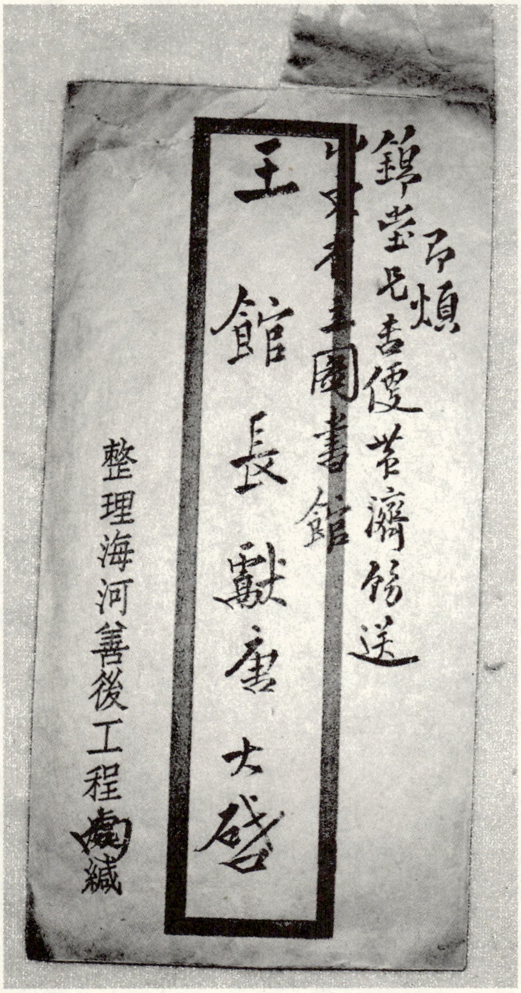
山東省立圖書館
館長王獻唐大啓
整理海河善後工程處緘

封第十五件

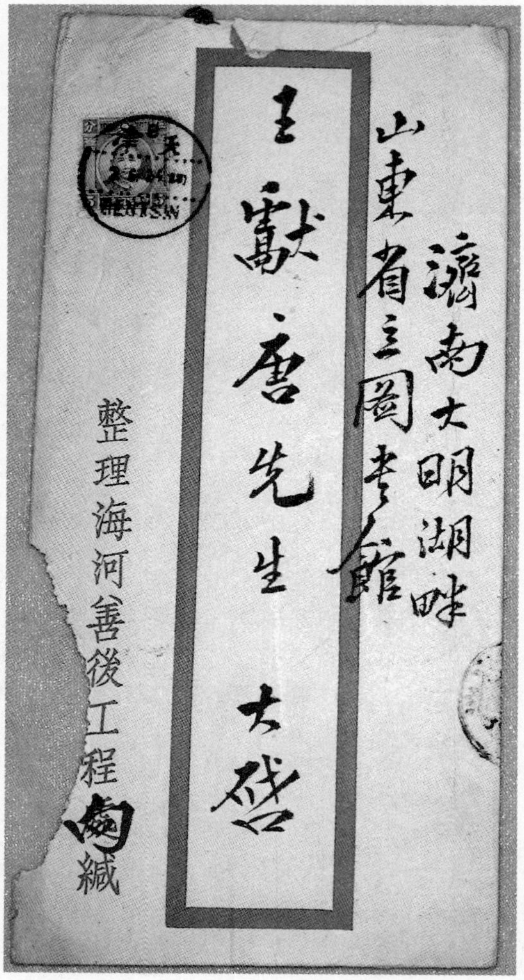
濟南大明湖畔
山東省立圖書館
王獻唐先生　大啓
整理海河善後工程局緘

封第十六件

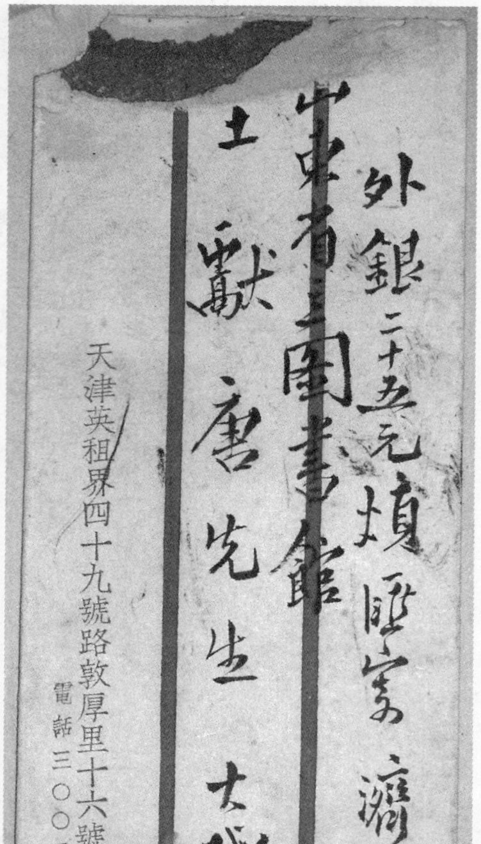
外銀二十五元填匯寄　濟南
山東省立圖書館
王獻唐先生　大啓
天津英租界四十九號路敦厚里十六號向宅緘
電話三〇〇二六

封第十七件

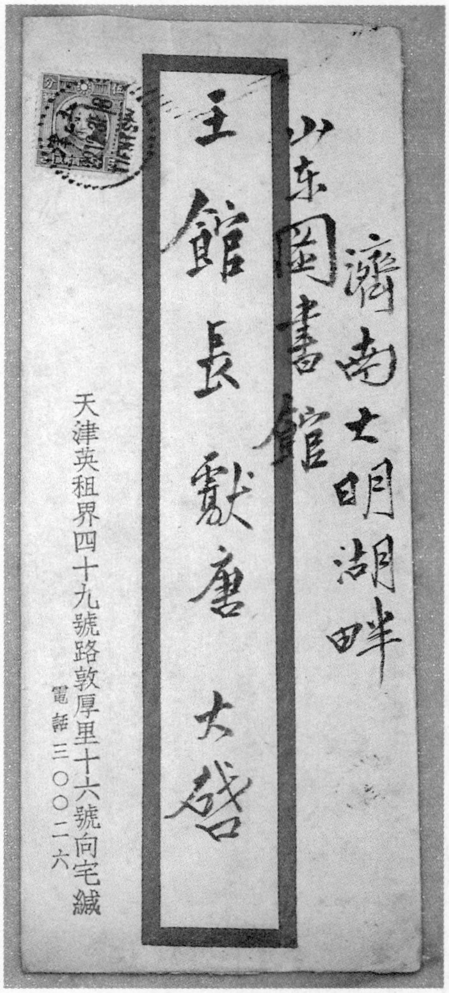
濟南大明湖畔
王館長獻唐 大啓
天津英租界四十九號路敦厚里十六號向宅緘
電話三〇〇二六

封第十八件

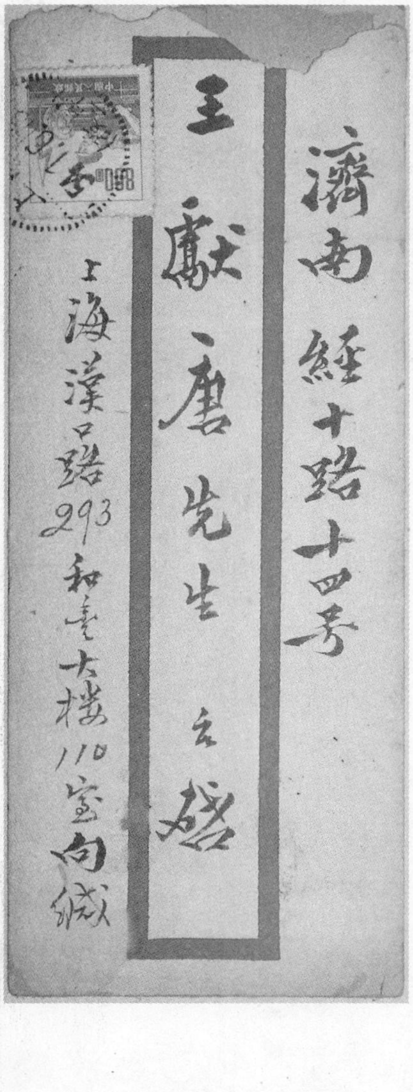
濟南經十路十四号
王獻唐先生 台啓
上海漢口路293

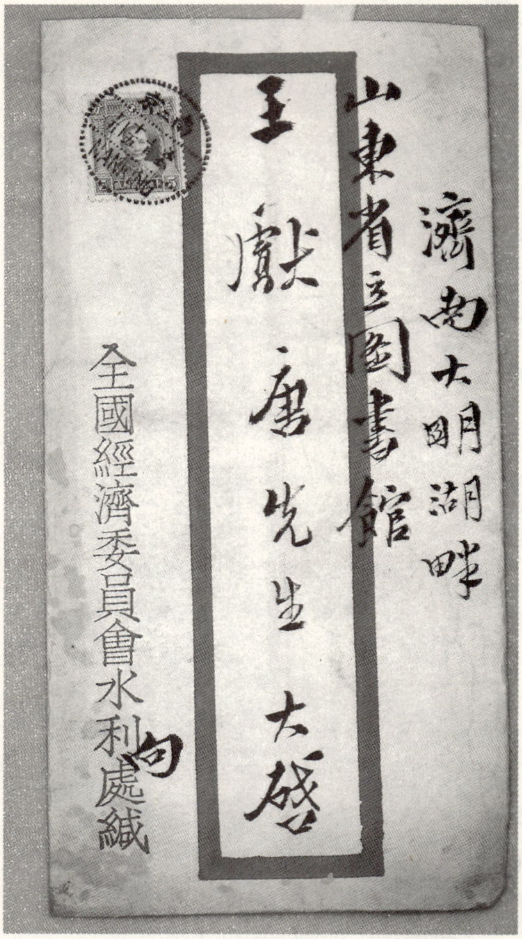
濟南大明湖畔
山東省立圖書館
王獻唐先生 大啓
全國經濟委員會水利處緘

封第十九件

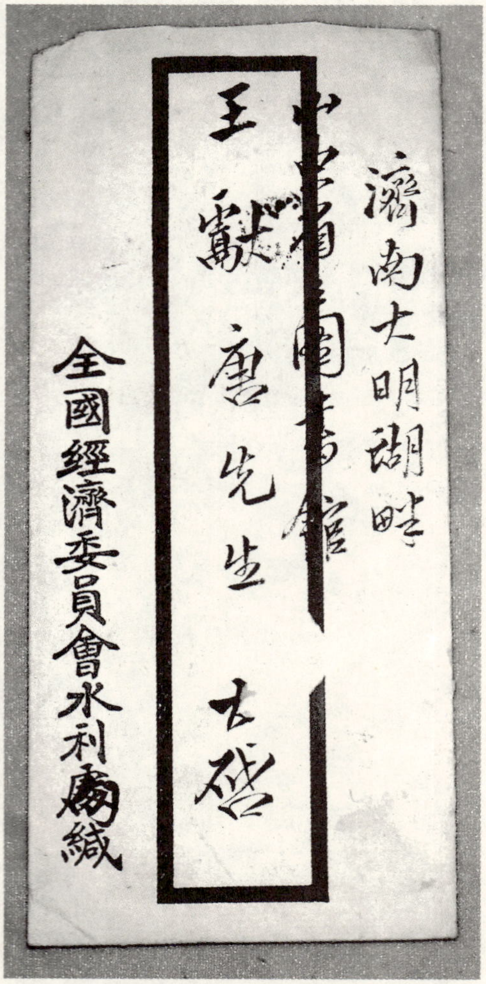
濟南大明湖畔
山東省立圖書館
王獻唐先生 大啓
全國經濟委員會水利處緘

封第二十件

封第二十一件

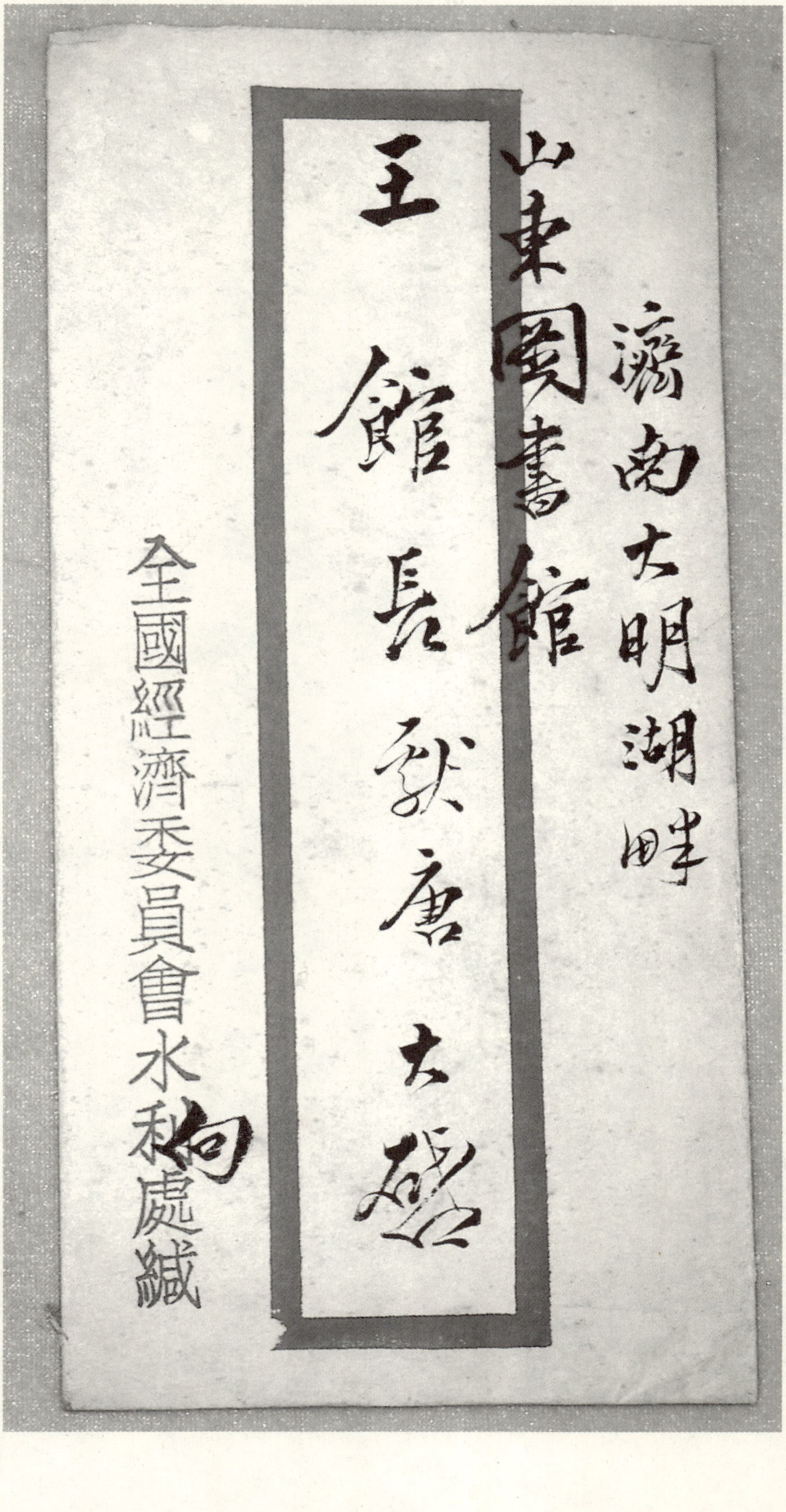

九十七 欒調甫

書十六通 封十三件

書第一通

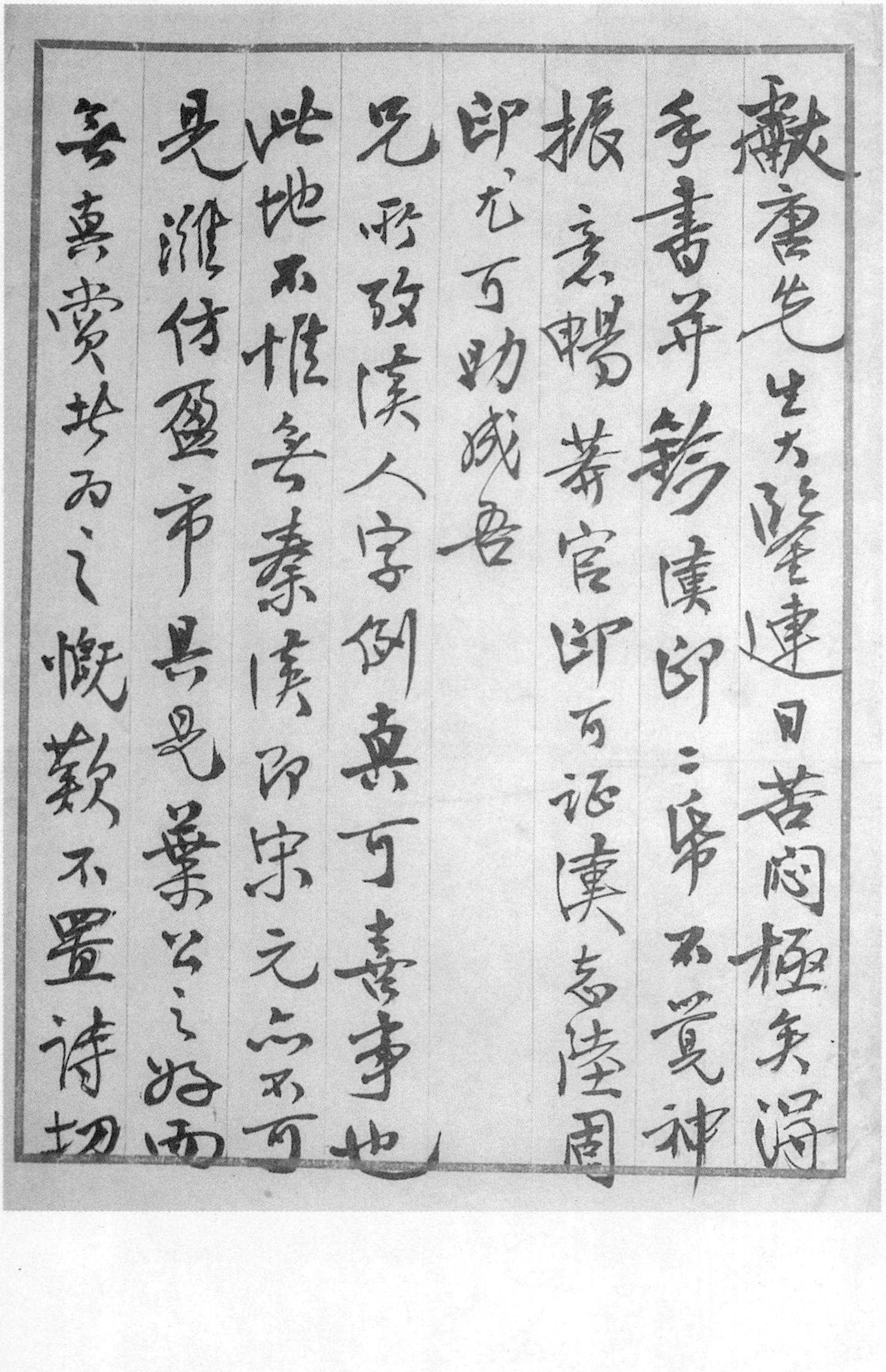
獻唐先生大鑒：逮日苦悶極矣，得
手書并錫漢印二帋，不覺神
振意暢。蔣官印可證漢志陸周
印，尤可助成吾
兄所致漢人字例，真可喜事也。
此地不惟無秦漢印，宋元亦不可
見，雖付匽市，具是葉公之好，而
無真賞者，為之慨歎不置，詩切

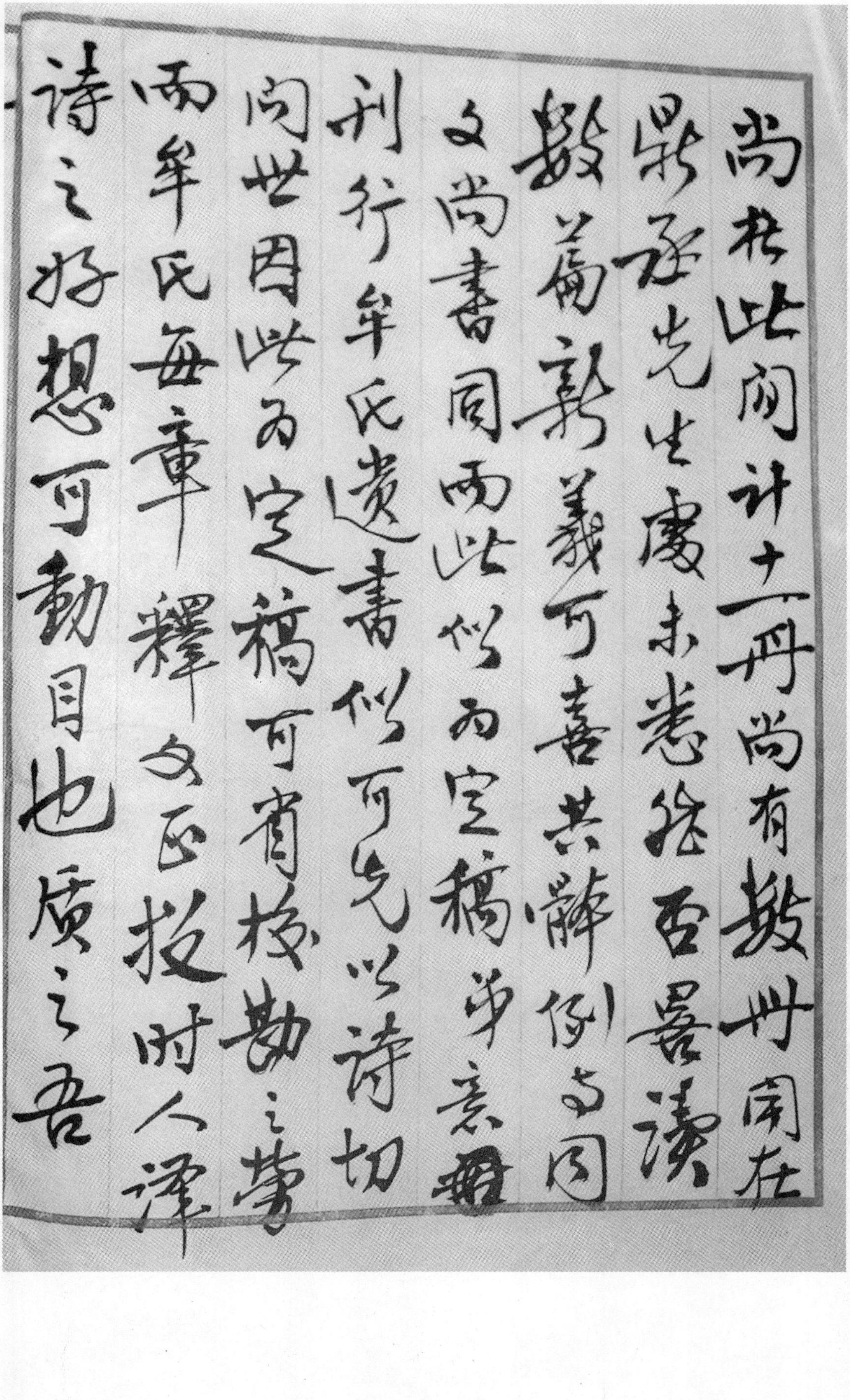
尚在此間計十一册尚有數册閱在
影印先生處未悉能否畧讀
數篇新義可喜其辭例與同
文尚書同而此似為定稿第意舊
刊行年氏遺書似可先以詩切
問世因此為定稿可省校勘之勞
而年氏每章釋文互按時人譯
詩之好想可動目也質之吾

欒調甫

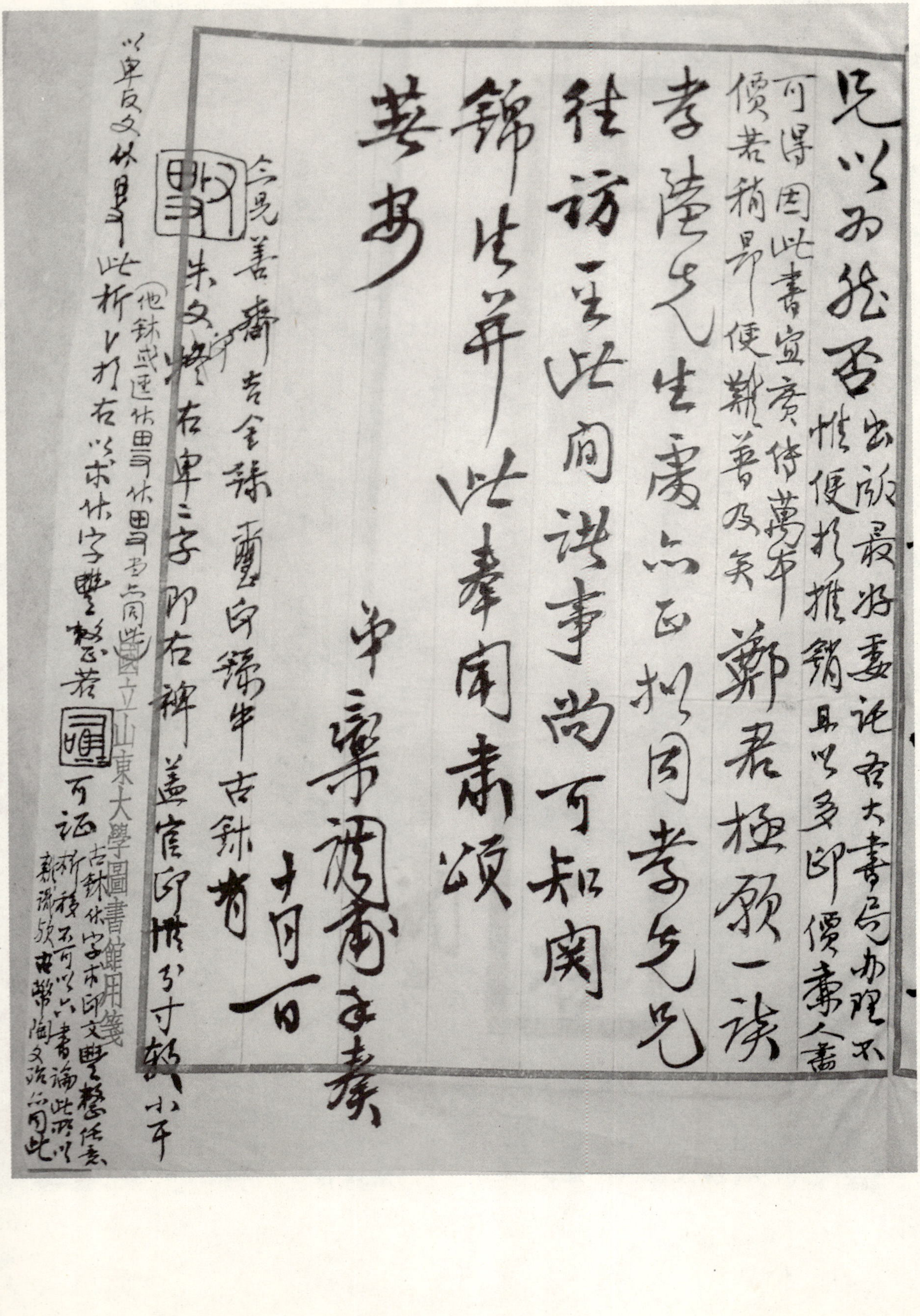

見以為然否出版最好委託各大書局代辦理不惟便於推銷且以多印價廉人盡可得因此書宜廣傳萬本價若稍昂便難普及矣鄭君極願一談孝陸先生處亦函擬同孝先兄往訪至此間談事尚可知閱錦先并此奉聞肅頌

著安

弟[illegible]謹手奏

十月一日

國立山東大學圖書館用箋

六見善齋吉金錄[illegible]印錄中古鉩有朱文[illegible]右卑二字即右稗蓋官印也[illegible]分寸較小

書第二通

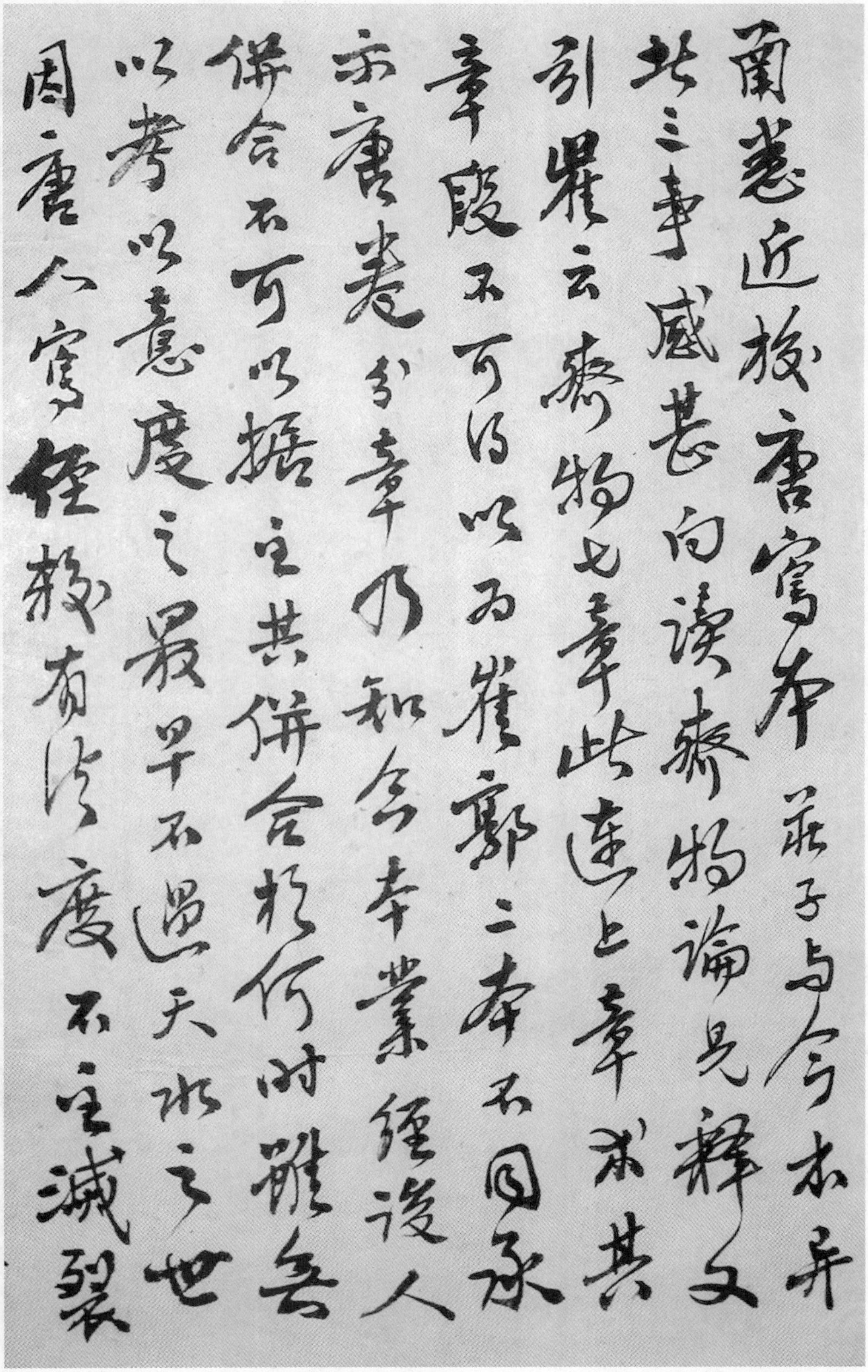
蘭叢近校唐寫本莊子與今本異於三事感甚向讀齊物論見釋文引崔云齊物七章此連上章而其章段不可得以為崔郭二本不同承示唐卷分章乃知今本業經後人併合不可以據定其併合於何時雖無以考以意度之最早不過天水之世因唐人寫經校有法度不至滅裂

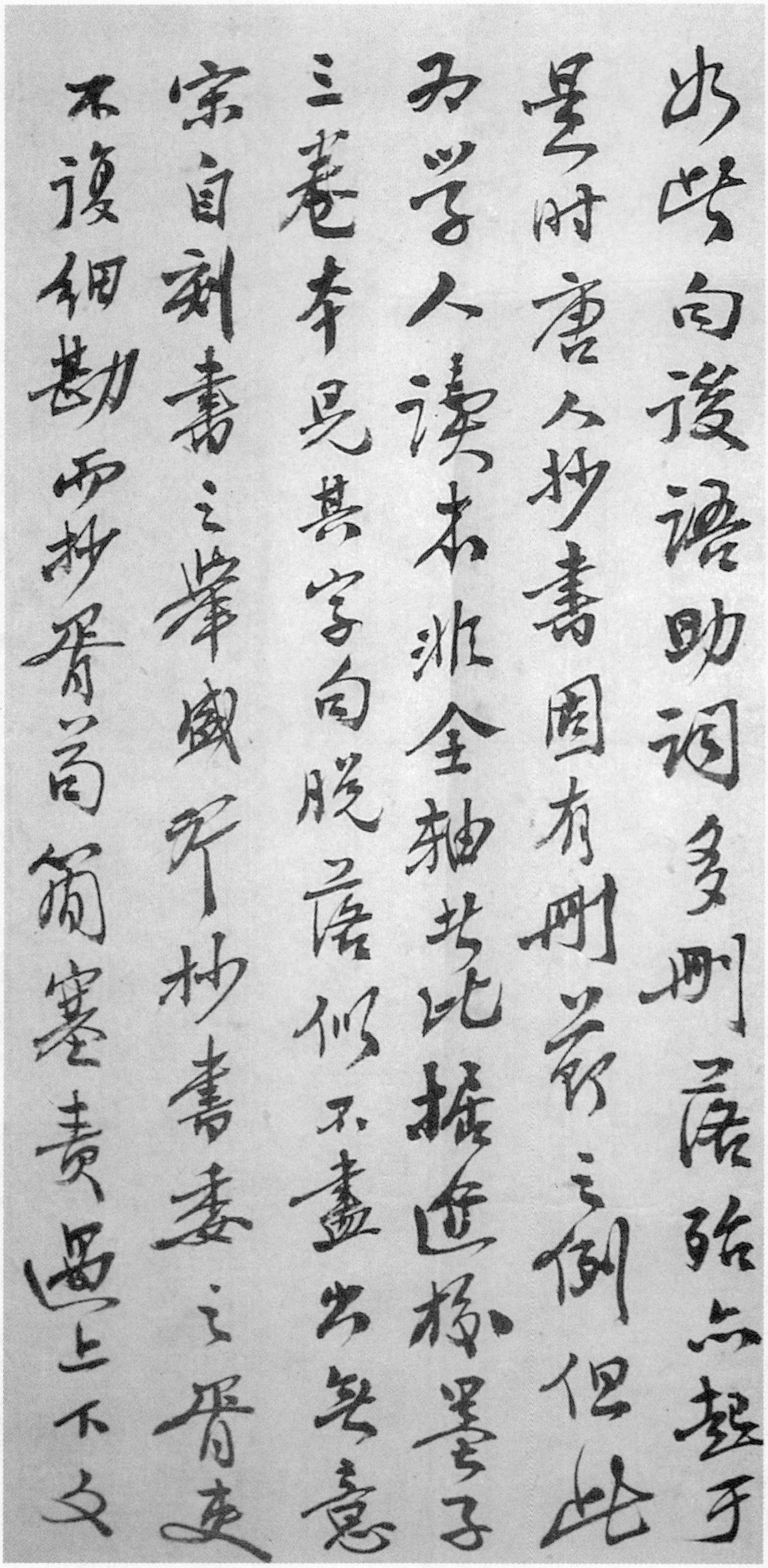
如此句後語助詞多刪落殆亦起于
是時唐人抄書固有刪節之例但此
為學人讀本非全軸此據道藏墨子
三卷本見其字句脫落似不盡出無意
宋自刻書之業盛行抄書之習遂
不復細勘而抄胥苟簡塞責遂上下文

句相似其體刪節其文併作一句取校明十五卷
本亦有此類俞樾古書疑義舉例中亦有
此例惜渠不能明其故耳由此而誤句尾
語助詞之刪落者亦宋以後抄胥所爲頗
疑無字作先嘗校明本道德經亦如此大抵明
刻嘉隆以前猶存宋本款式亦多存古
字厥後多所更張字亦多沿時下俗體
今本嚴子作無其出於明季乎惠氏古文尚
書考已經校畢隨函奉還伏希
撿收爲荷弟校此抄有足解決墨子板
本者但與
尊說稍異今據所校斷宋刻確是宋
本不過定於艮庭且即據此抄而定之
者其猶之吾
兄得無胡盧耶 弟擬於原校本後

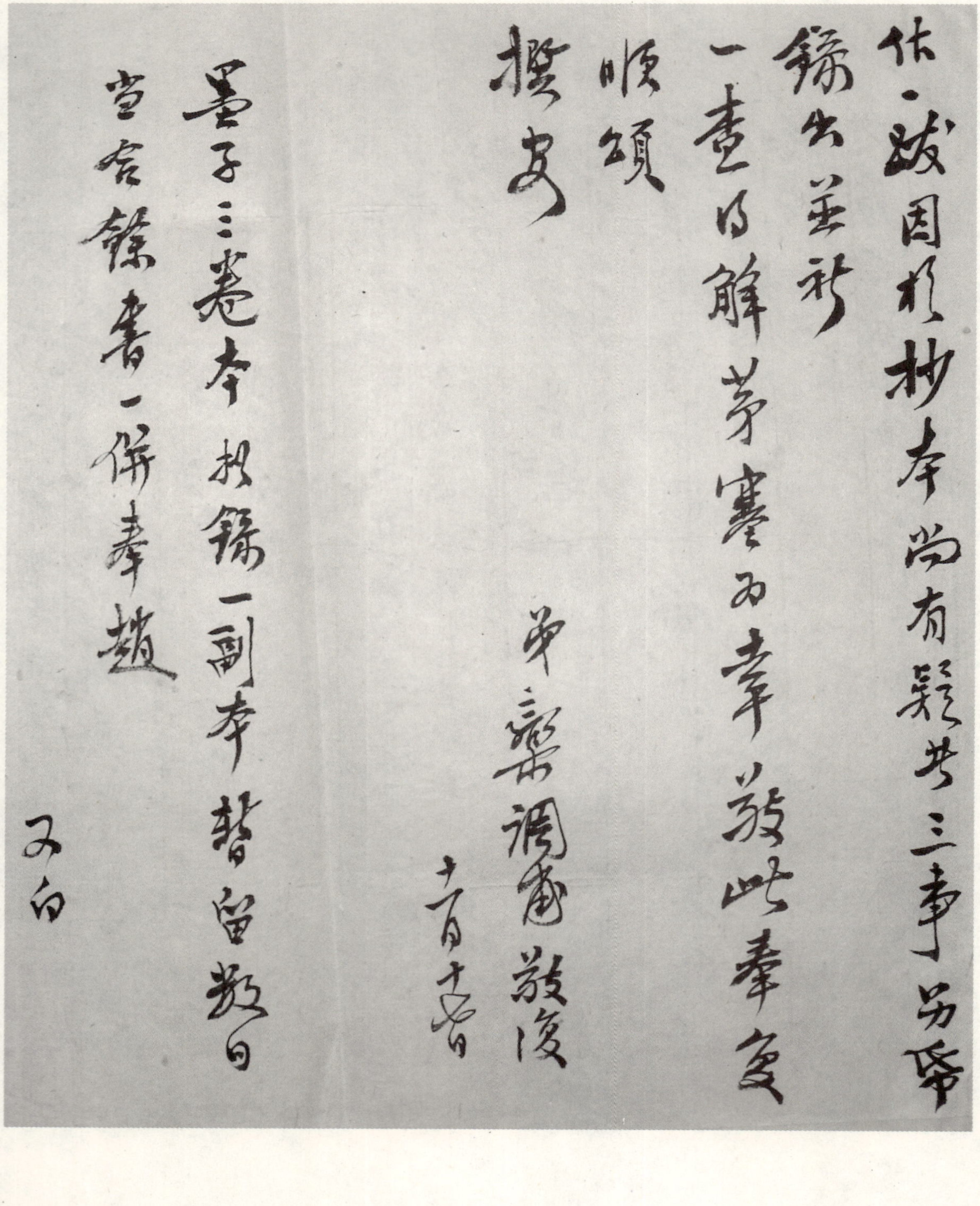
作、跋因抄本尚有疑共三事另帋
錄出並祈
一查以解茅塞為幸。敬此奉復
順頌
撰安
弟棠調甫敬復
十月十四
墨子三卷本擬錄一副本暫留數日
尊台錄書一併奉趙
又白

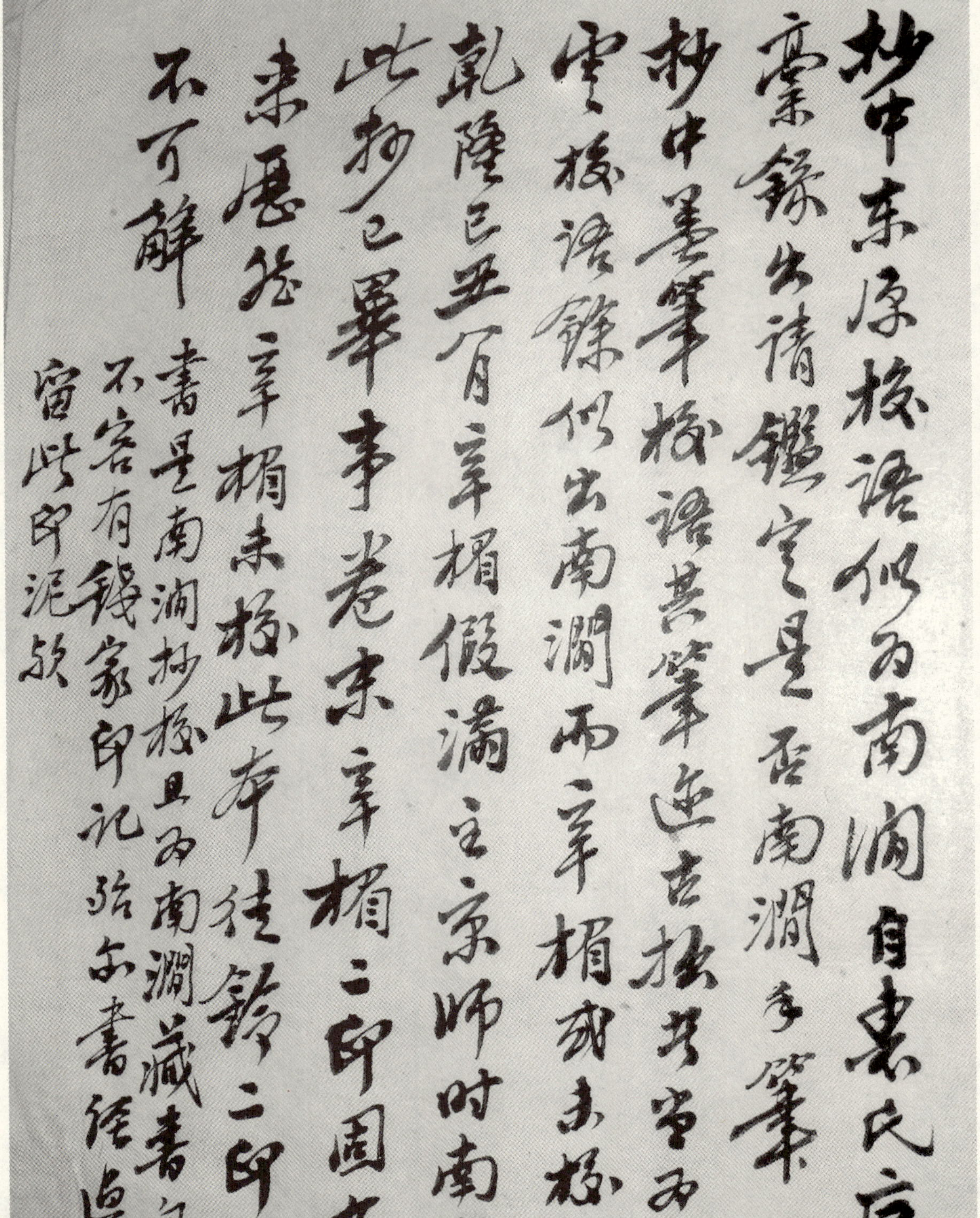
抄中朱序校語似為南澗自書氏底稾録出請鑑定是否南澗手筆抄中墨筆校語甚筆迹古拙其實為二云校語録似出南澗而辛楣或未校也乾隆己丑有辛楣假滿主京師時南澗此抄已畢事卷末辛楣二印固有來歷然辛楣未校此本往録二印殊不可解

書是南澗抄校且為南澗藏書自不容有錢家印記弦公書後鸣留此印泥欤

書第三通

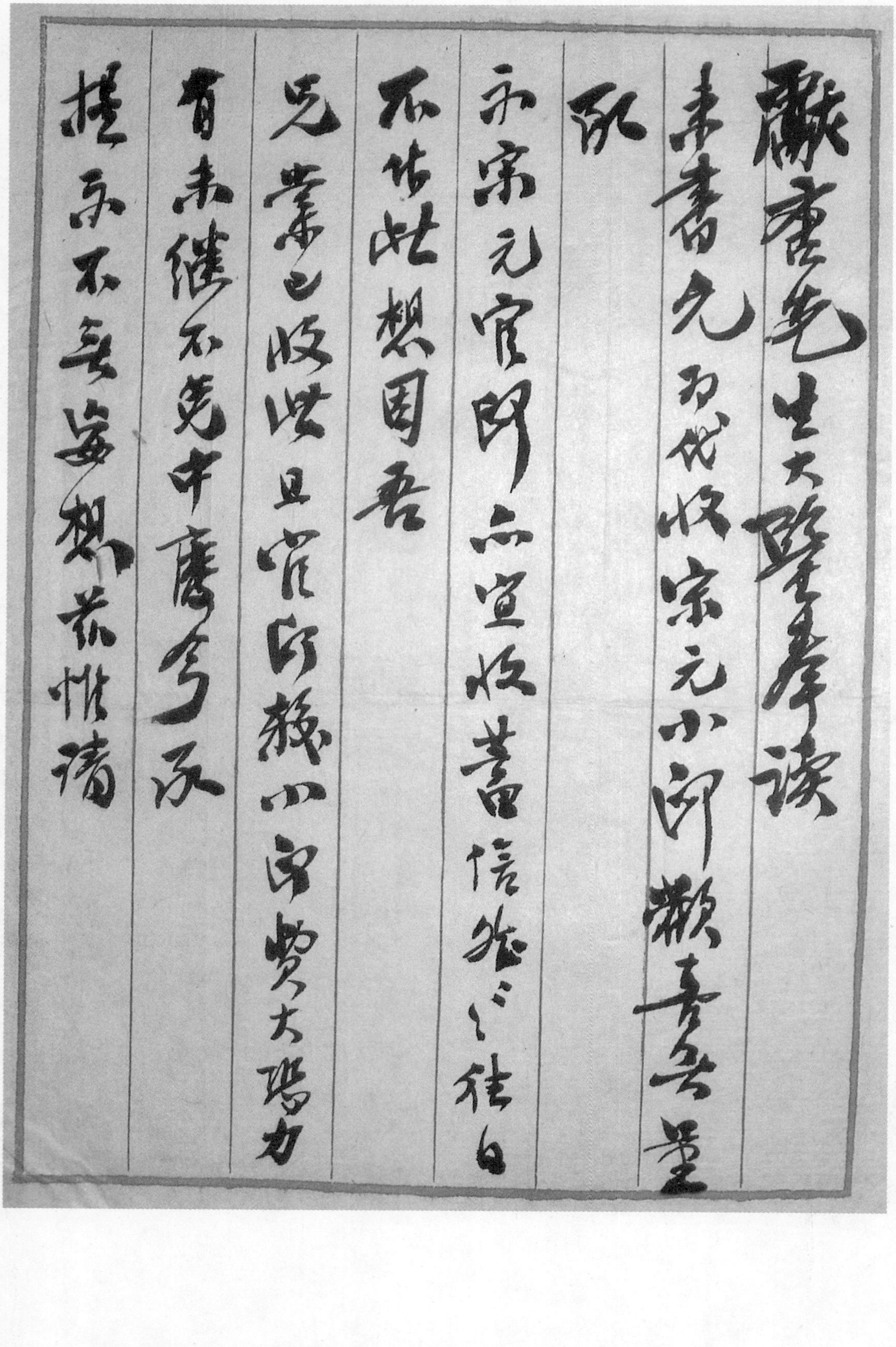
獻唐先生大鑒：尊諭奉書，允為代收宗元小印數方，墨跡

承宗元官印亦宜收蓄，信然，然往日

不甚然，想因吾

兄業已收些，且官印頗少，而費大勁力

尚未能得，不免中廢也。今承

提示，不知安想，並頌惟請

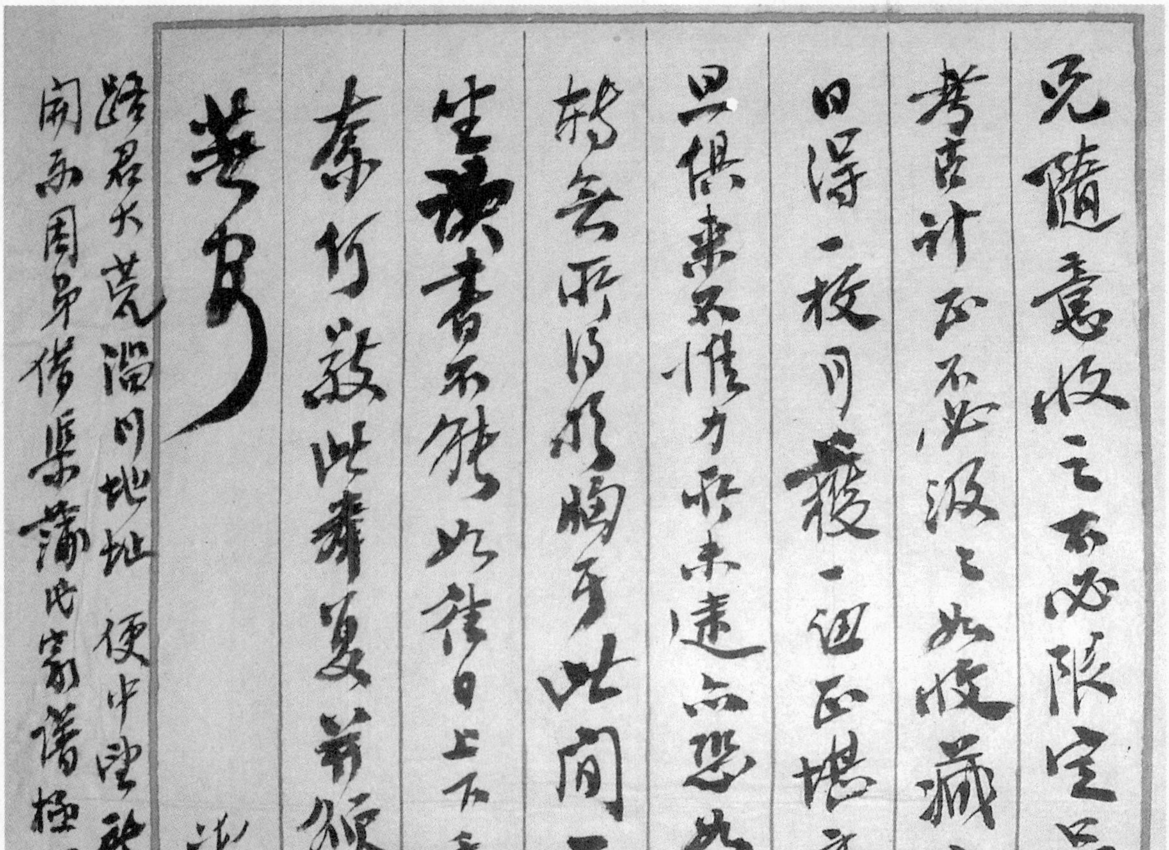

兄隨意收之，不必限定品格，原意收此為
考古計，正不必汲汲以收藏家之求全求精也。
日得一枚，月積一函，正堪摩挲。求鑑識若一
旦俱來，不惟力所未逮，亦恐如山陰之迎接不暇。
執念所得於胸手，此間一無聞見，惟可寂
生讀書，不能如往日上下千古，快此心胸，奈何
奈何。敬此奉復，並頌
著安
弟欒調甫手覆　三月十日

路君大荒淄川地址，便中望示。
聞高周弟借集蒲氏家譜，極願寄還也。　又上

書第四通

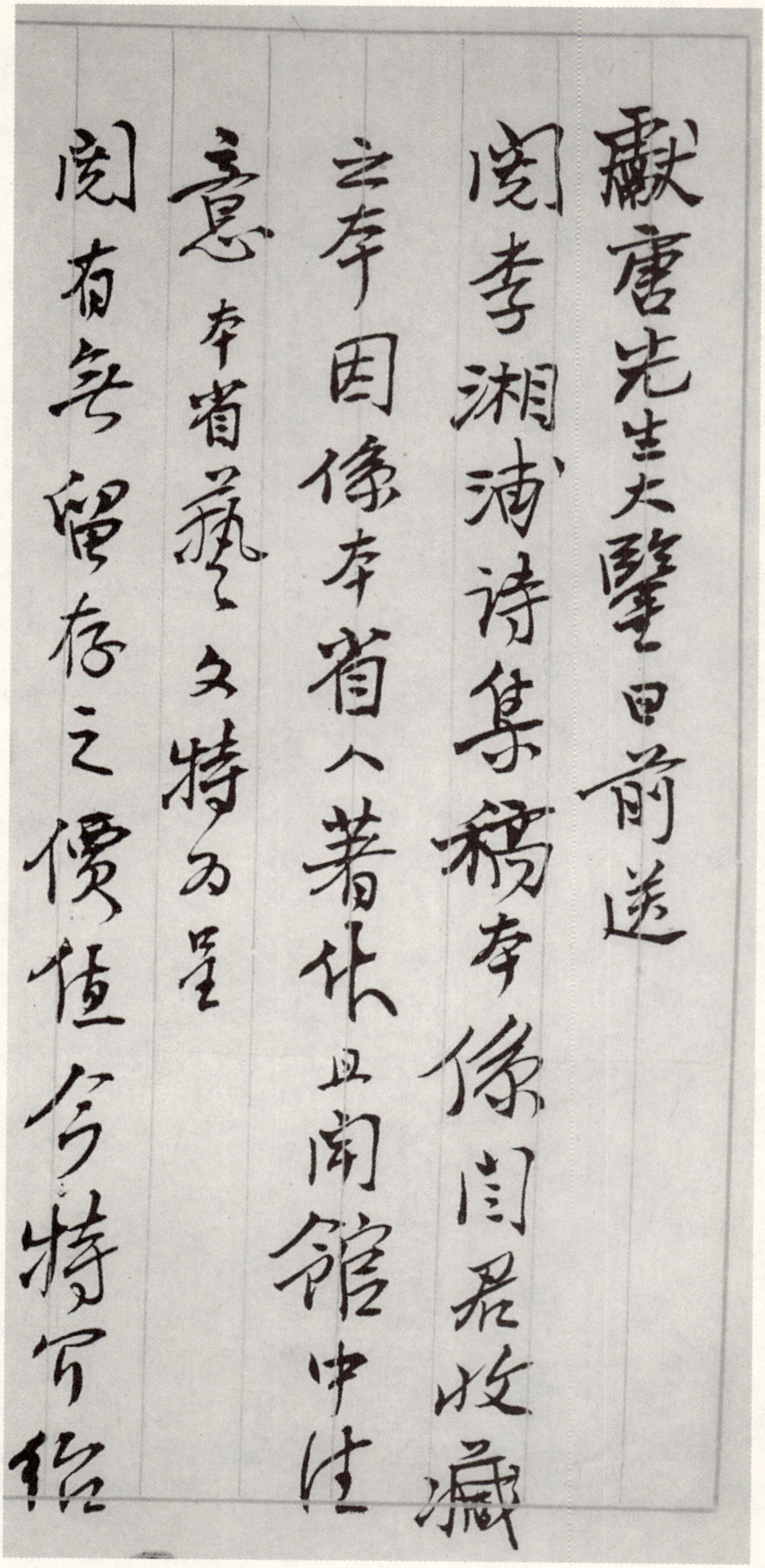
獻唐先生大鑒日前送
閱李湘沚詩集稿本係聞君收藏
之本因係本省人著作且聞館中注
意本省藝文特爲呈
閱有無留存之價值何時可給

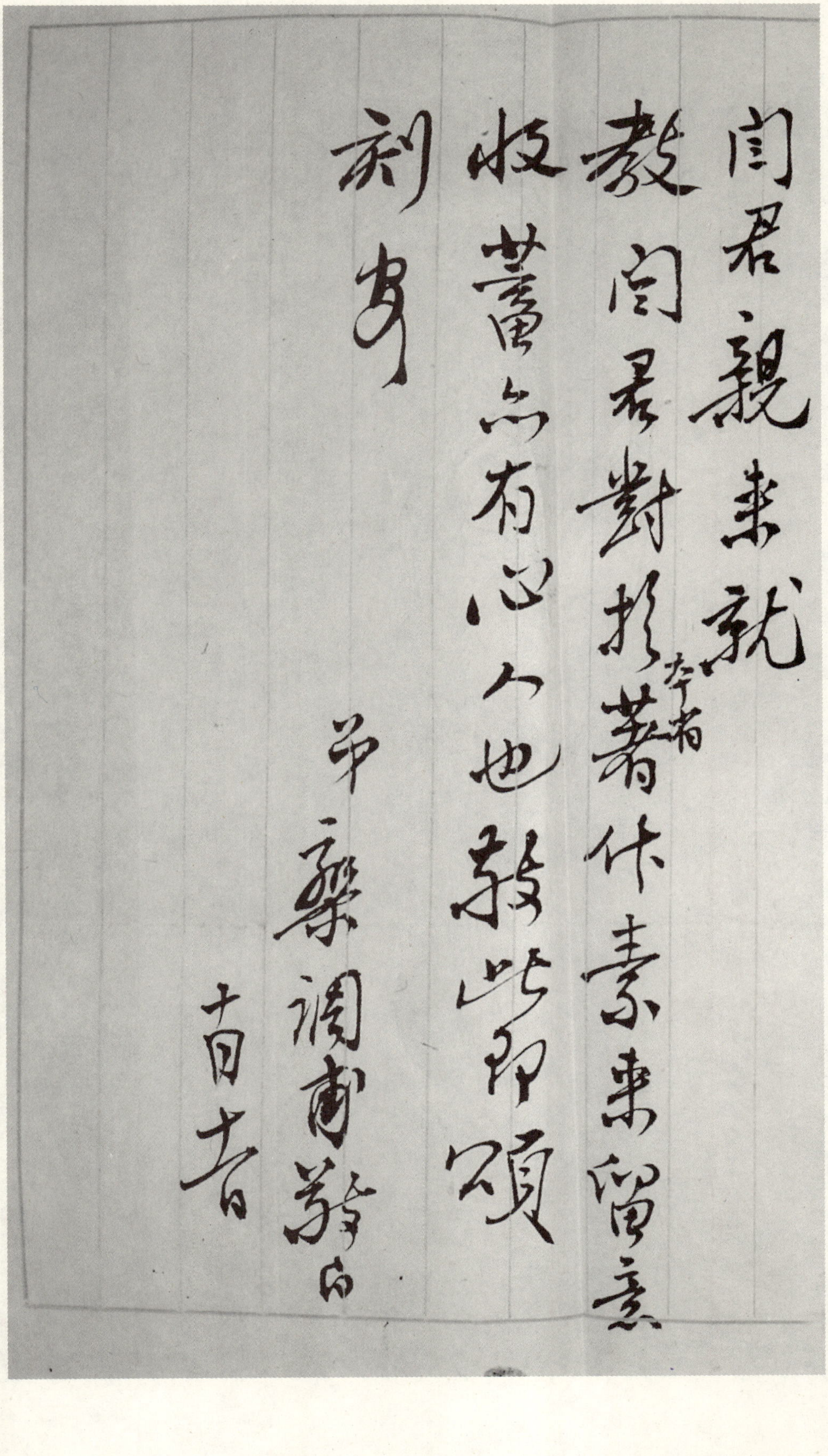

同君親來就
教。同君對於著（左右）作素來留意
收藏，亦有心人也。肅此即頌
刻安

弟欒調甫肅白
十日吉

書第五通

獻唐先生大鑒：頃奉
手書敬悉，已收得押印四枚，快甚。惜拓
本未見寄來，殊有梅林之想。聞近
考周秦古量已成，想必有精解，極望
早日殺青，俾得先讀爲快。弟前日所收
官鏡押記譜子，近亦考定爲金源時物。惟
用款金元識押之別，某可以證。金承安四年
鏡陝西東路轉運使司官局之印鏡子局

西安志云在都官局及小路造賣之此一局也連
日翻閱諸家圖譜知前人所定歷代鏡亦多
有誤其顯然者如西清續鑑中一鏡有以銅作
鏡之文而定爲宋物不知天水之朝避敬嫌名通
改爲鑑或稱照子宋人作鏡豈復有此亦笑談
也又夢坡藏古編有雀啄蒲萄形鏡邊緣
鑿有西平官押鄧適廉定爲北宋物以傳世
鑿字鏡通以地名不見紀元斷之西平自應爲

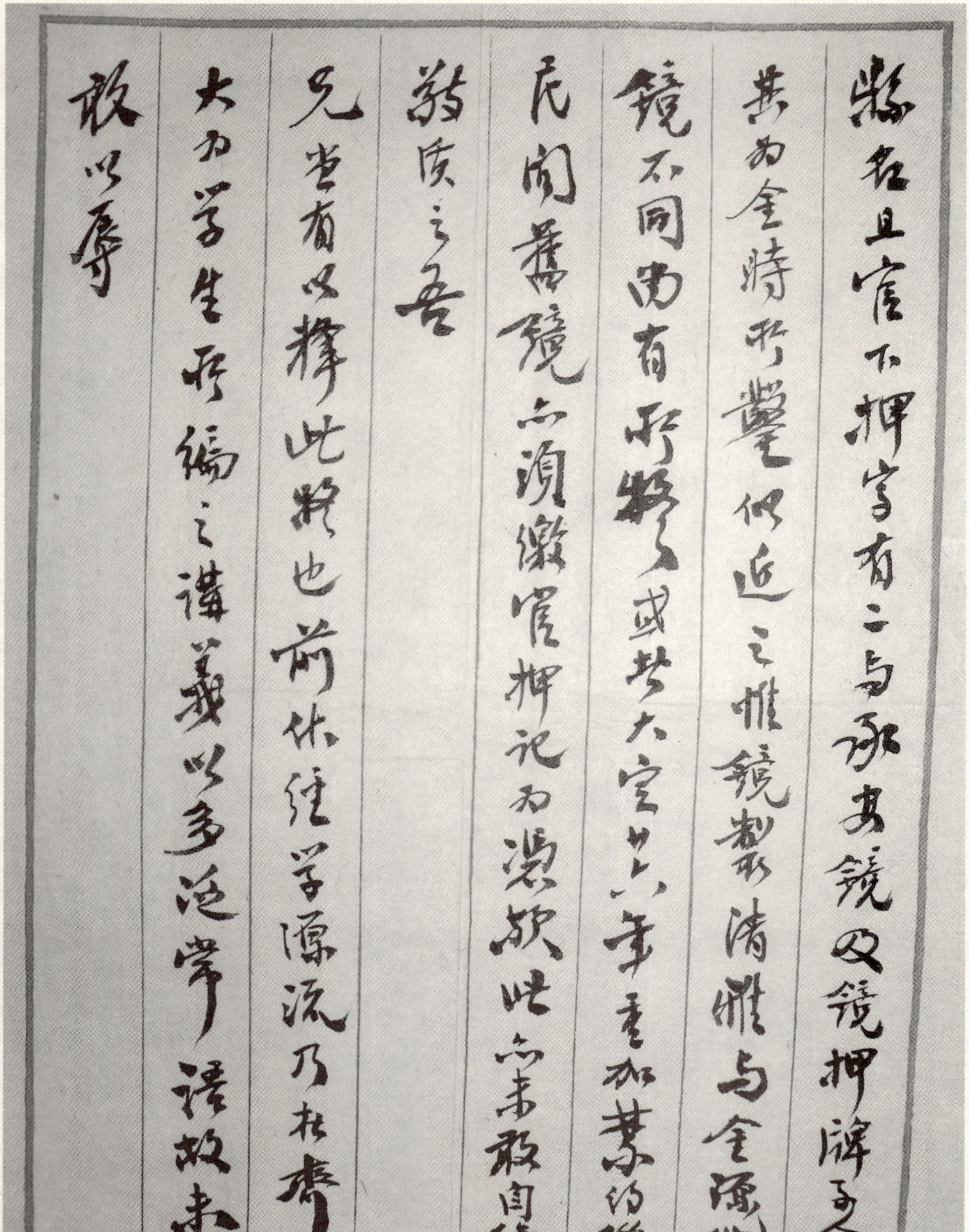

疑名且官下押字有二，與承安鏡及鏡押辭正合
其為金時所鑄，似近之；惟鏡製清雅，與金源他
鏡不同，而有所疑。或其大定廿六年重加葉約後
民間舊鏡亦須繳官押記而還，欲此亦未敢自信
敬質之吾
兄，豈有以釋此疑也。前休經學源流乃於齊
大刀學生所編之講義，以多訛常請故未
敢以奉

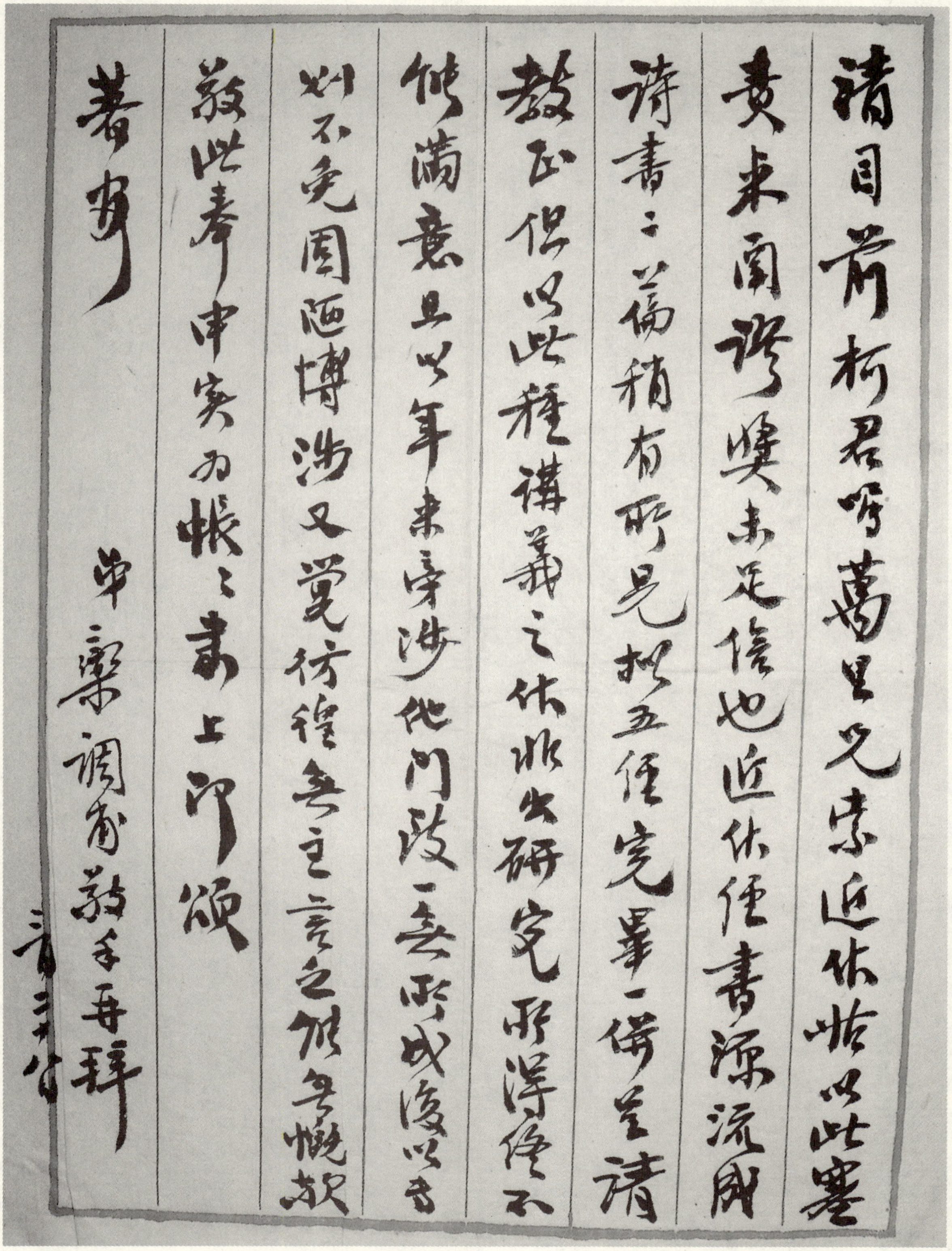
請目前柯君呼蕙生兄來近作帖以此塞
責來函謂獎未足信也近作僅書源流風
詩書之篇稍有所見擬五經完畢一併呈請
教正但以此種講義之作非出研究所得便不
能滿意且以年來穿涉他門致一無所成後以專
則不免固陋博涉又覺彷徨無主言之殊多慚歉
敬此奉申實爲悵悵肅上即頌
著安
弟欒調甫敬手再拜
二月三十日

欒調甫

書第六通

獻唐先生大鑒：日前接誦
手教，敬悉
安抵曲阜，愛念深切，感欣兼極。弟在此尚可，
惟盡日跼蹐一室中，有如枯木禪耳。日來為考
孫君觀亭前贈瓦豆殘片文字，翻閱木庵古
陶文字與鐵雲藏陶，頗獲一解，雖未必是，為解
索者之闕，故以就正於
兄，或不至笑我為書痴耶。孫君所惠瓦豆文字
為前五字，二家書數見，惟末一字互異，
其其陳木庵一片作[illegible]可釋為賞，外餘則作歎或亞

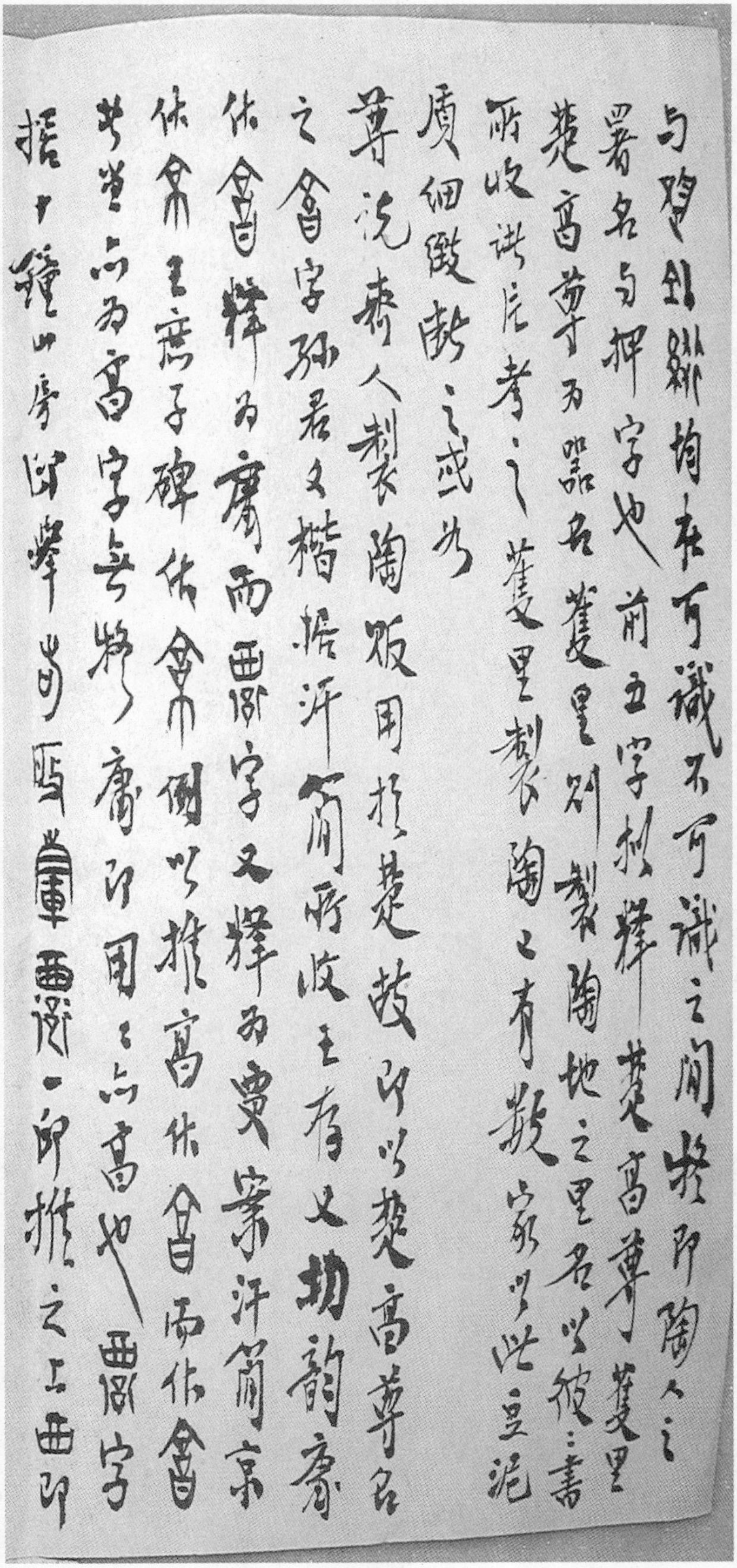
与鸡鈕縣均在可識不可識之間 收印陶人之
署名与押字也 前五字拟释楚高尊[豆]蔑里
楚高尊為器名 蔑里則製陶地之里名以彼之書
所收諸片考之 蔑里製陶之有數家以此豆泥
質細緻數之或為
尊沈春人製陶版用于楚鼓印以楚高尊名
之會字孫君文楷据汗簡所收王存乂切韵書
作會釋為膚而𠑹字又釋為𡗝案汗簡京
作余王庶子碑作[illegible]例以推高作會而作會
其当亦為高字無疑 膚印用之亦高也 𠑹字
据十鐘山房印舉[illegible][illegible]𠑹一印推之上西印

欒調甫

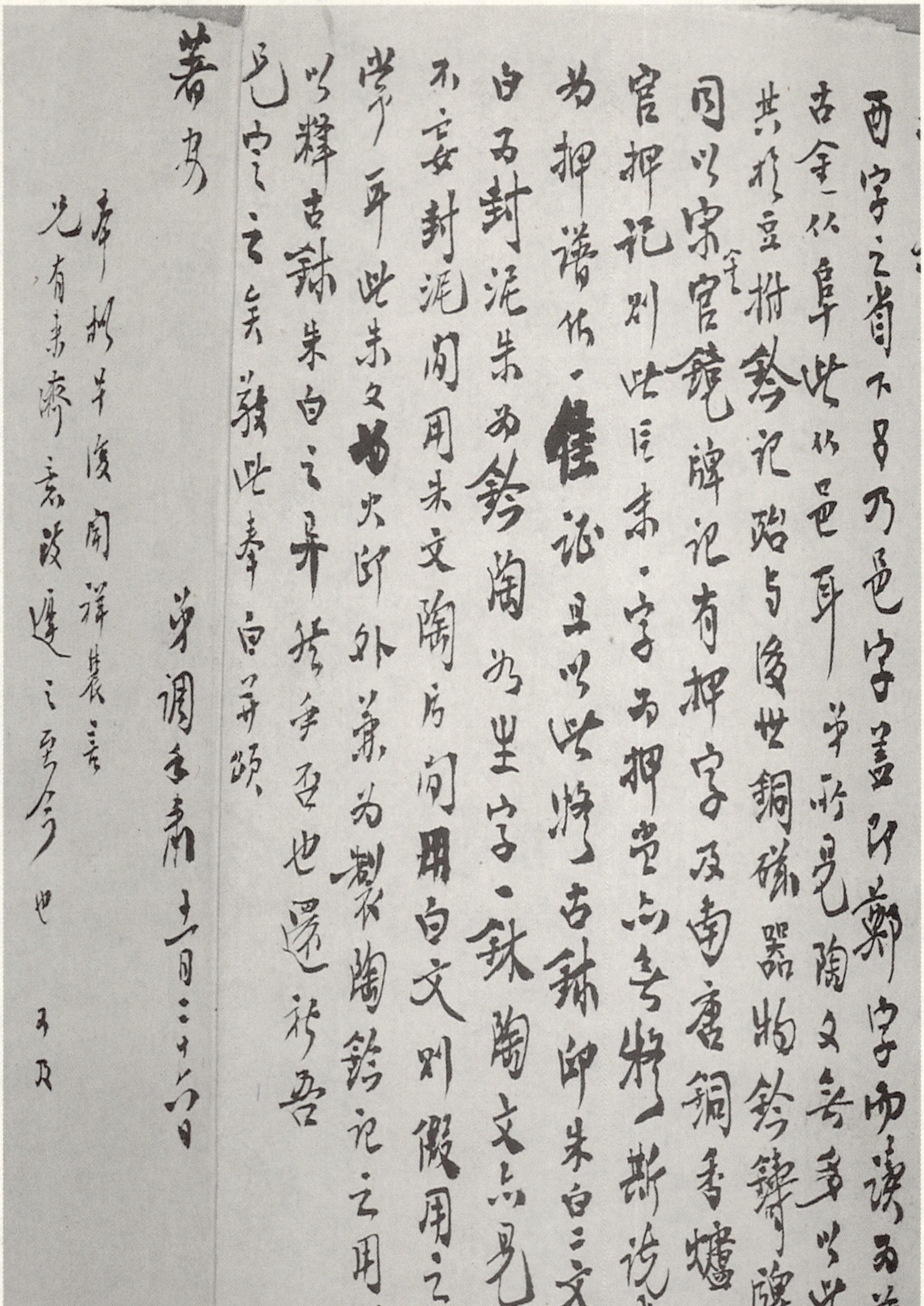
西字之省，下多乃邑字，蓋即鄭字，而讀爲尊，其
古金從阜，此從邑耳。弟所見陶文無多，以此片論
共於豆樹鈴記，路與後世銅器物鈴鑄牌記，其
同以宋官鏡牌記有押字及南唐銅香爐有監
官押記，則此亦未字爲押，當亦無將斯說或可
為押譜作一佳證，且以此將古鉨印朱白二文之用
白爲封泥，朱爲鈴陶爲主字，鉨陶文亦見，當可
不妄。封泥間用朱文，陶片間用白文，則假用之流，其
常耳。此朱文，尤以外兼爲製陶鈴記之用，似可
以釋古鉨朱白之異，發乎否也。還祈吾
兄宣之矣。藉此奉白，并頌
著安
弟調孚肅　十二月二十六日
本擬早復，因祥農病
尤有未濟，嘉政遲之至今也
又及

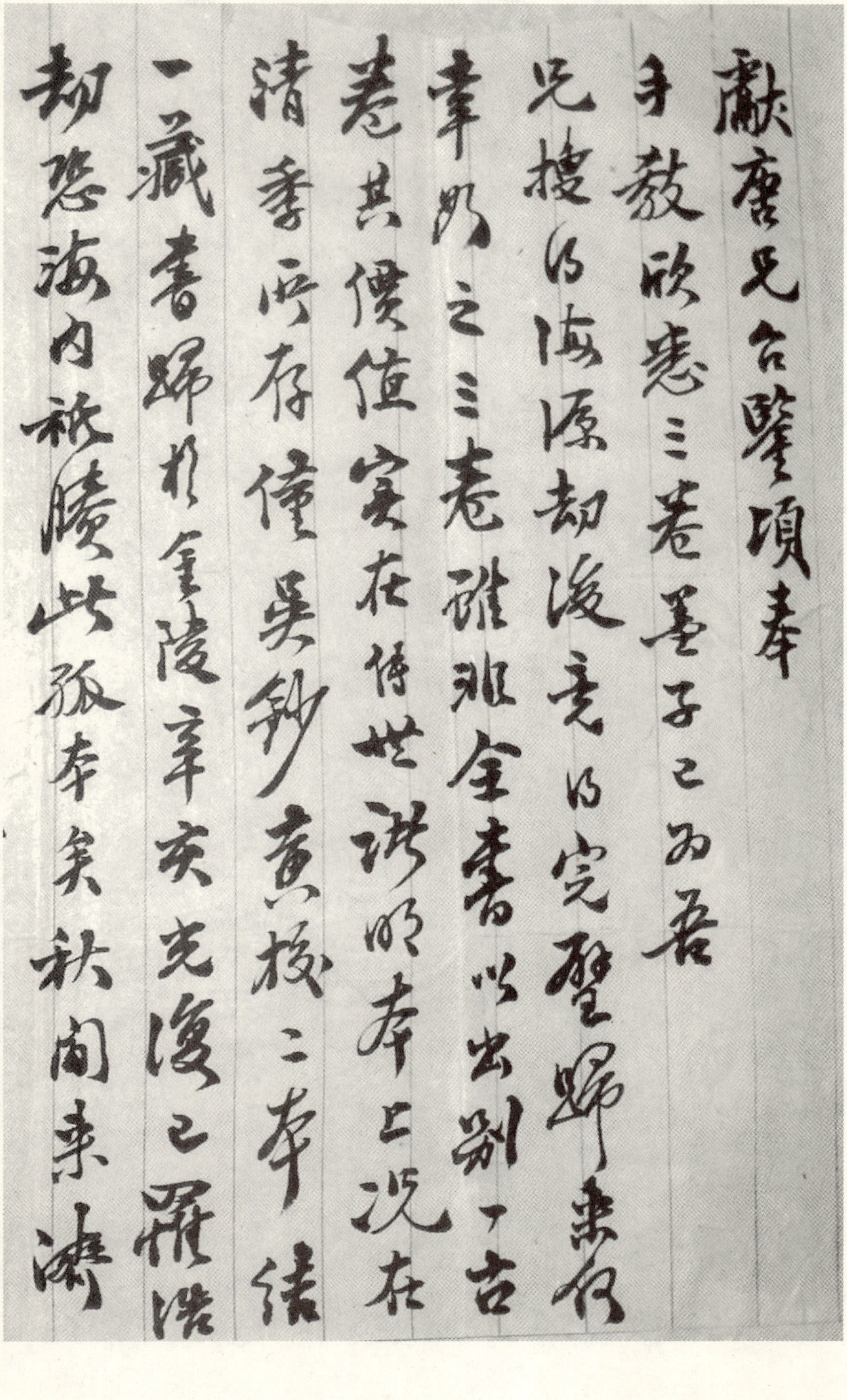

獻唐兄台鑒：頃奉
手教，欣悉三卷墨子已為吾
兄攜以海源劫後竟以完璧歸來收
幸收之三卷誰非全書以出別下古
卷，其價值實在傳世諸明本上。况在
清季所存僅吳鈔、黃校二本，結
一藏書歸於金陵，辛亥光復已罹浩
劫，悉海內祇賸此孤本矣。秋間來濟

校詳而考證兼以用校道藏者有補證訛闕者真樂事也頃又聞濰縣郝蘭皋遺書有手校說文已歸柯鳳蓀悉未能設法求得為歉此奉聞並頌

著安

寅梅手白　七月十日

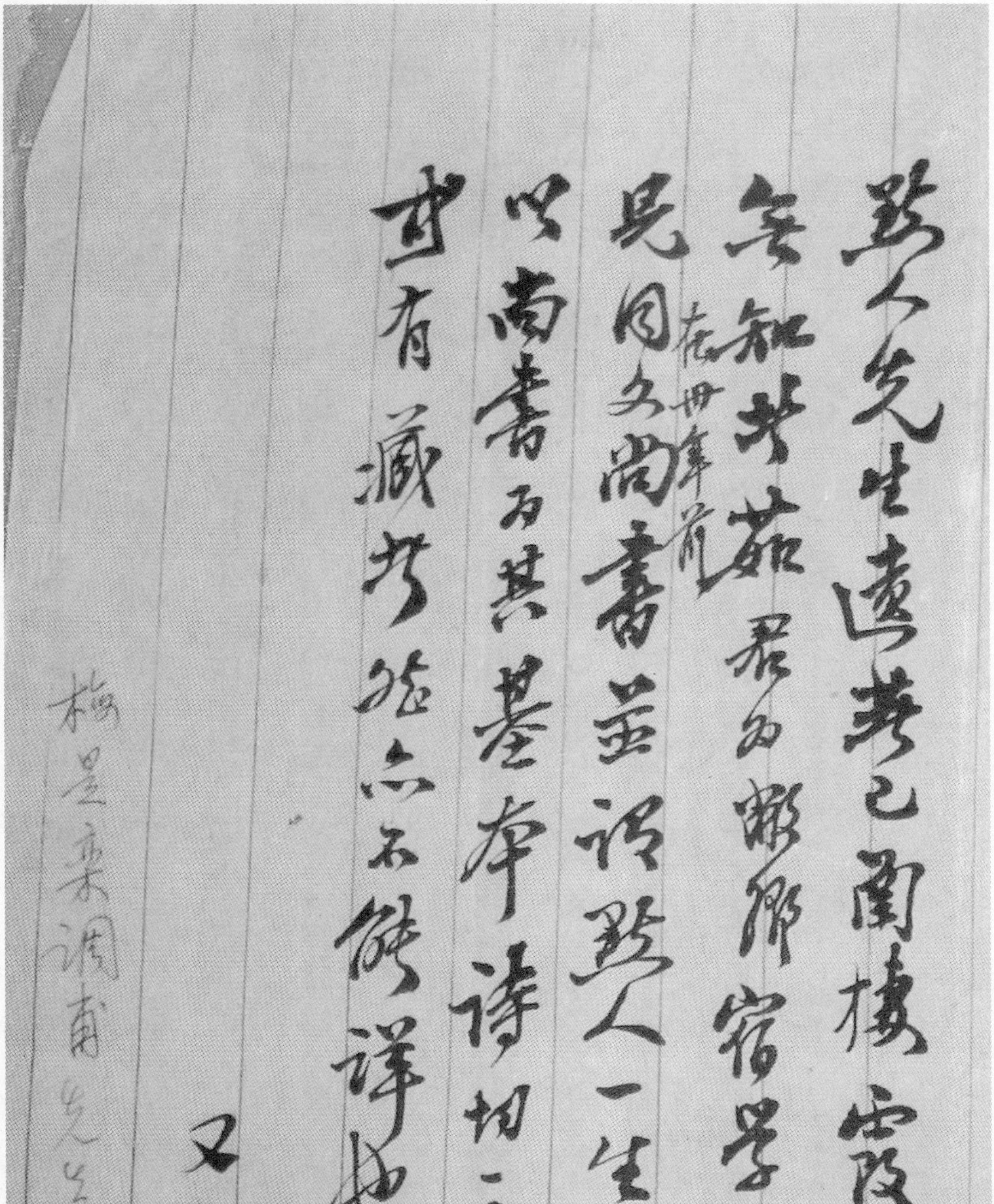
野人先生：遠書已閲。棲霞搜求甚苦，
無知其茹（在卅年前）君為鄉宿學，能亦僅
見聞文尚書並識野人一生英作實
以尚書為其基本詩切切書福山
世有藏者，能亦不能詳也。
又白
梅昇欒調甫先生

欒調甫

書第八通

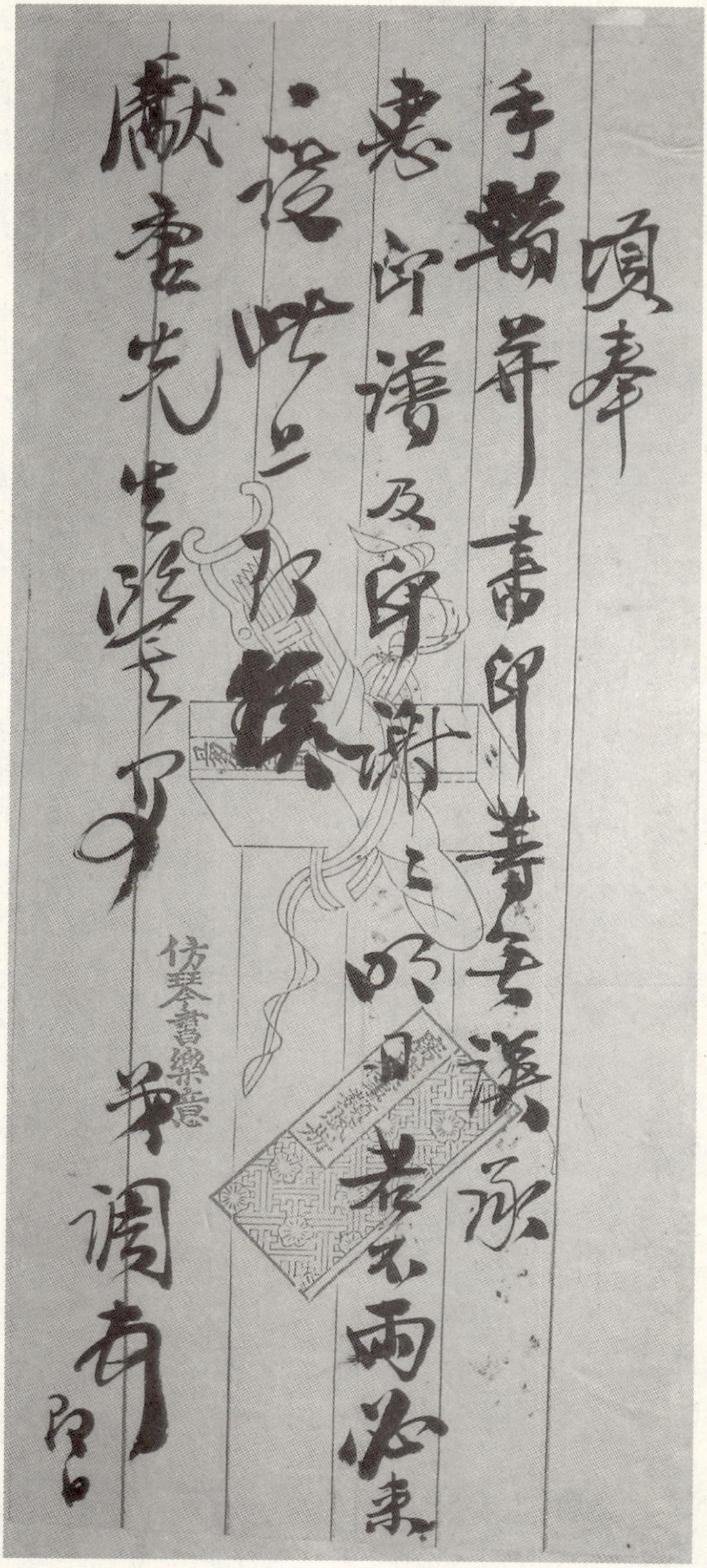

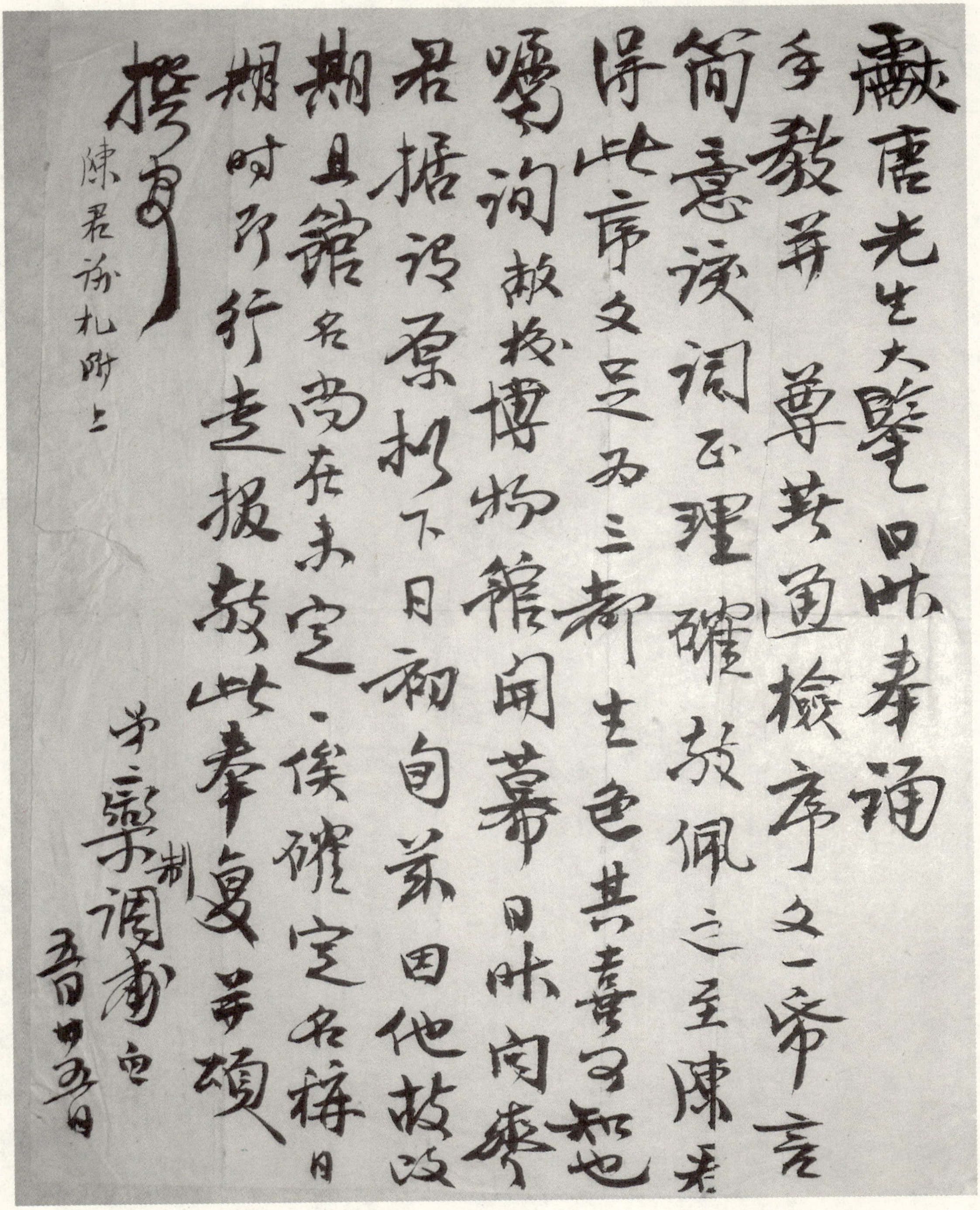
獻唐先生大鑒：日昨奉誦
手教，并 尊著通檢序文一篇，言
簡意該，詞正理確，敬佩之至。陳君
得此序文，足為三都生色，其喜可知也。
囑詢 敝校博物館開幕日，昨向齊
君據詢，原擬下月初旬，第因他故改
期，且館名尚在未定，俟確定名稱日
期時即行走報。敬此奉復，并頌
撰安
弟欒調甫制白
五月廿五日
陳君謝札附上

書第十通

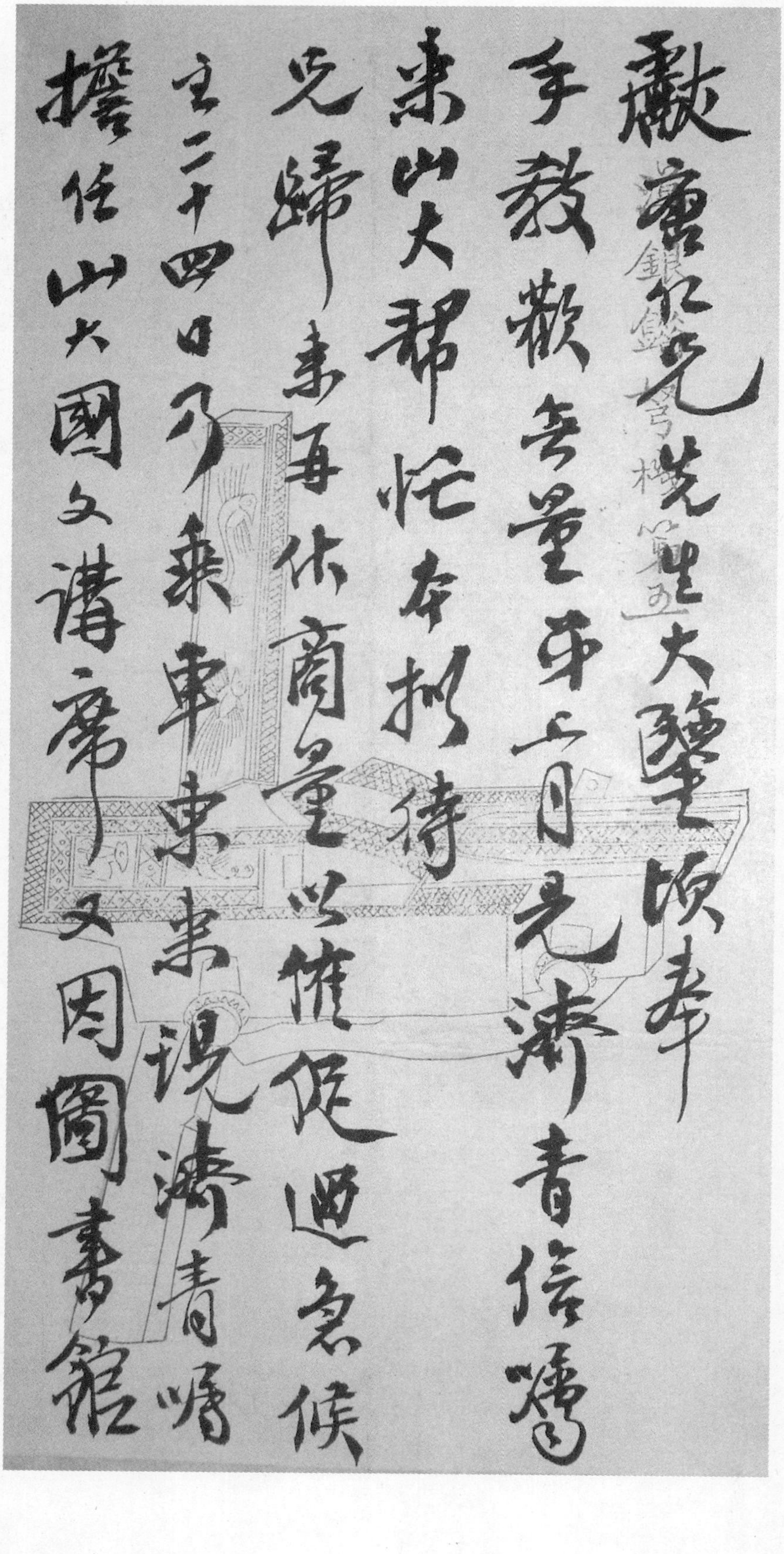

獻
唐仁兄先生大鑒頃奉
手教歡無量弟上月光濤青倩囑
來山大幫忙本擬待
兄歸來再作商量以便從速急候
至二十四日乃乘車東來
東來謁濤青囑
擔任山大國文講席又因圖書館

前任之職，請爲代理。接收近又爲評閱新生國文改卷，恐須在二十日後方克回濟。鍾君笑仙現亦在圖書館擔任中文編目，同事亦覺忻快也。目下齊大之決定辭去，惟此間功課如何分配，尚未規定。將來如何，想不日回濟，當面請教。此奉陳，並頌

暑祺

弟欒調甫拜奏

八月十四日

書第十一通

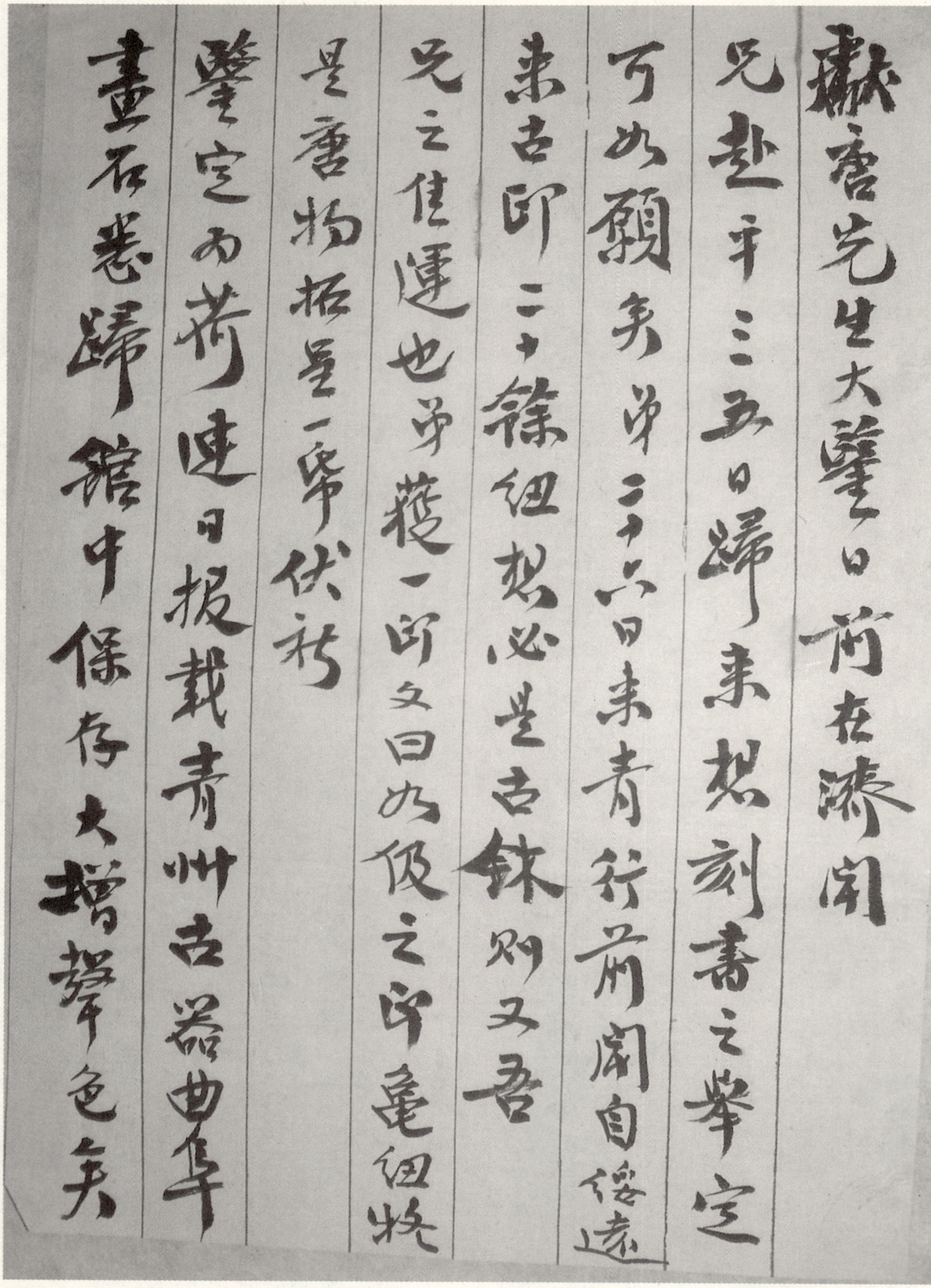
獻唐先生大鑒：日前在濟聞
兄赴平，三五日歸來，想刻書之舉定
可如願矣。弟二十六日來青，行前聞自綏遠
來古印二十餘紐，想必是古鉩，則又吾
兄之佳運也。弟獲一印，文曰孔伋之印，龜紐，恐
是唐物，拓呈一覽，伏祈
鑒定。再者近日報載青州古器、曲阜
畫石悉歸館中保存，大增聲色矣。

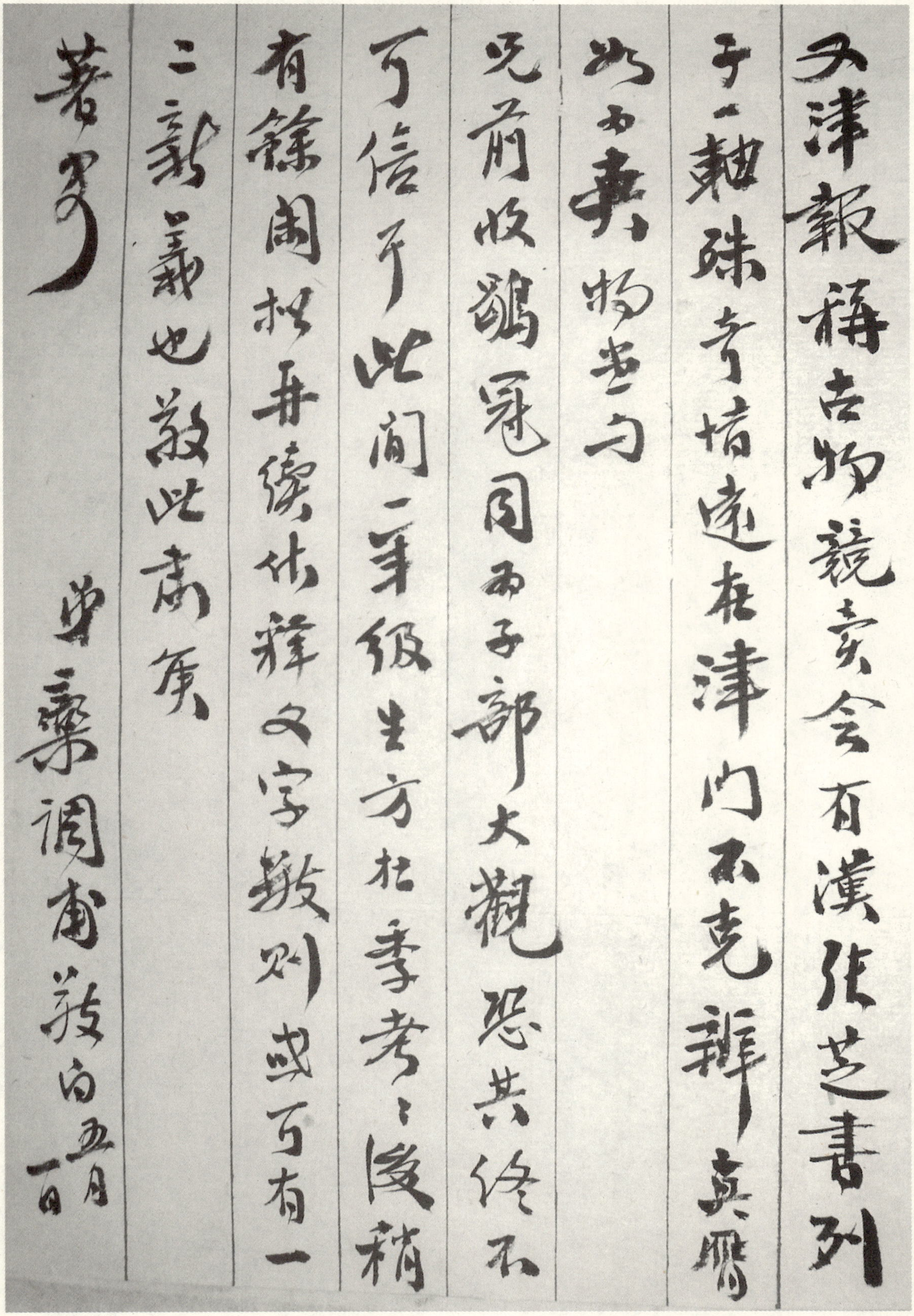

又津報稱古物競賣會有漢佉芝書列于一軸殊爲堵遂在津門不克辨其真贗如何如何其物當勻兄前收鶴羅同西子部大觀恐其終不可信耳此間一年級生方於季考後稍有餘閒擬再續作釋文字數則或可有一二新義也敬此肅賡

著安

弟欒調甫敬白 五月一日

書第十二通

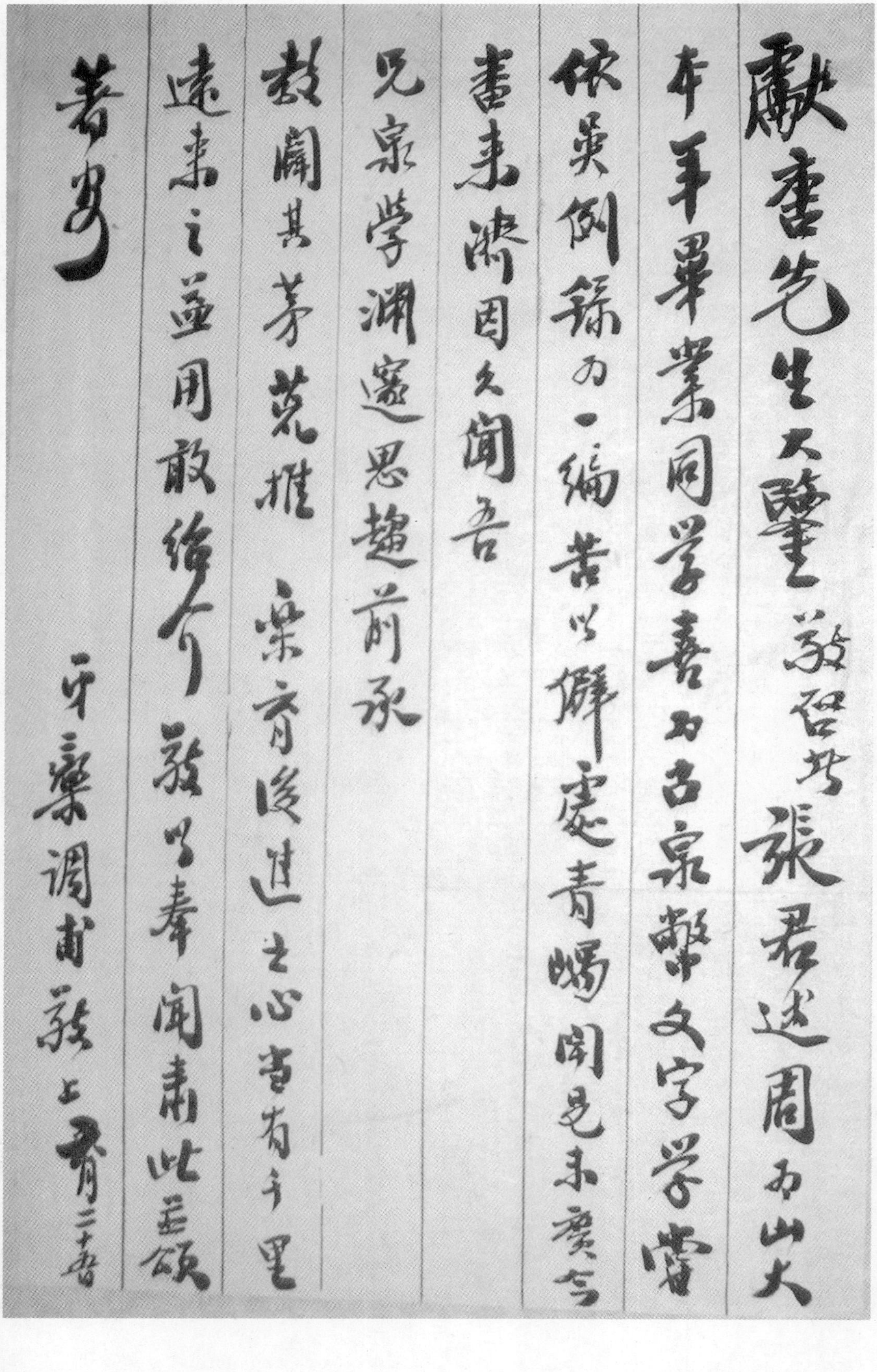
獻唐先生大鑒：敬啓者，張君述周，爲山大
本年畢業同學，喜古宗彝文字，學嘗
依吳例錄爲一編，苦以僻處青島，閱見未廣，今
書來濟，因久聞吾
兄宗學淵邃，思趨前承
教，闢其茅塞，藉
樂育後進之心，當有千里
遠來之益，用敢修函，敬以奉聞，肅此，並頌
著安
弟欒調甫敬上 六月二十四

獻唐先生大鑒日前奉讀
大著奎虛書藏始末記敬悉新閣
落成不勝歡喜惟以課務纏身無暇晉
謁典禮引爲恨事俯仰時艱益今感
傷惟念雲構永垂昭著
德輝不可以浮詞頌亦不敢以污
清聽也承
惠季刊三冊均已領收五官印考論通管

官即為王國朝庭治即之別發前人所未
發是破即學之荒辭新莽之讀之即制聖
析入微理據通明奉讀之下惟有拜服而
已日來考尚書今古篇數稍有所見治文
字亦得一二條以視
尊著竟有大小巫之別能不廢然自失乎
此間通人殊少昧隱鄭君晏居得相切磋
胸臆為開滌

兄閱之當同此快也近中得佳印石些地殊不一見甚悶極矣嘗自語遇秋輝弃章句而窮字承教以隸又弃書而讀印將隸之讀或在無字處填之吾兄不大可笑耶筆楮神馳藝以布中

並頌

著安

弟欒調甫藝白 十二月廿日

書第十四通

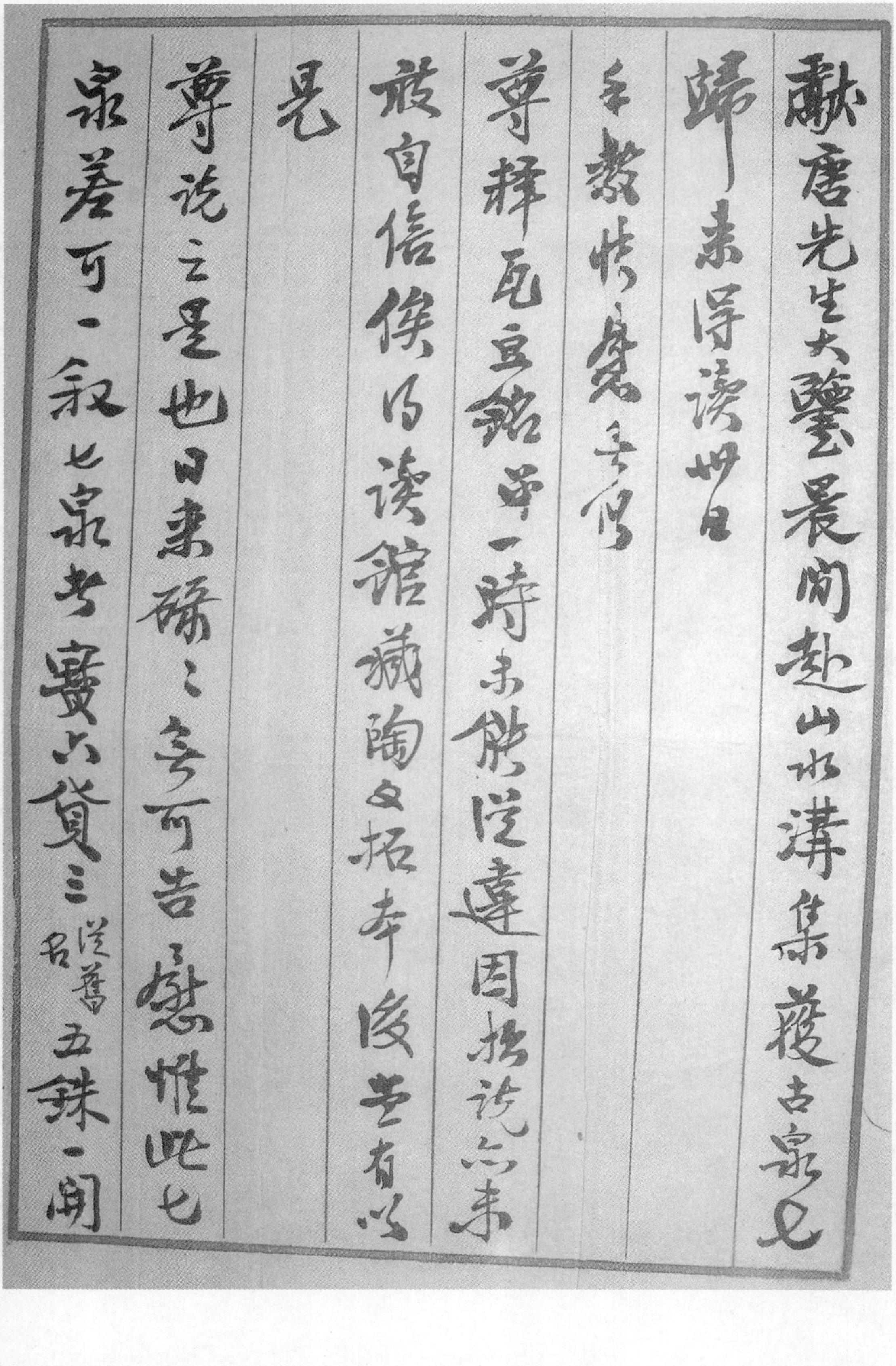

獻唐先生大鑒：晨間赴山水溝集，獲古泉也。歸來得讀廿日手教，情意拳拳。尊擬瓦豆銘，要一時未能從違，因於詩亦未敢自信，俟得讀館藏陶文拓本後，當有以呈。尊說之是也。日來碌碌，無可告慰，惟此也。泉差可一敘也。泉考寶六貨三（從舊名），五銖一閱

元古挑一乾元重寶一順天元寶一此七泉土銹斑
駁此一品係同出土者（惜尚有一錢未收下集或可得之）以開元乾元
二泉輪郭此較為唐人殉葬物乾元泉小
於重輪而較別品之小者為大者為元年所鑄一者
十泉以順天在乾元之二年其時世正相合也開元
一泉最奇元字左挑與諸譜所載者同幕經磨
治失其輪郭而細刻秘戲之圖尤奇者女趾尖
細首如新月以此可証六寸光圓之詩不必盡

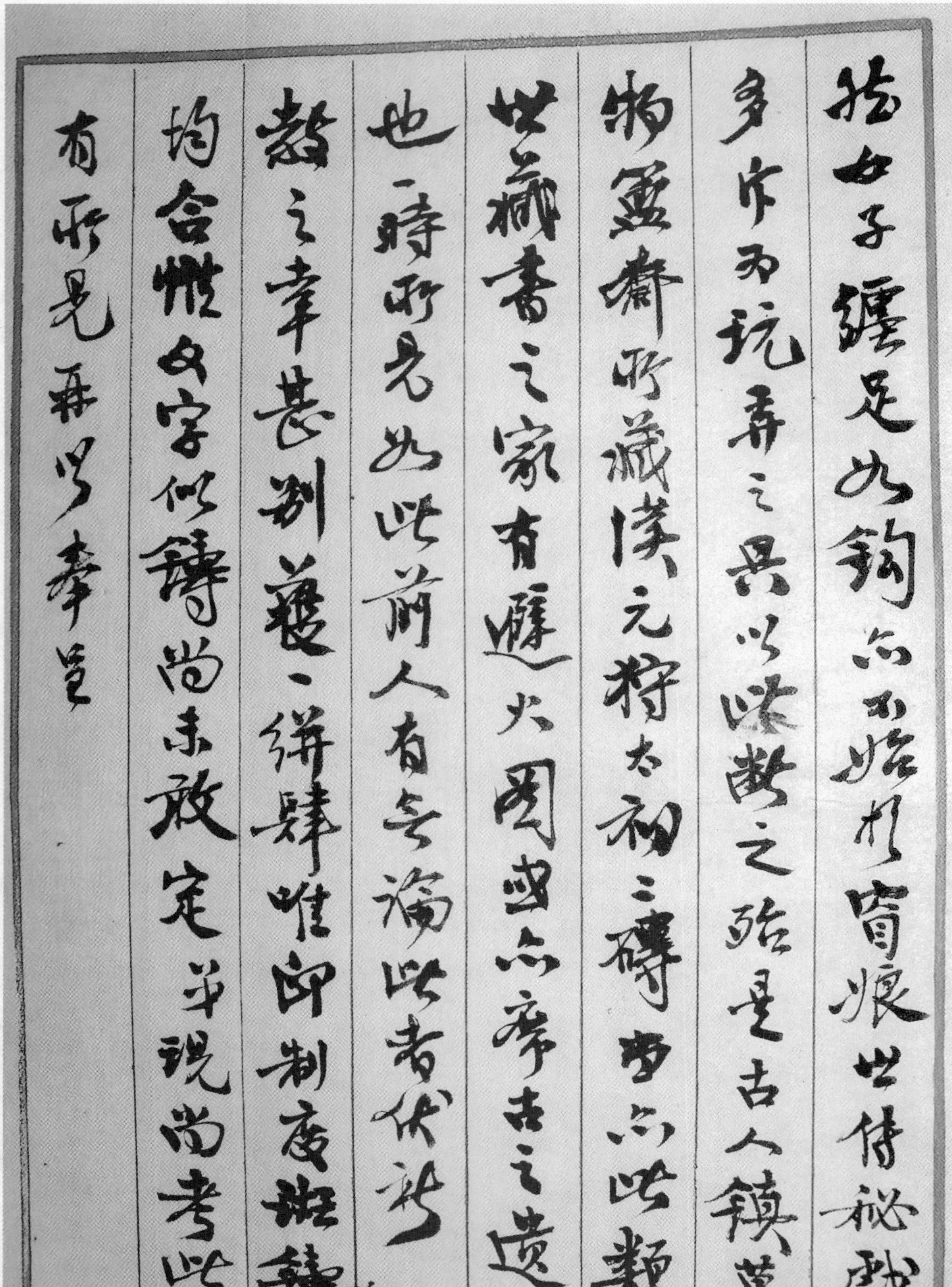

婦女子纏足如鉤亦不始於宵娘世傳秘戲泉
多作爲玩弄之具以厭數之殆是古人鎮墓之
物盧齋所藏漢之狩太初二磚當亦此類近
世藏書之家有避火圖或亦本古之遺意
也一時所見如此前人有無論此者伏祈
教之幸甚別獲一鉼肆唯印制度班鑄鑄
均合惟文字似鑄尚未敢定并現尚考此俟
有所見再以奉覆

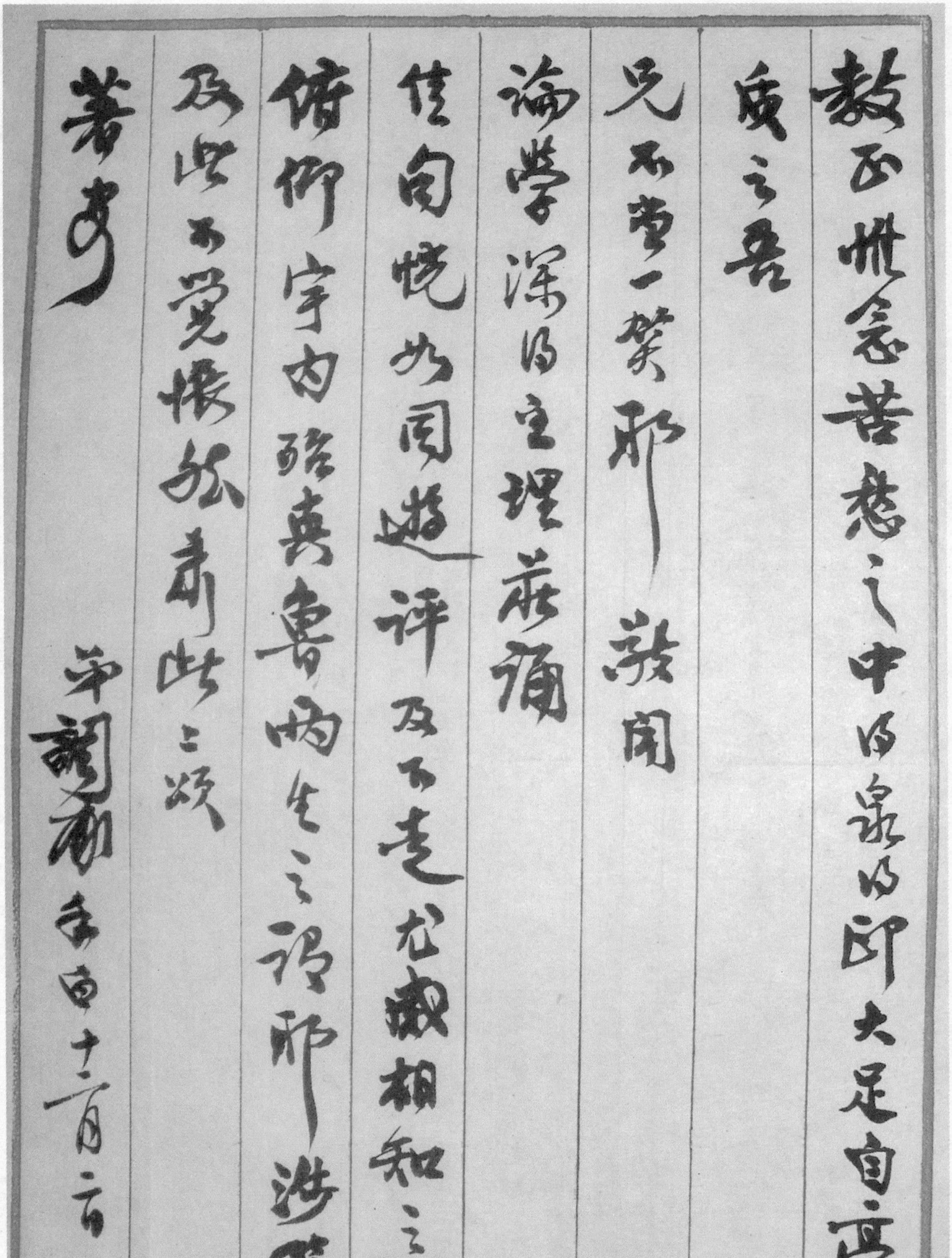

教正。惟念苦悲之中，得象得即，大足自豪。质之吾

兄，不当一笑耶。敬閑

論學深以至理蒞誦

佳句，悦如同游。评及不堪，尤感相知之深。

倚仰宇内，踏真鲁两先生之语耶。游笔

及此，不觉怅然。肃此，敬颂

著安

弟調甫手白 十二月二日

書第十五通

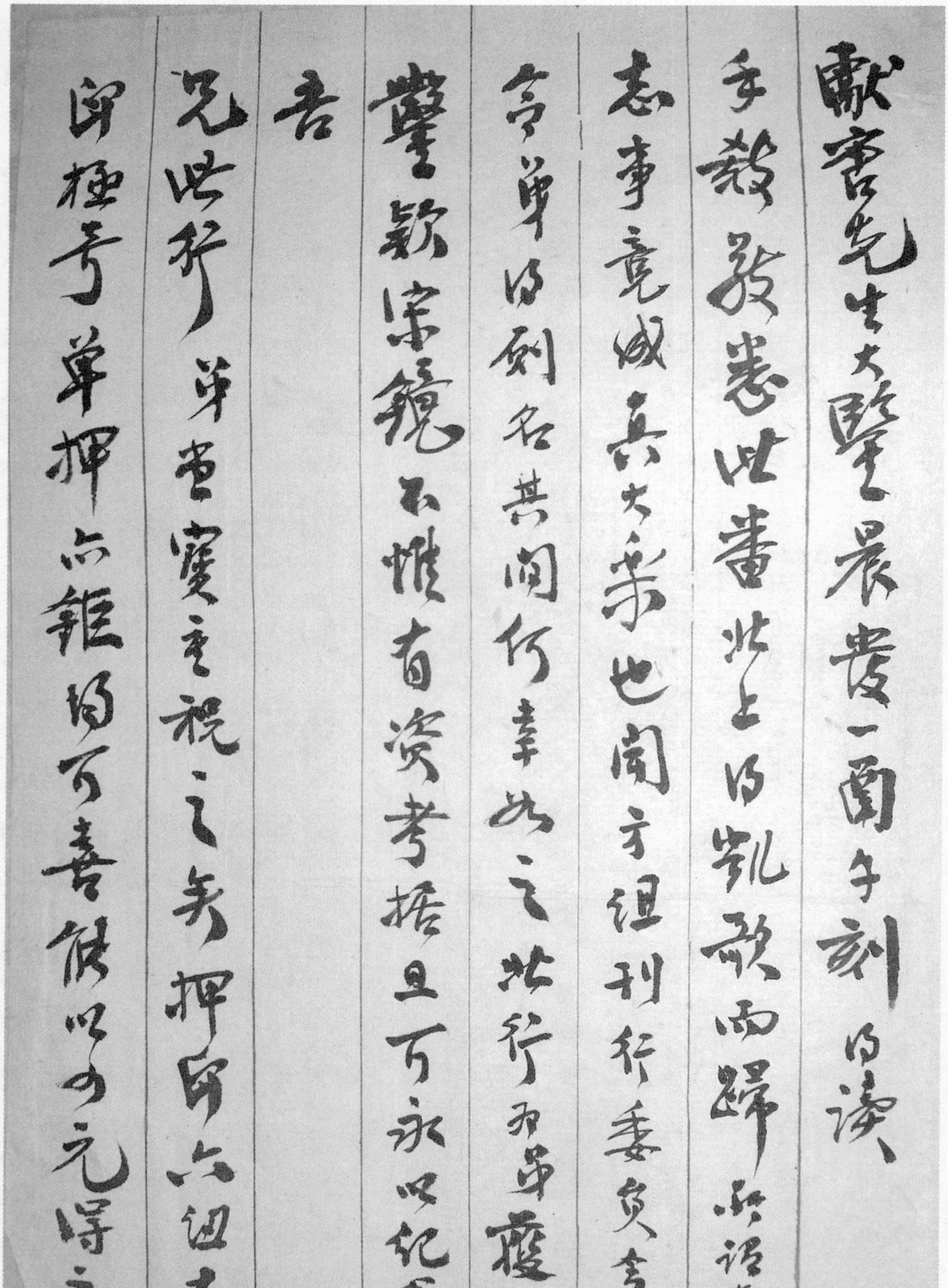

獻唐先生大鑒：晨費一函計到，頃讀

手教，敬悉。此番北上，以凱歌而歸，此語有

志事竟成矣，大樂也。聞方組刊行委員會，且

爲尊作列名其間，何幸如之。北行所得，尊藏以

鑒歎，宋鏡不惟有資考據，且可永以紀念

吾

兄此行。弟書寶至視之矣。押印六紐大

印極奇，單押六鈕，均可喜，能以夕元得之

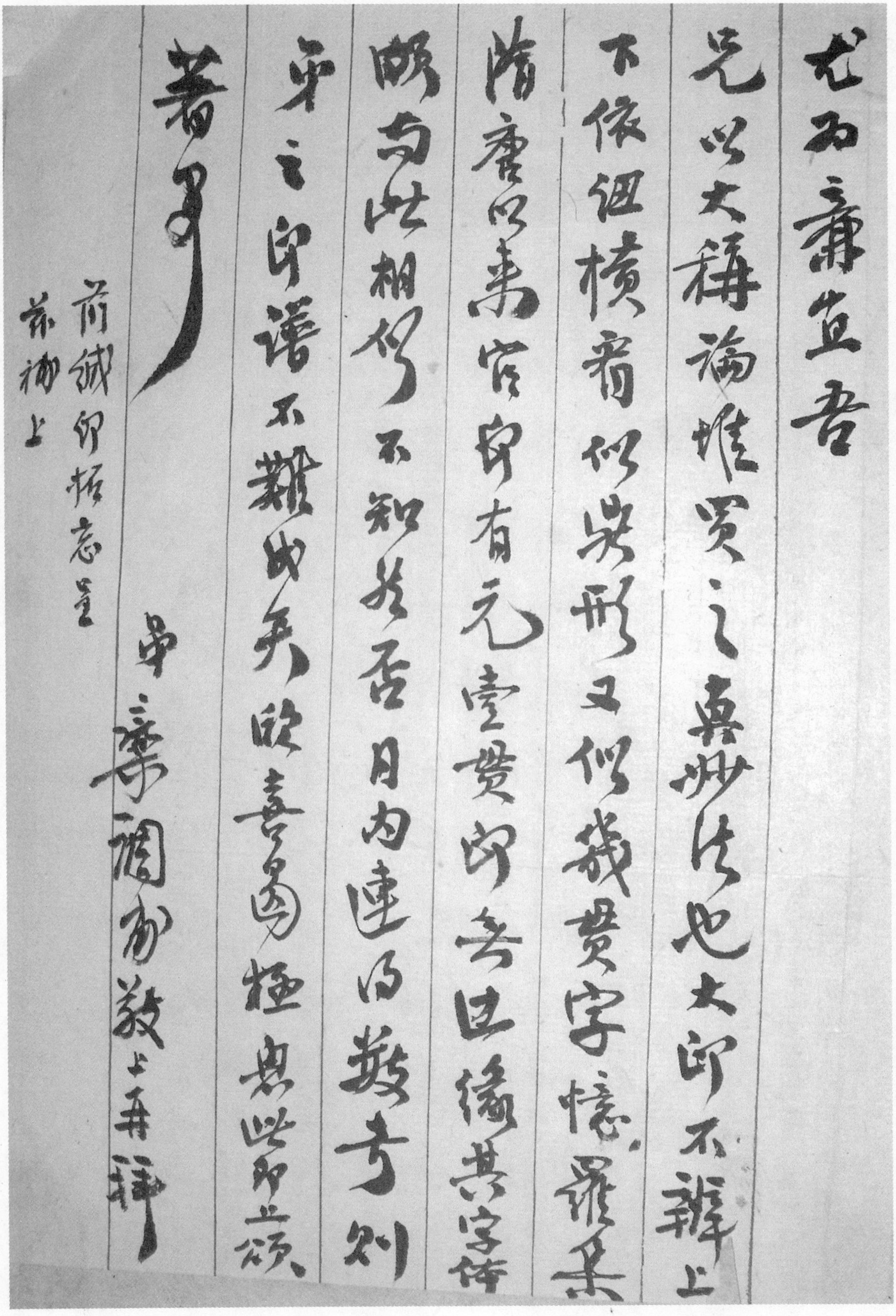

尤西兼笠吾
兄以大稿論墨之真妙處也大可不辯上
下假四横有似冶形又似戟貫字懷羅朵
諸書以弟官所有元壹貫所各且編其字於
斯與此相似不知是否月内達乃教考則
弟之印譜不難成矣欣喜為極並此即上頌
著安
弟 欒調甫 教上再拜
前賦印稿忘呈
並補上

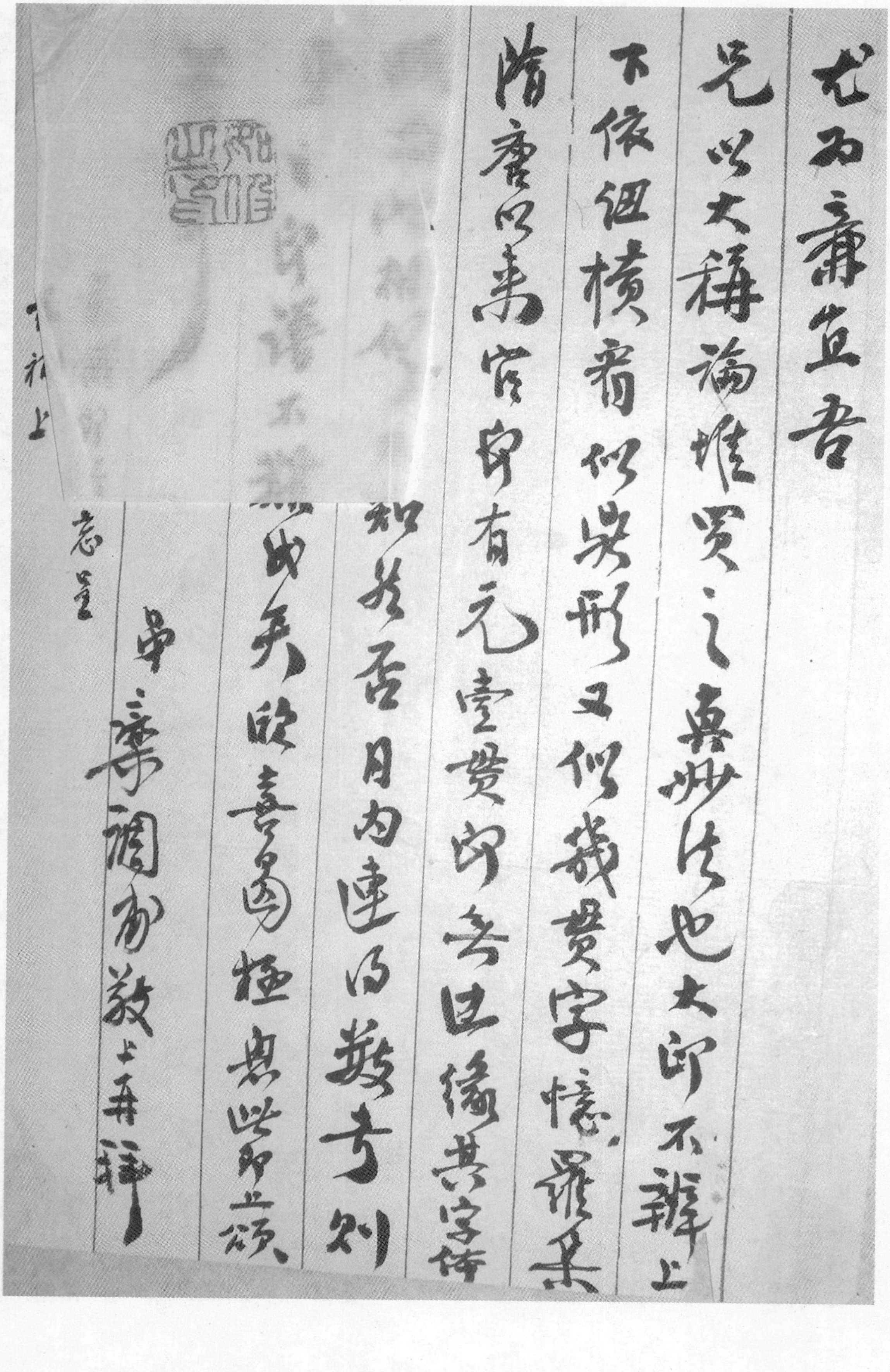

弋石齋直吾
兄以大稱論雅賞之，真妙語也。大印不辭上
下依細橫看似要形，又似藏貴字，憶羅其
諸唐印者官印有元壹貴印，各且續其字體
知其否？月內達向敦奇刻
無此矣，欣喜過極。專此即上頌
弟 章潤翁敬上 再拜
志覽

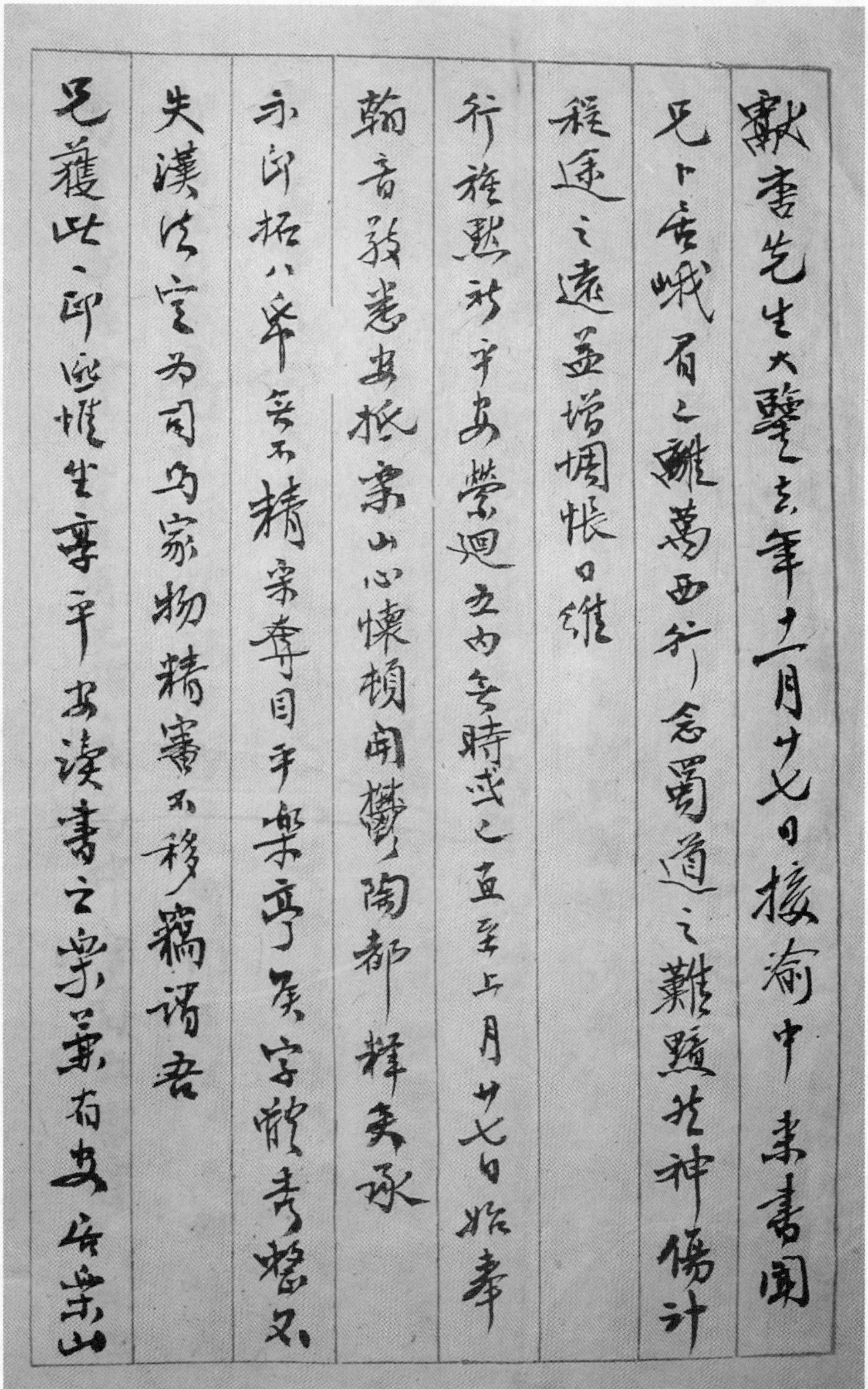

猷書先生大鑒：去年十一月廿七日接渝中來書，聞
兄卜居峨眉之麓，萬西行，念蜀道之難，黯於神傷，計
程途之遠，益增惆悵。日維
行旌駐於平安，縈迴五內，無時或之。直至上月廿七日始奉
翰音，藉悉安抵峨山，心懷頓開，鬱陶都釋矣。承
示印拓八年，無不精粹，目乎樂事矣。字體秀整，又
失漢法，定爲司馬家物，精審不移。竊謂吾
兄獲此，即照惜生平，安讀書之樂，兼有安居樂山

之祥真可喜也道家諸印均視前日所收爲精此極難邪
兩印叙州文字最佳瀘州古樸可喜然以渝中三鈕尤關
考據都天印下楷大字考三十六天將中殿帥爲都天太歲
統攝后土神祇此或以奉行彼法因稱之大法主矣茲述一
鈕吉是雷霆都司之印六字說文雷古文作靁籀文作䨻
印文雷字從古文雷从田而〇即巳之變文也霆字亦从古文
雷下从王者如廷之省此類固不可盡以六書論之都字者如
尊彝其文並从邑从古文旅古鉢都亦从古文都字皆如是作

古文旅字或作㫃老君碑孔尚書作表即其字此作𤇾上从𢀓即山字古文秋字起筆
作三星与本印之字同粹適七那謂星又雲篆之體下从山粹而人
字全文旅有从人作𣥂何可接以为證但據都天印文推校其字或
由者篆有變而出說文者篆云从白从米聲米古文旅字則印文首白
而从旅作𣥂有所據其與古文脗合又適可互證也是都司董印可以
空之盖雷霆都司為雷霆之司之一如董印云北極驅邪院雷霆
都司此司當屬驅邪院考雷霆衙門是先天之炁都雷府
亦有五雷驅邪之院又有之將之炁萬神雷司五雷霆都司雷

建都司印所謂三司也大约此三印与叙瀘之鈕皆是正一宗中法物或即龍虎山法官祈雨用以召遣雷部功曹與雷致雨者惜董印都司下三字未能盡識無以詳究姑就所見質之吾兄謂如何其外篆考據中説印以製作而論自以都大二印為第一雅其最愛董印以其鑄文具有年元足資考證以之考定叙州印製相似者係同時之物所有五丁印之惟泰定一紀耳以逢雯天啟兩朝與董印萬曆相近（癸巳為萬曆二十一年）當不出此先後六十年中矣瀘州經

兄定為天水時物，以前收宋孫道印比對，大小相合，極信其然。都天之印，與之相埒者亦相去未遠。此附印盒者係古制，前於歷下曾見之，方亦道家印而有盒者，是時以索價過昂未收，後竟不再見，今獲此亦一快也。惟念區區數印，得之不易，均於僕僕風塵中為弟求之，私衷感荷之不可以言。然細讀小記，覺一地之遊、一印之獲，莫不具有因緣，與其業境趣令人神馳，嚮往如在左右矣。聞收古泉頗多佳品，而隋唐以前古物竟不一獲，何哉？弟素不愛錢，近來所遇亦頗覺其有裨於讀史考文，前獲乾

之十價錢大小二品因知唐志所謂寶錢實錢為樓閣元舊錢之
說用證近日此平以十錢為百其事正合於樓近收宋錢乃知熙
寧之朝改行折二之故用證清初京師以二十文為百乃俗間大錢
小錢之制理又不外於折此亂歎是其錢不能深切知之又考唐朝
五銖錢文銖字金旁作金為金文合因知說文篆體从今為漢人
所改是許氏一家之書不為世所遵用新莽大泉五十泉篆作泉
中从丅丅為丨丨之變文象水流形與散氏盤泉字所从合用證金
文朝字从月為古川字鄭注禮記九京為九原實出古文之謬說

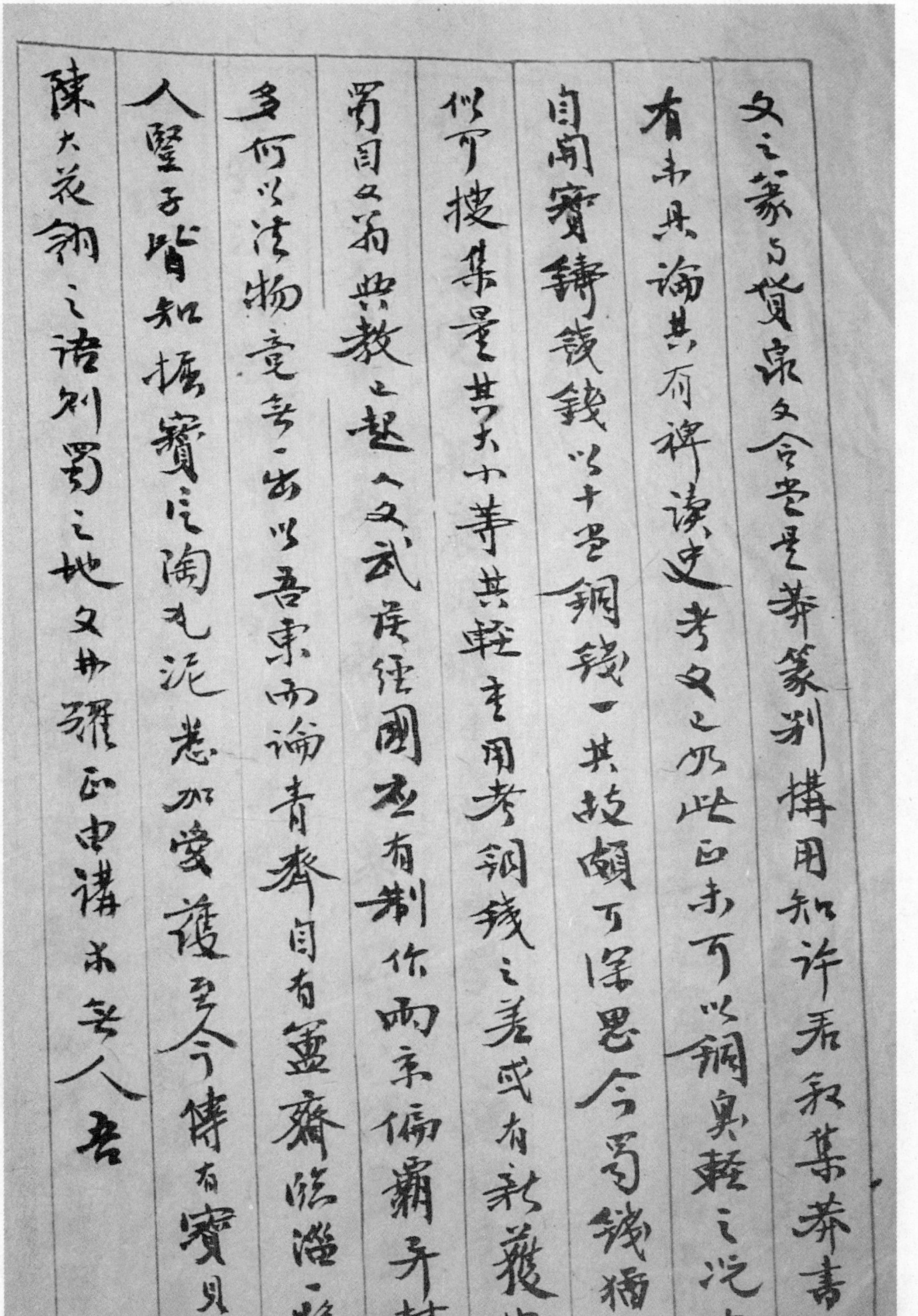
文之篆與貨泉文合，無異莽篆，則構用知許君叙篆莽書尚
有未見，論其有裨讀史考文之處，此正未可以銅臭輕之。況宋
自開寶鑄錢，錢以十品銅錢一，其技頗可深思。今蜀錢猶存，
似可搜集量其大小，等其輕重，用考銅錢之差，或有新獲也。然
蜀自文翁興教之起，人文武侯經國，亦有制作，兩京偏霸，奇材頗
多，何以清物竟無一出？以吾東而論，青齊自有簠齋，濰縣婦
人豎子皆知擴寶，瓦陶丸泥悉加愛護，至今傳有寶貝買賣
陳大花翎之語，則蜀之地，文物羅正，由講求無人者

兄精鑒不亞簠齋，况不考古之有瓦當三點之獲，今居蜀中一經搜求，安知蜀地古物不如兄所出古物，買繪王大先生不留為蜀中將來之佳話乎？昔右軍心馳汶嶺峨眉之奇，遠想成都樓觀之盛，吾兄得西南名遊之清福，追古人，加以蒐古著書，無可限量，豈謂君家書聖徒以遊觀為不朽之盛事也哉！狂言及此，因思他日東歸，出其所藏相與品評，蜀中獲古定與燕庭長安媲美，又不禁拭目望之矣。前書云適佑殷周名制甄微

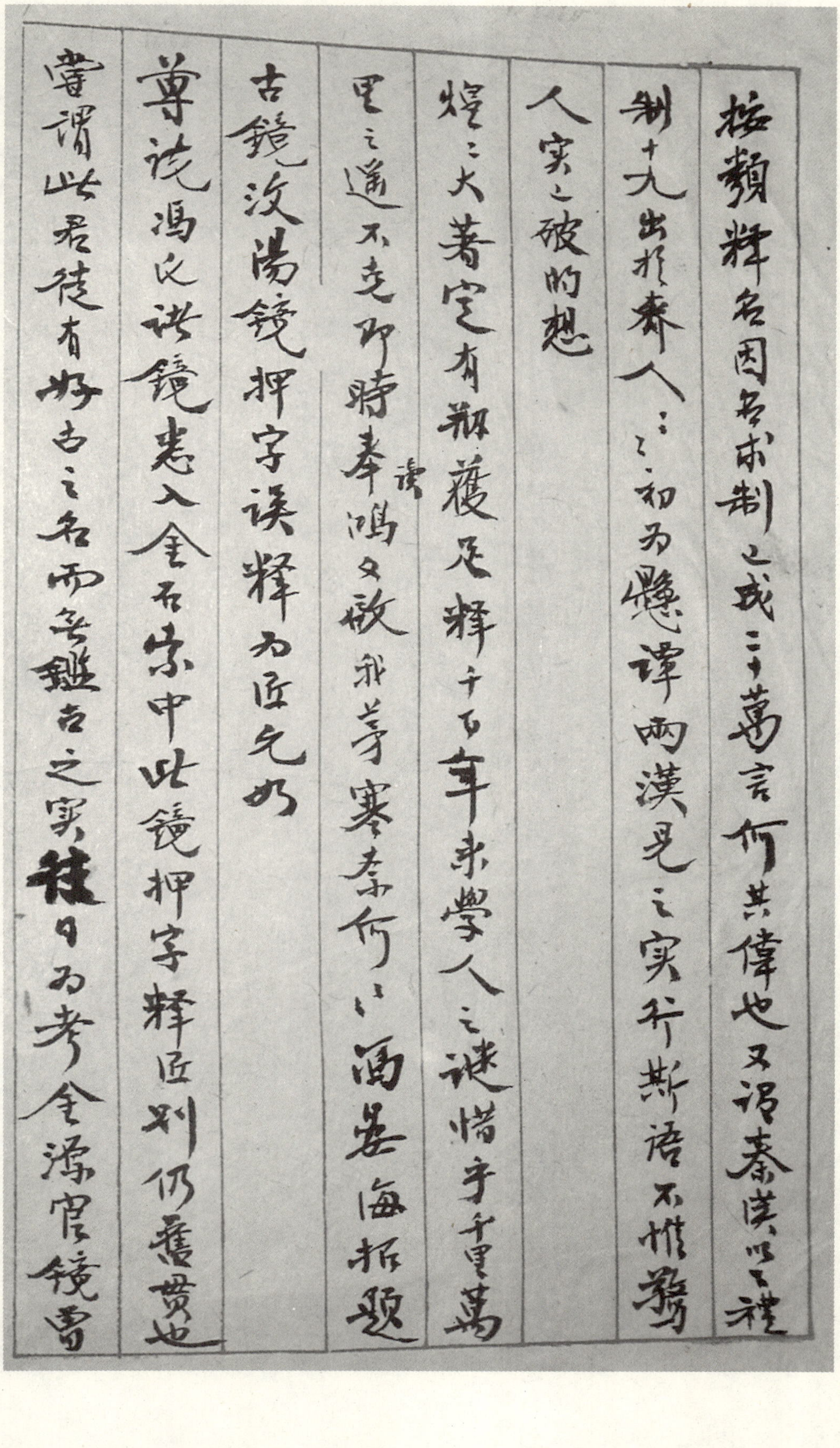

格類釋名因名求制之誠二十萬言何其偉也又謂秦漢以下禮
制十九出於齊人齊人之初為懸譚兩漢見之實行斯語不惟驚
人實之破的想
煌煌大著定有觀獲足釋千百年來學人之謎惜乎千里萬
里之遙不克即時奉讀鴻文敬求弟等寄奉何以為要海報題
古鏡汝陽鏡押字誤釋為匠允奴
尊說馮氏謂鏡悉入金石索中此鏡押字釋匠則仍舊貫也
嘗謂世君徒有好古之名而無鑑古之實往日為考金源官鏡曾

欒調甫

一檢校其書東阿縣鏡以出東阿魚山之麓地近東阿王墓因定為魏鏡之極可笑唐亭縣以得之唐下遂有唐城遂名唐亭之號馮氏藏鏡今歸小檀欒室獨此唐亭一鏡祕而未出殆以唐城目之而轉為秘寶矣實則其鏡者為宋製唐亭縣金屬大名府路濮州山東東路之唐城也又昨見瀛洲筆談錄所積古藏器其宋八菱魚銅鏡有鏡子局官押識明非宋製而以宋鏡目之殆亦為馮將軍誤考據難事要亦諉之好古而不求甚有以致之耳求其精鑒敏求足與共析疑難者吾

封第一件

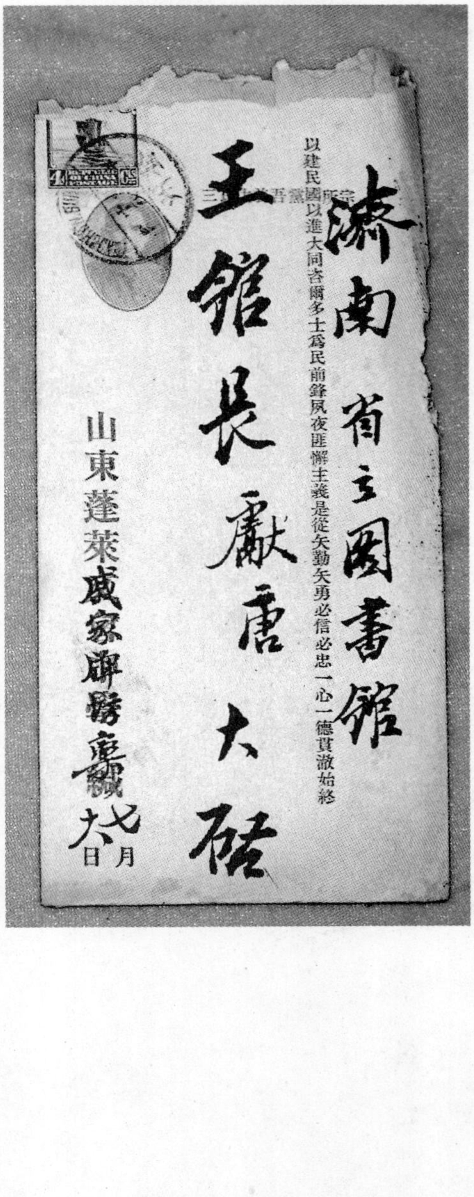
濟南省立圖書館
王館長獻唐大啟
以建民國以進大同咨爾多士爲民前鋒夙夜匪懈主義是從矢勤矢勇必信必忠一心一德貫澈始終
山東蓬萊欒家疃欒緘
七月
日

封第二件

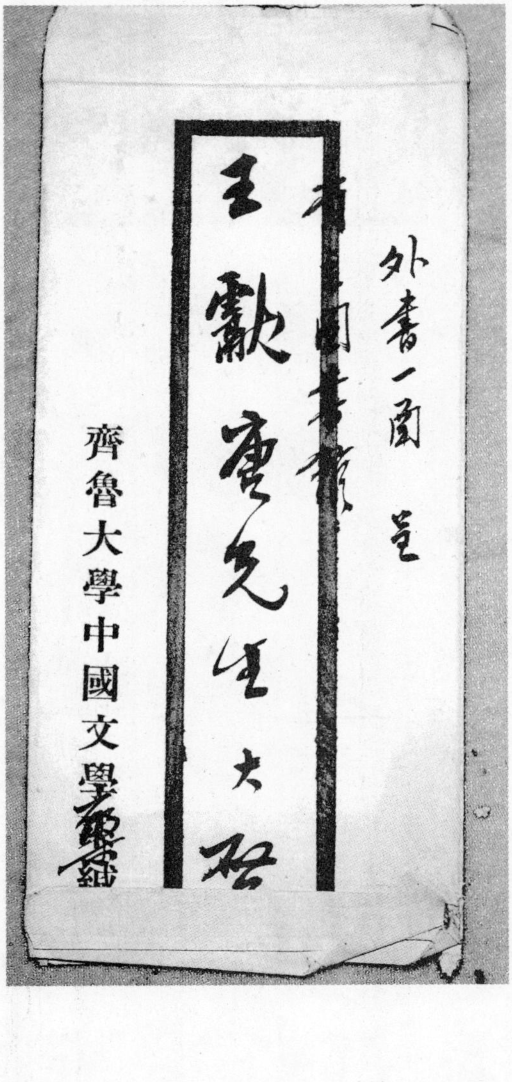
王獻唐先生大啟
外書一函 呈
齊魯大學中國文學系緘

封第三件

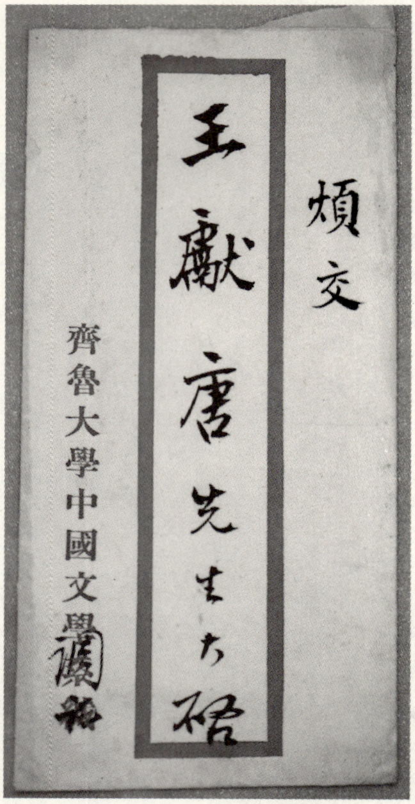
煩交
王獻唐先生大啓
齊魯大學中國文學

封第四件

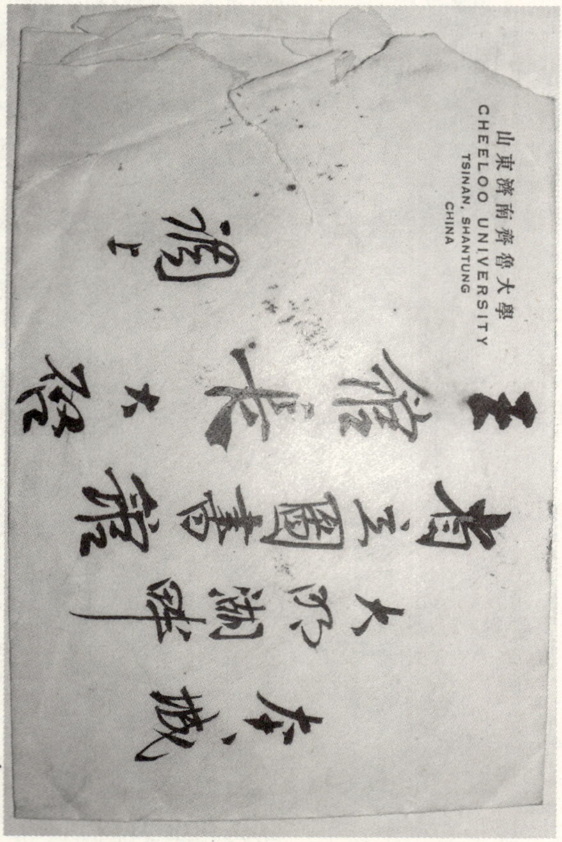
山東濟南齊魯大學
CHEELOO UNIVERSITY
TSINAN, SHANTUNG
CHINA

封第五件

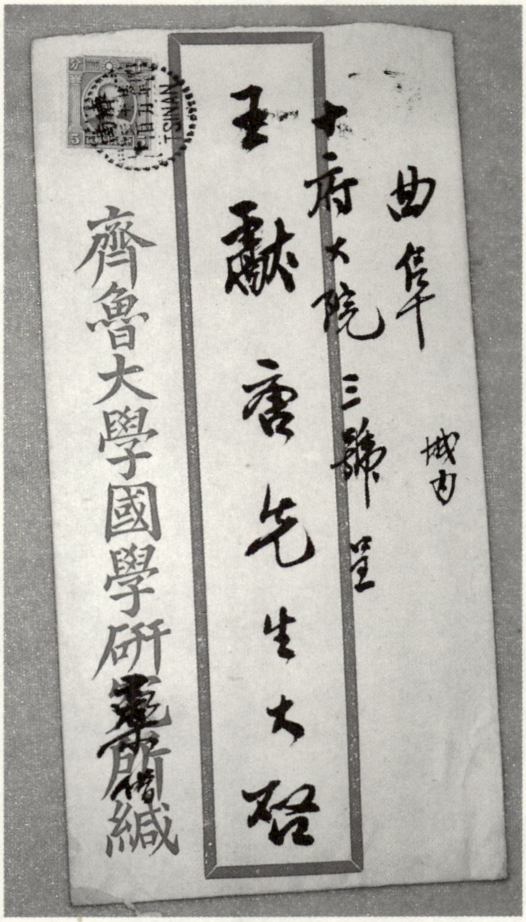

封第六件

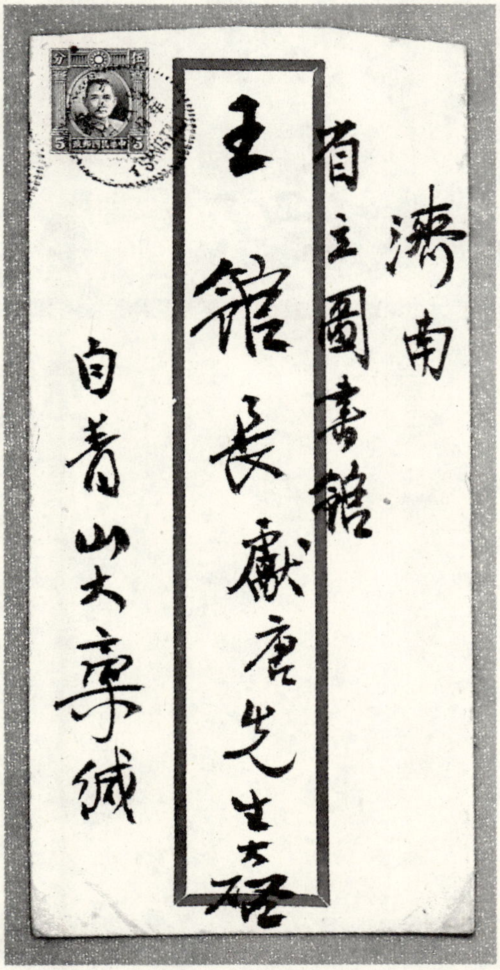

封第七件

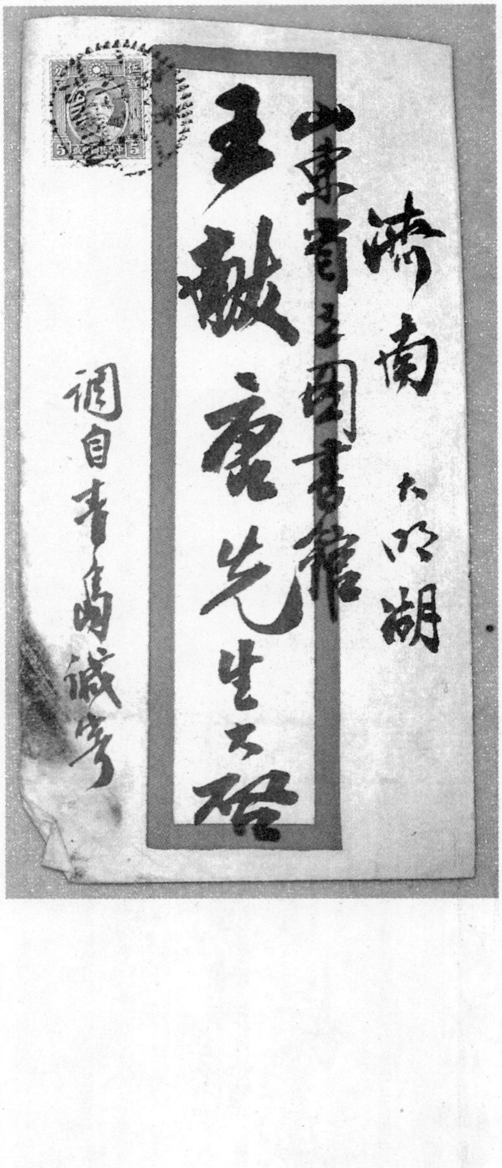

封第八件

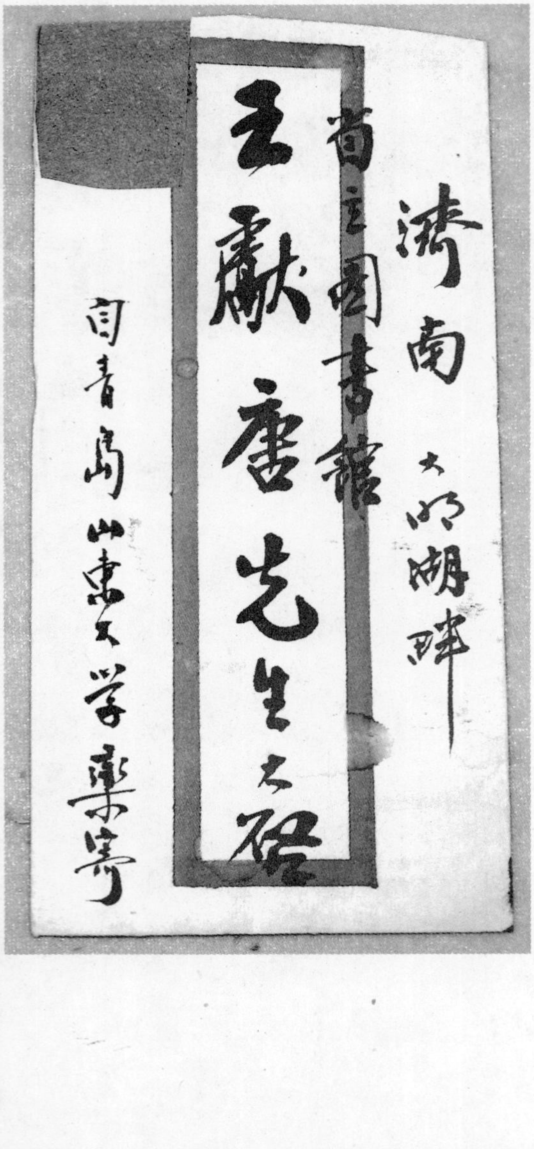

封第九件

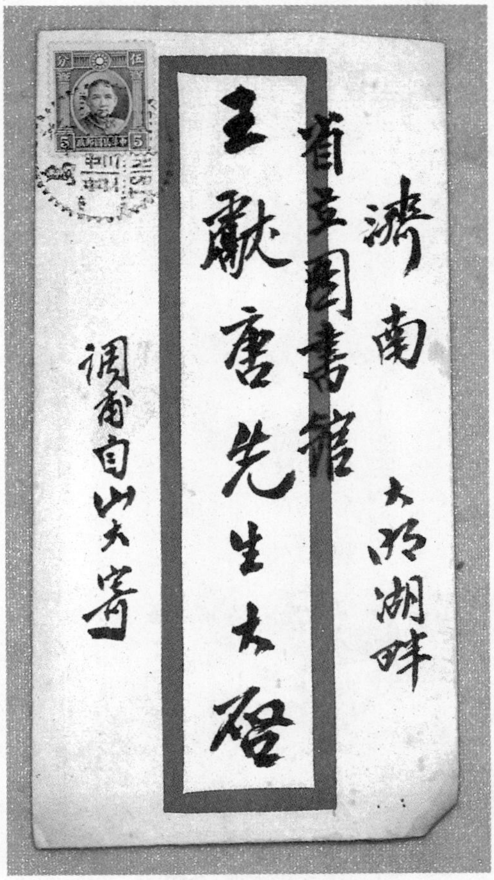
濟南
大明湖畔
省立圖書館
王獻唐先生大啓
調甫自山大寄

封第十件

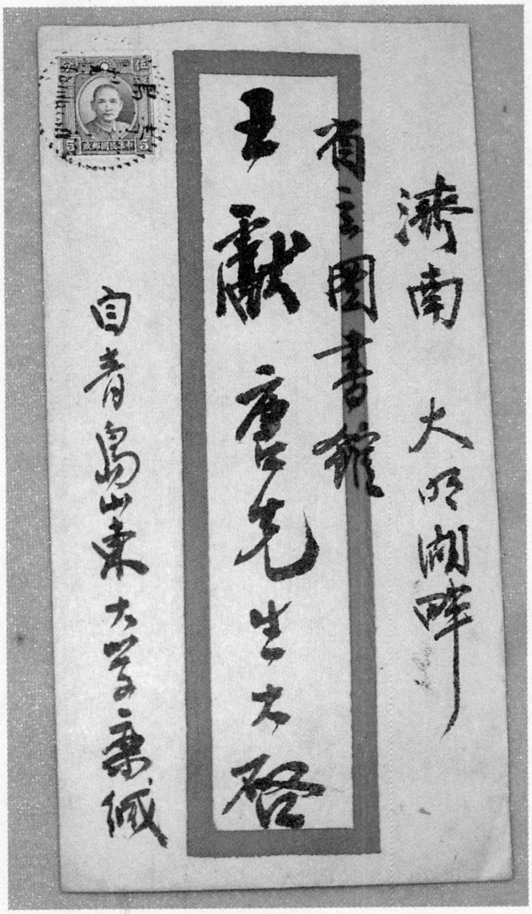
濟南
大明湖畔
省立圖書館
王獻唐先生大啓
自青島山東大學欒緘

封第十一件

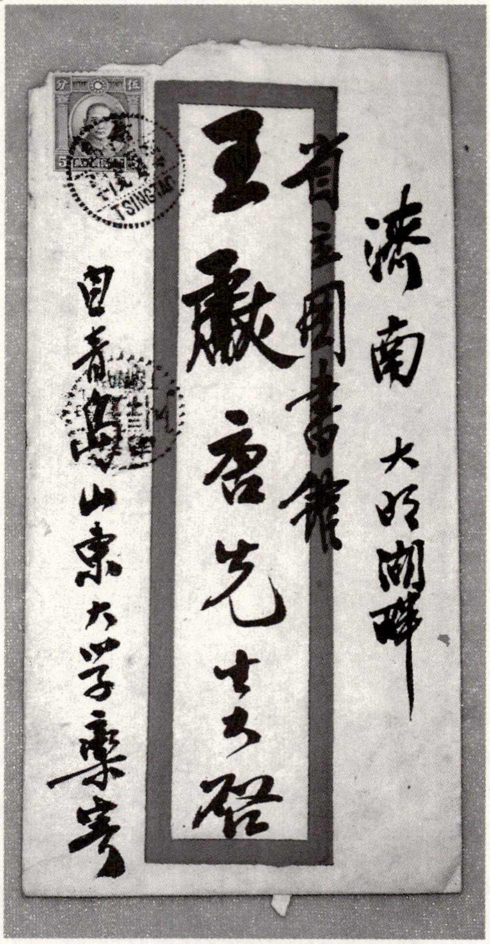

封第十二件

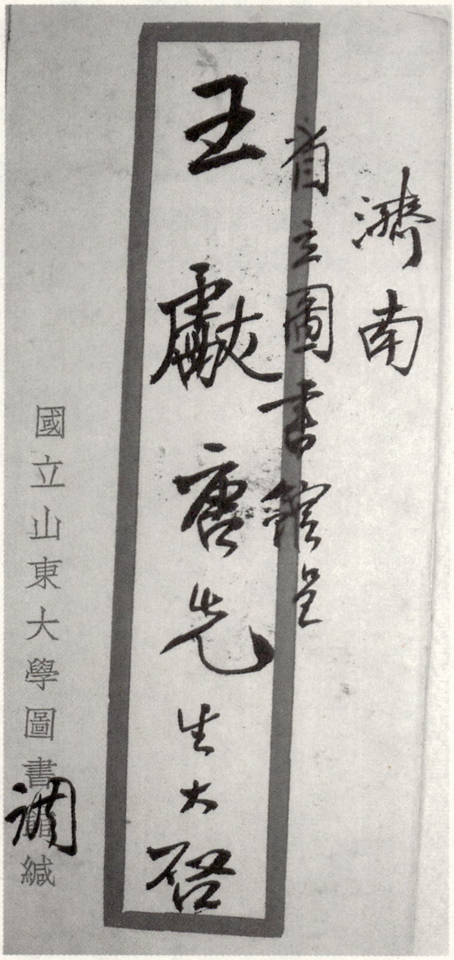

封第十三件

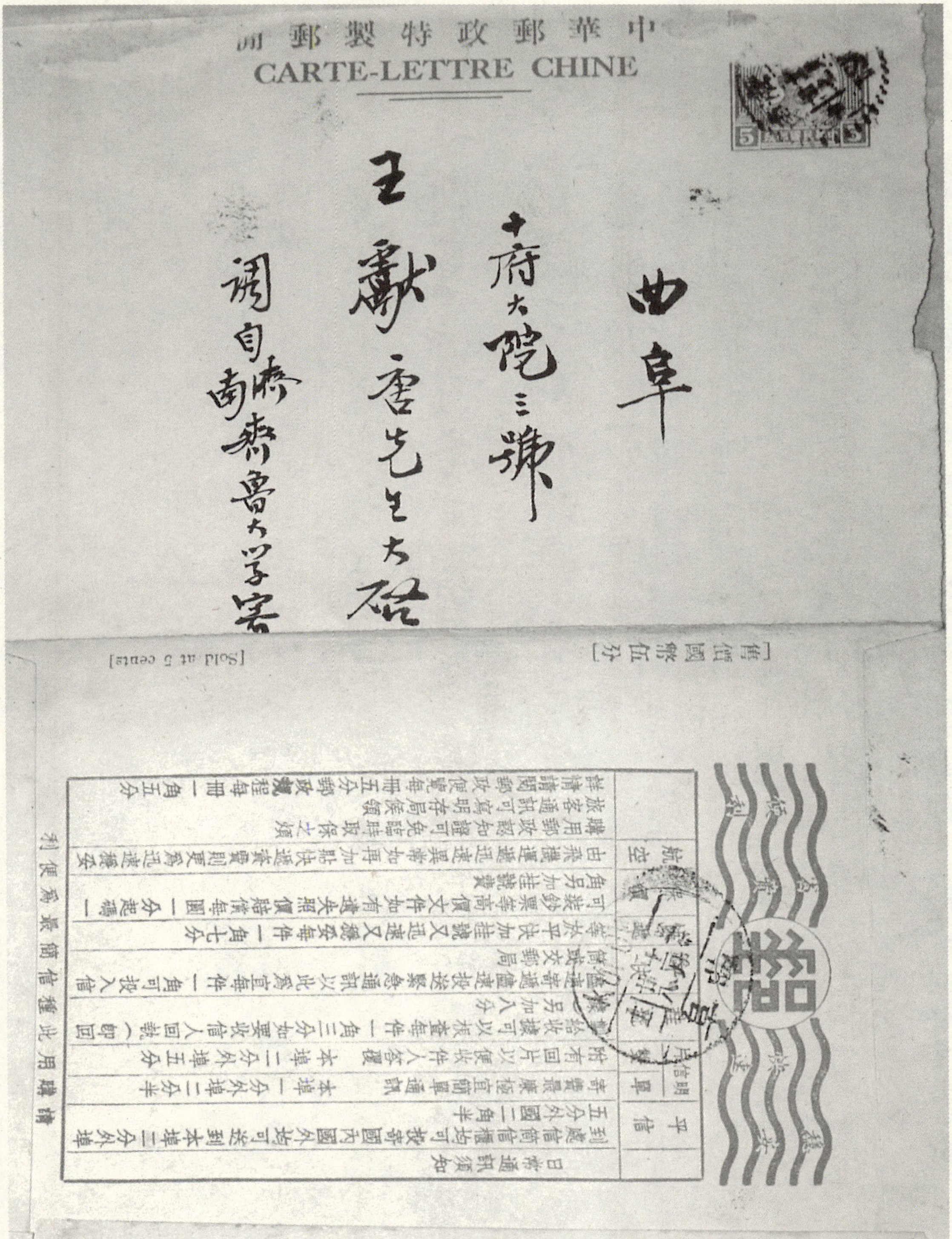
中華郵政特製郵簡
CARTE-LETTRE CHINE
曲阜
王獻唐先生大啓
調自濟南齊魯大学寄
售價國幣伍分
[Sold at 5 cents]

九十八　李炳南

書五通　文一篇　詩一首　封一件

書第一通

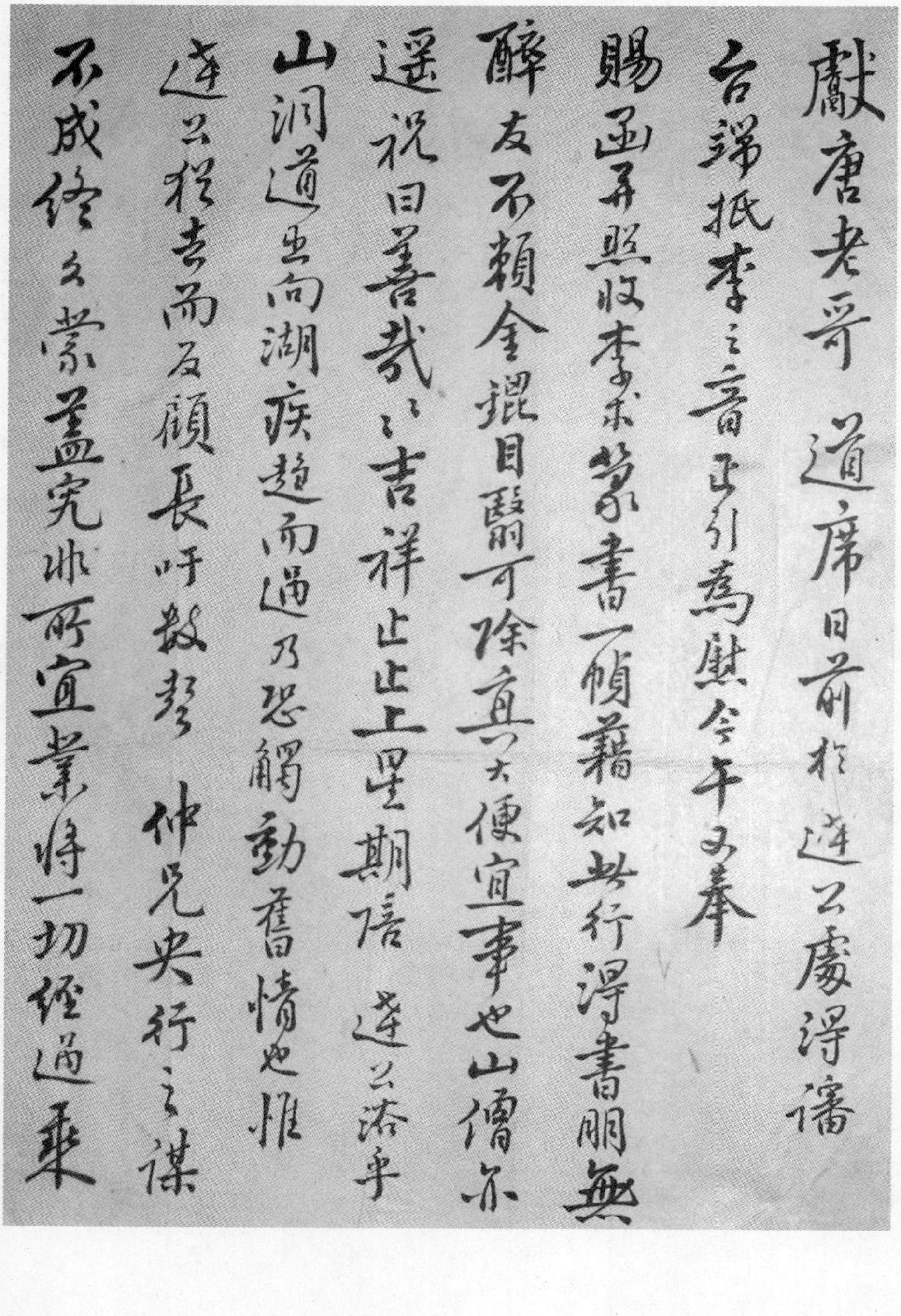
獻唐老哥道席：日前於遂公處得讀
台端抵李之音，遂引為慰。今午又奉
賜函并照收李家叢書一幀，藉知此行得書朋無
醉友不賴，金篦目翳可除，真大便宜事也。山僧爾
遙祝曰：善哉善哉，吉祥止止。上星期偕遂公洛乎
山洞道出西湖，疾趨而過，乃恐觸動舊情也。惟
遂公猶去而反顧，長吁數聲。仲兄央行之謀
不成，終之業，蓋究非所宜。業將一切經過乘

機説明彼此一笑置之觀其近况尚渴謂嘉
耳者前月
尊處題轉書畫等事均經照辦清楚統請
釋注無後已山寂寞尚乞弗
撰述之餘時
惠好音庶春樹暮雲少減天末停想禱甚
幸甚矣專此肅復恭請
大安 弟李炳南謹頓 二月十四日燈下
翼鵬兄前同此請安
逵公令山慕賢均此筆請安

李炳南

書第二通

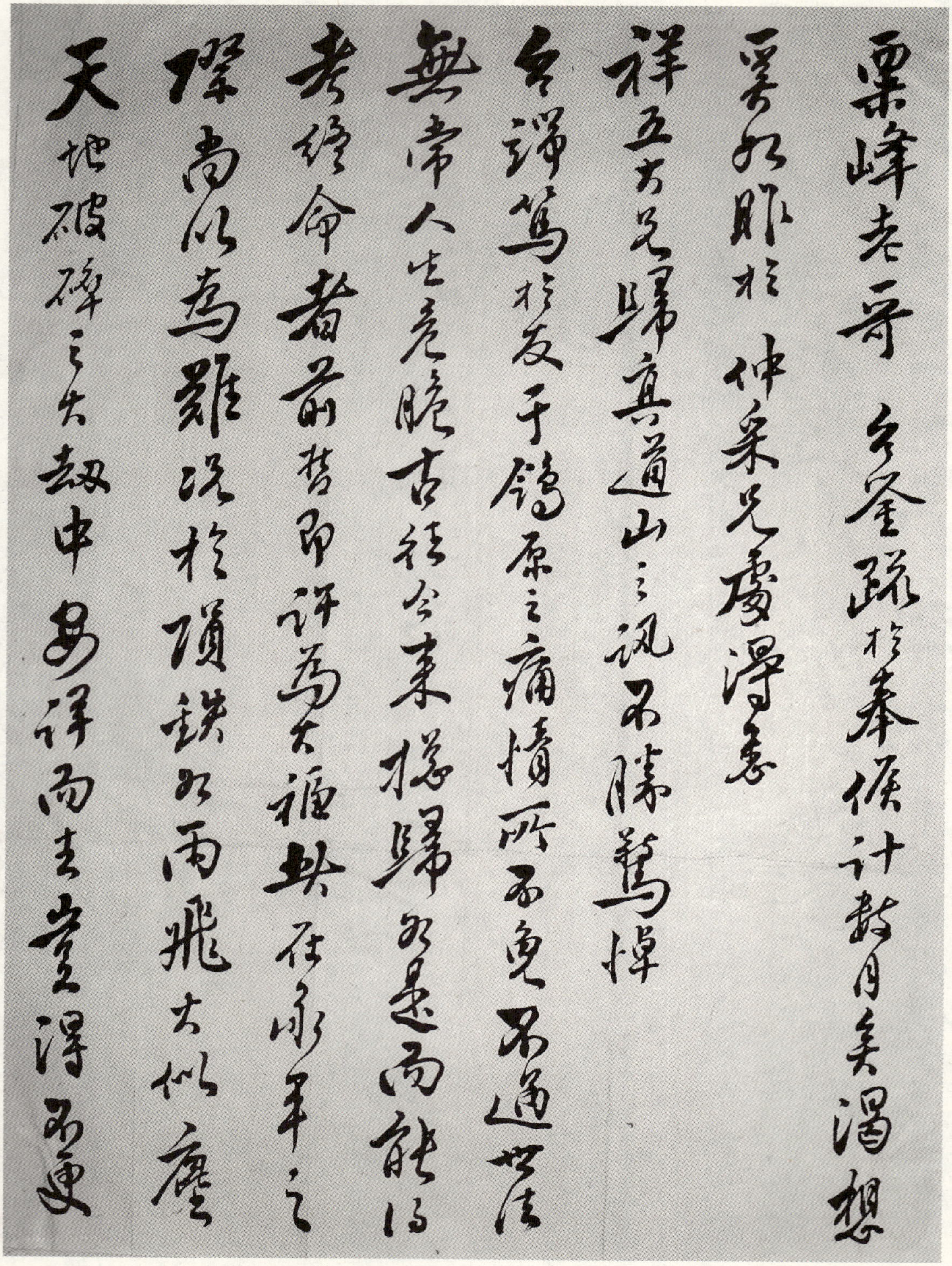
栗峰老哥 台鑒 踪於奉候計數月矣渴想
曩以聆於 仲采兄處得悉
祥五大兄歸真道山之訊不勝驚悼
台躬篤於友于鴒原之痛情所不免不過世
無常人生老曉古往今來總歸於是而能以
考終命者前哲即許為大福也往歲年之
際尚以為難況於頂鐵以雨飛大似塵
天地破碎之大劫中安詳而去豈得不便

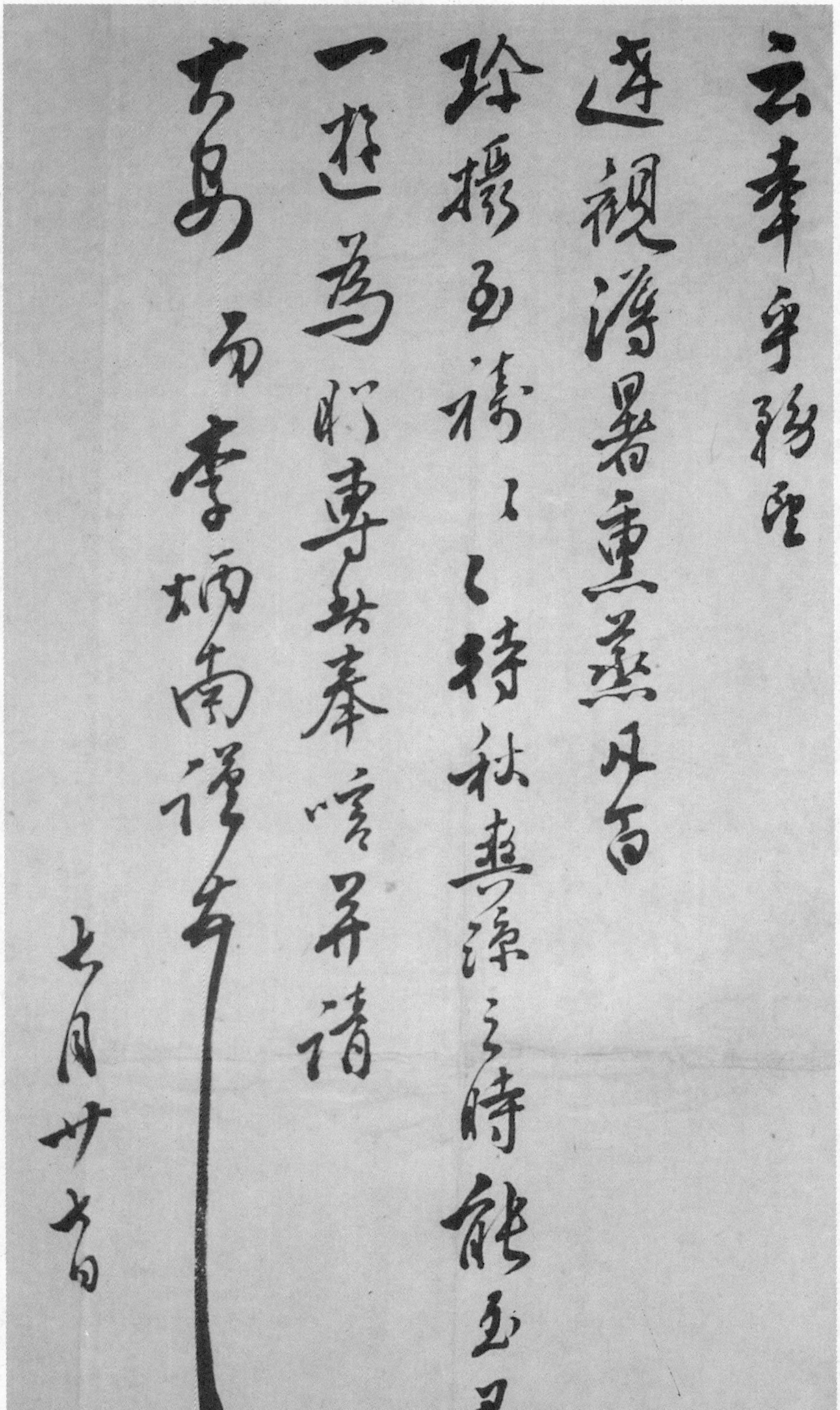

李炳南

書第三通

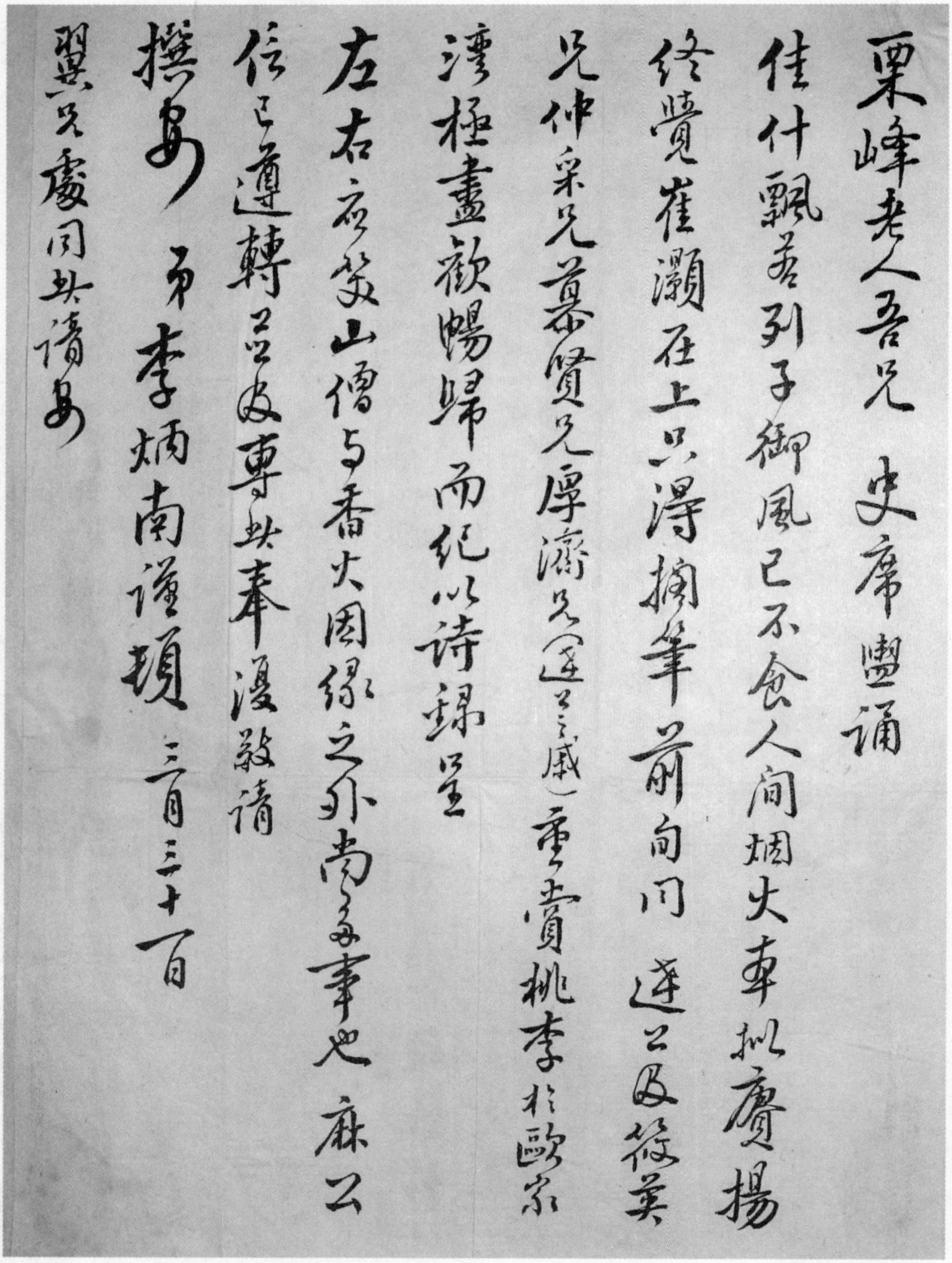
栗峰老人吾兄 史席鑒誦
佳什飄若列子御風已不食人間烟火東坡賡揚
終覺崔灝在上只得擱筆前向同 達之及筱英
兄仲梁兄慕賢兄厚濟兄（達之之戚）重賞桃李於歐家
讌極盡歡暢歸而紀以詩錄呈
左右乞交山僧與香火因緣之外尚多事也 麻公
信已遵轉呂之及專此奉復敬請
撰安 弟李炳南謹頓 三月三十日
翼兄處同此請安

栗叟吾兄先生　昨日弟自城歸來案上見有
惠賜詩畫瘦瘦損失逸興遄飛詩畫皆是最上乘
禪不知輞川當日子當如何不禁叫絕者再寧料福
無單行而又擬以歸山圖見贈雖尚未睹其跡然謂
為弟寫影之作似無不宜何幸幸栗筆勝境來
夢得遊
大作無任賡和實心不敢續貂惟
兄近發畫興弟亦發詩遊興遊處或偶有詩摘錄呈

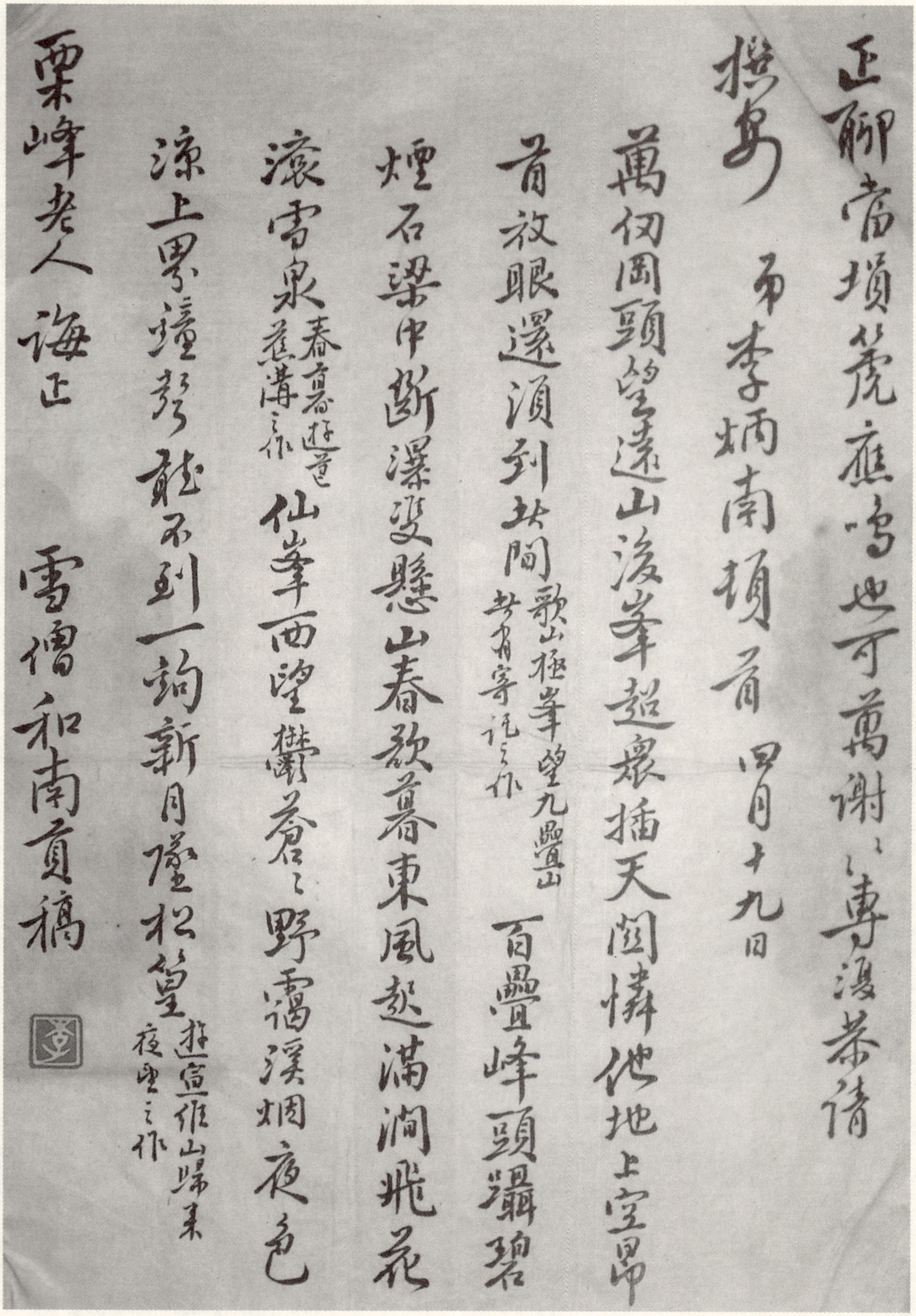

正卿當墳荒塚喝也可萬萬謝謝專復恭請

撰安　弟李炳南頓首　四月十九日

萬仞岡頭望遠山後峯超衆插天閒儘他地上空昂

首放眼還須到此間　歌山極峯望九疊山此有寄託之作

百疊峯頭躡碧煙石梁中斷瀑雙懸山春欲暮東風起滿澗飛花滾雪泉　春盡暮遊蓮溝之作

仙峯西望鬱蒼蒼野靄溪烟夜色涼上界鐘聲聽不到一鉤新月墮松篁　遊宣化山歸來夜坐之作

栗峯老人誨正

雪僧和南貢稿

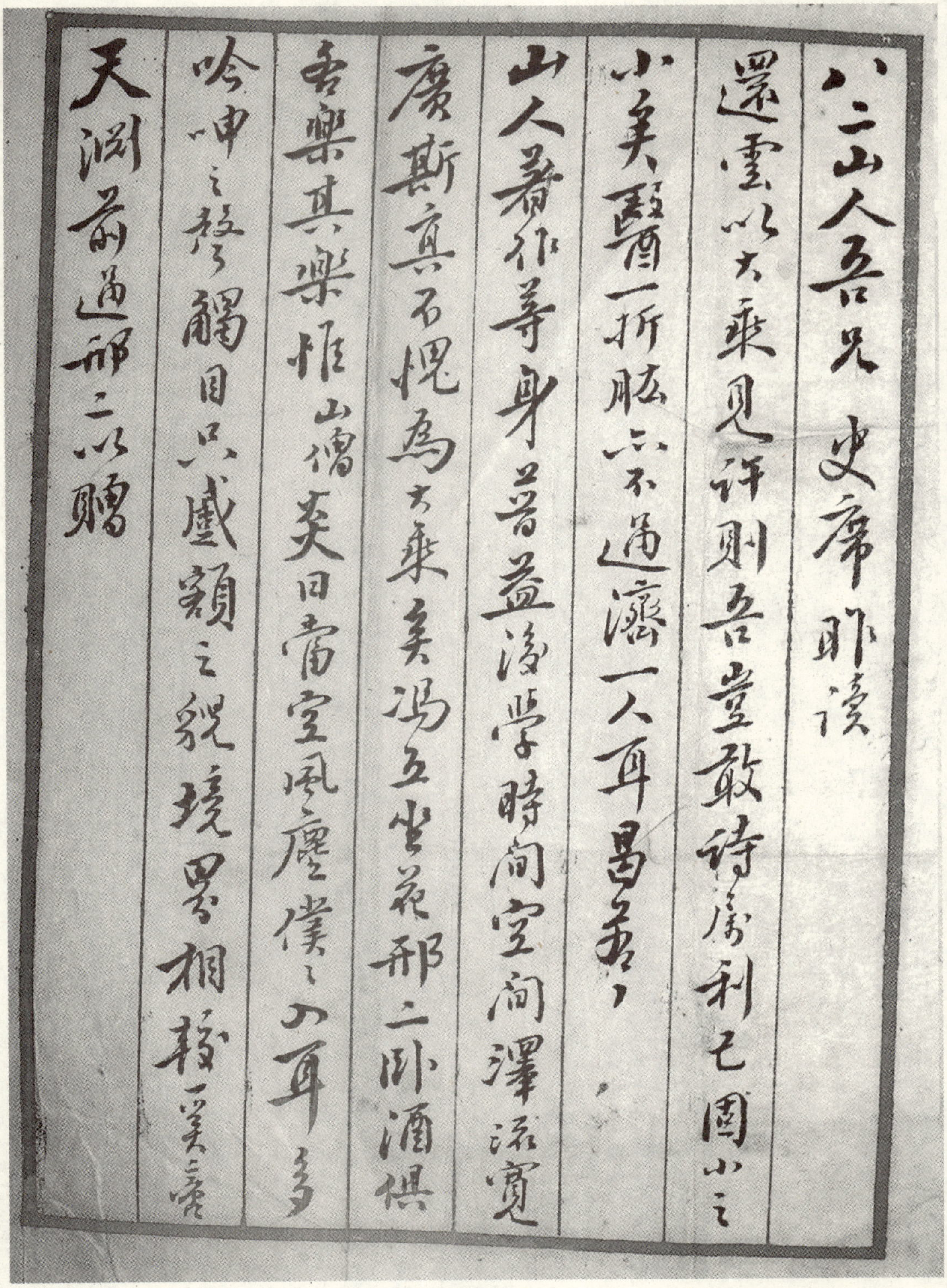

八二山人吾兄史席頃讀

還雲以大乘見許則吾豈敢詩僧利己圓小々

小美醫酒一折肱亦不過濟一人耳曷若八

山人著作等身普益後學時間空間澤流寬

廣斯真不愧爲大乘矣馮五生花邨二卧酒俱

吾樂其樂惟山僧奚日當空風塵僕々乃耳多

吟中之趣觸目只蹙額之貌境界相較一笑二噱

天淵前過邨二以贈

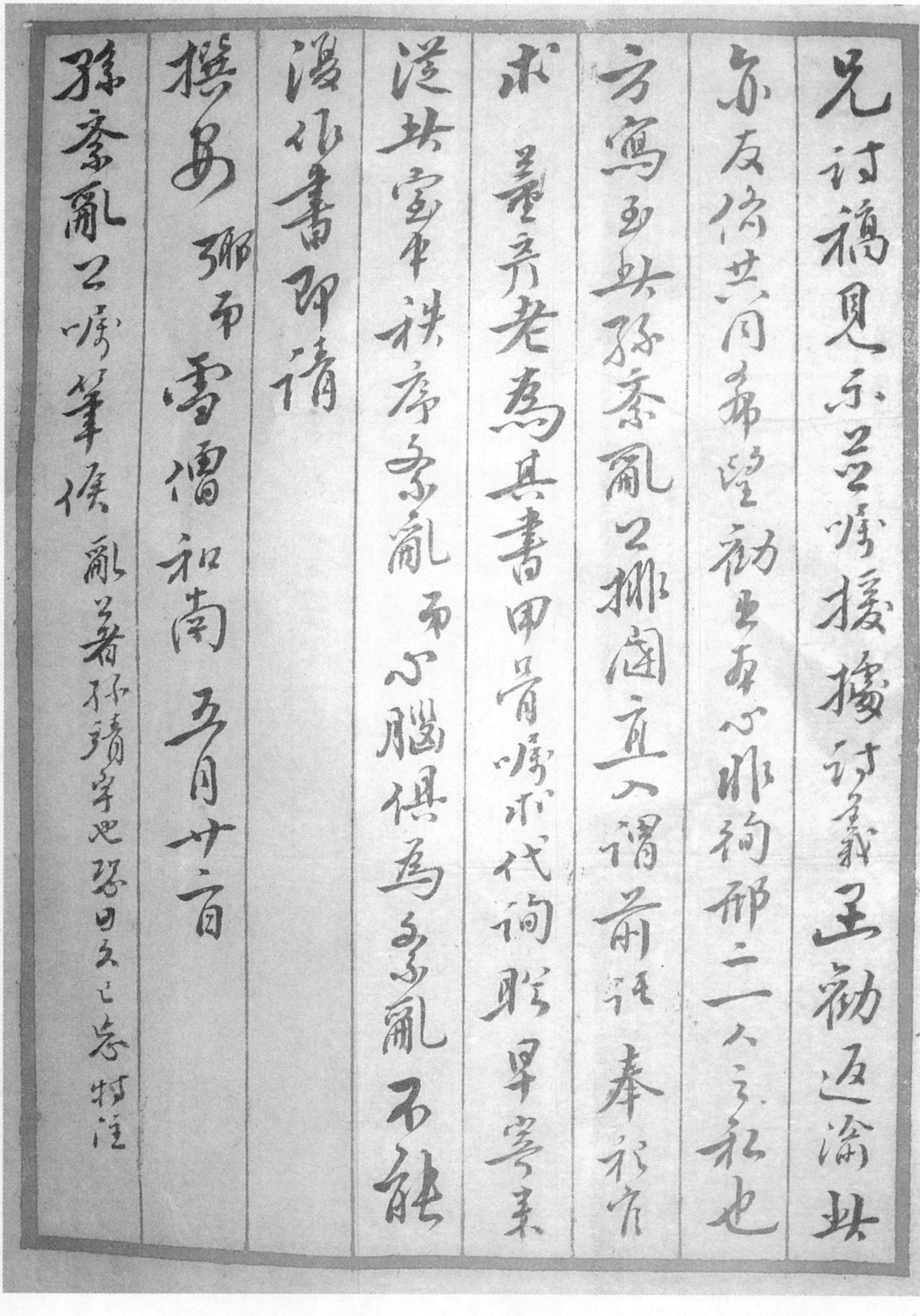
兄討稿見示吾儕援據討義至勤返淪此
篆友俗其同希望勤勉非徇耶二一人之私也
方寫至此孫秦亂之挪閣直入謂前託奉於京
求墨者老爲其書甲骨嘆求代詢聆早寄來
從此室中祓除紊亂而心腦俱爲紊亂不能
後作書即請
撰安 弟 雪僧 和南 五月廿二日
孫秦亂之嘆筆候 亂之著孫靖字也 孫日文之 注

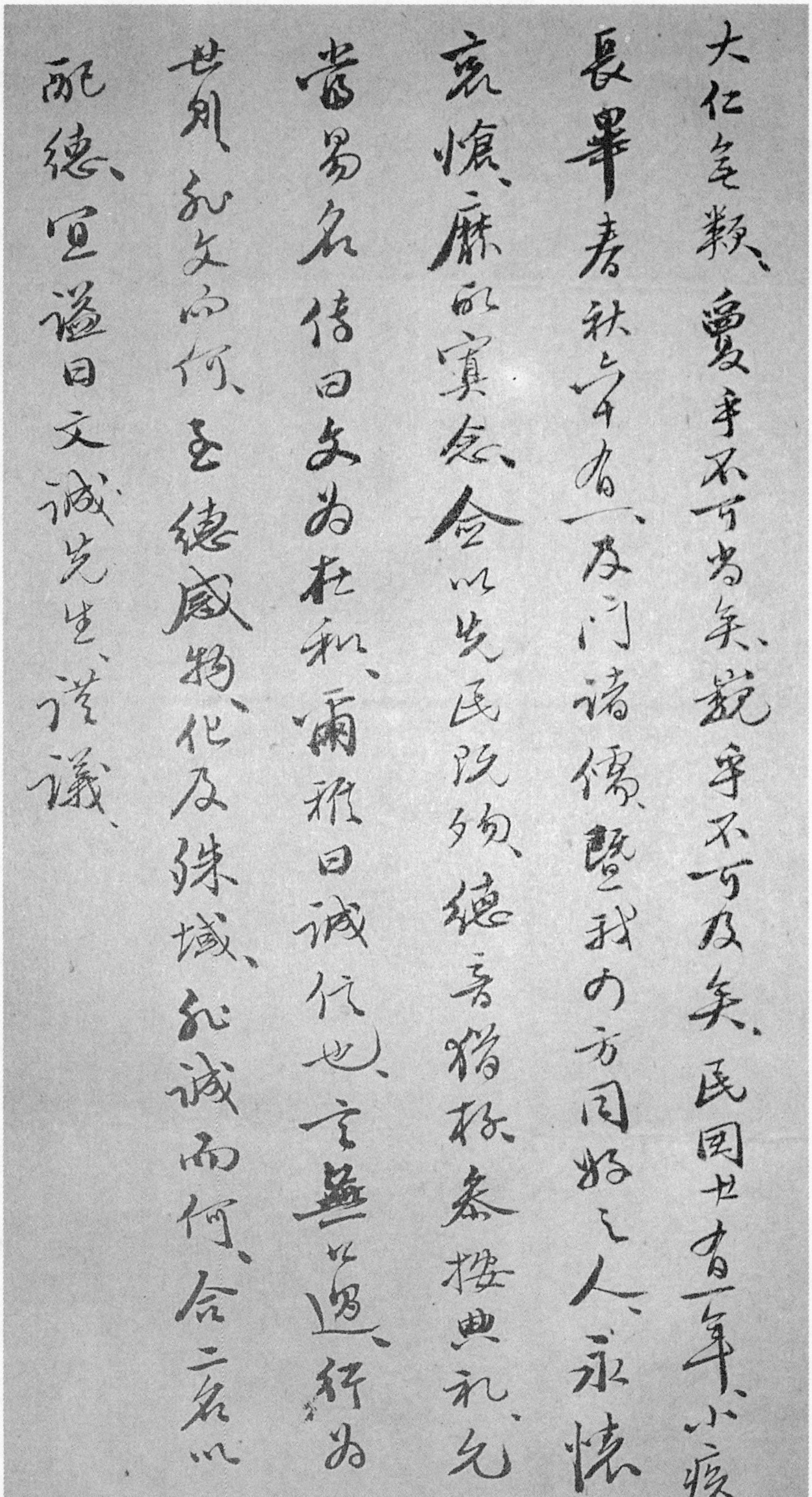

大仁包類、蕩乎不可尚矣、巍乎不可及矣、民國廿有五年、小疾長畢。春秋六十有一、及門諸儒、暨我四方同好之人、永懷哀慟、廣取實念、合以先民所詢、總吾猶狀、參按典禮、允當易名。傳曰、文為杜私、爾雅曰、誠信也、言無以過、行為世則、非文而何、至德感物、化及殊域、非誠而何、合二名以配德、宜謚曰文誠先生、謹議、

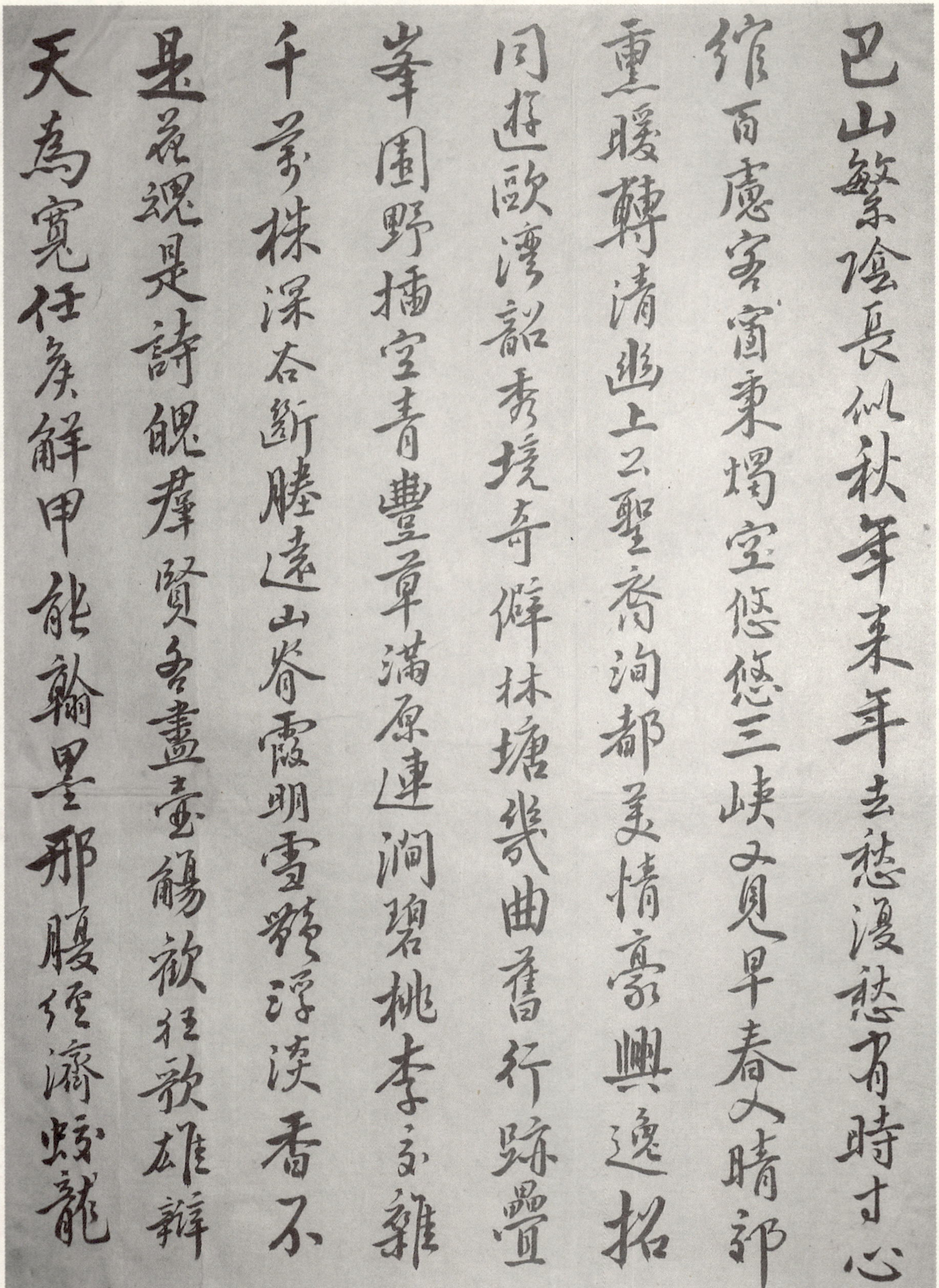
巴山繁陰長似秋年來年去愁復愁有時寸心
縮百慮客窗東望空悠悠三峽又見早春天晴郊
重暖轉清幽上巳聖齋詢都美情豪興逸招
同遊歐灣韶秀境奇僻林塘幾曲舊行蹤疊
峰圍野插空青豐草滿原連澗碧桃李互雜
千萬株深杳斷腰遠山脊霞明雪艷浮淡香不
是花魂是詩魄羣賢各盡壺觴歡狂歌雄辯
天為寬任侯解甲能翰墨那腹經濟蟠龍

诗一首

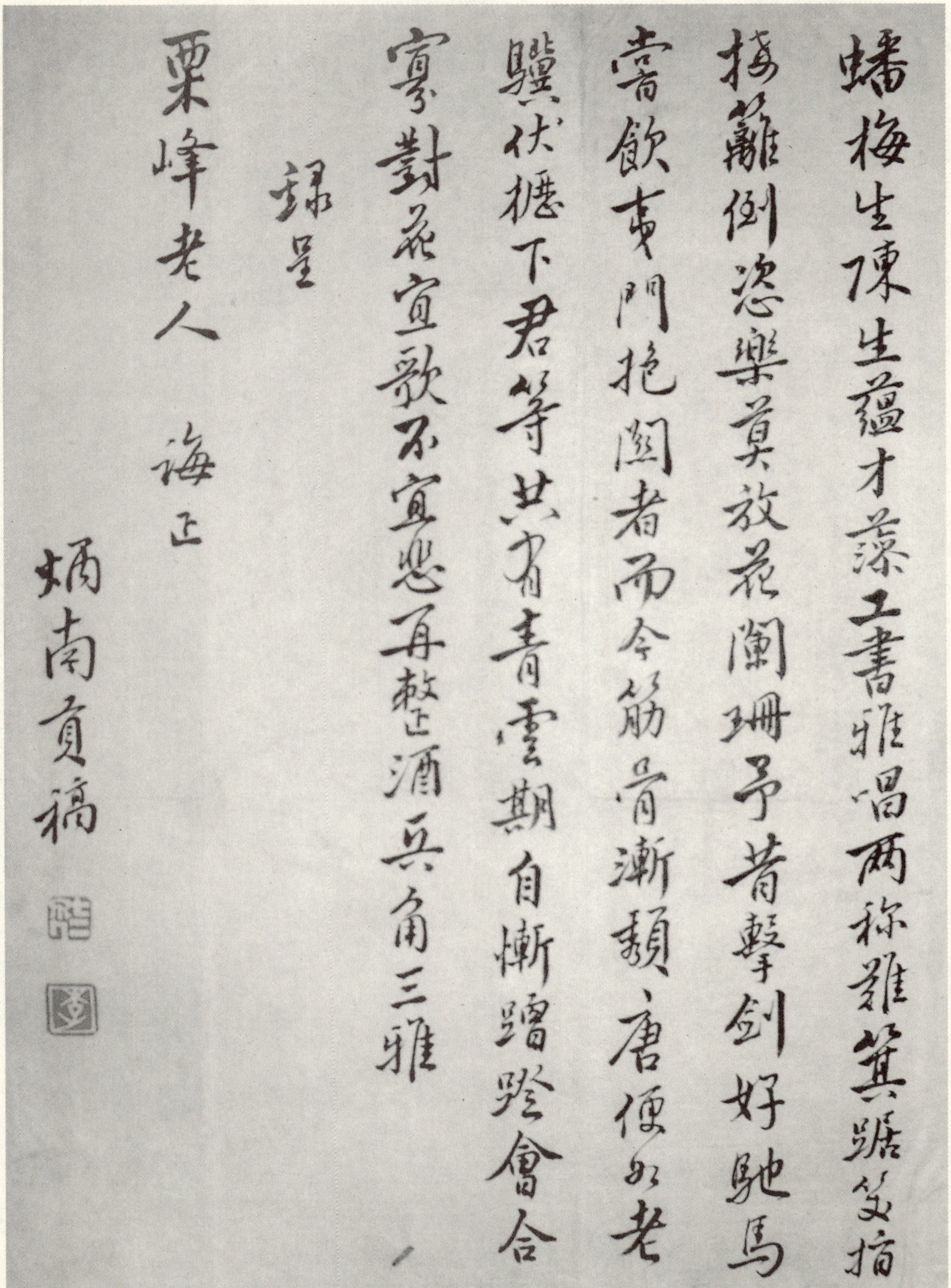
蟠梅生陳生蘊才藻工書雅唱兩稱雄箕踞笑指
梅籬倒恣樂莫放花闌珊予昔擊劍好馳馬
壽飲東門抱關者而今筋骨漸頹唐便成老
驥伏櫪下君等共有青雲期自慚蹭蹬會合
寡對花宜歌不宜悲再整酒兵角三雅
錄呈
栗峰老人 誨正
炳南貢稿

李炳南

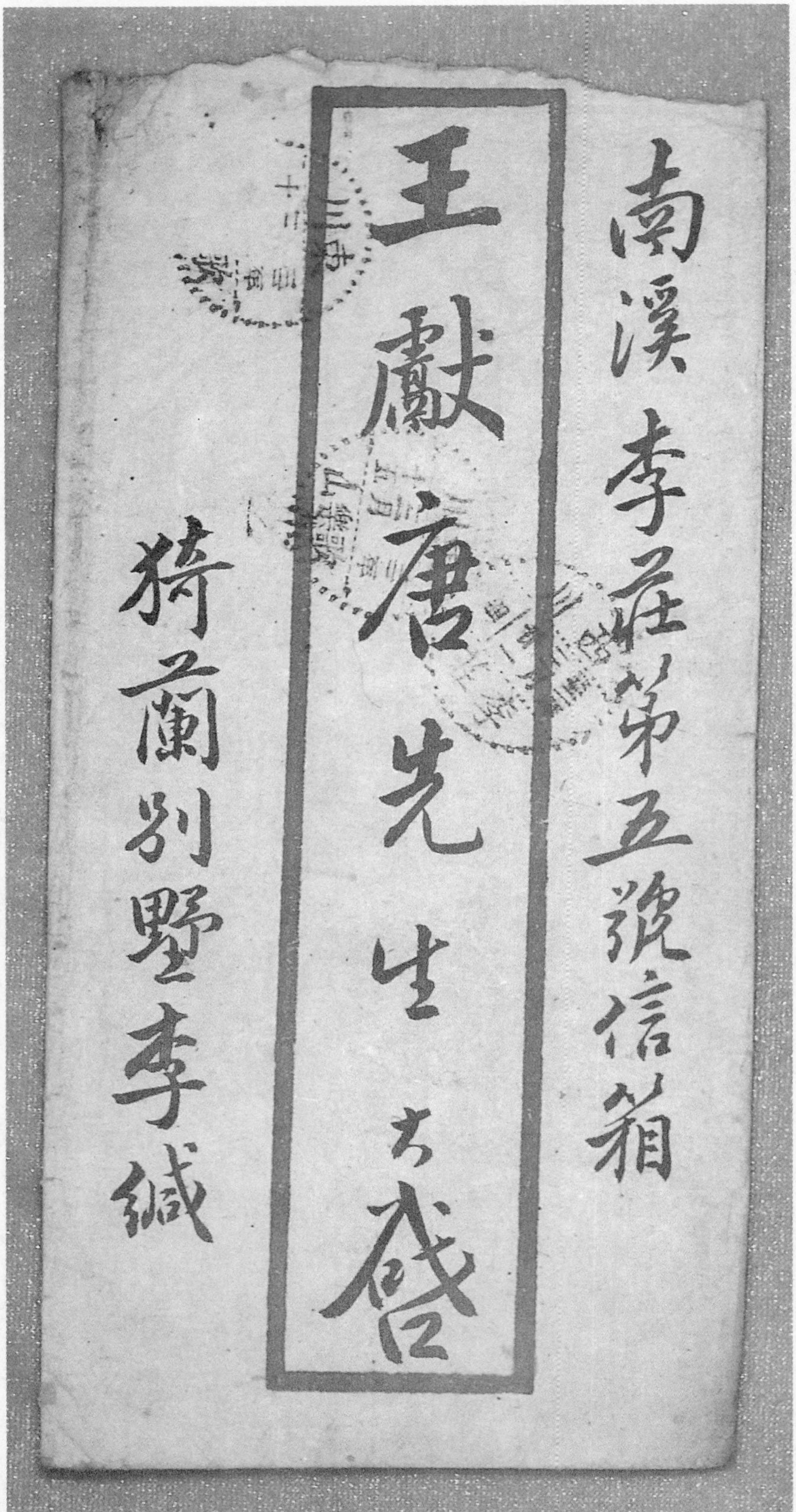
南溪李莊第五號信箱
王獻唐先生大啓
猗蘭别墅李緘

九十九　徐震

書一通　封一件

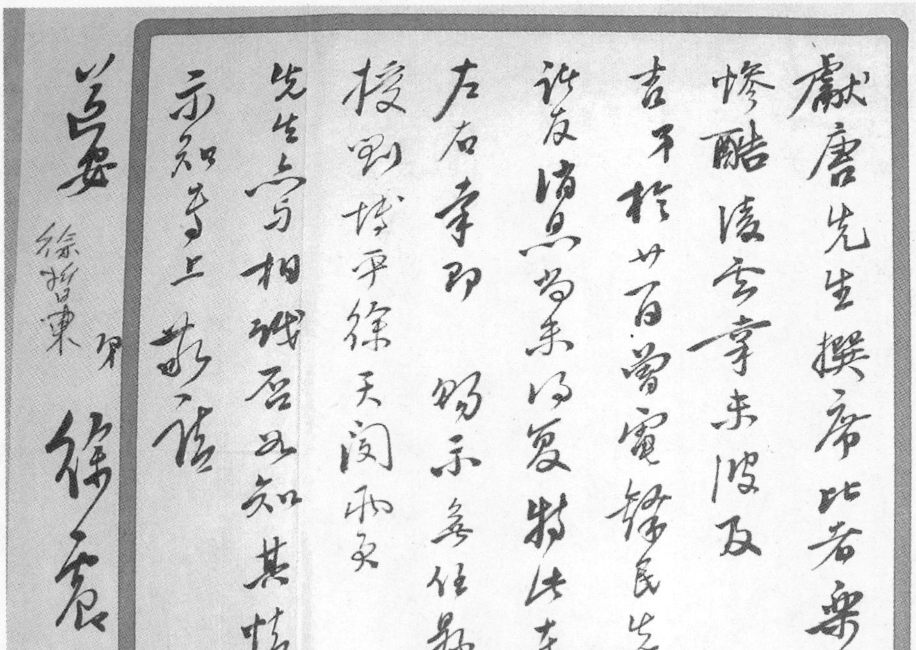

獻唐先生撰席　比若樂山被禍聞甚
慘酷諒念章未波及　弟從自安
吉平於卅日曾電錫民先生設法探
詢友消息尚未得復特此奉告
左右幸即　賜示　為任務聯又試大家
校對埃平徐天閔兩兄
先生與相識否如知其情況并乞
示知專上　敬請
著安
徐哲東　弟　徐震頓首　八月廿五日

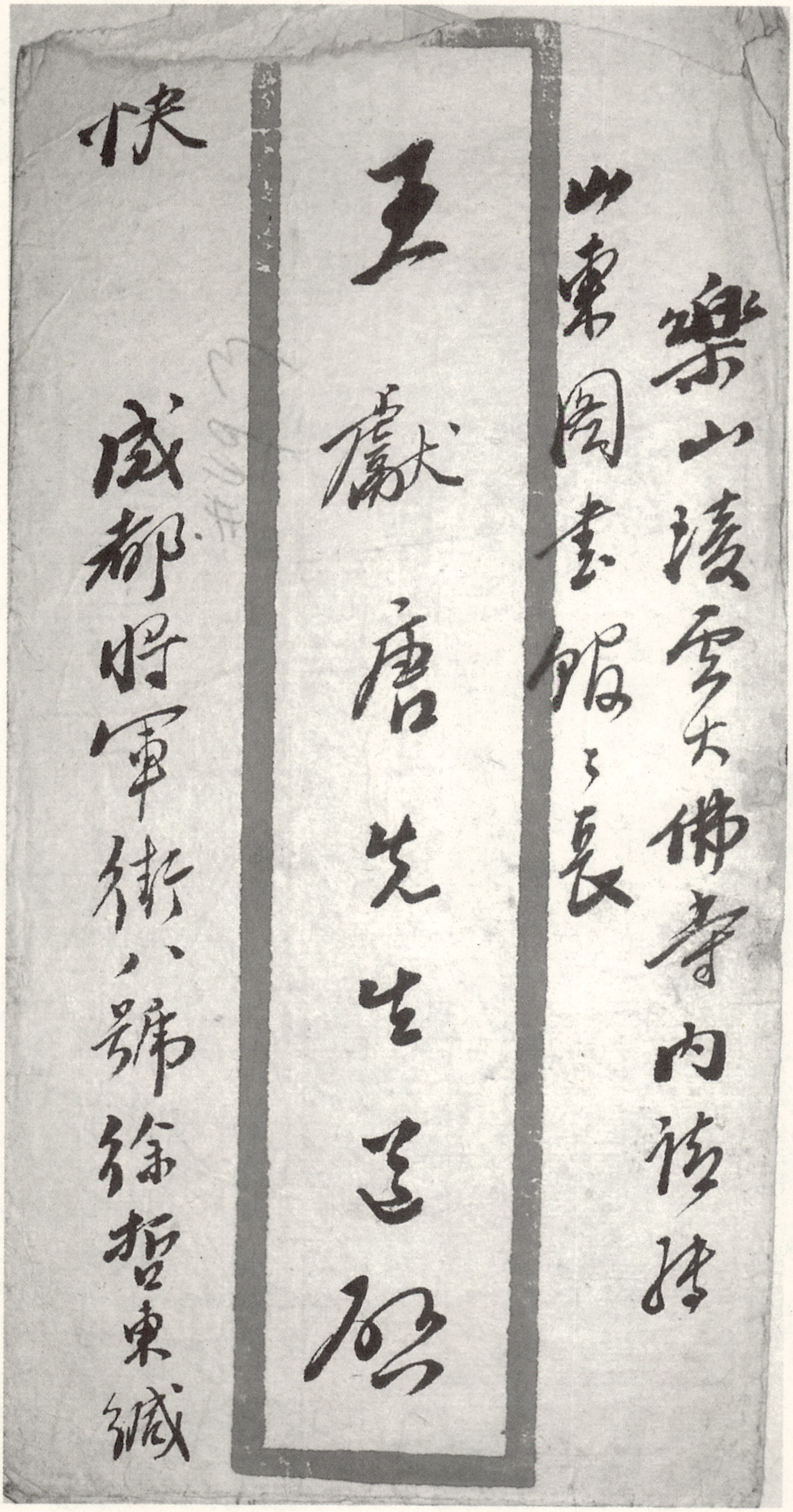
樂山淩雲大佛寺内請轉
山東圖書館館長
王獻唐先生啓
快
成都將軍衙八號徐哲東緘

一百　李肇禔 書十三通　封五件

書第一通

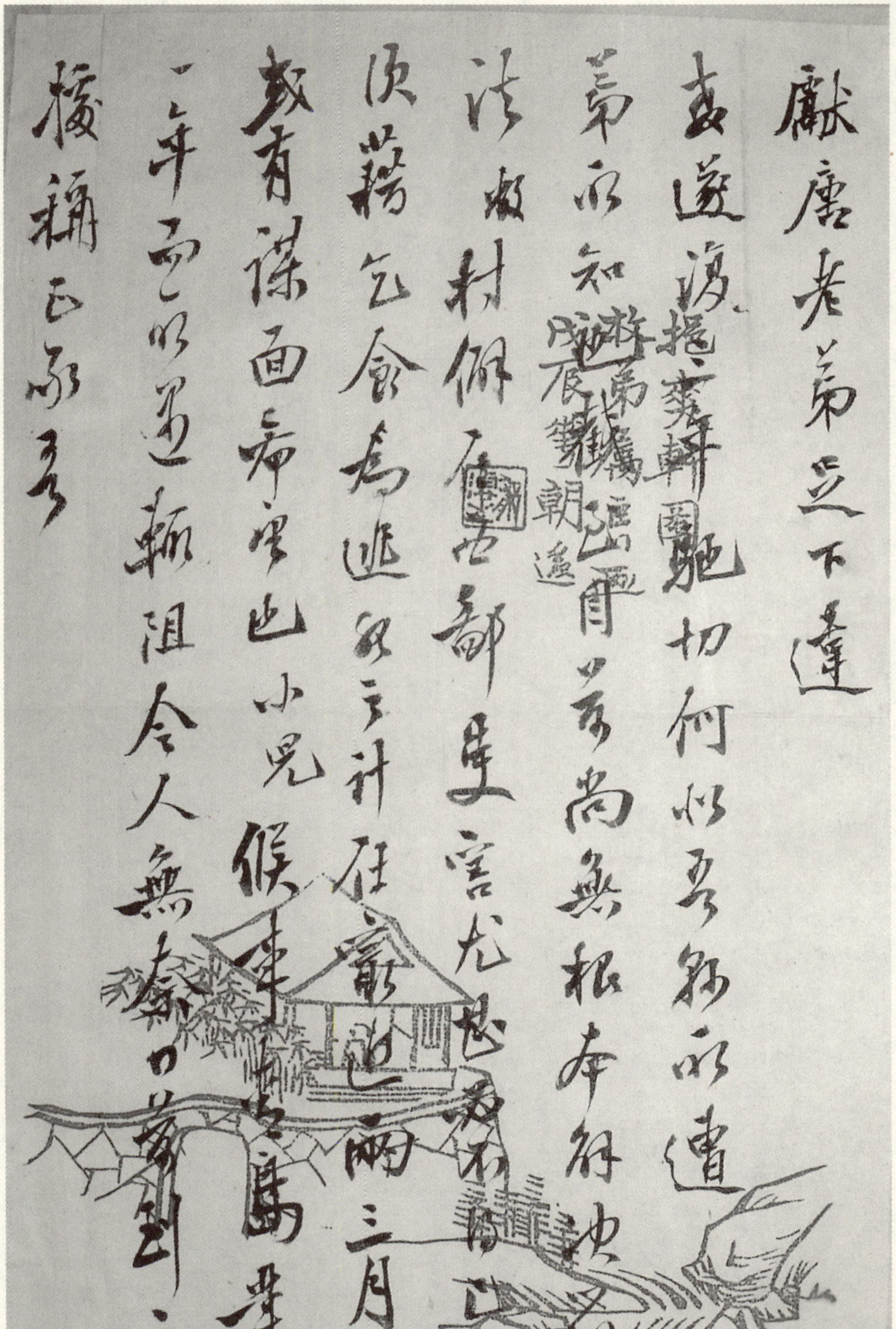

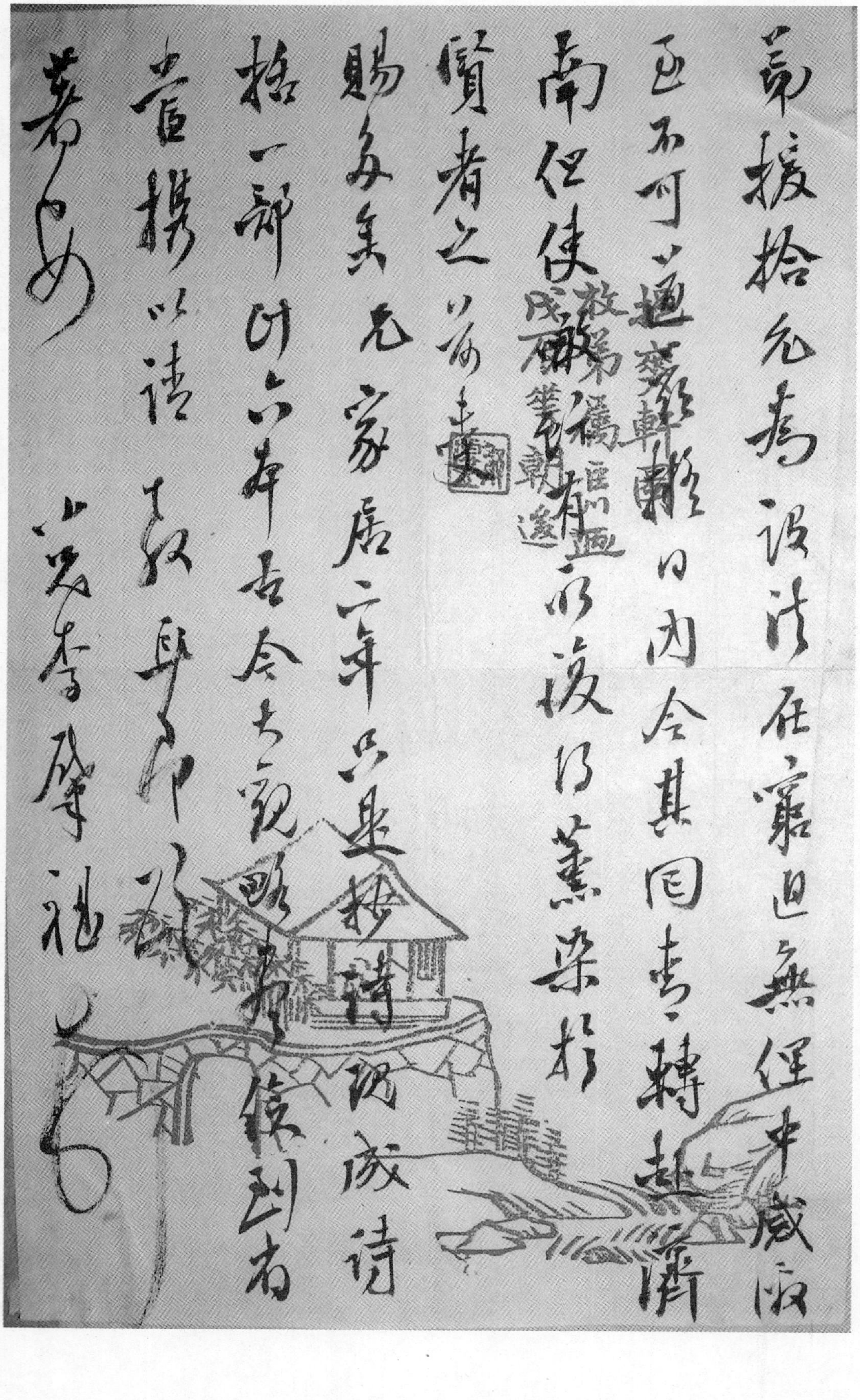

萬援拾元，為設法在窮途無經中，感激
匪可以道里計。日內令其回青轉赴濟
南，但使敝邑有所復仍薰染於
賢者之以前[illegible]
賜多矣。先家居二年，只是抄詩成詩
稿一部，計六年來今大觀[illegible]
青援以請　大教[illegible]
著安　小弟李[illegible]頓首

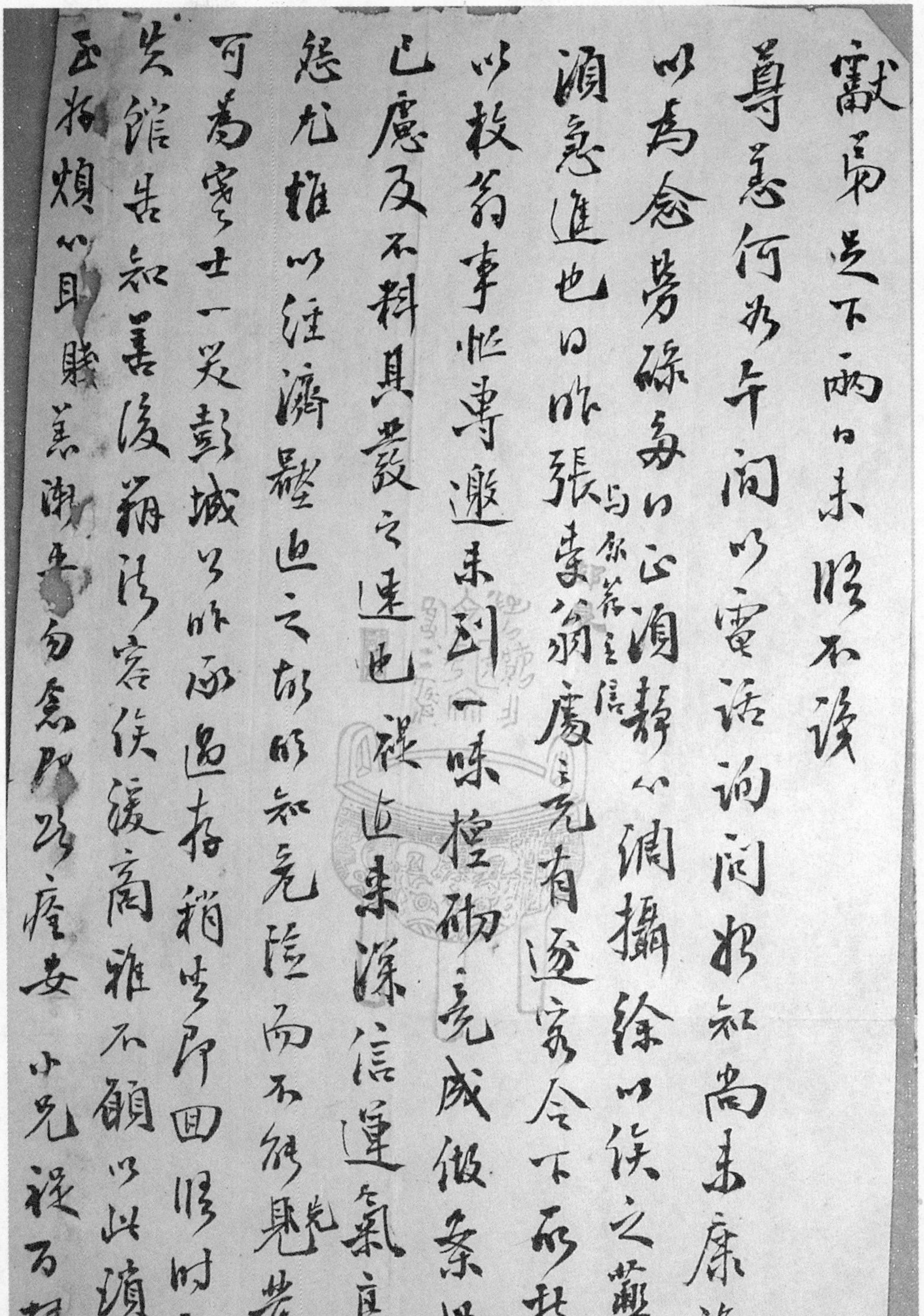

獻甫足下：兩日未晤，不識
尊恙何如。午間以電話詢問，始知尚未康復，極
以為念。勞碌每日，正須靜心調攝，徐以俟之，藥物尤
須急進也。日昨張（與爾若言信）季翁處之充有遂家令下所持理由
以校務事忙，專邀來到，一味推砌，竟成假案，此乃早
已慮及，不料其發之速也。禔適來滬，信運氣毫不
照，尤難以經濟壓迫之，故明知危險而不能免焉。先
可為寒士一哭。彭城以昨函過存稍，遂即回滬，時時可以
先館告知。善後辦法，容俟復商，雖不願以此瑣務令
吾兄煩心，且賤恙漸愈，勿急。即頌痊安 小弟禔頓首 九、廿

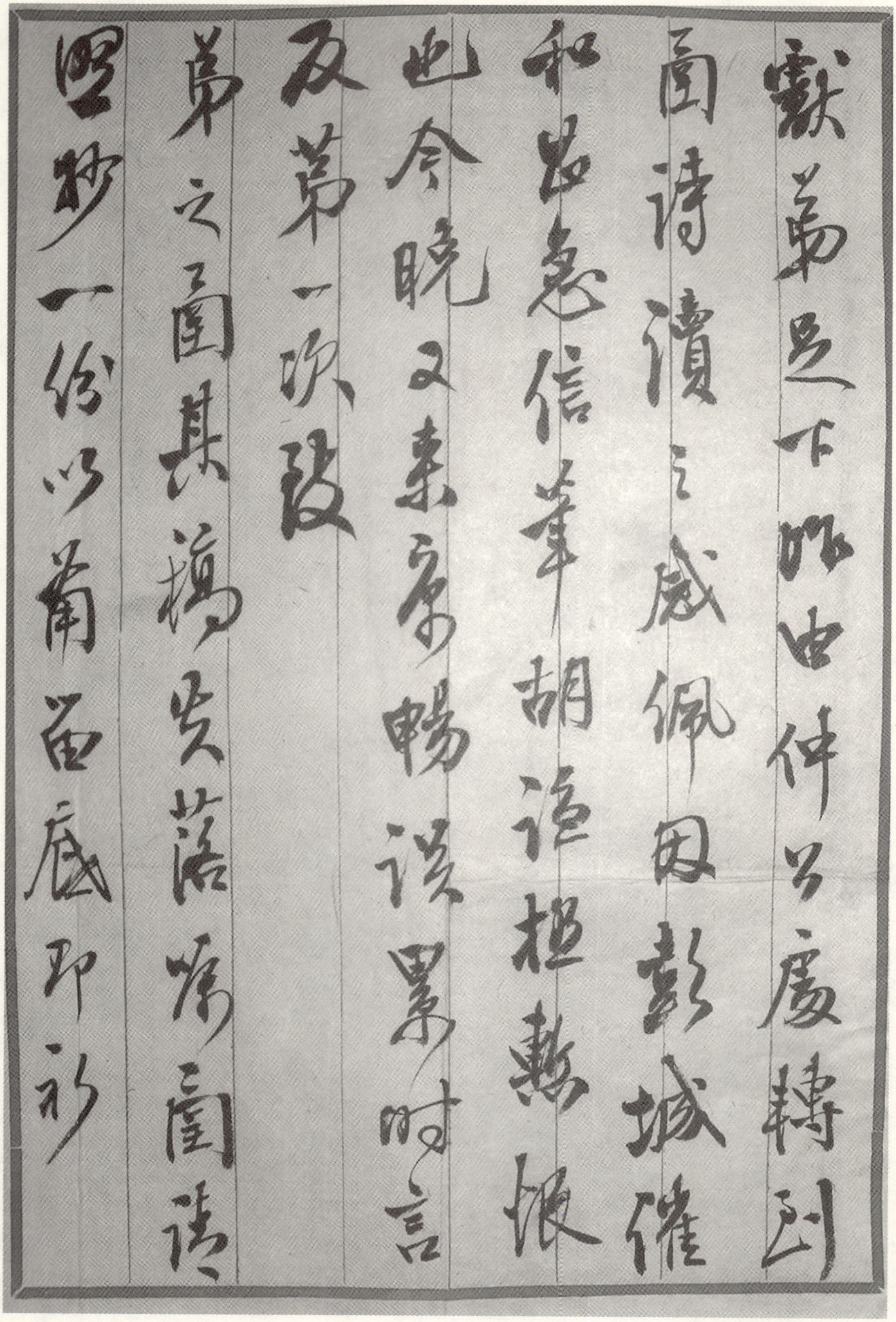

獻葊足下：昨由仲呂處轉到
圖詩，讀之感佩。因彭城催
和甚急，信筆胡謅，極慚愧
也。今晚又來寓暢談，累時言
及葊一次，殷
葊之圖，其攜去落峰圖，請
照抄一份，以備留底印行

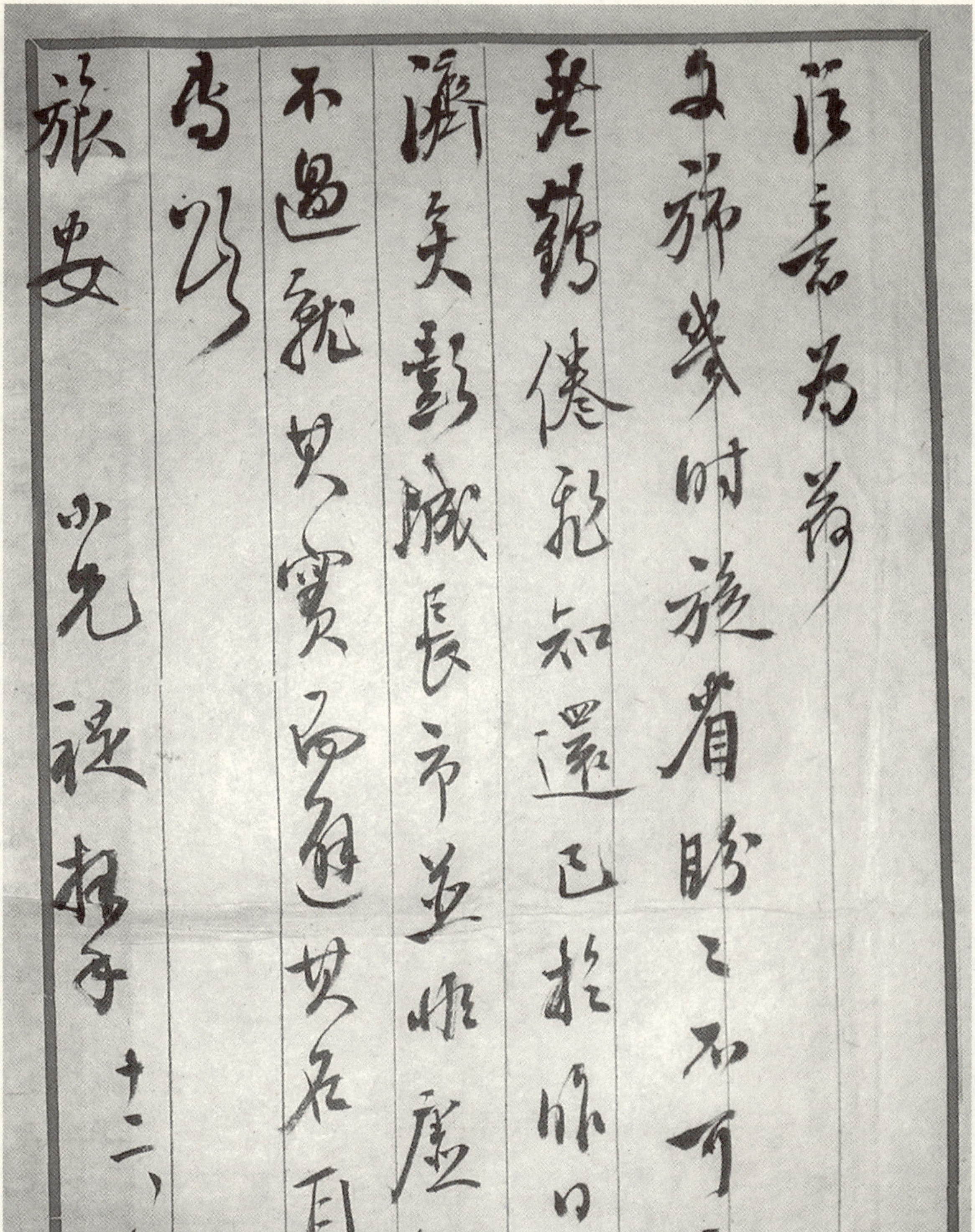

復言為荷

大駕此時旋省勝之不可言

老鶴倦飛知還已於昨日回

濟矣彭城長市並非虛報

不過就其實而論其名耳

為盼

旅安　少先　禔拜　十二、八、

書第三通

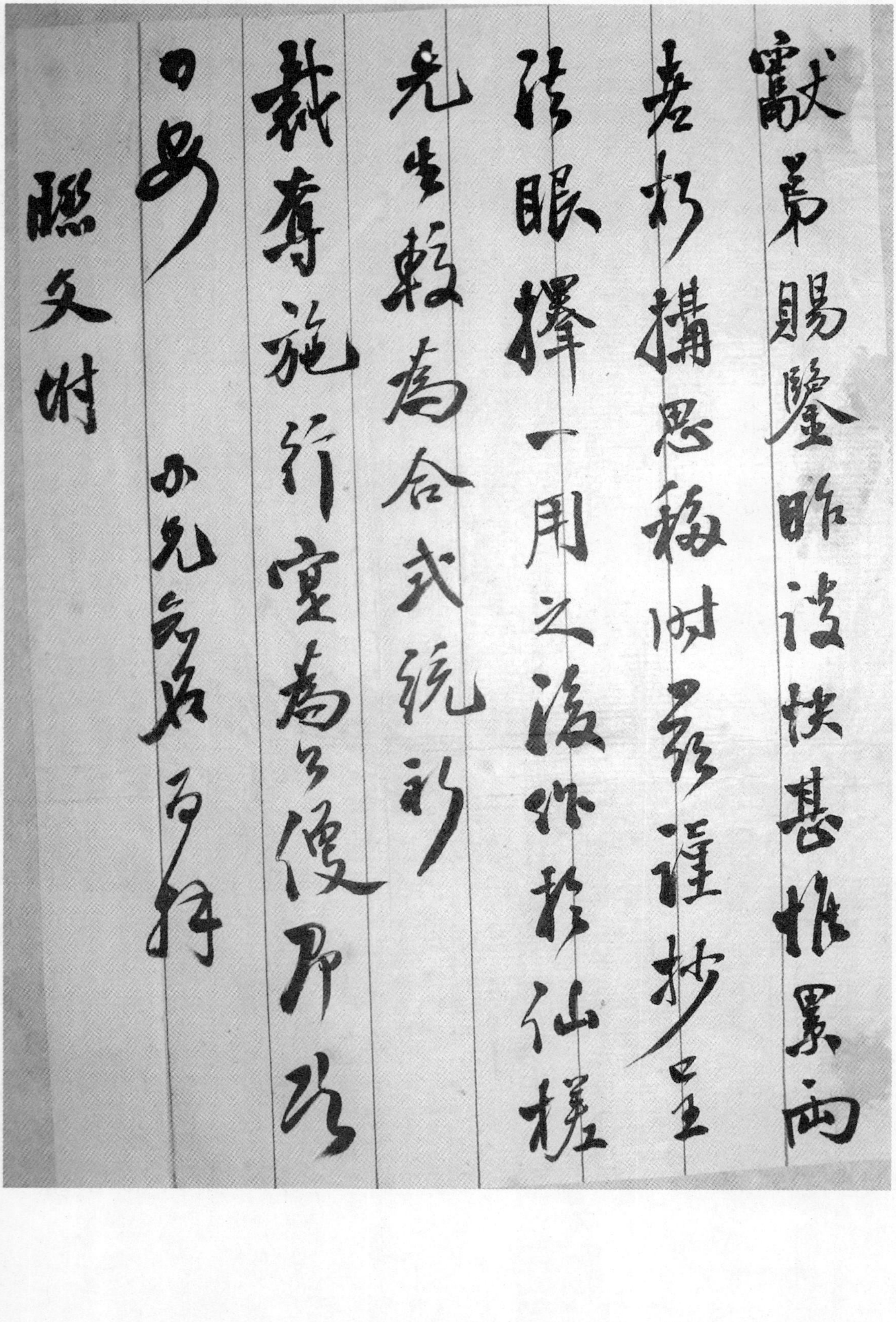
獻弟賜鑒：昨談快甚。惟某兩
君所搨恩穆附錄，謹抄呈
法眼，擇一用之，後作於仙槎
先生較為合式，統希
裁奪施行，寔為公便。即頌
日安。　小兄元名頓拜
照文附

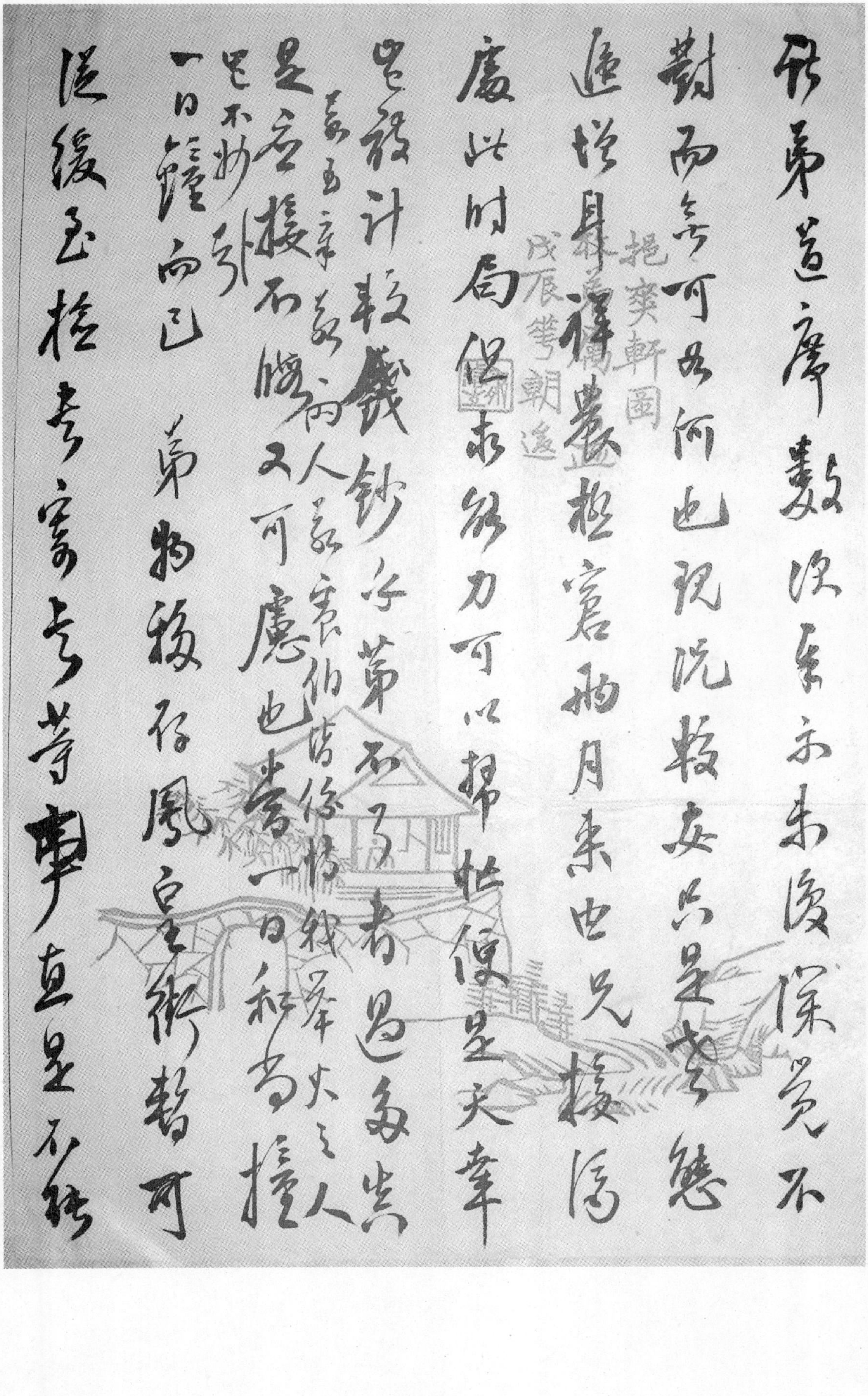

李肇禔

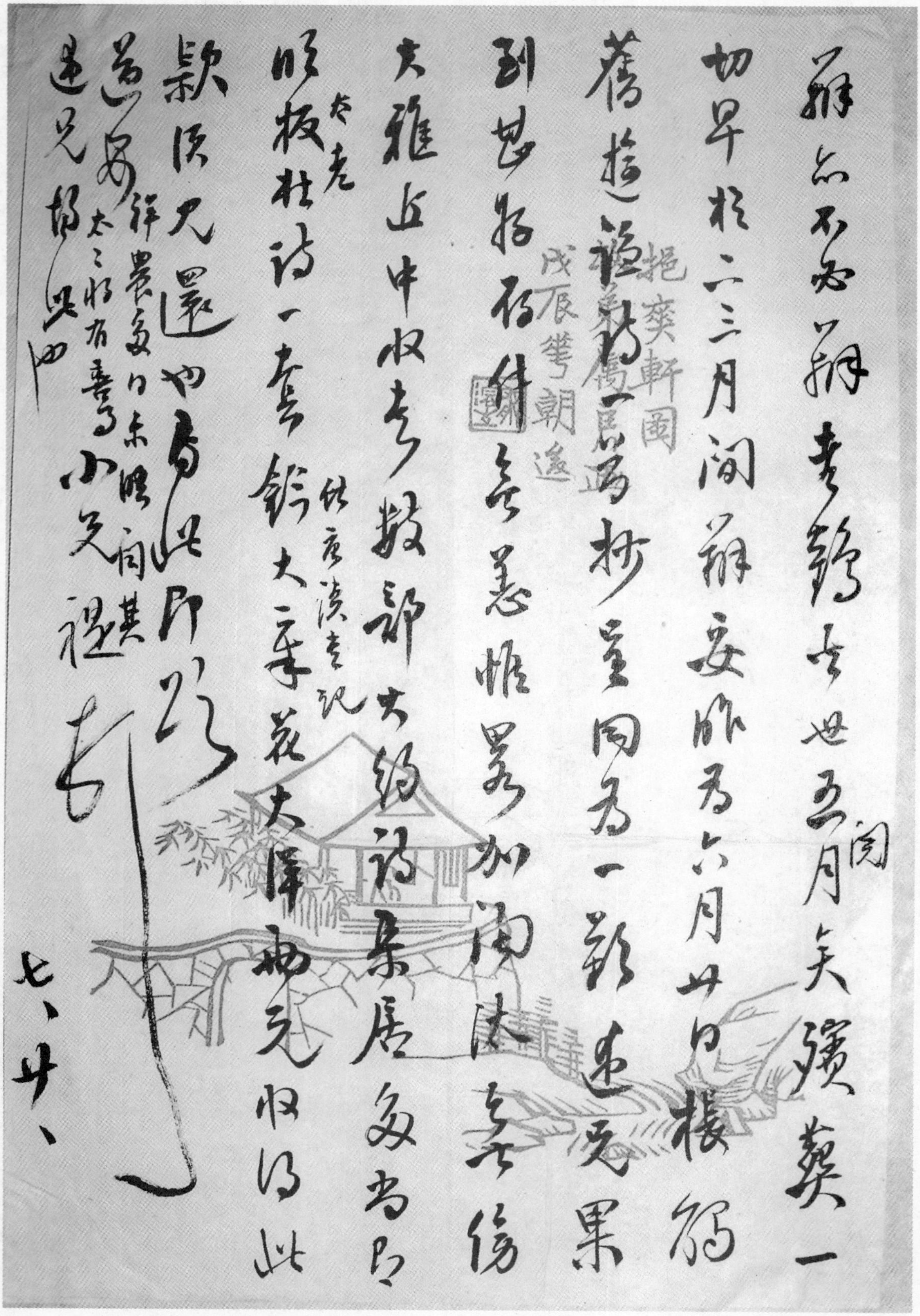

獻亦不忘獻老鶴去世五閱月矣殯葬一
切早於二三月間辦安於六月廿日接館
舊擬通籍待為一函抄呈同為一錄速寄果
到想將所得無慈惟累加陶然無傷
大雅近中收去數部大約詩集居多為只
吾老
明板杜詩一套錢大昕蒼大澤而先收得此
此亦濱老記
款須見還也有此即行
為要即頌
著安 行農多日未晤聞其太太好有喜了
小兄禮吉
遠兄郡此四
七、廿、

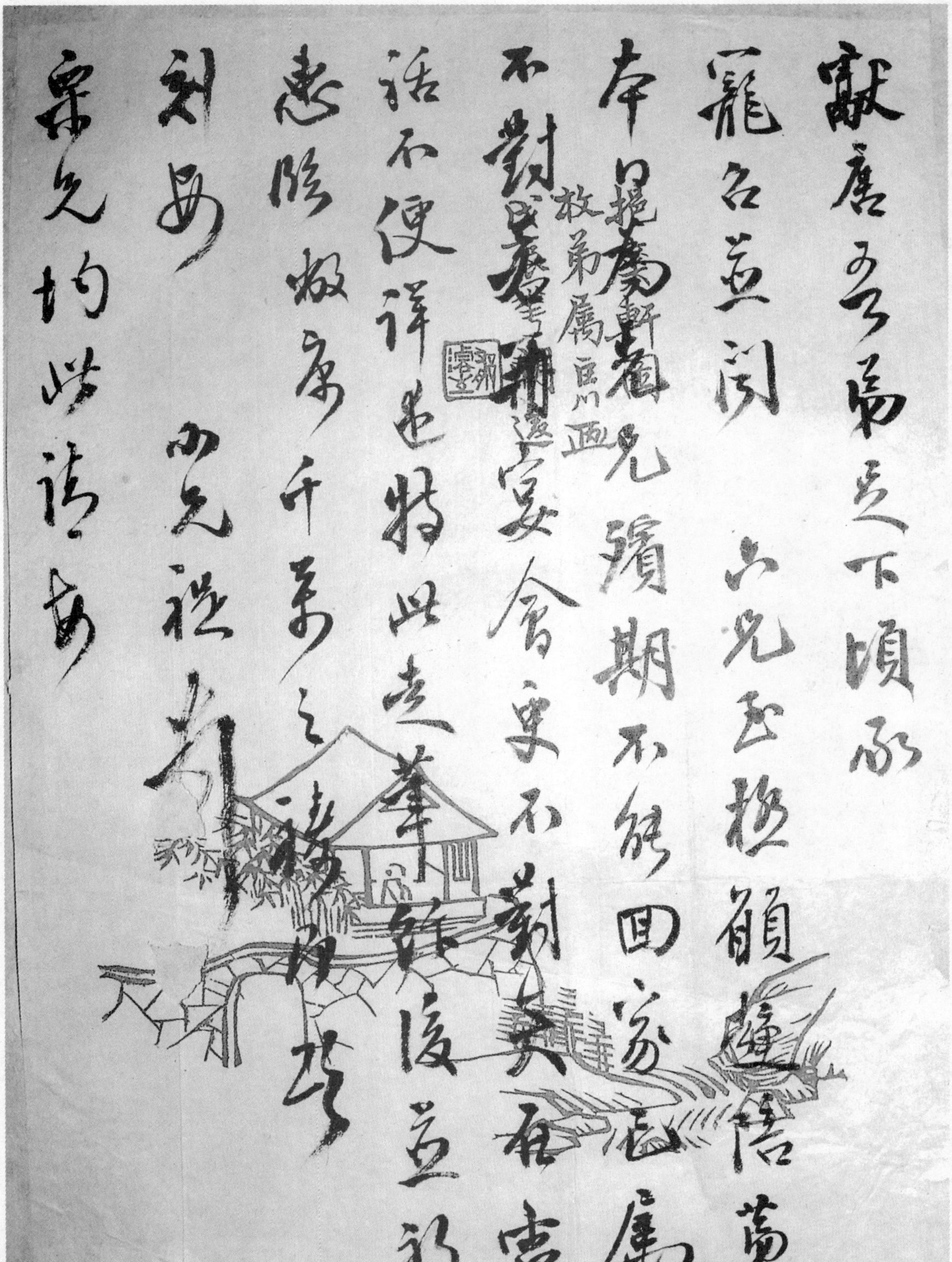

書第五通

獻弟足下：昨晚就正之聯，第二聯結句「百感蒼茫」四字不甚穩，化爲「傲然」，聯末四字擬改爲「斯文有託」，次聯末句改爲「道不孤傳朝野渾成」，未須予乃弟以爲何如者？錦仍在構思中（大段已成，末擬推敲中），如果似能自當入選，兄不暇多事也，下笑再者，此樓之成之，弟之力也，點俱有一聯點綴，是不急之

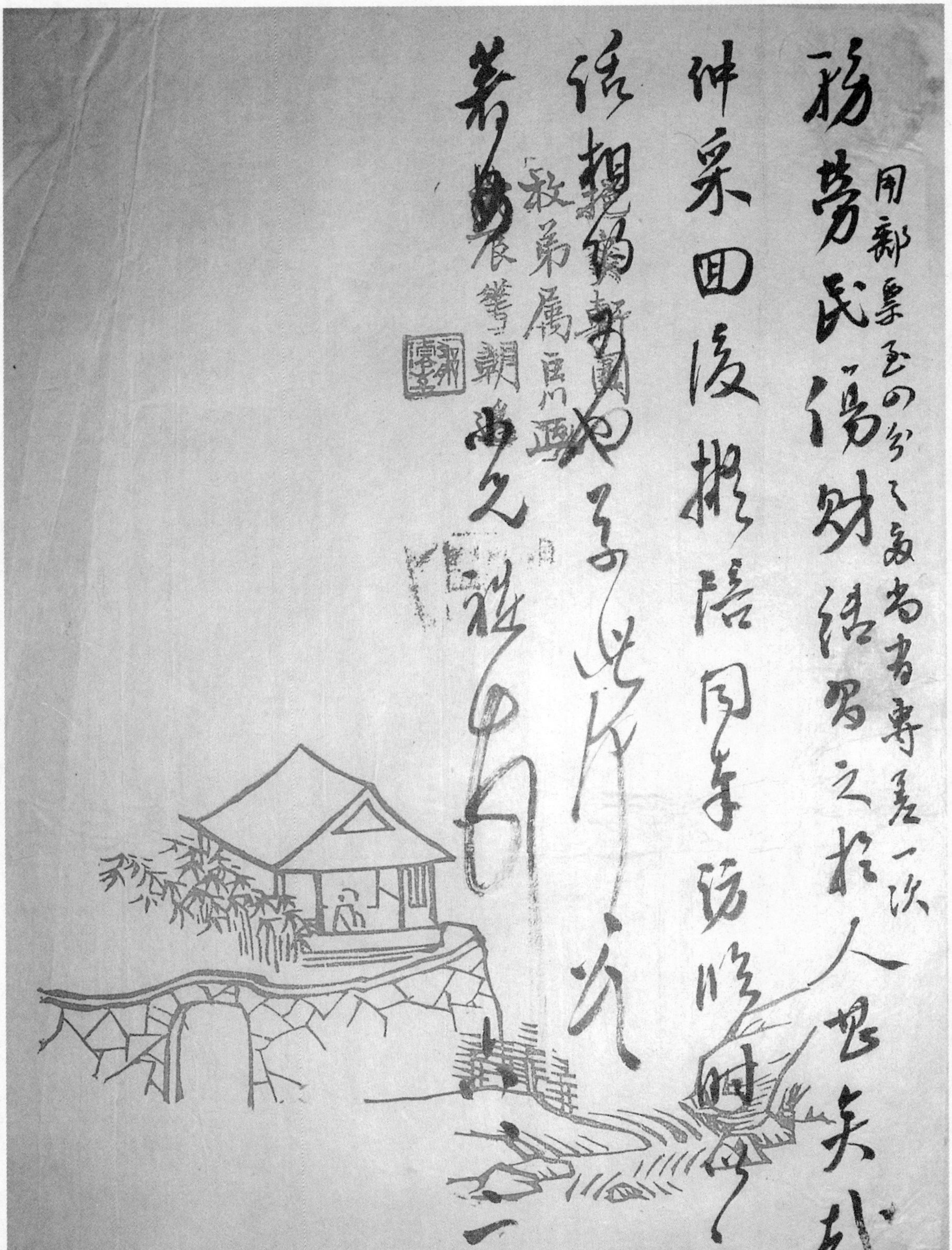
務勞民傷財結怨之於人甚矣哉

書第六通

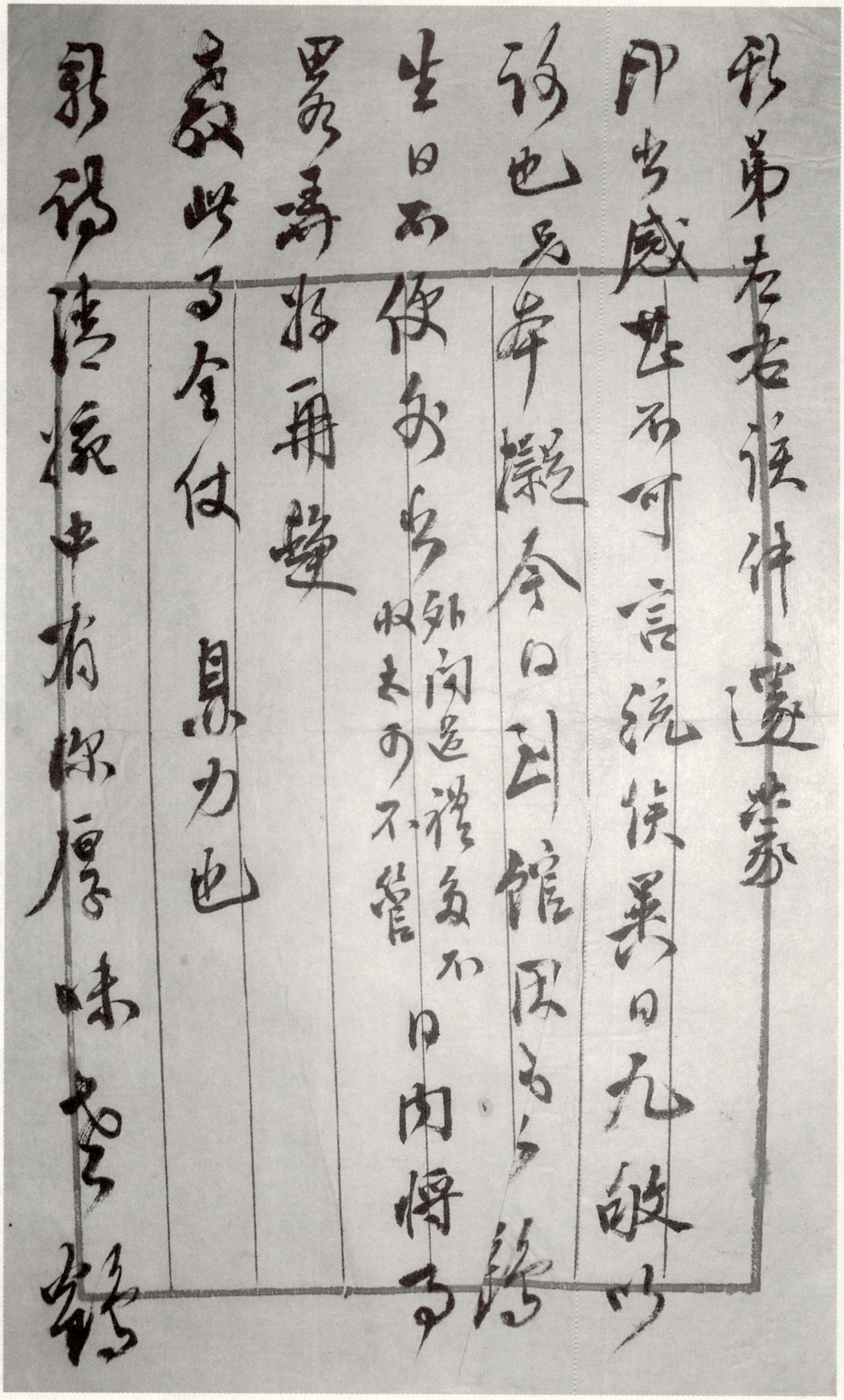
彤弟老兄左右：昨[illegible]
印書感甚，不可言說，俟果於日內九[illegible]以
詩也。兄本擬今日到館，因為多務
生日不便，我出外間送禮多不收者可不管，日內得為
畧寫壽聯再[illegible]
[illegible]此為念付 具力也
[illegible]

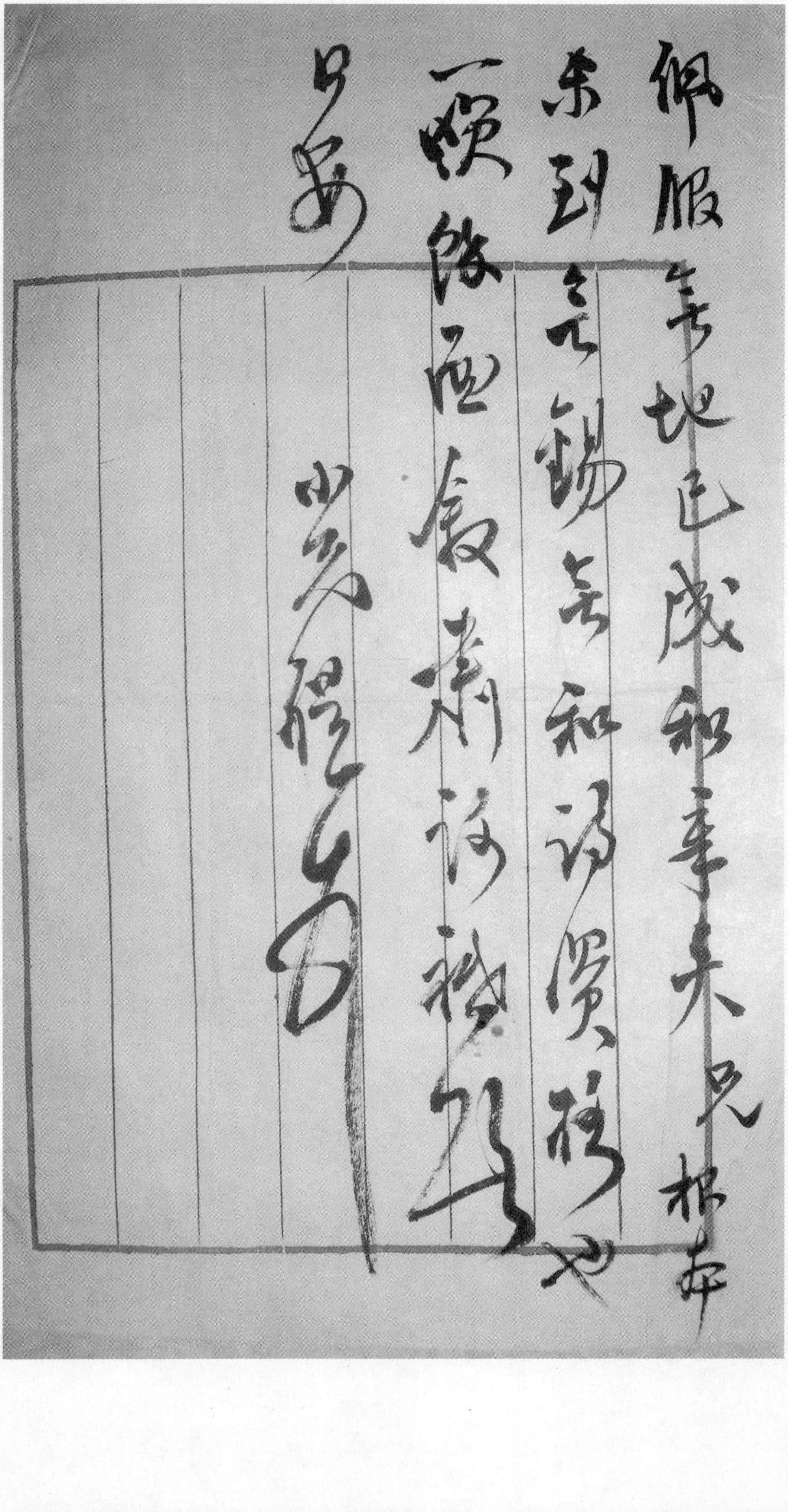

佩服弟也已成和章矣兄极本
来到弟之锡弟和诗赏稿也
一读除面叙索刊诗稿外
只安
小兄禔上言

李肇禔

書第七通

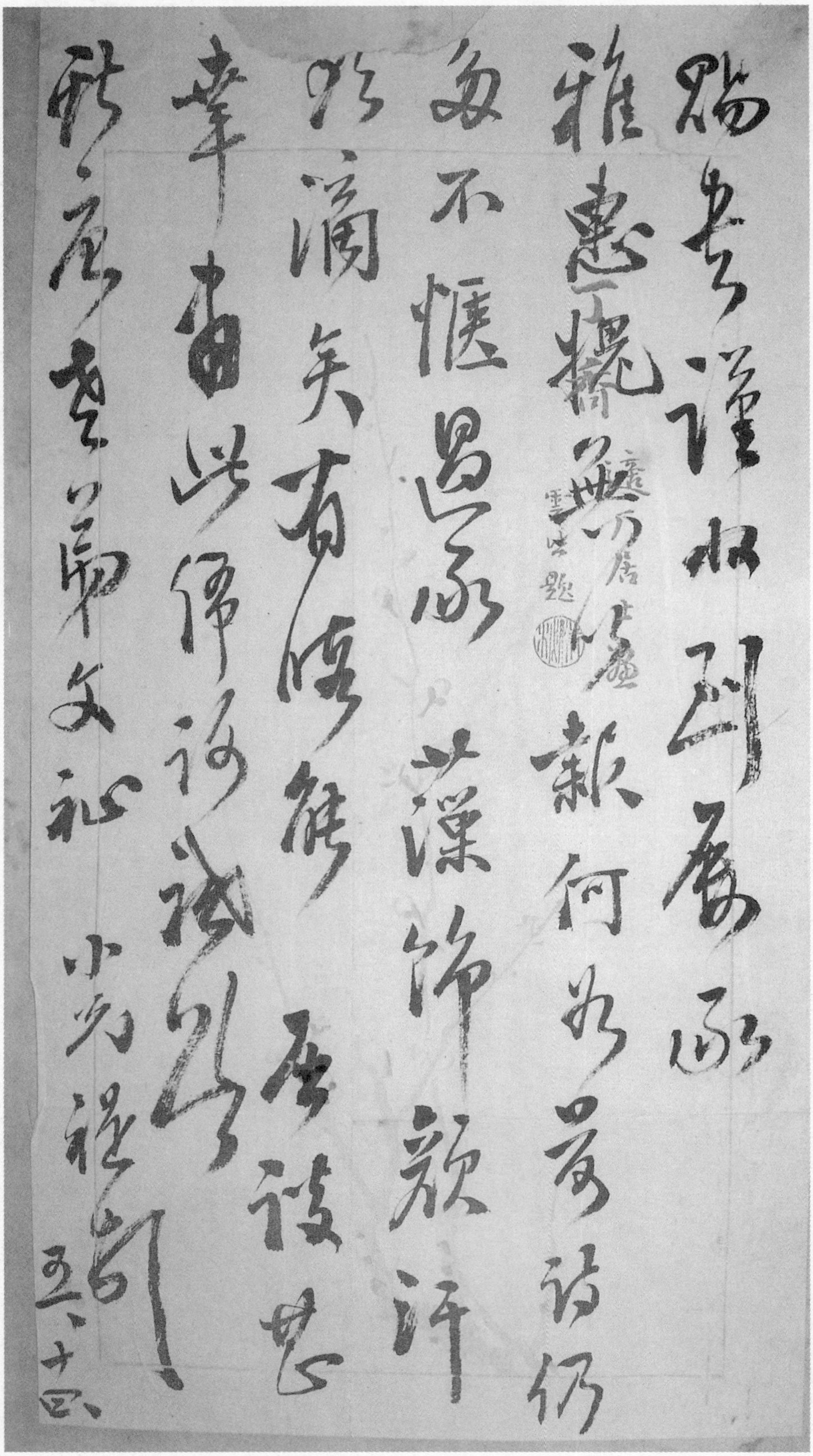

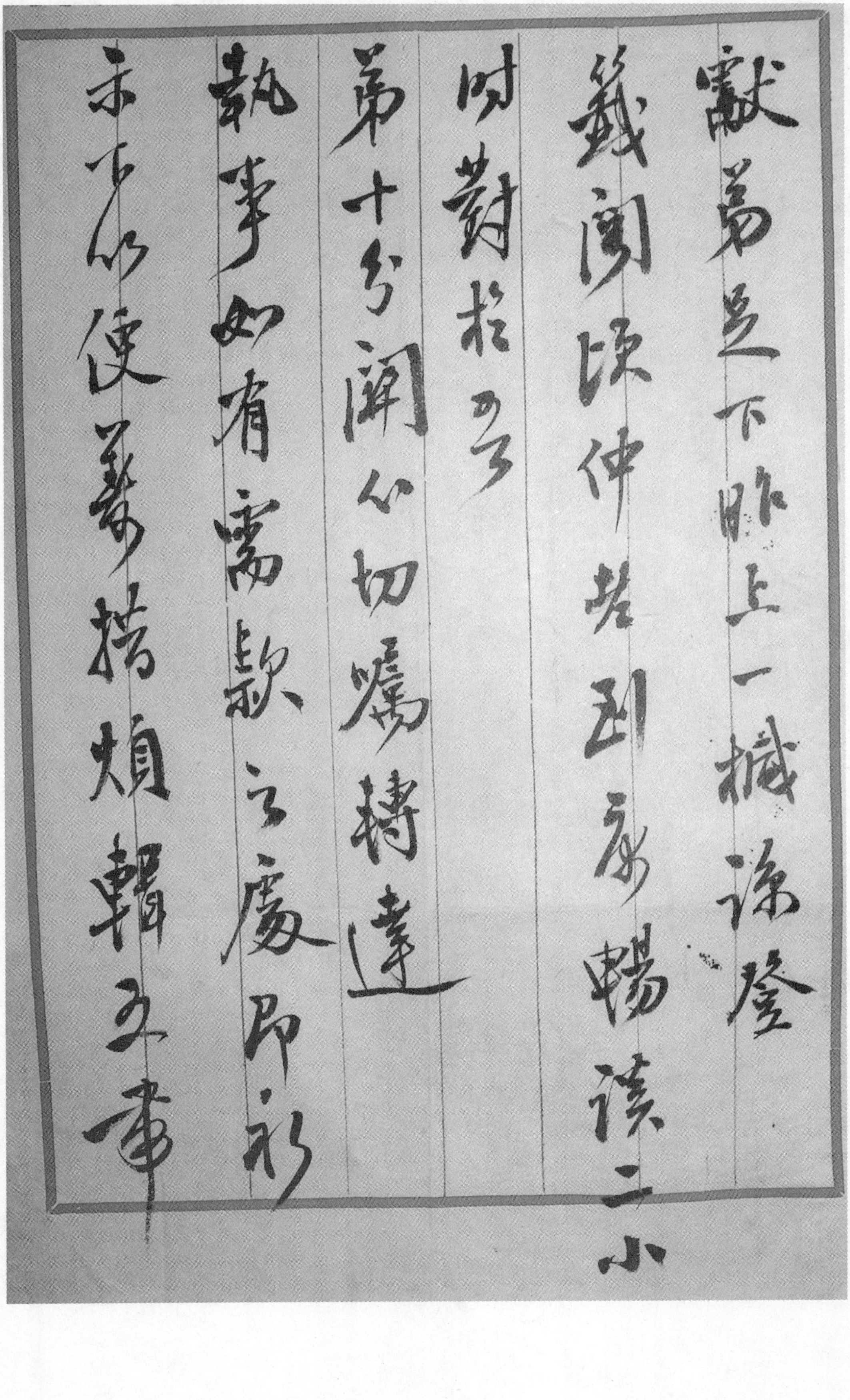
獻篤足下昨上一緘諒登
籖閱陳仲恕到承賜讀二小
冊對於之
弟十分關心切囑轉達
執事如有需款之處即祈
示下俾便籌措順頌輯五肇

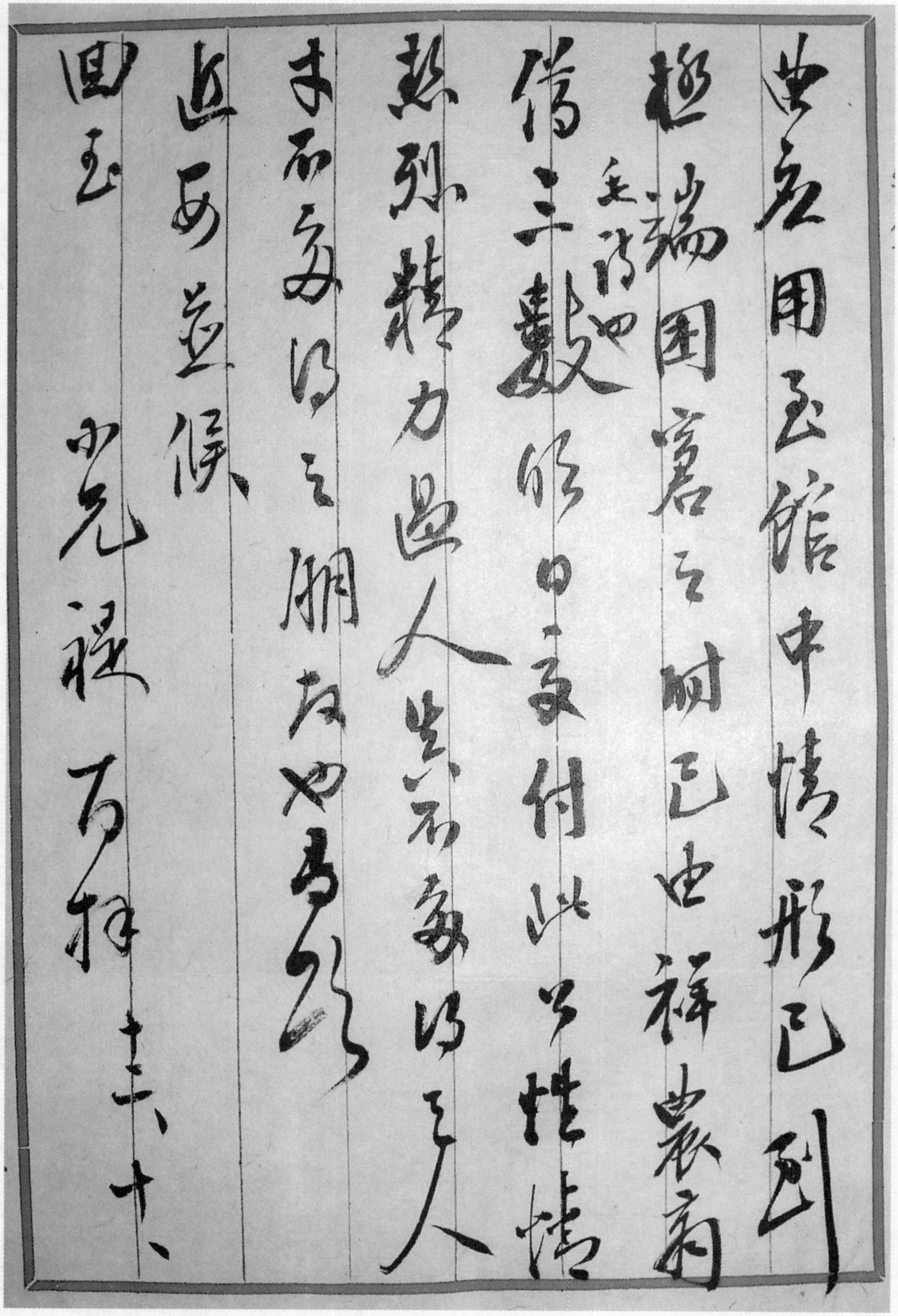

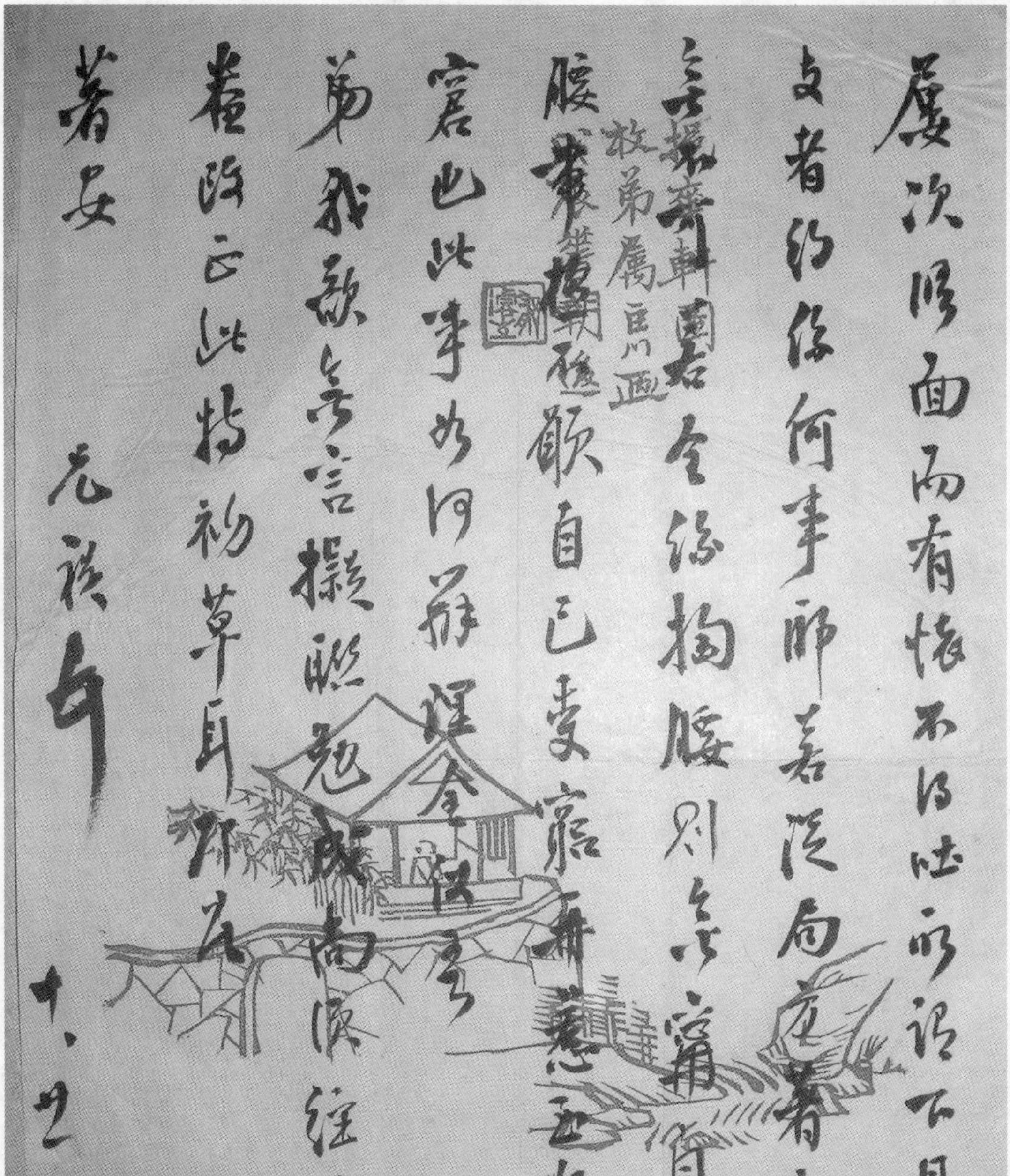

屢次照面而有懷不得吐所謂下月起
身者仍係何事耶若從向彦著言亦
言振齋君今係拘腹則無窮自除
腹叢顧自已受窮再愁至將受
宦也此事如何辦理今誤害
弟我欲無言擬照憩成向陳經費
春節正此特祈草耳即花
著安 老孫弟 十、廿、

書第十通

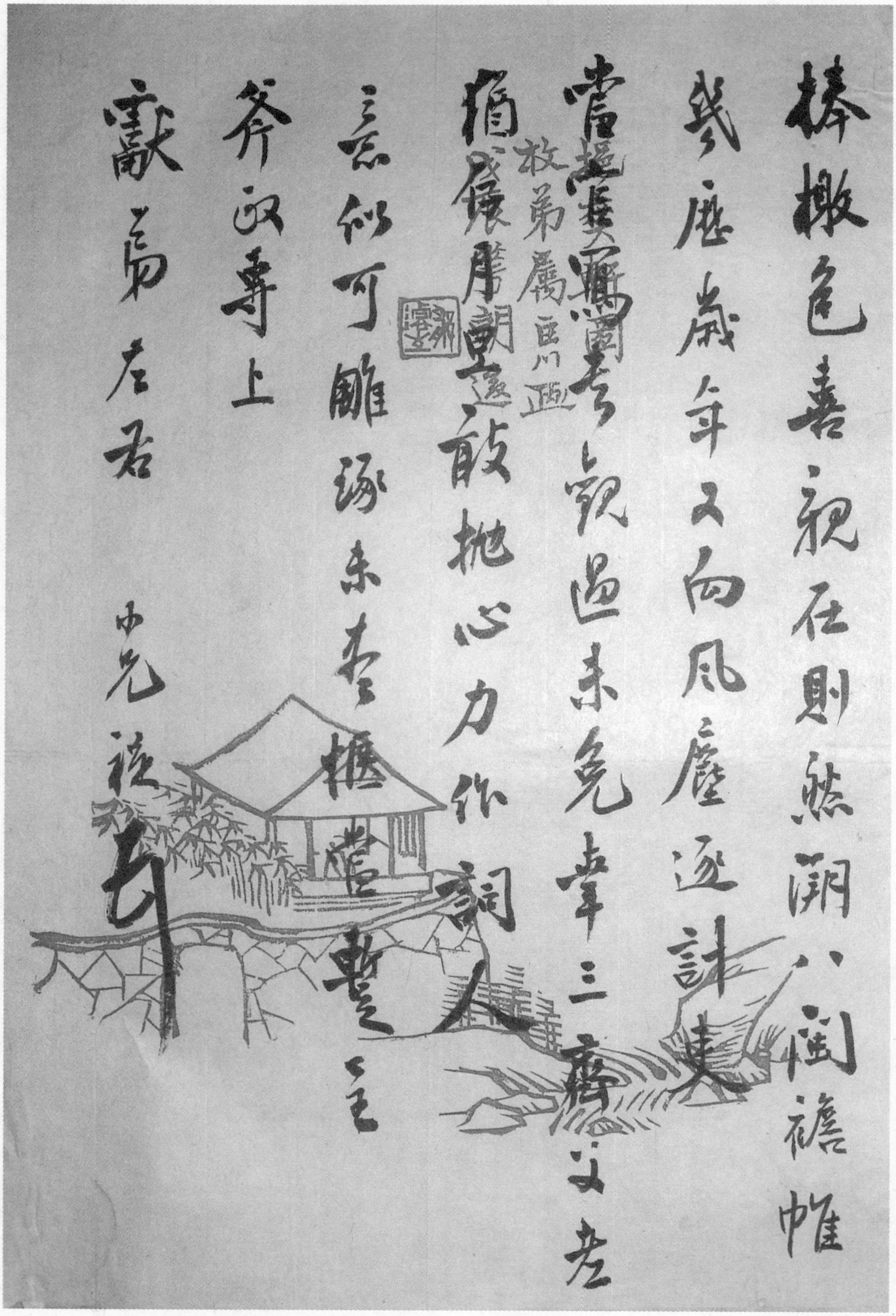
捧檄色喜親在則然八閩禧帷
幾歷歲年又向風塵逐計吏
嘗提要爵高者頗過未免辛三齋又老
猶復月旦敢拋心力作詞人
云似可雕琢未來揮霍豈
芥舟尊兄上
獻唐弟左右
中元前

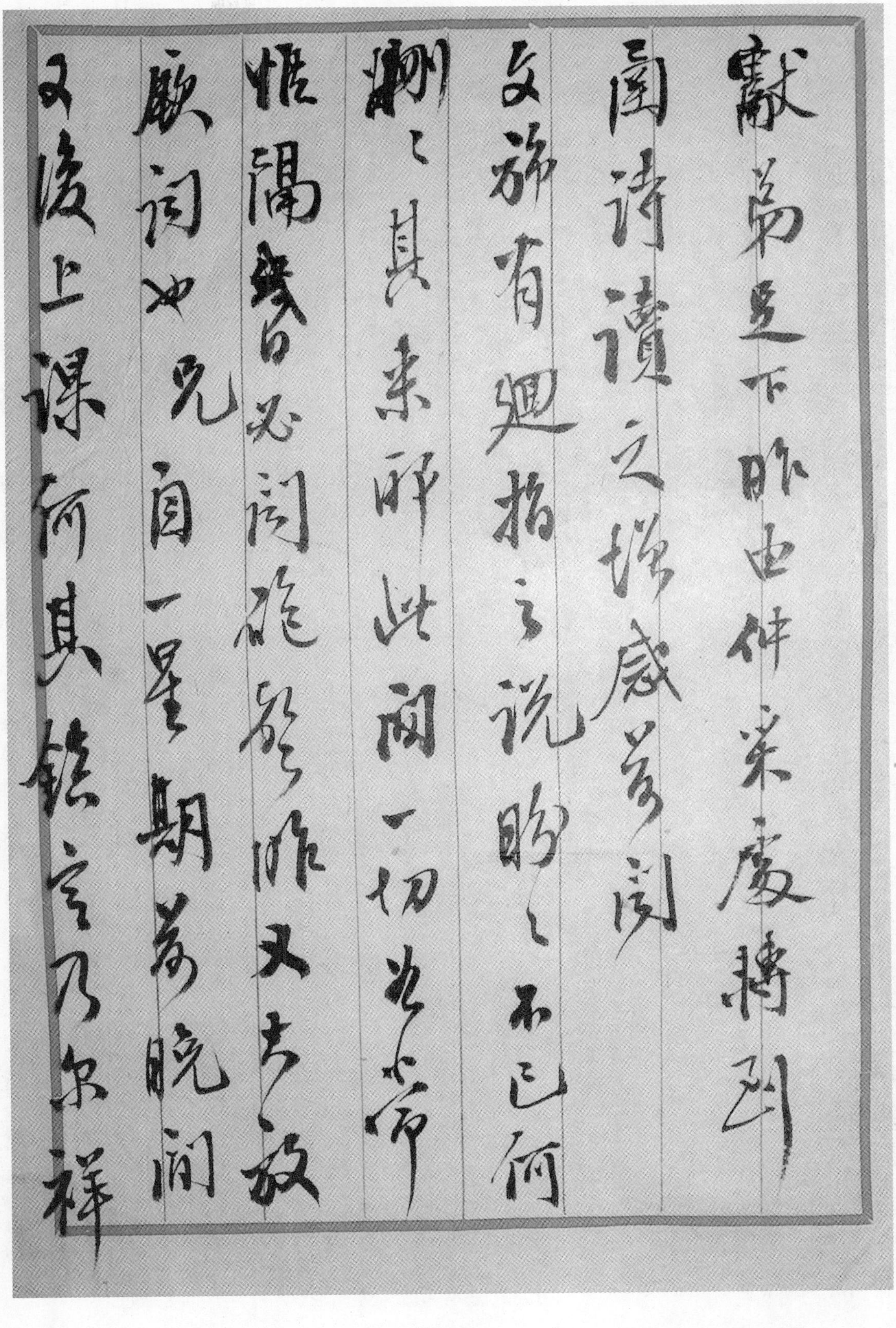

獻弟足下昨由仲采處轉到
閲詩讀之悵感莫閲
文爺有廻指之說聆之不已何
惻惻其來此間一切光景
惟陽錢旨必問能發非又去之放
歟詞也兄自一星期前晚間
又後上課何其鎮定乃爾祥

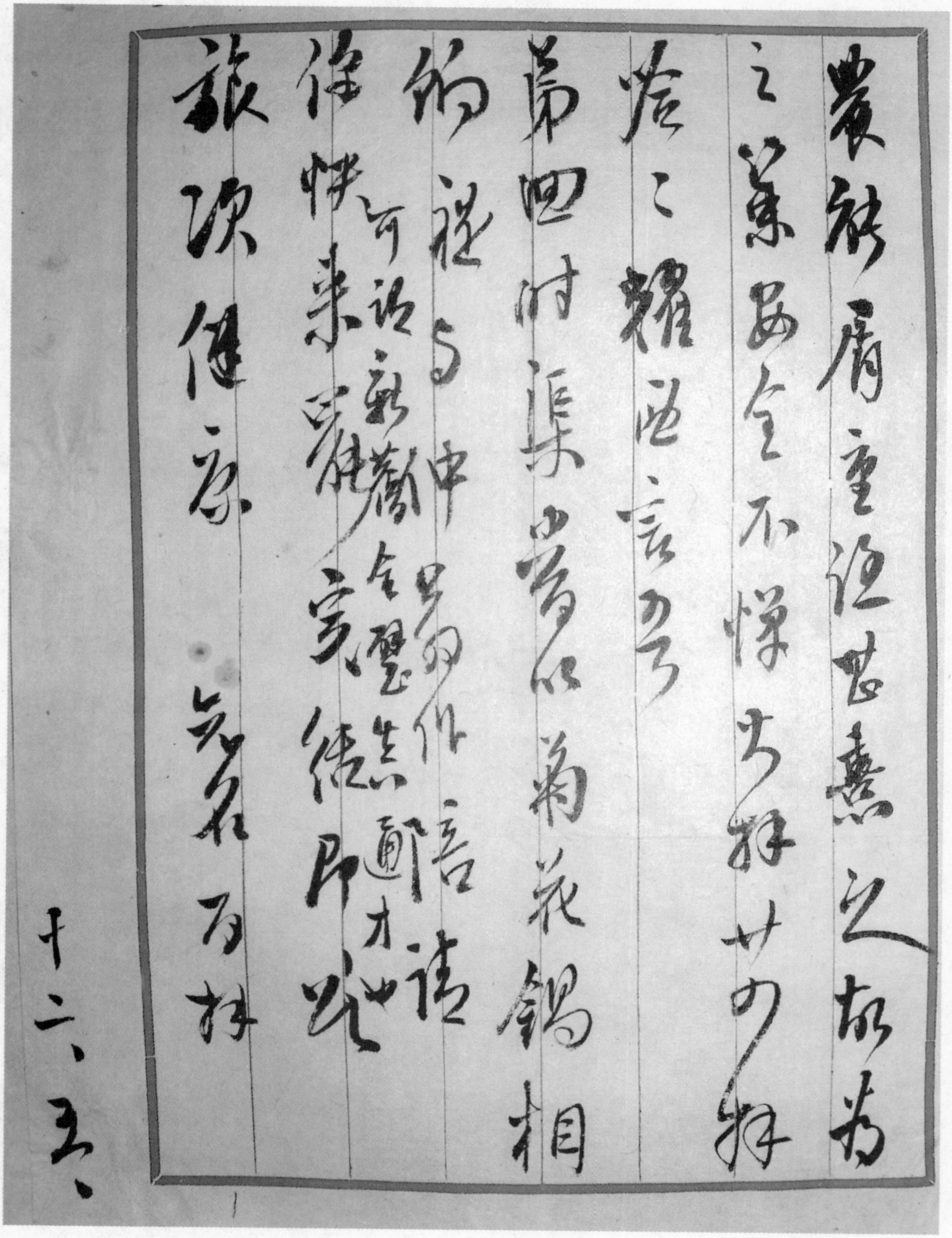

農叔唐重陽甚惠之故為之葉每令不懌者將廿四將答之耀邑言可弟回村集出當以菊花錫相餉禮與中只好作語請何語新鬱金壘先生通才也俟快來羅完結即覆旅次健康知名石林

十二、五、

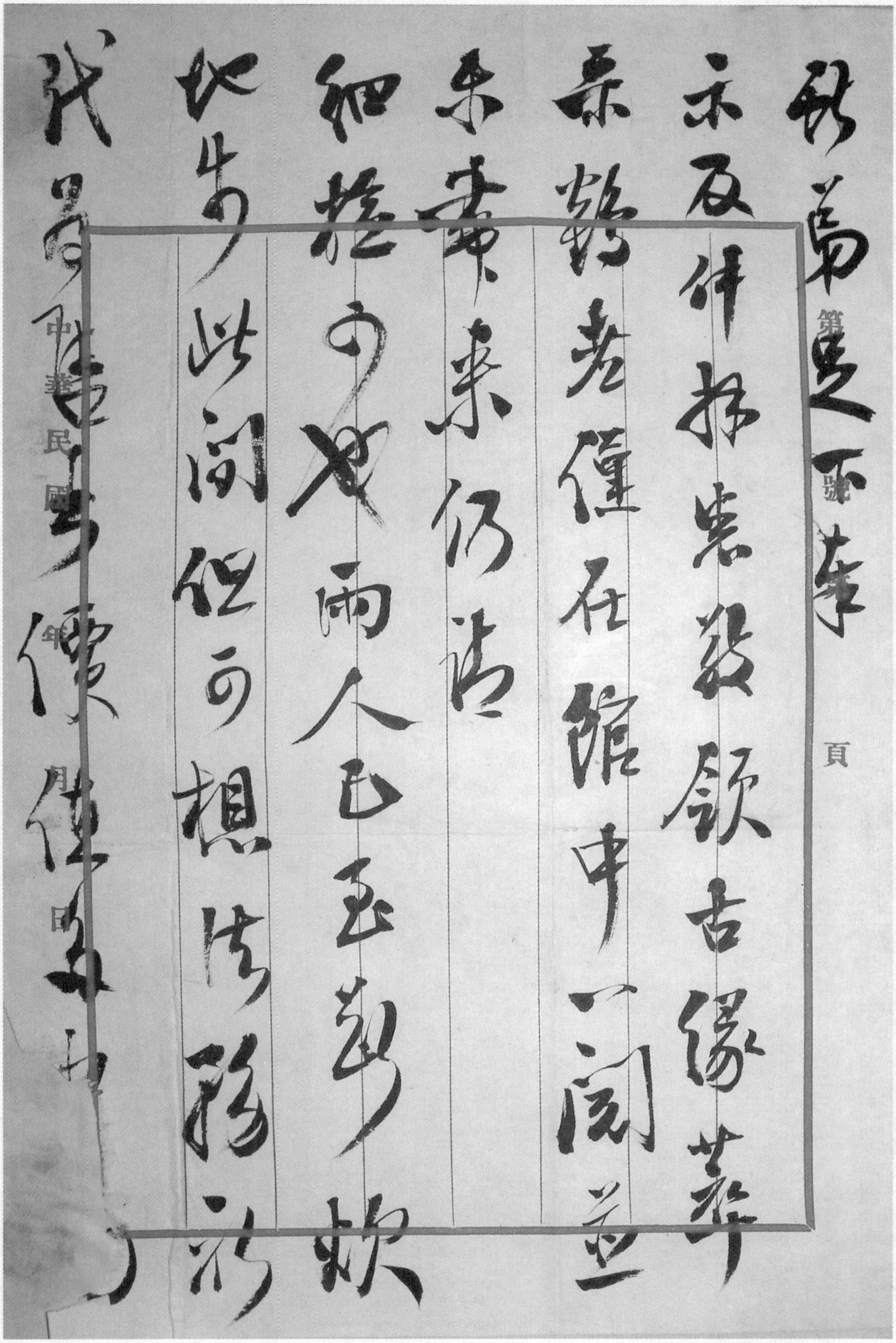

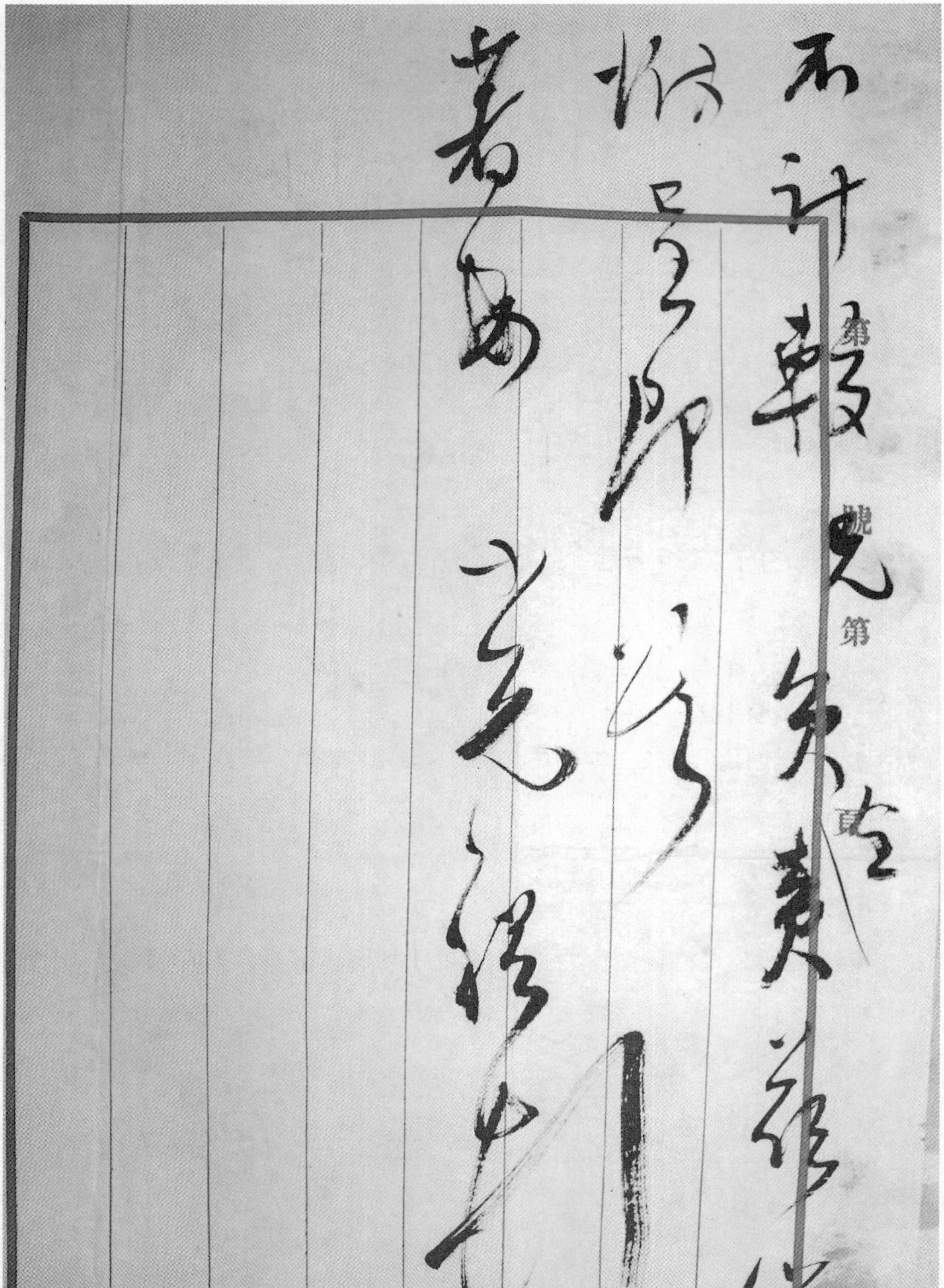

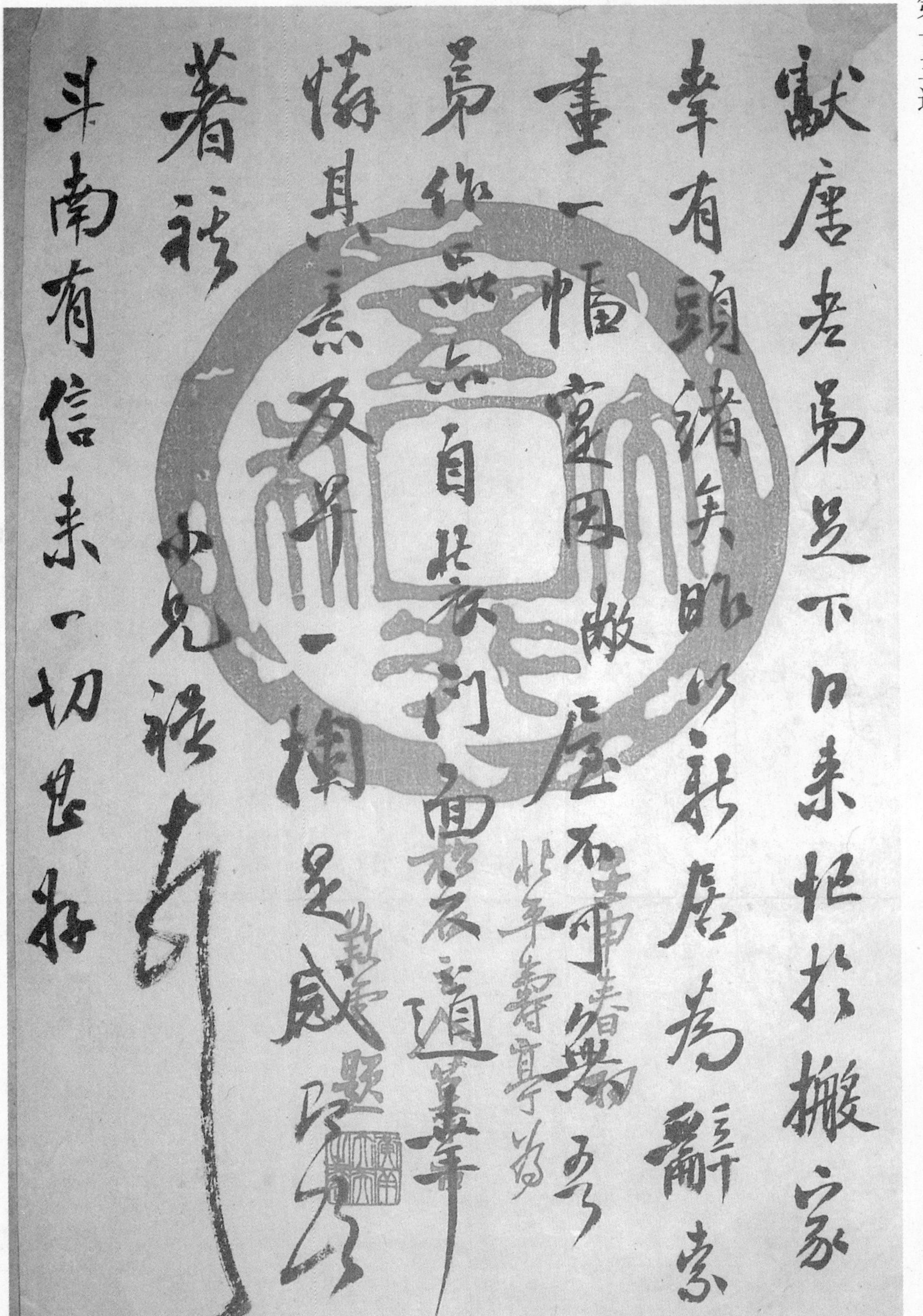

猷唐老弟足下：日來忙於搬家，幸有頭緒矣。昨以新居爲辭索畫一幅，寔因敝居不可無弟作品，亦自壯家門面也。請其惠及耳。一揮足感。著祺。小兄禔頓

斗南有信來，一切甚好。

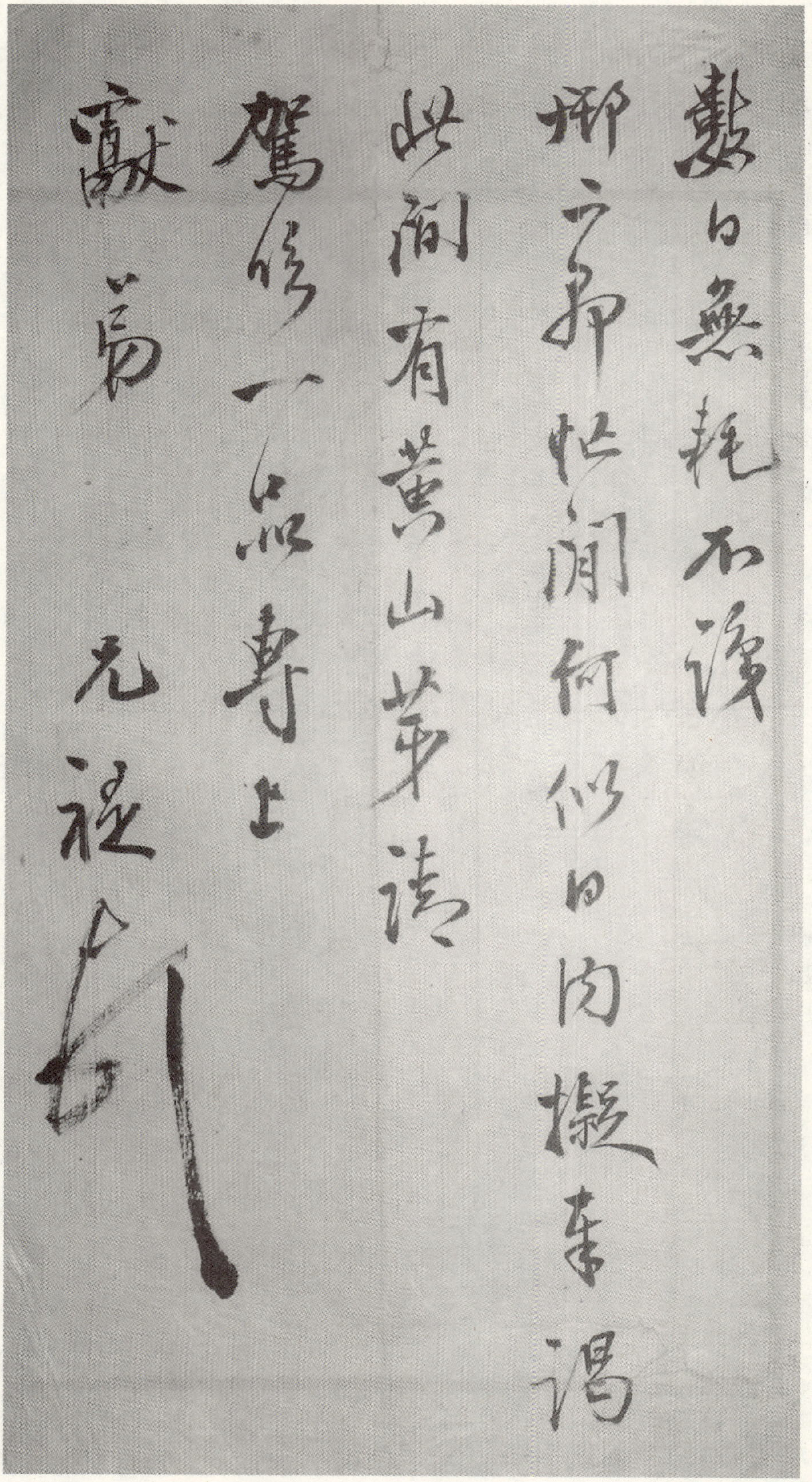

數日無耗不譚
柳亭郎此間何似日內擬奉謁
此間有黄山茅詩
驚後一品壽上
獻
高
元禮

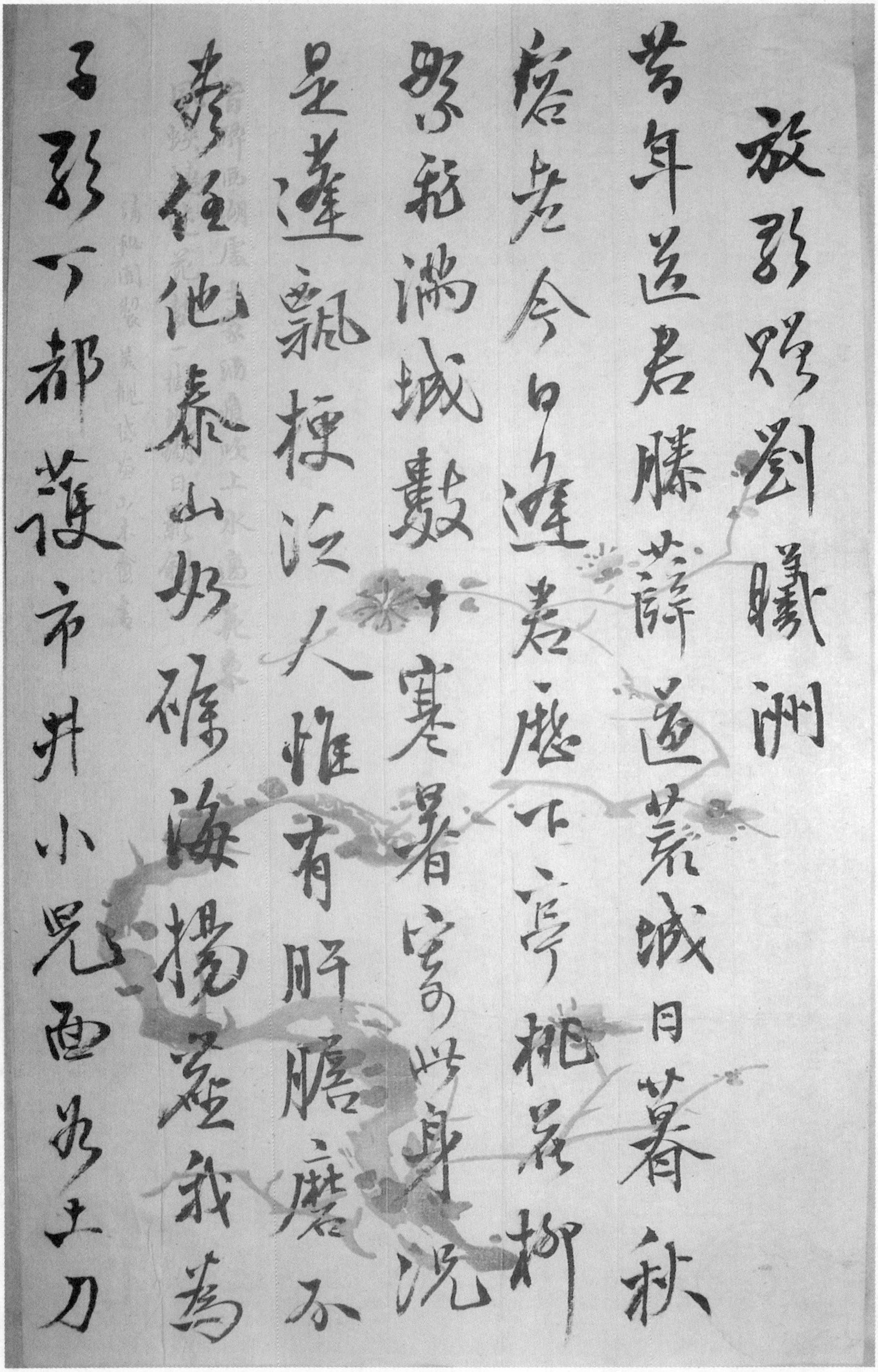

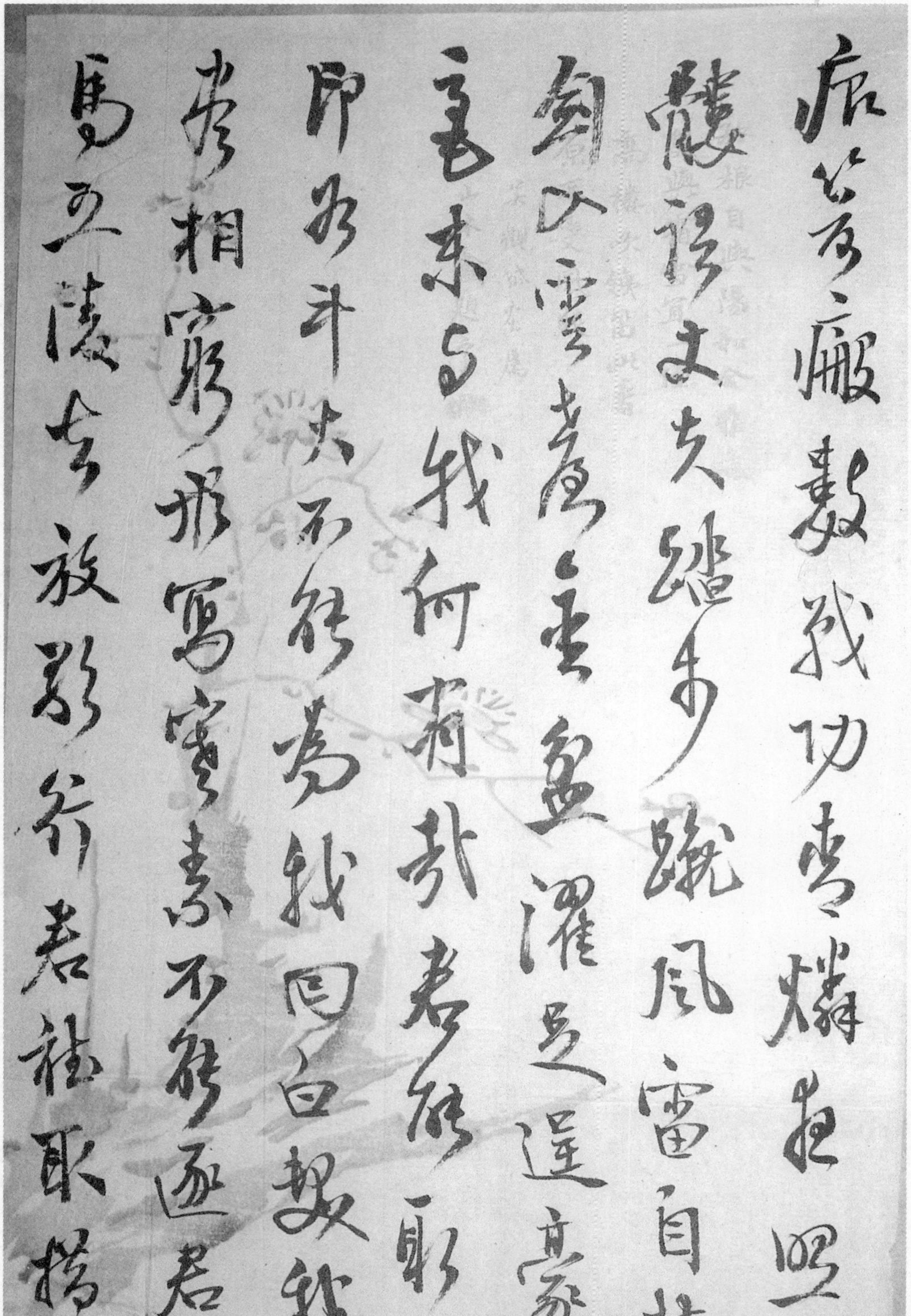

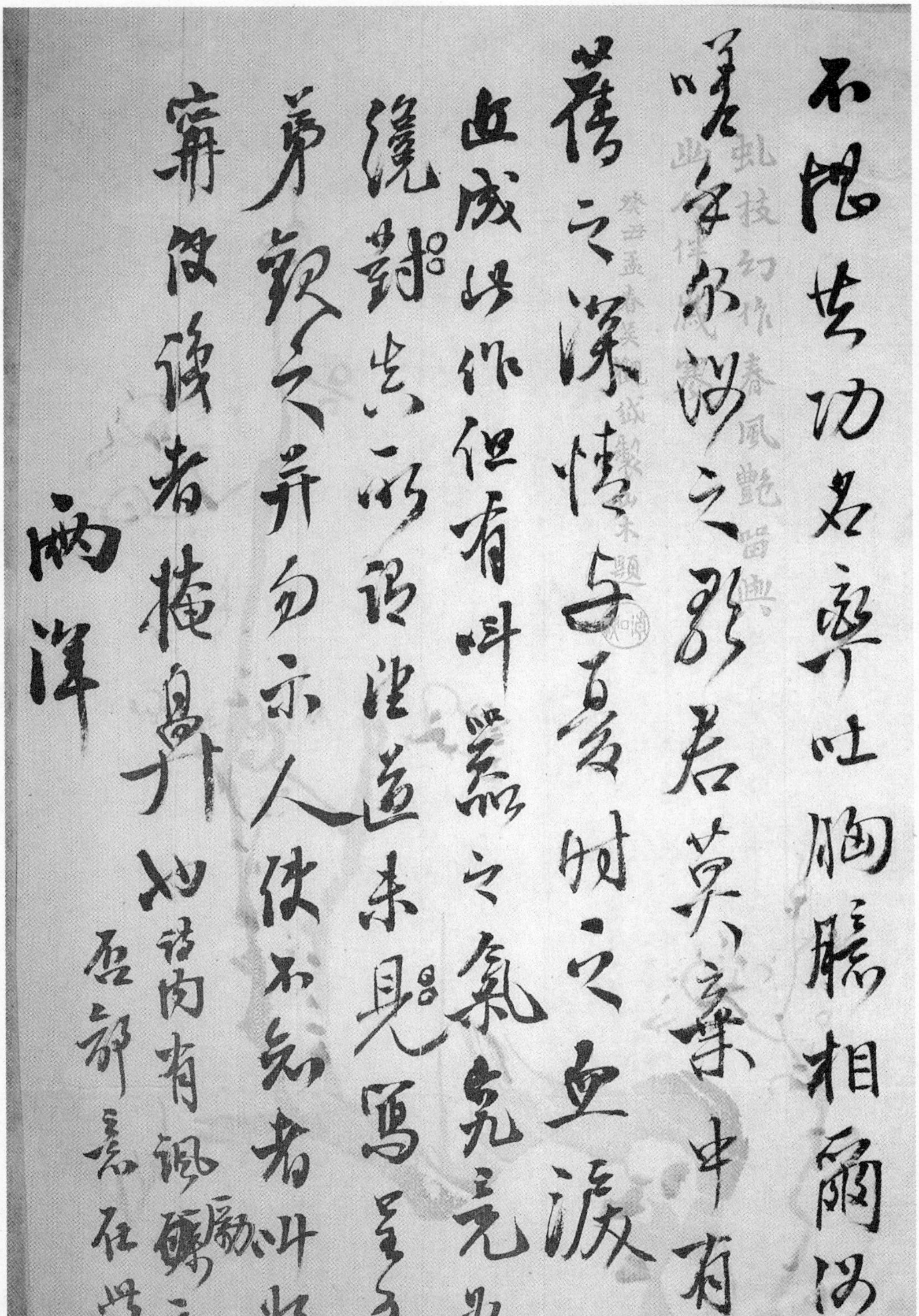

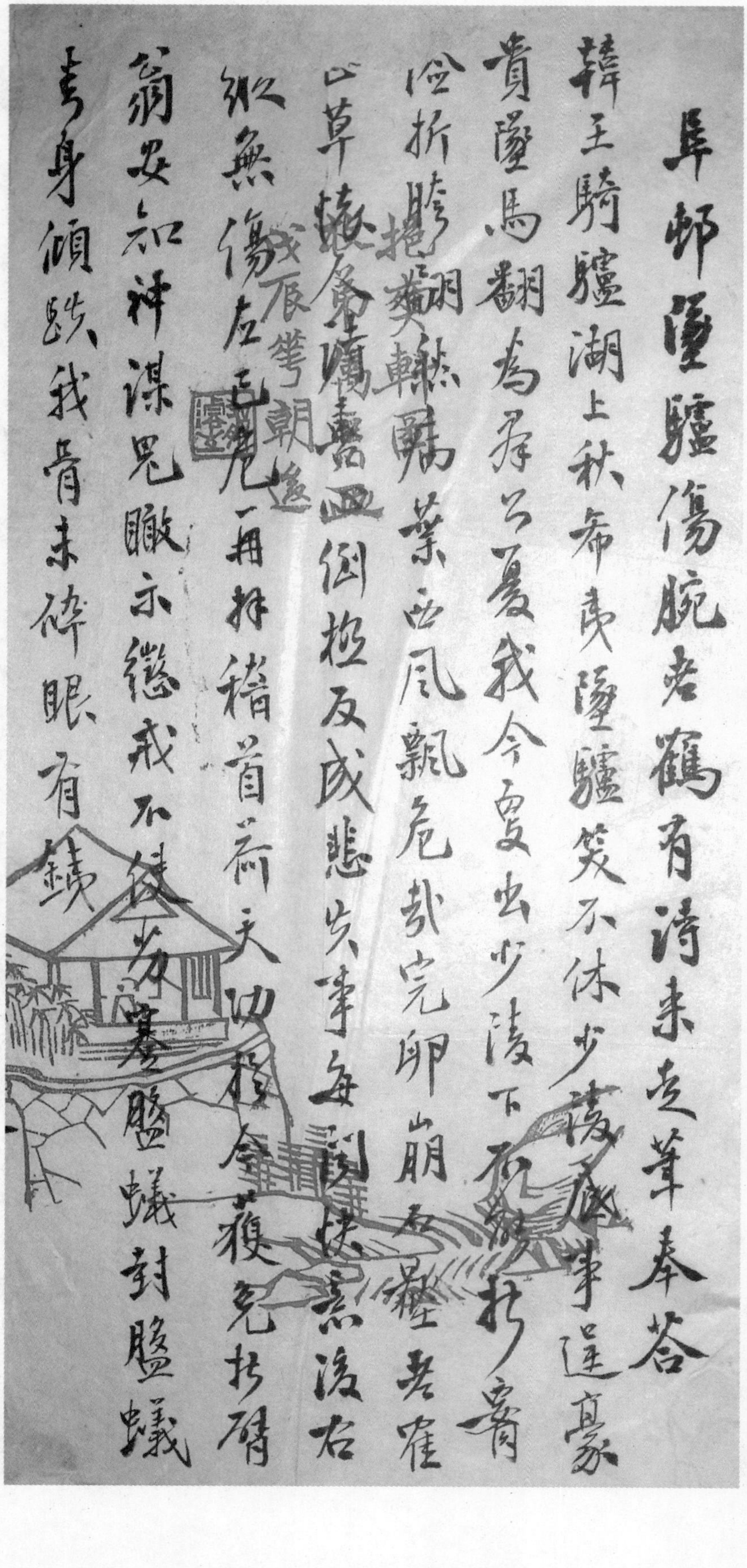
昇卿墮驢傷腕老鶴有詩來走筆奉答
韓王騎驢湖上秋希夷墮驢笑不休少陵底事逞豪
貴墮馬翻為拜公憂我今更出少陵下夜飲折臂
傴折腰翻然篤葉西風飄危哉完卵山崩石壓老雀
心草懷倒掛反成悲尖事每到談笑後右
縱無傷左臂兄一再拜稽首所天功德今獲免折臂
翁安知祥謀鬼瞰亦戀戒不休勞寡鹽蟻封鹽蟻
吾身傾跌我骨未碎眼有鏡

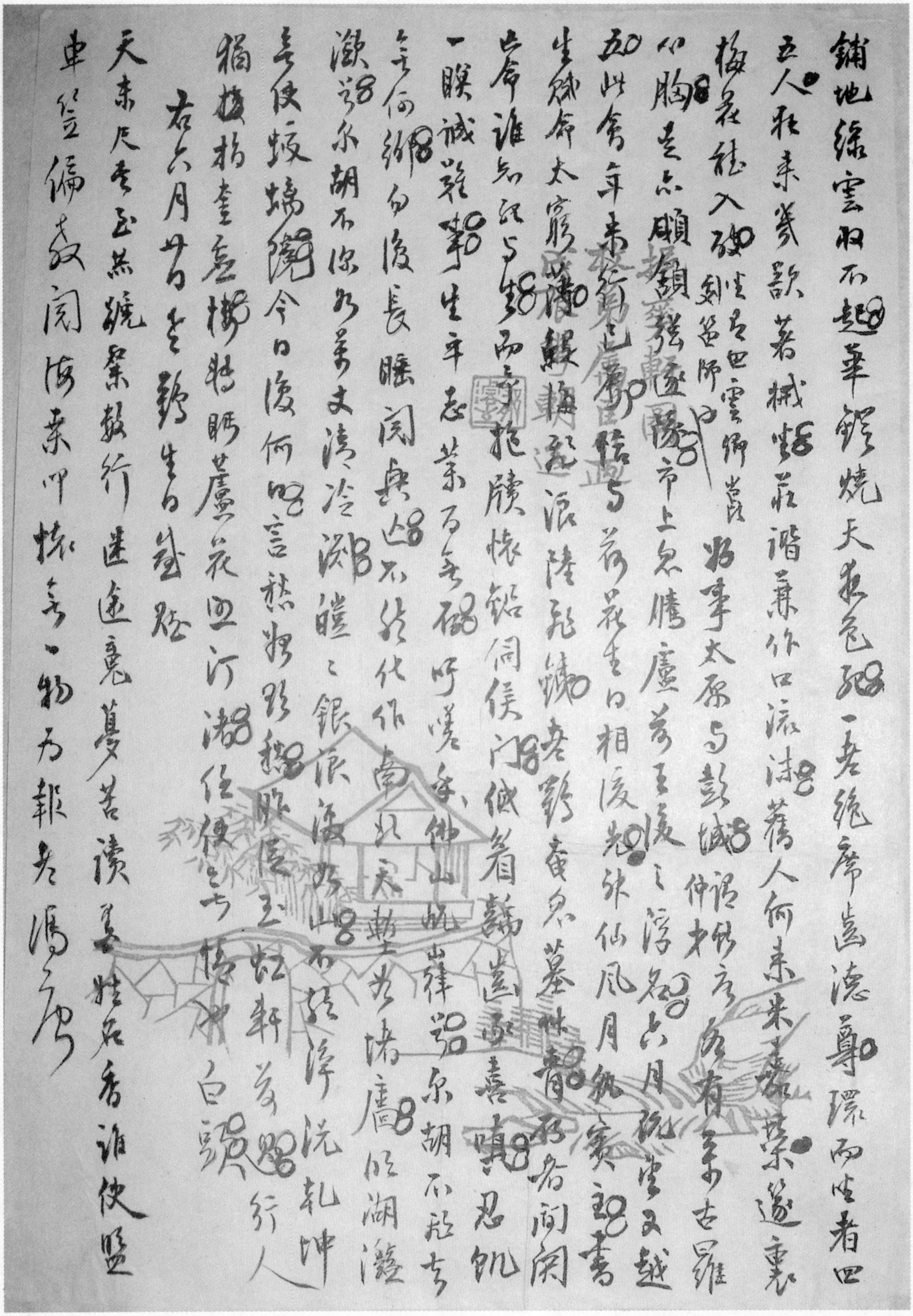

鋪地綠雲取不起華鐙燒天夜色起一老絶席盧德尊環而生者四
五人牡未發歡葛械莊諧兼作口流沫舊人何來米芾裝葉遐庵
梅花徑入破生長巴雲鄉岩岩將軍太原與彭城仲牛
心胸是點頗頷驕矜盛市上兒騰盧芳王後之浮名六月能又越
五十此會年來結荷花生日相後之外仙風月能賓記書
生綠命太寰鯤鵬追浪隨飛鷗老路年兒墓林青前開
出命誰知說與而言抱膝懷鉛伺侯門低首歸盧道喜嗔忍飢
一瞑誠難生平志業了無呼嗟手佛山律京胡不死去
今何鄉白髮長瞻閱與不能化作南北天步諸盧聽湖灘
潋灧爾胡不作也丈清冷瞻之銀浪沒不能浮洗乾坤
長使蛟螭今日復何言愁殘王軒行人
猶攜杵劍聽蘆花四汀往復物白頭
右六月廿日生日
天未尺書至燕饒榮送遠慕若讀詩使然
東籬編閱海東物報老馮

李肇禔

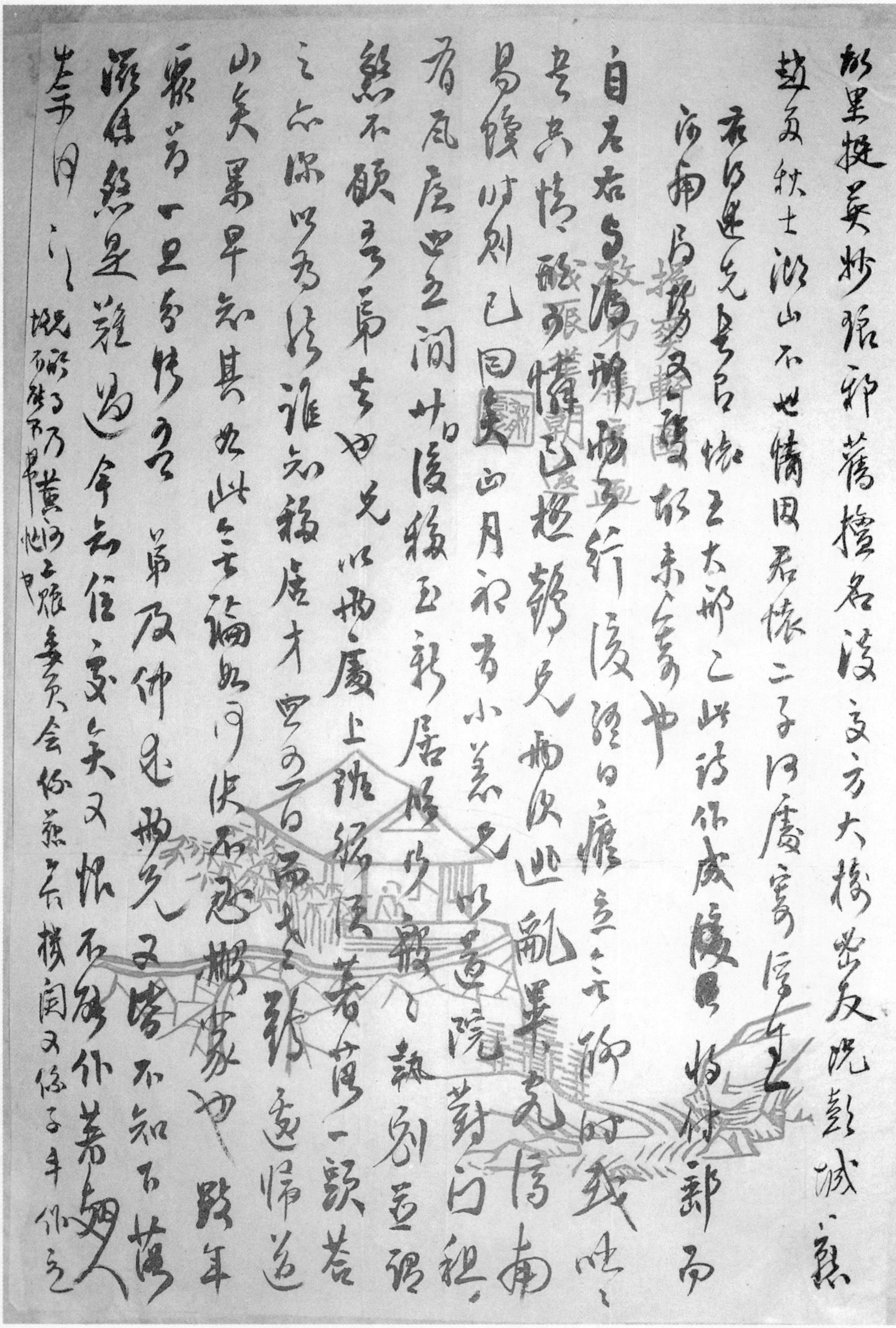

封第一件

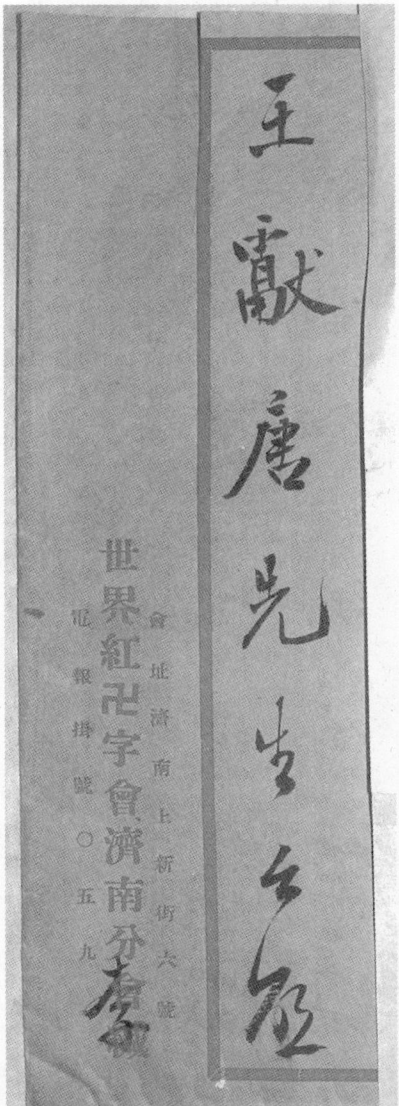
王獻唐先生台啟
會址濟南上新街六號
世界紅卍字會濟南分會緘
電報掛號〇五九

封第二件

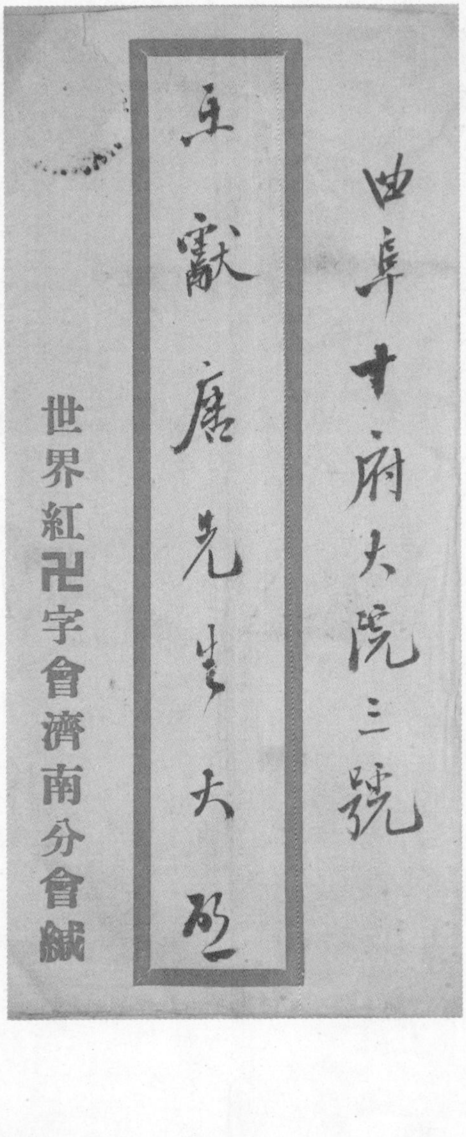
曲阜十府大院三號
王獻唐先生大啟
世界紅卍字會濟南分會緘

封第三件

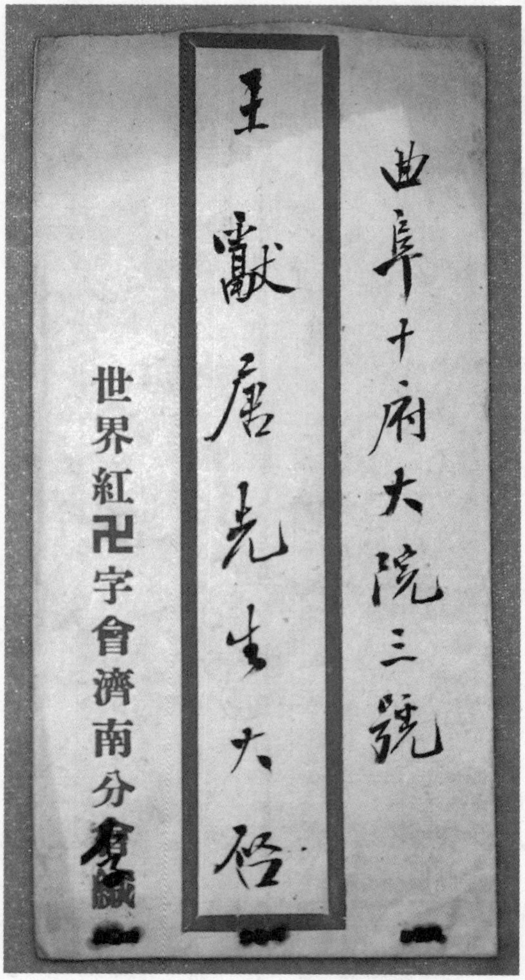

封第四件

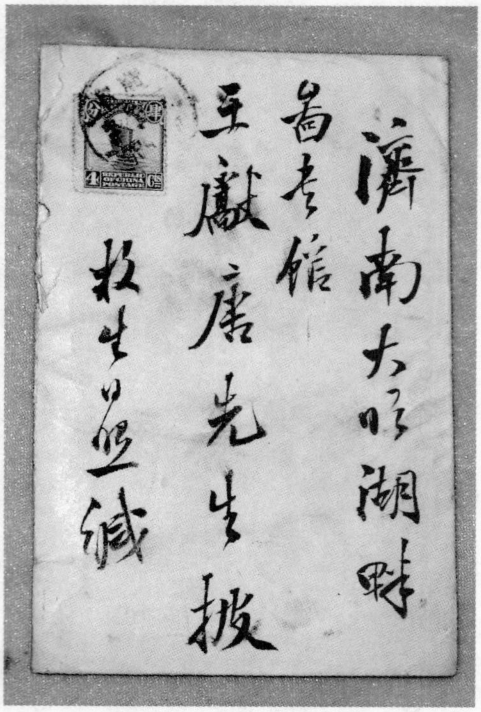

封第五件

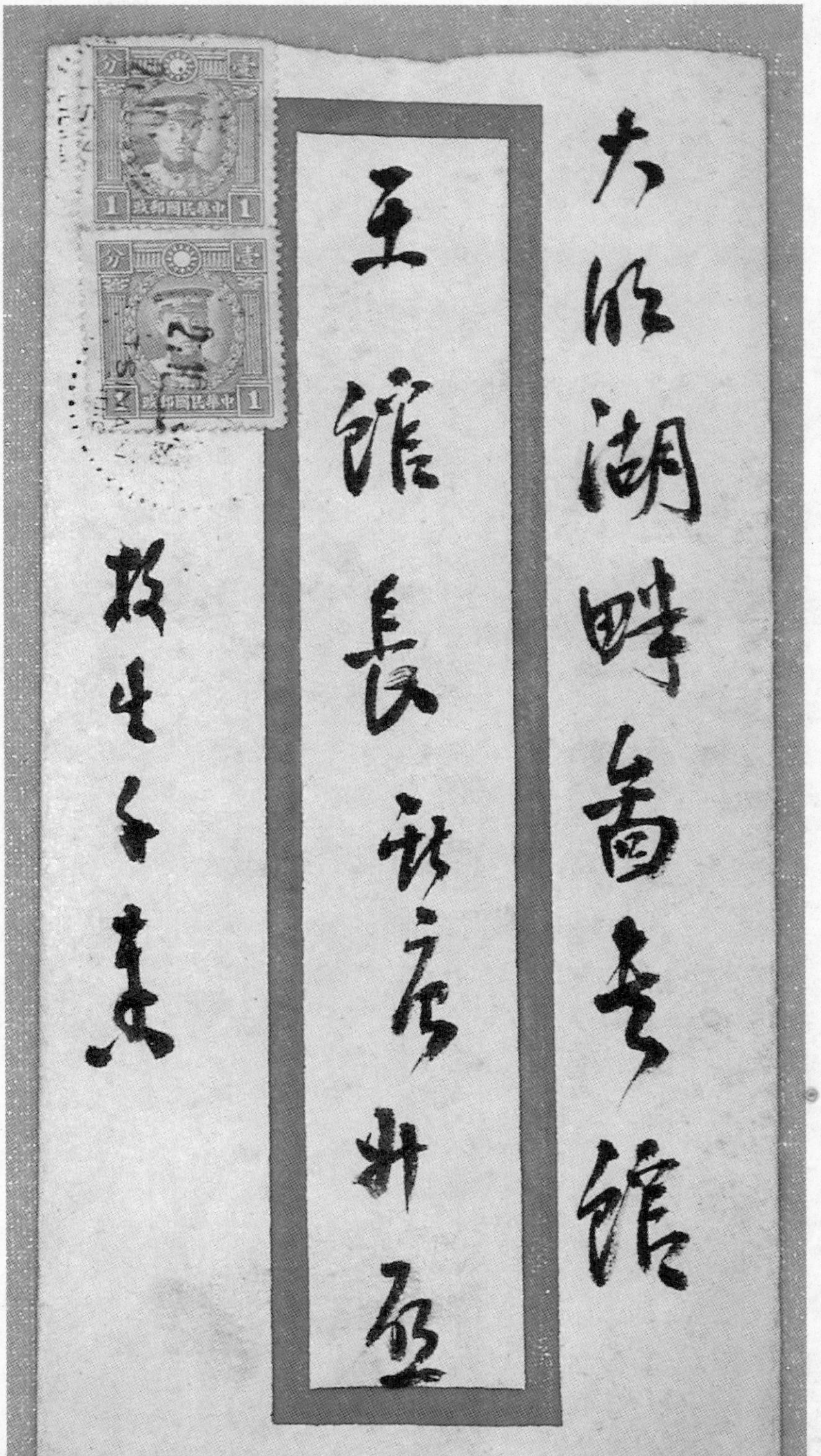

李肇禔

一百〇一 文素松 書一通

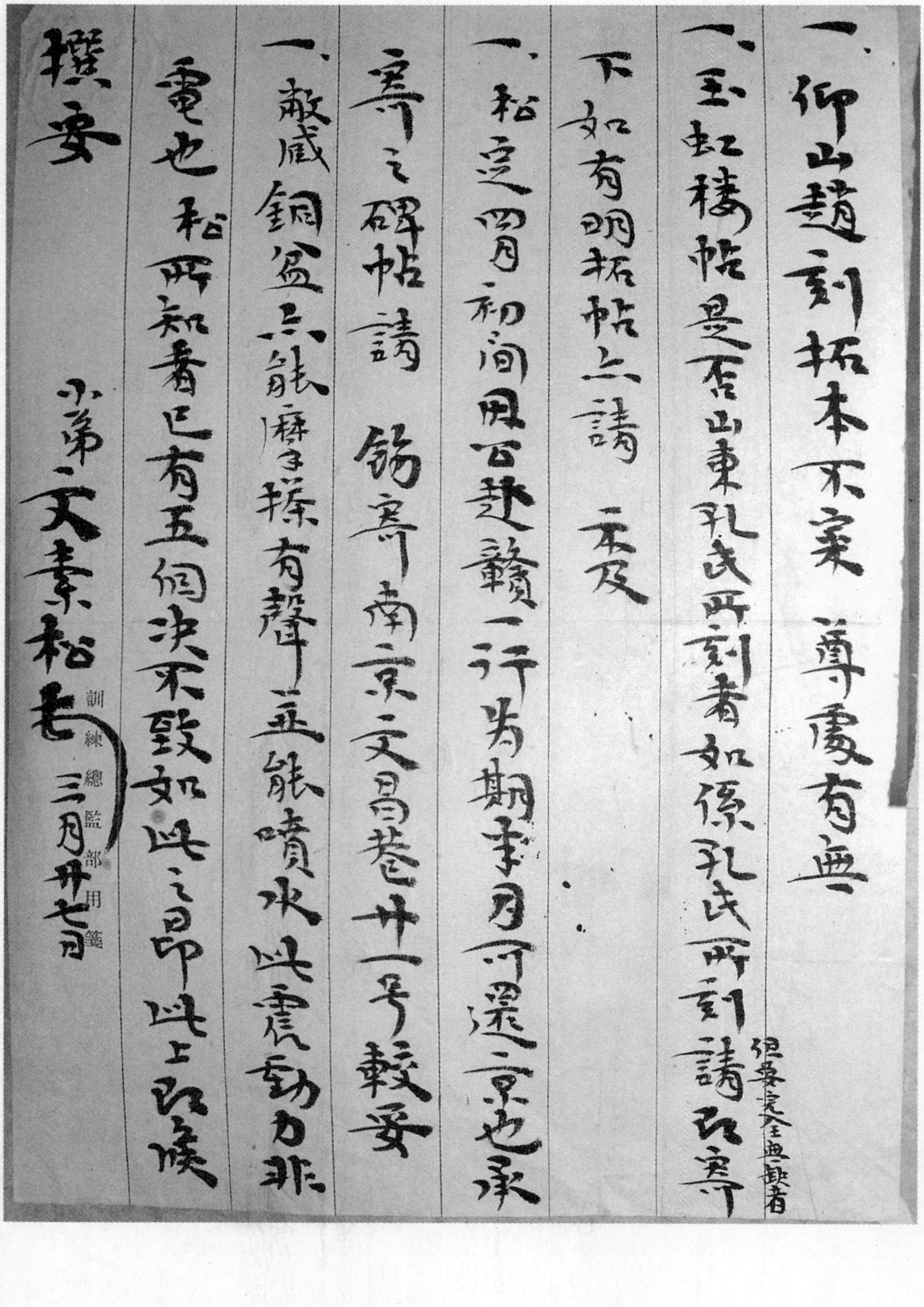

一、仰山趙刻拓本不案 尊處有無
一、玉虹樓帖是否山東孔氏所刻者如係孔氏所刻請代尋 但要是全無缺者
下如有明拓帖亦請 示及
一、松定四月初間由吉赴贛一行為期半月可還京也承
尋之碑帖請 錫寄南京文昌巷廿一号較妥
一、敝處銅盆亦能摩擦有聲並能噴水以震動力非
電也 松所知者已有五個決不致如此之易即此上 敬候
撰安
小弟文素松 三月廿七日
訓練總監部用箋

一百〇二 民書一通

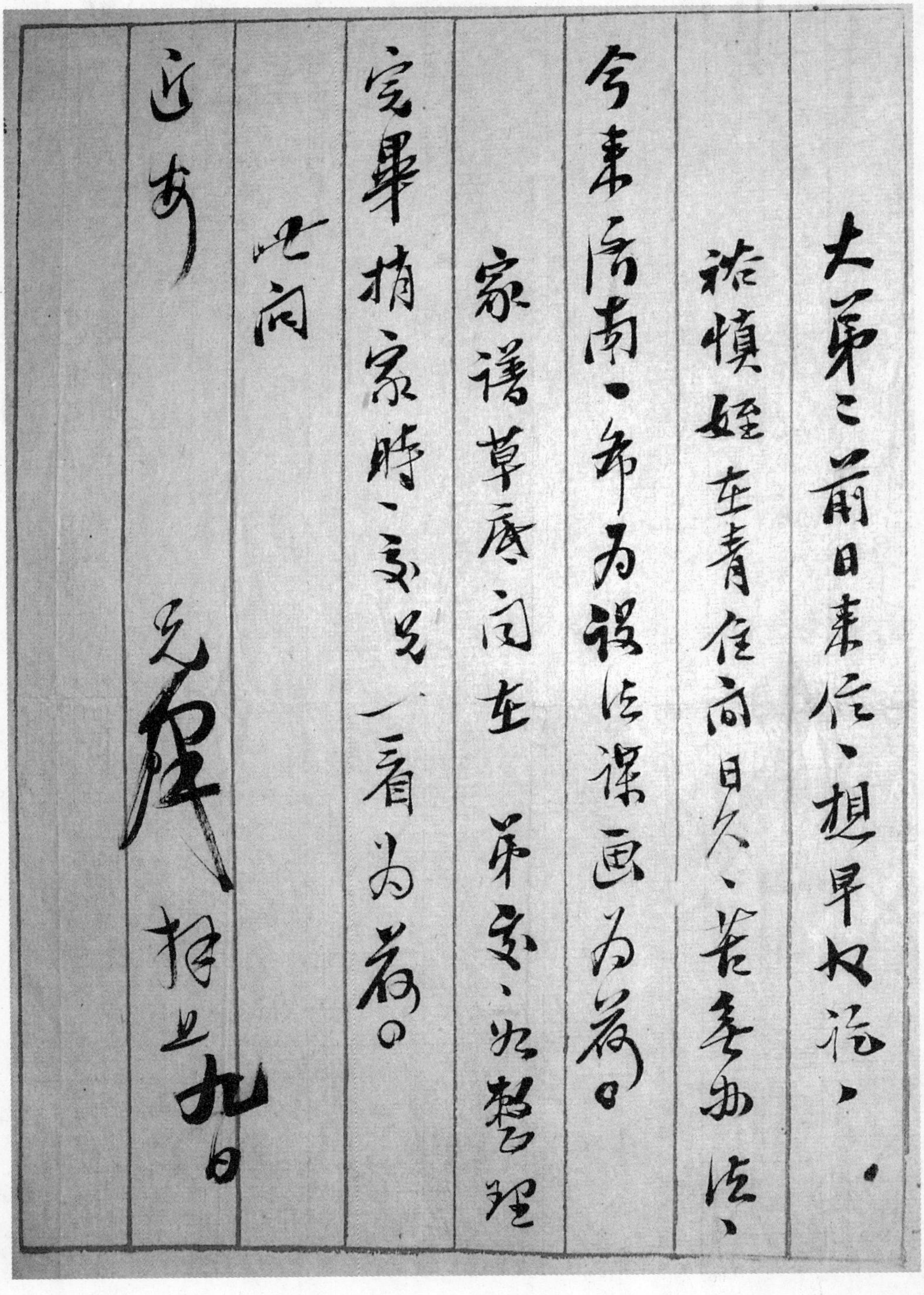
大弟：前日來信，想早收悉。裕慎姪在青住閒日久，若參加法，令來濟南一節為設法謀函為荷。家譜草底閱在弟處，如整理完畢，稍寄時，寄兄一看為荷。此問
近安
兄 民 拜上 九日

一百〇三 張紫雝 書一通

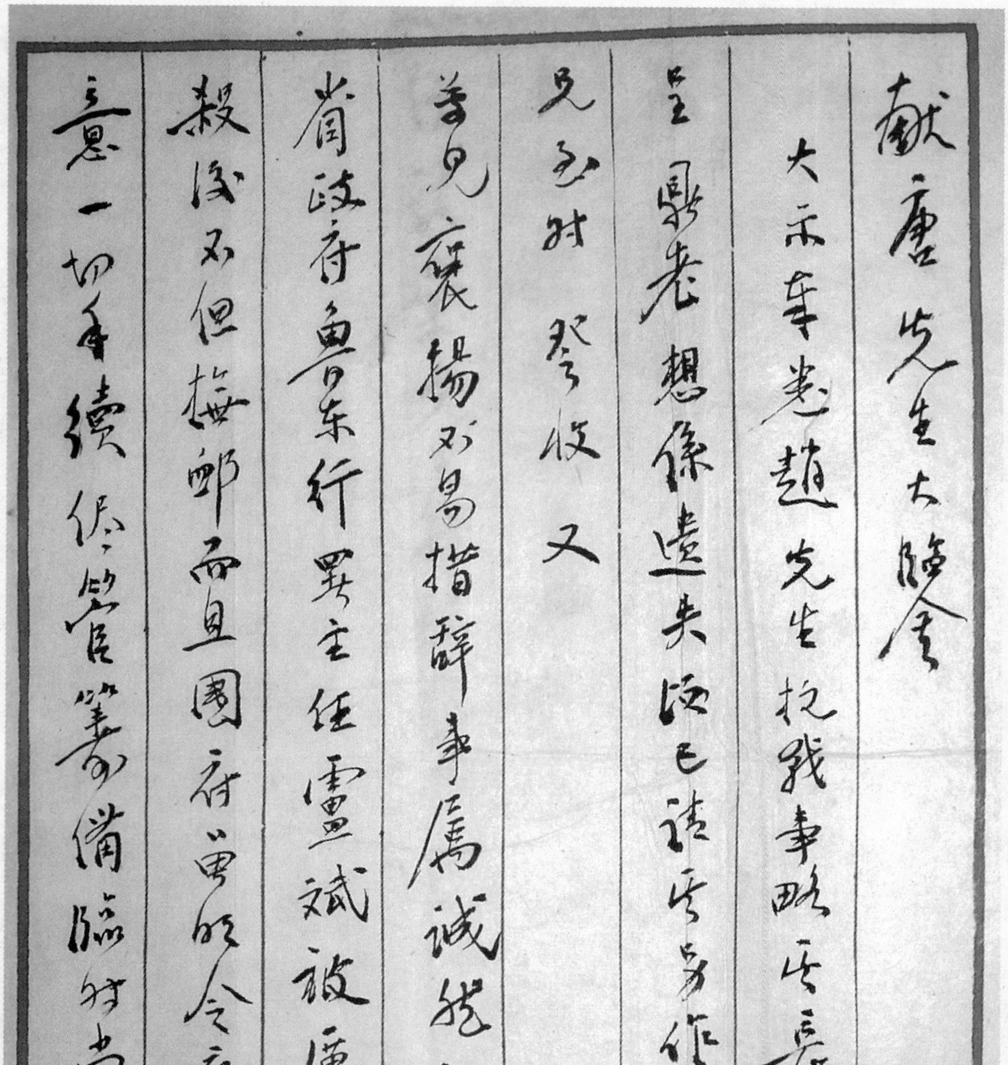
獻唐先生大鑒：
大示奉悉。趙先生抗戰事略，承長公子已草
呈覽，卷想係遺失，兹已請其另作，速寄呈
兄處，祈察收。又
孝兄褒揚不易措辭，事屬職能，但去歲山東
省政府魯東行署主任盧斌被厲文禮部擒
殺，後不但撫卹，而且國府曾明令褒揚之，弟
意一切手續，係經管籌備，臨時尚可省去也

第一稿誌

先根據趙先生畢生大事作一簡單扼要之
任該葉先生轉陳鈞裁特予優卹子女
教養費及常年撫卹，列舉於另案，以備提請撫
卹委員會以辦理，兹將詳細事蹟列供參撫卹
委員會用之第一步，要求亦須述明係根
據沈主席來一電（此一電弟收存）有事實可據
措辭生動，沈痛，自易引人同情，而趙先生有

張紫雛

白髮老父弱妻幼子，的係實情也。諒

兄遠々將信轉寄來，再與子杜、啓江共同斟酌意

見，以淋漓若久，熱情依減，以事略為

兄帶去，故屢次積勞

諸神，爲歉。

專此順頌

著祺

弟 張榮錕 謹啓 七月二日

一百〇四　鄒樹椿 書二通

書第一通

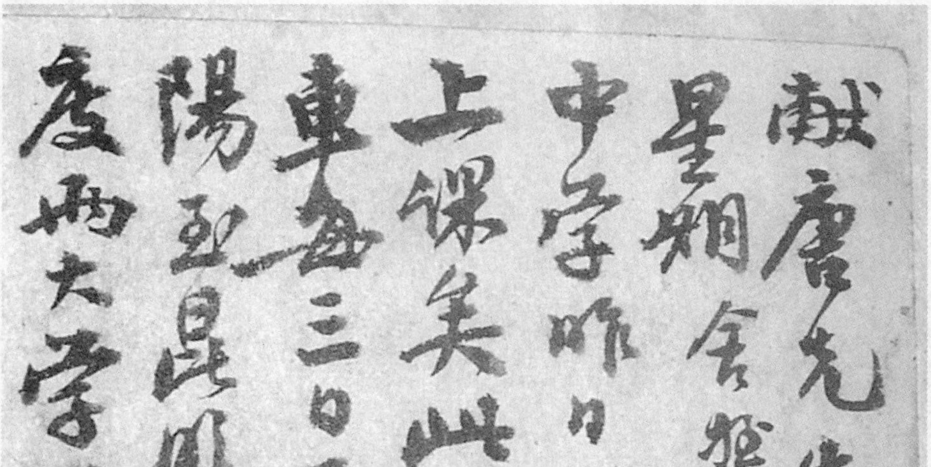

獻唐先生座右：到此已三星期，舍姪幸改入南開中學，昨日已搬到校內上課矣。此間到貴陽汽車每三日通行一次，由貴陽到昆明亦甚便。中央、金陵兩大學距城在三十

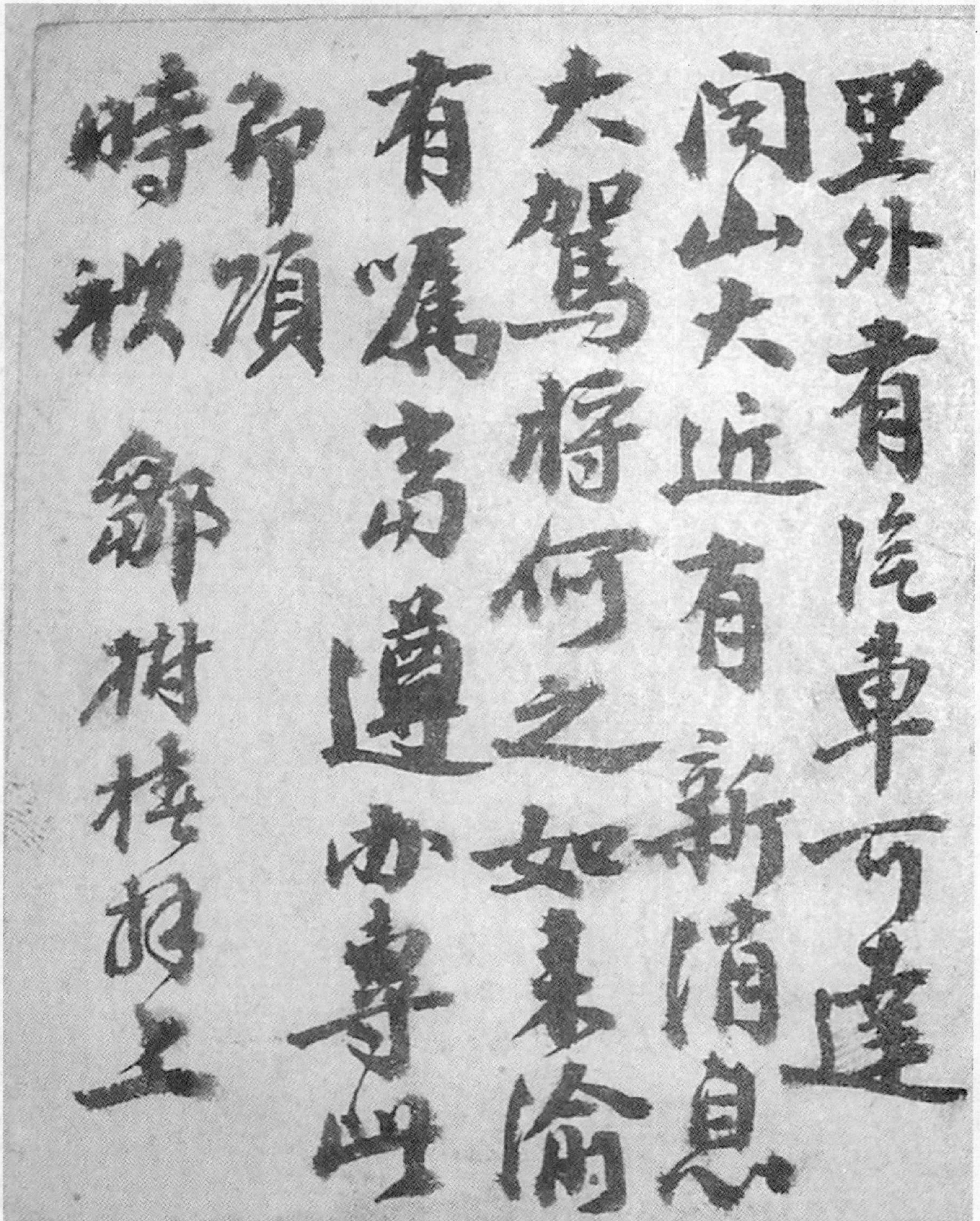
里外有汽車可達
蘭山大近有新消息
大駕將何之如來倫
有屬寫遵亦專此
即頌
時祺　鄧樹楠上

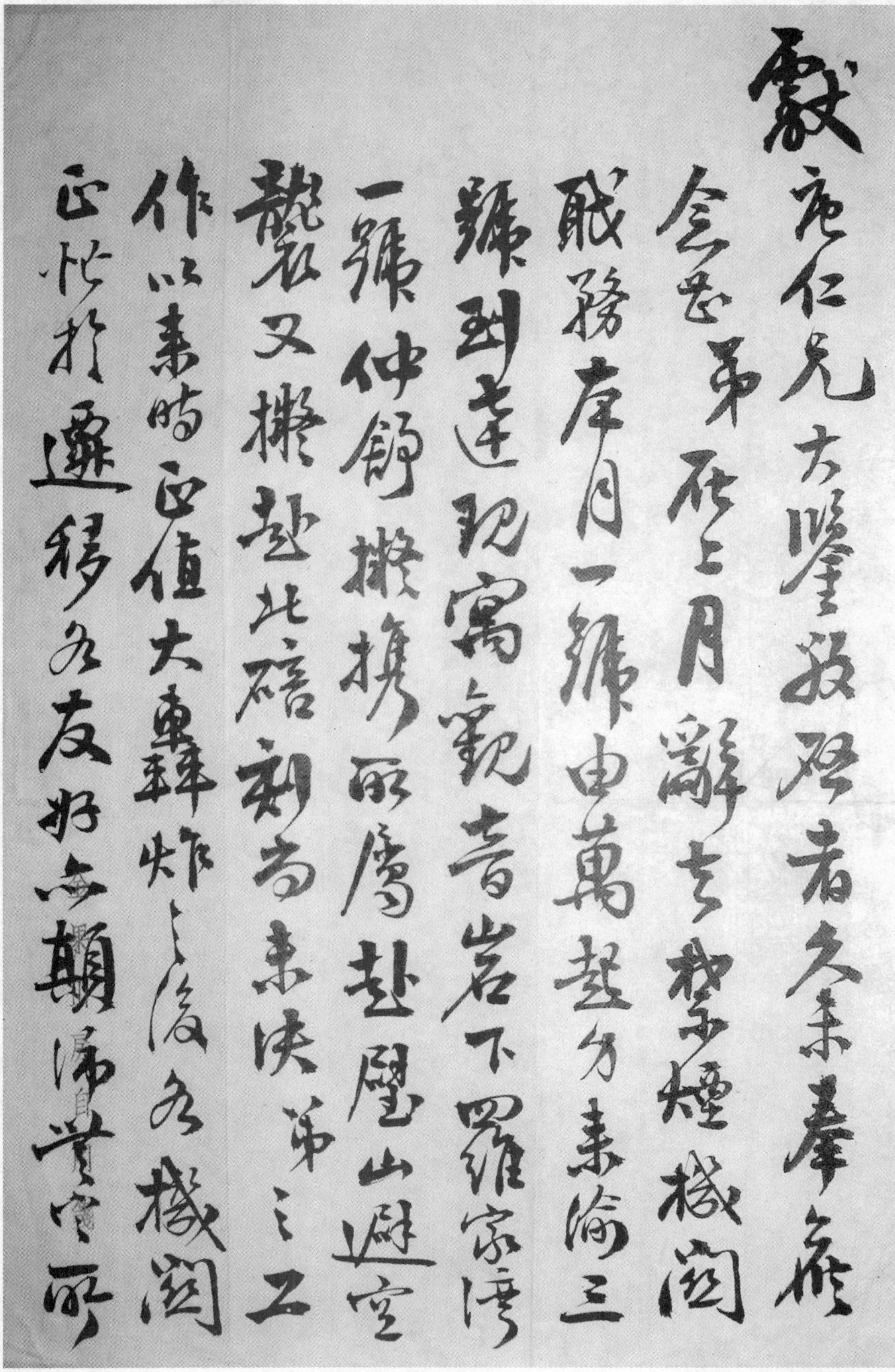

叔庇仁兄大鑒：敬啓者，久未奉候，殊念甚。弟於上月辭去粹華煙機關職務，於本月一號由萬起身來渝，三號到達。現寓觀音岩下羅家灣一號。仲鈞擬携所屬赴璧山避空襲，又擬赴北碚，刻尚未決。弟之工作，以來時正值大轟炸之後，各機關正忙於遷移，各友好無暇為弟覓所

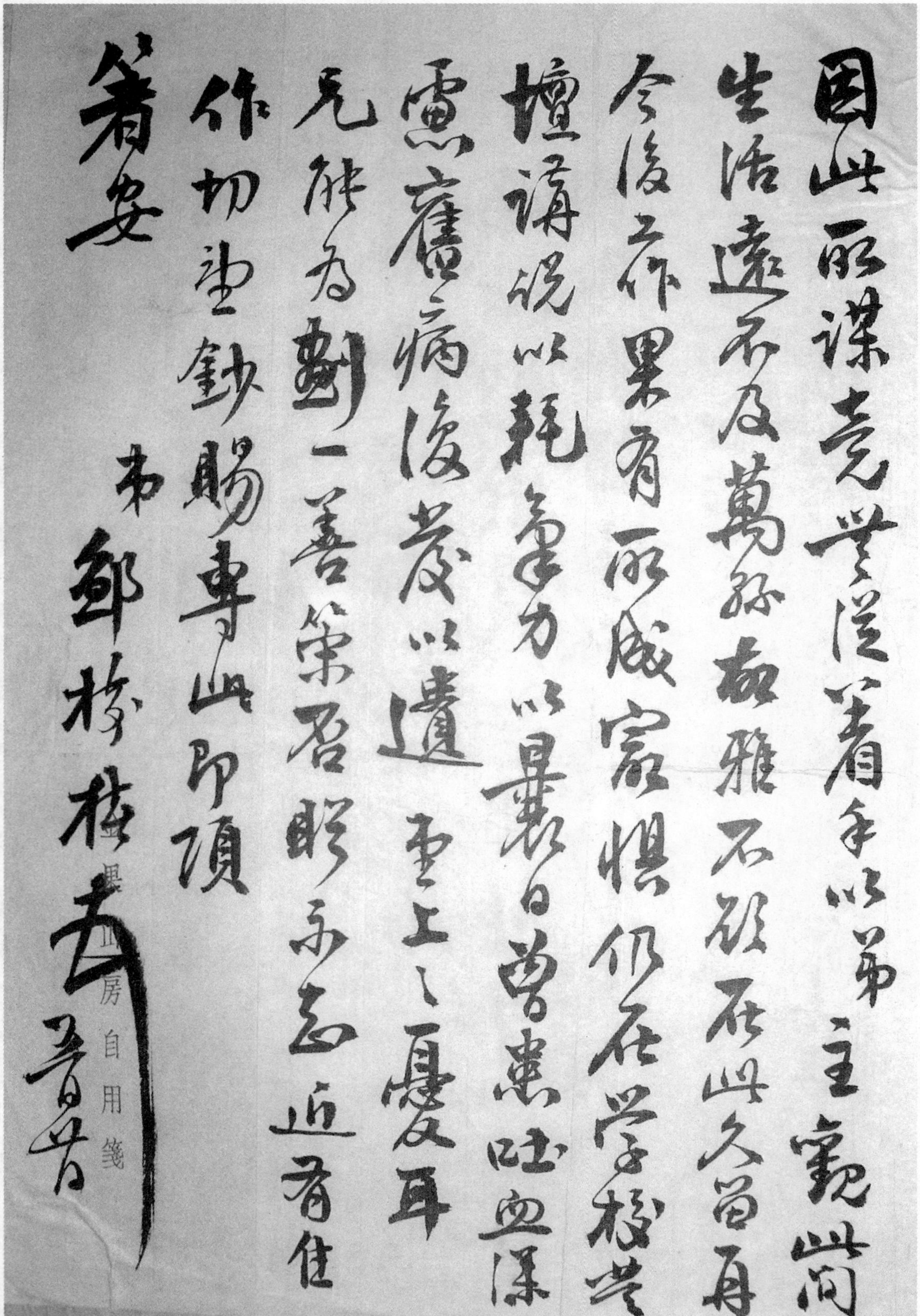

因此所謀竟無從着手，以弟主觀尚生活，遠不及萬縣，故雅不能在此久留耳。今後亦作果有所成，家懼仍在學校共壇講說，以耗氣力，以畢歲月。曾患吐血，深慮癃病復發，以遺重上之憂耳。兄能為劃一善策否？盼示知。近者佳作，切望鈔賜。專此，即頌
著安
弟鄧樣桂去 [illegible]

一百〇五 萬方

書四通 封四件

書第一通

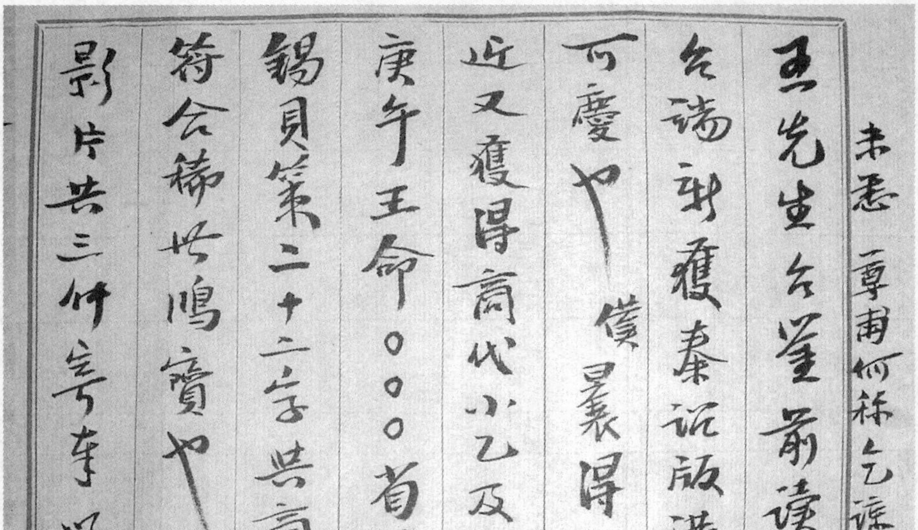
王先生台鑒前讀上海小日報誌（未悉尊甫何稱乞諒之）
台端新獲秦詔版漢石刻等件甚爲文化大
可慶也僕曩得陳簠齋舊藏詔版精絕（二十六年）
近又獲得商代小乙及武丁時代之玉策刻文曰
庚午王命○○○首非田の晶在二月作冊友史
錫貝策二十二字其商代（庚午）父乙具款識文字完全
符合稀世鴻寶也茲將各拓圖及玉策攝
影片共三件寄奉以供

同好惟篆文王命二字合文之下三字不可識
先生廣博饒加詮釋
指教尤為感盼專此順頌
公安
萬方頓首 五．十八

浙江甯波公安局第四分局長
萬方
伯先 浙江上虞

書第二通

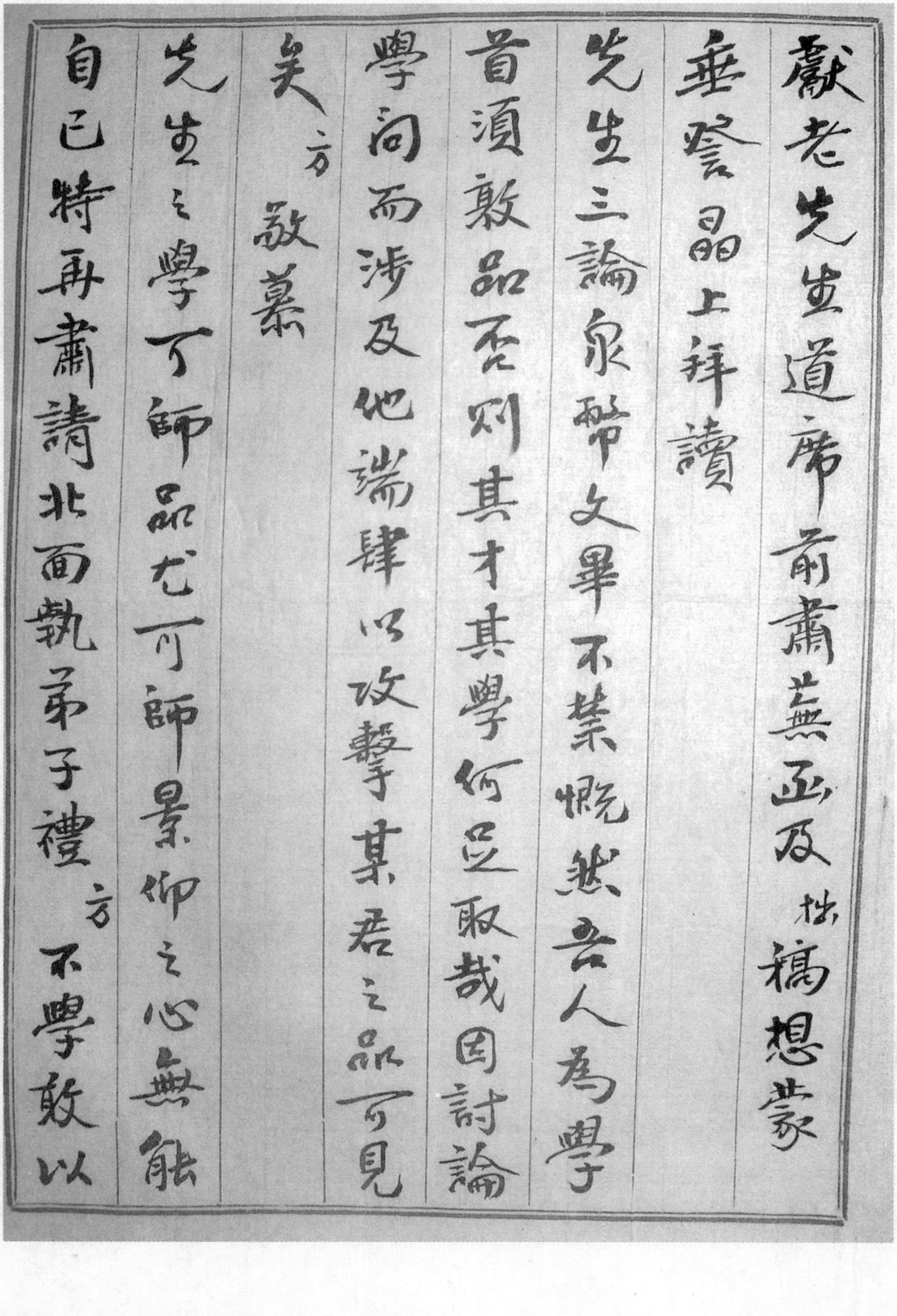
獻老先生道席前肅蕪函及拙稿想蒙
垂詧晶上拜讀
先生三論泉幣文畢不禁慨然吾人為學
首須敦品否則其才其學何足取哉因討論
學問而涉及他端肆以攻擊某君之品可見
矣方敬慕
先生之學可師品尤可師景仰之心無能
自已特再肅請北面執弟子禮方不學敢以

品勉望

先生鑒其誠而

教誨之北諸明湖不勝依瞻專肅敬請

道安不恭 後學 萬方謹肅 十月廿五日

前呈之稿可用否 方又稟

書第三通

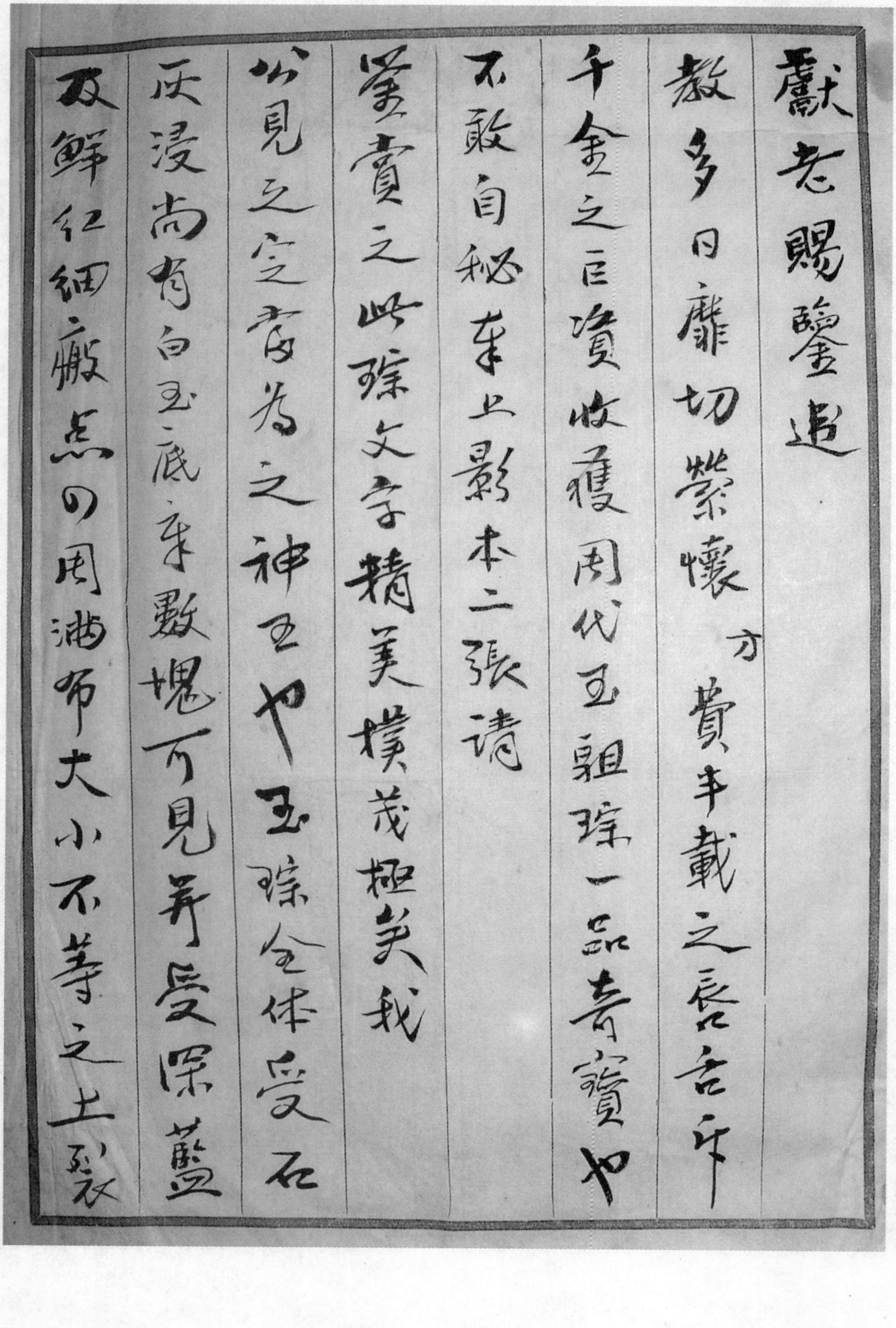
獻老賜鑒追
教多日靡切縈懷 方 貴手載之長言斥
千金之巨資收獲周代玉組琮一品奇寶也
不敢自秘來上影本二張請
鑒賞之此琮文字精美樸茂極矣我
公見之定當為之神王也玉琮全體受石
灰浸尚有白玉底來數塊可見其受深藍
及鮮紅細瘢點四周滿佈大小不等之土裂

紋及如虫蛀之爛蝕孔色浸濃厚如酥嫩白如乳玉面色紫豔腴光采煥發精神奕奕以石灰浸而論亦屬無上上乘真足令人愛不釋手而看不厭也琮為鎮海李氏所藏其先人自山西得來冷擱不知幾何年矣去秋流出外向為甬上某筆家所得居為奇貨確有奇可居索值五千金才與之磋商刻讓三反四覆不計次數卒於日前成交費千金不足道費心思

口舌殊難計算笑我
以得毋笑其癖玉成癖乎附耳 杜作乞
教正爲荷
錫以鴻詞爲時賢生色爲感請于肅叔請
道安 小學弟 寸上言
先生去冬在銅山時見之玉自荷
來係省峽谿地友人物色亦不見其物想爲提足手
先得矣

頃奉
環雲拜領一一
貴館藏品精美無匹足徵哉
公之真知灼見不同凡俗比也愙齋集古
錄等書所述無緣寓目何處出版能以購售
覆示
見告否弟、藏詔版銅質精絕朱翠鮮豔
奪人心目微見水銀古寶光燦然作偽者

雖工缺不能至此，以銅質色澤及刻文之精緻斷之，可信其非贋品也。尊拓極緻，墨色亦佳妙無儔，試用何種墨類及搨本手術，還請賜教，不勝拜禱之至。

獻唐先生道席

弟葉恭綽 五、廿七

拓本祈再賜寄一份，又及。

封第一件

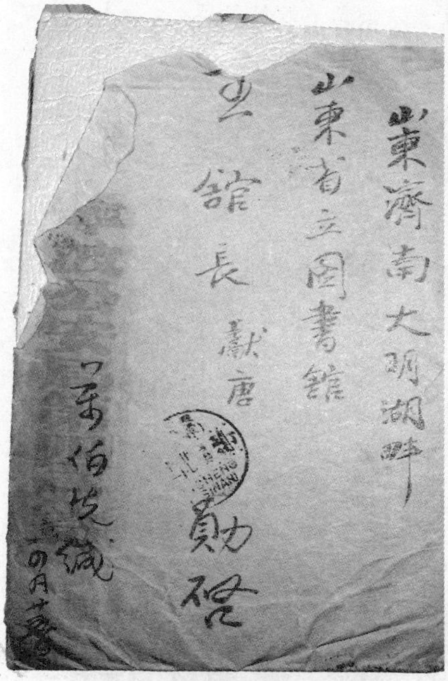

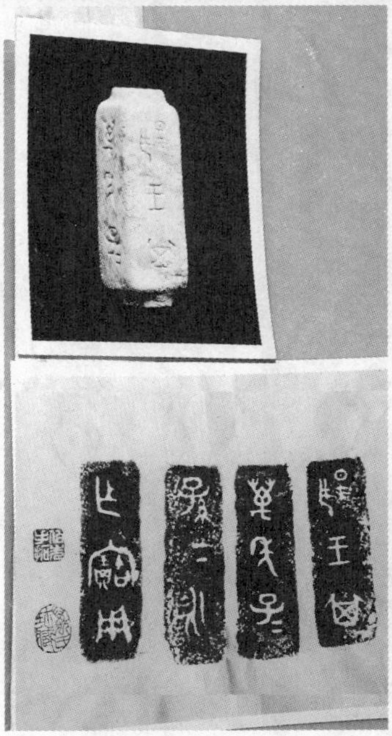

封第二件

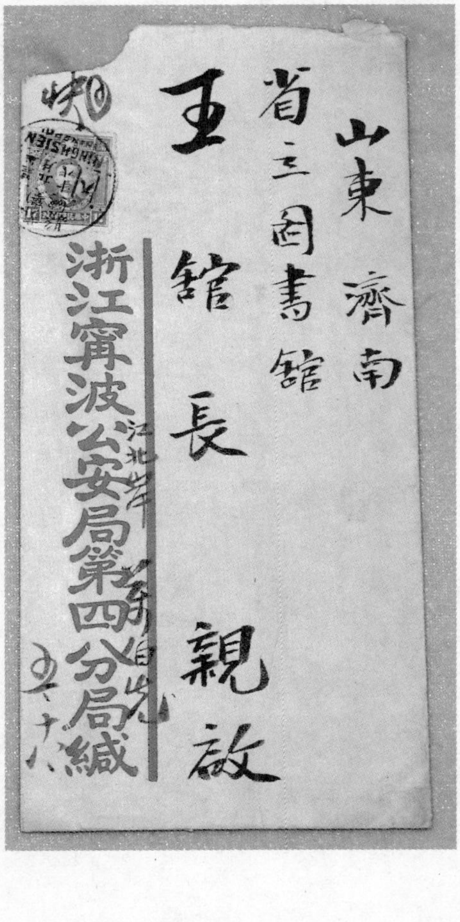

封第三件

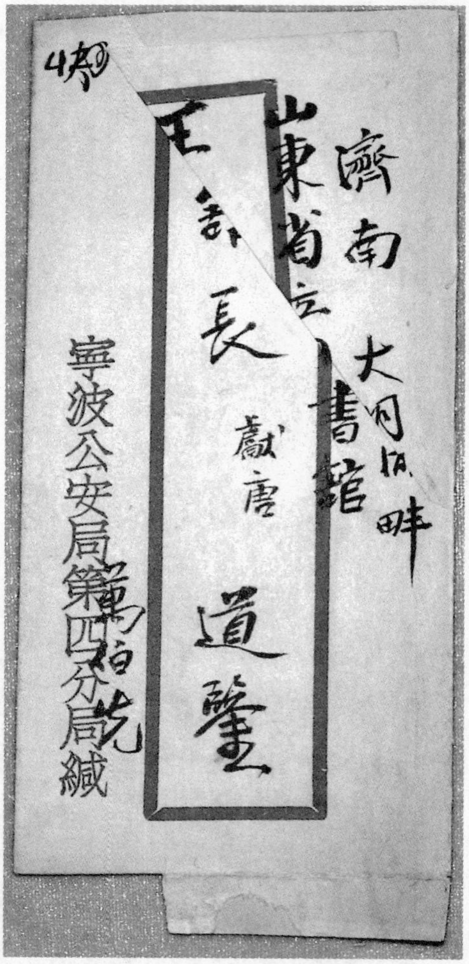
濟南大明湖畔
山東省立圖書館
王館長
獻唐
道鑒
寧波公安局第四分局緘

封第四件

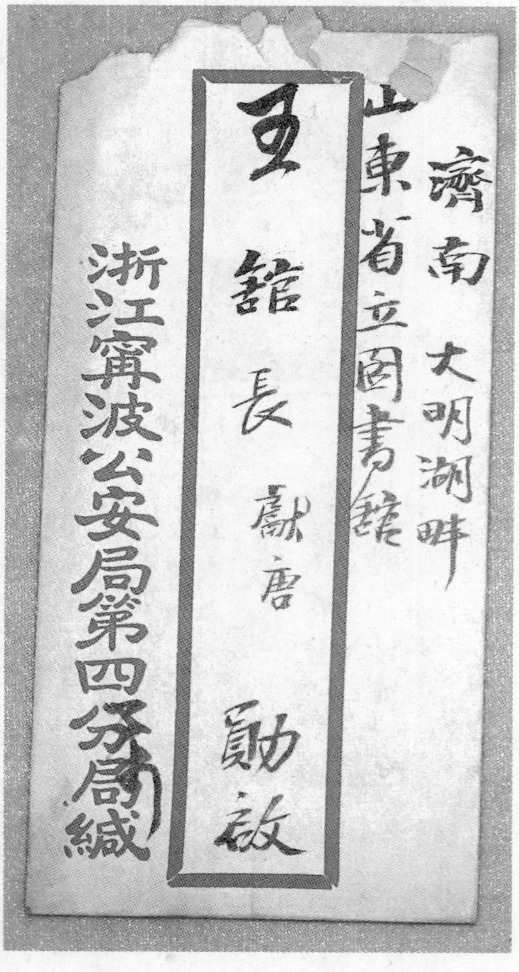
濟南大明湖畔
山東省立圖書館
王館長
獻唐
勛啟
浙江寧波公安局第四分局緘

一百〇六 張蘊藻 書一通

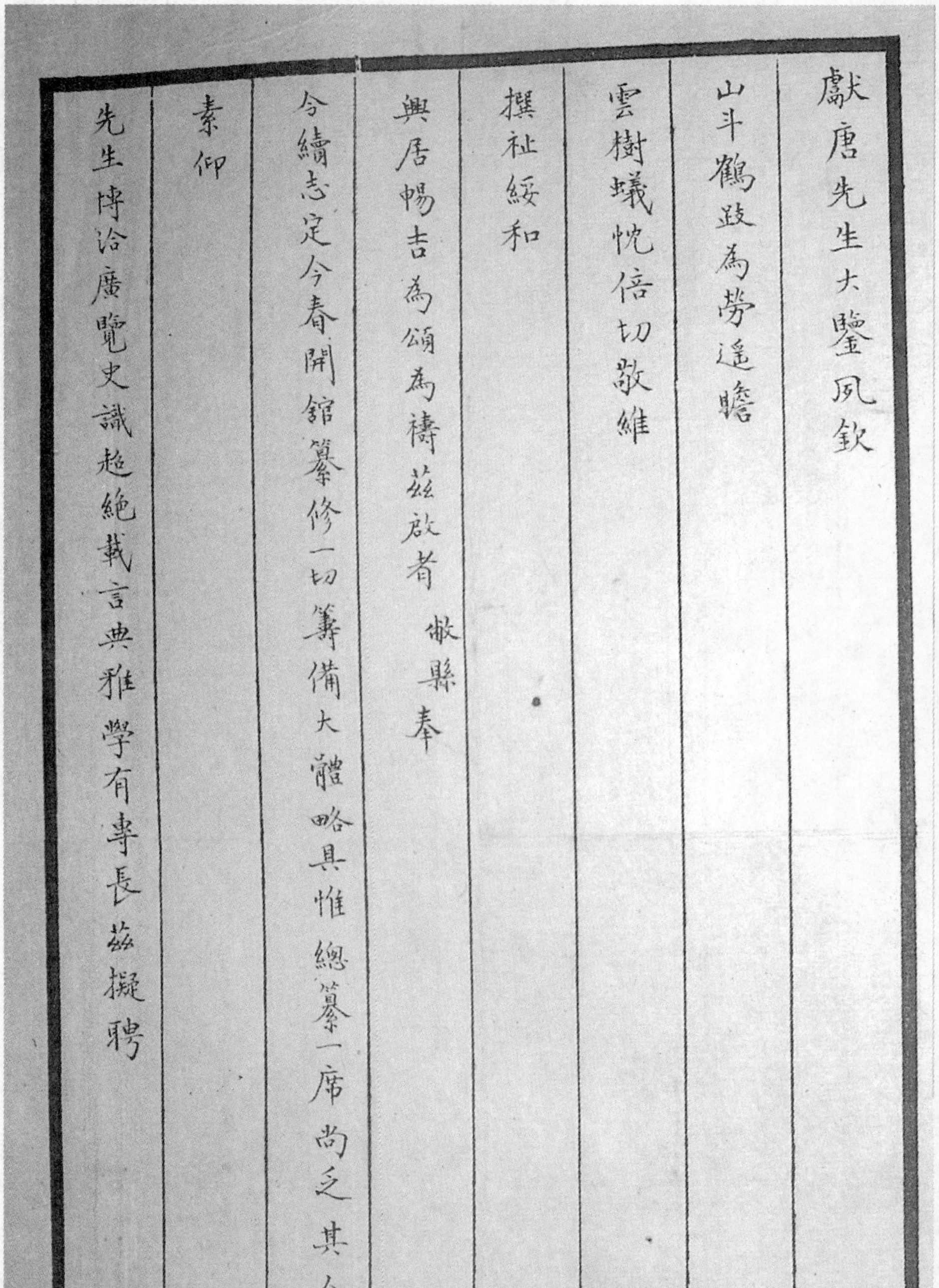
獻唐先生大鑒夙欽
山斗鶴跂爲勞遥瞻
雲樹蟻忱倍切敬維
撰祉綏和
興居暢吉爲頌爲禱茲啟者 敝縣奉
今續志定今春開館纂修一切籌備大體略具惟總纂一席尚乏其人
素仰
先生博洽廣覽史識超絕載言典雅學有專長茲擬聘

先生為敝縣續志總纂領導羣彦指示徑途以如椽之筆卓越之見為最
後之裁可夙知
先生稽古右文重視方志諒不以冒昧見責如蒙允諾使 蘊藻得承詞接席
共同商榷則非獨 蘊藻一人之幸亦淄邑全縣之幸也禱甚感甚專此敬頌
文祺

張蘊藻鞠躬

三月十九日

一百〇七 王愷如 書一通

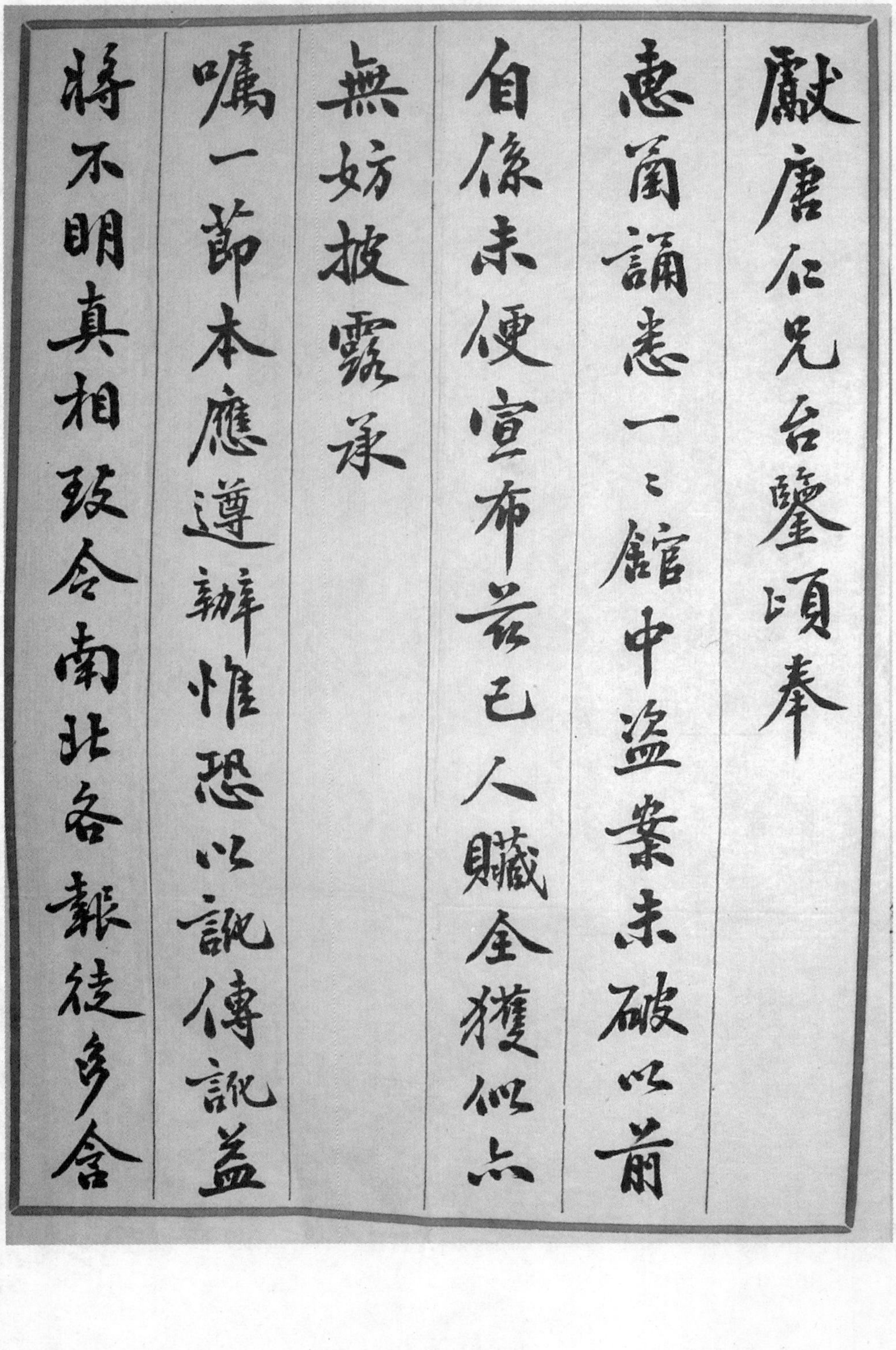
獻唐仁兄台鑒頃奉
惠函誦悉一一館中盜案未破以前
自係未便宣布茲已人贓全獲似亦
無妨披露承
囑一節本應遵辦惟恐以訛傳訛益
將不明真相致令南北各報徒多含

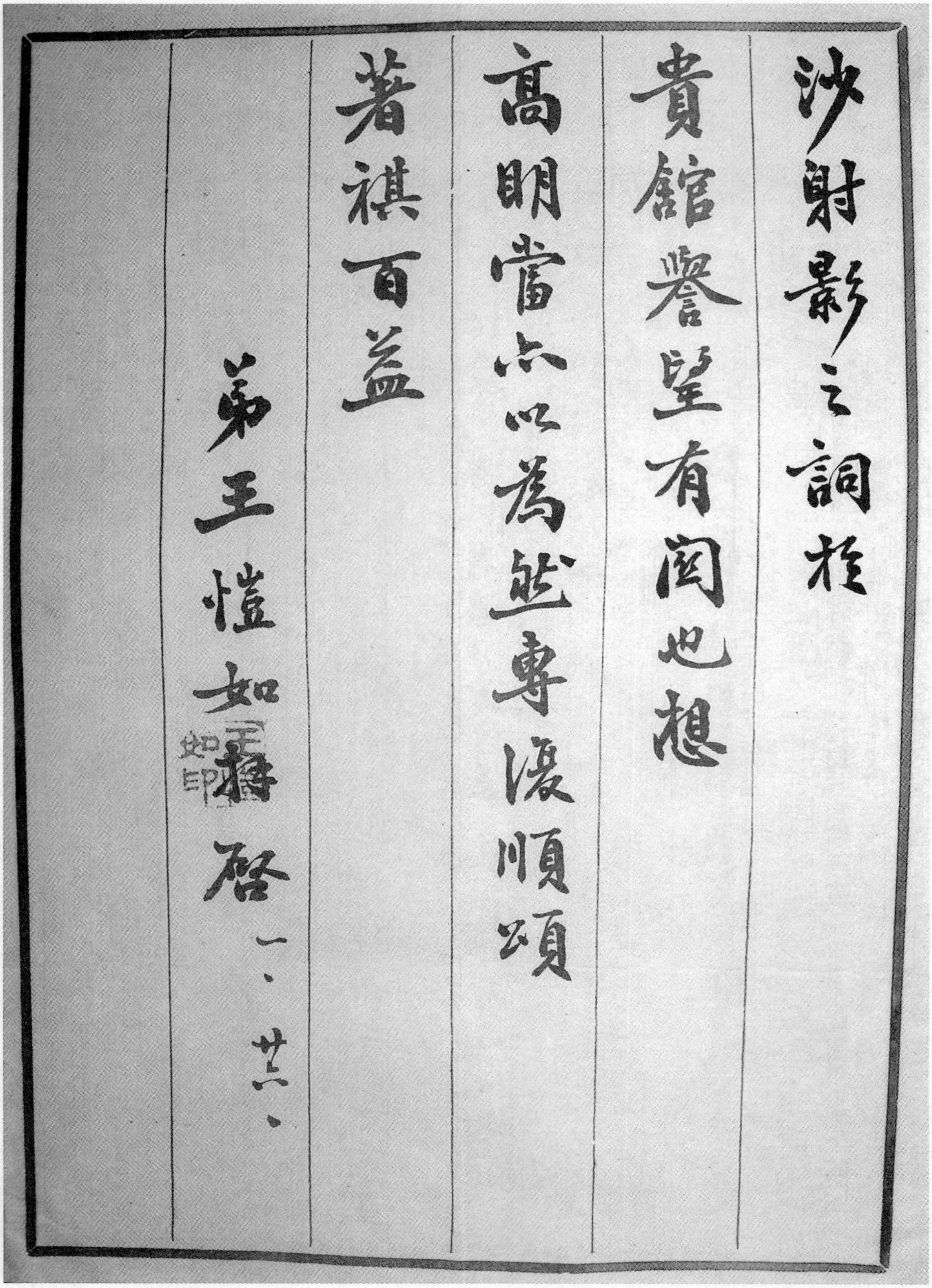

沙射影之詞於
貴館譽望有関也想
高明當亦以為然專復順頌
著祺百益
弟王愷如啓 一、廿六、

一百〇八 張紹堂 書一通 封一件

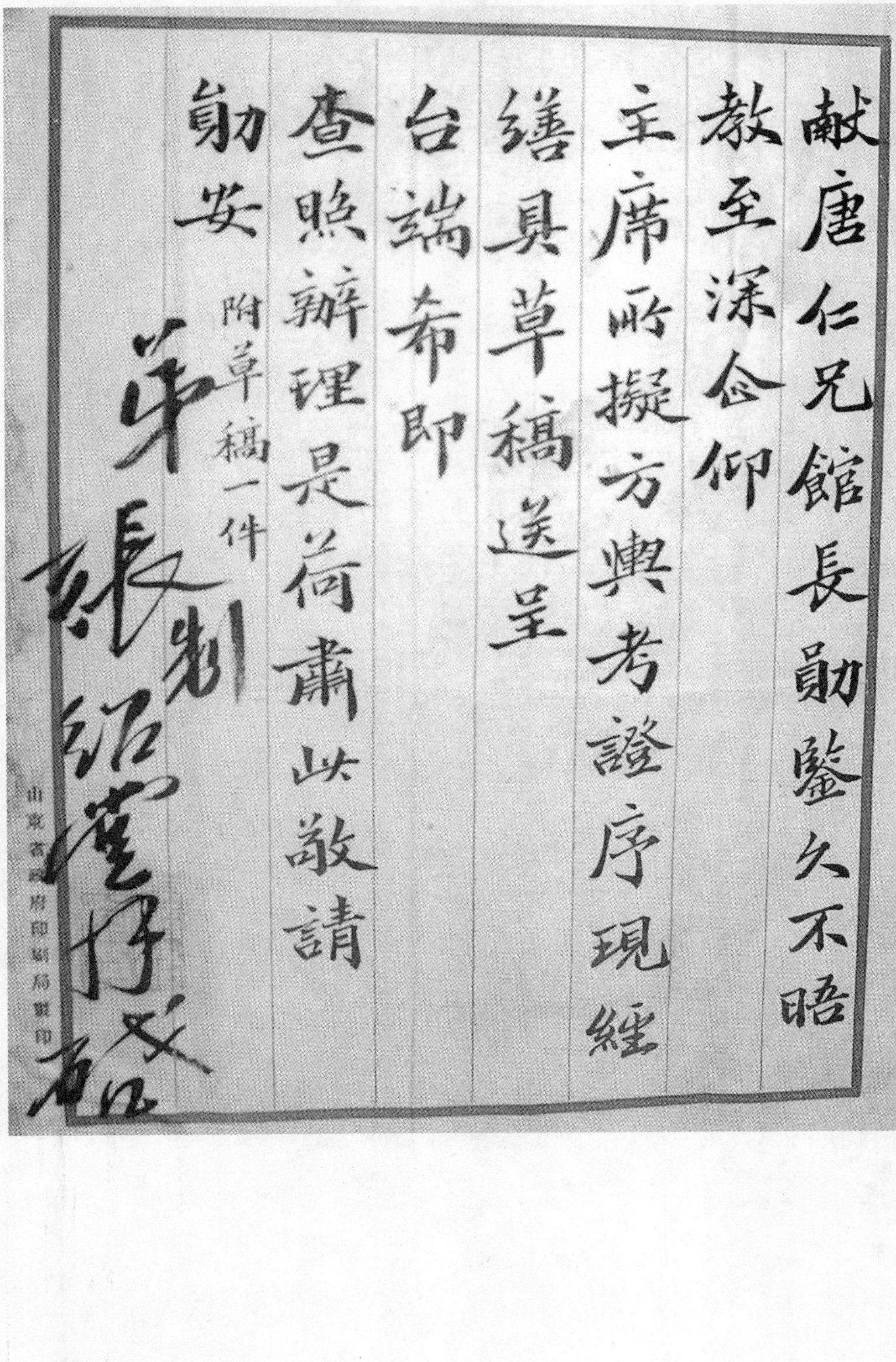

献唐仁兄館長勛鑒久不晤
教至深企仰
主席所擬方輿考證序現經
繕具草稿送呈
台端希即
查照辦理是荷肅此敬請
勛安 附草稿一件
弟張制紹堂拜啟

山東省政府印刷局製印

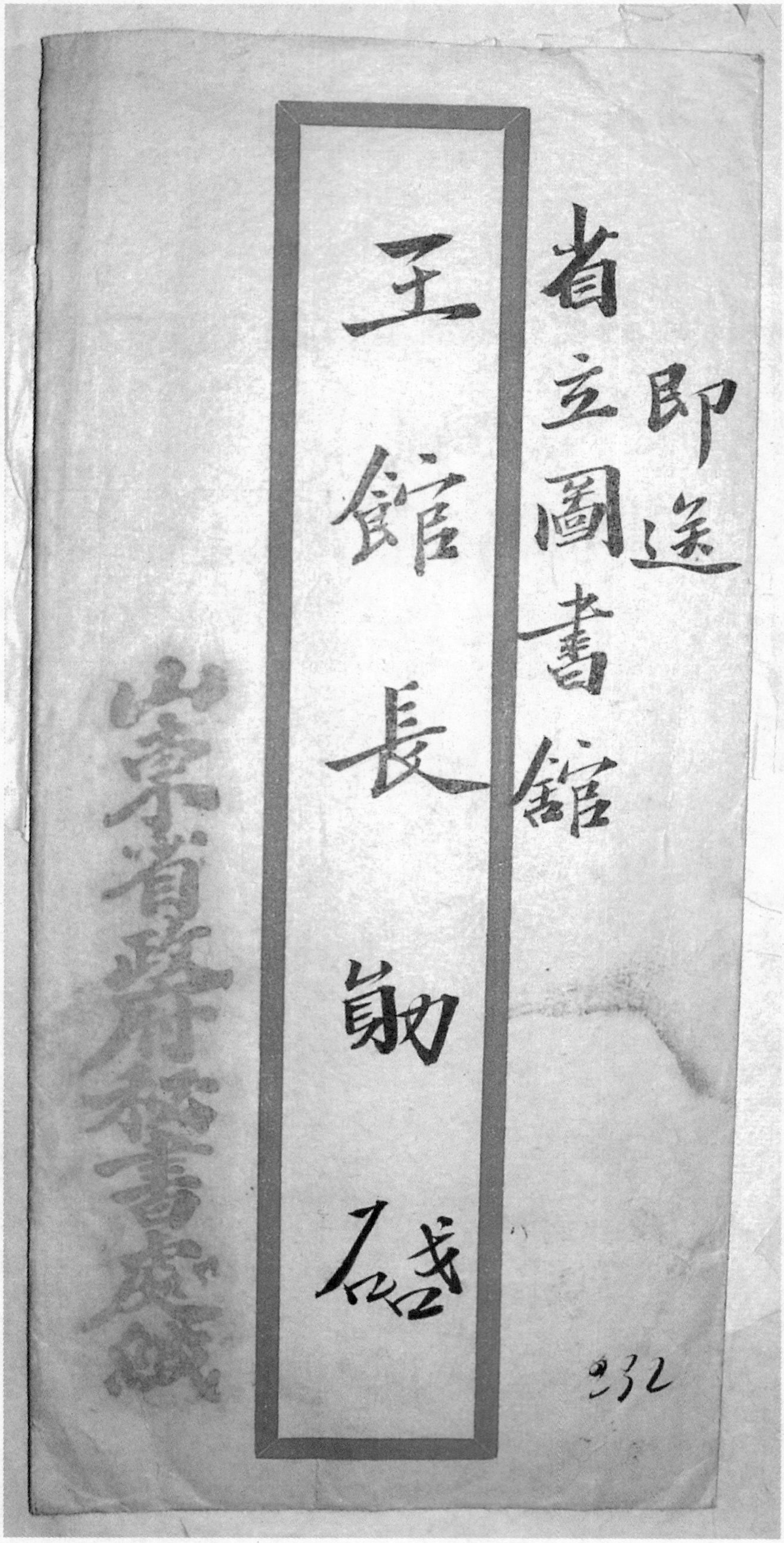
即送
省立圖書館
王館長勛啓
山東省政府秘書處緘
232

一百〇九　朱鏡宙　書八通　封五件

書第一通

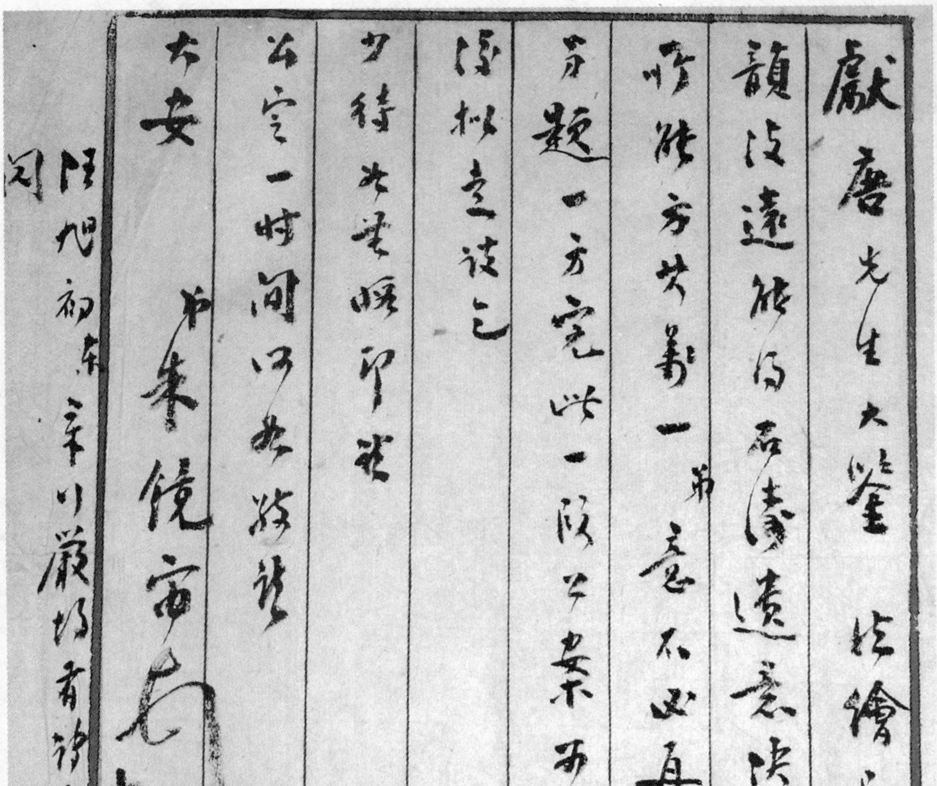
獻唐先生大鑒：昨繪已收到，氣
韻既遠，能得石濤遺意，快甚。佳筆
昨能爲弟畫一幅，意不必再畫，即請
另題一方，完此一段公案而已。來日午
後擬來談，
乞少待。如蒙賜印章，
公空一時間以爲禱。
大安
弟朱鏡宙上　十一、廿六

書第二通

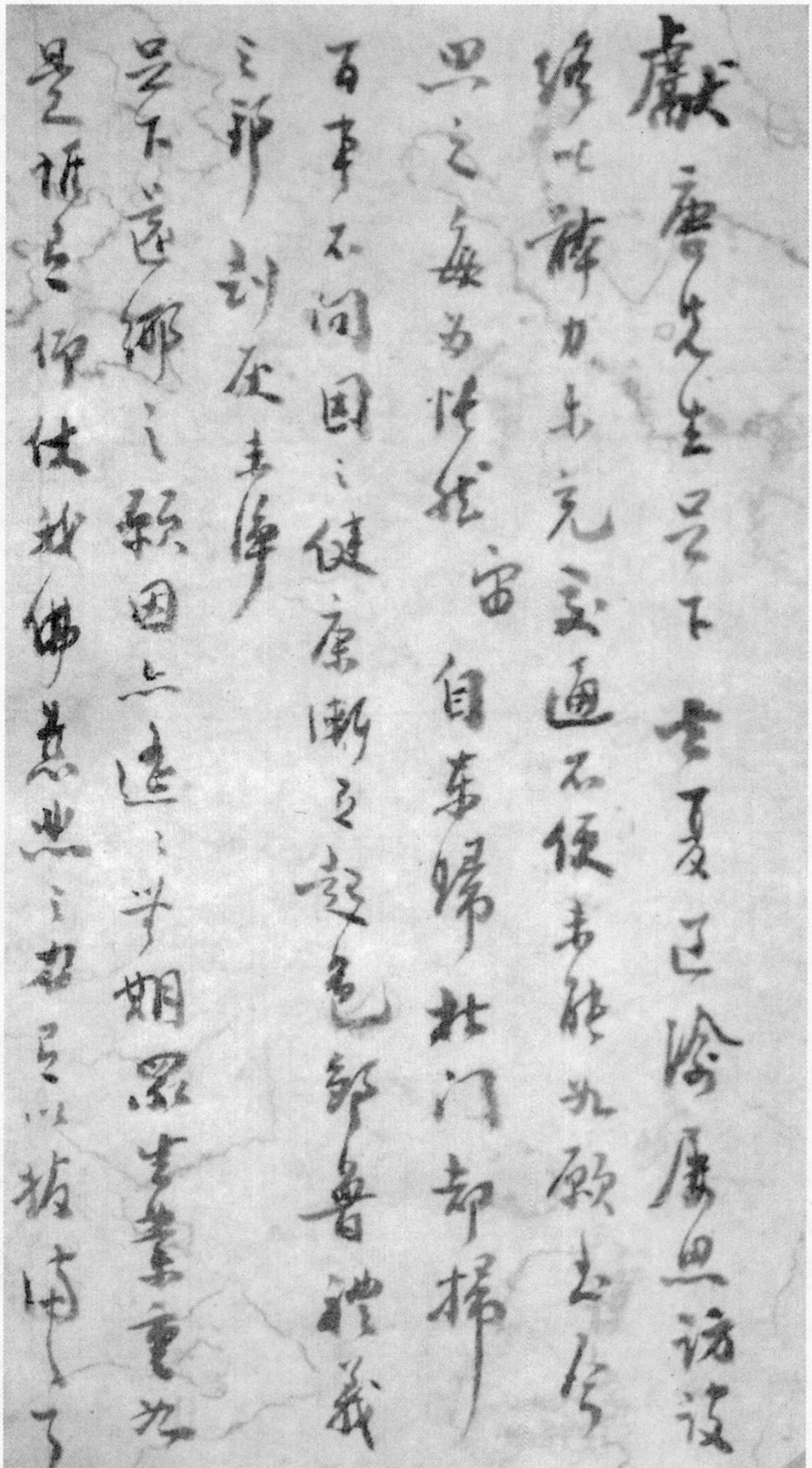

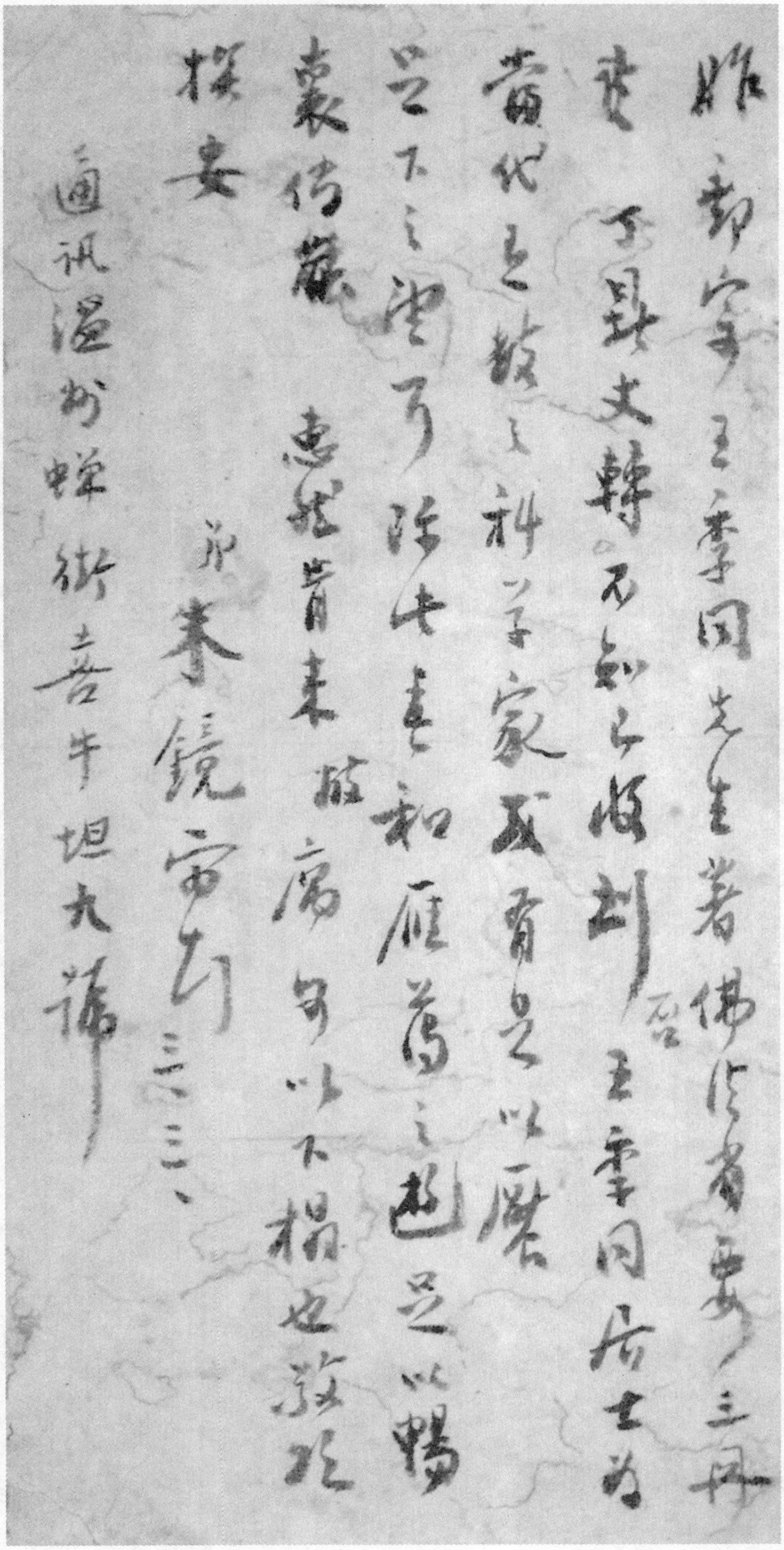
昨郵寄王季同先生著佛法省要三冊
交吳丈轉不知已收到啟王季同居士為
當代之數之科學家亦實是以曆
足下之理可證長春和雁蕩之超足以暢
懷結藏 惠然肯來擬屬句以下楊如茲
撰安 弟朱鏡宙頓首 三月三日
通訊處蘇州街喜牛坦九號

書第三通

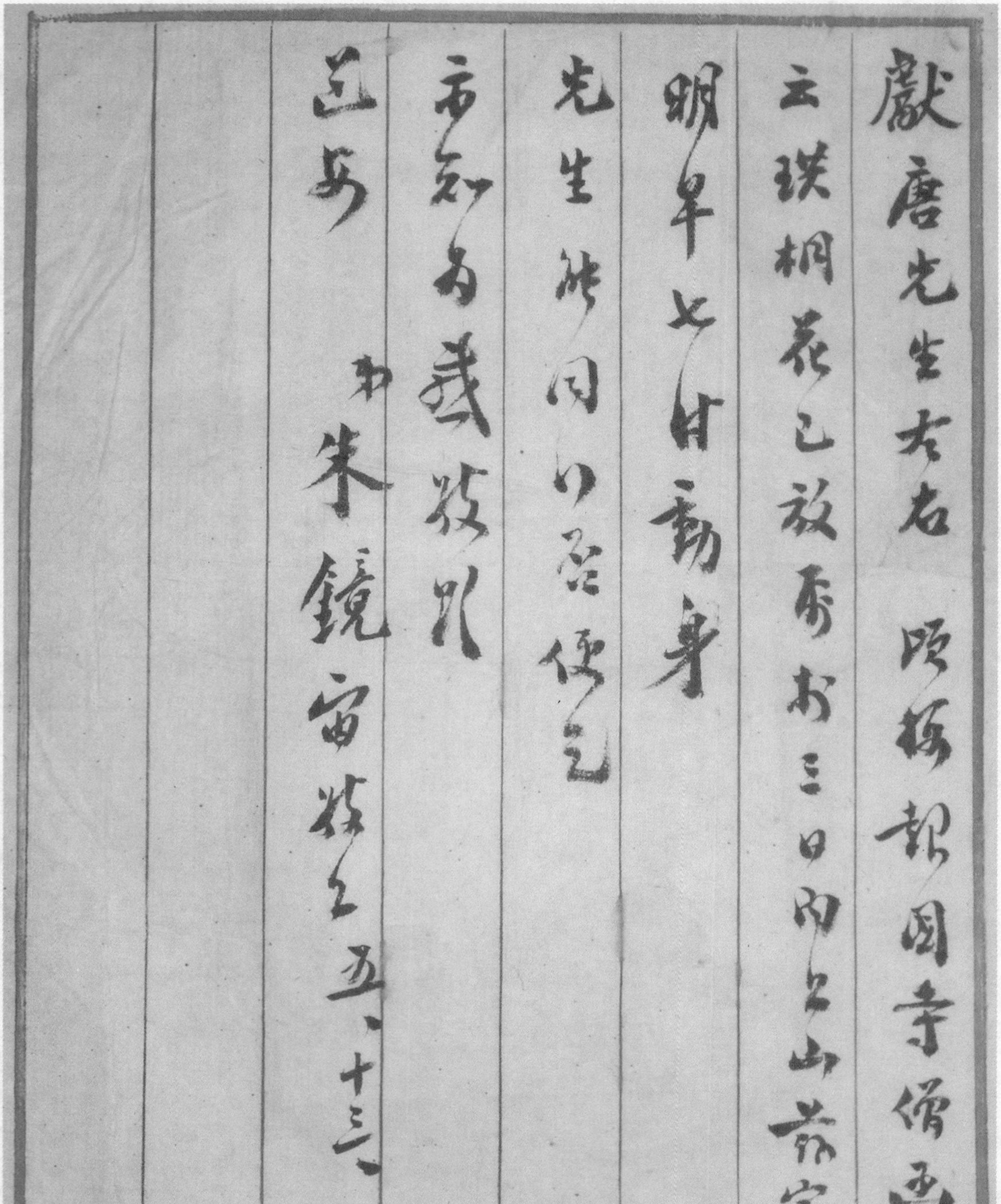

獻唐先生左右　頃接報國寺僧函
云珙桐花已放，務於三日內上山遊覽
明早七時動身
先生能同行否？便乞
示知爲感。敬頌
近安　弟朱鏡宙頓首　五、十三

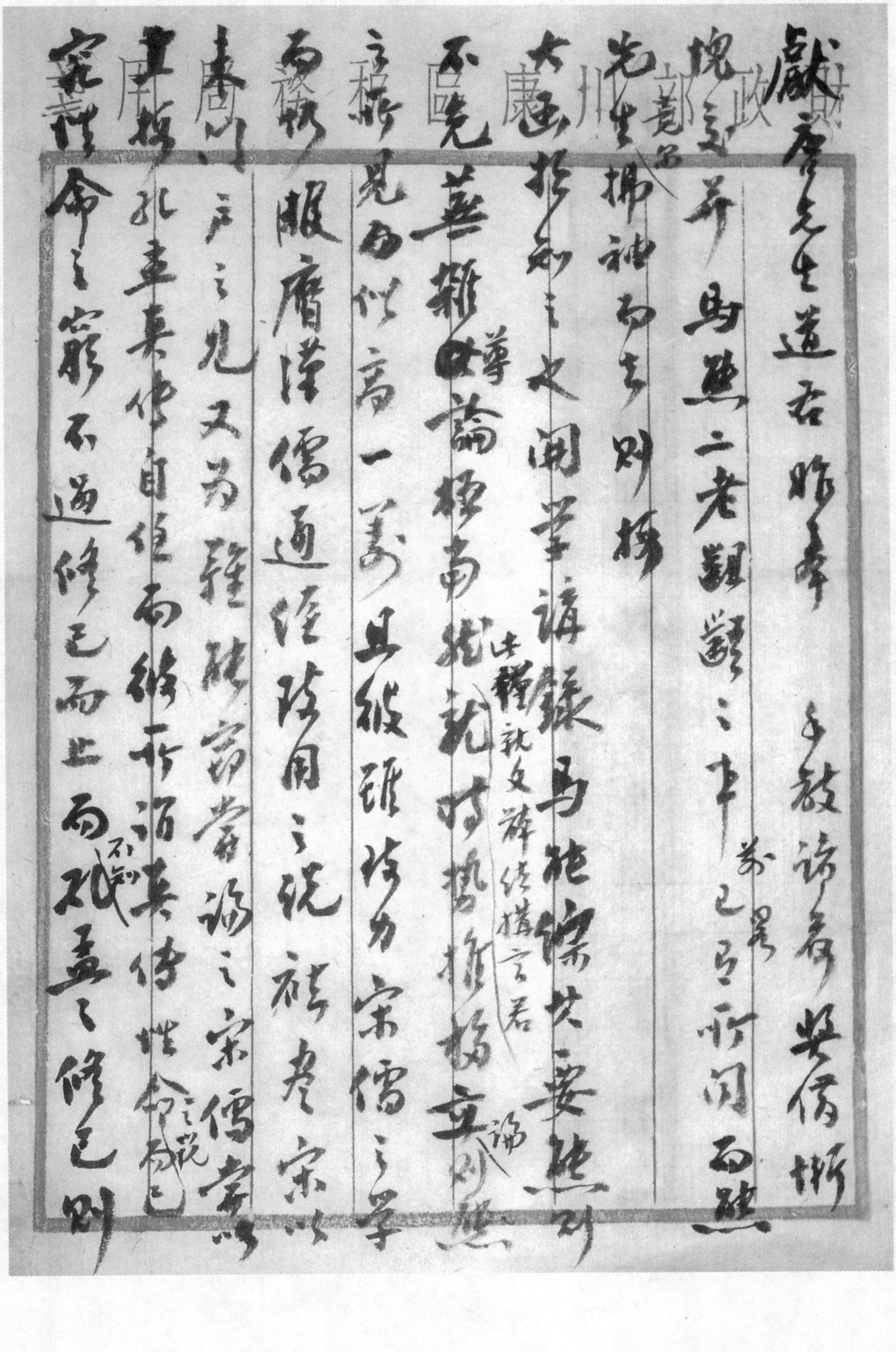

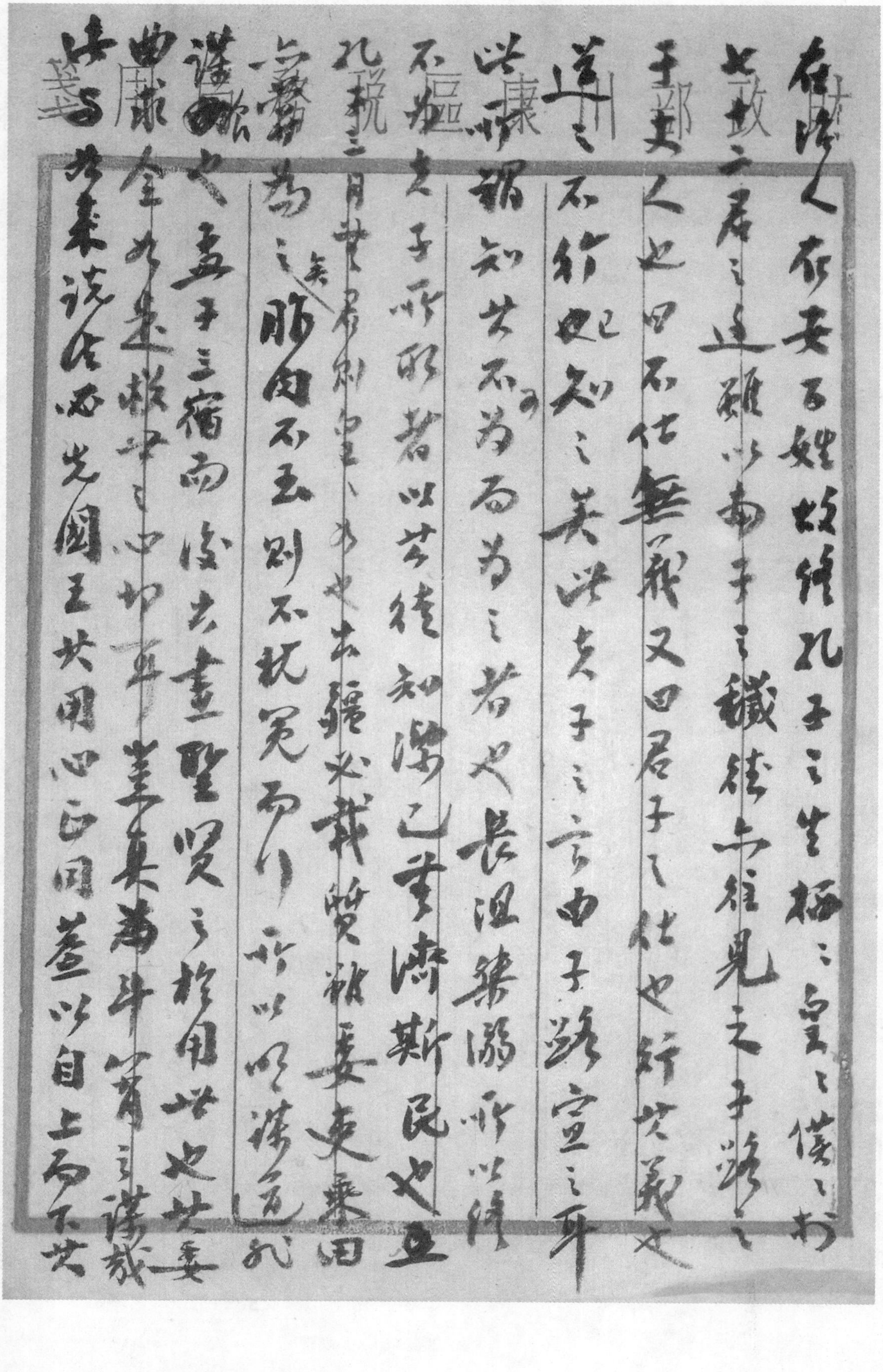
在陳人亦安可雖然維孔子之生極之皇之後之於
七歲之君之道雖以為孔子之識能知往見之子路之
王者之也曰不仕無義又曰君子之仕也行其義也
道之不行已知之矣此夫子之言由子路宣之耳
此所謂知其不可為而為之者也長沮桀溺所以譏
不知夫子所能若以其徒知[illegible]己者濟斯民也且
孔子[illegible]三月無君則皇皇如也出疆必載贄被要吏乘田
與[illegible]為之矣胙肉不至則不稅冕而行所以明[illegible]
[illegible]之[illegible]孟子之三宿而後去盡聖賢之於用世也其要
由[illegible]全於出處中之心切非其本為身計之謀哉
[illegible]未說由必先國王其用心正同蓋以自上而下其

財政部川康區稅務局用箋

□勢順而致易，若自下而上，其勢逆而致難。剝除政治，惟一意以孤高抗直，不問世變，獨能揭孔□之真傳，此則長沮桀溺之隱，究其極不過逸民而已矣，豈得謂為孔孟之徒哉。至逸民[苦人]所為已，而處之者也。苟賢者皆為逸民，而坐置生民塗炭而不顧，于己誠則缺矣，其如民胞物與之義何。世之己飢己溺之說乎[何]，且古[聖賢]之所謂治人碩學大經之事，才能兼修，無之統挽，其實也，孔子生乎其後，黃帝唐虞周書周書文武功□□[實]□為之，而上之周禮，上自冢宰，下及山澤之諸官，分職皆在，帝經史，諸子，典制度，纂述大備，試觀靈經無甚

周頌實之所祖述也周公於平武庚之後復營
洛邑為後日宣王中興其本此之謂諸眼光為
何如也中為流言所傷居東三載一旦開言詩史
辛苦矣何如也孔子謂從之學見之哉務不可勝數
盡之言雖不及孔子之盛然帝王而不征諸而不
厲國稅而不征耕者而不稅廛者東里之布九十而
助稅有賦五畝之宅樹墻下以桑五母雞二母彘無失其
財務之田以是耕之 圭田五十畝餘夫二十五畝方里而井
井九百畝其中為公田八家皆私百畝同養公田死徙無出鄉鄉
田同井出入相友守望相助疾病相扶持所以時
材木不可勝用網罟以時斧斤不可勝食 子產聽鄭國之
政以其乘輿濟人於溱洧 孟子謂其惠而不知為政乃

尚謂曰歲十月徒杠成十二月輿梁成民未病涉
也類乎寧之數典忘其字祖之無知妄經也
之鄙為何如也宋儒喋喋於性以性理為尚
謂於了孔孟之秘宗非學祖孔孟於載諸宗之
無關學術殊途歸同宗視儒法以山結異族
之國凌一義莫展此則孝言修己而不論修人之
道公孫醜載以其言激其居以要君或為不足責
任之高論謂痛哭流涕長太息是已痛哭流涕長
太息之謂其計利之謂妻子待饑之謂妾婦之道也
孔孟之多有用我者期月可也三年有成孟子曰以齊
王猶反手也此固儒等所謂彼宋儒所夢受
見哉安儒其無經世之學而又求頌其功於是而

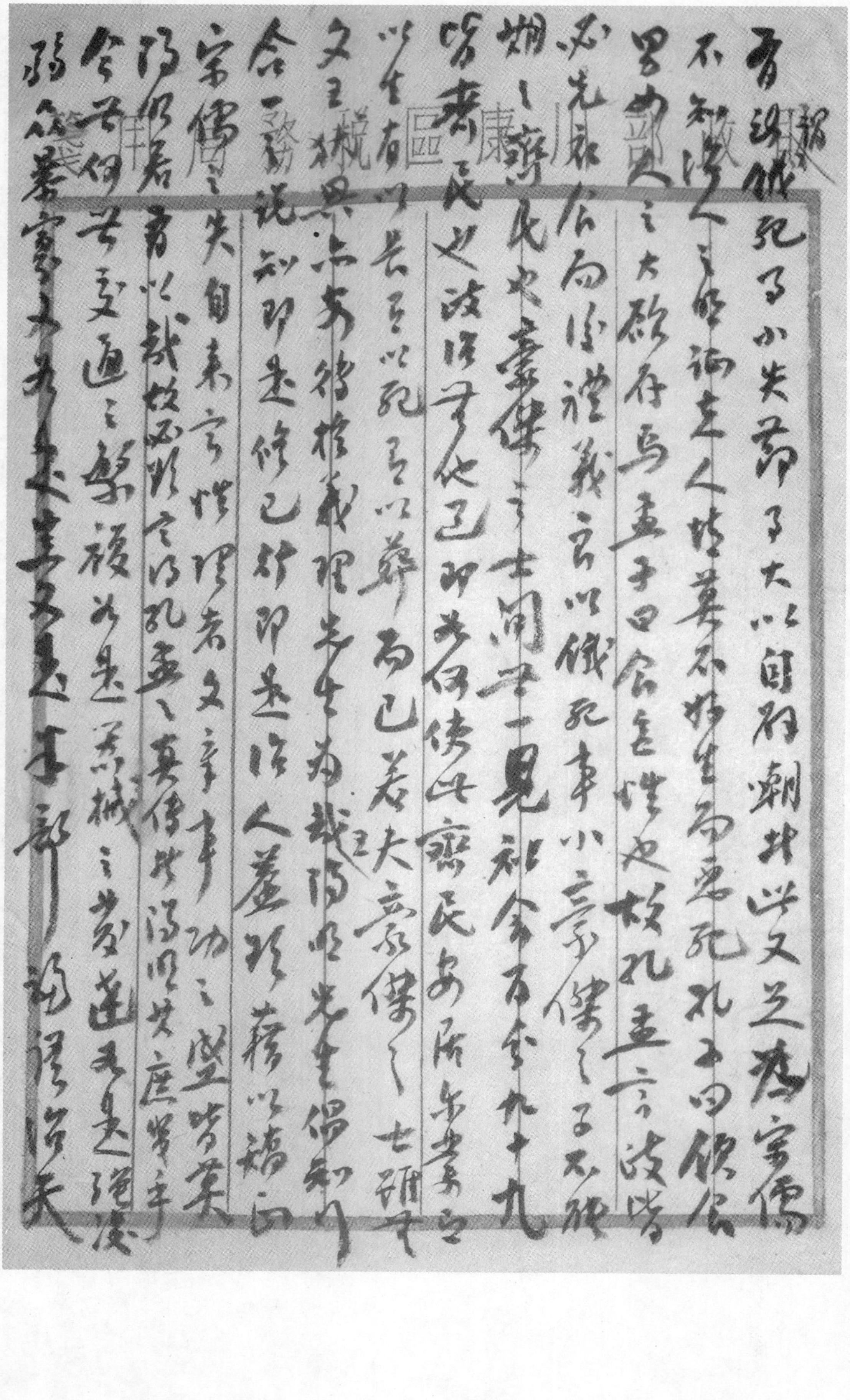

下詳裁使吏部詢語而揚其政太平擬吏狀其
富麿已優為之，未足宗，不甚也，日本小兒亦甚擬
小讚如緯學忌擇，是知為吏部為語之學已
不用以附翻矣，遂不能不及求之於經學之學亦動
理康自然推稿中學為本西學為用之說，厚學
體區用之說倡自先宣懷，郭付經起之人，伏於新
學部吏國故者正以政府學論之新學亦無政為
者之計謂中學為體，修己之要，應以孔孟家
傳務之家是也，西學為體即諸世之要在國語
財務法律國間等之所究之，即人文判度皆應
標用政策是也，以言國防人用武機大砲而我
仍策都弓矢戈矛大刀以禦手人之暫理財政必

朱鏡宙

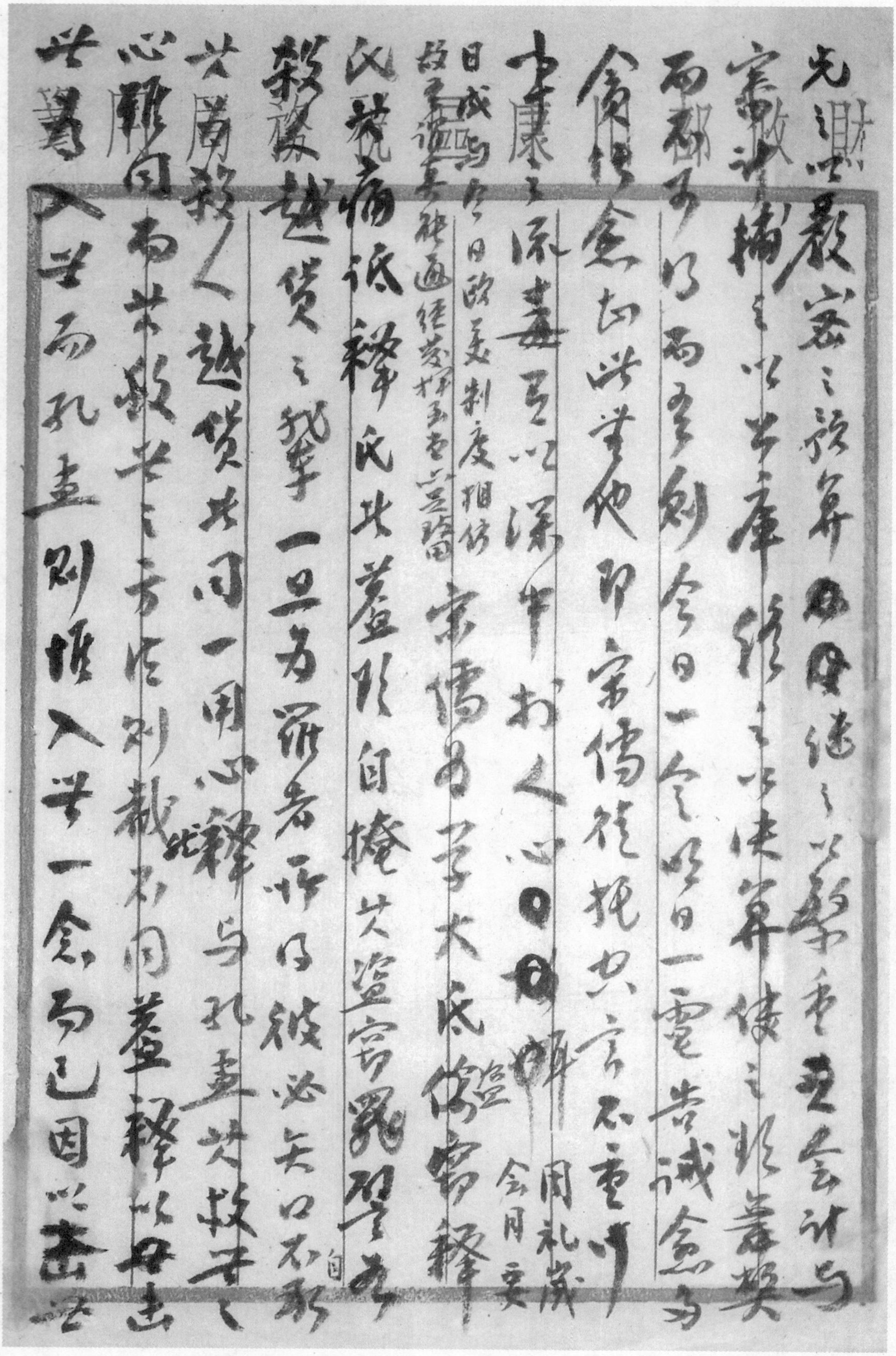

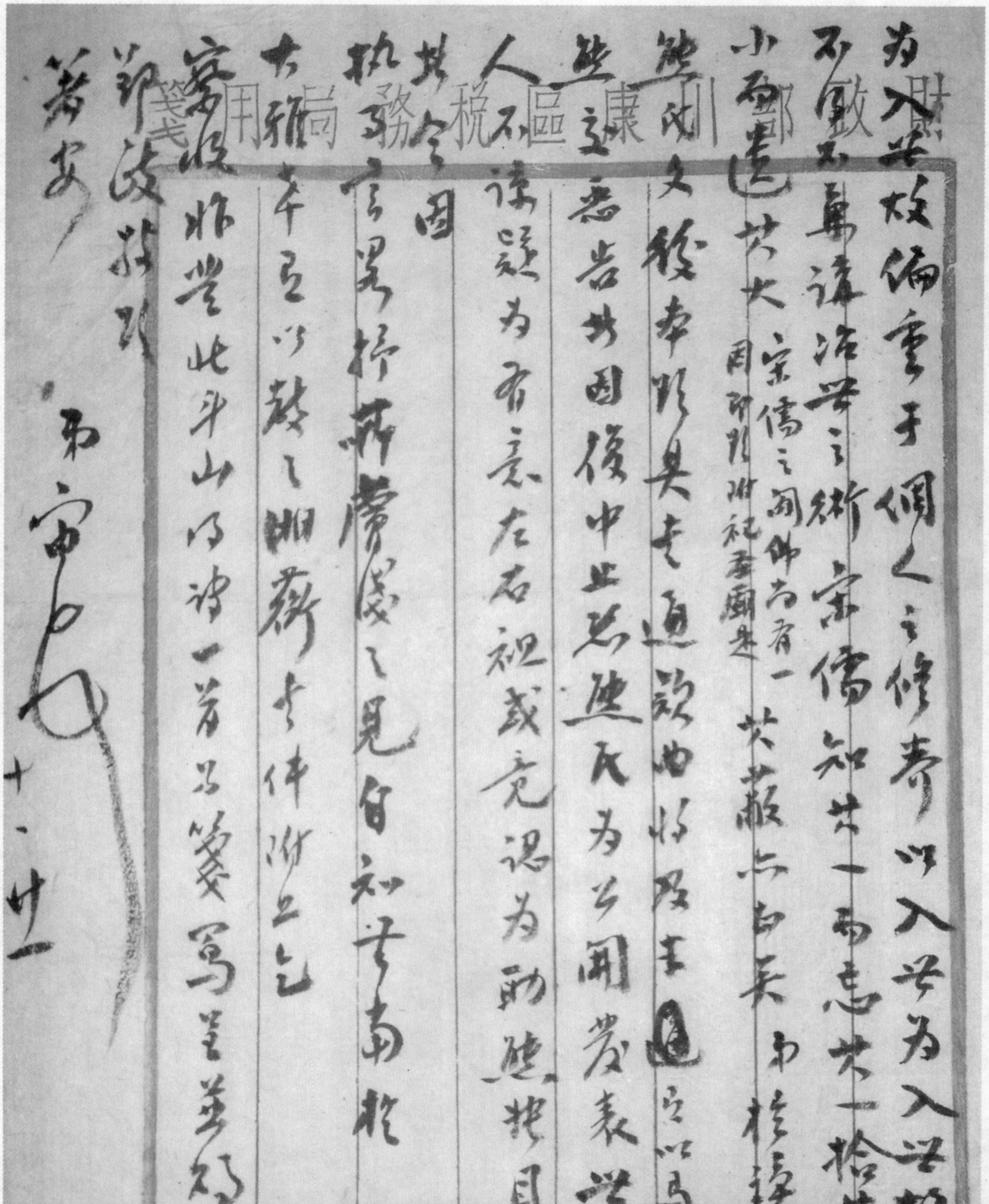

朱鏡宙

書第五通

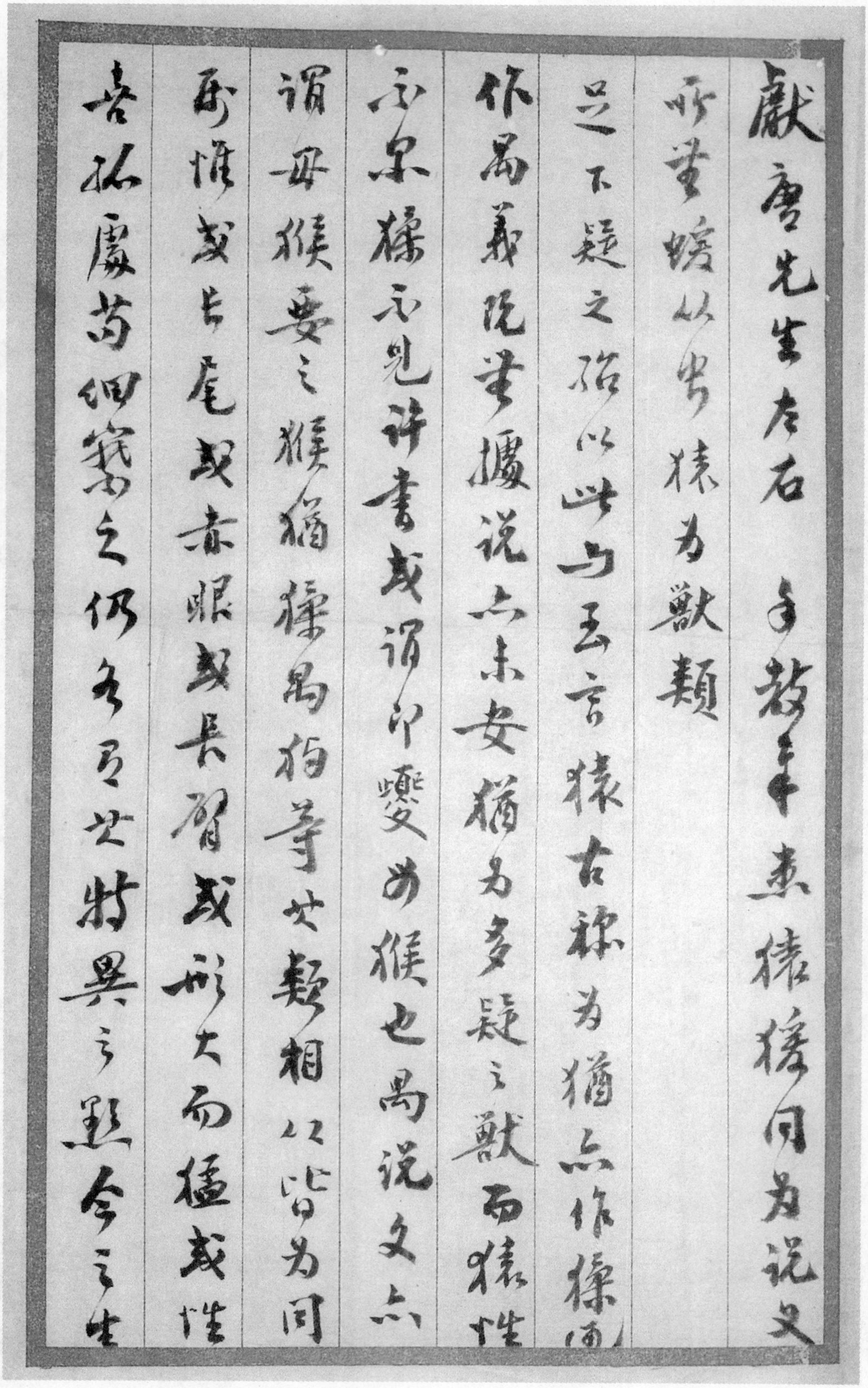
獻唐先生左右 手教奉悉 猿猴何爲說文
所無 蝯从虫 猿爲獸類
足下疑之 殆以此與 玉篇言猿古祿爲猶亦作猱通
作爲義說 蓋據說亦未安 猶爲多疑之獸 而猿性
亦異 猱不見許書 或謂即夒 母猴也 爲說文亦
謂母猴 要之猴猶猱爲狙等共類 相似以皆爲同
屬 惟或長尾 或赤眼 或長臂 或形大而猛 或性
喜攀處 苟細察之 仍各有其特異之點 今之生

物学家搜集標本并注意錫專名，往往以形似者歸納，類而再標舉其特點，以觀辨別，亦不得已之舉也。夫以宇宙之大，品類之繁，人目所不能及，耳所不能接者，何可勝數，然因（若考視古來所有數十百倍）於時代之變遷，滄桑陵谷，古代生物不適環境而即淘汰者，尤不知凡幾。最近在滄海縣擬劉來近旅長言，昔年追剿赤匪于金沙江上游（雲南西康道中），曾見一獸，土人呼為猲，如猴而大，嘯聲甚則

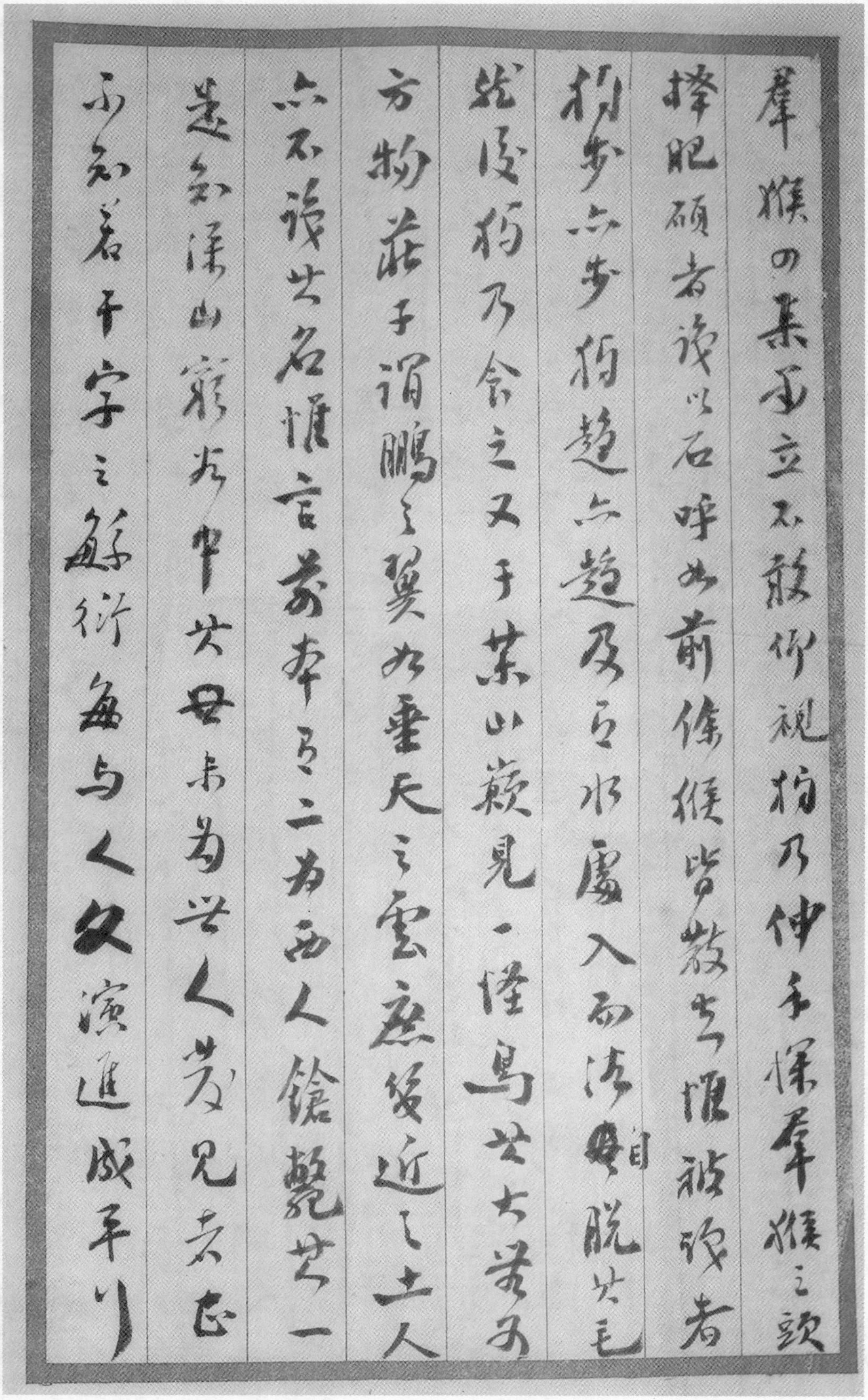
羣猴四集丞立不敢仰視猴乃伸手探羣猴之頭
擇肥碩者識以石呼如前餘猴皆散去惟被識者
猶步亦步猶趨亦趨及至水處入而浴每自脫其毛
然後猴乃舍之又于某山巔見一怪鳥其大莫可
方物莊子謂鵬之翼如垂天之雲庶幾近之土人
亦不識其名惟言昔年有二爲西人鎗斃其一
是知深山窮谷中其母未爲世人所見者也
不知若干字之解衍每與人文演進成乎則

後今日科學發達，即感吾國舊有之字不敷應用，乃于偏旁加記，藉資識別，實則六書之不敷用，自古已然。秦漢典籍，一字之義每作數解，彼此通假，不一而足。洎乎有唐，典章文物粲然大備，文字演進，因亦愈繁。此路進化之例使然。與集古字典二書，望速發行，寫好寄交為荷。順頌
道安

弟朱鏡宙拜上　六、十八

書第六通

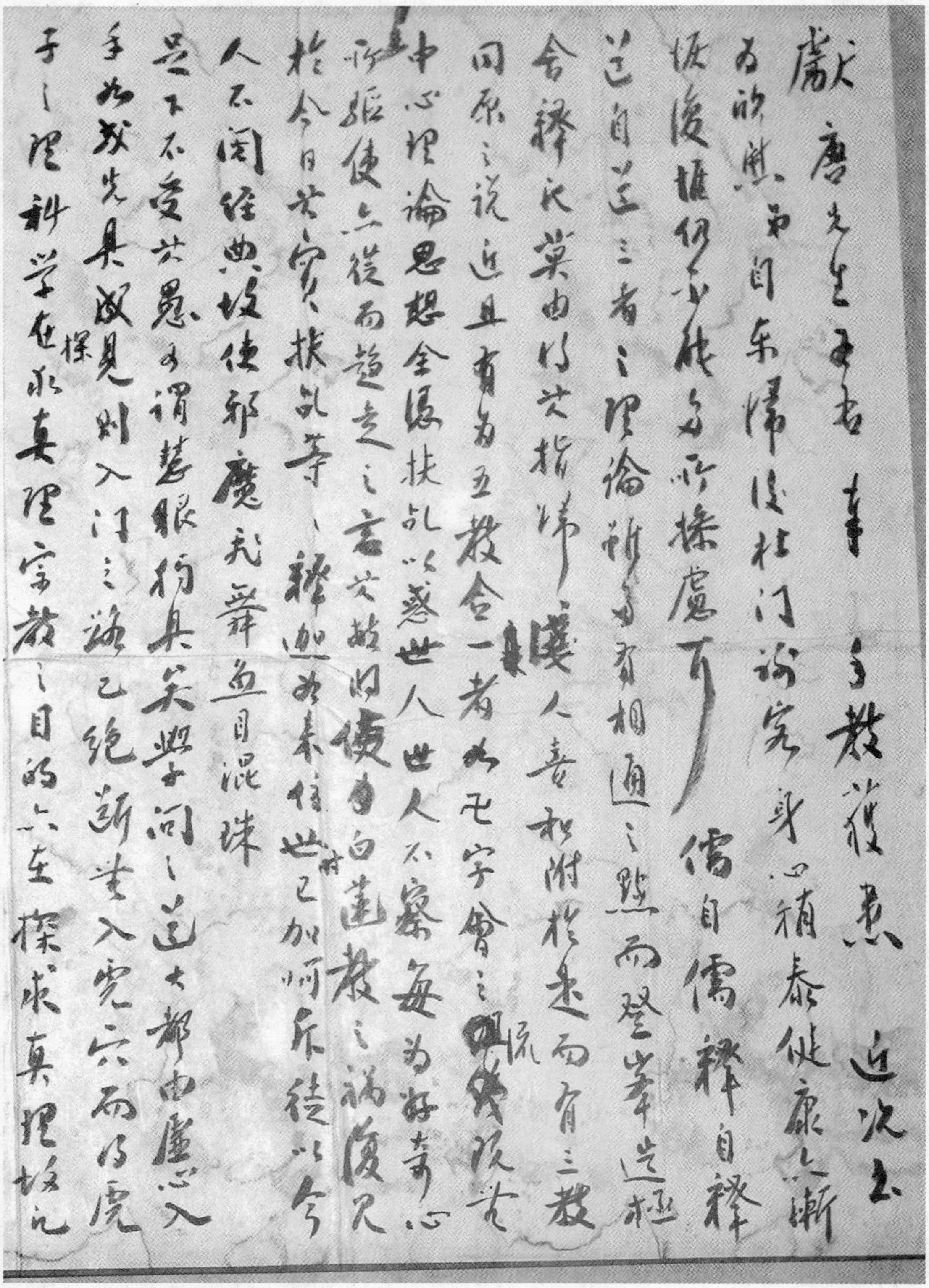
獻唐先生左右：奉手教，獲悉近況，至為欣慰。弟自東歸後杜門研究身心，精神健康，已漸恢復。惟仍不能多所操慮耳。儒自儒，釋自釋，道自道，三者之理論雖多有相通之點，而登峯造極，舍釋氏莫由得其指歸。漢人喜相附於迷，而有三教同原之說；近且有為五教合一者，如己字會之流，孔老中心理論思想全屬扶乩，以惑世人。世人不察，每為好奇心所驅使，亦從而隨之。言其故，則優白蓮教之禍，復見於今日。其實扶乩等，釋迦如來住世時已加呵斥，徒以今人不閱經典，故使邪魔亂舞，魚目混珠。足下不受其愚，可謂慧眼獨具矣。學問之道，大都由虛心入手，如先具成見，則入門之路已絕，斷難入虎穴而得虎子之理。科學在探求真理，宗教之目的亦在探求真理，故凡

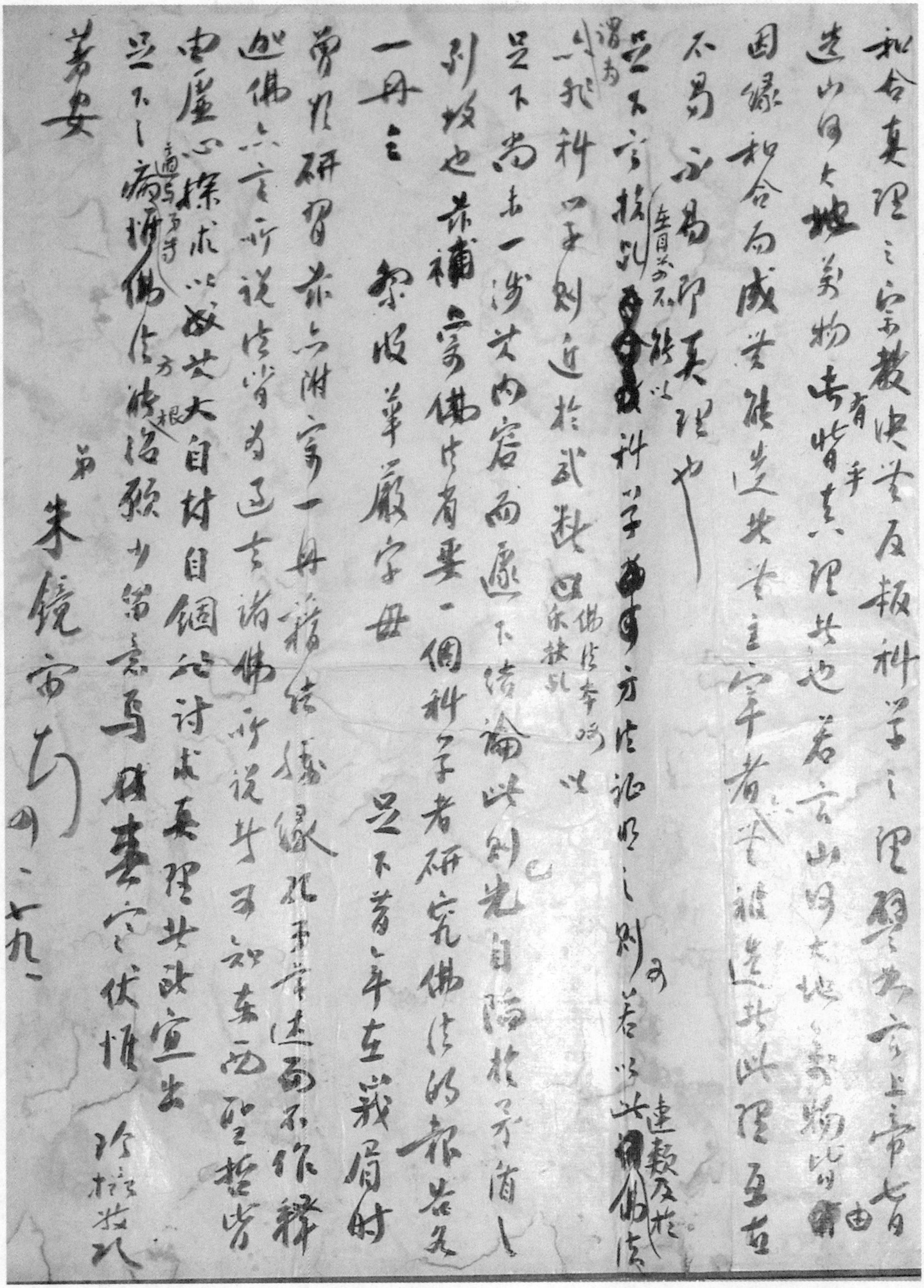
和合真理之宗教，决無反叛科學之理。顯然者，如言上帝七日
造山河大地萬物者，皆無（有手）理者也。若言山河大地萬物皆由
因緣和合而成，無能造者，無主宰者，此理至直
不易，即真理也。
足下言，[illegible]（佛法不能以）科學方法證明之，則不若以此（速歎及於）佛法
（謂為）非科學，則近於武斷。以（佛法奉以）
足下尚未一涉其內容，而遽下結論，此則先自陷於矛盾也。
科學也。非補宗佛法者要一個科學者研究佛法的，都若見
一冊之。梁啟華嚴字母足下曾年在戒眉時
曾經研習，并與附寄一冊，精繹緣起，平常述而不作，釋
迦佛亦言所說法皆為過去諸佛所說者，即東西聖哲皆
由虛心探求，以發其大自性自個地討求真理者也。故宜出
足下之痛恨佛法，方（根）植於頭腦之留意焉。耑此奉覆，並候
著安。
弟朱鏡宙頓
卅二十九

朱鏡宙

九四五

書第七通

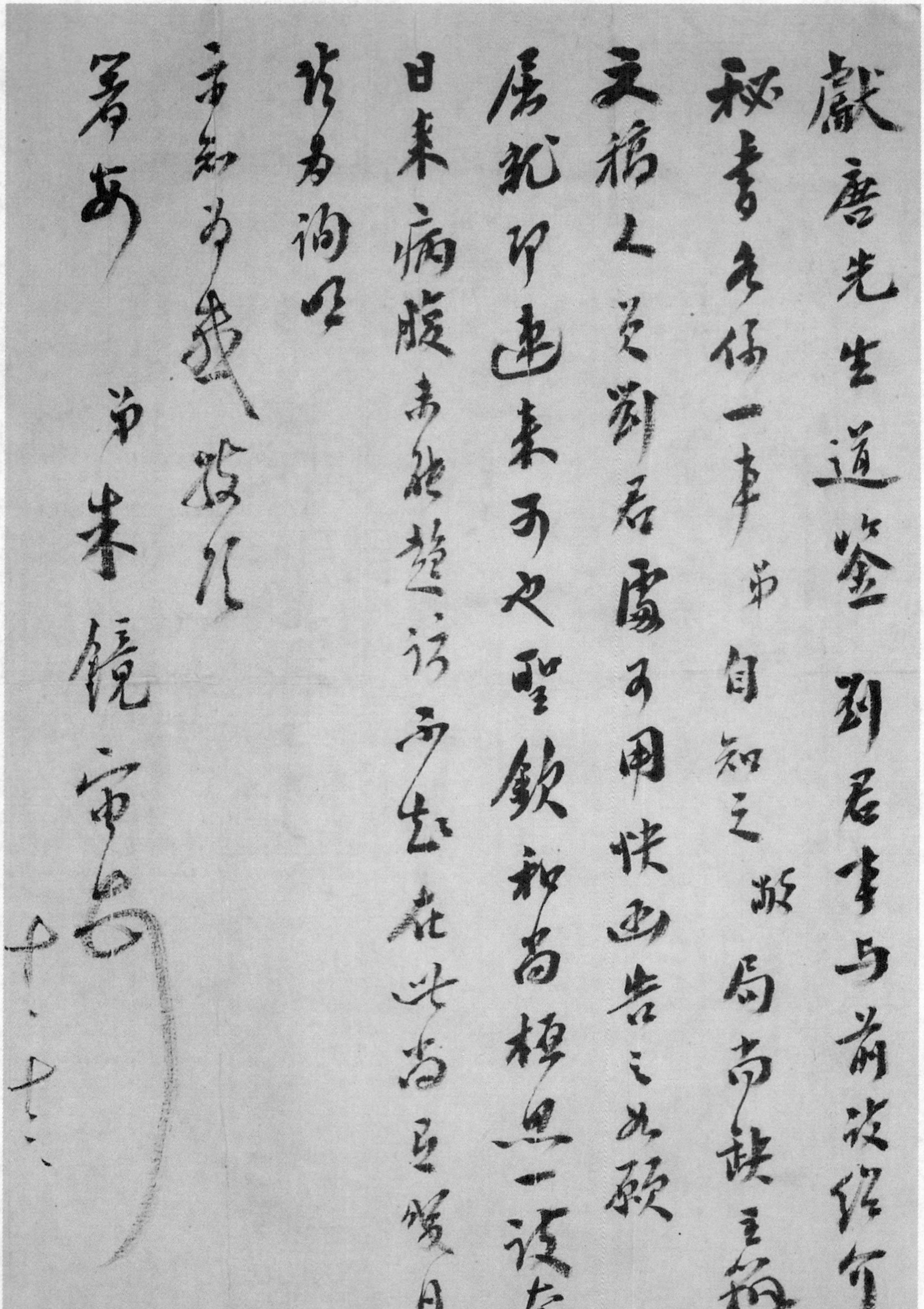

獻唐先生道鑒 劉君曾与前設總會秘書長任一年 弟自知之 故局中缺主編文稿人 兄劉君處可用 快函告之 如願居其職 即速來可也 聖欽和尚極思一談 奈日來病腹 未能趨訪 而在此尚須數日 始為詢明 亦知西我設法

箸安 弟 朱鏡宙 頓首

十．十六

獻唐先生左右病中得書知於佛法特具慧眼
領佩莫名佛法之所以超出一切宗教一切世法
皆在此平等二字聖凡之別亦在此平等二字
平等者中道之謂也不斷不常謂之平等
不生不滅謂之平等不有不無謂之平等若
煩惱不滅菩提不得平等也若生死不出
涅槃不證平等也至衆生之佛會平等
若佛之學衆生求法會平等若法求
三藏一十二部千言萬語皆要明此平
等之義說明此平等之理金剛經云是法

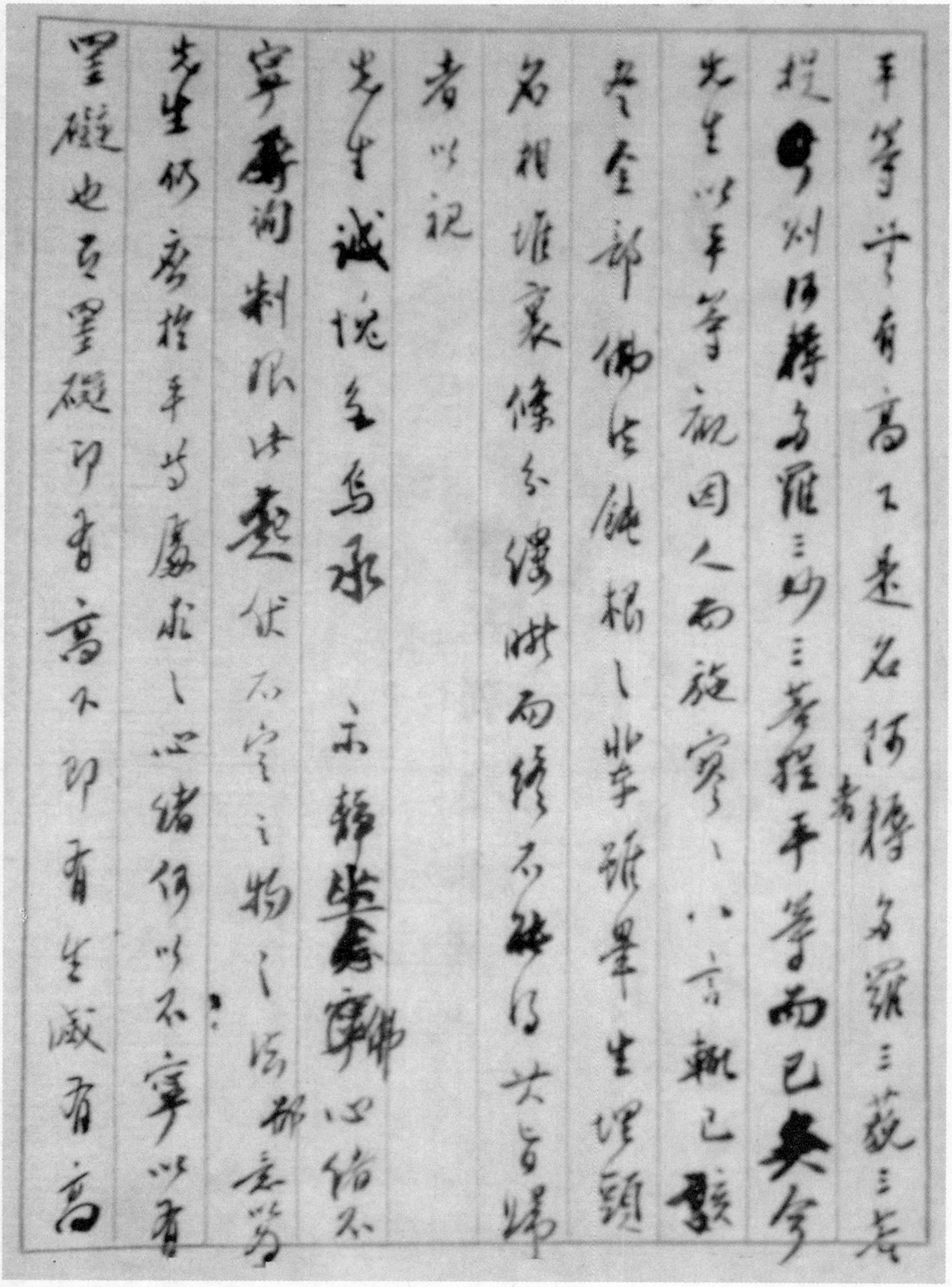
平等無有高下是名阿耨多羅三藐三菩
提可以阿耨多羅三藐三菩提平等而已矣今
先生以平等觀因人而施實々八言執己懸
平全部佛法統括之此乎雖卑生理顯
名相雖衰像分繁賾而歸不離乎六字歸
者以記
先生誠悅念為承　示　靜坐禪心緒不
寧舜詢制限於勉欲不定之物之給都無爲
先生仍客從平等處求之心緒何以不寧以有
罣礙也有罣礙即有高下即有生滅有高

下生滅即非平等大勢至菩薩論念佛云都攝六根淨念相繼得三摩地斯為第一三摩地者平等地也六祖云不思善不思惡正恁麼時是明上座本來面目恁麼時者平等時也起伏任無有物如其有之不可說言不定究竟此物是圓是方是紅是白是黑是真是甜是鹹

先生何不將來下落豈不更為痛快如其不可則是無物而

先生似亦明知其無物故又強名之為不定天

朱鏡宙

地间决无不变之物是则
先生之变斯必矣即所谓起伏者亦
先生之自为起伏耳
先生念其有则决不变之物起矣
先生觉其无则决不变之物伏矣起也伏
也伏也起也皆
先生自为之岂真别有一不变之物哉
先生外自为起伏者哉况无别有不变之物自为起伏而
先生执何为真误何为实乃起制服之想决真
所谓以何人播何决其为截也不亦忘乎

先生佛化對於當前境界上所取捨則念念
自消之時乎等現前而此起伏不定之惡魔
安能抹粉塗脂千柔百媚顛倒播弄於
先生之前哉考據之學最傷腦力宜速放
下猛省以冷水澆頭以熱水濯足之坐時若遇
散亂可注視足心如遇昏沉可提起佛號亦
不失為以念治念之法世間皆念眾我亦念失
眠是念念佛亦念然念不念能念不取
於念是能轉念若取於念是為念轉被轉
念者是為智人為念轉者是入魔網不為聖
賢便為禽獸經傳之言可以相互參證也
高明以為何如敬頌
法安
弟朱鏡宙上 八、十七

民國　年　月　日

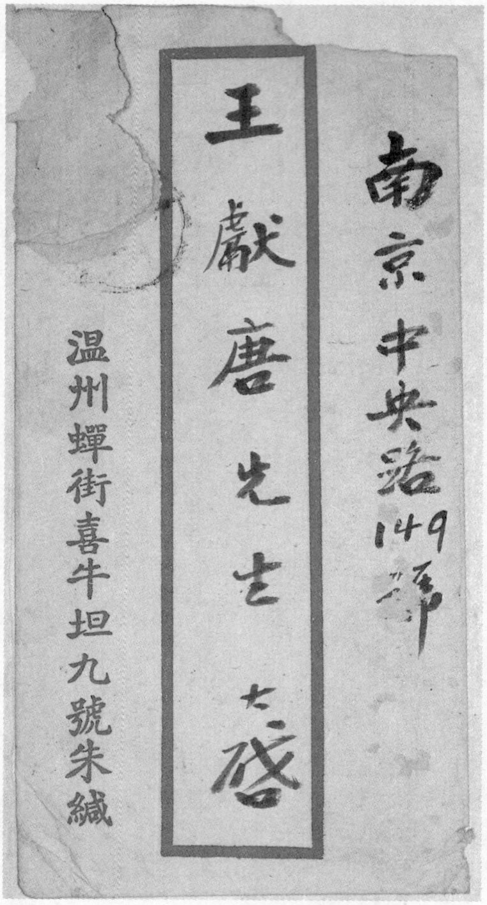

封第一件

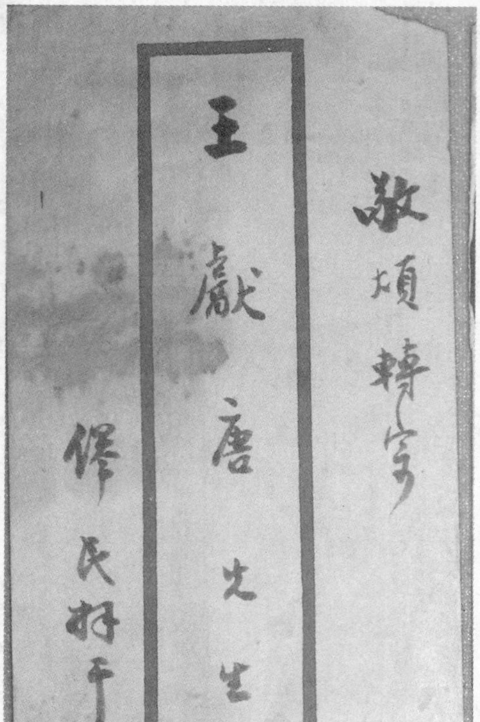

封第二件

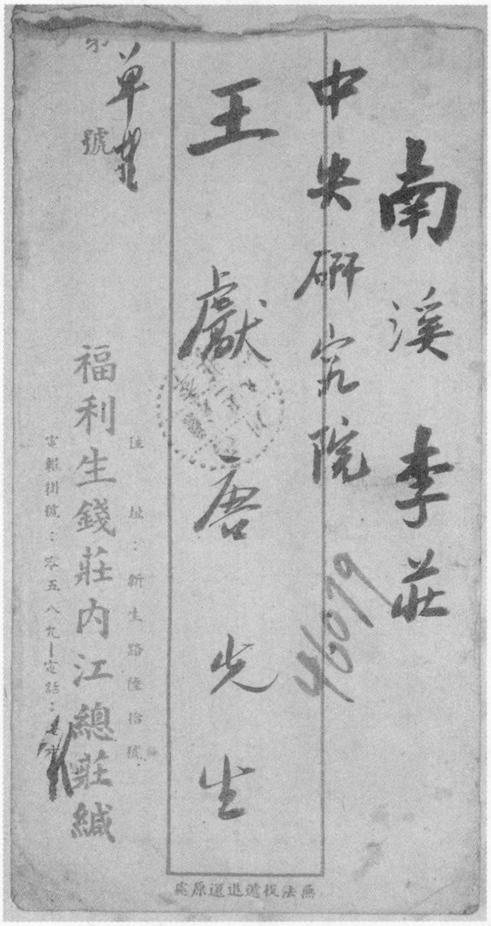

封第三件

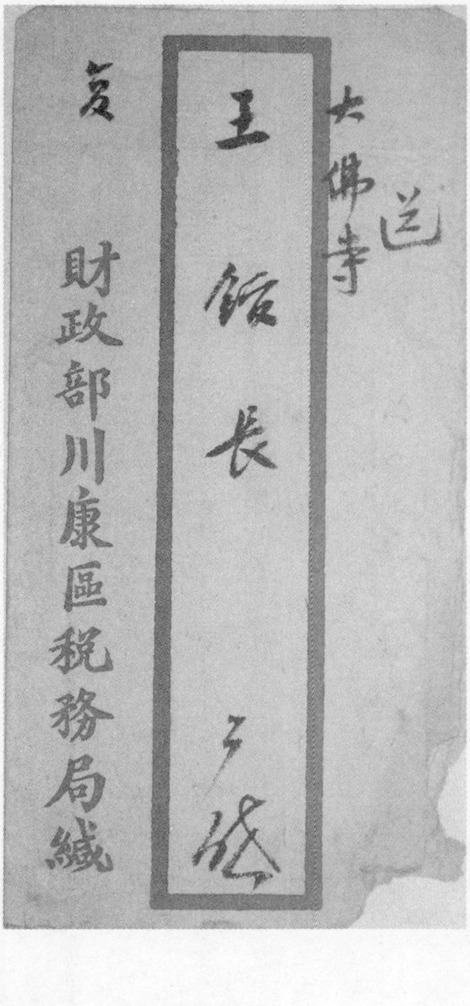

封第四件

封第五件

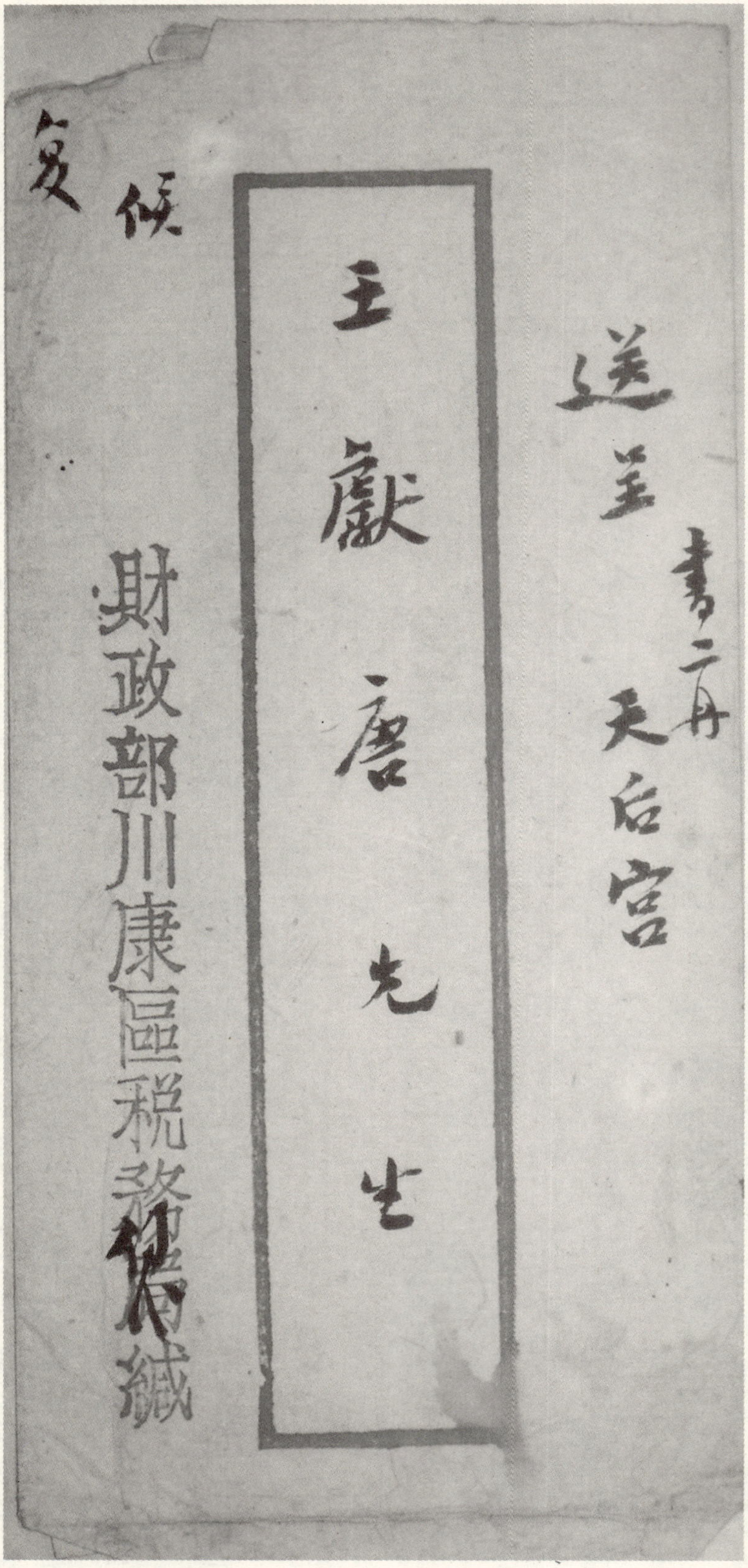

一百一十 鄭時

書七通 封三件

書第一通

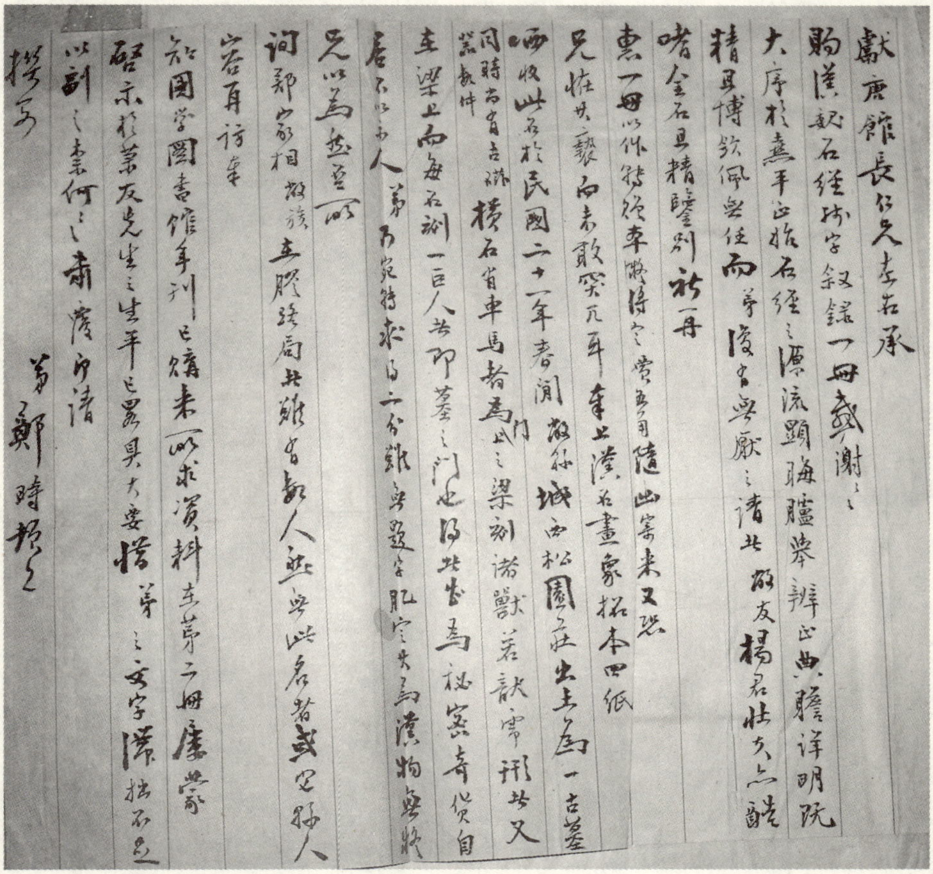

獻唐館長仁兄左右：承
賜漢魏石經殘字敘録一冊，感謝感謝。
大序於熹平正始石經之源流顯晦，臚舉辨正，典贍詳明，既
精且博，欽佩無任。而弟讀書無厭之請，北敝友楊君壯夫亦酷
嗜金石，且精鑒別，於一冊
惠一冊，以作鑽研，率瀆候之。嘗無用，隨此寄來。又張
兄惦其藜而未敢突兀耳。年上漢石畫象拓本四紙
西收此石於民國二十一年春間，掘於城西松園莊，出土為一古墓
門。同時尚有古石，皆散佚。横石者車馬者為門之梁，刻諸獸若干形，其又
立梁上，而每石刻一巨人，其即墓之門也。得此皆為秘窟奇，倘自
居不以示人，弟乃究特求得二分，欲與題字，肥定其為漢物無疑，
兄以為然否耶？
詢鄭家相數孩，其照錢局，其號皆新人，與此石若或足證人
容再詳告。
敝國學圖書館年刊已續來，所求資料在第二冊，康樂
啟示於第反光生之生平已略具大要，惜第之文字滯拙不足
以副之，奈何奈何！肅覆，即請
撰安。
弟鄭時頓首

書第二通

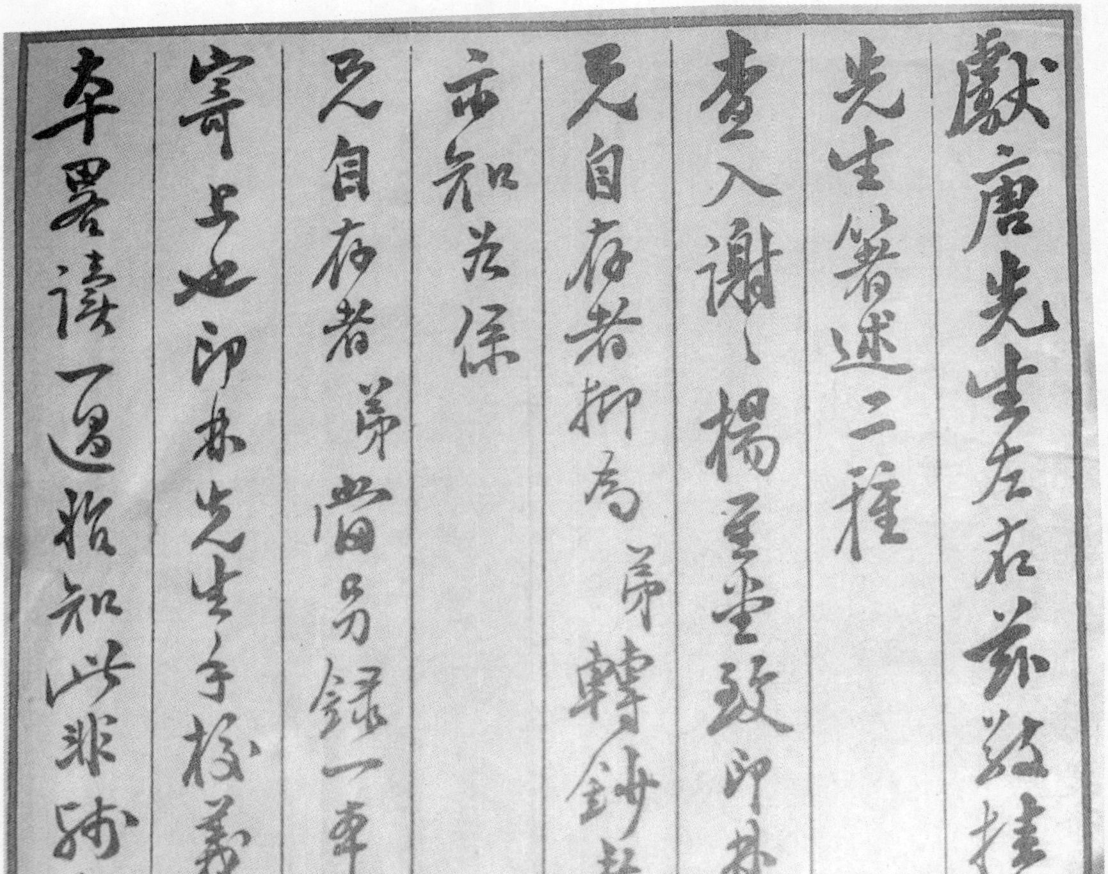
獻唐先生左右：前歲挂號寄還許印林
先生著述二種
查入謝〻。楊至堂致印林書鈔本一冊，乃
兄自存者，抑為弟轉鈔者，祈
示知為係。
兄自存者，弟當另錄一本，故此冊暫未一併
寄上也。印林先生手校義證錄本，弟校全
本異讀可通，指知此非錄本，蓋印林未刻書

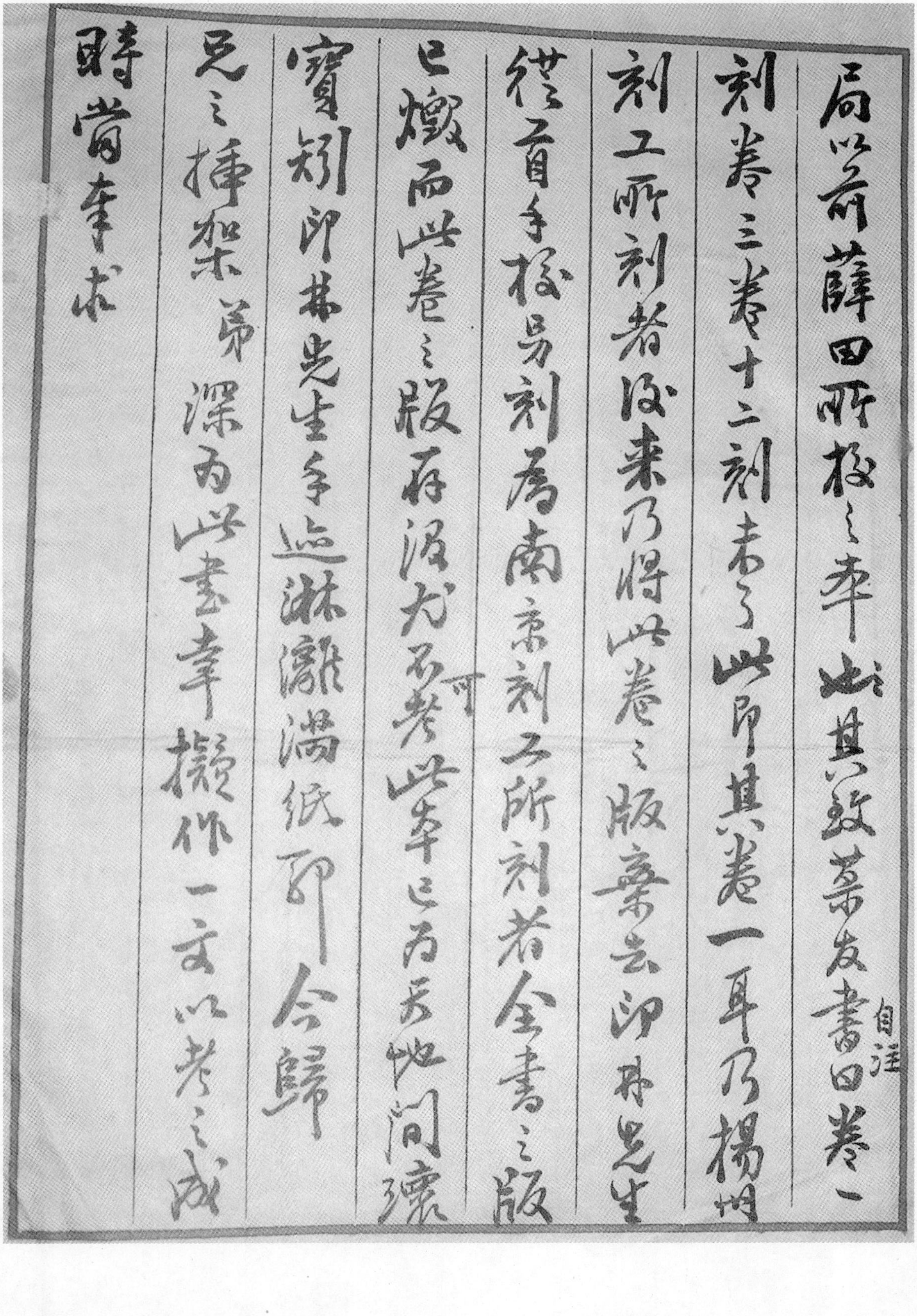
局以前薛田所校之本也其跋蕘友書曰（自注）卷一
刻卷三卷十二刻者了此即其卷一耳乃揚州
刻工所刻者後來乃得此卷之版棄去印林先生
從前手校易刻爲南京刻工所刻者全書之版
已燬而此卷之版存殆尤不（可）考此本乃天地間瓌
寶矧印林先生手迹淋漓滿紙耶今歸
足之插架節深爲此書幸擬作一文以考之成
時當奉求

鄭時

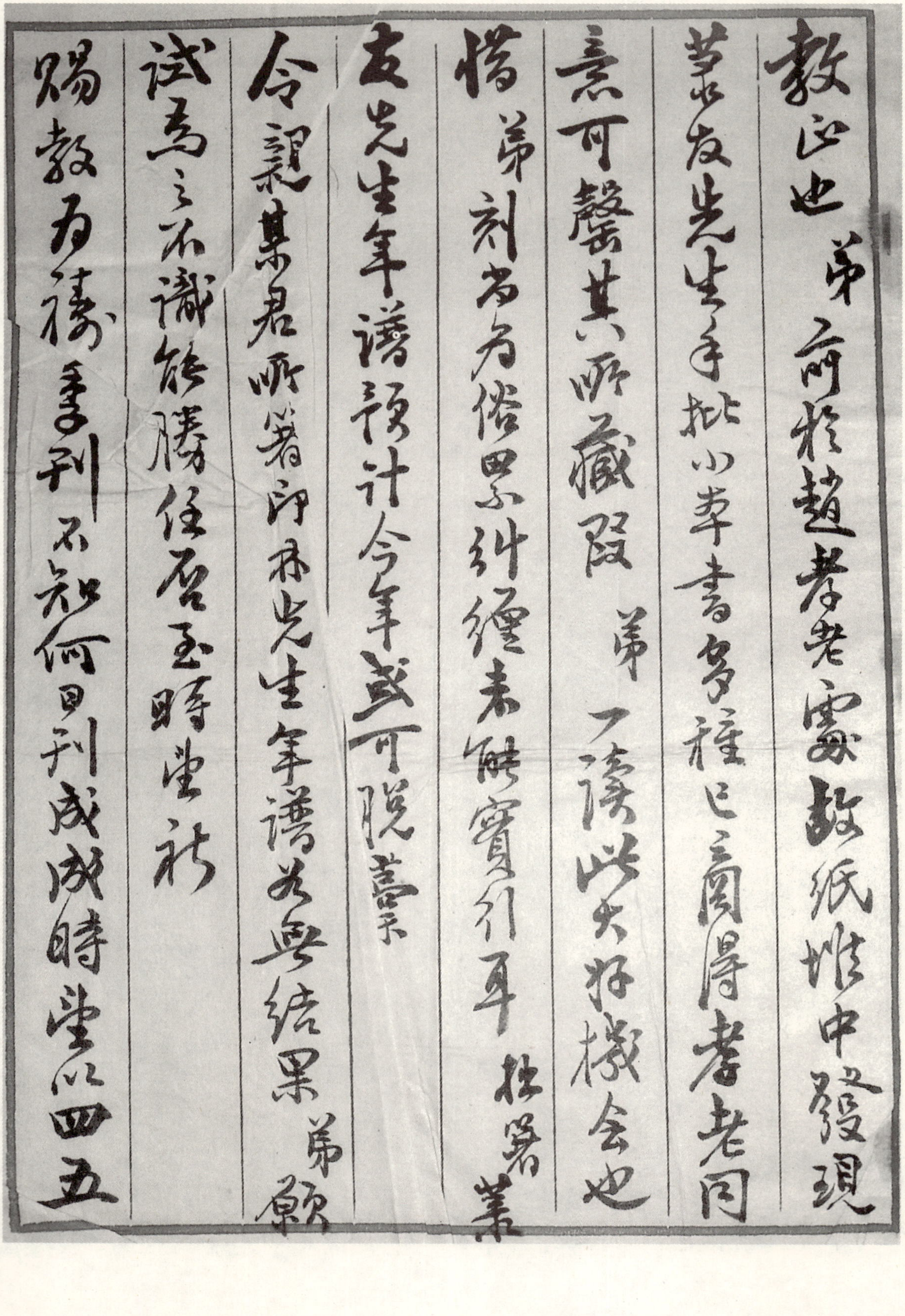
教正也。弟前於趙孝老處殘紙堆中發現
菉友先生手批小學書多種，已商得孝老同
意，可罄其所藏假
弟一讀，此大好機會也。
惜弟刻尚爲俗累糾纏，未能實行耳。拙著
菉友先生年譜，預計今年或可脫稿。
令親某君所著印林先生年譜爲無結果，弟頗
試爲之，不識能勝任否，至時望祈
賜教爲禱。季刊不知何日刊成，成時望祈四五

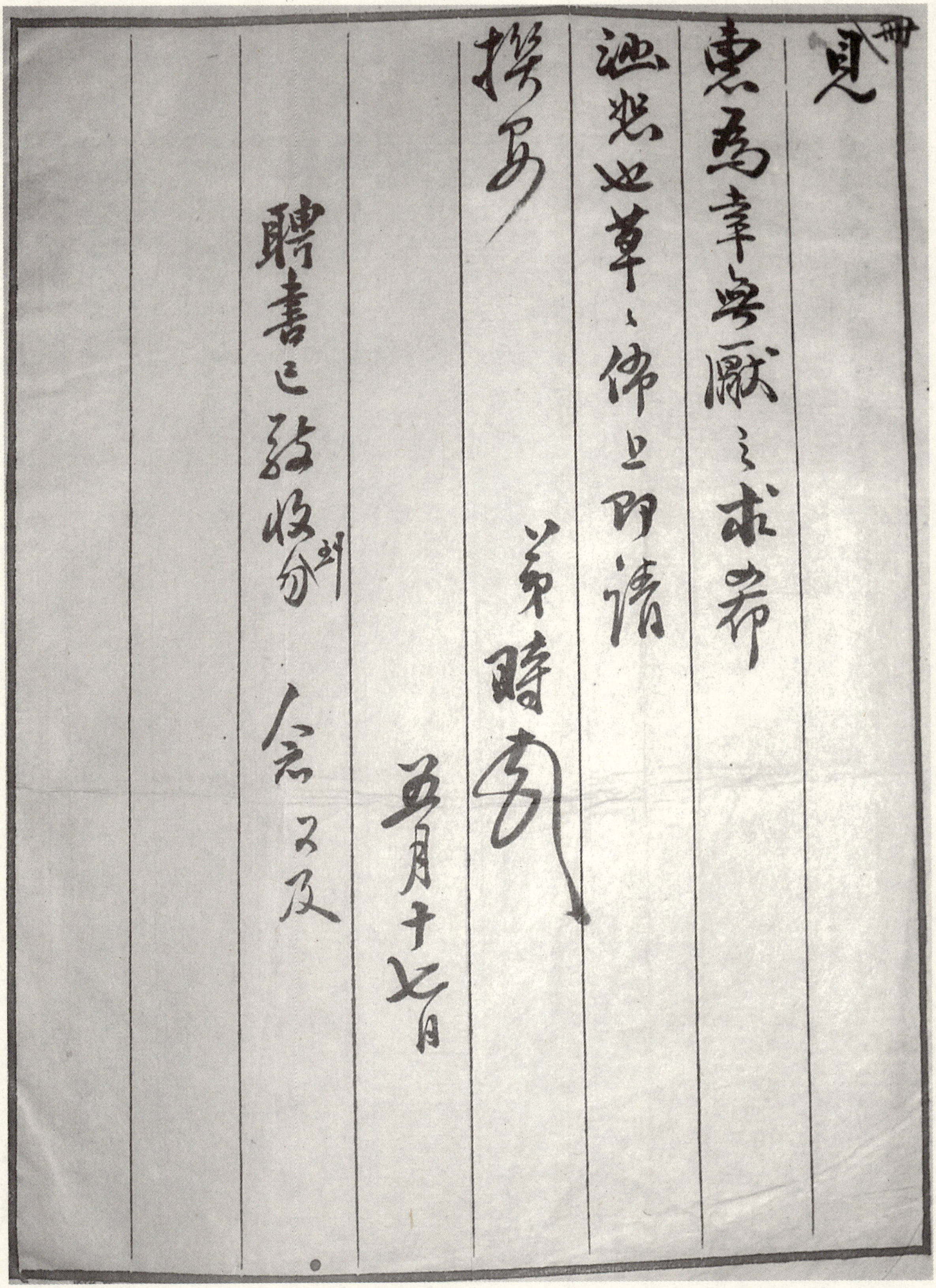

見
惠為幸無厭之求弟
諒恕也草草佈上即請
撰安
弟時頓
五月十七日
聘書已發收分別
人名又及

書第三通

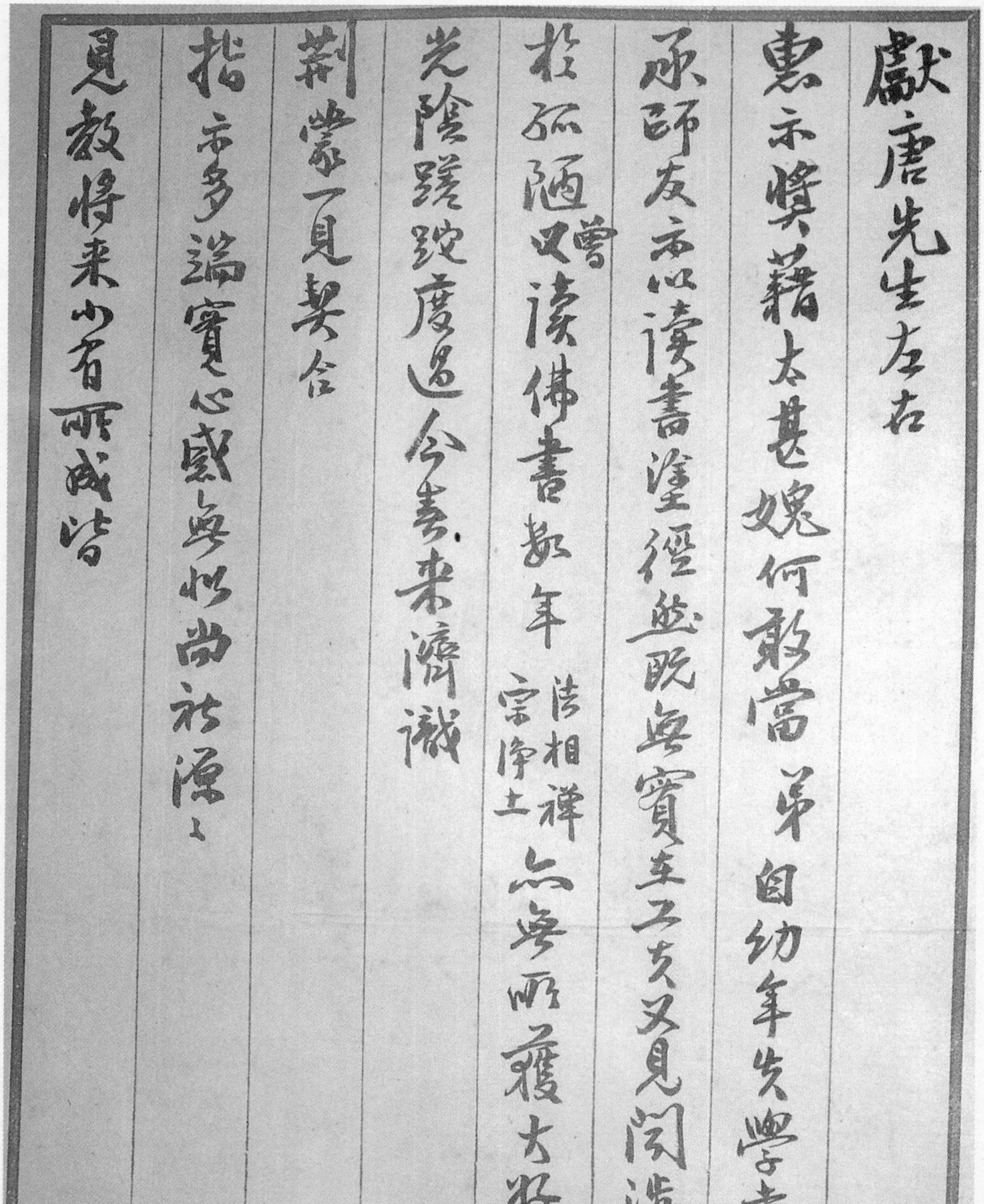

獻唐先生左右

惠示奬藉太甚媿何敢當弟自幼年失學幸承師友示以讀書塗徑既無實在工夫又見聞涉於孤陋又曾讀佛書數年法相禪宗淨土亦無所獲大好光陰蹉跎虚過今春來濟識

荆蒙不見棄契合

指示多端實心感無似尚祈源源

見教俾來少有所成浩

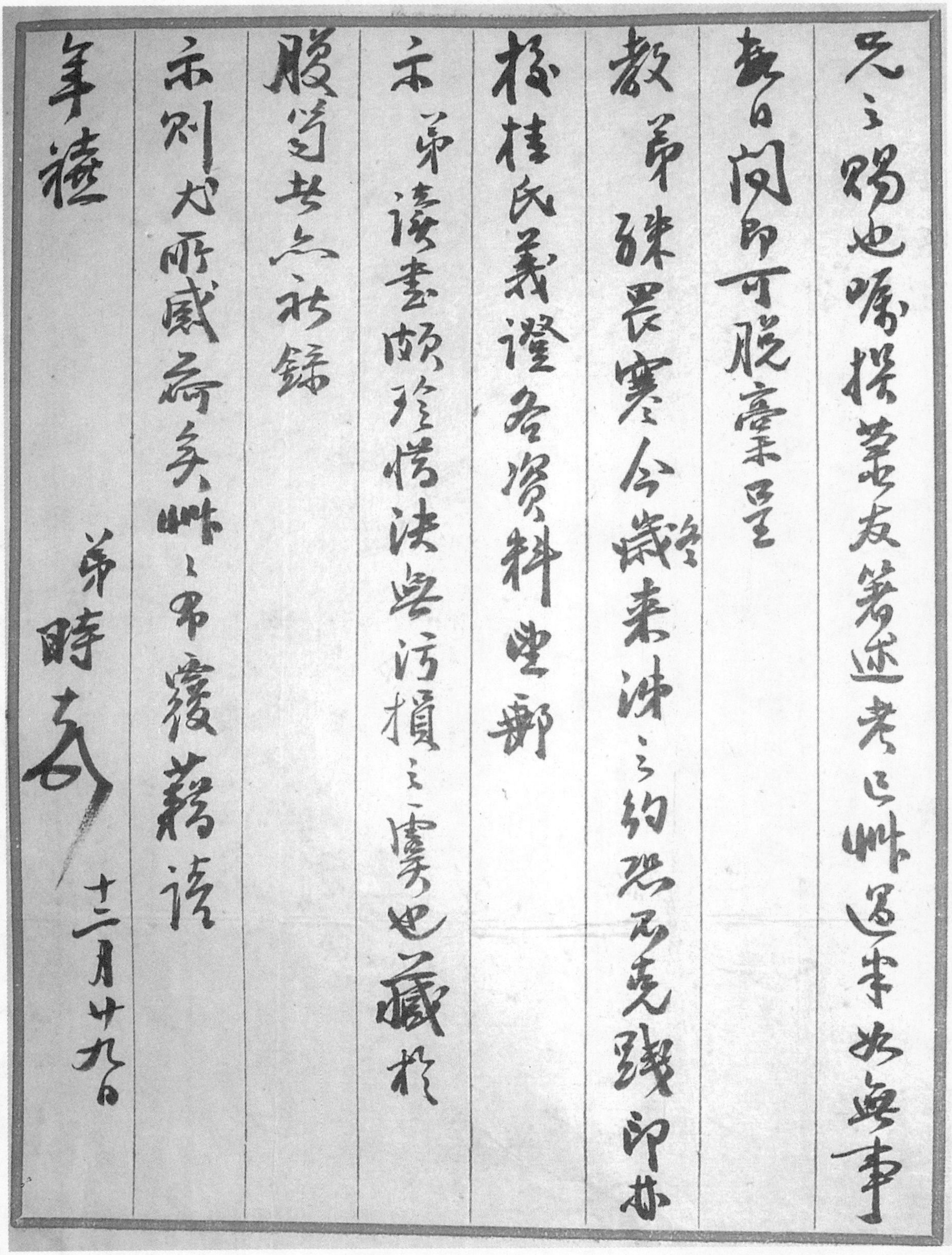

兄之賜也囑撰叢書著述考已此寫半如無事
春日間即可脫稿呈
教弟殊畏寒今歲冬來津之約恐又難踐即希
檢桂氏義證各資料並鄭
示弟讀書頗珍惜決無污損之虞也藏於
腹笥者亦祈錄
示則尤所感荷矣此此布覆藉請
年禧
弟時叩 十二月廿九日

書第四通

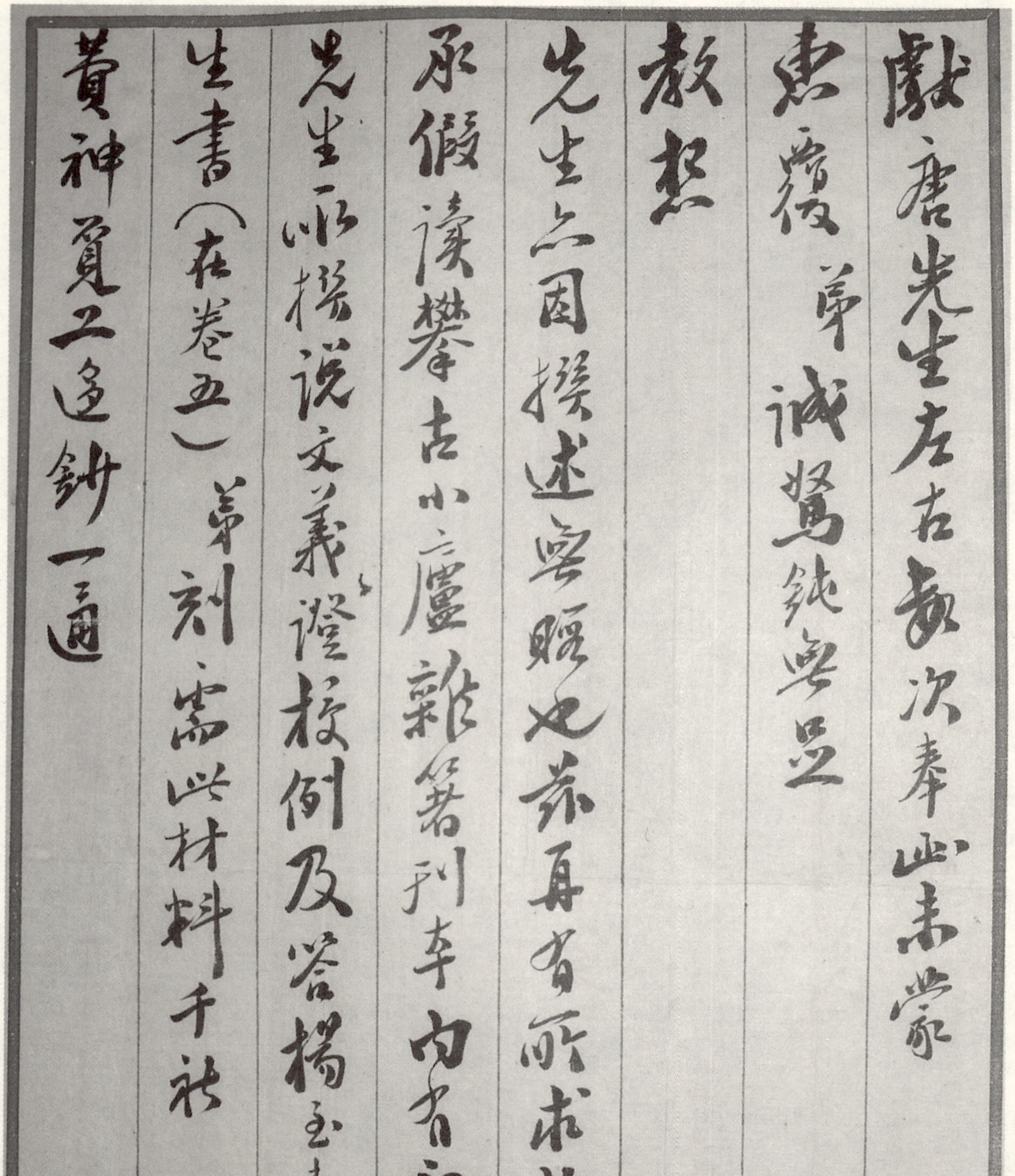
獻唐先生左右：數次奉函未蒙
惠覆，弟誠駑鈍無足
教督，
先生亦因撰述無暇也。兹再有所求，若荷
承假讀攀古小廬雜著刊本，內有印林
先生所撰說文義證校例及答楊至堂先
生書（在卷五），弟刻需此材料，千祈
賁神覓工逐鈔一通

惠示所需鈔資業到
猶亦即如數匯出不誤萬望於其所請為禱
耳萊友文集不日編訖
先生當然擬序冠於卷首亦祈早日
著筆是所求此企候
大示順請
撰安
弟時彥
十月廿二日
又致祥農二紙祈轉交是幸

書第五通

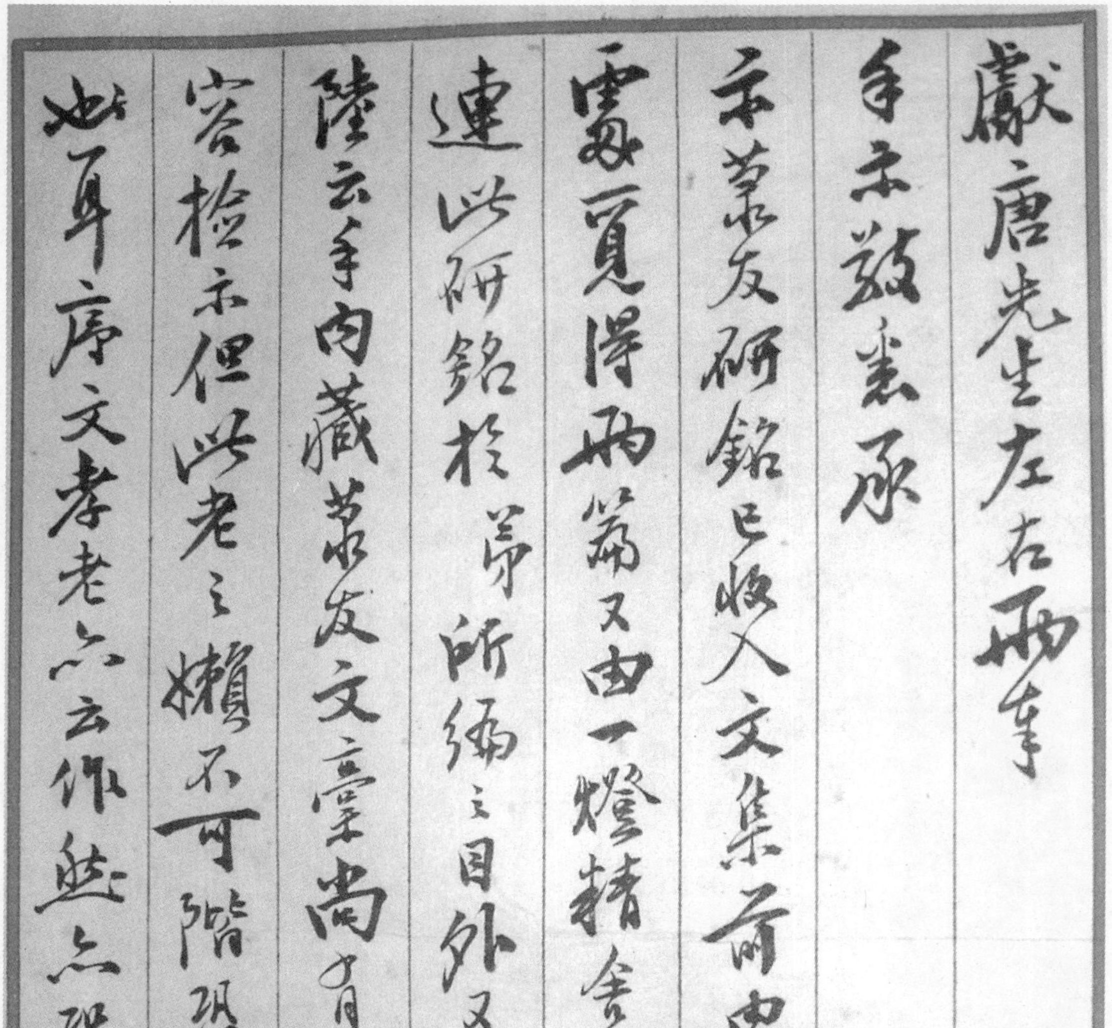
獻唐先生左右：兩奉手示，敬悉。承示蔡友研銘已收入文集。前由孝陸先生寄覓得兩篇，又由一燈精舍甲部稾內得一篇，連此研銘，校弟所編之目外又增四篇矣。孝陸云手內藏蔡友文稾尚有多篇，須從容檢示，但此老之懶不可階，恐不能成事實也。再序文孝老亦云作跋，亦恐動筆無日

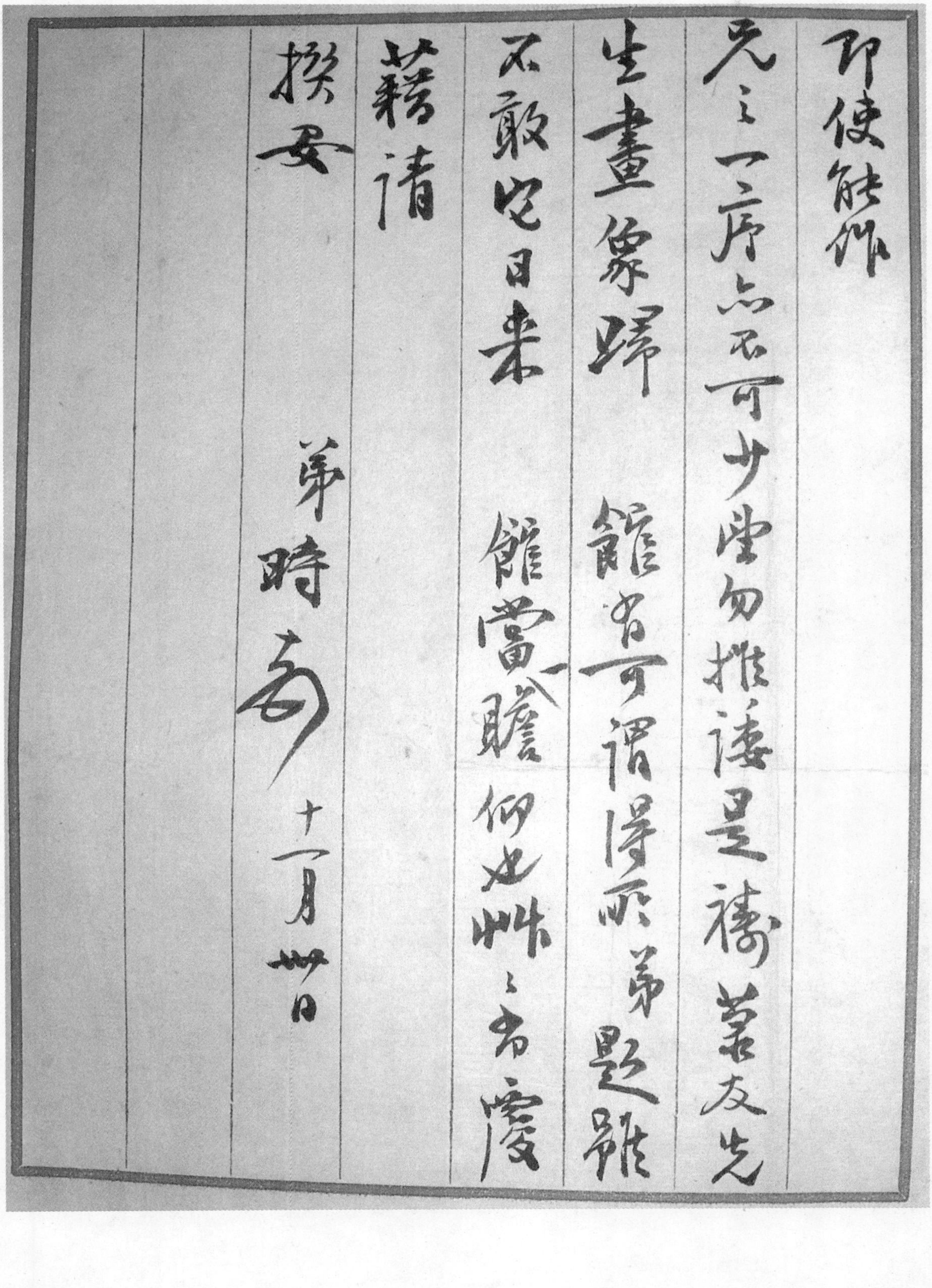
印使能作
光之一二序亦不可少望勿推讓是禱菁友先
生畫象歸　館中可謂得所弟題雜
不敢呈目來　館當一瞻仰也此上古虞
藉請
撰安
弟時[illegible]
十一月廿日

鄭時

書第六通

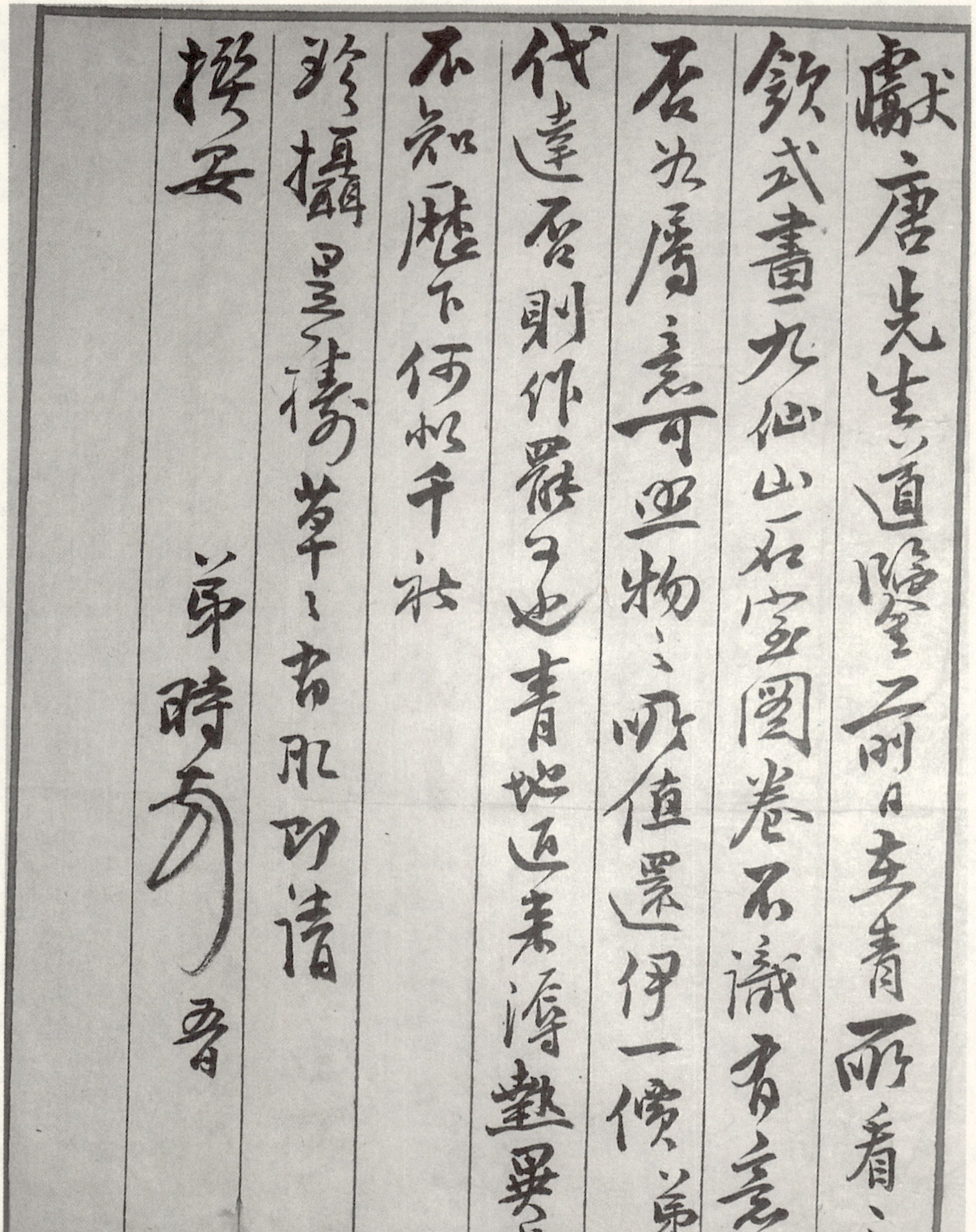

獻唐先生道鑒：前日來青所看之
欽式畫九仙山石室圖卷，不識有意要
否？如屬意，可照物之所值還伊一價，弟當
代達，否則作罷也。青地近來溽熱異常，
不知閣下何似？千祈
珍攝是禱。草草布此，即請
撰安
弟時秀[illegible]

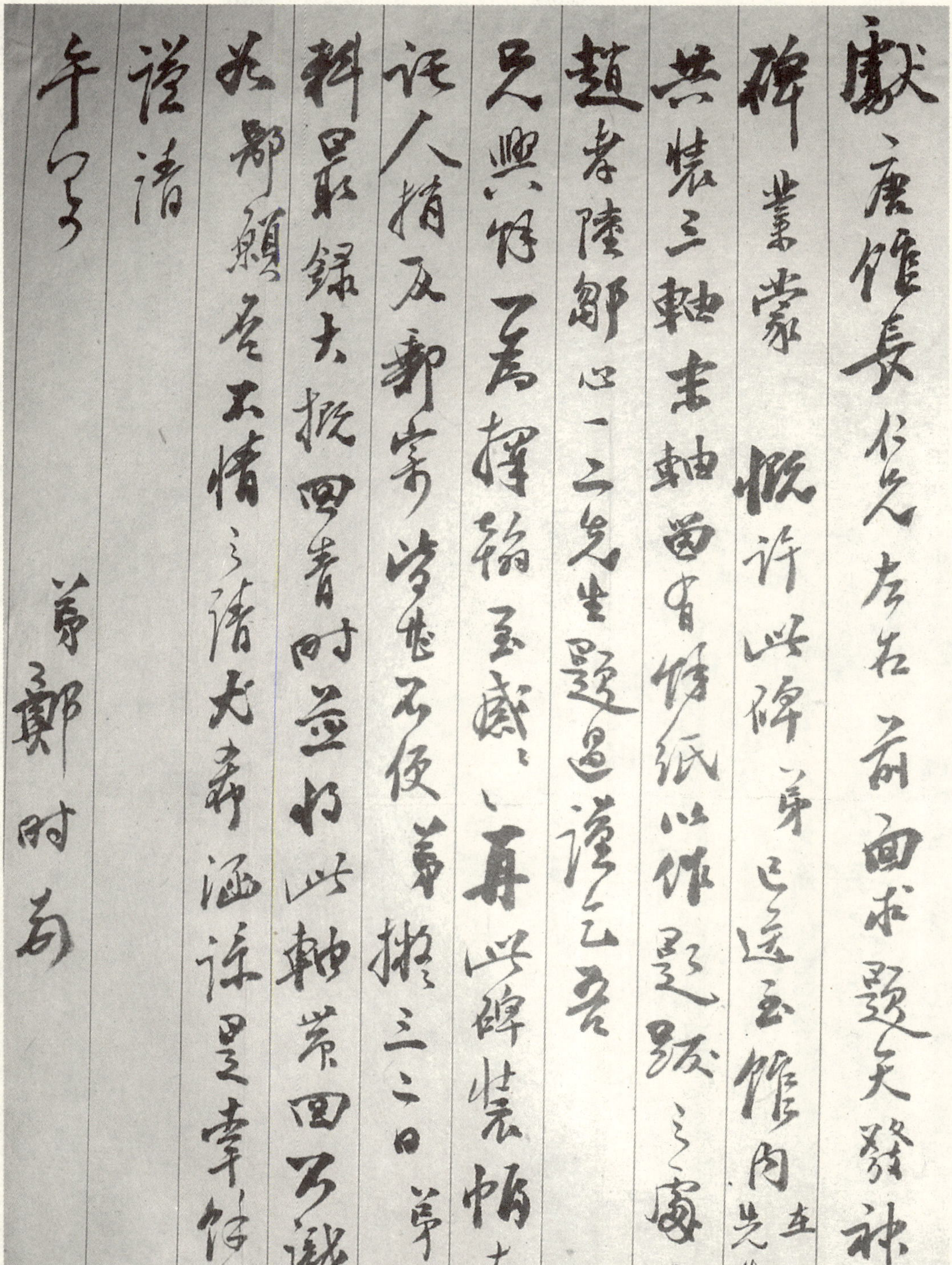
獻唐館長仁兄左右：前函求題天發神讖碑，業蒙慨許。此碑弟已送至館內牟祥農先生處，內共裝三軸，書軸留有餘紙以作題跋之處，已有趙孝陸、鄭心一二先生題過，請先生足與此碑為輝，翰至感至感。再此碑裝幀太大，託人攜反鄭寓，恐不便，弟擬三二日弟將材料最錄大擬四青時並將此軸帶回，不識得允鄭頎否？不情之請，尤希涵諒是幸，餘面敘。謹請

手安

弟鄭時敬

封第一件

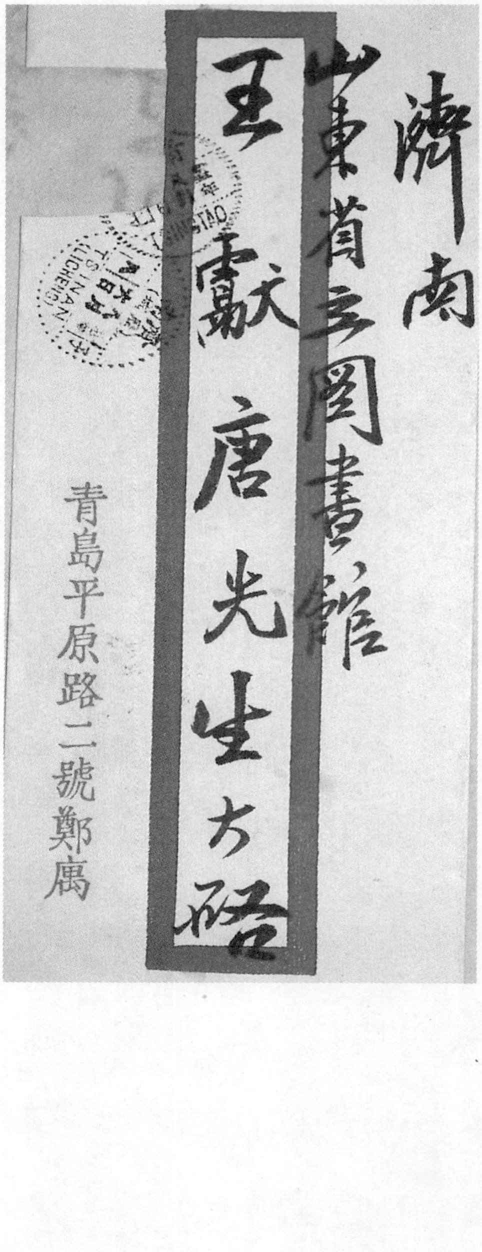

封第二件

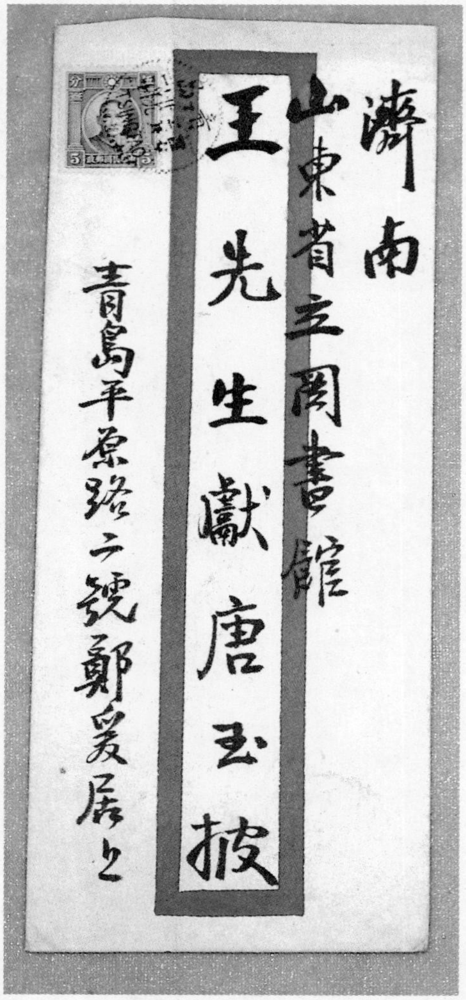

封第三件

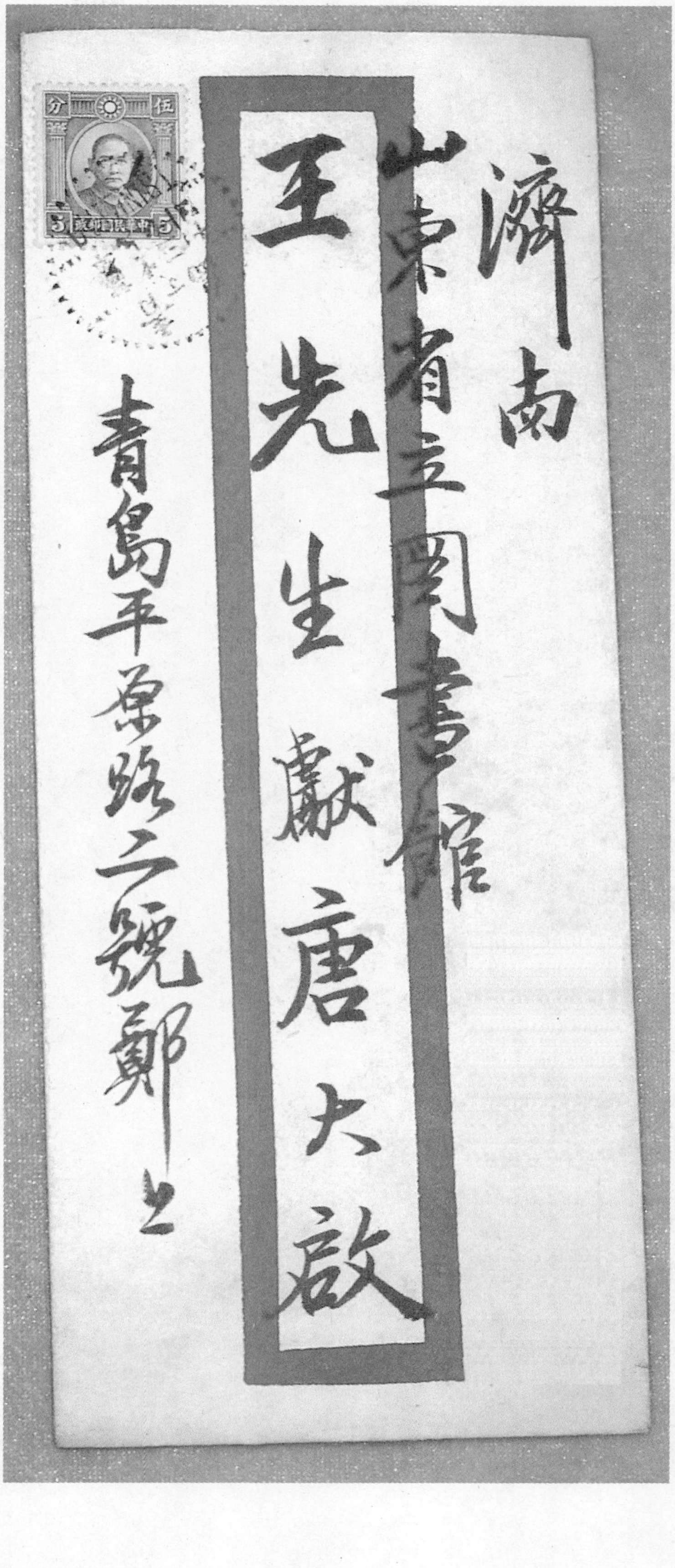

一百一十一

馬維驤 書一通 封一件

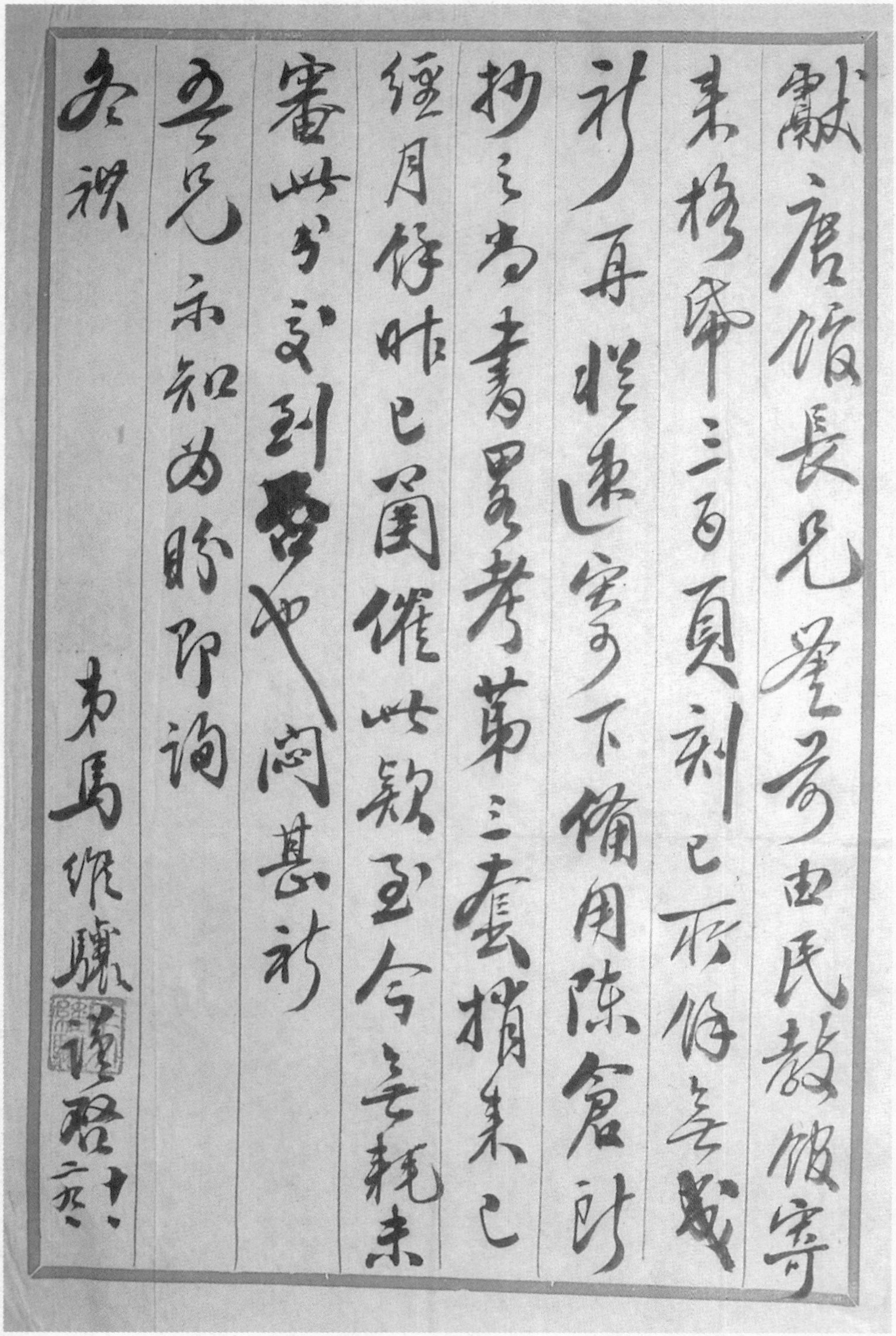
獻唐館長兄鑒：前由民教館寄
來楮帋三百頁，刻已取得無幾，
祈再撥速寄下，備用陳倉許
抄之為書畫考第三套，據來已
經月餘，昨已閱催，此款至今無耗，未
審此書又到否也，悶甚，祈
吾兄示知為盼。即詢
台祺
弟馬維驤謹啓 十，二九

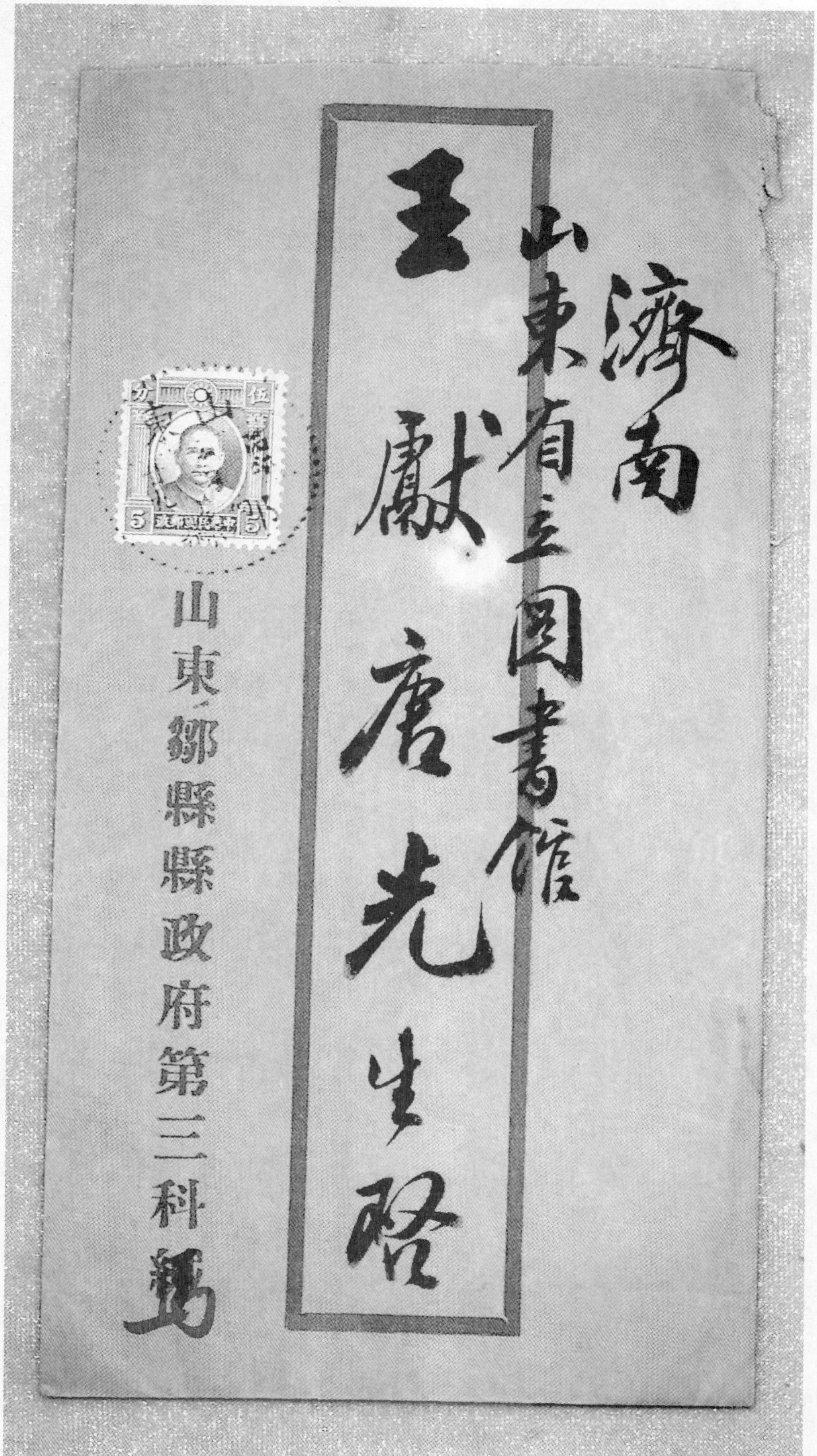
濟南
山東省立圖書館
王獻唐先生啓
山東鄒縣縣政府第三科緘

一百一十二　陳邦福

書六通　封五件

書第一通

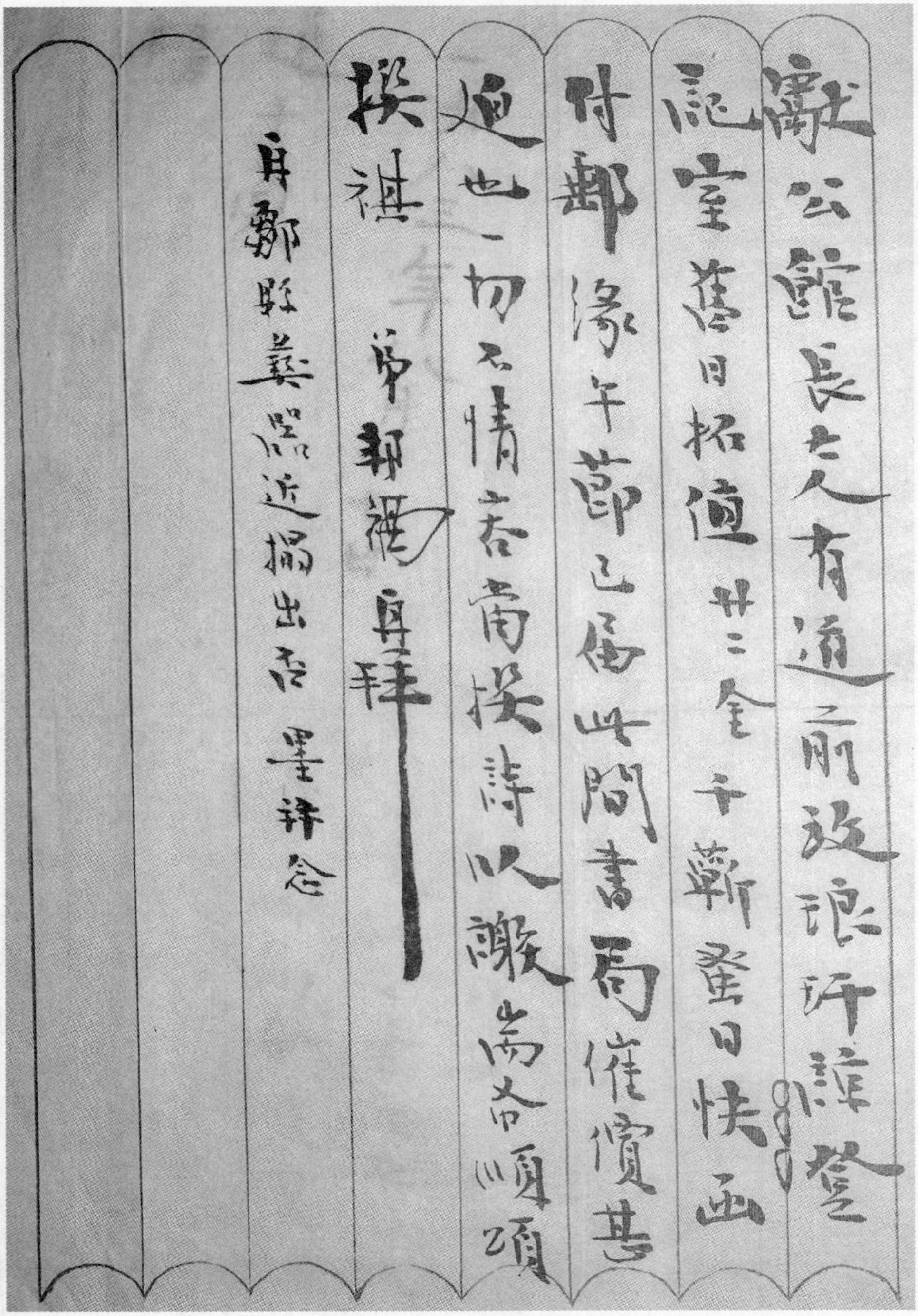

獻公館長大人有道：前返瑯琊，詳登

記室。舊日拓値廿二金，千蘄蚤日快函

付郵。滁午節已届，此間書局催償甚

迫也。一切不情，容當援詩以謝。尚希順頌

撰祺。　　弟邦福再拜

再：鄒縣彝器近掘出否？墨拓念

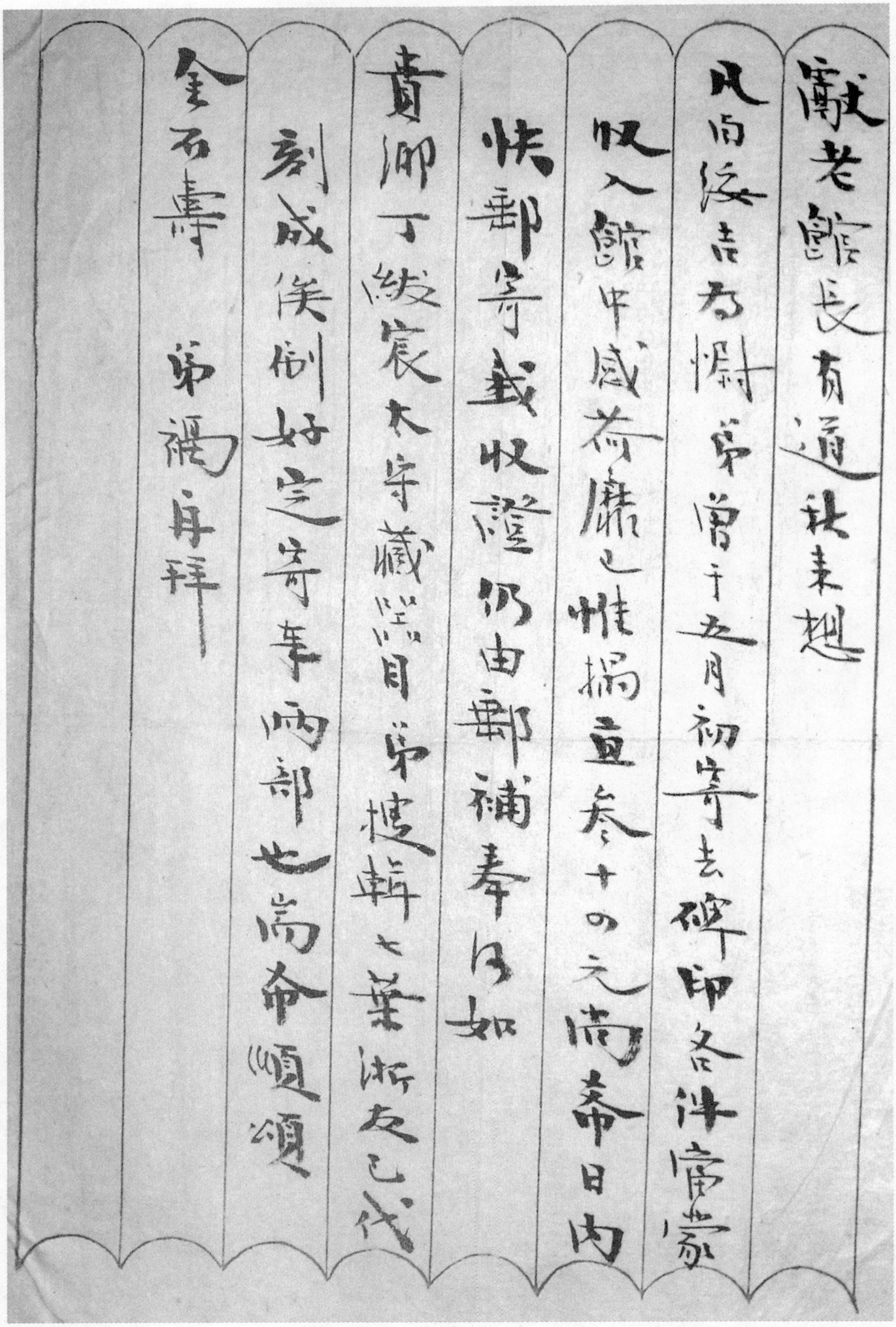
獻老館長有道：社來趨
凡向後吉為懶，弟曾于五月初寄去碑印各件，當蒙
收入館中，感荷靡已。惟揭直叁十の元，尚希日內
快郵寄我收，謹仍由郵補奉ほ如。
貴鄉丁紱宸太守藏泉目，弟擬輯之，葉淅友已代
刻成矣。倘好之，寄奉兩部也。尚命，順頌
金石壽。　弟福再拜

書第三通

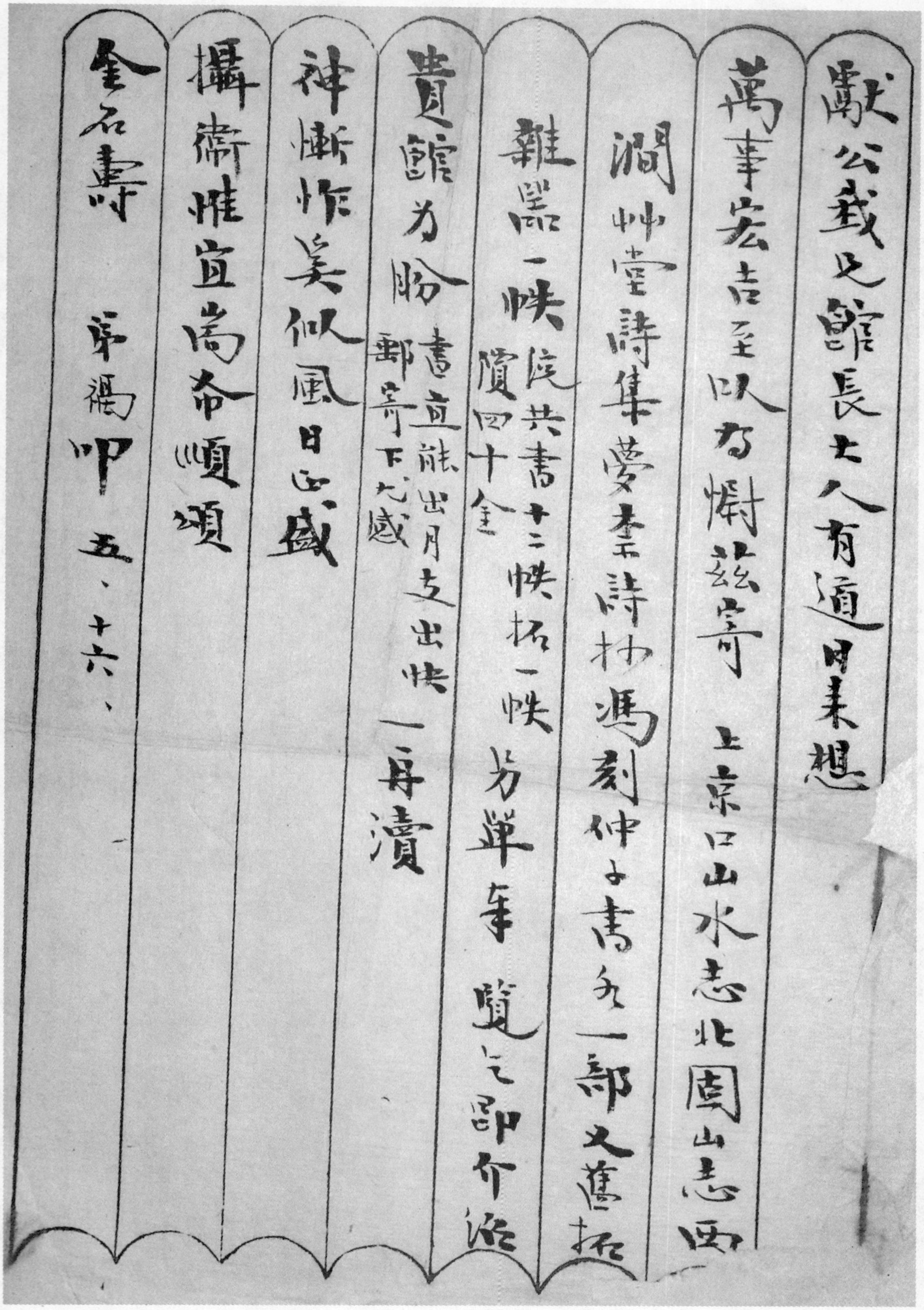
獻公我兄館長大人有道：日來想
萬事宏吉，至以爲慰。茲寄上京口山水志、北固山志、西
澗艸堂詩集、夢樓詩抄、馮刻仲子書各一部，又舊拓
雜器一帙，價四十金，隨共書十二帙、拓一帙，另單奉覽，即介洽
貴館爲盼。書直能出月支出快，郵寄下九感，一再瀆
神晰，作美似風日正盛，
攝衛惟宜，尚希順頌
金石壽　弟渴叩　五、十六、

北固山志 四帙 莫郘亭藏印 此初印 板片現多損闕 十二之

京口山水志 四帙 劉鐵雲藏印 此長初印 洪楊亂后板片多散失 十之

西澗草堂詩 二帙 吳學閎循觀校 丹嘉馬氏家塾藏印 此書係隆萬之版 建本依裝製陋甚 須重襯裝 六之

馮林一夢素詩抄 一帙 俞曲園藏印 二之

仲子書 馮仲鶴手圖校抄本 此馮仲世年時刻工莫字 送來稿本 卷末有鶴謹校殊筆三字 二之

舊校雜鈔 一帙 有名家藏印 八之

這十三帙價四十金

書第四通

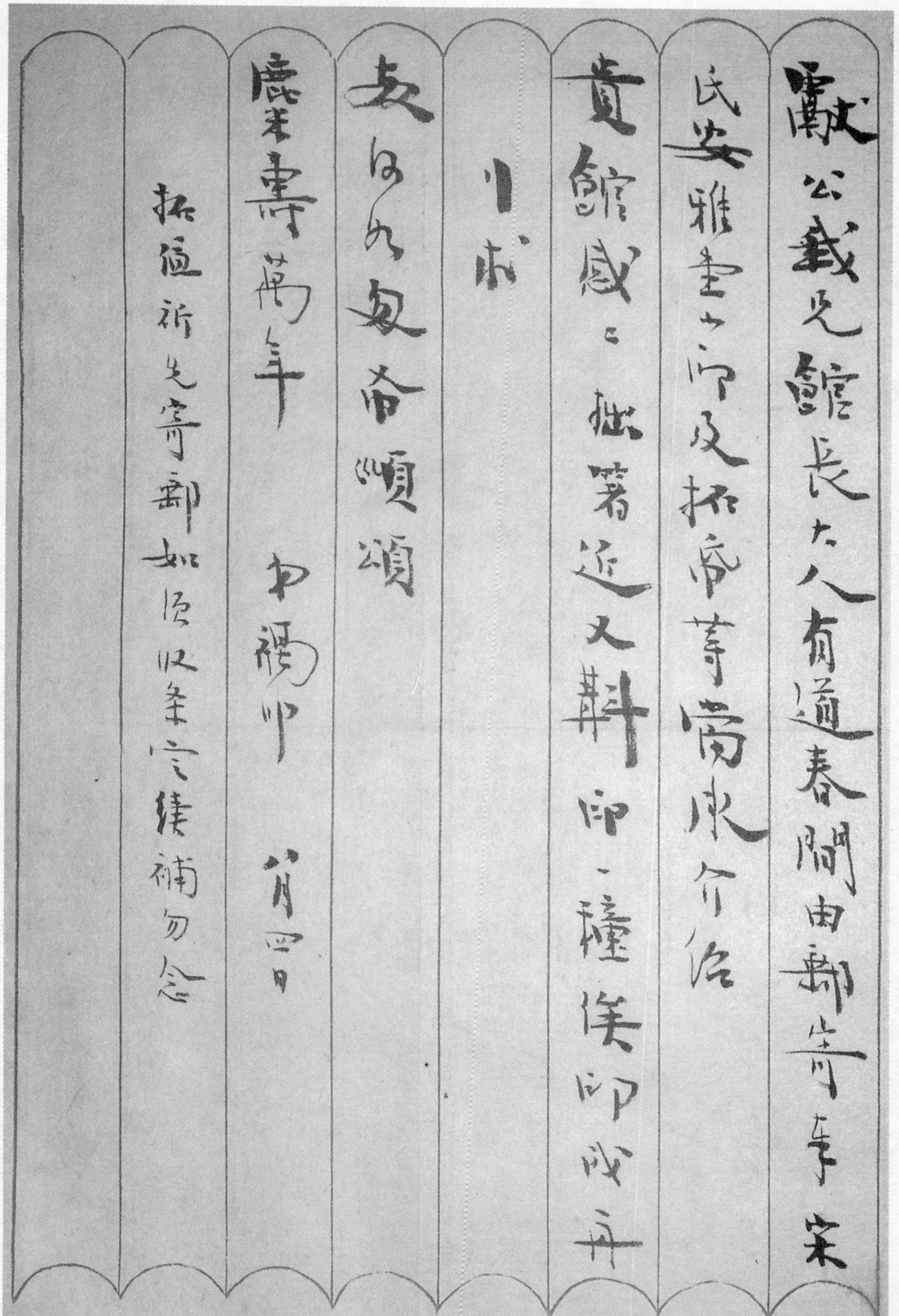

獻公我兄館長大人有道春間由郵寄奉宋
氏安雅堂印及拓本等當承介紹
貴館感感拙著近又付印一種俟印成再
求
教，日內匆匆，順頌
康壽萬年　弟福叩　八月四日
拓值祈先寄郵如須收条容後補勿念

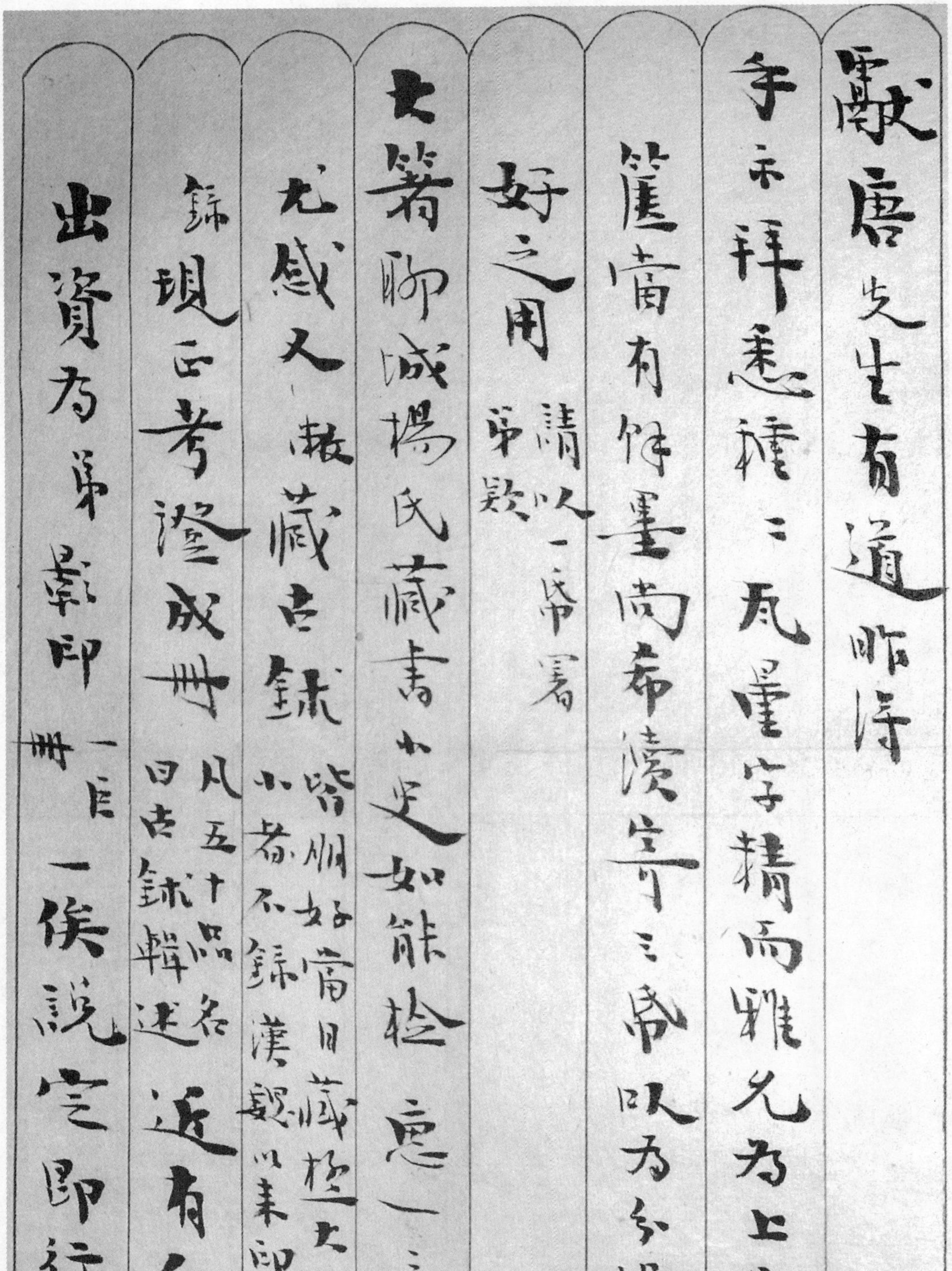
獻唐先生有道：昨得
手示，拜悉種種。瓦量字精而雅，允為上品。行
篋當有佳墨，尚希賡寫三冊，以為參校。因
好之甚，請以一紙署弟款。
大箸聊城楊氏藏書，如能撿惠一二帙
尤感。又敝藏古鉨，皆州好當日藏極大之品，小者不錄，漢魏以來印不
錄。現正考證成冊，凡五十品，名曰古鉨輯述。近有人願
出資為弟影印一百冊，一俟説定，即行付

郵
先生藏大鈢否倘有所積尚希鈐寄一二
以便收入集中何如耑此順頌
慶壽萬年　弟邦福再拜　十一月十七日
再上舍弟太康墨送之各已收又舍弟及東臺友人
擬各索墨拓一份便祈寄我又叩

獻公館長大人有道：獻歲發春，定多
佳勝，遥想
撰述當又增益幾許矣。再去冬拓價式拾式
日内諒滙郵，大感收。一切瀆
神，容當遲叩，安命順頌
金石壽
弟福叩

封第一件

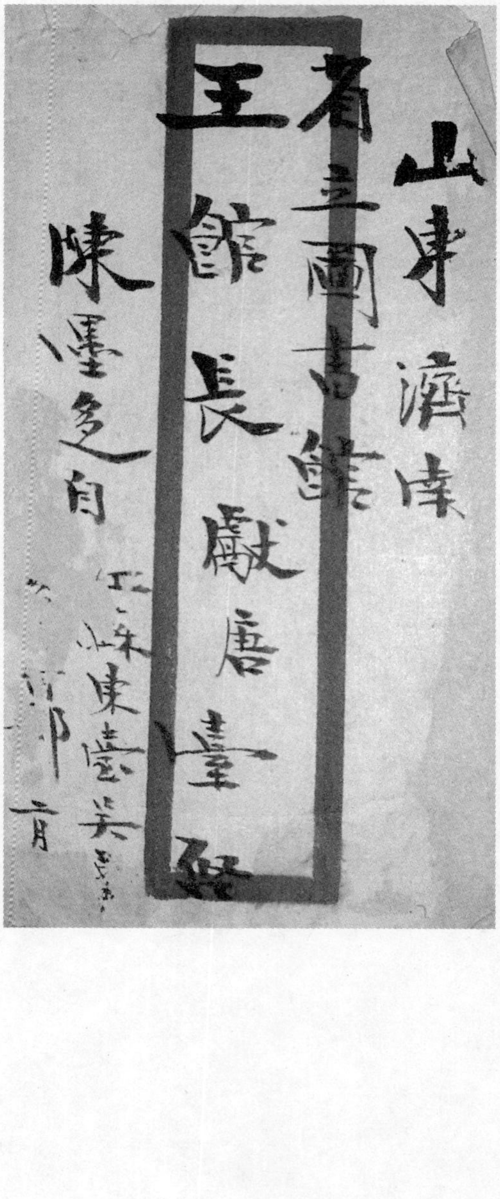
山東濟南
省立圖書館
王館長獻唐臺啟
陳墨逸自

封第二件

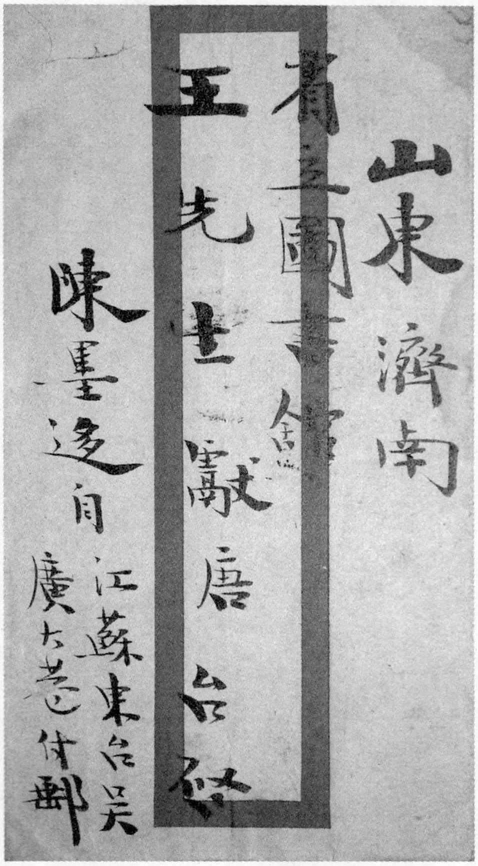
山東濟南
省立圖書館
王先生獻唐台啟
陳墨逸自
江蘇東台吳
廣大巷付郵

封第三件

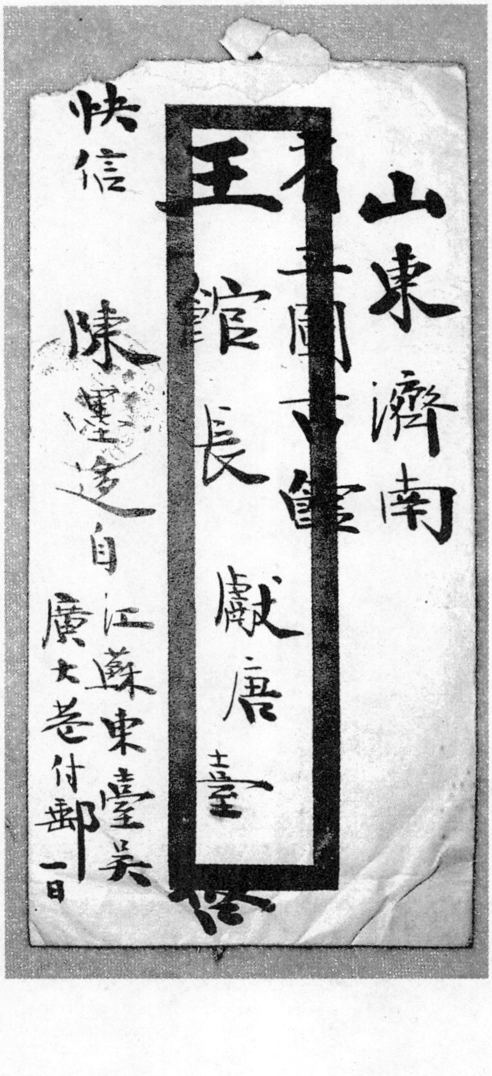

封第四件

封第五件

一百一十三　方雨樓 書四通　封二件

書第一通

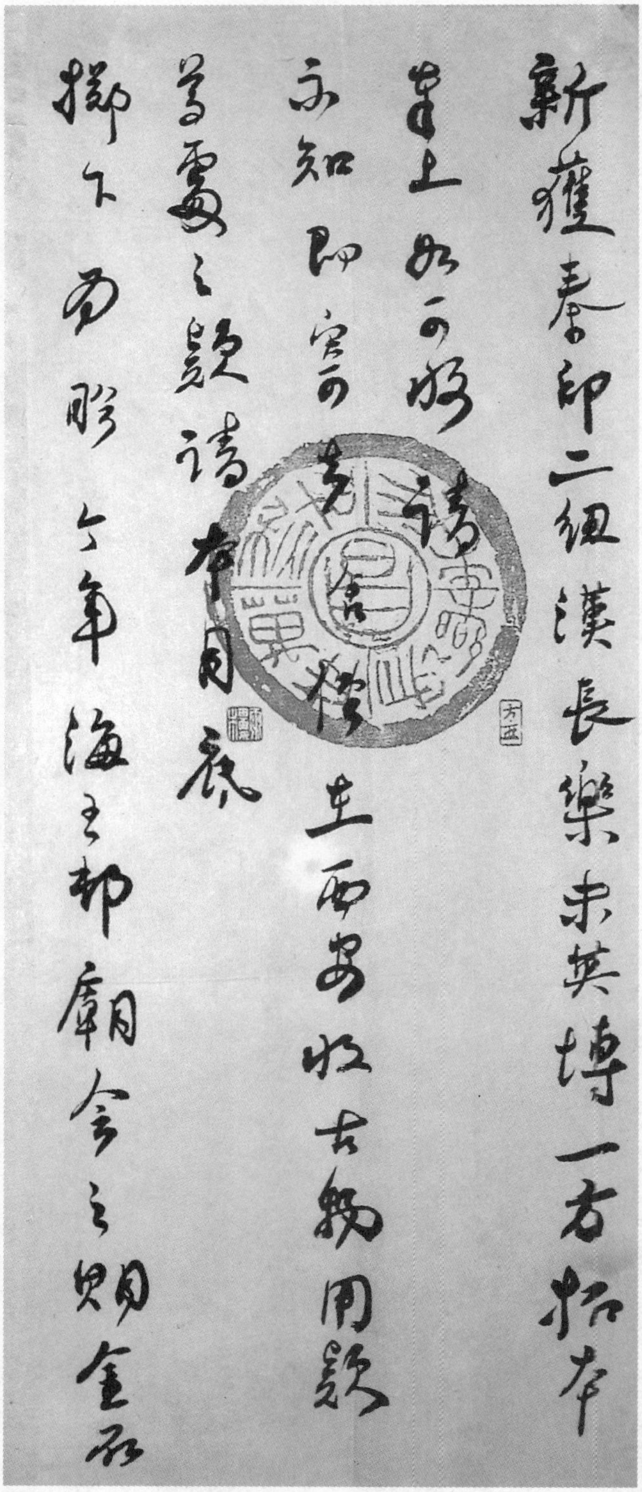

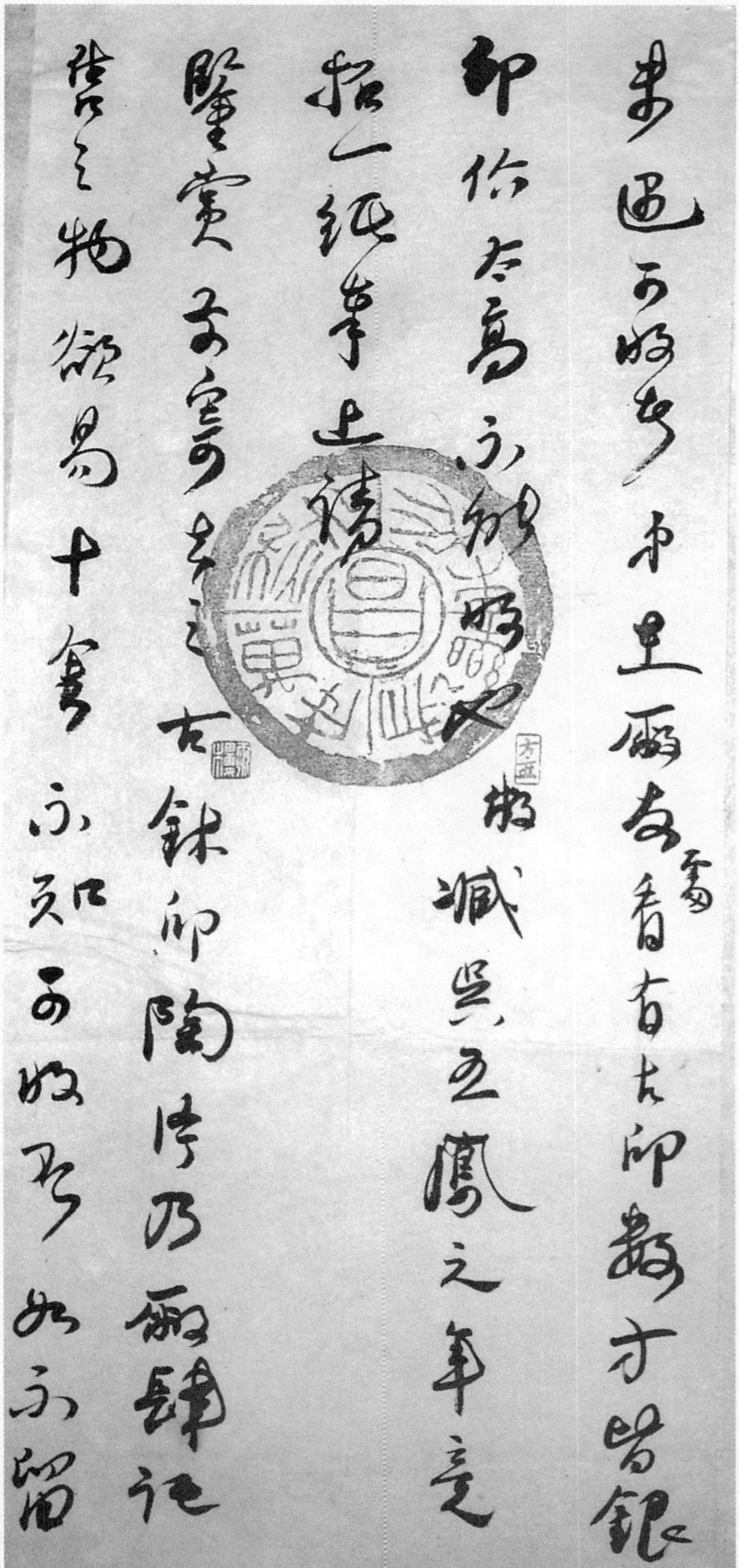

書第二通

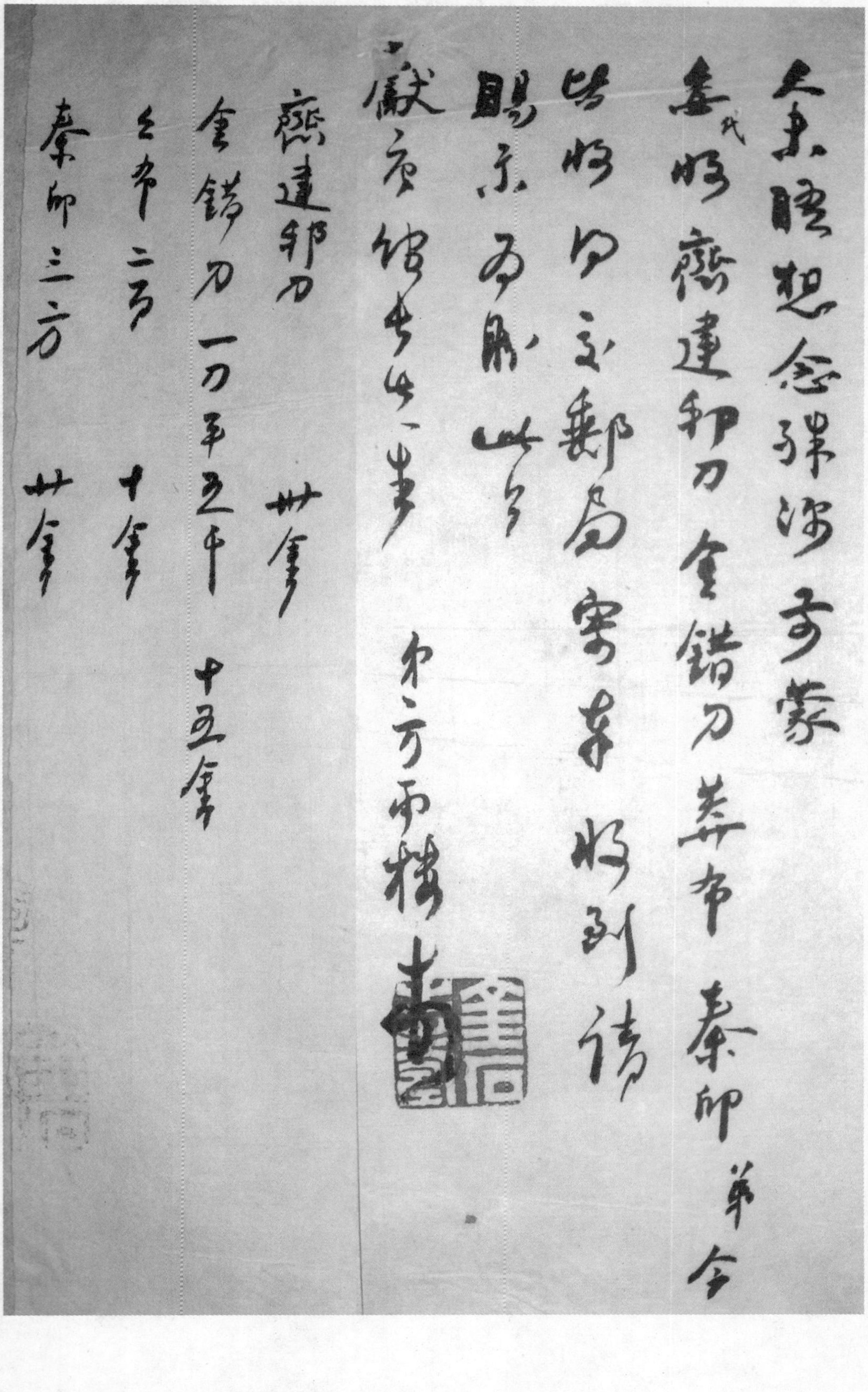

燕達印刀 卅金
金錯刀一刀平五千 十五金
㐅布二百 十金
秦印三方 卅金

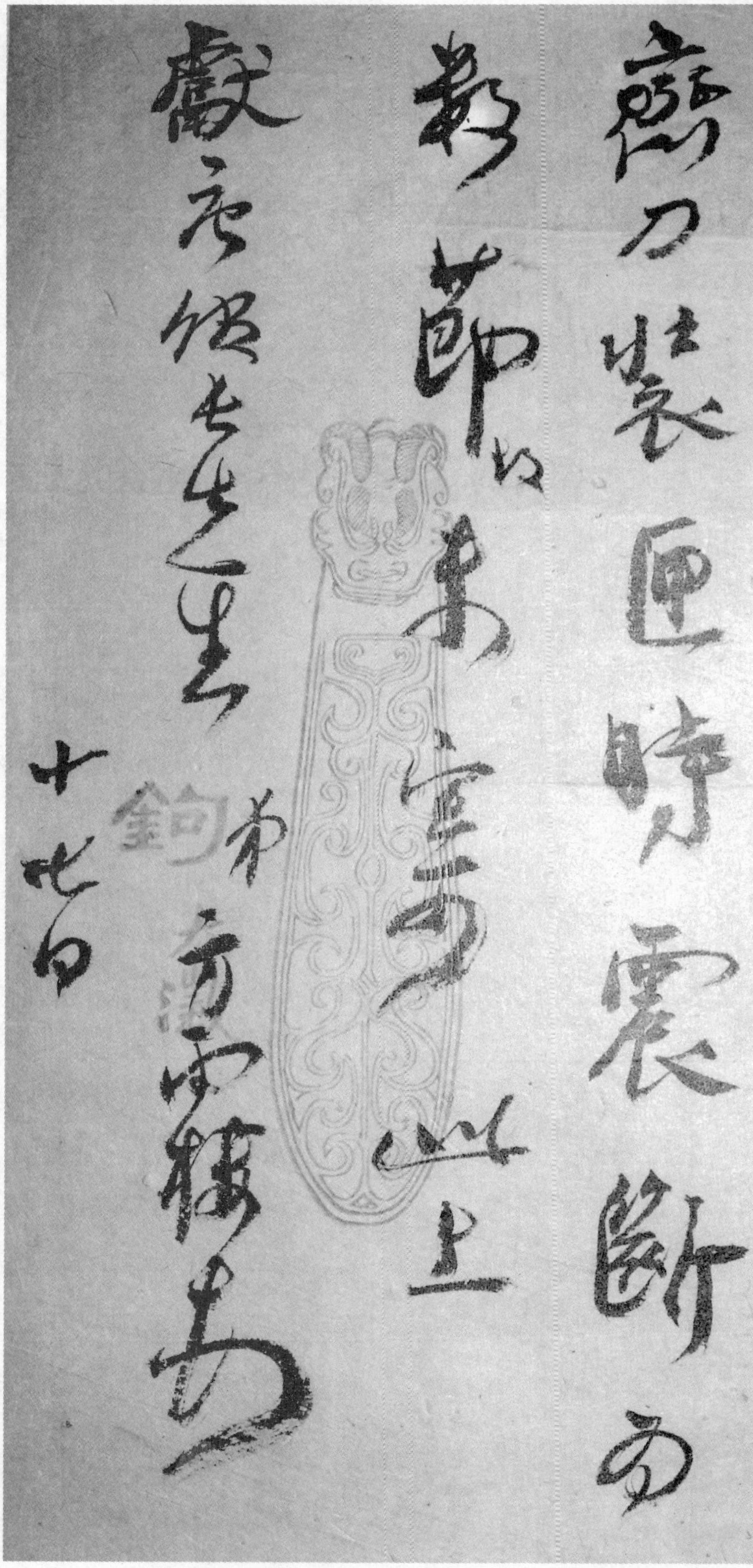
薦刀裝匣時震斷，而
數節，以來寄此上
獻[illegible]先生之
弟方雨樓
十七日

書第四通

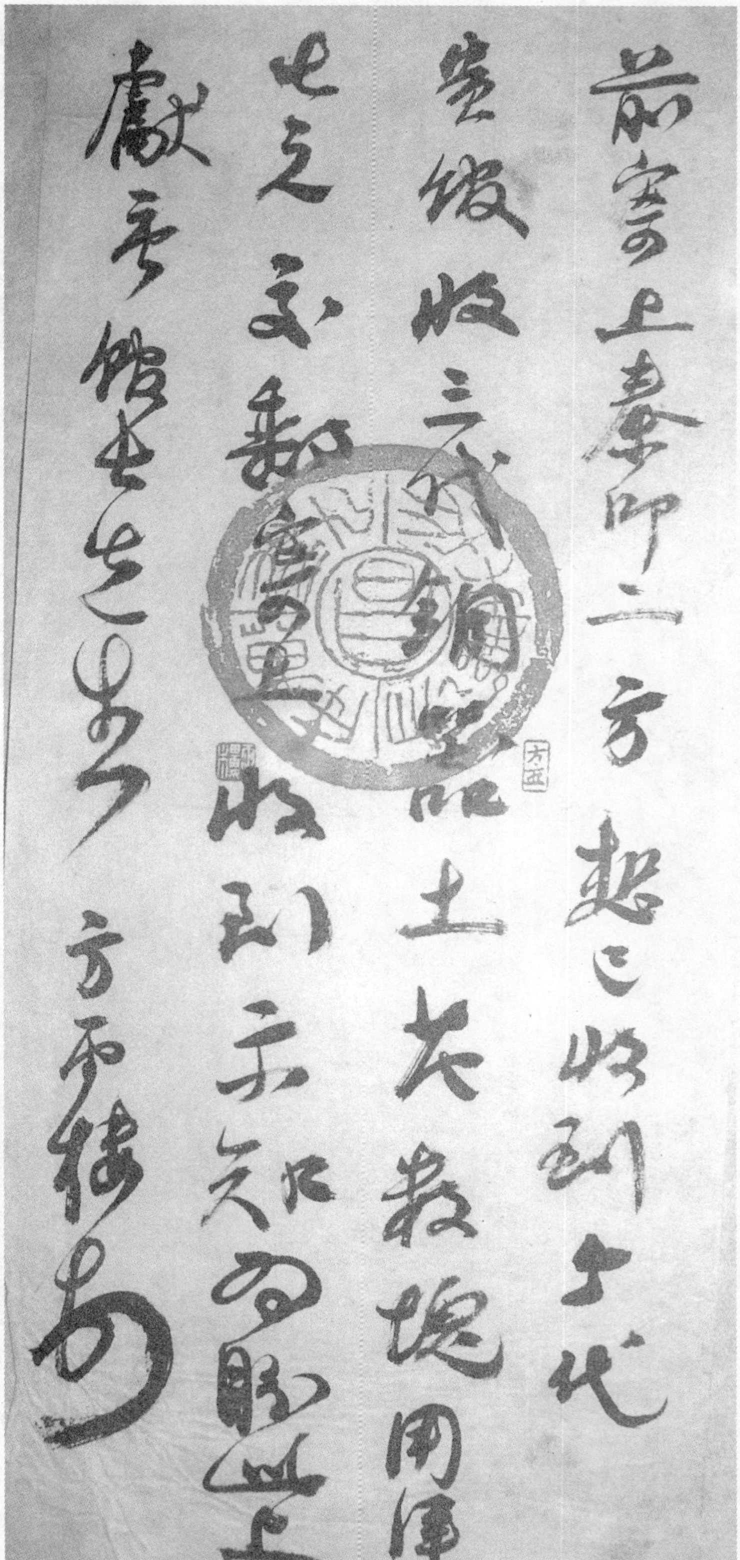

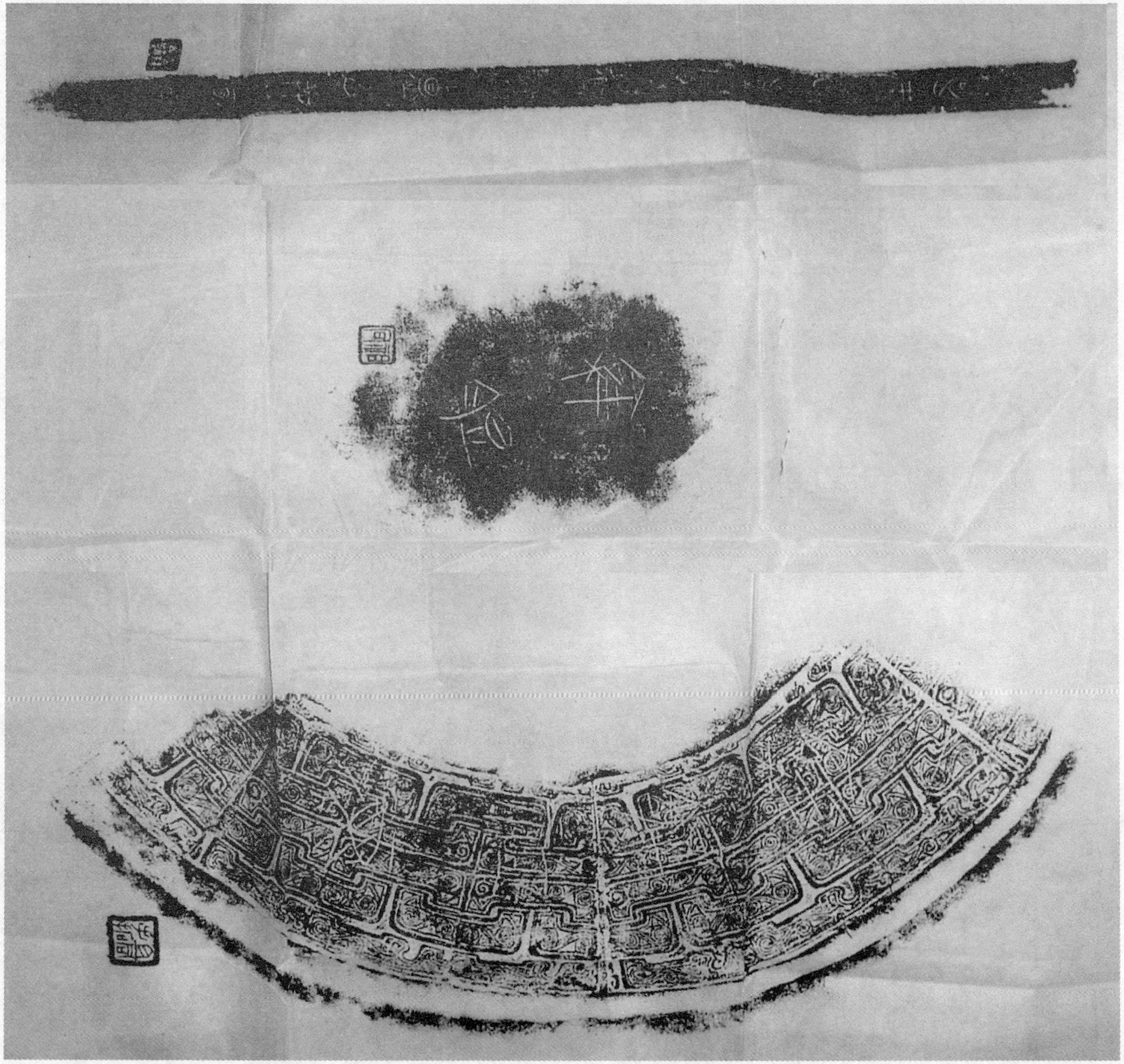

封第一件

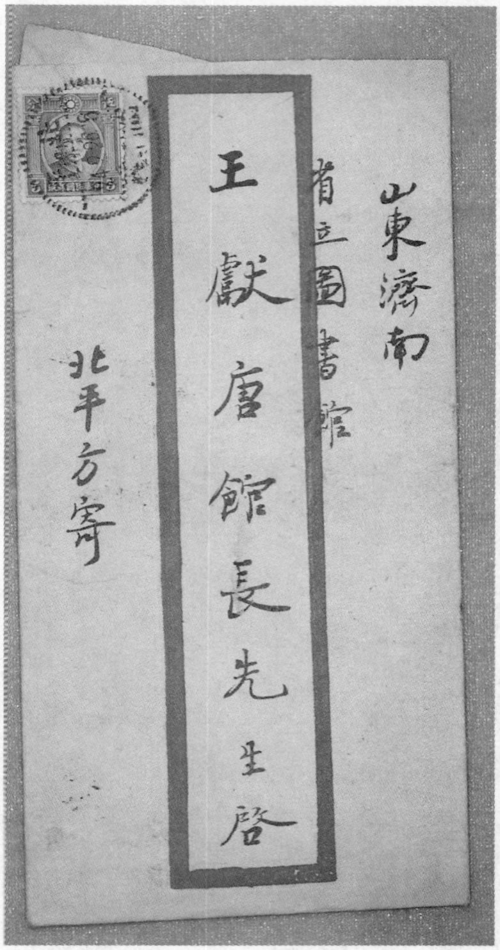
山東濟南
省立圖書館
王獻唐館長先生啓
北平方寄

封第二件

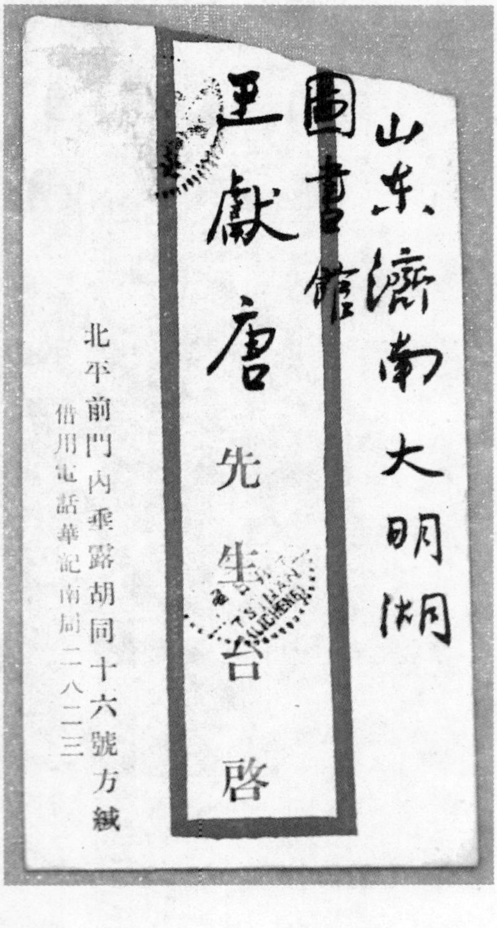
山東濟南大明湖
圖書館
王獻唐先生台啓
北平前門内垂露胡同十六號方緘
借用電話華記南局二八二三

一百一十四　李一真書一通

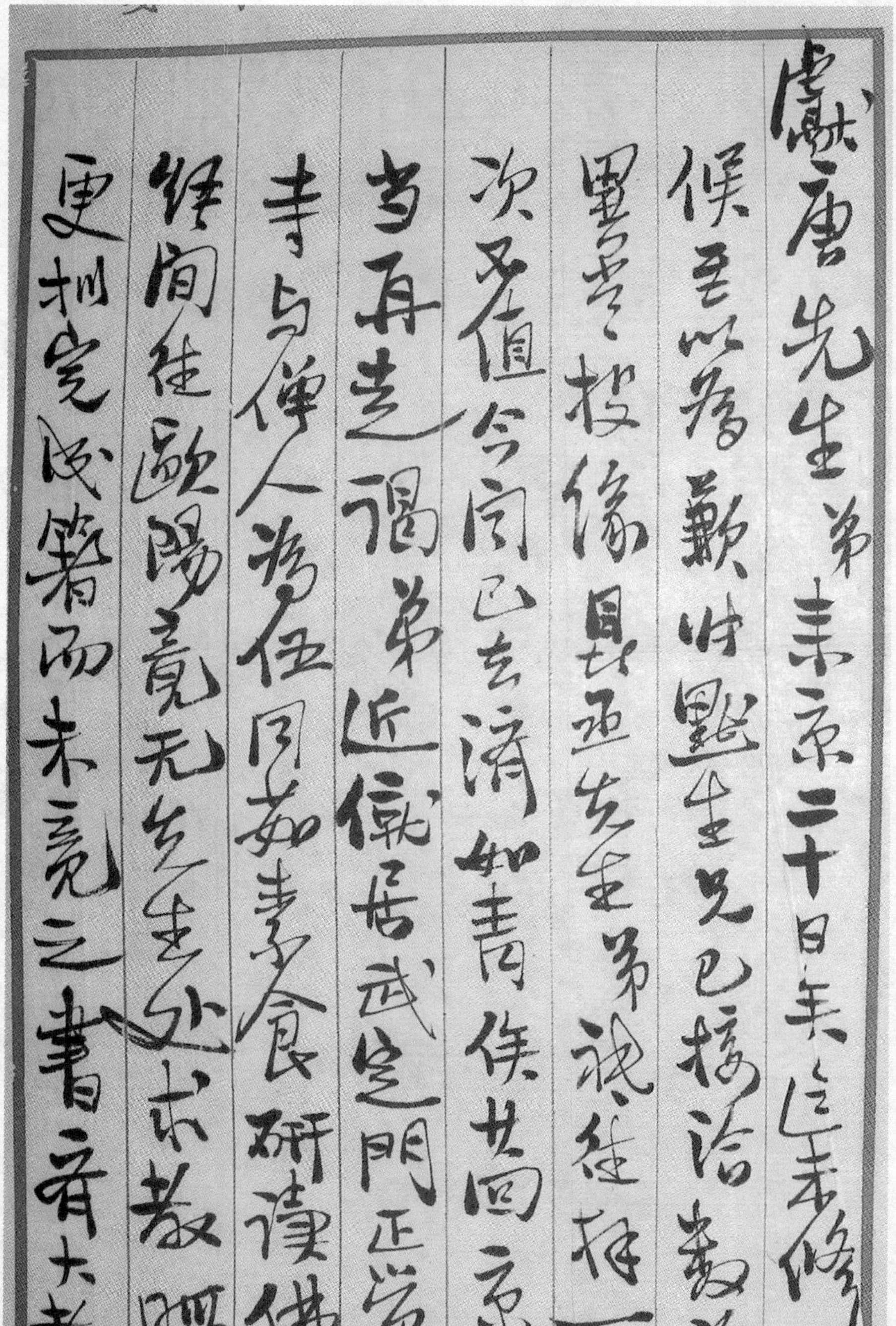
獻唐先生：弟來京二十日矣，屢擬修
候，甚以為歉。昨懸生兄已接洽妥，頃
墨堂投緣，晨與先生弟談，往拜一
次，承值今日已去濟，如青俟其回京
當再去謁。弟近僦居武定門正覺
寺，與僧人同住，同茹素食，研讀佛
經，間往醫陽，竟無先生之述求教，悵
更切。完成著而未竟之書，有大教

席諒歸島，有劉校長秉泉來晤，弟已去滬上矣。弟最近幾月擬不他去，賜書寄此即可。王道新先生書籍，前在濟得田君雲生函謂，靜候貴館寄候，現已寄去否？並炳燭錄、釋人疏證已鈔完否？便中示及為幸。藉頌

公安。

尊眷均吉。

弟鄉李王貞再拜

民國丙子年寒食日午

一百一十五 梁烈亞書一通 封一件

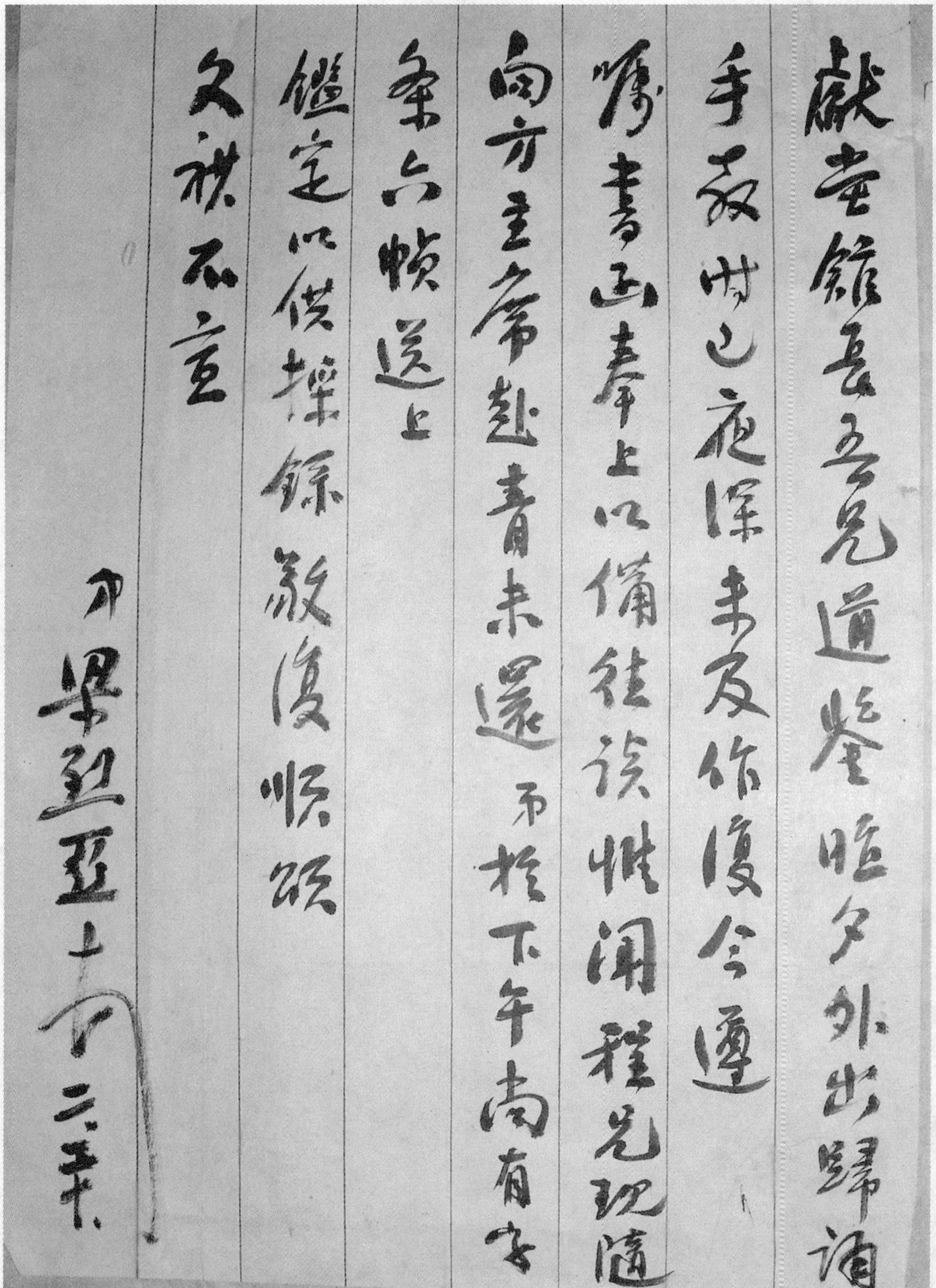

獻唐館長吾兄道鑒：昨夕外出歸，誦
手教，時已夜深，未及作復。今遵
囑書函奉上，以備往談，惟聞程先生現隨
向方主席赴青未還，弟於下午尚有客
条六幀送上
鑒定，以供採錄。敬復，順頌
文祺，不宣。
弟梁烈亞上 十二、廿八

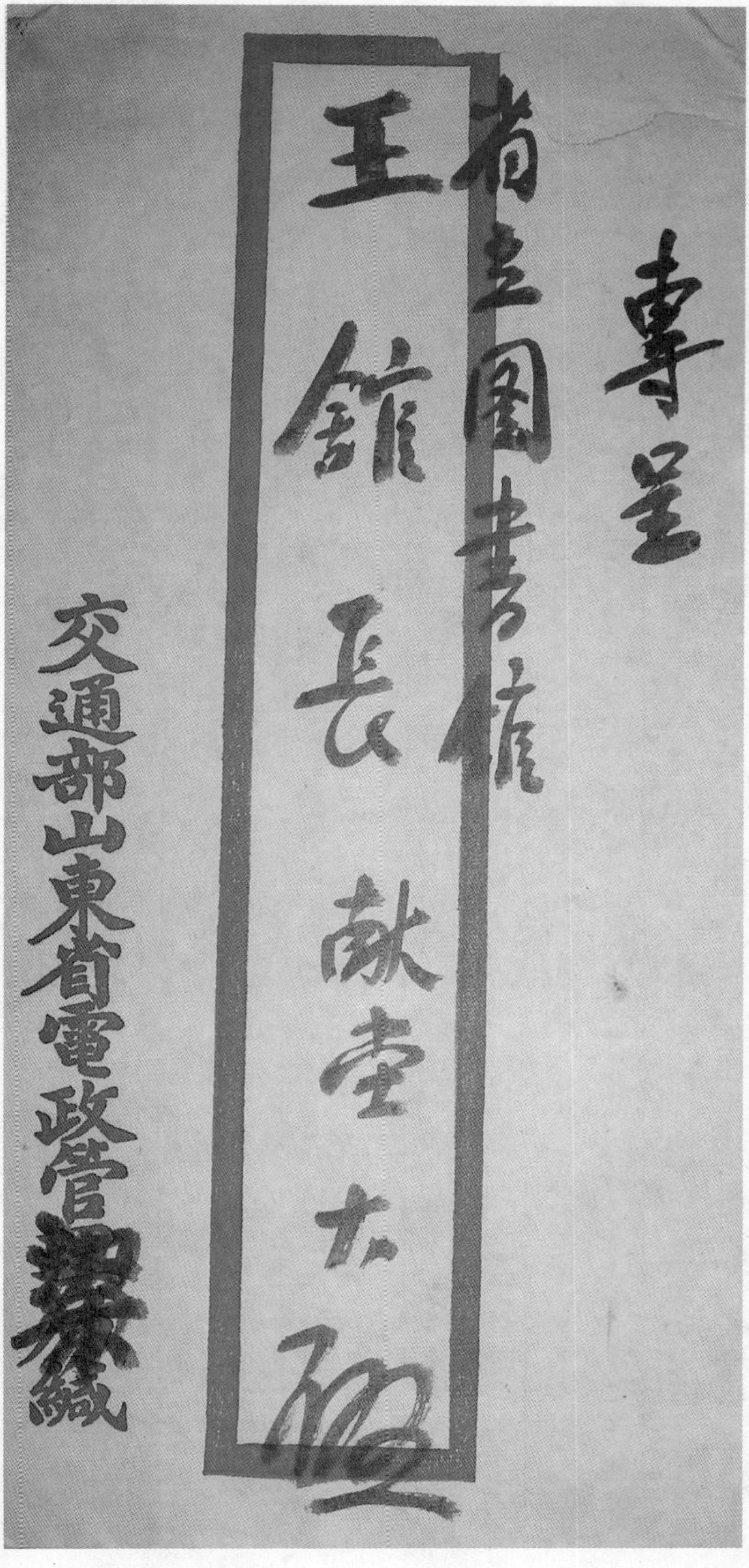
專呈
省立圖書館
王館長獻唐大啟
交通部山東省電政管理局緘

一百一十六　丁錫田

書二十四通　封十四件

書第一通

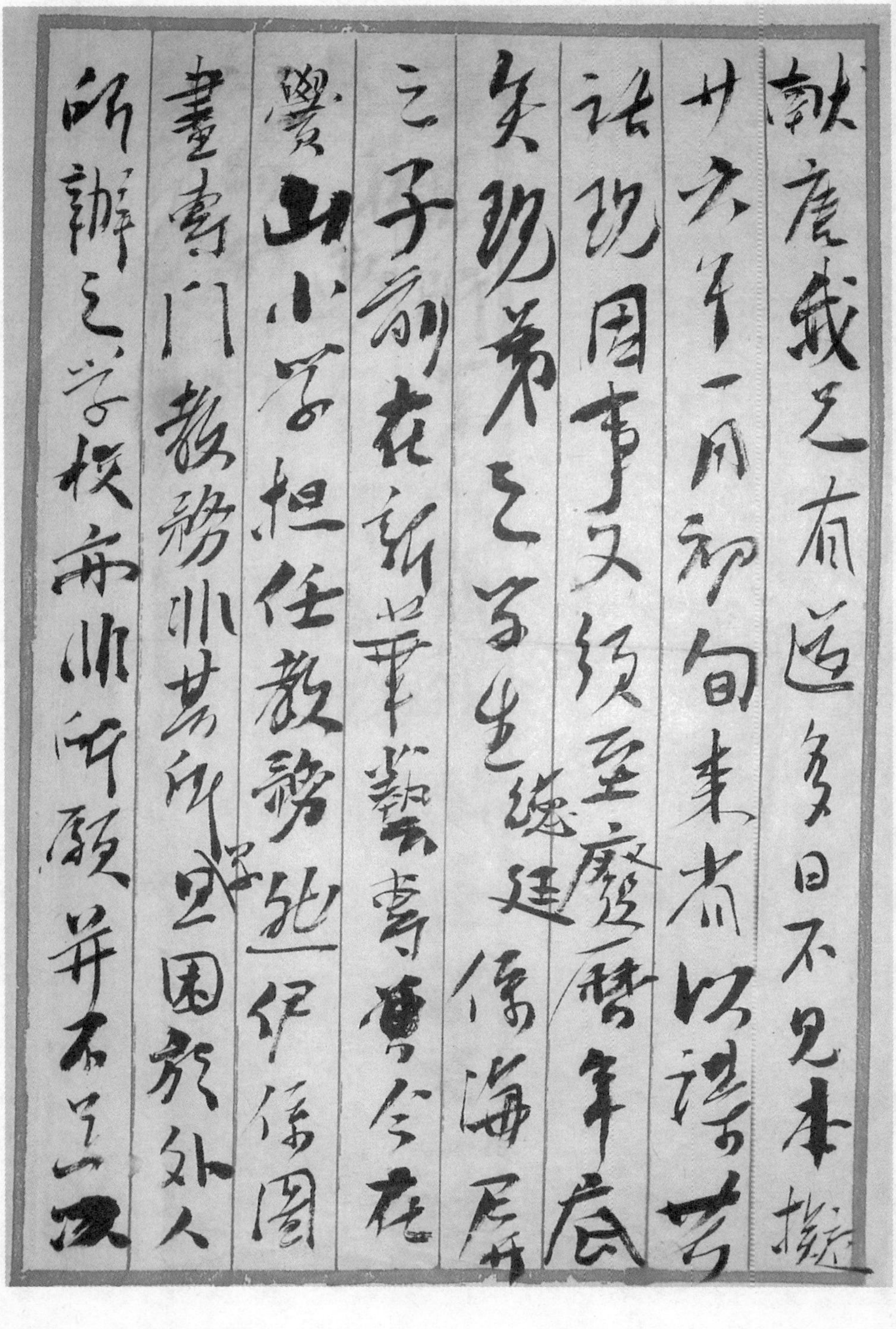
獻唐我兄有道：多日不見，本擬
廿六年一月初旬來省，以謁芸
話，現因事又須至廢曆年底
矣。現弟之學生繼廷僑海屏
之子，前在新華藝專，專今在
黌山小學擔任教務，兹伊係圖
畫專門，教務非其所習，因彼外人
所辦之學校，亦非所願，并不足一以

居處所學以發揚國光爲方一時
托弟所有紙各論
先生論兩晤
雅教備承地方代爲推介俾盡
所長則不至彭久困絃接矣務希
推愛爲一謀之寄日當謝近來
有何新作寫錄花編飯無寄[illegible]
信否通訊時獲教益及耳

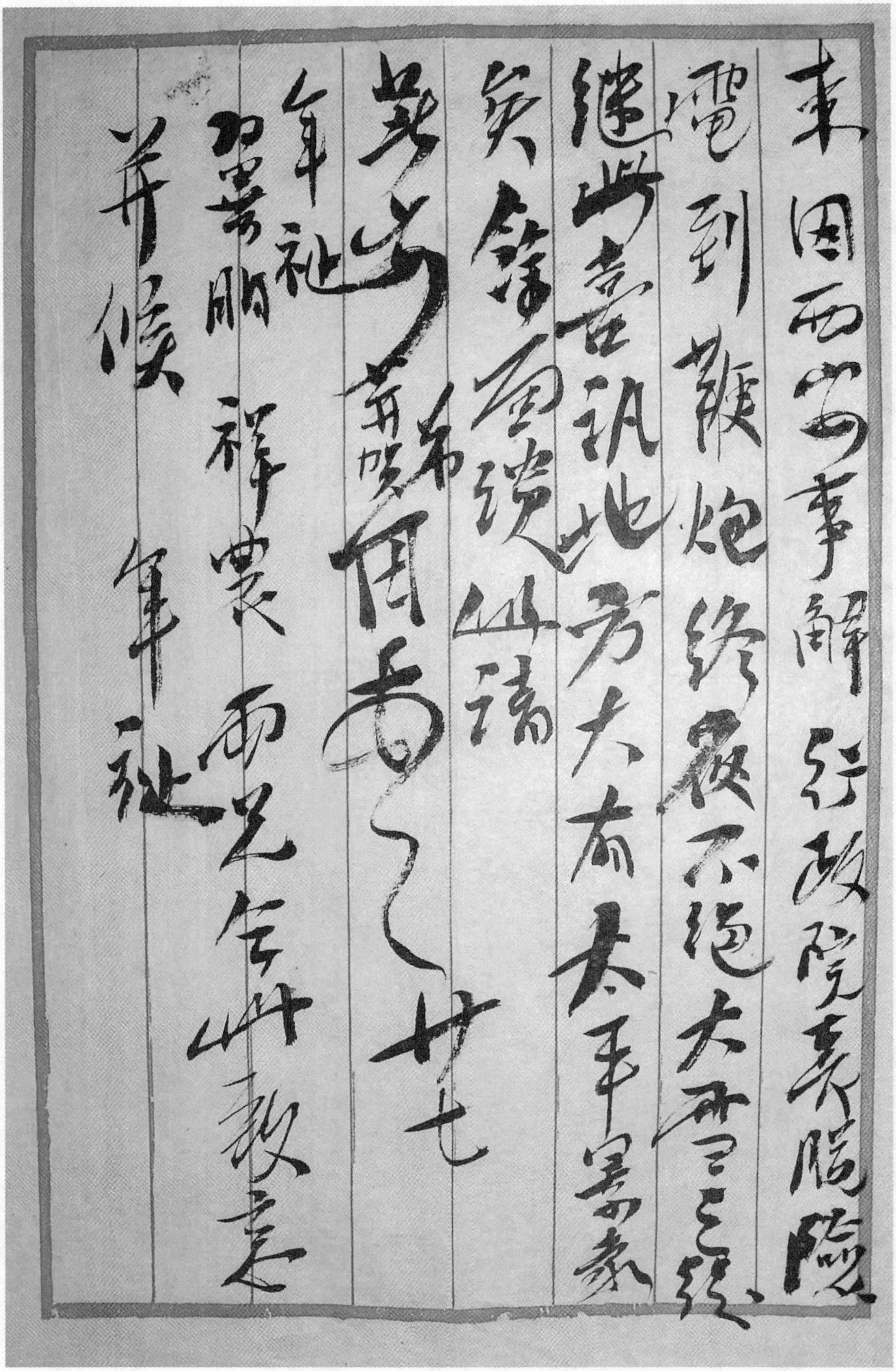
來因西安事解　行政院長陰
電到難炮終夜不絕大雪三後
繼此喜訊地方大有太平景象
矣餘面談此請
歲安　弟錫田手書　廿七
年祉
恩鵬祥農兩兄均此致意
并候　年祉

書第二通

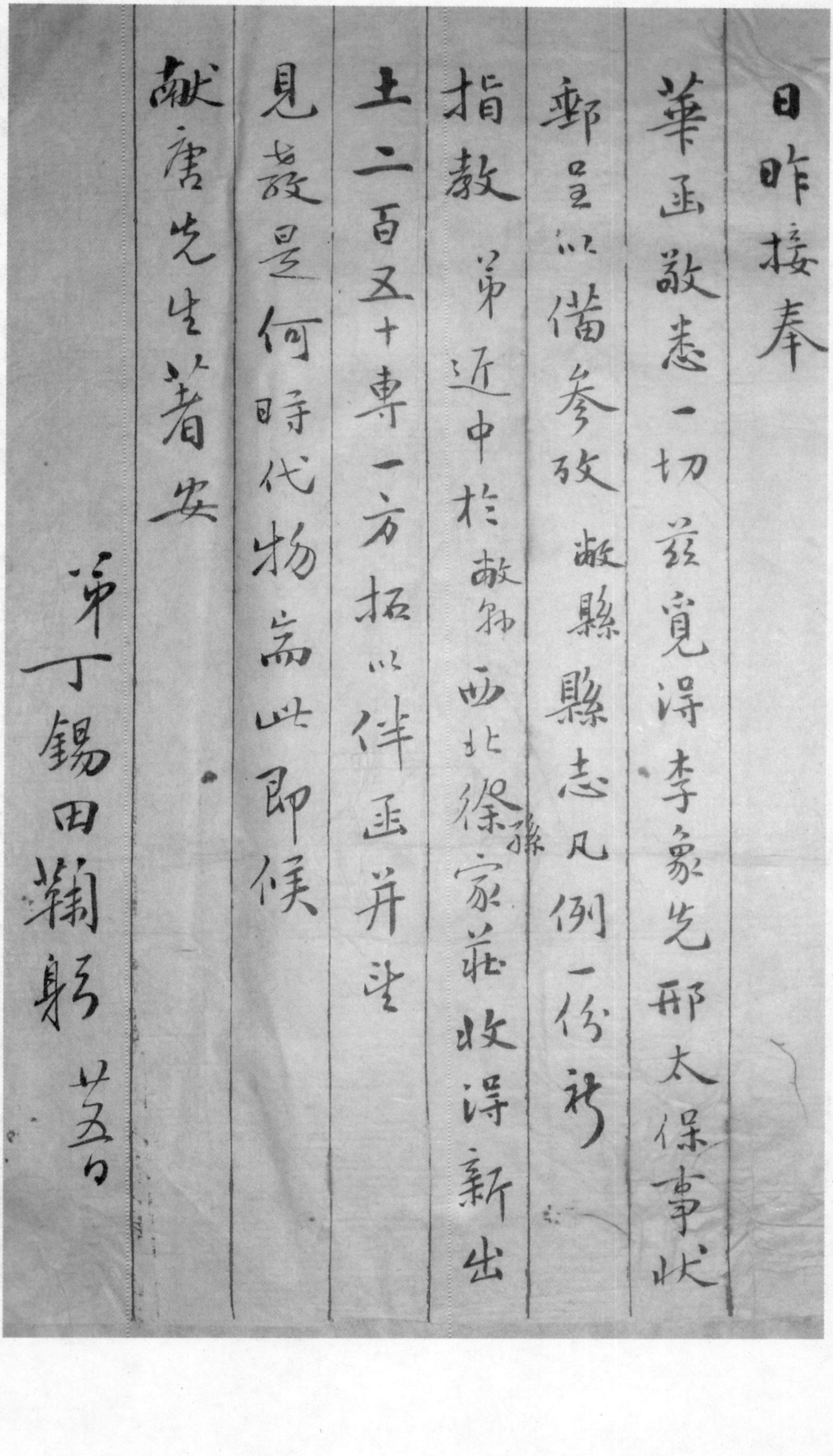
日昨接奉
華函敬悉一切茲覓得李象先邢太保事狀
郵呈以備參攷 敝縣縣志凡例一份祈
指敎 弟近中於敝鄉西北徐[孫]家莊收得新出
土二百五十專一方拓以伴函并呈
見敎是何時代物爲此即候
獻唐先生著安
弟丁錫田鞠躬 廿五日

丁錫田

郡邢太保公東西功次本末狀　欒安李煥章
萬歷間播州宣慰使楊應龍殺守戍者侵掠旁州縣重慶
諸郡訴闕下者萬餘人朝廷欲徵諸道兵討之給事中楊
東明疏播酋雖驁桀不道初非有異圖皆有司激之爾朝
廷遣威信大臣往諭以禍福利害服則舍之不立縛檻車
易易也川撫某以重慶兵力單弱姑羈縻以俟後舉貴撫
某初欲進剿依水西安國亨國亨貌恭順實陰結播酋處
有變弗敢主前議朝廷下其奏諸閣部科道各部科道合
疏勘之使遂以公官兵部侍郎往自江寧乘舟至巫山檄
播酋出就勘散諸訐奏民數十里外罷諸道兵酋就勘不

得陳兵自衛酋大悔跪而泣曰朝廷用邢公總理川貴吾
屬無憂矣願即出勘死國憲無怨遣土把張文學來請勘
松坎不許請勘貓兒崗不許請勘重慶綦江縣之安穩驛
離老巢六七百里公姑許之時江水泛濫酋請改期數日
公怒曰聖旨在茲寧恤江水也酋因服率妻孥自縶跪地
乞哀獻首惡黃元等十二人納金四萬以贖公正色叱曰
爾自唐宋來君長蠻徼中顧不足耶乃僭御乘輿出入稱
警蹕擅用奄人戕諸守衛者自謂老夫長不知漢大今日
殲爾輩一持戟者力爾朝廷已徵諸道兵進剿姑念爾祖
世篤忠貞勤勩南土不即加斧鑕聽爾輩改圖奪爾官以

爾孽子朝棟領播事其黃平白塘餘慶湄潭甕安諸司割
入重慶酋首頓地曰幸不誅皆如約公一二為善後事宜
留健兵屯要害後酋子可棟死重慶獄酋來索質子死狀
有司只告以故執殺之公聞之頓足曰事起矣已而酋果
叛是時公已督諸軍援朝鮮矣倭關白平秀吉狡譎好謀
知兵擅國事出犯朝鮮因窺遼左與上國爭衡朝鮮八道
半折倭朝鮮西向乞師天子以侍郎宋公應昌往援之
久無功請罷兵議封議貢之說起矣奸人沈惟敬首其事
兵部尚書石星主之至是廷臣合奏曰我國家席廣大氣
奮兵不足壓島夷曰封曰貢倭索亦無厭俾屬國失望

今天下有輕中國心昔淮蔡之役惟斷乃成飭諸道兵刻
期深入以靖海氛于是上大怒逮石星下刑部撤應昌以
公代其軍時倭已逼王京王出走公急檄都御史楊鎬趨
王京乃標劍登壇曰帥一元出中路薊昌保津登萊兵帥
皆將之圍清正帥貴出東路甘肅榆寧宣大兵帥皆將之
綴行長帥如梅出西路遼東西兵帥皆將之出海外扼秀
政吾將以大軍繼其後是時楊鎬已被逮公獨為經督中
西路兵敗遣兵部徐某勘其狀贊化丁應泰為大言張倭
勢乞撤兵如前議公不聽趨諸帥各以其兵進戰數與倭
遇皆卻之圍清正急清正哀乞和公曰吾受降不受和兵

進攻歷倭寨倭乘之又敗諸軍稍稍動公曰無譁可因敗
以為功也乃令璘出釜山後石曼子約諸倭乘勝下海公
督諸軍據其岸上諸巢倭陷璘伏中不能出遁去公反擊
斬首五千級俘秀政王成等六十一人晉公太子太保兵
部尚書一品鶴服蟒龍服斗牛服玉帶世襲錦衣指揮一
人蔭子孫四人後部公者浮言誣公公作東西序說事乃
定

論曰吾觀太保公東西功次而知大臣建功之難也初播
酋之就勘實慕公威德即留公鎮撫其地局至不戢自焚
再勞王師播雖平其耗失不億萬計哉世之論東事者率

皆謂闖白死公乘釁立功不足耀武威善乎馮文敏公之
言功第論成不成耳若夫以賄脱敵直兒童之見拙哉譏
夫之舌愧貝錦多多矣

濰縣志凡例草稿

一方志之學數百年來推章學誠爲巨擘論者稱其「以獨到之目光萃畢生之精力深明方志之當古國史其纂述宗旨在乎刊除浮僞發揮實狀使後人得以追覩前事纖悉無遺以今日之語譬之眞所謂能寫全體社會活動之迹者雖其所撰不能盡如其所期然其發明義例振起浮俗使方志之用增其偉大章氏之績可謂邁越尋常」（瞿宣穎方志考稿序第二葉）然章氏生當專制之世其思想不能不爲環境所囿故「其所撰纂之永清縣志立皇言紀以當尚書立恩澤紀以當春秋」（方志考稿第一編第九葉）民國時代纂修方志應以人民爲主故本志編譔宗旨在寫本縣數千年社會活動之迹於章氏所創義例擇善而從不敢拘泥

一舊日志書或於志之外別立考紀傳略等名章學誠謂「欲經紀一方之文獻必立三家之學倣紀傳正史之體而作志倣律令典例之體而作掌故倣文選文苑

之體而作文徵』（文史通義卷六第一葉）論者稱其爲『躋附庸於宗國』（龍游縣志梁序第二葉）本志參酌名家志例爲綱凡十　曰黨治曰疆域曰通紀曰營繕曰交通曰民治曰實業曰教育曰賦稅曰武備曰人物曰藝文曰金石曰秩官曰雜稽概名曰志不復別立他名其所以爲志者則以文字表譜繪圖攝影四者表譜爲文字之便攝影乃繪圖之精合之仍不外古人所謂左圖右書也

一濰縣之有志書始于明萬歷癸酉續修于清康熙壬子及乾隆　惟所蒐輯頗有陋略本志雖爲重修幾等於創修於舊志之闕略者竭力補輯其可存者盡行采入蓋對舊志既不敢輕侮亦不敢盲從也

一『方志紀載事實標明所引之書其例始於宋高似孫之剡錄明代方志無傚之者至清乾隆以還倣者漸衆所謂無徵不信體至善也』（龍游縣志敍例第二葉）本志凡所紀載一律標明出處其得之采訪者則註明采訪册

一方志可以考見種族之分合文化之升降與民力之消長原非文士藉炫藻采之具故『偏尚文辭爲章學誠所舉修志八忌之一』(文史通義卷八第十葉)況今時一切著述均日趨於平民化貴使人人可讀故本志文字但求暢達雅馴力避蕪濫艱深其應附外國文及註音字母者均附於下

一方志通例每類之前必作序引或訾其『半屬空套於義無取』(龍游縣志敍例第二葉)然概行删削或無以提綱而挈領陸隴其靈壽縣志吳汝綸深州風土記則序引之有無初無定格(泰安志)實可爲法本志依其例各篇之前不必皆有序引

一『星野之說多出附會清乾隆熱河志已一掃舊習値此科學大明之會不宜猶蹈故常』(方志考稿三編二十七葉)八景亦係勉强湊合故本志於前志所載星野及八景均删而不錄

一『大事有表昉於史記凡事之關係重要者列諸表中檢查自易』(齊河縣志凡例)本志倣

二

編年史例易表爲紀本縣大事自唐堯以來皆分代記載

一『名勝古蹟及金石拓片在歷史上有重要價值者皆攝製影片編入』（修志事例概要）鄉先生之足爲矜式而有遺像者亦攝影列入物志前

一『坊表寺觀或以其無關教養不與學宮倉庫並列』（新城縣志凡例）然此二者實足以資觀感而警貪頑（龍游縣志敍例第一集）稽其廢興且足以考見民風之移易與民力之消長故『陸隴其修靈壽縣志不載坊表寺觀爲章氏所譏（文史通義八卷第四十四集）本志則仍以二者列入營繕志

一各志建置圖多僅及衙署書院學宮三項而地方名蹟轉不以圖傳惟錢大昕鄞縣志有天一閣及天童寺阿育王塔圖（瞿兌之志例叢話見東方雜誌第二十一卷第一號）頗爲可法本志於寺廟之較大者皆擇繪平面圖

一『章氏知族屬譜牒之要其永清志士族表專取科第之家一般民庶概付闕如

蓋爲唐宰相世系表之成法所束縛（龍游縣志序第三葉）與今國民平等之旨不合本志氏族表則凡有考者一律列入各以其姓筆畫之繁簡爲次

一『物價之低昂工資之漲落繫於民生習俗者至大舊日修志家侈言高尚恆不屑道故方志中鮮及之者今確查近五十年來工資物價列表以備千百年後比較之資』（龍游縣志敍例十三葉）

一人物及藝文各志皆以其人既歿爲限以符蓋棺論定之義至婦人守節逾三十年者雖生存亦錄蓋各志通例『至氏族一門據諸家譜牒以入志則無論存歿皆一律登載蓋所重者在族姓之盛衰不在一人之美惡褒譏也』（方志考稿第二編第十四葉）

一『錢泰吉海昌志以人物分目爲歷來陋習』（方志考稿第二編第七〇葉）然綜核平生則人各有品並非強爲評隲民國十四年新修獻縣志頗爲時論所崇其人物篇仍有高介忠義孝友文學各目（方志考稿第二編第七四葉）本志依其例人物志仍分子目其正史有傳者

三

皆附錄全文蓋依馬文煒安邱志于愼行東阿志之例也

一舊日各志或以人物與列女爲二門意謂女子不得稱人物也此最爲悖謬本志以列女爲人物之一目以符男女平等之義

一藝文一門文學與藝術並重各家著述據書錄目而不選載其文欲窺全豹當求原書其與各門有關者則依吳郡志例散註各門之後取便觀覽其書畫雕刻則就原品攝影以存眞相

一金石志多采自邑人郭麐所輯濰縣金石志以元朝爲限明以後之碑文則分註各類之後

一清乾隆　年至　年縣署案卷散佚無存秩官姓名籍里皆無從稽考茲從各書補入其不能考見者姑從闕如

一專制之世民知受治而不知自治故官吏之賢否與一邑之治安所關甚大各志

皆有職官表以存各官之姓名其賢吏之有政績者則別爲作傳康海志武功則美惡並書論者謂「非但以存直道亦將以儆官邪」（龍游縣志序例第五葉）政體既更則最重自治官治所關日益輕微本志列秩官於各門之末蓋欲邑人重視自治而不可仍存依賴官治之心也其間有劣跡昭著者則略依武功志例附錄於後以示儆戒

一凡敍一人之事首標姓名次敍官職乃史文定例章實齋譔永清志於政略以官標首謂非但賓主之理宜然抑亦顧名思義之旨不可忽論者謂此實齋創例之最精者（龍游縣志敍例第十六葉）茲依其例凡敍宦績皆以官名冠首

說明

此凡例中將原定門類略有更改蓋合黨治與大事記爲一門似嫌不類故將其分爲二門以黨治爲一門列各門之首以大事記爲通紀列輿地之次

章實齋以古蹟當附見於輿地不當自爲一門（文史通義卷八二十二葉）其論甚可取故將原定古蹟一門歸入輿地中

四

藝文所重在人之精神金石所重在物質故將金石移於藝文之後

職官在志中爲賓位不置之主人前卽置之主人後不可在主人之中忽插一賓舊志多修於專制之時官治最重故不敢不置之於前今則不必矣

雜稽一門可有可無現在尙未編此稿不知內容如何將來如係事涉委瑣或說近荒誕則不如其已凡例中雖有此一門然非如他門之必不可無也

凡例中(　　)內之小注係爲同人便於檢查原書將來須删去

東侯附識

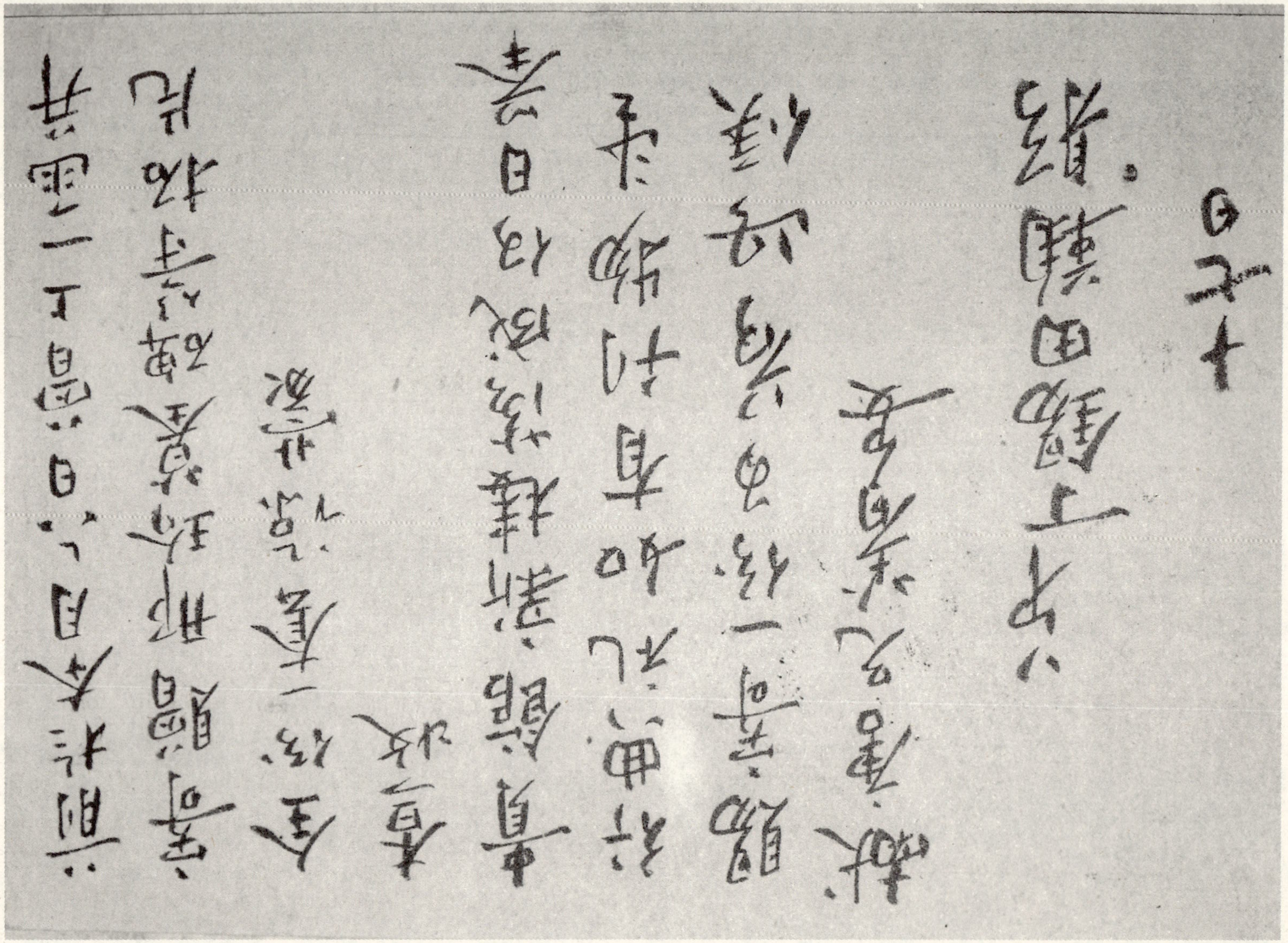

書第三通

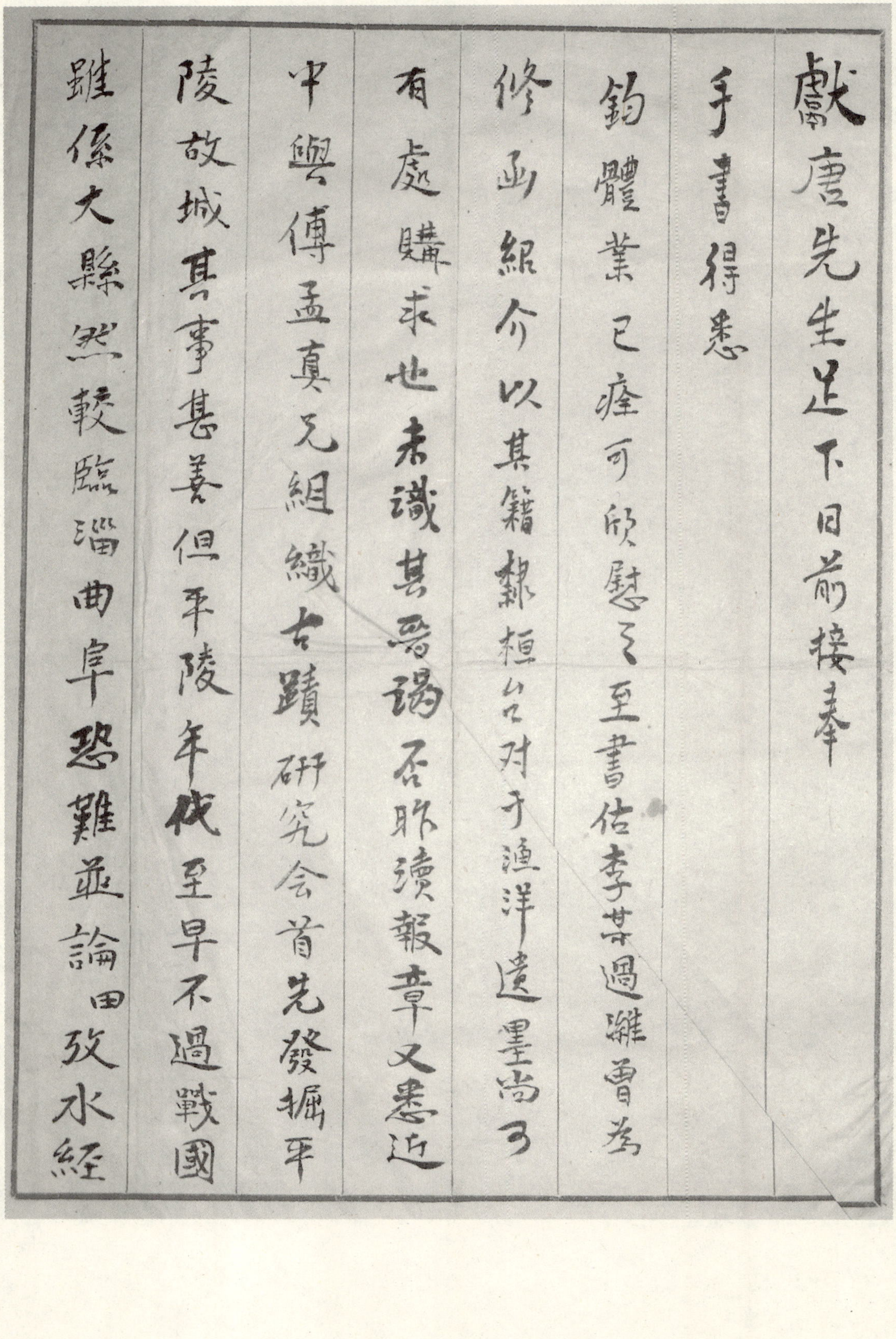

獻唐先生足下日前接奉
手書得悉
鈞體業已痊可欣慰之至書估李某過濰曾為
修函紹介以其籍隸桓台对于漁洋遺墨尚可
有處購求也未識其晤謁否耶讀報章又悉近
中與傅孟真先組織古蹟研究会首先發掘平
陵故城其事甚善但平陵年代至早不過戰國
雖係大縣然較臨淄曲阜恐難並論田攷水經

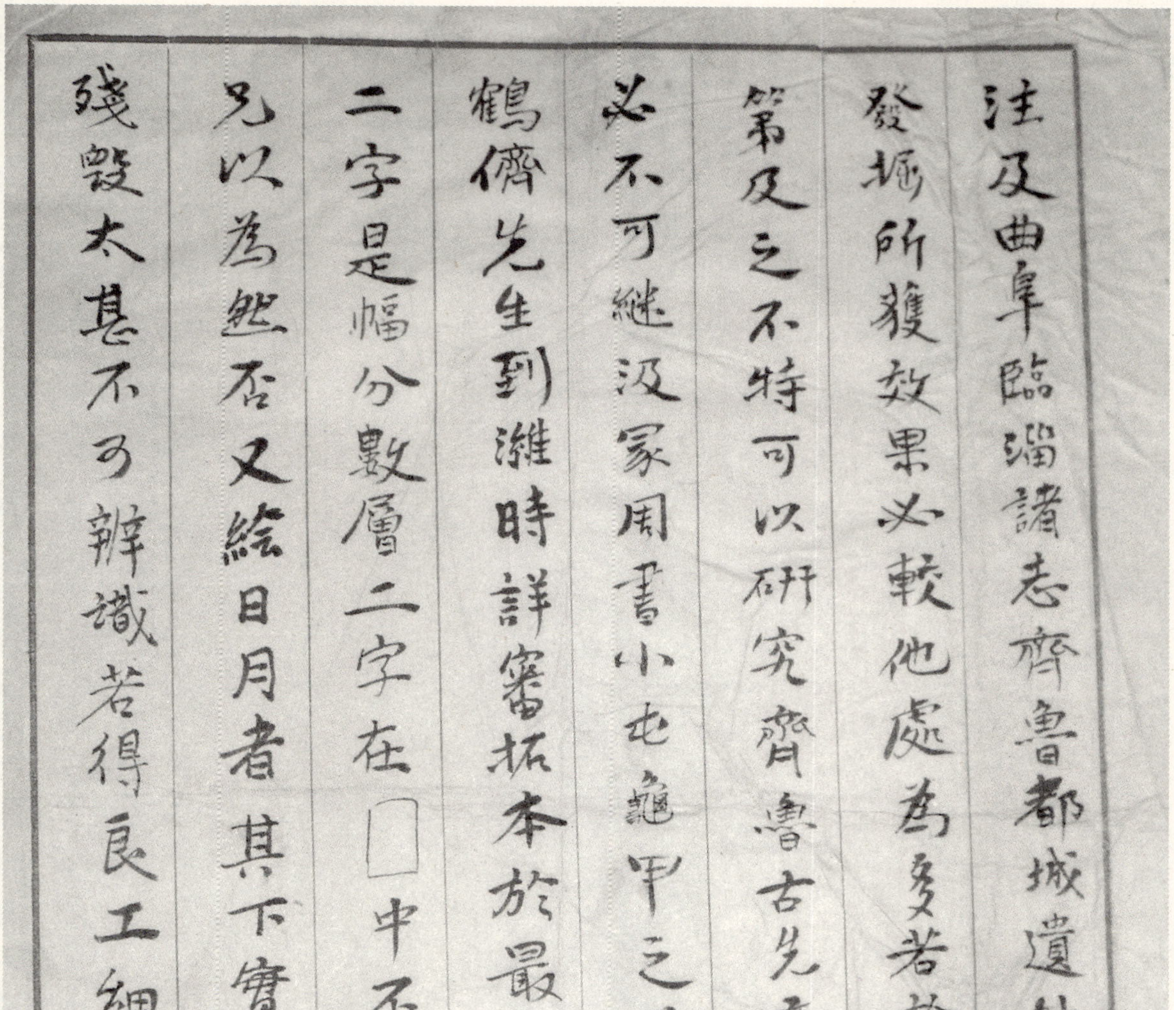

注及曲阜臨淄諸志齊魯都城遺址猶存儻能從事
發掘所獲效果必較他處為多若於平陵發掘後次
第及之不特可以研究齊魯古先文化意外發見未
必不可繼汲冢周書小屯龜甲之美滕縣石刻、業師陳
鶴儕先生到濰時詳審拓本於最巨幅中識得燕富
二字是幅分數層二字在□中不知吾
兄以為然否又繪日月者其下實係文字隸書惟
殘毀太甚不可辨識若得良工細心墨拓未始不

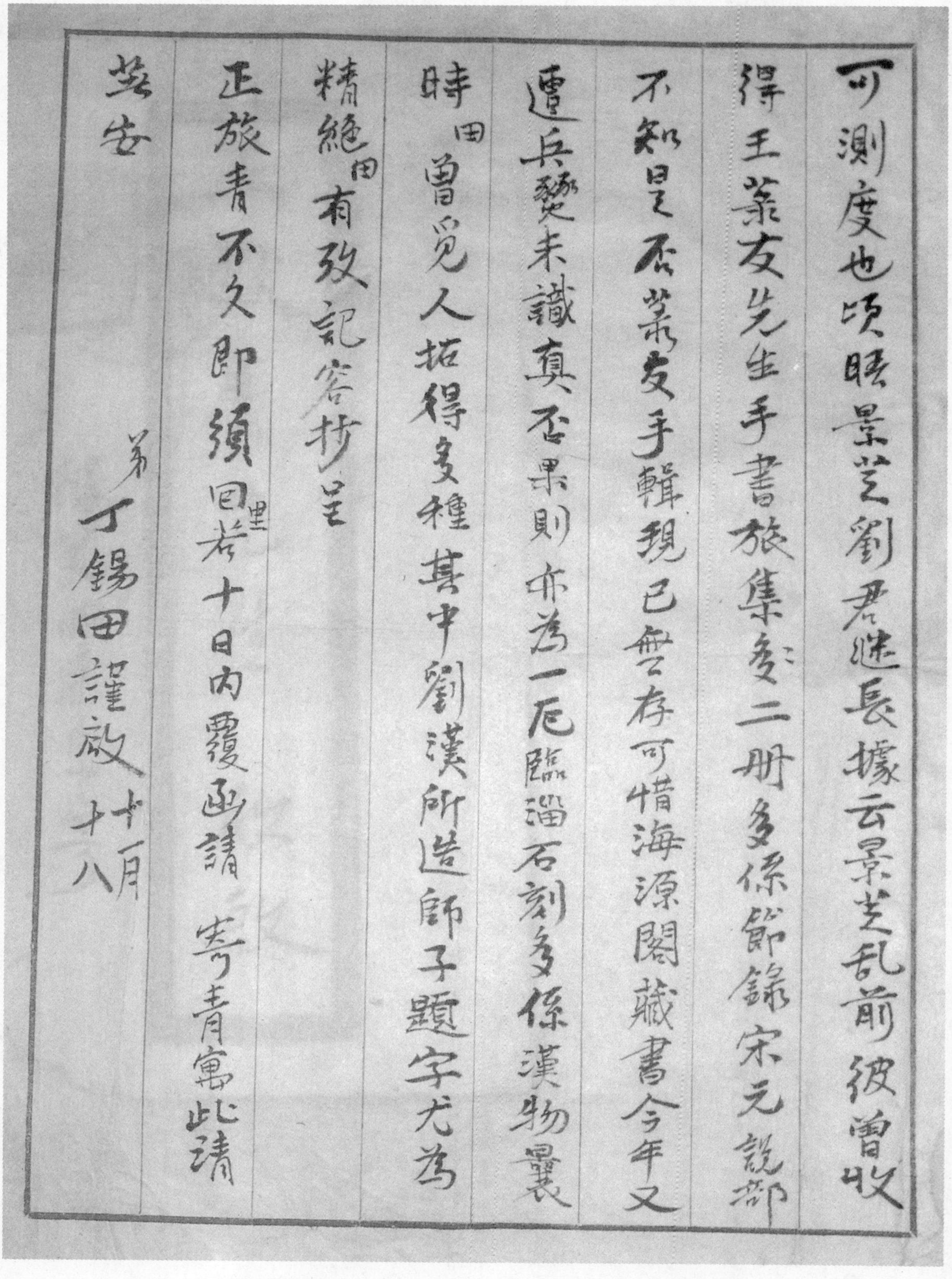
可測度也頃晤景芝劉君述長據云景芝乱前彼曾收得王叢友先生手書旅集共二冊多係節錄宋元說部不知是否叢友手輯現已無存可惜海源閣藏書今年又遭兵燹未識真否果則亦為一厄臨淄石刻多係漢物曩時田曾覓人拓得多種其中劉漢所造師子題字尤為精絕田有攷記容抄呈

正旅青不久即須回里若十日內覆函請寄青寓此請

著安

弟丁錫田謹啟 十一月十八

書第五通

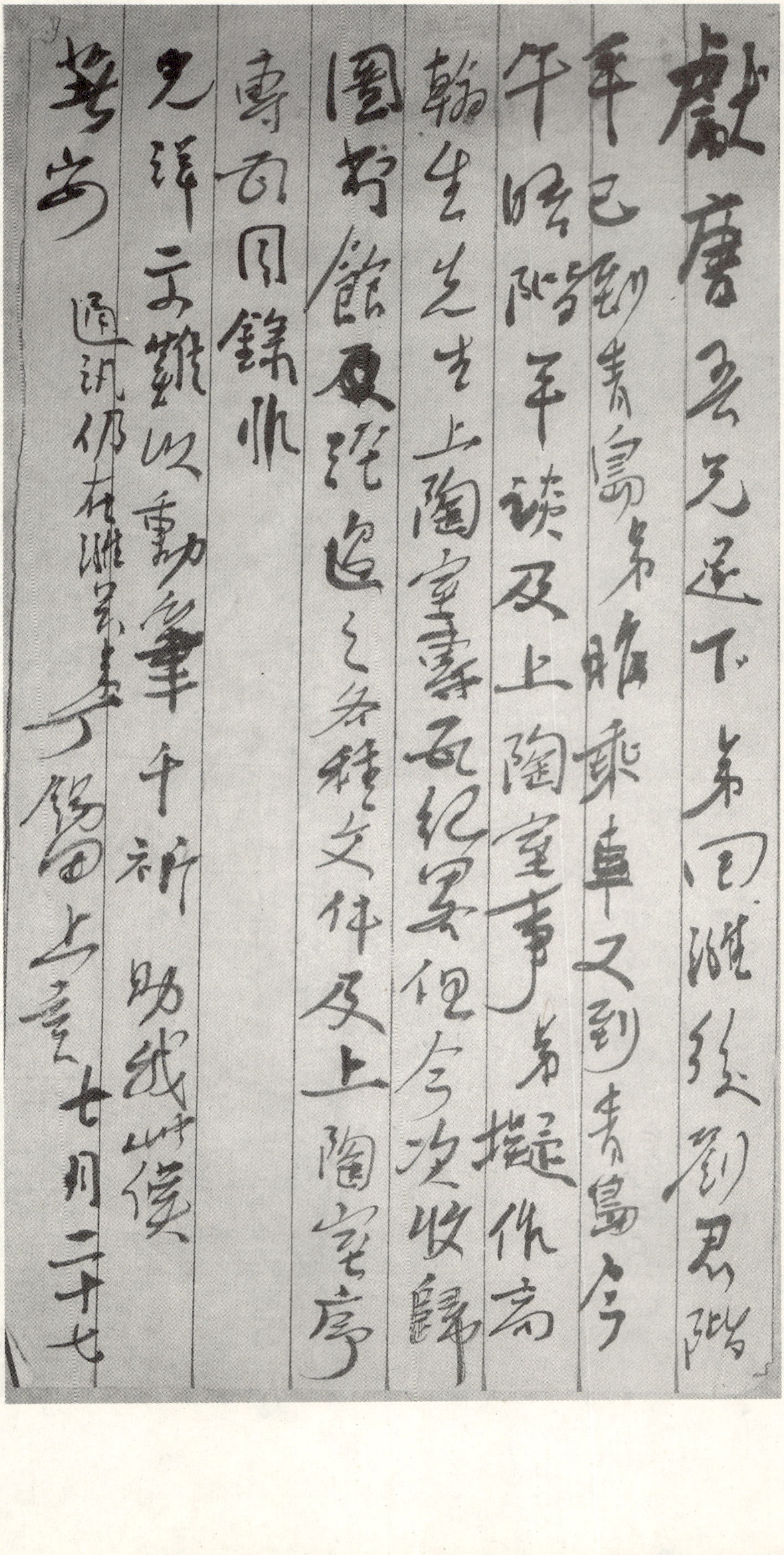
獻唐吾兄足下：弟回濰後，劉君階平已到青島，弟昨乘車又到青島，今年晤階平，談及上陶室事，弟提倡為翰生先生上陶室壽石紀念，但今次收歸圖書館及徵追之各種文件及上陶室序、壽石同錄外，兄詳示，藉以重勵，多筆千祈助我。此候著安

弟丁錫田上言　七月二十七

通訊仍在濰縣宋村

獻唐先生足下前接
手書欣悉
鈞體已告痊可王君又三處多蒙
貴神介紹謝謝至李董二君則尚未往見弟昨到琉
璃廠買書親至龍雲閣查問宋先生周易刻板據
其司事陳友三云再與所欠刻資三百餘元章邱
高氏（宋先生之小姐）讓與書一封即可撥歸
貴館藏貯印行但尚有二十餘頁未刻原本亦藏高氏

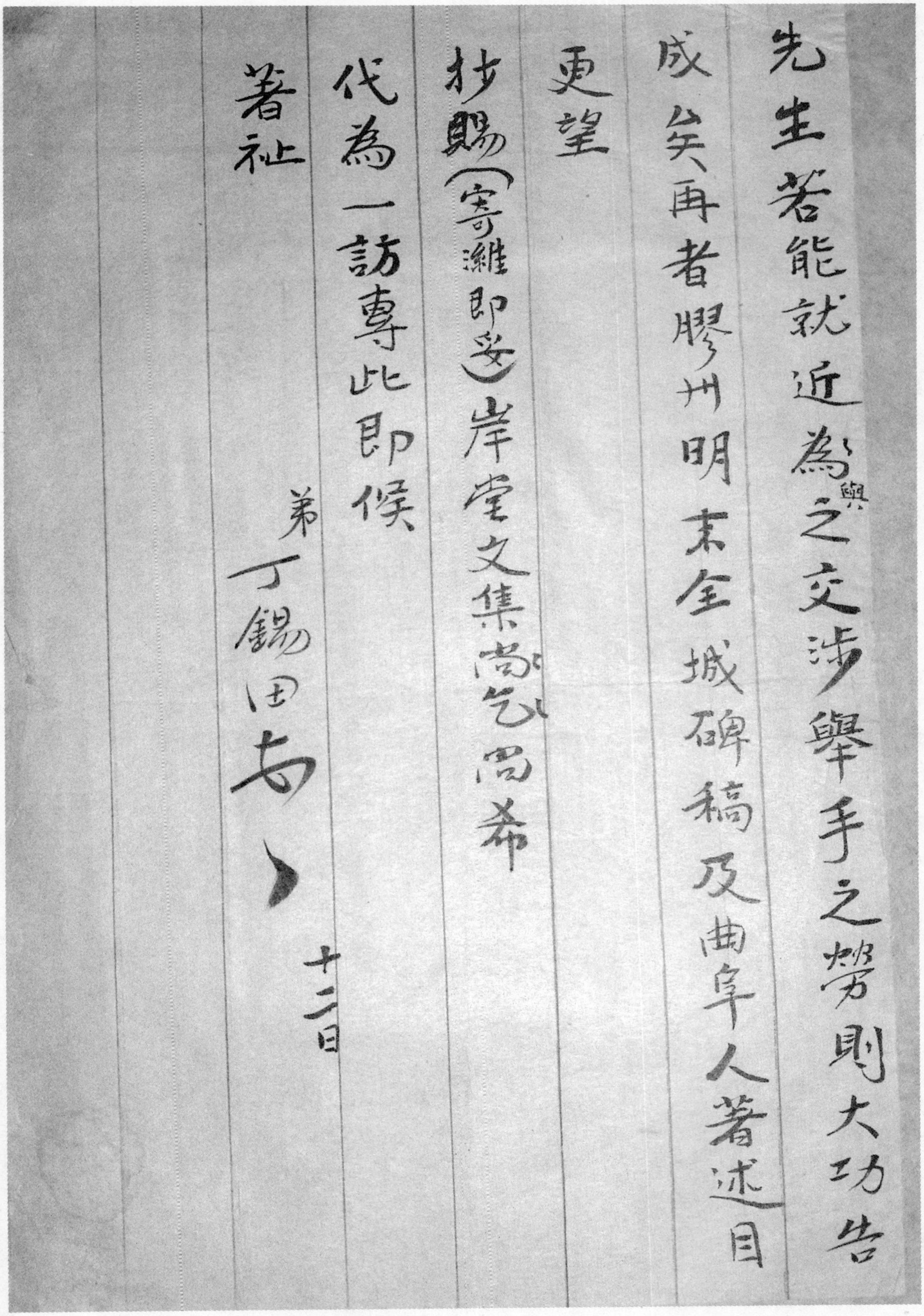
先生若能就近為（與）之交涉舉手之勞則大功告
成矣再者膠州明末全城碑稿及曲阜人著述目
更望
抄賜（寄濰即妥）岸堂文集尚乞尚希
代為一訪專此即候
著祉
弟丁錫田頓首
十二日

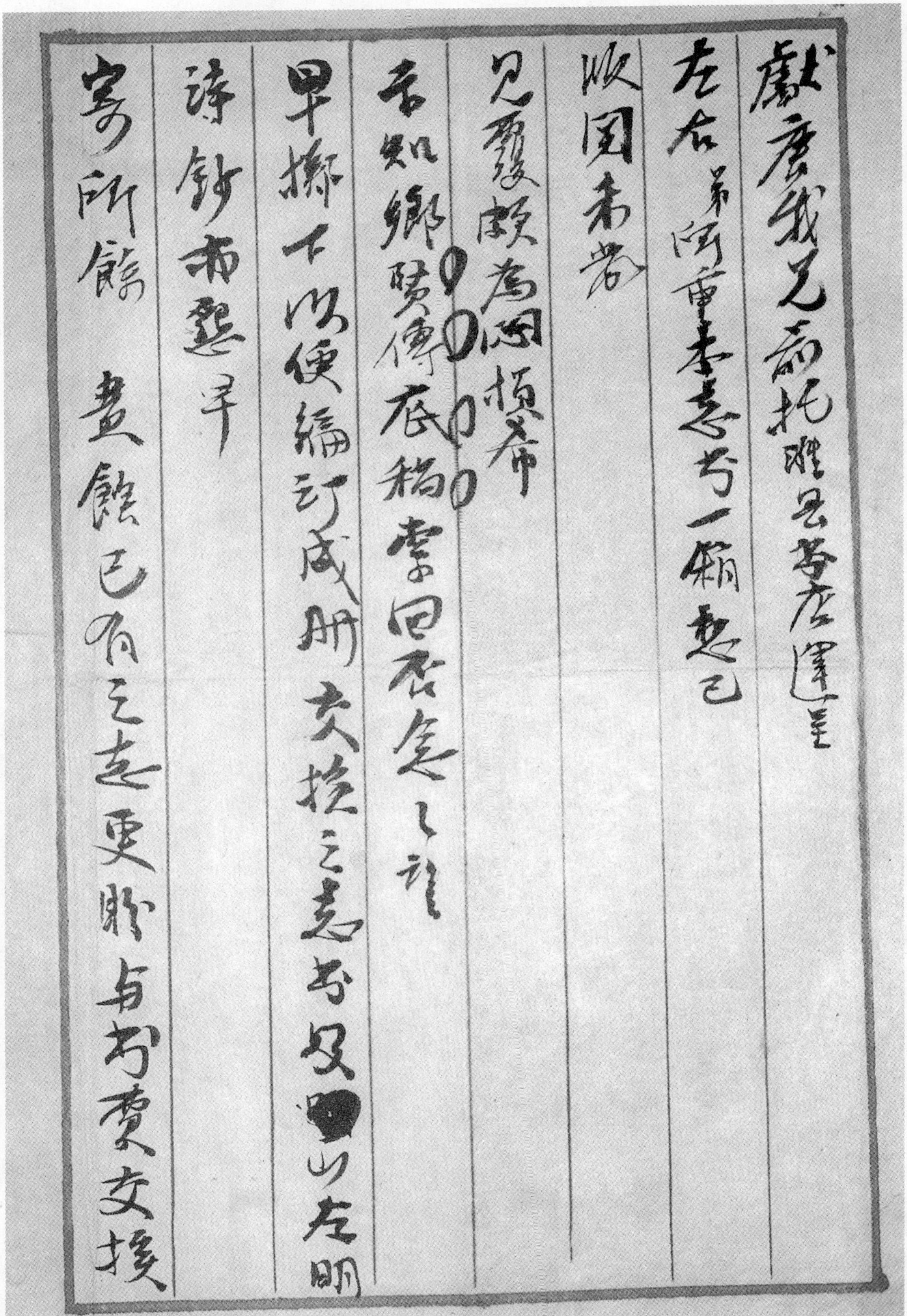
獻唐我兄前托雅宜帶呈
左右弟所輯李志考一稿想已
收閱矣未審
見覆頗為順頒布
吾知鄉賢傳底稿索回否急之詳
早擲下以便編訂成冊交換之志考及[illegible]山左明
詩鈔未整耳
寄所餘 盡館已有之志更將與有考覈交換

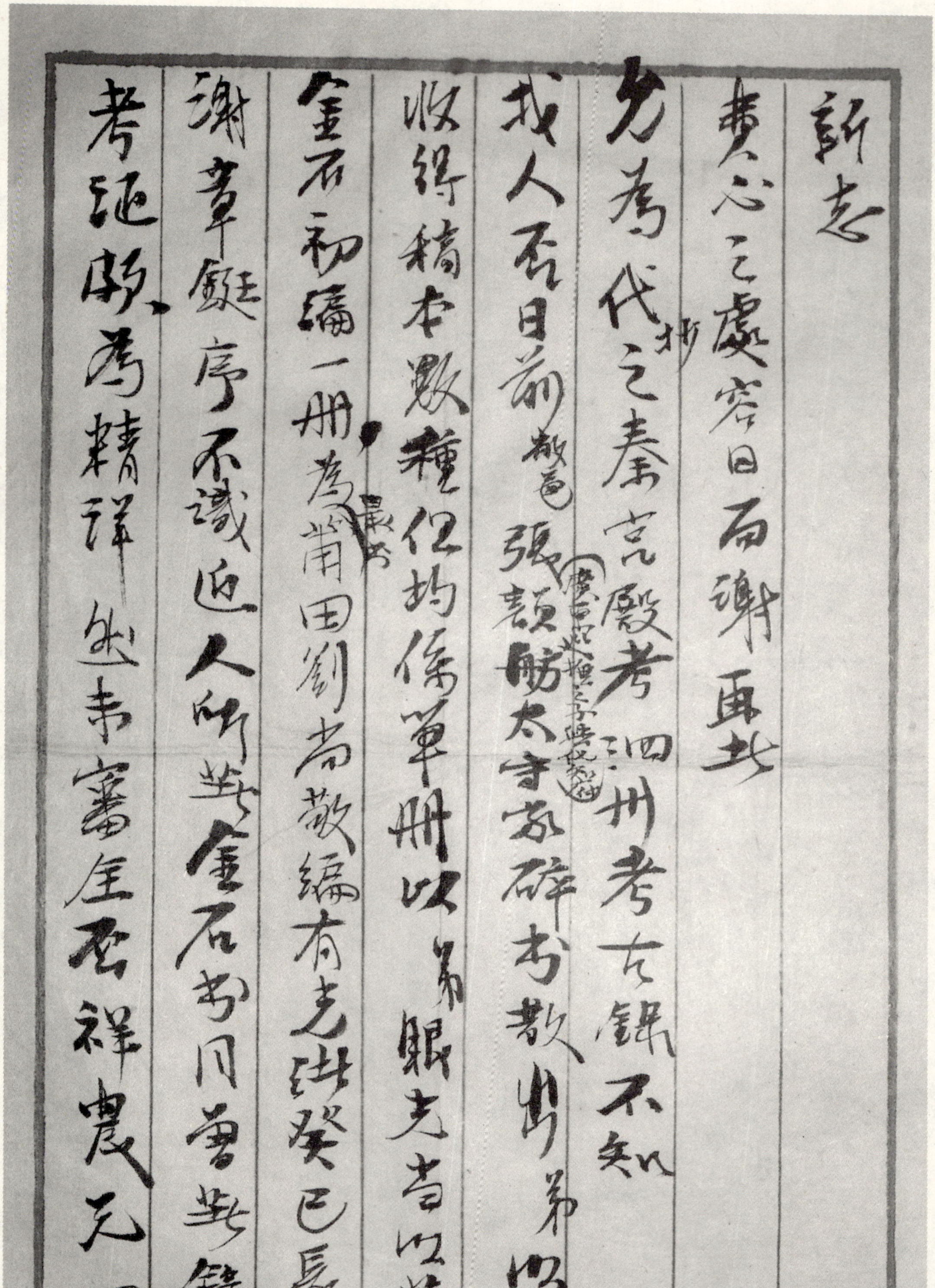

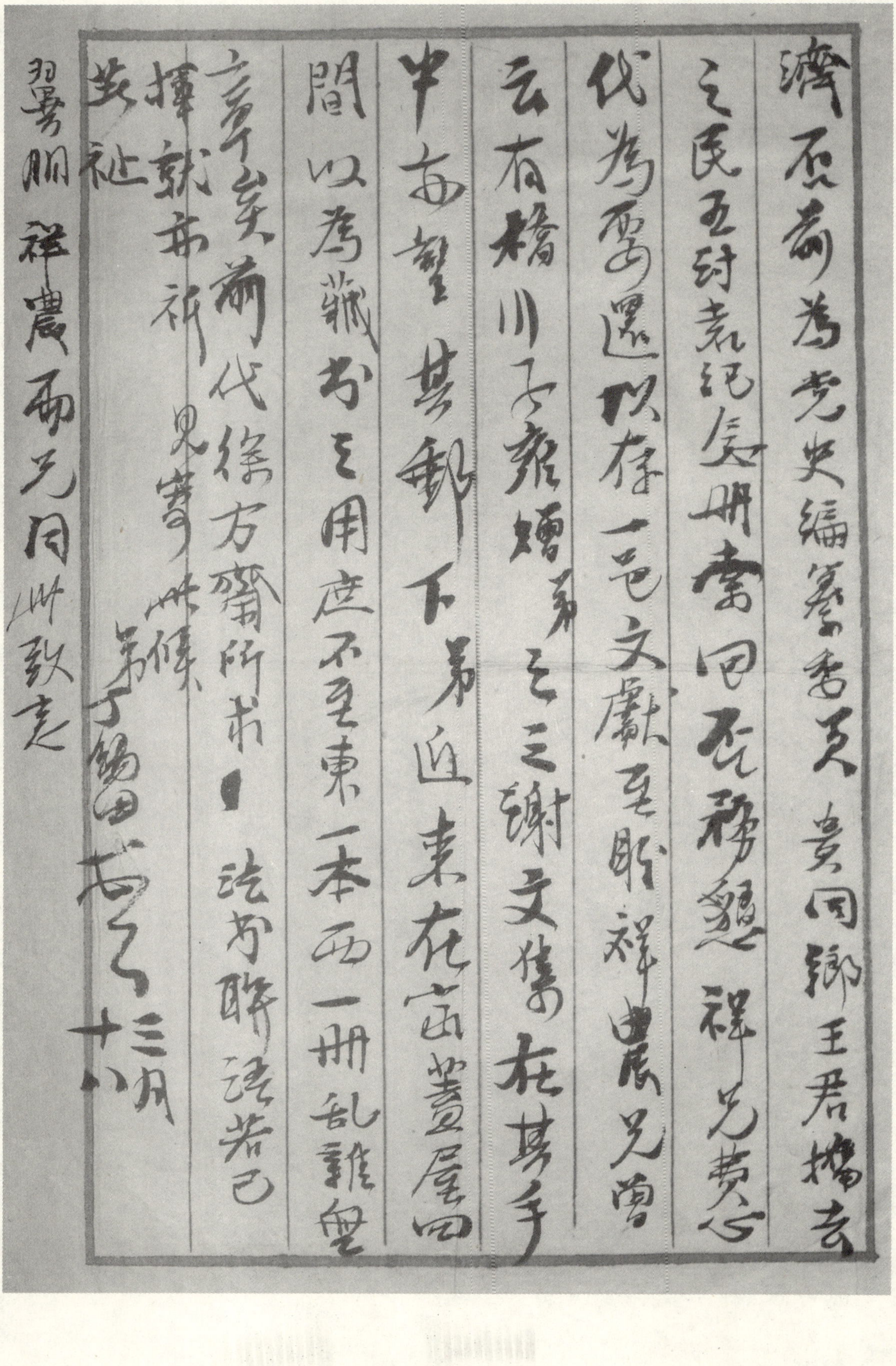
濟原前為先史編纂委員 同鄉王君攜去
之民五財產紀念冊 當日承 禪先貴志
代為覓還 以存一邑文獻 至盼 禪農兄曾
云有檜川子旅懷弟之三謝文集在其手
中 每望其郵下 弟近來在西灋屋內
間以為藏書之用 庶不至東一本西一冊亂雜無
章矣 前代徐方齋所求 [illegible] 請于聯語若已
揮就 亦祈 見寄 此候
近祉 弟丁錫田 頓首 三月十六
翼朋 禪農兩兄同此致意

丁錫田

書第八通

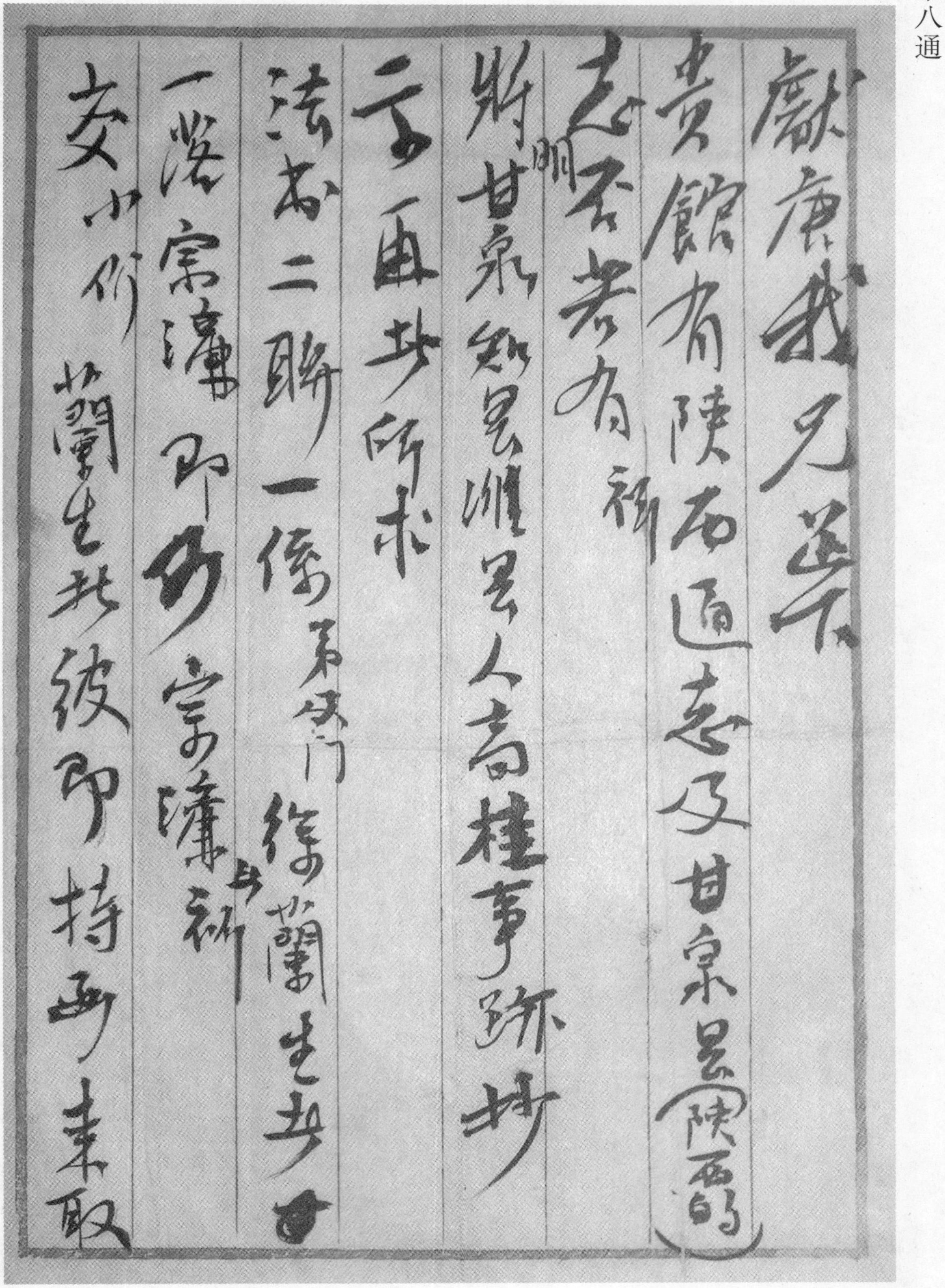

獻唐我兄道席：
貴館有陝西通志及甘泉縣（陝西的）
志否？若有，祈
將明甘泉縣縣人高桂事跡抄
示，因書所求。
法書二聯，一係弟及門徐蘭生者，
一落宗濂即弟字濂，祈
交小价蘭生於彼即持去，來取

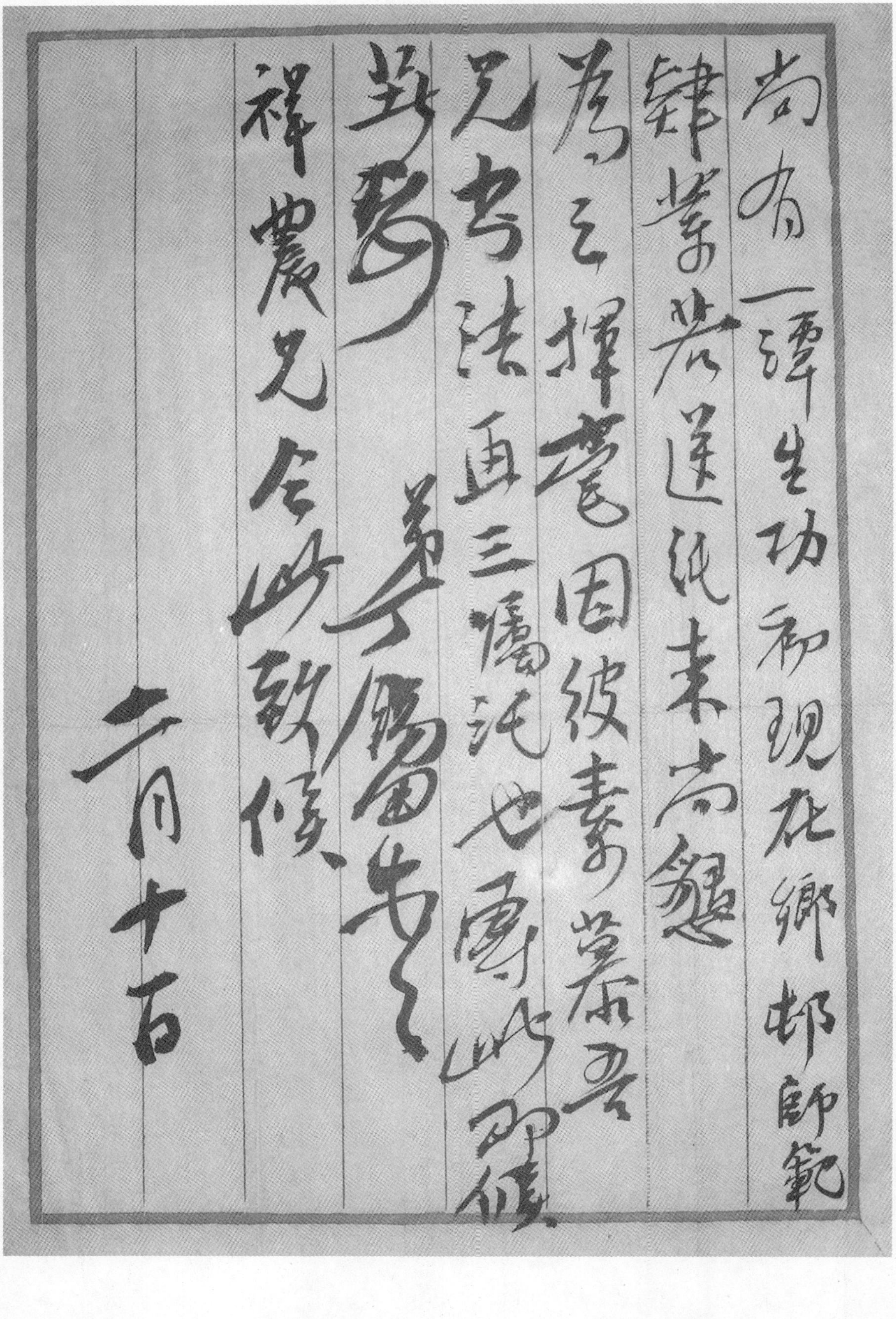

尚有一譚生功和，現在鄉邨師範
肄業，恭送紙來，尚懇
爲之揮毫，因彼素慕吾
兄書法，再三囑託也。煩此，即候
撰祺。　弟丁錫田先之
祥農兄合此致候
二月十日

書第九通

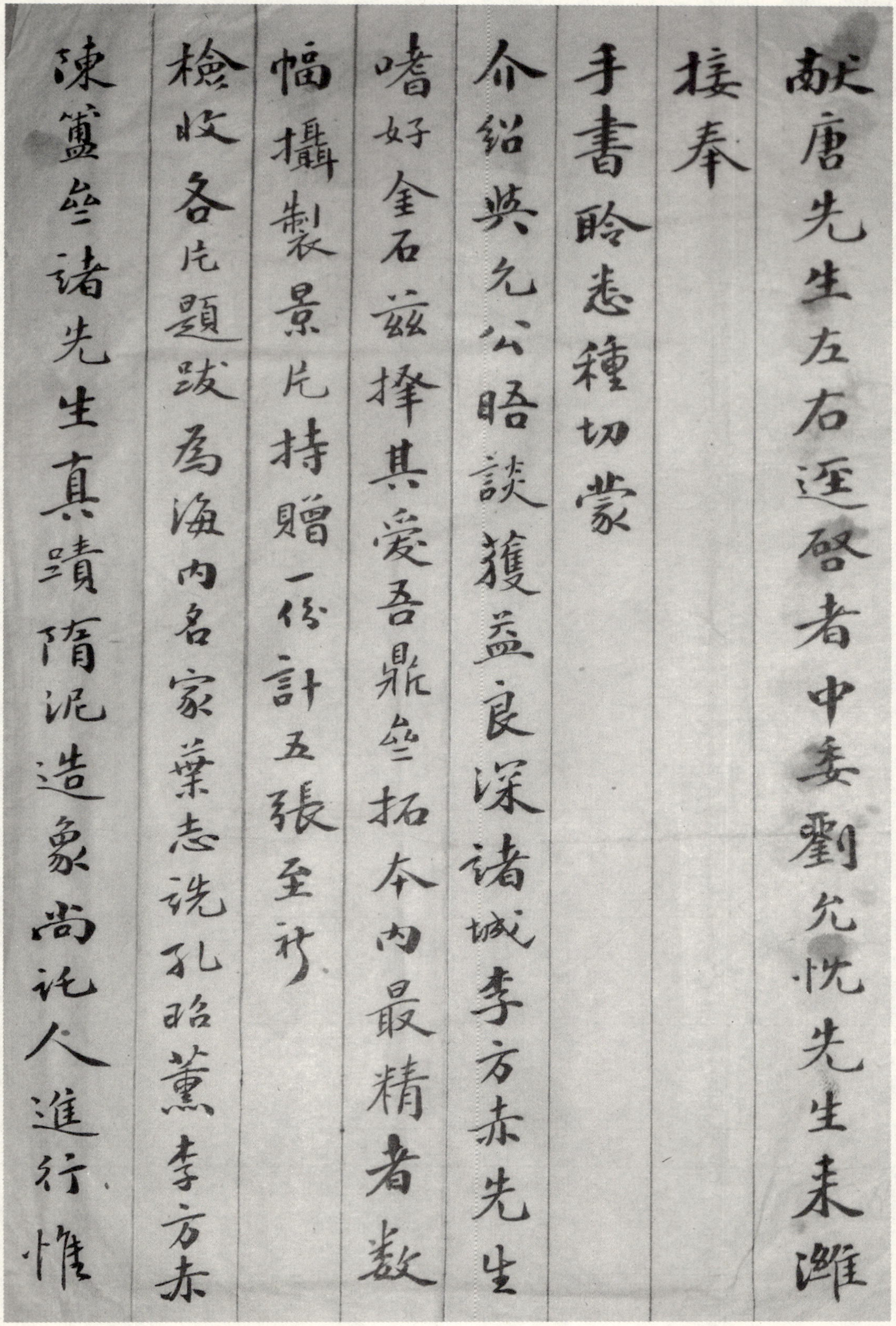
獻唐先生左右：逕啓者，中委劉允忱先生未離
接奉
手書，聆悉種切。蒙
介紹與允公晤談，獲益良深。諸城李方赤先生
嗜好金石，茲搜其愛吾鼎齋拓本內最精者數
幅，攝製景片持贈一份，計五張，至祈
檢收。各片題跋爲海內名家葉志詵、孔昭薰、李方赤、
陳簠齋諸先生真蹟。隋泥造象尚託人進行，惟

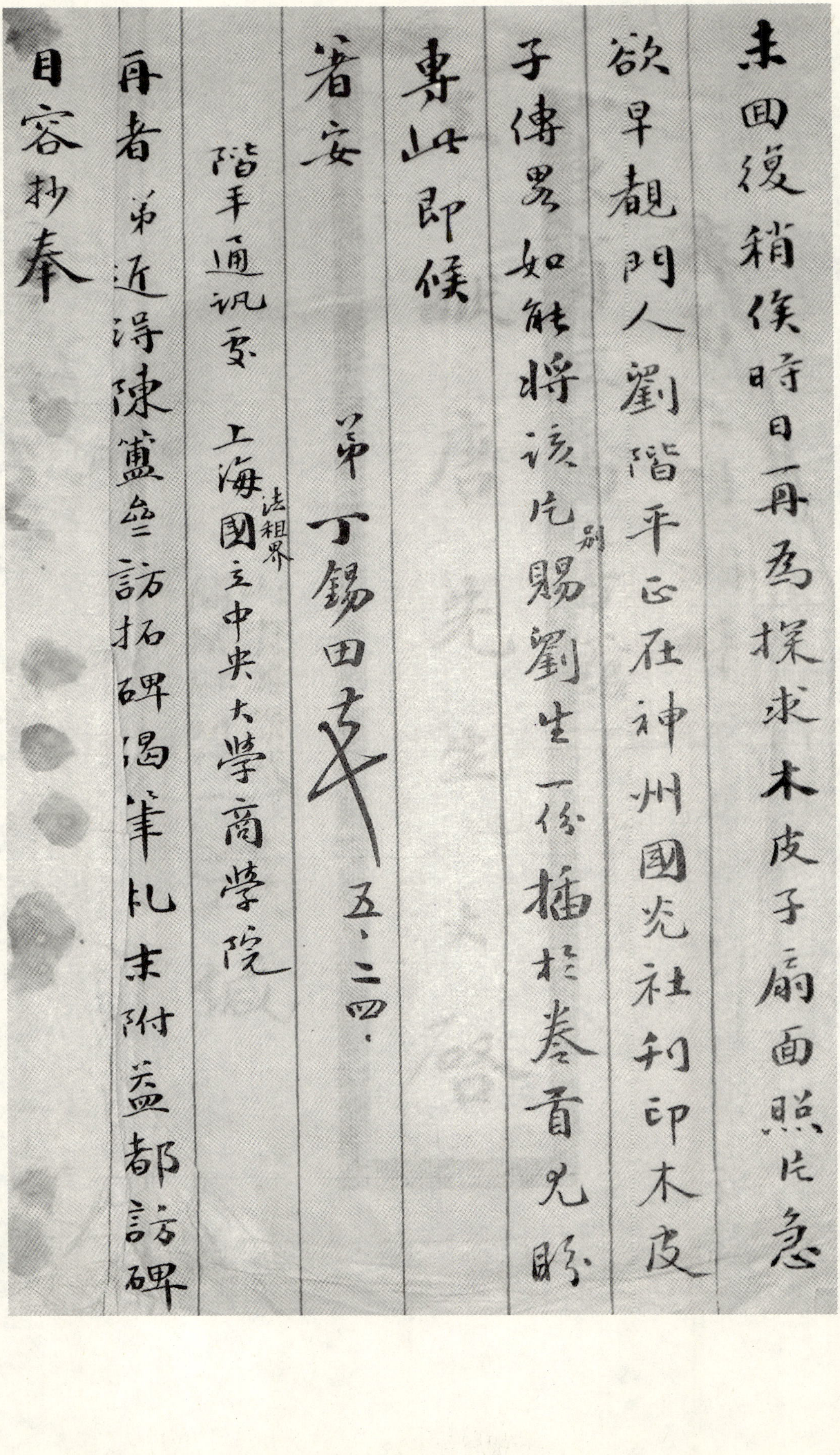
來函復稍俟時日再為探求木皮子扇面照片急
欲早覩門人劉階平正在神州國光社刊印木皮
子傳畧如能將該片別賜劉生一份插於卷首尤盼
專此即候
著安
弟丁錫田 五、二四。
階平通訊處 上海法租界國立中央大學商學院
再者弟近得陳簠齋訪拓碑碣筆札末附益都訪碑
目容抄奉

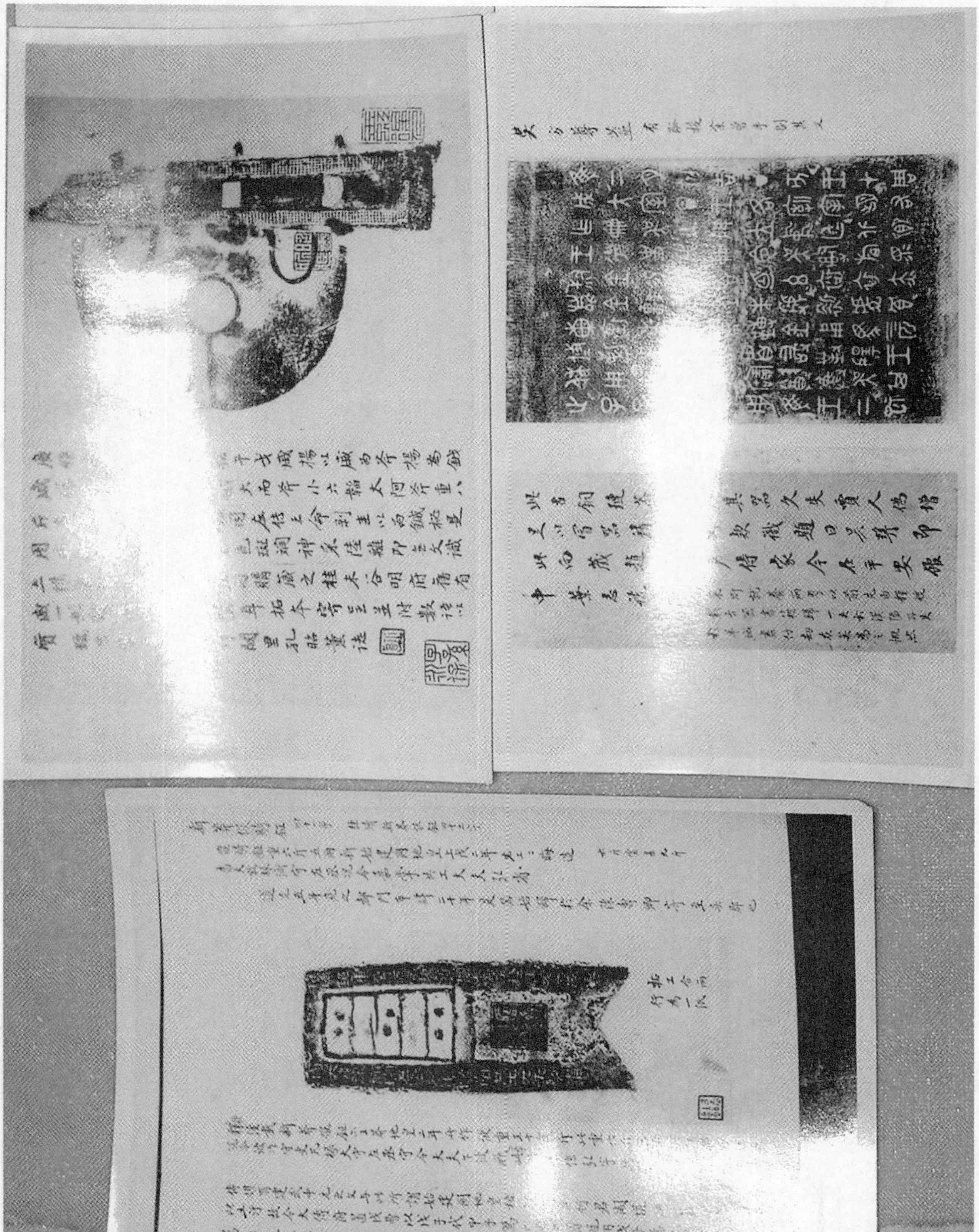

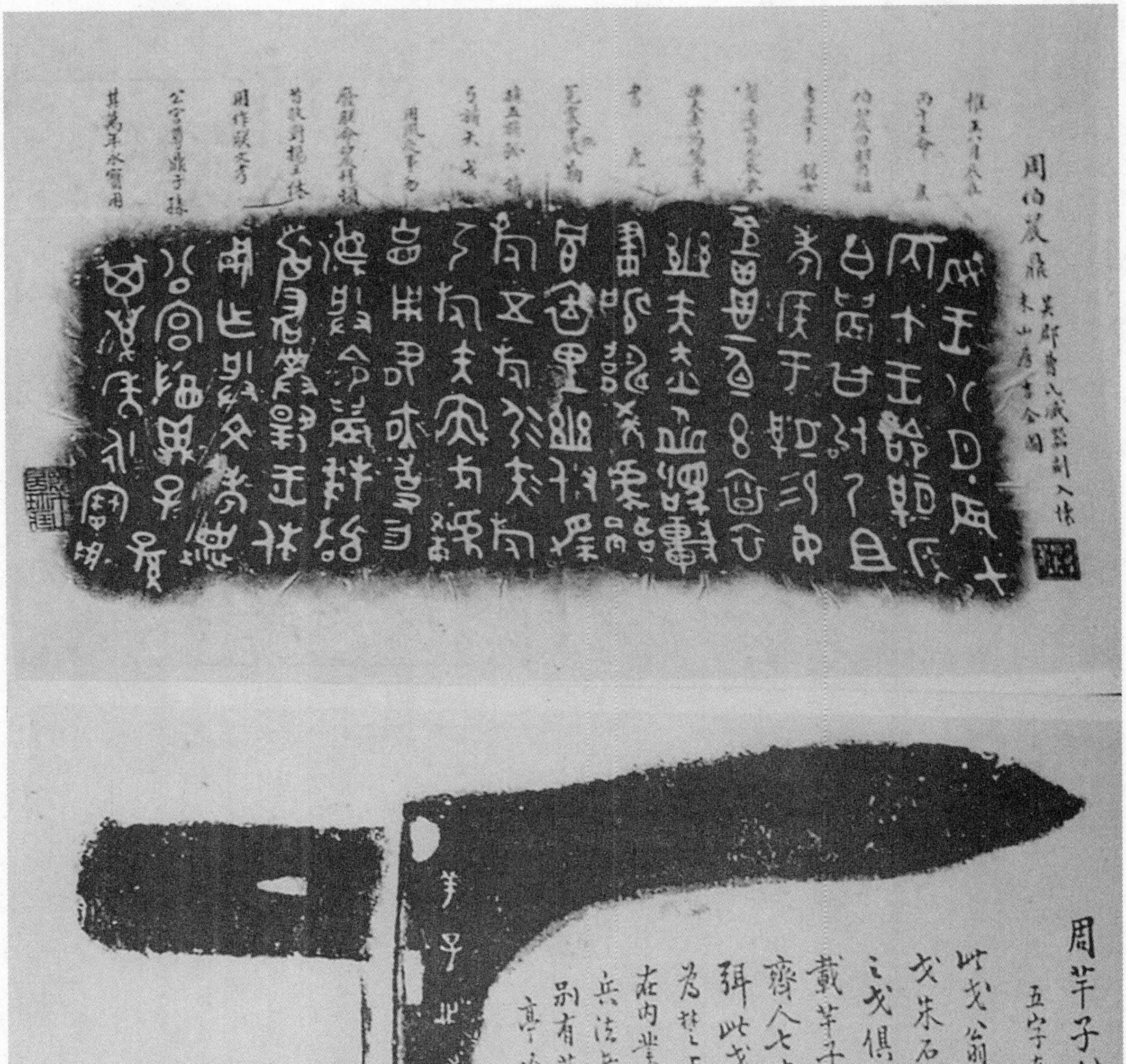
周芊子戈
五字在其胡曰芊子之造戈

書第十通

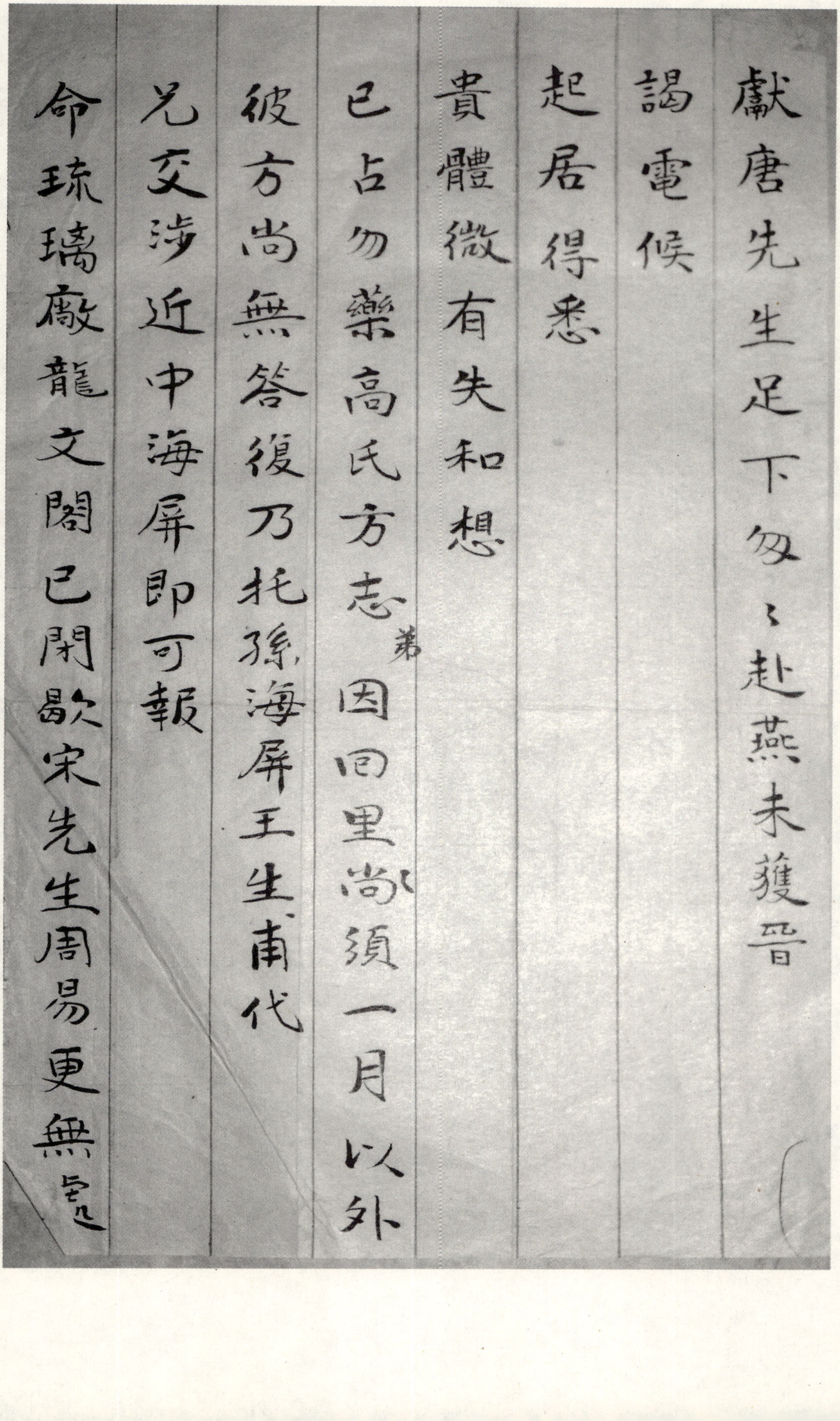
獻唐先生足下匆〻赴燕未獲晤
謁電候
起居得悉
貴體微有失和想
已占勿藥高氏方志弟因回里尚須一月以外
彼方尚無答復乃托孫海屏王生甫代
兄交涉近中海屏即可報
命琉璃廠龍文閣已閑歇宋先生周易更無覓

問吳安徽叢書第一集 吳廷燮著之各種史表
二者在平係何處出賣望
費神一查廣告
見示容日面謝 一切禹銘兄在平否并希
最好説明其住之胡同號數
相告若有
命弟代辦之事亦求
函囑此請
痊安
弟丁錫田鞠躬 廿五早

書第十一通

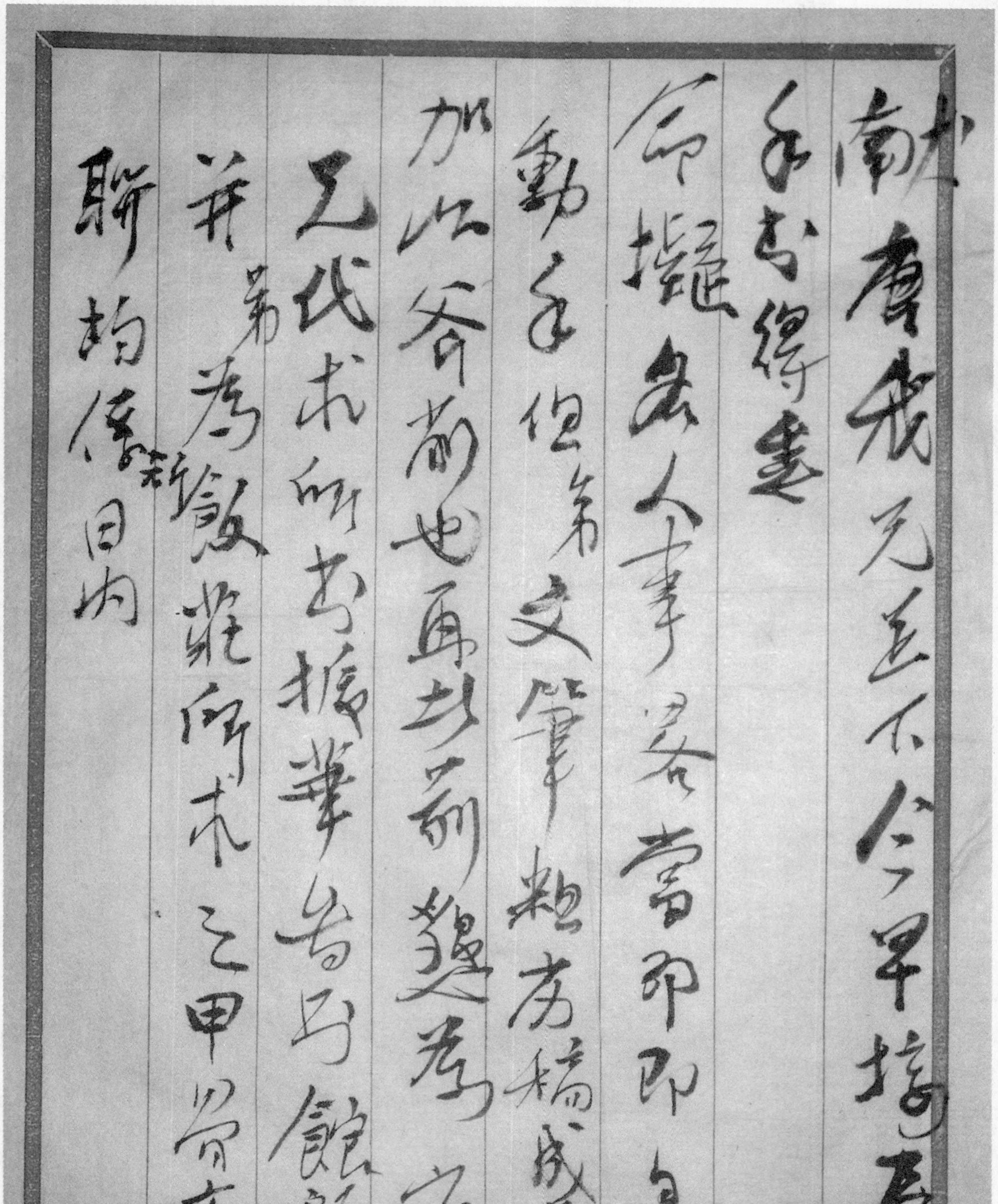

書第十二通

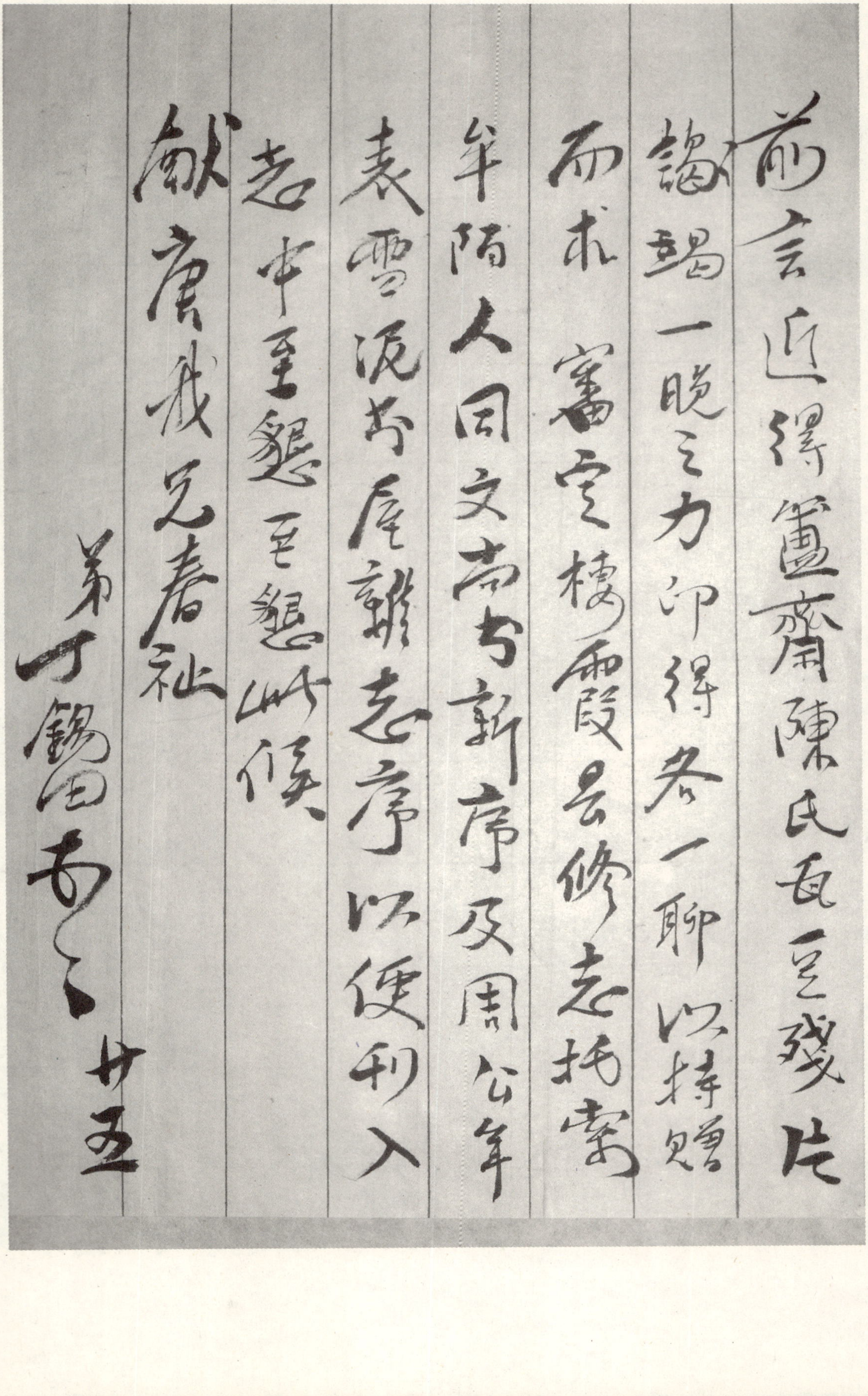
前言近得簠齋陳氏瓦豆殘片
謁竭一臂之力卯得各一聊以持贈
而求寫雲樓兩霞县修志托寄
年隨人同文尚有新序及周公年
表雪泥者屢蒙志序以便刊入
志中至懇至懇此候
獻唐我兄春祉
弟丁錫田頓首 廿五

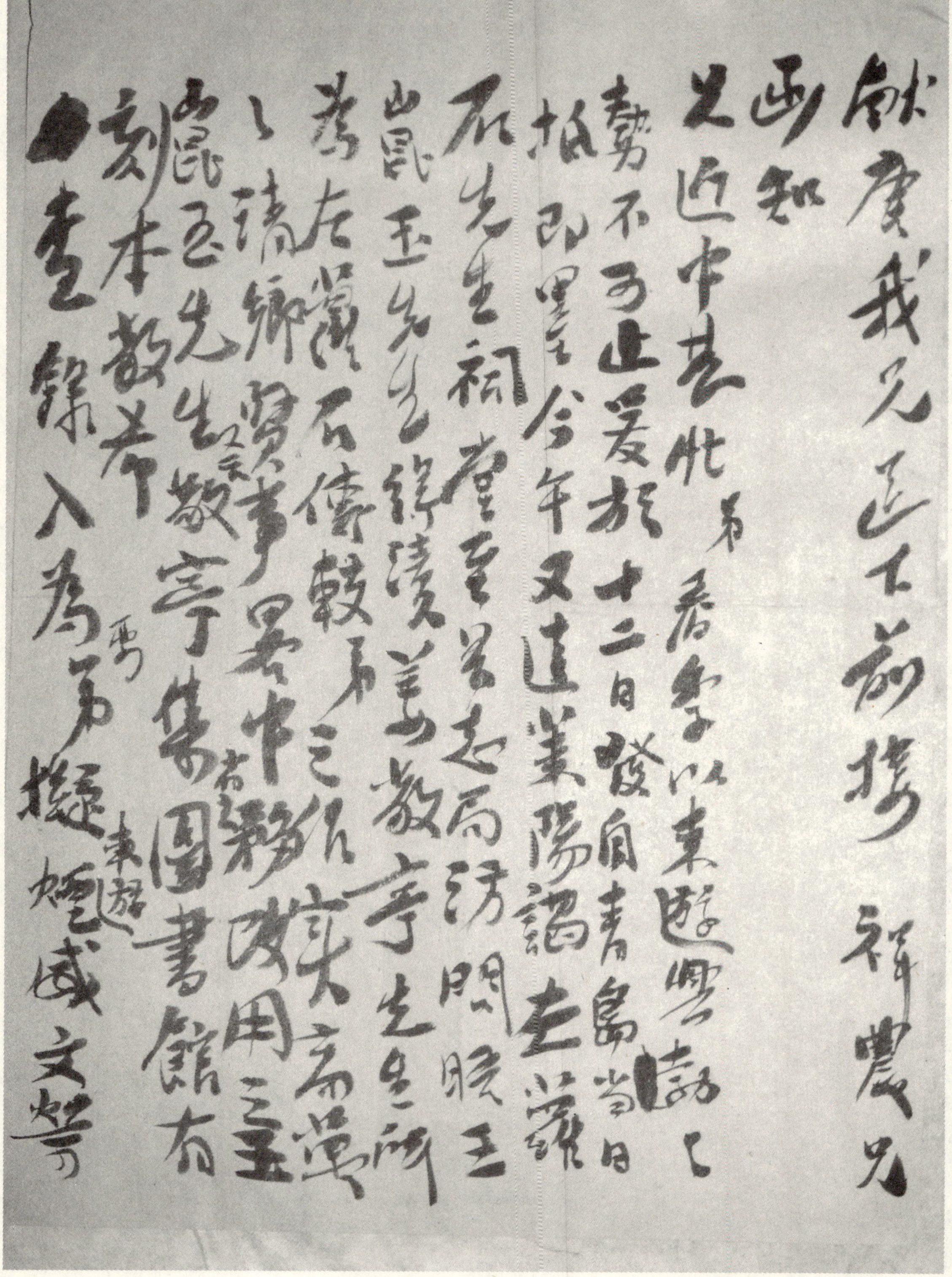

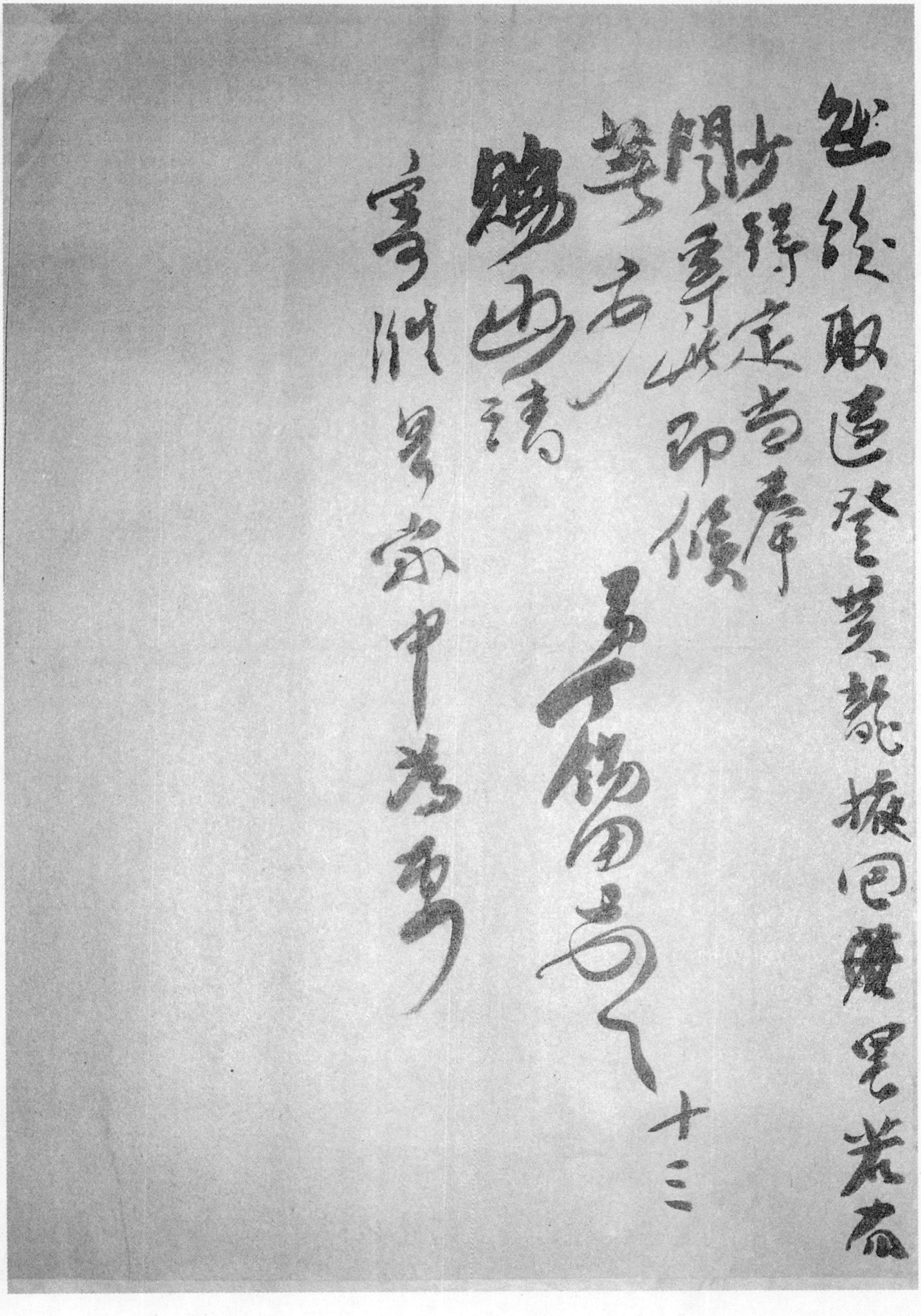

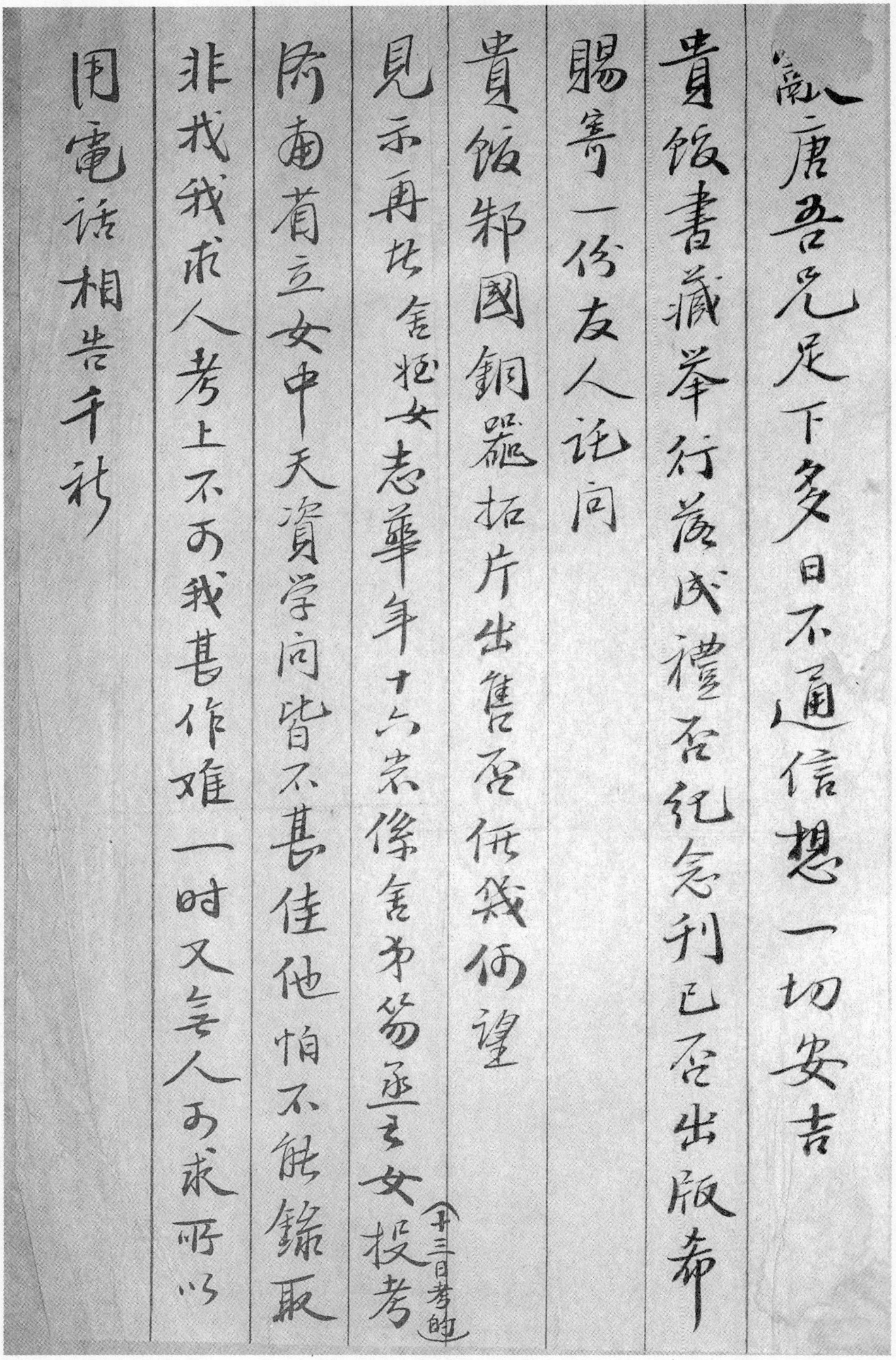

亂唐吾兄足下多日不通信想一切安吉
貴館書藏举行茂氏禮否纪念刊已否出版希
賜寄一份友人託向
貴館郛國銅罍拓片出售否価錢何望
見示再甚舍姪女志華年十六岁係舍弟翁丞之女投考（十三日考的）
附南肖立女中天資学问皆不甚佳他怕不能錄取
非我我求人考上不可我甚作难一时又无人可求所以
用電話相告千祈

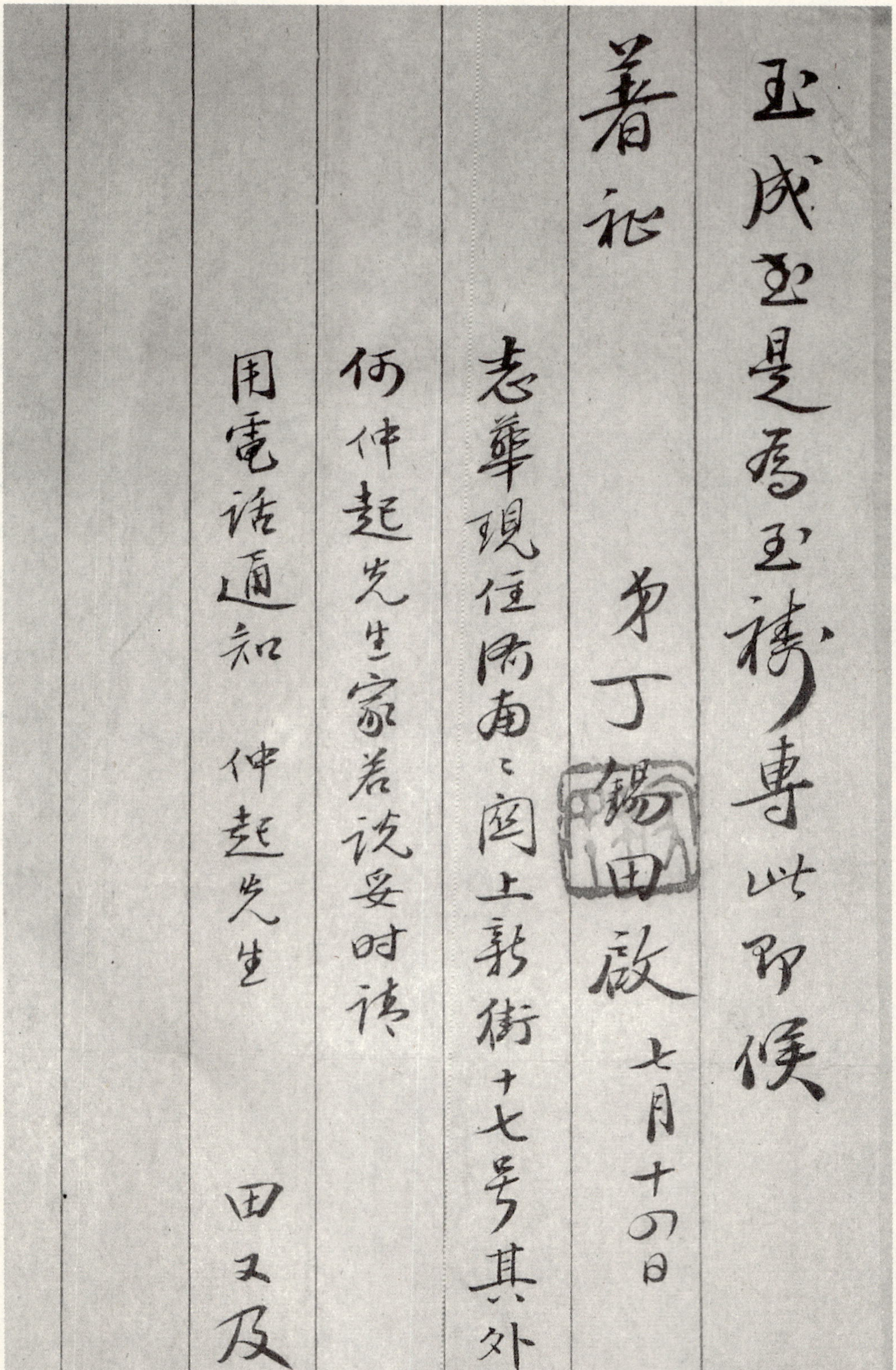

玉成至是為玉禱專此即候

著祉

弟丁錫田啟 七月十四日

志華現住濟南南圖上新街十七號其外祖

何仲起先生家若說要时請

用電話通知 仲起先生

田又及

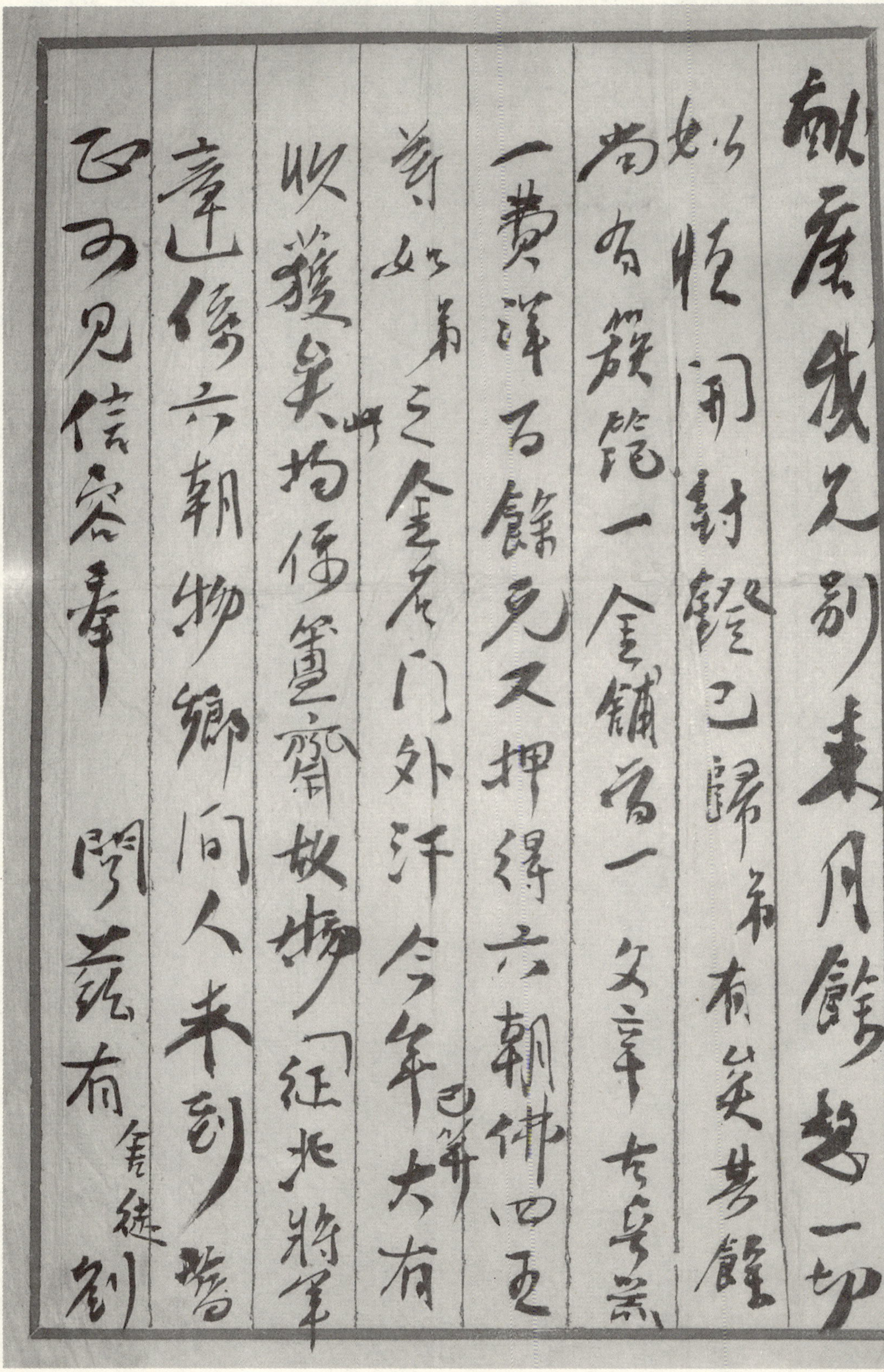

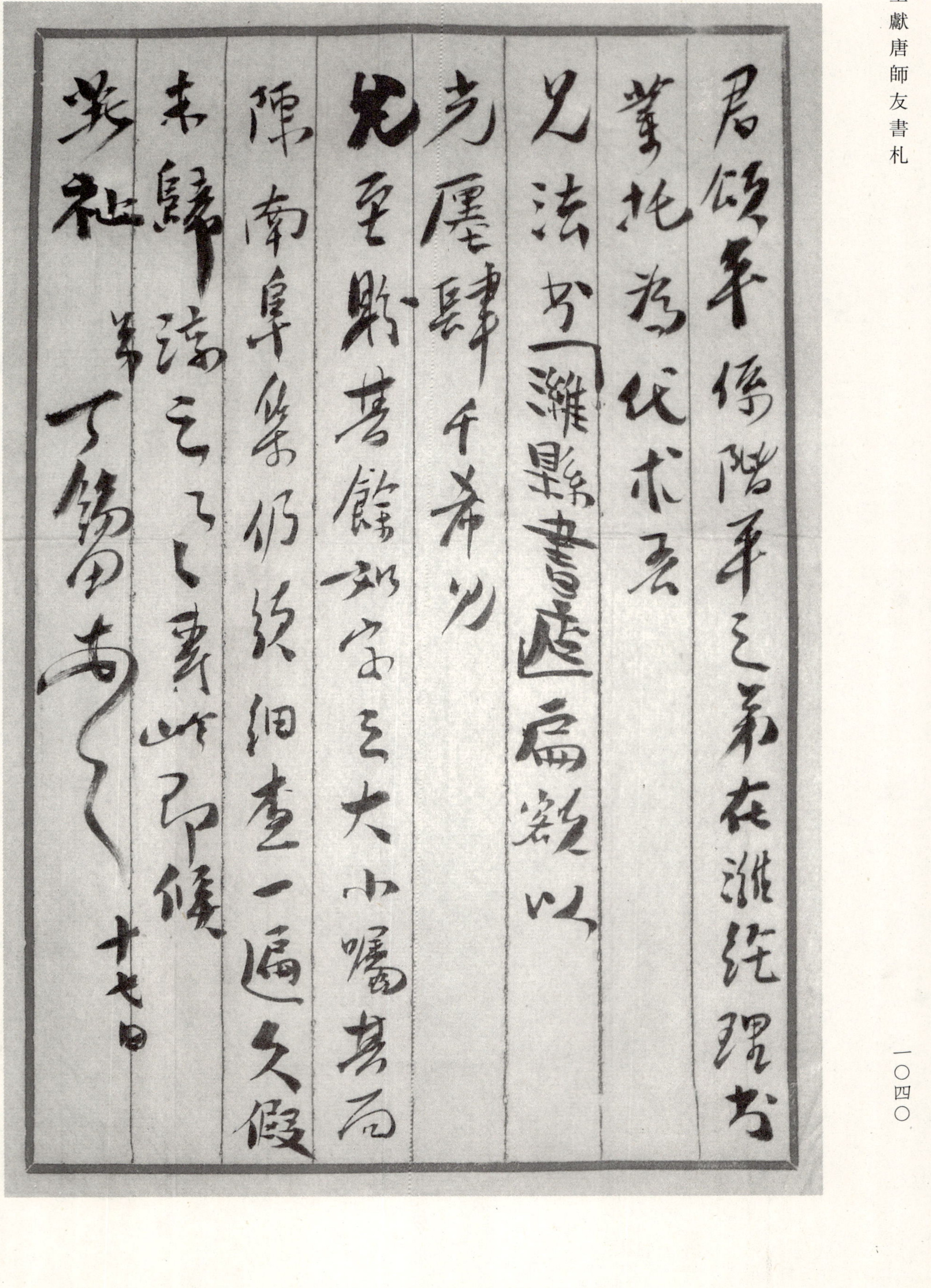

君頌平係階平之弟，在濰經理书業，托為代求吾
兄法書濰縣書店扁額，以光厘肆，千希以
兄至點書館，如字之大小，囑其向陳南阜索取紙樣細查一遍。久假未歸，請之之寄此。即候
興祉。
弟丁錫田上　十七日

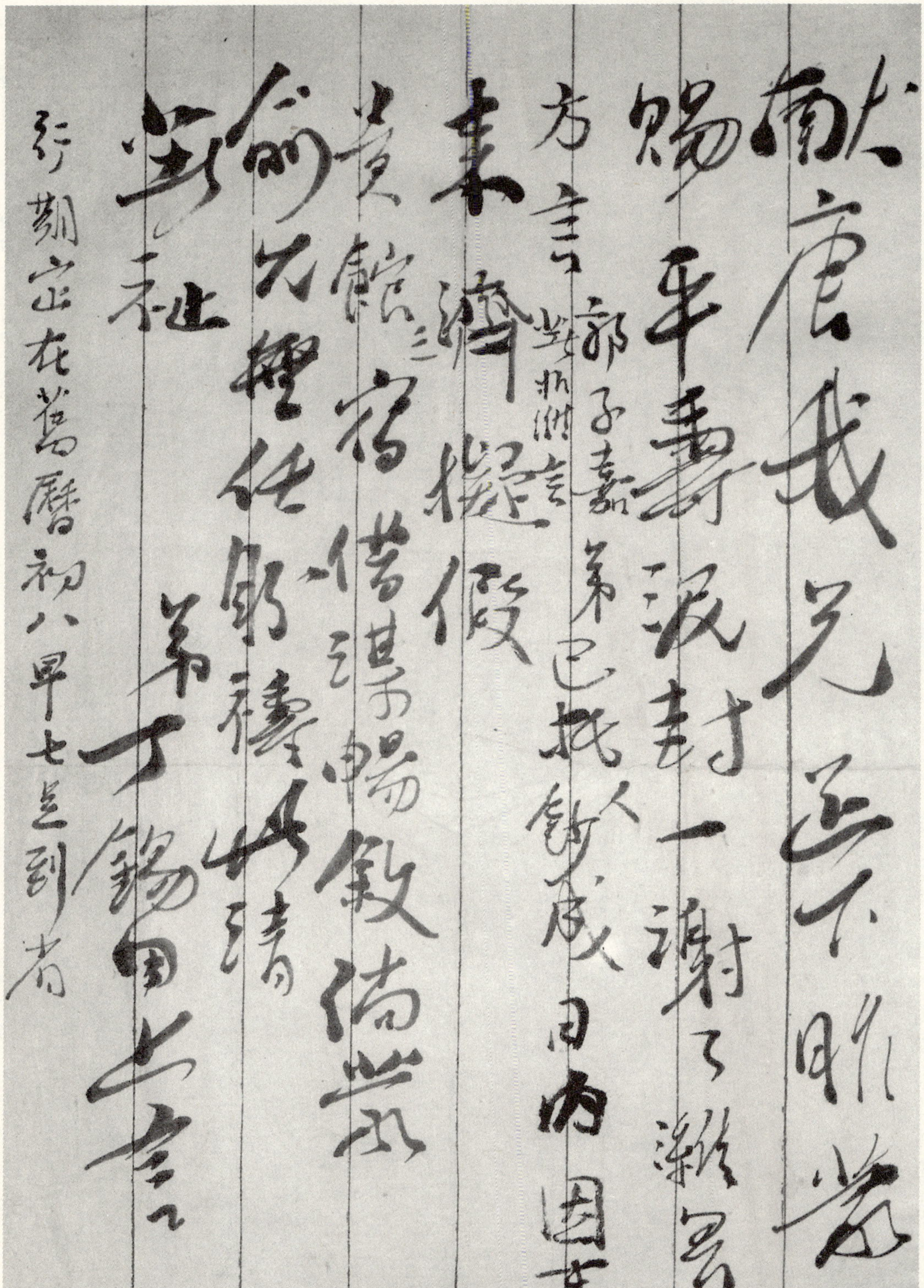
獻唐我兄道下昨奉
賜平壽汲封二謝ゝ瀚去
方言郭子嘉趙斯洲言弟已抵人咸日內回事
來濟擬假
貴館三宿借諸暢敘備叨
俞只煩任郵禮此請
著祉　弟丁錫田上言
行期定在舊曆初八早七点到省

書第十七通

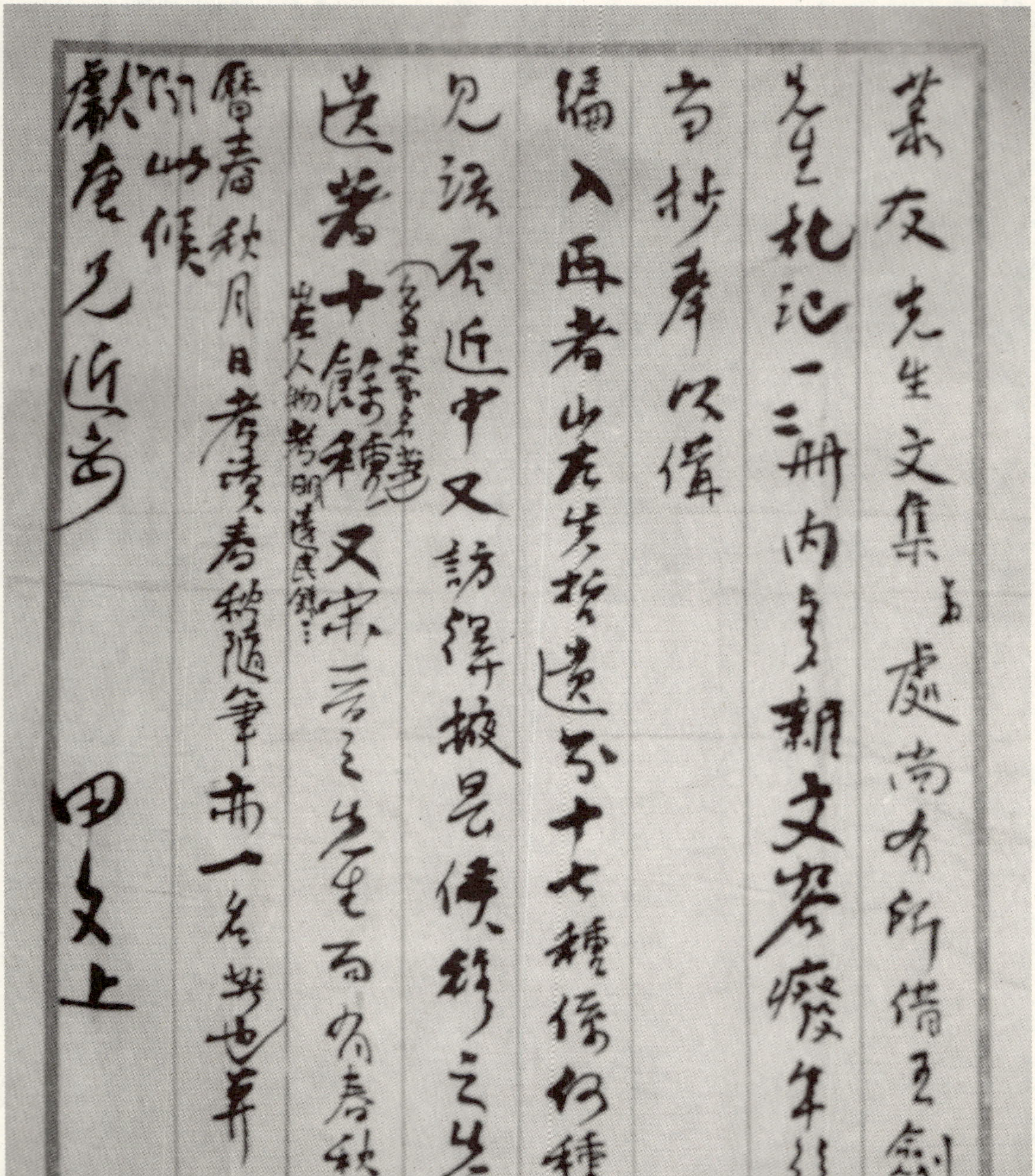

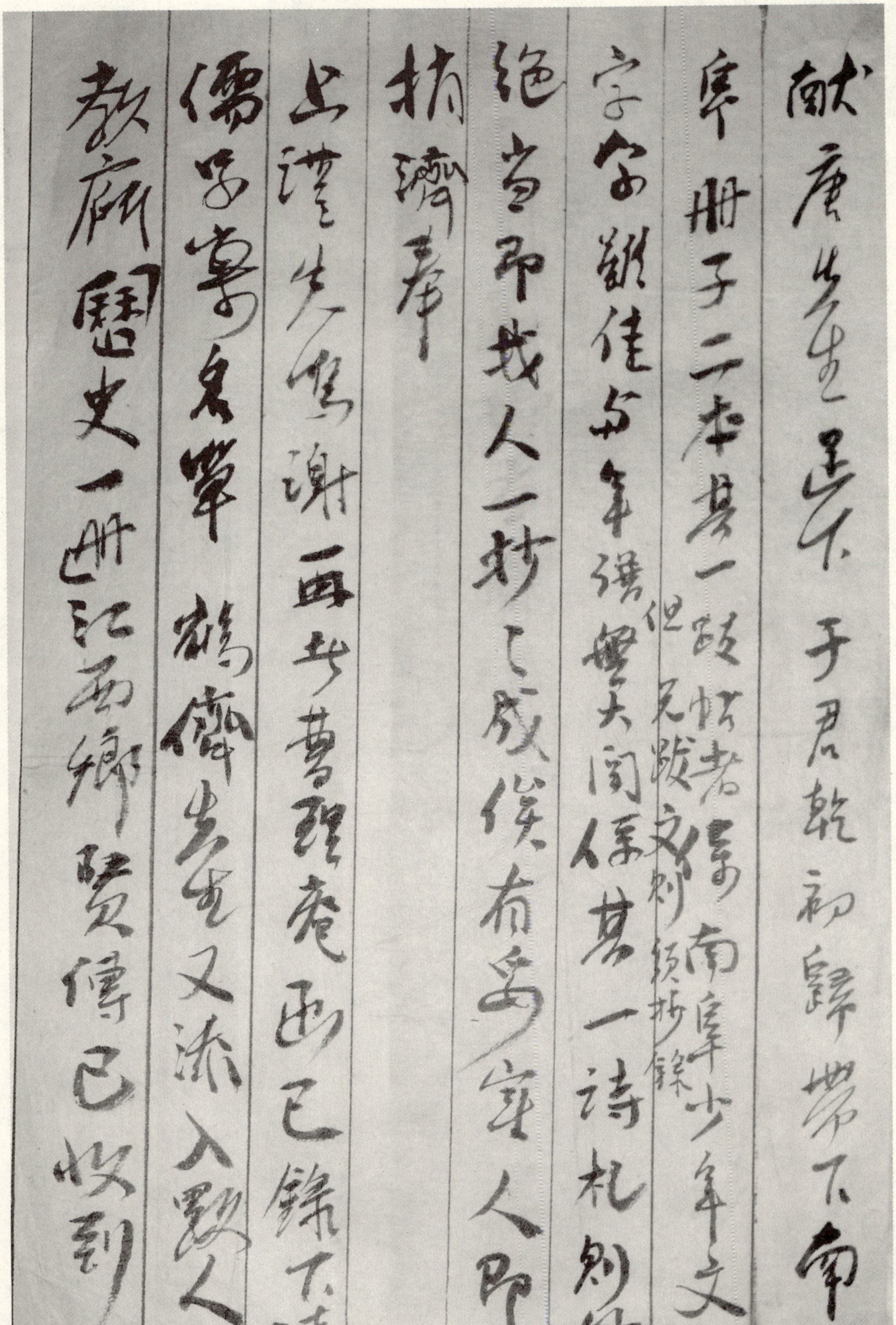
獻唐先生足下：于君乾初歸，帶下南
阜冊子二本，其一跋帖者，傳南阜少年文
字，字頗佳，與年譜無大關係，其一詩札則妙（但見跋文，則須抄錄）
絕，當即找人一抄，已成，俟有妥人即
捎濟奉
上。謹先致謝。再，此曹理庵函已錄下，請
轉交寫名單，鶴儕先生又添入數人
教廳歷史一冊，江西鄉賢傳已收到

既已用完時，當與所擬鄉賢事略一并
奉還。曹州今先郵呈。前在濟時曾托
祥農兄代錄都翬、劉滄山、風篁周易析疑
引用諸家姓氏并錄成冊
付下。再者，祥農兄寄贈有（借自）中央研究院
之日人撰山東漢畫石刻一冊，內有武梁祠地
圖一幅，慕甚艷羨，望
費神找人攝一六寸影片（四寸亦可）

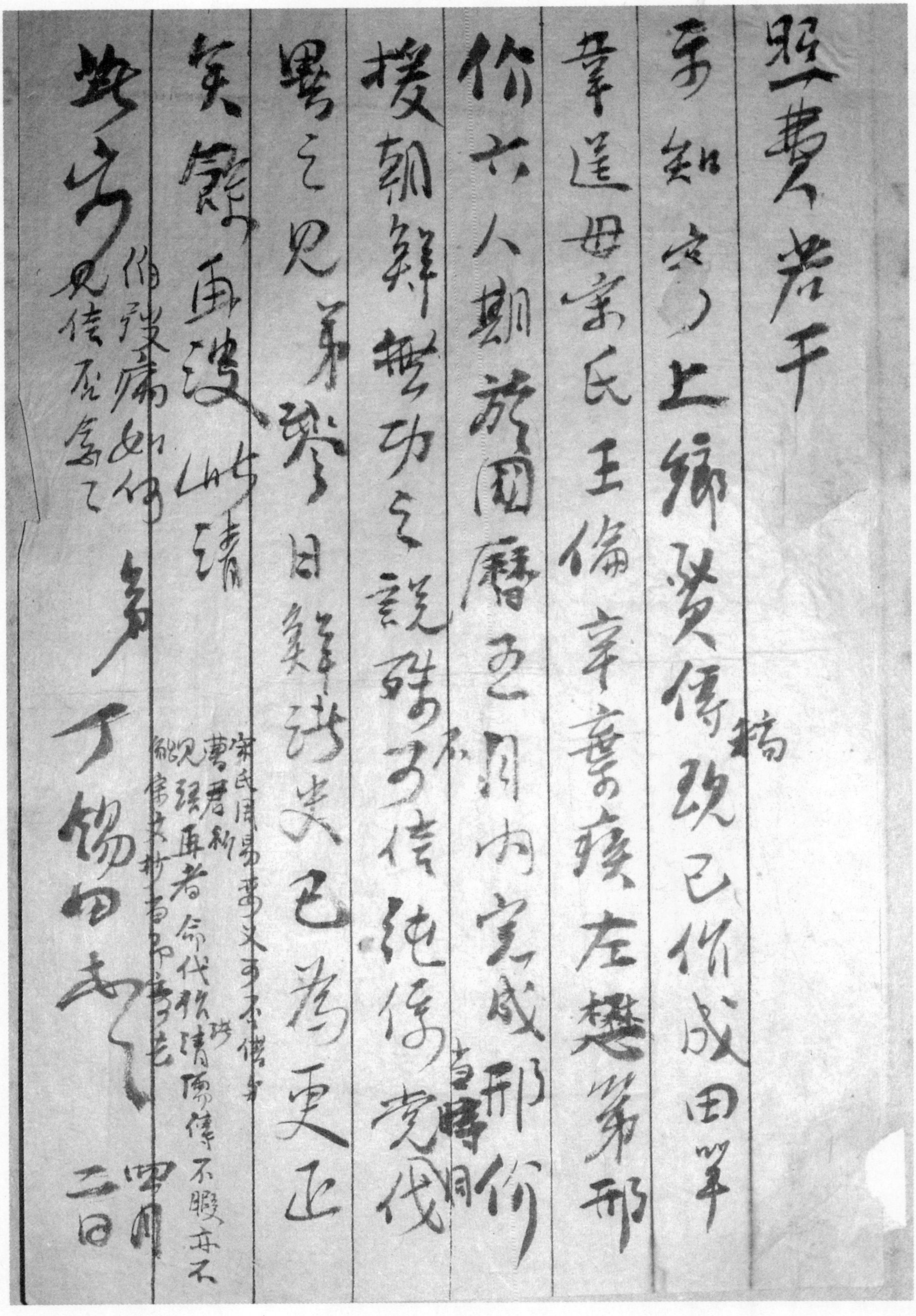

照費若干

弟知之，上緬費傳致，已作成田單

章蓮母宋氏王倫章奪疾左懸第那

價六人期於周曆西月內完成那價

援朝鮮無功之說殊不可信，絕倖免代

略之見弟舉目鮮誤失已為更正

矣。餘再談。此請

撰安 弟丁錫田 二日

伯兄病如何？見信否？念念

宋氏原易要文可不錄寫

曹君秋見張再著命代我請陳傳不暇亦不

能寫字於書局

書第十九通

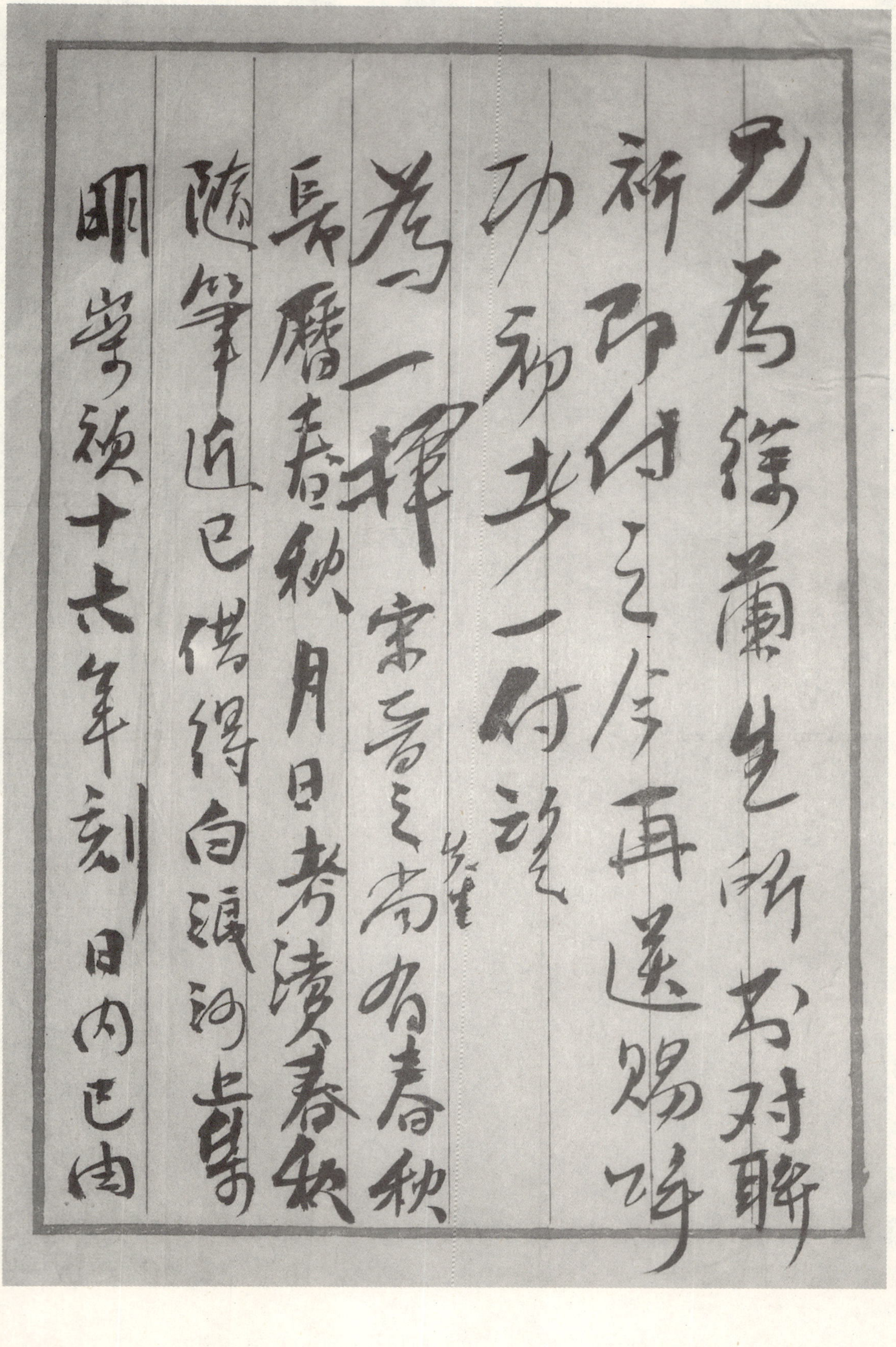
兄爲緯蘭先生所書對聯
祈即付之，再送賜呼
邵翁老一付，請
爲一揮。宋翁先生尚有春秋、
長曆、春秋月日考、讀春秋
隨筆，近已借得，向識何書
明岑頓首 十六年刻 日內已由

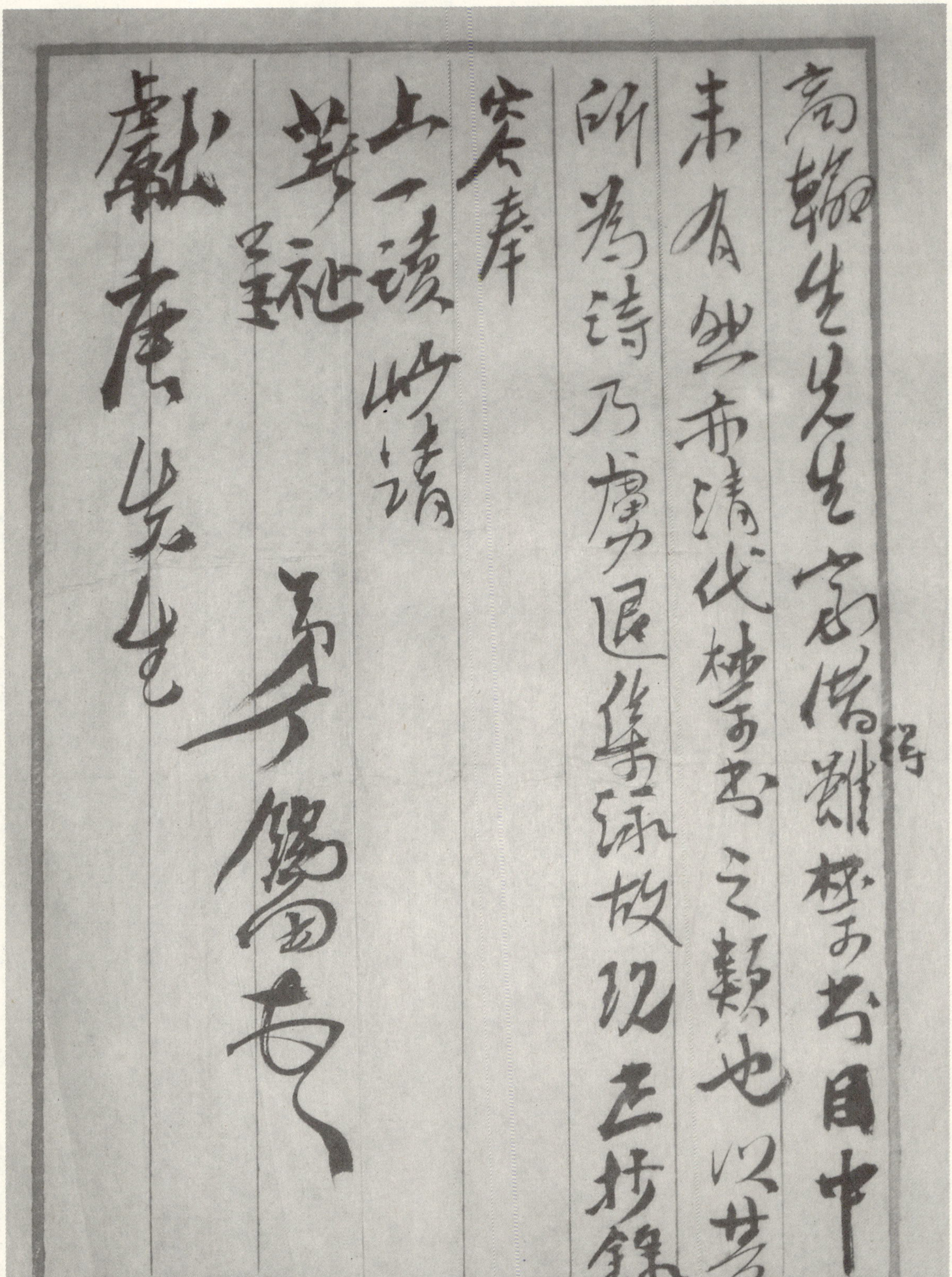

高翰生先生家藏得雖禁書目中
未有然亦清代禁書之類也以其
所為詩乃學退集錄故現在抄錄
寄奉
上一讀此請
著祉
獻唐先生
弟錫田再

書第二十通

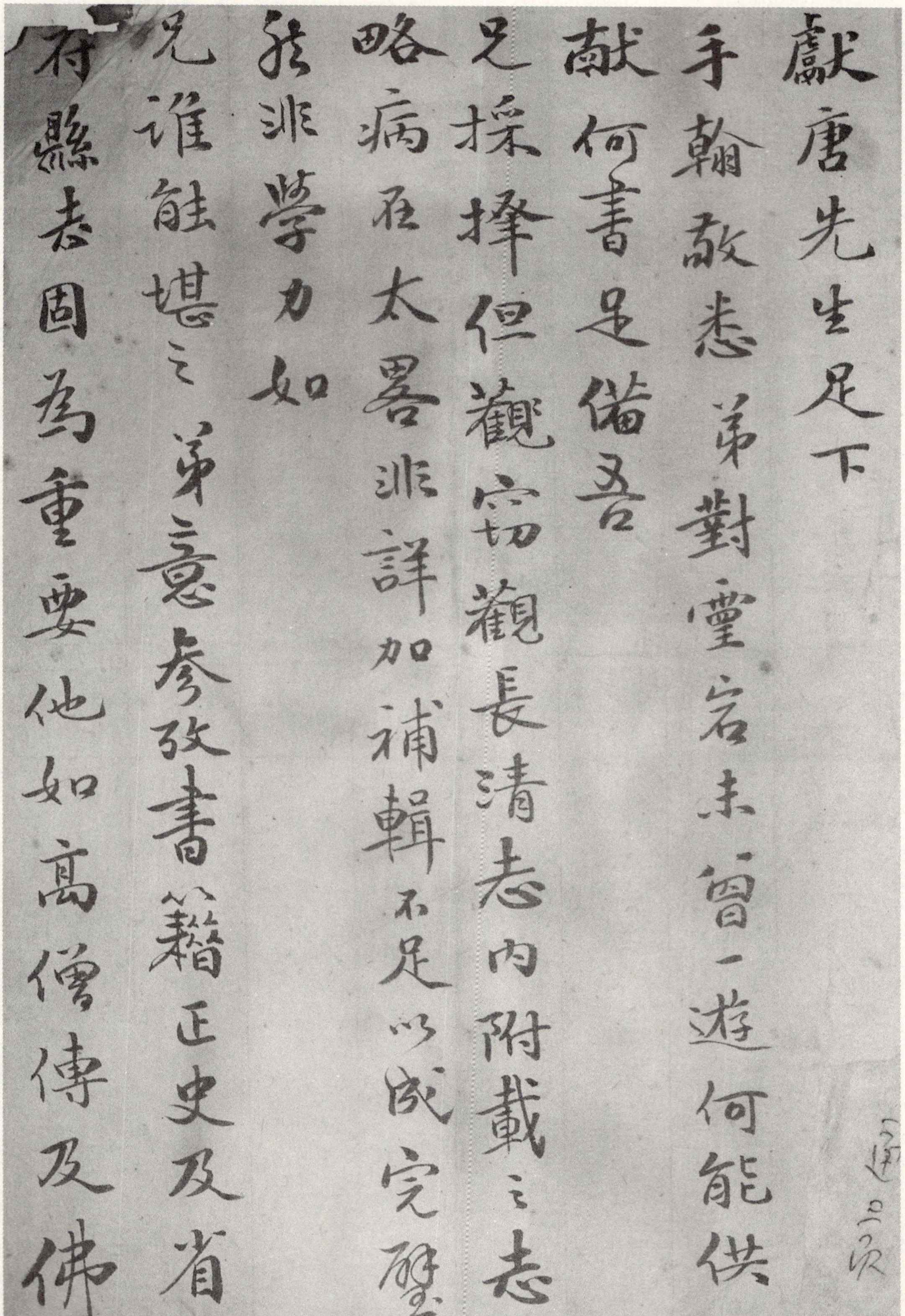

獻唐先生足下
手翰敬悉弟對靈岩未曾一遊何能供
献何書足備吾
兄採擇但觀竊觀長清志內附載之志
略病在太略非詳加補輯不足以成完璧
猶非學力如
兄誰能堪之弟意參攷書籍正史及省
府縣志固為重要他如高僧傳及佛

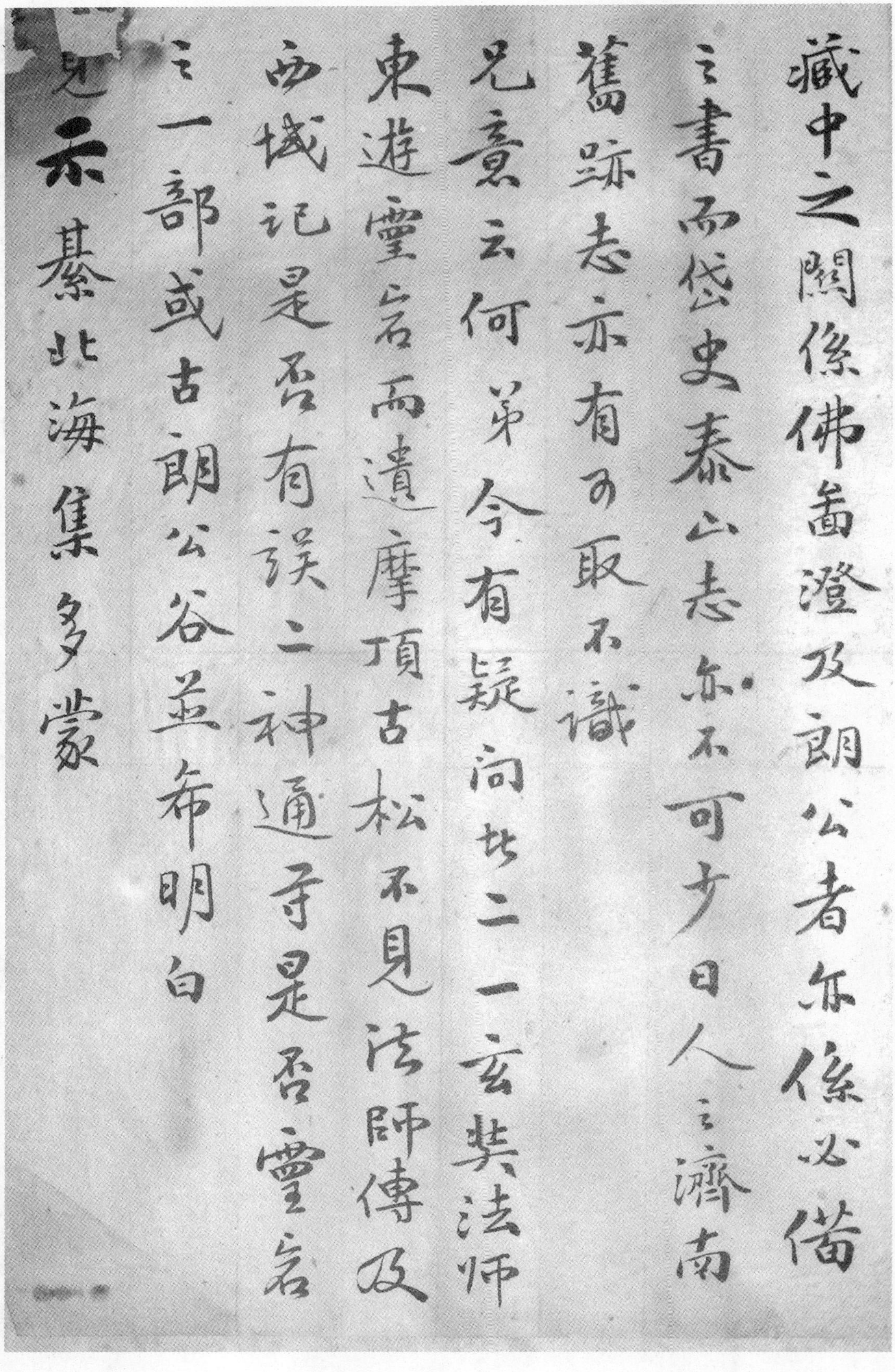
藏中之關係佛圖澄及朗公者亦係必備之書而岱史泰山志亦不可少日人之濟南舊跡志亦有可取不識兄意云何弟今有疑問共二一玄奘法师東遊靈岩而遺摩頂古松不見法師傳及西域記是否有誤二神通寺是否靈岩之一部或古朗公谷並希明白見示綦北海集多蒙

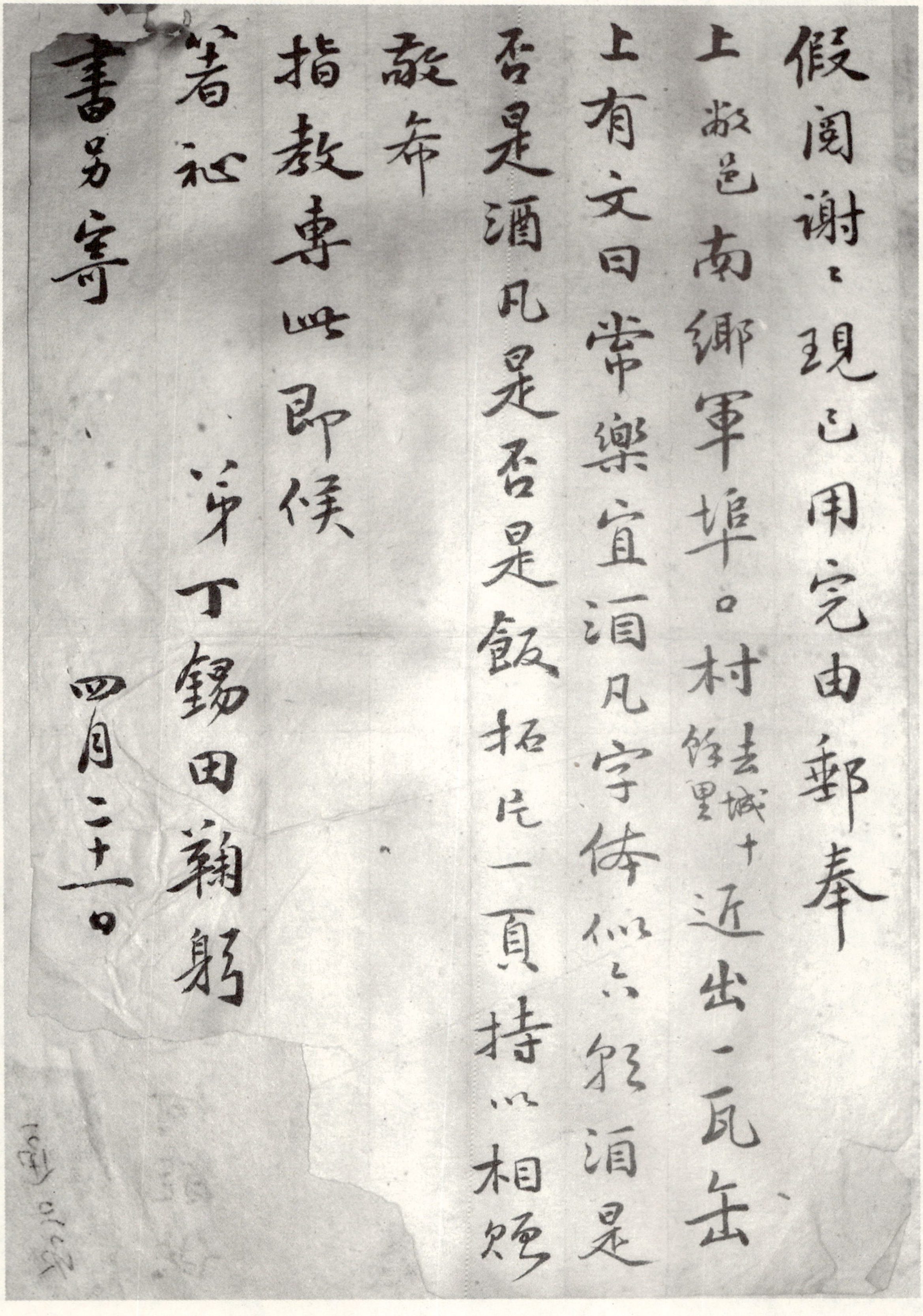
假閱謝謝。現已用完，由郵奉
上。敝邑南鄉軍埠口村（去城十餘里）近出一瓦缶，
上有文曰常樂宜酒，凡字体似系酒，是
否是酒，凡是否是飯？拓片一頁，持以相煩，
敬希
指教。專此即候
著祉。　弟丁錫田鞠躬
書另寄。　四月二十二日

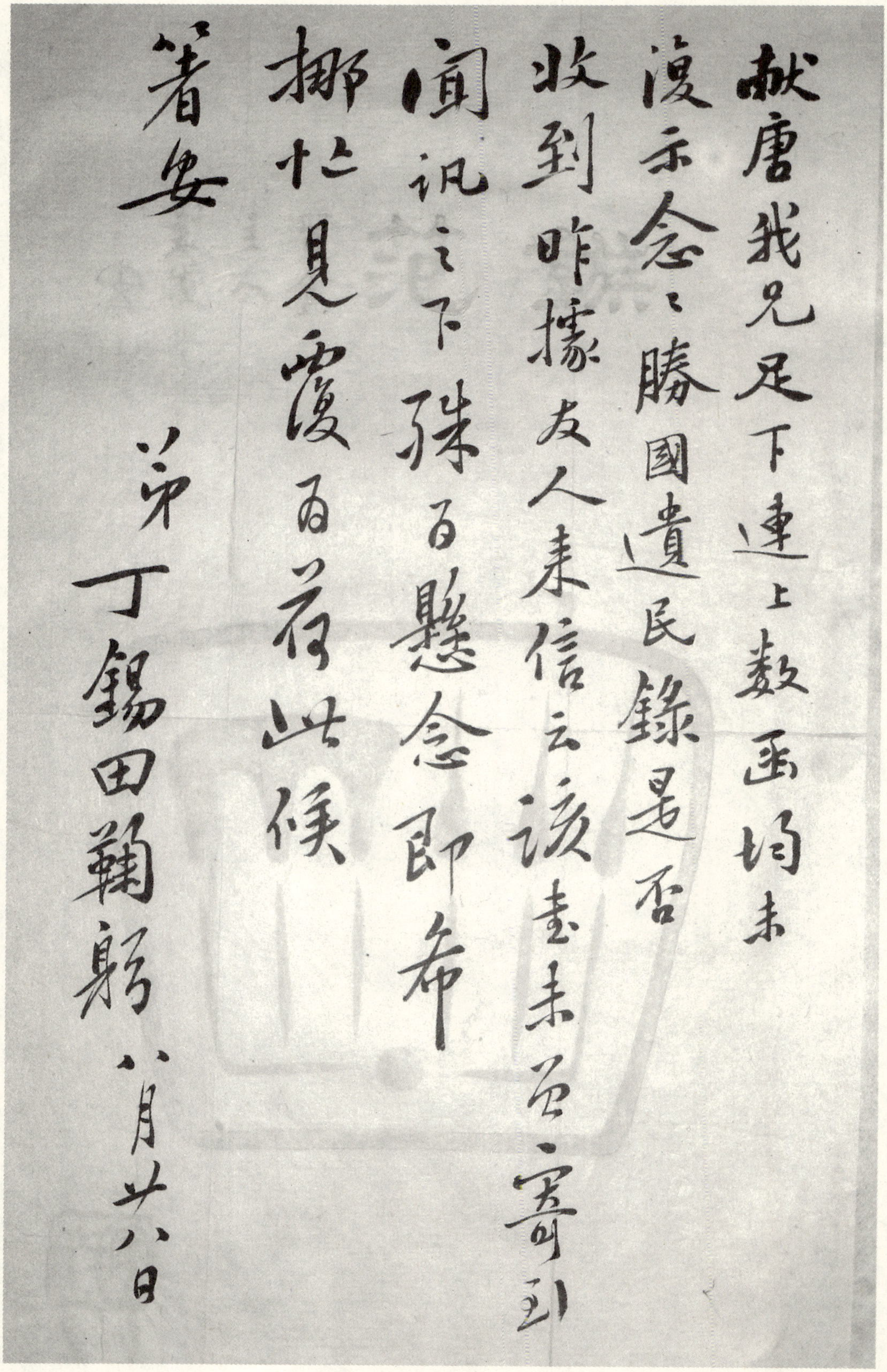
獻唐我兄足下連上數函均未
復示念念勝國遺民錄是否
收到昨據友人來信云該書未蒙寄到
聞訊之下殊爲懸念即希
挪忙見覆爲荷此候
著安
弟丁錫田鞠躬 八月廿八日

書第二十二通

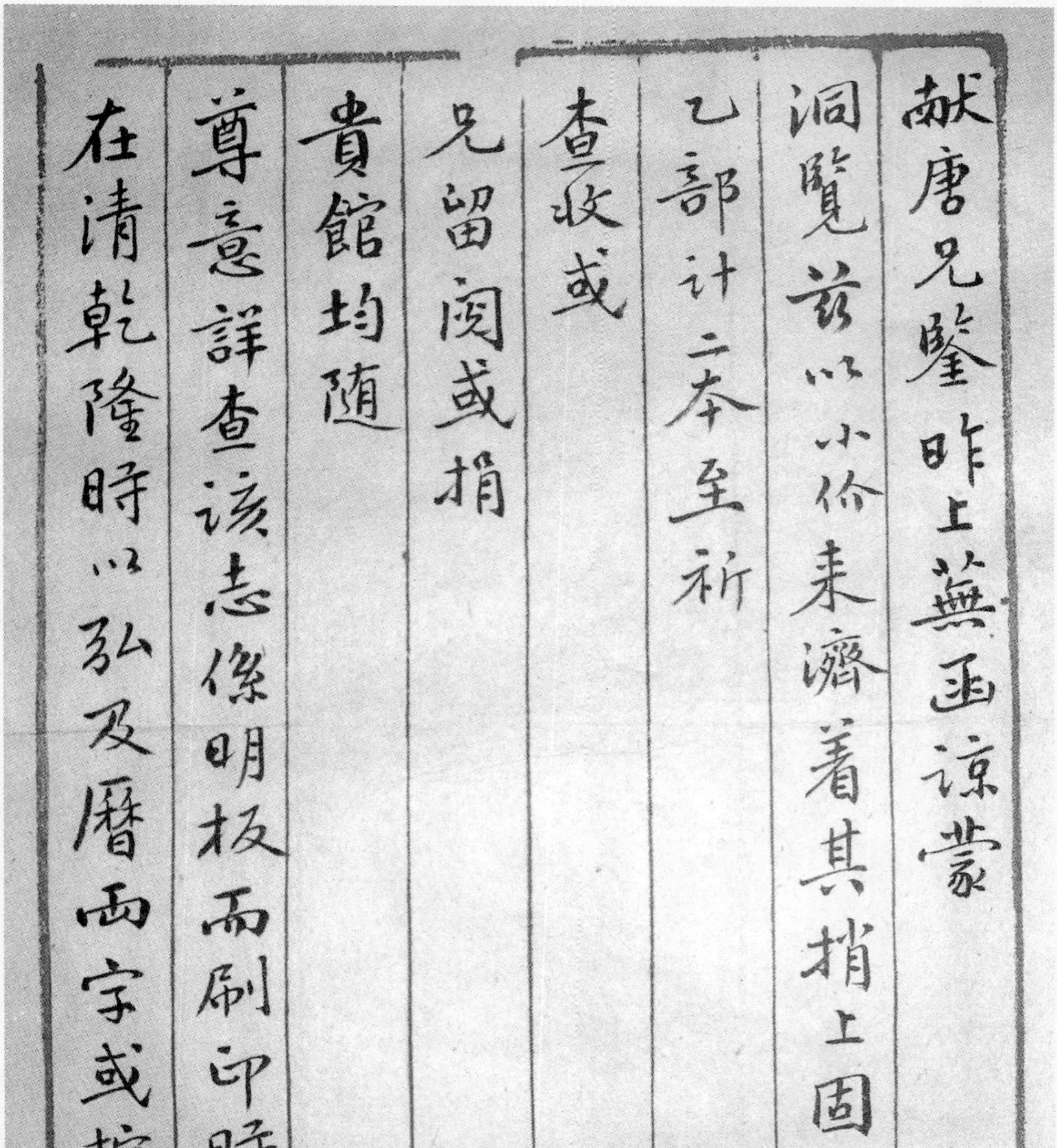
献唐兄鑒 昨上蕪函諒蒙
洞覽 茲以小价来濟着其捎上固原州志
乙部计二本至祈
查收 或
兄留閱或捎
貴館均随
尊意 詳查該志係明板而刷印時期當
在清乾隆時以弘及曆兩字或挖去或缺

筆其餘各志尚希
費神對換進行如何并望隨時
見示拙作鄉賢底冊更祈早日寄下以
便整理 敝處方志目如
閱畢付 小价帶下為荷此候
著祉
弟丁錫田鞠躬 六月六日

書第二十三通

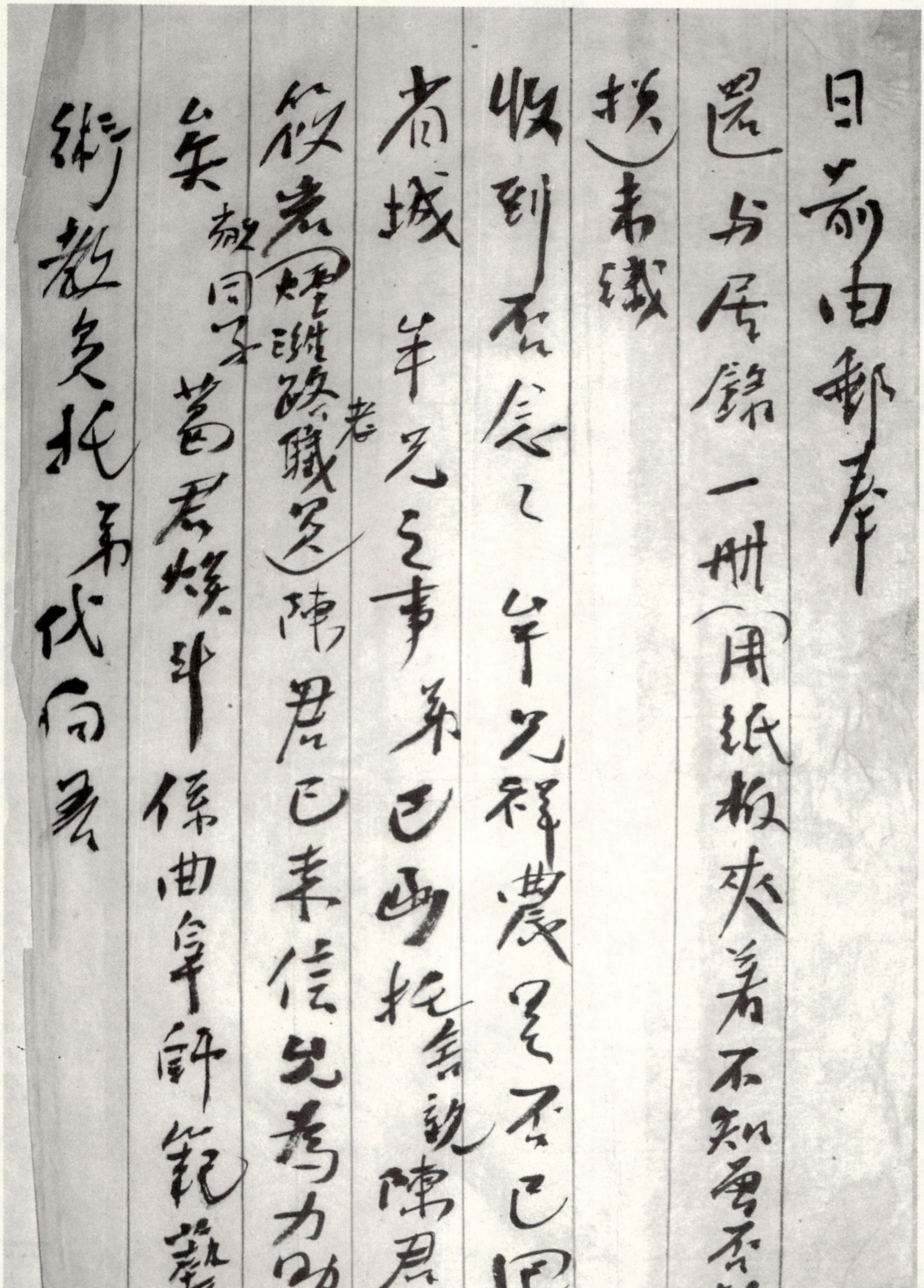
日前由郵奉
還起居錄一冊（用紙板夾着）不知曾否折
損，未識
收到否？念念。午兄、祥農昆否已回
省城？午兄之事，弟已函託詠陳君
敍老（煙濰路職員，敍同年老）陳君已來信允為力助
矣。葛君煥斗係曲阜師範藝
術教員，托弟代向兄

兄閱後暑假時间假
貴館開一展覽会不知可否若蒙
見允請於口内
賜覆以便達彼知之近有人由冒
崇犨陵古城得一古專文曰劉伯統作長
拓贈一張數本
寫之照古叢高來講得數十錢
內有皇帝通宝及咸道八年等最為特

別尚有黎氏帶來七八枚，不知若何否

館後，此請

獻唐吾兄近安

弟丁錫田上言 六月一日

海屏壽去年（敘詢）前函寄到處

托為說項，最好在中秋前

館中將購資付彼人，行利錢實

在有碍商業也

田又及

書第二十四通

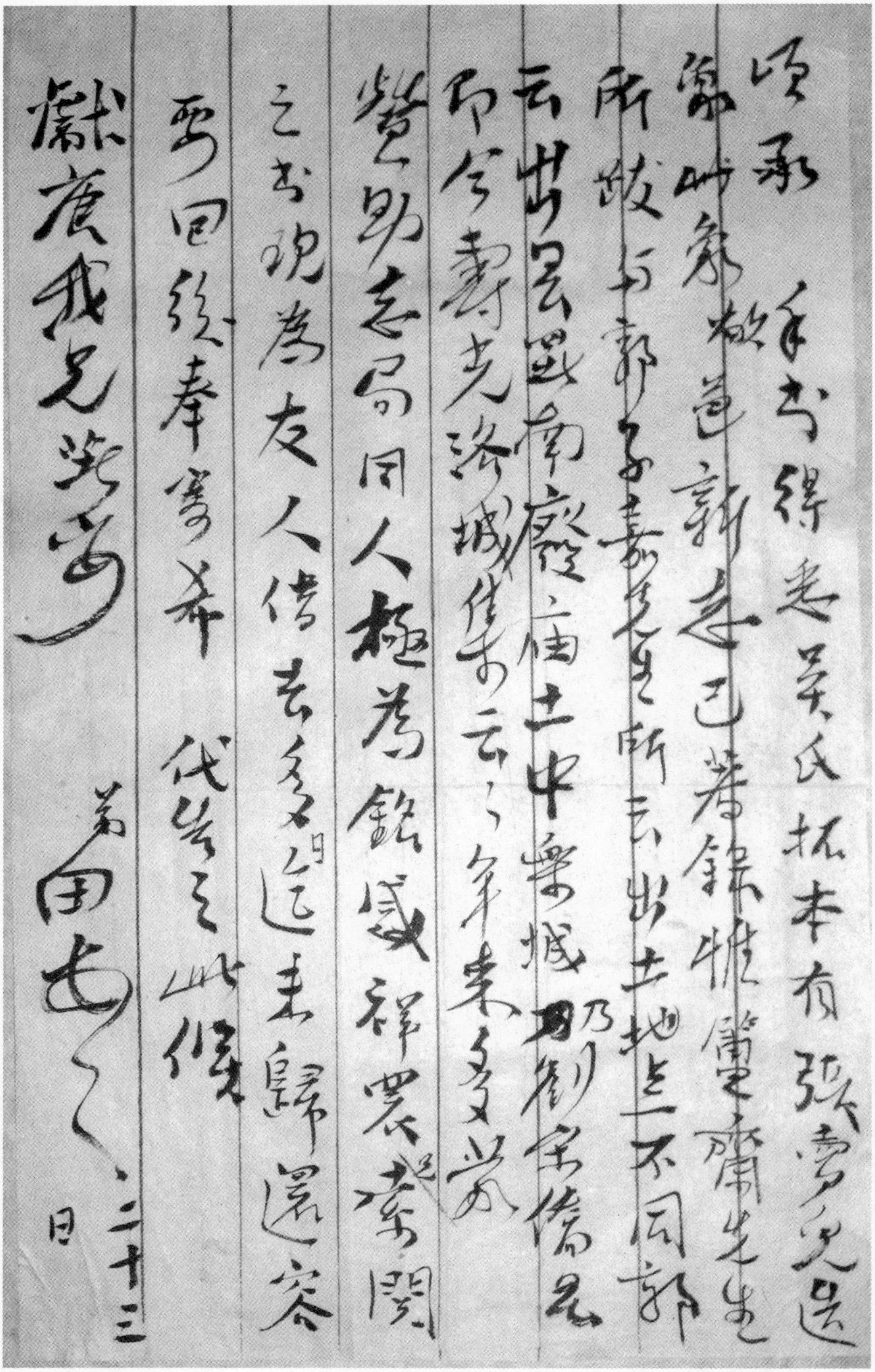

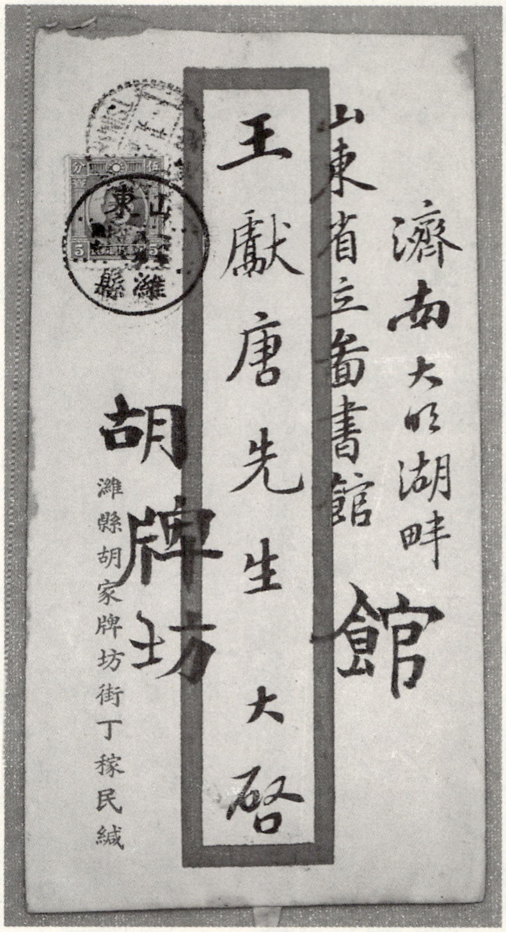
濟南大明湖畔
山東省立圖書館
王獻唐先生大啓
胡牌坊館
濰縣胡家牌坊街丁稼民緘

封第一件

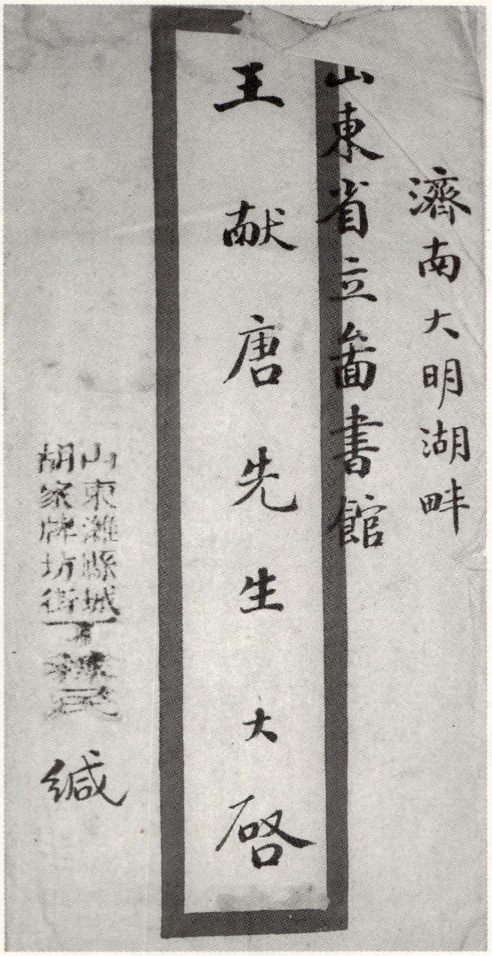
濟南大明湖畔
山東省立圖書館
王献唐先生大啓
山東濰縣城
胡家牌坊街
緘

封第二件

封第三件

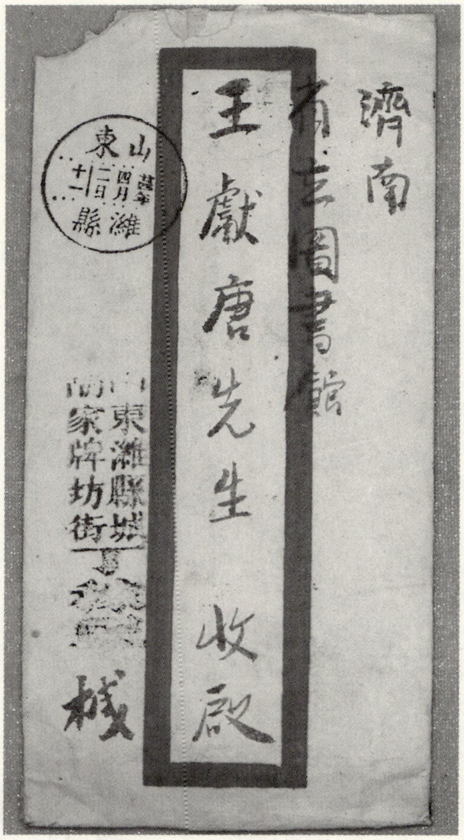
濟南
省立圖書館
王獻唐先生收啟
山東濰縣城
南家牌坊街
丁
緘

封第四件

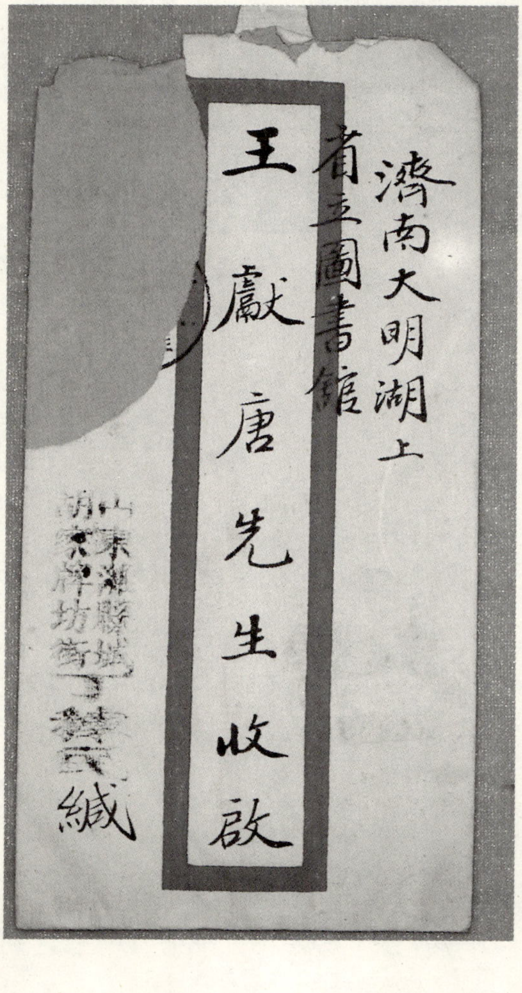
濟南大明湖上
省立圖書館
王獻唐先生收啟
山東濰縣城
南家牌坊街丁
緘

封第五件

封第六件

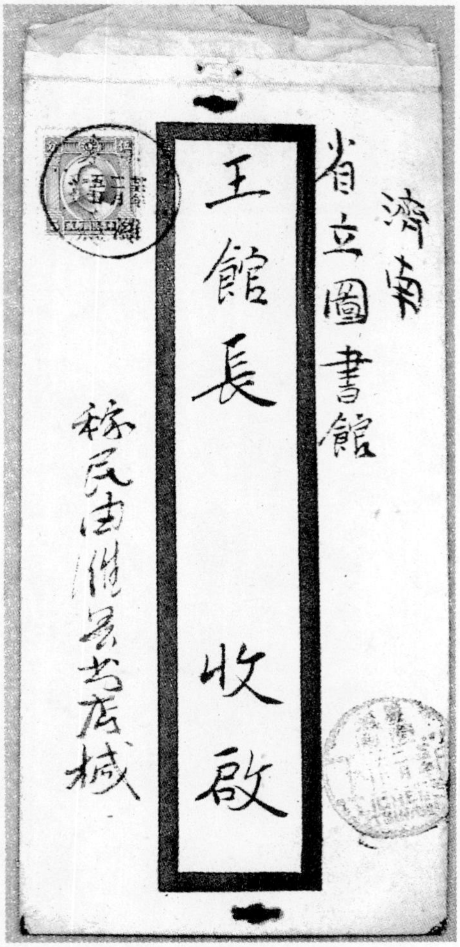

封第七件

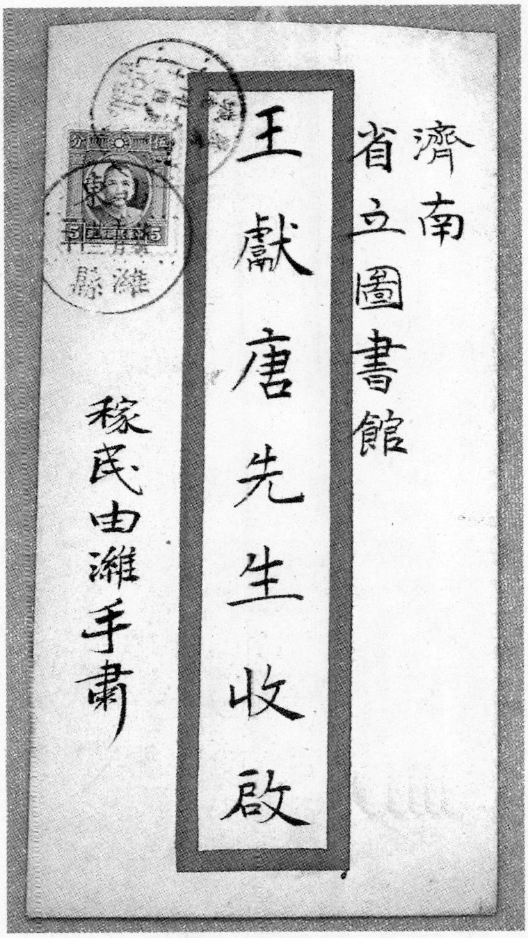

封第八件

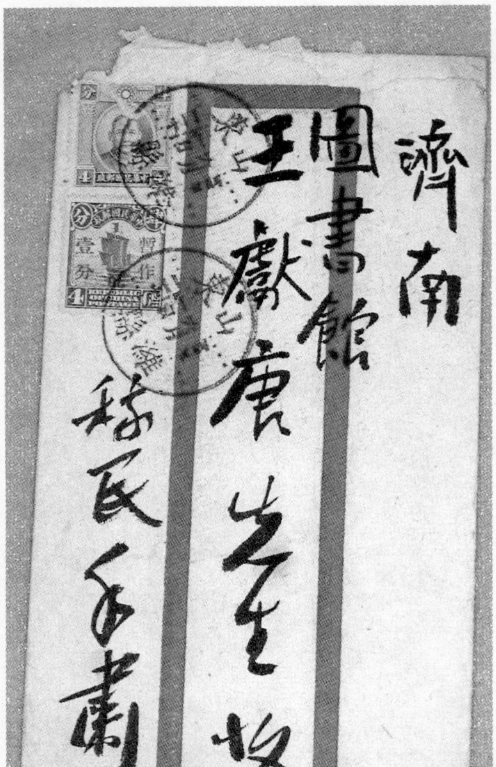

封第九件

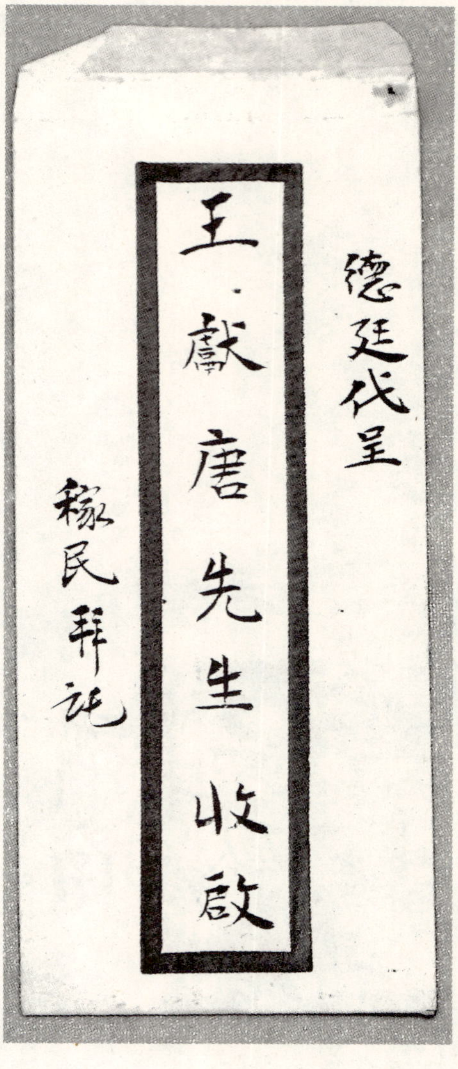

封第十件

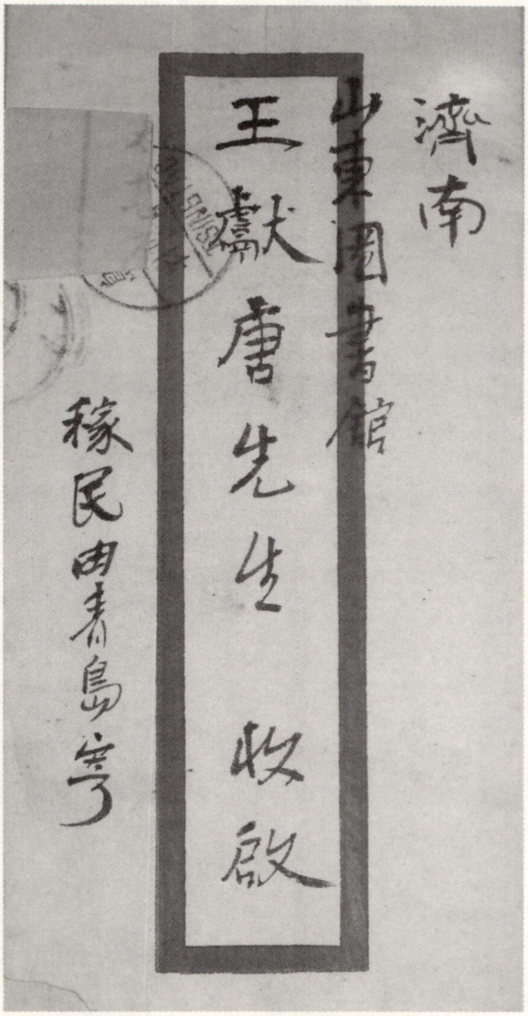

封第十一件

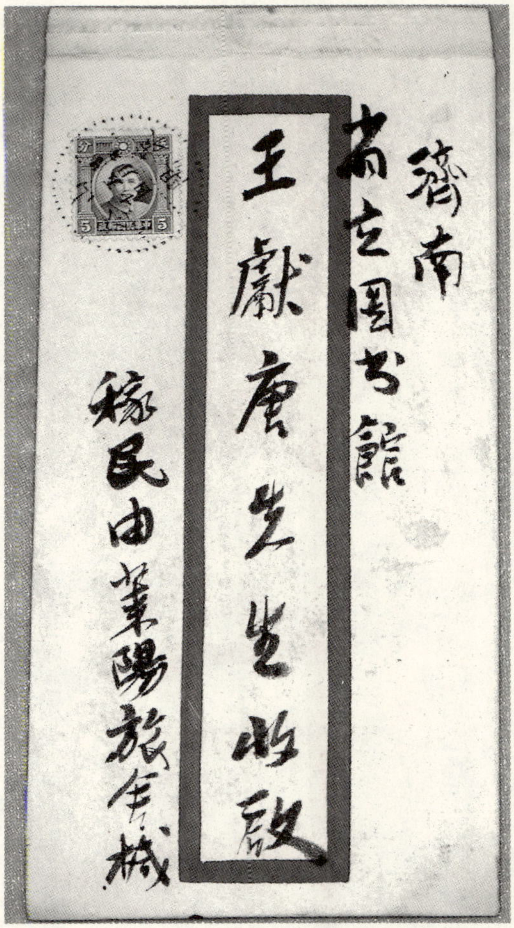
濟南
省立圖書館
王獻唐先生收啟
稼民由萊陽旅舍緘

封第十二件

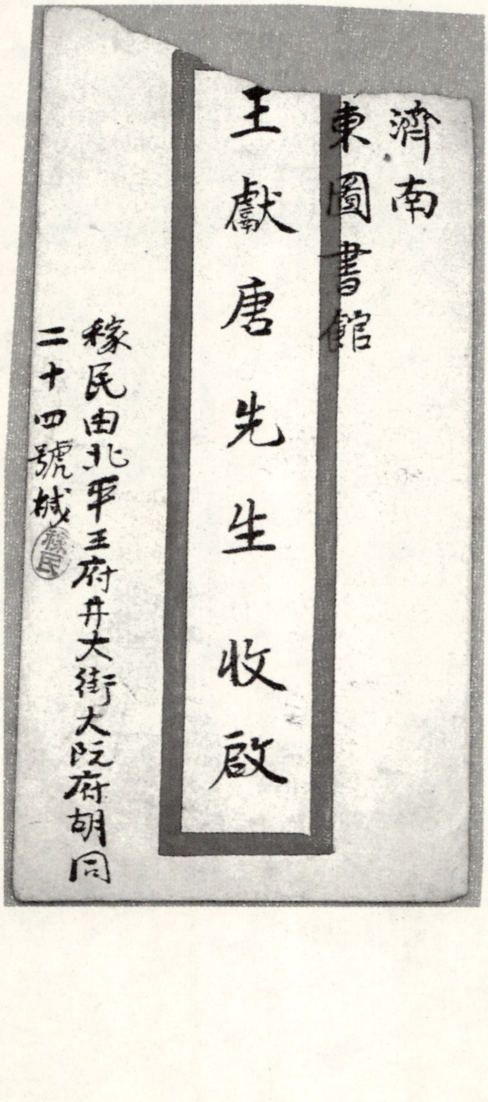
濟南
東圖書館
王獻唐先生收啟
稼民由北平王府井大街大阮府胡同
二十四號緘

封第十三件

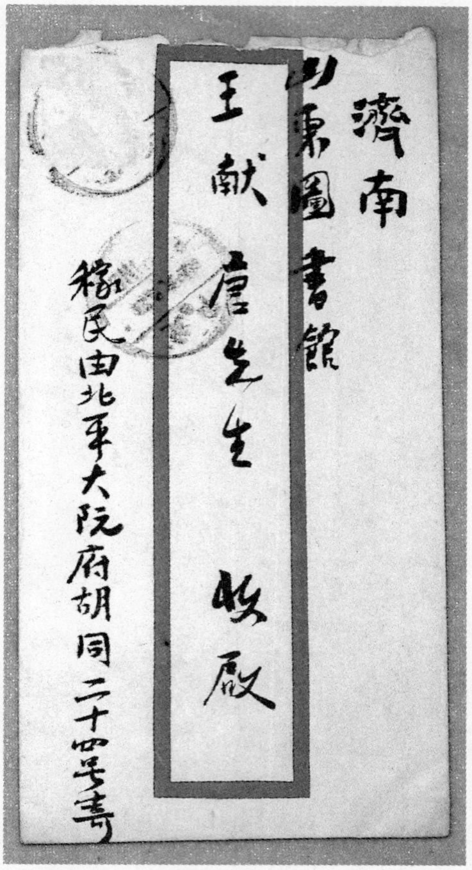

封第十四件

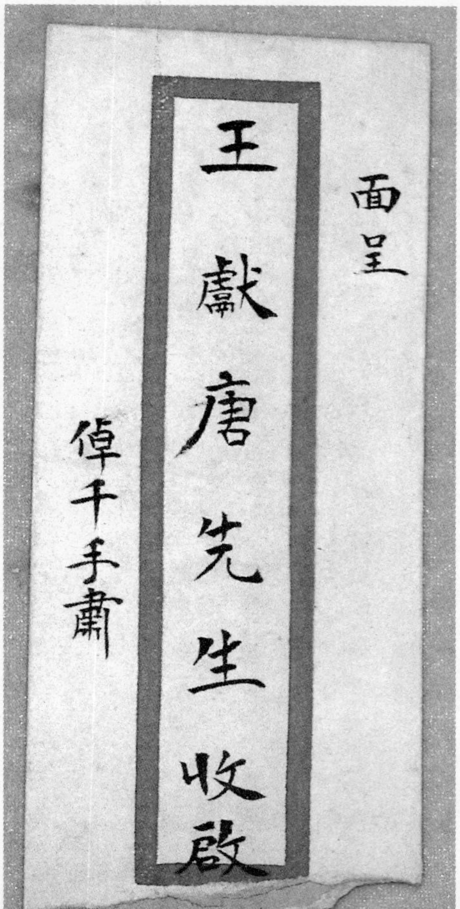

一百一十七　馬克武 封五件

封第一件

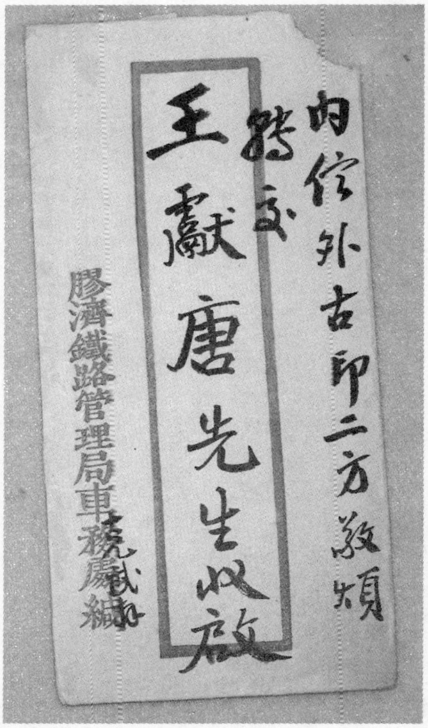

封第二件

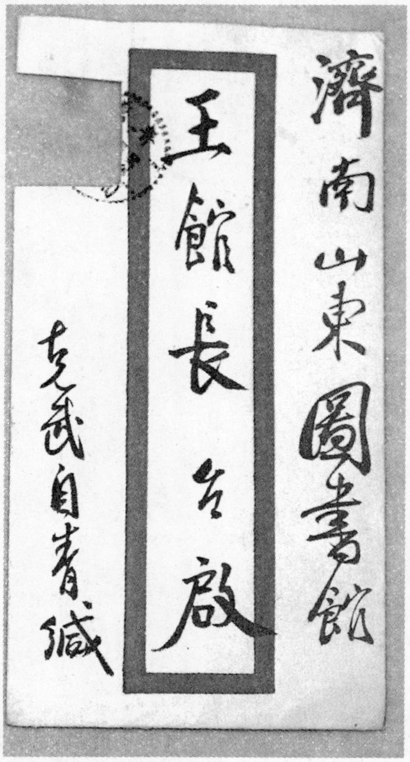

封第三件

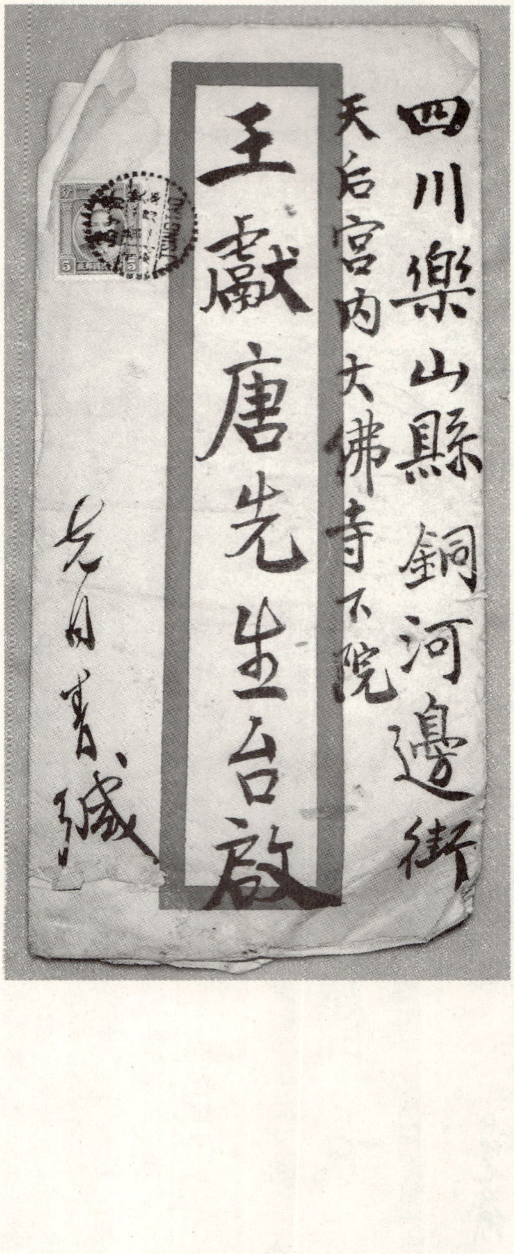
四川樂山縣銅河邊街
天后宮内大佛寺下院
王獻唐先生台啟
克自青緘

封第四件

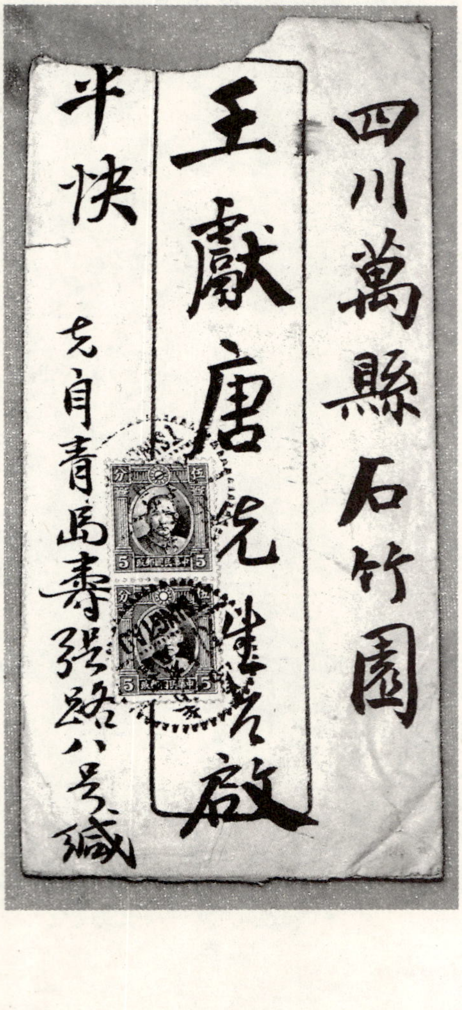
四川萬縣石竹園
王獻唐先生啟
平快
克自青島壽張路八号緘

封第五件

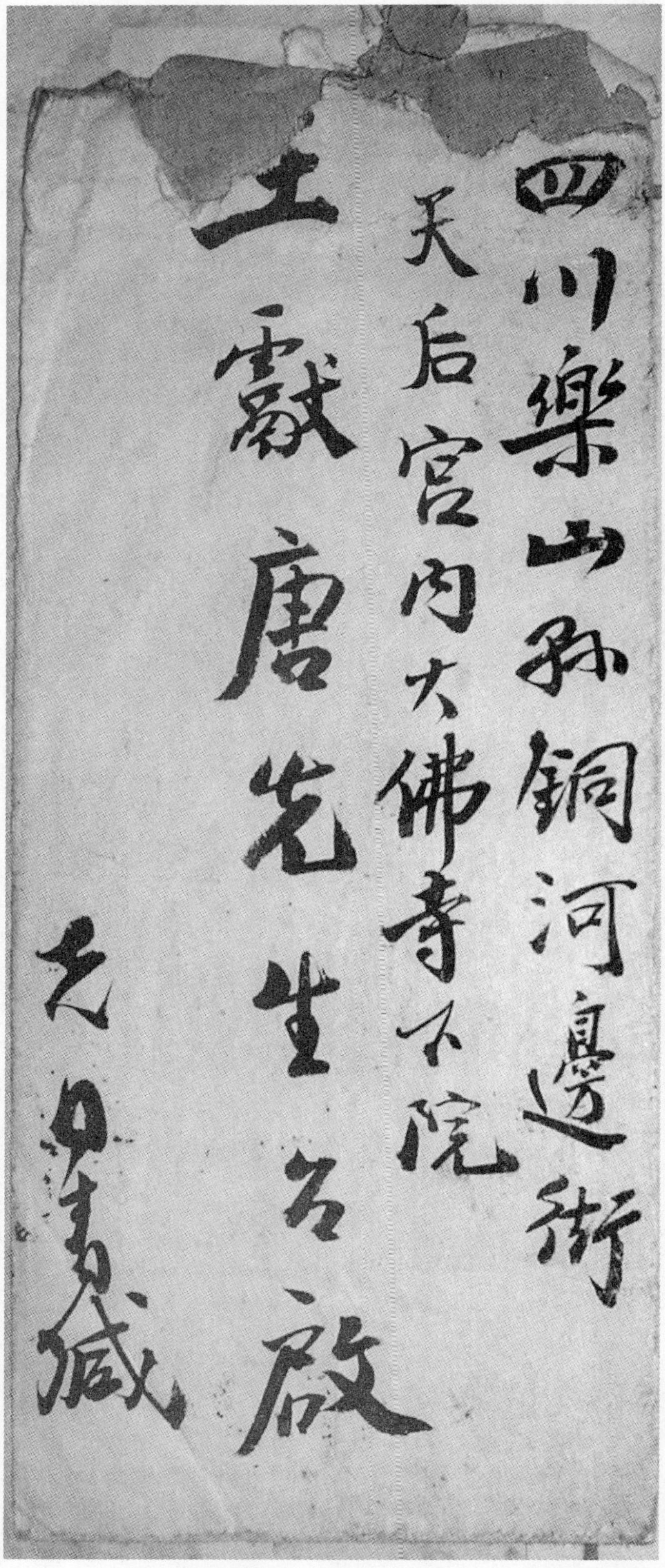

一百一十八　許心武

書一通　封一件

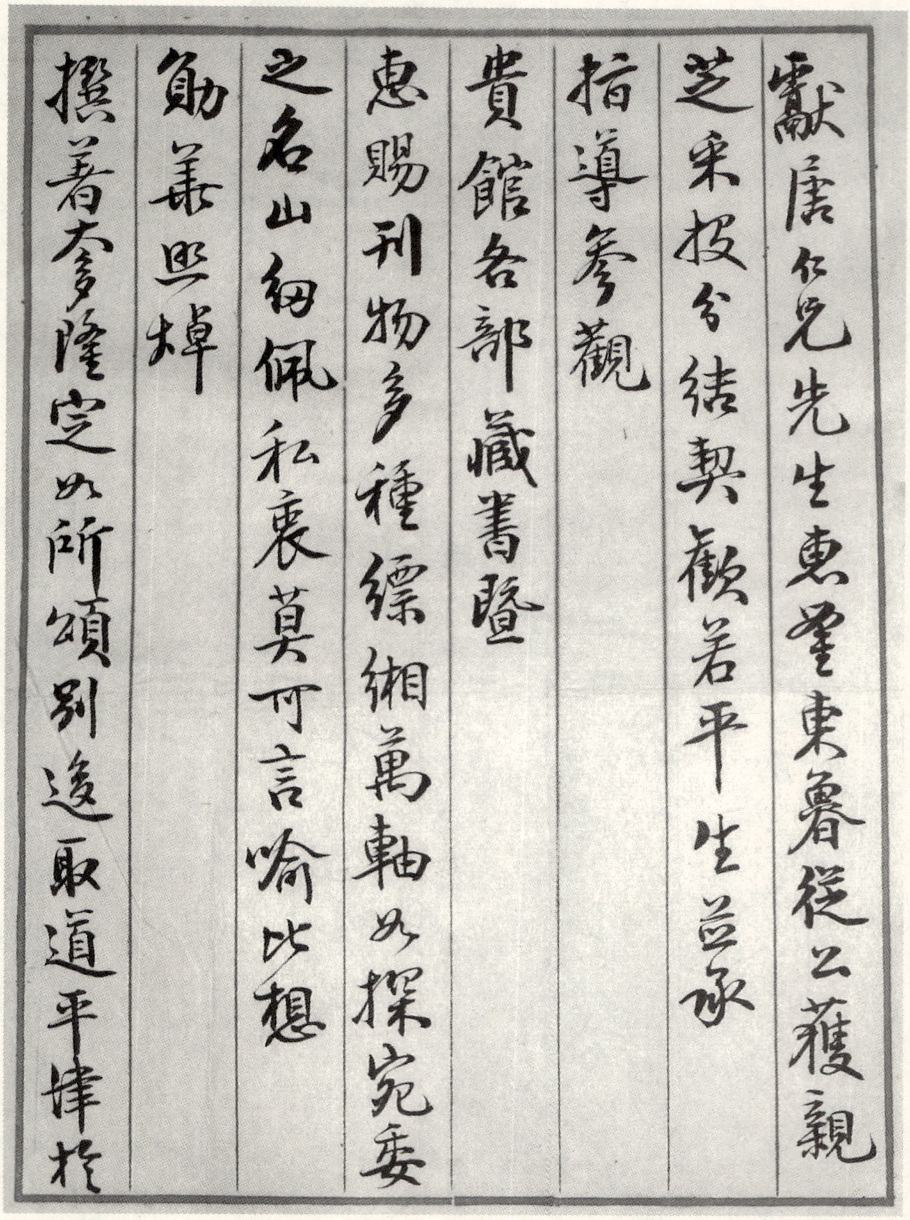

獻唐仁兄先生惠鑒東魯從公獲親
芝采投分結契歡若平生並承
指導參觀
貴館各部藏書暨
惠賜刊物多種縹緗萬軸如探宛委
之名山甸佩私衷莫可言喻比想
勛祺與悼
撰著參隆定如所頌別後取道平津於

日前抵滬勞形塵俗乏善可陳猶幸布帆無恙差紓

錦注耳專肅祇陳謝悃敬頌

道祺諸惟

荃照不備

弟許心武拜啓

中華民國廿三年之月十八日

濟南
山東圖書館
王館長獻唐勛啓
黃河水利委員會許緘
KAIFENG

一百一十九　韓笑鵬 書一通

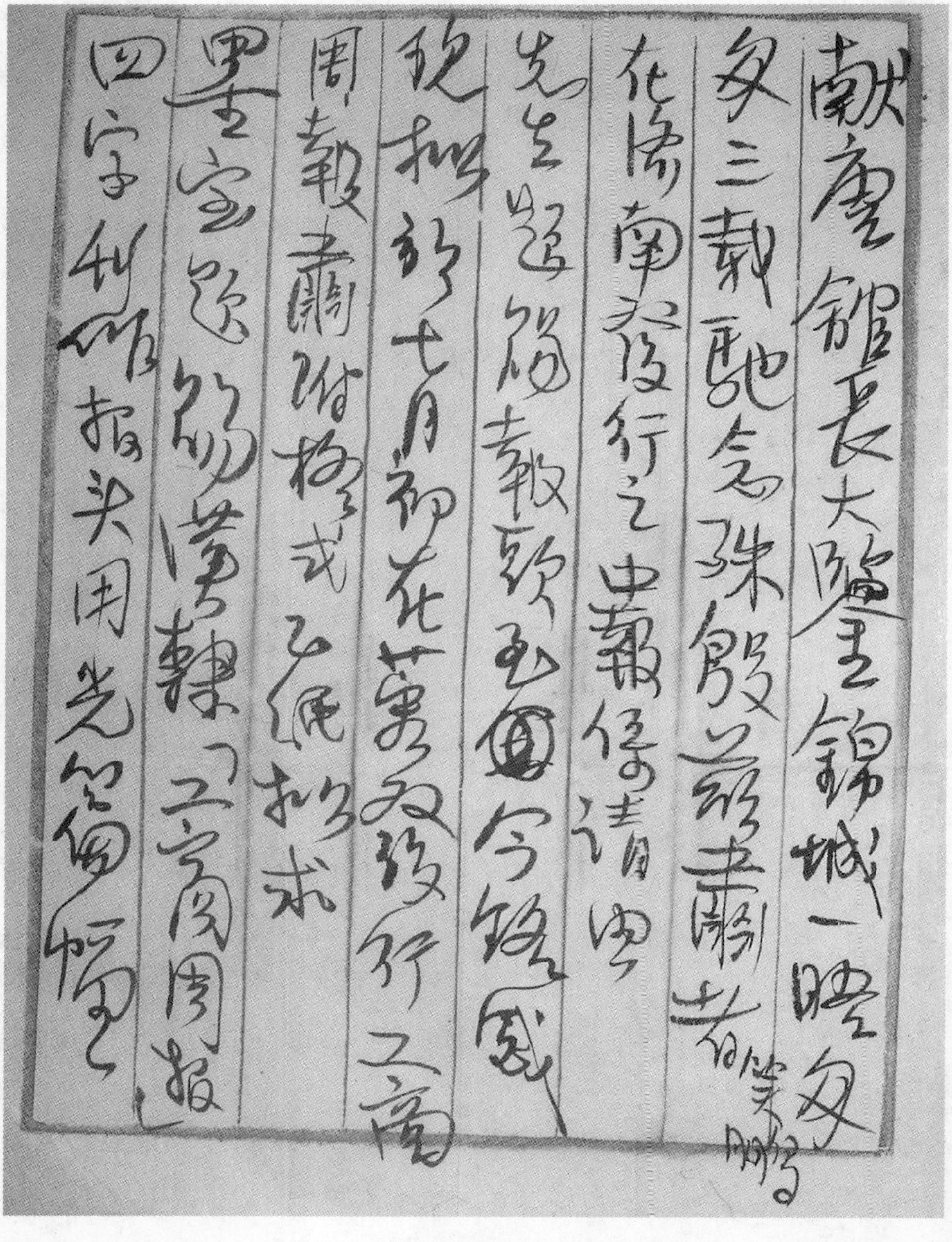
獻唐館長大鑒：錦城一晤，匆
匆三載，馳念殊殷。前肅者
在漢南發行之中報，係請由
先生題簽，中報刊頭，今猶感
銘。擬於七月初在萬縣發行工商
周報，肅附格式乙紙，懇求
墨寶題簽，篆隸工商周報
四字，刊作報頭用，先此布懇，順
頌
韓笑鵬

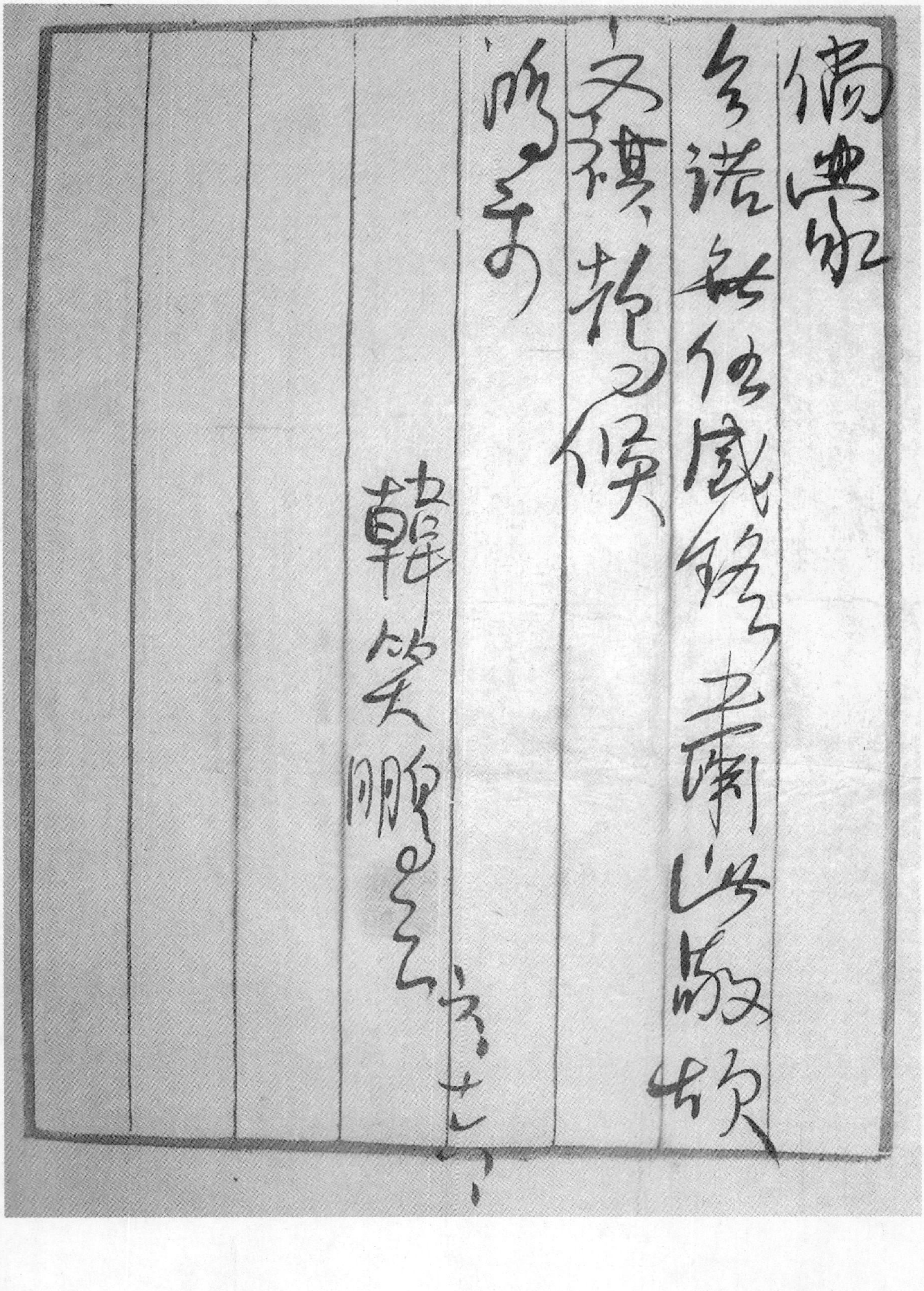
倘蒙允
諾，無任感禱。專此，敬頌
文祺，並候
覆示。
韓笑鵬 六、十七

一百二十 隋石卿 封一件

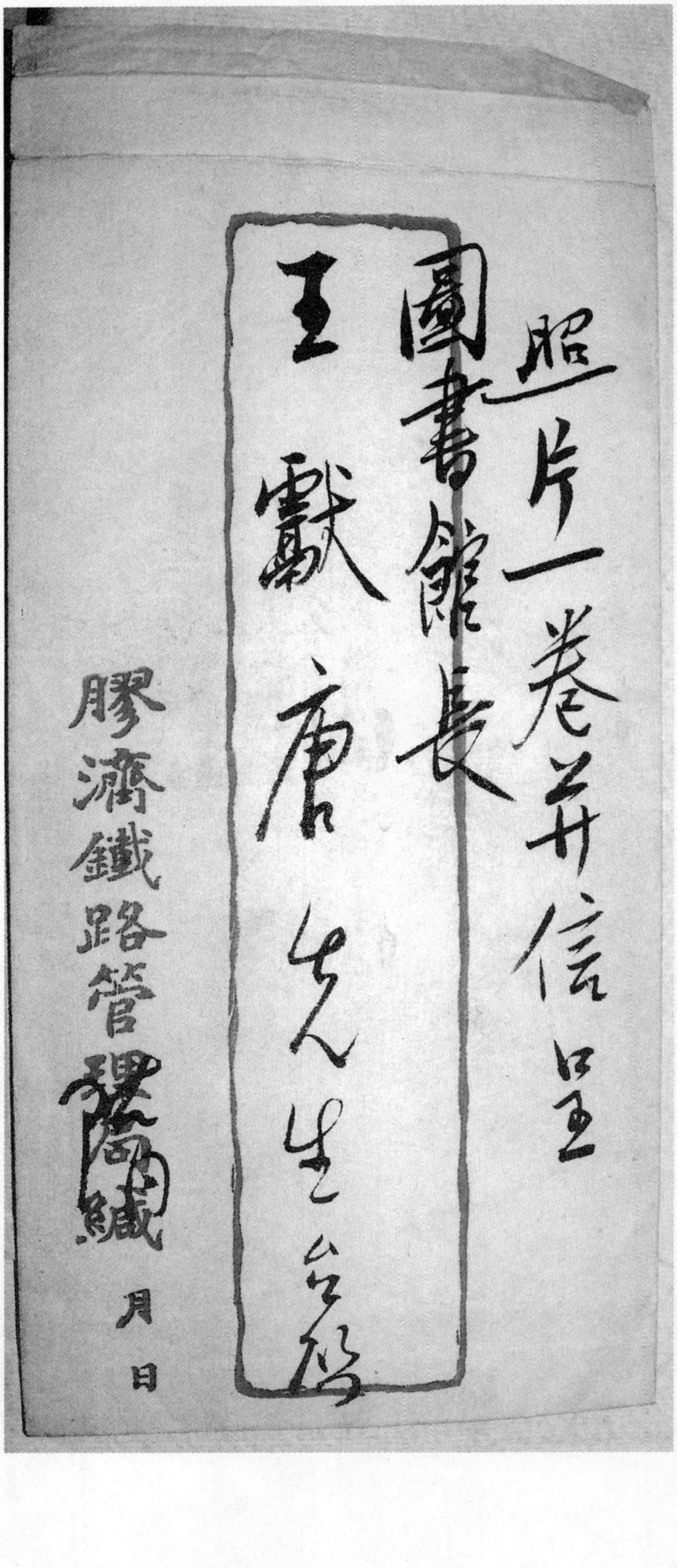

一百二十一 劉世傳

書二通 封一件

書第一通

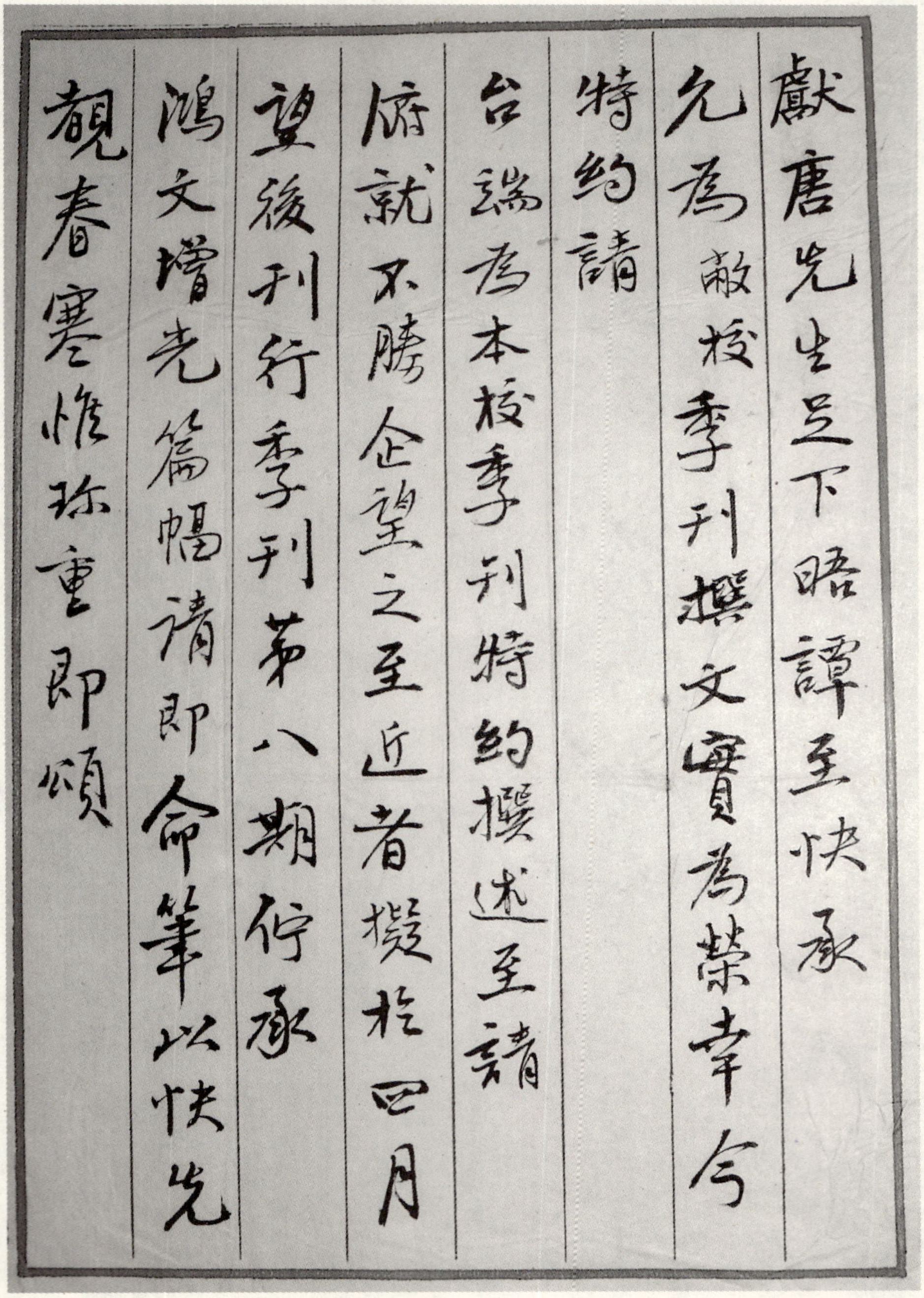

獻唐先生足下：晤譚至快。承
允為敝校季刊撰文，實為榮幸。今
特約請
台端為本校季刊特約撰述，至請
俯就，不勝企望之至。近者擬於四月
望後刊行季刊第八期，佇承
鴻文增光篇幅，請即命筆，以快先
覩。春寒，惟珍重。即頌

箋祺

弟劉世傳謹啓　十四

書第二通

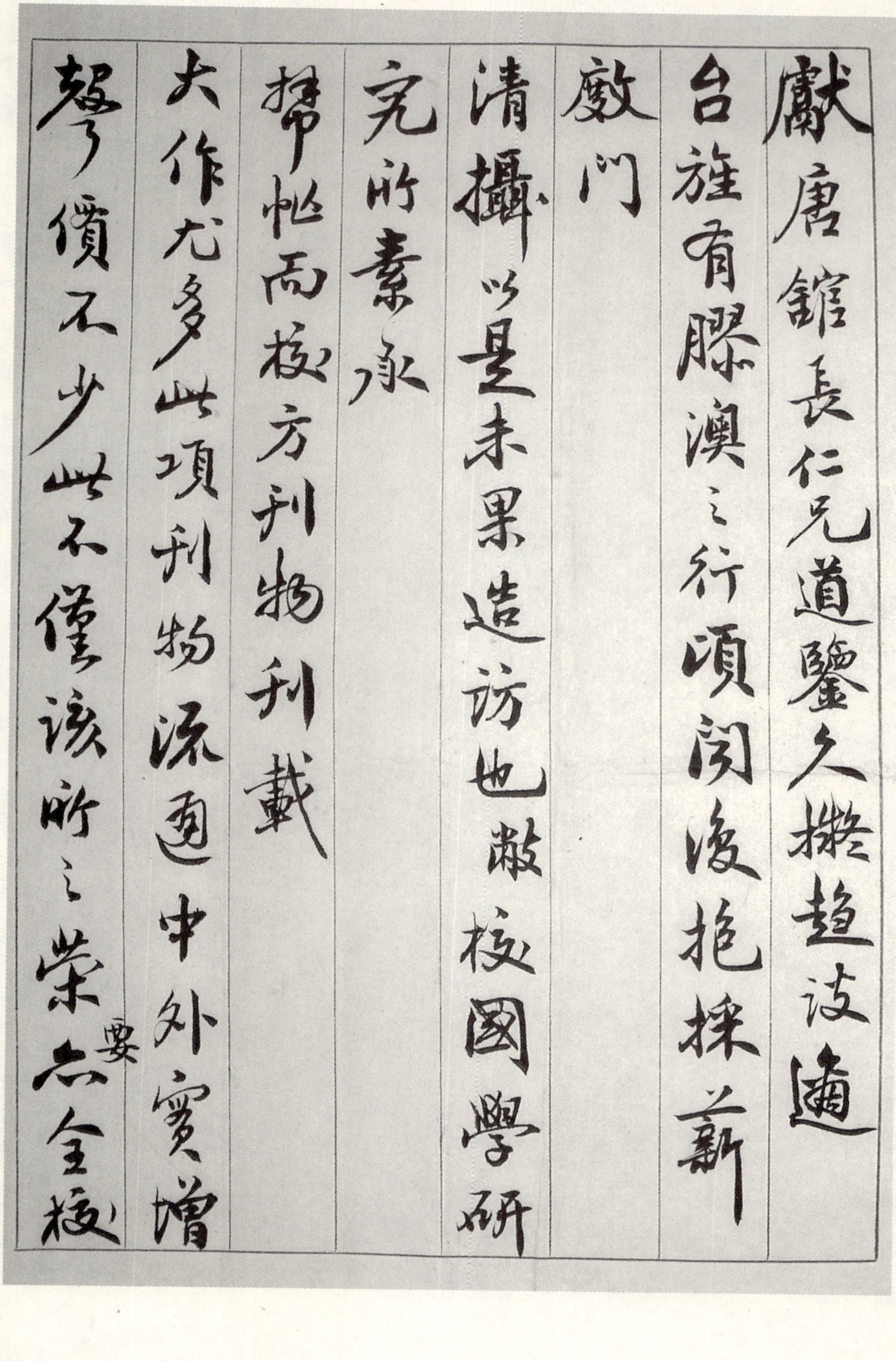
獻唐館長仁兄道鑒：久攬趨違。
台旌有膠澳之行，頃閱後抱採薪
啟門
清攝，以是未果造訪也。敝校國學研
究所稟承
掃帖而校方刊物刊載
大作尤多，此項刊物流通中外，實增
聲價不少，此不僅該所之榮，要亦全校

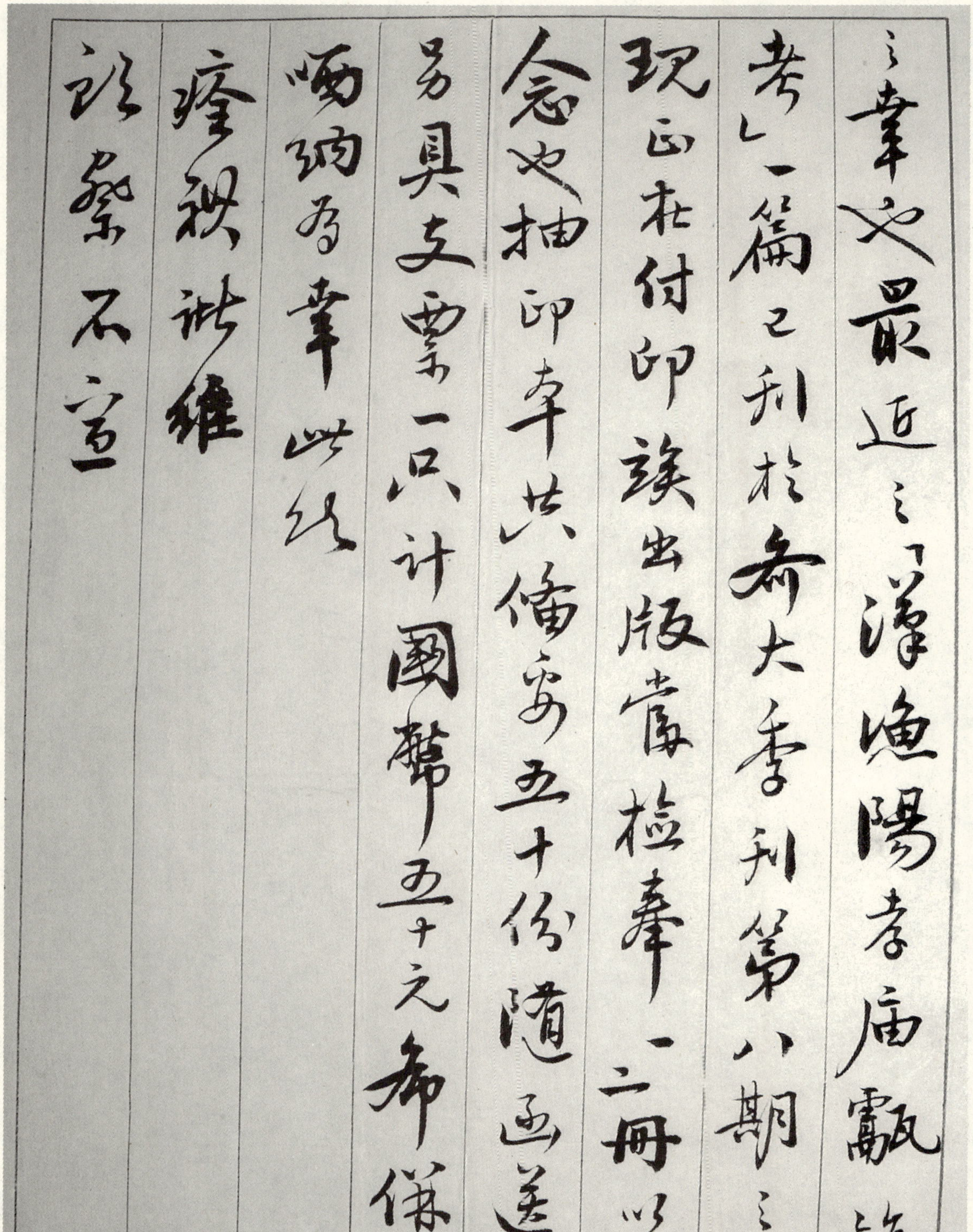
〻章也最近〻丁潯漁陽孝廟飄鏤
考〻一篇已刊於希大季刊第八期〻首
現正在付印該出版當檢奉一二冊以志
念也抽印本共備五十份隨函送上
另具支票一只計國幣五十元希併
哂納為幸此頌
痊祺　諸維
諒察不宣

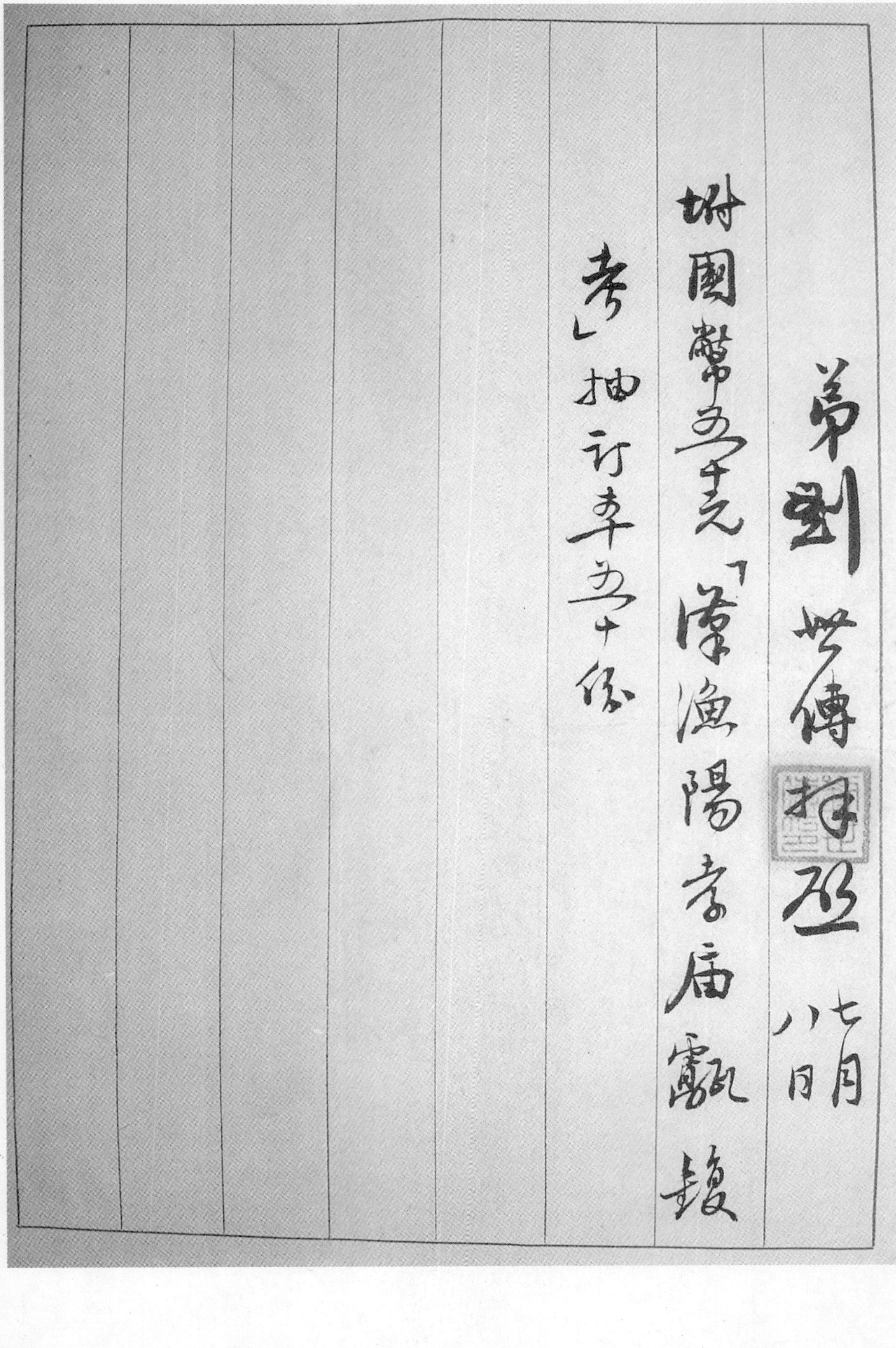
弟劉世傳拜啟　七月八日
附國幣五千元「漢漁陽李廟讖鏡考」抽訂本五十份

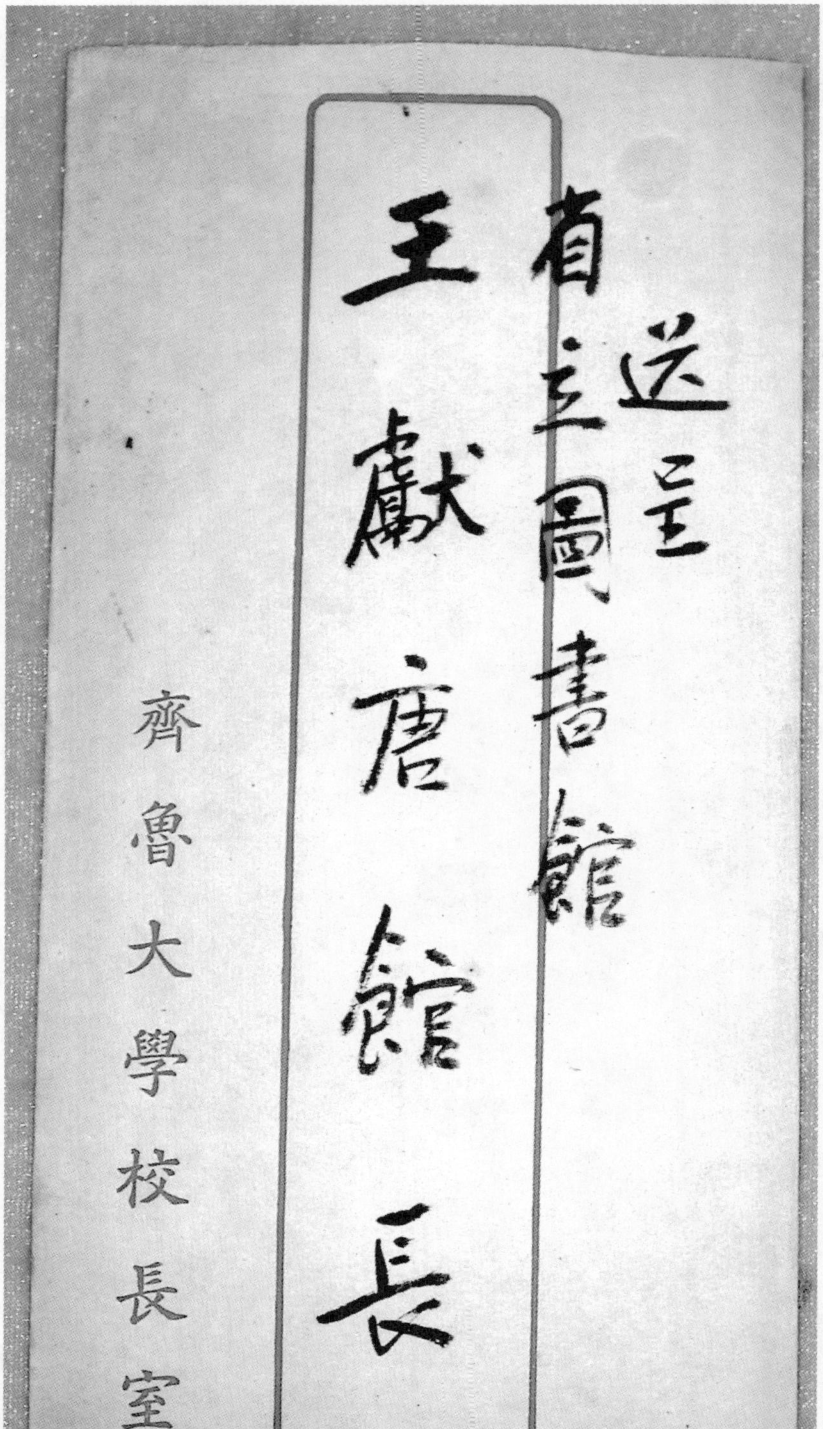
送呈
省立圖書館
王獻唐館長啟
齊魯大學校長室緘

一百二十二　璧

書二通　封一件

書第一通

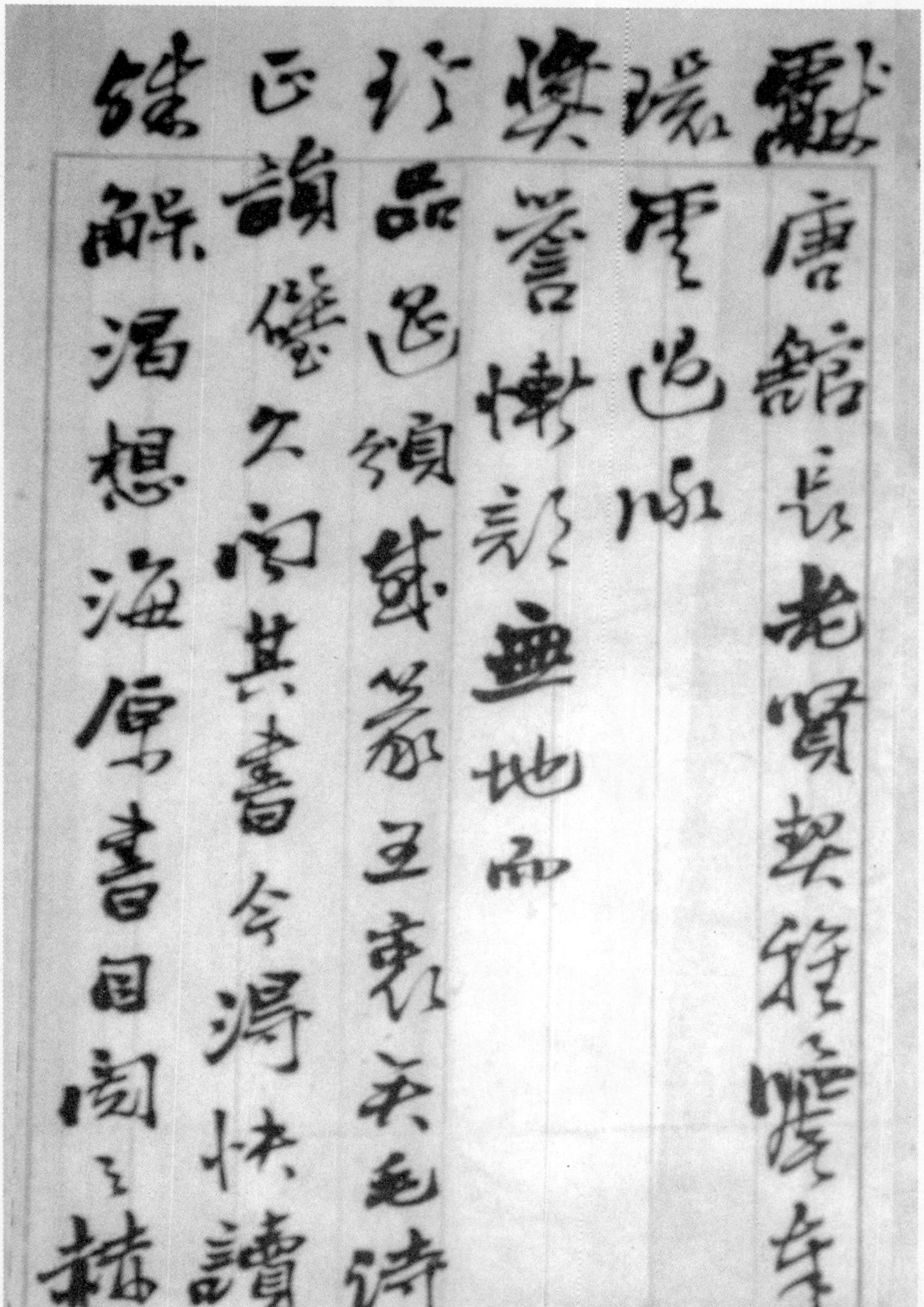

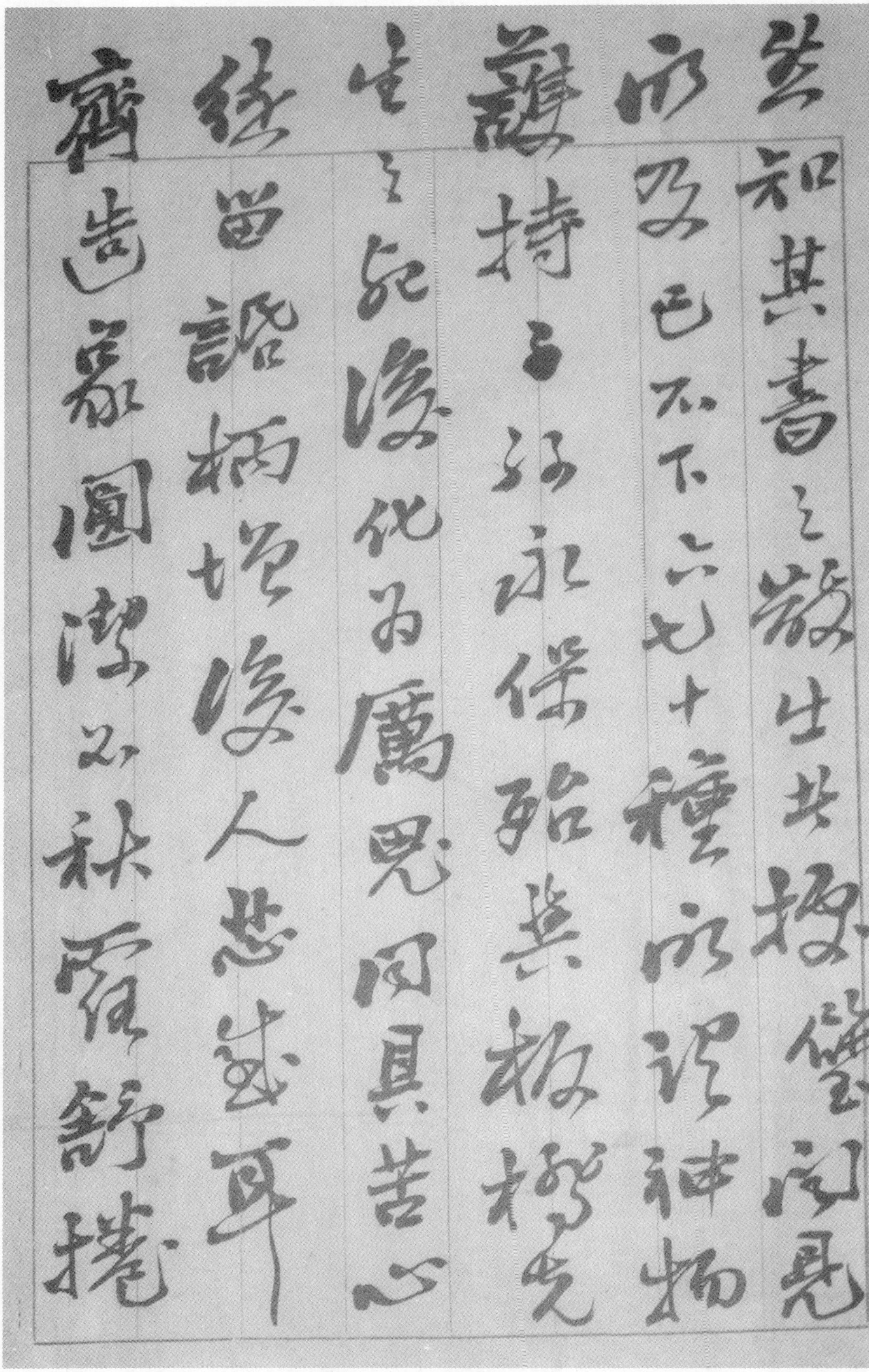
並知其書之歡生共接鑒閱覽
所及已不下六七十種所謂神物
護持之永保殆無極樹先
生之紀後化為厲鬼同具苦心
徒留語柄增後人悲感耳
齋造嶽圖潔以秋霞舒攬

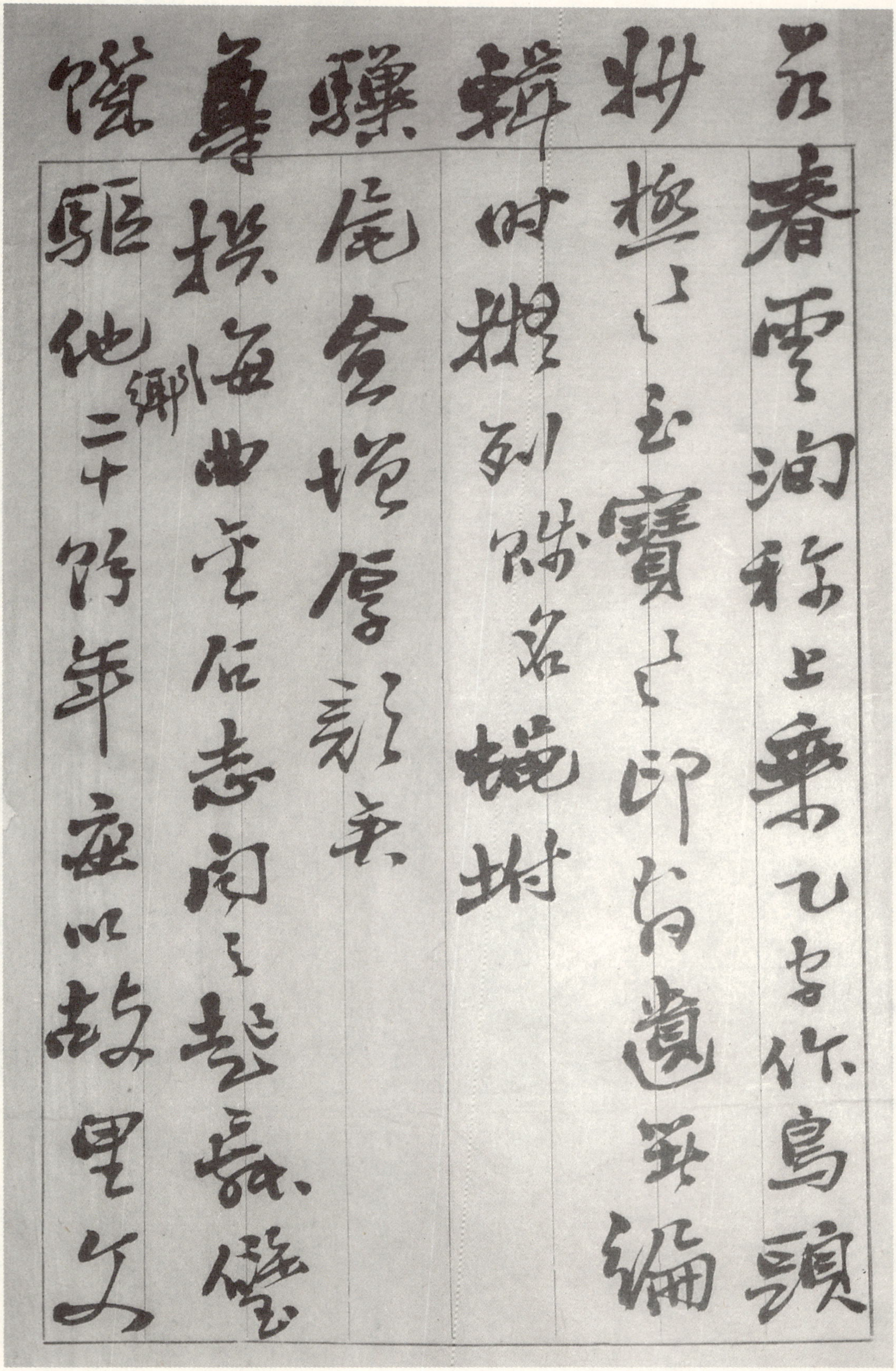

若春雲詢移上乘乙字作鳥頭
册拯之玉寶之即指遺著編
輯時攜到階名鐃樹
藻庵金壇原録來
尊撰海曲金石志內之題跋盛
隨驅他鄉二十餘年座以故里文

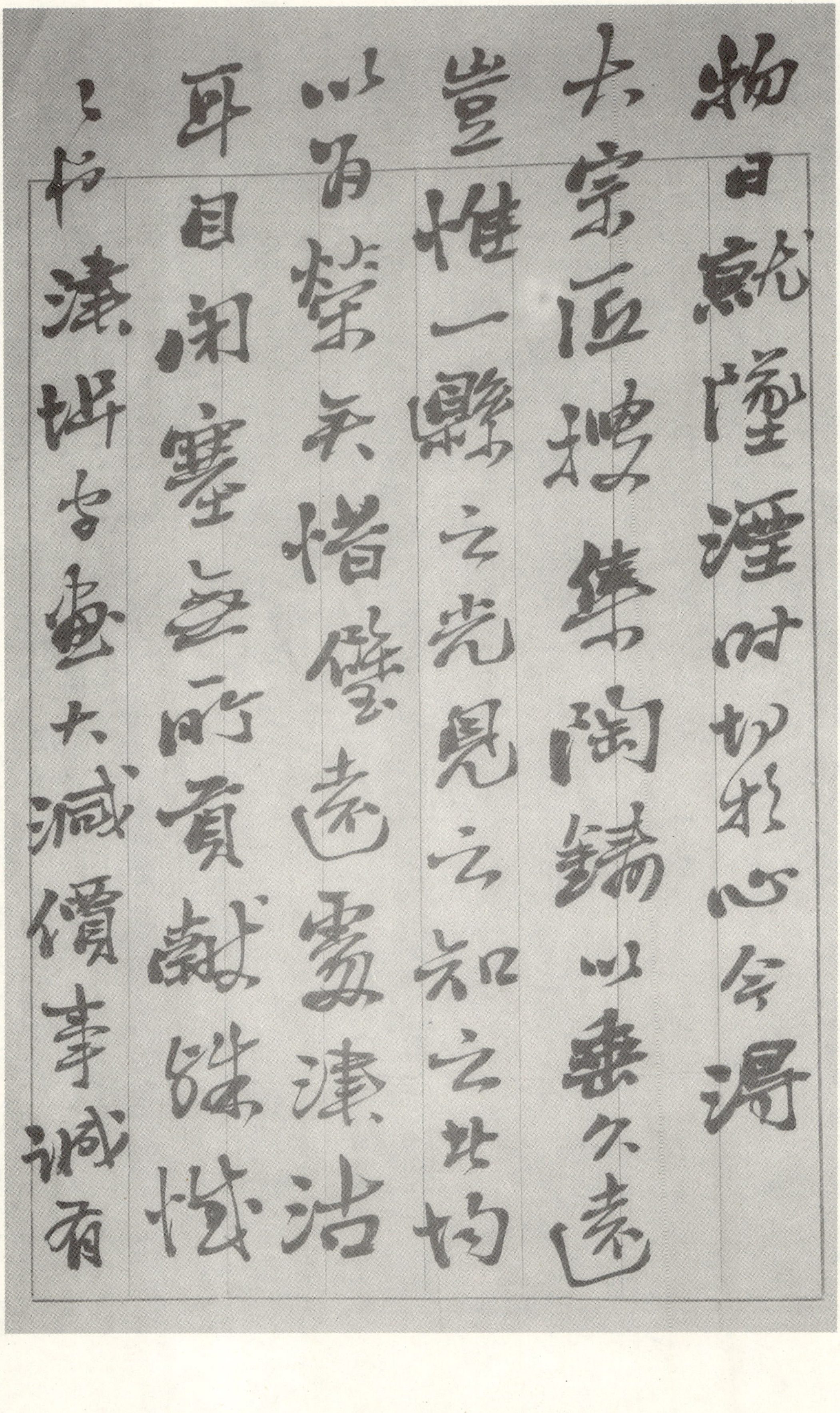
物日就湮，時切於心。今得
大宗匠搜集陶鑄，以垂永遠，
豈惟一縣之光，見之知之者均
以為榮矣。惜璧遠處海津，沾
耳目閉塞，無所貢獻，殊愧
之托。藏坻古畫大減價事，誠有

璧

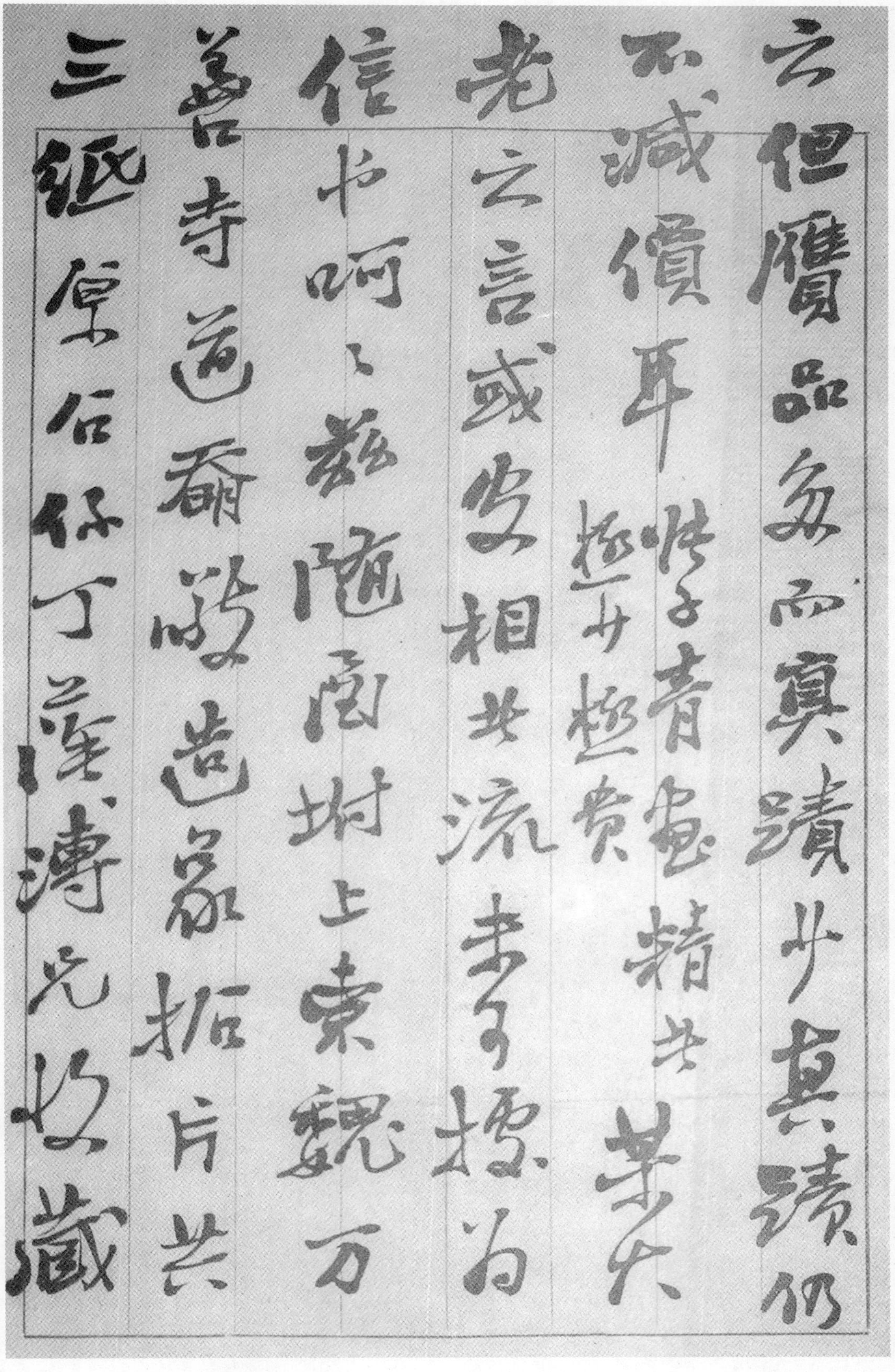
之但價品多而真蹟少真蹟仍
不減價耳惜青龜精華大
極少極貴
光之言或與相並流書標為
信中呵〻茲隨函附上東魏方
善寺道俗造象拓片共
三紙係石丁蓮濤先生收藏

石質極細緻古雅樸茂雄渾
莊嚴靜穆當仲璇與此君詳
談使君畫此精悍想質之
西法眼藏亦必不以鄙言為妄也
惟既為吾鄉人所藏不知亦肯
採入

璧

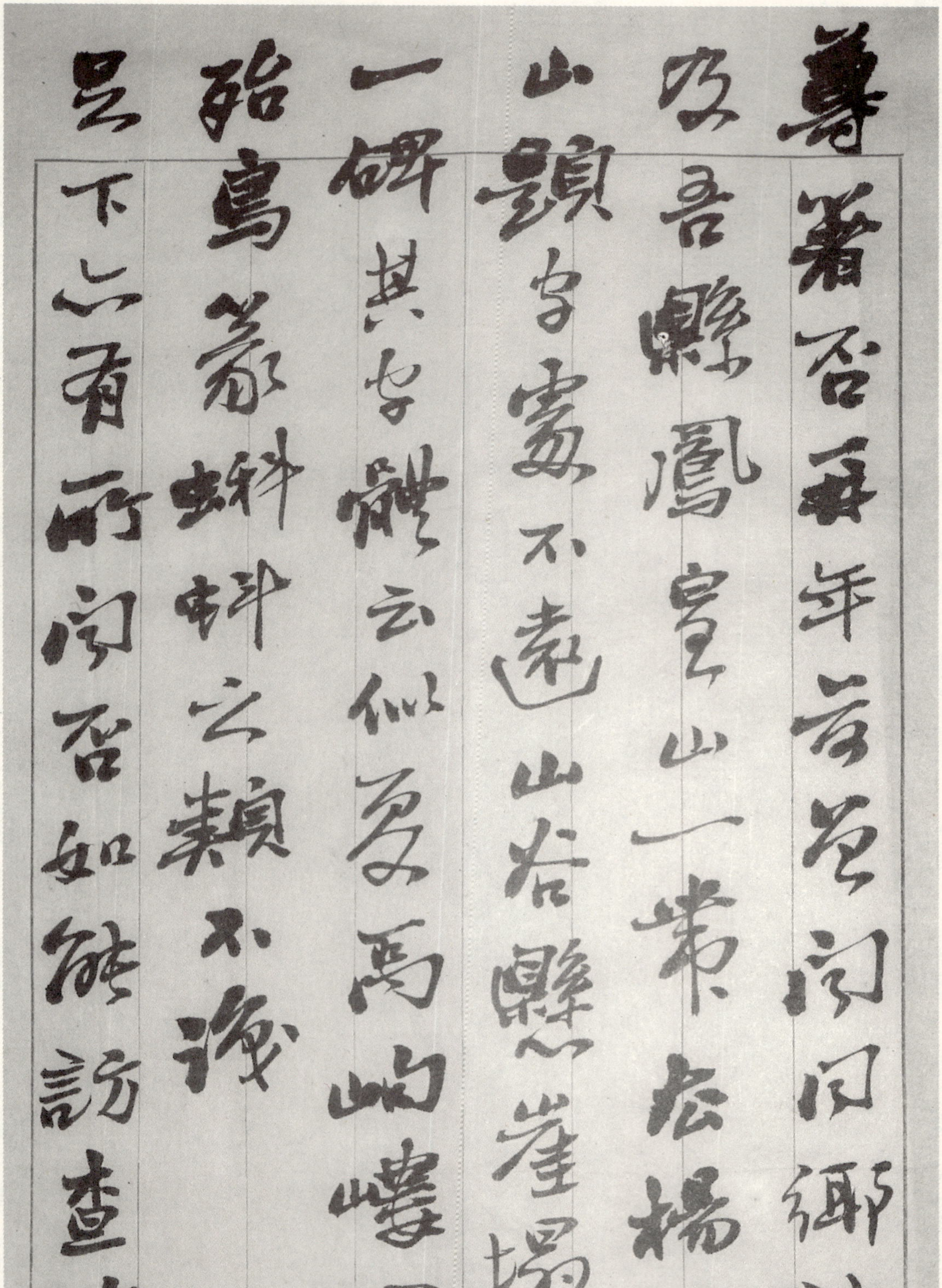
尊著否？兩年前有同鄉談及吾縣鳳皇山一帶名橋棣山巔字處不遠，山谷懸崖上一碑，其字體云似夏禹岣嶁碑，殆鳥篆蝌蚪之類，不識足下亦有所聞否？如能訪查錄

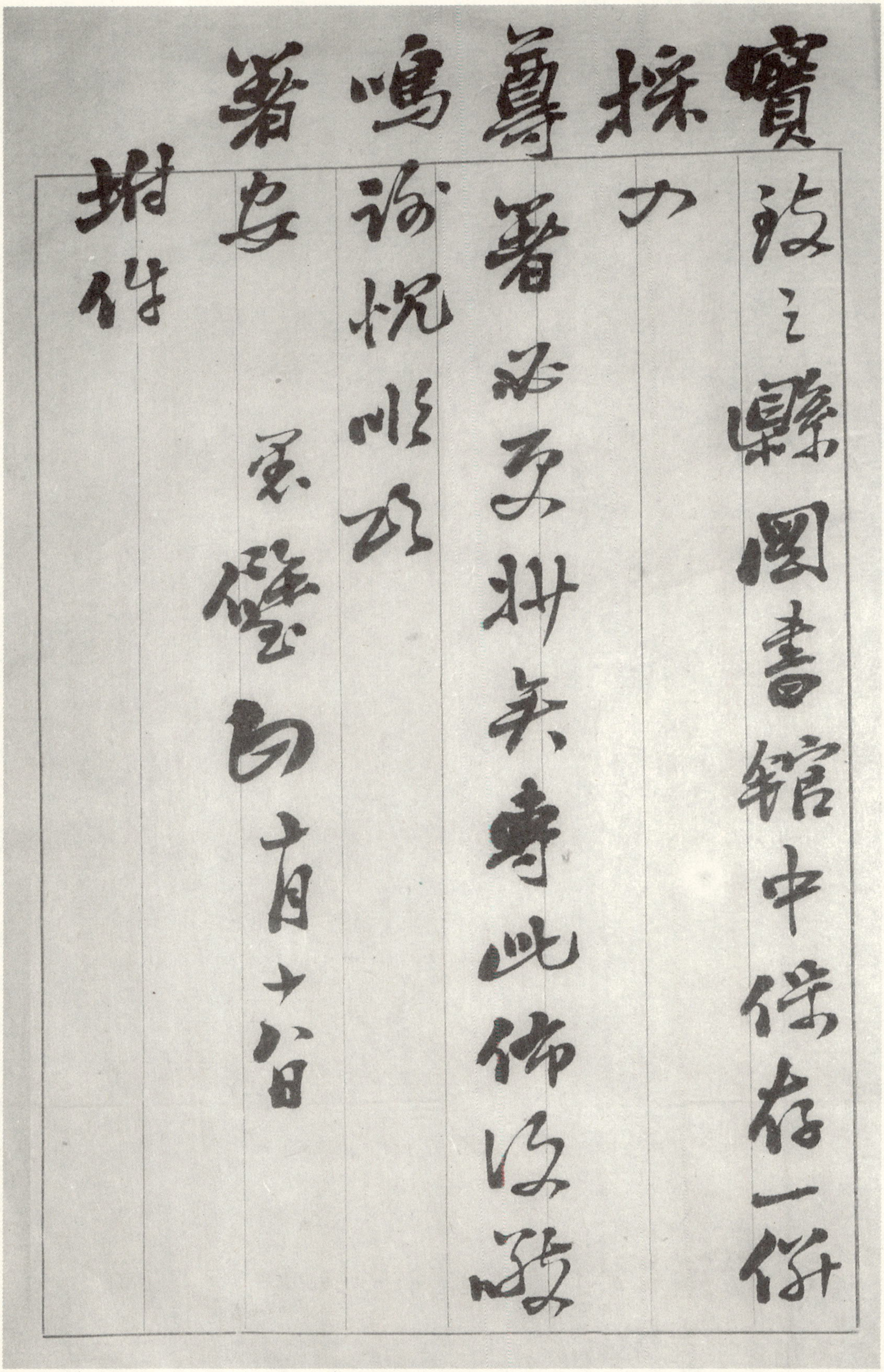
寶玫之縣圖書館中保存一份
採力
尊著必可卅矣壽此佈復
鳴謝悦順頌
著安　　弟璧白　十月十八日
附件

書第二通

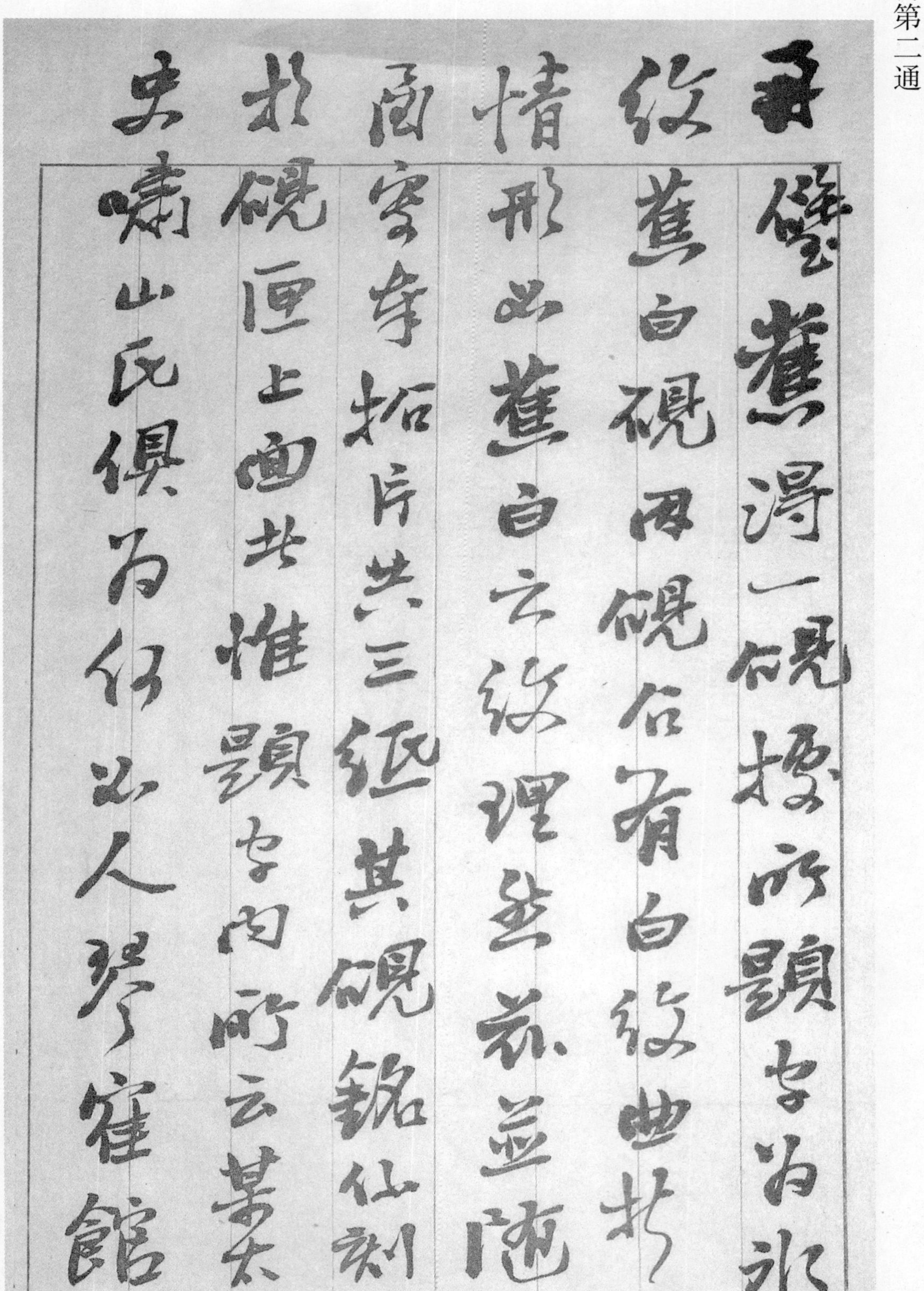

是否即某太史，璧不久當能攷證。且原爲兩硯，璧得其一，亦不知其情侶已歸何處，世吒利物爲憾〻質之博雅君子，乞有以教我爲禱。璧又及

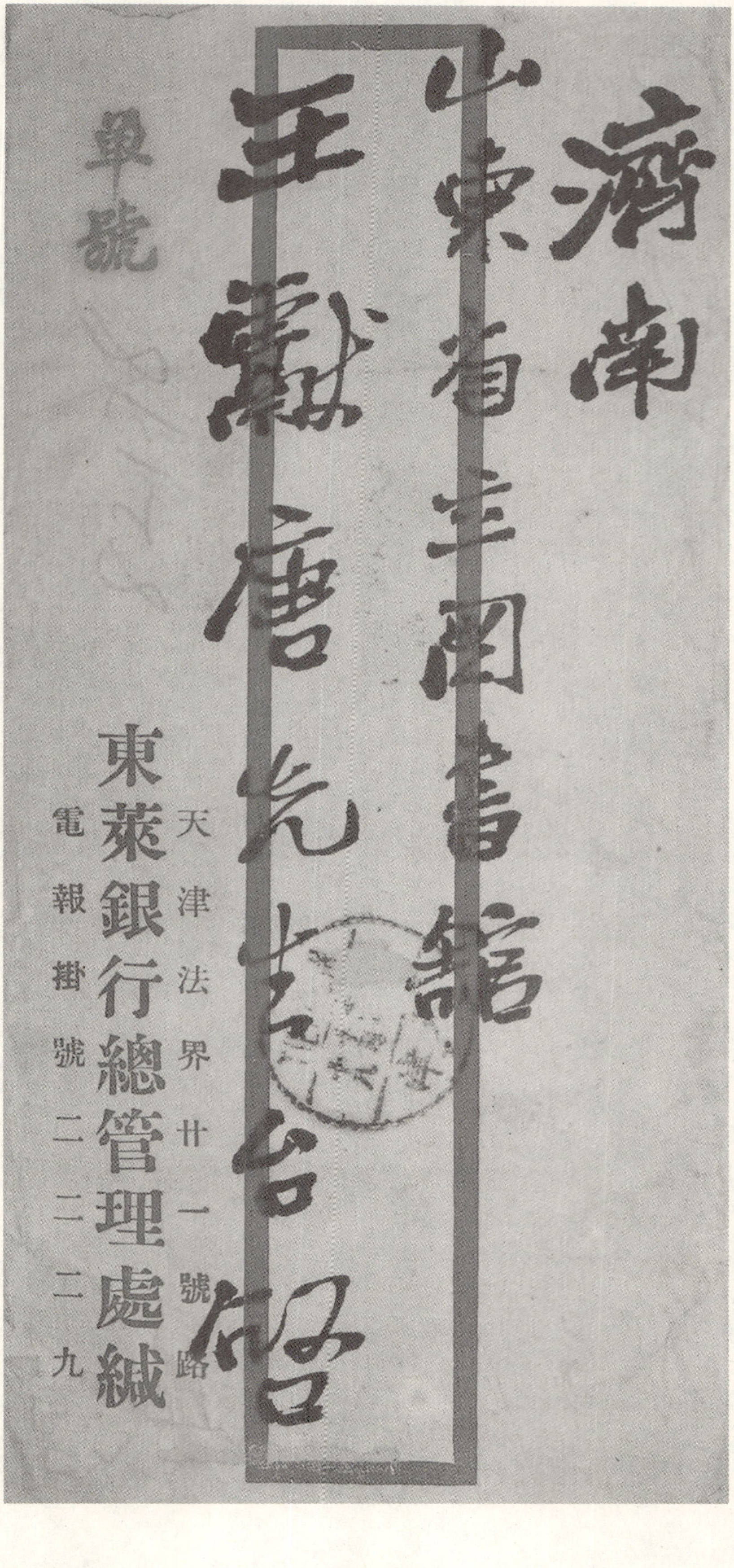
濟南
山東省立圖書館
王獻唐先生台啓
單號
天津法界廿一號路
東萊銀行總管理處緘
電報掛號二二二九

一百二十三　王鄴 書一通

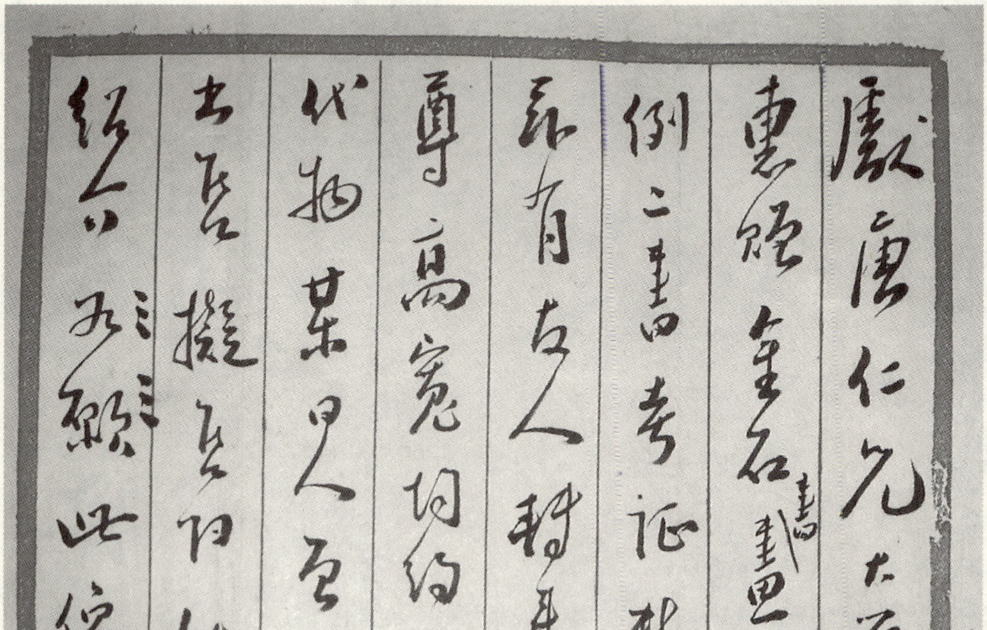

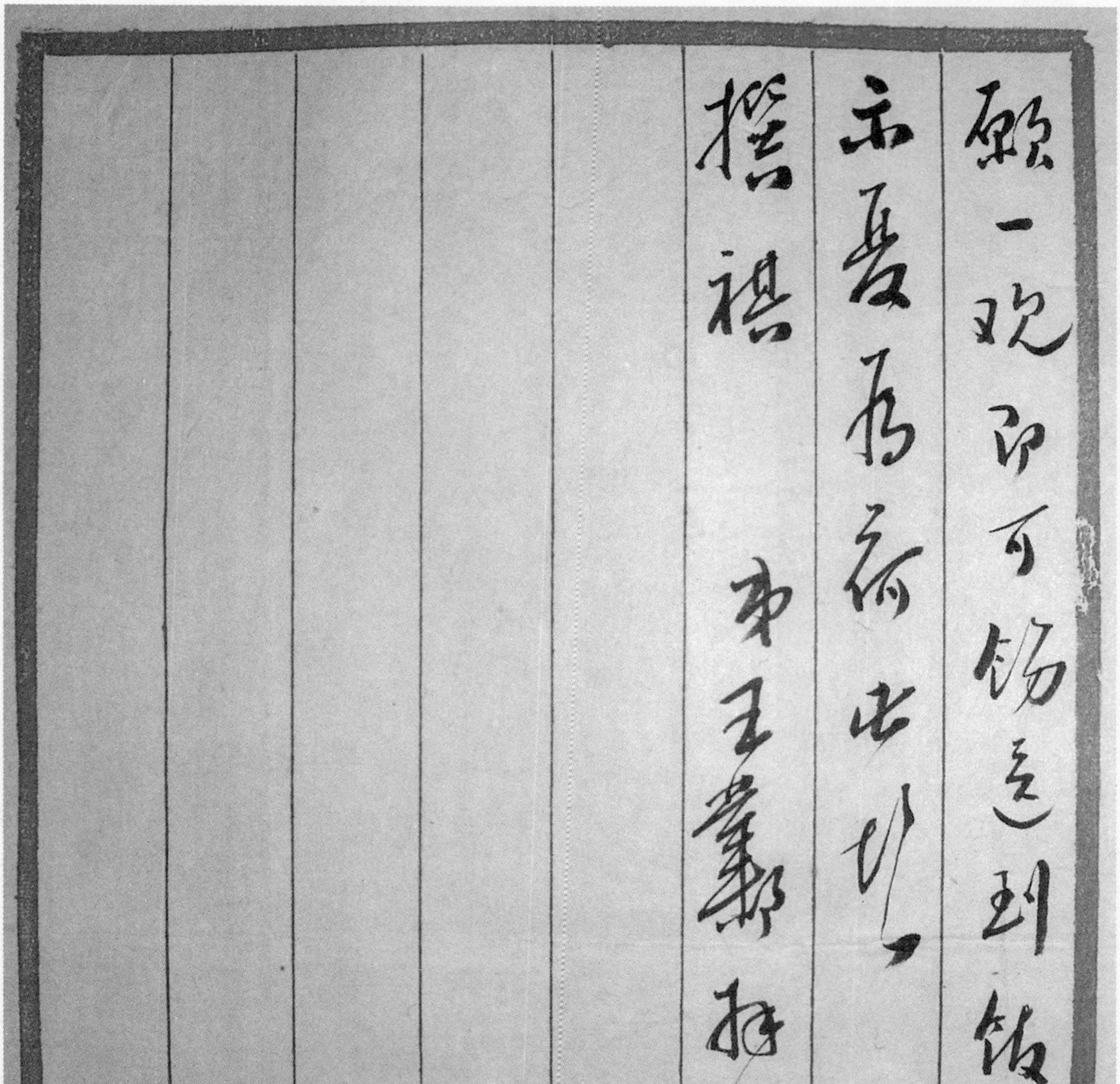

願一晤即可餉之到館便希
示尋為荷此上
摛禔　弟王[illegible]拜啟　九、四

一百二十四　劉次簫 書三通 封三件

書第一通

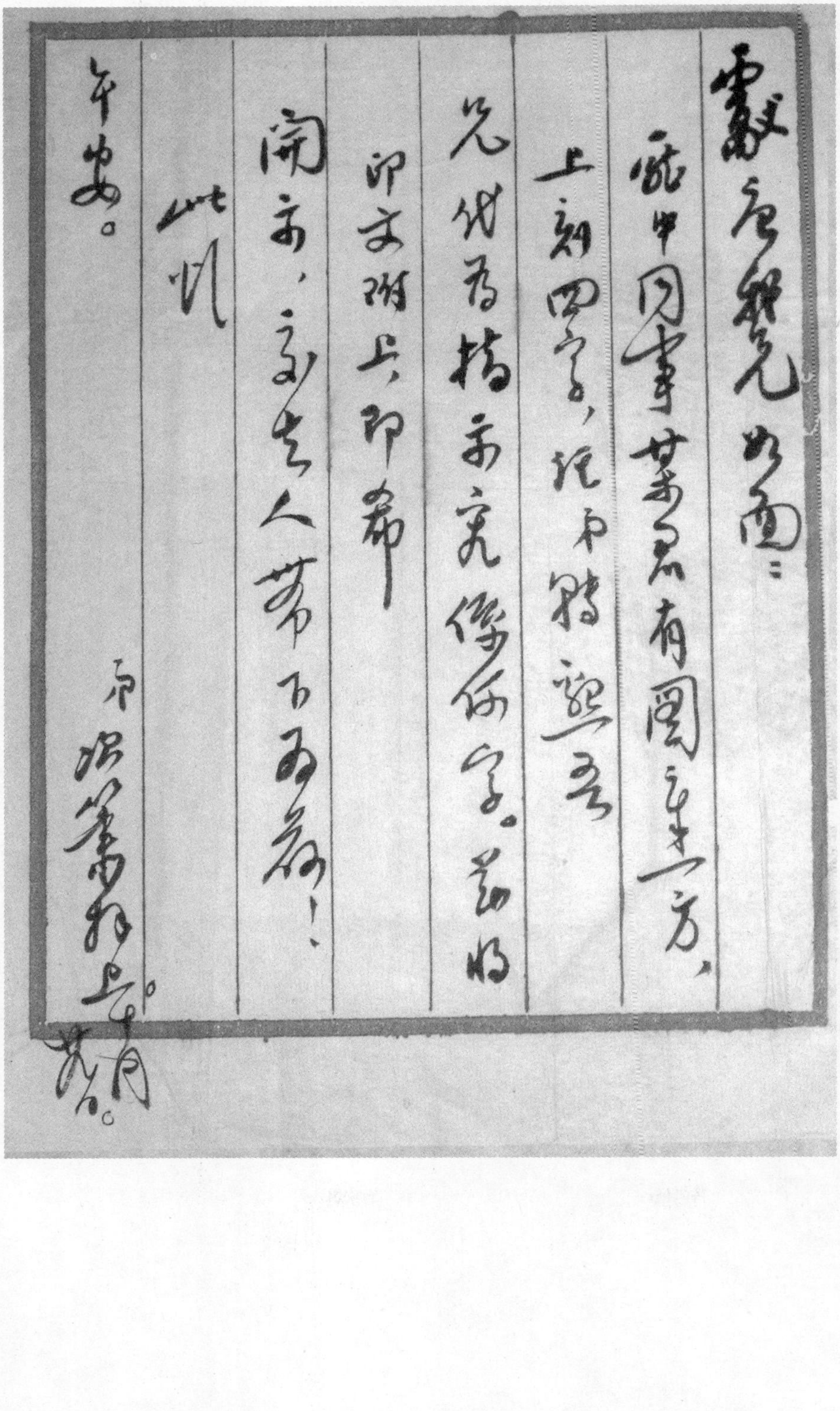

書第二通

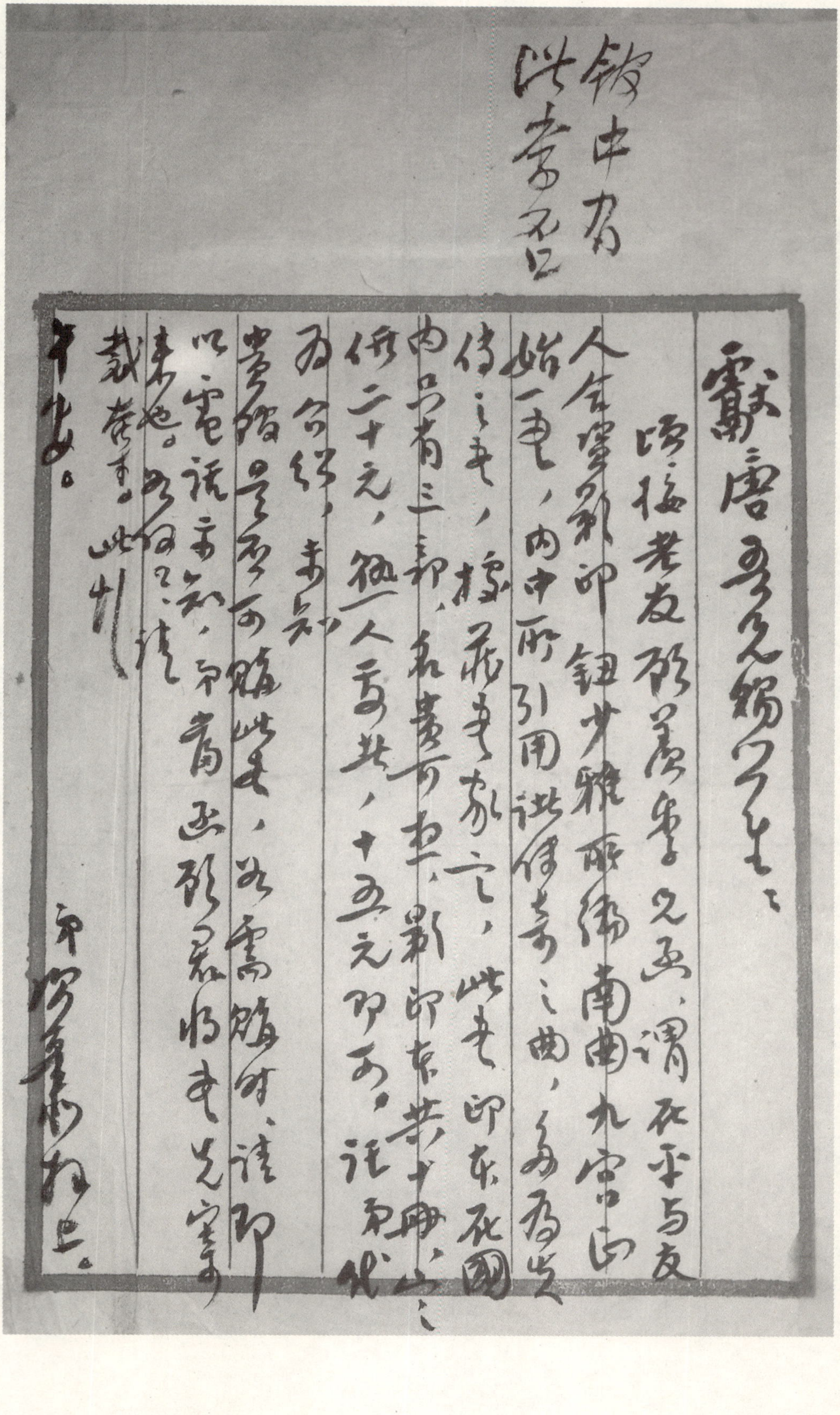

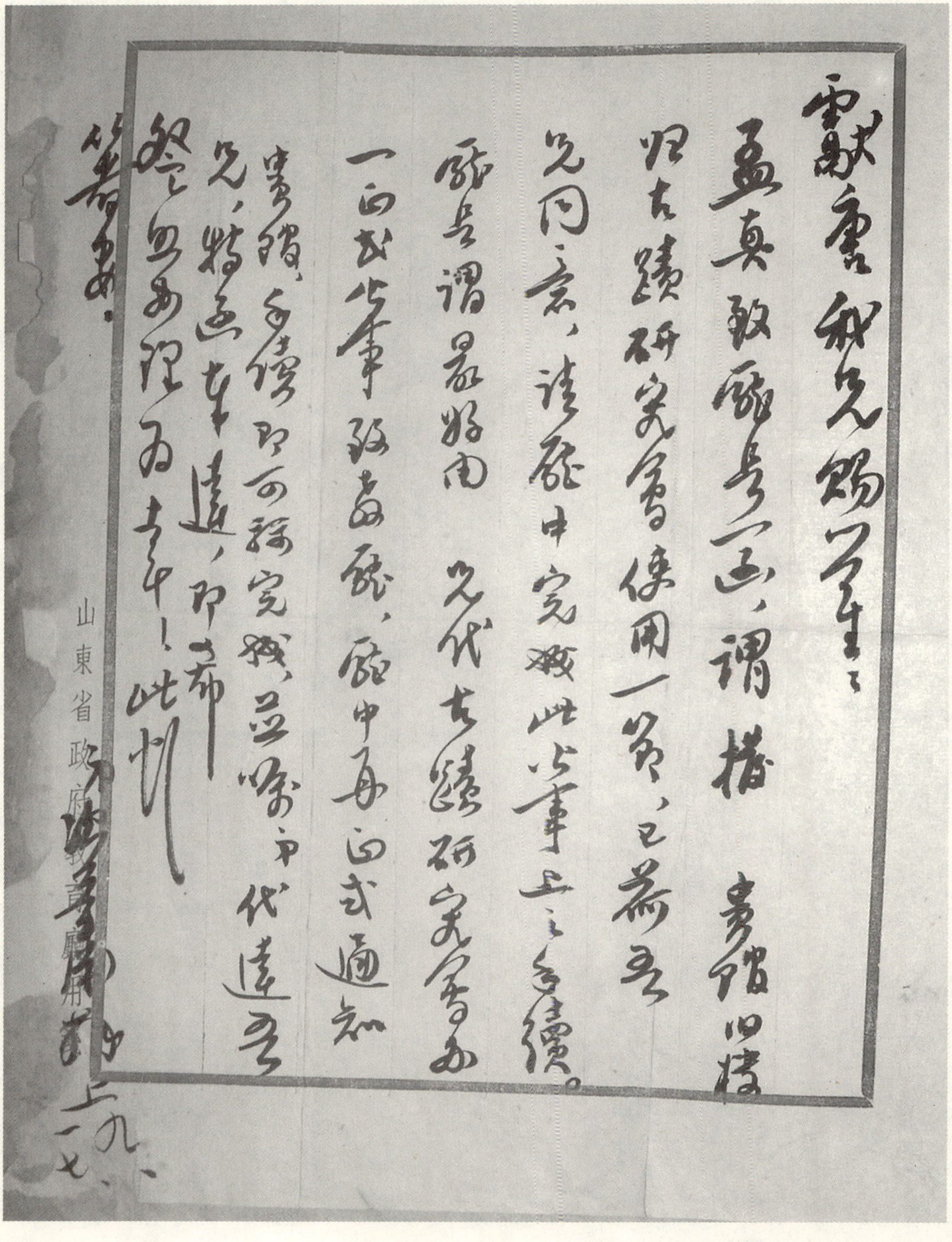
獻書我兄賜鑒：
孟真致廳長函，謂撥書館四樓
爲古蹟研究會使用一節，已荷
兄同意，請廳中完成此事，並[illegible]手續。
廳長謂最好由兄代古蹟研究會與
一函，此事致函廳，廳中再函武通知
書館，手續即可辦完成，並囑弟代達
兄，特此奉達，即希
照辦爲禱，此頌
著安
[illegible]上 九、十七、
山東省政府教育廳用箋

封第一件

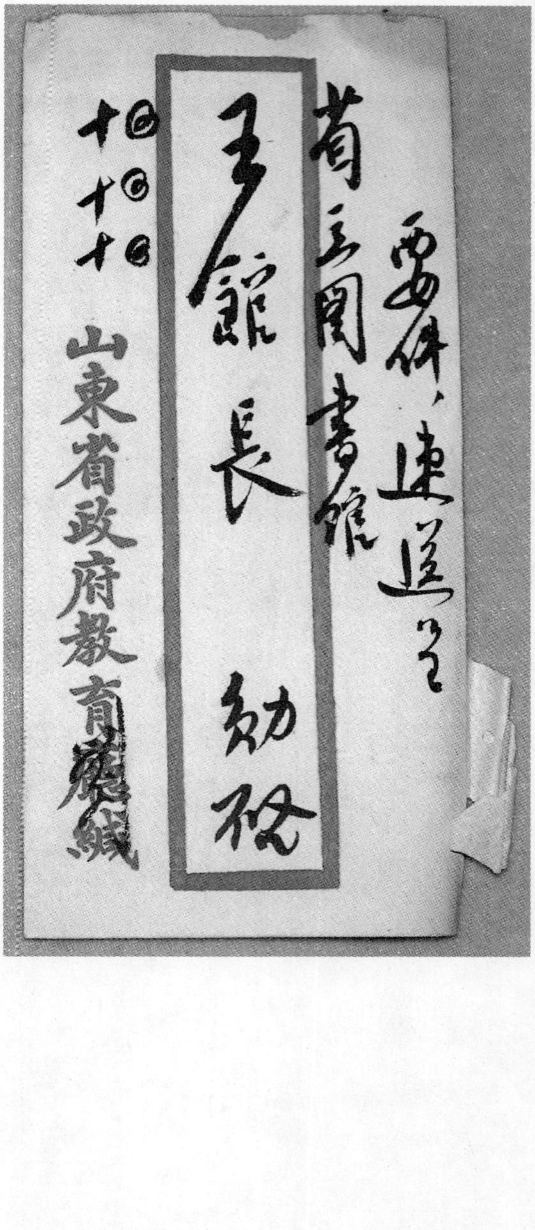

封第二件

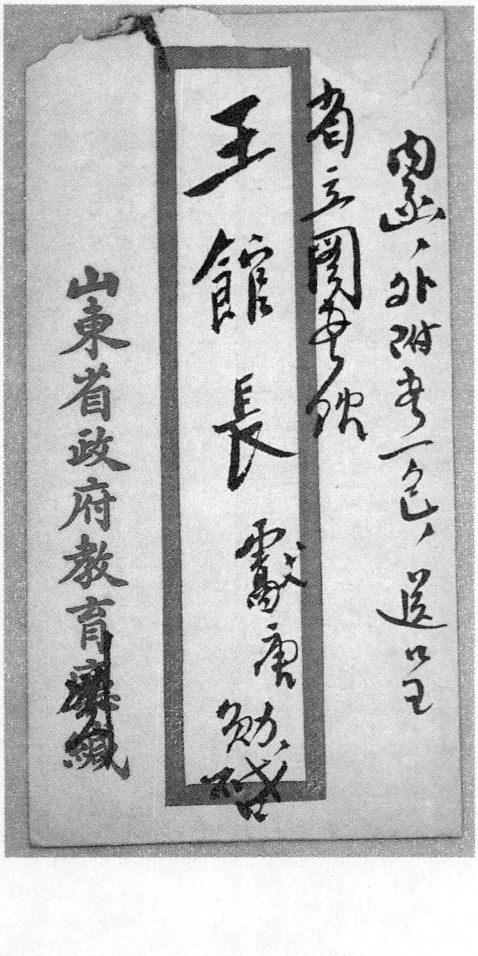

封第三件

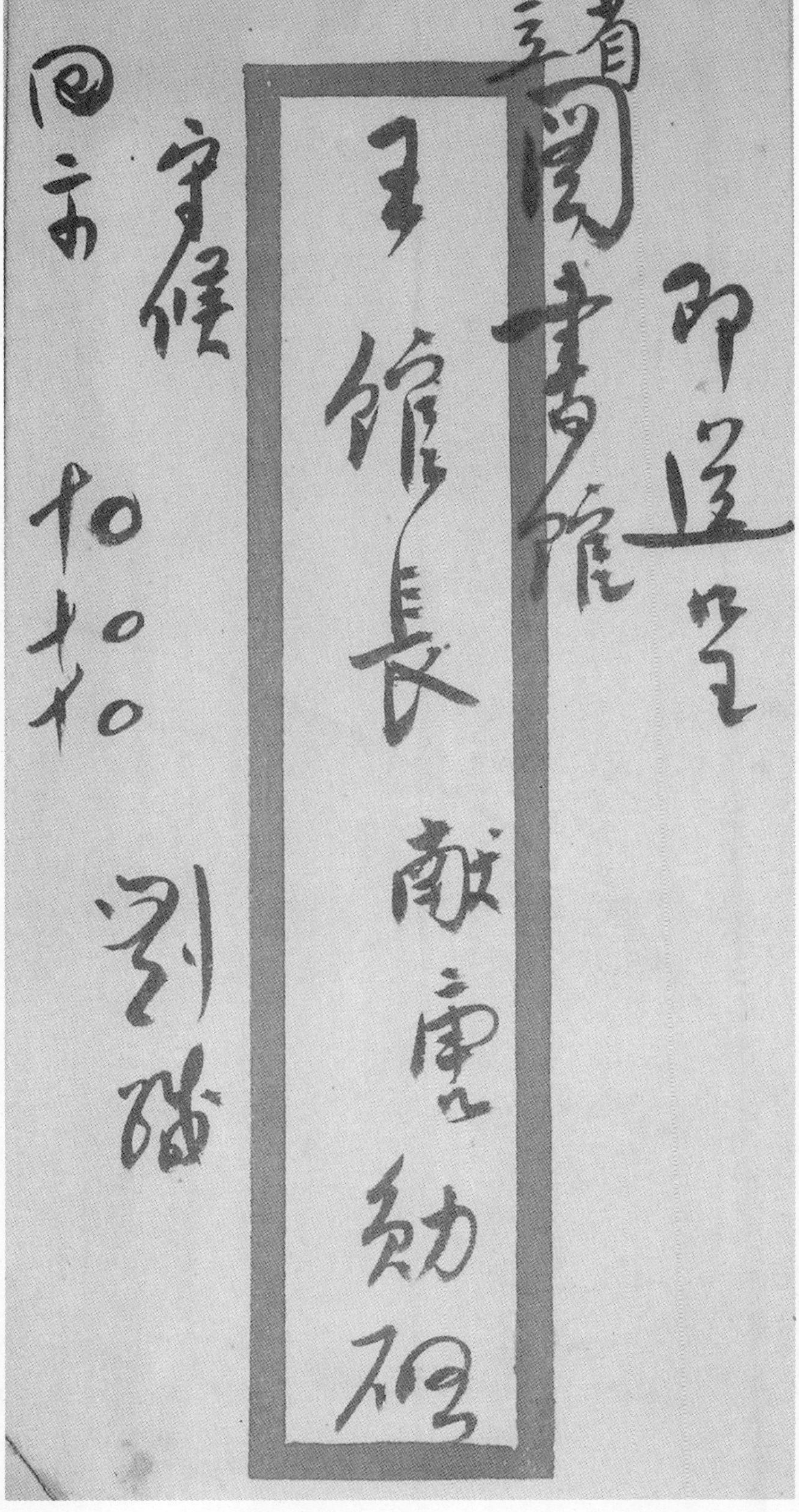

一百二十五　尹莘農

書三通　封四件

書第一通

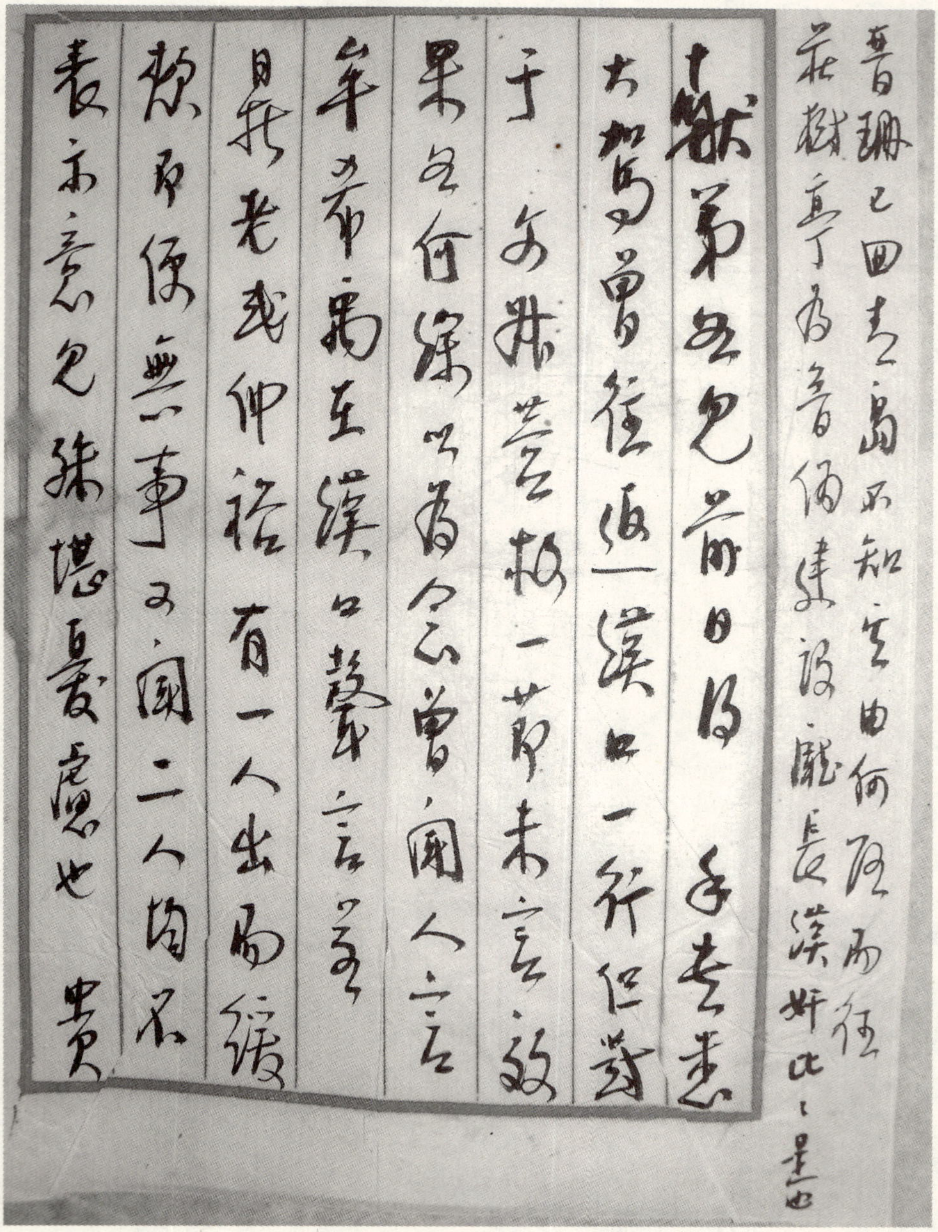

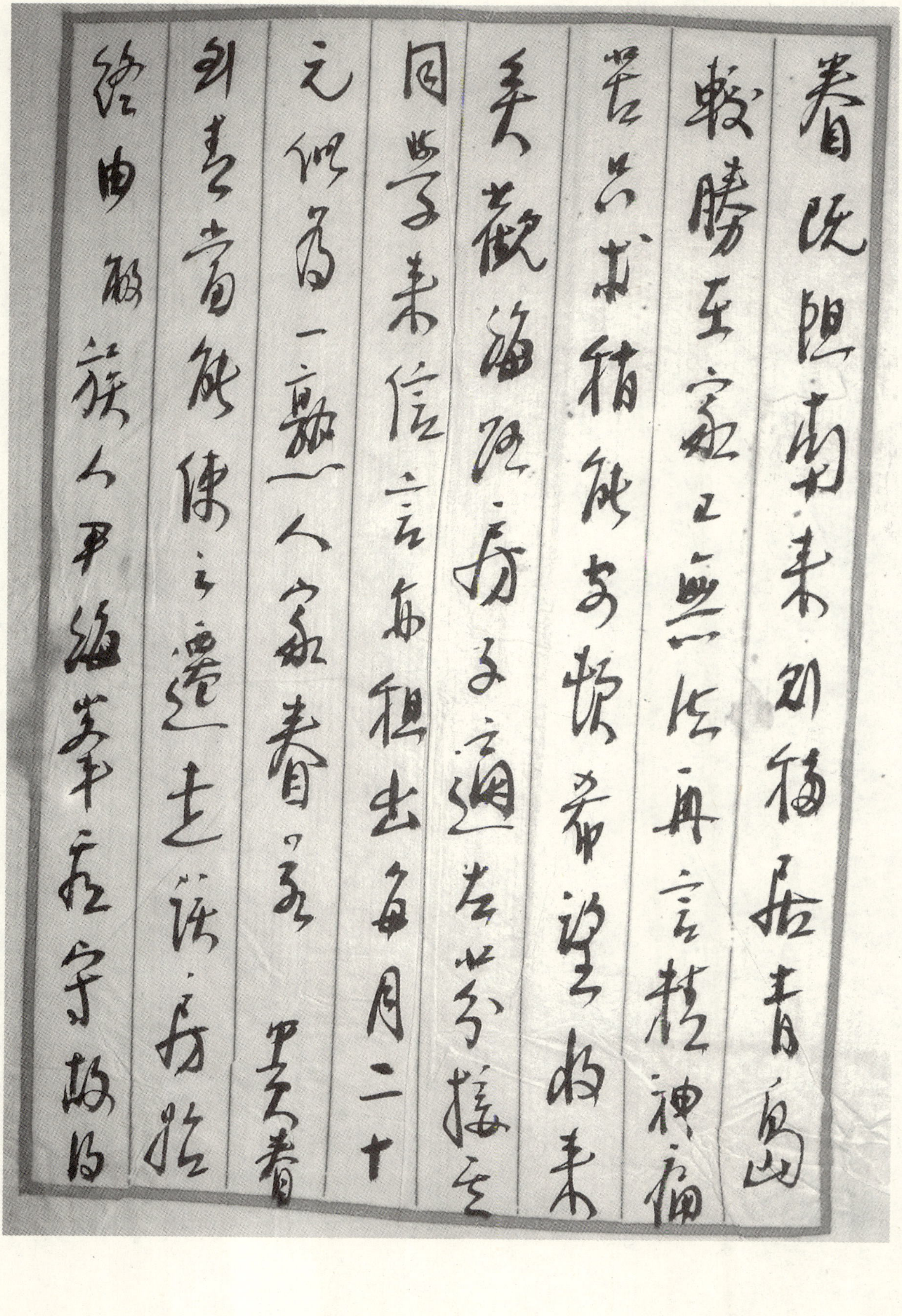
眷既與南來，別後居青島，
較勝在家，亦無他。再言精神病，
甚只求精能安頓，希望將來
有人勸歡，論孫房子過去，發接至
同學來信，言在組出每月二十
元，假為一熟人家，眷的家思眷
到青島，能使之遷走，談房租
經由敝族人尹維峯存守故的

尹莘農

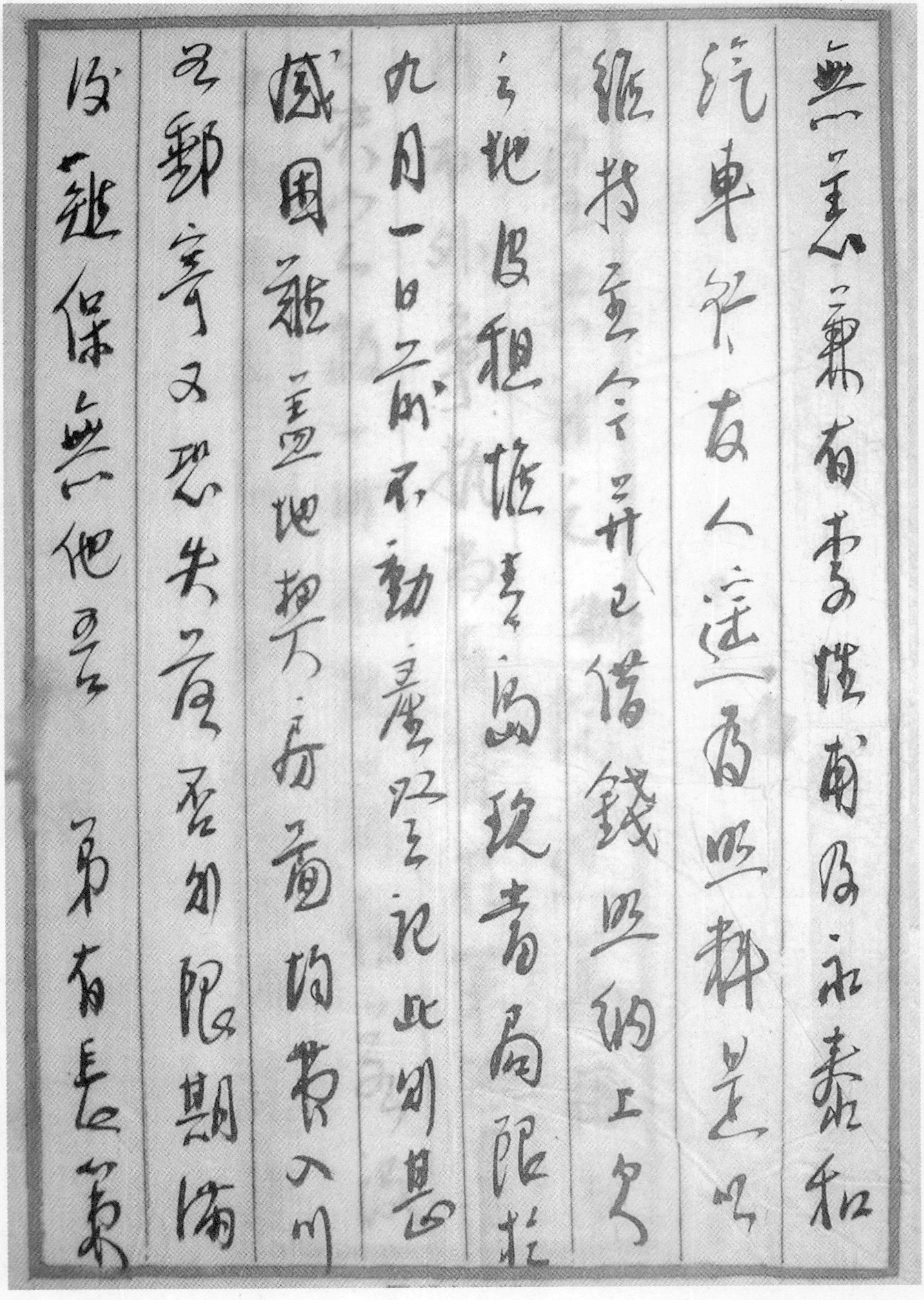

無恙，兼有書籍南路兩套，和
汽車各友人送爾照料，是以
經將至今并已借錢照納上交
之地。假想旅青島，現青島限於
九月一日之前不動產登記，此則甚也。
域國雜，盡地契入。另圖均費入川
之郵寄，又恐失落，逐期限期滿
後雖保無他患。　弟有長策

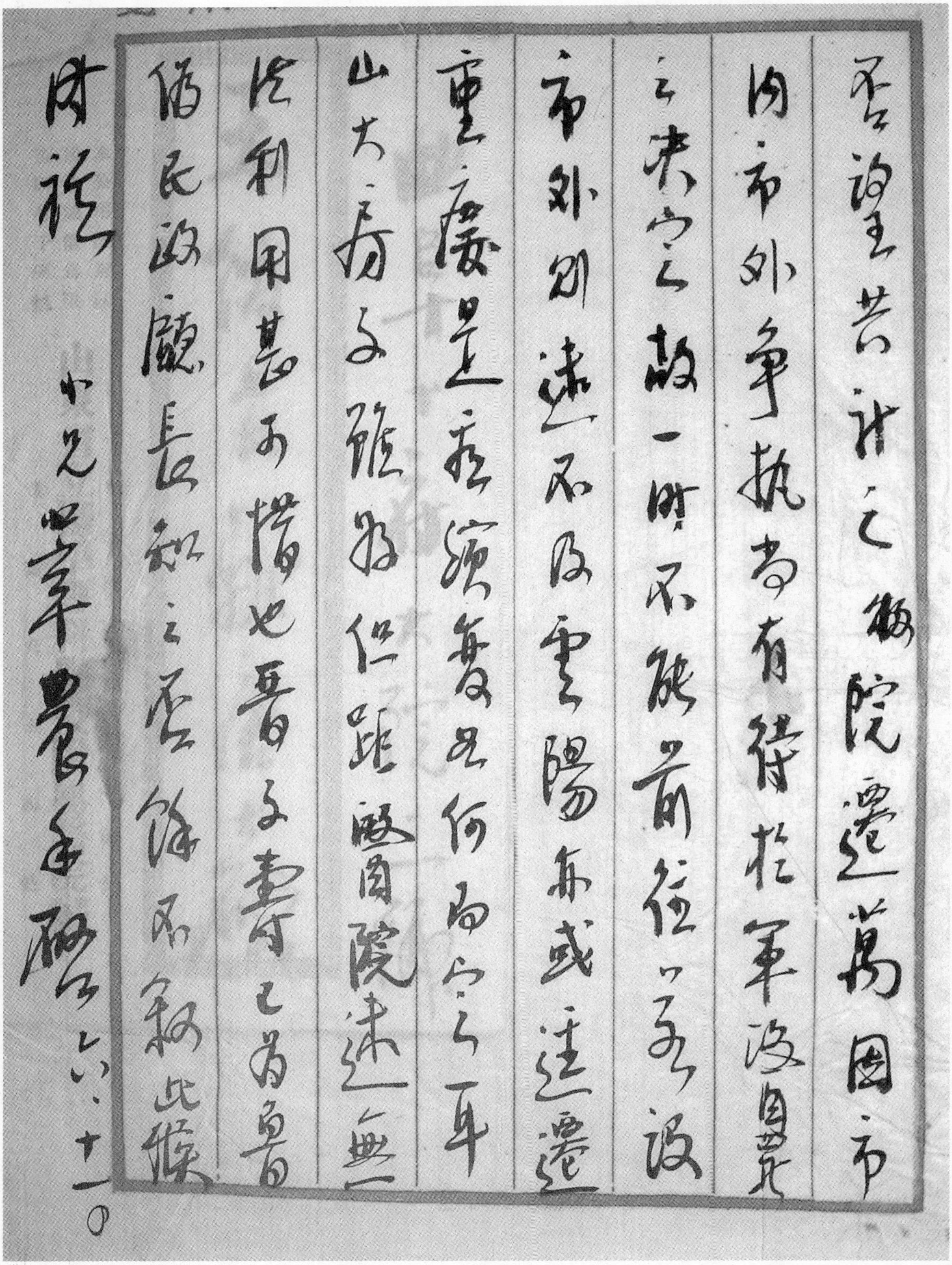
至諗其計之徹。院遷萬國市
内，市外爭執者有待於軍政自覺
之秋，空談一時不能前往之故。設
市外則速不及曩陽亦或速遷
重慶。是否須舊式何面之耳。
山大之前途雖將但距醫院速無
從利用，甚可惜也。晉之書已前
循民政廳長組之原餘份叙此候
時祺
小兄 莘農 手啟 六、十一

書第二通

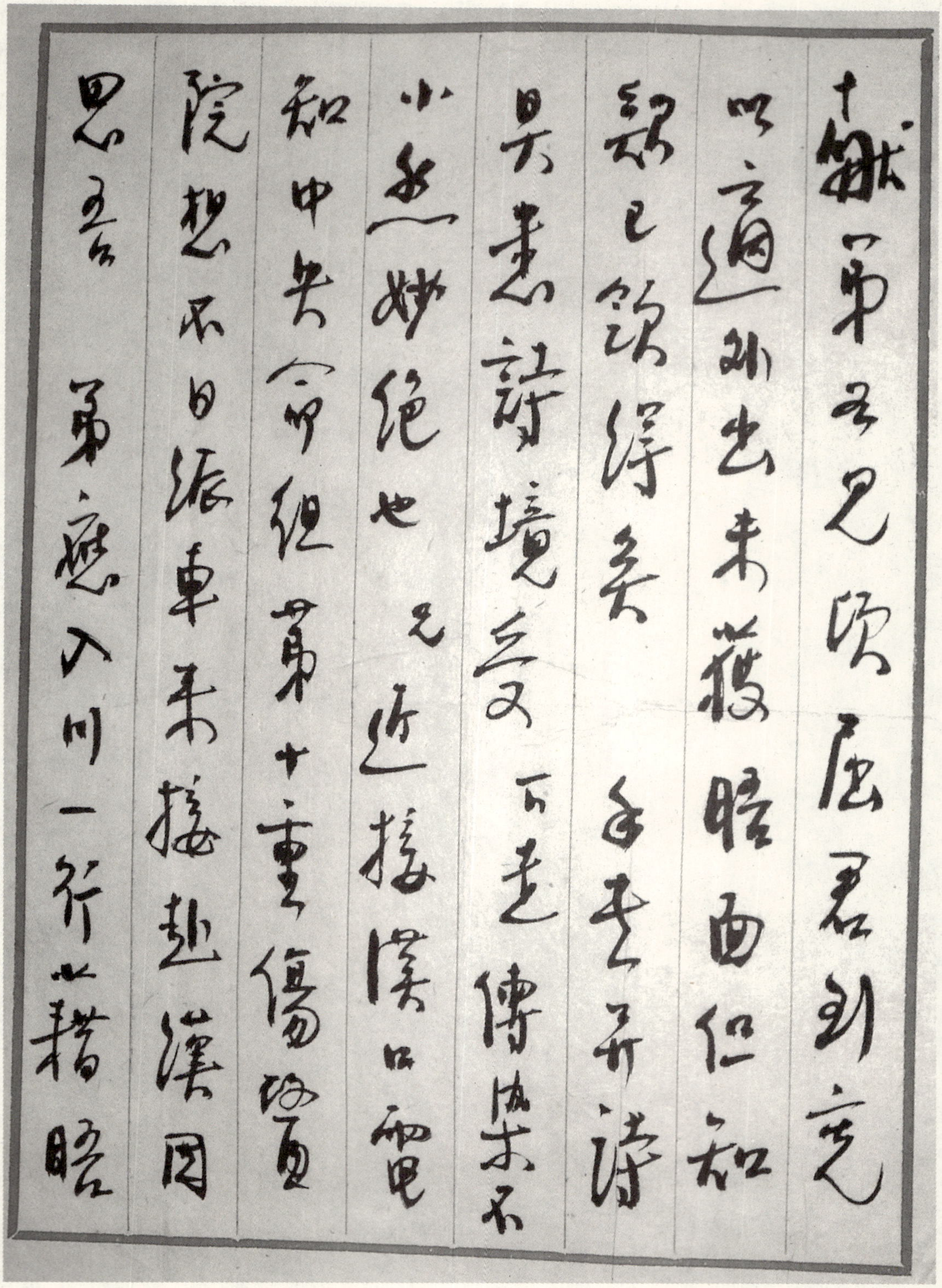

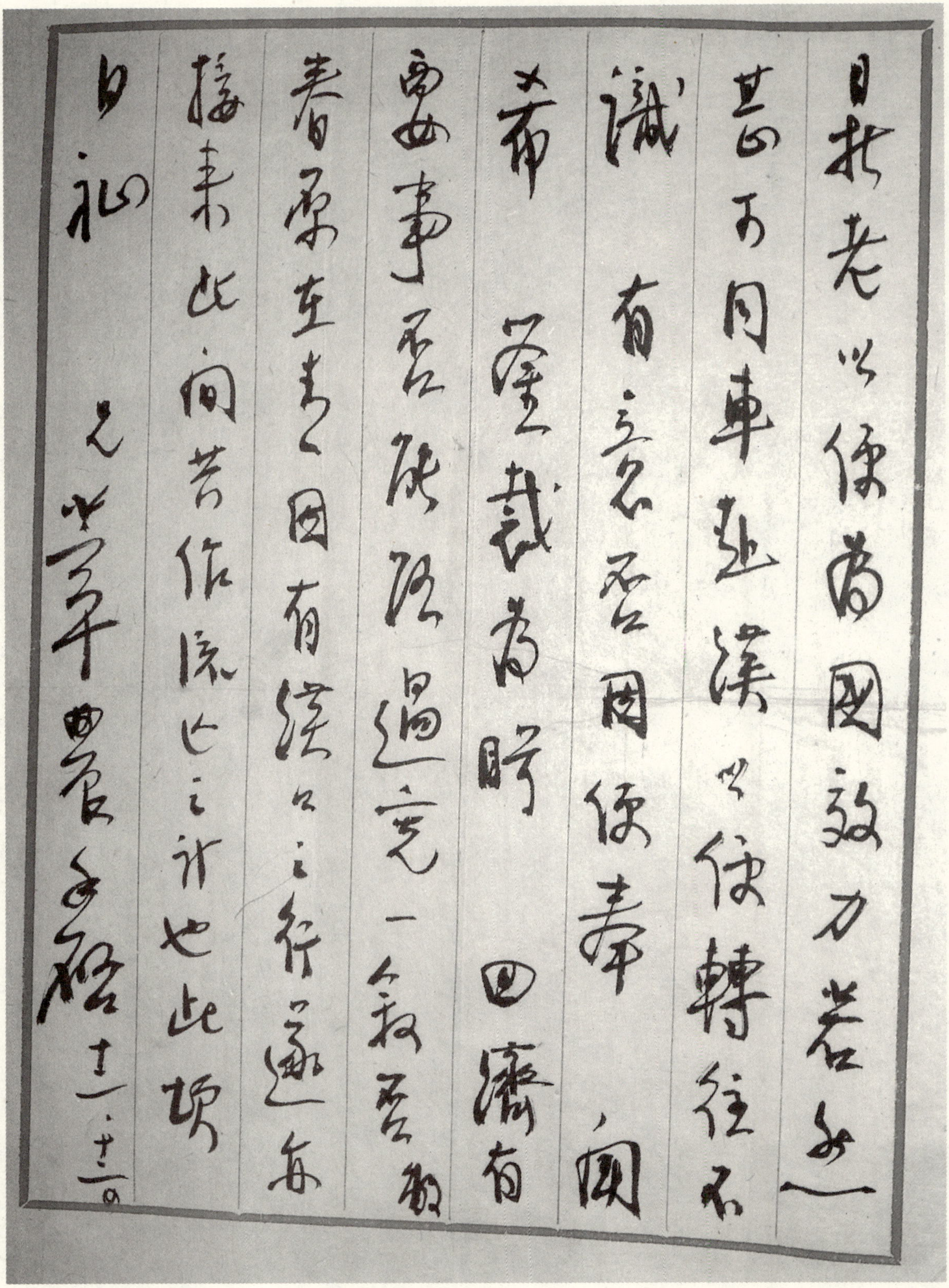

書第三通

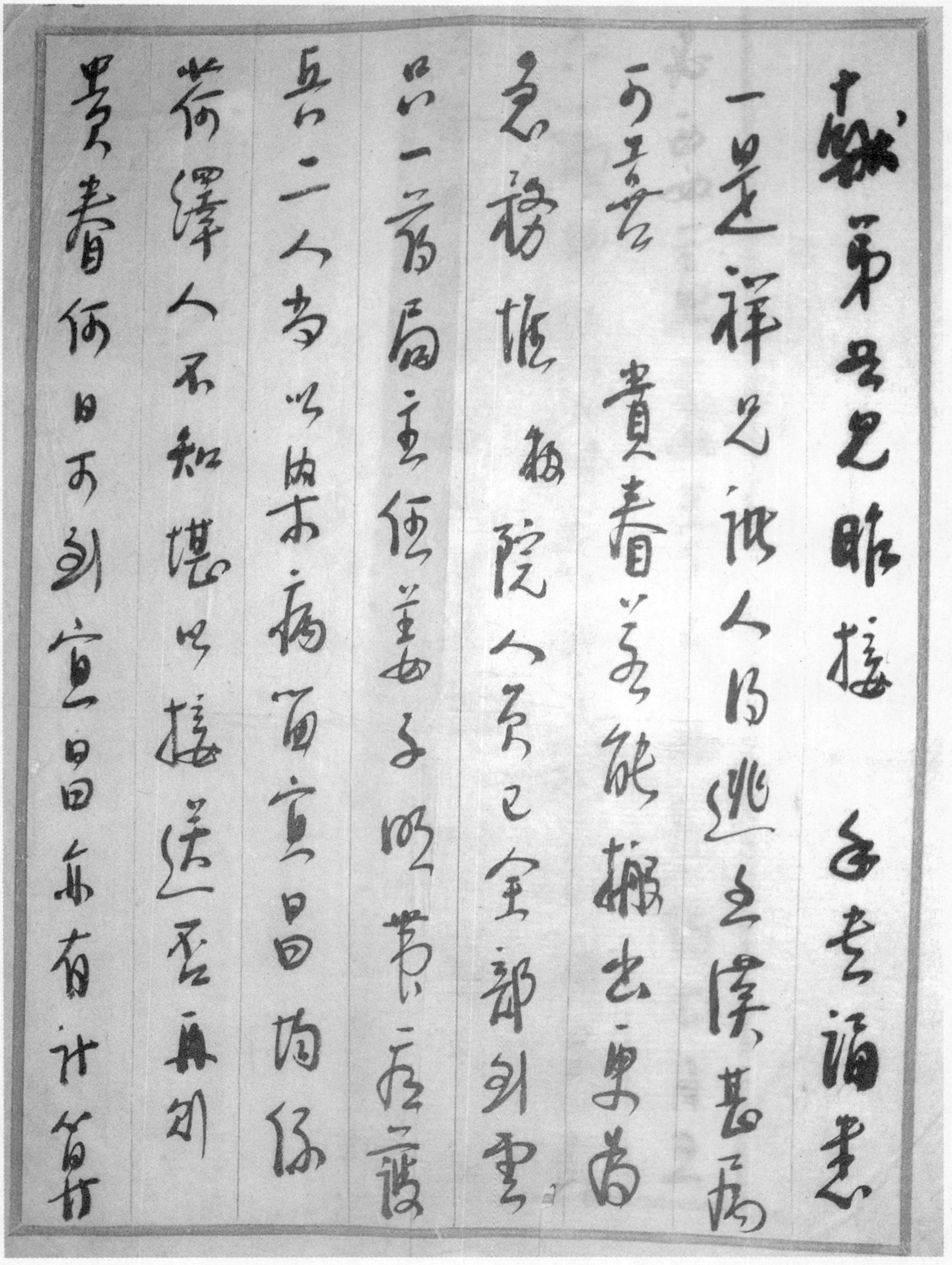

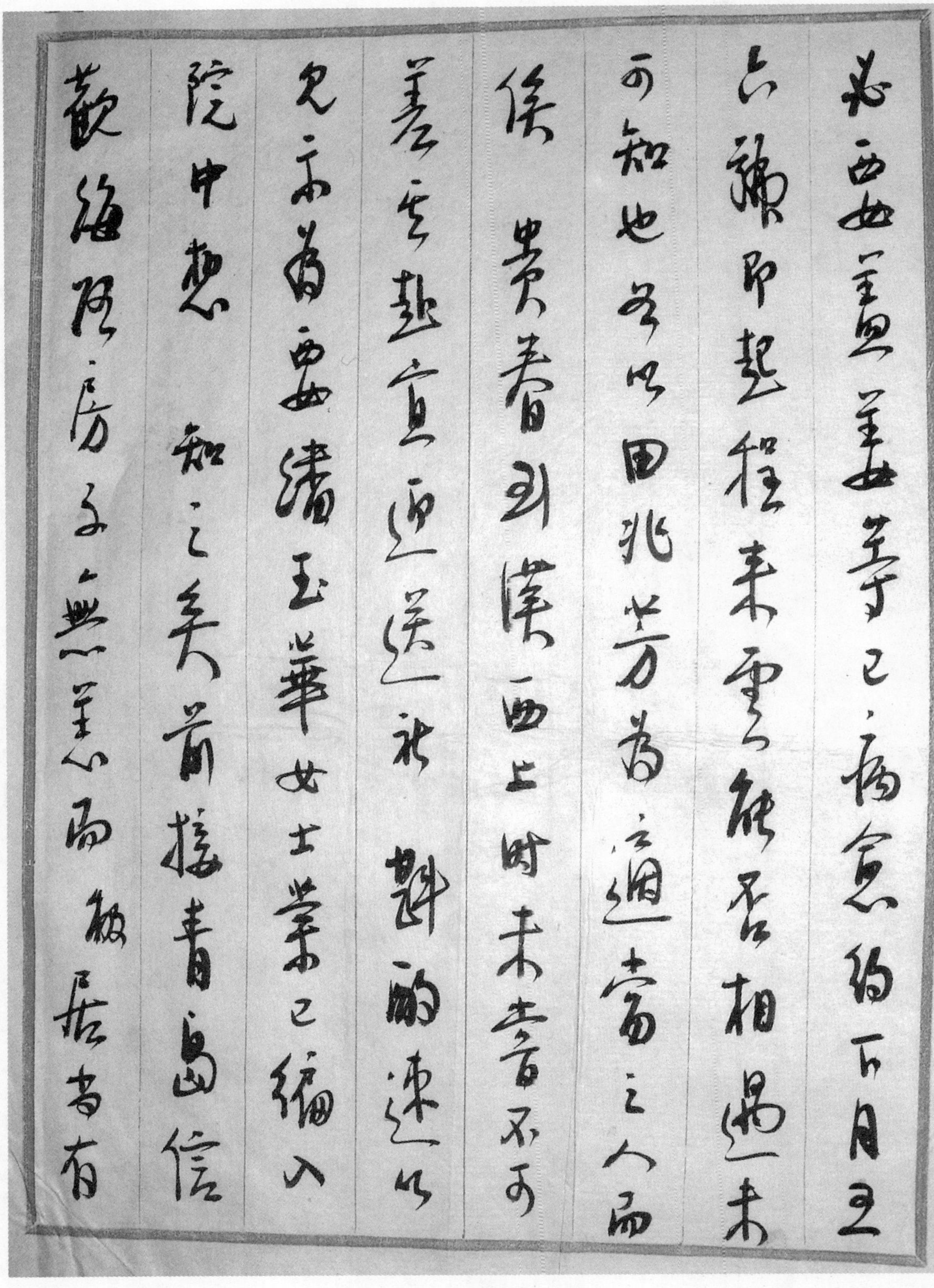

悉西安董美等已定念約下月至
六韻即起程來，要能君相遇，未
可知也。吾以田北芳為適當之人，而
使貴眷到漢西上，時來去不可
善其趣，宜速返，祉雖酌速以
免不前。西安讀玉華女士業已編入
院中，想知之矣。前接青島信
歡絡頗頗，有無美而被居者有

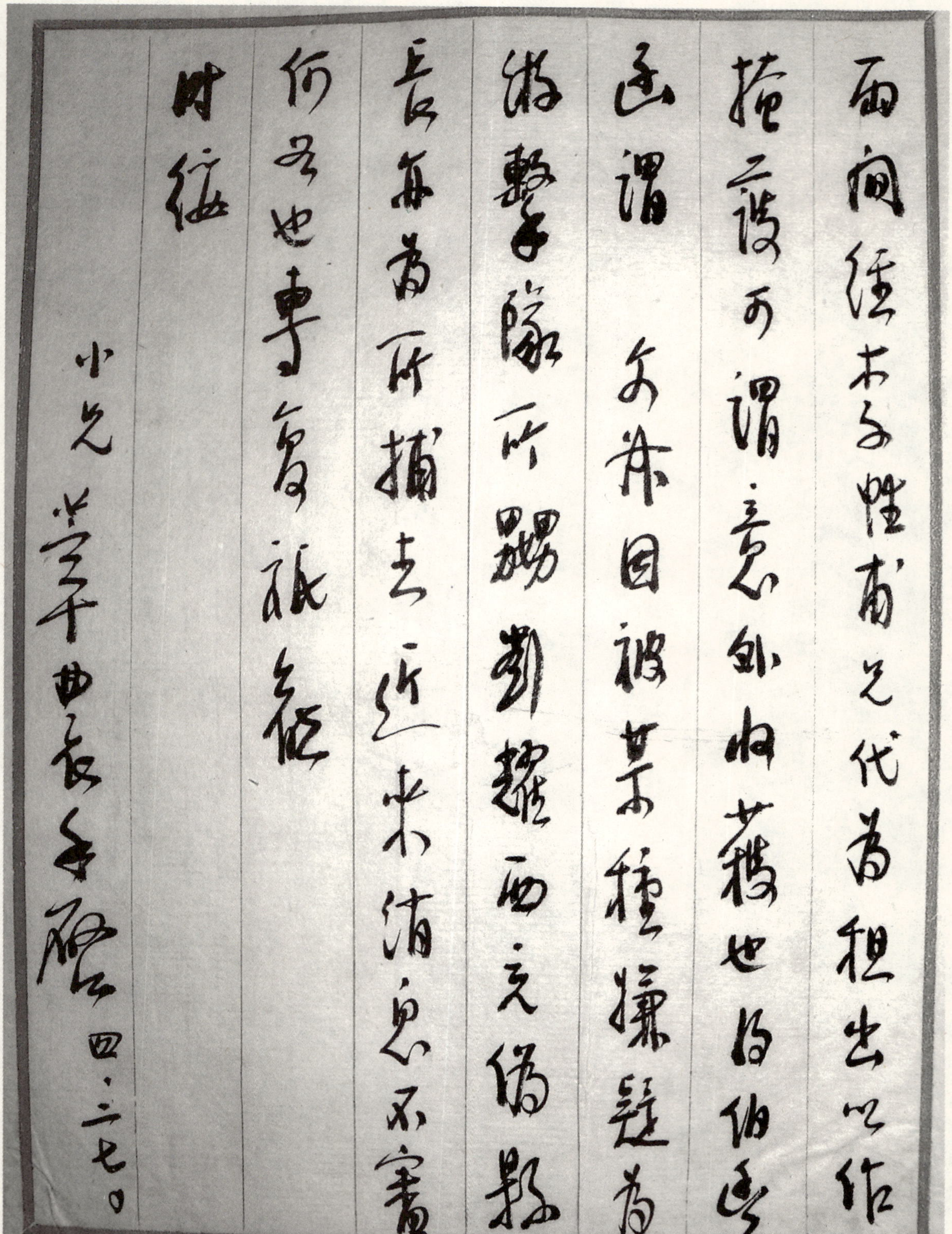

西周種本之性有之代為租出以作
稽之證可謂意外收穫也得伯遷
遷謂　今兵因被其種據疑為
獵獸隊所賜劉耀西之儀款
長者為所捕去近來消息不審
何如也專覆祇頌
時綏
小兄 [illegible] 四·二七

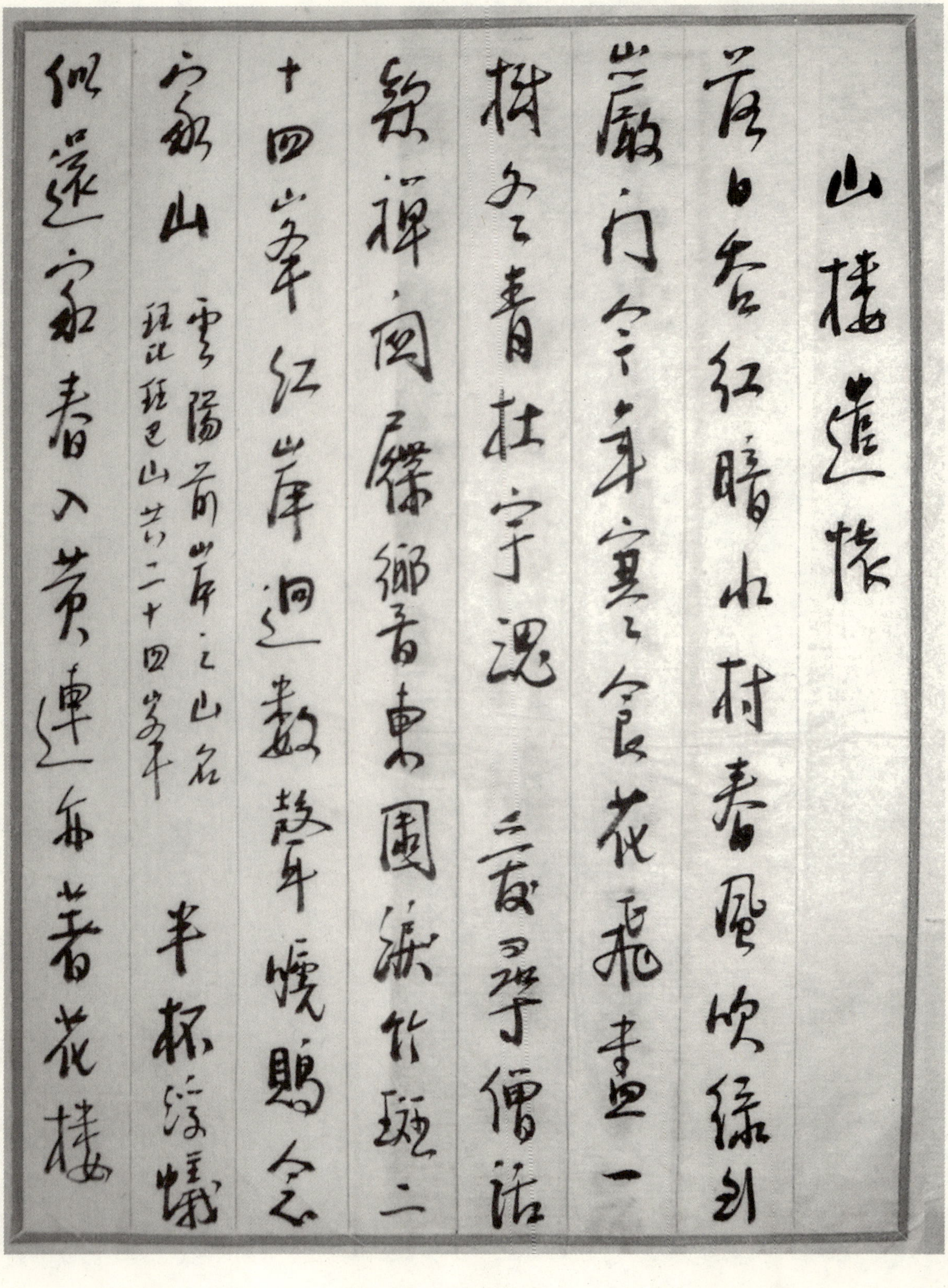
山樓遣懷
苔白香紅暗水村春風吹綠到
巖門今年寒食花飛盡一
樹冬青杜宇魂
十四峰紅岸迴遠數聲
家山
似遠家春入黃連無著花樓

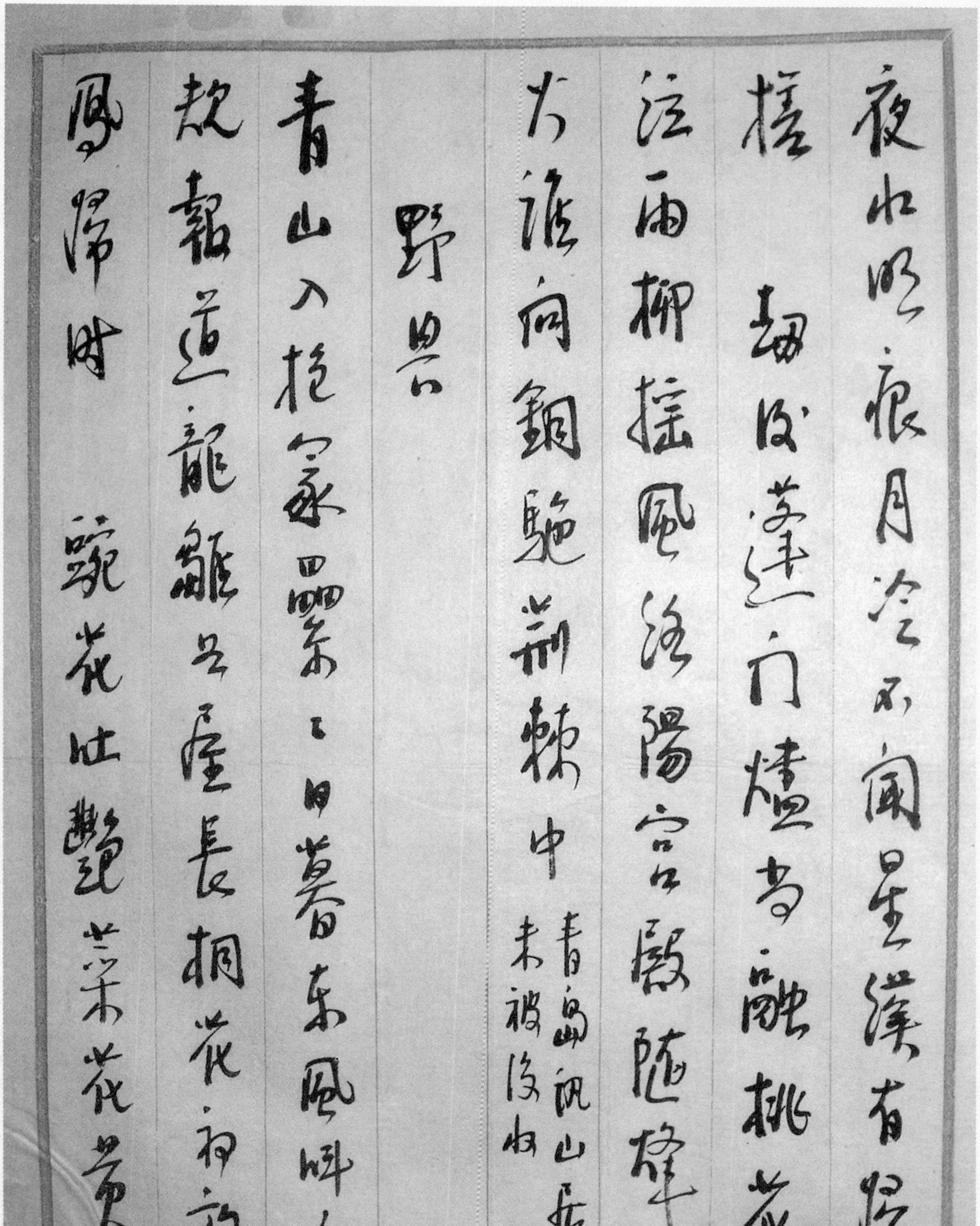
夜水明月冷，不聞星漢有歸
槎。每成蓬門燼，雪融桃花
泣雨，柳搖風，洛陽宮殿隨烽
火。誰向銅駝荊棘中 青島汎山岳未被後收
野昌
青山入抱象噐噐，日暮東風呼子
款報道。龍離呈屋長桐花。初放
風歸時 蕊花吐艷，菜花黄

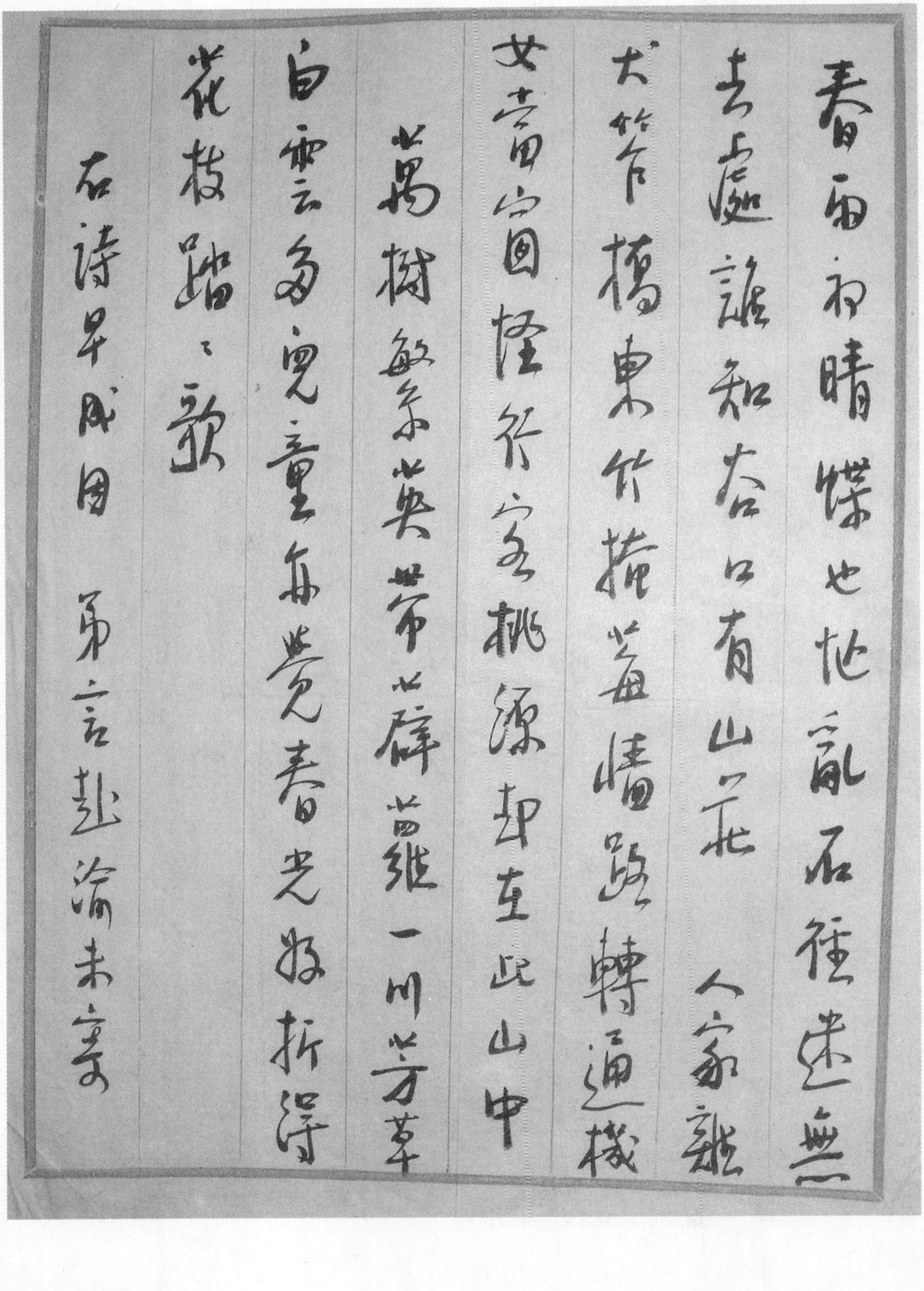
春雨初晴蝶也忙亂石徑迷無
去處誰知谷口有山花　人家雜
犬竹橋東竹籬蕪情路轉通機
女當窗怪行客桃源却在此山中
萬樹繁英帶薜蘿一川芳草
白雲多兒童無覺春光好折得
花枝踏踏歌
右詩早成四第二首赴渝未寄

封第一件

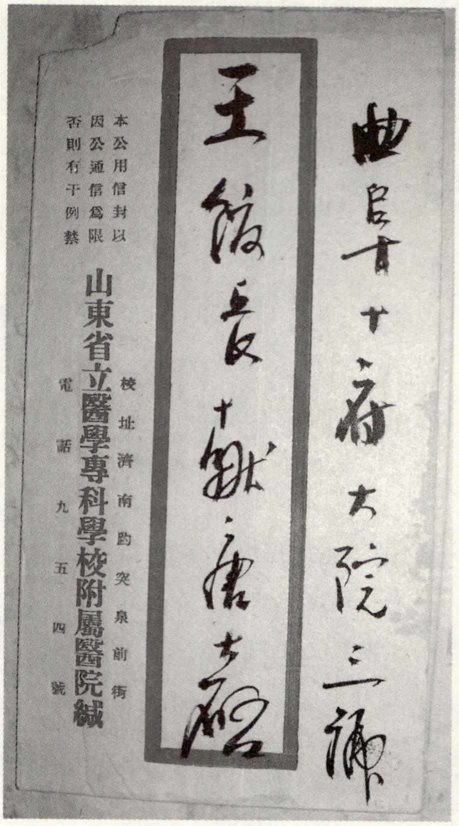
曲阜十府大院三號
王館長獻唐啓
本公用信封以
因公通信爲限
否則有干例禁
山東省立醫學專科學校附屬醫院緘
校址濟南趵突泉前街
電話九五四號

封第二件

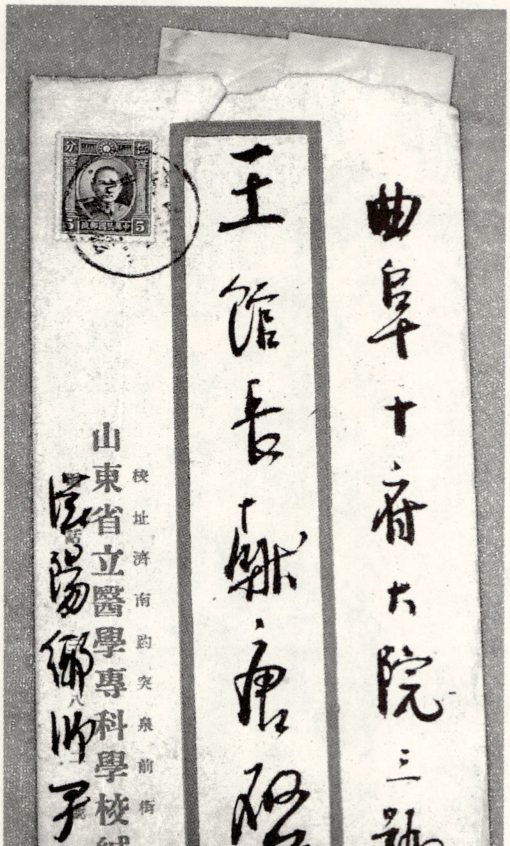
曲阜十府大院三號
王館長獻唐啓
山東省立醫學專科學校緘
校址濟南趵突泉前街

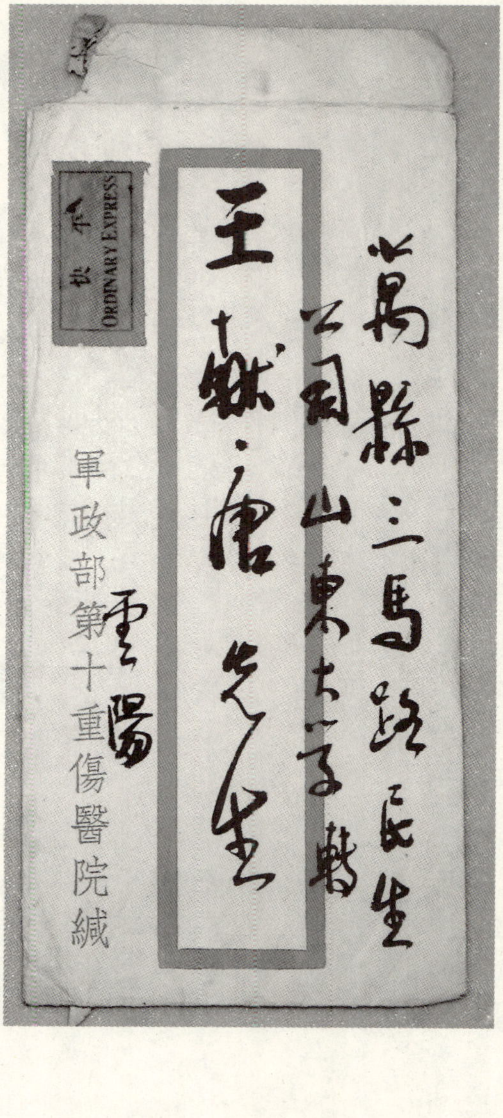

封第三件

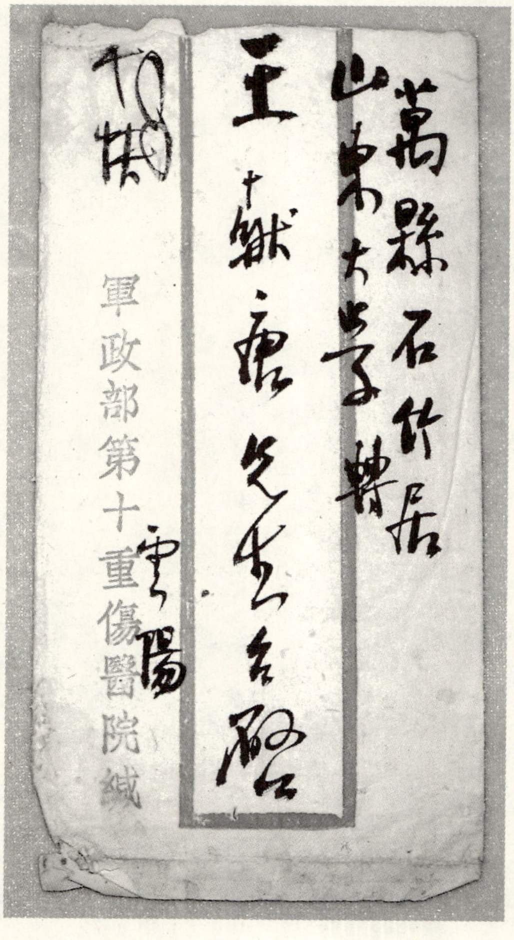

封第四件

一百二十六　邢藍田

書八通　封八件

書第一通

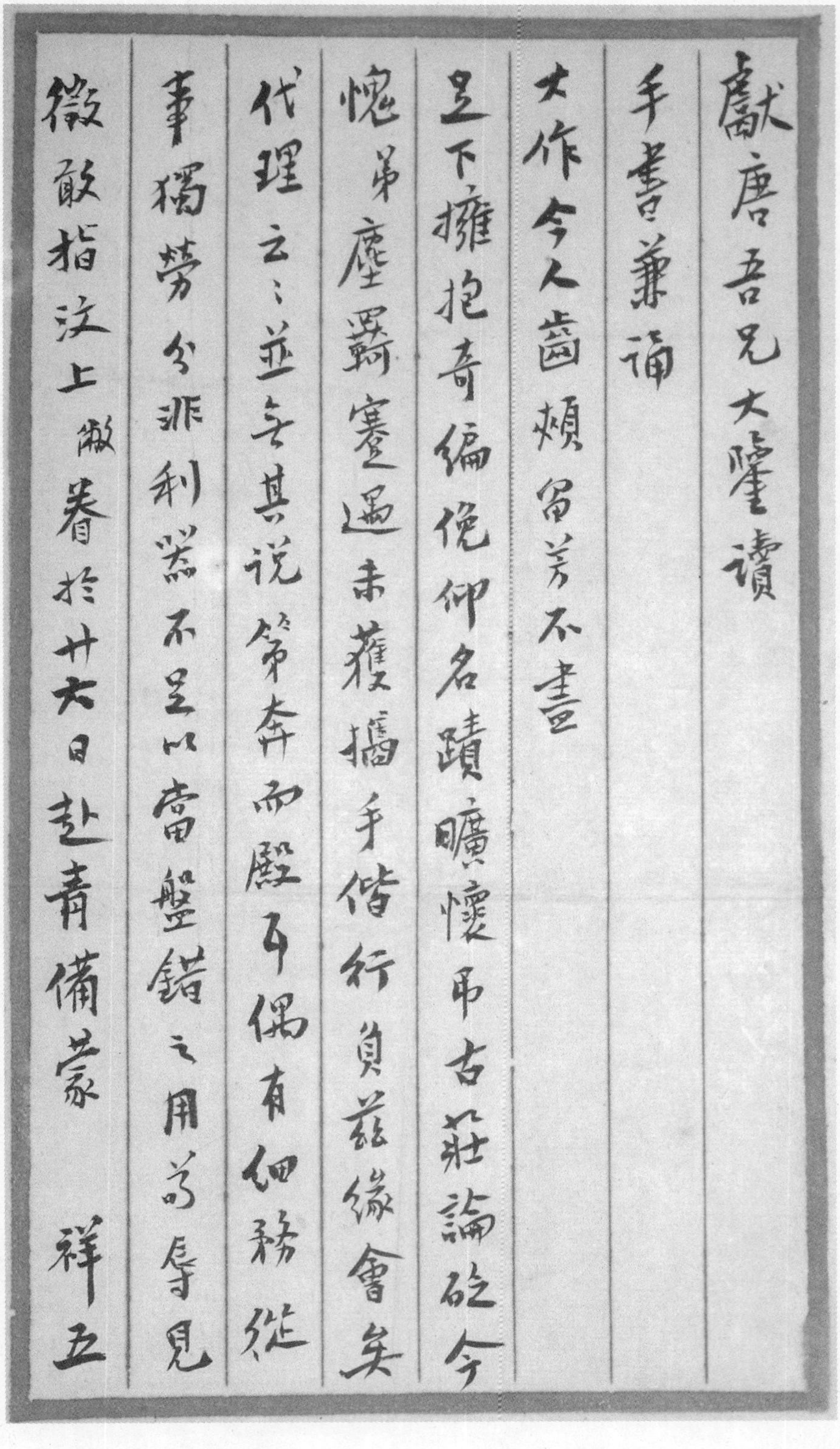
獻唐吾兄大鑒讀
手書兼誦
大作今人齒頰留芳不盡
足下擁抱奇編俛仰名蹟曠懷弔古莊論砭今
愧弟塵羈塞遢未獲攜手偕行負茲緣會矣
代理云云並無其說第奔而殿耳偶有細務從
事獨勞分非利器不足以當盤錯之用前辱見
徵敢指汶上敝眷於廿六日赴青備蒙　祥五

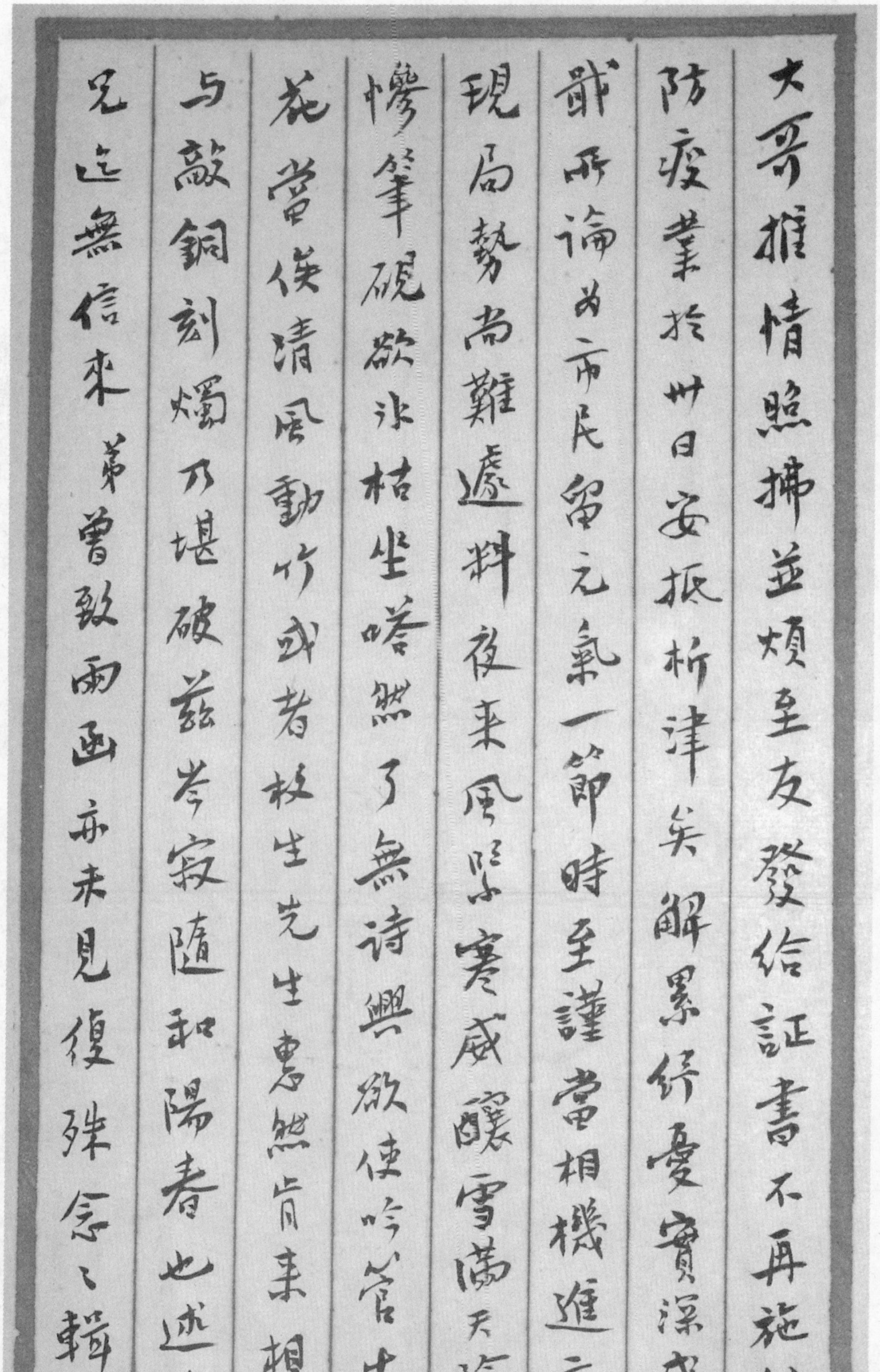

大哥推情照拂並煩至友發給証書不再施針
防疫業於卅日安抵析津矣解累紓憂實深感
戢所論為市民留元氣一節時至謹當相機進言
現局勢尚難遽料夜來風緊寒威釀雪滿天陰
慘筆硯欲冰枯坐嗒然了無詩興欲使吟管生
花當俟清風動竹或者枝生先生惠然肯來相
与敲銅刻燭乃堪破茲岑寂隨和陽春也逖先
兄近無信來 弟曾致兩函亦未見復殊念〻 輯五

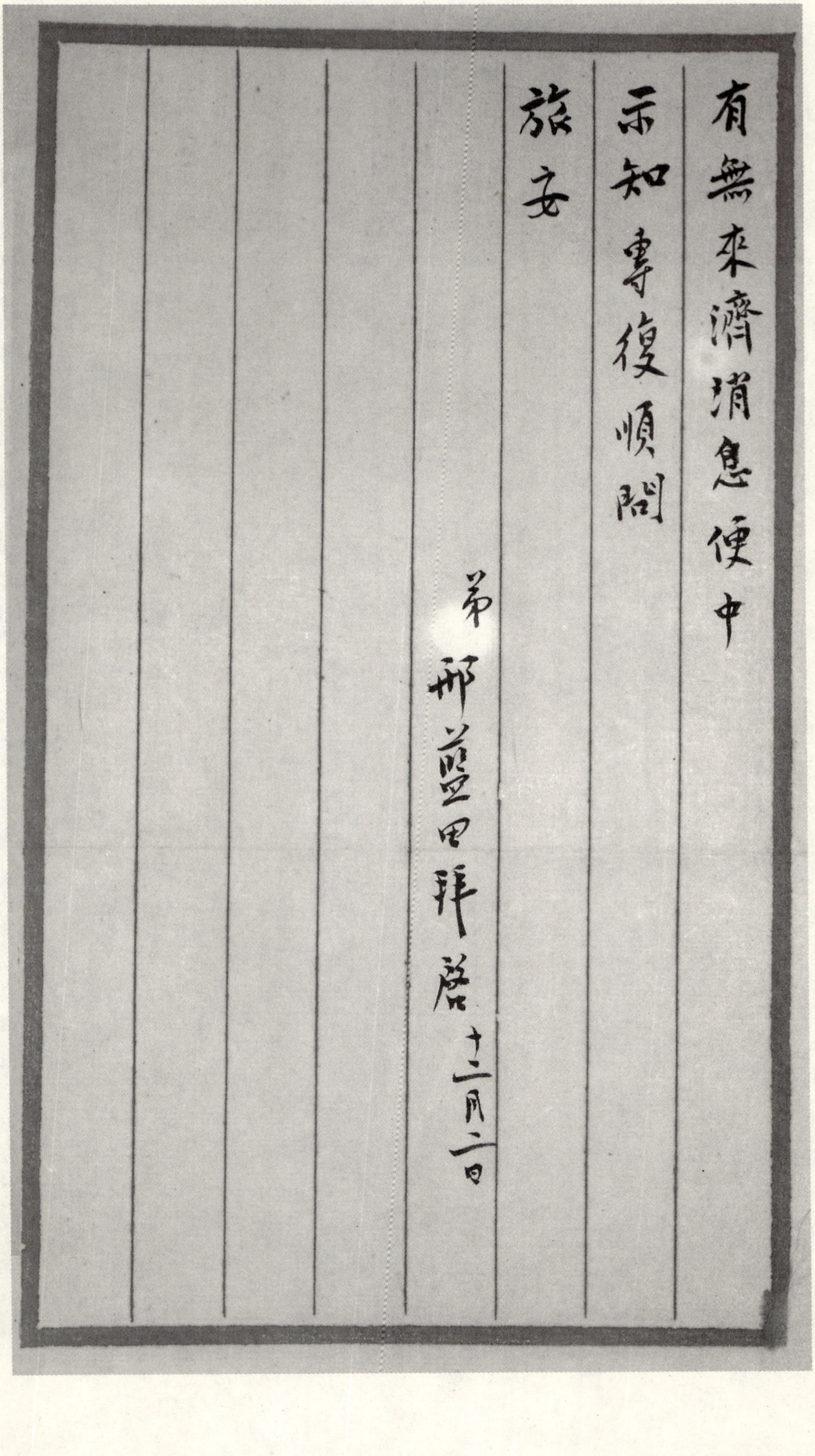
有無來濟消息便中
示知專復順問
旅安
弟 邢藍田拜啓 十二月二日

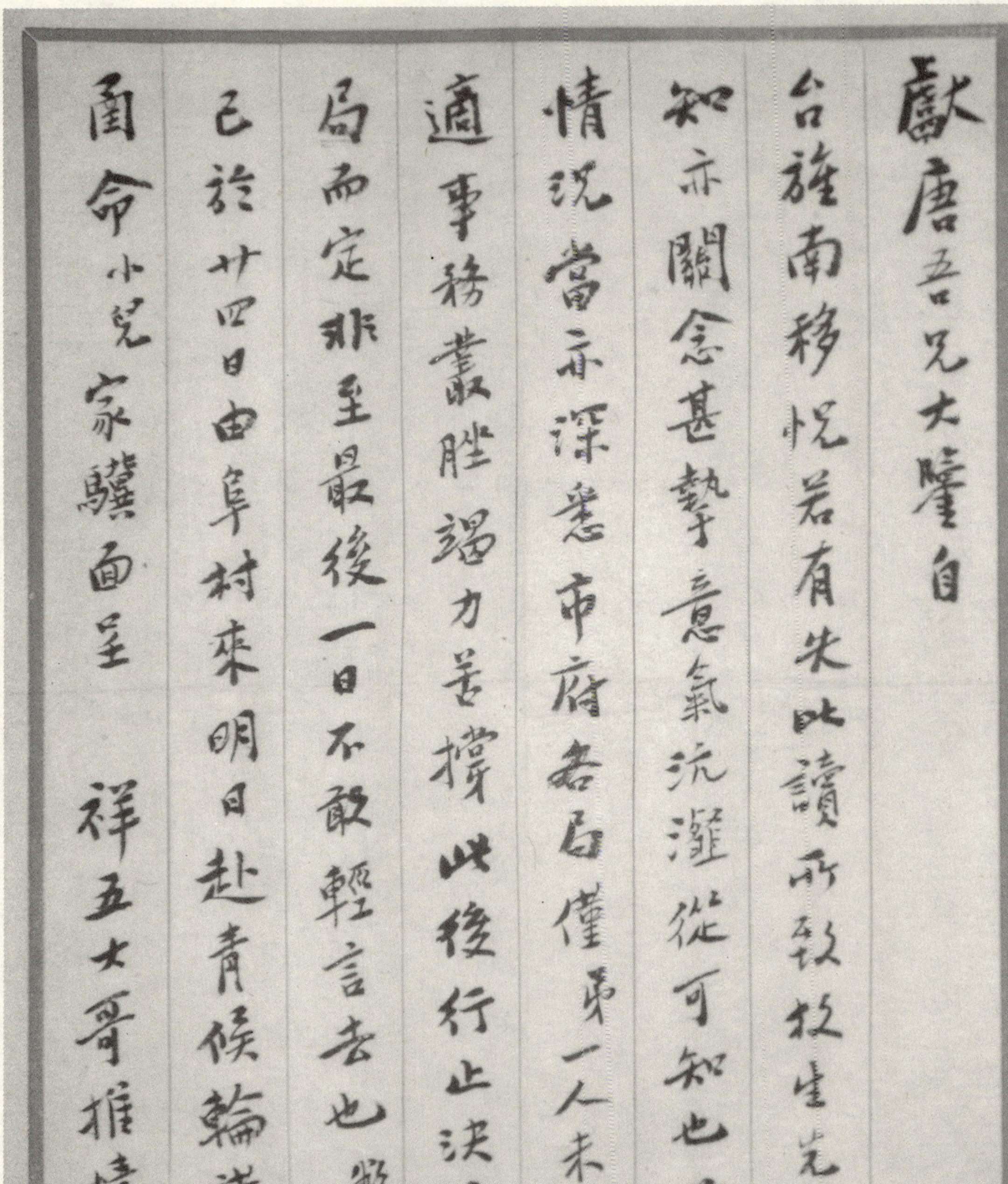

獻唐吾兄大鑒：自
台旌南移，悵若有失。比讀所致牧生先生書，
知亦關念甚摯，意氣流灑，從可知也。此間
情況當亦深悉，市府各局僅弟一人未嘗完
適，事務叢脞，竭力苦撐。此後行止決依時
局而定，非至最後一日不敢輕言去也。敬眷
已於廿四日由阜村來，明日赴青候輪。謹修
函命小兒家驥面呈　祥五大哥推情照

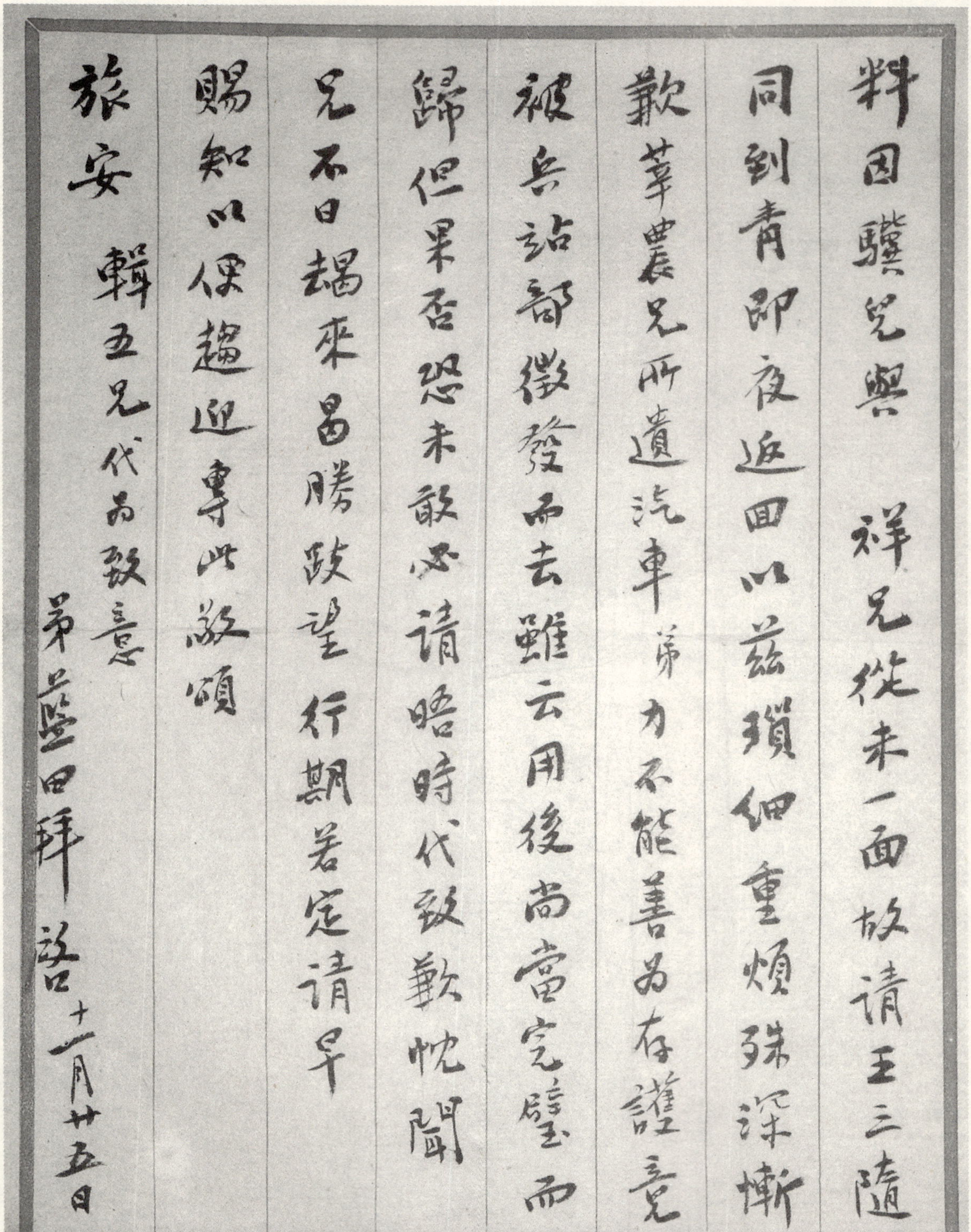
料因驥兄與　祥兄從未一面故請王三隨
同到青邨夜返回以茲瑣細重煩殊深慚
歉華農兄所遺汽車弟力不能善爲存護竟
被兵站部徵發而去雖云用後尚當完璧而
歸但果否恐未敢必請晤時代致歉忱聞
兄不日竭來昌勝跂望行期若定請早
賜知以便趨迎專此敬頌
旅安　輯五兄代爲致意
弟吳堅田拜啓　十一月廿五日

獻唐吾兄大鑒：昨得萬縣
手教，知寄寓林園，勝如中隱，甚羨甚羨。弟
養痾陝右，閒過一春，日前抵漢皋，流連江
上，風光萍蹤，小住當經修函重慶，由丁鼎老
轉達，察
來書似未塵
聽也。此次南來，正值國難日深，疆土日蹙，無
論志士立身，匹夫引責，原不應自齒於社櫟

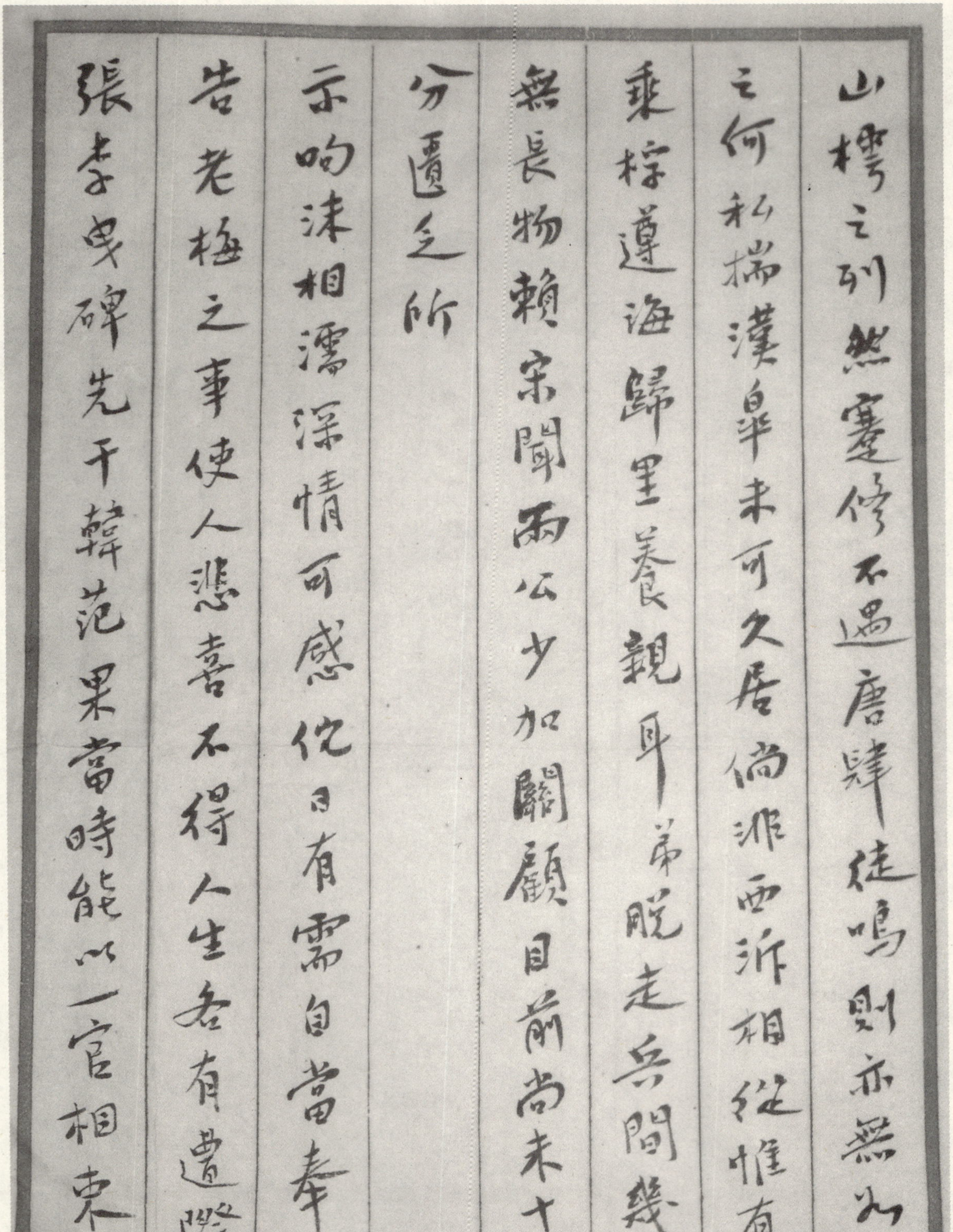
山樗之列然蹇修不遇唐肆徒嗚則亦無以
之何私揣漢皋未可久居倘非西浙相從惟有
乘桴遵海歸里養親耳弟脫走兵間幾
無長物賴宋聞兩公少加關顧目前尚未十
分匱乏所
示呴沫相濡深情可感他日有需自當奉
告老梅之事使人悲喜不得人生各有遭際
張孝叟碑先于韓范果當時能以一官相束

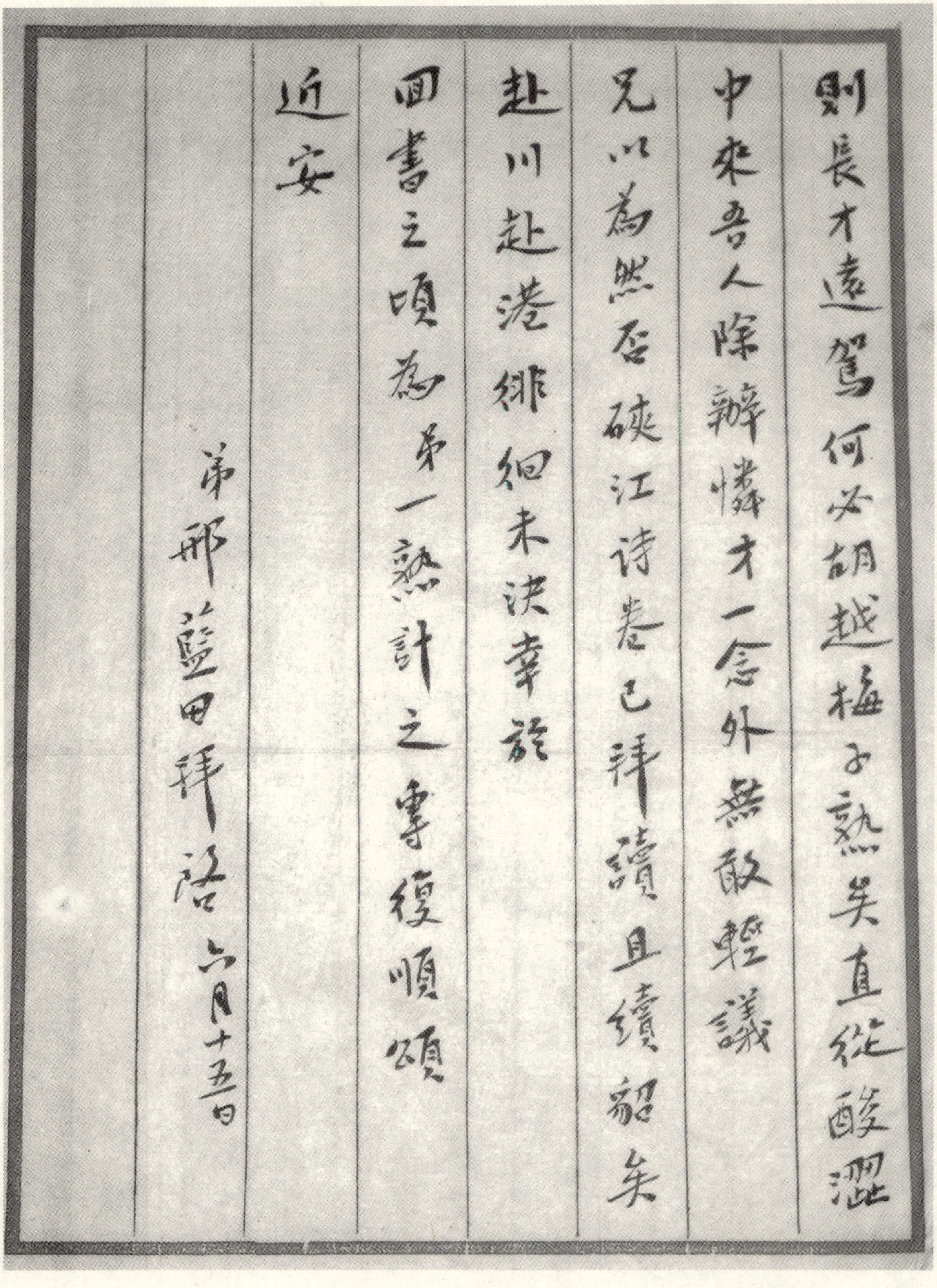
則長才遠邁何必胡越梅子熟矣直從酸澀
中來吾人除辦憐才一念外無敢輕議
兄以爲然否硤江詩卷已拜讀且續貂矣
赴川赴港緋細未決幸詮
回書之頃爲弟一熟計之專復順頌
近安
弟邢藍田拜啓 六月十五日

書第四通

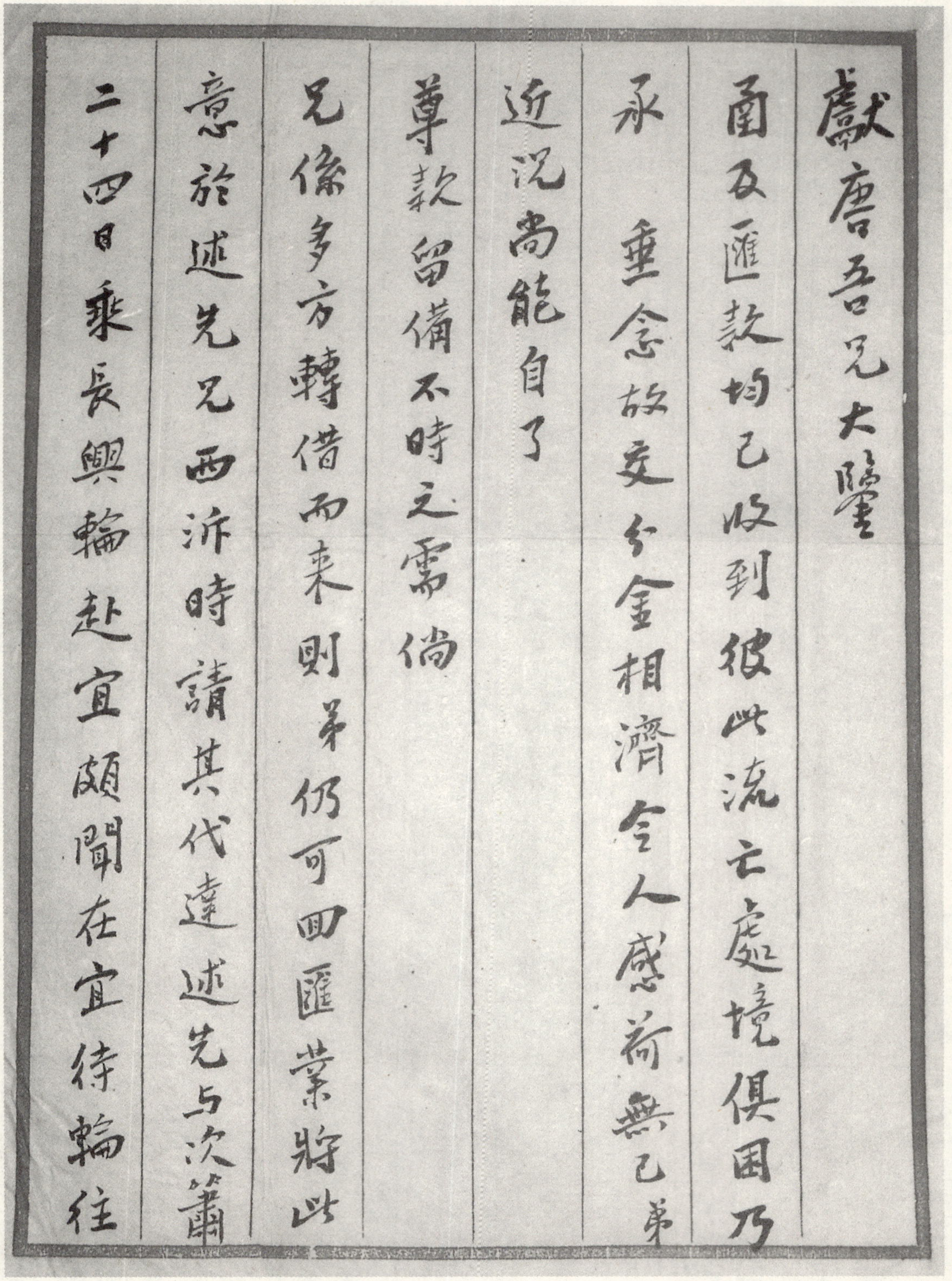
獻唐吾兄大鑒
函及匯款均已收到彼此流亡處境俱困乃
承　垂念故交分金相濟令人感荷無已弟
近況尚能自了
尊款留備不時之需倘
兄係多方轉借而來則弟仍可囘匯業將此
意於述先兄西泝時請其代達述先與次蕭
二十四日乘長輿輪赴宜頗聞在宜待輪往

蜀者不下萬餘人此時恐仍留滯中途何時
抵萬請来信藉慰私系聞公積勞成疾刻
已辭職日内或當來漢弟之出處蒙
兄籌思周到實爲感佩但當舉國戮力之
時高卧坐食自齒標櫟撫膺豈免增歎目
下決待聞公晤面互參後再定行止專此奉
復順頌
近安
弟邢藍田拜啟 六月廿八日

書第五通

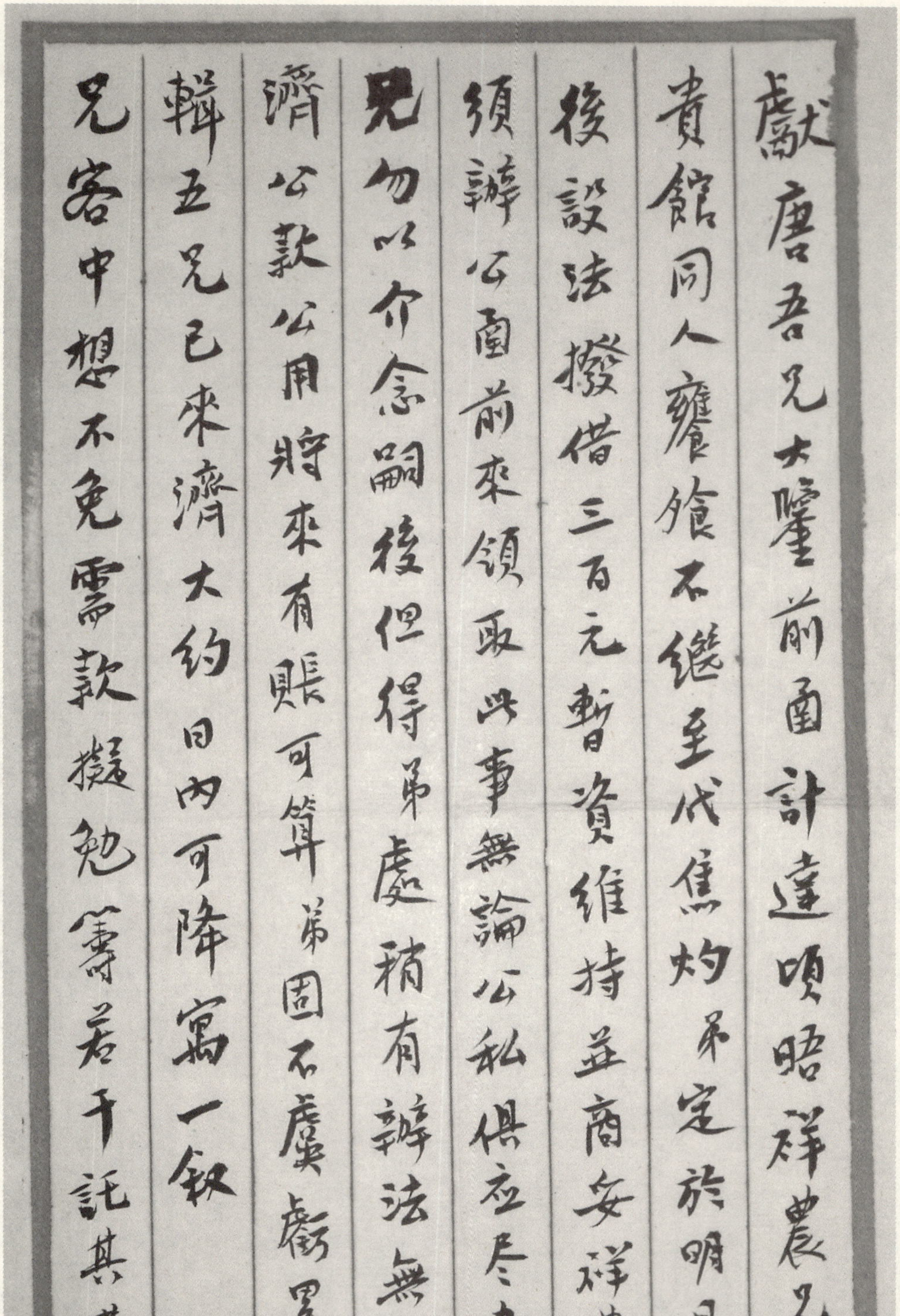
獻唐吾兄大鑒前函計達頃晤祥農兄知
貴館同人饔飧不繼至代焦灼弟定於明日午
後設法撥借三百元暫資維持並商安祥農兄
須辦公函前來領取此事無論公私俱應盡力請
兄勿以介念嗣後但得弟處稍有辦法無不接
濟公款公用將來有賬可算弟固不虞虧累也聞
輯五兄已來濟大約日內可降寓一敘
兄客中想不免需款擬勉籌若干託其帶上

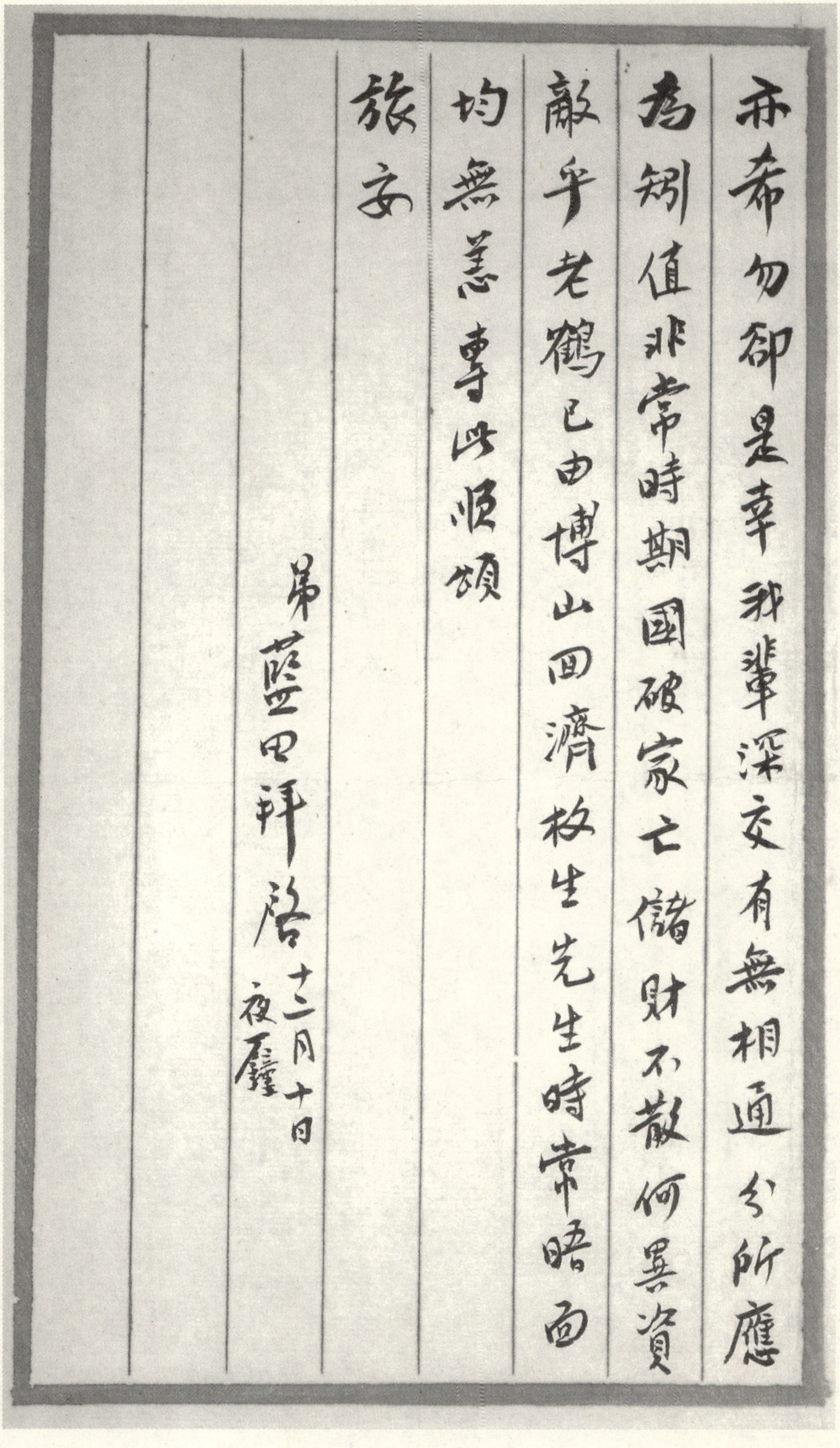

亦希勿卻是幸我輩深交有無相通分所應
為矧值非常時期國破家亡儲財不散何異資
敵乎老鶴已由博山回濟校生先生時常晤面
均無恙專此順頌
旅安
弟藍田拜啓 十二月十日夜鐙

書第六通

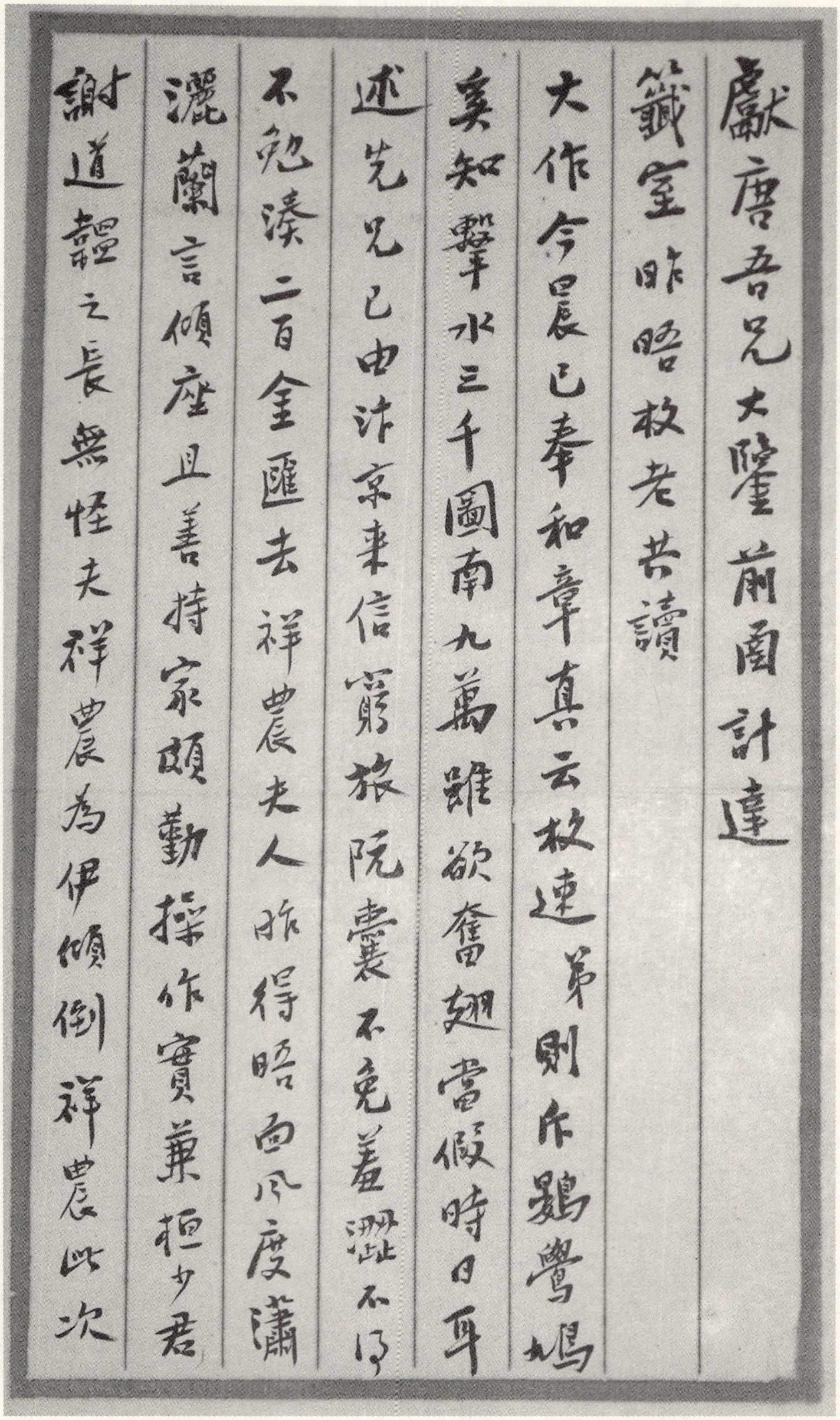
獻唐吾兄大鑒：前函計達
籛室，昨晤枚老，共讀
大作，今晨已奉和章，真云枚速，弟則作鷄鷽鳩
矣。知擊水三千，圖南九萬，雖欲奮翅，當假時日耳。
述先兄已由汴京來信，窮旅阮囊不免羞澀，不得
不勉湊二百金匯去。祥農夫人昨得晤，風度瀟
灑，蘭言傾座，且善持家，頗勤操作，實兼桓少君
謝道韞之長，無怪夫祥農為伊傾倒。祥農此次

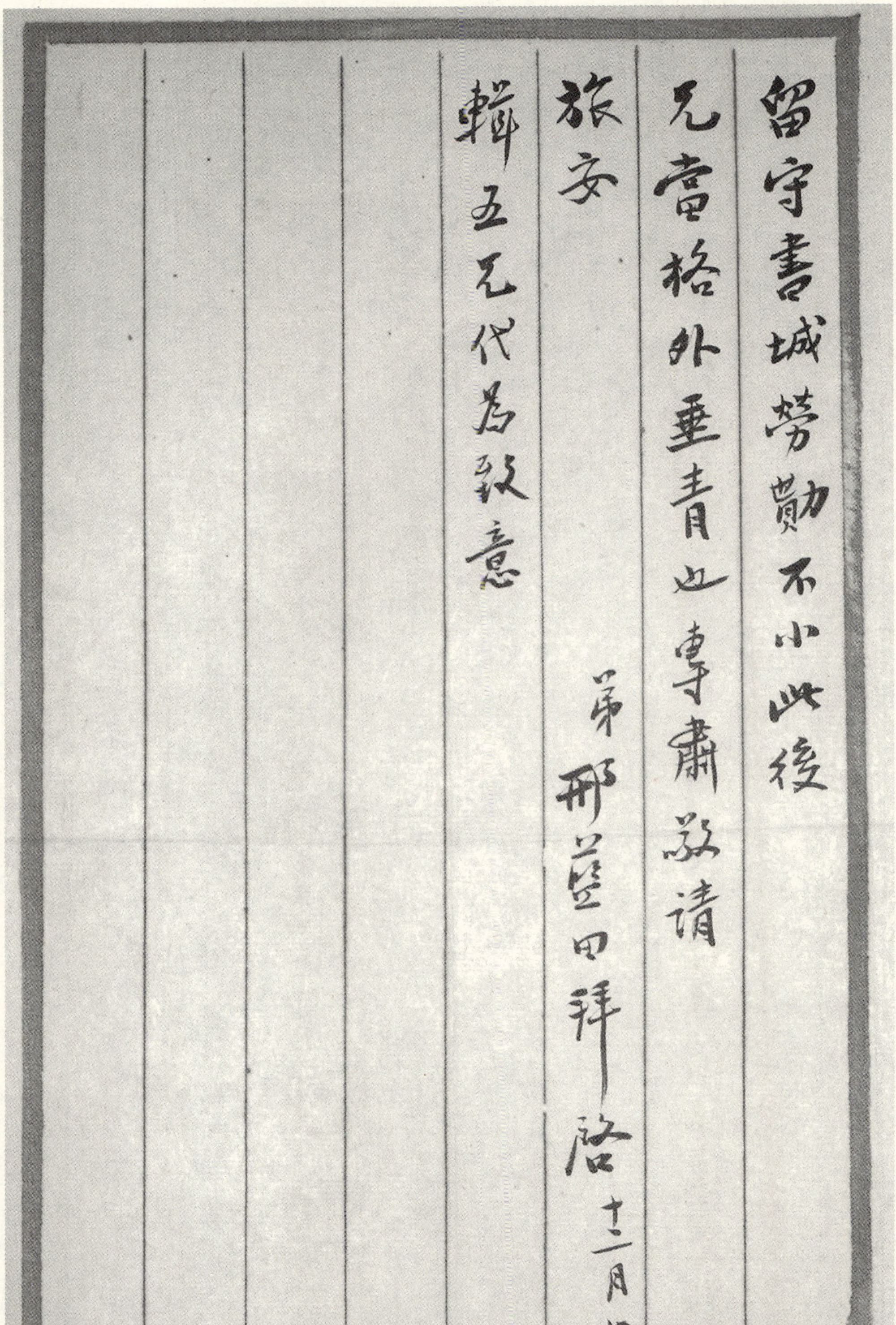

留守書城勞勣不小此後

兄當格外垂青也專肅敬請

旅安

弟邢藍田拜啓 十二月七日

轔五兄代為致意

書第七通

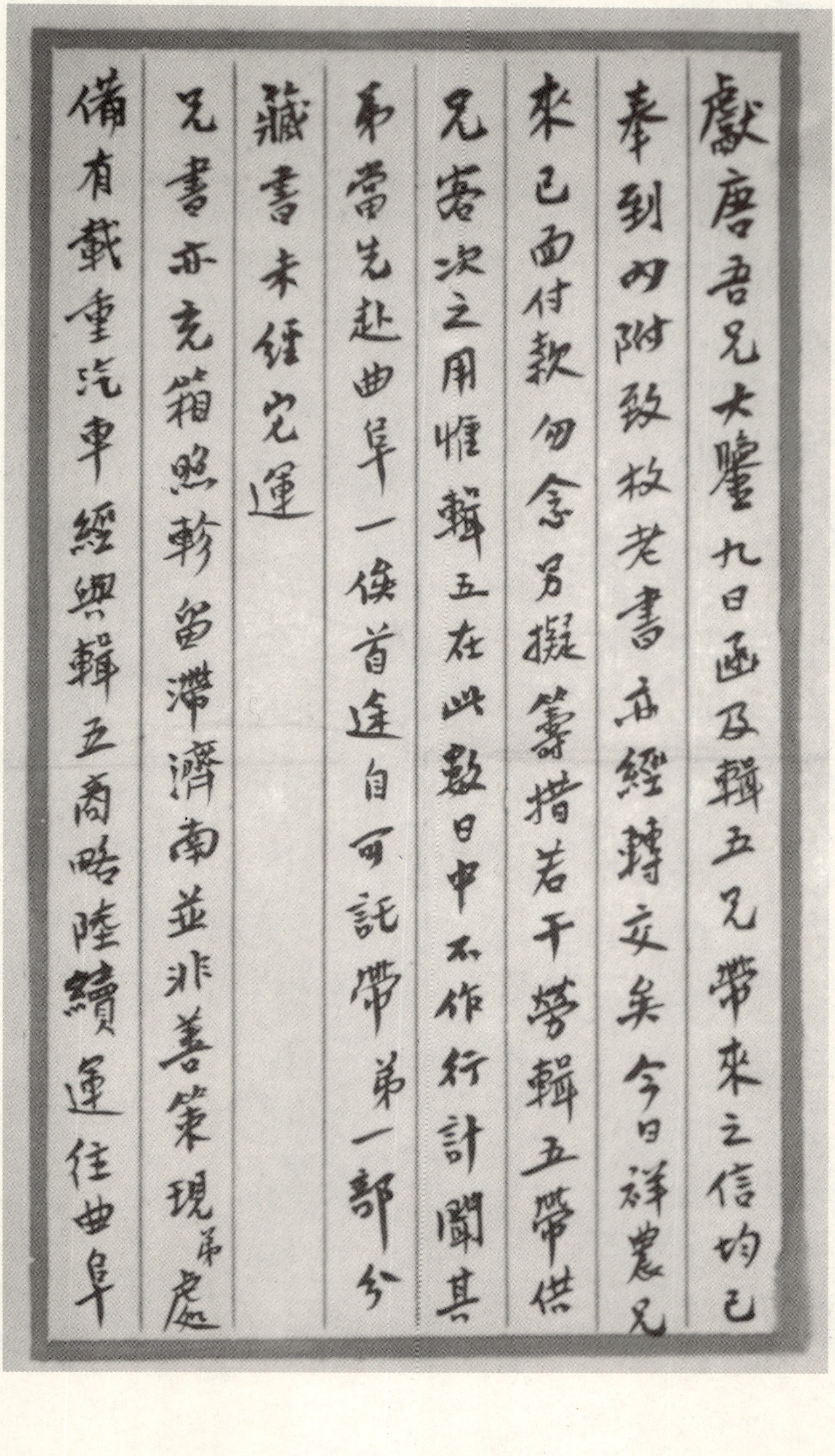
獻唐吾兄大鑒：九日函及輯五兄帶來之信均已
奉到，所附致枚老書亦經轉交矣。今日祥農兄
來，已函付款，勿念。另擬籌措若干，勞輯五帶供
兄客次之用。惟輯五在此數日中不作行計，聞其
弟當先赴曲阜一候首途，自可託帶弟一部分
藏書未經完運
兄書亦充箱照軫留滯濟南，並非善策。現弟處
備有載重汽車，經與輯五商略，陸續運往曲阜

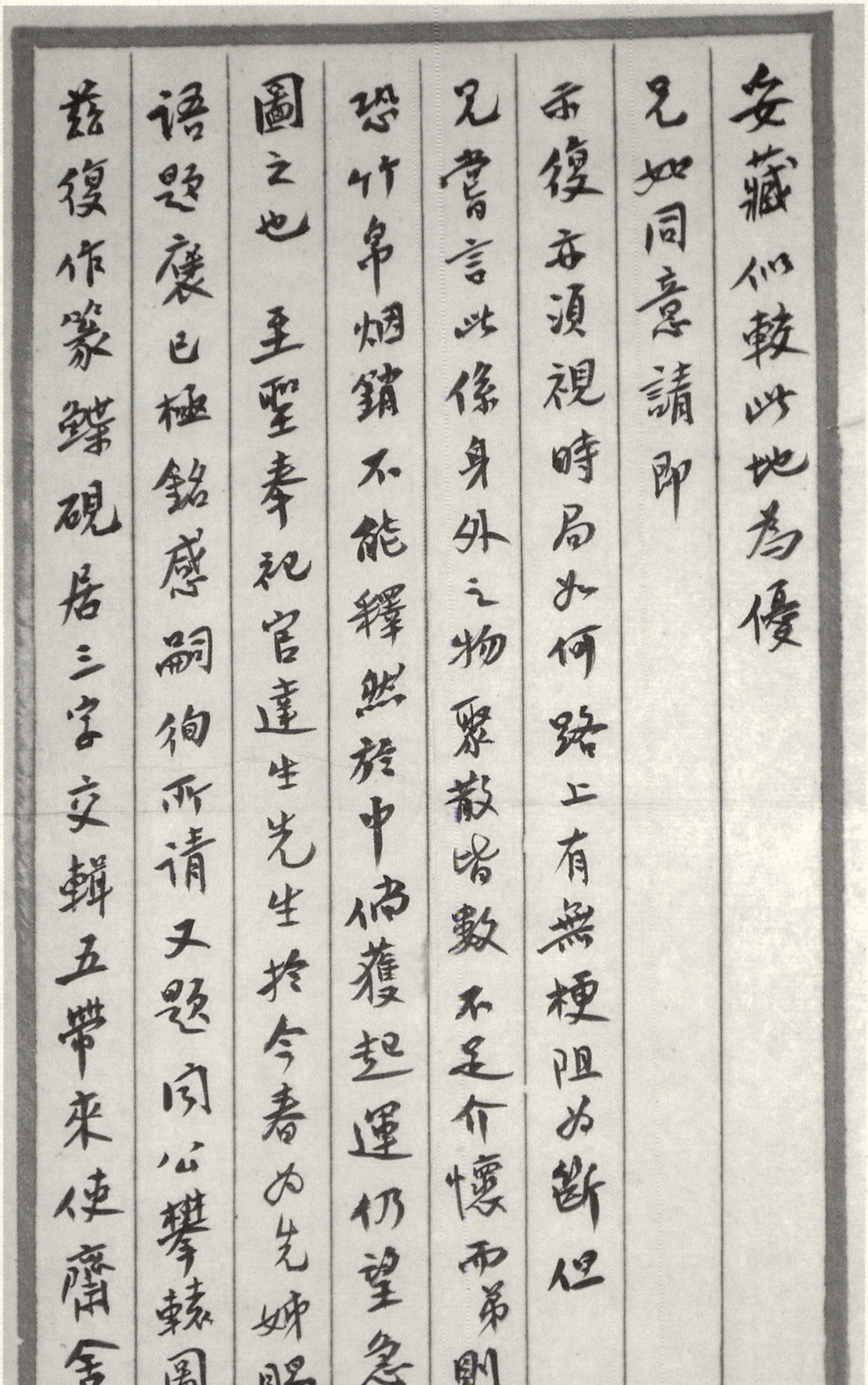
安藏似較此地為優
兄如同意請即
示復弟須視時局如何路上有無梗阻如斷但
兄嘗言此係身外之物聚散皆數不足介懷而弟則
恐竹帛烟銷不能釋然於中倘獲起運仍望急
圖之也　聖奉祀官達生先生於今春為先姊賜
語題褒已極銘感嗣徇所請又題閔公攀轅圖
兹復作篆鍱硯居三字交韓五帶來使齋舍

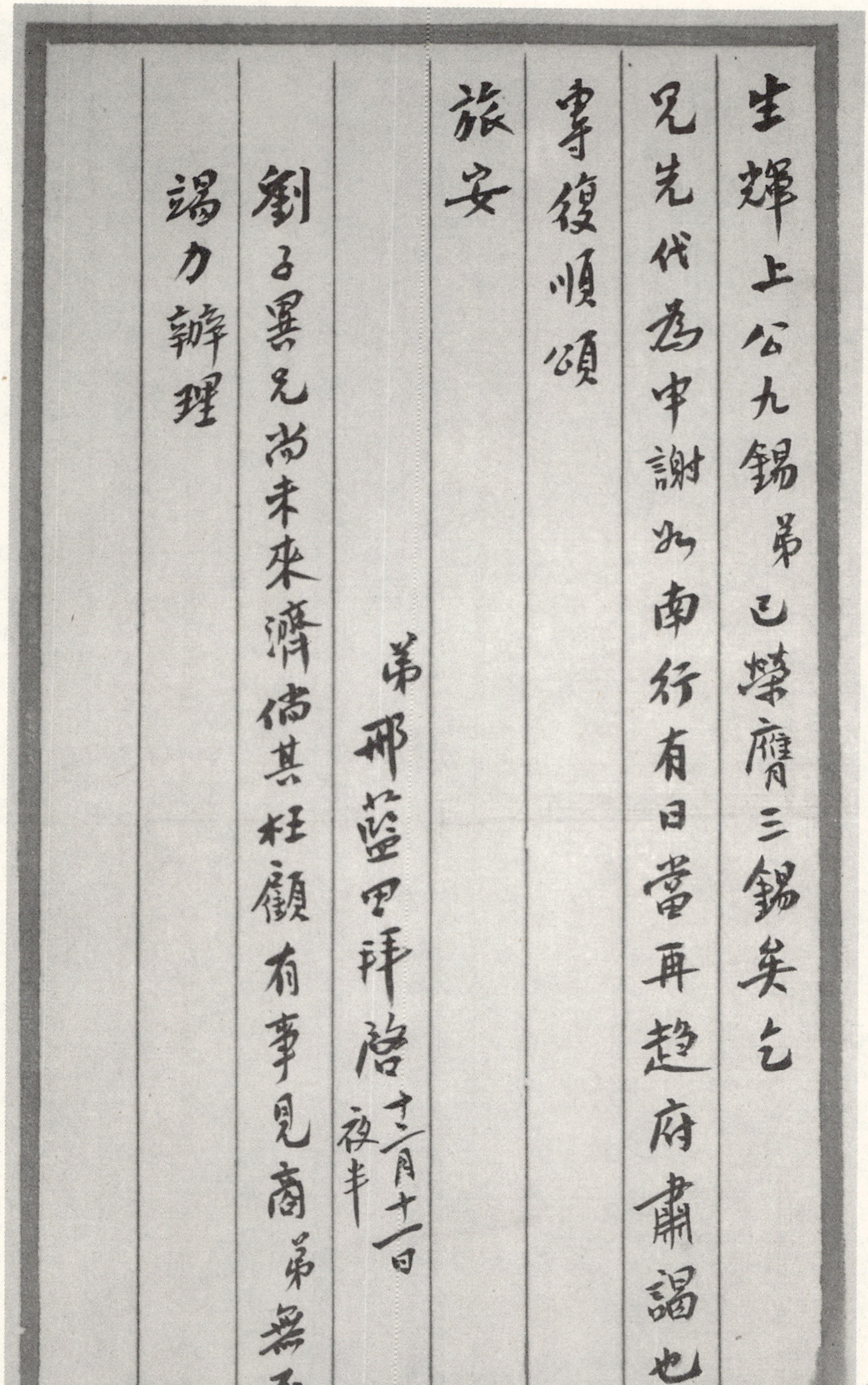

生輝上公九錫，弟已攀膺三錫矣，乞
兄先代為申謝。如南行有日，當再趨府肅謁也。
專復，順頌
旅安
弟邢藍田拜啓 十二月十一日夜半
劉子異兄尚未來濟，倘其枉顧，有事見商，弟無不
竭力辦理

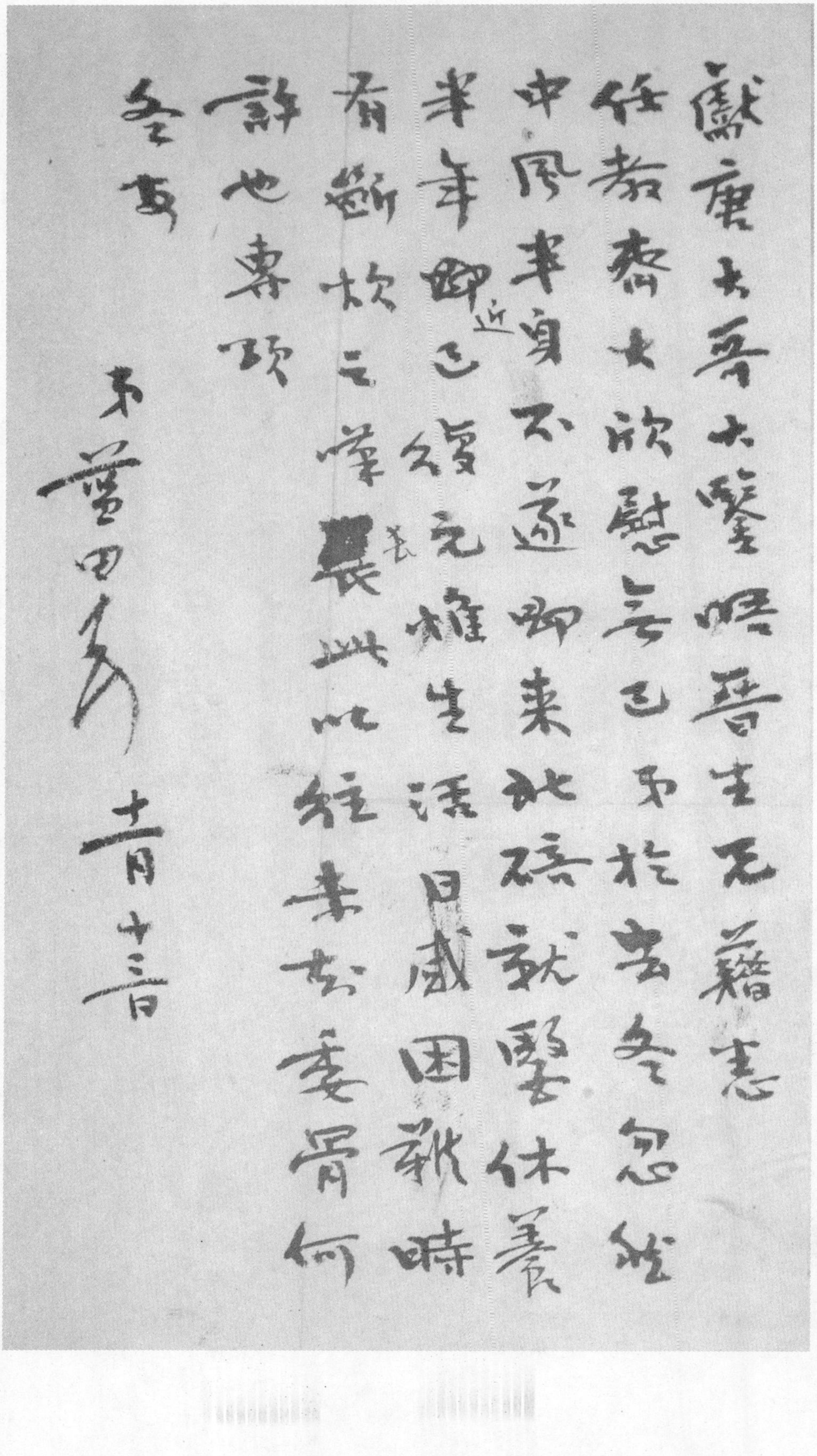

獻廣大哥大鑒：睽違吾生，無藉甚志。任教蒼女，欣慰無已。弟於去冬忽然中風，半身不遂，即來北碚就醫休養。半年即已復元，惟生活日感困難，時有斷炊之虞。茲此經來書委骨，何許也。專頌

冬安

弟藍田頓 十一月十二日

封第一件

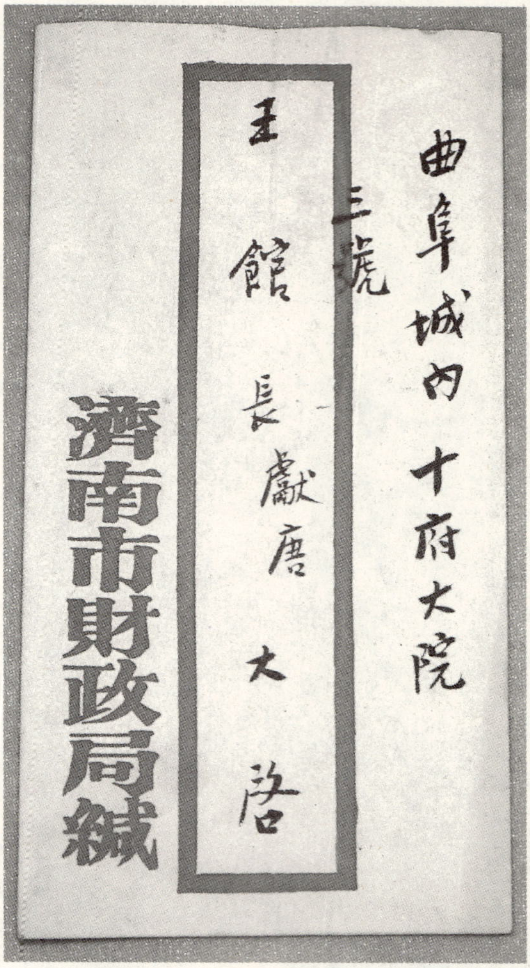
曲阜城内十府大院
三號
王館長獻唐大啓
濟南市財政局緘

封第二件

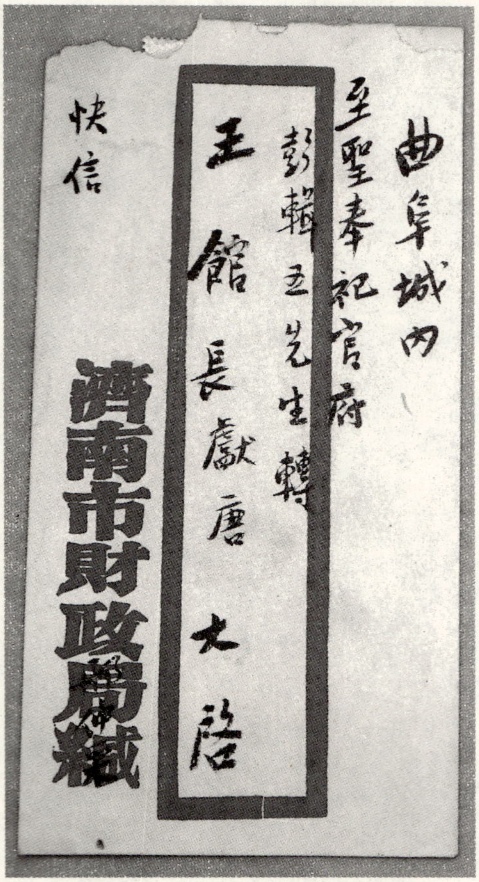
曲阜城内
至聖奉祀官府
彭輯五先生轉
王館長獻唐大啓
快信
濟南市財政局緘

封第三件

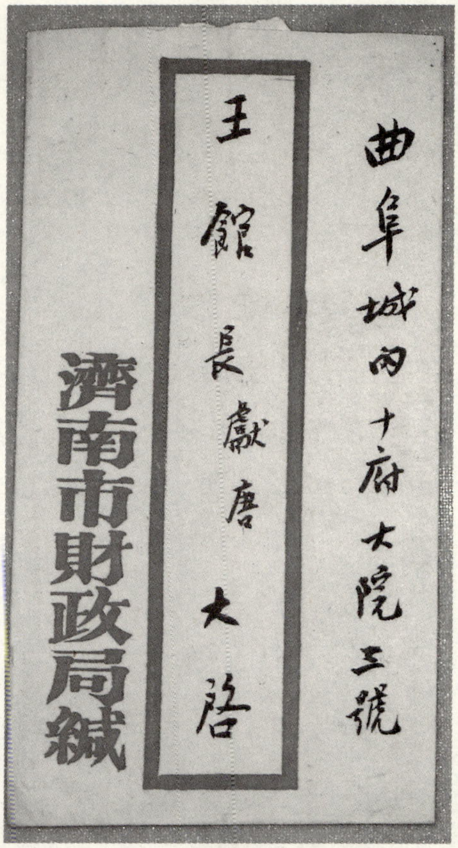

封第四件

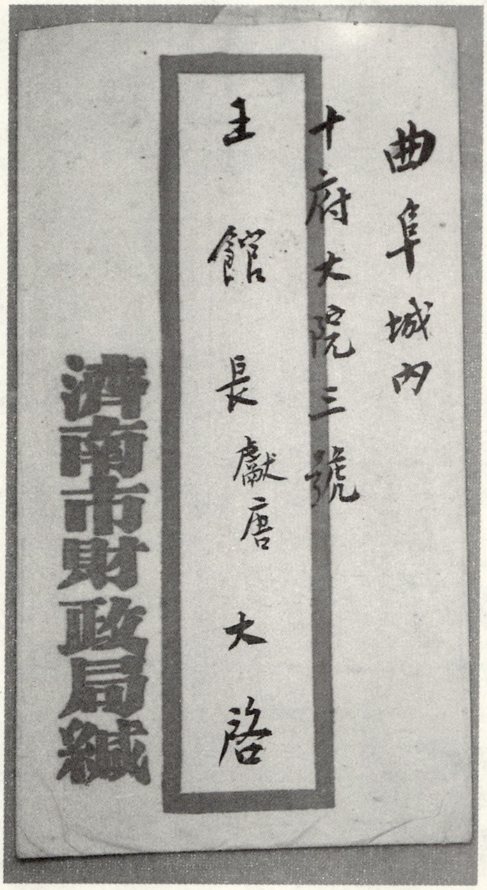

封第五件

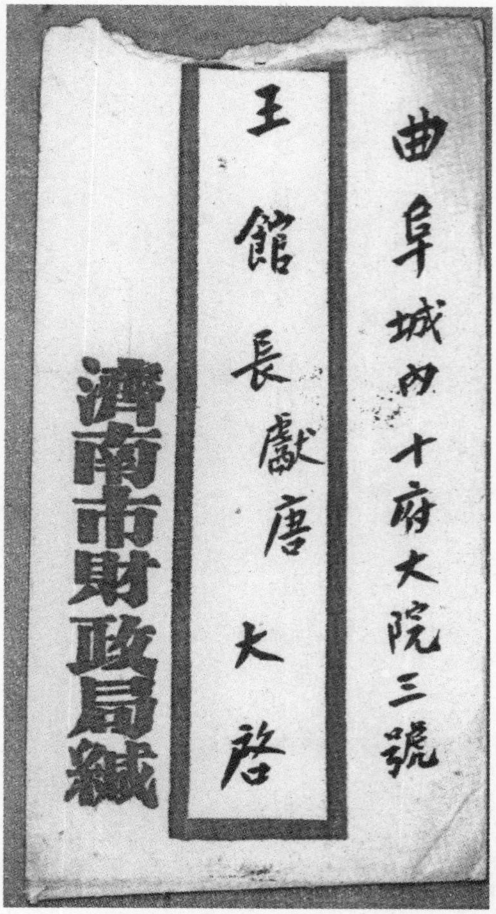
曲阜城內十府大院三號
王館長獻唐大啓
濟南市財政局緘

封第六件

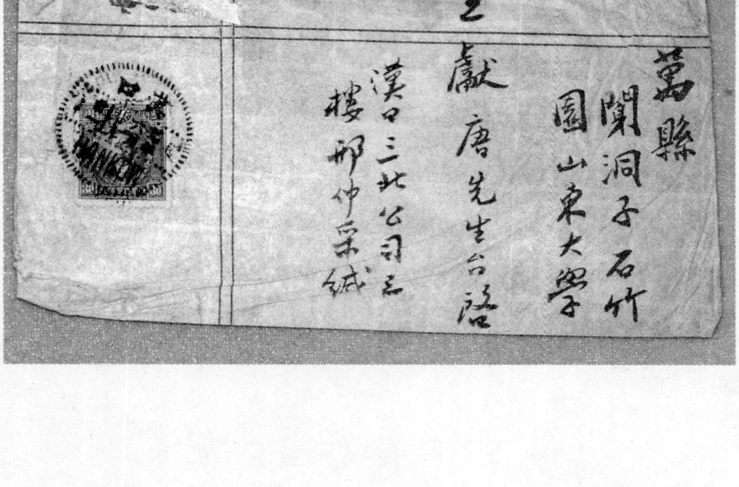
萬縣
閬洞子石竹
園山東大學
王獻唐先生台啓
漢口三北公司三
樓邢仲采緘

封第七件

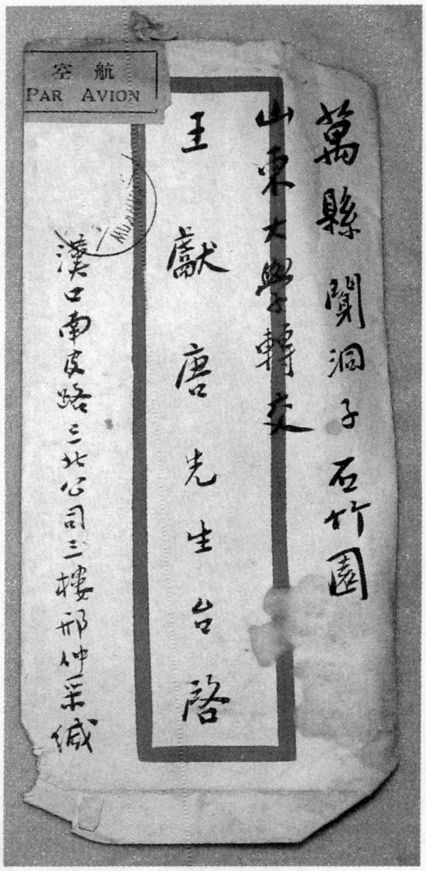
航空
PAR AVION
萬縣閬洞子石竹園
山東大學轉交
王獻唐先生台啓
漢口南京路三北公司三樓邢仲采緘

封第八件

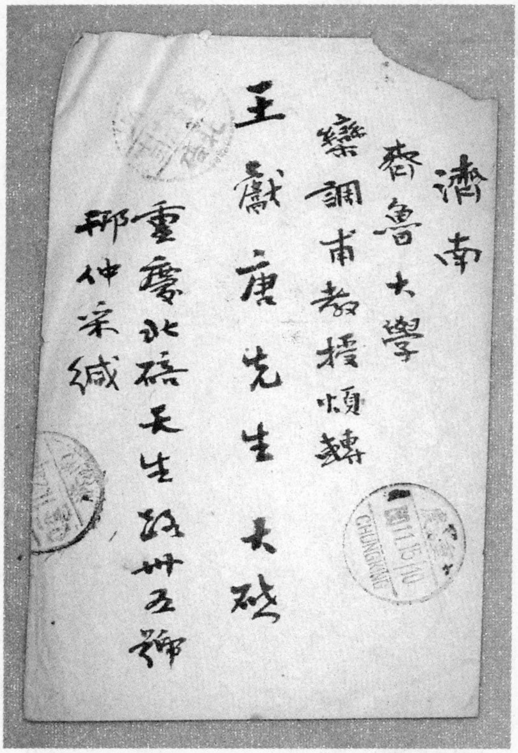
濟南
齊魯大學
欒調甫教授煩轉
王獻唐先生大啓
重慶北碚天生路卅五號
邢仲采緘

一百二十七 孫萲亂 書一通

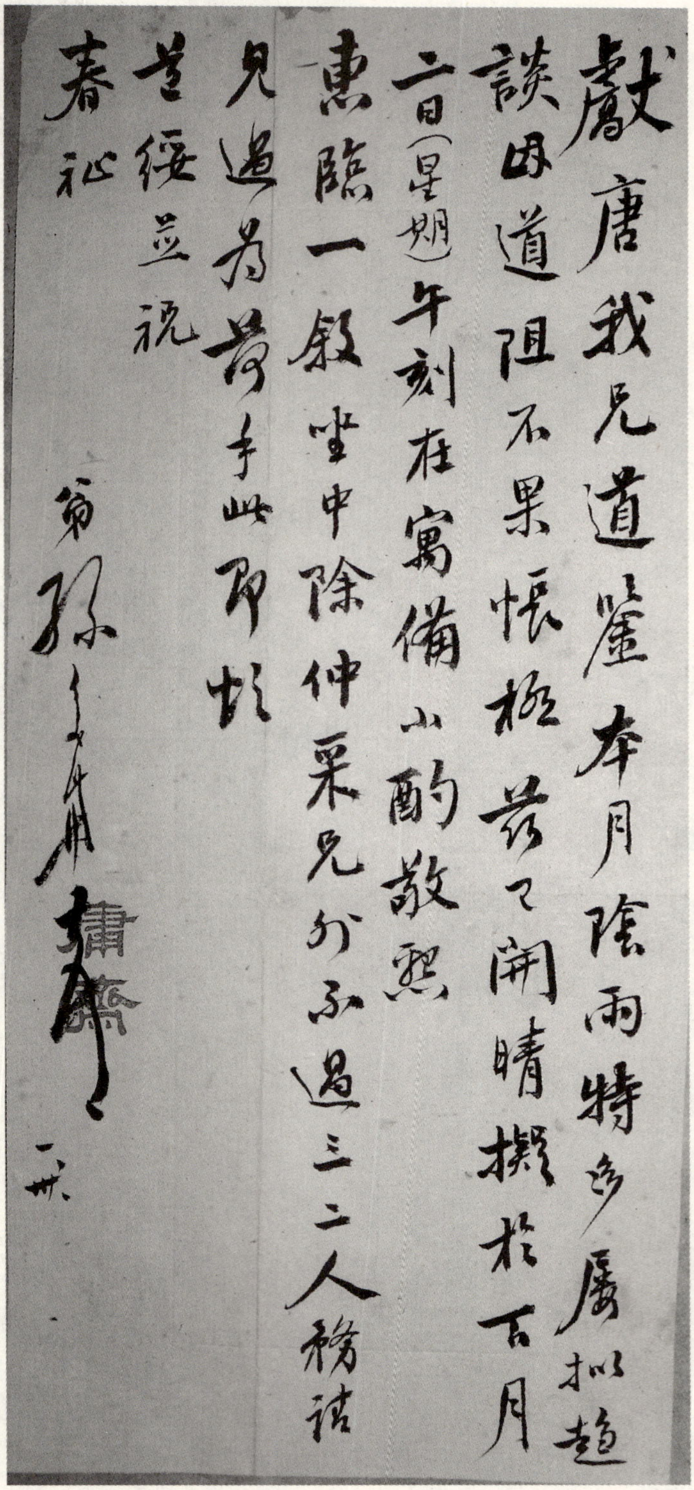

獻唐我兄道鑒：本月陰雨特多，屢擬趋談，因道阻不果，悵極。茲乙開晴，擬於下月二日（星期）午刻在寓備山酌，敬懇惠臨一敘。坐中除仲采兄外，不過三二人，務請見過為荷。手此，即頌著綏，並祝春祉。

弟孫[illegible]

一卅

一百二十八　丁珊村 書一通

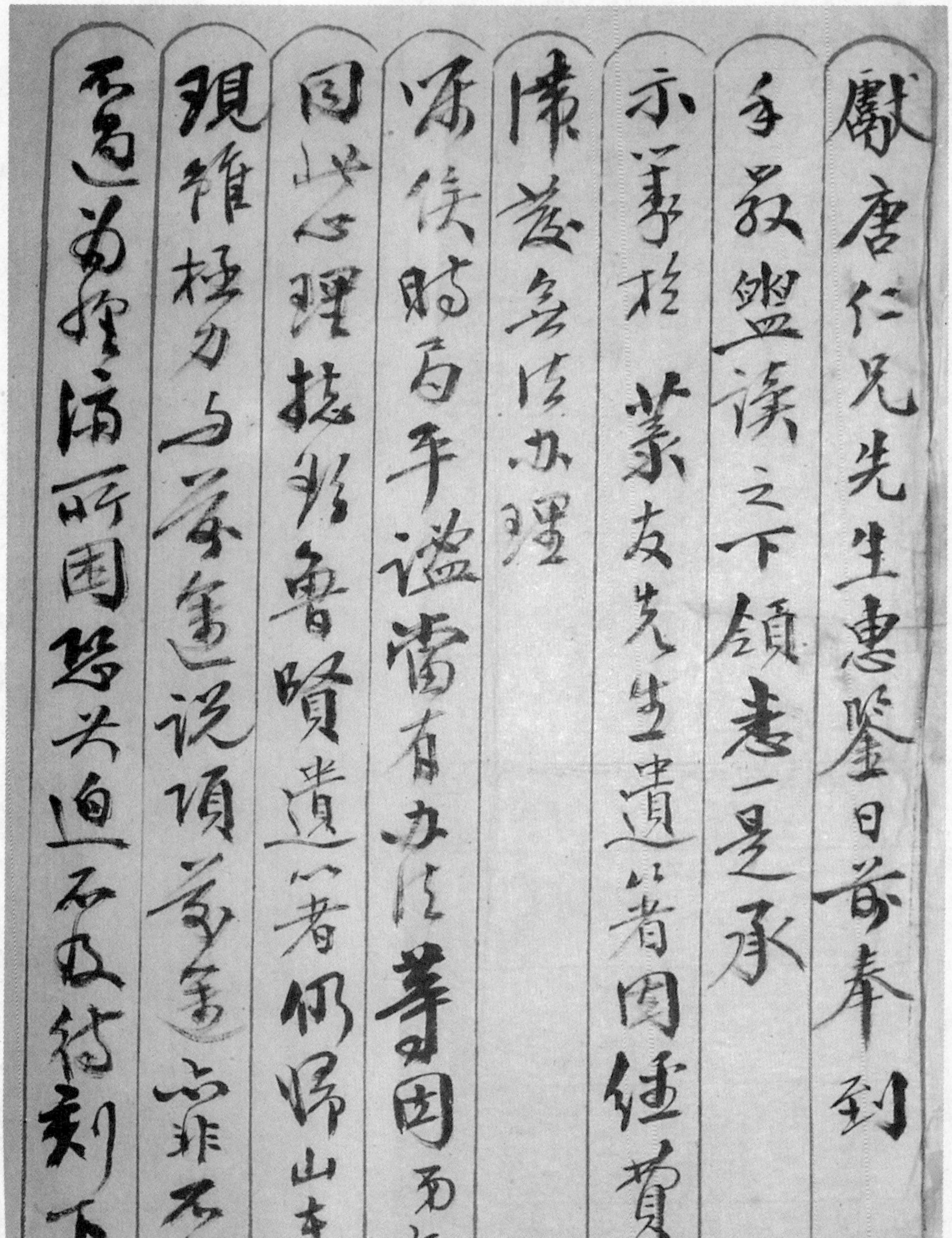

獻唐仁兄先生惠鑒：日前奉到
手教，盥誦之下，領悉一是。承
示及於萊友先生遺著，因經費
情設法辦理
深佩。俟晴百年謚當有如此等困而亦
同此理。據彭魯賢遺著仍歸山東
現雖極力與孫集遠說項，孫集遠靠不
當道前擬請所困難共迫不及待刻下

呼艾思侍
尊處如果年前能已出洽者可靜候
再告伯庚敵亦為山東出寶海西重器原
係東李山農所藏後歸陳簠齋由陳氏
歸福山館現歸郭月樵君郭君因
經商壓迫亦已急於出手之勢亦係託弟
為之辦理前年曾經法國人出價兩萬元為弟
所破壞此事雖屬不起郭君尋為我國古

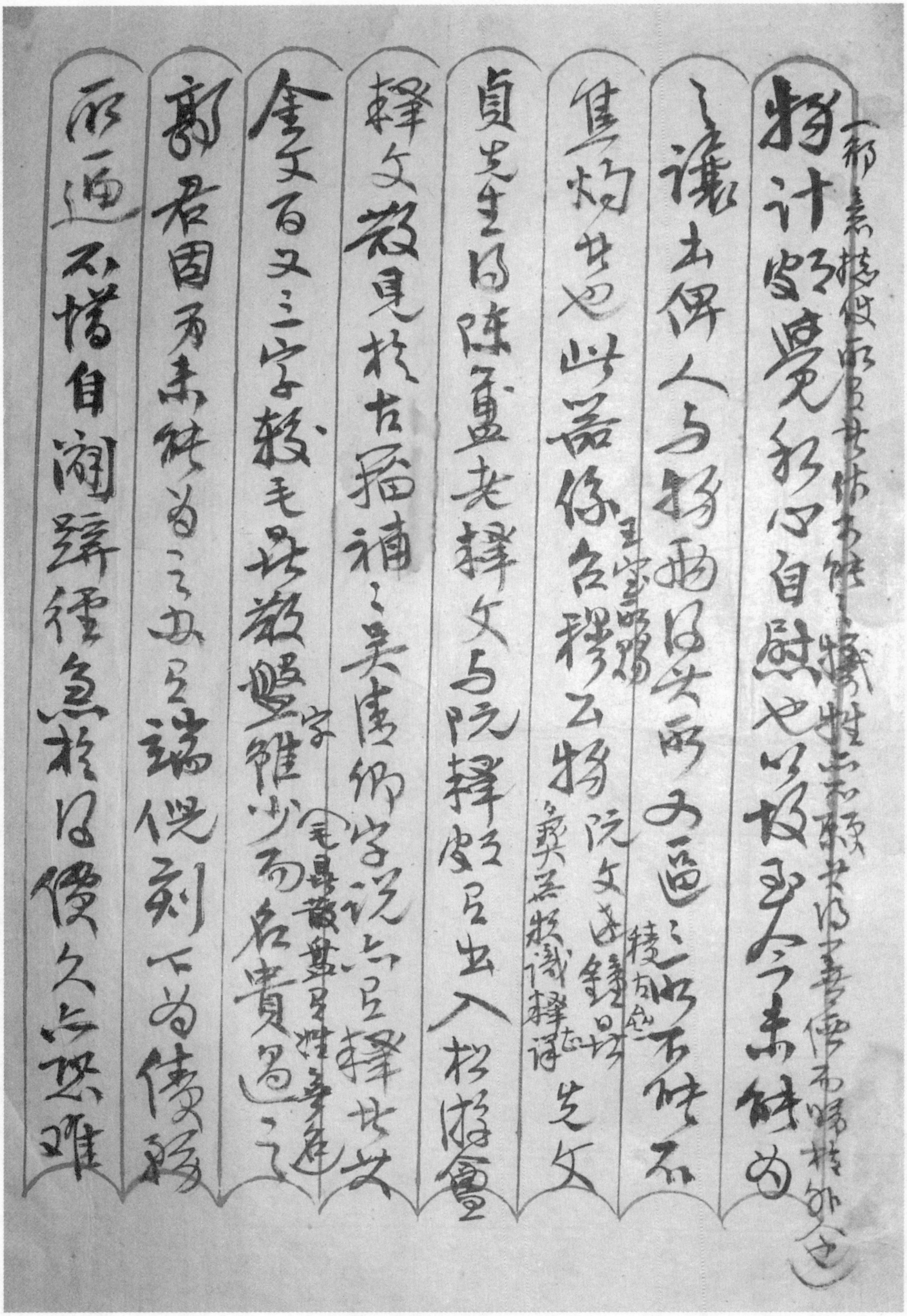

將計所覺我心自慰也以故至今未能為
之議出與人與將兩周文所不通之處亦不能不
集拓其也此器係名釋文將阮文達鐘鼎錄曰[illegible]先文
貞先生所陳簋之釋文與阮釋頗見出入於儀[illegible]
釋文散見於古籀補之吳清卿字說亦足釋其文
全文百又三字較毛公鼎散盤雖少而名貴過之
郭君因尚未能為之考其端倪刻下為傳錄
所過不惜自詡辟徑急於[illegible]久亦恐難

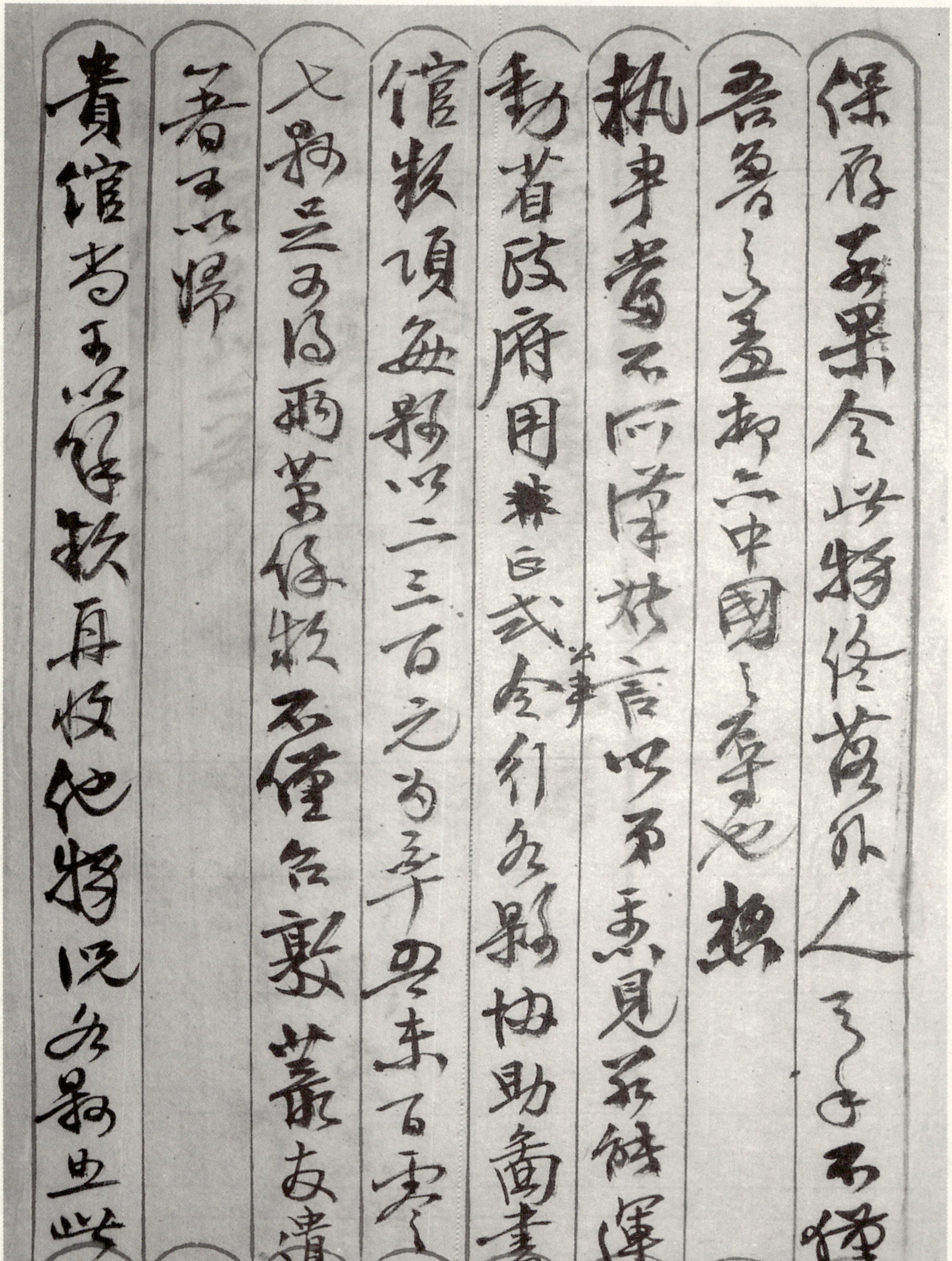
保存要果令此籍經其外人之手不僅
吾魯之羞抑亦中國之辱也想
執事素不以諱言拒我亦素見我能運
動省政府因正式令行文籍協助商書
館收購無籍以二三百之高率畀來百零
七籍之不得再購業經收不僅名數叢友遺
著不以歸
貴館高不以買收再收他籍況無籍出此

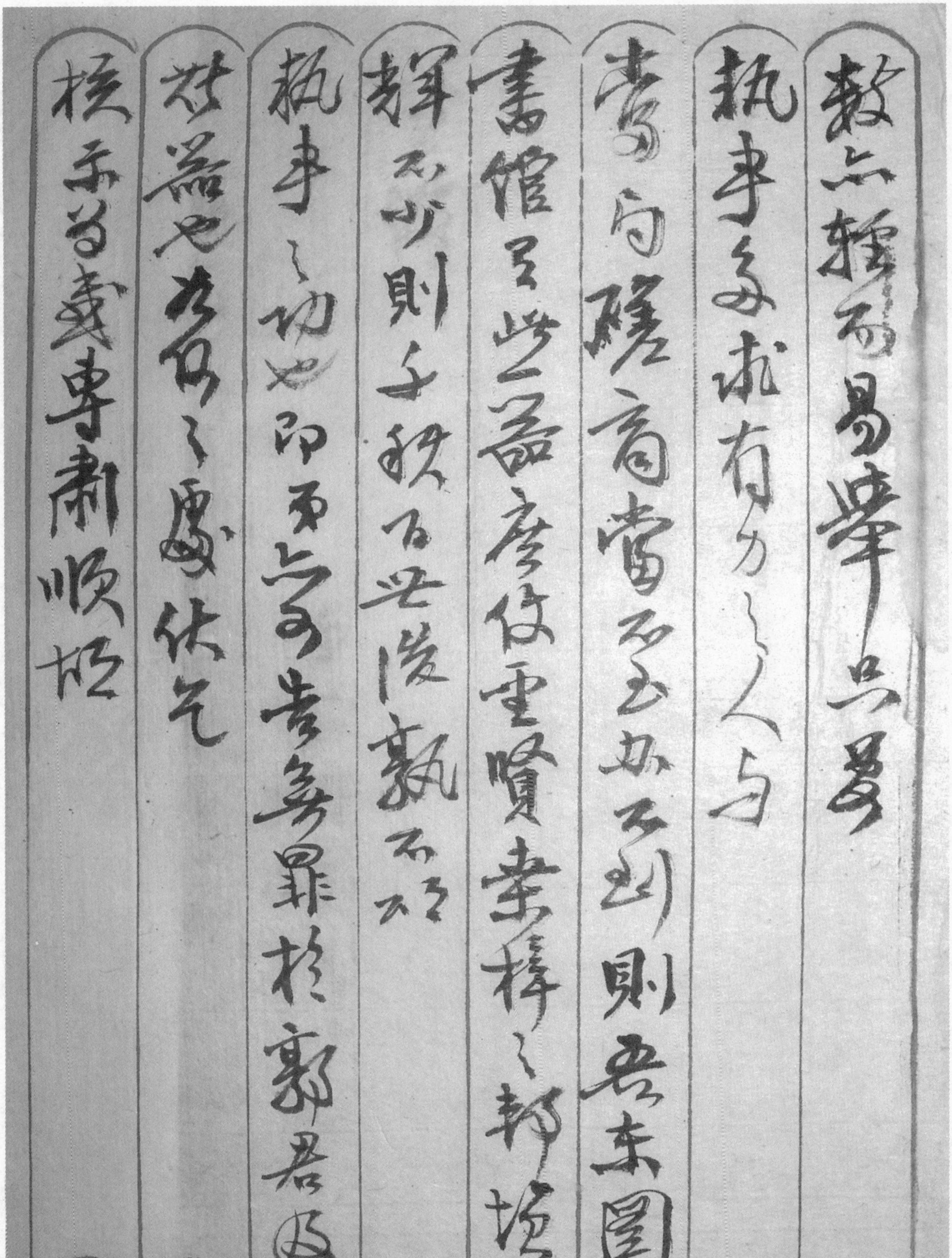

數點輕而易舉只要
執事多求有力之人與
本司磋商當不出如不出則再來圖
書館另外為唐伐重賢妻稱之報填
揮不少則千秋萬世後執不忘不忘
執事之功也即再與吾無罪於郭君及
其為也若其之處他氣
接奉芳函專肅順頌

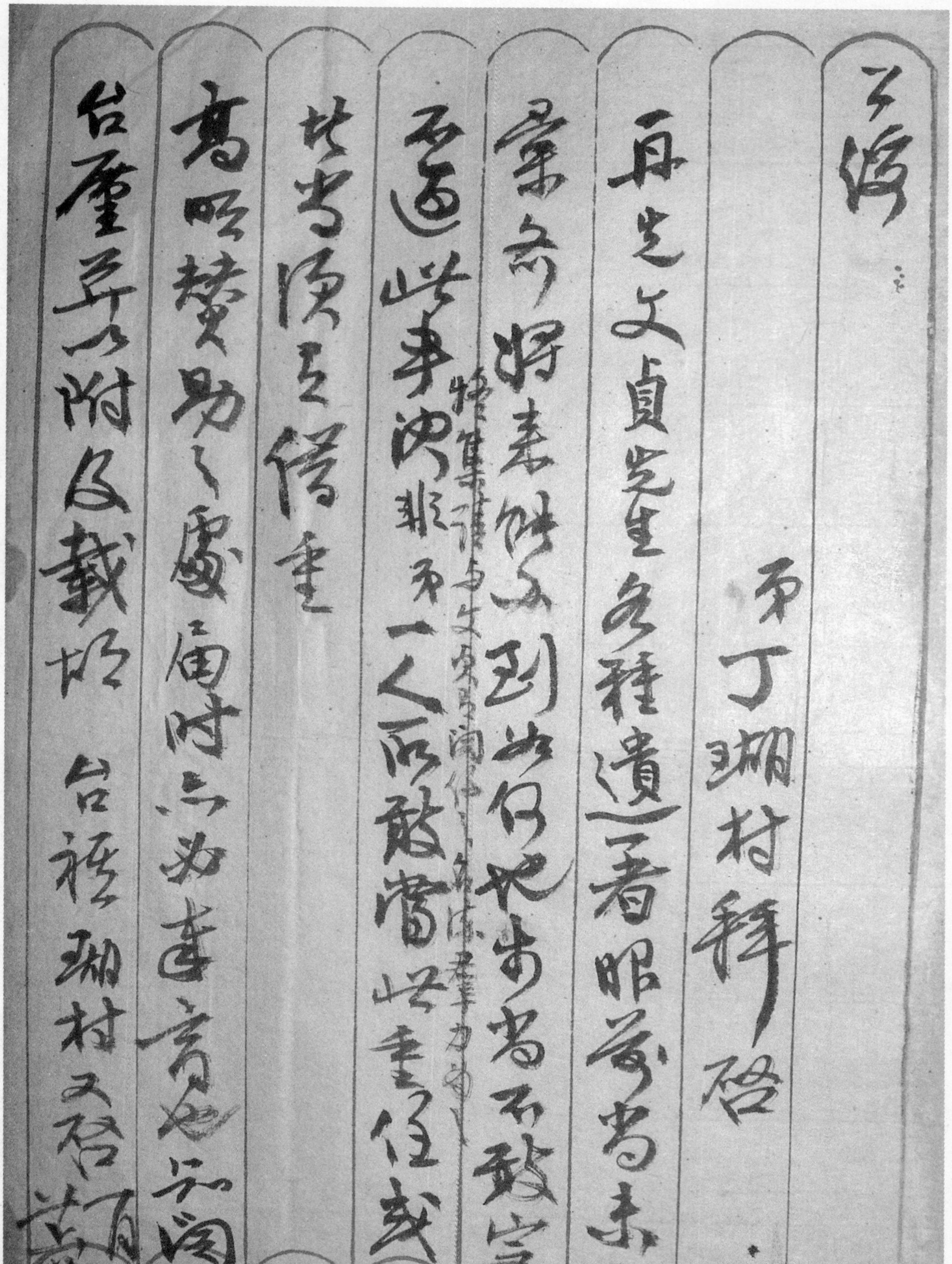
又緘

弟丁琳村拜啓

再先文貞先生各種遺箸昭前當未

業希將來附去到如何也當不致完

全遇此等事決非弟一人所能當此重任哉

故尚須多借重

高明贊助之處為時亦為甚盼

台覆并乞附及載切 台祺 琳村又啓 首

一百二十九　高毓華 書一通

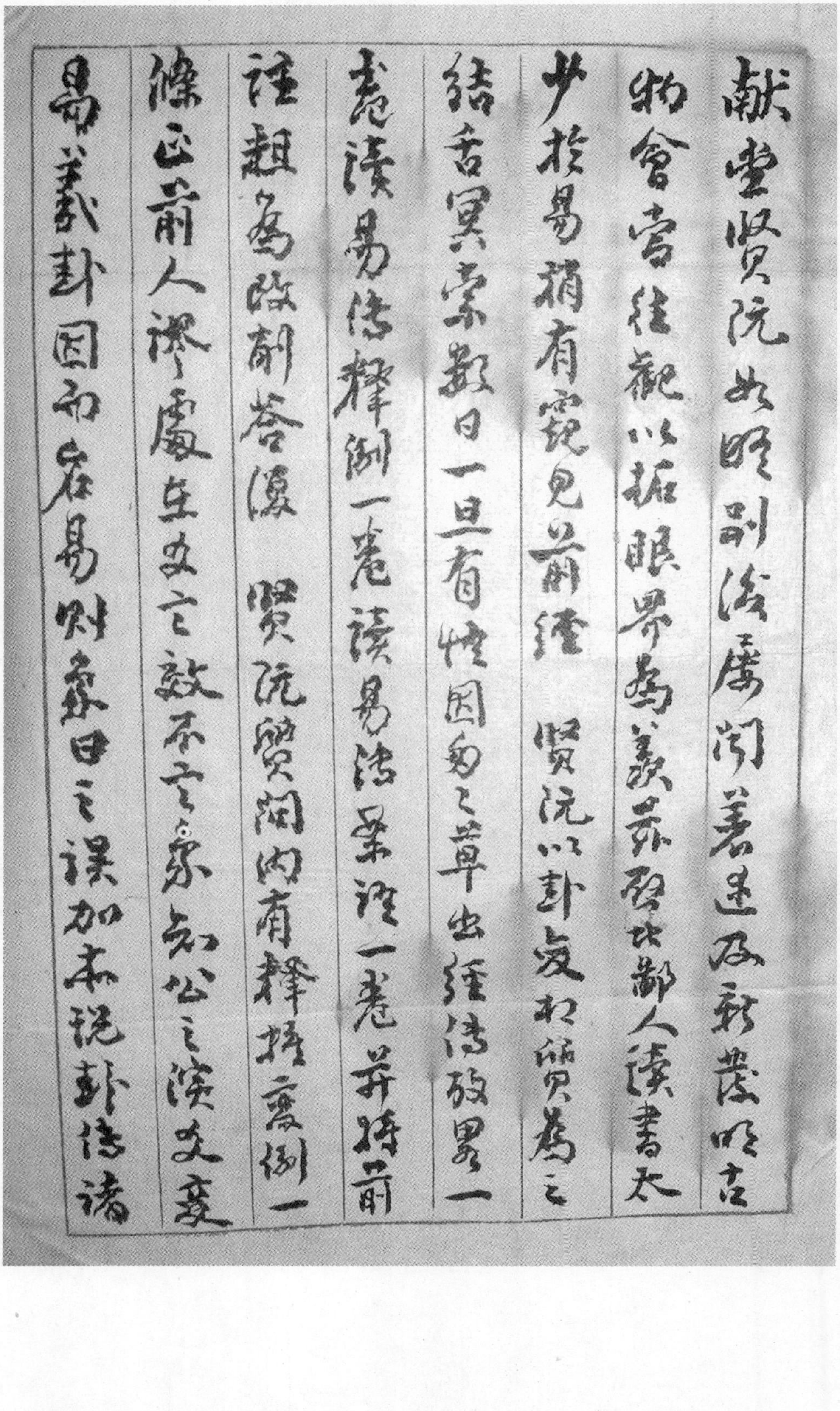

獻堂賢阮如晤：別後屢閱善述及新叢，所言
物會嘗往觀，以拓眼界。為義恭所作，此鄙人讀書太
少，於易稍有窺見，苟前經　賢阮以卦爻相質，為之
結香冥索數日，一旦有悟，因匆匆草出經傳殊異一
卷、讀易傳釋例一卷、讀易傳筆記一卷，并將前
註粗為改削答復。　賢阮閱內有釋指處例一
條，正前人謬處，生交之數不言象，知公之演文變
易，以義卦因而名易，則象日之謀加未說卦傳諸

彖繇爻及文象公之之泥於卦變之故，出一切打倒
王高郵、皖郝氏、虞氏諸說，再詳且確，特深於字詁
拘於句例。鄙人來書附和王大華，以只注明上下，尚以只句例
說，未且仿前人只注明健而文明句例，但明健文明乾離卦
注明上尚矣，逕據舊來與明上下象下大往小來一例
坐卦注。郎王二氏為學問泰斗，尚有此失，鄙人敢
帶不覺重視特經義，述聞淺人之識，自知不免
鄙塞，加以指摘，俾得成說，為愚甫此即頌
著安
愚侄高鴻華上言

一百三十　劉仲康 書一通

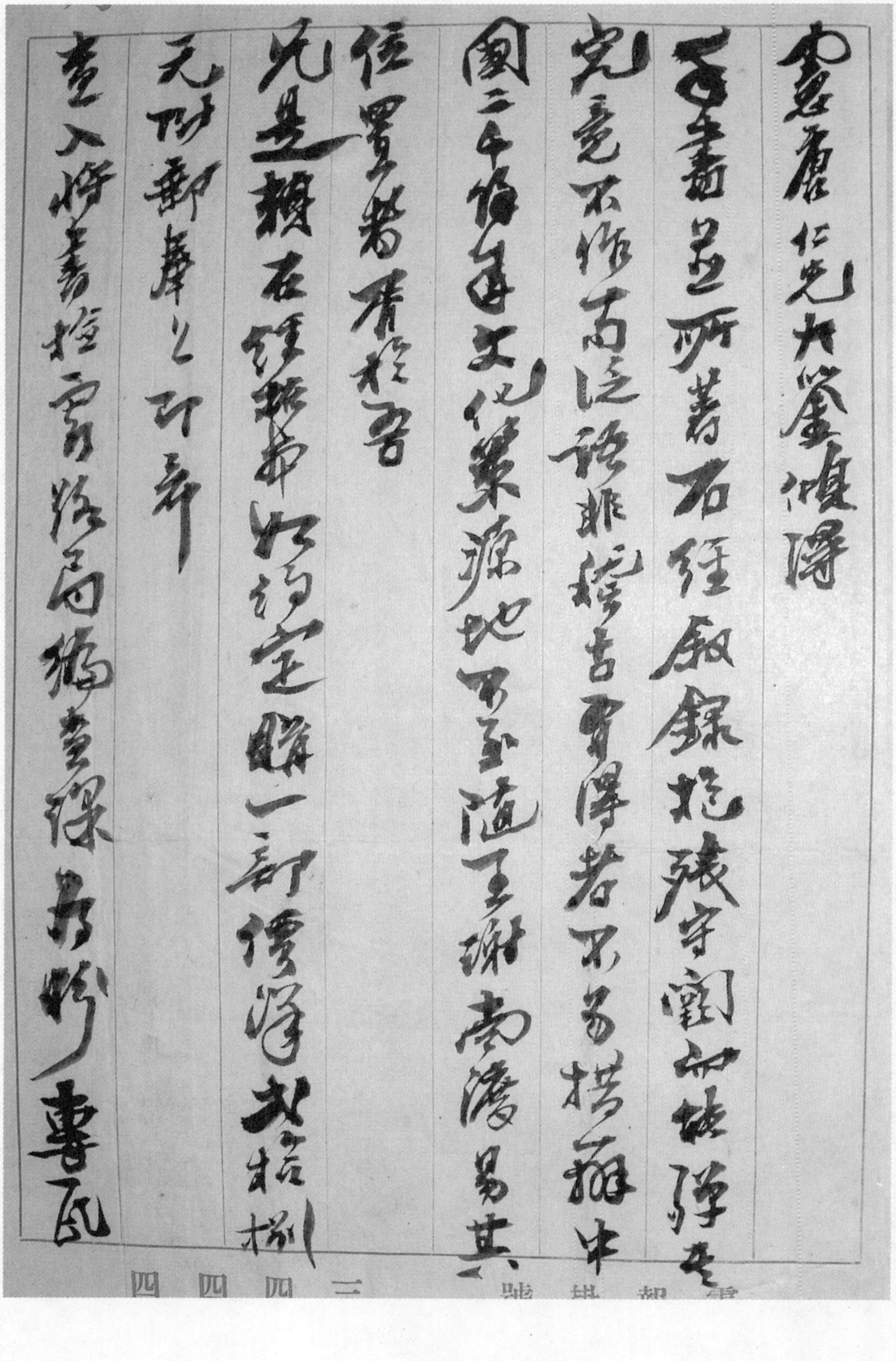

再丹垣撫魯在何年

前意陝之趙默存所著地理書閣下借抄

館中已抄錄存否若有秘書曹君二局

傳之地書已印行否均希

便中見示為禱

道安

弟劉坤之頓首 二月廿

電報掛號 四四四三

一百三十一　王佩南

書一通

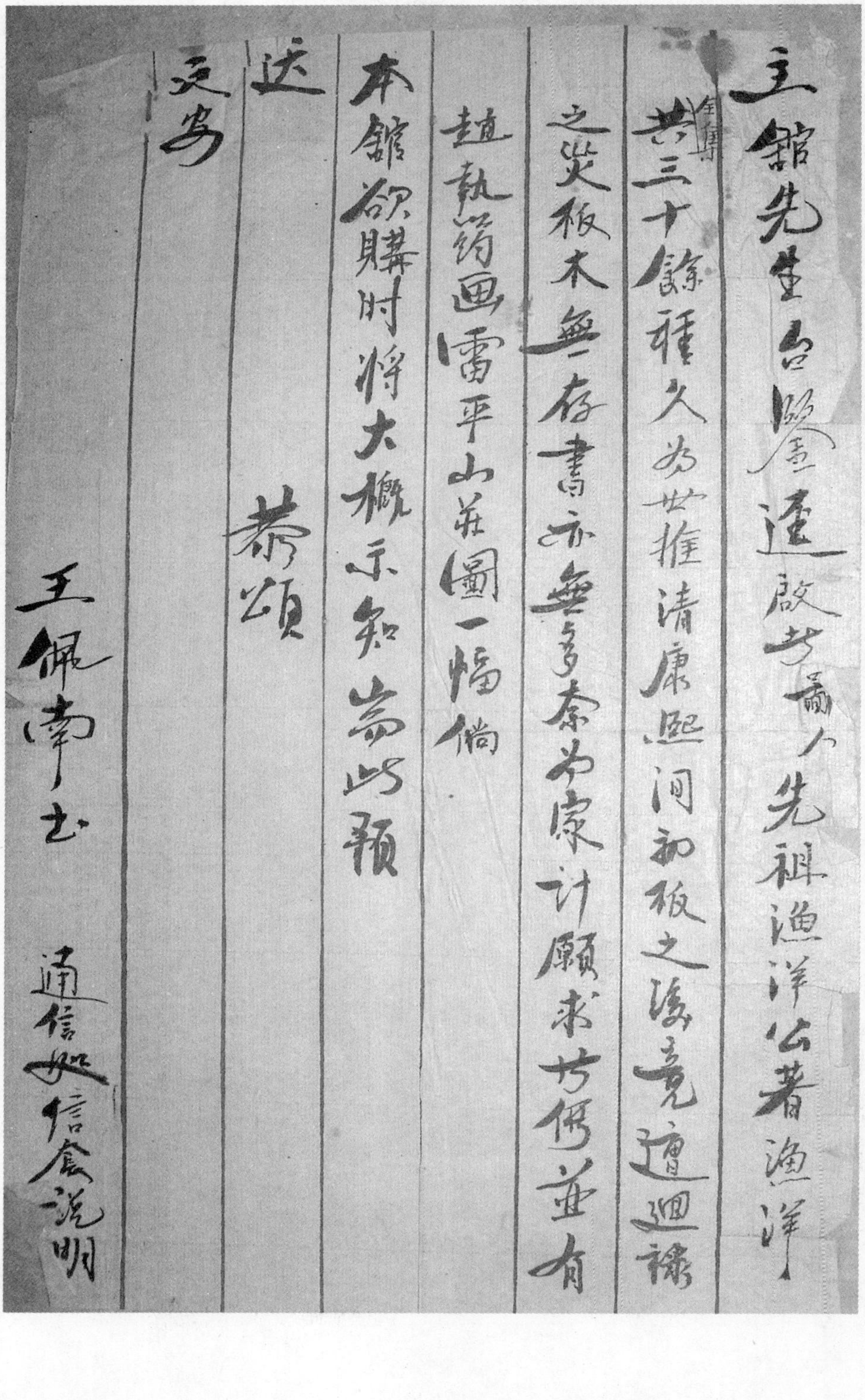

主館先生台鑒：逕啓者，鄙人先祖漁洋公著漁洋共三十餘種，久為世推。清康熙間初板之後，竟遭迴祿之災，板木無存，書亦無多。奈為家計，願求出售，並有趙執信画雷平山莊圖一幅，倘本館欲購時，將大概示知，為此預達。恭頌
文安
王佩南上
通信處信倉說明

一百三十二　容庚 書三通 封三件

書第一通

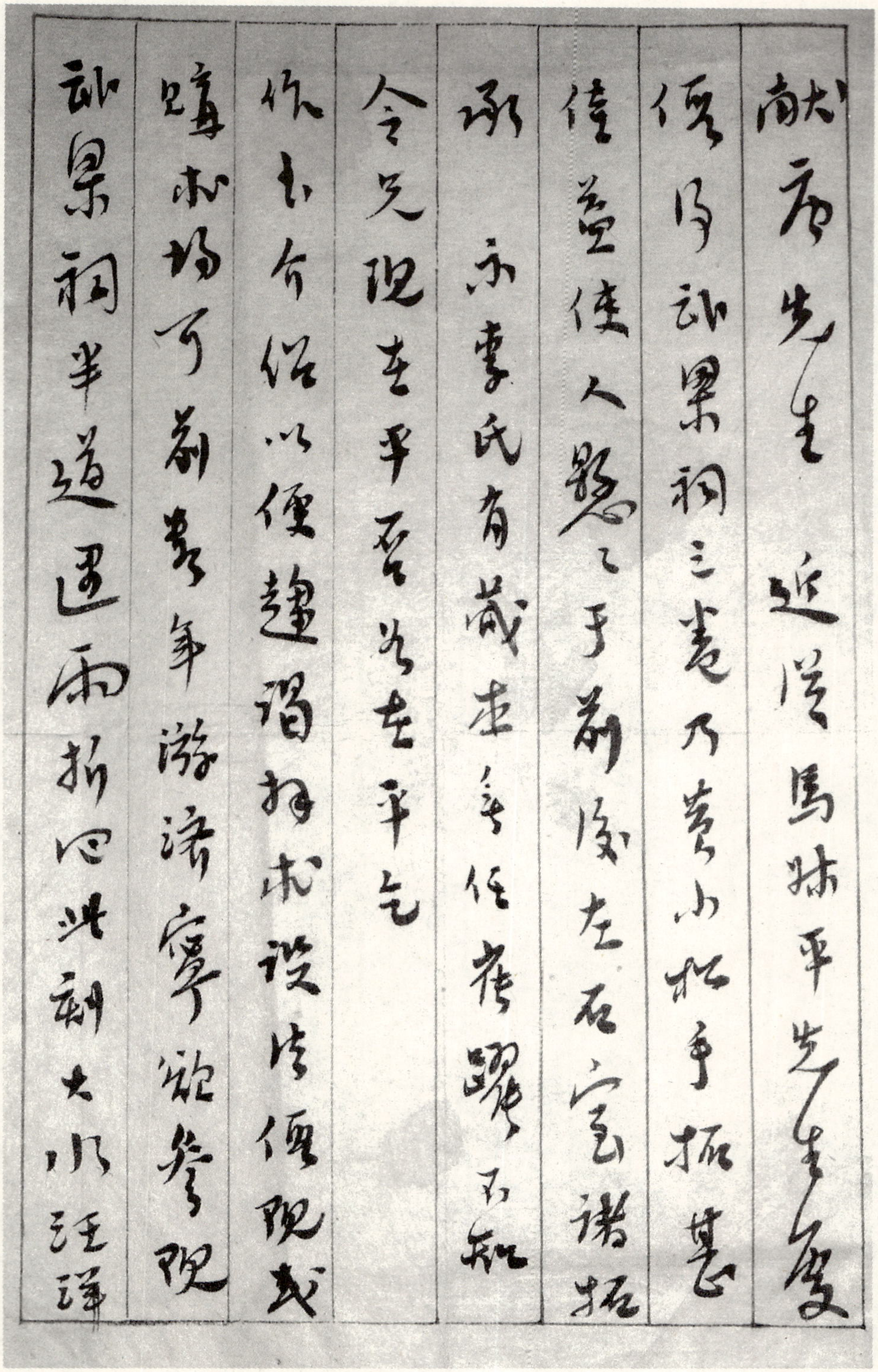

又不能去請俟異日當一行法國沙
畹及日人均有詳細著作而國人猶不注
意可為太息山左金石志于兩罍記載有
誤兩罍拓本尤罕見君知李氏有藏者
之否貴省多石刻不可無圖譜以傳之
足下似宜負鼓吹之責也匆復頌
道安
弟容庚上 八月廿九日

書第二通

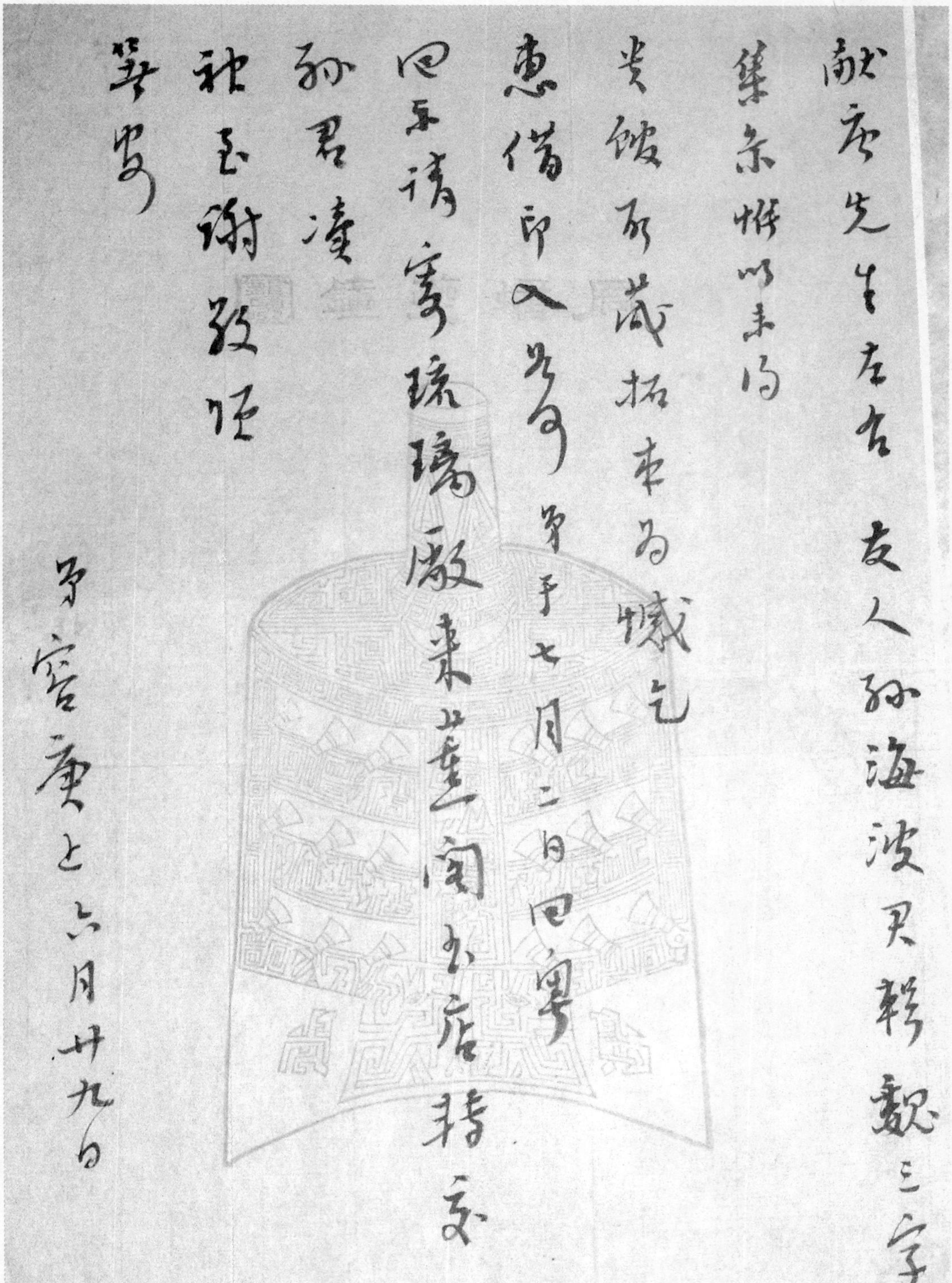
獻唐先生左右：友人孫海波兄轉致三字石經
集錄，拜收謝謝。
貴館所藏拓本為補，乞
惠借印入為荷。弟于七月二日回粵，
回後請寄琉璃廠來薰閣書店轉交
孫君遠
祉，並謝。敬頌
著安
弟容庚上 六月廿九日

書第三通

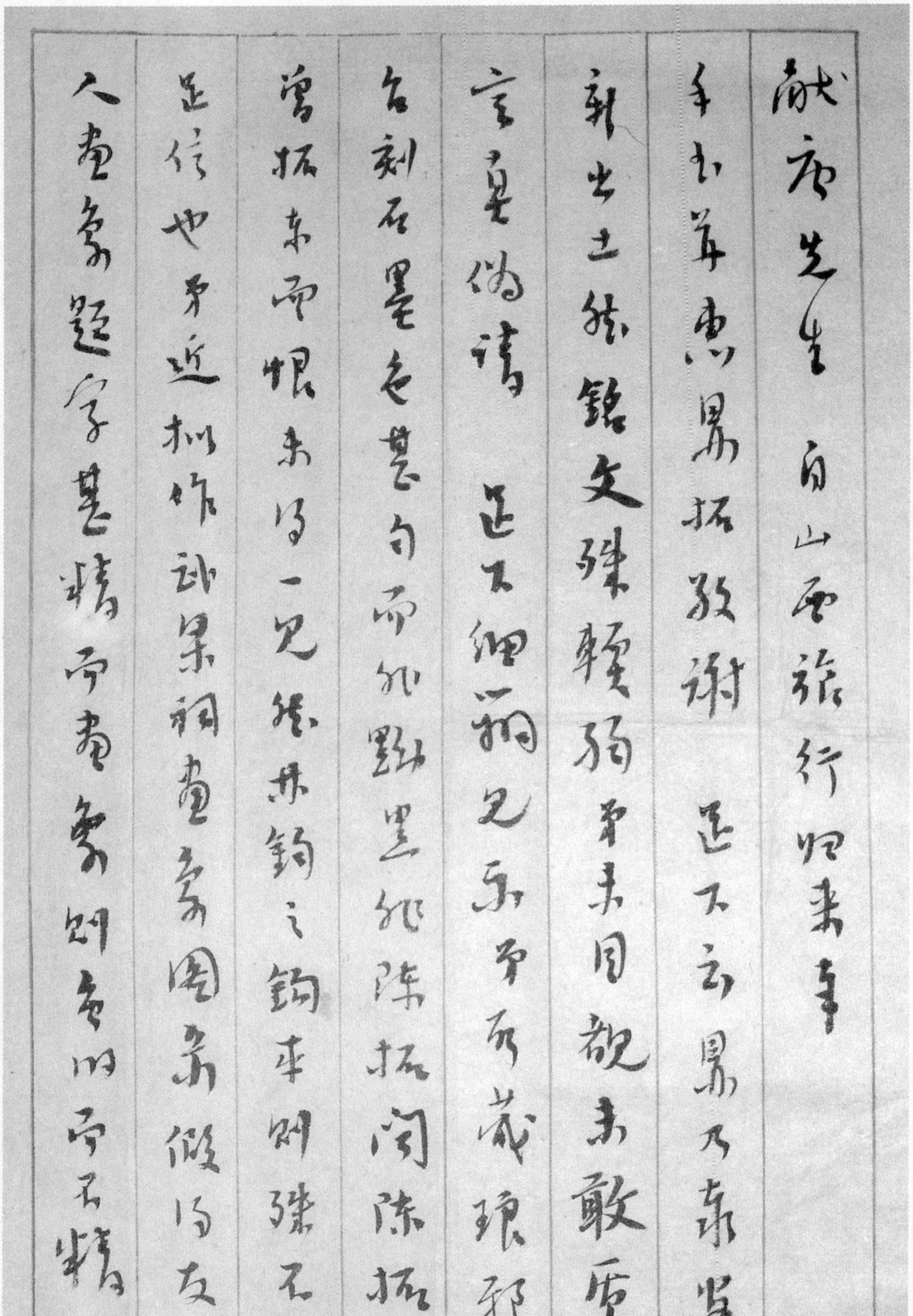

猷存先生：自山西旅行歸來，奉
手書并惠墨拓，敬謝。適不言墨乃東發
新出土銘文殊類簡，弟未目睹，未敢質
言是僞。請適下細研究之，弟所藏瑯琊
台刻石墨色甚匀而非點墨，非陳拓。陳拓
曾拓東西，很未得一見。然所鈞之鉤本，則殊不
足信也。弟近撰作武梁祠畫象圖考，假得友
人畫象題字甚精而畫象則多以而不精

未審 足下能代覓見僅存所謂原拓未見
能晴于乾隆未多少意亦明拓可尚能急需
之能得黃小松稿石時拓本或賸或僅均所願
也兩漢之本亦六十年舊拓稍石潤畫多
未拓甘殘泐之石亦有未拓者曾見法人沙畹印
行一冊畫象甚全而吾國則除金石萃編金石
索等書一部分外尚無完備者甚盼 足下
之能助予也復頌 著安 弟賓虹上 八月廿三日

封第一件

封第二件

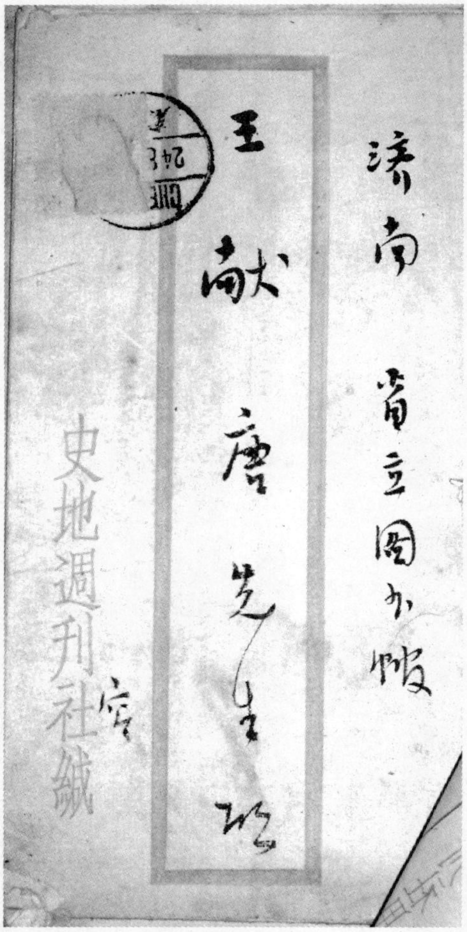

封第三件

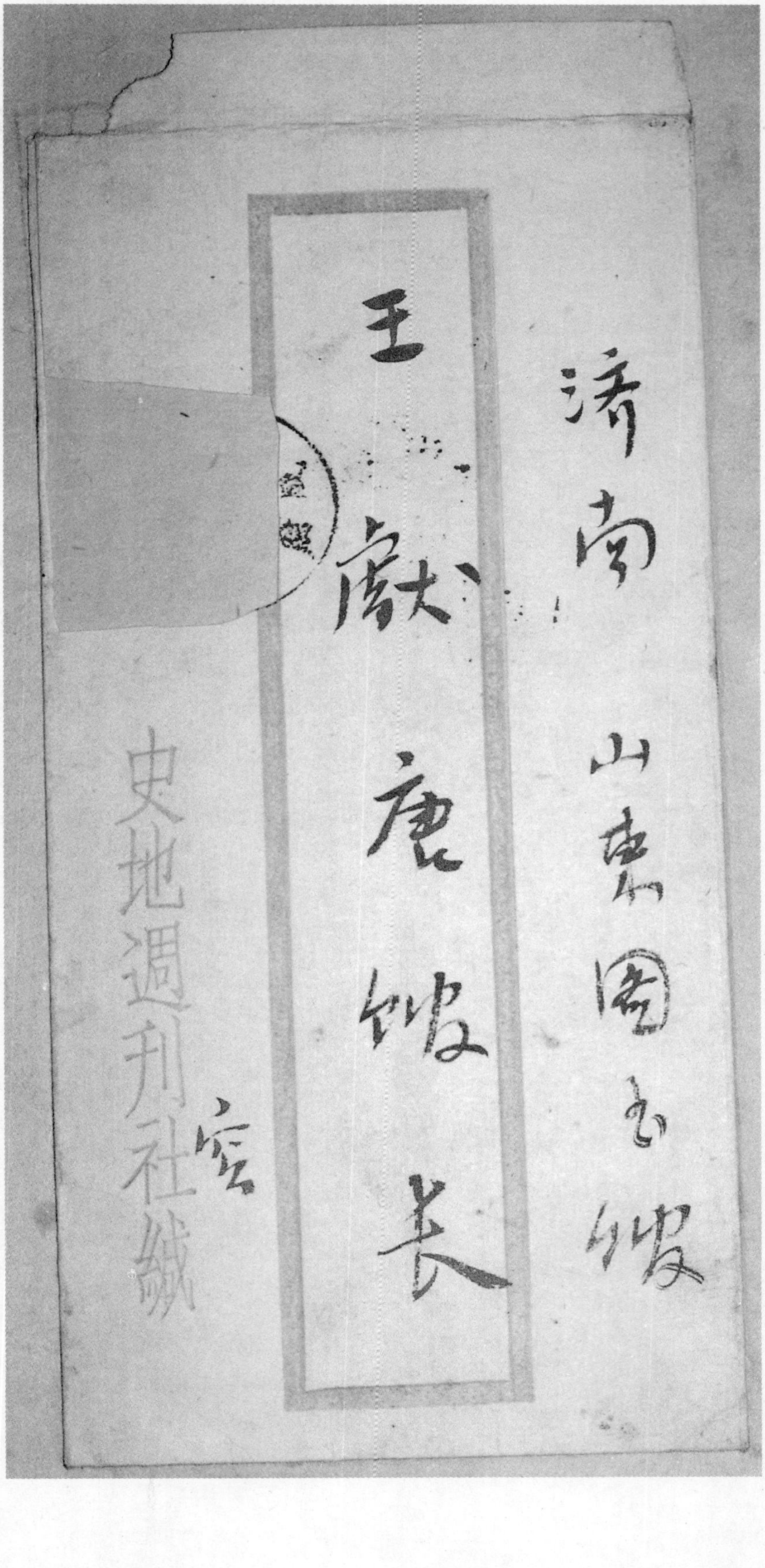

一百三十三　董井

書二十一通　封七件

書第一通

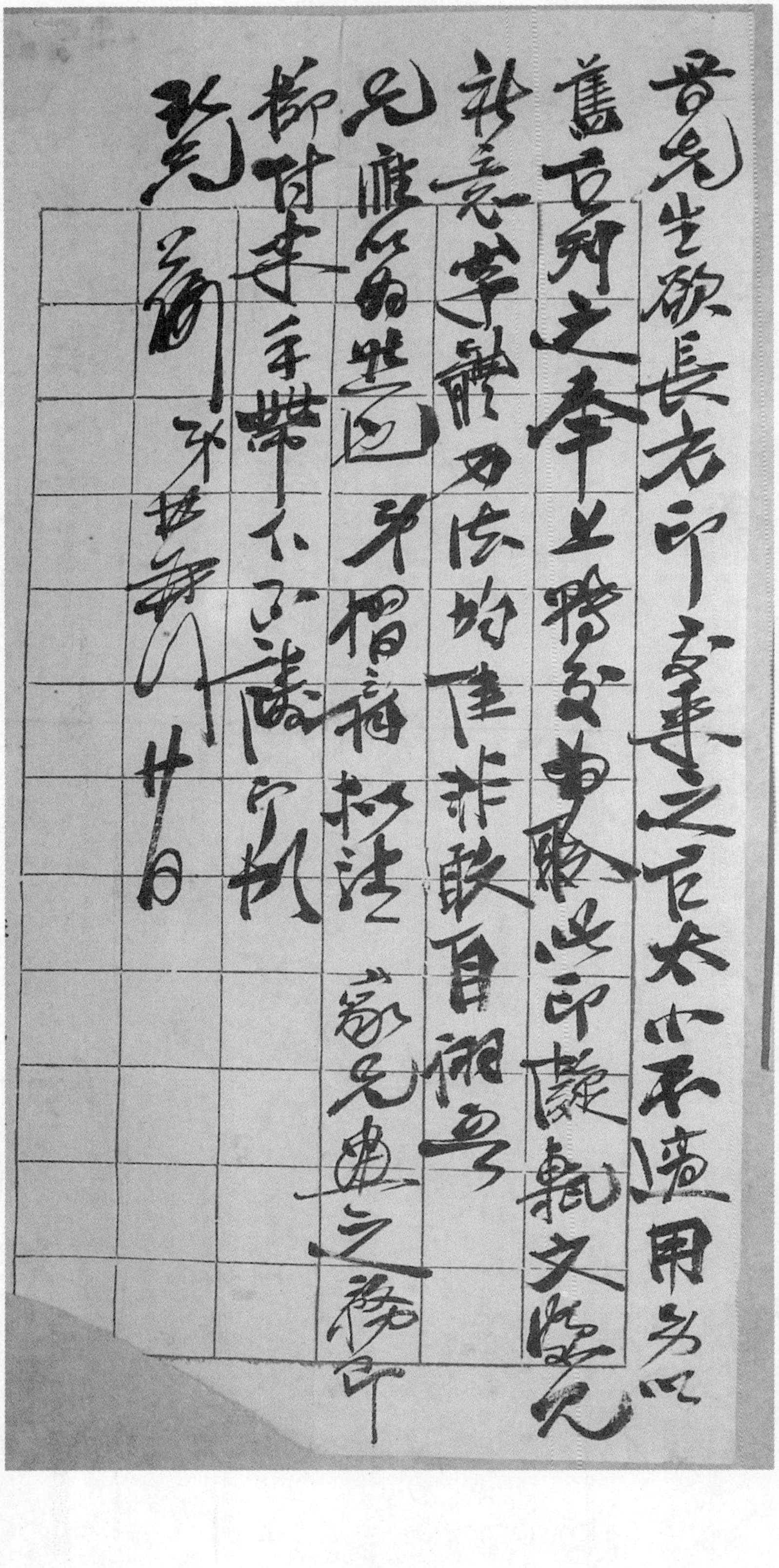

書第二通

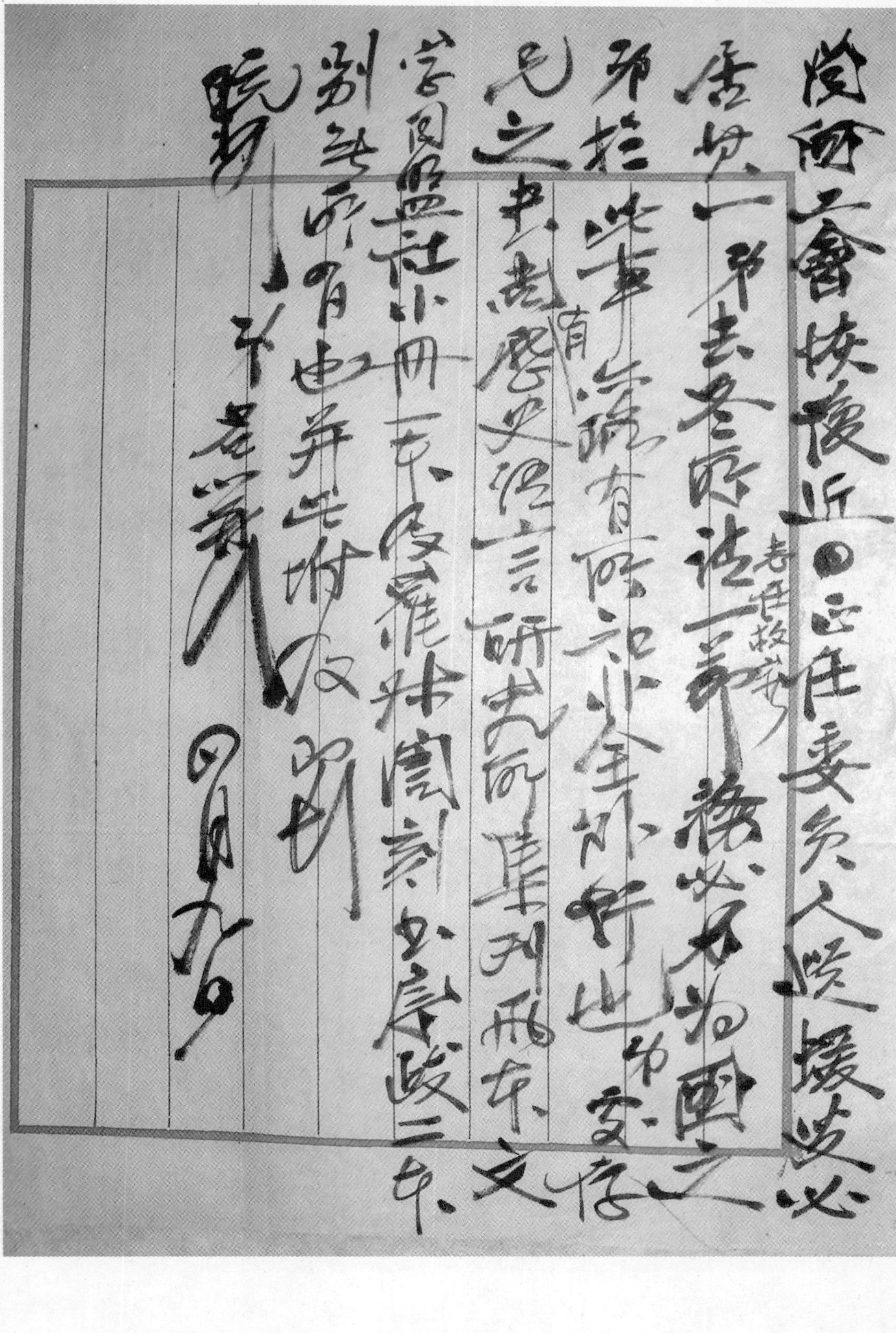

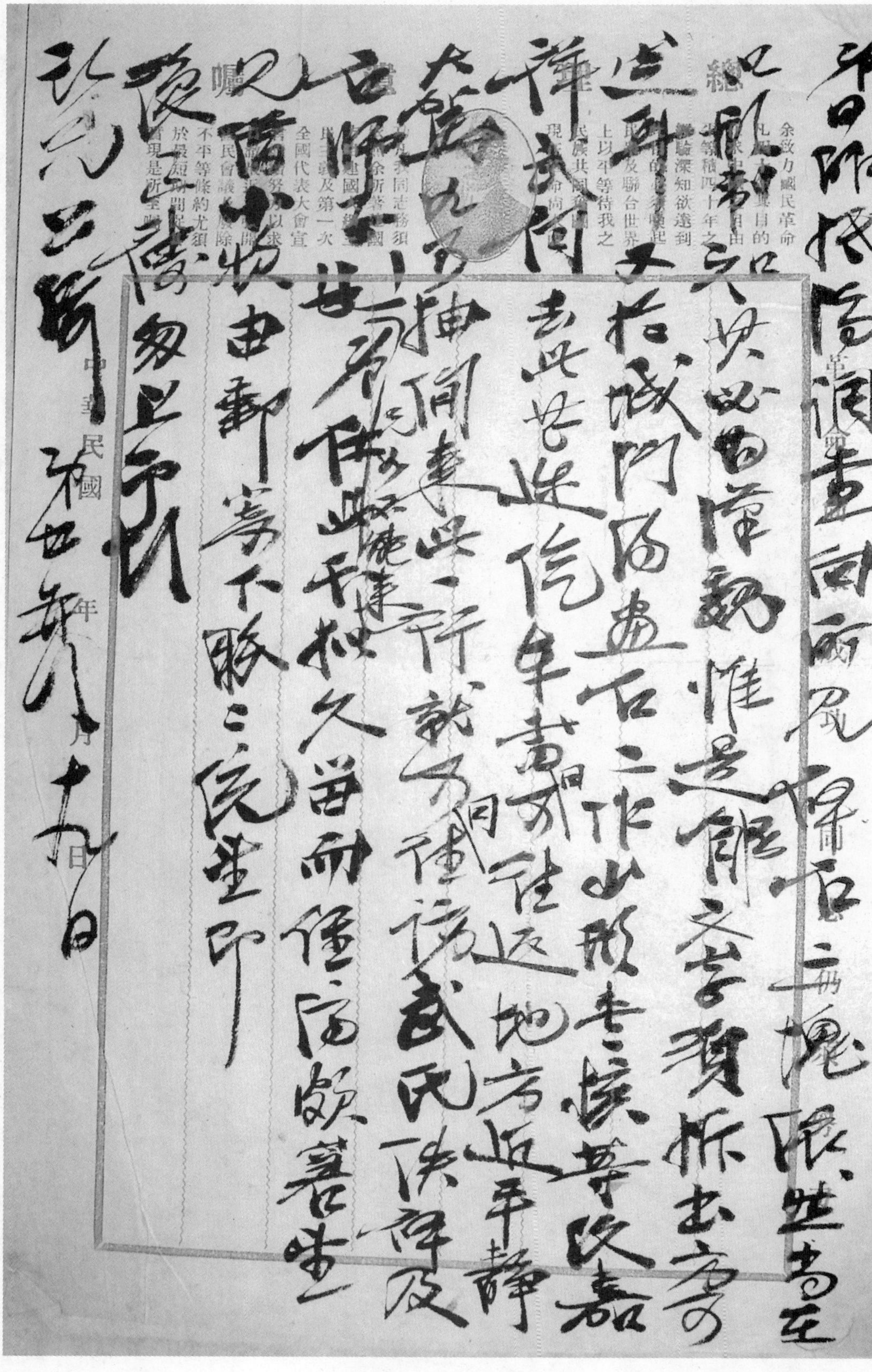

董井

書第四通

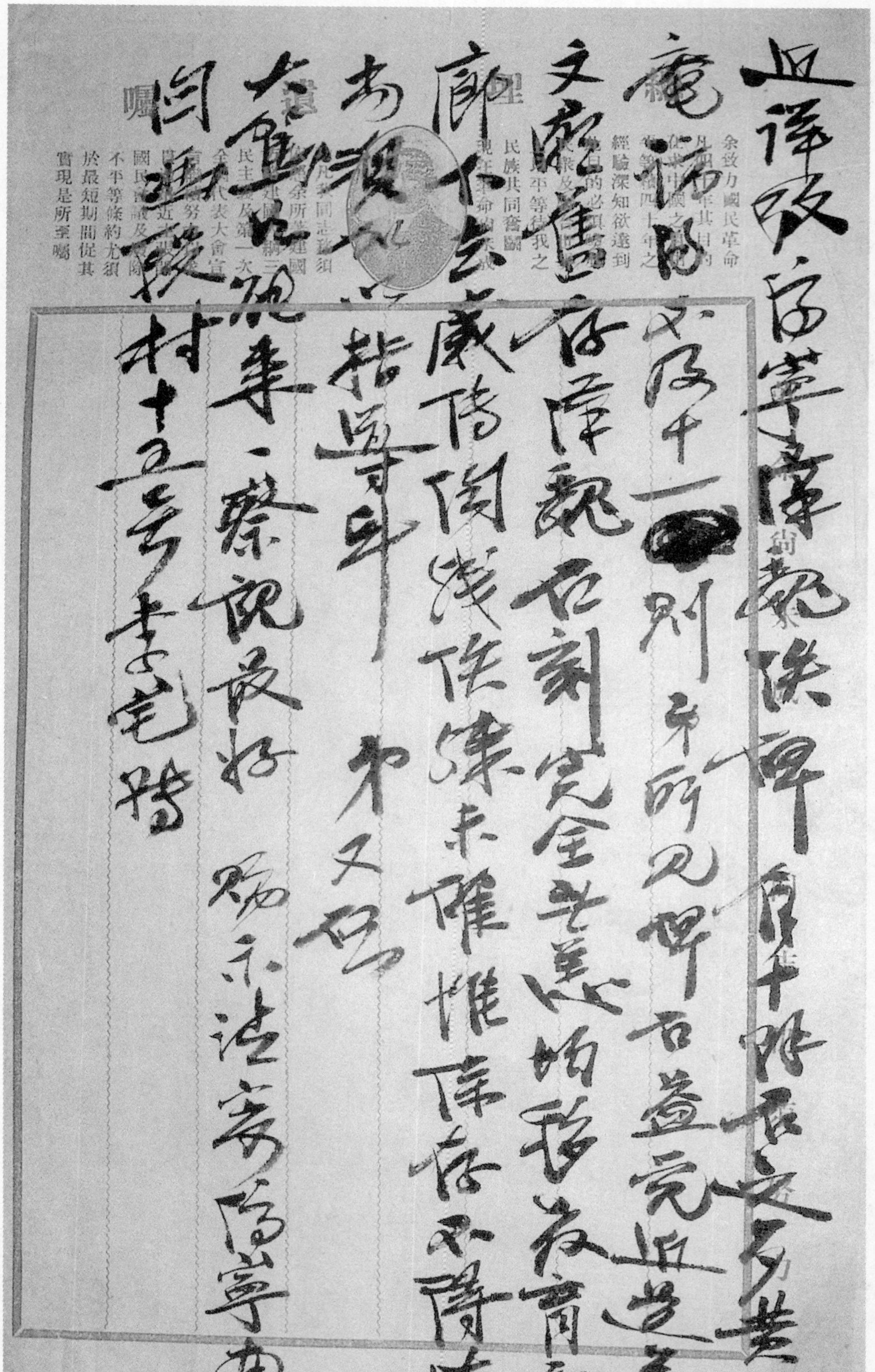

書第五通

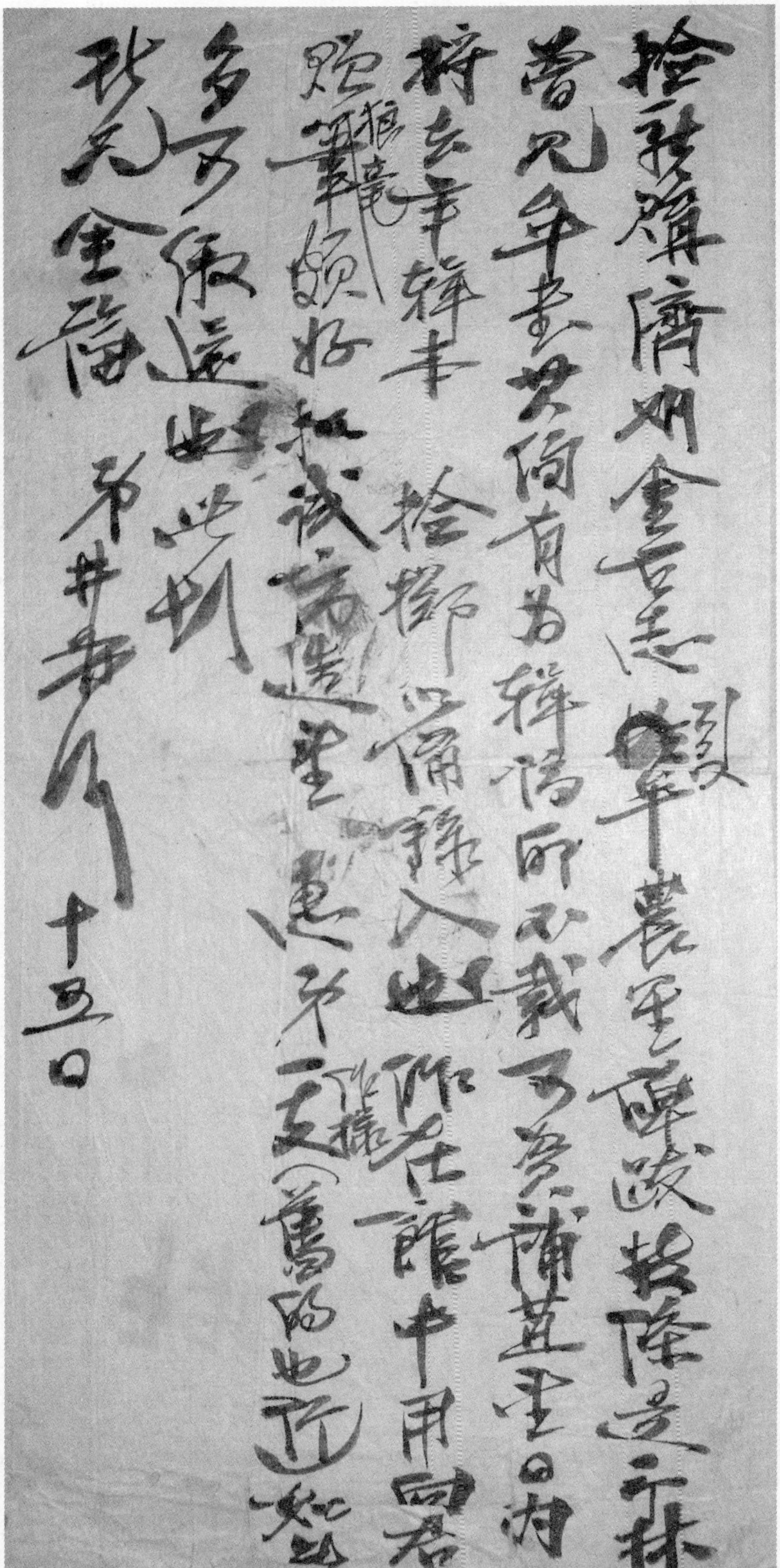

董井

書第六通

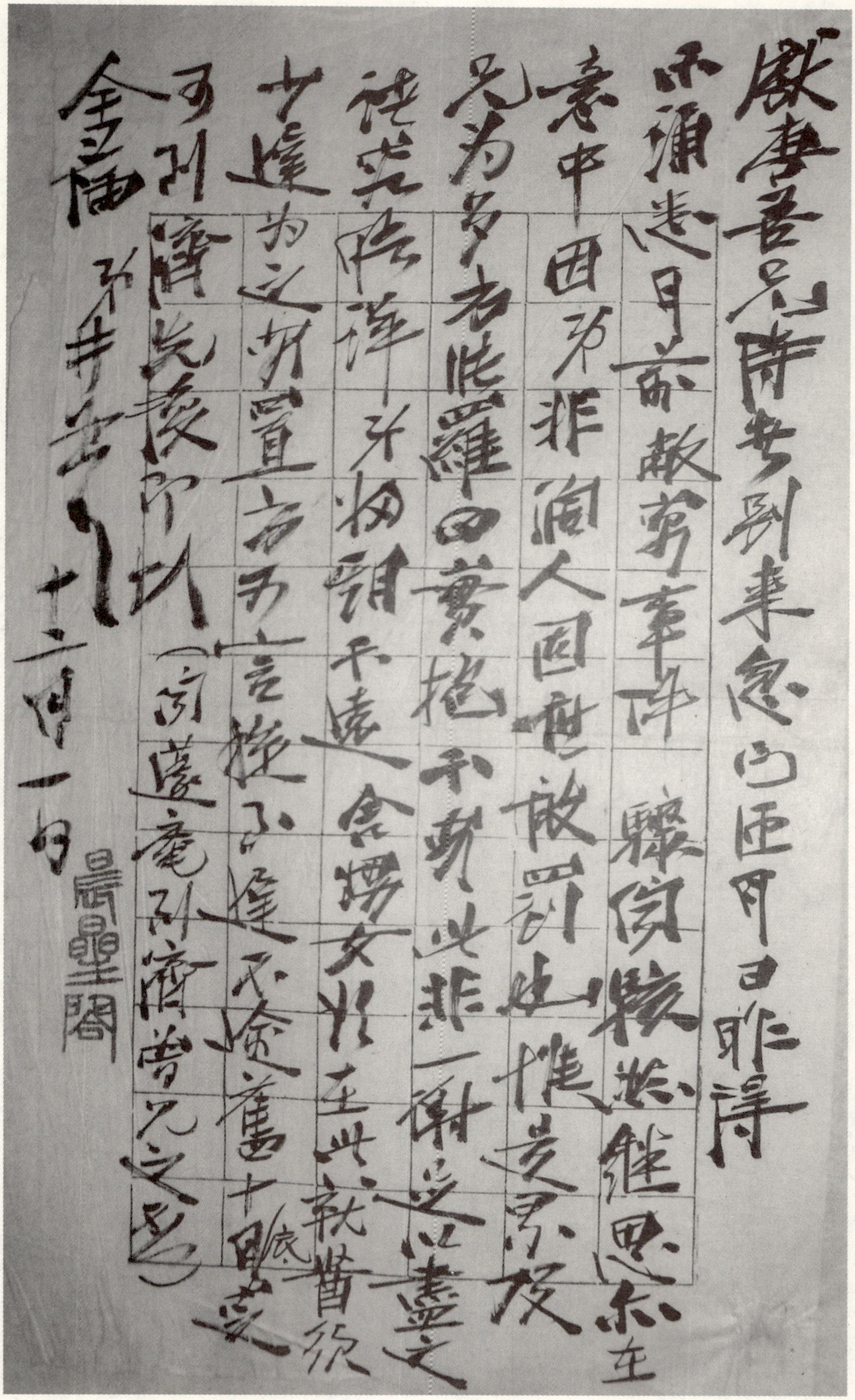

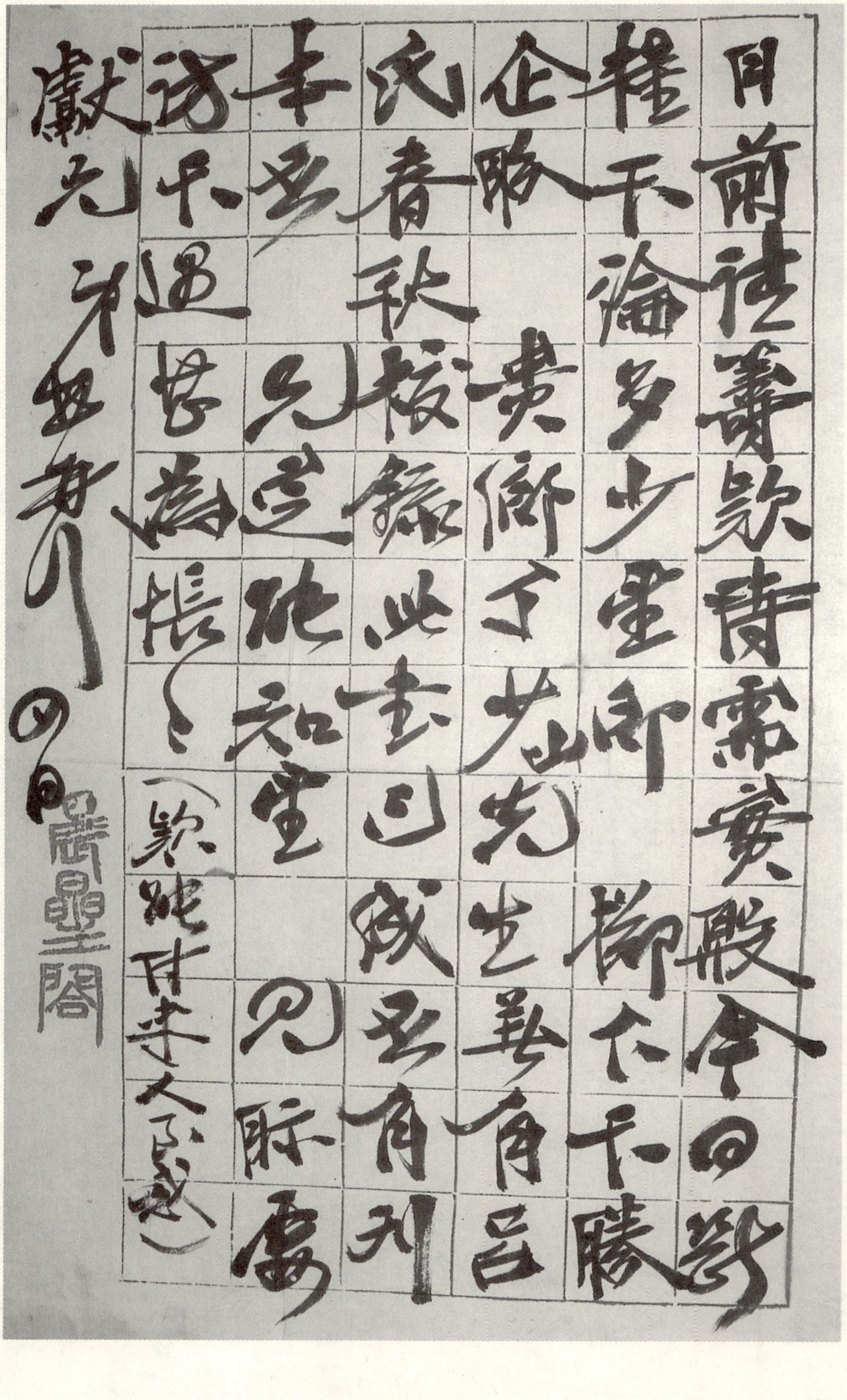

書第八通

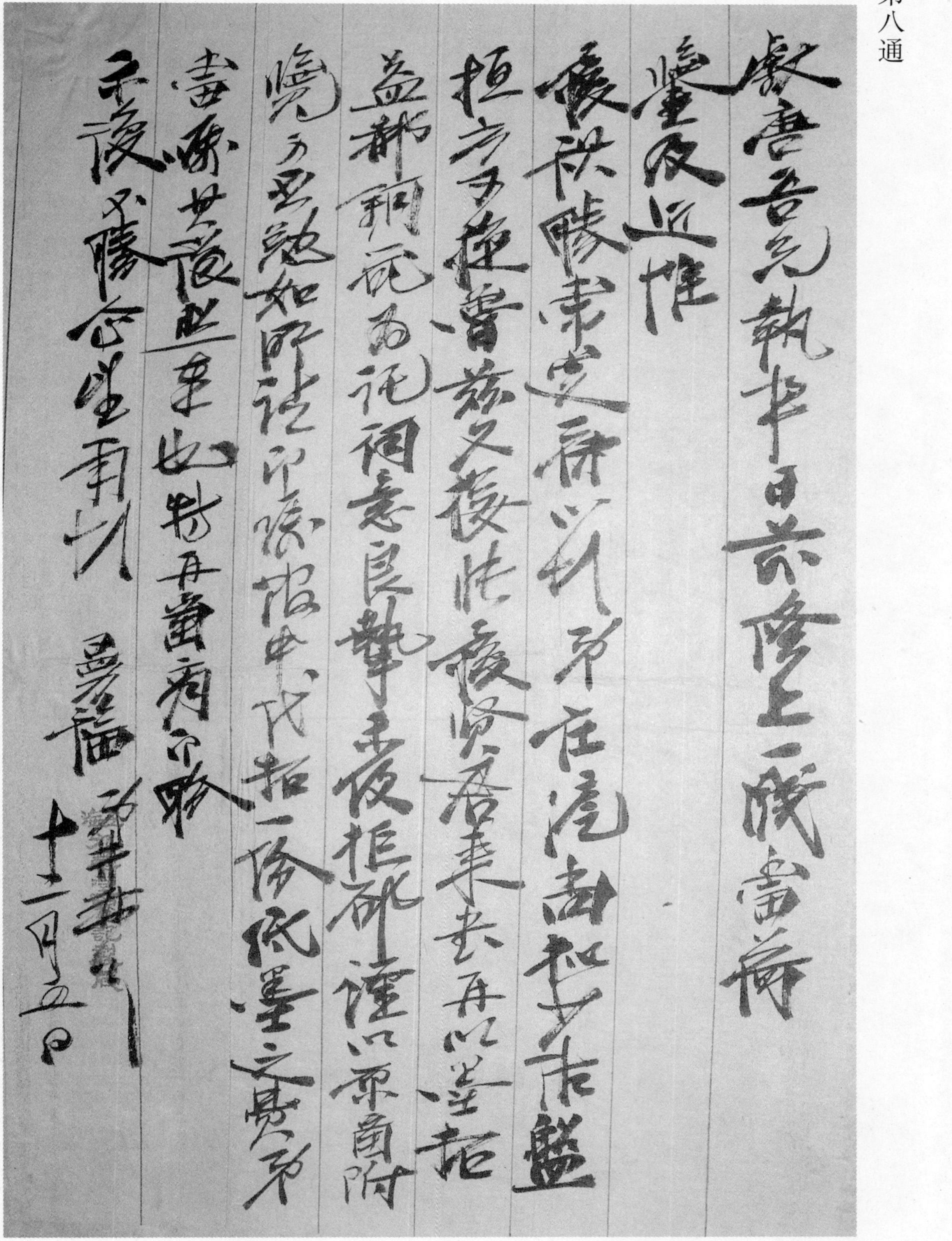

書第九通

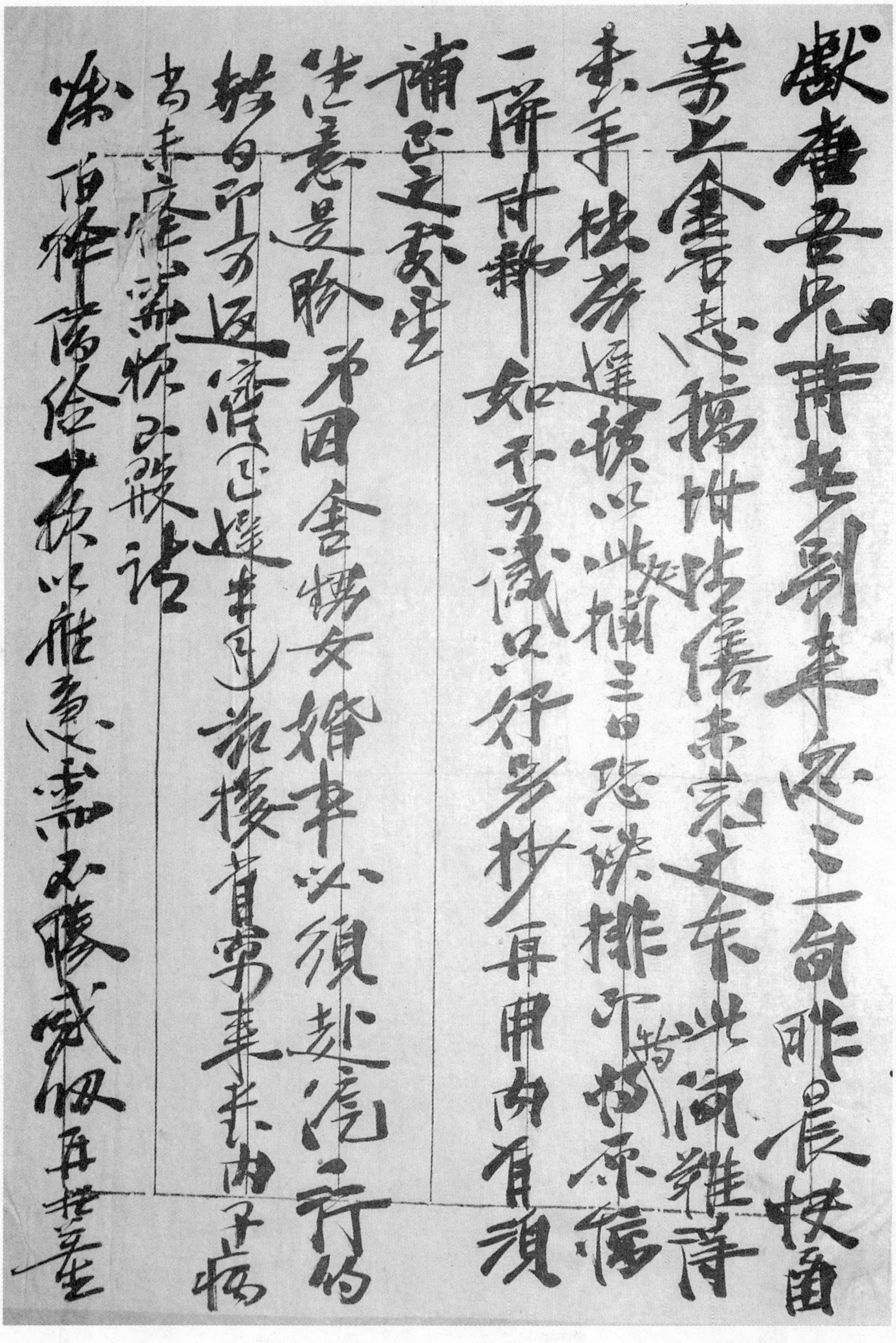
獻庵吾兄：前寄到來惠之一函，昨晨快函
并上金書起稿，均依傳未完之本。此間雜誌
未手頭排好，遲擬以此延擱三日，恐誤排印，特此奉覆，
一併付郵，如不方識，只好另抄再用，內有須
補正之處，望
注意是盼。弟因舍甥女婚事，以須赴滬一行，約
於月內返滬（正月半）前後有事再由弟子任
書未能詳，尚祈原諒
[illegible]

書第十通

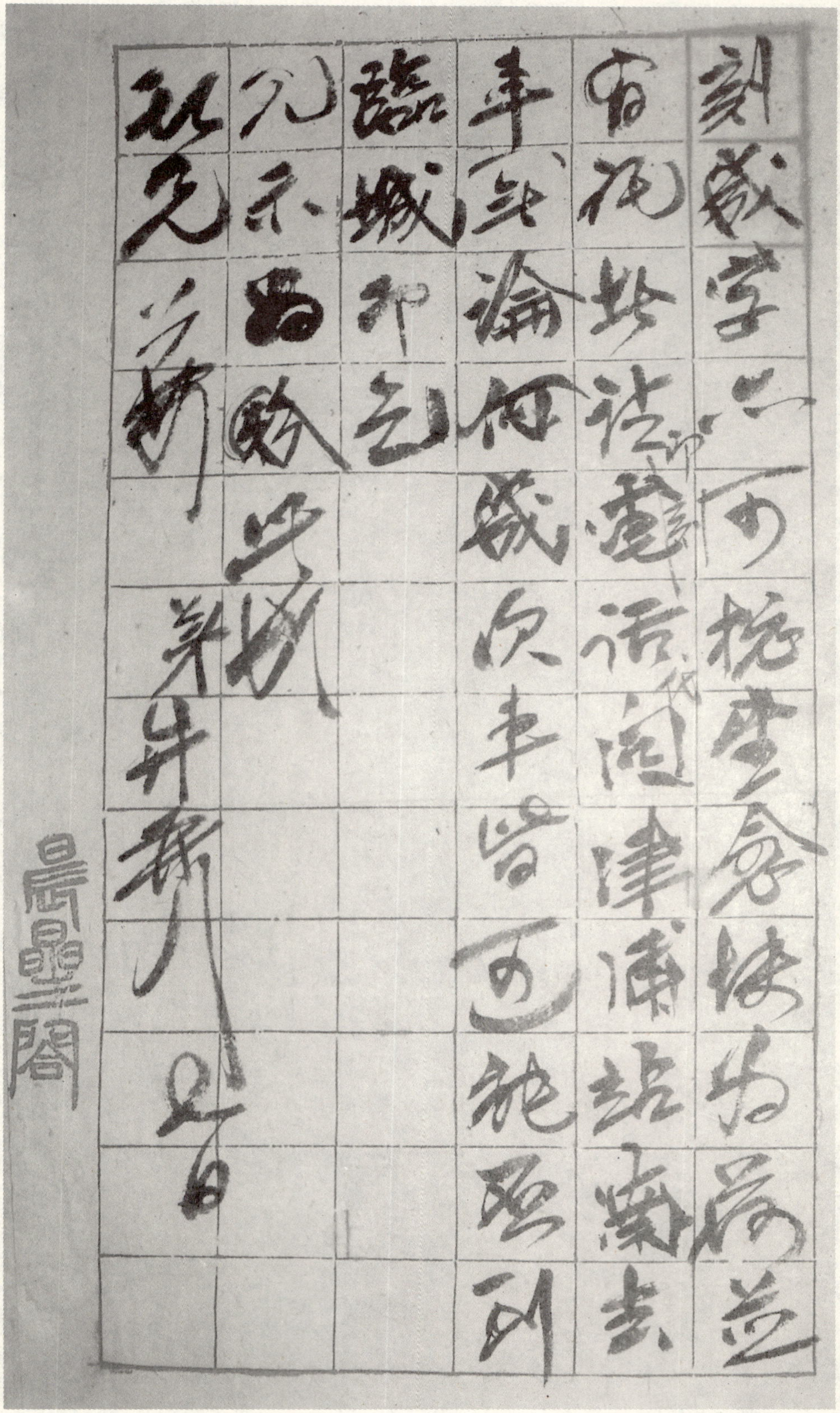

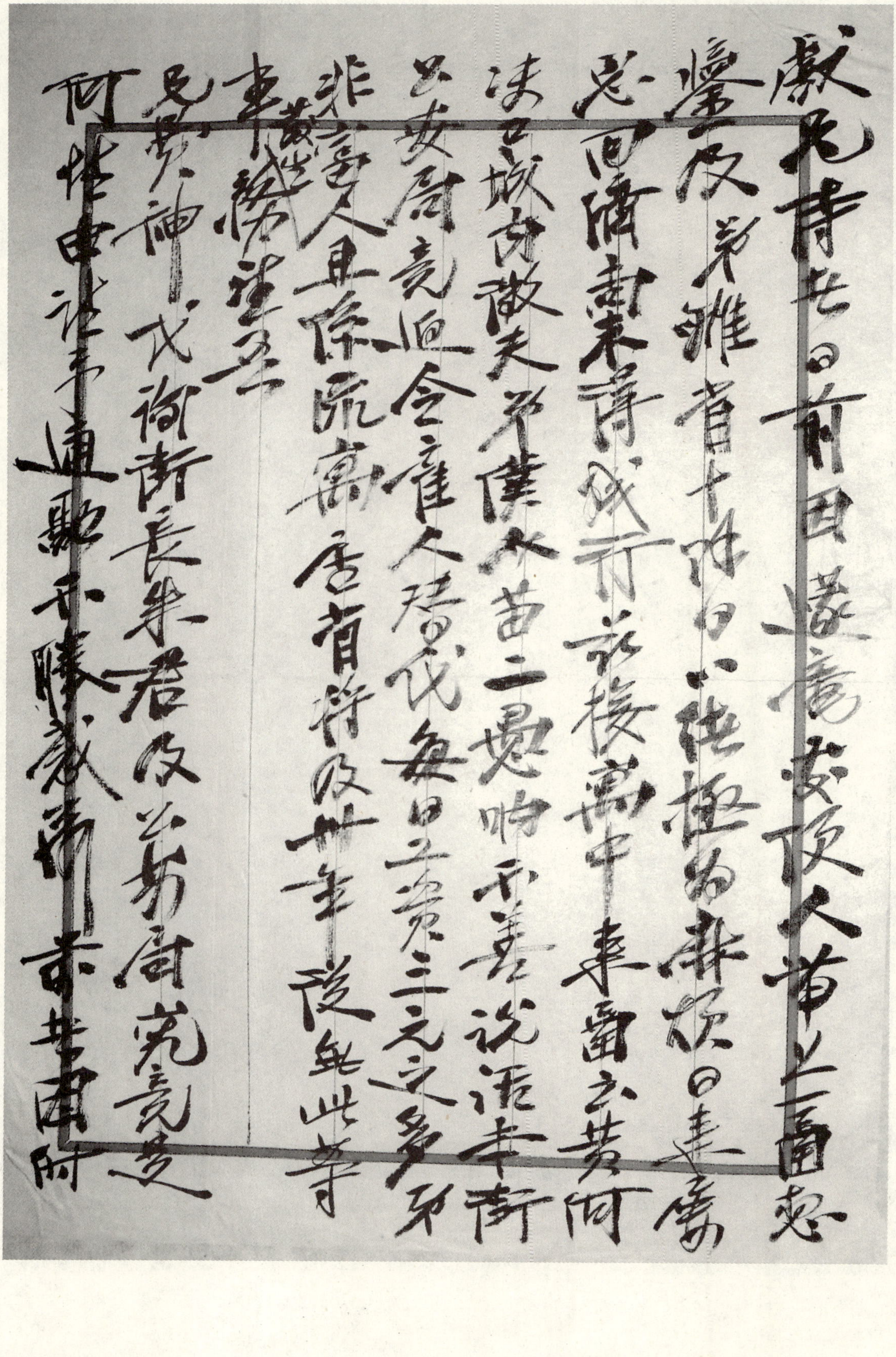

哥平寧　家姊再入醫院　弟着實雖有擔憂
家鍰因不願移動附函有示現弟宗侄有主
僕一人由徵工車為難要留相告特此奉求務乞
陶然兄為合勝專託弟以
全福
弟任林再行　八月十四日
此安亦並非安全之區弟同内子附回省也

書第十二通

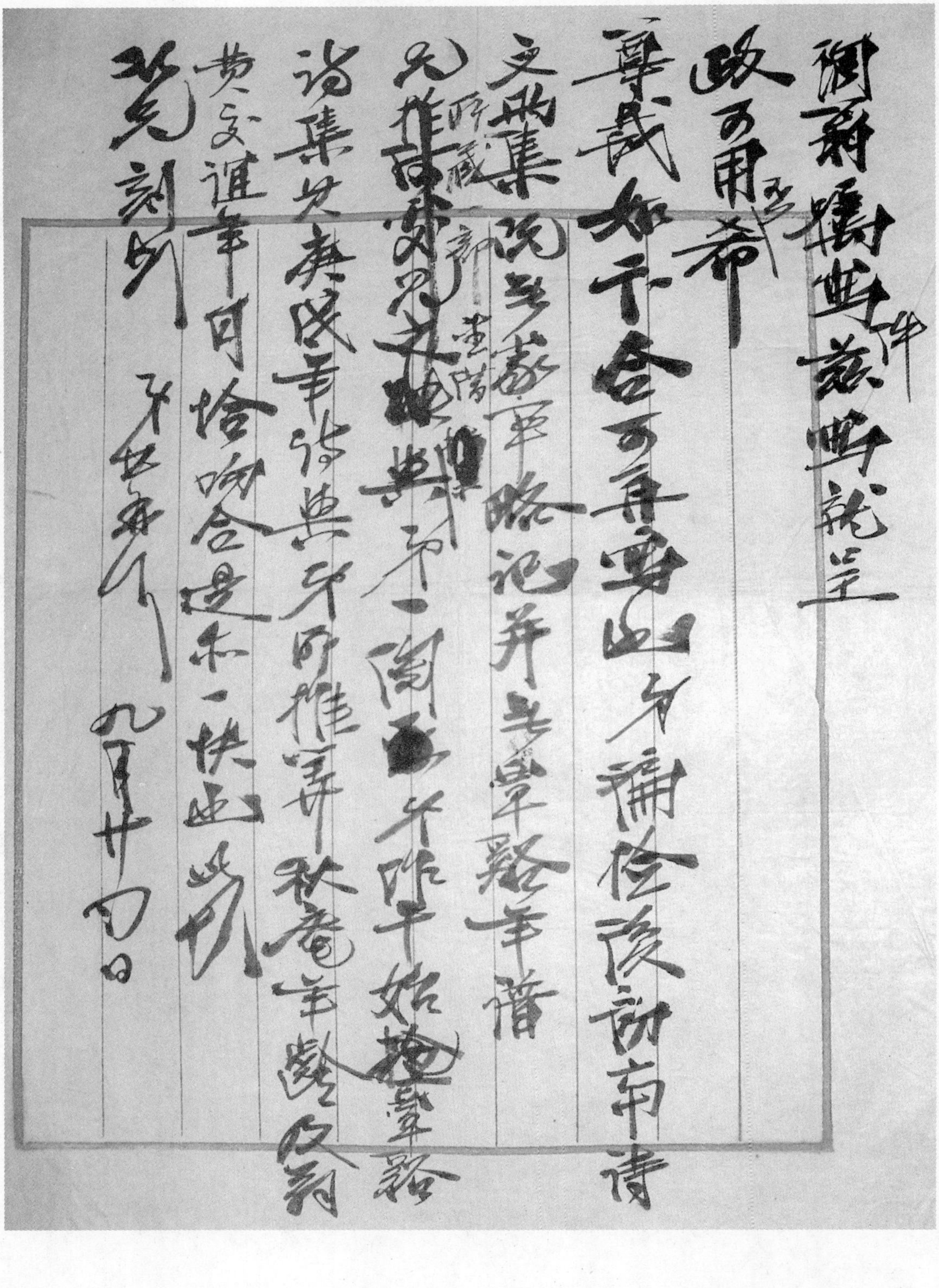

書第十三通

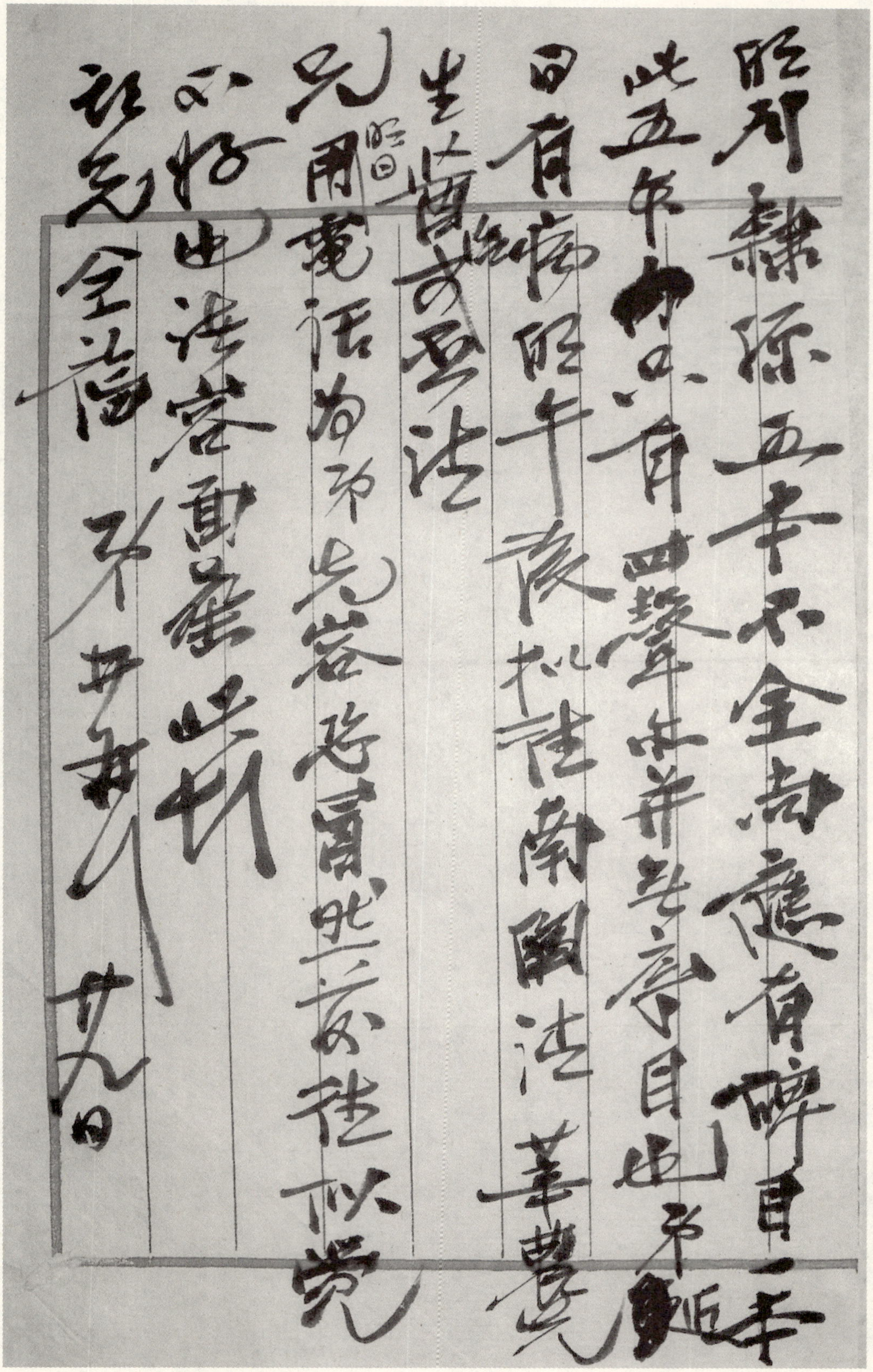

書第十四通

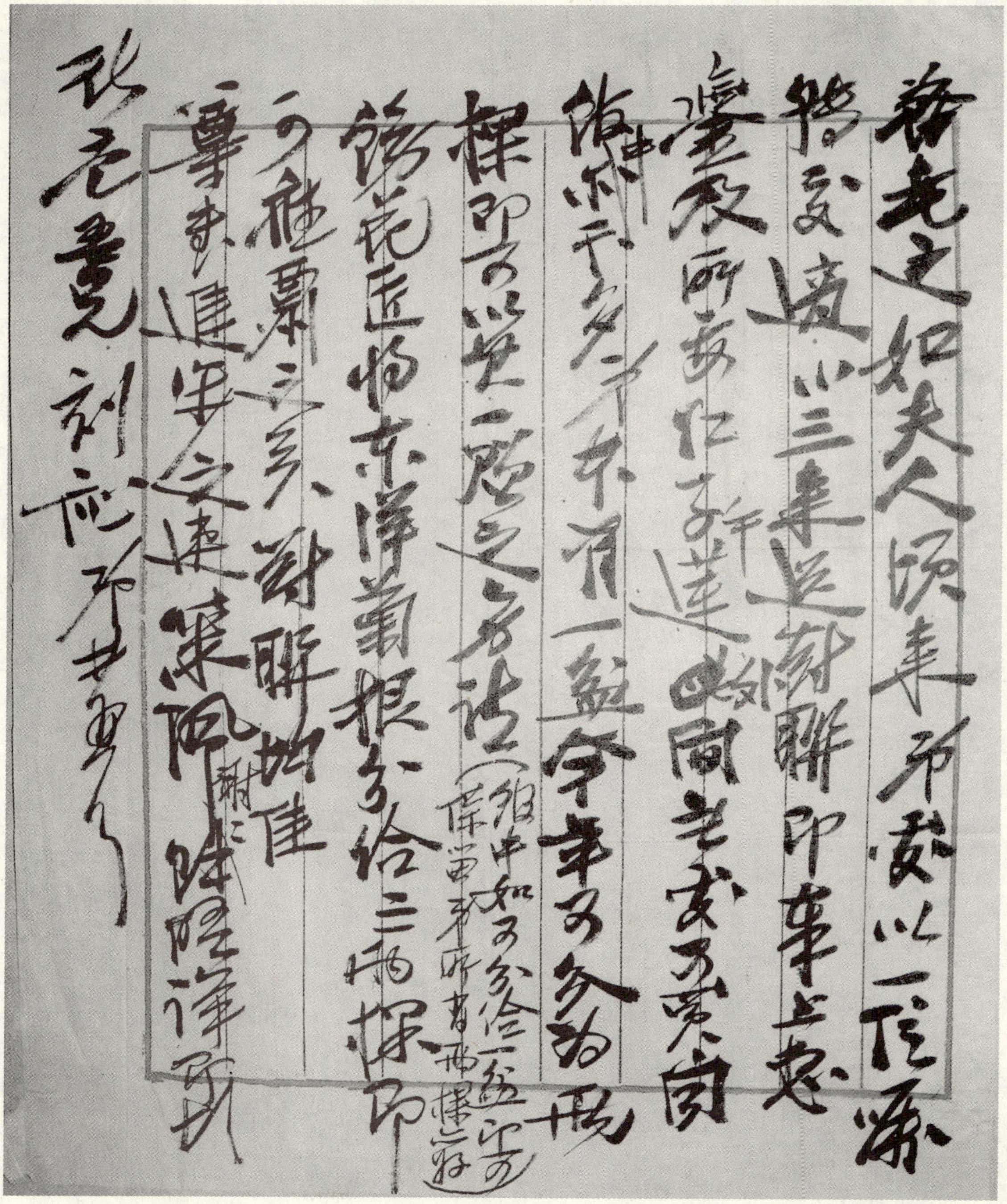

董井

書第十五通

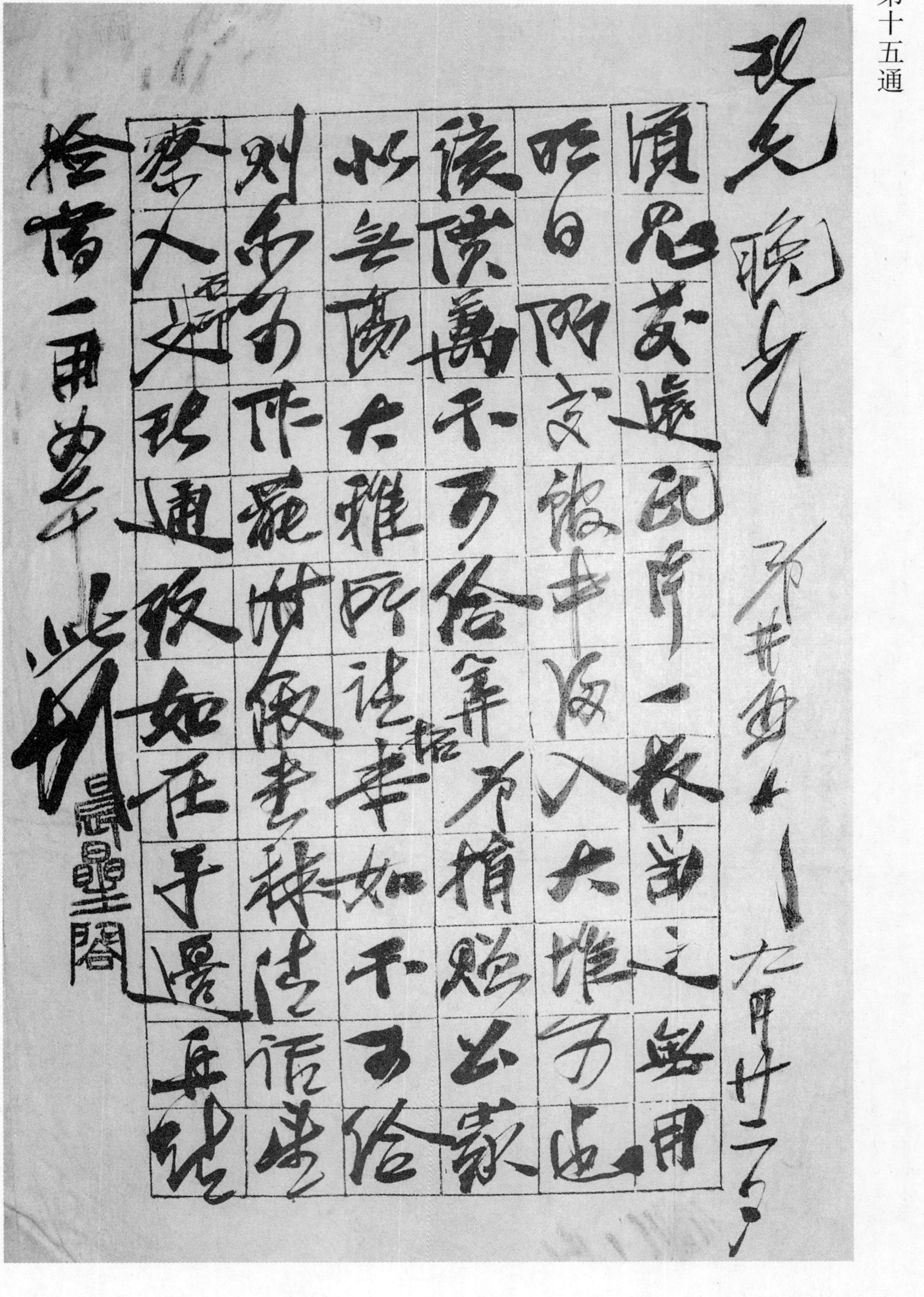

书第十六通

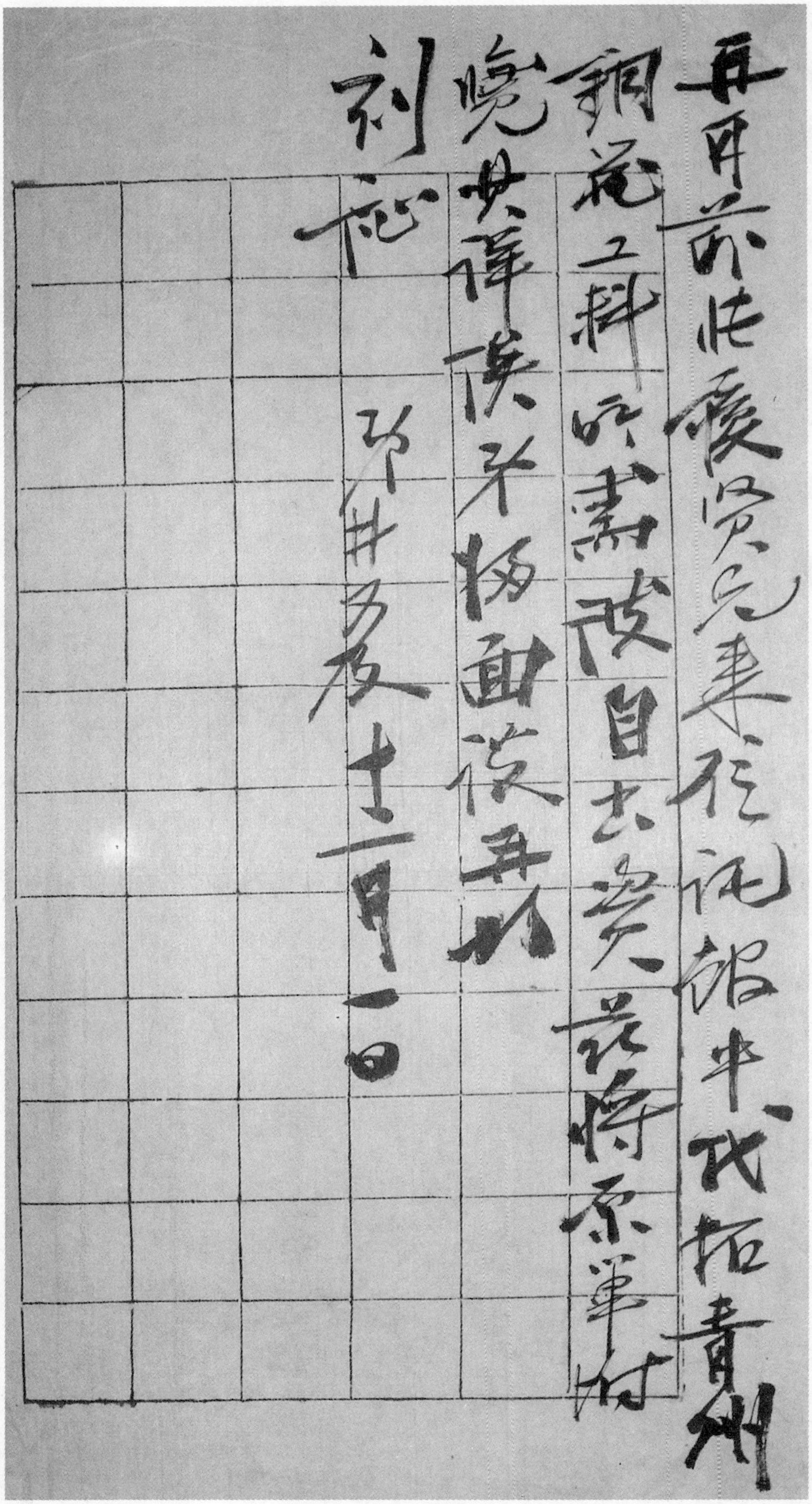

再开：前托履贤兄来往托馆中代拓青州铜范工料所需，改由自出，兹将原单附览，其详俟弟晤面谈，再行刻祝。

邛井多友 十一月一日

書第十七通

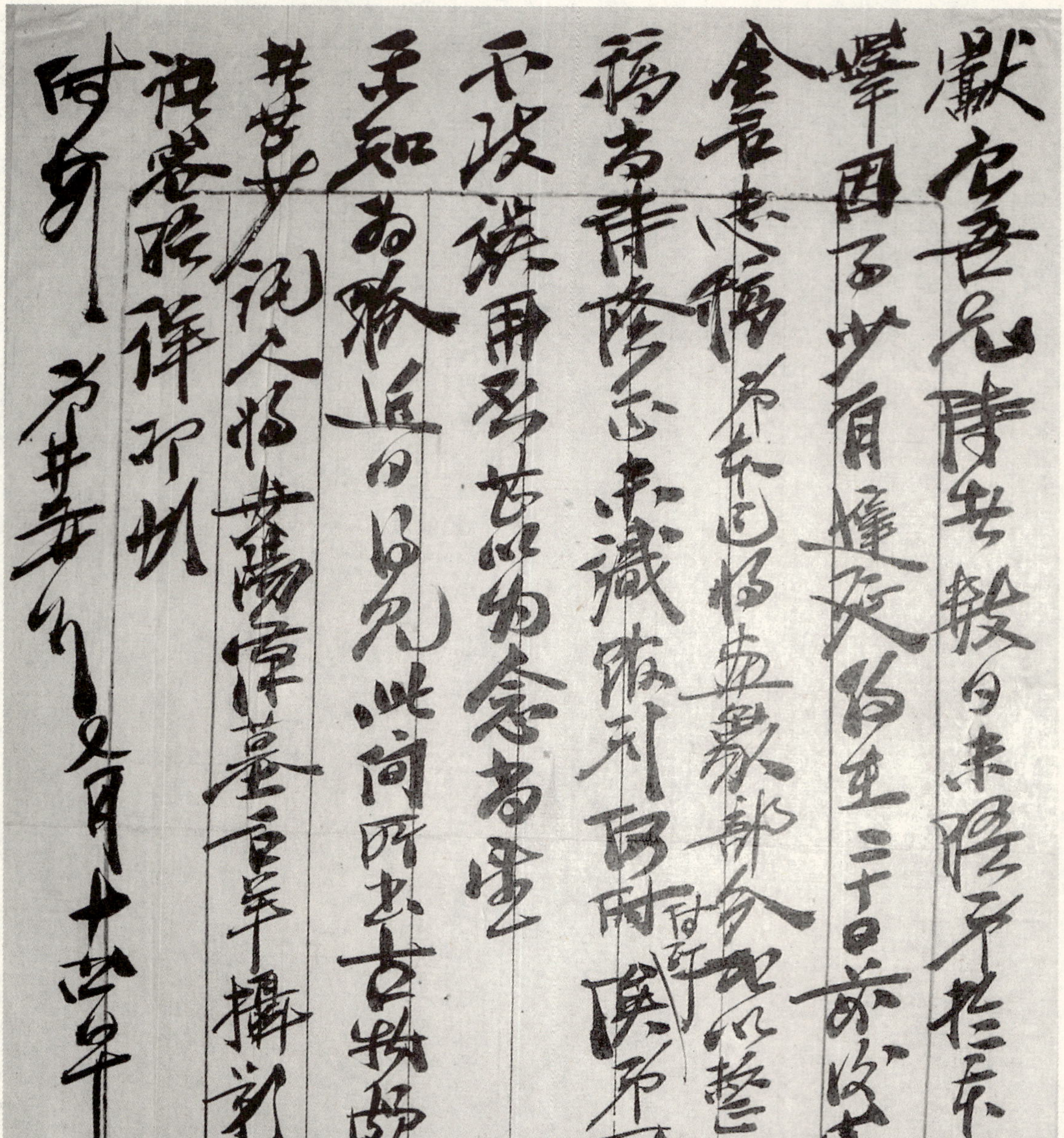

書第十八通

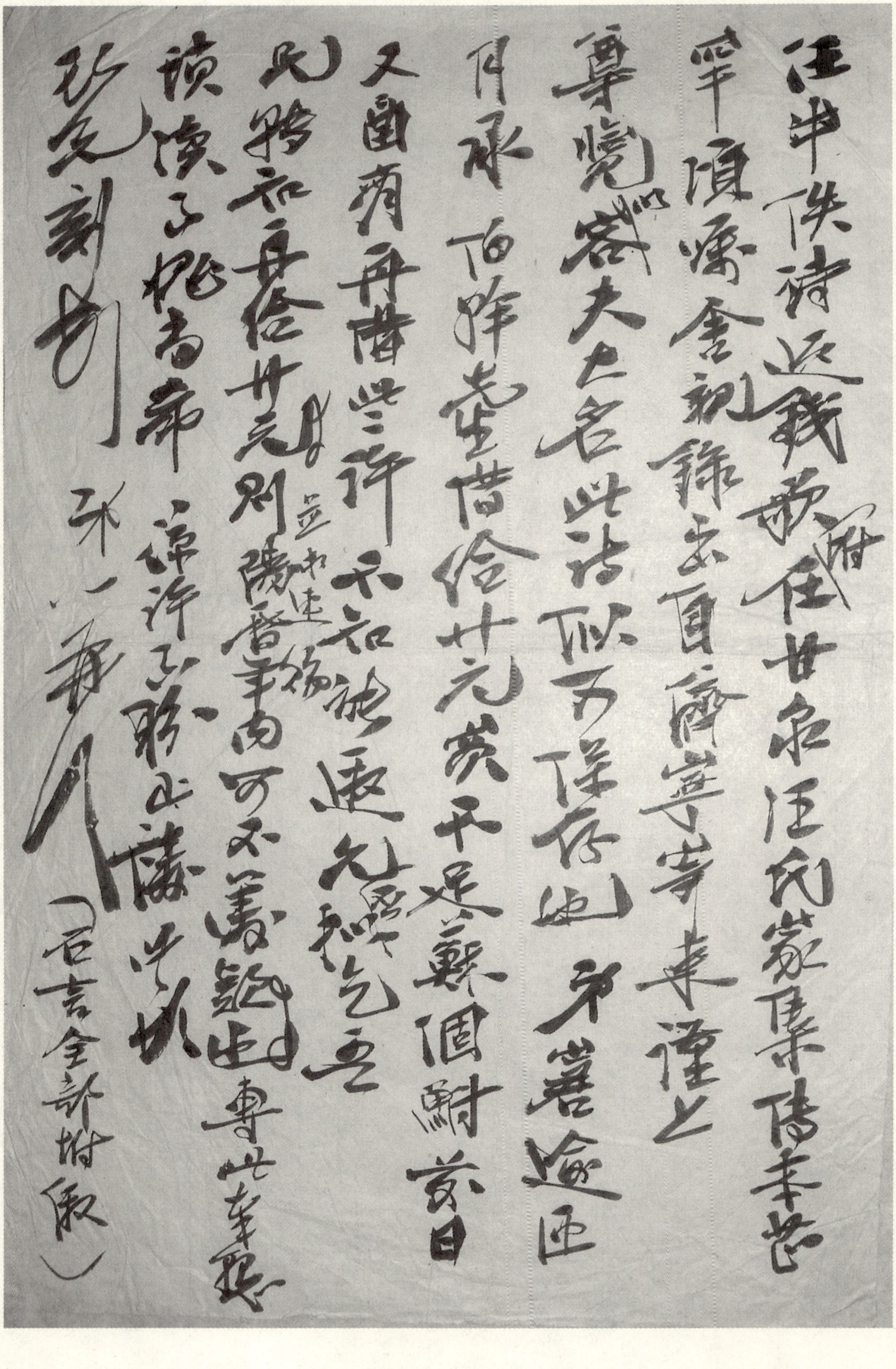

書第十九通

稍摹畫蹟冊題就謹將擬奉原
要略徵改釋了然心得下次當
大雅一筆勉應
尊屬與閱或有舛誤當
教之可也　原冊及金石書三種同繳上
珍兄吾丈　弟卅年八月廿九日

69

書第二十通

董井

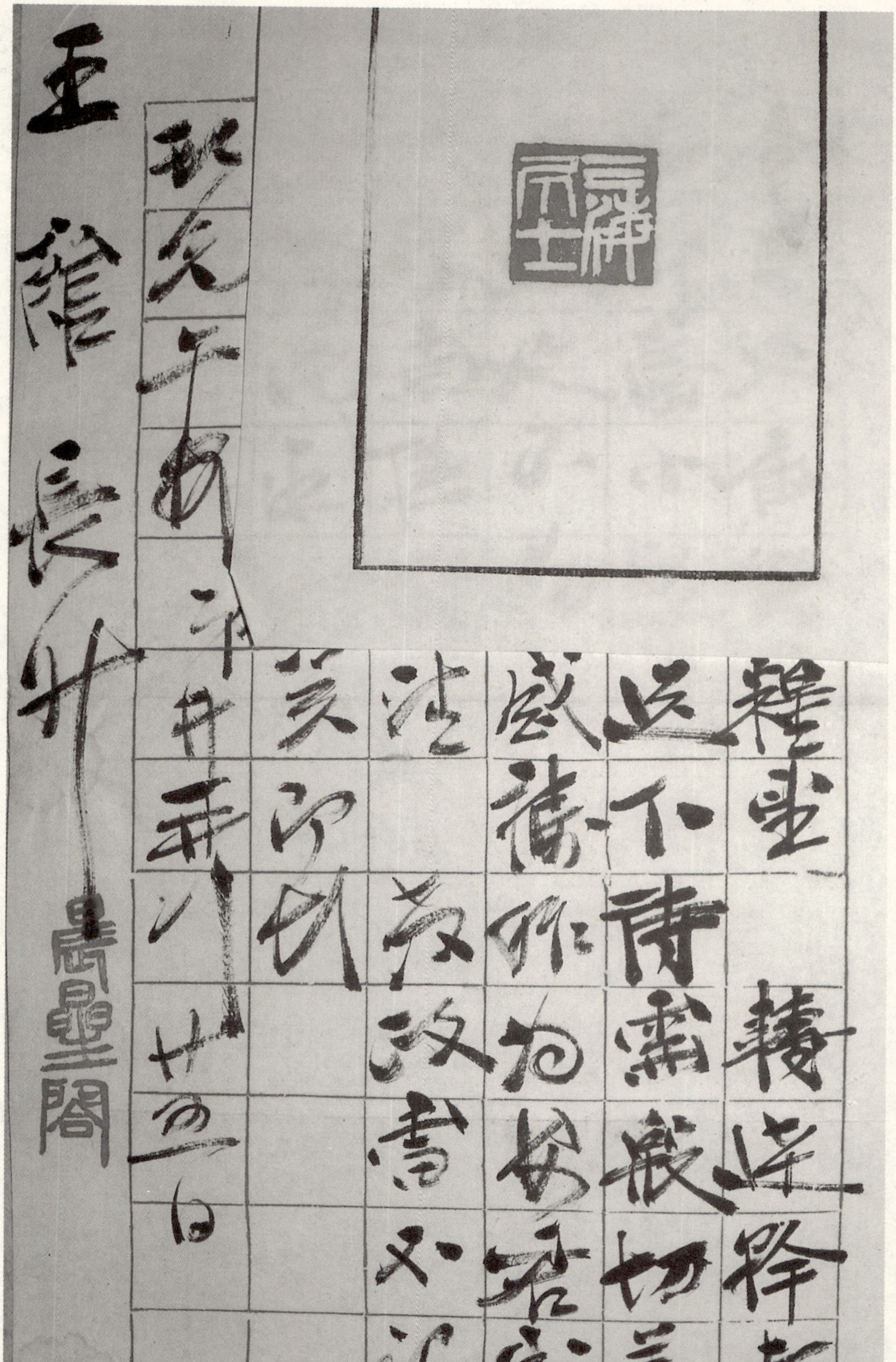

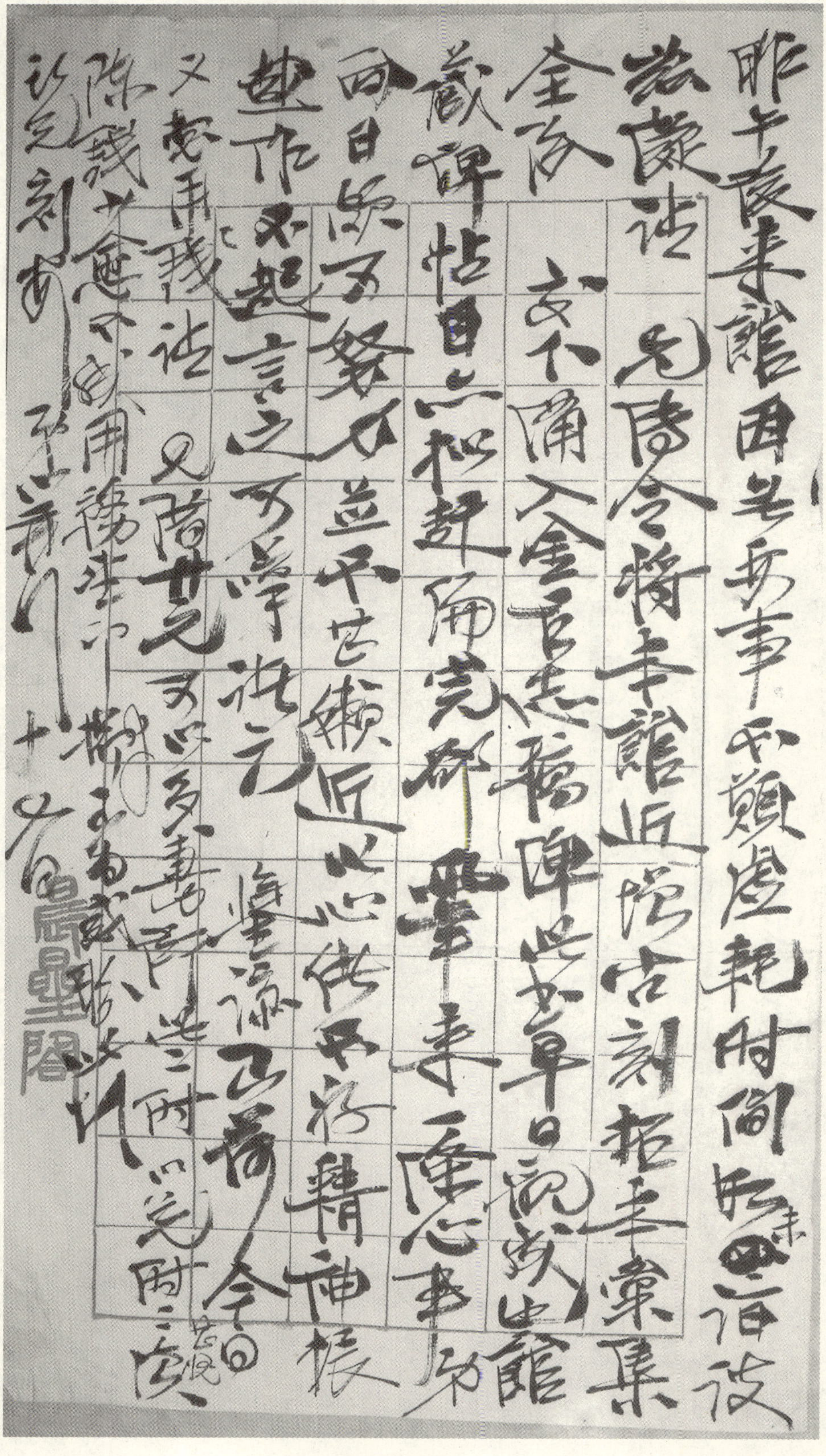

封第一件

封第二件

封第三件

封第四件

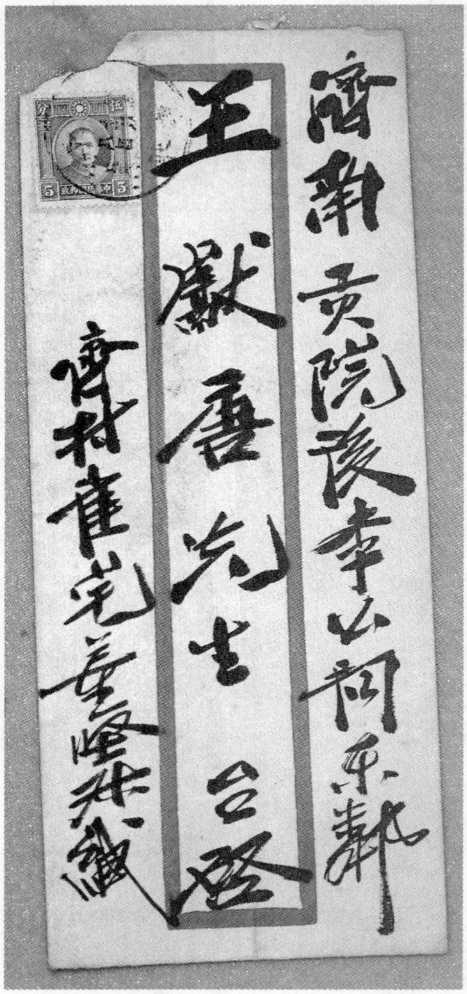

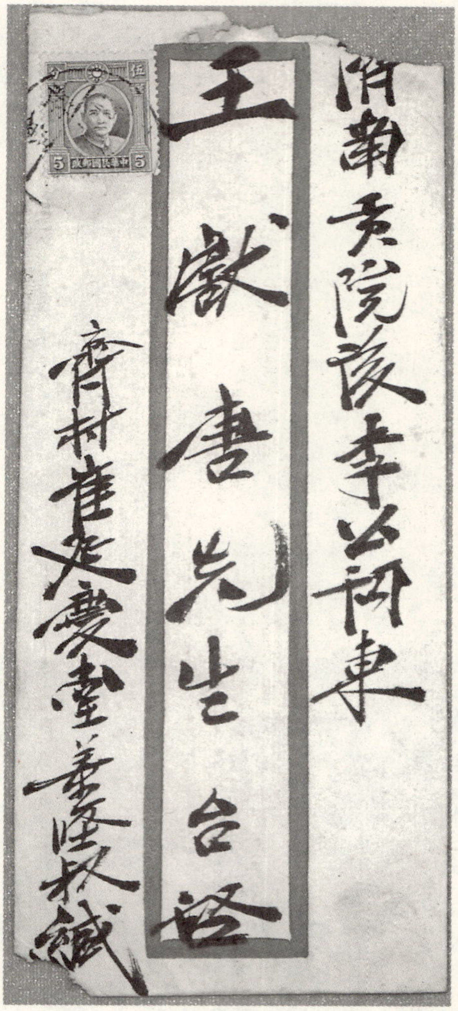

封第五件

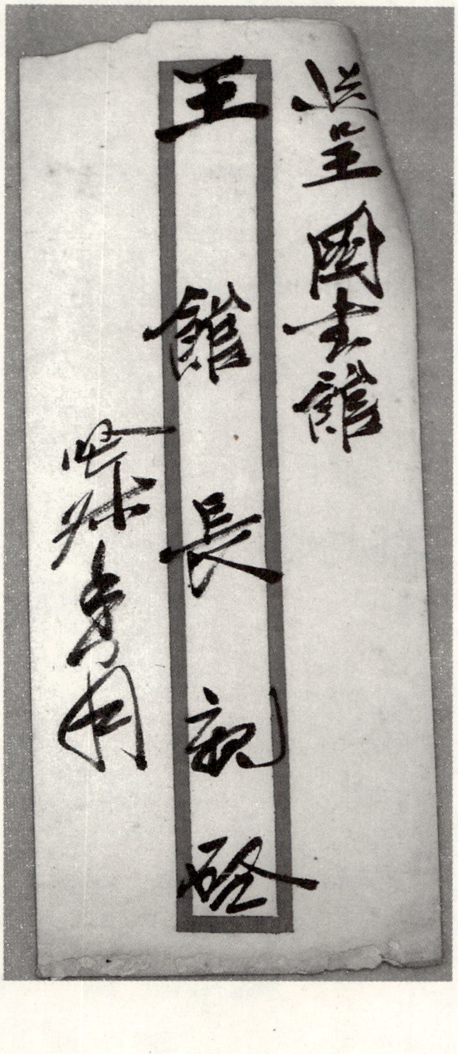

封第六件

封第七件

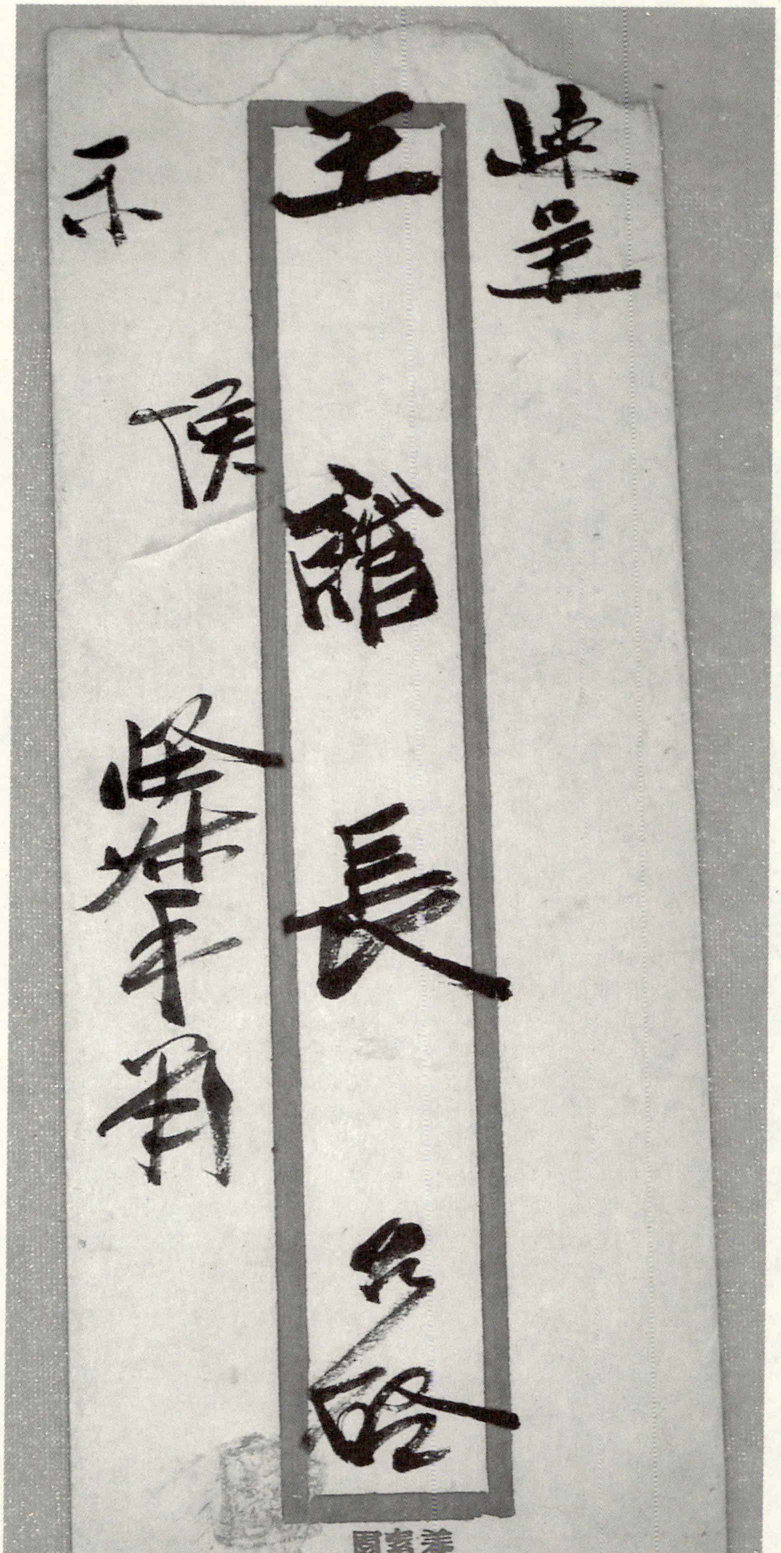

一百三十四　董淮

書一通

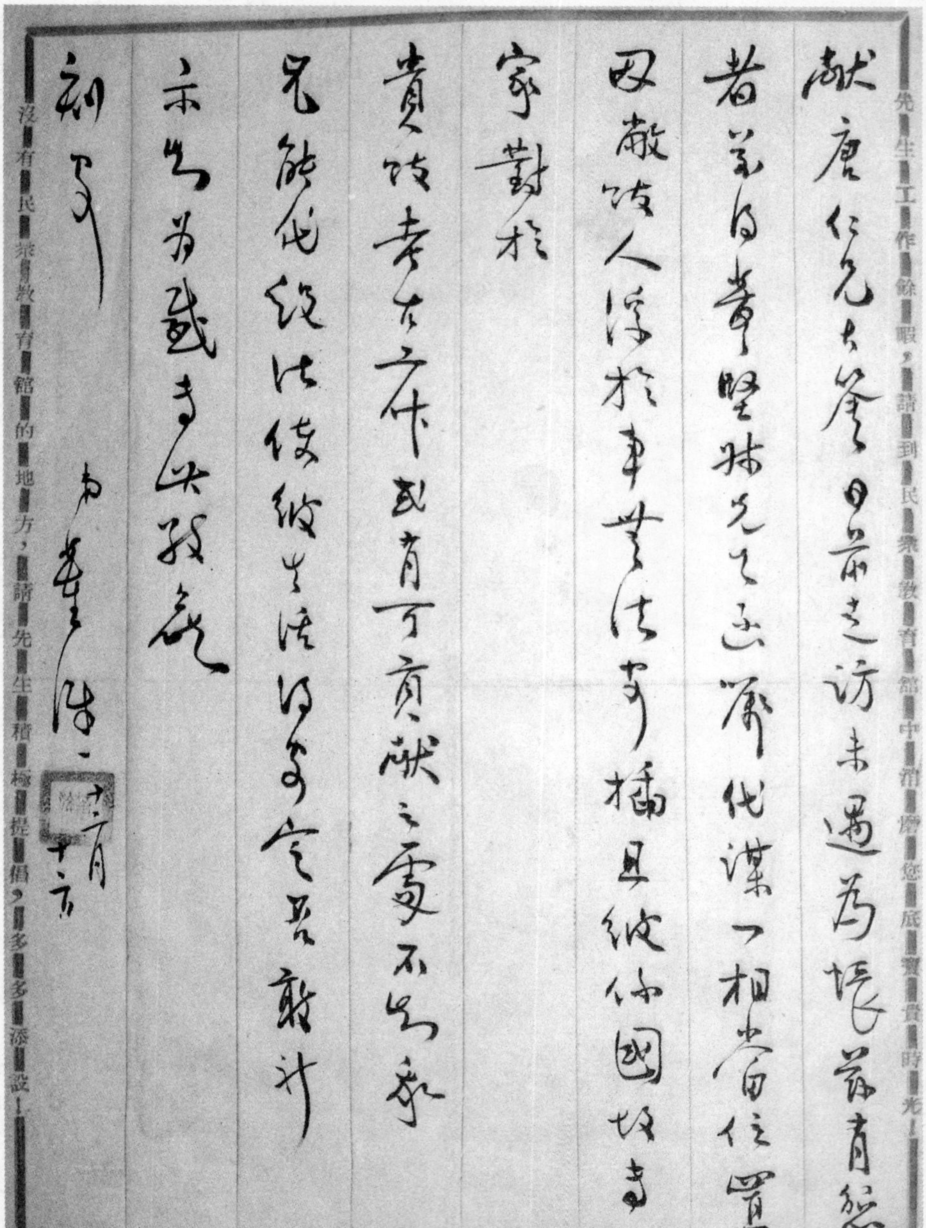

一百三十五 董作賓 書七通 封三件

書第一通

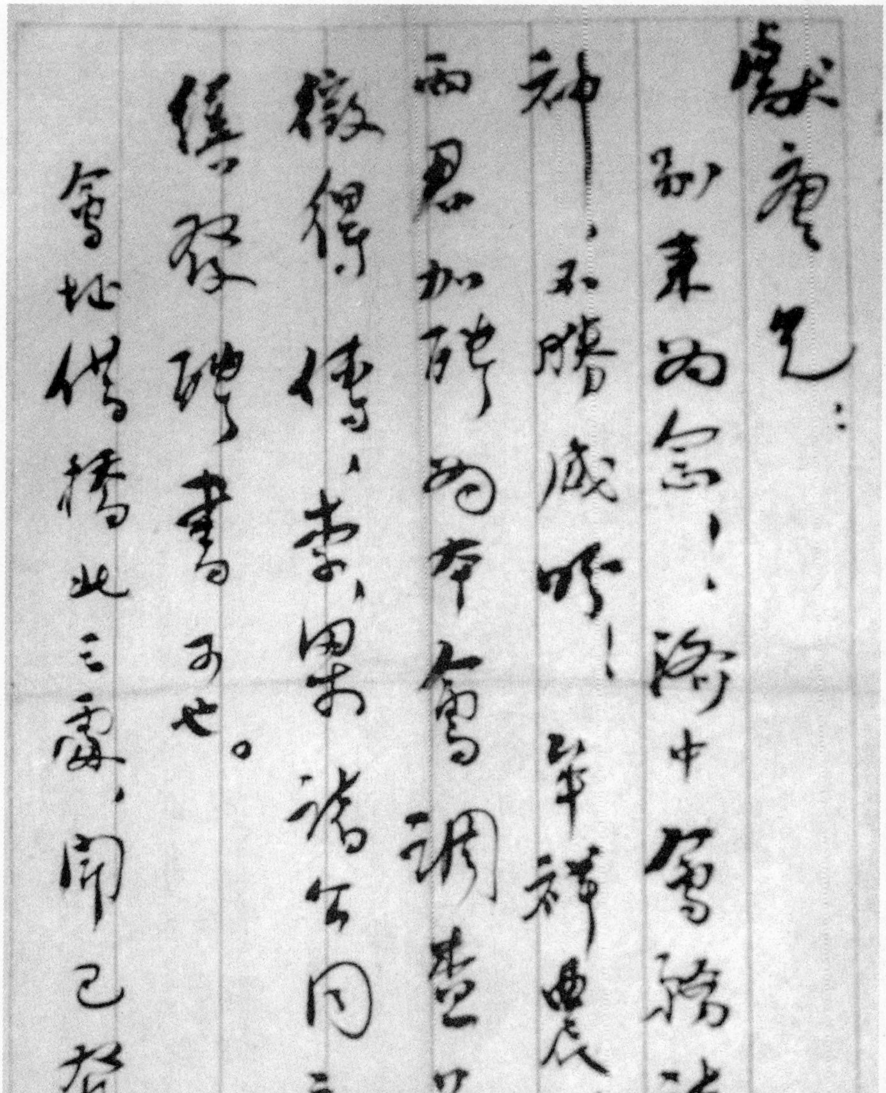

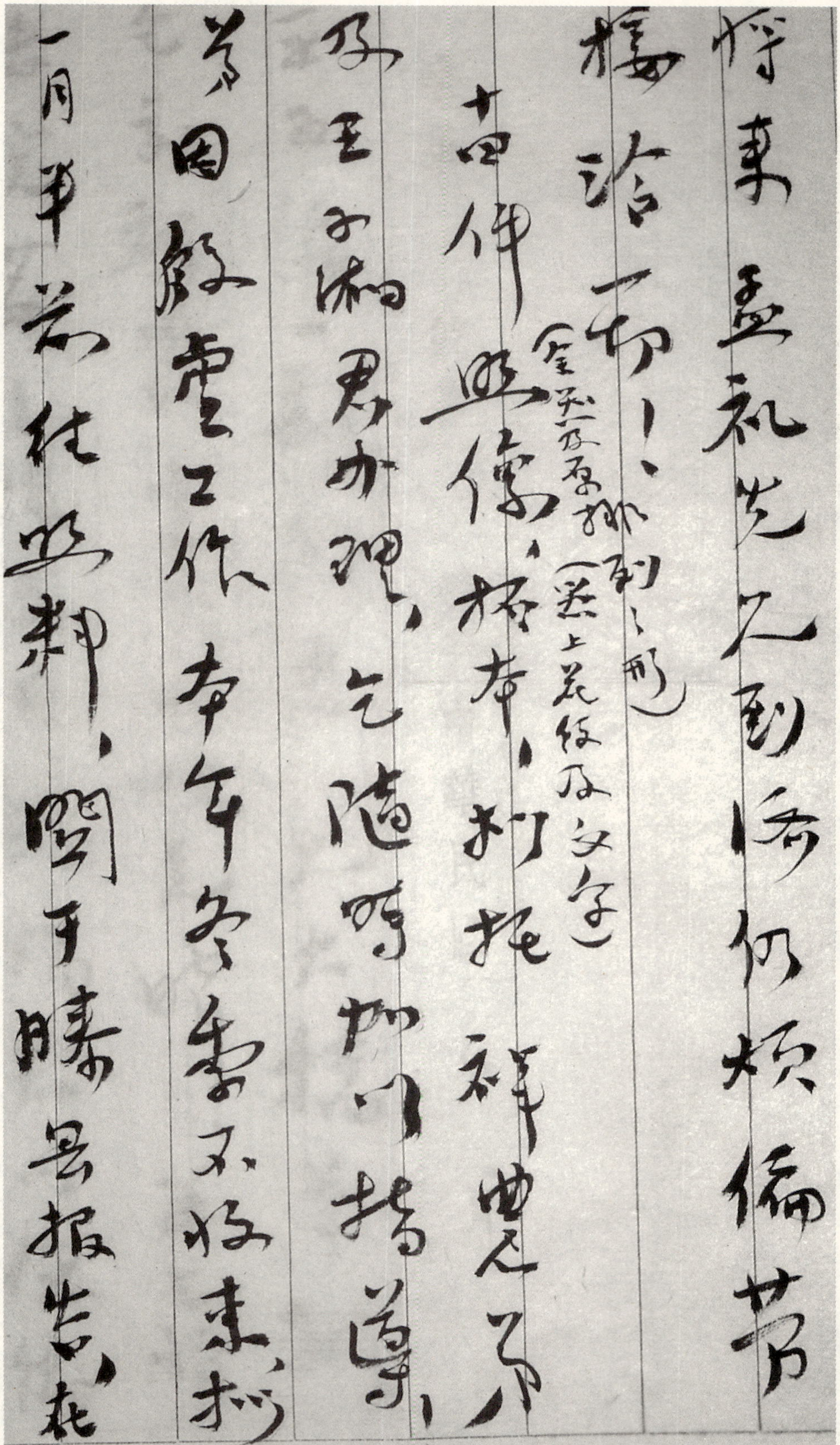

將來盡就先又到後仍煩備片
樓洽否！、
古件照像（全形及局部影之形）、拓本（器上花紋及文字）、打拓、詳細說明，
及王子湘君辦理，乞隨時聯門指導，
并因鹽務工作，本年冬季不能來京
一月半前往照料，關于時具報告，在

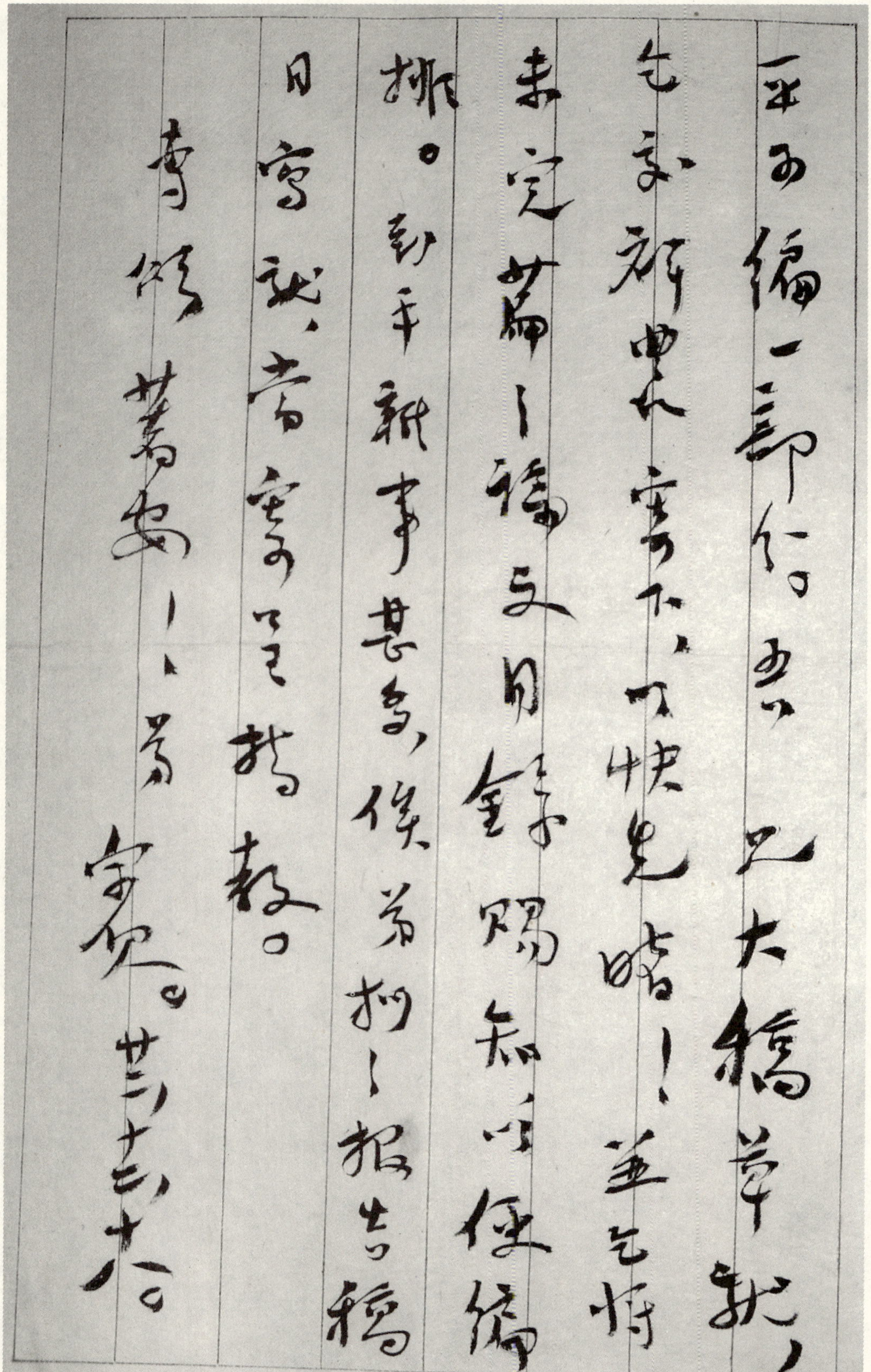
年曆編一節，作書已大稿草訖，乞家祥兄寫下，以快先睹！並乞將未定篇章稿交周鍚陽知，以便編排。新年新事甚多，俟弟抄報告稿日寫就，當寄呈請教。
專頌
著安！
弟 賓 卅六、十、六

書第二通

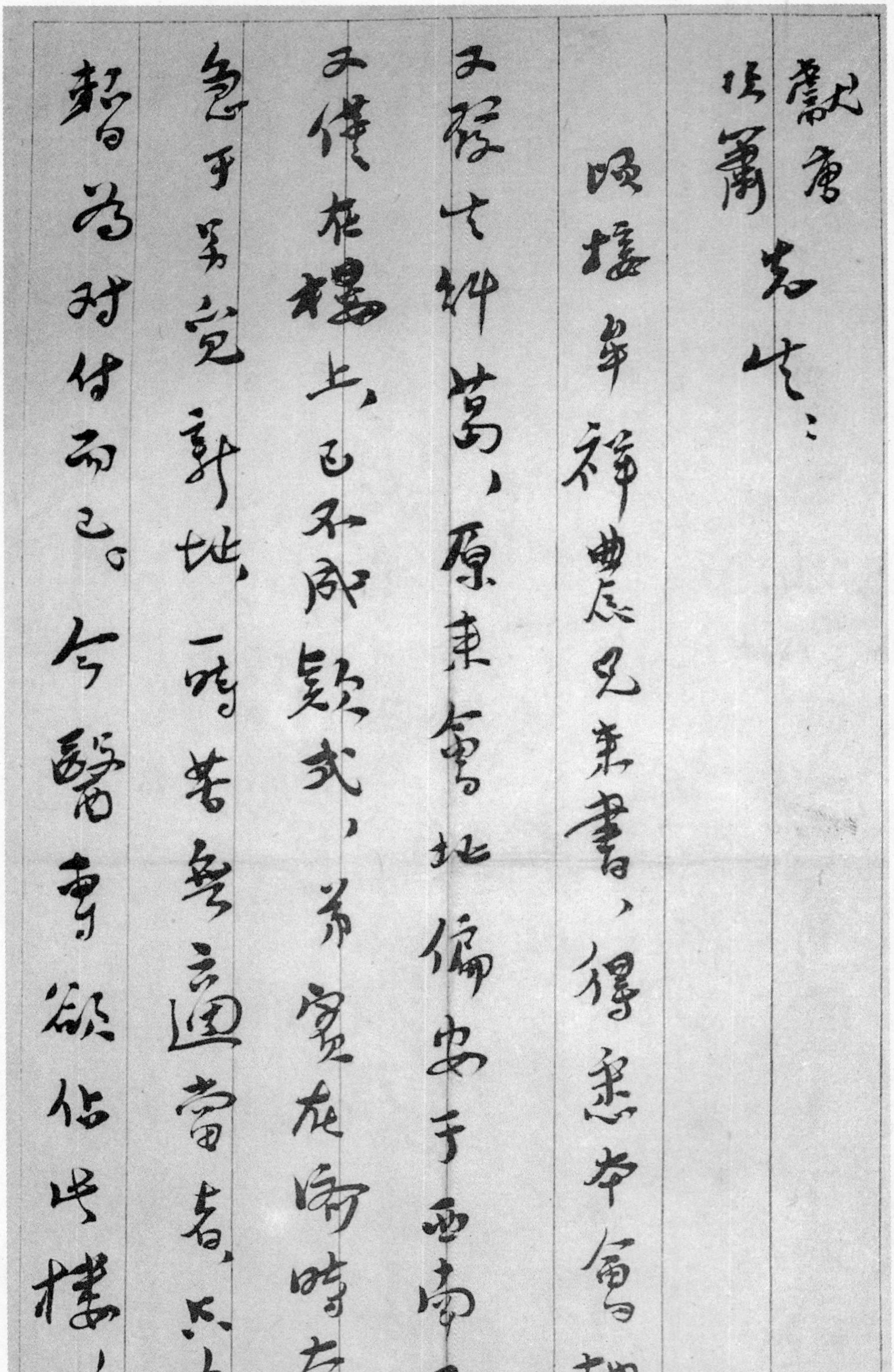
獻唐
我兄先生：
頃接舜禪農兄來書，得悉本會地址
又移古拔葛，原來會址偏安于西南一隅，
又僅在樓上，已不成款式，弟覓在滬時本
急于另覓新址，一時苦無適當者，只有
暫為對付而已。今醫事欲佔此樓，本

舊似無須愛惜，但總以有新址時，此
地可騰讓，至於若以樓上一半讓出，
一半保留，則僅與芳隣相隔短短一層
薄板，于彼此工作，均極不便，且古物保
存亦甚不宜。前箋之意，以為如能于
短時期內覓得新址，即由公等主

董作賓

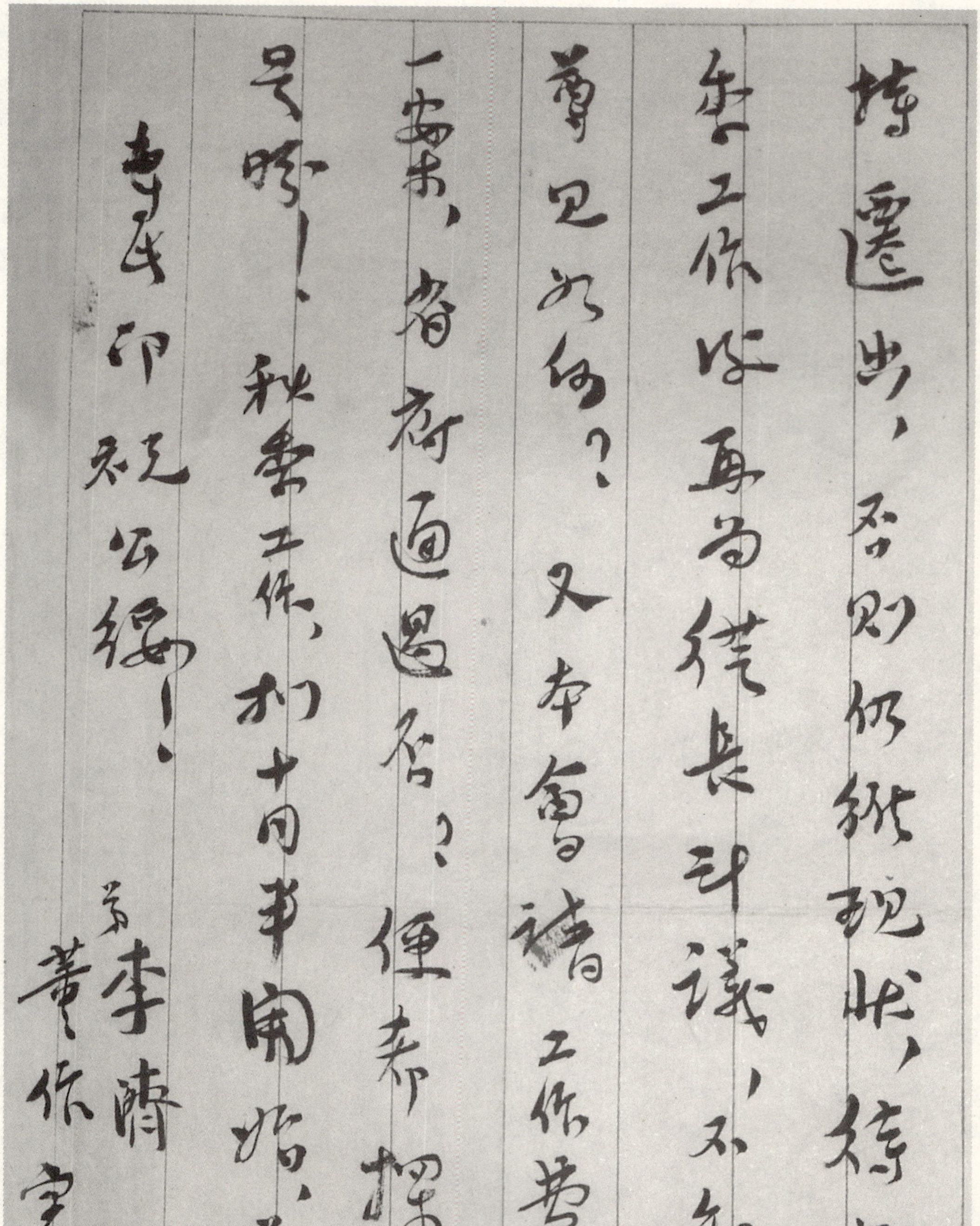
請還出，否則仍繼現狀，待本年秋
季工作時再商從長計議，不知公等
尊見如何？又本會請工作費及經費
一案，曾否通過否？便希探誌見示
是盼！！秋季工作，擬十月半開始，並聞。
專此即頌公綏！
弟李濟
董作賓

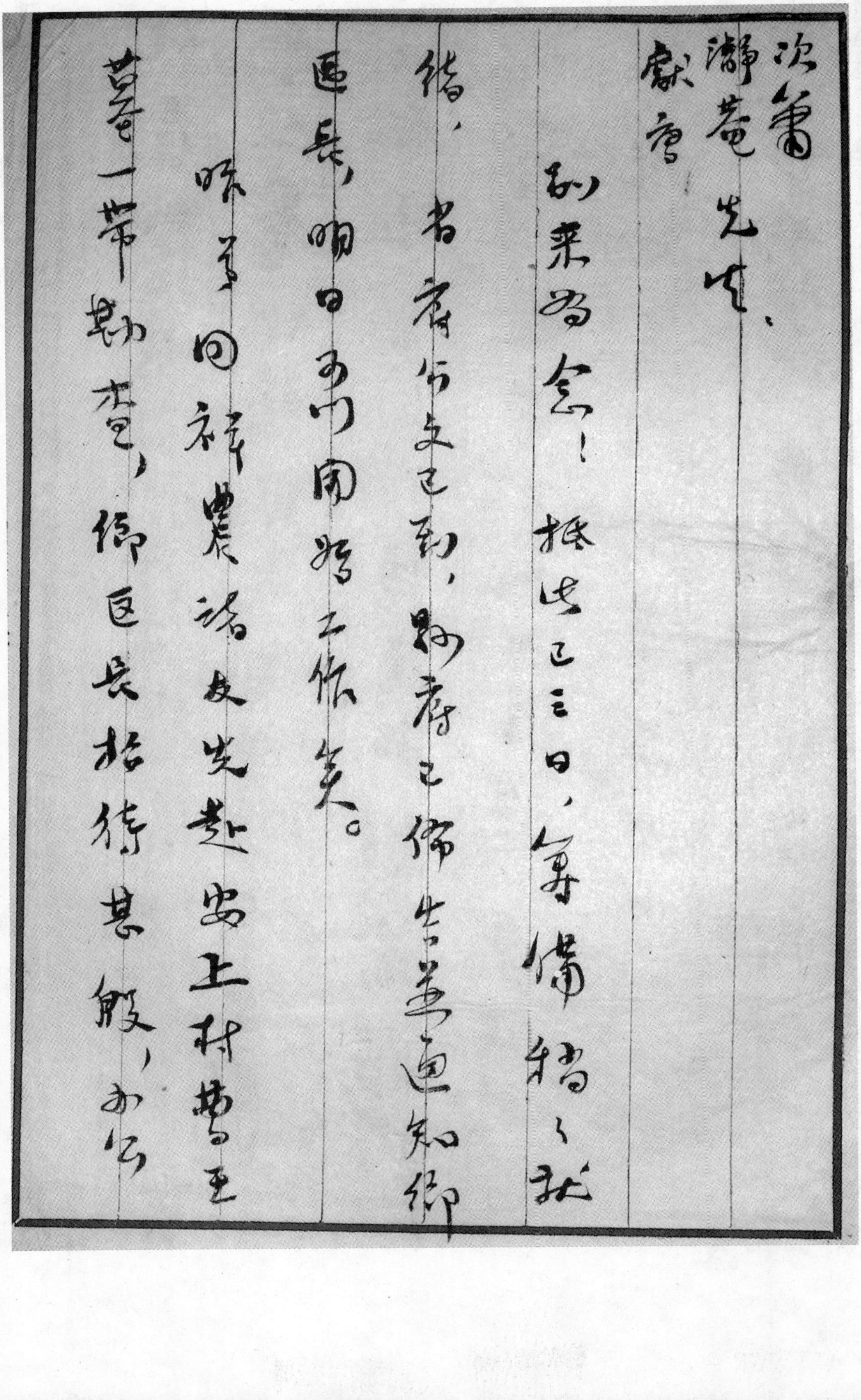
次簫
濟菴先生、
獻章
別來爲念！振已三日，籌備稍稍就緒，省府公文已到，縣府已佈告並通知鄉區長，明日可開始工作矣。
昨晨同裕農諸友先赴安上村暨王莊一帶勘查，鄉區長招待甚殷，亦好

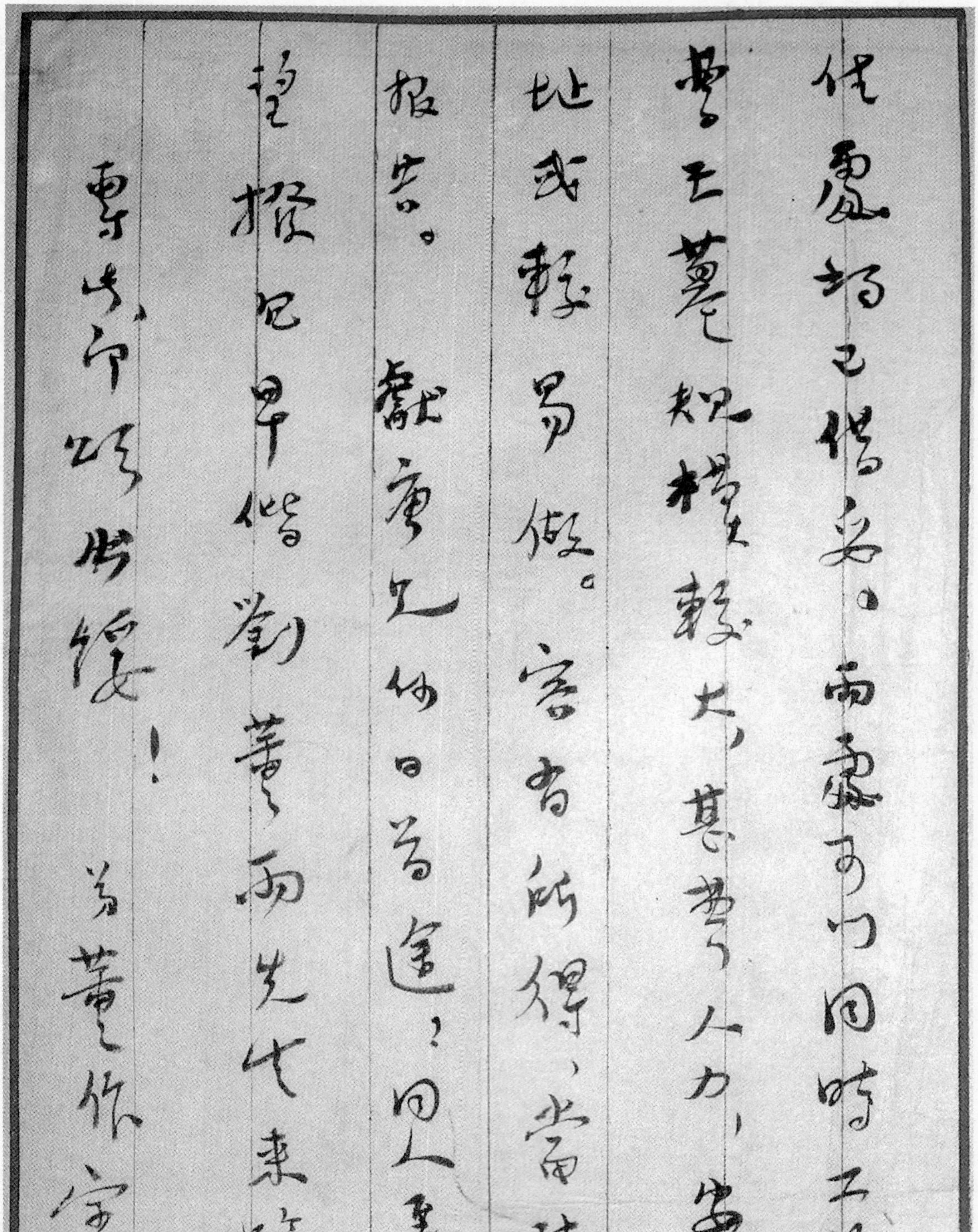
住處均已借妥，兩處可同時工作，惟
費王董知樓較大，甚費人力，安置還
址或較易做。容有所得，當隨時
報告。獻唐兄何日首途？同人至盼！
擅揆兄早偕劉董兩先生來皖也。
專此即頌時綏！　弟董作賓。

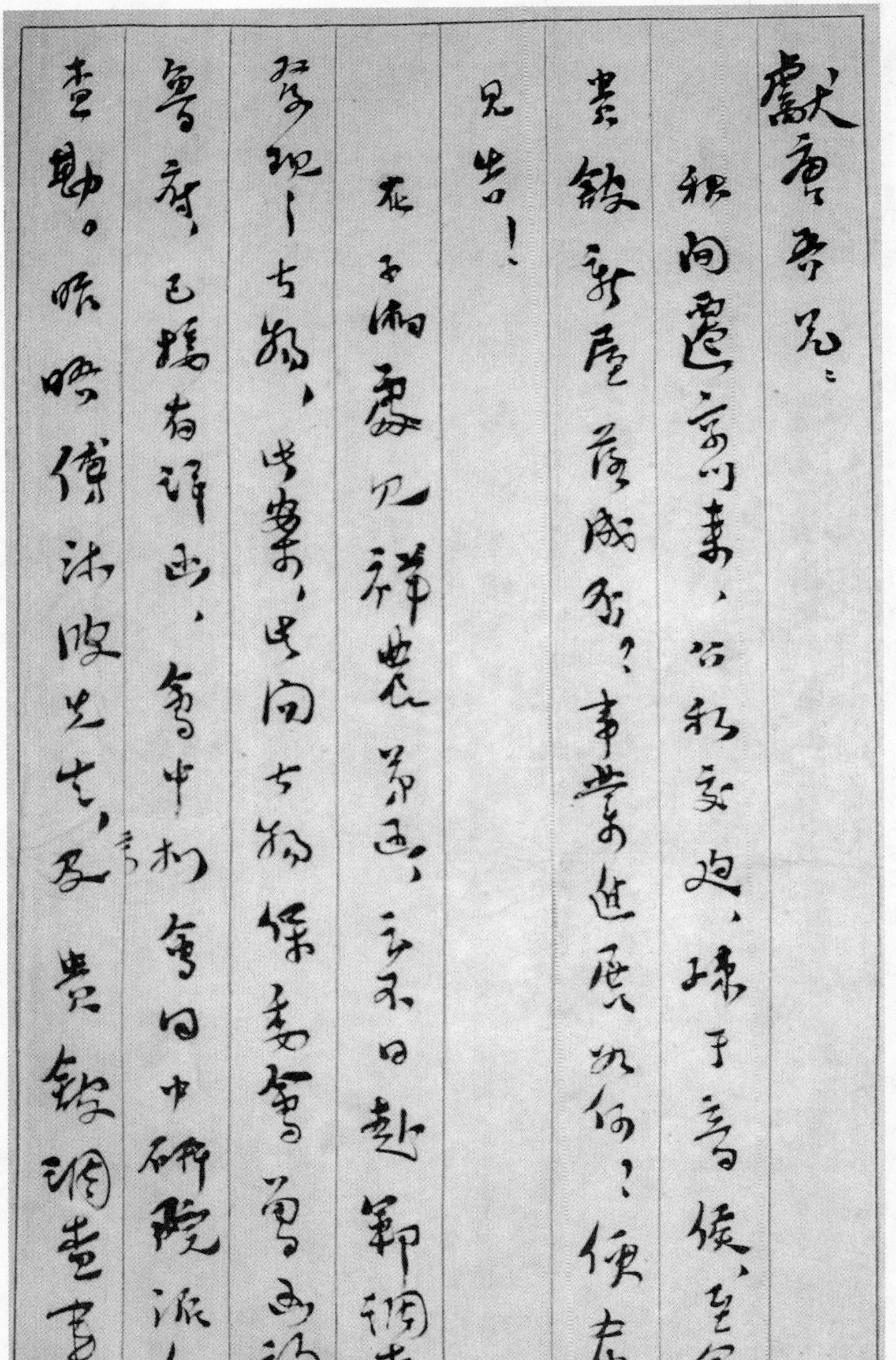
獻唐吾兄：
頃向覺明索來，始知交迎，堪于高候，至念！
貴館新屋落成否？事業進展如何？便希
見告！
弟于兩覆乃詳悉節函，弟不日赴鄴調查
發現之古物，此案，此向古物保委會曾函詢
魯省，已據有詳函，會中擬會同中研院派人
查勘。昨晤傅孟真先生，言及貴館調查事，

傳甚楚成由貴館將出土各物運濟，妥為
保存，不知貴處如何處理？鄙意，此間
可派王子湘會同詳細至鄒將出土情形及地
點，繪集原狀，詳加考查，影拓各器物，以供研
究，其原物即由貴館保存，未悉尊意如何，有
運取公文，又詳細筆記弟已留意，動身，發布見示。
滕昌報告，不能再延，利于最近（三月間）為
到濟時，足及詳細面商，並將記載圖表

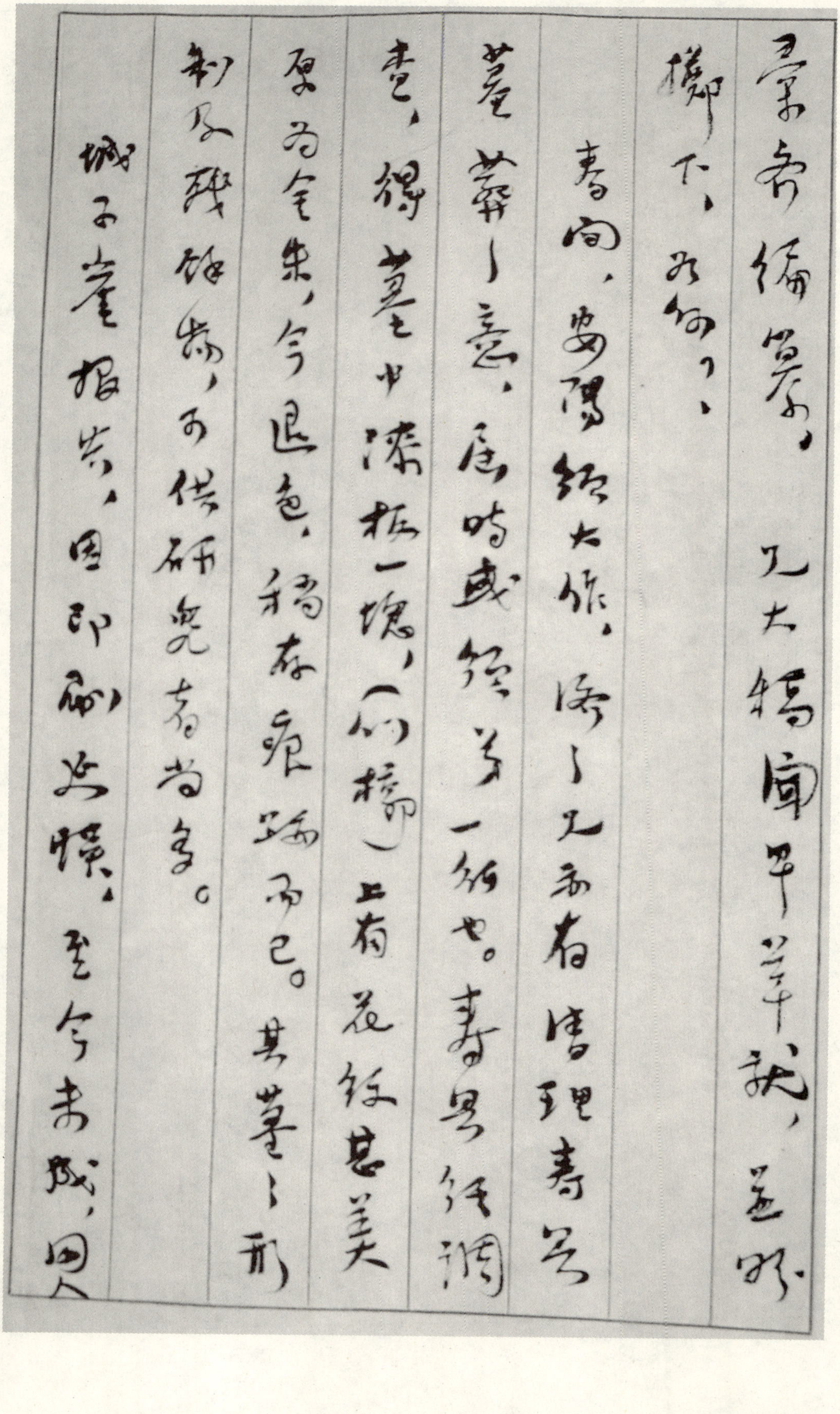
[illegible]合編纂，又大稿寫畢[illegible]，並[illegible]
[illegible]下，如何？

壽同，安陽綜大作，除了又亦有清理壽器
墓葬一意，原時或綜篆一紙也。壽器經調
查，得墓中漆板一塊，（約稿）上有花紋甚美
原為全朱，今退色，稿存痕跡而已。其墓乃刑
判及殘餘物，可供研究者尚多。

城子崖報告，因印刷延緩，至今未成，因人

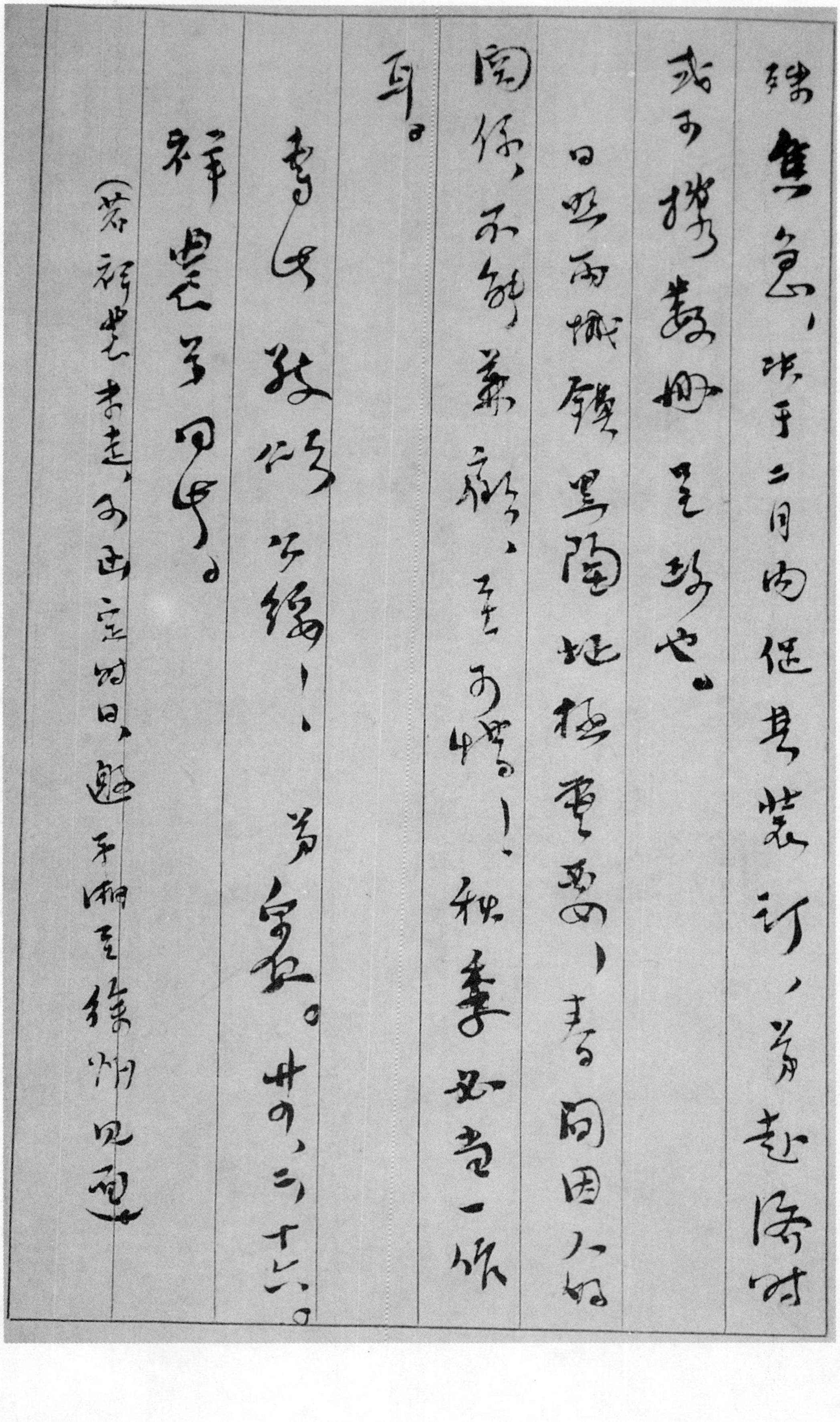
緒集急，收于二月內促其裝訂，并赴濟時或可攜數冊呈教也。

日照兩城鎮黑陶址極重要，青島同因人好關係，不能兼顧，甚可惜！！秋季或可一往耳。

專此 敬頌

公綏！！ 弟 宝钰。廿四、二、十六。

祥照兄均此。

（芬按：祥照未遣，今酌定時日，赴平湘至徐州見面）

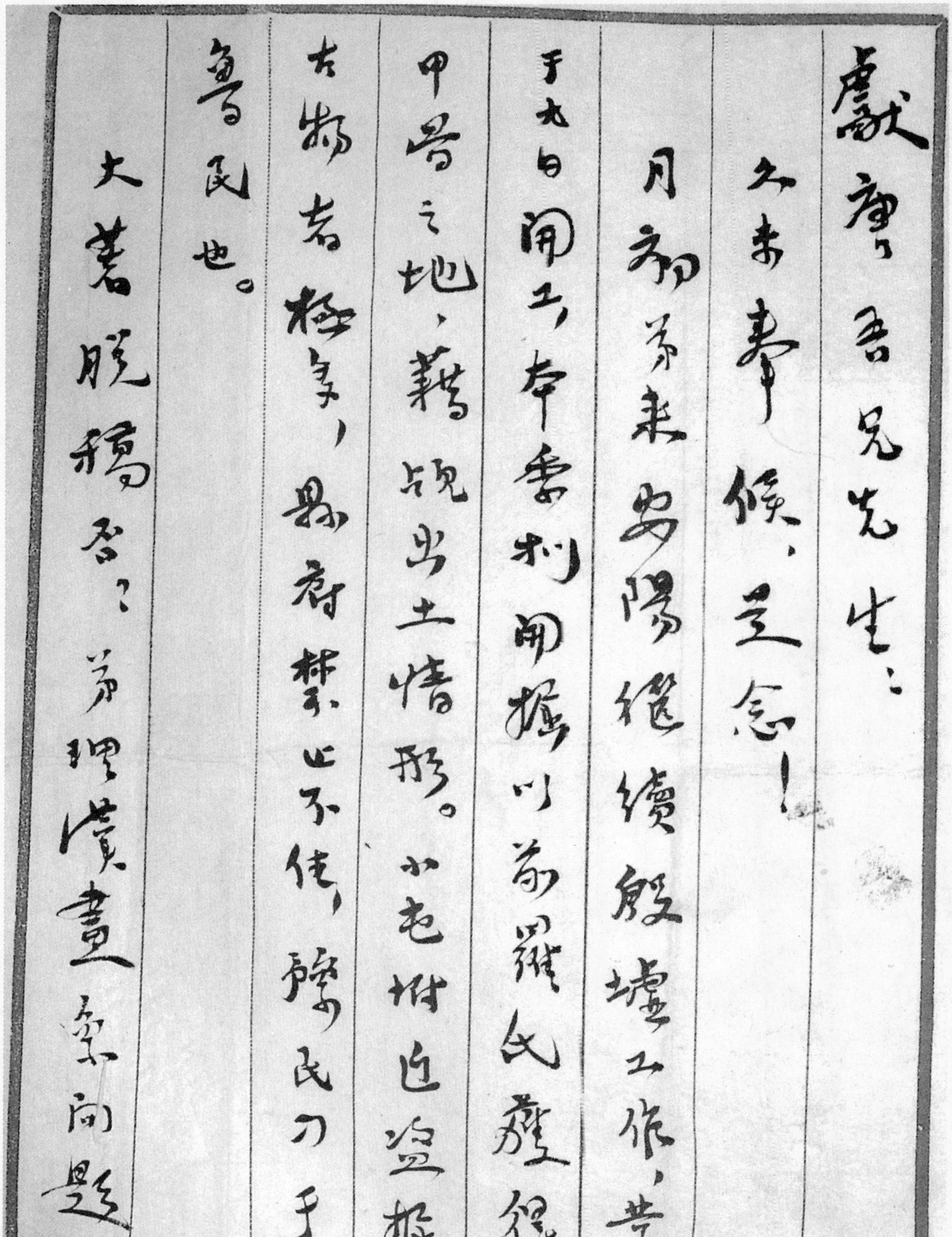
獻廷吾兄先生：
久未奉候，至念！
月初弟來安陽繼續殷墟工作，業
于九日開工，本季計劃開探以前羅氏獲得
甲骨之地，藉覘出土情形。小屯附近盜掘
古物者極多，無法禁止不使，鄉民刁于
魯民也。
大著脫稿否？ 弟作賓[illegible]

掘事結束，謄報告稿已携來此間，待
兄與諸同人稿齊，即着手編纂耳。
春間，除之利命初玉兩君赴魯東
調查古蹟，以文獲與，請就為準備。王子
湘君在魯工作，亦以給以調查名義為
便，已商得傅李因各三兄同意，請加
給聘書，為荷！！關于會務，仍懇就
近主持一切，多多偏勞，至感！！

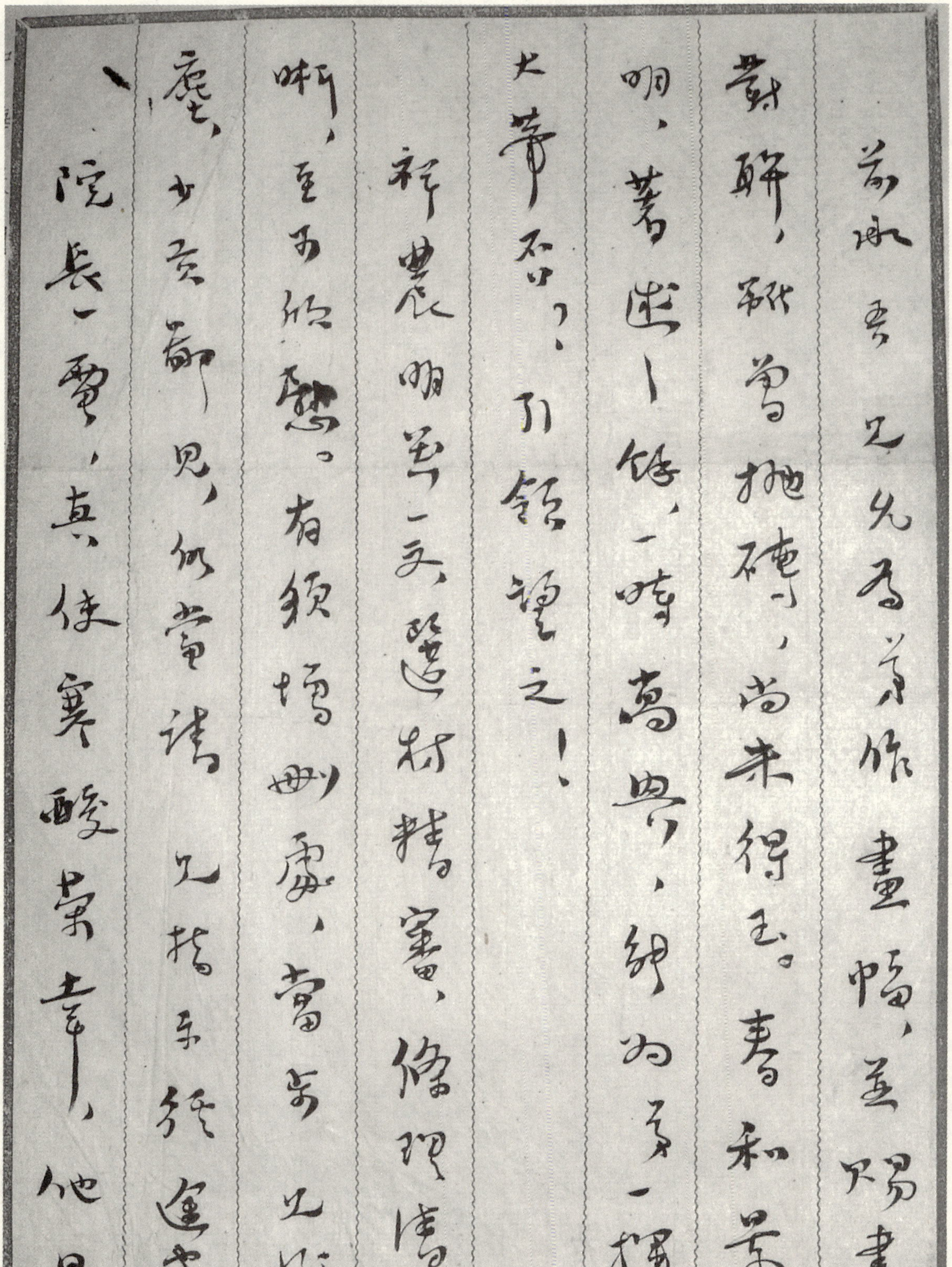

前承先生為兄作畫幅，並賜書
對聯，新嘗拋磚，尚未得玉。書和景
明，著述一條，一時萬舉，俾為兄一揮
大筆否？！引領望之！
祥農明第一文，選材精審，條理清
晰，至可欣慰。有須增刪處，當與之討
論。如有鄙見，仍當請兄指示經達也。
、院長一電，真使寒酸萬丈。他日

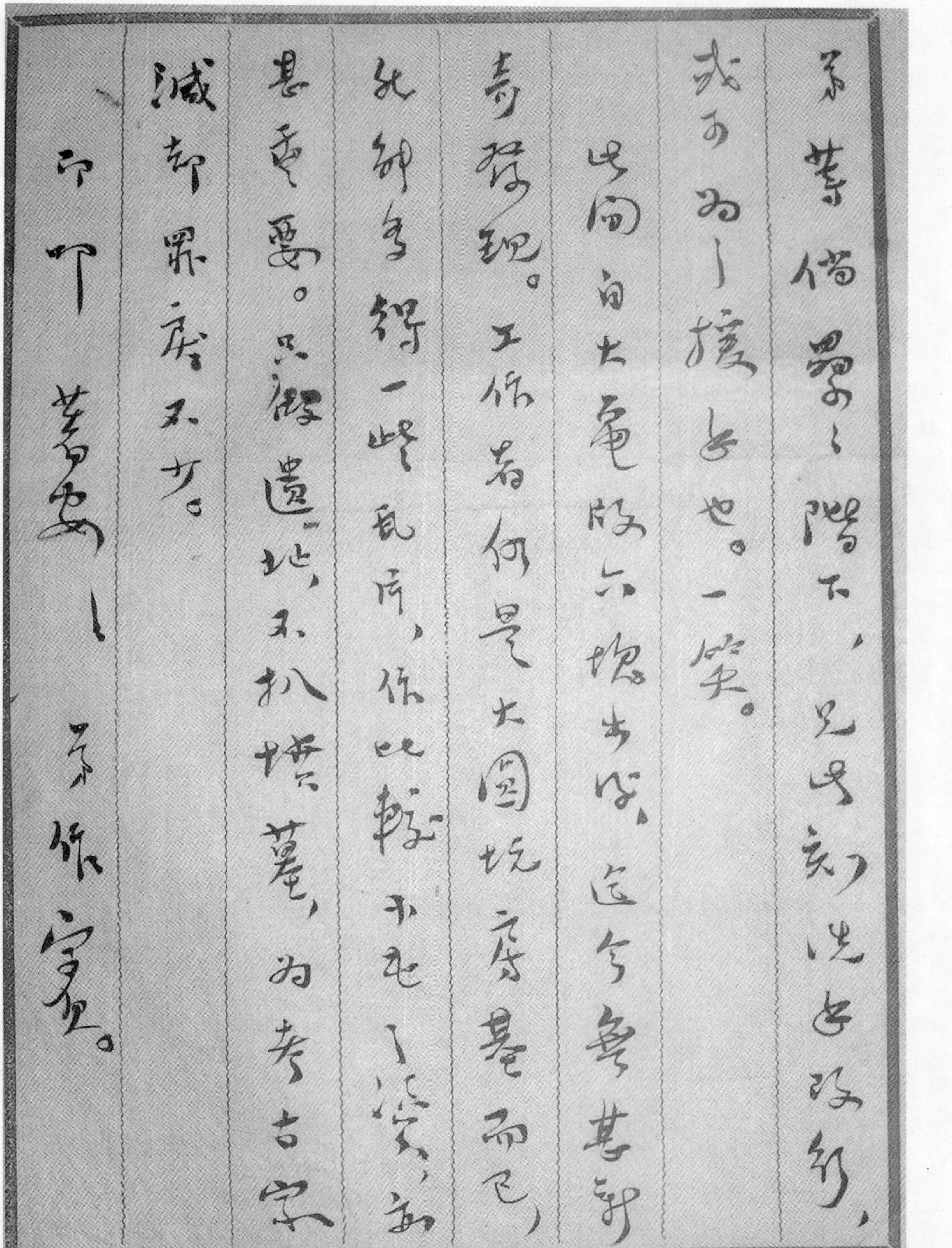

弟葉備學之階下，見此劾法好修行，我可謂之撥者也。一笑。
此間自大龜版六塊出後，迄今無甚新奇發現。工作若何是大圓坑之發掘而已，化錢多，得一些亂瓦，作此較小之發現，亦甚重要。只得遺址，不扒墳墓，為考古家減卻罪戾不少。
即叩著安！　弟作賓。

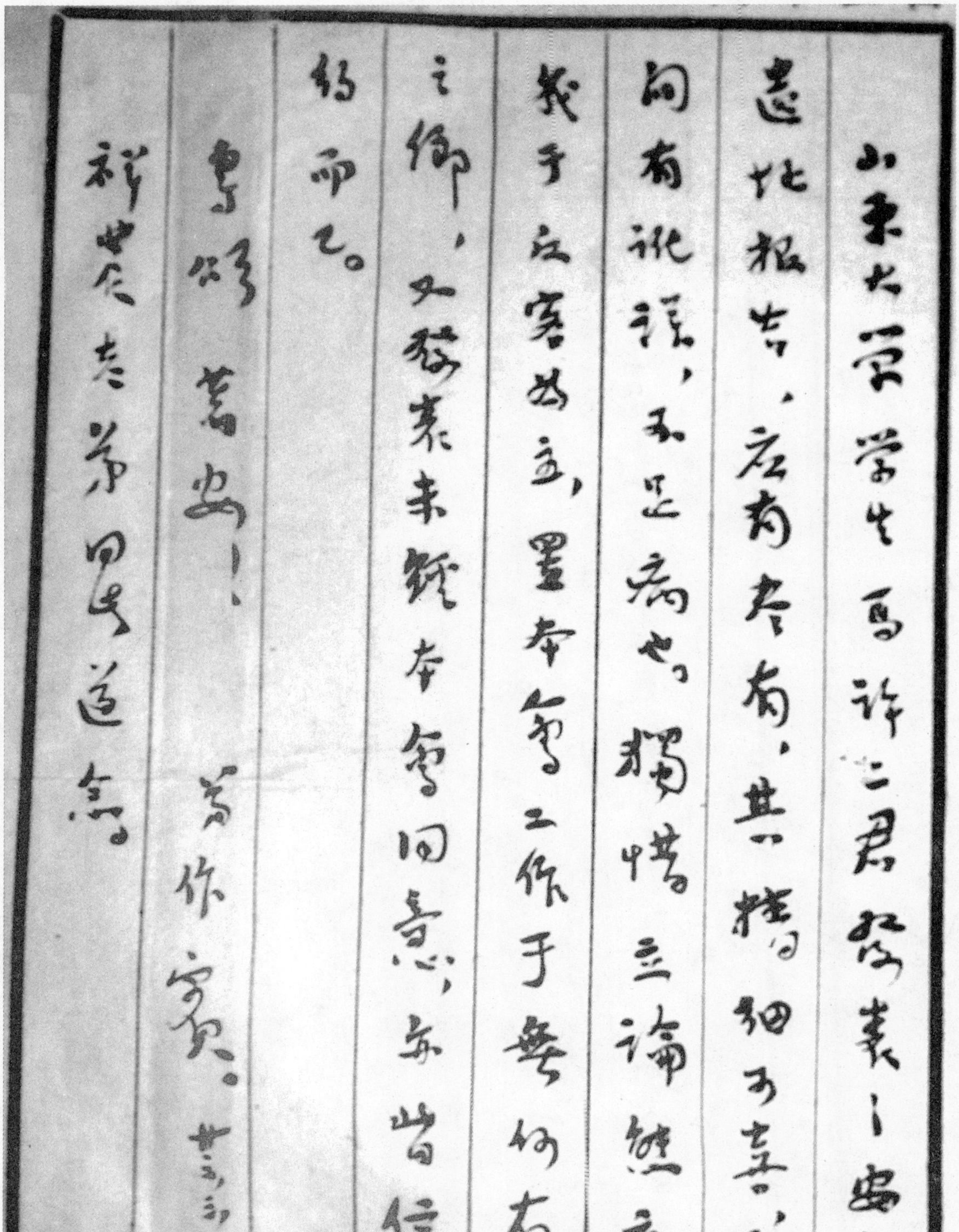
山東大學學生馬許二君發表之安上
遺址報告，應有盡有，其精細可喜，雖
間有訛誤，不足病也。獨惜立論態度，
殺手太客氣些，置本會工作于無何有
之鄉，又發表未經本會同意，亦皆侵
約而已。
專頌
著安！
董作賓。廿五，五，五
祥世兄處乞為道念。

書第七通

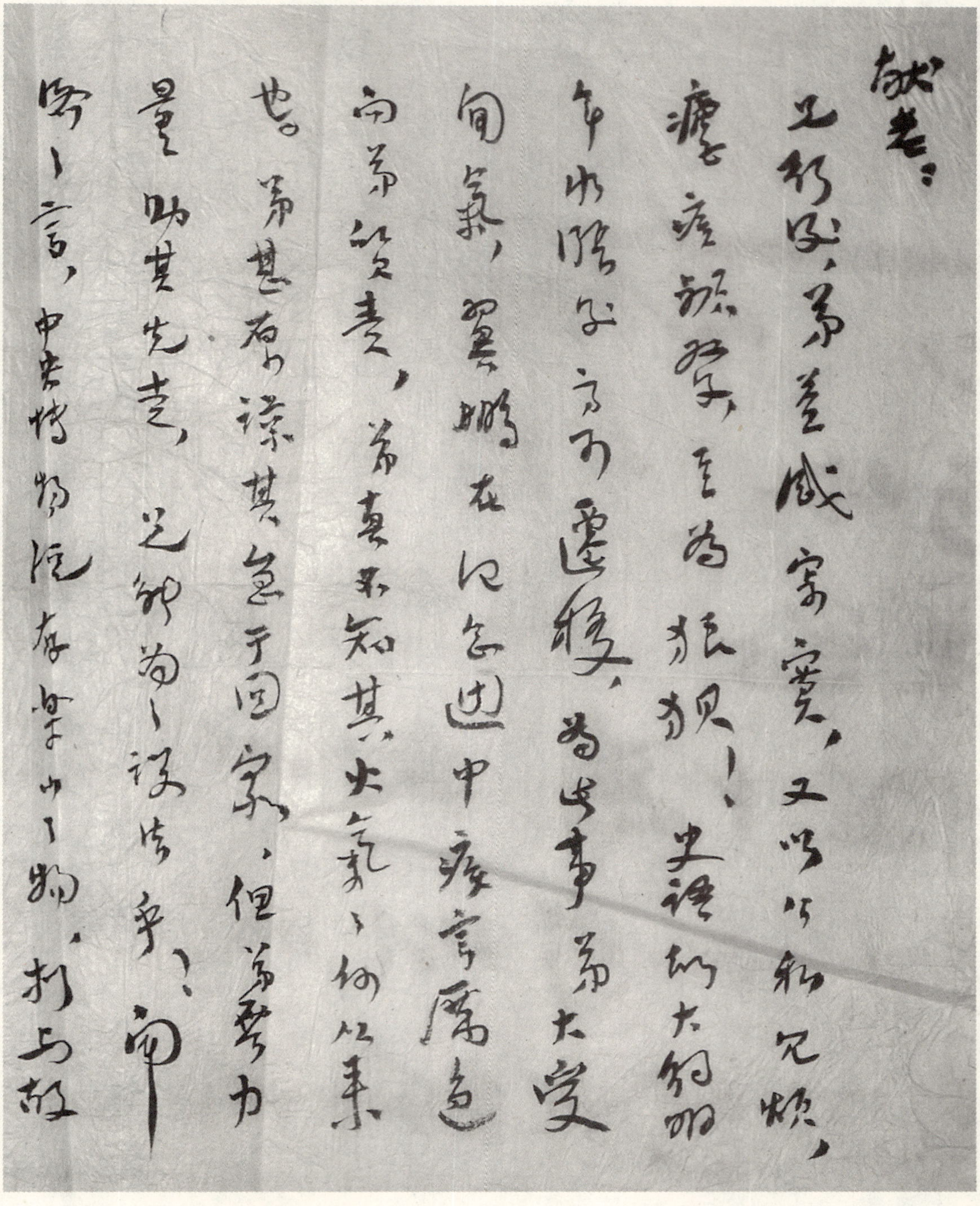

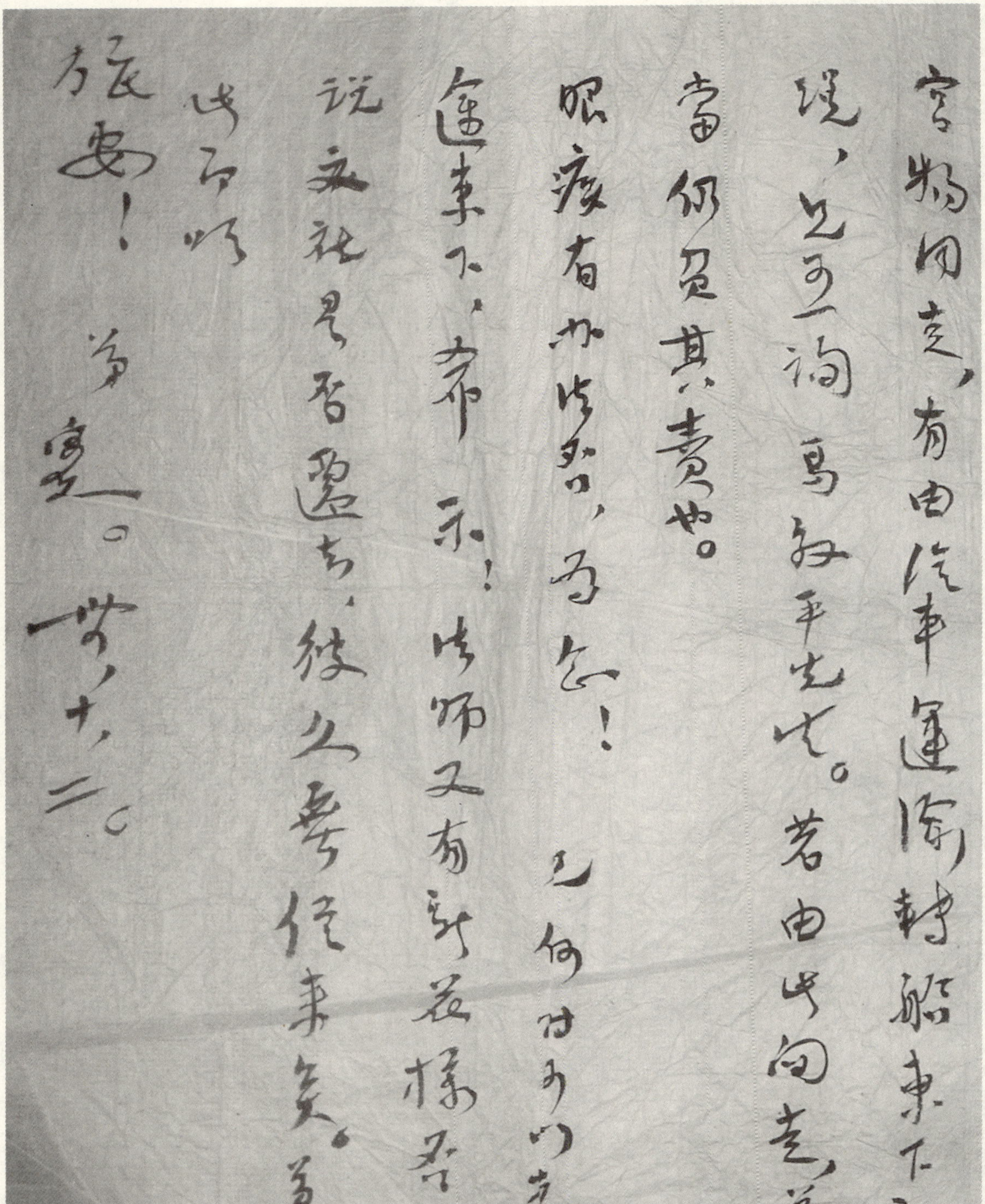
寄物同走，有由汽車運滬轉船東下入
諶，乞予一詢馬叔平先生。若由此間走，
當仍負其責也。
眼疾有小進步，可念！ 已何時可以寄
運東下，希示！ 詳師又有新花樣否？
説文社是否遷去，彼久要從來矣。弟
此頌
旅安！ 弟 寅 。 卅，十，二。

封第一件

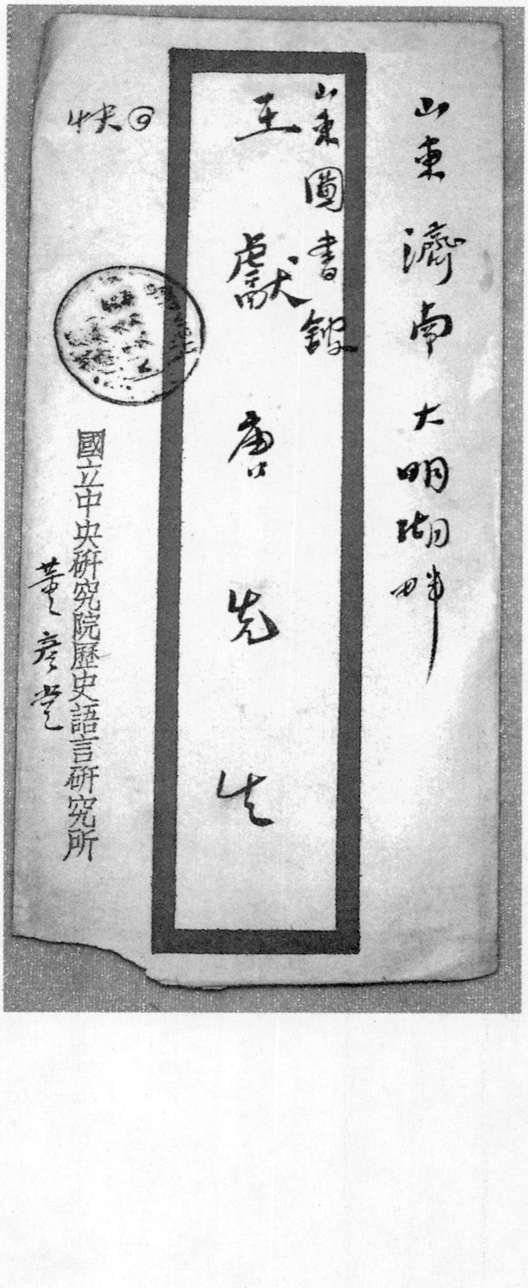
山東濟南大明湖畔
山東圖書館
王獻唐先生
國立中央研究院歷史語言研究所
董彥堂
快

封第二件

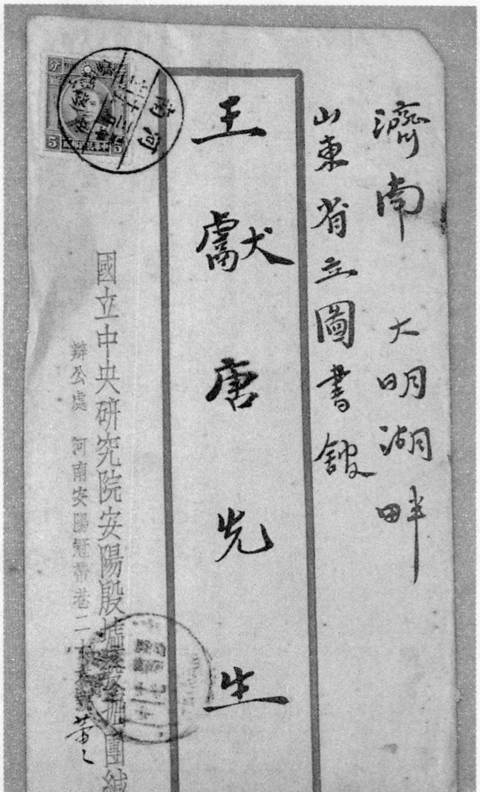
濟南大明湖畔
山東省立圖書館
王獻唐先生
國立中央研究院安陽殷墟發掘團緘
辦公處
董

封第三件

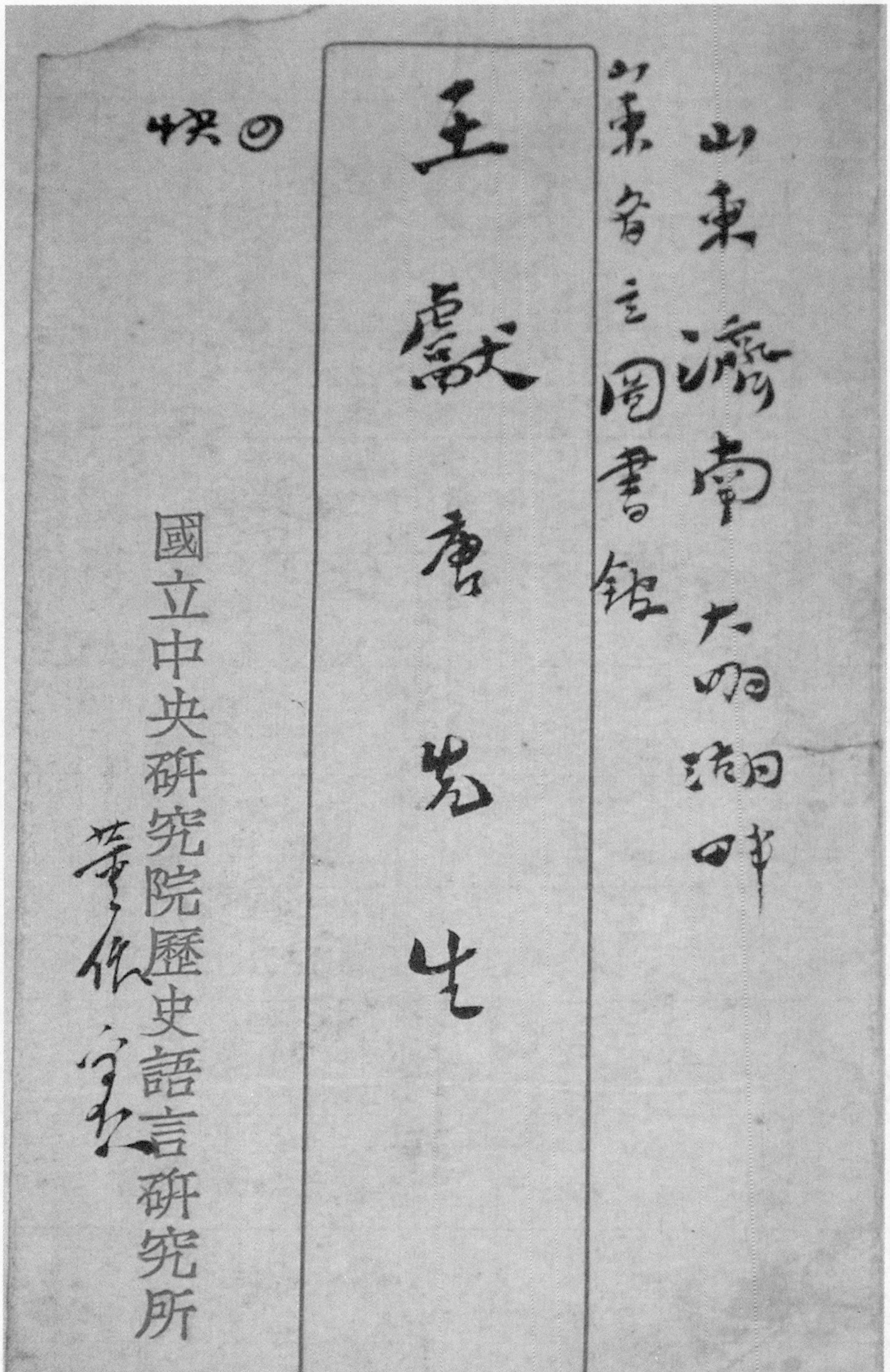

一百三十六　周雲青

書二通　封二件

書第一通

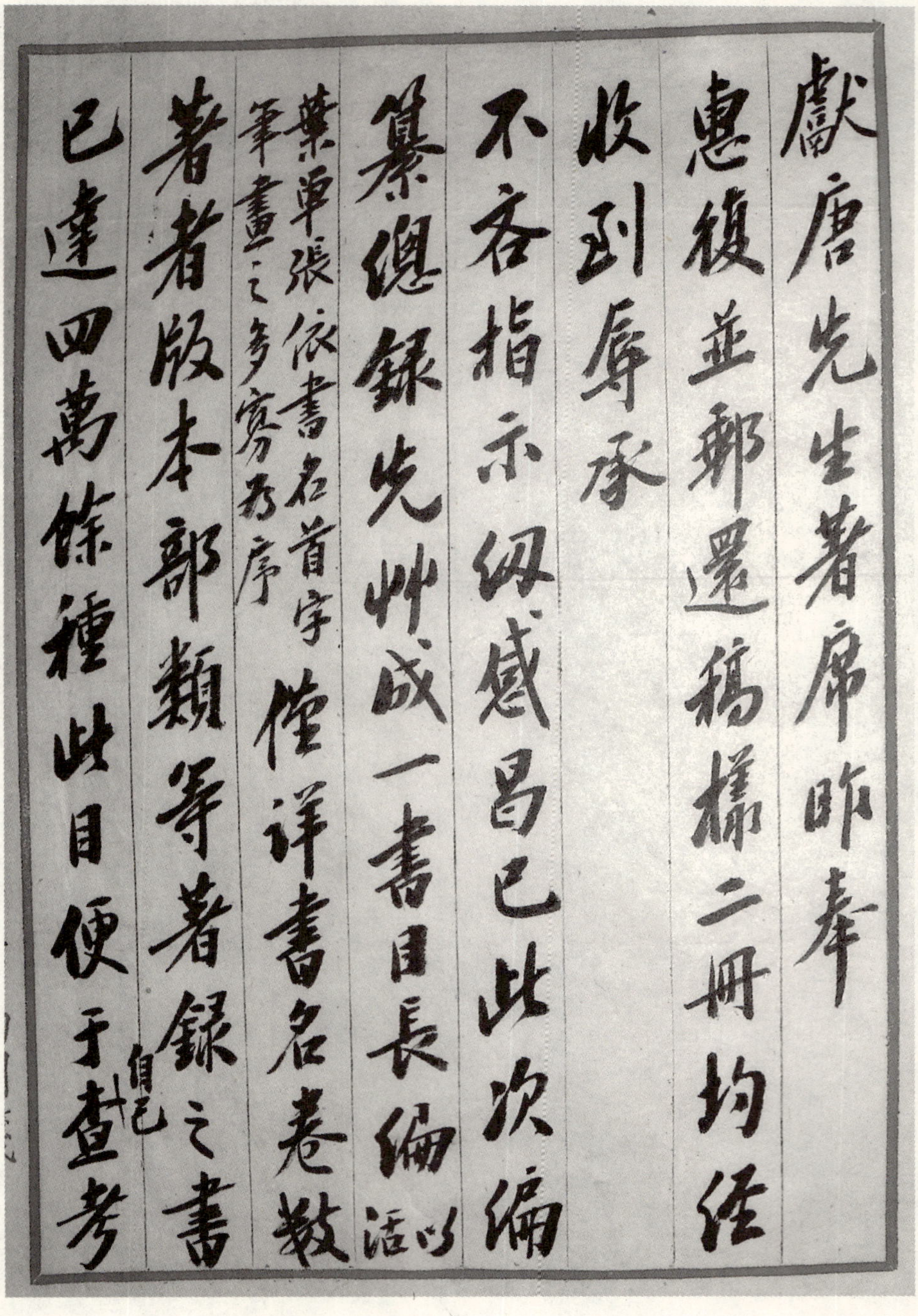
獻唐先生著席昨奉
惠復並鄭還稿樣二冊均經
收到辱承
不吝指示紉感曷已此次編
纂總錄先以成一書目長編以活
業單張依書名首字筆畫之多寡爲序僅詳書名卷數
著者版本部類等著錄之書
已達四萬餘種此目便自己于查考

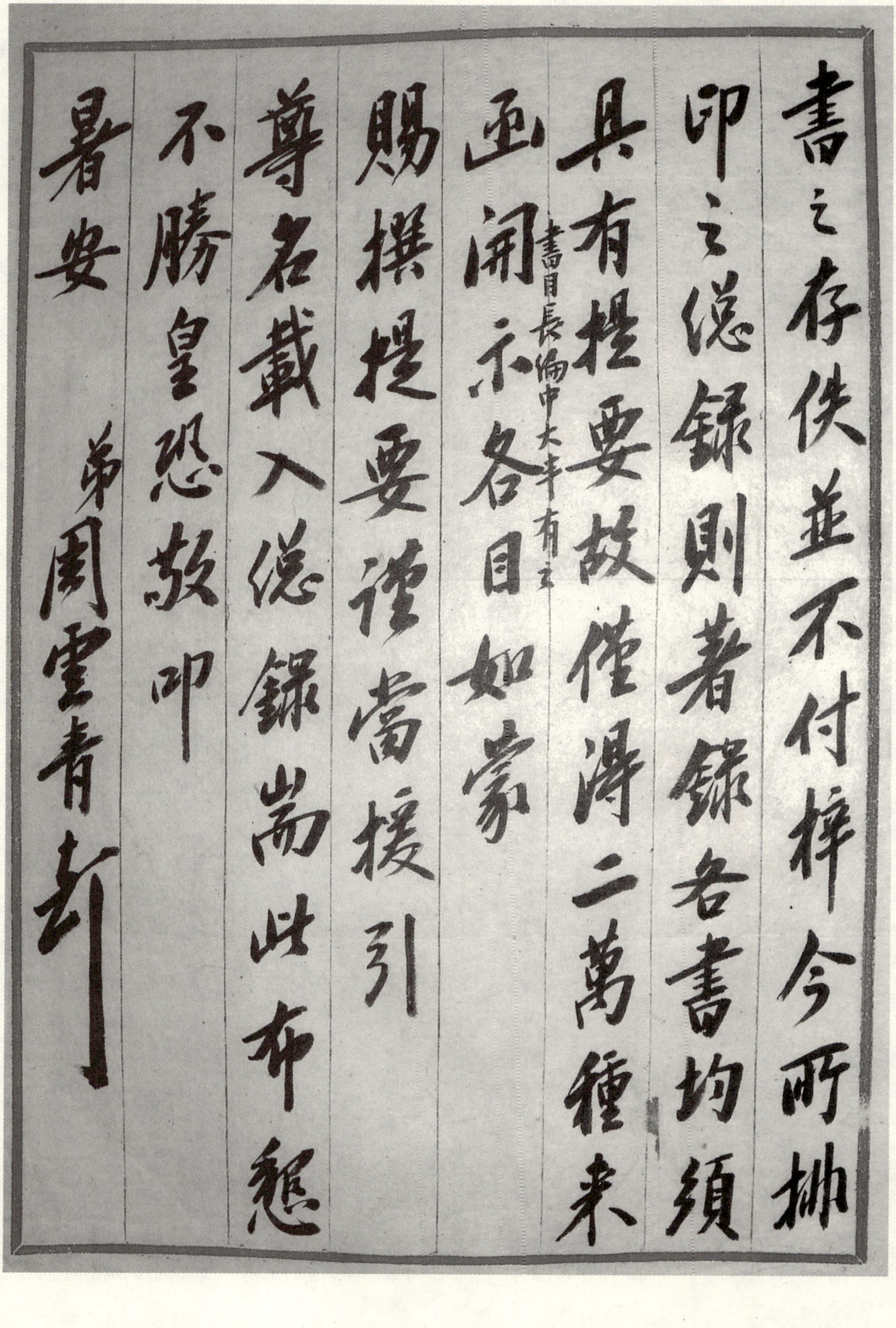
書之存佚並不付梓今所排
印之總録則著録各書均須
具有提要故僅得二萬種来
函開示各目如蒙（書目長編中大半有之）
賜撰提要禮當援引
尊名載入總録尚此布懇
不勝皇恐敬叩
暑安　　弟周雲青頓首

周雲青

書第二通

獻唐先生著席：昨奉
手畢並　屈先生撰讀書記均
經收悉。讀書記評隲精審，簡而
有要，甚合拙編體裁，已援引
屈先生大名載入總錄，敬此佈
達謝忱。如蒙
先生暨　屈先生嗣後更賜以
大稿，亦第一人感

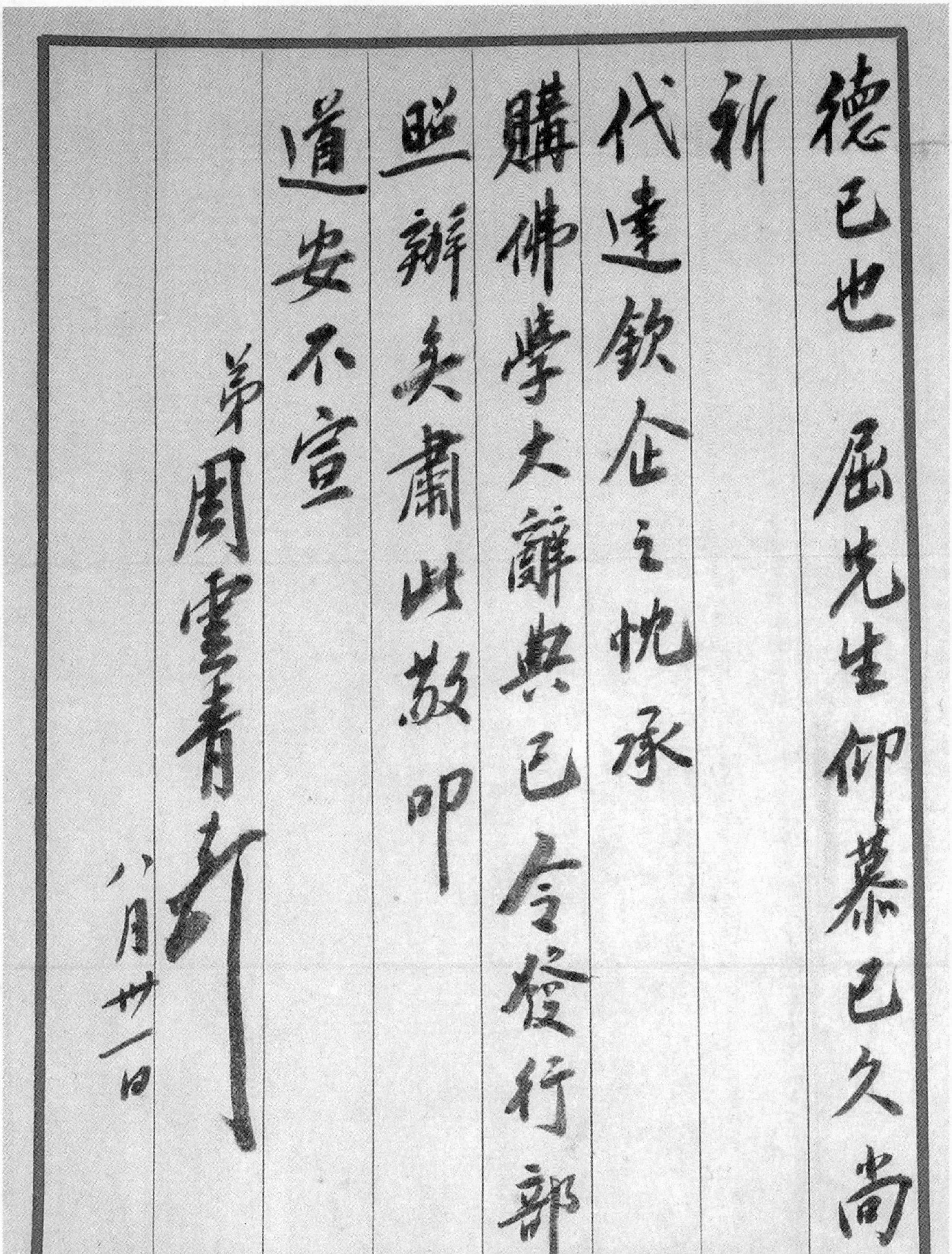

德已也　屈先生仰慕已久尚
祈
代達欽企之忱承
購佛學大辭典已令發行部
照辦矣肅此敬叩
道安不宣
弟周雲青頓
八月廿一日

封第一件

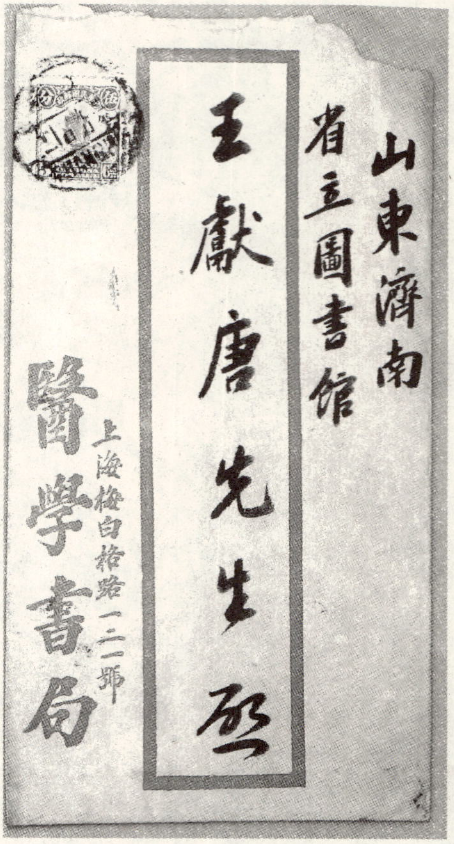
山東濟南
省立圖書館
王獻唐先生啓
上海梅白格路一二一號
醫學書局

封第二件

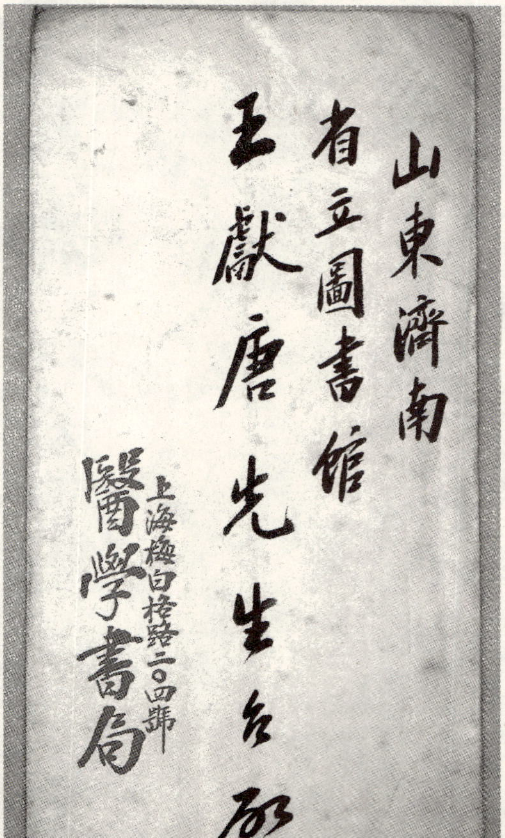
山東濟南
省立圖書館
王獻唐先生台啓
上海梅白格路二〇四號
醫學書局

一百三十七

埜雲 書一通 封一件

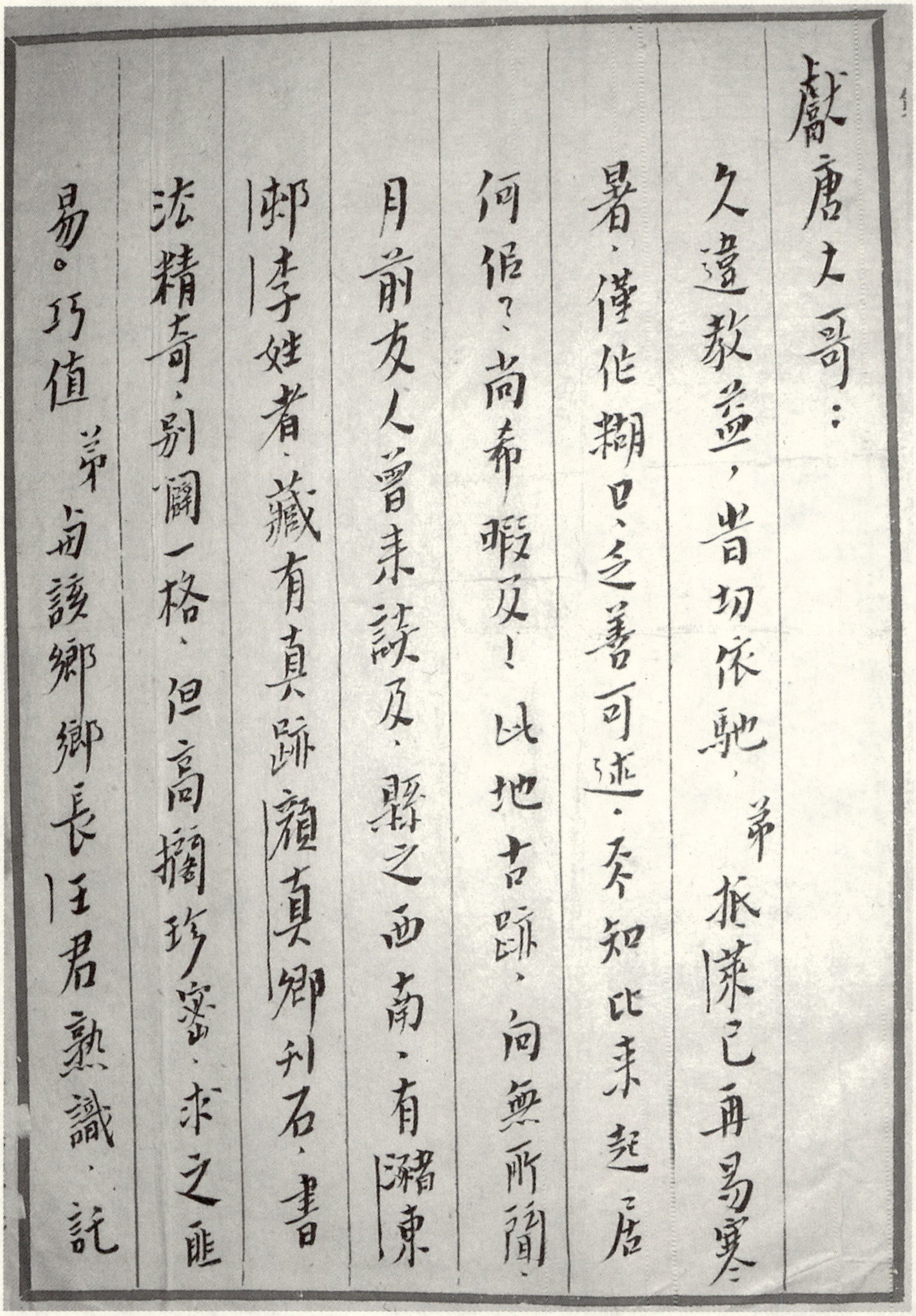

獻唐大哥：

久違教益，昔切依馳。弟抵滇已再易寒暑，僅作糊口，乏善可述。不知比來起居何似？尚希暇及！此地古跡，向無所聞。月前友人曾來談及，縣之西南，有瀦湅鄉李姓者，藏有真跡顏真卿刋石，書法精奇，別闢一格，但高擱珍密，求之匪易。巧值弟由該鄉鄉長任君熟識，託

只从中圓轉，一再商措，含忍具辭，無已
再託其介紹，親身往謁，極道傾慕，又
以利誘——李翁年已八十，家無隔宿，親友往
求者，多以此法——始允可拓數份，當即
將石移出，——石五三塊，長不過三尺，寬不過
一尺，兩面有字者兩塊，一面有字者一塊——
慌拓二份，平素对比，既乏研究，更加臨習急
促，殊不見佳，所幸者目的已達，尚無大漏

萊陽縣第十六鄉農學校用箋

第　頁

除一份自留外，謹以尚屬佳者一份奉
兄，非敢云寶劍之贈，所以求　考古家
作真偽之辨耳。此祝
秋祺

弟　埜雲劃謹上　九
二

附石碑原文一紙

中華民國　年　月　日

（昌陽書局承印）

裴將軍

大君制六合，猛將清九垓。戰馬若龍虎，騰陵何壯哉。將軍臨北荒，恒赫耀英材。劍舞躍游電，隨風縈且迴。登高望天山，白雲正崔嵬。入陣破驕虜，威名雄震雷。一射百馬倒，再射萬夫開。匈奴不敢敵，相呼歸去來。功成報天子，可以畫麟臺。

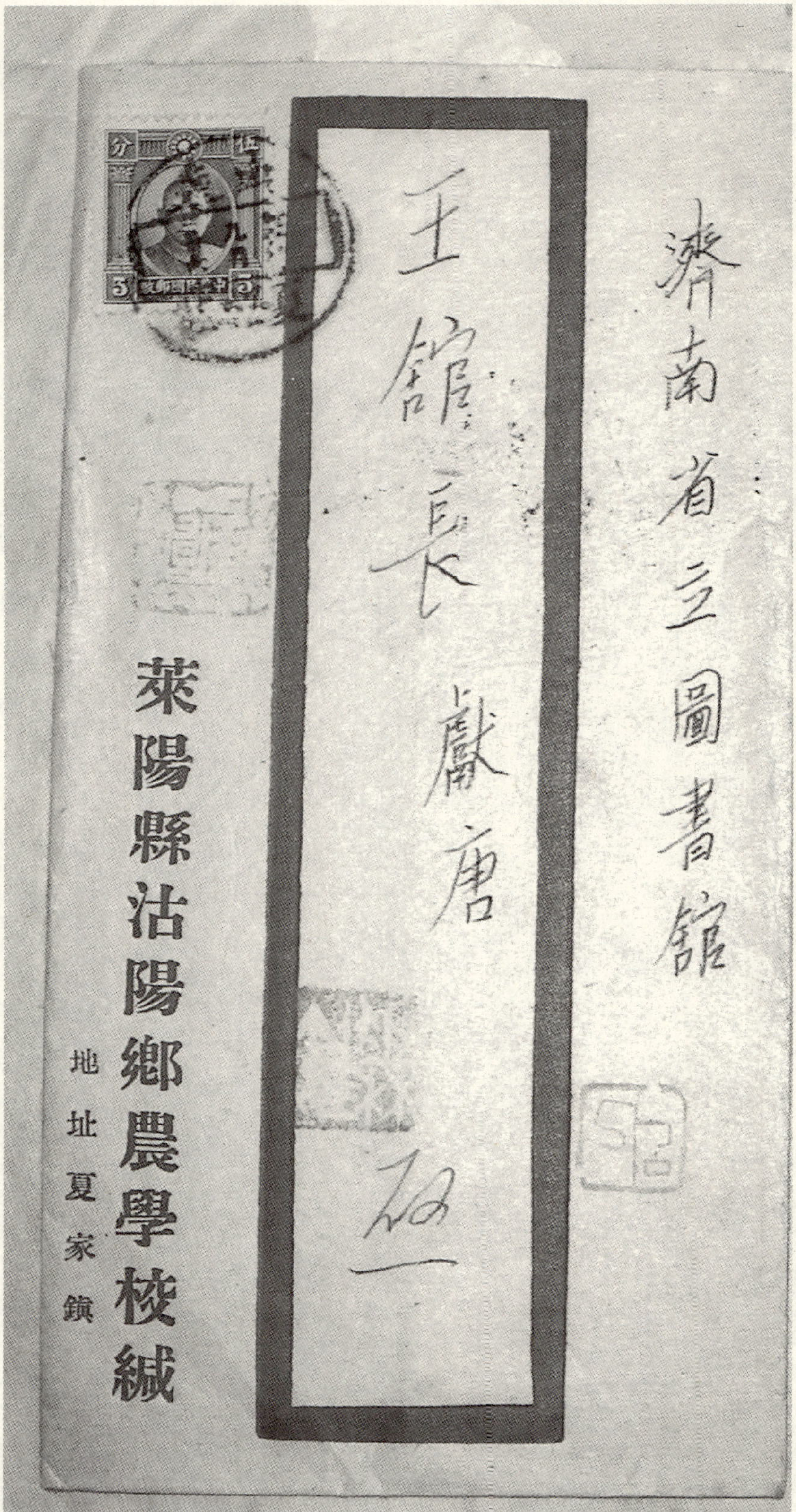
濟南省立圖書館
王館長獻唐 啟
萊陽縣沽陽鄉農學校緘
地址夏家鎮

一百三十八　袁同禮

書二通　封一件

書第一通

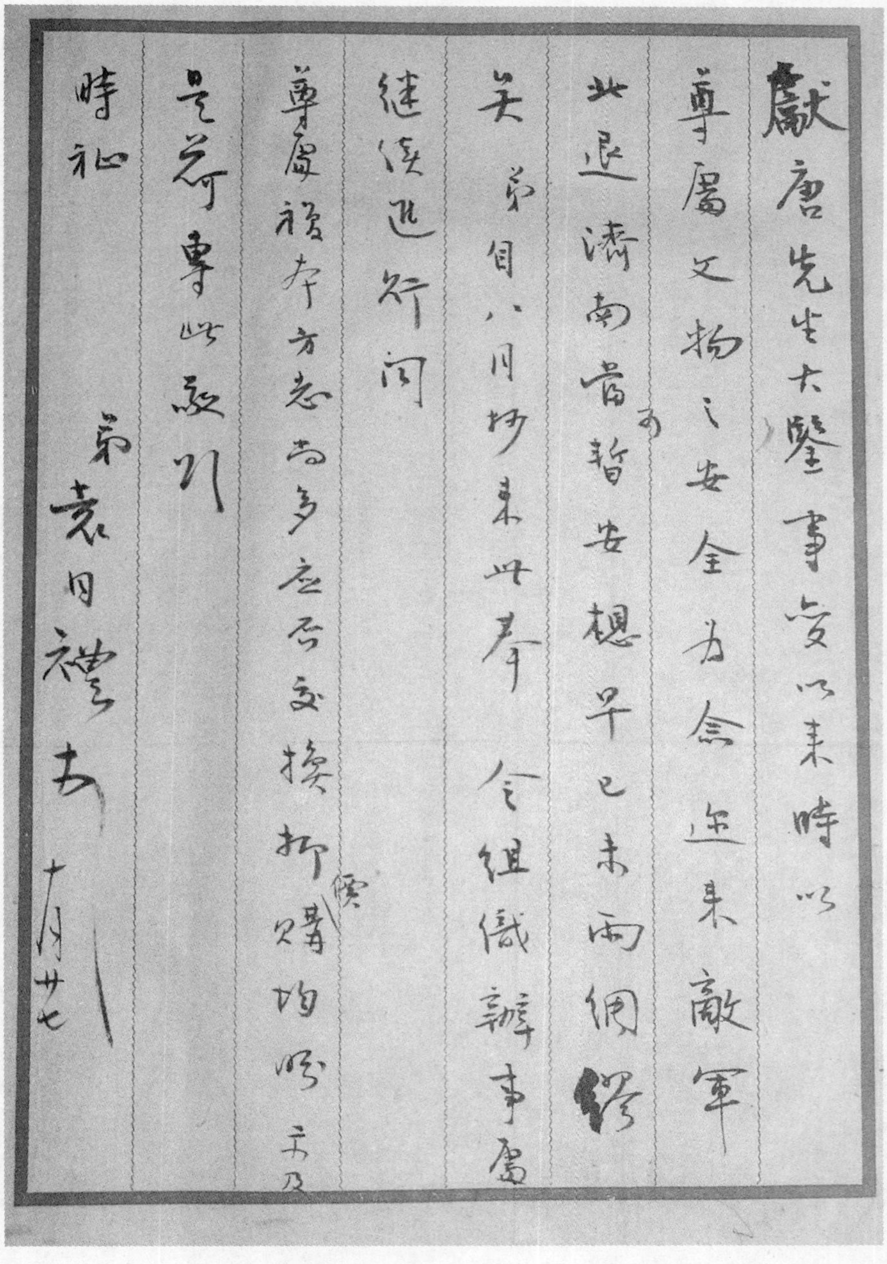
獻唐先生大鑒：事變以來，時以
尊屬文物之安全為念。近來敵軍
北退，濟南當（可）皆安，想早已來函聯繫
矣。弟自八月抄來此，奉令組織辦事處，
繼續進行。聞
尊屬務本方志為多，應否更換押（便）品，均盼　示及
是荷。專此敬頌
時祉
弟　袁同禮上
十月廿七

獻唐先生大鑒：同人等提倡博物院運動
起見，擬組織中國博物院協會，集合同志
努力進行。素仰
台端斗山重望，舉世所欽，敬請加入為發
起人，庶幾登高一呼，則群谷響應。專此奉
達，並希
惠允是荷。順候
台祺

弟袁同禮頓首　五月六日

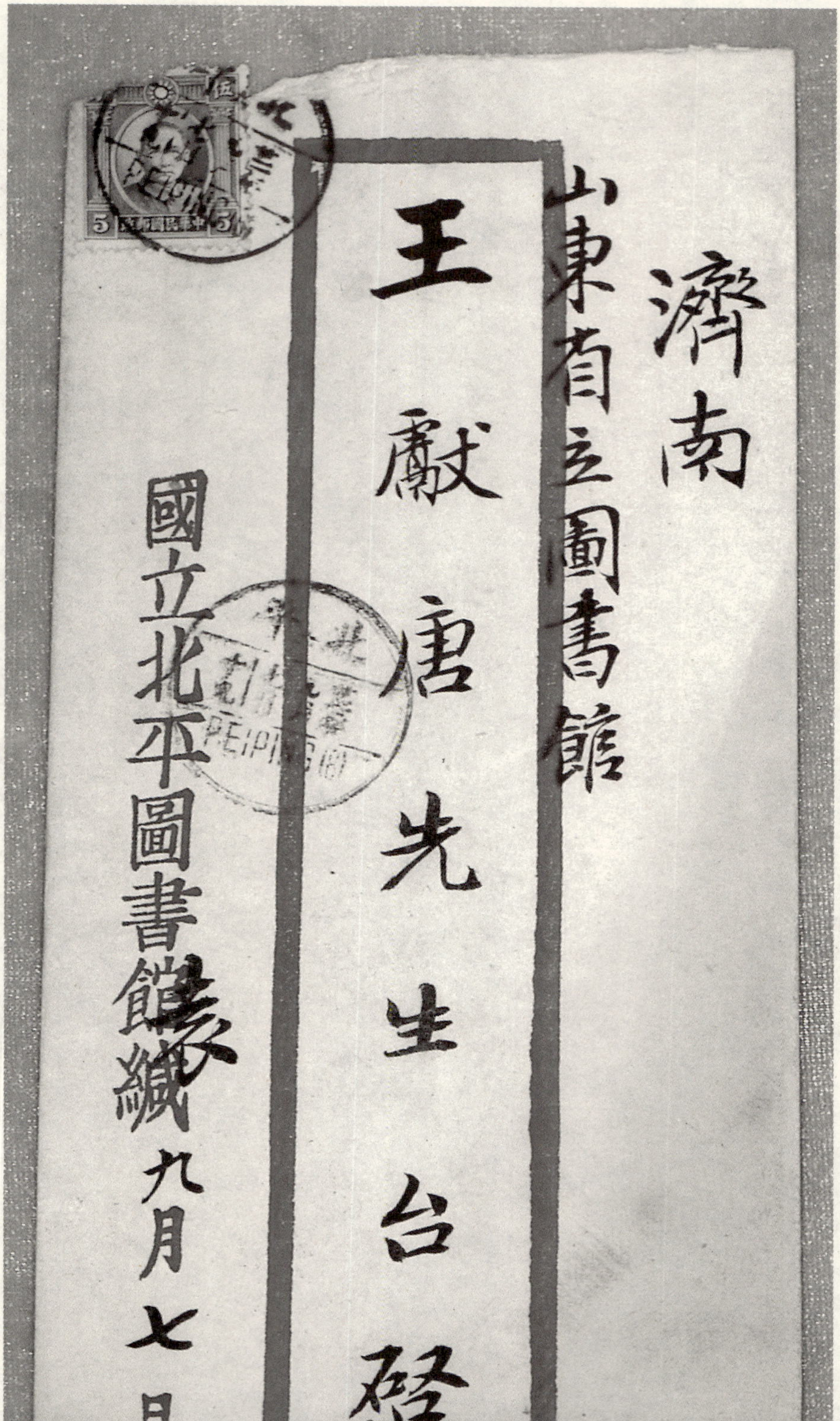
濟南
山東省立圖書館
王獻唐先生台啓
國立北平圖書館緘 九月七日
PEIPING

一百三十九 劉雪蓬 書一通 封一件

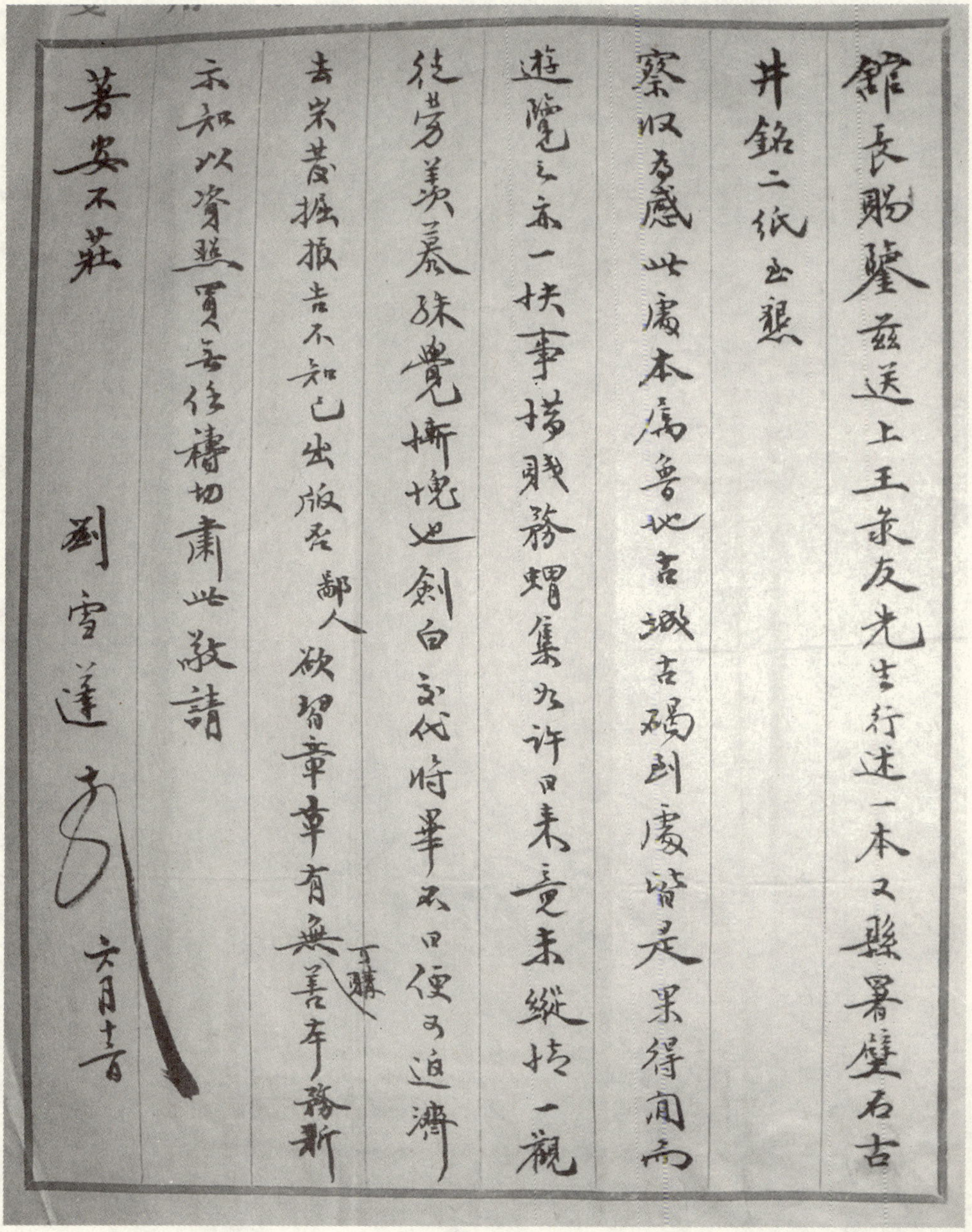
館長賜鑒茲送上王余友先生行述一本又縣署壁石古
井銘二紙乞照
察收為感此處本屬魯地古城古碣到處皆是果得閒而
遊覽之亦一快事揣賤務猬集尤許日來竟未縱持一觀
徒勞羨慕殊覺慚愧也劍白宋代時華不日便可返濟
去宋茂搖振否不知已出版否鄙人欲習章草有無善本可購務祈
示知以資照買無任禱切肅此敬請
著安不莊
劉雪蓬 六月十二

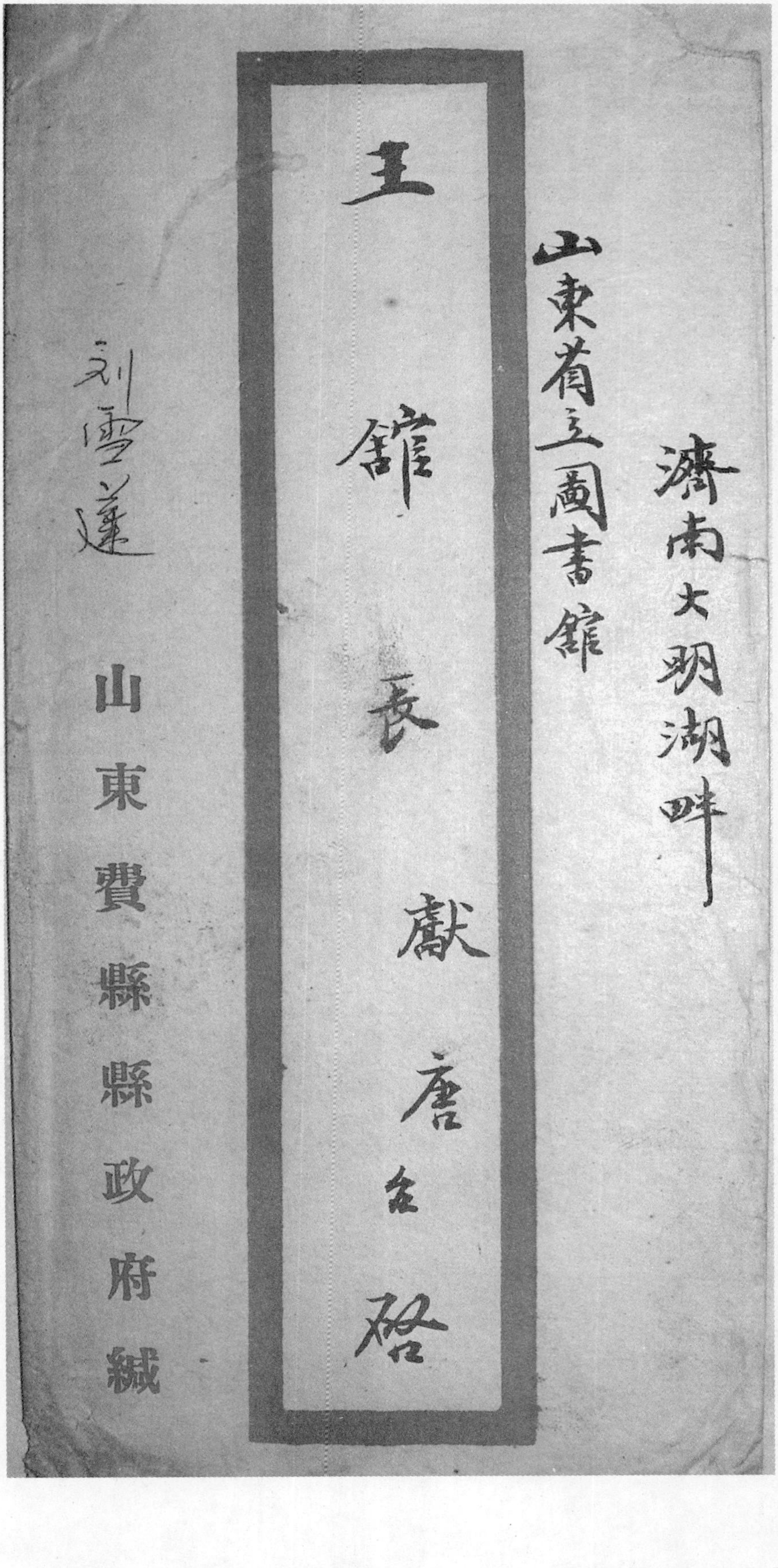
濟南大明湖畔
山東省立圖書館
王館長獻唐台啓
劉雪蓬
山東費縣縣政府緘

一百四十　姜其昌

書一通　封一件

獻唐館長大鑒：曾閱報章，藉知

閣下博古經驗，頗為社會所景仰，惟此項學識非根據學理不為

功，則

閣下之學問道德不問可知，為齊魯文化中心圖書館所幸得人，慶

為東方古國不乏此項人才慶也。茲有懇者，敝人家藏一物，數十

年來不知其確為何代之物，雖經國內名公鑑定，但言人人殊，不

能斷定年限，殊為可惜，故敢冒昧聆教於

公，望勿以人微言輕、文字不通見卻，幸甚幸甚。

1、樣形　圓形似碗而有兩耳，高度二寸許，直徑五寸，寬兩耳甚小，全

身質素無紋。

2、顏色及資質　質為白色，因入土年久，致污塗，不似新者之純潔，

碗之上部一邊有牛毛紋寸許，但似紅而不鮮紅，其餘全部有類似地

層或水波紋之温蘊顏色但非石之本質係在土年久之表現其被蝕之處亦極自然，古樸渾成色澤渾厚一望而知為年代久遠之物無石性過度原質與其他雜質難辨之處此賞鑑家所公認者也

3、鑑定經過、 查之古玉圖譜、三博古 博古圖及吳大澂古玉圖解諸書惟古玉圖譜之三代玉器有與此物類似者但兩耳形狀稍有不同此物之兩耳較書上之兩耳稍為簡單不知何故查之其餘諸書則概不與焉據格古要論一書所云三代之制器也更貴厢嵌商貴質素無文周貴雕篆細密此物質素無文其古樸渾成見所未見豈為商代物歟但三代物中兩耳總不同豈此物著書者未見之物耶抑原物主蓄宝不彰或彼時未出土耶實足令人不解 據吳大澂云禮明堂位篇云三代祭器亦有以玉為之者此為三代祭器之一耶但禮明堂位篇一書至今搜集不得實令人望洋生嘆 查之廿一史歷代如漢六朝以至唐宋皆有玉器之制作惟漢則最盛 紀文達公之閱微草堂筆記漢時以玉器

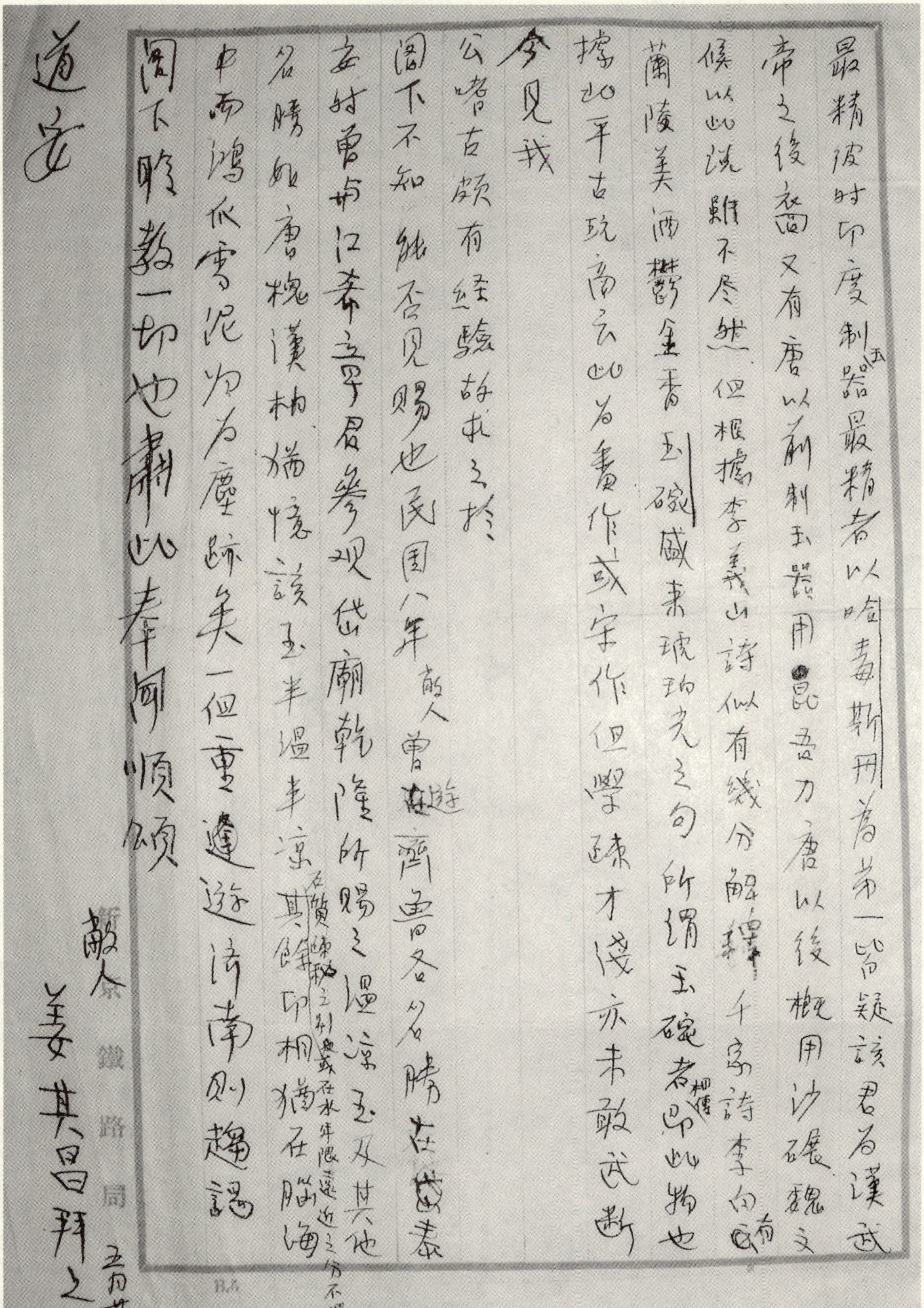
最精彼时印度制器最精者以哈毒斯用着第一皆疑该君为汉武
帝之後裔又有唐以前制玉器用昆吾力唐以後概用沙碾魏文
侯以此说虽不尽然但根据李义山诗似有几分解释千家诗李白句
兰陵美酒郁金香玉碗盛来琥珀光之句所谓玉碗者即此物也
据北平古玩商云此为番作或宋作但学疏才浅亦未敢武断
今见我
公嗜古颇有经验故札之於
阁下不知能否见赐也民国八年敝人曾游齐鲁各名胜在泰
安时曾与江希立罗君参观岱庙乾隆所赐之温凉玉及其他
名胜如唐槐汉柏、猫情该玉半温半凉其余印相犹在脑海
中西鸿爪雪泥均为尘迹矣一但重游济南则趣谒
阁下聆教一切也肃此奉闻顺颂
道安
敝人姜其昌拜之 五月廿四日

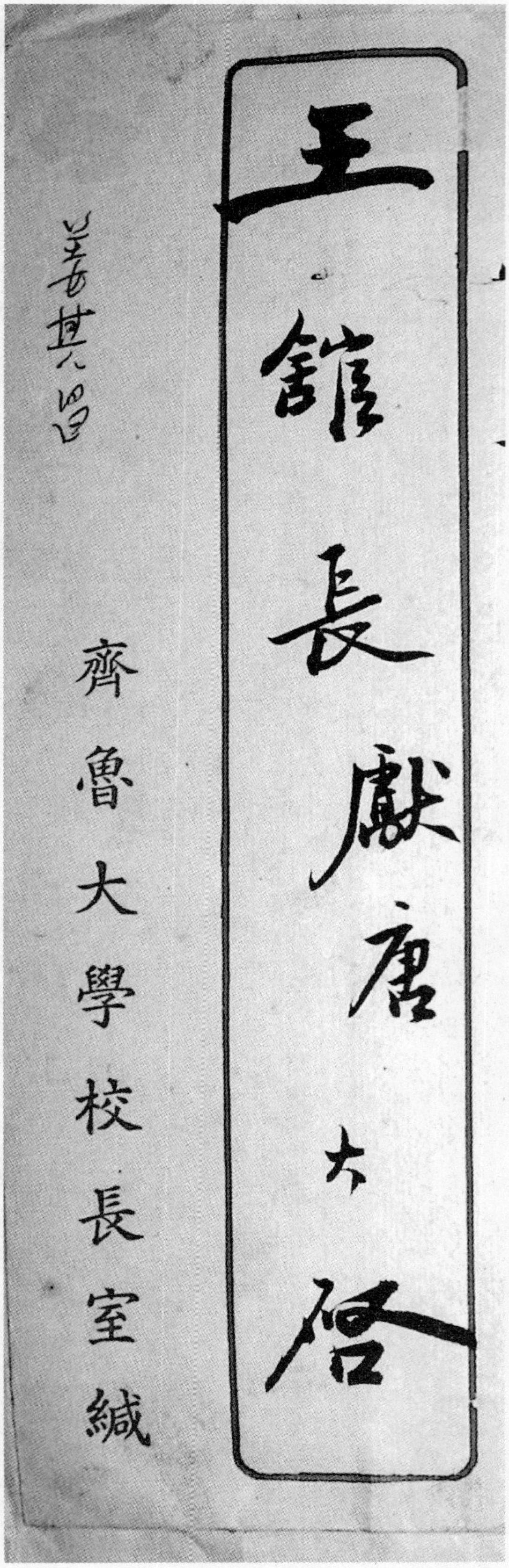
王館長獻唐大啓
齊魯大學校長室緘
姜其留

一百四十一　路大荒 書一通　封一件

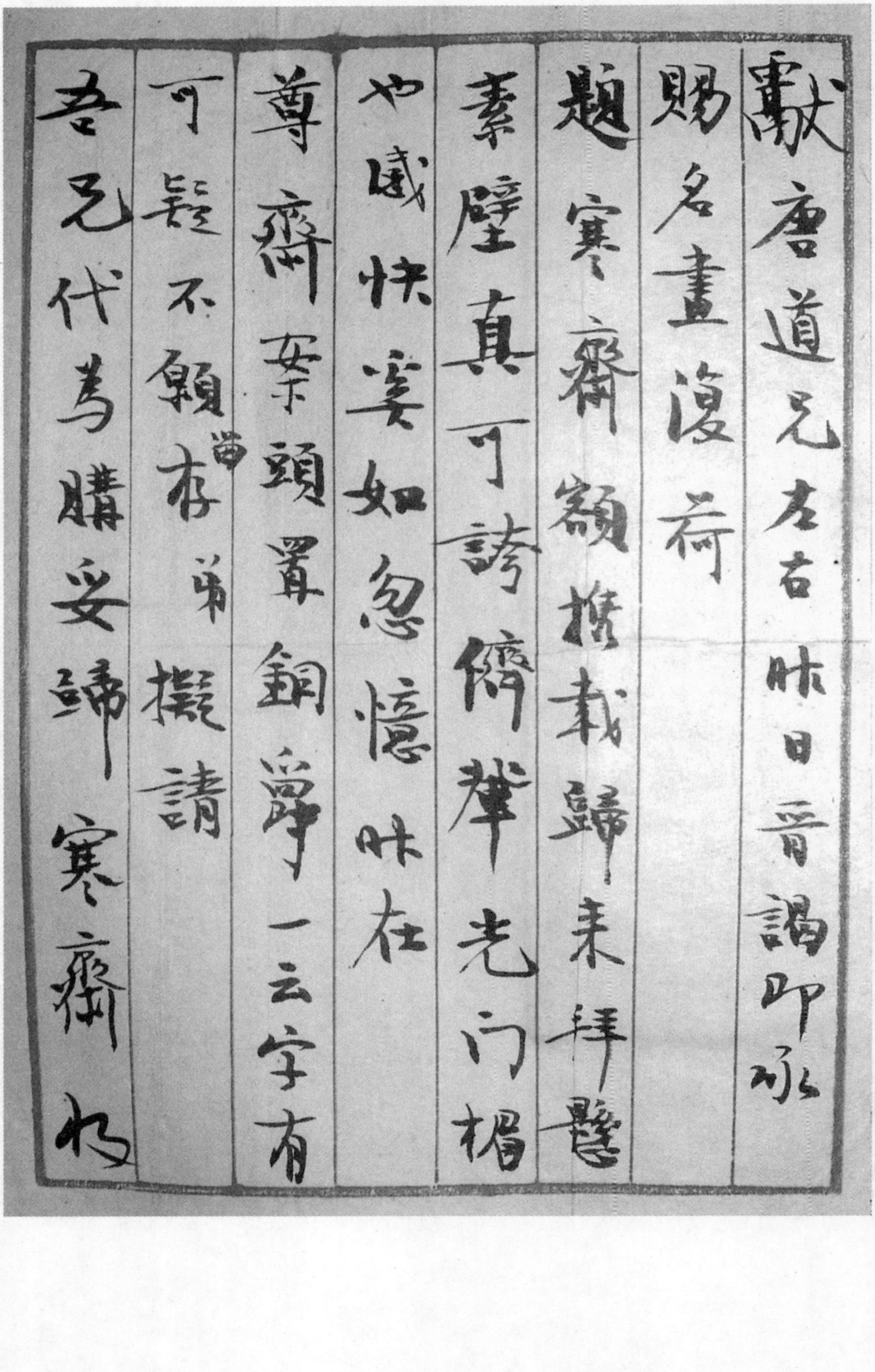
獻唐道兄左右：昨日晋謁，即承
賜名畫，復荷
題寒齋額，携載歸來，拜懸
素壁，真可誇儕輩光門楣
也。感快奚如。忽憶昨在
尊齋，案頭置銅爵一，云字有
可疑，不願存（留），弟擬請
吾兄代為購妥，歸寒齋，何

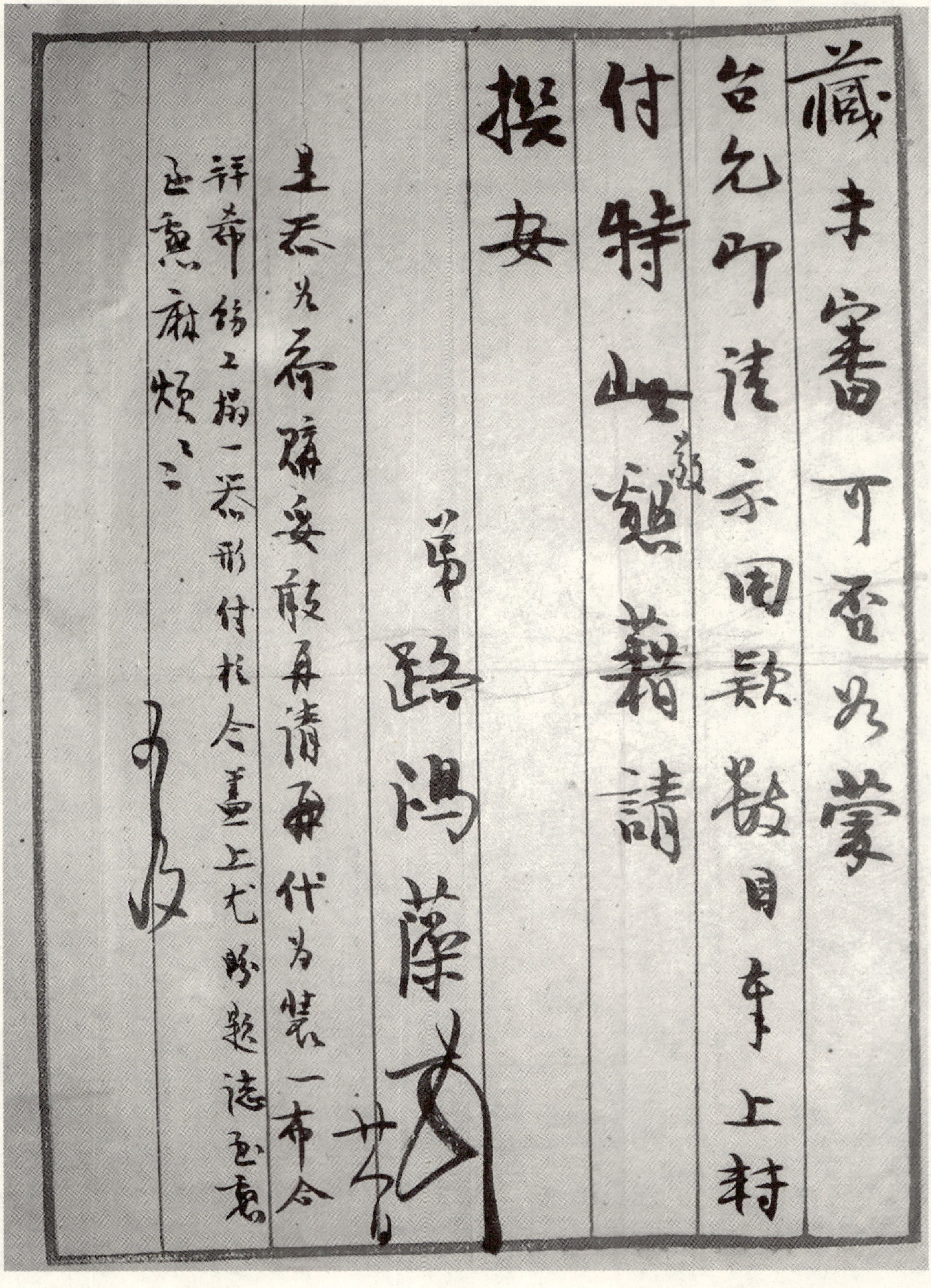
藏未審可否如蒙
台允即請示關款數目專上封
付特此懇（敬）藉請
撰安
弟路鴻藻頓首 廿七
呈來之奇彝妥敢再請再代為裝一布合
祥希飭工拓一器形付於合畫上尤盼題誌至意
正爲麻煩之之
又及

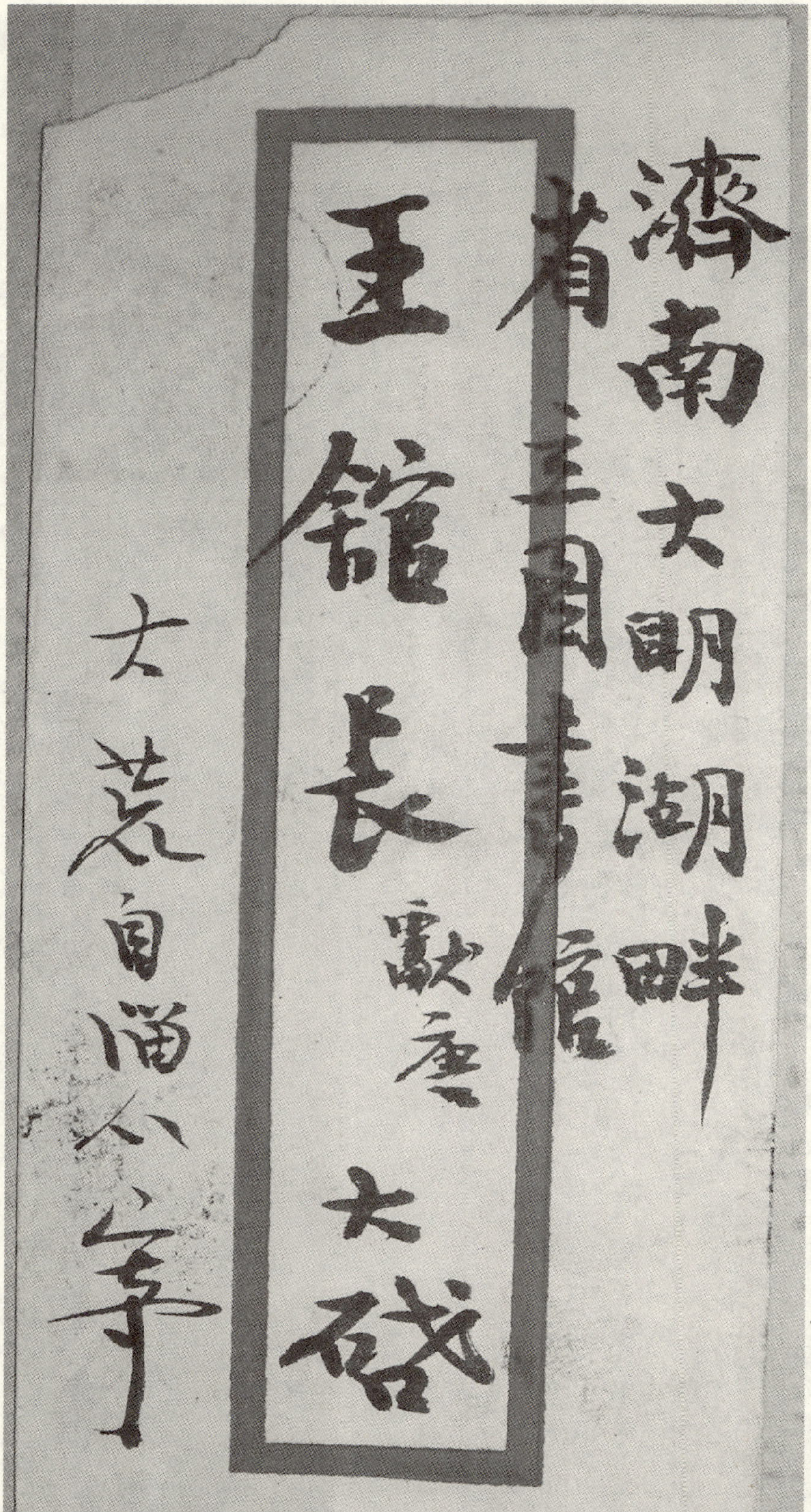
濟南大明湖畔
省立圖書館
王館長獻唐大啓
大荒自淄川寄

一百四十二　高漢章

書一通　封一件

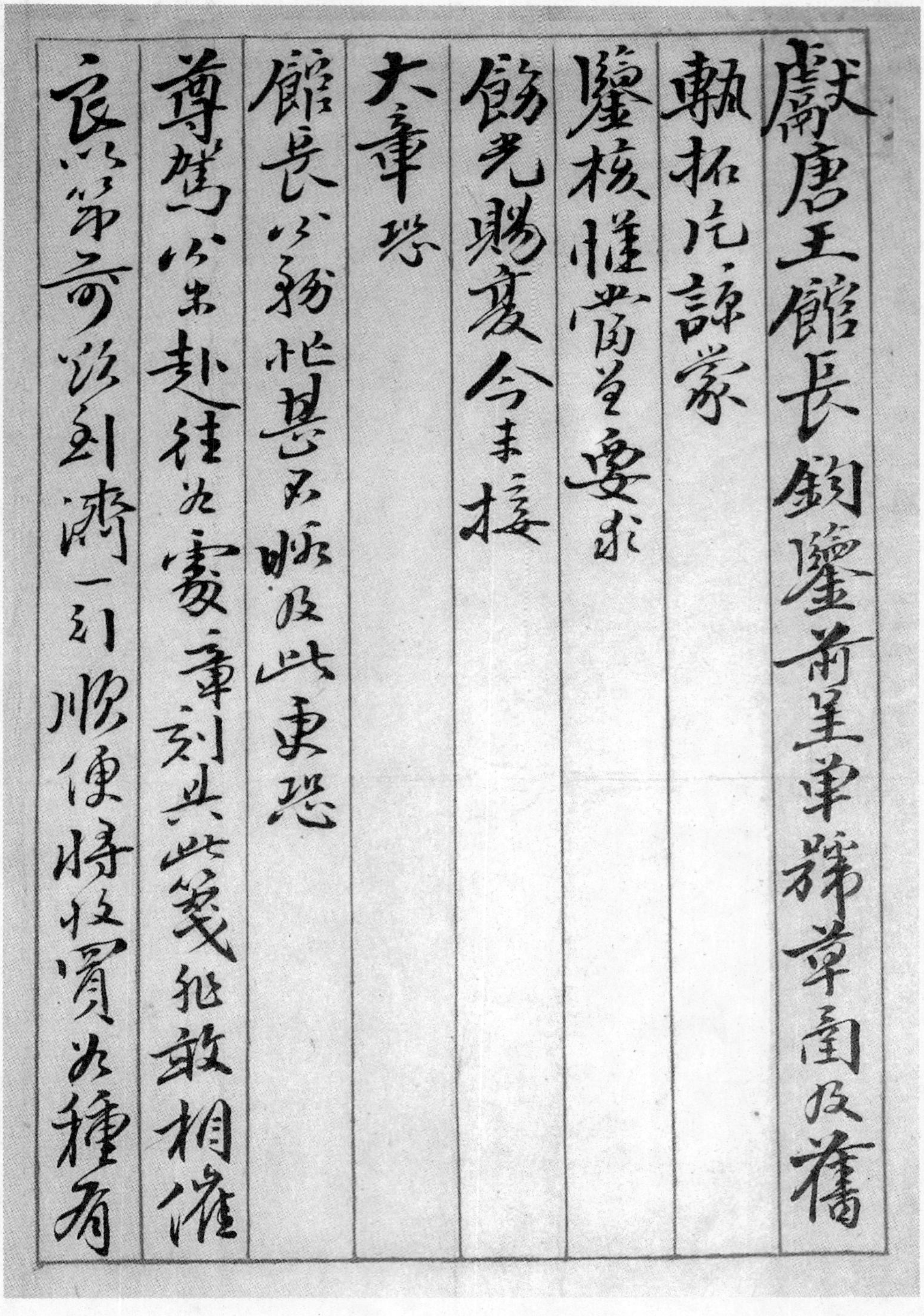
獻唐王館長鈞鑒：前呈單箋草函及舊
輒拓片，諒蒙
鑒核。惟當日要求
餘光賜覆，今未接
大章，恐
館長公務忙甚，不暇及此，更恐
尊駕公出赴往他處，章刻與此箋，繼敢相催。
良以弟前從到濟一行，順便時收買各種有

文字之閑罷，以無字閑片均為道呈
貴館倘
館長不在館中，章實物猶其餘事，而不克見，聆
教闊論，是大憾耶！故屢次煩述源
館長，非是不以為罷耳，蓋以前寄拓片之原物主
詢余以此執之源來為何出處，想年遇井蛙發
見，對于是項物品絕不敢斷定為何印令館年
責過幾次，不是不甚留心，是以拓就一片呈請

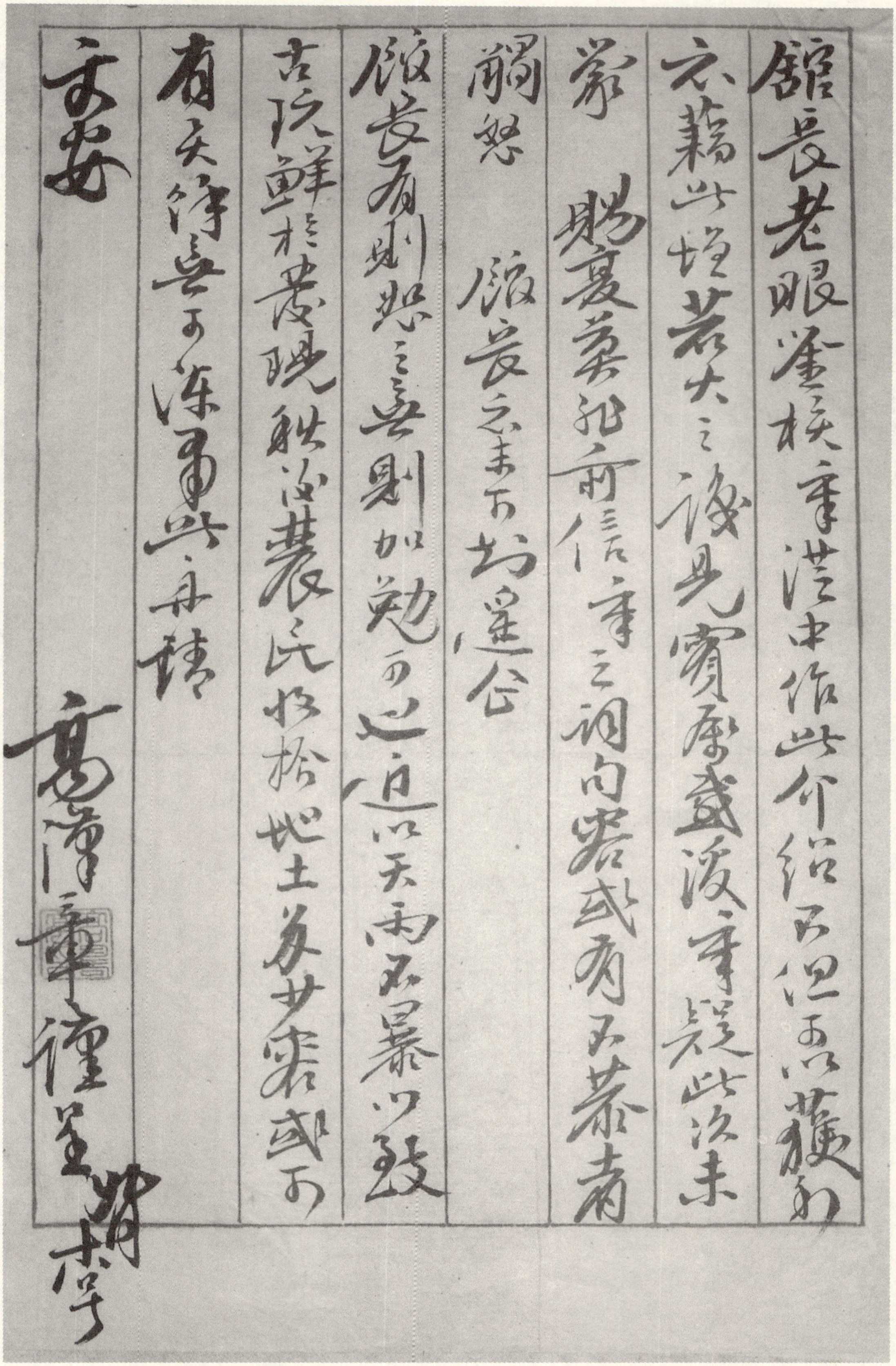

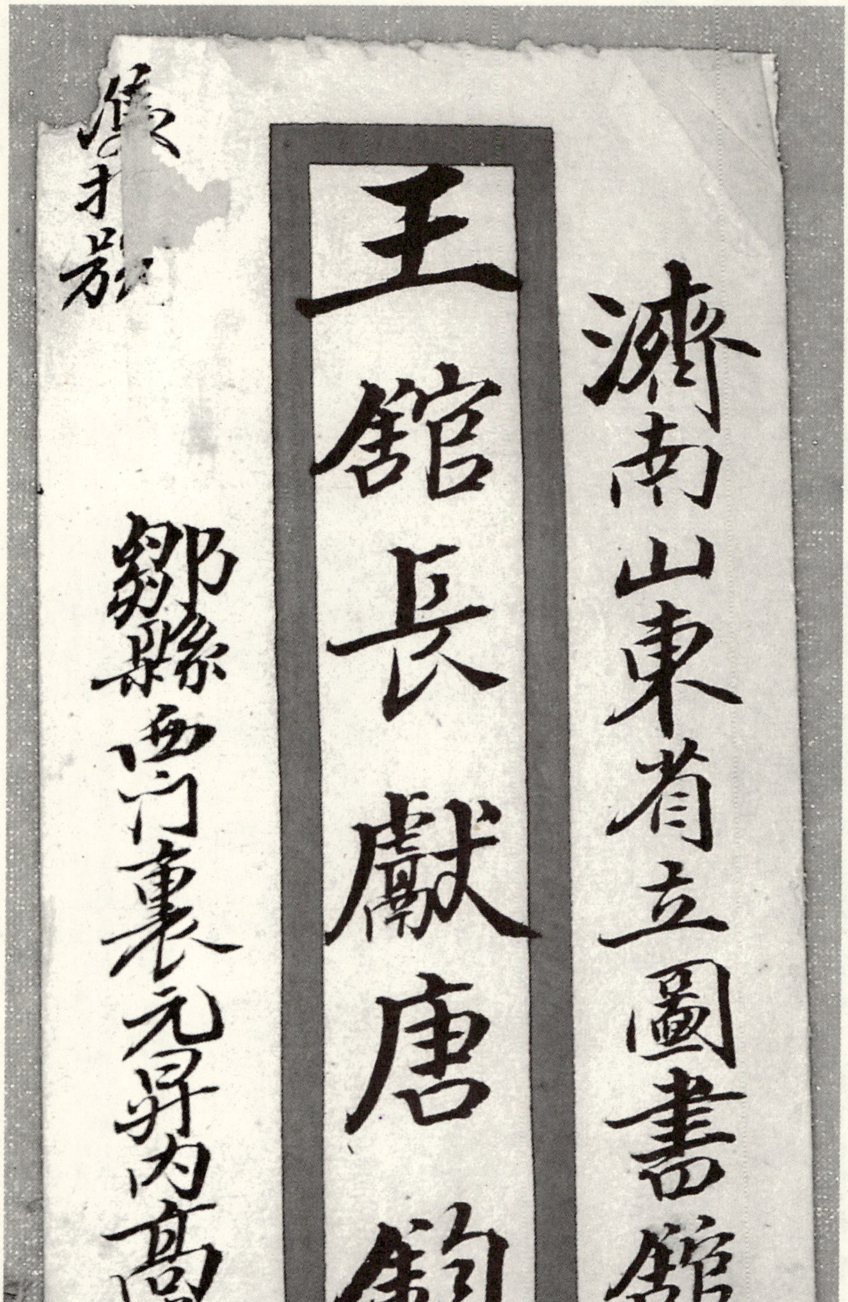
濟南山東省立圖書館
王館長獻唐鈞啓
鄒縣西門裏元昇内高漢章手緘

一百四十三　范毓瑞

書四通　封三件

書第一通

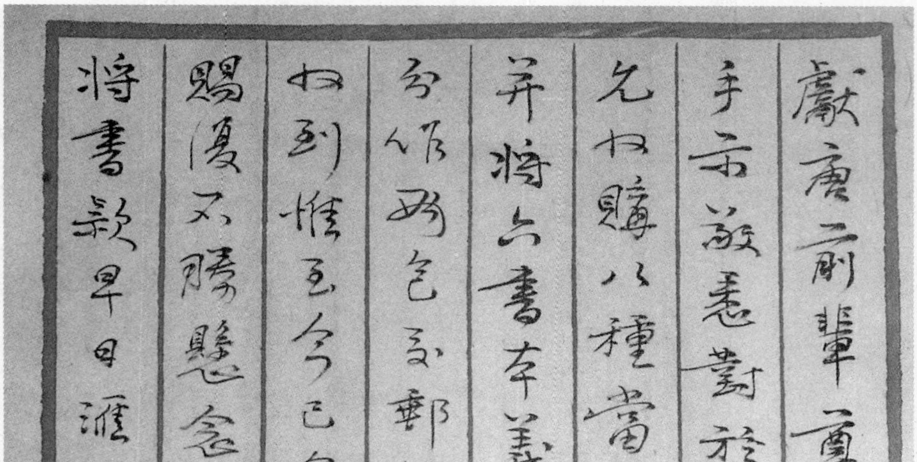
獻唐前輩尊鑒前奉
手示敬悉對於瑞之名書承
允以贈八種當於月之四日曾復一緘
并將六書本義等四種及鮮晚第一冊
分作兩包交郵掛號寄呈諒早
收到惟至今已逾兩星期未蒙
賜復不勝懸念之至萬乞
將書款早日匯下以應急需不情之請

尚希
見原是幸肅此敬請
鈞安并候
福音
晚學范毓瑞謹肅 七、十八、

書第二通

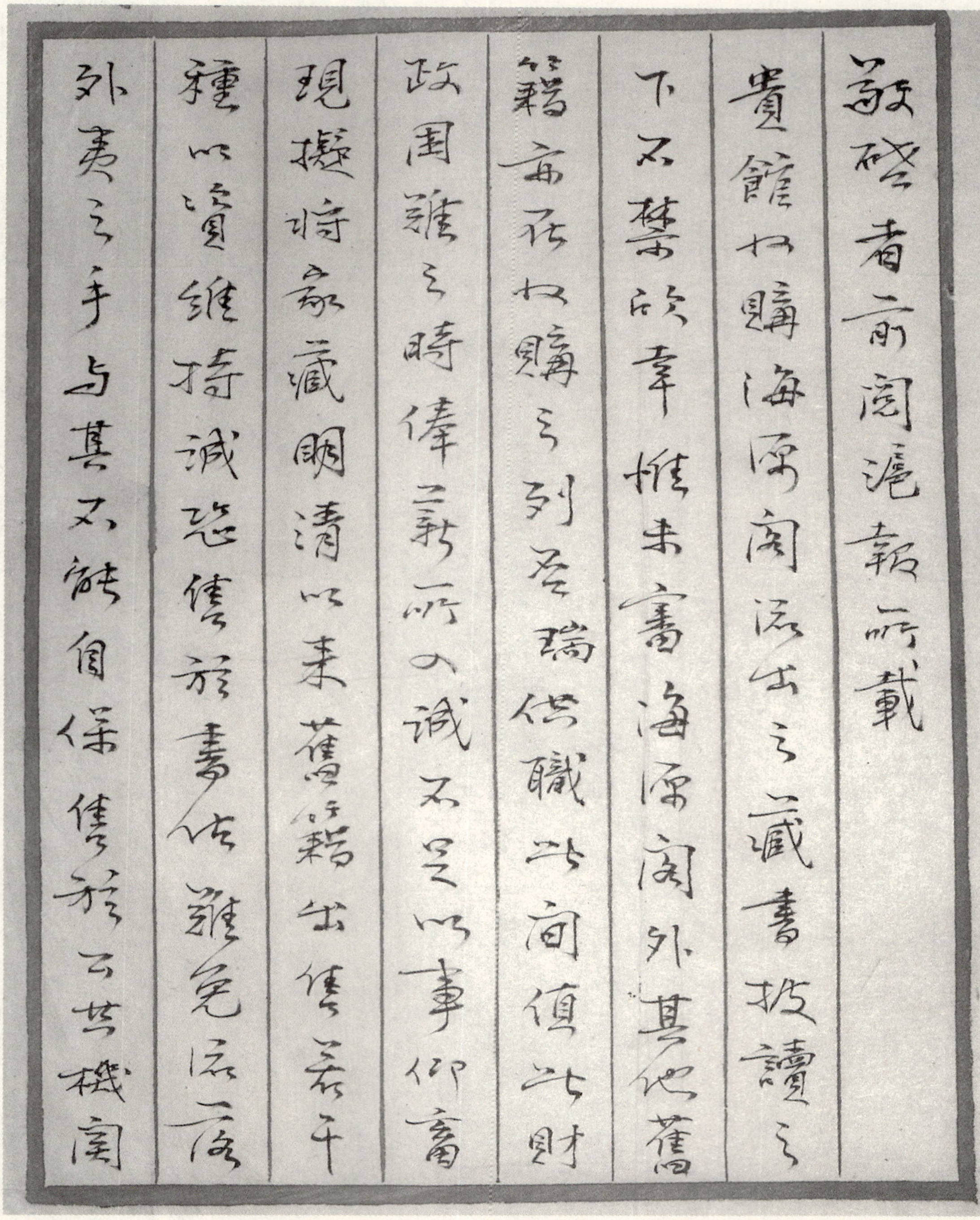
敬啓者前閱滬報所載
貴館收購海源閣流出之藏書披讀之
下不禁欣幸惟未審海源閣外其他舊
籍亦在收購之列否瑞供職北平財
政困難之時偉義所知識不足以事仰富
現擬將家藏明清以來舊籍出售若干
種以資維持識悉售於書估雖免流落
外夷之手與其不能自保售於不甚關

較為妥善茲附呈書目二紙即希
鑒詧設
貴館有意收購或全購或祇擇何種以及
何為辦法之處統祈詳細
示知以便遵行專此即請
山東省圖書館
主館長台鑒
後學范毓瑞謹啟 六、十六

附呈書目二紙為蒙 預估價值尤所感盼至於估價多寡祇求公公
方無虧決無不敷以奇貨視之也

為蒙
賜示請寄蕪湖二安同縣鵠料

書第三通

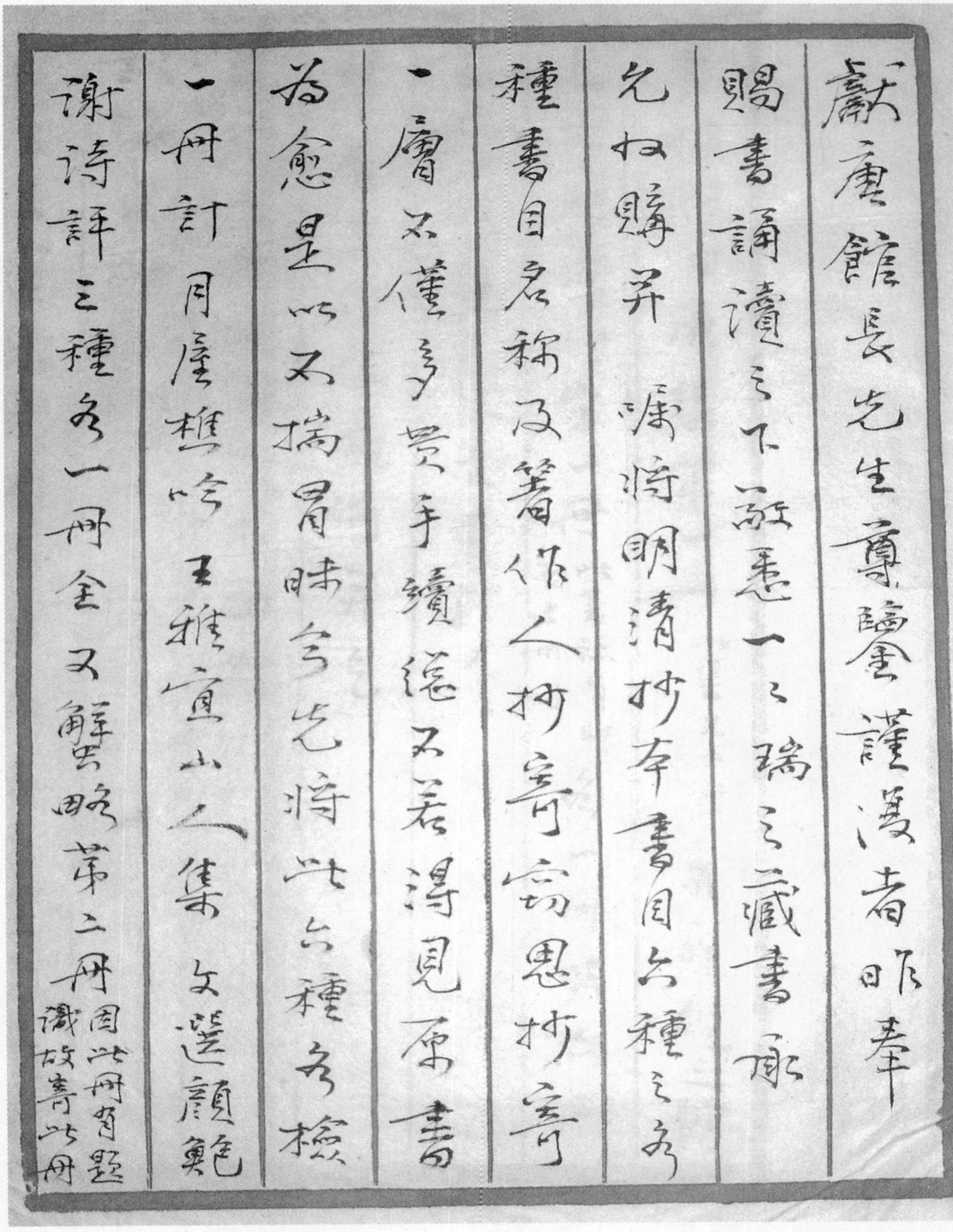
獻唐館長先生尊鑒：謹復者，昨奉
賜書，誦讀之下，欽悉一一。瑞之藏書，承
允收購，并嘱將明清抄本書目六種之各
種書目名稱及著作人抄寄。窃思抄寄
一層，不僅多費手續，總不若得見原書
爲愈。是以不揣冒昧，爲先將此六種各檢
一冊，計：月屋樵吟、王雅宜山人集、文選顏鮑
謝詩評三種合一冊，全；又蟹略第二冊（因此冊有題識，故寄此冊）

李時勉古廉集第一册（此集共四册）康雍乾三朝
名臣列傳卯字一册（此書祇有卯辰未四册）名一册共六册
交郵掛號寄呈至祈
鑒督至所值幾何并乞
先行估計俾瑞雖未面聆
訓誨且極信仰
先生之道德非欺人者所擬之值定得其
平也明清刻本名書如須先看樣本一條

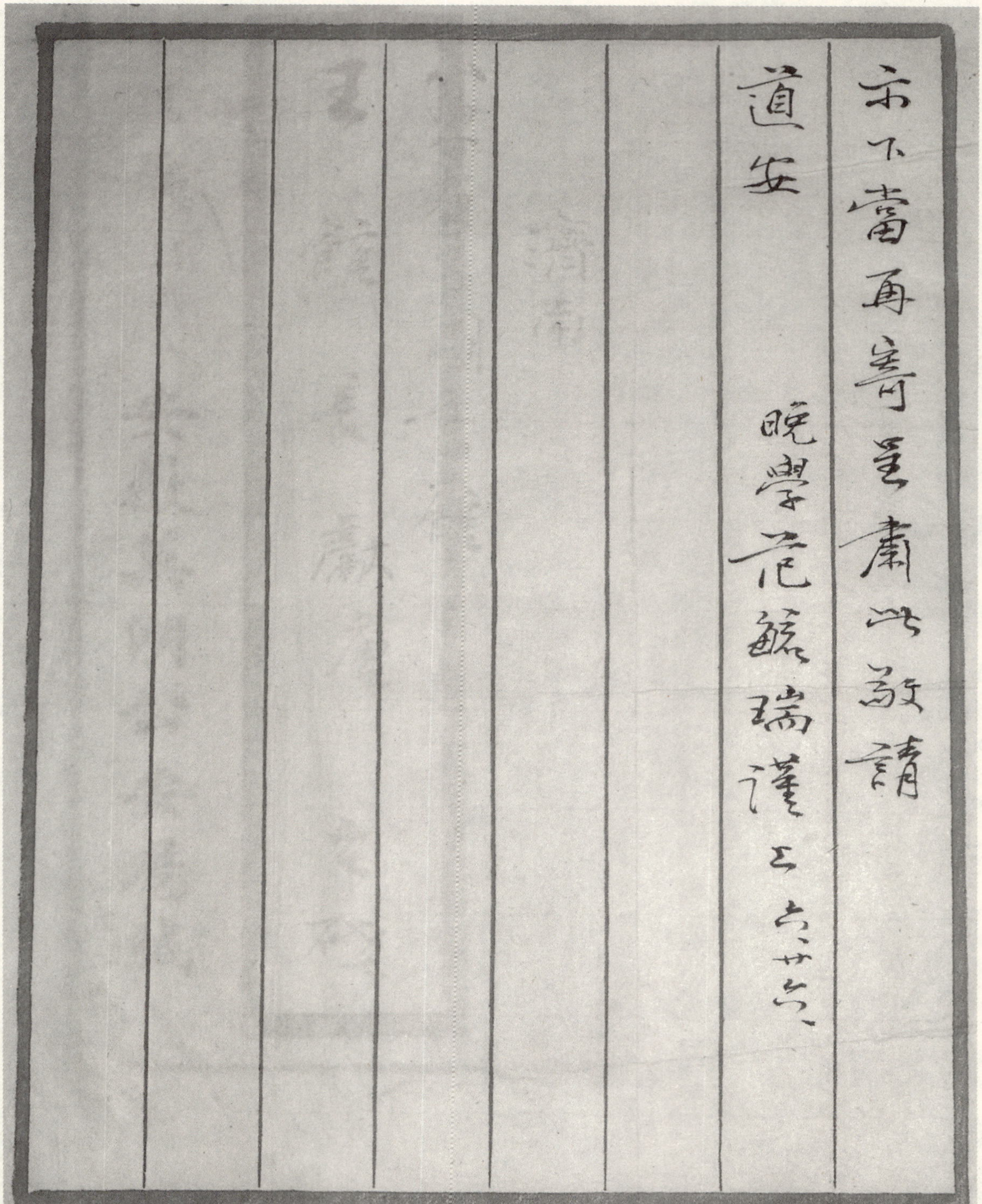

示下當再寄呈。肅此敬請
道安
晚學范毓瑞謹上 六廿六

獻唐二兄肇尊鑒 日昨胥肅一函計邀
鑒詧 抄奉書目今已草率錄畢 附呈 其中
設有可採者無論
貴館收留或承 介紹齊魯大學 至於價
值多寡均仍乞
兄筆代擬 是所盼禱 茲有懇者 瑞前于友
人處見上海中國書店新舊書目 附載有
代售 貴館出版書籍一條 擬求 寄有右

今来諸家錢譜若緣瑞癖嗜古錢所有先人
遺傳以及十餘年来南北數省陸續收購搜計
約有五百餘品前擬一俟將所缺者購集稍
為完備即將其編拓為譜以便客中把玩不
學若瑞恐非多讀古人舊譜藉資參考不
能成事惟所有是項舊譜僅洪氏泉志董
遹錢譜欽定錢錄錢侗列代泉幣圖考戴
文節古泉叢話張崇懿錢志新編蔡雲癖

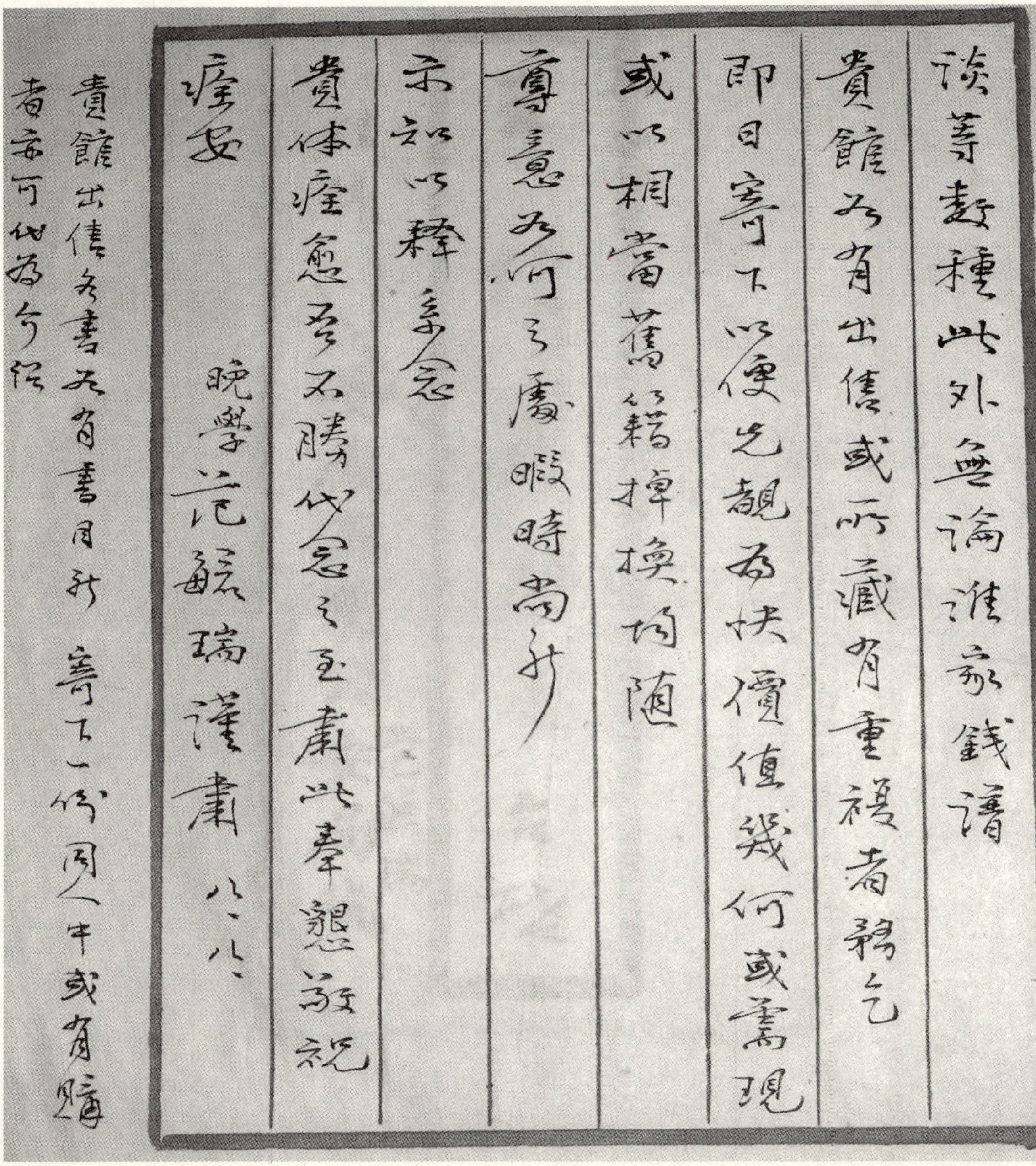
該等數種此外無論誰家錢譜
貴館如有出售或所藏有重複者竊乞
即日寄下以便先覩爲快價值幾何或需現
款以相當舊籍掉換均隨
尊意如何之處暇時尚祈
示知以釋系念
貴体痊愈否不勝代念之至肅此奉懇敬祝
痊安
晚學范毓瑞謹肅 八、八、
貴館出售之書如有書目祈 寄下一份因人中或有購
者亦可代爲介紹

封第一件

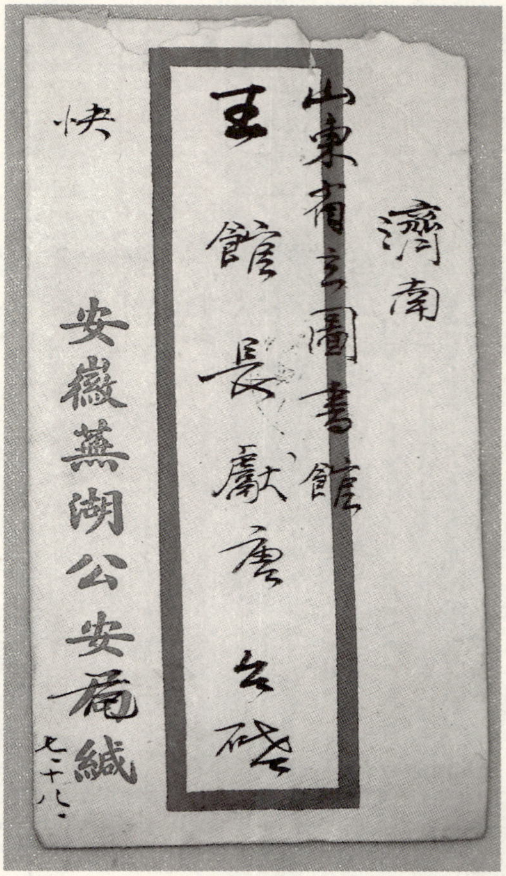
濟南
山東省立圖書館
館長
王獻唐台啓
快
安徽蕪湖公安局緘
七十八

封第二件

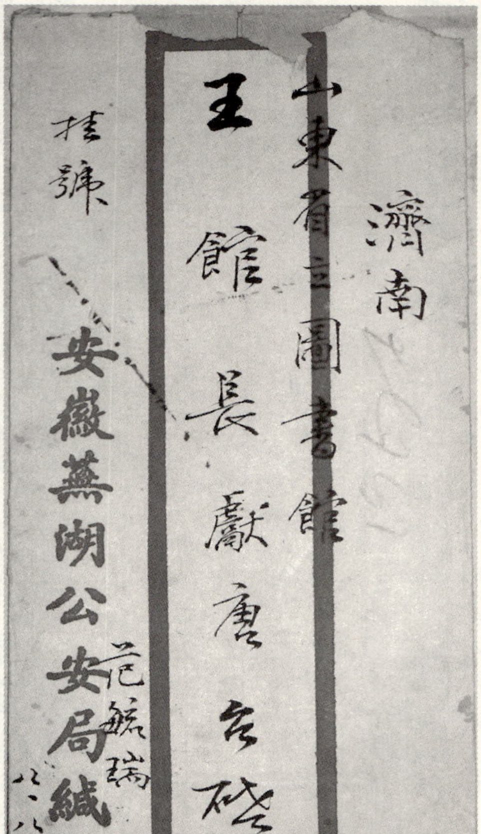
濟南
山東省立圖書館
館長
王獻唐台啓
挂號
安徽蕪湖公安局緘
范毓瑞
八·八

封第三件

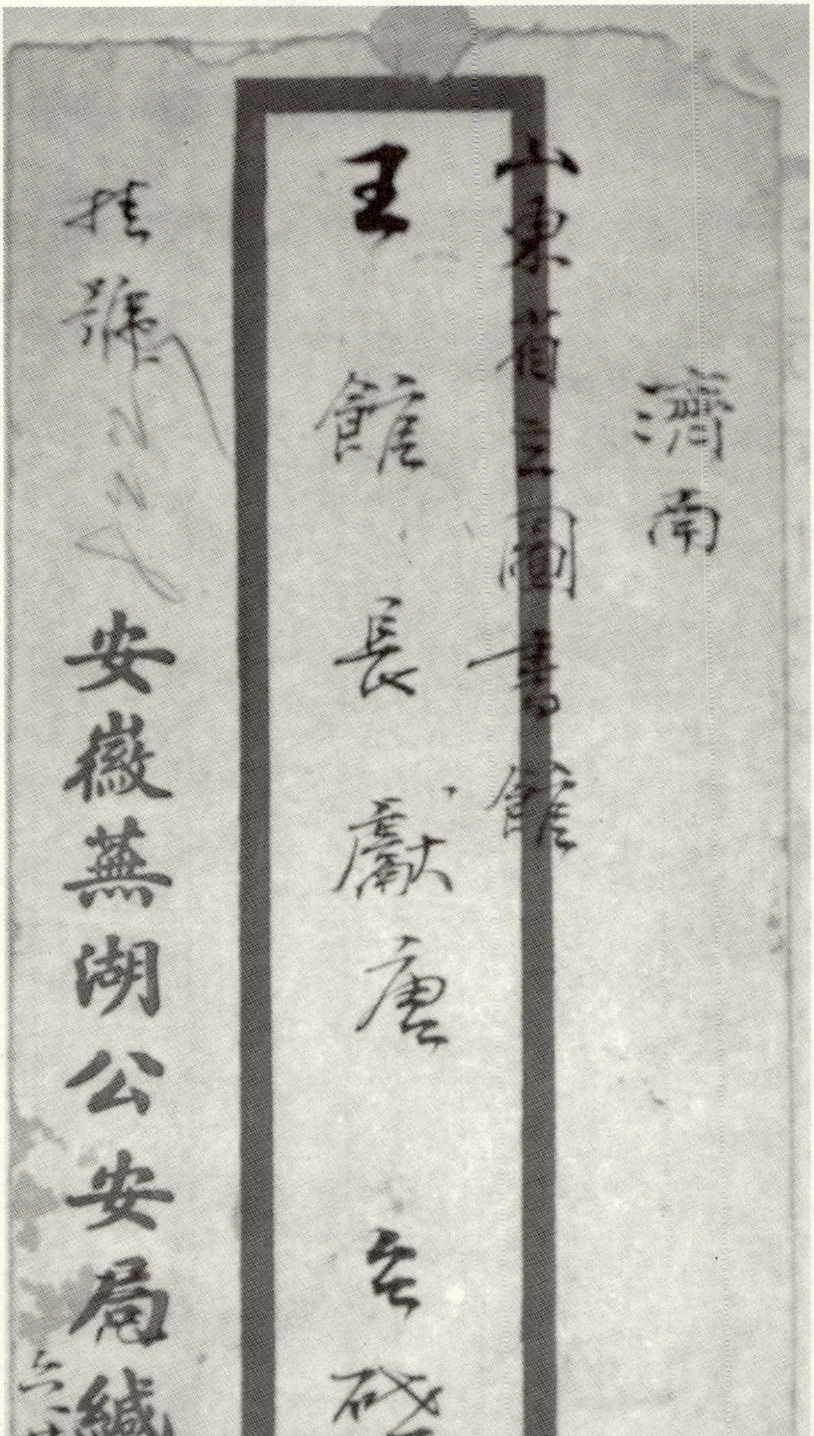

一百四十四　張敦訥

書三通　封二件

書第一通

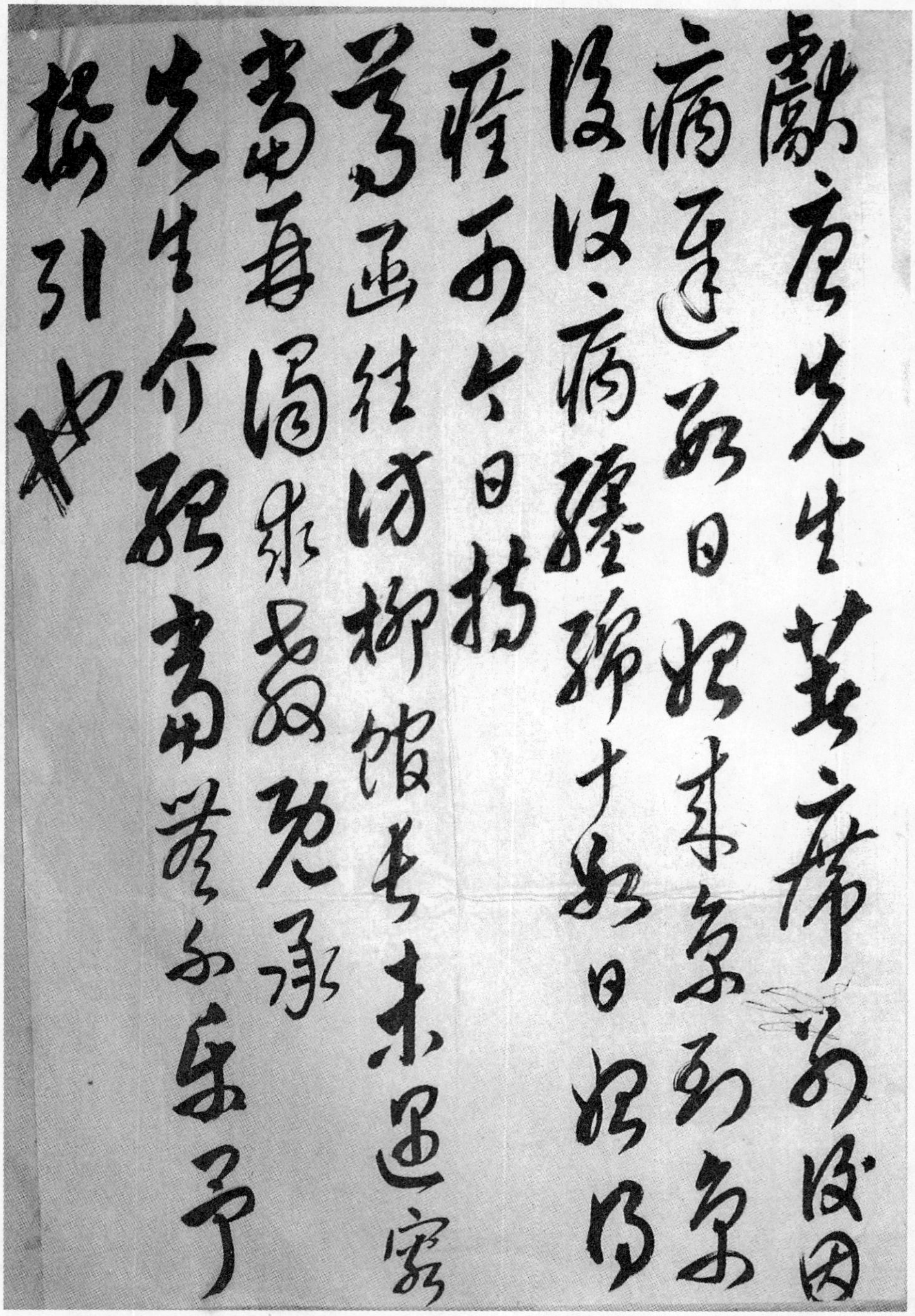

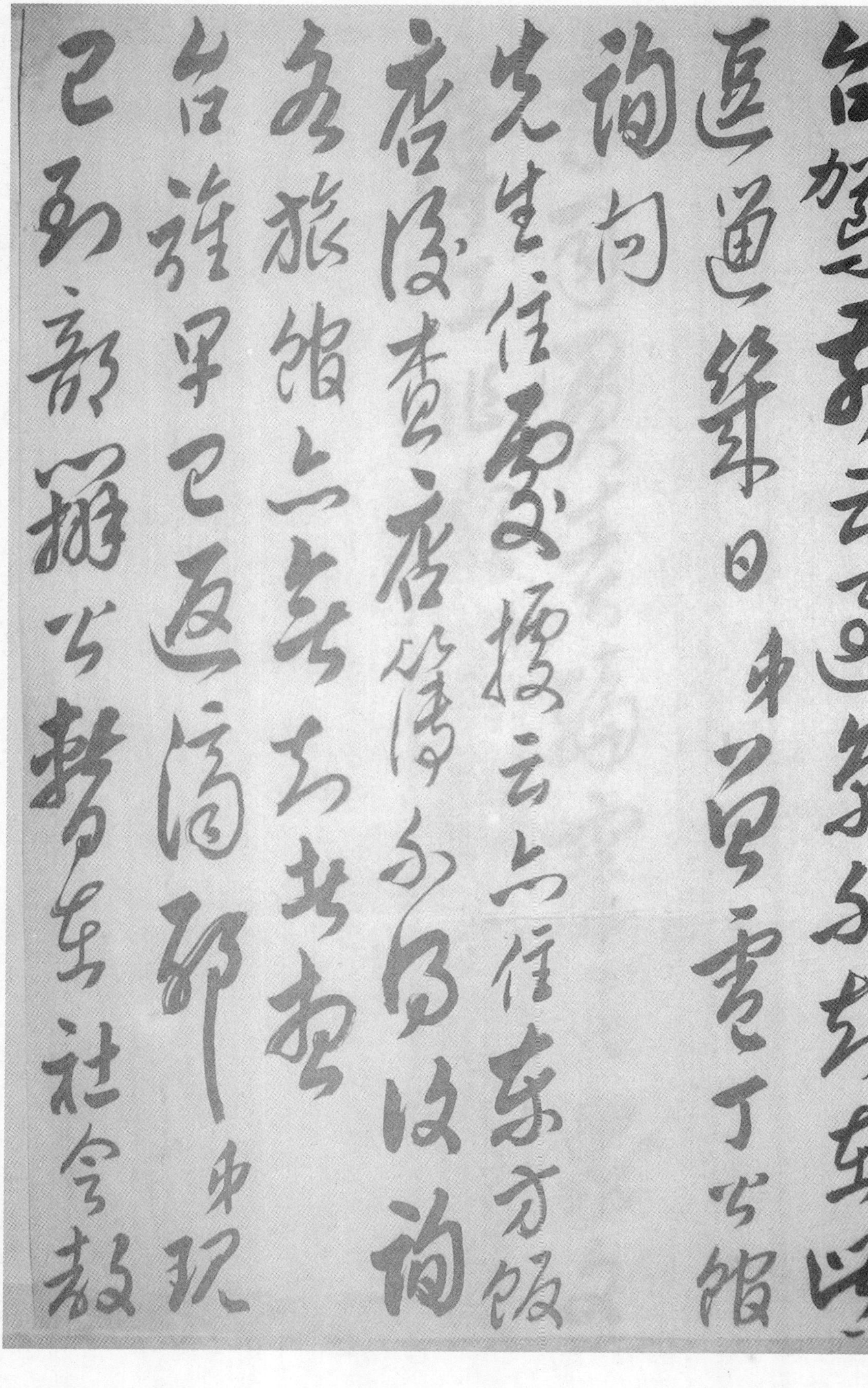

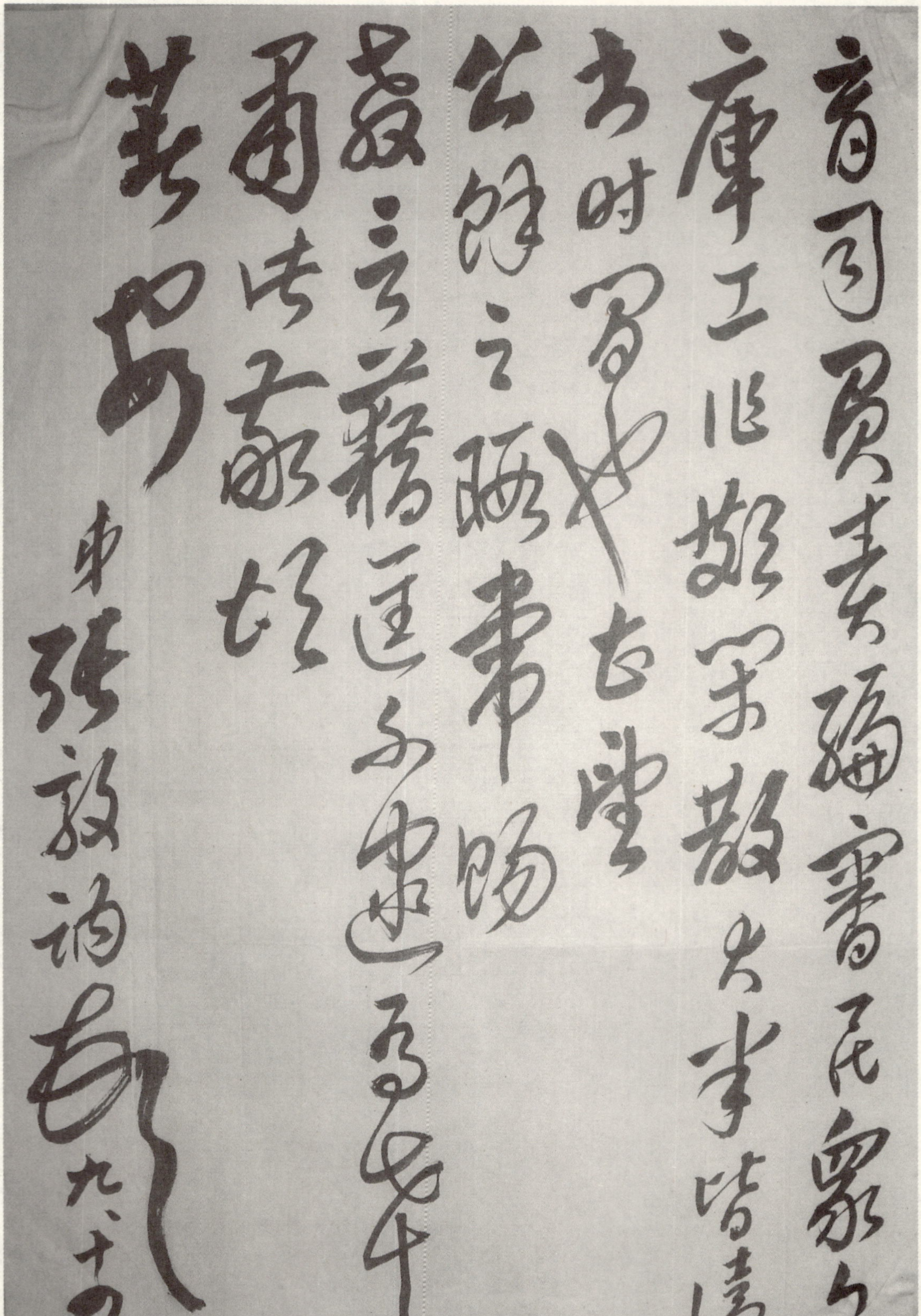

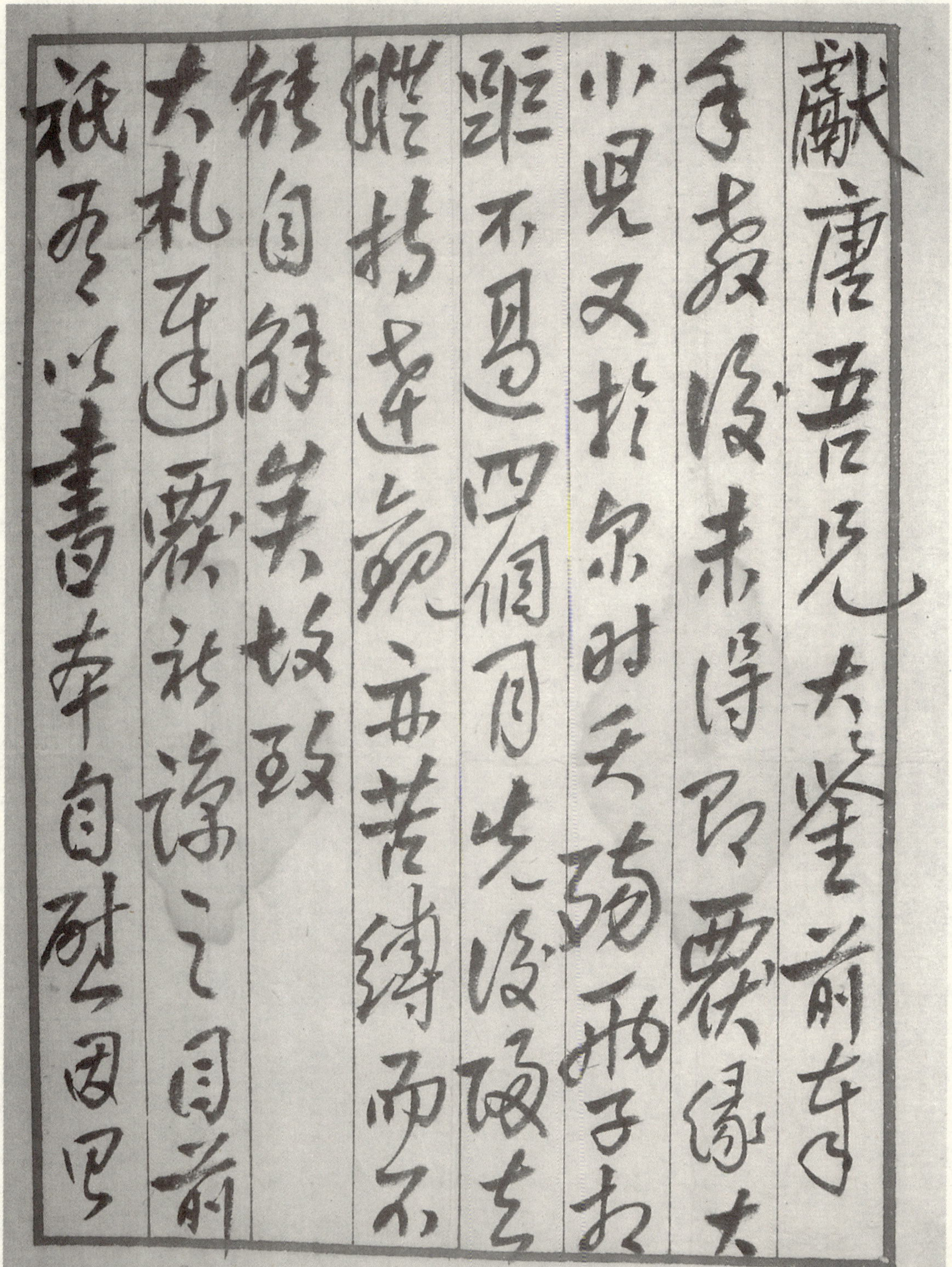
獻唐吾兄大鑒前奉
手教後未得回覆緣大
小兒又於[illegible]時[illegible]殤兩子[illegible]
[illegible]不過四個月先後殤去
[illegible]接連噩耗無若緒而不
能自解其故致
大札延覆祈諒之目前
[illegible]以書本自[illegible]因思

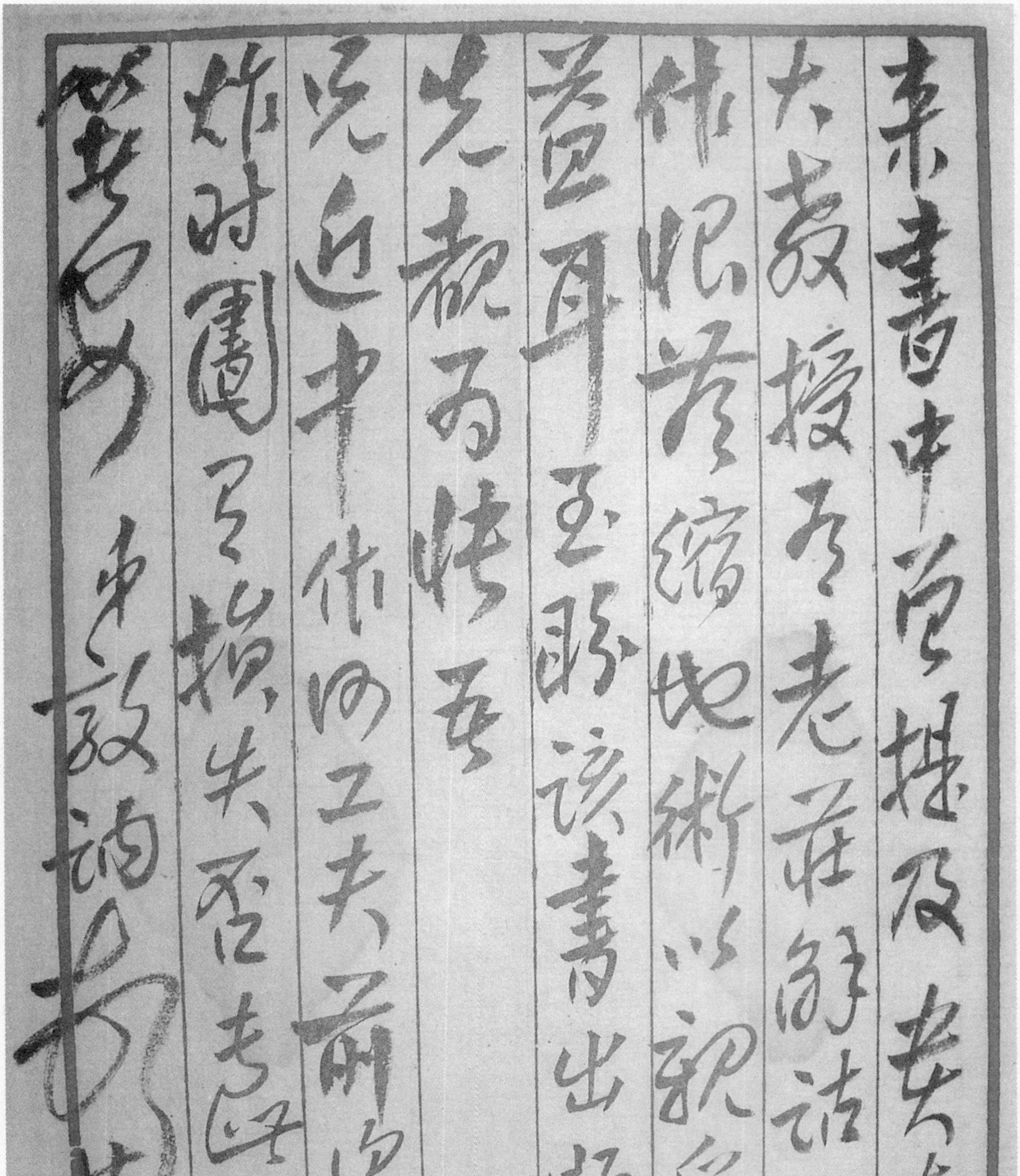
來書中曾提及安丘友武
大教授丁老莊解詁之
作，現著縮地術以觀察教
益耳。至郵該書出版後
先觀爲快矣。
兄近中作何工夫，前次來轉
炸時圖書損失否？[illegible]
[illegible]
[illegible] 廿四

敦庵吾兄大鑒：祥農
兄到烟台相聚，後欣慰
萬。近況奉勝，式如私祝。茲
有懇者，頃聞貴館以子
務繁忙，擬於廿三年
度開始增添館員。子務

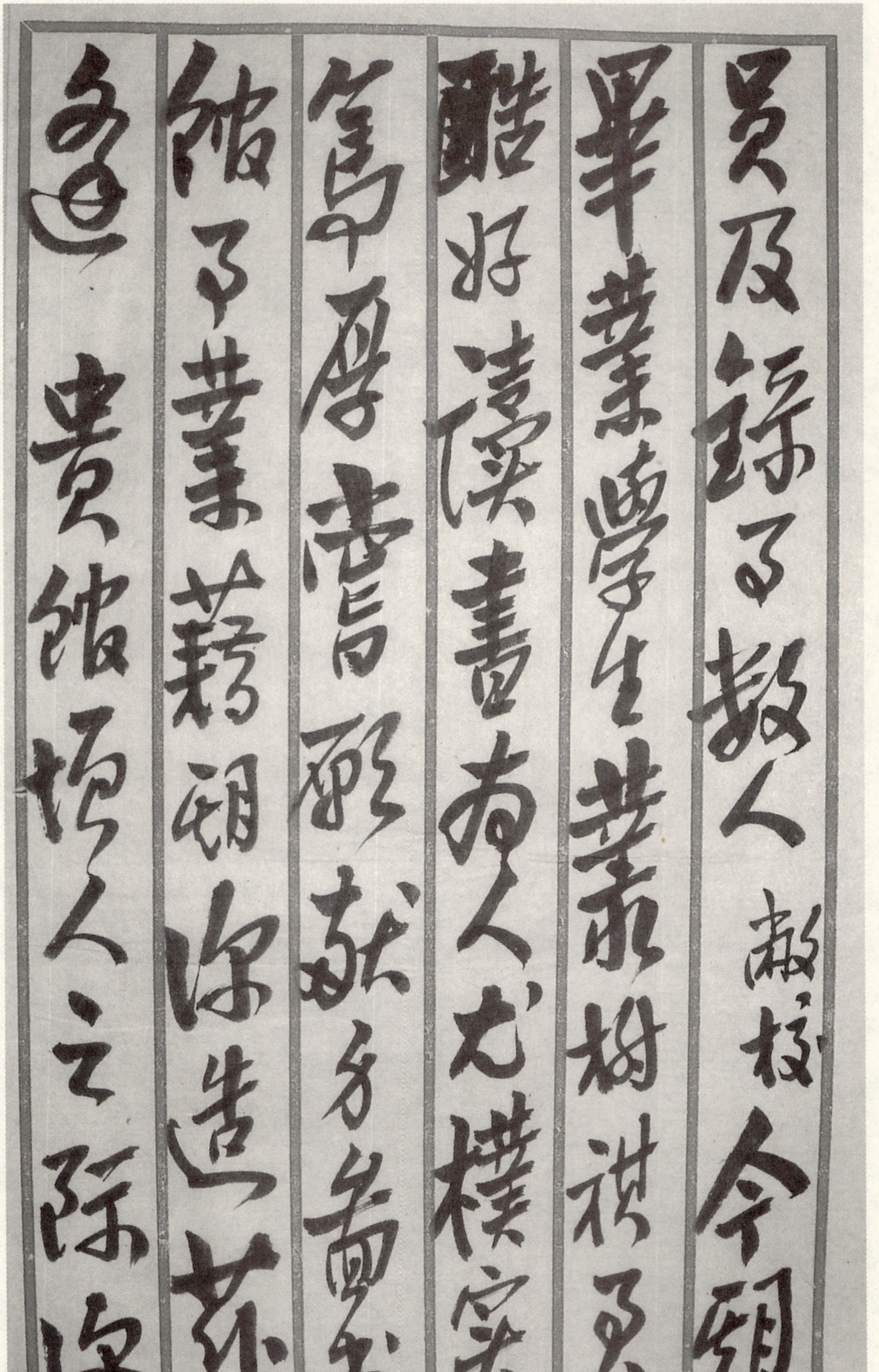

員及錄子數人 敝校令姪
畢業學生叢樹棋君
雅好讀書，為人尤樸實
篤厚，[illegible]
館[illegible]畢業[illegible]
[illegible]貴館[illegible]人之[illegible]

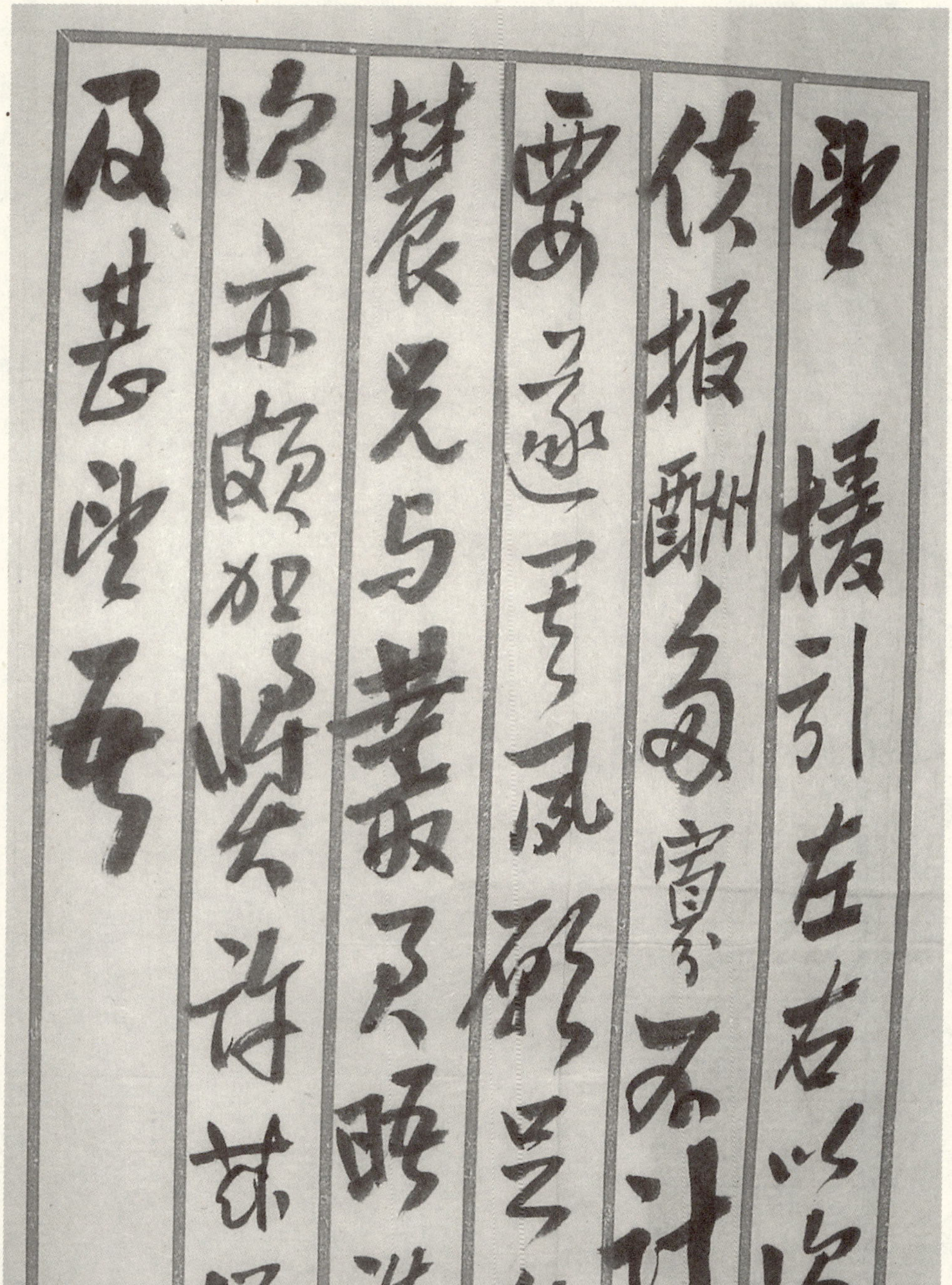
垂援引在右以資臂
佐報酬多寡不計只
要安遜春風雅足矣詳
楼良兄與叢及頭設數
啟商頗加將去許某併附
及甚望也

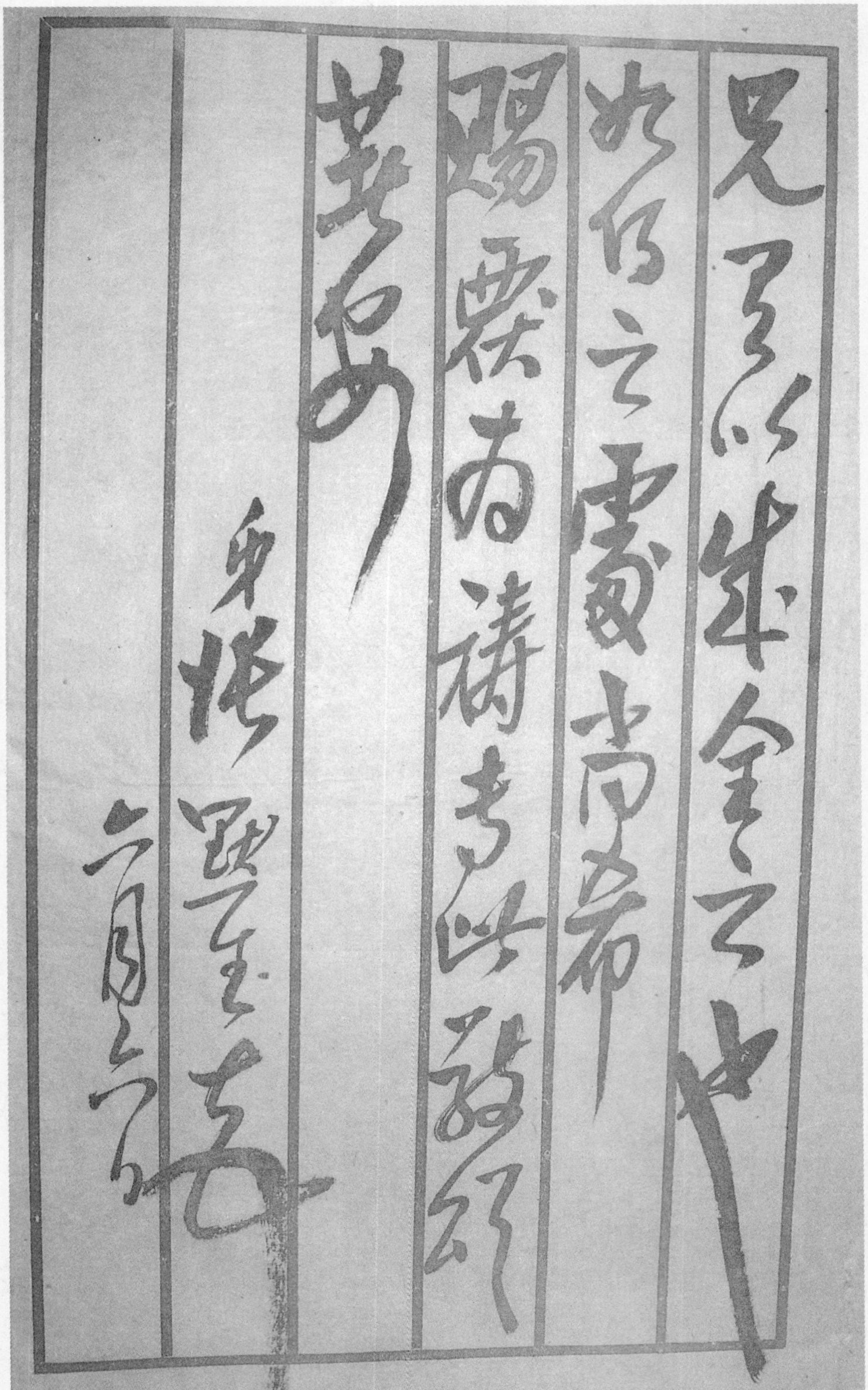
兄以朱金二色
如何之處當希
賜覆為禱專此敬頌
著安
弟 張[illegible]
六月[illegible]

封第一件

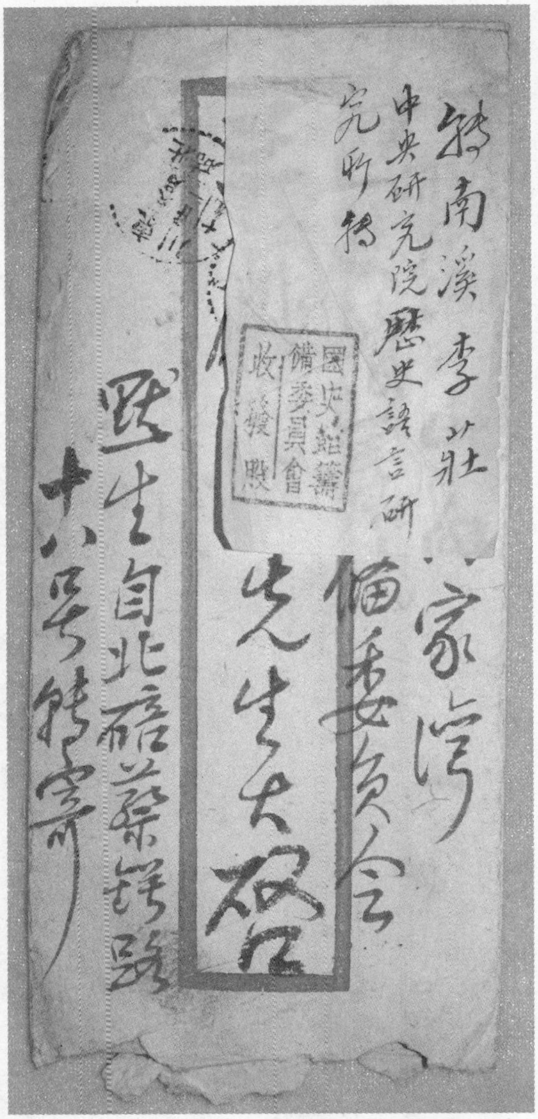

轉南溪李莊
中央研究院歷史語言研究所轉
國史館籌備委員會收發戳
先生大啟

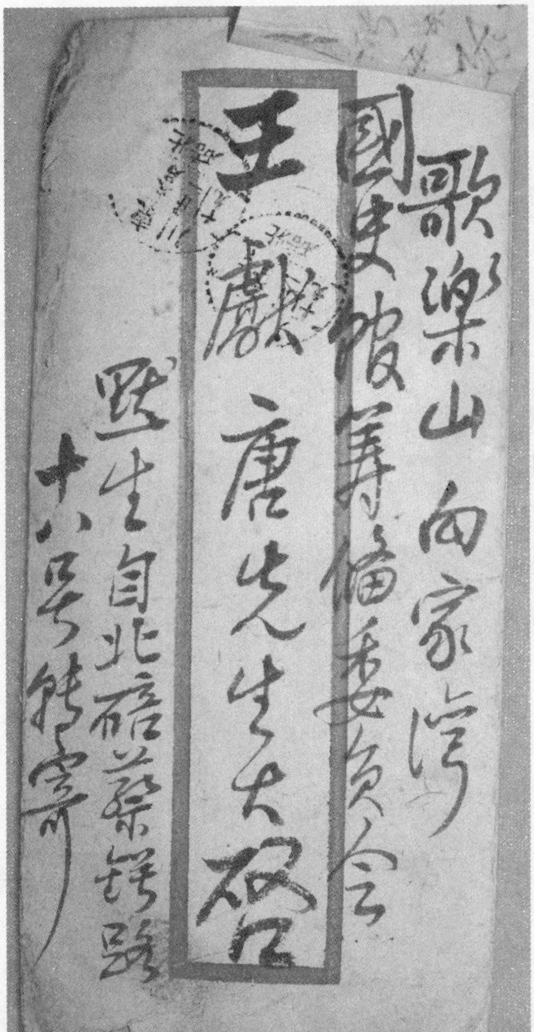

歌樂山向家灣
國史館籌備委員會
王獻唐先生大啟

封第二件

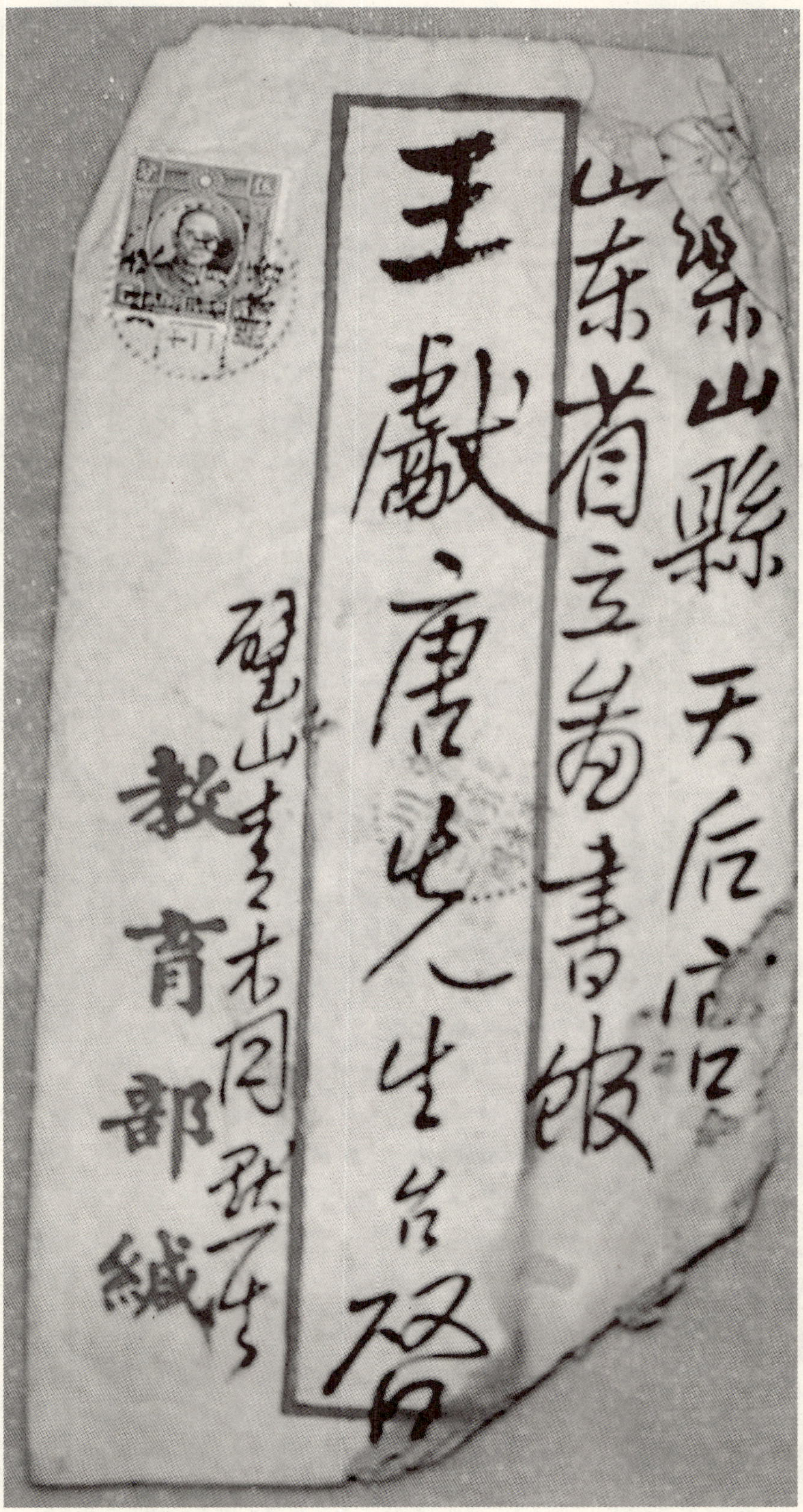

一百四十五 俞劍華 書一通

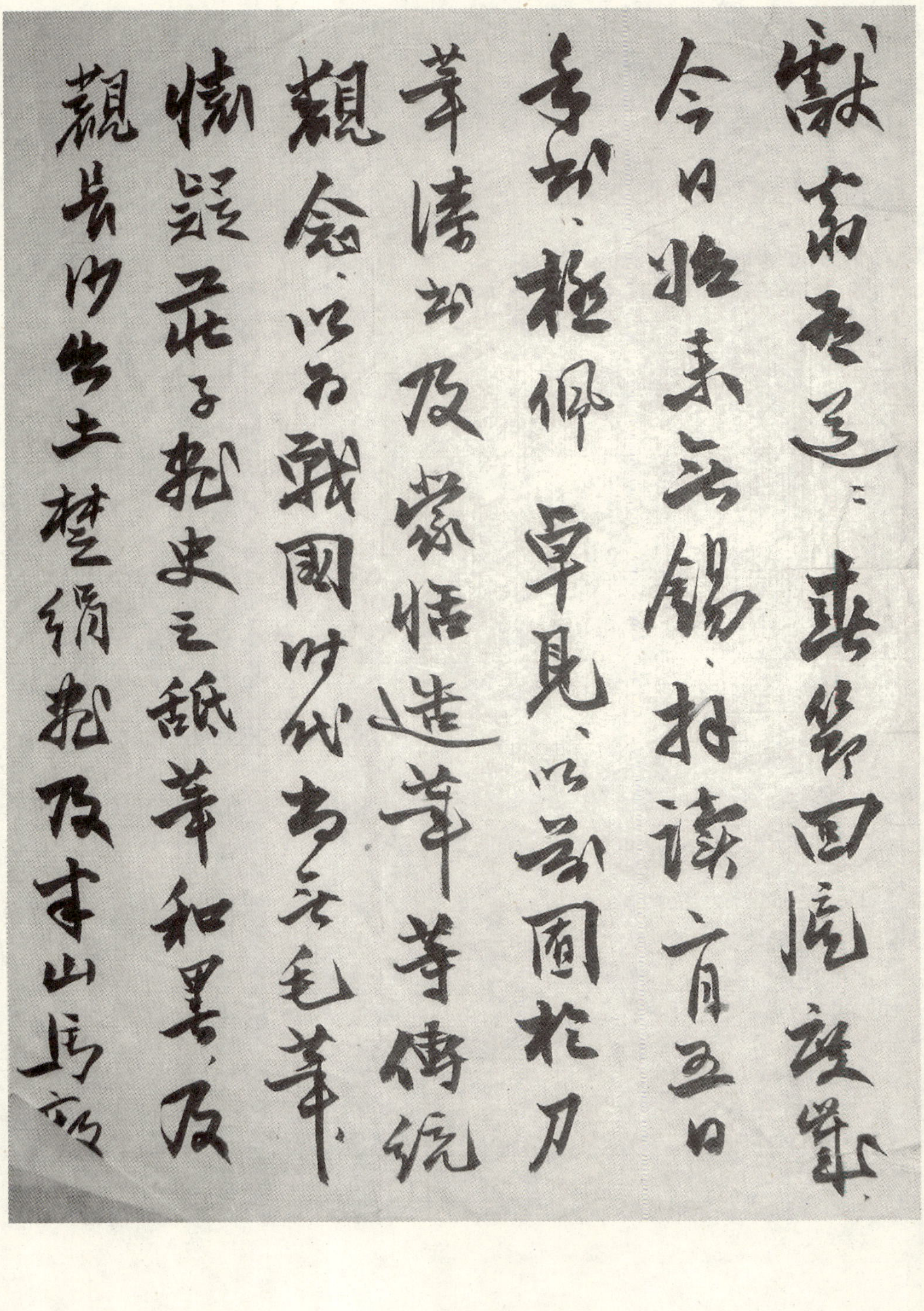

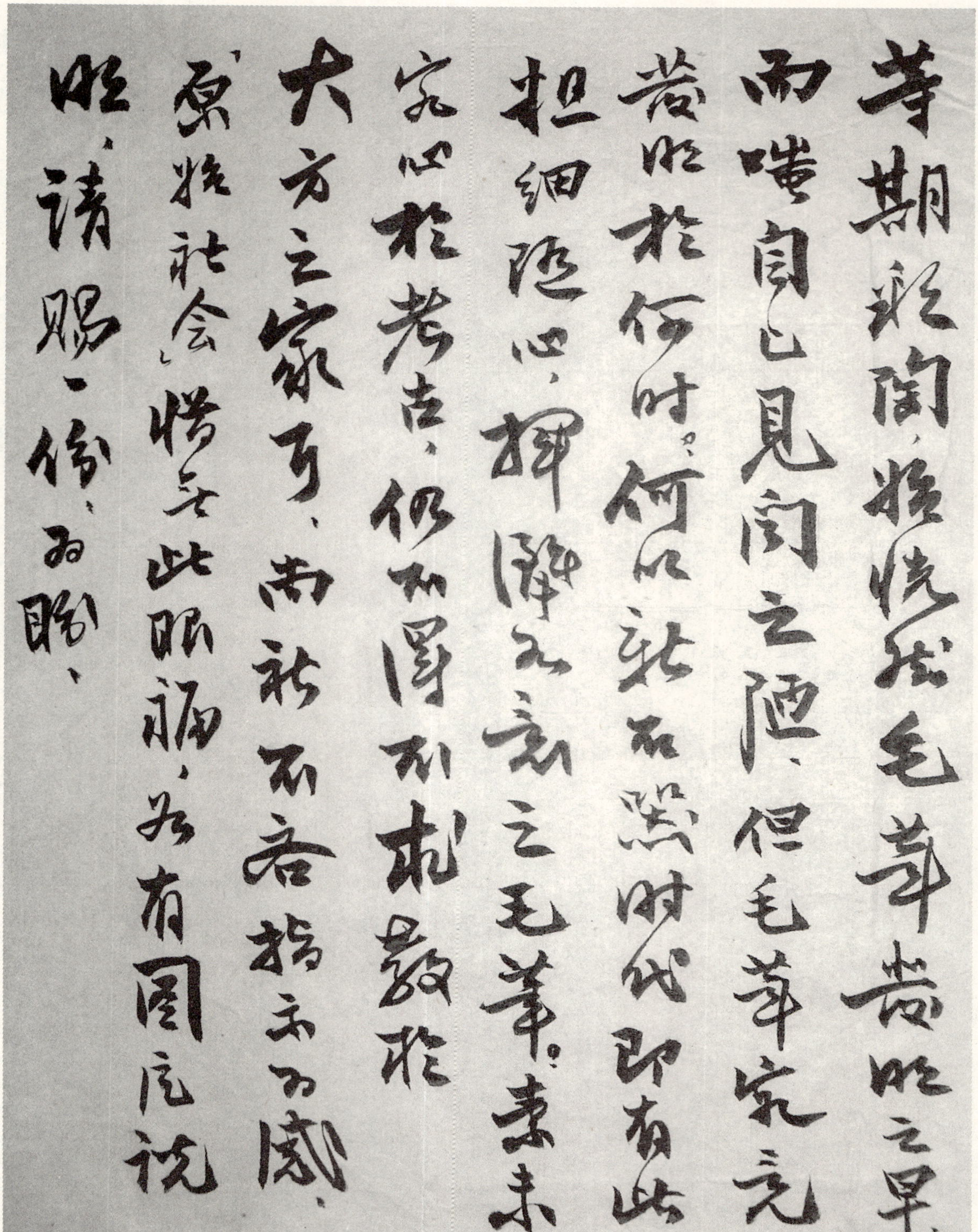
等期彩陶，粘繪毛筆，當作之早，
而嗤自己見聞之陋。但毛筆究竟
當作於何時？何以斷石器時代即有此
担細繪心、揮灑如意之毛筆？素未
究心於考古，仍不得不敬於
大方之家耳，尚祈不吝指示為感。
「原始社會」惜無此照，若有圖片說
明，請賜一份，至盼。

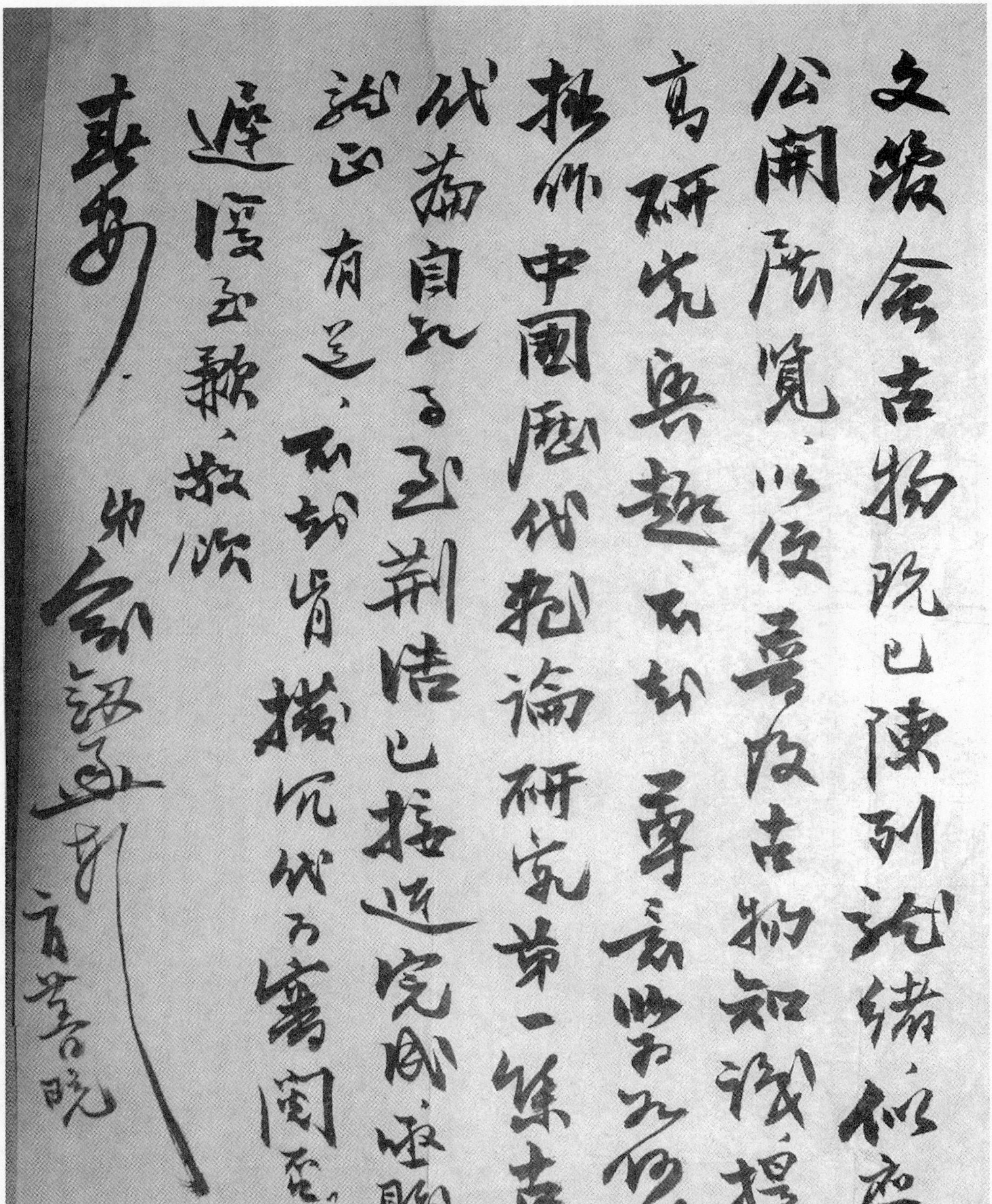
文物會古物既已陳列就緒，似應
公開展覽，以促普及古物知識，提
高研究興趣，不知尊意以為何？
擬作中國歷代畫論研究第一集古
代篇自孔子至荊浩已接近完成，惟脫
誤正有道，不知肯撥冗代為審閱否？
遲復至歉，敬頌
春安
弟俞劍華上言
廿二日晚

俞劍華

一百四十六 郝立權 書一通 封一件

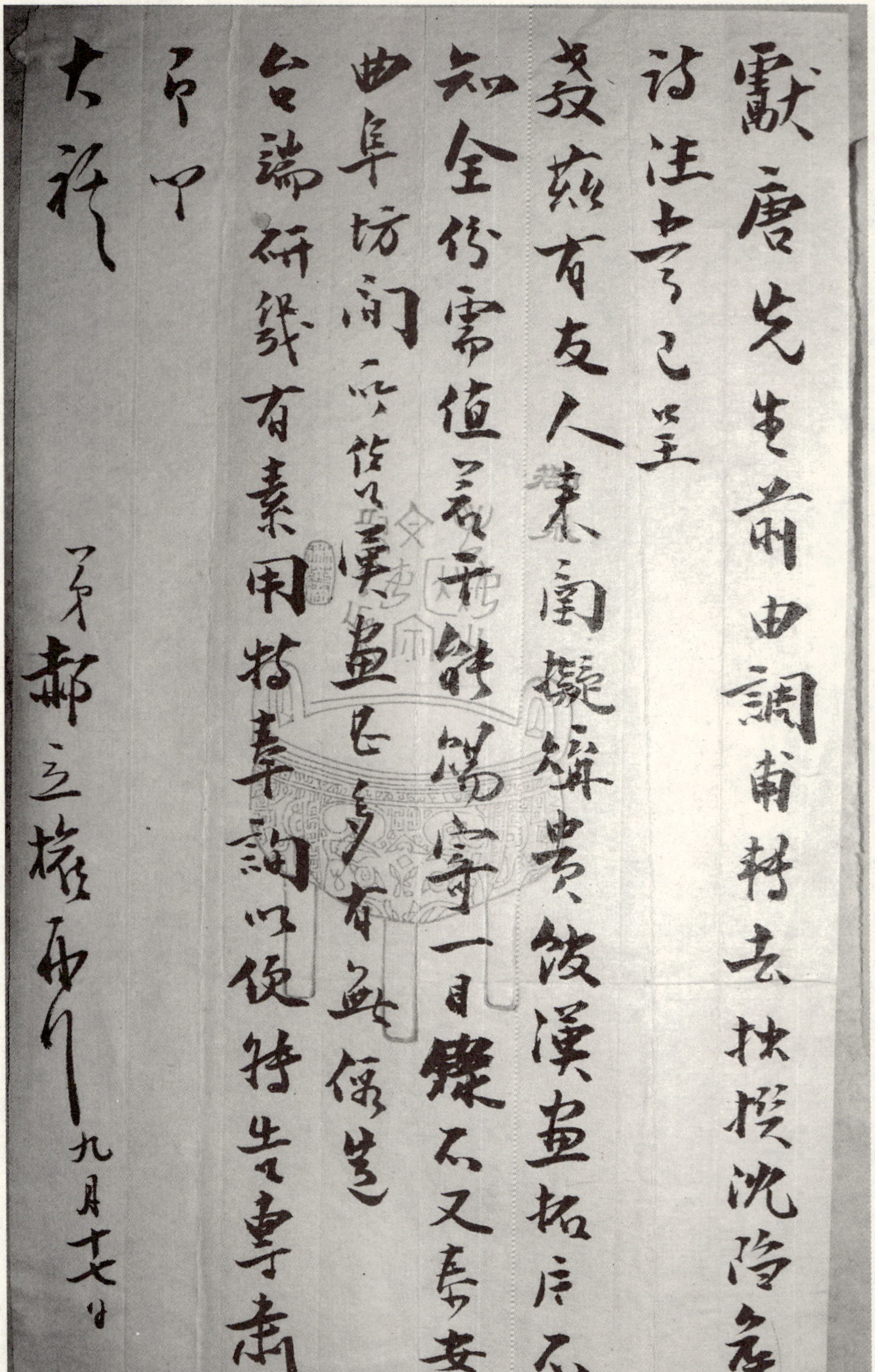
獻唐先生：前由調甫轉去拙撰沈隱侯詩注，諒已呈覽。茲有友人來函，擬購貴館漢畫拓片，不知全份需值若干，能否寄一目錄。又泰安、曲阜坊間所估漢畫甚多，有無偽造，台端研幾有素，用特奉詢，以便轉告。專肅，即叩大祺。

弟郝立權再拜 九月十七日

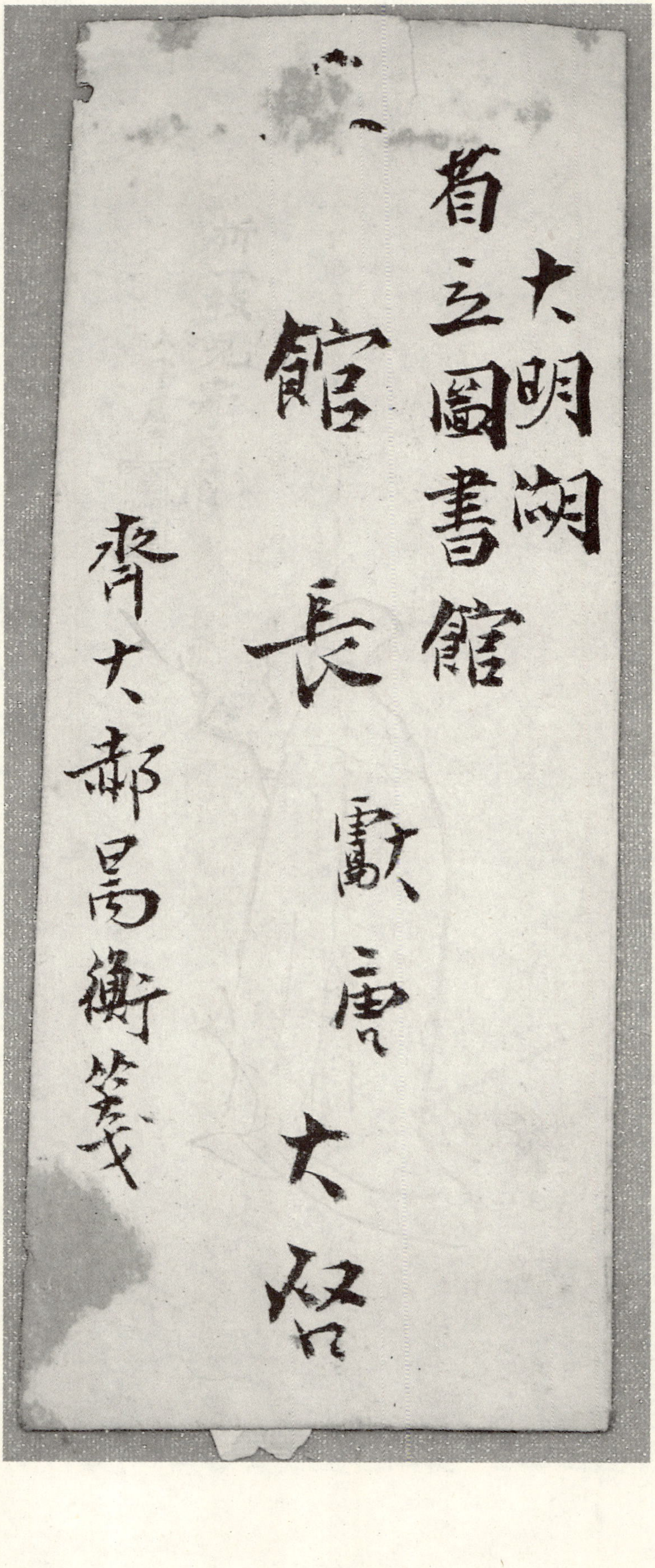
大明湖
省立圖書館
館長 歐唐 大啓
齊大郝昺衡箋

一百四十七　姜忠奎 書四通　封三件

書第一通

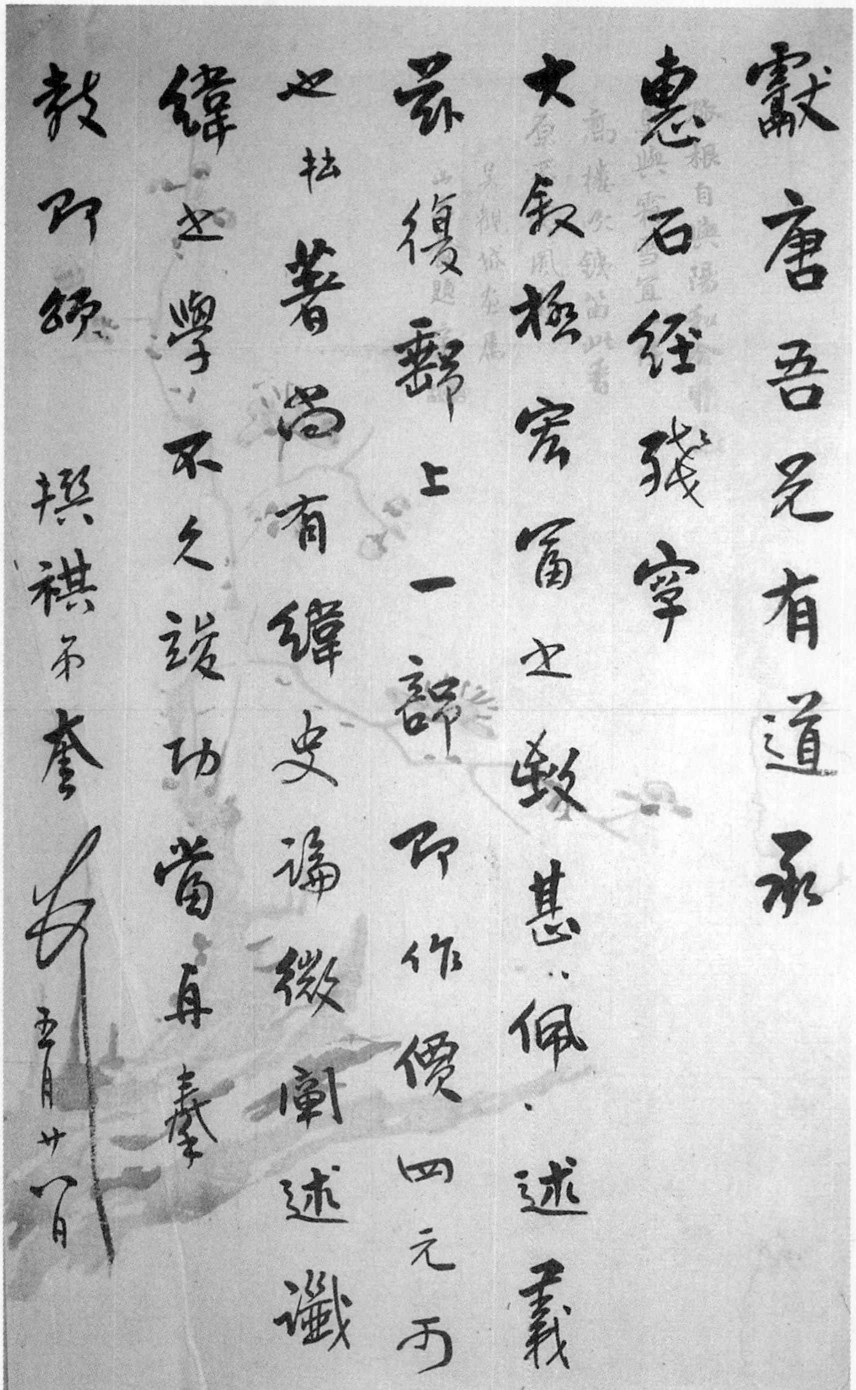
獻唐吾兄有道：承
惠石經殘字，
大叙極宏富之數，甚佩。述義
亦復鄙上一部，即作價四元而
也。拙著尚有緯史論微、闡述讖
緯之學，不久竣功，當再奉
教。即頌
撰祺。弟奎頓首　五月廿四日

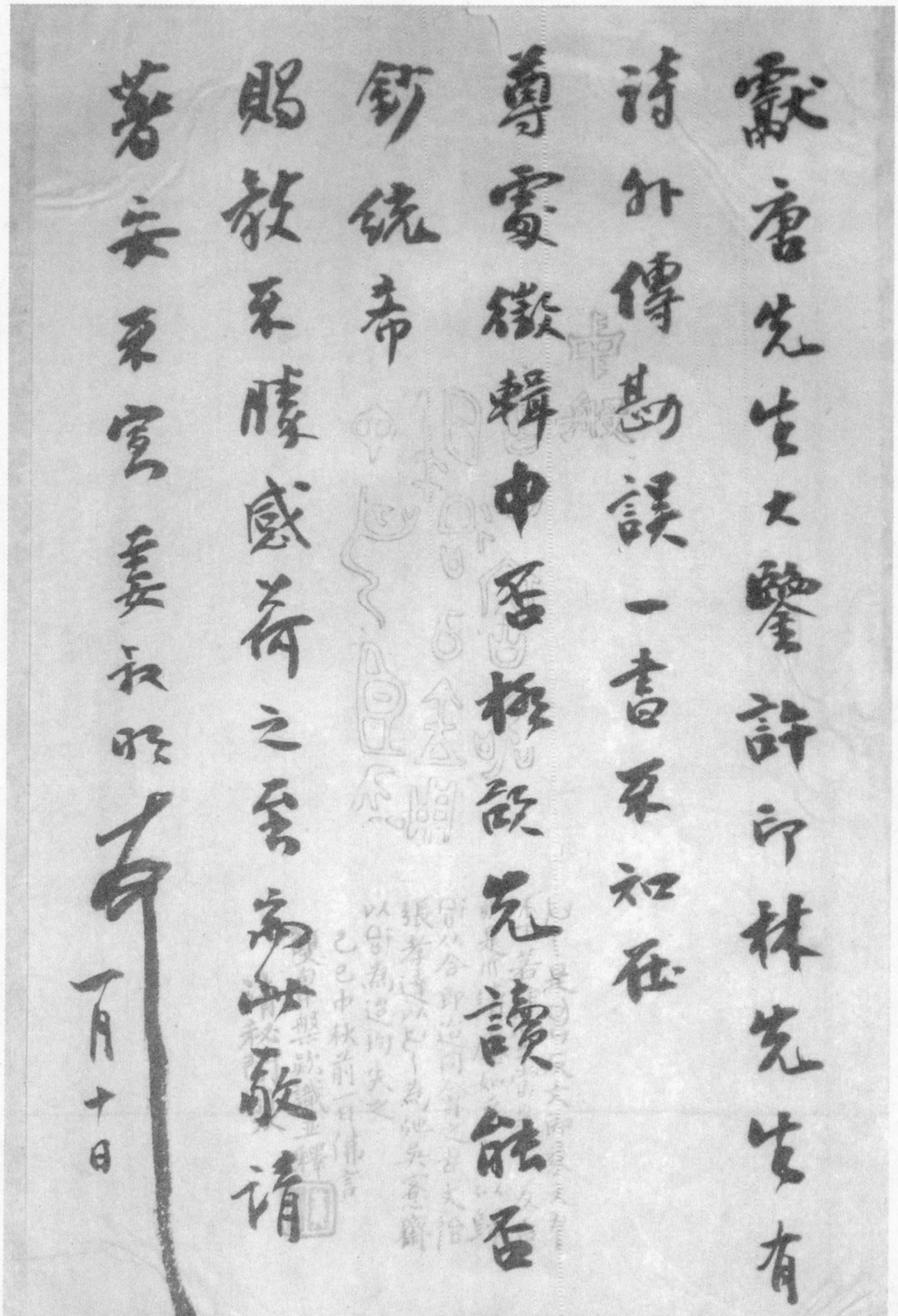

獻唐先生大鑒：許印林先生有韓
詩外傳勘誤一書，不知在
尊處徵輯中否？極欲先讀，能否假
鈔？統希
賜敎，不勝感荷之至，爲此敬請
著安。弟姜叔明上
月十日

書第三通

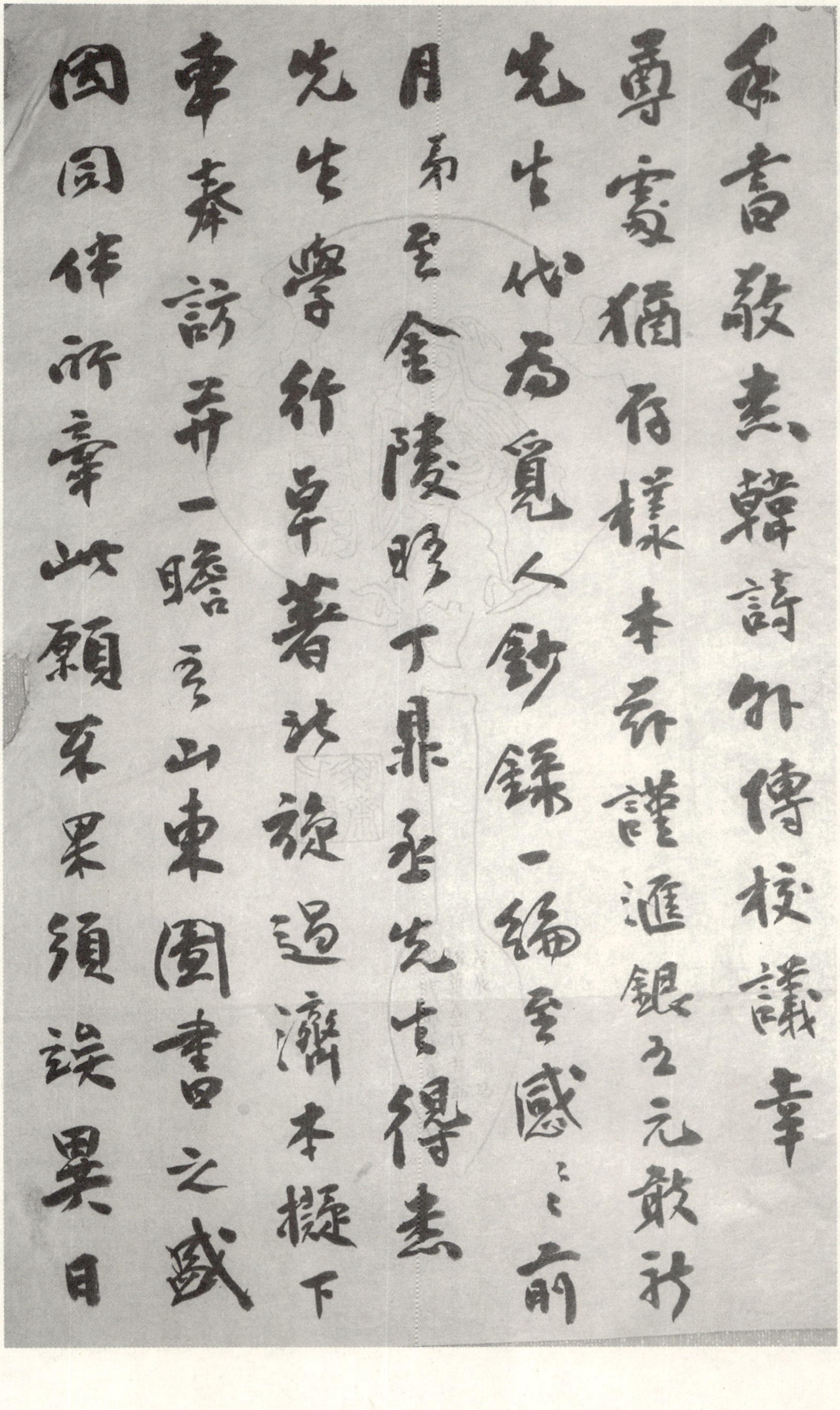
手書敬悉韓詩外傳校議幸
尊處猶存樣本亦謹匯銀五元敬祈
先生代爲覓人鈔錄一編至感至感前
月弟至金陵晤丁鼎丞先生得悉
先生學行卓著於旋過濟本擬下
車奉訪并一瞻吾山東圖書之盛
因同伴所牽此願未果須誤異日

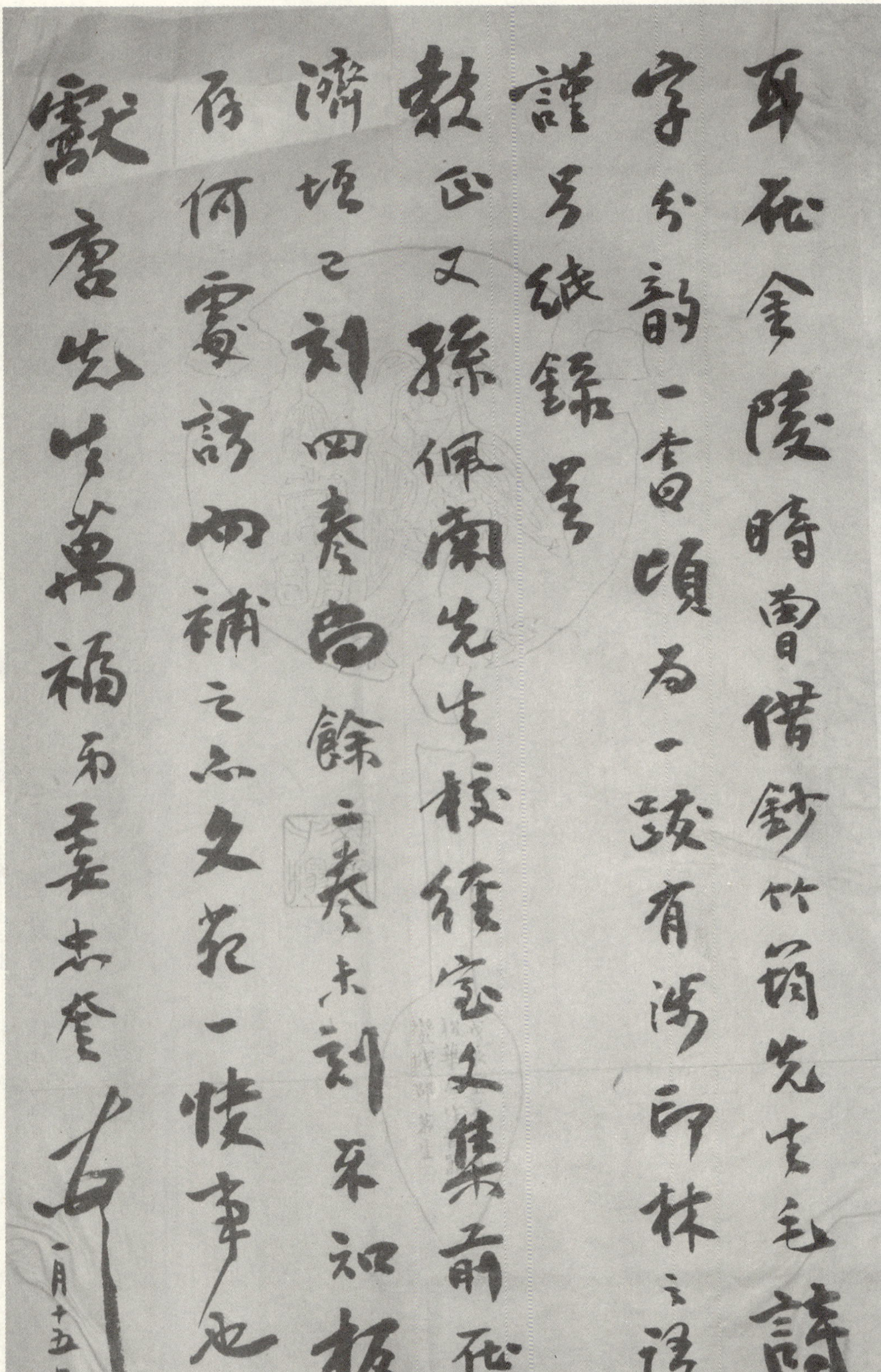
再承金陵時曾借鈔竹筠先生毛詩
字分韻一書頃為一跋有涉印林之語
謹另紙錄呈
教正又孫佩南先生校經室文集前承
濟垣之刻四卷尚餘二卷未刻不知板
存何處請兩補之亦文苑一快事也
獻唐先生萬福弟姜忠奎頓首
一月十五日

毛詩字分韻跋

吾鄉自孔郝而後精通小學則有安邱王菉友先生筠日照許印林先生瀚安邱之書既已廣布於世而日照所傳惟文集與遺著數卷殆不足見宏蘊也其致楊寶卿書謂古人造字實由於音欲治說文宜從事聲音是許氏之於小學尤以聲韻爲先入之基與王氏詳析形體途徑稍殊其學雖不甚顯而弟子丁竹筠先生實傳其業所著毛詩正韻及韻例二書據古韻二十二部明古詩用韻有七十餘等視巽軒孔氏更爲精密餘杭章炳麟序其書謂集韻學大成可見推服之極矣忠奎幼肄斯業久而粗識其途嘗爲六書述誼以辨文字之

體爲說文聲轉表以辨文字之音然後知二先生各執一端以竟全緒其用力之毅爲不可及也先是丙辰戊午之際忠奎游學京師聞丁黼辰先生麟年言正韻々例之善而訖未見其書今秋至金陵遇竹筠先生次子鼎丞先生舉以見贈盖距忠奎初聞時又五六年而始刊也鼎丞先生年五十餘矣繼承家學益肆其力著有亦足方言毛詩諸書皆由古音以詮古訓異日又出其尊人此稾見視自序有云嘗即二十二部之韻作毛詩正韻苦不易讀因作毛詩字分韻俾循序而入也然則是書當與正韻韻例並行治音訓者不可不兼讀也乃借鈔一編置諸行篋用備尋討忠奎此次南游凡得未刻之稾二大戴禮記孜與此書

也二十年來士大夫騖於新學甚至倡廢除漢字之說古
先造文以音表義以義徵行之恉其盡喪矣不知所以爲中國
者果將何所託命耶展讀既竟敬綴數語并以質之鼎丞先
生諒亦有同慨與辛未冬月後學榮成姜忠奎

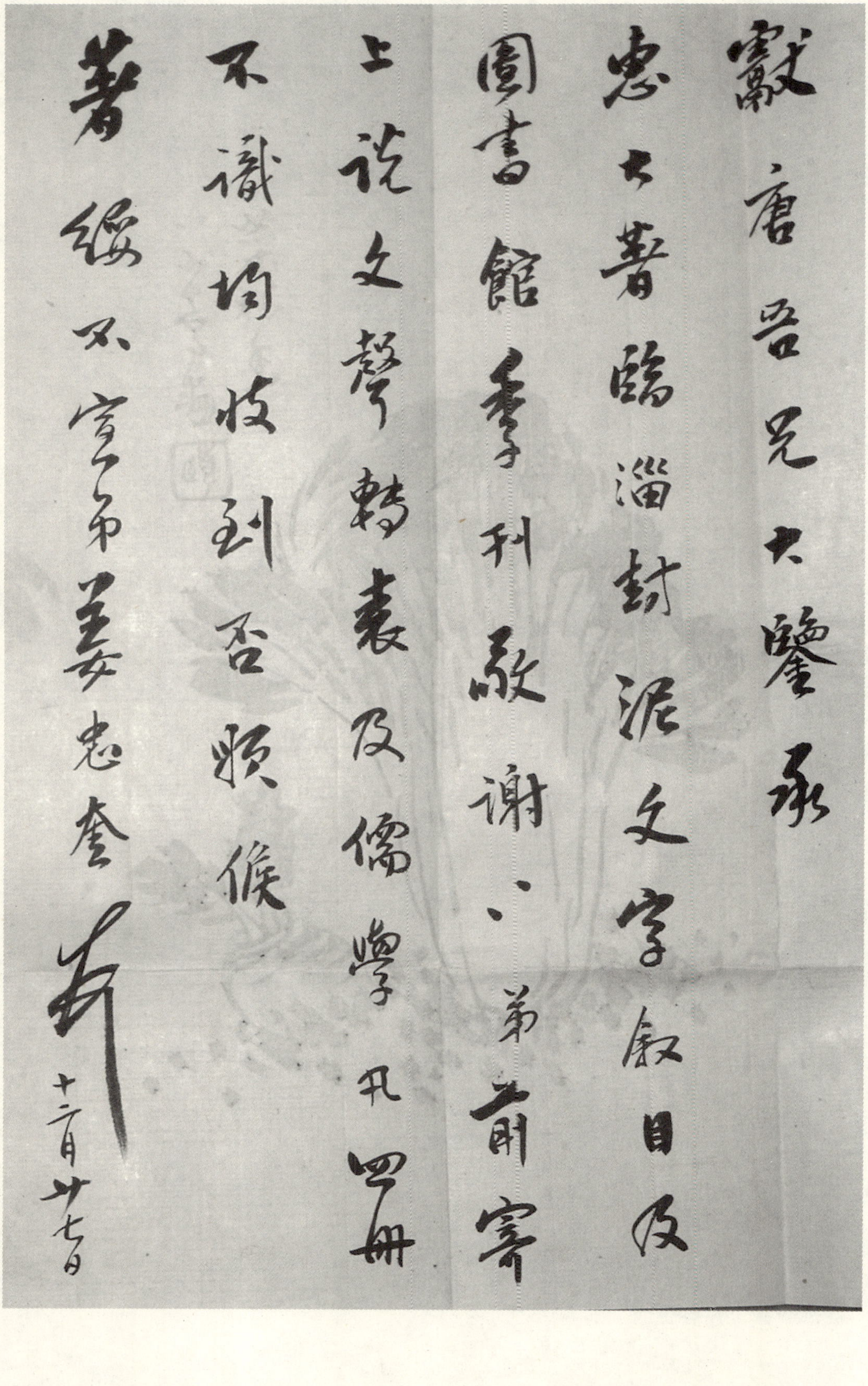
獻唐吾兄大鑒：承
惠大著臨淄封泥文字敘目及
圖書館季刊，敬謝敬謝。弟前寄
上說文聲轉表及儒學凡四冊
不識均收到否？頗候
著綏。弟姜忠奎
十二月廿七日

封第一件

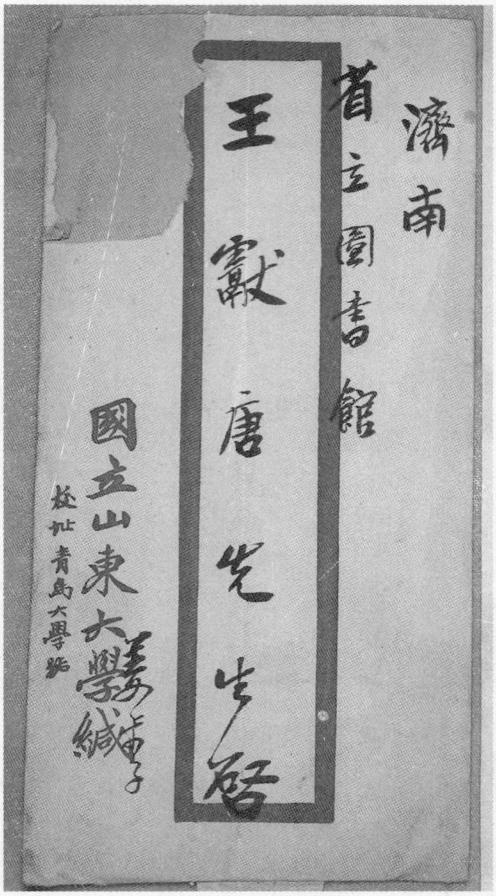
濟南
省立圖書館
王獻唐先生啓
國立山東大學
校址青島大學路
姜寅緘

封第二件

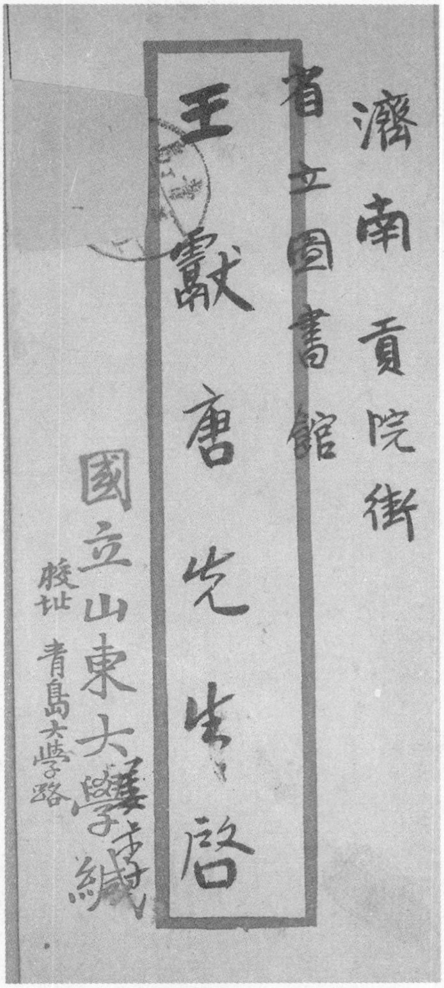
濟南貢院街
省立圖書館
王獻唐先生啓
國立山東大學
校址青島大學路
姜寅緘

一百四十八　傅斯年

書二十八通　封二十二件

書第一通

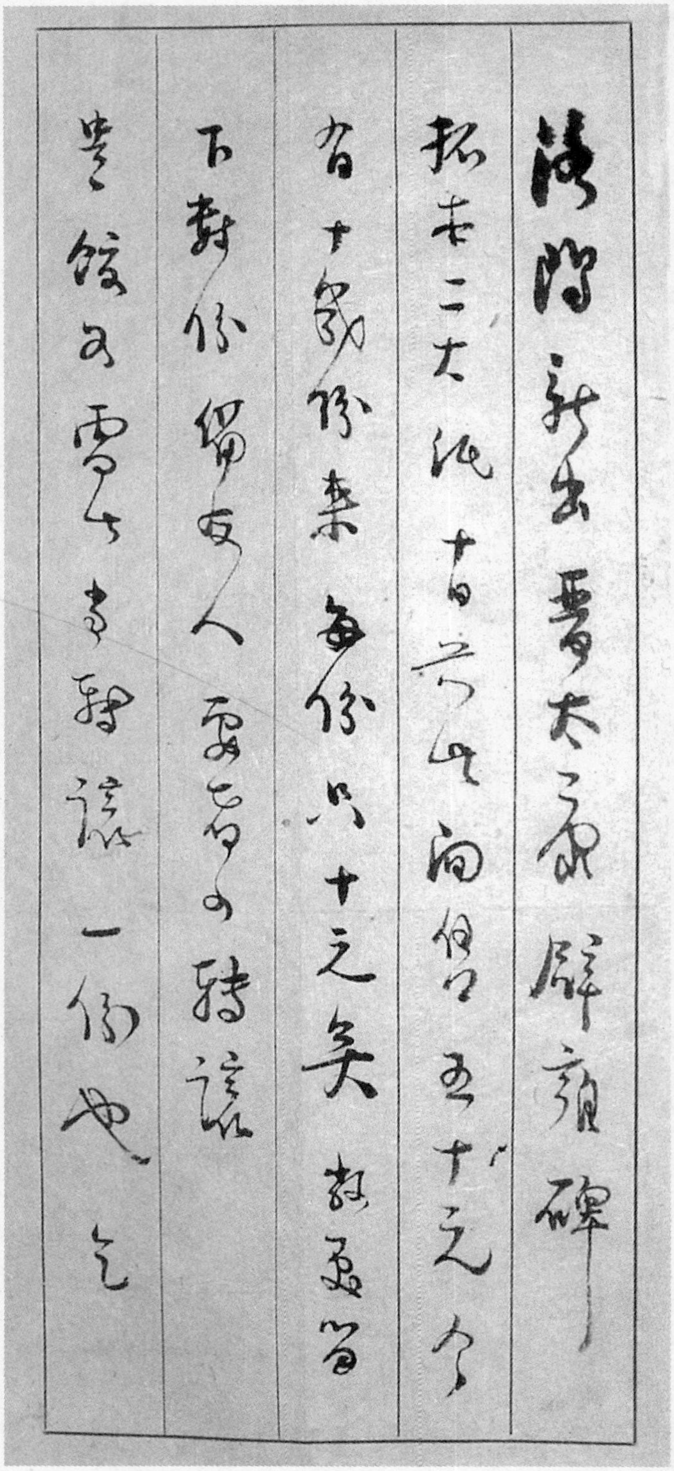

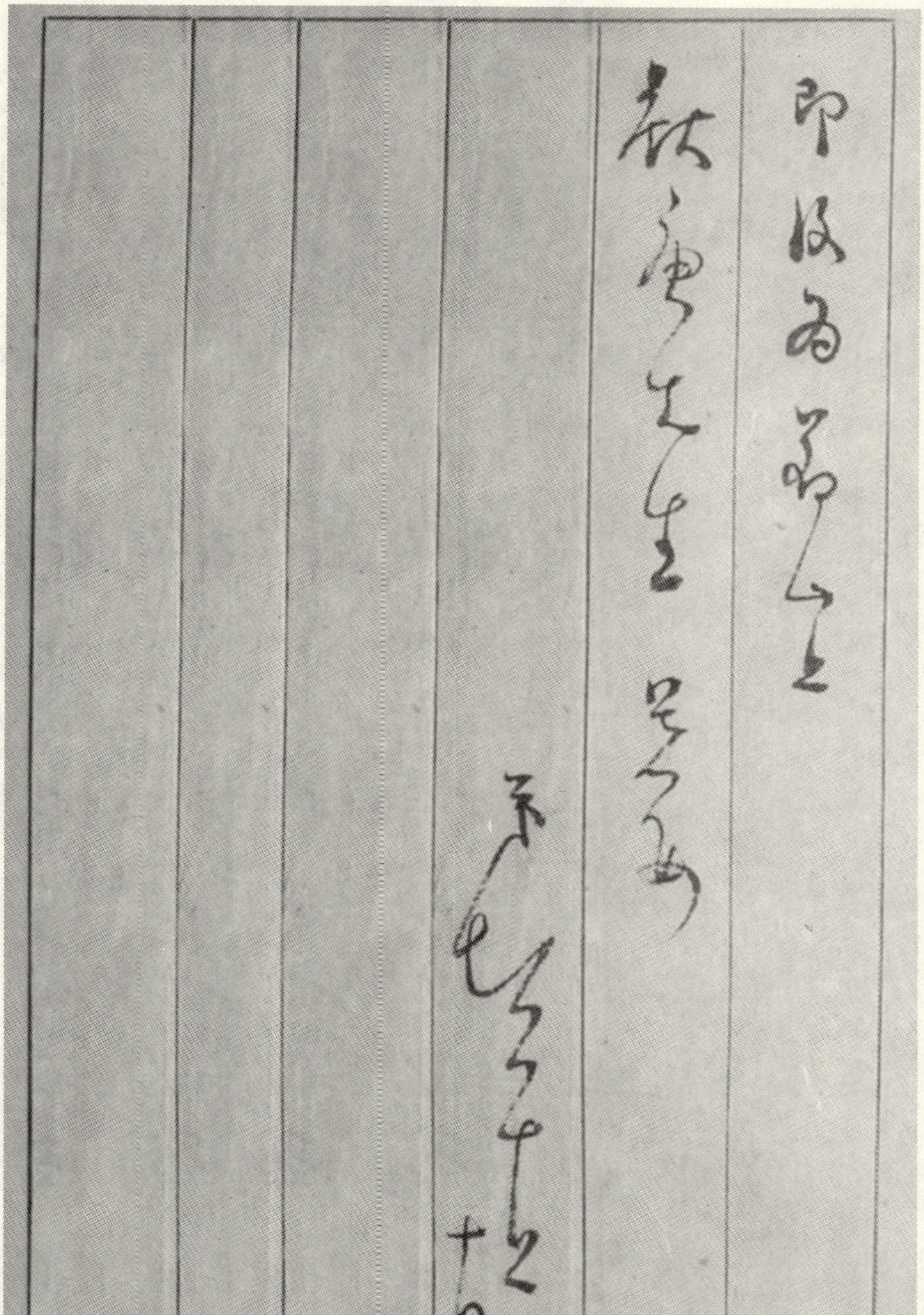

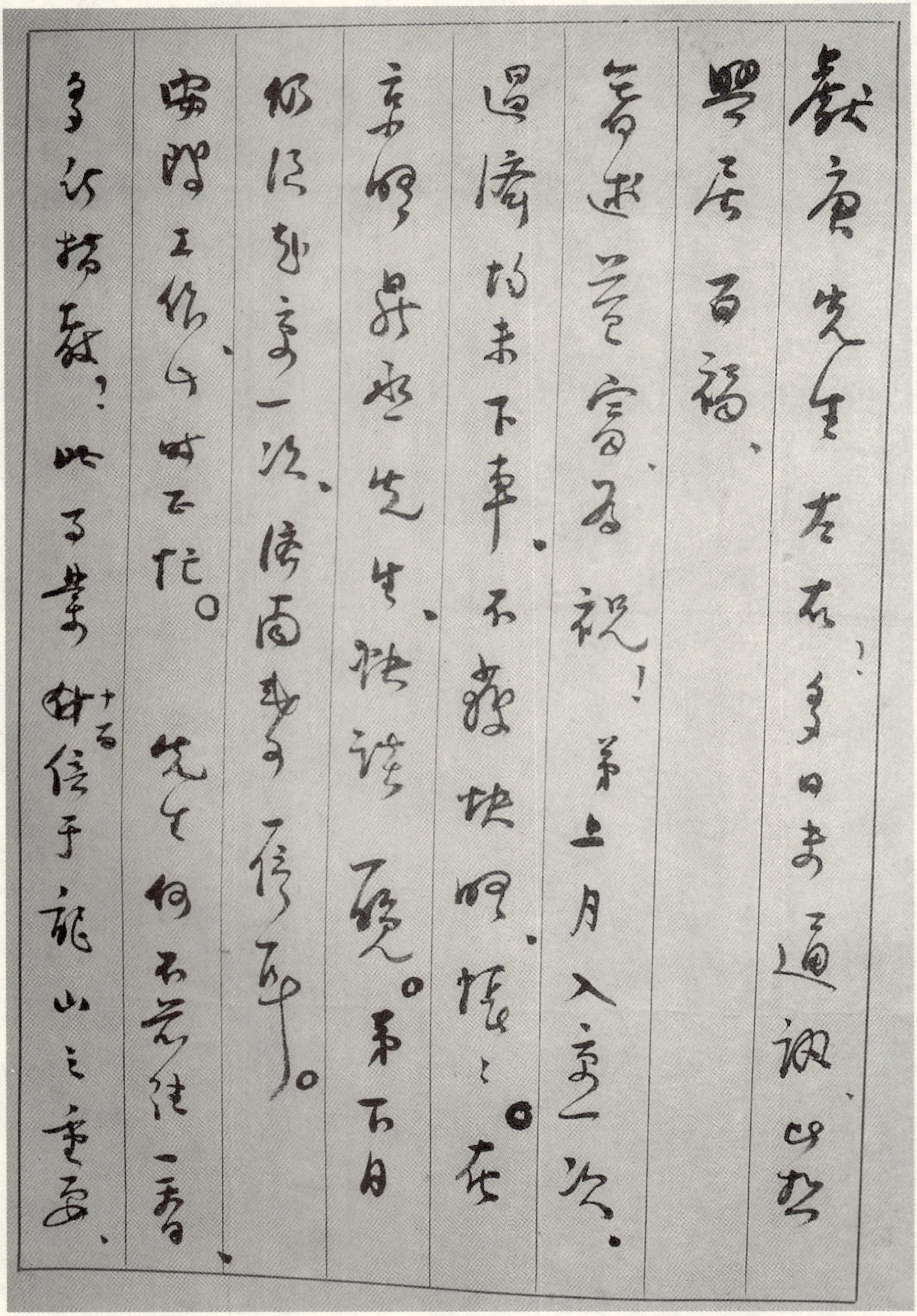
獻唐先生左右：多日未通訊，此想
興居百福、
著述當富、為祝！弟上月入京一次，
過濟均未下車，不獲快晤，悵悵！在
京晤吳稚暉先生、快談甚歡。弟下月
初須赴京一次、濟南或可停留。
安陽工作、此時正忙。先生何不前往一看、
多所指教？此事業十倍于龍山之重要、

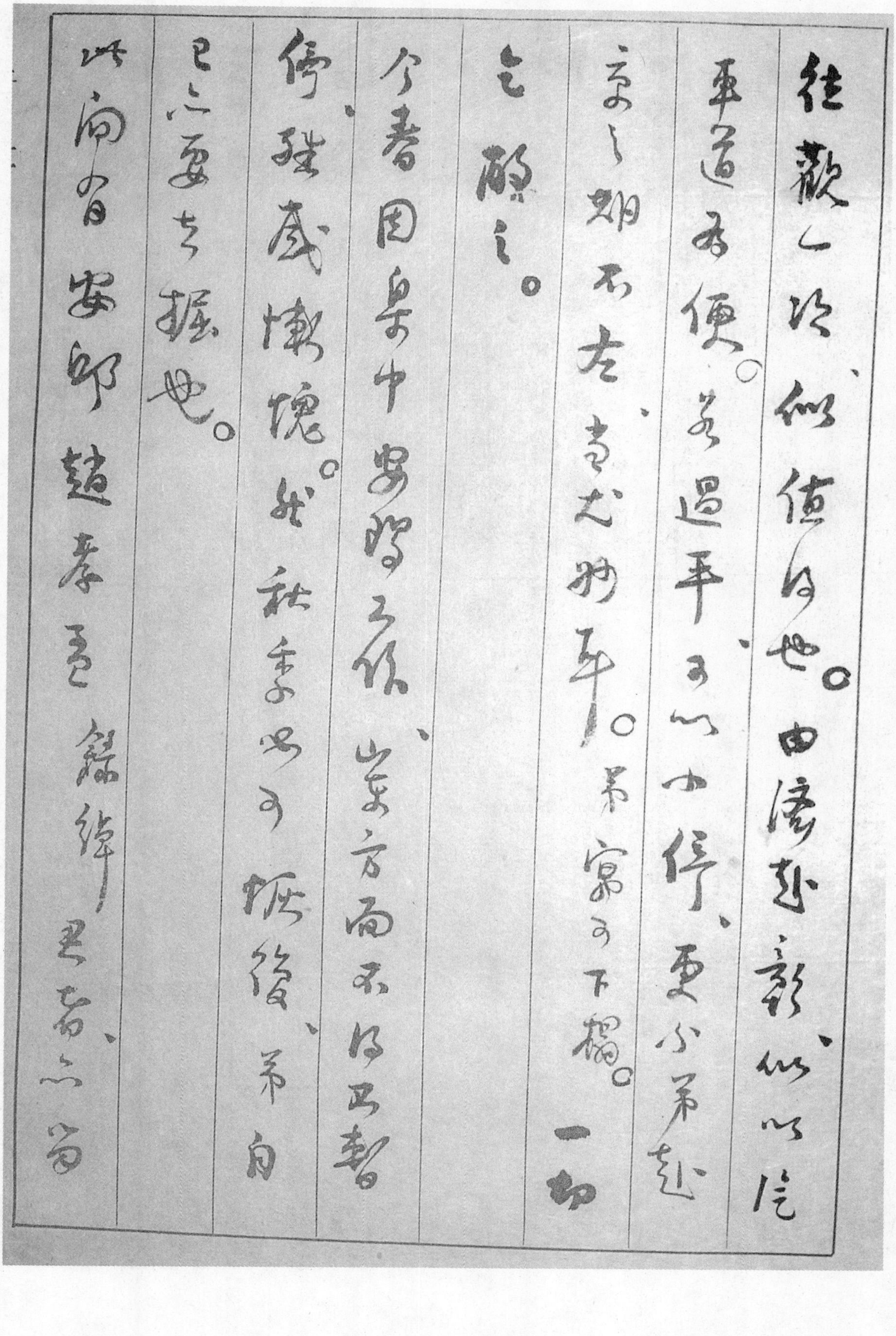

往歲之作，似值得也。由濟赴新，似以汽車道爲便。若過平可以小停，更不必赴京之期不在春之時耶。弟寓可下榻。一切足顧之。

今春因鼻中生瘤之故，山東方面不得不暫停，殊感悵悵。然秋季必可恢復，弟自己亦要去擾也。

此頌台安。弟趙孝孟頓 錄緯、君若六翁

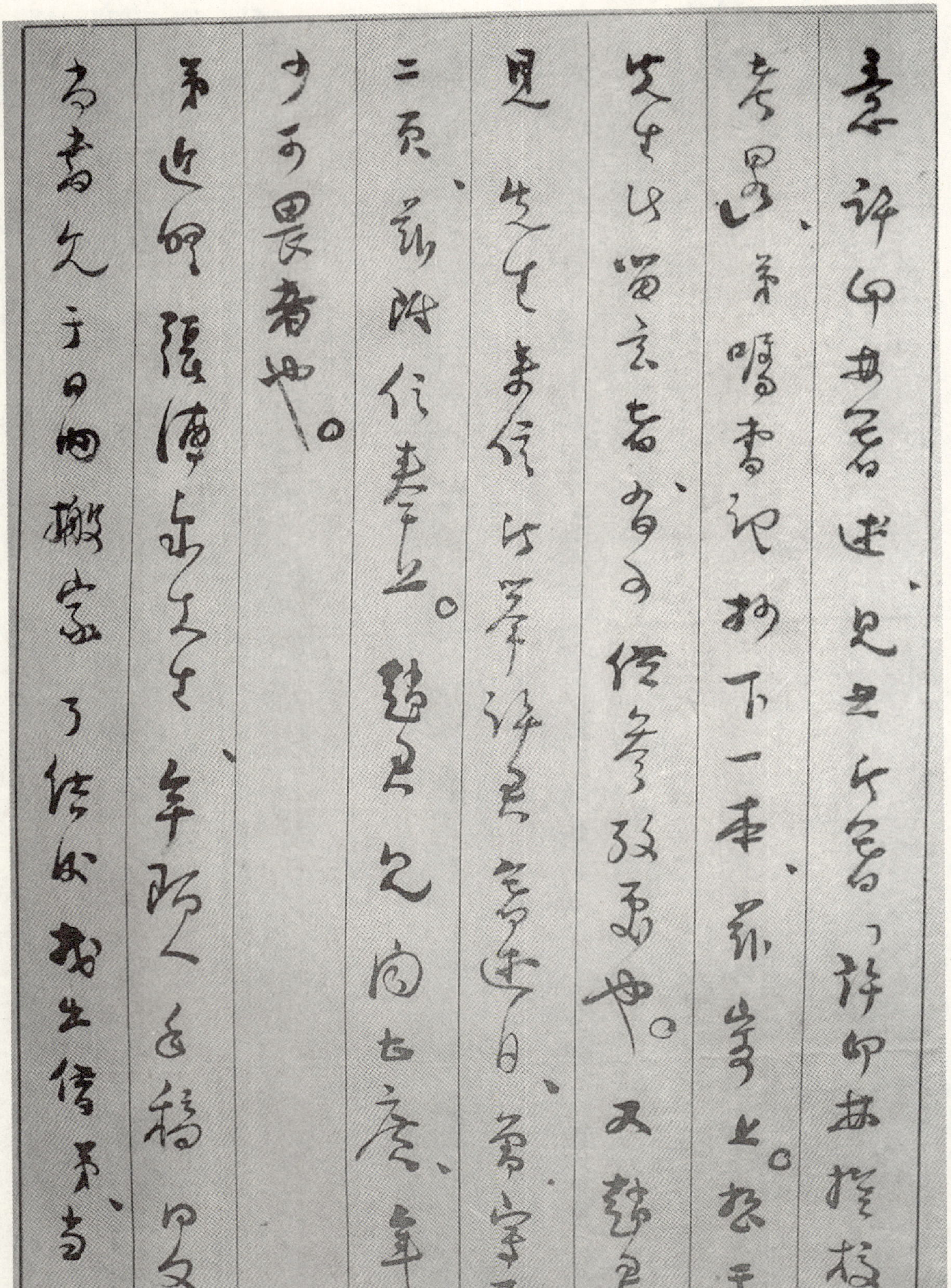

傅斯年

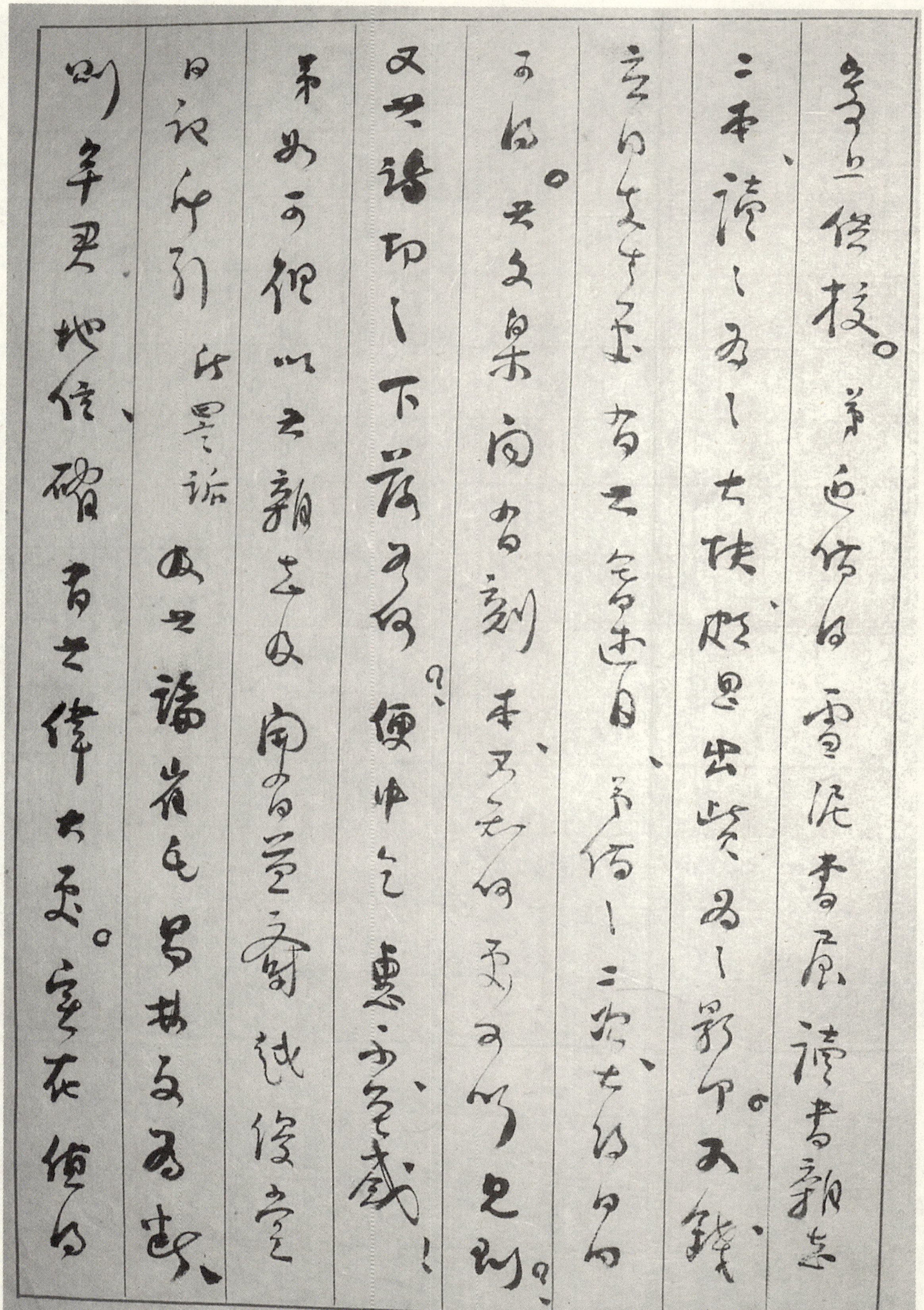

寫定付校。弟近得自雪泥書屋讀書劄記二本、讀之為之大快、然思出資為之影印。不識亦同意乎否？有之翁述目、弟借之二次、大約早向可得。其文集向有劄本、不知何處可見到？又其語錄之下落可得？便中乞惠、示之哉！弟如可得以上之雜志及向昔所寄讀後堂日記所引所異語及之論尚書各其文為戚、則年君地位、確有其偉大處。然在編的

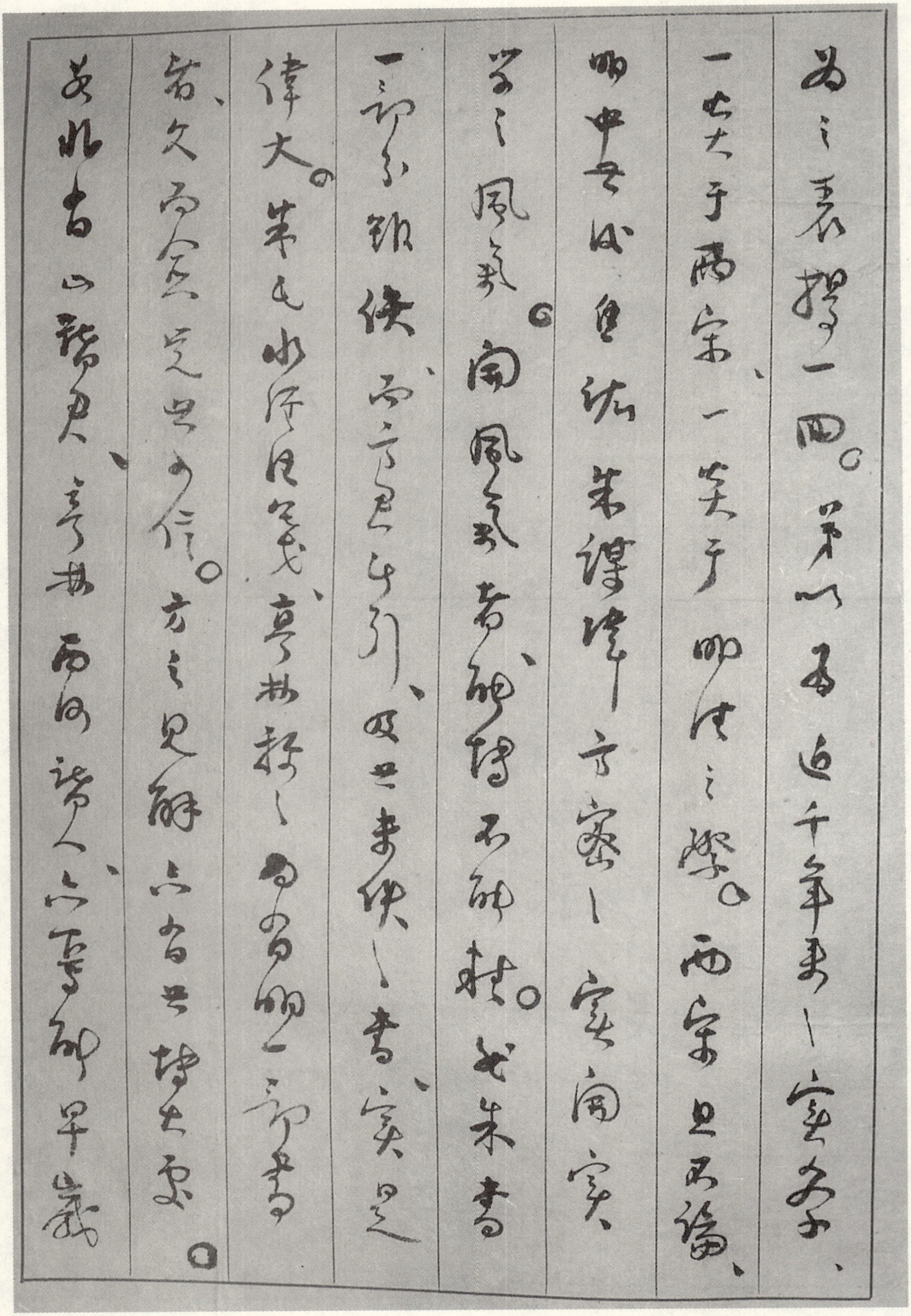

便即從了樸學也、大約開風氣要如何大力、心手謹謹、陸人但執一件一件一一予以評明瞭、轉意去整個的立場比較容易、然後又去看之過也。李杜百詩謙厭了許多、自時亦將就（李杜高文又如是。）圓融多了許多。百詩紀于一端不知矣、然此時尚題（則百詩出又朱彥諸人表之內隨矣。）例是大問題、此時材料似乎不廣也。至乾嘉而大盛、亦是乾嘉而硬化。音韻細精研之、而忘却整個的立場。至於王段諸人、而樸學

歇止。然此再開大路、非有大批新材料使
用不可、同或一返明清之季風氣、擴大之
範圍、認定大題目、即鐘鼎甲骨乾嘉樸學之精詣
而只於其中作繭自縛之事。否則流為瑣碎、
而不關弘指、流為今文、為一往胡說。瑣碎
固是樸學、今文然是家法、然其末流之弊
此其所以也。乾嘉學子向勞家之成、當年偏人
之治為、自是當然。其大力所及、在樸學上實已

云讀書新
之中有極
精極闢、
說亦有極
荒唐之說

國立中央研究院歷史語言研究所

迫至明代之際。先生此語知字此學也
拘家法者、王大錢劃兩面之更。其愛人最寄
識彈者書局其語切。然弟意其中實有特制
見地。著釋詩必出於詩本文本學，于毛序
及魯齊韓佚文尚不詩本文而言者、自不可從。年
異之處爲字少。（荒唐矣）然其如此如何、郭沫若與弟
一人也。膽大好人、而精細、思想敏銳之人、而
[illegible]說實、識可憑亂妄之之處一通明

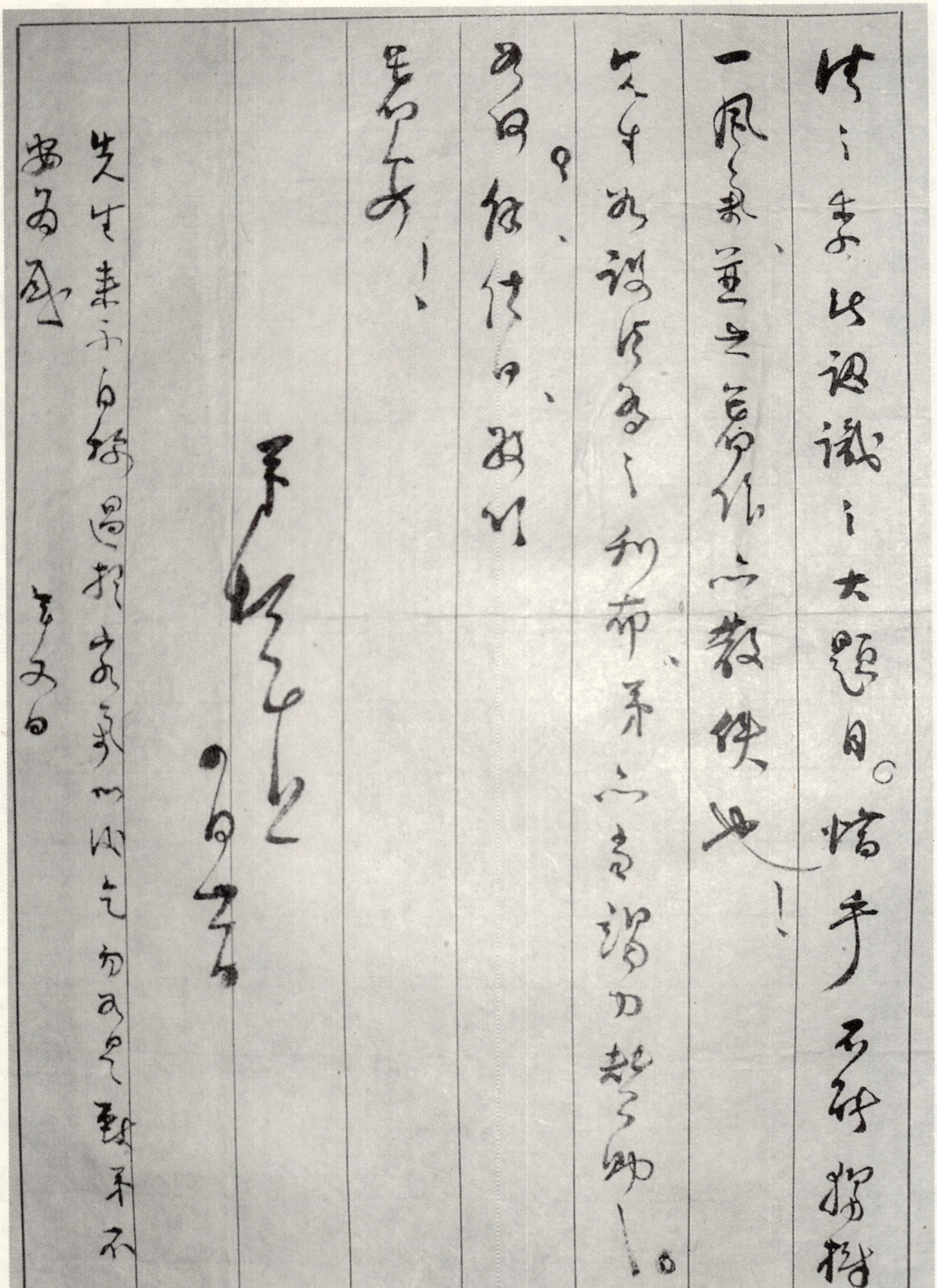

書第三通

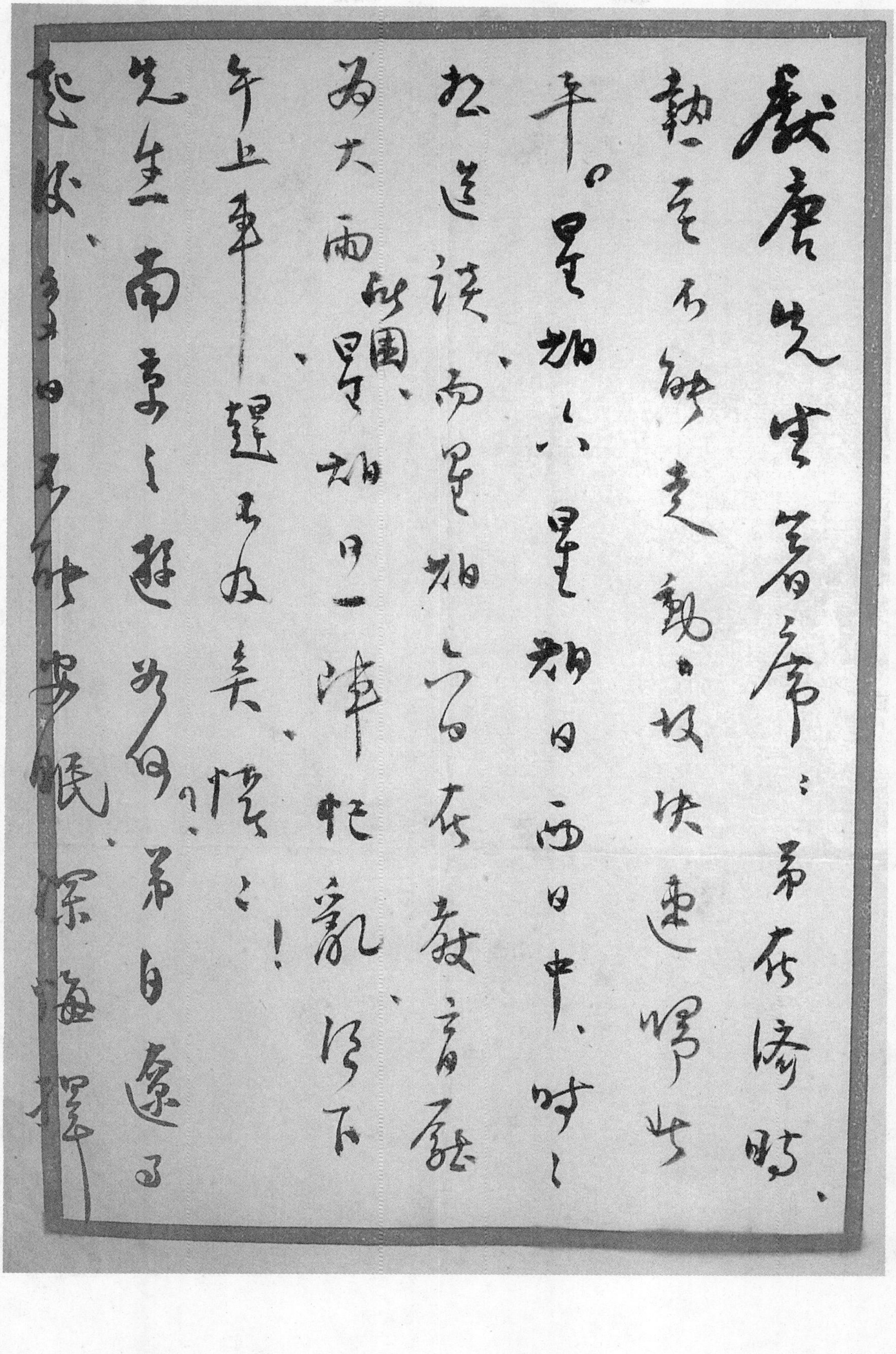
獻唐先生著席：弟在濟時，執意不能走動，故決速歸此平。星期六星期日兩日中，時時擬造談，而星期六在教育廳，為大雨所阻，星期日一陣忙亂後，下午上車，遲不及矣，悵悵！先生南來之期如何？弟自當遠迓。[illegible]日[illegible]安眠，深海[illegible]

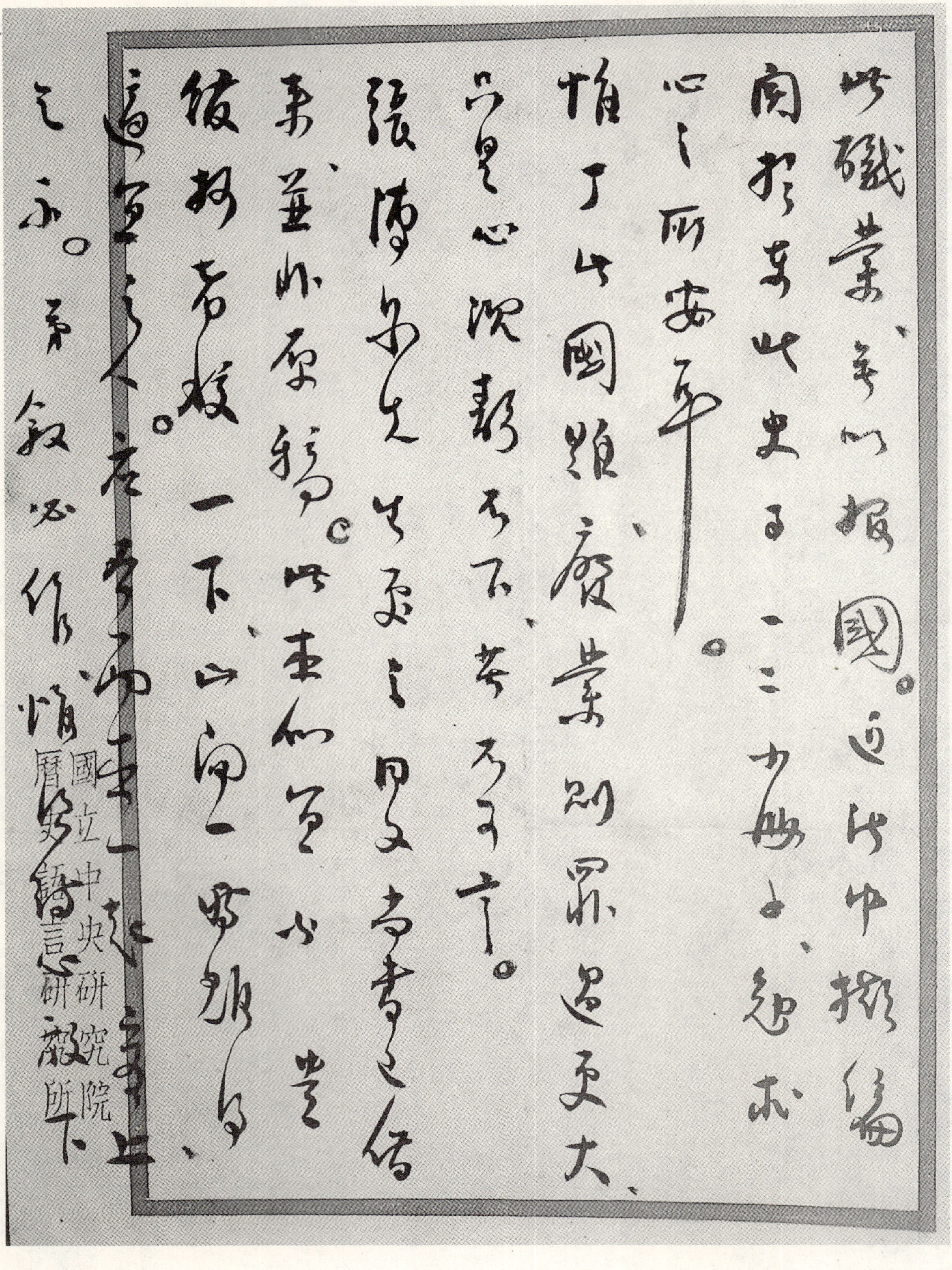
此職業、無以報國。近代中撥編
向於其此史予之加勉、想亦
心之所安耳。
惟丁此國難、廢業則罪過更大、
只是心沉靜不下、苦不可言。
張陳兩先生處之思更南書之信
來並此原稿。此來何其少、豈
彼校本校一下、此間兩朝月、
通寫之人在其兩處、一起寫上
之示。弟叙必作情

國立中央研究院歷史語言研究所

傅斯年

一二七七

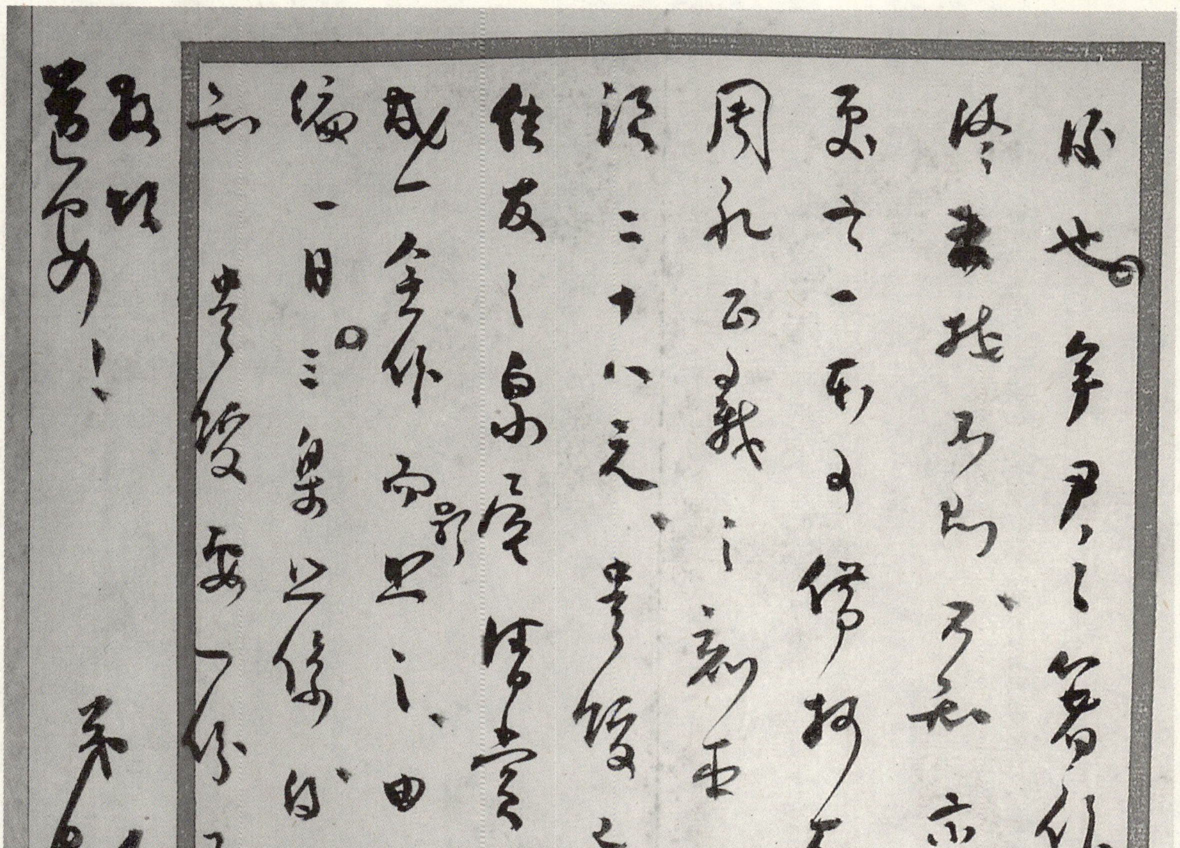
國立中央研究院歷史語言研究所

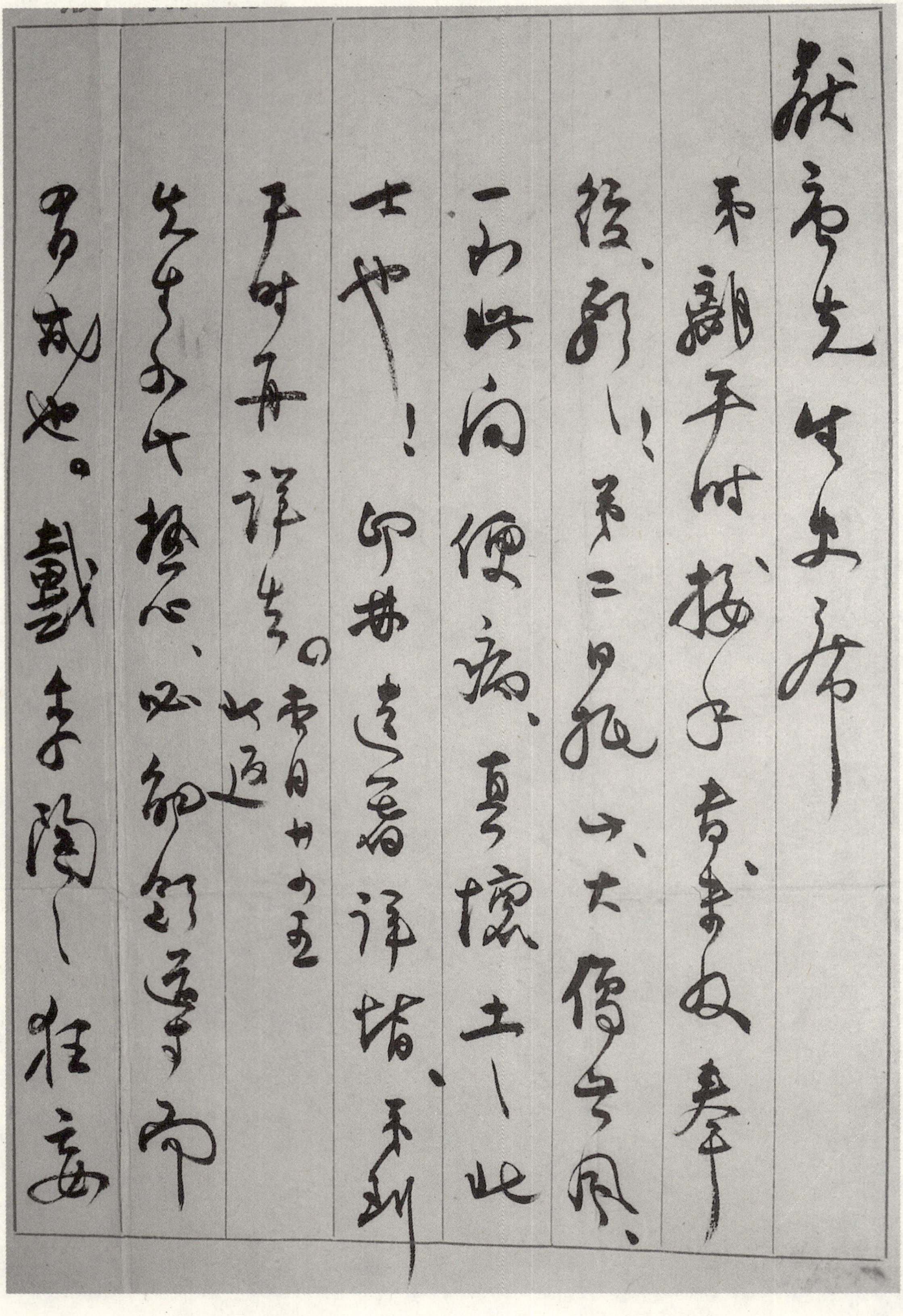

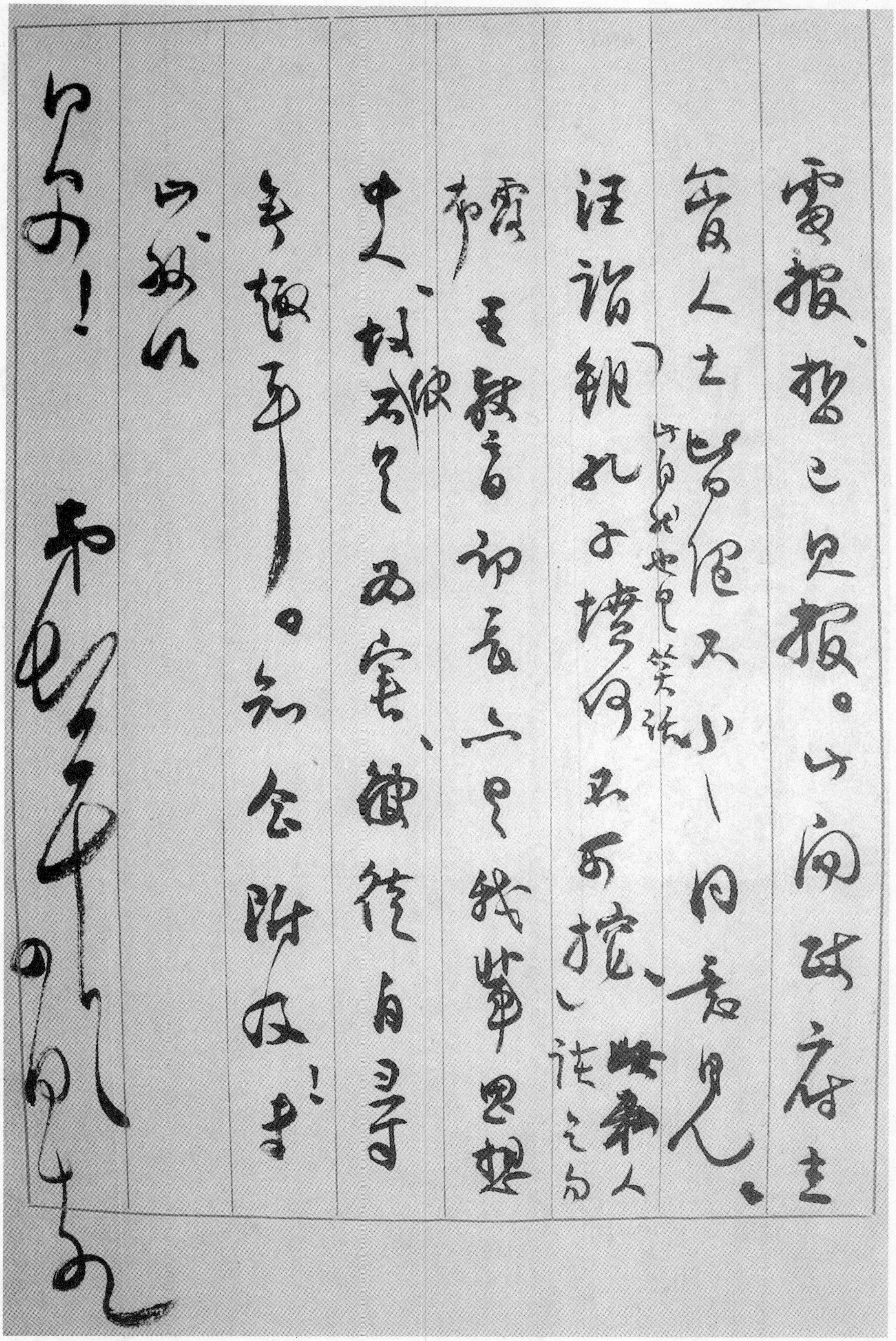

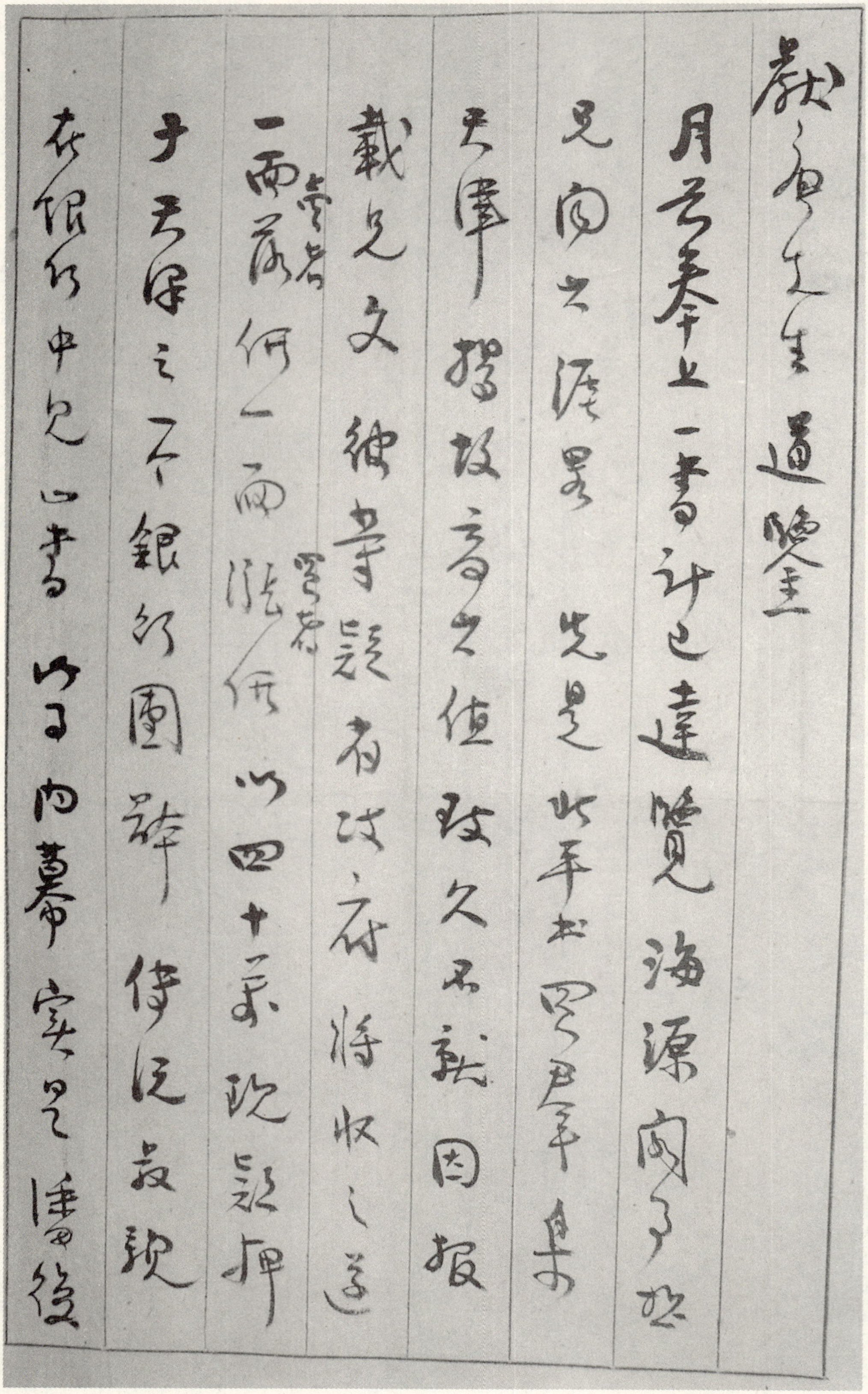
菊生先生道鑒：
月前奉上一書，計已達覽。海源閣事，於
見聞之後畢。先是北平書賈來
天津搜攷，高之值既久不就，因報
載見文獻等疑者討之府，將收之道
一兩萬售者何之一兩萬買者以四十萬議押
于天津之大陸銀行圍辦理保證
在銀行中見之一書，此乃內幕，實是傳聞

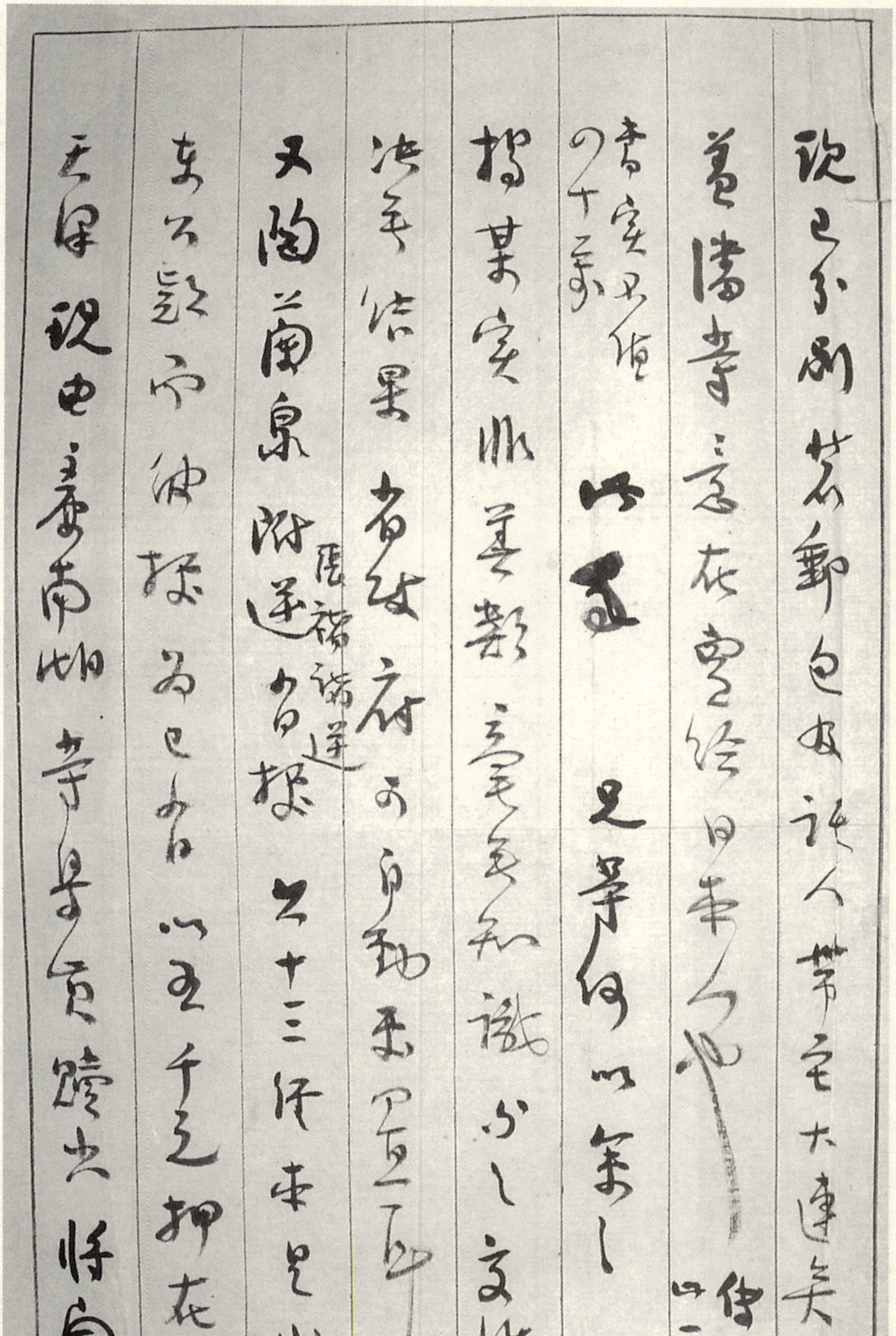

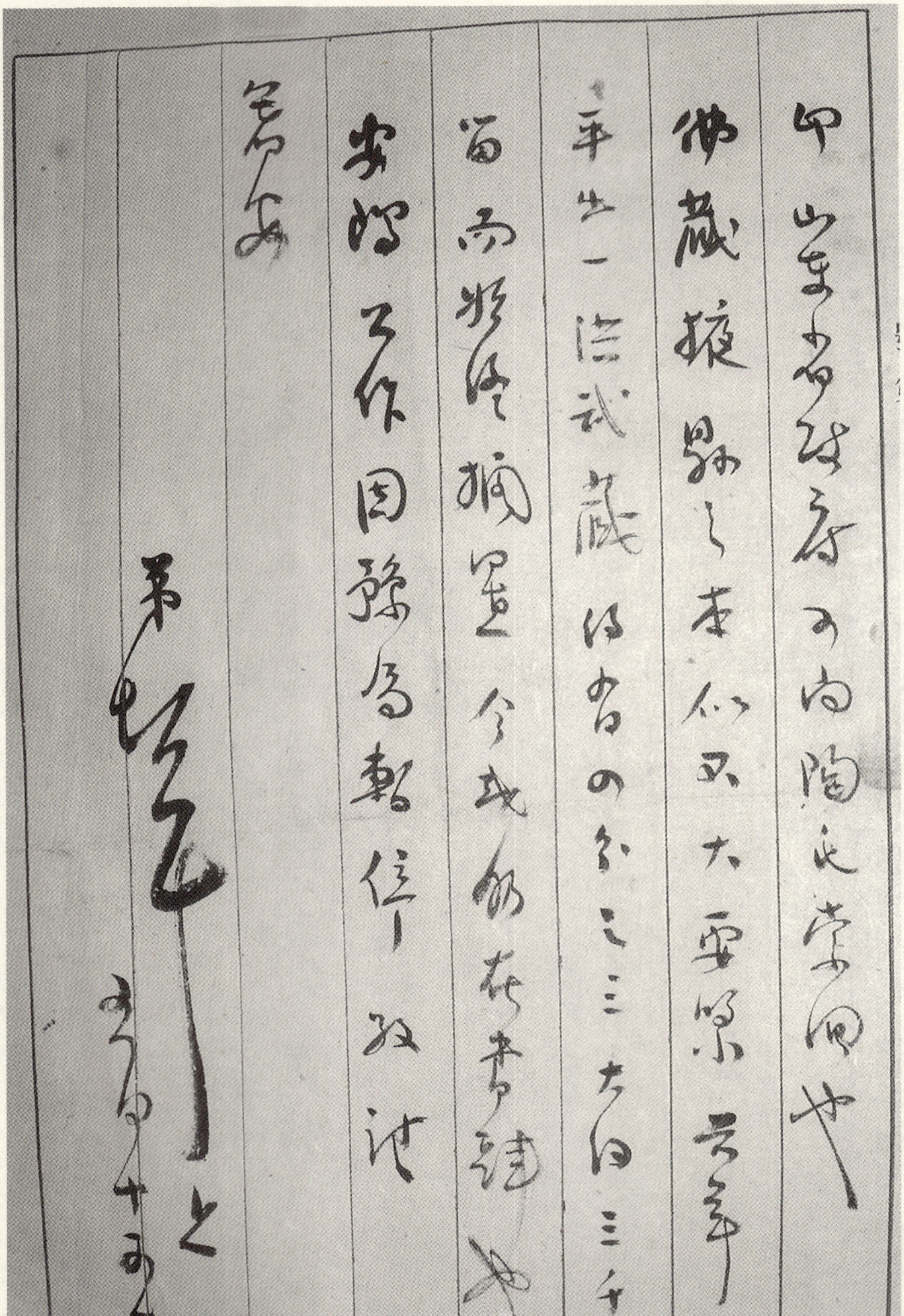

書第六通

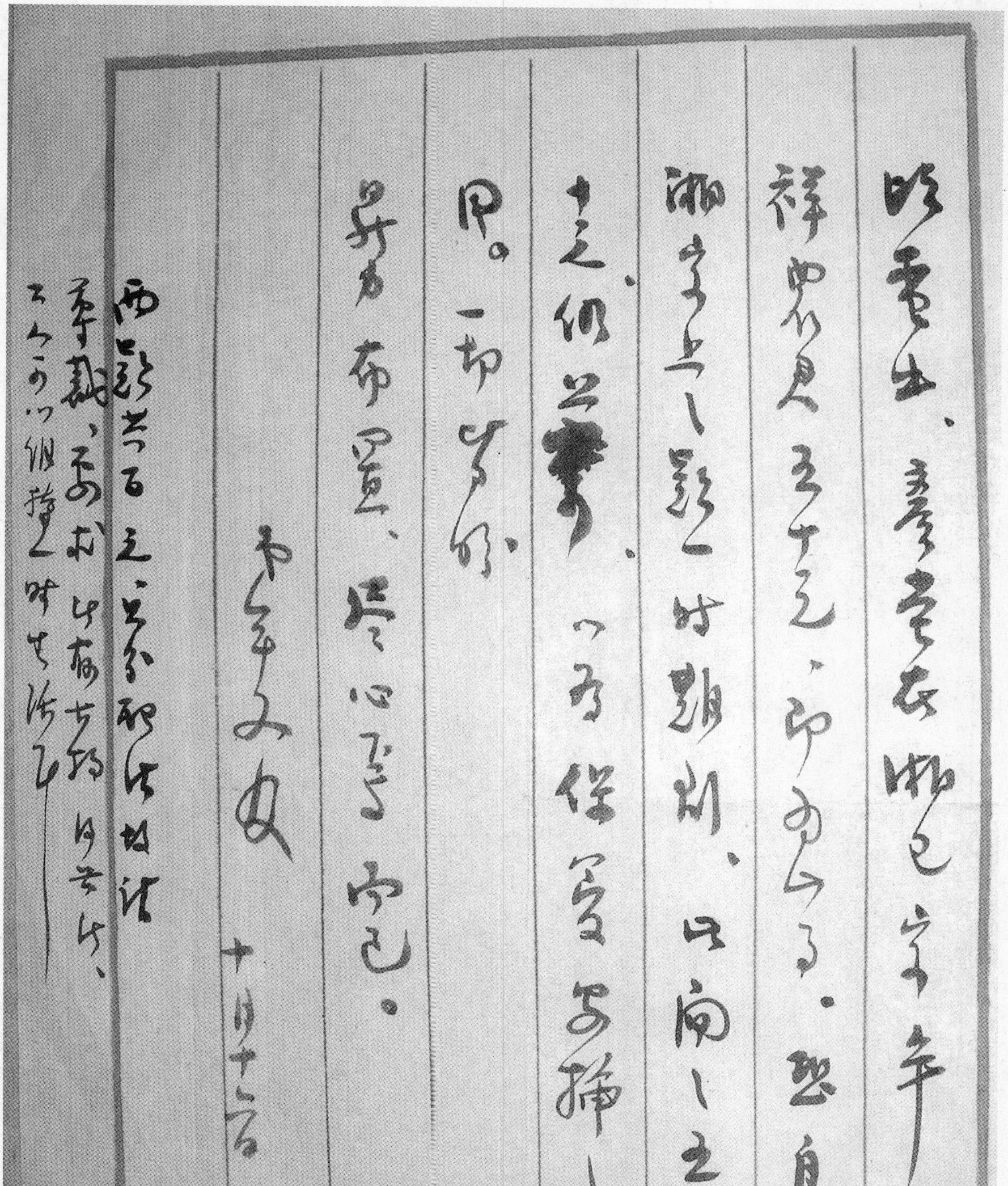

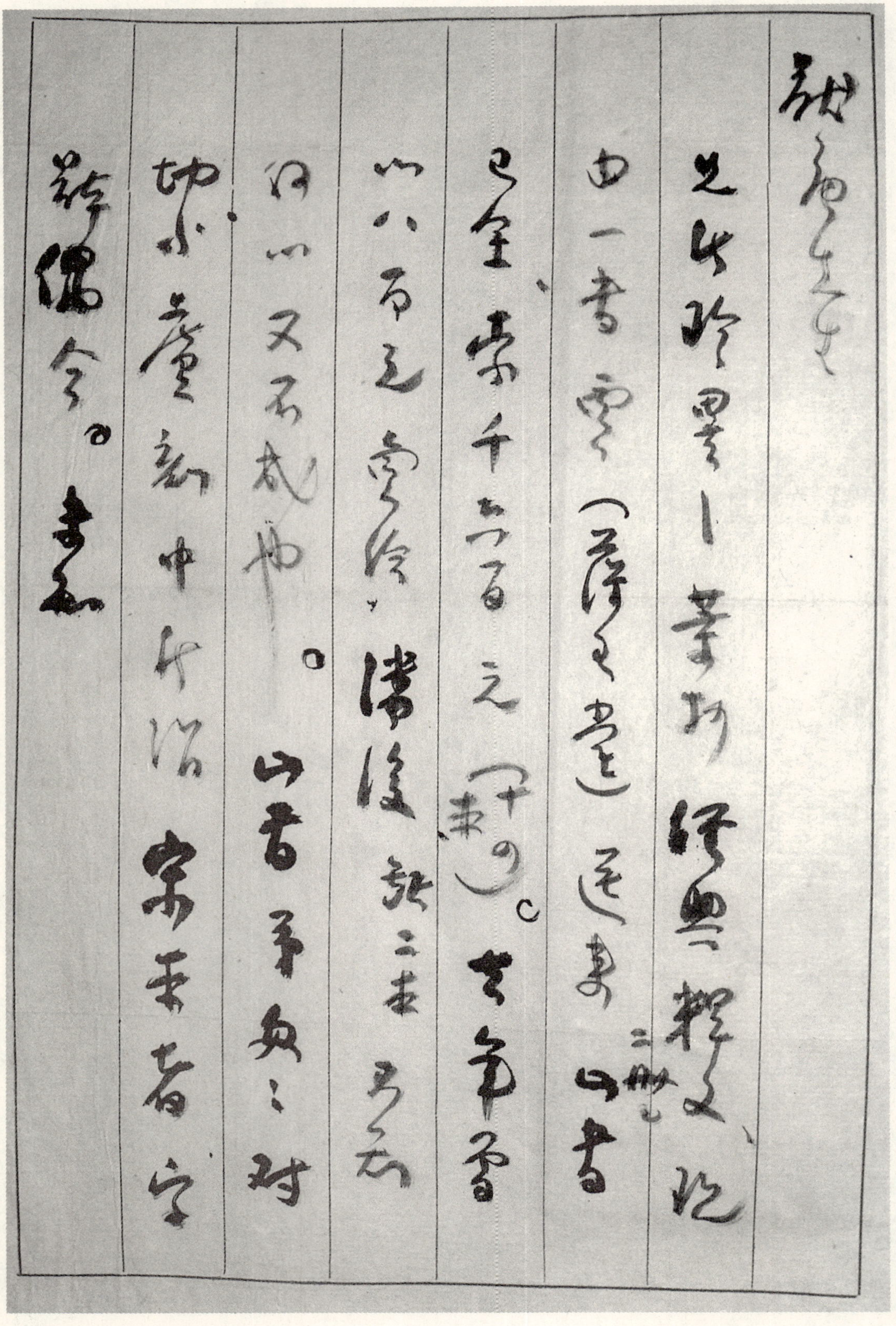

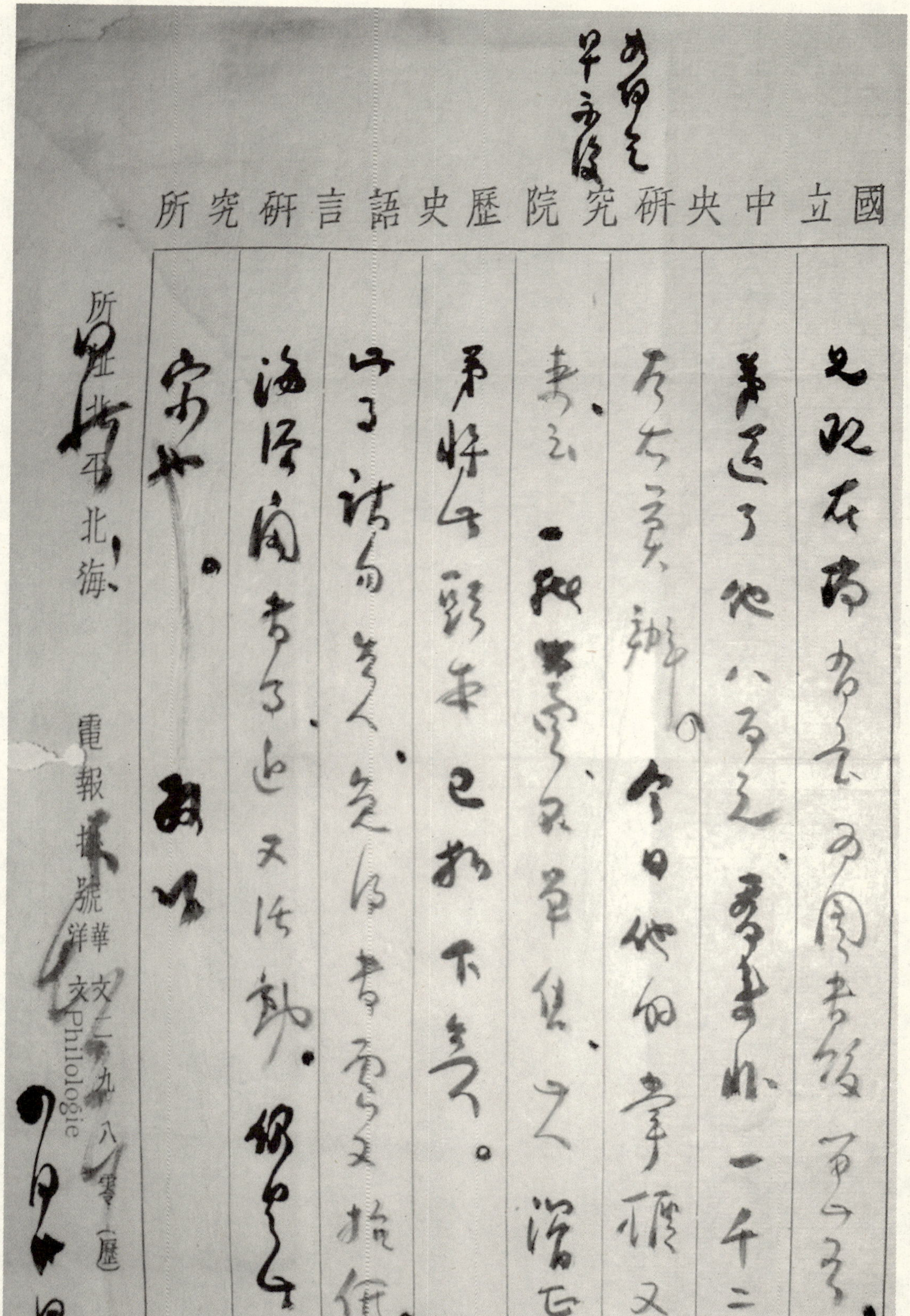
國立中央研究院歷史語言研究所

所址北平北海

電報掛號 華文二九八零（歷） 洋文 Philologie

書第八通

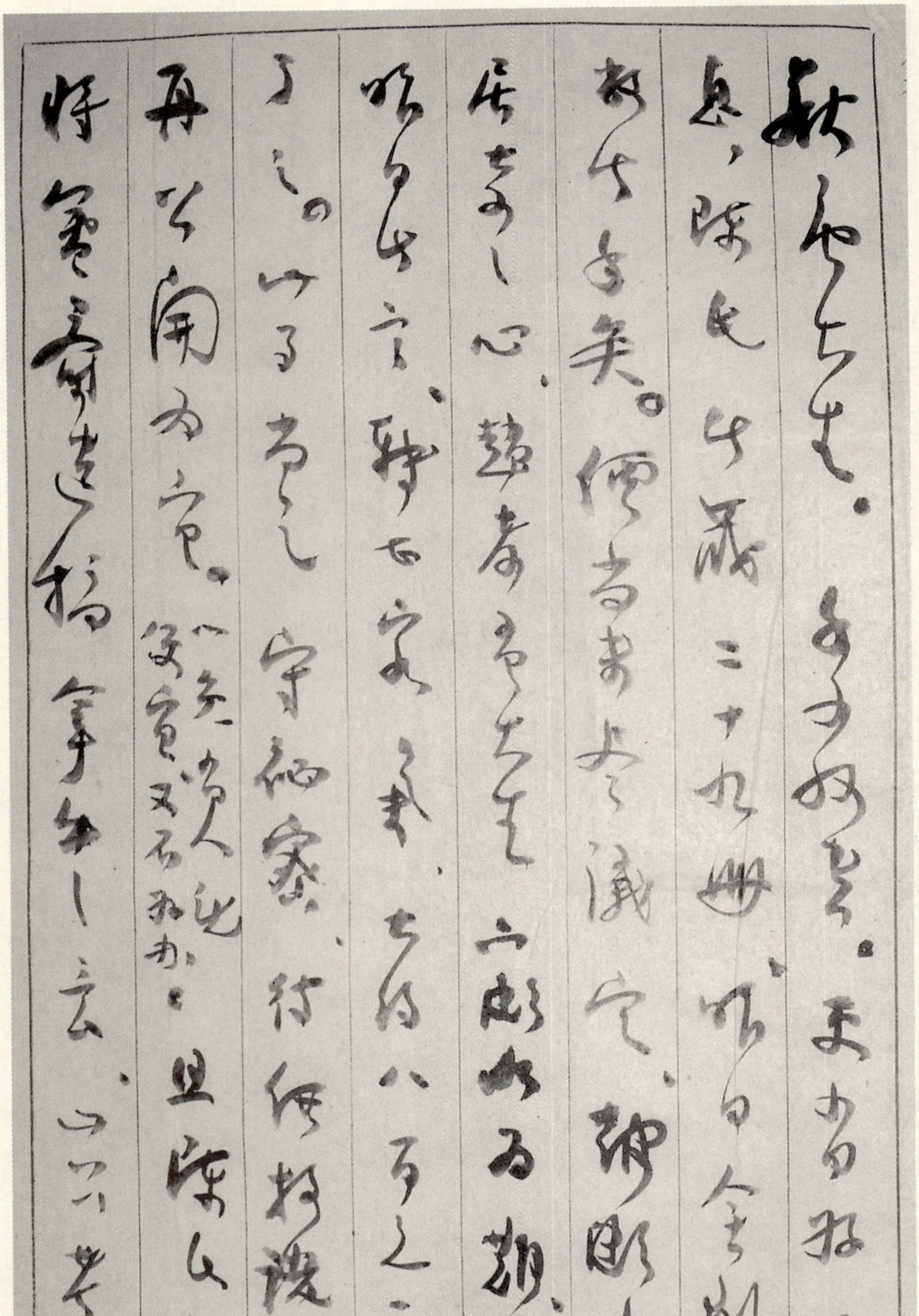

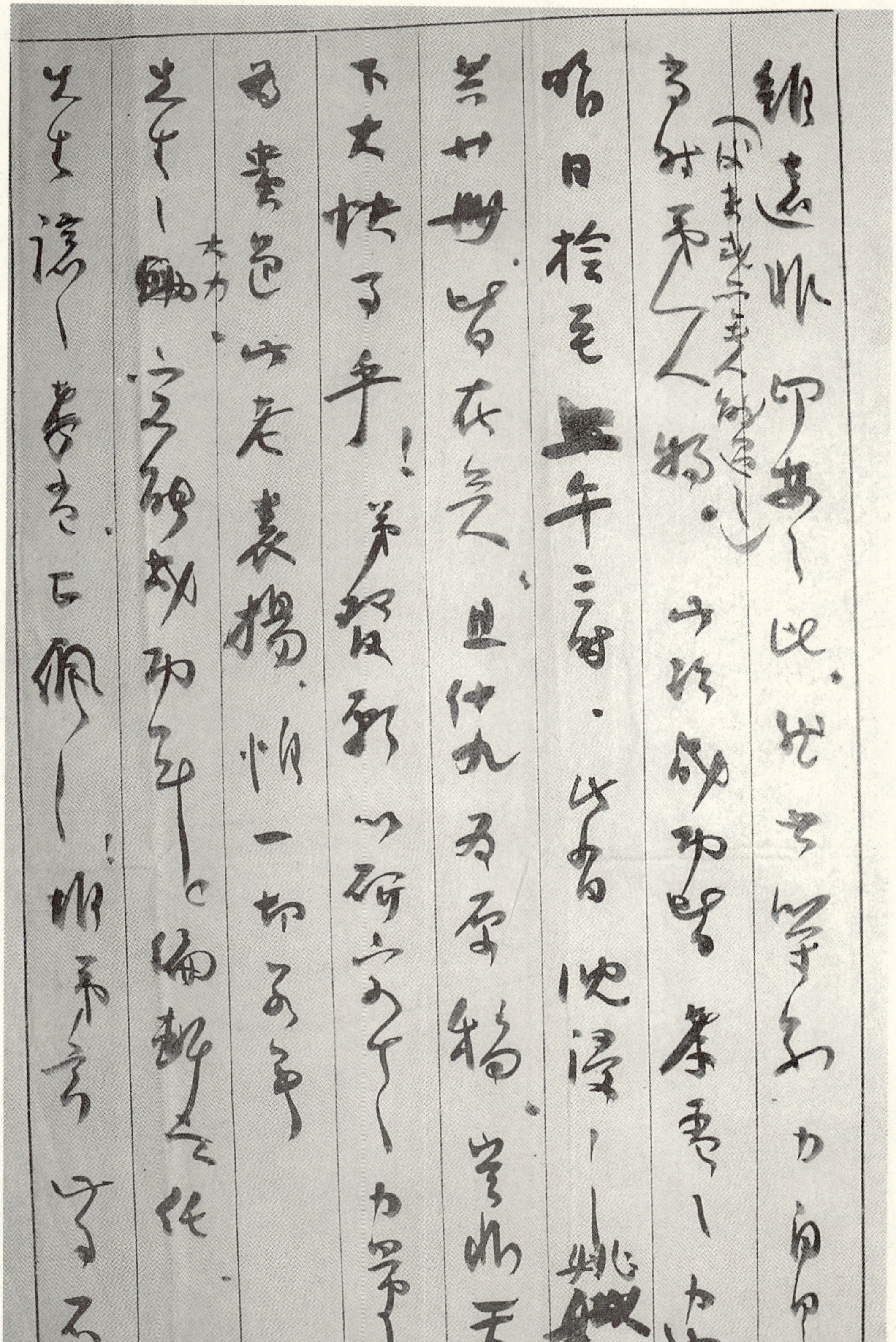

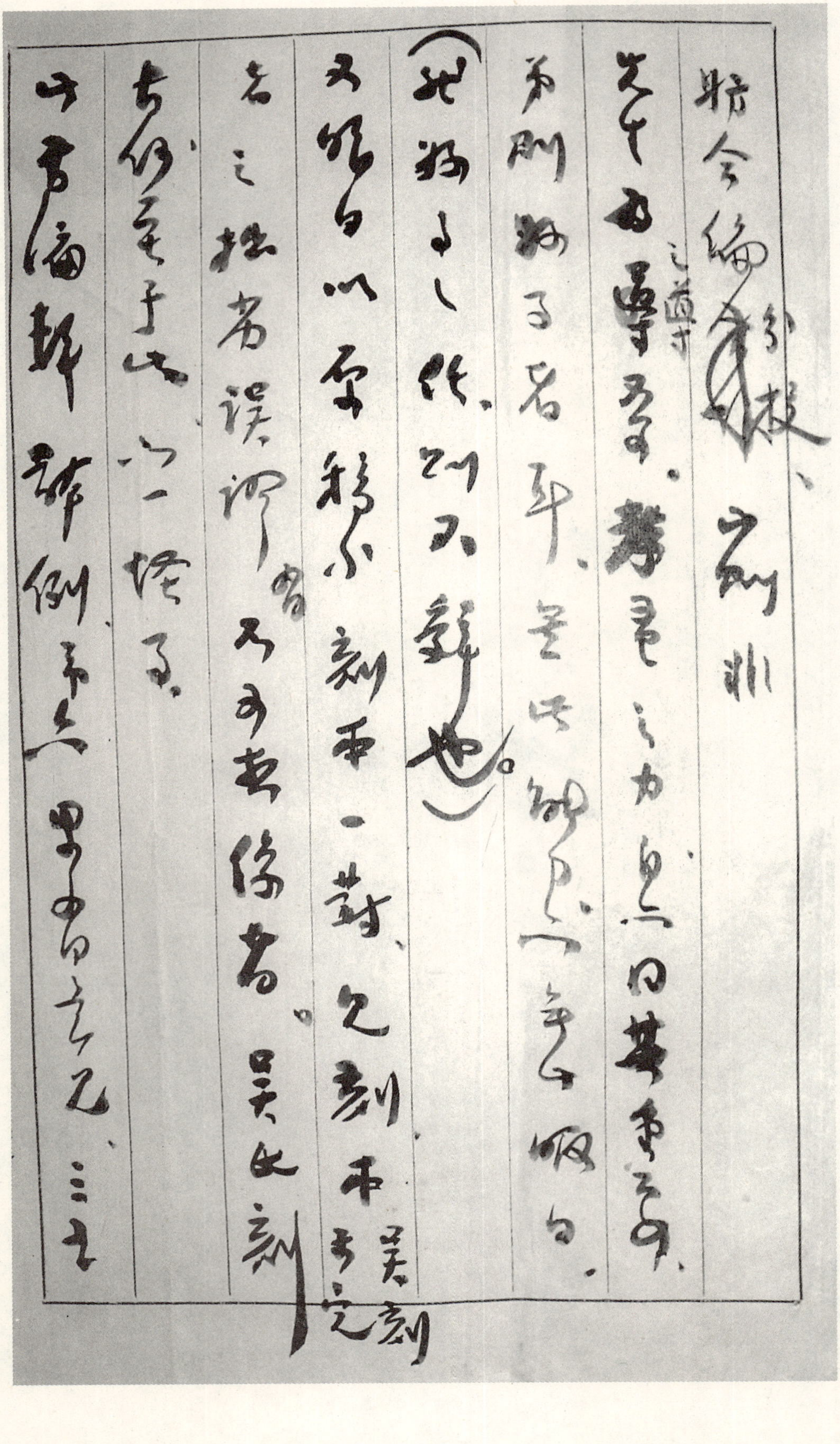

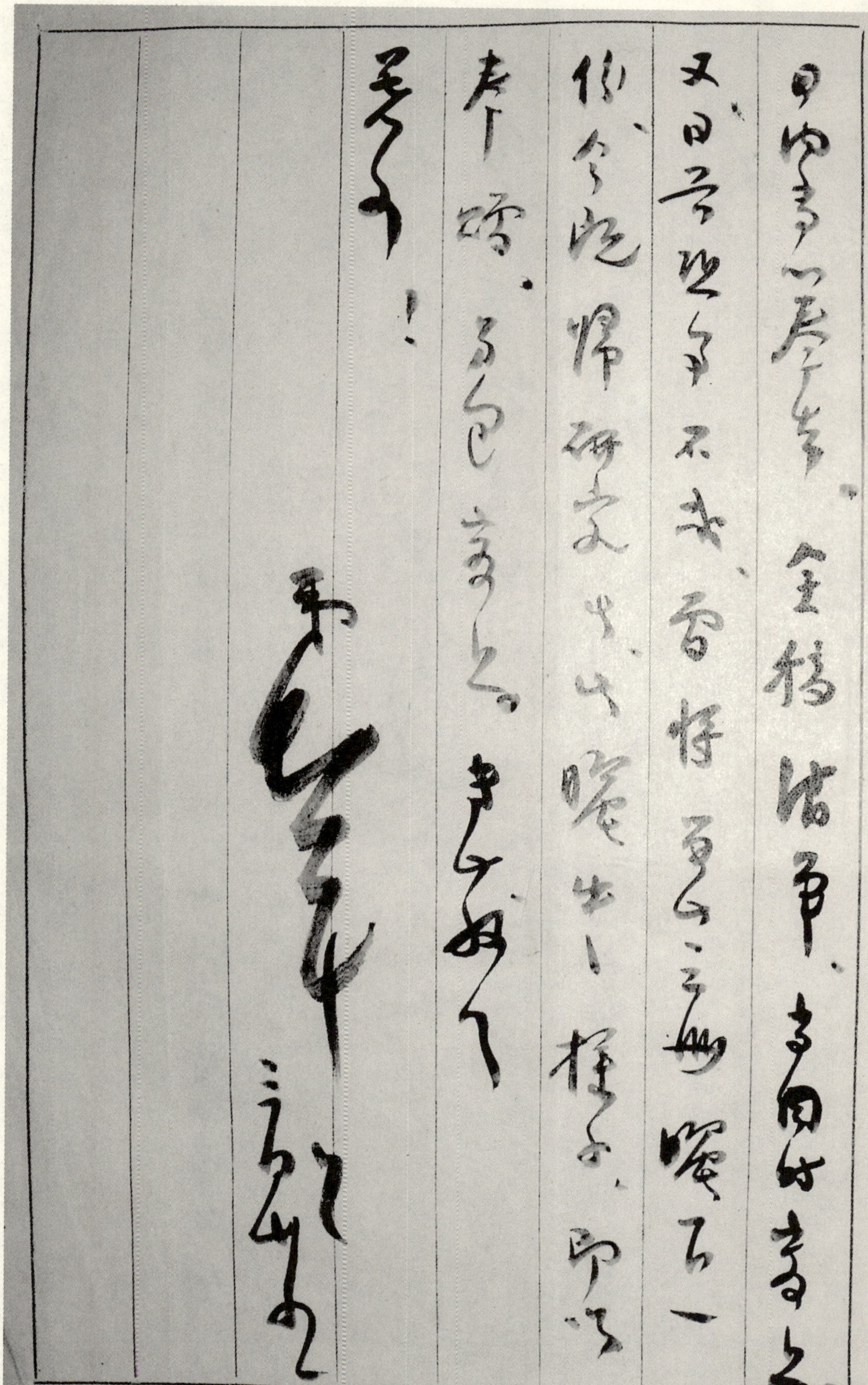

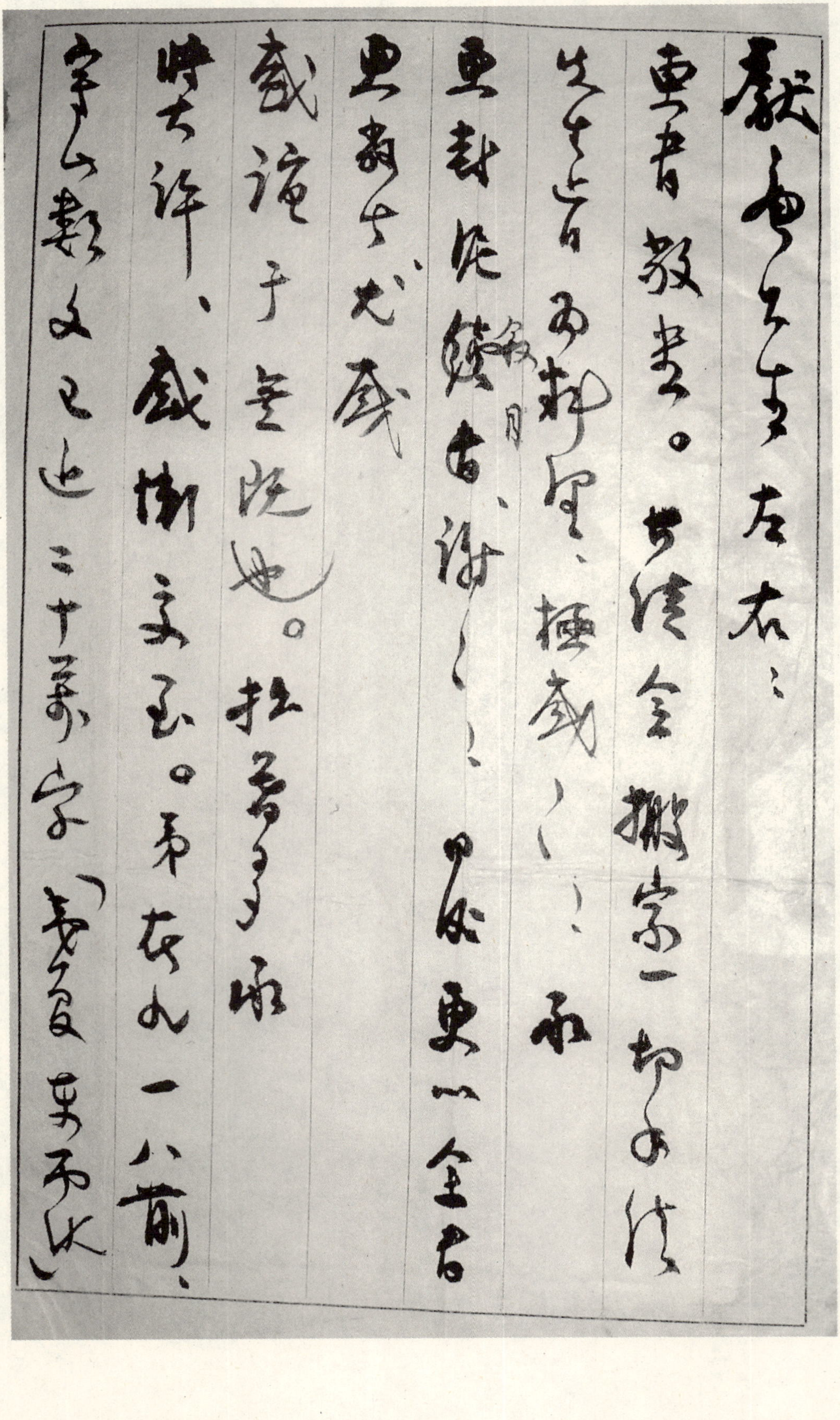

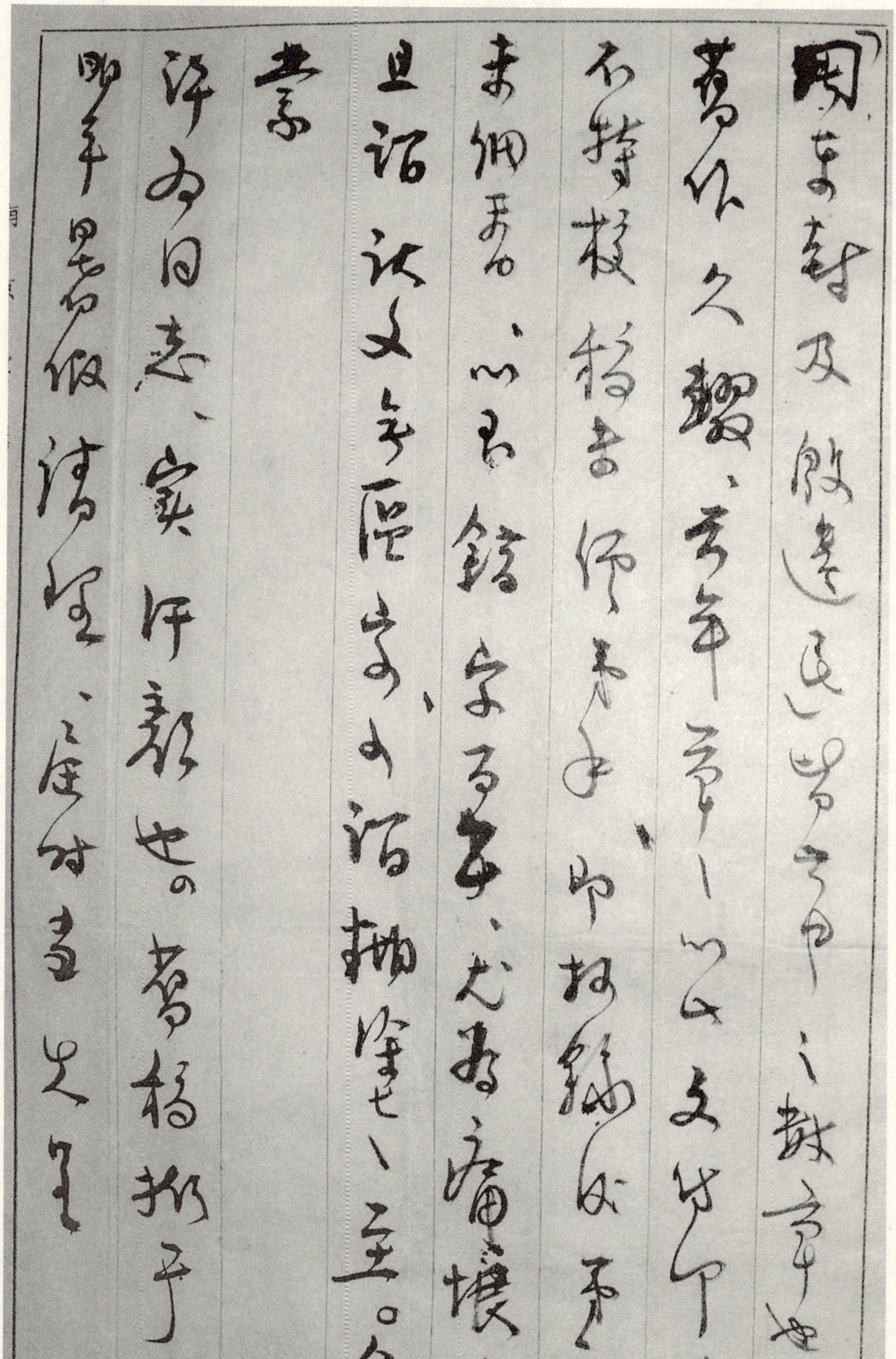
関東封及戯遂送之書之数章也。
萬似久鬱、去年尊之文字、
不持按稽古師承了、即按纏候処
未佩甚也、以前錯字了寄、尤為痛懐、
且語訳文無歴告之語、拙筆せし至。今
書
許多日志、実汗顔也の蒭稿抄手
明年四月假清暇、之往附書之先

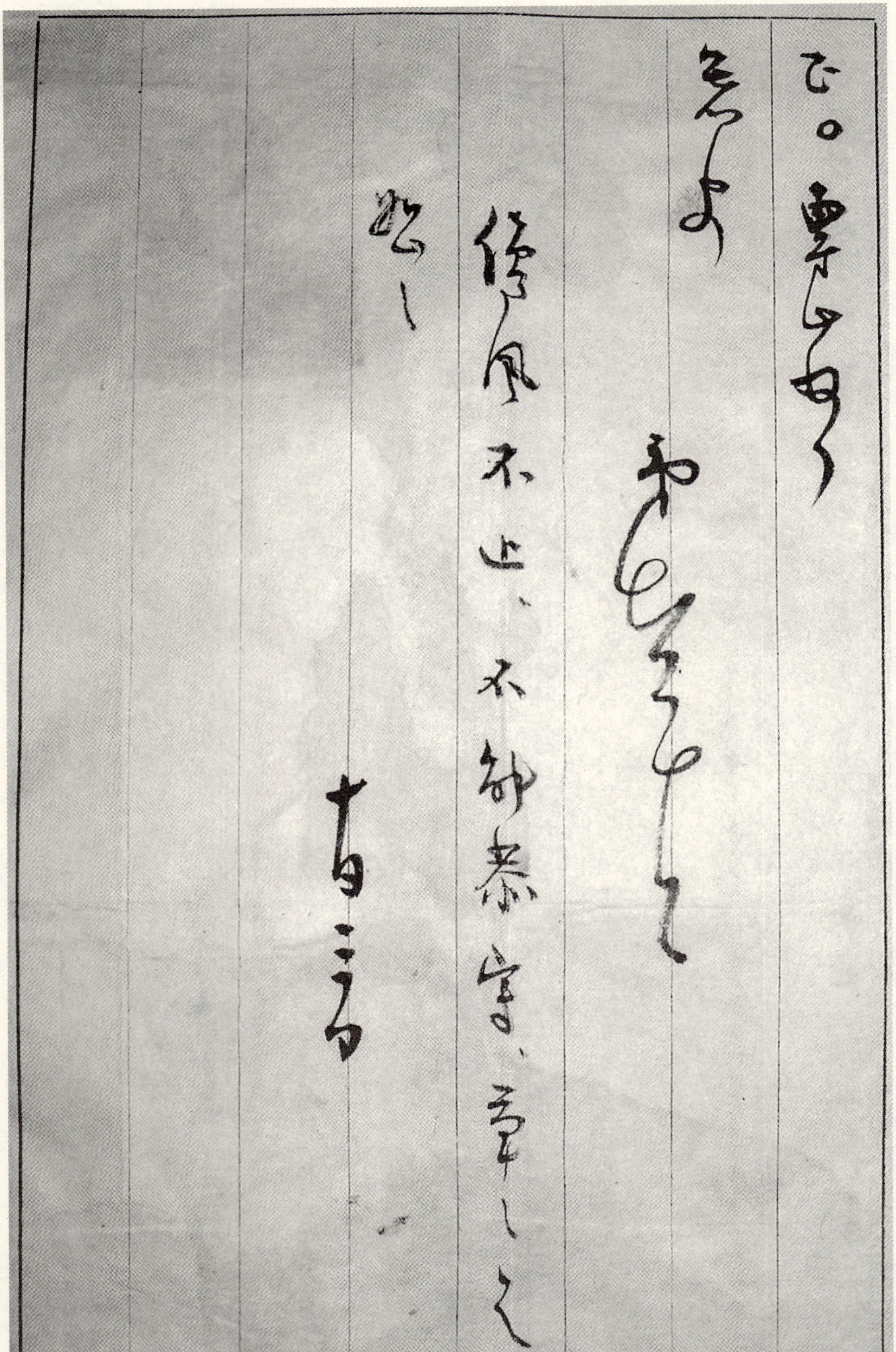

不止、不能恭寫

書第十通

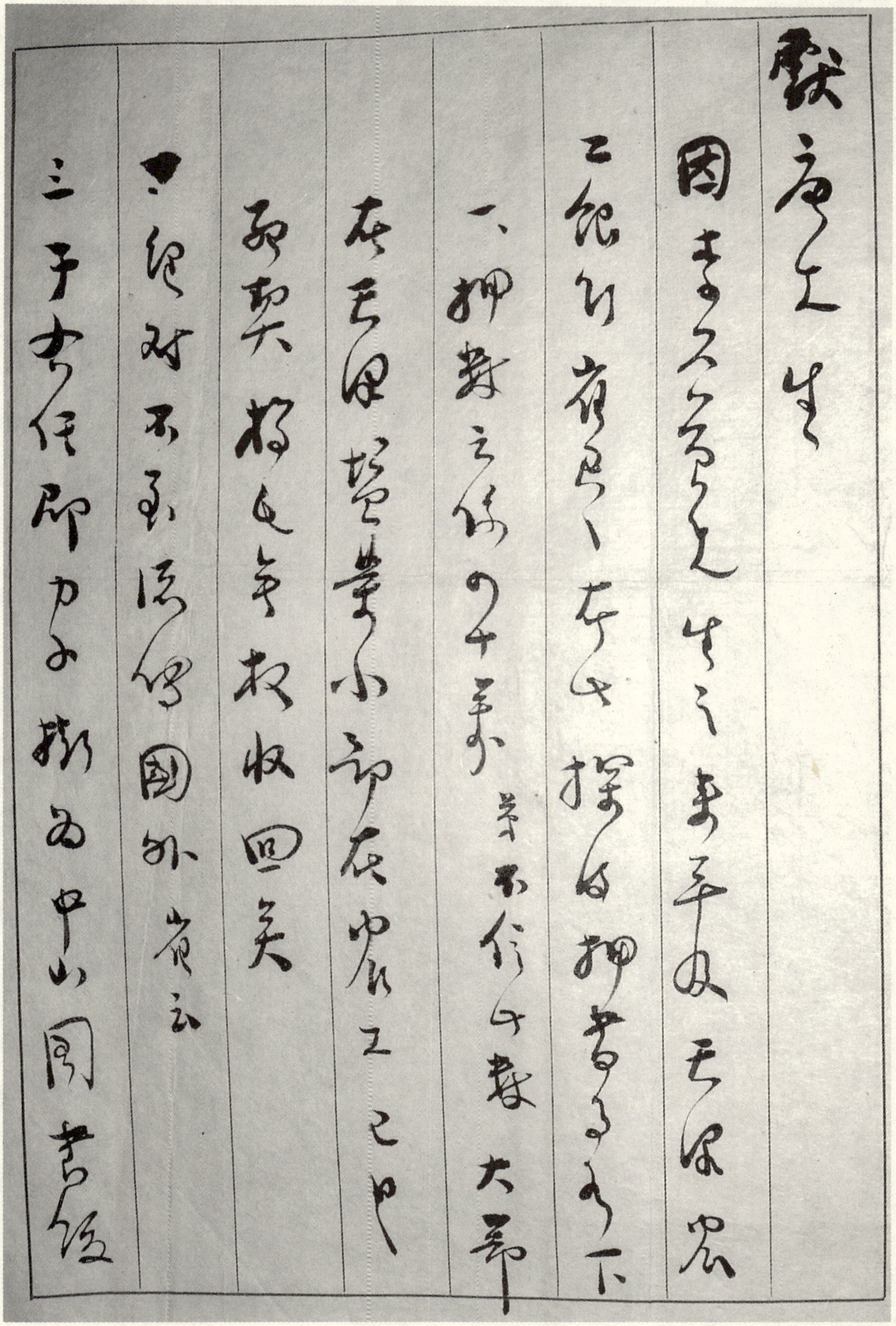

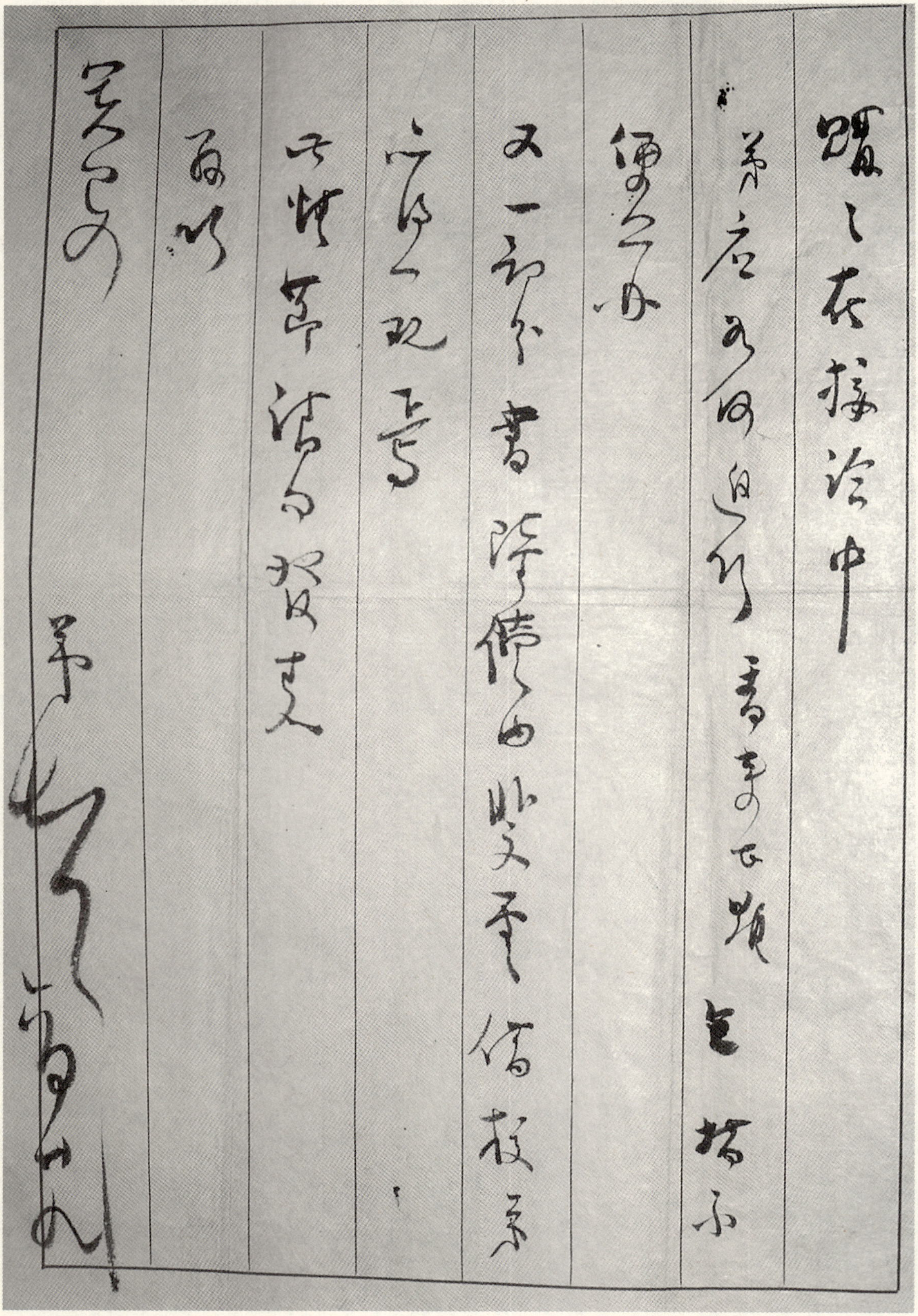

書第十一通

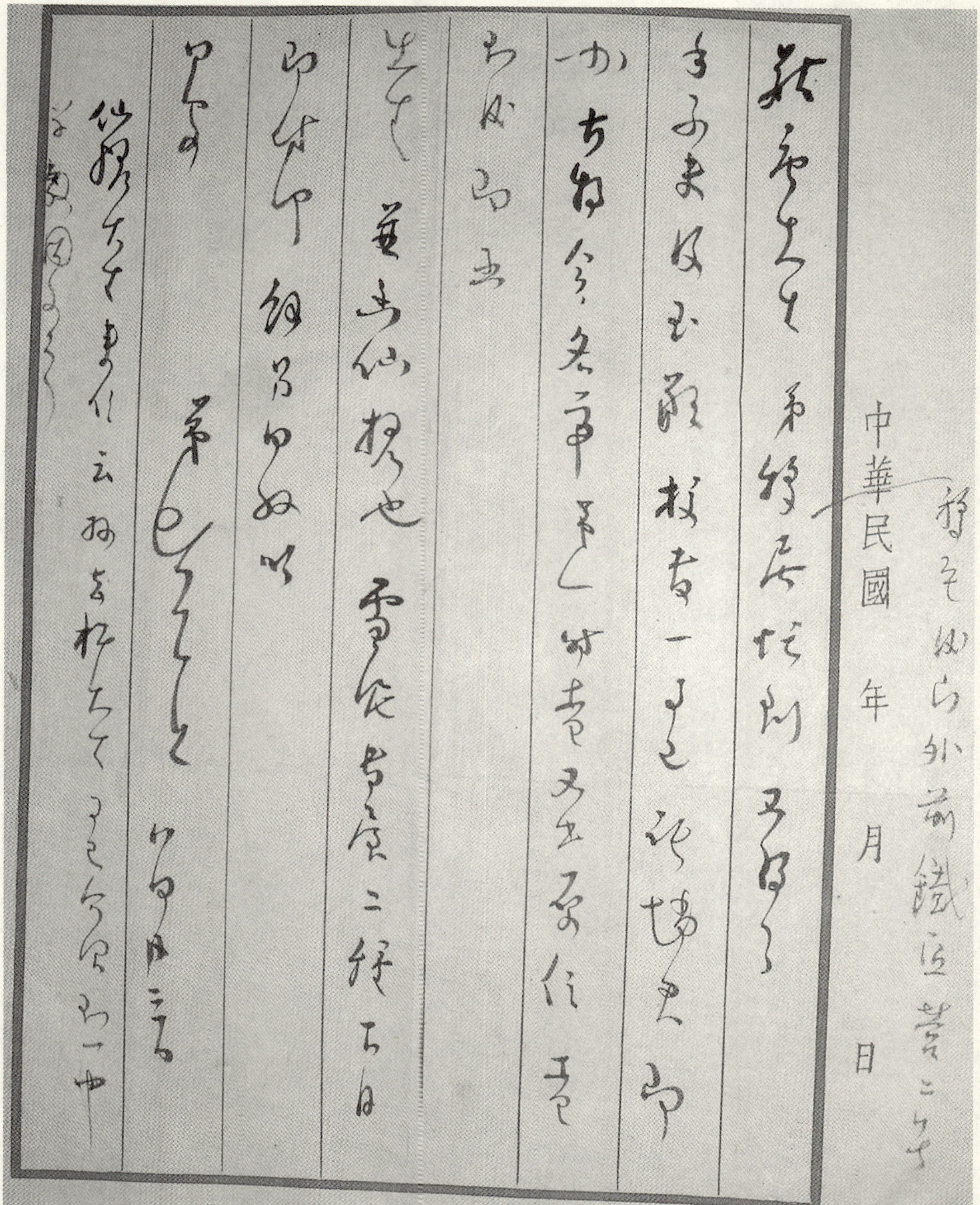
中華民國　年　月　日

書第十二通

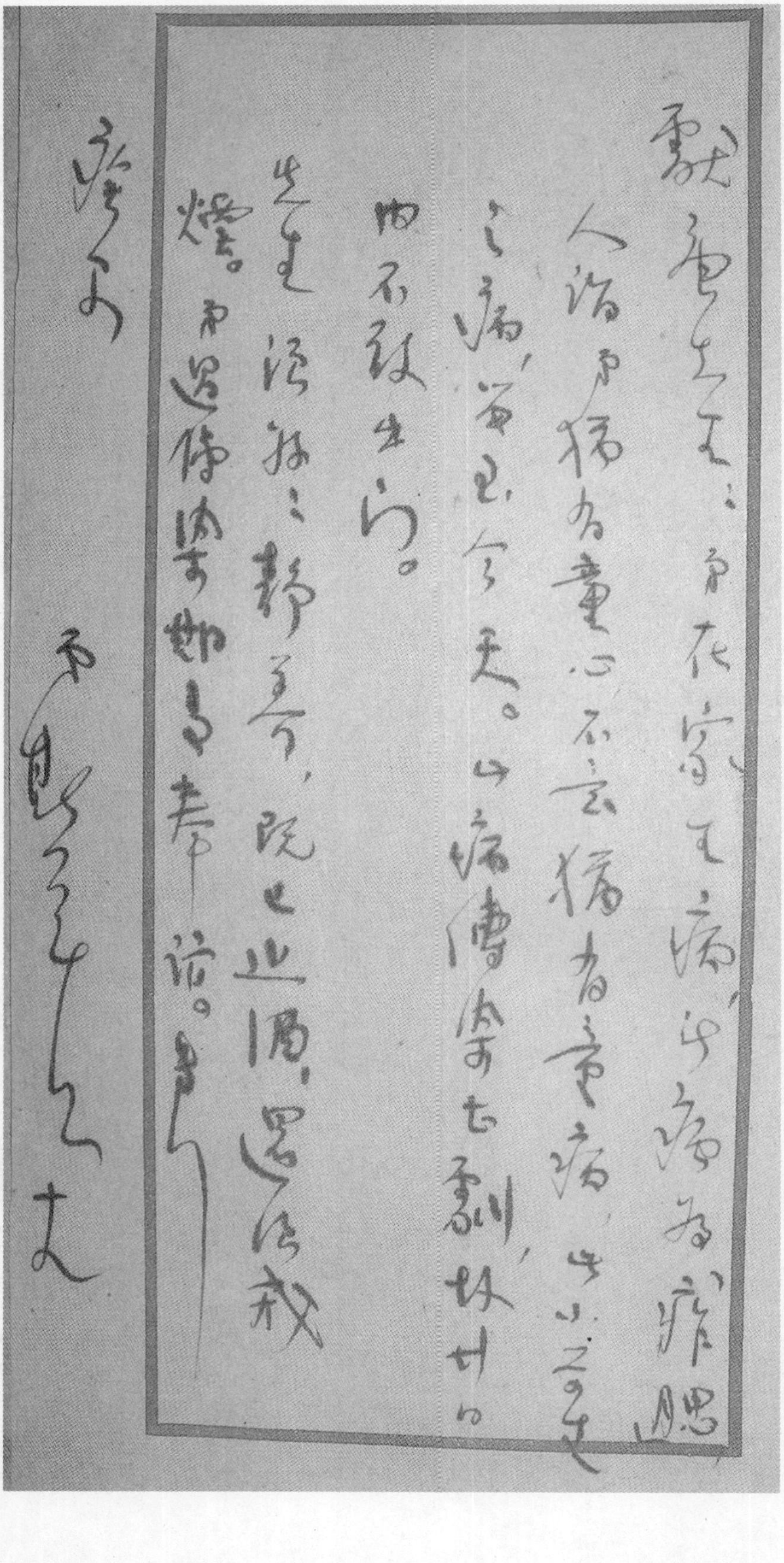

傅斯年

書第十三通

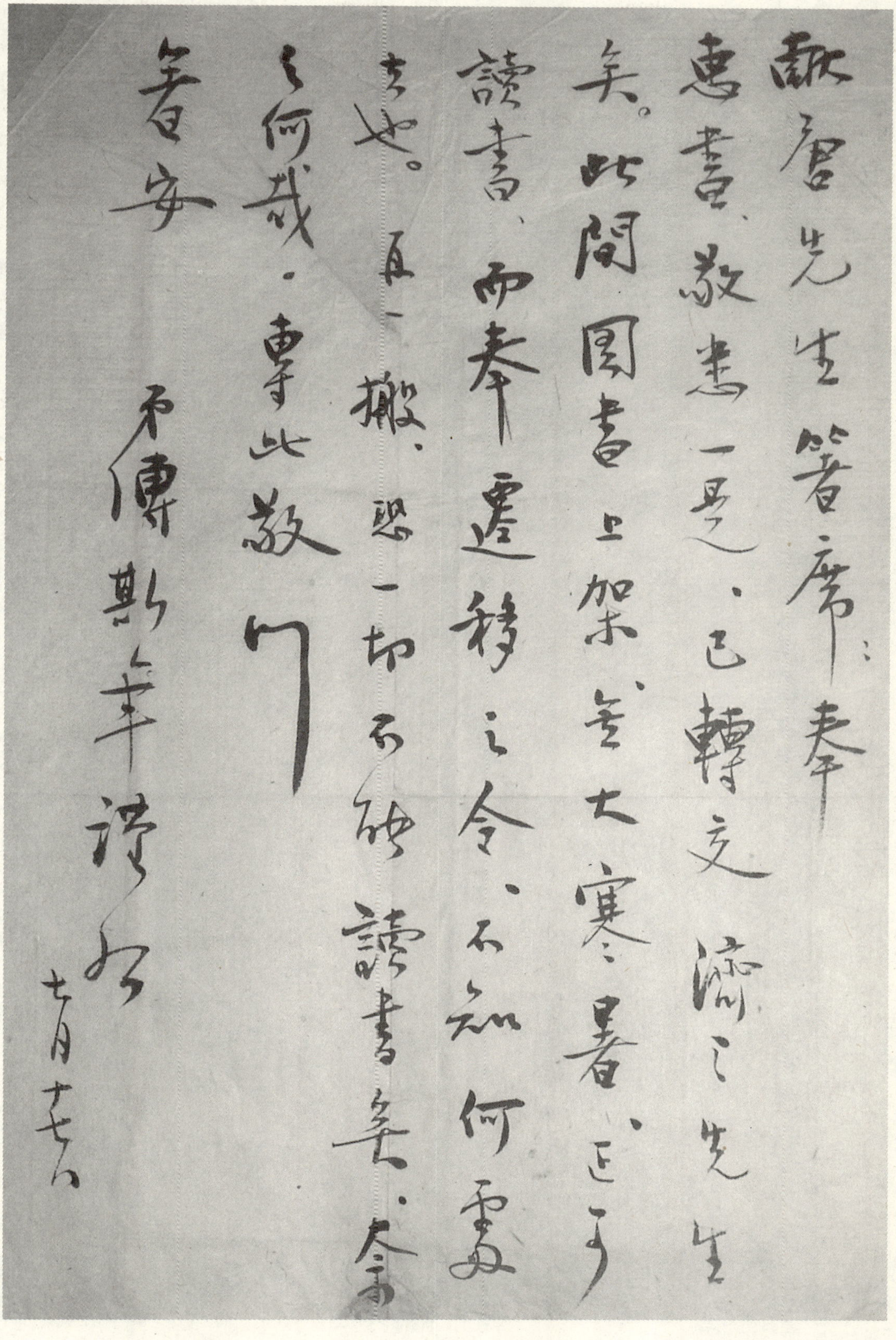

獻唐先生箸席：奉
惠書，敬悉一是，已轉交濟之先生矣。此間圖書上架，當大寒暑，正可讀書，而奉遷移之令，不知何處去也。再一搬，恐一切不能讀書矣。奈之何哉。專此敬問
箸安
弟傅斯年謹啟
七月十七日

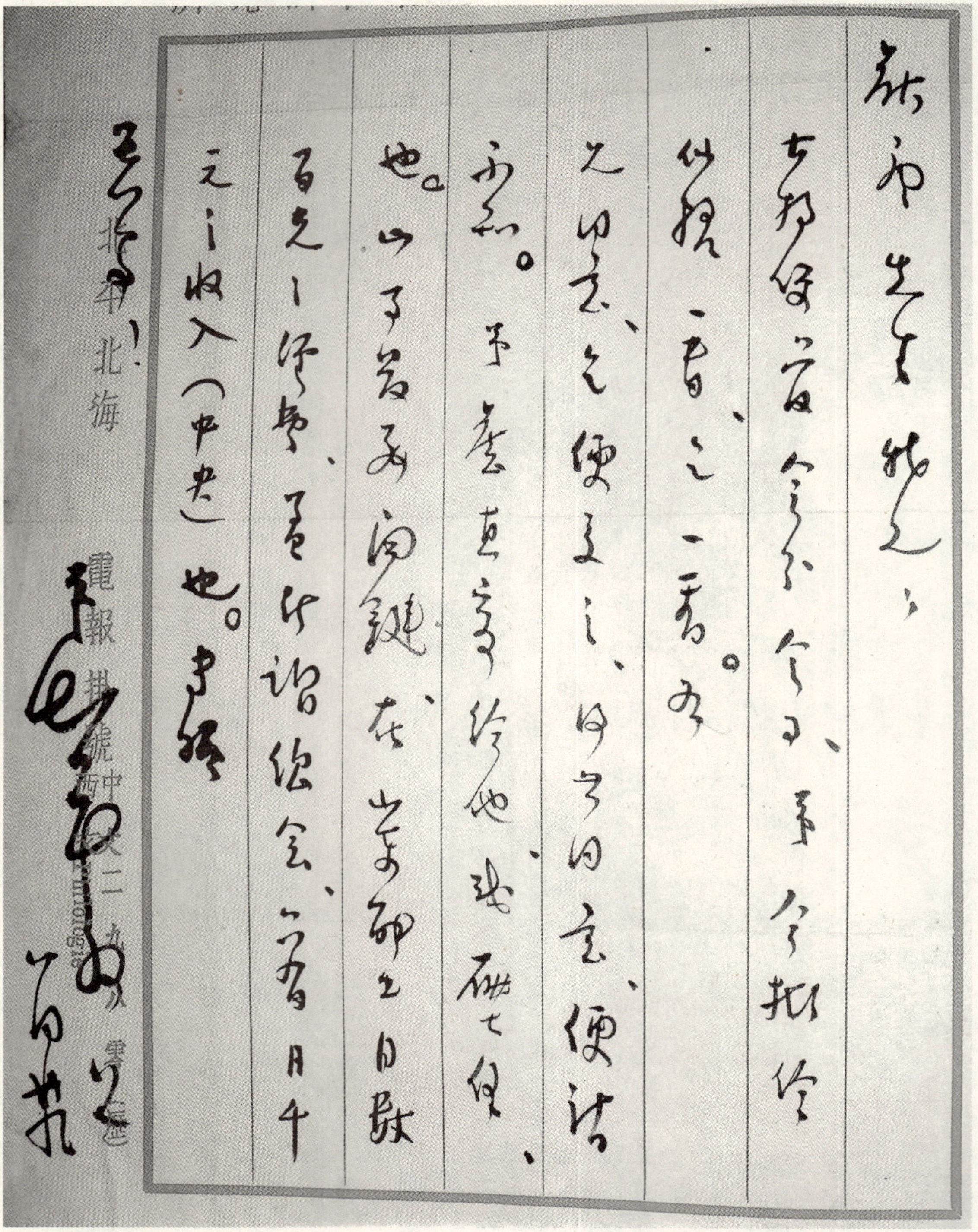
北平北海
電報掛號

書第十五通

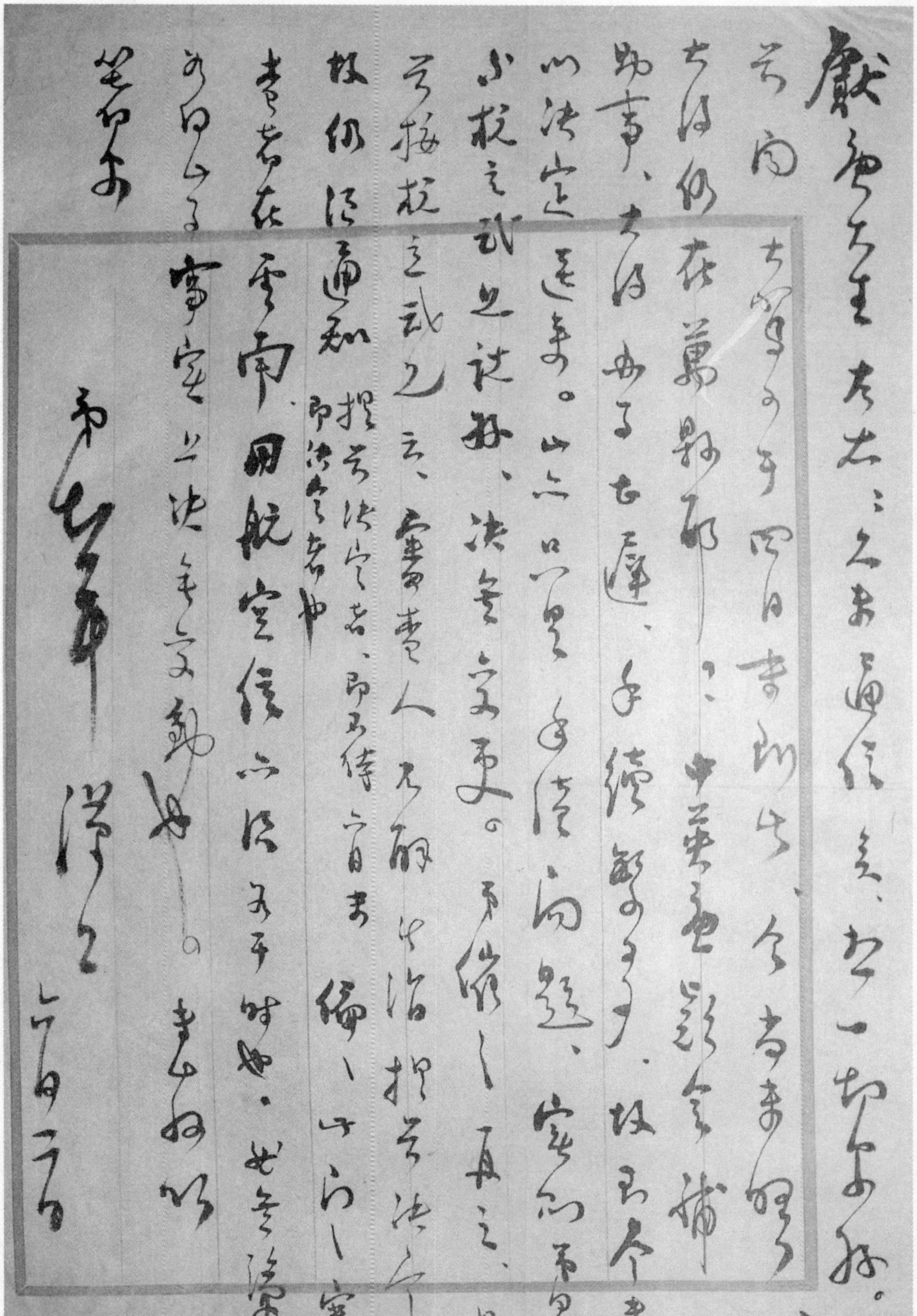

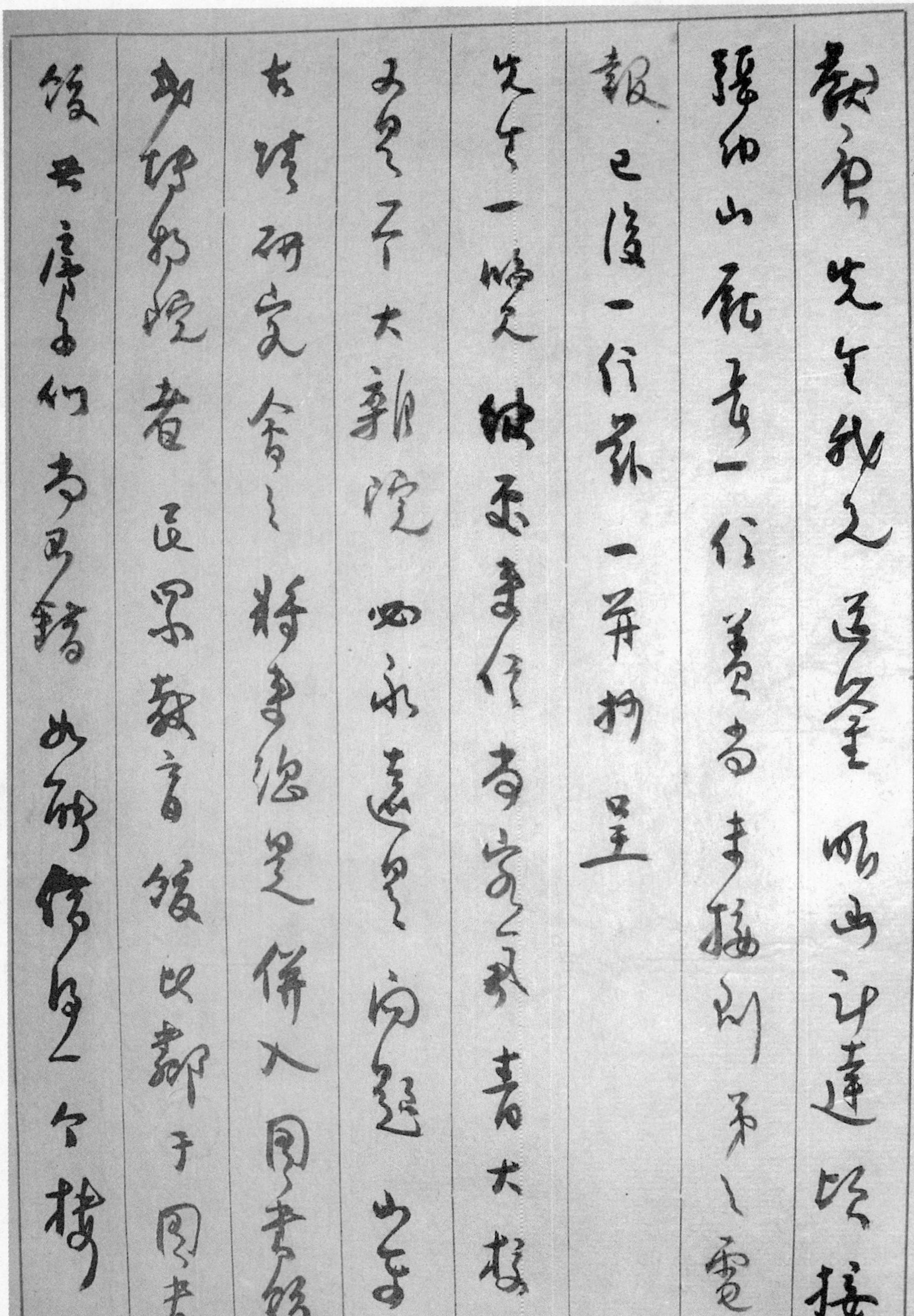

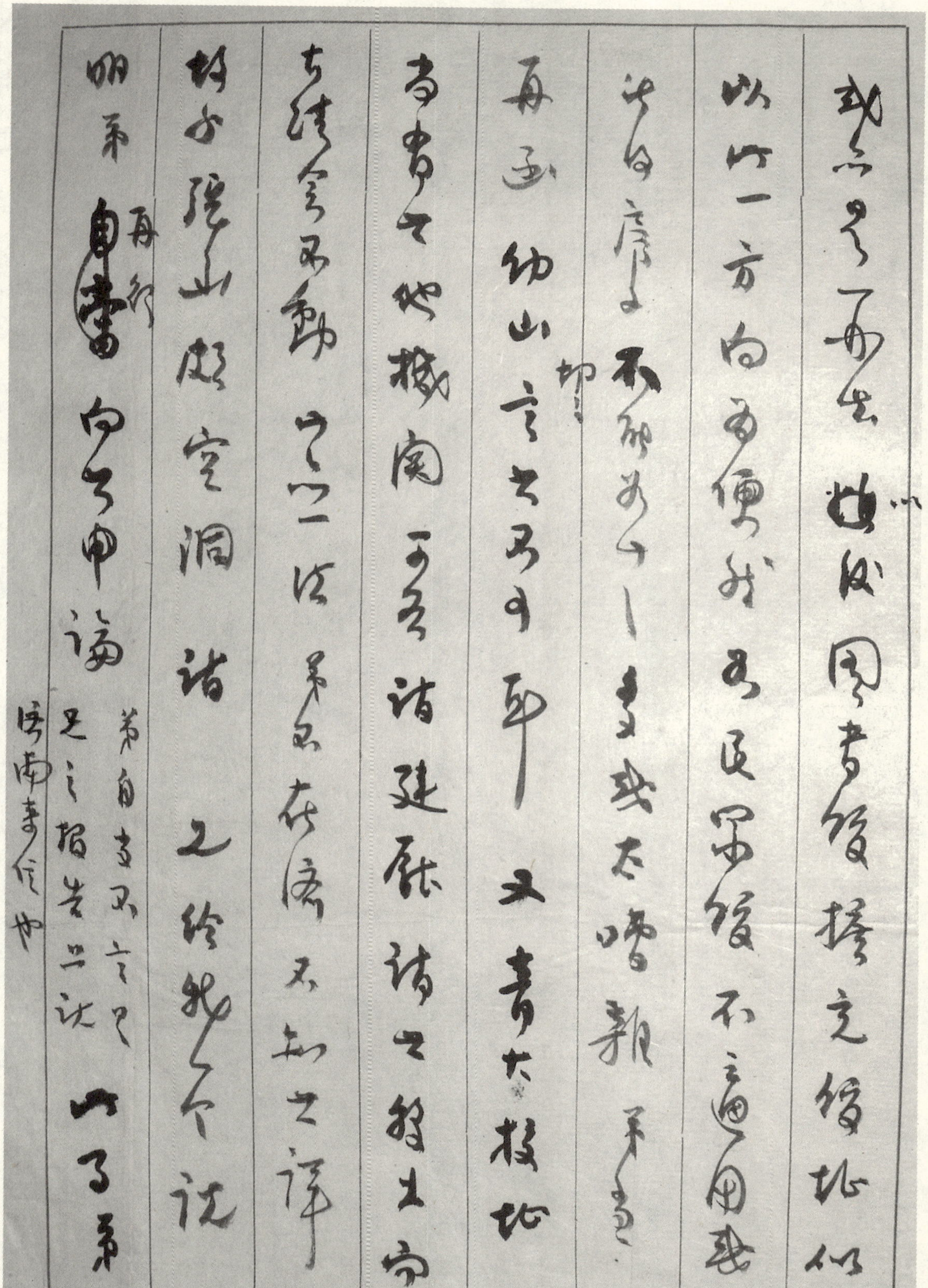

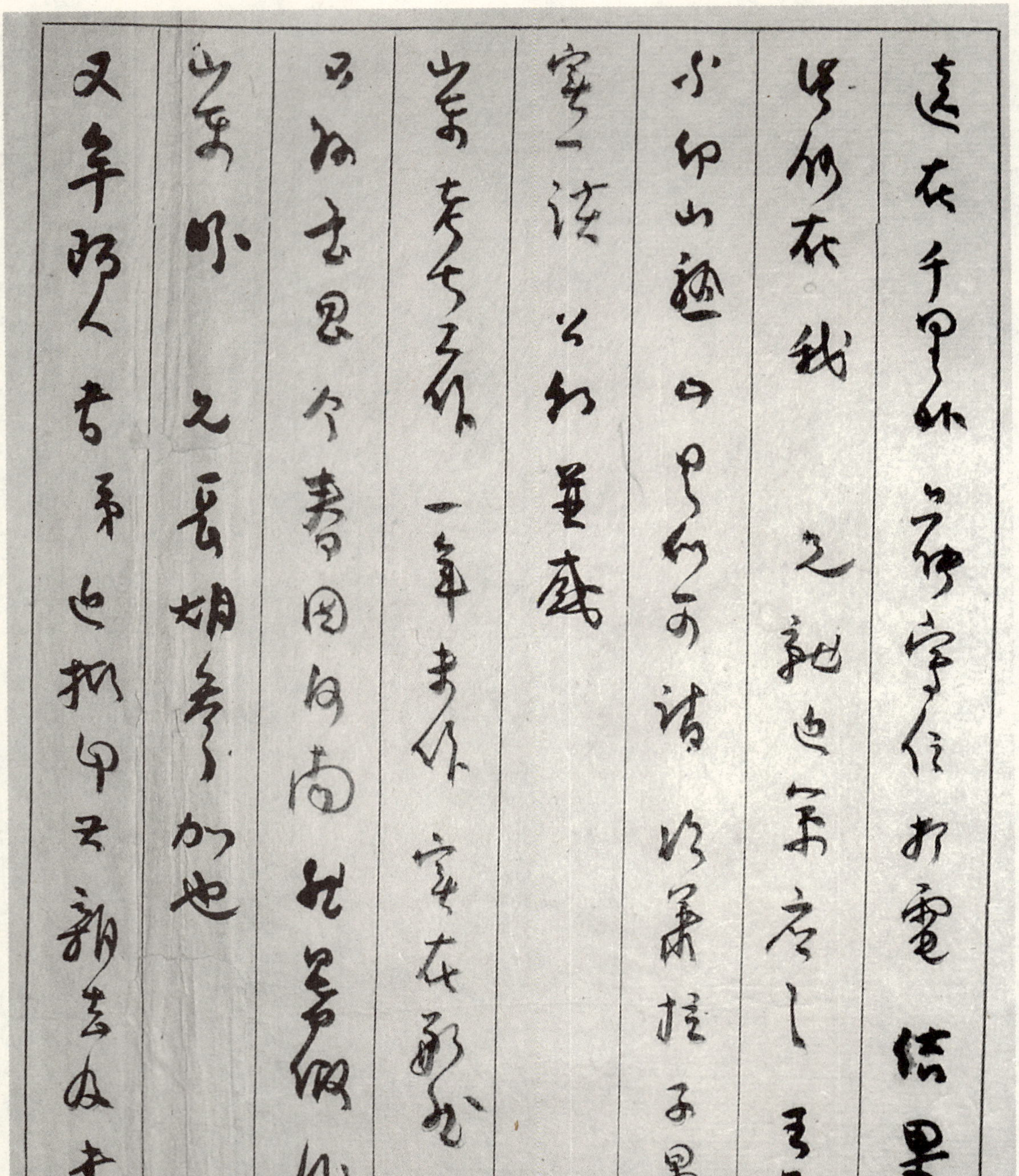

傅斯年

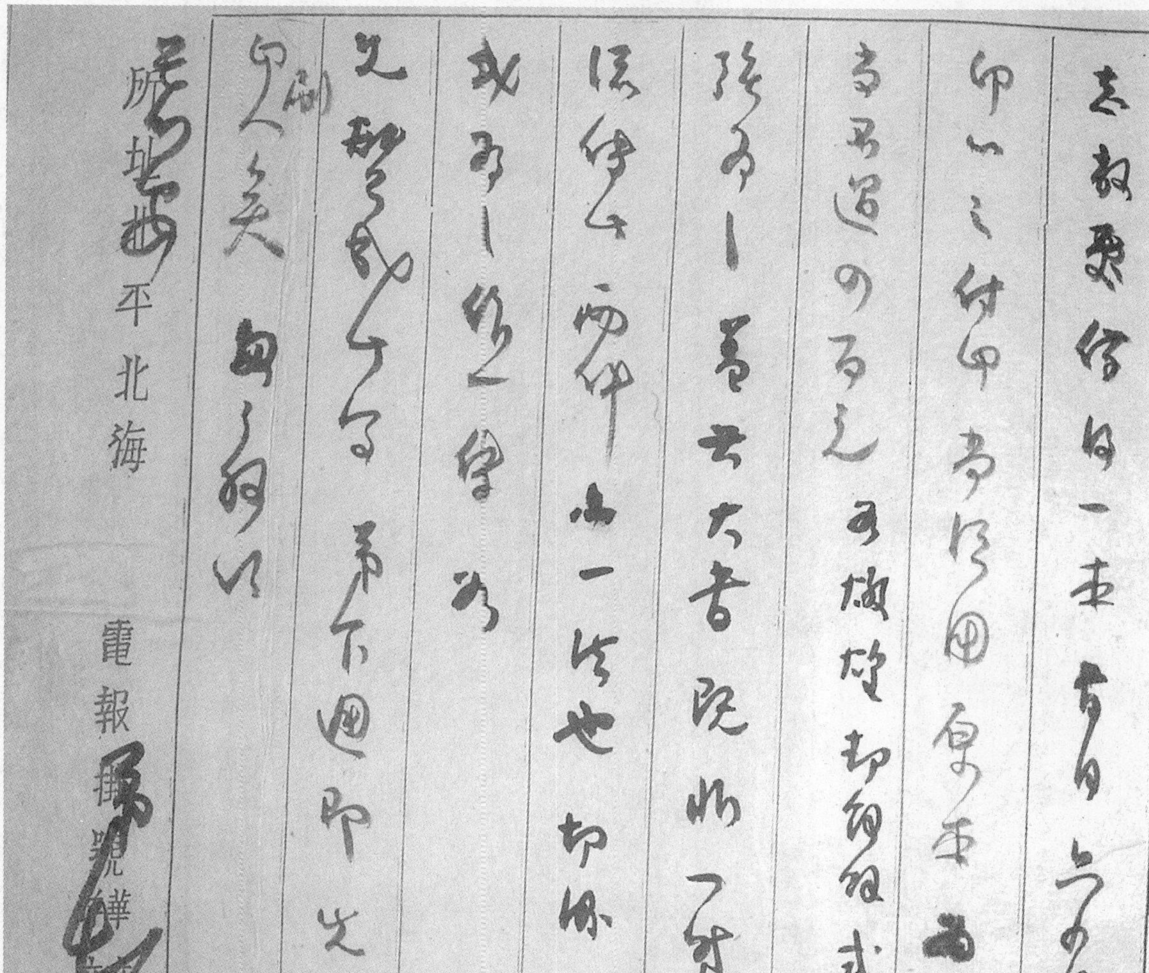
平北海
電報
Philologie

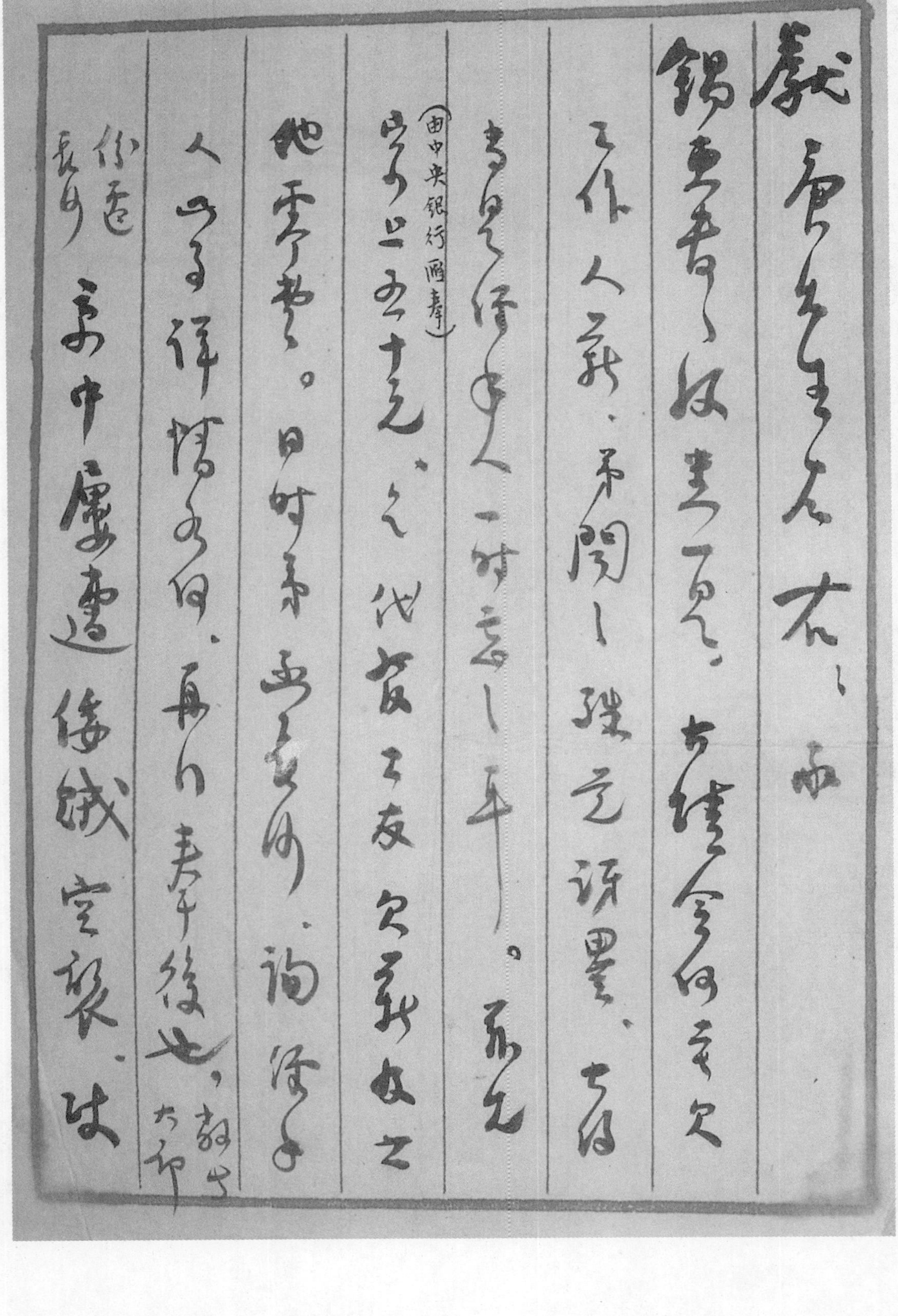

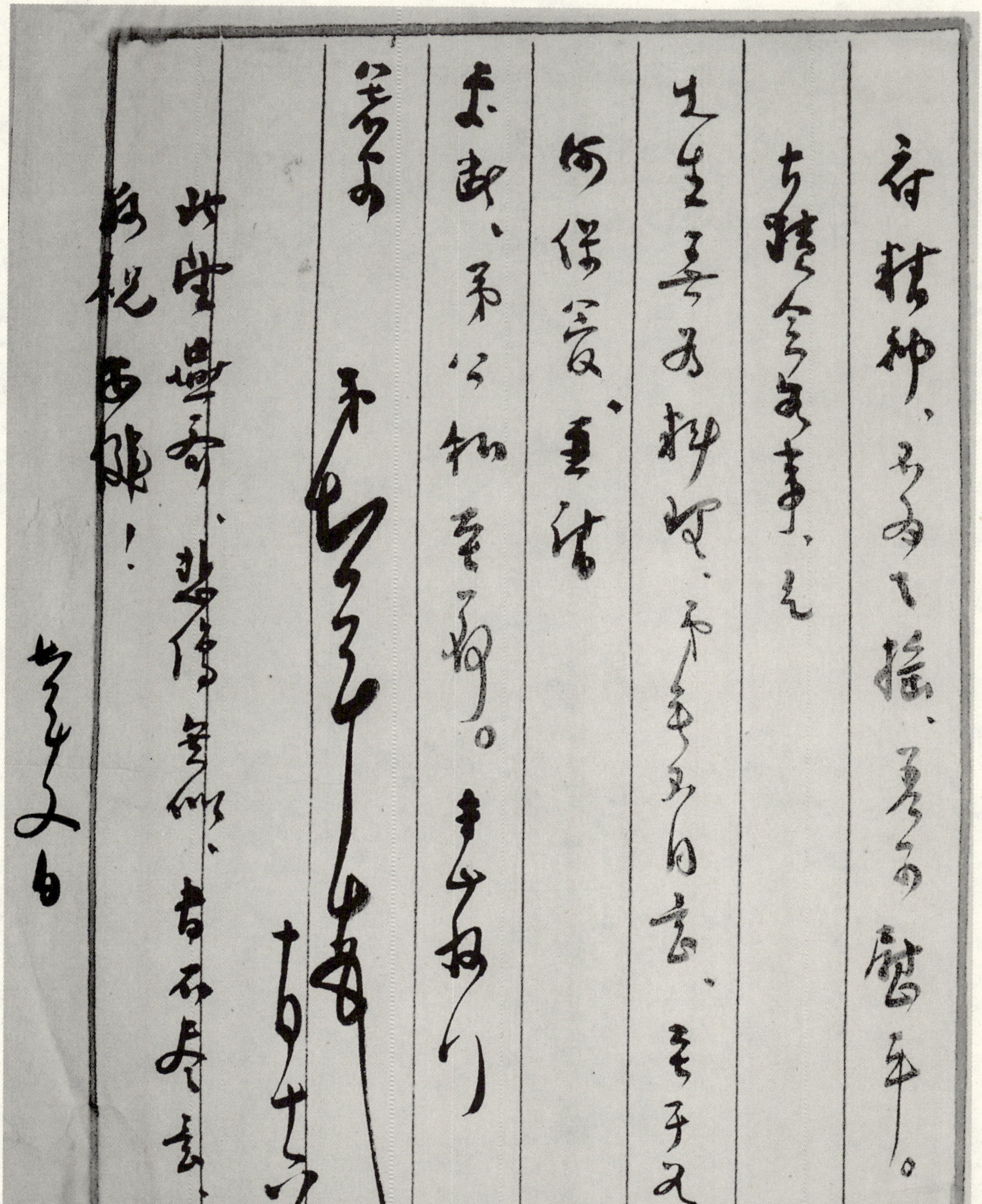

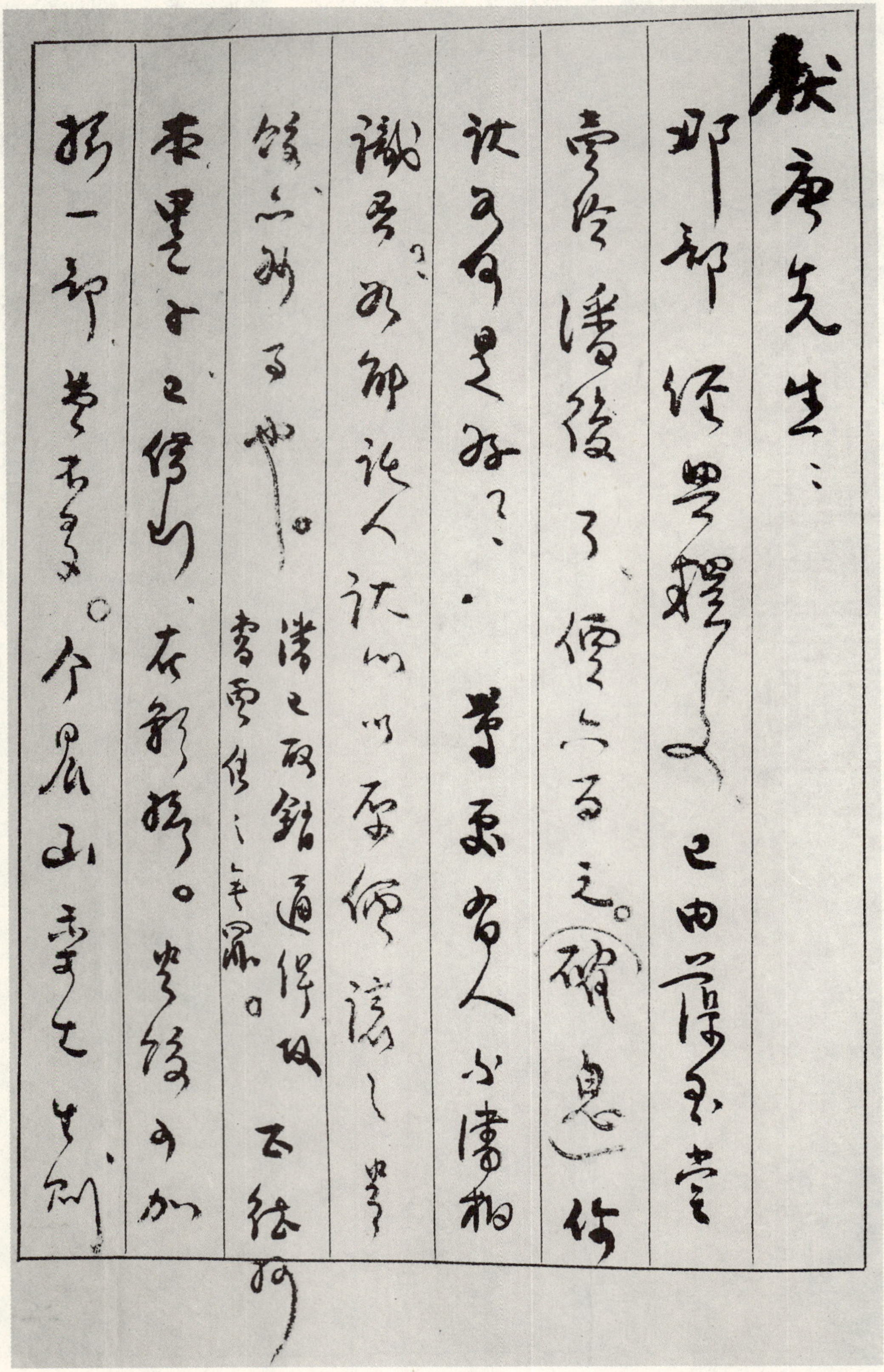

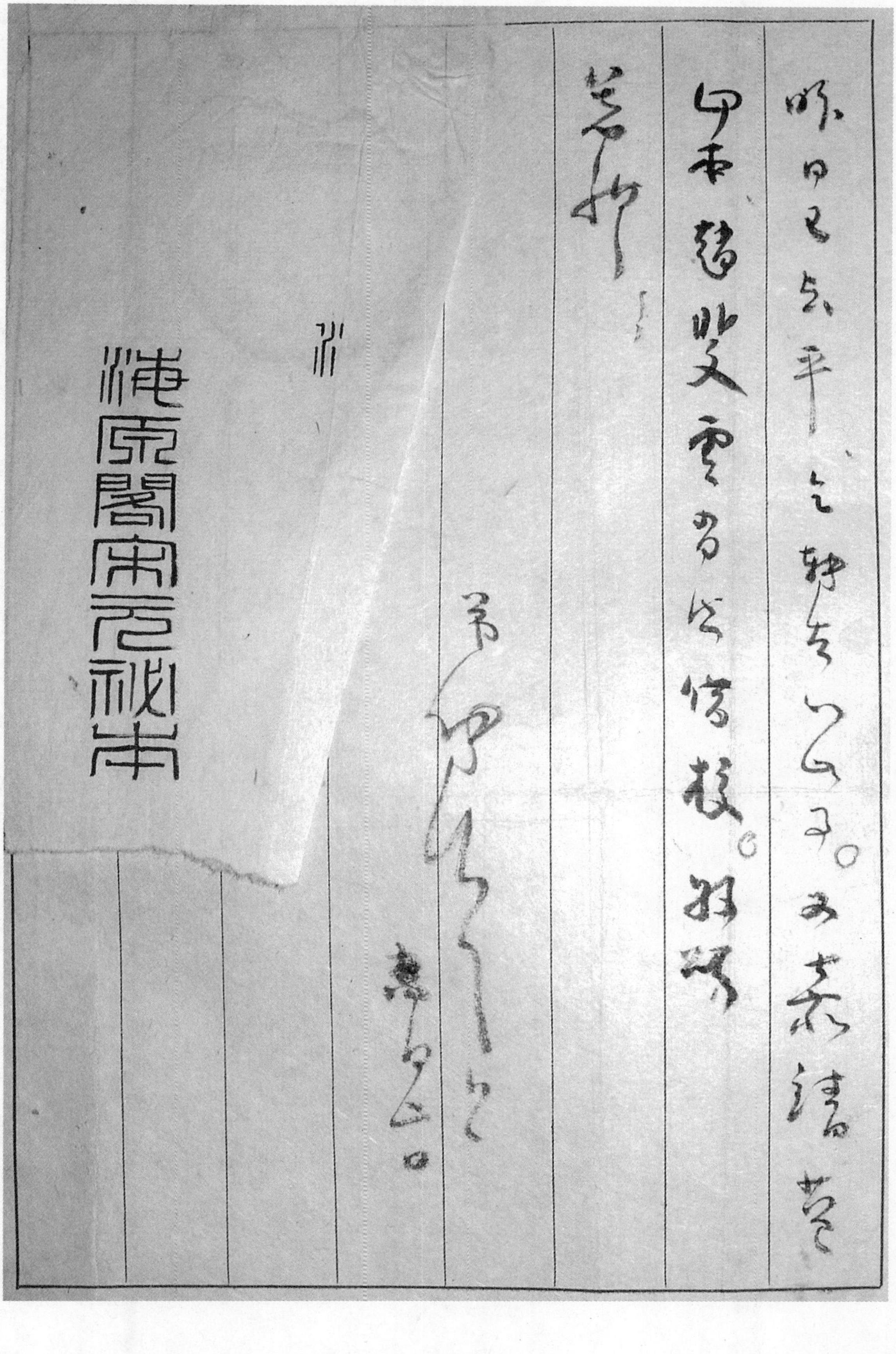
海源閣宋元祕本

書第十九通

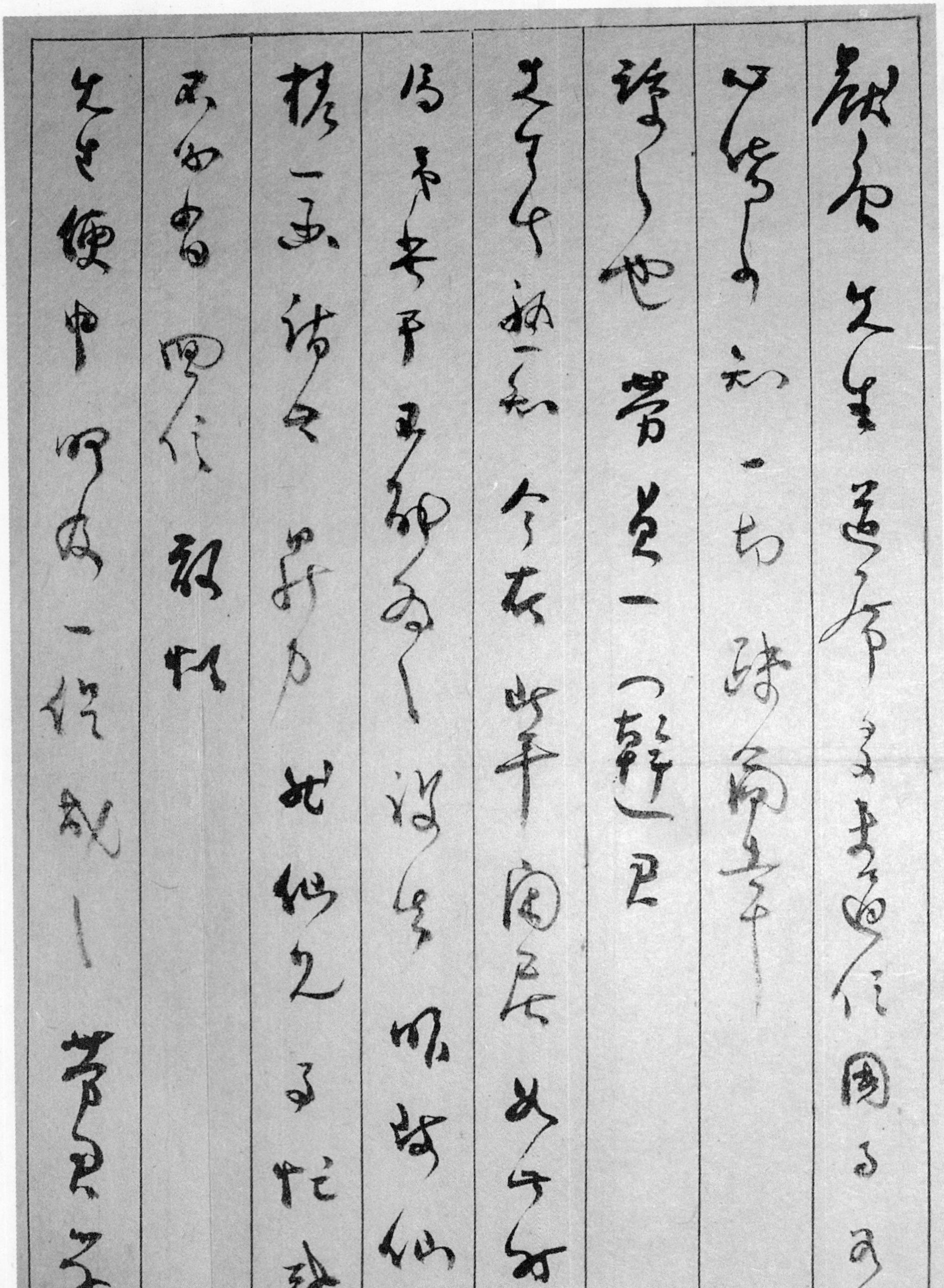

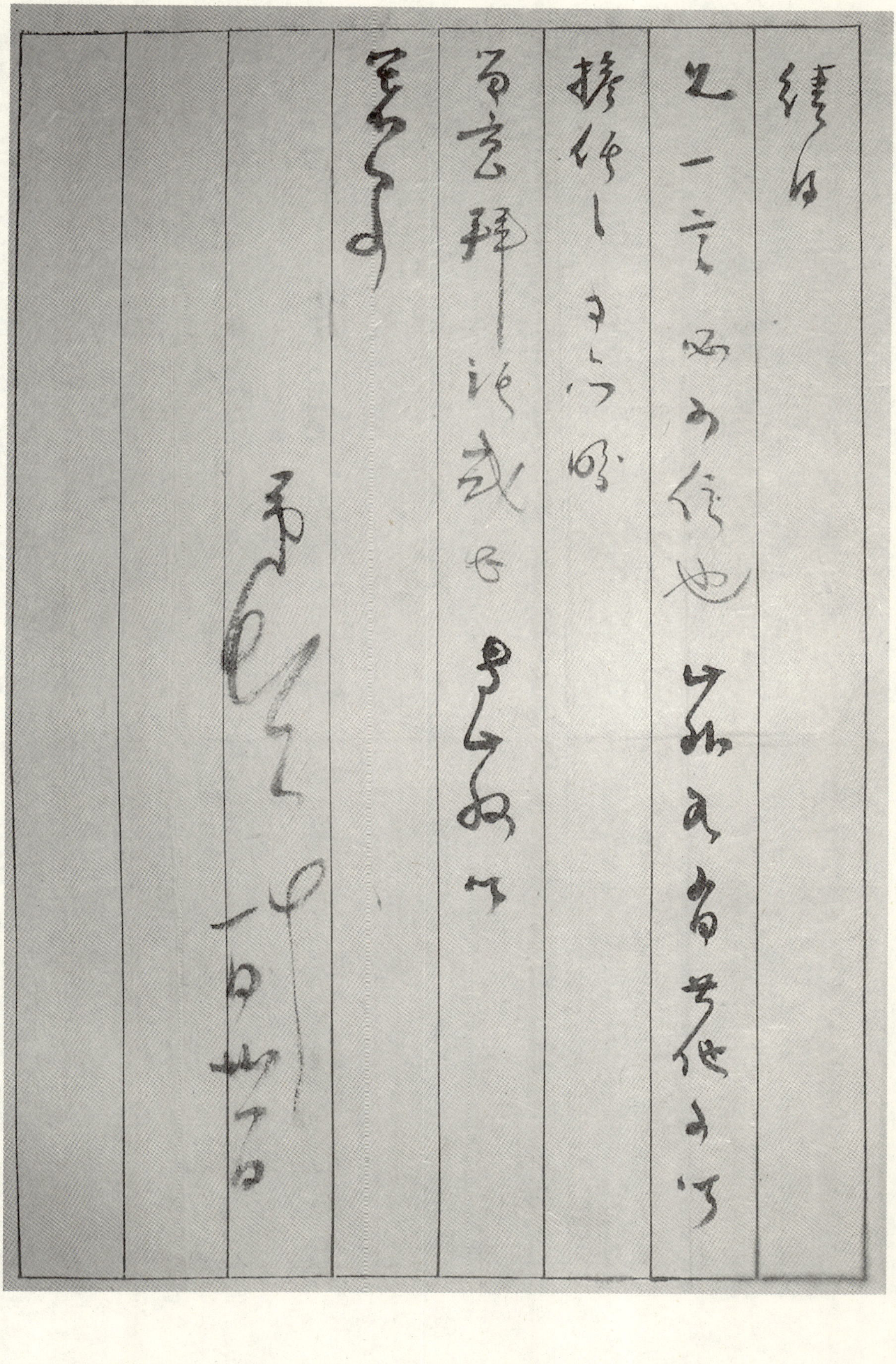

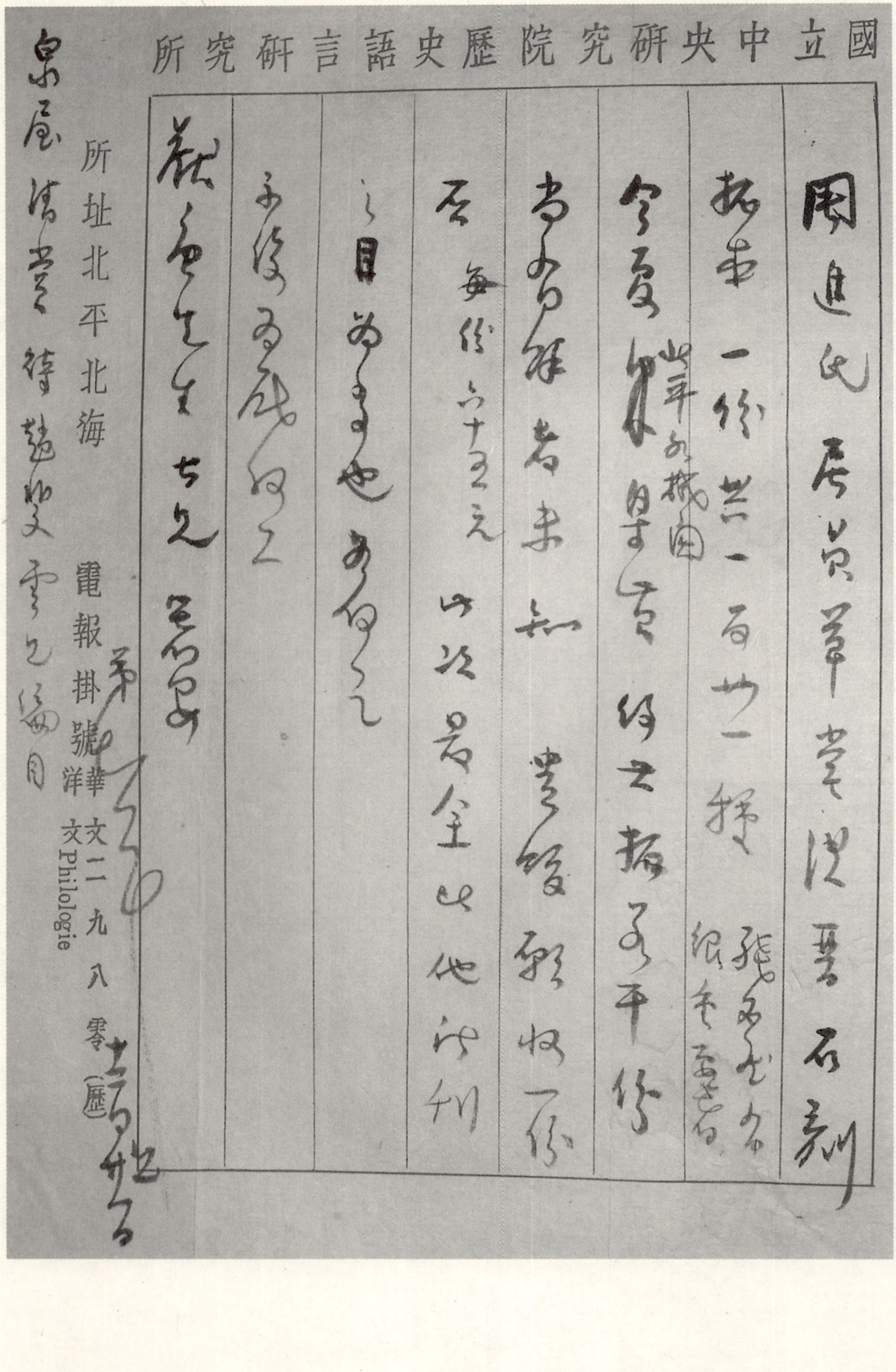
國立中央研究院歷史語言研究所

所址北平北海

電報掛號 華文二一九八零（歷） 洋文Philologie

書第二十一通

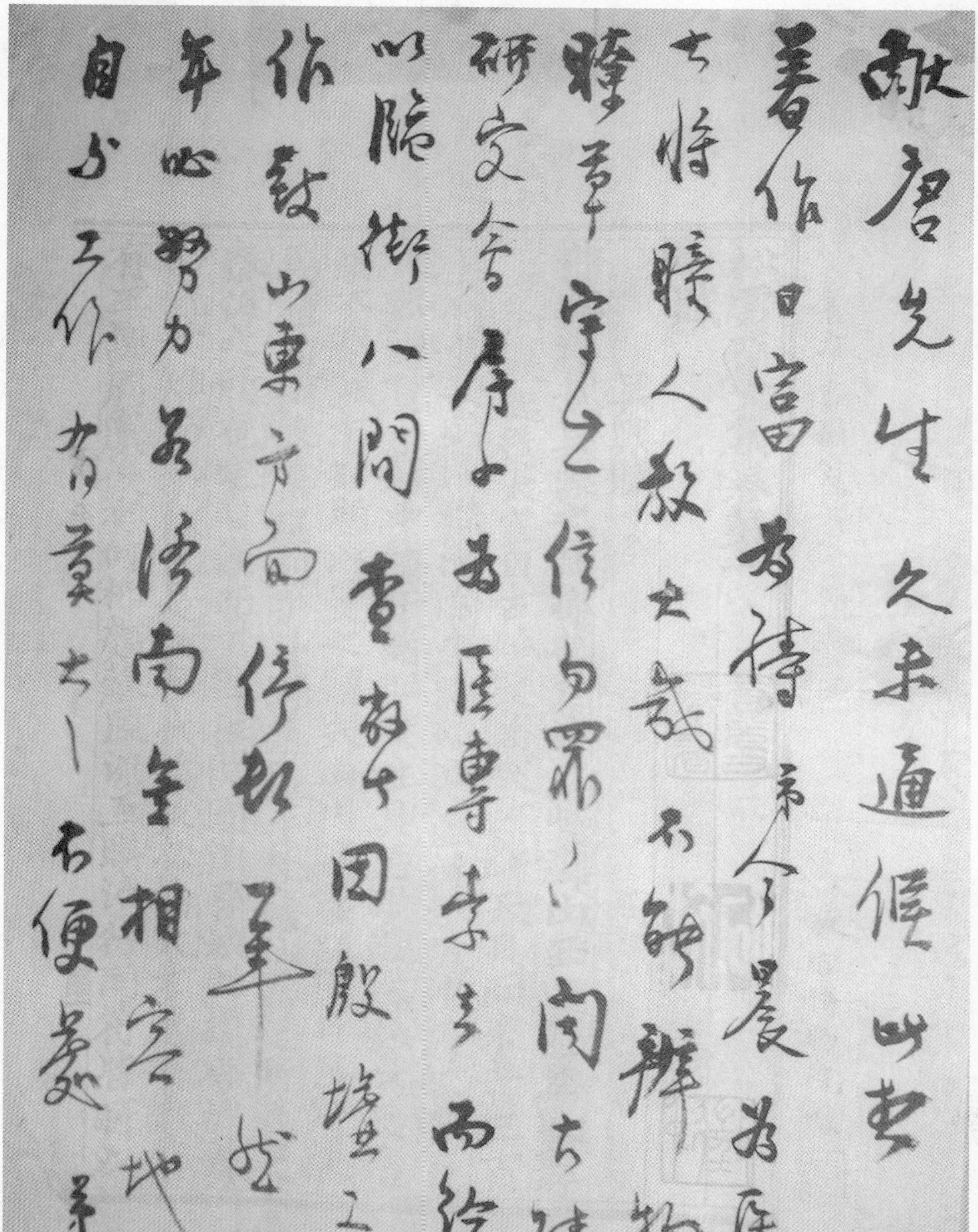

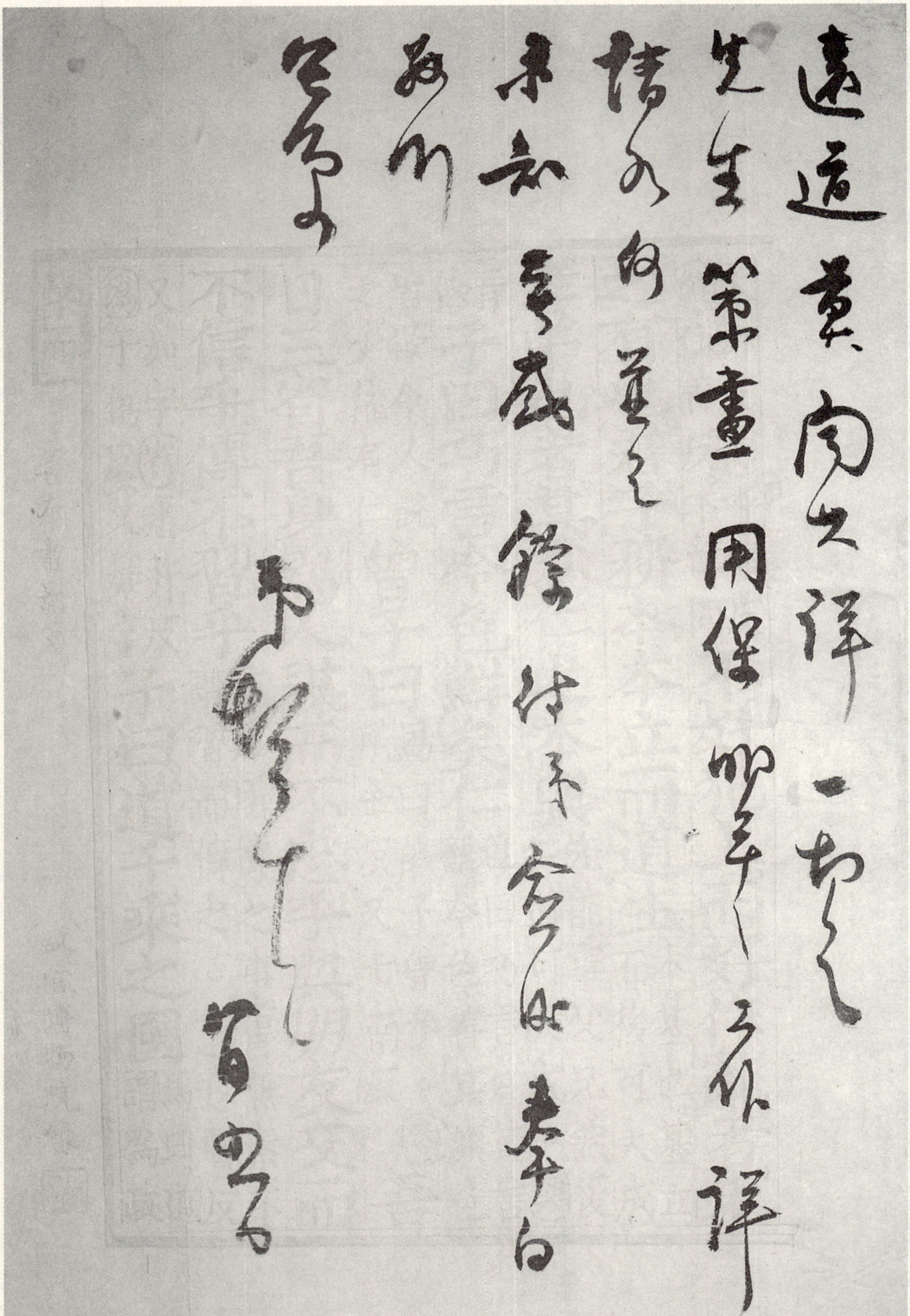

書第二十二通

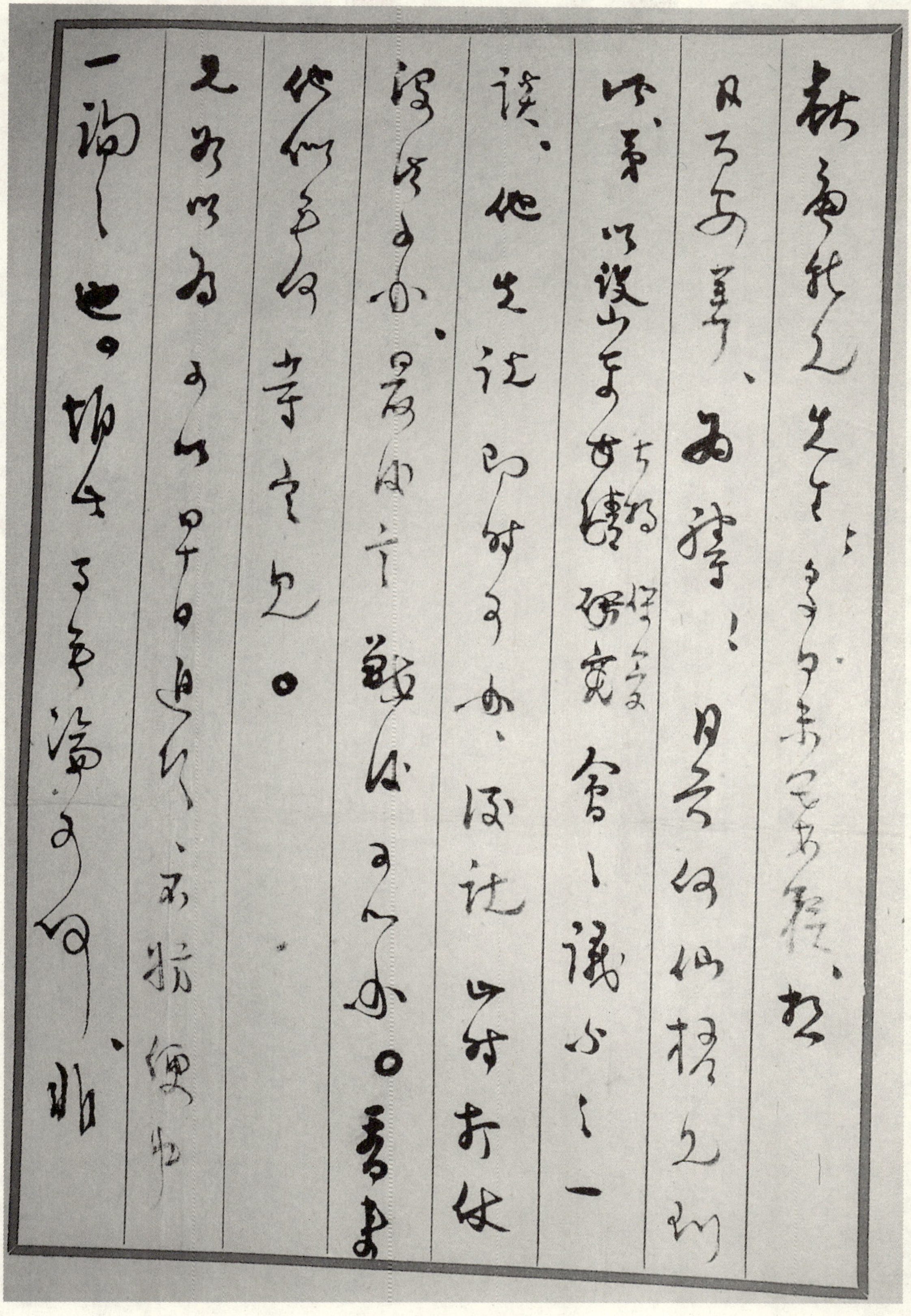

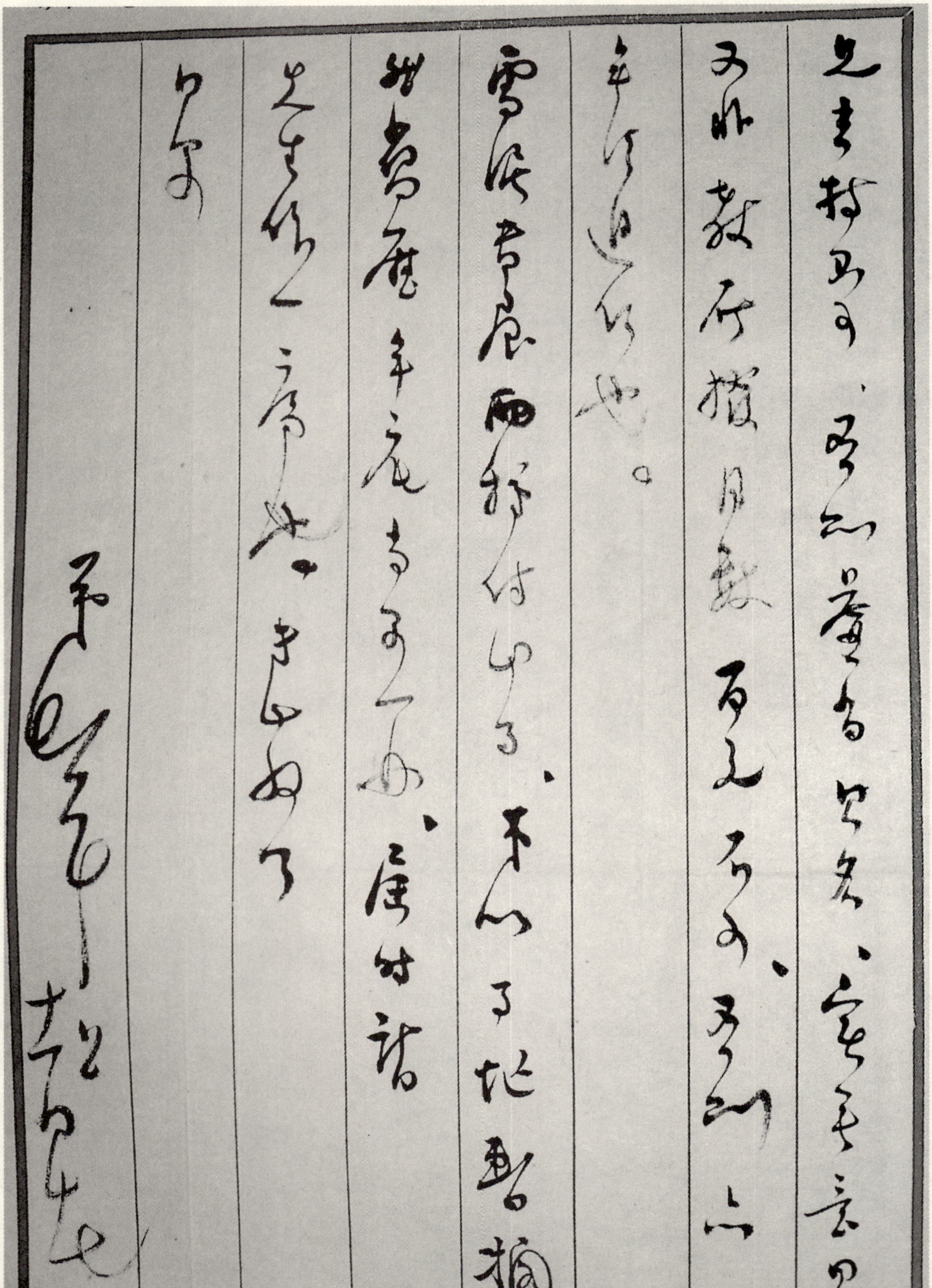

傅斯年

書第二十三通

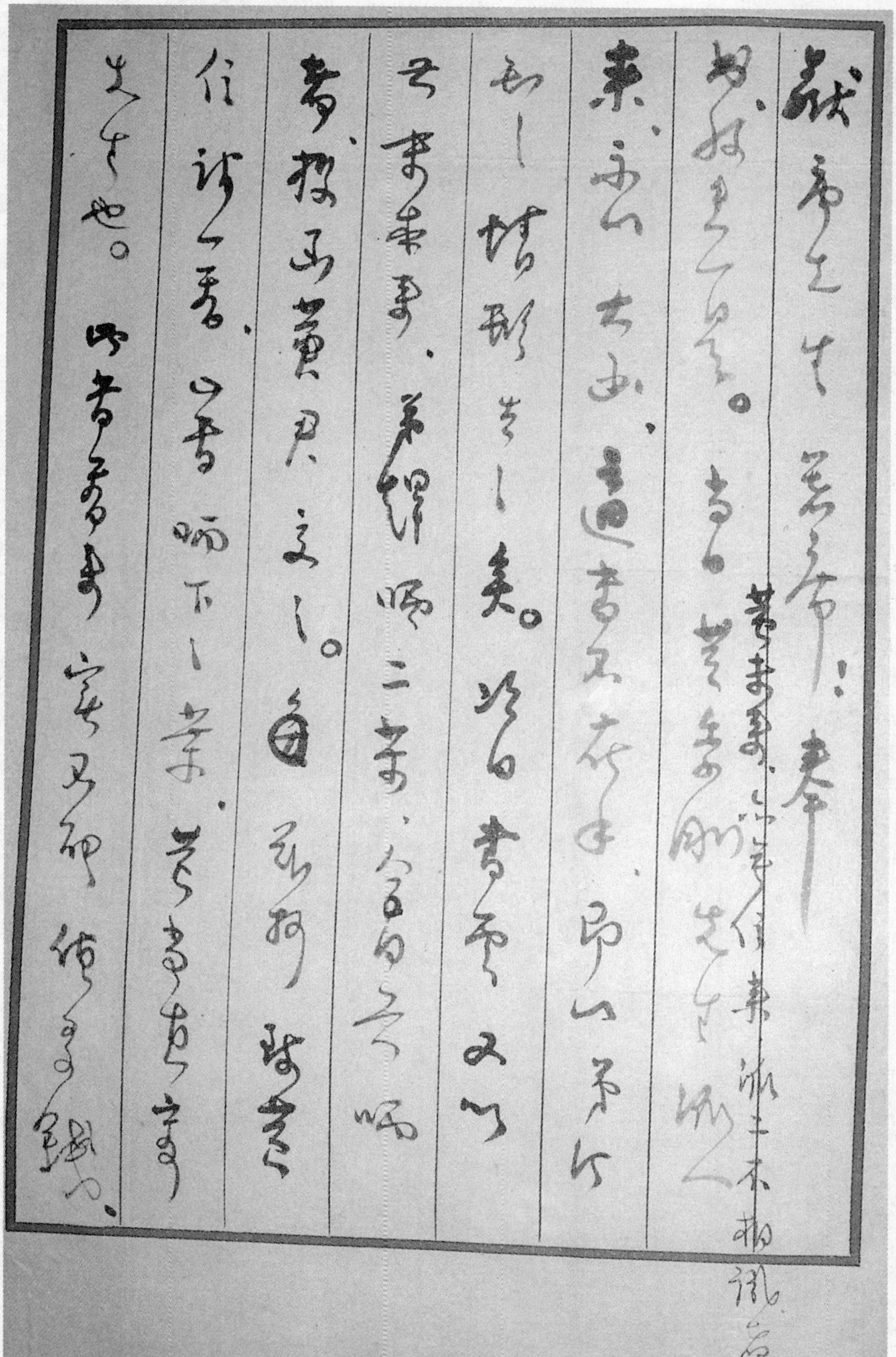

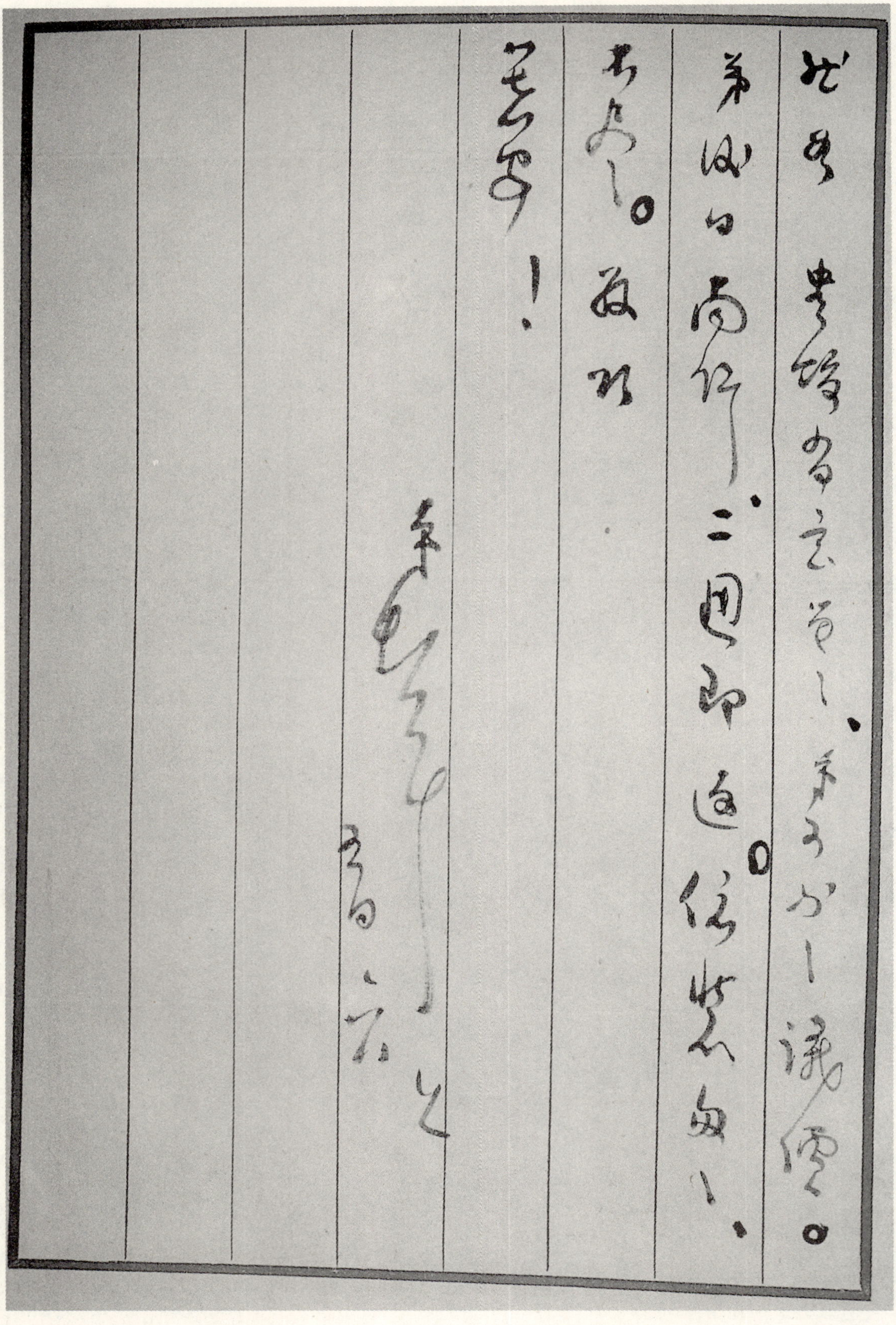

書第二十四通

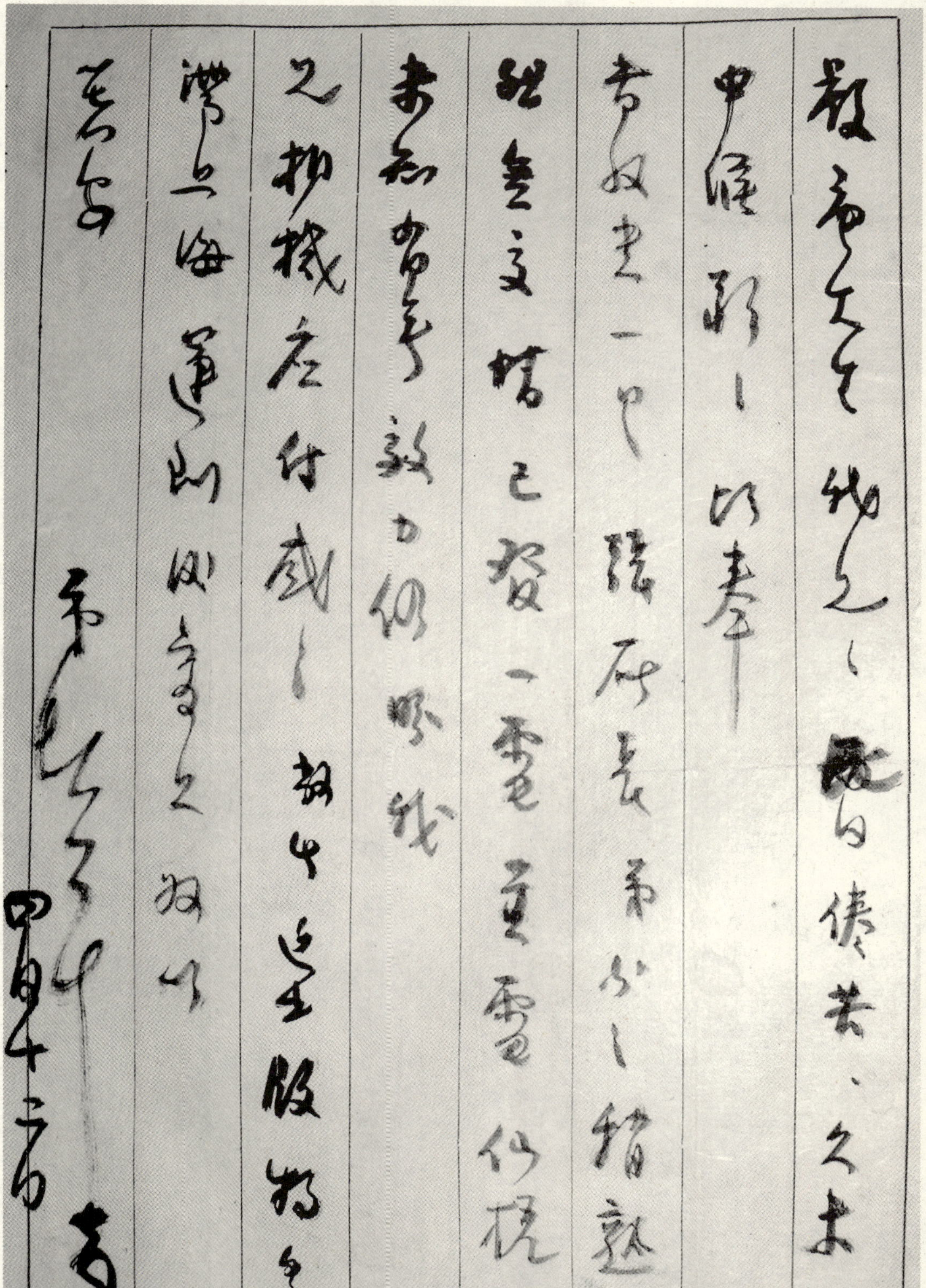

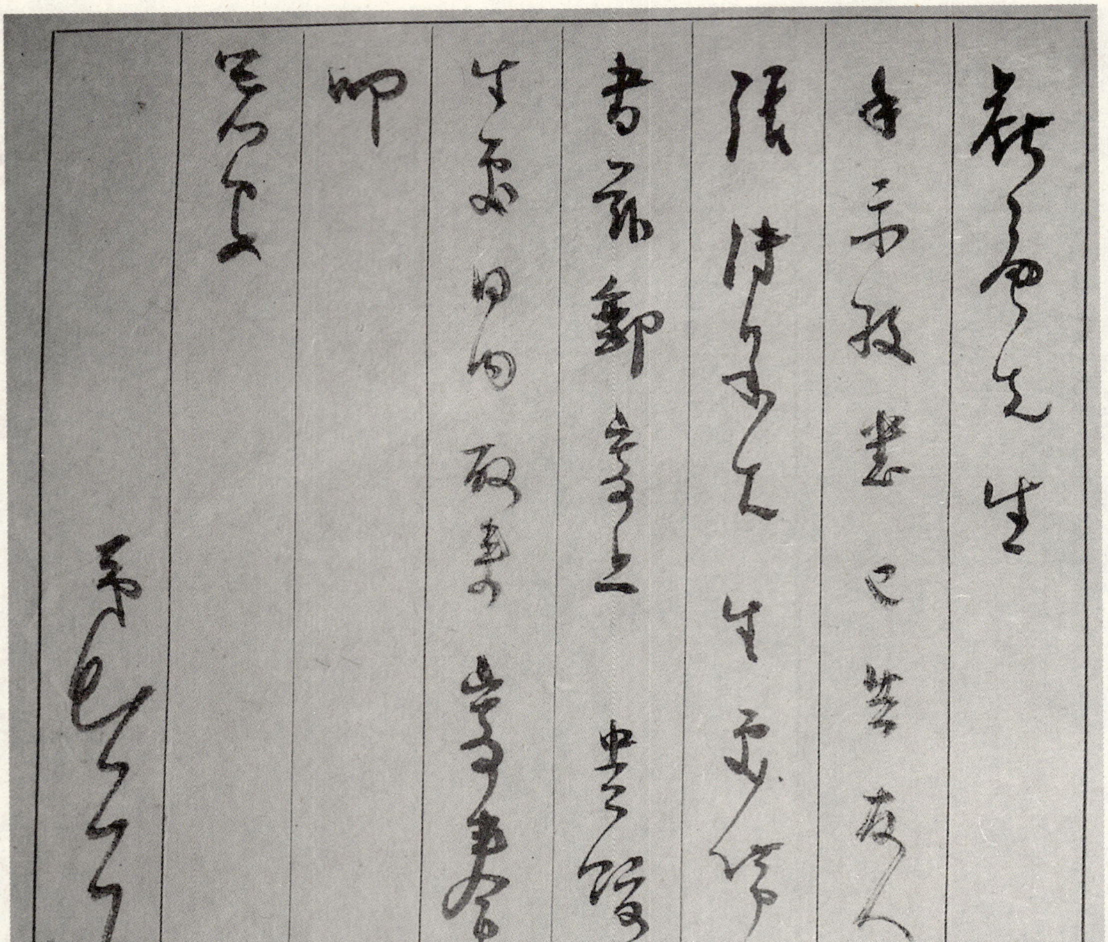

書第二十六通

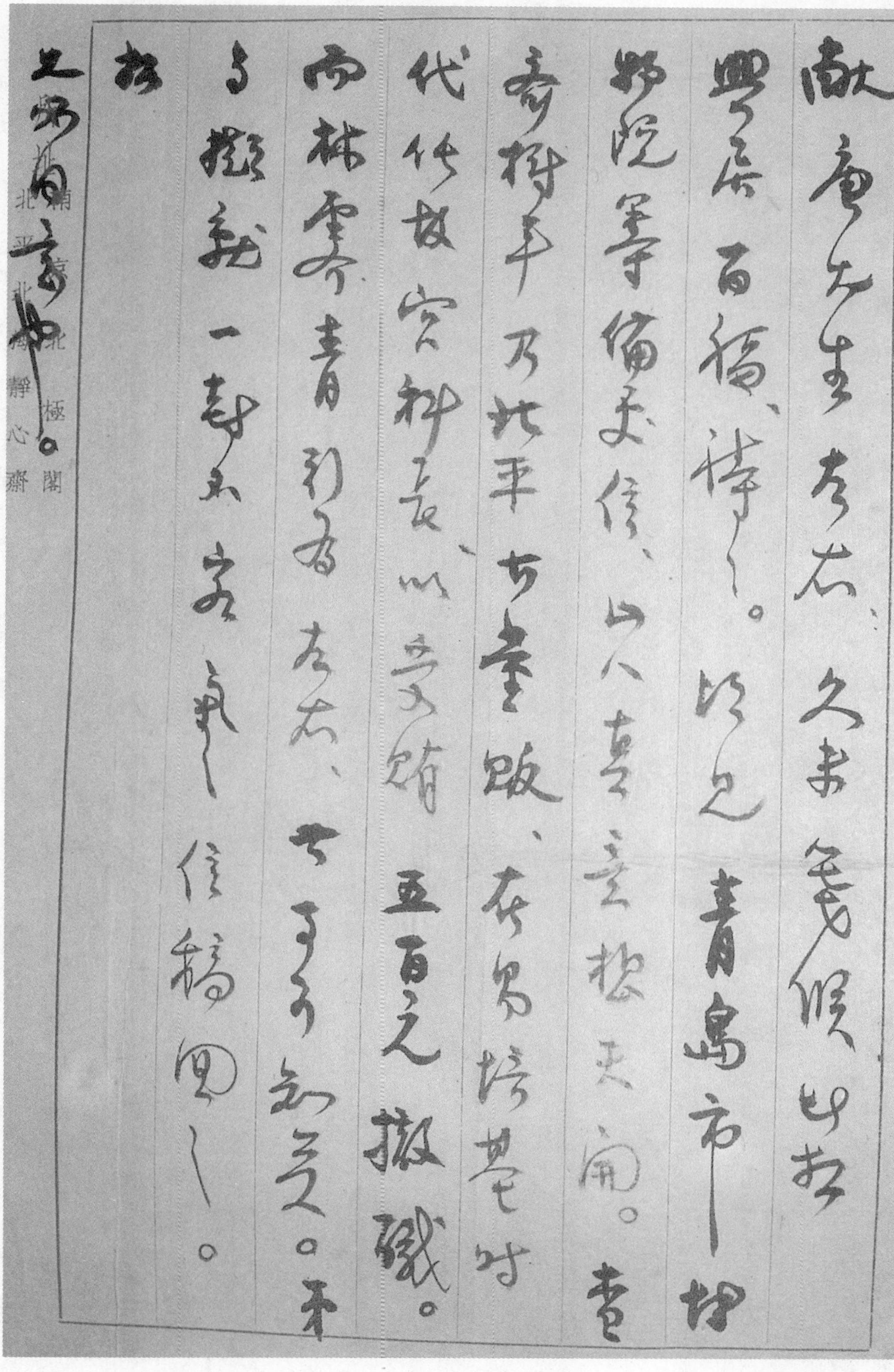

古律令之佚於此：
之古者，極盛！此今所云[illegible]遂，皆
以一[illegible]也云。近中[illegible][illegible]攷究及數十[illegible]生
古來千年付印，乃有成時，多數增
考證一部。高[illegible][illegible]印云數千增
考證書之文生字[illegible]書即為闕漏即補
入一。[illegible][illegible][illegible]刊。數千[illegible]印中、亦有
人士追賜[illegible][illegible]、于[illegible]下和佛[illegible] 將來[illegible]
[illegible][illegible][illegible]伊[illegible][illegible]

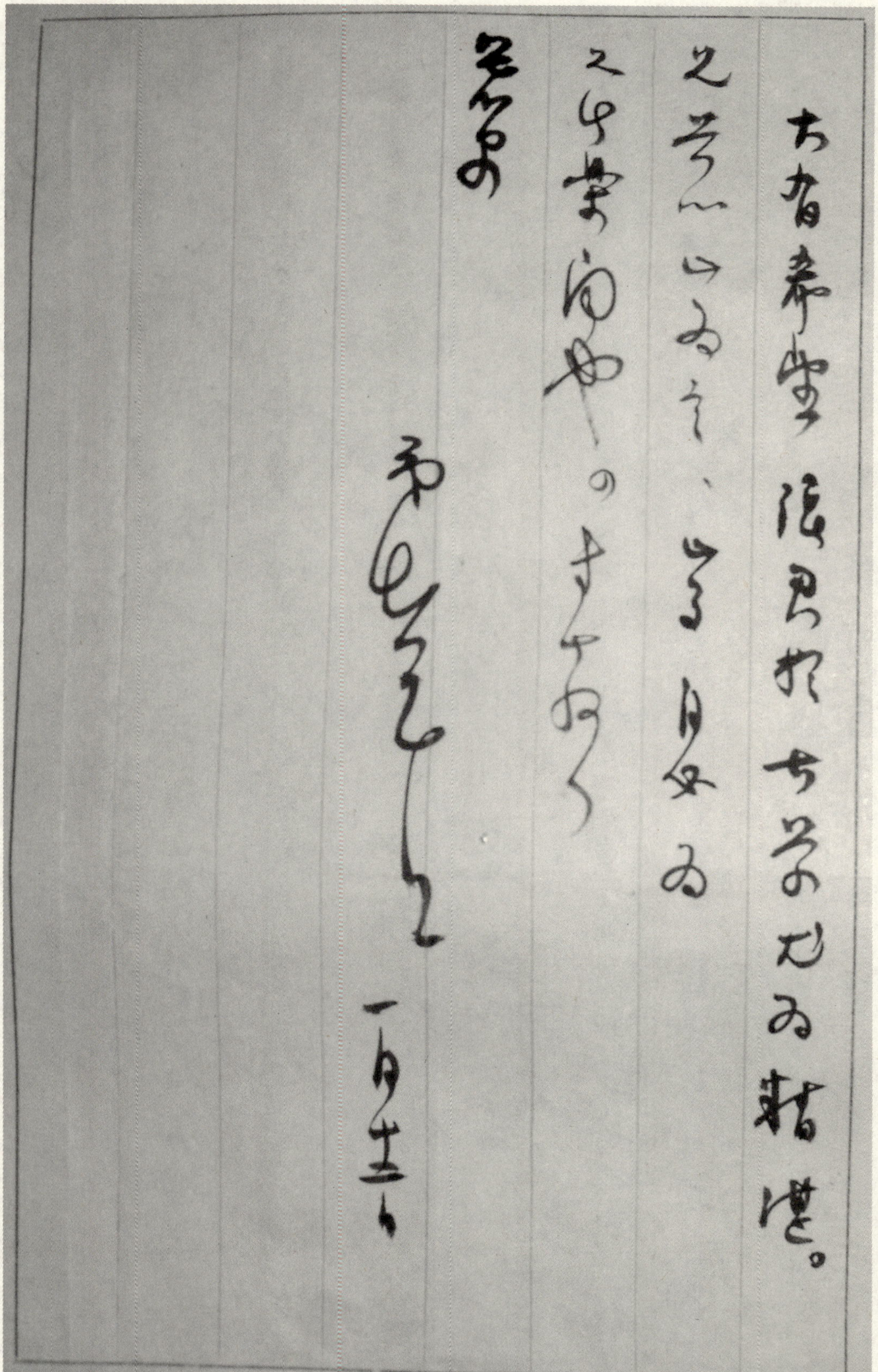

獻唐先生：

弟因于元宵後十日來杭，回途在濟一留，因接北平來十一電，並因家母未在濟，故過濟不下車矣。良增不敬，悵悵何似！

弟南行時，與仙槎同車，又在濟站晤子英，知建設廳為我們找房子，當以[illegible]先生二處，故未果。弟當即面囑何王二位，必設法謀得全部。仙槎對修理費多，完全答應，云北平有房子。教育廳修理亦無問題。第二方式乃由教育廳或省府撥款于圖書館，以為圖書館代其算小樓借給研院之用。再由圖書館與古蹟會商定條件，以保古蹟會在內。此長久之策也。古蹟會之條件

書第二十八通

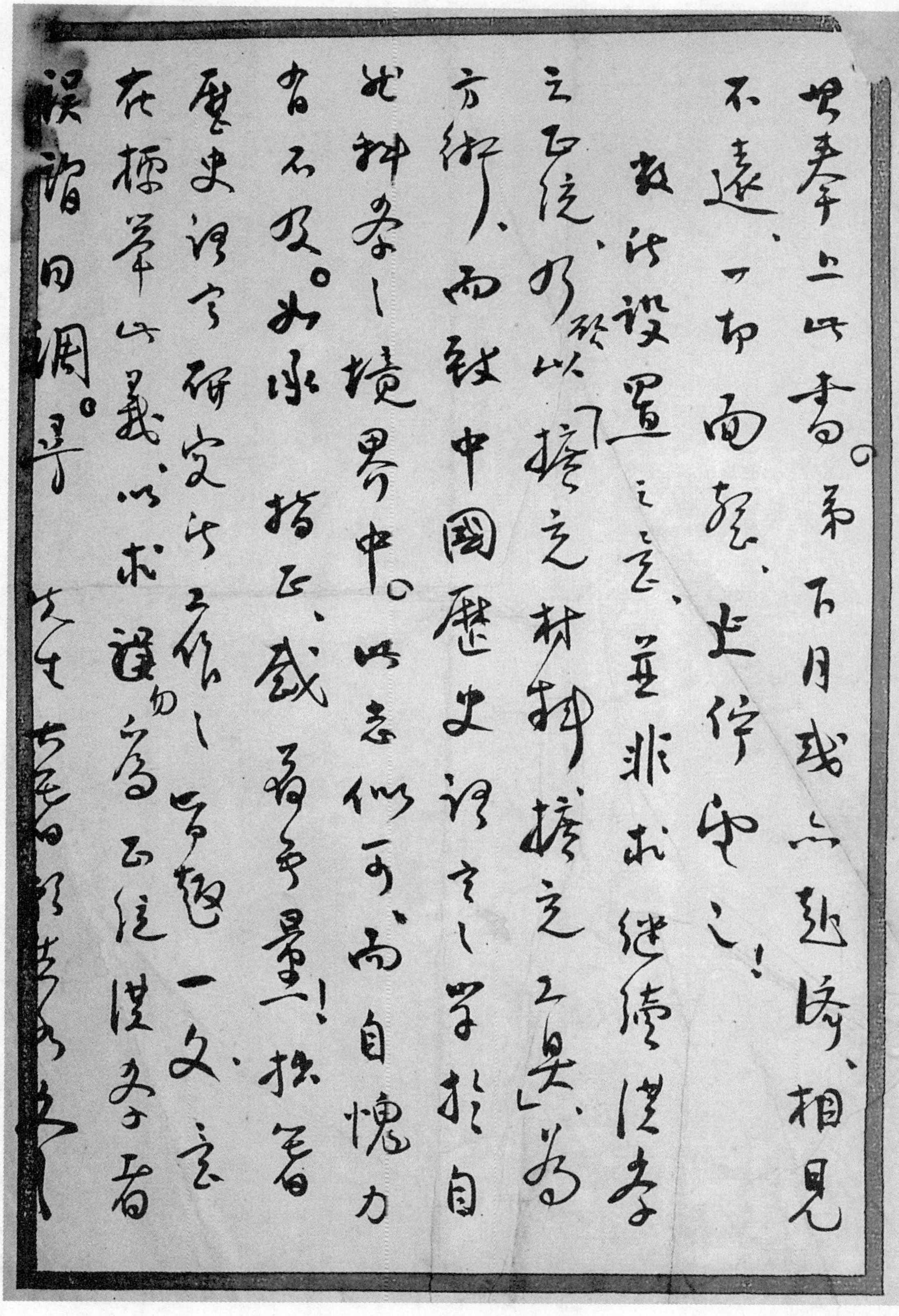
昨奉上次書，弟下月或亦赴滬，相見
不遠，一切面談，先行覆之！
教部設置之意，並非求繼續漢學
之正統，所以擴之材料，擴之工具，爲
方術，而致中國歷史語言之學於自
然科學之境界中。此志似可，而自愧力
有不及。如承指正，感荷無量！拙著
歷史語言研究所工作之旨趣一文，意
在標舉此義，以求讜勿爲正統漢學者
誤謂同調。　弟斯年頓首

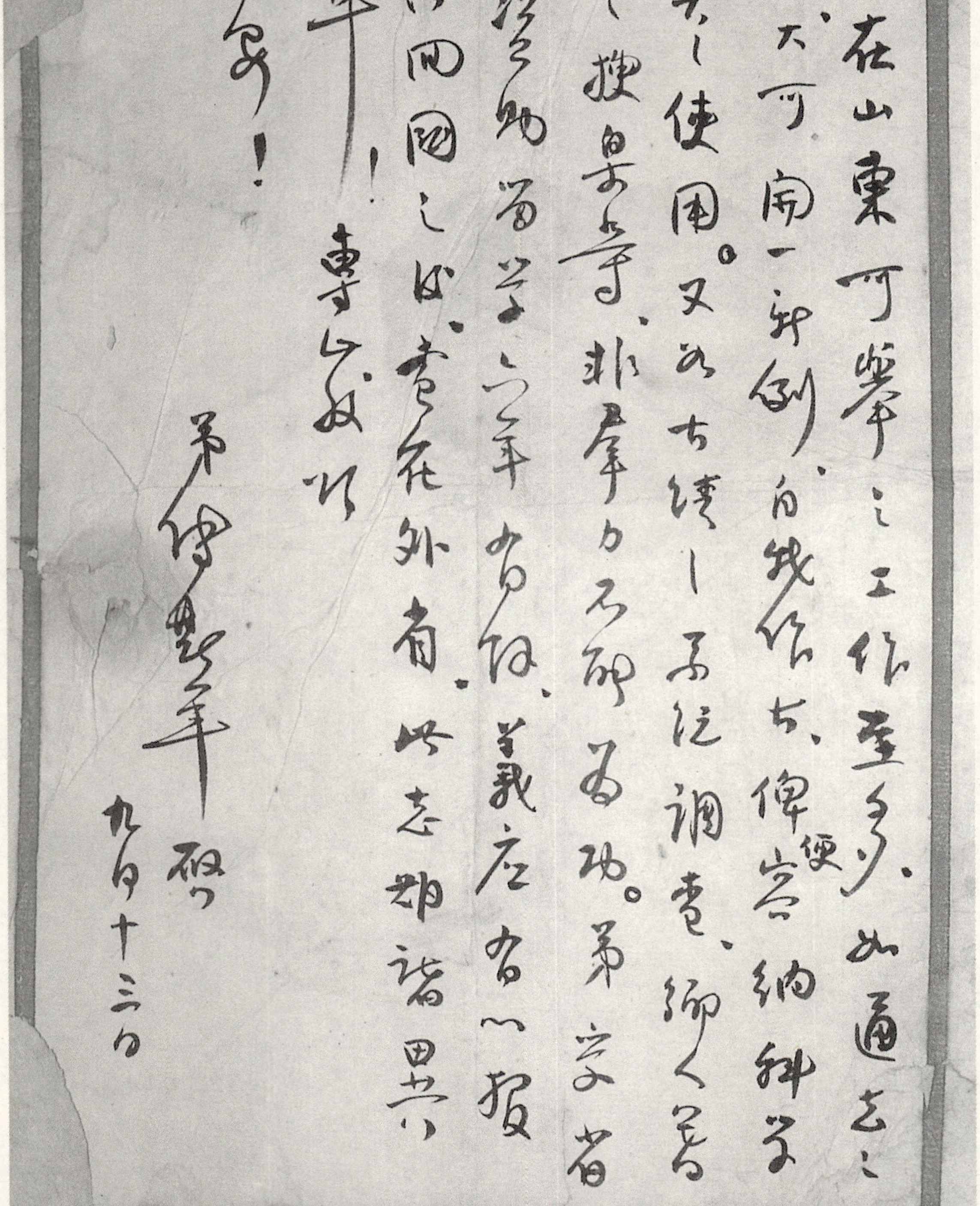

在山東可寫之工作甚多，如通志之修，大可開一新例，自成作古，俾便容納科學工具之使用。又如古跡之系統調查，鄉人著作之搜集等等，非群力不能為功。弟寧當費[illegible]若干年者[illegible]，義應當以報，亦為國之故，身在外者，此志期諸異日耳！專此，敬頌

著安！

弟傅斯年 頓

九月十二日

封第一件

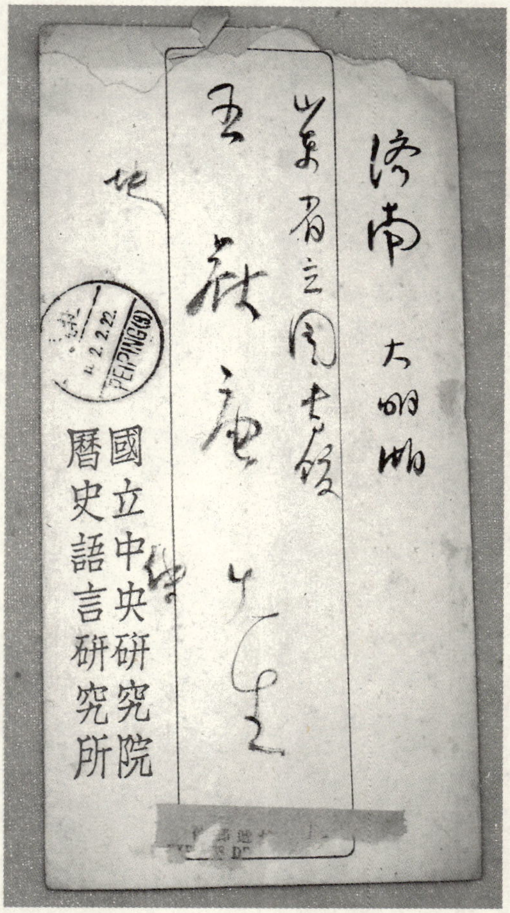
濟南 大明湖
山東省立圖書館
王獻唐先生
國立中央研究院
歷史語言研究所

封第二件

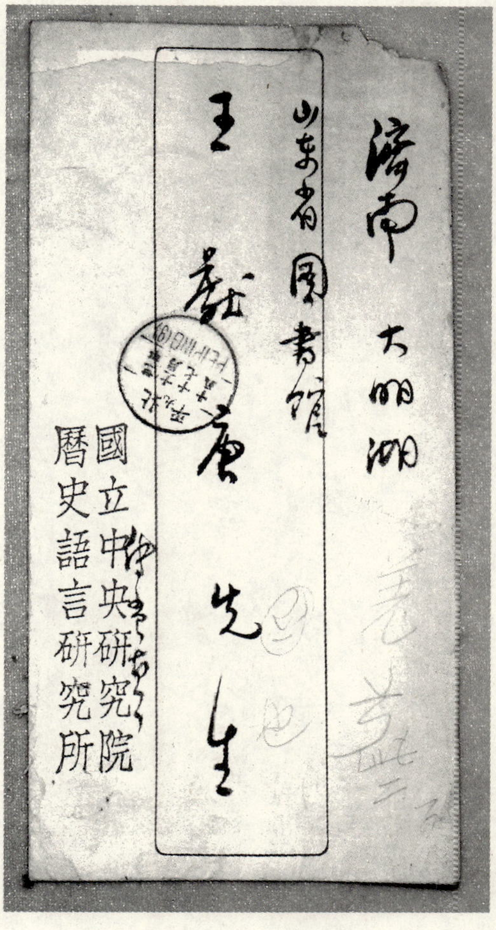
濟南 大明湖
山東省圖書館
王獻唐先生
國立中央研究院
歷史語言研究所

封第三件

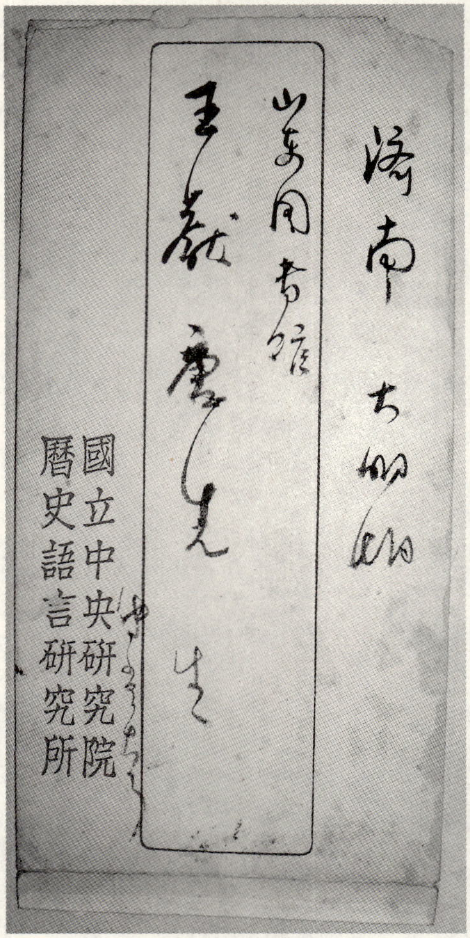

封第四件

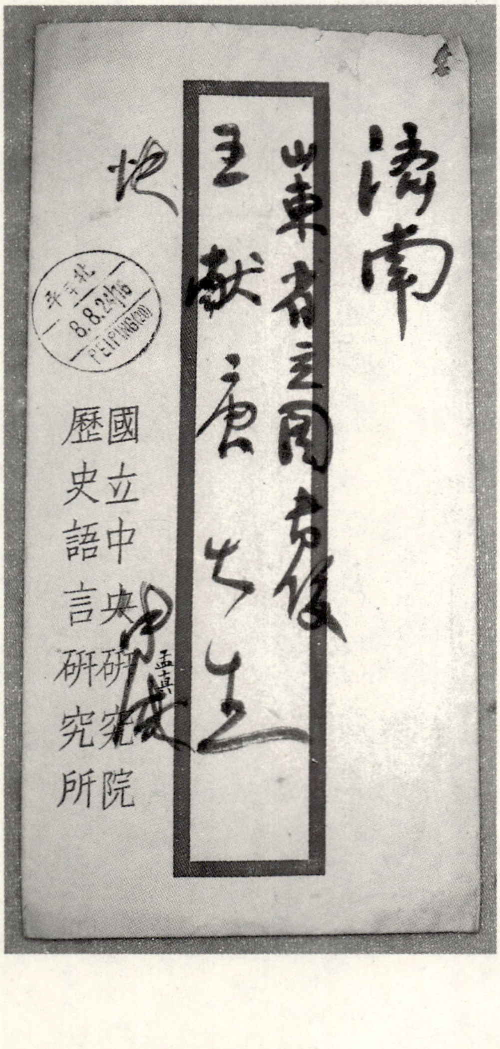

封第五件

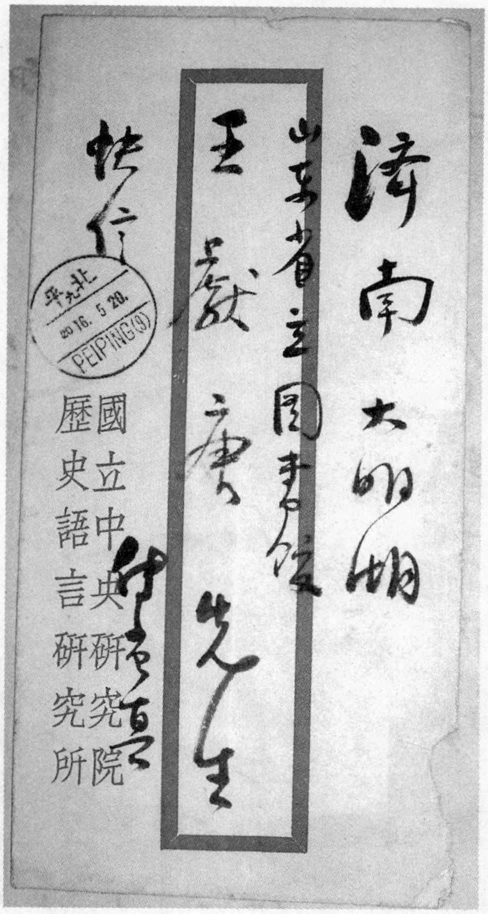
濟南大明湖
山東省立圖書館
王獻唐先生
快信
PEIPING(9)
國立中央研究院歷史語言研究所

封第六件

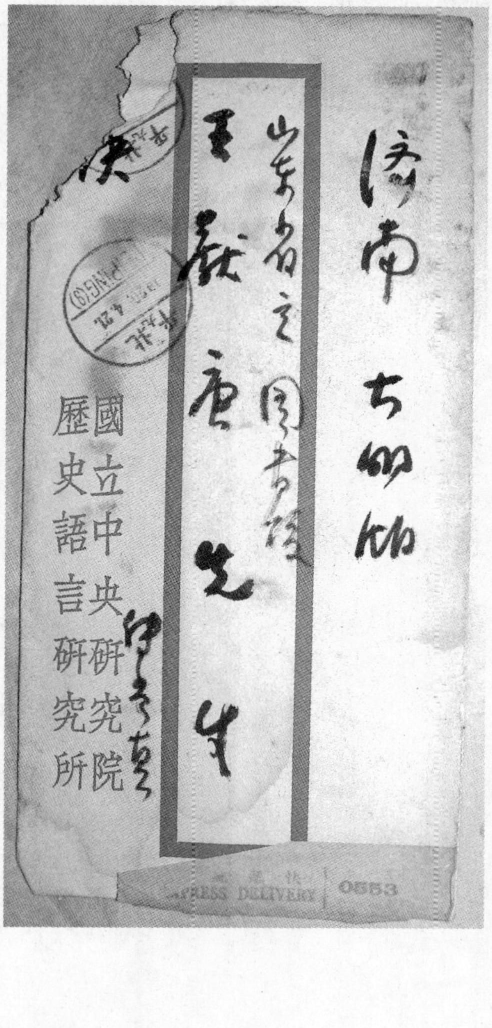
濟南大明湖
山東省立圖書館
王獻唐先生
國立中央研究院歷史語言研究所
EXPRESS DELIVERY
0553

封第七件

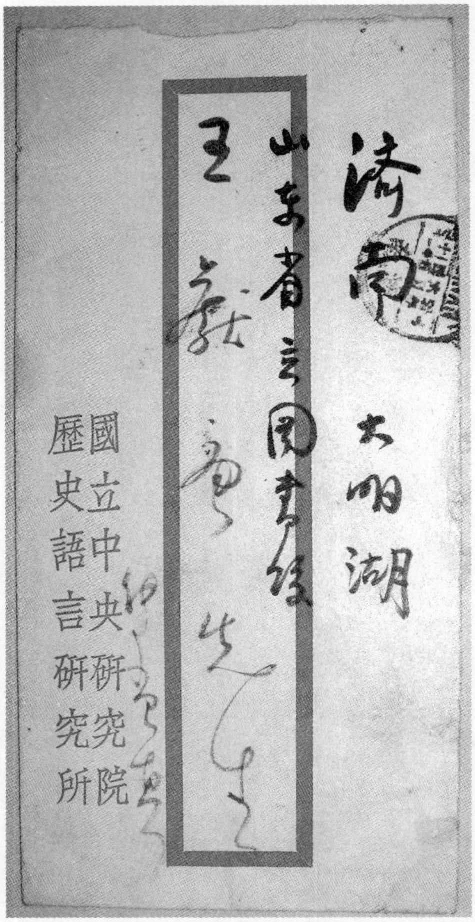
濟南大明湖
山东省立图书馆
王献唐先生
國立中央研究院
歷史語言研究所

封第八件

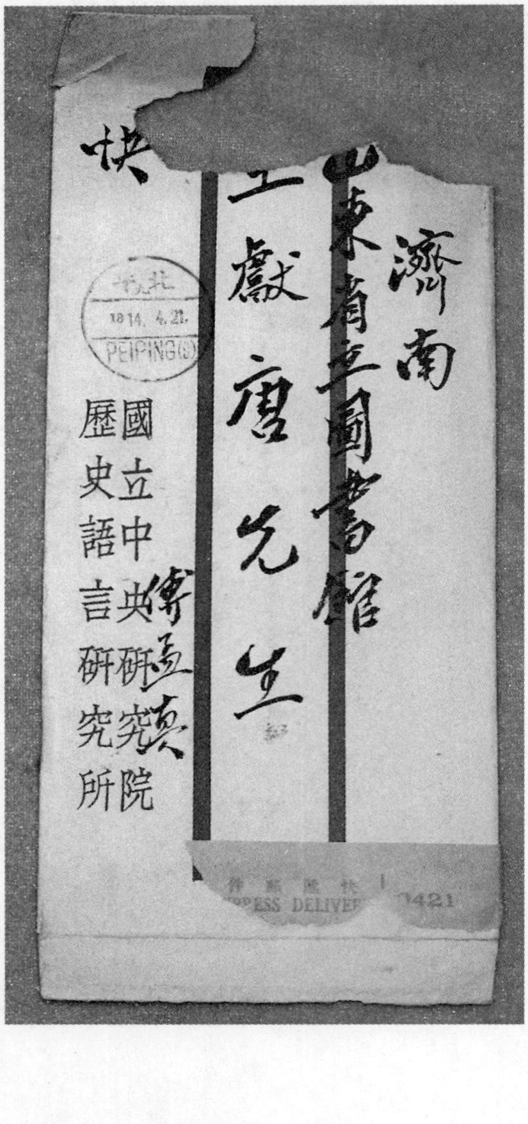
快
濟南
山東省立圖書館
王獻唐先生
國立中央研究院
歷史語言研究所
傅孟真
PEIPING
0421

封第九件

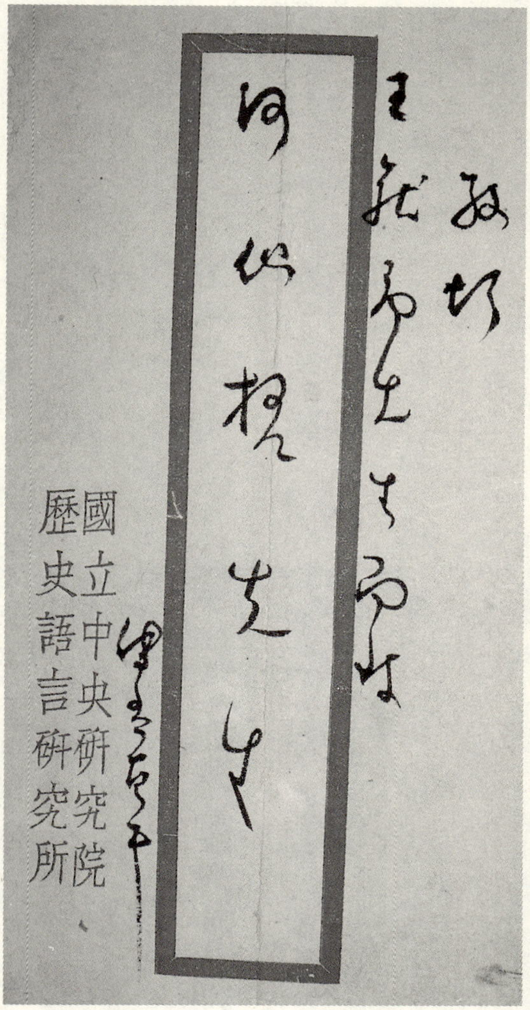

封第十件

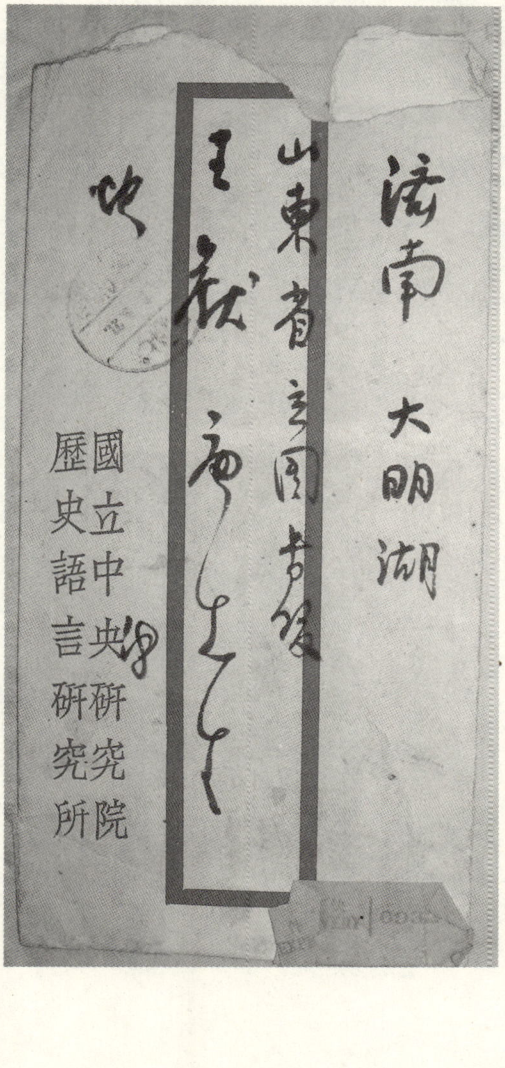

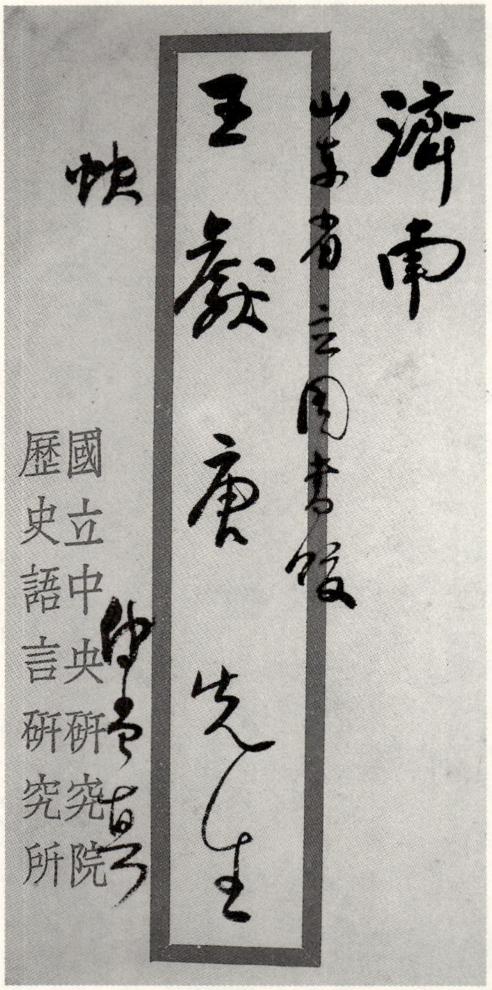
濟南
山東省立圖書館
王獻唐先生
快
國立中央研究院
歷史語言研究所

封第十一件

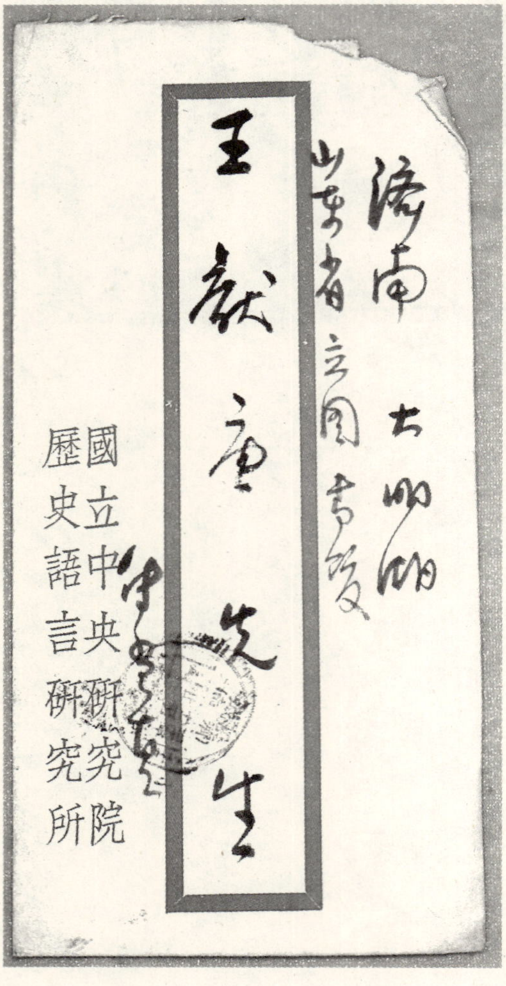
濟南
山東省立圖書館
王獻唐先生
國立中央研究院
歷史語言研究所

封第十二件

封第十三件

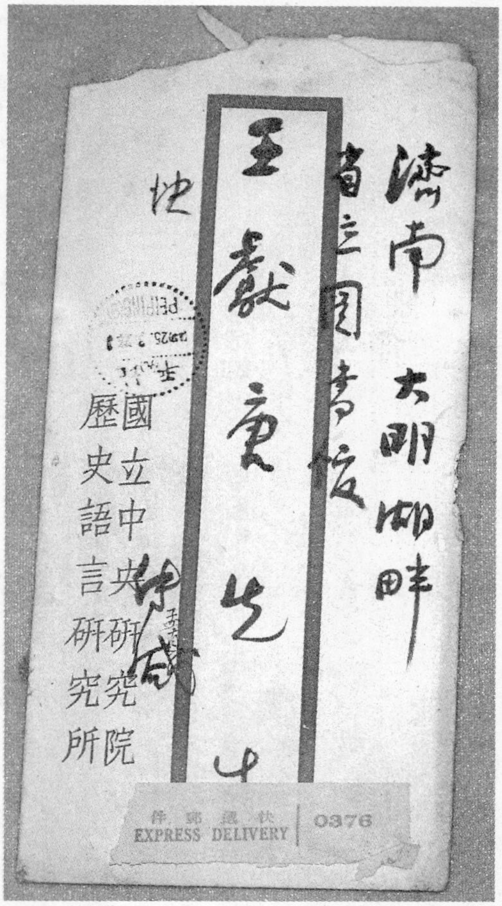
國立中央研究院
歷史語言研究所
EXPRESS DELIVERY
0376

封第十四件

國立中央研究院
歷史語言研究所
EXPRESS DELIVERY

封第十五件

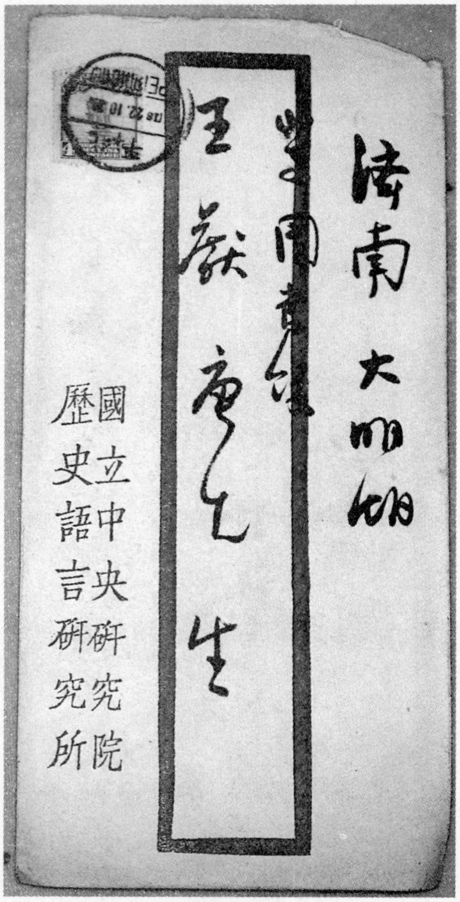
濟南 大明湖
王獻唐先生
國立中央研究院
歷史語言研究所

封第十六件

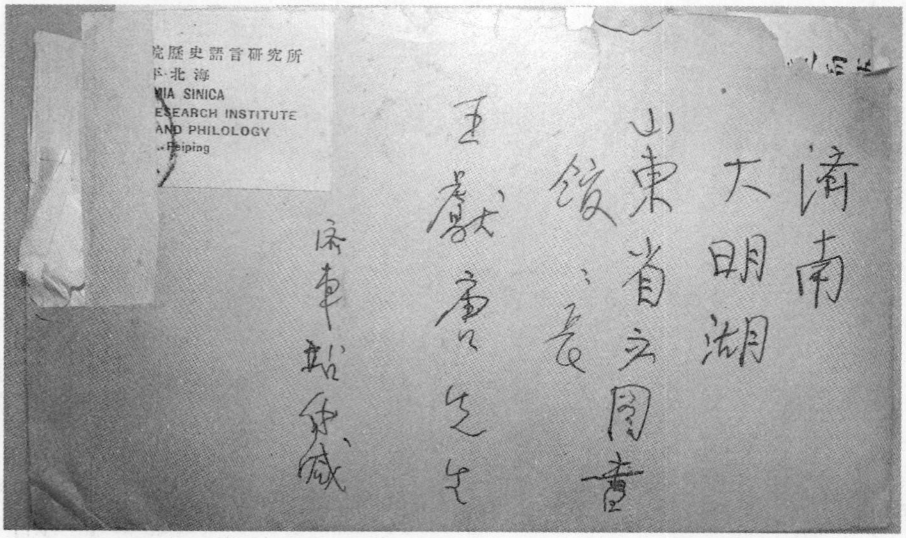
院歷史語言研究所
平北海
MIA SINICA
ESEARCH INSTITUTE
AND PHILOLOGY
Peiping
濟南
大明湖
山東省立圖書
館館長
王獻唐先生

封第十七件

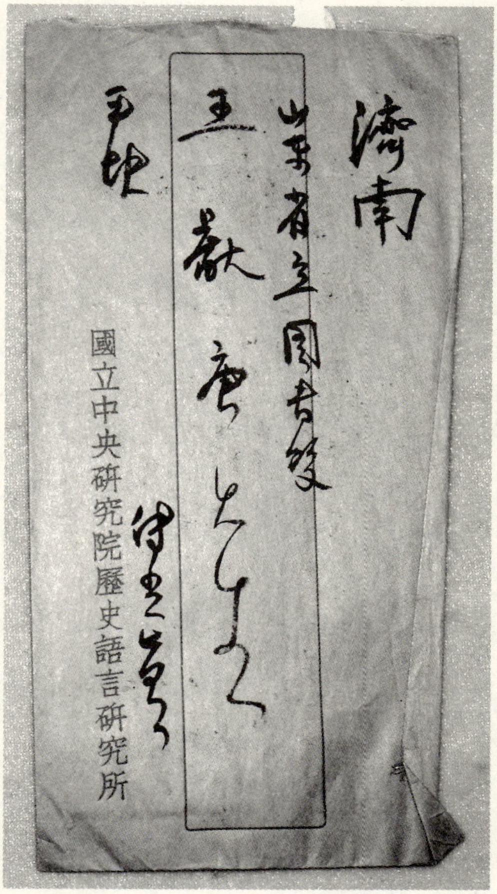

封第十八件

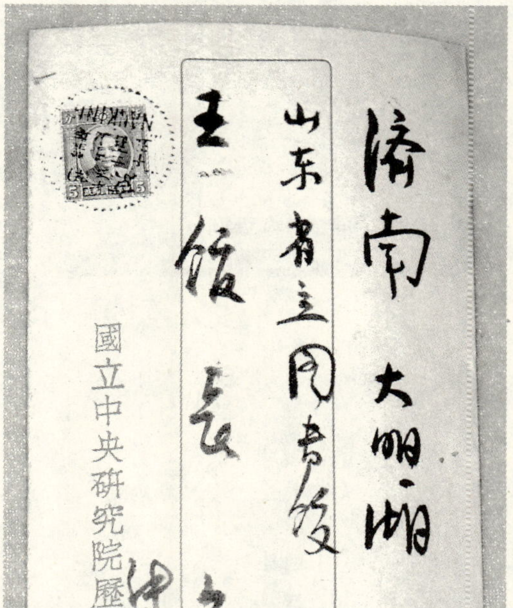

封第十九件

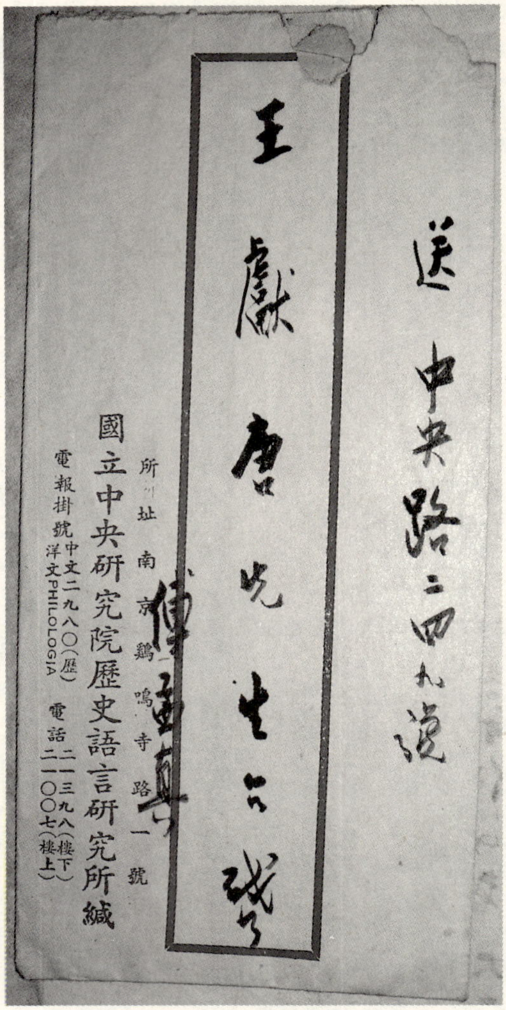
送中央路二四九號
王獻唐先生台啓
國立中央研究院歷史語言研究所緘
所址南京雞鳴寺路一號
電報掛號中文二九八〇(歷) 洋文PHILOLOGIA
電話二一三九八(樓下) 二一〇〇七(樓上)

封第二十件

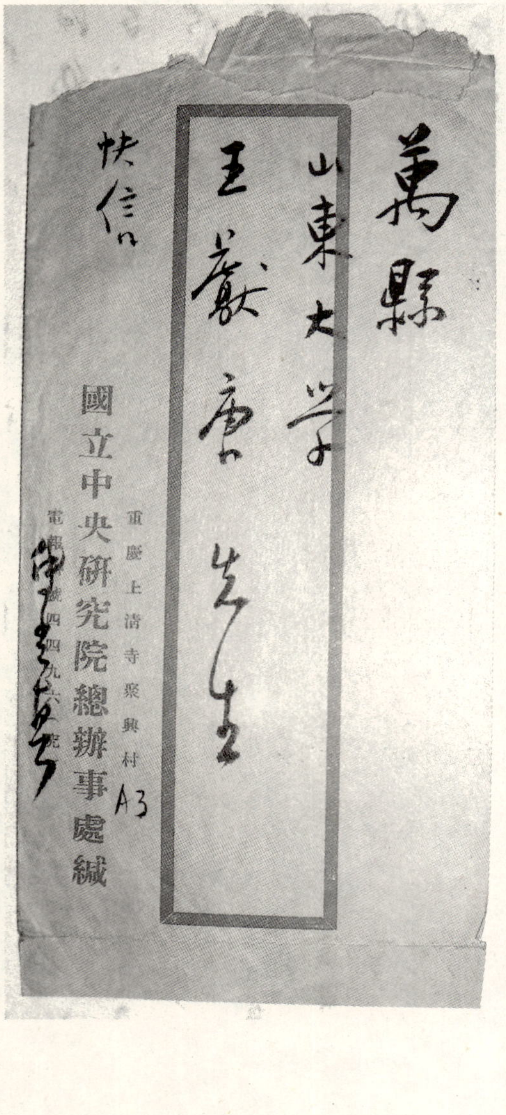
萬縣
山東大学
王獻唐先生
快信
國立中央研究院總辦事處緘
重慶上清寺聚興村
A3

封第二十一件

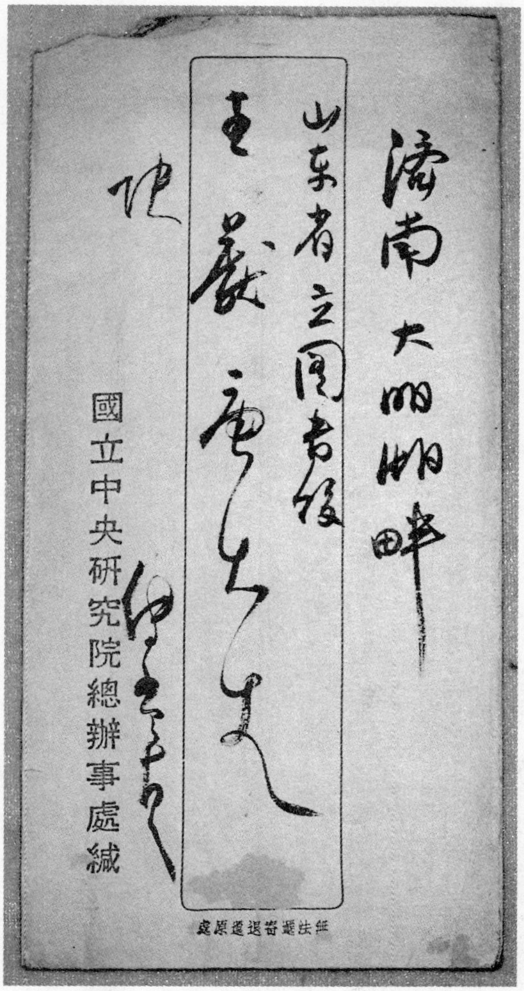

封第二十二件

一百四十九　傅斯年致黄侃

書一通

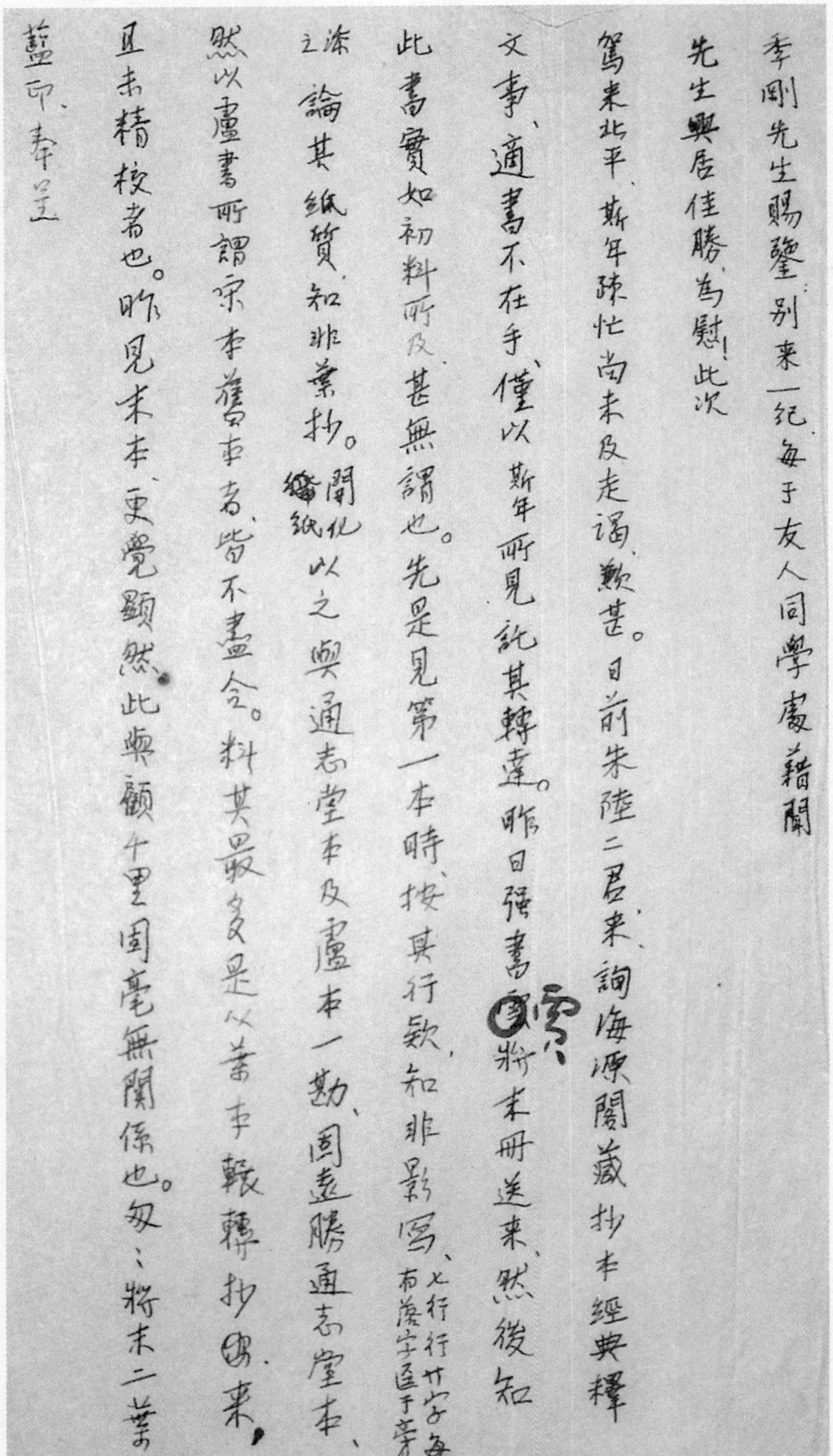

季剛先生賜鑒：別來一紀，每于友人同學處藉聞

先生興居佳勝，為慰！此次

駕來北平，斯年疎忙，尚未及走謁，歉甚。日前朱陸二君來，詢海源閣藏抄本經典釋文事，適書不在手，僅以斯年所見託其轉達。昨日强書賈將末冊送來，然後知此書實如初料所及，甚無謂也。先是見第一本時，按其行款，知非影寫（七行行廿字，每有漏字逕于旁涂之），論其紙質，知非棠抄（開化紙）。以之與通志堂本及盧本一勘，固遠勝通志堂本，然以盧書所謂宋本舊本者，皆不盡合。料其最多是以葉本轉抄出來，且未精校者也。昨見末本，更覺顯然，此與顧千里固毫無關係也。匆匆，將末二葉奉呈

鑒印。

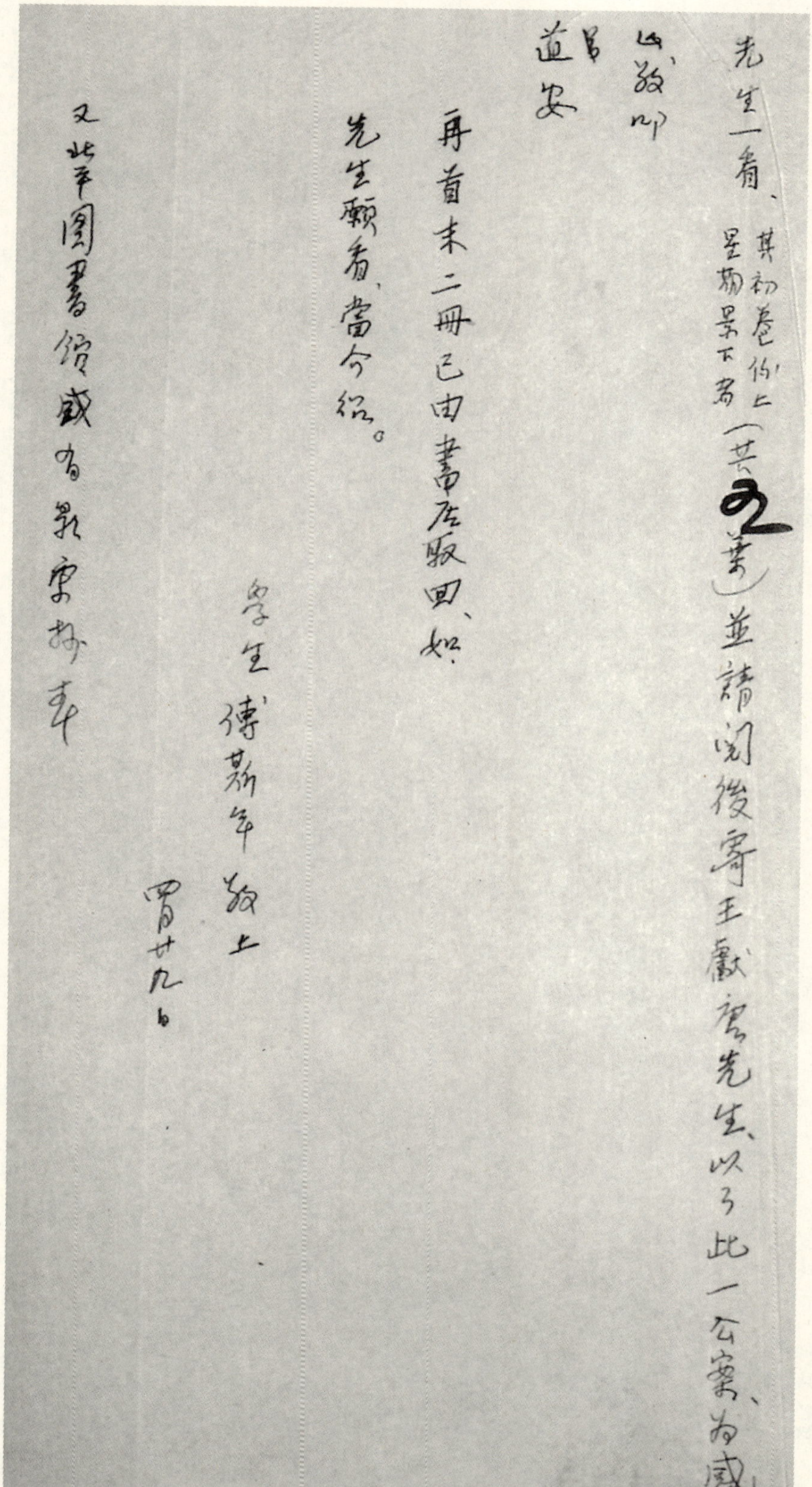

先生一看，其初卷仍上呈，物歸原主（共二冊），並請閱後寄王獻唐先生，以了此一公案，為感為幸。

此敬叩

道安

再首末二冊已由書店取回，如先生願看，當令紹。

學生傅斯年敬上

四月廿九日

又北平圖書館或有影宋抄本

一百五十　傅斯年致何思源　王近信

電一件

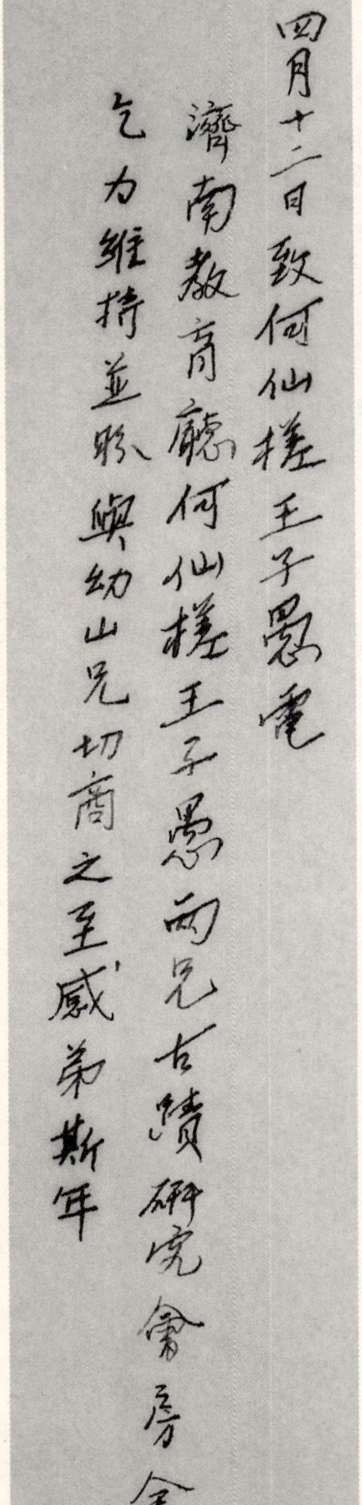

四月十二日致何仙槎王子愚電

濟南教育廳何仙槎王子愚兩兄古蹟研究會房舍

乞力維持並盼與幼山兄切商之至感弟斯年

一百五十一　傅斯年致張鴻烈

電一件

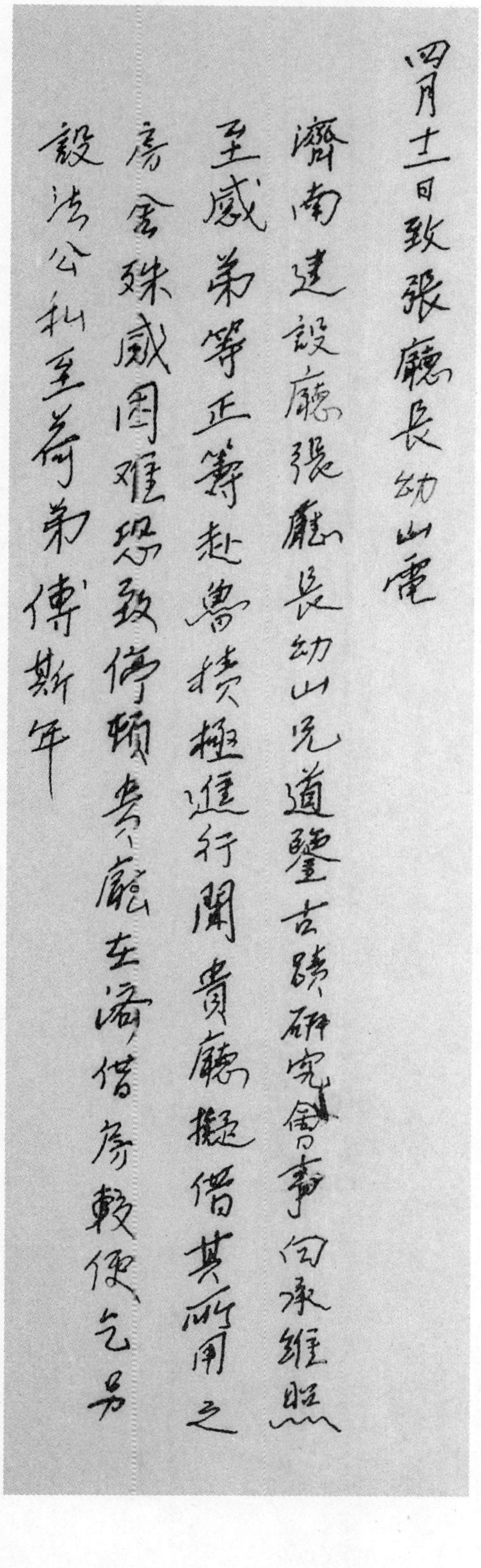
四月十一日致張廳長幼山電

濟南建設廳張廳長幼山兄道鑒古蹟研究會事向承維照
至感弟等正籌赴魯積極進行聞貴廳擬借其所用之
房舍殊感困難恐致停頓貴廳在濟借房較便乞另
設法公私至荷弟傅斯年

一百五十二　傳斯年致張鴻烈 書一通

幼山先生仁兄道鑒：久疎箋候，正馳想望，忽奉
來書，欣感無既。貴廳借用古蹟研究會房屋事，弟三四日前接濟南來
信，已知其涯畧，故于前日奉上一電，計達
清覽。此次　貴廳擴充練習班，而造工程人材，以為吾省建設之用，聞之
欣愉，力所能及，理當贊助，無如山東古蹟研究會恐正無處可移，省立圖
書館自身已感房舍不足，否則古蹟會設立時，當已置其中矣。民眾教育
館肯否借房，所借之房能否適用，弟在此均不能懸揣，已託王獻唐先生就
近與我
兄接洽。惟無論如何，務盼　貴廳于古蹟會得一完善辦法之先，無遽用此。
弟當待接到民眾教育館房舍情形之報告後，再行奉復。若　貴廳
能別籌一法，則尤感荷之至者也。又山東古蹟研究會之進行，去年因時局
之關係，今春因河南工作，故未作發掘，現正籌畫，入夏可　在山東動手

秋間可以大作故此間對于房舍問題不能不慎重蓋今後工作基本所
係我
兄于此事之成立最多贊助想必樂觀厥成也專此敬頌
政祺
弟傅斯年敬啟
四月廿四
再河南與敝所合作辦法因貴省人士之催促已于上月成立大致
如山東辦法中孚先生為會長濟之作工作主任關伯益君
為秘書昔之爭執今成一家思及原始亦皆吾
兄贊助之力也並聞

一百五十三　張鴻烈致傅斯年

書一通

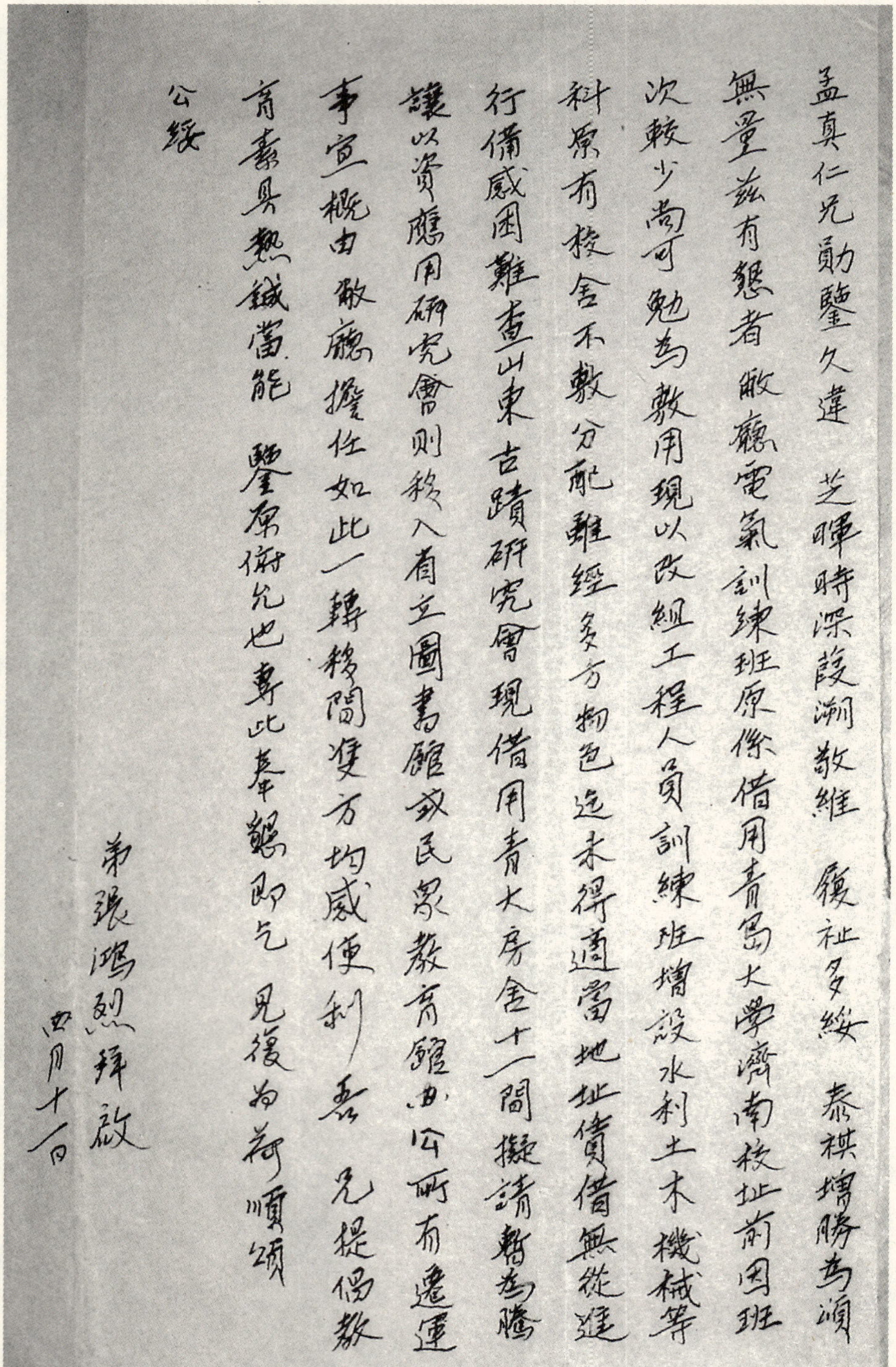

孟真仁兄勛鑒：久違 芝暉，時深葭溯。敬維 履祉多綏，泰祺增勝為頌無量。茲有懇者，敝廳電氣訓練班原係借用青島大學濟南校址，前因班次較少，尚可勉為敷用。現以改組工程人員訓練班，增設水利、土木、機械等科，原有校舍不敷分配，雖經多方物色，迄未得適當地址賃借，無從進行，備感困難。查山東古蹟研究會現借用青大房舍十一間，擬請暫為騰讓，以資應用。研究會則移入省立圖書館或民眾教育館，由 公所有遷運事宜，概由敝廳擔任。如此一轉移間，雙方均感便利。吾兄提倡教育，素具熱誠，當能 鑒原俯允也。專此奉懇，即乞 見復為荷。順頌

公綏

弟張鴻烈拜啟

四月十一日

一百五十四　劉咸 書一通

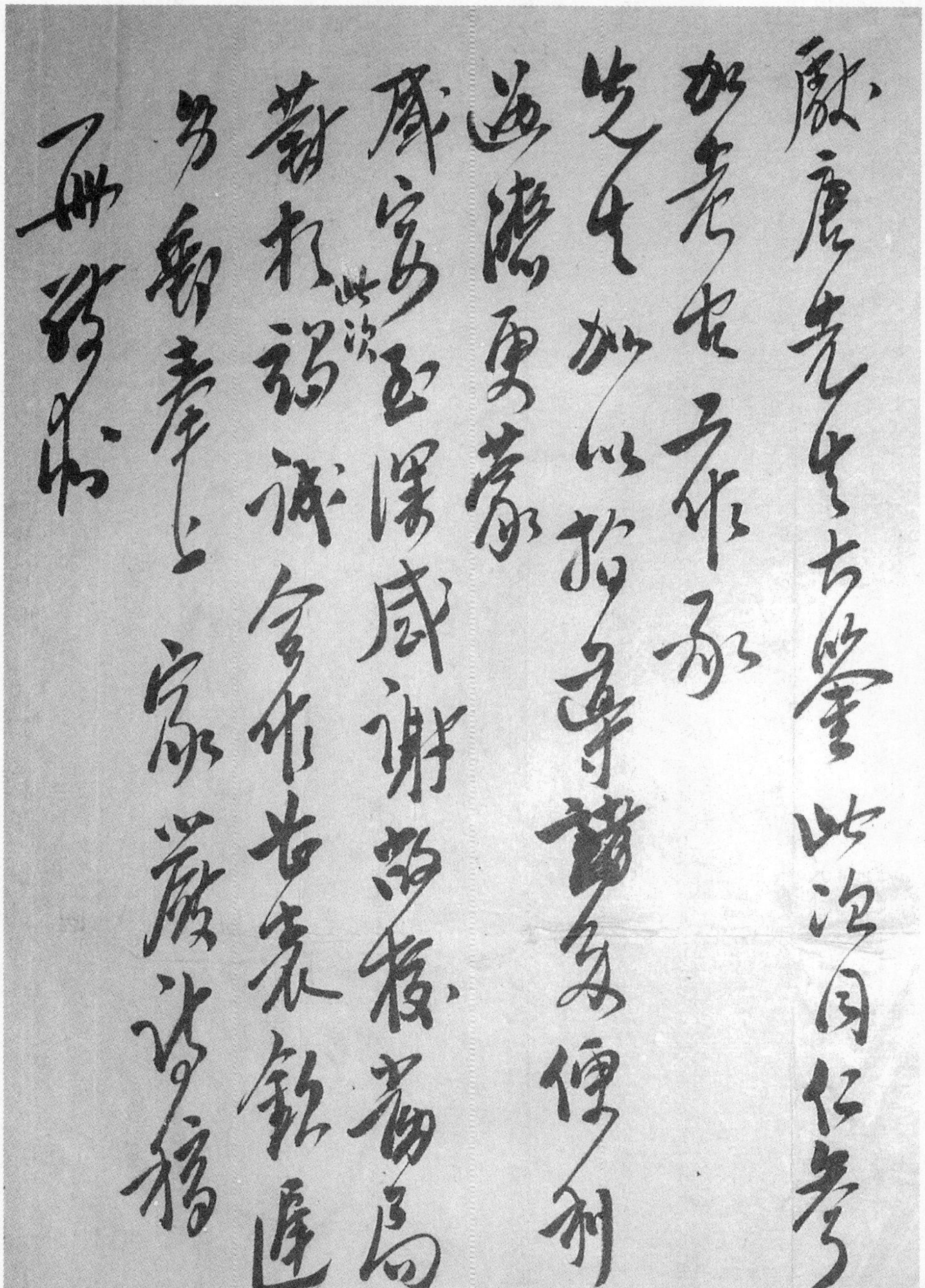

獻唐先生大鑒：此次因往參
加考古旅行，
先生如以指導，諸多便利，
遊濟更蒙
盛宴，至深感謝。[illegible]
[illegible]此次認識，合作古義，欽遲
另郵奉上 家嚴小稿
[illegible]

劉咸

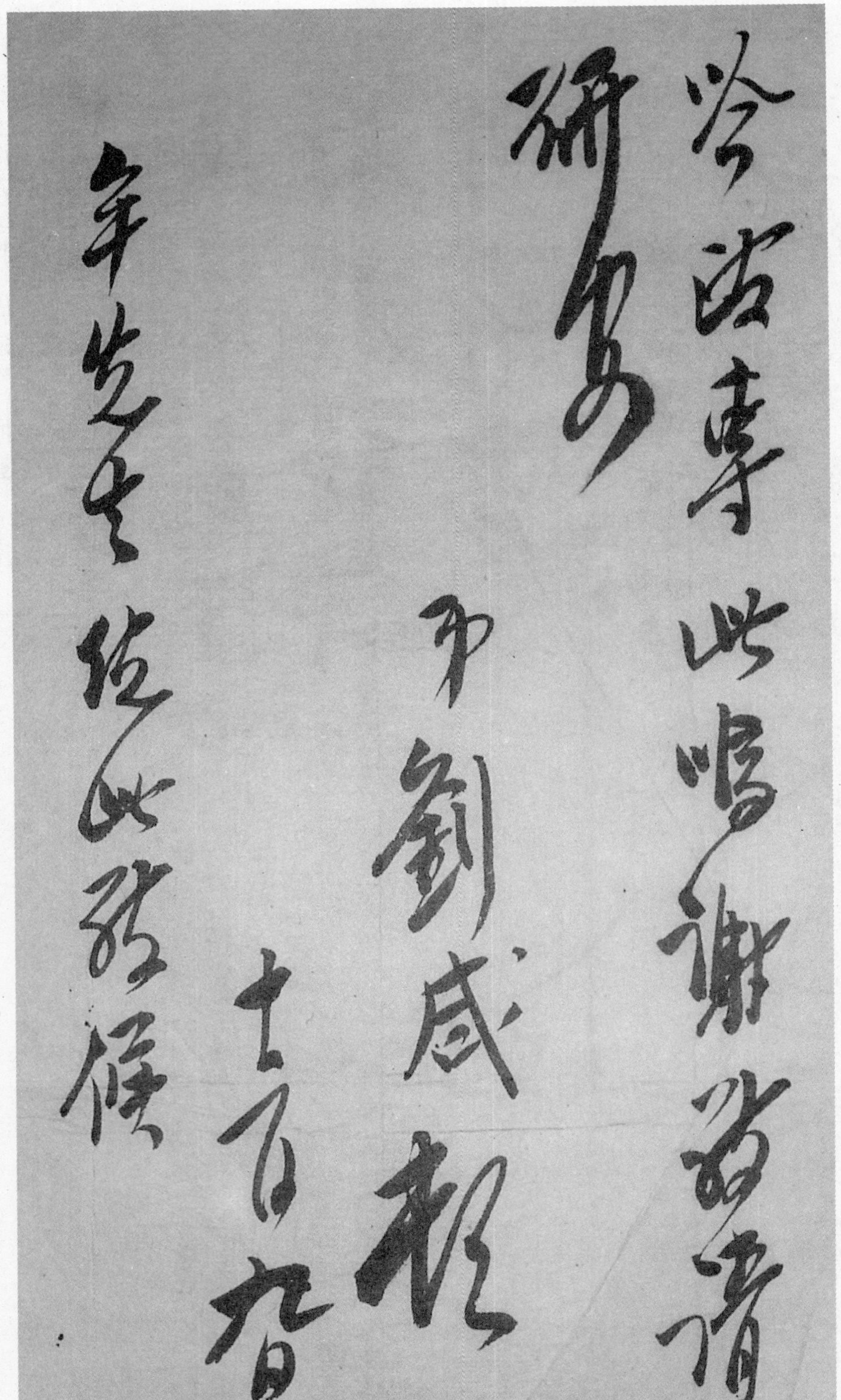
吟舫李 此叩謝並請
研安
弟劉咸頓
十七日
年先生 統此致候

一百五十五 王庸

書一通

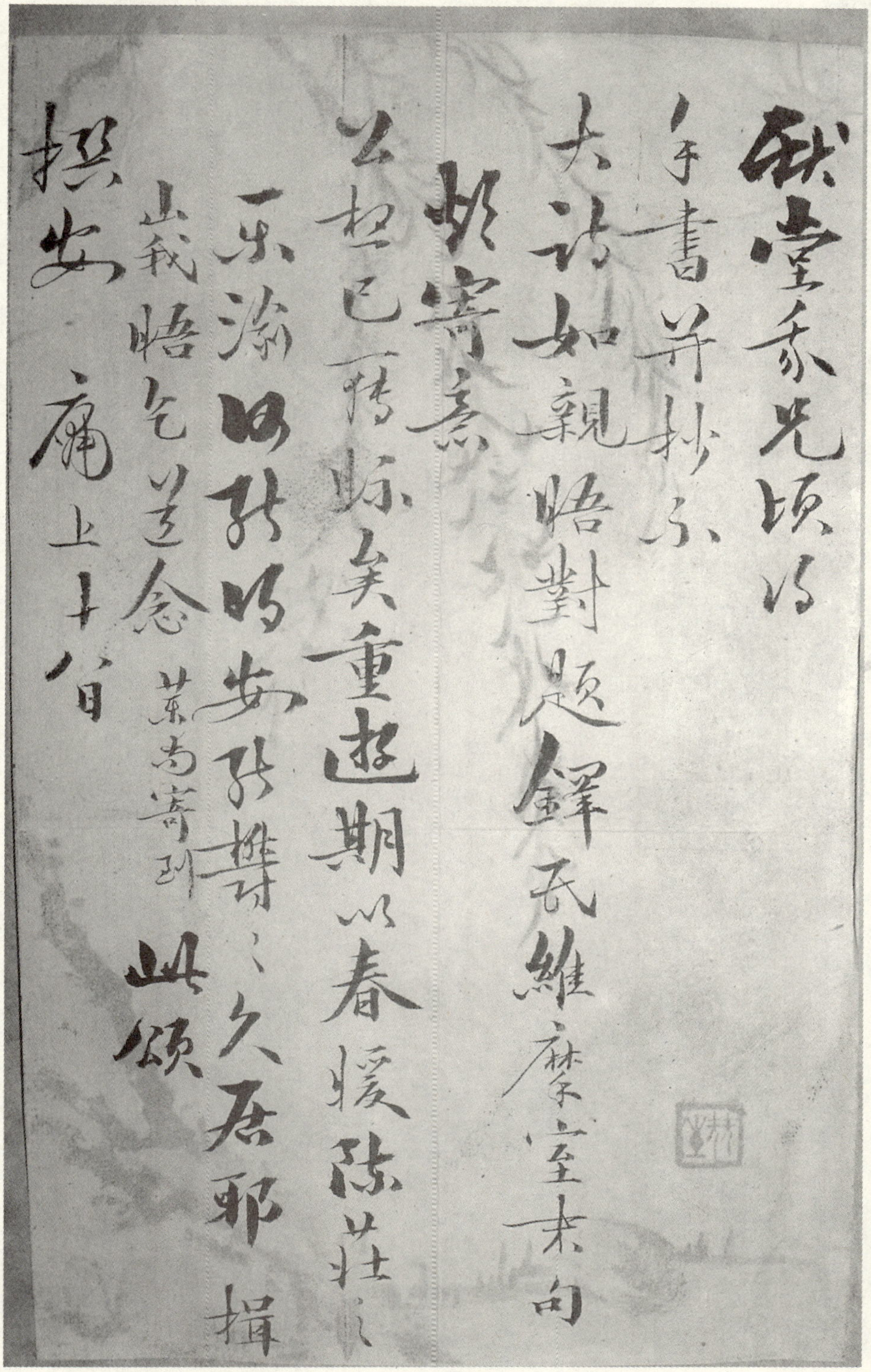

一百五十六 王統照 書一通 封一件

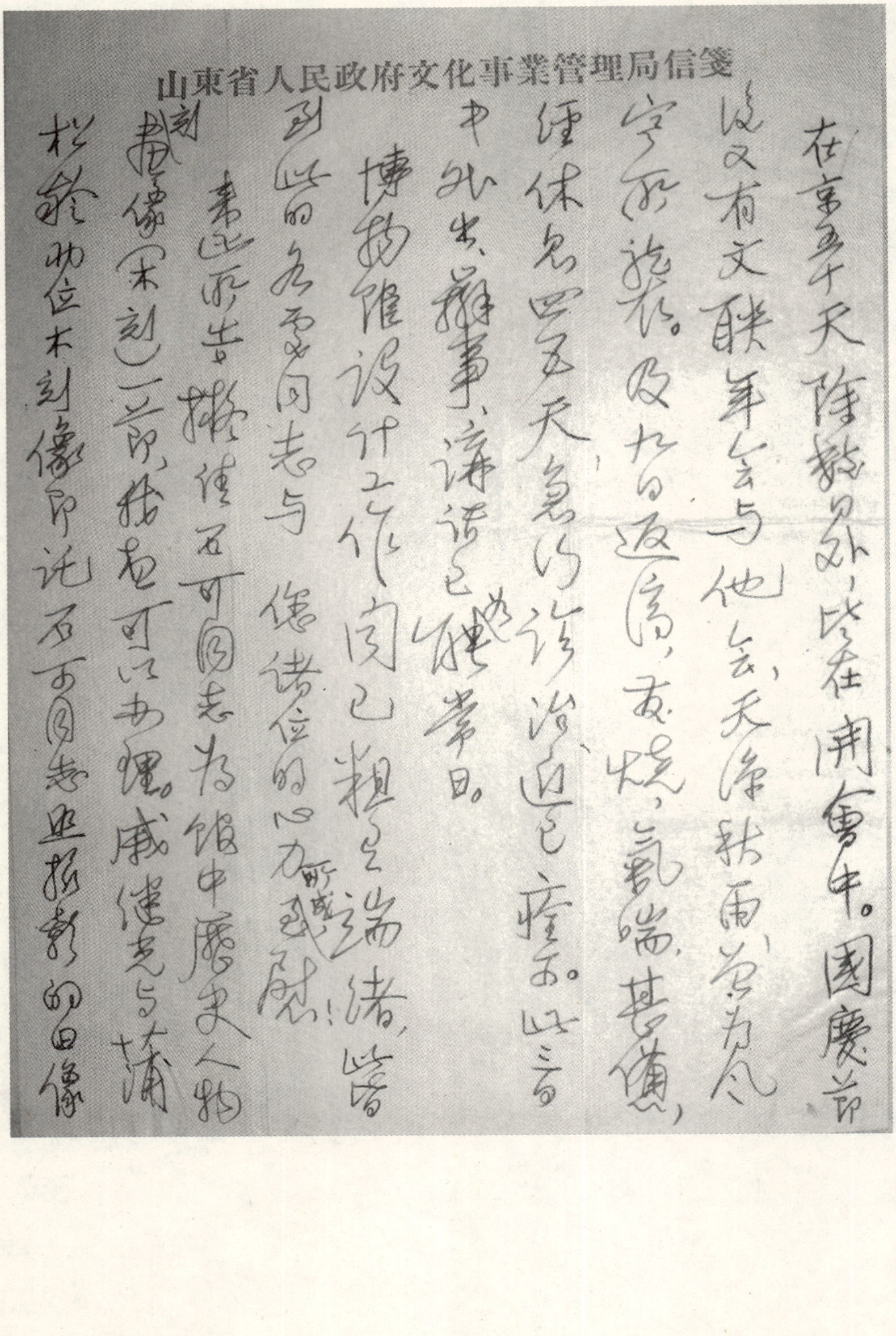

山東省人民政府文化事業管理局信箋

在京三天陪苏联作家，此在开会中。国庆节
后又有文联年会与他会，天阴秋雨，黄为人
宗游旅作。及晤返济，受烧，气喘甚烈，
经休息四五天，息[?]疗治，近已痊愈。此言
中外出、杂事、讲话已继常日。
博物馆设计工作阅已粗完端绪，皆
到此的名家同志与 您诸位的心力所感！
来函所告拟请石可同志为馆中历史人物
刻像（木刻）一节，我看可以办理。感谢克与大浦
村的协助。木刻像即托石可同志照拟就的画像

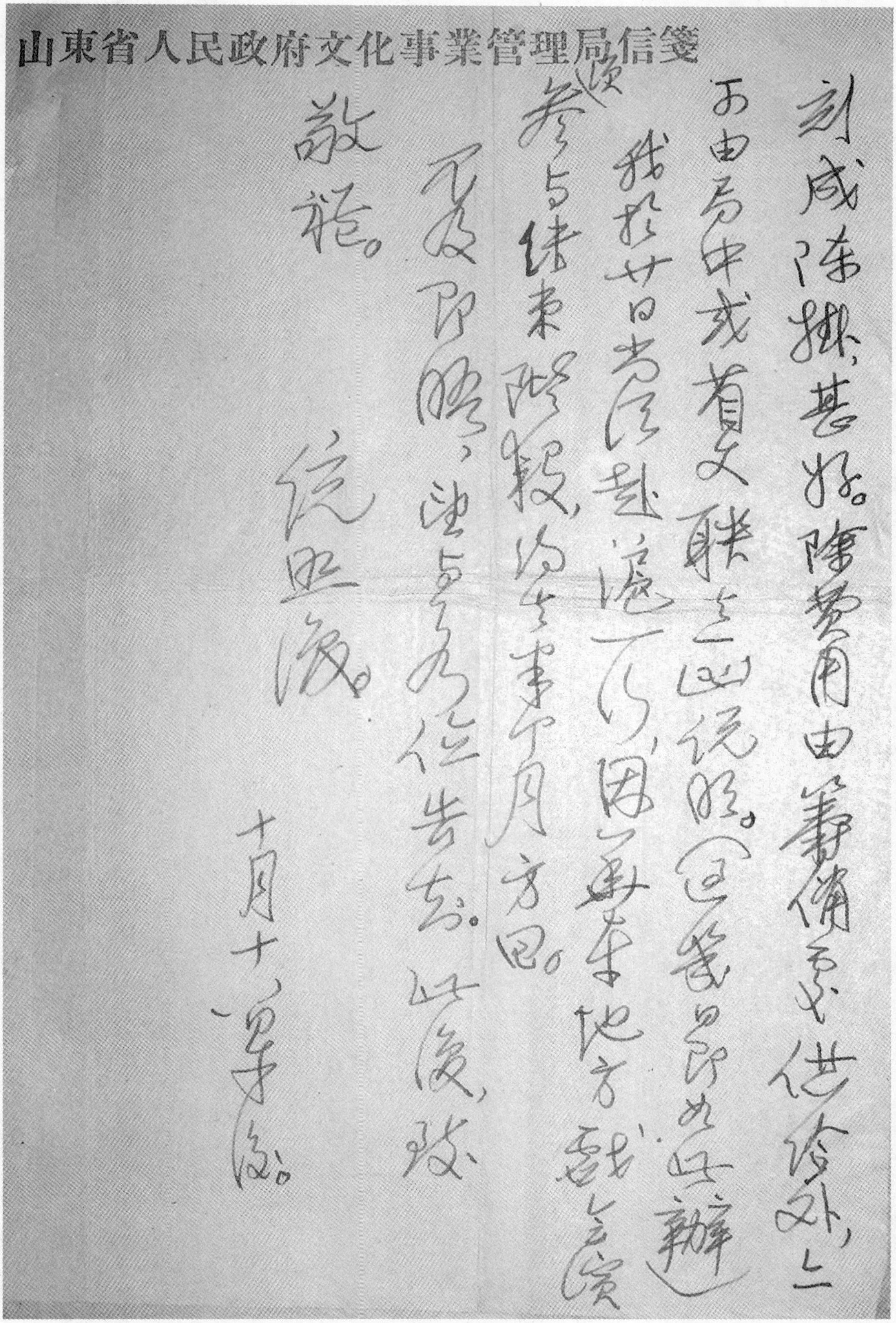

山東省人民政府文化事業管理局信箋

劉咸陳拱，甚好。陳費用由籌備處供給外，上二下由局中或省文聯支出說明。（已簽呈即如此辦）我於廿日出席赴濟，因華東地方戲會演須參與結束陪觀，約本月下旬方回。下次即照，請與各位告知。此後，致

敬禮。

統照復。

十月十一，獻唐。

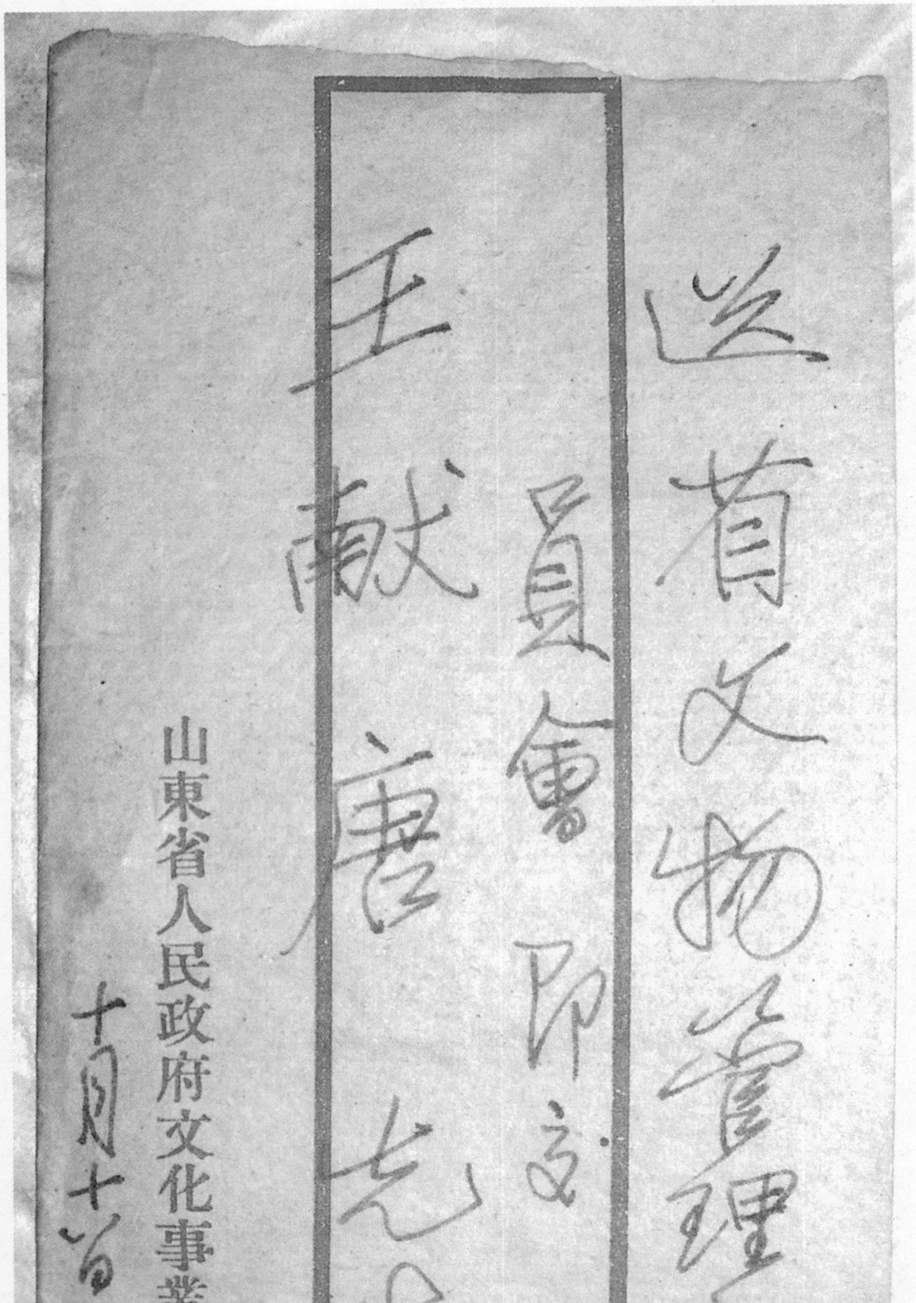
送省文物管理委
員會即交
王獻唐先生
山東省人民政府文化事業管理局緘
王

一百五十七　李小緣

書二通　封一件

書第一通

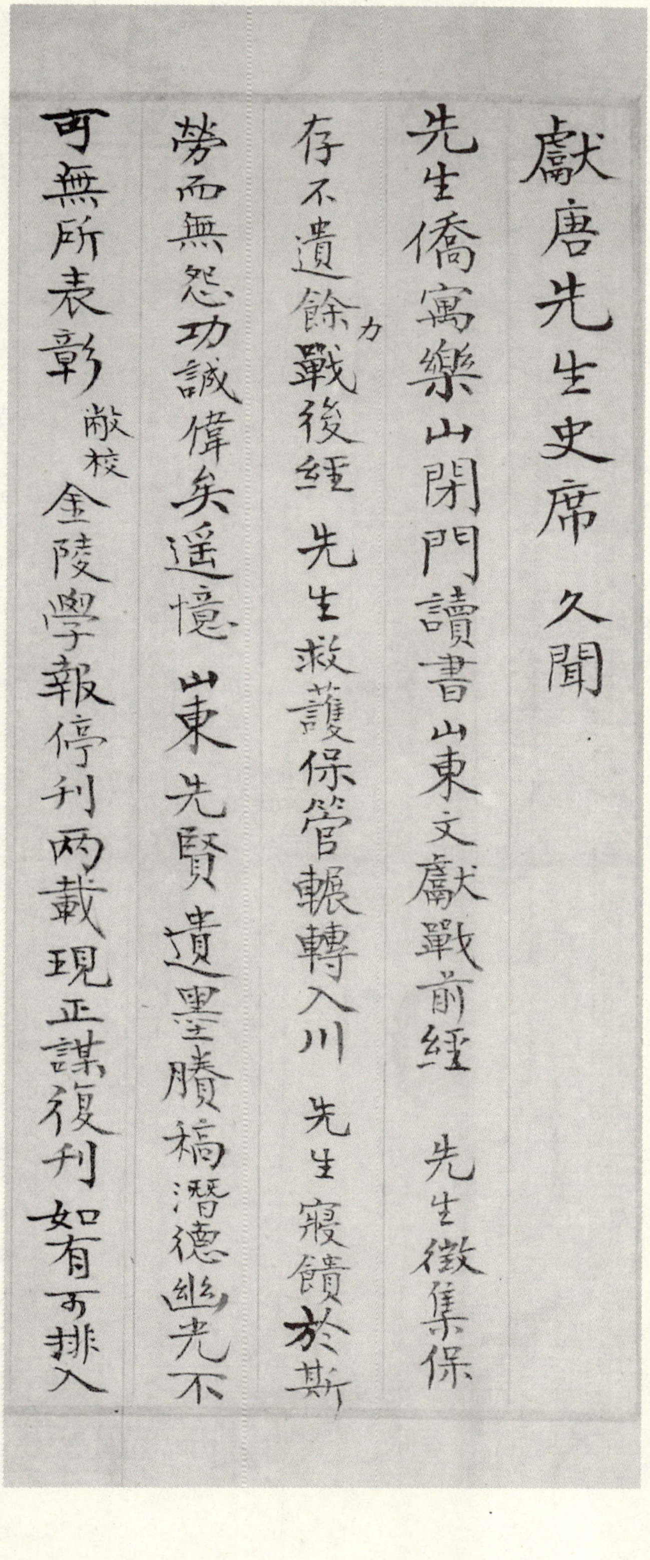

獻唐先生史席　久聞
先生僑寓樂山閉門讀書山東文獻戰前經　先生徵集保
存不遺餘力戰後經　先生救護保管輾轉入川　先生寢饋於斯
勞而無怨功誠偉矣遙憶山東先賢遺墨賸稿潛德幽光不
可無所表彰　敝校金陵學報停刊兩載現正謀復刊如有可排入

之稿甚願儘量刊布如有印單行者代為單行刊印編入敝所叢

刊亦無不可如先生個人宏文鉅著倘蒙

惠賜亦所歡迎不情之請十分冒瀆幸乞諒之草草不恭耑此敬懇

順頌

撰祺

弟李小緣拜啟 廿九年元旦日

金陵大學中國文化研究所

有便來蓉請先示知當趨前拜聆教益 緣又及

書第二通

獻唐先生道鑒 前函懇請代為紹介
劉叔遂先生料已收到介紹函料已送出有
瀆清神心感之至刻祇等待劉先生回
信昨日華西大學圖書館送到
尊需書目刻隨函附奉敬祈查收為
荷貴恙料已完全恢復專此即頌
著祺
弟李小緣拜上 廿九年八月九日

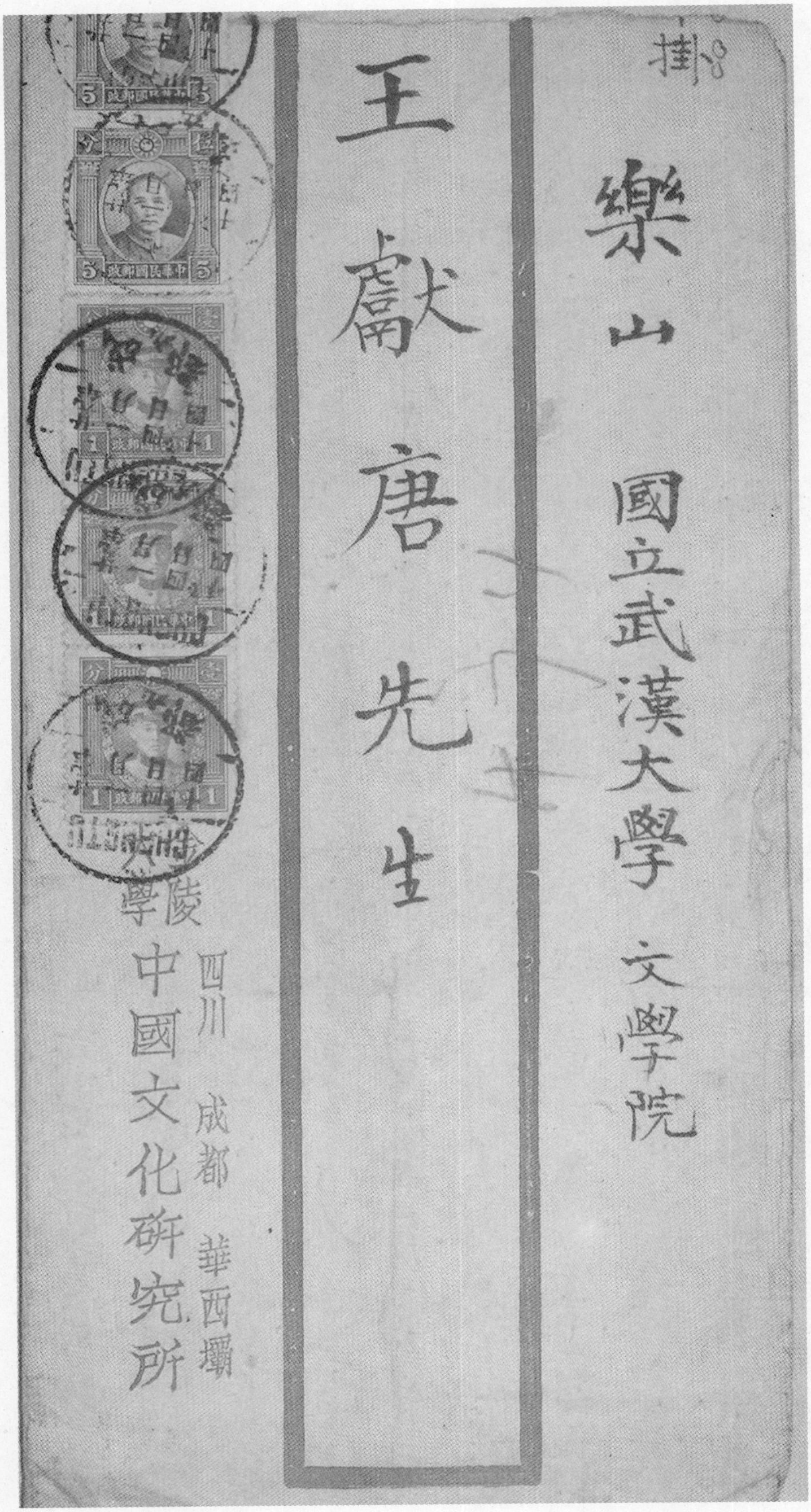
掛
樂山
國立武漢大學 文學院
王獻唐先生
金陵大學
四川 成都 華西壩
中國文化研究所

一百五十八　陳希豪

書十二通　封七件

書第一通

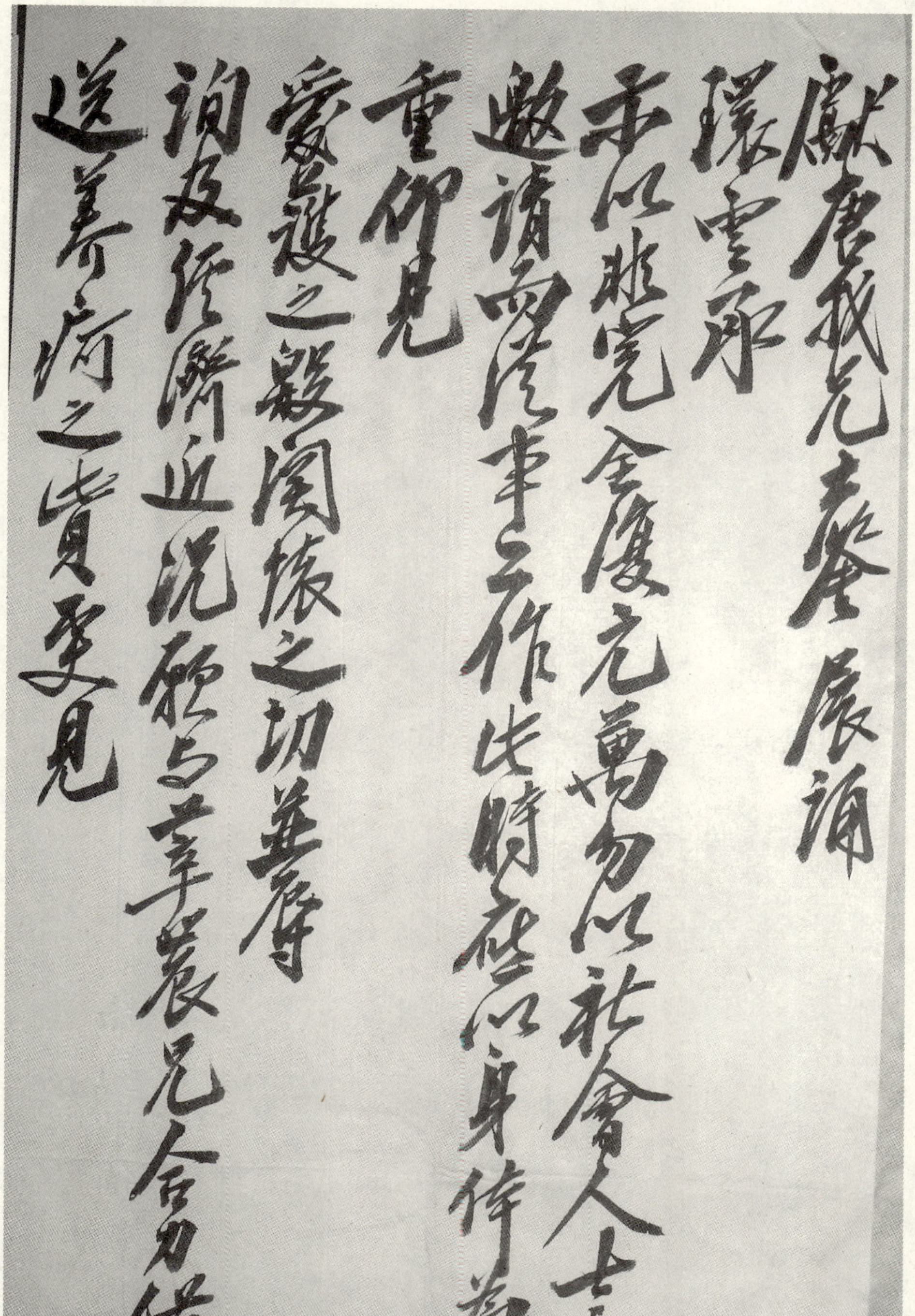

獻唐我兄左右展誦
環雲敬承
手示以兆完全復元萬勿以社會人士之
邀請而從事工作此時應以身体為
重仰見
愛護之殷關懷之切并蒙
詢及經濟近況頗与去年景展兄合力供
送華府之費更見

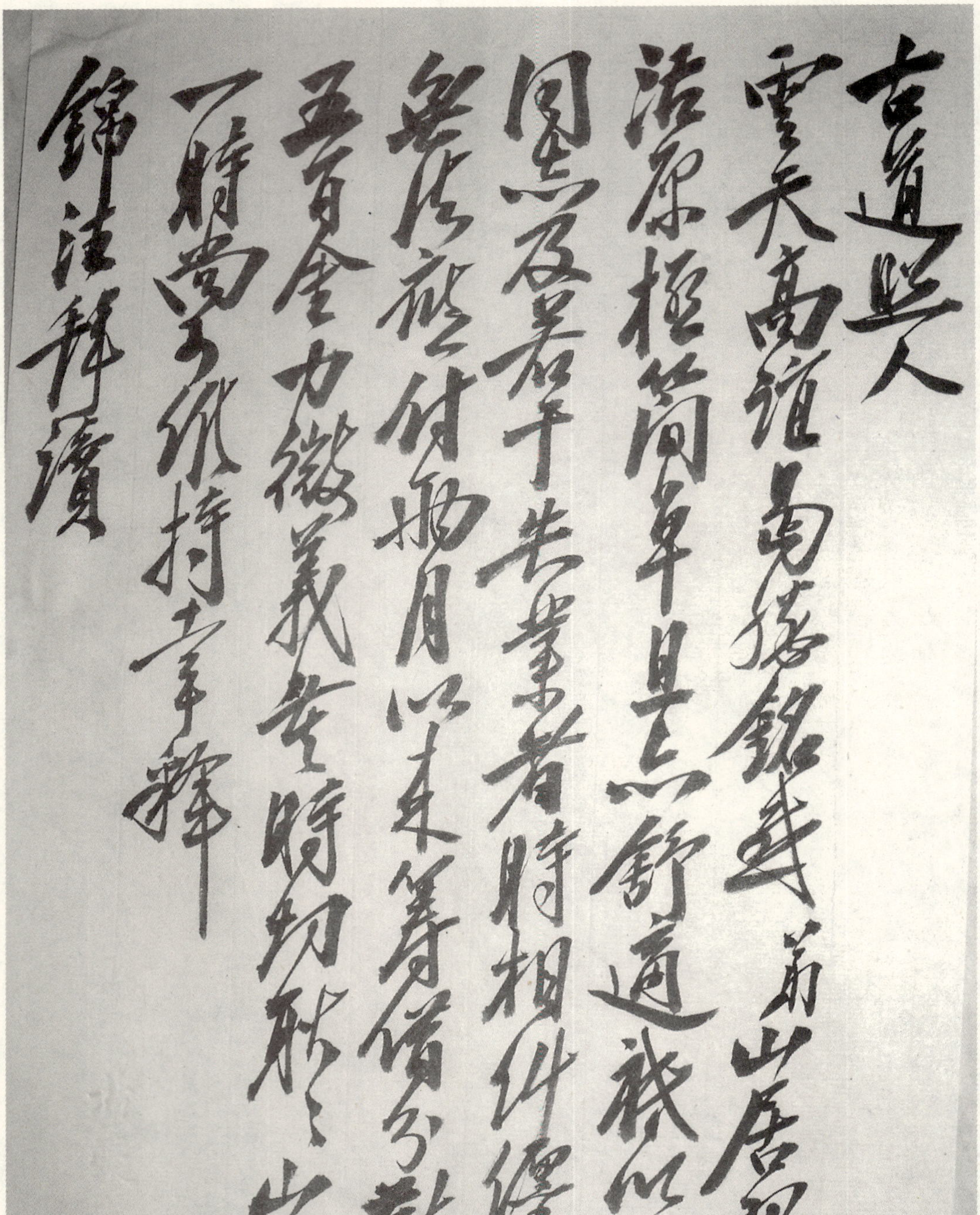

古道照人

雲天高誼，每勞銘感。前山居習靜，生活原極簡單，且亦節適，殊以一般窮困為慮，若干先輩者時相[illegible][illegible][illegible][illegible]無[illegible][illegible][illegible][illegible]月以來籌借[illegible][illegible][illegible][illegible]五百金力[illegible]義無時[illegible][illegible][illegible][illegible] 山中[illegible]來[illegible]時尚[illegible][illegible]持十年釋

錦注拜讀

陳希豪

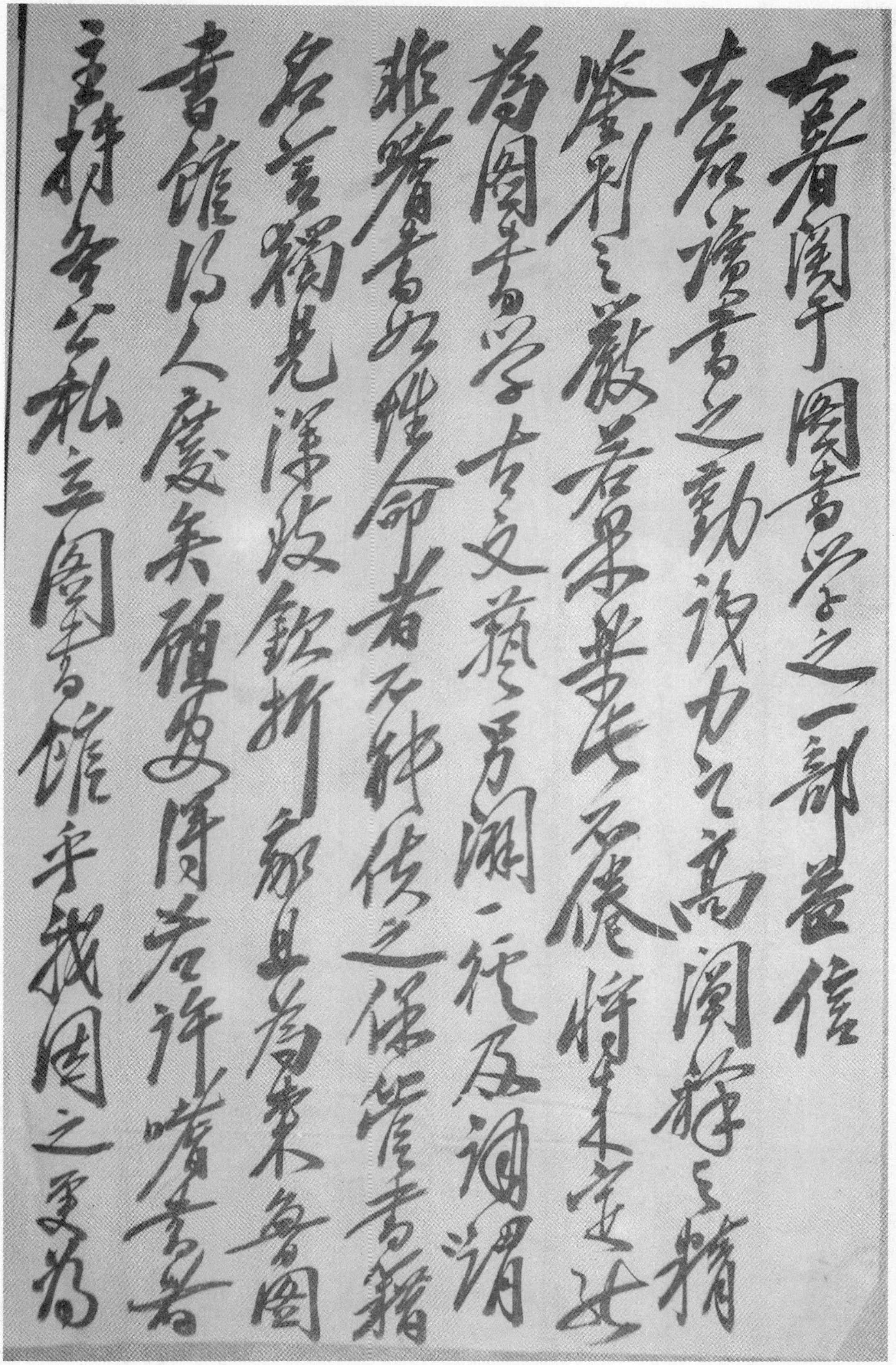
古籍固于圖書學之一部，蓋借
古今論書之勤，致力之高，閱藏之精
鑒別之嚴，若其畢生不倦，將來定必
為圖書學古文藝開闢一代，及通謂
非嗜書如性命者不能保之。保管書籍
名言獨見，深致欽折。敝且為東魯圖
書館得人慶矣。頃更得君許諾，著
主持各公私立圖書館，乎我國之更為

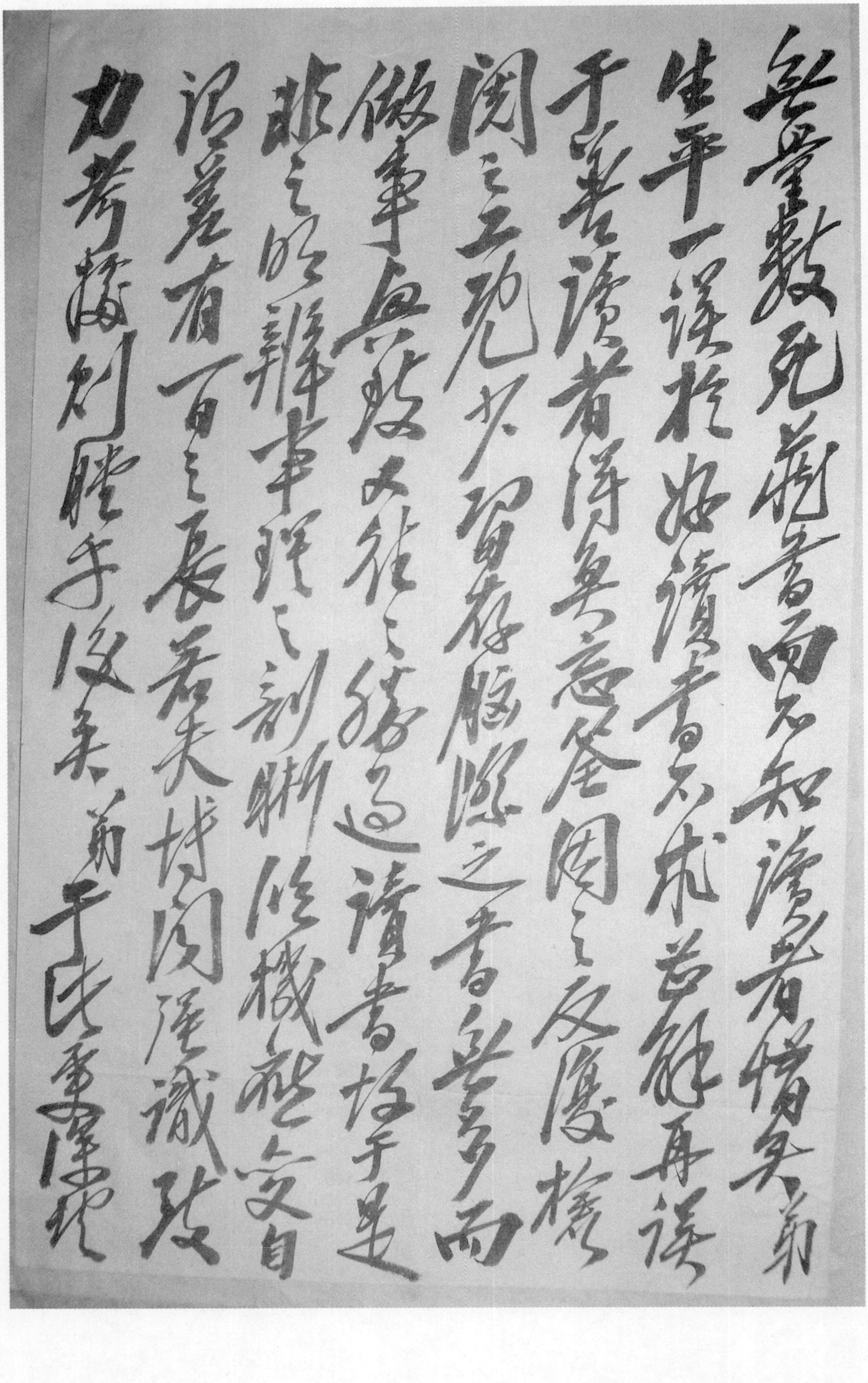

陳希豪

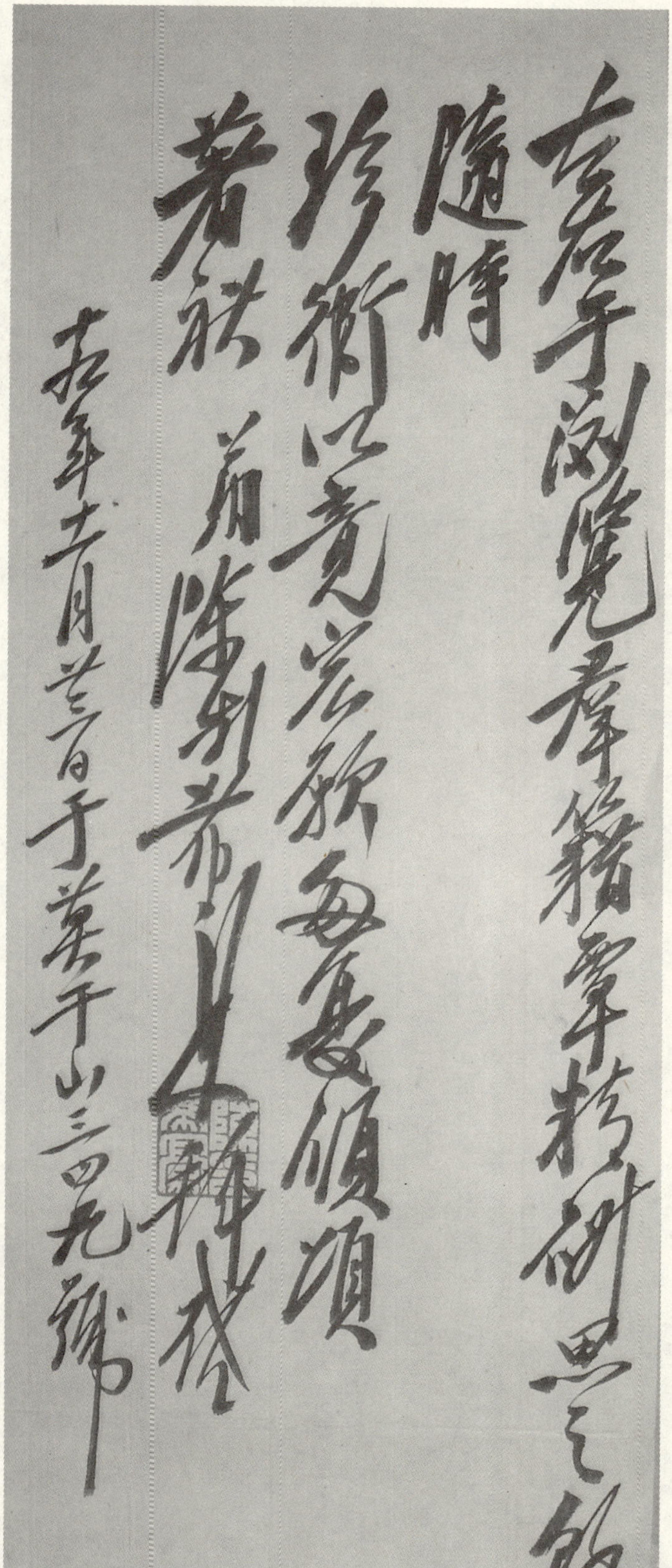

書第二通

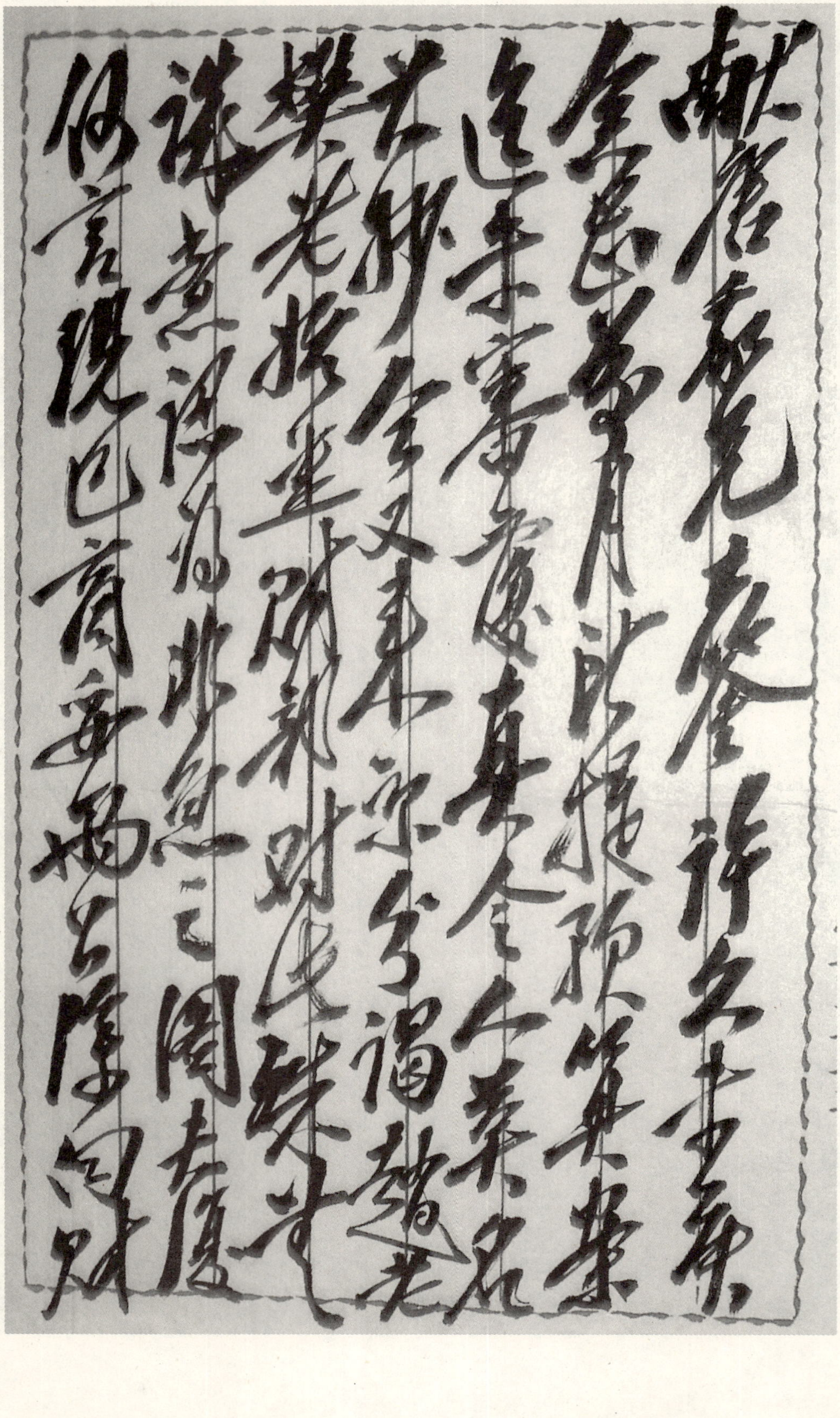

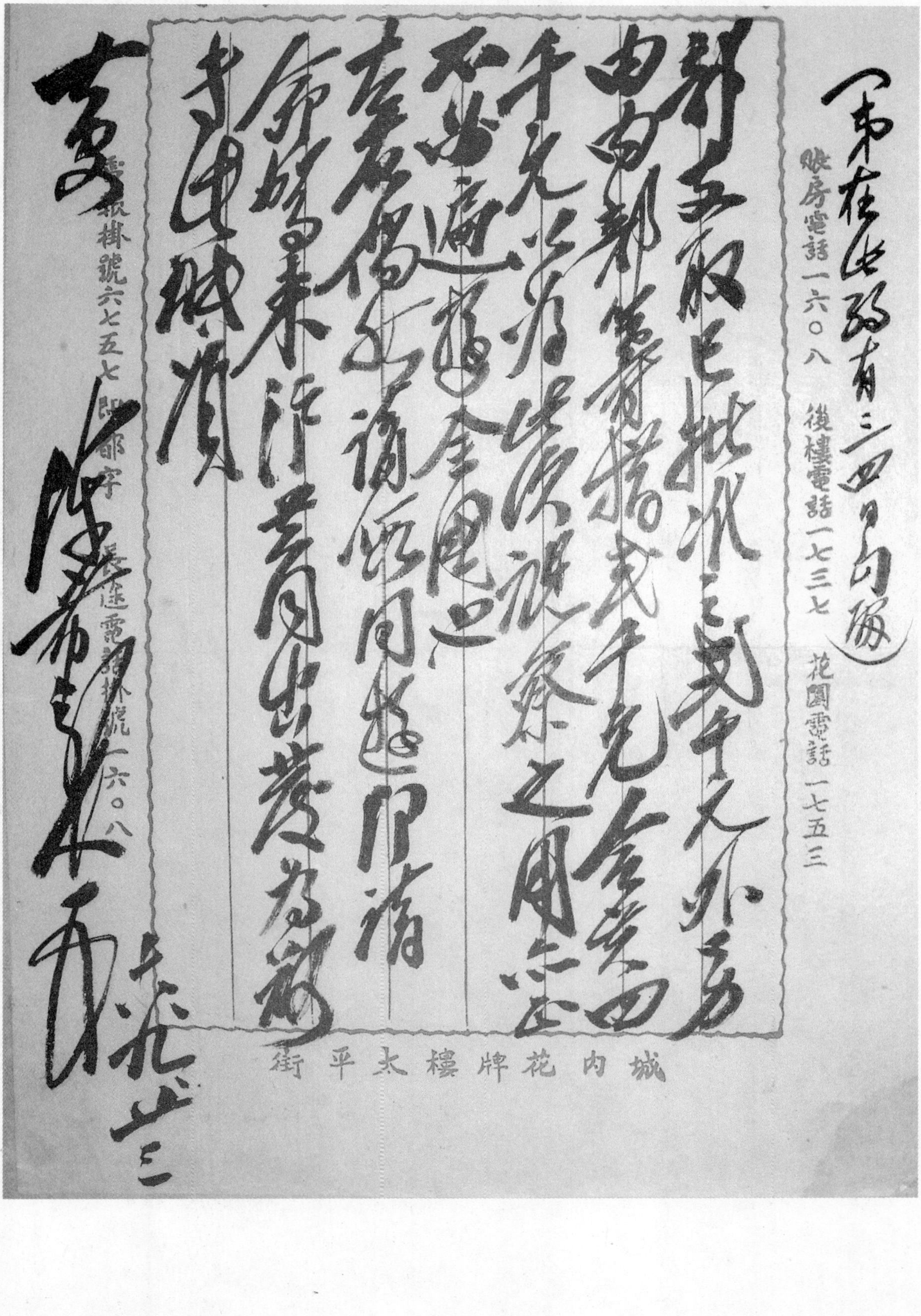
賬房電話一六〇八　後樓電話一七三七　花園電話一七五三
電報掛號六七五七即□字　長途電話掛號一六〇八
城内花牌樓太平街

書第三通

獻唐家兄惠鑒：前由許八
英晤，累承先生語，得悉尊意，宴
會中直令人疲乏，不想要亦習
尚能以處遂勉之也。現因經費及
隨員生活費等問題，須候下
星期二行政會議通過後定，
故一時尚難離京，約五人出
發須五月杪或下月初旬

南京王吉源印行

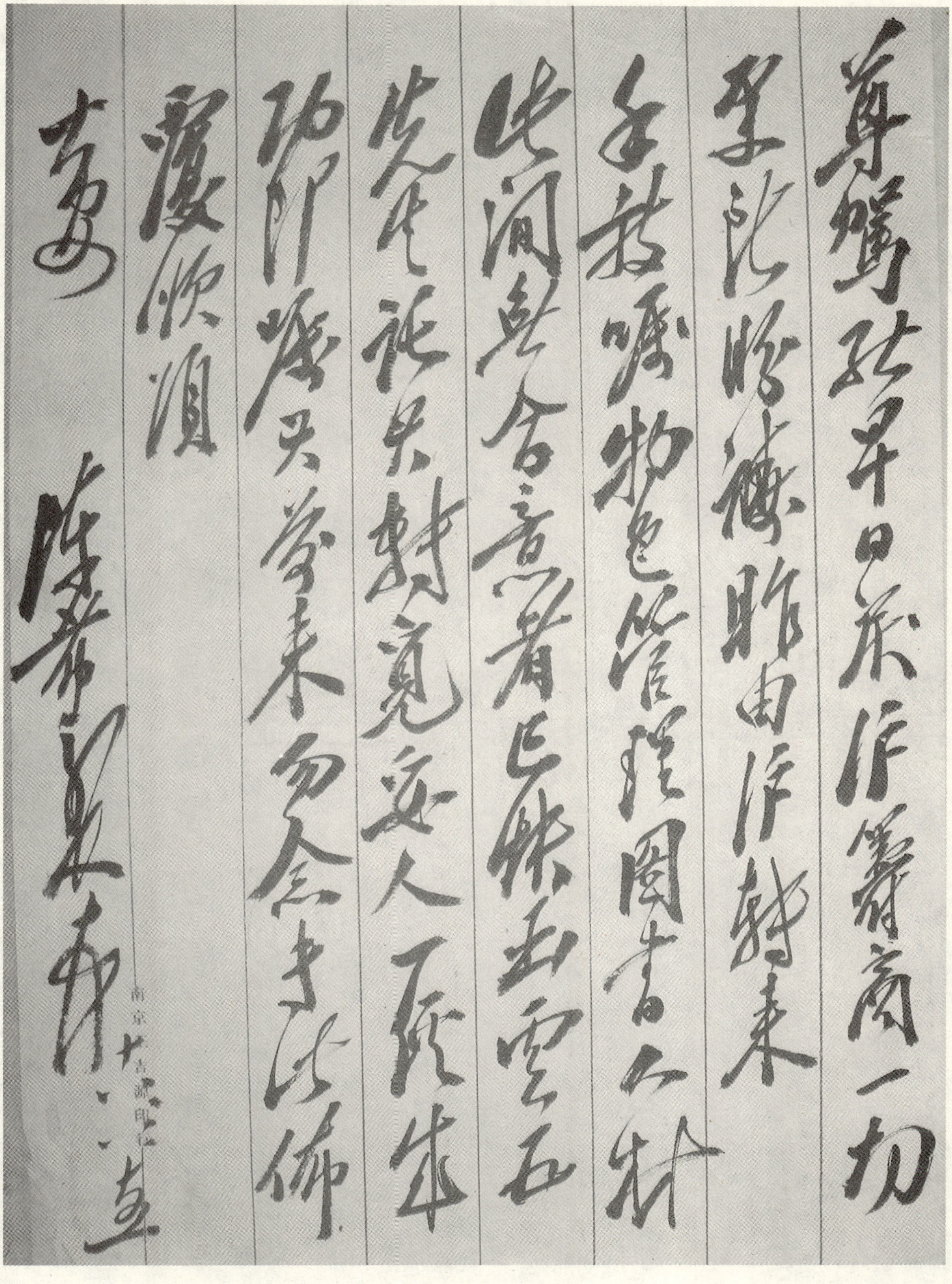

書第四通

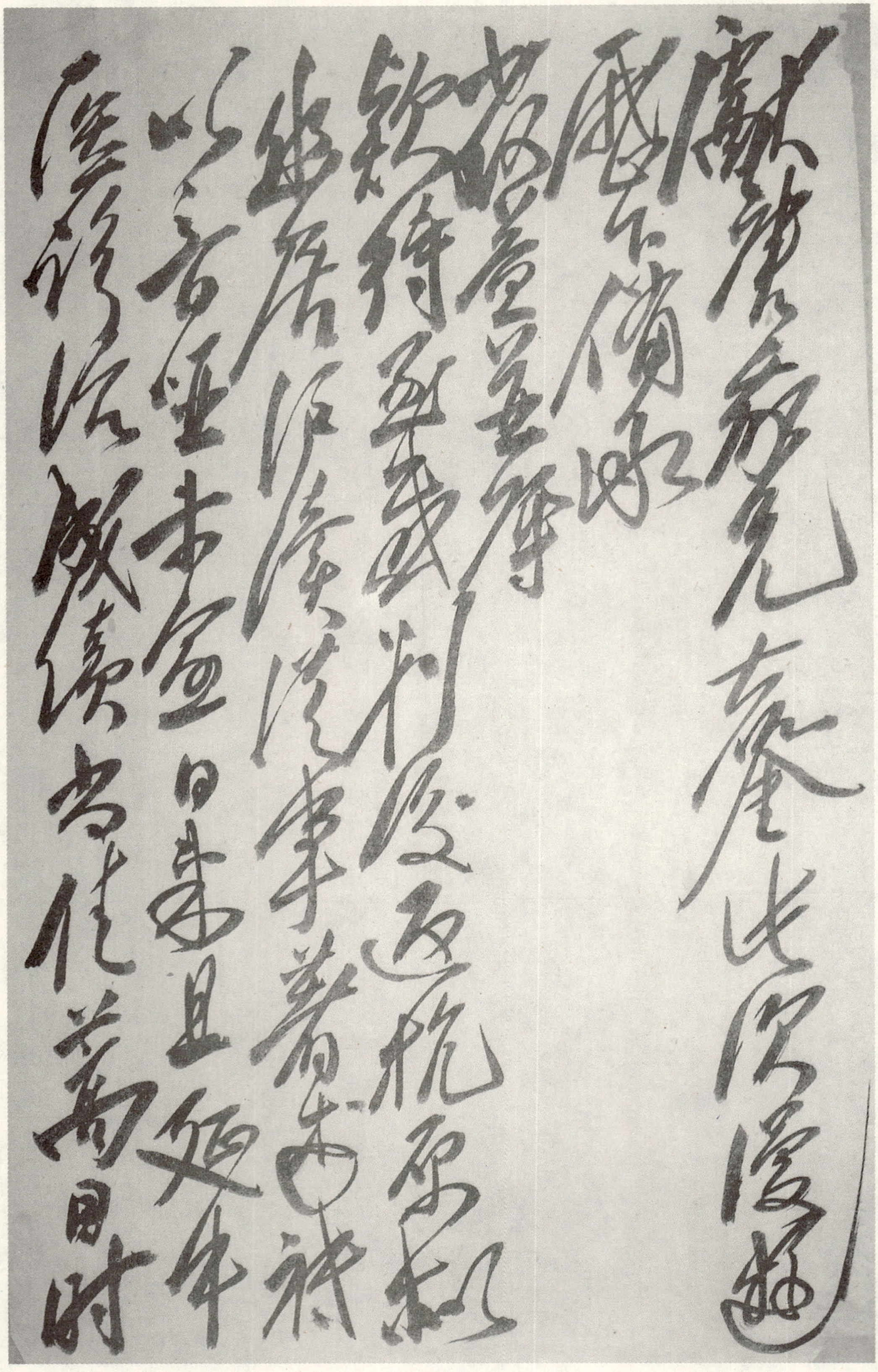

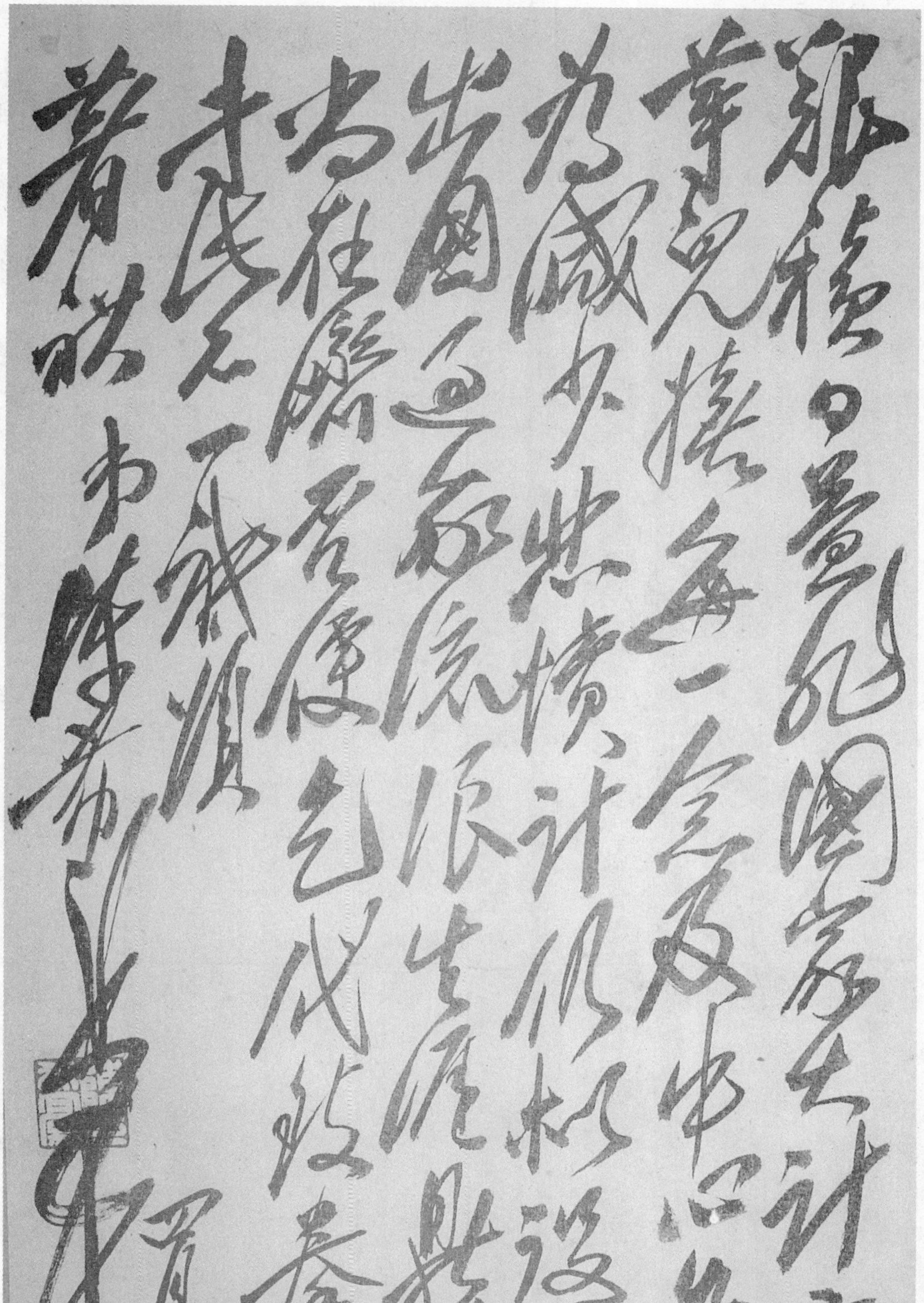

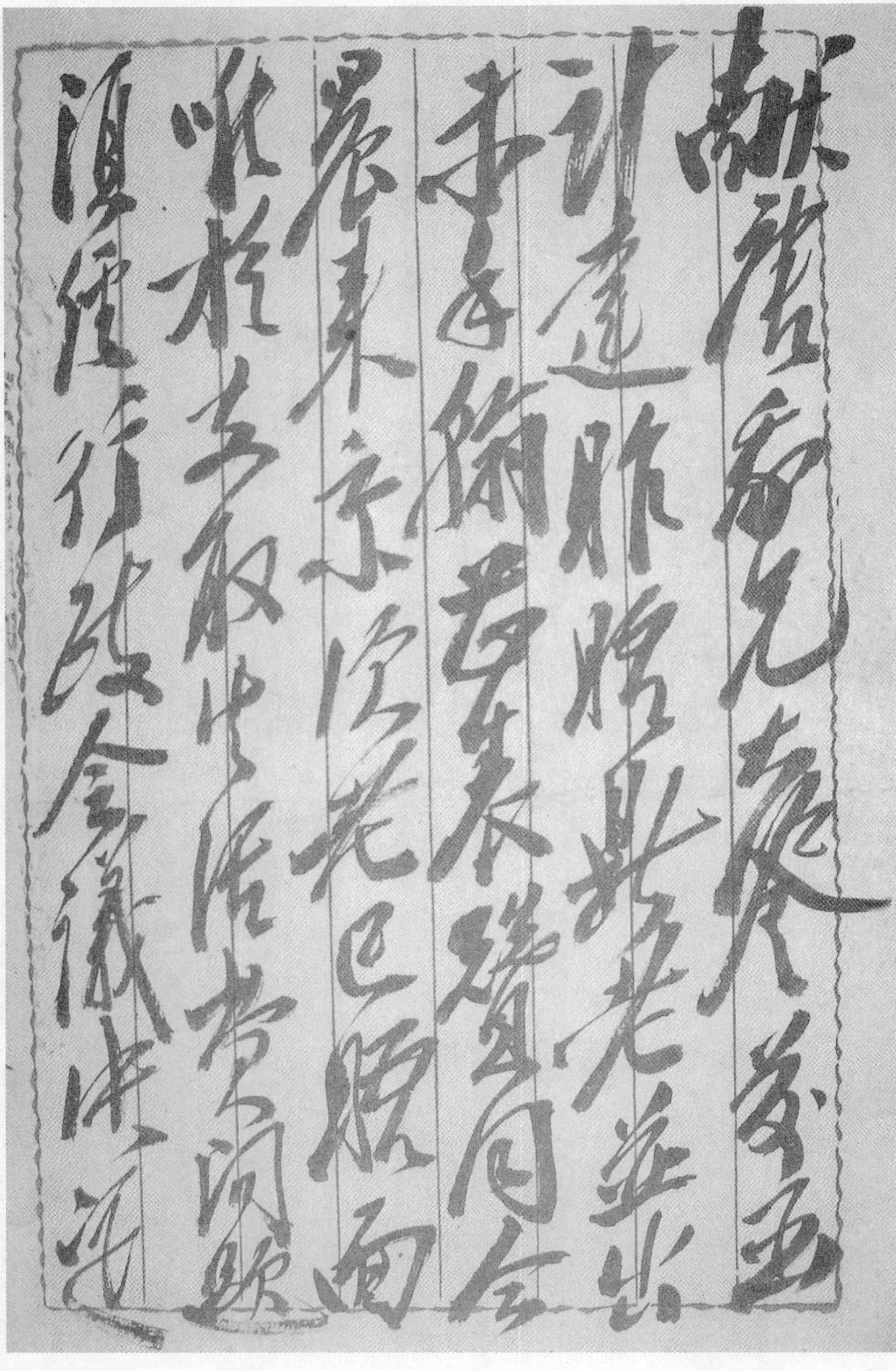

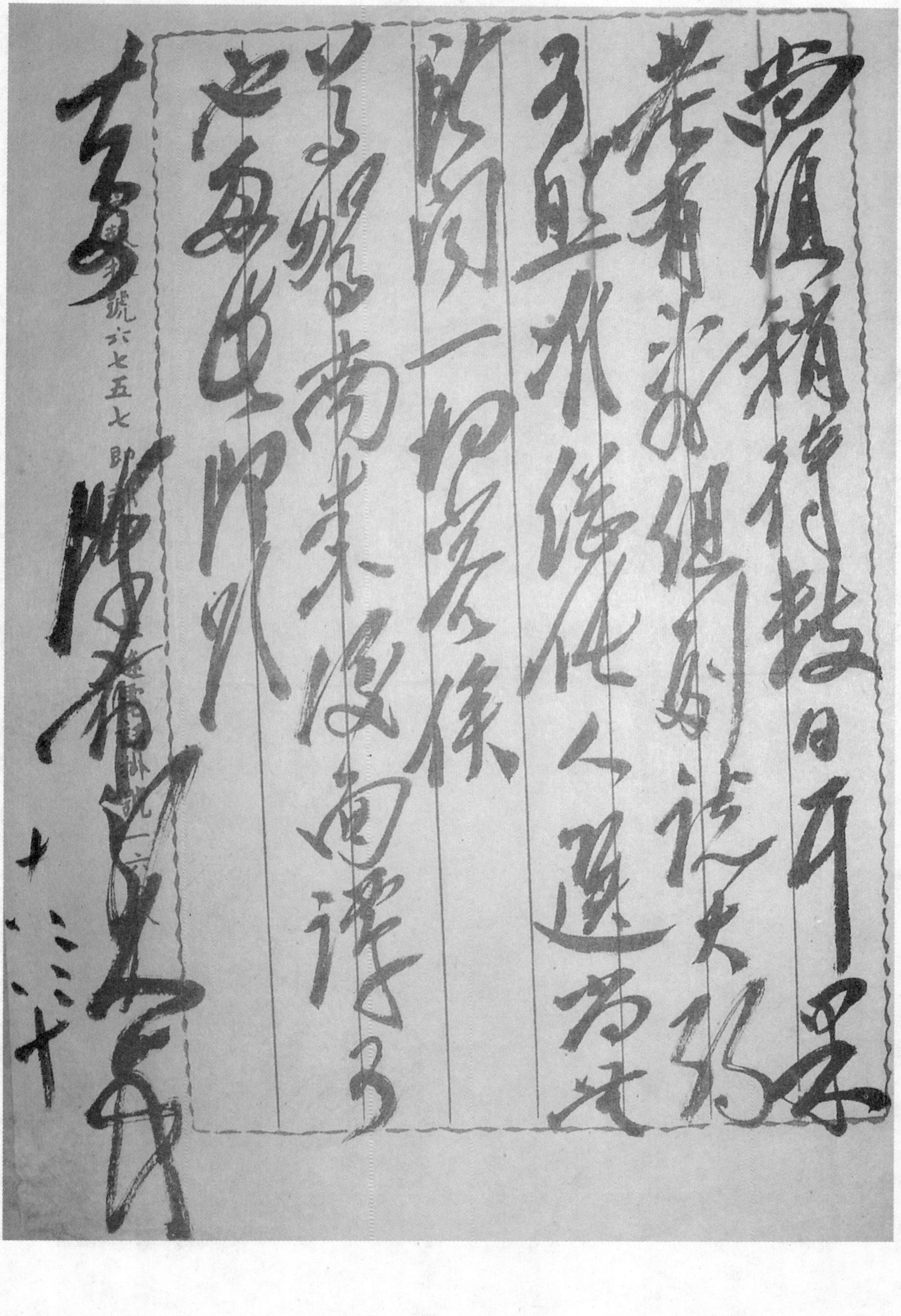

書第六通

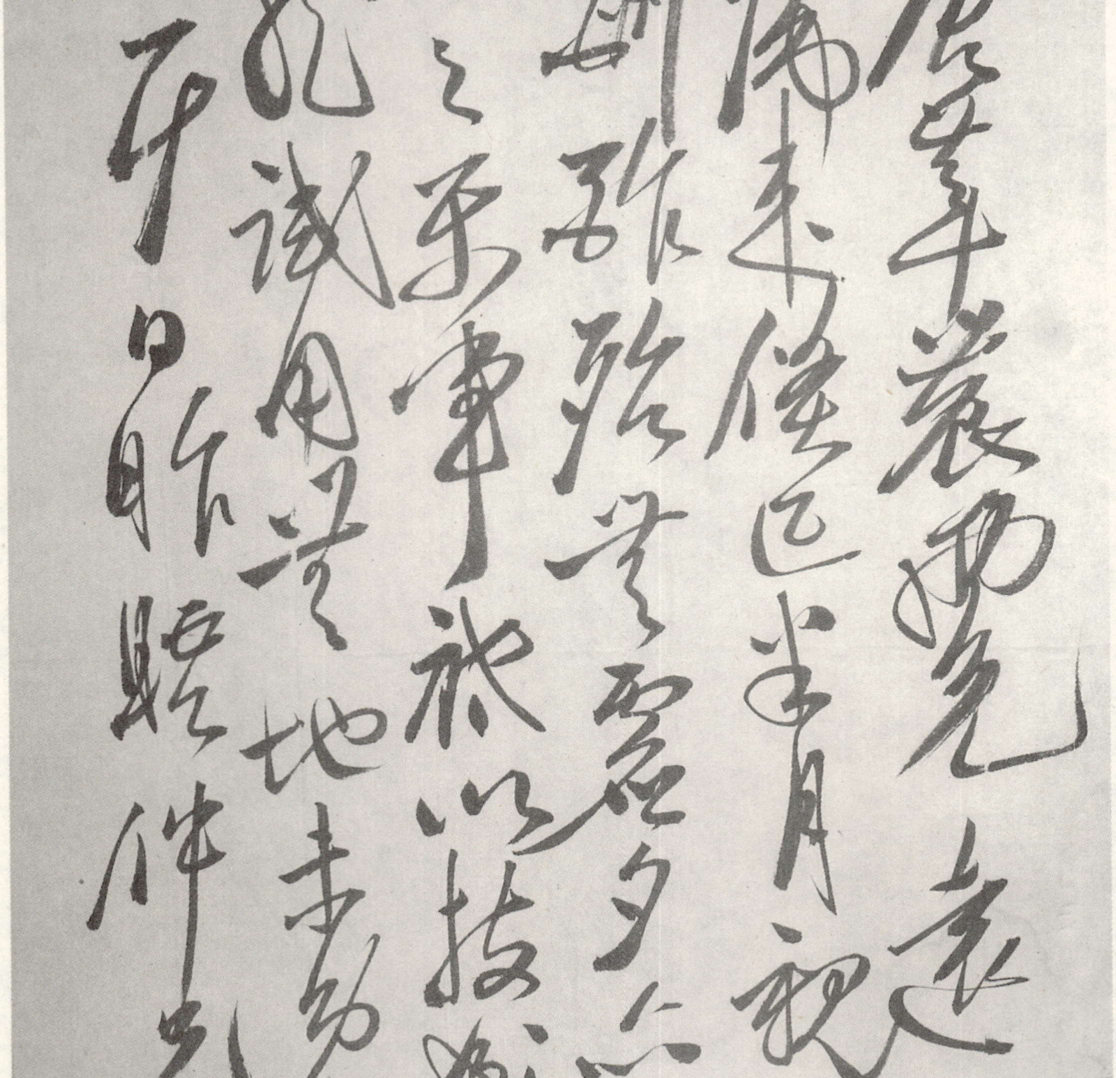

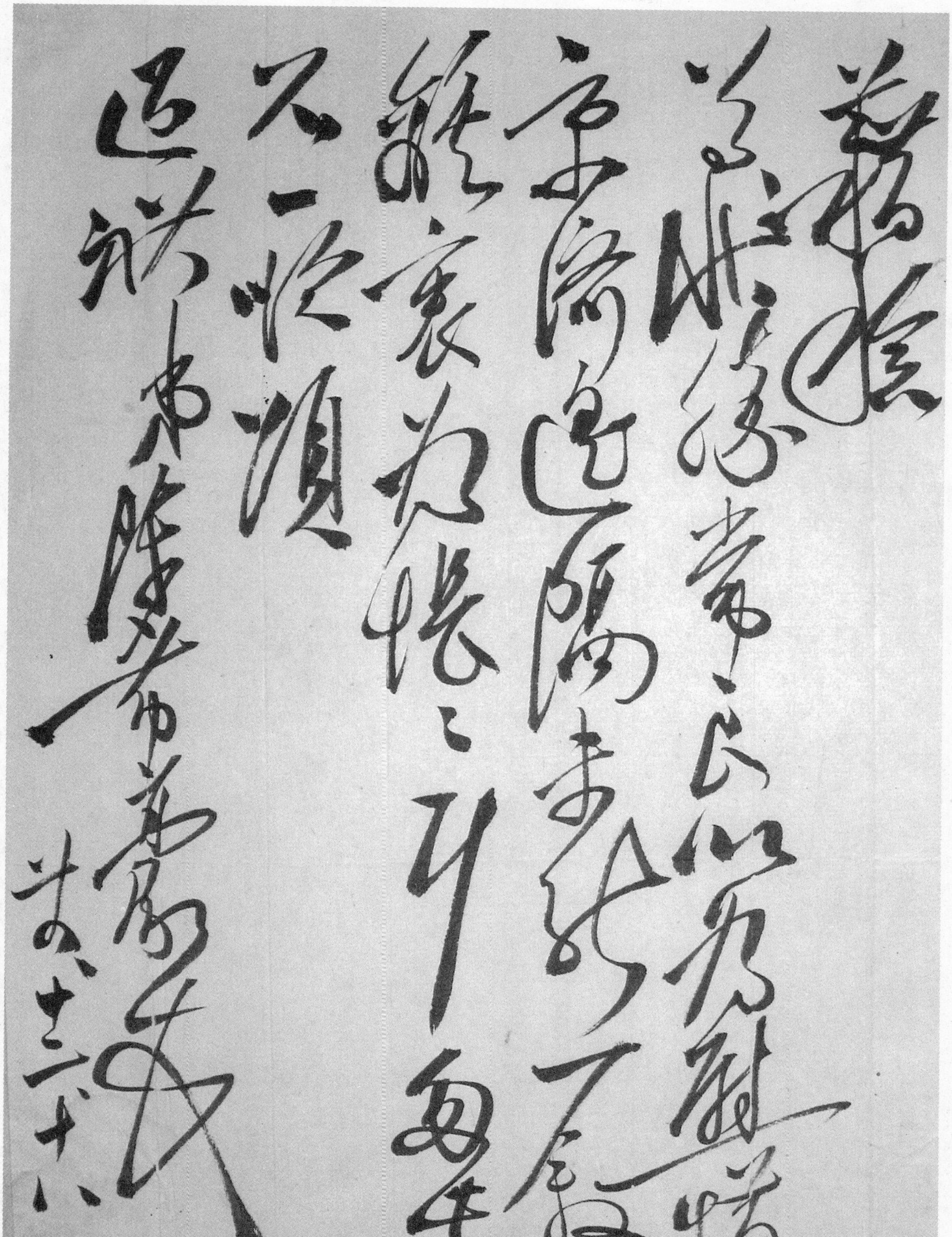

書第七通

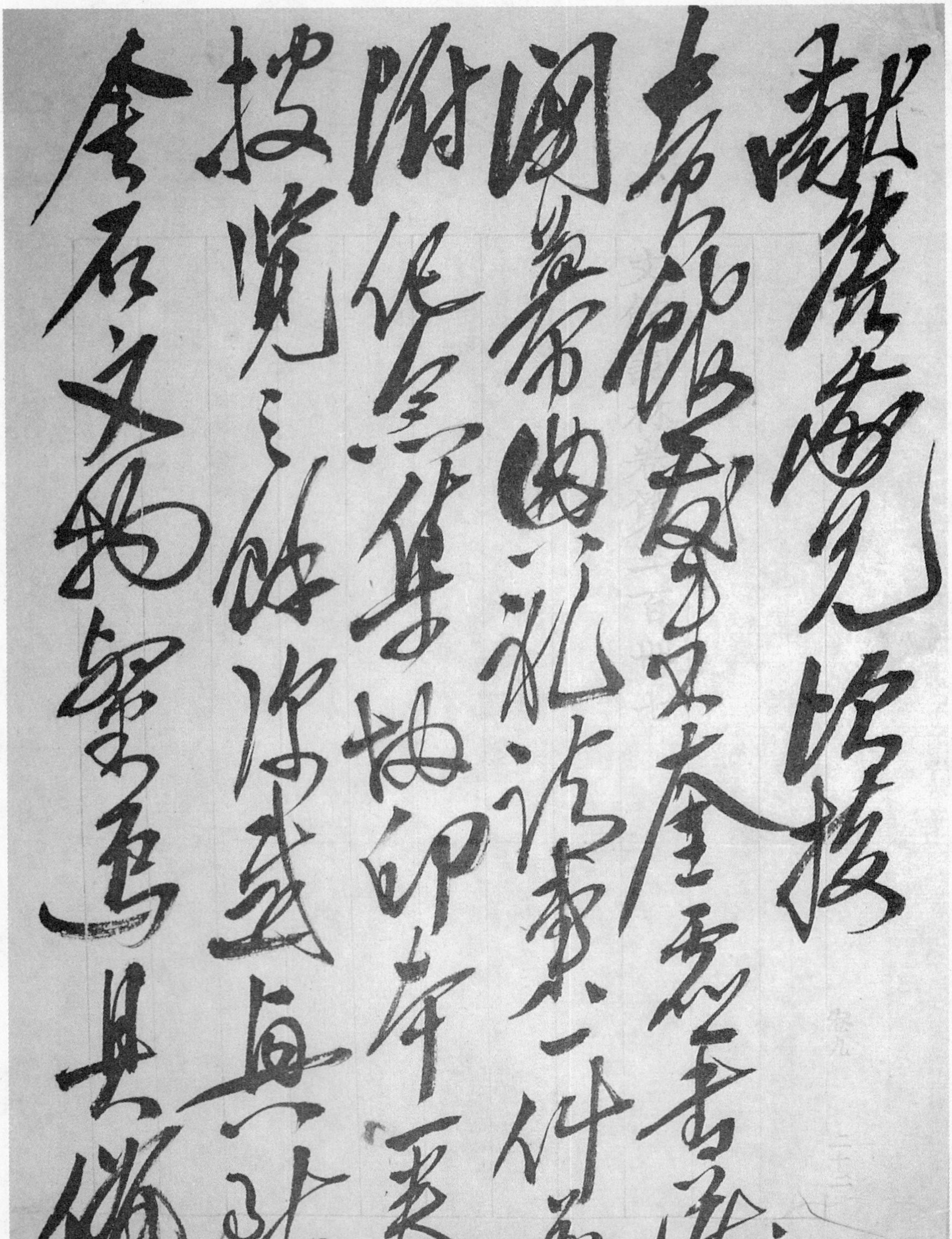

陳希豪

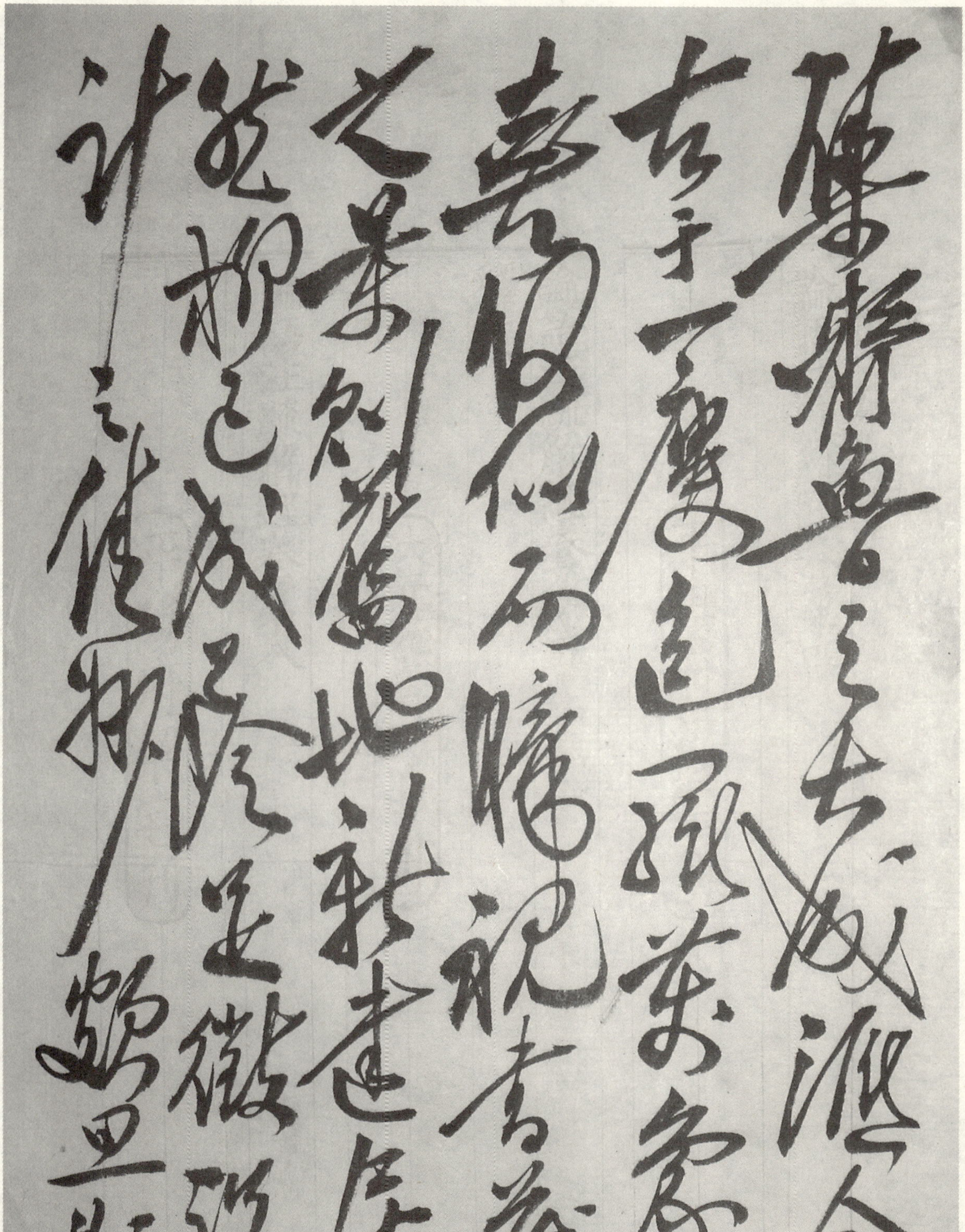

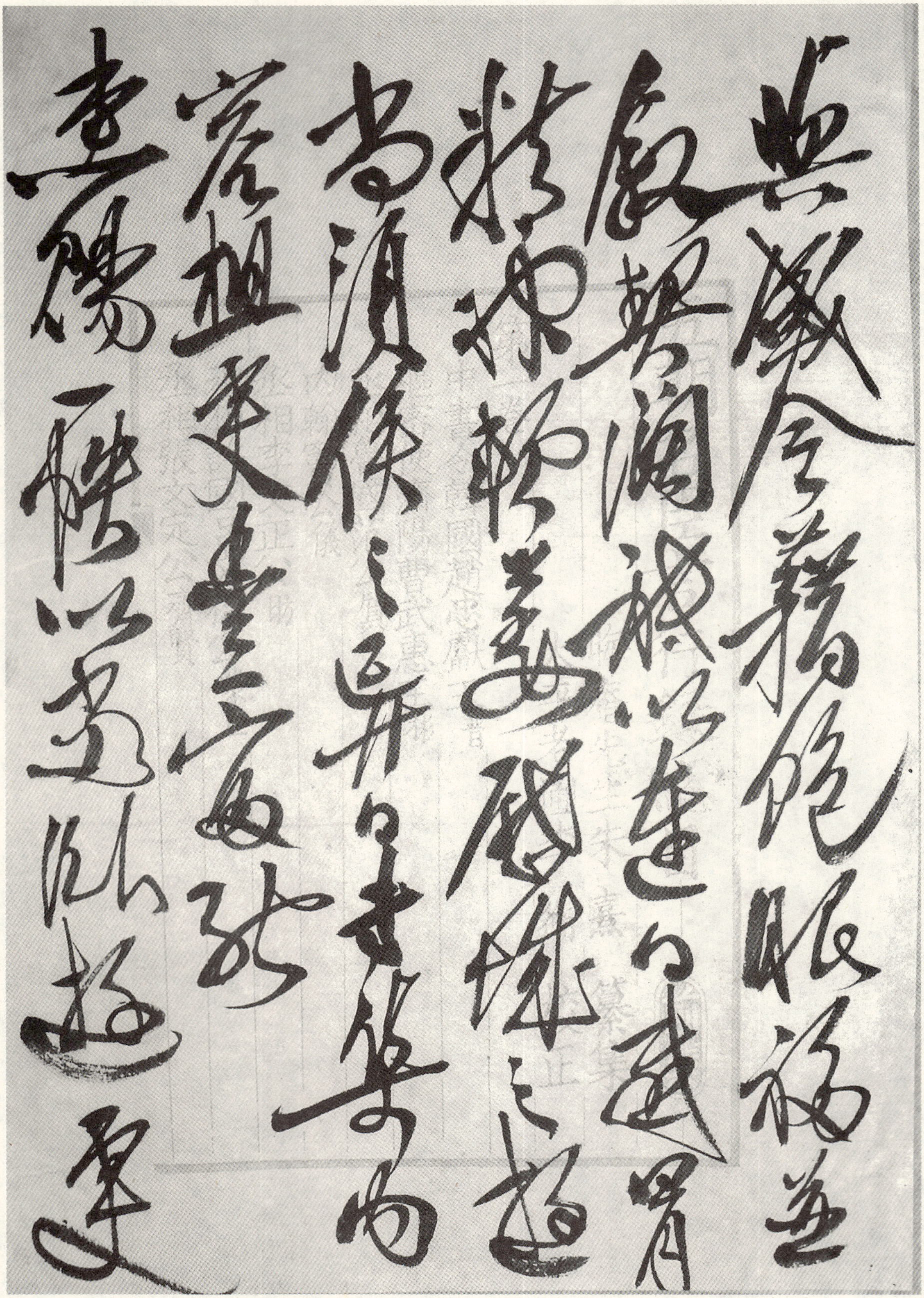

陳希豪

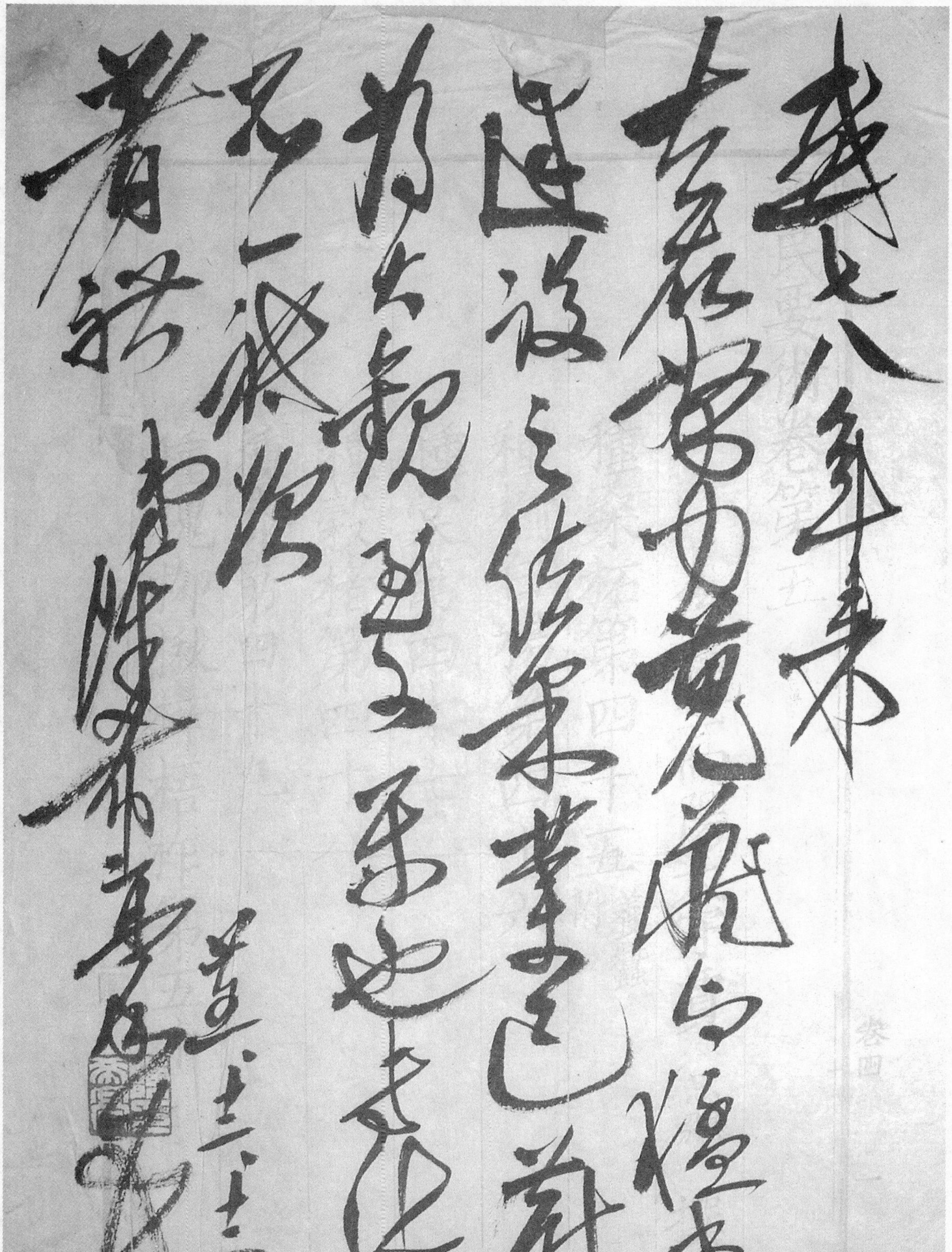

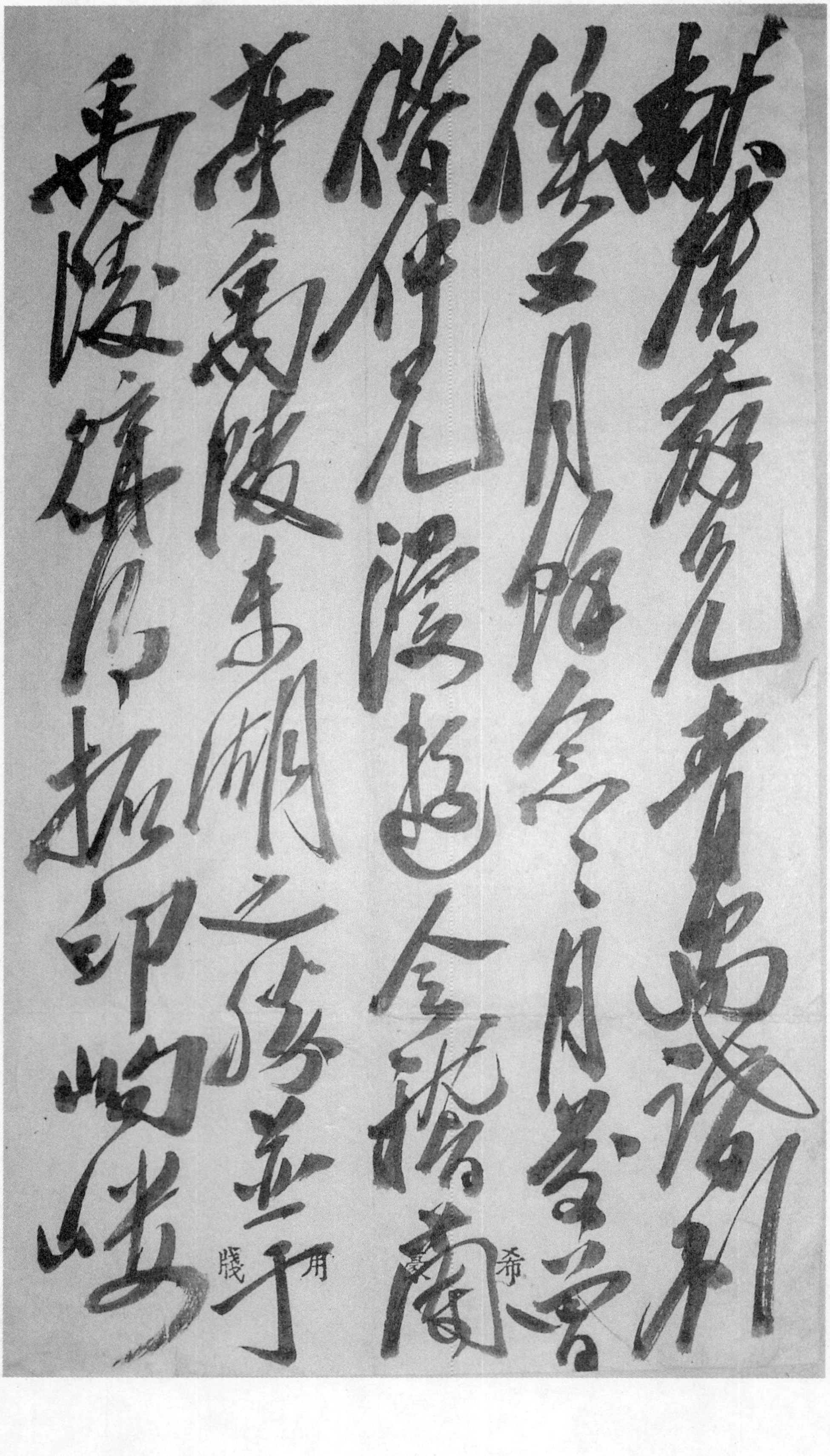
希豪用牋

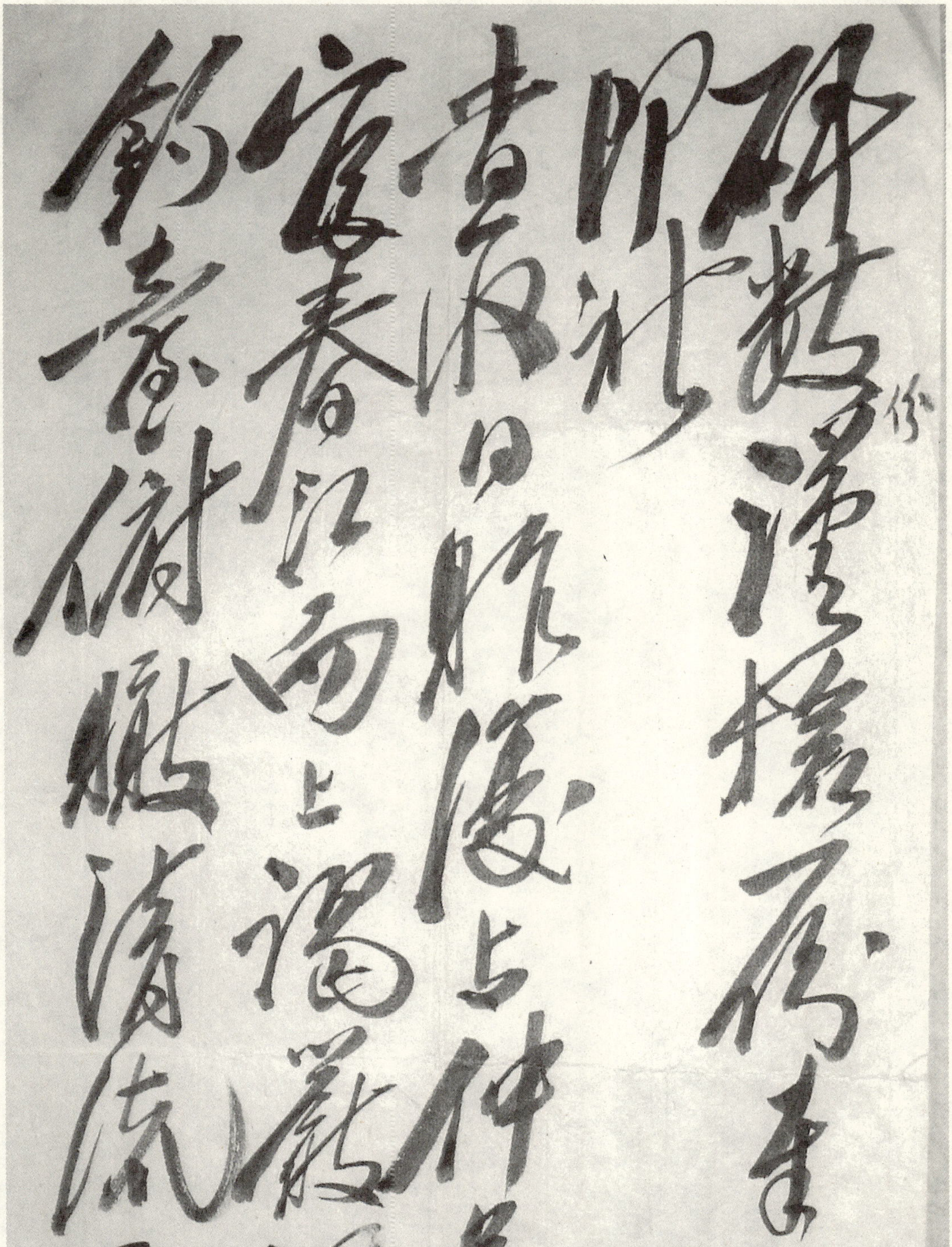

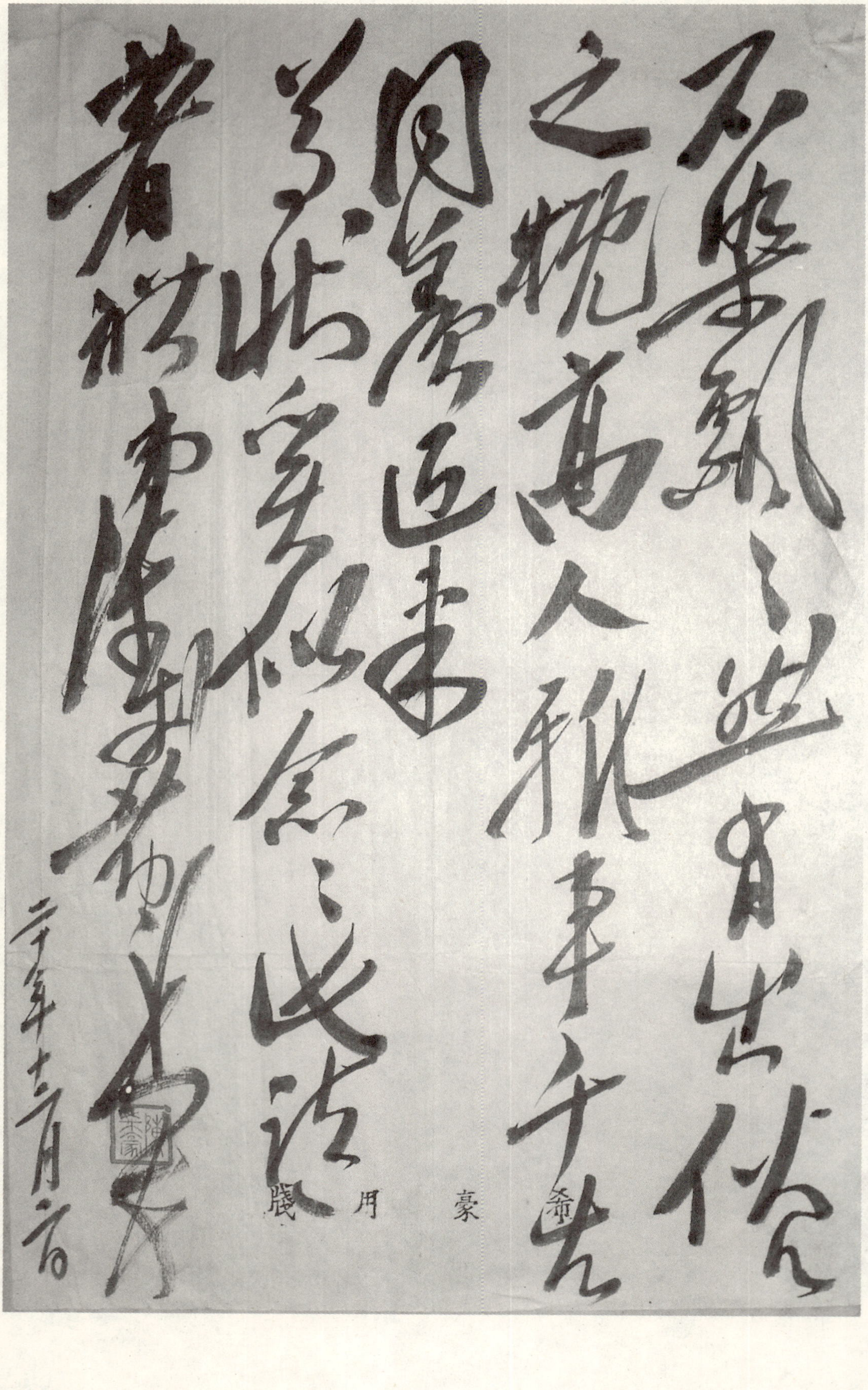
希豪用箋

書第九通

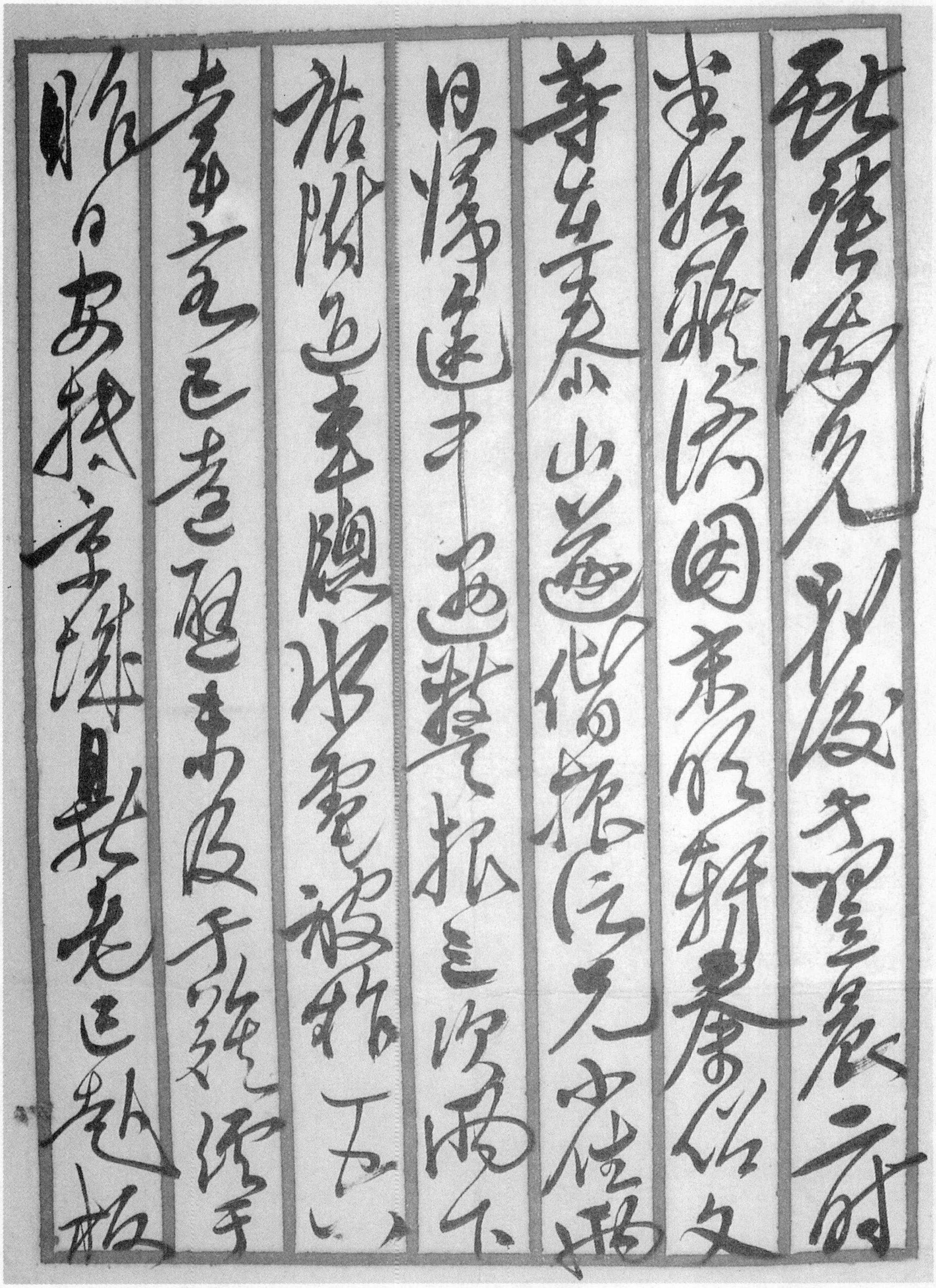

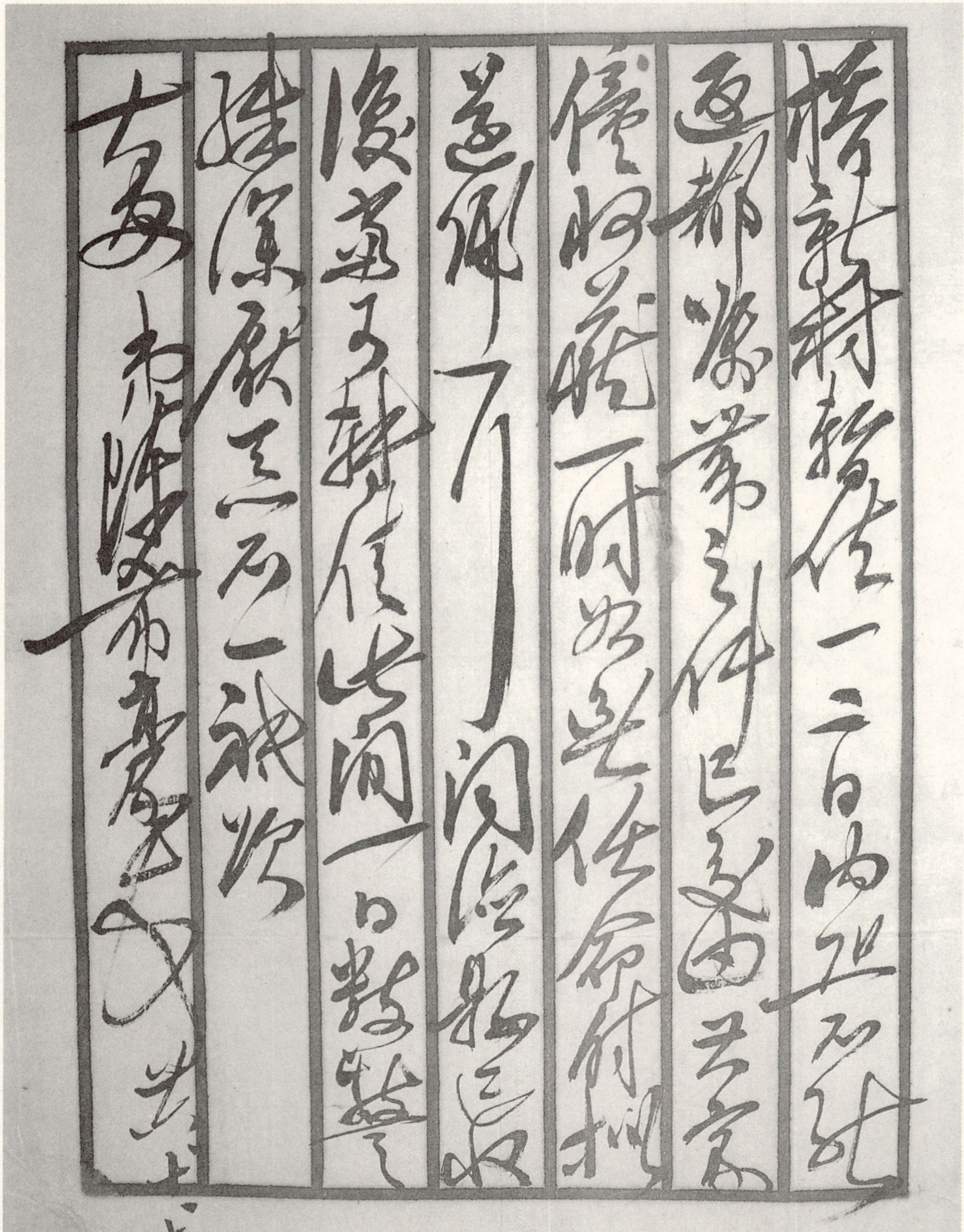

書第十通

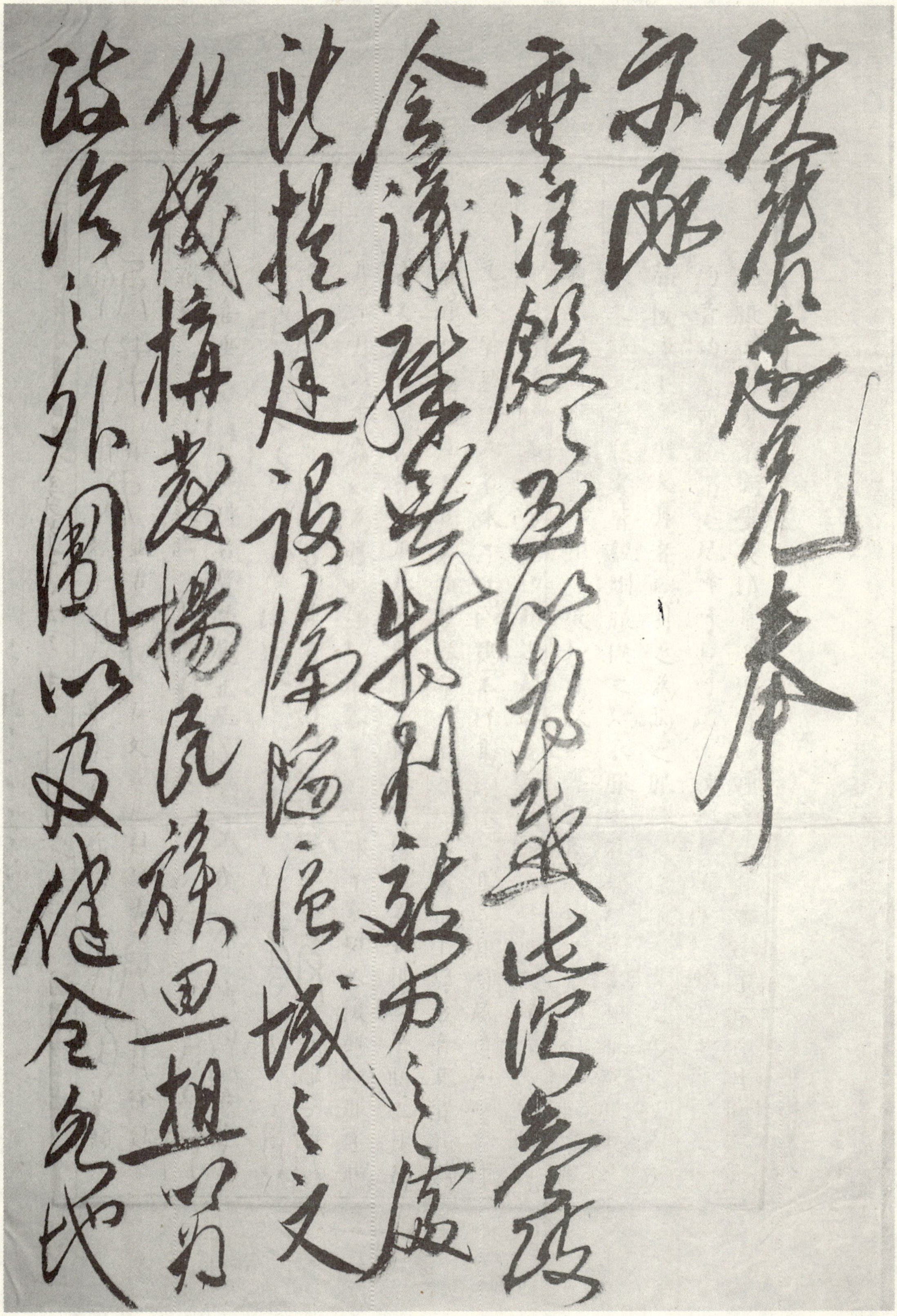
獻唐老兄奉
示敬悉
垂注殷殷對於我此次參政
會議[illegible]利弊之處
[illegible]提出建設淪陷區域之文
化機構發揚民族思想以
[illegible]之外圍以及[illegible]令[illegible]地

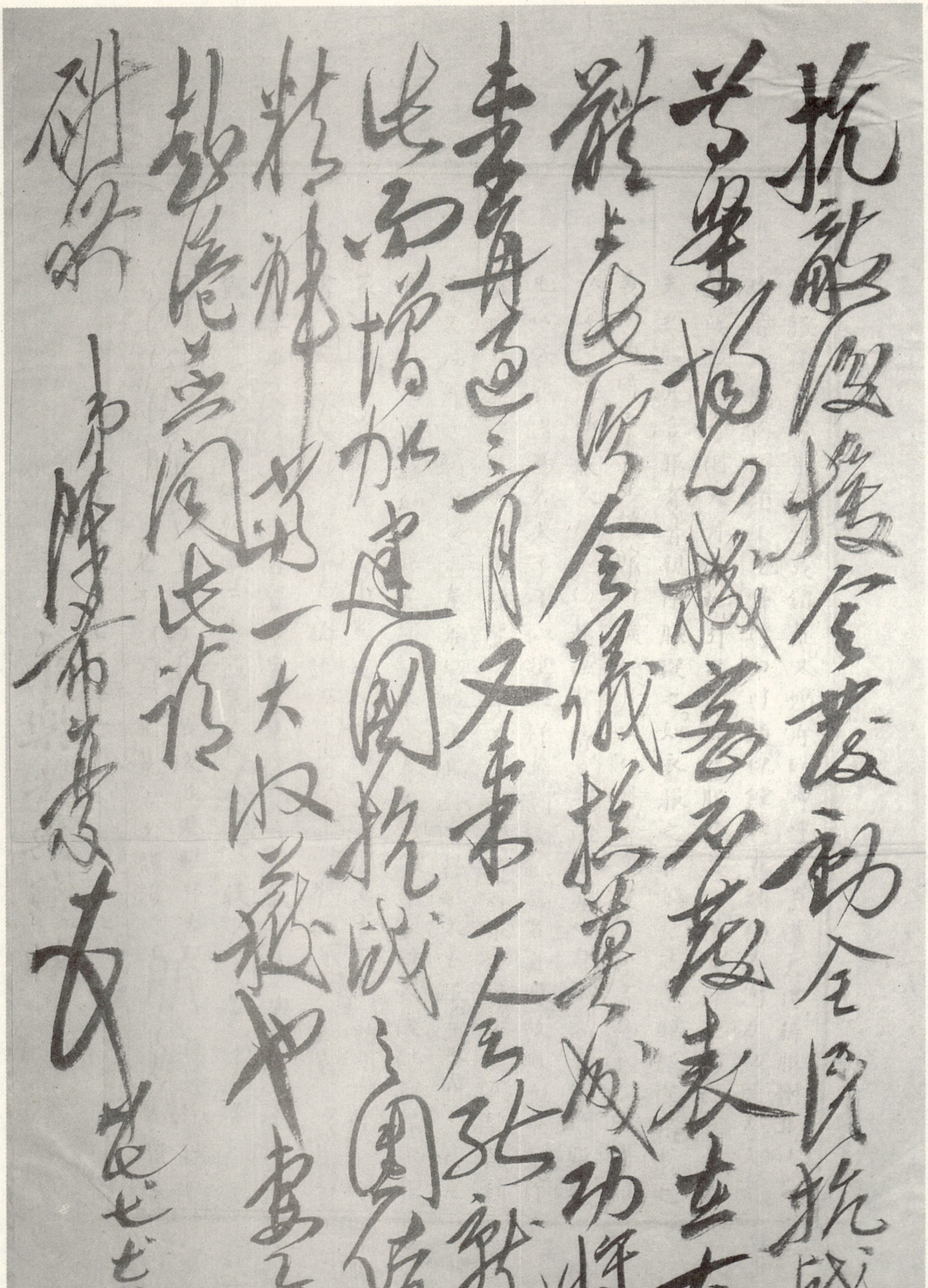

書第十一通

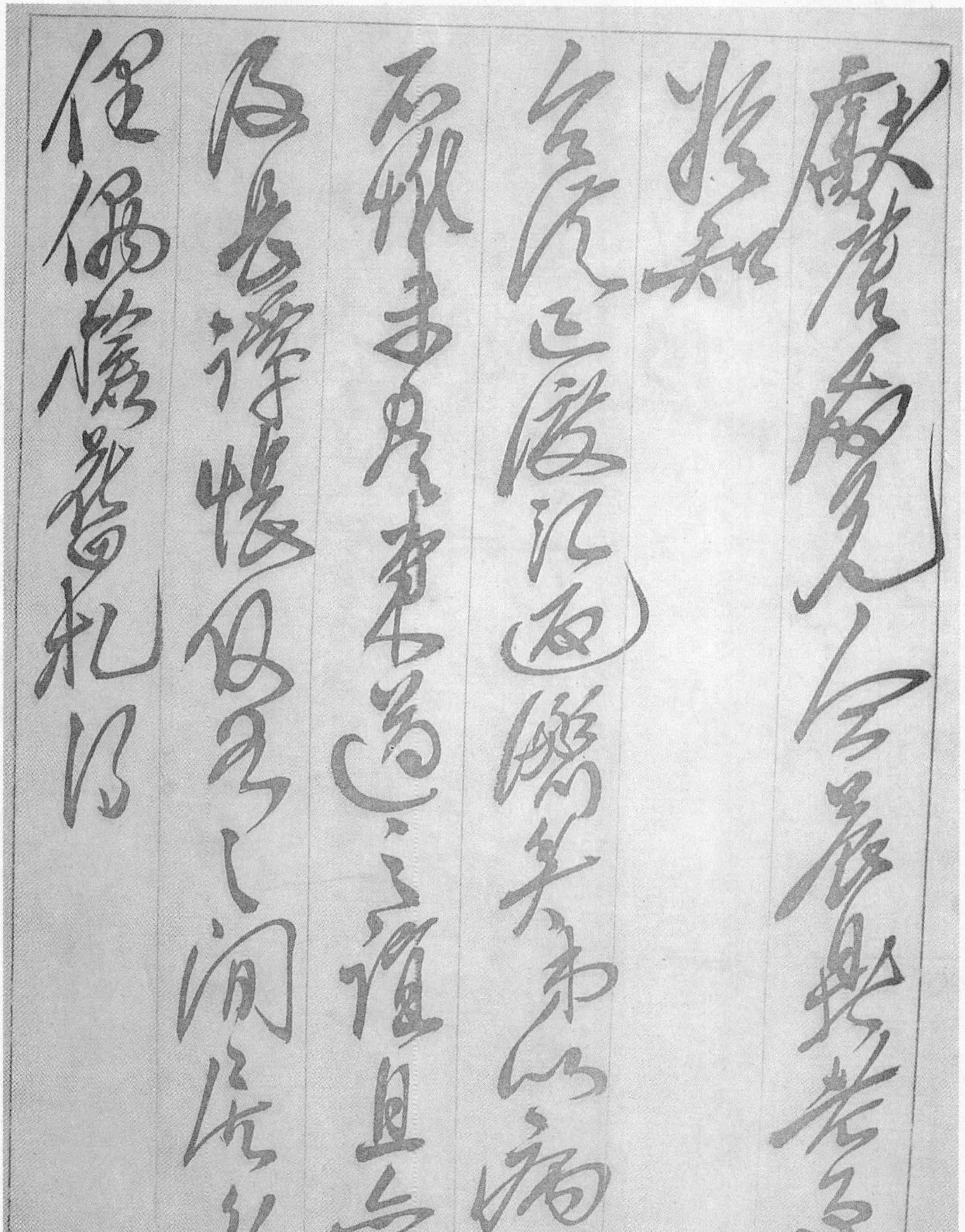

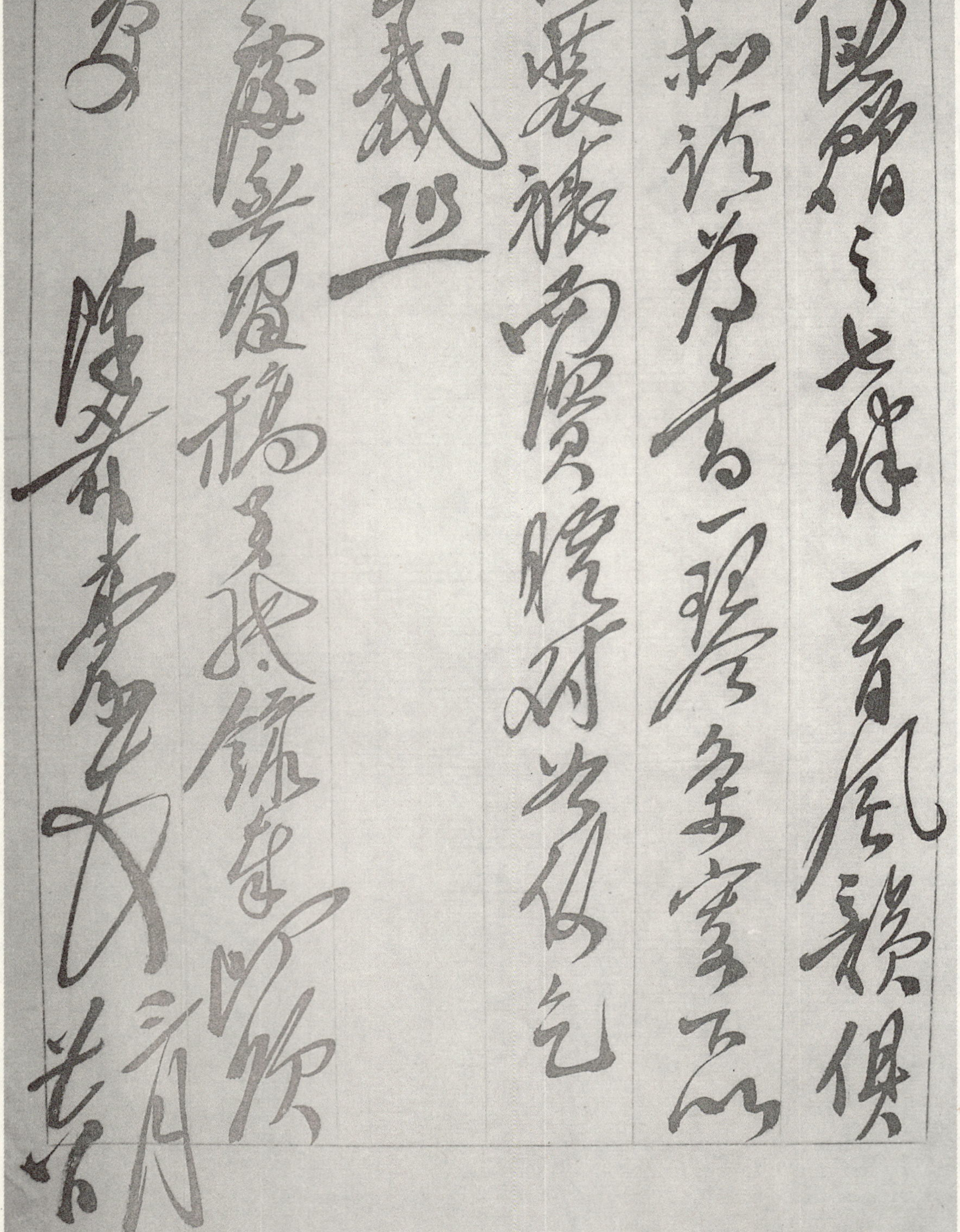

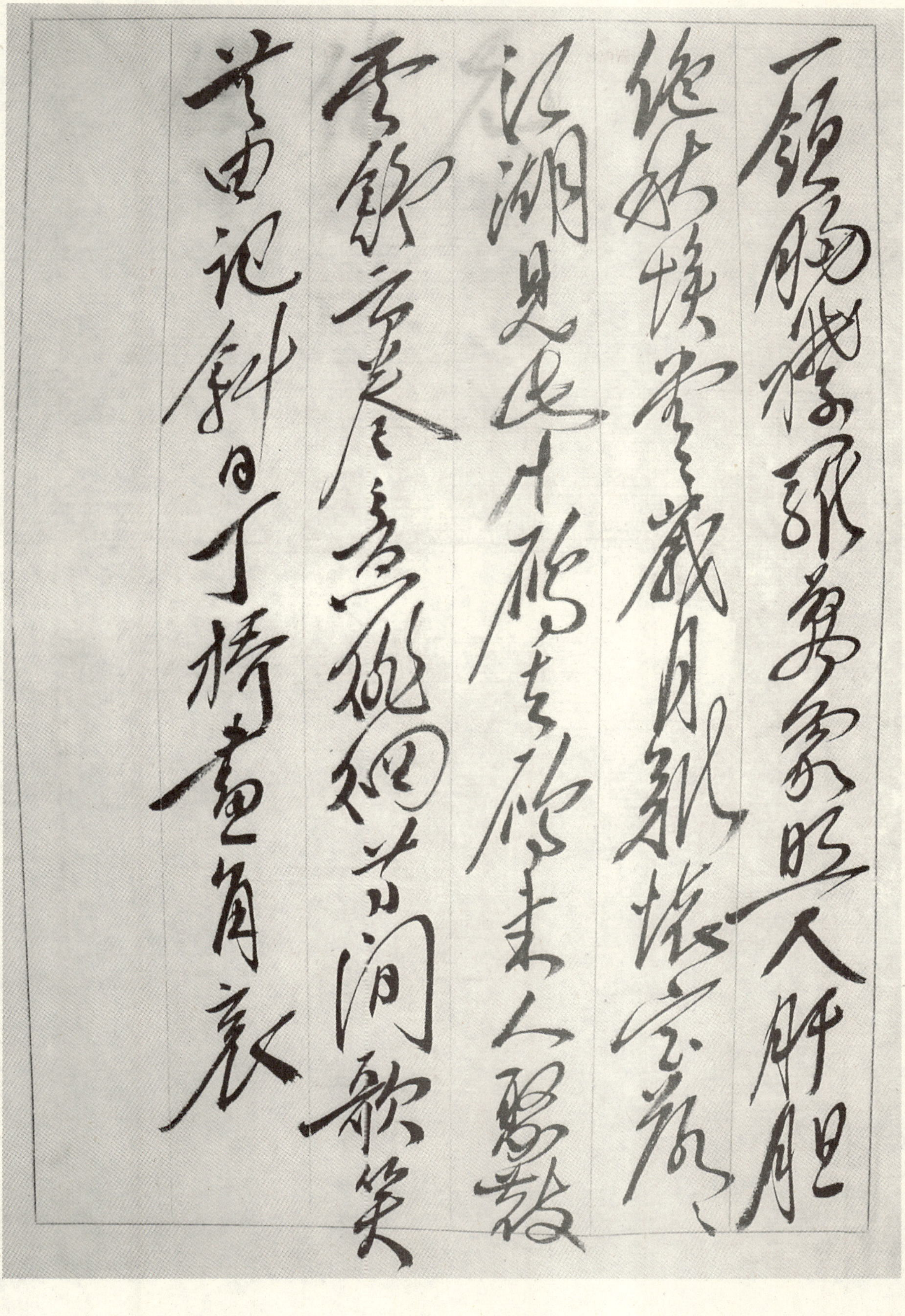

書第十二通

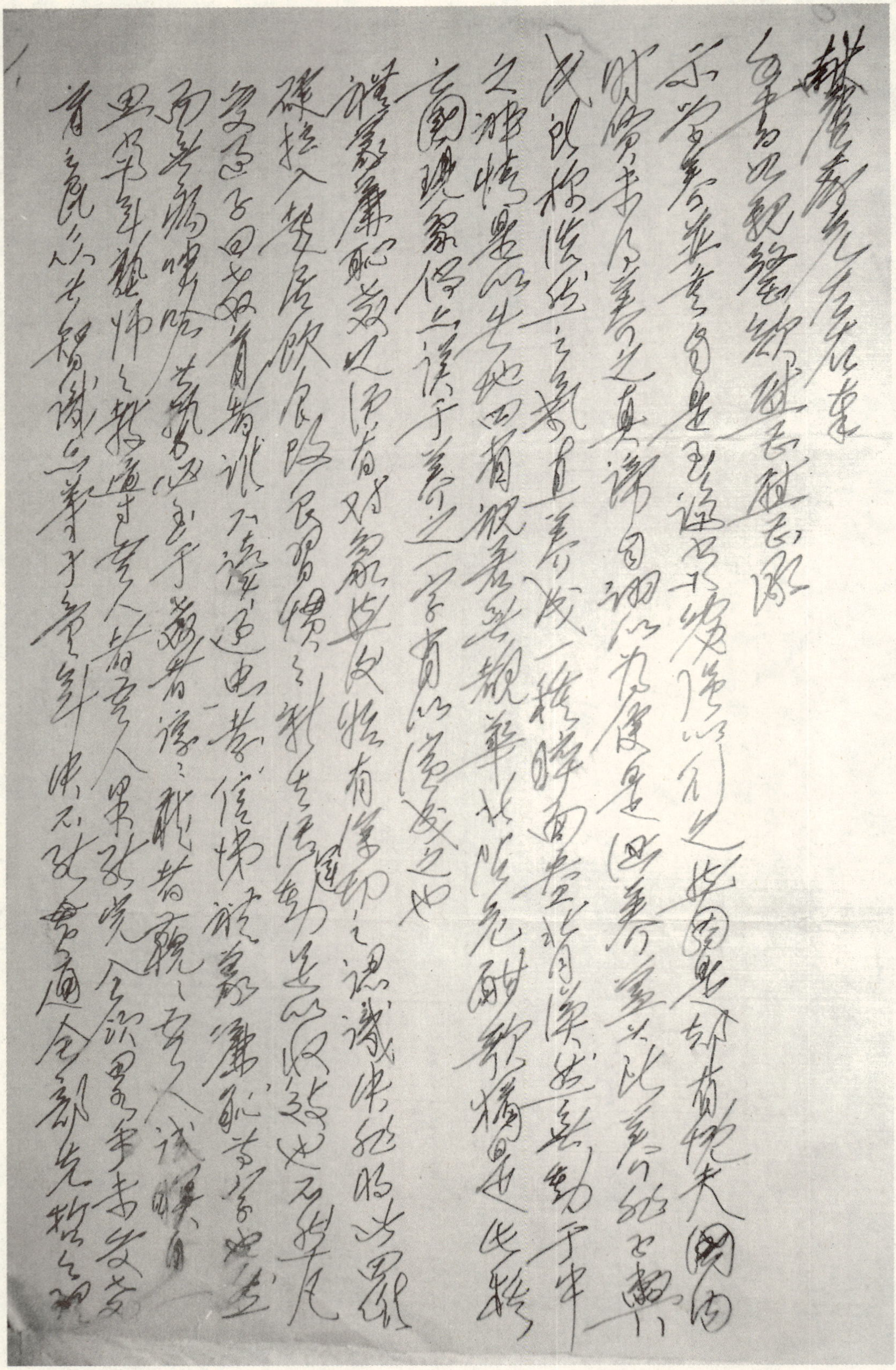

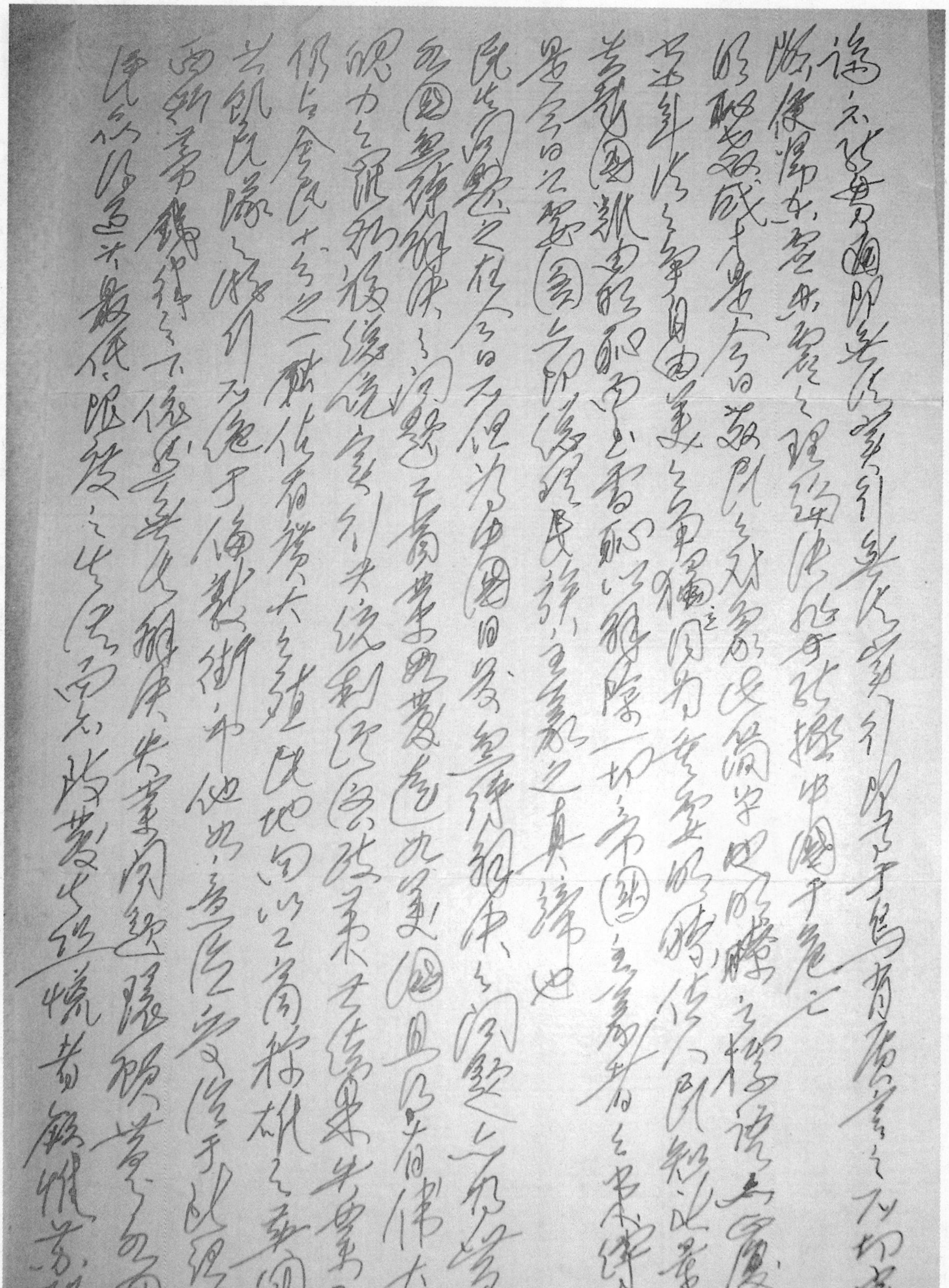

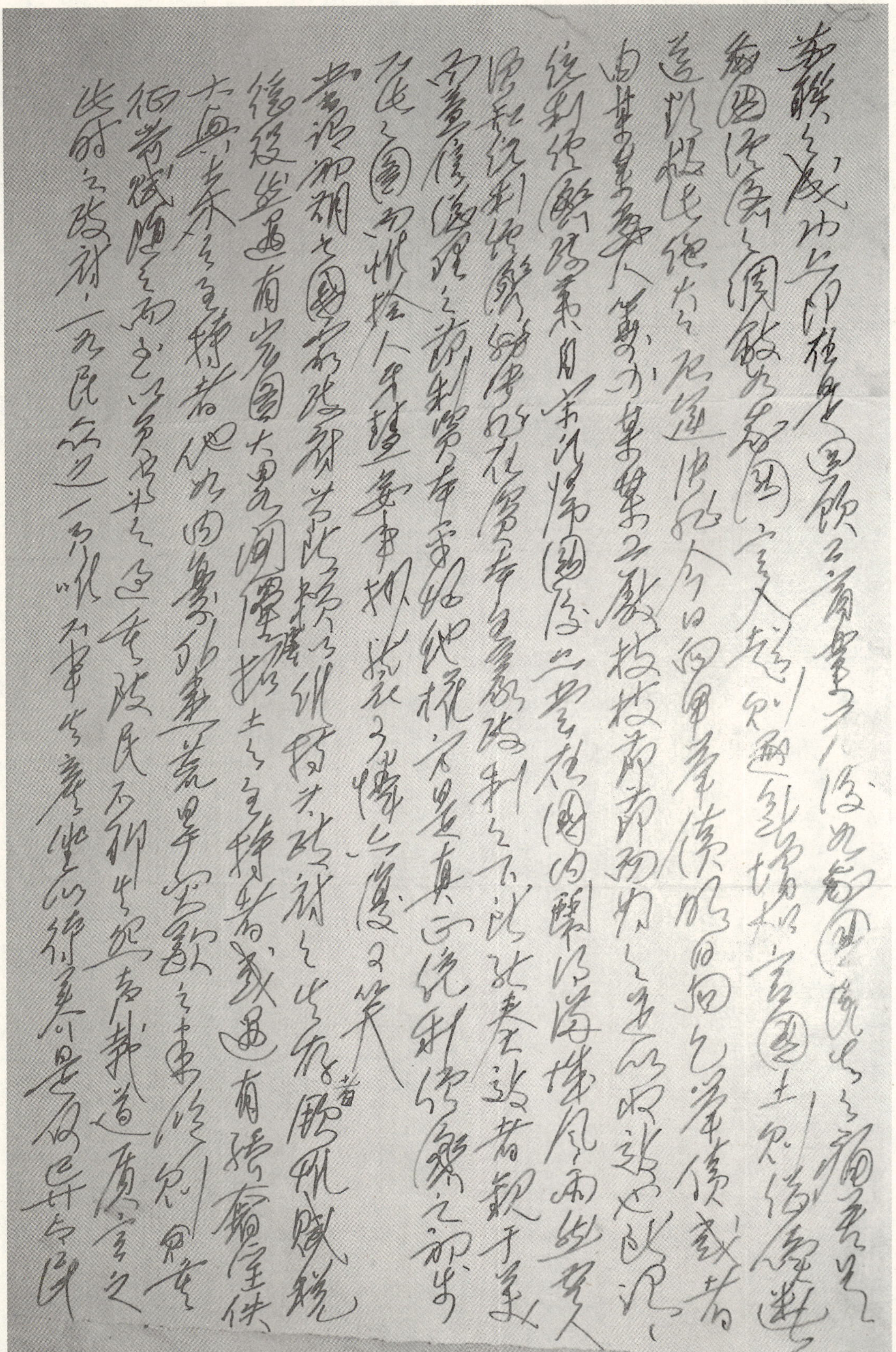

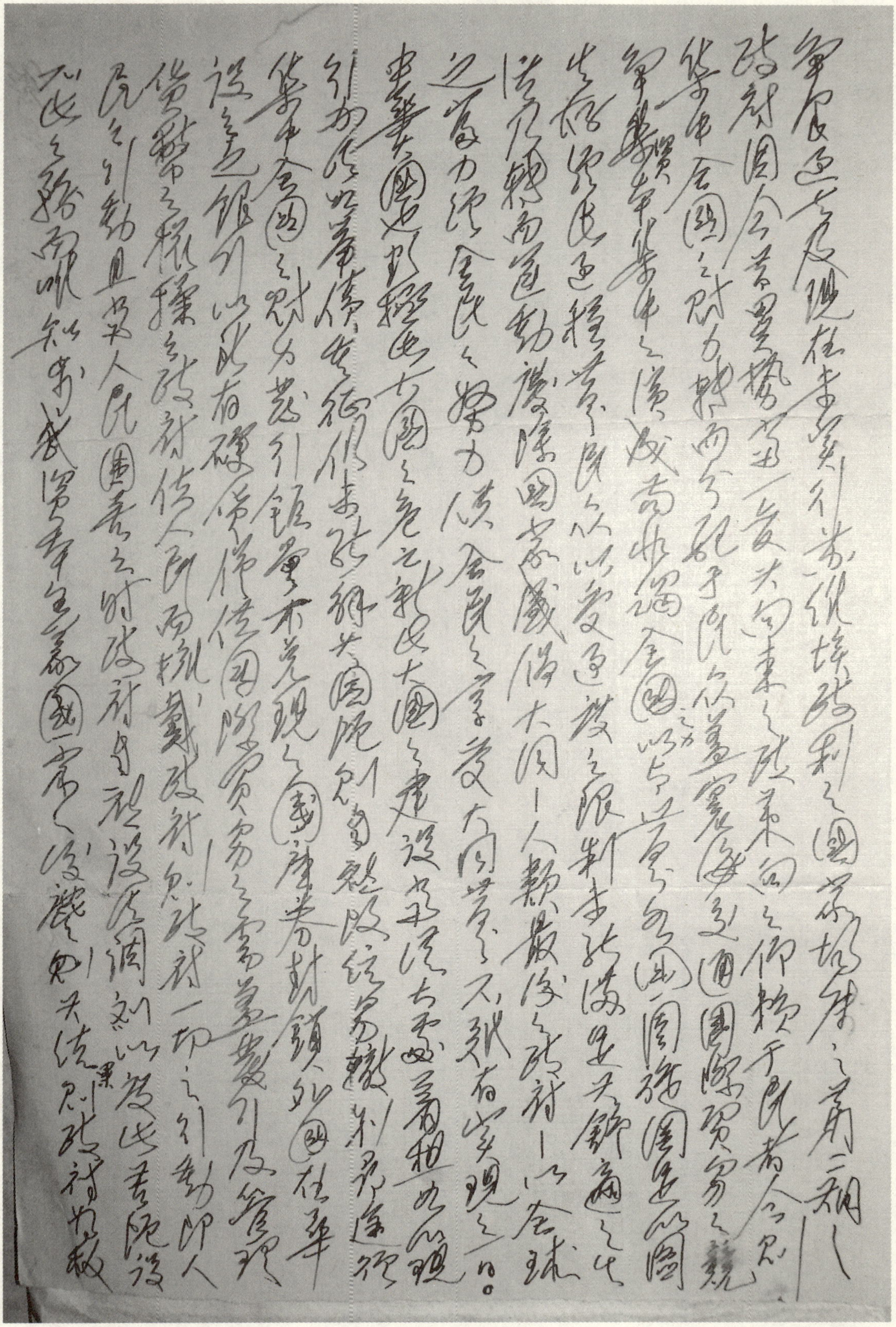

[illegible]

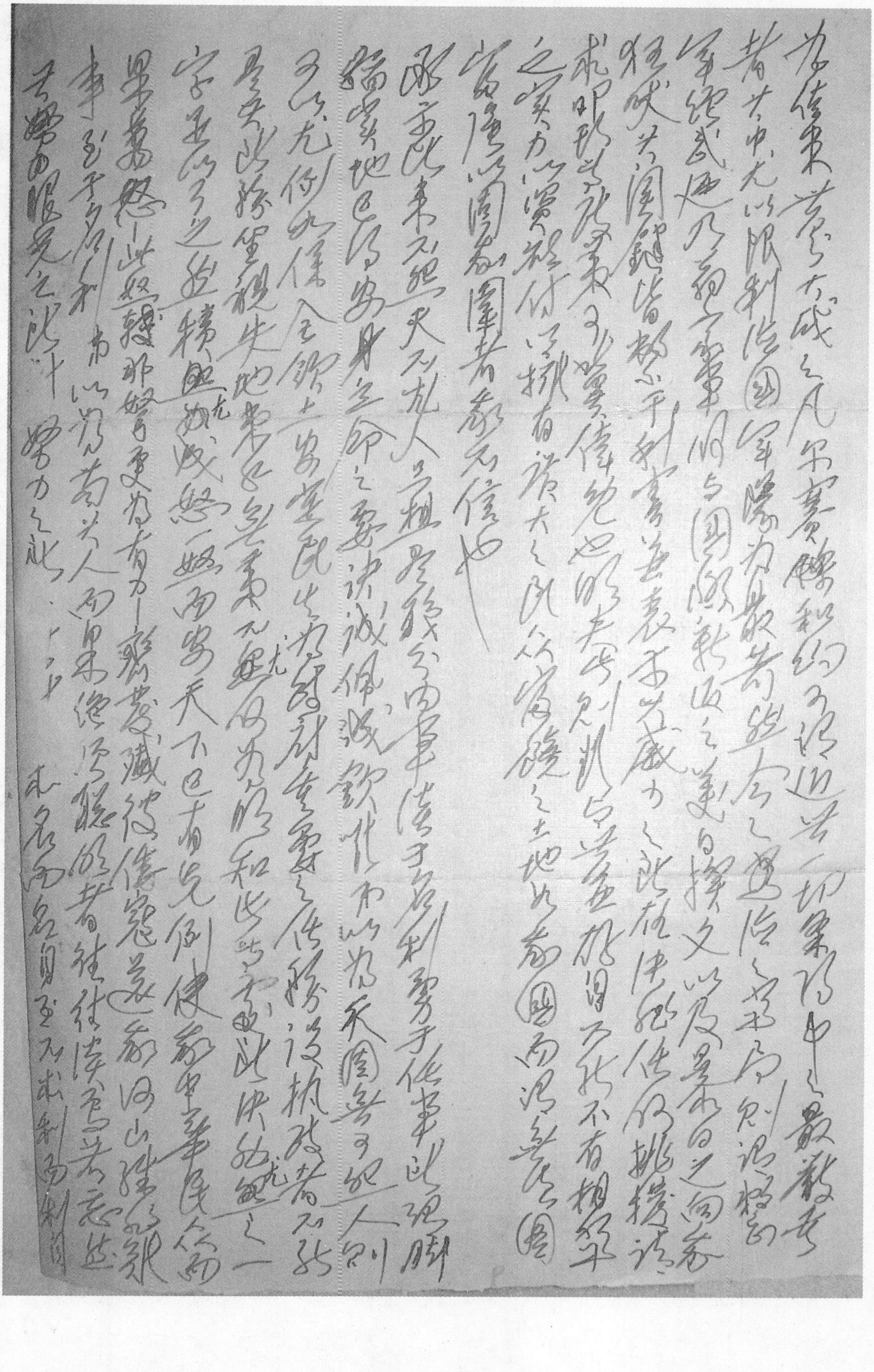

陳希豪

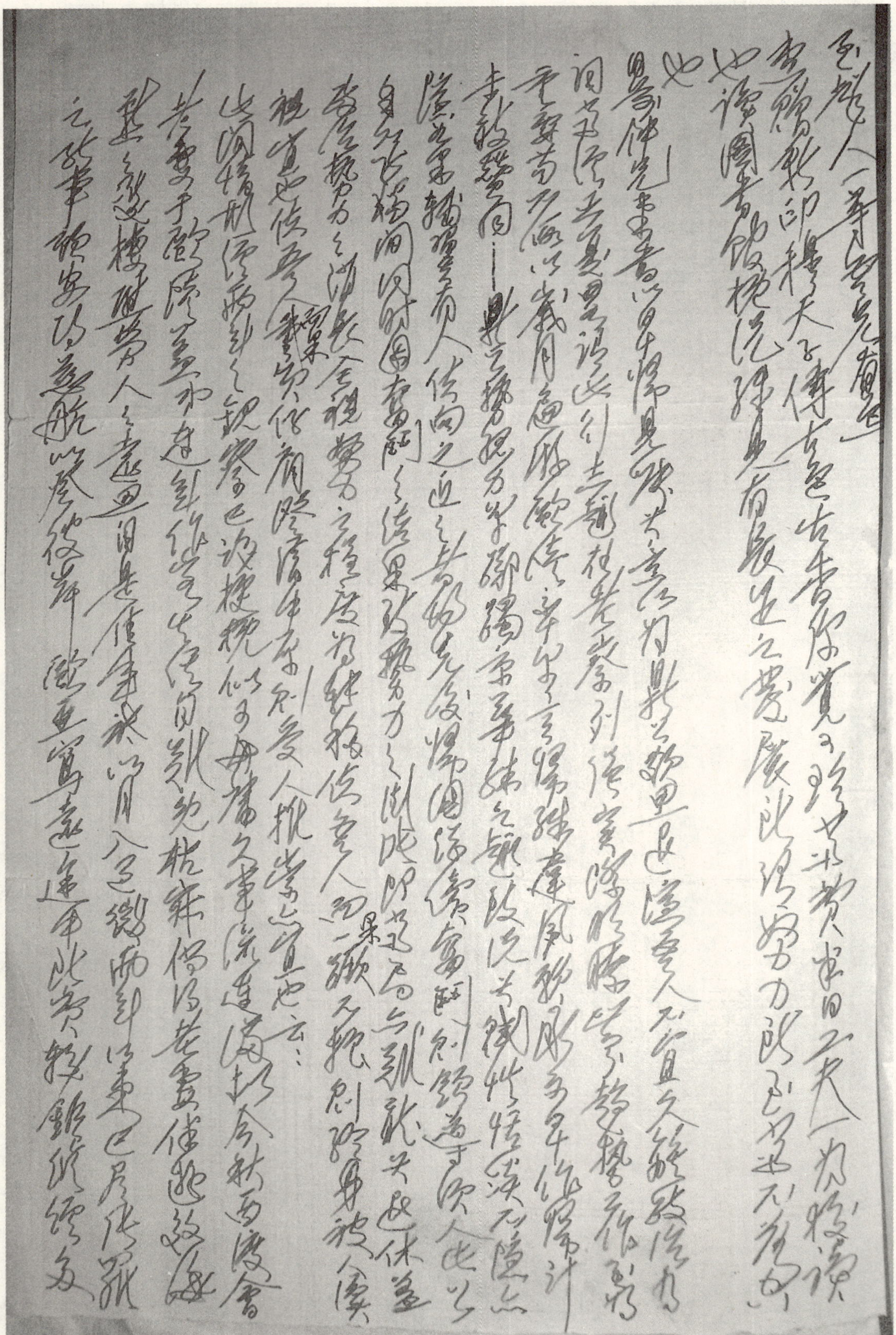

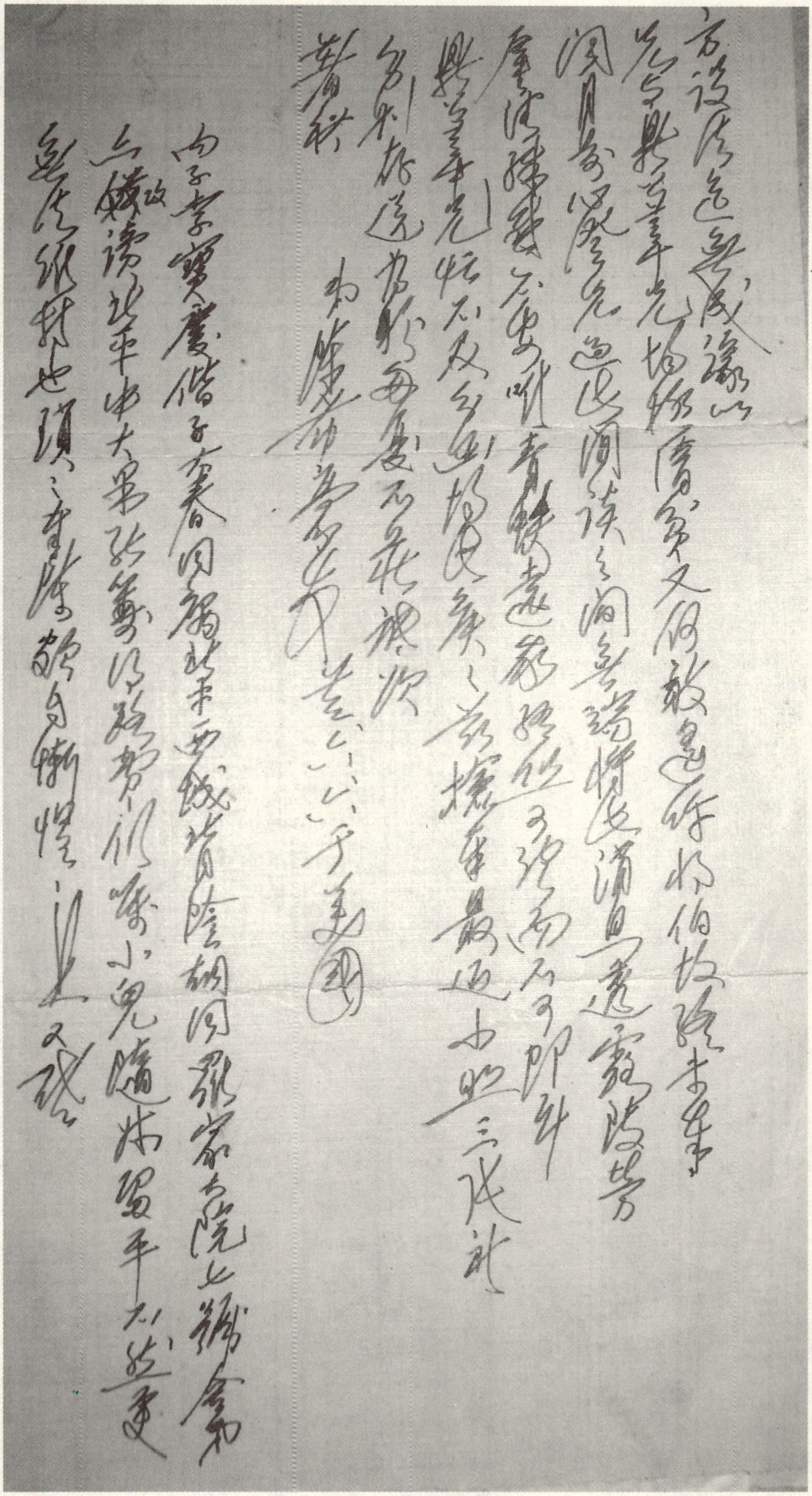

封第一件

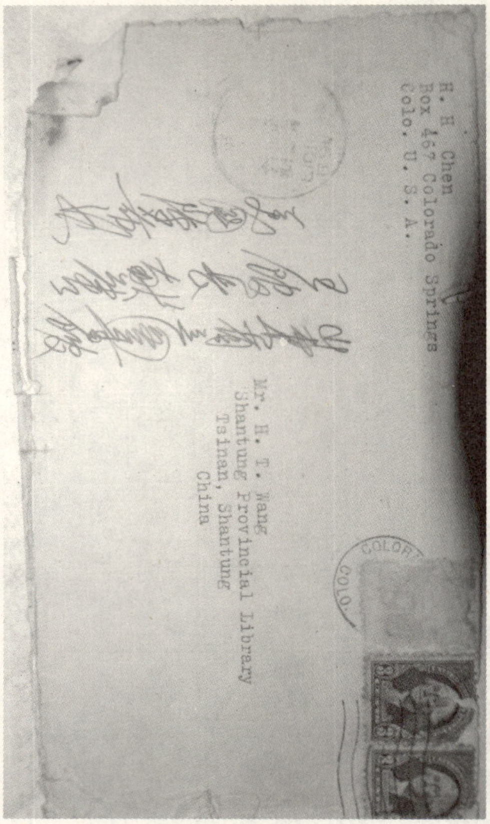

H. H. Chen
Box 467 Colorado Springs
Colo. U. S. A.
Mr. H. T. Wang
Shantung Provincial Library
Tsinan, Shantung
China

封第二件

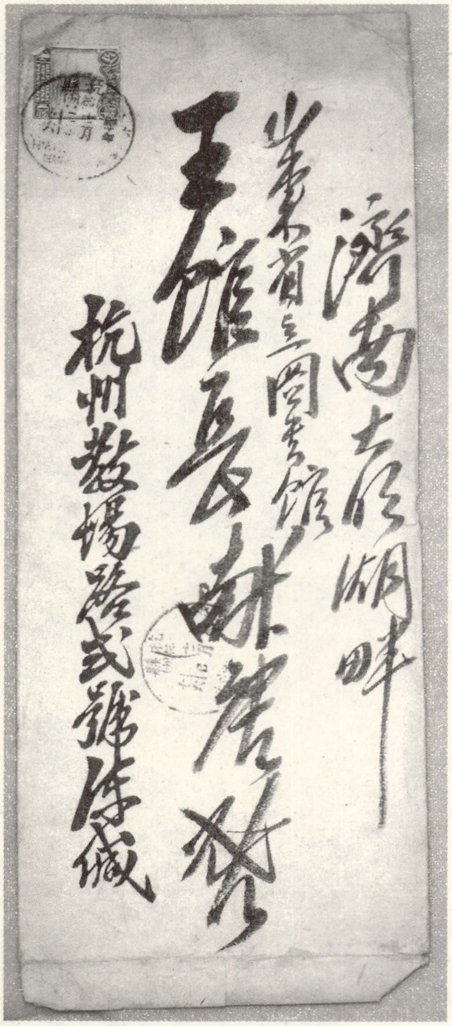

濟南大明湖畔
山東省立圖書館
王館長獻唐
杭州教場路弍號陳緘

封第三件

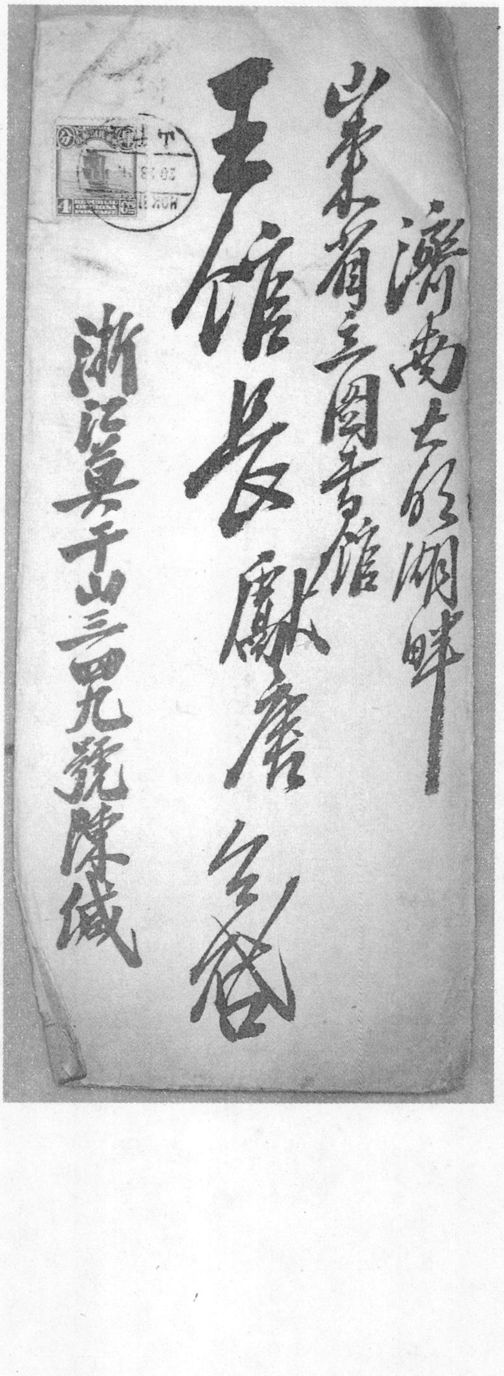

封第四件

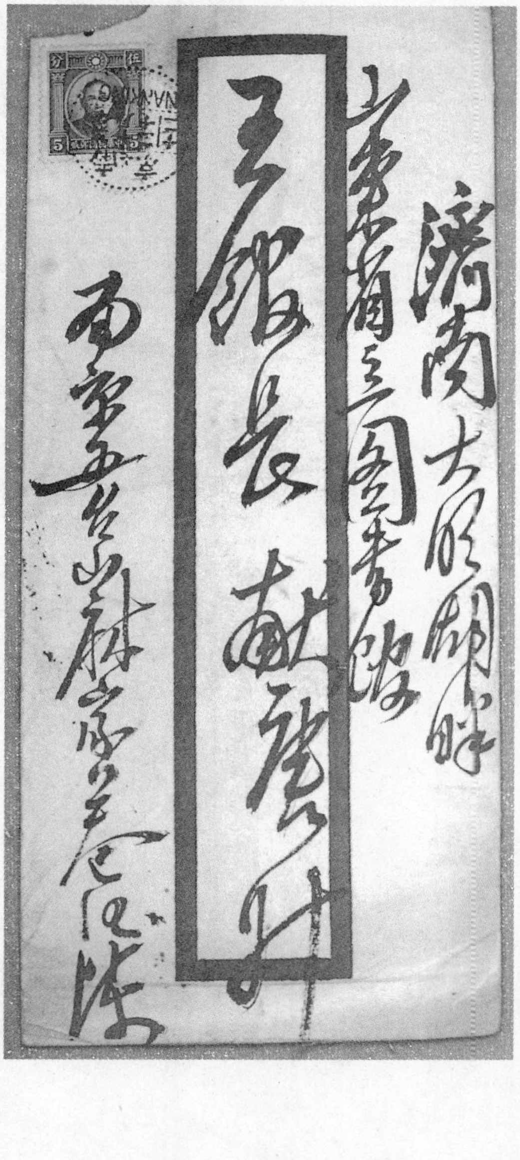

封第五件

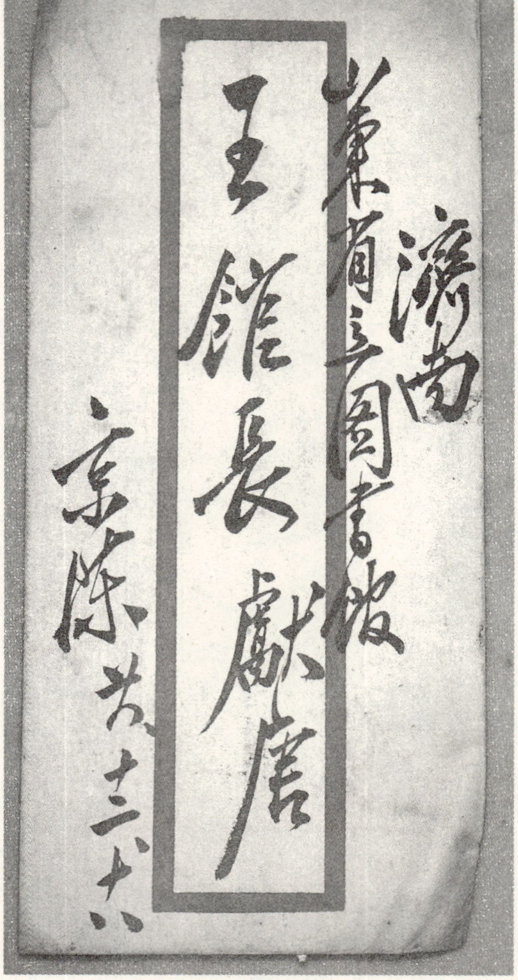

封第六件

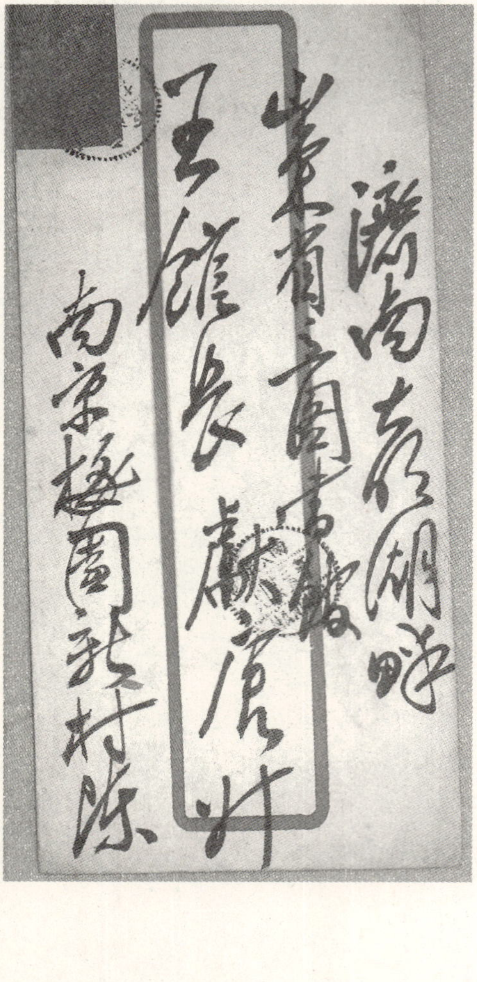

封第七件

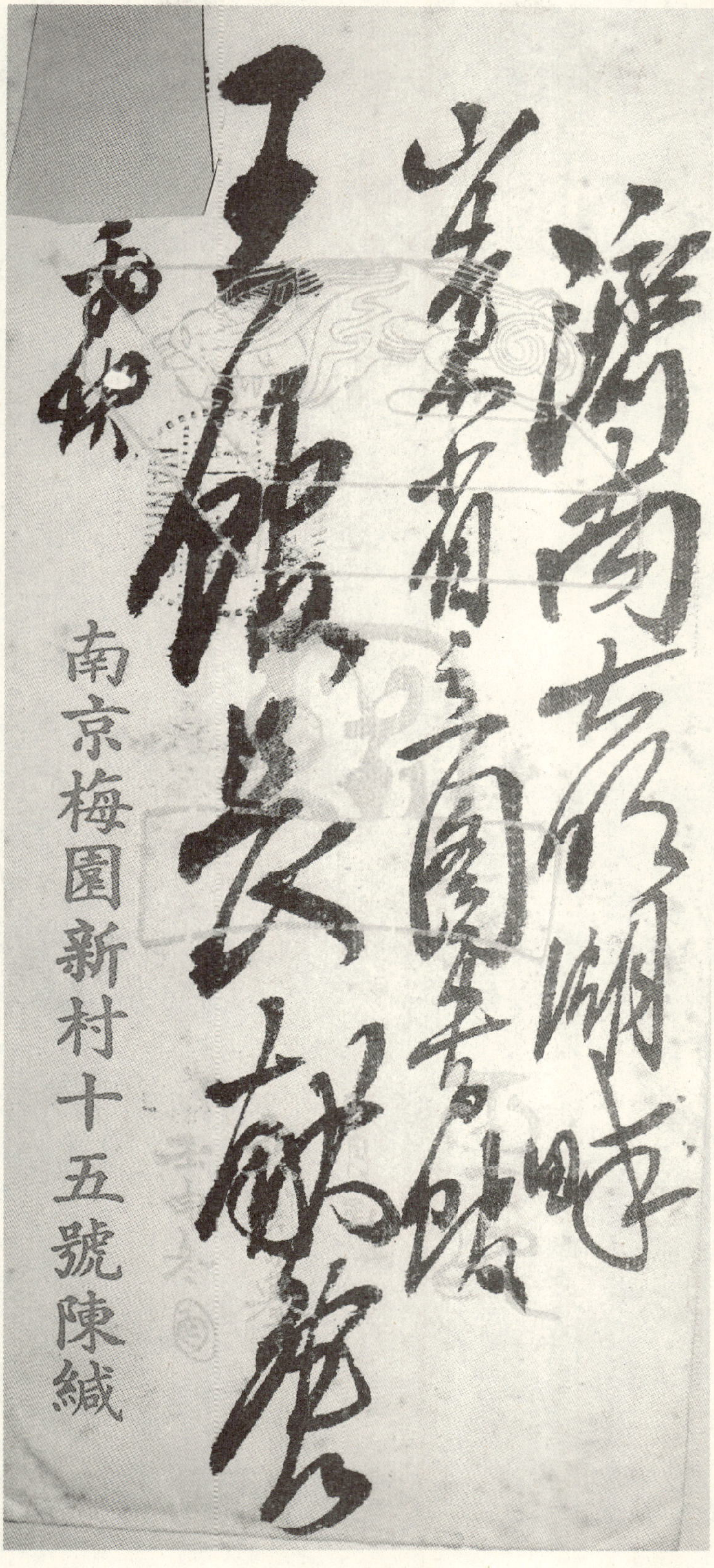

一百五十九 范重周

書一通 封一件

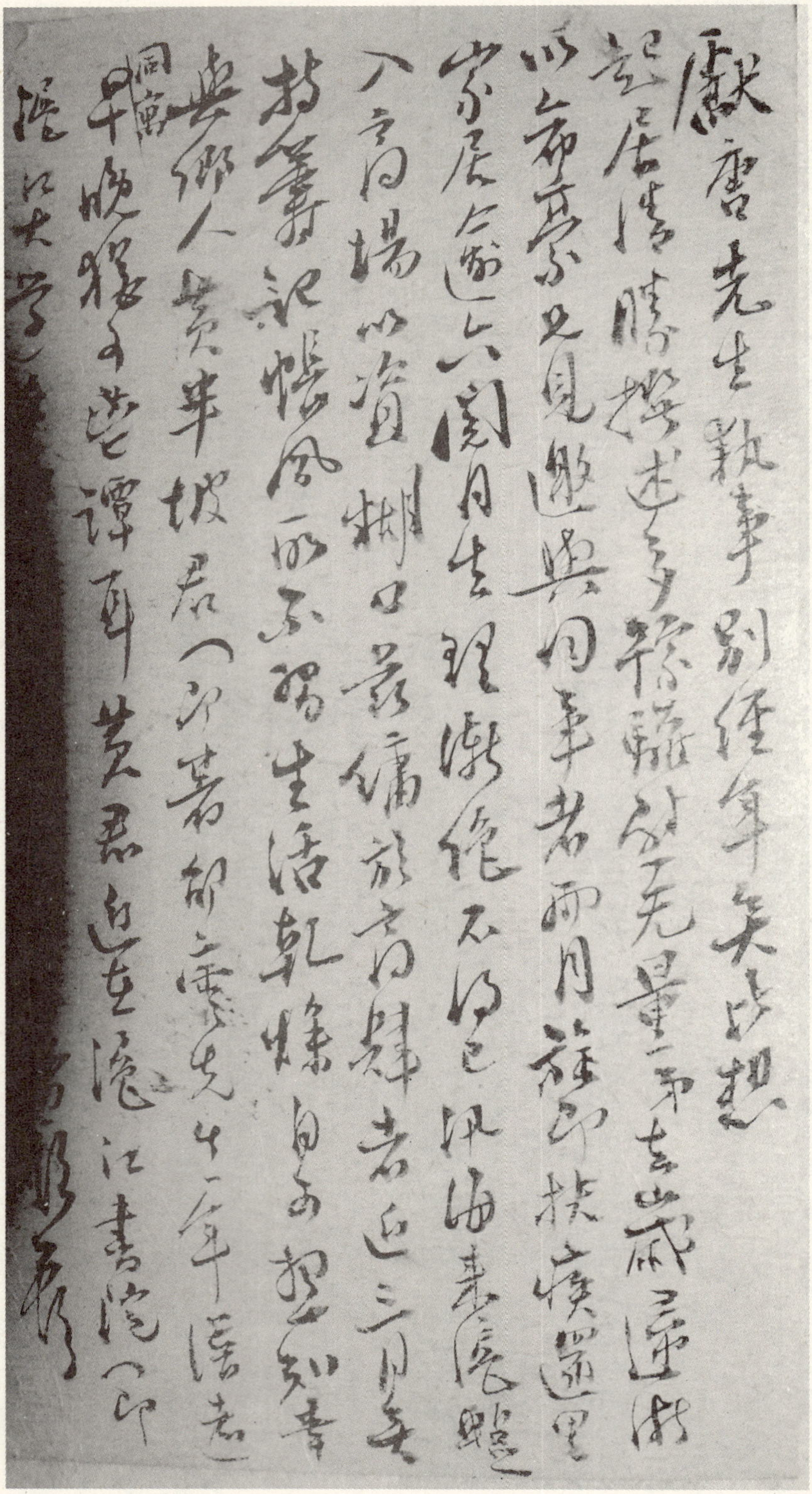

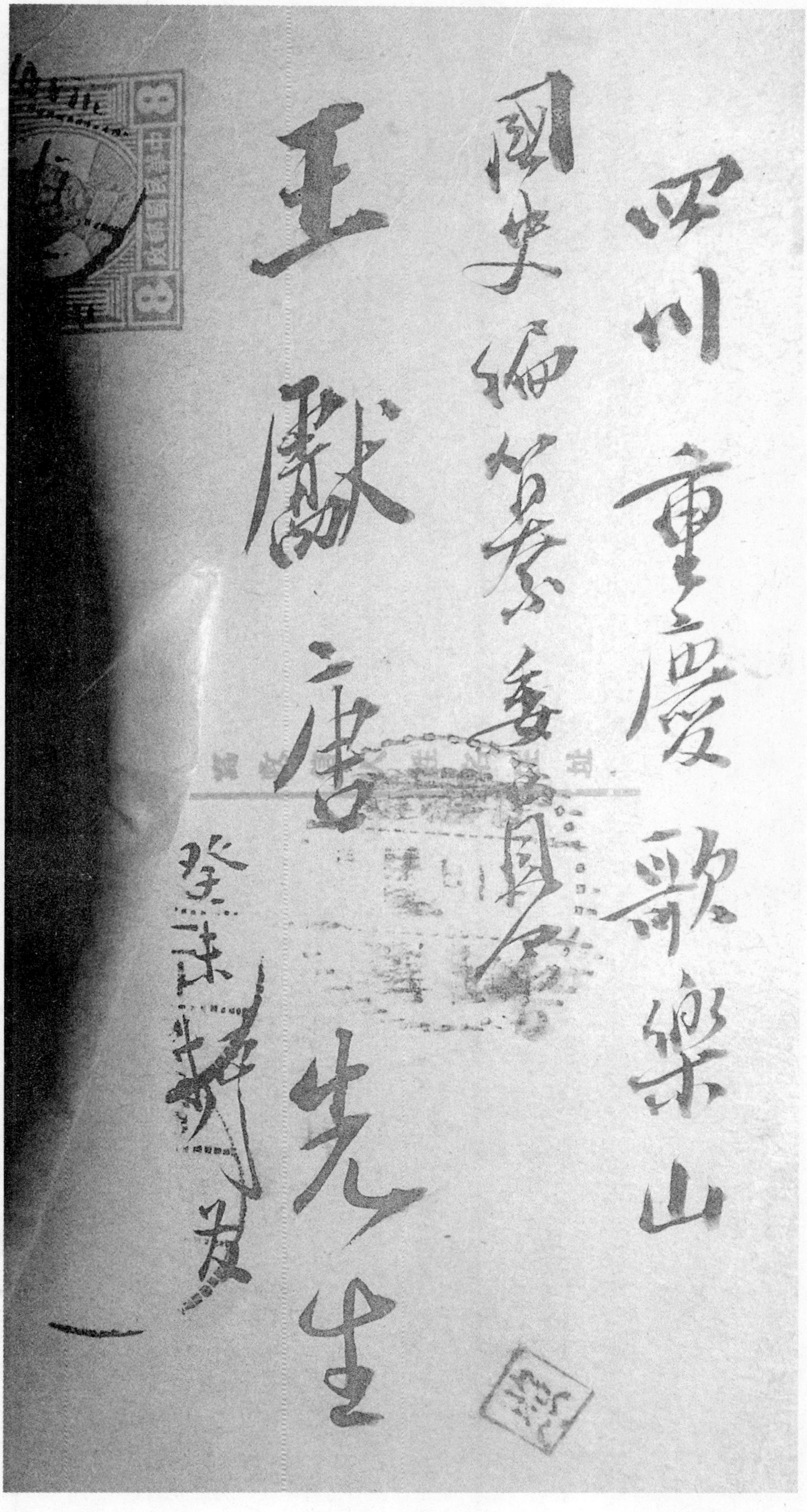
四川重慶歌樂山
國史編纂委員會
王獻唐先生

一百六十　陳邦懷　書六通　封四件

書第一通

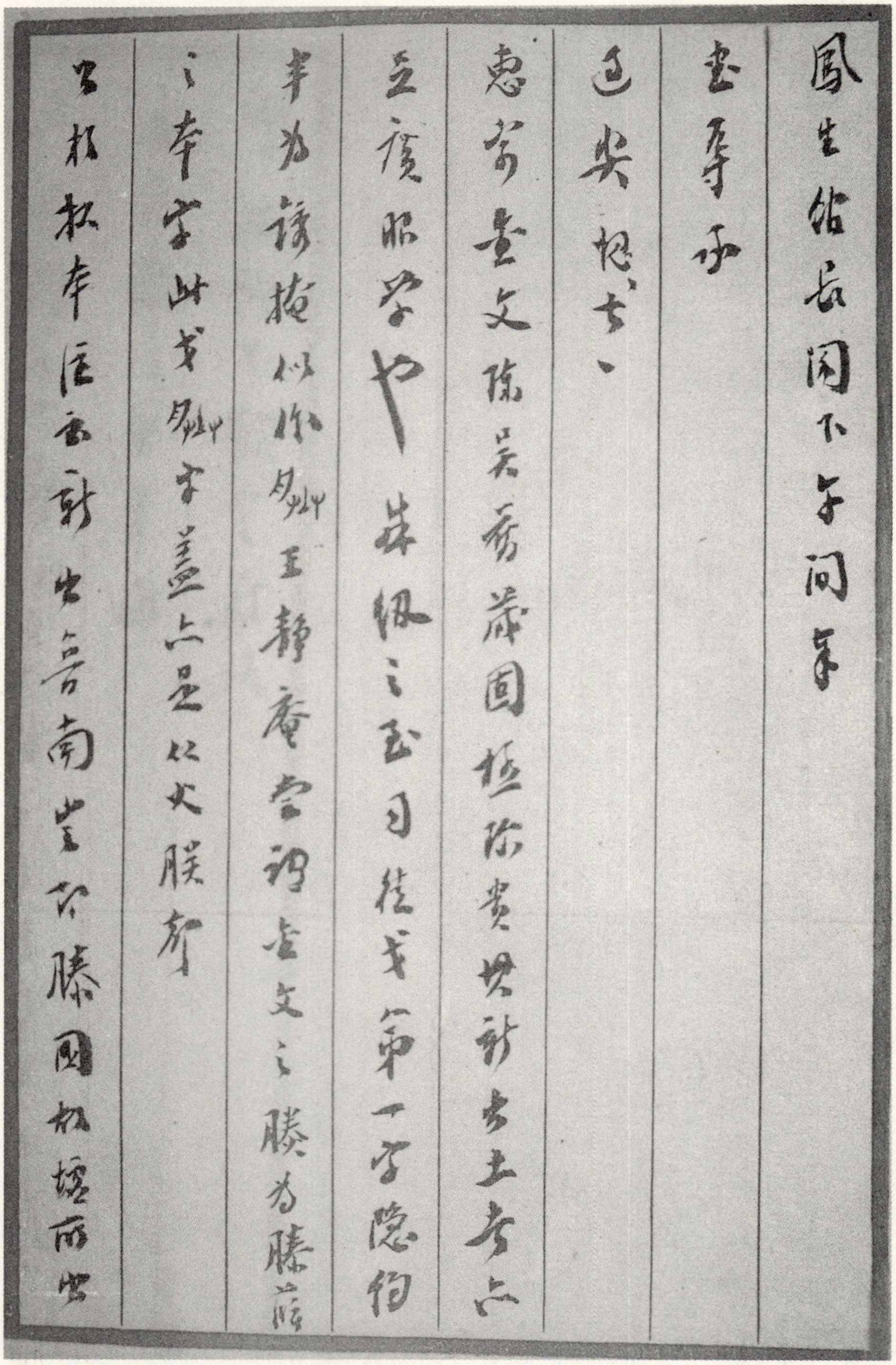

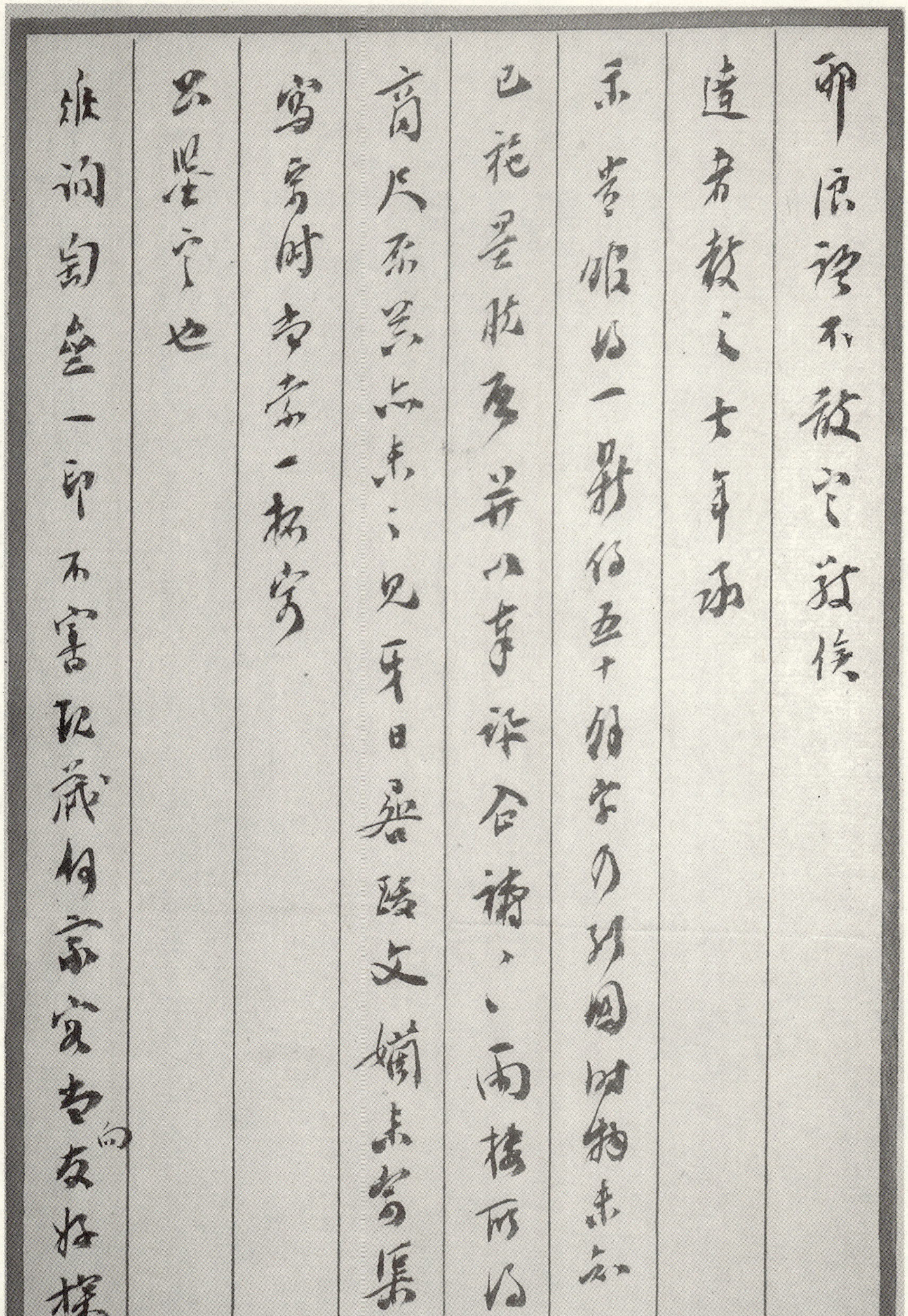

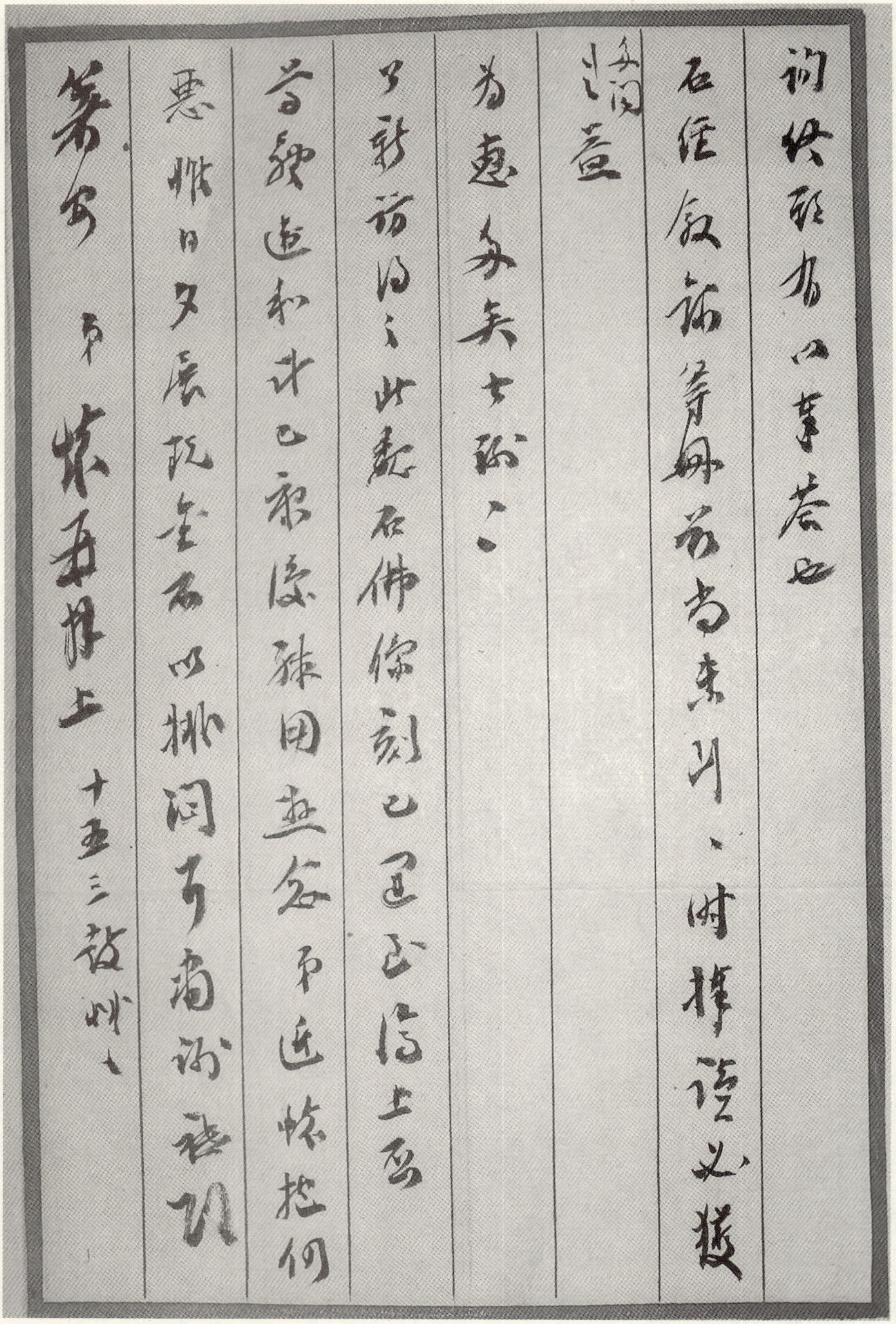
詞供職者以事若也
在經叙論等典籍書東則、附擇語必獲
多聞之益
為趣多矣七咏之
又新詞自之此就在佛像刻已匠正後上石
當鈔造和詩已穎得殊因無發 弟近懷拙何
憑惟日又辰既全為以排詞可備將諸
著安 弟 懷再拜上 十五三鼓卅七

書第二通

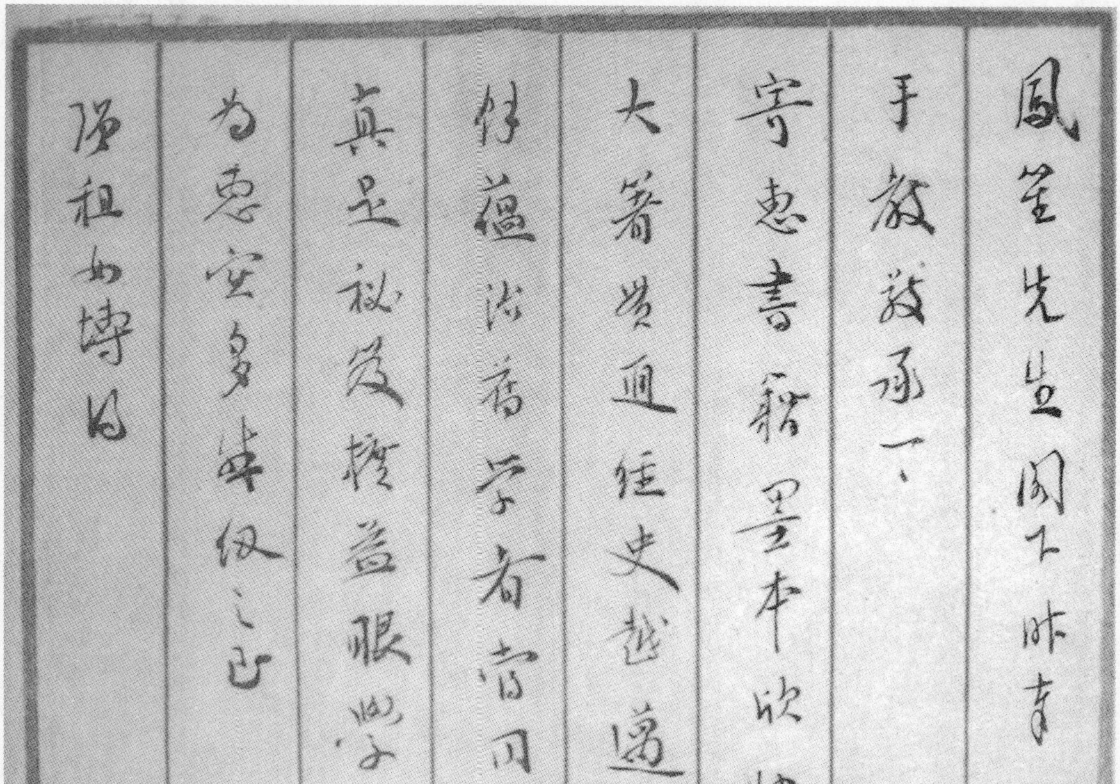
鳳笙先生閣下昨奉
手教敬承一一
寄惠書籍墨本欣快尤甚拜誦
大箸貫通經史超邁前人考證臨國發揮已無
餘蘊治音學者當同此奉服矣蕘翁校本移傳
真足秘笈夜檢益眼此字欣喜逾恒墨本亦皆佳妙
為惠實多感佩之至
頌祖如博[illegible]

教近為俗事所迫未遑逐寫容先寄侍啟初

徵文一來奉上茲附帶畫報拓本二紙聊伴

（報茲藏故[illegible]劉鐵雲先生舊）

荒函恐不值

一哂也

貴館倘有新得之帶石刻未知能

以種墨見示否請比年許補正

道安

陳邦懷首拜

五月廿日

書第三通

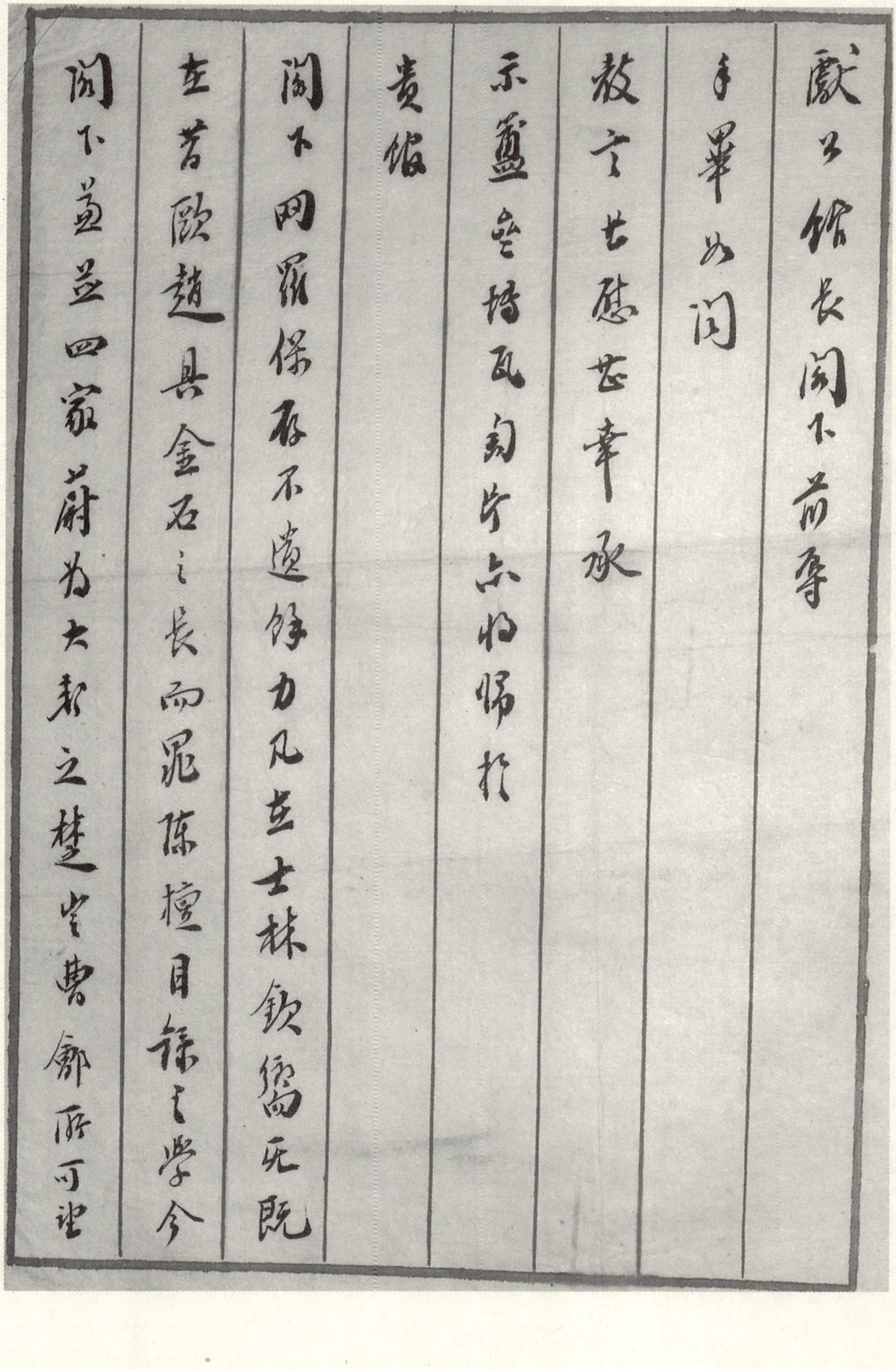

獻之館長閣下：前奉
手畢，如聞
教言，甚慰甚幸。承
示簠齋磚瓦匋片亦將歸於
貴館，
閣下網羅保存，不遺餘力，凡吾士林，欽佩無既。
在昔歐趙具金石之長，而羅陳擅目錄之學，今
閣下兼並四家，蔚為大觀之楚，豈曹鄭所可望

企翁署中　懷計詣前請
益，藉得參觀，適為廨事羈牽，遂又不果，殊悵悵
也。未詳
貴館最近所收寶盦無忌甎匋兩類已施氈墨否？
如有全份，擬懇郵假一觀，讀訖即鄭重寄還。
明知過眼即等煙雲，自笑貪心仍為文字，
閣下聞之，將毋莞爾。附上墨本十六幅，聊比借書
一瓻之意，
賜納為榮。　陳邦懷頓首上　七月廿日

陳邦懷

書第四通

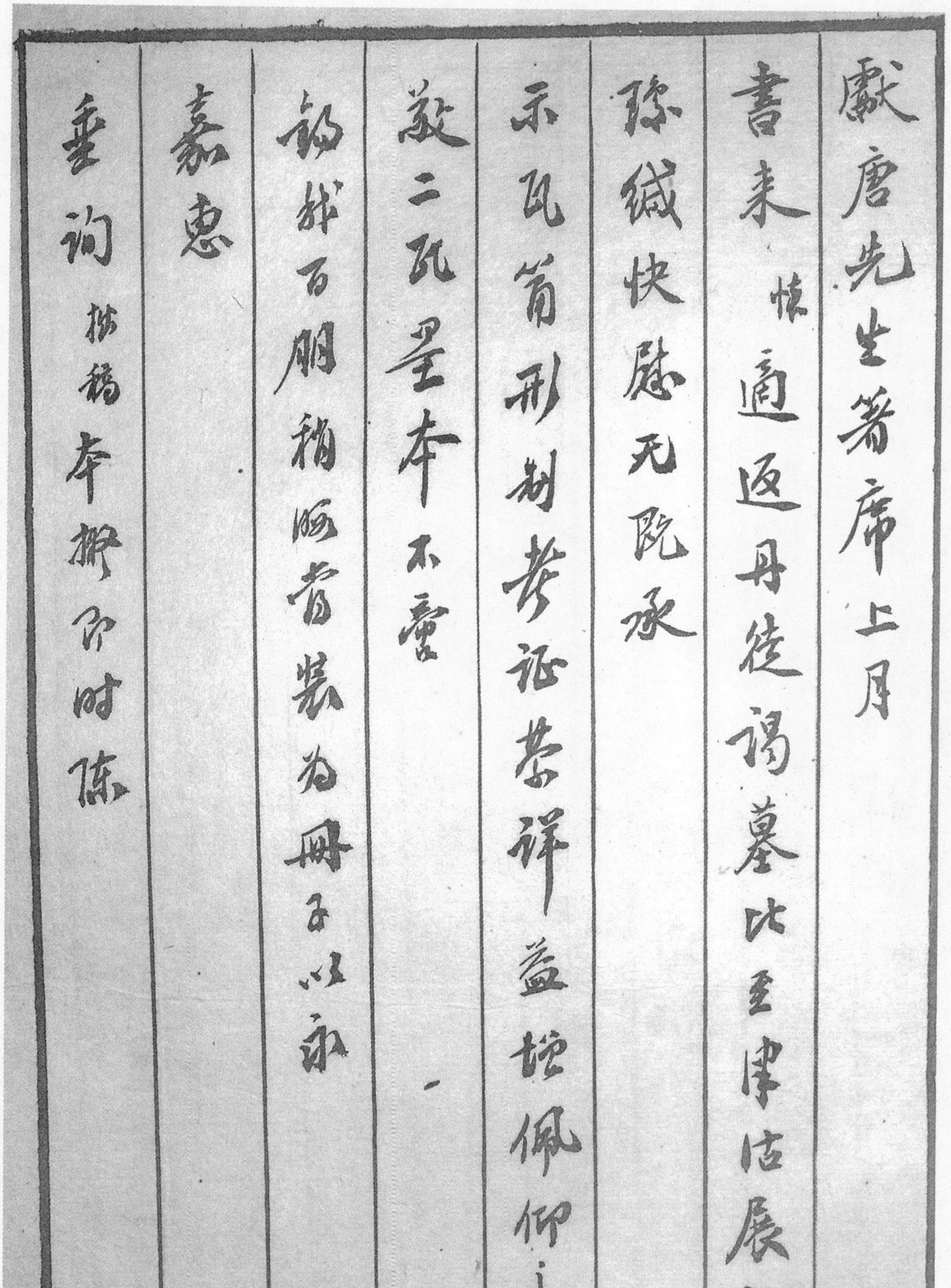
獻唐先生著席上月
書來悵 適返丹徒謁墓比至津沽展誦
琛緘快慰无既承
示瓦筩形制考証甚詳益增佩仰之
數二瓦墨本不啻一
錫拼百朋稍暇當裝為冊子以永
嘉惠
垂詢拙稿本擬即時陳

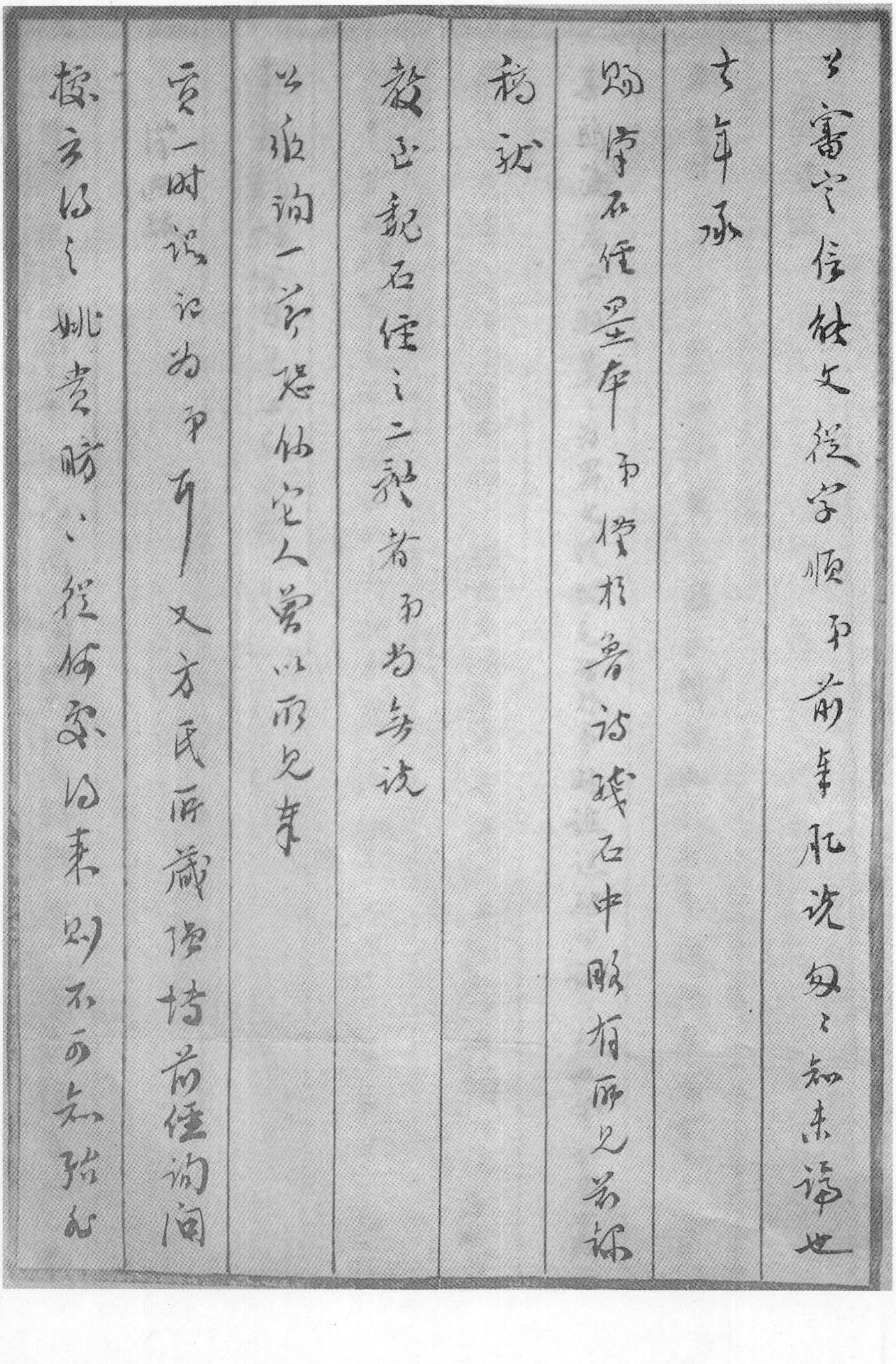

公審定信然，文從字順，弟前年所說匆匆，知未諦也。
去年承
賜寄石經墨本，弟復於魯詩殘石中略有所見，並錄
稿就
教正。記石經之二殘石者，弟尚無說。
公頃詢一節，恐係他人曾以所見來
質，一時誤記為弟耳。又方氏所藏陶博，前往詢問，
據云得之姚貴昉，昉從何處得來則不可知矣。

陳邦懷

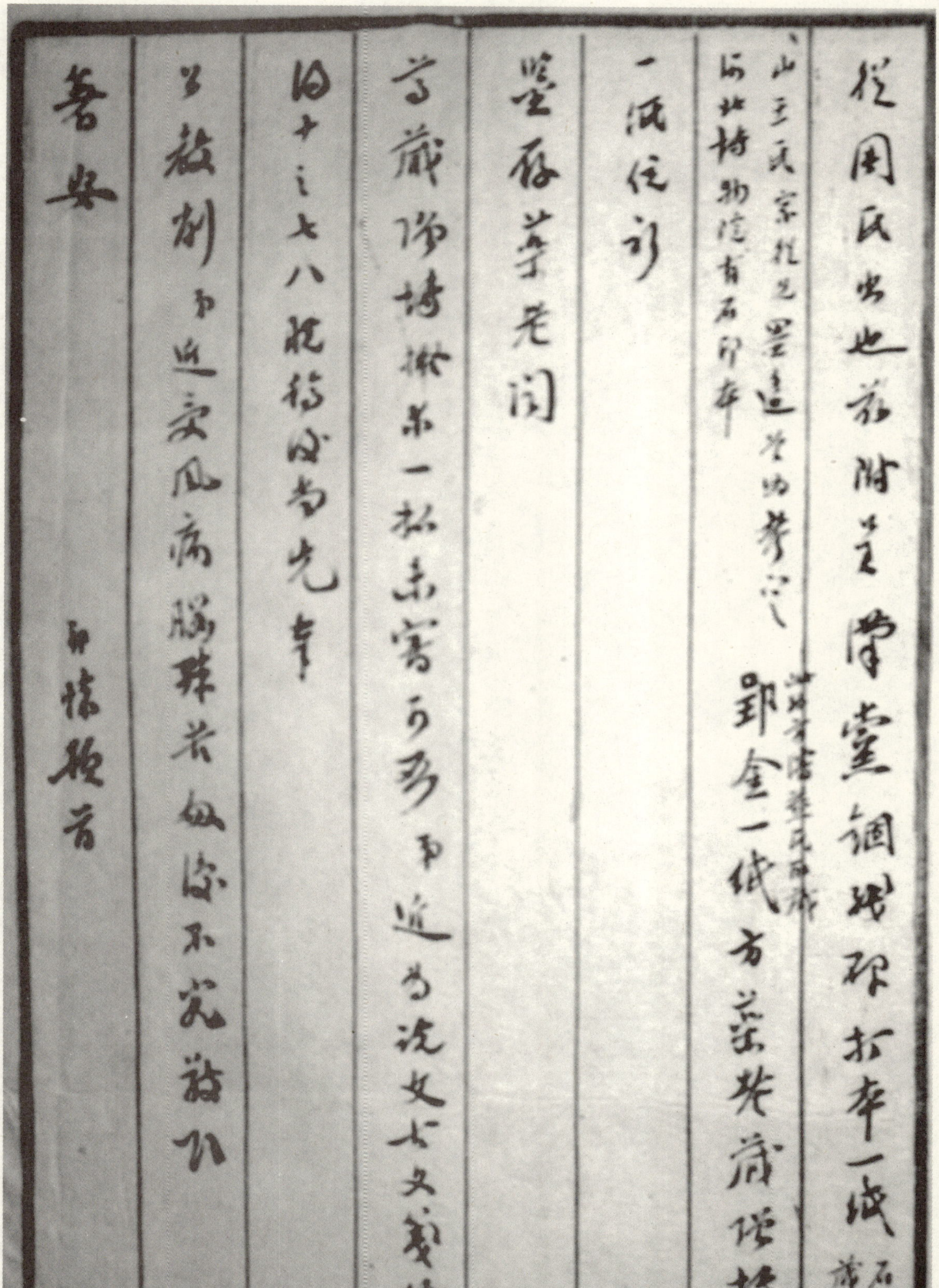
從周氏出也前附呈常堂銅鐵印拓本一紙 石齋藏訂
山三氏宗祀之器遺失者也
河北博物院有石印本
中州古器孝民所藏
郢金一紙方蒙老藏陳博
一紙送訂
鑒存蒙老閱
奇藏陶博撫本一紙未審可否即近為沈文女史題詞
洵十之七八稱得為先秦
多殺刺即近受風痛腦殊苦似流不寐謹以
著安
白積頓首

書第五通

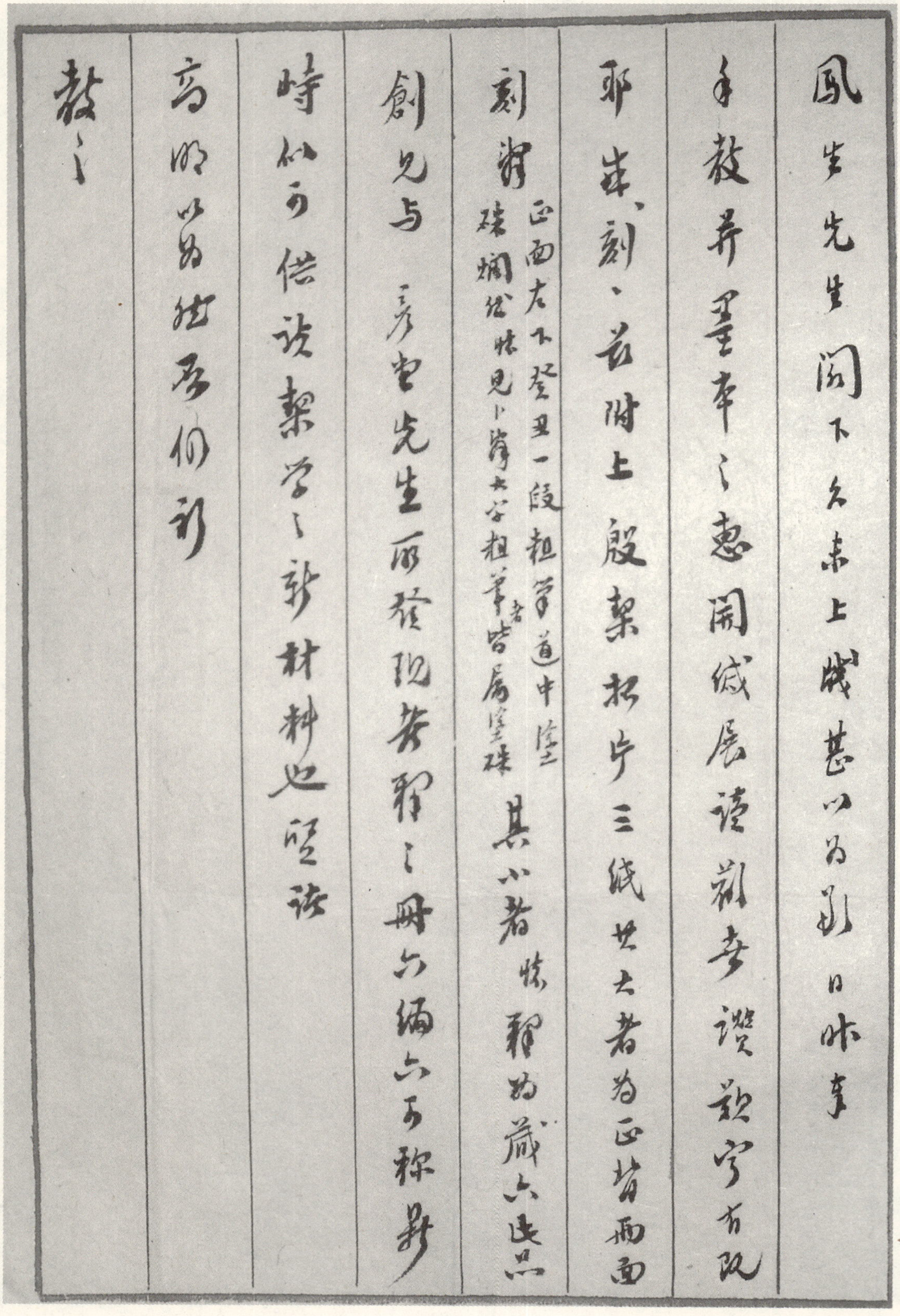

陳邦懷

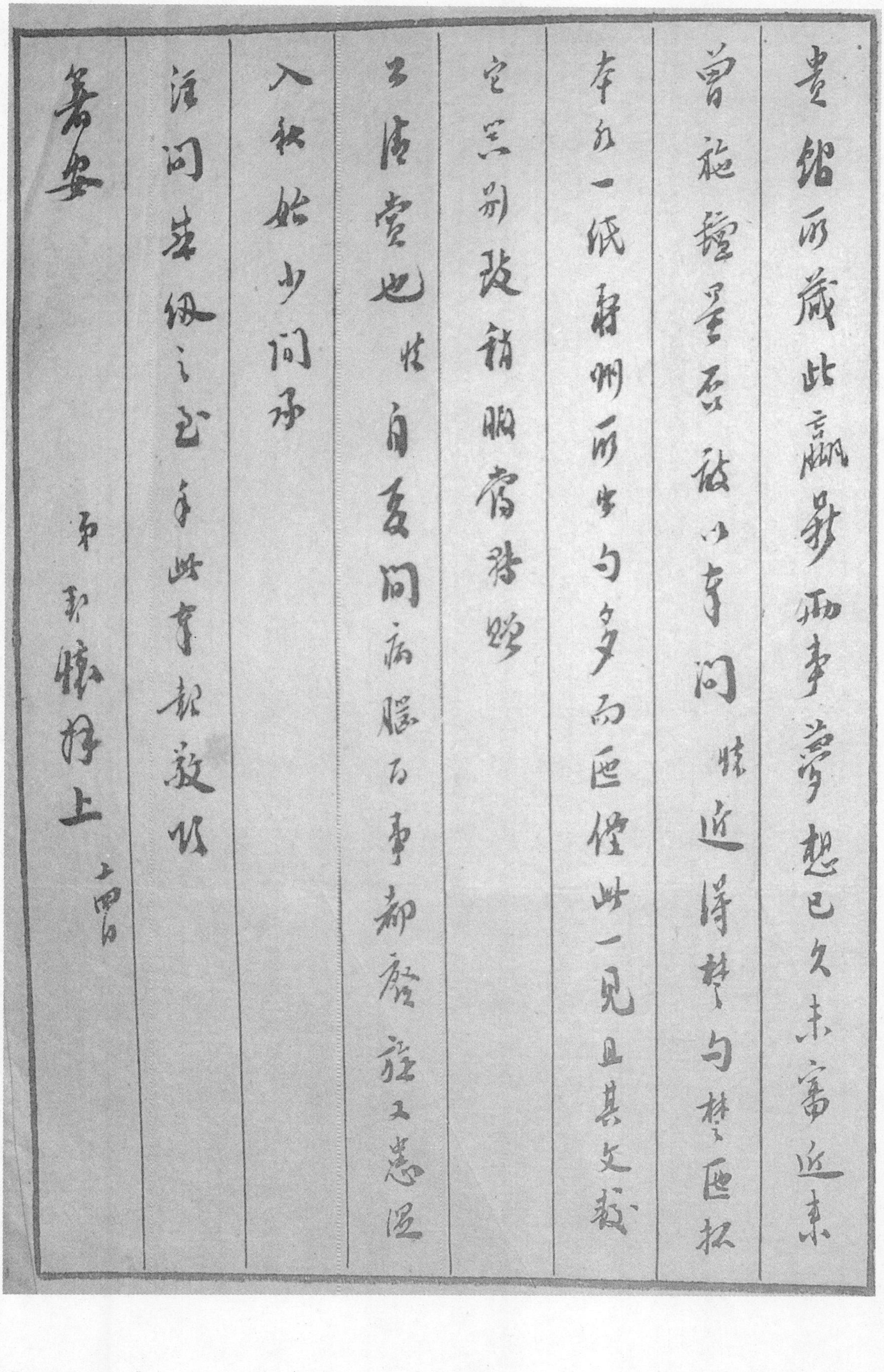
貴館所藏此贏影兩事夢想已久未嘗近來
曾託鍾君設法以字問 恃近得楚與楚匜拓
本各一紙壽州所出器多而匜僅此一見且其文較
它器別致精雅賞翫
為清賞也 恃自夏間病腿百事都廢疾又患溼
入秋始少間承
注問未級之已手此奉覆敬頌
著安 弟 郭懷抒 上 十四日

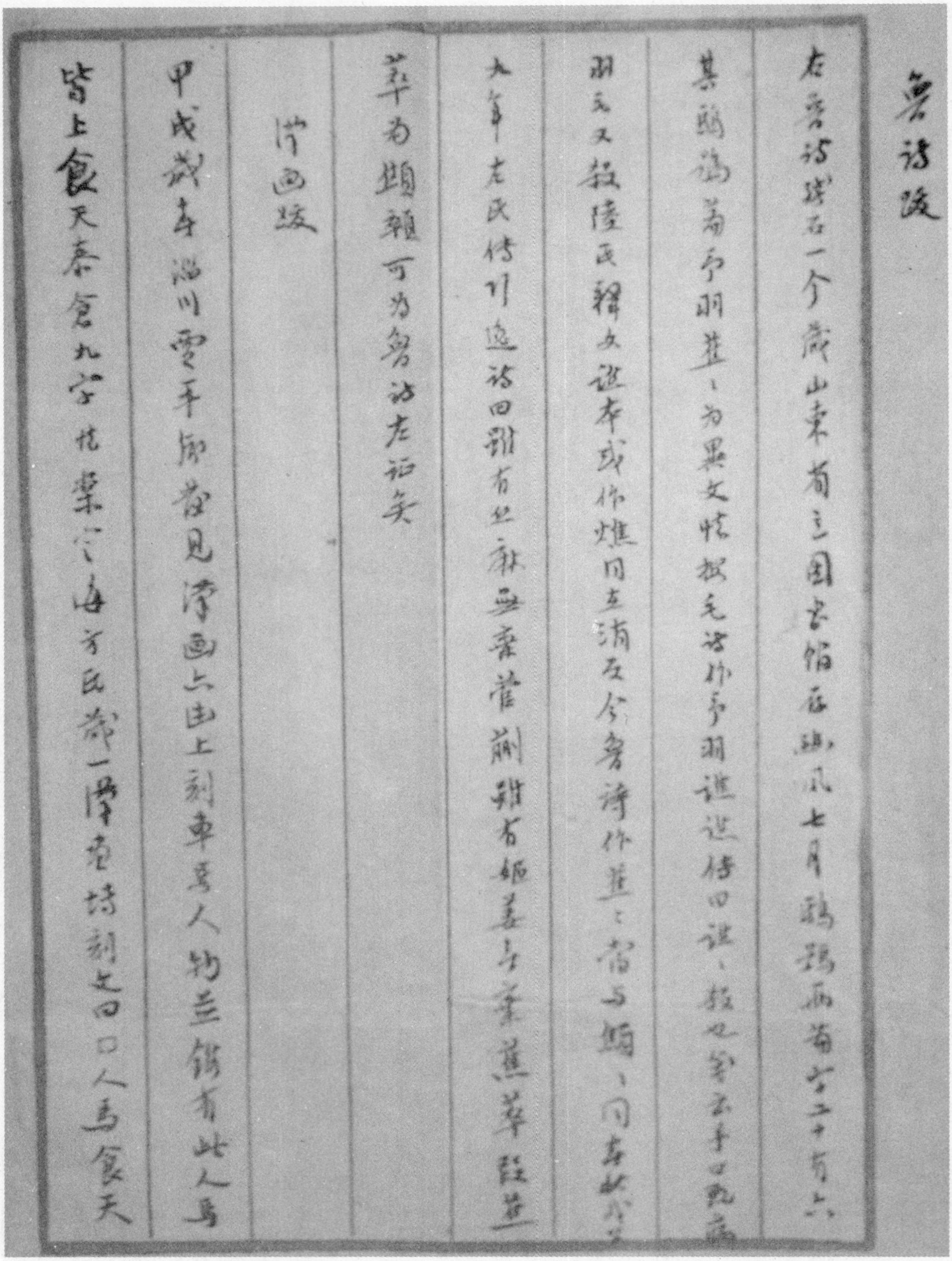

魯詩跋

右魯詩殘石一个，藏山東省立圖書館。石斷，凡七行，鴟鴞兩篇字二十有六。

其鴟鴞篇予羽譙譙，為異文。按毛詩作予羽譙譙，傳曰：譙譙，殺也。案玉篇口部引

羽之文。又按陸氏釋文：譙，本或作燋，同，在消反。今魯詩作譙譙，當與嬌嬌同音此字

大年。左氏傳引逸詩曰：雖有絲麻，無棄菅蒯；雖有姬姜，無棄蕉萃。註：蕉

萃，為顦顇，可為魯詩左證矣。

漢畫跋

甲戌歲，在淄川霍平鄉，嘗見漢畫六，其上刻東方人物並銘，有此人馬

皆上食天倉九字。於棗海方氏藏一漢畫，特刻之曰口人馬食天

倉初不曉其意既見王孝禹先生舊藏古學齋拓本刻字曰此上人
馬皆食大倉急如律令乃知人馬食大倉為道家語也
錄奉
獻唐館長教下
弟郭曉再拜　四月廿六日扶病草

精近得甲文一片

昨入新郵為藏六5　舊劉先生所
蘇州之冊六編六明釋文為一甚殊屬創見佳作也
精好古所手摹之佚一本　不啻大賞一擲詩　廣易也

人馬食泰倉畫石已歸
貴館否并以為念

濟南 大明湖畔
山東省立圖書館
王館長 獻唐 台啓
天津中國銀行緘
陳上
A18

封第一件

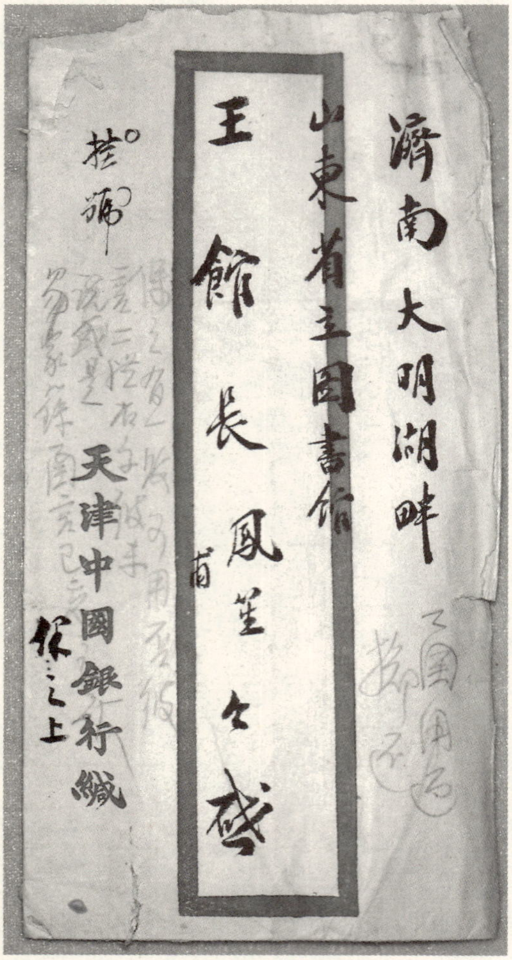
濟南 大明湖畔
山東省立圖書館
王館長 鳳笙
天津中國銀行緘
保之上

封第二件

封第三件

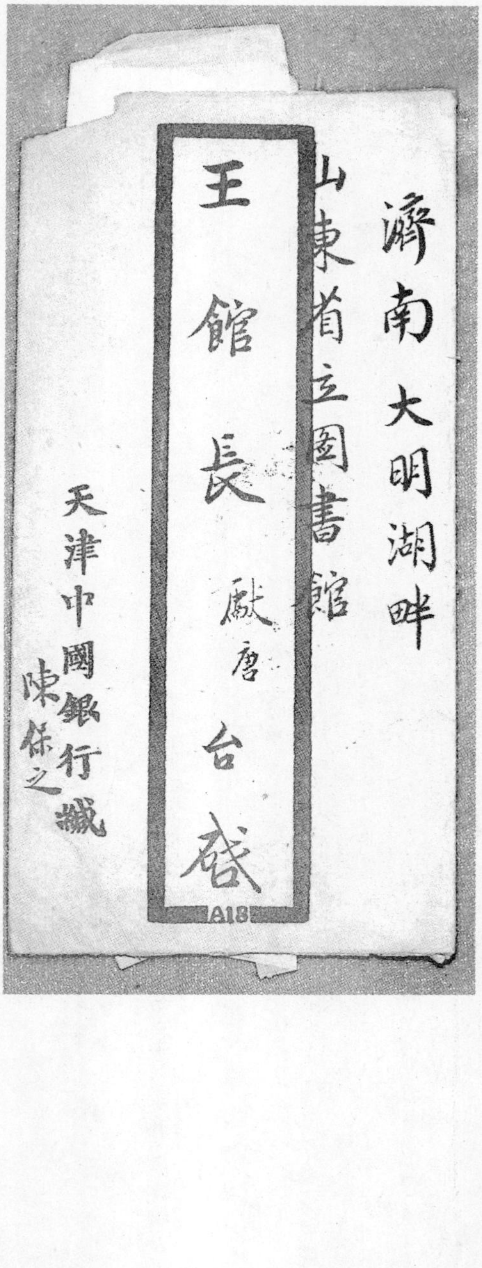
濟南大明湖畔
山東省立圖書館
王館長獻唐台啓
天津中國銀行緘
陳保之
A18

封第四件

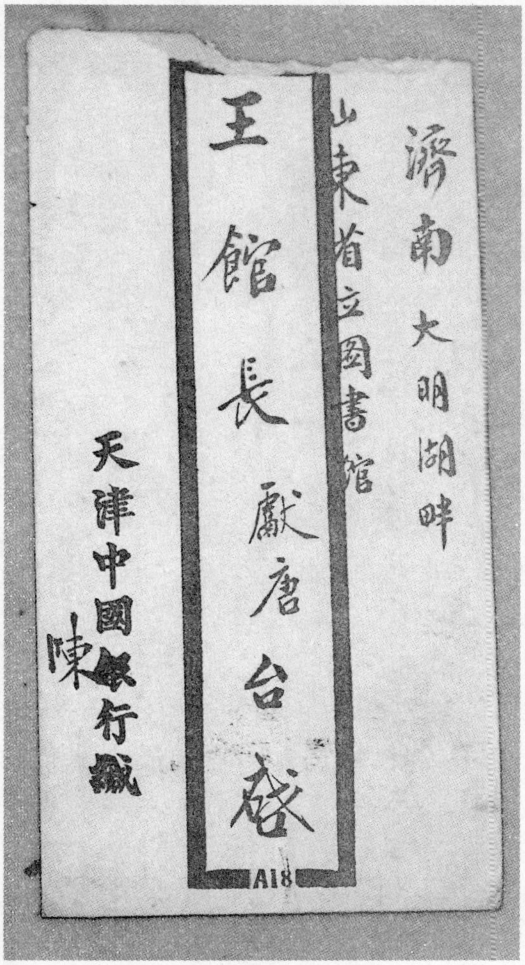
濟南大明湖畔
山東省立圖書館
王館長獻唐台啓
天津中國銀行緘
陳
A18

一百六十一 李慎吾 書二通 封二件

書第一通

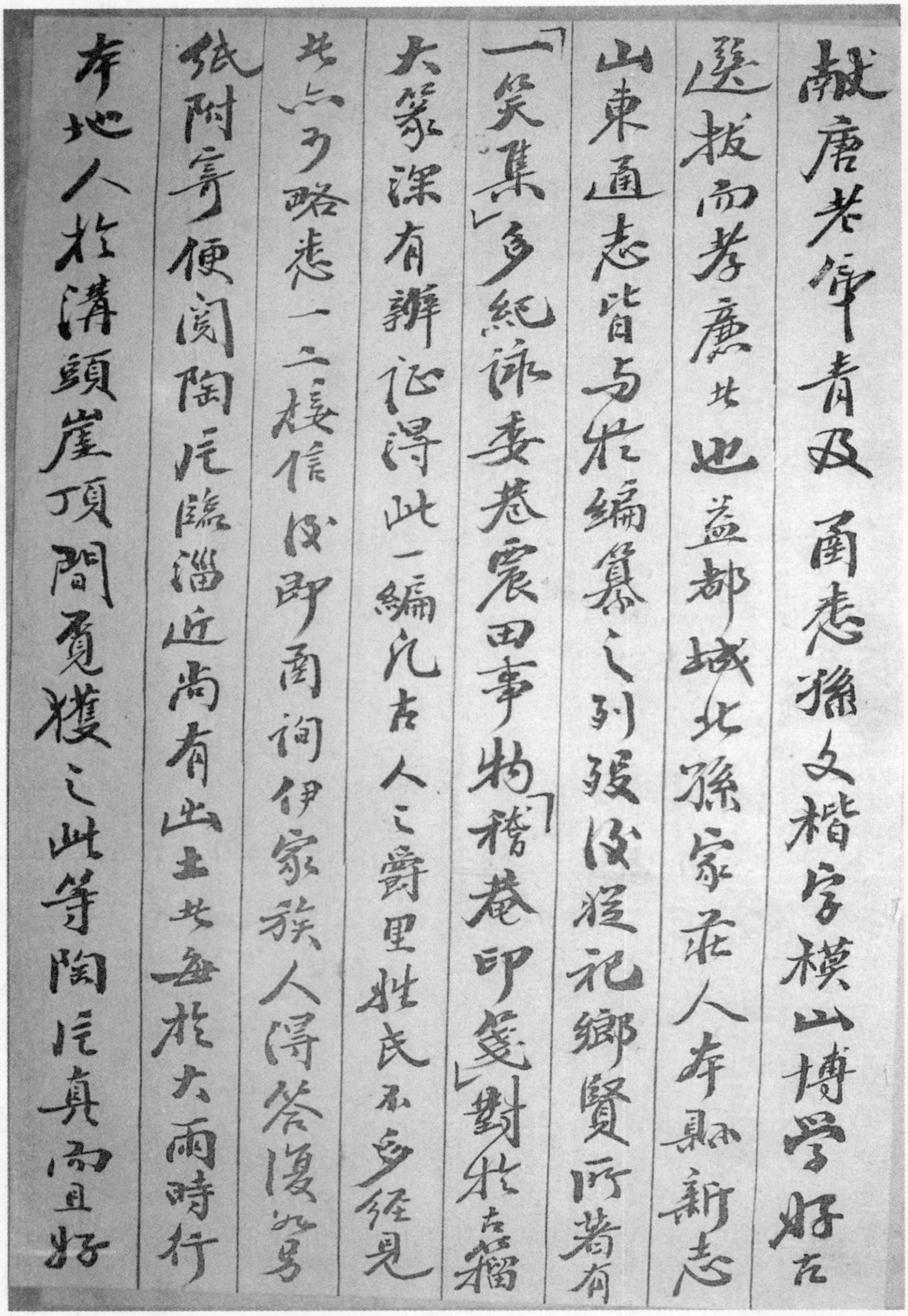

献唐老弟青及　函悉孫文楷字模山博学好古
選拔而孝廉者也益都城北孫家莊人本縣新志
山東通志皆与於編纂之列後從祀鄉賢所著有
「一笑集」多紀詠委巷農田事物「稽菴印箋」對於古籀
大篆深有辨證得此一編凡古人之爵里姓氏不多經見
者亦可略悉一二據信後即函詢伊家族人得答復如另
紙附寄便閱陶片臨淄近尚有出土者每於大雨時行
本地人於溝頭崖頂間覓獲之此等陶片真而且好

若瓦當瓦罐極其完整上帶印章多係造過時務

留意蓋亦存有此物多半由受欺而來也又有車馬人

偽漢磚二方暇時當拓一紙寄上以博一笑吾鄉馬姓

某甲向為濰縣陳家收買古物每買一件即留款識或

摹印存之聞積有二百餘帋之多某甲早故伊子近

懸出售青紗帳撤路無梗阻時擬令人前往接洽或捎

至城內一審定之再作道理此復即候

近安好

慎吾言

月廿七日

獻唐老兄青及　函悉茲將顏師古匡謬正俗正文李南澗先生批詞錄寄希以佐吾兄月刊之採擇家兄昔吾樓存（明衛藩新樂王印一方作白翠製殼水晶補贈忘其何紐作費處）陶瓦卅四十塊字作奇古足資觀覽今檢一份持贈識者丁佛言先生在時曾函索數次以飄泊不家有負良友近今思之猶深悵悒將此種陶瓦近多贗物如有持以求售者須慎審鑒別之聞目下一班賈人信使往來多注重此物以投吾兄所好余故多言此候

時祺百益

慎言　八月十五日午刻

封第一件

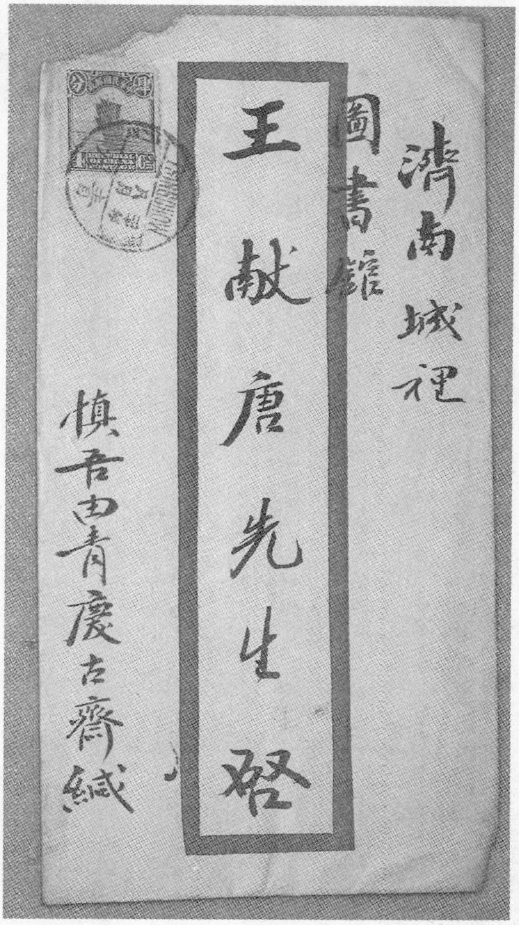

封第二件

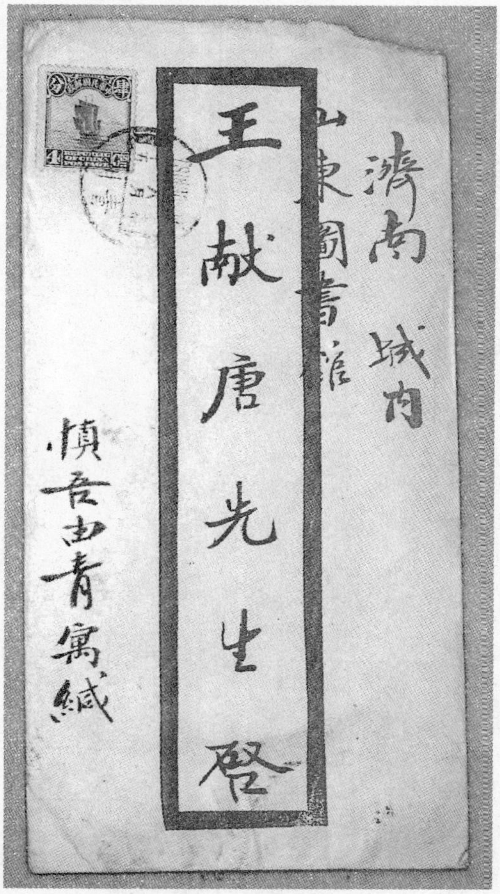

一百六十二

鮑文熙

書一通

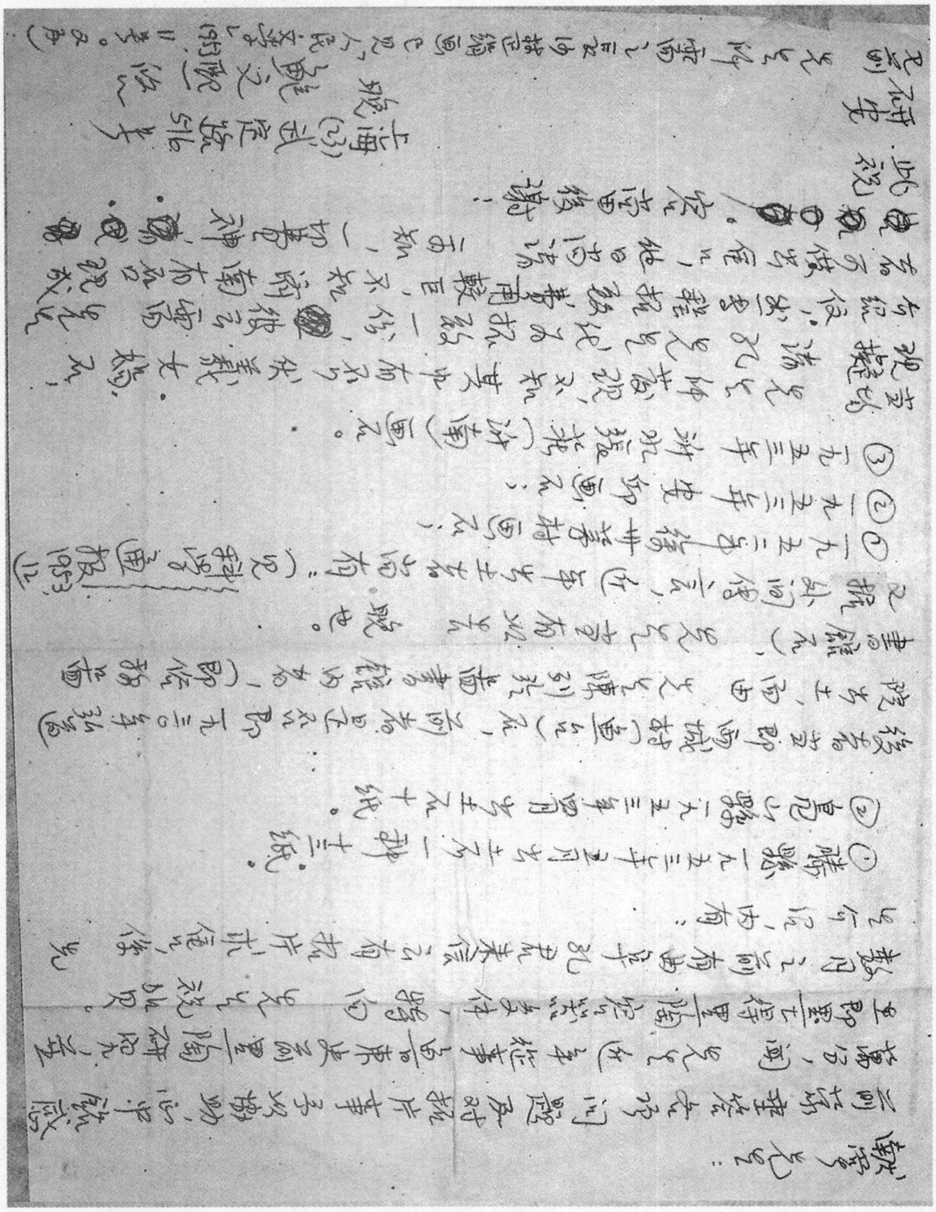

一百六十三　郭本道 書一通

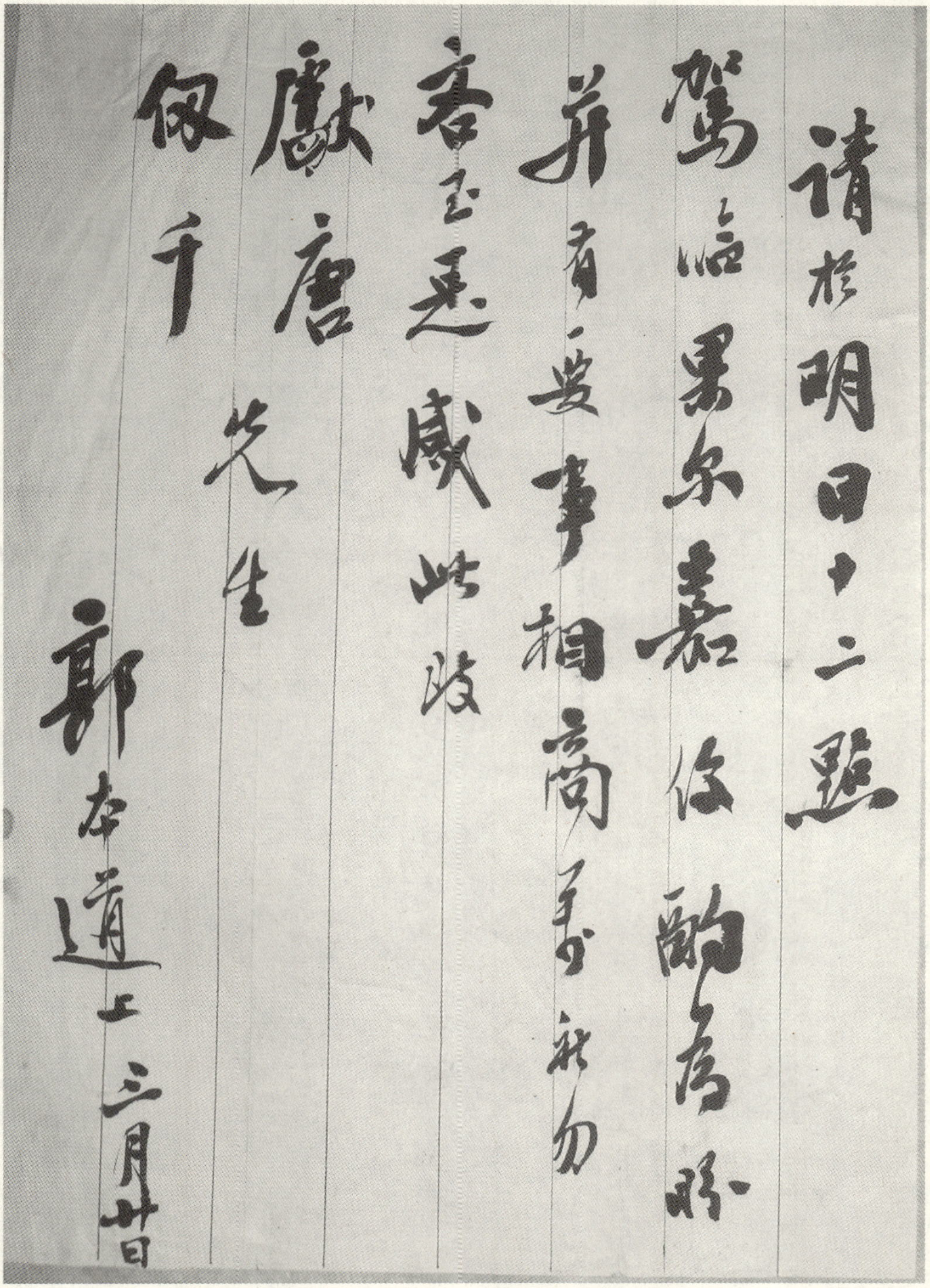

請於明日十二點
駕臨累東嘉便酌為盼
並有要事相商萬祈勿
吝玉趾感此致
獻唐先生
叔平
郭本道上　三月廿日

一百六十四 商承祚 書七通 封五件

書第一通

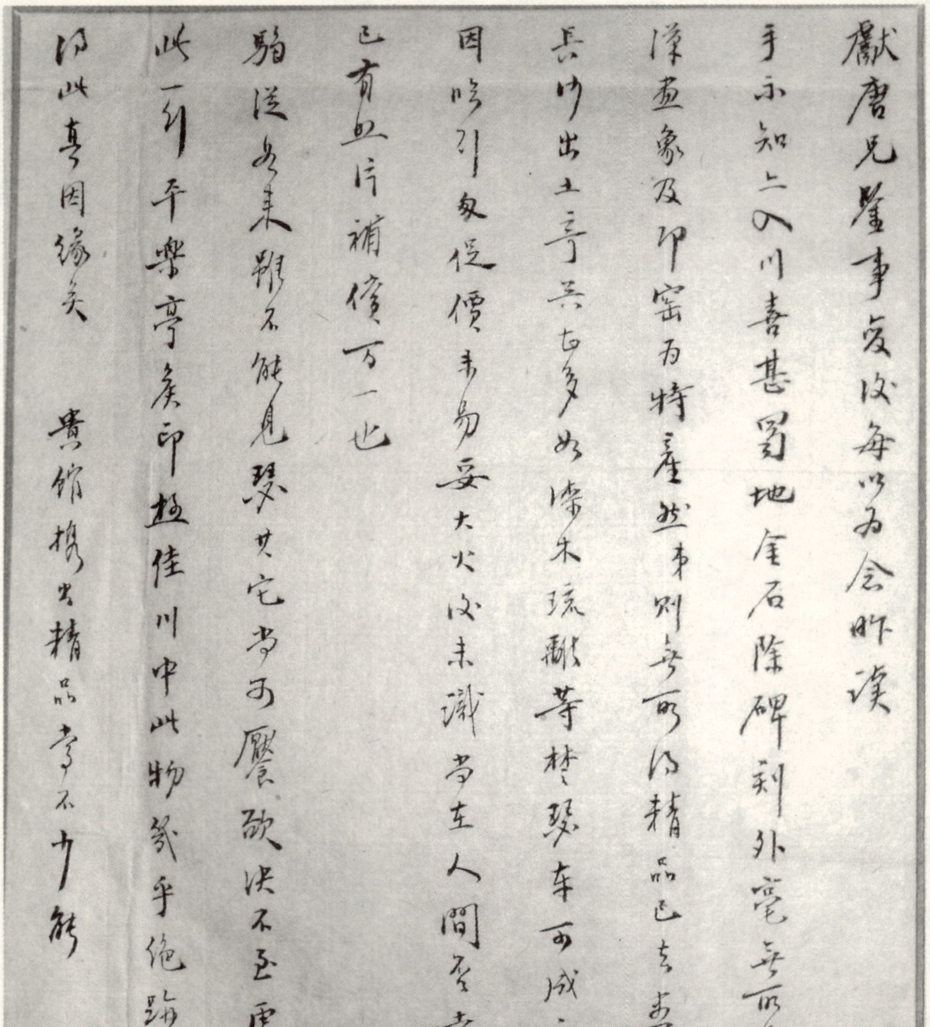

獻唐兄鑒事後每以爲念昨讀
手示知已入川甚慰蜀地金石除碑刻外毫無所見
漢畫象及印窑爲特產然亦則無所得精品已去矣
長沙出土亭器古多如漆木琉璃等楚琴車而成交
因時引起促價亦易妥大火後未識當左人聞否幸
已有五片補償萬一也
駒從來未能見琴其它當可屬致決不至虛
此行平樂亭處印極佳川中此物幾乎絕跡今
得此真因緣矣 貴館搜出精品當不少能

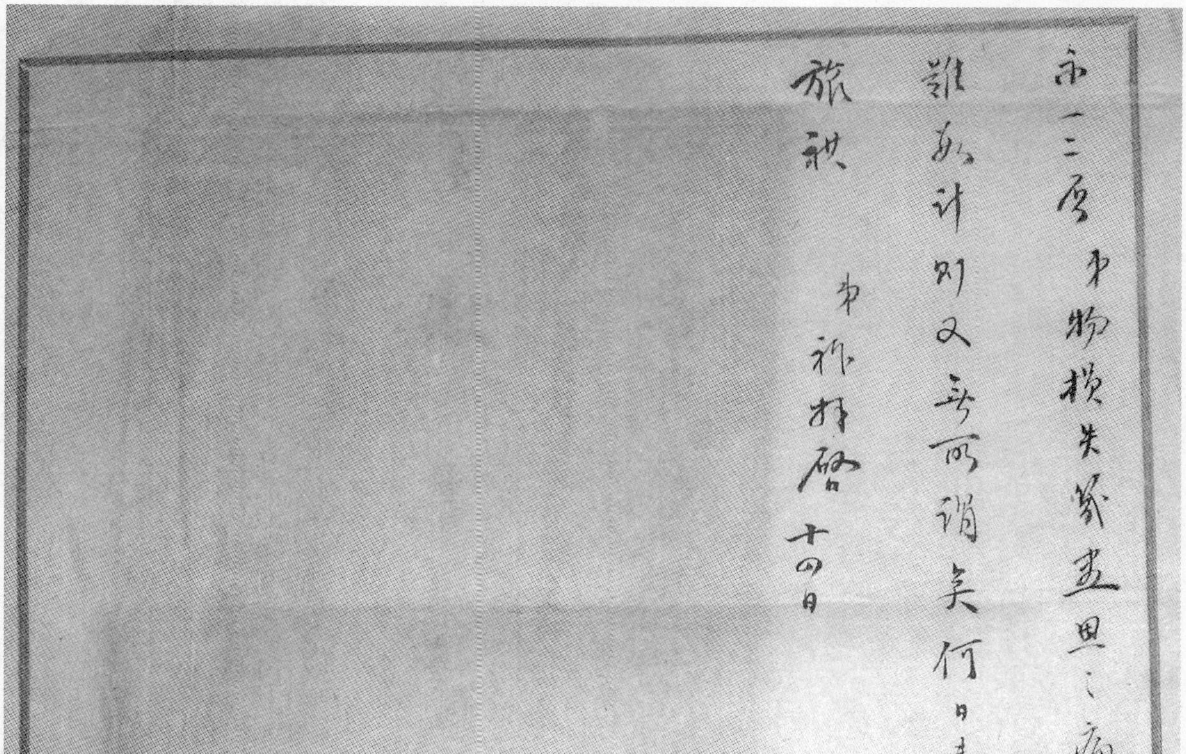
示一二函中物損失綦巨思之痛心然古今寳物者寡
雖欲計則又無所謂矣何日來津先期相告敬頌
旅祺
弟祁祥啓 十四日

书第二通

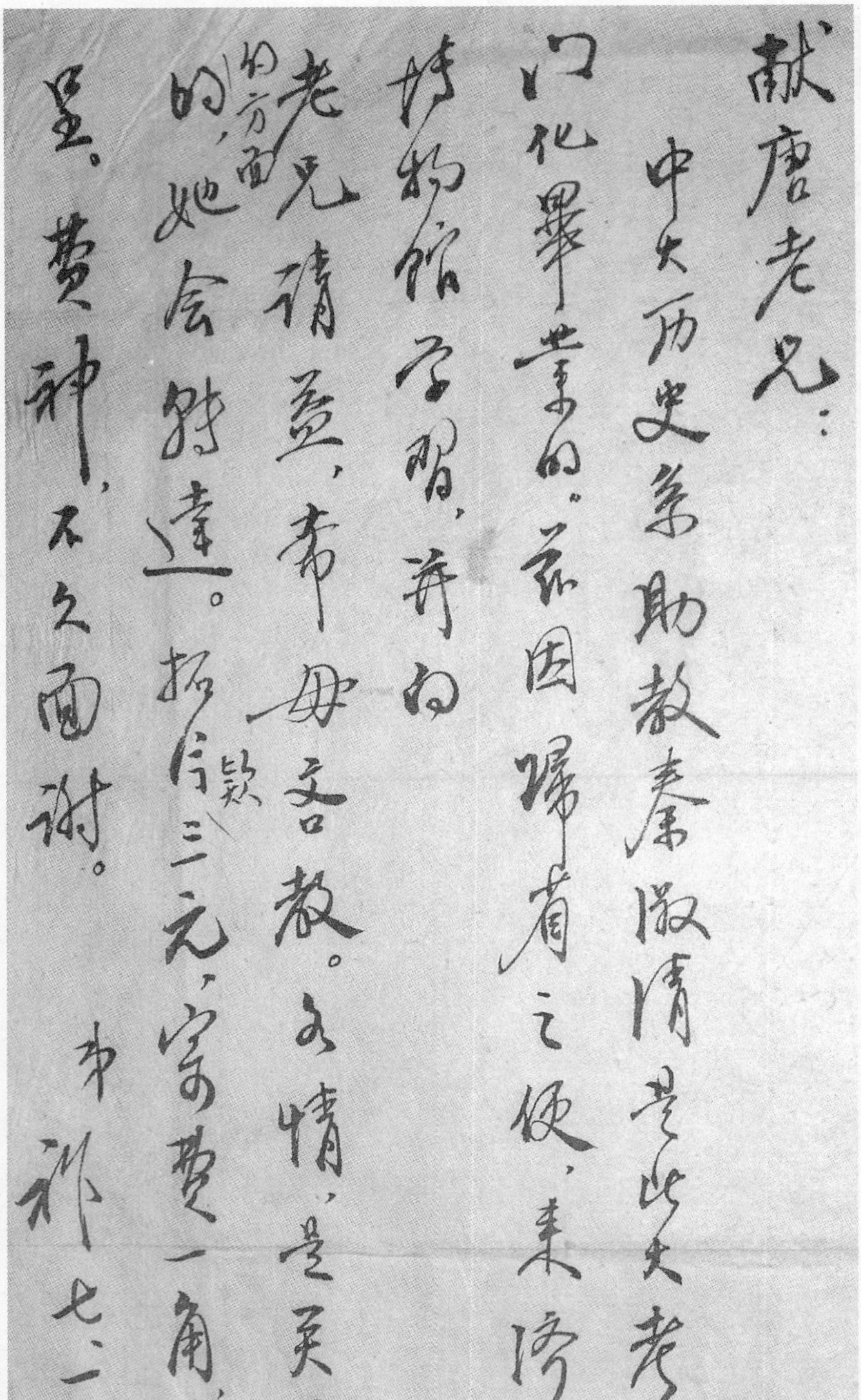
献唐老兄：
中大历史系助教秦缴清是北大考古专门化毕业的。前因婚葬之便，来济南博物馆学习，并为
老兄请益，希毋吝教。交情，是关乎我的方面的，她会转达。拓片款三元，寄费一角，希呈，费神，不久面谢。
弟祚 七、一六

商承祚

書第三通

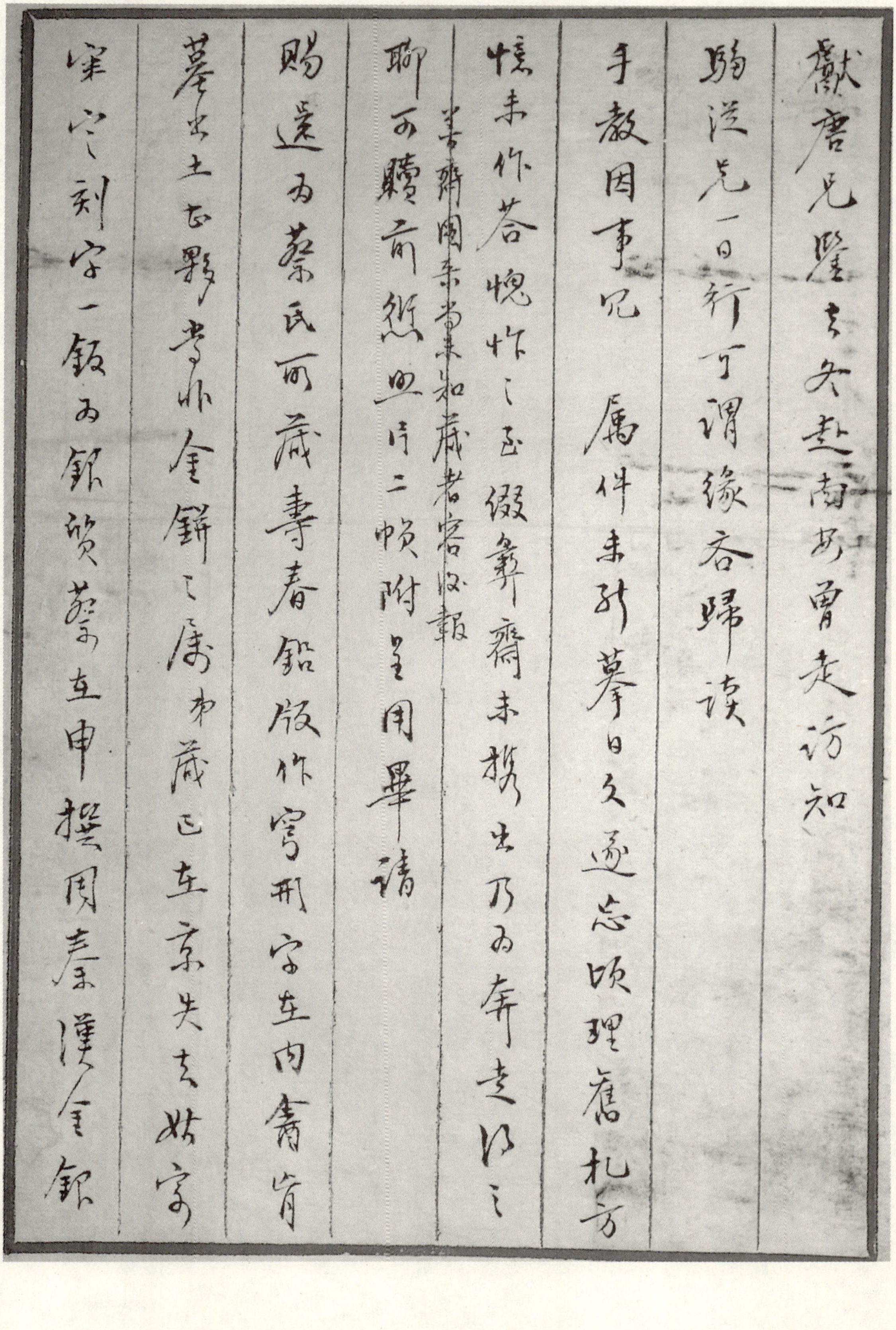

獻唐兄鑒：去冬赴南京曾走訪，知
騶從先一日行，可謂緣吝。歸讀
手教，因事冗，屬件未能摹，日久遂忘。頃理舊札，方
憶未作答，愧怍愧怍。正綴彝齋未携出，乃函奔走諮之，
其齋因未嘗出，知藏者容後報
聊可贖前愆也。片二幀附呈，用畢請
賜還。函蔡氏所藏壽春鉛版作寫刑字在内，壽肯
摹出土古璽考，非全餅，餅屬亦藏，正在京失去，姑寫
宋之刻字一鈑函銀質，蔡寄在申，擬用奉漢金鈑

貨幣考閲已印，跋尚未得見。貴館所藏郎
邪劉君墓表出何地，又山魯市東里漢安陽石出土
地月，是否已藏？苟屬便，希
賜知是荷。順頌
著祺

弟 祚 拜啟 二月廿九

書第四通

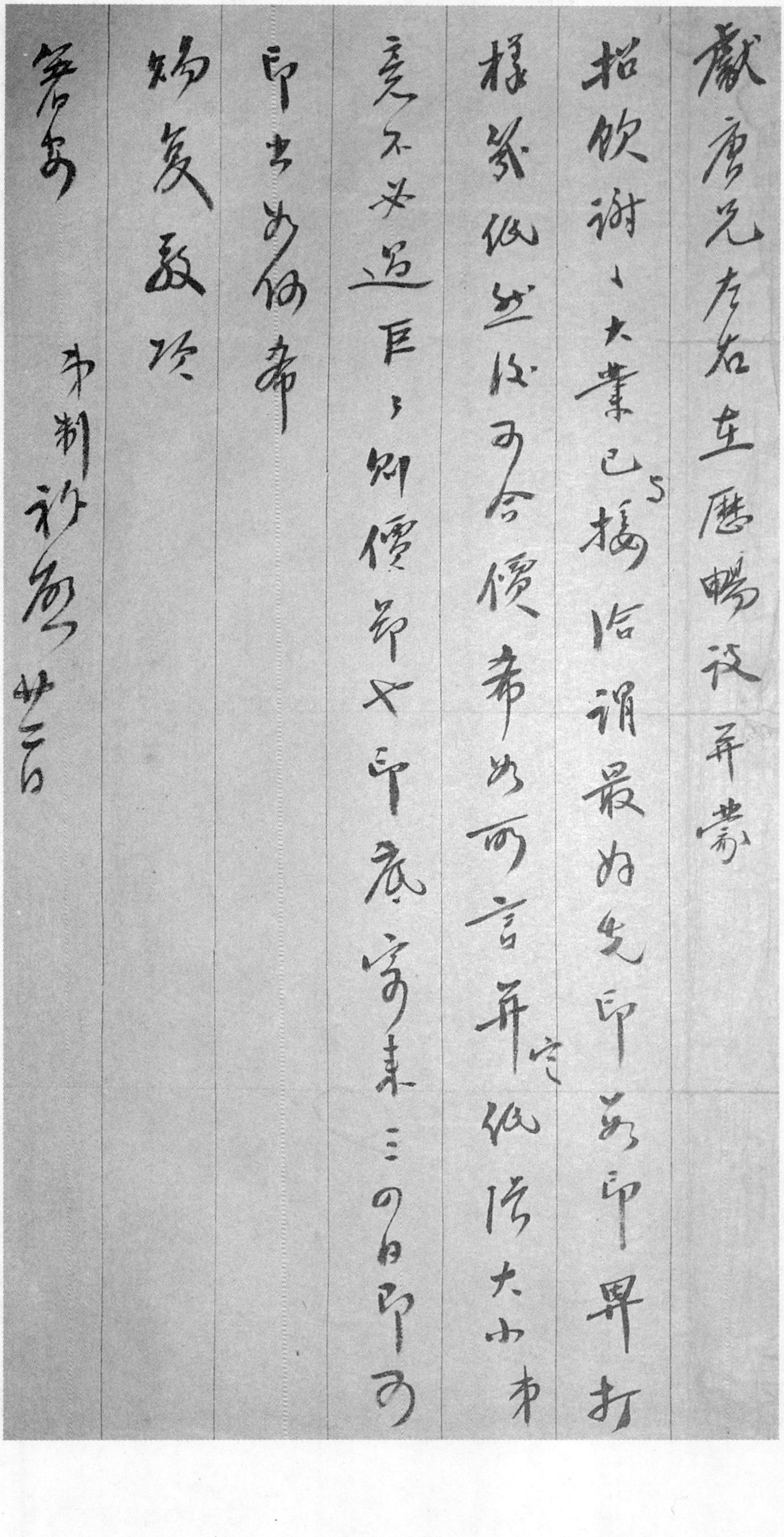

獻唐先生左右：歷談并蒙
招飲，謝謝。大業已接洽，謂最好先印蘇印畢打
樣箋紙，然後可合價，希如所言，并定紙張大小，本
意不必過巨。即價節七印底寄來，三四日即可
印出，如何，希
賜復，敬頌
著安
弟制祁德 廿二日

書第五通

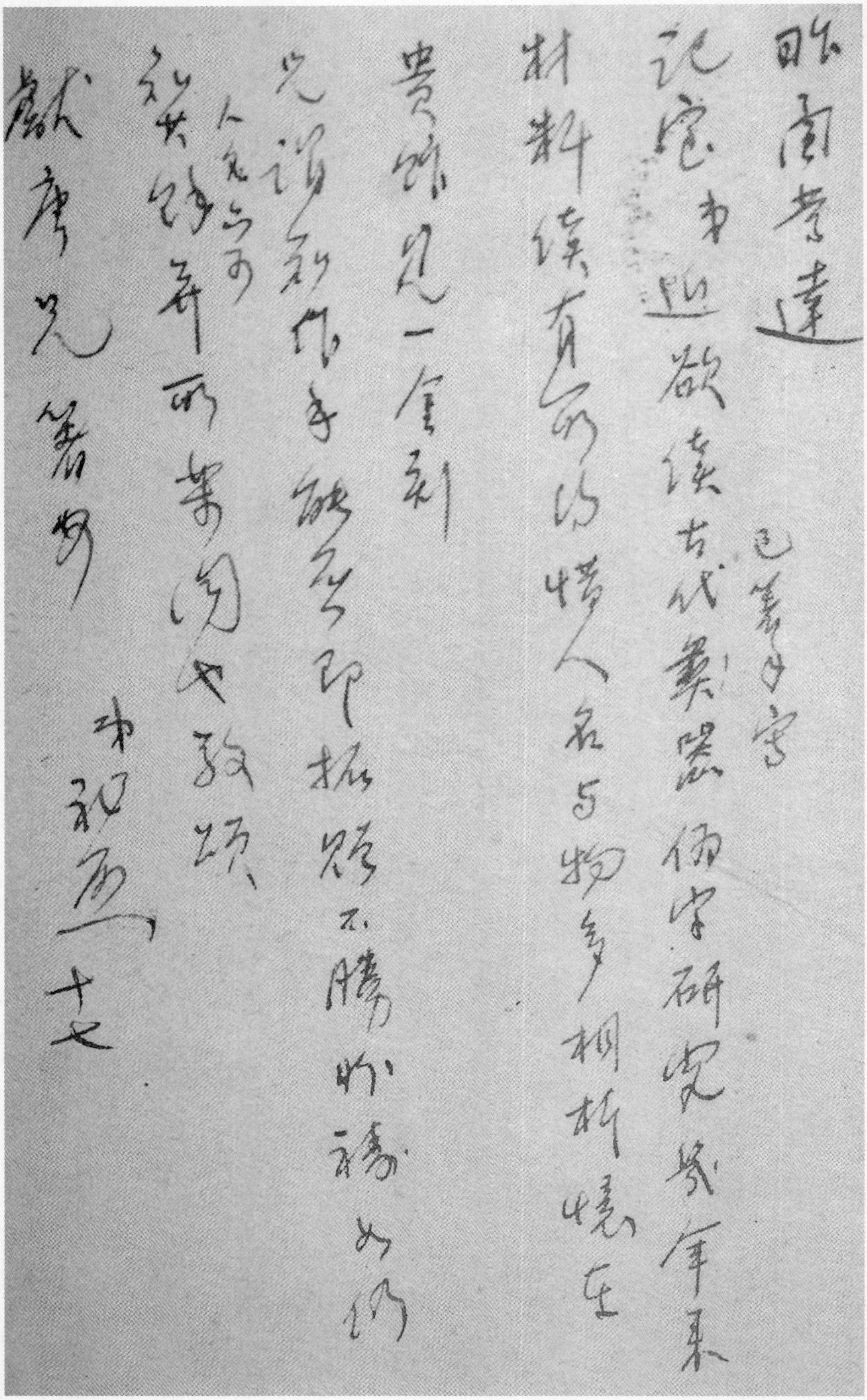
賜函奉達
記室。弟近欲作古代彝器偽字研究，幾年來（已著手寫）
材料俟有所得，將人名与物相析稿在
貴館見一金刻
兄謂新作手跡，能即振賜，不勝盼禱，如何
（人名可[illegible]）
祈賜寄所集，闕中致頌
獻唐兄箸安
弟承祚上 十七

書第六通

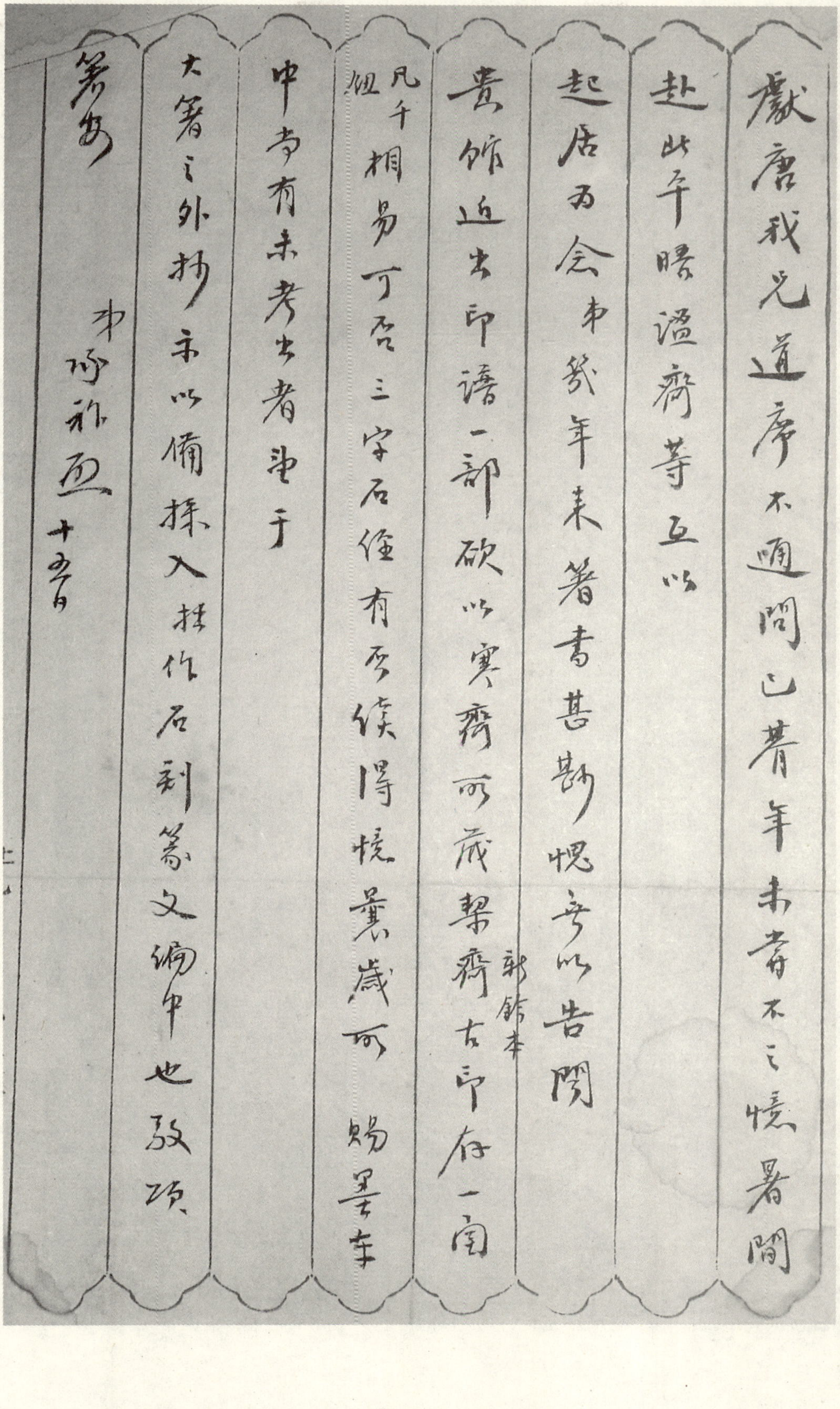

獻唐我兄道席：不通問已有年，未嘗不之懷。暑間赴北平，晤遐齋等，互以起居為念。弟幾年來著書甚尠，愧無以告聞。貴館近出印譜一部，欲以寒齋所藏契齋古印存一函（新鈐本）凡千組相易，可否？三字石經有所續得，想羨歲所賜墨本中亦有未考出者，望于大箸之外抄示，以備採入拙作石刻篆文編中也。敬頌箸安。

弟承祚頓 十五日

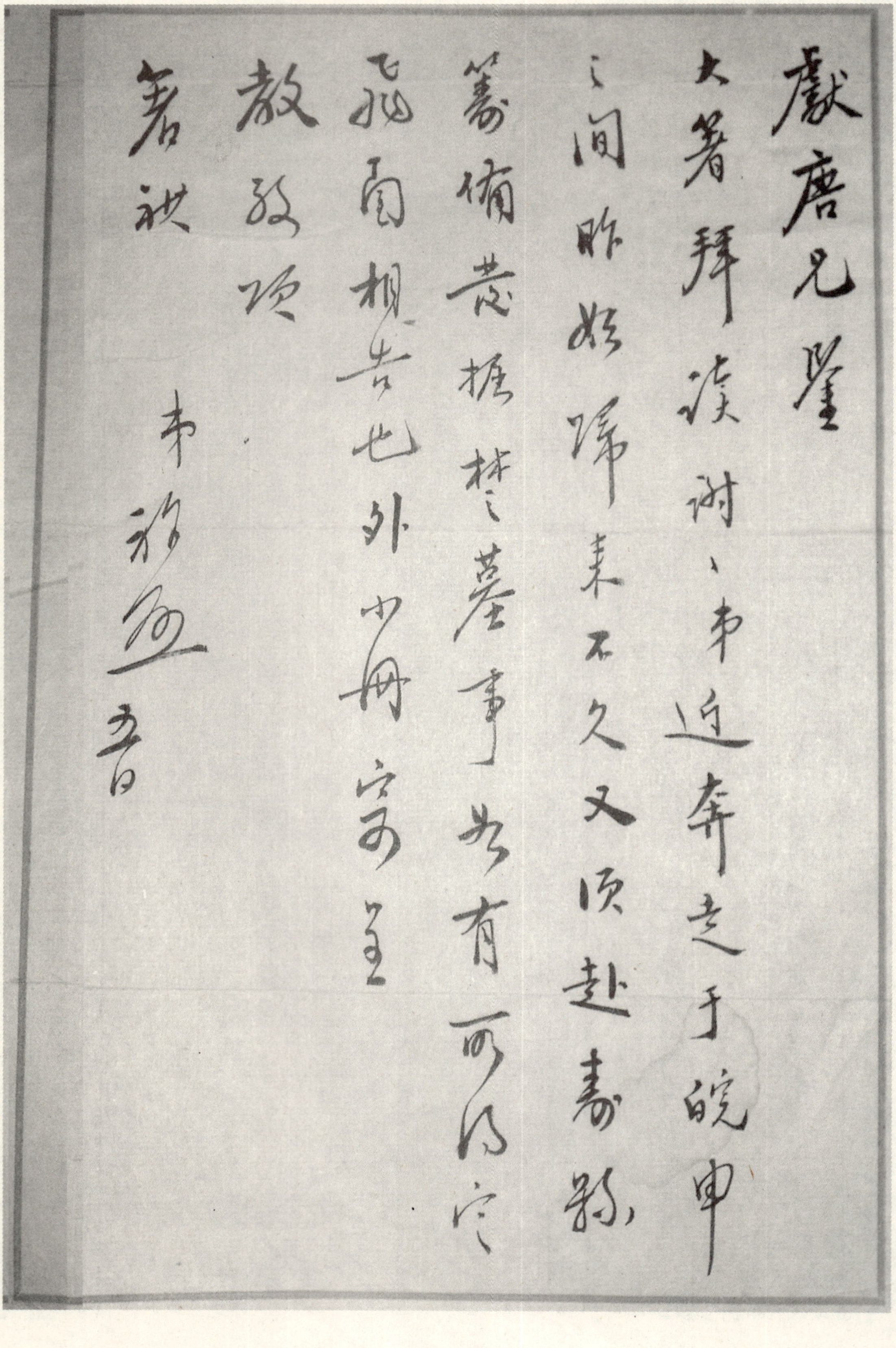

獻唐兄鑒：

大著拜讀，謝謝。弟近奔走于皖中之間，昨始歸來，不久又須赴壽縣，籌備發掘楚之墓事，若有所得，定飛函相告也。外小冊寄呈

教。敬頌

著祺

弟承祚啓

封第一件

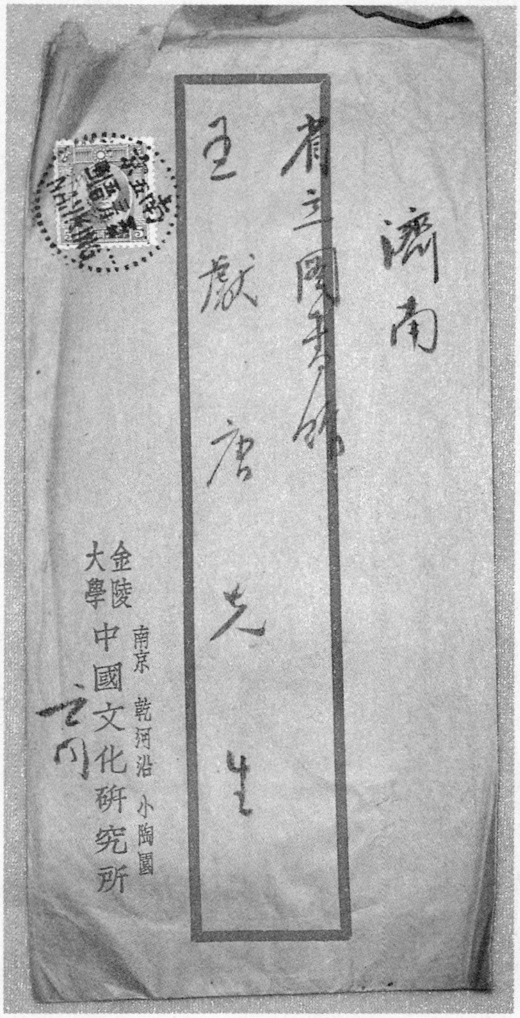

封第二件

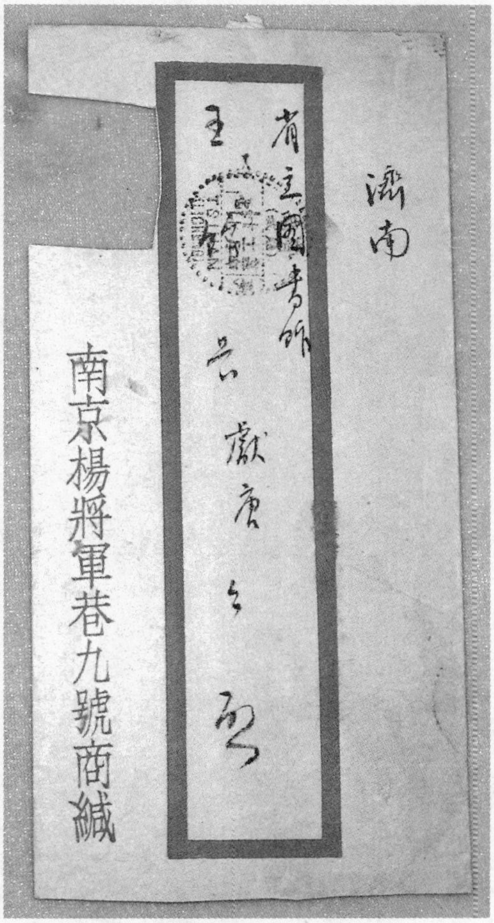

封第三件

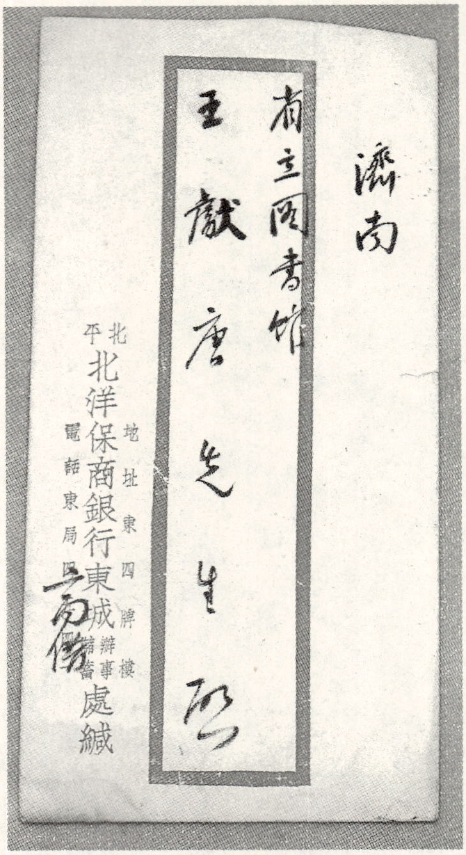

封第四件

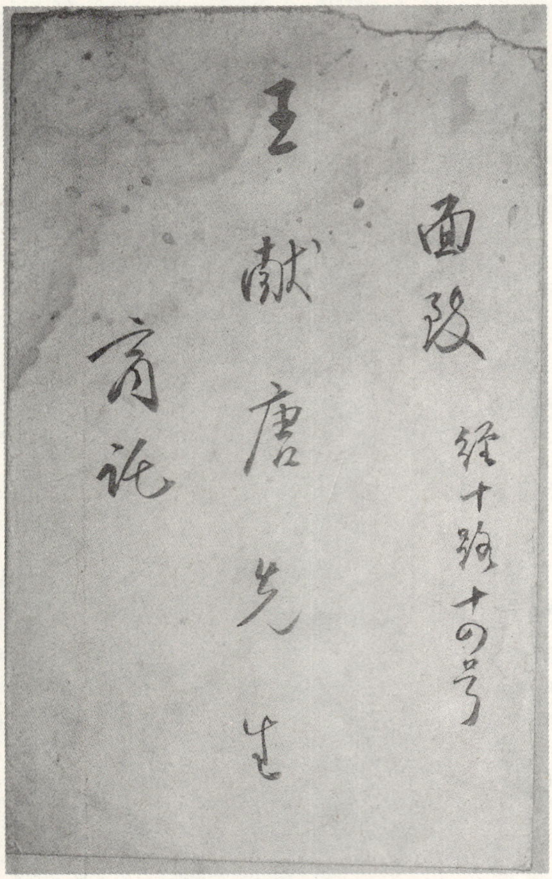

封第五件

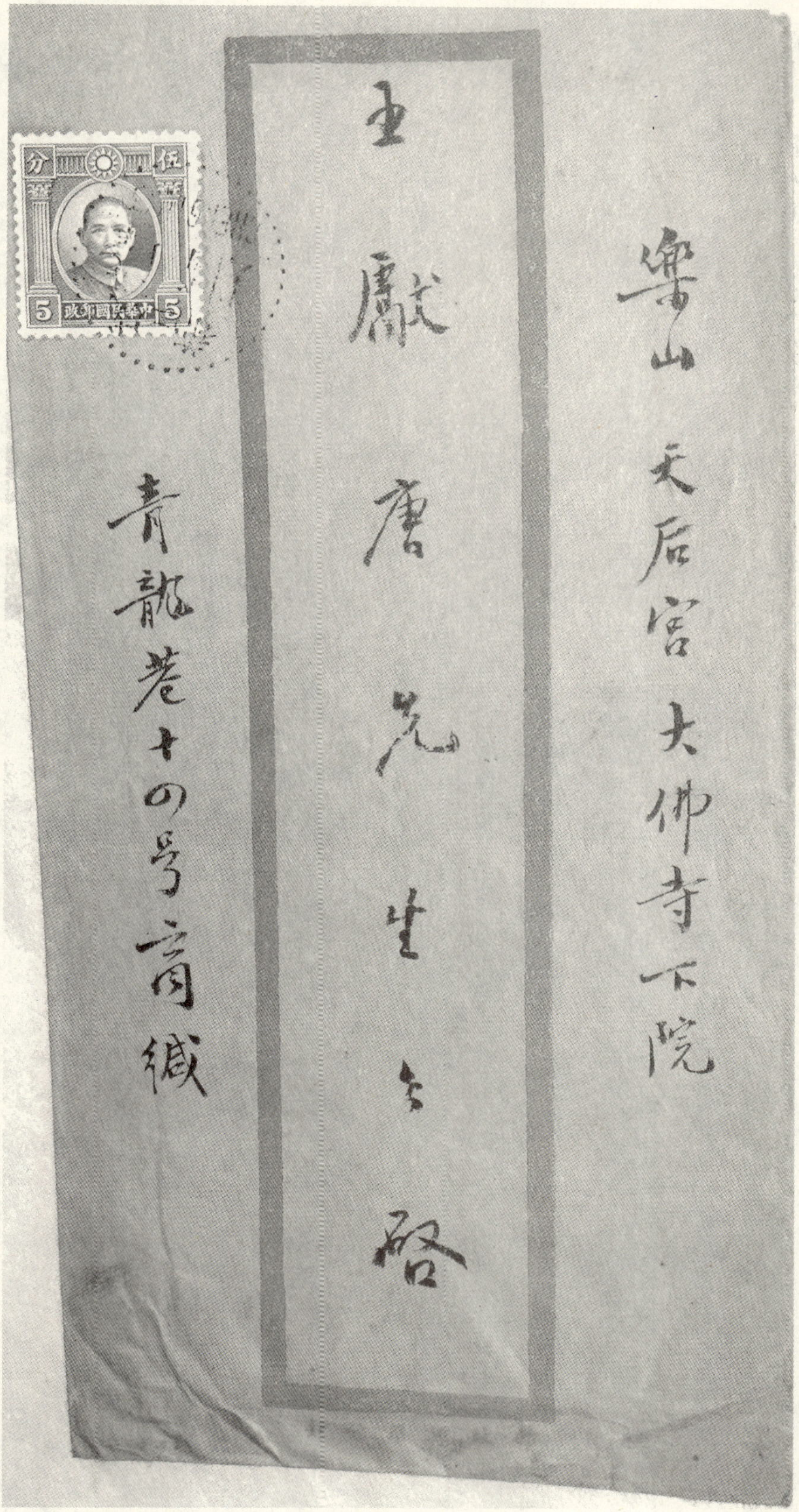

一百六十五　王景宋 書二通　封一件

書第一通

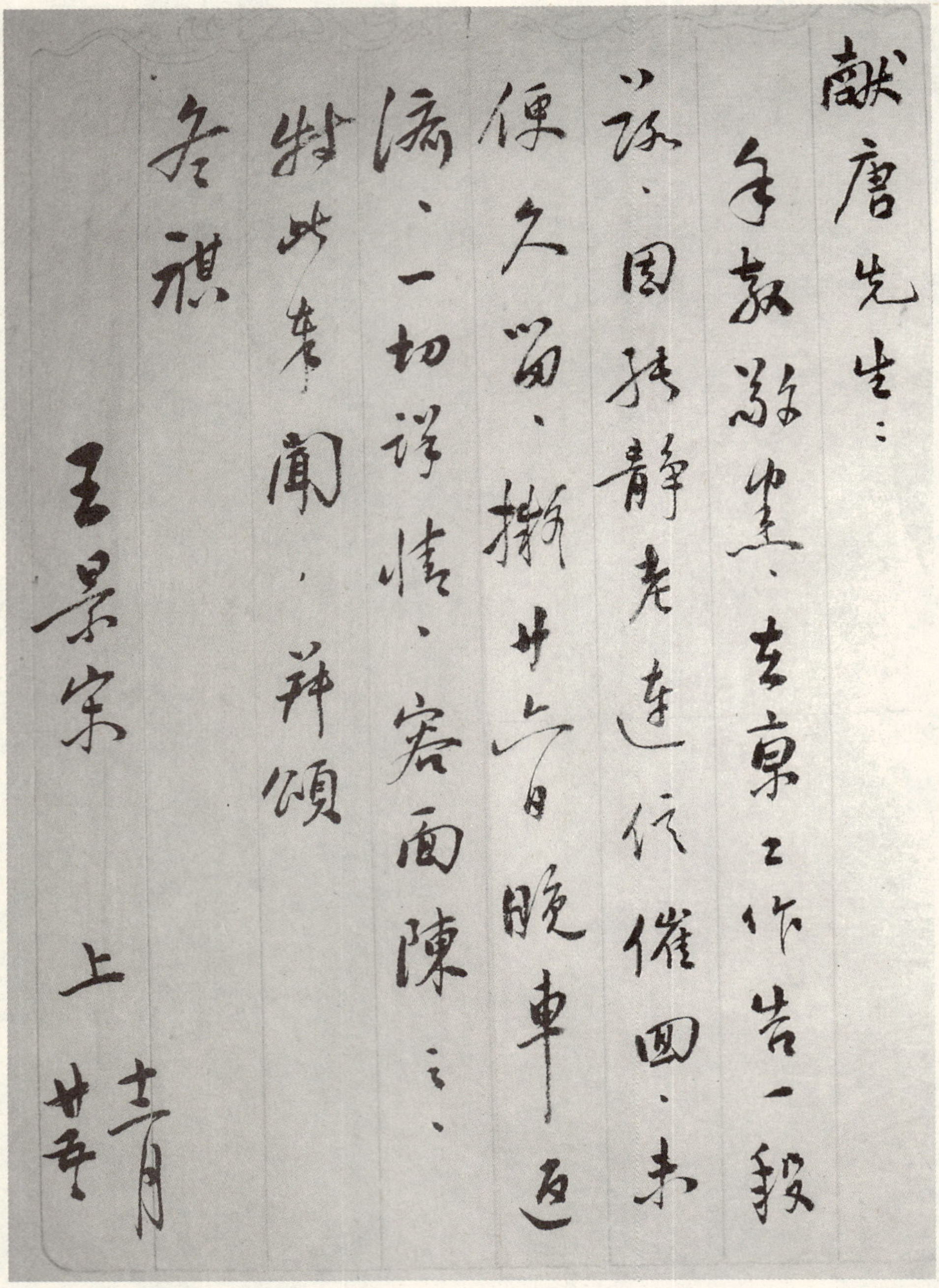

獻唐先生：手教敬悉。去京工作告一段落，因於靜老進行催回，未便久留，擬廿六日晚車返濟。一切詳情，容面陳。特此奉聞，并頌冬祺。

王景宋上

十二月廿五

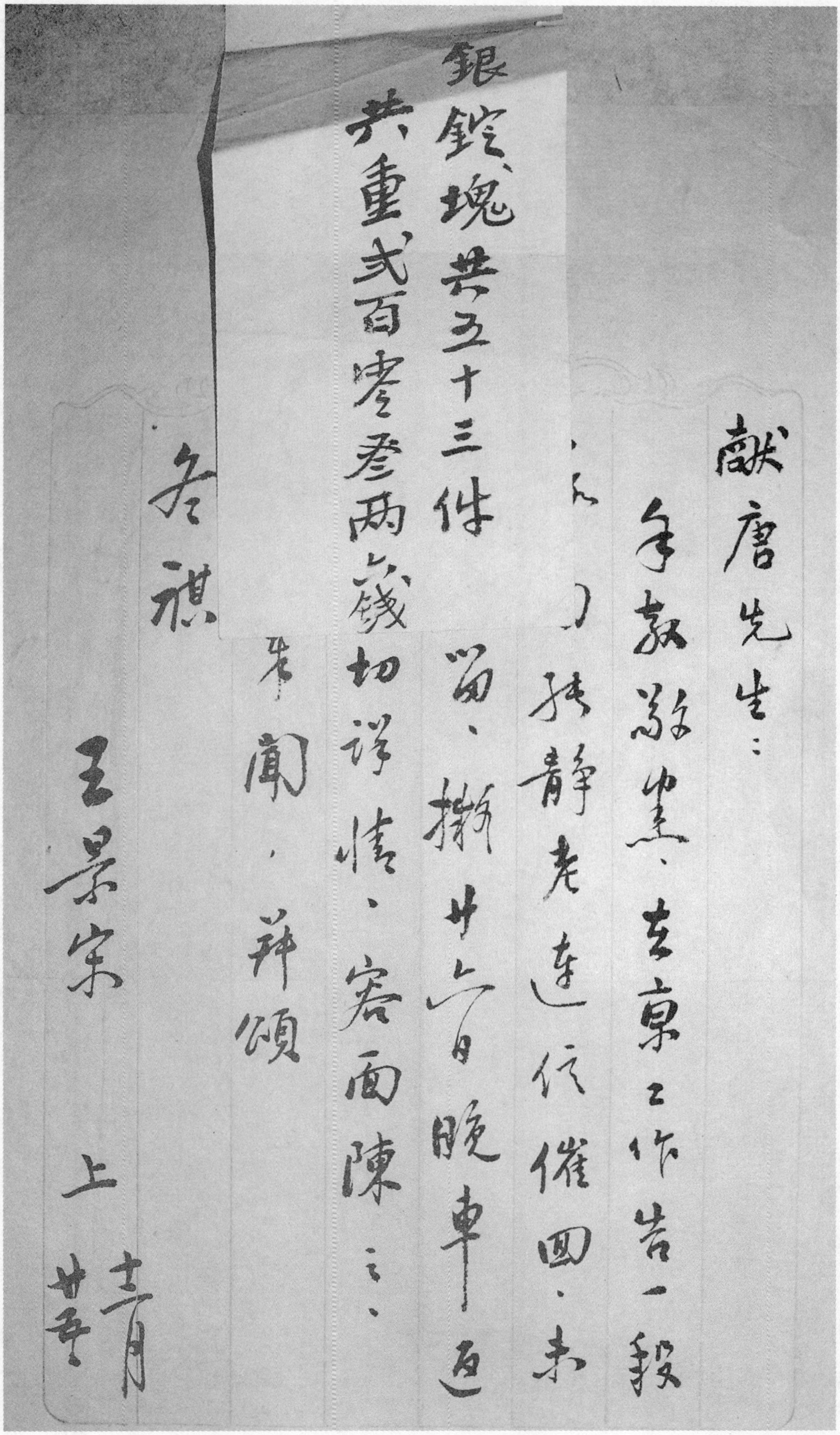
銀錠、塊共五十三件
共重弍百零叁兩六錢

獻唐先生：
手教敬悉。去京工作告一段
落，[illegible]扶靜老達行，催回，未
[illegible]留，擬廿六日晚車返
[illegible]切詳情，容面陳。
專聞。并頌
冬祺
王景宋 上 十二月廿二

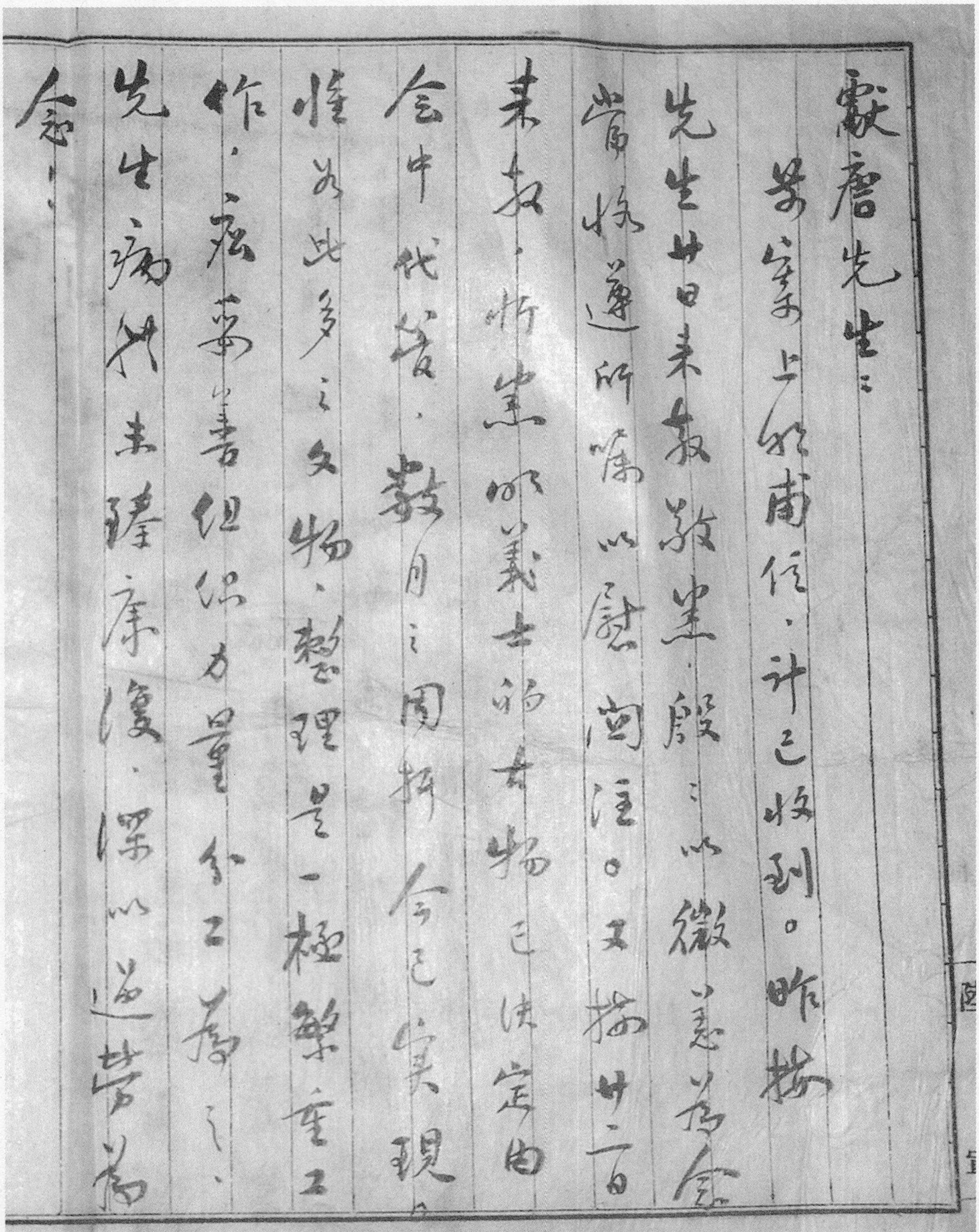

獻唐先生：

案上頌甫信、計已收到。昨接

先生廿日來教、敬悉。殷殷以徽墓為會

當務之急、所陳以慰國注。又接廿二日

來教、所囑以義士兩墓物已決定由

會中代管、數月之間擬今已實現、

惟以此多之文物、整理是一極繁重工

作、應蒐集組織力量分工為之、

先生病體未臻康復、深以過勞為

念。

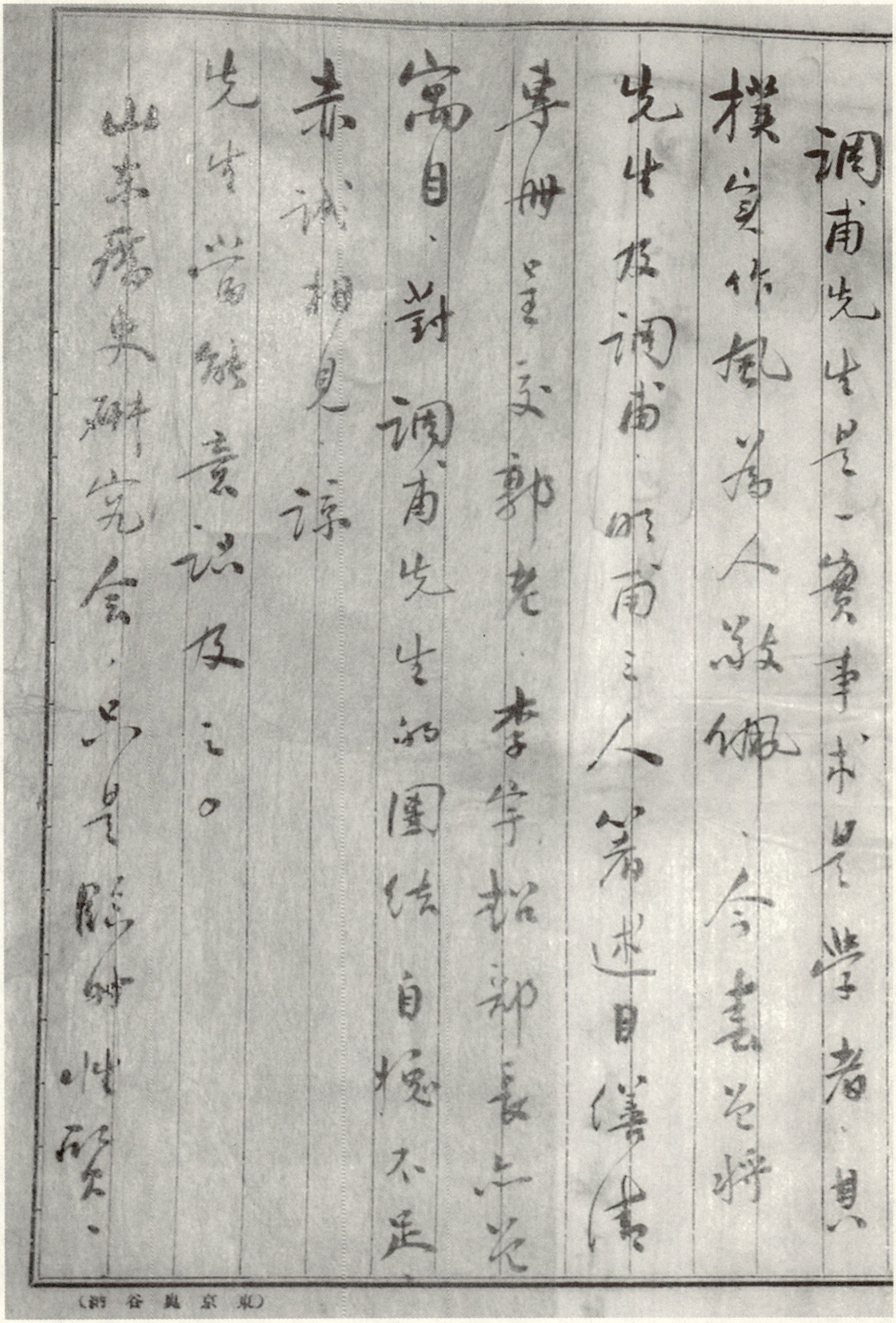
調甫先生是一實事求是學者，其
樸實作風爲人敬佩。今春已將
先生將調甫、昭甫二人著述目錄清
冊呈交郭老、李學部部長亦並
過目。對調甫先生的團結自愧不足
赤誠相見，諒
先生當能意識及之。
此來應集研究會，只是聯絡性質，

在條件許可時，將來必須研發更，正式成立新史學會、或文史館等之組織之計劃的學術機構，以統團結更多的一些學者們，為研究工作據現在山東歷史研究會與古代會情况，寥寥有二三人確具有歷史知識，並有高度研究精神者，作為研究工作骨幹，否則形成一般的

王景宋

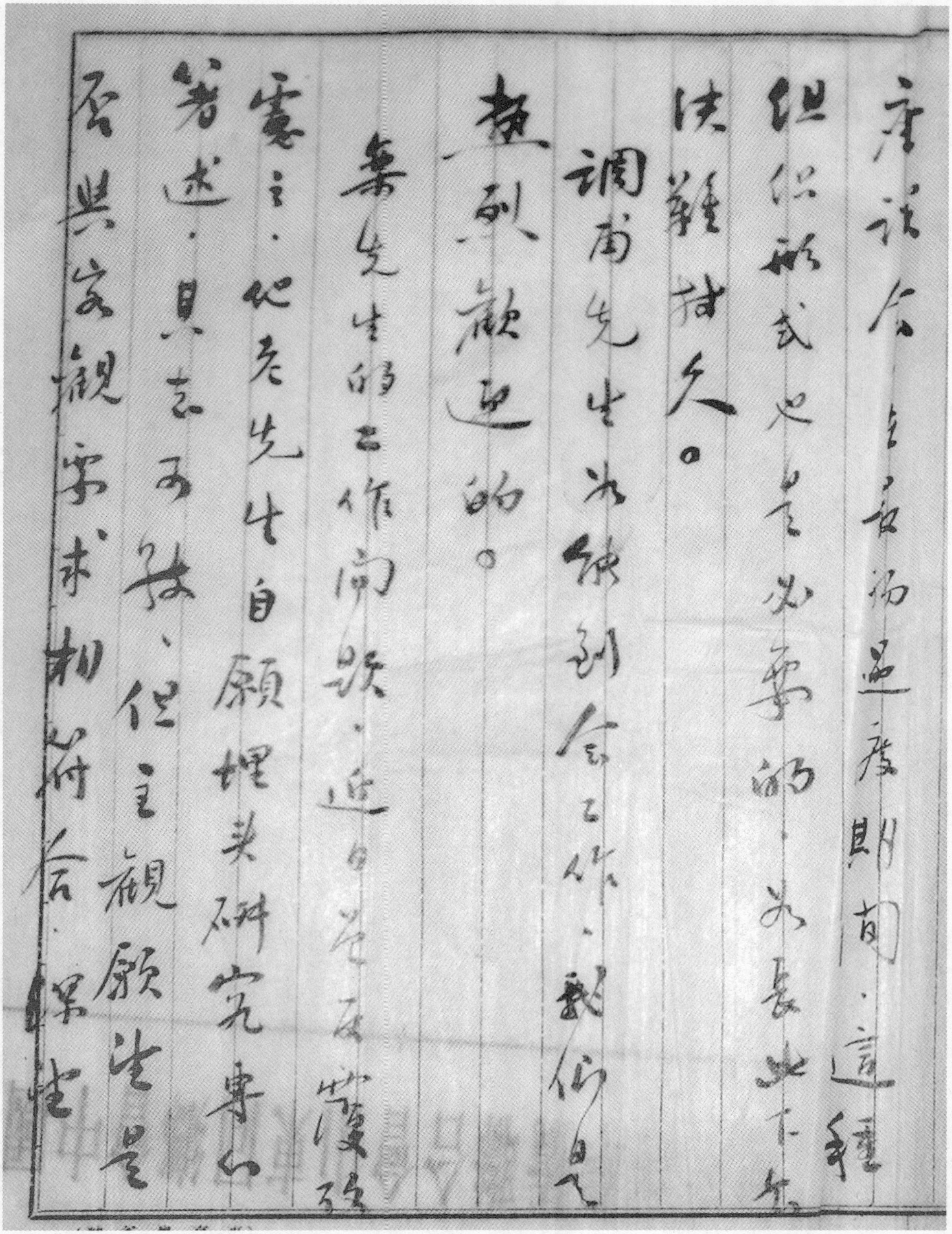
座談會上我所過渡期間，這種
組織形式也是必要的，不過長此下去
決難持久。
調甫先生為統戰會工作，我們自是
無可顧及的。
集先生的工作問題，近日老友營謀
處之，他老先生自願埋頭研究專心
著述，其志可嘉，但主觀願望是
否與客觀要求相符合，深堪

調甫先生以學習《實踐論》的精
神，具體運用在自己實際生活中
當之助机遇一問題的解決，僅
以友情愛護觀點之事論，不能把
一定作用、不能把法定作用，因調甫
先生是擁護真理、服從真理者，非
從從的客觀形勢（時間、地點、條件）
詳細加以分析之，以鄭重商討之人

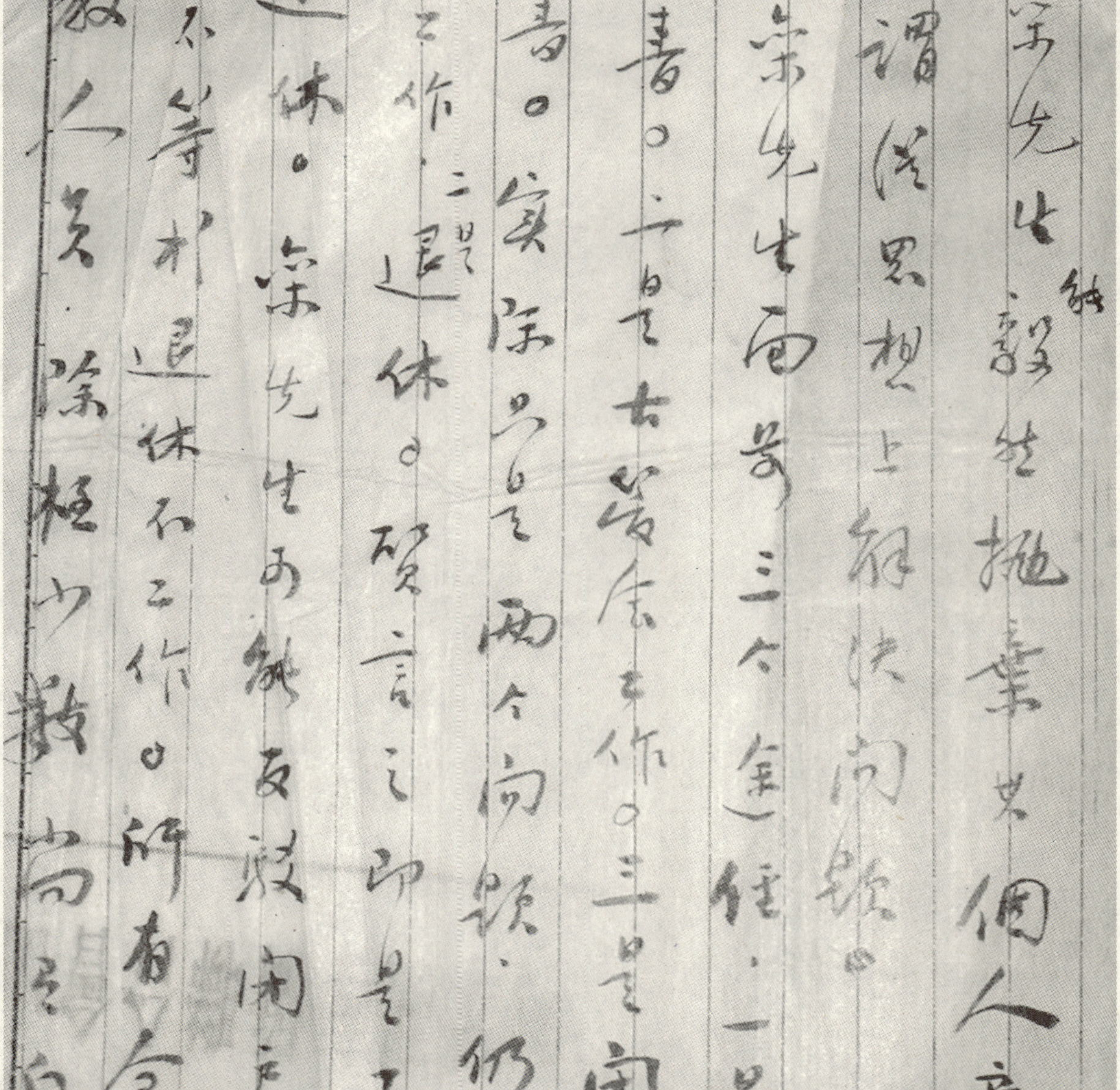
蔚言先生毅然拋棄其個人意見，所謂從思想上解決問題。擺在宗先生面前三個途徑：一是山大教書。二是古籍整理工作。三是開戶著書。實際只是兩個問題，仍是著書加工作、二是退休。質言之，即是工作與退休。宗先生的親友說開戶著書不等於退休不工作。所有全國公教人員，除極少數尚是自

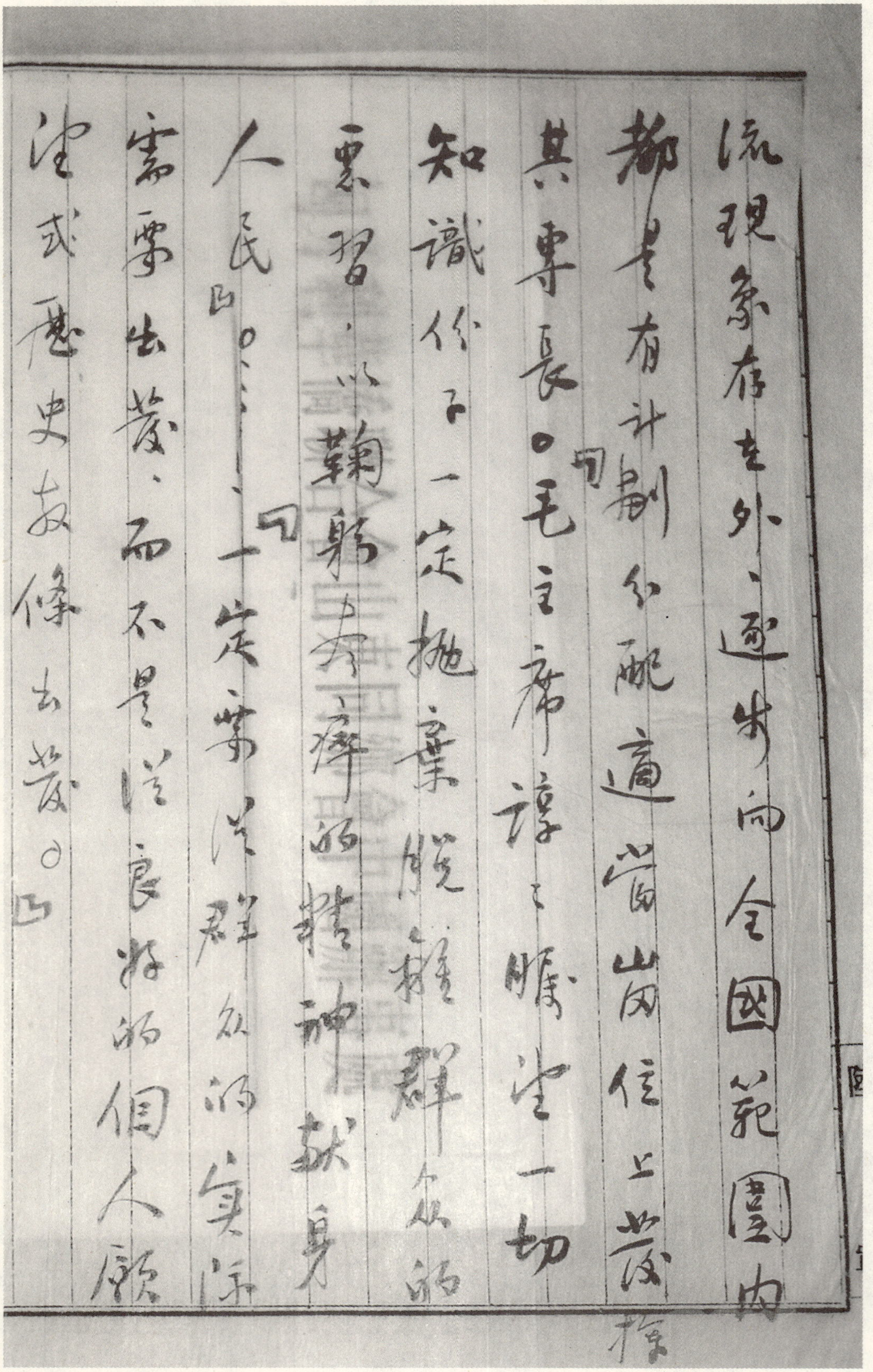

流現象存在外，逐步向全國範圍內
都是有計劃的分配適當崗位上發揮
其專長。毛主席諄諄囑望一切
知識份子一定拋棄脫離群眾的
惡習，以鞠躬盡瘁的精神獻身
人民，一定要從群眾的真實
需要出發，而不是從良好的個人願
望式歷史條件出發。

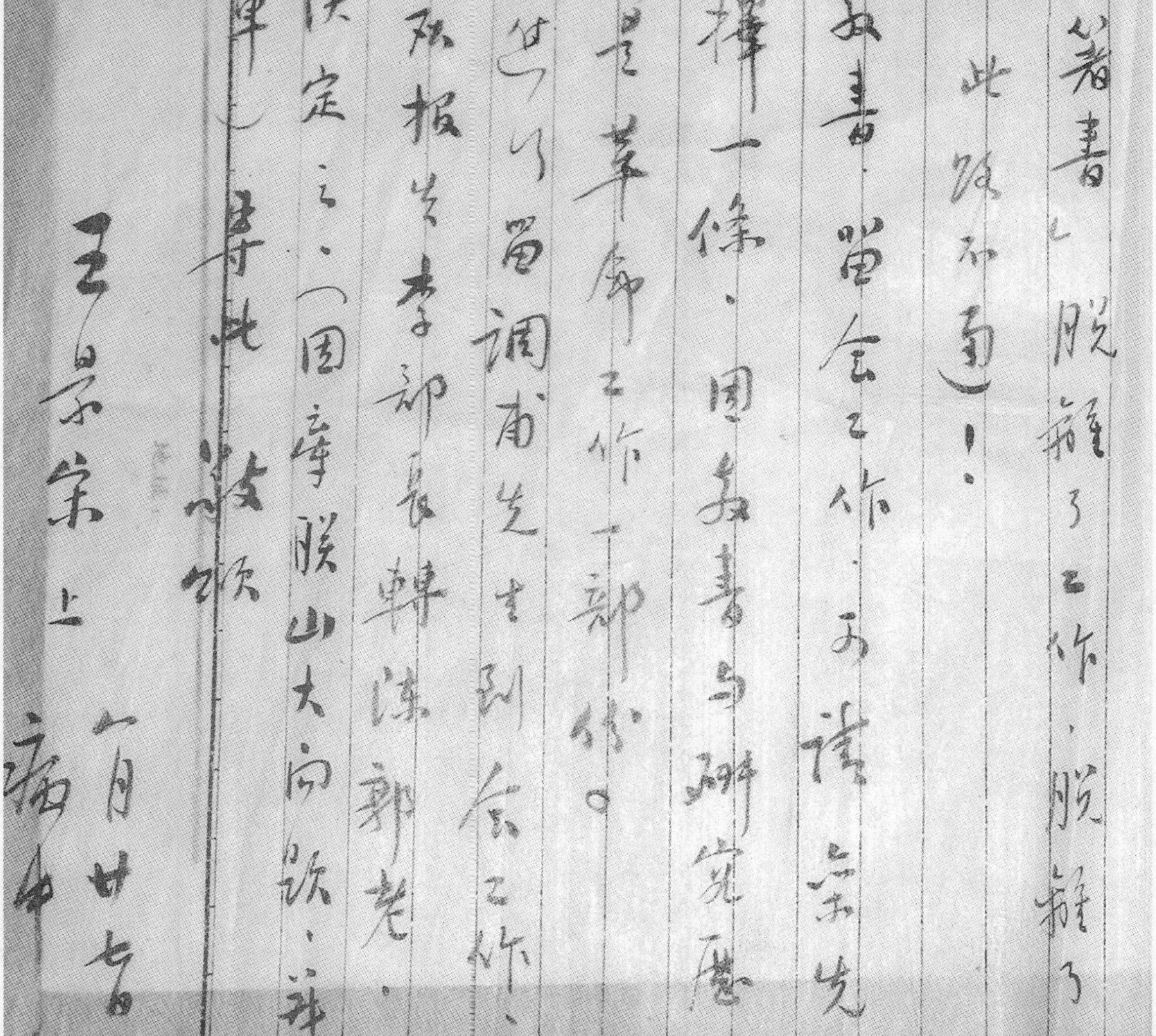

閉户看書、脫離了工作，脫離了群众，此路不通！
山大古書，留會工作，可請宗先生選擇一條、因古書与研究歷史都是革命工作一部份。
具體你們留調甫先生到會工作、首先須报告李部長、韓、涤、郭老、最後決定之（因牽聯山大問題、非不簡單），特此 敬頌
健康
王昱宗 上
六月廿七日 病中

（東京奧谷製）

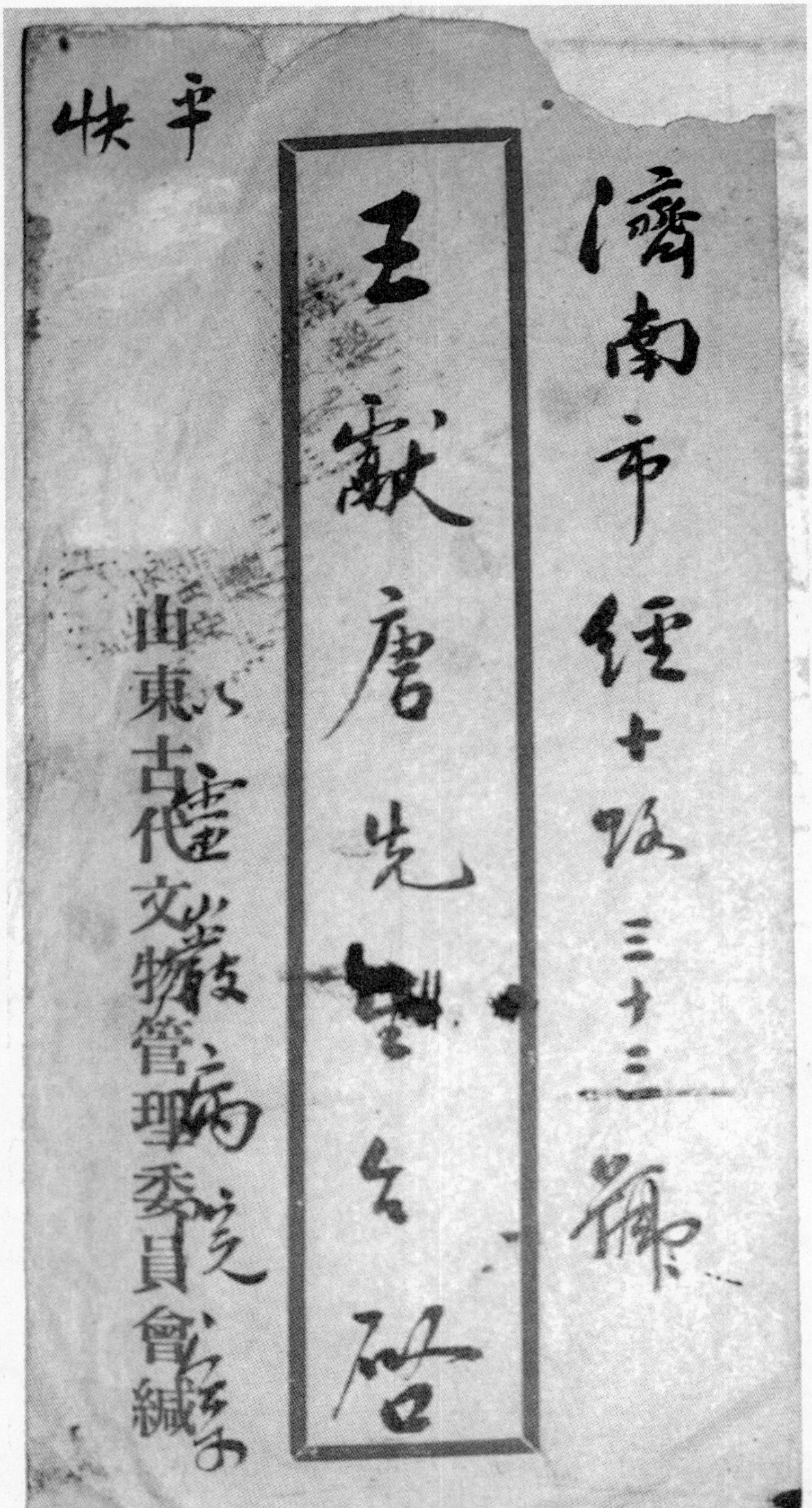
平快
濟南市經七路三十三號
王獻唐先生台啓
山東古代文物管理委員會緘

一百六十六

程枕霞 書一通 封一件

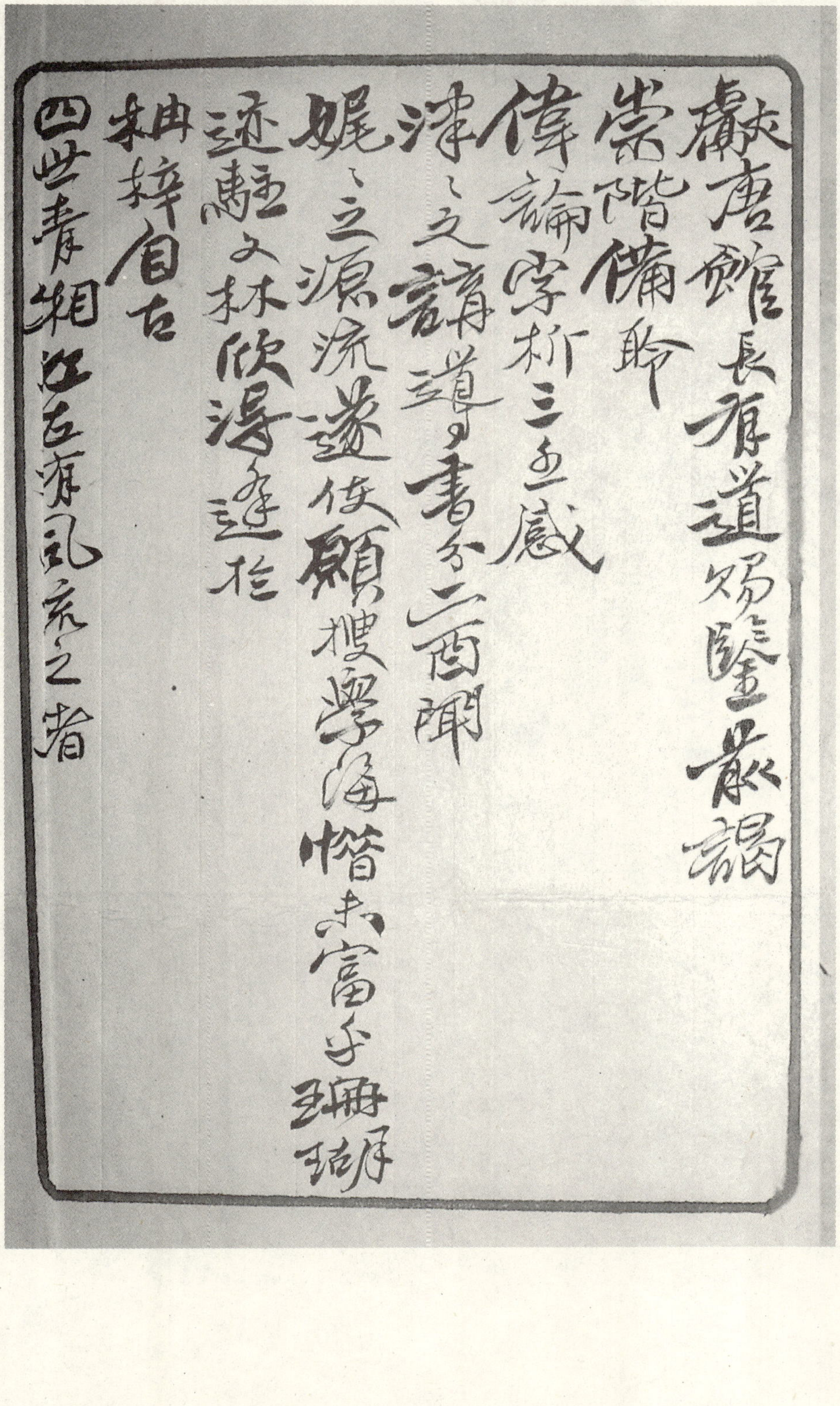
獻唐館長有道賜鑒 敬謁
崇階 備聆
偉論 字析三五感
津津之韻 導書分二酉閣
娓娓之源流 遂使頤樓學海 惜未富乎珊瑚
迹點文林 欣得逢於
紬繹自古
四世青湘江左清風流之者

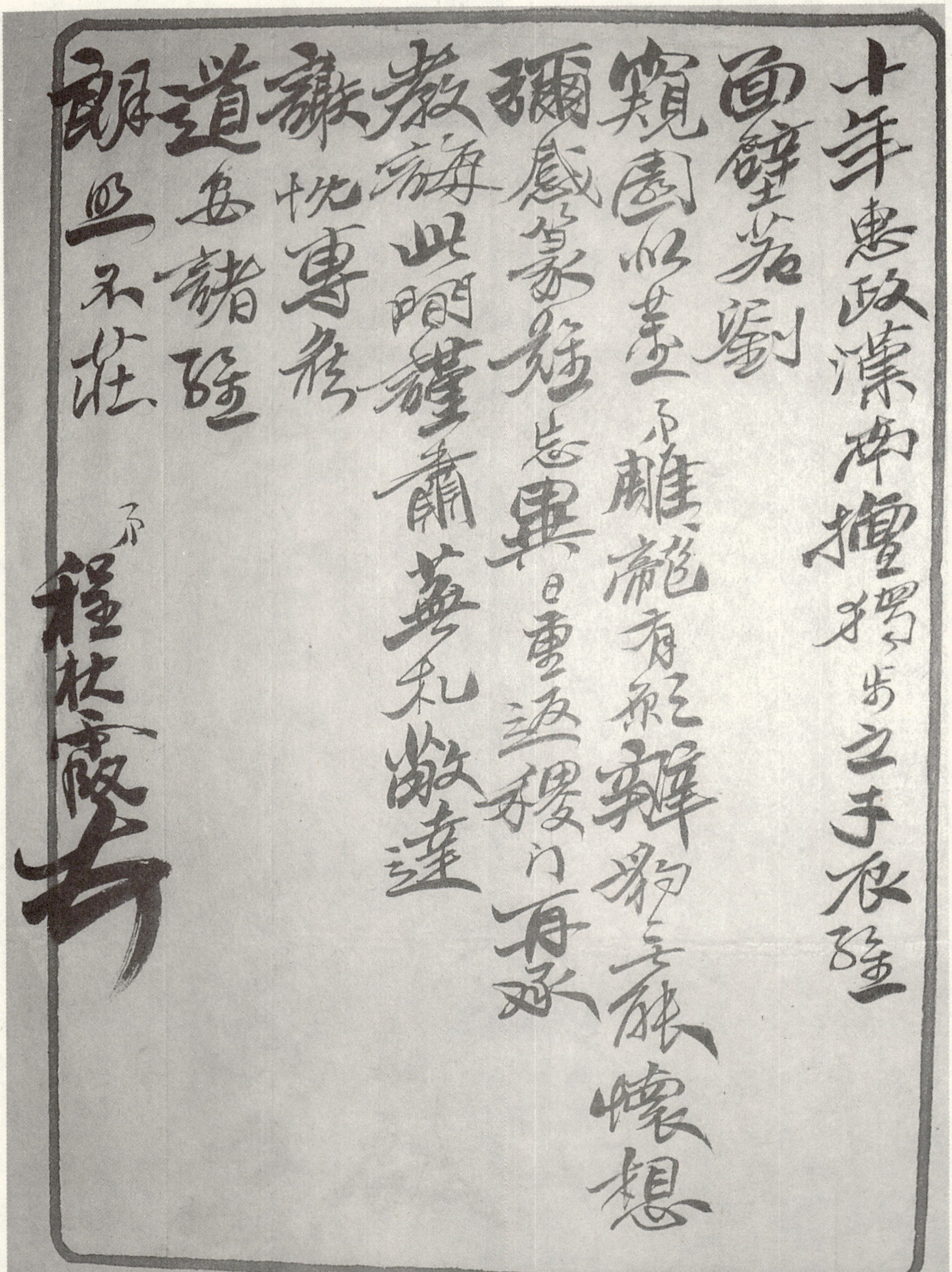

十年惠政漢南擅揚芳之手依隨
面壁若劉
窺園似董不離龍有紀辭鄉彥康懷想
彌感篆絲忘異日重返櫻門再承
教誨此間謹肅蕪札敬達
謙忱專務
道安諸維
朗照不莊
程枕霞拜

程枕霞

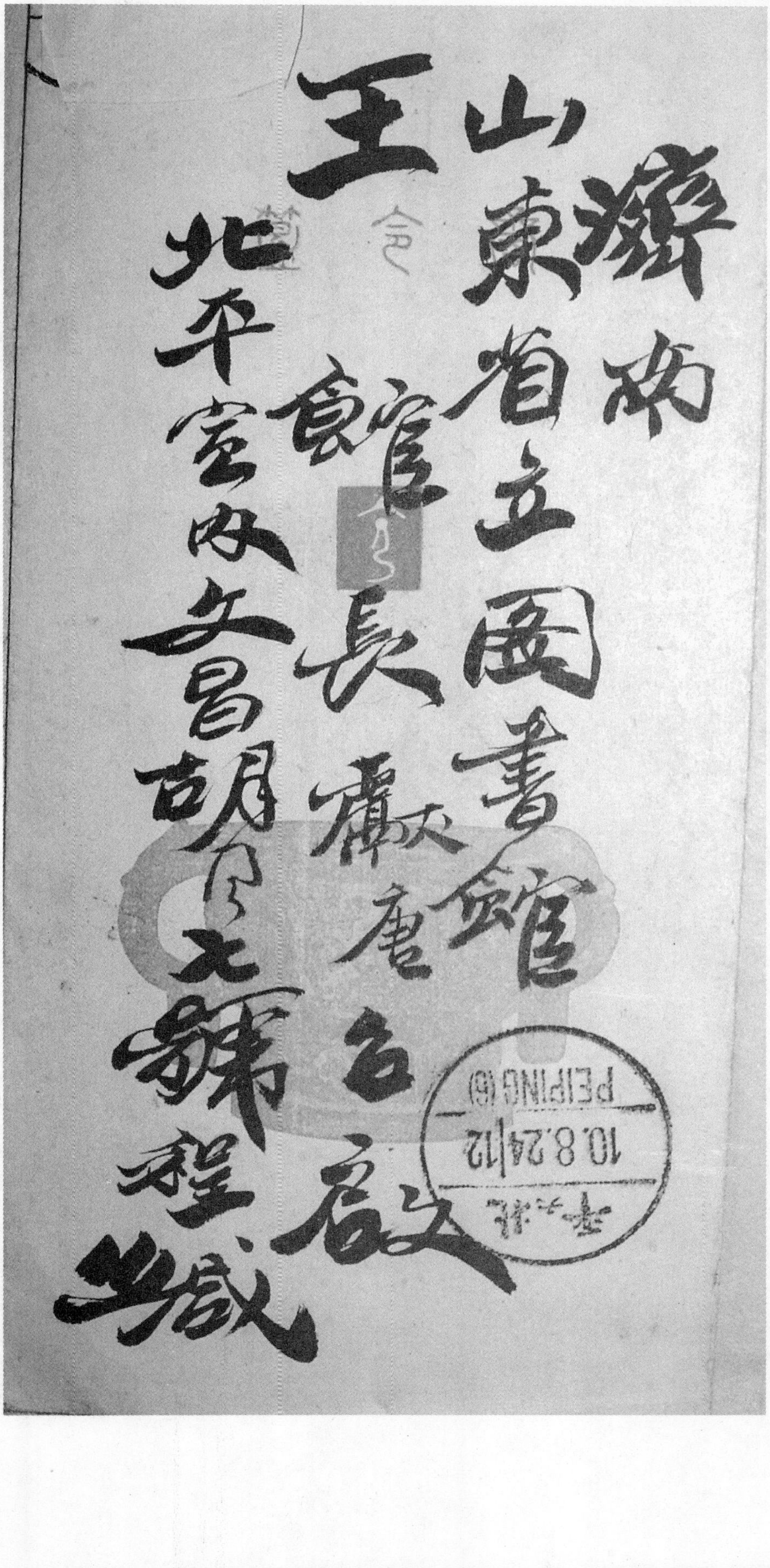
濟南
山東省立圖書館
王館長獻唐台啟
北平宮內文昌胡同七號程緘

一百六十七 李菊田 書一通

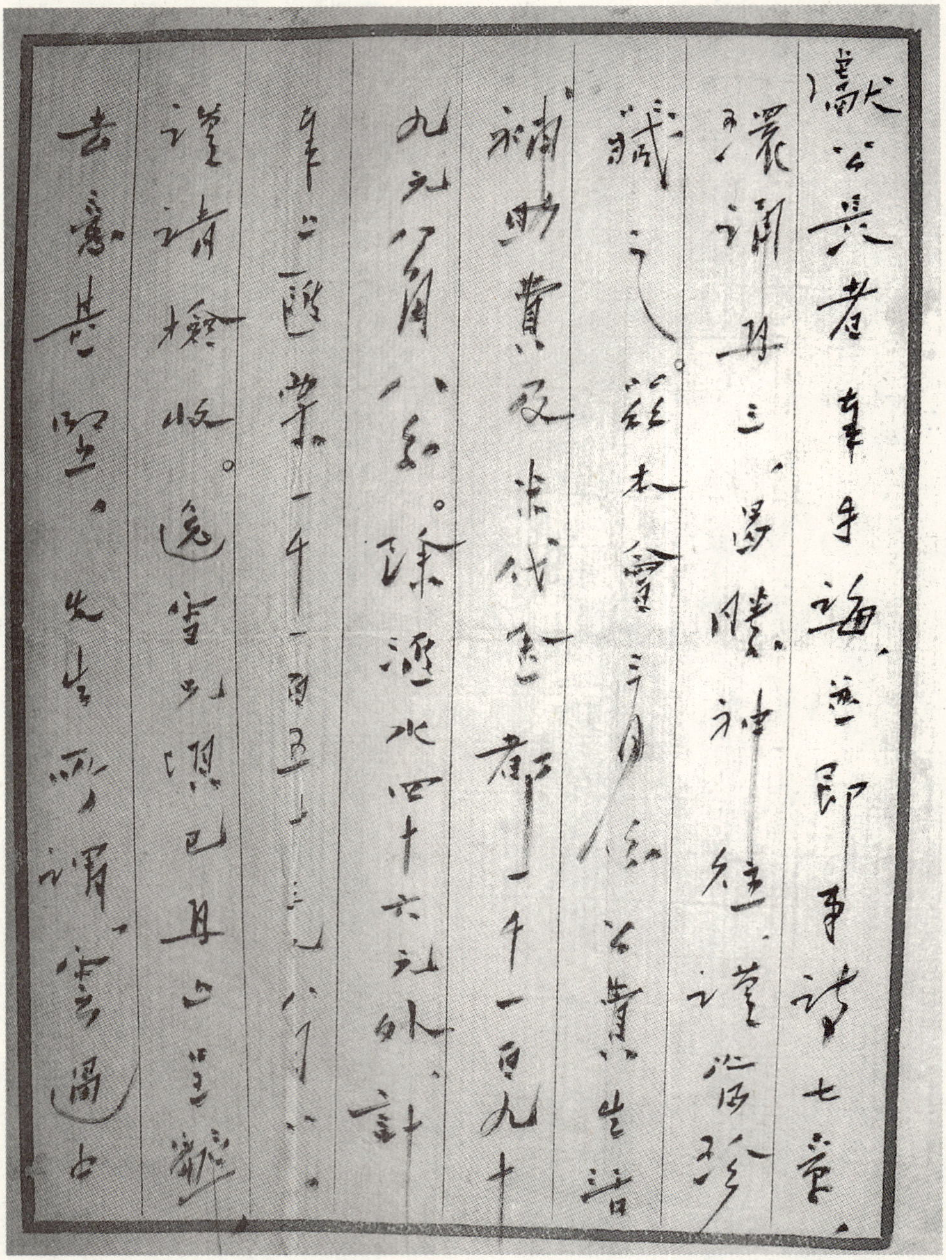

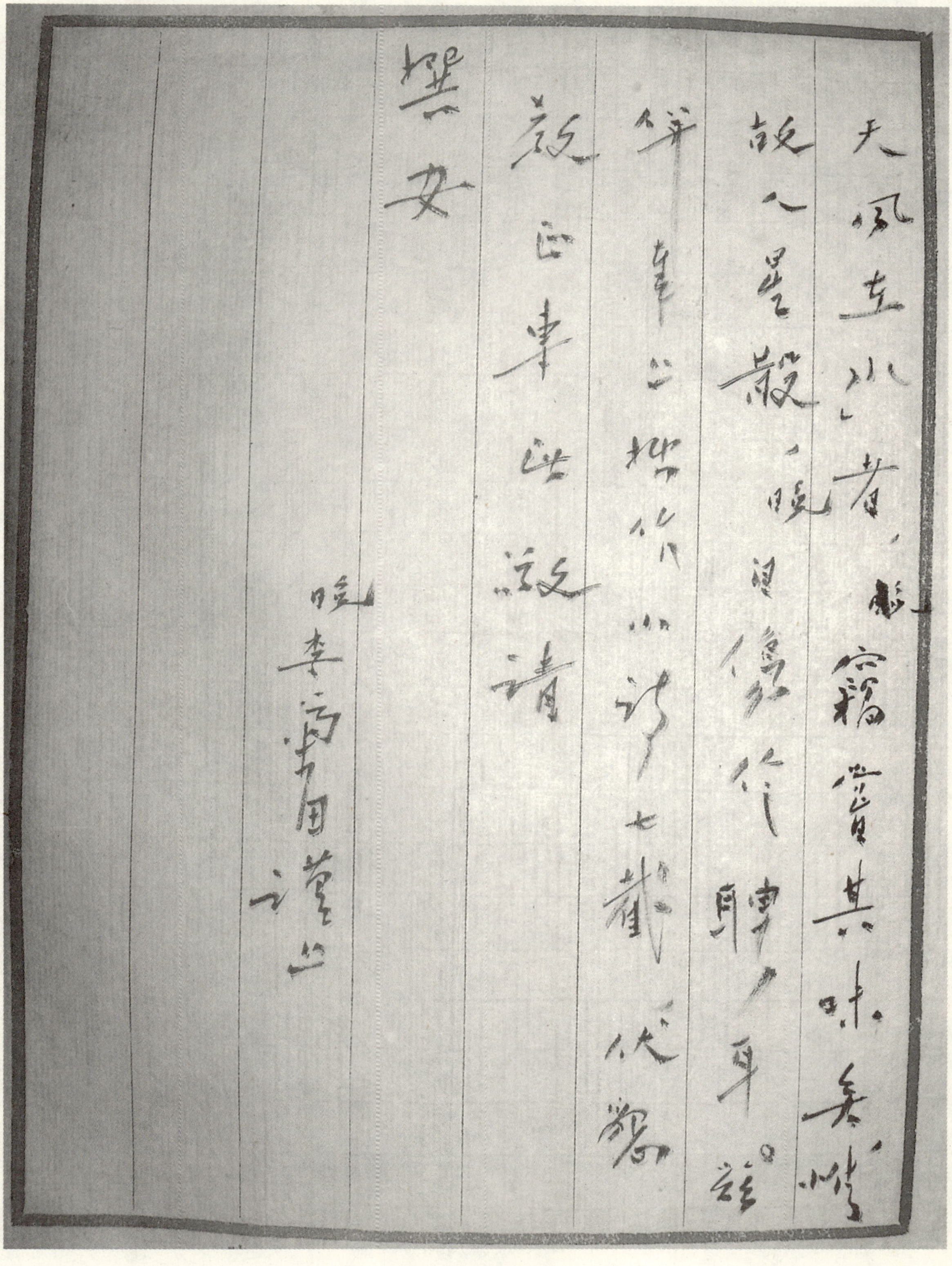
大風立秋者，彤霜賞其味矣，惟
故人畢殷，晚得像作，聊再詳
祥年，撰然小詩七載，伏懇
敬函東海，敬請
撰安
晚 李鴻周謹上

一百六十八　孫敬亭 書一通

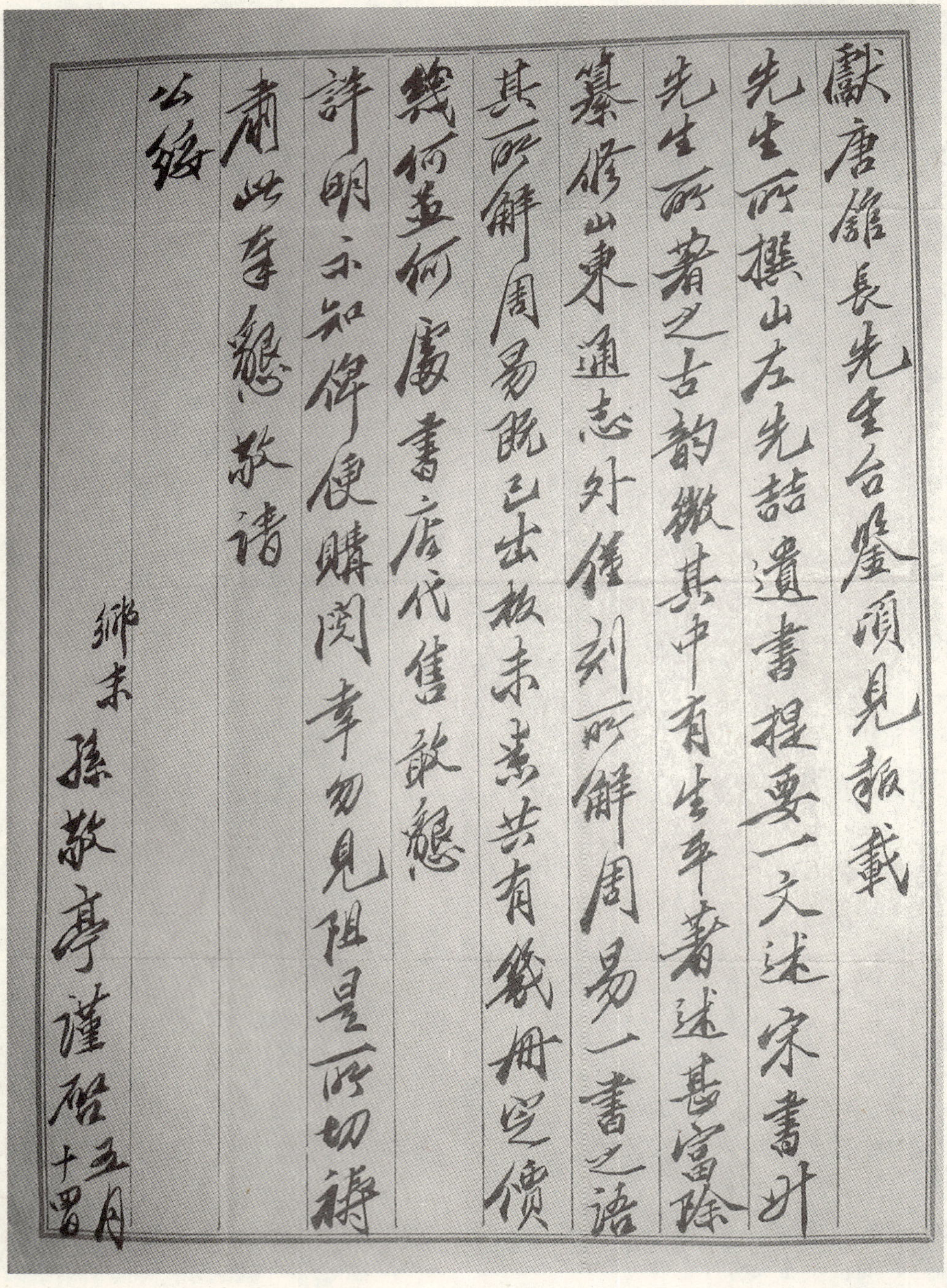

獻唐館長先生台鑒頃見報載
先生所撰山左先喆遺書提要一文述宋書升
先生所著之古韻微其中有生平著述甚富除
纂修山東通志外僅刻所解周易一書之語
其所解周易既已出板未悉共有幾册每價
幾何並何處書店代售敢懇
詳明示知俾便購閱幸勿見阻是所切禱
肅此奉懇敬請
公綏
鄉末孫敬亭謹啓　五月十四

一百六十九 黃雲眉

書四通 封四件

書第一通

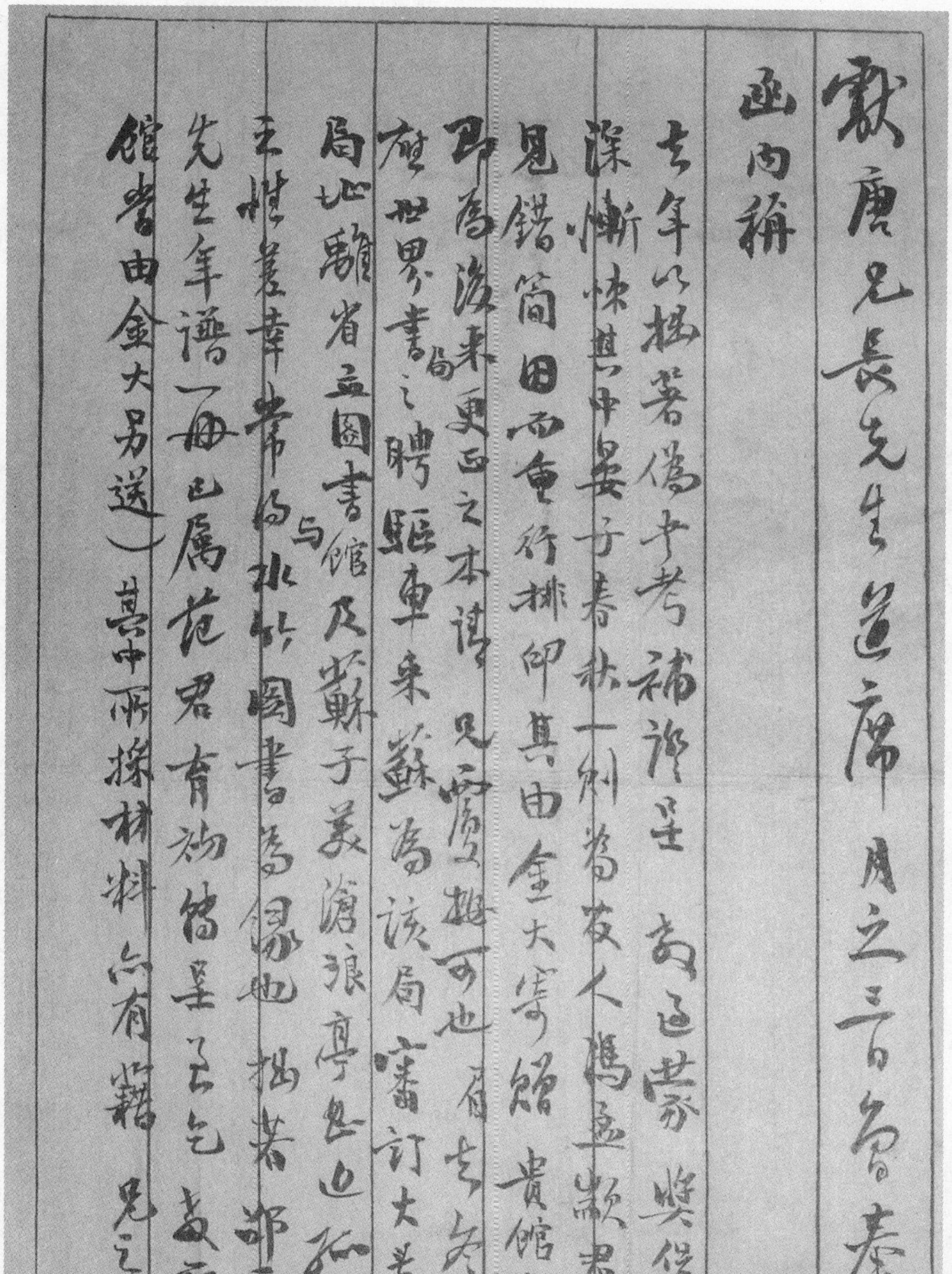

獻唐兄長先生道席：月之三日曾奉一

函，內稱

去年以拙著僞古考補證呈 教，並蒙 獎借，實

深慚悚。其中晏子春秋一則，為友人馮孟顓君教

見錯簡，因而重行排印。其由金大寄贈 貴館者，

即為後來更正之本，請 兄處撤換可也。眉去冬以

應世界書局之聘，辭車來蘇，為該局審訂大辭林

局。此雖省立圖書館及與蘇子美滄浪亭毗邇，殊

未得常與水竹圖書為緣也。拙著邵二雲

先生年譜一冊，已屬范君育初館呈 左右 教正（貴

館者由金大另送）。其中所採材料，亦有藉 兄之助

而得若前圖板知河南扶溝柳純齋氏之遺書為貴館所有　兄之辦事精神真堪佩服山東得　兄文獻無憾矣　王又三先生仍在北平圖書館否　貴館館刊最近有出版否

云云　昨有初自京來函請撰著已登載否也

駿駿　惟未稱及弟函有否達到　或者已付洪喬耶　故再函特掛號郵寄以防再誤　俾曉

兄於撰述匆遽中將此家節譜賜以糾繩甚所感激　專此函候

起居并賀　示復　弟黃雲眉啓　三月十九日

回示寄寓用敝紙閘山極自君手收向

黃雲眉

書第二通

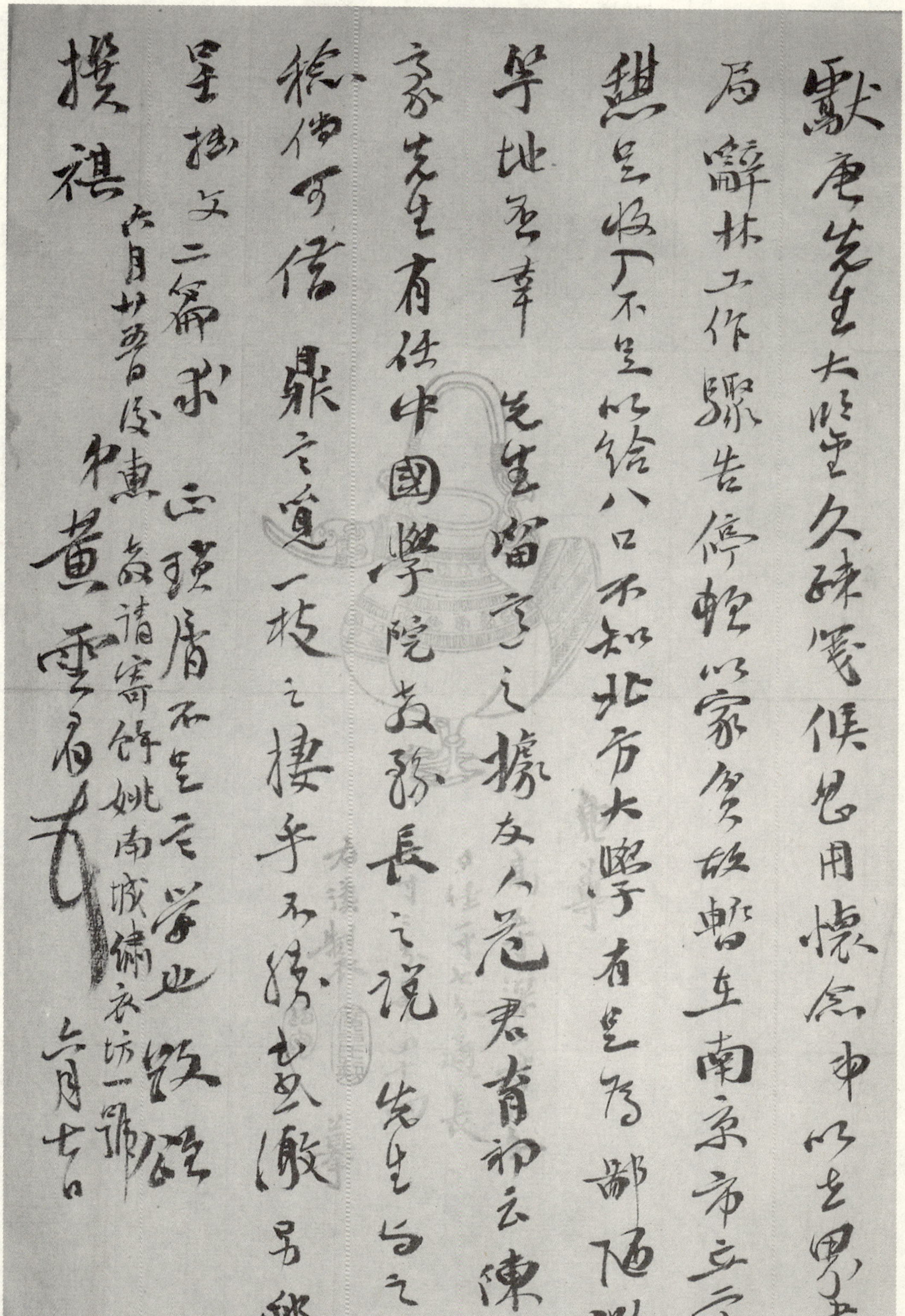

獻唐先生大鑒：久疏箋候，思用懷念。申以去冬書局辭林工作驟告停頓，以家貧故暫在南京市立二中謀生，收入不足以給八口。不知北方大學有足爲鄙隨[illegible]學地者，幸 先生留意之。據友人范君肖初云，陳希豪先生有任中國學院教務長之說，先生與之相稔，倘可借 鼎言，進一枝之棲乎？不情之瀆，另郵呈拙文二篇，求 正。瑣屑不足之學也。敬頌

撰祺

六月廿四號後如惠 教，請寄餘姚南城繡衣坊一號

黃雲眉上 六月七日

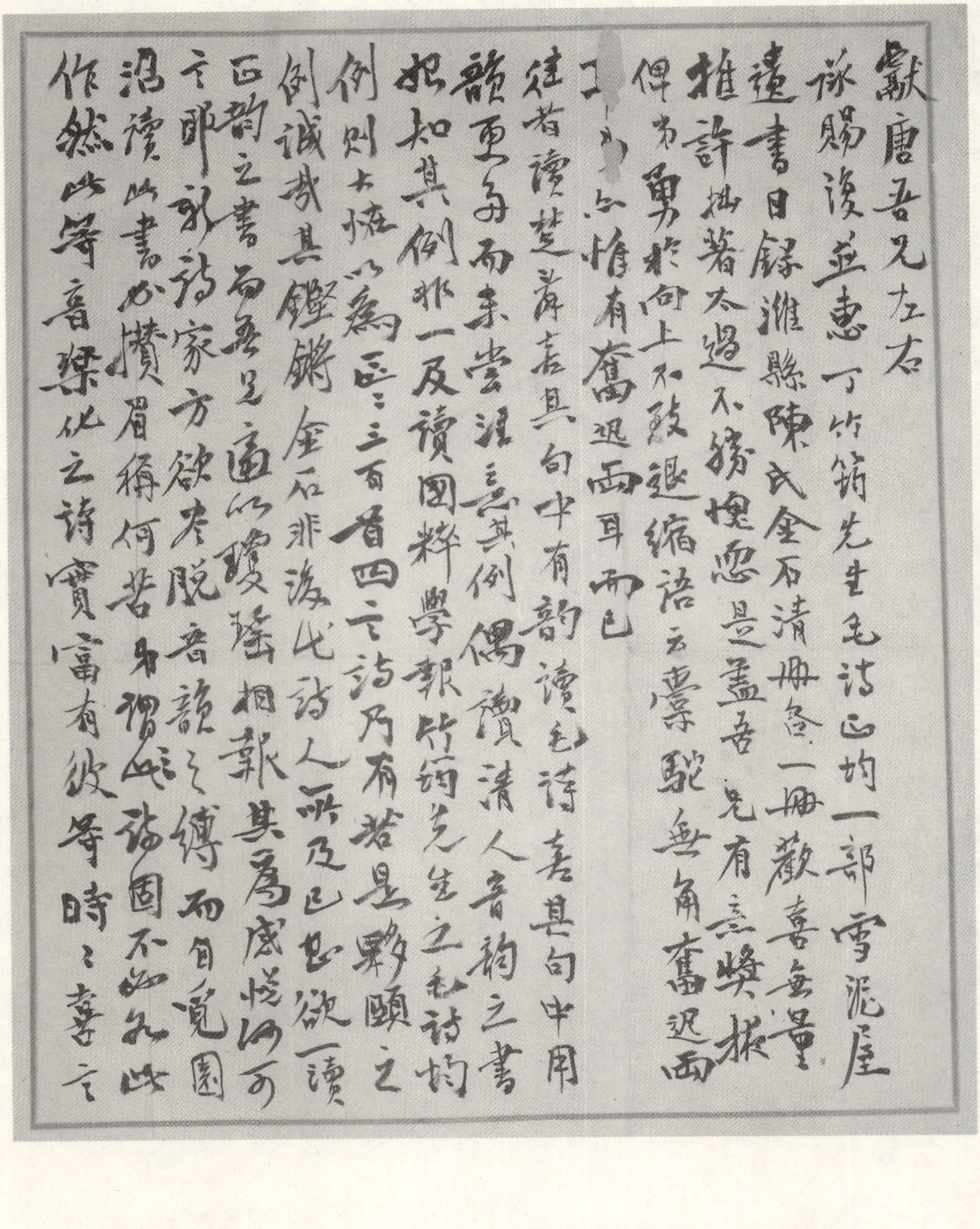

獻唐吾兄左右
詠賜讀後並惠丁竹筠先生毛詩正均一部雪泥屋
遺書目錄濰縣陳氏金石清冊各一冊歡喜無量
推許拙著太過不勝愧恧是蓋吾兄有意獎掖
俾弟勇於向上不致退縮語云臺駝無角奮迅兩
工[illegible]以[illegible]惟有奮迅兩耳而已
往者讀楚辭喜其句中有韻讀毛詩喜其句中用
韻更多而未嘗注意其例偶讀清人音韻之書
始知其例非一反讀國粹學報竹筠先生之毛詩均
例則大旨以為區區三百首四言之詩乃有若是夥頤之
例誠哉其鏗鏘金石非後代詩人所及也欲一讀
正韻之書而無足適以瓊瑤相報其為感悅何可
言耶新詩家方欲考脫音韻之縛而自覺圜
滔讀此書必攢眉稱何苦弟謂此〻諸圈不如無此
作然此等音樂化之詩實富有彼等時時喜之

學案工作能暇
但弟擬於本學期
內細讀四史一過理
出兩漢政治社會
經濟學術等思
想之線索為周
秦諸子作一結束
名稱未定然大要
不離乎是吾兄以為
何如
吾兄近研究何種問
題亦盼見告
獻兄先生墨子盼早
日問世

王陶醉性惜終等不曾細心領略耳
鼎臣先生手前相已將拙著寄去弟未具書焉
先生書時煩為道及請益之意
茲又寄贈文三先生一冊（貴館嘗由研究所寄贈
但須補後耳）便中乞轉呈并乞附問一事因拙著
鄧二雲先生年譜行將付印惟以未見道光壬辰
刻本南江詩文鈔為恨道光刻本文鈔十二卷弟所有
文鈔為嘉慶刻本僅四卷偶見補仁雜誌載有文
之先生清代兩個大輯佚家一文中曾列及南江文鈔志
九之文刻又三先生必見道光刻本無疑可否假弟一用
或由他書轉引亦請將其書示知為感（此事不必費神
特寫只請便中提及可也）
稽學不及衆學弟亦極願加入吾兄與王獻二先生合
作圖讚然無友不如己於弟則謂矣於王等則有無
多大好處耳　敬候
撰安　並乞時時賜教　弟雲眉謹啟　十月十八日

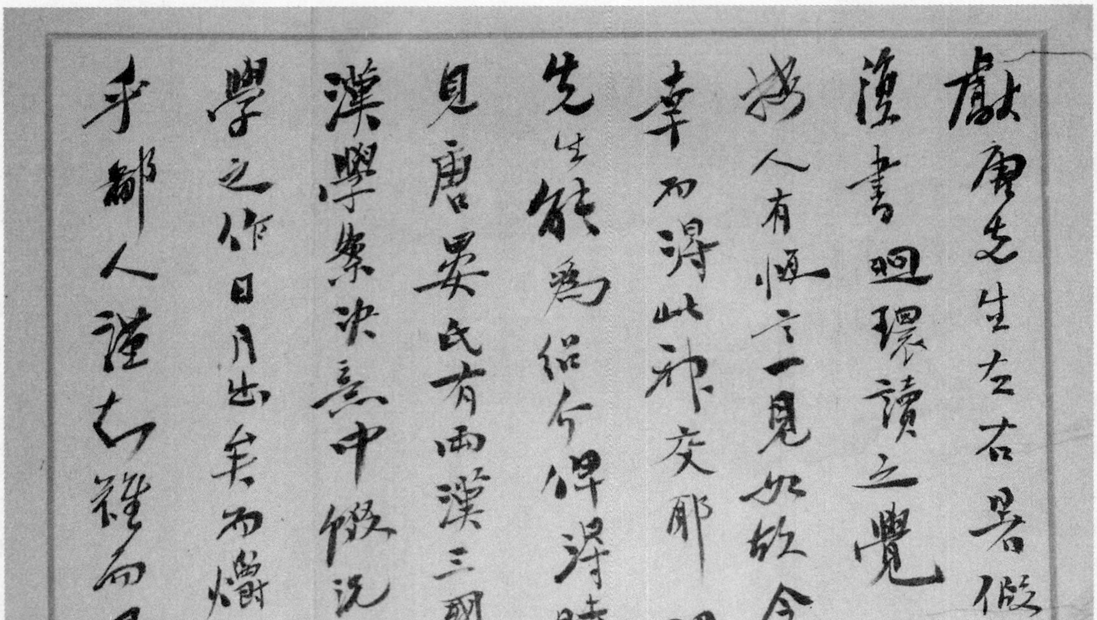
獻唐先生左右：昔歲中由危君肯初遇寄
謨書，迴環讀之，覺先生志趣學問千里若
游人有恆言，一見如故，今并未一見而如故，自今
幸而得此神交耶。謂甫先生甚所欽仰
先生能爲紹介，俾得時時請益，感喜何極
見唐晏氏有兩漢三國學案一書，屬在編之列
漢學集決意中輟。況謂甫先生亦有兩漢經
學之作，日月出矣，而爝火不息，其於此也不亦難
乎。鄙人謹亦謹而退矣。前與甫初游云

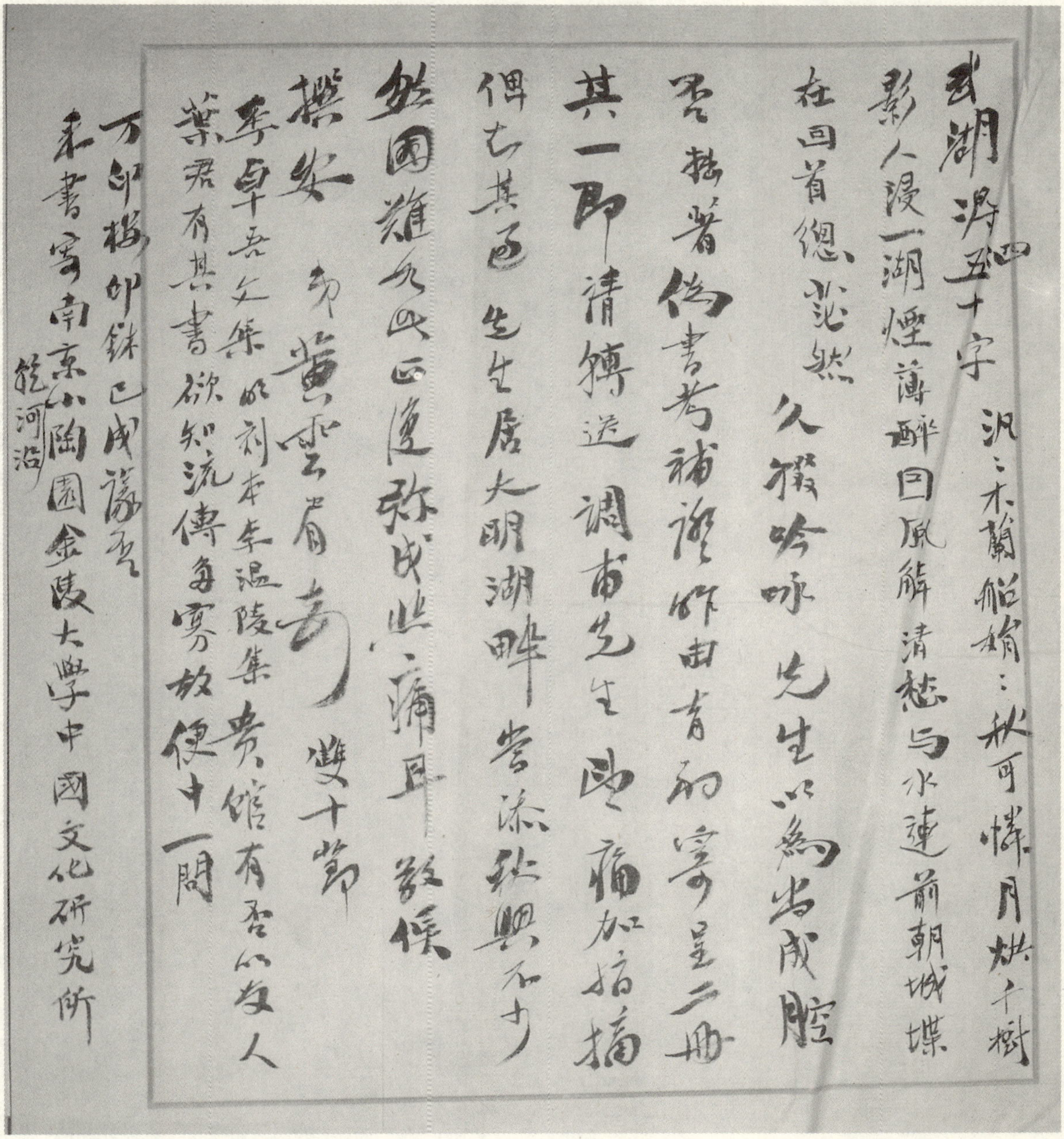
武湖游調寄五十字 泛泛木蘭船，娟娟秋可憐，月烘千樹影，人浸一湖煙。蕩醉回風解清愁，与水連。前朝城堞在，回首總茫然。

久擬吟咏先生，以為尚成腔否。拙著僞書考補證，昨由青寄呈二冊，其一即請轉送調甫先生，希加指摘。偶忘其函。先生居大明湖畔，當添秋興不少。然國難如此，正復殊戰此，痛耳。敬候撰安。

弟黃雲眉頓首 雙十節

李卓吾文集明刻本、李温陵集，貴館有否？以友人葉君有其書，欲知流傳多寡，故便中一問。

万印樓印鉢已成議否？

來書寄南京小陶園金陵大學中國文化研究所

封第一件

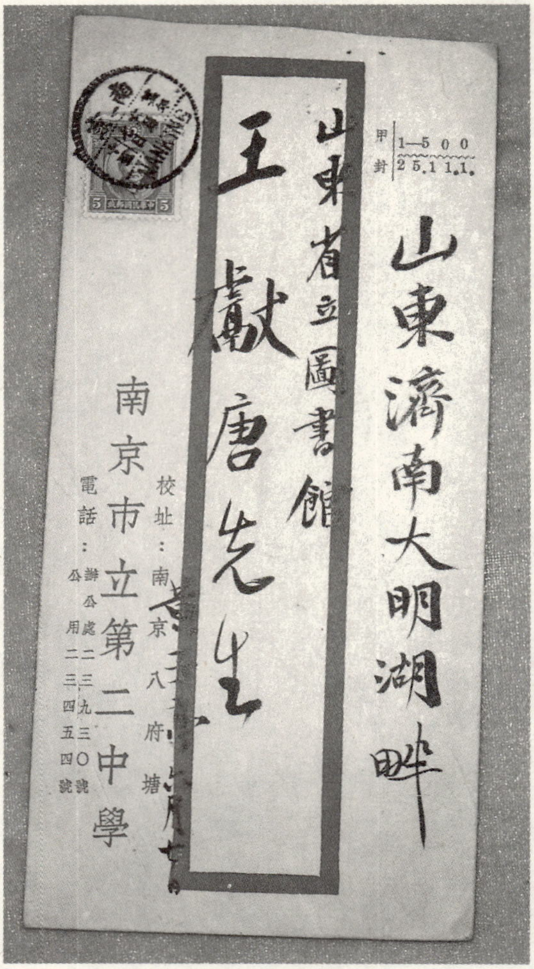
山東濟南大明湖畔
山東省立圖書館
王獻唐先生
南京市立第二中學
校址：南京八府塘
電話：辦公處二三九三〇號 公用二三四五四號

封第二件

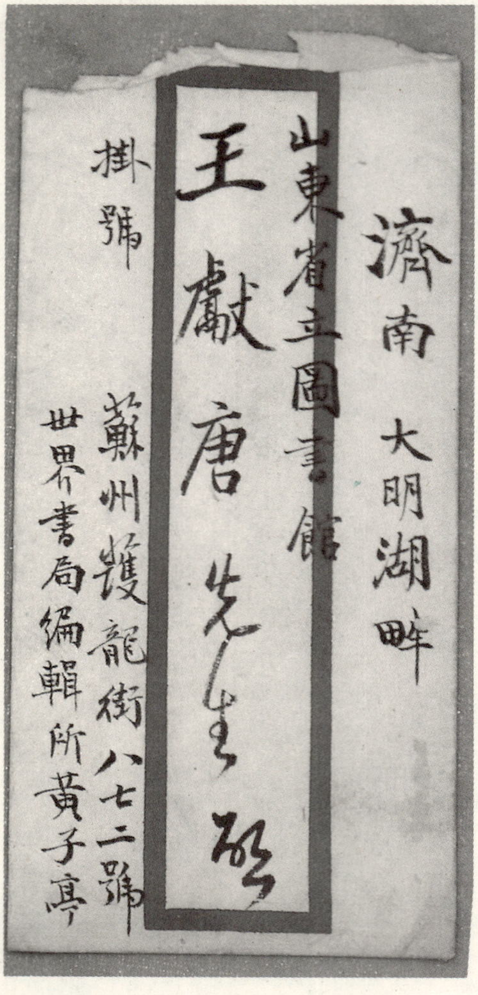
濟南 大明湖畔
山東省立圖書館
王獻唐先生啓
掛號
蘇州護龍街八七二號
世界書局編輯所黃子亭

封第三件

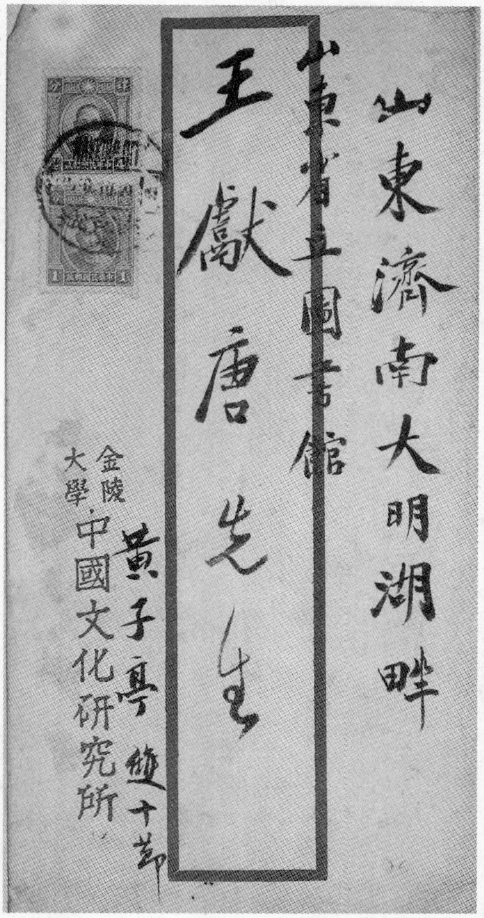
山東濟南大明湖畔
山東省立圖書館
王獻唐先生
金陵大學中國文化研究所
黃子亭

封第四件

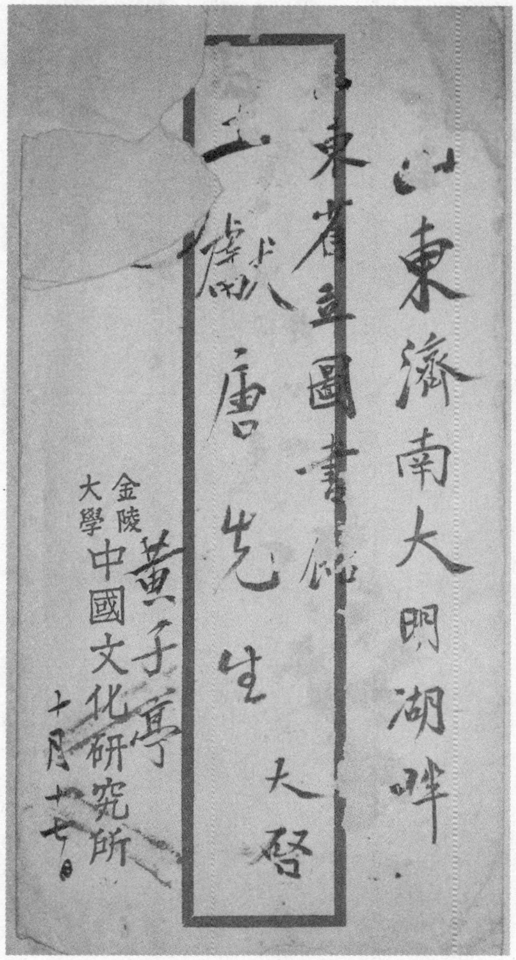
山東濟南大明湖畔
山東省立圖書館
王獻唐先生 大啓
金陵大學中國文化研究所
黃子亭
十月十七日

一百七十　衛聚賢 書三通

書第一通

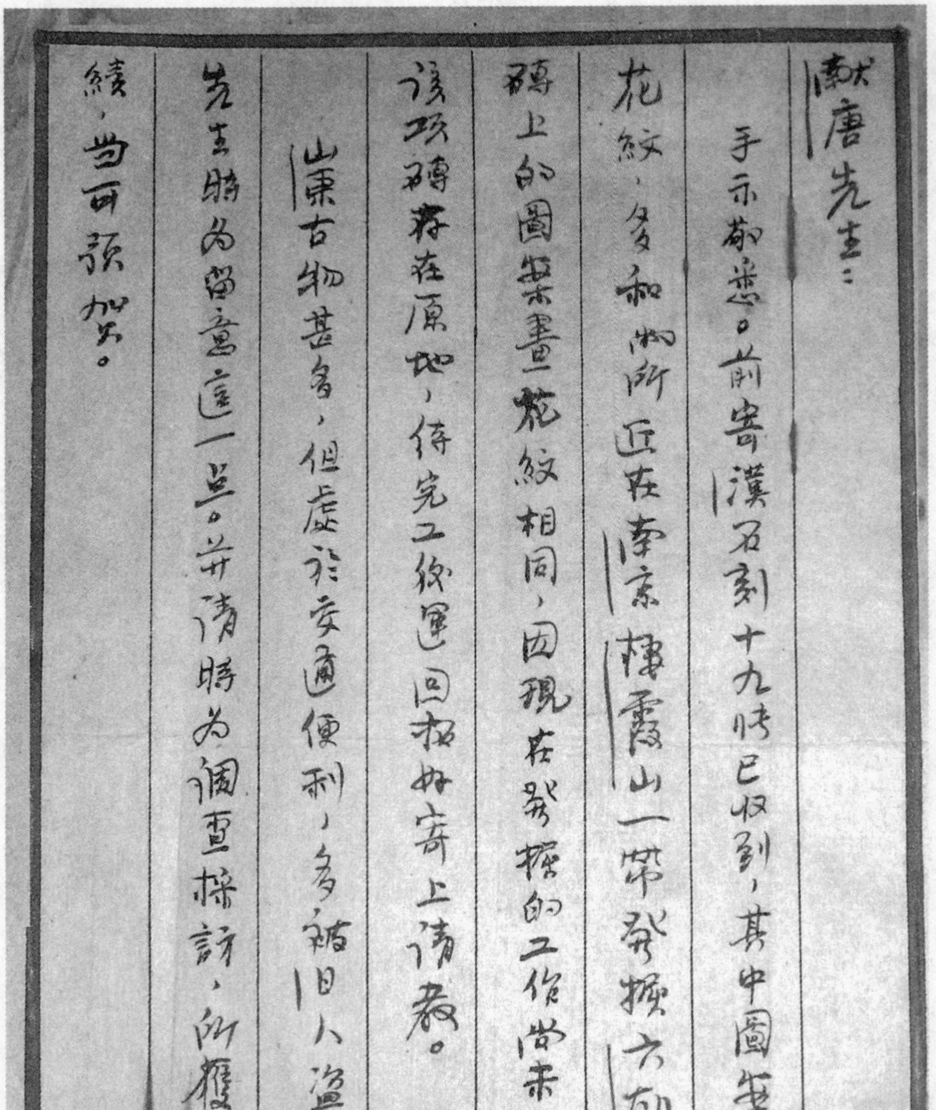

獻唐先生：

手示敬悉。前寄漢石刻十九時已收到，其中圖案畫的花紋，多和敝所近在南京棲霞山一帶發掘六朝古墓磚上的圖案畫花紋相同，因現在發掘的工作尚未完竣，該批磚存在原地，待完工後運回拓好寄上請教。

山東古物甚多，但處於交通便利，多被日人盜去，請先生特為留意這一點。并請時為偵查採訪，所獲到的成績，當可預賀矣。

此外近在棲霞山發掘六朝古墓三個（平民的），除磚上有花紋不計外，得了銅器數件，磁器十餘件，陶器十餘件。並無意中發現了新石器時代遺址，現尚繼續工作。下半年的工作，乃在棲霞山便往山西發掘后土祠去。在這一兩個月內暫不離開南京，請賜示教言為荷。聽說中央研究院李濟之先生下半年要到山東臨淄發掘齊國故都，并不知其地尚有遺物遺址存在否？順候

教安。

衛聚賢上

中華民國十九年六月十日

書第二通

衛聚賢

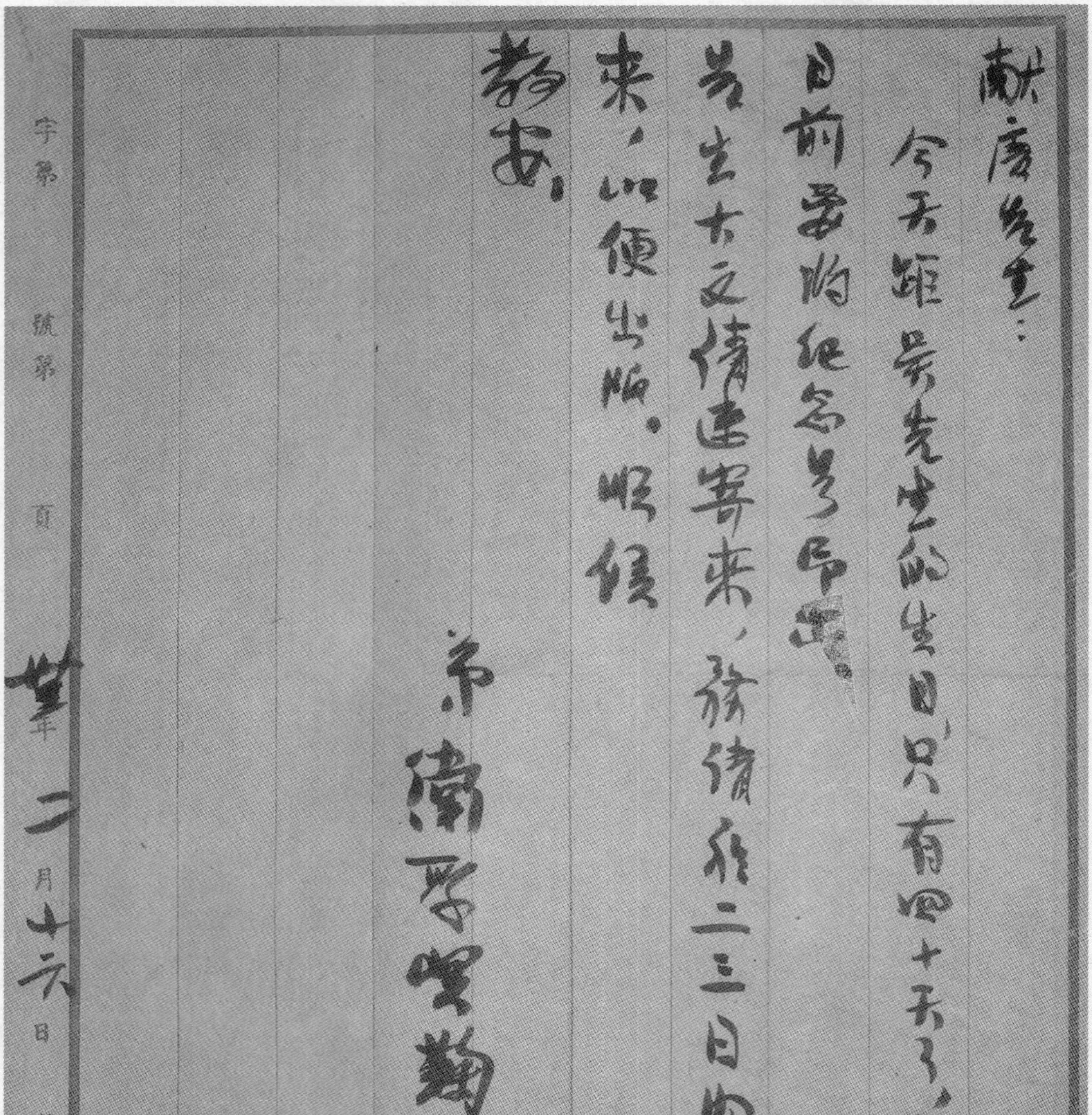
獻唐先生：

今天距吳先生的生日，只有四十天了，趕出目前要將紀念冊印出，先生大文，請速寄來，務請於二三日內寄來，以便出版。順頌

教安。

弟衛聚賢

字第 號第 頁 廿年二月十六日 公二（乙）

書第三通

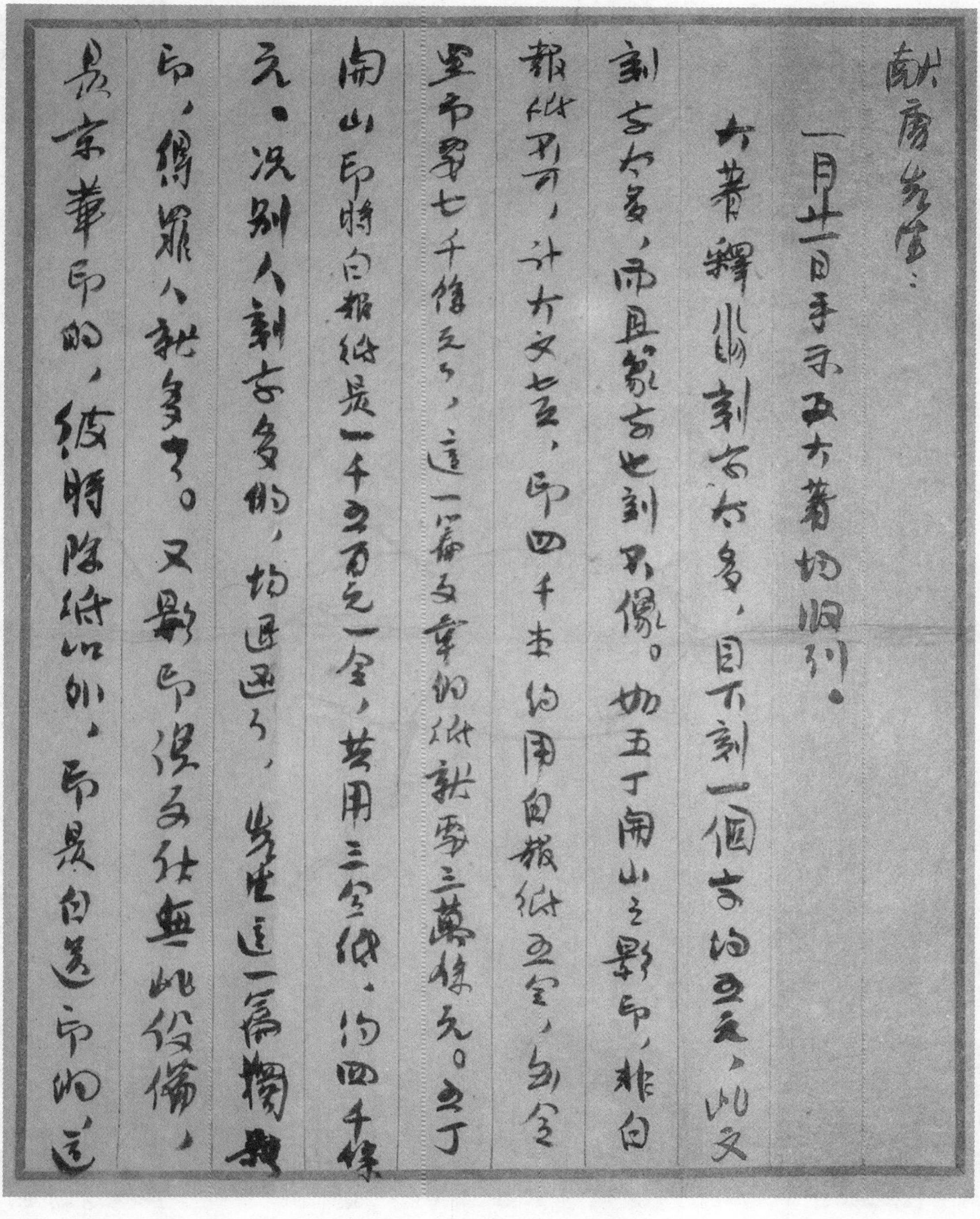

獻唐先生：

一月廿一日手示及大著均收到。

大著釋儺刻字太多，目下刻一個字約五元，此文刻字太多，而且數字也刻不了像。如五丁開山之影印，非白報紙不可，計大文七頁，即四千字，約用白報紙五令，每令黑市需七千餘元了，這一篇文章的紙就要三萬餘元。五丁開山印時白報紙是一千五百元一令，若用三令紙，約四千餘元。況別人刻字多的，均退還了，先生這一篇獨難印，得罪人就多了。又影印很多件無此設備，是京華印的，彼時除紙以外，即是自己送去的，這

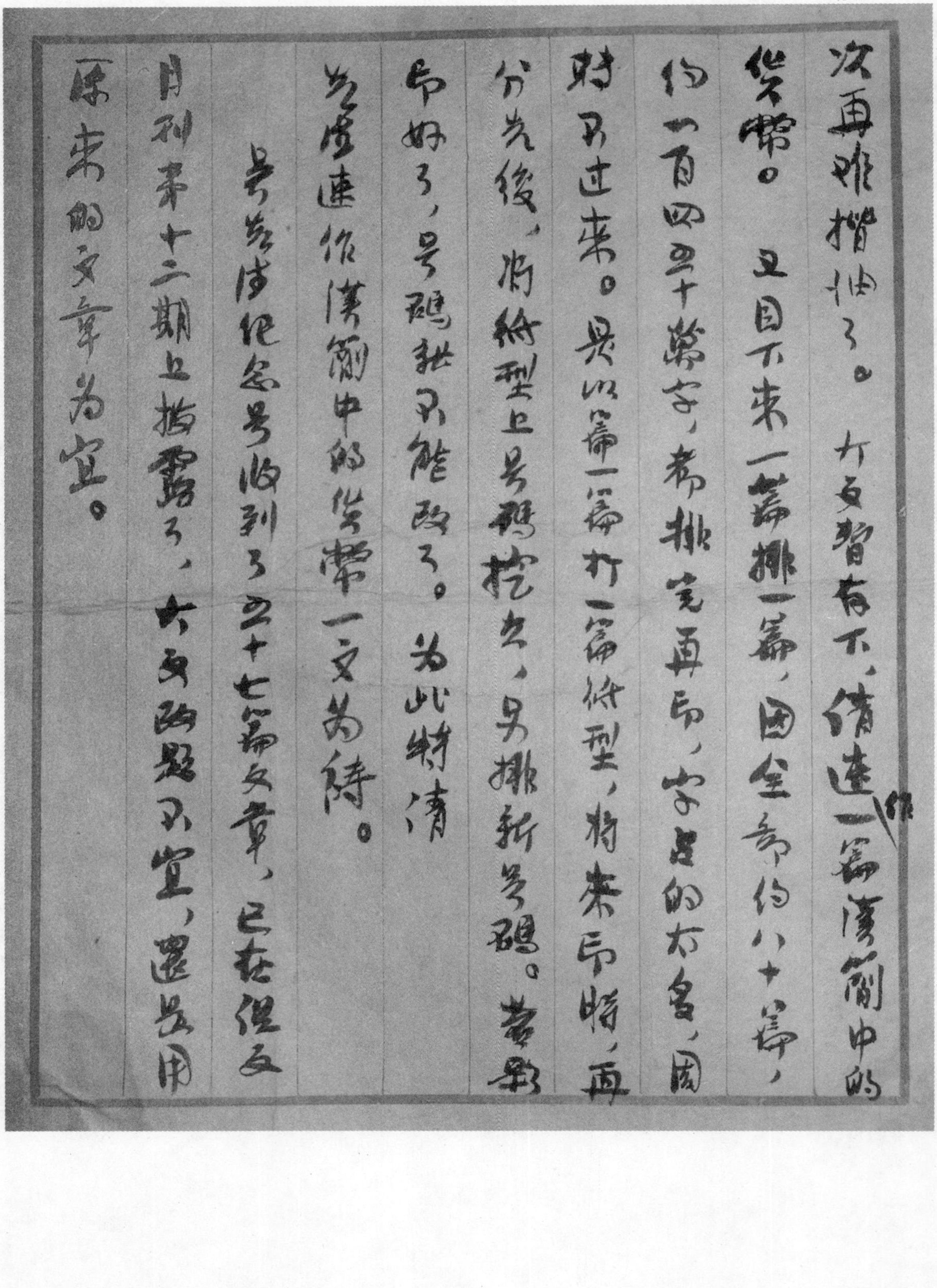

次再難揩油了。大文暫存下，請速作一篇漢簡中的
貨幣。又目下來一篇排一篇，因全部約八十篇，
約一百四五十萬字，都排完再印，字里的太多，因
時不過來。是以篇一篇打一篇紙型，將來印時，再
分先後，將紙型上號碼挖去，另排新號碼。叢刊
印好了，號碼就不能改了。為此特請
先生速作漢簡中的貨幣一文為待。
吳稚暉紀念號收到了五十七篇文章，已在說文
月刊第十二期上披露了，大文的題不宜，還是用
原來的文章為宜。

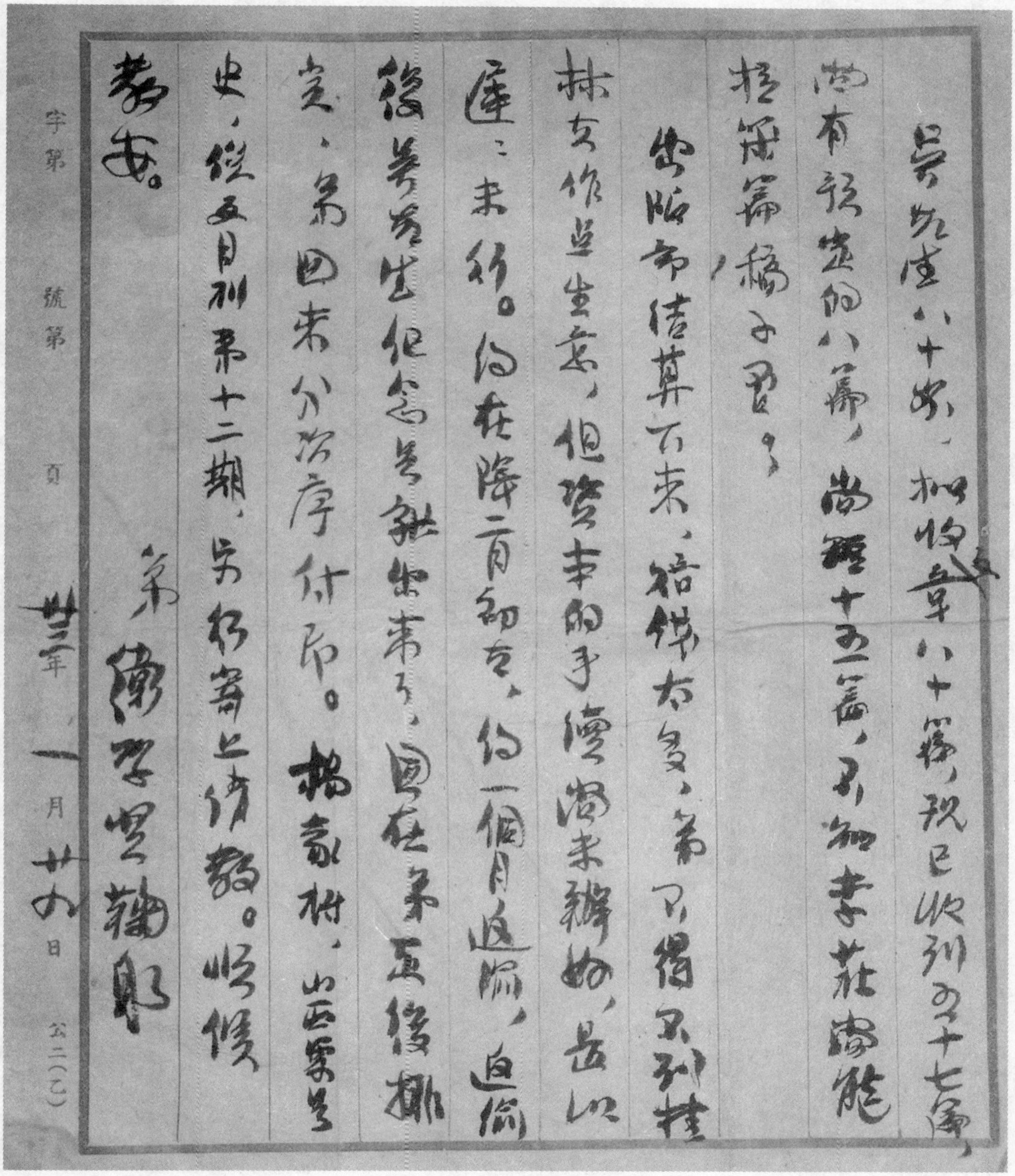
吴先生八十歲，擬收文章八十篇，現已收到六十七篇，
尚有答應的八篇，尚缺十三篇，不知李莊能
抽寫篇稿子否？
出版部借款不來，賠錢太多，弟不得不另找
朋友作些生意，但臺灣來的手續尚未辦妥，是以
遲遲未行。約在陰曆二月初旬，約一個月返滬，返滬
後，吴先生紀念集出來了，因在弟返後排
定，弟回來分次序付印。楊家樹，山西票號
史，說文月刊第十二期，另行寄上待教。此候
著安。
弟 衛聚賢 鞠躬
卅三年一月廿四日
字第 號第 頁
公二（乙）

一百七十一　韋介立書一通

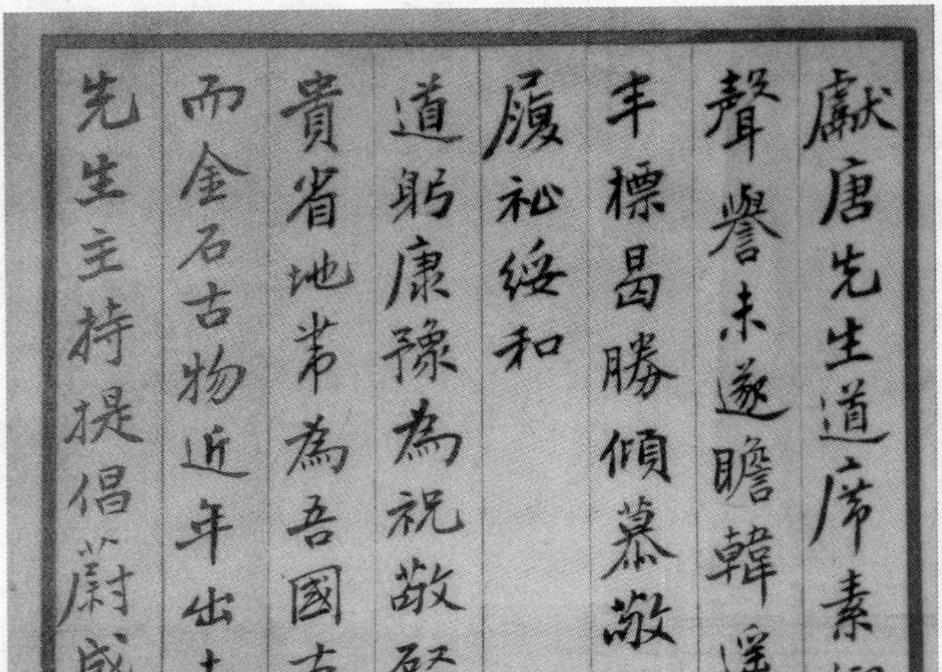

獻唐先生道席素仰
聲譽未遂瞻韓遥企
丰標曷勝傾慕敬維
履祉綏和
道躬康豫為祝敬啓者
貴省地常為吾國古代文化發祥之地
而金石古物近年出土日衆又得
先生主持提倡蔚成大觀此山東圖書館

之名所以洋溢於遐邇也介立對於金石文字
頗有耆痂之癖然為地勢財力所限無
法搜集私心每用沮喪耳昨閱滬報載
貴省圖書館年来經
先生勤奮搜求古代金石名版珍籍等收
藏益富其攷證著錄之出版者已有數種
最近又將由河南購得漢魏石經殘石連同
舊存數百枚督工拓印成帙並攷證其字體

公之於世等語介立佩慕之餘不免見獵心喜
觸發舊癖本擬量力選購惜
貴館出版金石著錄未詳書名價值等
而石經殘石該報亦惜未注明是否原拓
抑係拓後付諸金屬版或玻璃版翻印以
致無從決定用特專函詢明請即
撥冗詳示以便選購再聞天津方藥雨先
生酷嗜金石亦搜獲大量漢石經殘石約

七八千字超過歷代著錄諸家所發見
先生與該地距離密邇聞見較確亦煩
代詢究竟附帶回復不勝感禱恭頌
道祺 統希
荃察 不莊 韋介立 頓首 月十六日
賜示請郵寄四川省政府現在重慶秘書處
科員韋介立收

一百七十二 曾昭燏 书一通 封一件

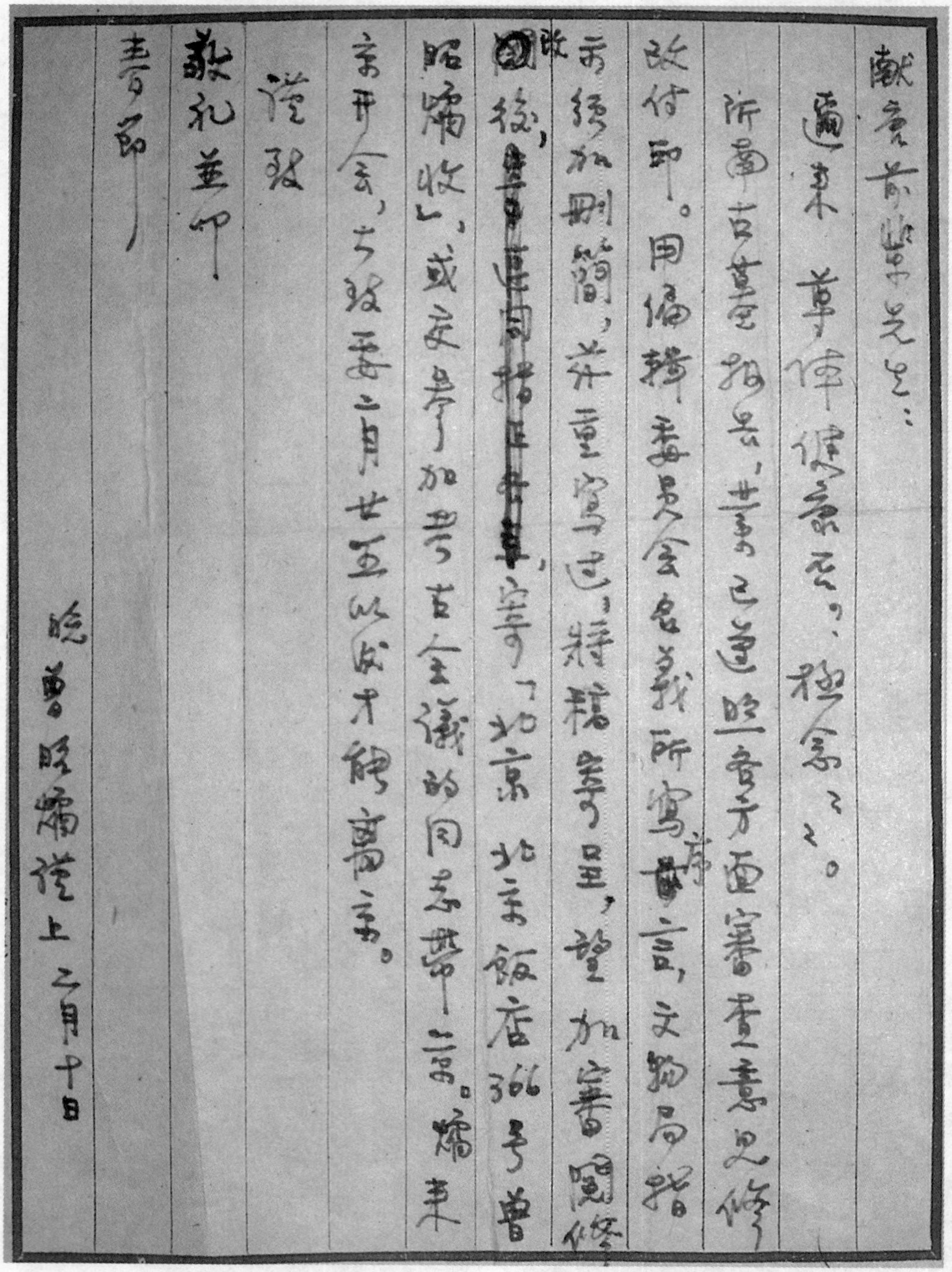

献唐前辈先生：

迩来尊体健康否？极念之。沂南古墓报告，业已遵照贵方面审查意见修改付印。因编辑委员会名义所写前言，文物局指示须加删简，并重写过，特稿寄呈，望加审阅修改後，寄"北京 北京饭店366号曾昭燏收"，或交参加考古会议的同志带京。燏来京开会，大致要二月廿五以后才能离京。

谨致

敬礼并叩

春节！

晚 曾昭燏谨上 二月十日

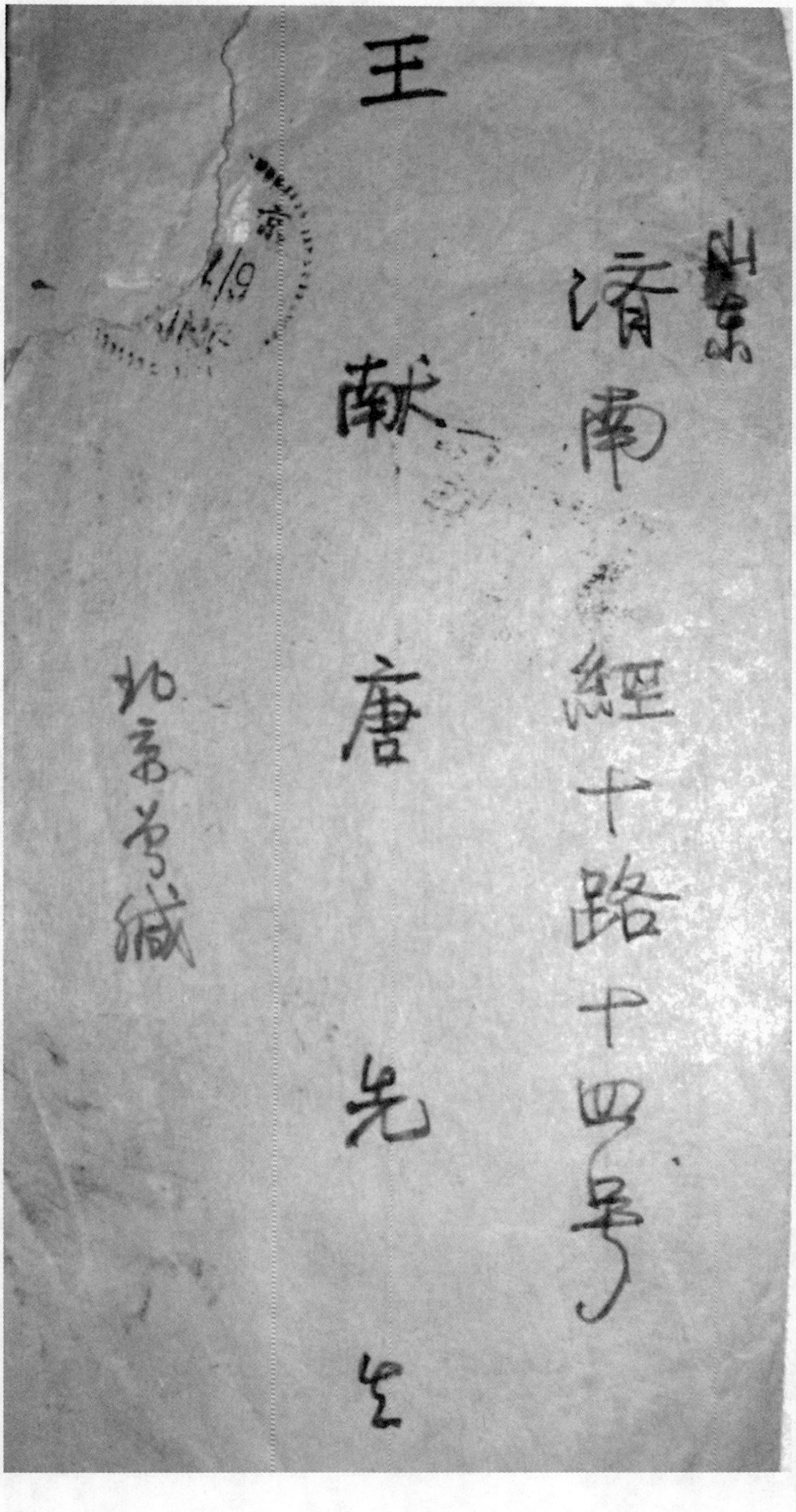
山東
濟南經十路十四號
王献唐先生

一百七十三　黃淬伯 書三通 封一件

書第一通

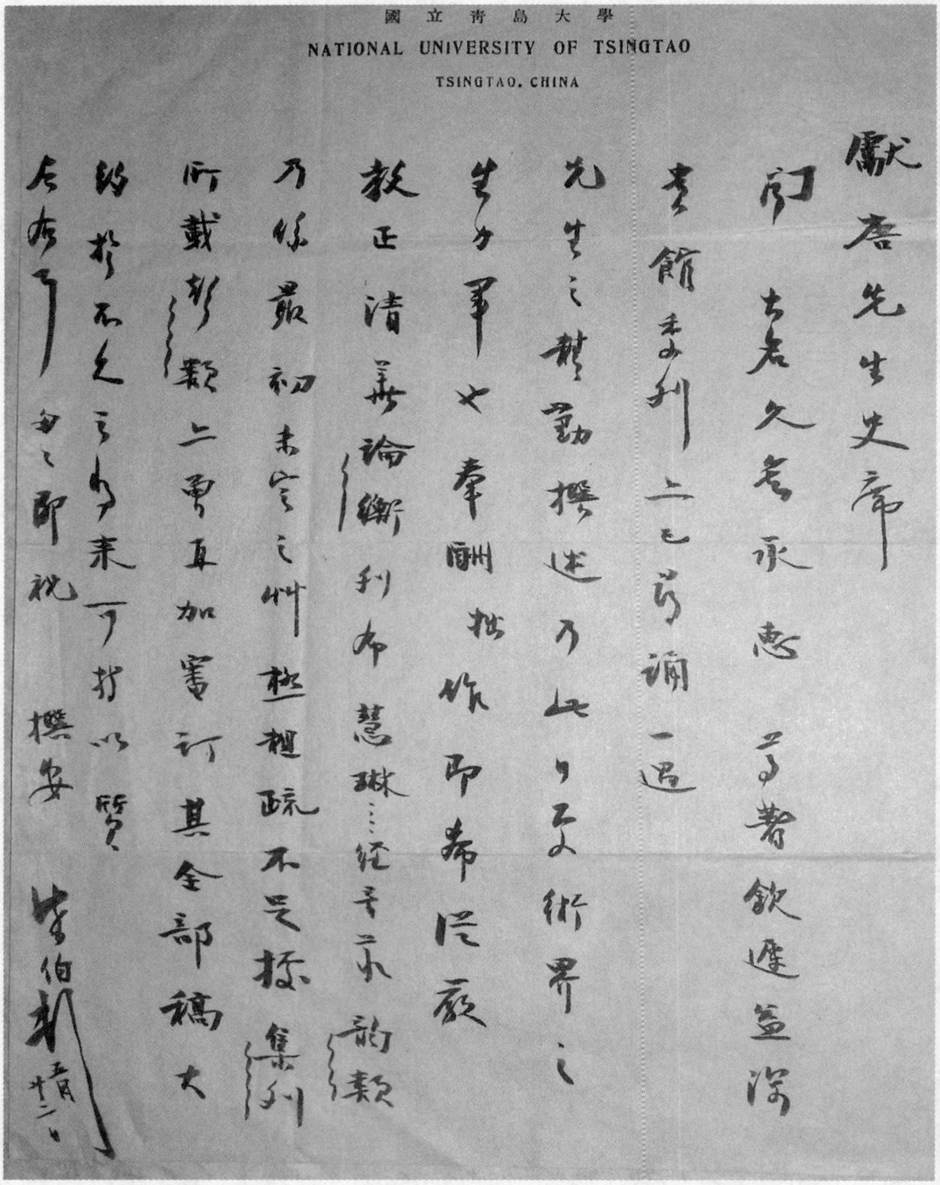
國立青島大學
NATIONAL UNIVERSITY OF TSINGTAO
TSINGTAO, CHINA

獻唐先生史席

[illegible]

書第二通

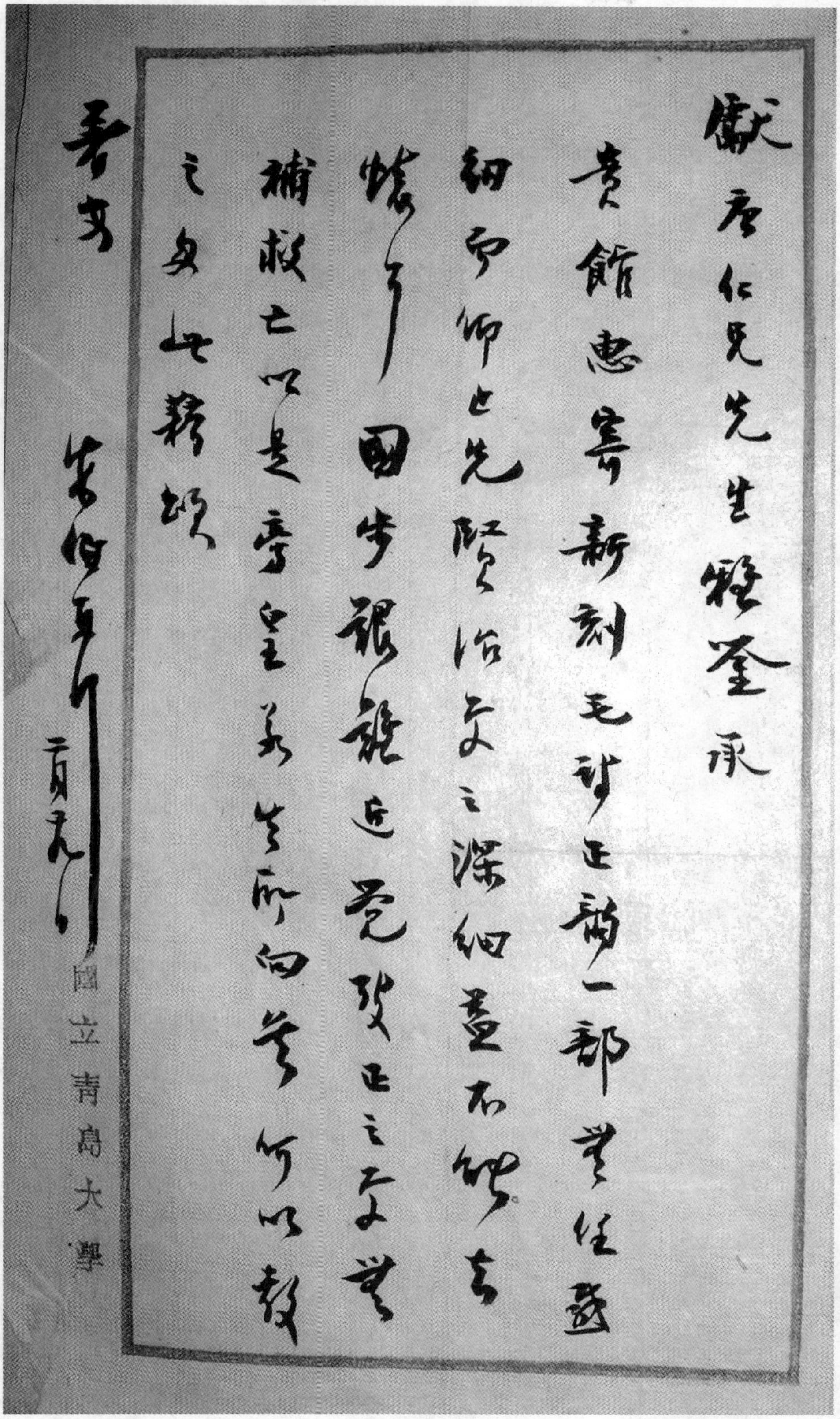
獻唐仁兄先生雅鑒：承
貴館惠寄新刻毛詩正韻一部，業經讀
細[illegible]，仰止先賢治學之深細，益不能[illegible]
懷。因思[illegible][illegible]近覺[illegible]正之學，[illegible]
補救之，以是[illegible]皇[illegible]先生所向[illegible]何以教
之。專此請頌
著安
[illegible]頓首
國立青島大學

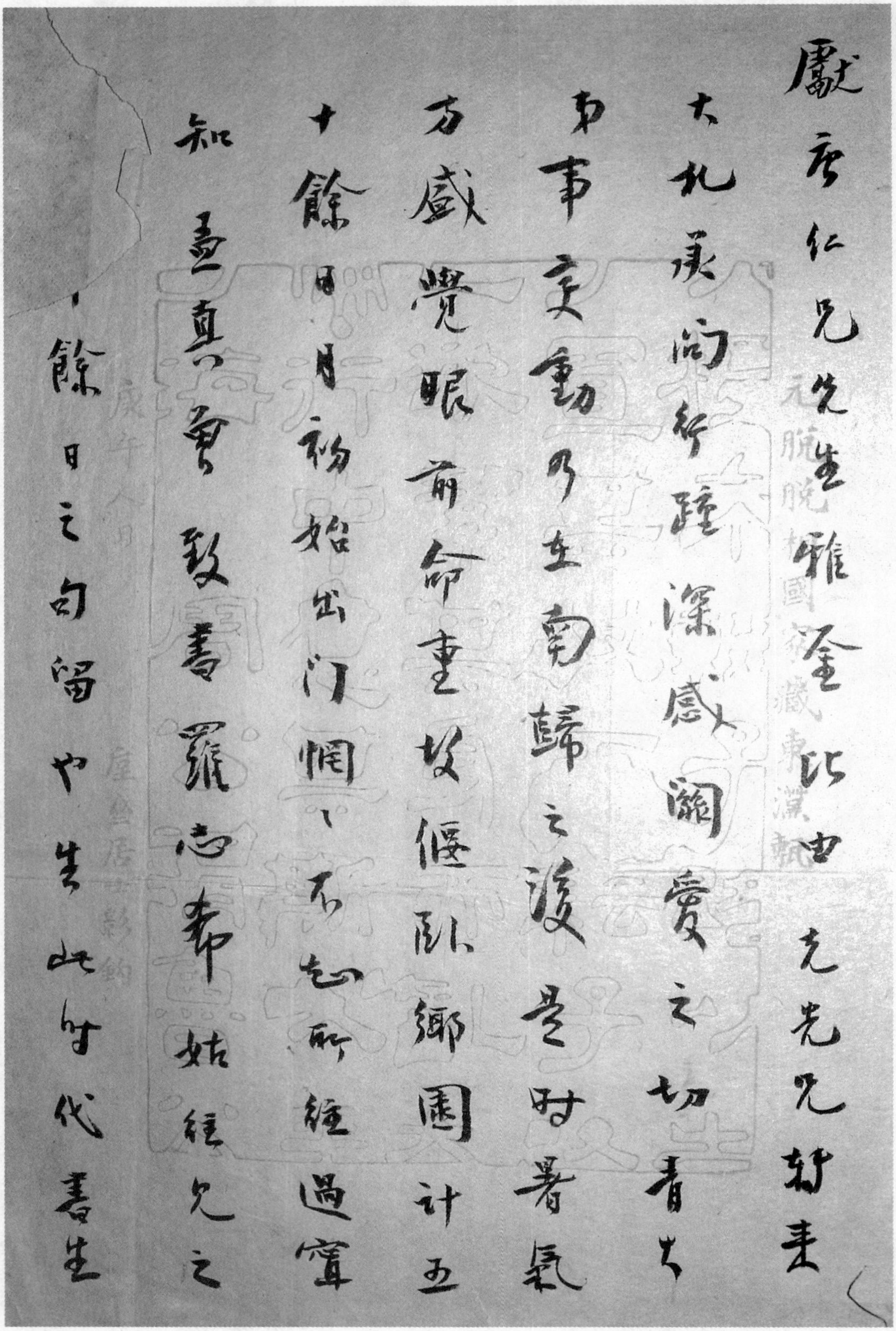

獻唐仁兄先生雅鑒：比由元先兄封來
大札，承詢行蹤，深感關愛之切。青島
東事變動，乃在南歸之後，是時暑氣
方盛，覺眼前命重，故偃臥鄉園，計五
十餘日，月初始出門，惘惘不知所經過。算
知盡真曾致書羅志希，姑經兄之
十餘日之句留也。生此時代，書生

最爲徽賤，到京驅遣由人了。

下惟老姻兄希代言賤狀，韻正一書。

又承寄贈戴君一部，在弟未免傷庬。

心識，兹以自安也。又此奉復，餘

待續詳。敬祝

弟朱向再拜

著安

九月廿一日

濟南大明湖 山東省立圖書館
王館長獻唐先生

一百七十四 趙録綽

書五通 封五件

書第一通

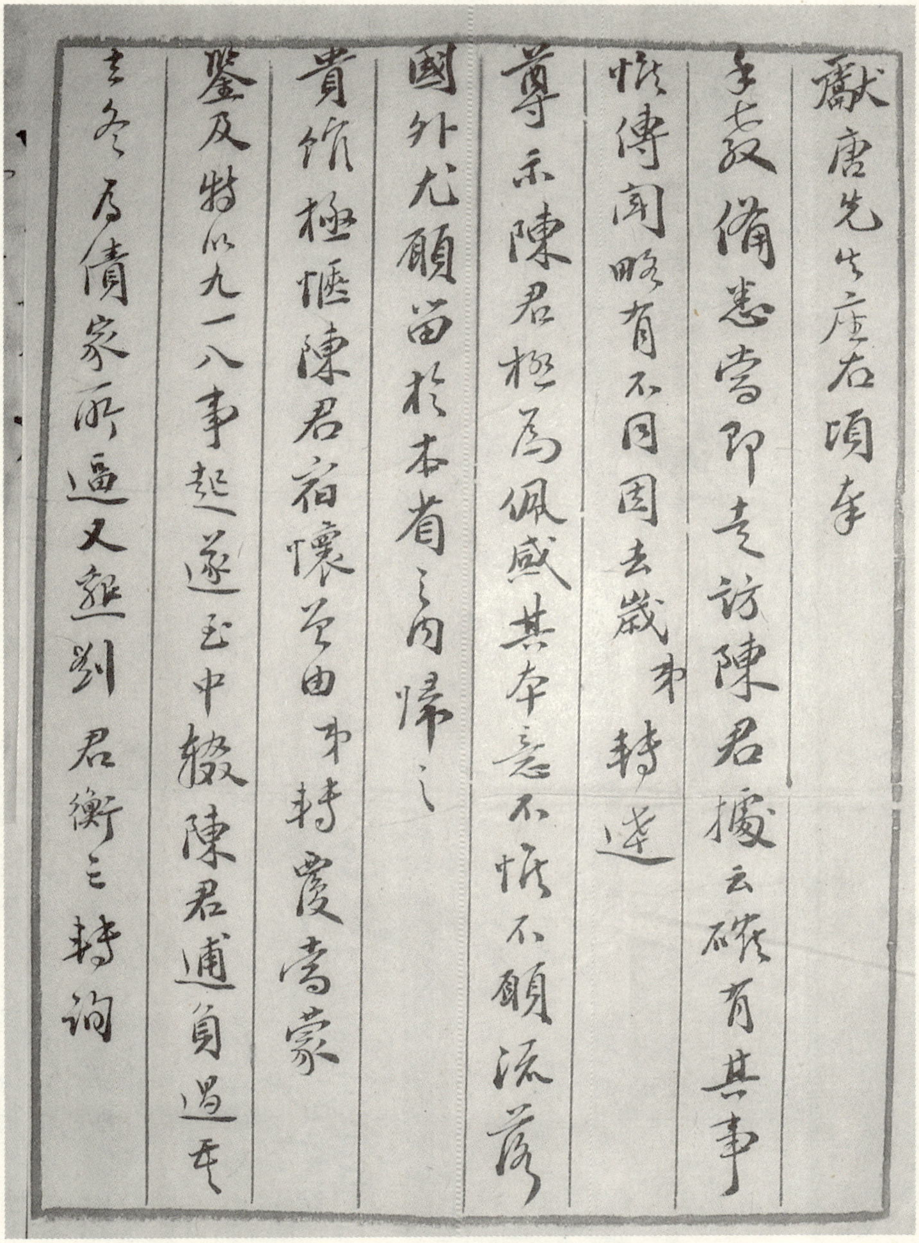
獻唐先生座右頃奉
手教備悉當即走訪陳君擬云確有其事
惟傳聞略有不同因去歲弟將遂
尊示陳君極為佩感其本意不惟不願流落
國外尤願留於本省之内帰之
貴館極惬陳君宿懷旋由弟持覆當蒙
鑒及特以九一八事起遂致中輟陳君逋負過甚
去冬為債家所逼又經劉君衡之持詢

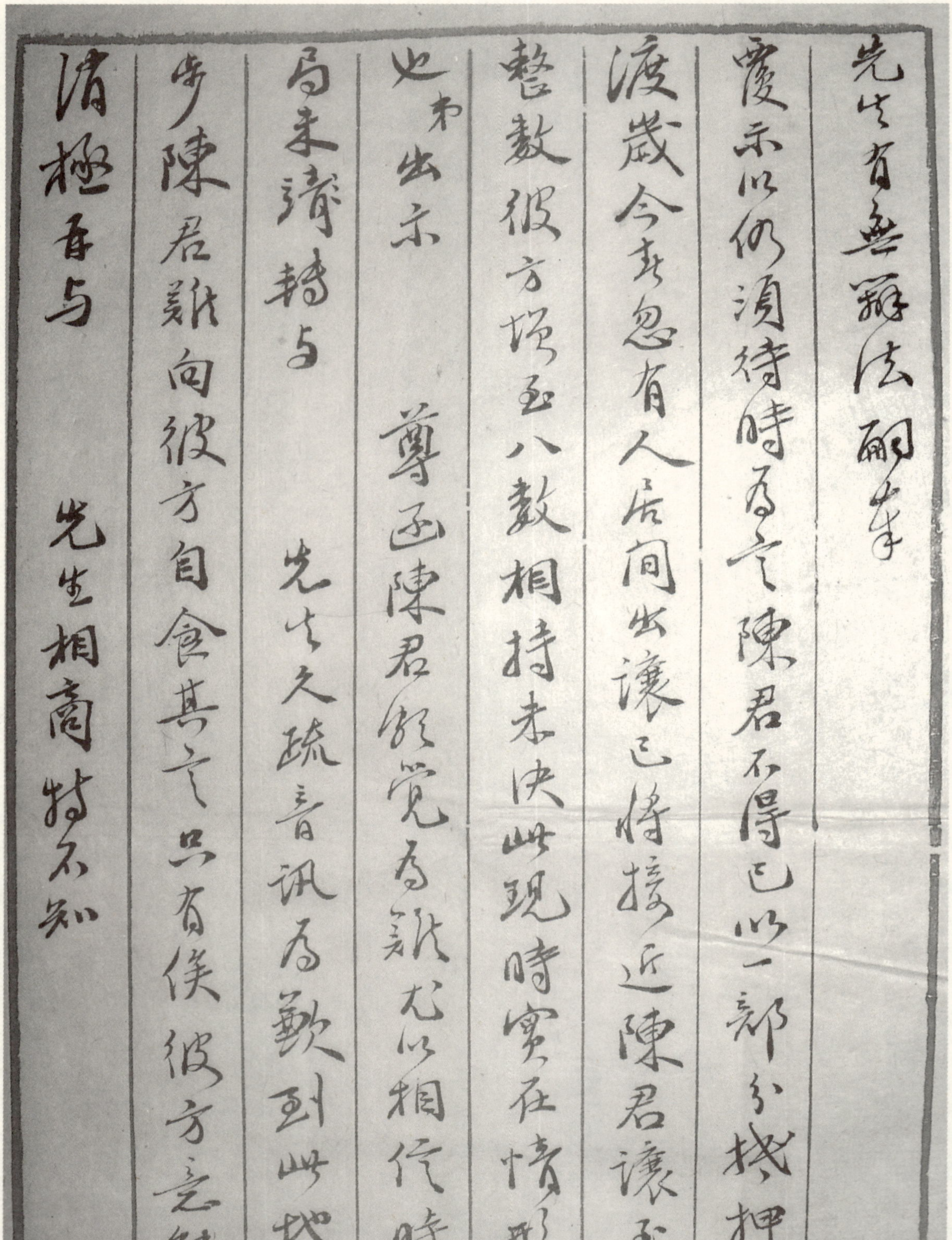
先生有無錫法硐華
電示以何須待時為之陳君不得已以一部分換押
渡歲今春忽有人居間出讓已將接近陳君讓與
整數彼方願出八數相持未決此現時實在情形
也布出示
尊函陳君殊覺為難尤以相信時
局未讓轉與
先生久疏音訊為歉到此地
步陳君雖向彼方自食其言只有俟彼方意態
消極再與
先生相商特不知

來函所謂相當計劃乃何函顧閱之能不殘
遂退出援手陳君又謂彼所借以与
先生商洽者只劉君衡三与本兩人二十之數非
夢想所到陳君人甚懇直對
先生尤深景仰決斷無不開誠磋商之理
竊為詞白並以上歷年者去歲妾鈔許印林
手已早繕就有韓詩外傳雜著碑跋及古器
物銘釋文等以本無收模篆及校對至今尚

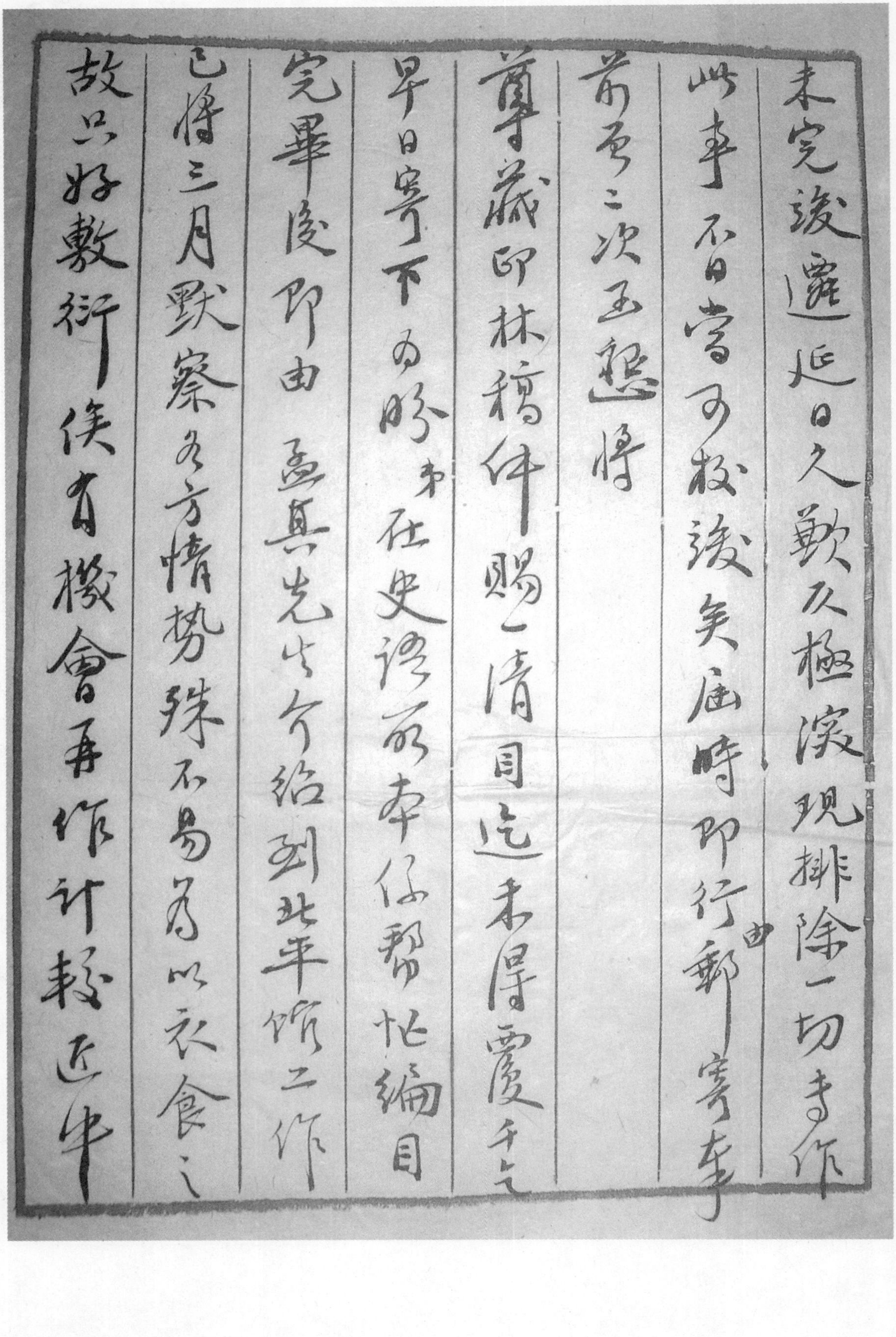
未完後遲延日久歉仄極深現排除一切専作
此事不日當可殺後矣屆時即行由郵寄奉
前函二次丞懇將
尊藏印林積件賜之清目迄未得覆千乞
早日寄下為盼本在史語所本係幫忙編目
完畢後即由孟真先生介紹到北平館工作
已得三月默察各方情勢殊不易為以衣食之
故只好敷衍俟有機會再作計較近中

貴館又收得善本書否　齊魯先喆遺書辦理
有無眉目　印林默人兩先生遺稿又收得若干
均極念念　專覆　敬頌
著祺　並候
示覆
弟[illegible]頓首
六月十二日

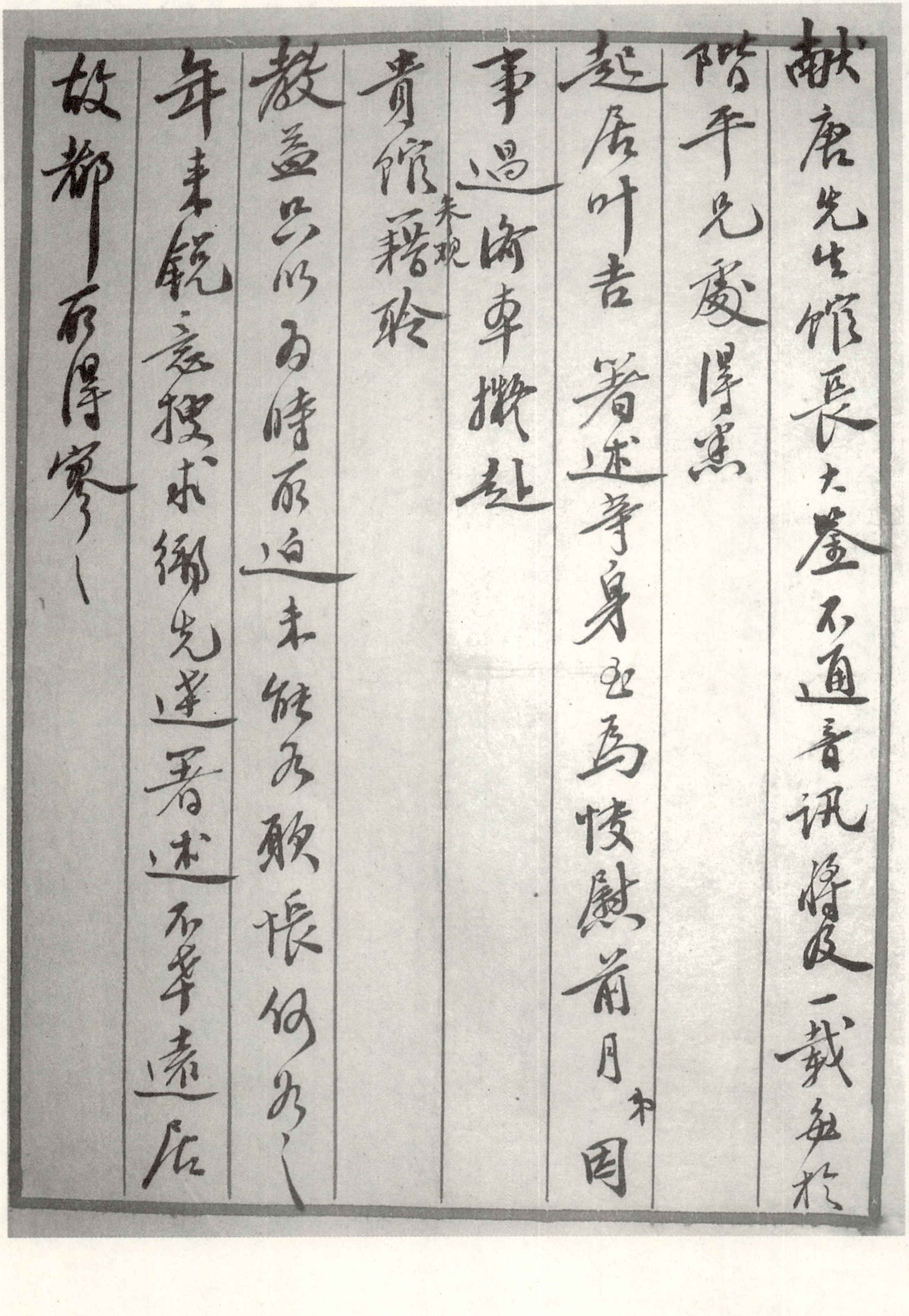

獻唐先生館長大鑒：不通音訊將及一載，每於
階平兄處得悉
起居叶吉，著述等身，至爲快慰。前月承因
事過滬，備車攜赴
貴館，未觀藉聆
教益，以爲時所迫，未能久敍，悵何如之。
年來銳意搜求鄉先達著述，不辭遠居
故鄉所得寥寥

貴館所藏定多秘笈，能
賜一詳目否？東武劉燕庭先生乃吾東大藏書
家，其事蹟流傳多屬金石學方面，弟廣訪求，未
能得其詳傳及墓誌，僅見一藏書目，然概
不完備，以弟所聞見者不下五六萬紙，而此目太
略不載。
先生研經耽籍，冥搜博訪，定有所得，能
示我一二否？再者，薛儀甫先生精研天算

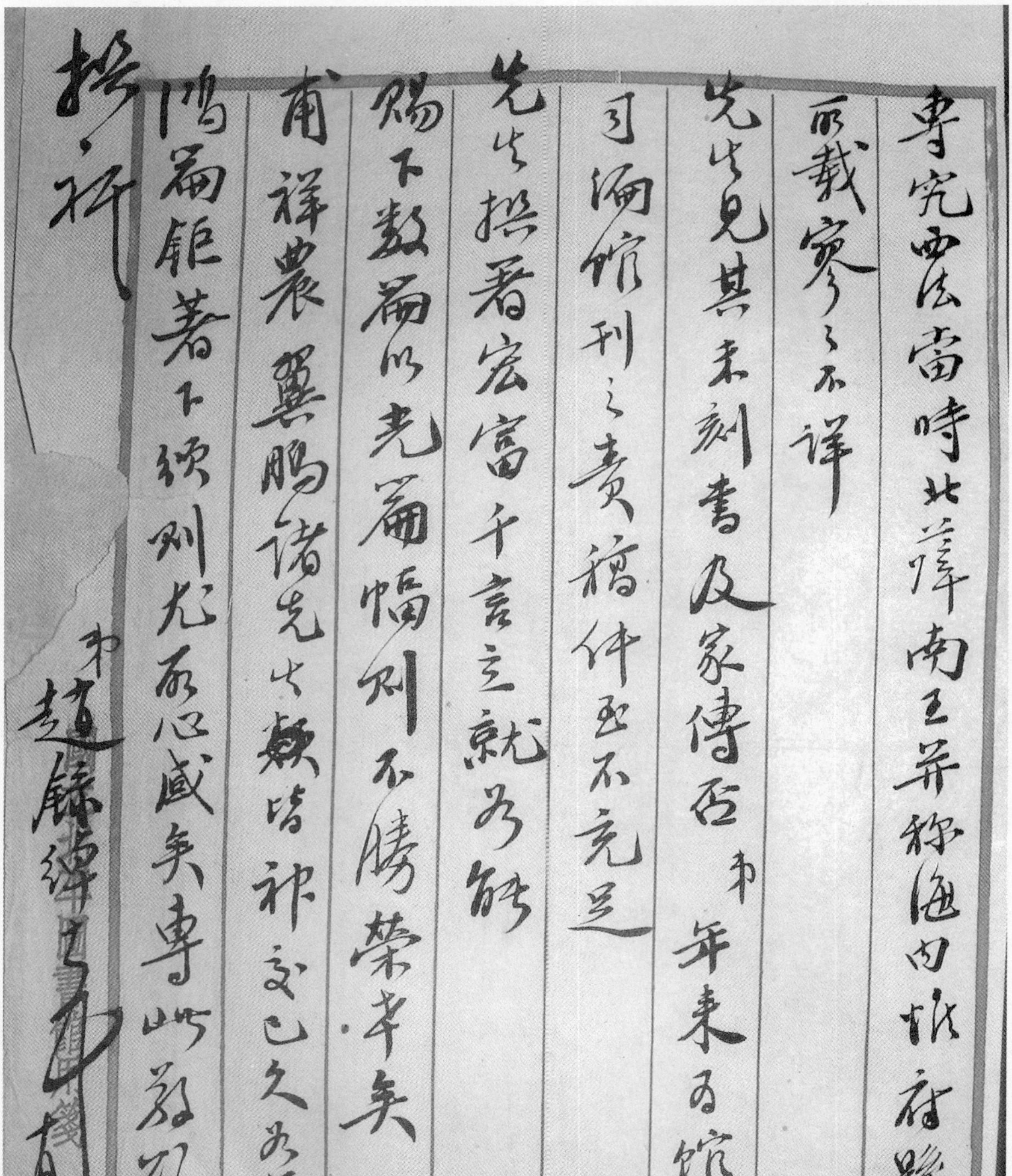
專究西法當時北洋南三省稱海內推存縣志
所載寥寥不詳
先生見其未刻書及家傳否弟年來在館中
司編館刊之責積件亟不克竟
先生撰著宏富千言立就為能
賜下數篇以光篇幅則不勝榮幸矣調
甫詳農翼鵬諸先生賴皆神交已久如有
鴻篇鉅著下頒則尤為心感矣專此敬頌
撰祺
弟趙録綽頓首

趙録綽

書第三通

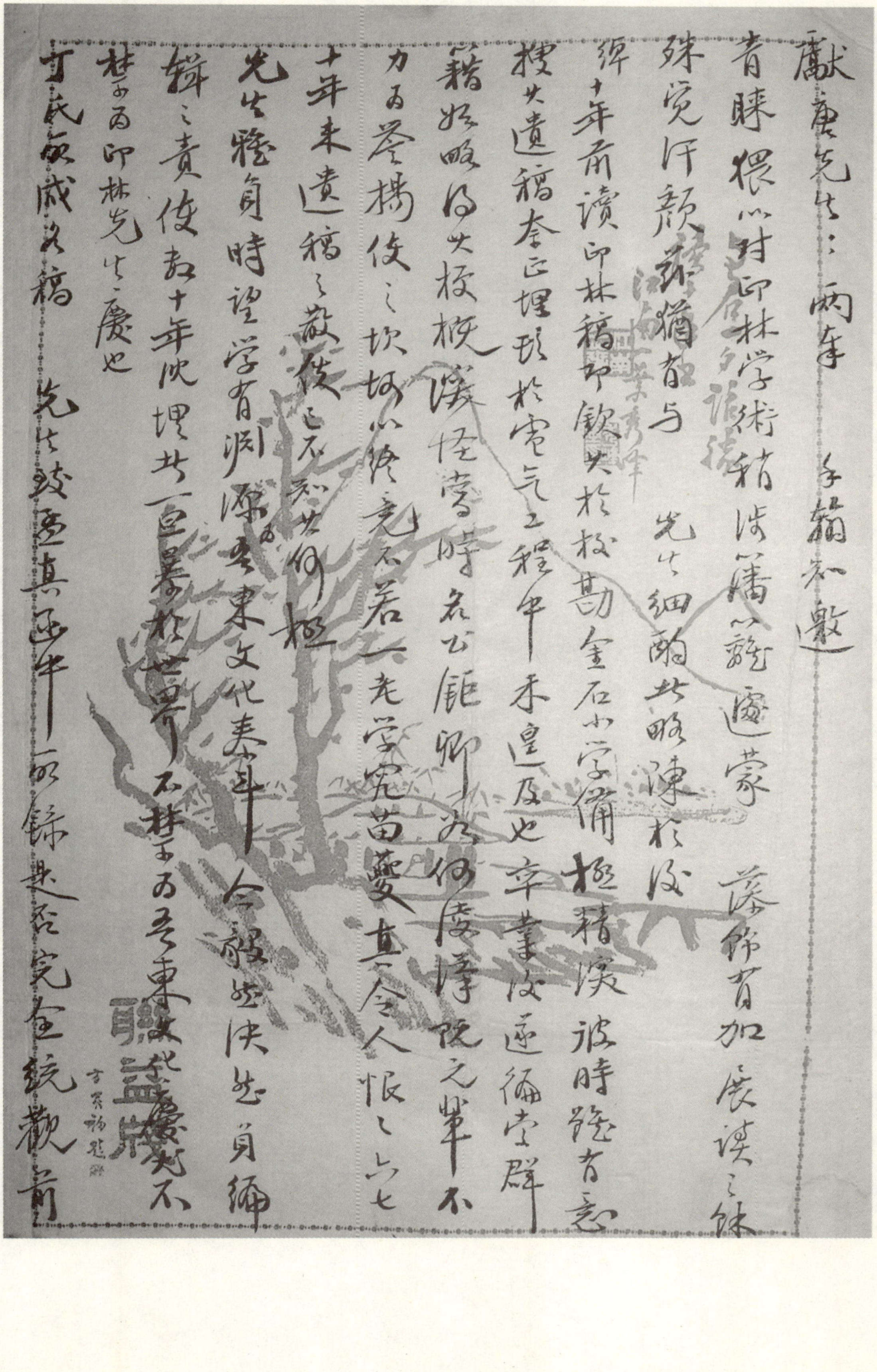
獻唐先生：兩奉 手翰，知邀
青睞，猥以對印林學術精湛，以識邈蒙 藻飾有加，展讀之餘
殊覺汗顏。聯猶前與 先生細酌，其略陳於後：
緣十年前讀印林稿，即欽其於校勘金石小學，備極精深，彼時雖有志
搜其遺稿，奈正埋頭於電氣工程中，未遑及也。辛業後逐偏考群
籍，始略得其梗概。深怪當時名公鉅卿，何以僅時陳之，掌不
力為薦揚，使之坎坷以終。此老若一老學究，苗蔓直令人恨恨。六七
十年來遺稿之藏，後之不知其何極。
先生雅負時望，學有淵源，而東文化素肩，今毅然決然負編
輯之責，使數十年沈埋其一旦暴於世界，不禁為吾東[illegible]幸，不
禁為印林先生慶也。
前承 屬成其稿，
先生致孟真函中，一則錄其遺稿，完全統歸 前

目其金石題跋及詩文雜記等稿與陳氏所成恐有重複不合併
此數種煩人采一細目俾鈔集時可免重複
印林稿件據陳丁二家所成已頗豐富鄙意編輯時似可不必拘於一
吳氏編刻其緣清代文集多用混合編製之法其攷經證史之文皆
不為立專冊吾輩閱讀極不易得其治學貫注之精神向檢查上尤感
受莫大之痛苦吳氏所編專說各雜著尤為混亂此次所編似應嚴
為分類其小學金石校勘諸應各自為書既得其精意所在其餘無關緊
要及於印林自身史料上無關者似皆可棄置不錄先生意中所
謂貴精不貴多寧闕勿濫正此意也先生以為如何
陳氏所提多件中所謂單行單刊刻於印陳氏得來者除資時
擬自為刊行以其數十年來保藏印林稿件之責鄙意多一刻本
流傳更廣吾輩為印林先生計似應更為歡迎

上海聯益貿易公司製

趙録綽

鈔繕印林稿件費 先生擬私自籌劃 尊意實深欽佩
自愧能力環境皆不許我與先生分任思之極爲汗顏惟承稿
就亂估計數難擬請酌匯若干以便同於工作得來按月撥
充似覺穩便
陳氏所成稿件中有吳重熹編刊時之清繕本 計碑跋一冊略大小
序文一冊說文義證校例一冊經垣稿一冊襍著二冊共七冊每葉三
十行行廿二字首葉第一行頂格題攀古小廬遺集次行低一格
題日照許印林先生遺著第三行下題門人海豐吳重熹編輯
不識先生所成襍著五冊行款是否相同如相同似可不必再鈔
最好請人將襍著目抄一份 賜下以便比對
前函所列敝館許丁批校各書容當一一抄出奉上
萃友先生批校說文新附考乃墨筆 後有長跋 而琉璃廠

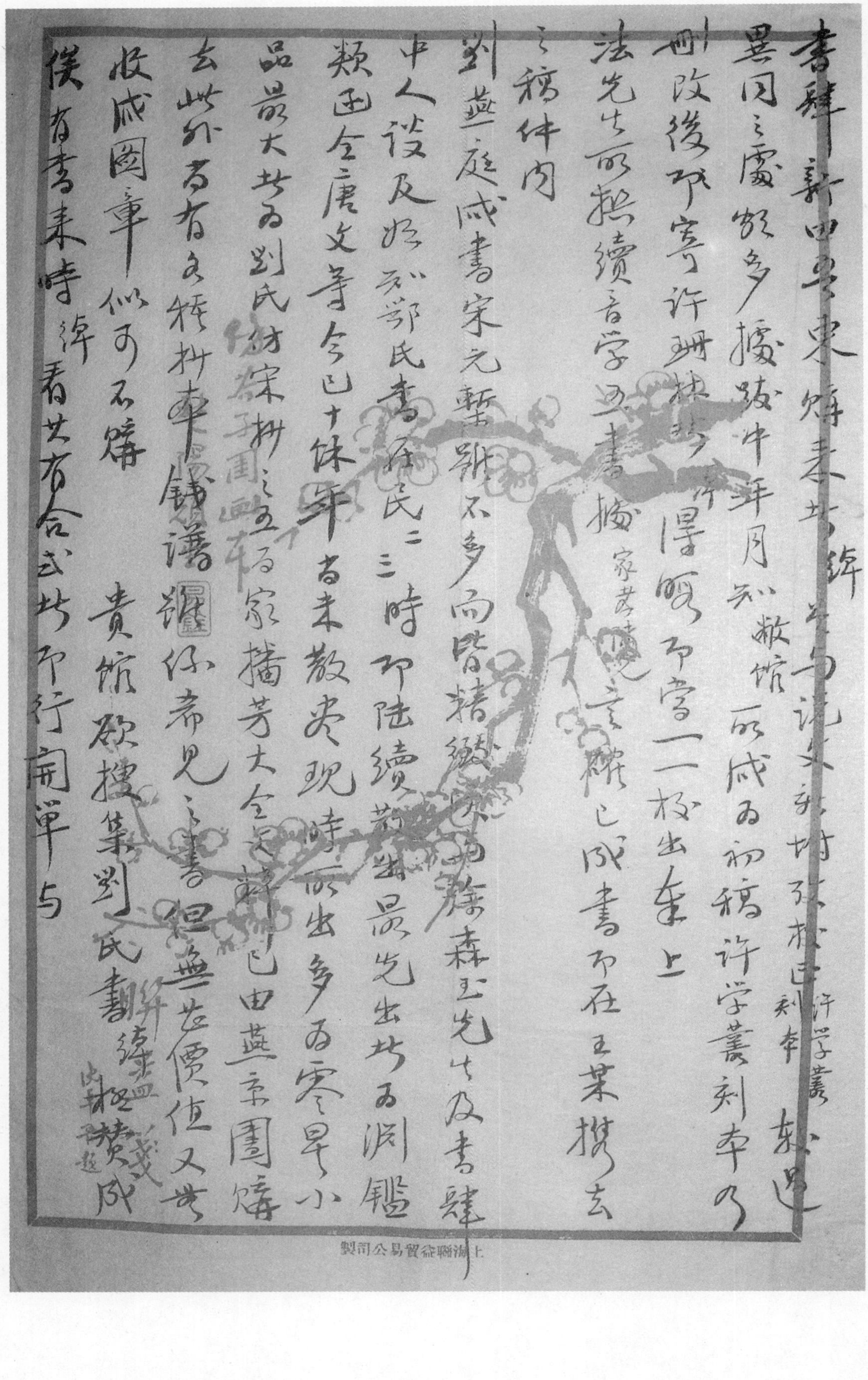
書肆新出宋本書，許[illegible]說文新坿考校正（許學叢刻本）[illegible]
甚同之處頗多，據跋中年月知敝館所藏為初稿，許學叢刻本乃
刪改後所寄，許珊林[illegible]得暇當一一校出簽上
法先生所撰續音學五書，據家[illegible]意稿已成書，尚在王某携去
之稿件內
劉燕庭所藏書宋元槧雖不多，而皆精緻，[illegible]森玉先生及書肆
中人談及，如邵氏書[illegible]氏二三時可陸續並出，最先出者為潤鑑
類函、全唐文等，今已十餘年，尚未散失，現時所出多為零星小
品，最大者為劉氏所藏宋本之五百家播芳大全文粹，已由燕京圖書
去，此外尚有各種拓本、錢譜、[illegible]係希見之書，但無甚價值，又無
收藏圖章，似可不購。貴館欲搜集劉氏書[illegible]成
僕有書來時，許看並有合式者即行開單與

上海聯益貿易公司製

先生商酌之至所云書目並向各書肆厚閱伊等皆支吾其詞殊
不易尋古泉苑四冊並詢之徐森玉據云絕無其事且并未見其
書也
萬印樓事已將 尊意詳告陳氏伊對
先生盛意極為銘感並極願歸諸文化機關之下似極歆便方直
接談判俾易辦理並盼 先生到平一行以便面商並將請
先生一觀簠齋先生稿件也伊將有專函寄 先生詳述
一切希絡
為之先容此君名元章字君善為簠齋先生玄長
孫
年陌人先生擬著近中又搜得否至念
葉友先生畫像既不存 貴館可即作罷

聯益箋

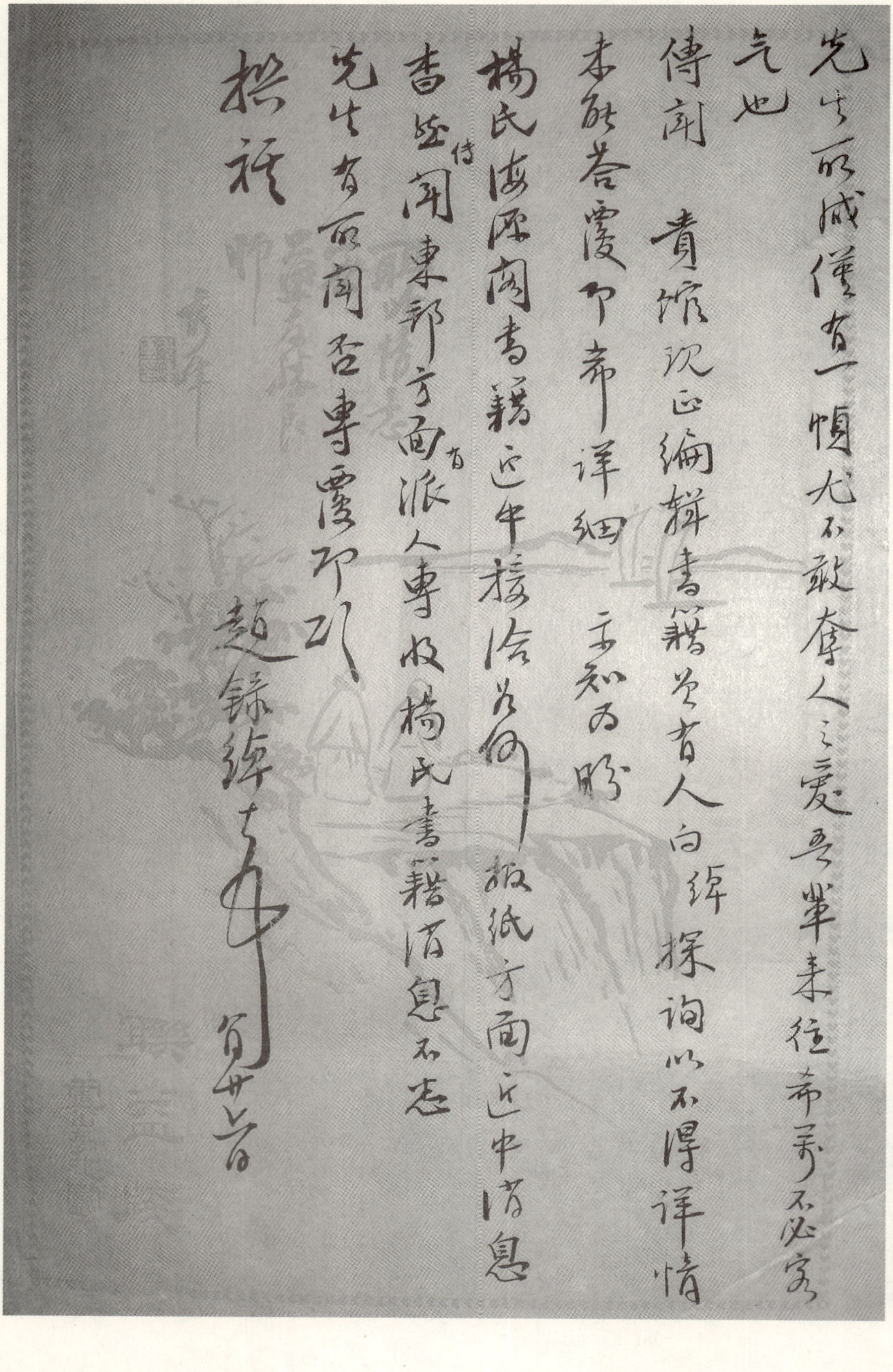
先生所藏僅有一帙尤不敢奪人之愛吾輩來往本不必客氣也
傳聞 貴館現正編輯書籍並有人向綽探詢以不得詳情未能答覆即希詳細 示知爲盼
楊氏海源閣書籍近年接洽如何 報紙方面近中消息
書並待聞東邦方面有派人專收楊氏書籍消息不志
先生有所聞否專覆即頌
撰祺
趙錄綽手上 月廿六日

書第四通

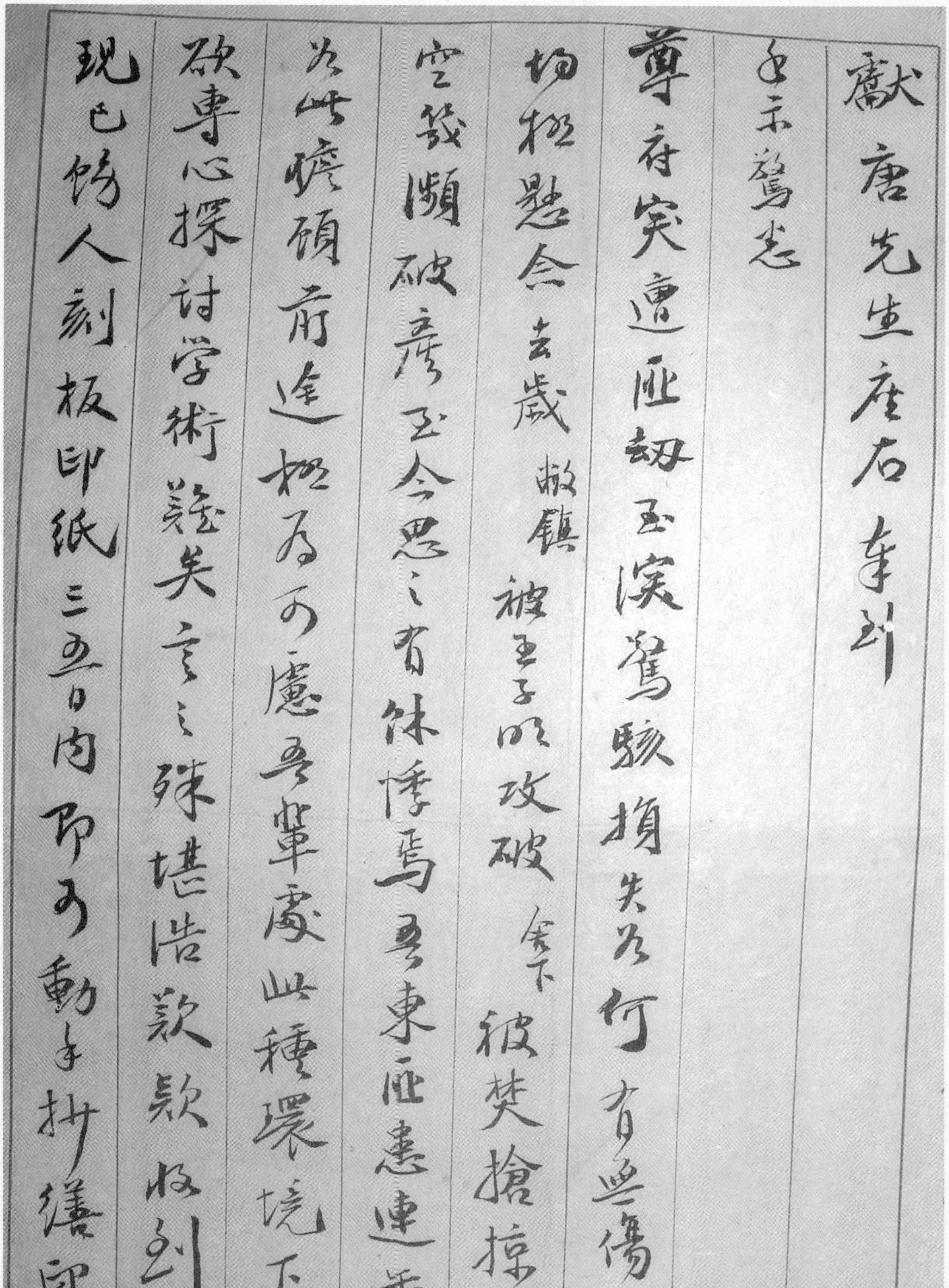
獻唐先生座右手剳
手示驚悉
尊府突遭匪劫，玉溪驚駭，損失幾何，有無傷亡
均極懸念。去歲敝鎮被王子明攻破，舍下被焚搶擄一
空，錢類破產，至今思之，有餘悸焉。吾東匪患連年
如此積頑，前途極為可慮。吾輩處此種環境下
欲專心探討學術，難矣。言之殊堪浩歎。款收到
現已飭人刻板印紙，三五日內即可動手抄繕印

林事略及敝坊人册寄到半年矣聞文登畢以
田先生說經之稿頗多沒後散失
貴館曾收得否近中有何
撰著均在念中專覆即頌
撰祺
弟 錄綽上 十二月十七日

書第五通

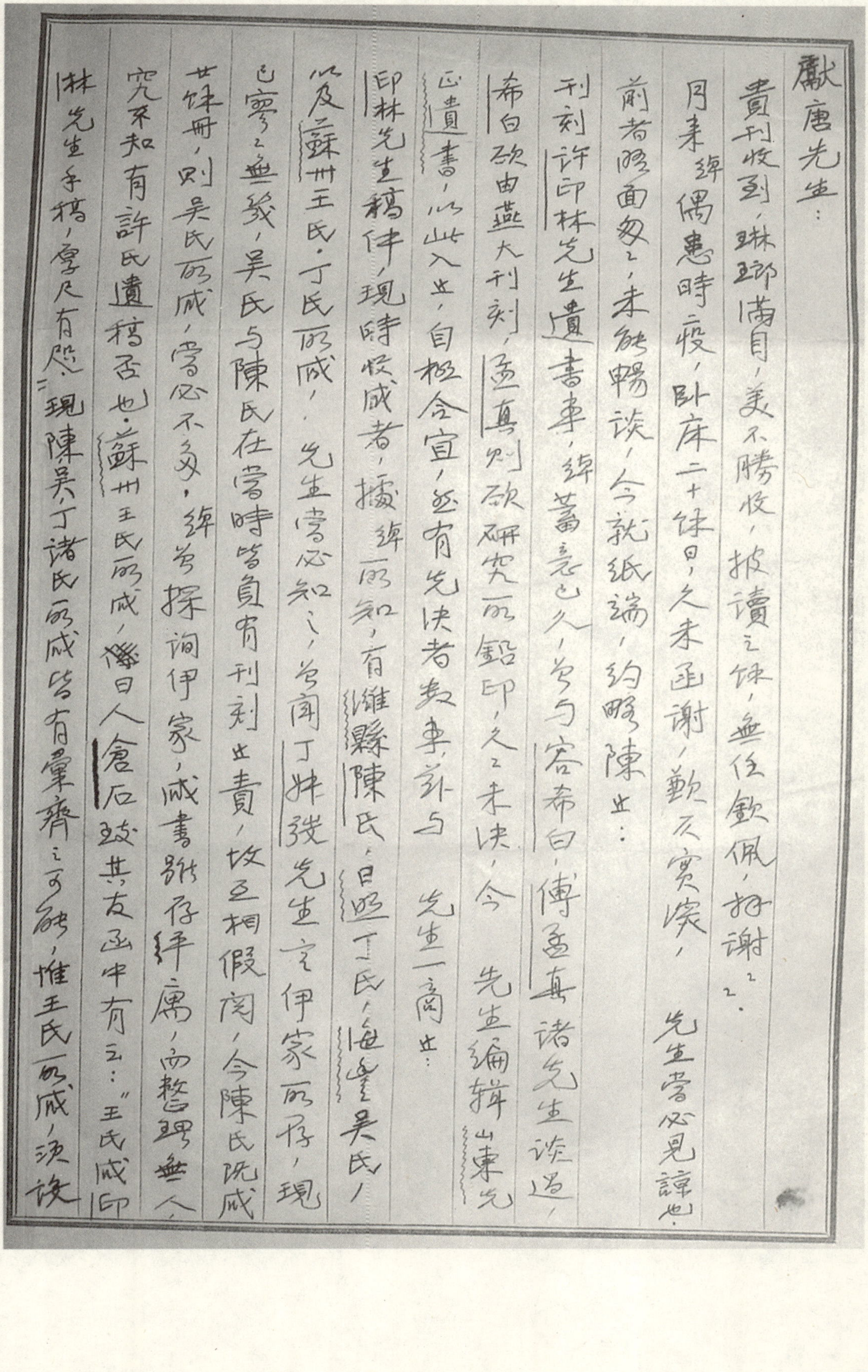

獻唐先生：

貴刊收到，琳瑯滿目，美不勝收，披讀之餘，無任欽佩，拜謝拜謝。月來綷偶患時疫，卧床二十餘日，久未函謝，歉疚實深，先生當必見諒也。前者晤面匆匆，未能暢談，今就紙端，約略陳之：刊刻許印林先生遺書事，綷蓄意已久，曾与容希白、傅孟真諸先生談過，希白欲由燕大刊刻，孟真則欲研究所鉛印，久久未決，今先生編輯山東先正遺書，以此入之，自極合宜，然有先決者數事，亦与先生一商之：印林先生稿件，現時收藏者，據綷所知，有濰縣陳氏、日照丁氏、海豐吴氏，以及蘇州王氏、丁氏所藏，先生當必知之，曾聞丁幹孫先生言伊家所存，現已寥寥無幾，吴氏与陳氏在當時皆負有刊刻之責，故互相假閱，今陳氏既藏廿餘冊，則吴氏所藏，當必不多，綷曾探詢伊家，藏書雖存濰寓，而整理無人，究不知有許氏遺稿否也。蘇州王氏所藏，據日人倉石跋其友函中有云："王氏藏印林先生手稿，高尺有咫"。現陳、吴、丁諸氏所藏皆有彙齊之可能，惟王氏所藏，須設

法一抄也。

陳氏所成，除詩集外，拙著印林先生撰著校訂考略中，已志列其目。年來敝館所收，有四五種，擬補拙著中，尚未遑也。

前與陳氏談及 先生刊印先塋遺書事，伊極為贊成，印林先生稿件，皆可借刊，惟須附有下列條件：

一、稿權仍屬陳氏，並須有單行刊刻之權。

二、書中必須述明原稿為某家所成。

三、出書後須贈送若干部作為報酬。

四、原稿請在平繕寫。

以上四條，綽意尚不為苛，在平繕寫一事，綽願負責進行，惟敝館書記人少事繁，且皆係以字計值，實不能兼館外事，可否由 貴館出資，在平另覓人抄繕（每千字約二角五），再由綽詳為校對，繕齊即行寄奉。 先生意思以為如何？

東方文化圖書籌備處

趙録綽

再者 先生前委綽負編集文集之責，綽自問学浅，恐難勝任，望
先生時加指導，並請將編輯體例開示，以便有所遵循。貴館所藏
印林先生文稿，尚乞 惠寄，以便與陳氏所藏比較。
前曾聞 先生云，印林先生稿件， 貴館藏有刻本，不悉是否指在小
廬文，此書綽曾見兩本，一為秀水高伯平所刊，僅文五篇，原板已燬于
捻匪之亂。一即商城楊石卿所刊，係重刊前本，後附楊氏所編補遺。
貴館所藏許印林襍著，内容如何，是否金石釋跋及經説等，聞海豐
吳氏所刊許氏著述，以刻工過劣，棄置未印，何以外間有流傳之本耶？並
弟子職韻讀，聞係張石舟寫刻者，天壤閣王氏亦據張本重刊，丁氏刊於
何時，能賜借原書一觀也。
曩讀許氏遺著，知印林先生於金石小學，校勘諸門，無不精確，顧黃輩回
非其匹，深歎數十年來，無人為之表揚，綽擬編輯年譜，以紹介於世，粗稿
略具，以材料過少，未能殺青，前讀山東通志藝文志，於志丁廿山（或）吳

東方文化圖書籌備處

仲懌）先生所撰事略，搜討許久，未能得之，先生與許氏為同鄉，當必知其詳，如得有印林先生事略，墓誌銘，家傳以及其他有關係之材料，統乞
賜下一閱為感。

李南澗先生撰著刊刻，緯久有意為之錄目，以所見無多，尚未寫成，拜讀
大作，見聞勝緯十倍，佩甚佩甚。至南澗撰著，家孝陸兄處所藏無幾，據緯所知，闔氏所編南澗文集上中二卷，現存伊處，緯有副本，再南澗所撰粵東金石刻記，為敝館緯藏，先生如願錄副，即請
示知。

王菉友先生係為家舅祖，生平殫心著述，計有二十餘種，惜傳世者，僅小學一門，其餘稿件，多所散佚，百計搜討，所見極少，先生努力搜集，實所欽佩，如有所得，即希
詳告。

菉友先生遺像為
貴館緯藏，殊深慶幸，緯極欲得一幀，以申景慕，可否仿人曬三數張
賜下，所有用費，千乞
示知，以便奉上。先生有意將像歸還其後人，緯意不如藏之館中，俾可永久保存，緣王氏後

商，式微殊甚，帰此虽属藝林佳話，然断保其不再流出也。尊意以為然否？

近年敝館陸續收得吾東先達遺著，虽不甚多，尚頗精采，茲列目於後：

王菉友先生批校 說文新附考

〃〃〃〃 說文韻譜校底本

〃〃〃 手跋說文句讀稿本

許印林先生批校金石錄補

〃〃〃〃 說文引詩字辨 此書不題撰人名氏，細審文義，乃印林先生批校

〃〃〃手校漢碑錄文 丁氏所刊，即據許氏校本

〃〃〃〃〃經韻

〃〃〃校水經注序目

〃〃〃〃半氈齋題跋

丁少山先生手校唐石經校文

丁伯才先生篆文論語考正
楊書巖先生詩古音
孔繡山先生曲阜詩鈔
遜清末造，膠州法小山偉堂先生，於音韻校勘，俱極精深，著述亦極
豐富，小山先生沒後，遺稿由其同鄉王某悉數挾走，今不知為何，
先生曾注意及之否？
諸城劉燕庭先生，生平收藏金石圖籍極富，聞其遺書多流入滿人鄂
氏手中，近年鄂氏書散出，琉璃廠書肆中發現甚多，先生有意搜集
否？綽所見亦不少，有意為之編一藏書目錄，尚乞先生指示一切。
昨日平報載有濰縣陳氏出售萬印事，當係謠傳，緣全印現藏平津兩
處，而陳簠齋先生後裔現任北平市財政局文書股主任，雖有意出售，尚
未托人辦理，在濰出售之說，全係子虛。綽昨接其來函（尚擬與伊重集議人一觀也），言下殊為憤慨，
亟願先生為之剖白，亦將原函附來，閱後請即賜還。貴館近

開展覽會，主極忙碌，古香古色，定極可觀，惜鈞羈身館中，未能一飽眼福，殊爲憾事也。餘再談，專此敬頌

著安

趙錄綽上

七月廿六日

東方文化圖書籌備處

封第一件

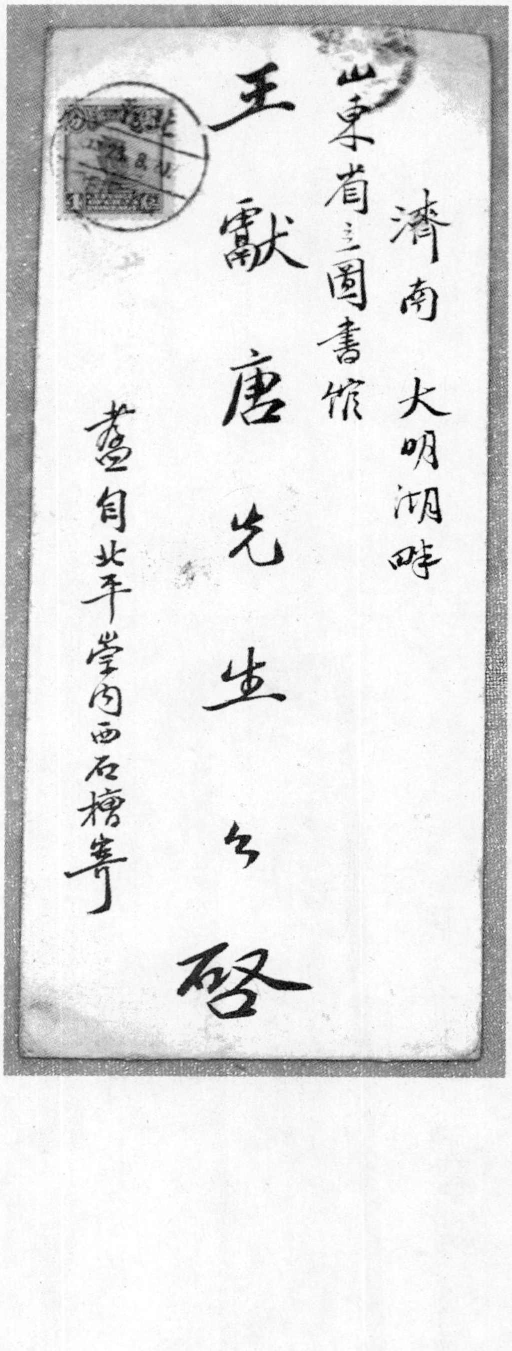
濟南 大明湖畔
山東省立圖書館
王獻唐先生々啓
趙自北平堂内西石槽寄

封第二件

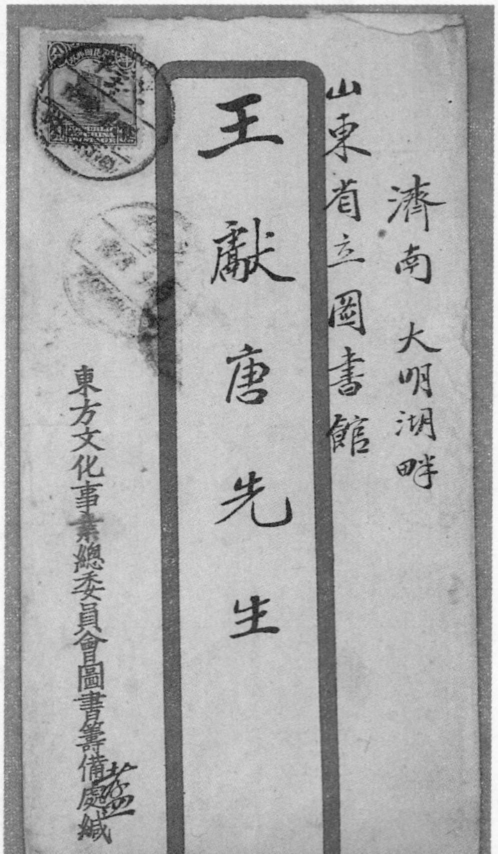
濟南 大明湖畔
山東省立圖書館
王獻唐先生
東方文化事業總委員會圖書籌備處趙緘

封第三件

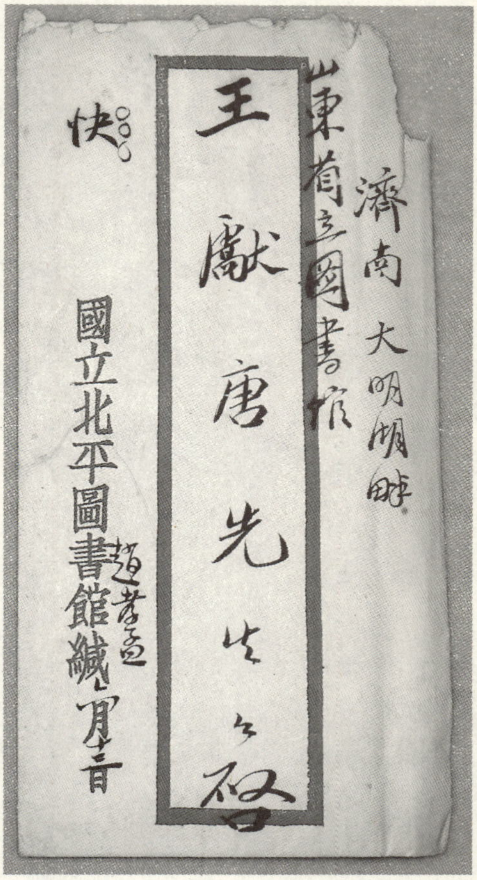
濟南大明湖畔
山東省立圖書館
王獻唐先生啓
快
國立北平圖書館緘

封第四件

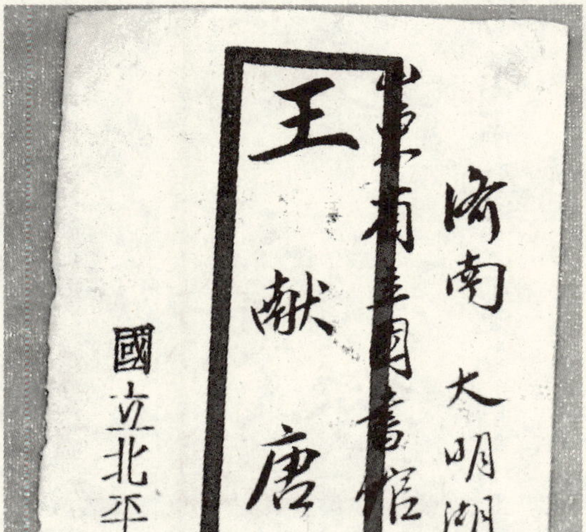
濟南大明湖畔
山東省立圖書館
王獻唐先生啓
國立北平圖書館緘

封第五件

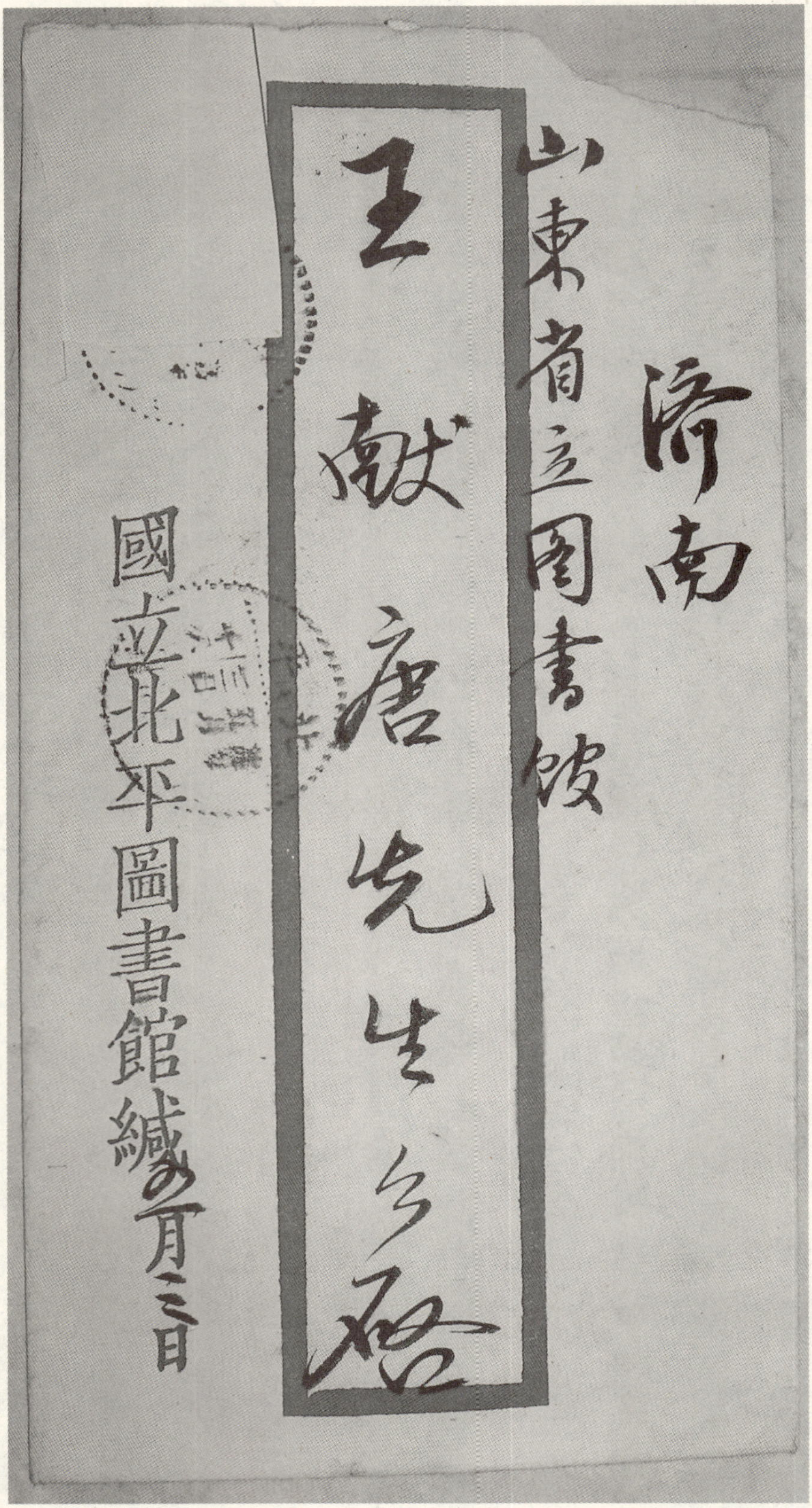

一百七十五

劉國鈞 書一通

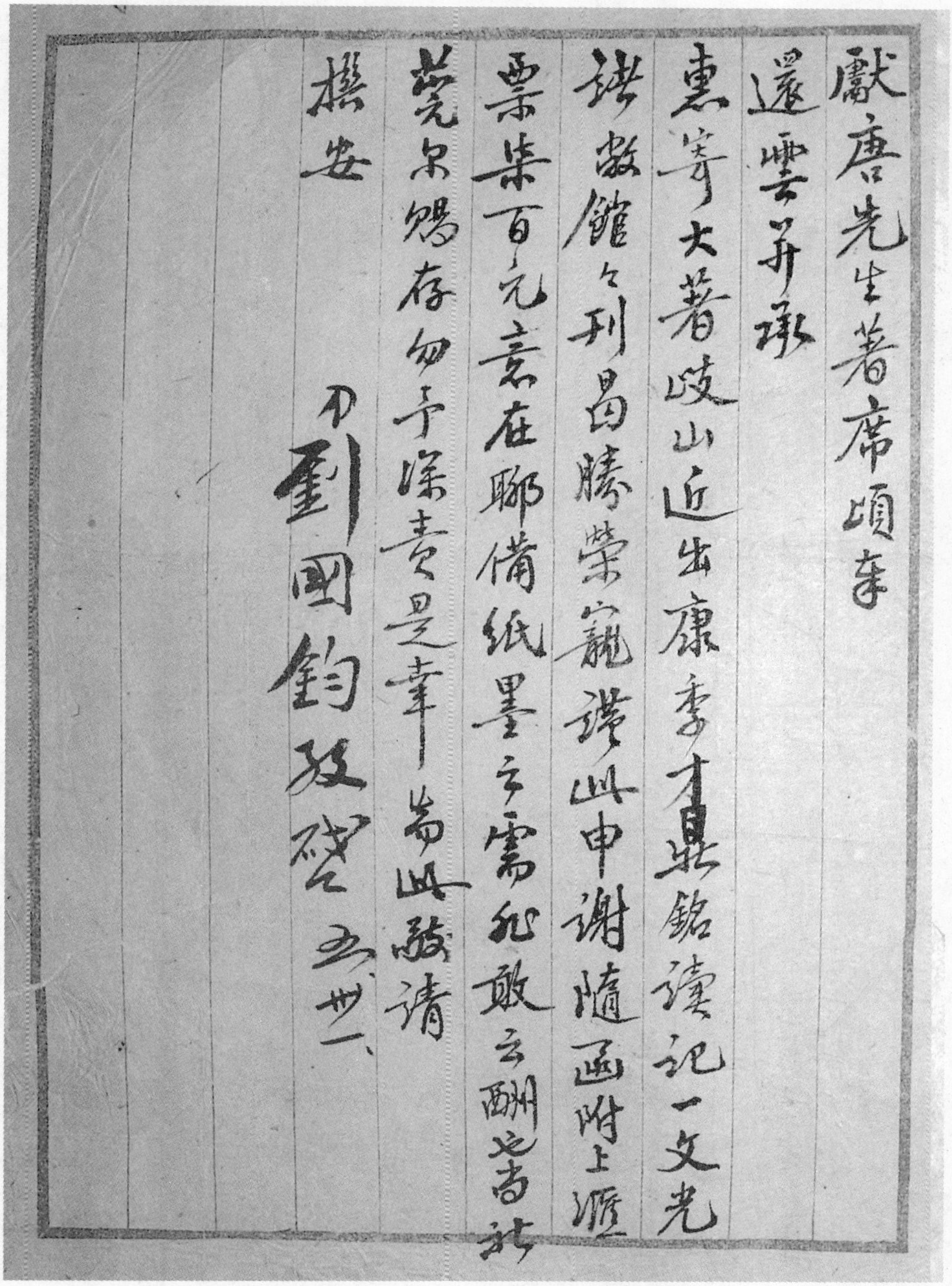
獻唐先生著席：頃奉
還雲并承
惠寄大著歧山近出康季鼒銘讀記一文，光
諾敝館々刊，曷勝榮寵，謹此申謝。隨函附上滙
票柒百元，意在聊備紙墨之需，非敢云酬也。尚祈
莞爾賜存，勿予深責是幸。專此敬請
撫安
弟劉國鈞敬啓 五、卅一

一百七十六 張希魯 書二通 封一件

書第一通

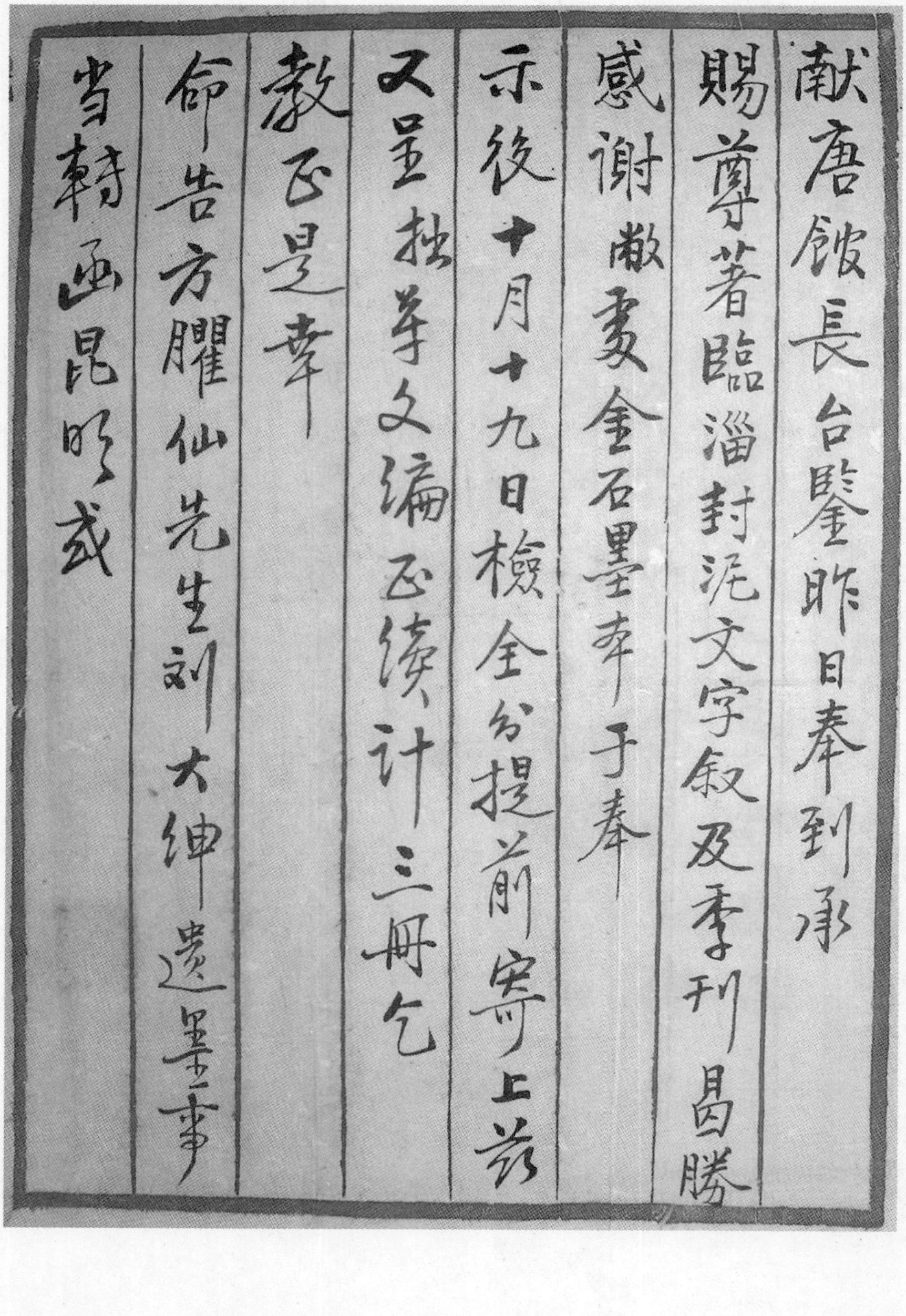

獻唐館長台鑒昨日奉到承
賜尊著臨淄封泥文字敘及季刊曷勝
感謝敝處金石墨本于奉
示後十月十九日檢全分提前寄上茲
又呈拙著文編正續計三冊乞
教正是幸
命告方臞仙先生劉大紳遺墨事
當轉函昆明或

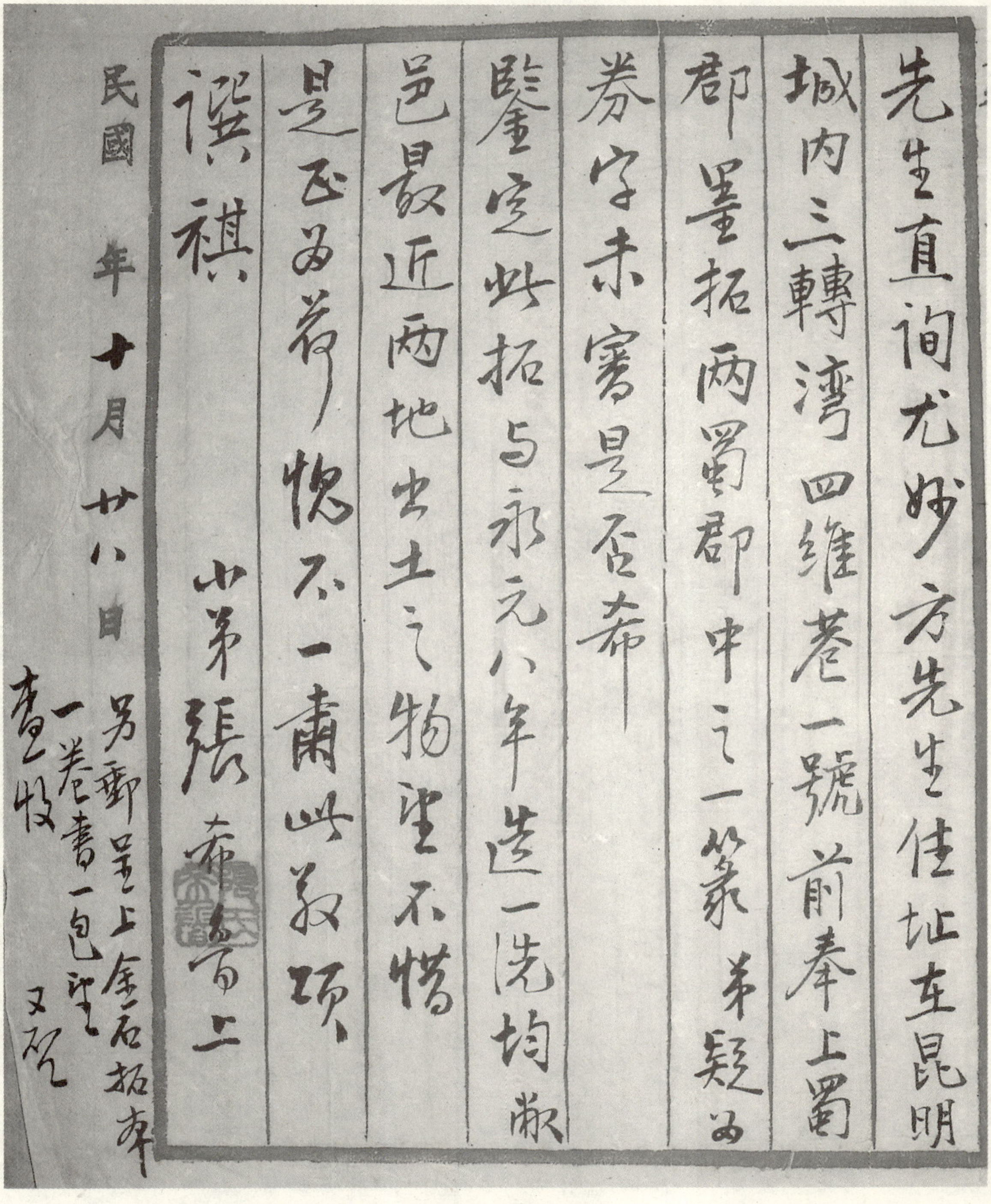

先生直詢尤妙方先生佳址在昆明
城内三轉灣四維巷一號前奉上蜀
郡墨拓兩蜀郡中之一篆弟疑為
券字未審是否希
鑒定此拓與永元八年造一洗均徽
邑最近兩地出土之物望不惜
是正為荷悤不一肅此敬頌
譔祺

小弟張希魯白上

民國　年　十月　廿八日

另郵呈上金石拓本一卷書一包望
查收　又及

蒙啟示獎借過甚実深愧赧韓君云
先生以未見弟藏南夷長史印為憾今
另蓋呈此印外又有漢叟邑長一印与
馮氏金石索所録正同又有唐元鄉竟其
字蹟亦同金索惜不易拓滇省當局素
不重視樸學故弟年來自學頗感寂
寞先生博識望隨時教誨為幸敬頌
著安 小弟張希魯拜上 十月七日

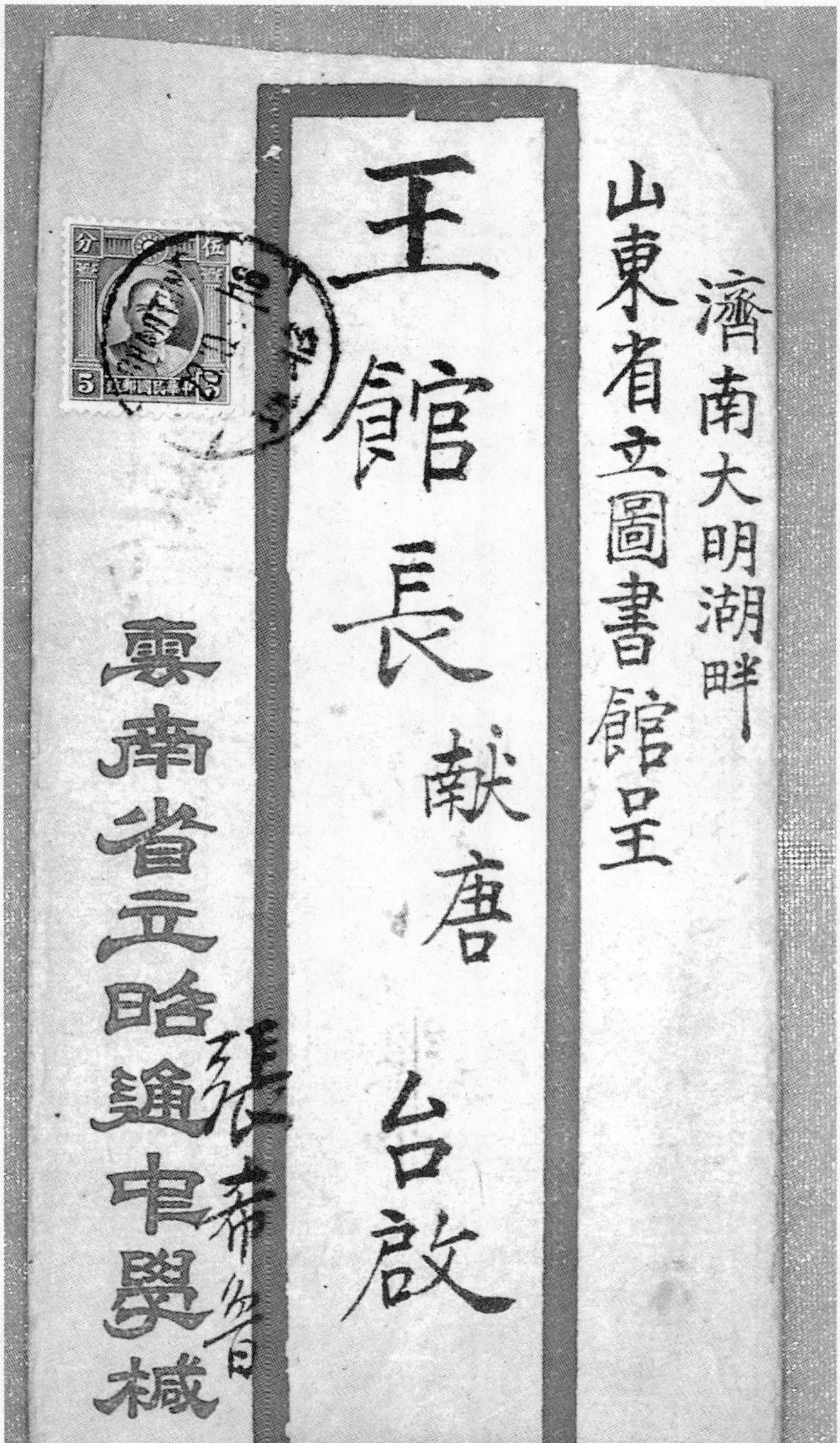
濟南大明湖畔
山東省立圖書館呈
王館長
獻唐
台啟
雲南省立昭通中學緘
張希魯

一百七十七

賴璉 書一通 封一件

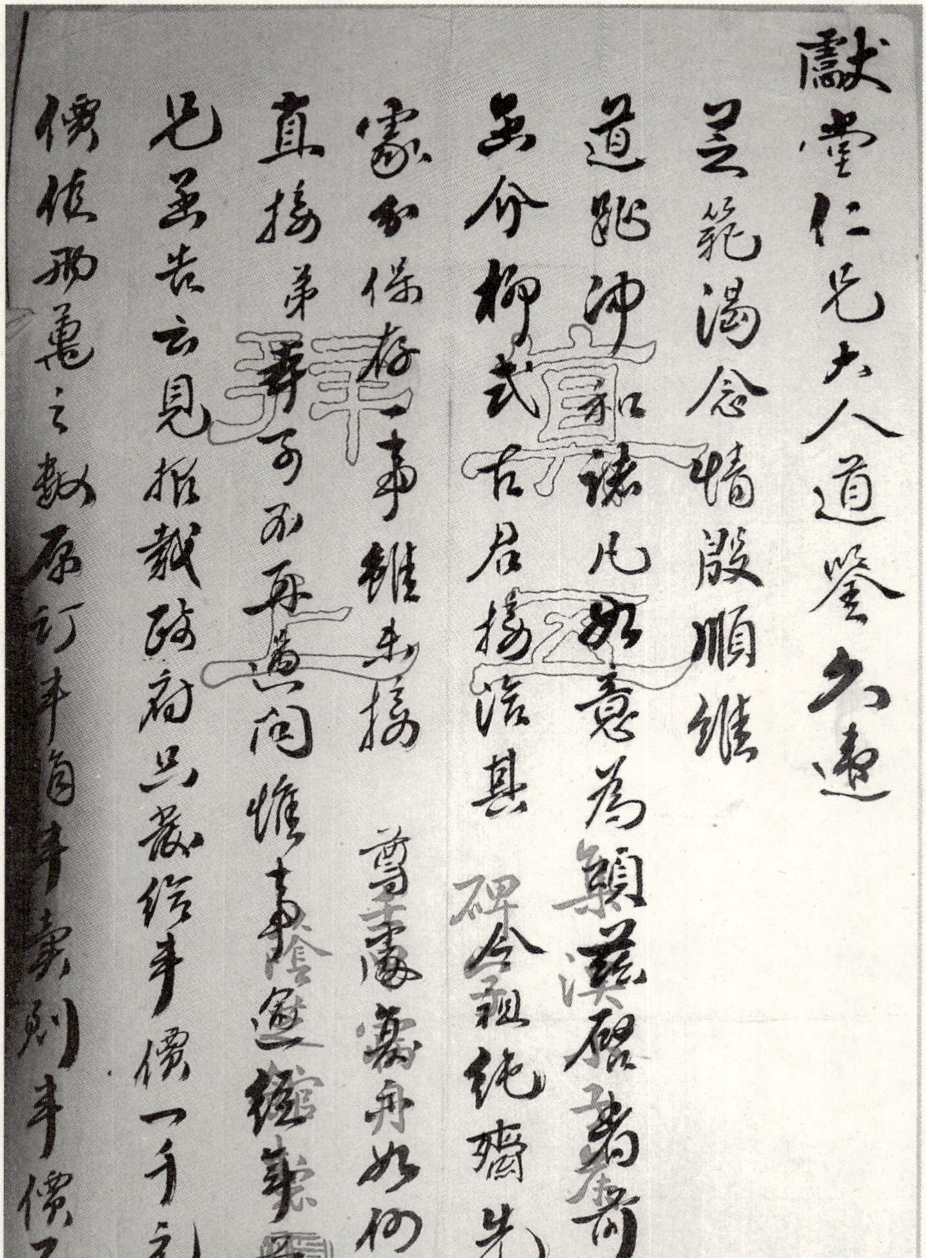
獻堂仁兄大人道鑒：久違
芝範，渴念情殷。順維
道躬沖和，諸凡如意為頌。前歲弟曾
函介柳武古君據談其令祖純齋先生藏書
處分係存一事，雖未據　尊處寄舟如何指陳說係
直接。弟再可不再為問，惟事迄繼續接柳世
兄至告云，見推載該商，且歲給年價一千元，據云其去
價值那邊之數，原訂本自本實則年價至少亦須

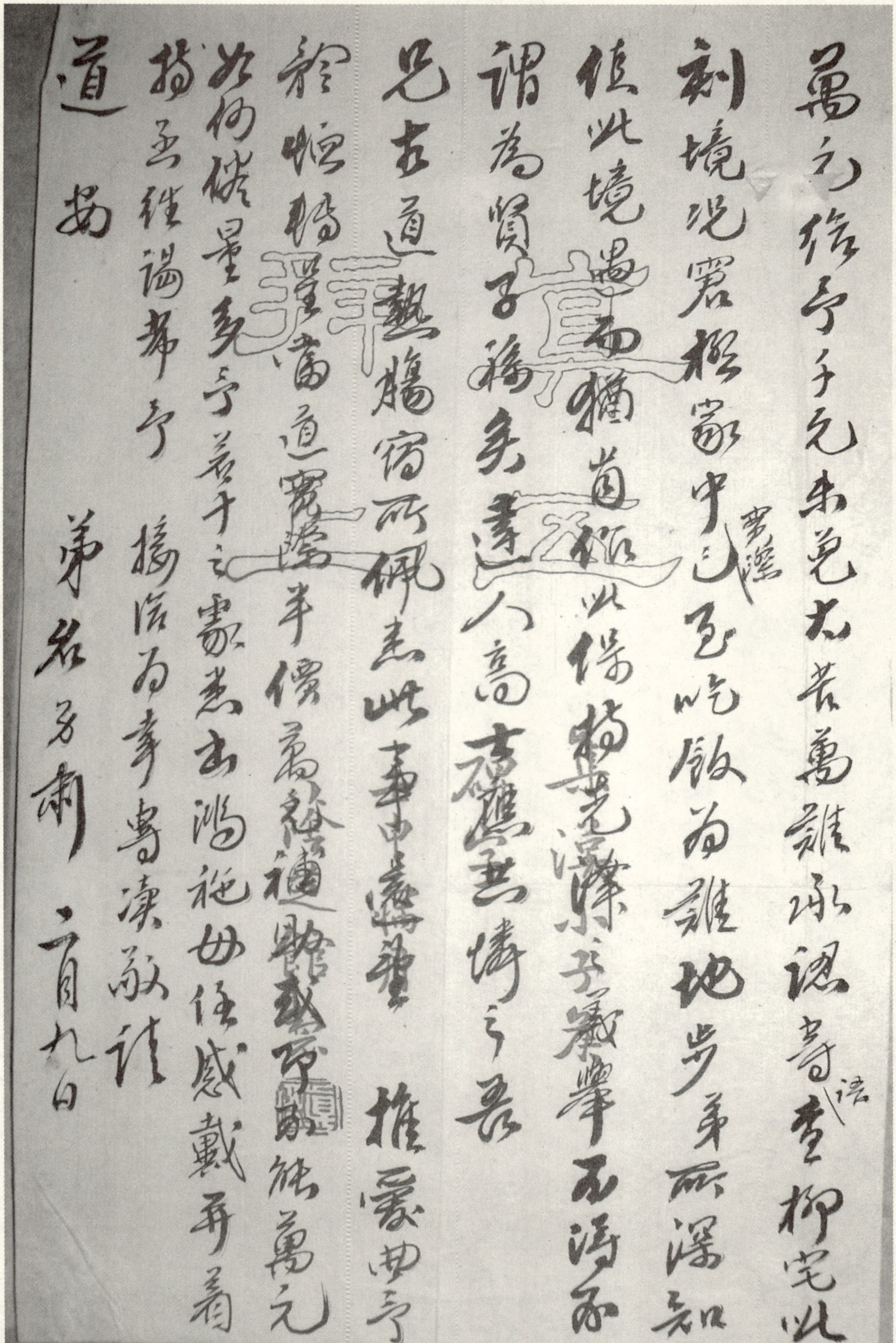

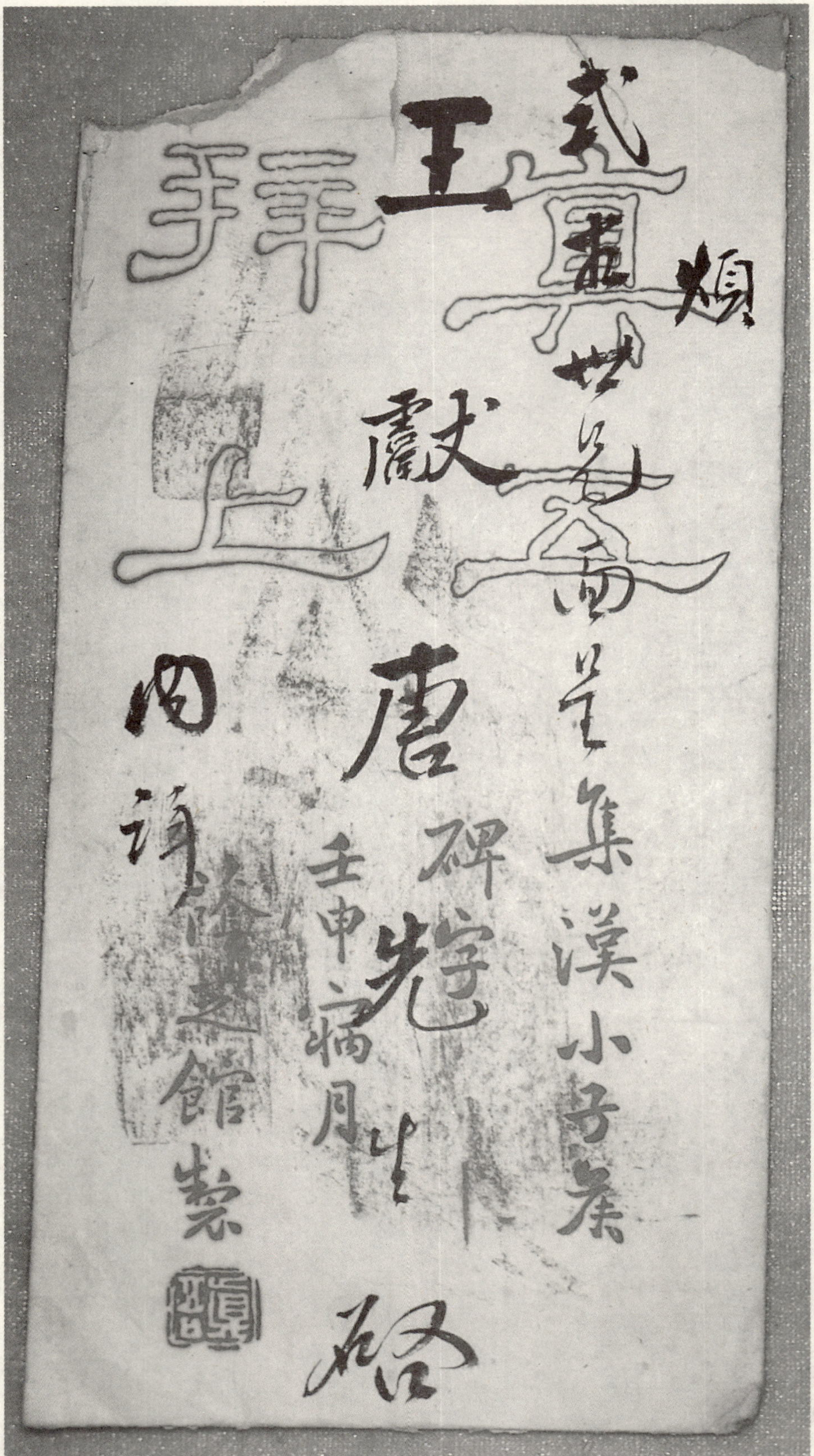
王獻唐先生
壬申八月

一百七十八　陳準　書十五通　封六件

書第一通

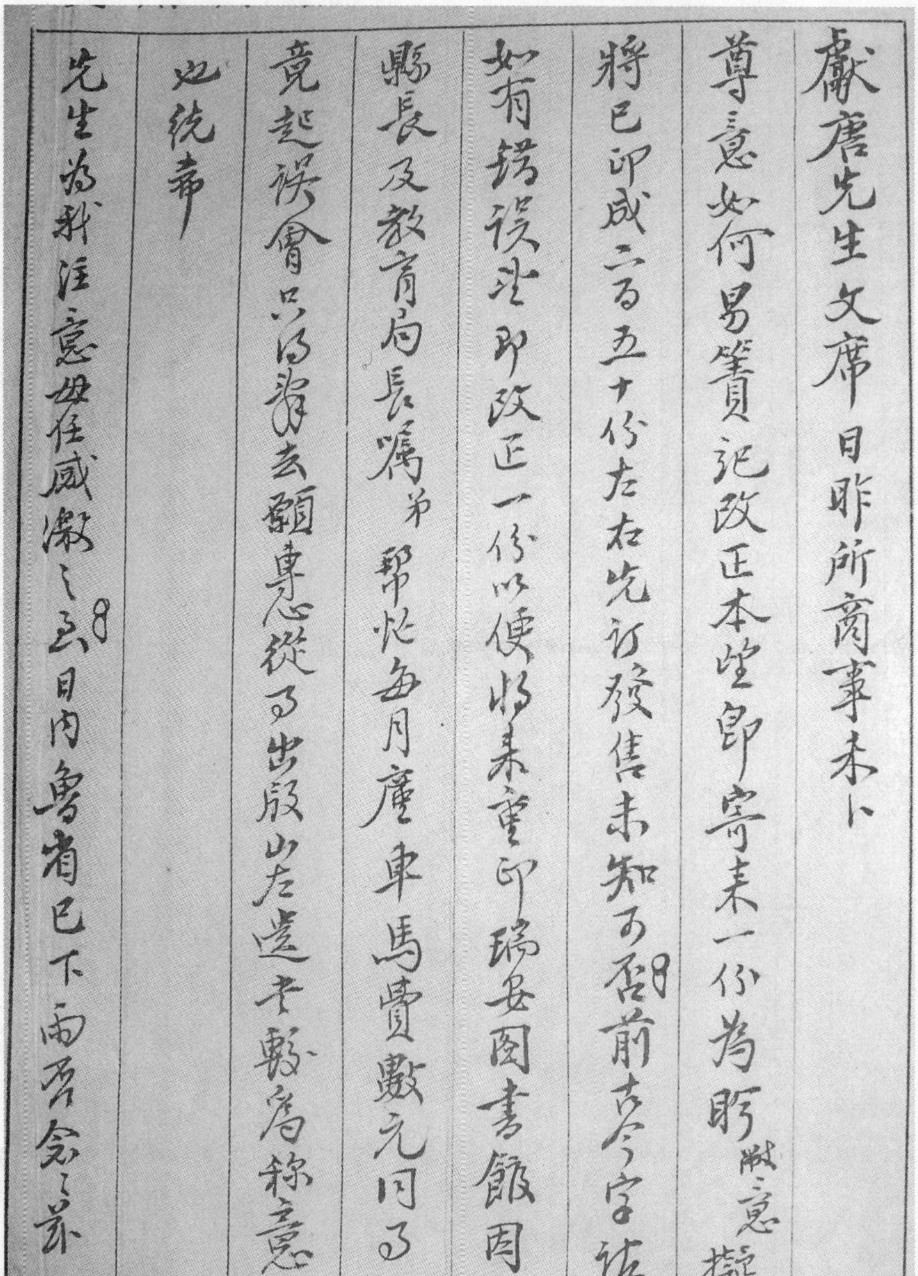
獻唐先生文席日昨所商事未卜
尊意如何易簀記改正本望即寄來一份為盼敝意擬
將已印成二百五十份左右先行發售未知可否前者字誌
如有錯誤此即改正一份以便將來重印瑞安圖書館因
縣長及教育局長囑弟幫忙每月厘東馬費數元因已
竟起誤會只得辭去願專心從事出版以左遠未敷為稱意
也統希
先生為我注意毋任感激之至日內魯省已下雨否念念并

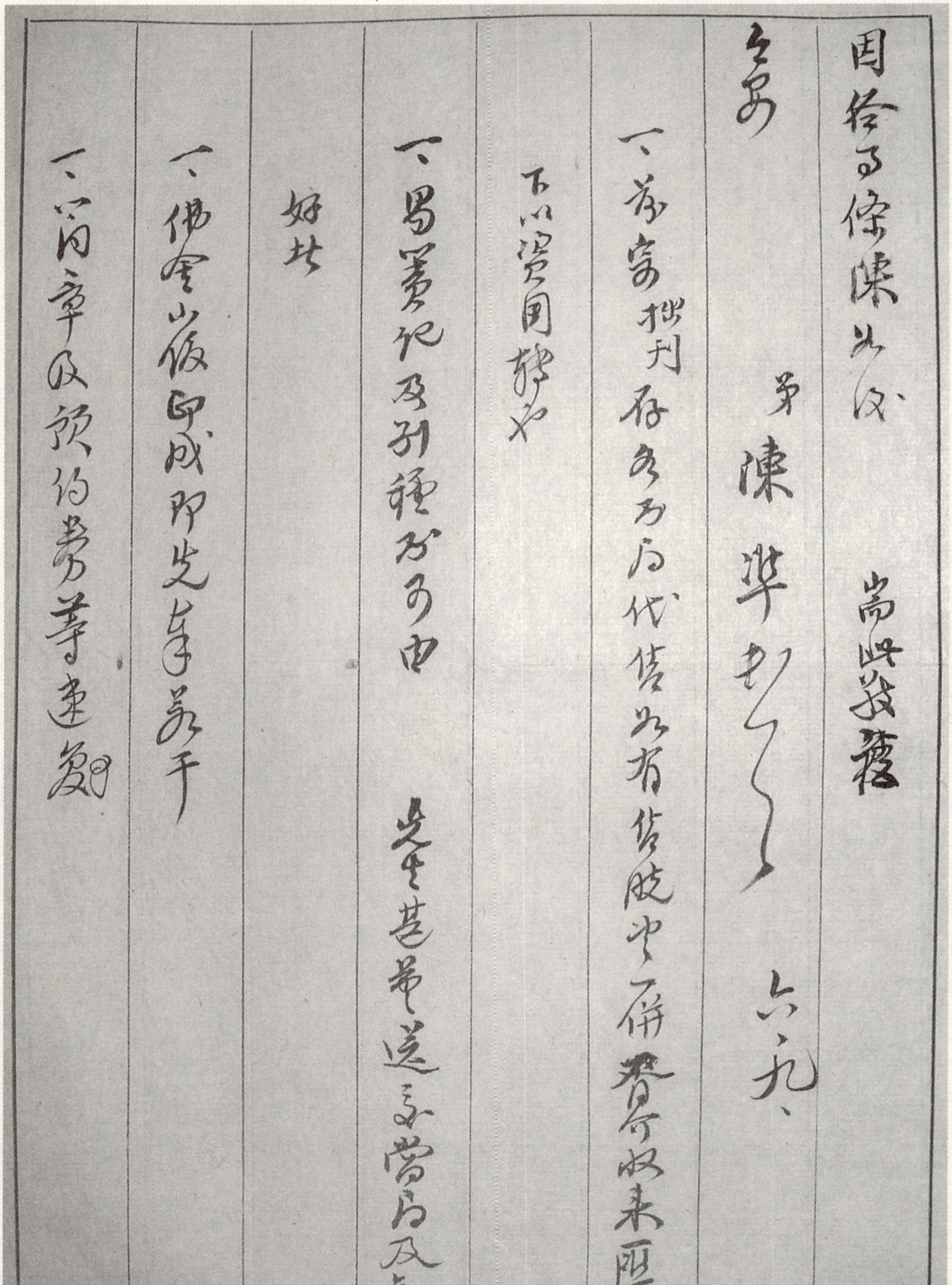

周啓乃倧陳先生　尚照發覆

一、前寄拙刊存各乃為代售出者售脫者併希收來匯

下次寄回轉也

一、蜀黃氏及列種乃可由　尊甚希送至當局及知

好者

一、佛金山版印成即先寄幾本

一、前函章及預約等華速覆

台安　弟陳準拜上　六、九、

一、當局贈下補助費應如何處理，詳示以便遵命進行。

一、登報廣告，可先擬就以待。

一、甲編稿兩種速寄。

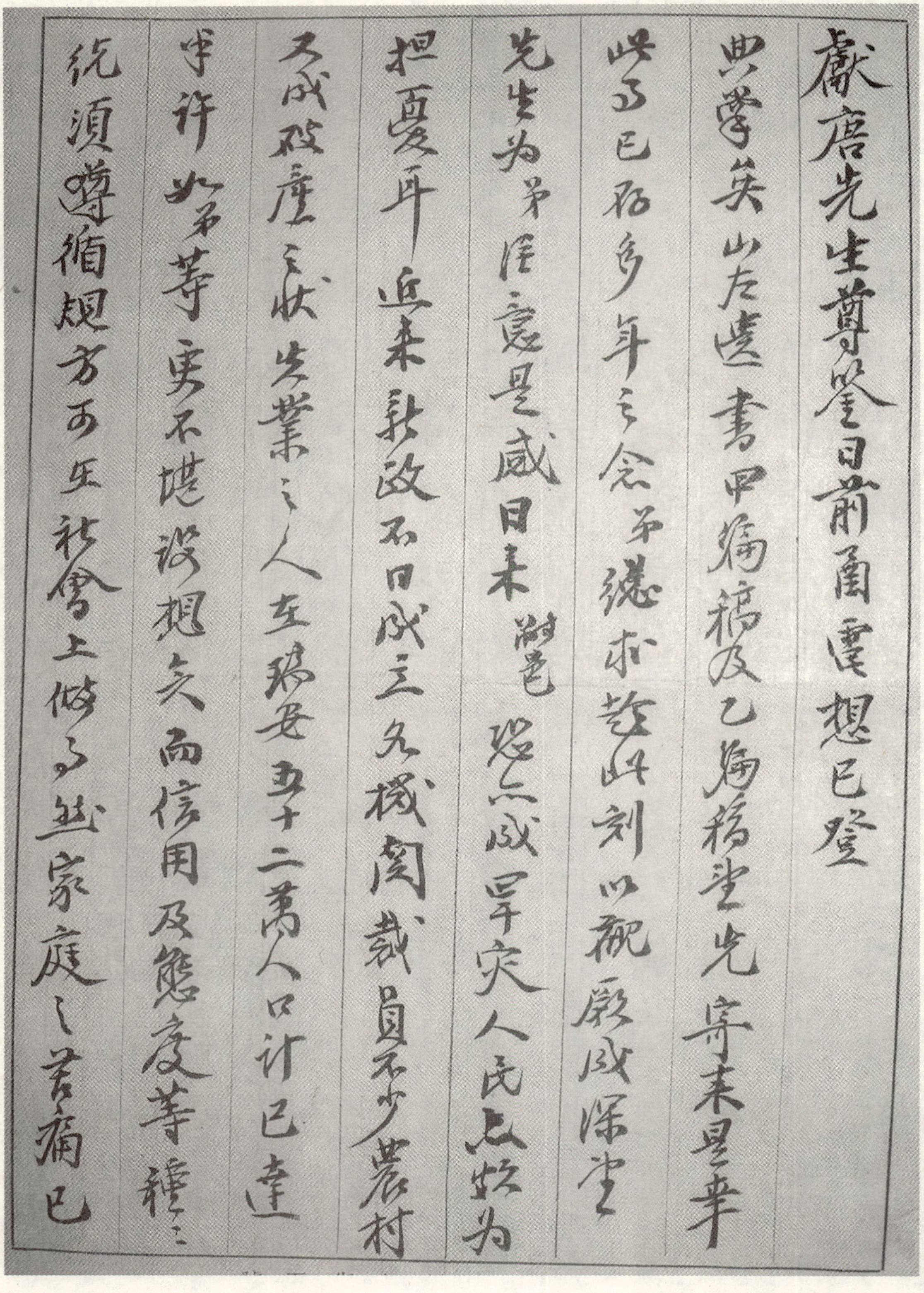
獻唐先生尊鑒日前函電想已登
典學箕山左遺書甲編稿及乙編稿並先寄來呈幸
此事已積多年念念弟繼求整理刻以觀厥成深望
先生為弟匡襄是感日來湖邑遭成旱災人民亟姑為
担憂耳近來新政不日成立各機關裁員不少農村
又成破產之狀失業之人在縣者十二萬人口計已達
半許如弟等更不堪設想矣而信用及態度等種種
統須遵循規方可在社會上做事然家庭之苦痛已

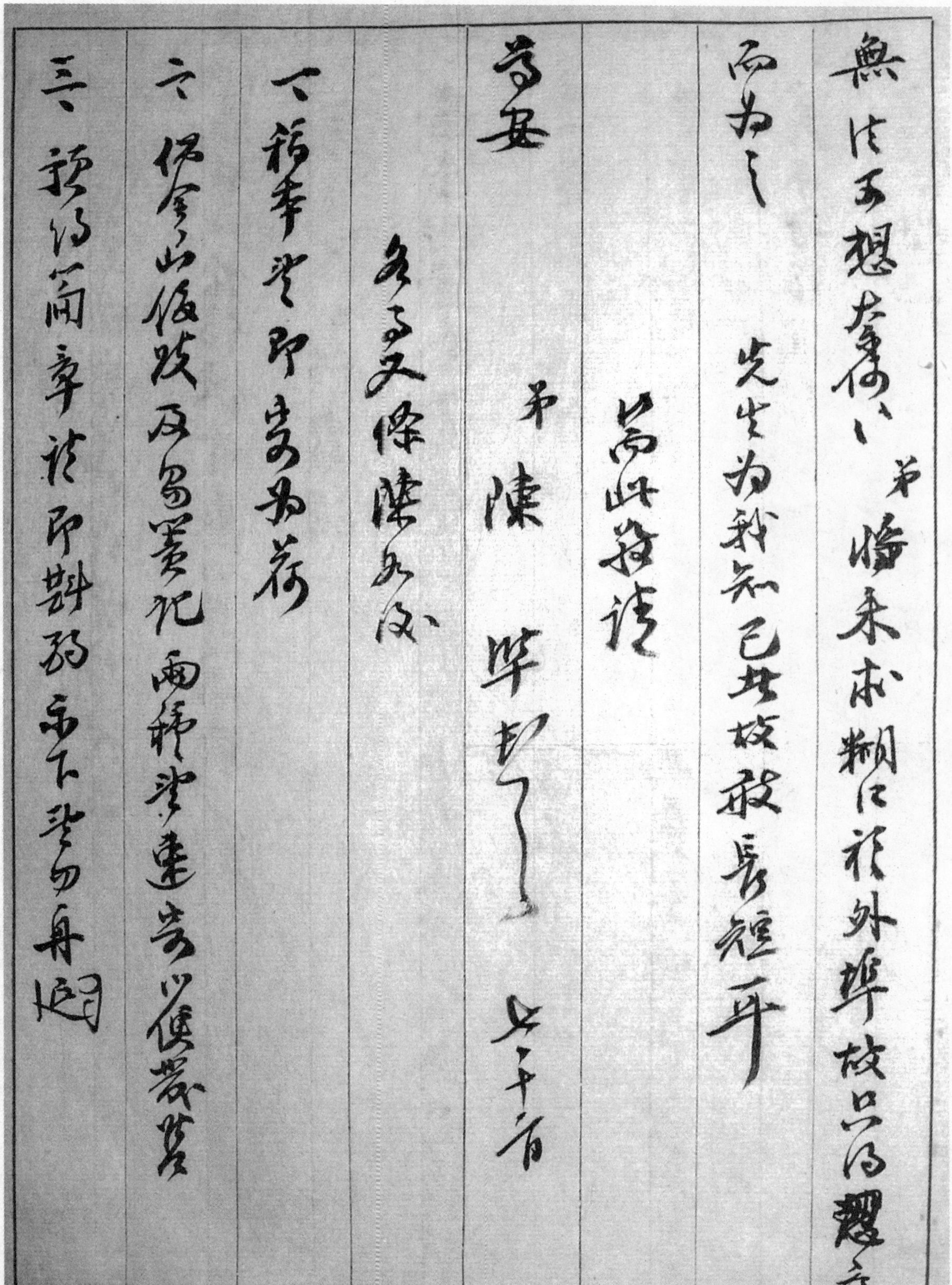
無法可想，奈何奈何。弟倫來求糊口於外埠，故只得忍痛
而為之。先生為我知己，甚故敢長短耳。
尚此敬請
著安
弟　陳準頓首　七十二日
各子又係陳氏
七、稿本望即寄為荷
六、僧金山後跋及寫置記兩種望速寄，以便裝背
三、頃得一簡，章請即斟酌示下，望勿再延

四、各种関于修改等请代劳与商量

五、定价及预约优待之期预定为荷

六、广告文如何措词

七、遗書四編全書原稿每页若干行每行若干字每種若干

页，并详示俾便估定价格，此乃最要，请勿再搁

八、本年八九月尚须及大方令先贤遗像主光待印出

若干方得周转也

先生俾知弟之意为祈聪悉之 準

又啓者，弟家運不幸，兩年連遭大故，損失鉅大。弟妾年庚已歟，又生病甚危，生命之憂，令人莫可措手駭，為抱憂耳。仿古印事，又被鮑氏兄弟從中破壞，所以近來強自支持，以圖遠去，印成方得中止，仍想遠上海，只得暫行擱去耳。並不受鮑氏之氣也。

逕啓者頃承郵局寄到包裹一个内李南洞銅板
及原稿已收到勿念佛龕山館碑跋單行本或入山左
遺書統希
示復爲荷 李南洞字棠字極模糊製銅版如何
容向上海製版局再告山左遺書甲乙編或甲乙丙
丁戊二三四編統希擇要照擬成俾便弟另印小
冊分裝各圖及圖体字校等爲荷 雪堂先生遺
書目表頁數多否前蒙

惠示半月一月兩月所校之本，望即按期寄來是

幸。批刊新書五種，望代介紹，使弟經濟可得周轉也。

晚安

獻唐先生 年家弟 華叩、

十月七日

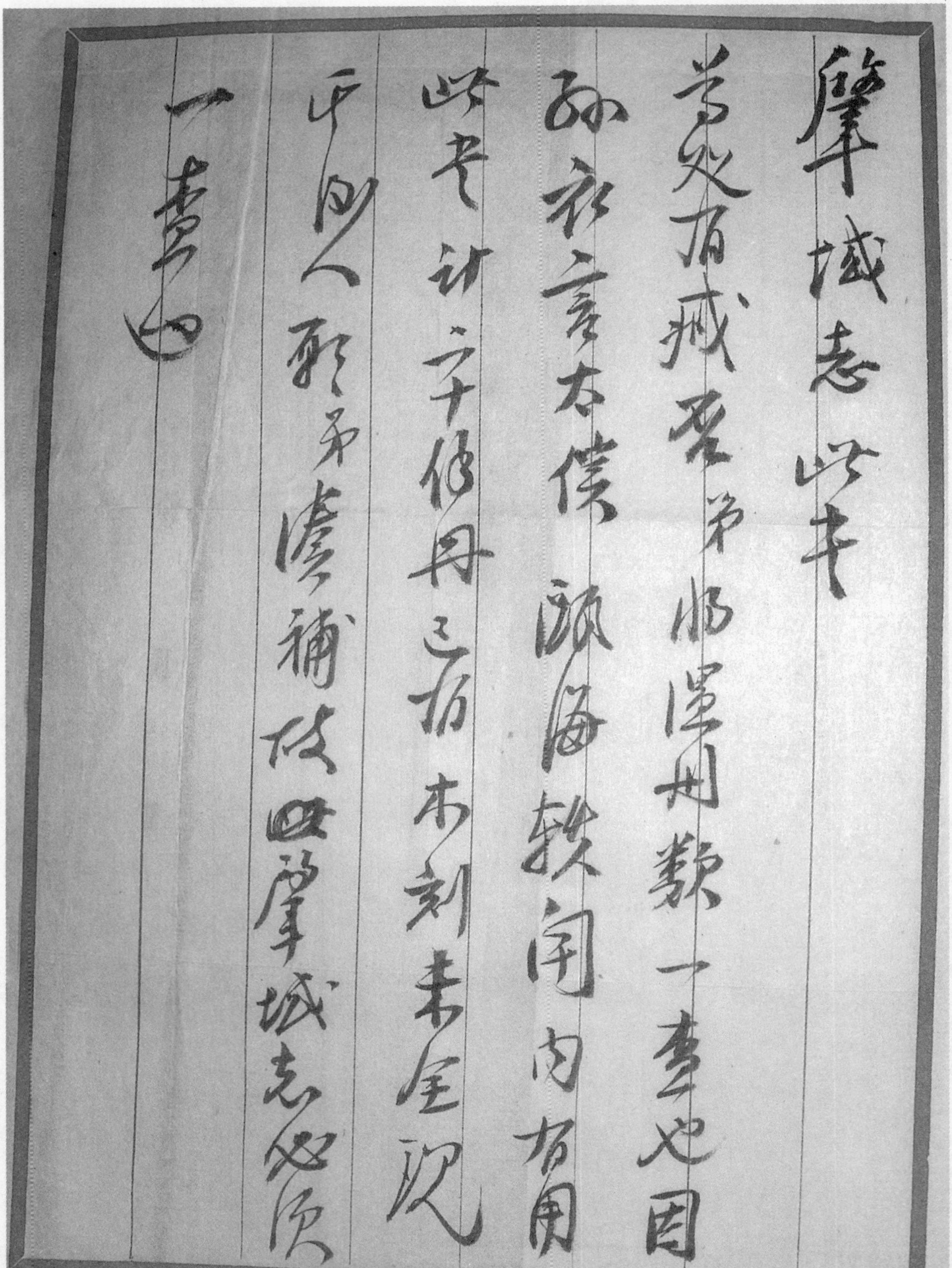

肇域志 兄長

尊處有藏否，弟所選用數一書也。因

函致孫衣言太僕，頗欲借閱，內有用

此書計二千餘冊之有本刻未全，況

乎向人覓，弟處補做此肇域志必須

一書也。

陳準

又啓者

貴假許氏經韻及詩古音精校擬假下先行傳錄則尤快矣哉乎

方陶山本

他先買處莽六碑假下傳錄尤感

又申

劉世珩先生所藏碑拓四千通均多出獲坊必古玩亦不少

為數之鉅並此附告

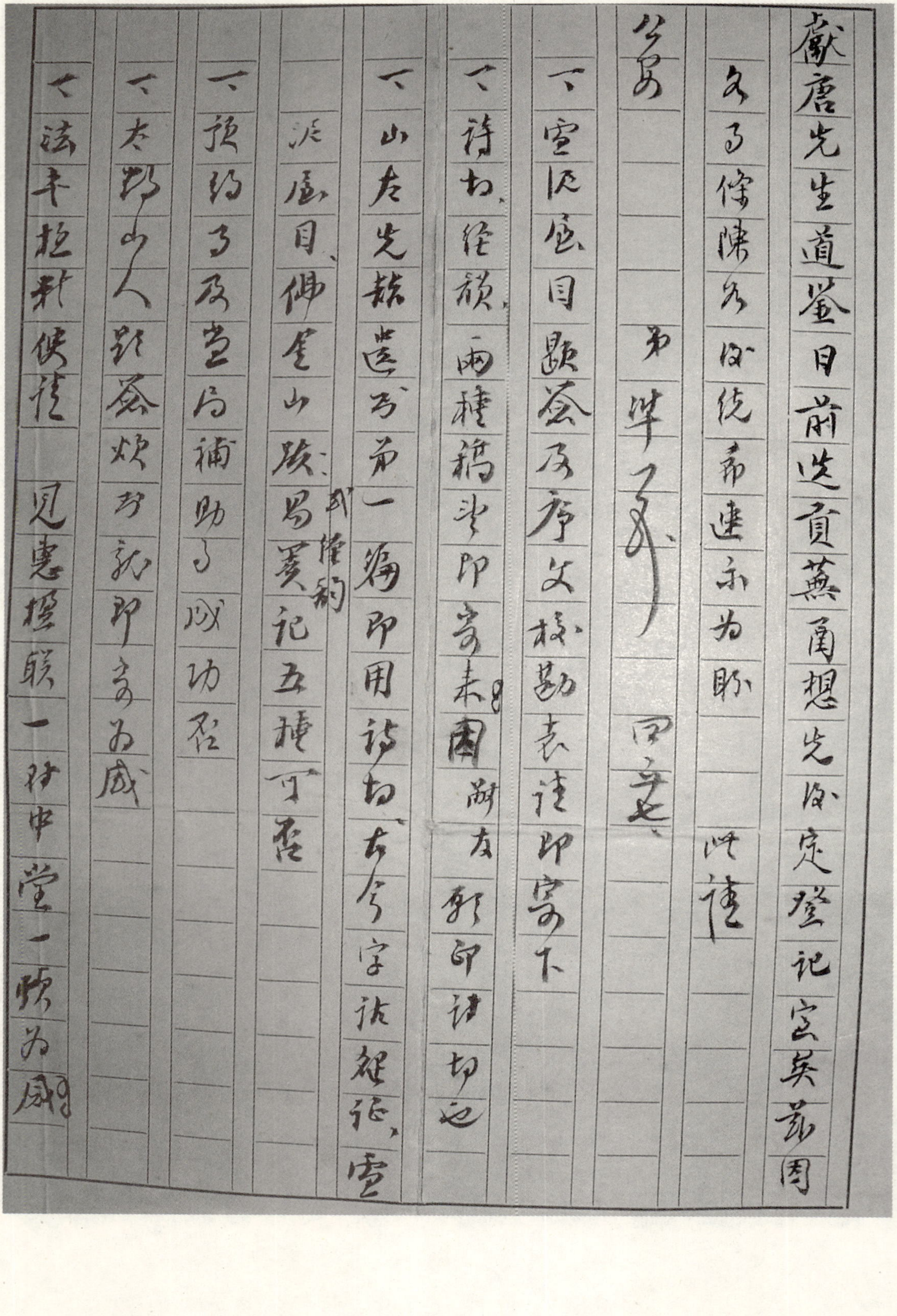

獻唐先生道鑒：日前迭貢蕪函，想先後定登記室矣。茲因文子僑陳君以從弟速示為盼。此請

公安

弟準頓首　四廿五

一、寶迂閣目、題簽及序文、校勘表，請即寄下。

一、詩曲、經韻兩種稿，望即寄來，因滬友新印，請切也。

一、山左先哲遺書第一編，即用詩曲、古今字詁疏證、寶迂閣目、佛堂山跋、易筮記五種，可否？（或僅約）

一、孫仲容及書局補助之成功否？

一、太昭山人題簽，煩為就印寄為感。

一、法書拓就，便請見惠，楹聯一付、中堂一幅為感。

一、毛詩正義稿，天子傳，未卜尚有否？弟處缺一部。
一、王照註惠一份句部，弟如無，擬之收到否。
一、蔣家撰刊已代結算否。
一、貴館本年預算有增加否？弟在瑞仍無善狀，終日碌碌，
終不濟，糊口奈何！
一、文心雕龍注釋及殷本，貴館如有，乞寄。
一、拙作某均改正，擬託讓商務一併出版，當以一冊奉
贈 先生也。

獻唐先生惠鑒：日前肅奉蕪函，想已一一登記室矣。所商各項，望即撥冗示復為荷。弟家運不幸，是月十四日又殤一女，約七八天不安寢，苦蒂天氣又熱，精神異常困苦，使讀書功夫大半廢於無用之地，奈何奈何。昌叢記佛金山館秦漢碑跋，望火速檢一本寄來為荷。弟得稿再請檢寄。說本叢書所收均為佳文，現外界頗有知者。楊家駱君所編叢書大約與典，亦代列入，作為介紹，想先賢遺著不以我傳不朽矣。第十條年刊未成辦事當

頃别離懷遠甚之畢尤爲念念也㤿 弟財力綿薄及運

命所限所以到老不甚自由今復置債數百元遂使後仍

竭力進行決不肯稍有懈怠也且仿古鉢字辦未統事遠

去印賤方的退還上海雖損失千元左右亦足樂也天氣酷

暑幸自珍攝不一 高安敬請

公安

弟漢華頓首

七八十五

晝内 先生想遊吳化方所以全聯

尊壽而

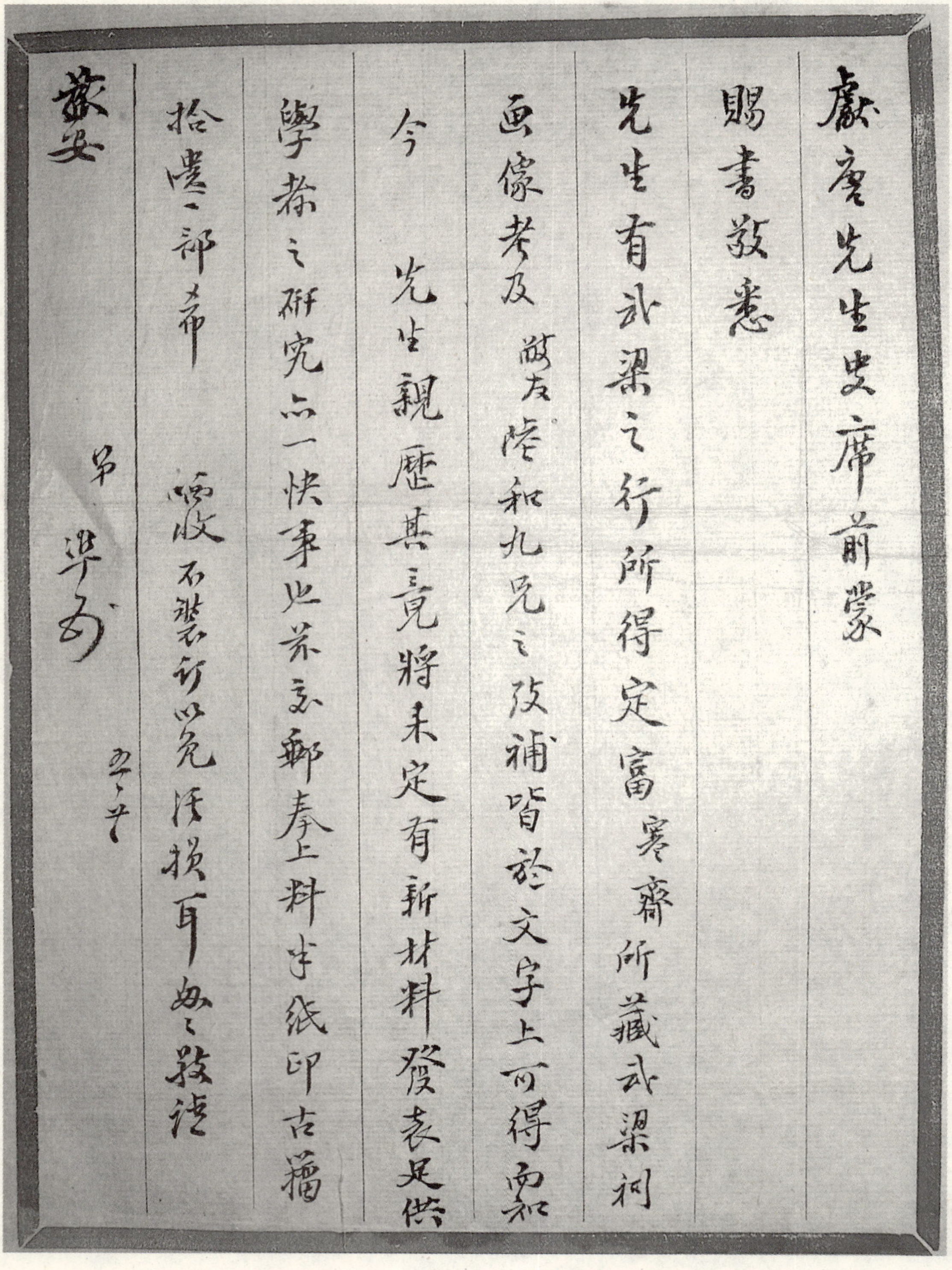
獻唐先生史席前蒙
賜書敬悉
先生有武梁之行所得定富寒齋所藏武梁祠
畫像考及　敝友陸和九兄之攷補皆於文字上可得而知
今　先生親歷其竟將未定有新材料發表足供
學者之研究亦一快事此芥亥鄉奉上料半紙印古籀
拾遺一部希　哂收不棄所以免汗損耳無之敢語
欽安　弟準頓首　五、廿

書第八通

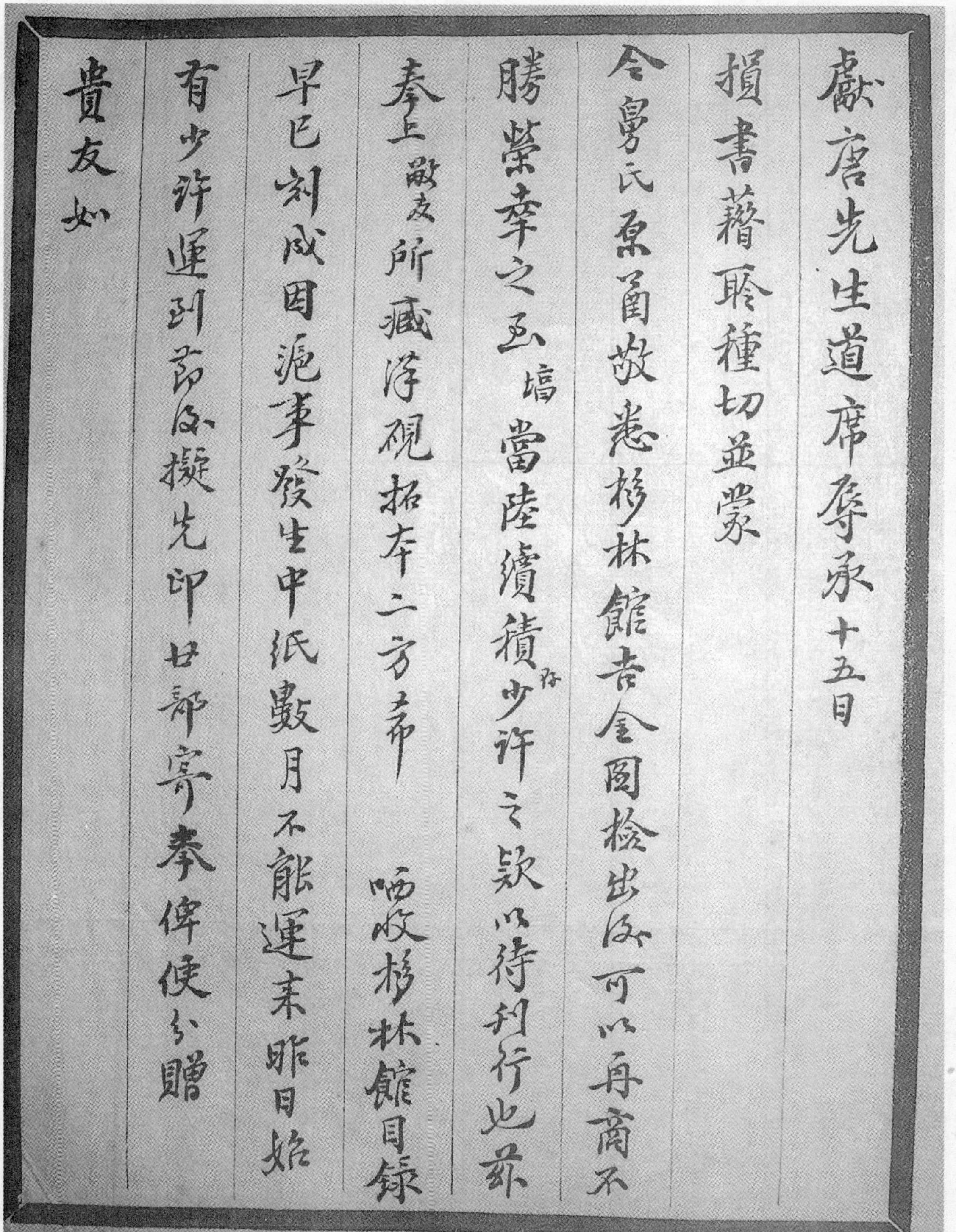
獻唐先生道席辱承十五日
損書藉聆種切並蒙
令舅氏原函敬悉杉林館吉金圖檢出後可以再商不
勝榮幸之至墉當陸續積存少許之款以待刊行也兹
奉上敝友所藏浮硯拓本二方希
哂收杉林館目録
早已刻成因滬事發生中止數月不能運來昨日始
有少許運到節後擬先印廿部寄奉俾便分贈
貴友如

令舅氏要分送友朋者亦可示下當即印送千萬勿客氣

爲禱　墙事七月以亦無妨但居家之日已久（向未出门受时局之壓迫故困出门也）每日飽受俗事牽連及经濟之壓迫精神困頓而無讀書功夫為悵耳今年二月間承之江大學聘墙任圖中文編目之職因日本正欲侵略杭縣故堅辭不赴且主重西文不主重中國書亦無大興味也（中書不过二三架而已）今承

先生提攜得以進身感戴無窮矣但閩華教廳洪莫理

當候　命餘不一一匆匆順候

陳準

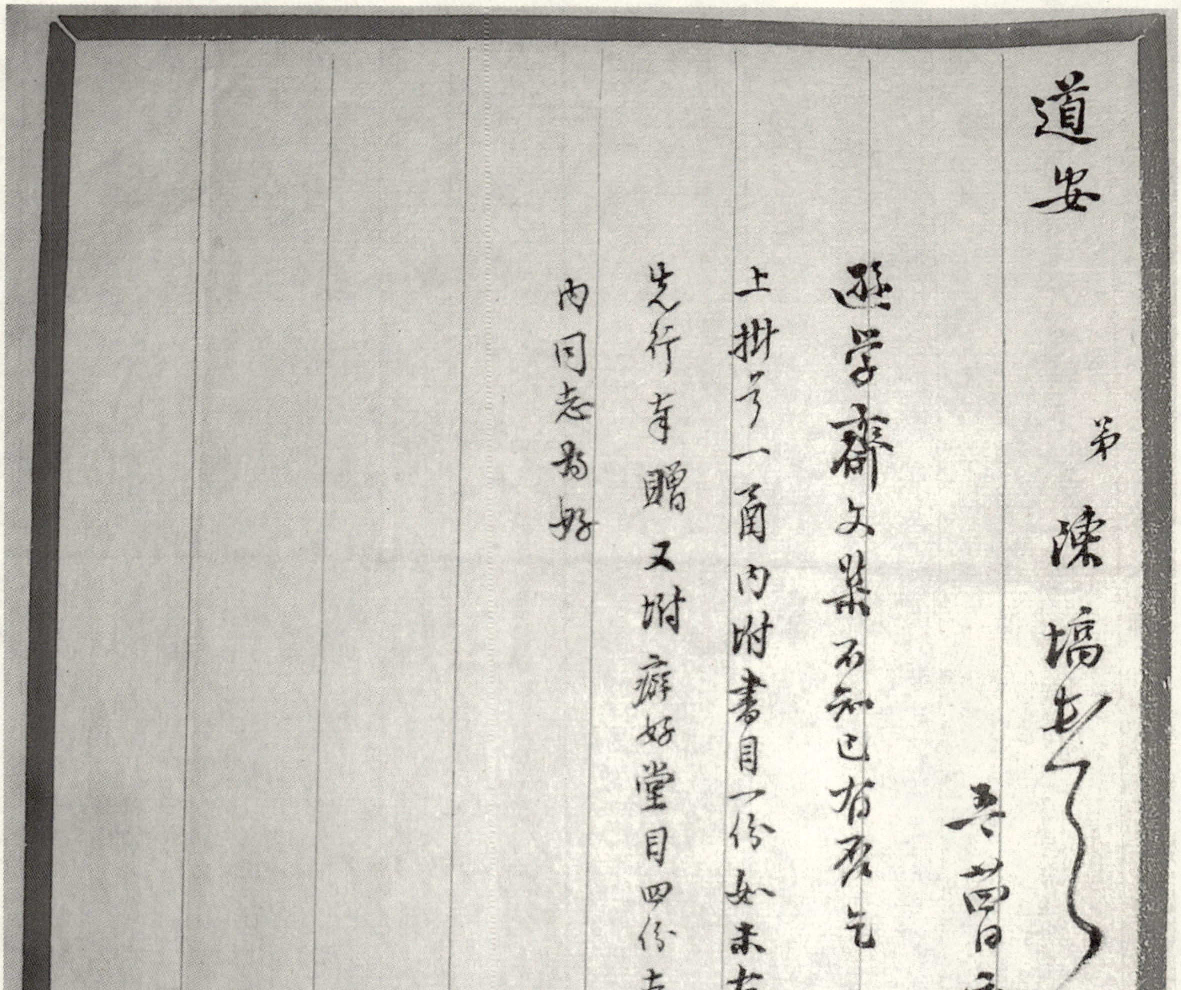
道安

弟陳墉上

去歲夜二句僅勝 低頭叔腫州 如壹不存

涇學齋文集不知已有否乞示為感 前月中旬寄

上拙著一篇内附書目一份如未有之書請示下以便陸續

先行奉贈 又附癖好堂目四份古天閣一份請轉送從

内同志為好

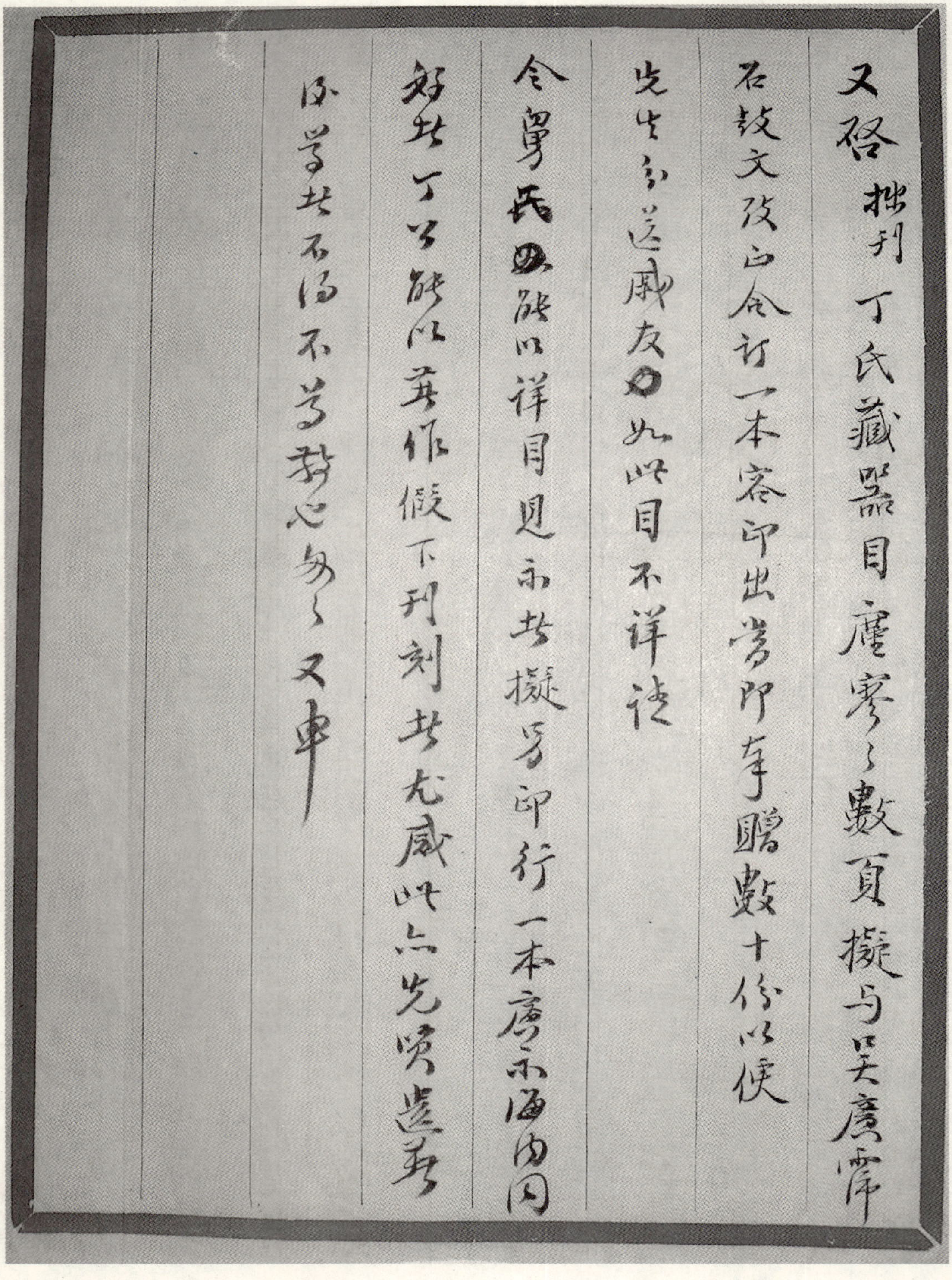

又啓 拙刊丁氏藏器目廑寥寥數頁，擬與吳廣霈
石鼓文攷正合訂一本，容印出當即奉贈數十份，以便
先生分送戚友。如此目不詳，請
令舅氏如能以詳目見示，甚擬另印行一本，廣示海內同
好。甚丁公能以其作儗下刊刻，甚尤感，此亦先賢遺著，
後學甚不得不爲盡心多多 又申

書第十通

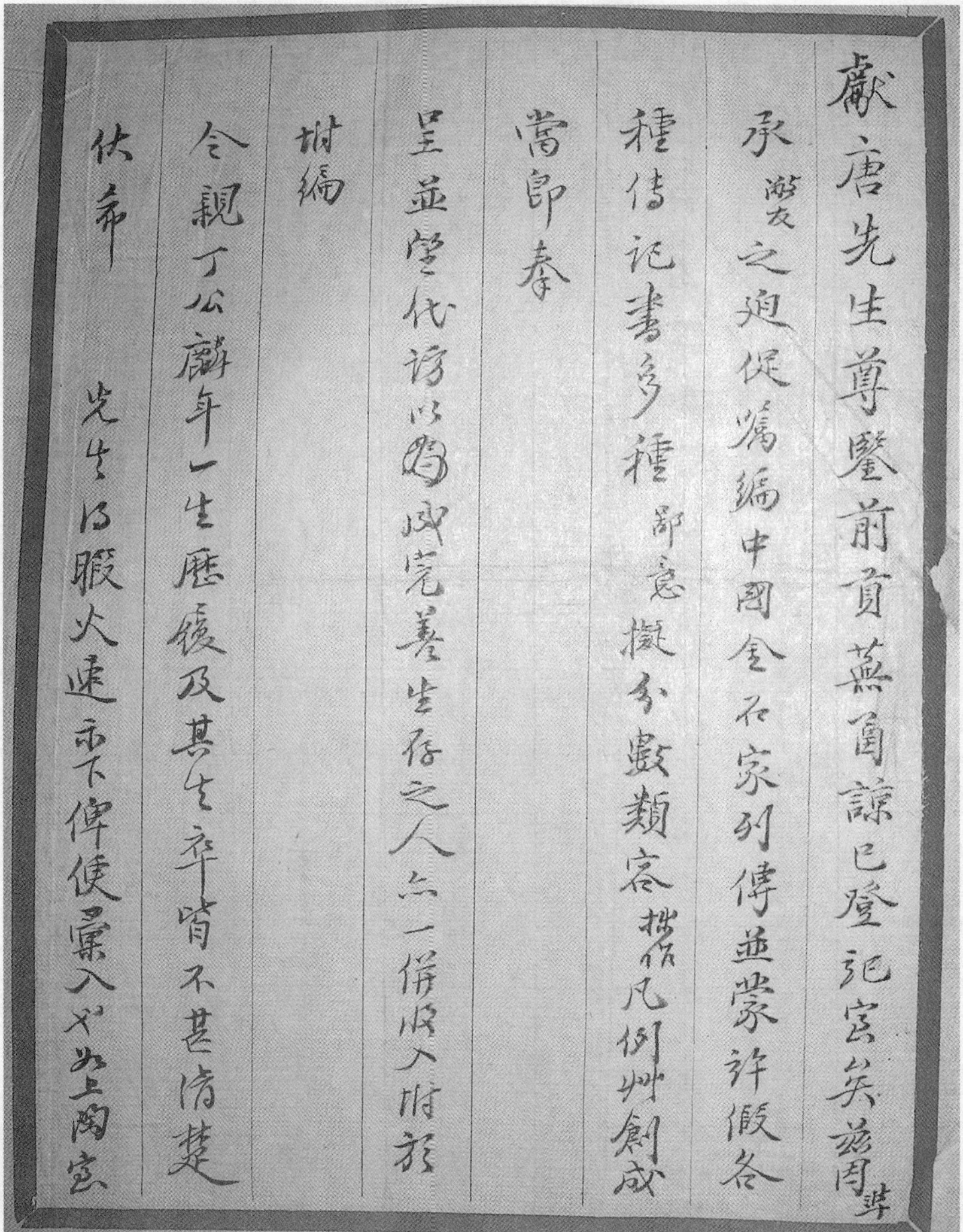
獻唐先生尊鑒前賁蕪函諒已登記室矣茲同毕
承 游友之迫促屬編中國金石家列傳並蒙許假各
種傳記書多種鄙意擬分數類容搜依凡例艸創成
當即奉
呈並望代訪以為成完善生存之人亦一併收入附於
拙編
令親丁公麟年一生歷履及其生卒皆不甚清楚
伏希 先生以暇火速示下俾便彙入又如上陶宧

主人詩一併詳示為感

貴省劉珍年軍旅明後日調浙地及溫屬各縣

駐防此人數多人民頗以為憂也

貴館新得濰陽陳氏金石如古錢碑德古專等有拓

片揭出乞

賜一份以飽我眼福為快 準編輯

金石家列傳因手頭無一冊書可以稽攷擬以自備

書先行讓出暫備此類書以救目前之急也 此請

著安

弟 準頓首 十月廿五

書第十一通

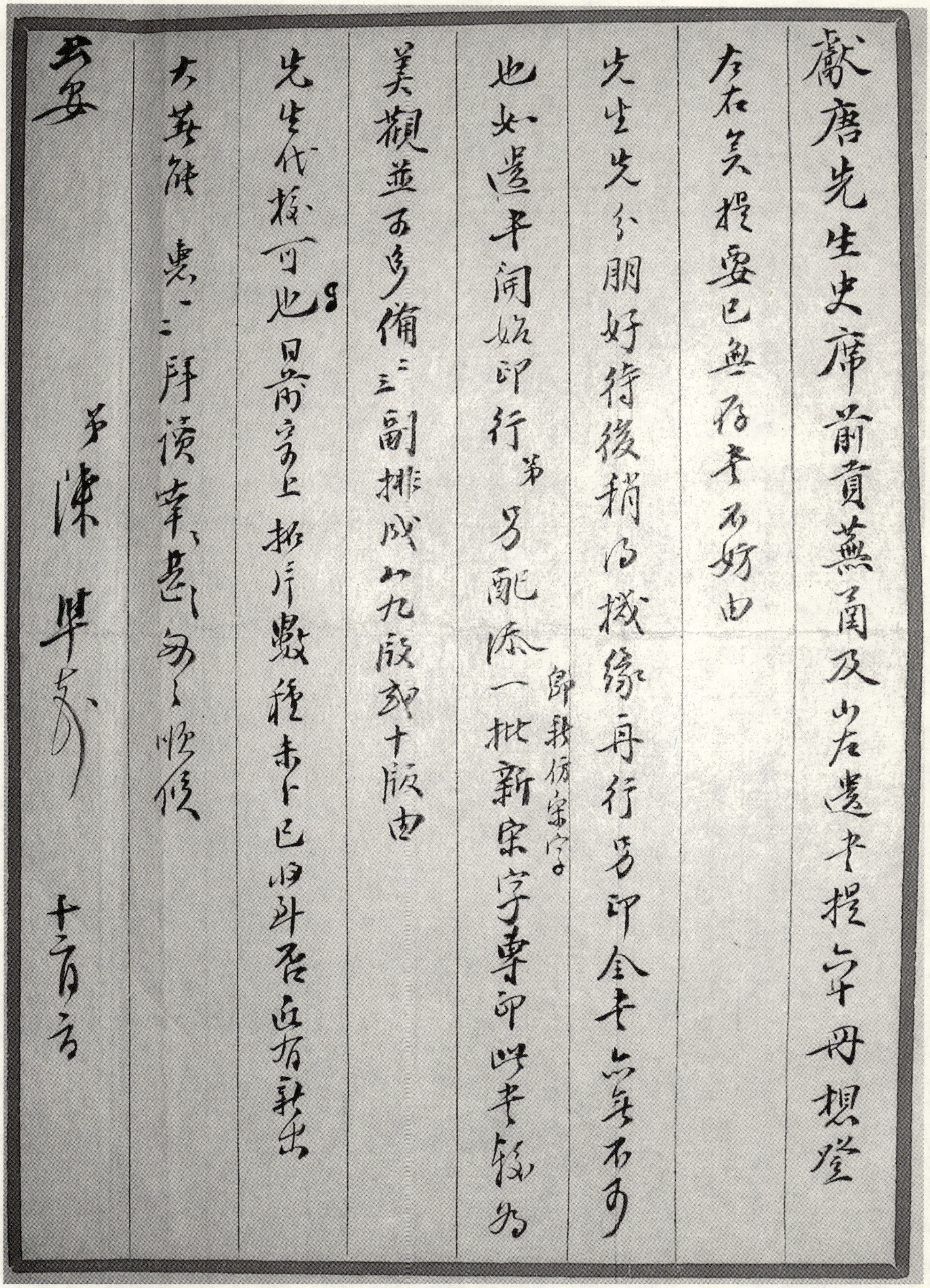

獻唐先生史席：前寄燕蘭及山左遺書提要，想登左右矣。提要已無存者，不妨由先生先分朋好，待後稍得機緣，再行另印全書，亦無不可也。如還平聞始印行，弟另配添一批新宋字（即我仿宋字）專印此書，較為美觀，並可多備二三副，排成小九版或十版，由先生代校可也。日前寄上拓片數種，未卜已收到否？近有新出大著，能惠一二拜讀，幸幸甚甚，盼盼。順候撰安。

弟陳準頓首

十二月六日

中國仿古印書局股份有限公司瑞安分局
CHUNG KUO FONG KOH PRESS LTD.
JUI AN BRANCH

瑞安楊衙街五號　　5. YANG YA KA. JUI AN.

獻唐先生道席　前負寸椾所商合同約款如何日來
急待發印書籍倘蒙早日付下稿本當於收到後即行籌備
排印以便從速出版爲快。弟刻患宗旨早經決心放文快角奉
懇統希勿再遲延爲禱（附合同二紙）

尚此致請　公安　弟陳準再拜

10.10.

1. 原稿請以堅厚牛皮紙包固寄來
2. 前寄約款如何如有更改處請抄好寄來爲荷
3. 尊處望印之書樣子請印示下以便比較出版物不論多少均一律
4. 某種稿子先印請　賜知
5. 稿到時一俟先印半部即擬即行登報以爲敝局印行書之開始也
6. 凡照金石拓本亦可交總公司印行
7. 水滸、紅夢、三國志有善本者請借下一閱敝總局當以新標點印行作爲市面銷路

又準

書第十三通

獻唐先生道鑒：石經校録共三十五版，已印完，另郵寄上，請查收，示復爲荷。全書重印幾版，請檢出以便代印。法不計價，另附發票一紙，共計洋壹佰五十元，交左右，以便貴館報銷之。拙刊方校注字鑑及宋韓蘄王碑、章實齋方志論文集、說文等，如先生向發啟人捐募津貼費者，請示下人數，擬當以拙刊爲酬也。其代閱於四川益古堂及山東

局推銷叢書望示下部數以便寄上不誤 郵意 因山
左遺書為數頗鉅因（須以万計）
先生代向各方捐募不得不以 批刊 為謝如送卅一百
餘部亦無妨弟但求遺書印完為快也揖要深望
早日寄來以便印成小冊分發各省並印廣告一万
頁交郵局互送急揖要卅一冊多費再
此請
公安
弟陳準頓首 十二月[illegible]

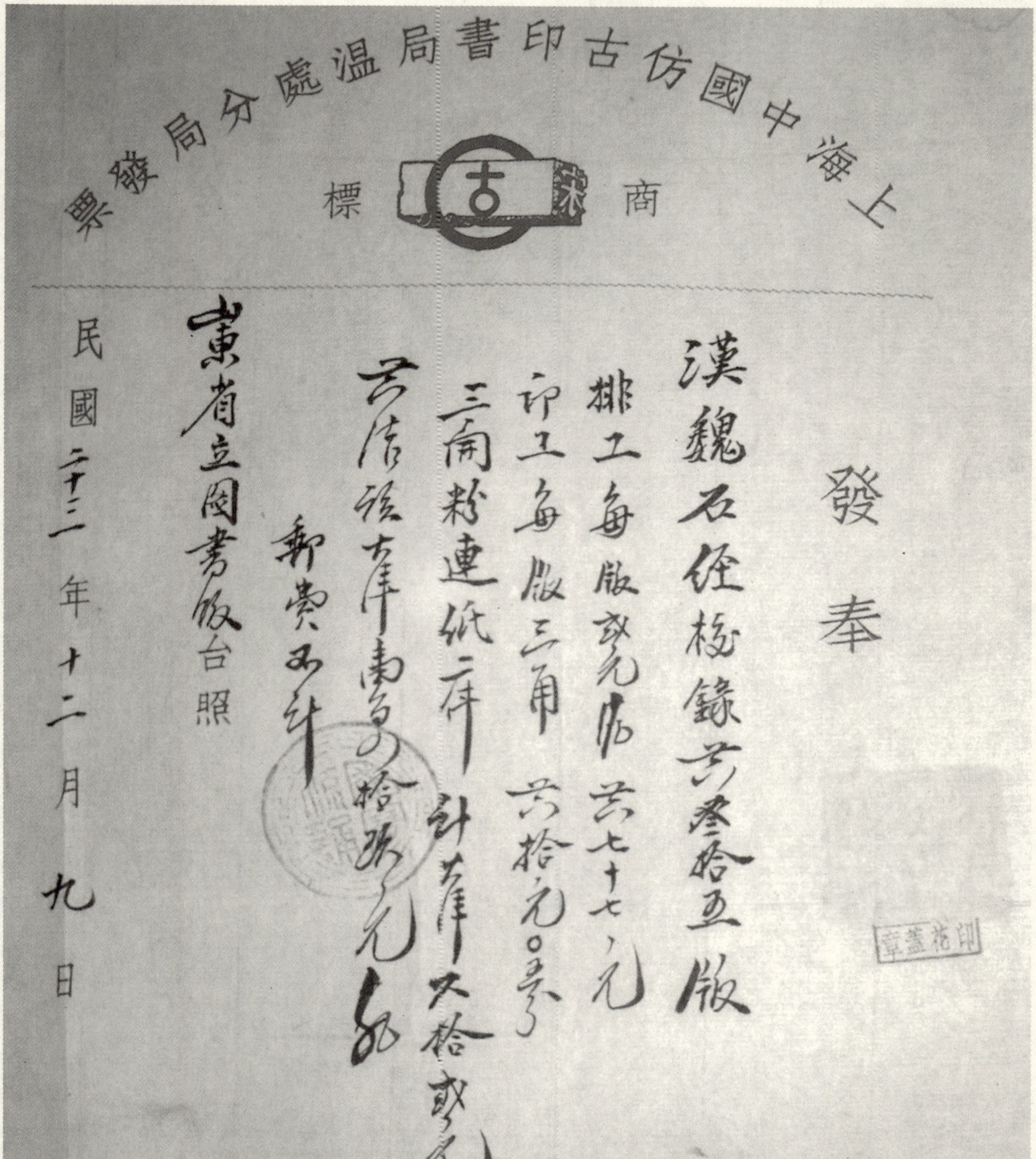

上海中國仿古印書局温處分局發票

商標 古

發奉

漢魏石經校錄共叁拾五版

排工每版弍元 共七十元

印工每版三角 共拾元〇五角

三開粉連紙二件 計大洋六拾弍元

共結銀大洋壹百四拾弍元五角

東省立圖書館台照

新貴五升

民國二十三年十二月九日

印花蓋章

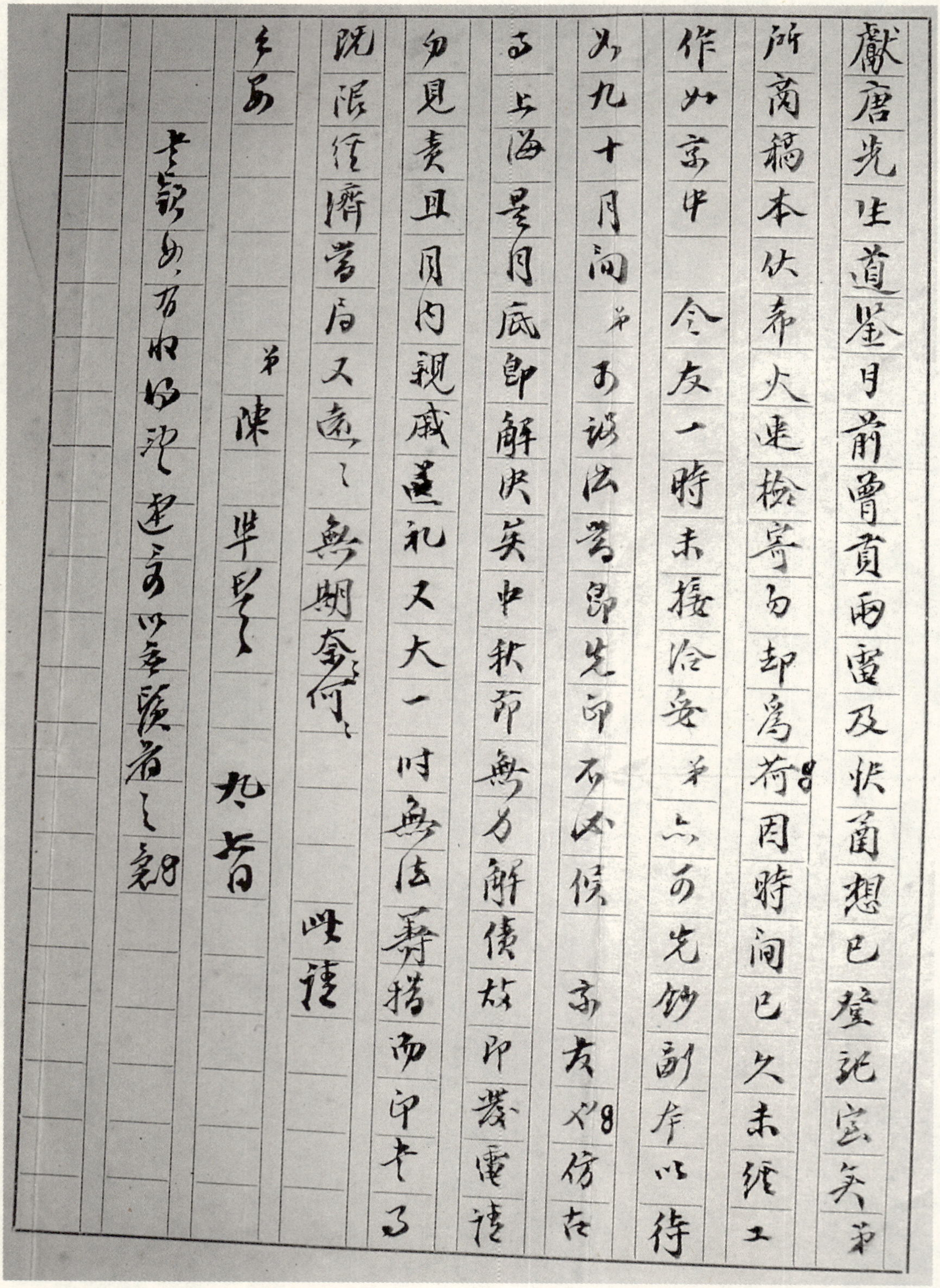
獻唐先生道鑒：月前曾賫函當及快函，想已登記室矣。弟所商稿本，伏希大速檢寄爲荷。因時間已久，未能工作。如京中令友一時未接洽妥，弟亦可先鈔副本以待。如九十月間弟可設法當即先印，不必候京友之仿古，可上海是月底即解決矣。中秋節無力解債，故印發電請勿見責。且因月內親戚蓮礼又大，一時無法籌措，而印本了既限經濟，當居又遠，無期奈何。此請
台安
弟陳準頓首　九日
去歲如有收回之件速寄，以爲預備之需。

書第十五通

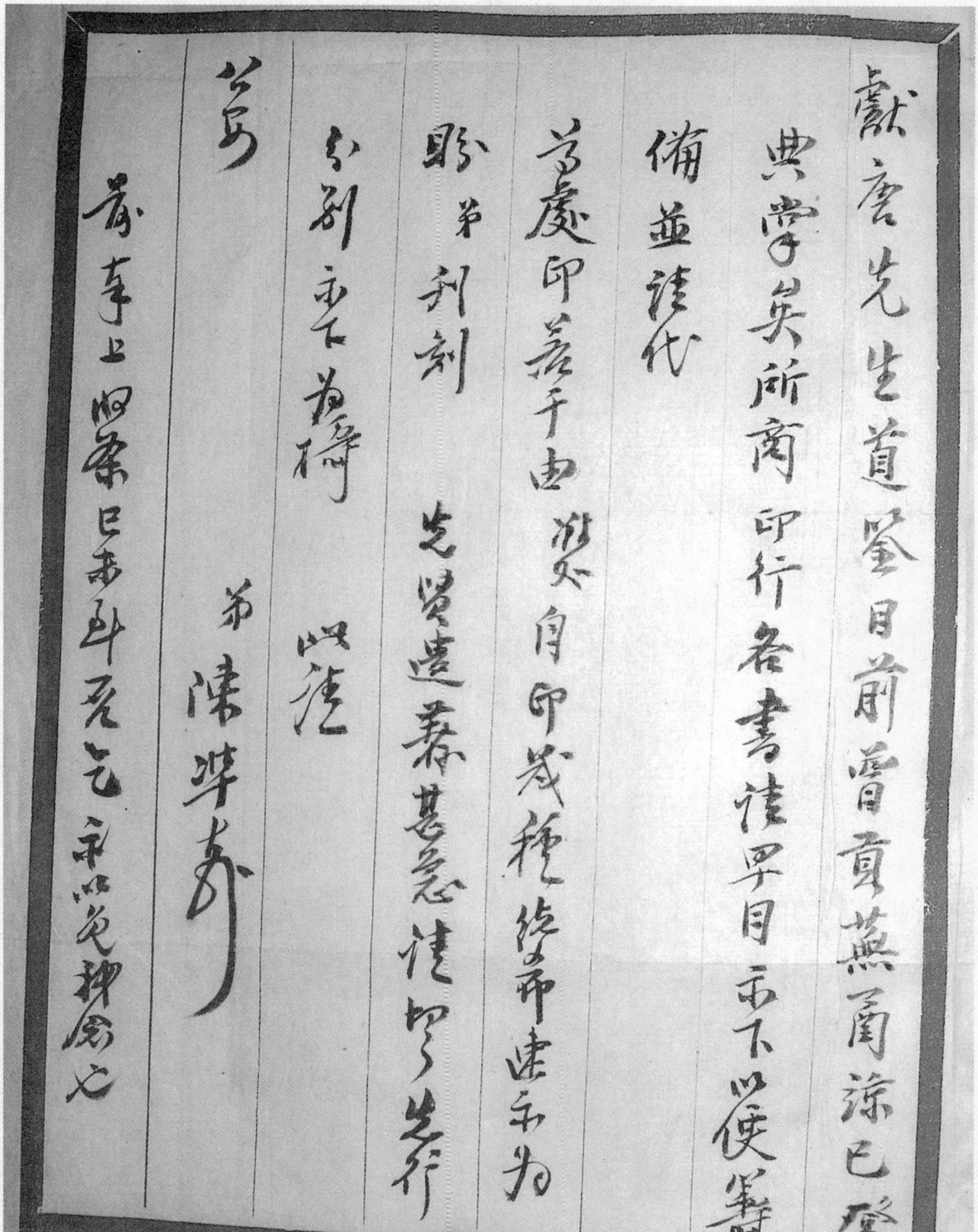
獻唐先生道鑒：日前晉貢蕪蘭，諒已登
典覽。所商印行各書，請早日示下，以便籌
備，並請代
尊處印若干，由渠自印，印成種經布達，示為
盼。弟刊刻 先賢遺著甚急，請即早賜
示到，示下為禱。此請
著安
弟 陳準奇
前年上卿案已承斟定，乞示以免稽候之

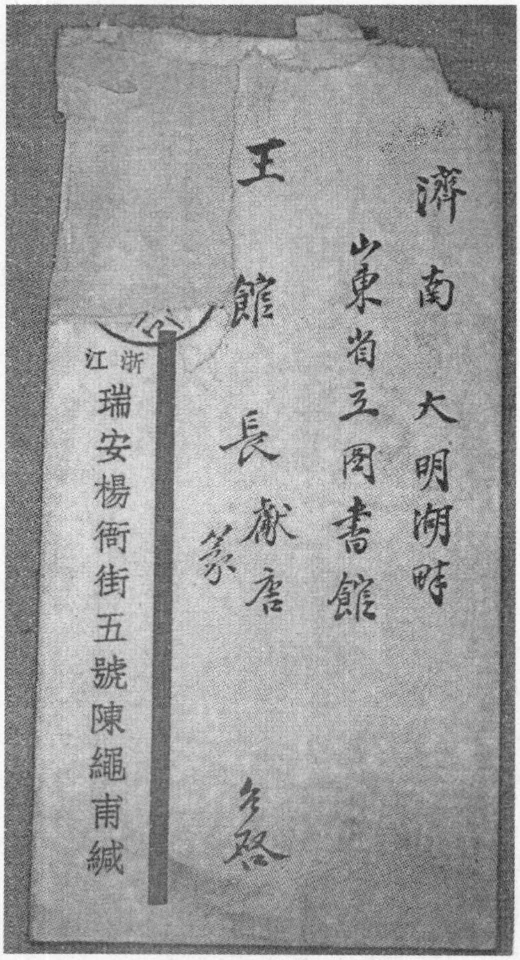
濟南大明湖畔
山東省立圖書館
王館長獻唐
浙江瑞安楊衙街五號陳繩甫緘

封第一件

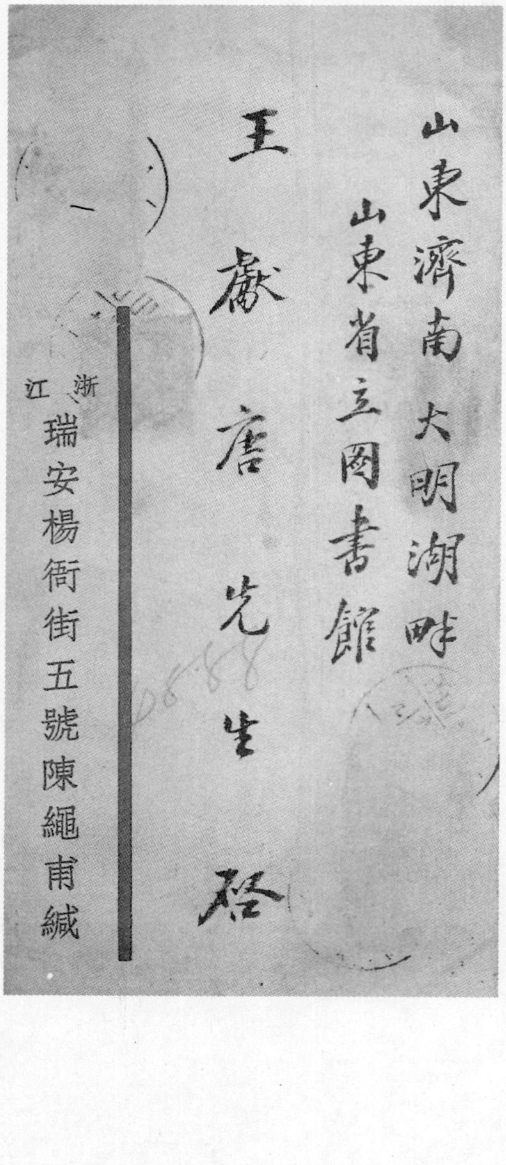
山東濟南大明湖畔
山東省立圖書館
王獻唐先生啓
浙江瑞安楊衙街五號陳繩甫緘

封第二件

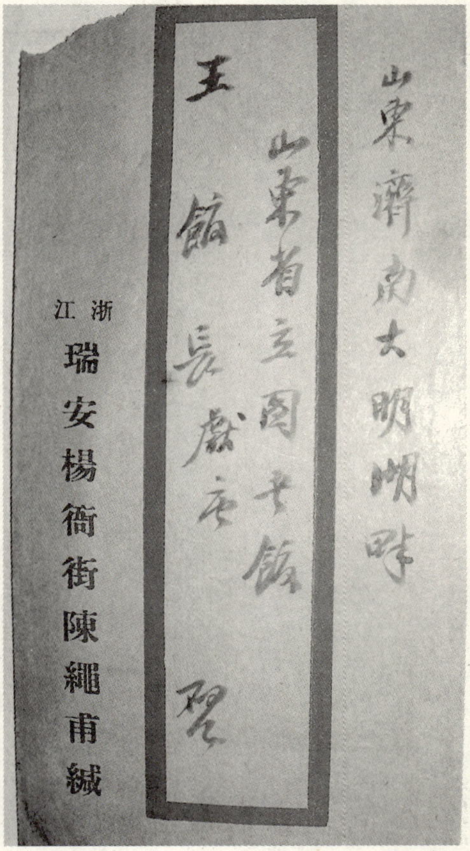
山東濟南大明湖畔
山東省立圖書館
王館長獻唐 啓
浙江
瑞安楊衙街陳繩甫緘

封第三件

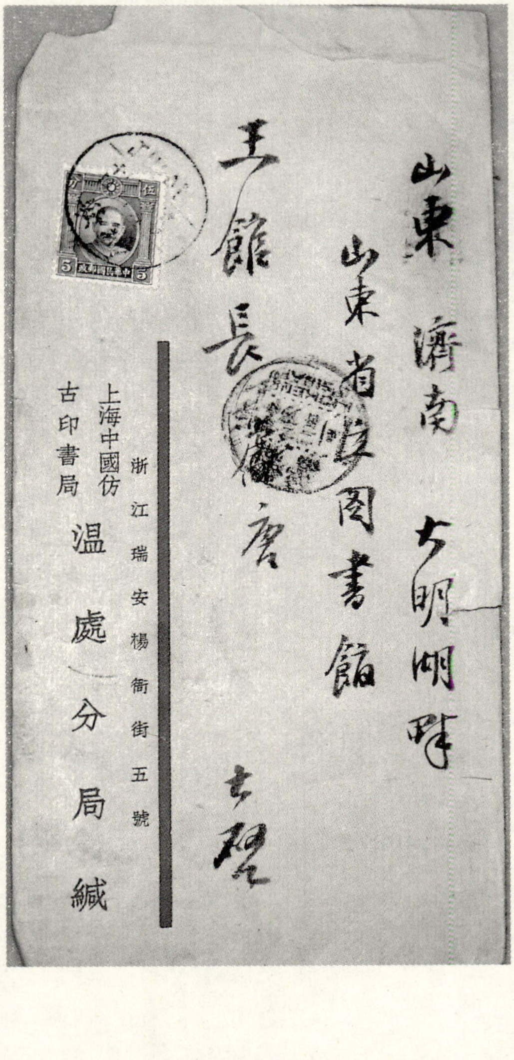
山東 濟南 大明湖畔
山東省立圖書館
王館長 獻唐 大啓
浙江瑞安楊衙街五號
上海中國仿古印書局
温處分局緘

封第四件

封第五件

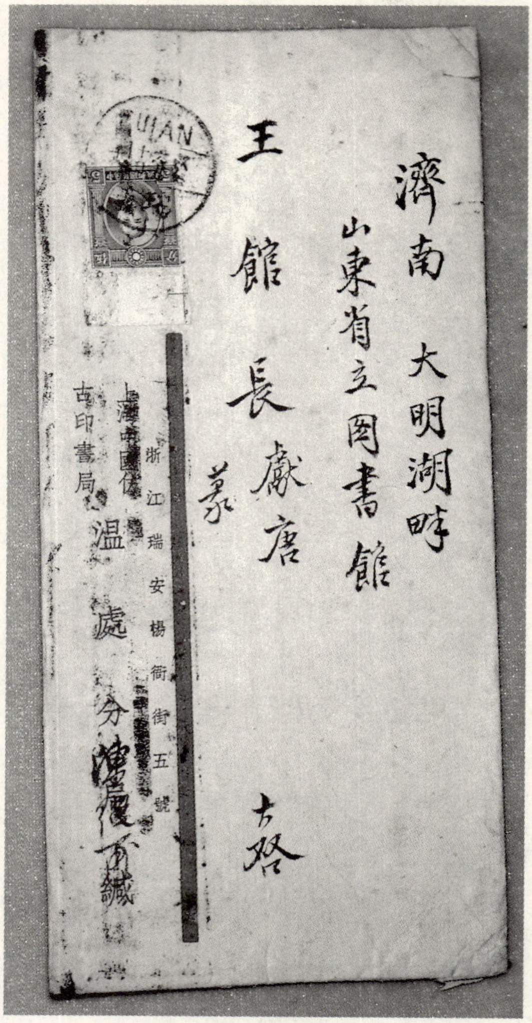
濟南 大明湖畔
山東省立圖書館
王館長獻唐
上海中國仿古印書局
浙江瑞安楊衙街五號
温處分
緘

封第六件

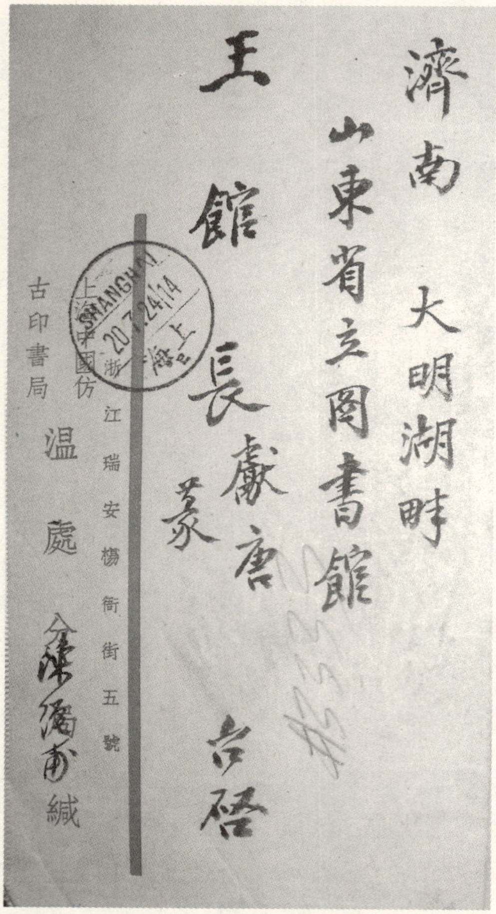
濟南 大明湖畔
山東省立圖書館
王館長獻唐
SHANGHAI
20.7.24.14
上海中國仿古印書局
浙江瑞安楊衙街五號
温處分
緘

一百七十九　王子壯 書二通

書第一通

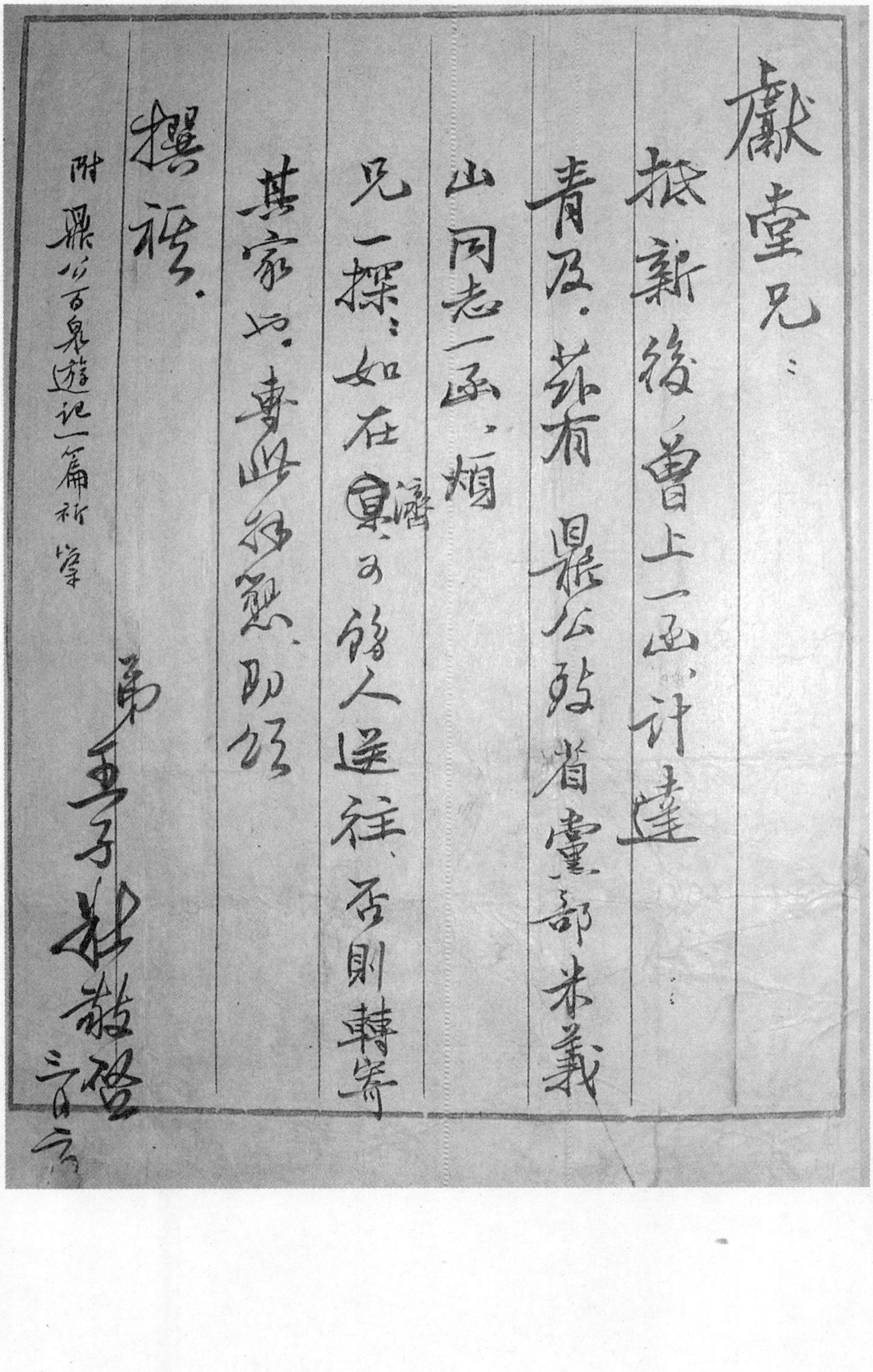
獻堂兄：

抵新後，曾上一函，計達

青及。茲有　鼎公致省黨部米義

山同志一函，煩

兄一探。如在京（濟），可請人送往，否則轉寄

其家也。專此拜懇，即頌

撰祺。

附　鼎公百泉遊記一篇祈察

弟　王子壯敬啓　三月六

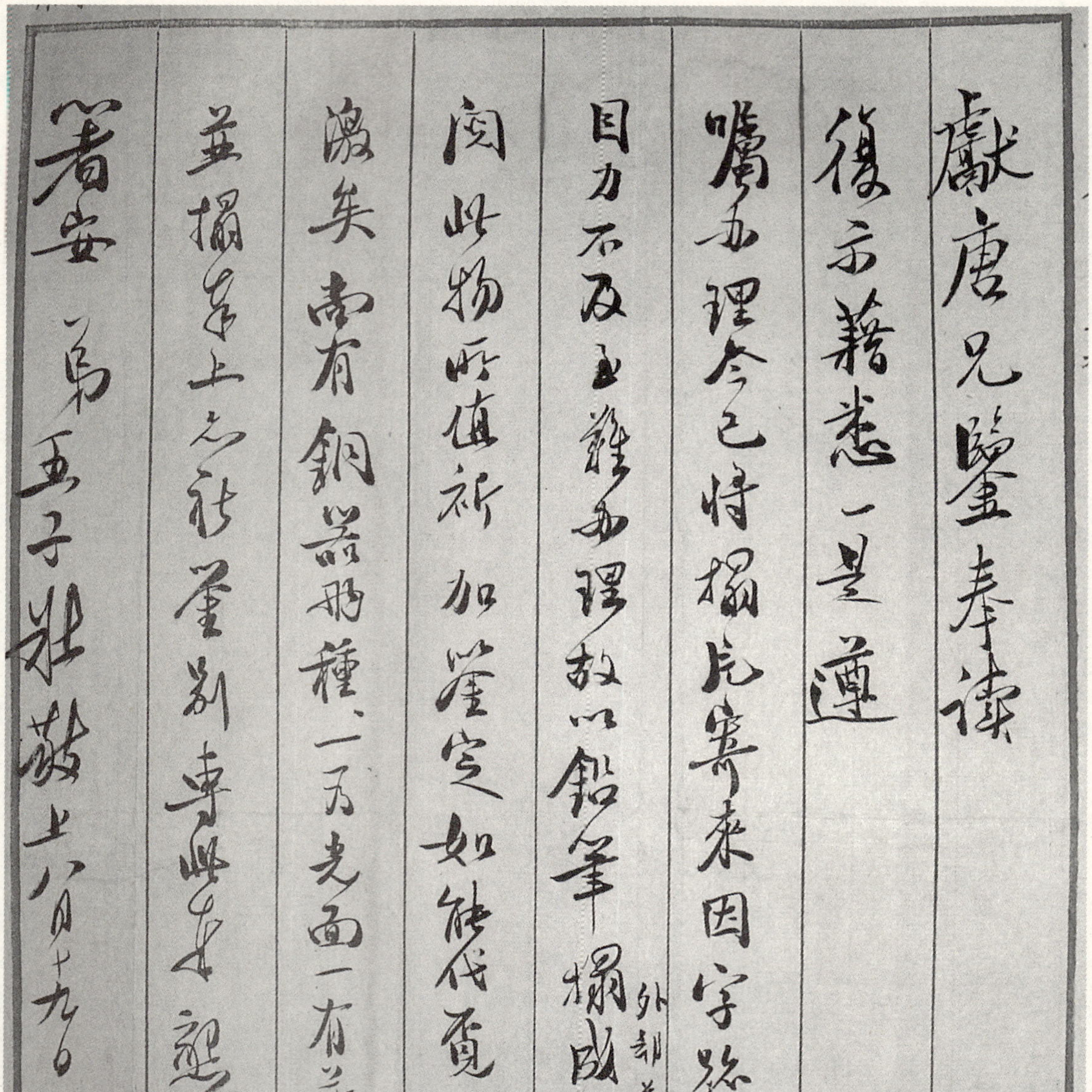
獻唐兄鑒：奉讀
復示，藉悉一是。遵
囑再理，今已特搨片寄來，因字跡在內裡向下，
目力不及，至難再理，故以鉛筆搨成冊頁本上。一（外部花文已搨一紙）
閱此物所值，祈
加鑒定，如能代覓售主，更爲感
激矣。尚有銅器兩種，一爲光面，一有花紋，似字跡，
並搨本上，之祈
鑒別。專此奉懇，即頌
著安
弟王子壯鞠上 八月十九日

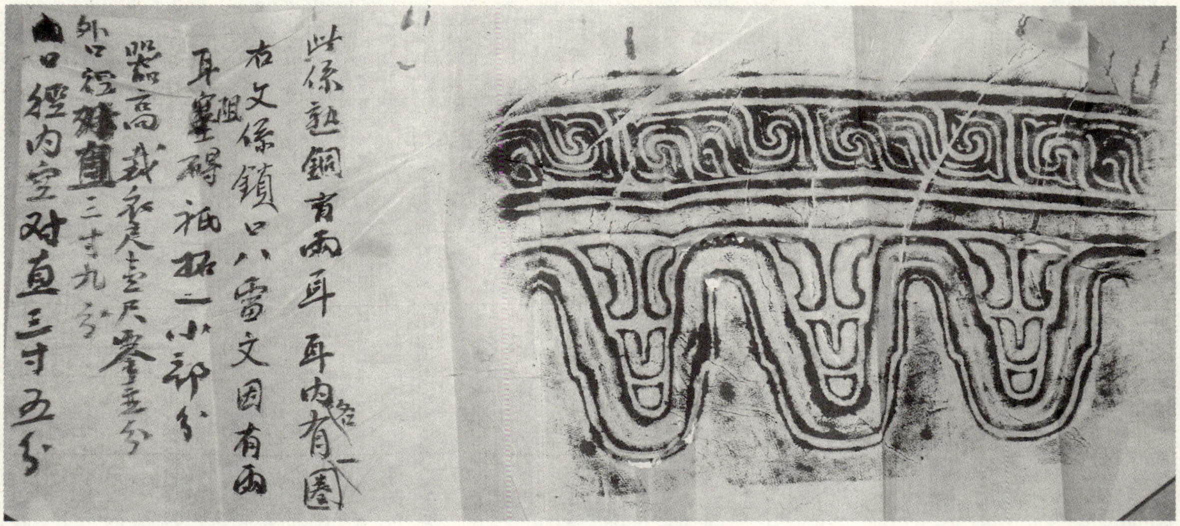
此係趙銅甗兩耳 耳内有圈
右文係鏡口八雷文因有兩
耳阻礙祇拓一小部分

瓶口
裡面
篆文

一百八十　許維遹

書二通　封二件

書第一通

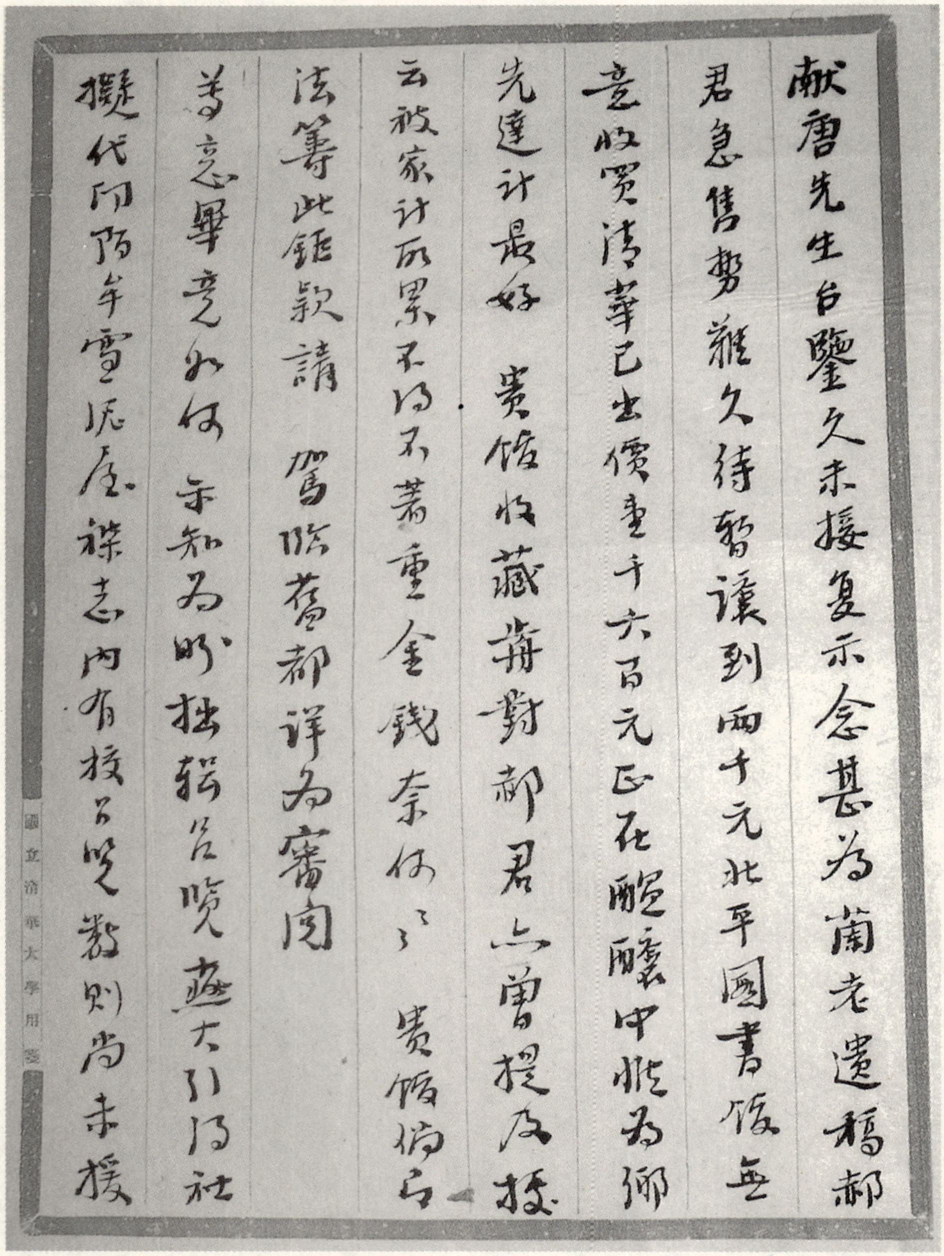

獻唐先生台鑒：久未接復示，念甚。為蘭老遺稿，郝君急售，勢難久待，暫讓到兩千元。北平圖書館無意收買，清華已出價壹千六百元，正在醞釀中。能為鄉先達計，最好　貴館收藏。再對郝君亦曾提及，接云彼家計困窘，不得不著重金錢，奈何奈何。　貴館倘能設法籌此鉅款，請　駕臨舊都，詳為審閱。尊意畢竟如何？未知為時　拙稿呂覽燕大引得社擬代印。前年寄呈尊處雜志內有校呂覽數則，尚未接

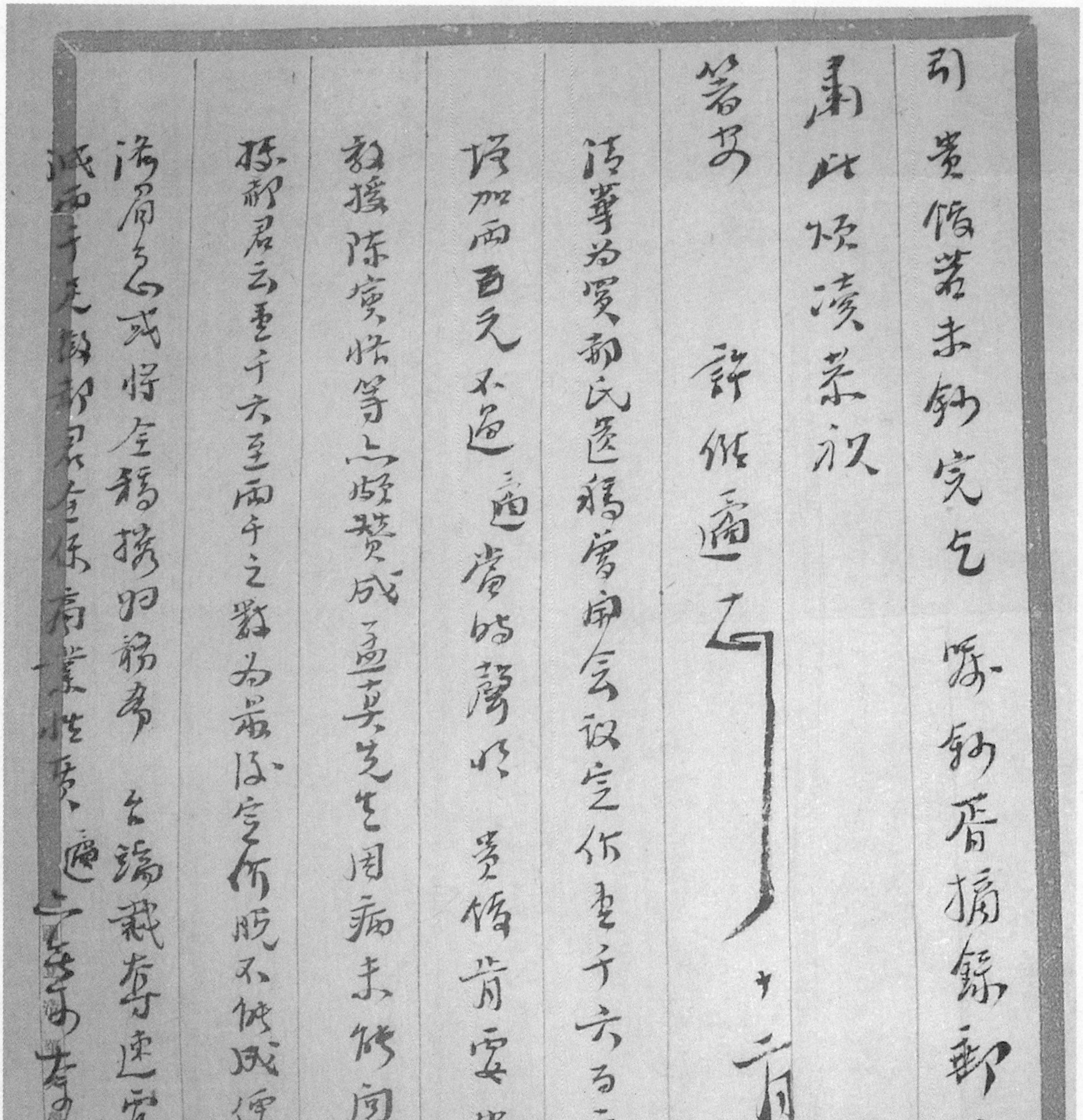

引貴館若未鈔完，乞將鈔存摘録郵寄是荷。
肅此煩瀆，蔡祝
箸安 許維遹上 十二月十一日
清華為買郭氏遺稿，曾由公設定作直千六百元，只為無能
增加兩百元，不遹。遹當時聲明，貴館肯要，當先讓等
敘，援陳寅恪等亦擬贊成，孟真先生因病未能閱稿，並無主張。
據郭君云，至千六至兩千之數為最低定價，不能成便須零售。以
為前亦或將全稿攜歸稿本，台端截奪速發。前要四千，今
減兩千元，故郭君全係商業性質。遹又上

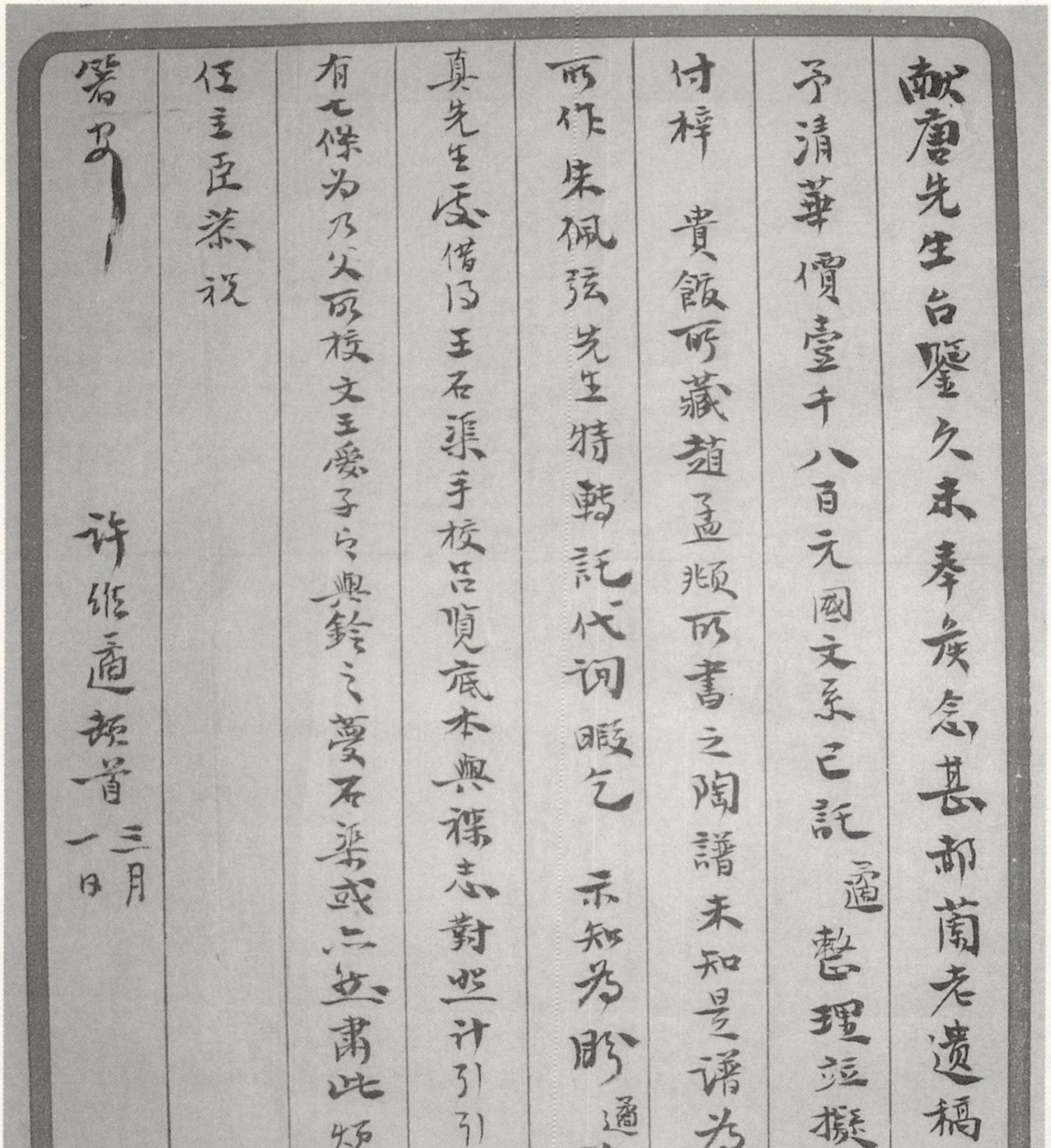

獻唐先生台鑒久未奉候念甚郝蘭皋遺稿李讓予清華價壹千八百元國文系已託遹整理並擬擇尤付梓 貴館所藏趙孟頫所書之陶譜未知是譜為何人所作朱佩弦先生特轉託代詢暇乞 示知為盼遹前在孟真先生處借得王石渠手校呂覽底本與孫志對照計引引之十條有七條為乃父所校文王愛子子與鈴之蔓石渠或亡無書此煩瀆無任主臣恭祝
著安
許維遹頓首 三月一日

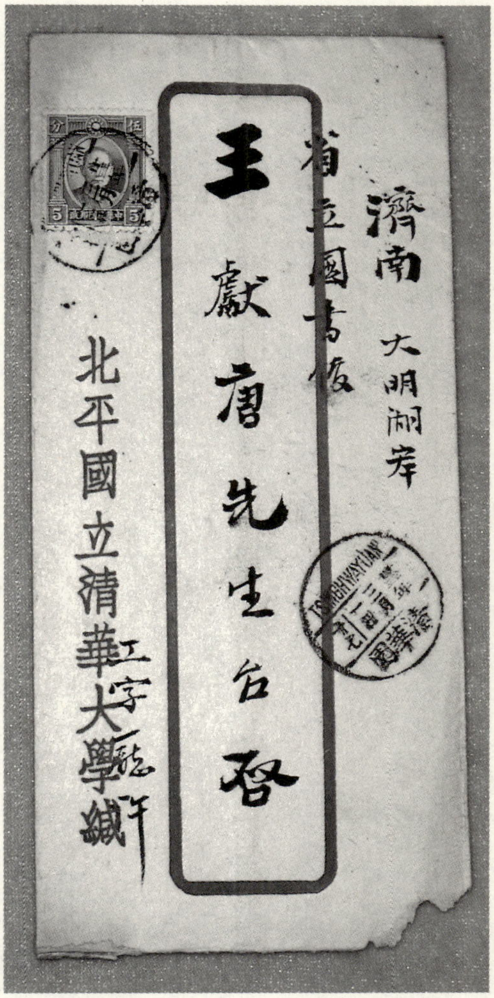
濟南 大明湖岸
省立圖書館
王獻唐先生台啓
北平國立清華大學工字廳許緘

封第一件

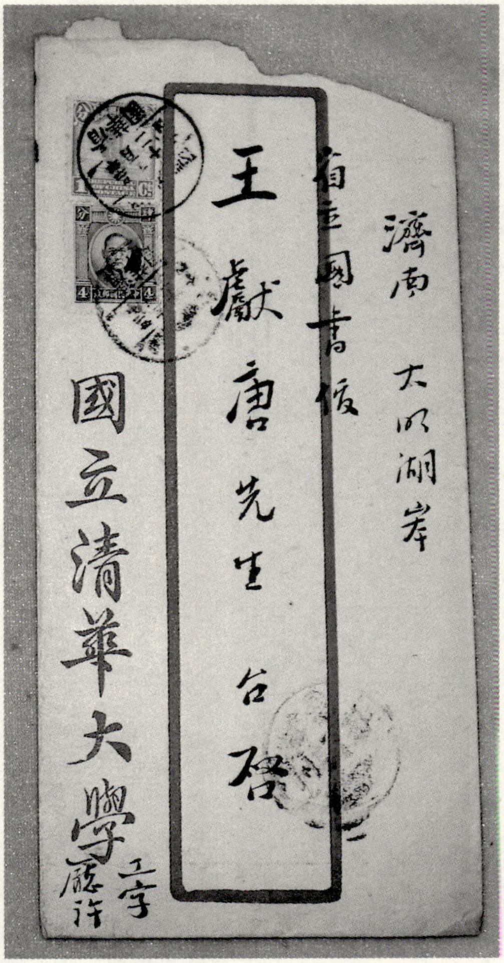
濟南 大明湖岸
省立圖書館
王獻唐先生台啓
國立清華大學工字廳許

封第二件

一百八十一　莊柳溪 書一通

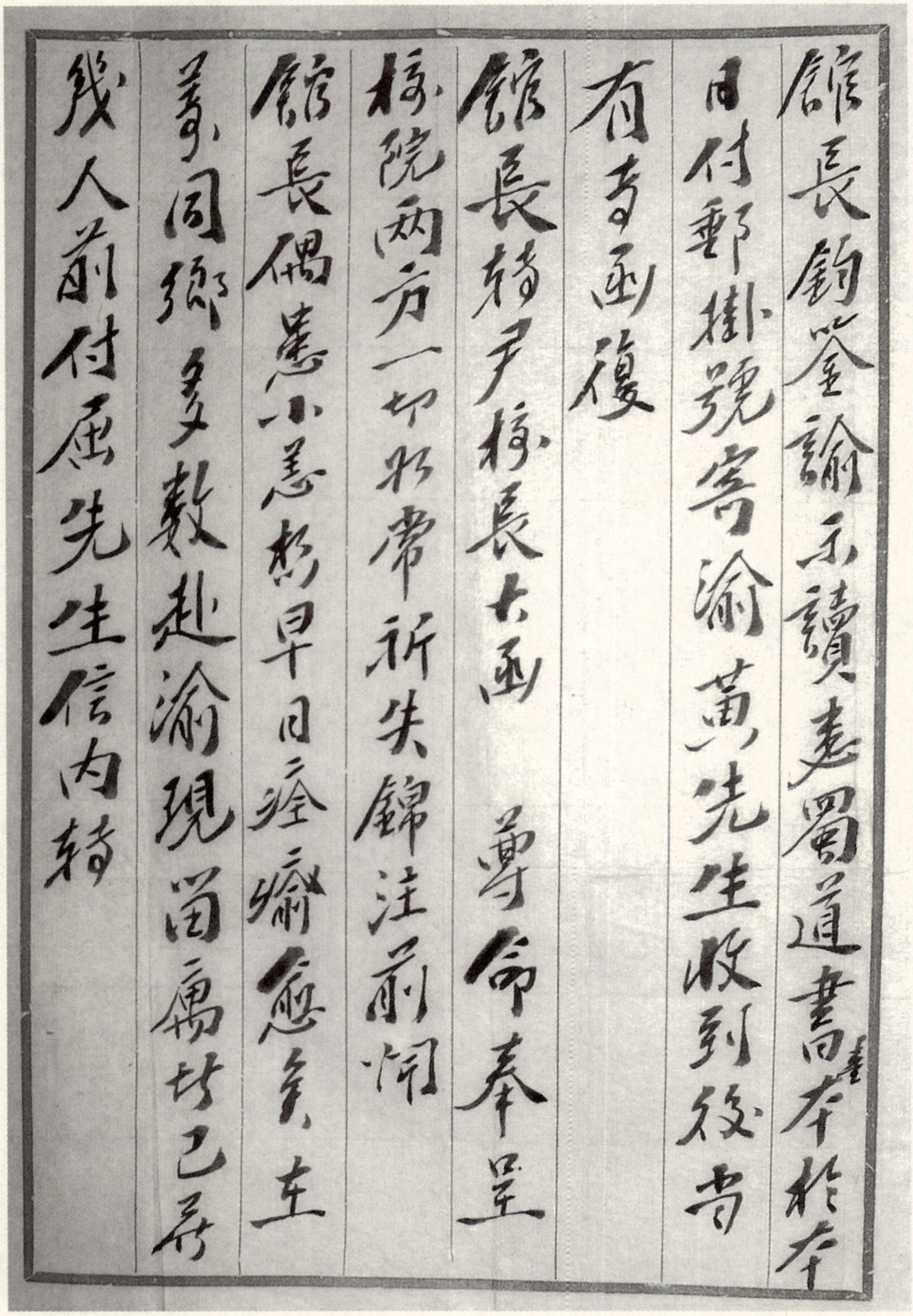

館長鈞鑒諭示讀悉蜀道書本於本
月付郵掛號寄渝黃先生收到後當
有专函復
館長轉尹校長大函　尊命奉呈
校院兩方一切如常祈釋錦注前聞
館長偶患小恙於早日痊癒愈矣　左
兼同鄉多數赴渝現留蜀者已屬
幾人前付庶先生信內轉

館長家信一封於已收到刻又收到
館長家信第二封付信内轉來昨日
有盧先生魚谷家信一封因該信封過
大并過重不便付信内隨將改寫樂山
地址付郵轉來前函兒蒙
館長賜云栽培感激後日有機當飛函
懇求不勝切盼切禱過蒙
館長台愛不勝感叩之至即事再禀 即請
大安 并問
盧先生近好
莊仰濱手 元月十日
李榮桂近佳

一百八十二　羅伯希　書一通

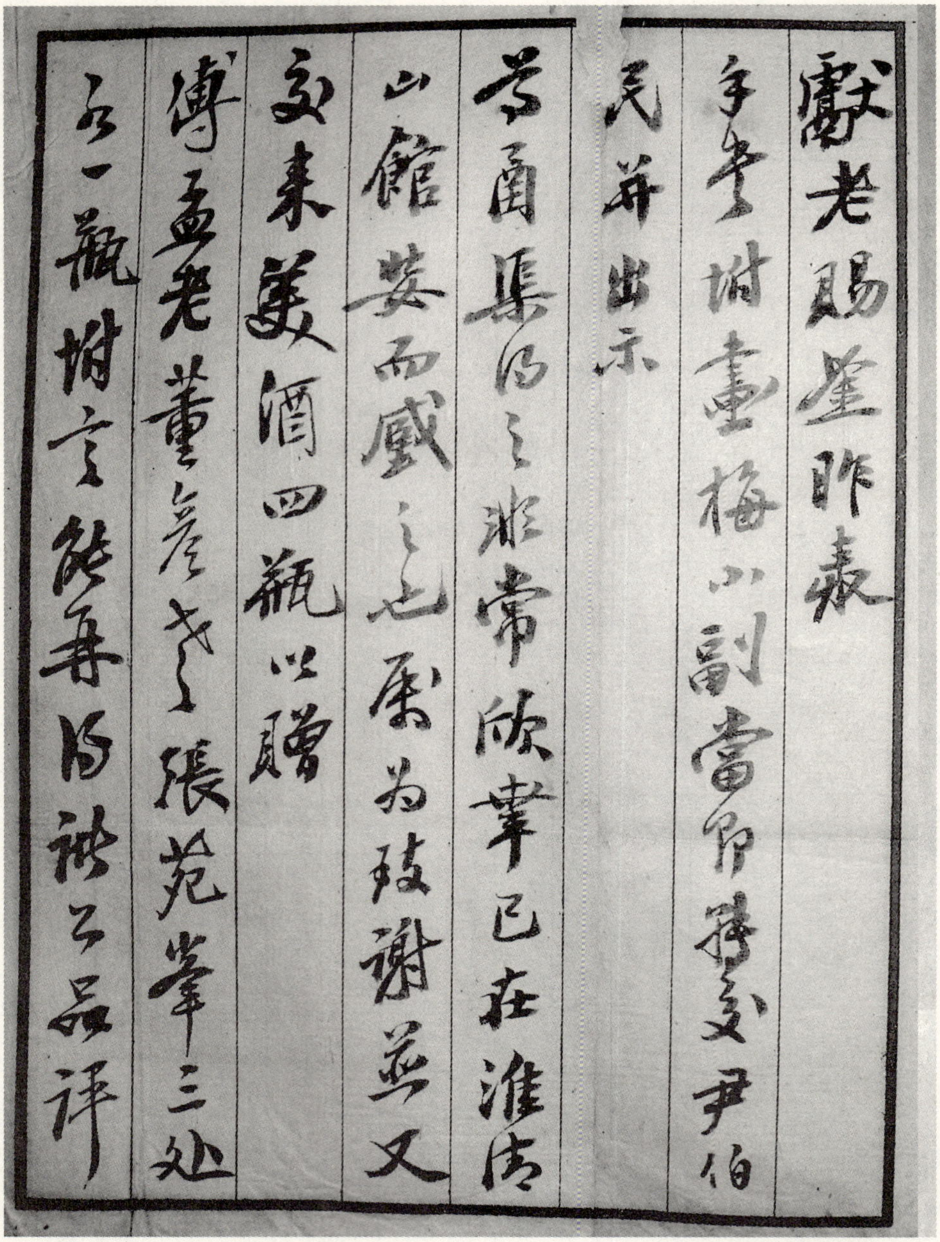

獻老賜鑒：昨奉
手示並樹畫梅小副，當即轉交尹伯
民，並出示
尊函，渠得之非常欣幸。已在淮清
山館安而感之也，屬為致謝。並又
交來美酒四瓶以贈
傅孟老、董彥堂、張苑峯三處
各一瓶，俾之能為彼等品評

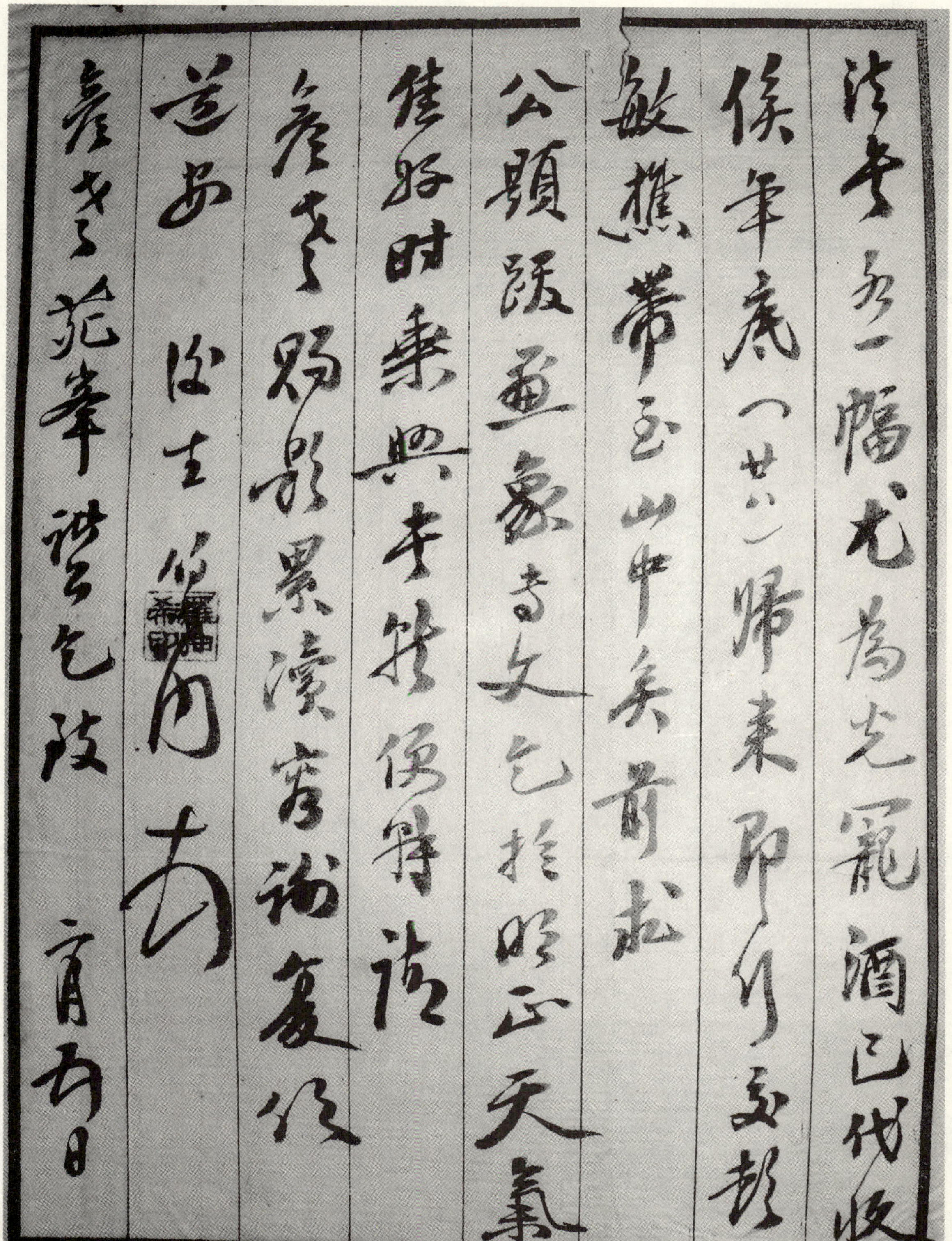

一百八十三　孫志楫

書二通　封一件

書第一通

獻唐老師函丈：棹近讀汉書，特注意其藝文志，暇中適有錢大昕補續漢書藝文志，隨讀隨校，遇有訛誤缺漏處，輒朱墨識於行間。久之，乃覺錢氏所補殊有未盡，因有重事共作之意。但檢李笠三訂國學用書撰要，其錢録顧櫰三補志並云「補志二十八卷，搜羅宏富，於當時學廿鄭玄洪人學術源流，尤能攷覈詳審，誠攷證學家之巨擘也」，載金陵叢書之中。又適園叢書有姚振宗補志，廣雅叢書中有侯康補志，諸之並無緣寓目，實覺悵悵。老師博覽群籍，望暇中示以各書與錢氏補志之異同（約畧言之而已），俾稍解其局虛也。讀汉書殊感興趣

設無宴会而晚可静濤兩小時。前人对於漢之滅亡多歸咎於宦官，楠頗不以為是。蓋宦官禍國是其果，而其因則在帝王之好色短壽。昔井帝王专政，往々因一人之失慎而乃禍國殃民，可慨也已（楠所濤名史家王桐齡、夏曾佑、繆鳳林諸人之通史，亦述对此等因果関係並無發揮）。此间有李静齋，亦当地之名流，聞楠名求晤談，实学究之流亜也。但在此间頗為一般庸俗所尊仰，且恒々於進德会宣講四書詩経，楠不禁嘆若成之凋謝也（李年五十餘矣）。然客居寂寞，得識此

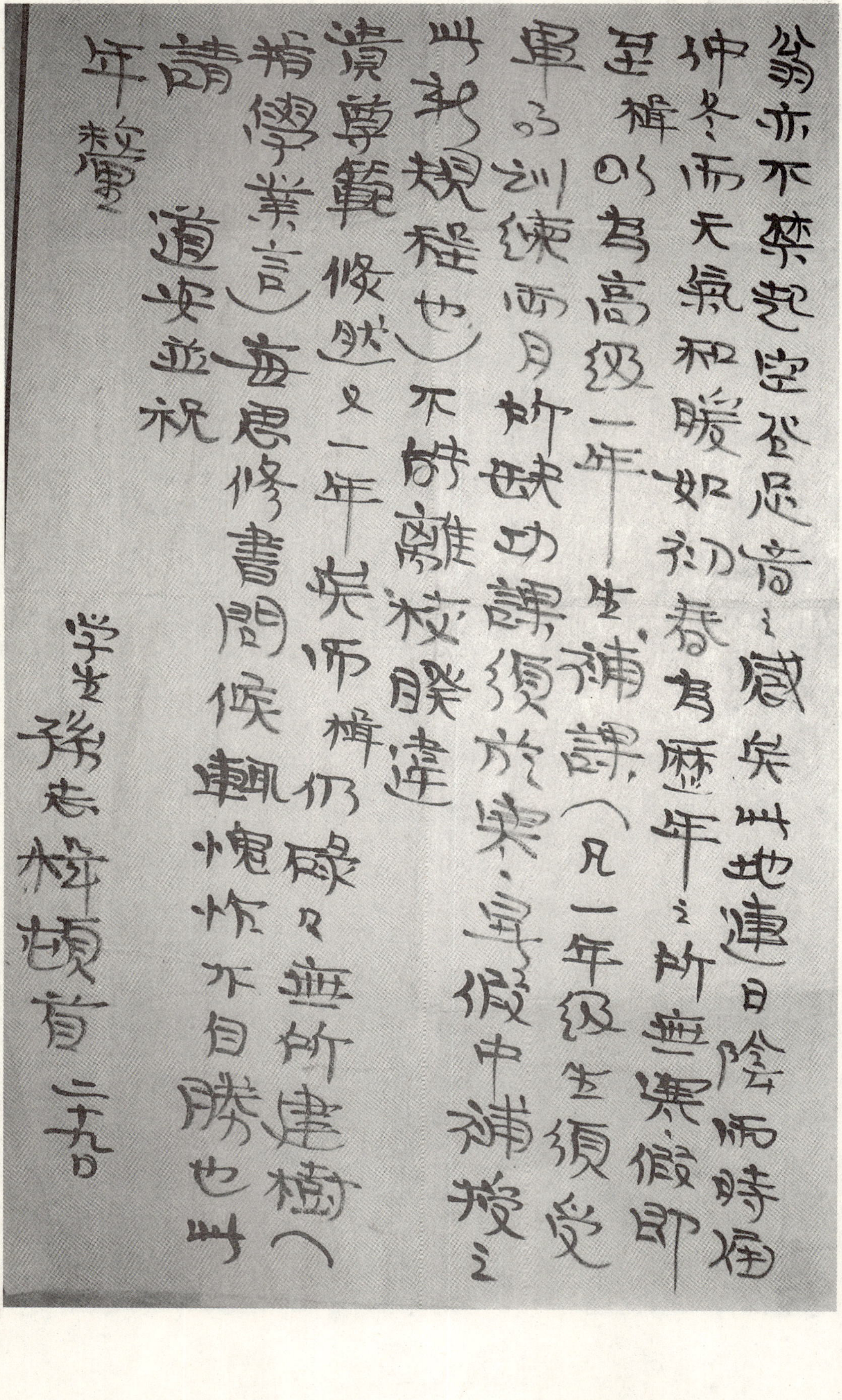
翁亦不禁起空谷足音之感矣此地連日陰雨時值
仲冬而天氣和暖如初春為歷年之所無寒假即
至楫以為高級一年生補課（凡一年級生須受
畢以訓練兩月所缺功課須於寒、暑假中補授之
此新規程也）不能離校暌違
遺尊範倏然又一年矣而楫仍碌碌無所建樹（
指學業言）每思修書問候輒愧怍不自勝也此
請 道安並祝
年釐
學生孫志楫頓首 二十九日

書第二通

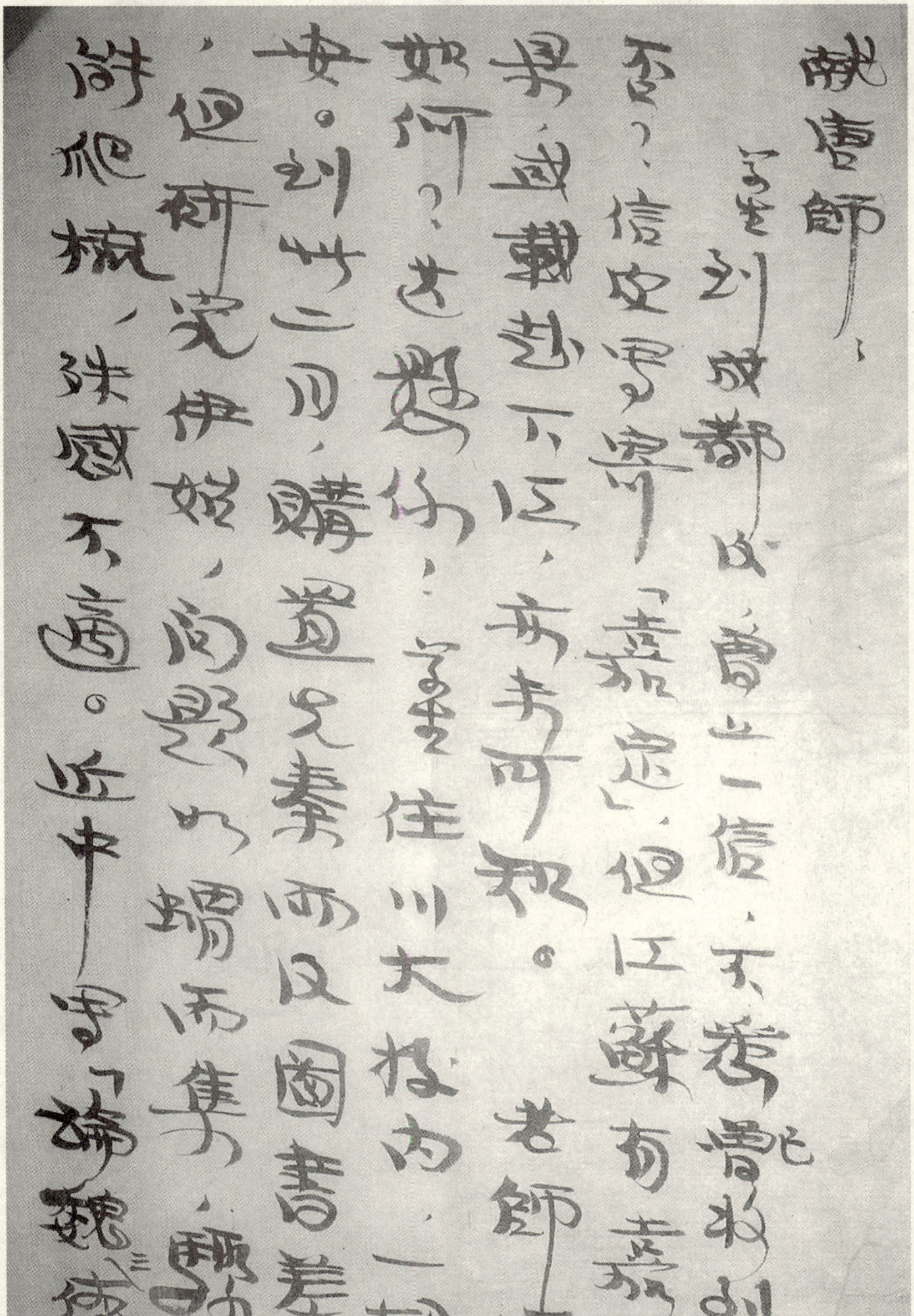

獻唐師：
學生到成都後，曾上一信，未蒙覆示。到
否？信中曾寄「嘉定」，但江蘇有嘉定
縣，或載赴江？亦未可知。老師近狀
如何？甚念。學生住川大校内，一切相
安。到此二月，購置先秦兩漢圖書差備。
但研究伊始，尚無所蝟集，聽不
能把握，深感不適。近中寄「瑞魏」第一本

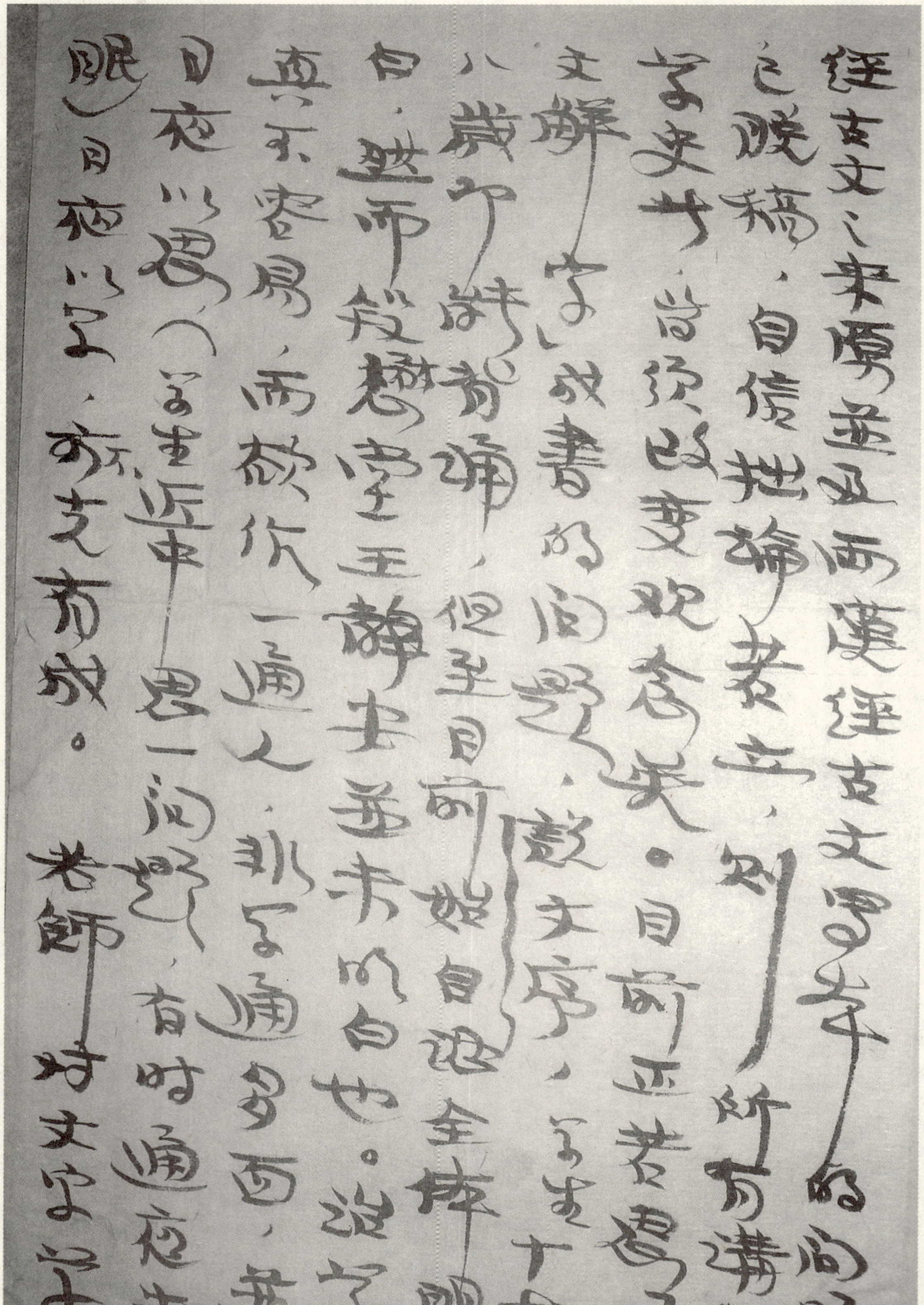
經古文之來源並及兩漢經古文字的問題
之殘稿，自信拙論若立，則所有講經
學史者，當須改變觀念矣。目前正着手說
文解字成書的問題，說文序，寫生十七
八歲即能背誦，但至目前始自認全體明
白，然而段懋堂王靜安並未明白也。治學
真不容易，而欲作一通人，非寫通多面，並
日夜以思（寫生近年思一問題，有時通夜失
眠）日夜以寫，亦不克有成。老師對文字學

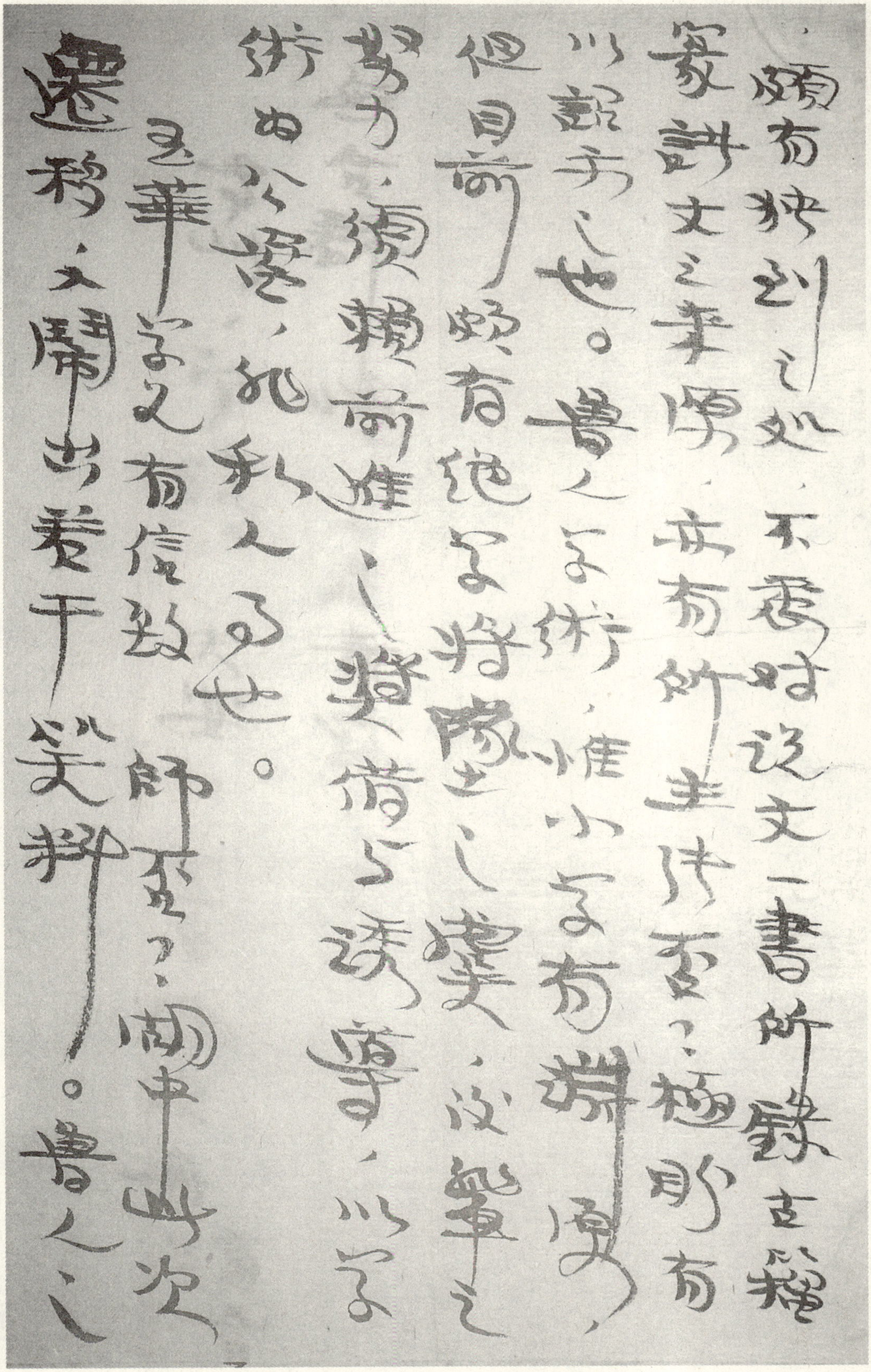

頗有挑剔之処，不悉時說文一書所録古籀
篆許文之來源，亦有所主張之極形有
以認識之也。吾人之字術，惟小字有崩潰，
但目前頗有絕字將隊之變，設筆之
努力，須精前進之，獎借誘導，以字
術由公選，非私人乃也。
玉華字之有信致　師座，閩中此次
遷移，文開出卷于笑料。吾人之

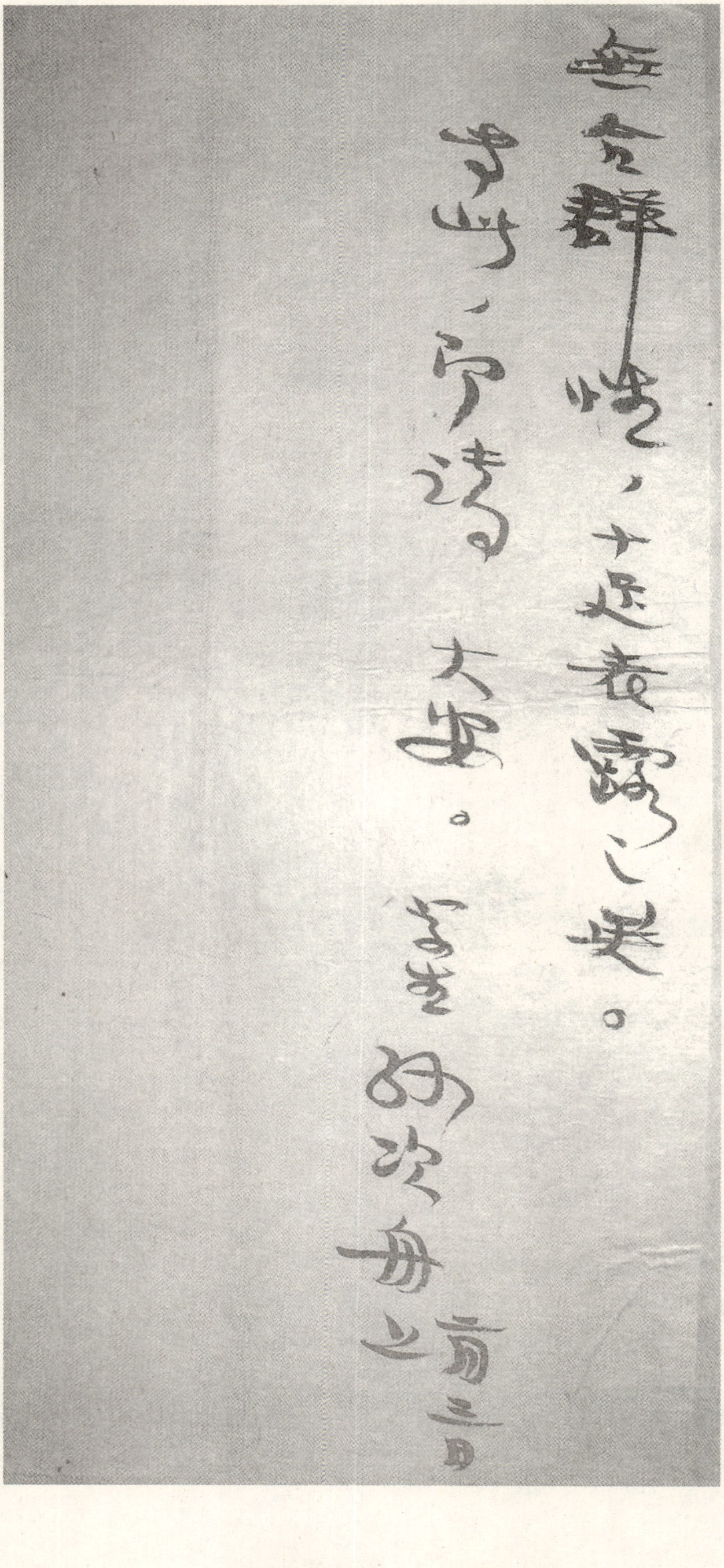

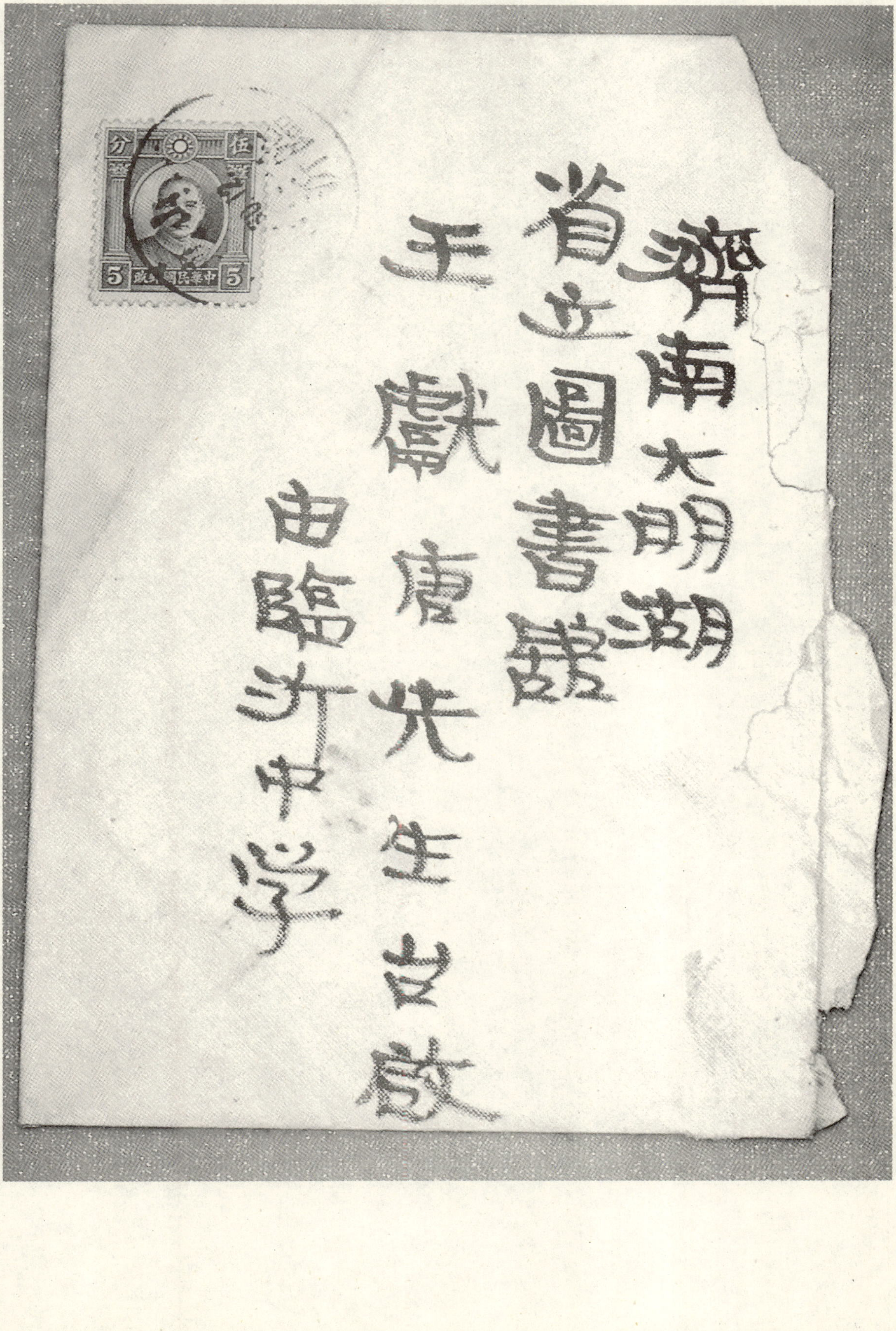
濟南大明湖
省立圖書館
王獻唐先生台啟
由臨沂中学

一百八十四　楊敬夫 書一通 封一件

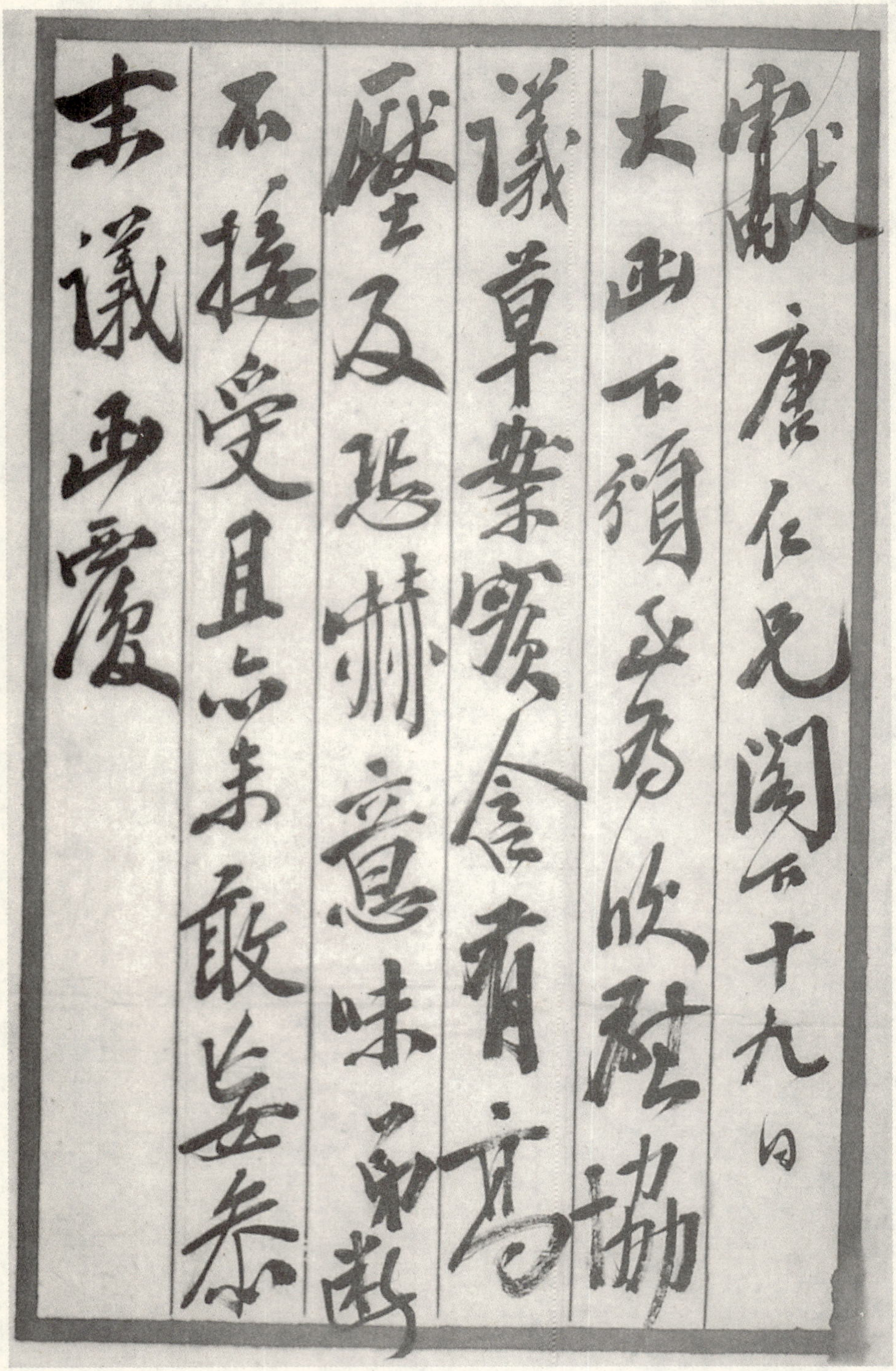

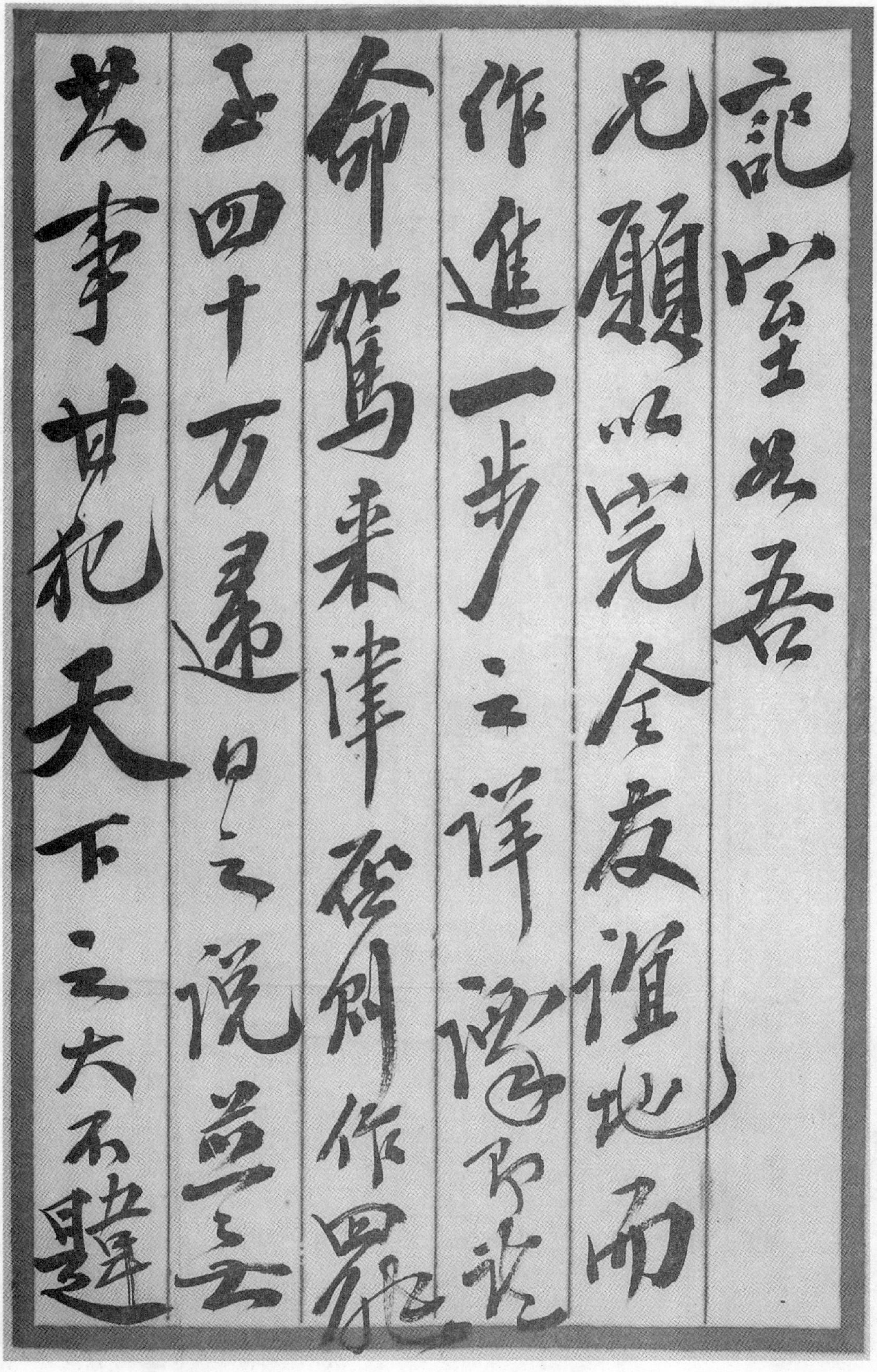

記室。然吾
兄願以完全友誼而
作進一步之詳談，乃議
命駕來津，原則作罷
至四十萬還是之說。並云
其事甘犯天下之大不韙

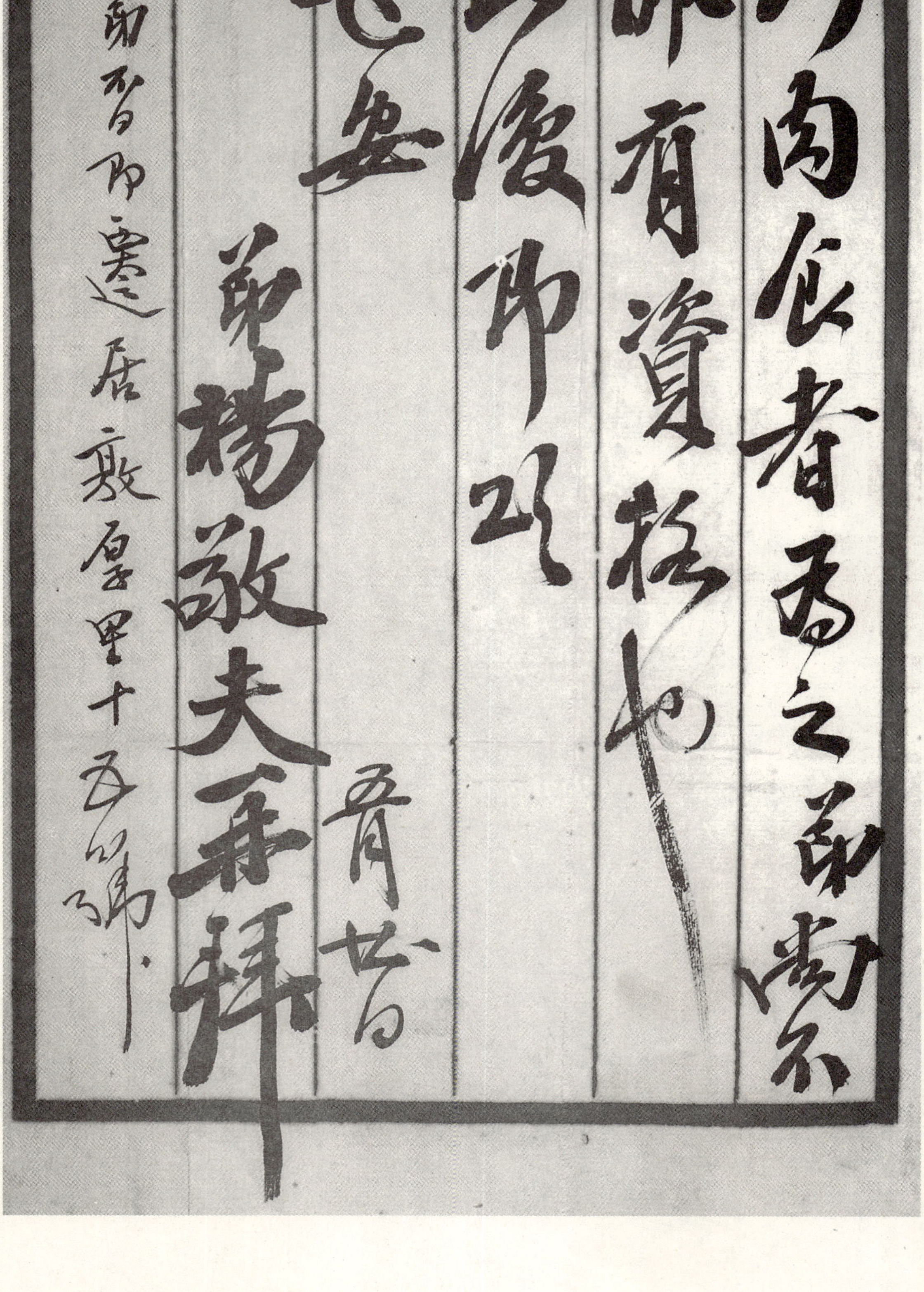
乃向來者為之勸尚不
佩有資格也
此復即頌
近安
弟楊敬夫再拜
月廿日
菊習即寄還居敦厚里十五號

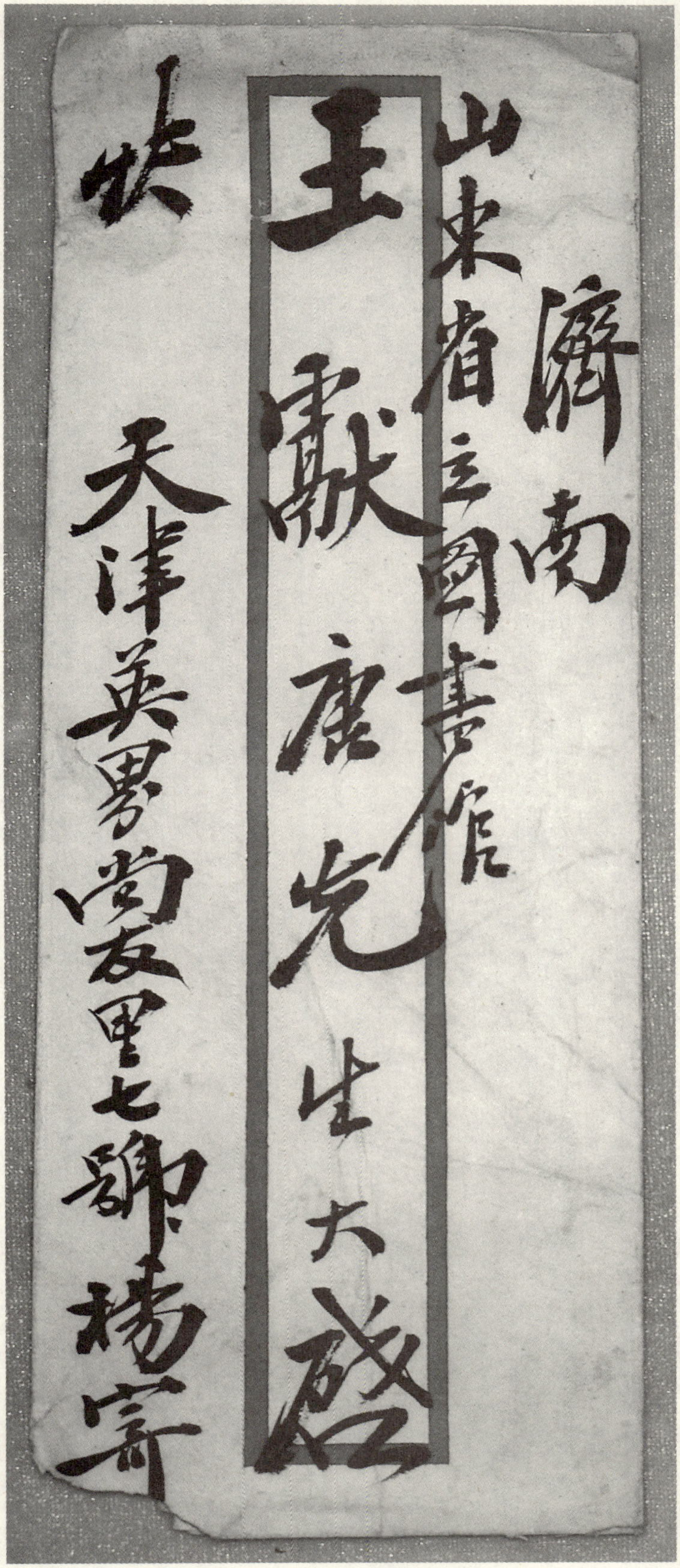
濟南
山東省立圖書館
王獻唐先生大啟
天津英界尚友里七號楊寄
緘

一百八十五　呂振羽

書二通　封一件

書第一通

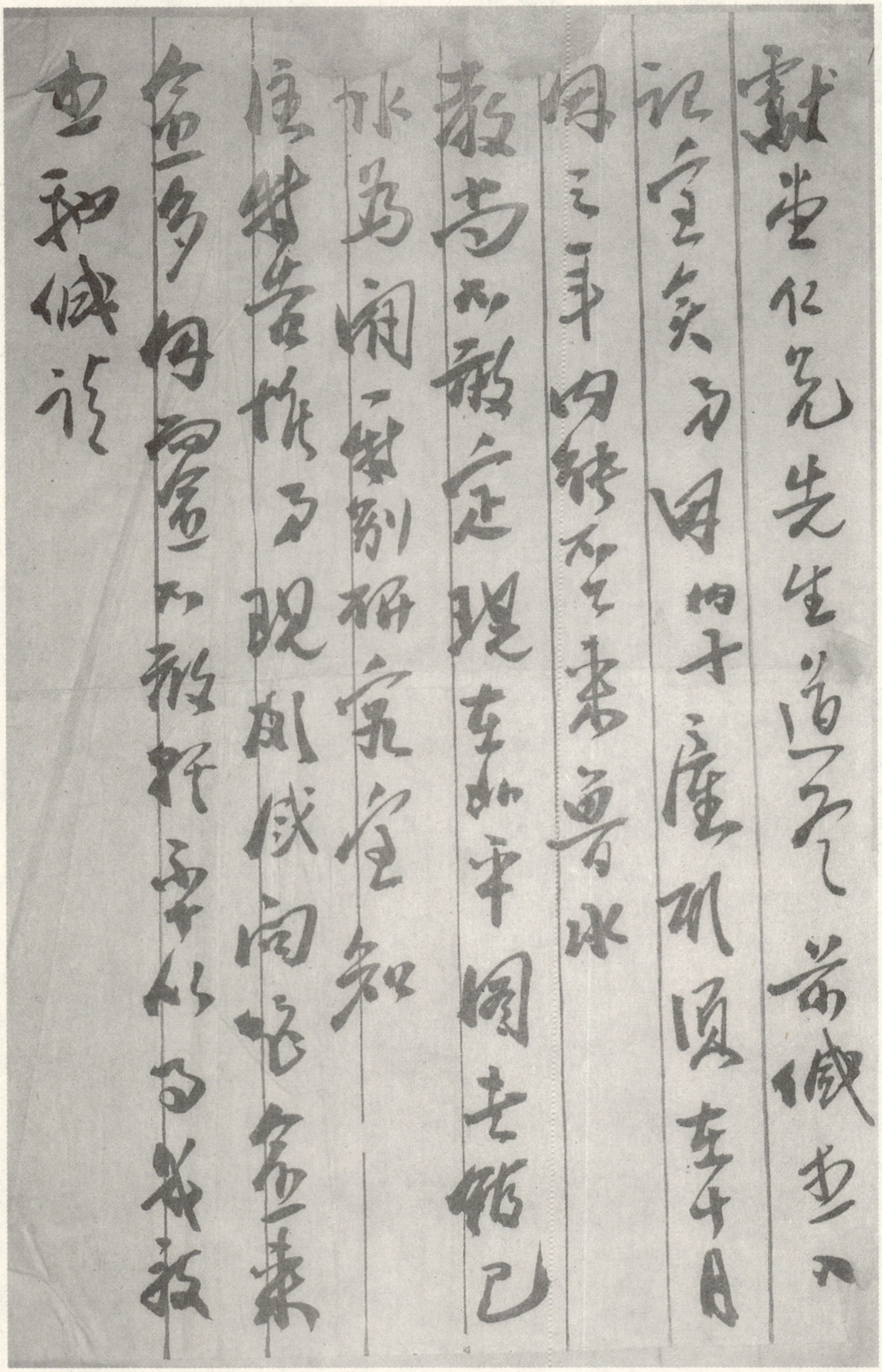

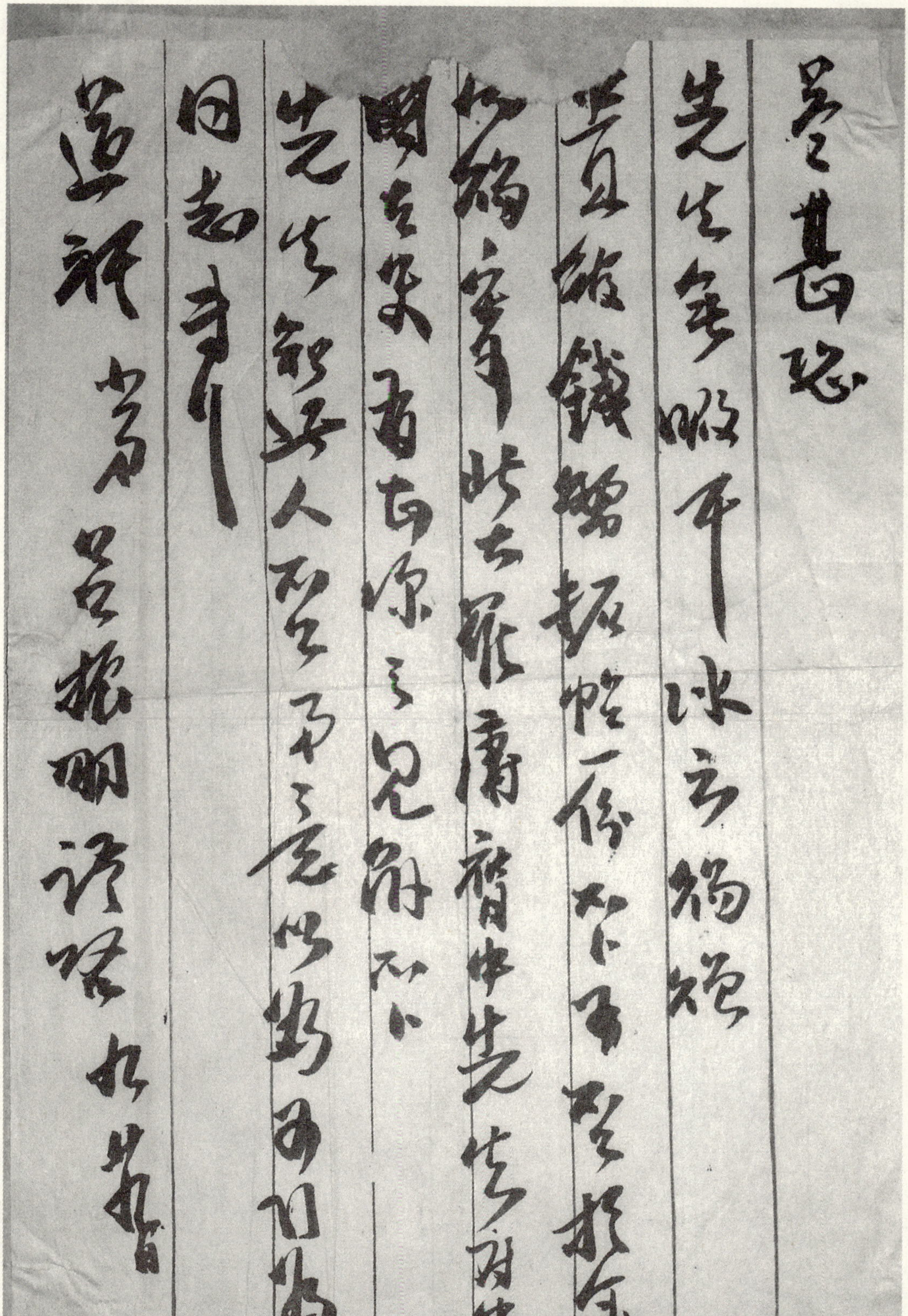

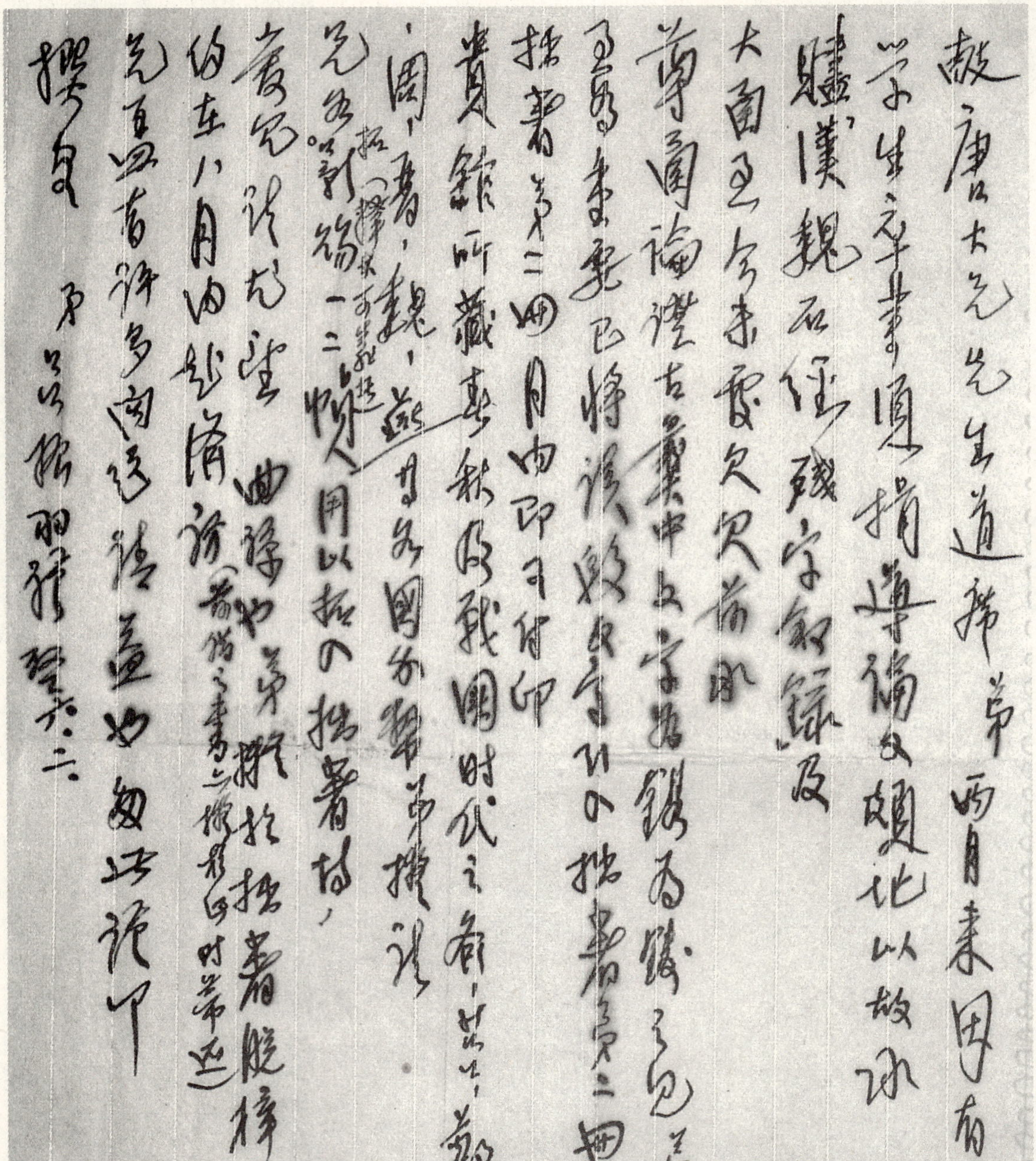
敬唐大先生道席：弟兩月來因有兩班
學生之畢業須指導論文，頗忙，以故承
贈《漢魏石經殘字叙錄》及
大函，至今未覆，久久為歉。
尊函論證古墓中之字為錢，弟完全贊同。
至屬來函已將該數字之拓本第二冊中
拓本第二冊月內即可付印。
貴館所藏之秦漢款識我國時代之銘，如殷、周、鄭、秦、
周、秦、魏、晉（拓本）其各國分類，弟擬請
兄各賜新拓一二份，用以拓の拓本者，
寄完說者，曲譯，弟擬於拓本後撰寫，
約在八月內能脫稿，請（著作之事與擬寄時弟即送）
兄直書評，多商量請益之處，惠予指正。
撰安
弟吕振羽 謹上 六、二

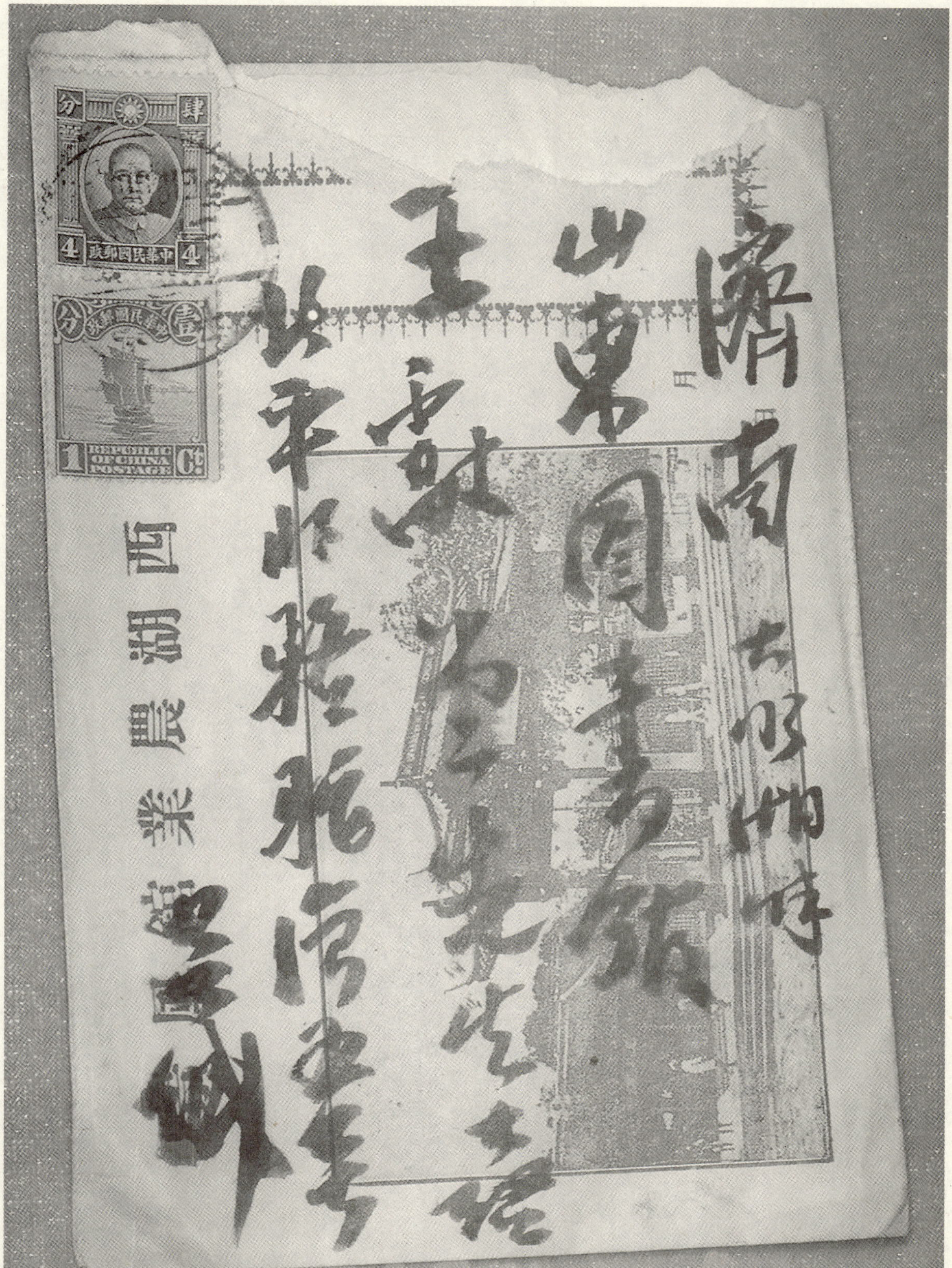
肆分
中華民國郵政
4 4
壹分
中華民國郵政
1 REPUBLIC OF CHINA POSTAGE Ct
濟南大明湖
山東圖書館
王獻唐先生大啓
西湖農業

一百八十六 高亭

書一通 封一件

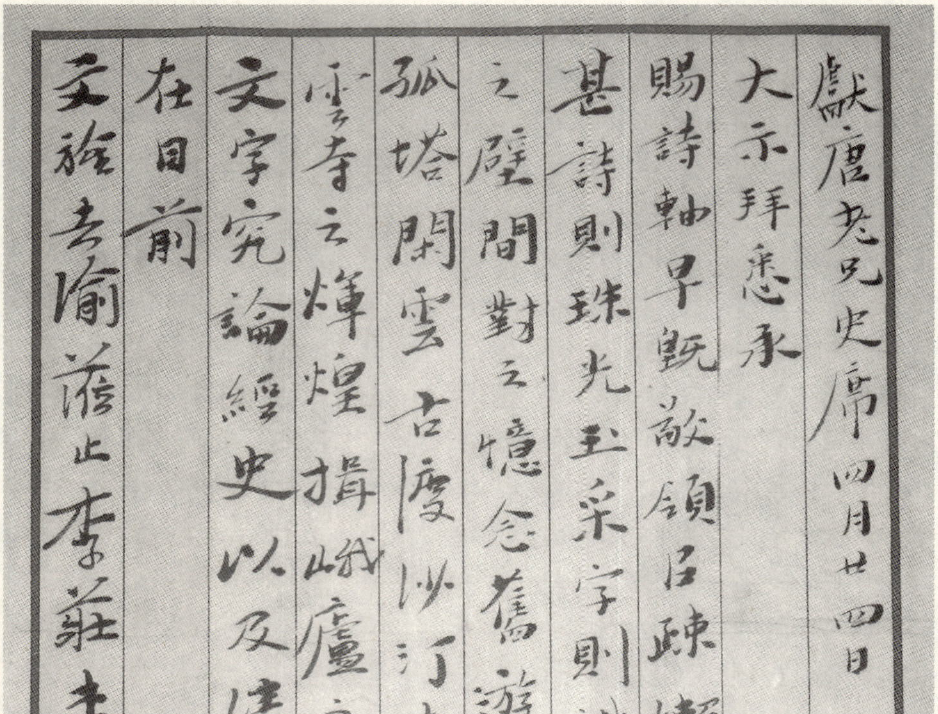

獻唐老兄史席 四月廿四日
大示拜悉承
賜詩軸早既敬領以疎嬾未覆罪甚罪
甚詩則珠光玉采字則鐵畫銀鈎縣
之壁間對之憶念舊遊則雙江明月
孤塔閑雲古渡沙汀春山花樹凌
雲寺之輝煌揖峨廬之幽謐辨剖
文字究論經史以及清談雅謔都
在目前
文旌去渝蒞止李莊未審能駐幾時

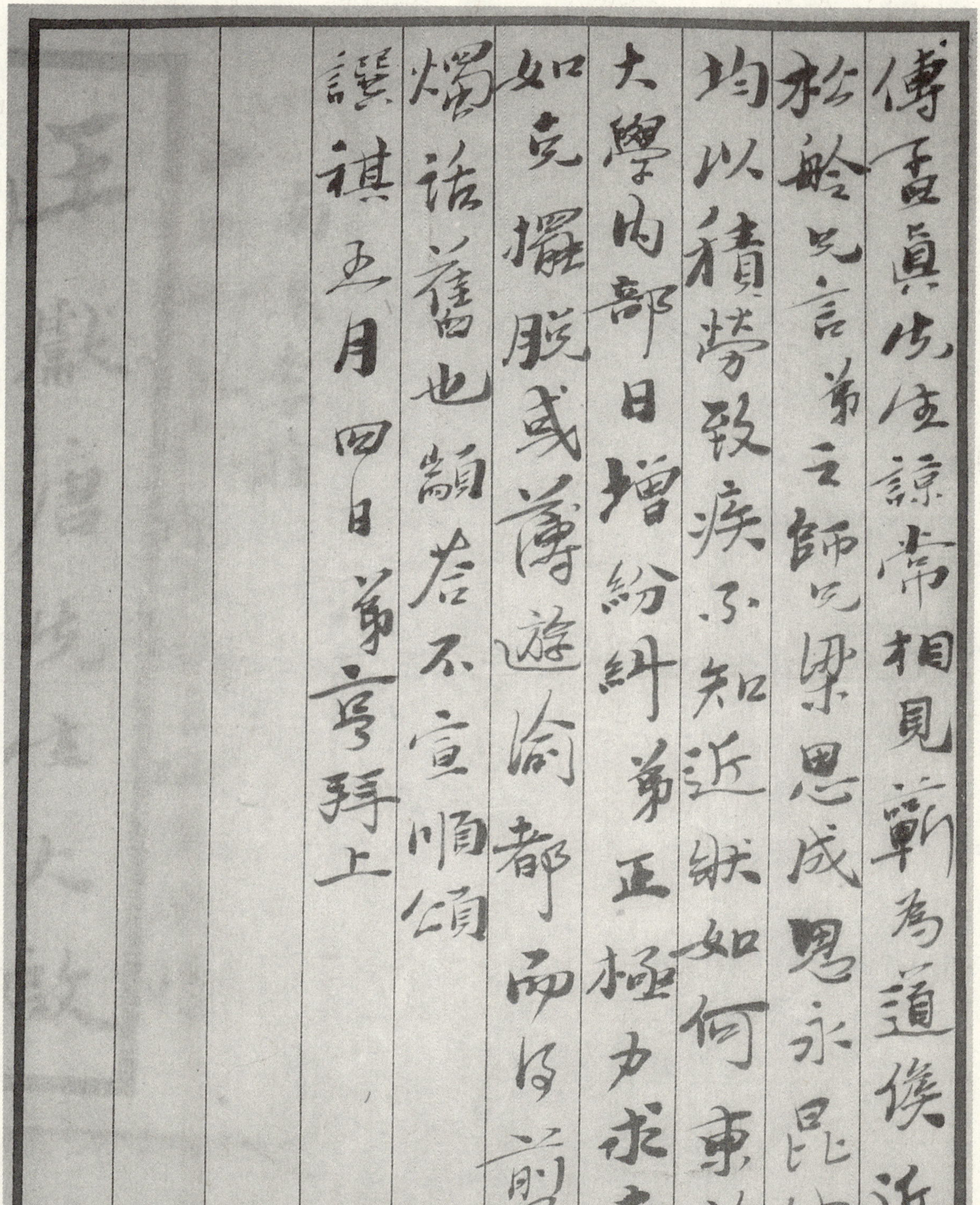
傅孟真先生諒常相見，頃為道候。近
松齡兄言，弟之師兄梁思成、思永昆仲
均以積勞致疾，不知近狀如何。東北
大學內部日增糾紛，弟正極力求去，
如克擺脫，或薄遊渝都，而得翦
燭話舊也。顓啓不宣。順頌
譔祺。五月四日弟亨拜上

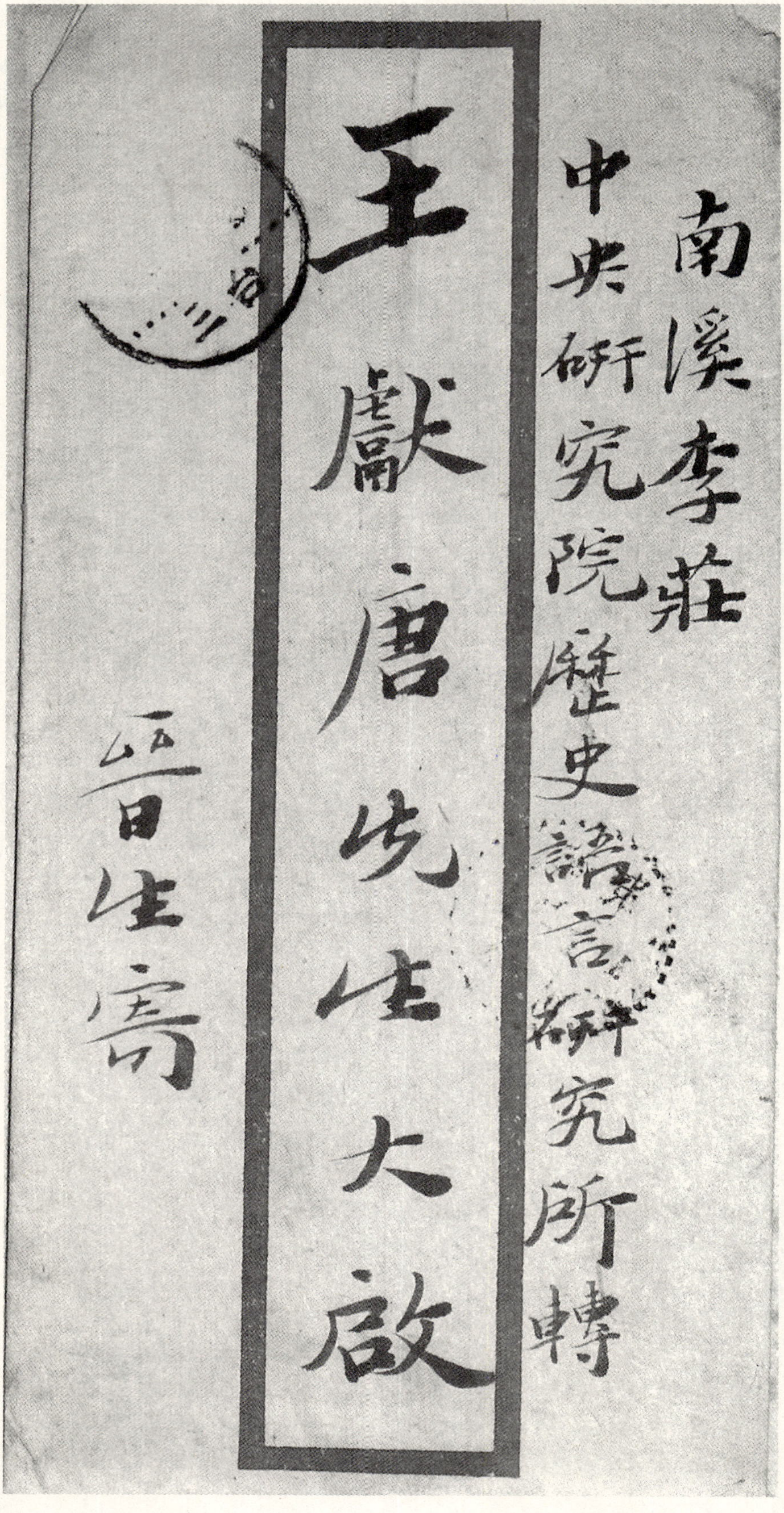

南溪李莊
中央研究院歷史語言研究所轉
王獻唐先生大啟
晉生寄

一百八十七　李融

書一通　封二件

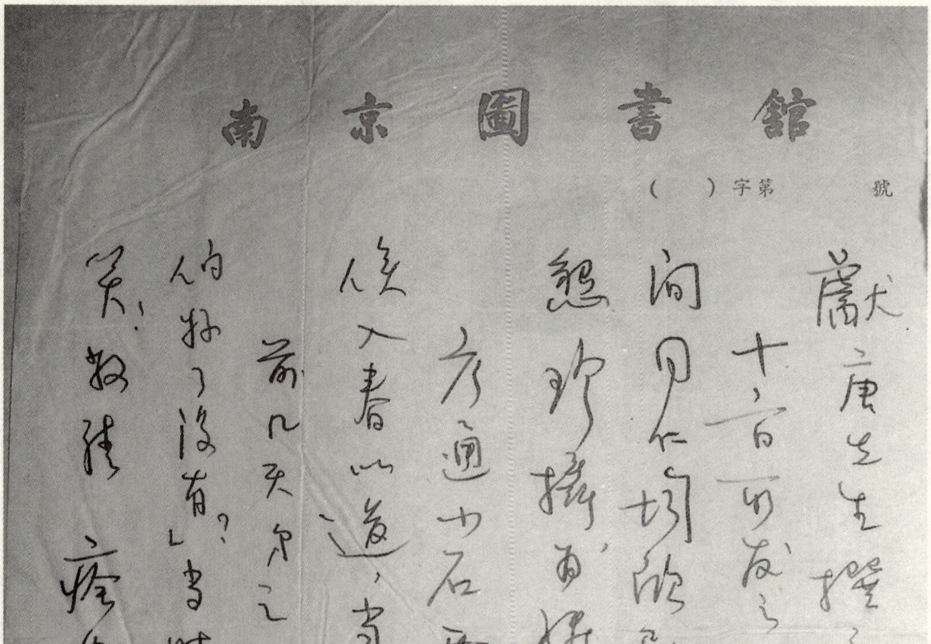

南京圖書館

（　）字第　號

獻唐先生撰席：十六日所發之惠書誦悉，弟与此間同仁均欣慰無似！尊體多想珍攝，而得平安！彥通、少石兩先生之作，尚未寄來，俟入春以後，當力催之也。前几天弟之大女孩問：「不曉得王老伯好了沒有？」當時，弟感到無限喜悅也。一笑！敬請痊安！　弟李融頓首　十四日

地址：南京成賢街66號

封第一件

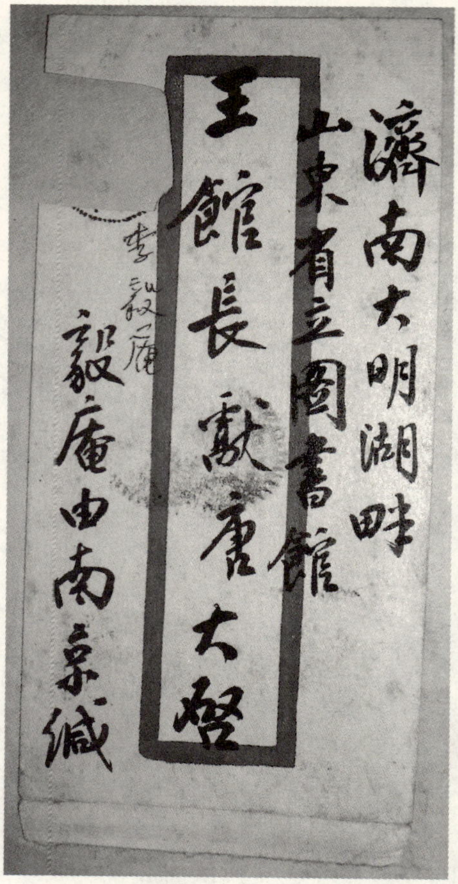
濟南大明湖畔
山東省立圖書館
王館長獻唐大啓
李毅庵
毅庵由南京緘

封第二件

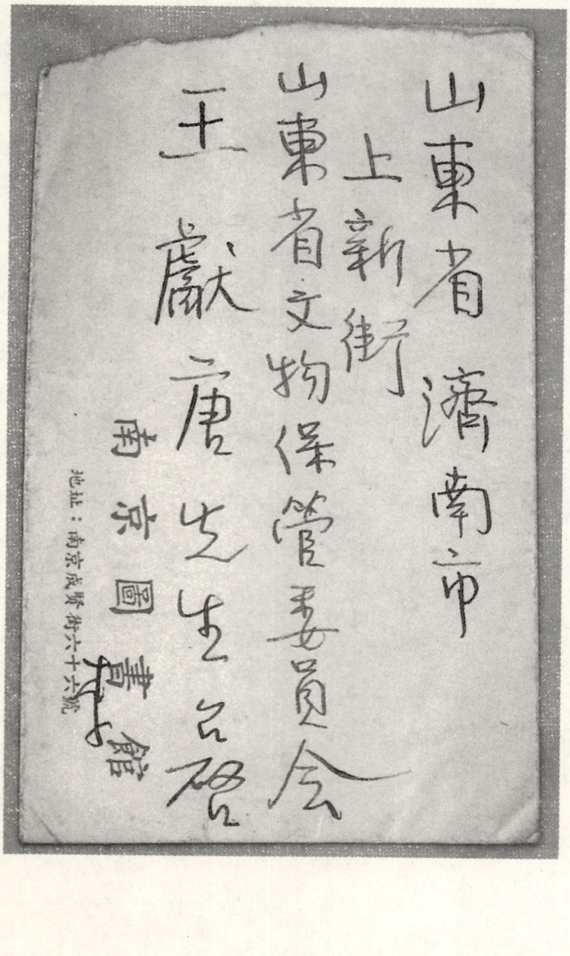
山東省濟南市
上新街
山東省文物保管委員會
王獻唐先生台啓
南京圖書館
地址：南京成賢街六十六號

一百八十八　徐伯璞 書二通

書第一通

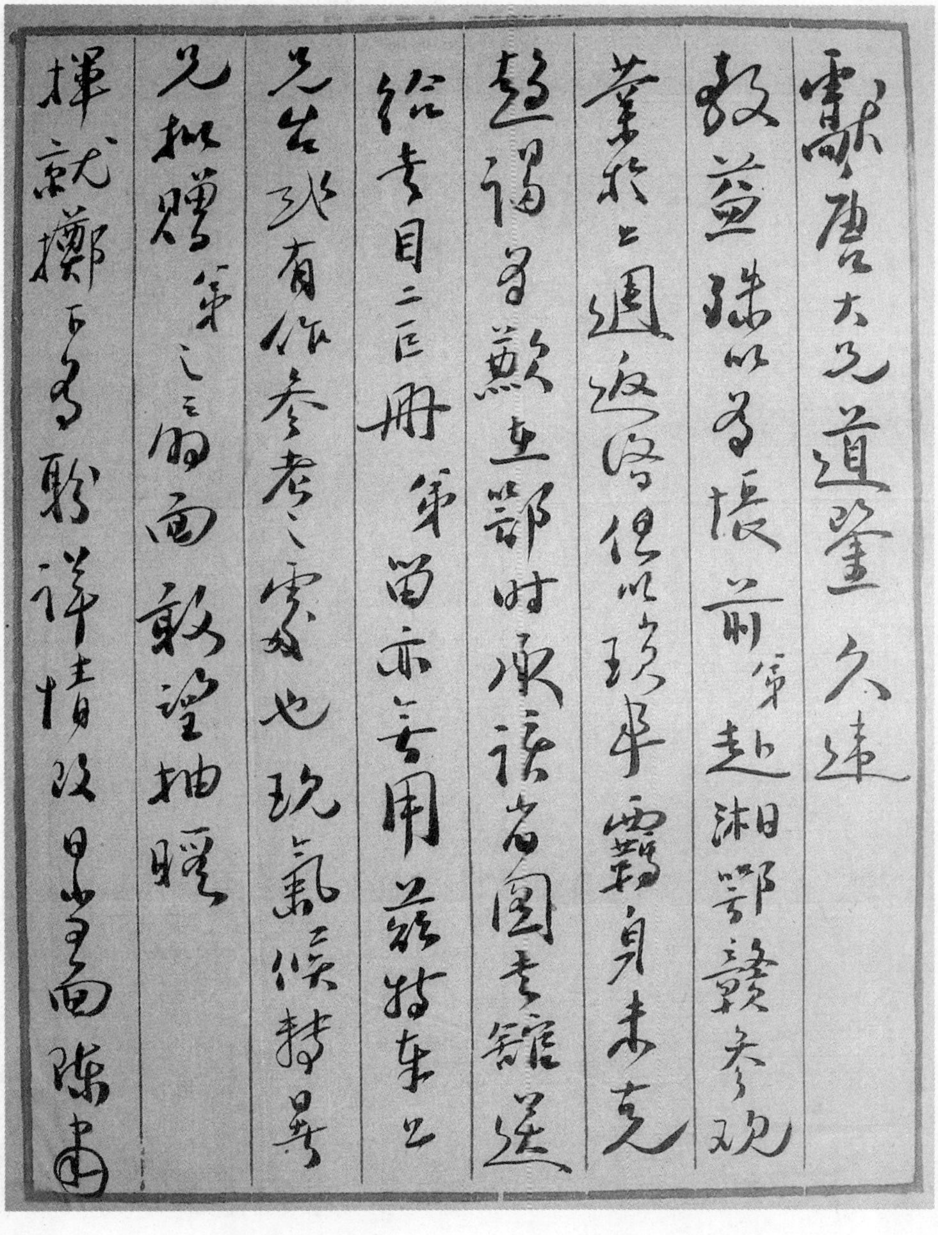
獻唐大兄道鑒：久違
教益，殊以爲悵。前弟赴湘鄂贛參觀
業於上週返魯，但以瑣事羈身，未克
趨謁爲歉。出鄂時承該省圖書館送
給書目二巨冊，弟留亦無用，兹特奉上。
兄此或有作參考之需也。現氣候轉暑，
兄擬贈弟之扇面，敦望抽暇
揮就擲下爲盼。詳情改日見面陳述。

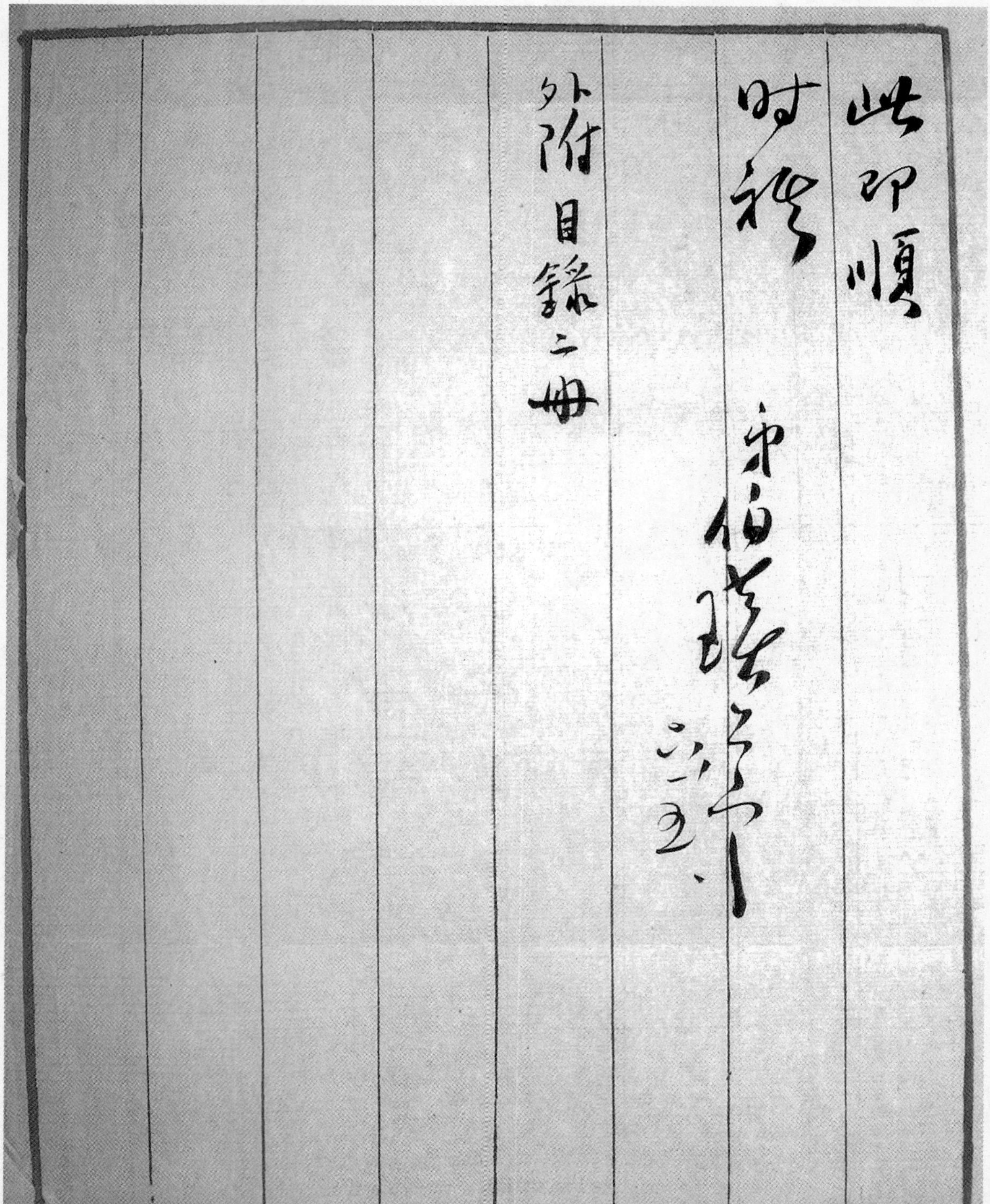
此叩順
時祉
弟伯璞頓首 二、廿五
外附目錄二冊

書第二通

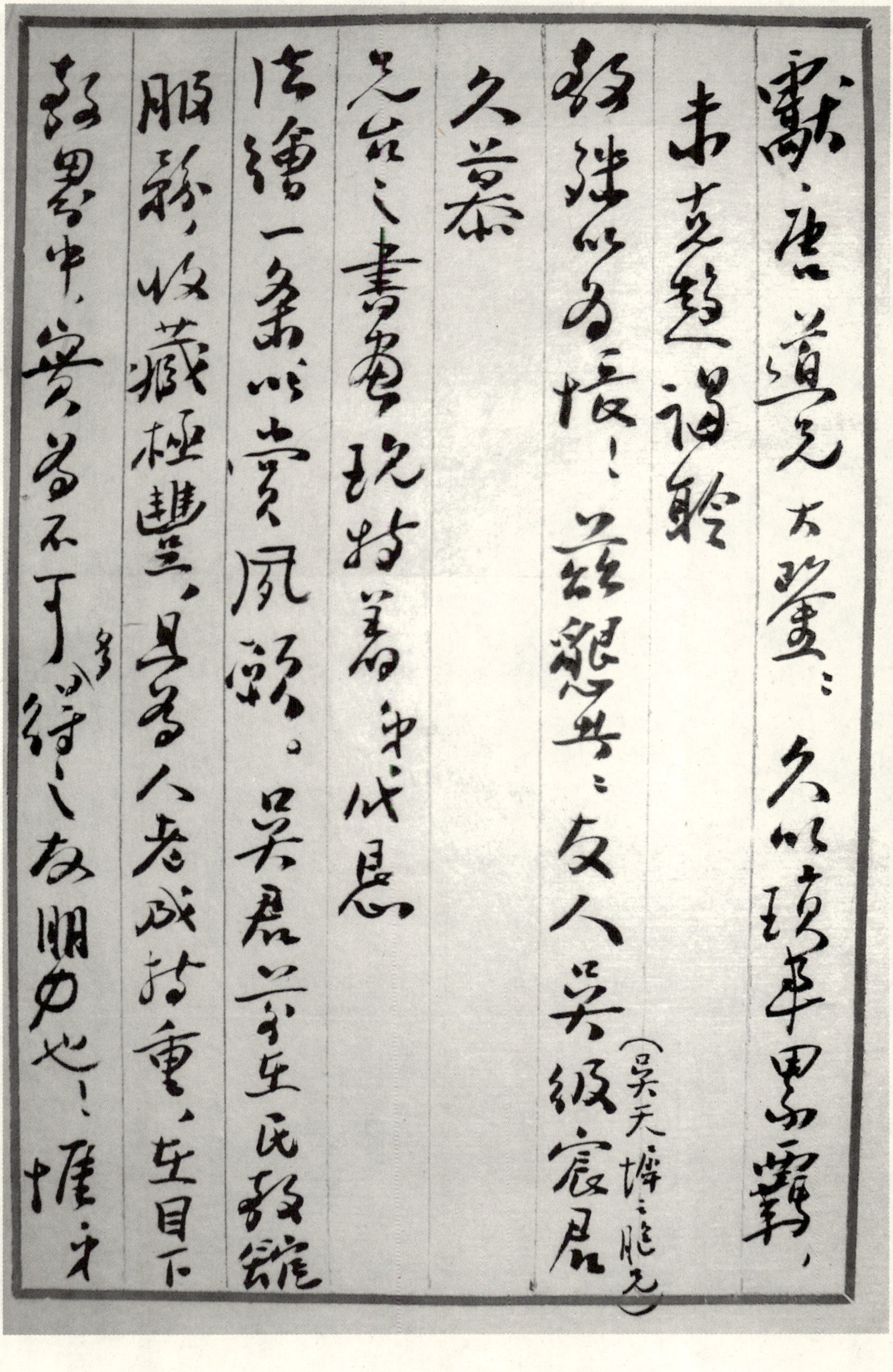

獻唐道兄大鑒：久以瑣事羈，
未克趨謁麾
教，殊以為悵悵。茲懇友人吳級宸君（吳天墀之胞兄）
久慕
先生之書畫玩(?)特著，命代懇
法繪一条，以資風韻。吳君現在民教館
服務，收藏極豐，且為人老成持重，在目下
教界中實為不可多得之友朋也。專此(?)

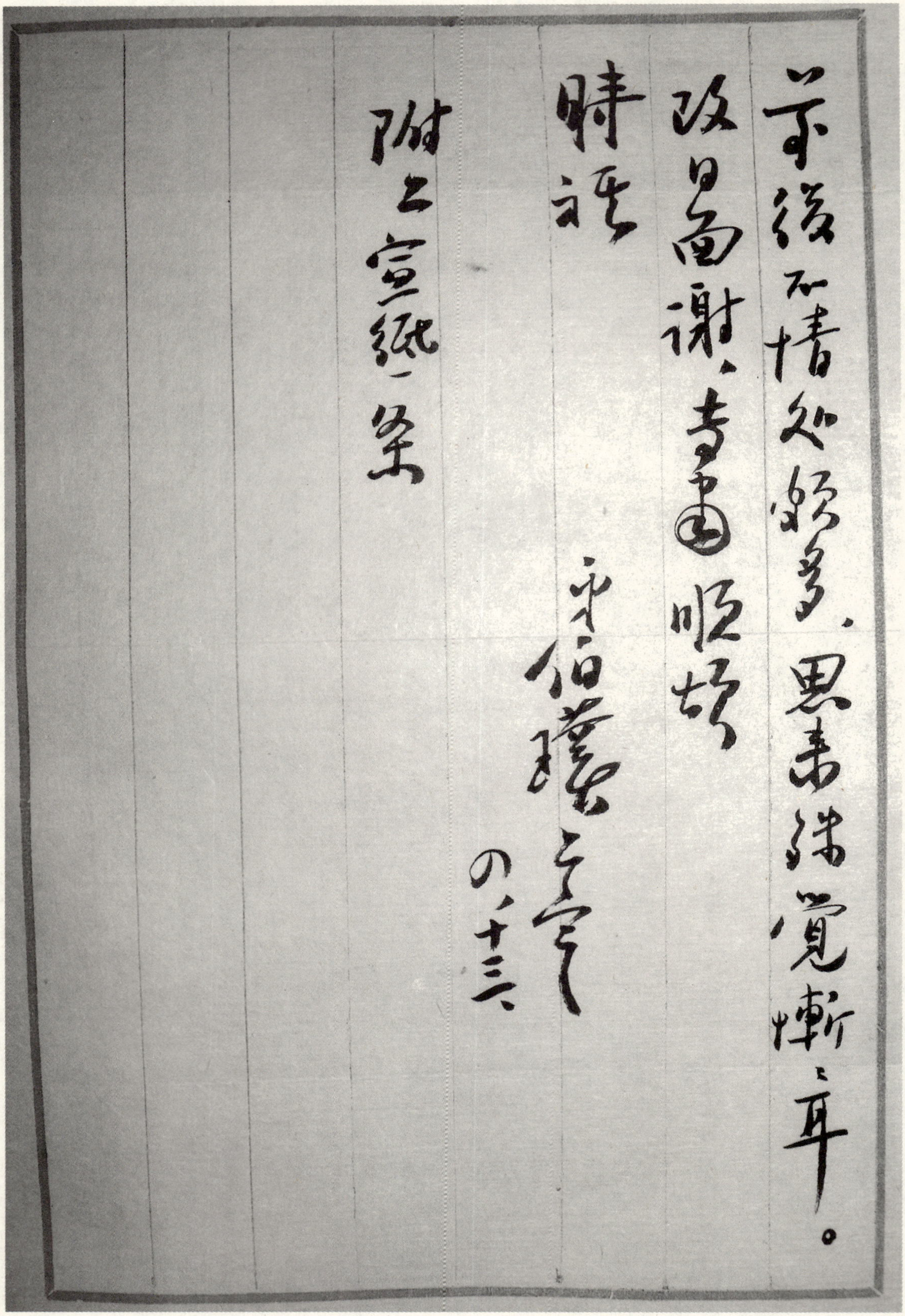
別後不情處殊多，思來彌覺慚赧耳。改日面謝，專此順頌
時祺
弟伯璞上言
九、十三
附上宣紙一條

一百八十九　吴金鼎 書七通　封一件

書第一通

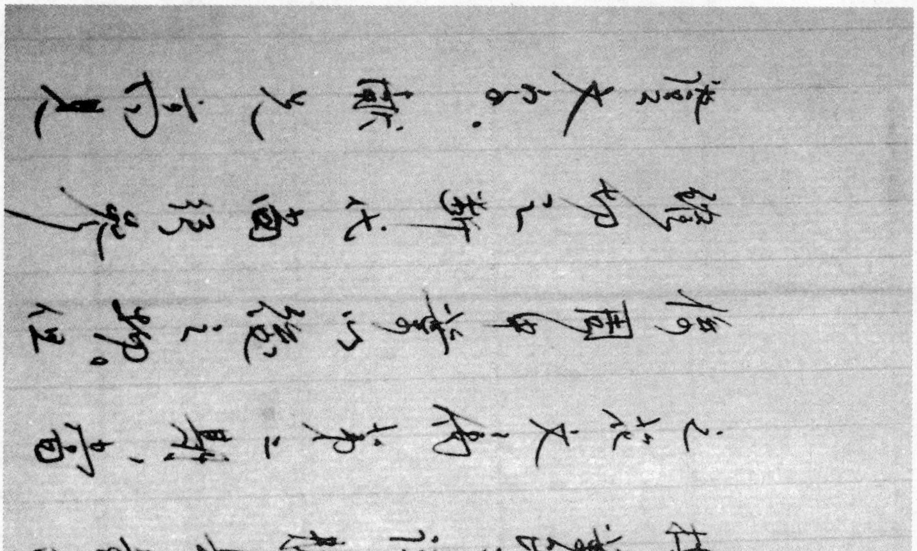

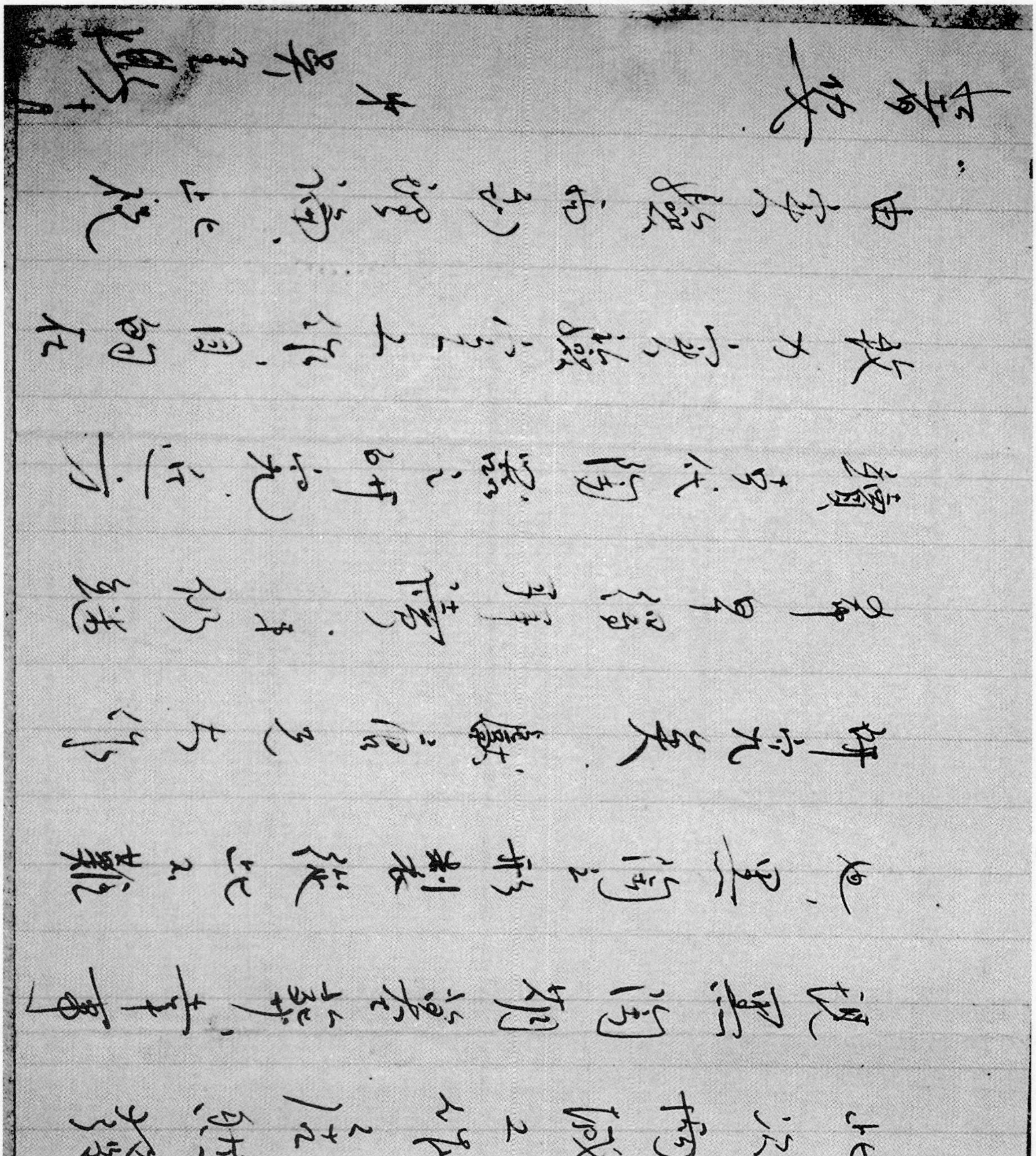

此次兩城工作居然發現黑陶期墓葬，幸事也，黑陶之形製從此不難研究矣。獻君之大作年早得拜讀，弟仍繼續古代陶器之研究，近方致力實驗室工作，目的在由實驗而到理論，此祝

著安。

弟 吳金鼎 十月

書第二通

獻唐兄：

此間童教授接兄來函，極為欽佩。對兄所言山東銅器之特點各條，尤表同情，因渠素主張中國銅器當按地區分別研究之說也。渠近正籌於秋學期「銅器研究」一科，兄允代攝館中銅器照片，自極感激、

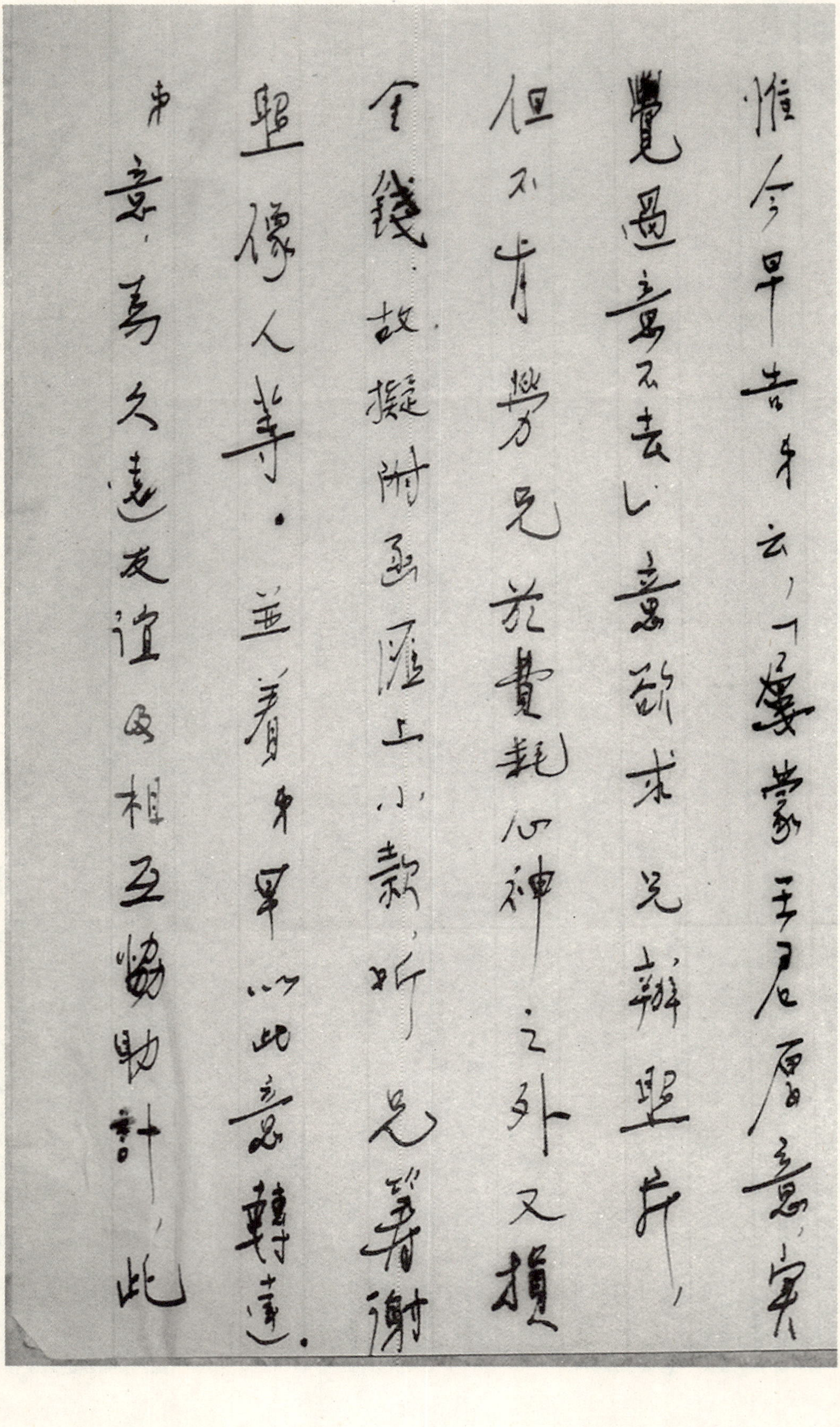
惟今早告弟云：「屢蒙王君厚意，寔覺過意不去；意欲求兄辦塑件，但不肯勞兄於費耗心神之外又損金錢，故擬附函匯上小款，聽兄答謝塑像人等。並着弟早以此意轉達。
弟意，為久遠友誼及相互協助計，此

鑒正規誨，兄必不見怪也。葉氏一函，當於數日內可到。申擬於今夏趁假期回國一行，目的在研究黑陶及彩陶。屆時尚有數事勞兄幫忙也。此祝

著祺

申 吳金鼎 三月一日

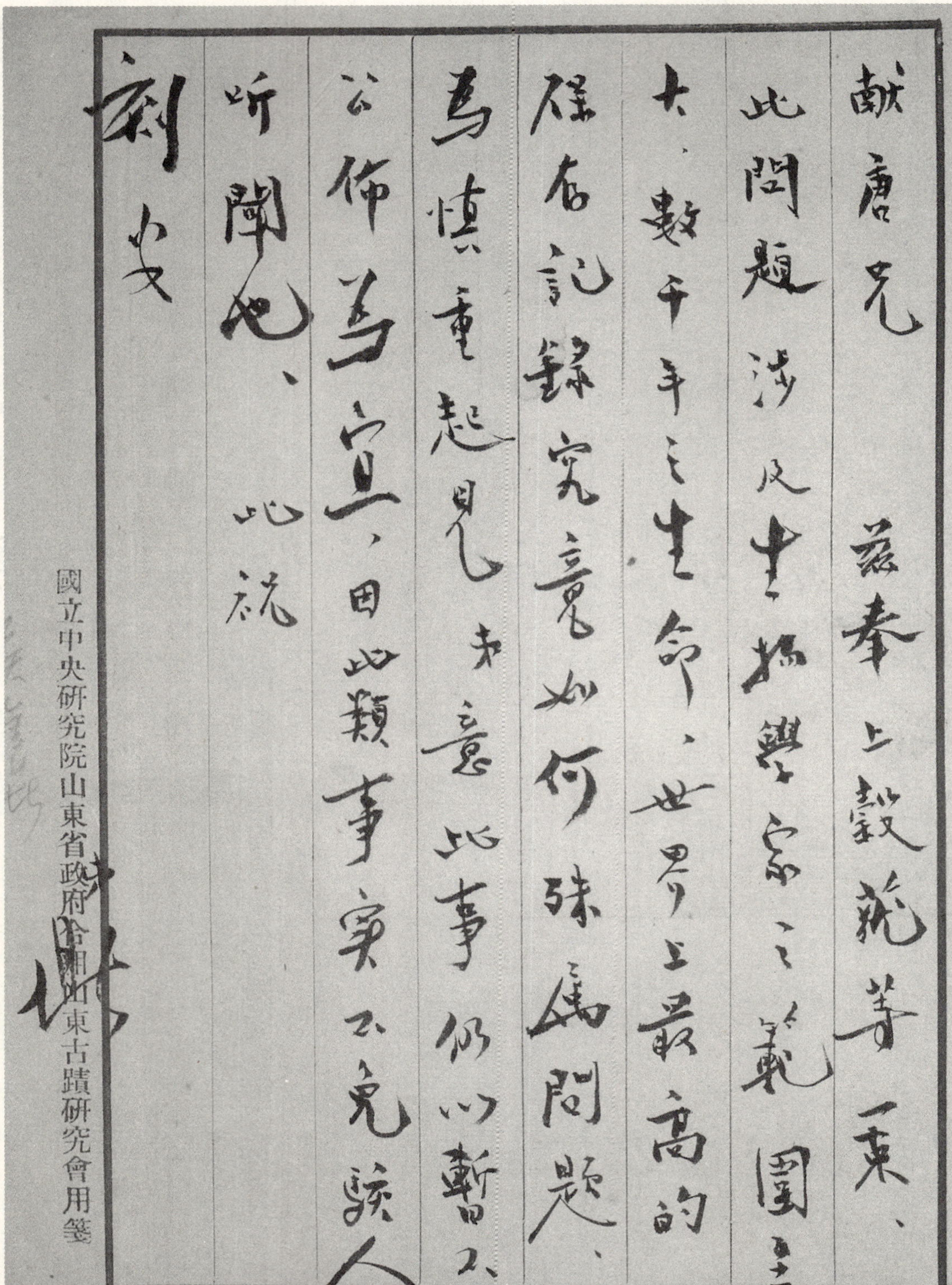
獻唐兄：茲奉上穀穗等一束、此問題涉及生物學家之範圍至大、數千年之生命、世界上最高的保存記錄究竟如何殊屬問題、為慎重起見、鄙意此事似以暫不公佈為宜、因此類事實不免駭人聽聞也、此祝
刻安
金鼎
國立中央研究院山東省政府合組山東古蹟研究會用箋

書第四通

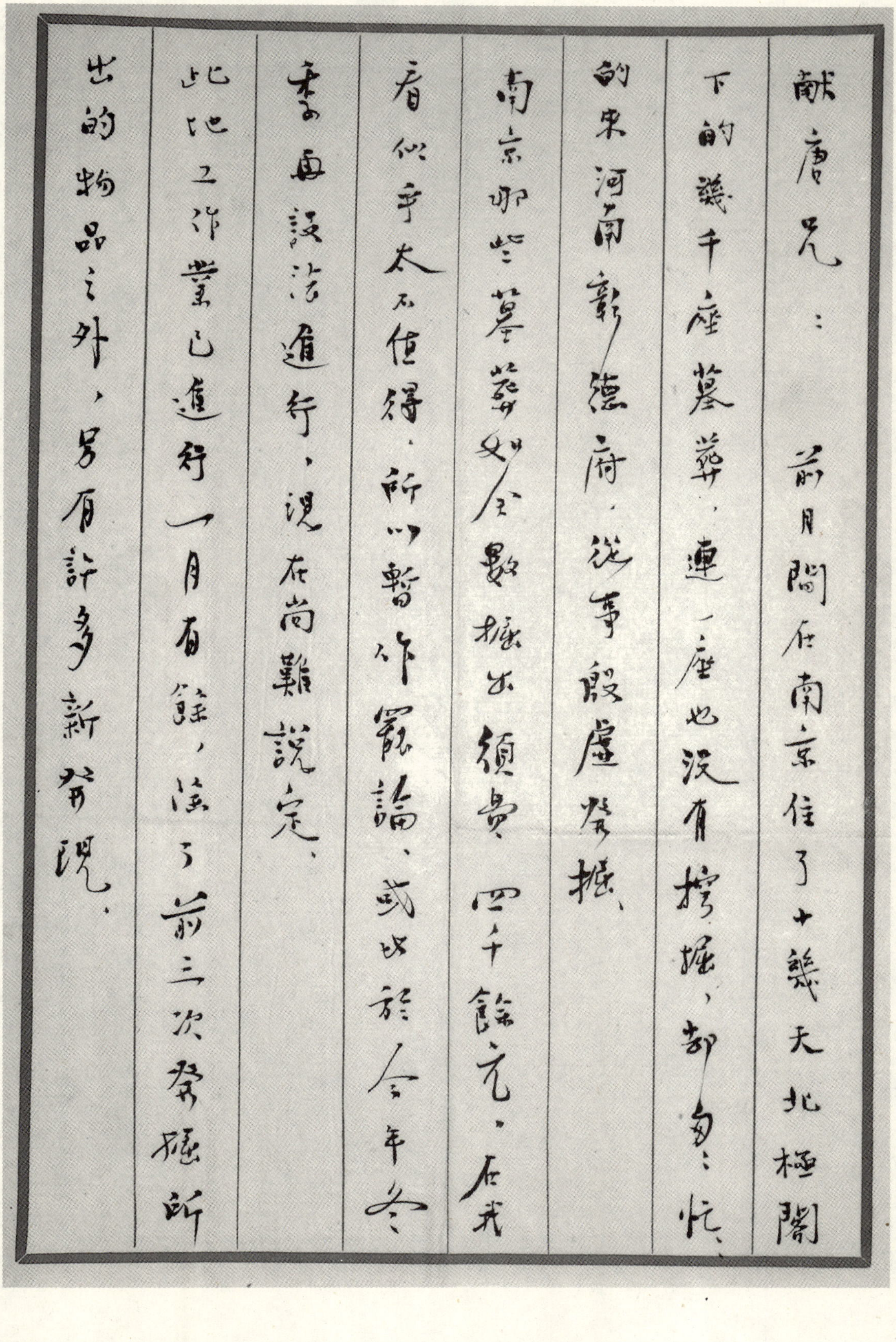

獻唐兄：前月間在南京住了十幾天，北極閣下的幾千座墓葬，連一座也沒有搜掘，都匆匆忙忙的來河南彰德府，從事殷虛發掘，南京那些墓葬如全數掘出須費四千餘元，在我看似乎太不值得，所以暫作罷論，或改於今年冬季再設法進行，現在尚難說定，此地工作業已進行一月有餘，除了前三次發掘所出的物品之外，另有許多新發現，

大鯨魚的骨頭、刻字的鹿頭、未刻字的老虎頭、錫（或鉛）塊都是極有興味的發現、甲骨文已出有數百片、據董彥堂君言有一片上有「鬼方」二字、似以爲是很有價值的發現、

我自己單領十幾個工人在殷墟之西二里許四盤磨村東掘了十餘天發現商末周初之墓葬數座、並許多陶器、

這一次殷墟發掘有一出乎意外之發現、即在

殷墟東南里許發現一新石器文化遺址，其包含物幾乎完全與龍山文化之下層相同，而殷商一層略見與殷墟相同之遺物。此地所出之黑陶片，其光亮與龍山同，形式亦大致相同，惟其極薄之一種較之龍山爲次。弟於昨日自四盤磨移來此地，助同事梁思永君工作，覺極有興味。全團工作結束之期，在五月廿日之前。此祝

大安

吳金鼎 五月二日

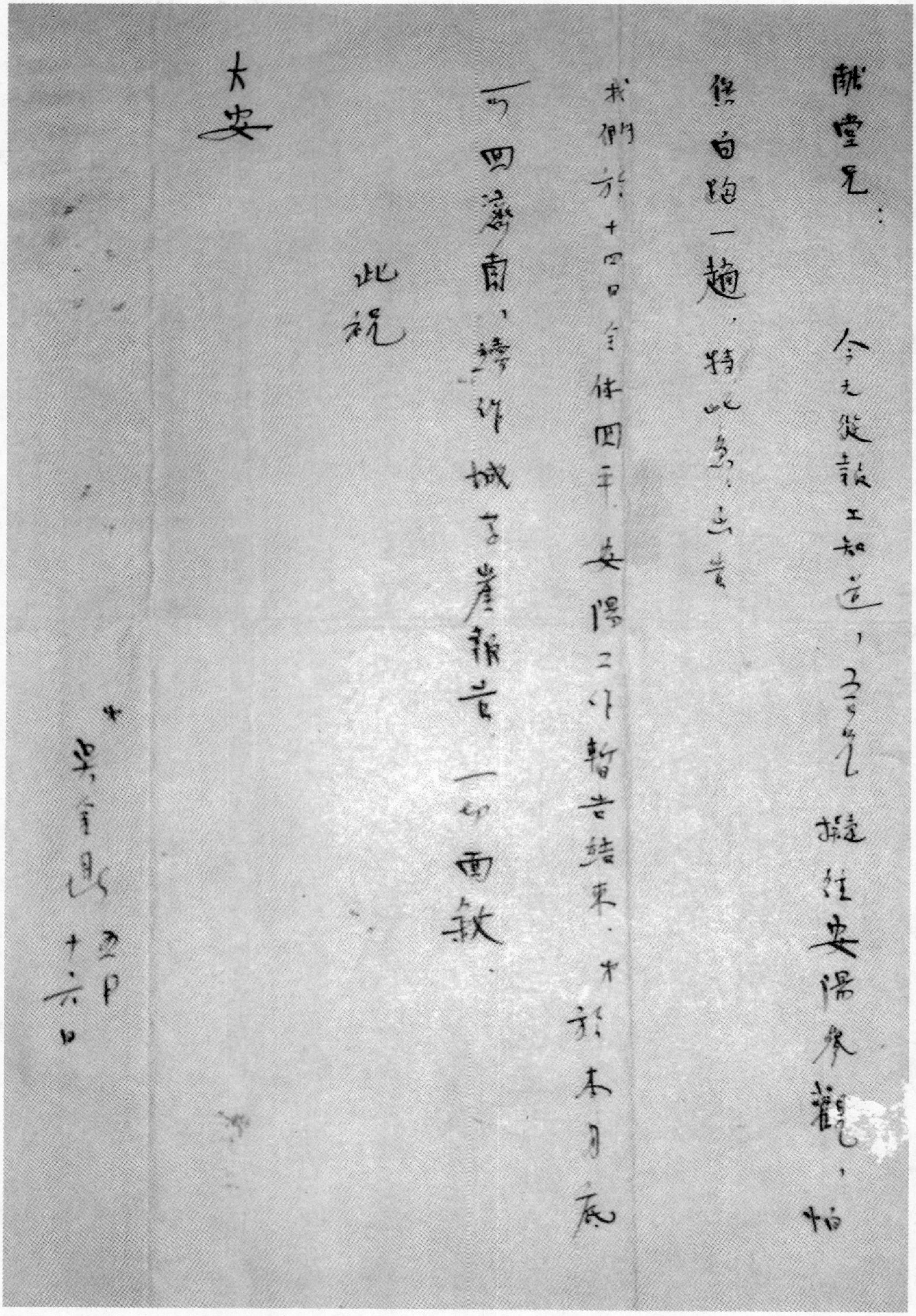
獻堂兄：
今天從報上知道，吾兄擬往安陽參觀，怕您白跑一趟，特此急急函告。
我們於十四日全体回平，安陽工作暫告結束，弟於本月底可回濟南，續作城子崖報告，一切面敘。
此祝
大安
弟 吳金鼎 四月十六日

書第六通

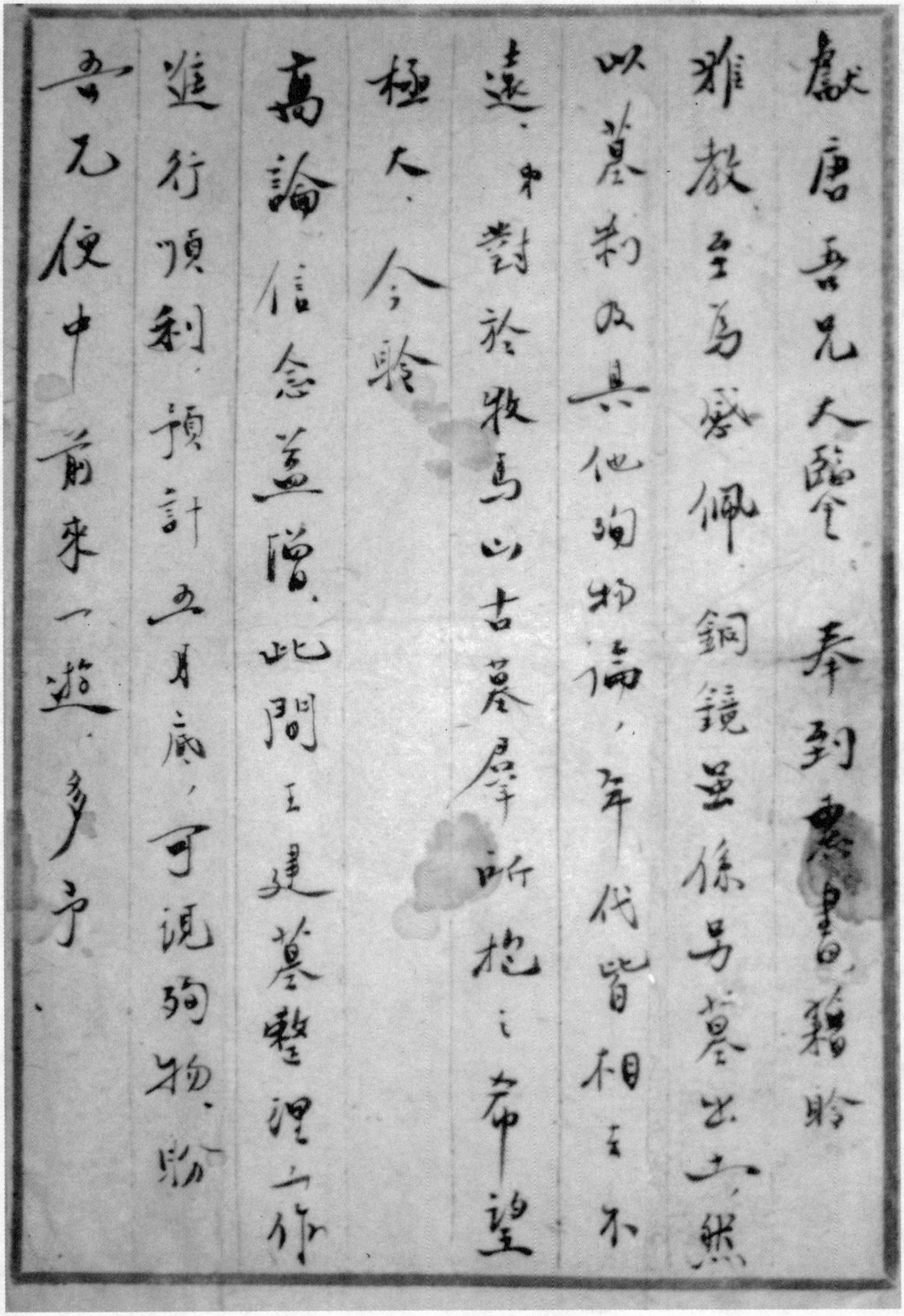

獻唐吾兄大鑒：奉到惠書，籍聆
雅教，至為感佩。銅鏡並係另墓出土，然
以墓葬及其他殉物論，年代皆相去不
遠。中對於牧馬山古墓群所抱之希望
極大，今聆
高論，信念益增。此間王建墓整理之作
進行頗利，預計五月底可說殉物，盼
吾兄便中前來一遊。多予

指導也。專此敬頌

著安

弟 吳金鼎拜 三月廿五日

通信處：成都吉祥街五號琴台工作團

書第七通

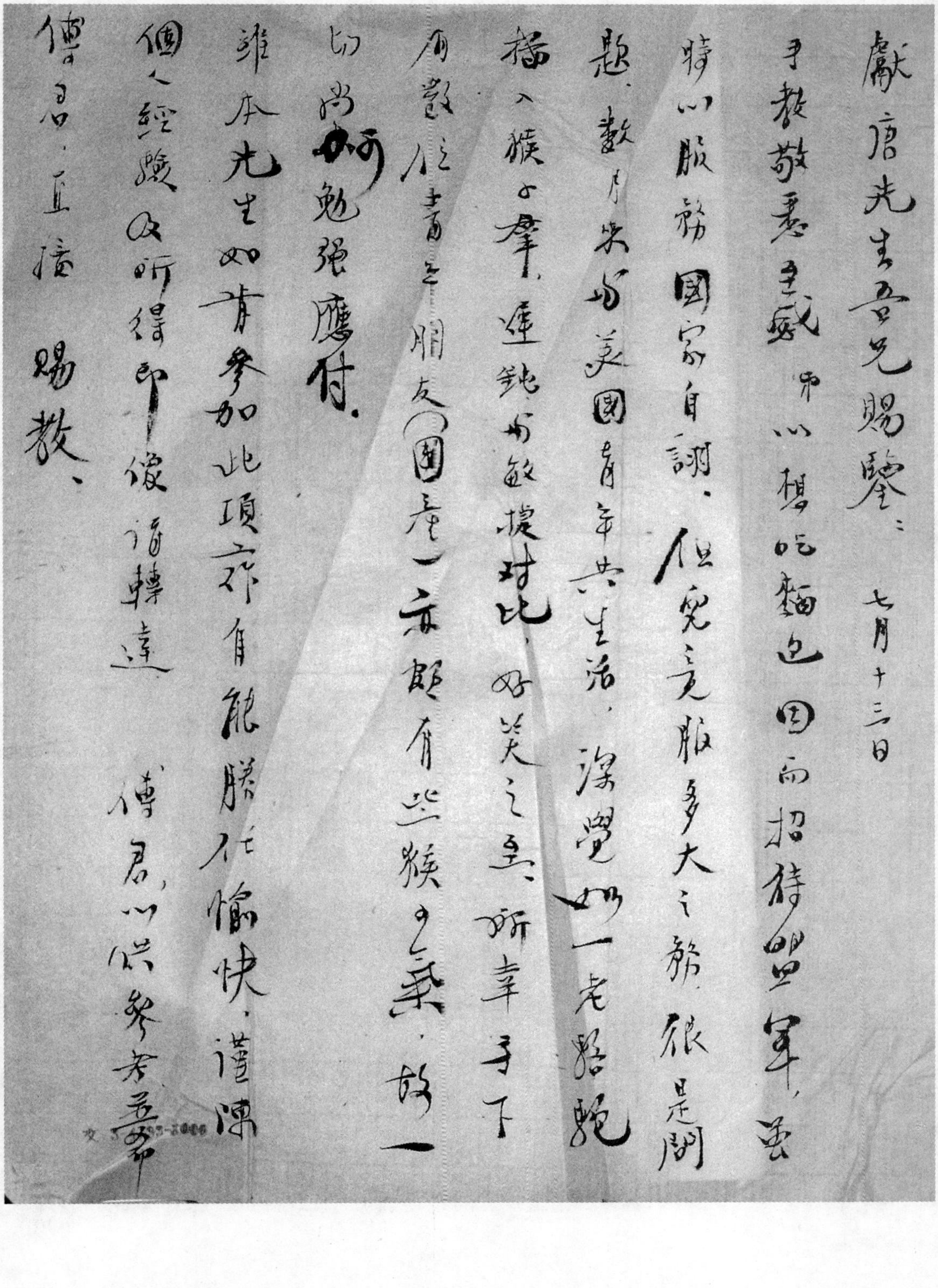

獻唐先生吾兄賜鑒：
手教敬悉。盛中以想吃麵包因而招待盟軍，甚
特以服務國家自詡，但究竟服多大之務，很是問
題。數月來與美國青年共生活，深覺如一老鮑
插入猴子羣，遲鈍與敏捷對比，好笑之至。所幸手下
有數位青年朋友（國產）亦頗有些猴子之氣，故一
切尚可勉強應付。
維本先生如肯參加此項，亦有能勝任愉快。謹陳
個人經驗及所得印像，請轉達
傅君，以供參考，並希
傅君，直接賜教。
七月十三日

一、中美間之友誼及聯絡之工作，大需要程度與時俱增

二、參加此項工作者如會研究之書籍可不須英語，能直接與盟友來往之人必須精通英語，且可解中國及西洋文化，如傅孟真先生自是理想人物。

三、軍隊中東西一理，有志有為之青年士固不少，但壞蛋亦多，應付此等人大傷腦筋。

四、美軍中生活使吾人感覺如在運動會場中，一切皆緊張，參加者人人必須身心俱健，不然，久了必吃不消。

中 係短期請假，俟大局早日好轉，早得重

吴金鼎

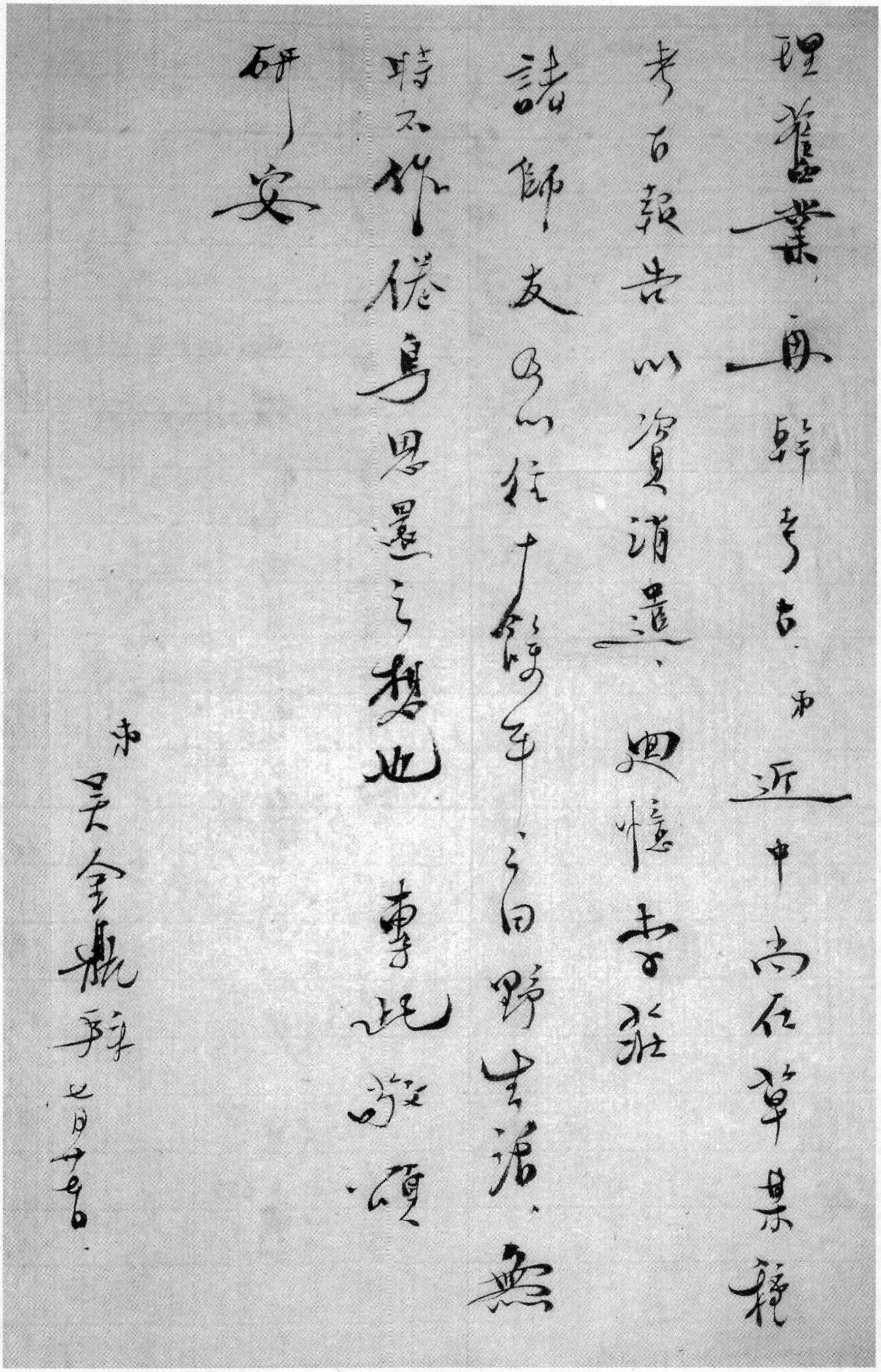

理舊業，再辭去。弟近中尚在草某種
考古報告，以資消遣。回憶雪莊
諸師友，以往十餘年之田野生活，無
時不作倦鳥思還之想也。專此，敬頌
研安

弟 吳金鼎拜
七月十七日

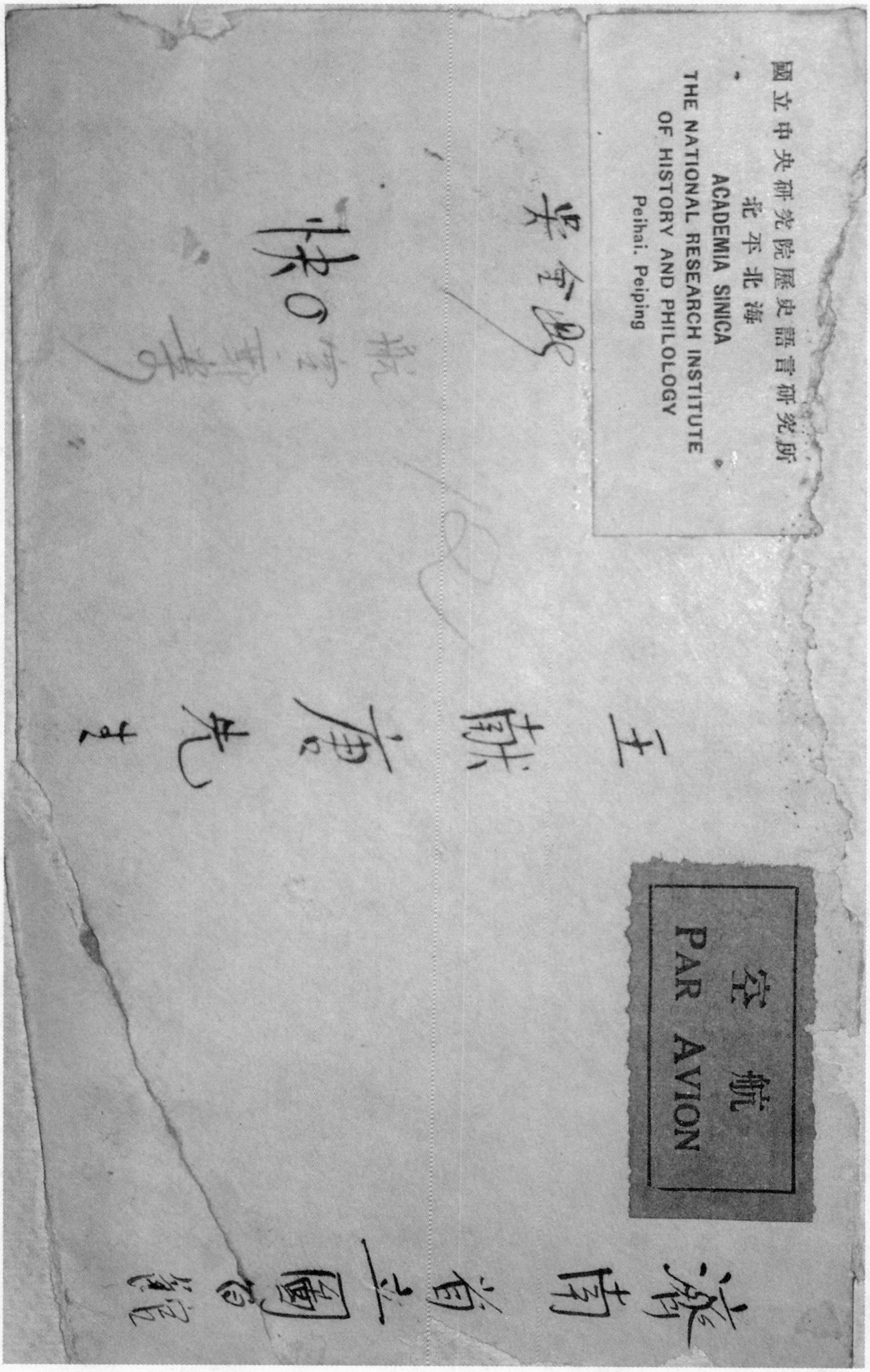
國立中央研究院歷史語言研究所
北平北海
ACADEMIA SINICA
THE NATIONAL RESEARCH INSTITUTE
OF HISTORY AND PHILOLOGY
Peihai, Peiping
航空
PAR AVION

一百九十　王大隆

書十三通　封九件

書第一通

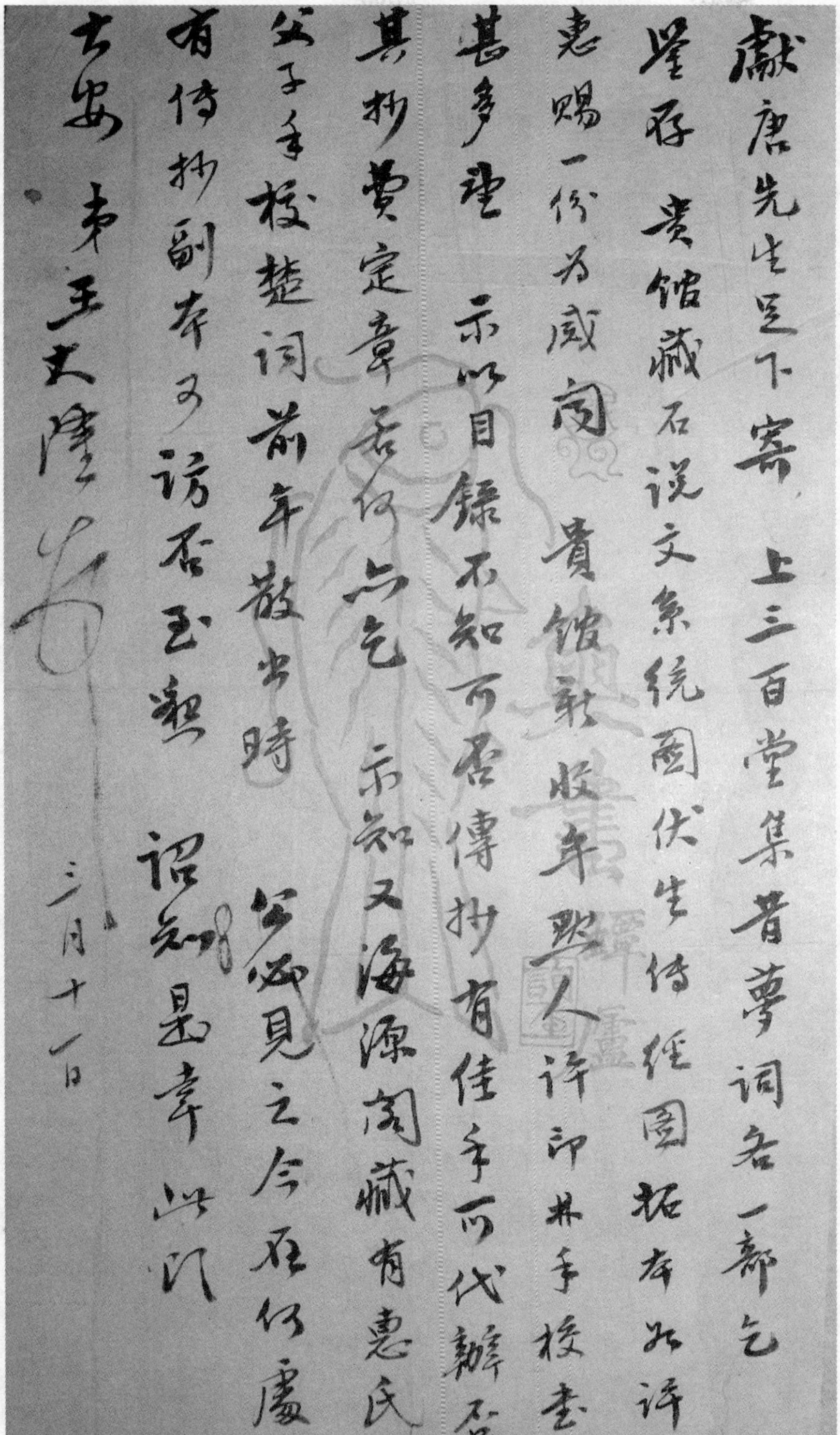

獻唐先生足下：寄上三百堂集、肯夢詞各一部，乞鑒存。貴館藏石說文系統圖、伏生傳經圖拓本，如許惠賜一份，爲感。閱貴館新收年默人許印林手校書甚多，望示以目錄，不知可否傳抄，有佳手可代辦否，其抄費定章若何，亦乞示知。又海源閣藏有惠氏父子手校楚詞，前年散出時公必見之，今在何處，有傳抄副本又訪否，玉照詢知是幸。此訊大安。弟王大隆頓首　三月十一日

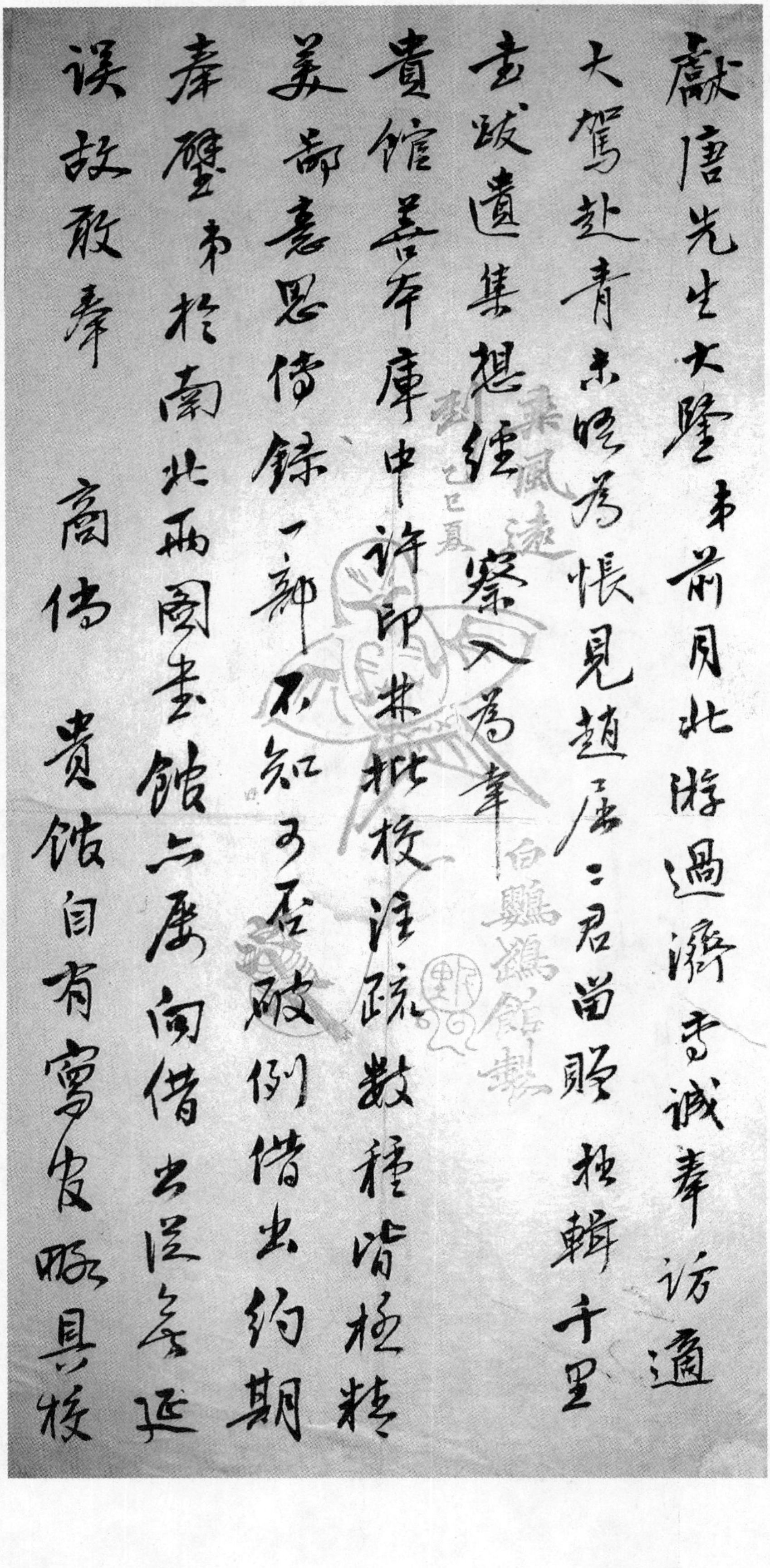
獻唐先生大鑒：弟前月北游過濟，奉訪適
大駕赴青，未晤為悵。見趙、屈二君，留贈拙輯《千里
堂跋遺集》，想經
察入。為奉
貴館善本庫中許印林批校注疏數種皆極精
美，鄙意思借録一部，不知可否破例借出，約期
奉璧。弟於南北兩圖書館亦屢向借出，從無延
誤，故敢奉商。倘
貴館自有寫官，略具校

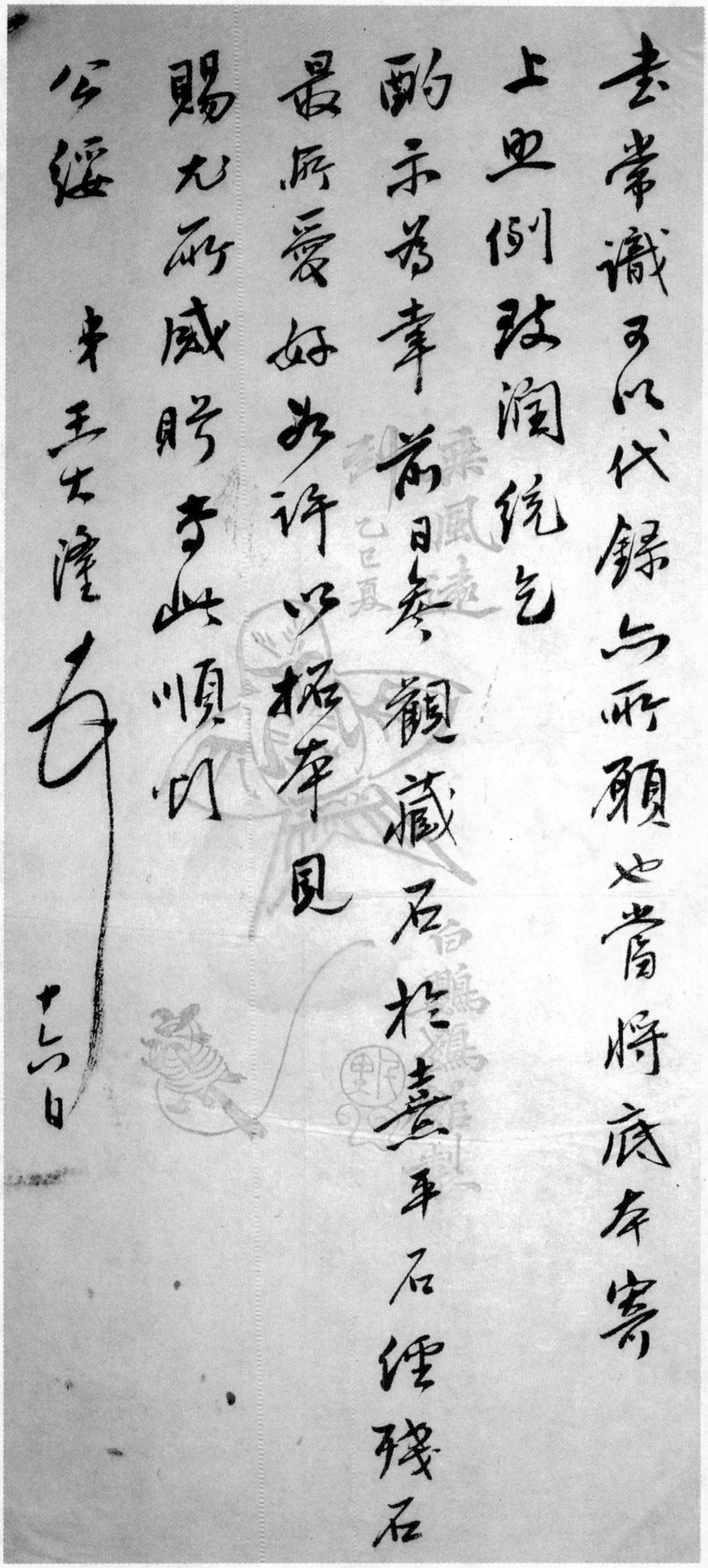

去常識可以代錄，與所願也。嘗將底本寄
上，無例改潤飾，乞
酌示為幸。前日奉觀藏石，於熹平石經殘石
最所愛好，如許以拓本見
賜，尤所感盼。专此，順頌
公綏。弟王大隆頓首　十六日

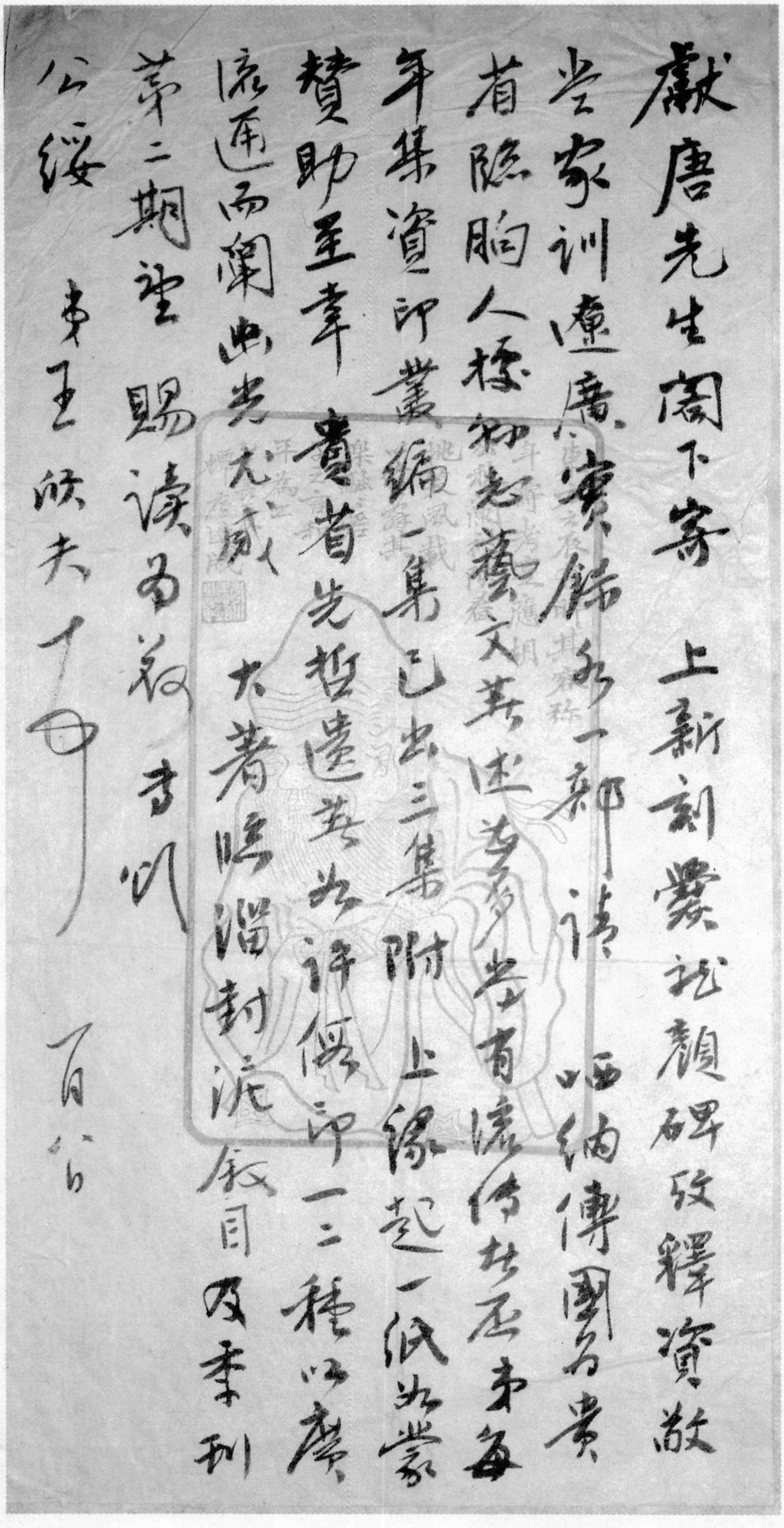
獻唐先生閣下寄　上新刻叢書顏碑跋釋資敬
堂家訓遼廣賓錄各一部　請　哂納傳園為貴
省臨朐人搜輯志藝文甚述茲多出有續修未每
年集資印叢編一集已出三集附　上緣起一紙如蒙
贊助至幸　貴省先哲遺著如許倣印一二種以廣
流傳遇而闡幽光尤感　大著臨淄封泥敘目及季刊
第二期望　賜讀為荷　專此
公綏　弟王欣夫　頓首

書第四通

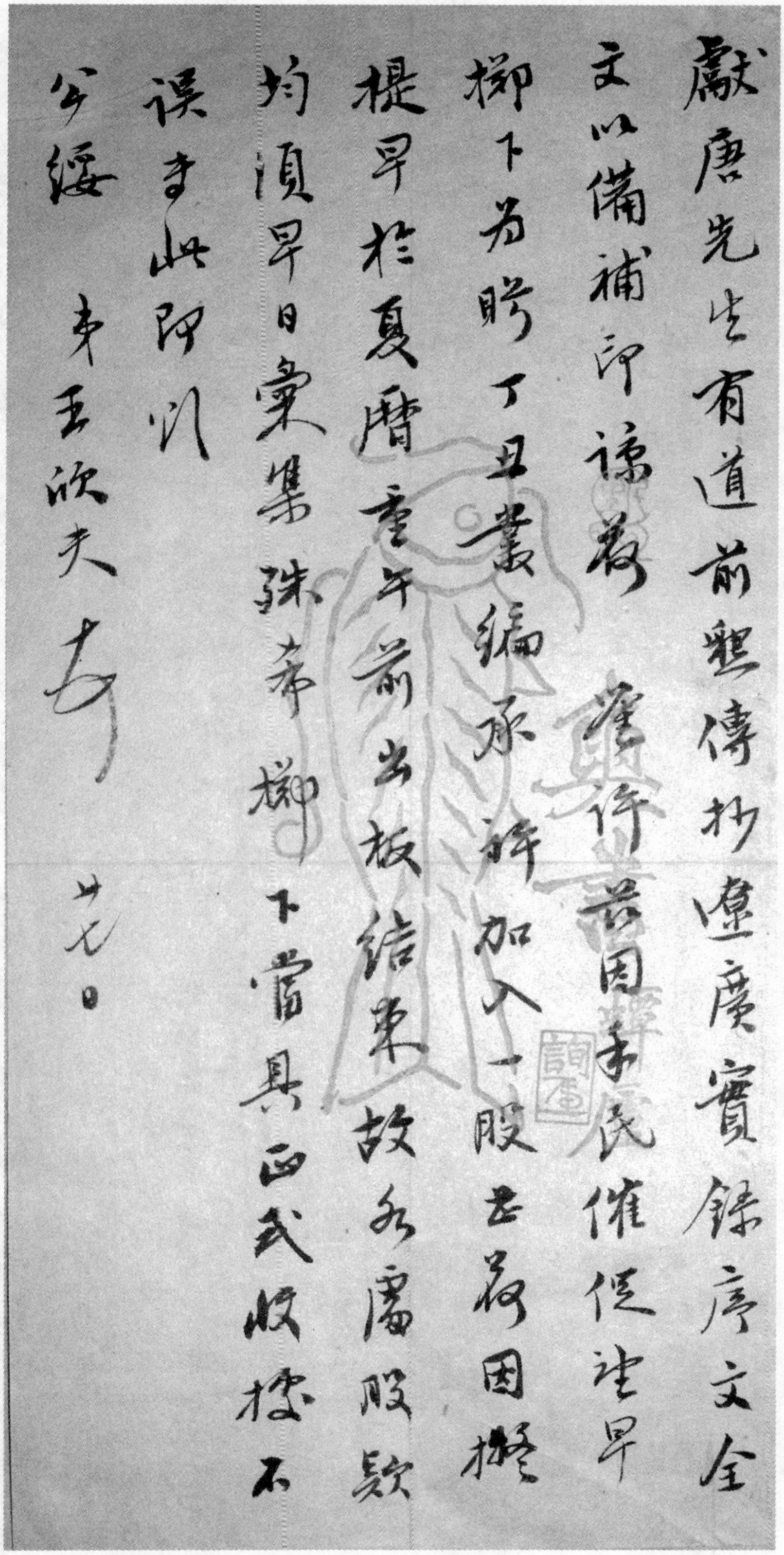
獻唐先生有道：前惠傳抄盧廣實録序文全文，以備補印，諒蒙　寵許。前因手民催促甚早，擲下為盼。丁丑叢編原許加入一股，去歲因擬提早於夏曆重午前出板結束，故另屬股款均須早日彙集，殊希　擲下，當具函式收據，不誤。專此即叩
公綏。
弟王欣夫頓　廿七日

獻唐先生閣下：頃見尊輯山左先哲遺書目録，所收材料皆屬傳世未刊要籍，得以流布，以益學者，誠盛業也。但竊有進者：瑞安陳君雖喜刊行古書，然於校勘方面絕非内家，故其所已刊者無一非豕魚滿紙，開卷作三日嘔。瞿木夫古玉圖致此真有用之書，而每頁差誤多至數十字，於有之木刻且如此，況排印乎？即如此次附印南澗易箋，記兩頁為樣本，自必校對精嚴不苟，庶可引起閱者之興感，而踐事操觚（伊庚雅誦）矣。然其行款之誤，排文字之顛倒已累累見之，試問全書刊成有

甲價值而第三行國籍并古校錄姓氏即 閣下如 閣下
非將受誣於不白耶大概陳君為謀利計竟於校對內容完
全不講然 閣下為表揚先哲遠節計寧不亦置而問耶
況此書有關實學致訂之書苟差誤累累反足以貽誤學
者上則厚誣先哲下則貽誤後學為此刻書不如其已且
亦大負 閣下校讎之苦心矣竊謂 貴館經費之充裕
人材之美備既具表彰先賢之盛心又不自行出版而必
託之於惟利是圖不知校勘為何事之人 僕與陳君素

不相識，至無成見。觀此譯種流傳為害之大，不禁為貴
省先哲悲矣。閣下勤勤校訂之苦心，惜有骾在喉，
不得不一傾吐之耳。閣下其督之。王陸君刻書之成績
固傳布甚多，一一可案，非一人之私言也。貴館年刊
中之許校蔡中郎集，其下半部亦將付印否？僕近
輯成千里也跋語二百種，已在刊板。貴館所藏
所見有可益我者，至盼賜教。手此即頌
台綏
弟王劍欣夫上

貴館如有惠定宇棟批校之書，不論真跡或他人
傳臨本，均祈示知為感。

書第六通

獻唐先生有道：手書敬悉，惠封泥叙錄、館刊兩冊拜領，謝謝。郵局銀行皆須根，郵局須注明護龍街分局字據。丁丑叢編承允加入，茲收每股國幣拾元，擬下次當奉正式收據。甲戌印書，嘗少市上有出價五元而不可得者，友人有一重份可割讓，照市價計甲戌五元，乙亥、丙子各三元，尊處如須此，請匯款向友人取之寄上亦可也。又擬輯顧千里思適齋書跋，坊中每部實洋五元，今肯去回佣每部實收四元，如貴館未備，亦可同寄也。示遼廣實錄本印入丁丑叢編中，故今先印單本數十冊，如此篇尚有異本出書示知。貴館所藏刻本首序完全，可否請即抄賜補印，以成全璧，至盼至禱。又所據程遜亭抄本係草書，不免有脫誤，如許以刻本一番校其異同，俾得附入校勘記

中尤為企望。館員中不乏精於校讎之學者，懇為代校擲下，本於印書
期盡心力，不敢草率。用敢瀆懇者，王菉友文集何日印行，以早
讀為快。貴館所藏抄校善本，已富有目錄，可見賜否？又有借抄借校
之例否？來於經部書欲借抄數種，當照定章繳款託辦也。學校
寒假在即，廿四日後惠寄，請寄蘇州西花橋巷廿五號敝舍
可也。專此即頌
撰祺。弟王欣夫上　廿日
如有小種佳稿，務賜印入叢編為盼。

書第七通

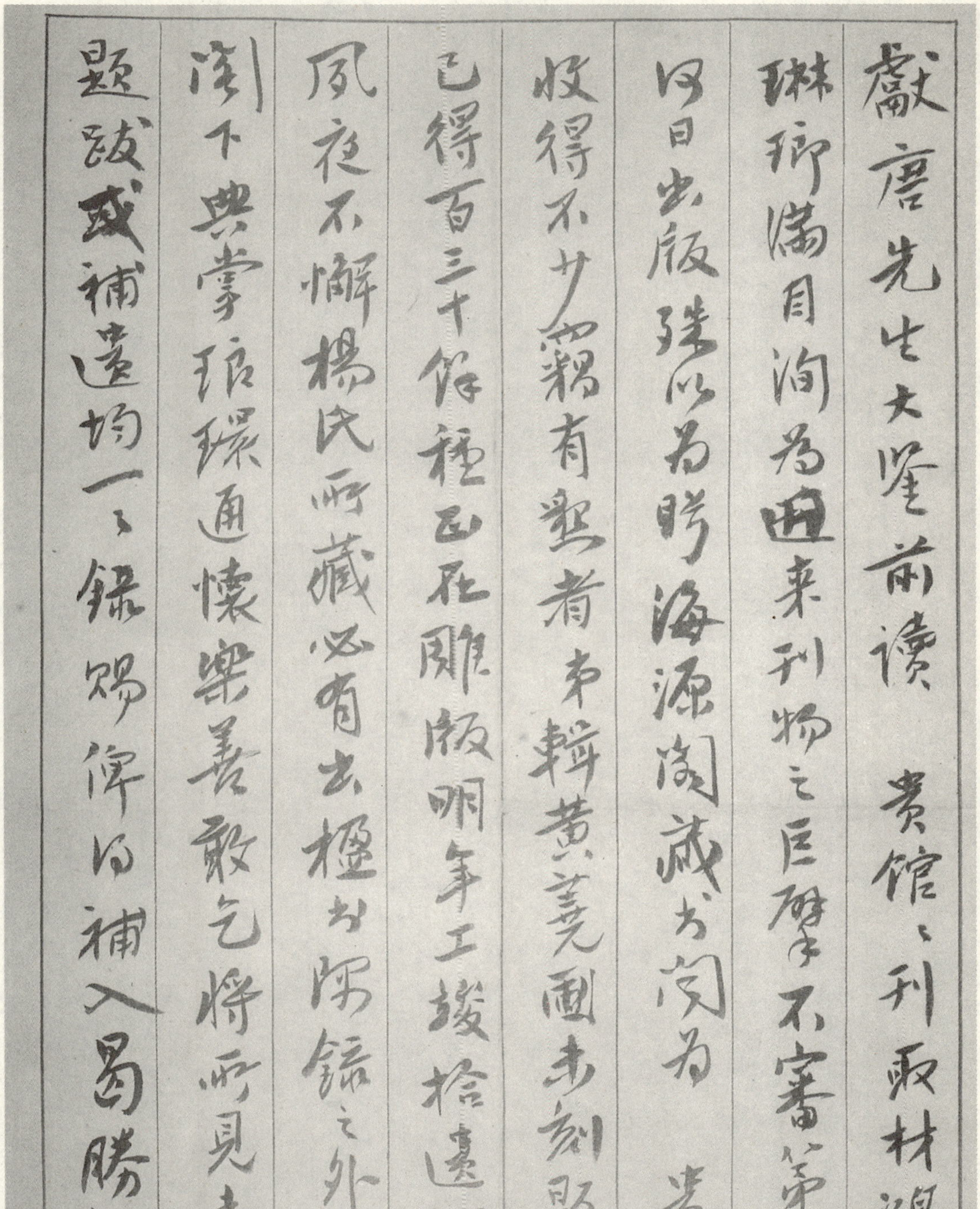
獻唐先生大鑒：前讀 貴館〻刊，取材鴻博，琳瑯滿目，洵為近來刊物之巨擘。不審第二集何日出版，跂以為盼。海源閣藏書聞為 貴館收得不少，竊有懇者，弟輯黃蕘圃未刻題跋，已得百三十餘種，正在雕版，明年工竣，拾遺補缺，夙夜不懈。楊氏所藏必有出楹書隅錄之外者，閣下典掌琅環，通懷樂善，敢乞將所見未刻題跋或補遺均一〻錄賜，俾得補入，曷勝銘感。

弟所輯題跋外又有雜文
廿餘篇遺詩六百餘首 又
貴館擬刊王菉友許
印林遺書不知何日出版 均願先覩為快 比
以寒假旋里 惠覆請寄蘇州西花橋巷
三十五號敝廬可也 專此敬頌
大安 弟王欣夫拜 一月八日

書第八通

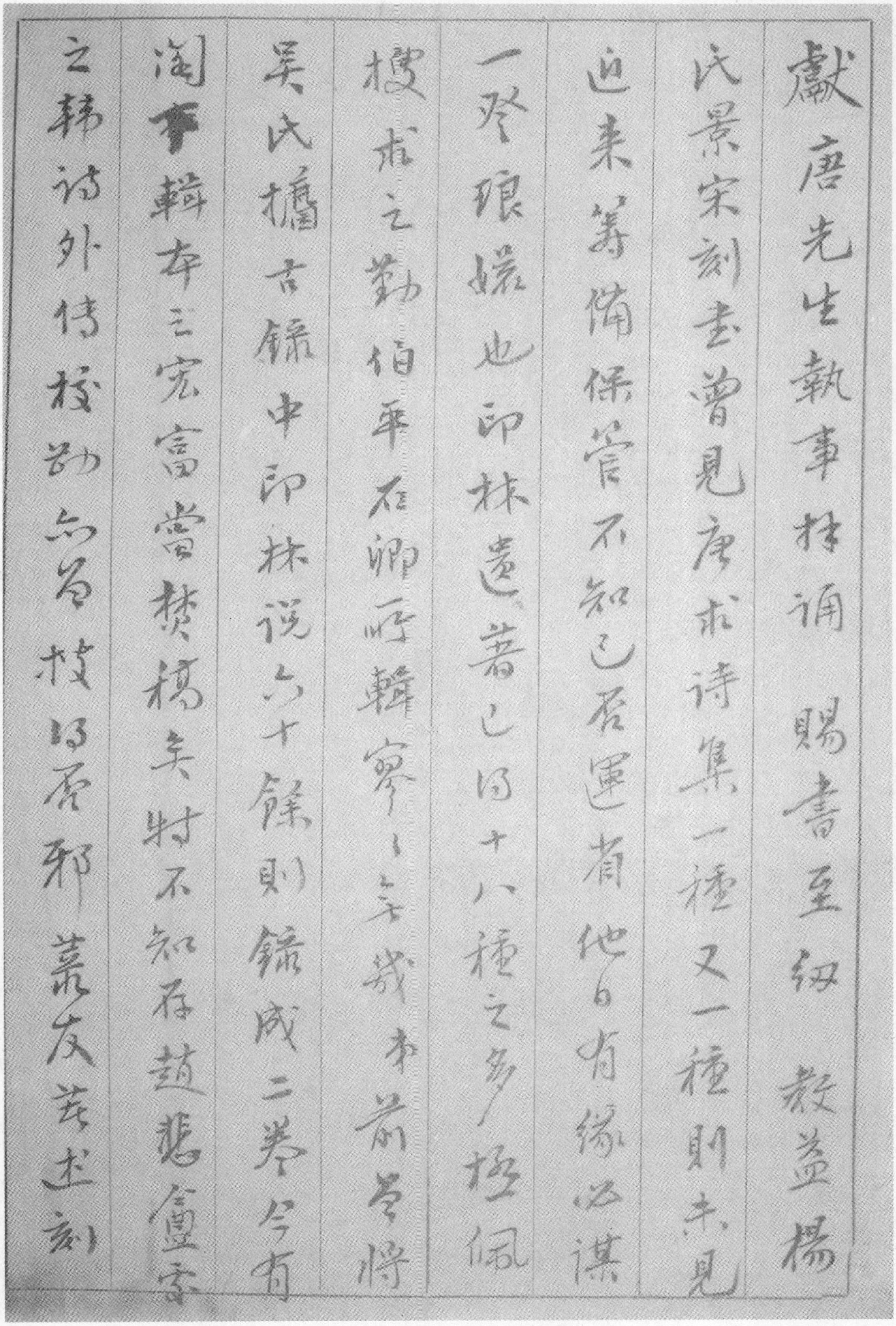

獻唐先生執事拜誦　賜書至紉　教益楊
氏景宋刻書曾見唐求詩集一種又一種則未見
近來籌備保管不知已否運省他日有緣必謀
一登瑯嬛也印林遺著已得十八種之多極佩
搜求之勤伯平在鄉所輯寥寥無幾弟前曾得
吳氏攟古錄中印林說六十餘則錄成二卷今有
閣下輯本之宏富當焚稿矣特不知存趙悲盦家
之韓詩外傳校勘亦曾校以原本邪叢友莪述刻

本皆易得者，今年曾以鉅價購蛾術編一種，此

書為最罕見。文集若出，大足厭學者之望。其外不

知尚有何種。郝氏未刊書目即刻附全書總目後，

可續檢。如近見山西圖書館印顏氏家訓校記一

種，出全書外，如國文尚書能謀印公世，極善。所印各

書極盼能早日行世。諸書不知是木刻或排印，若排印則許主諸公皆小學名家，必多古字，校勘宜精。本

見北海圖書館所出李越縵堂書，佩其輯錄之勤，而憾其校讎之疏，敢貢區區，希亮察是幸。拙輯黃蕘翁年

譜補一冊呈

政。楊氏書中黄氏藏書題跋定有溢出楹書隅錄外者，想當隨時錄示，尤感。李刊承允刻就印賜讀，謹謝厚誼。弟刻因校中放暑假，不日返蘇，如蒙通函賜教，請寄上蘇州西花橋巷五號弟寓。即請道安。

弟王欣夫頓

十六日

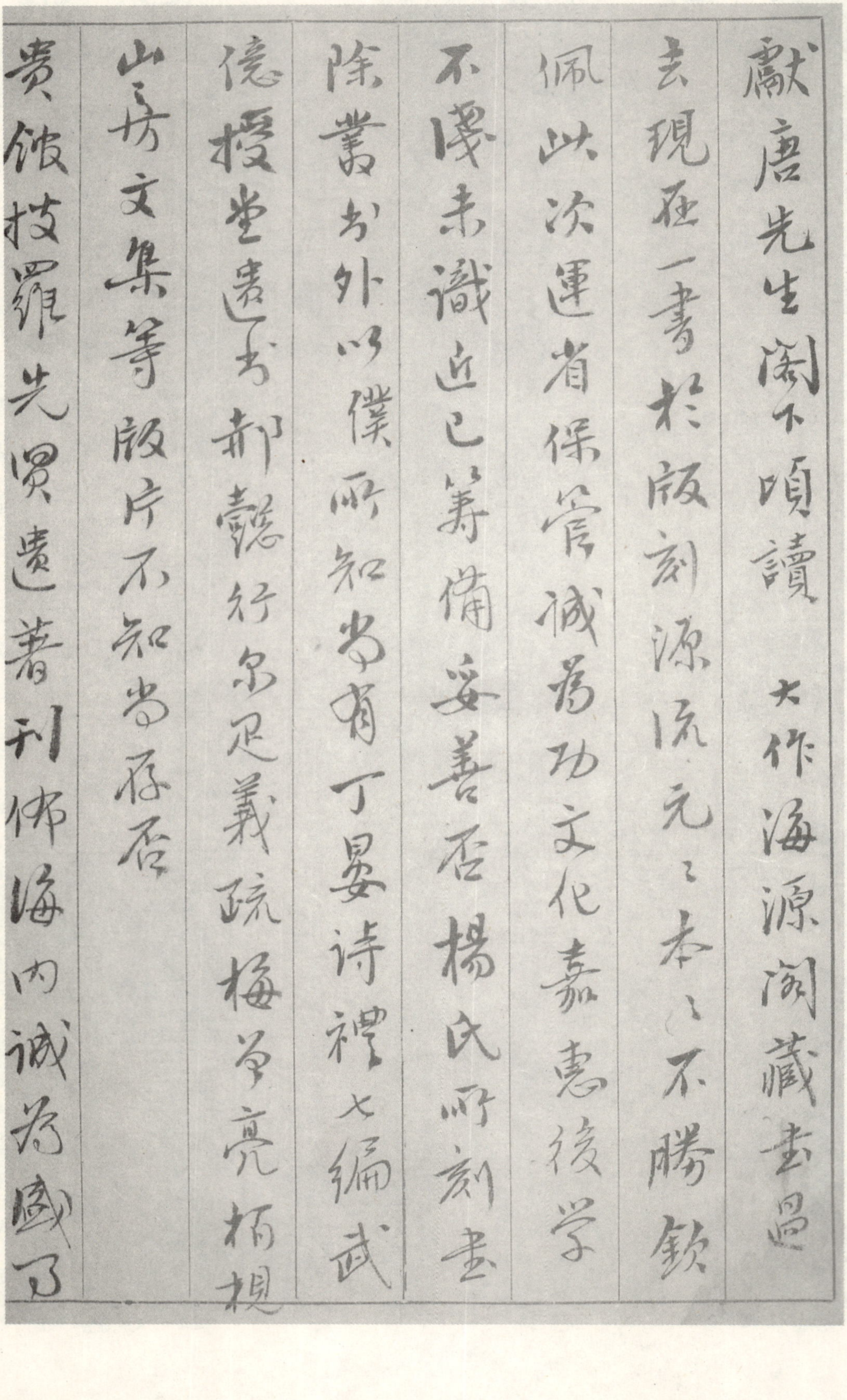
獻唐先生閣下頃讀 大作海源閣藏書過
去現在一書於版刻源流元元本本不勝欽
佩此次運省保管誠爲功文化嘉惠後学
不淺未識近已籌備妥善否楊氏所刻書
除叢書外以僕所知尚有丁晏詩禮七編武
億授堂遺書郝懿行爾疋義疏梅曾亮柏梘
山房文集等版片不知尚存否
貴館搜羅先賢遺著刊佈海内誠爲盛事

王大隆

印林篆友二先生遺著已經編印不知何日出
書渴望之至竊思郝懿行年庚譜先生均有
貴省經學大師遺書未刊者尚多不知能陸續
搜訪否
貴館年刊觀目錄多有價值文字如蒙賜讀
尤感
惠覆請寄蘇州西花橋巷鄙人收可也專頌
撰祺　王謇大啓　六月三日

獻唐先生閣下：賜書誦悉，并承鈔示圭齋王

福碑，感感。異日 貴館如有便人往灌陽拓碑，則

請并王佑碑同拓一分，工資當照繳也。屬訪十

三行石刻，當為留意，但近來蘇市書業殊不

多見，因治其學者之鮮，故估人亦不復注意矣。頃

因青浦友人欲重修春融堂集，偶檢得十三行跋

一篇，不知 公已見之否？當復奉謝。順頌

撰祺。 小弟王欣夫上 三月十四日

七八年前曾見海豐吳氏鈔本許印林遺稿十餘冊，多考訂經史及金石跋

尾，因議價未諧，轉瞬即馳。今 尊輯印林遺著，不知已見吳本否？

書第十一通

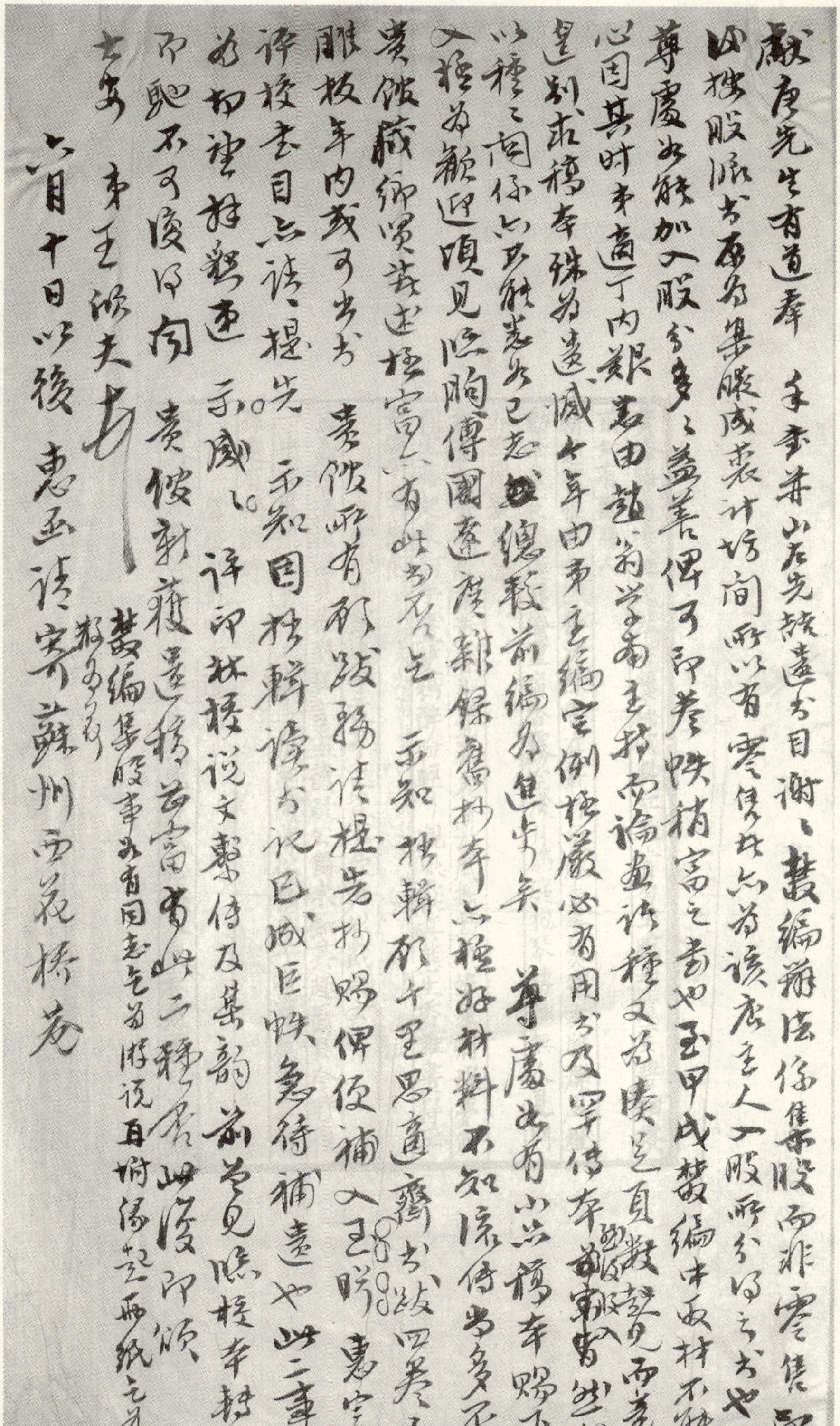
獻唐先生有道：奉 手書并山左先哲遺書目，謝謝。叢編辦法係集股而非零售，印成
書按股派書，原為集腋成裘計，故向所以有零售者，亦為該處主人入股所分得之書也。
尊處如能加入股分，多多益善，俾可印卷帙稍富之書也。至甲戌叢編中史材不能洽
心，因其時弟適丁内艱，若由趙翁學南主持，而論孟諸種又為續足頁數而竟不
是到，求稿本殊為遺憾。今年由弟主編，定例極嚴，必有用之書及罕傳本[illegible]然向
以種之同係小品，能甚多已[illegible]，總較前編為進步矣。尊處如有小品稿本賜下，印
入極為歡迎。頃見臣胸傳圖遂度、鄭錄盧抄本小種好材料，不知係何書多少卷
貴館藏，鄉賢著述極富，亦有此類否？ 亦知 楊輯那卡里思適齋書跋四卷已在
雕板，年內或可出書。 貴館所有楊跋，務請 抄賜，俾便補入王跋。 惠字
評校書目亦請 提先 示知，因楊輯讀書記已織巨帙，急待補遺也。此二事最
為切望，務請速 示為感。評印林楊說文繫傳及集韻，前見賬極本，楚眼
所馳不可後得，閱 貴館新獲，還遺稿甚富，當有此二種否？此後印頒
大安。 弟王欣夫 手上
叢編集股事如有同志，乞為游說，再附綫訂兩紙，亦為分
六月十日以後 惠函請寄蘇州西花橋巷

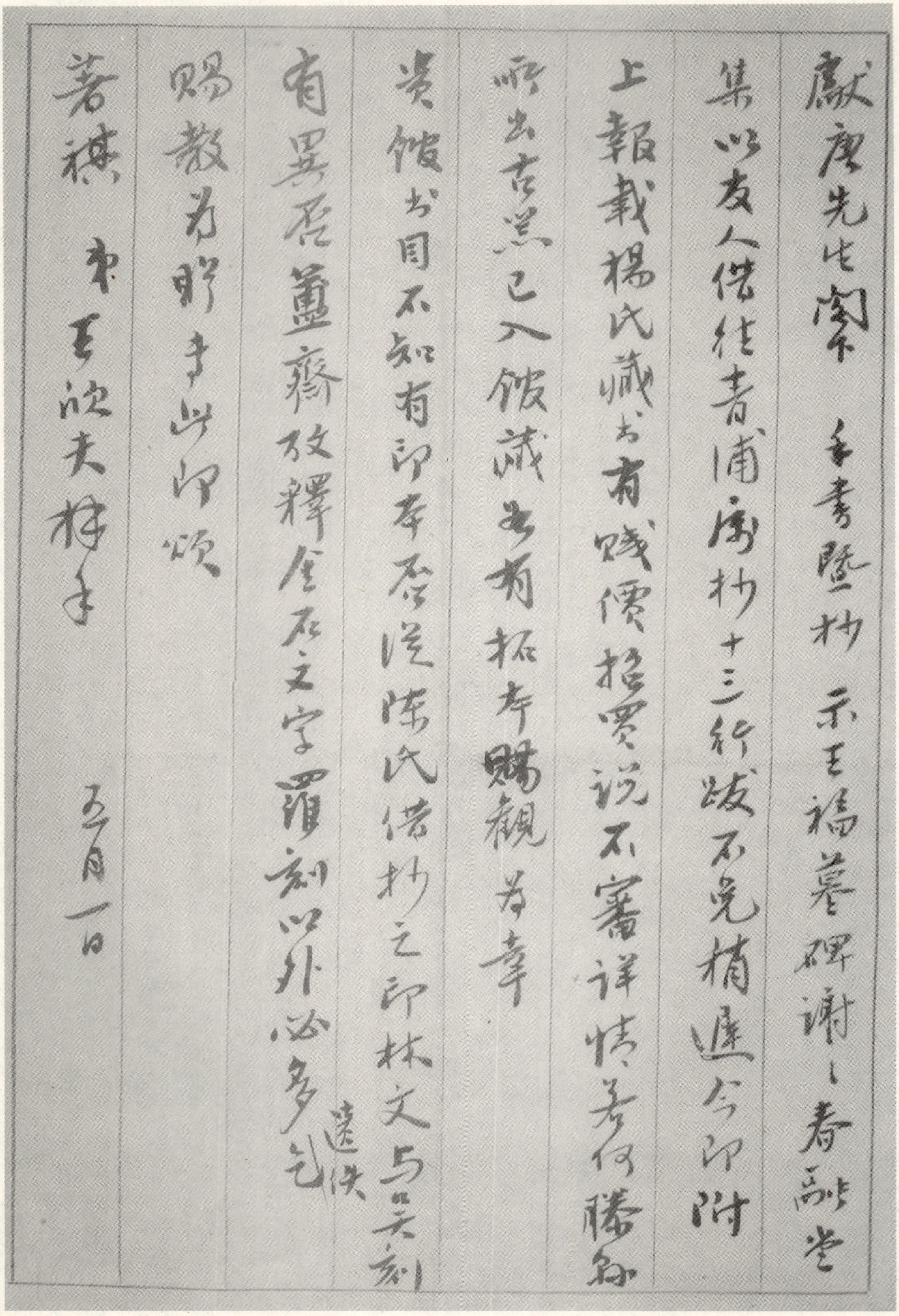

獻唐先生閣下：手書暨抄示王禧墓碑，謝謝。春融堂集以友人借往青浦處抄十三行跋，不免稍遲，今即附上。報載楊氏藏書有賤價招買說，不審詳情若何。滕縣所出古器已入館藏，書有拓本賜觀為幸。貴館書目不知有印本否。從陳氏借抄之印林文與吳刻有異否？蕙齋攷釋金石文字，羅刻以外必多遂佚，乞賜教為盼。手此，即頌著祺。

弟王欣夫拜手　五月一日

集印甲戌叢編姓氏錄

每股銀十元

無錫丁梓仁	上海王培孫	吳縣王佩諍	吳縣王欣夫
太倉王契華	吳縣王君衡 崑山趙克明	松江杜雅言	吳縣李旭光
太倉李惠農	吳縣吳瞿安	吳縣汪叔銓	歙縣汪己文
吳興周子美	青浦金劍花	平湖屈伯剛	鳳陽俞壽田
吳縣祝心淵	無錫施復俟	金山高吹萬	金山姚石子
吳江淩汀鷺	吳江淩景埏	無錫陳品三	崑山陳渭士
太倉陳芝蓀	北流陳柱尊	嘉定章賦瀏 青浦戴禹修	吳縣張仲清
松江張琢成	吳縣彭叔華	吳縣彭振甲	崑山教育局
吳縣鄒百耐	平湖葛詞蔚	無錫榮德生	無錫榮鄂生
無錫榮條甫	崑山趙道一	吳江葉山民	吳江葉伯良
吳縣潘聖一	常熟錢仲聯	無錫嚴仲儒	常熟龐翼霄

吳縣顧子虬　無錫國專圖書館

以上各一股

太倉王慧言　寶應成翊青　無錫周梅坡　富平張扶萬

吳縣楊壽祺　崑山趙學南　定海戴滌塵

以上各二股

共集六十股計銀六百元印書五百部每部一元二角合銀六百元收付兩訖

每股派書八部共計四百八十部餘書二十部擬銷售後抵償鈔寫郵寄及封簽

刻工等一切雜費

甲戌十二月　趙學南　王慧言　同記

集印乙亥叢編緣起

逕啓者去年 瑔 等集貲排印甲戌叢編承
諸君子嘉許惠然入股用潰於成感佩靡已今已出書分布士林見者讚歎以爲其
事甚善而集股之法舉重若輕 瑔 等私幸未負委託用堪自慰夫以年名集歲有所
編使前賢所箸零星小種彙納成帙固屬最善之法今擬續印乙亥叢編仍以十元
爲一股集六十股印書五百部每部仍爲四册以半年爲期收得股款若干陸續印
書若干如此事有把握指日可成務望
諸君子力爲贊助從速輸股不勝翹企之至所有一切體例及按股分派書籍之法
悉依甲戌叢編茲不復贅乙亥孟春崑山趙詒瑔吳縣王大隆太倉王保譿同啓
印書定用八開本國連史紙即以此頁爲全書之樣本

集印丁丑叢編緣起

逕啓者琛等自甲戌年爲始集貲排印叢編已成三集收采各書大都海內孤本有關學術校讐再三不敢草率凡收支各欵均有報銷以昭信實因是蒙　諸君子嘉許每年　惠然入股而丙子叢編股分竟溢出原定限數之外以致　同好諸友未免向隅抱歉萬分今擬續印丁丑叢編擴充至六百二十部每部仍爲四册股分則增至一百零三股每股仍爲十元得書六部今丙子叢編業已出書丁丑叢編卽於今年開印以期明年可從早蒇事用副　諸君子先睹爲快之意至股款能於丙子年內　惠繳則印書經費既裕　諸君子向隅可免是相濟而互相益也不亦善乎所用紙料及印刷等悉依前例茲不復贅

附簡章三則

一采輯宗旨以詁經訂史小學掌故金石目錄藝術說部等類向無刻本或曾刻而未流傳者均應搜羅嘉道以來詩文集浩如煙海概不錄取惟名人著作有關實學

與尋常集部不同者不在此例至生存人所作無論何種嚴行屏絕

一如有家藏稿本祕籍願印入本編者請將原書寄下由同人審定去取即行具覆

一每股國幣十元可依下列地址由郵局匯寄蘇州護龍街郵政局交發起人查收即日塡具正式收據寄奉不誤

發起人趙詒琛學南
王大隆欣夫同啓

通信處趙學南蘇州大井巷十二號
王欣夫上海梵王渡聖約翰大學
蘇州西花橋巷三十五號

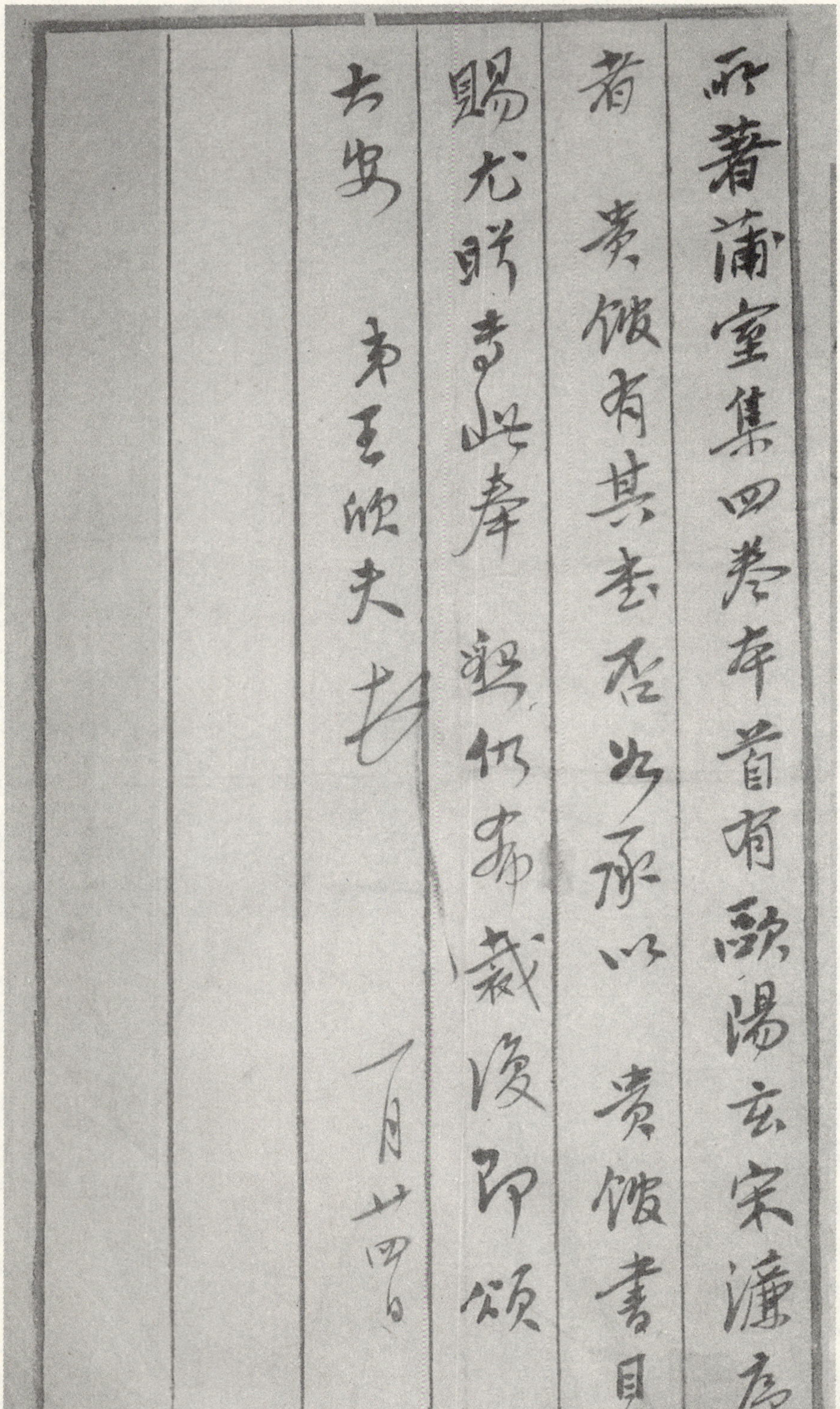

所著蒲室集四卷本首有歐陽玄宋濂序
者 貴館有其書否如承以 貴館書目見
賜尤感專此奉懇 仰祈裁復即頌
大安 弟王欣夫上 月廿四日

封第一件

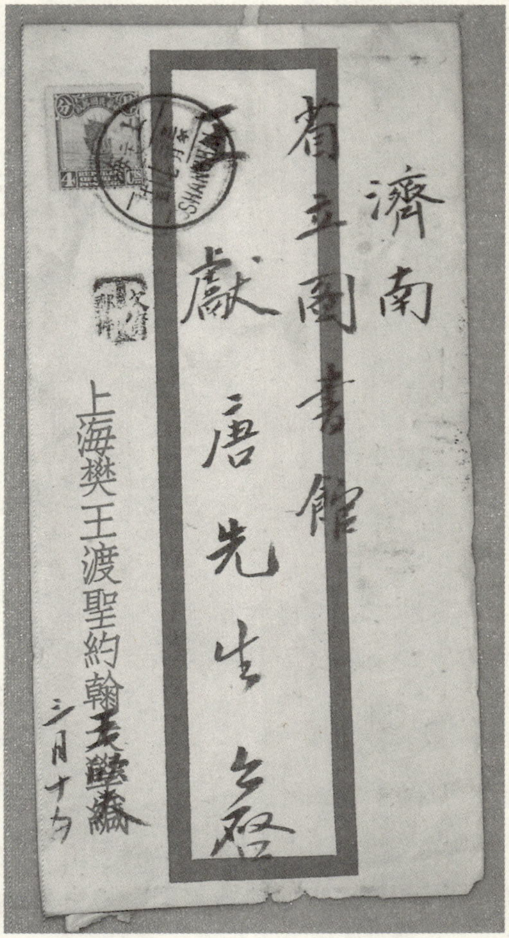
濟南
省立圖書館
王獻唐先生台啓
上海樊王渡聖約翰大學緘

封第二件

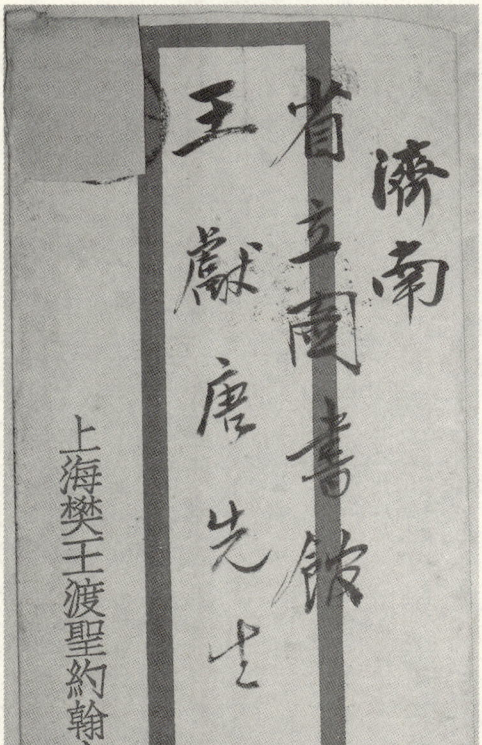
濟南
省立圖書館
王獻唐先生台啓
上海樊王渡聖約翰大學緘

山東濟南
省立圖書館
王獻唐先生台啓
上海樊王渡聖約翰大學緘

封第三件

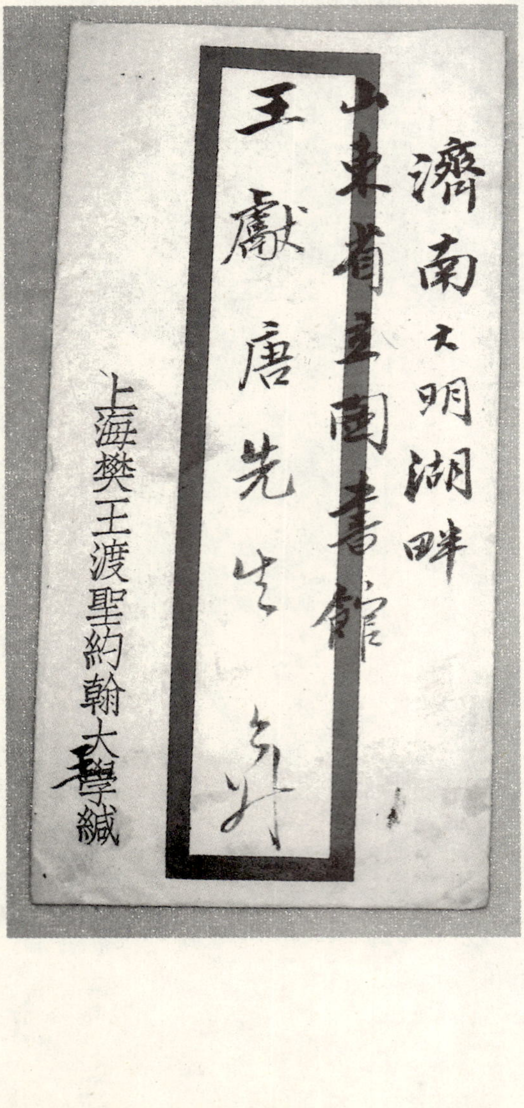
濟南大明湖畔
山東省立圖書館
王獻唐先生
上海樊王渡聖約翰大學緘

封第四件

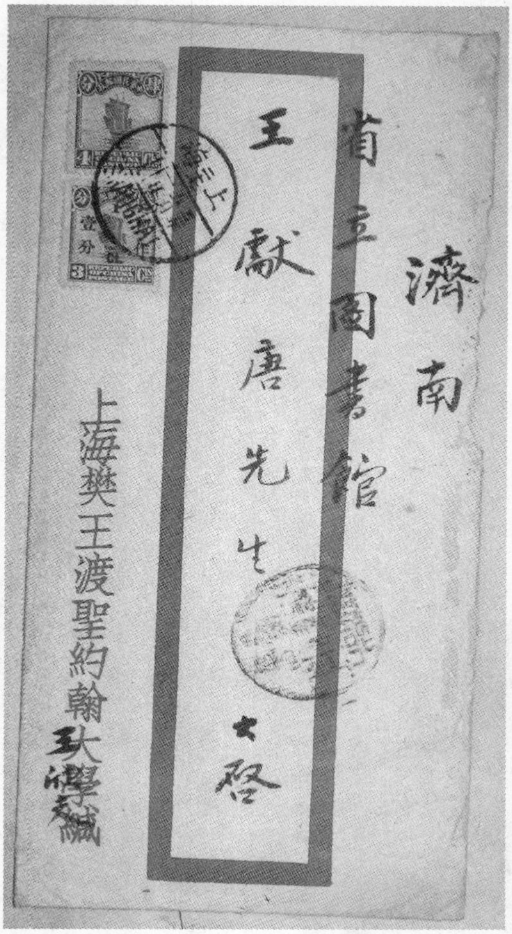

封第五件

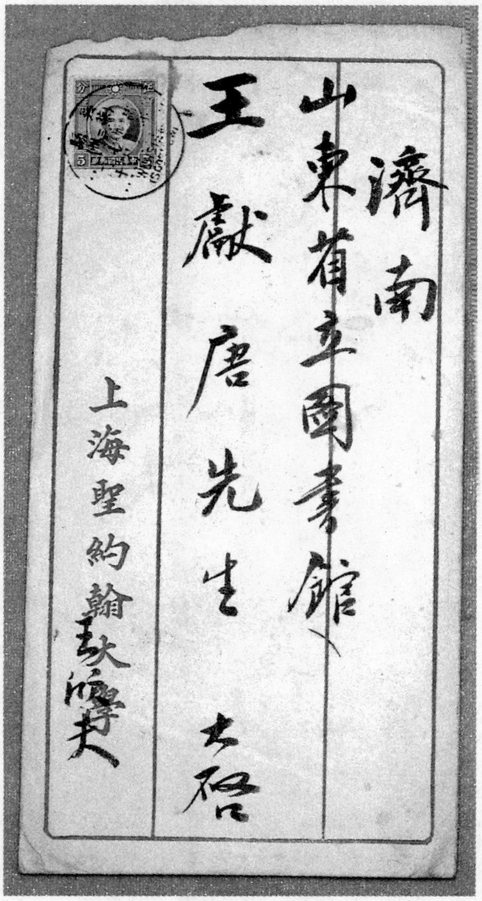

封第六件

封第七件

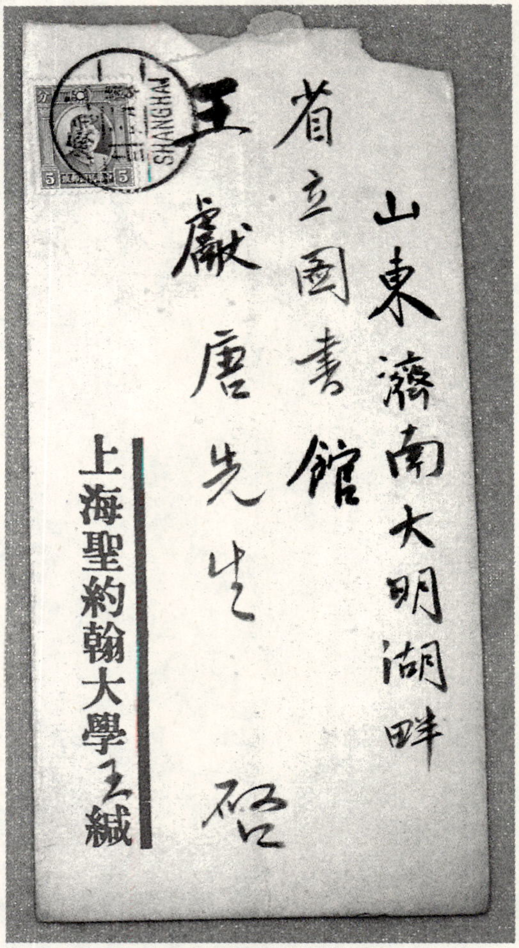
山東濟南大明湖畔
省立圖書館
王獻唐先生　啓
上海聖約翰大學王綖
SHANGHAI

封第八件

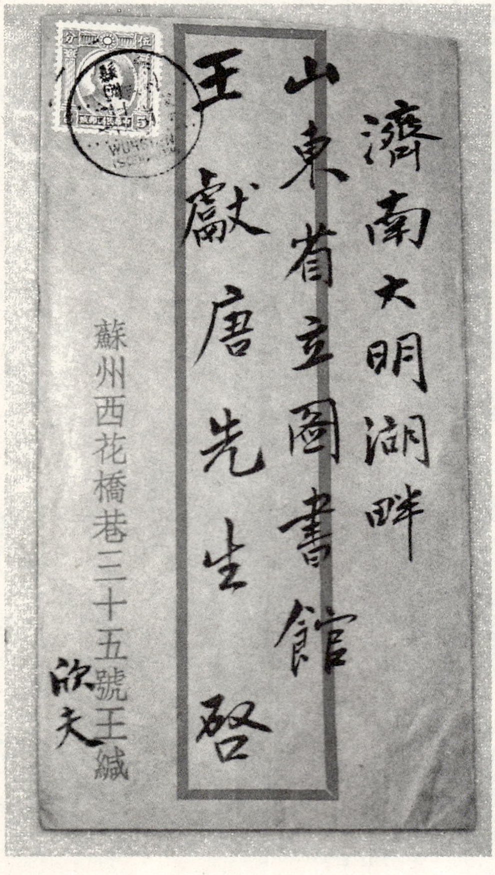
濟南大明湖畔
山東省立圖書館
王獻唐先生　啓
蘇州西花橋巷三十五號王綖
欣夫

封第九件

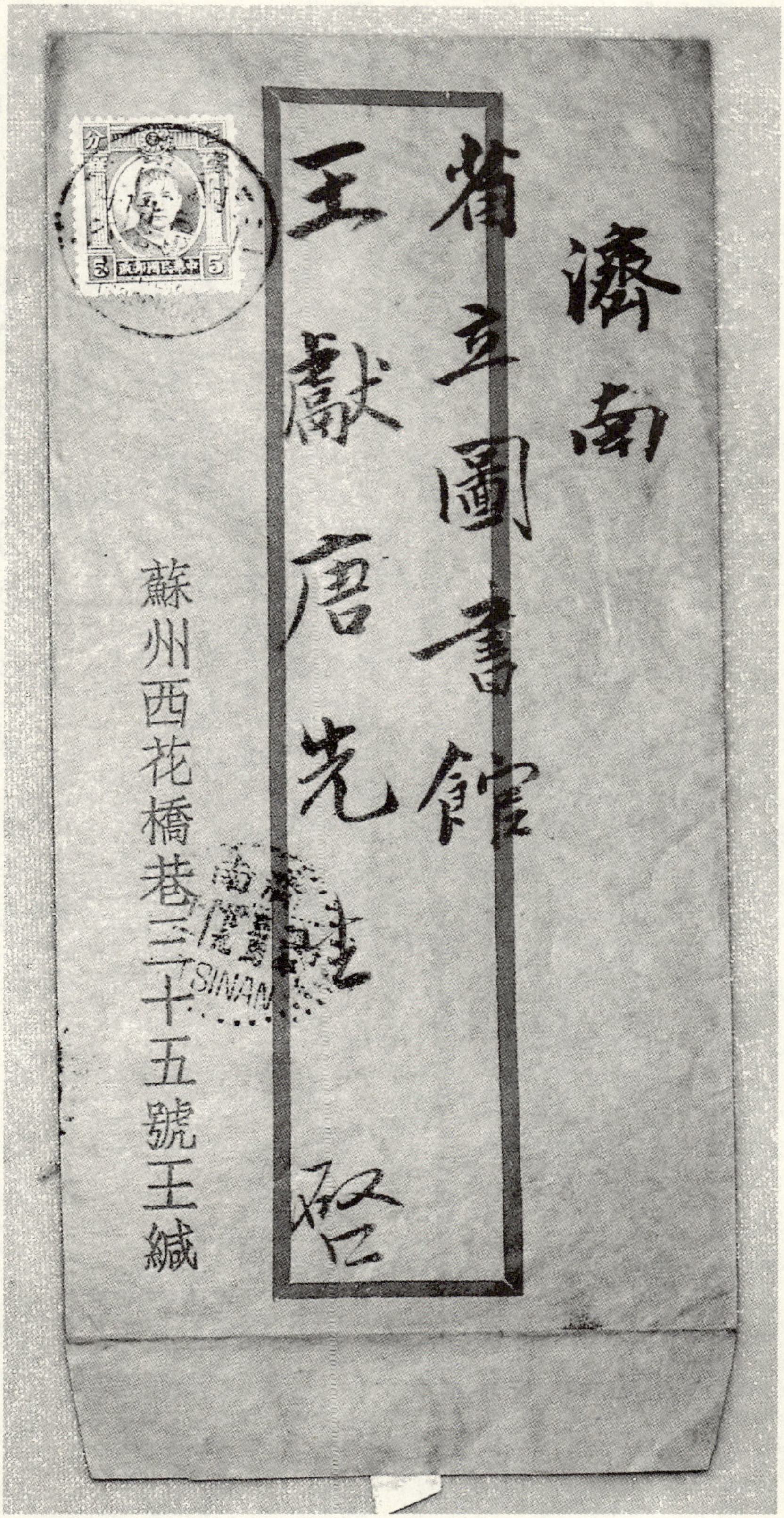

一百九十一 陳直 書二通 封一件

書第一通

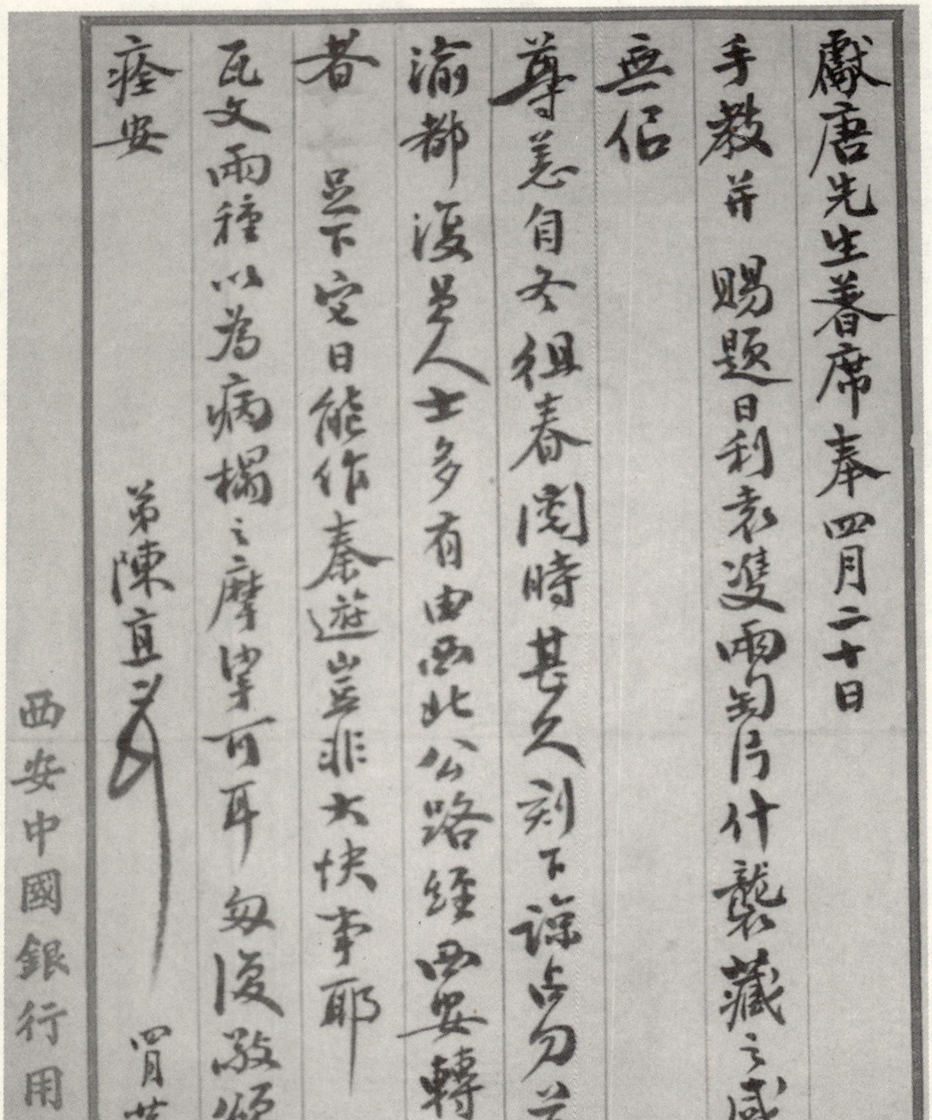
獻唐先生著席：奉四月二十日
手教并賜題日利表、遺兩匋片，什襲藏之，感荷
無佀。
尊恙自冬徂春，閱時甚久，刻下諒當勿藥矣。
渝都復員人士多有由西北公路經西安轉滬寧
者，足下它日能作秦遊，豈非大快事耶！新得
瓦文兩種，以為病榻之摩挲可耳。匆復，敬頌
痊安
弟陳直頓首 四月廿九日
西安中國銀行用牋

書第二通

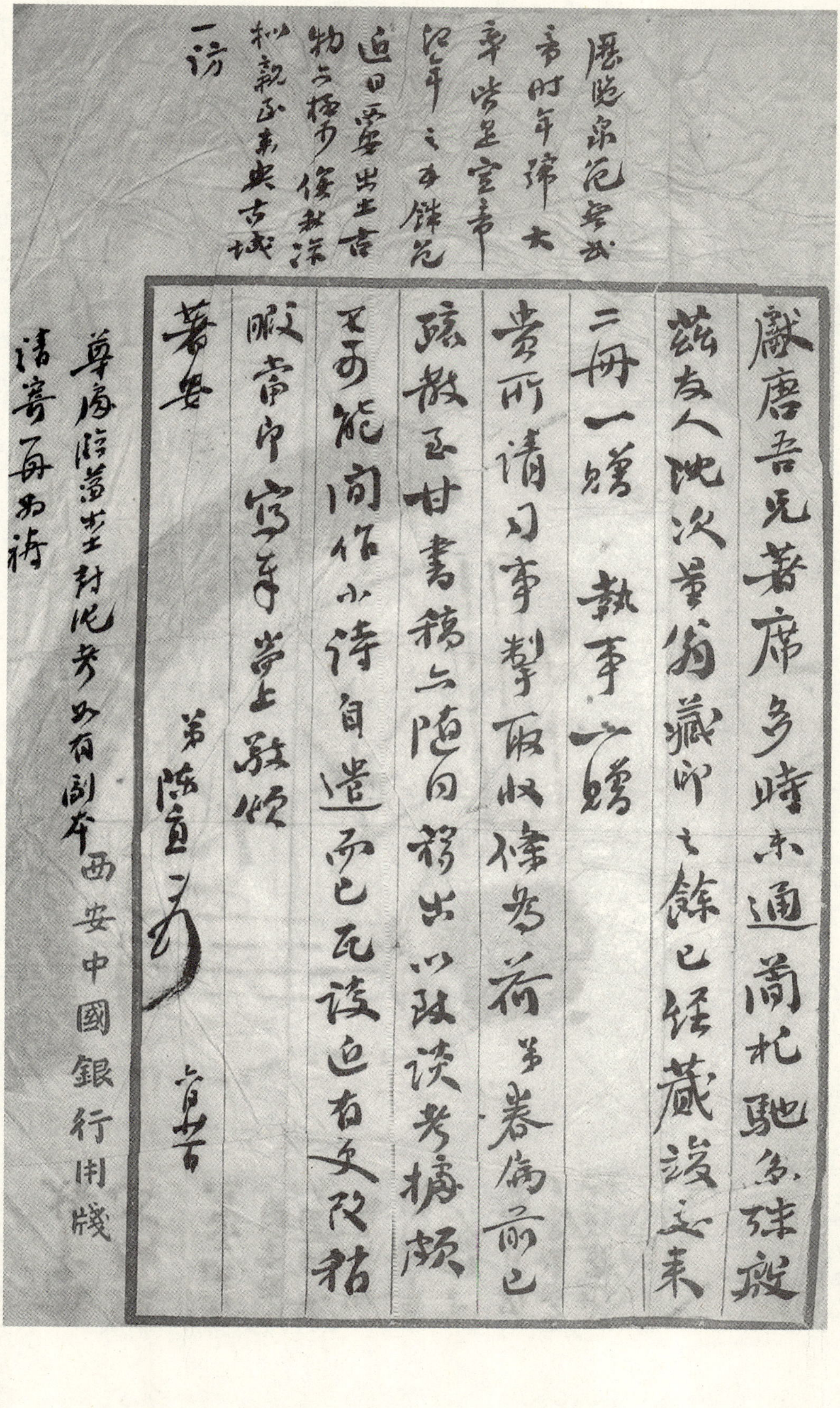

獻唐吾兄著席：多時未通簡札，馳系殊殷。
茲友人沈次量翁藏印之餘，已經藏設送來
二冊，一贈執事，一贈
貴所，請以事掣取收，俾爲荷。弟卷偶前已
瑵散乏甘書稿，亦隨同稍出，以政讀考摘頗
不可能，間作小詩自遣而已。瓦設迫有更改，猶
暇當印寫寄，尚上敬候
著安
弟陸[illegible]頓首

歷覽泉范，安武帝時年號，大辛皆是室帝紀年之本錢范，近日西安出土古物亦極多，僅秋深□□再來與古城一訪。

華廣臨蕭書封泥考，如有副本，請寄每冊待

西安中國銀行用箋

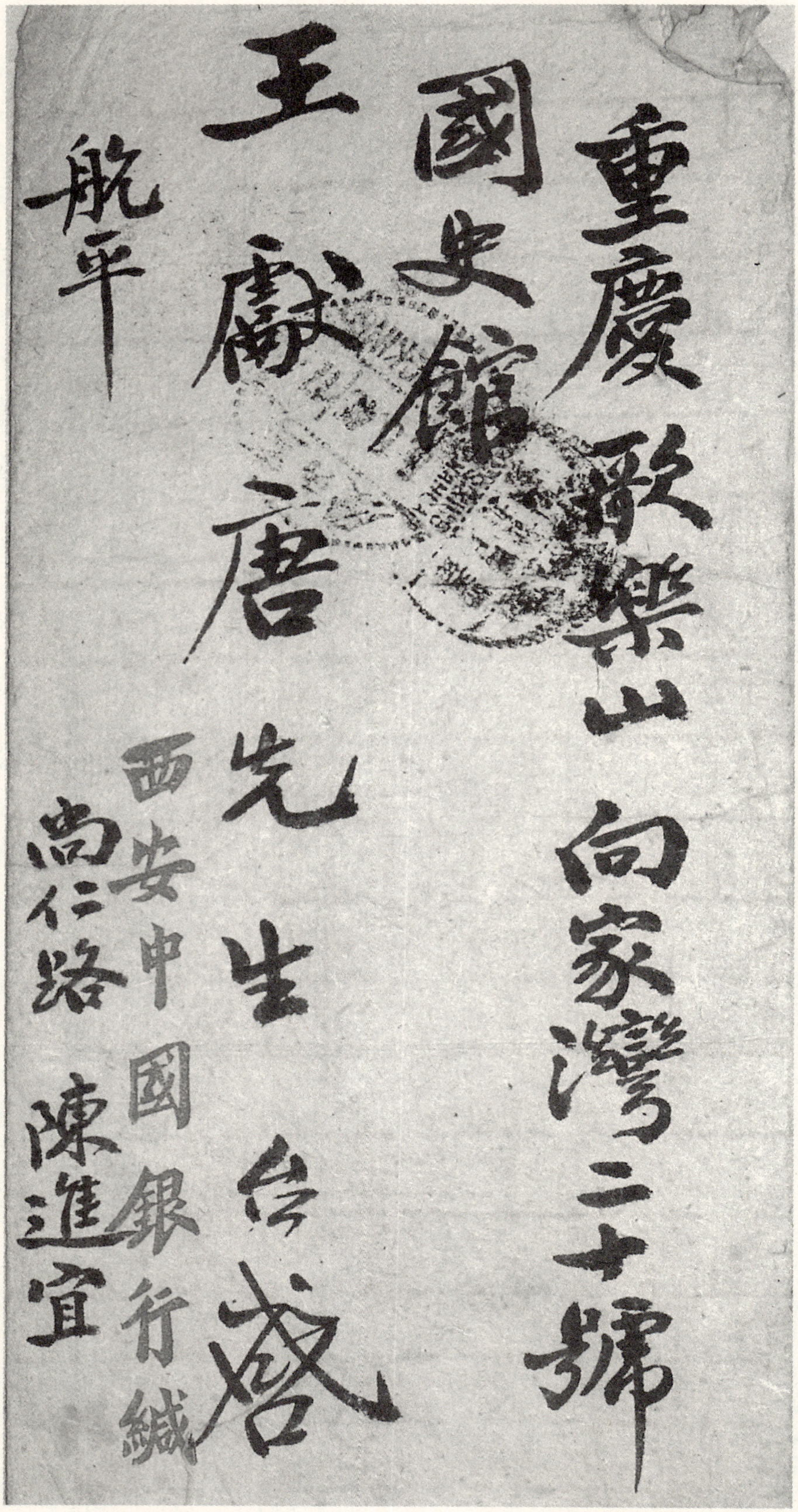
重慶歌樂山向家灣二十號
國史館
王獻唐先生台啓
航平
西安中國銀行緘
尚仁路陳進宜

一百九十二 謝國楨 書四通 封四件

書第一通

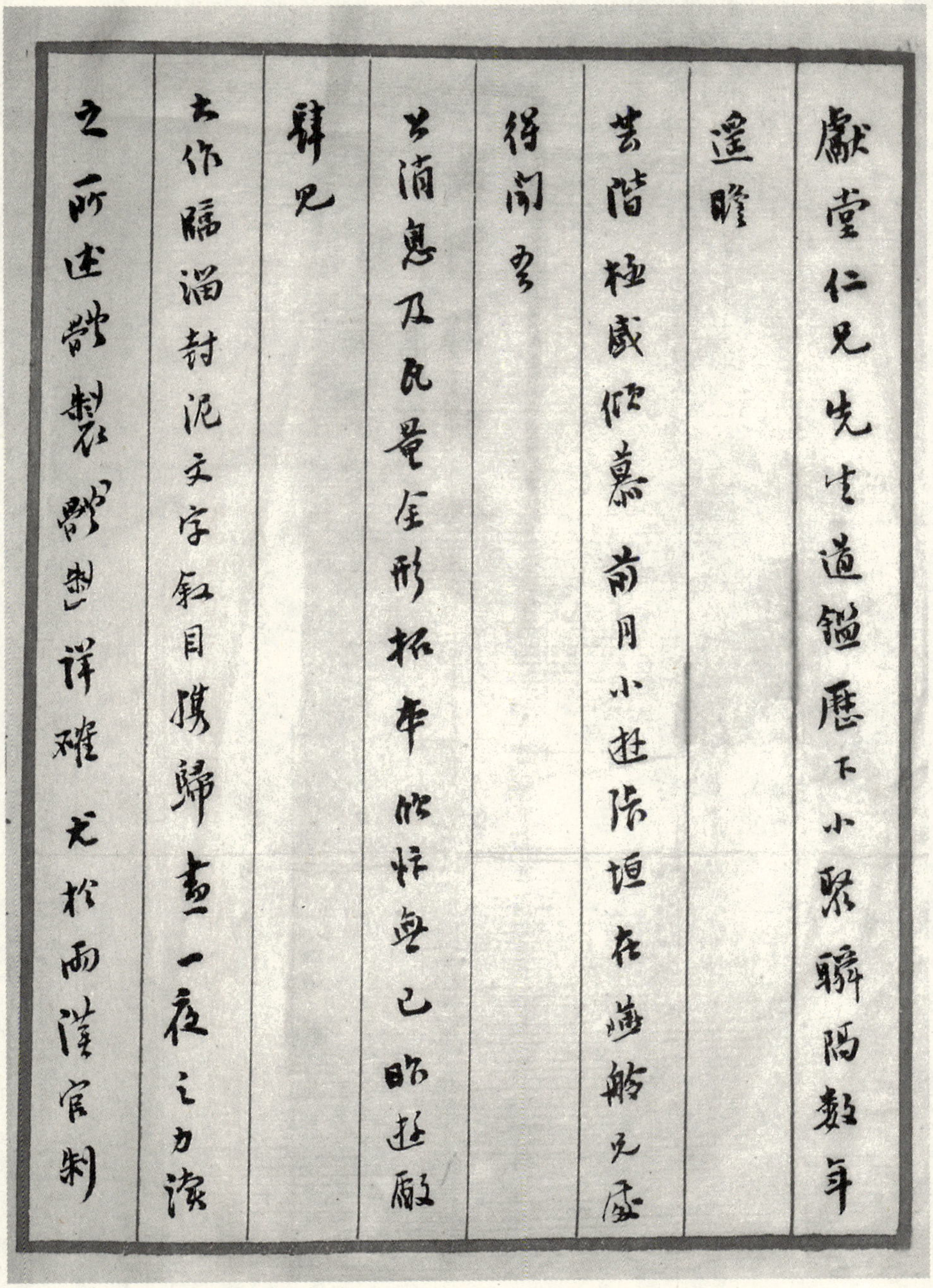

獻堂仁兄先生道鑑歷下小聚睽隔數年

達瞻

芸階極感傾慕前月小挺陸垣在遊艇見座

得聞尊

處消息及氏量全形拓本欣忭無已昨挺敝

齋兄

大作臨淄封泥文字敘目攜歸盡一夜之力讀

之所述體製[illegible][illegible]詳確尤於兩漢官制

考證精詳佩甚〻 敝館亦需此拓本前
尊撰之書已交圖書副刊另作介紹
者館藏甚器拓本未知
尊處有無一度藏或易或購均聽尊
公之意南通能將封泥拓本見貴拓館
先寄下尤為感盼漢畫敝館亦曾搜拓南
沂上滕縣時有出品並盼
賜示一二以廣瞭懷 河北易州曾出土北魏太
武東巡御射碑酈氏水經注太平寰宇記向

謝國楨

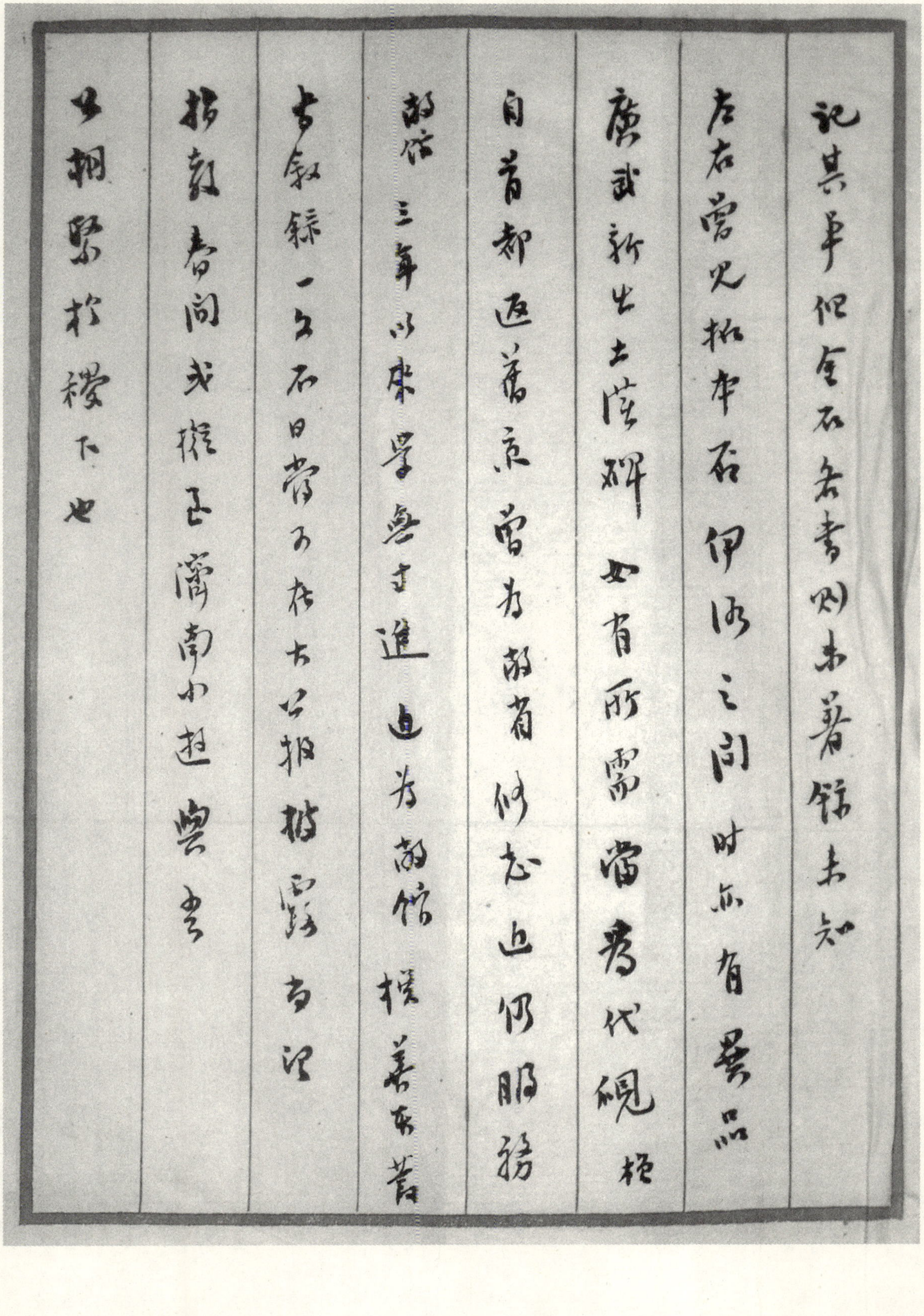
記其事但金石名書則未著録未知
左右曾見拓本否伊洛之間時亦有異品
廣武新出土漢碑如有所需當為代覓 杞
自首都返舊京曾為敵首何志直仍服務
敵館 三年以來學無寸進直為敵館撰善本書
目敘録一文不日當可在大公報披露乞
指教春間或擬至濟南小遊當與
共相聚於櫻下也

尊況何似，有何撰述，極為拳拳。耑此即頌

撰安 弟謝國楨再拜 一月吉

再，楨有一表弟陳姓住小王府同生

尊處服務，未知確否，希即示知

謝國楨

書第二通

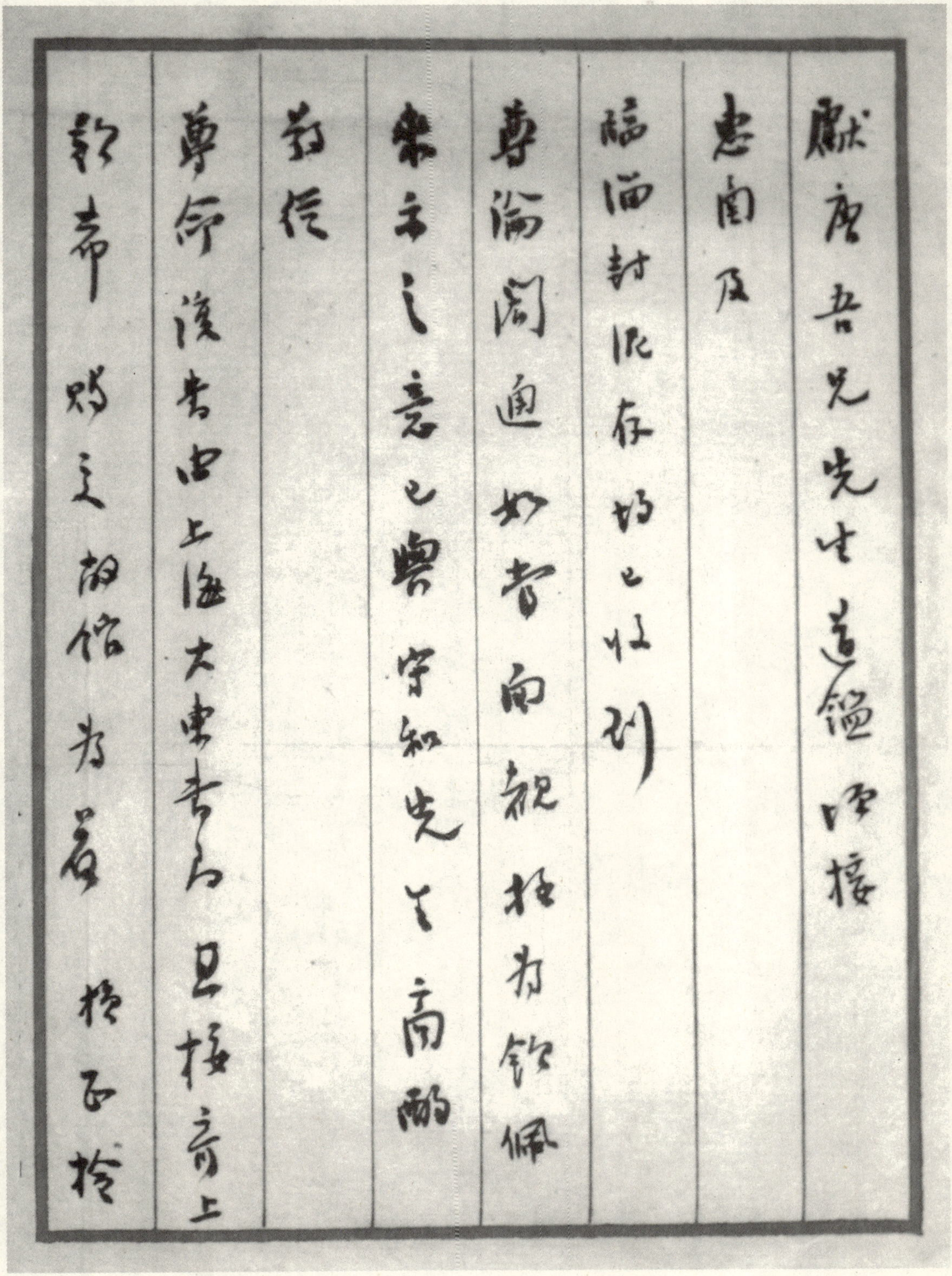

獻唐吾兄先生道鑒：頃接
惠函及
臨淄封泥存目，已收到。
尊論閎通，如晉向郭，極為欽佩。
來示之意，已與宗和先生商酌。
前信
尊命須俟書出上海大東書局，且擬寄上
敬希賜交敝館為荷。擬函於

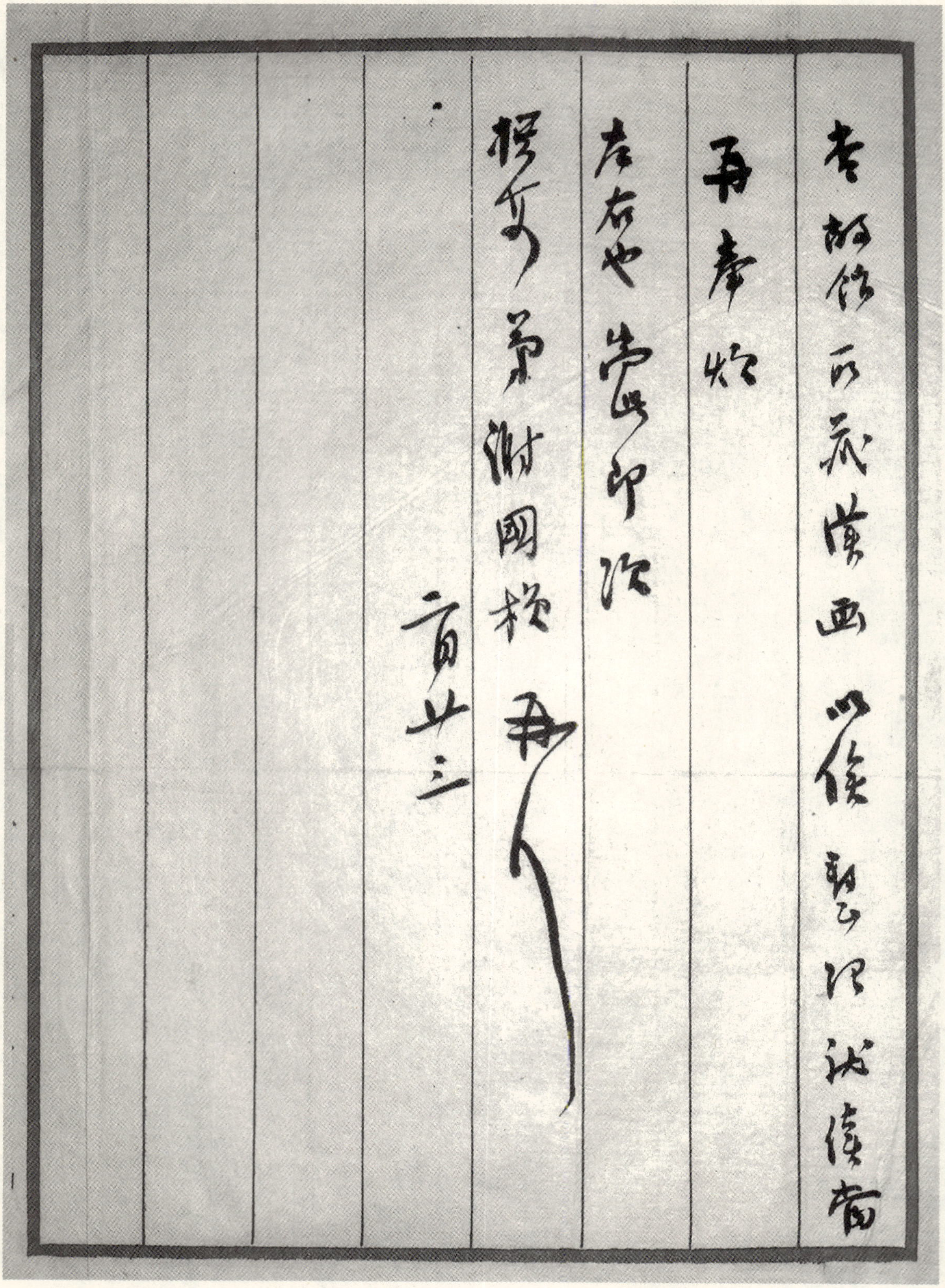

者敝館所藏黄函 以後暫得詳讀當
再奉繳
左右也 先此即頌
撰安 弟謝國楨拜
二月廿三

書第三通

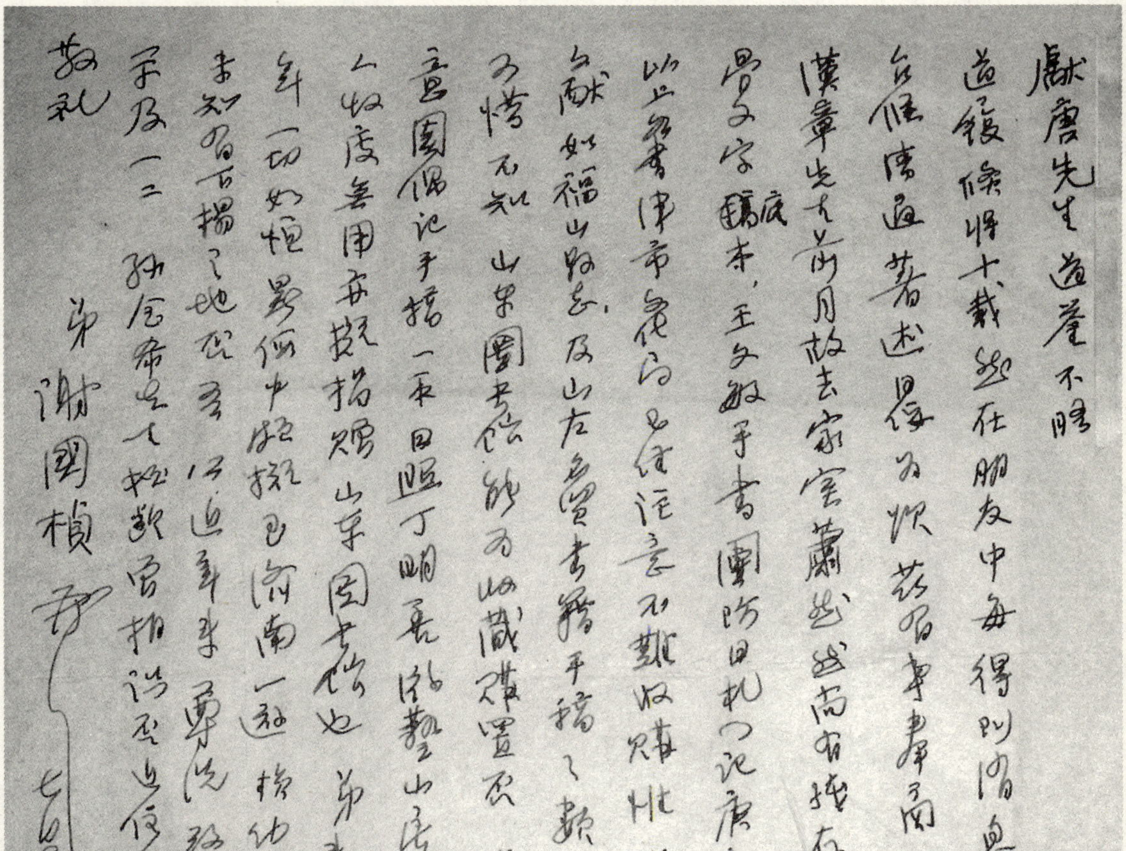
獻唐先生道鑒：不晤
道範倏將十載，然在朋友中每得聞消息。近從
台從唐迺著述甚為欣慕。福山王文敏公懿榮哲嗣
漢章先生前月故去，家室蕭然，然尚有殘存遺書，內中如天壤閣甲
骨文字稿底本，王文敏手書團防日札（記庚子事）四冊，宋元精本古籍
以上各書俱未能收，已經注意不能收購，只有忙。弟前託由中寄許于山東
台端如福山縣志，及山左各種書籍手稿之類，如為該館收藏，紙不免
可惜。不知山東圖書館能為收藏購置否？弟手頭尚有淄川孫孝遠
意園偶記手稿一本，日照丁晴易經整山房文稿筆記四冊稿本，但
亦均度無用，安能擬歸山東圖書館也。弟來此間講授歷史，路途遙遠
年，一切如恆，暑假中擬到濟南一遊，探訪居所，順探一遇舊友
未知有古物之地否？至近年來尊況、體狀
示及一二。孫伯希處上七松數會相談，不止何處，希示及此致
敬禮
弟謝國楨 上
七月七日

書第四通

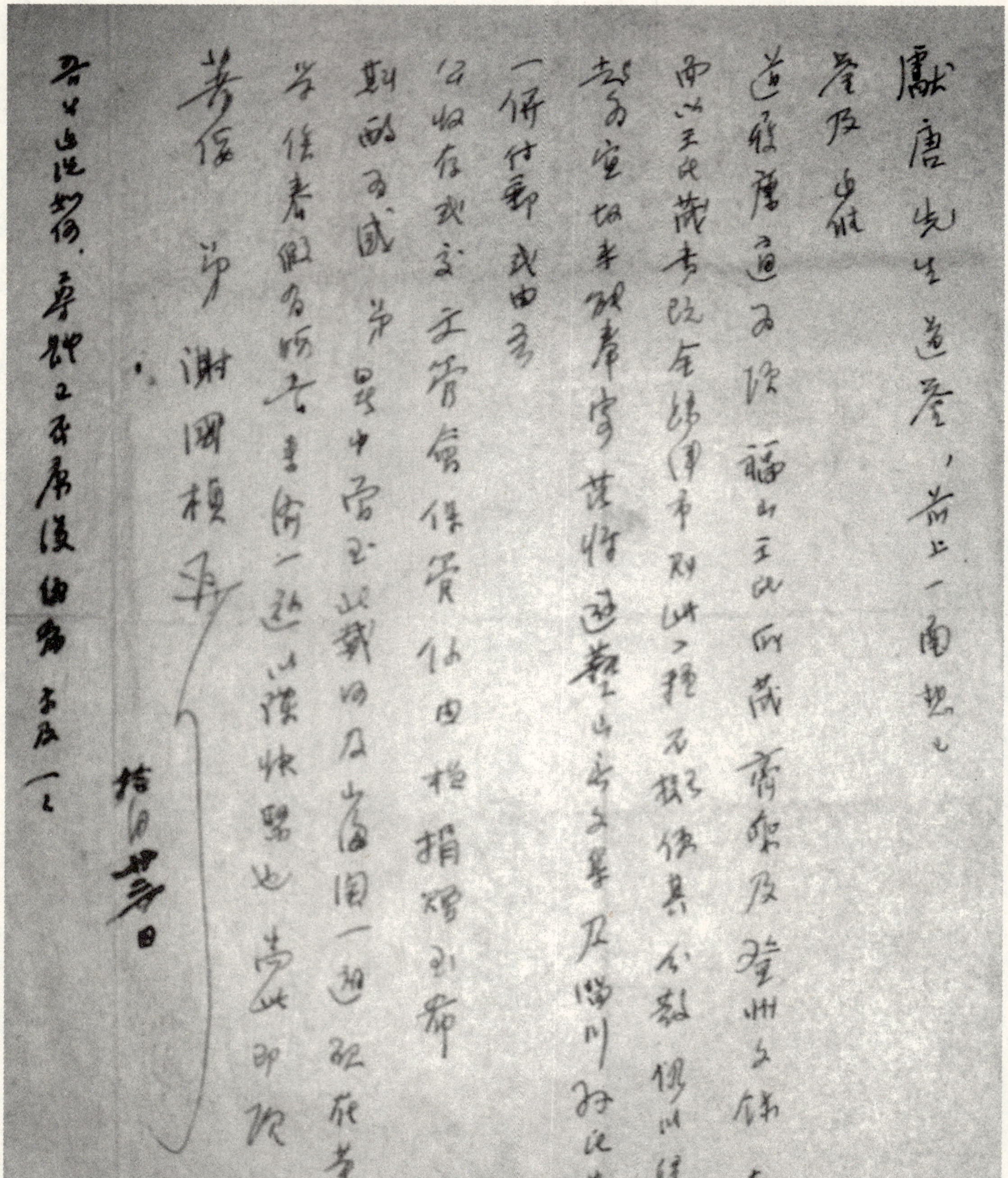
獻唐先生道鑒：前上一函，想已
塵及。[illegible]
道經濟南[illegible]訪，福山王氏所藏齊魯及登州文錄，南大方
面以王氏藏書既全歸津市，對此八種不擬任其分散，仍以歸在一
起為宜。如來館存著作，遂[illegible]山東文集及淄川孫氏遺文
一併付郵，或由[illegible]
公收存我省文獻會保管，作由楨捐贈予館，
斟酌可也。弟[illegible]中曾至山東，因及山左圖一遊，現在[illegible]之間
學生春假，[illegible]一遊，以暢快[illegible]也。專此即頌
著安
弟 謝國楨拜
十月廿二日
[illegible]

封第一件

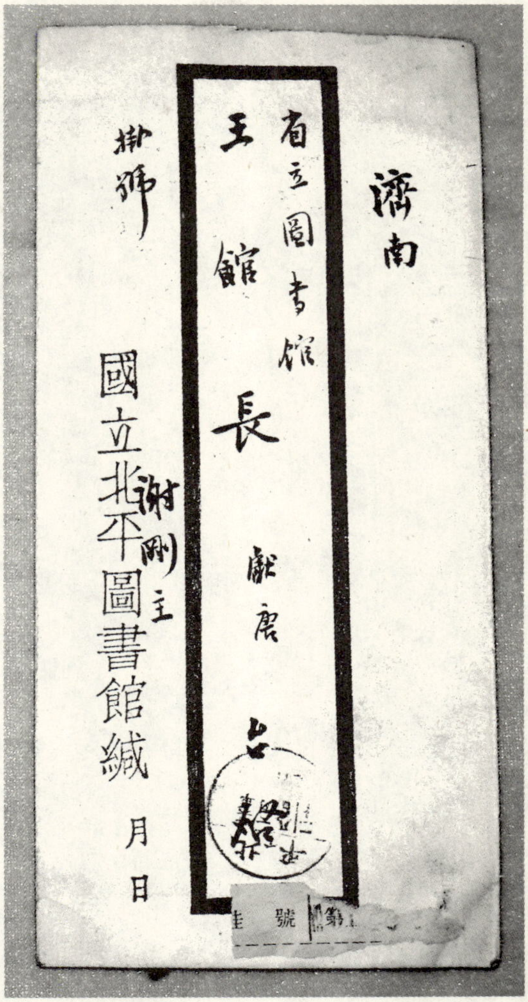
濟南
省立圖書館
王館長
獻唐
台
國立北平圖書館緘
謝剛主
月日

封第二件

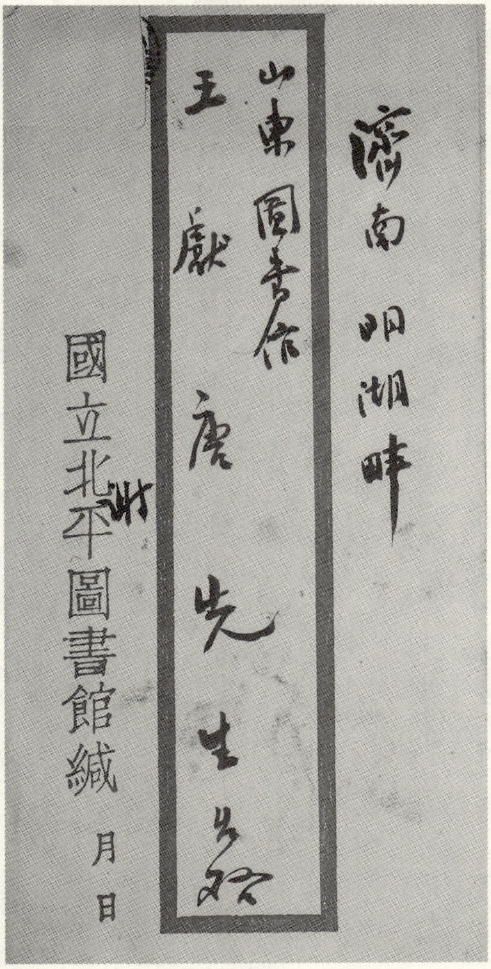
濟南明湖畔
山東圖書館
王獻唐先生
國立北平圖書館緘
月日

封第三件

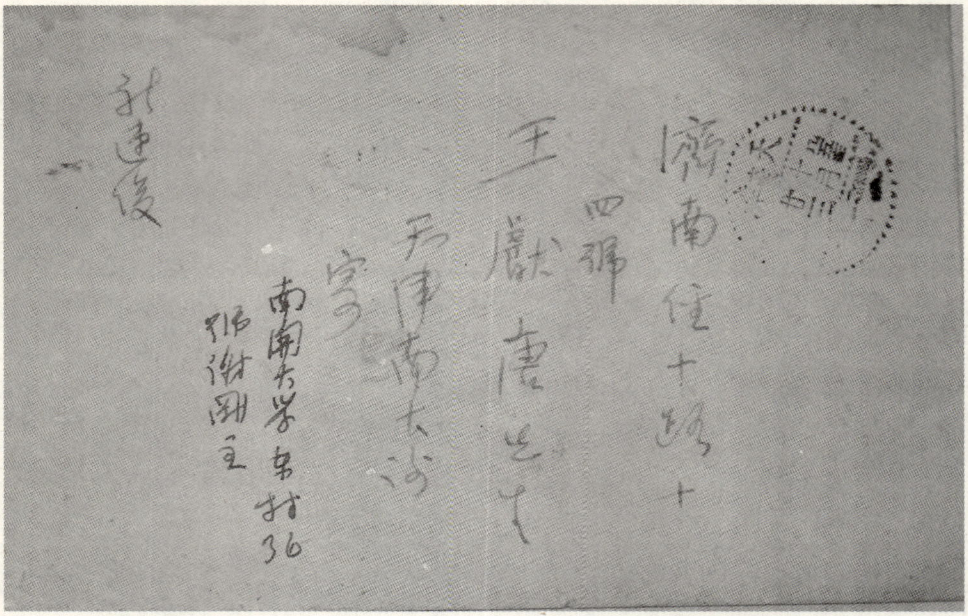
濟南經十路十
四號
王獻唐先生
天津南大
寄
南開大學東村36
號謝剛主

封第四件

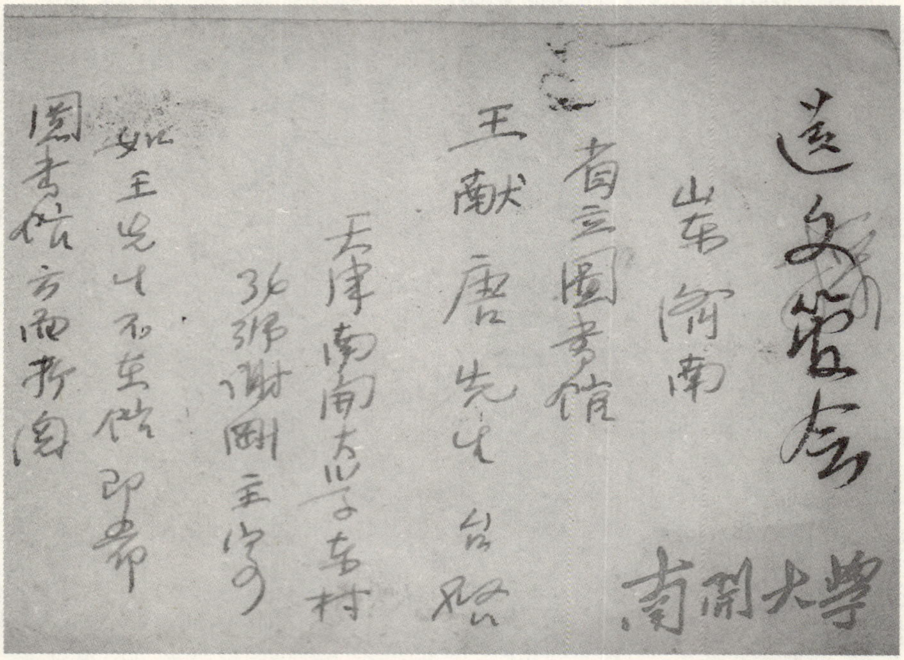
送文管會
山東濟南
省立圖書館
王獻唐先生台啟
天津南開大學東村
36號謝剛主寄
如王先生不在館即
請圖書館方面拆閱
南開大學

一百九十三 烏以風書三通 封一件

書第一通

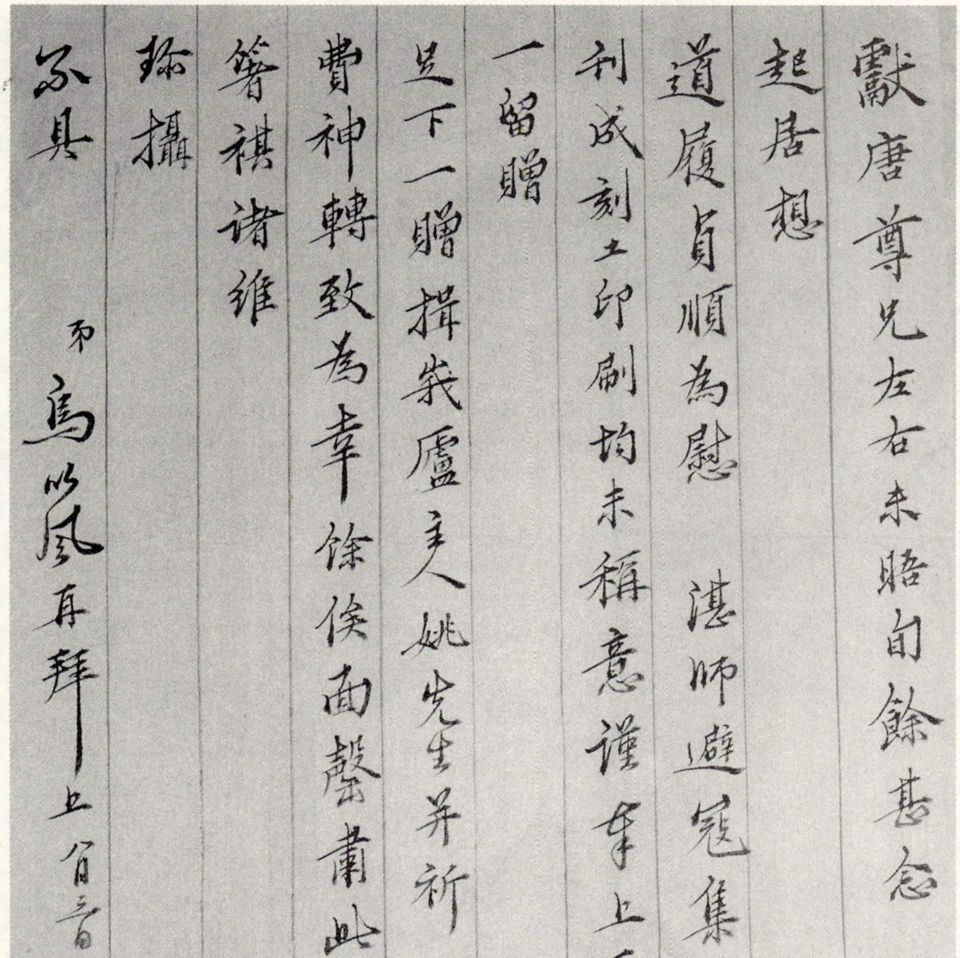

獻唐尊兄左右未晤旬餘甚念

起居想

道履肖順為慰 湛師避寇集今已

刊成刻工印刷均未稱意謹奉上兩册

一留贈

足下一贈揖裳盧主人姚先生并祈

費神轉致為幸餘俟面罄肅此順頌

箸祺諸維

珍攝

不具 弟烏以風再拜上 月三日

書第二通

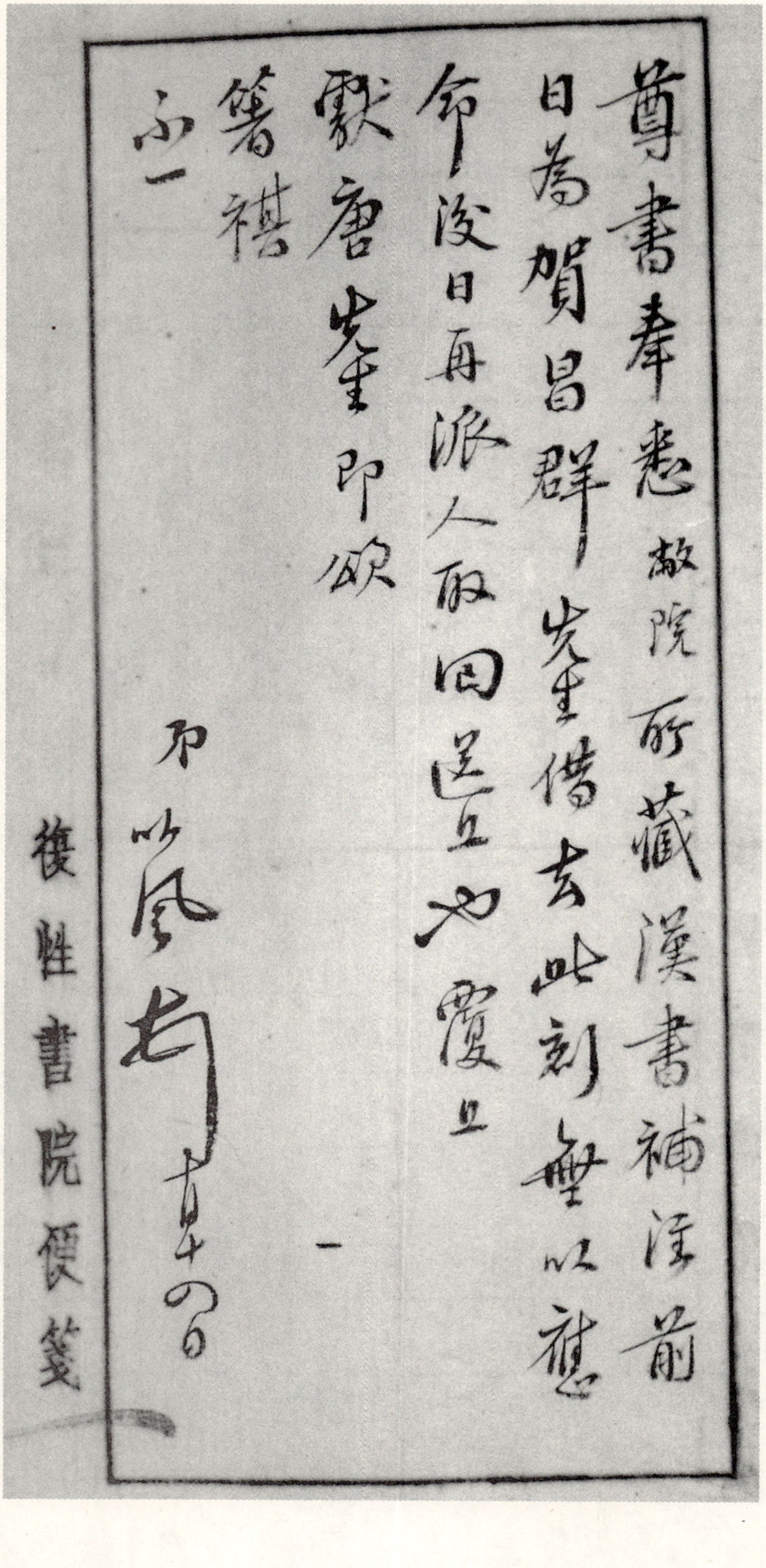

尊書奉悉。敝院所藏漢書補注前日為賀昌群先生借去，此刻無以應命。俟日再派人取回送上也。覆上
馭唐先生即頌
箸祺
不一
弟以風啓 十一月四日
復性書院便箋

書第三通

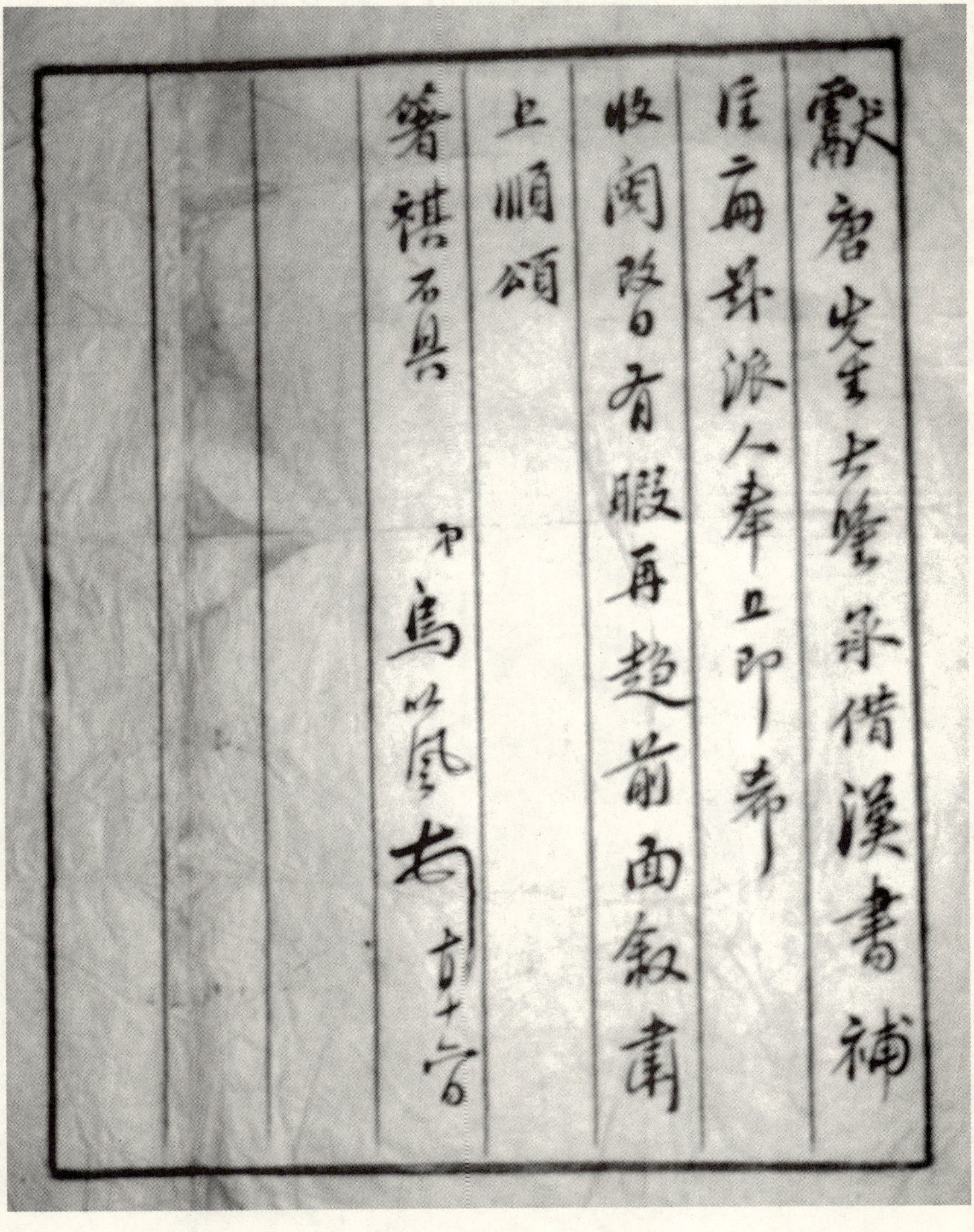

獻唐先生吉席：承借漢書補注兩部，派人奉上，即希收閲。俟有暇再趨前面叙。肅上，順頌箸祺。不具。

弟馬竹風啓 [illegible]十六日

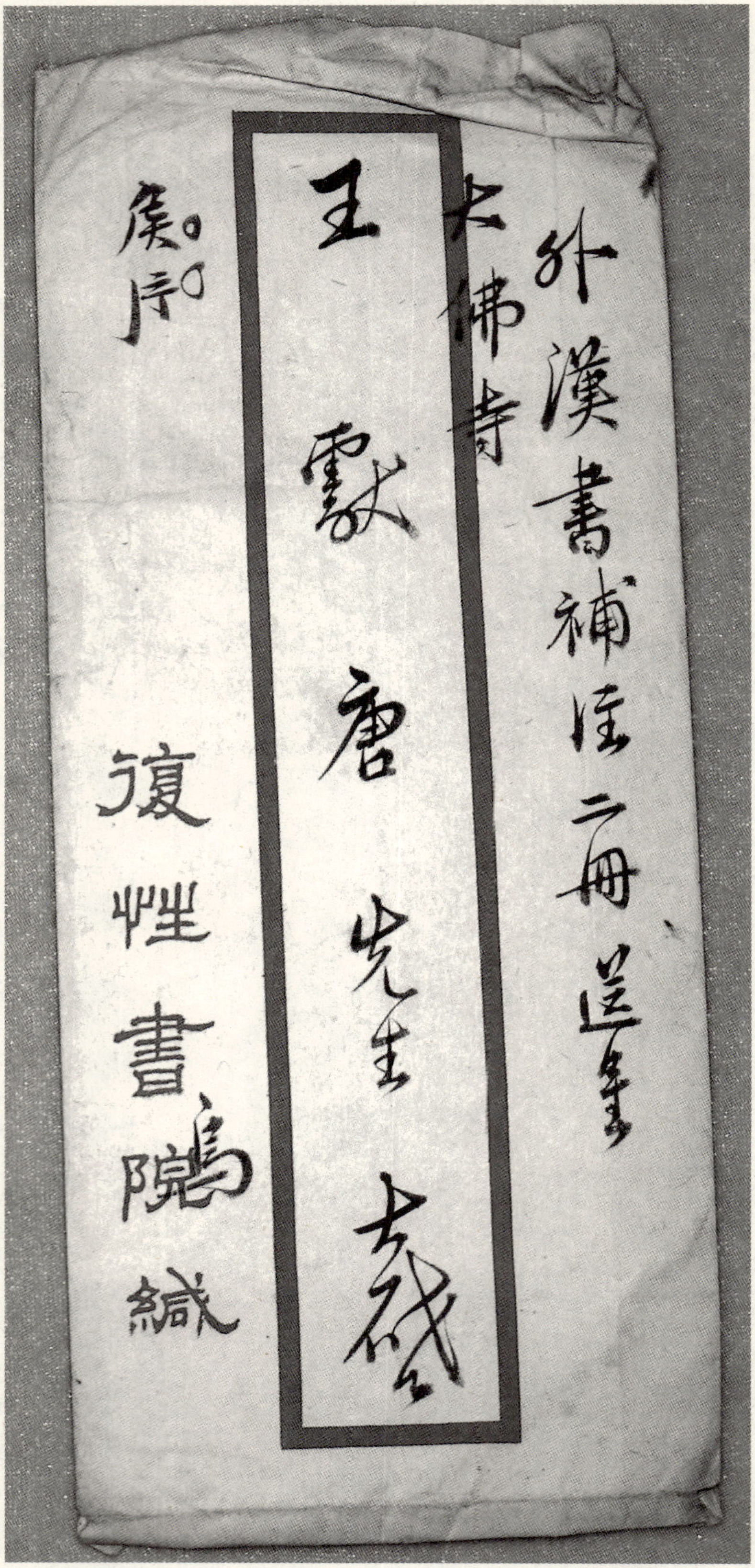
外漢書補注二冊送奉
大佛寺
復性書院

一百九十四 陳訓慈 書四通 封三件

書第一通

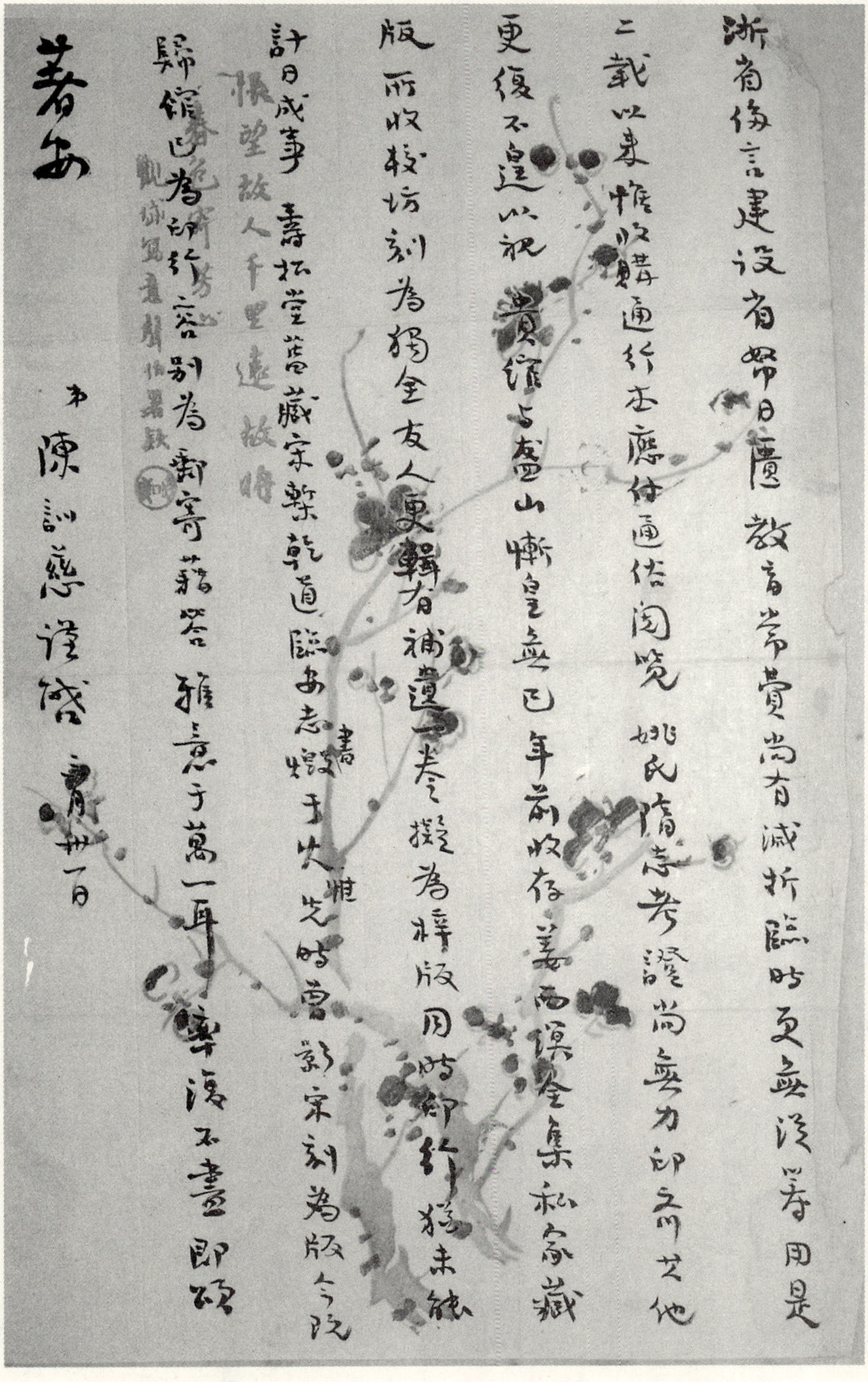
浙省倘言建設省幣日隮 敎育常費尚有減折臨時更無從籌 用是二載以來惟收購通行本應付通俗閱覽 姚氏隋志考證尚無力印之他更復不遑以視 貴館與盋山慚皇無已年前收存姜西溟全集私家藏版所收校坊刻為多全友人更輯有補遺一卷擬為精版因時絀猶未能計日成事 壽松堂舊藏宋槧乾道臨安志殘書于大雅先生時曾影宋刻為版今改歸館已為印行容別為郵寄藉答 雅意于萬一耳 率復不盡 即頌

著安

弟 陳訓慈謹啓 十月卅日

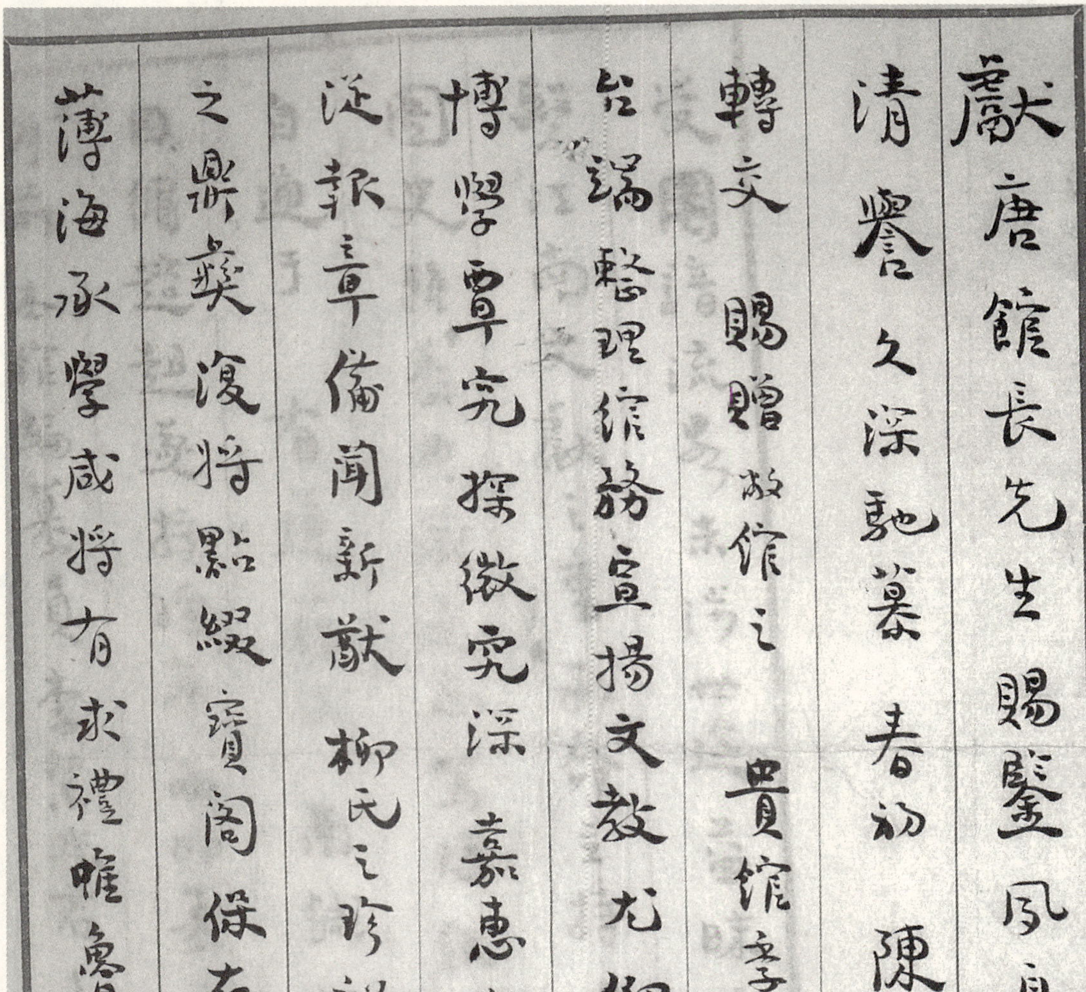

獻唐館長先生賜鑒夙耳
清譽久深馳慕春初陳南豪先生返魯歸來
轉交　賜贈敝館之　貴館季刊展誦之餘既欽
台端整理館務宣揚文教尤仰
博學覃究探微究深嘉惠學林國本賴時
從報章備聞新獻柳氏之珍秘既已蟠鄰架陳氏
之鼎彝復將點綴寶閣保存文獻風流澤無窮
薄海承學咸將有求禮唯魯之思矣慈末學膚

受周諮流略未涉世途茍昧學畫而文瀾舊業
繫江南文獻之重承命主持惶悚勿勝早祇以粗涉
圖史雅慕典藏遂忘駑陋試繼舊軌任事之初早思
自適于 有道藉求 南鍼仍愧淺疏未敢奉書
因循遷延遂將經年而仰慕之私固無時自已也比者
二月前 本館編纂員李潔非君來平考察曾爲其南
下觀光 貴館藉承 教益 李君南歸匆匆竟未及
顧燕械亦未錄以達良爲缺望比者 本省 教育廳

為考察職業教育特派敝社職員王學素先生來魯
王君與愚有同研之誼因請其代為造候並乃一瞻
貴館之珍秘與各項設施敢希惠予接待指示一切
俾王君畢紀聞見歸以相告藉供敝館之借鑑是荷
瀞庵科長與渭川館長兩先生來浙曾請其代達拳拳
瀞庵先生並告以貴省敝廳新定撥給某項巨款獎與為
貴館興建新宇今後進展必更一日千里鄒魯文化淵
遠乃先生與何廳長振導而恢宏之于國學頡頏之中

陳訓慈

方將為宇內倡率 豈惟 貴省之光而已 本館遠承文
瀾閣四庫之舊藏 次瀚清季藏書樓之成軌 近述鼎革以
還之建館 而十餘年來頗多更張 迫于經濟 因循 是曩歲新
建館舍 旋得歸併為一 始以今歲七月還入整理 今次規制
雖稍稍寬宏 而蒐藏之陋 編藏之未善者 故每思稍
加整理 稍減咎眚 而以餘力繼 一籌莫展
先生明達 又久于斯道 敢計本館獎掖學術之懷 時錫嘉言
尊處所頒出版物與碑帖拓片之可 惠賜 並希 檢寄

全作否刻諸 示以購置辦法 浙館于出版事業正為幼稚

舊時曾(得)經山陰姚海槎先生之目錄學名著鼓存之稿本排

印成帙 今復加以改訂已成六冊 連舊出四庫目略先托王君寄

贈 貴館 如佳有所需並請 函示照寄 又近出月刊(曾)擬期奉贈

此(刊乃鑒于)為浙學生界之讀書風氣式微 因亟試簡明(資參)家倡導 其有考訂

之作為擬別為學報(專刊)中 新館開幕曾舉行丁松生先生文物展覽

會擬刊于月刊(下期)揭載紀念文字 並荷 (再月刊擬登載 貴館概況一篇 敢布擬近況代撰一文 賜示並於十月廿日以前寄下 俾刊入第八期)

先生(家)賜(著)寫俾光篇幅寔所企幸 弟舊在中央大學陪等誨席為與友人

繆鳳林先生等倡為史學雜志 舊作二篇附以求正 無當述學 故僅在雜志

中刊出 近方館務羣人 益愿荒廢 求為學術界一走卒而不可得矣 無日

如有緣北將再圖趨教 亦惟希惠好音 不盡欲宣 並(頌)聊布草率 手此祗頌

道安 未詳台字 逕用大名乞諒

弟 陳訓慈 謹啟 九月二十八日

陳訓慈

書第三通

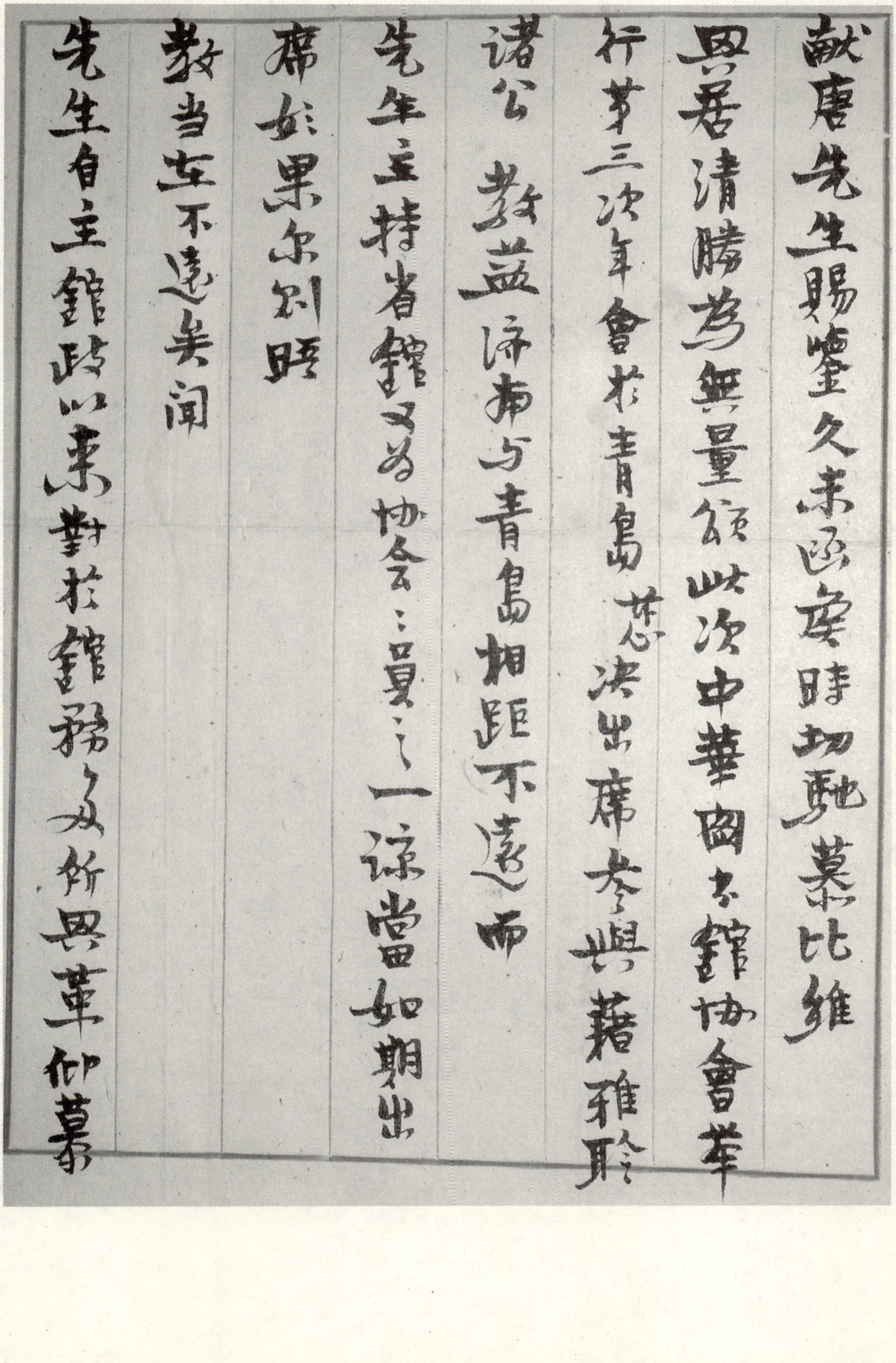

獻唐先生賜鑒：久未函候，時切馳慕。比維
興居清勝為無量頌。此次中華圖書館協會舉
行第三次年會於青島，茲決出席參與，藉聆
諸公教益。濟南與青島相距不遠，而
先生主持省館，又為協會會員之一，諒當如期出
席。如果爾，則晤
教當在不遠矣。聞
先生自主館政以來，對於館務多所興革，仰慕

之私與日俱深南下之便當過滬來

貴館聆

教並冀獲他山之助用先奉函專上即頌

道安

陳訓慈謹啟　七月十九日

慈以無〻北上未遑親筆因命記室代致為歉

當青約可二旬如有賜示請投青島山東大學為幸

慈又及

陳訓慈

書第四通

再有陳者，去歲損書憶曾以八千卷樓叢刊
為詢，是書別版，以其篇多數收入武林往哲遺著
中。往哲遺著與掌故叢編之書版，曩歲丁氏以
之寄存于館，去夏與丁氏後人磋商，已悉以贈歸本館
由印行所印售。其未收入往哲遺著之半山、嚴靈遺詩等
則別為單本印行。此類書現皆編入本館出版書目（已將印行所所繼承之未印書目）及叢書目
中，附奉一份以備採擇。茲將館友綜出八千卷樓叢刊各書刊年
表附上。先生或已以日久不需查，而固深以遲遲復命為歉耳。

訓慈又奉

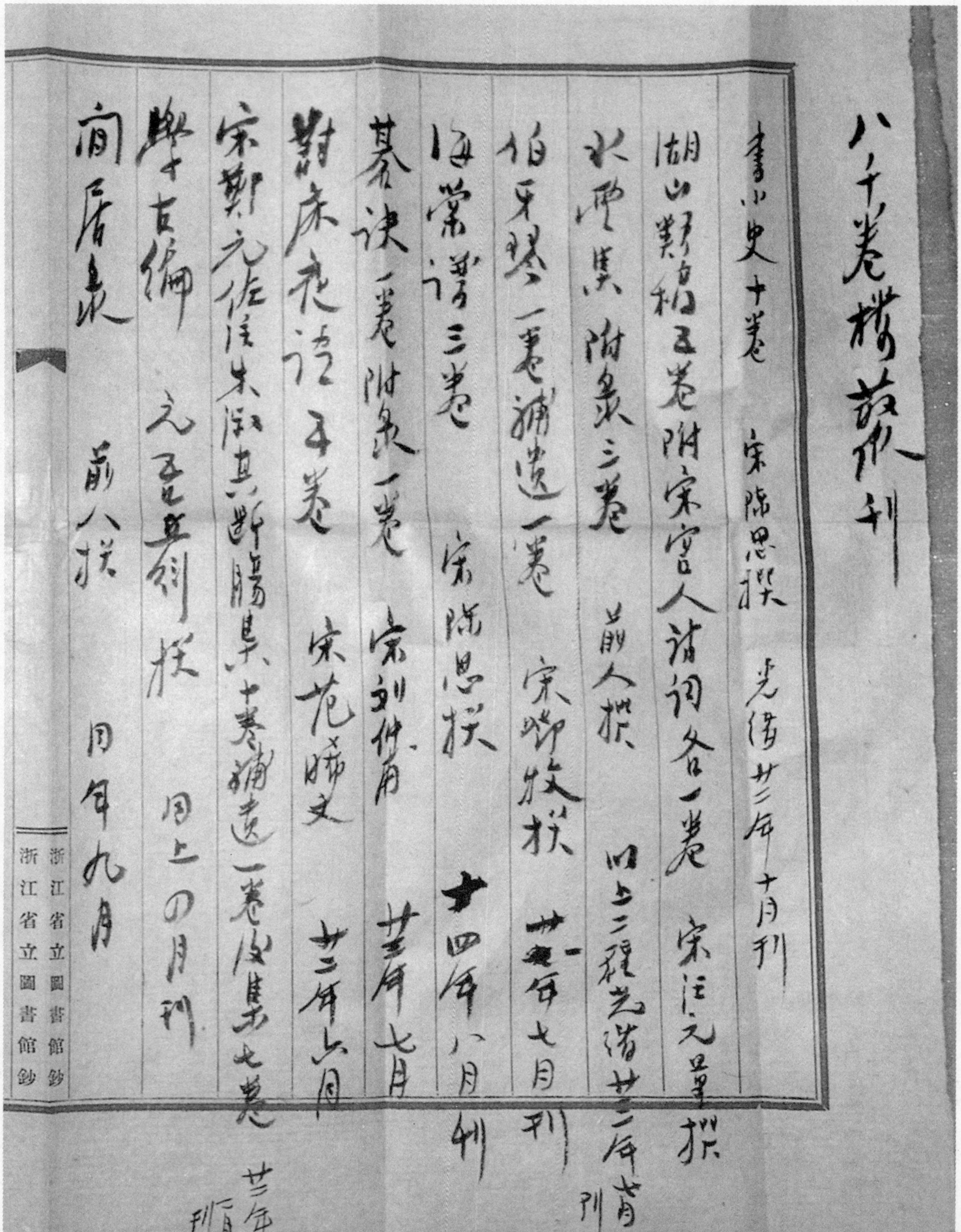

八千卷樓叢刊

書小史十卷　宋陳思撰　光緒廿二年十月刊

湖山類稿五卷附宋宮人詩詞各一卷　宋汪元量撰

水雲集附錄三卷　前人撰　以上二種光緒廿二年十二月刊

伯牙琴一卷補遺一卷　宋鄧牧撰　廿一年七月刊

海棠譜三卷　宋陳思撰　廿四年八月刊

棊訣一卷附錄一卷　宋劉仲甫　廿二年七月

對床夜語五卷　宋范晞文　廿三年六月

宋鄭元佑注朱淑真斷腸集十卷補遺一卷後集七卷　廿三年十月刊

學古編　元吾丘衍撰　同上四月刊

閒居錄　前人撰　同年九月

浙江省立圖書館鈔
浙江省立圖書館鈔

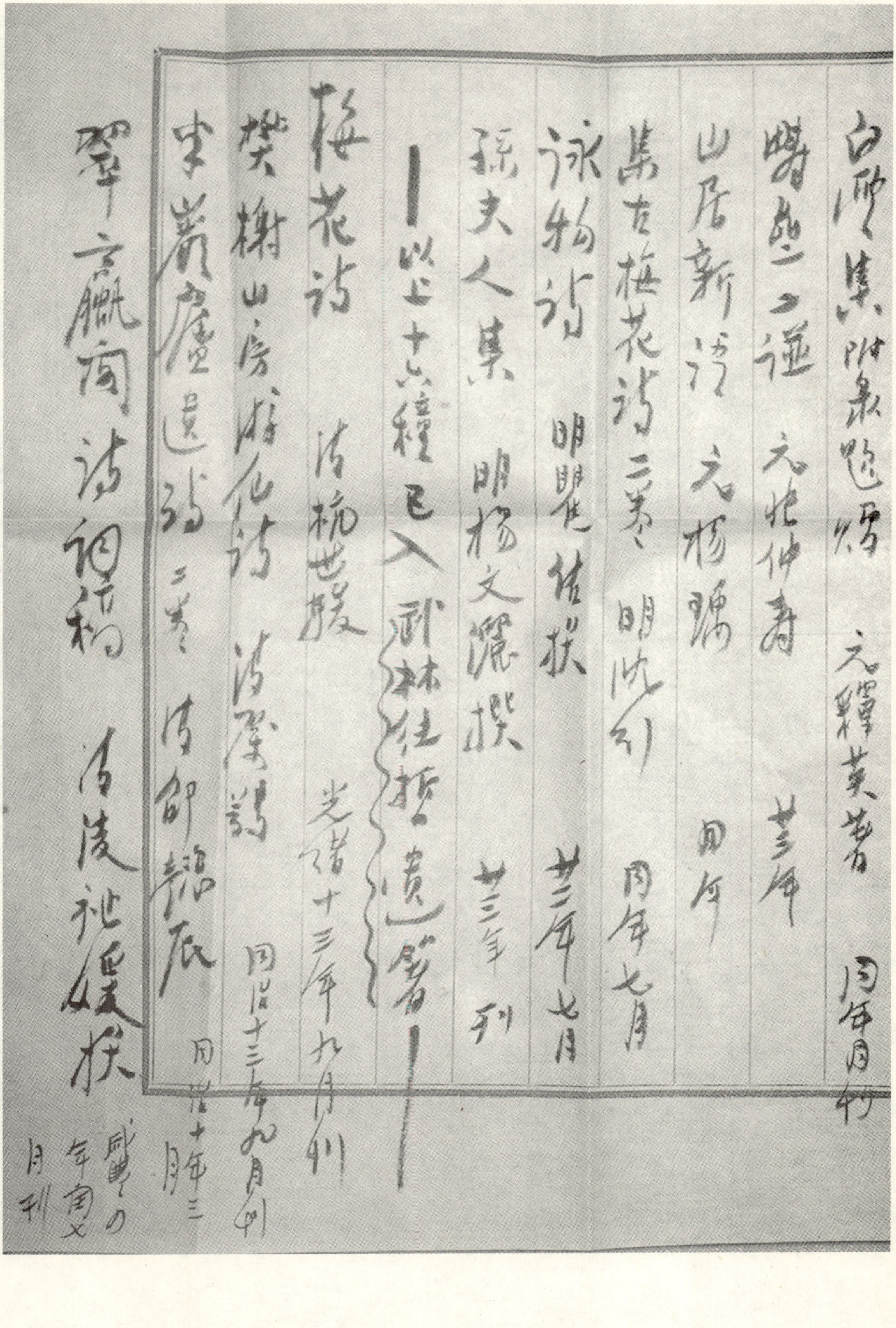

白雲集附録題跋 元釋英著 同年同月刊
嘯臺二謡 元沈仲壽 廿三年
山居新語 元楊瑀 同年
集古梅花詩二卷 明沈行 同年七月
詠物詩 明瞿佑撰 廿三年七月
孫夫人集 明楊文儷撰 廿三年刊
以上十六種已入武林往哲遺著
梅花詩 清杭世駿 光緒十三年九月刊
樊榭山房游仙詩 清厲鶚 同治十三年九月刊
半巖廬遺詩二卷 清邵懿辰 同治十年三月
翠螺閣詩詞稿 清凌祉媛撰 咸豐四年閏七月刊

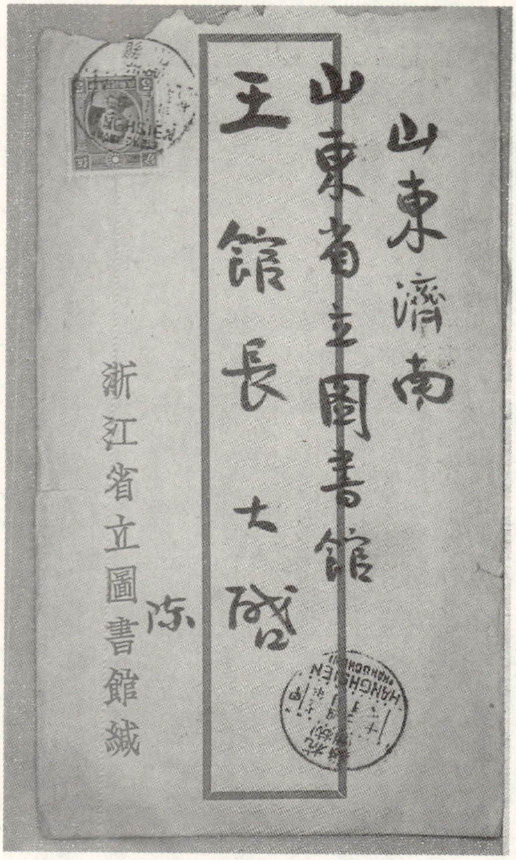
山東濟南
山東省立圖書館
王館長大啟
浙江省立圖書館緘
陈

封第一件

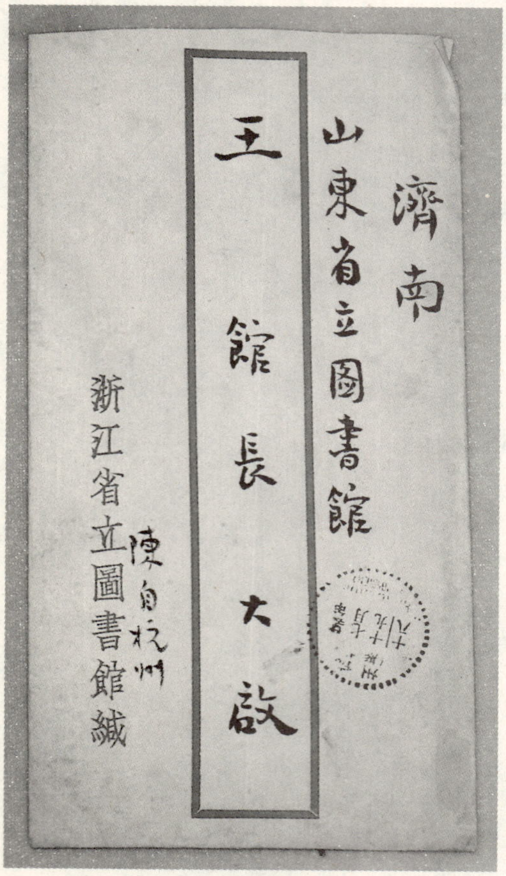
濟南
山東省立圖書館
王館長大啟
陳自杭州
浙江省立圖書館緘

封第二件

封第三件

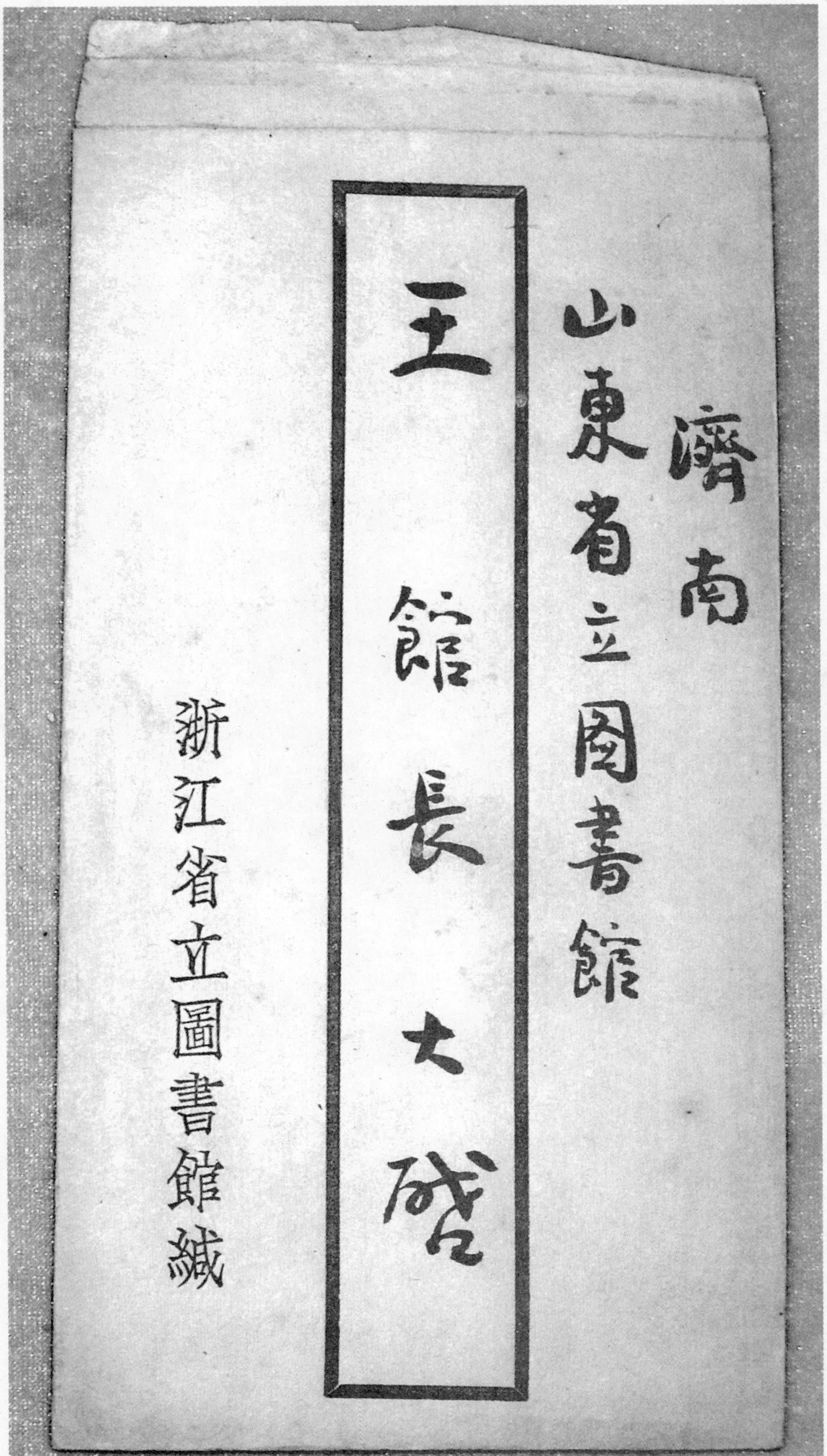

一百九十五　陳東原

書一通　封一件

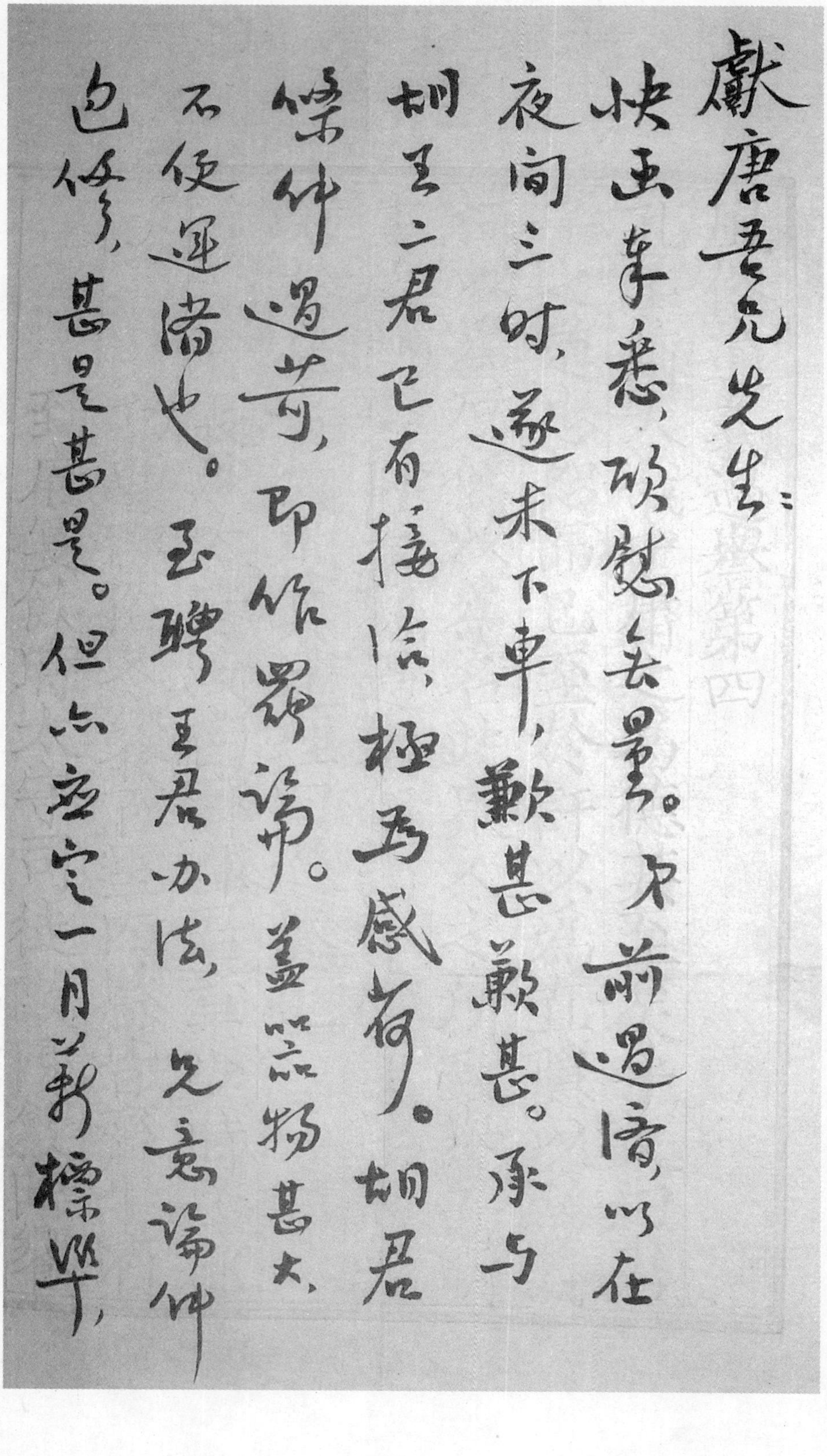
獻唐吾兄先生：快函奉悉，欣慰無量。前過濟，以在夜間三時，遂未下車，歉甚歉甚。承與胡王二君已有接洽，極為感荷。胡君懷仲過黃，即作罷論。蓋器物甚大，不便運濟也。玉聘王君辦法，先意論仲也修，甚是甚是。但亦應定一月之薪標準，

在色係議價，有所遵循。從前新鄭銅器，月薪四十元。中意仍以此價，煩兄與王君一商。今日銅器，已不甚值錢。而本館所藏，俱甚粗疏，無大紅大綠，並不圓熟。如王君同意四十元之一月，自即由本館備旅費，請其來皖。旅費若干，或由兄處墊付，即當寄還。住宿可在館內，伙食請其自備。本館伙食，每月七元。究竟

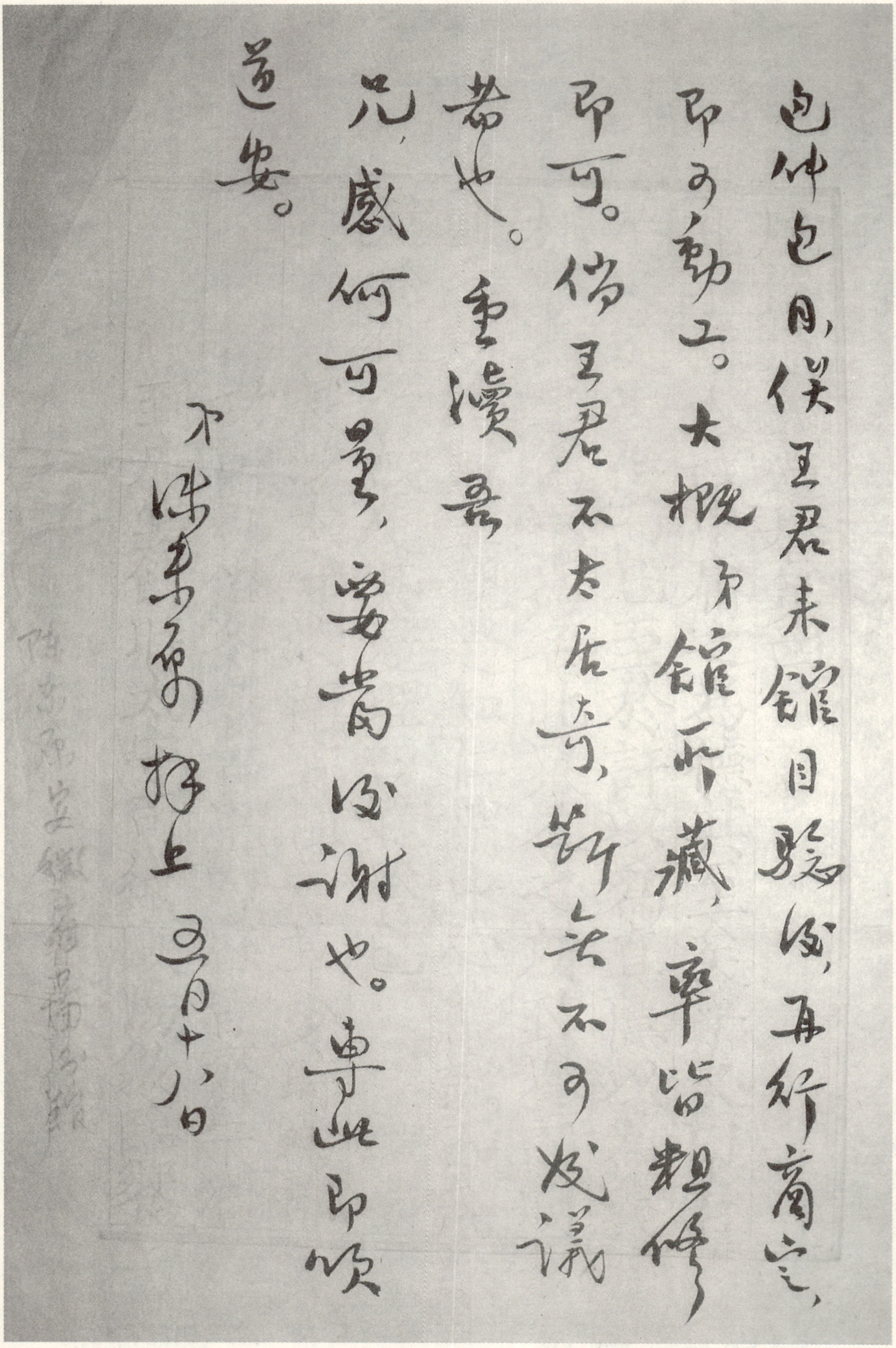
包件包月，俟王君來館目驗後，再行商定，
即可動工。大概本館所藏，率皆粗修
即可。倘王君不太居奇，斷無不可設議
者也。重瀆吾
兄，感何可量，要當後謝也。專此即頌
道安。
弟陳東原拜上 五月十八日

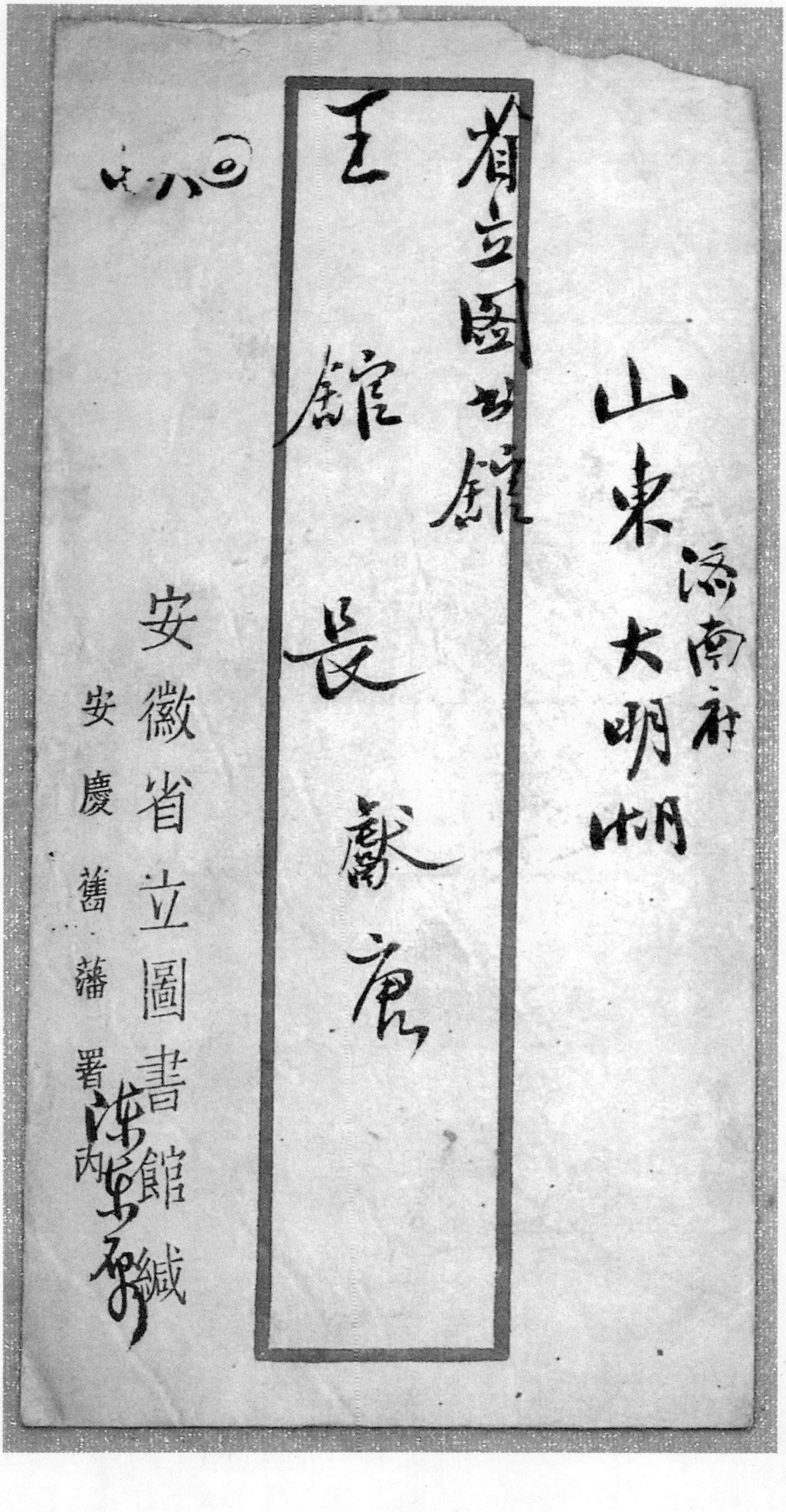
山東濟南府大明湖
省立圖書館
王館長獻唐
安徽省立圖書館緘
安慶舊藩署
陳東原內

一百九十六　沈維鈞

書一通　封一件

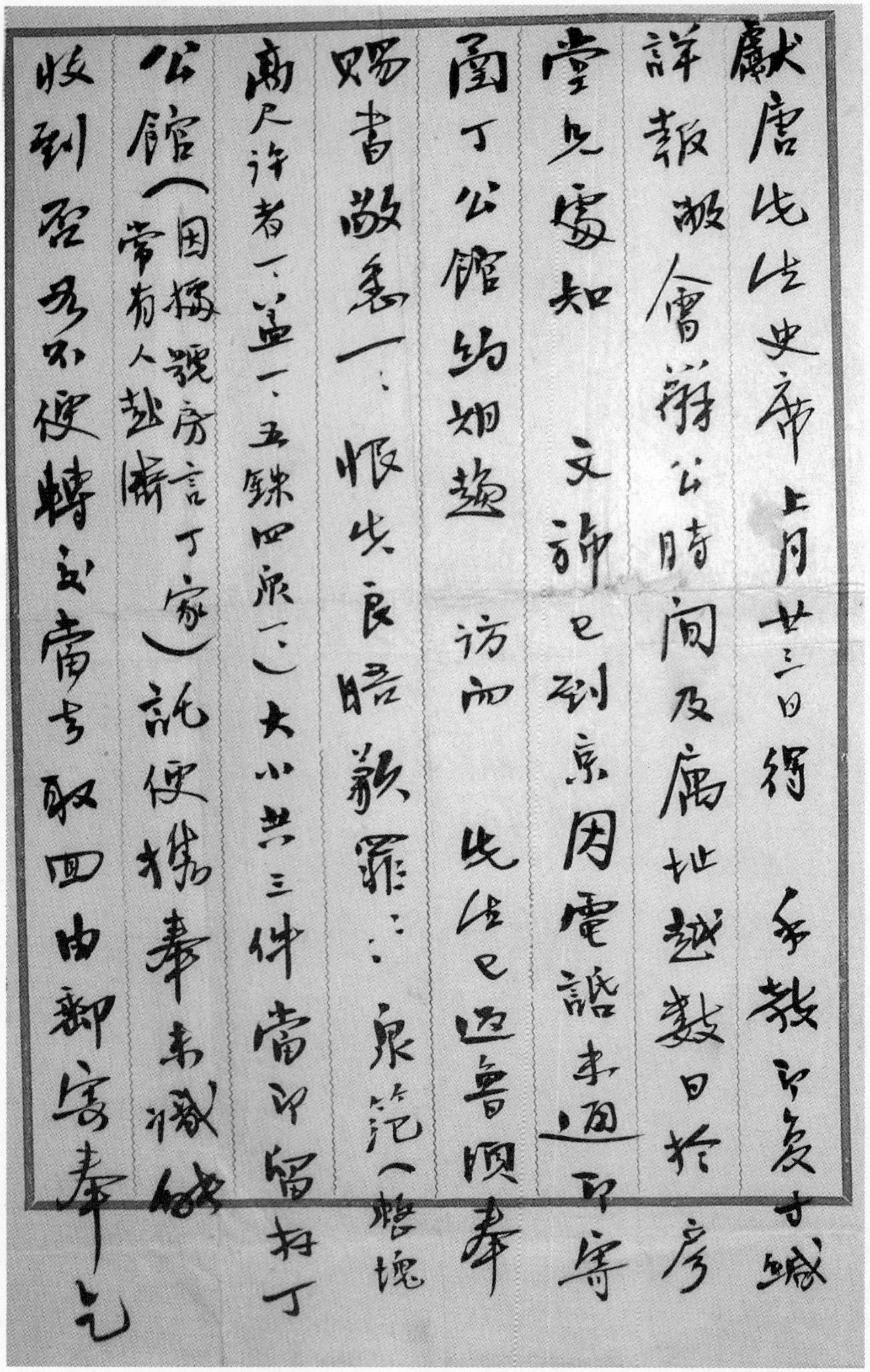
獻唐先生史席：上月廿三日得 手教，即復寸緘，
詳報滬會蘇公時間及居址，越數日於彥
堂兄處知 文旆已到京，因電話未通，即寄
函丁公館約期趨 訪，而 先生已返魯。頃奉
賜書，敬悉一一，悵失良晤，歉歉。泉范（磚塊
高尺許者一，盒一，五銖四泉（二）大小共三件，當即留于丁
公館（因據號房言丁家常有人赴濟），託便攜奉，未識能
收到否。如不便轉致，當專取回，由郵寄奉也。

示及惠下各件，均送到。大著宏博精湛，拜讀之下，莫名欽佩。漢畫石刻曩曾託友向尊寓購得數種，藏蘇，今向綫[illegible]抽去複本，計值匯上。擬會出版六朝陵墓調查一種，茲尊處以公函達寄奉會，索取或可照贈古專十方，不知在京有無便人可以取去，若由轉運公司寄，則須廿元以上，且不能保險。殷希時賜教言。复頌著安

弟滕固頓首 九、六

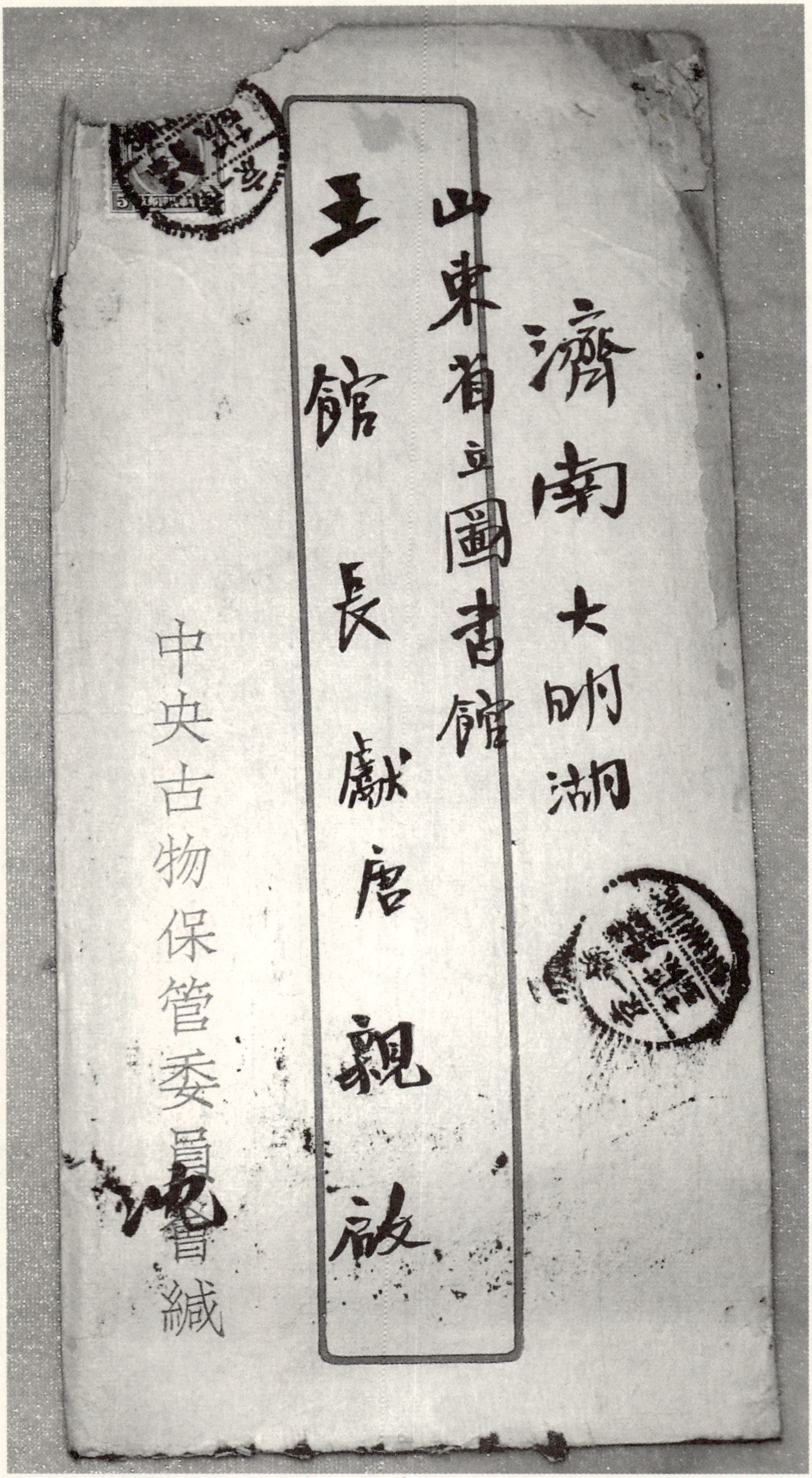
濟南大明湖
山東省立圖書館
王館長獻唐親啟
中央古物保管委員會緘
沈

一百九十七 司徒喬 沈從文

書一通 封一件

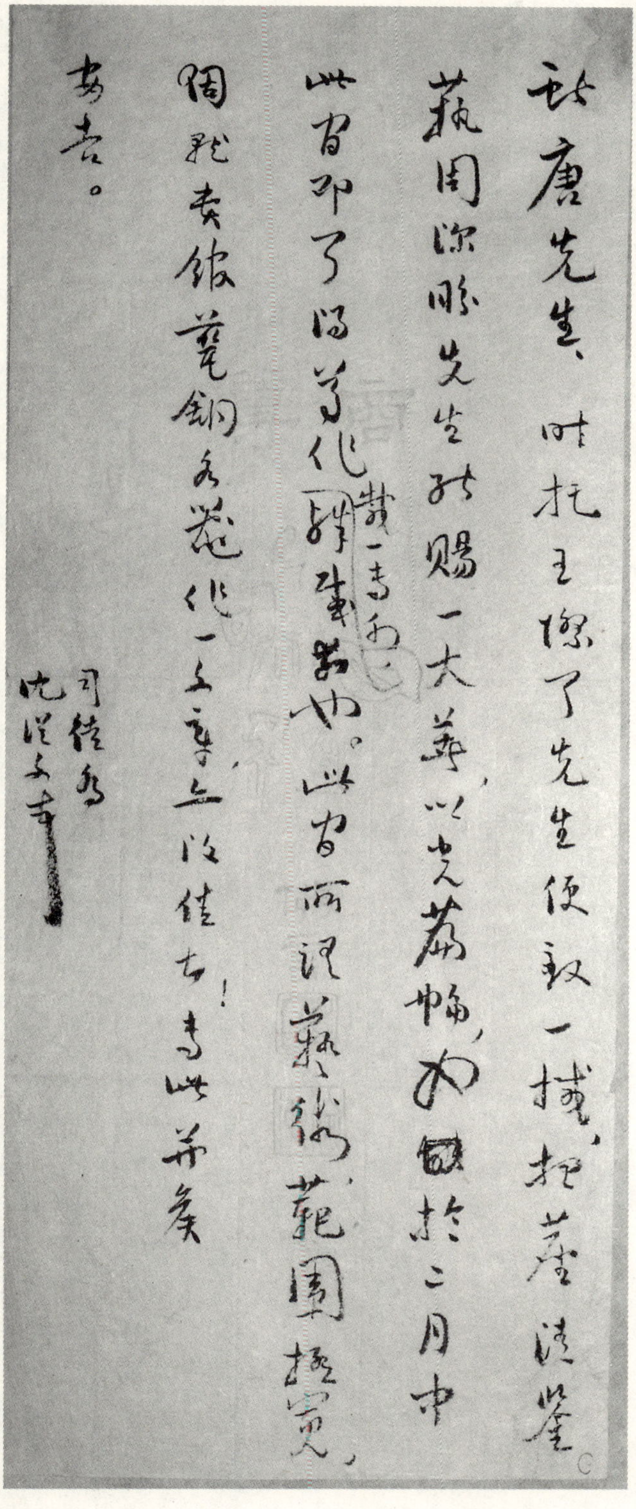
獻唐先生：

安吉。

司徒喬
沈從文

济南 山东图书馆
王献唐先生
沈

一百九十八　趙貞信

書一通　封一件

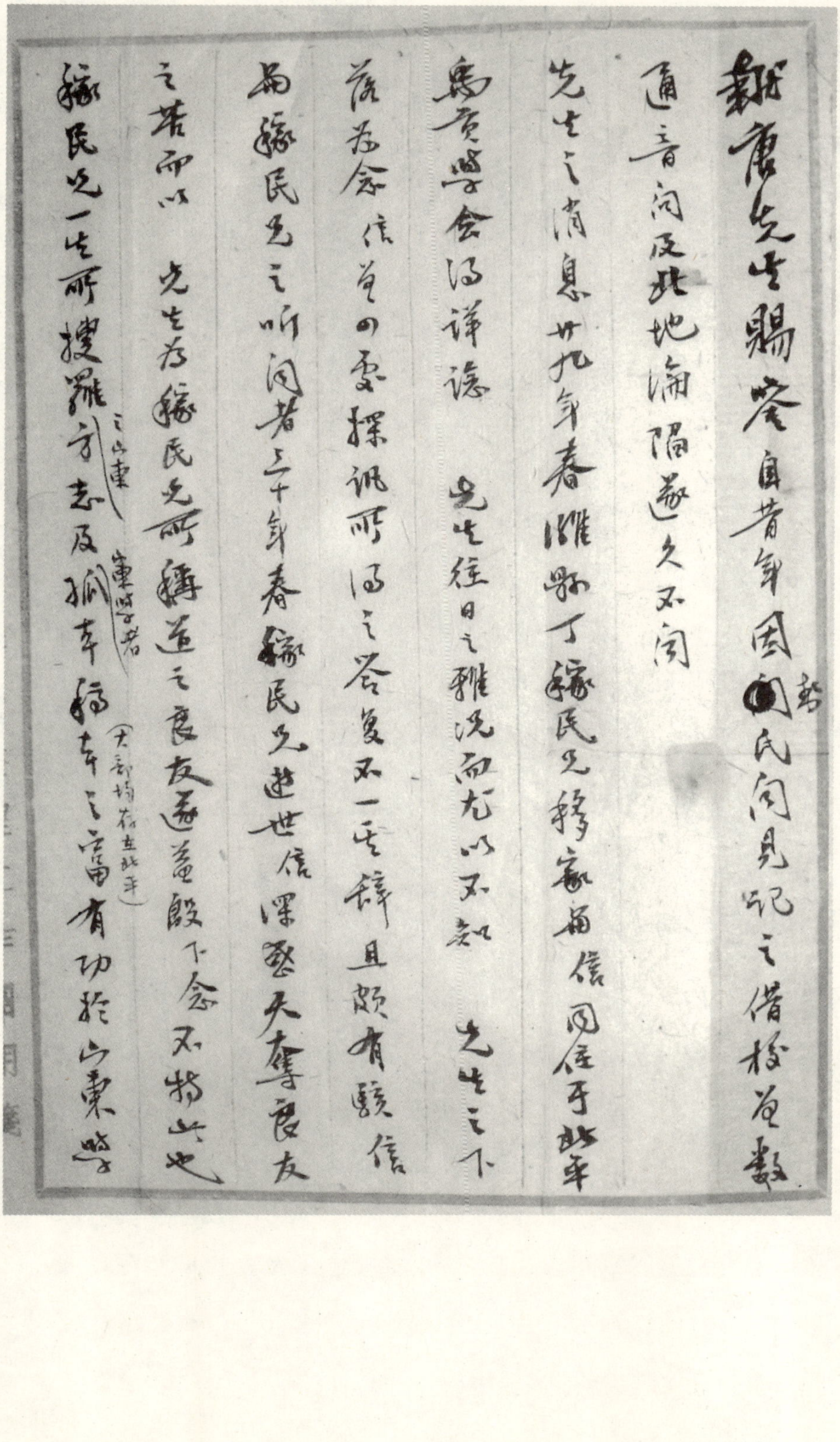

獻唐先生賜鑒：自昔年因郝氏閒見記之借校，首數通音問，後北地淪陷，遂久不聞先生之消息。廿九年春，雖聞丁稼民兄移家南信，因住于北平，為貴學會得詳談先生往日之雅況，而尤以不知先生之下落為念。信並四處探訊所得之答復不一其辭，且頗有疑信，而稼民兄之所聞者。三十年春稼民兄之逝世，信深歎天奪良友之惜，而以先生為稼民兄所稱道之良友，遂益殷下念，不特此也。稼民兄一生所搜羅之山東方志及撰著稿本之富（大部均存在北平），有功於山東學子者

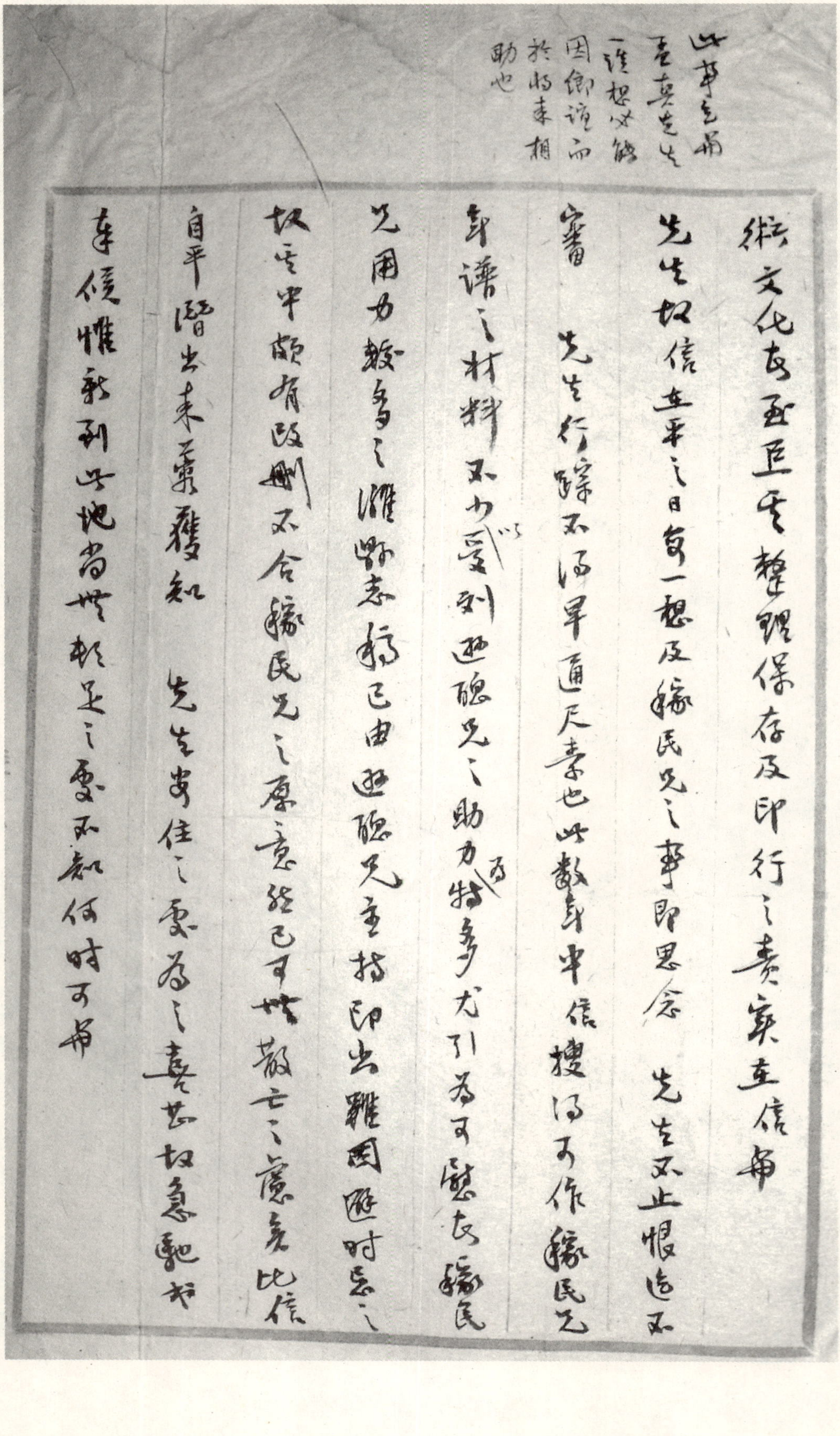

此事至為重要先生一經想必能因鄉誼而於將來相助也

術文化有亟應整理保存及印行之責實在信歸
先生切信吾平之日曾一想及繆民兄之事即思念 先生不止恨這不
審 先生行蹤不得早通尺素也此數年中信撥得不作繆民兄
年譜之材料不少以受到趙聰兄之助力特為多尤引為可慰友繆民
兄用力般多之雅野志稿已由趙聰兄主持印出雖因趙時急之
切足中頗有改刪不合繆民兄之原意然已可供散亡之虞竟比信
自平增出來冀獲知 先生安佳之要為之喜甚切急馳書
奉候惟新到此地尚無根足之處不知何時可歸

先生一時獲盡飲肝膽快我胸臆也山東圖書館中珍貴之物
聞獲畢出一批想目下必皆無恙只此一功惠即非淺鮮矣
先生一生無時無地無不為學術文化盡力故不獲信一同
先生健康不勝欣喜即風倫陷要未知　先生之碌息者聞之無不欣
喜也桐不日即馳書以　先生之舊況告　遠道之好友及禄民兄孝友之
篤氣節之高尚學之勤行善之力待人之誠實世所罕覯大可為　崇省
人才生色琦葉信所遇無論為禄民兄之或親或友或魯人或非魯人無不推
口譽之惜天奪其年因不勝憂國懷仇而死使我失此良友言之痛心專此敬請
台安　不盡欲言
弟　趙貞信　啓　五月二十日

……整理工作團用箋

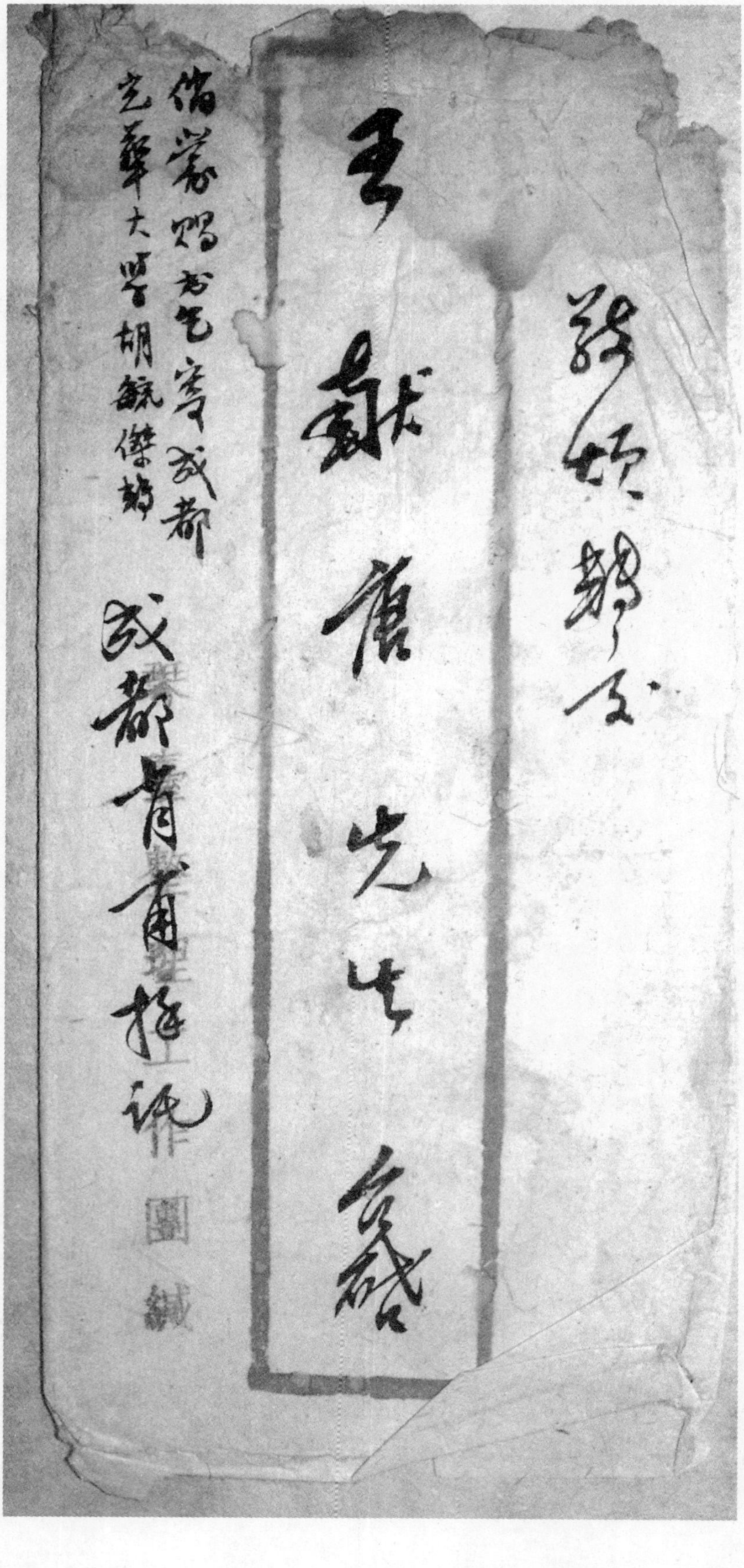
王獻唐先生台啟

一百九十九　賀培新

書一通　封一件

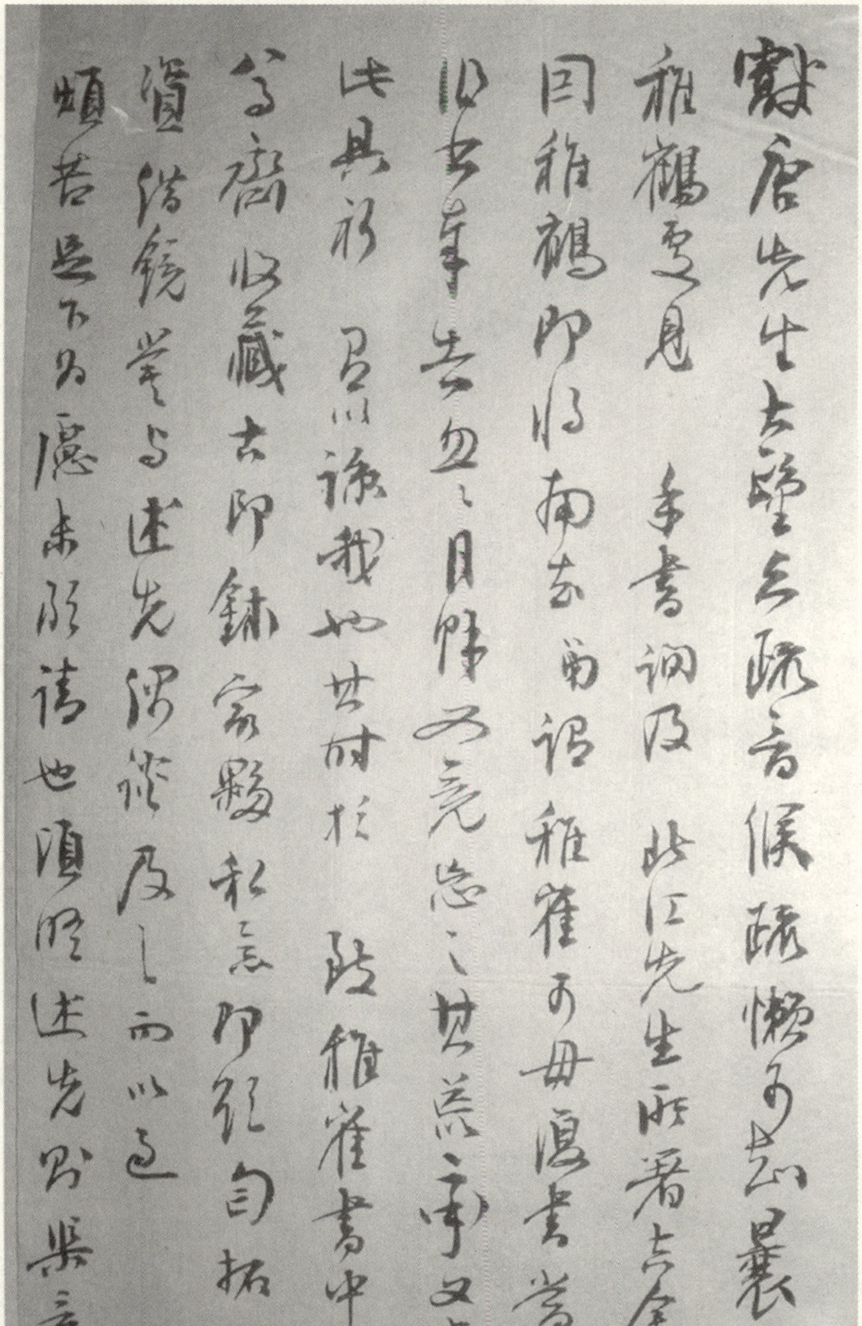

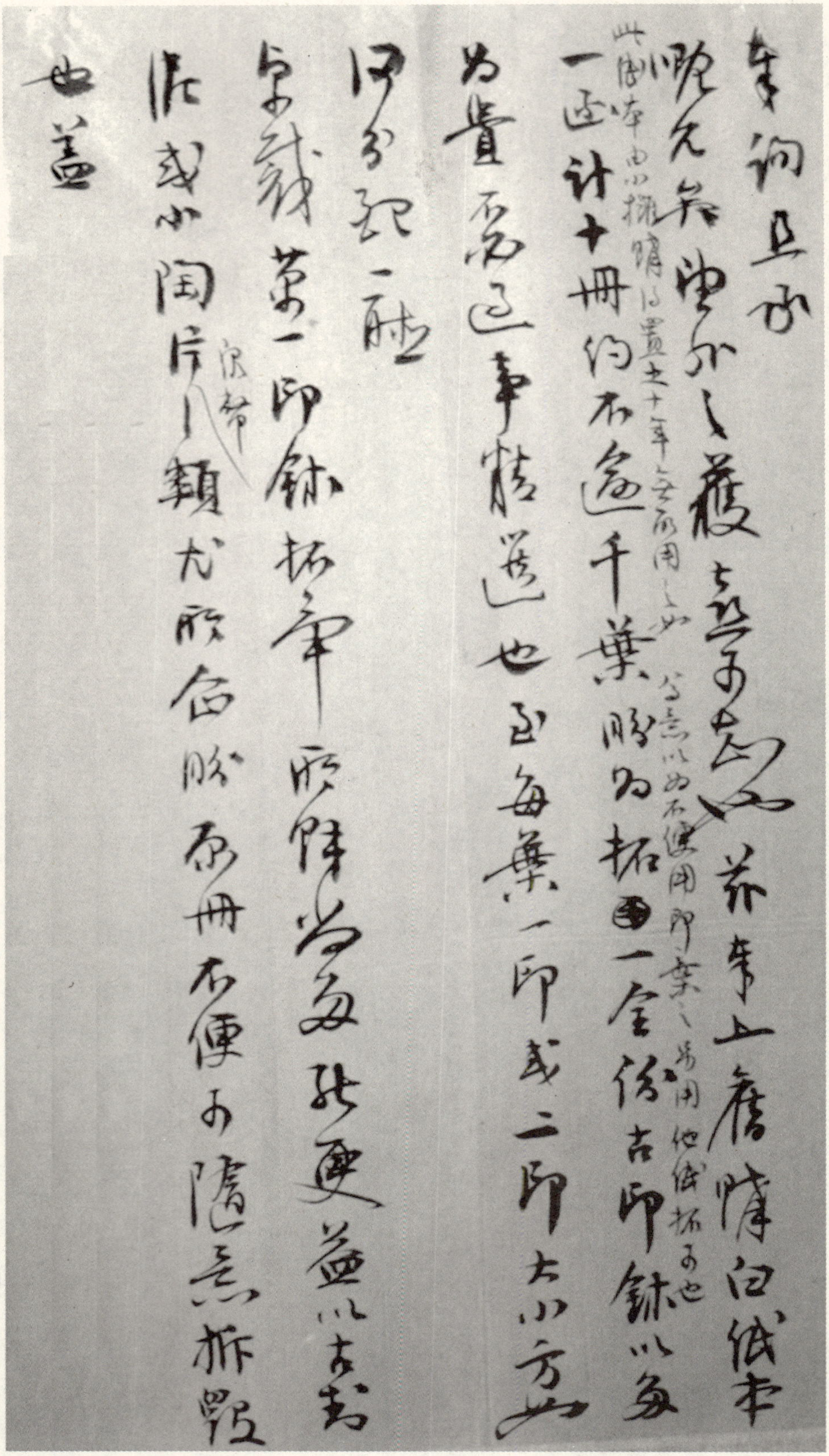

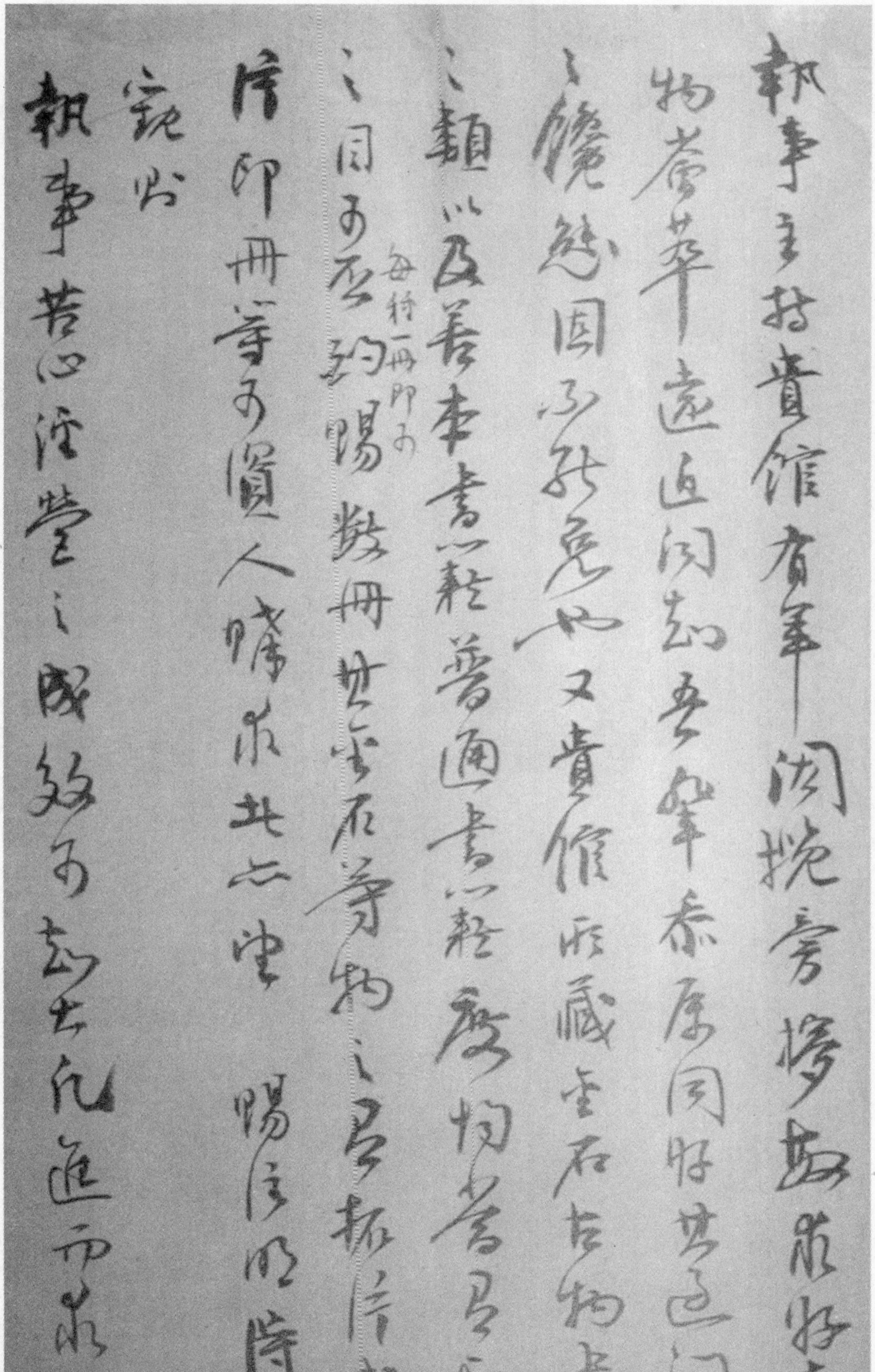
執事主持貴館有年，閎攬旁搜，羅好古文物，薈萃遠近，閎知多半泰原同好共造門大嚼之饒，想固亦能免也。又貴館所藏金石古物書畫之類，以及善本書以輕普通書以輕廢物易印成之冊，可否每種一冊即可賜數冊，並金石等物之影拓片或照片印冊等，可資人們求其一覽。賜復以時此一

竊祝

執事若心經營之，成效可知，先進而求之也

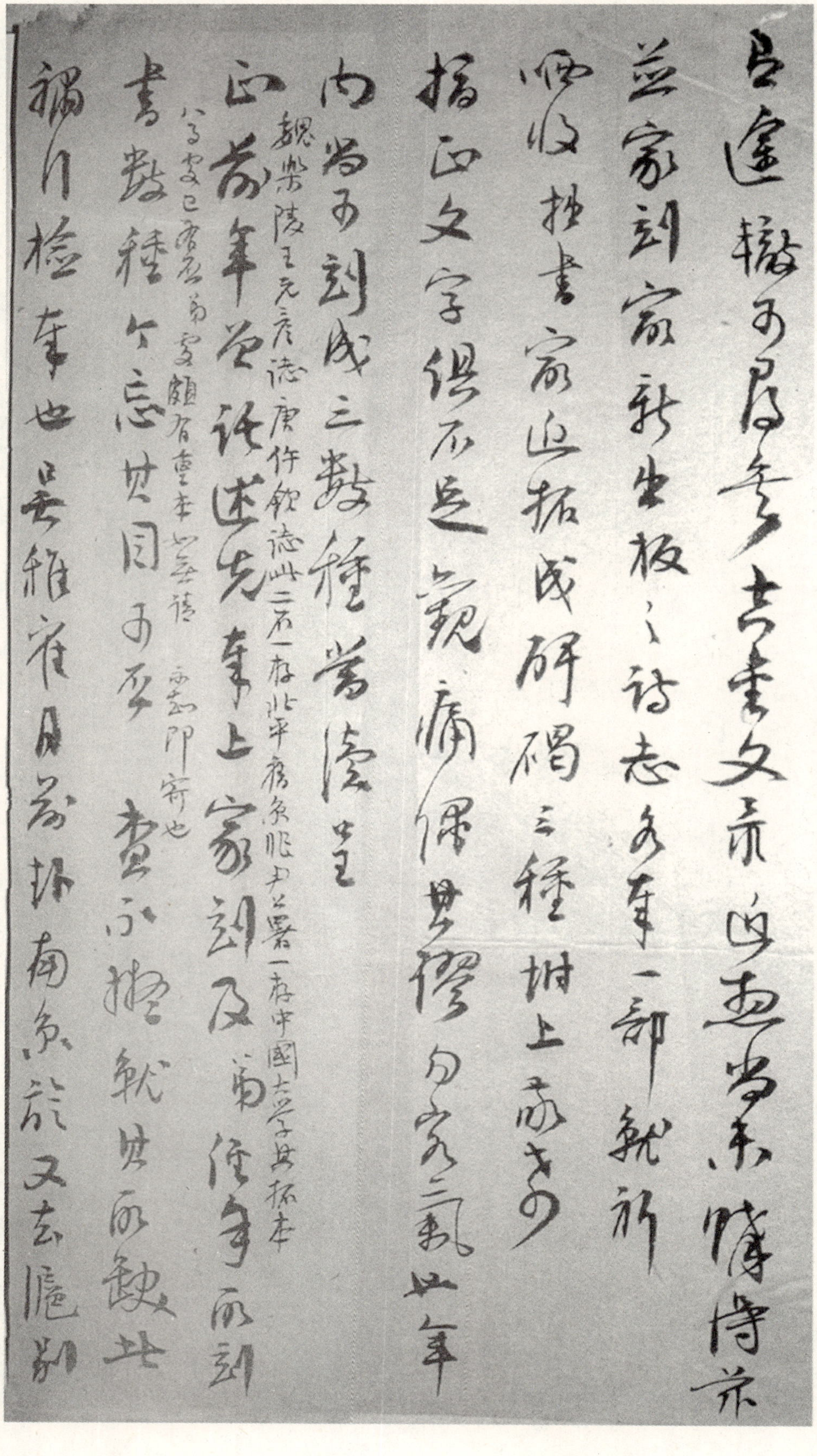

吾遂擬于居多吉書文亦迺惠寄來博侍於
益家刻家新出版之詩志多年一部就祈
所收拙書家近拓成碑碣三種附上敬乞
指正文字過不足觀虞得無損自家之氣也年
內曾于刻成三數種當陸續呈
魏樂陵王元彥誌唐許敬誌此二石一存北平府象胍尹公署一存中國大學均有拓本
正前年曾託述先奉上家刻及商僧手所刻
書數種今忘其目矣查示擬就其所缺些
八多處已屢在前弟處頗有重本如要請兩知即寄也
補行檢奉也吾兄雅在日為拓南京於文忠瘞鶴

賀培新

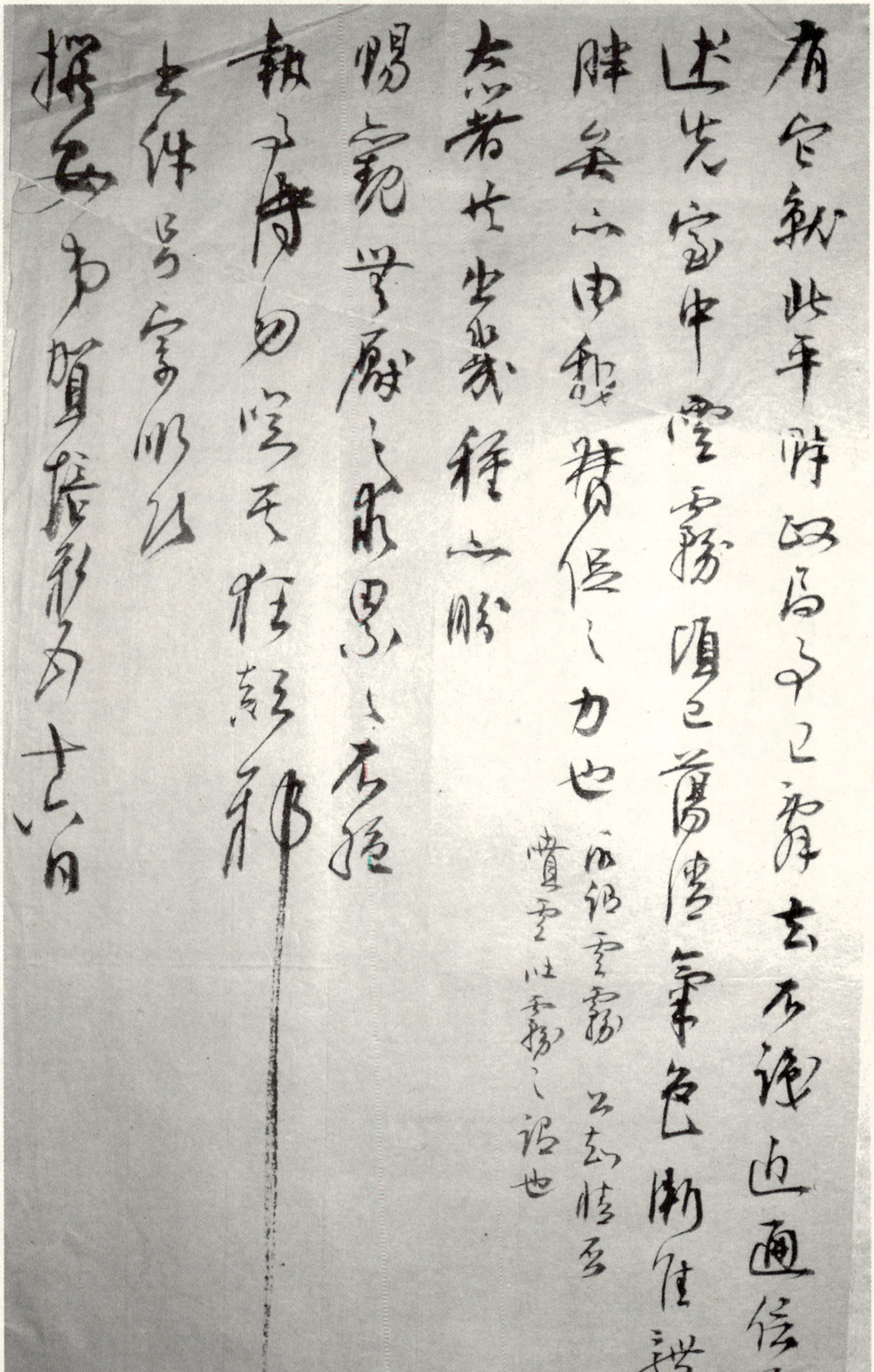

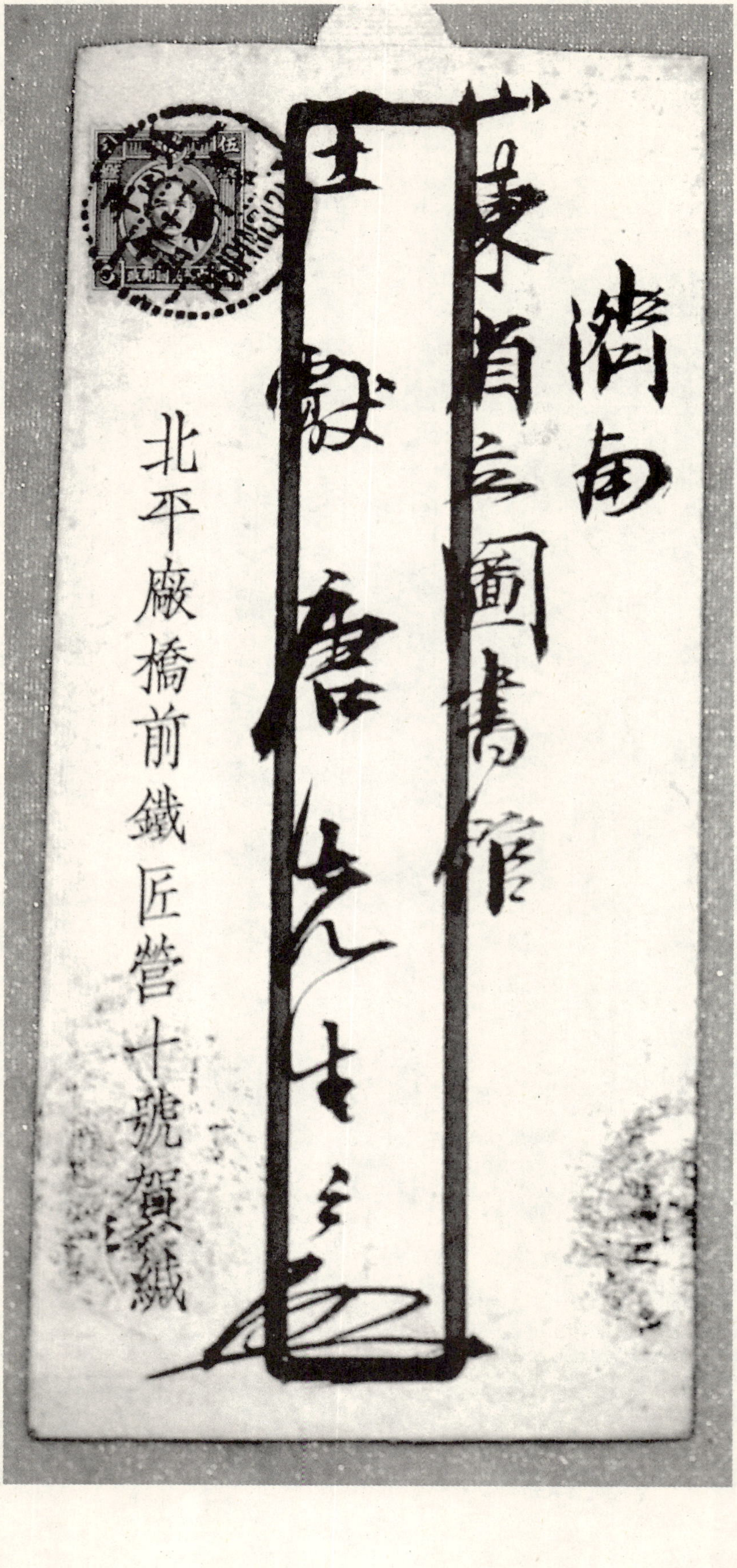
濟南
山東省立圖書館
王獻唐先生
北平廠橋前鐵匠營十號賀緘

二百 吴兆璜 書十通 封八件

書第一通

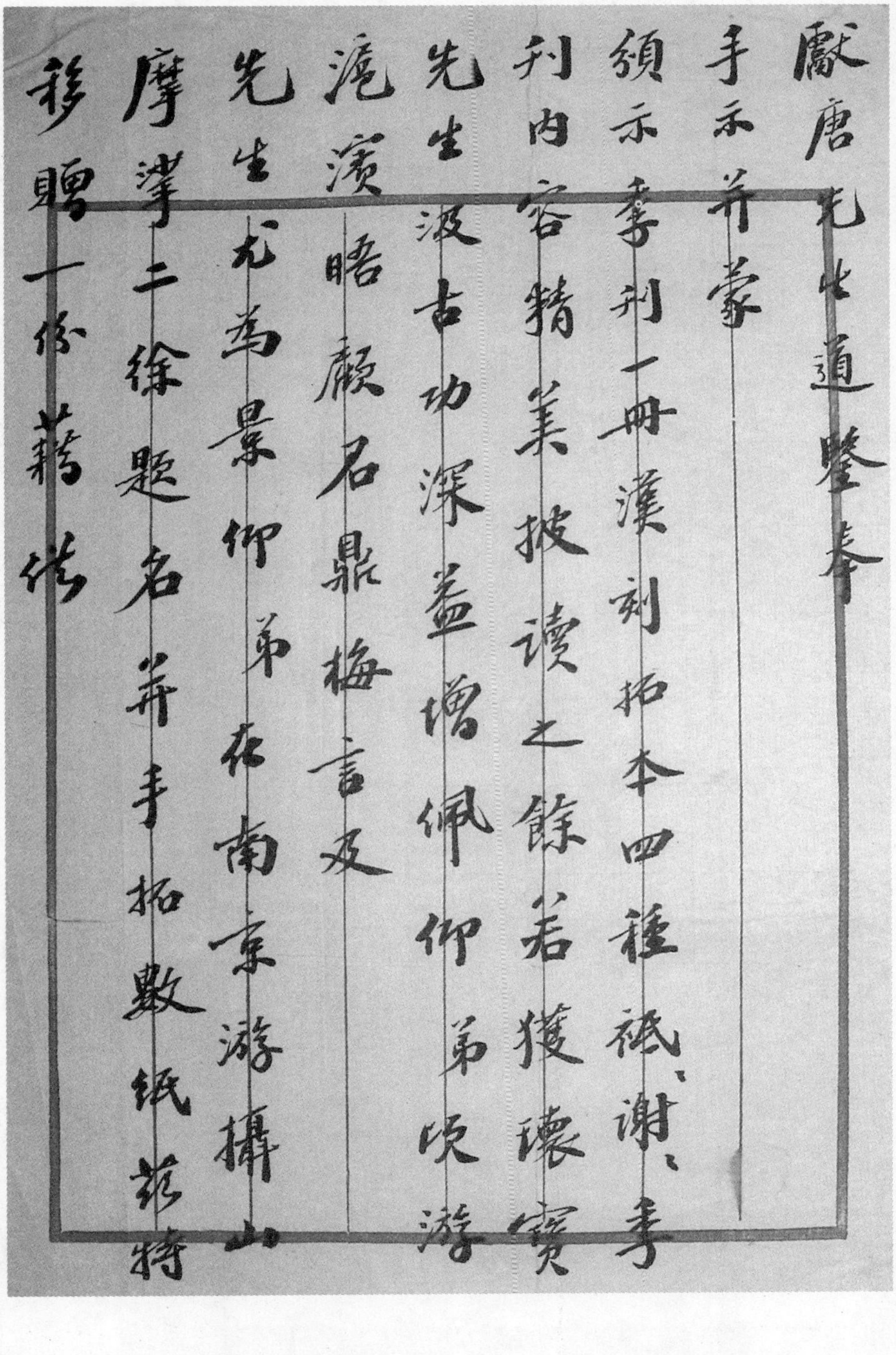
獻唐先生道鑒奉
手示并蒙
頒示秦刻一冊漢刻拓本四種祗謝、謝、手
刊内容精美披讀之餘若獲瓌寶
先生汲古功深益增佩仰弟頃游
滬濱晤顧石鼎梅言及
先生尤為景仰弟在南京游攝山
摩崖二徐題名并手拓數紙茲特
移贈一份藉供

清賞二徐墨刻傳世者少得此聯
當一句之嘗
貴館石刻拓本友好欲購者甚多
最近目錄乞賜數份俾便選購又
壽州石華（僅需字文）熹平石經秦瓦量（又詔板文拓本）諸拓本
頗欲得之以資研討尚有多份當
備價取得也諸希
珍衛肅謝并頌
道安
弟吳兆璜再拜 一月六日

吳兆璜

書第二通

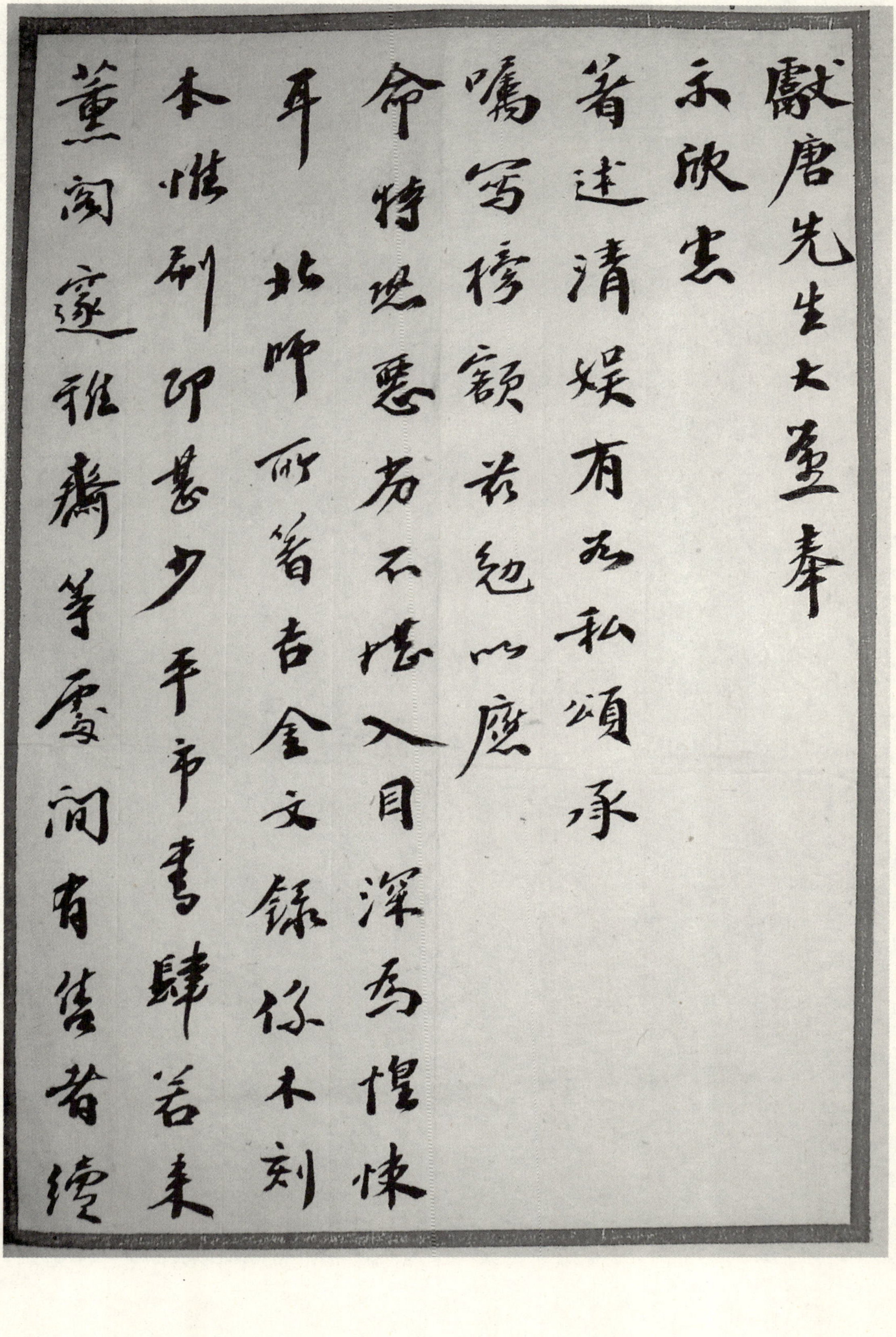
獻唐先生大鑒奉
示敬悉
著述清娛有爲私頌承
囑寫標題茲勉以應
命特恐惡劣不堪入目深爲惶悚
耳 北師所著古金文錄係木刻
本惟剞印甚少平市書肆若來
薰閣邃雅齋等處間有售者續

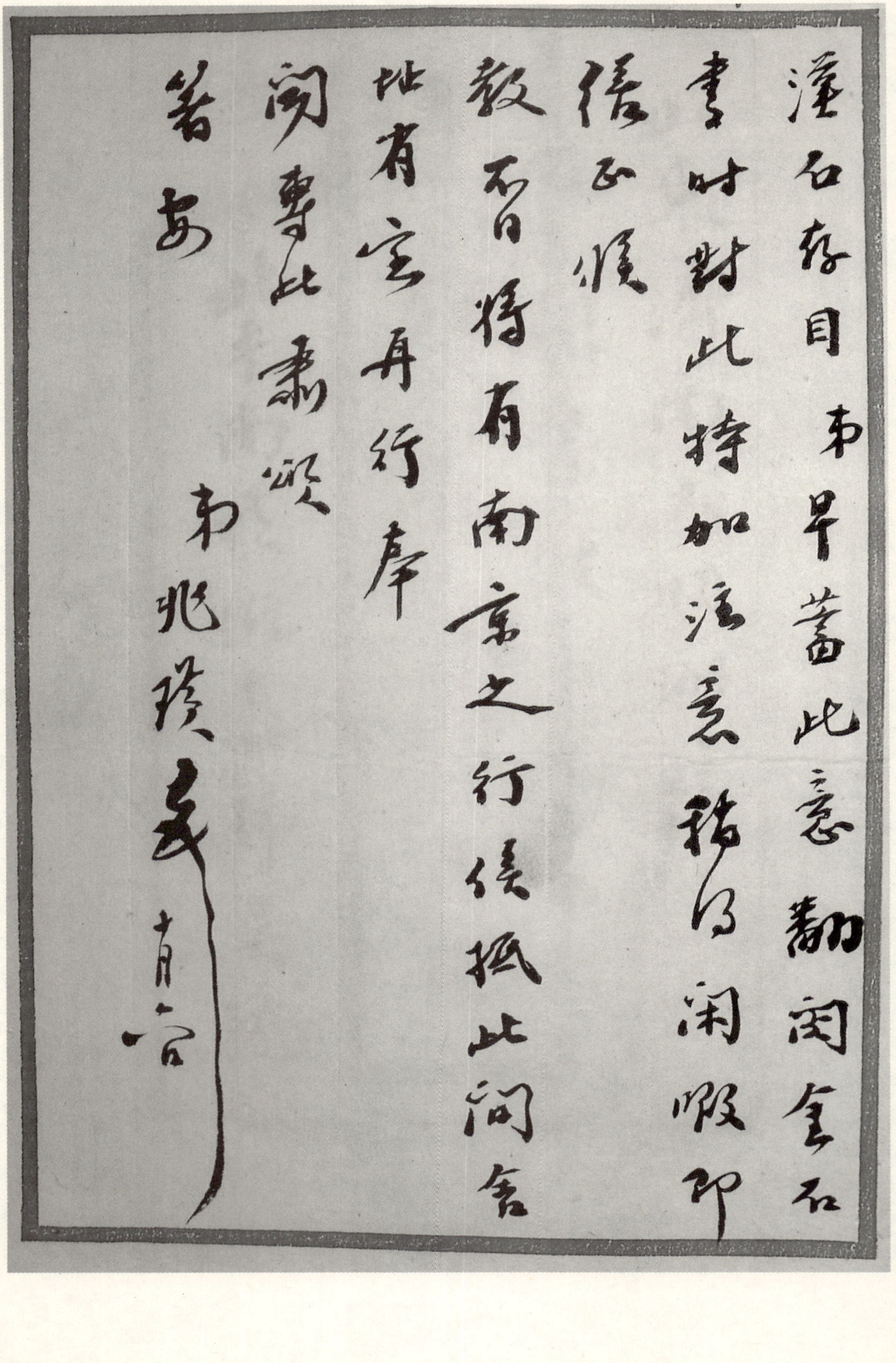
瀼石存目弟早蓄此意翻阅金石
書時對此特加注意稍得閒暇即
請正候
教不日將有南京之行俟抵此間舍
址有定再行奉
閱專此肅覆
著安
弟兆璜頓
十月六日

吴兆璜

書第三通

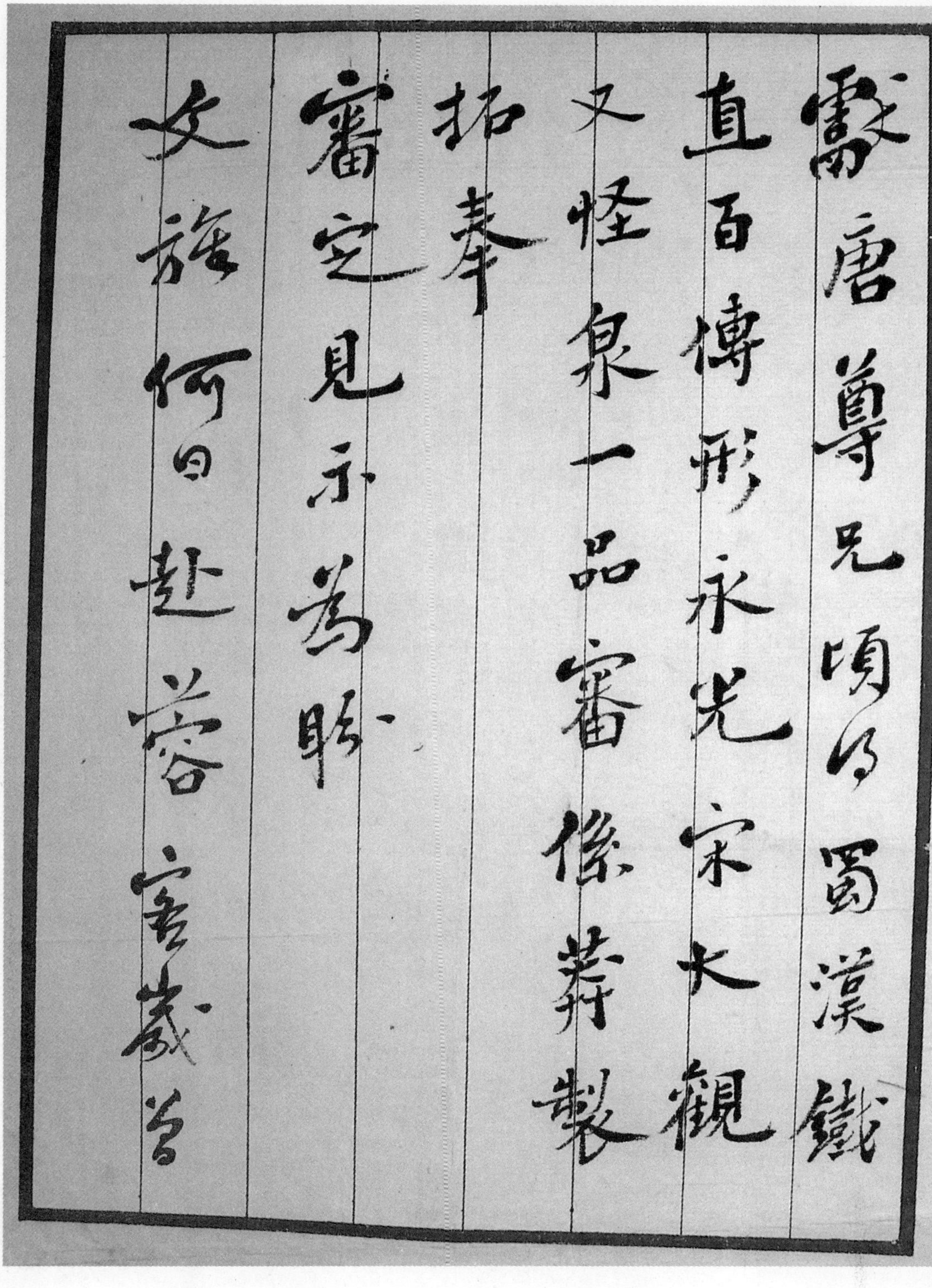
獻唐尊兄：頃得蜀漢鐵直百傳形、永光、宋大觀，又怪泉一品，審係莽製，拓奉審定，見示爲盼。文旌何日赴蓉？容葳首

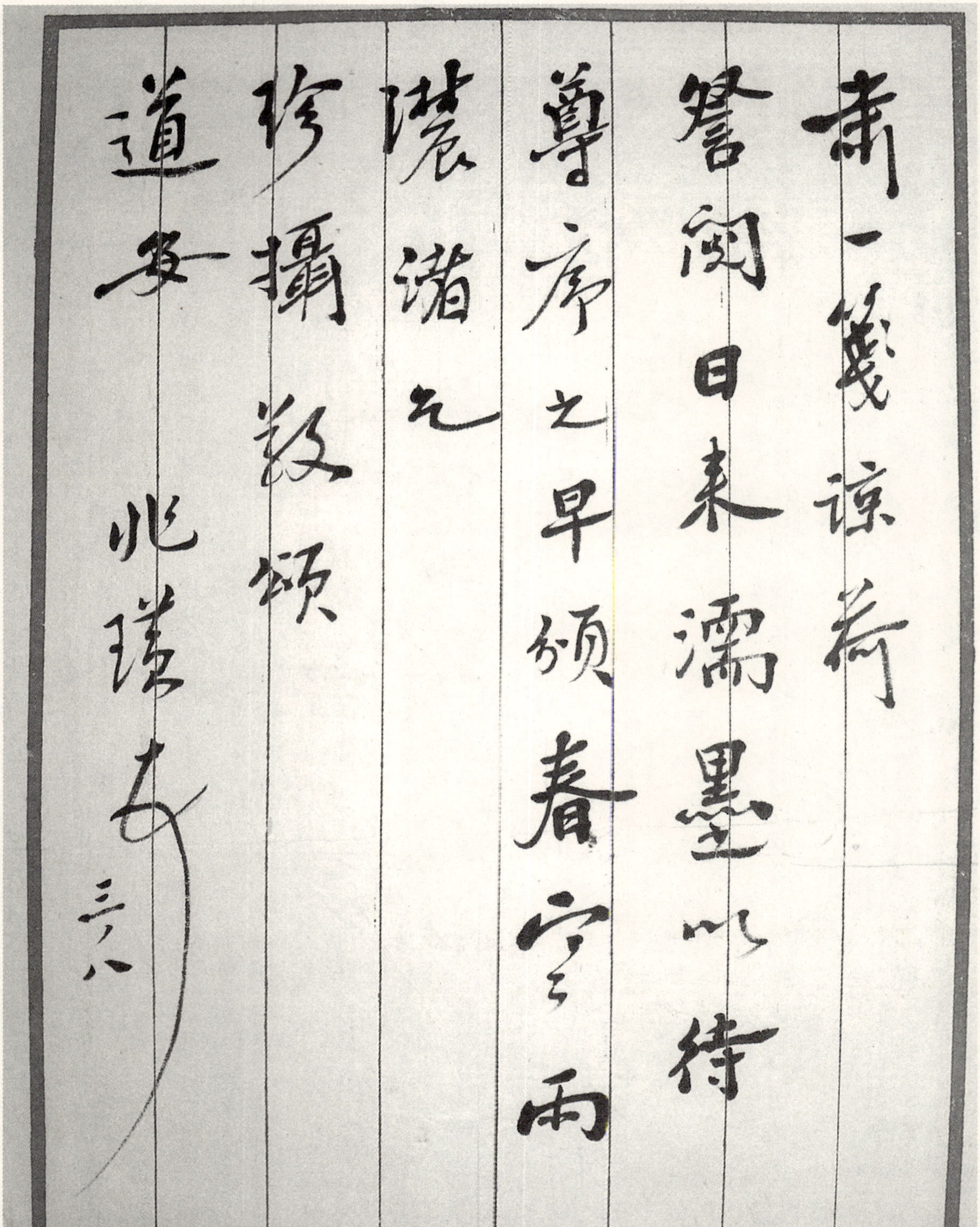
肅一箋諒荷
詧閱日來濡墨以待
尊序之早頒春宵雨
懷諸乞
珍攝敬頌
道安　兆璜上
三八

書第四通

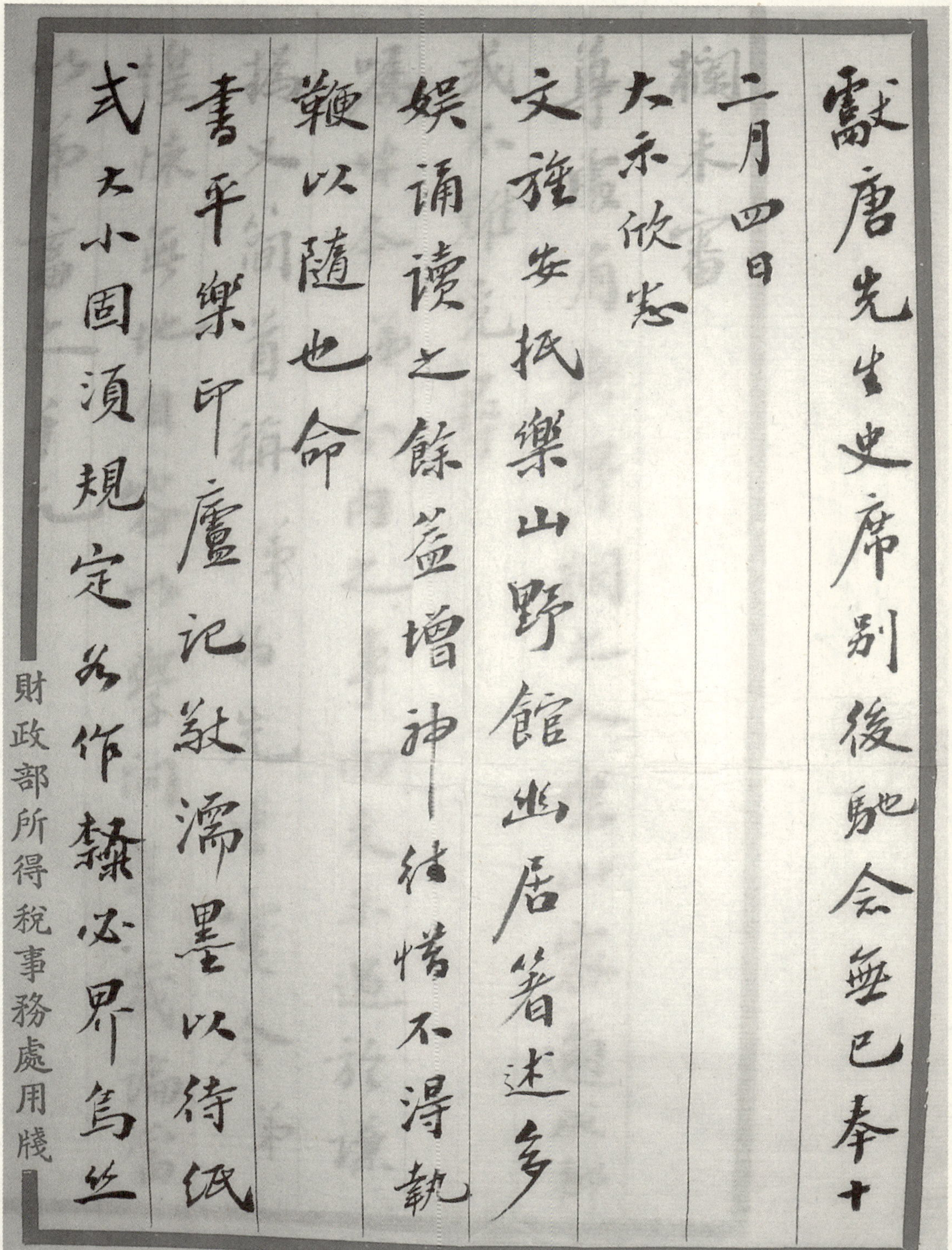
獻唐先生史席別後馳念無已奉十
二月四日
大示欣悉
文旌安抵樂山野館幽居著述多
娛誦讀之餘益增神往惜不得執
鞭以隨也命
書平樂印廬記敬濡墨以待紙
式大小固須規定爲作篆必界烏絲
財政部所得稅事務處用牋

欄未審
尊處有無界欄之人樂山嘉邇成都
或不難覓尋
囑件本弟分內之事而來示過於謙
稿文簡首稱弟為先生實令弟
惶悚無地自容以學問年歲論當
以弟畜之千乞
垂允平樂侯印至佳處亂離之

財政部所得稅事務處用牋

吳兆璜

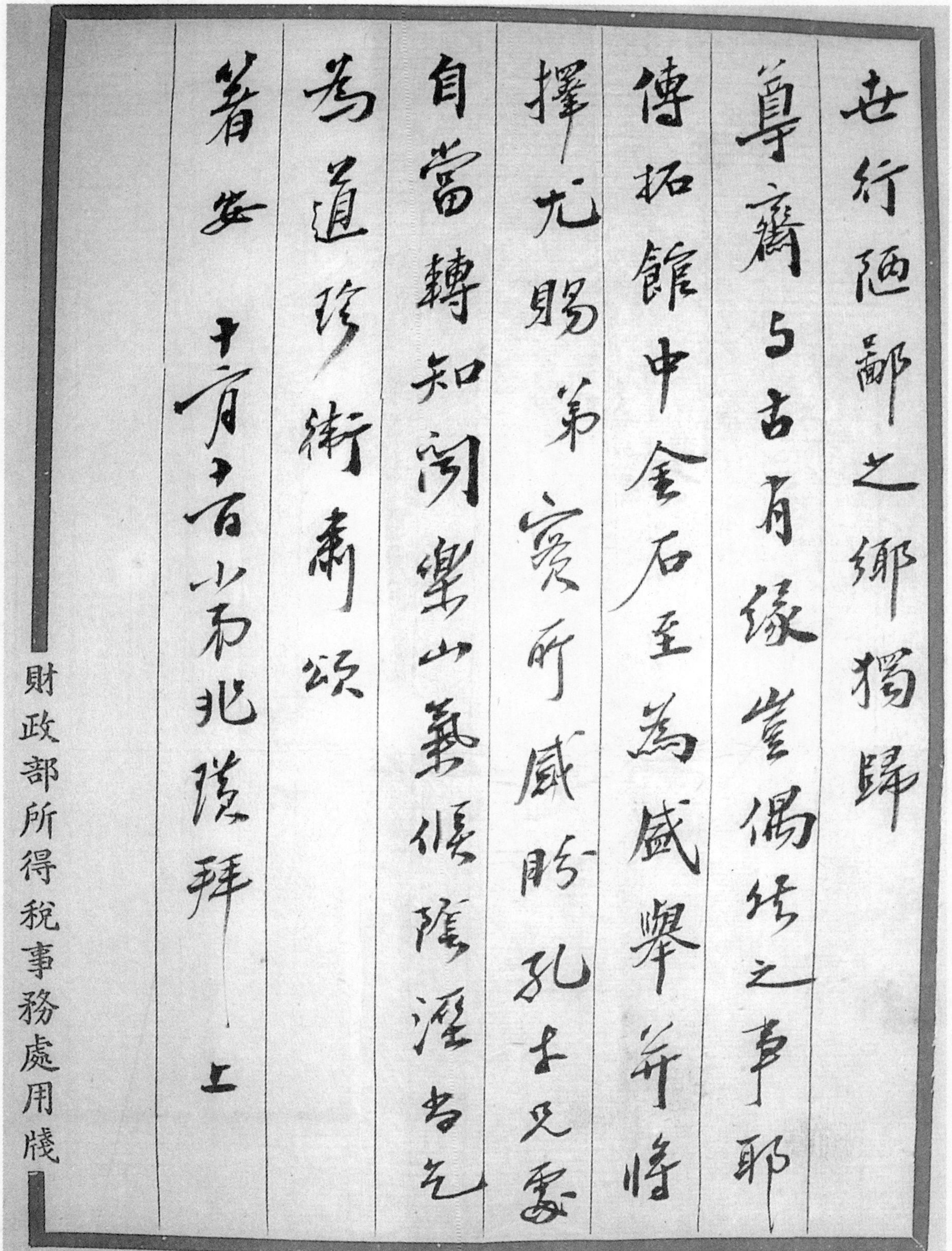

世行陋鄙之鄉，獨歸
尊齋，与古有緣，豈偶然之事耶。
傳拓館中金石，至為盛舉，并將
擇尤賜弟，實所感盼。孔才兄處
自當轉知。聞樂山氣候陰溼，尚乞
為道珍衛，肅頌
著安
十月十日小弟兆璜拜上

財政部所得稅事務處用牋

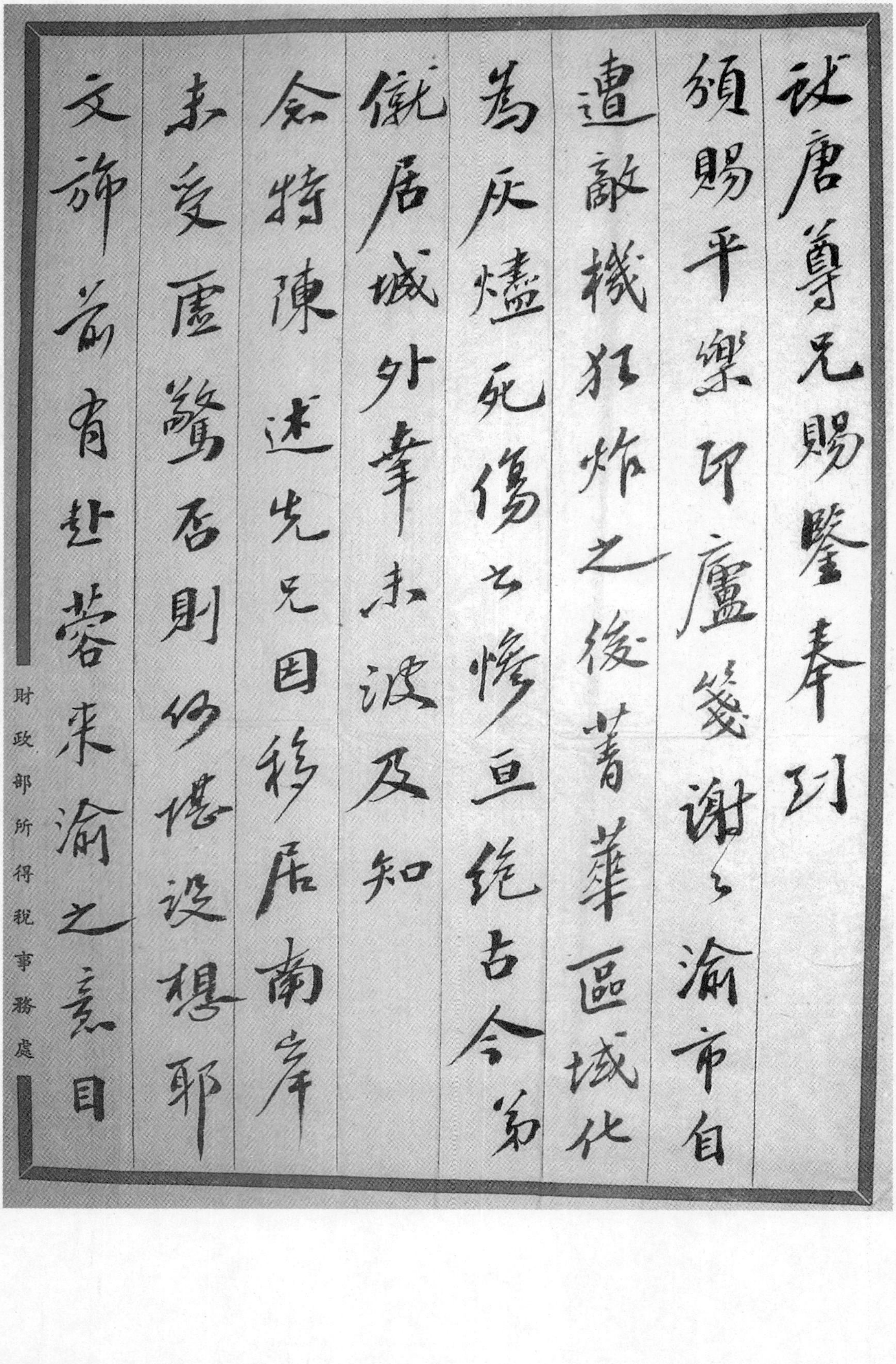
誠唐尊兄賜鑒奉到
頒賜平樂印廬箋謝謝渝市自
遭敵機狂炸之後菁華區域化
為灰燼死傷之慘亘絕古今弟
僦居城外幸未波及知
念特陳述先兄因移居南岸
未受虛驚否則何堪設想耶
文旆前有赴蓉來渝之意目

財政部所得稅事務處

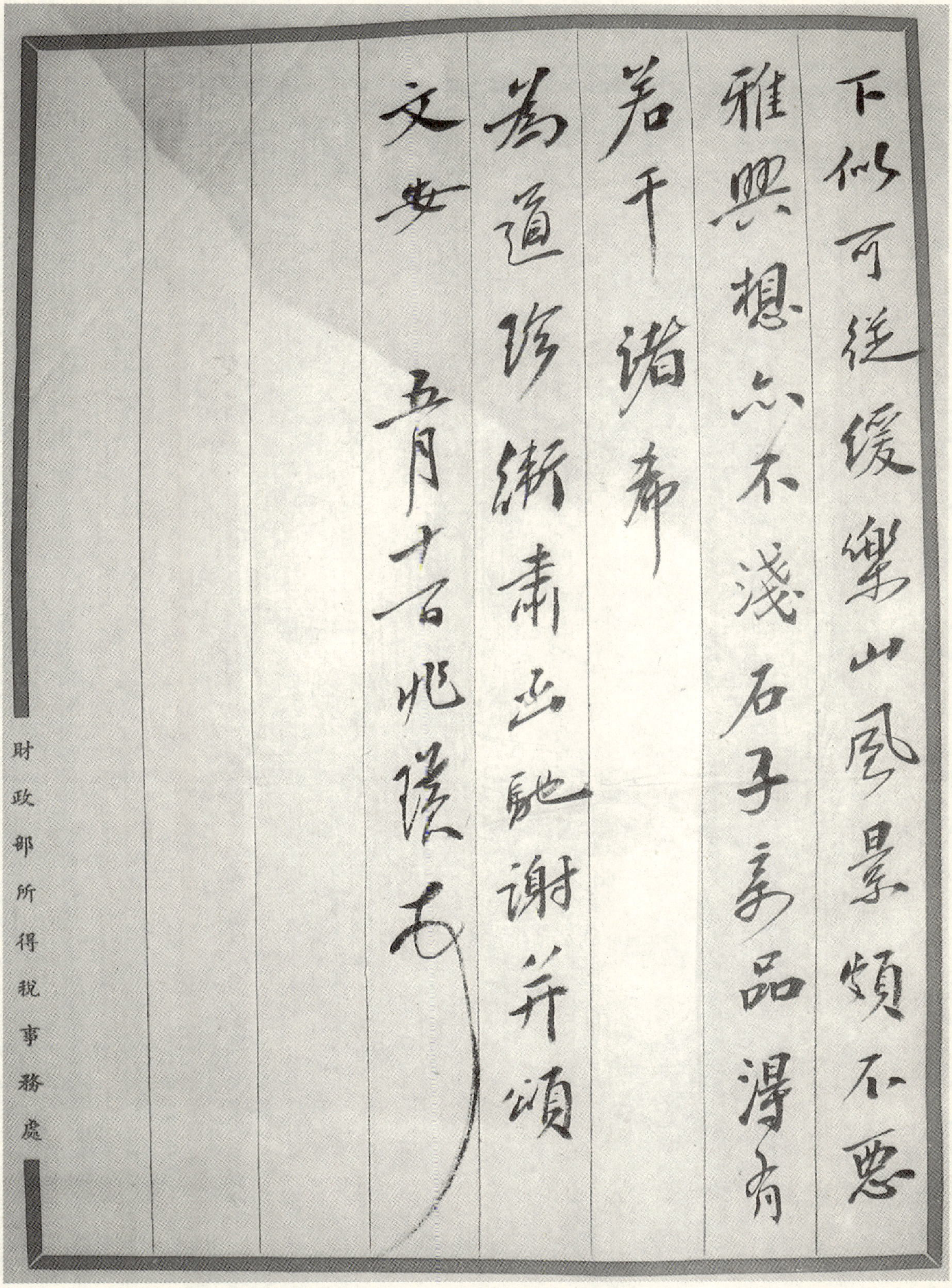

下似可從緩樂山風景頗不惡
雅興想亦不淺石子多品得有
若干諸希
為道珍衛肅函馳謝并頌
文安　五月十一日兆璜上

財政部所得稅事務處

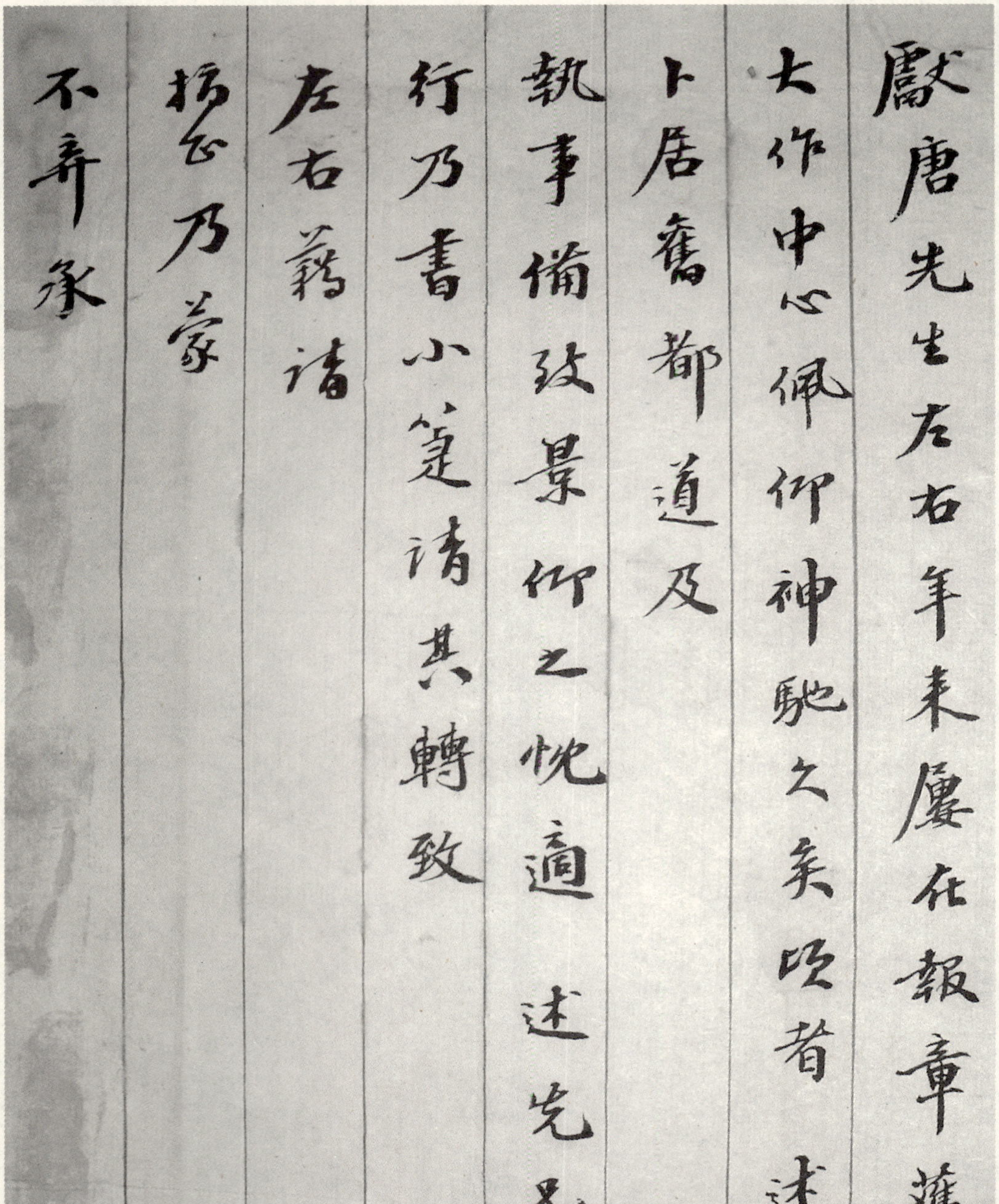
獻唐先生左右年來屢在報章獲讀
大作中心佩仰神馳久矣頃者述先學兄
下居舊都道及
執事備致景仰之忱適述先兄有山左之
行乃書小箋請其轉致
左右藉請
指正乃蒙
不棄彖

賜書總後函展拜之餘如獲瓊瑤敬悉　僕
以北江師治古文學之餘兼習漢篆用力勤而
進境少凡兩京石刻皆放效摹寫近無進益
又喜研究金石之學苦無師承深用愧赧
側聞
執事敝歷功石從事訪古咸友中若徐君
言舅父顧鼎梅姻丈謝剛主學兄皆時稱
執事汲古之功着於山左蓋增向往

著述得暇請
時惠德音
宏著能賜讀一二尤所企盼專承
垂愛故敢畧陳鄙誠諸希
亮察肅頌
著安
弟吳兆璜上
八月十二

書第七通

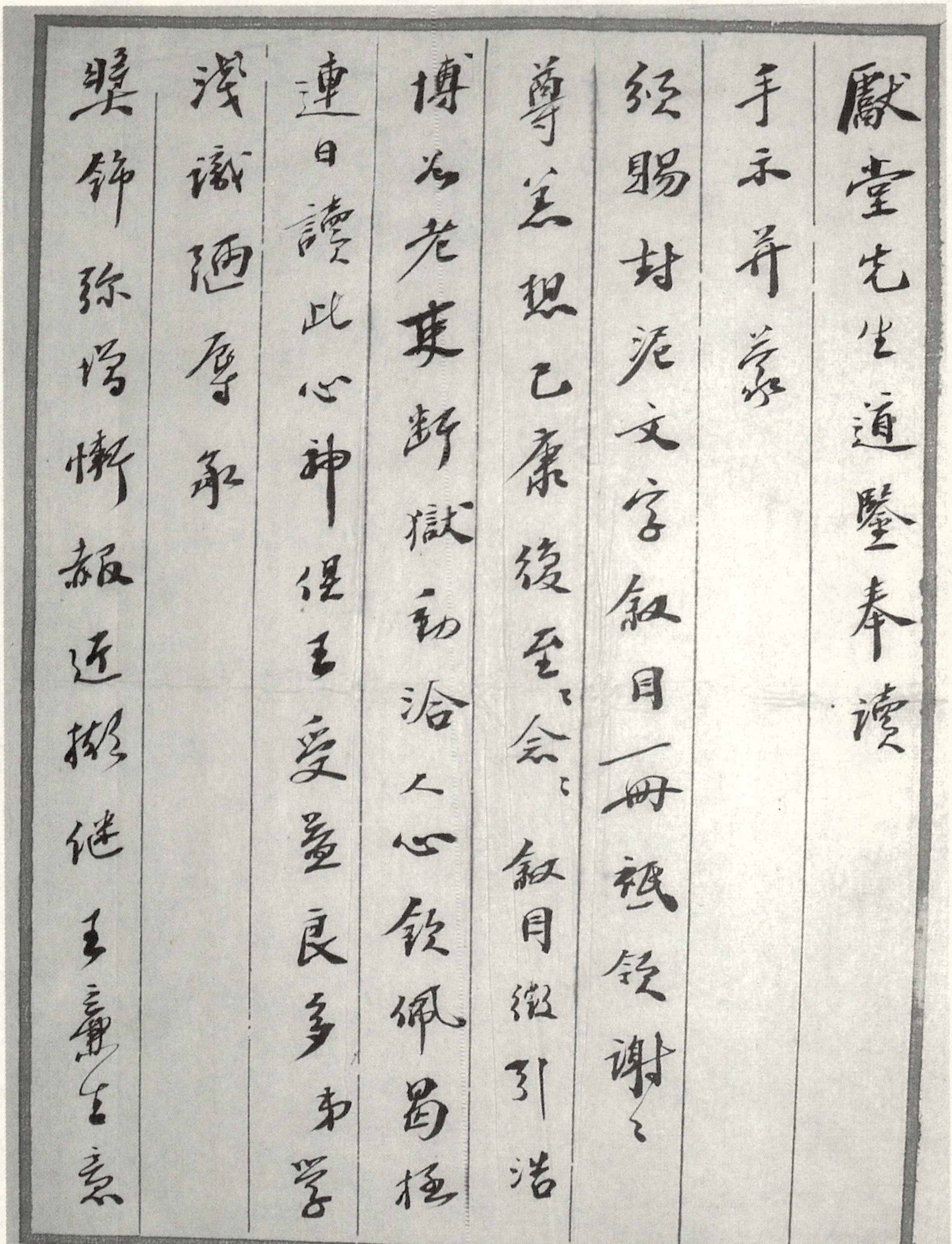
獻堂先生道鑒奉讀
手示并蒙
頒賜封泥文字敘目一冊祗領謝謝
尊恙想已康復至念至念敘目徵引浩
博為老輩斷獄動洽人心欽佩曷極
連日讀此心神俱王受益良多末學
淺識陋寡氣
獎飾彌增慚赧近擬繼王壽生意

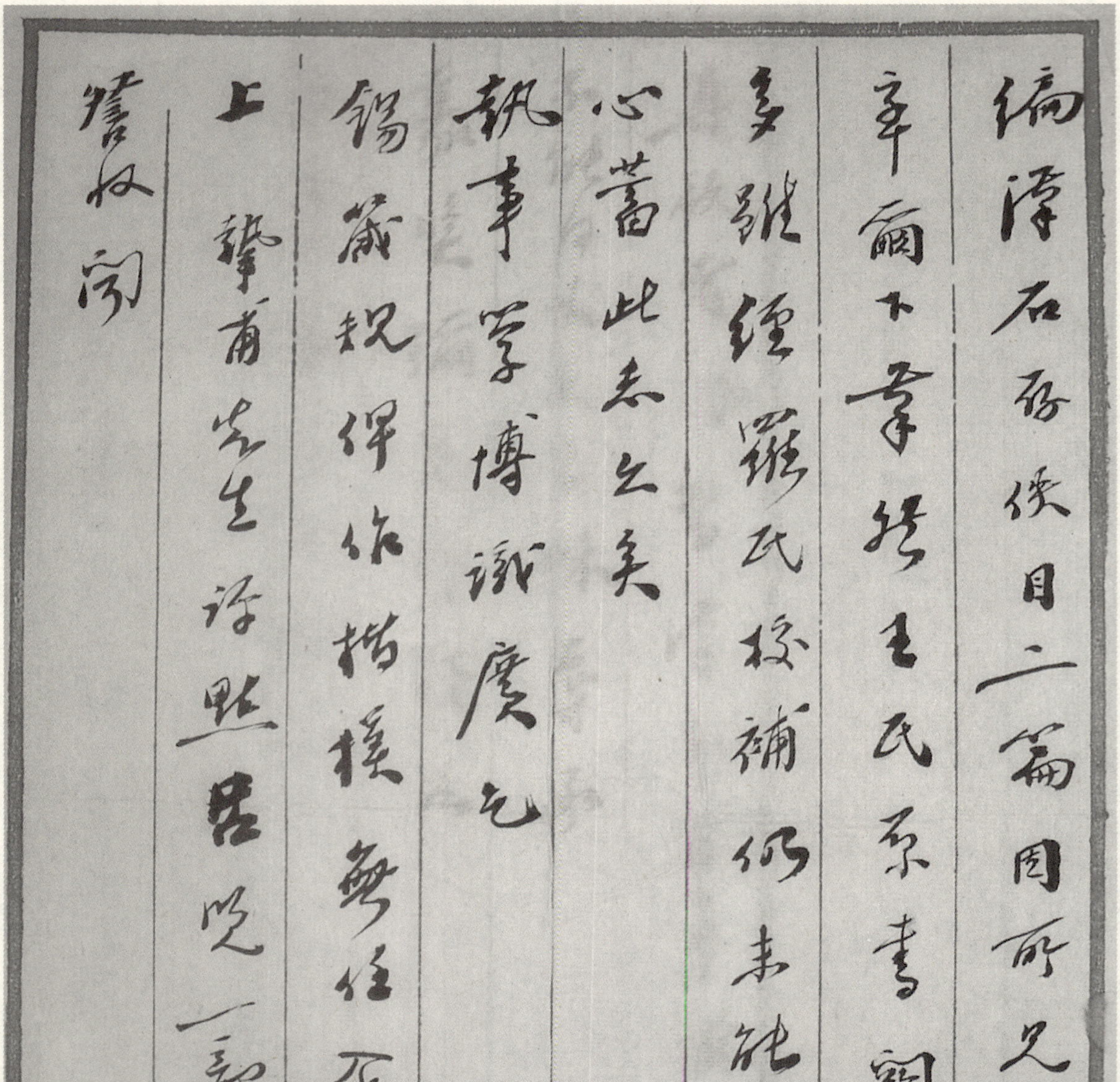
編譯石孫使目二篇因所見不廣未敢
率爾下筆王氏原書闕訛之處甚
多雖經羅氏校補仍未能滿人之意
心蓄此志久矣
執事學博識廣乞
錫箴規俾作指標無任企盼藉奉
上
翼甫先生評點君閱一郵也
嘗收閱

吴兆璜

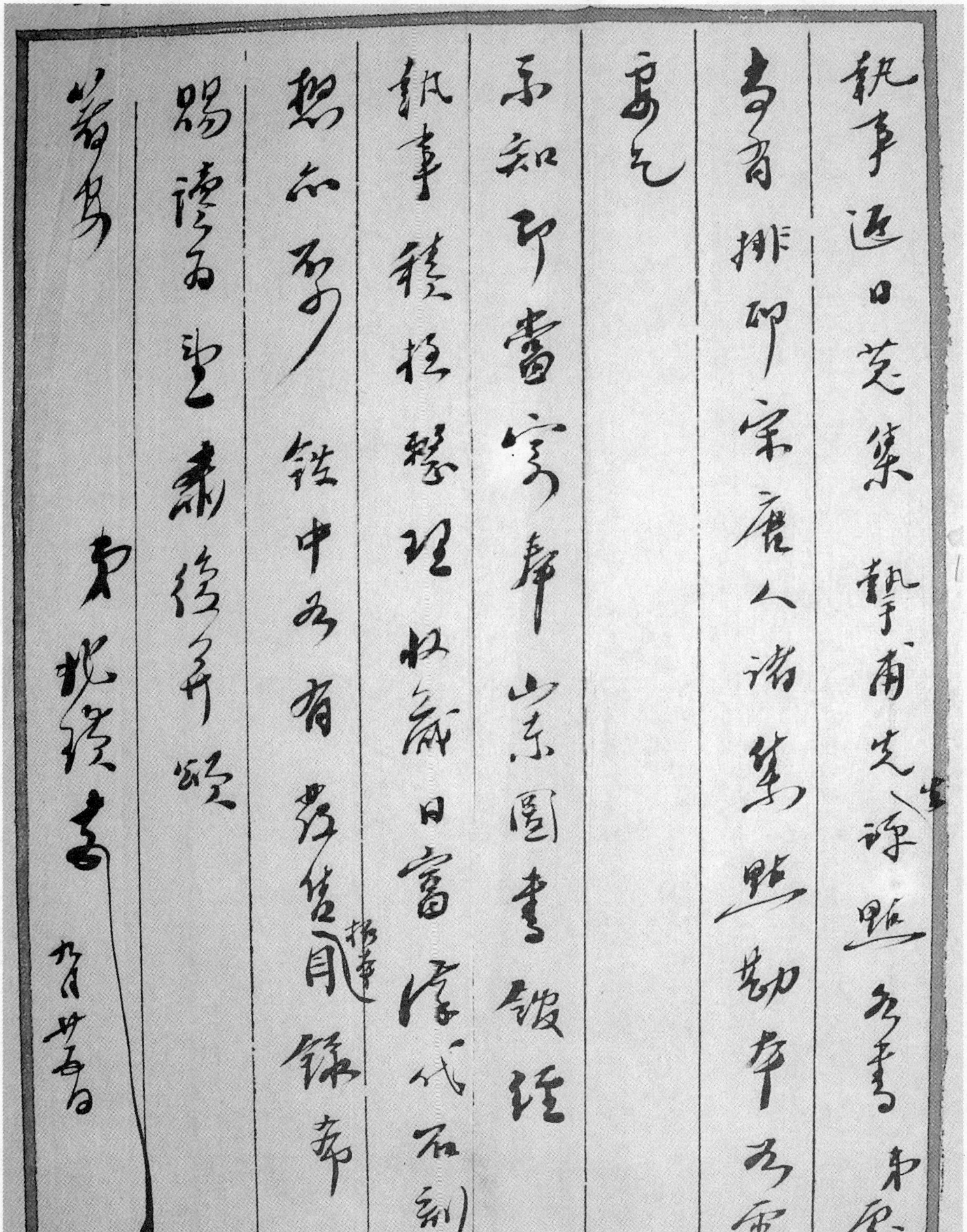
執事近日蒐集摯甫先生評點各書，未審亦有排印宋唐人諸集點勘本否？需寄也。
示知，即當寄奉。山東圖書館經
執事積極整理，收藏日富，漢代石刻
想必不少，館中若有藏石目錄（拓本），寄
賜讀為望。肅候箸綏，
節安。
弟枕綬書
九月廿五日

書第八通

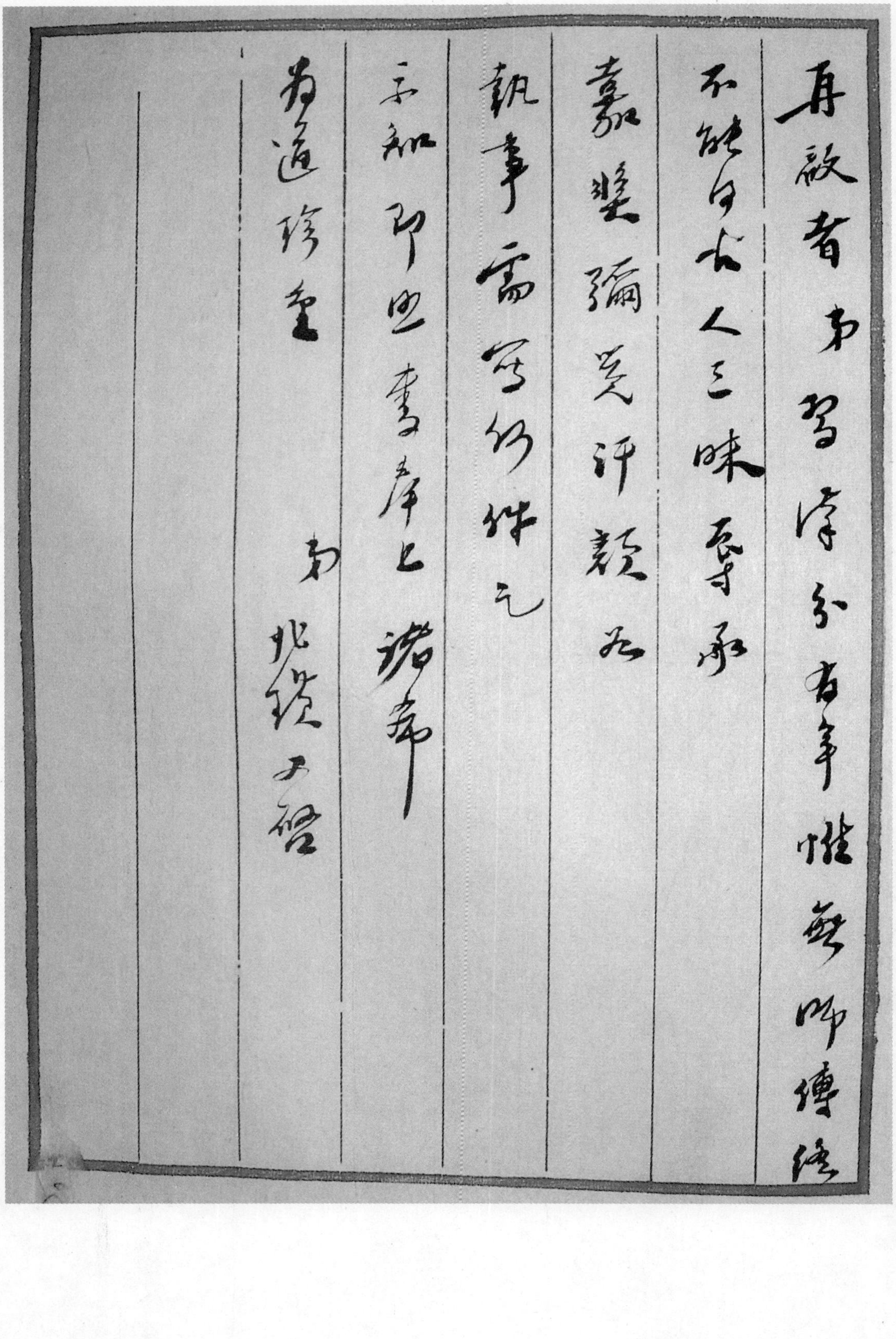
再啟者弟習字亦有年惟無師傳終
不能得古人三昧尊承
嘉獎彌覺汗顏茲
執事需寫何件乞
示知即照書奉上諸希
為道珍重　　弟
兆璜又啟

書第九通

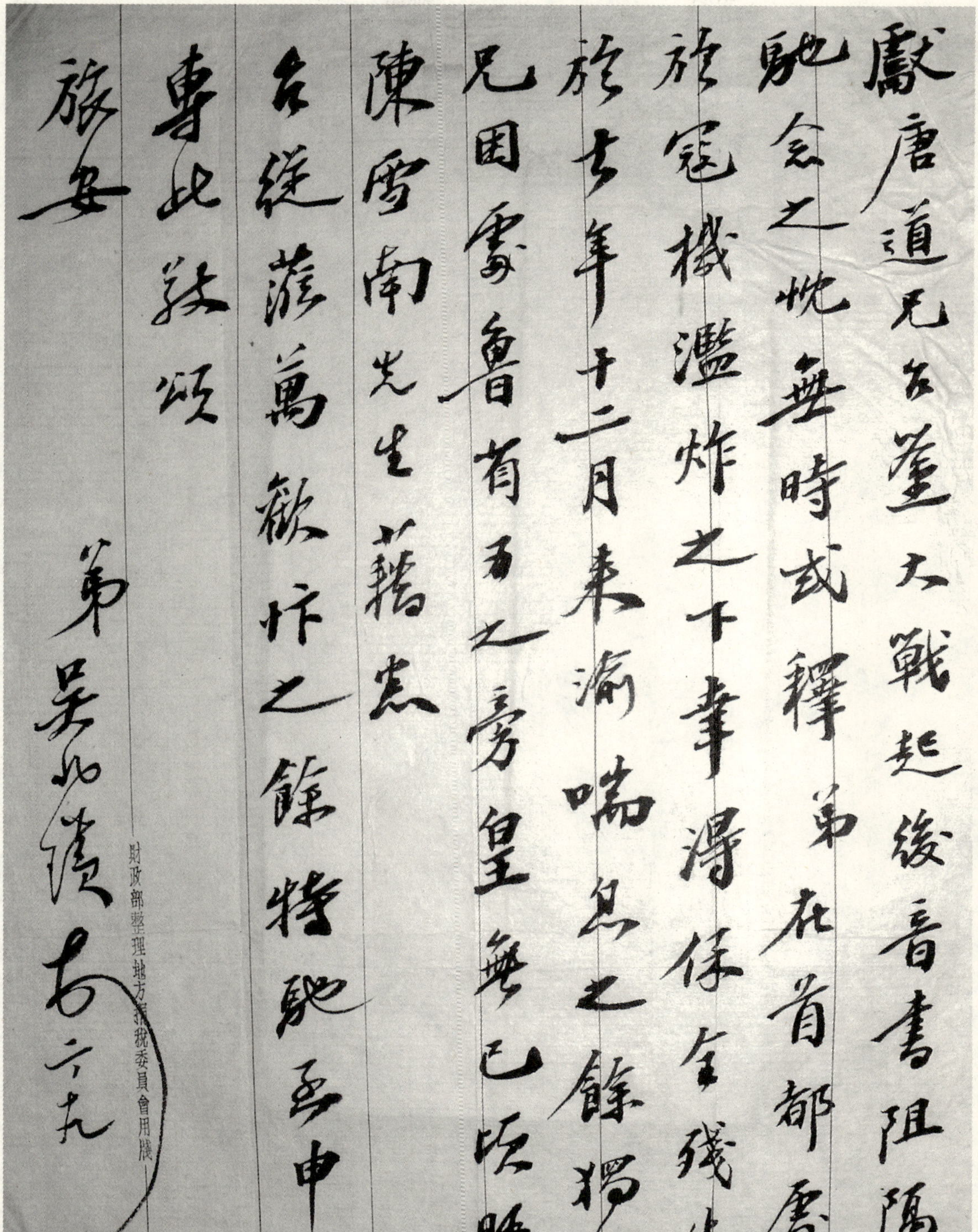
獻
唐道兄台鑒大戰起後音書阻隔
馳念之忱無時或釋弟在首都屢
於寇機濫炸之下幸得保全殘生
於去年十二月來渝喘息之餘獨念
兄困處魯省有子之旁皇無已頃聽
陳雪南先生藉悉
台從蒞萬欣忭之餘特馳函申候
專此敬頌
旅安
弟吴兆璜上 六九

財政部整理地方捐稅委員會用牋

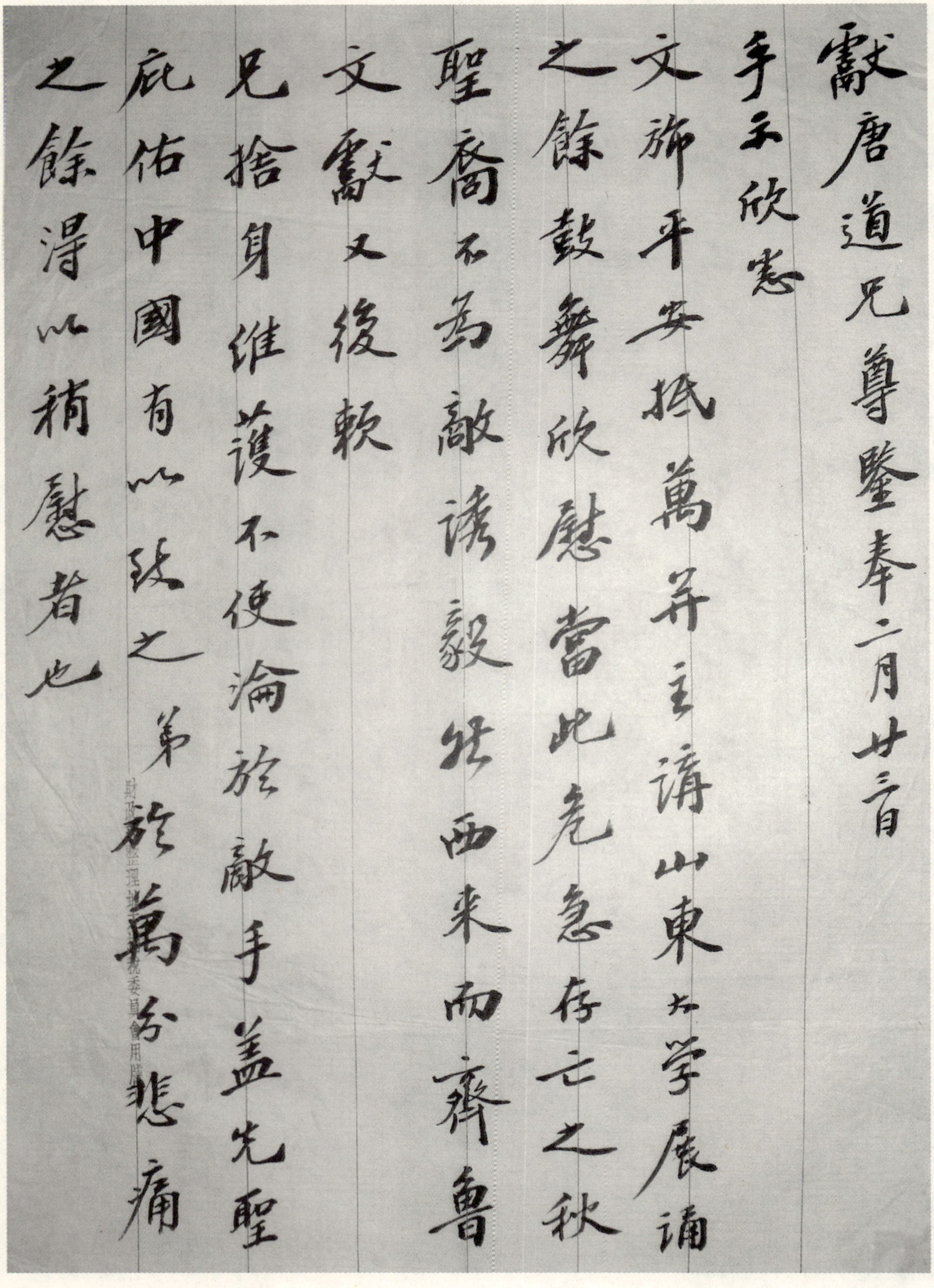

獻唐道兄尊鑒：奉二月廿三日
手示，欣悉
文旆平安抵萬，并主講山東大學，展誦
之餘，鼓舞欣慰。當此危急存亡之秋，
聖裔不為敵誘，毅然西來，而齊魯
文獻又復較
兄捨身維護，不使淪於敵手，蓋先聖
庇佑，中國有以致之。弟於萬分悲痛
之餘，得以稍慰者也。

尊恙想已平復時在念中前者承
賜金石拓片數種雖顛沛跋涉不
忍捨弃現猶珍藏行篋獨山東圖
書館季刊忘未攜出至今耿耿
尊藏想已攜出
行旌何日蒞渝至為翹企諸希
為道珍衛肅此佈覆并頌
旅綏
小弟吳兆璜
雪南先生道德書法極所佩仰

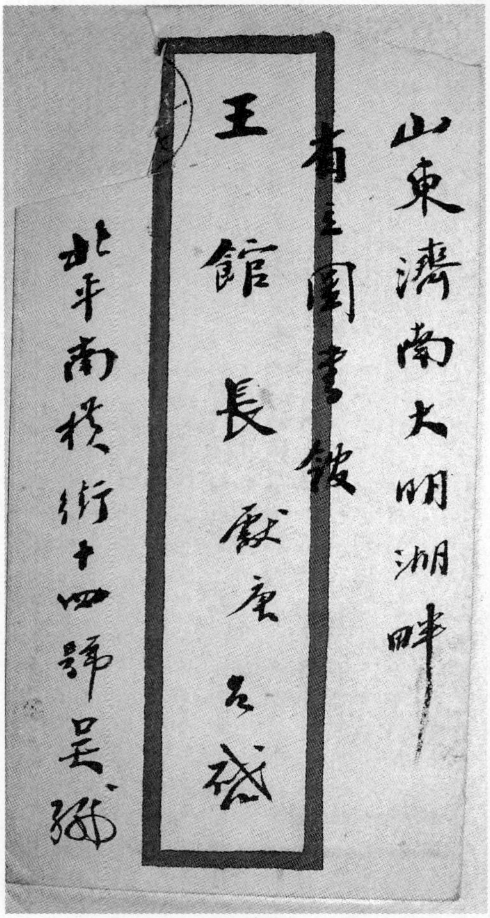
山東濟南大明湖畔
省立圖書館
王館長獻唐
北平南橫街十四號吳緘

封第一件

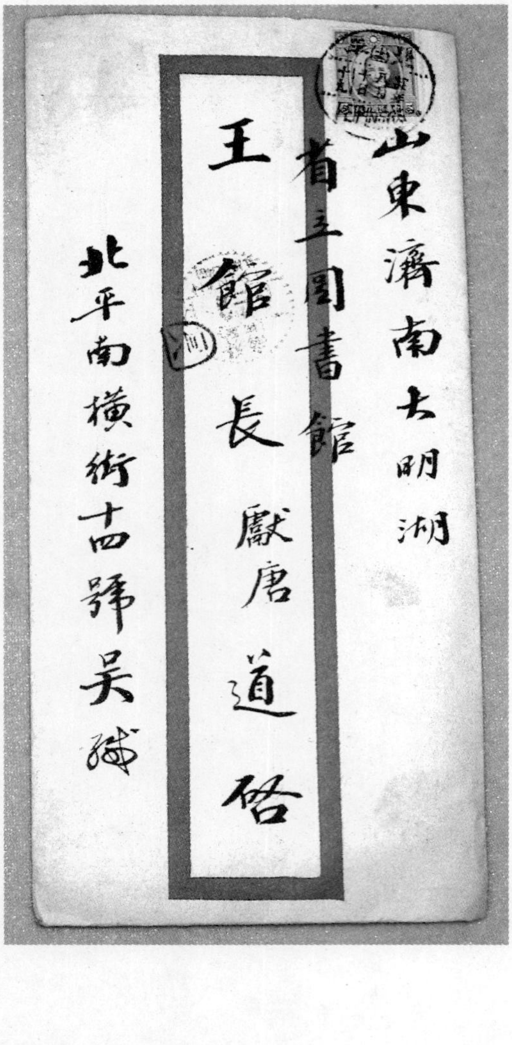
山東濟南大明湖
省立圖書館
王館長獻唐道啓
北平南橫街十四號吳緘

封第二件

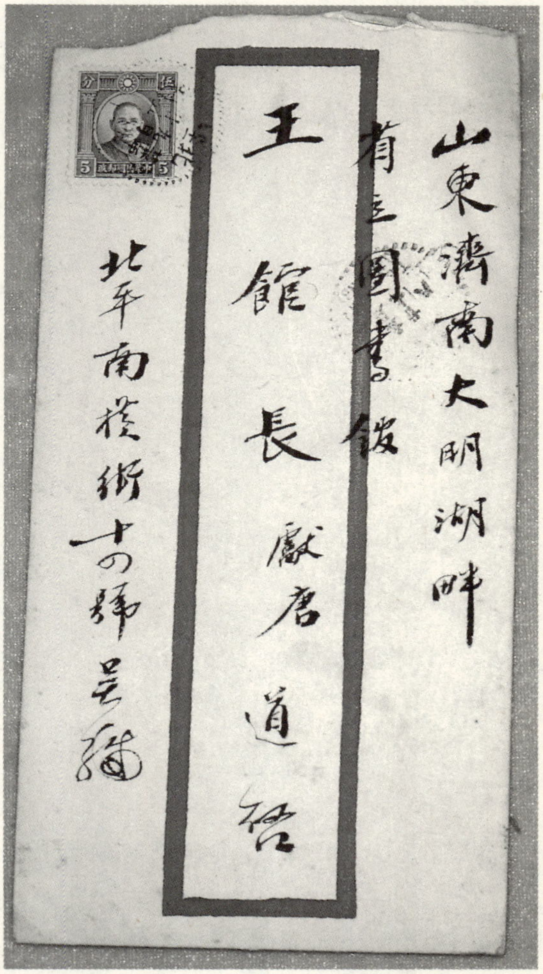
山東濟南大明湖畔
省立圖書館
王館長獻唐道啓
北平南樓街十四號吳緘

封第三件

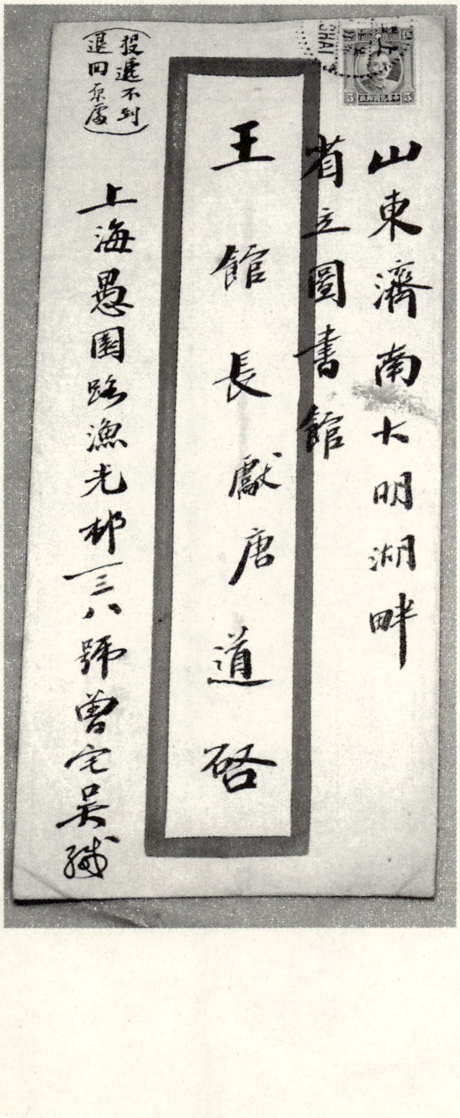
投遞不到退回原處
山東濟南大明湖畔
省立圖書館
王館長獻唐道啓
上海愚園路漁光村三八號曾宅吳緘

封第四件

封第五件

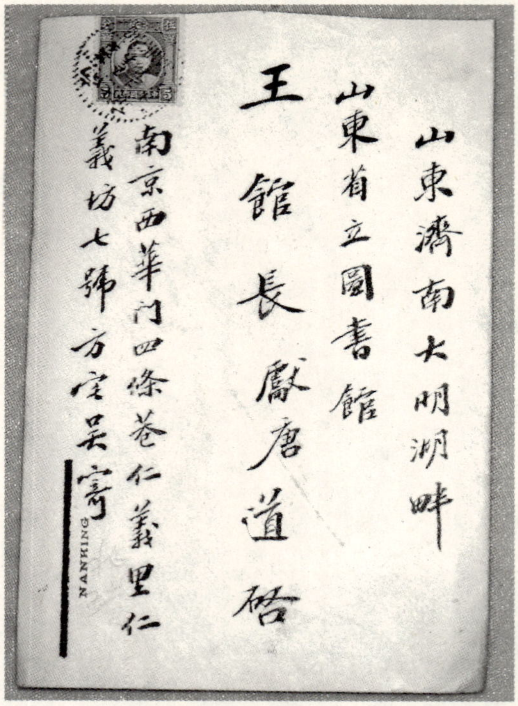
山東濟南大明湖畔
山東省立圖書館
王館長獻唐道啓
南京西華門四條巷仁義里仁義坊七號方宅吴寄
NANKING

封第六件

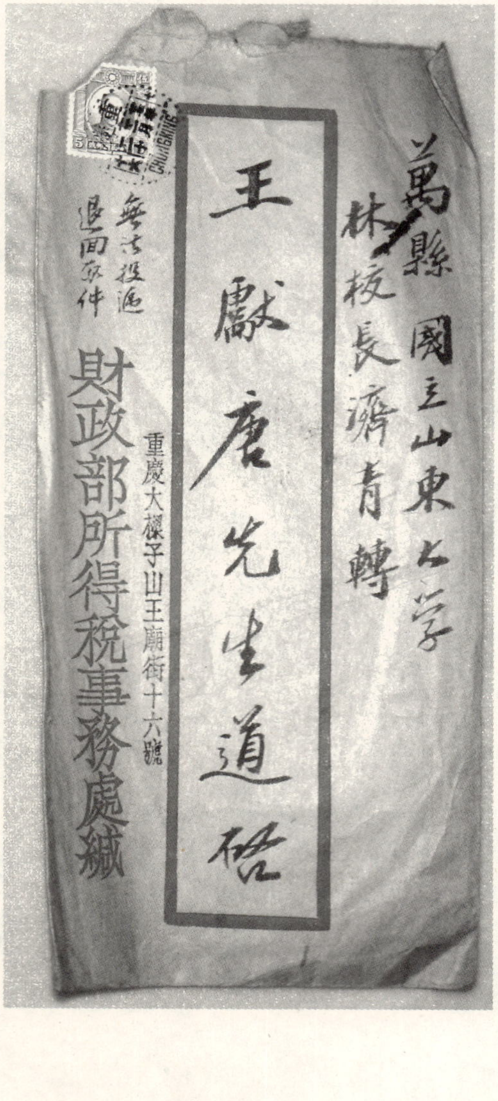
萬縣 國立山東大學
林校長濟青轉
王獻唐先生道啓
無法投遞退回原件
財政部所得稅事務處緘
重慶大樑子山王廟街十六號

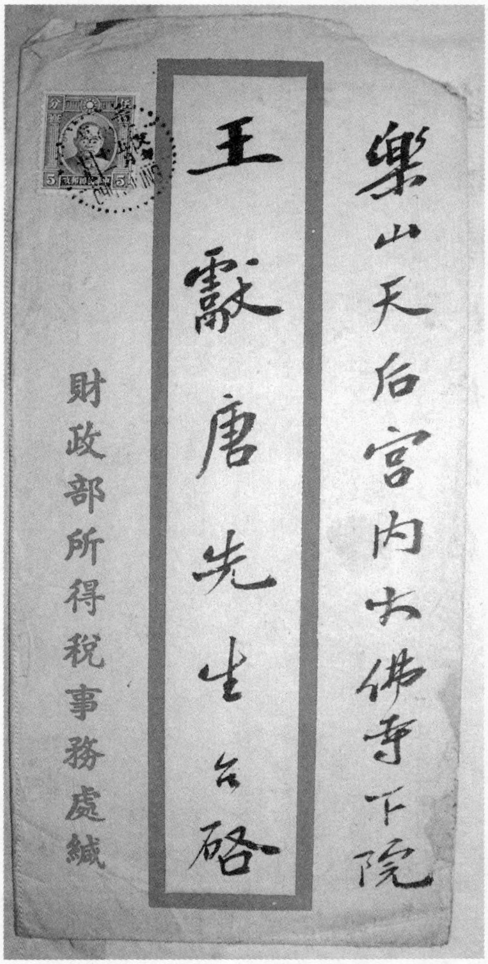
樂山天后宮内大佛寺下院
王獻唐先生台啓
財政部所得稅事務處緘

封第七件

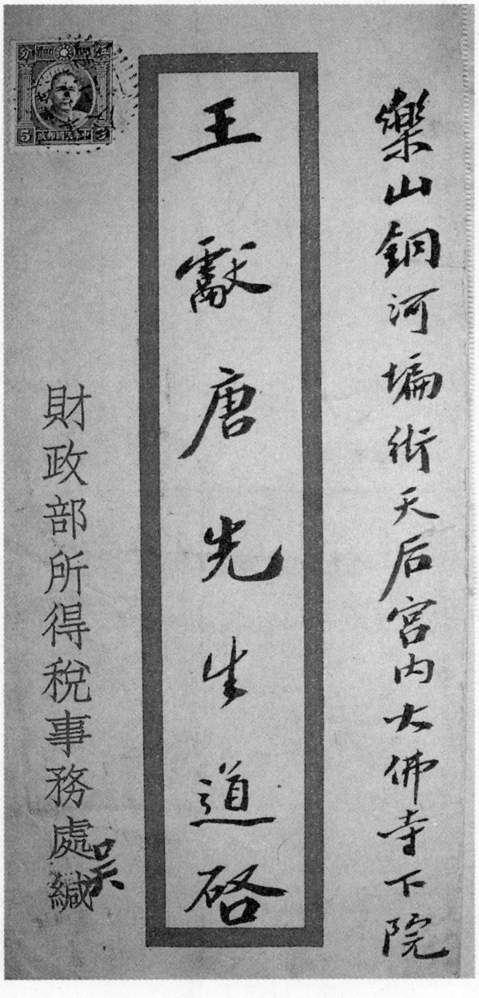
樂山銅河扁街天后宮内大佛寺下院
王獻唐先生道啓
財政部所得稅事務處吴緘

封第八件

二百〇一　王雨

書一通　封一件

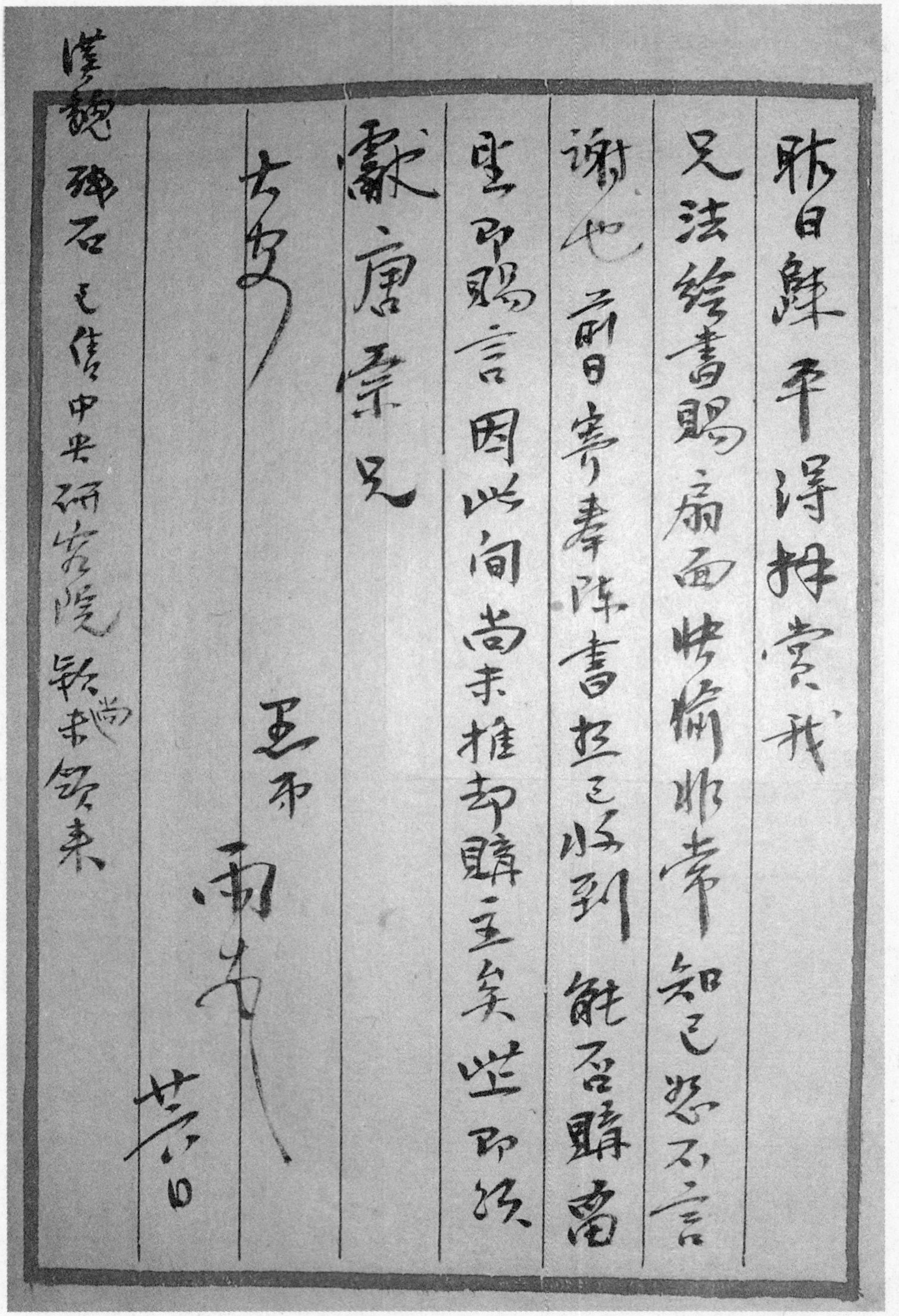
昨日肆平得拜賞我
兄法繪畫賜扇面特佩非常知己恕不言
謝也　前日寄奉陳書拉已收到能否賜當
星期賜言因此間尚未推動歸主矣　些即頌
勛唐宗兄
大安
王雨
雨生
廿六日
漢魏碑石已售中央研究院款尚未領來

濟南大明湖畔
山東省立圖
王館長　台啟
北平琉璃廠藻玉堂書店緘

二百〇二　王重民　書二十二通　封十五件

書第一通

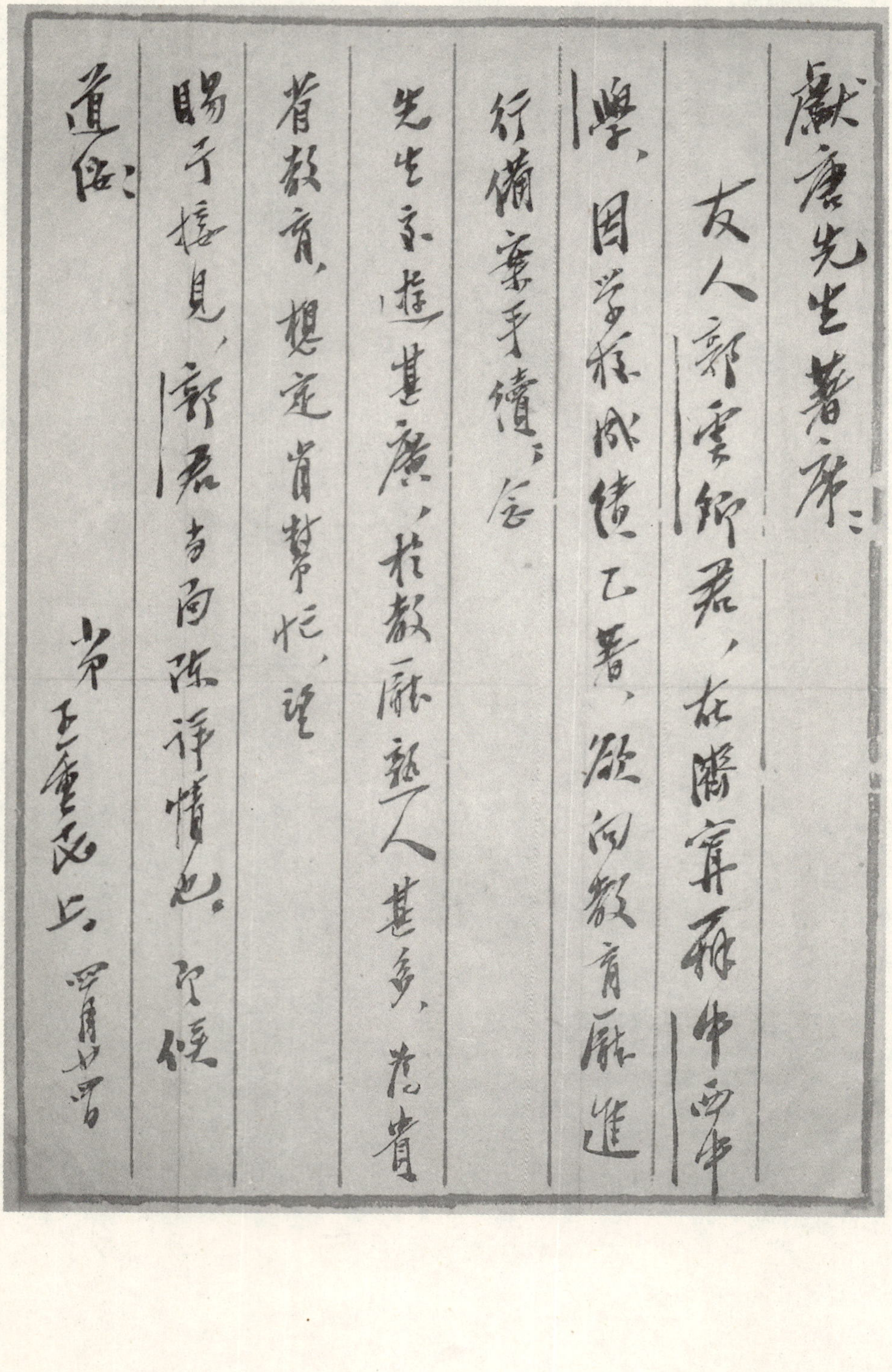
獻唐先生著席：友人郭雲卿君，在濟寧中西中學，因學校成績已著，欲向教育廳進行備案手續，令
先生交遊甚廣，於教廳熟人甚多，尤貴省教育，想定肯幫忙，望
賜予接見，郭君當面陳詳情也。即候
道綏
弟王重民上　四月廿四

書第二通

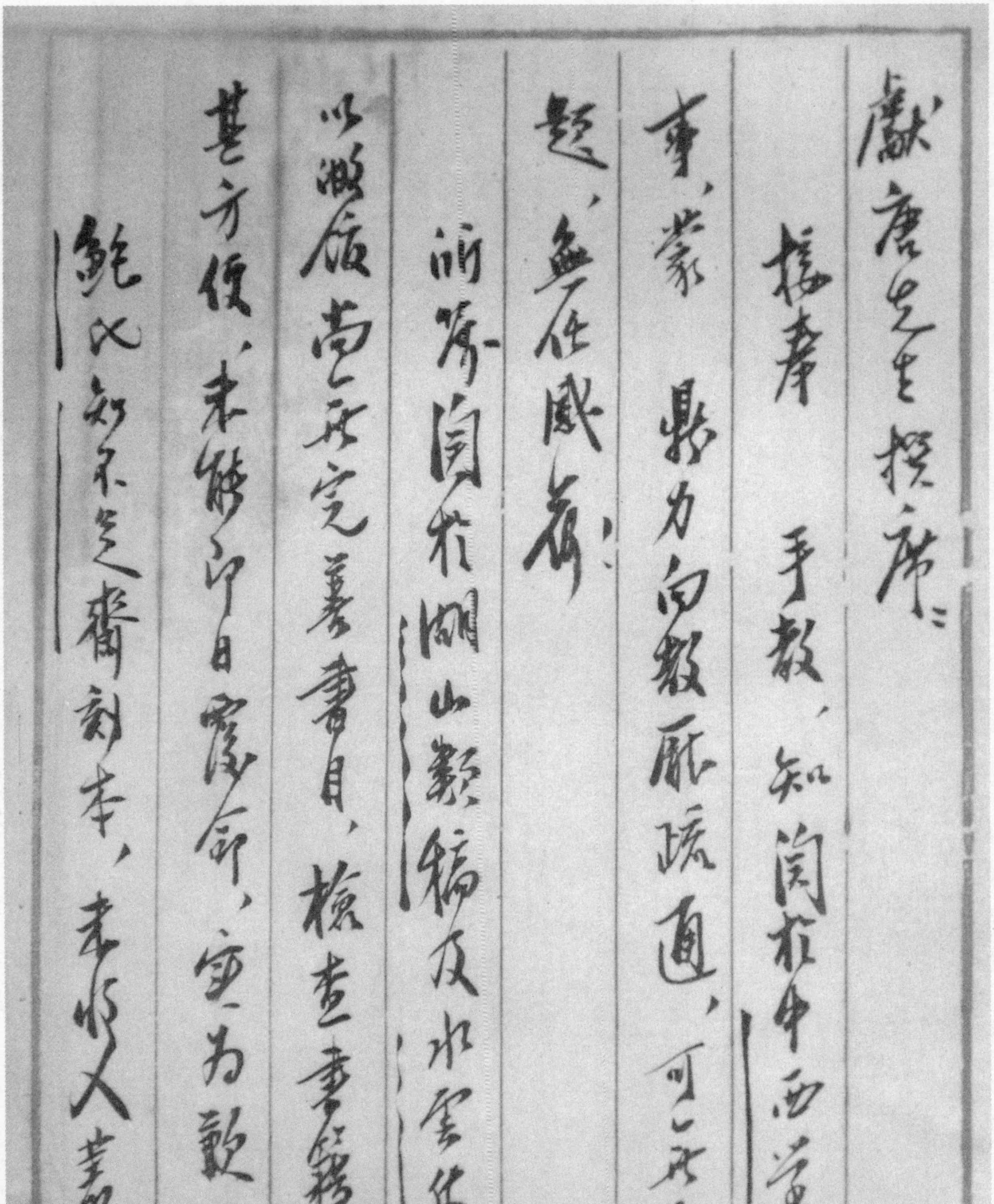

獻唐先生撰席：接奉手教，知閣在中西學報事，蒙懸力向該廠疏通，可以於內題，無任感荷！前寄閣於湖山類稿及水雲集事，以敝館尚未完善書目，檢查書籍，不甚方便，未能即日覆命，實為歉仄！鮑氏知不足齋刻本，未收入叢書，

館中從未購藏，亦尚未找到，刻唯得讀武林往哲遺著本，並莫由檢對。茲兄以鄙見測之，丁氏刻本，全錄鮑氏題跋，而板式全與遺著本一律，則恐是覆刻鮑本。至八千卷樓著列一名，不見他書稱道，覓遍浙江圖書館著錄，若非該館巧立名目，則似為遺著之別名，疑丁氏未曾再刻也。

又遺著半湖山館稿，無林語，而水雲集附有吳本作某者，不知與劉泉定齋本相同否？此不同，當為丁氏所增損。

昨在善本書庫，檢出汪水雲詩集一冊，有「汲古閣」、「毛表審定真蹟」兩印，朱墨殊劣，疑為書估偽作，惟書係清初抄本，不可誣也。末錄錢牧翁跋，劉與許家同出一本可知。特

與諸本相校，多與校語所據異本者相同，而與二本相異者亦不少。如

湖州歌：

1、第一、二首之鼻亭，華作高亭。

2、第四首「一點猩紅似幼君」，似作是。

3、第廿五首「金殿煌煌麗九天」，殿作屋。

4、第六十九首「迎接三宮晏不休」，晏作宴。

5、第七十首「萬騎飄來陣陣風」，陣陣

王重民

作陈陳。

6、第七十一首「太元皇后同草飯」，太作大，皇作聖。

7、第七十五首「轆轤引酒吹長虹」，引作飲。

8、第七十七首「本饕新法燒魚肉」，本作老。

9、第八十首「西廂丞相把壺瓶」，廂作行。

10、第八十九首「自把詩書接國公」，把作抱。

11、第九十首「續史教使任言語」，使作賜。

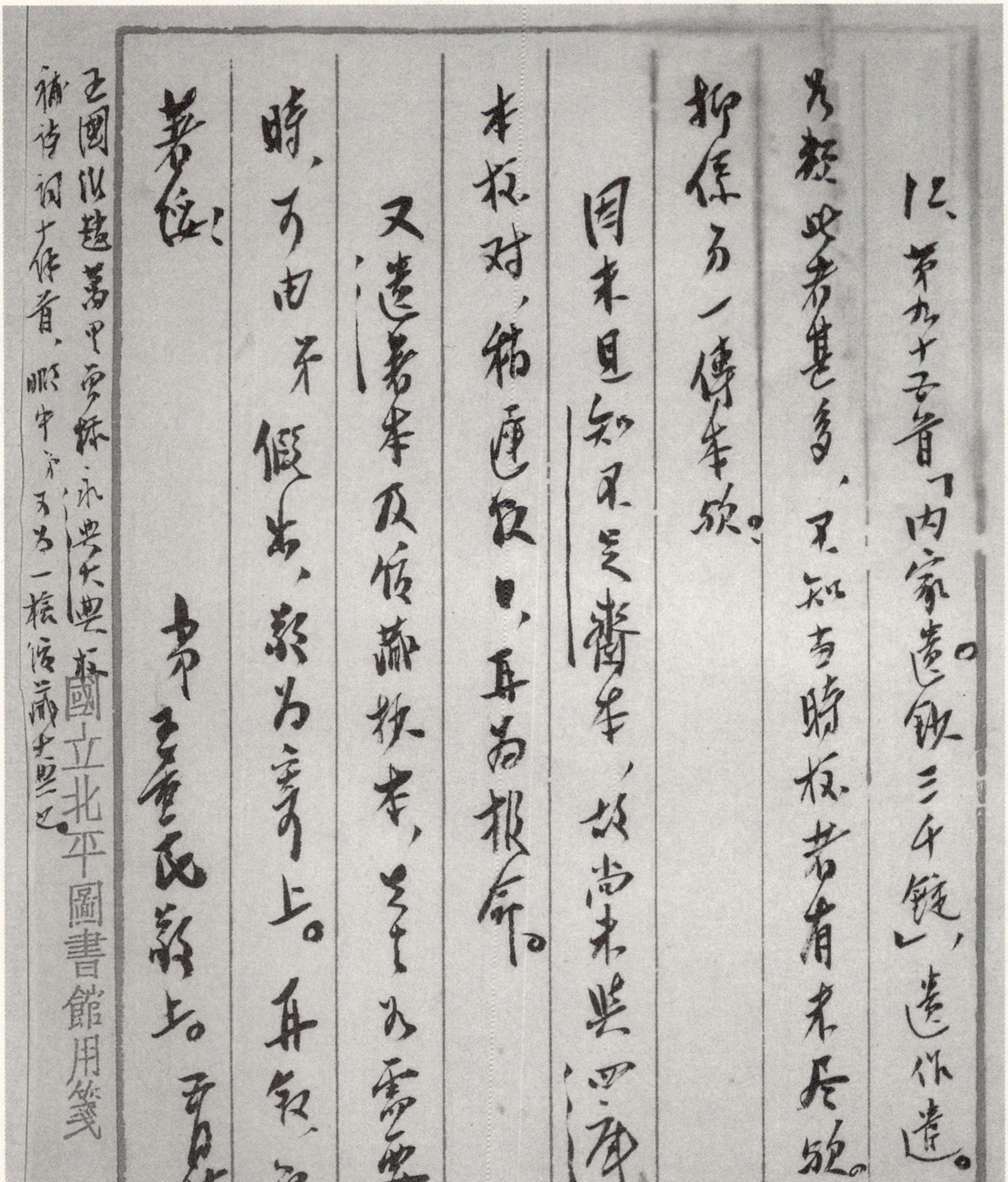

此，第九十五首「內家遺銀三千鏈」，遺作遣。

若類此者甚多，不知當時校者有未及檢，

抑係另一傳本歟？

因未見知不足齋本，故尚未與四庫

本校對，稍遲數日，再為報命。

又遺書本及傅藏校本，先生如需要

時，可由弟假出，敬為寄上。再叙，即頌

著祺

弟王重民敬上 五月廿

王國維據萬曆要錄、永樂大典、羣書補詩詞十餘首，眼中不另有一種傳藏本照之。

國立北平圖書館用箋

書第三通

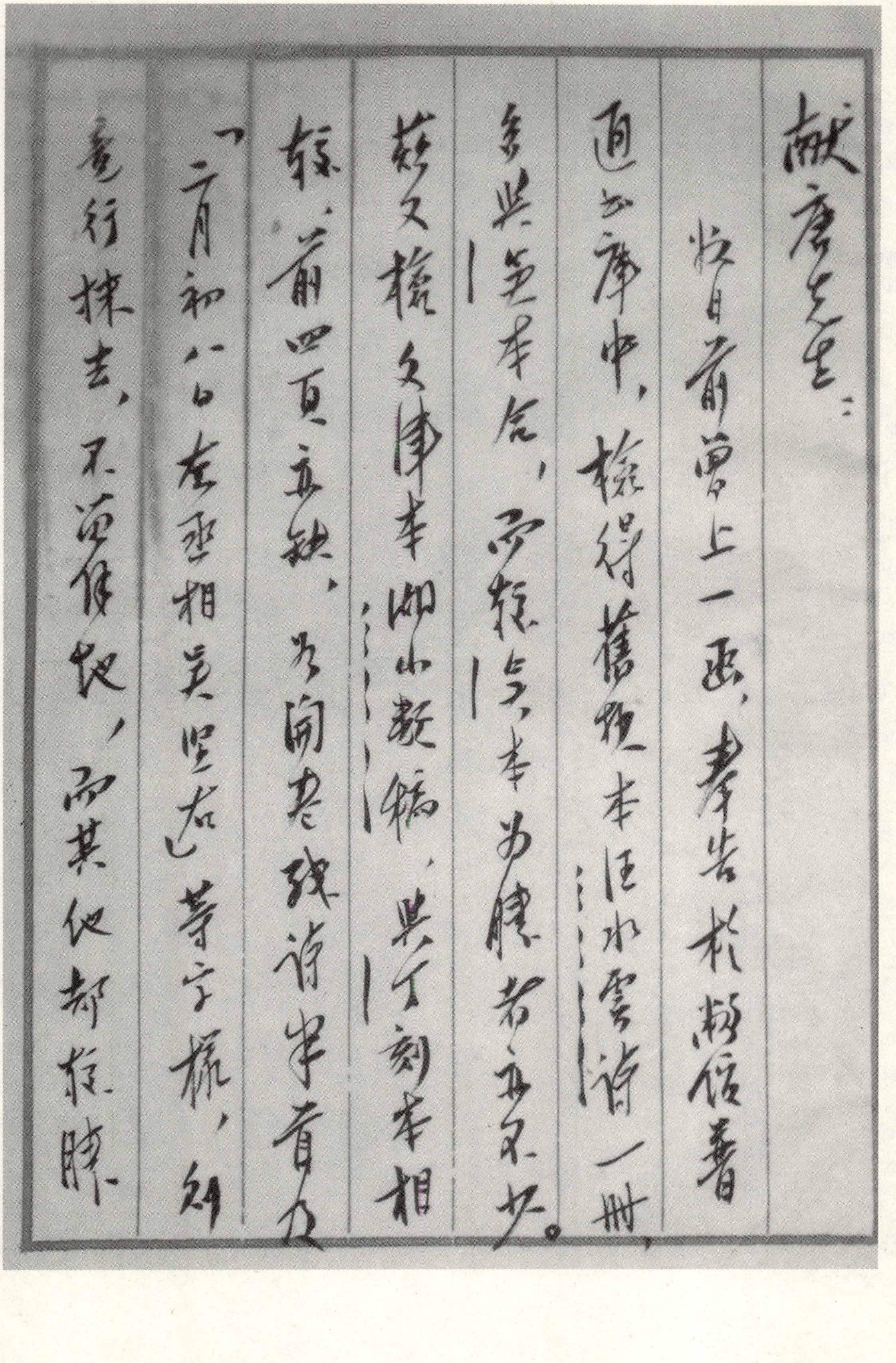
獻唐先生：

昨日前曾上一函，奉告於拙撰倍著[illegible]。適於庫中，檢得舊鈔本汪水雲詩一冊，多與先本合，而較吳本爲勝者甚多。蘇文稿、文津本、鄭小疑稿，其中刻本相較，前四頁亦缺，[illegible]向其殘詩半首及[illegible]二月初八日在西湖吳堅右丞等字樣，[illegible]盡行抹去，不留痕跡，而其他卻較勝

於丁本，知來源雖同，亦所據非一本也。
(一)「窗感初秋石田」，丁刻殘九字，文津本則一字不缺。第三句作「行來野鶴對花噪」，第五句作「紀信行誰匡忠臣」，第八句作「君賦秦州傳得神」。(二)「感慕之殷事」丁本缺七二字，文津本全。第二三句作「窗炬星繁天上明，楊柳庭征春係別」，是丁本第二句實殘一字，第三句殘六字，上字誤移於下，

知其自有誤。不知文津本所據者，與世
丁本來源不同，且較丁氏所據本為優。
重民　又檢館藏士禮居抄本，殘缺與丁本
相同，因知鮑廷博、黃丕烈、吳翌鳳、丁丙
諸本，並一來源，而文津所據，為另一來
源，然較彼諸家本為完備。
又知不足齋本尚未見，想無四庫提要
原文，丁本提要語與通行本總目同，與

文津本大不同，文津本於李鶴田御史題

錄跋以下乃作序兼有，疑丁氏上木時，以

據知不足齋本，提要的據通行本得目

錄入也。

其實當聚多年，必已有所改定，請將

化為據及者奉詢，以供參攷。餘見

二、即頌

著祺

弟 重民拜上 六月言

書第四通

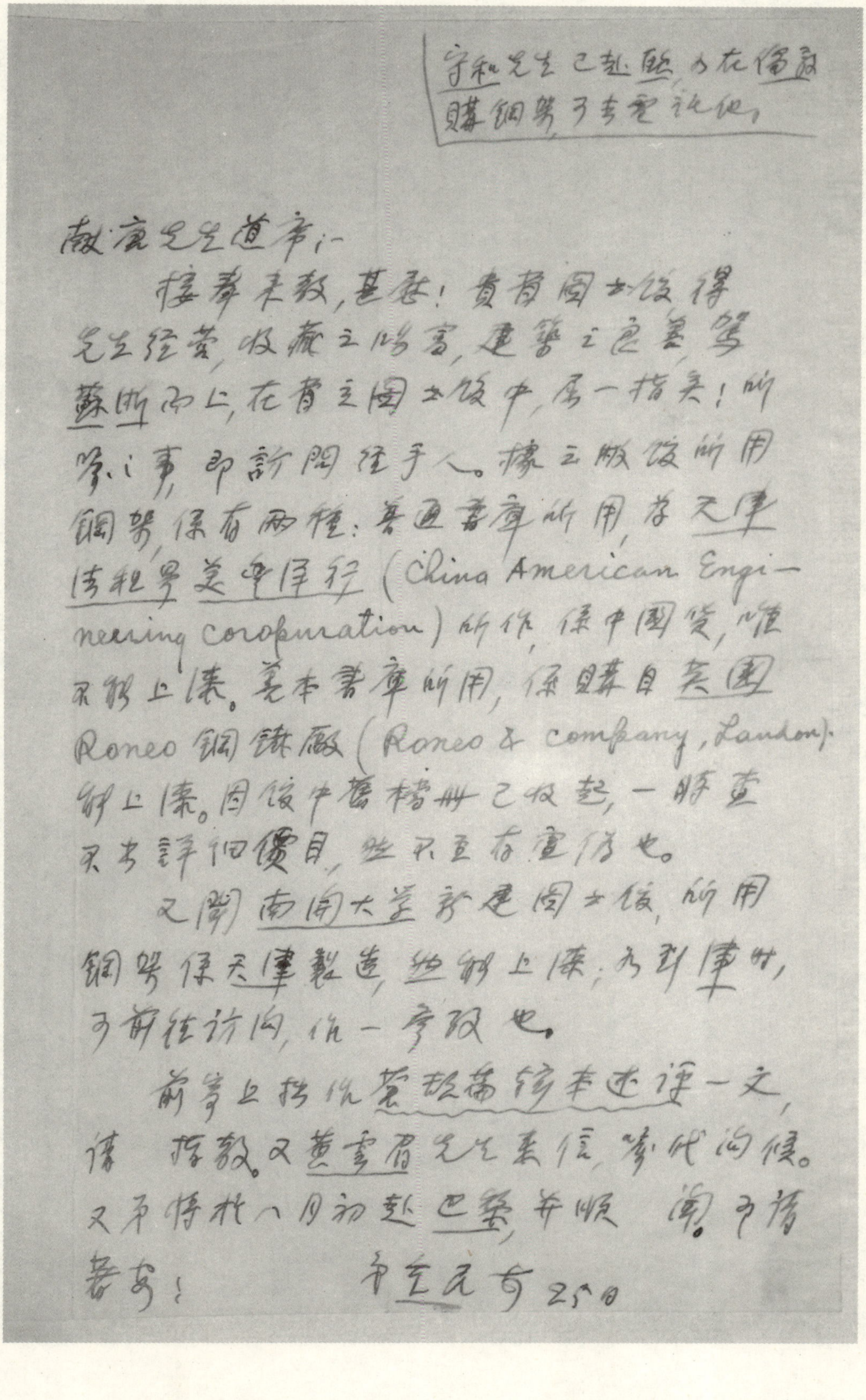

守和先生已赴歐，可在倫敦購鋼架，可去電託他。

敬庵先生道席：

接奉來教，甚感！貴省圖書館得先生經營，收藏之昭富，建築之宏美，冠蘇浙而上，在省立圖書館中，居一指矣！所囑之事，即詢問經手人。據云敝館所用鋼架，係有兩種：普通書庫所用，為天津法租界美豐洋行（China American Engineering corporation）所作，係中國貨，唯未刷上漆。善本書庫所用，係購自英國Roneo鋼鐵廠（Roneo & company, London），刷上漆。因館中舊檔冊已收起，一時查不出詳細價目，然不至太貴也。

又聞南開大學新建圖書館，所用鋼架係天津製造，並刷上漆；如到津時，可前往訪問，作一參考也。

前寄上拙作[illegible]述評一文，請指教。又黃雲眉先生來信，囑代問候。又弟將於八月初赴巴黎，並聞。肅此，即請

著安！

弟重民頓首　25日

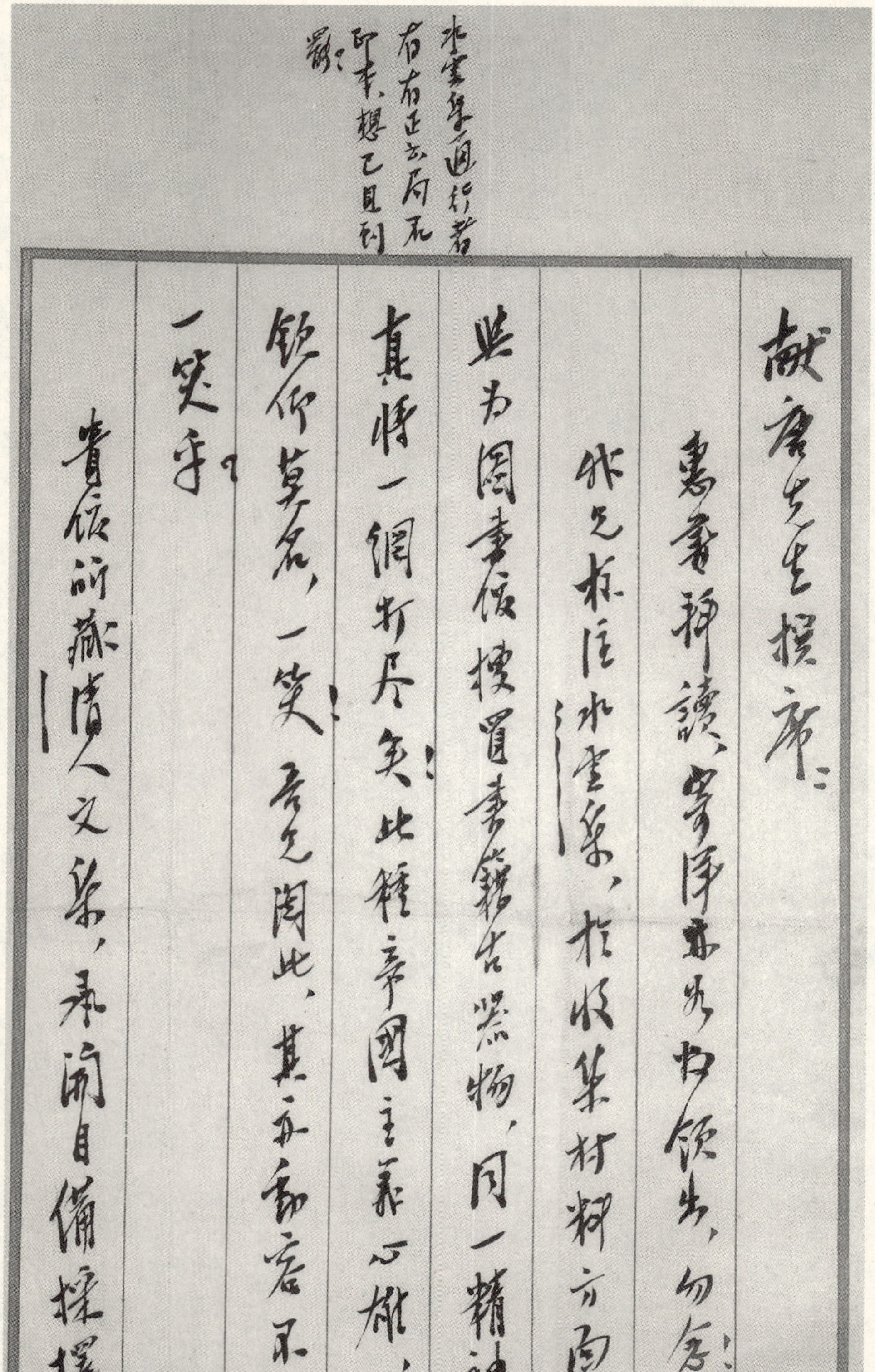
水雲集通行者有知不足齋印本，想已見到。

獻唐先生撰席：

惠書拜讀，寄序亦均領悉，勿念！

我兄校注水雲集，於收集材料方面，

此為圖書館搜買書籍古器物，同一精神，

真得一個新天矣！此種帝國主義心理，

欽佩莫名，一笑！兄見閱此，其亦動容不禁

一笑乎？

貴館所藏清人文集，承開目備採擇，

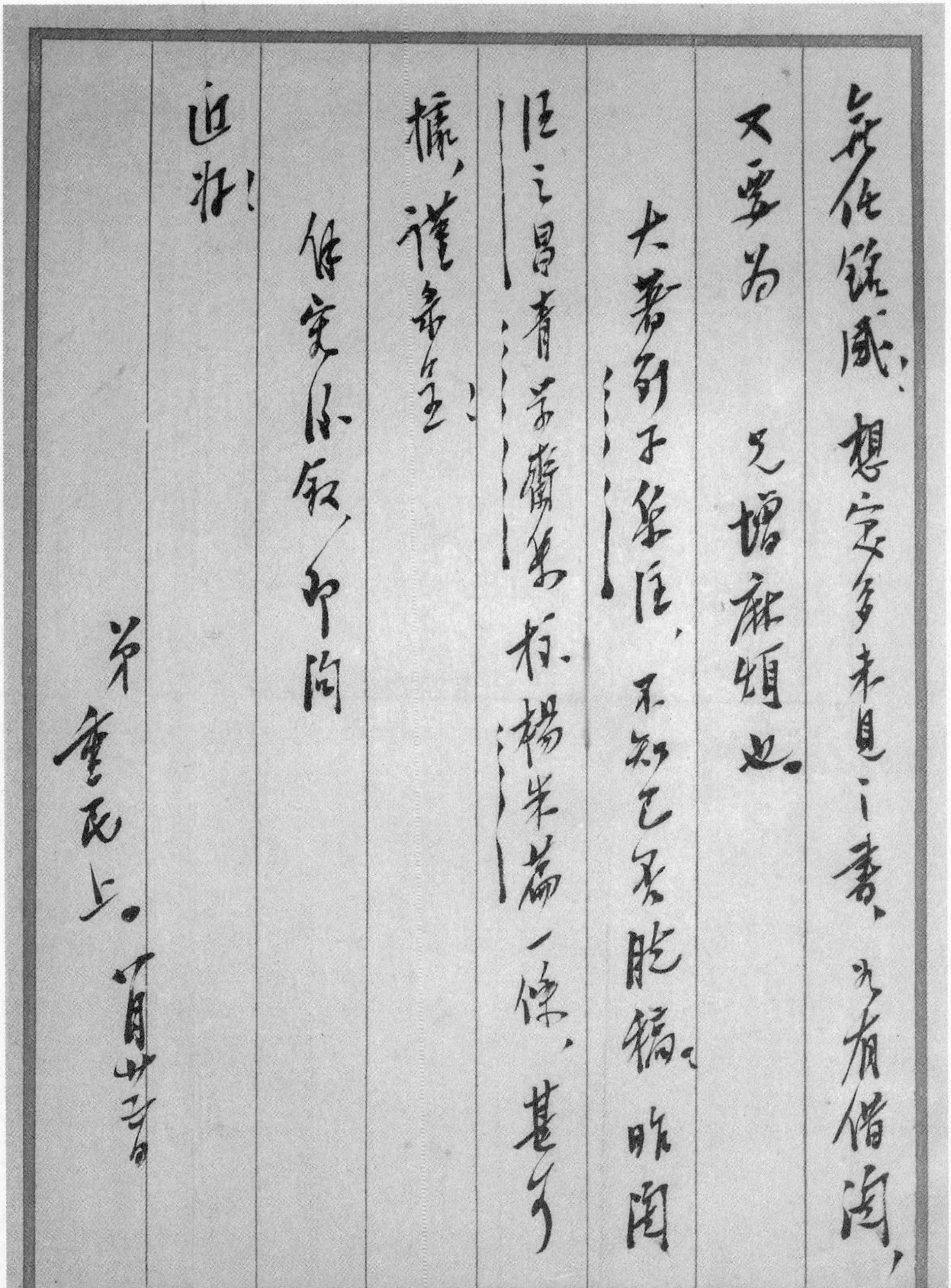
無任銘感。想定多未見之書，如有借閱，
又要爲
兄增麻煩也。
大著列子集注，不知已否脱稿？昨閱
汪之昌青學齋集，有楊朱篇一條，甚有
據，謹奉呈
餘容再敘，即問
近好！
弟重民上。七月廿三日

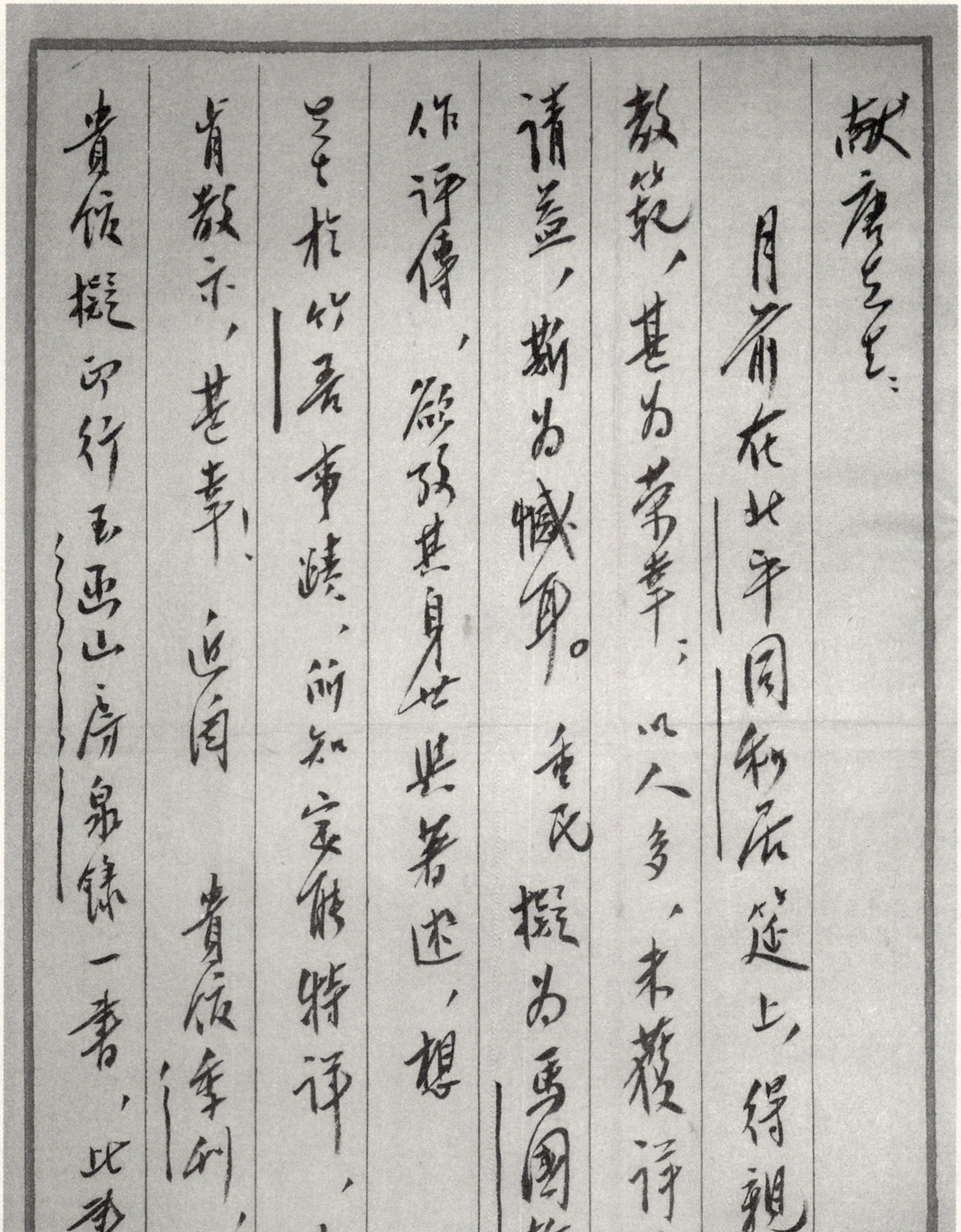
獻唐先生：

月前在北平同和居筵上，得親

教範，甚為榮幸；以人多，未獲詳為

請益，斯為憾耳。重民擬為馬國翰

作評傳，欲敘其身世與著述，想

先生於竹吾事蹟，所知定能特詳，如

肯教示，甚幸，甚幸！近閱 貴館季刊，知

貴館擬印行玉函山房泉錄一書，此書

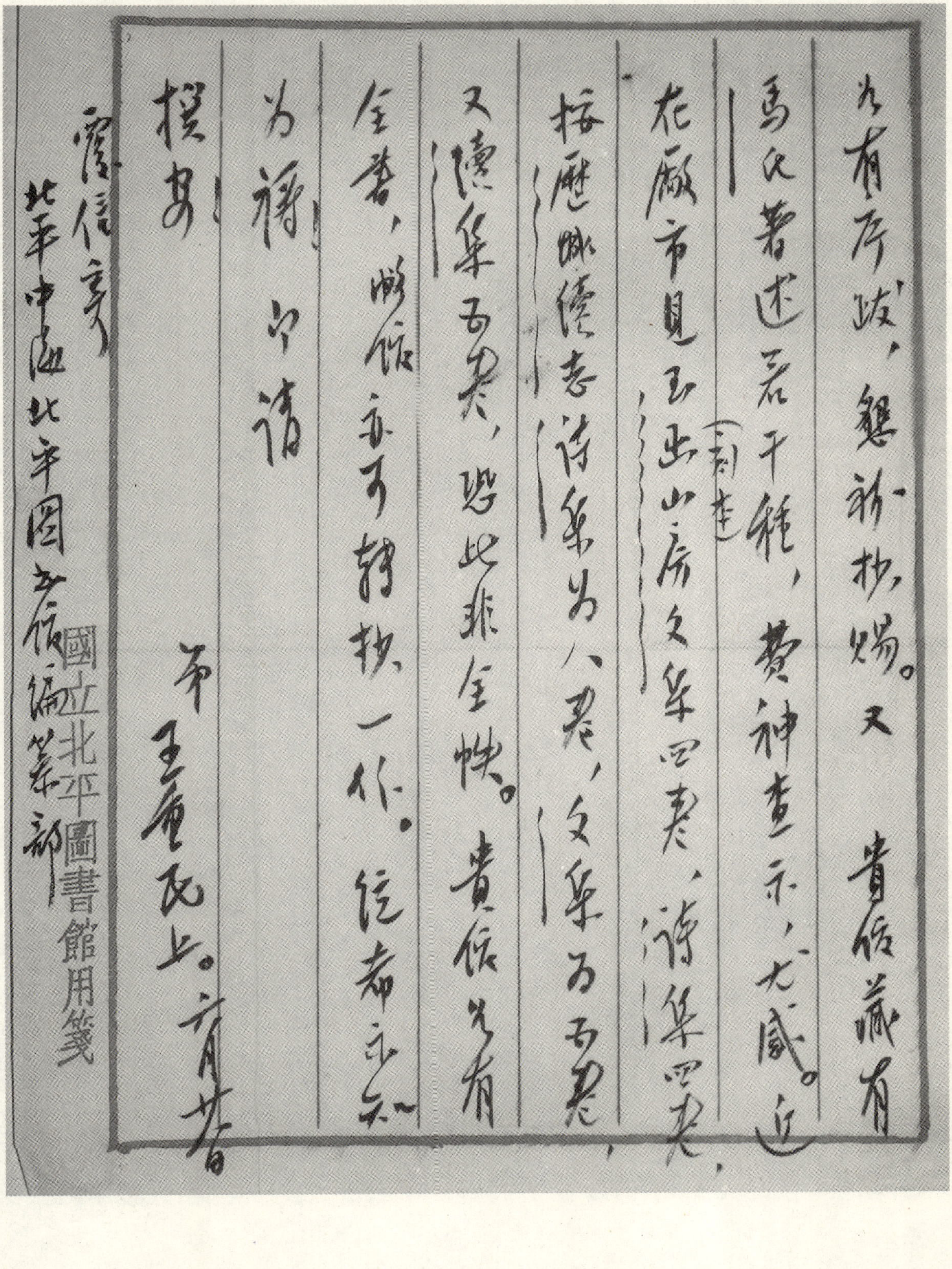

先有序跋，懇新抄賜。又　貴館藏有
馬氏著述若干種，費神查示，尤感。近
在廠市見玉函山房（刻本）文集四卷、詩集四卷，
按歷城縣志詩集爲八卷，文集爲四卷，
又續集四卷，恐此非全帙。貴館先有
全書，敝館亦可轉抄一份。請希示知
爲禱。即請
撰安！
弟王重民上。六月廿日

霞信寄
北平中海北平圖書館編纂部

國立北平圖書館用箋

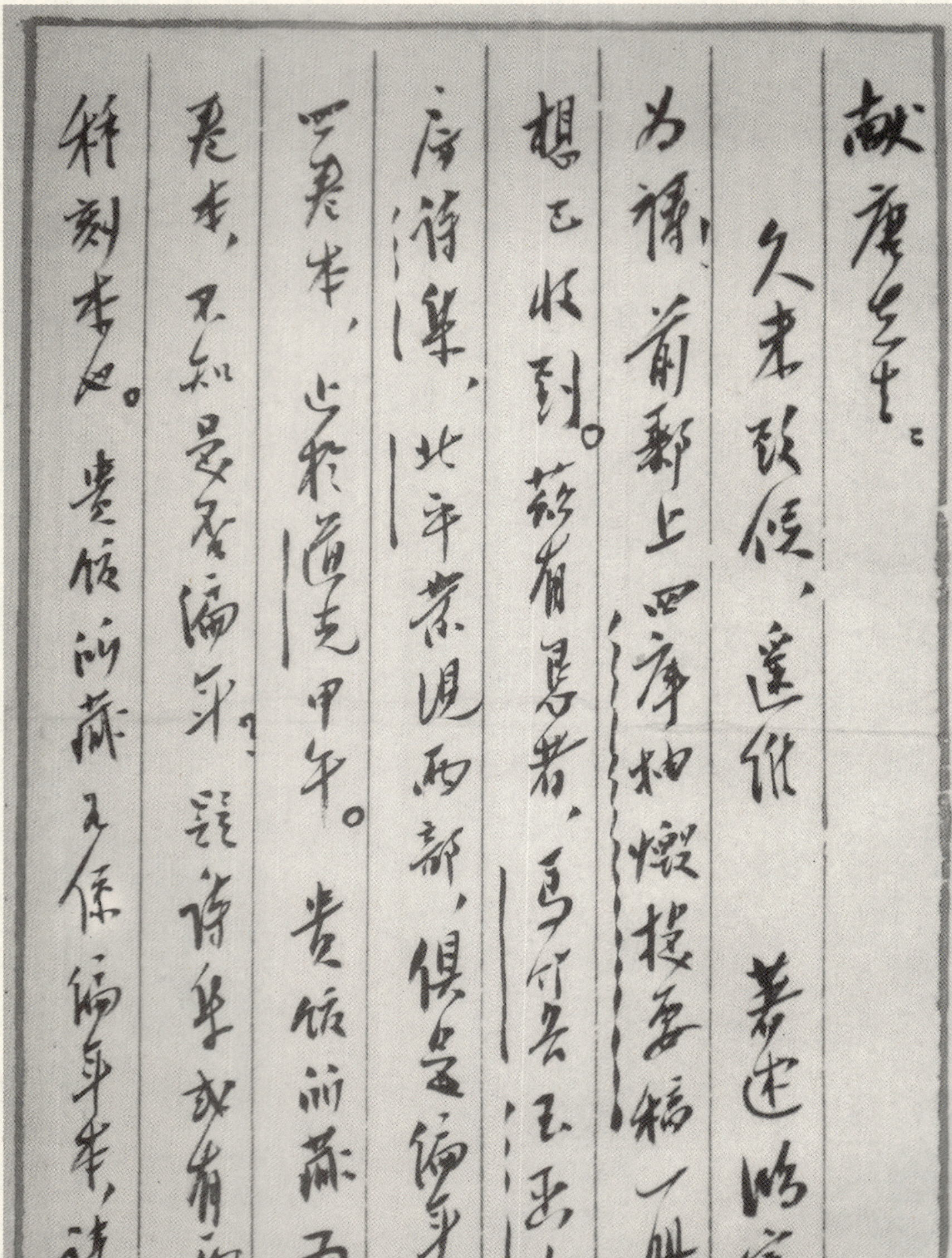
獻唐先生：

久未致候，遥維　著述鴻富

為禱！前郵上四庫提要稿一冊，

想已收到。茲有懇者，馬竹吾玉函山

房詩集，北平崇湜兩部，俱是編年

本，止於道光甲午。貴館所藏否

是本，不知是否編年？該詩集或有兩

種刻本也。貴館所藏又係編年本，請

說法帖扶來一卷，請價若干，即於寄
售出價机宜，此係另一種本子，該新
郵不一角，來函有誤，
俟竟再談，即候
著綏
弟
王重民
上 四十一月廿夜

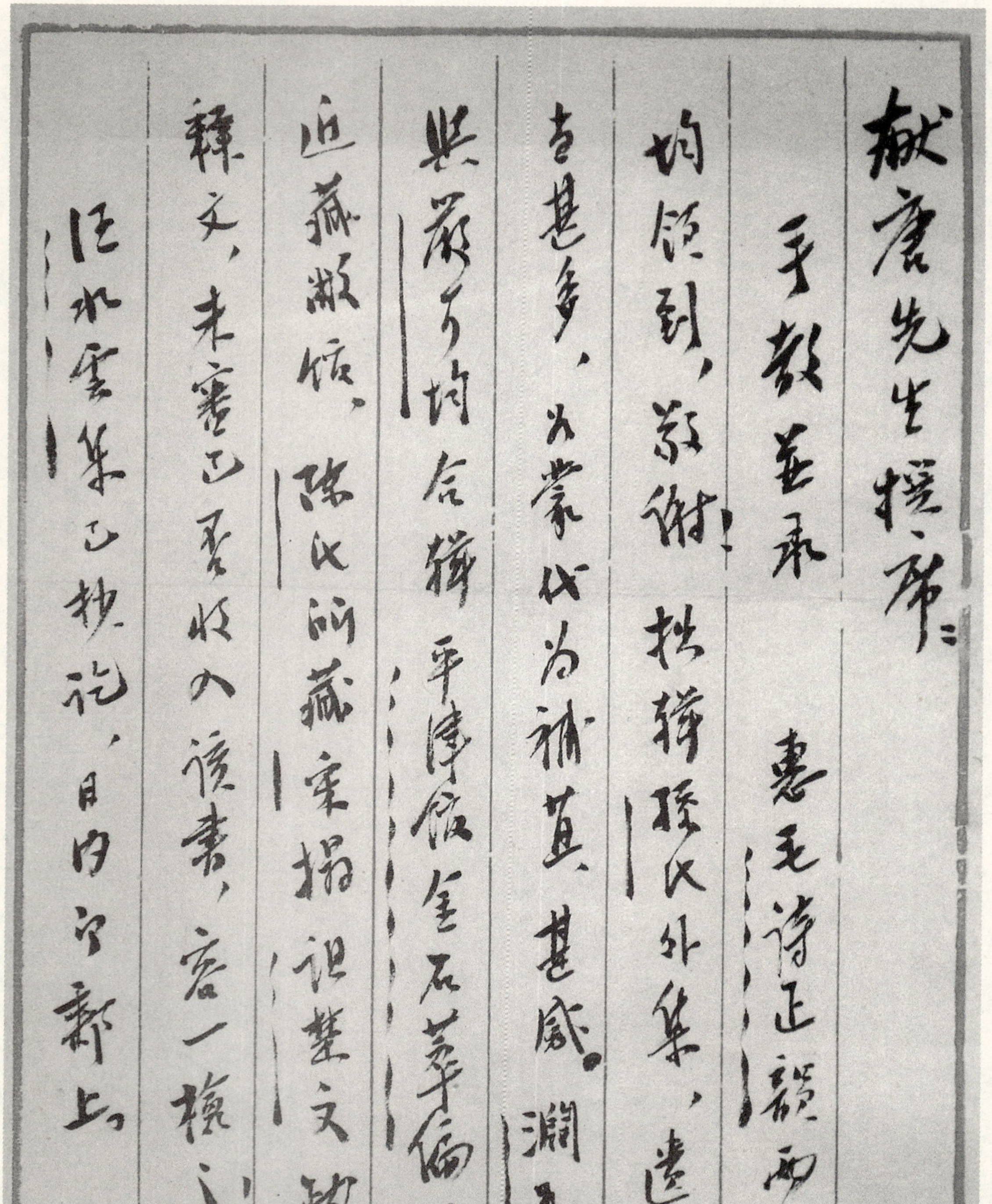

獻唐先生撰席：

手教並承 惠毛詩正韻兩冊，均領到，敬謝！拙撰孫氏外集，遺漏者甚多，又蒙代為補苴，甚感。 淵如先生與嚴可均合撰 平津館金石萃編稿本，近藏敝館，陳氏所藏宋拓詛楚文跋及釋文，未審已否收入 尊著，容一檢之。 汪水雲集已抄訖，日內可寄上。

即候

撰安！

弟重民上。一月廿四日

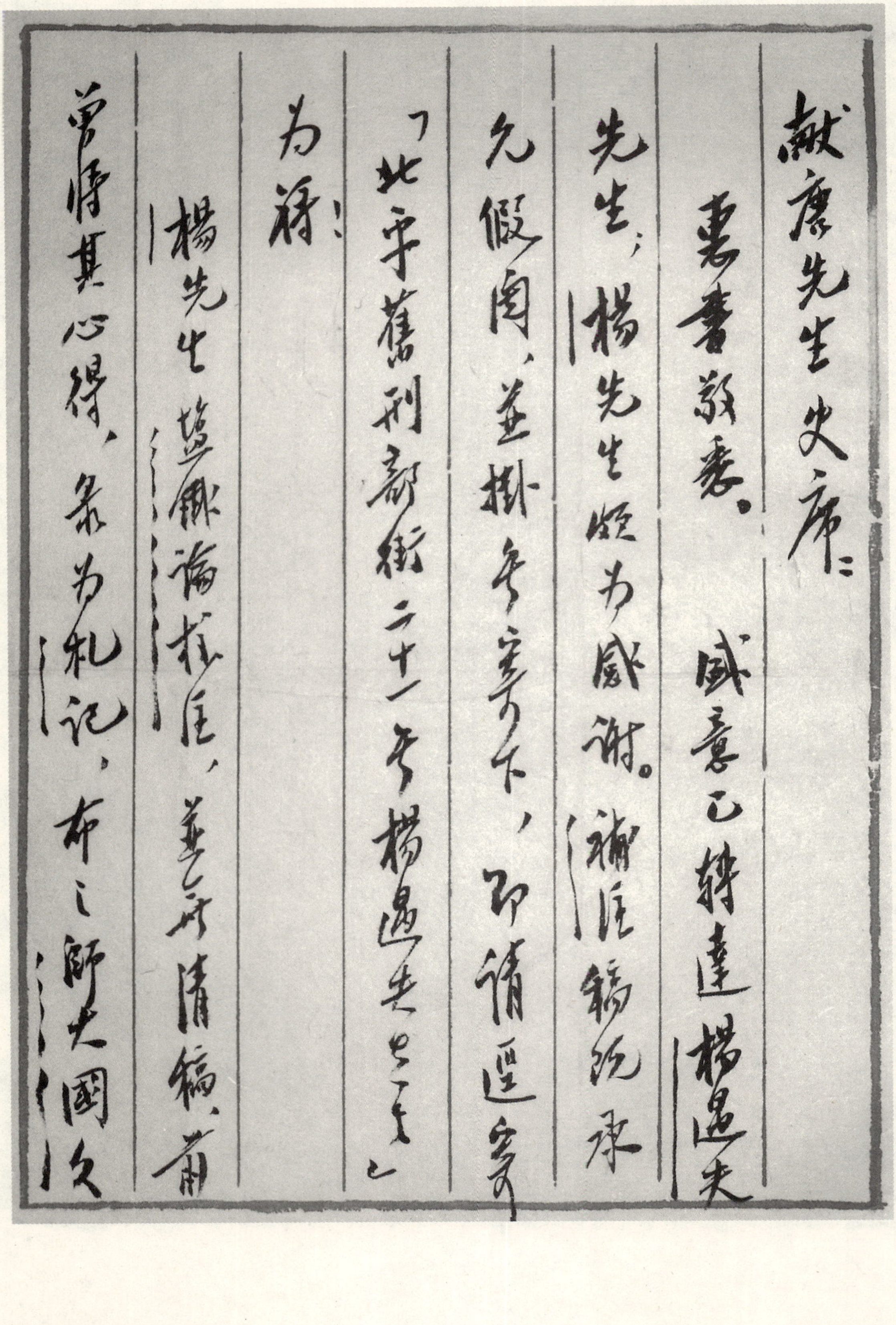

獻唐先生史席：

惠書敬悉。盛意已轉達楊遇夫先生；楊先生頗為感謝。補正稿既承允假閱，並掛號寄下，即請逕寄「北平舊刑部街二十一號楊遇夫先生」為荷！

楊先生《鹽鐵論校注》，並其清稿，前曾將其心得，條為札記，布之師大國文

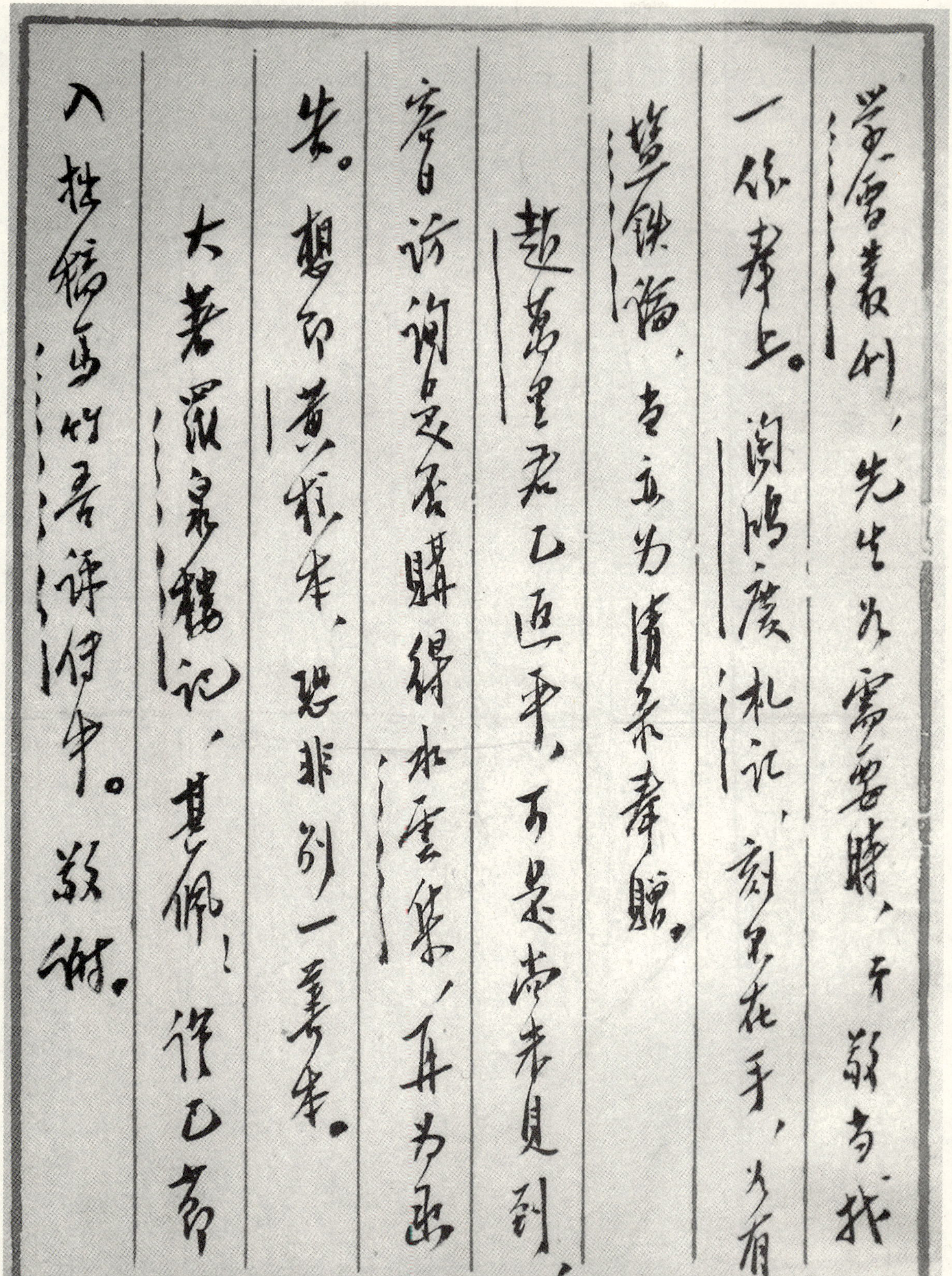
叢書刊，先生如需要時，可就近找
一份奉上。閱鳴震札記，刻本在手，如有
鹽鐵論，當亦為請求奉贈。
趙萬里君已返京，可是尚未見到，
當訪詢是否購得水雲集，再為函
告。想印黃校本，恐非到一萬年。
大著叢泉鶴記，甚佩！惜已前
入排稿在竹吾評傳中。敬謝。

年伯人著書，流傳甚少，久欲知其
詳，以青將大著寄贈，切盼！
趙萬里通信處，寄北平圖書館即
可。
作再叙，即頌
著祺！
少弟重民。六月十五日

書第十通

獻唐先生：

手教及惠書（韓詩、魯詩）均拜領，敬謝敬謝。湖山類稿已作抄，託郎寄上。

弟與趙萬里君不常見面，因彼忙，弟作怕亦忙之故。又與傅孟真先生來信時，可托其轉催，因趙君最聽（弟說趙君需催促）傅先生的話故也。

趙君在上海所購書，原為貴州陳氏

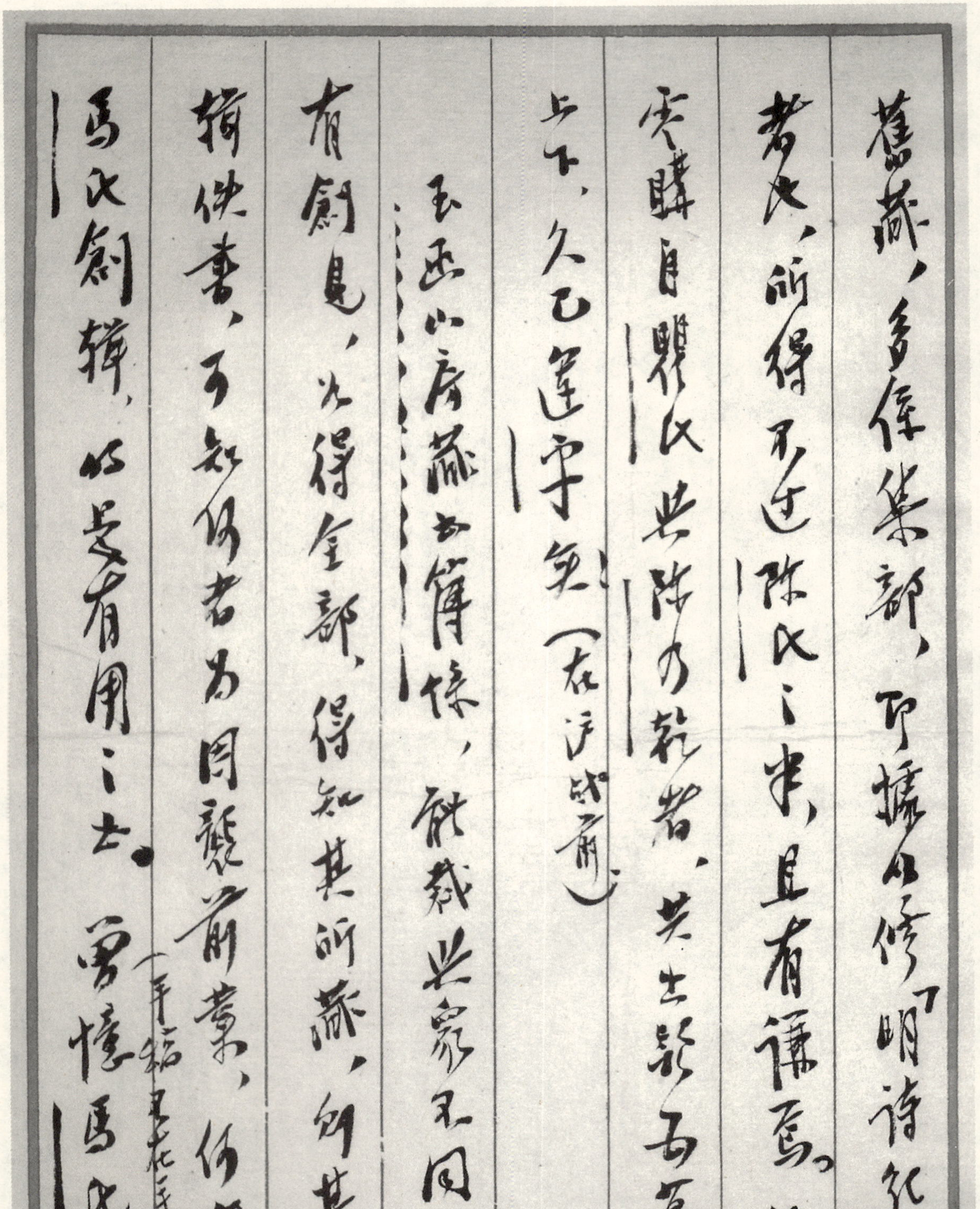
舊藏，多係集部，可據以修明詩紀事
者也，所得不逮陳氏之半，且有譌焉。作紀
事時購自鄭氏與陳所輯者，共去取[illegible]篇之
上下，久已逢字矣（在滬時所）
玉函山房藏書簿錄，能載其家不同，如
有創見，次得全部，得知其所藏，即其所
輯佚書，可知作者為同龔前業，作者為
馬氏創輯，以是有用之士。要懷馬氏作
（[illegible]）

王重民

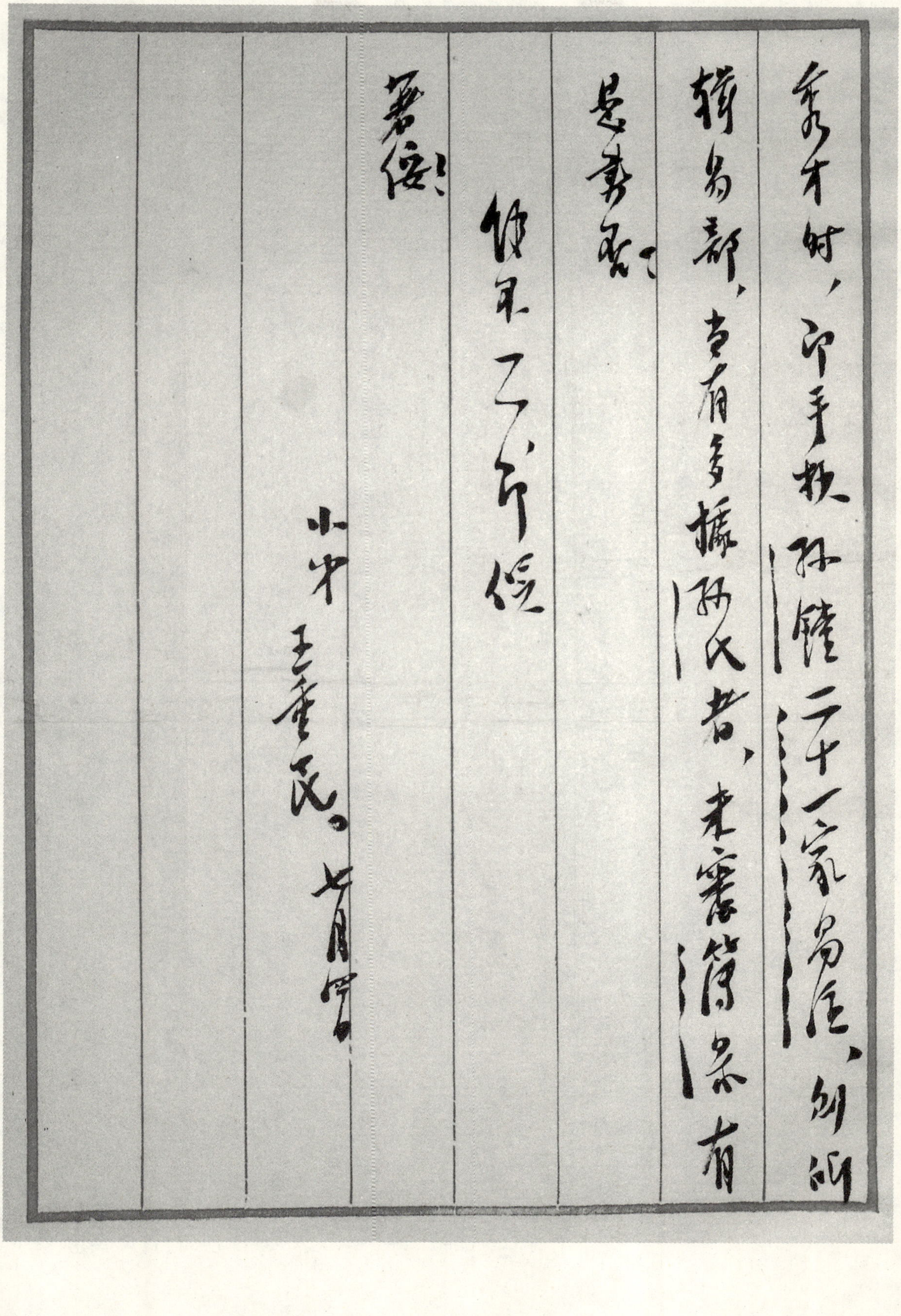

參考時，即手披孫輯二十一家易注，則所輯易部，亦有多據孫氏者，未審藏有是書否？

便示一二，竚候

著祺！

小中 王重民 七月四日

獻唐先生：

承惠 雪泥屋遺書目錄，正拜領，敬謝敬謝。往讀 樹藝行 濰俗文及 鄒氏家訓 標箋 山西圖書館遺書目，引牟氏說，鉛印本，流傳似少。驚其並有所得，於叢書目見其全書，亦未得知其詳也；今讀是編，張未獲原書，已得知其梗概，而於 先生表章 鄉賢之熱心，尤所欽佩欽佩。弟所撰尚有

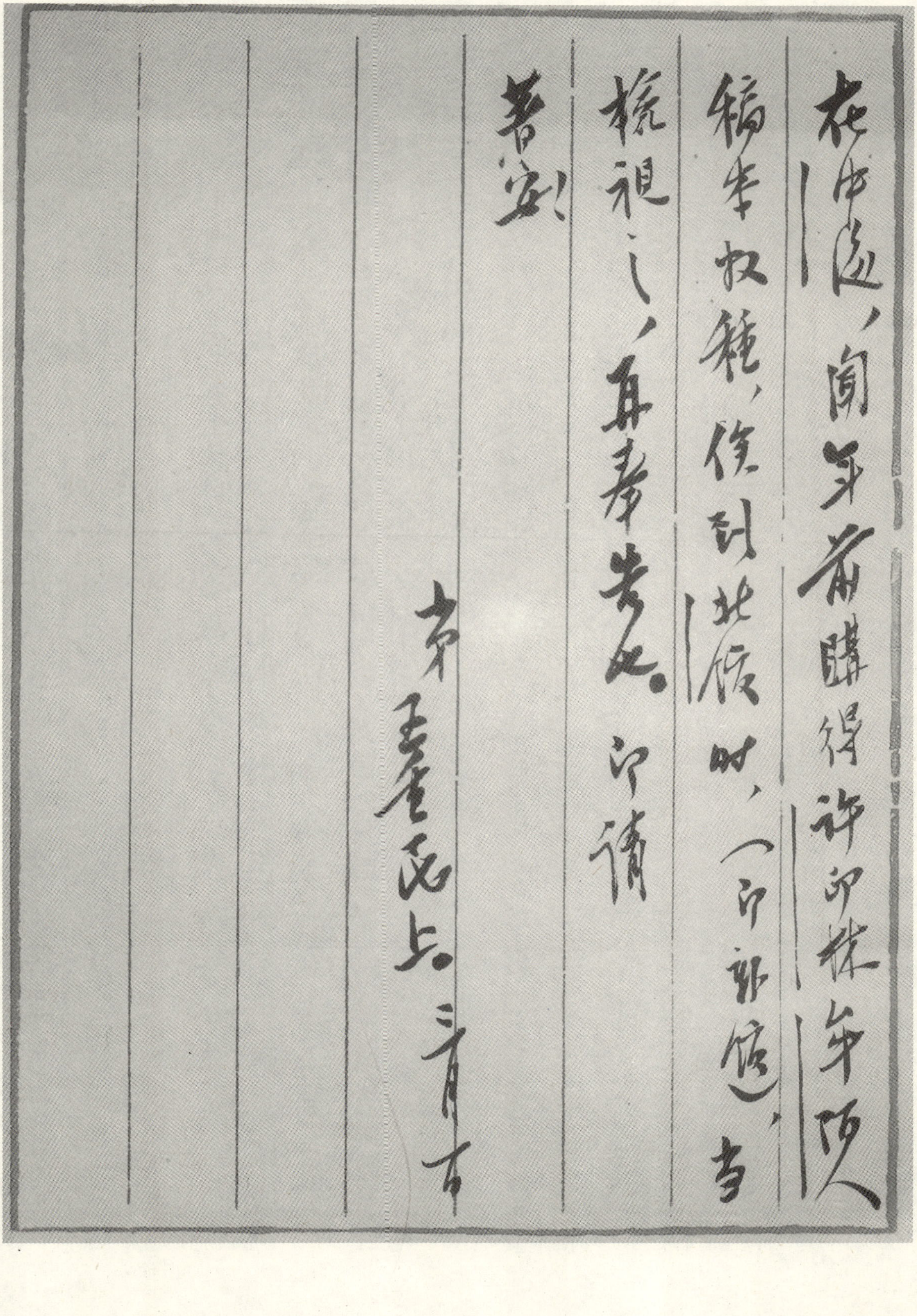

在申遊，聞年前購得許印林年伯

稿本數種，俟到北京時（即郵遞）寄

稿視之，再奉告也。即請

著安。

弟　王重民上　三月十

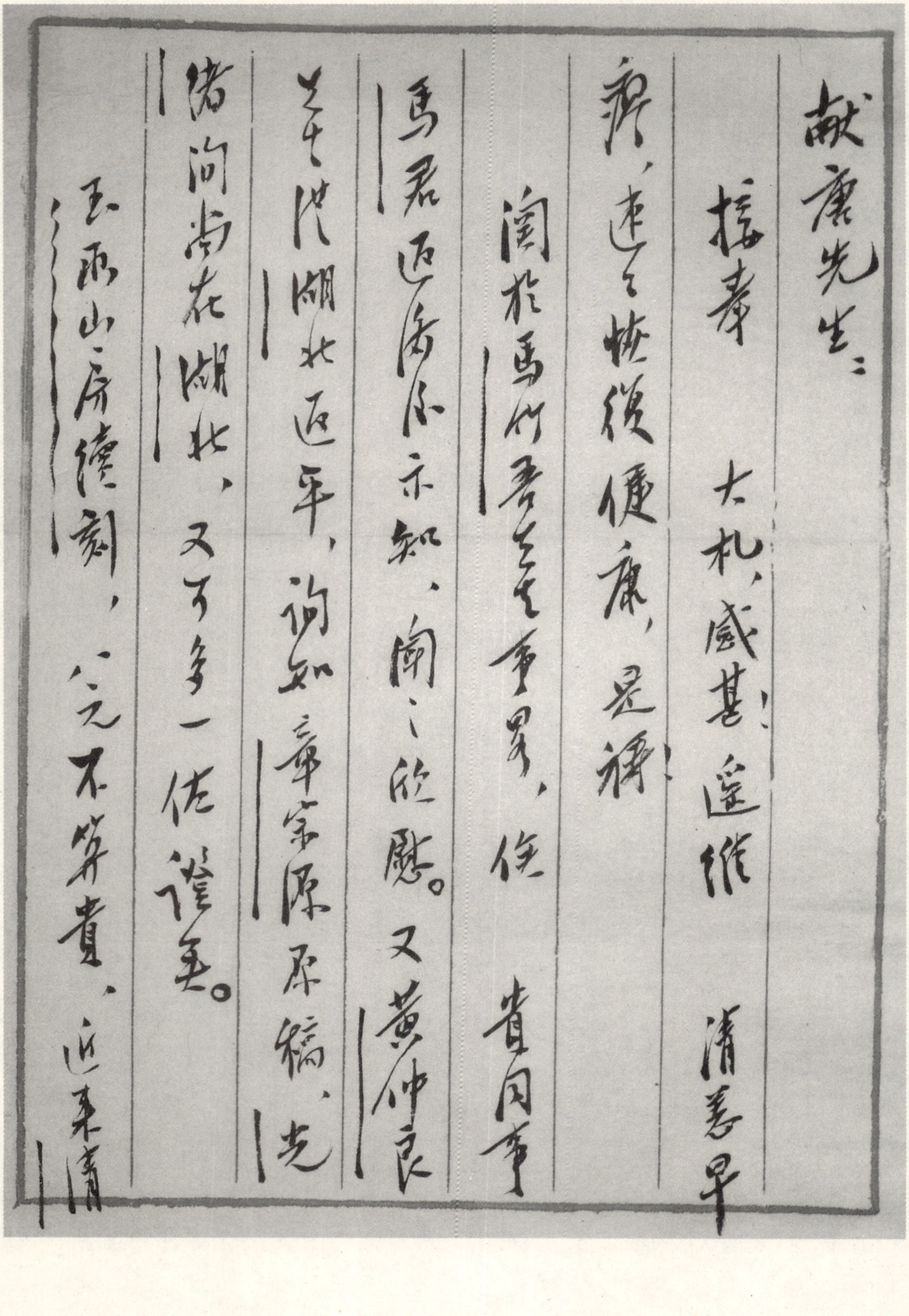

獻唐先生：

損奉 大札，感甚！遥維 清恙早痊，速々快復健康，是禱！

聞於馬衡先生事畢，從 貴同事馬君返滬所示知，聞之欣慰。又黄仲良先生從湖北返平，詢知章宗源原稿，光緒間尚在湖北，又有多一佐證矣。

玉函山房續刻，八元不算貴，近來清

儒玫據書，價多特昂，印新速為買下頃
便寄來為禱。想神之慮，再寄候謝。（壽陽[illegible]如下）
承示孔撰《靜佳龍尋稿》，甚感！重民
年來從事於撰《佚書目》、《家集》，欲爲撰
佚書一大事業，結一篆總帳。先生博
學，又富於經驗，尚祈時賜教言。又孔廣
林所撰諸書，孫氏祠堂書目多著錄，聞先
儲第小東書局有刊本，重民未見，不知

貴館藏有是書否、

湖山類藁兩書、已將浙館、速鈔、鈔訖寄下爲要也。

袁守和兄赴青島、已一週、諒不日可返平矣。

明日擬訪李西轉、爲上請教、續有所知、再報聞也。即請

撰安、

弟王重民上。廿一日

書第十三通

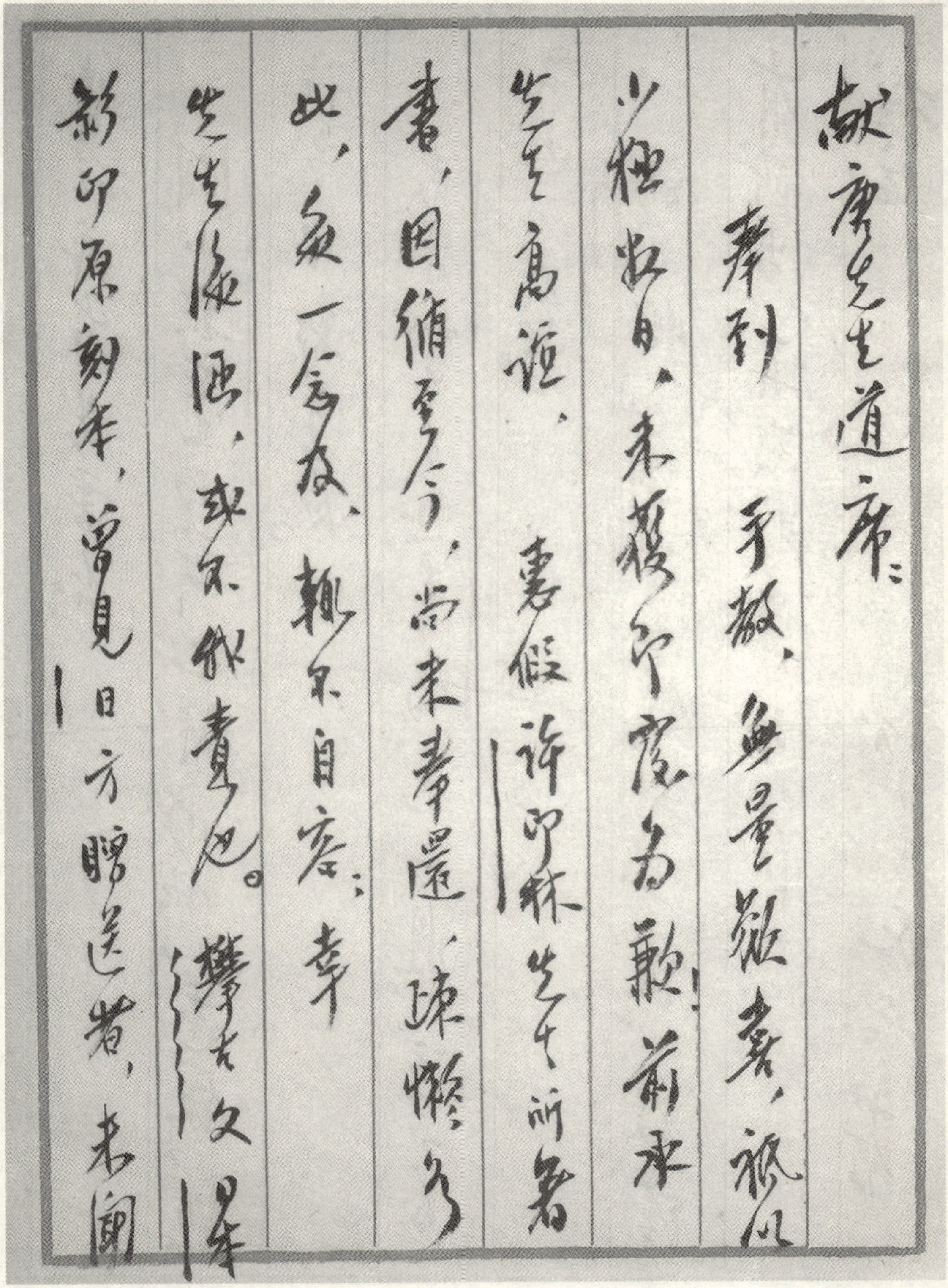

獻唐先生道席：

奉到手教，無量歡喜，祇以

少暇收自，未獲即覆為歉！前承

先生高誼，寄假許印林先生所著

書，因循至今，尚未奉還，疏懶之

此，每一念及，輒不自容，幸

先生原涼，或不能責也。攀古文集

影印原刻本，曾見日方贈送者，未聞

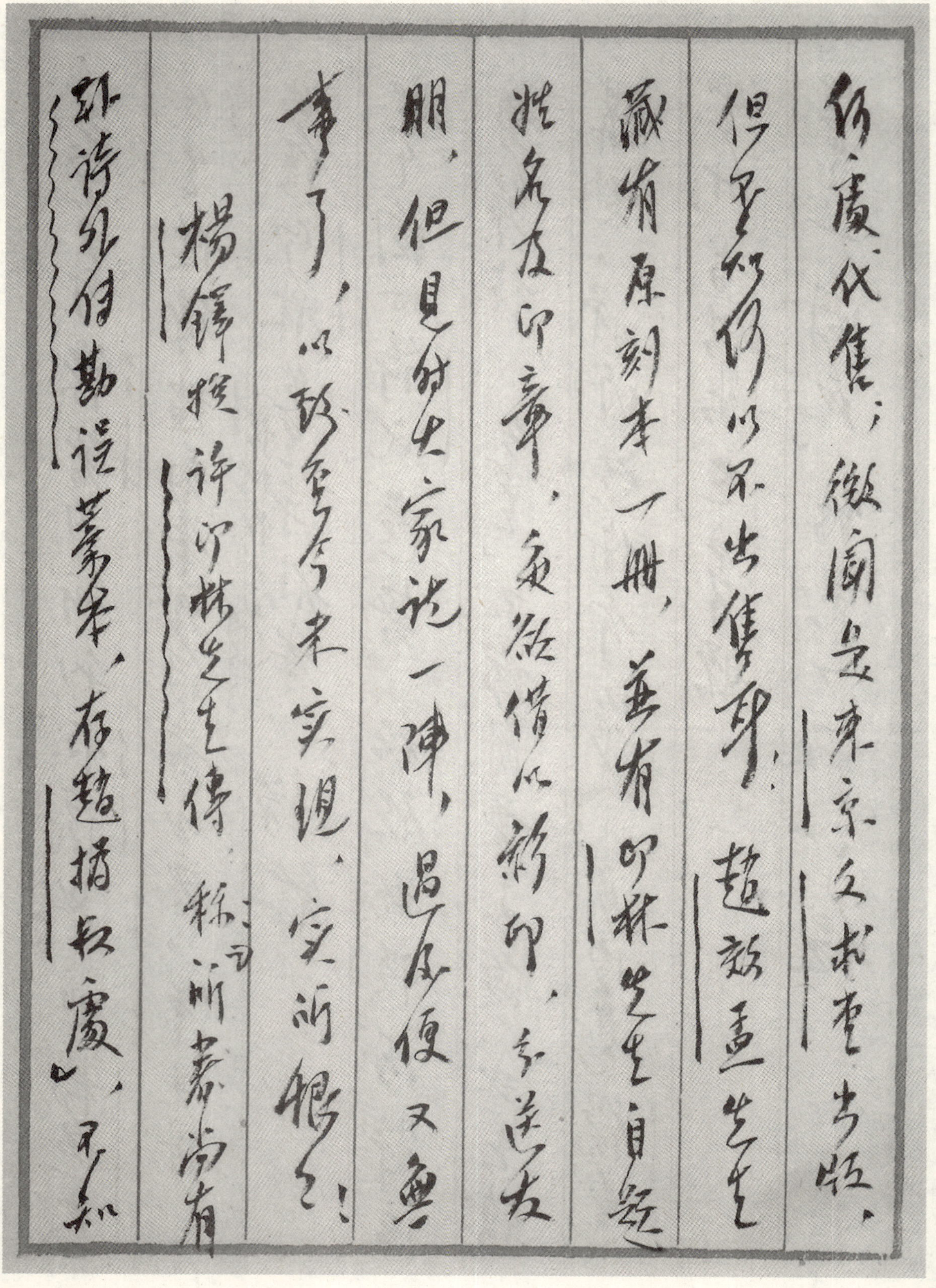
何處代售；微聞是書京文書店出版，
但京文何以不出售耶？趙叔孺先生
藏有原刻本一冊，並有印林先生自題
姓名及印章，更欲借以影印，曾送去
閱，但只聽大家說一陣，過後便又無
事了，以致至今未實現，實所悵悵！
楊鐸撰許印林先生傳，稱許所著尚有
許詩及經勘說若干卷，存趙撝叔處，不知

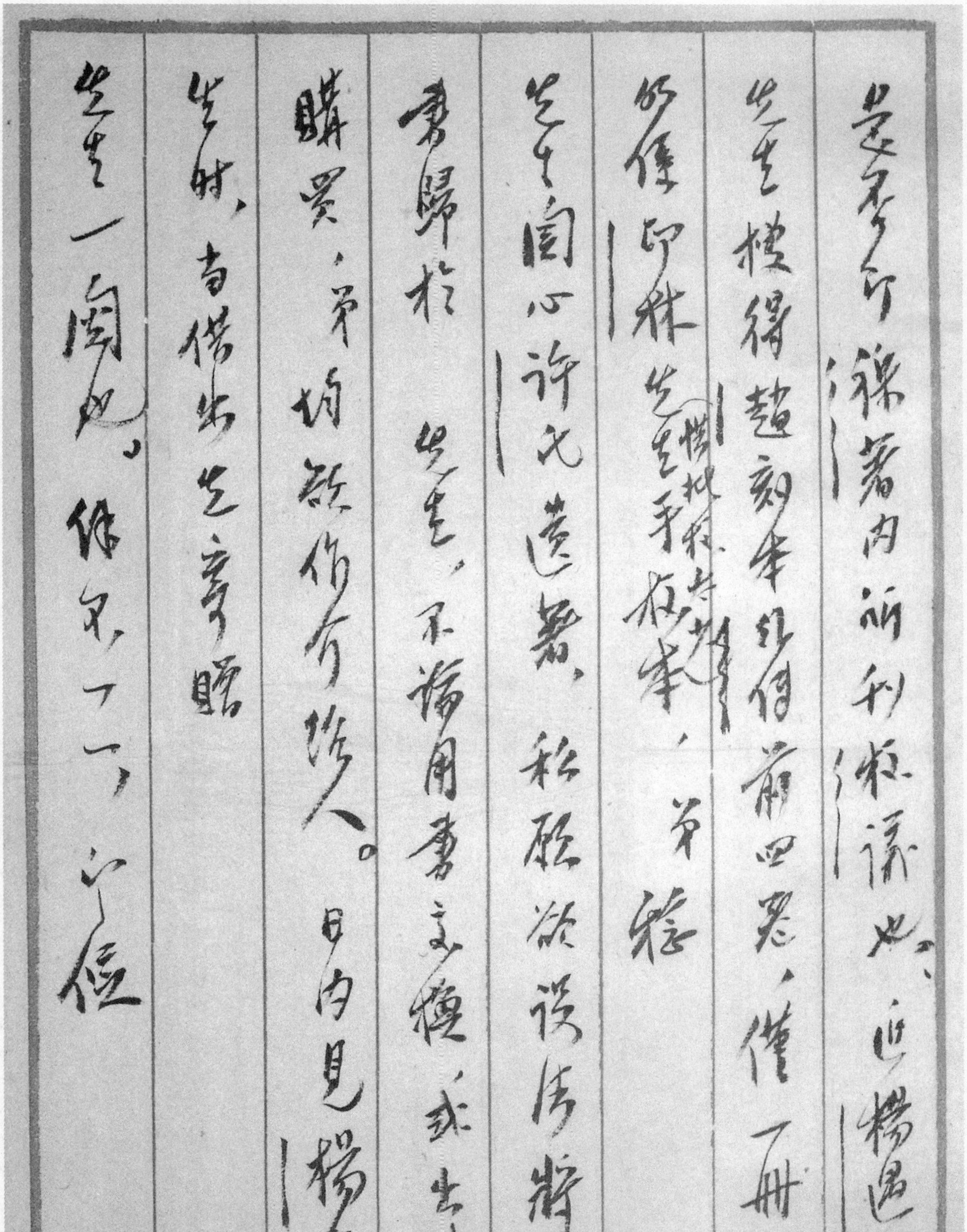

是本所錄著內所列標識也、近楊遇夫
先生搜得趙刻本外傳前四卷、僅一冊、
所傳印林先生（惜批校本無之）手校本、弟擬
先生寬心許允送覽、私願欲設法將該
書歸於
先生、不論用書交換、或出錢
購買、弟均欲作介紹人。日內見楊先
生時、當備述先意贈
先生一閱也。餘不一一、即候

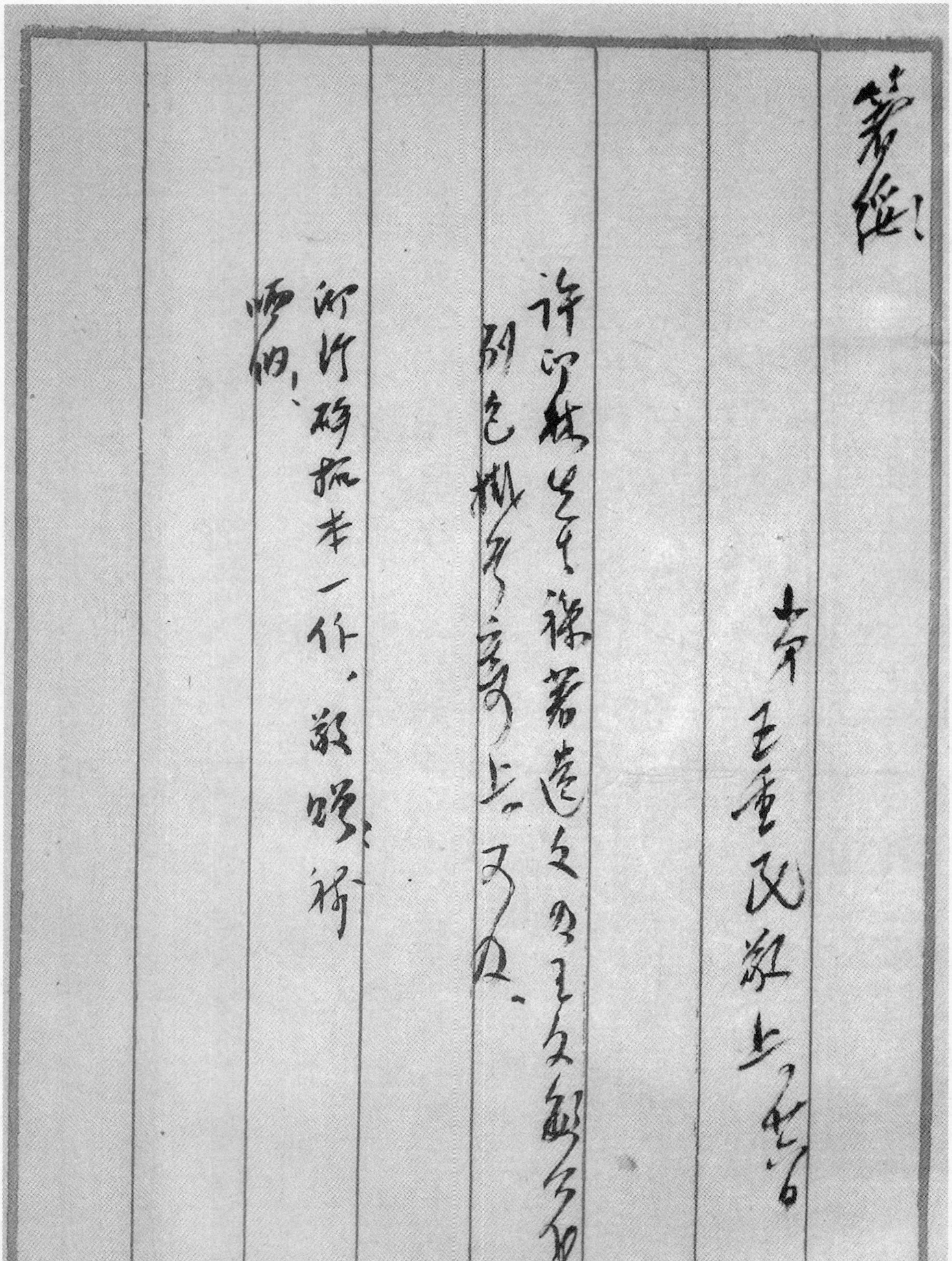
箸經：

許印林先生稿，蒐集遺文，至王文敏公處，
別見概況，遂上文及。

浙江碑拓本一件，敬煩轉
呵伯。

弟王重民敬上 七日

書第十四通

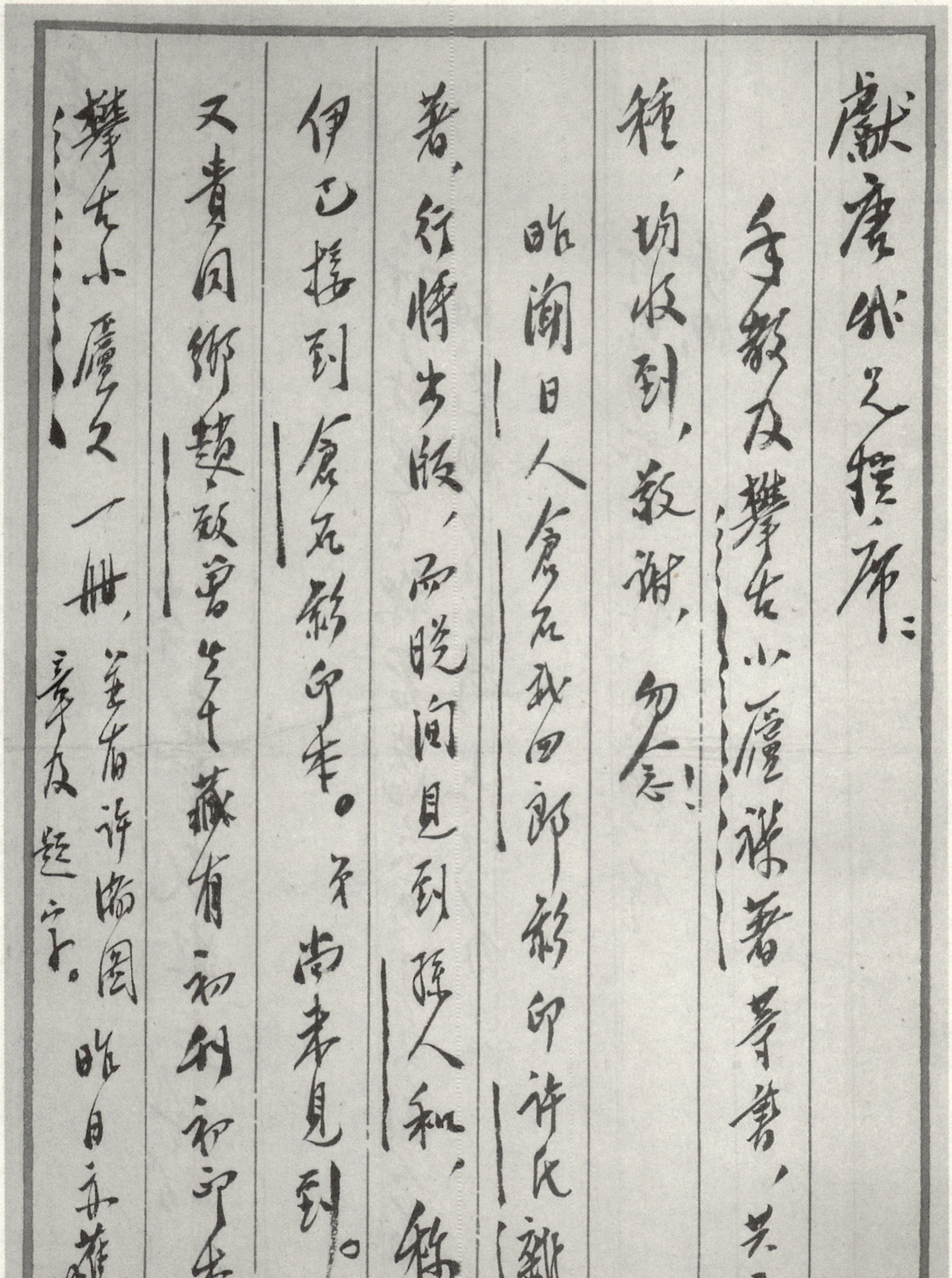
獻唐我兄撰席：
手教及攀古小廬雜著等書，共三
種，均收到，敬謝，勿念！
昨詢日人倉石武四郎欲印許氏雜
著，行將出版，而晚間見到孫人和，稱
伊已接到倉石欲印本。弟尚未見到。
又貴同鄉趙敬曾先生藏有初刻初印本
攀古小廬文一冊，並有許瀚圖章及題記。昨自弄獲

見到。一日之間，連睹異書，不知那些
告示的稿，這一天真是沒白過了！！
影印文集之事，擬印《攀古小廬文》
爲將何以深補遺所收者外，不知
先生尚另藏有許氏其他遺文，若及時
採訪，用鉛字排印成，則有功於許氏
者當更大。
蘭生擬印《海源閣秘笈叢刊》，並

王重民

太湖流域勘記，尤爲我國學術前途幸。先已擬定之汪水雲集等三種，頗資校勘記，想均已脫稿，早日公布，當不只小弟一人之所切盼，想亦海人士之所至禱也。滂喜不能彙印，弟擬在北平印，并擬依照道藏人。彙印共排印兩冊，並不費許多時間也。（此種須李劍侯）又道途千里，若承指示，豈不有靠文化，指花爺印

第一步為攝影，貴館地方不方便，可令此間

印刷局親到洽商攝影，再來平付印。如此則

原書不必帶來北平，可減去若干危險！）如有

意，當向此間印刷局一接洽。

正覆黃子彥去年信，前聞

俟再叙，即頌

撰安！

弟重民上 十月十日

書第十五通

獻唐先生：

手教祇悉，所囑之事，謹當如

命。昨日圖書館放假，今日已通知敝

書部，速速提取湖山類稿，命精手

付影抄矣。

玉函山房文集正續兩編均得到，

聞之雀躍，竹吾先生事蹟，想能鈎出

不少，搢伯經過，續集想能有較詳

之纪载矣。第六是又条四是，似是周本刻本，均是三十七八以前所作；此李氏所刻，当是全本。蒙允惠借，感荷无量。即请掷交寄下，得到此书，抄稿月内即可完成，当即与前所惠假之三统历谱，一并奉还也。

许丁二先生，声音训诂之学，尤胜清中叶以后，均是大家。读章氏丛书，

王重民

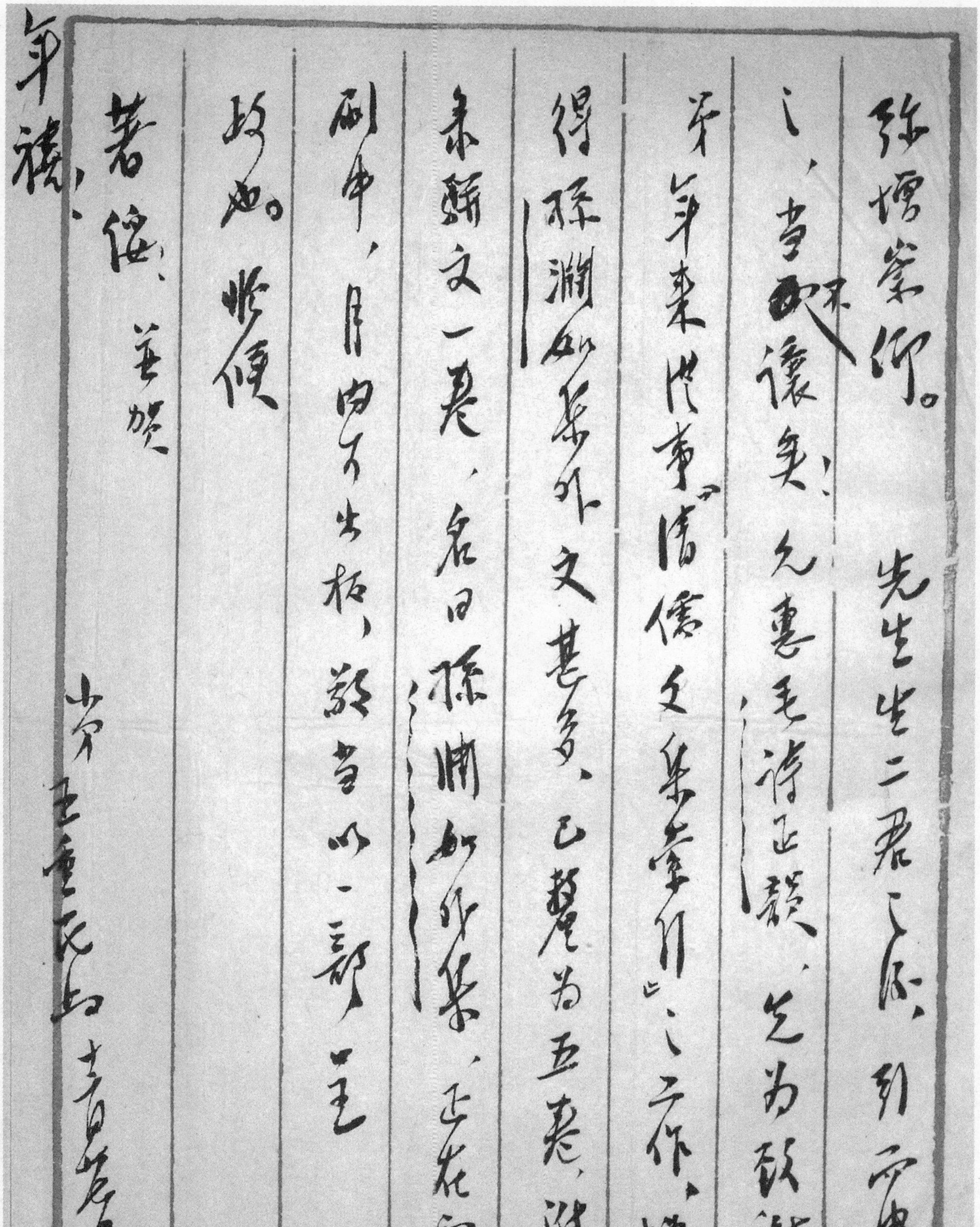

綏堂、宗卿先生二君足下：別來甚念之，音不讓矣。久惠毛詩正韻，尤為欽謝。弟年來從事清儒文集篇目之作，搜得孫淵如集外文甚多，已輯為五卷，附未輯文一卷，名曰孫淵如外集，正在印刷中，月內可出板，敬當以一部呈政也。順頌著綏，並賀年禧。

小弟王重民上　十二月廿四

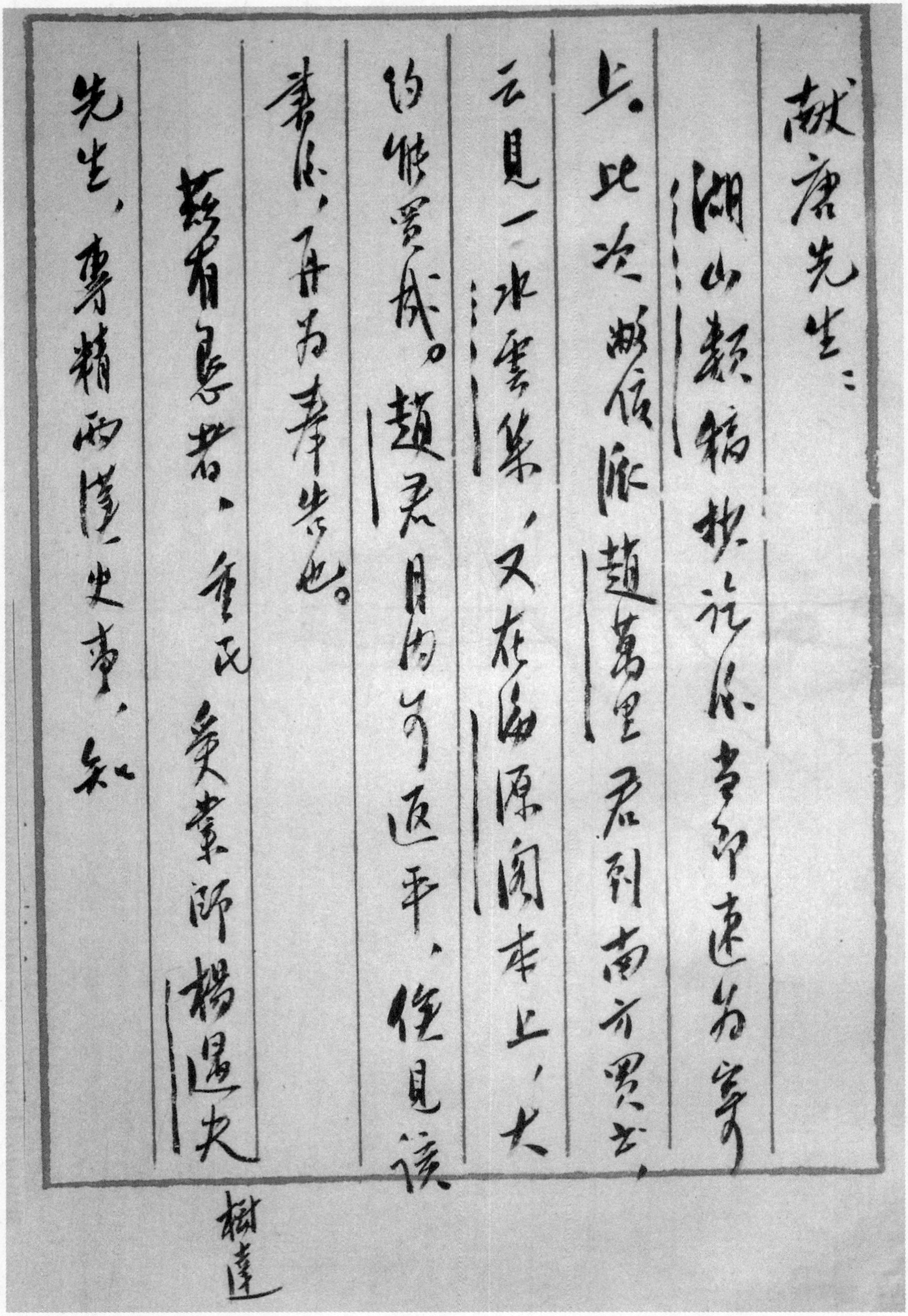

獻唐先生：

湖山類稿抄就，即速為寄
上。此次敝館派趙萬里君到南方買書，
云見一水雲集，又在海源閣本上，大
約能買成。趙君月內可返平，俟見談
書後，再為奉告也。
藉頌著安。重民
受業師楊遇夫樹達
先生，專精兩漢史事，知

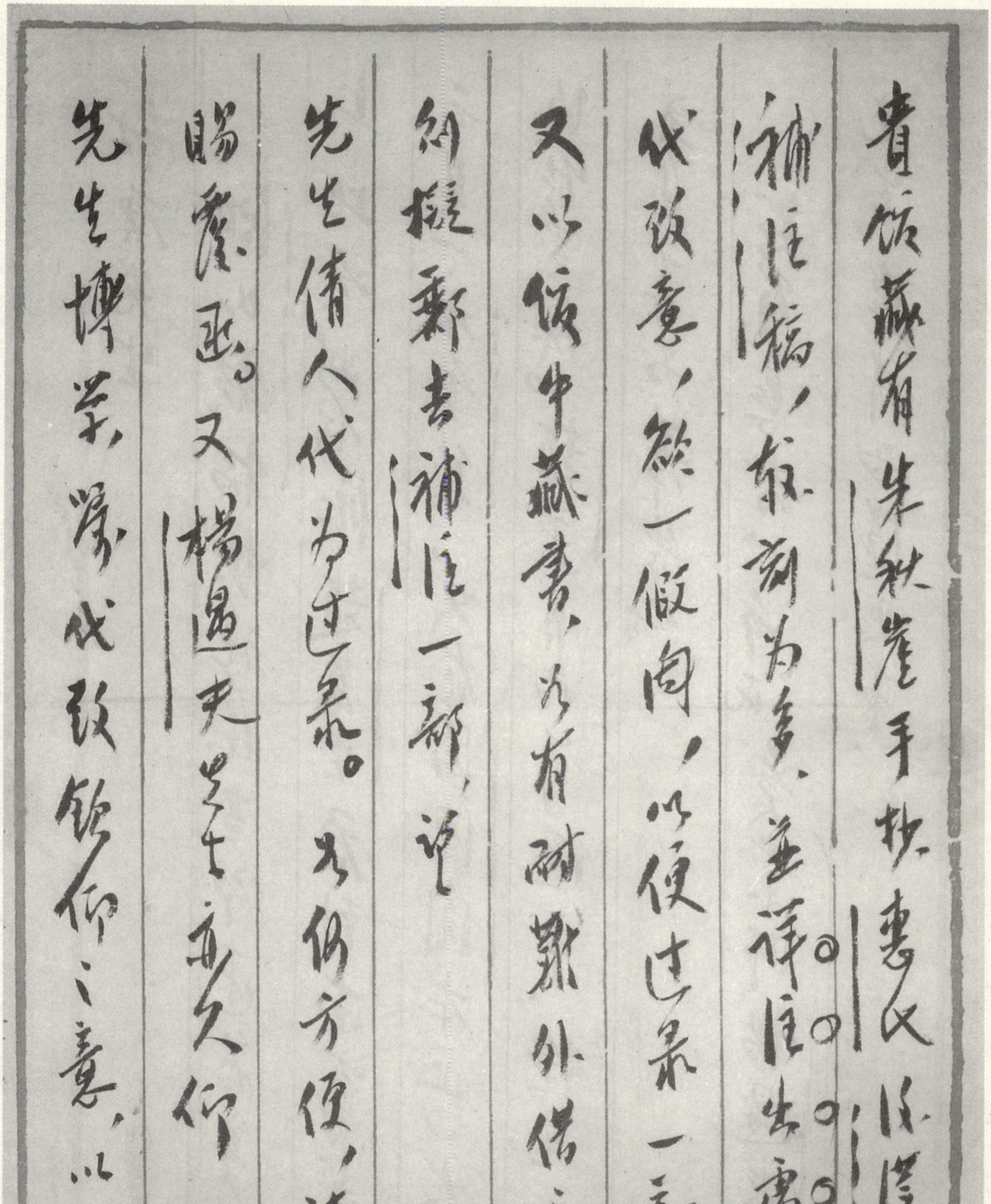

貴館藏有朱秋崖手抄惠氏後漢書
補注稿，較刻爲多，並詳注出處，請
代致意，欲一假閱，以便過錄一部。
又以館中藏書，如有副數外借之處，
紉擬鄭書補注一部，諒
先生借人代爲過錄。如何方便，請
賜覆函。又楊遇夫先生亦久仰
先生博學，囑代致欽仰之意，以道

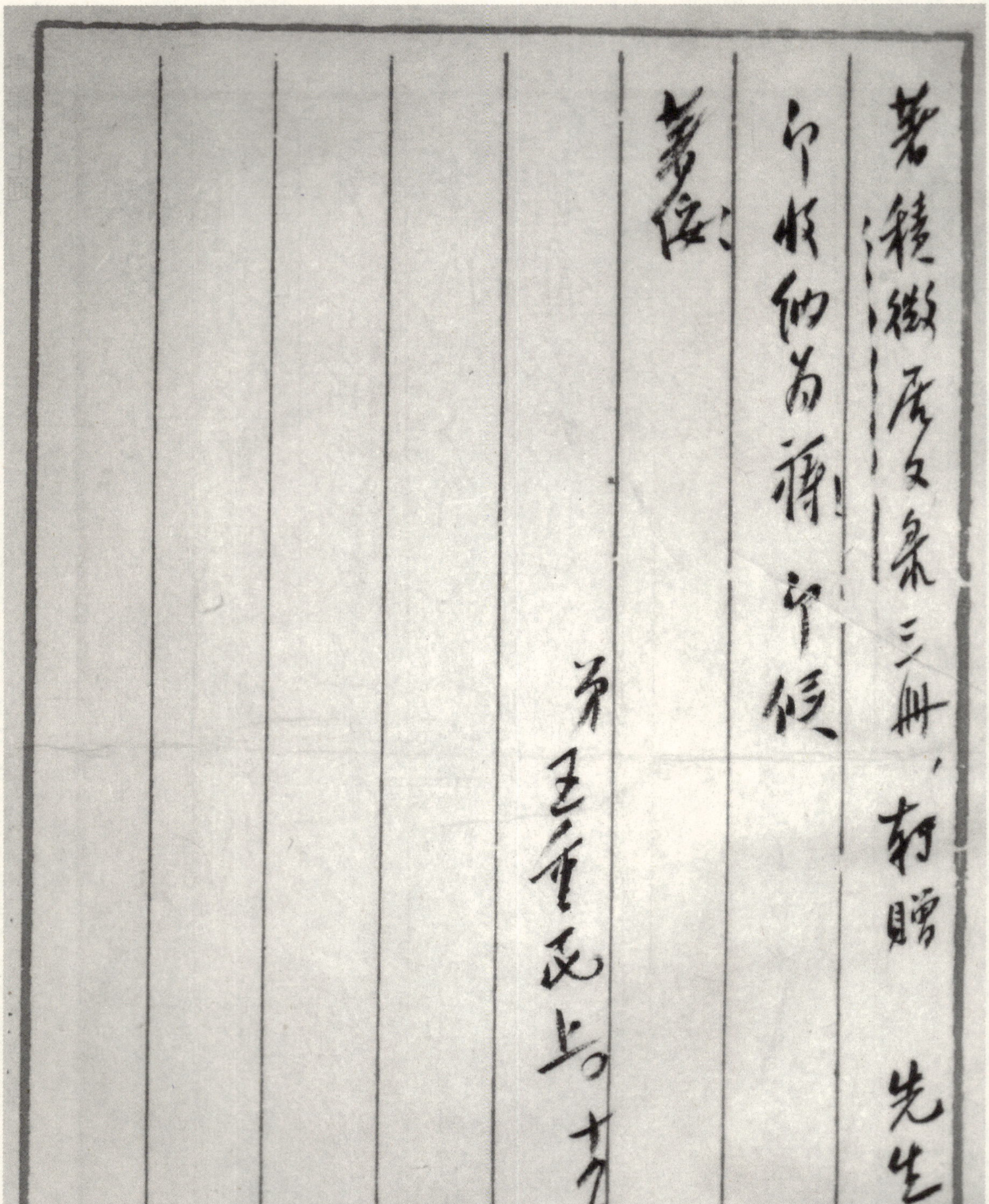
著積微居文集三册，敬贈 先生，請
印收納為禱，即候
著祺
弟王重民上 十六日

書第十七通

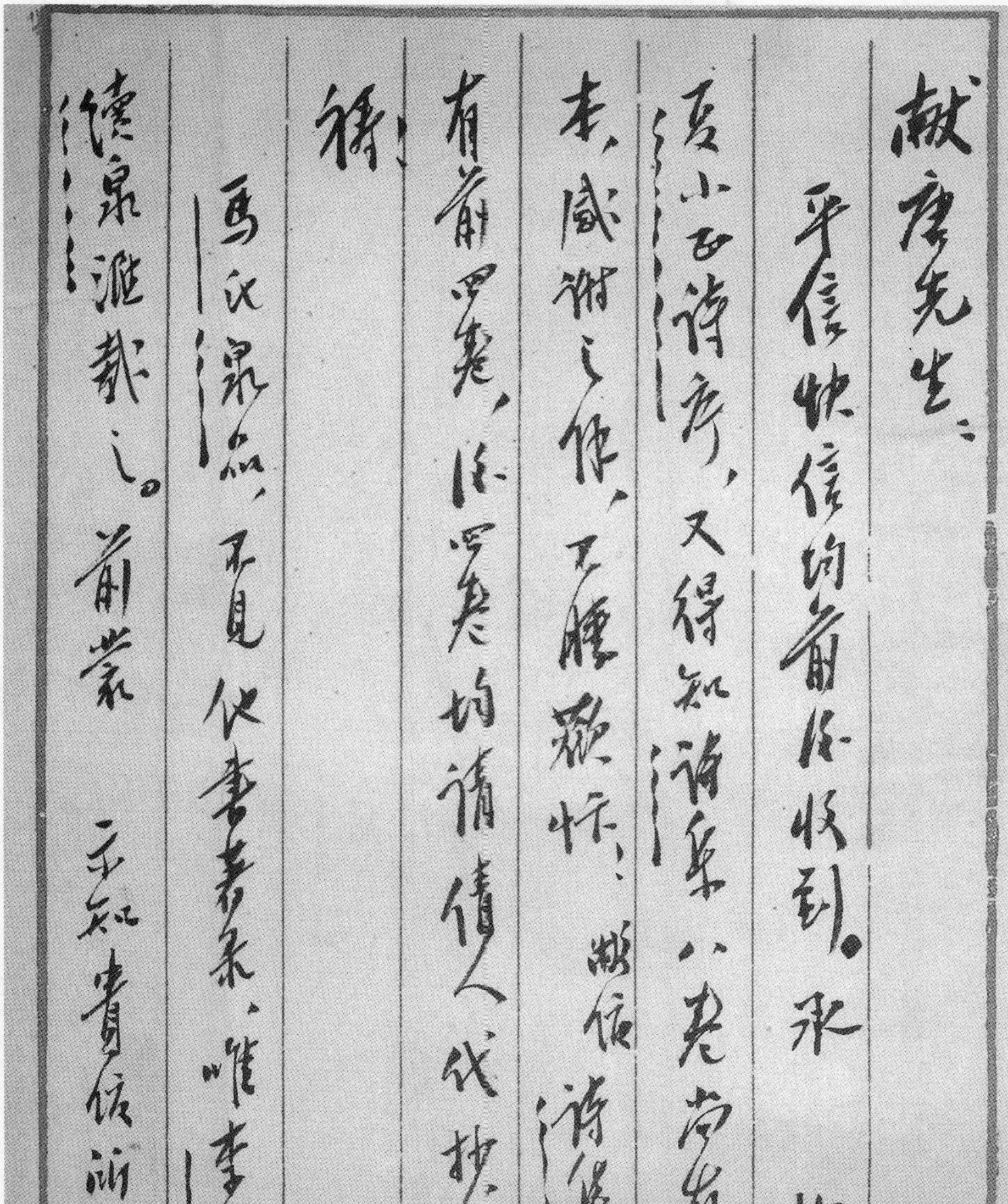

獻唐先生：
平信快信均前後收到。承 抄示
寄小石詩序，又得知詩集八卷尚有完
本，感謝之忱，不勝歡忭。 濰信詩集只
有前四卷，後四卷均請倩人代抄為
禱。
馬氏泉品，不見他書著錄，唯李佐賢
續泉匯載之。前蒙 示知貴館所得

版刻為卷二至卷九，而李氏著錄者有卷一，且編次頗有不同，故直悉疑李氏所見者為另一刊本。但從《泉匯首集》不著此書為刊本抑係抄本，且卷八已載至明錢，卷九為安南及外國錢，則九卷本者為完帙，理或然也。該書或至今仍藏利津李氏，可否設法一訪，如係抄本，可補卷一之缺，可校後八卷之誤，甚有裨助，不知然否？

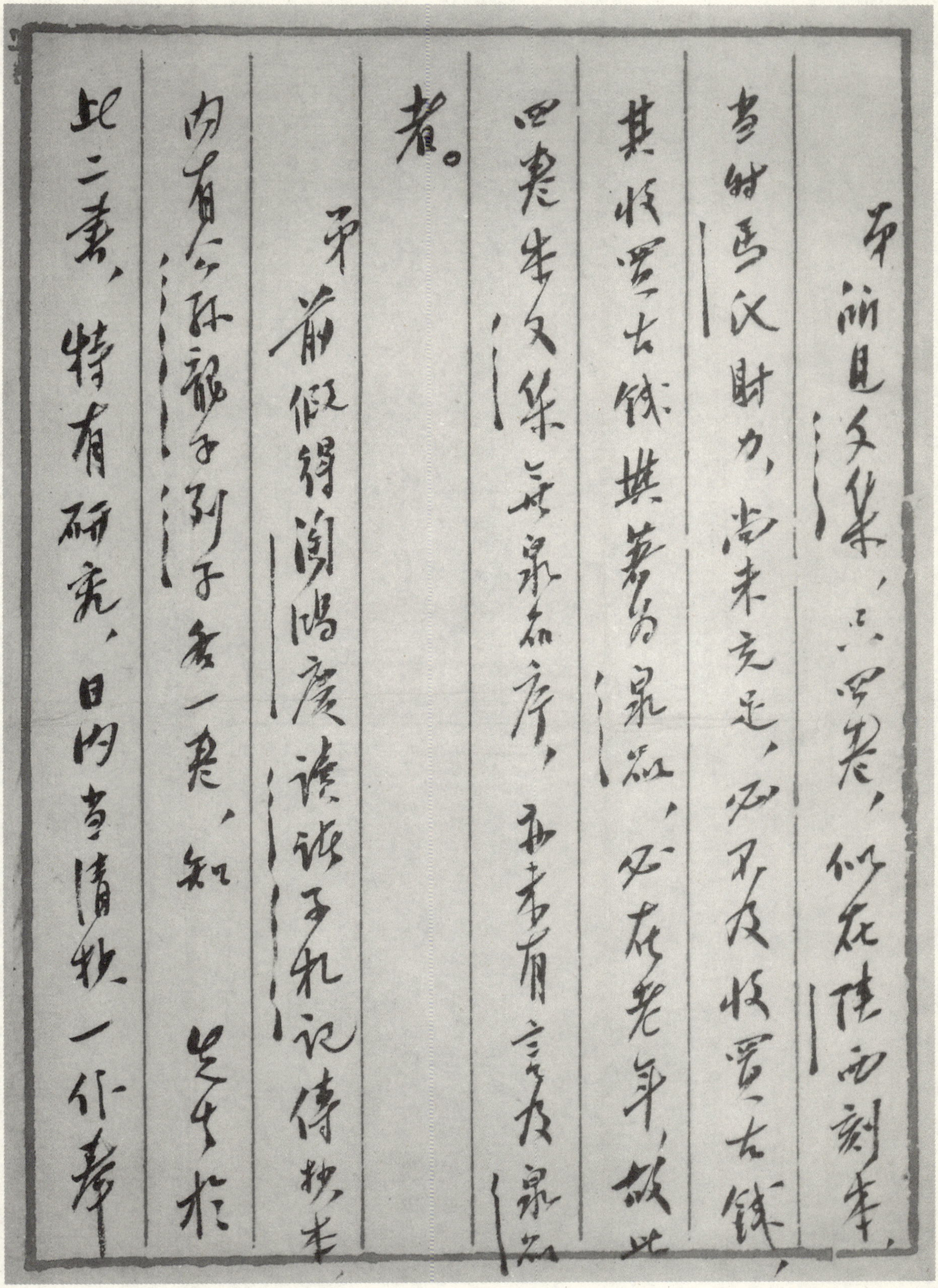

弟所見文集，只四卷，似在陸西刻本，當時馬氏財力，尚未充足，必不及收買古錢，其收買古錢與簠齋泉說，必在晚年，故此四卷本文集無泉說序，而未有言及泉說者。

弟前假得瀏陽唐讀諸子札記傳抄本，內有公孫龍子列子各一卷，知 足下於此二書，特有研究，日內當請抄一份奉

賜覆。屢蒙
指教，非敢云報，聊表同嗜
之投而已。即請
撰安！
弟王重民上。十二月九日

書第十八通

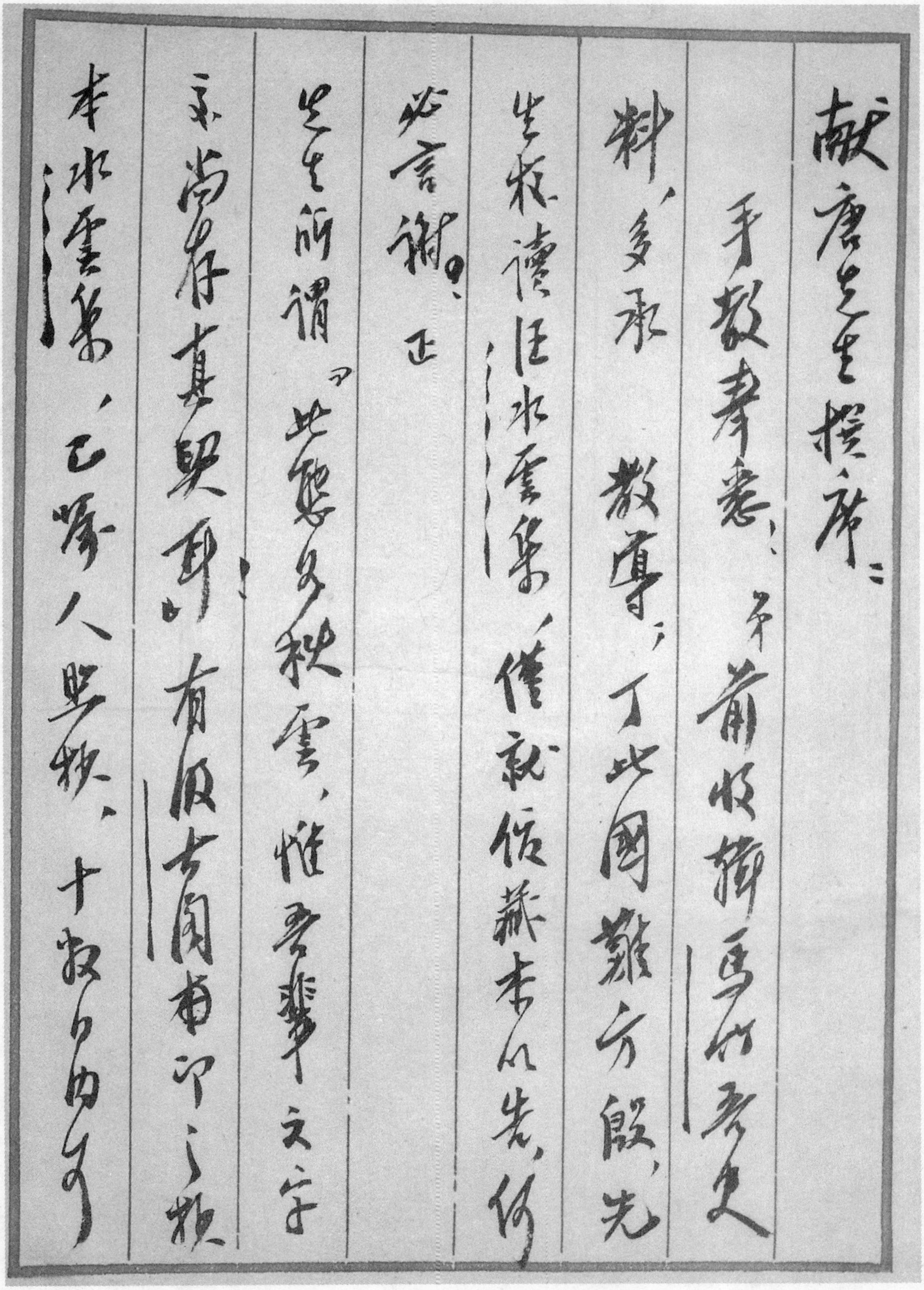
獻唐先生撰席：
手教奉悉。前收[illegible]馬氏秀史
料，多承　教導。丁此國難方殷，先
生猶讀汪水雲集，傳就低藏書先。何
必言謝。正
先生所謂此愁如秋雲，惟其聲文字
亦尚存真契耳。有假古閣本印之類
本水雲集，已寄人照抄，十數日內可

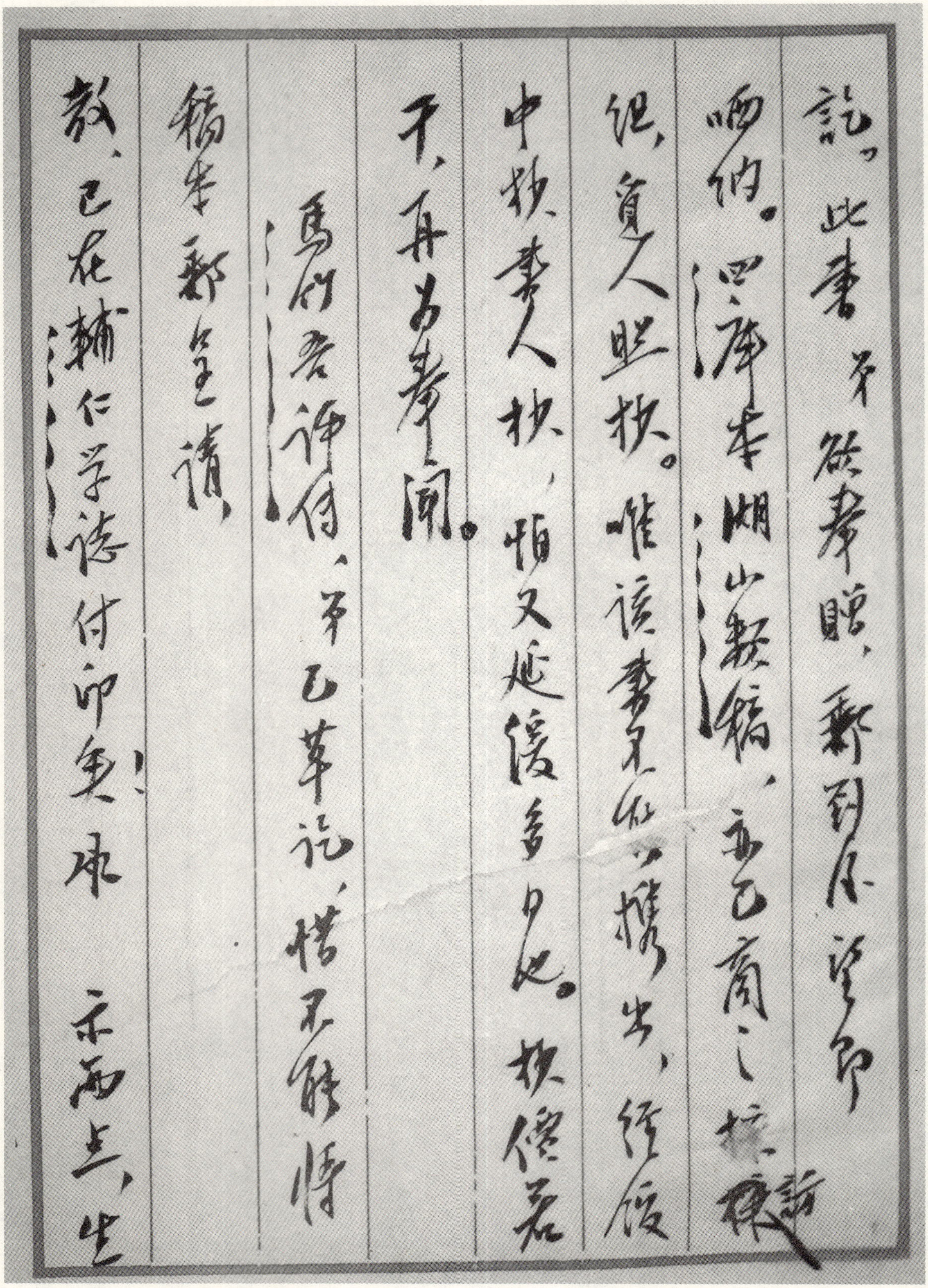
詔。此書弟欲奉贈，暫留作證，即
哂納。四庫本湖山類稿，亦已商之撿訪
組，覓人照抄。唯該書不能攜出，須候
中抄書人抄，恐又延緩多日也。抄假若
不再另奉聞。
馬君評傳，弟已草記，惜不能將
稿奉暫呈請
教，已在輔仁學誌付印矣！承　示為盛，生

王重民

與漢欽先生月日未詳，知其父不知其子，所補益良多，敬謝敬謝。所出民，查再請益也。

閱朱遜先近購得馮氏泉譜，亦係殘本，擬向其一借觀，再為奉告。

餘容一一再候

著安

小弟重民上　六月十日

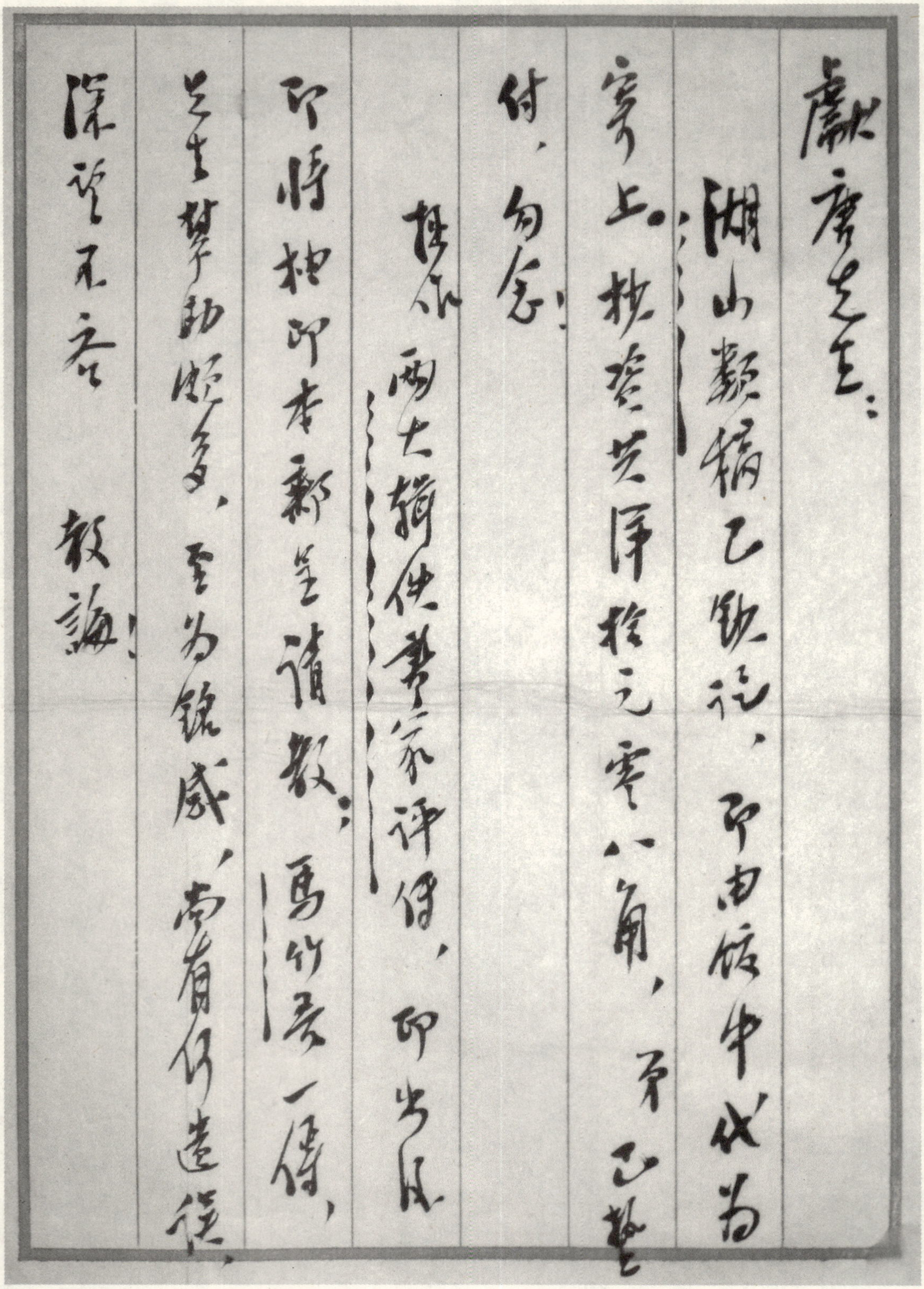

獻唐先生：

湖山類稿已欽託，即由館中代為寄上。書資共洋拾元零八角，前已墊付，勿念！

拙作兩大稿供書家評傳，即出版即將抽印本郵呈請教；馬竹亭一傳，先生幫助頗多，至為銘感，尚有何遺誤，深望不吝教誨！

弟在從編撰「清代文學叢刊」，已收集得二百餘家；清人文集雖多，一二流者除較著之可取十家外，績學之集，殊不易得！貴省人著述，不知

先生與貴省除較著通流行之十數家外，尚藏有何家之集？示知，甚感！餘再敘，即候

著安！

弟 重民 上

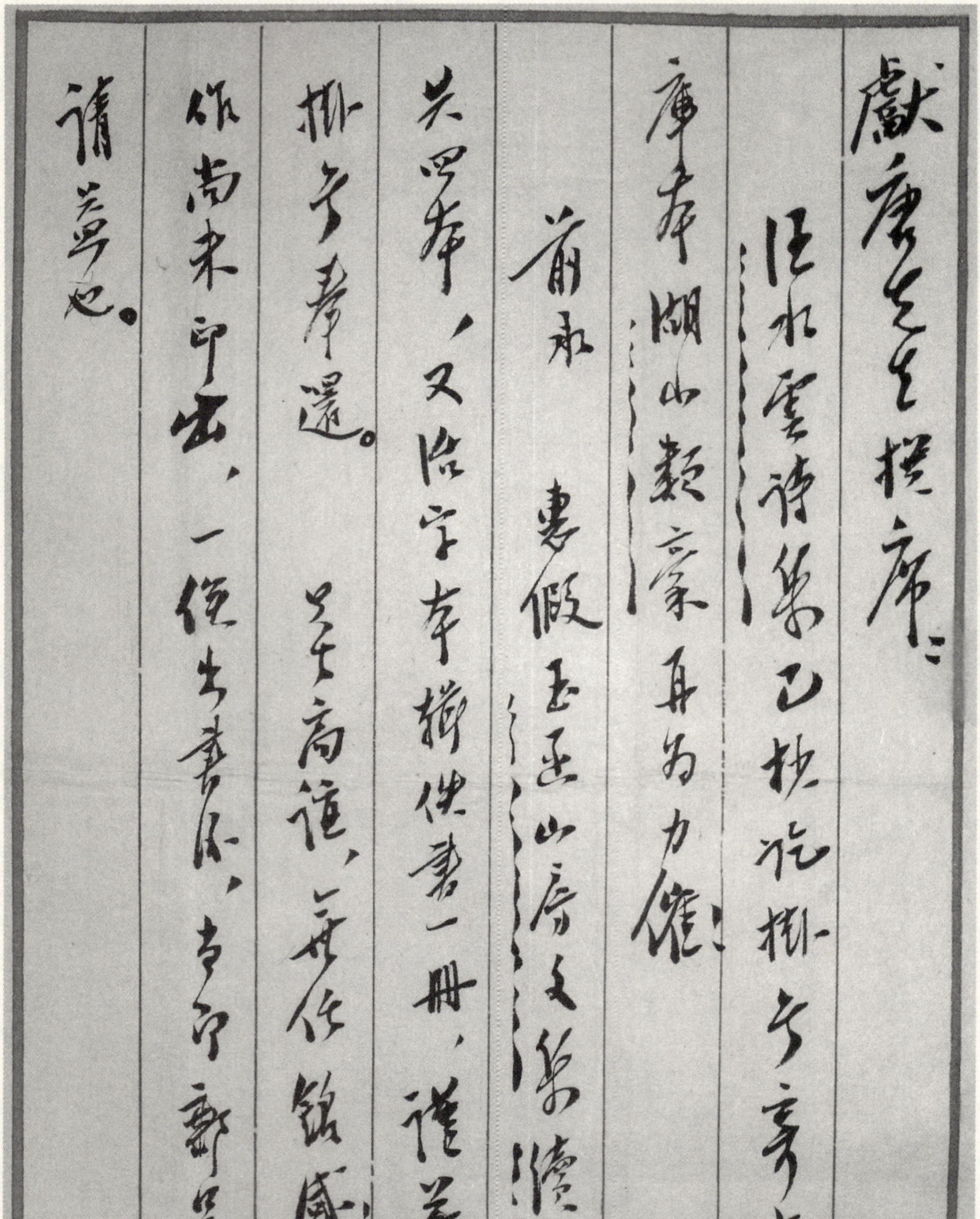
獻唐先生撰席：
《汪水雲詩集》已校於抄本上。四
庫本《湖山類稿》再爲力催：
前承
惠假《玉函山房文集》《續集》
共四本，又活字本《輯佚書》一冊，謹并
抄本奉還。　足見高誼，無任銘感：拙
作尚未印出，一經出書後，當即郵呈
請益也。

王重民

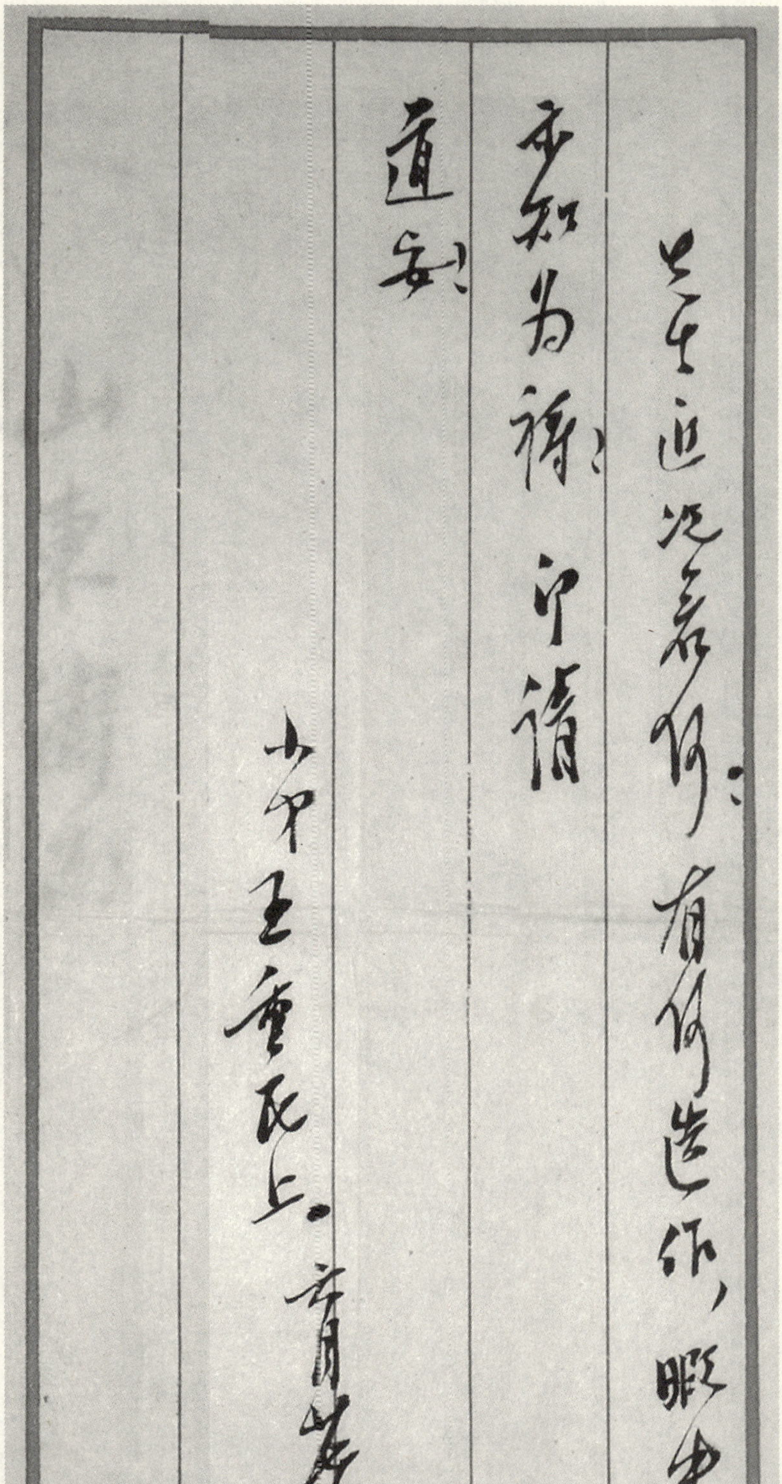

先生近况若何？有何著作，暇中
示知为祷。即请
道安！
小弟王重民上 六月廿[illegible]

獻唐先生撰席：

前承兩示均拜悉，無任感荷！丁稼民先生已晤往兩次，誠如兄所言，山左文獻，具羅胸中。年來保存文獻，以貴省爲最努力，成績亦爲最著，在省有先生，在縣有丁氏，真其有此結果也，佩仰無似！丁先生刻正在搬運手校書籍，所

查部分，多在普通書室，如有特別借閱或抄錄之處，可當另外設法。丁先生遠道而來，直通信時緣，其勿客氣有關方之處，自可特別效勞！

承示 貴館文集書目，更為館藏唯該家多係詩集，（弟所用只限文集）而大家如 張爾岐 王士禎 桂未谷 趙執信 郝蘭皋 李文藻等，通行刻本均已搜入，以

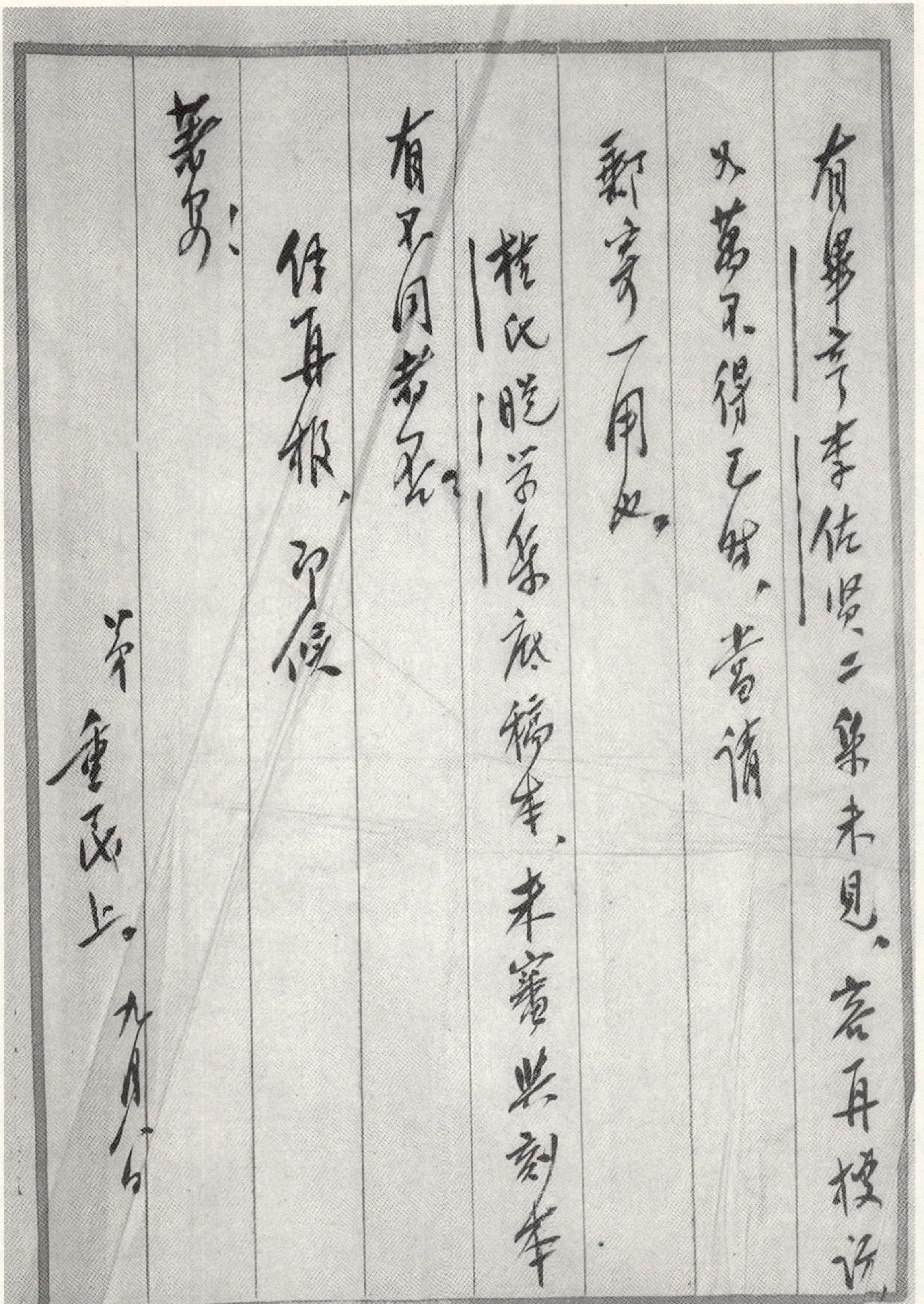
有翼亭李佐賢二集未見，容再探訪，如萬不得已時，當請鄭齋一用也。杜氏聽學集亦稿本，未審與刻本有不同者否？俟再報，即候
著安！
弟　重民上　九月六日

書第二十二通

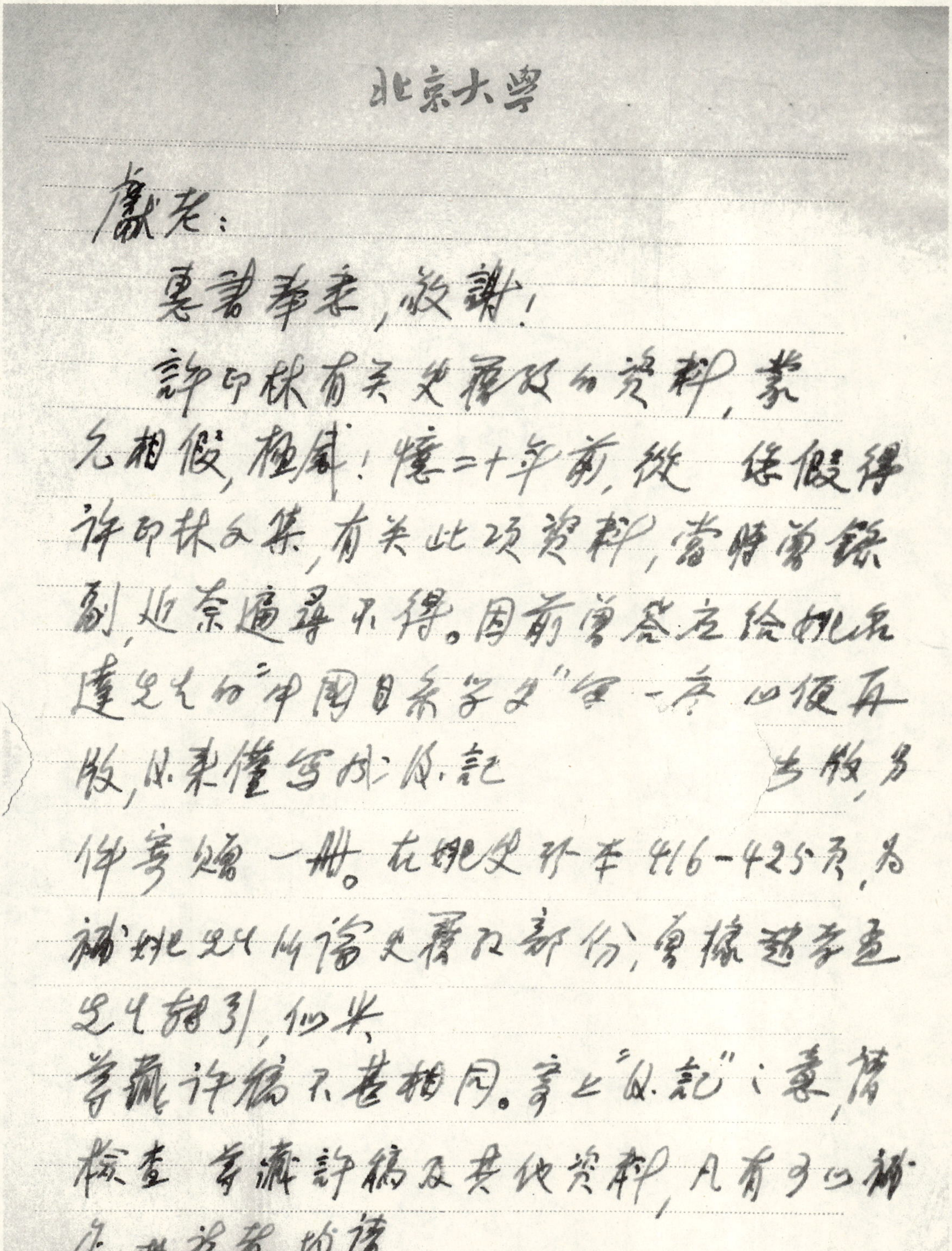

北京大學

獻老：

惠書奉悉，敬謝！

許印林有關史籍部分資料，蒙允相假，極感！憶二十年前，從 係假得許印林文集，有關此項資料，當時曾錄副，近忽遍尋不得。因前曾答應給姚名達先生的"中國目錄學史"寫一序，以便再版，後來僅寫成讀記 出版，另作專篇一冊。在姚史新本416-425頁，為補姚先生所論史籍目部份，曾據趙孝孟先生錄引，似與尊藏許稿不甚相同。寄上"讀記"之意，請檢查 尊藏許稿及其他資料，凡有可以補正姚先生者，均請

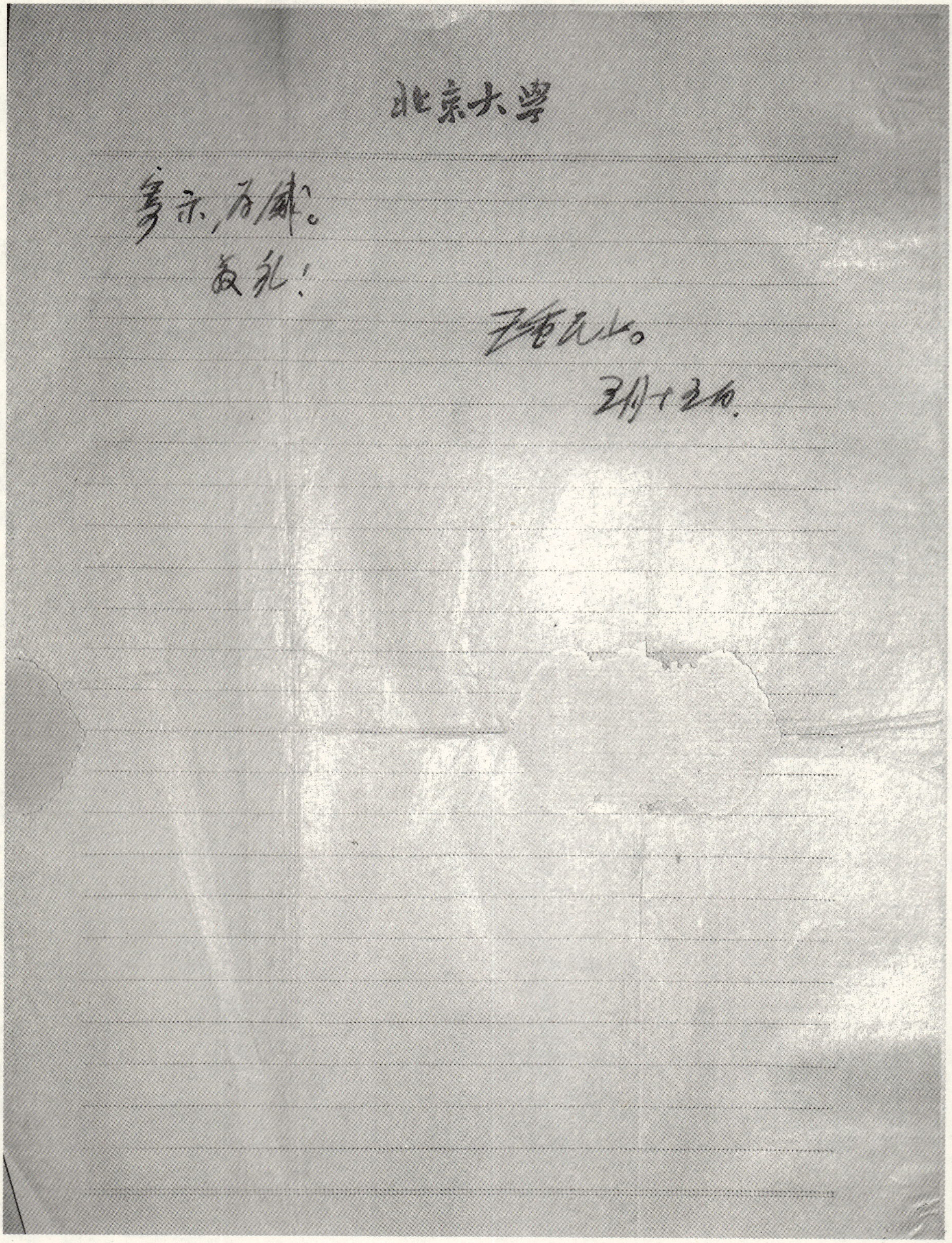

北京大學

寄示，為感。

敬礼！

王重民上。

三月十五日.

封第一件

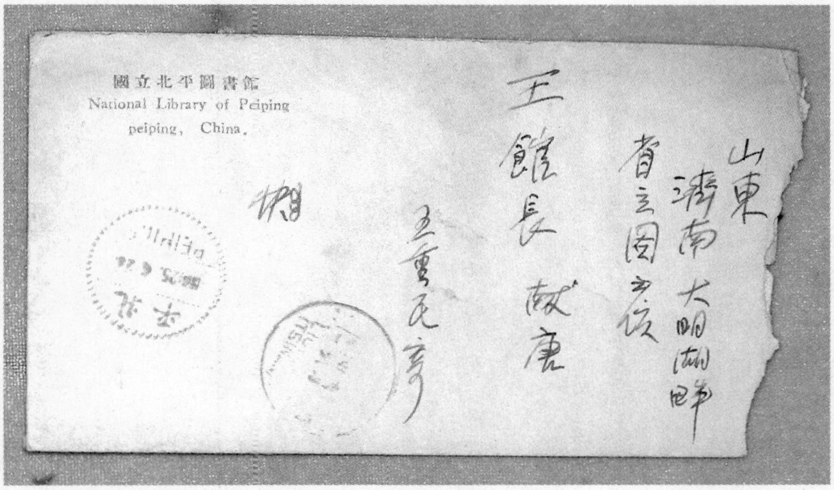
國立北平圖書館
National Library of Peiping
peiping, China.
山東
濟南大明湖畔
王館長 獻唐

封第二件

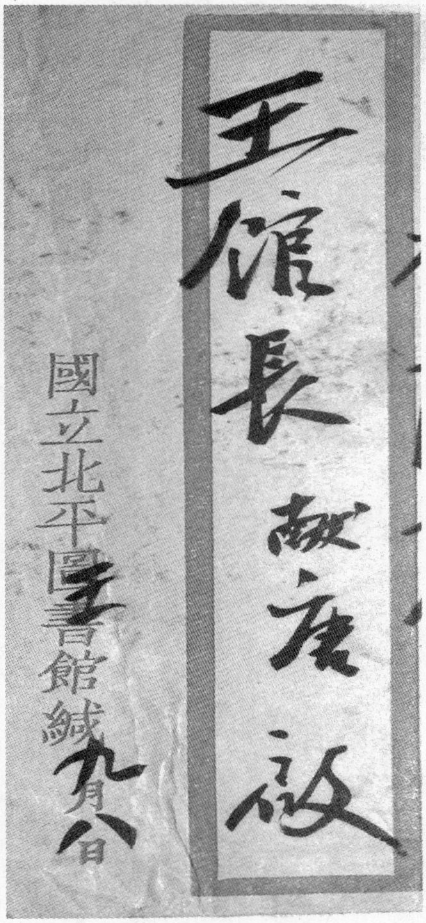
王館長 獻唐 啟
國立北平圖書館緘
九月八日

封第三件

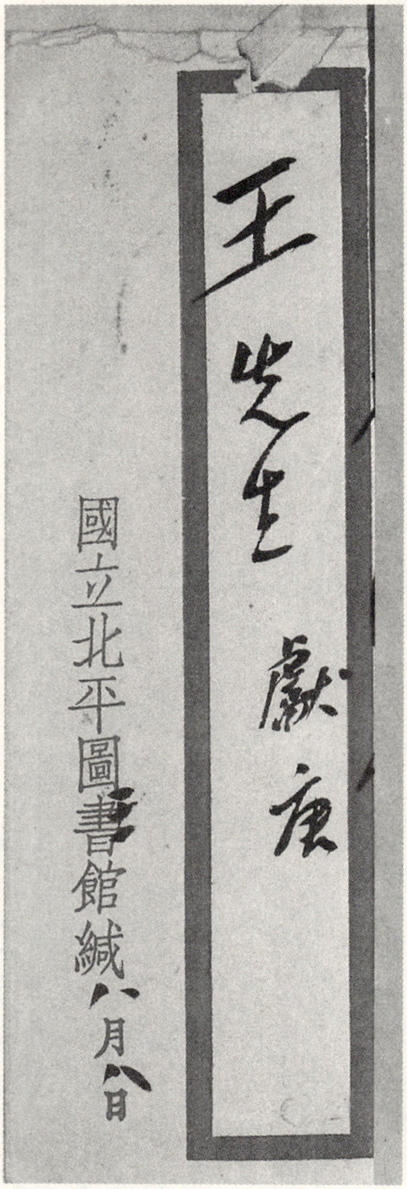

封第四件

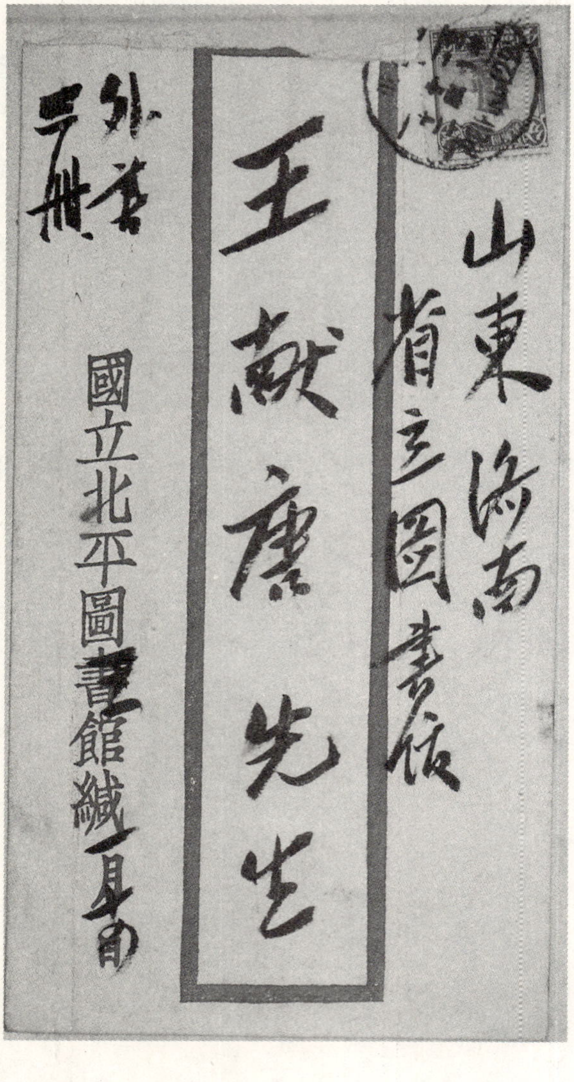

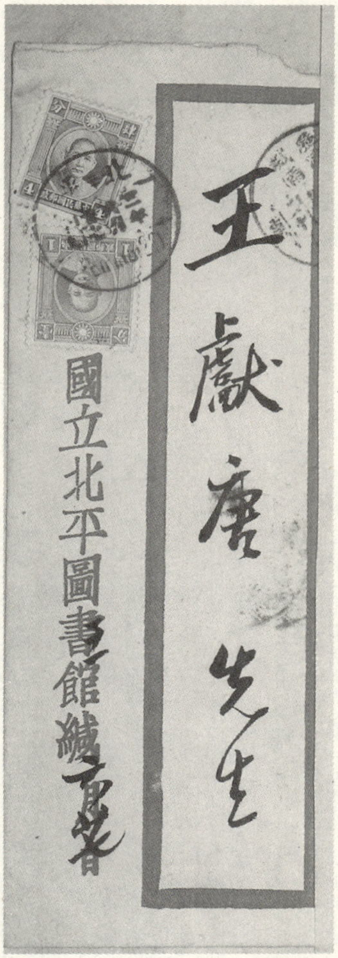

封第五件

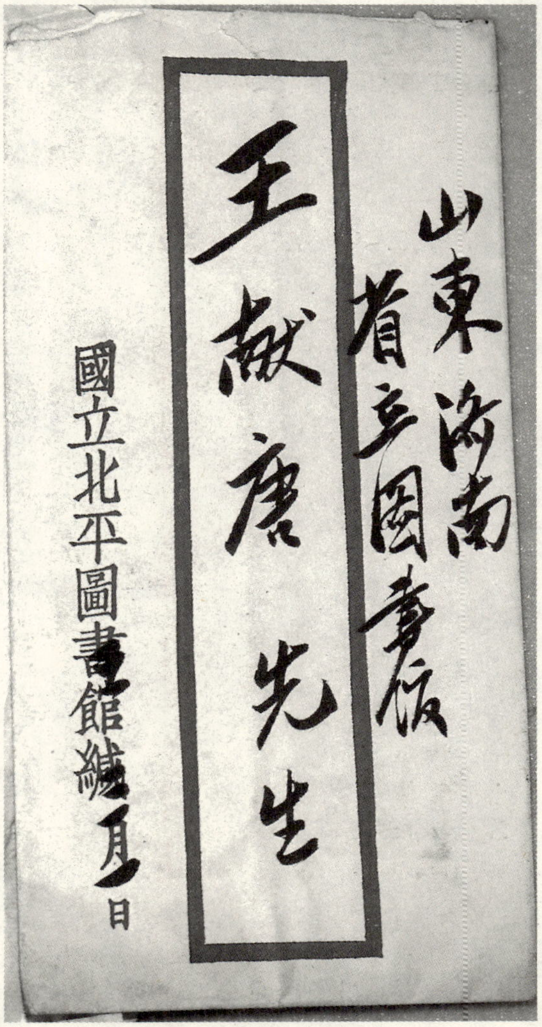

封第六件

封第七件

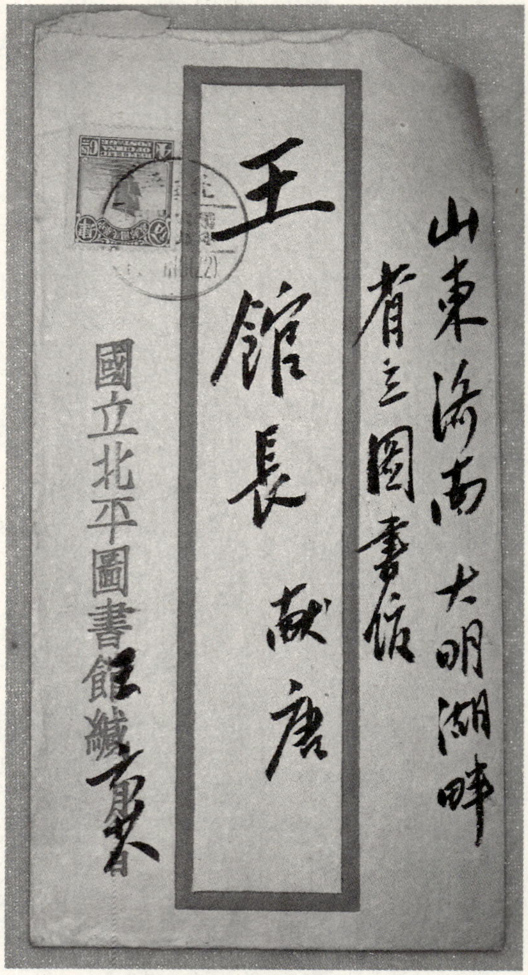
山東濟南 大明湖畔
省立圖書館
王館長 獻唐
國立北平圖書館緘

封第八件

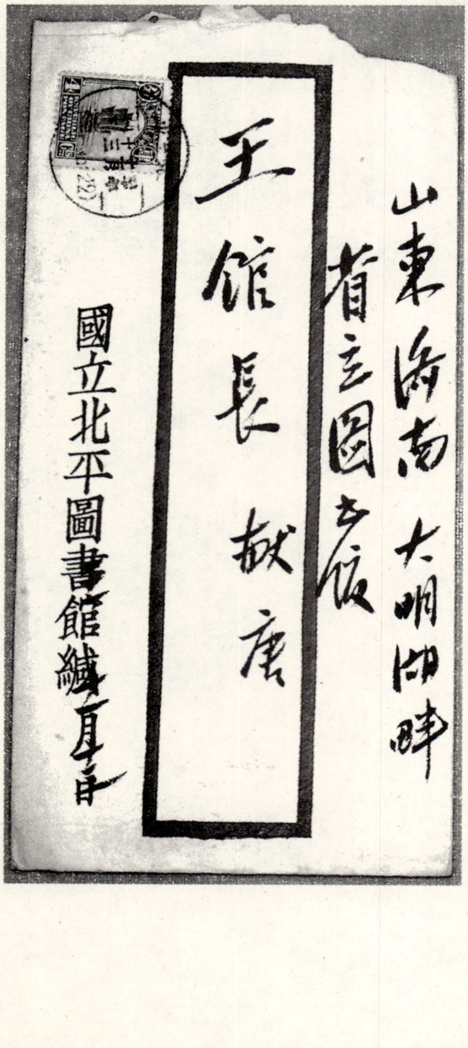
山東濟南 大明湖畔
省立圖書館
王館長 獻唐
國立北平圖書館緘

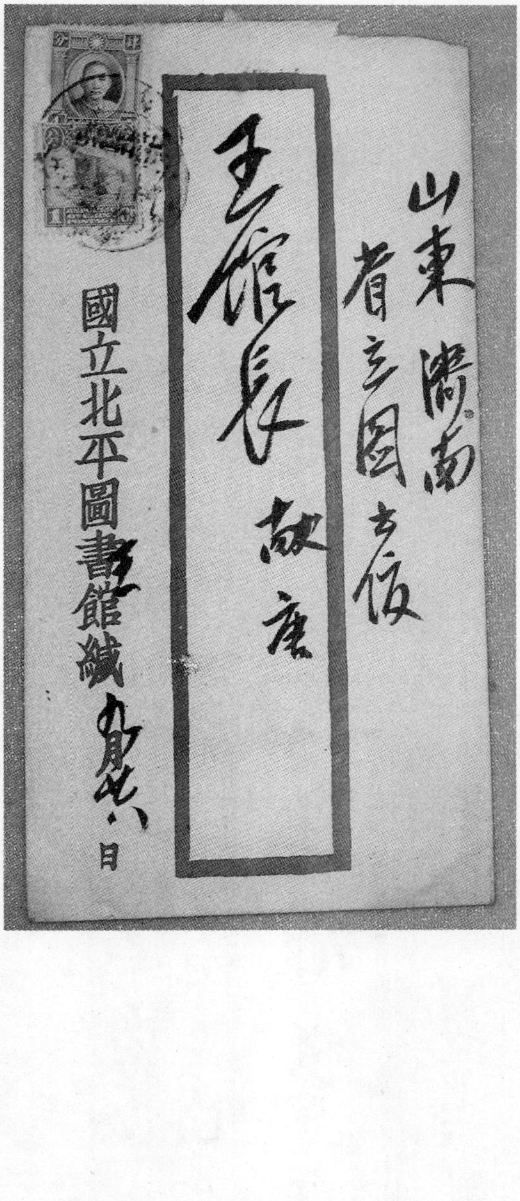

封第九件

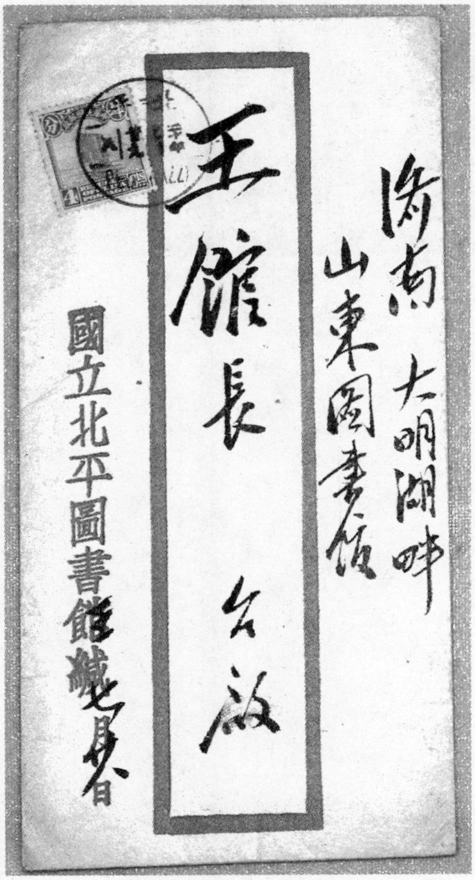

封第十件

封第十一件

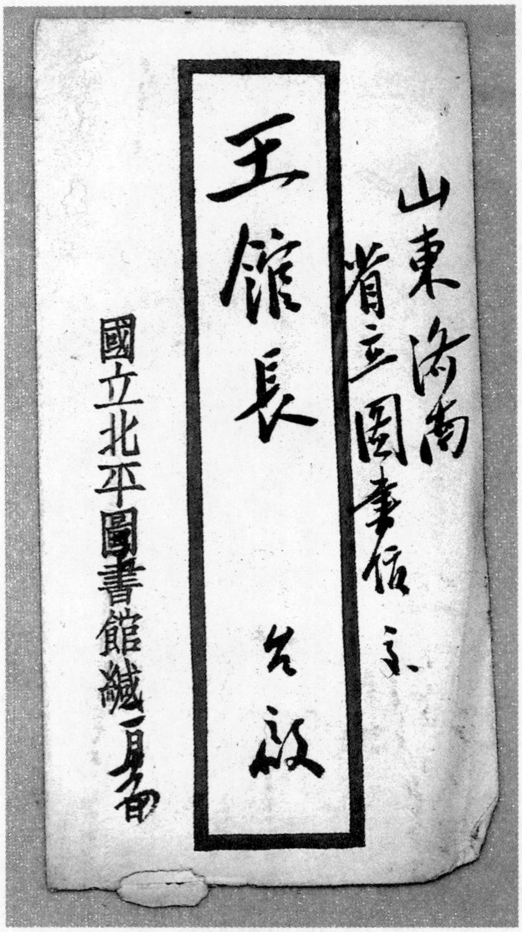

封第十二件

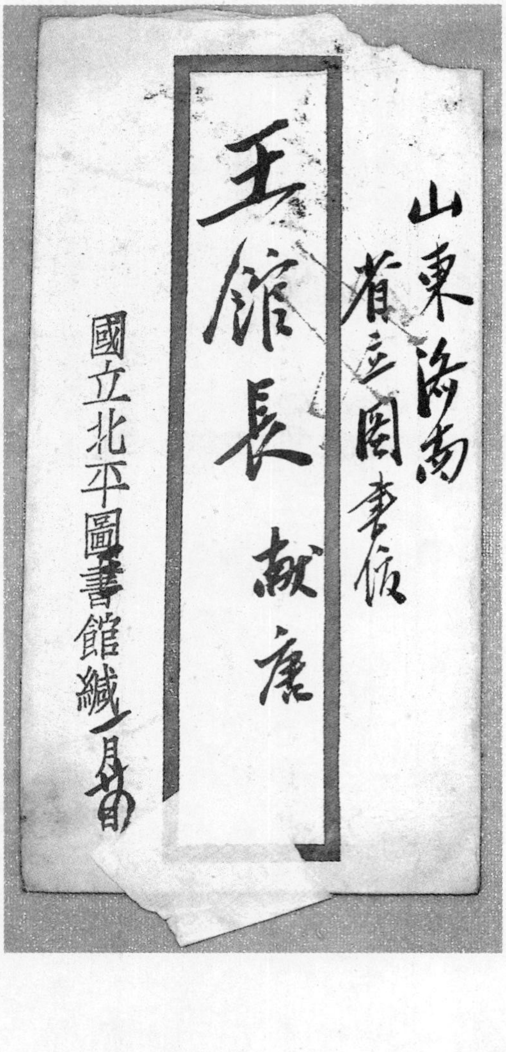

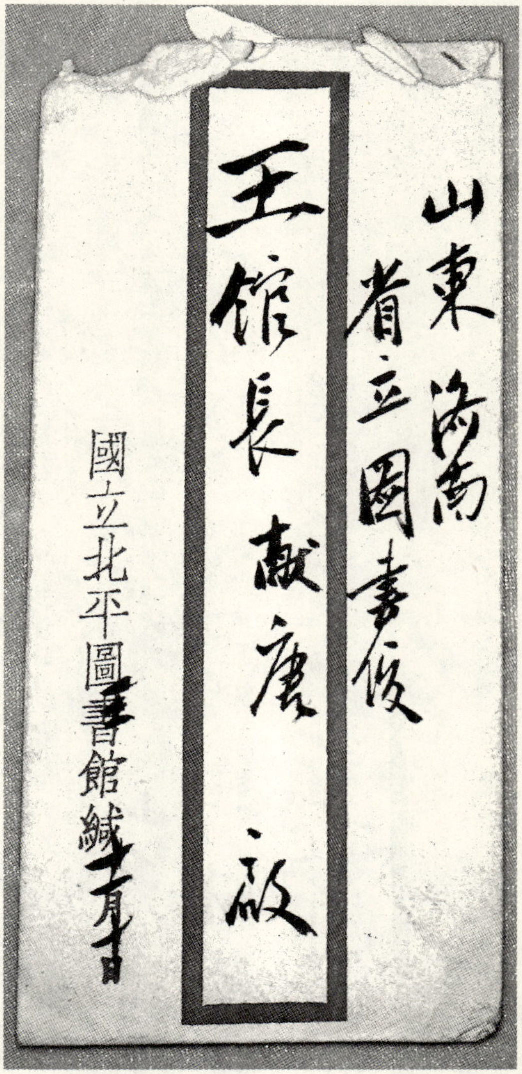

封第十三件

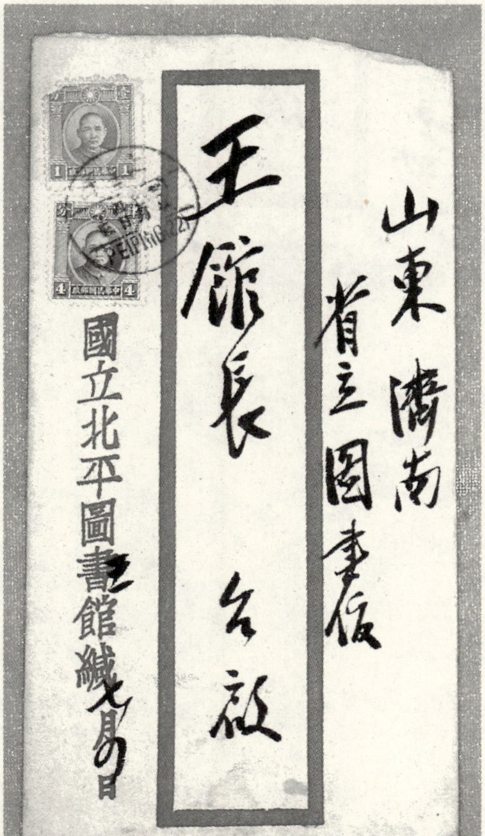

封第十四件

封第十五件

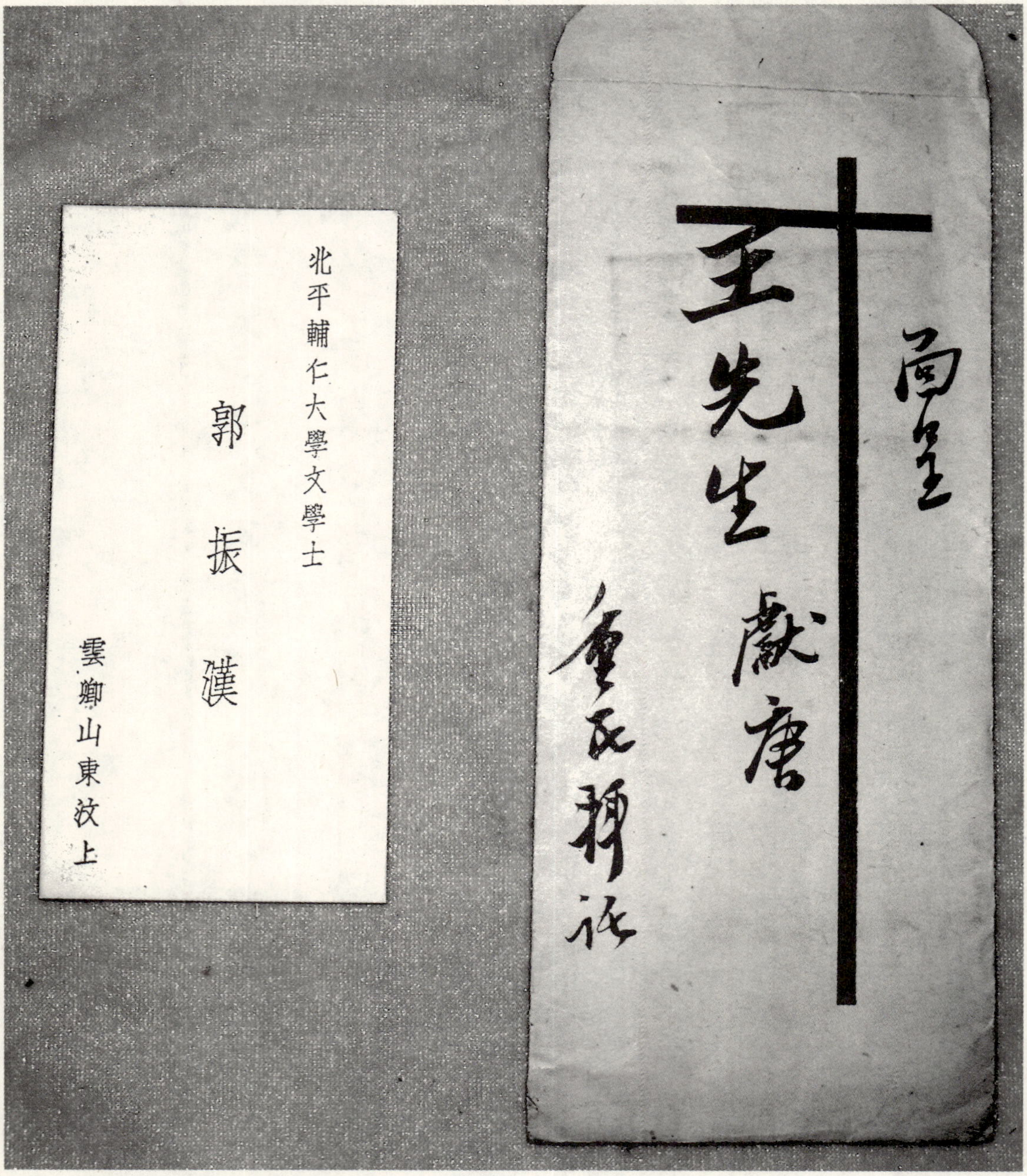

王重民

二百〇三　趙萬里書一通

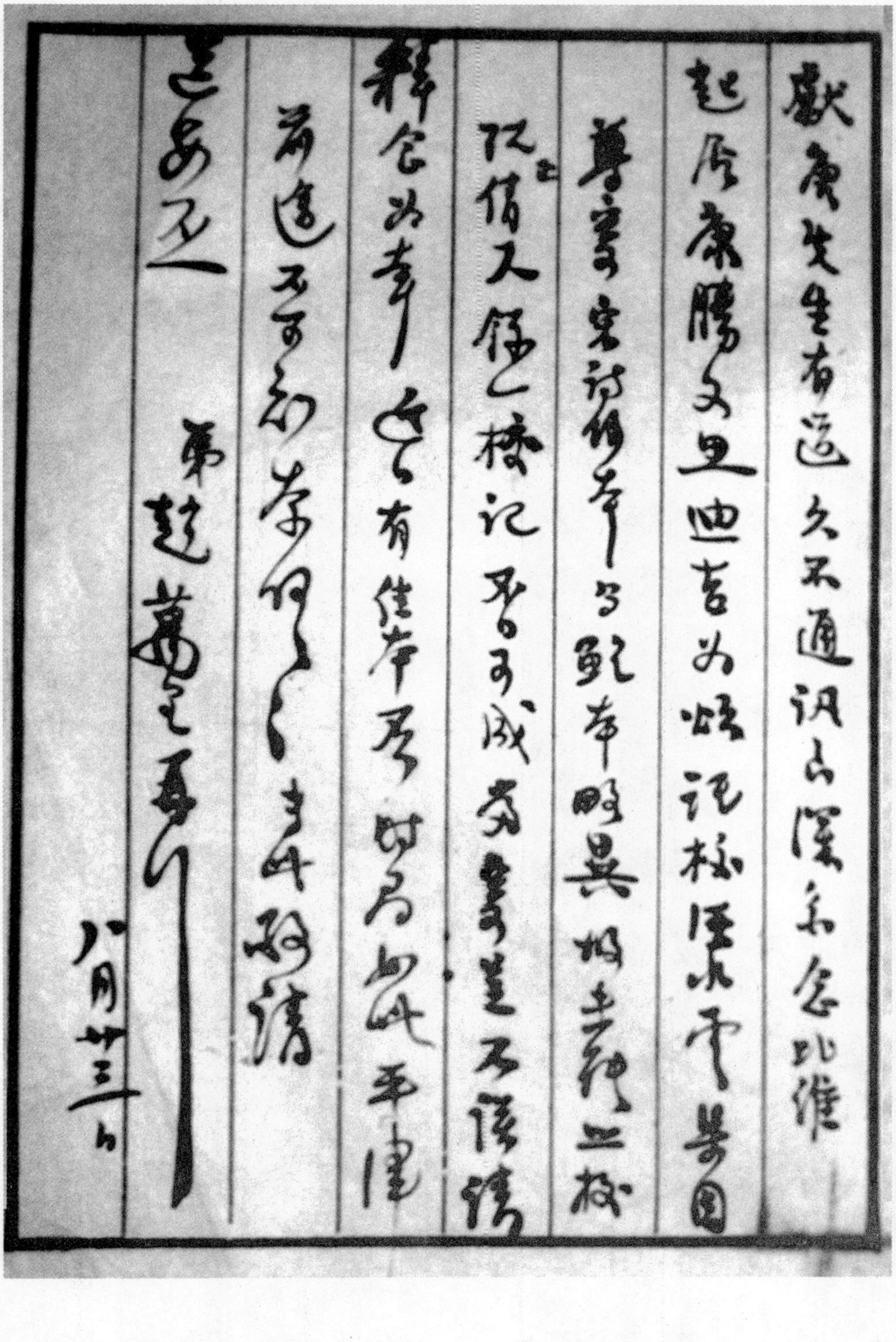

二百〇四 梁竹航

書一通 封一件

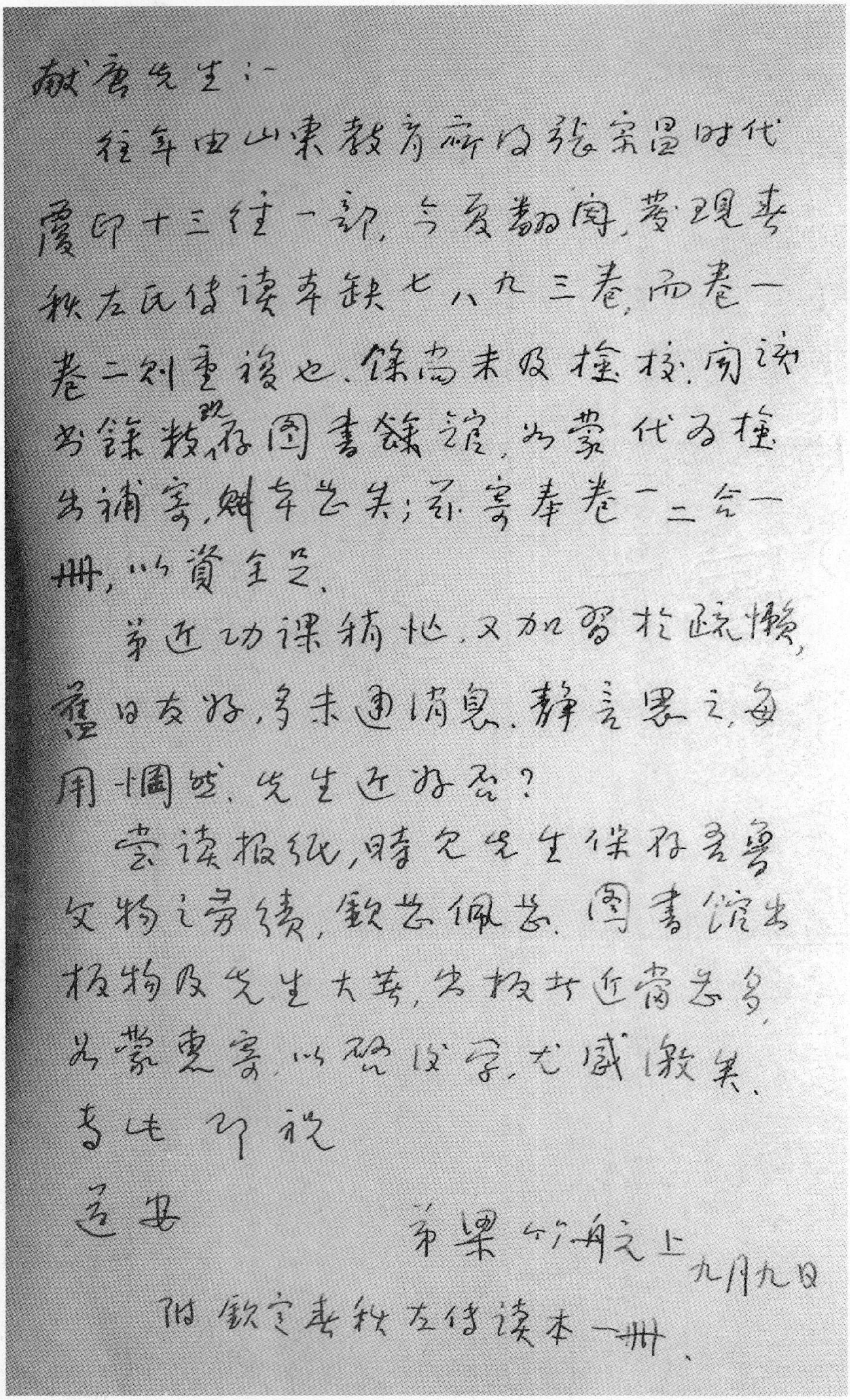

獻唐先生：

往年由山東教育廳仍張宗昌時代影印十三經一部，今夏翻閱，發現春秋左氏傳讀本缺七八九三卷，而卷一卷二則重複也。餘尚未及檢校。聞該書鉛版現存圖書館，如蒙代為檢出補寄，則幸甚矣；茲寄奉卷一二合一册，以資全之。

弟近功課繁忙，又加習於疏懶，舊日友好，多未通消息。靜言思之，每用惆悵。先生近好否？

嘗讀報紙，時見先生保存齊魯文物之勞績，欽佩欽佩。圖書館出版物及先生大著，出版者近當甚多，如蒙惠寄，以啓後學，尤感激矣。專此即祝

道安

弟梁竹航上
九月九日

附欽定春秋左傳讀本一册。

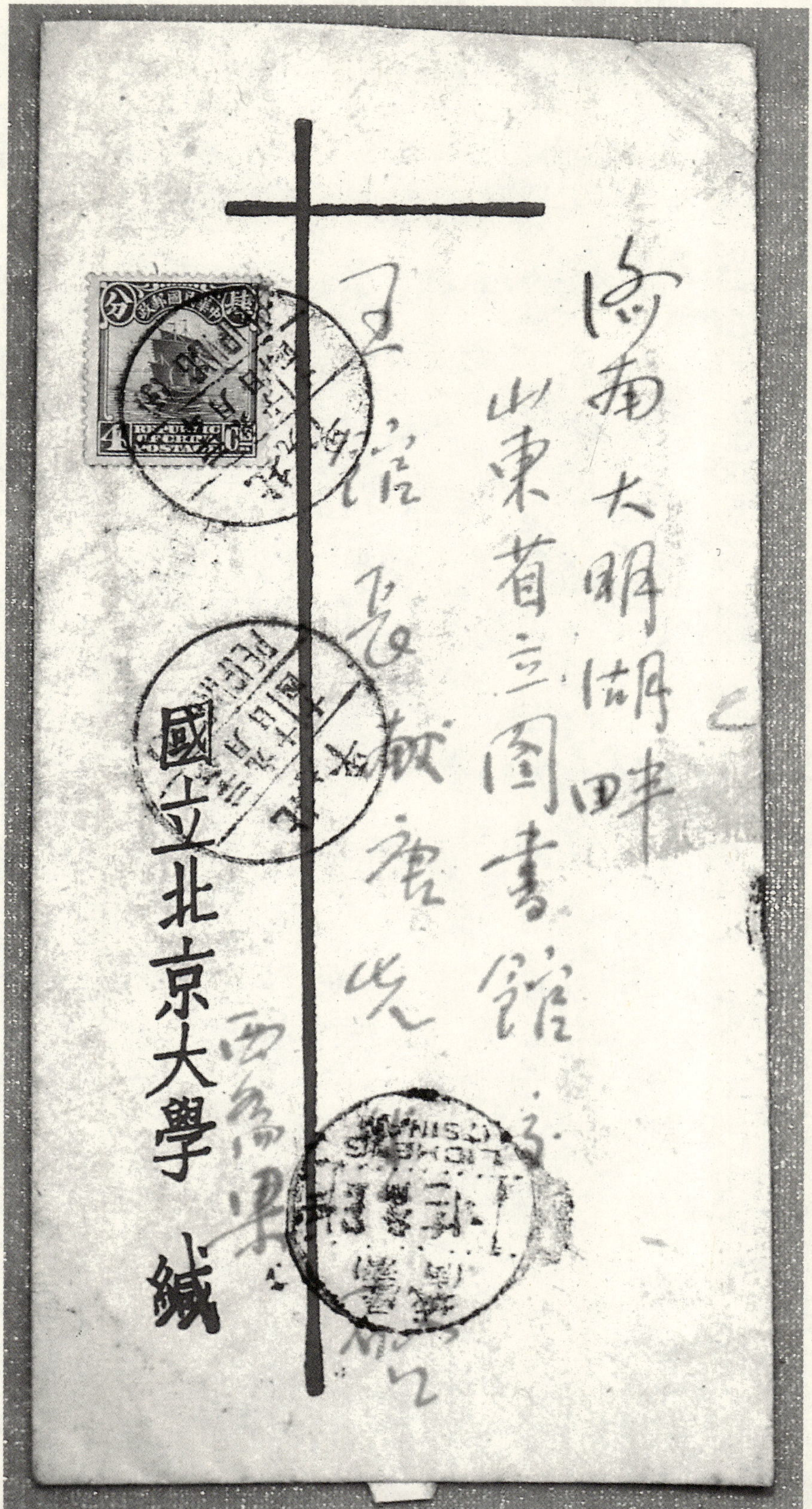
濟南大明湖畔
山東省立圖書館
王館長獻唐先生
國立北京大學緘

二百〇五　關友聲 書二通

書第一通

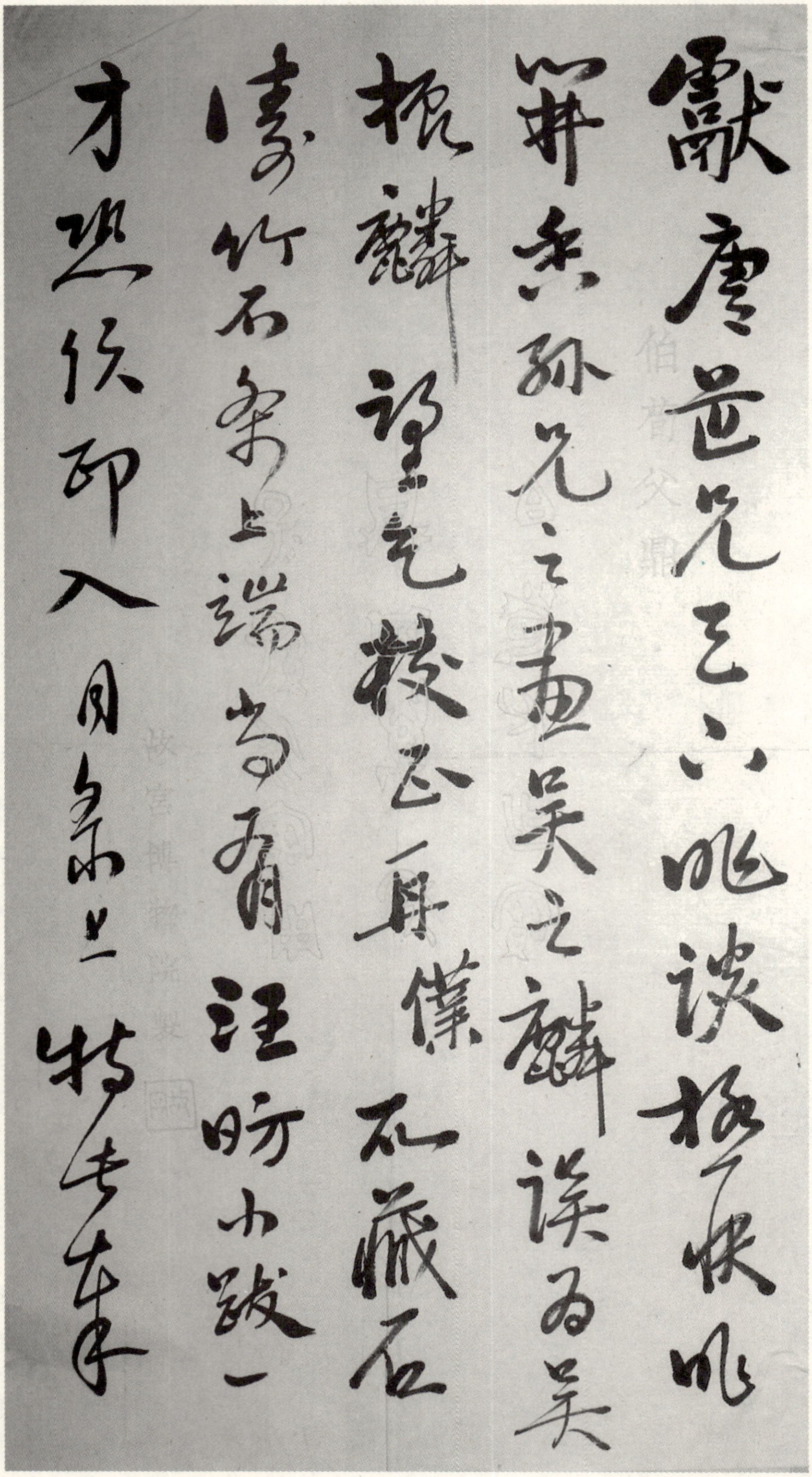

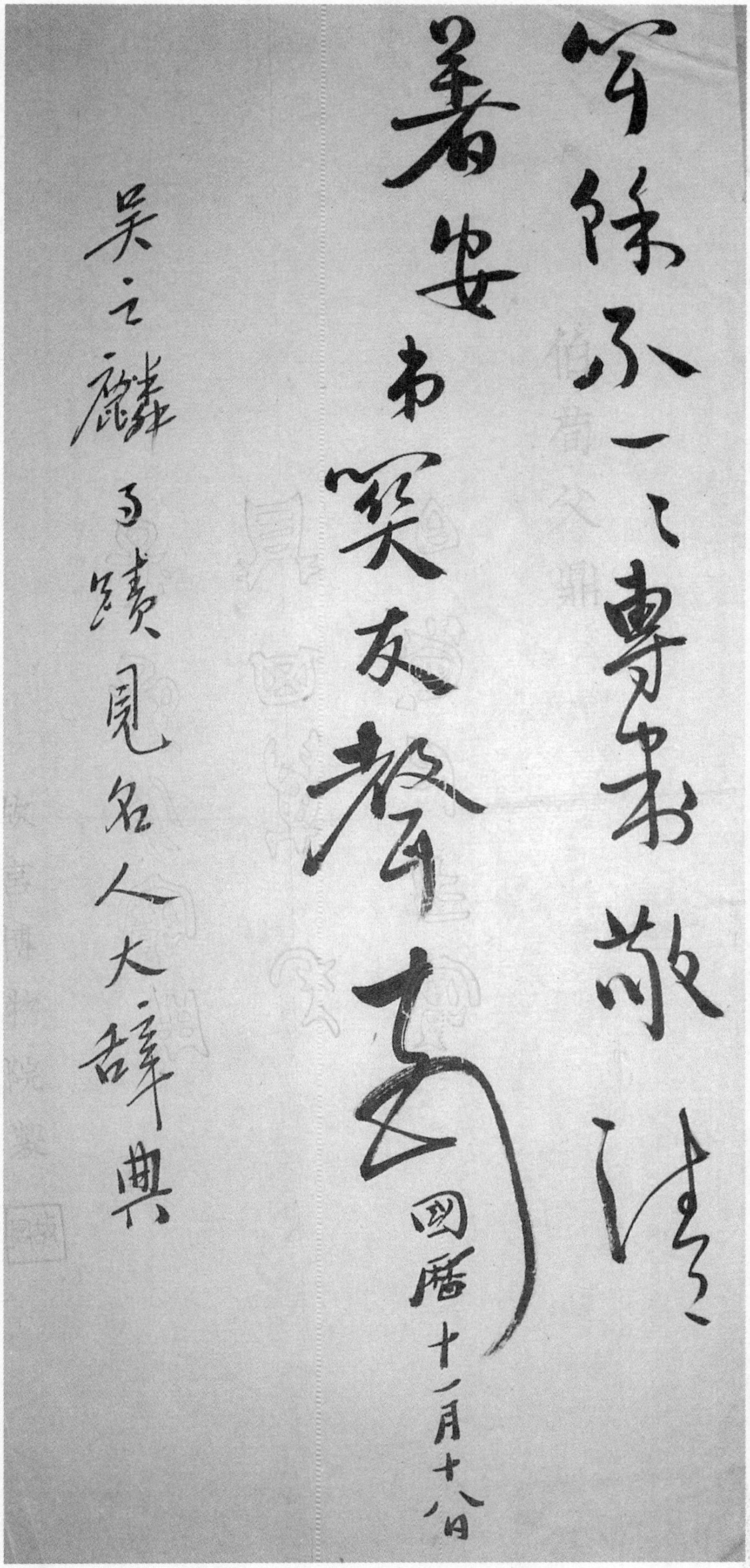
所係不一一專求敬請
著安　弟吳友聲頓首
國曆十一月十八日
吳之麟子續見名人大辭典

書第二通

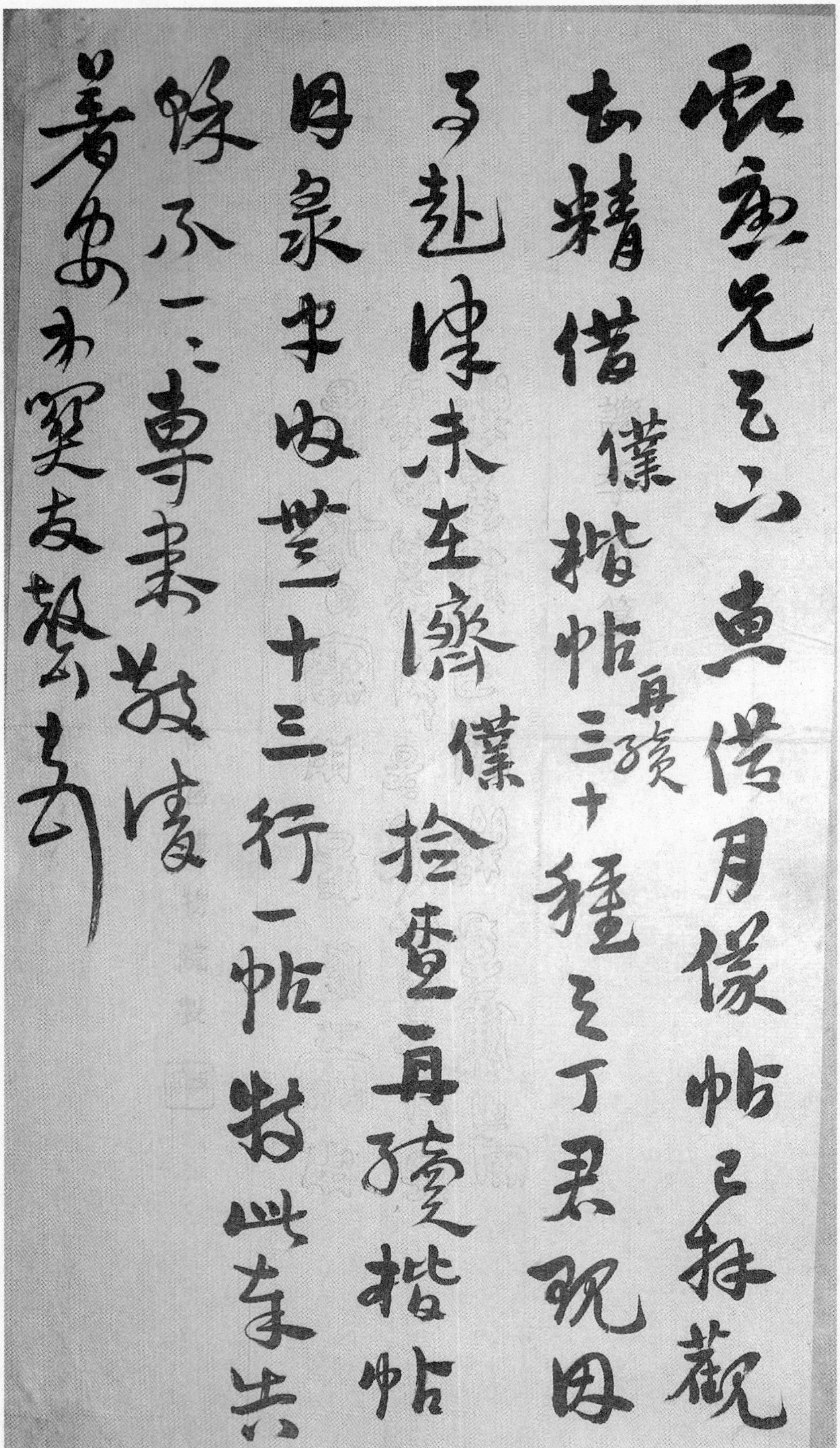

二百〇六 傅振倫

書一通 封一件

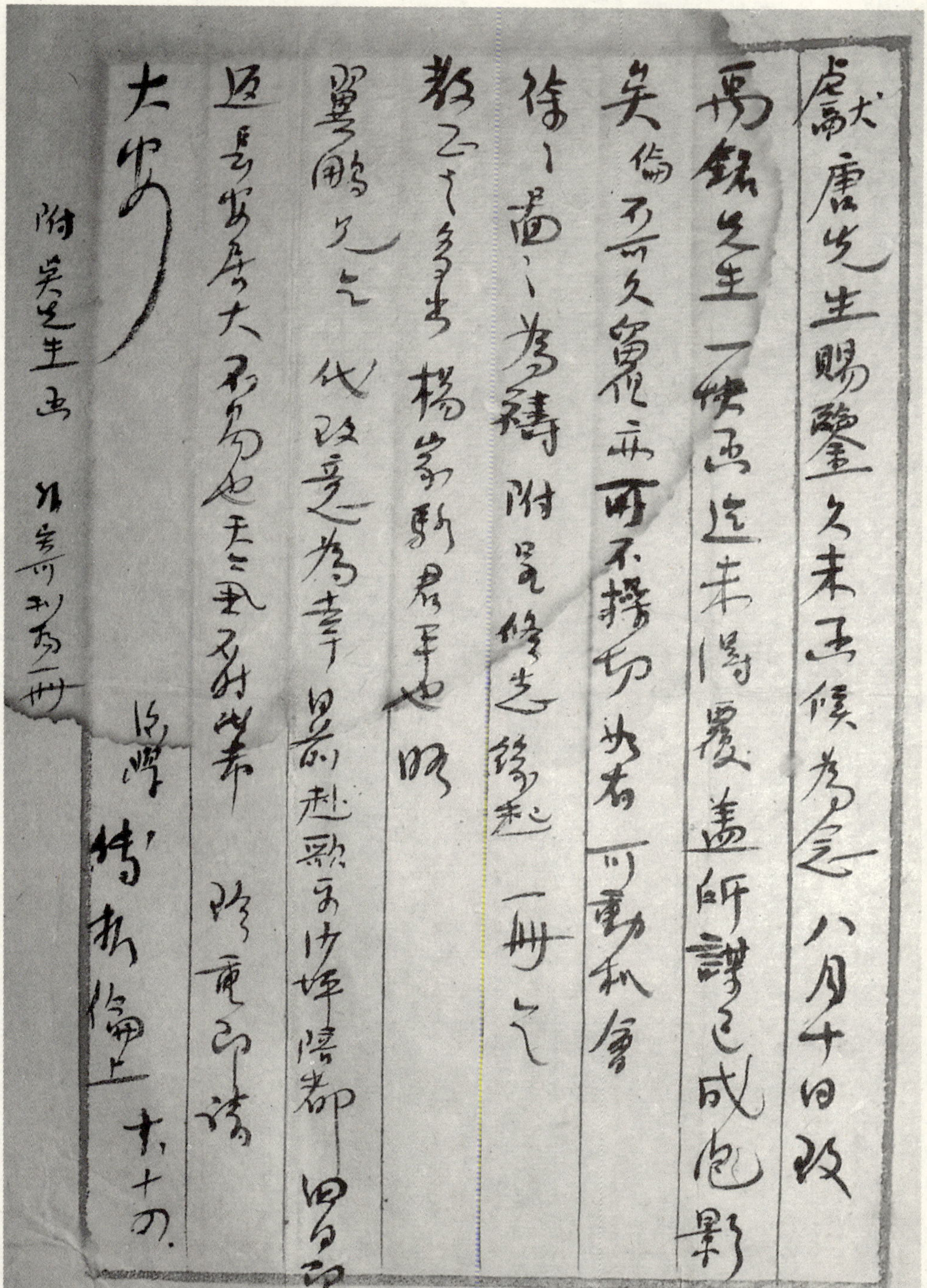

獻唐先生賜鑒：久未函候，爲念。八月十日致
禹銘先生一快函，述來湘履盡所講已成泡影
矣。倫不能久留，亦所不擇，切如有可動私會
條之函之爲禱。附呈條先錄起一册，乞
教正之，多多。楊家駱君手也明。
冀鵬兄乞代改竟之爲幸。日前赴歌樂山沙坪陪都，四日即
返，是安居大不易也。天之風不能出來，除電即請
大安
後學傅振倫上 十十四
附吳先生函 北京河北大學一册

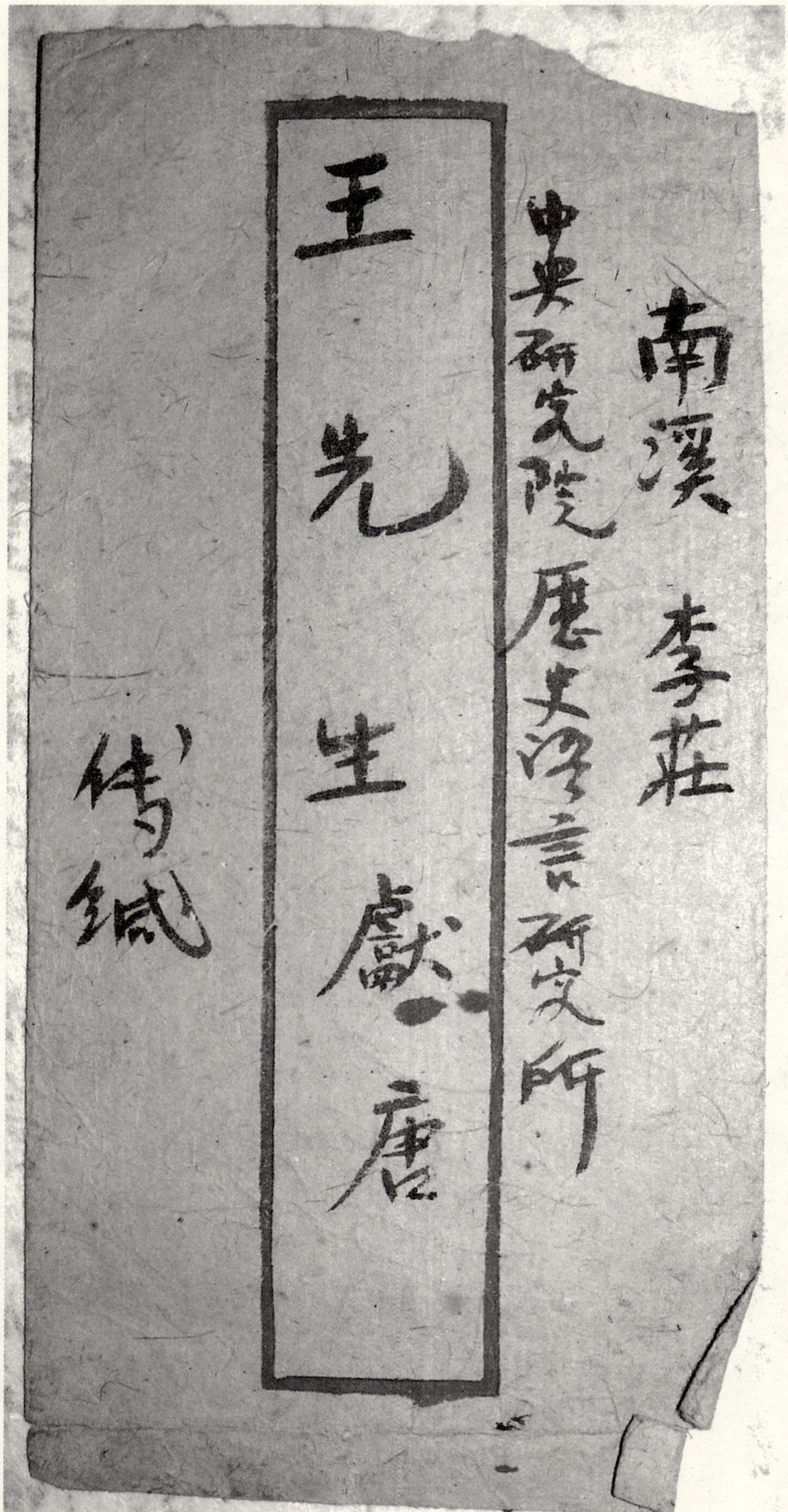
南溪李莊
中央研究院歷史語言研究所
王獻唐先生
傅緘

二百〇七 潘承弼

書五通 封三件

書第一通

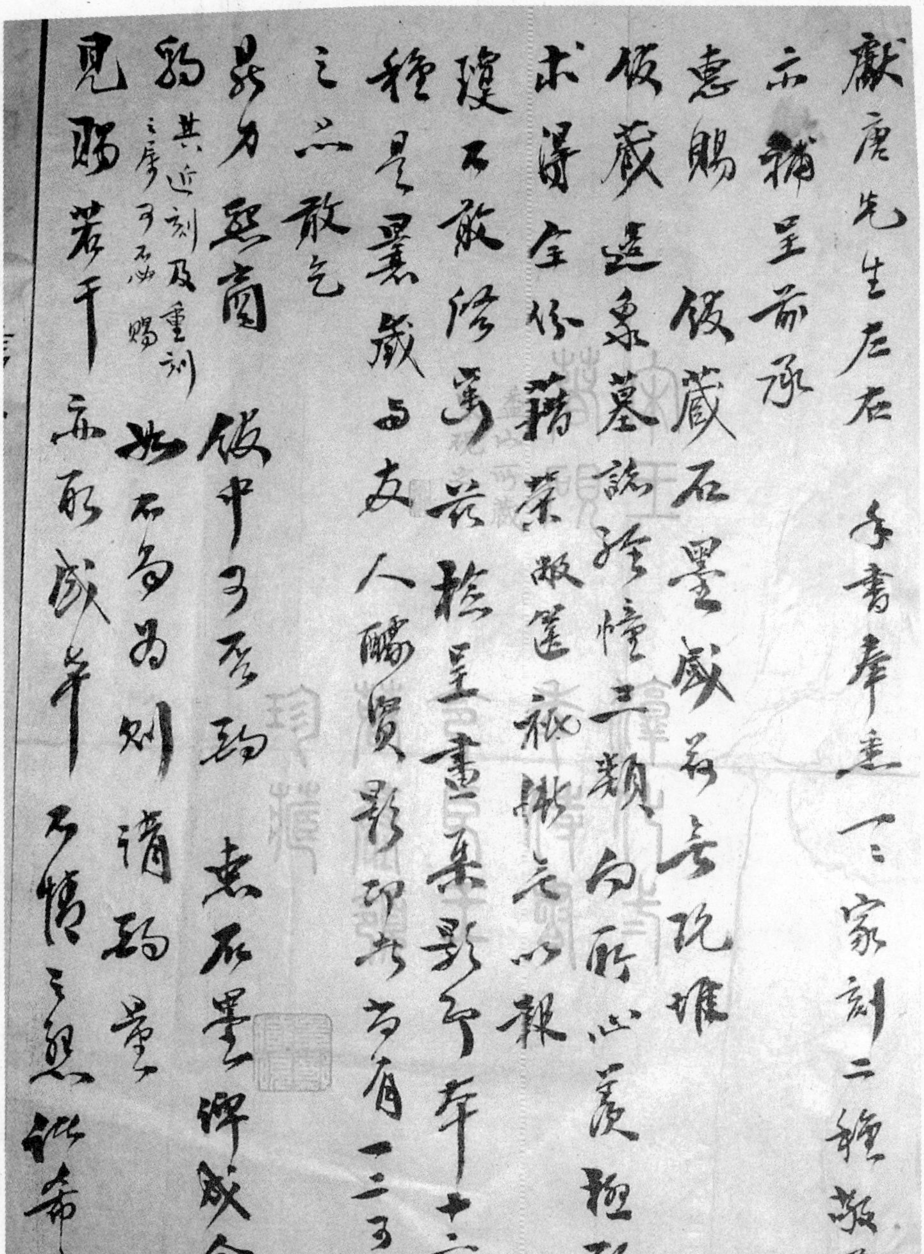
獻唐先生左右：手書奉悉一一。家刻二種，敬遵
示補呈。前承
惠賜 從藏石墨，感荷無[illegible][illegible]。
從藏造象、墓誌、經幢三類，向所心[illegible][illegible]，
求得全份，藉[illegible][illegible][illegible][illegible]之以報。
獲不敢[illegible]冀。茲檢呈畫集影印本十六
種，是[illegible]藏與友人醵資影印者，有一二可取
之處，敢乞
[illegible][illegible]懇商 從中可否[illegible] 惠石墨，俾成全
豹。其近刻及重刻之房，可否必賜 此[illegible]多得，則請[illegible][illegible]
見賜若干，亦取成年。不情之懇，[illegible]希

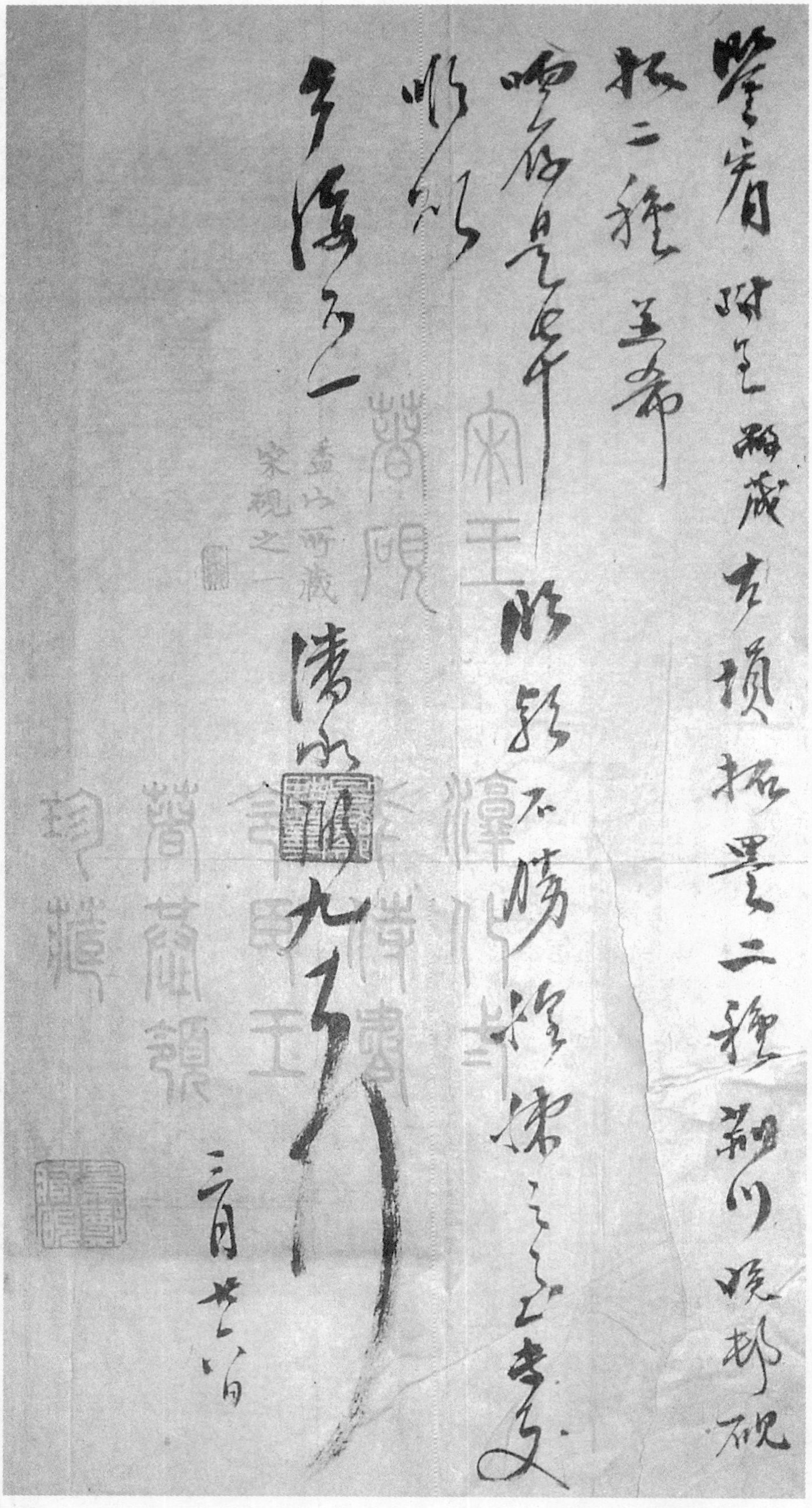

潘承弼

書第二通

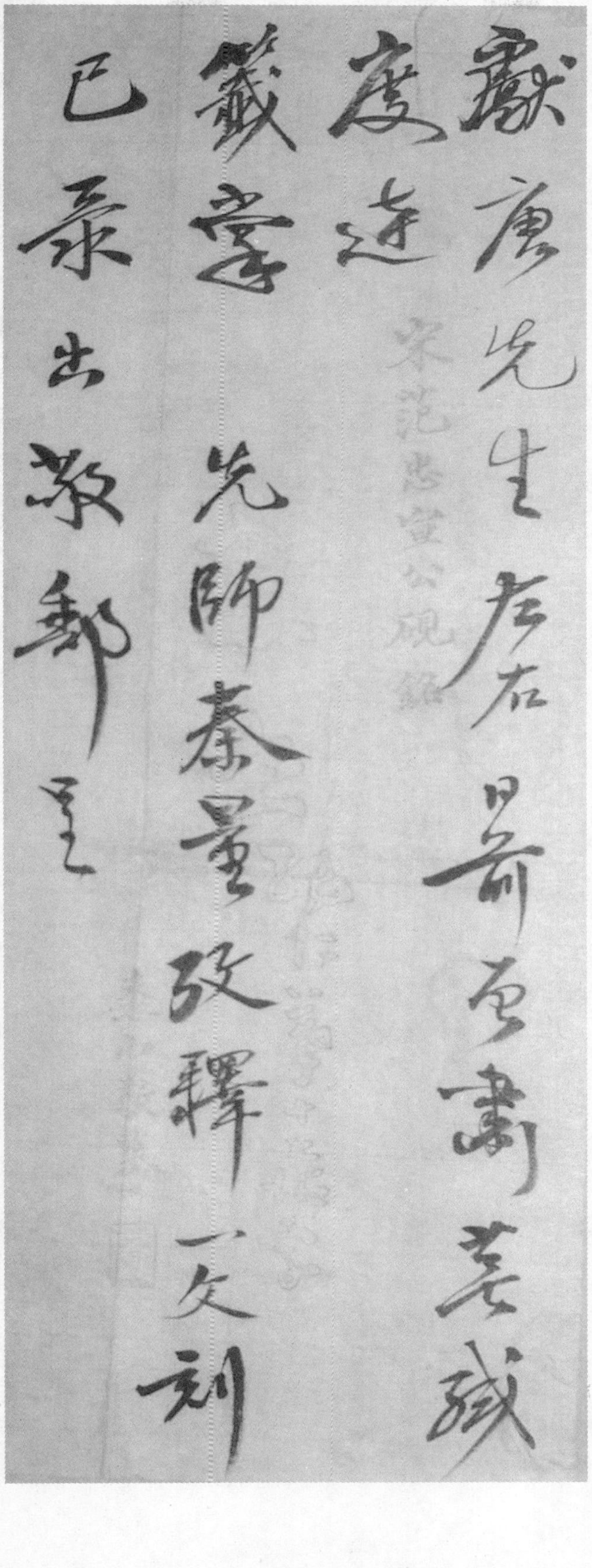
獻唐先生左右：日前手書甚感。
慶達
儀寧。先師秦量跋釋一文刻
已录出，敬郵呈。

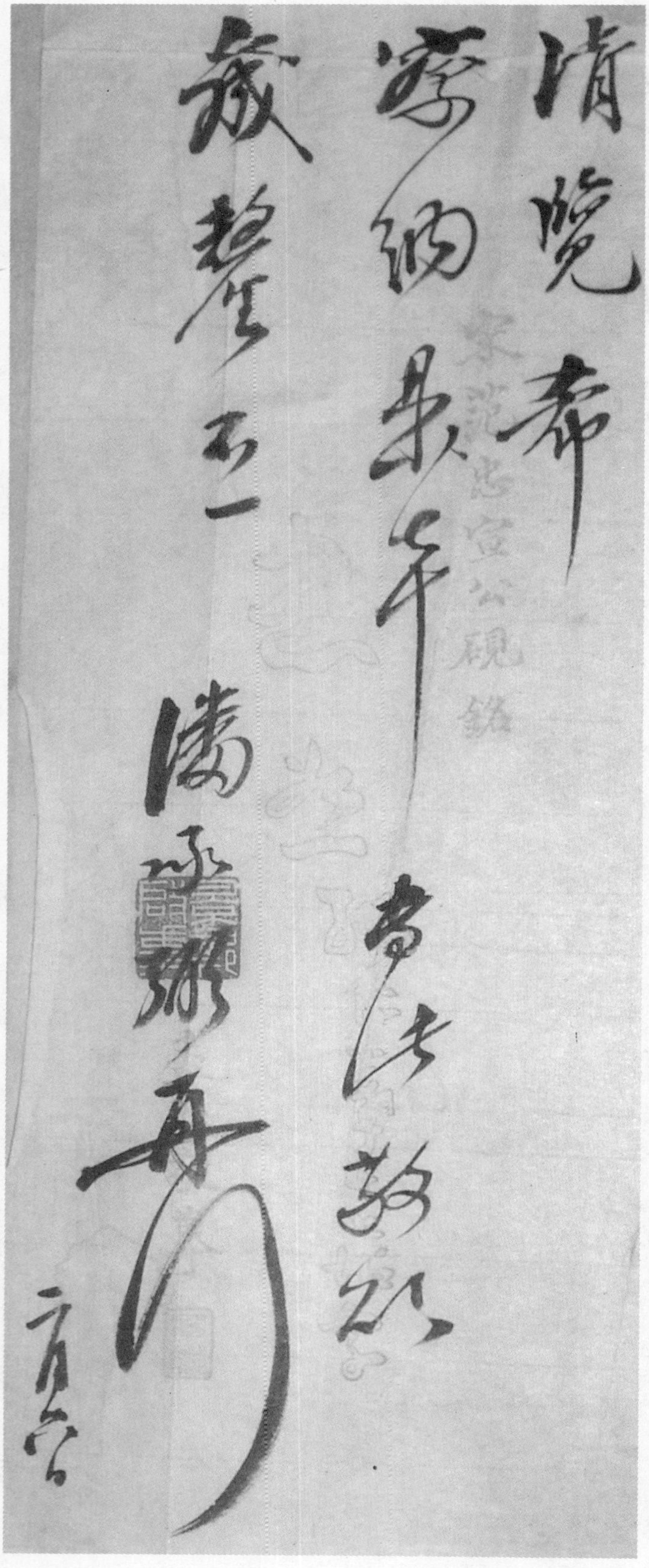

書第三通

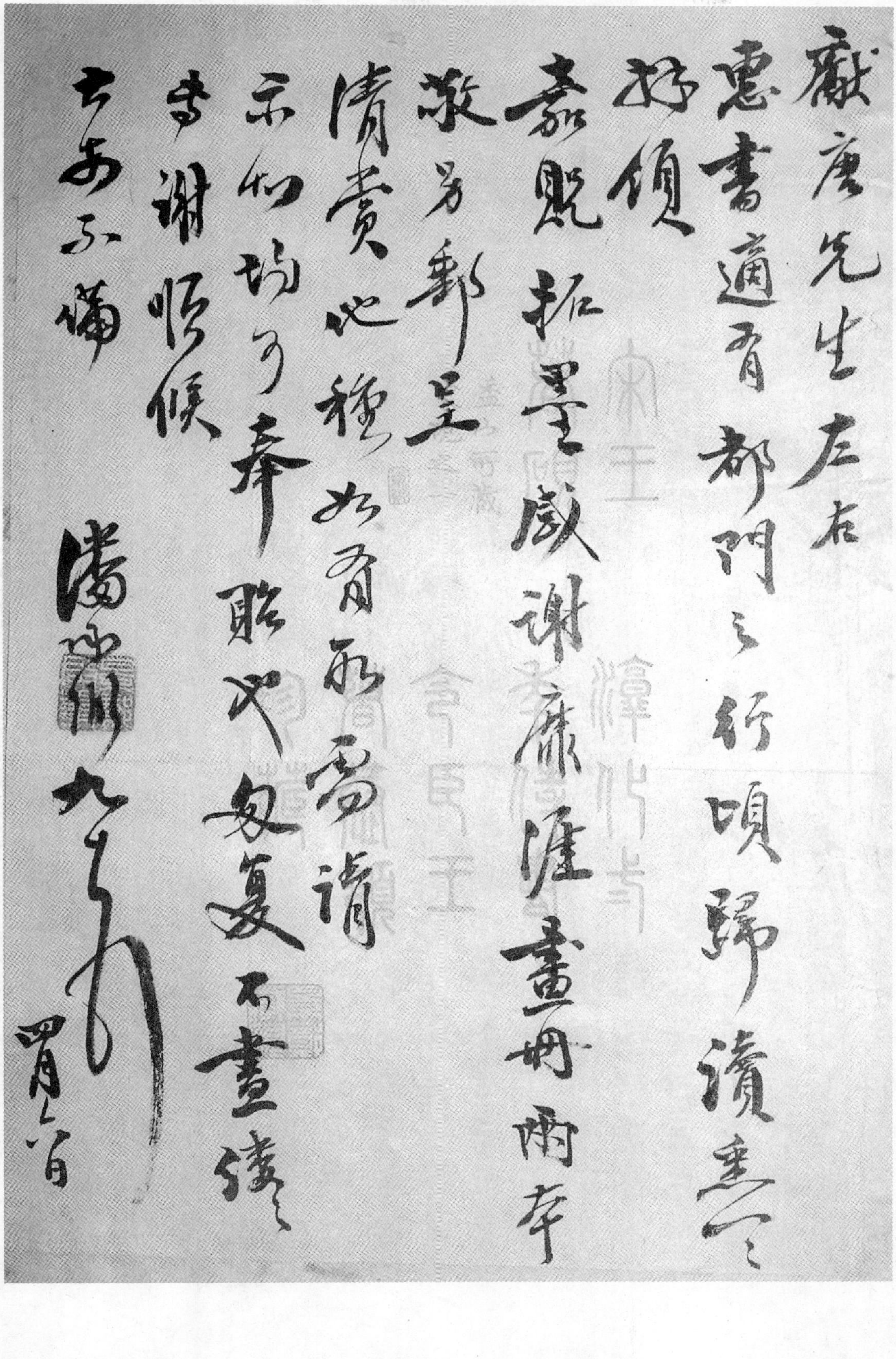

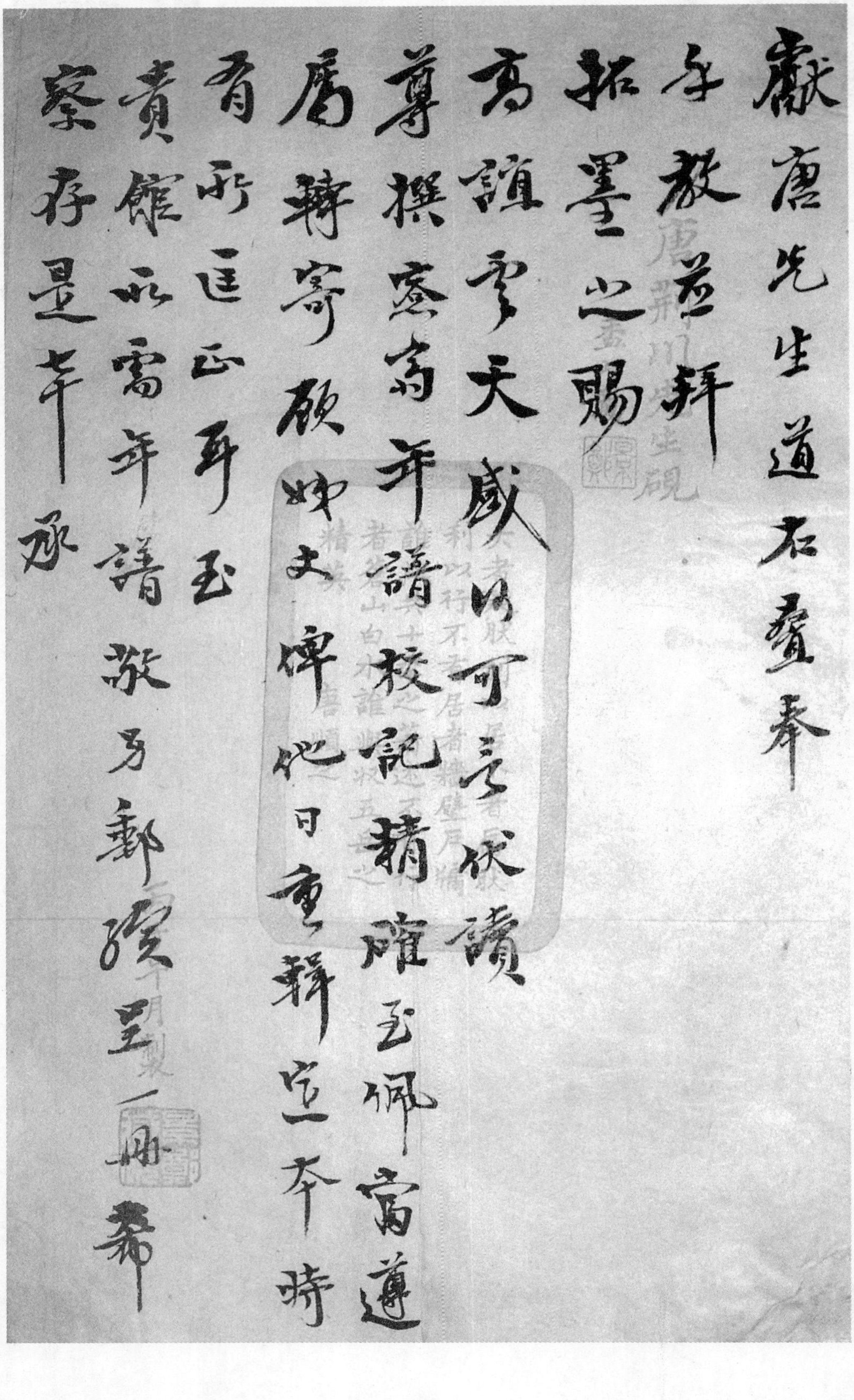
獻唐先生道右：頃奉
手教，並拜
拓墨之賜，
高誼雲天，感何可言。伏讀
尊撰愙齋年譜校記，精確至佩，當遵
屬轉寄顧姻丈，俾他日重排定一本時
有所匡正耳。至
貴館所需年譜，請教另郵呈一冊，希
察存是幸。承
弼

索敝藏硯拓，敬當從
命。弟酷有硯癖，搜羅數十載，所得不過數
十品，其中有銘文可較著者，則寥寥總十餘硯
耳，不贅。
先生與有同嗜，快慰無已。茲先檢呈存拓五種（一、宋王著硯　二、王文恪公老圃硯　三、濤綺堂硯　四、朱竹垞硯　五、焦理堂硯）、
梁普通塼硯拓一帋，敬希
莞存。尚有數硯，以篋中無拓存者，稍緩當覓工
拓奉，不誤。至　先文勤公所藏古璽，早歲已多散
失，弟存有二品，得暇亦當拓奉也。承
詢　先文勤公藏鉥拓本，亦未見過，恐當時所藏寥寥

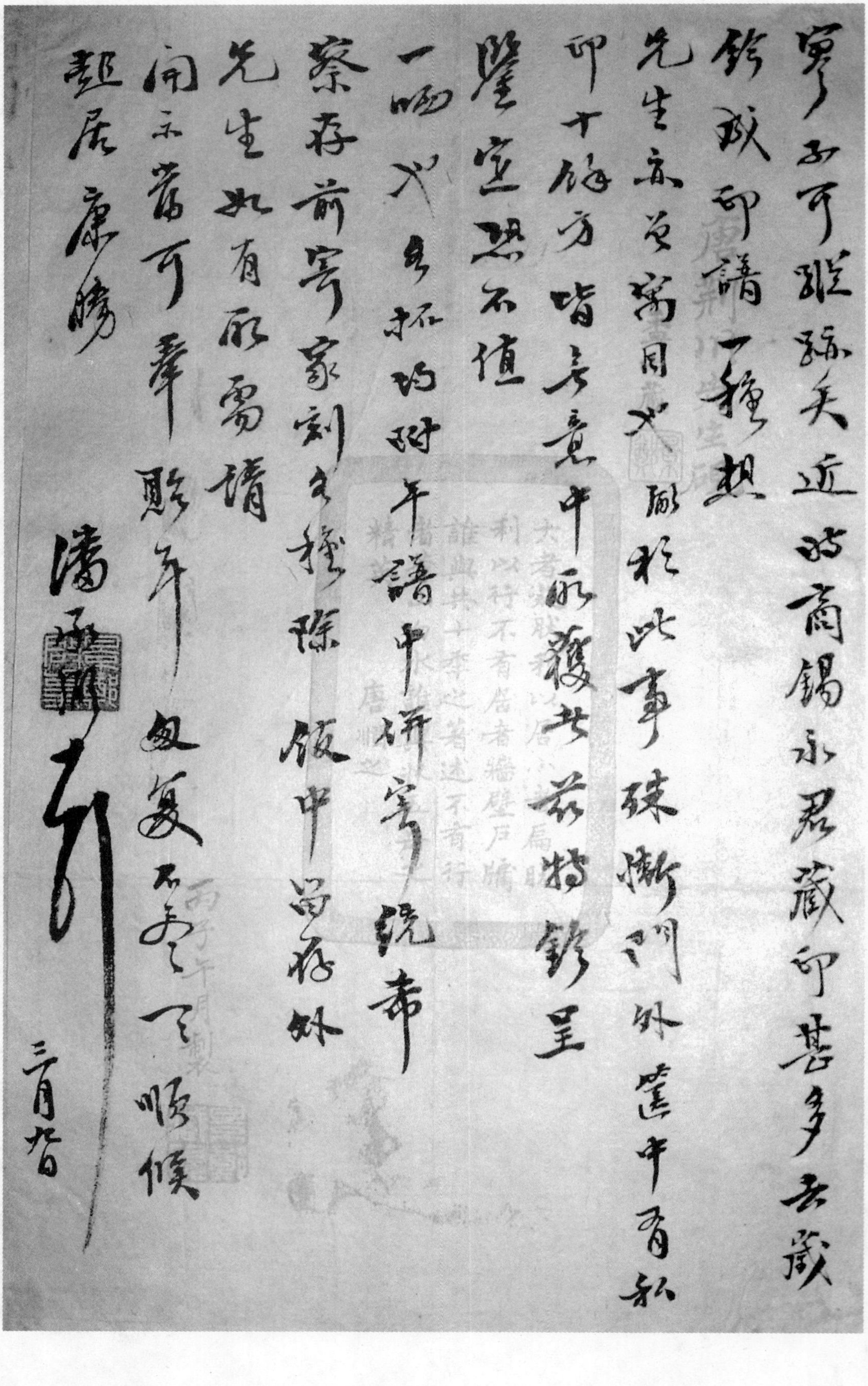
寶之可踵孫矣。近於商錫永君藏印甚多，去歲
鈐成印譜一種，想
先生亦見之。鄙同文，鄙於此事殊屬門外，篋中有私
印十餘方，皆無意中所獲者，茲特鈐呈
鑒定，恐不值
一哂也。另拓均附年譜中，併寄，統希
察存。前寄家刻之種，際饭中尚存外，
先生如有所需，請
開示，當可奉贈耳。匆復，不具。即頌
起居康勝
潘承弼
三月廿

潘承弼

書第五通

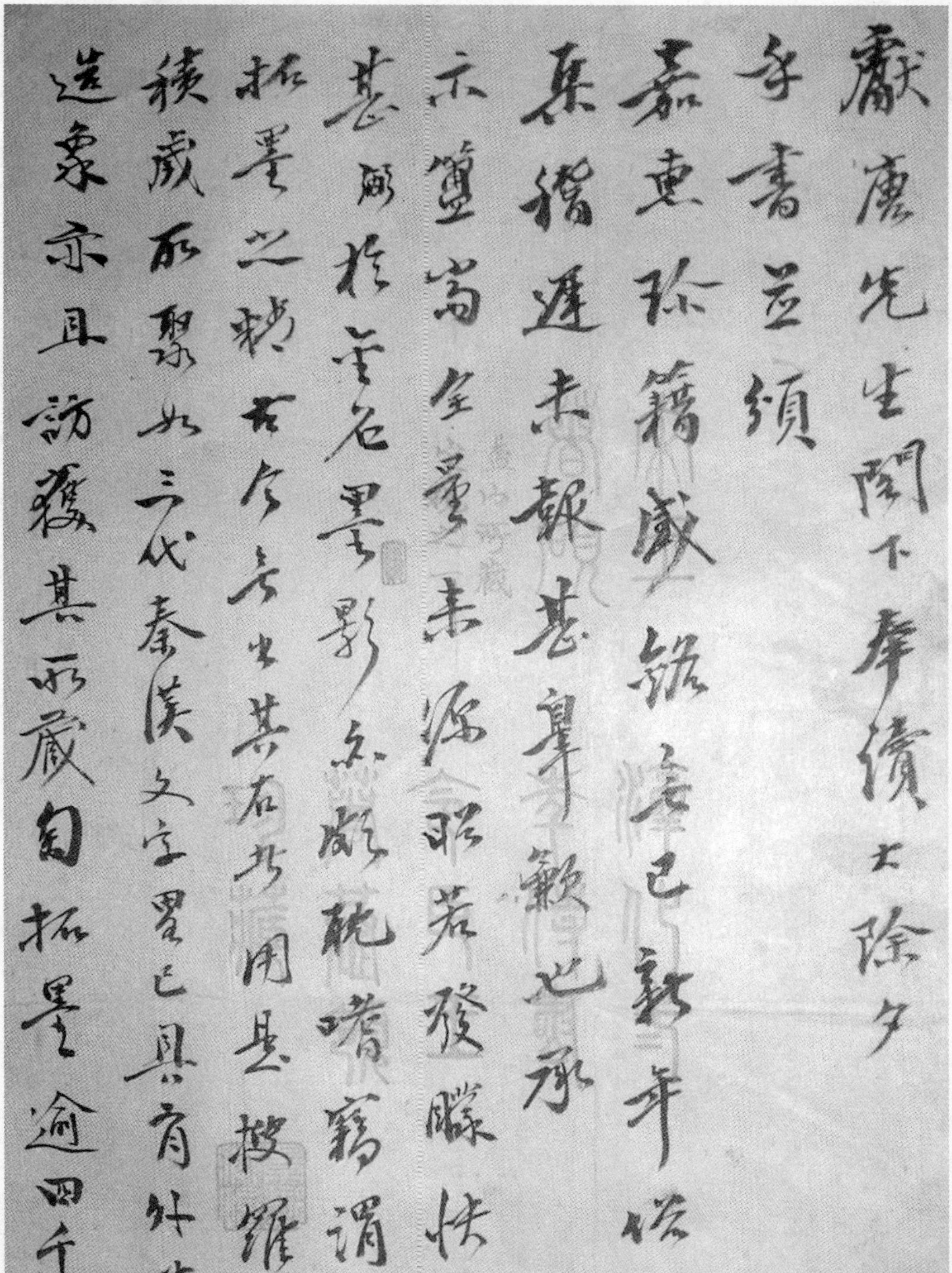

獻唐先生閣下：奉讀大除夕手書，並頒嘉惠珍籍，感銘[illegible]已。新年從兄[illegible]來，稽遲未報，甚罪歉也。承示簠齋全墨，未深照，若發矇，快甚幸甚。所拓金石墨影無數，統睹竊謂簠齋拓墨之精，古今未有其右。比聞其搜羅綦勤，積歲所聚，如三代秦漢文字略已具備，外此匋瓦造象亦且訪獲。其所藏匋拓墨逾四千通，可

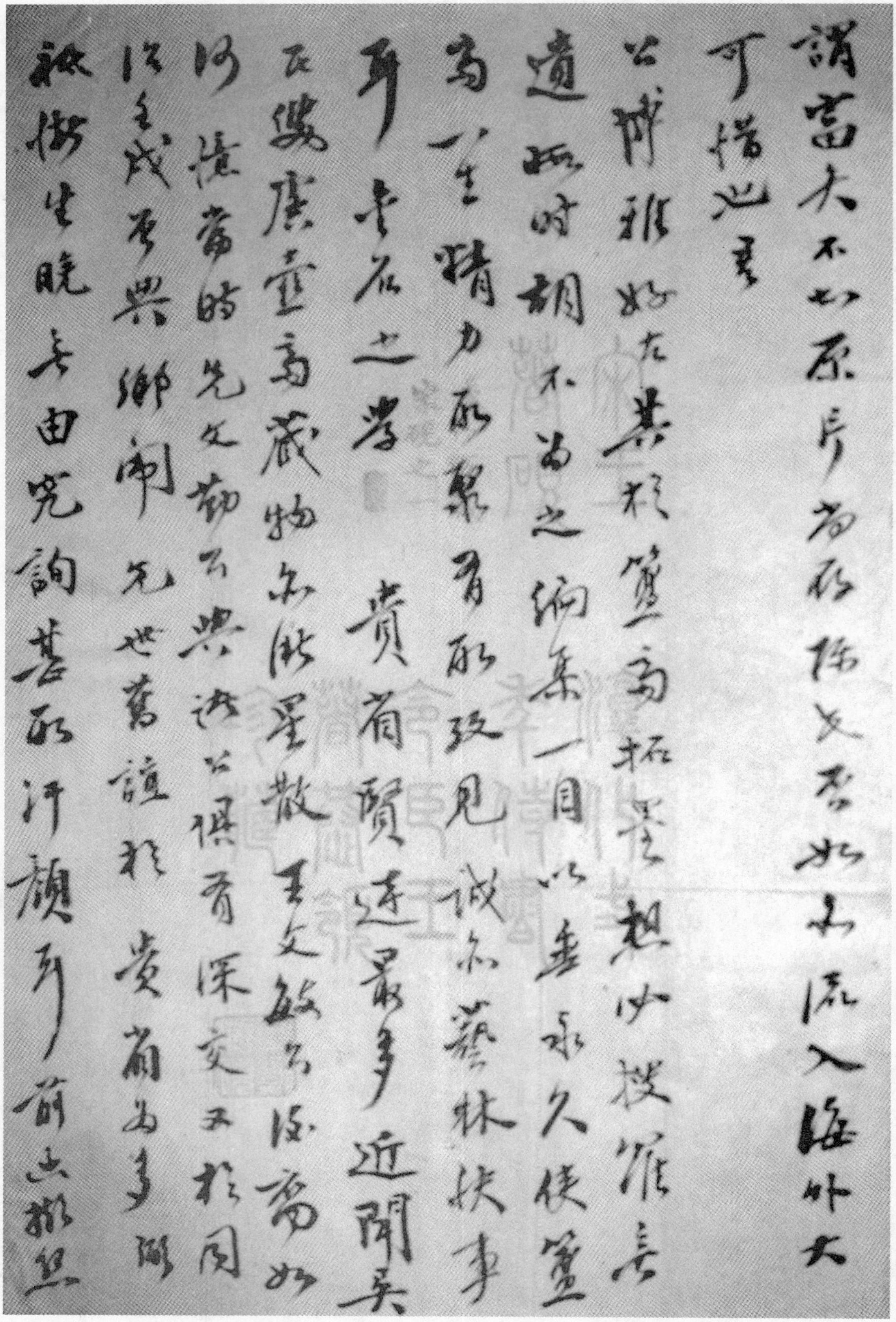
謂富大不如原本為孫文字如水流入海外大
可惜也矣
公博雅好古甚於篋而拓墨想必披羅甚
遺編時胡不為之網集一目以垂永久使篋
為一生精力所聚首所致見識亦藝林快事
耳弟素有此志 貴前賢遺墨最多近聞吳
長洲虞壽高藏物亦散星散王文敏公後裔如
何憶當時先文勤公與潘公極有深交于同
治壬戌曾與鄉闈先世舊誼於 貴前為多謝
祗愧生晚未由究詢甚所汗顏耳前此擬想

潘承弼

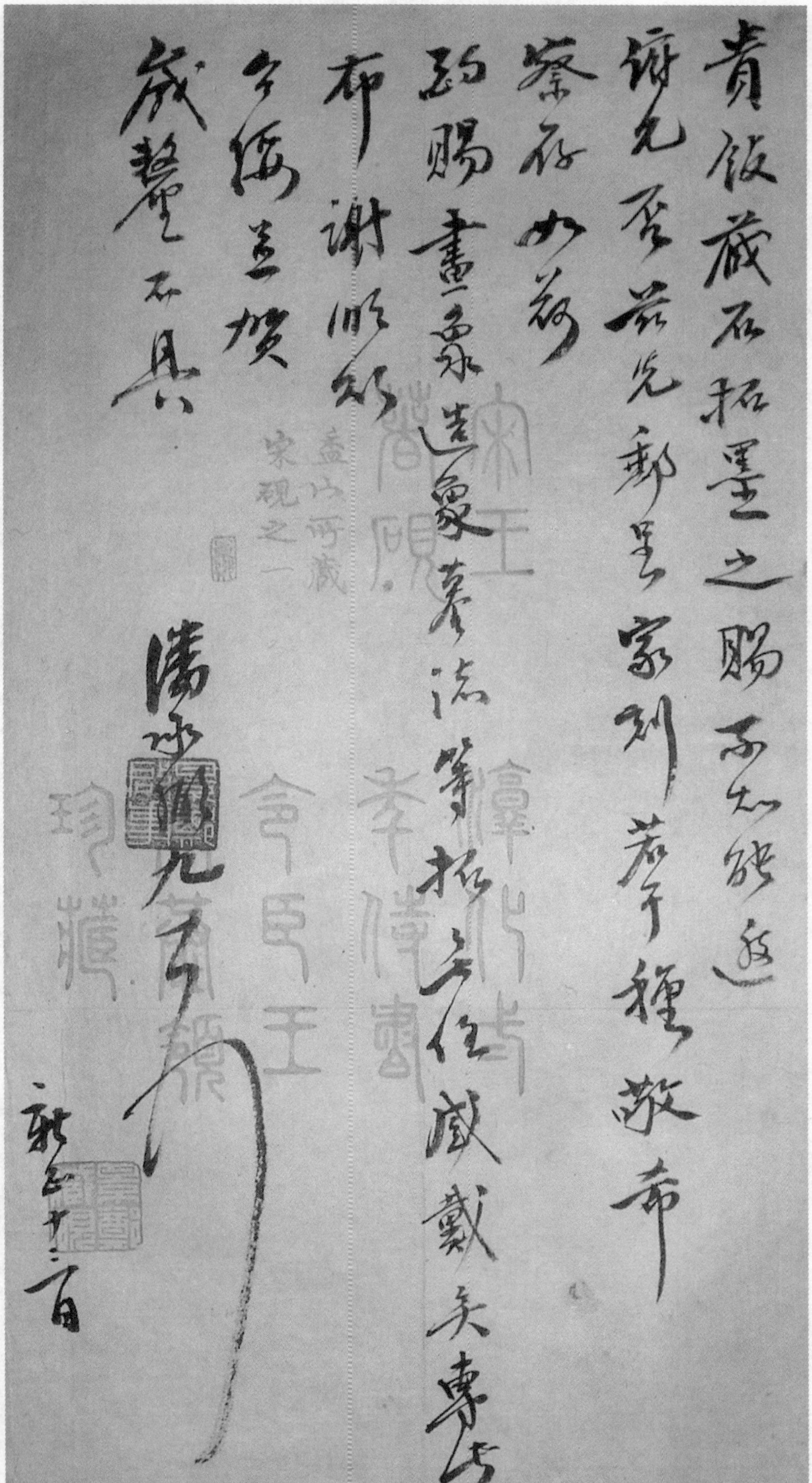

貴儀藏石拓墨之賜，承知能返
鑒允。至若先郵呈家刻薦種，敬希
察存為荷。
疊賜畫像造象墓誌等拓，已在感戴矣。專此
布謝，順頌
台綏，並賀
歲釐，不具。
濤□頓首
新正十二日

孟心所藏
家硯之一

封第一件

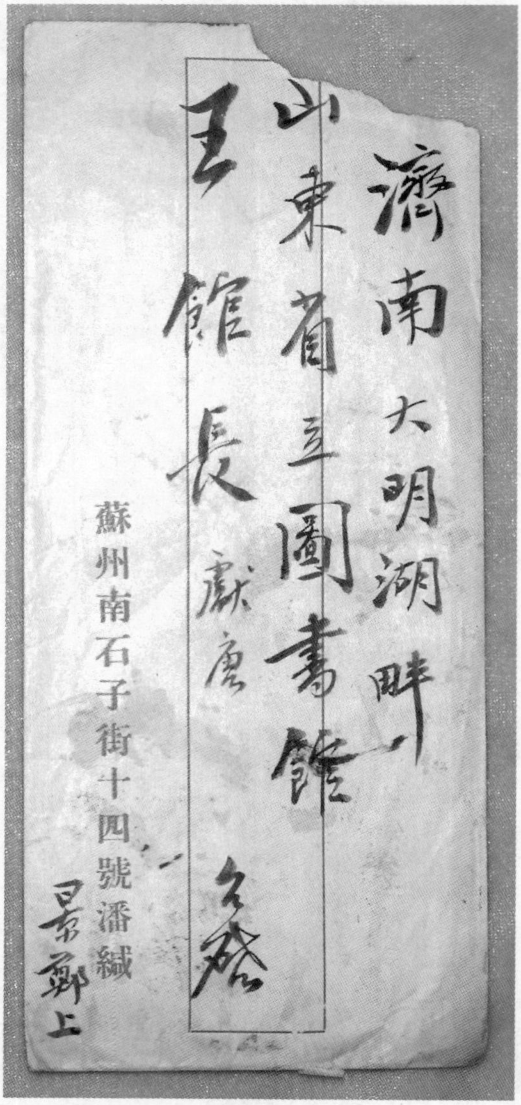
濟南大明湖畔
山東省立圖書館
王館長獻唐 台啓
蘇州南石子街十四號潘緘
景鄭上

封第二件

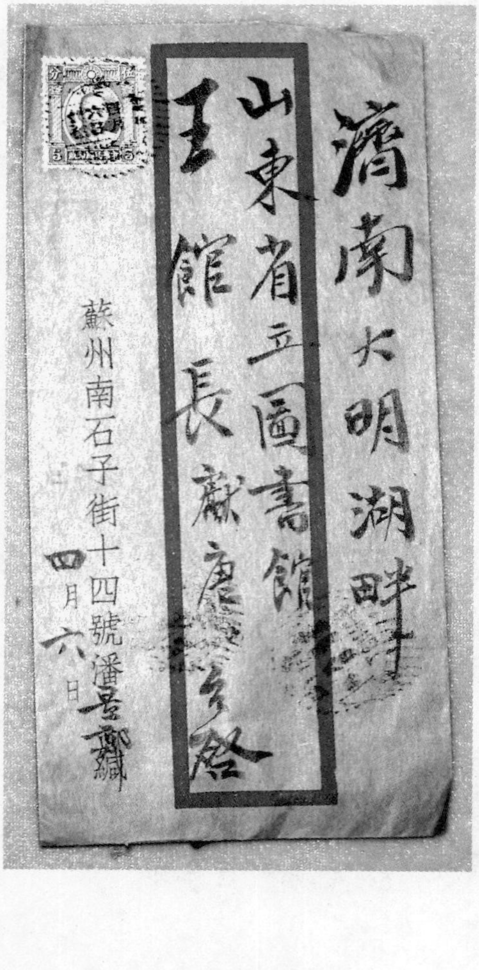
濟南大明湖畔
山東省立圖書館
王館長獻唐 台啓
蘇州南石子街十四號潘景鄭緘
四月六日

封第三件

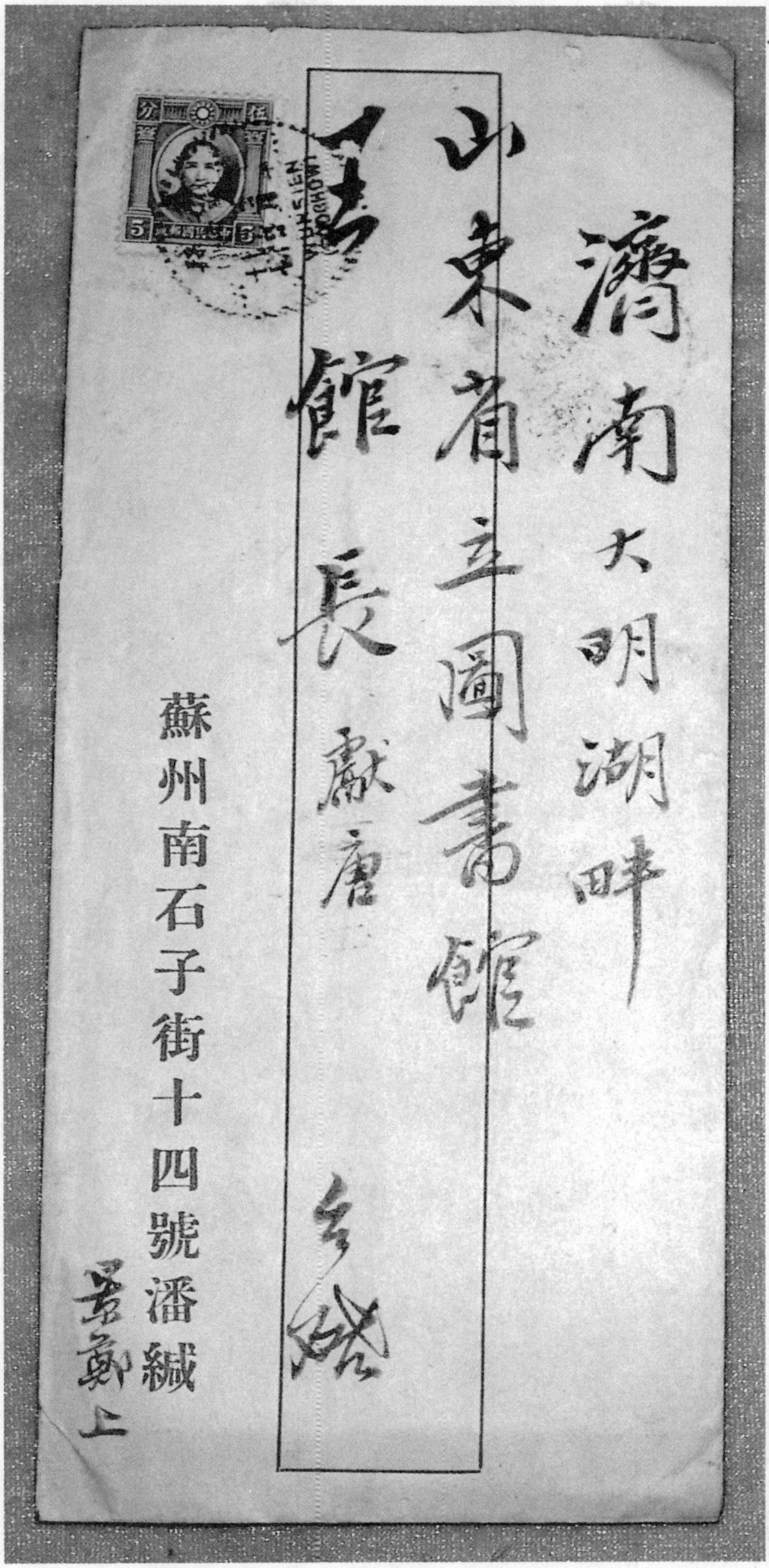

二百〇八　黎東方

書一通　封一件

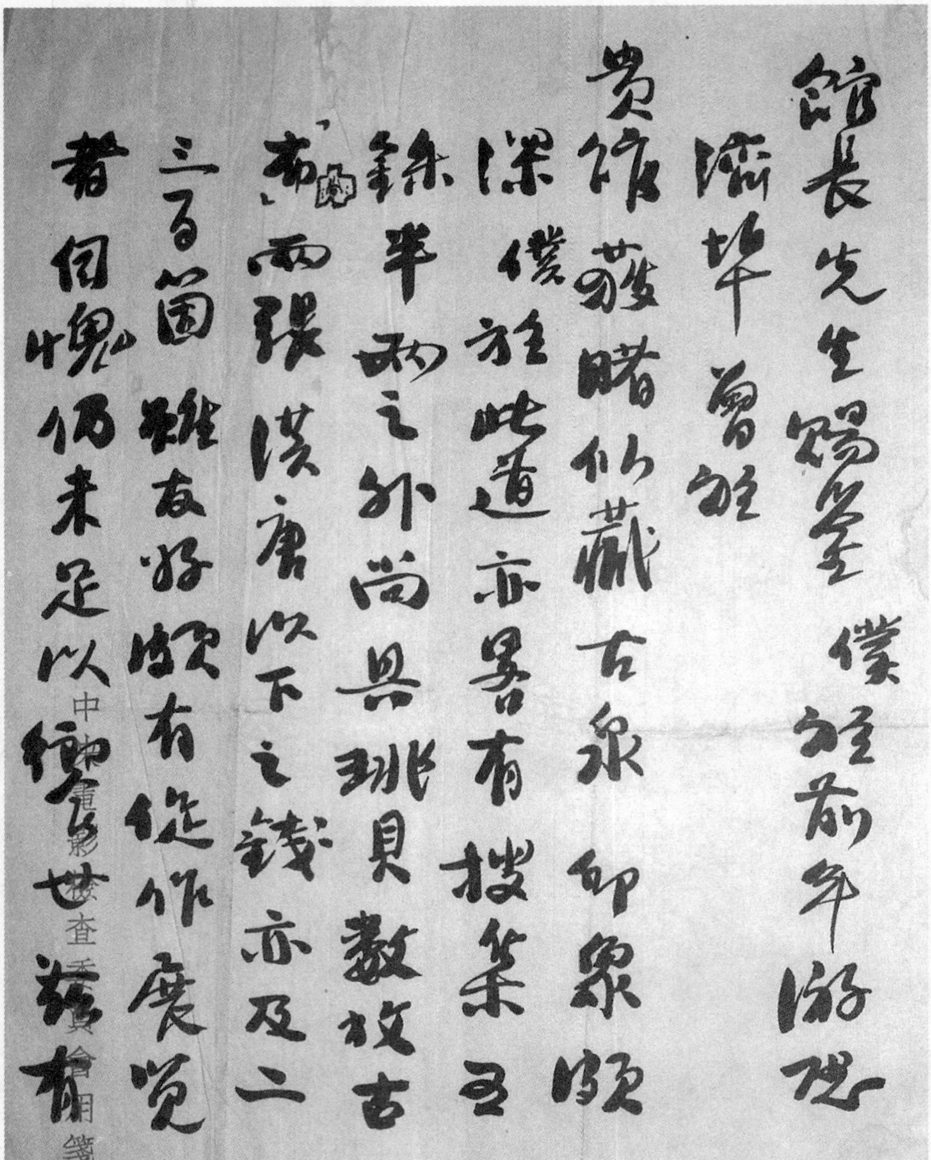

館長先生賜鑒：僕雖前年游歷
濟埠，曾經
貴館獲睹所藏古泉印象，頗
深。僕雖於此道亦畧有搜集，至
錄半兩之外，尚具珧貝數枚，古
布兩張，漢唐以下之錢亦及二
三百箇，雖友好收有從作廣覓
者，何愧仍未足以供世鑑有

中央電影檢查委員會用箋

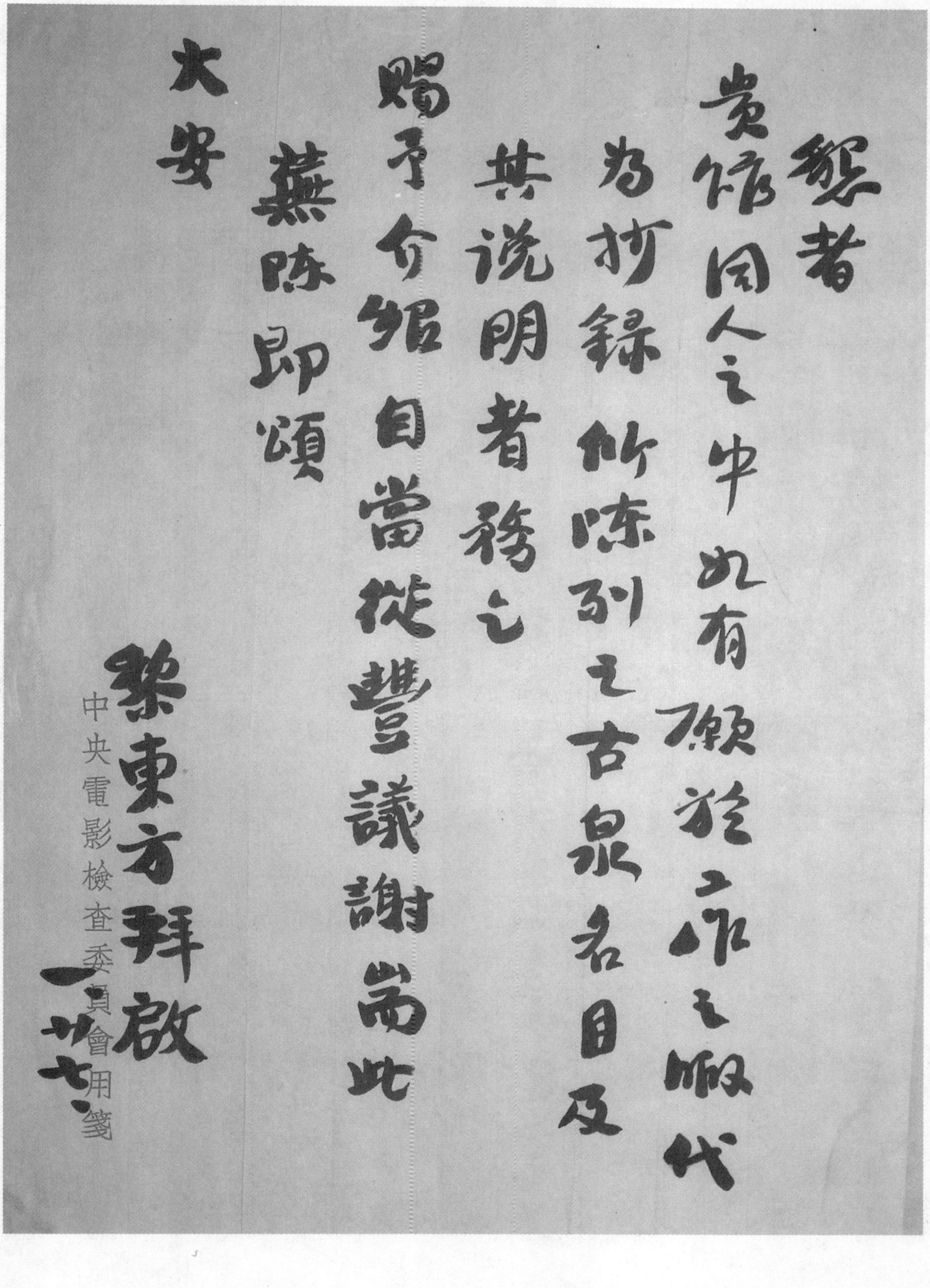

鑒者
貴館同人之中如有願於工作之暇代
為抄録所陳列之古泉名目及
其說明者務乞
賜予介紹自當從豐議謝耑此
蕪陳即頌
大安
黎東方拜啟
一廿七
中央電影檢查委員會用箋

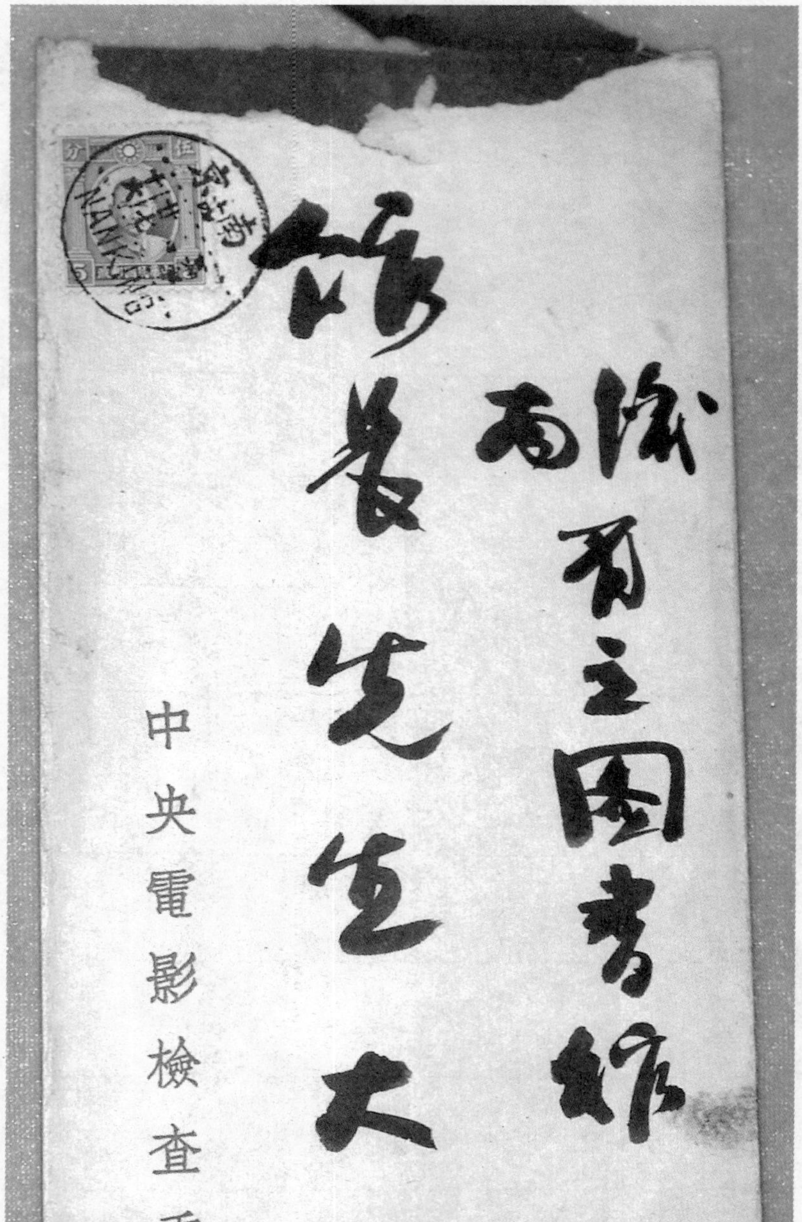
中央電影檢查委員會緘

二百〇九　屈萬里 書三通　封一件

書第一通

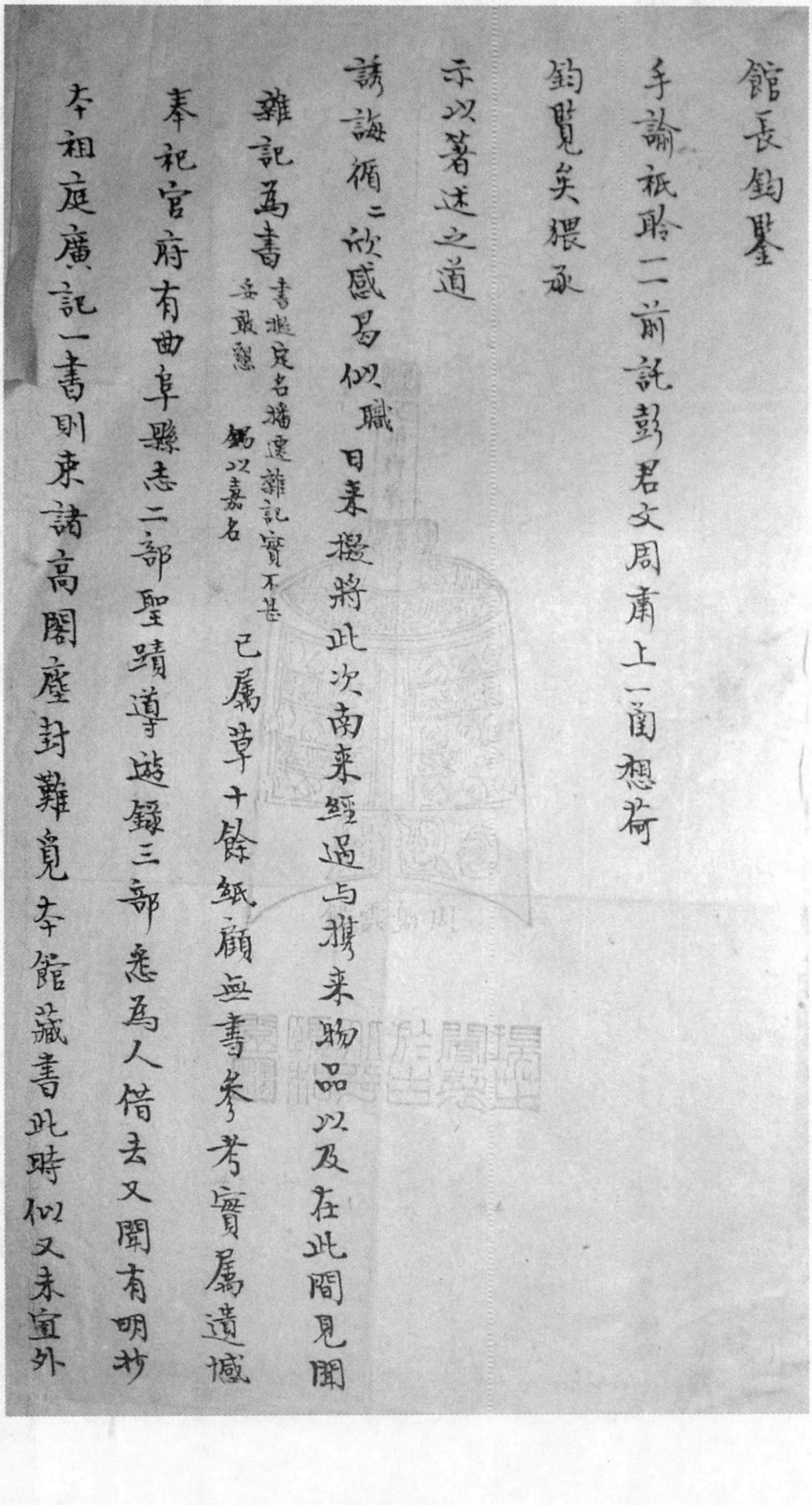
館長鈞鑒
手諭祇聆一一前託彭君文周肅上一函想荷
鈞覽矣猥承
示以著述之道
誘誨循循欲感曷似職日來擬將此次南來經過與攜來物品以及在此間見聞
雜記爲書（書擬定名播遷雜記實不甚妥敢懇鈞錫以嘉名）已屬草十餘紙顧無書參考實屬遺憾
奉祀官府有曲阜縣志二部聖蹟導遊錄三部悉爲人借去又聞有明抄
本祖庭廣記一書則束諸高閣塵封難覓本館藏書此時似又未宜外

寄計惟有姑雜綴成編以待他日就書質証耳嗟乎烽火彌天乃矻矻肆
力於此書生結習自憐亦復自恨亦惟嘔心傾腦聊當新亭之淚而已
本館第二期季刊餘存尚多擬懇
賜寄三數冊以便分贈此間友好秋風已厲尚請
珍攝耑肅虔請
尊安

職萬里謹上 十月二十九日

屈萬里

書第二通

實事求是齋顏額擬裱為橫幅懸諸室內大小若黃
任之先生所書平樂印廬橫幅式因宣紙不耐摺疊未便
付郵
尊處如有餘紙懇即　書就　惠下否則函示當再寄奉
也日前為李義貴匯去六七八三个月工資三十元已收到
否並請　示及此上
獻公館長撰席　　萬里附注　十月六日

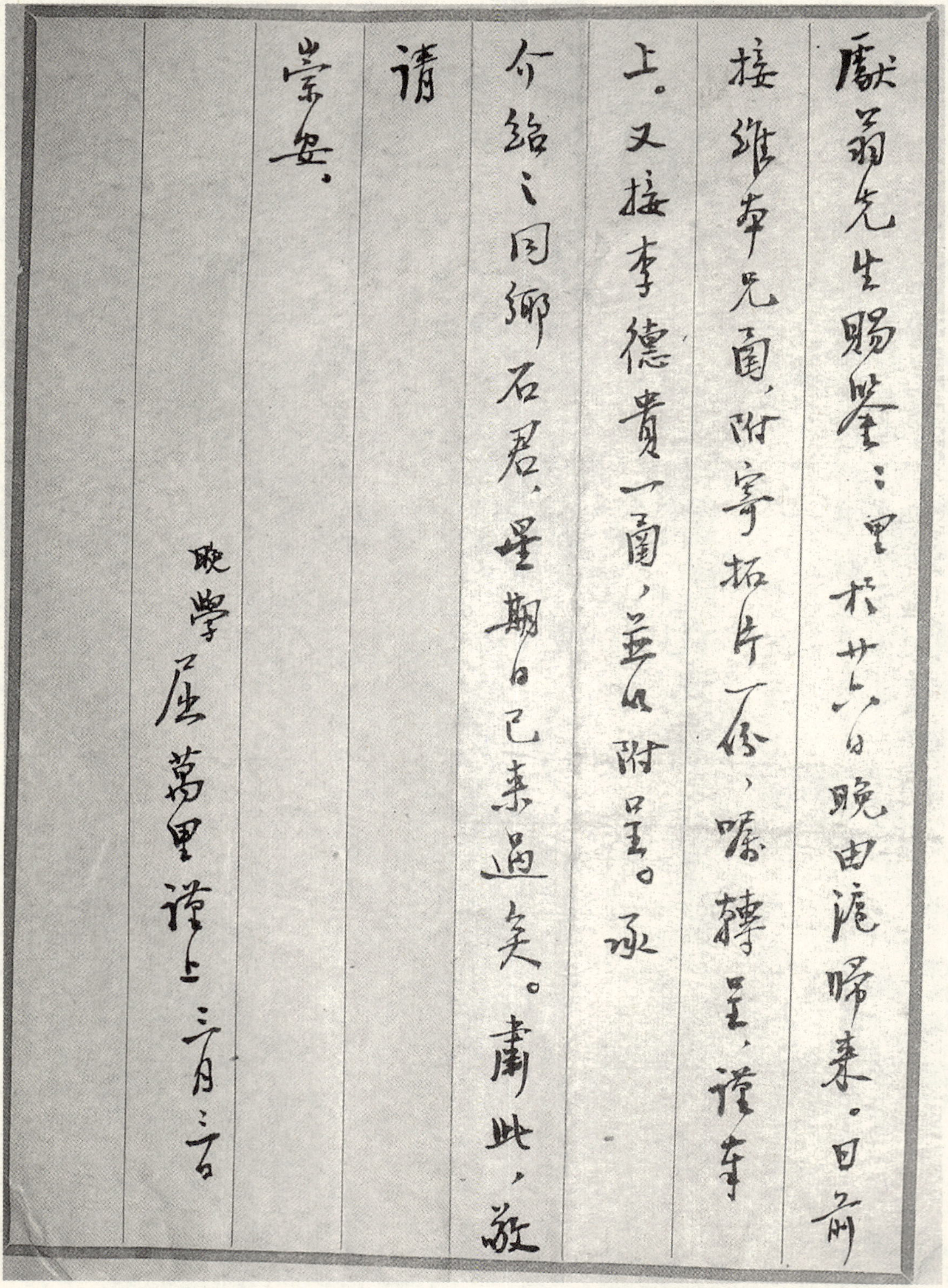

獻翁先生賜鑒：里於廿六日晚由滬歸來。日前接維本兄函，附寄拓片兩份，囑轉呈，謹奉上。又接李德貴一函，並以附呈。承介紹之同鄉石君，星期日已來過矣。肅此，敬

請

崇安。

晚學屈萬里謹上 三月二日

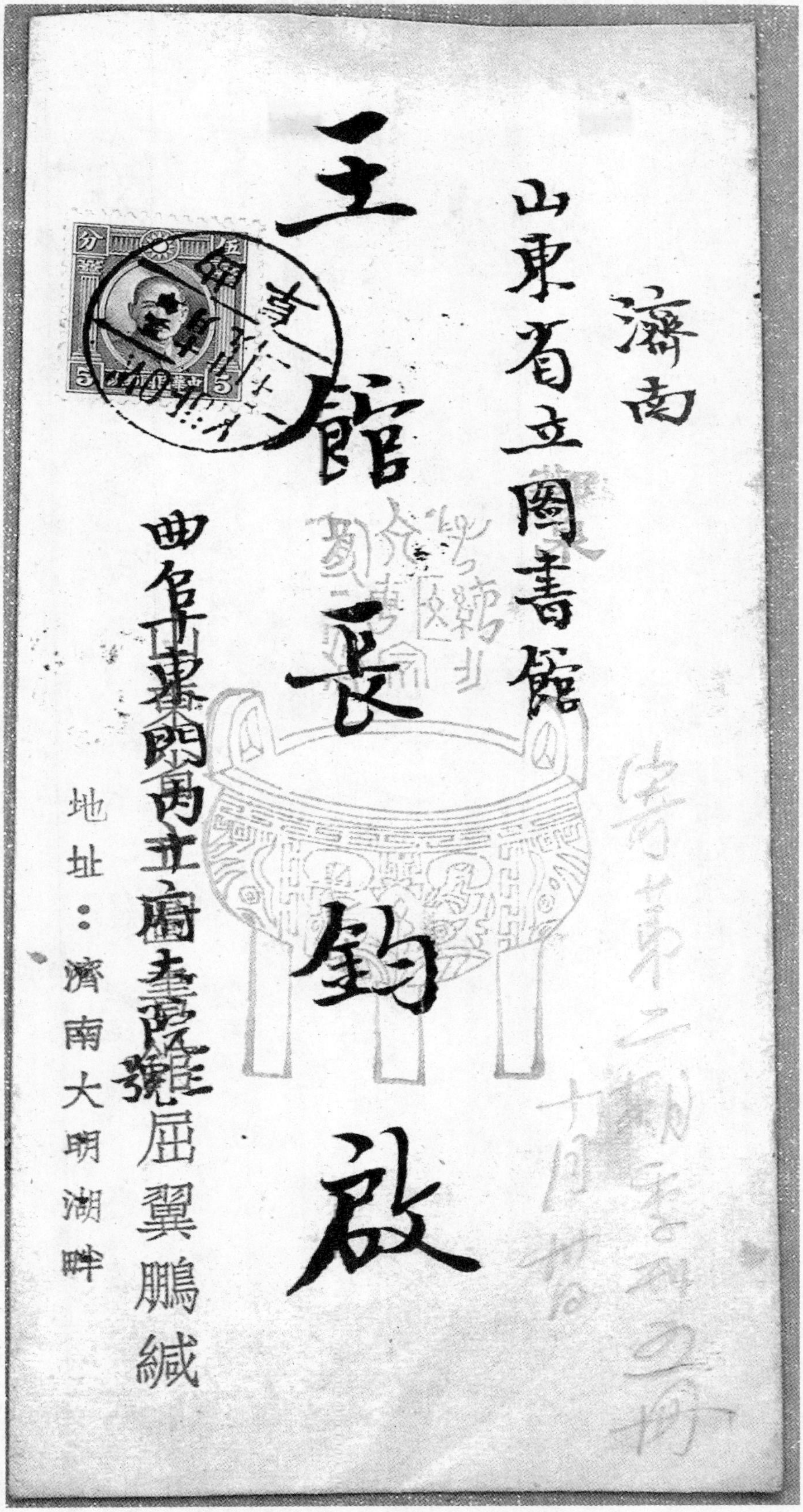
濟南
山東省立圖書館
王館長鈞啟
屈翼鵬緘
地址：濟南大明湖畔

二百一十 李祖澤 封一件

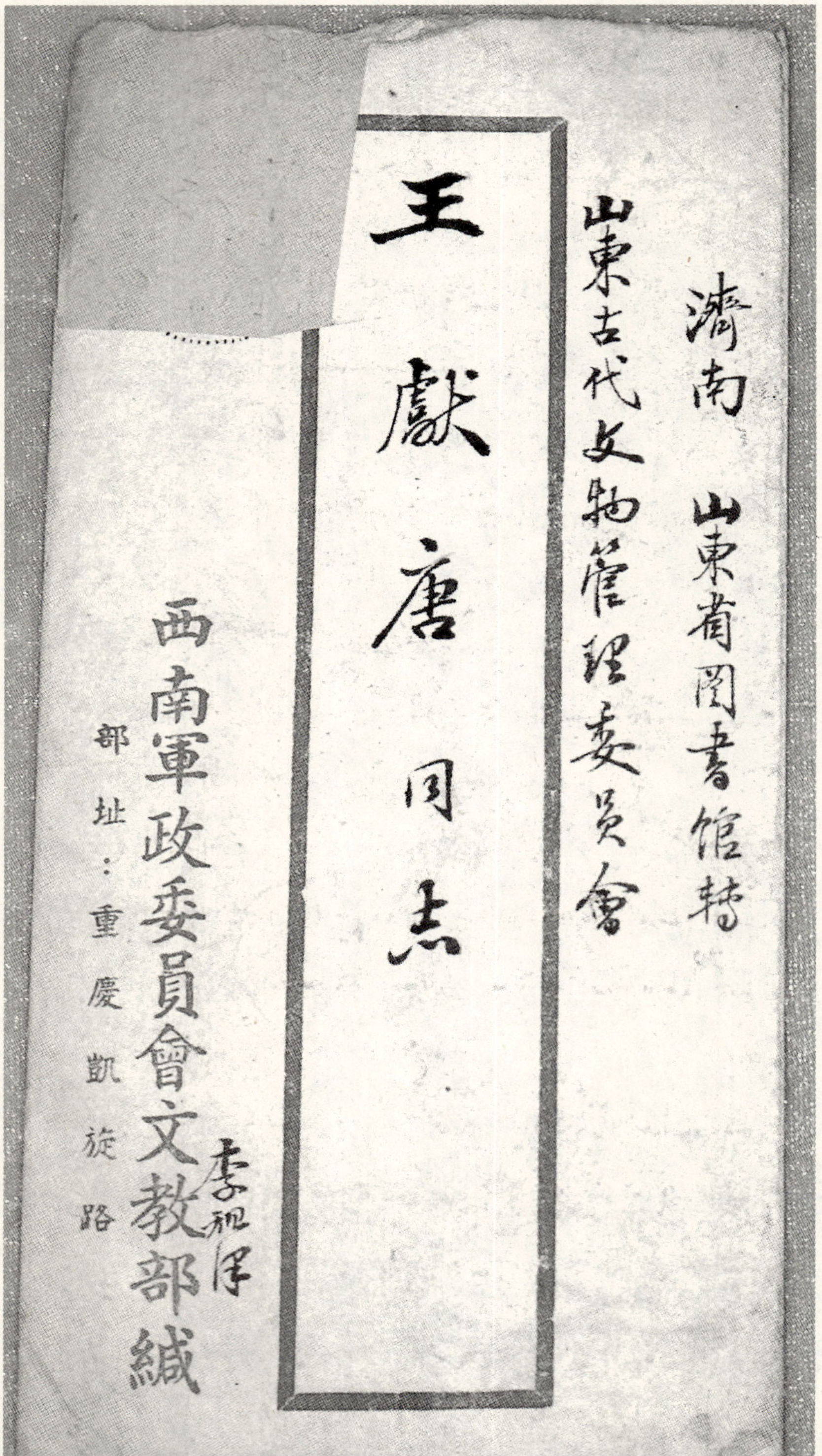
濟南 山東省圖書館轉
山東古代文物管理委員會
王獻唐同志
西南軍政委員會文教部緘
李祖澤
部址：重慶凱旋路

二百一十一 解方

書一通

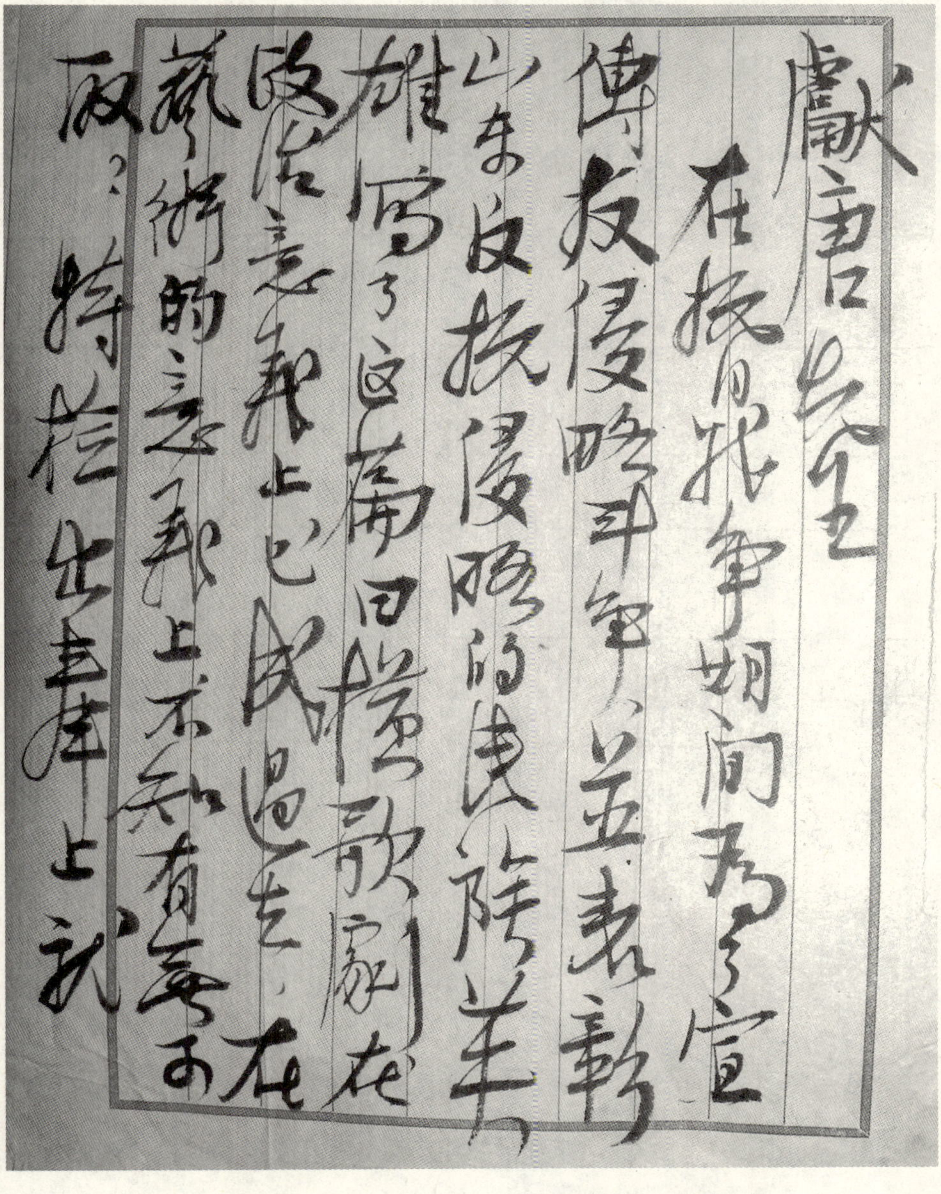

獻唐先生：

在抗日戰爭期間為了宣傳反侵略戰爭，並表彰山東良抗侵略的民族英雄，寫了這篇回憶歌劇，在政治意義上已過去，在藝術的意義上不知有無可取，特請先生審閱

上訊

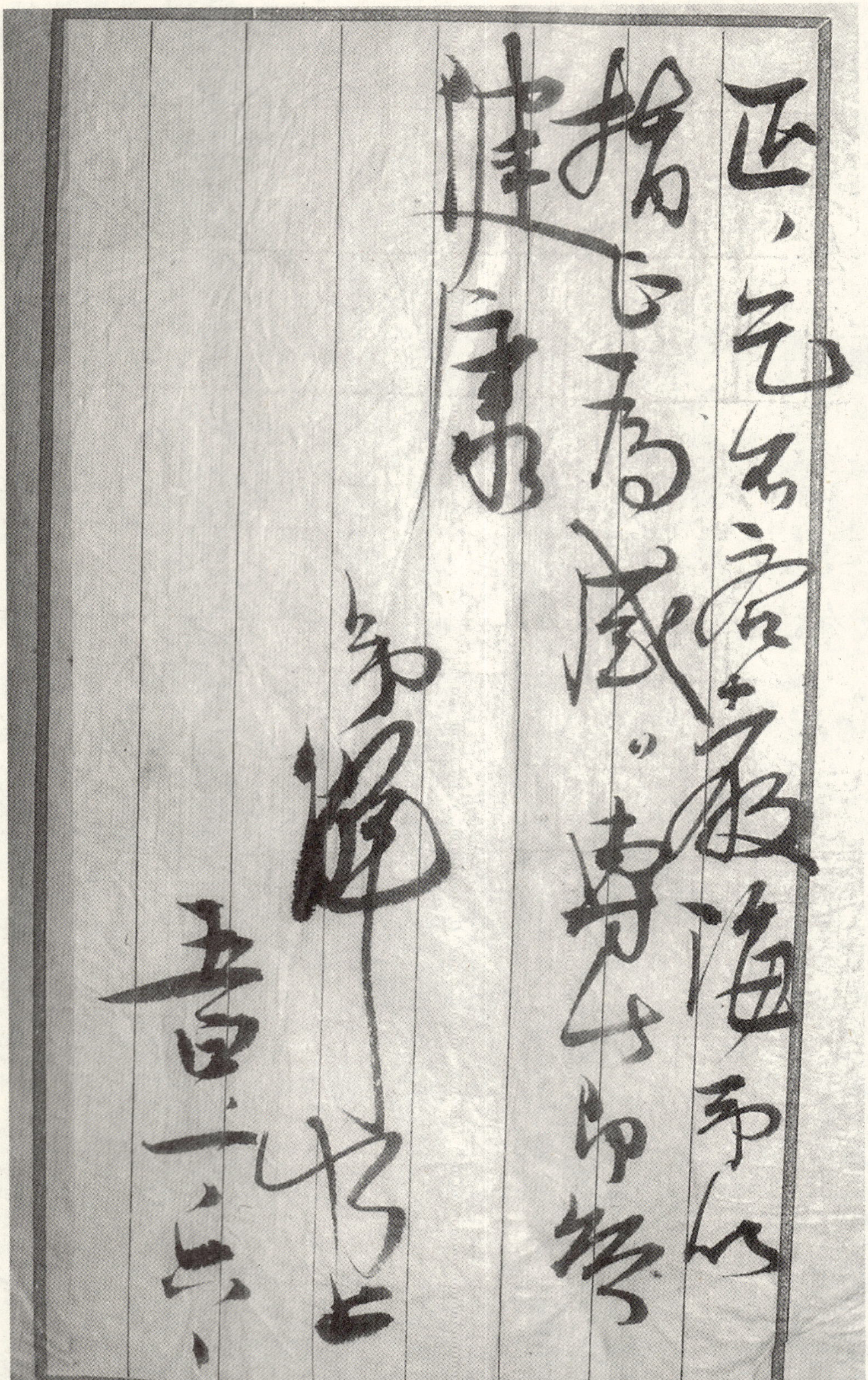

二百一十二　王毓銓書一通　封一件

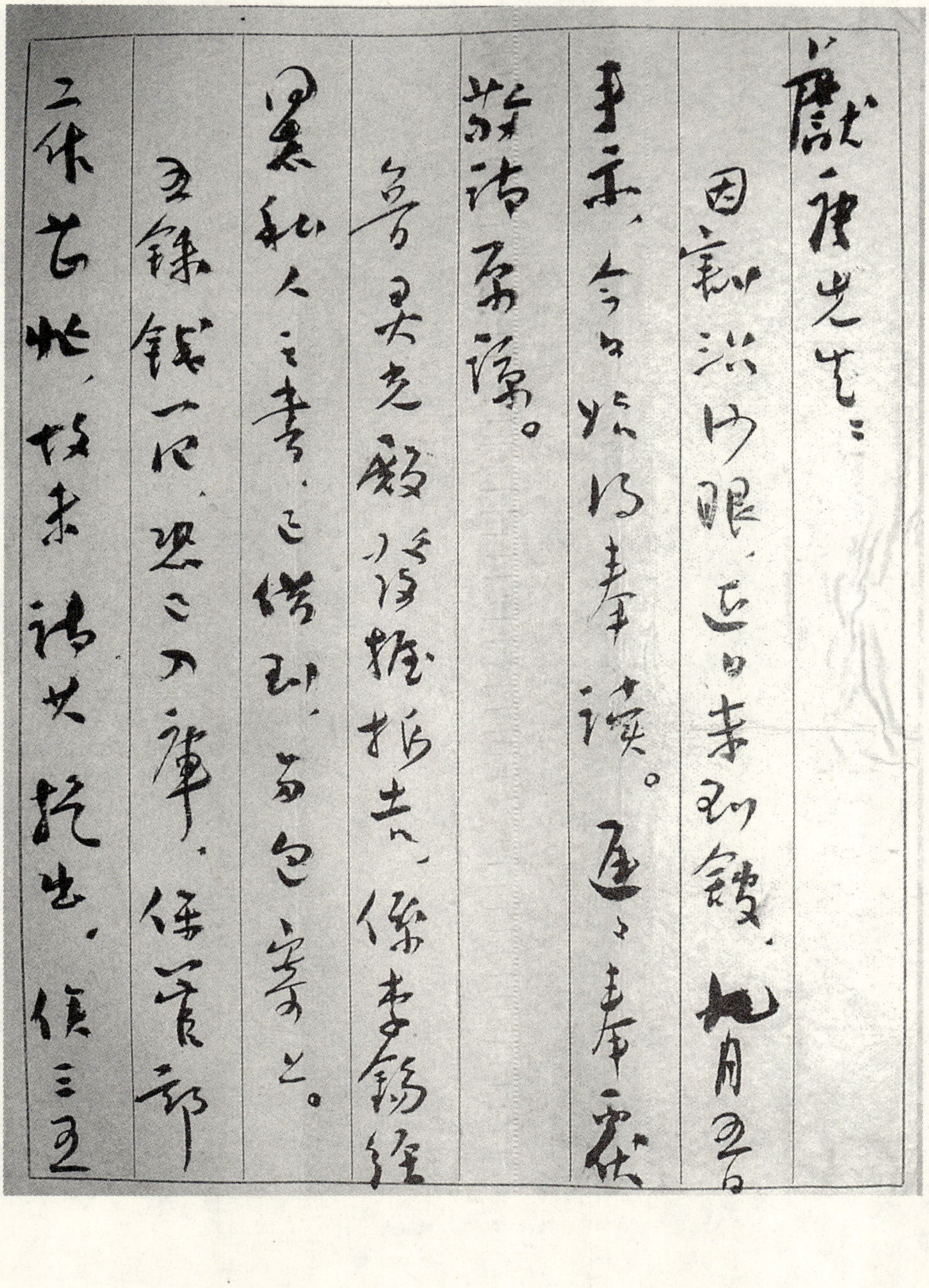

獻唐先生：

因割治沙眼，近日未到館，九月五日

手示，今日始得奉讀。遲遲奉覆，

敬請原諒。

魯昊先[illegible]後權拓本，係李錫經

墨私人之書，已借到，當包寄之。

至錄錢一尺，恐已入庫，係管部

工作甚忙，故未請其檢出。俟三[illegible]

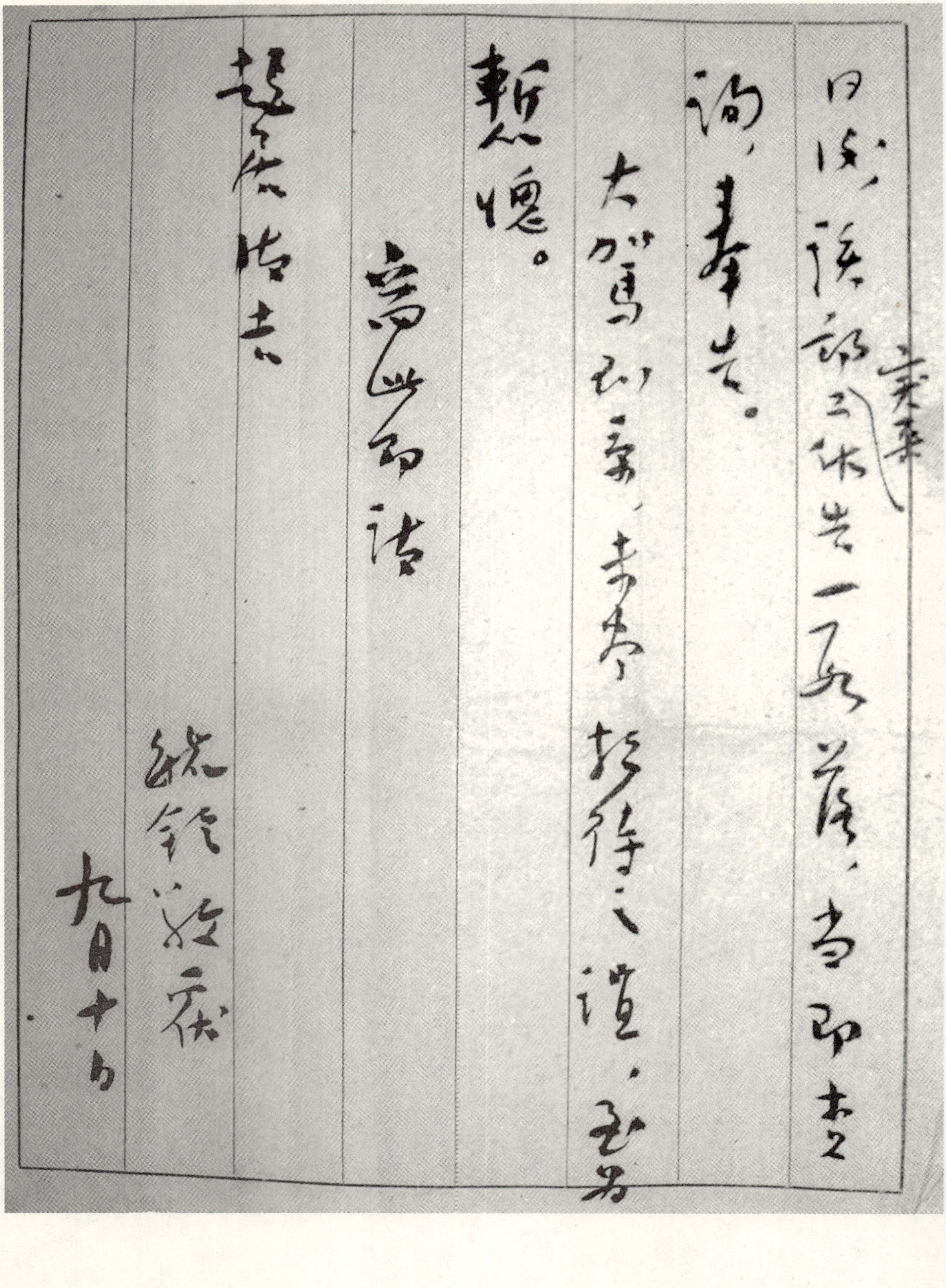
日前，孫、郎實華二位先生一及蒞，當即奉查
詢，奉告。
大駕到京，未克接待之道，至為
慚愧。
專此即請
暑佳 皓去
毓銓敬啟
九月十日

王毓銓

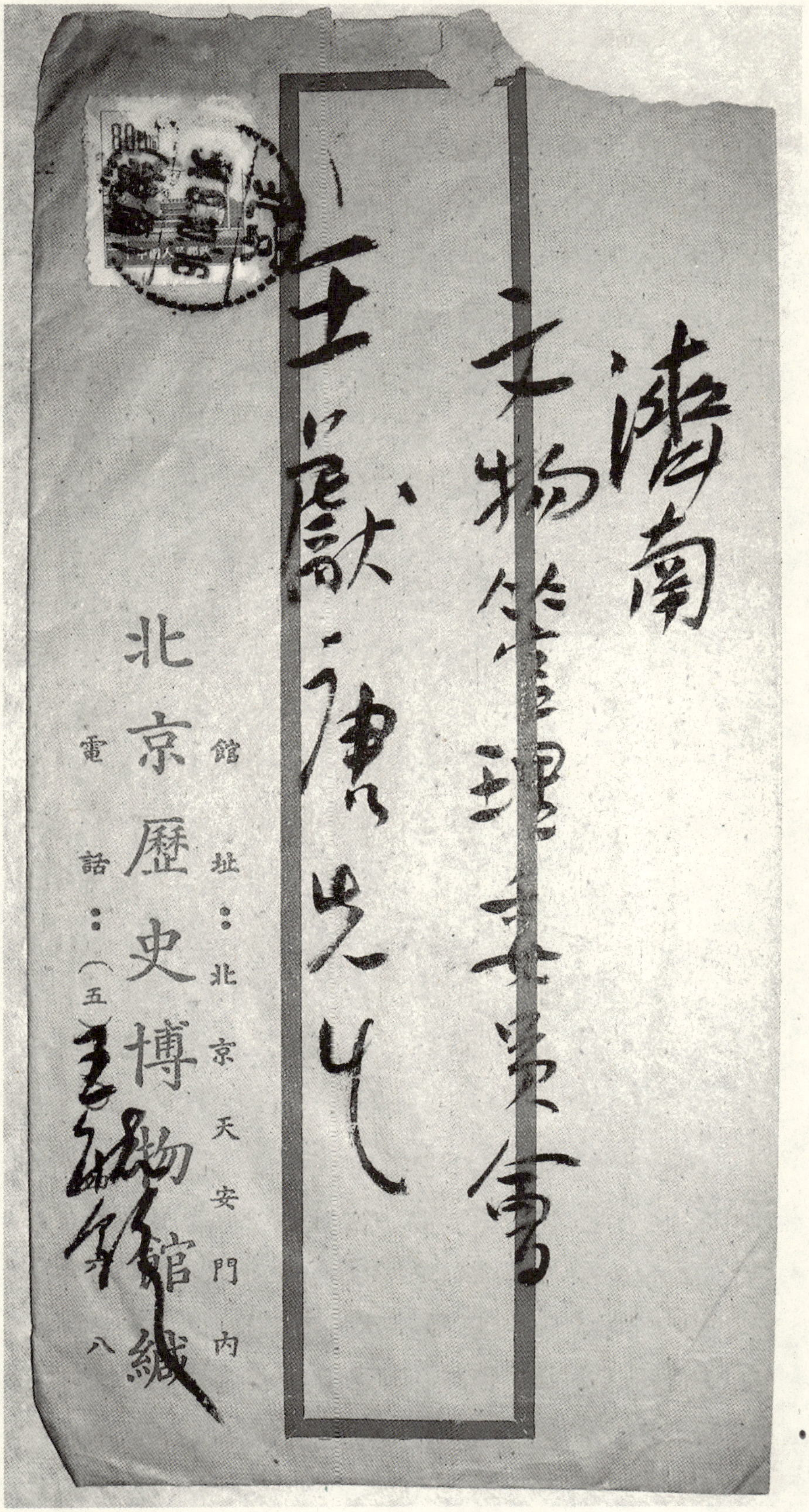
濟南
文物管理委員會
王獻唐先生
北京歷史博物館
館址：北京天安門內
電話：(五)
緘

二百一十三 丁希農

書八通　封五件

書第一通

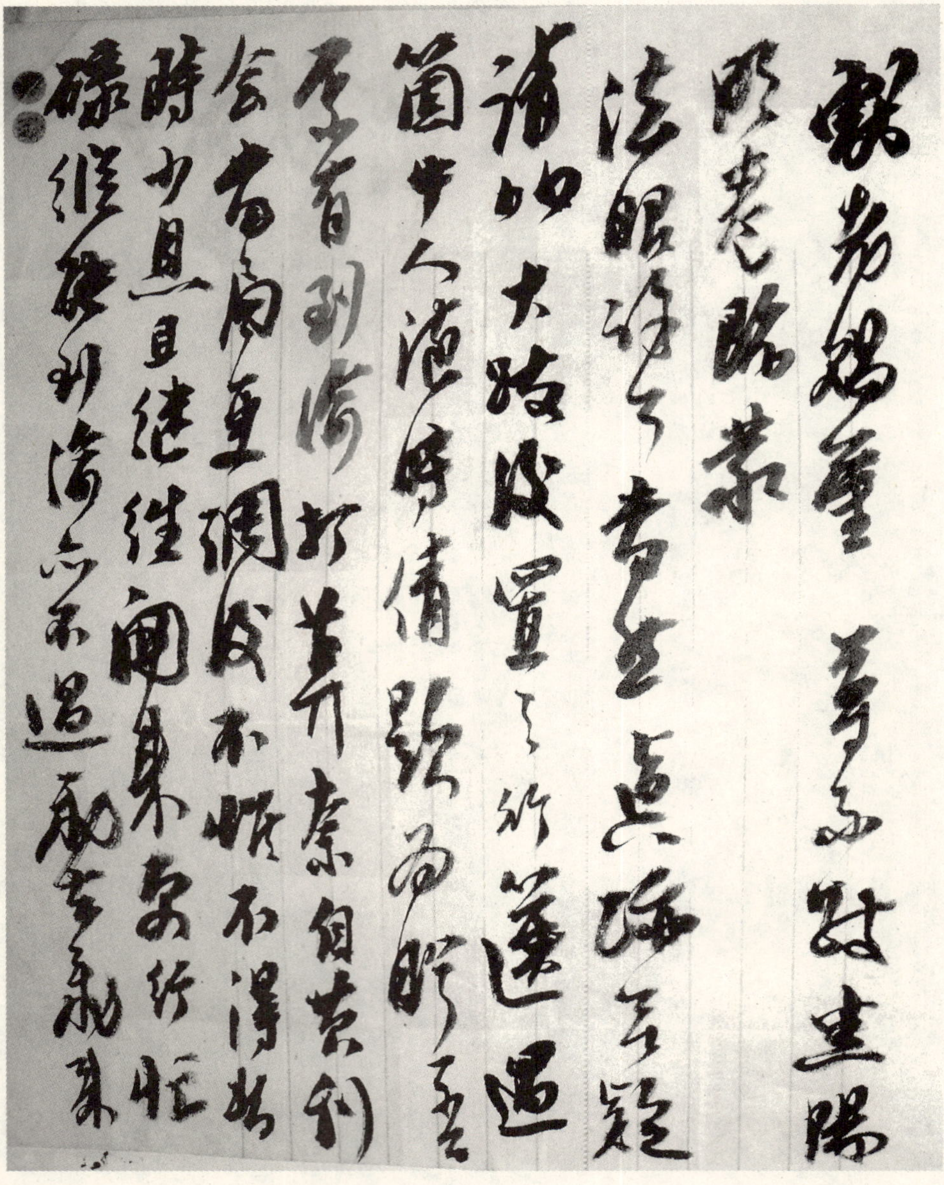

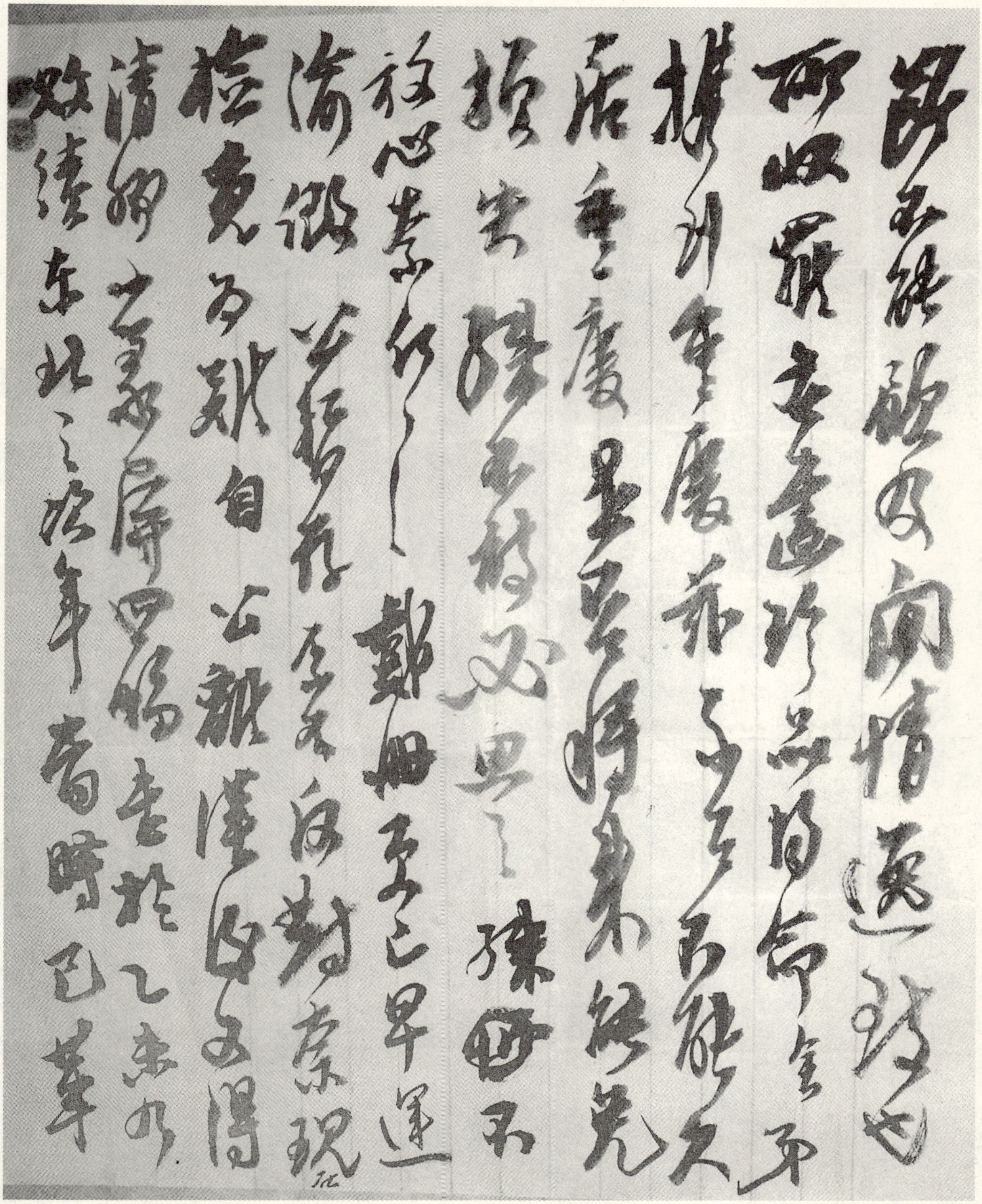

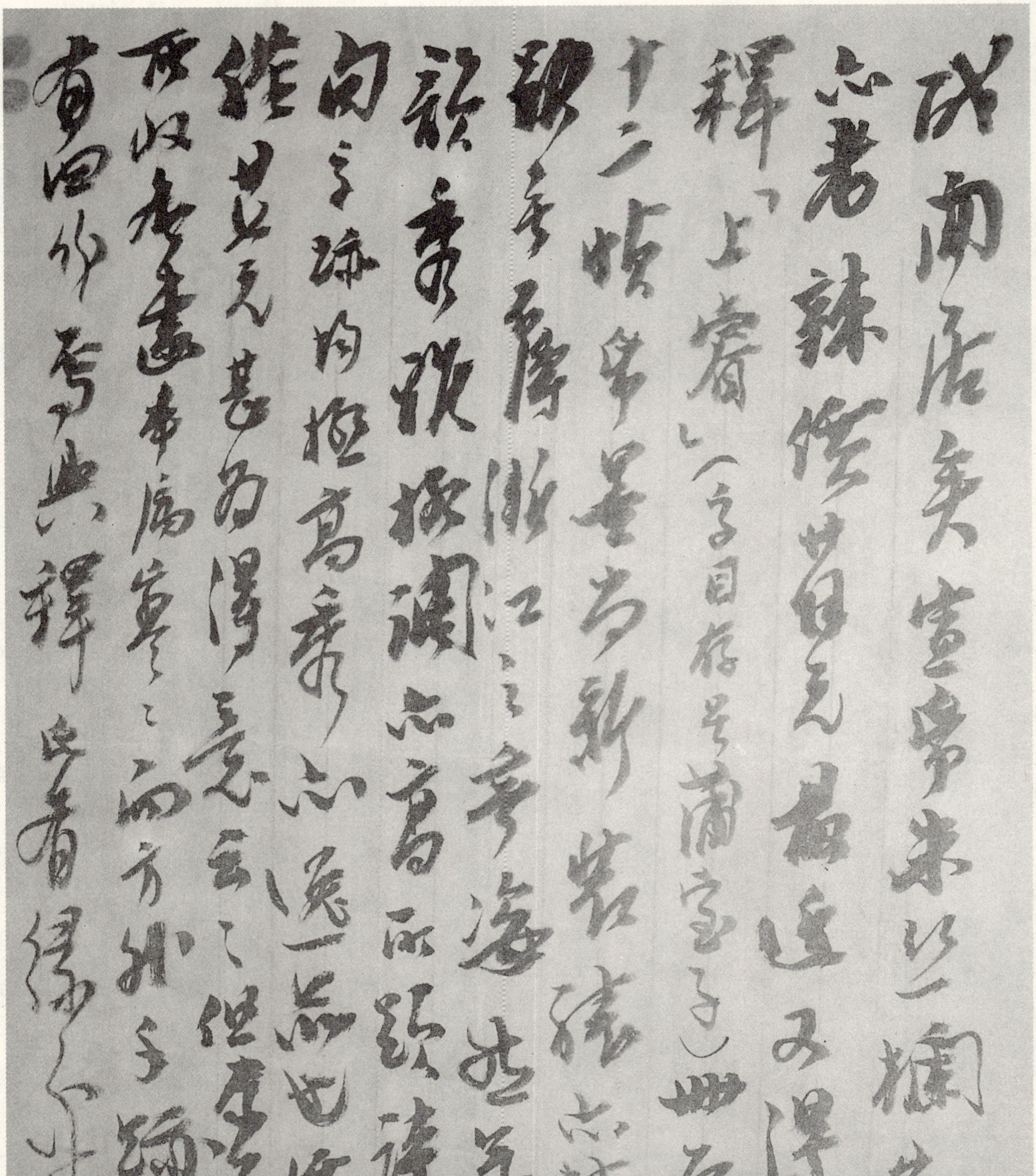

丁希農

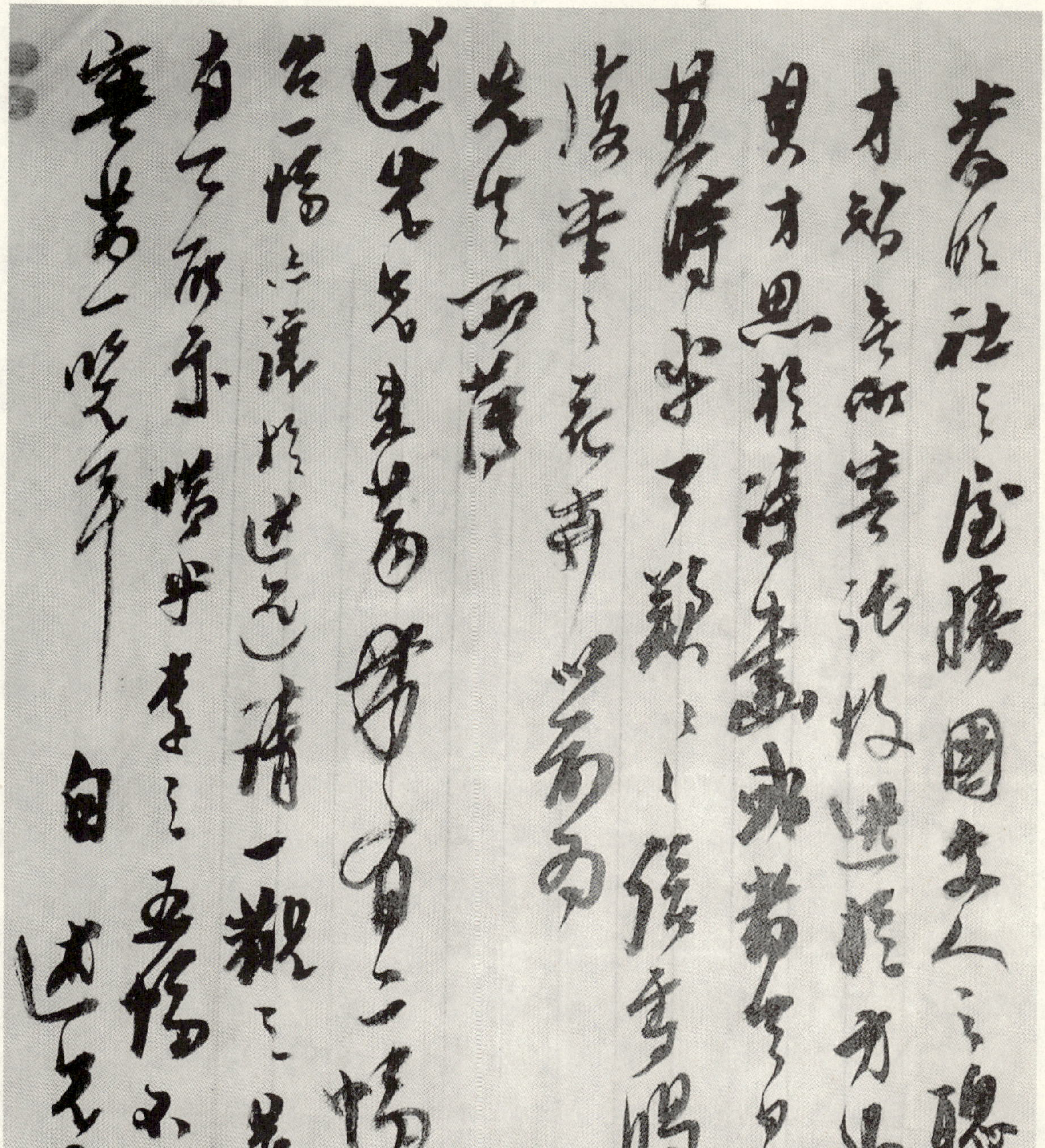

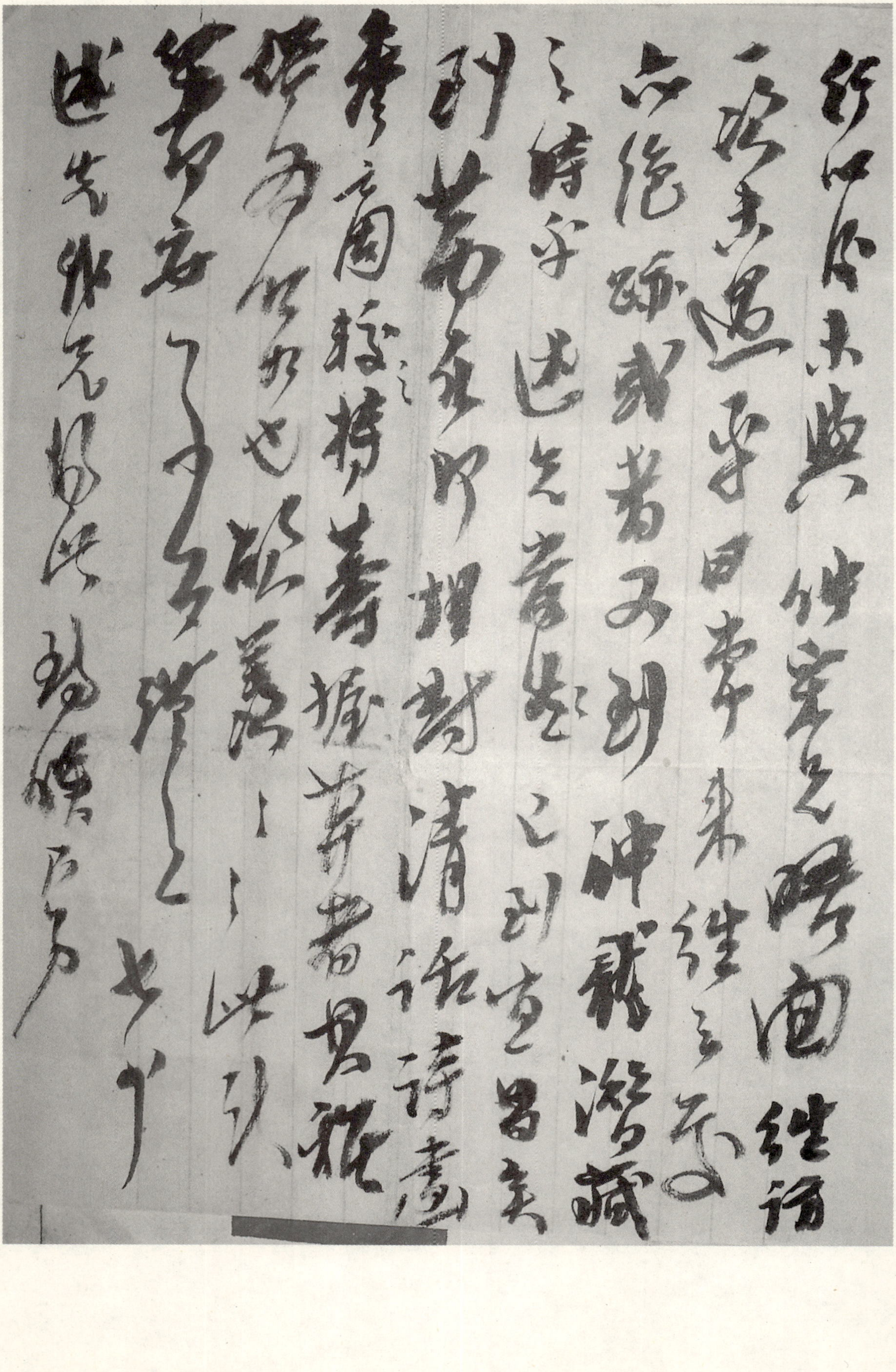

丁希農

書第二通

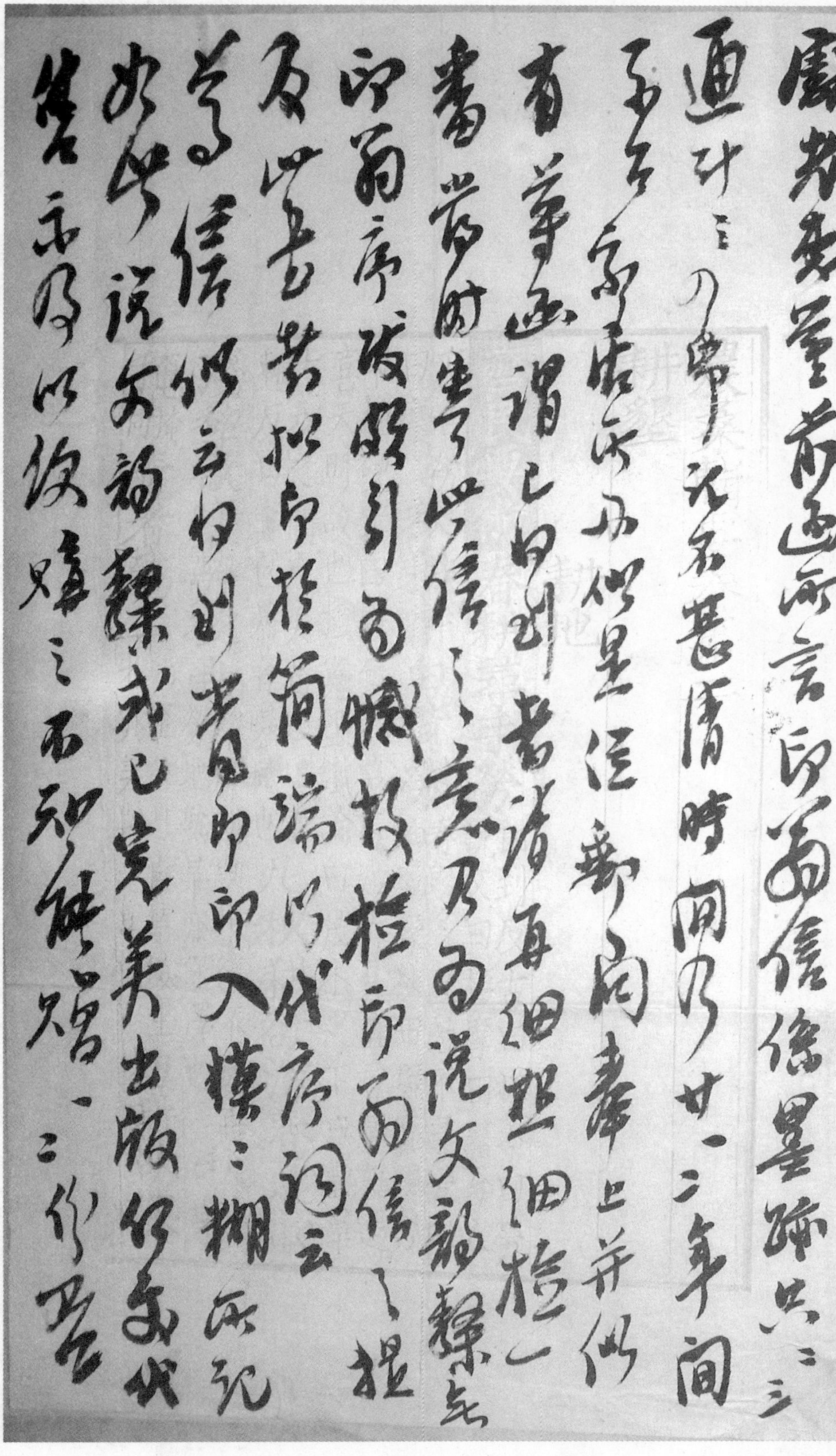

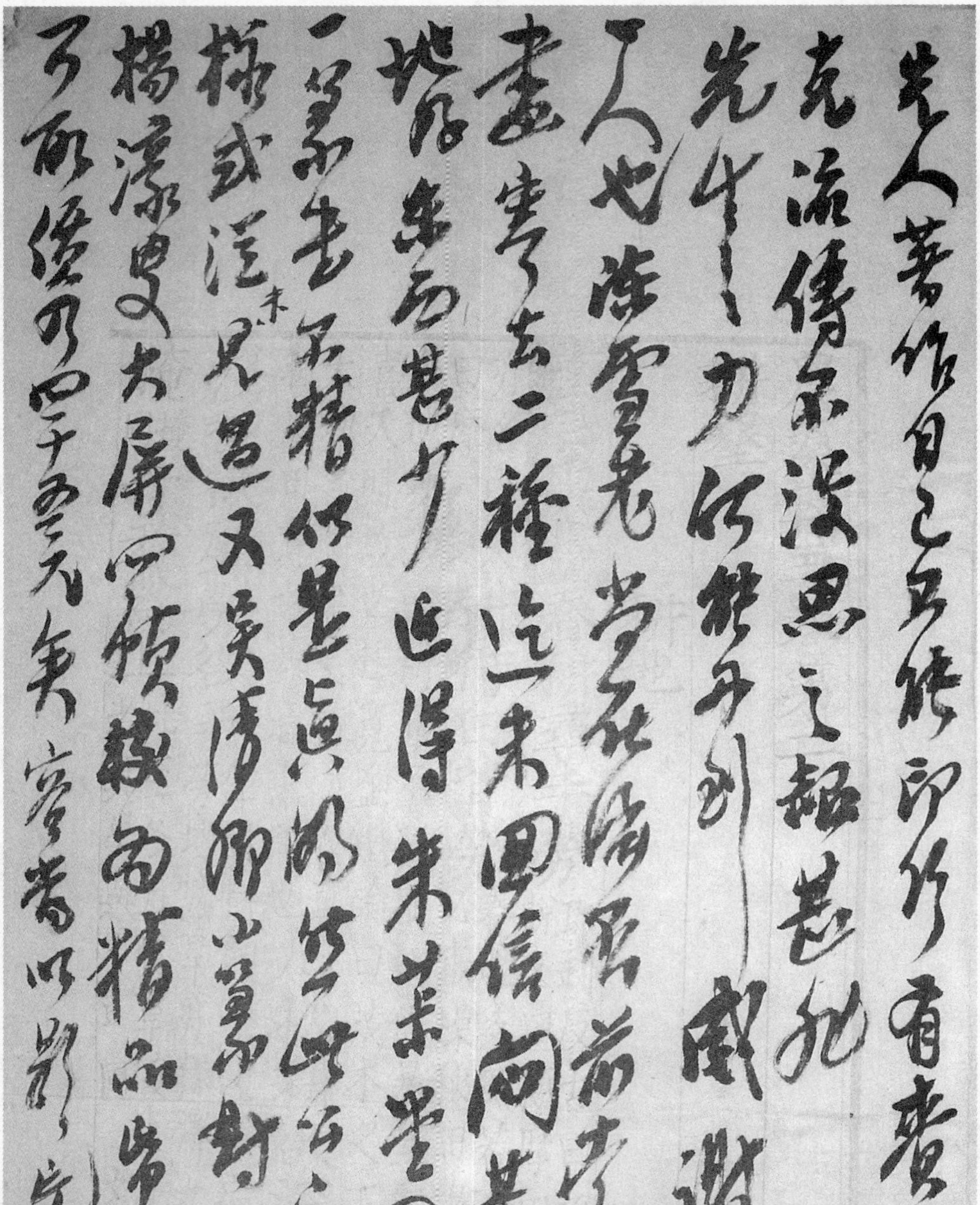

先人著作自己亦能印行看來於陳氏括苑流傳殊深思之極甚耶先生之力何能至此感謝仍望人也陳雪老先生當能保前途少翁之畫集出二種近來因信函甚、、、諒此冊尚甚少近得米芾墨（尚潤）封一冊出品精作是真跡然無人並作模式涅未見過又吳清卿小篆封面不精楊濠叟大屏四幀極為精品常見無能不取價可四千五百元矣寄書以影之奉上此

丁希農

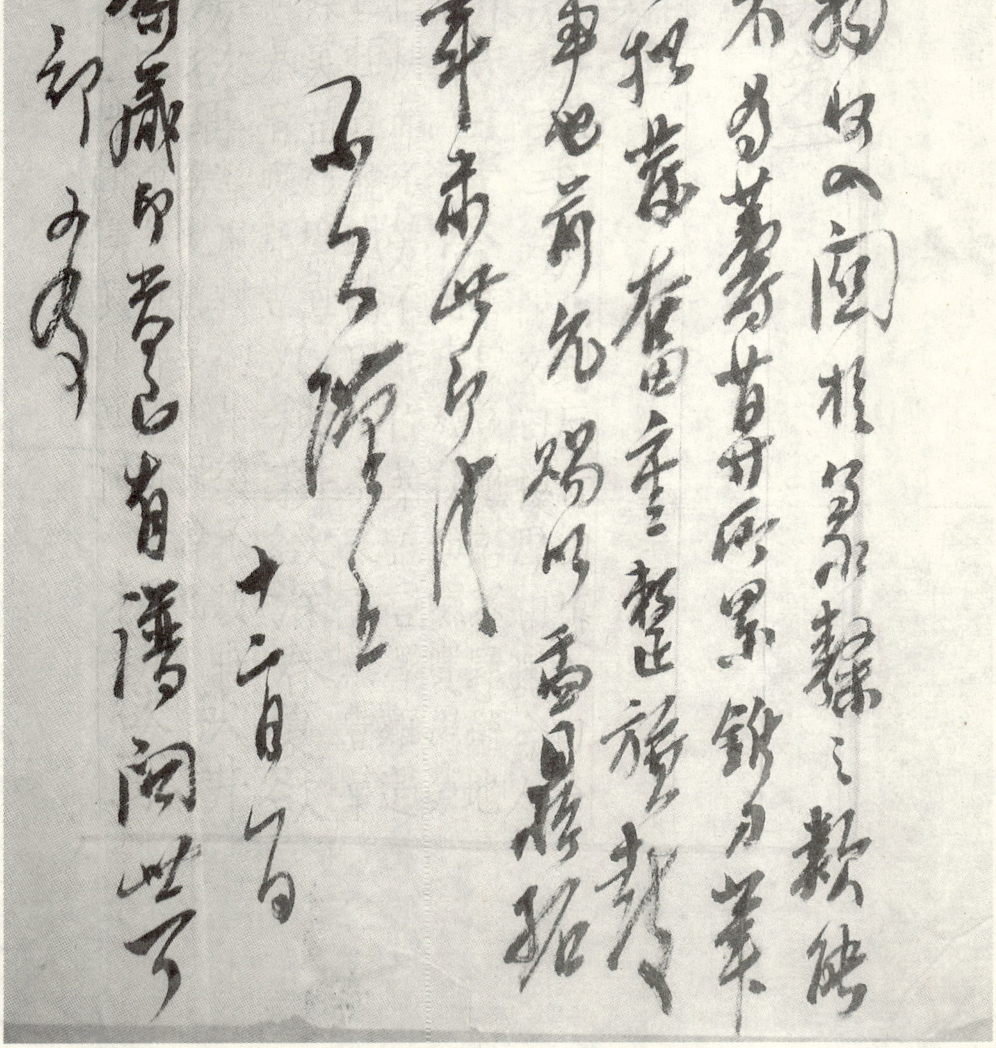

書第三通

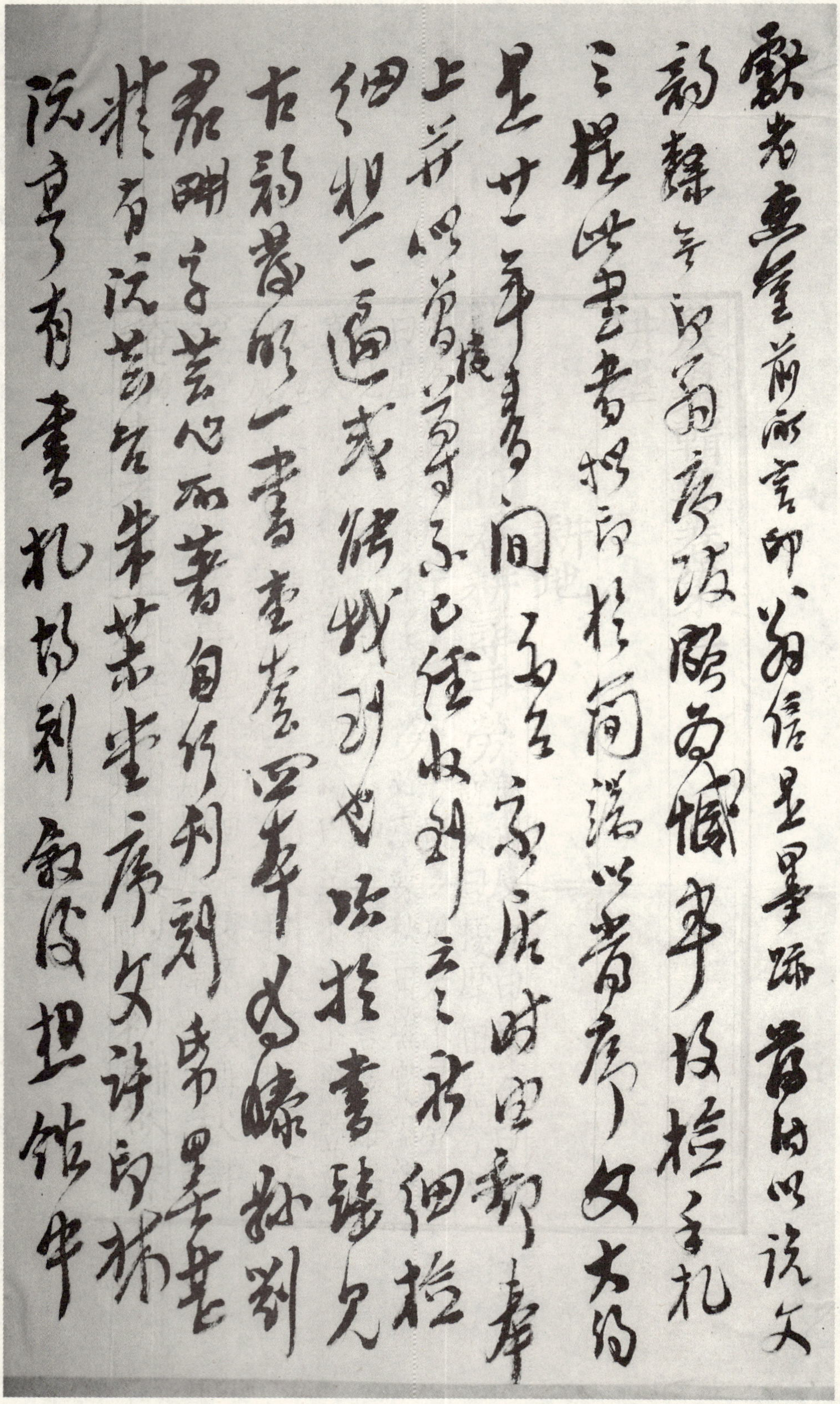

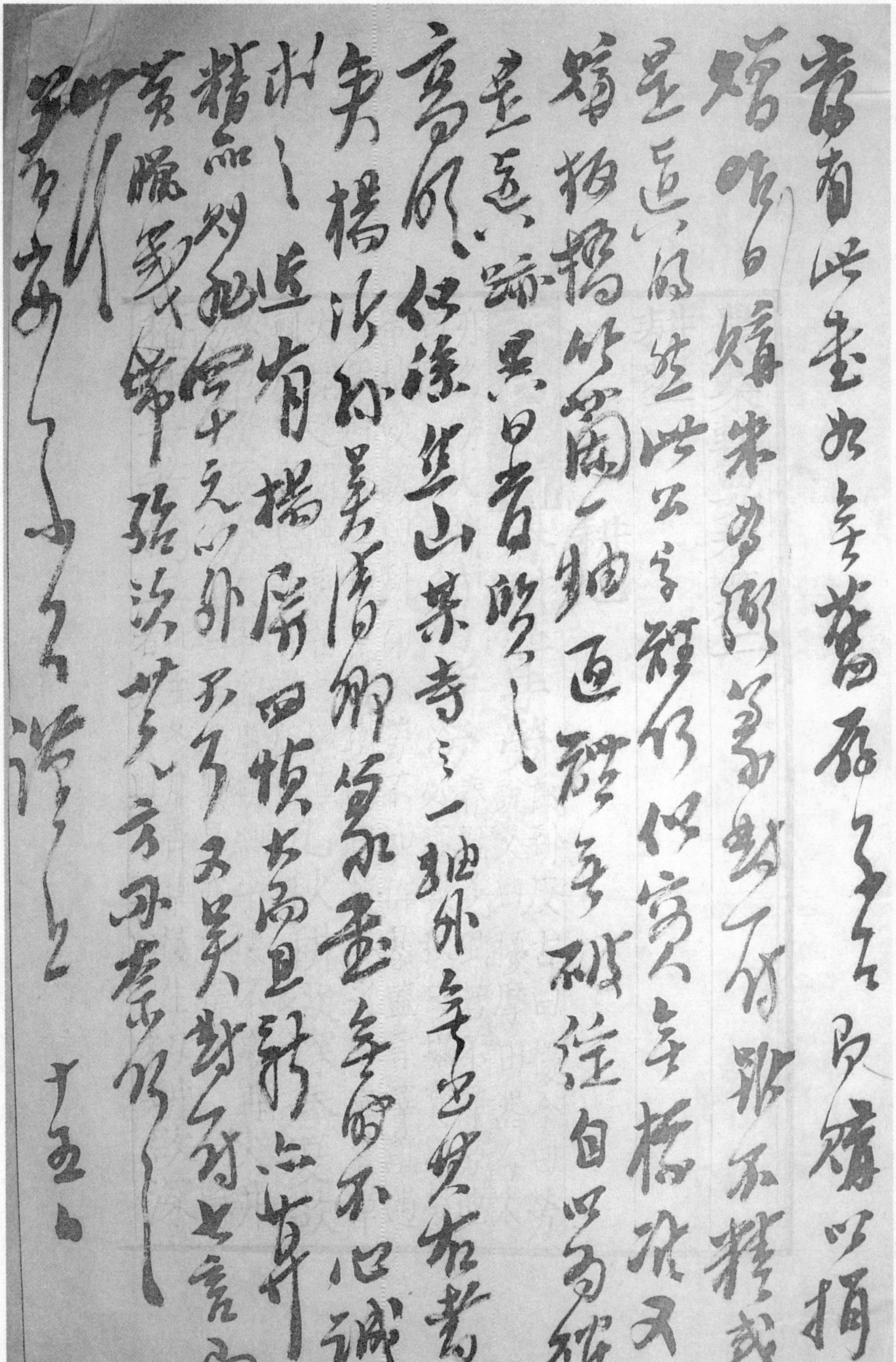

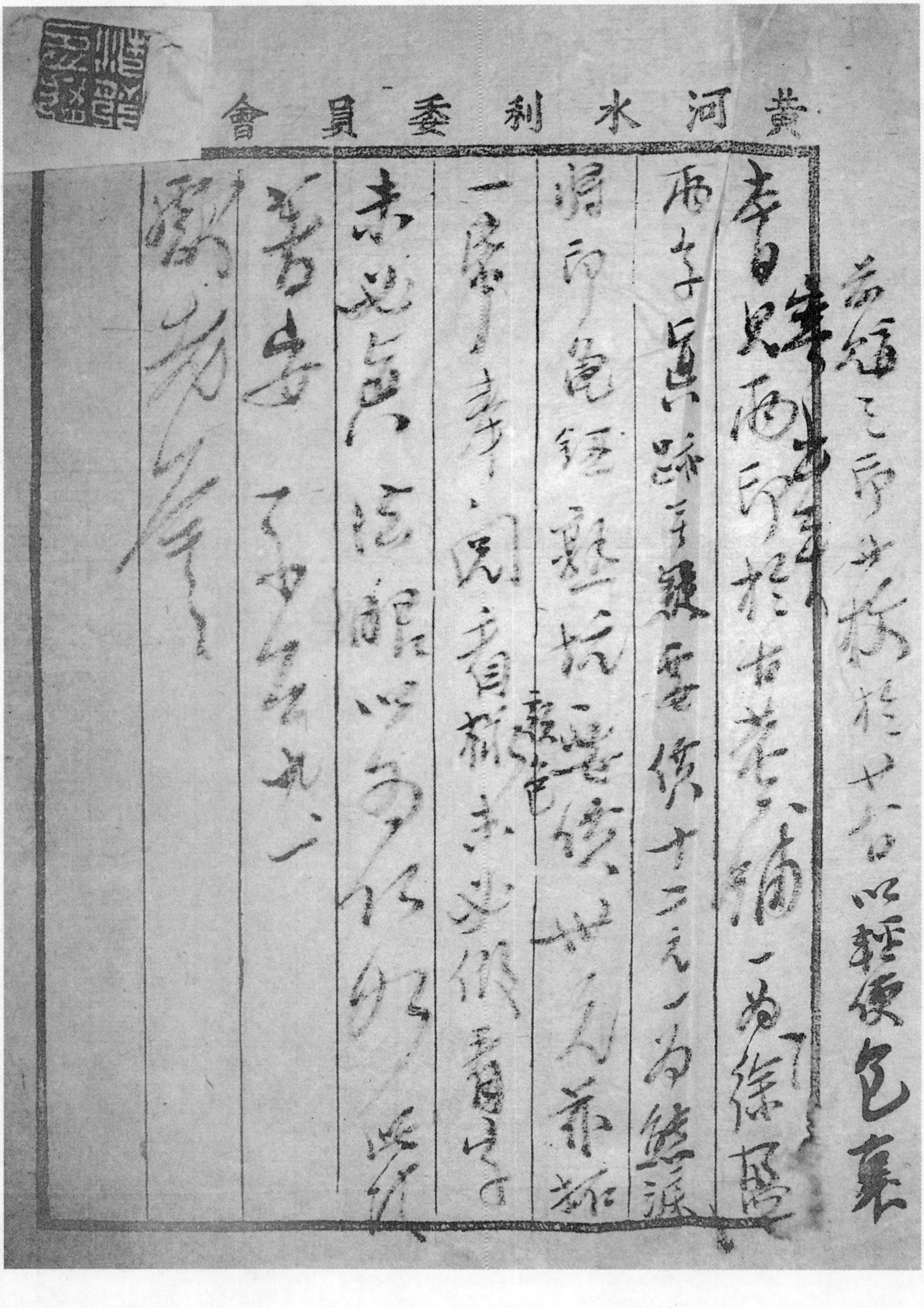

黃河水利委員會

書第五通

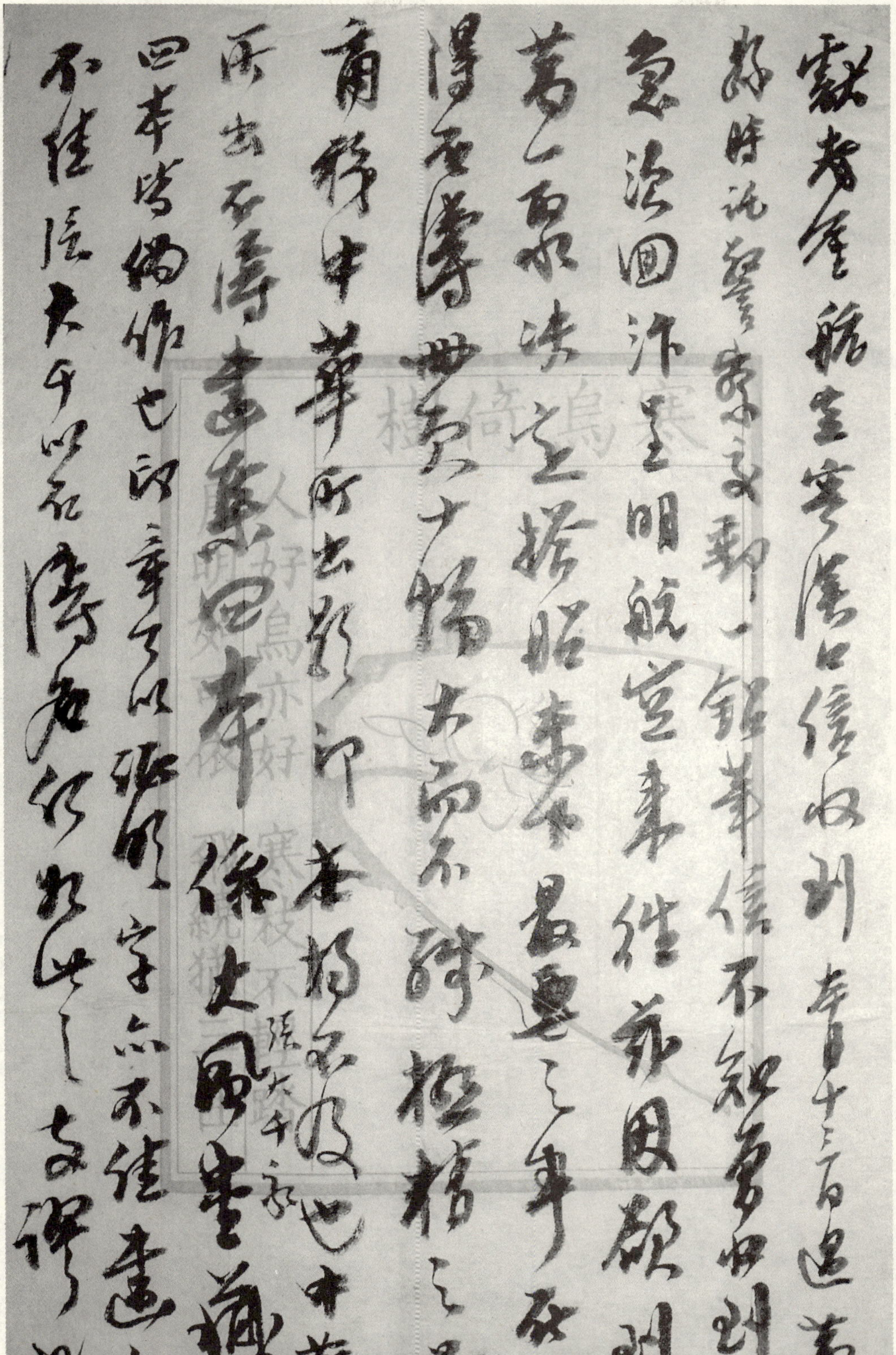

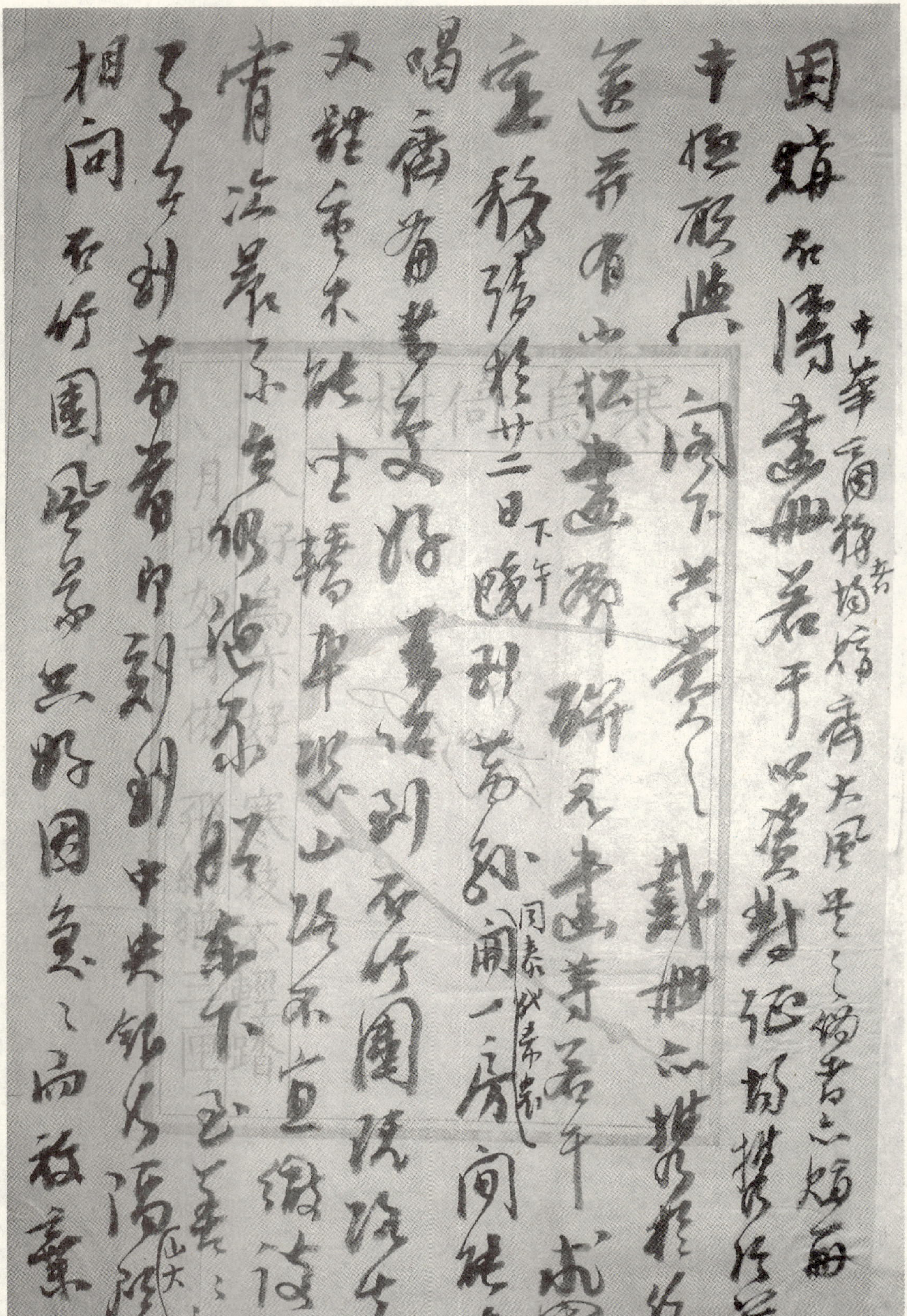

丁希農

奚弘社借冊頁當隨石溪条經
尊兄向假以寄偶得之并代泛交之件列
絕對不同矣此狀
箸安 不一 弟[illegible]頓首

弟秉民拜 臘廿二日晚 此為翁汝晨東下者
拾好在決主也 廿日下午五時又及

涂雪以鄂解南歸作對而請冊則立證擬也
美戴冊亦欽佩又有錫藏姚美捷有冀支并歸
兩生翁由園吳平齋劉鐵雲諸家遺 元畫 蒸松畫 涂恐不識

寒鳥倚樹
人好鳥亦好 寒枝不輕踏
明明如可依 飛繞猶三匝

書第六通

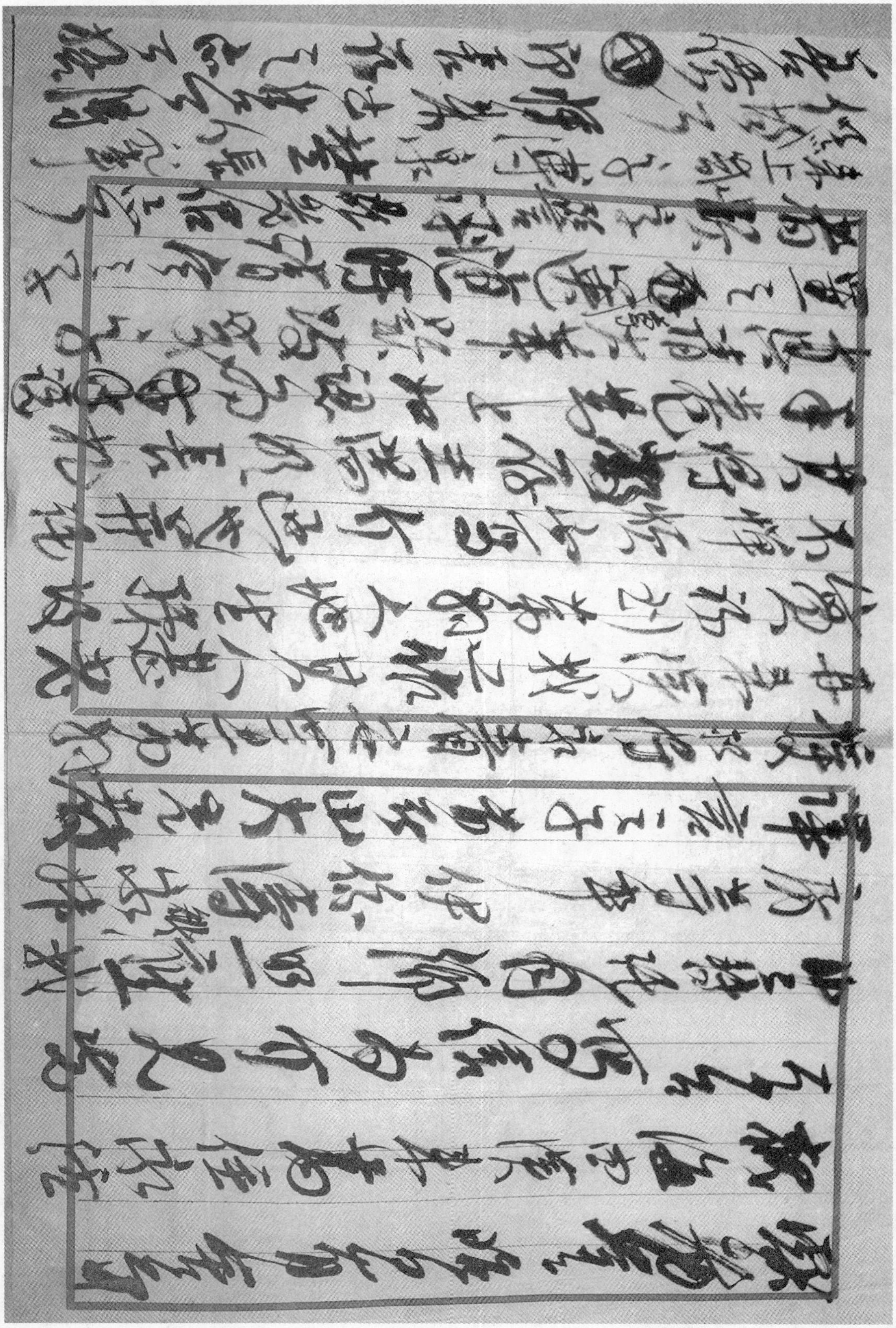

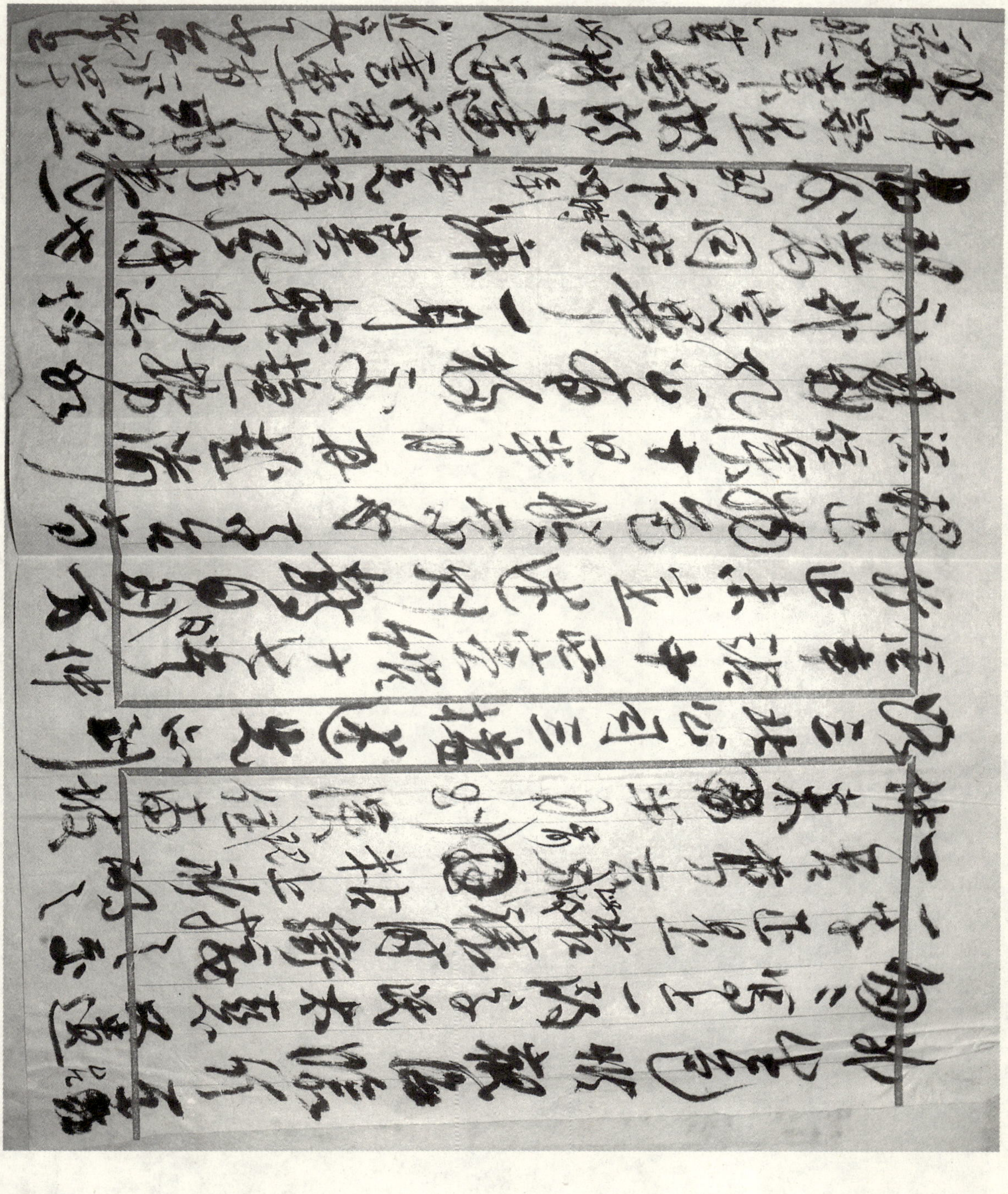

書第七通

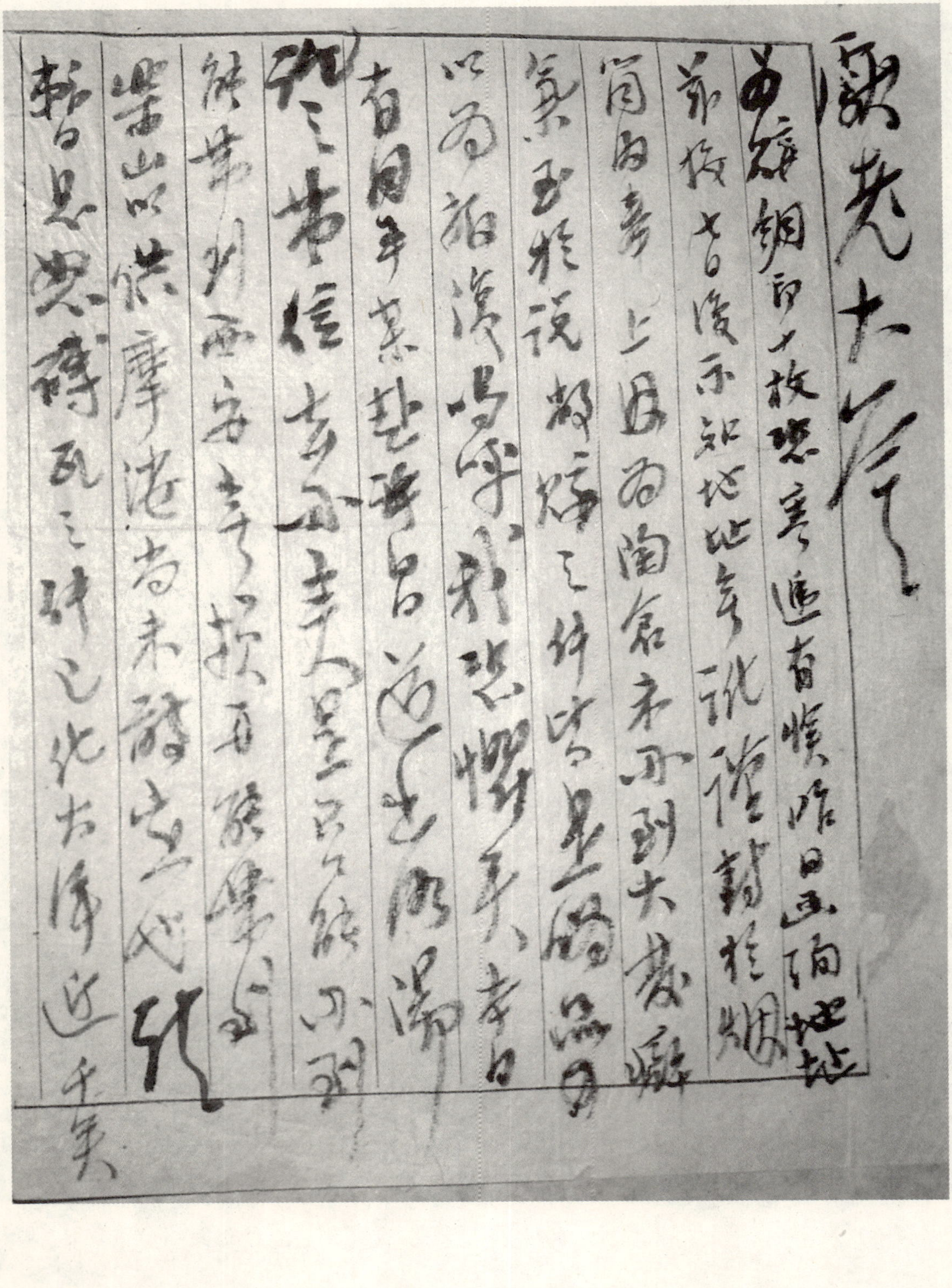

丁希農

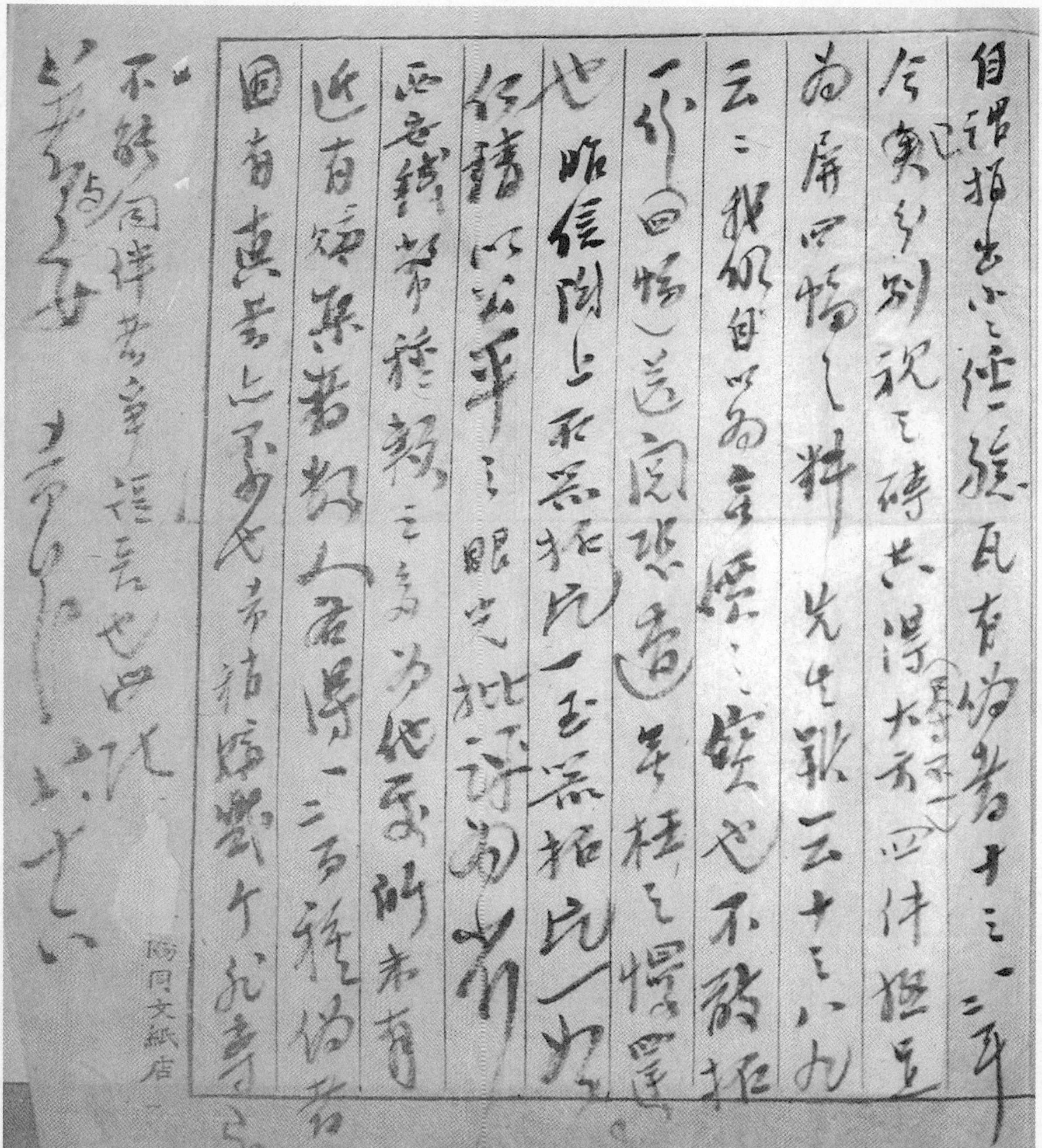
協同文紙店

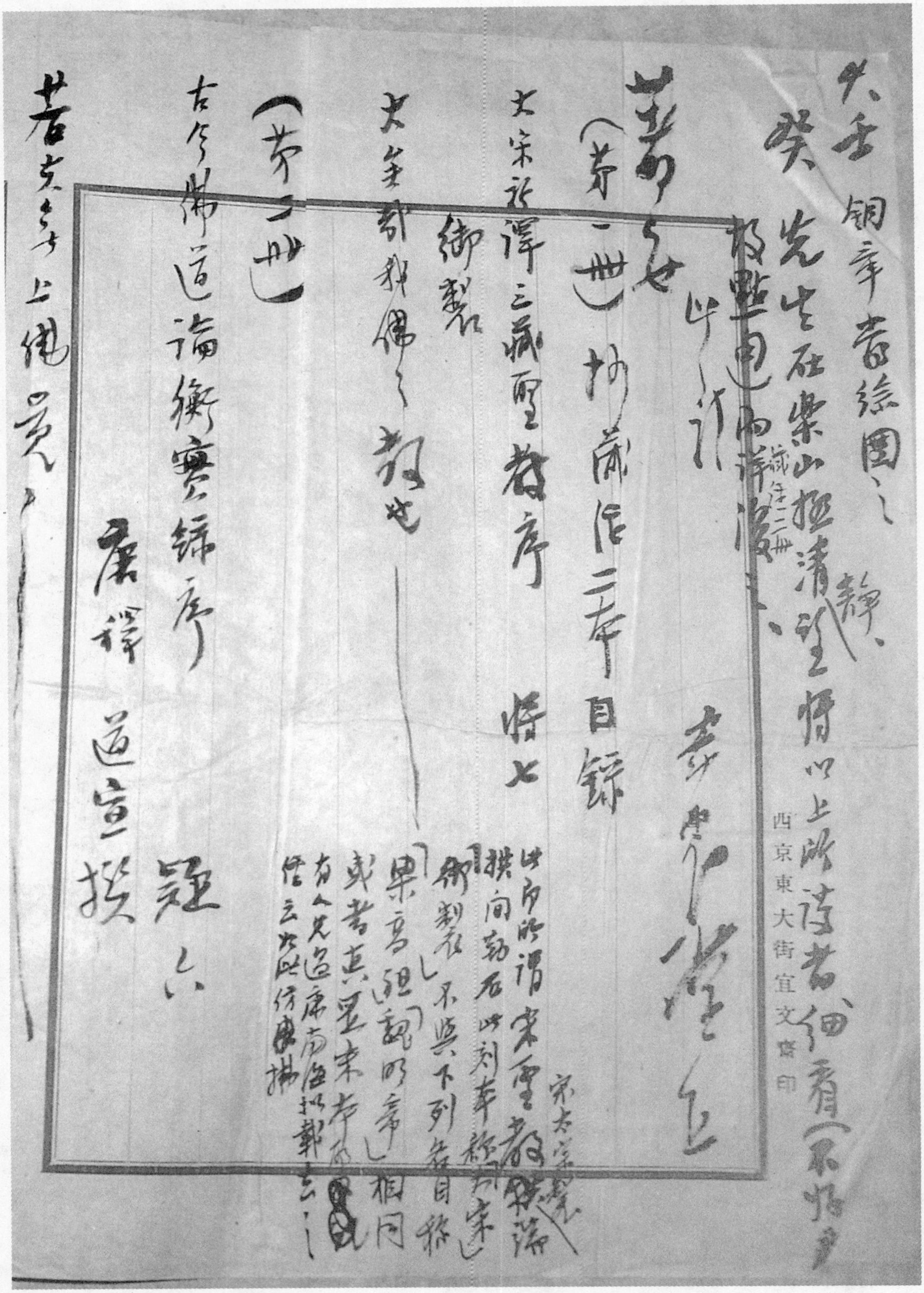
久未晤言，甚念。
悉先生在樂山極清靜、頗望得以上此讀書、細看（不帖）
擬照目遠內詳（識在二冊）之
此訂
李　　頓首
著錄之
（第一冊）於藏經二本目錄
大宋新譯三藏聖教序　皆七
御製
大宋新翻佛之教也
（第二冊）
古今佛道論衡實錄序
唐釋道宣撰　疑之
若先生上俎覽之
西京東大街宜文齋印
宋太宗製
此序即謂宋聖教序撰
撰問勤居此刻本稱為宋
御製者不與下列各目稱
果亦但題明帝相同
或書直呈宋本原
有人見道宣高僧撰都云之
信云此既係康撫

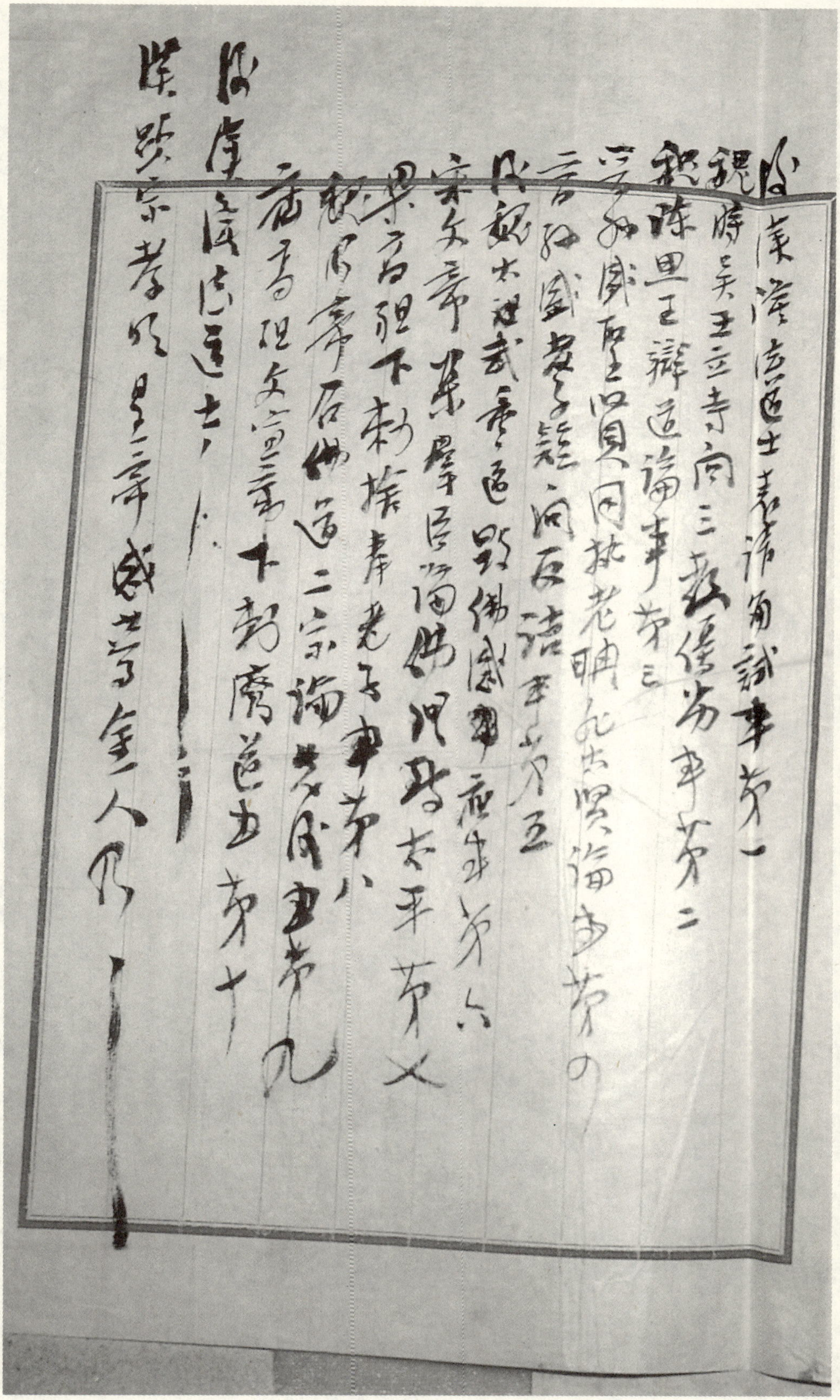
漢[illegible]法道士表請角試事第一
[illegible]時吳主立寺問三教優劣事第二
魏陳思王辯道論事第三
宋[illegible]因執老聃[illegible]論事第四
[illegible]國[illegible]疑問應詰事第五
元魏太武帝與道[illegible]佛[illegible]事第六
宋文帝集群臣論佛[illegible]太平事第七
梁高祖下勅捨事老子事第八
魏明帝召佛道二宗論老氏事第九
齊高祖文宣帝下勅廢道士事第十
[illegible]法道士
[illegible]宗[illegible]金人[illegible]

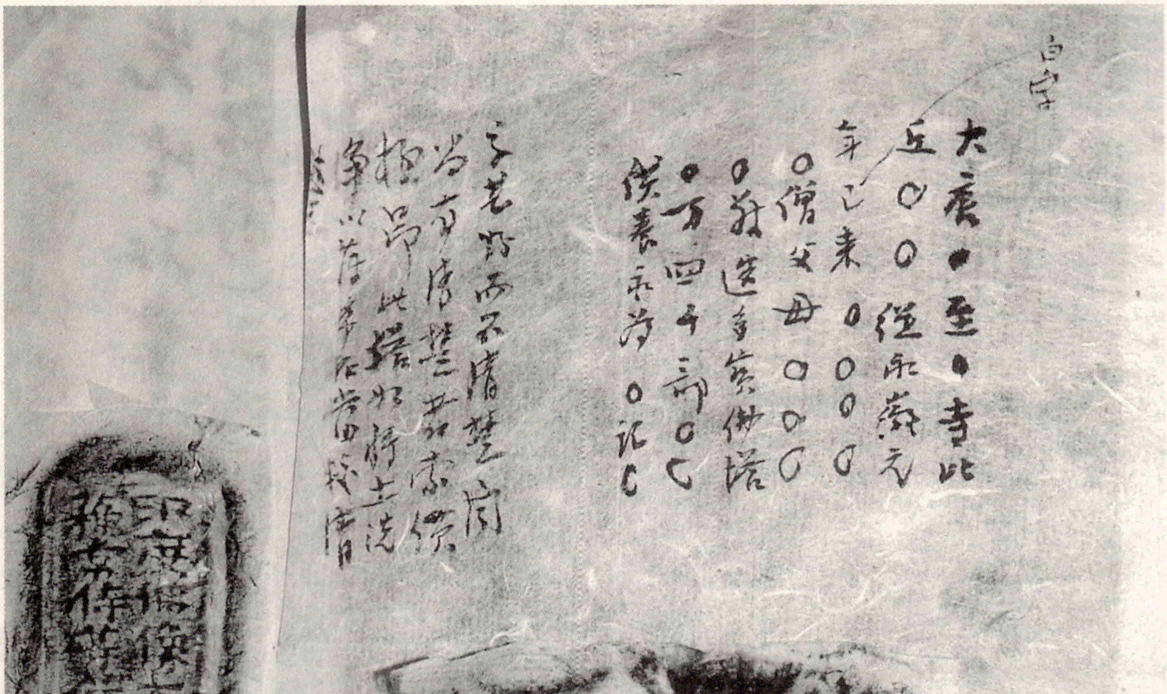

封第一件

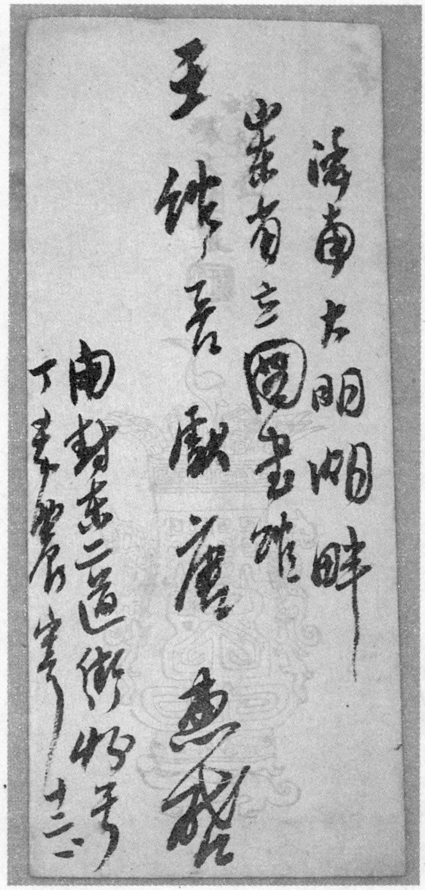

封第二件

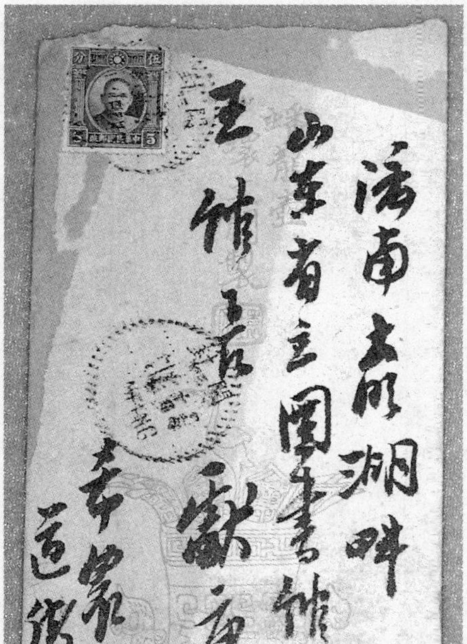

封第三件

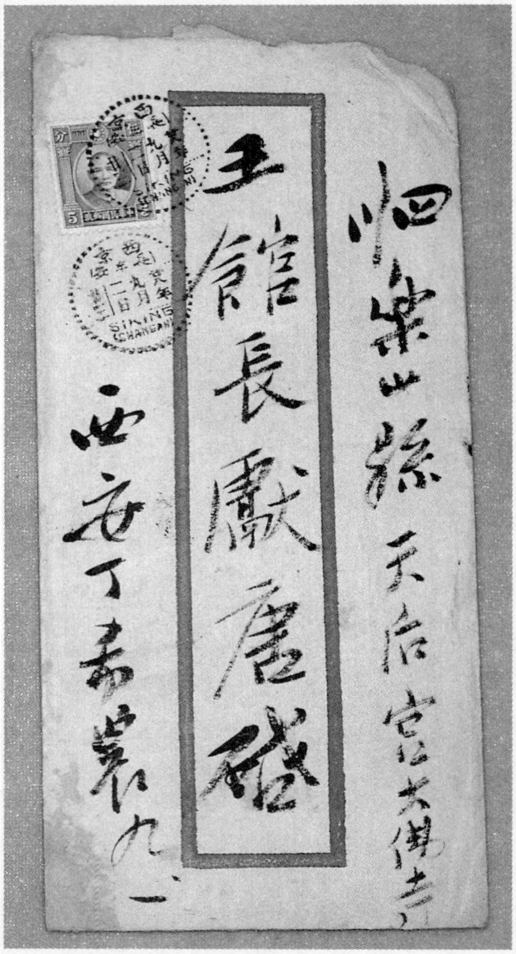

封第四件

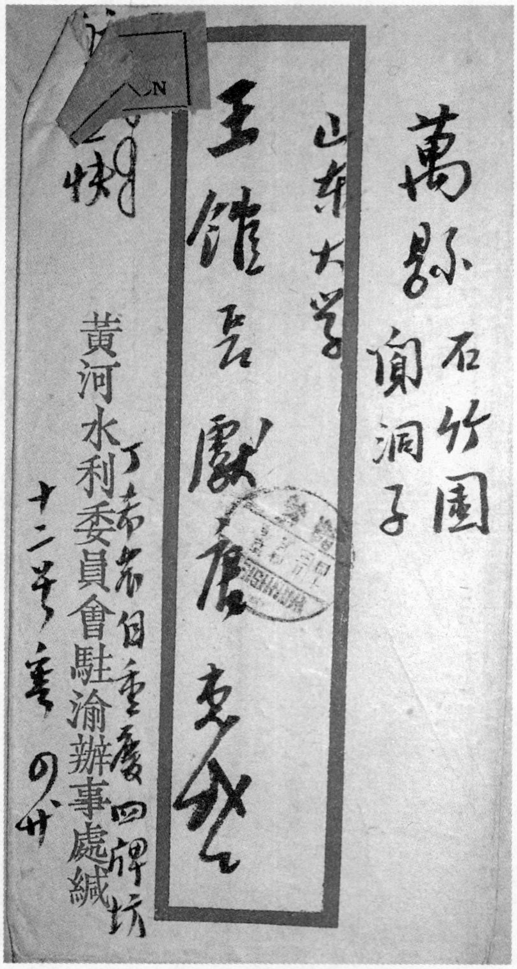

封第五件

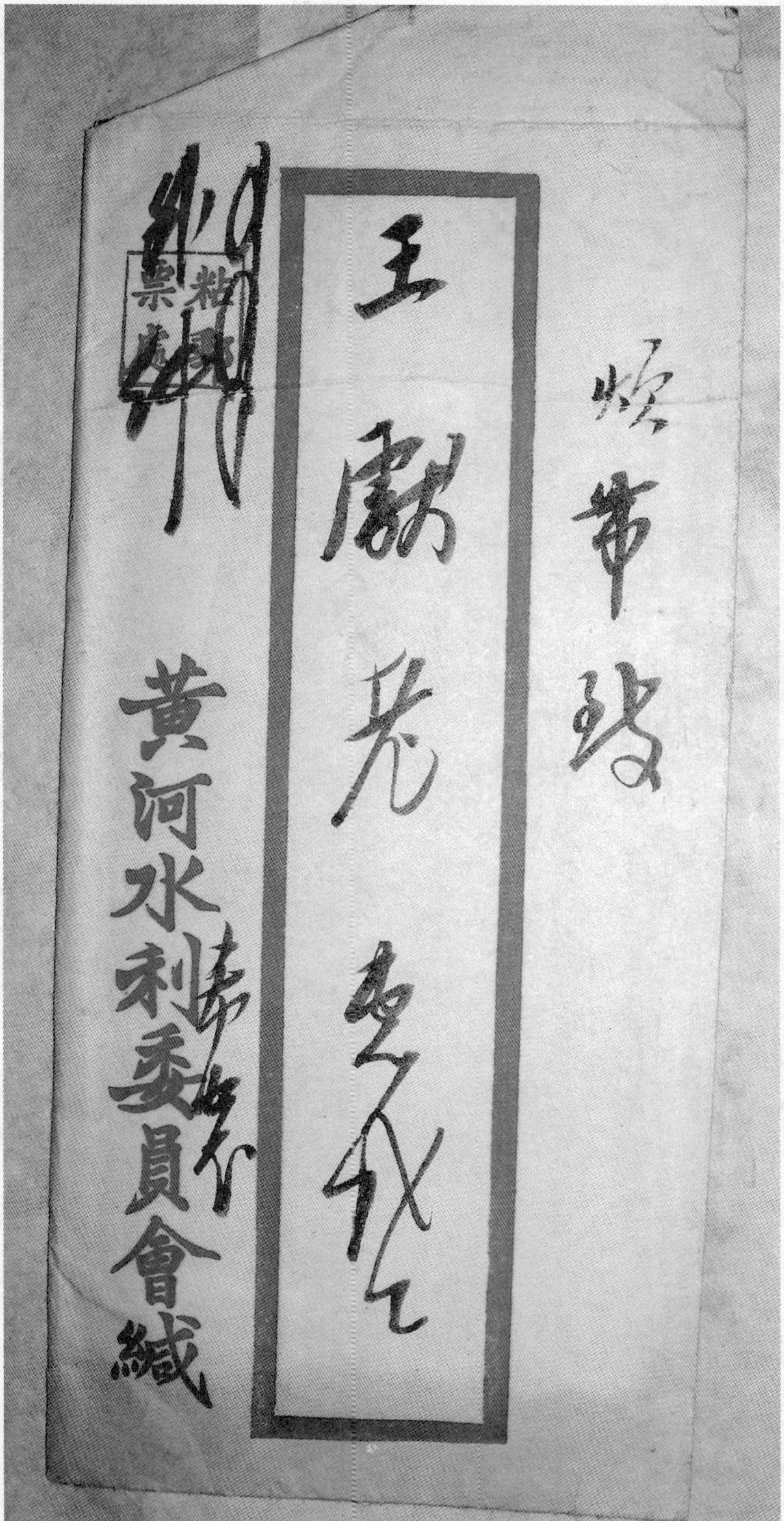

二百一十四　郭味蕖 書一通　封一件

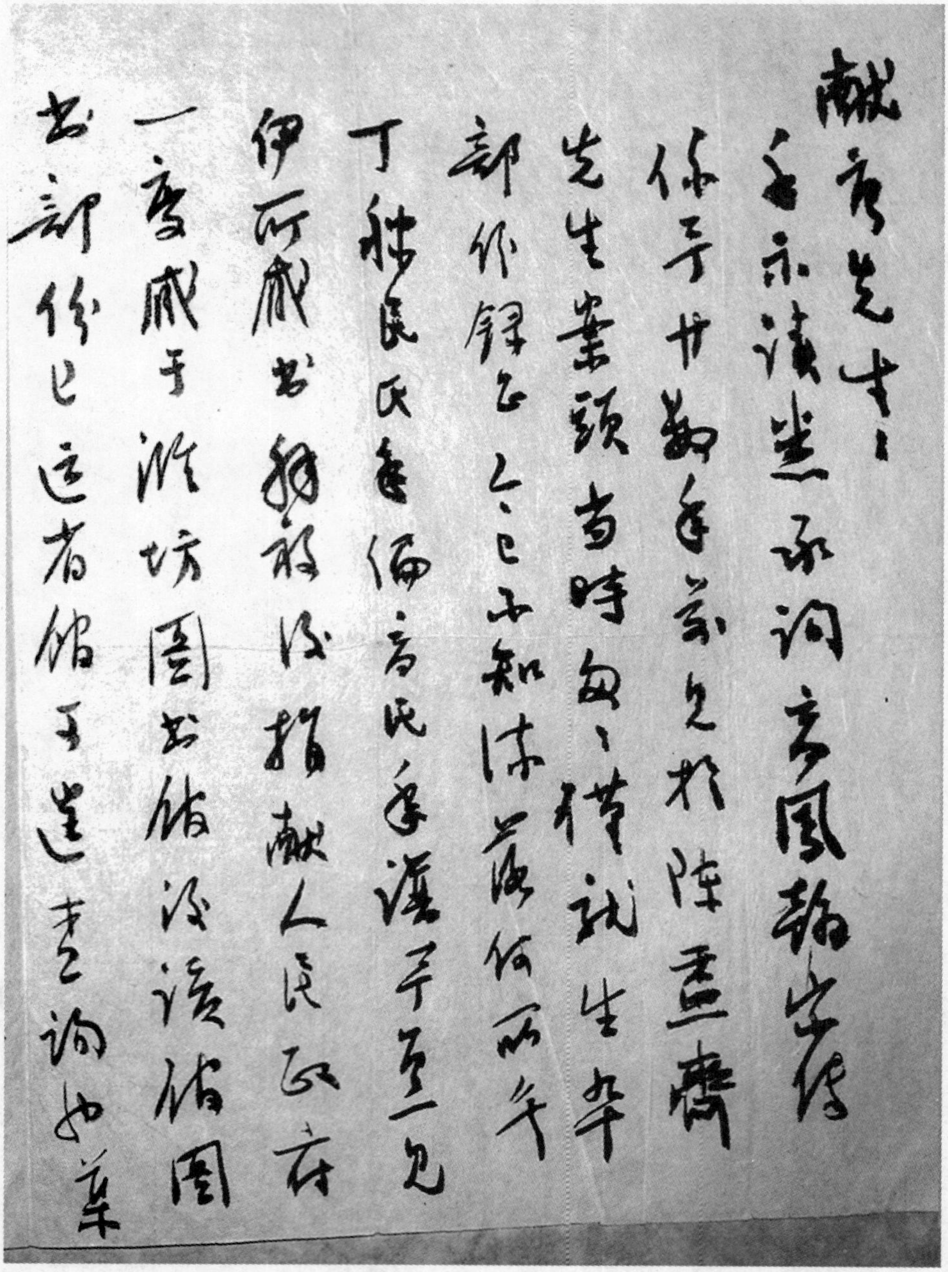

猷先生：
手示讀悉。承詢方風翰字傳
係乎廿數年前見於陳孟齊
先生案頭，當時匆匆，僅識生平
郭作録已已不知流落何所乎
丁輔臣氏舊藏，係高氏後讓乎至一見
伊所藏書籍，據指獻人民政府
一度藏于浙坊圖書館，浙館圖
書部份已送省館，于是查詢如草

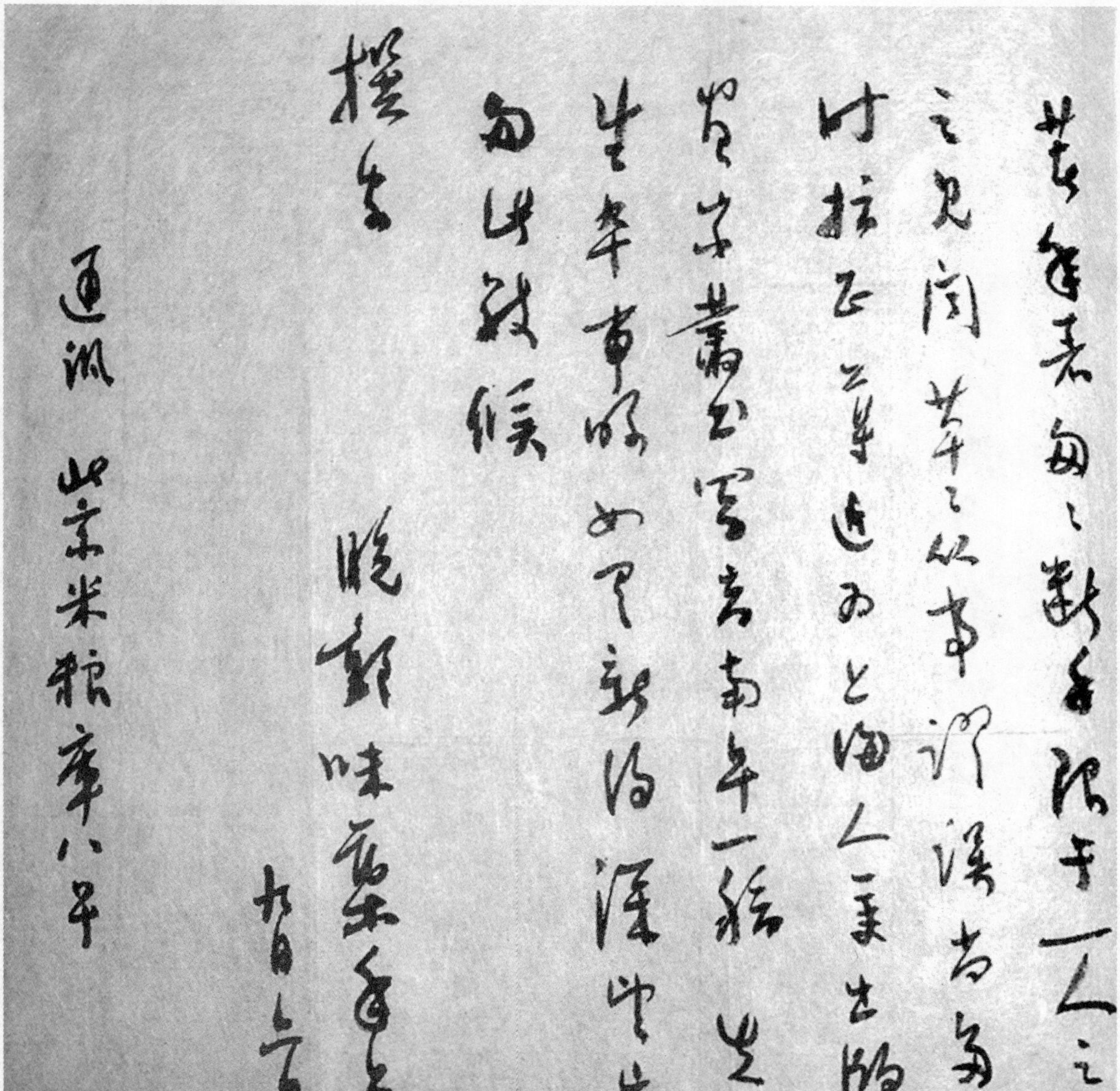

甚年來每每斷斷續續，一人之精力一地
之見聞，若干之從事調查者每去此隨
時搜及之，集之遺而上海人民出版社中國
歷史叢書寫書者年一結。先生對壽民
先生事略如可新洛深此亦知
為此敬候
撰安
晚鄭味蘗拜上
九月六夜
通訊 山東米糧市八號

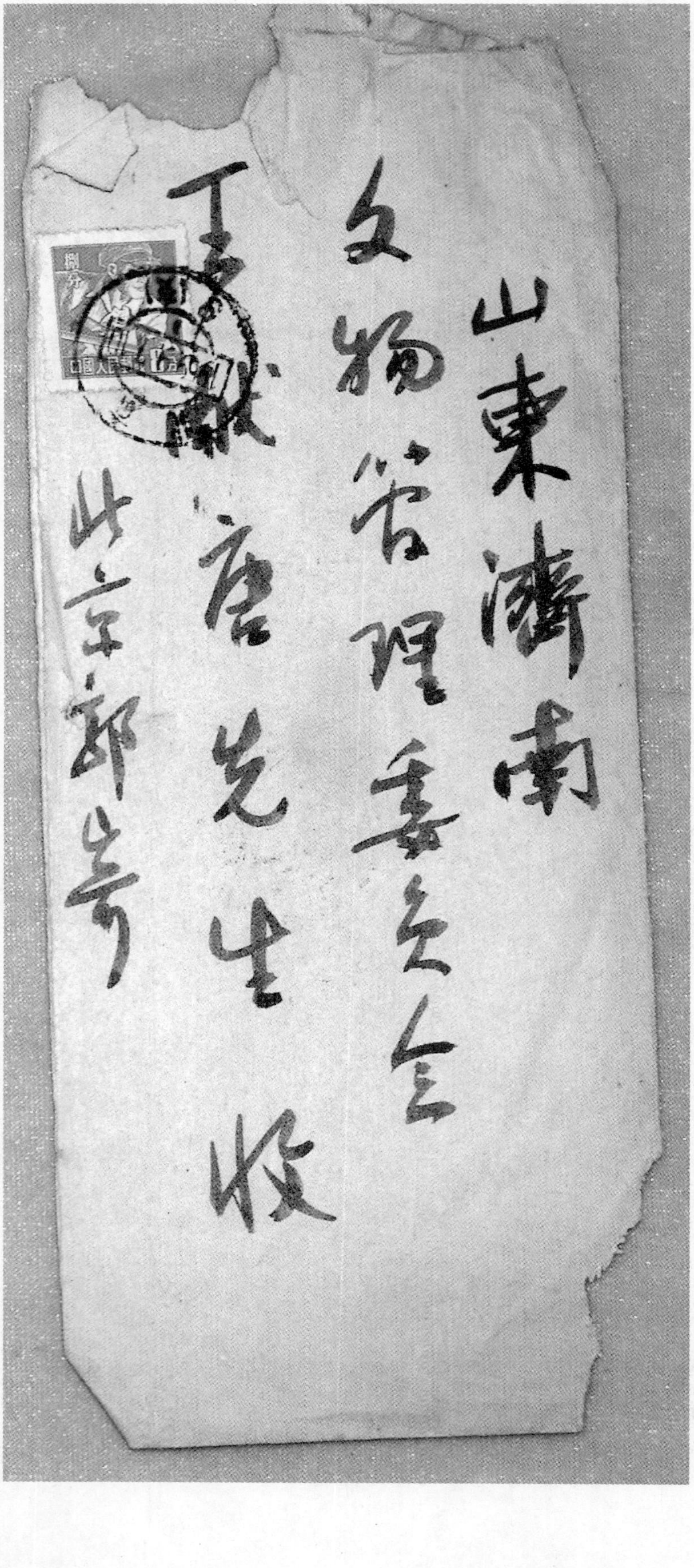
山東濟南
文物管理委員会
王獻唐先生收
北京郭寄

郭味蕖

二百一十五　孫海波

書一通　封一件

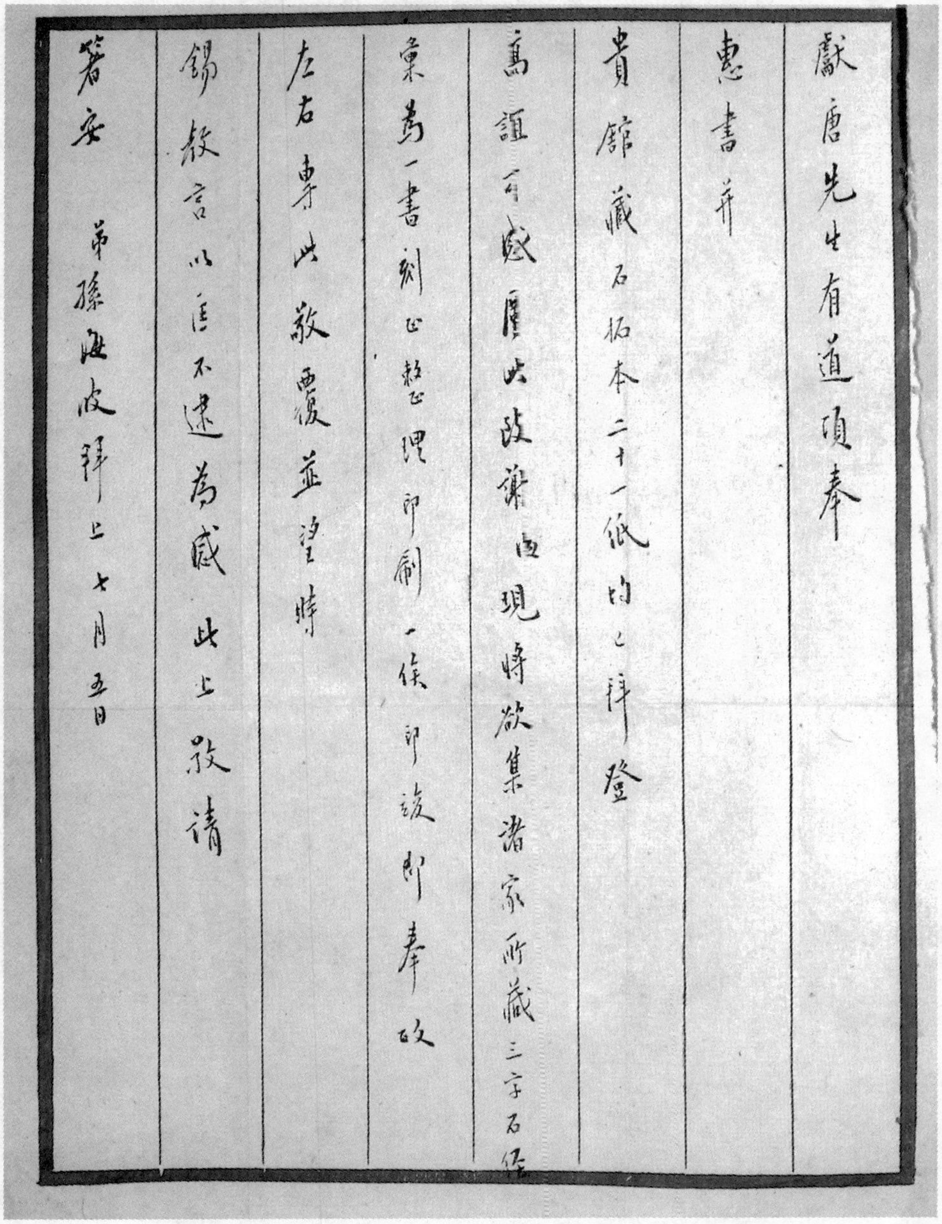

獻唐先生有道頃奉
惠書并
貴館藏石拓本二十一紙均已拜登
高誼可感廑此波謀由現時欲集諸家所藏三字石經
彙為一書刻正整理印刷一俟印竣即奉政
左右專此敬覆並望時
錫教言以匡不逮為感此上敬請
著安　弟孫海波拜上　七月五日

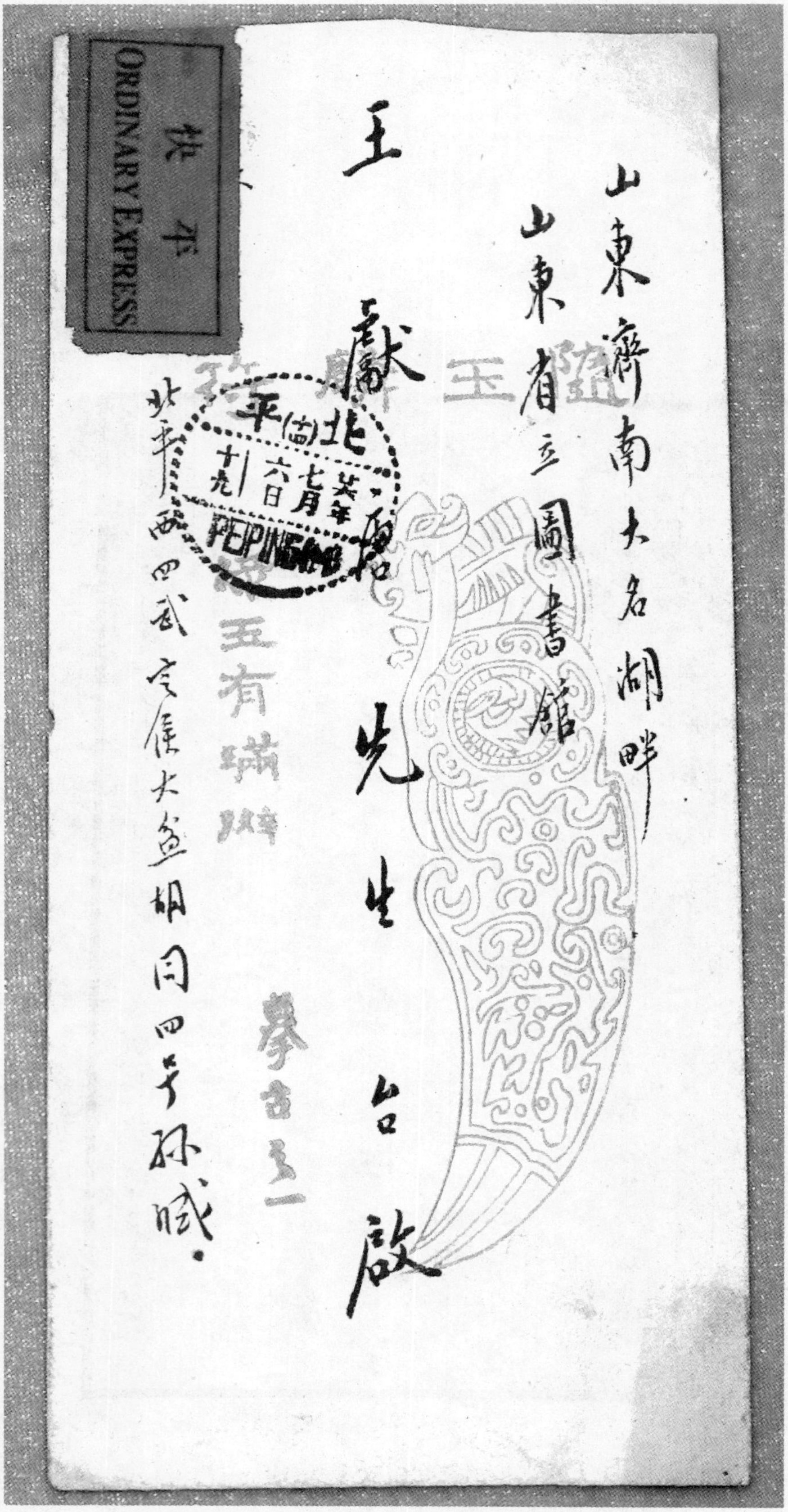
山東濟南大名湖畔
山東省立圖書館
王獻唐先生台啓
北平西四武定侯大盆胡同四号孫緘
快平
ORDINARY EXPRESS
北平
PEIPING

二百一十六 陳夢家 書四通 封三件

書第一通

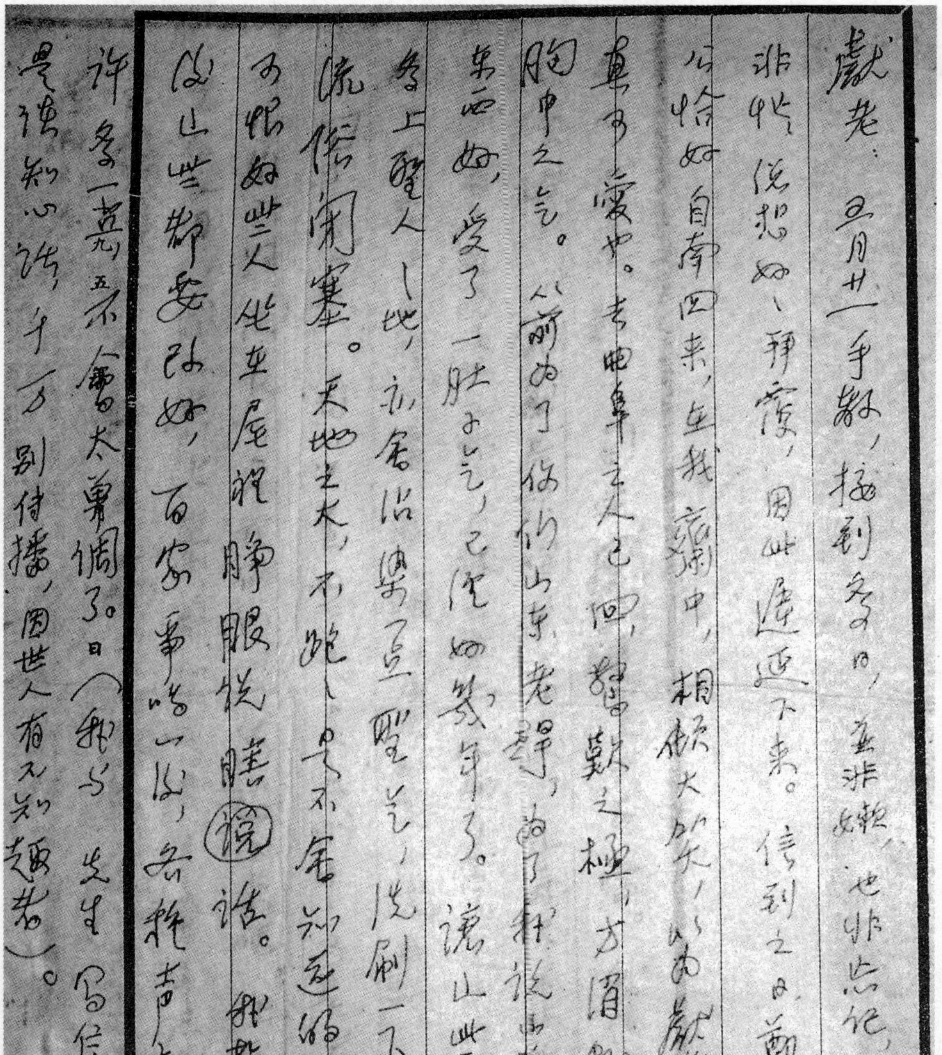

獻老：五月廿一手教，接到多日，並非懶，也非忘記，也非忙，總想好好靜靜，因此遲延下來。信到之日，鄭公恰好自南回來，在我寓中，相顧大笑，以為獻老真可愛也。去曲阜之人已回，驚歎之極，方消我胸中之氣。以前為了你們山東老鄉，為了耕說山東東西好，受了一肚子氣，已經好幾年了。讓山東人多上聖人之地，亦會洽染豆聖氣，洗刷一下流俗閉塞。天地之大，不能只是不會知道的。不能好些人坐在屋裡睜眼說瞎（說）話。我想此後山東都安靜些好，百家爭鳴以後，各種聲音也許多一萬九五不會太單調了。日（我與 先生寫信是說知心話，千萬別付播，因世人有不知趣者）。

郭公回来以，我们闻迅，[redacted]天天至當。我们现在不抬横了，偶尔共饮啤酒清谈。山西天木林老北来，看了五省出土文物，石刻也拿他开了一个，还不错。我们曾冒雨与老郭去看，开了眼，展出如是一块石頭。

阅了东山畧一首，送董思文，是分例中的患者。

郭公闻之归门院长，希望你们设法留下来吧。王庸生垂目，闻之甚深慕，因我们有意罢了王庸生稿的一部分，都无此物。王海如何，不管他造假不造假，总是人才。北京何必对的宗派气氛不要打倒。难道为封建服务，仍然胜于为洋人服务也。

陳夢家

你已把全部磚瓦整理完之，功德無量。我從希望你印刻出一部著錄，可勝于上圖室。問答見告內容、篇幅、完成日期。我從想早些出書，是一件大大要緊事。近來須極力不想多管別人的閑事。但此四件事，恐不能知然等你談了大家都要說其成。能不能賞一方臉，以便訂入出版計劃。你若要自由的做，也可做定了再告訴我。一切所尊便。此間忽又發函下之不定，我本也各日擬寫，又擬不成了。中說方法，無以策遠，思之煩心。

一九五四年六月十六日

陳夢家

獻唐先生：奉上月廿八日手書，快同晤談。連日因所中部分遷移，經常開會，既無暇研究，義乎甚少擁賞，終日碌碌，而一事無成，常覺不安之極。郡國鉨冊前曾借至齋中觀摩，已歸還主人，容請人拓奉。因近來不知拓工何往，故需稍待，定可辦到也。承允啟篋尋檢拓甲骨本，感謝感謝。甲骨之事非常頭痛，而明年需作一總結報告，甚盼一先作成，以後不再做，定以了結此緣法。惟在此一年中總當盡可能努力搜集一番，務乞徽兄為我家作一總結，亦為自己作總結也。

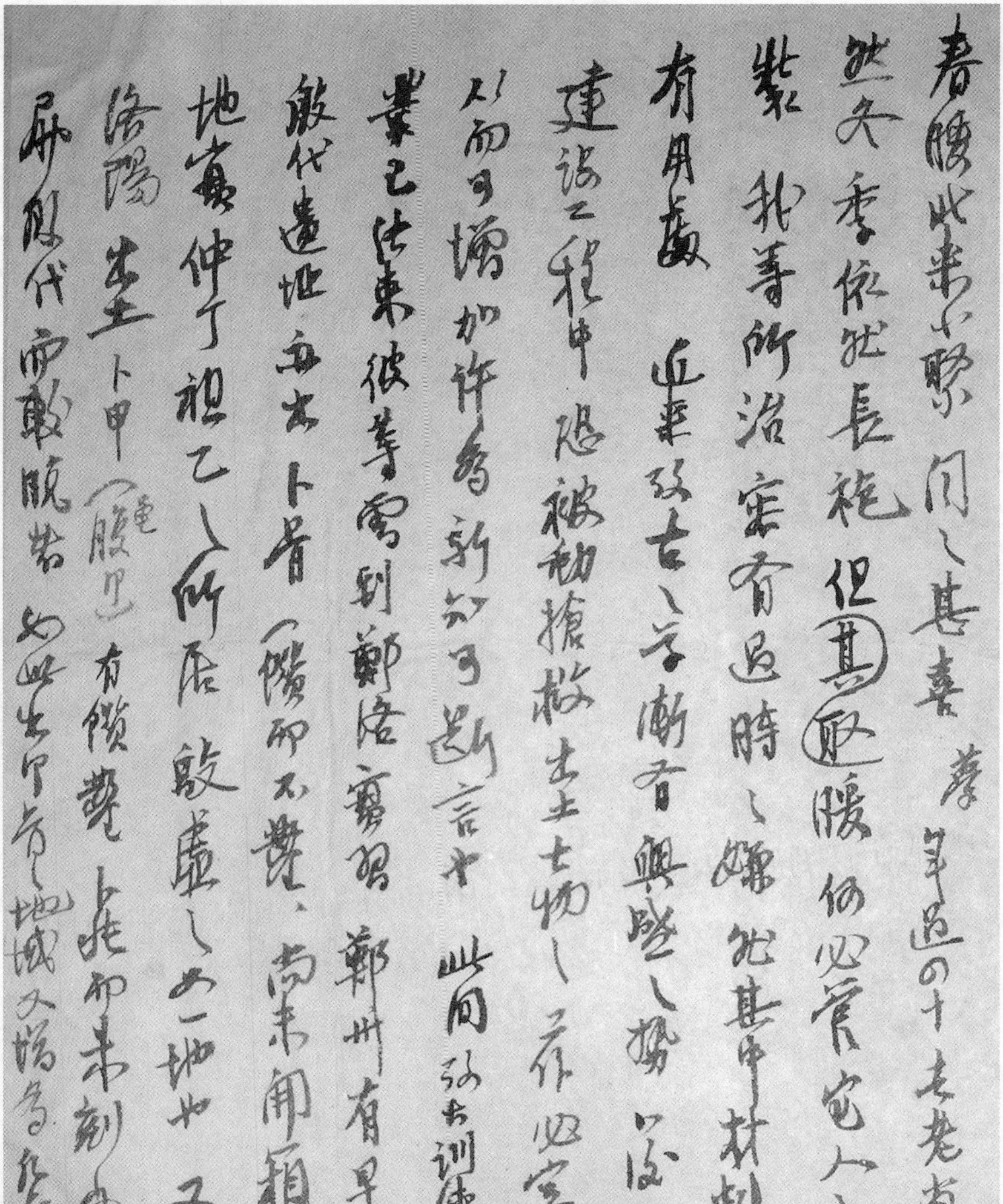

春暖此來驟聞之甚喜。孝華過四十，去老尚遠，
然冬季依然長袍，但其取暖何必實定之短
裝。我等所治實有過時之嫌，然其中材料，仍
有用處。近來殷古之學漸有興盛之勢，以後從
建設之程中，恐被動擾散出土古物之作，必定繁多，
以而可增加許多新知，可斷言也。此間殷古訓練班
業已結束，彼等需到鄭洛實習。鄭州有早期
殷代遺址，出土卜骨（鑽而不鑿，尚未用龜），其
地實仲丁祖乙之所居，殷虛之外一地也。又所見
洛陽出土卜甲（龜腹甲）有鑽鑿，上非而未刻字，似
屬周代而殷晚者。如此出卜甲之地域又增多，可作證。

關于祭器與殉葬器二事，鄙見如下：所謂殉葬器者包括用器（包括戰獵品等）、祭器及專爲殉葬而作之明器。所謂祭器分爲兩類：一爲地上宗廟之祭器，即微子所持者，古傳所記宗器等均是（出土宗器均是）；一爲地下墓室之祭器（明器及專爲殉葬而作之祭器）。因此，出土父某且某之器可以是地上宗廟之殉葬者，可以是專爲墓室而作之祭器。凡屬于前者（即宗廟祭器之殉葬者）可以是所殉者擬若父之祭器

陳夢家

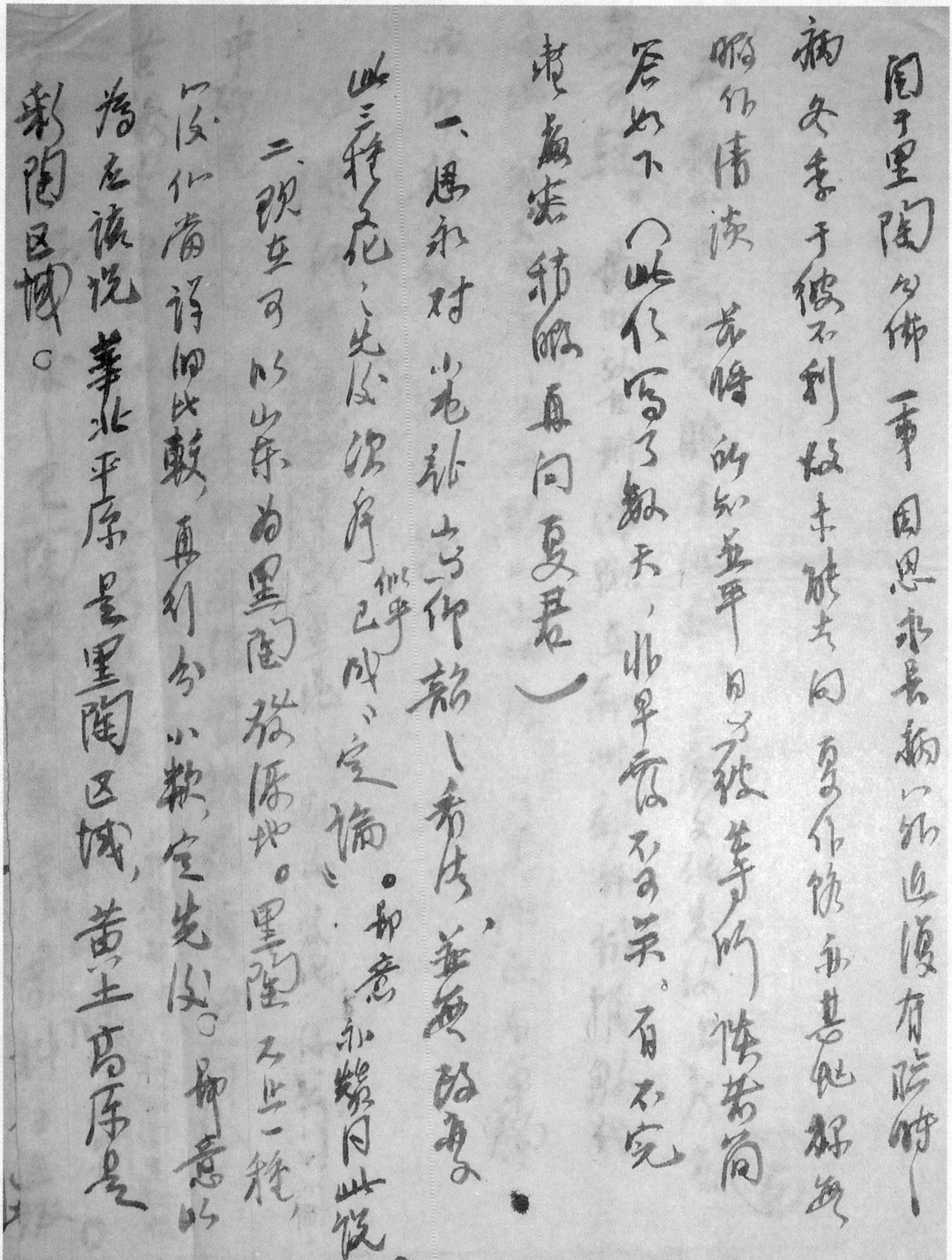
關于黑陶分佈一事，因思永長病，以外還須有臨時稿文，素于彼不利，故未能去向專作詳承，甚覺抱歉。暇作清談。茲將所知並平日所疑等條陳簡答如下（此信寫了數天，非早寄發不可矣。有不完處，請容待暇再向夏君）

一、思永對小屯龍山與仰韶之看法，並無踰越。此三種文化之先後次序（似乎已成定論）。鄙意亦贊同此說。

二、現在可以山東為黑陶發源地。黑陶不止一種，以後仍當詳細比較，再行分小類，定先後。鄙意以為應該說華北平原是黑陶區域，黃土高原是彩陶區域。

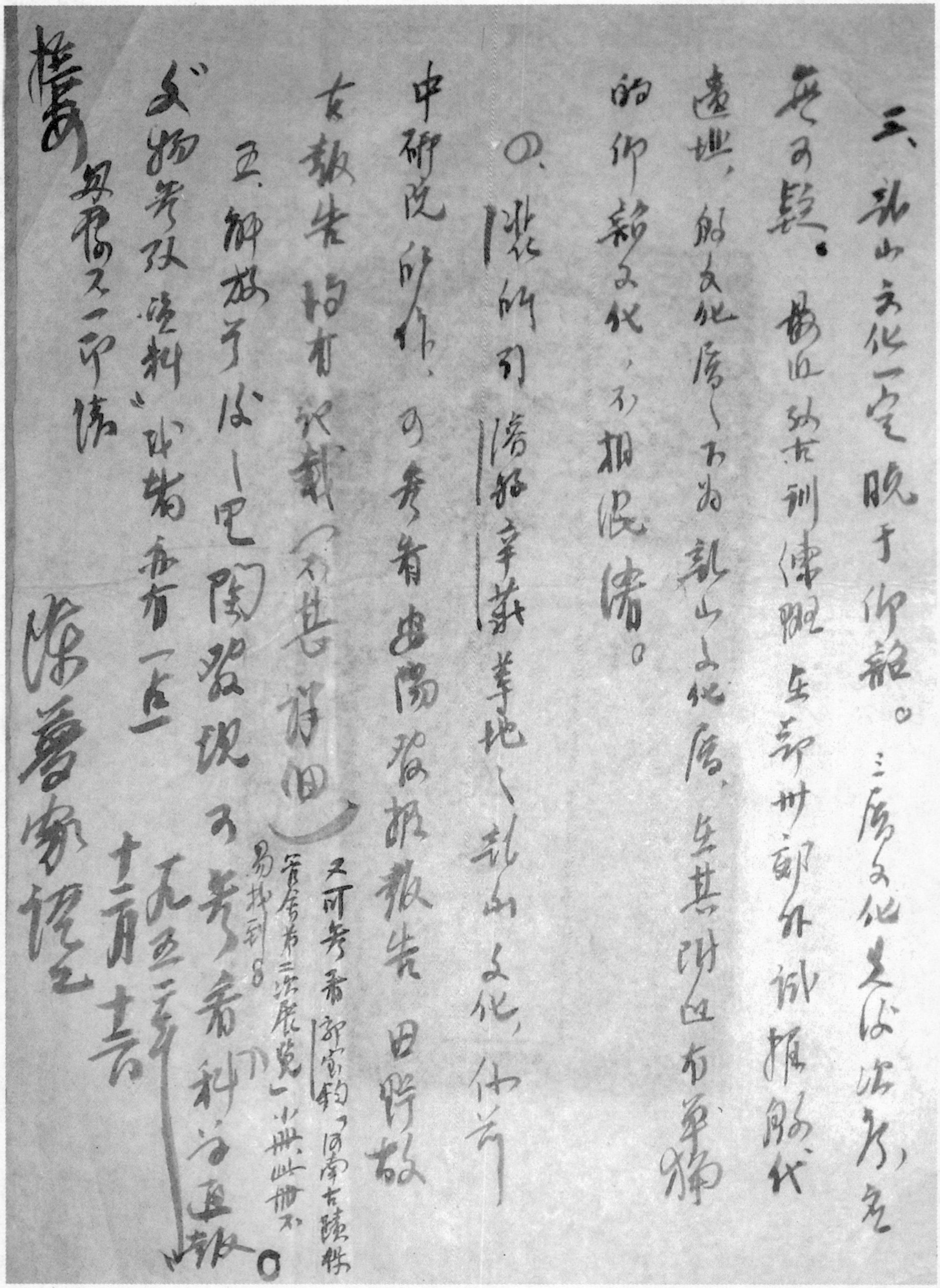

三、龍山文化一定晚于仰韶。三層文化是從次序定無可疑。最近我在訓練班在鄭州郊外試掘,殷代遺址,殷文化層下為龍山文化層,在其附近有單獨的仰韶文化,不相混淆。

四、裴所引洛陽辛莊等地之龍山文化,係前中研院所作,可參看安陽發掘報告、田野考古報告均有記載(不甚詳細)。又可參看郭寶鈞「河南古蹟概況」(第二次展覽小冊),此冊不易找到。

五、解放以後,已陶發現,可參看科學通報、《文物參考資料》,此皆有一點。

撰安

與貴所不一一即請

陳夢家頓

十二月十二日

一九五一年

陳夢家

書第三通

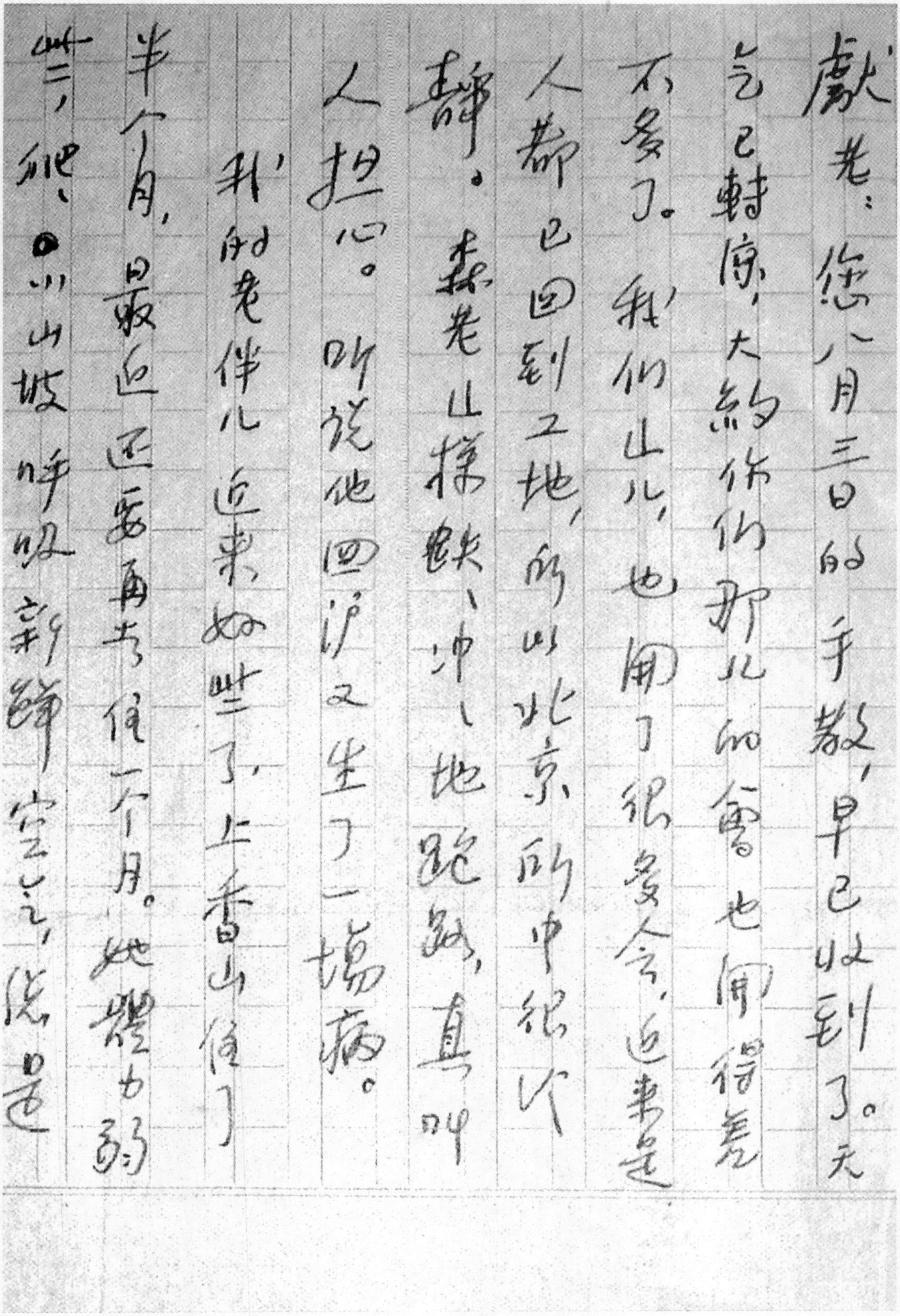

獻老：您八月三日的手教，早已收到了。天气已轉凉，大約你们那儿的會也開得差不多了。我们此儿，也開了很多会，近来是人都已回到工地，所以北京所中很冷靜。森老此樣缺、冲冲地跑跳，真叫人担心。听说他回沪又生了一場病。

我的老伴儿近来好些了，上香山住了半个月，最近还要再去住一个月。她體力弱些，爬小山坡，呼吸新鮮空气，總是

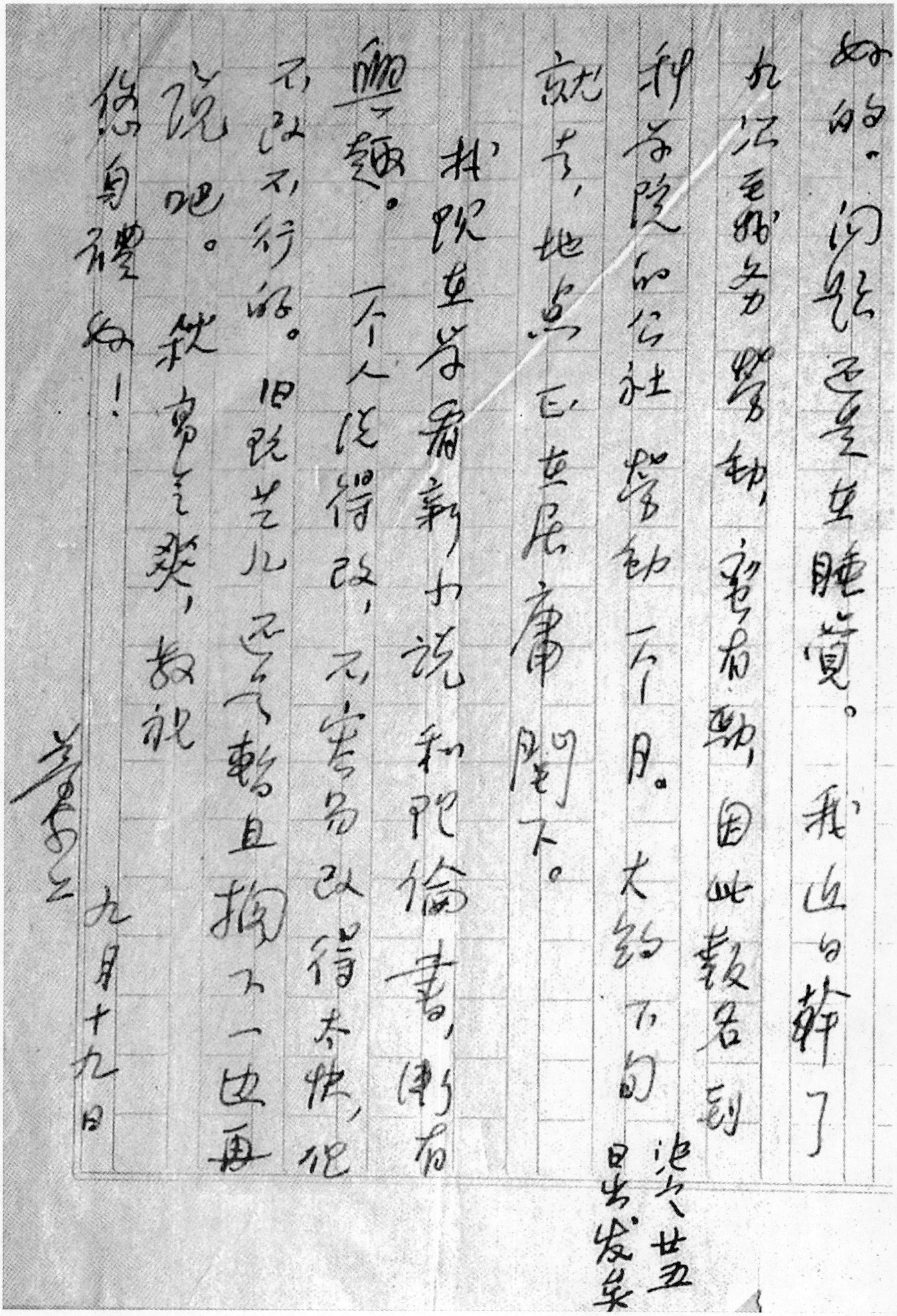
好的。同點近來在睡覺。我近日幹了九個星期勞動，還有勞動，因此報名到科學院的公社勞動一個月。大約下旬就去，地點正在居庸關下。決於廿五日出發矣

我現在學看新小說和理論書，漸有興趣。一个人說得改，不容易改得太快，但不改不行的。舊說老几近來暫且擱下一些再說吧。欽寫之爽，敬祝

您身體好！

夢家 上

九月十九日

書第四通

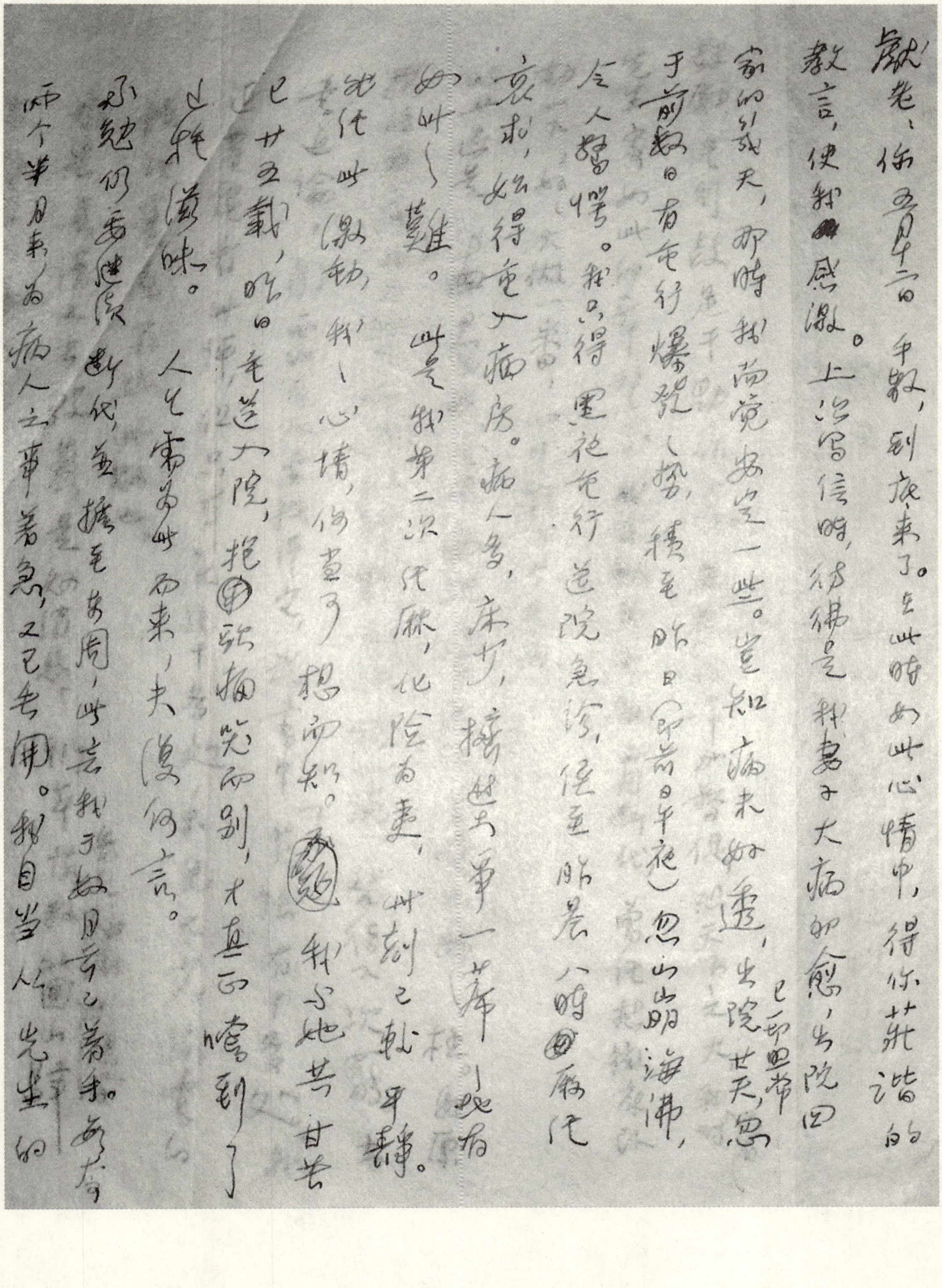

獻老：你三月二日手教，到今天來了。在此時此心情中，得你莊諧的教言，使我感激。上次寫信時，彷彿是我妻子大病初愈，出院回家的幾天，那時我尚覺安定一些。豈知病未好透，出院廿天，忽于前數日有再行爆發之勢，積至昨日（即前日午夜）忽如山崩海沸，令人驚慌。我只得黑夜再行送院急診，住至昨晨八時，屢次哀求，始得再入病房。病人多，床少，據説是第一幕，她有如此之難。此是我第二次經歷，化險為夷，此刻已較平靜。我經此激動，我之心情，你盡可想而知。我與她共甘苦已廿五載，昨日再送入院，抱頭痛哭而別，才真正嘗到了生離滋味。人生需如此而來，夫復何言。不勉仍要繼續工作，並擬至本周，此書我于如月前已着手。無奈兩个半月來，為病人之事着急，又已告困。我自當以先生的

鼓勵，在於鼓足干勁作下去。並非你當加督促，說天下之大，我對只有

先生寄如此的希望了。我前數月在寫甲骨斷代，曾經想徵求你

動一下，好好大做一番，心中擬了個大綱。

此正是「西周的」，後來病況又有些變化，竟覺不好了杜。我原

擬將無論「西周銅器斷代」的計劃向你說一說，留待下次寫。書

還是論，聞西北有人要批評它，說書中「錯誤」有十多處。我

正等候看此評，但只有錯誤十多處，未免太少，該書的

錯誤甚在不止此數也。

承告長清之出殷墓，是好消息。1919年該縣於崮山驛（參見梅原形態學）

出銅器七件（田告錯），我恍惚記得是殷代的，此次

三墓大器同出。考古所今年放了，我個人上班

陳夢家

澗蕙，蕙蕙，

么好消息，你走了，我去能給我一些吧。

今早一大早即起，小小庭園中，大大的炎的月季業已

放苞待放，金錢菊花射出了五紅的武器，最可痛心

者是一尾黃色的美人蕉，金開了如美人蕉，

你以為蕉？憔悴乎？心傷乎？

不多寫了，不然也想請教你關于札如何著手的問題。三

匆匆即請

撰安

晚 陳夢家 敬上

五月十六日午前

封第一件

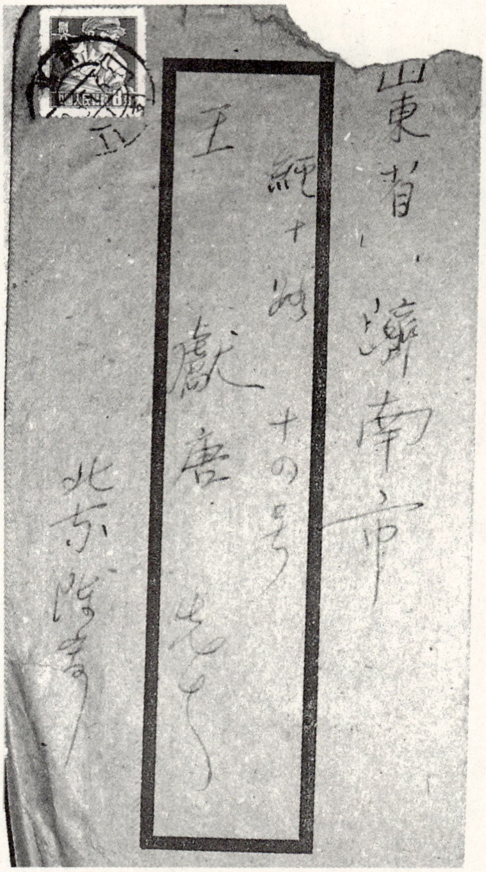

封第二件

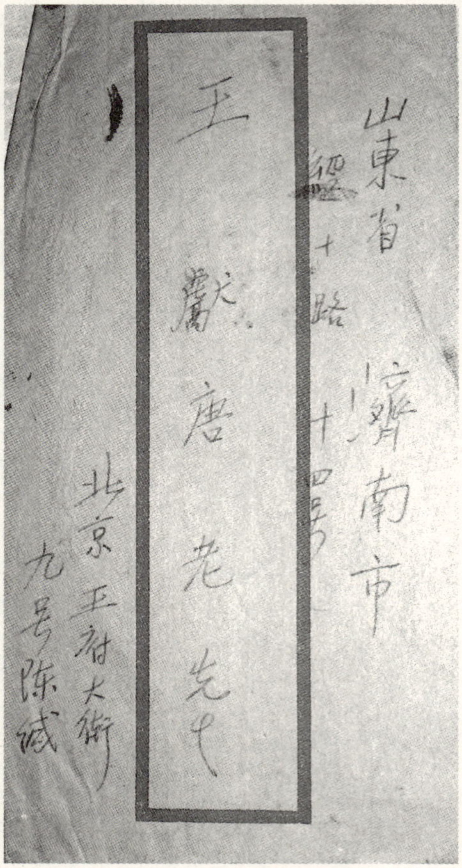

封第三件

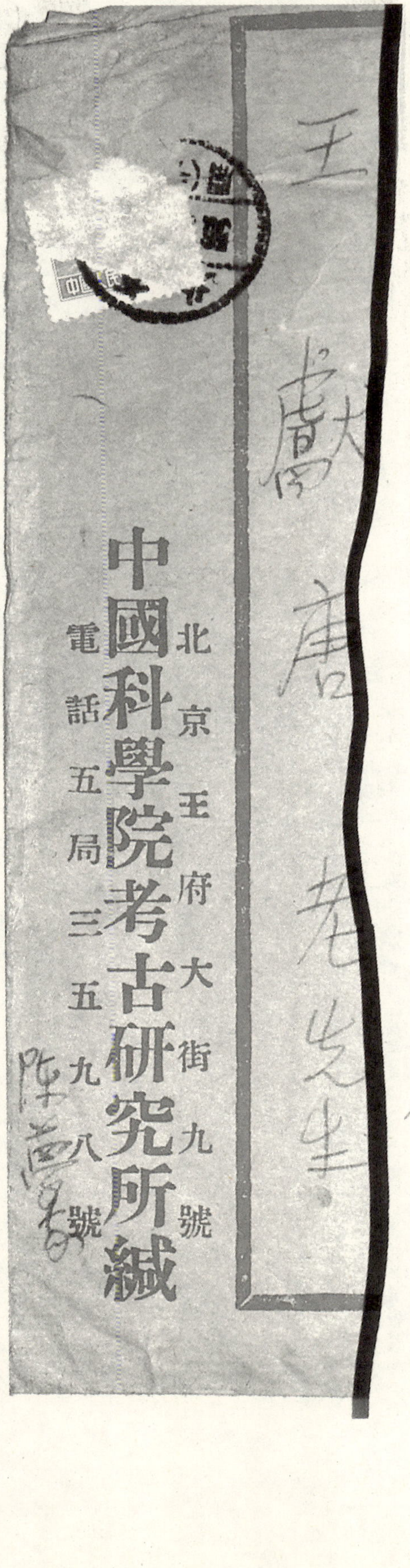

二百一十七 胡厚宣

書一通 封一件

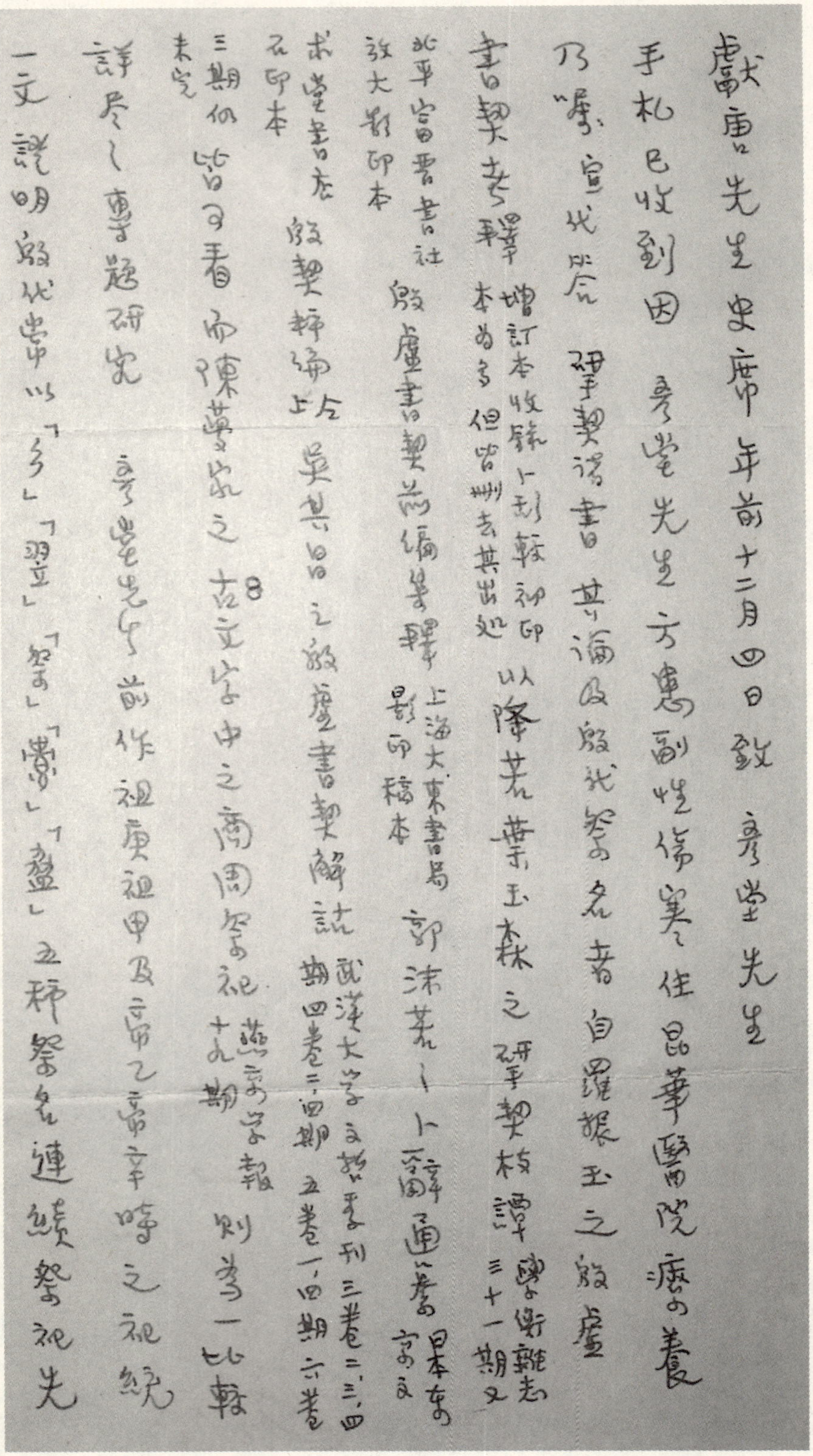

獻唐先生史席：年前十二月四日致彥堂先生手札已收到，因彥堂先生方患副性傷寒，住昆華醫院療養，乃囑宣代答。研契諸書其論及殷代祭名者，自羅振玉之殷虛書契考釋（增訂本收錄卜辭較初印本爲多，但皆刪去其出處）以降，若葉玉森之研契枝譚（學衡雜志三十一期，又北平富晉書社放大影印本）、殷虛書契前編集釋（上海大東書局影印稿本），郭沫若之卜辭通纂（日本東京文求堂書店石印本）、殷契粹編（上仝），吳其昌之殷虛書契解詁（武漢大學文哲季刊三卷二、三、四期，四卷二、四期，五卷一、四期，六卷三期，未完），似皆可看，而陳夢家之古文字中之商周祭祀（燕京學報十九期）則爲一比較詳盡之專題研究。彥堂先生前作祖庚祖甲及帝乙帝辛時之祀統一文，說明殷代常以「彡」「翌」「祭」「壴」「劦」五種祭名連續祭祀先

祖先妣凡三十六旬而一周即所謂「一祀」宜　再擬殷商祀典概說一題
目的在將所有關於祭祀之卜辭作一總括之整理現仍在修訂編輯中
他日寫定當可呈政於
先生
尊著何日脫稿再呈審先睹為快也　彥堂先生之病已見痊日內
當可以出院　並聞　專此奉覆即頌
著安

後學
胡厚宣頓首拜
廿七年十二月廿一日

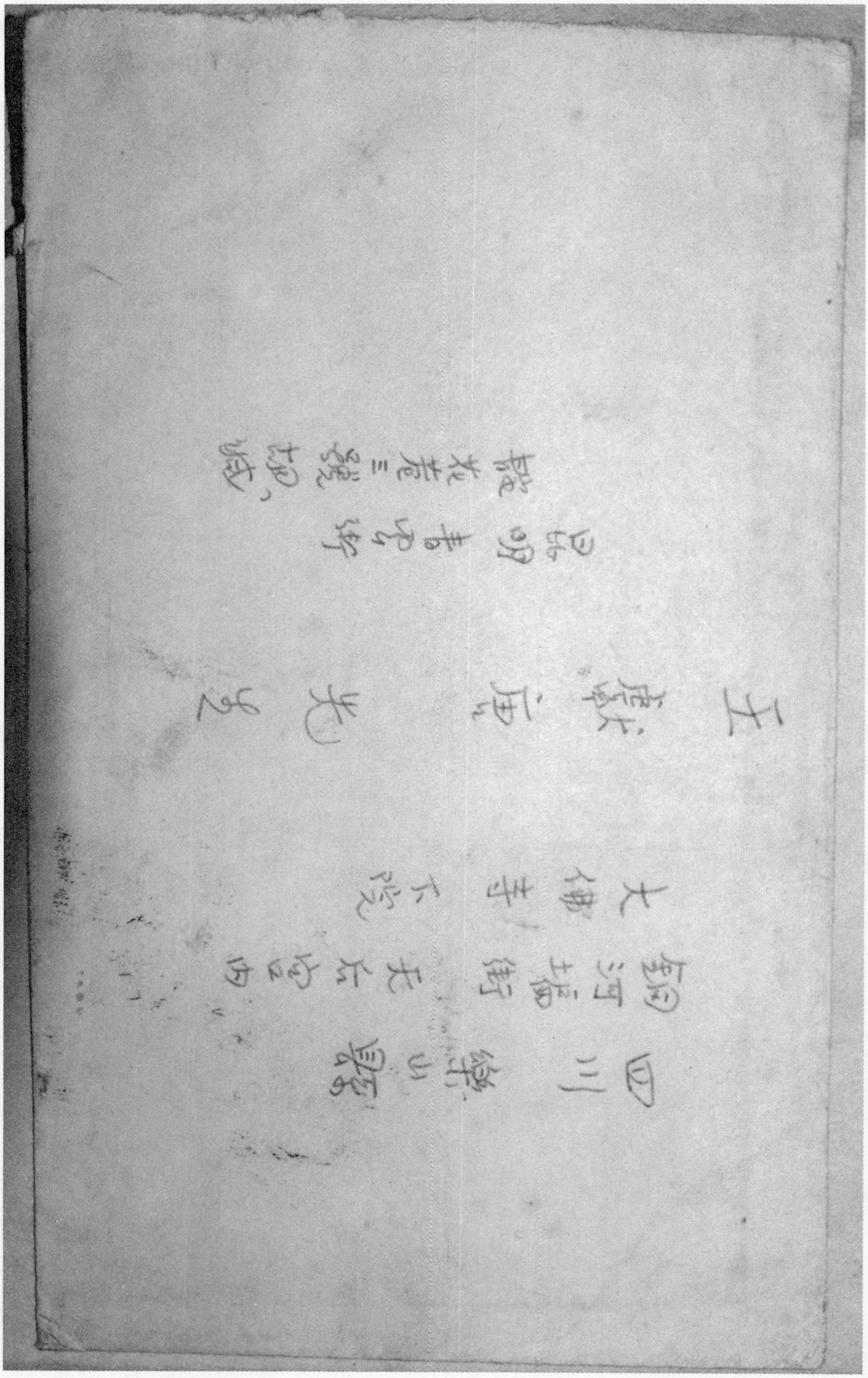

胡厚宣

二百一十八

孫志傑

書一通 封二件

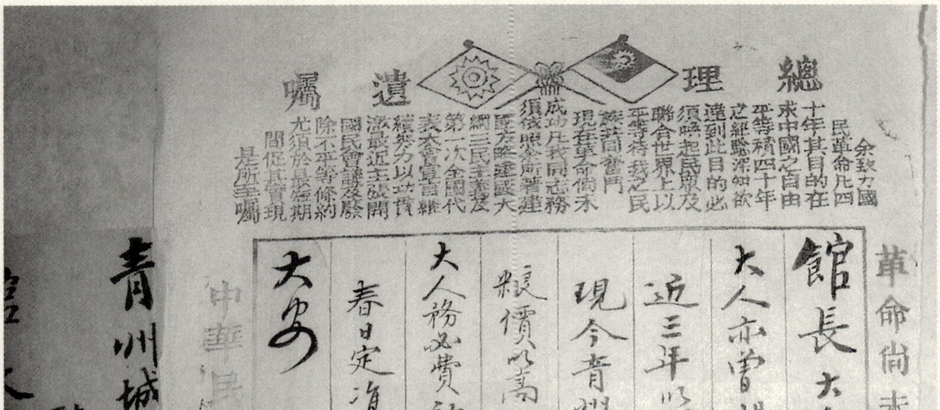
總理遺囑

革命尚未成功 同志仍須努力

館長大人尊鑒 卑人前月來信三次
大人亦曾賜一回函 深知忙於開幕無暇 卑人
近三年以裡多蒙大人提拔看顧 感恩無極
現今青州糧米高貴 麦子二元七毛錢半斗 穀與高
粱價以萬 須人今忍飢等代 即致離散 困口敬煩
大人務必費神匯寄 百拜感德 萬望萬望 即轉年
春日定當盡心給 大人跑跟以報救急 敬請
大安
小人孫志傑上言

青州城裡縣十字口德馨齋
號中人 偕敬請

封第一件

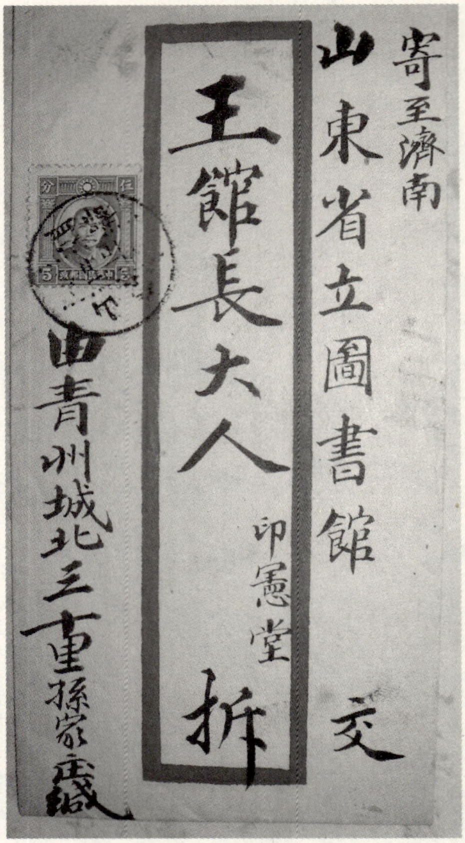
寄至濟南
山東省立圖書館
王館長大人
拆
交
由青州城北三十里孫家莊緘

封第二件

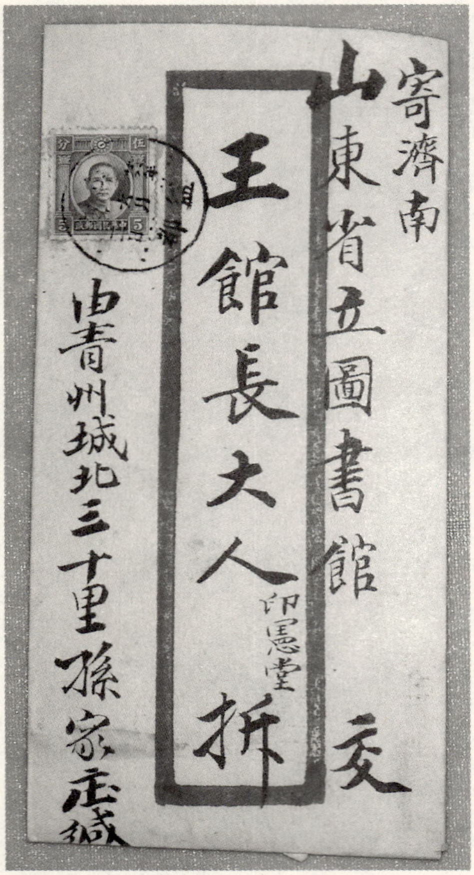
寄濟南
山東省立圖書館
王館長大人
拆
交
由青州城北三十里孫家莊緘

二百一十九 羅竹風

書一通 封一件

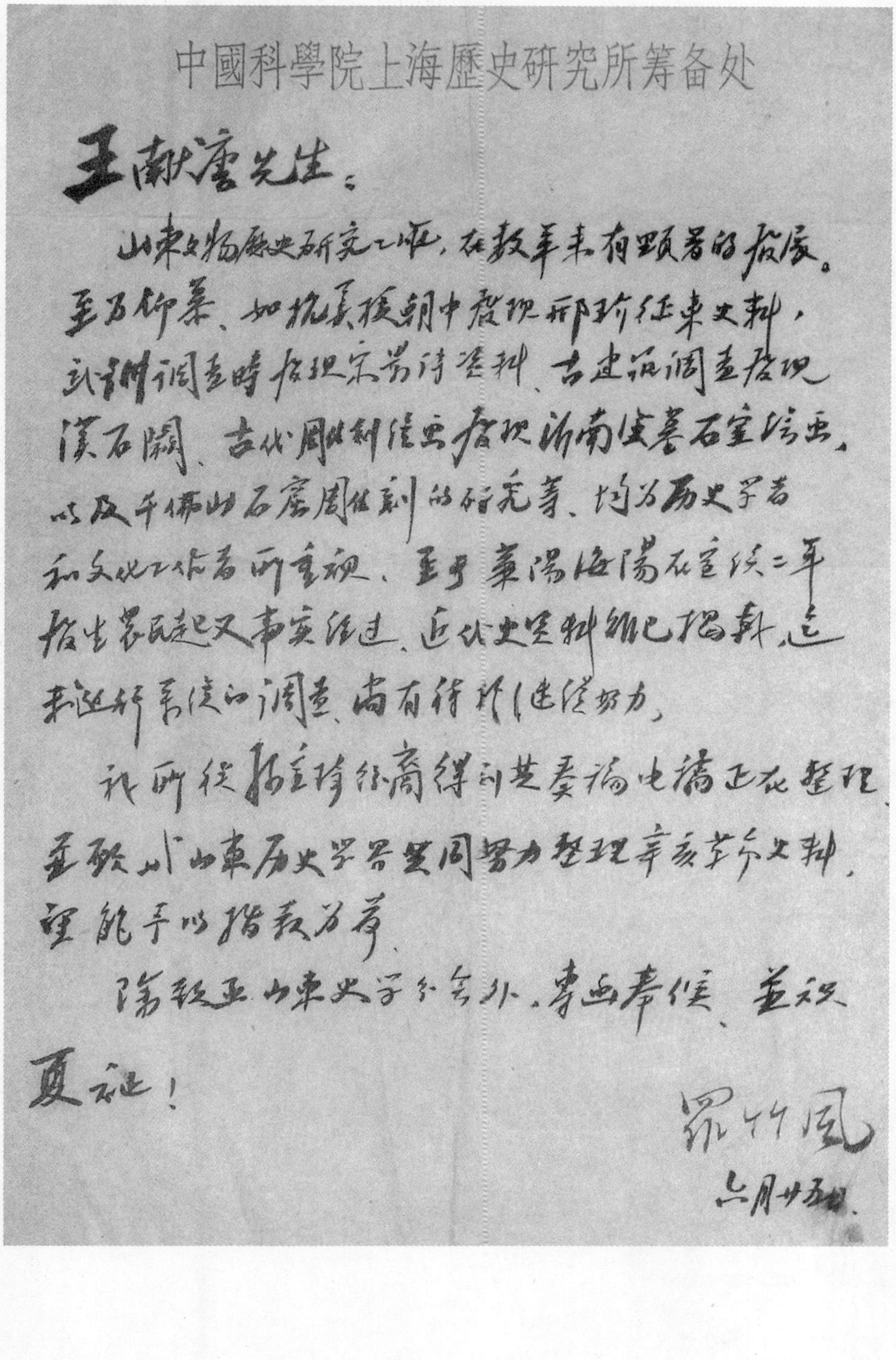

中國科學院上海歷史研究所籌备处

王獻唐先生：

山東文物歷史研究工作，在數年來有顯著的發展。至為仰慕。如抗美援朝中發現邢玠征東史料，武訓調查時發現宋常侍資料，古建築調查發現漢石闕，古代雕刻繪畫發現沂南漢墓石室繪畫，以及千佛山石窟圖像刻的研究等，均為历史学者和文化工作者所重視。至于萊陽海陽在宣統二年發生農民起义事實經过，近代史史料雖已發掘，還未進行系統的調查，尚有待於繼續努力。

我所從韓主持徐商得到楚秀稿也倩正在整理，並聯繫山東历史学界共同努力整理辛亥革命史料，望能予以指教为荷。

除致函山東史学分会外，專此奉候，並祝

夏祉！

羅竹風

六月廿五日

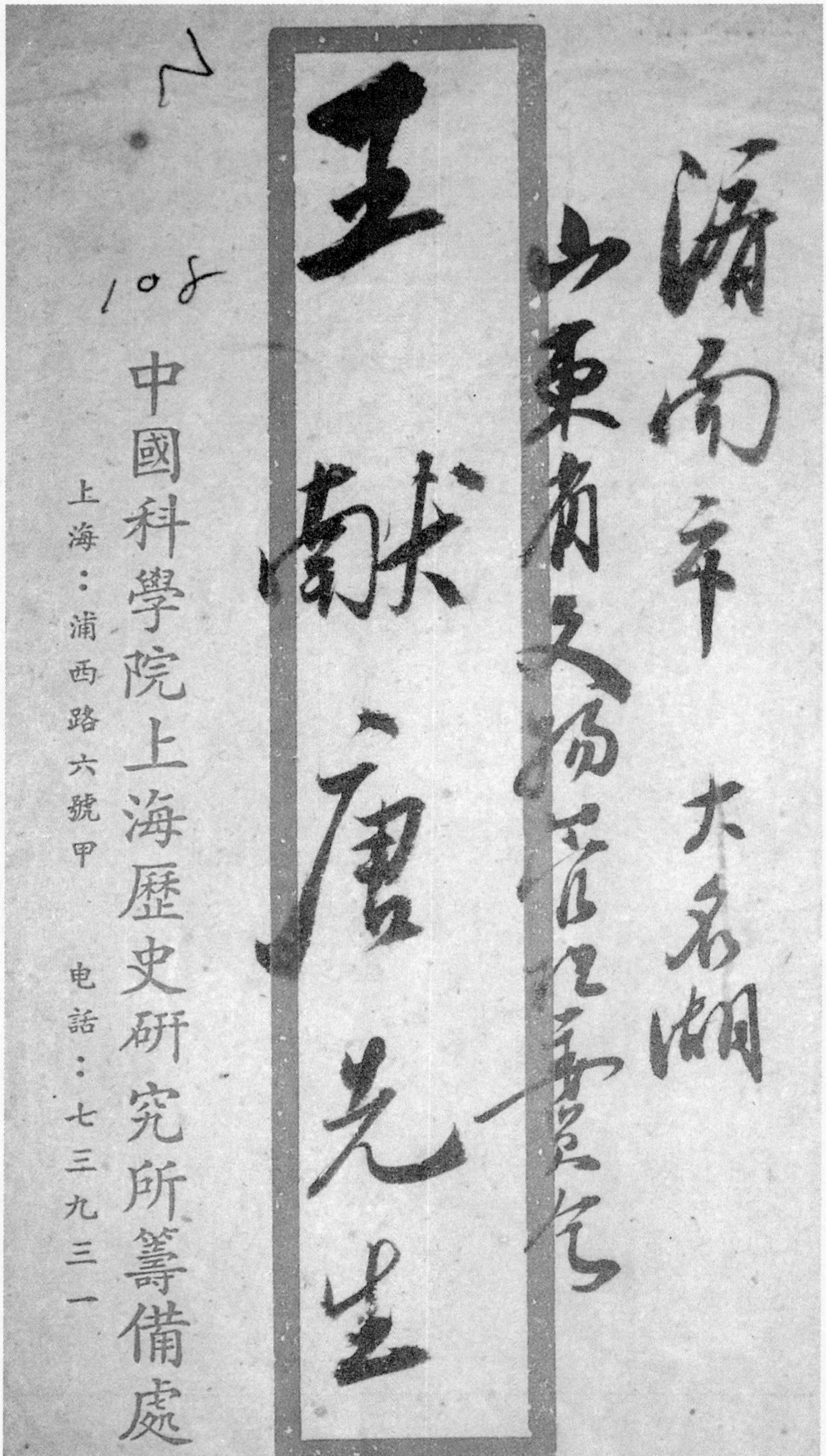

濟南市
王獻唐先生
108
中國科學院上海歷史研究所籌備處
上海：浦西路六號甲　电話：七三九三一

二百二十　金祖同

書三通　封三件

書第一通

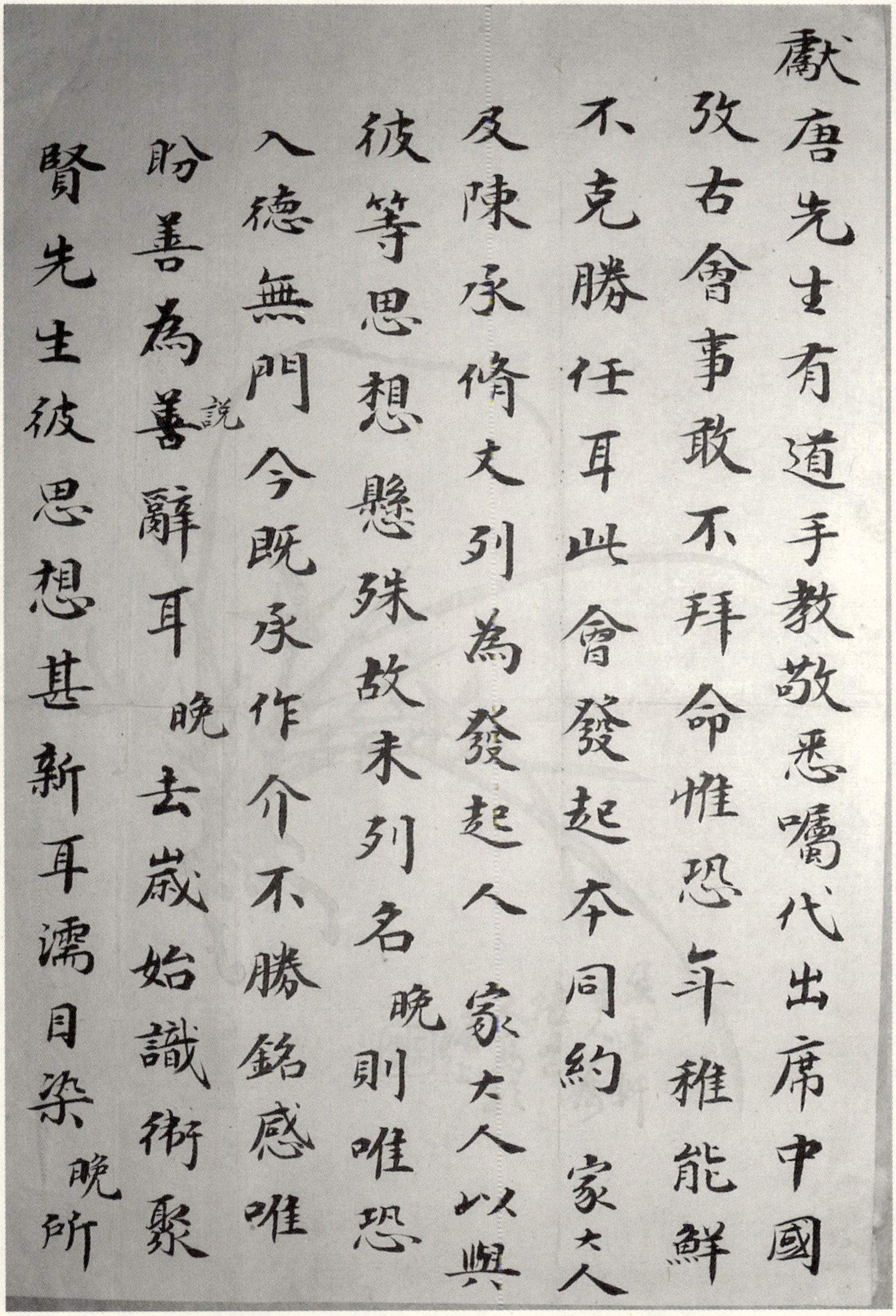

獻唐先生有道：手教敬悉。囑代出席中國攷古會事，敢不拜命，惟恐年稚能鮮，不克勝任耳。此會發起本同約 家大人及陳承脩丈列為發起人， 家大人以與彼等思想懸殊，故未列名。 晚則唯恐入德無門，今既承作介，不勝銘感，唯盼善為善說辭耳。 晚去歲始識衛聚賢先生，彼思想甚新，耳濡目染， 晚所

為文亦不免淪于趨時一流墨子與回教
及帚嫣佩考釋均不免此弊及讀
先生所為文精審淵博始覺汗顏無
地惟仰
冲識淵衷不以狂瞽為嫌而時賜
教言也專肅順候
撰安　　晚金祖同上

拙著鄴翕金石圖錄本月可出版于神州國光
社至時再奉達几席恭候斧正也　又及

書第二通

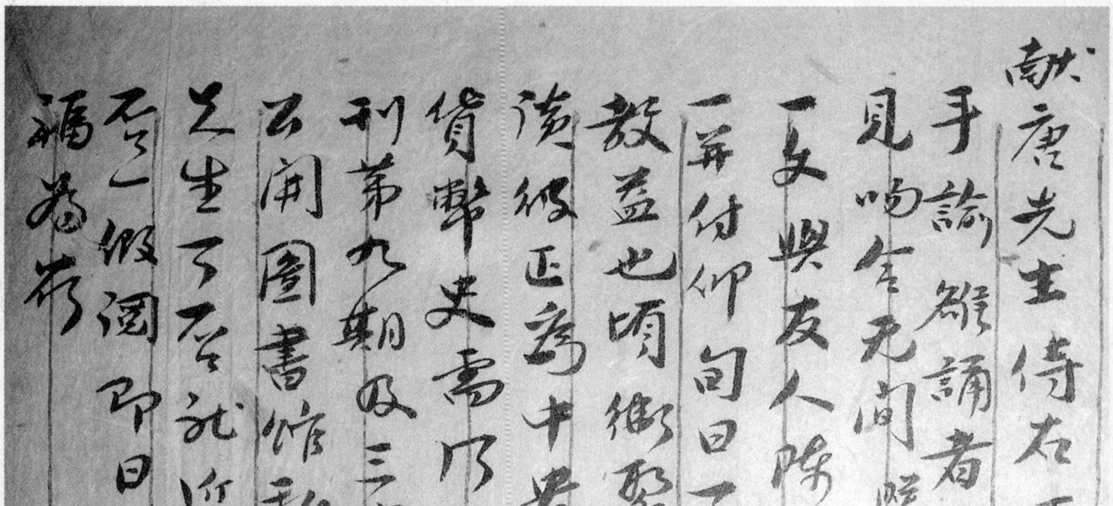

獻唐先生侍右：頃接
手諭，謹誦者再，所説各節，與鄙
見吻合無間。既已草就《金山訪古記》
一文，與友人陳志良《奄城訪古記》已
一并付印，旬日可出版，至時當再請
教益也。頃衛聚賢先生來函，詢閣
下，彼近為中央銀行著手草出古
貨幣史書，乃需第一博物館半月
刊第九期及三十五期二冊，此間既無
公開圖書館，私人亦無有藏者，不知
先生可否就近代購，或鄙人暫借以了
否？一假閱，即日寄回。近祈有以示
覆為荷。

又貴館漢畫像石刻是否與武梁祠相仿，有拓片出售否？又聞報惠山左又有新出土，不知能得其拓本否？請有以示我為感。匆匆作覆，不盡一一。肅頌

著安

晚金祖同再拜

候覆

金祖同

書第三通

獻唐先生侍右久未通訊甚念
想清秘閣中近来定增許多妙品
先生摩挲鑑别認識前朝甚〻羲〻晚
今歲承廬江劉惠之先生〻囑委
之編碑目壇拓盈前月揮手送三月以
來草創纔就俟稍加校勘即付寫官
俟錄副後將以呈政蓋劉氏收藏之
富倍于繆氏藝風敬分别部居尚未
敢自信也
晚又以飣餖

晚現正着手撰「中國圖騰文字考證」一文，于金文已收集材料不少，曾憶去歲在歷下見貴館漢畫堂中有墓額一方，上鐫羊頭二，又小布政司衙一古玩鋪中亦有一方，晚以為與契文「其羊」「不羊」等有互相發明處，故需此孔急，不知貴館亦出售此類拓本否，祈示知。曩家藏帝嫣佩一事，近亦歸劉氏善齋，晚前曾作考證，主人索閱，因已遺失

金祖同

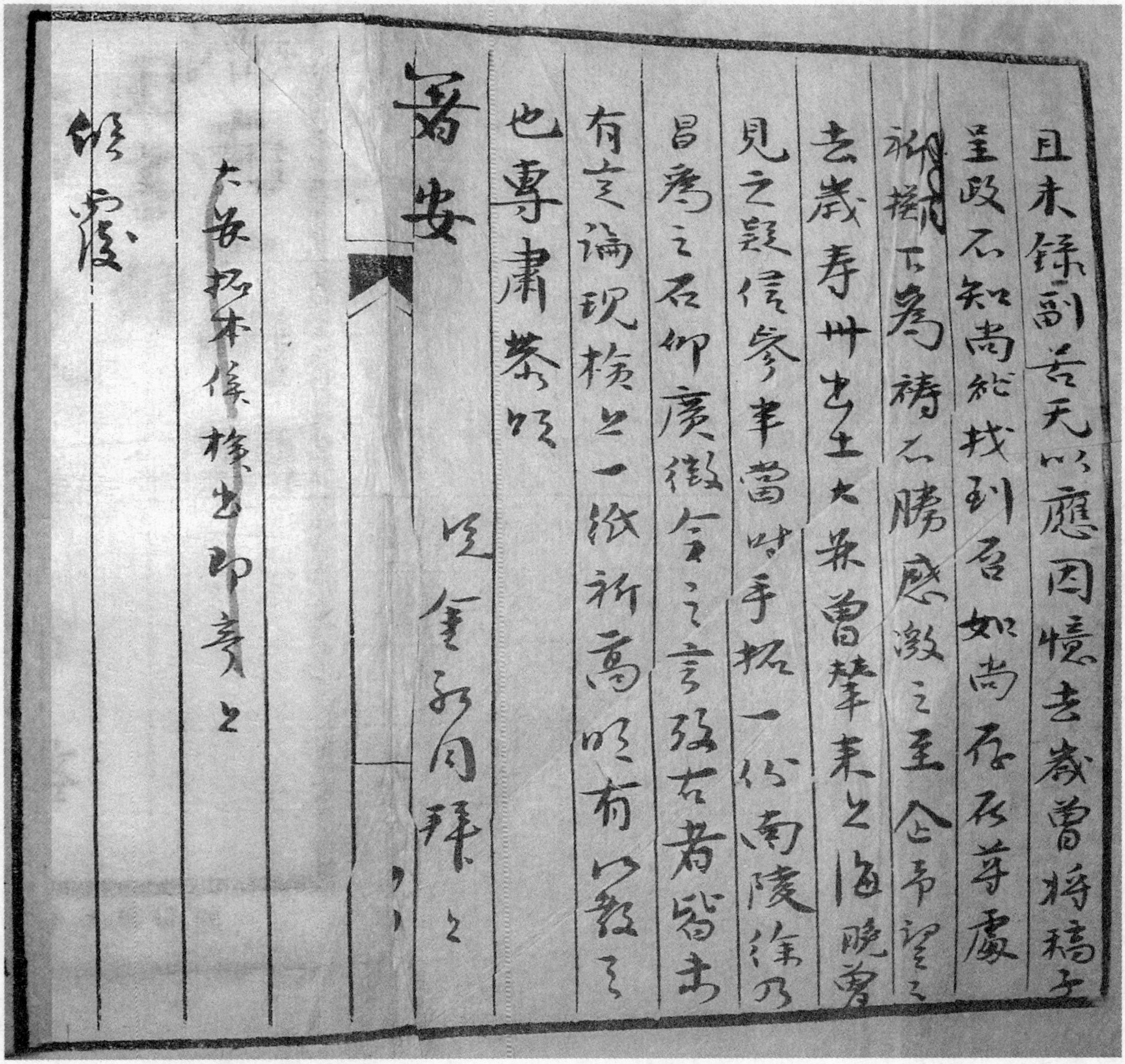

且未録副，若天以應，因憶去歲曾將稿子
呈政，不知尚能找到否？如尚存在，尊處
擲下為禱，不勝感激之至，企予望之。
去歲壽州出土大器，曾輦來上海，晚曾
見之，疑信參半，當時手拓一份，南陵徐乃
昌為之石印，廣徵各方之言，發古者皆以
有之論，現檢出一紙，祈為明有以教之
也。專肅，恭頌
著安

晚 金祖同拜上

大器拓本俟檢出即寄上

[illegible]霞

封第一件

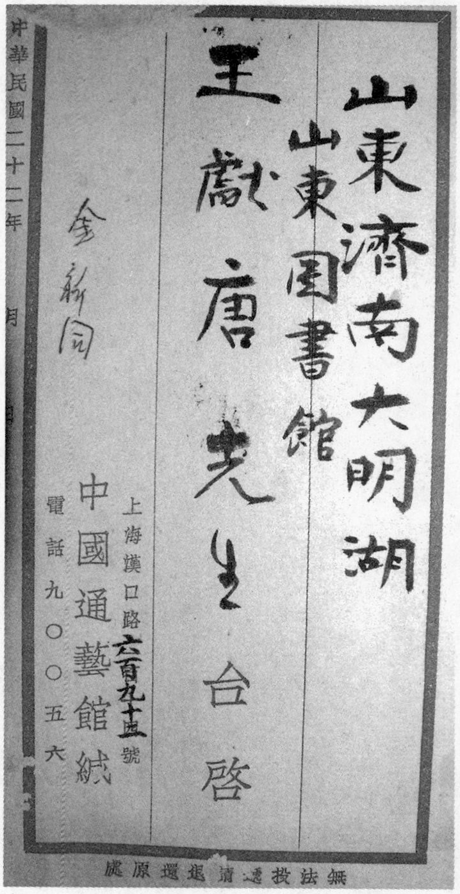
山東濟南大明湖
山東圖書館
王獻唐先生台啓
金祖同
上海漢口路六百九十五號
中國通藝館緘
電話九〇〇五六
中華民國二十二年 月 日
無法投遞請退還原處

封第二件

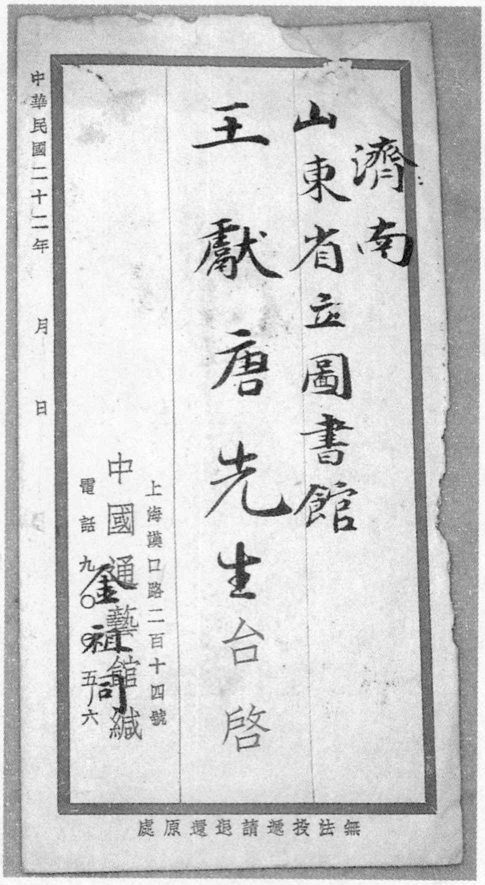
濟南
山東省立圖書館
王獻唐先生台啓
上海漢口路二百十四號
中國通藝館緘
電話九〇〇五六
金祖同
中華民國二十二年 月 日
無法投遞請退還原處

封第三件

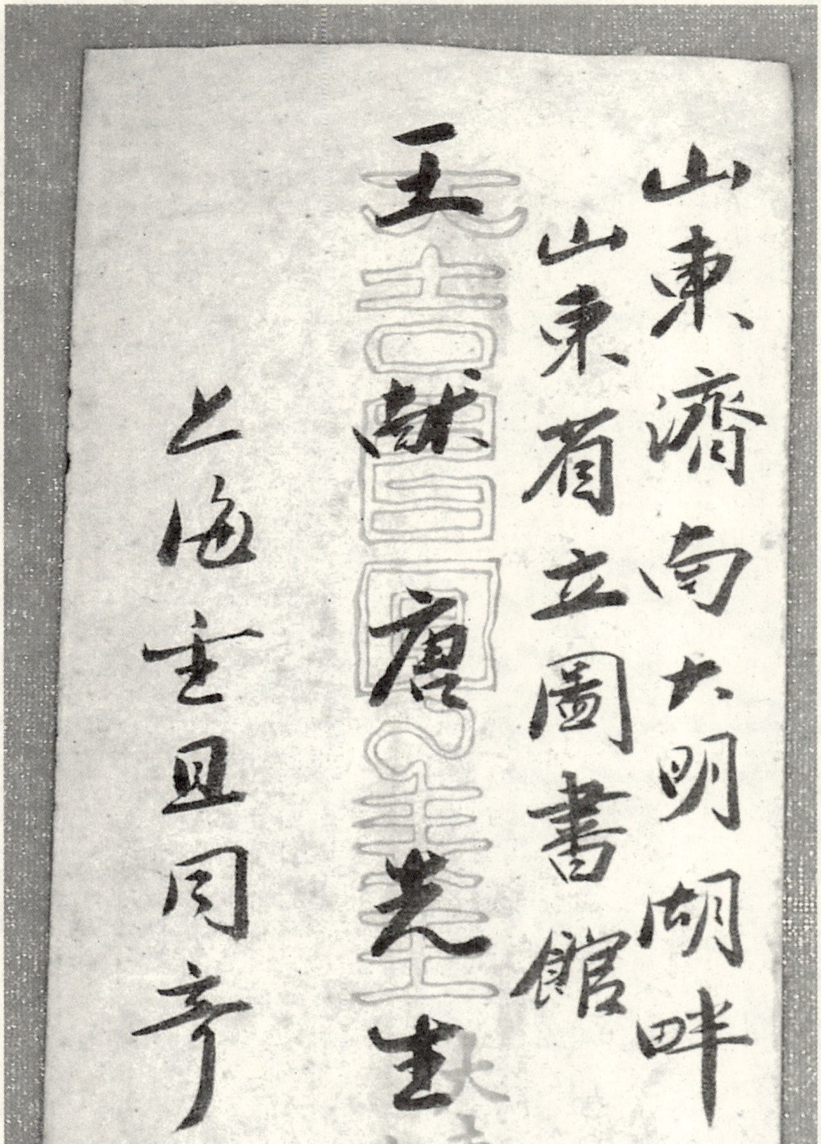

二百二十一

胡道静

書一通 封一件

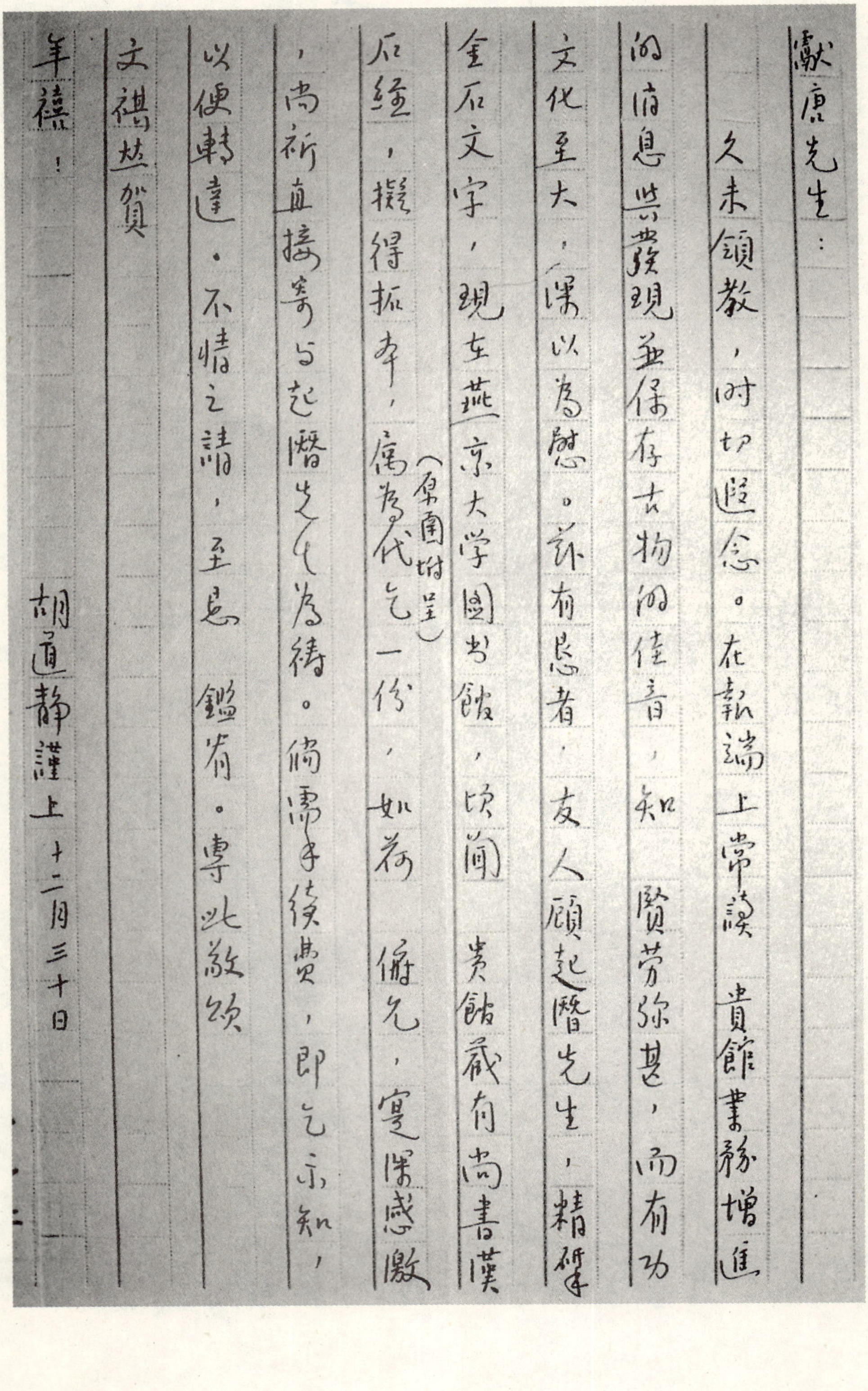

獻唐先生：

久未領教，時切遐念。在報端上常讀貴館業務增進的消息，出土發現並保存古物的佳音，知賢勞彌甚，而有功文化至大，深以為慰。茲有懇者，友人顧起潛先生，精金石文字，現在燕京大學圖書館，頃聞貴館藏有尚書漢石經，擬得拓本，屬為代乞一份（原函附呈），如荷俯允，寔深感激，尚祈直接寄與起潛先生為禱。倘需手續費，即乞示知，以便轉達。不情之請，至乞鑒宥。專此敬頌

文祺茲賀

年禧！

胡道静謹上 十二月三十日

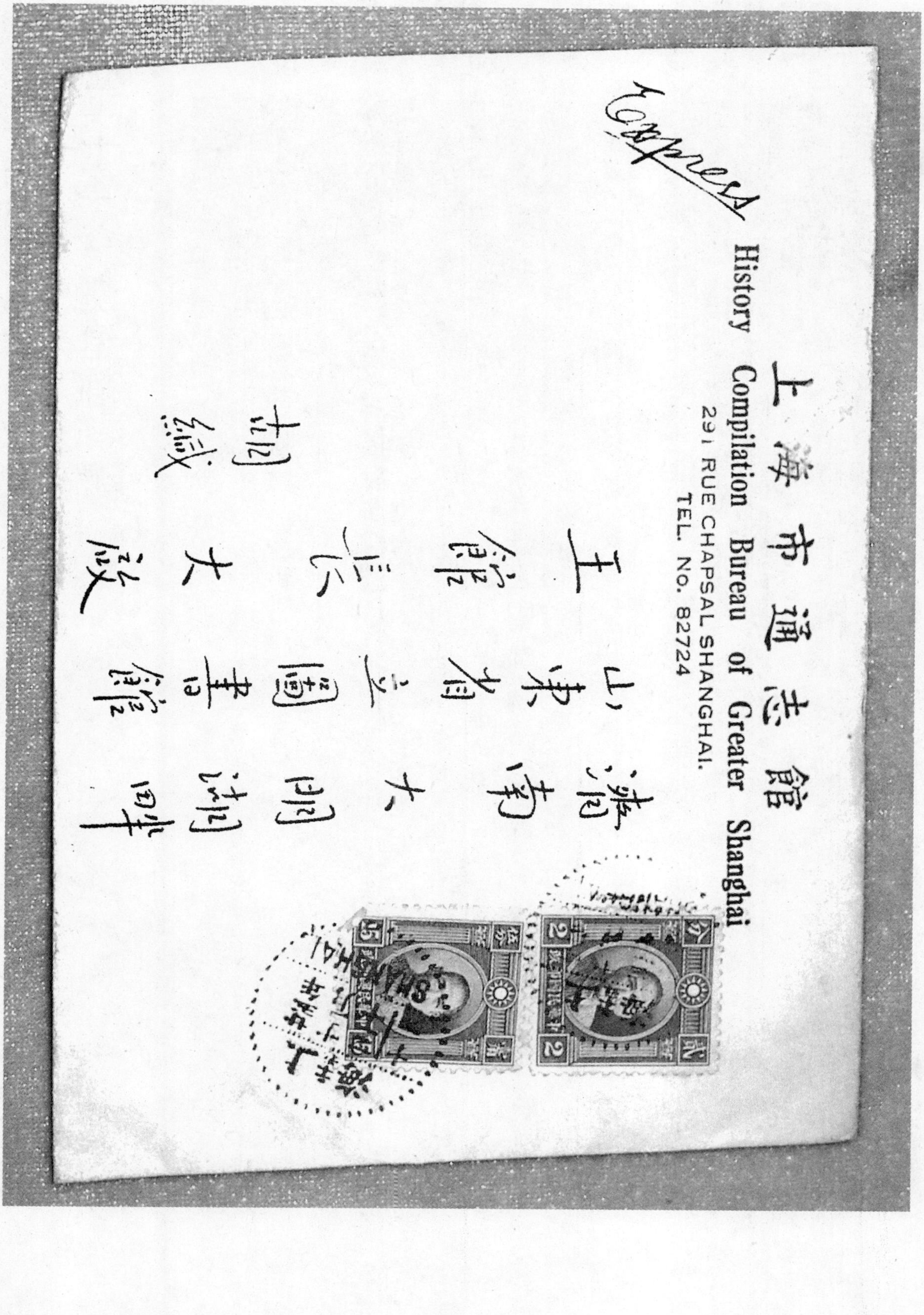
Express
上海市通志館
History Compilation Bureau of Greater Shanghai
291 RUE CHAPSAL SHANGHAI.
TEL. No. 82724

二百二十二　顧廷龍致胡道靜 書一通

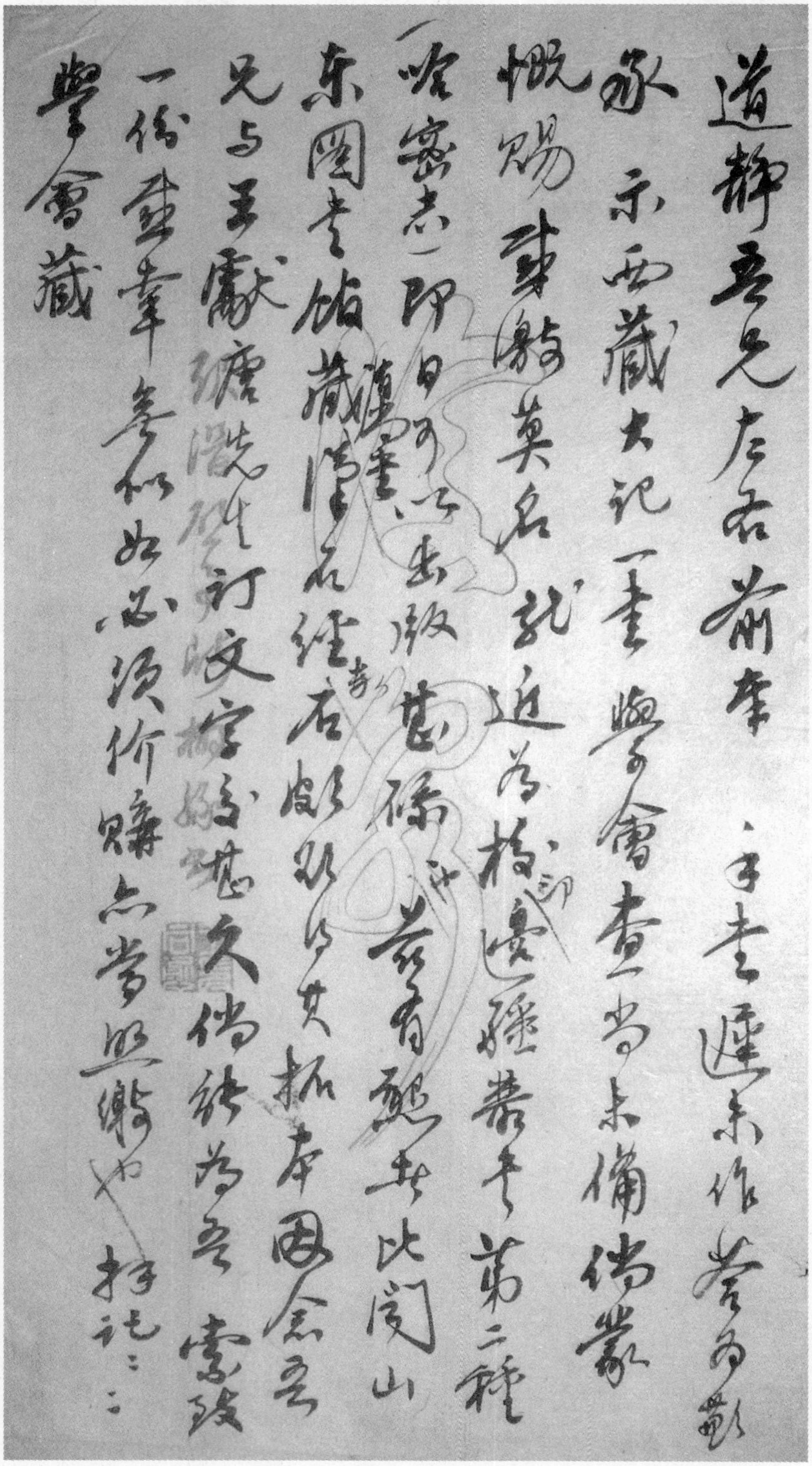

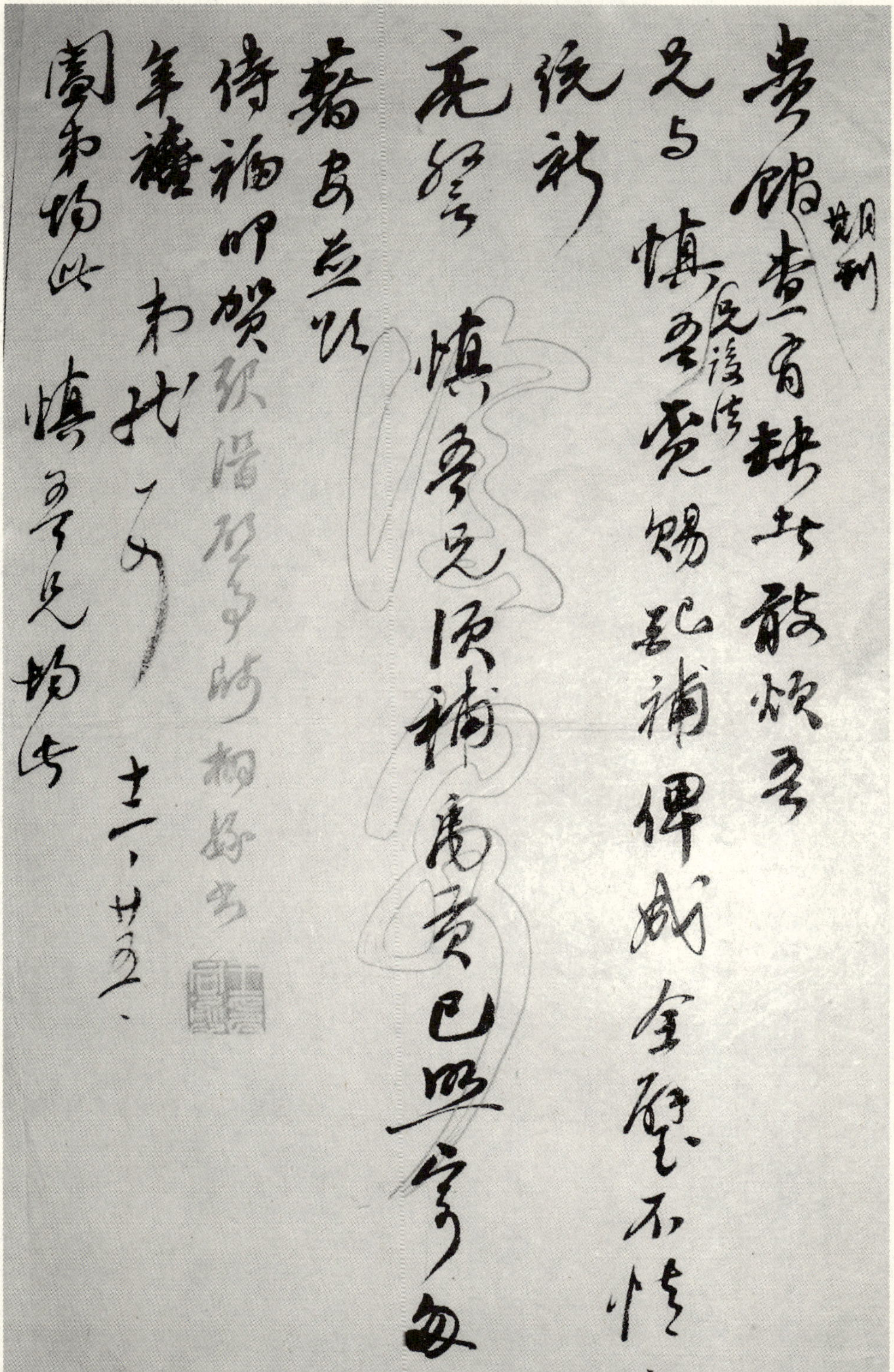

二百二十三　孔德成

書九通　封五件

書第一通

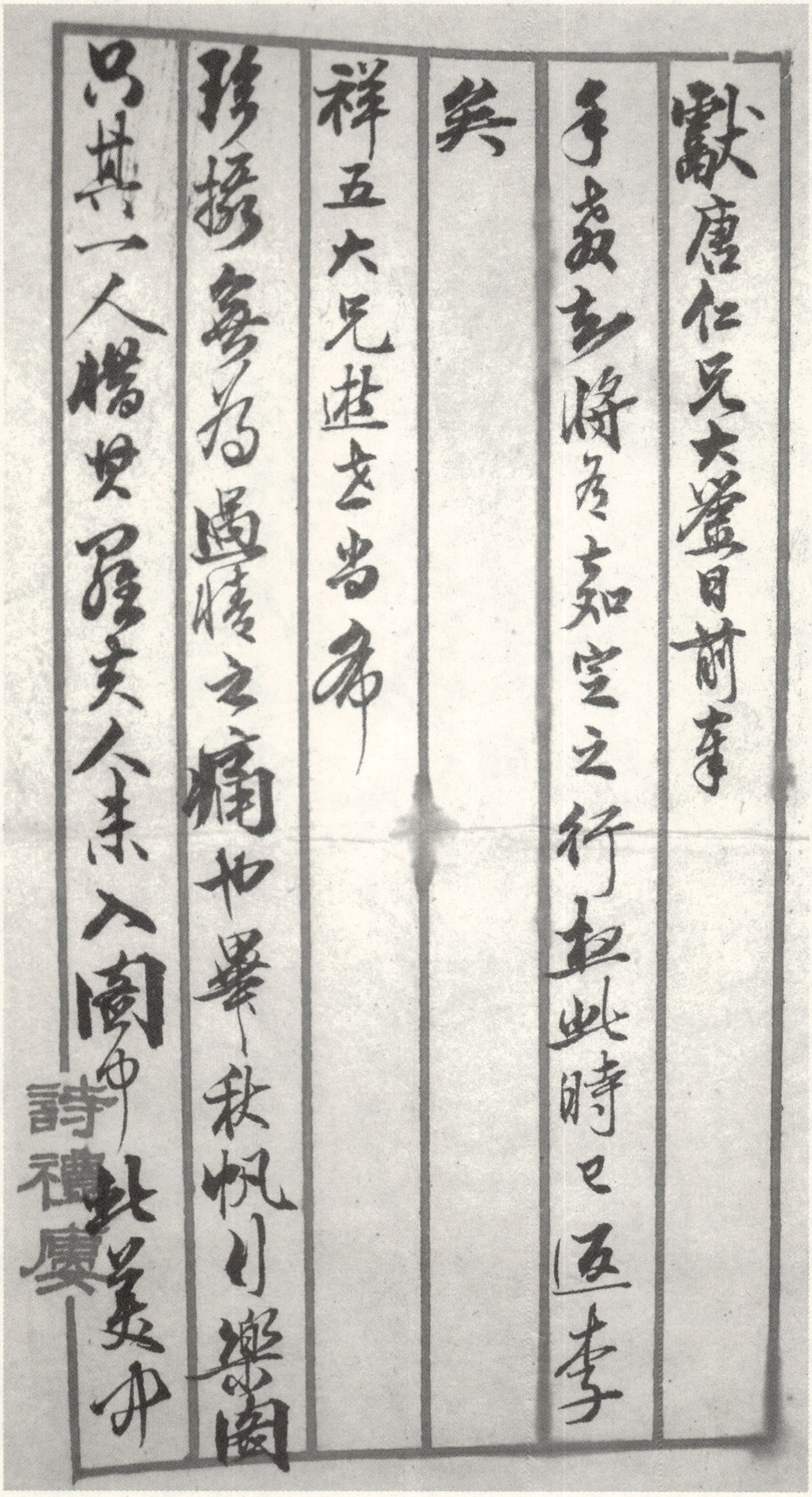

獻唐仁兄大鑒：日前奉
手教，並將為嘉定之行，想此時已返魯
矣。
祥五大兄逝去，當希
珍攝，蓋為過情之痛也。暑中秋帆到樂園，
只其一人，勝與羅夫人未入園中，此其變也。

詩禮慶

承足之感話友堂主得學記紫鶴
尚未寄來厂僑收函帶抵上元寓
之校讎多有可采二集其中央
刊事尚未如刊而前寓之信伊送
不久發之尚能至時甚之出版之故
可之多也法師地位屢見在在幾
詩禮慶

觀东又在涪陵屢隨覽諸精鑑繁大
多得新花近人書畫
尊題秋柳圖詩環誦再四欽佩莫
名存拙敬和以日來為敝亦組緣事
閒得馬不停蹄以紛煩冗迄未克步韵
為歉

詩禮堂

孔德成

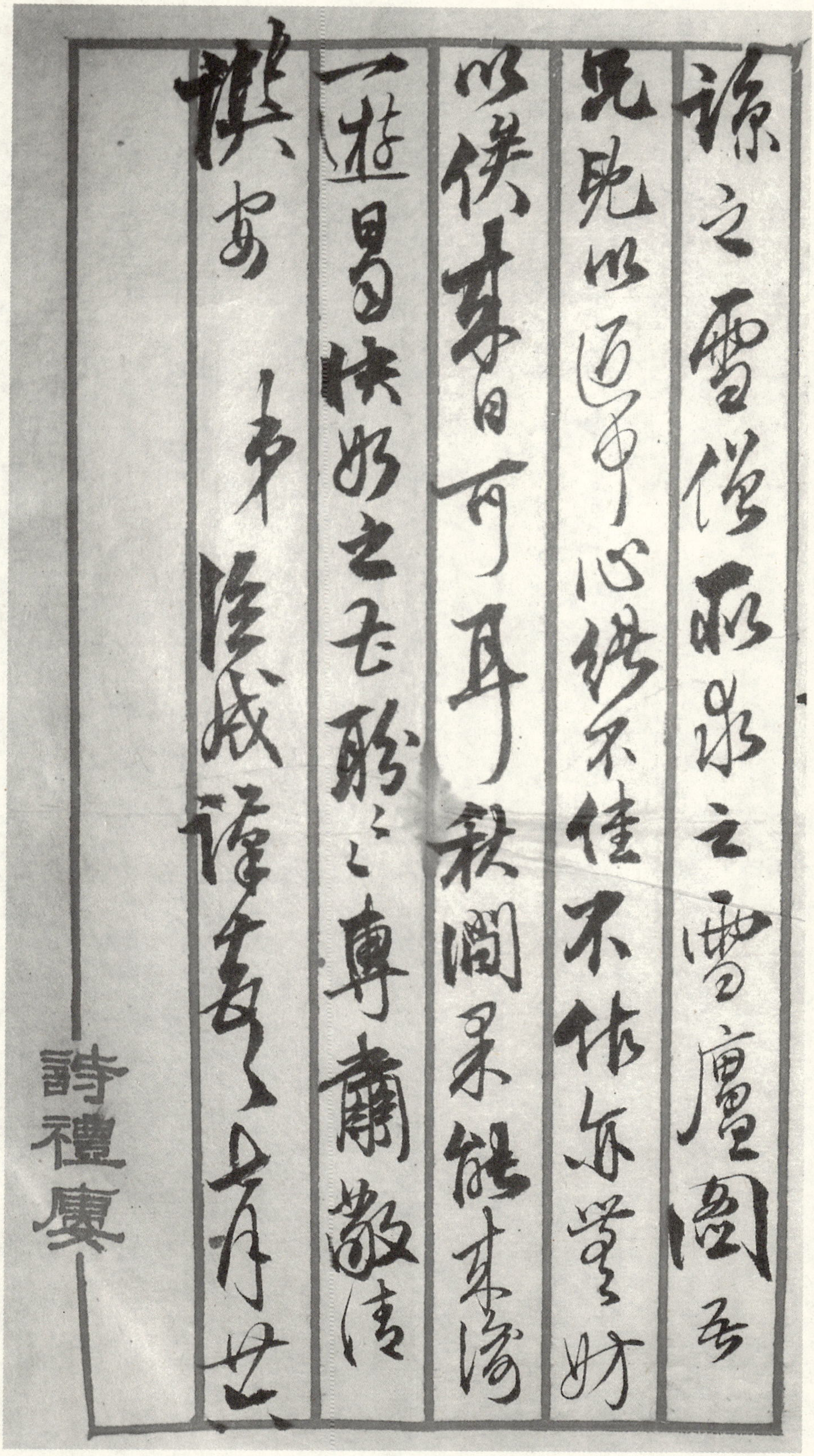

諒之雪僧兩承之雪廬圖吾
兄兄以近中心緒不佳不作答好
以俟春日可耳秋間果能來滬
一遊曷快如之在聆之專肅敬請
祺安 弟 陸成謹上 二月廿

詩禮慶

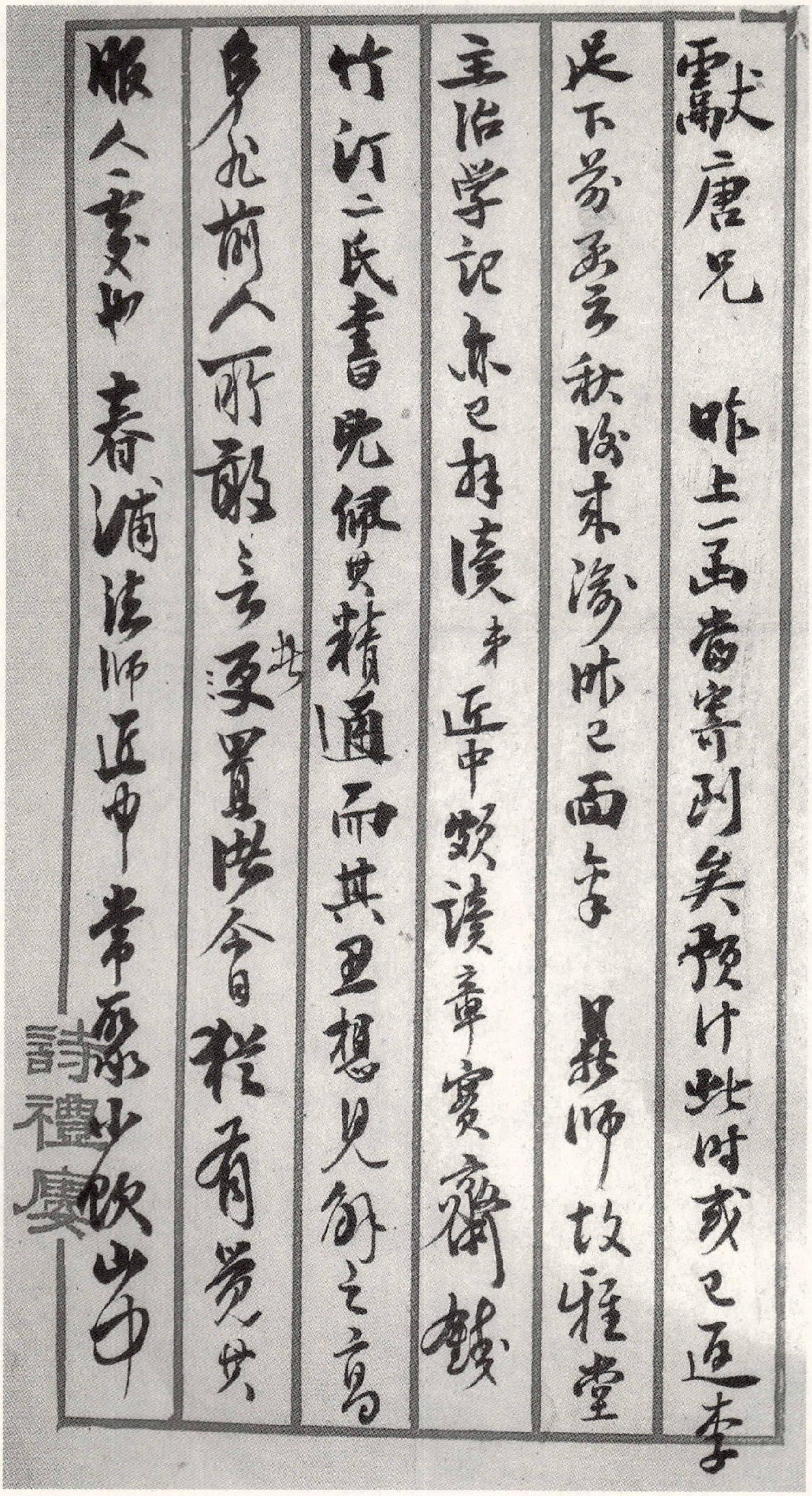

獻唐兄　昨上一函當寄到矣預計此時或已返李
足下前函云秋後來渝昨已函李　暑師故程堂
主治學記亦已拜讀來　近中數讀章實齋錢
竹汀二氏書先儒其精通而其思想見解之高
身在前人所敢之言復置諸今日猶有覺其
服人之處如　春浦法師近中常來少敘山中

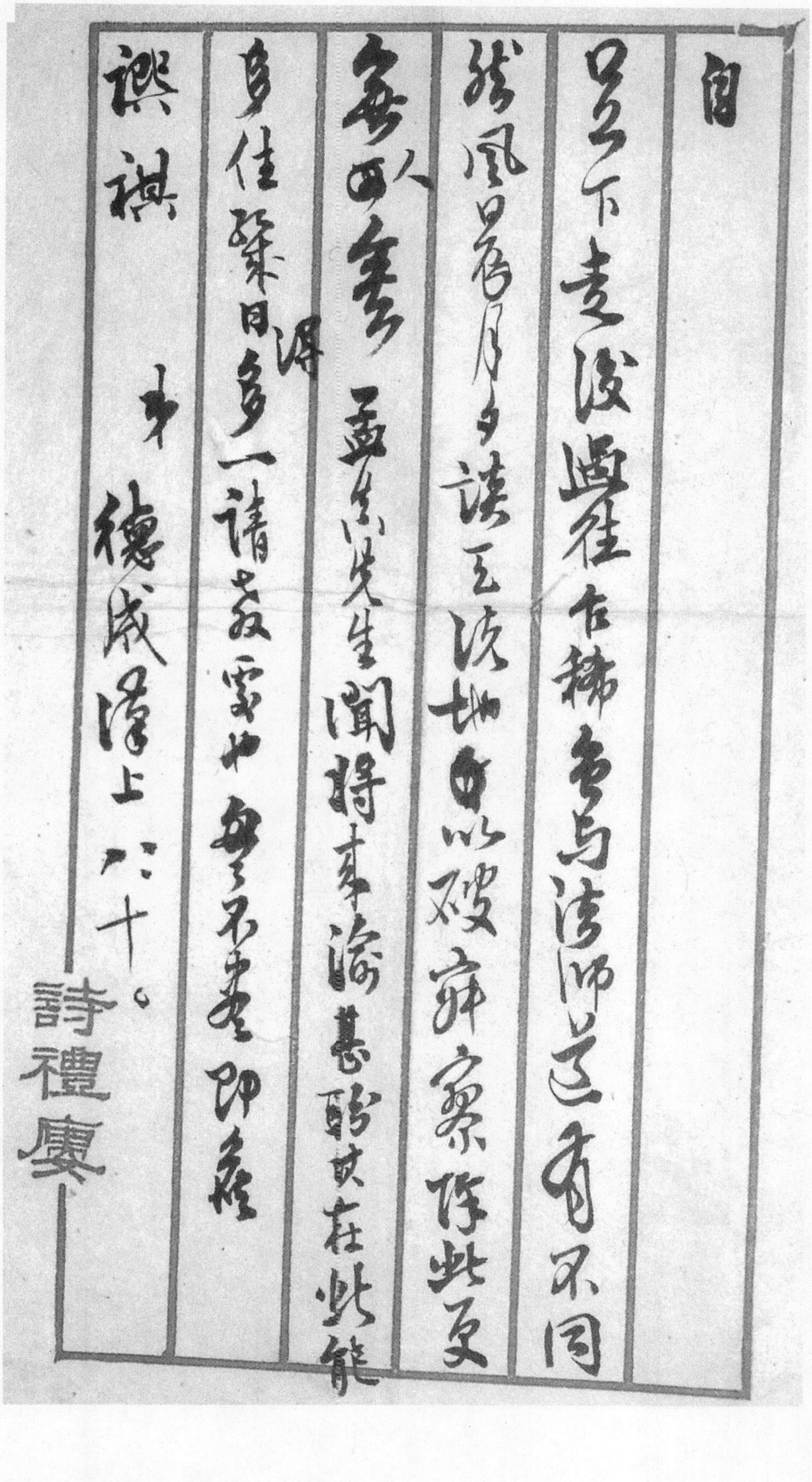

自
足下去後遲往在轉多與清師道會不同
然風景乃多讀至法也由此以[illegible]寫得此更
無人可談矣吾乃先生聞將來滬甚盼或在此能
身佳獲得多一請教處也無不要即頌
譔祺　弟德成謹上　六、十。

詩禮慶

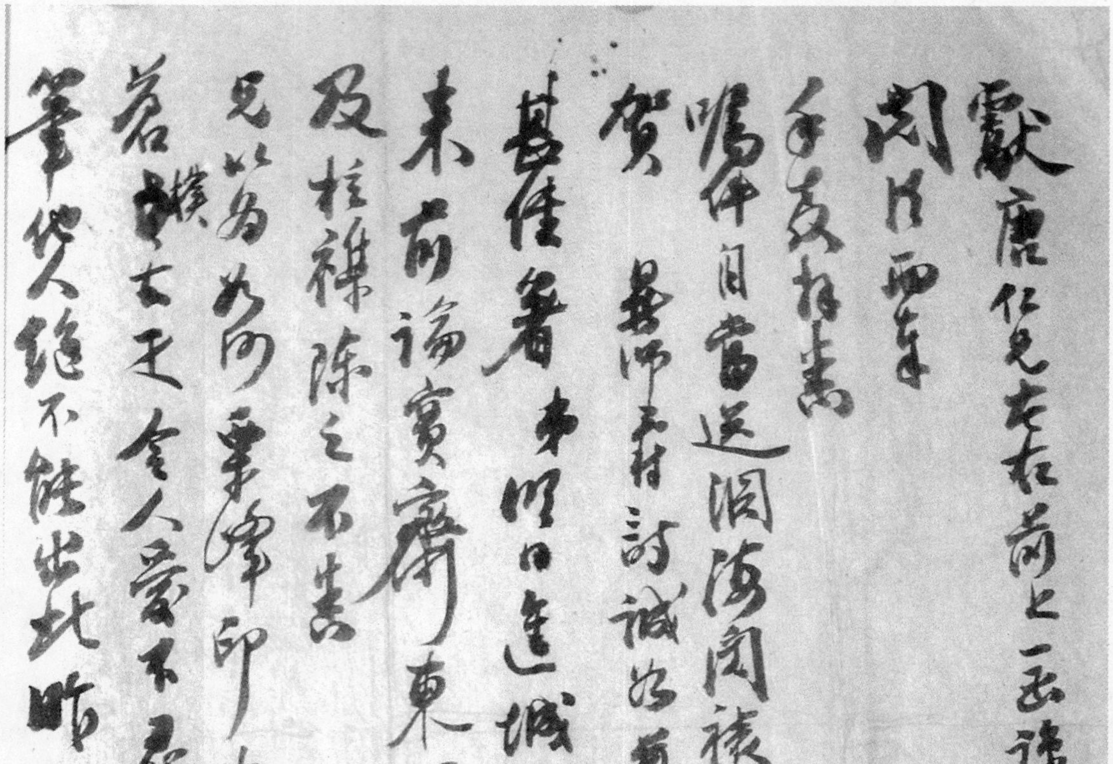
獻廷仁兄左右前上一函諒已入
閱 比維
手教敬悉
賜作自當送潤海閣裱之
賢 善師承討誠如尊批此等詩本無
甚佳者 本明日進城討查其畫甫取
來 前論實齋東壁說第三方謝見所
及桂祿陳之不甚
見以為如何 秉燭印甚佳直過周秦
若撰文定全人愛不忍釋然重人之手
筆作人總不能出此 昨日得多未出佳那

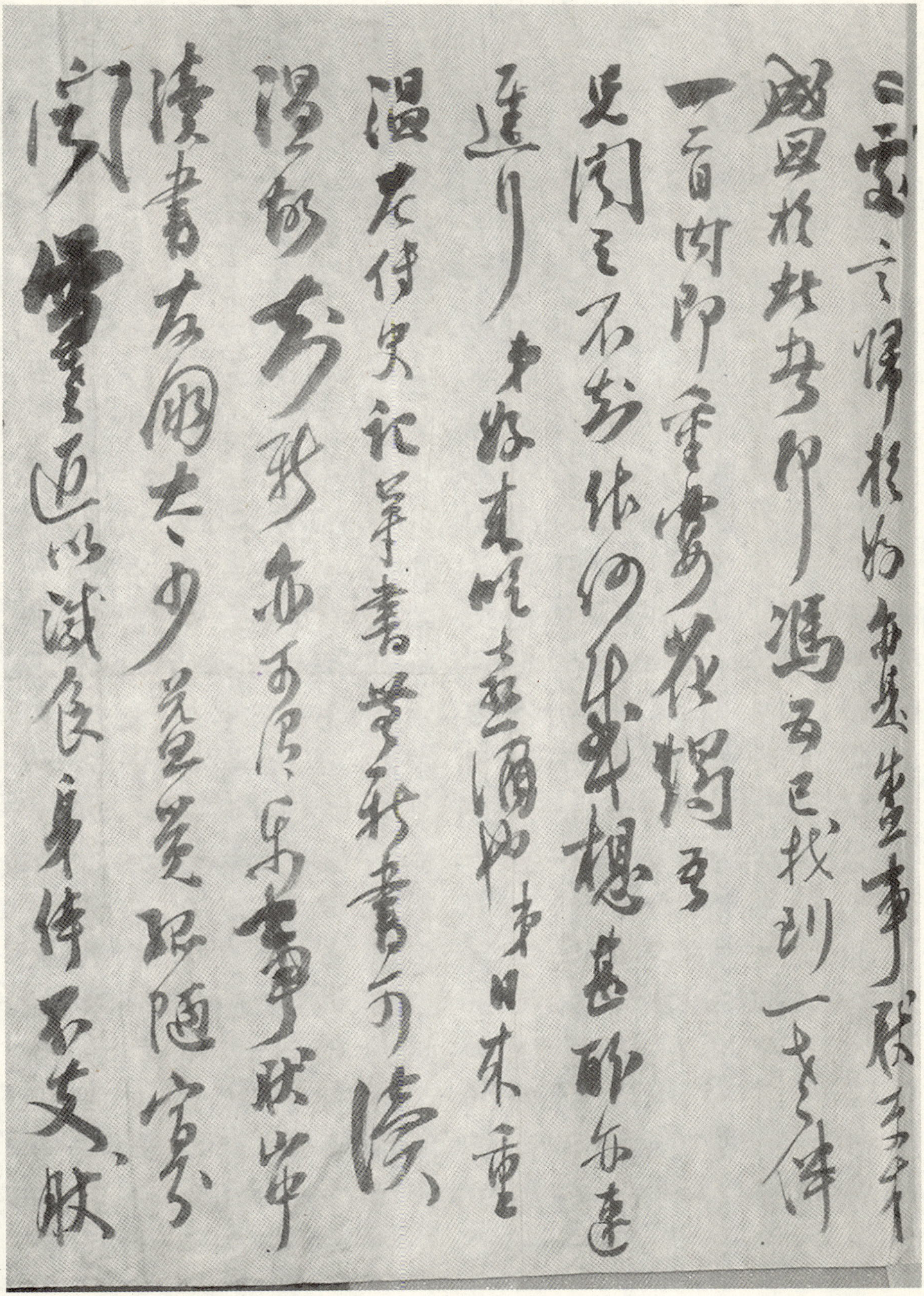

孔德成

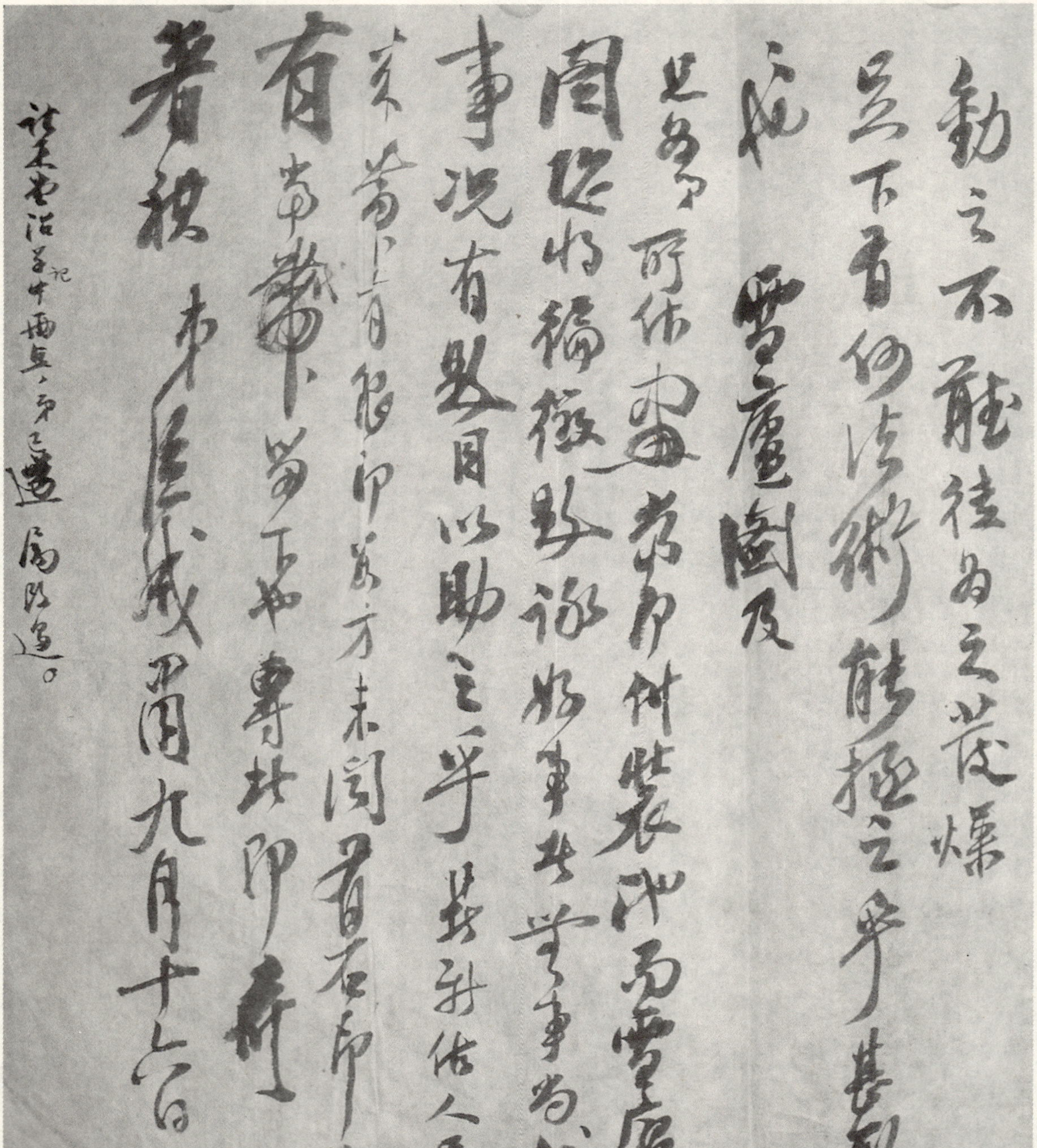

書第四通

獻唐我兄史席：別來經數旬，曷勝依頌。讀手札，喜已平安抵李莊矣。又讀致炳僧書，知以多酒友將別，遂生若何日起戒酒之憂。函告弟，當同時戒絕也。孟真先生已晤面，所事亦已談過。孔學會編纂委員名義，伊不敢擔任，[redacted]此事。自兄西上，弟更少過往，孤學無友，益覺孤陋寡聞。風晨月夕，更懷故人，可仰祝兄與翼兄真如在天上。竹系兄因事不來，又有小返之意，奈何。縣師送孔院長喜禮祝已穰來，已轉送往和尚坡

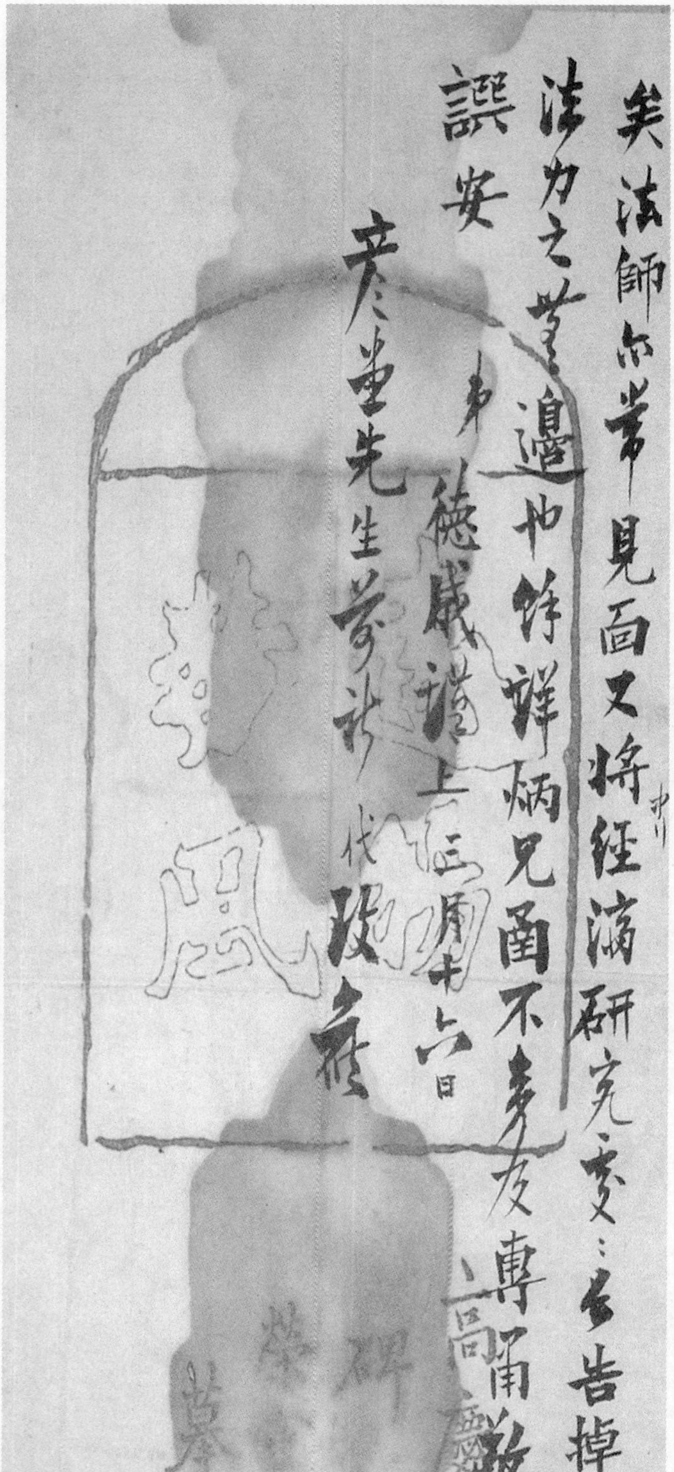

矣法師亦常見面又將經滴研究〻〻多告掉真
法力之莫邊也餘詳炳兄函不多及專肅敬請
譔安
弟德成謹上 三月十六日
彥堂先生前祈代致候

孔德成

書第五通

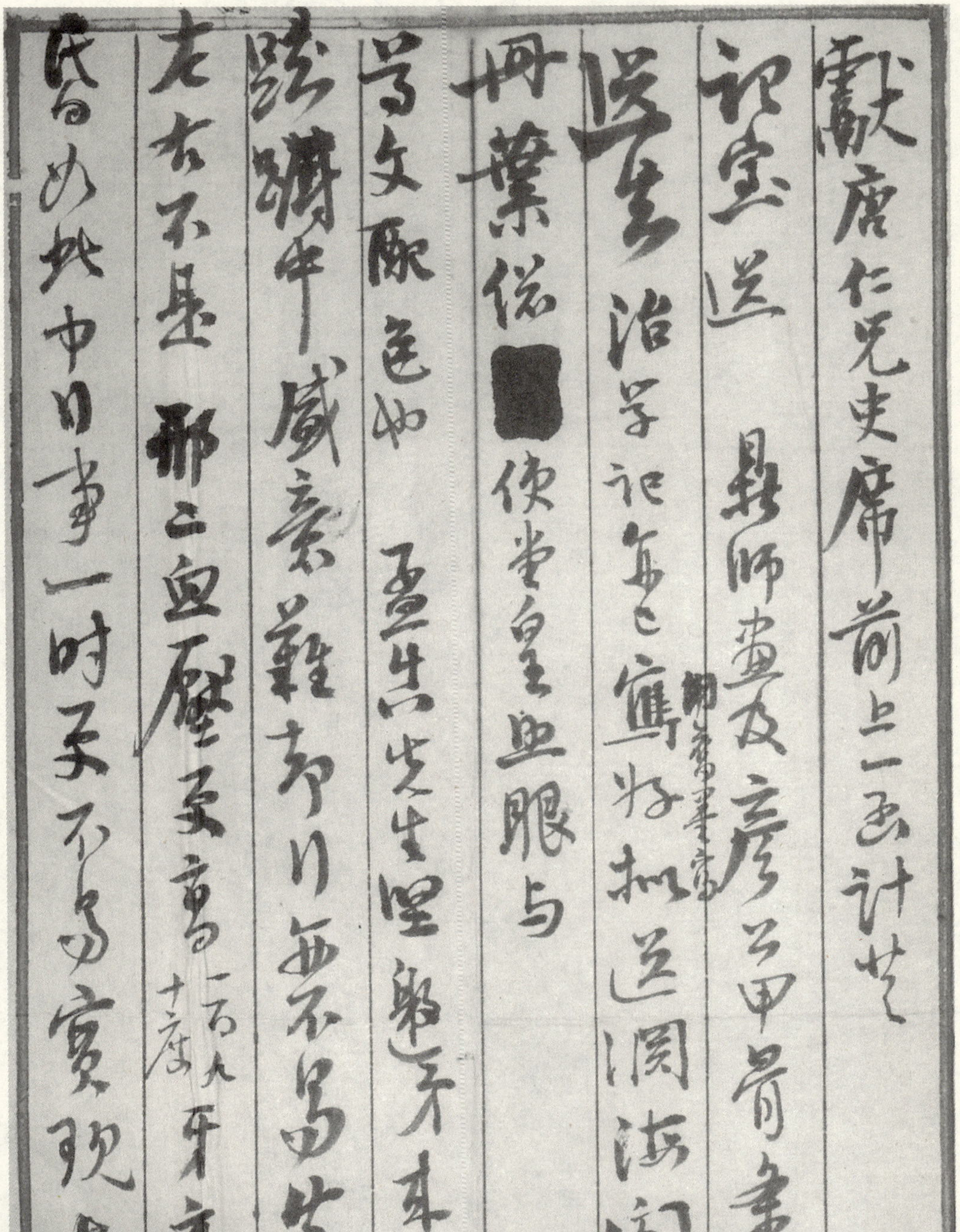

奉何諭市隱已遷朝昨始放晴半秋
色正宜人時矣弟已過從經費及明年預算
時事僕之城鄉此非不能（已之）對負實環境
所使然也專此即頌
撰安　弟德成上　十月廿日

孔德成

書第六通

大成至聖先師奉祀官府公用箋

獻唐仁兄館長雅鑒：昨奉
還章，敬悉壹是。承
惠金石墨本五紙，拜領
雲情，無任感荷。至
貴館所藏甲骨之凡，將來遇便能搨賜一份，尤
為欣喜，定當珍重而藏之。專此佈臆，并達謝忱，祗頌
台祺，惟
照不戩
弟孔德成拜啟

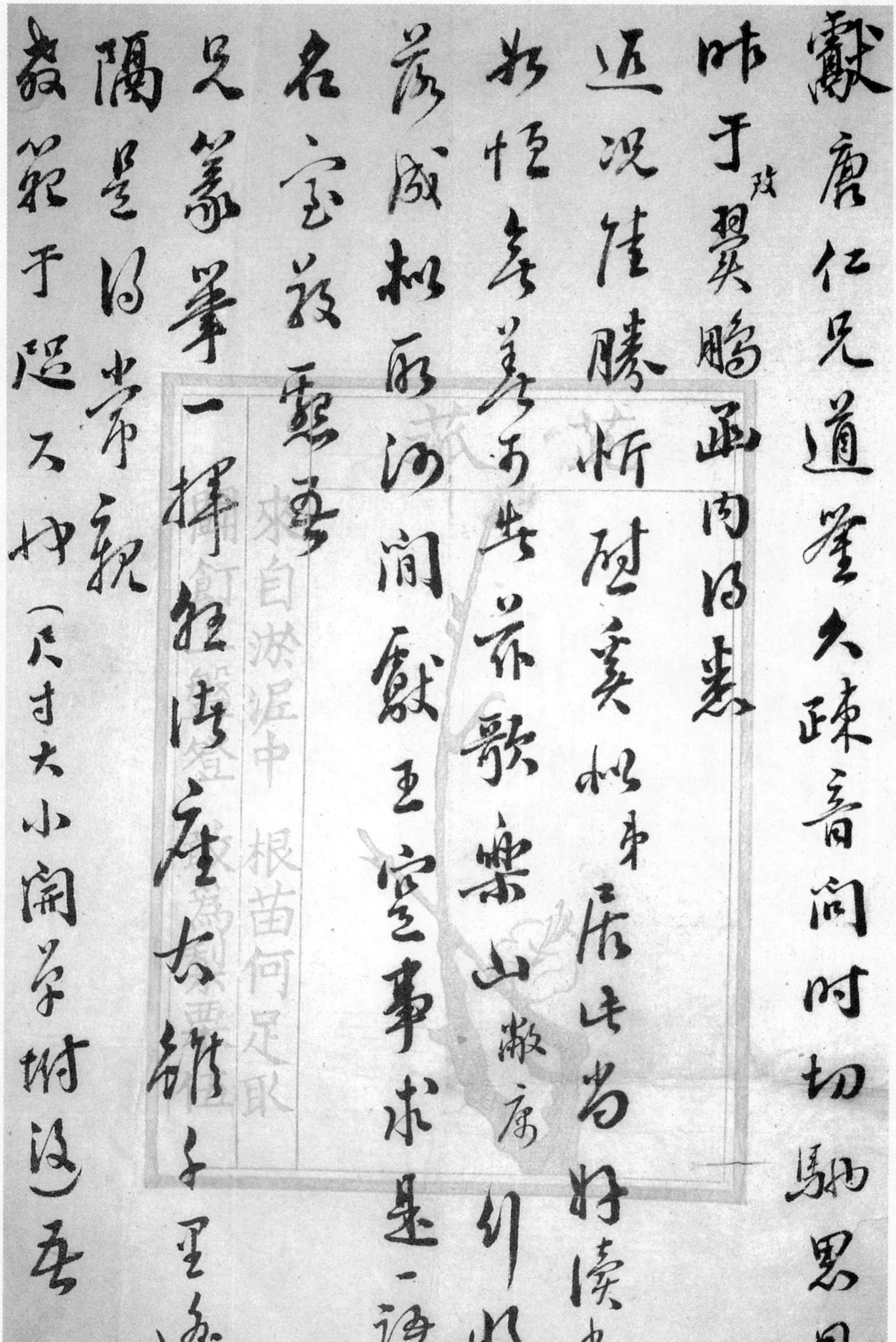
獻
唐仁兄道鑒久疏音問時切馳思日
昨于（改）翼鵬函內得悉
近況佳勝忻慰奚似弟居此尚好讀書
外恒無善可告惟歌樂山敝廬行將
落成擬取河間獻王實事求是一語
名室敢懇吾
兄篆筆一揮俾懸座右能否早速
賜是荷此布敬頌
教祺于[illegible]不[illegible]（尺寸大小開單附後）[illegible]

孔德成

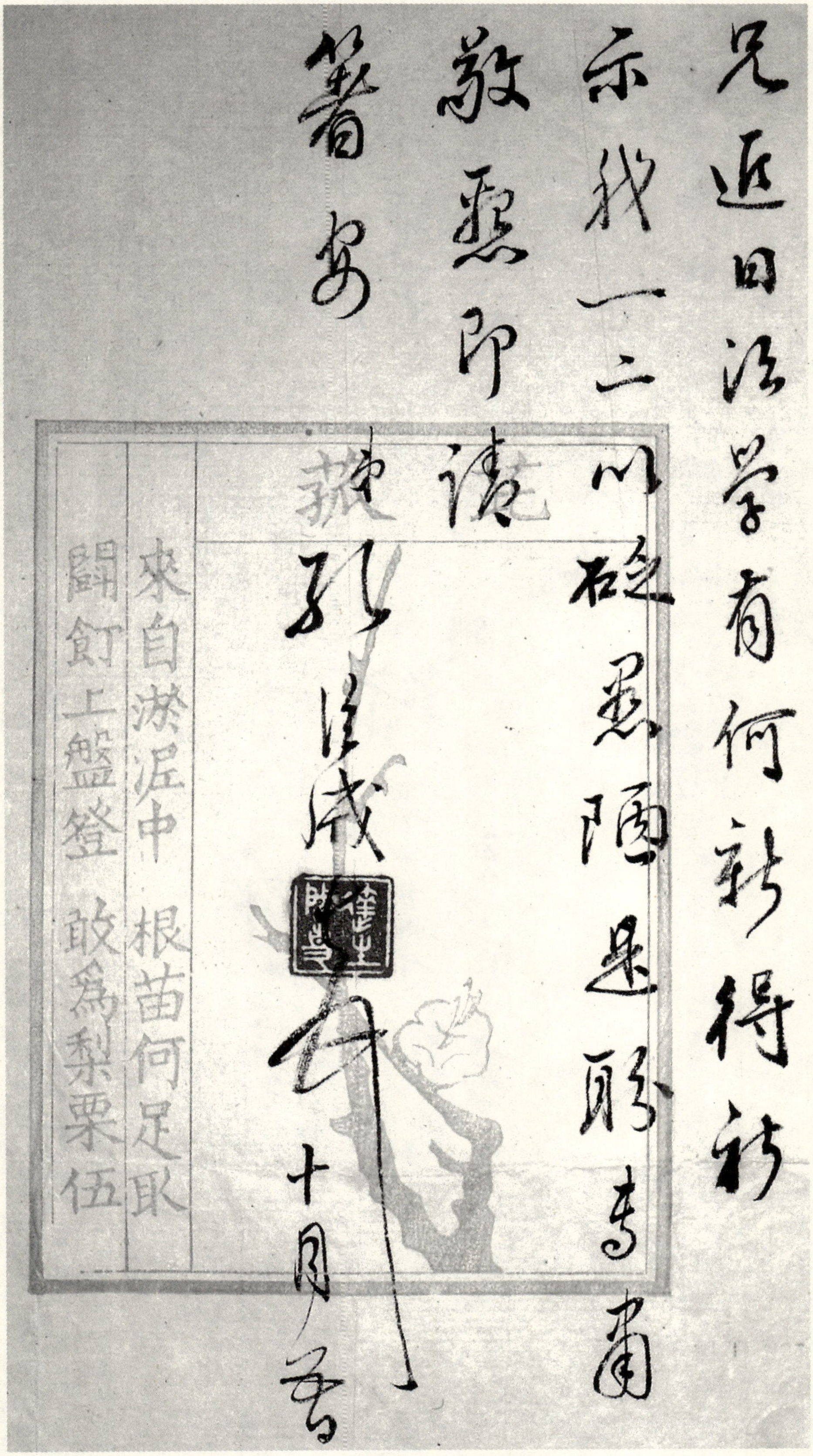
兄近日治學有何新得，祈示我一二，以慰遠懸。專肅敬懇，即請著安。

弟孫海波上 十月八号

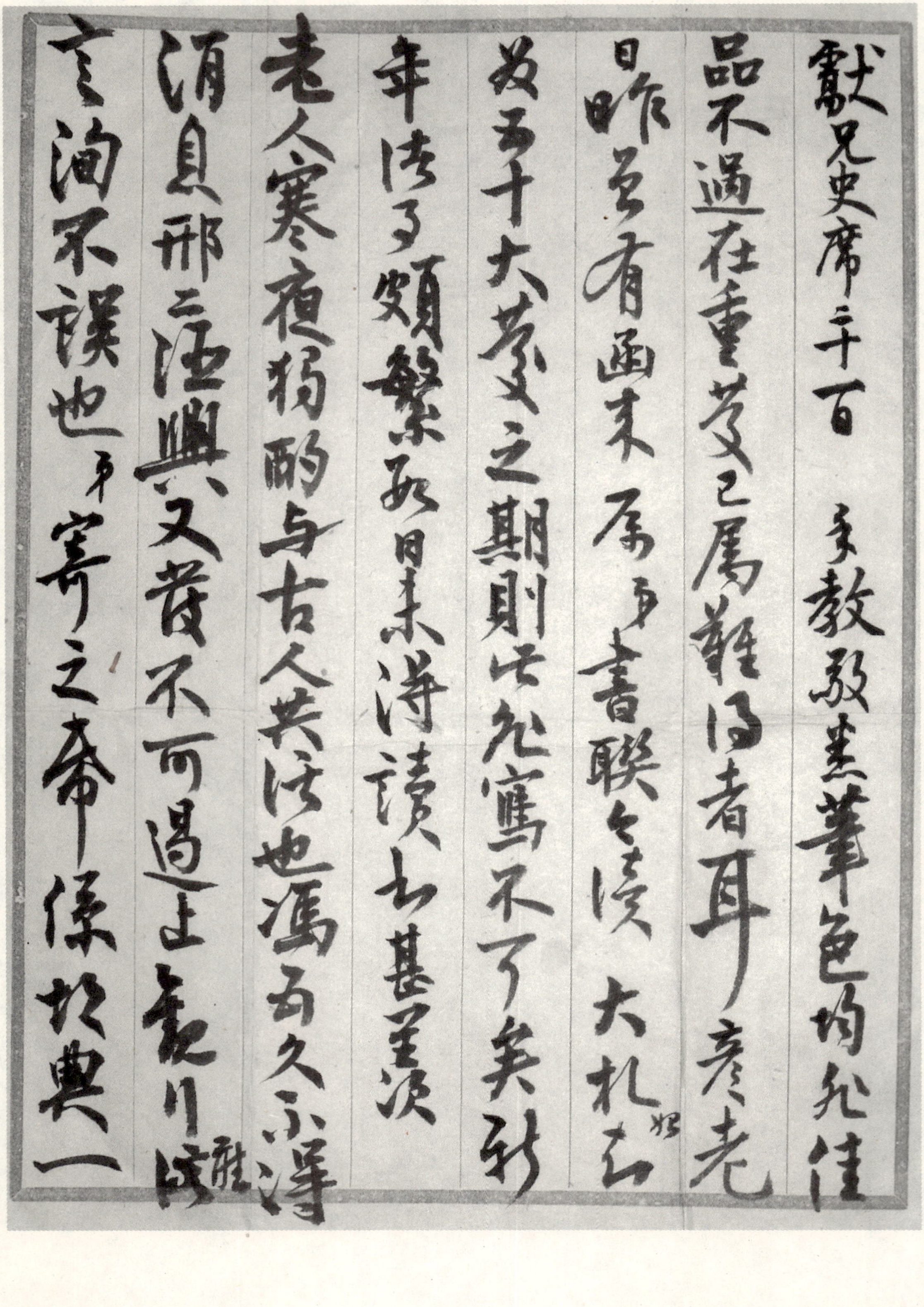
獻兄史席：手教敬悉，筆色均允佳
品，不過在重裝已屬難得者耳。彥老
昨日有函來，原手書聯令讀大札，知
發五十大慶之期，則吾兒寫不了矣。新
年讀了頗繁，致日來詩讀亦甚淺
老人寒夜獨酌，與古人共談也，為日久不得
酒，良朋二三，與興又發，不可遏止，飲則成醉
言詢不謬也。弟寄之奉候，係於與一

而承義責者皆以酒爲無厭然

爲紀念先父八人路目正大人情又不可

闌却故　弟實將不敢再讀

左右也尊甫奉復祗請

譔安　　弟濟成上　二、一、

閣覆甚之　尊著金石表又生一

冊寄滬國史館最甚所乎日

快讀也　　又白

書第九通

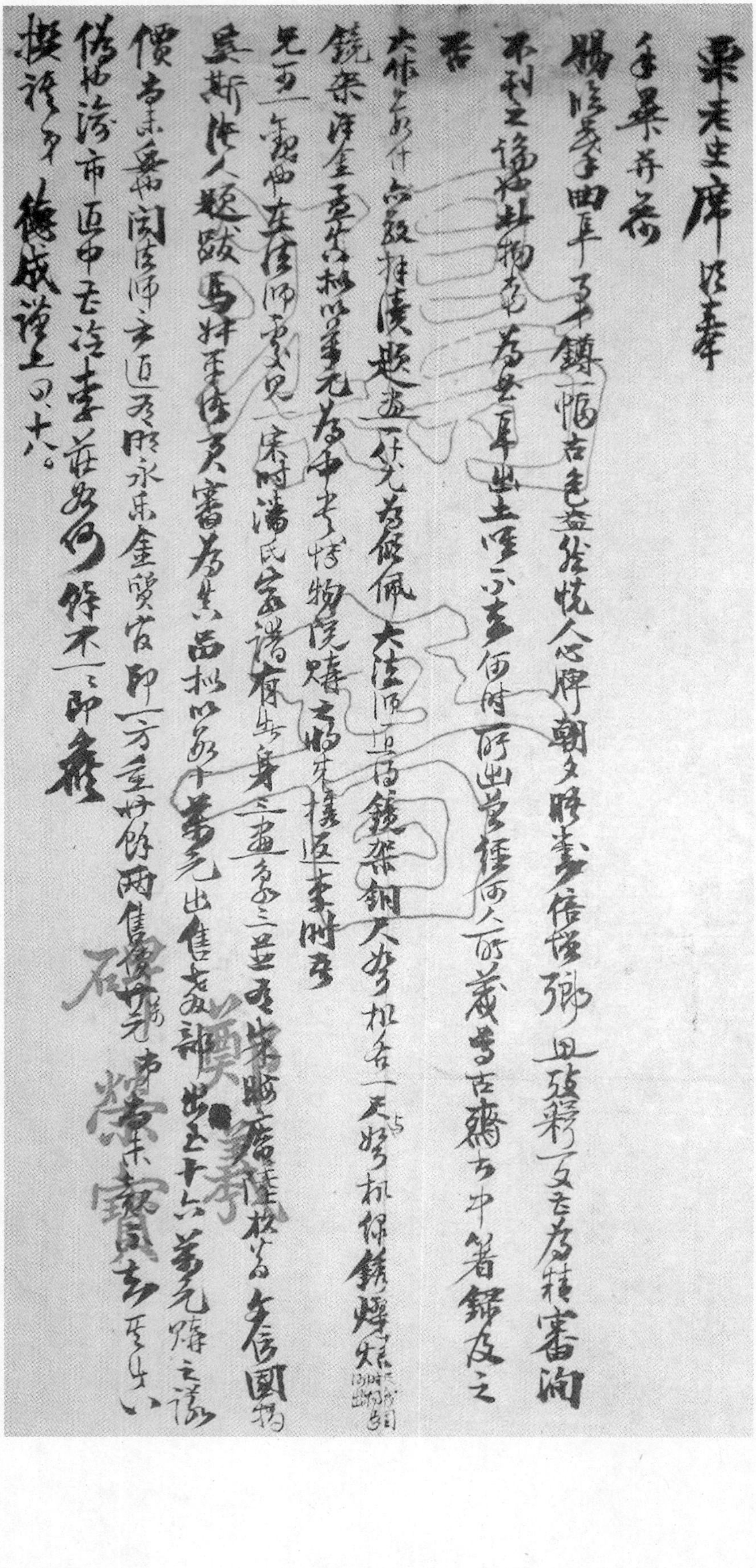

栗先生席 侍奉

手書并荷

賜臨吳季曲耳子卣鐔一幅，古色盎然，悅人心脾，朝夕賞玩，倍增瑯邸。且弦釋文云為精審，洵

不刊之論。此物為安陽出土，將不去何時所出，曾經何人所藏，考古齋中著錄及之

否？

大作[illegible]敬拜讀題跋一什，尤為欽佩。大法師近得鏡架銅天女棋子一，天女棋保鏡架[illegible]

鏡架係金某[illegible]擬以萬元為中共博物院購去，擬將來接洽時奉

先生一閱。此在法師處見宋時潘氏家譜，有其身之畫象三幅，至可寶貴，是否[illegible]

吳斯德人題跋，馬衡等法書畫，為其品擬以數十萬元出售，[illegible]五十六萬元購之議，

價尚未妥。聞法師之近以照永樂金質古印一方，至好的兩隻，愛其[illegible]

後由該市政中共將來莊嚴何拜托不一一，即頌

撰祺。弟 德成謹上 四、十八。

孔德成

封第一件

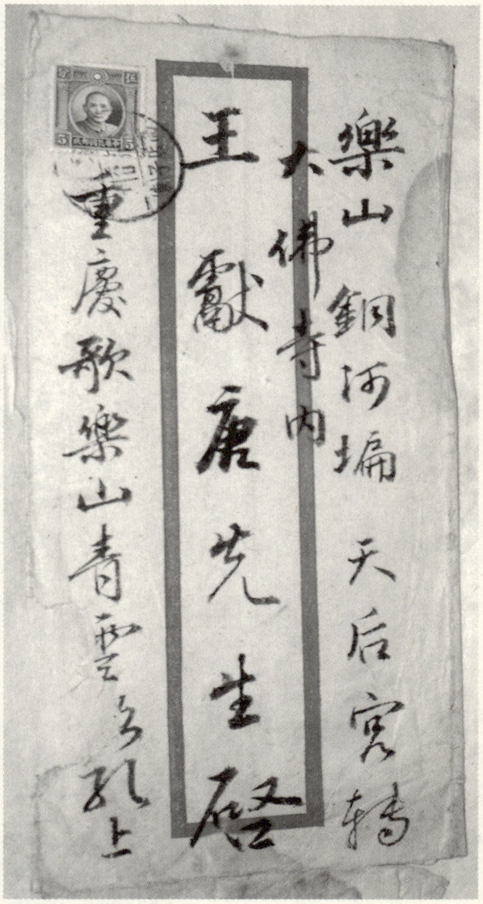

封第二件

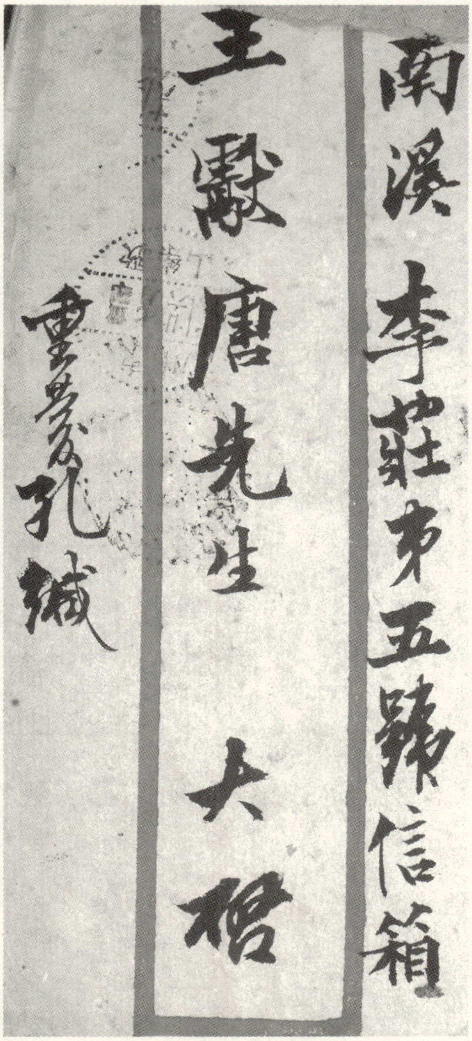

封第三件

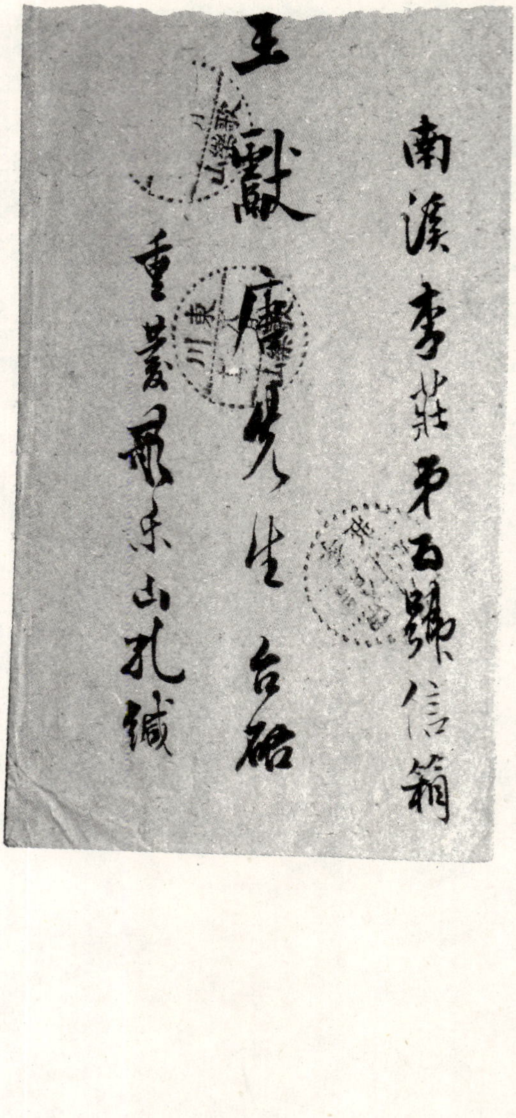

封第四件

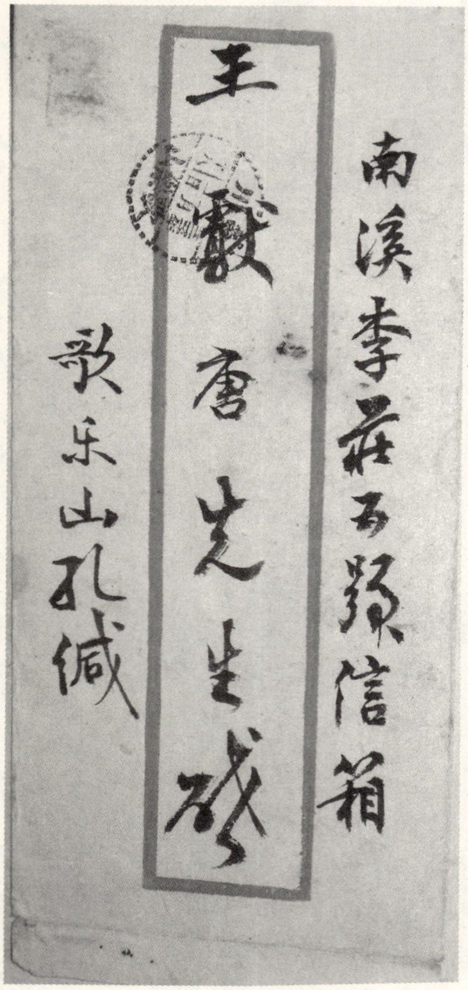

封第五件

二百二十四　史樹青

書一通　封一件

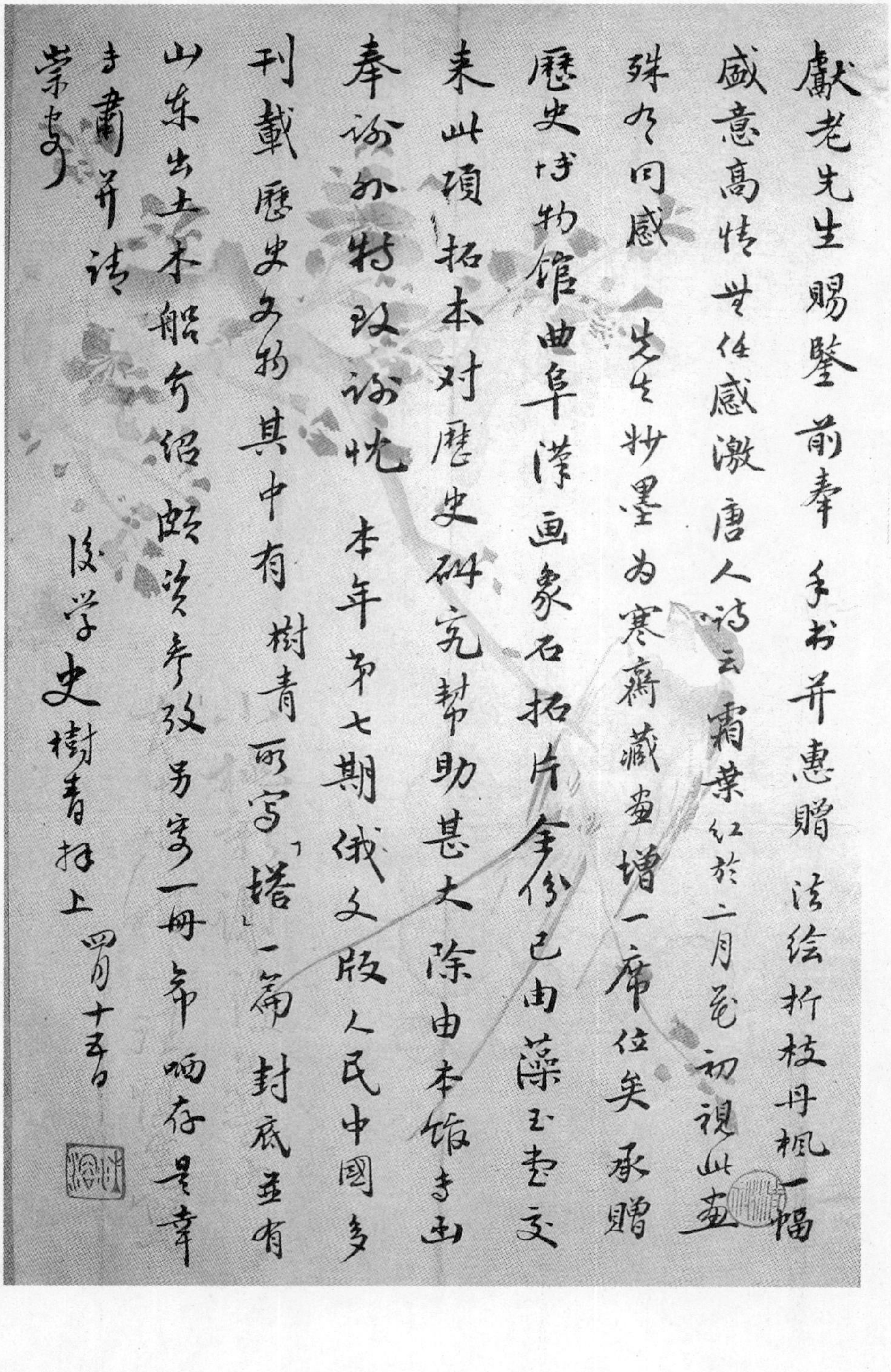

獻老先生賜鑒：前奉手书并惠贈法绘折枝丹枫一幅，盛意高情，毋任感激。唐人诗云"霜葉红於二月花"，初視此画，殊有同感。先生妙墨为寒齋藏画增一席位矣。承贈歷史博物館曲阜漢画象石拓片全份，已由藻玉堂交来。此项拓本对歷史研究帮助甚大，除由本馆专函奉谢外，特此致谢忱。本年第七期俄文版《人民中國》多刊載歷史文物，其中有樹青所写「塔」一篇，封底並有山东出土木船介绍，頗值参考，另寄一册，希哂存是幸。专肃，并请

崇安

後学 史樹青拜上

四月十五日

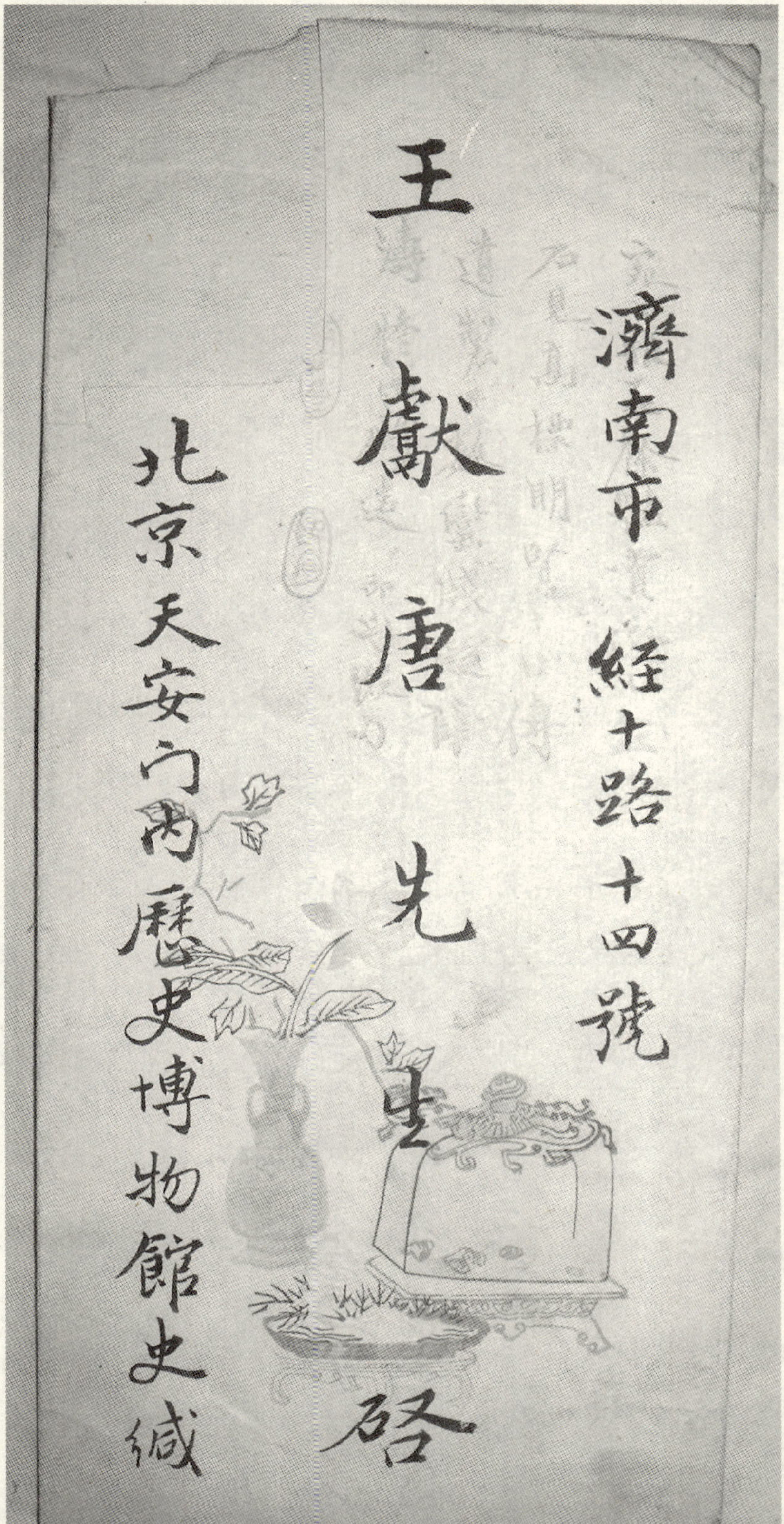
濟南市經十路十四號
王獻唐先生啓
北京天安門內歷史博物館史緘

二百二十五　徐淑貞 書一通

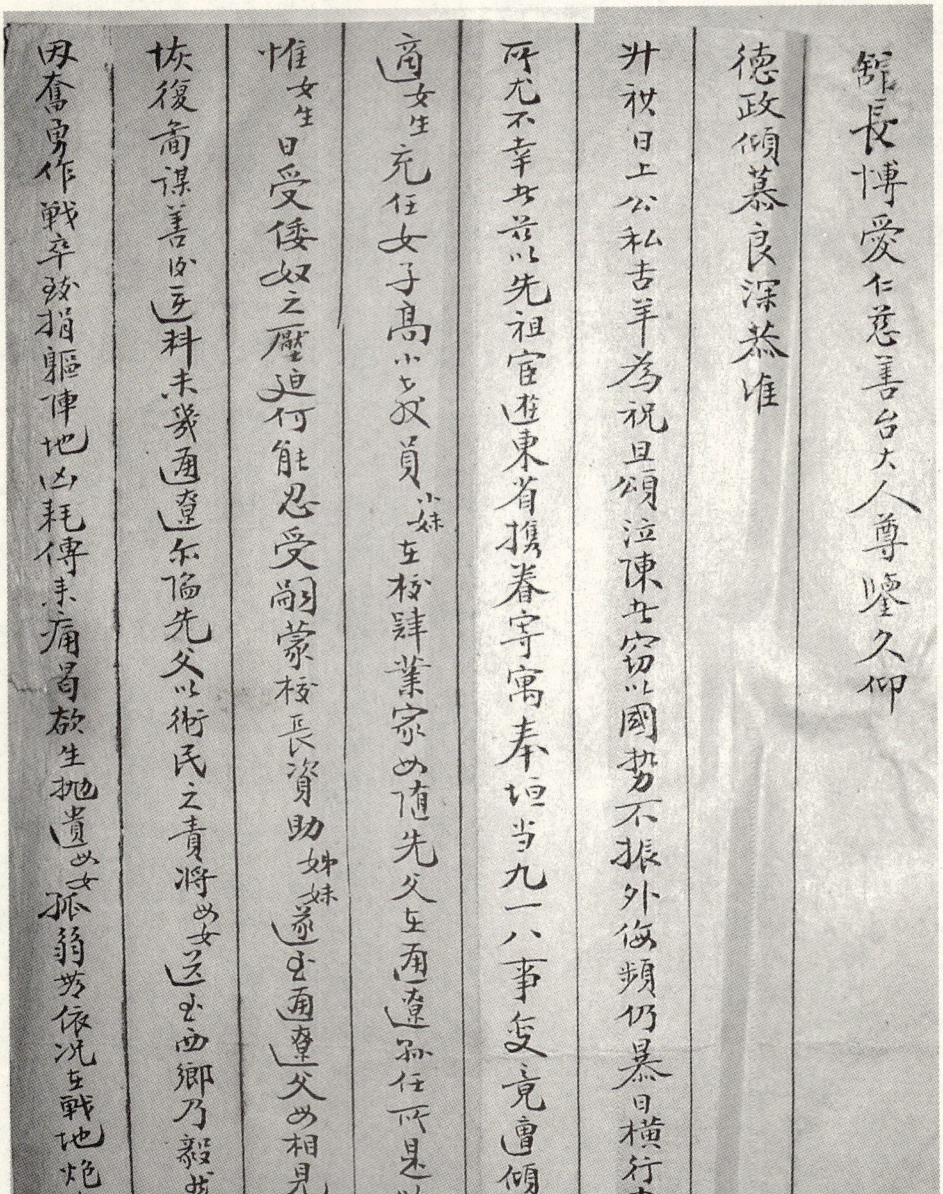
館長博愛仁慈善台大人尊鑒久仰
德政傾慕良深茲准
升祺日上公私吉羊為祝且頌泣陳者竊以國勢不振外侮頻仍暴日橫行中土人民流離失
所尤不幸者若以先祖宦遊東省攜眷寄寓奉垣當九一八事變竟遭傾家殉國之慘時
適女生充任女子高小女教員小妹在校肄業家母隨先父在通遼縣任所是以得免其難
惟女生日受倭奴之壓迫何能忍受嗣蒙校長資助姊妹逃至通遼父女相見悲慘莫名私待
恢復尚謀善後乃料未幾通遼亦陷先父以衛民之責將女送至西鄉乃毅然加入義軍抗日
因奮勇作戰卒致捐軀陣地凶耗傳來痛哭欲生拋遺女孤翁苦依況在戰地炮火連天最恨日賊

利用飛機拋擲炸彈因此死於非命者不勝枚舉母女驚惶失措投奔西地幸逢比蕭(?)之救
護援拯救始得逃難入回本欲遄返故梓奈家母偶染重疾奄奄一息醫藥之資呻吟數月
病略見致詎知又逢肆變以致所欲未果寓居津門前承慈善會派濟賴依苟延殘喘
近因和平成立難民俱各回鄉唯家母女苦於依歸旅粮既無生計為艱炊斷薪絕露
宿蒼風天涯海角誰悲失路之人江燈孤影愁思亂千里之外不知家鄉何在未卜性
命安危處此人地生疏之境勢將束手待死言之疾首思之痛心急欲自戕拋母何依每回
思唯一籌莫展迫於危亡之際祇得赧顏呼援且求稔家
公素慈懷慷慨樂善好施是以不揣冒昧叩懇伏乞

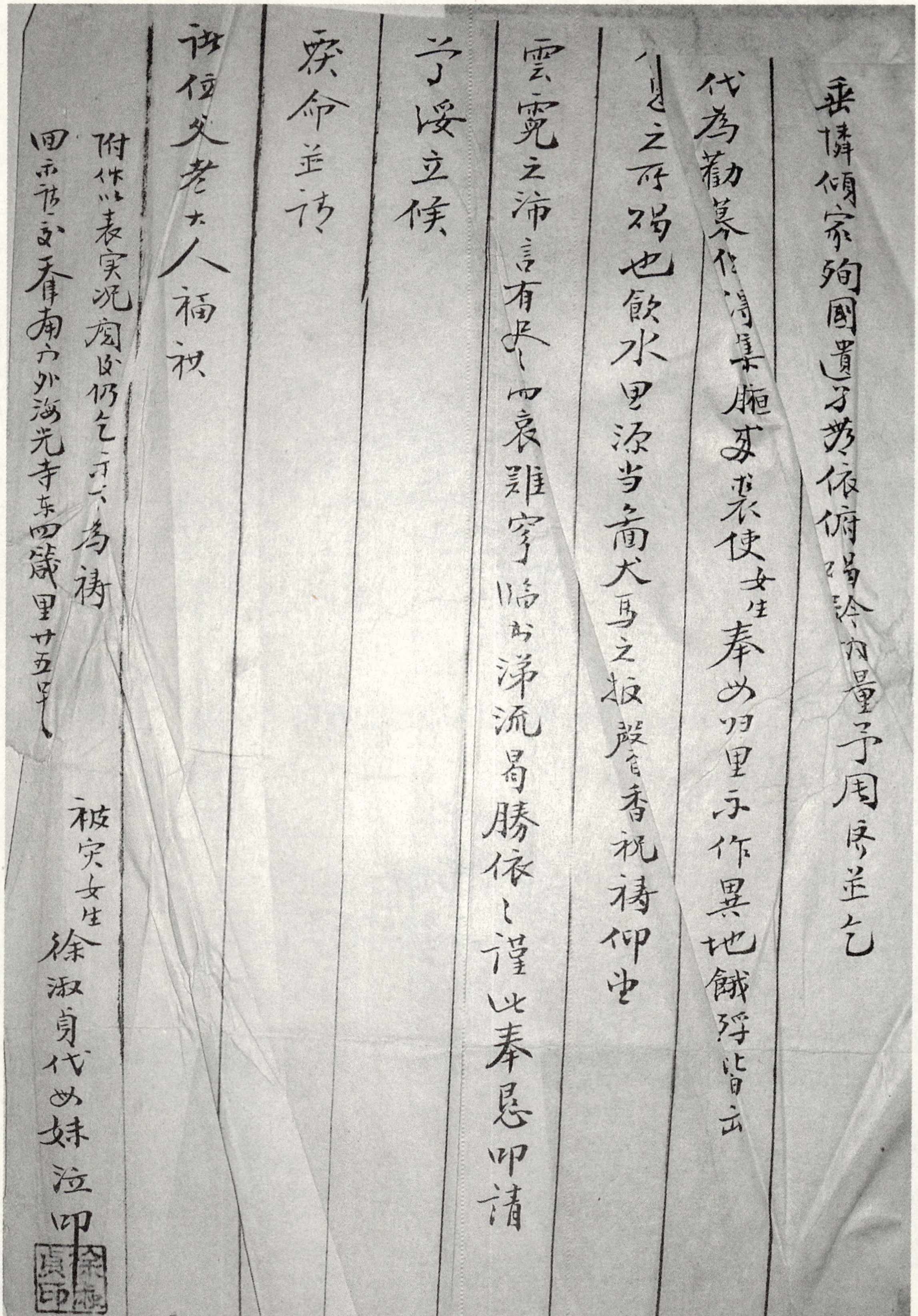

垂憐傾家殉國遺孑煢依俯賜矜恤量予周卹並乞
代為勸募俾得集腋成裘使女生奉兒歸里不作異地餓殍皆出
仁恩之所賜也飲水思源當鑄犬馬之報爇香祝禱仰望
雲霓之沛言有盡而哀難窮臨書涕流曷勝依依謹此奉懇叩請
崇安立候
賜命並請
諸位父老大人福祉
附件以表實況閱後仍乞示下為禱
回示請寄天津南門外海光寺東四歲里廿五號
被災女生
徐淑貞代兒妹泣叩
徐淑貞印

徐淑貞

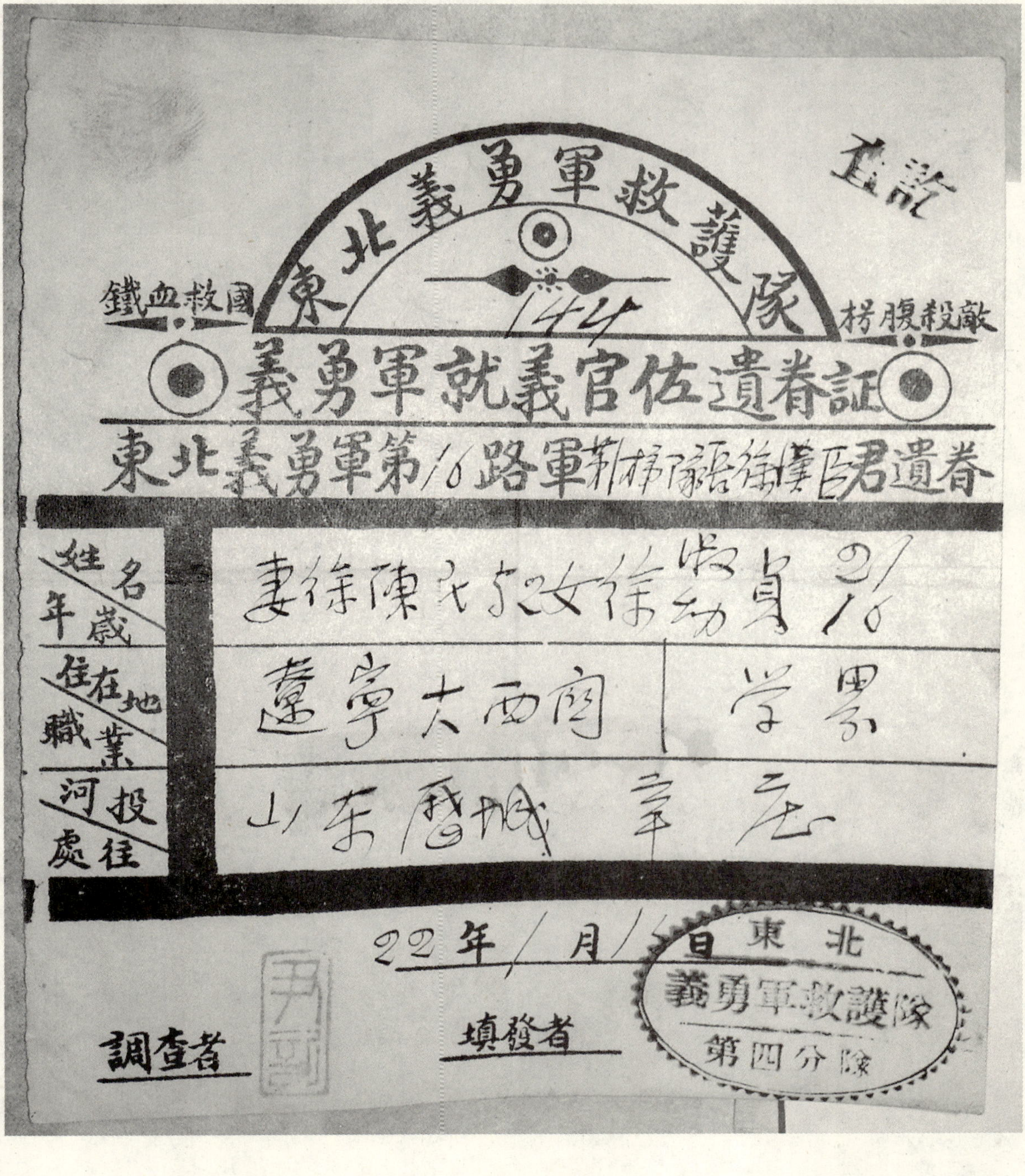

查訖

東北義勇軍救護隊

救國鐵血　殺敵腹榜

144

義勇軍就義官佐遺眷証

東北義勇軍第16路軍[illegible]君遺眷

姓名 年歲	妻徐陳氏 [illegible] 女徐幼貞 21 16
住在地 職業	遼寧大西門 / 学界
投往何處	山东歷城 章丘

22年1月16日

調查者　填發者

東北義勇軍救護隊第四分隊

二百二十六　王雲生 封一件

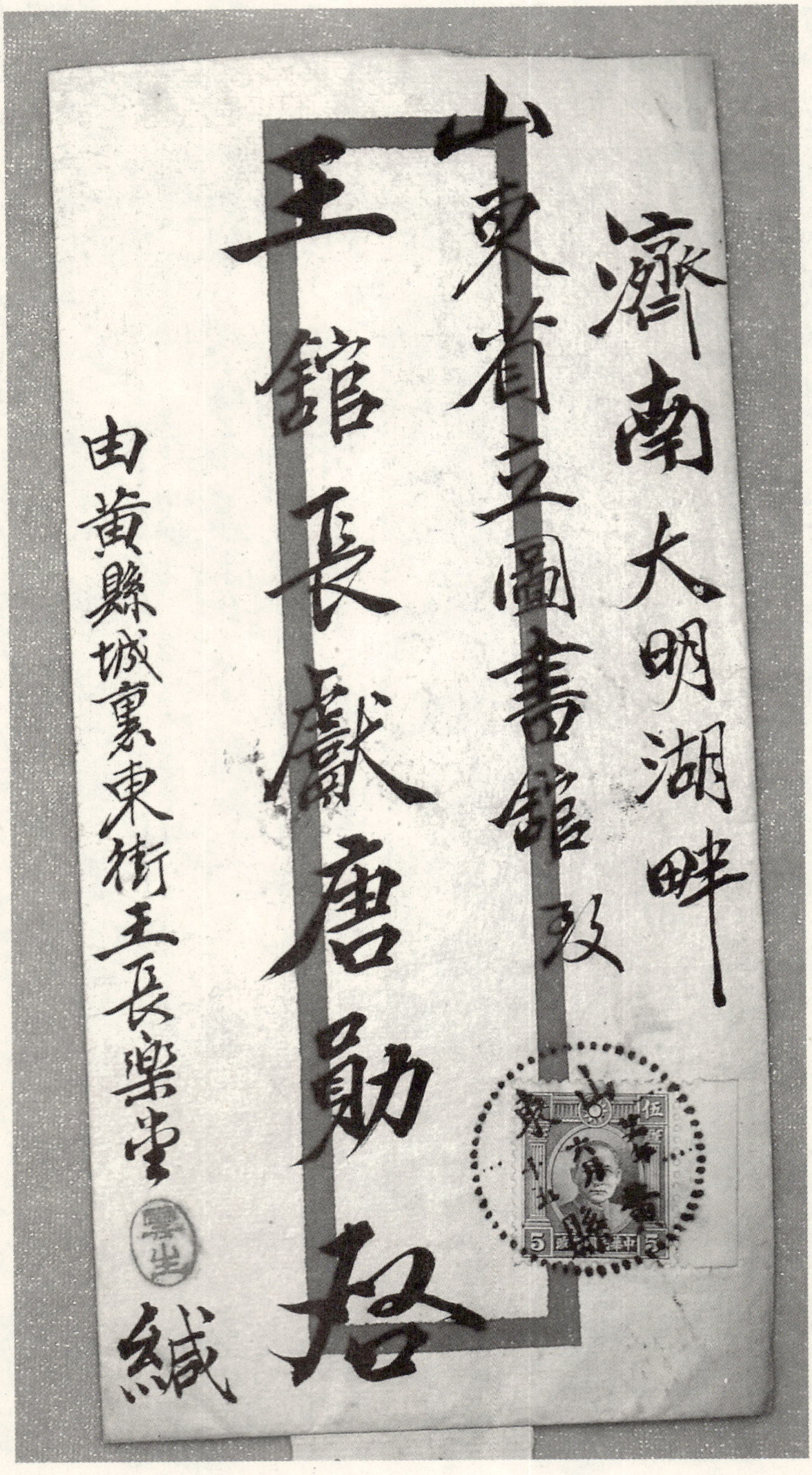

二百二十七

鄭鍼 書一通

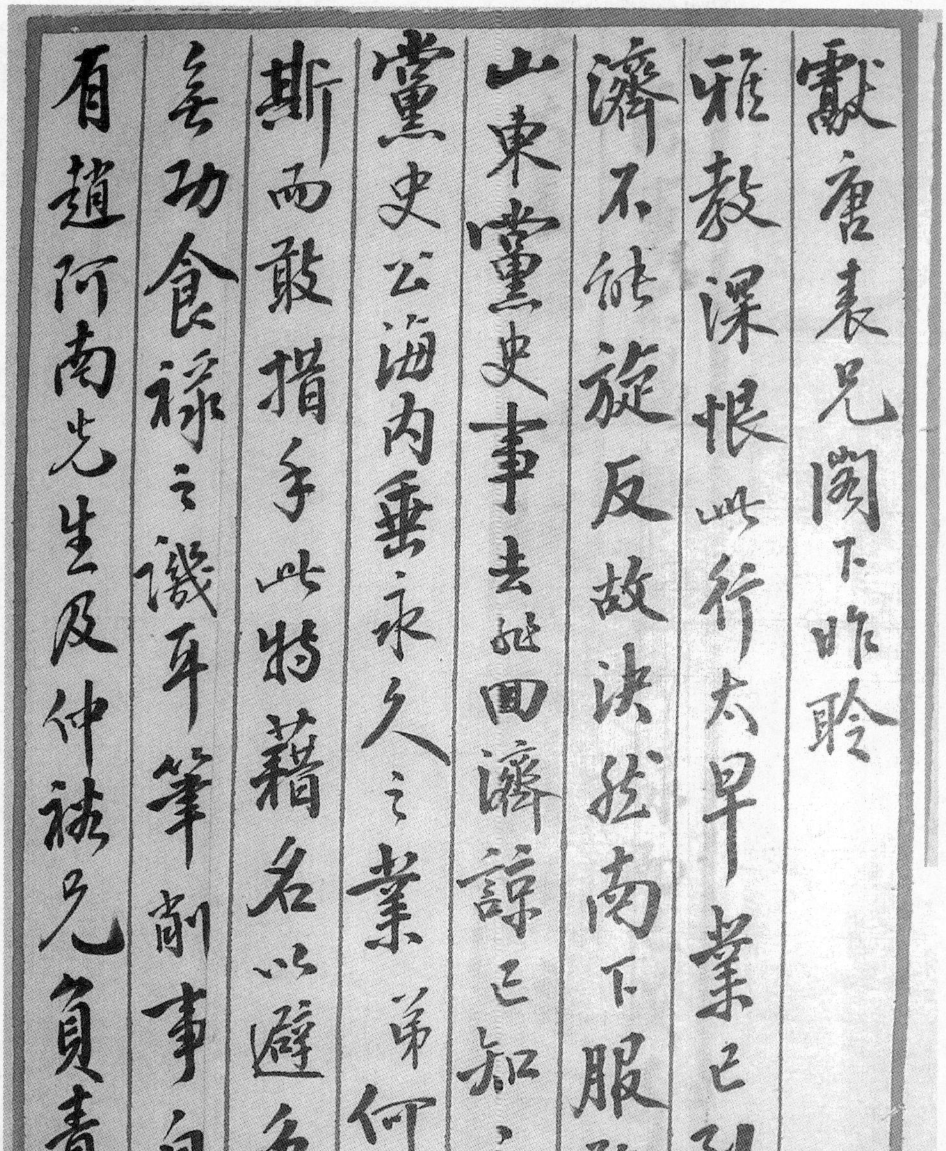

獻唐表兄閣下昨聆
雅教深悵此行太早業已到
濟不能旋反故決從南下服務
山東黨史事去此回濟諒已知之
黨史公諸海內垂永久之業弟何人
斯而敢措手此特藉名以避免
無功食祿之譏耳筆削事自
有趙阿南先生及仲祜兄負責

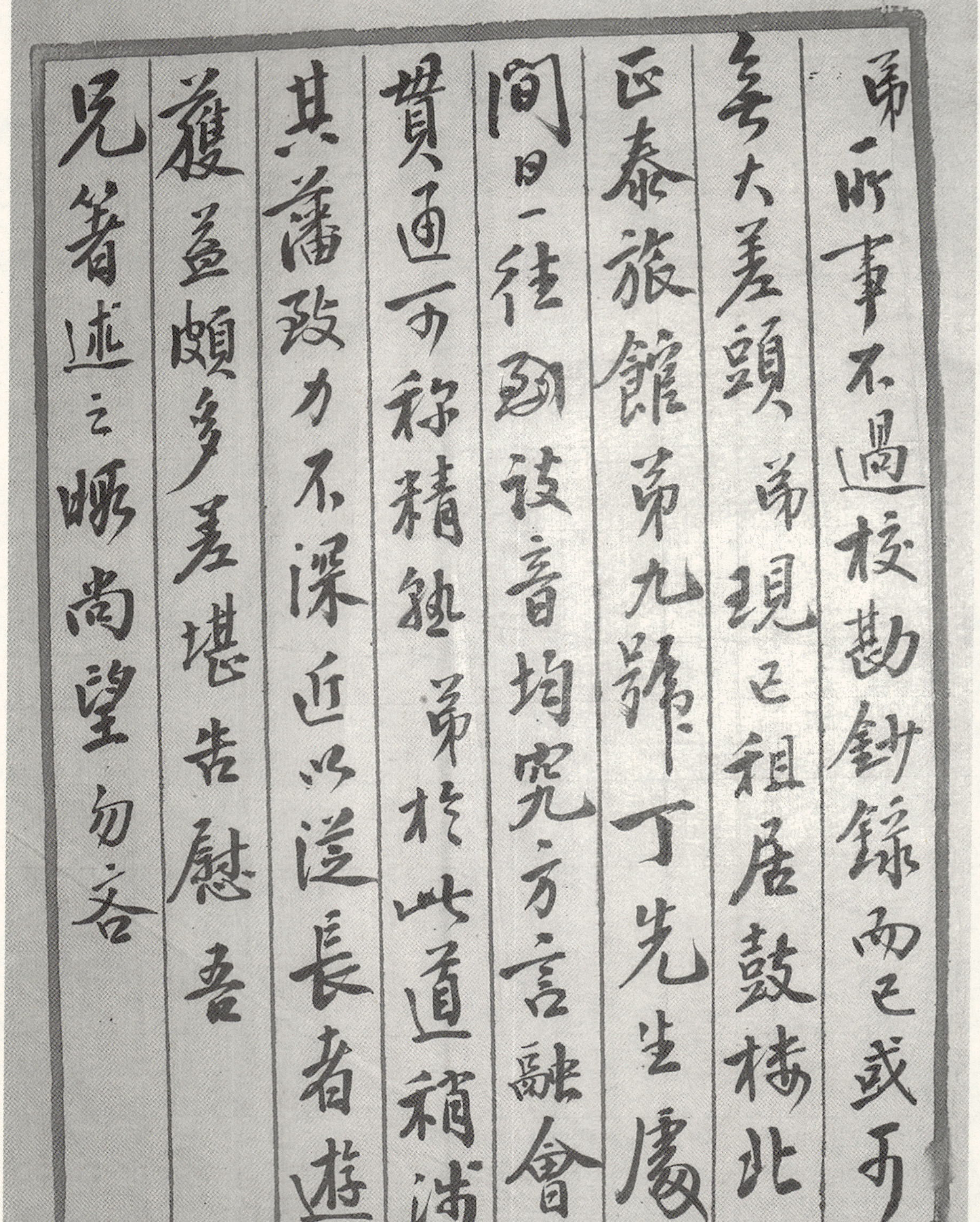

弟所事不過校勘鈔錄而已或于
無大差頭 弟現已租居鼓樓北
正泰旅館 弟九龍丁先生處
間日一往劉設音均究方言融會
貫通可稱精熟 弟於此道稍涉
其藩致力不深近以道長者遊
獲益頗多差堪告慰吾
兄著述之暇尚望勿吝

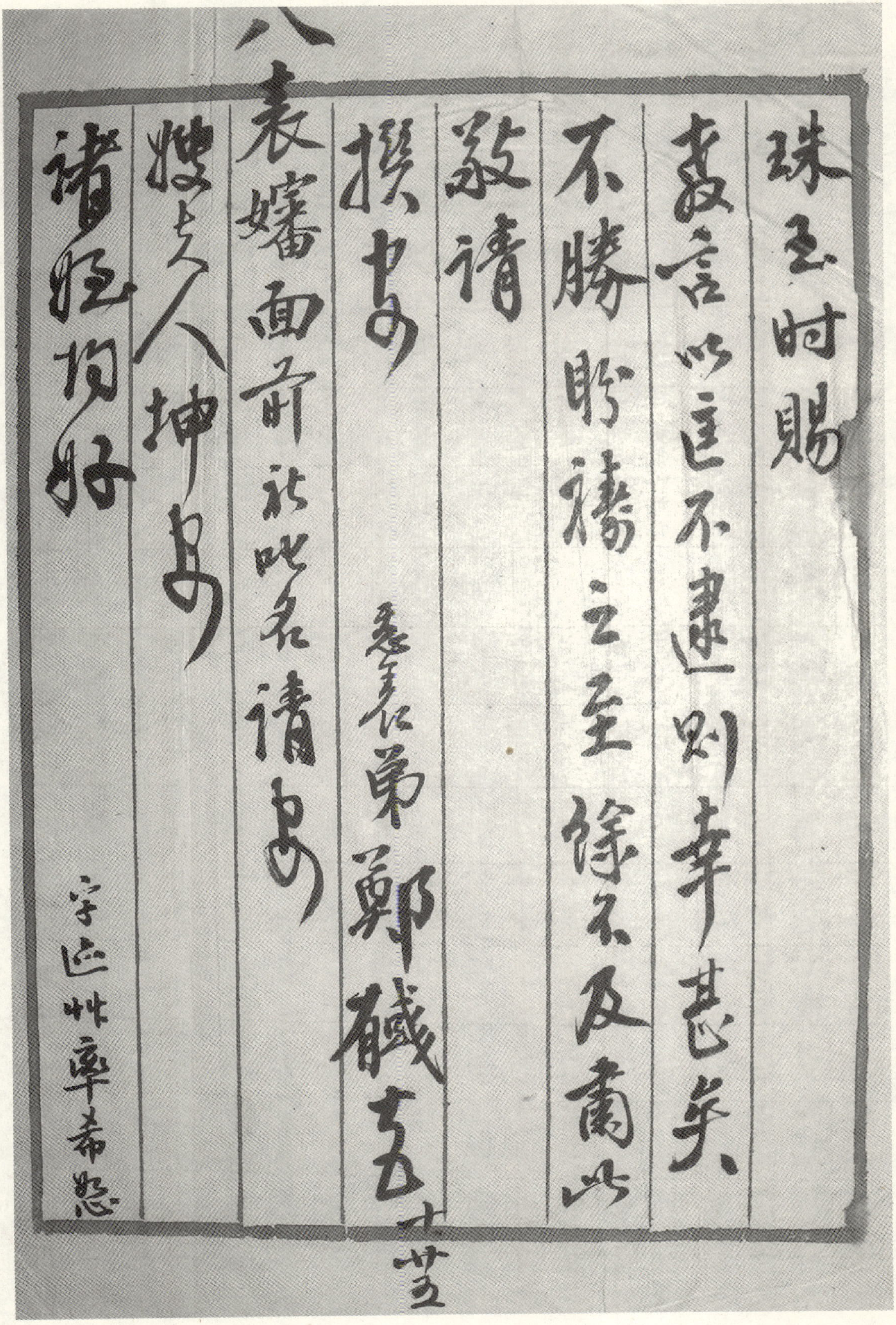
珠玉时賜
教言以匡不逮則幸甚矣
不勝盼禱之至餘不及肅此
敬請
撰安
愚表弟鄭臧去 十廿三
八表嫂面前祈叱名請安
嫂夫人坤安
諸姪均好
字迹草率希恕

二百二十八

張鑑侯

書一通 封一件

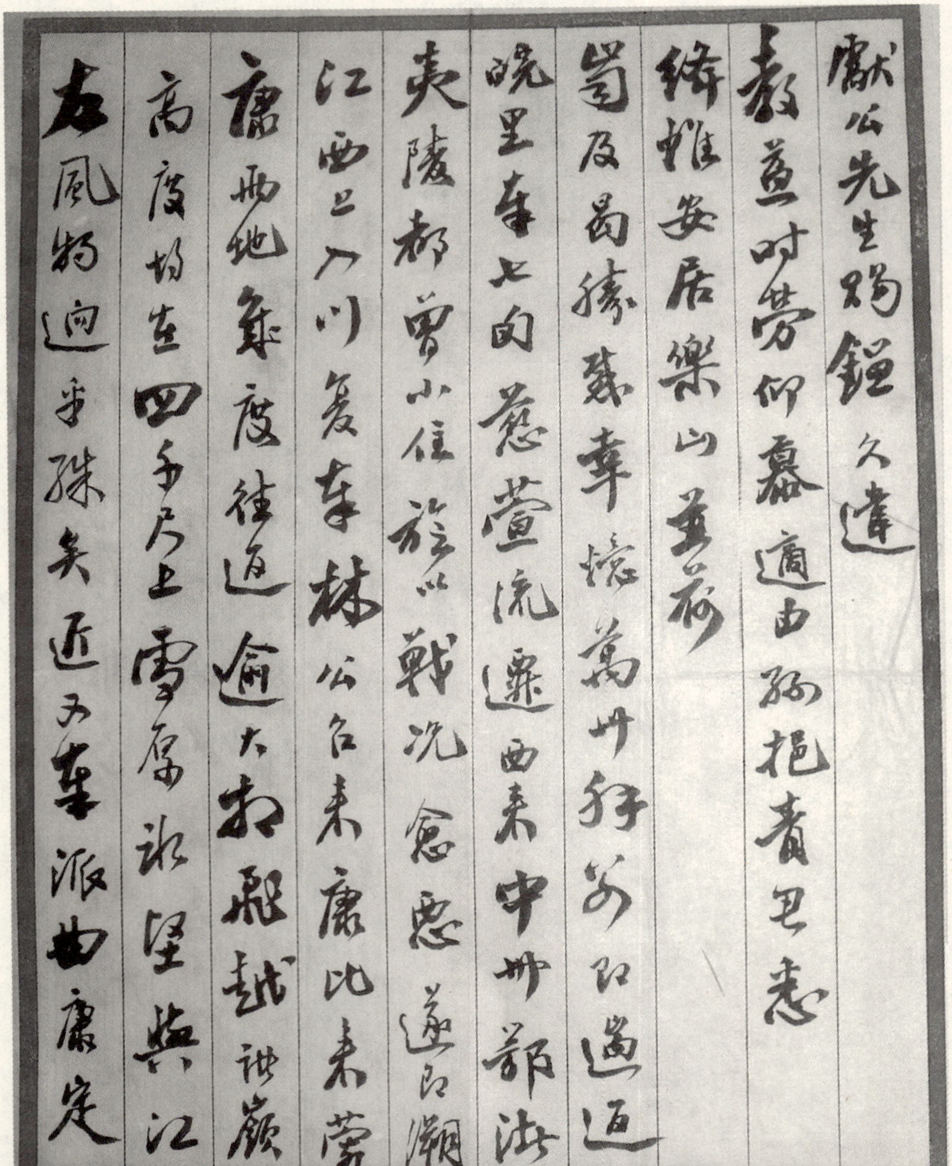

獻公先生炤鑒久違
教益時勞仰慕適由孫抱青兄悉
絳帷安居樂山兼旬
蜀及蜀豫幾華境萬州轉然以邊道
曉里奉七的慈萱流遞西來中州鄂海
夷陵都曾小住旅次戰況愈惡遂由湖
江西已入川夏奉林公名來康比來蒙
康西地氣度往返渝途大霧飛越峨嶺
高度均在四千尺上雪峰環望與江
左風物迥乎殊矣近日奉派由康定

西老春尊世間人稱為出國約別五六日
計三四萬里地為康藏之居食糌粑衣
皮毛並常數萬里無人烟象不種又事
物識苦事亦殊饒意趣也惟家慈
尚以別旅為艱仍居錦城乎無一勞
時有懷莫之思耳專此奉達敬頌
教安

學生 張鎧莊敬上 六月廿六日

聞諷蘭師仍居蓬萊在勞碧
王世公子曾經道及附聞

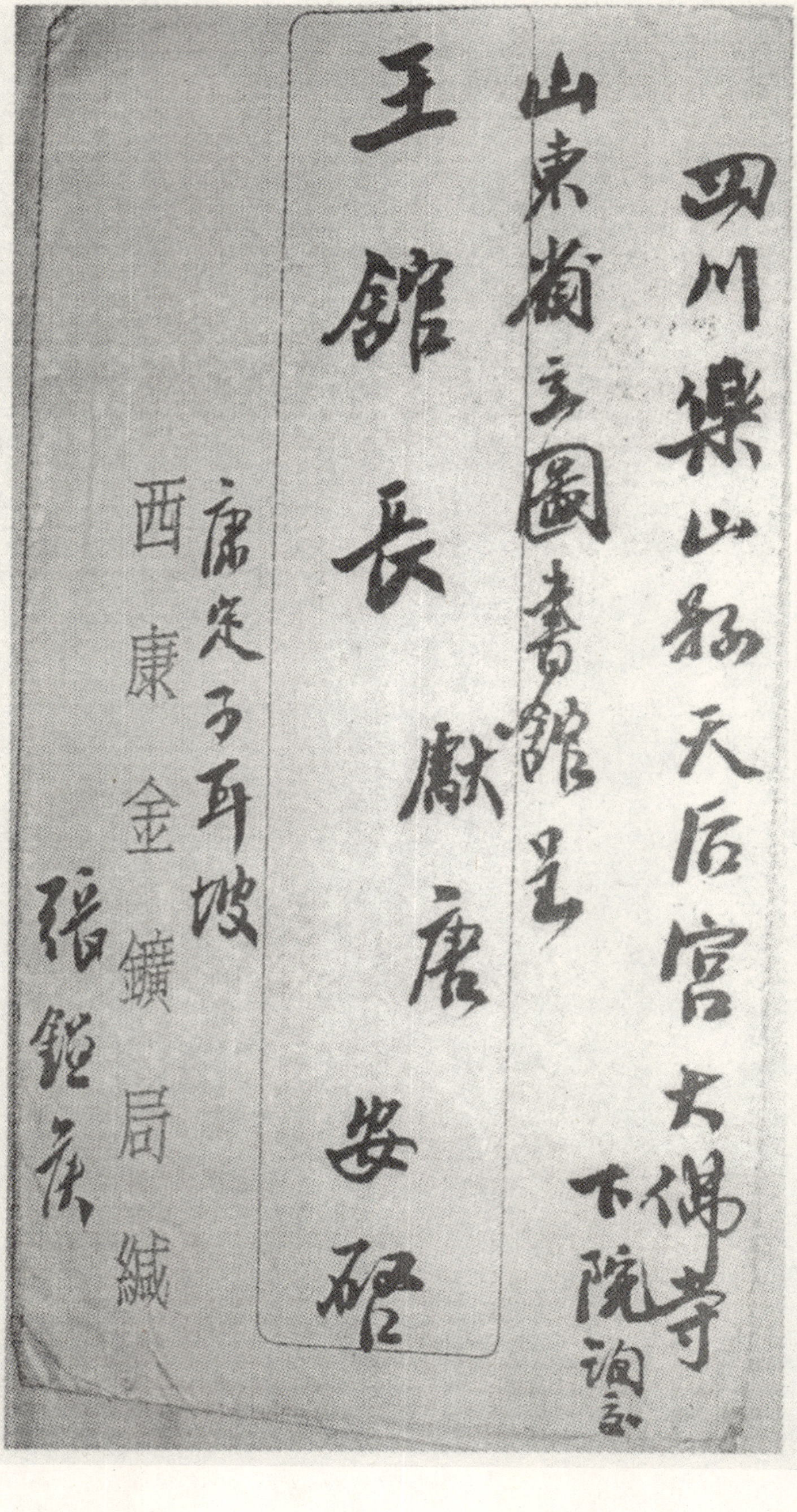
四川樂山烏天后宮大佛寺下院詢交
山東省立圖書館呈
王館長獻唐安啓
康定子耳坡
西康金鑛局緘
張鑑侯

二百二十九　丁岐祥

書一通　封一件

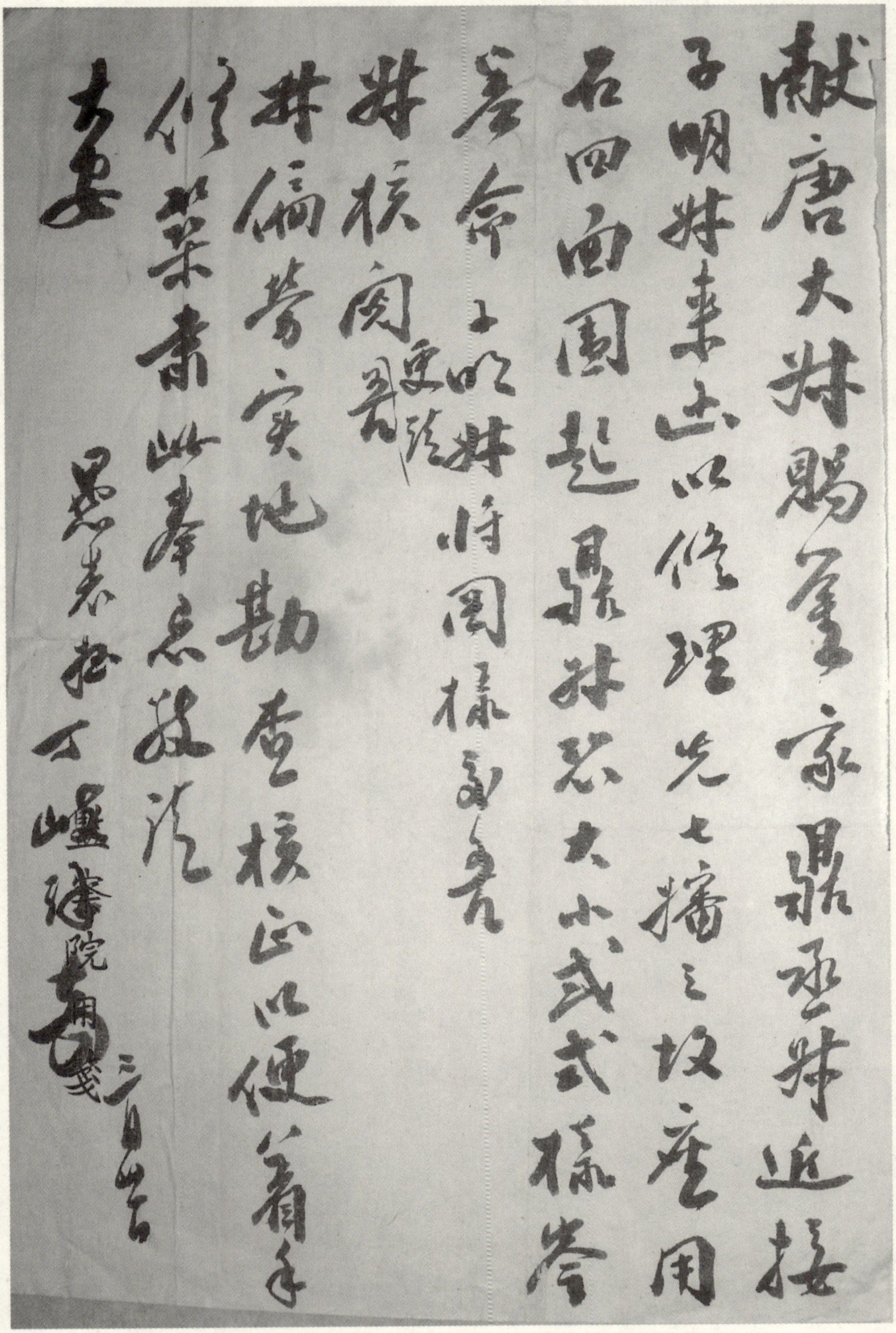

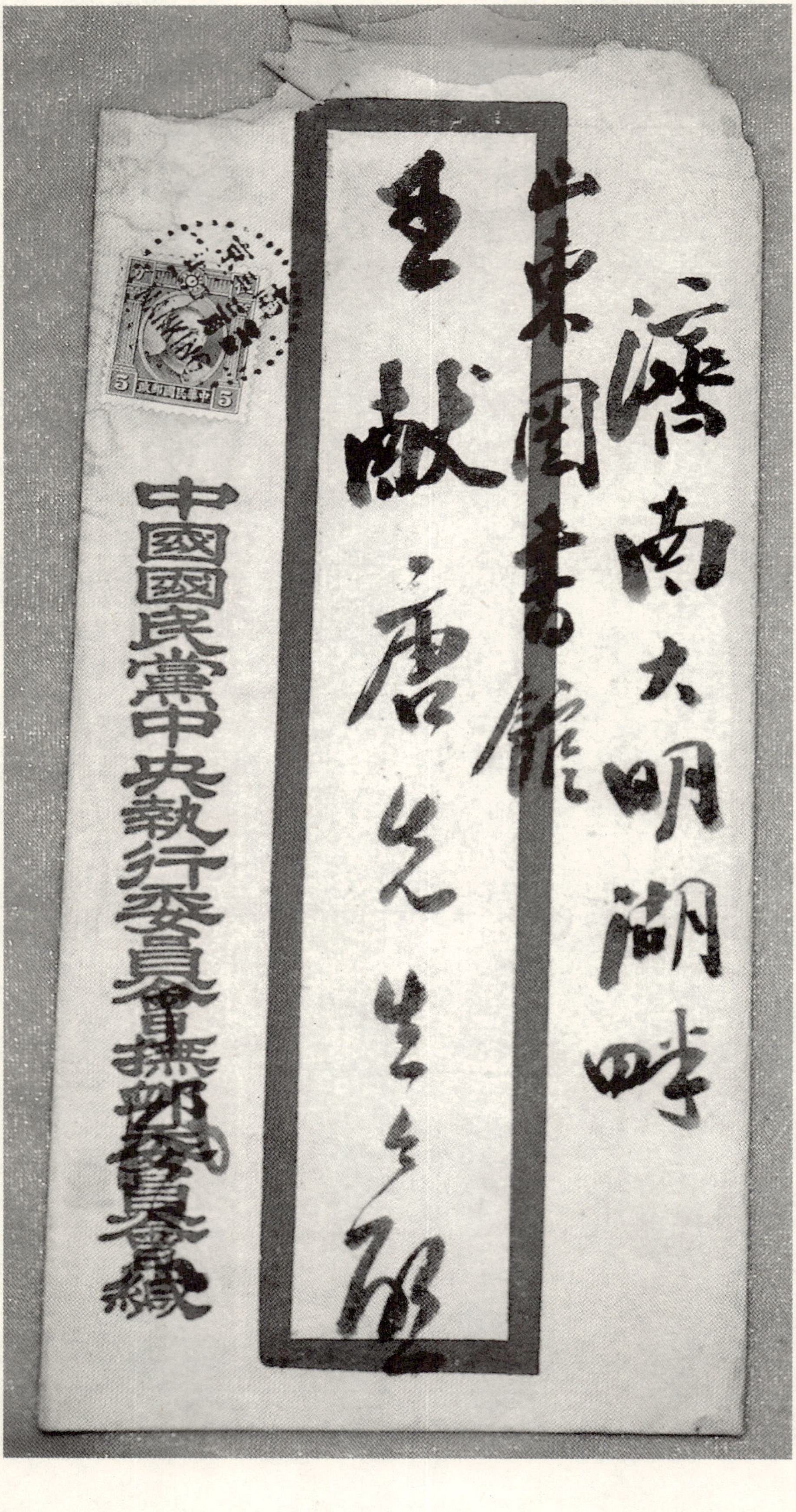
濟南大明湖畔
山東圖書館
王獻唐先生
中國國民黨中央執行委員會

二百三十 丁履榮 書一通

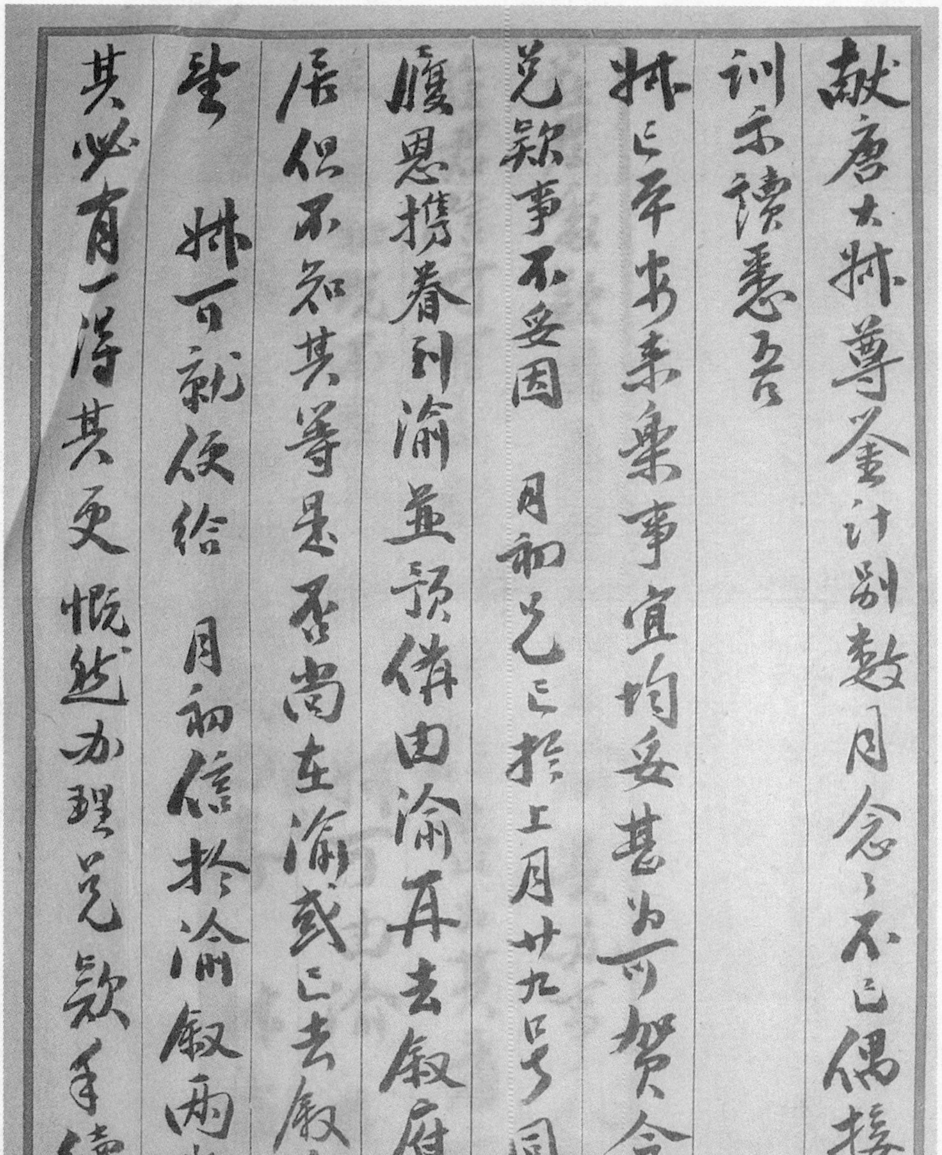

獻唐大兄尊鑒：計别數月，念念不已。偶接
訓示，讀悉一一。
兄兄平安，來渠事宜均妥，甚為可賀。令取
兄款事不妥，因 月初兄已於上月廿九日同[illegible]
履恩携眷到渝，並預備由渝再去叙府常
居。但不知其等是否尚在渝，或已去叙府
也。兄可就便給 月初信於渝叙兩地，
其必有一得。其更 恍然辦理兄款手續

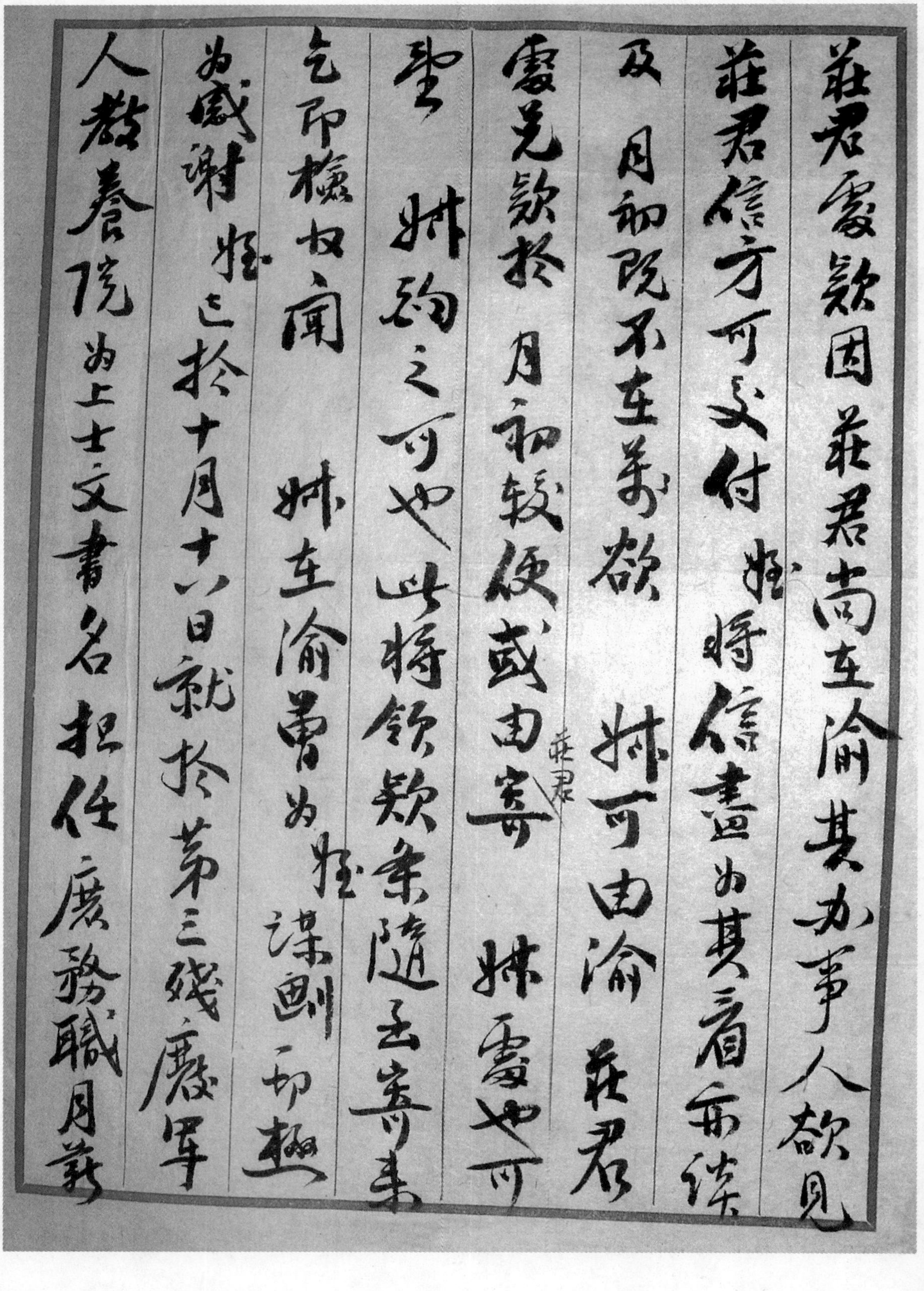

莊君處款因莊君尚在渝其办事人欲見
莊君信方可交付 弟将信書為其看亦续
及 月初既不在莽欲 弟可由渝 莊君
處先款於 月初較便或由莊君寄 弟處也可
鑒 弟酌之可也 此將領款条隨函寄来
乞即檢收聞 弟在渝書為 弟謀劃一切極
為感謝 弟 已於十月十八日就於第三戰區軍
人教養院為上士文書名 担任庶務職月薪

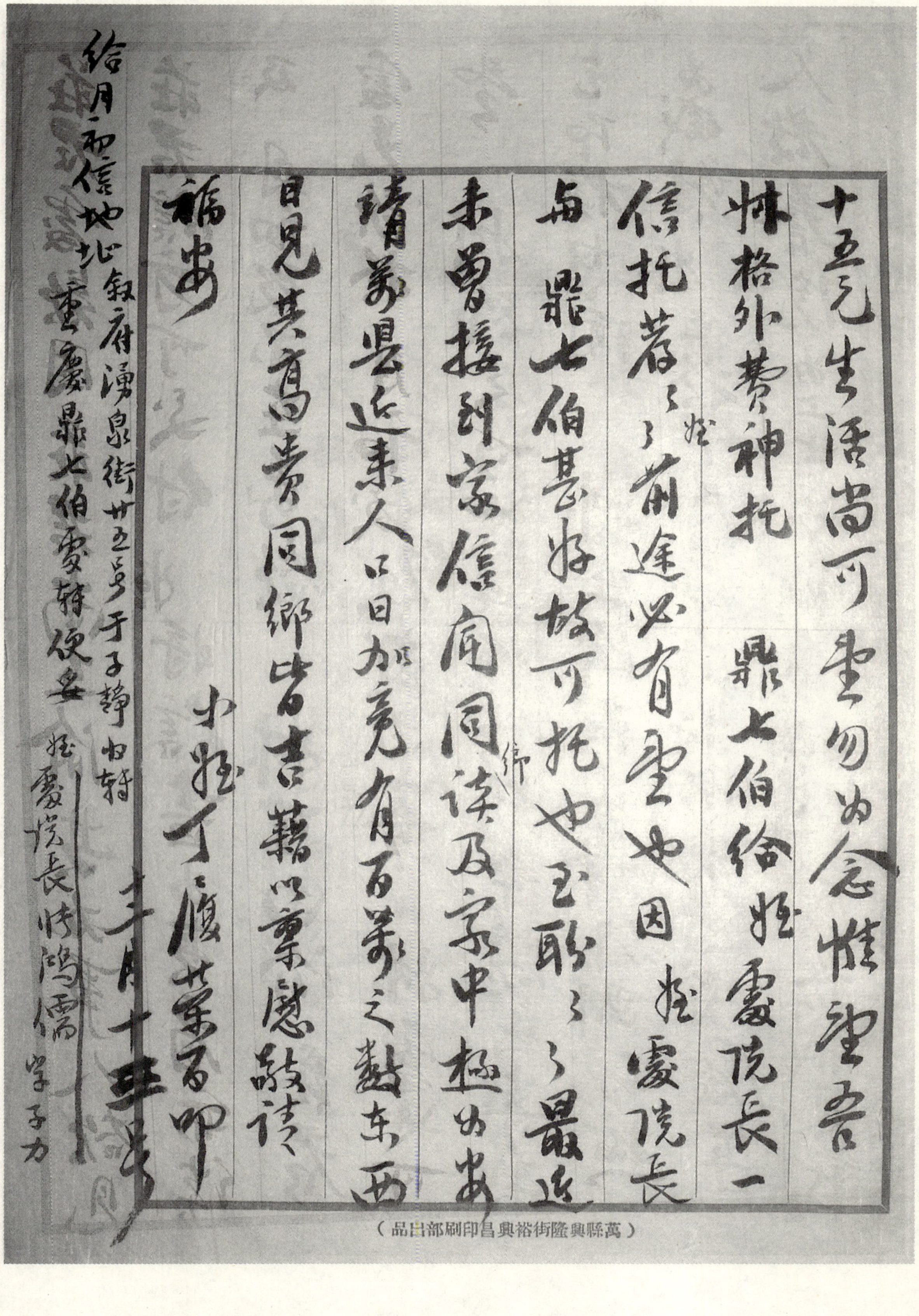
十五兄生活尚可，望勿為念。惟望吾
妹格外費神托 鼎七伯給姪處院長一
信，托薦姪前途必有望也。因 姪處院長
與 鼎七伯甚好，故可托也。至所々々。最近
未曾接到家信，聞同鄉談及家中極為安
請萬縣近來人口日加，竟有百萬之數，東西
日見其高，貴同鄉告吉，藉以稟慰。敬請
福安
小姪丁履葉百叩 三月十五號
給月々而信地址：敘府湧泉街廿五号于子靜收轉
重慶鼎七伯處轉便要
姪處院長時鴻儒 字子力
萬縣興隆街裕興昌印刷部出品

二百三十一　劉錫珏 書二通

書第一通

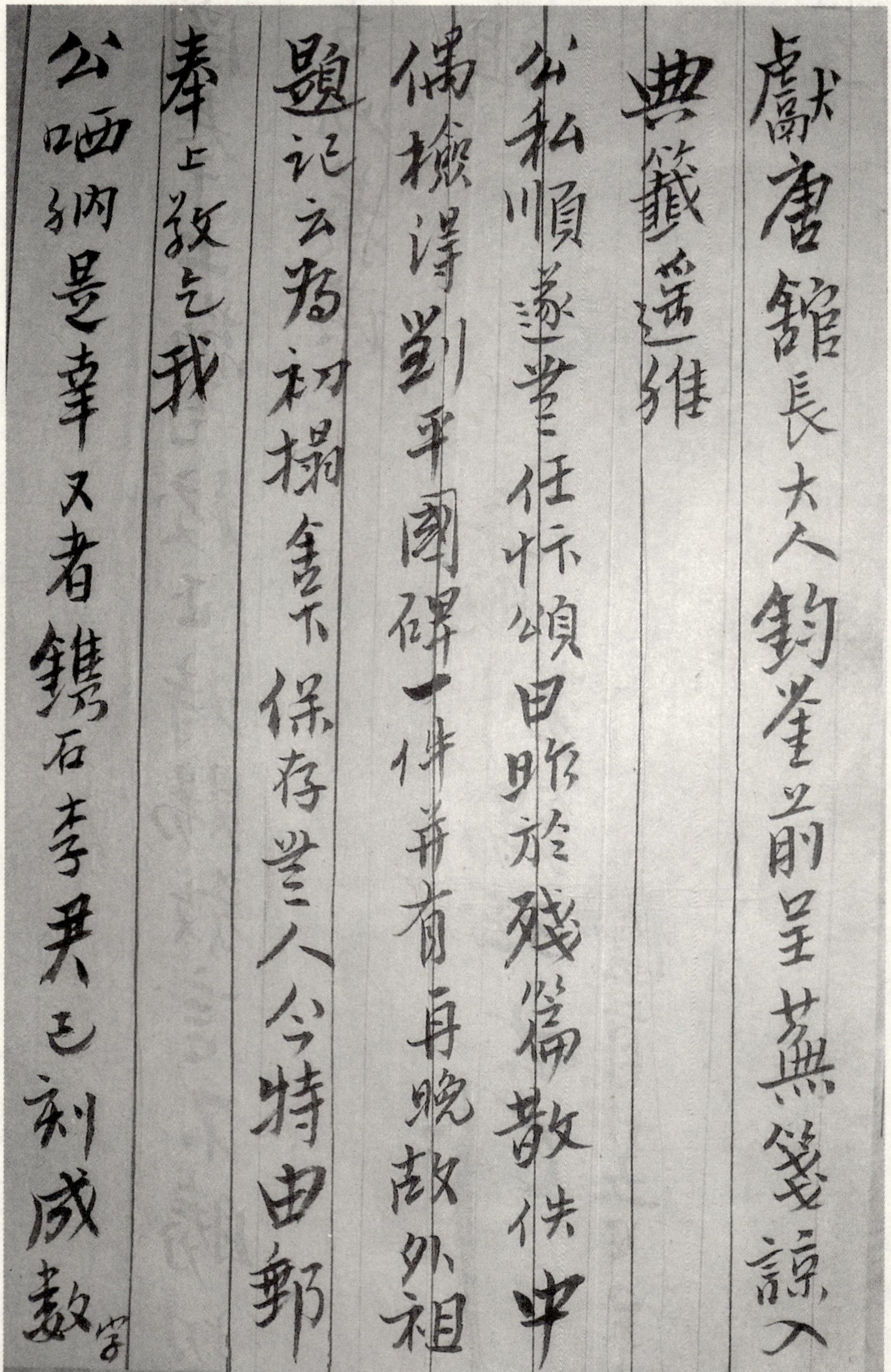
獻唐館長大人鈞鑒：前呈蕪箋，諒入
典籤。遥維
公私順遂，並＝任忻頌。日昨於殘篇散佚中
偶檢得劉平國碑一件，并有再晚故外祖
題記，云爲初搨，舍下保存並＝人，公特由郵
奉上，敬乞我
公哂納是幸。又者，鐫石李君已刻成數字

遂閭奉上敬乞校正時賜教言不勝切
禱专此恭請
道祺
再晚劉錫玨上
陰二月廿五日早

獻唐館長鈞鑒濟垣拜謁多蒙
雅教闡揚遺著意懇情切没者得顯生者尤榮隆
情厚意楮墨難宣晚雖没齒猶難忘也舍存書板
尚稱完善即於陰八月底間運奉
鈞館敬求付印將來問世之日亦即晚外祖含笑
之時也晚外祖尚有文稿一卷自著各書之序跋
亦均列入今將各叙抄奉
鈞覽前者敬求

鈞篤赴小布政司街餅餌香號取晚外祖遺稿一事是否隨意敬求賜示以釋時念肅此敬請
道安
晚劉錫玨謹呈 八月十八日

二百三十二 王裕華 封一件

二百三十三

牟濬秋

書一通

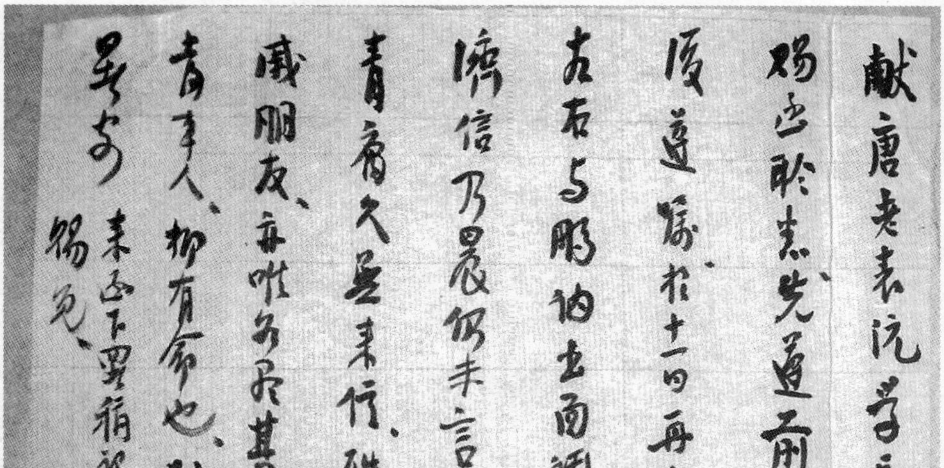

獻唐老表兄學長大鑒：

賜函聆悉。先遵前示，於六日寄青島一信，茲復遵囑於十一日再寄青一信，約請勞動左右與鵬伯出面調理，此事不難解決，須兄濟信乃晨似未言旋，似又有轉圜之勢，而青島久無來信，殊用悶悶，然此等事，既屬朋友，亦惟盡其心而已，成敗離合，固未可責事人，抑有命也，特此順頌

暑安

來函下署稍謙，乃不敢當，務祈賜免。

弟濬秋頓首　八月十四日

牟濬秋

二百三十四 濬生 書一通

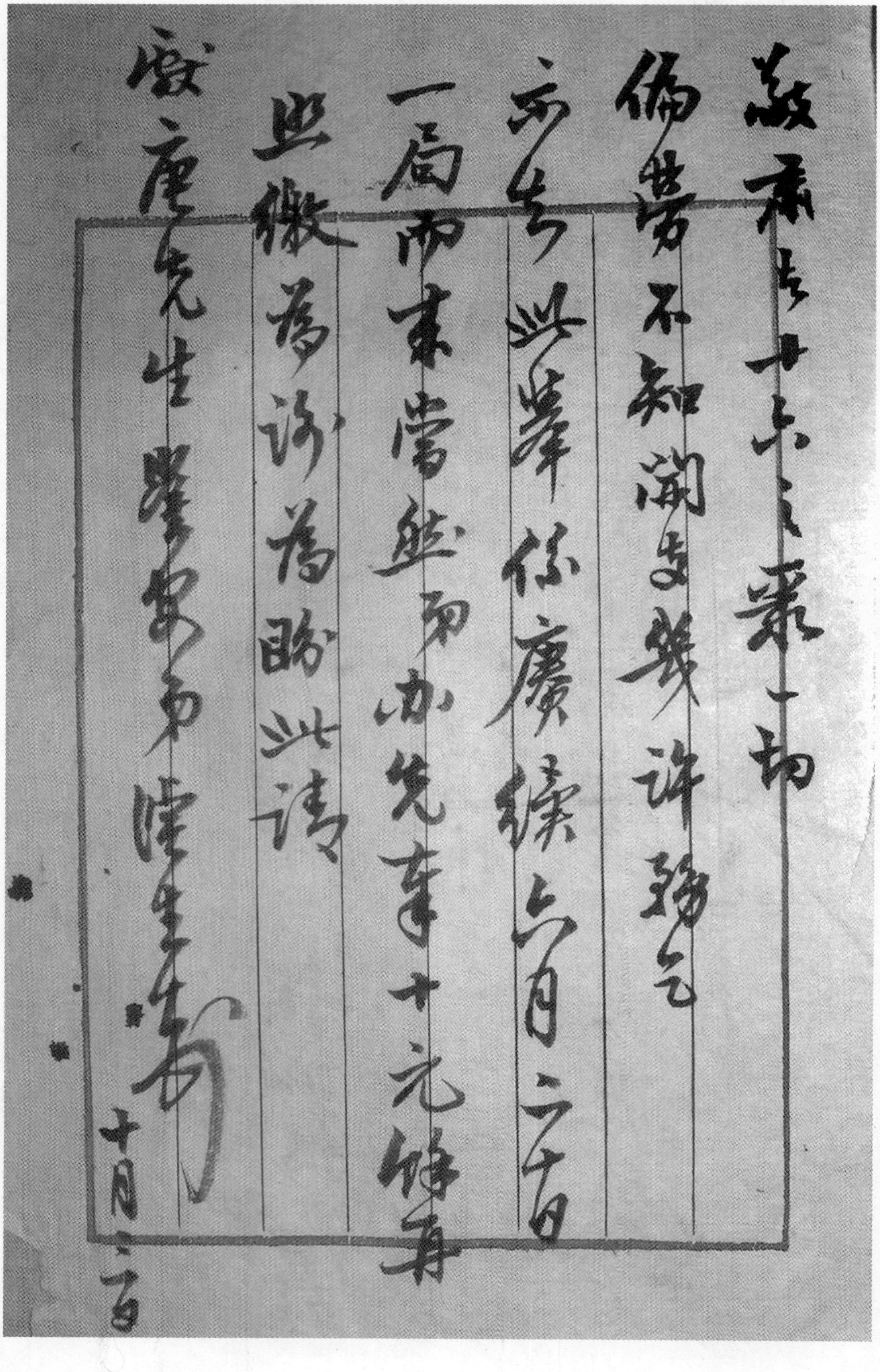
敬承長函十六元豪一切
備悉不知閱發幾許錢乞
示為此舉係廣續六月二十日
一函而未嘗能兩办先寄十元餘再
照繳為荷為盼此請
啟唐先生晚安弟濬生手啟
十月二日

二百三十五

洙書一通

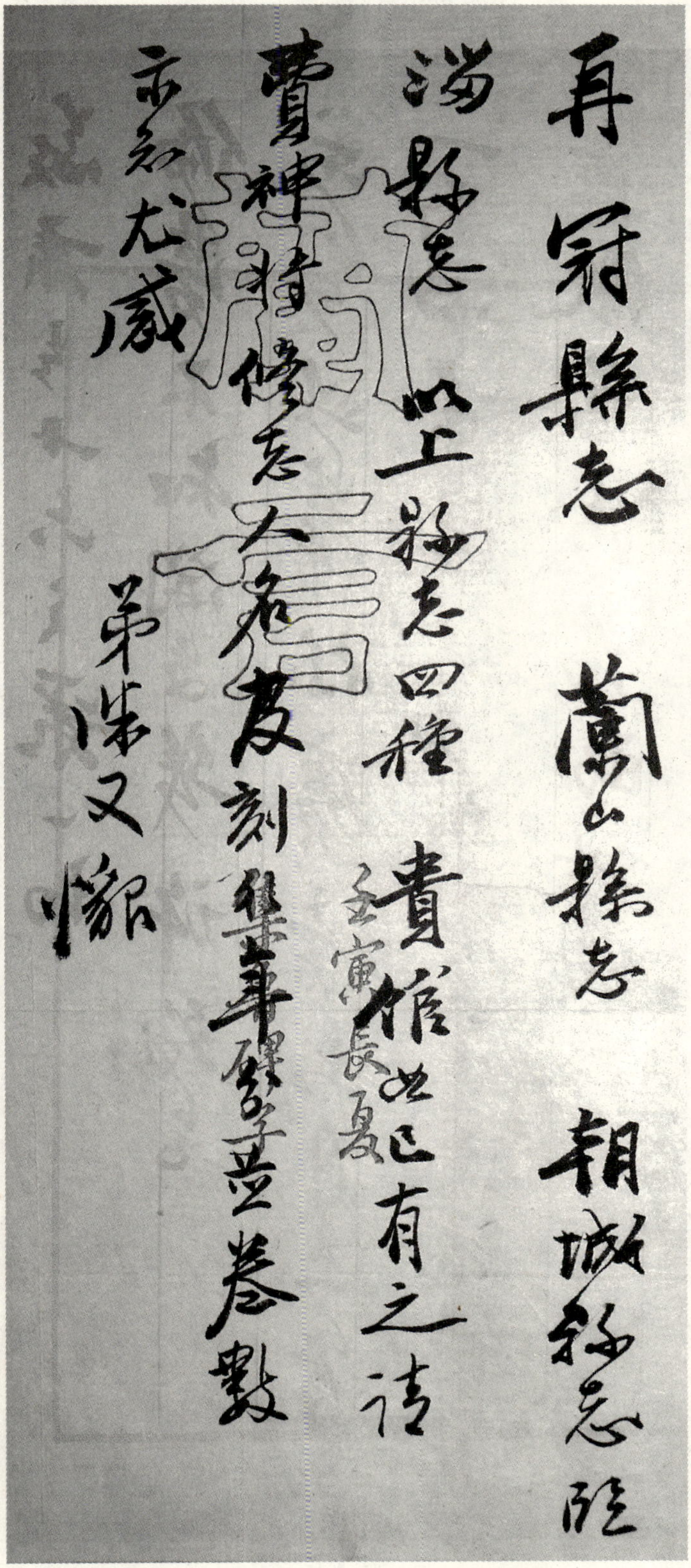
再冠縣志　蘭山縣志　朝城縣志臨淄縣志　以上縣志四種
貴館如已有之請費神將修志人名及刻集年[illegible]並卷數示知爲感
弟朱文爋
壬寅長夏

二百三十六 錫

書一通

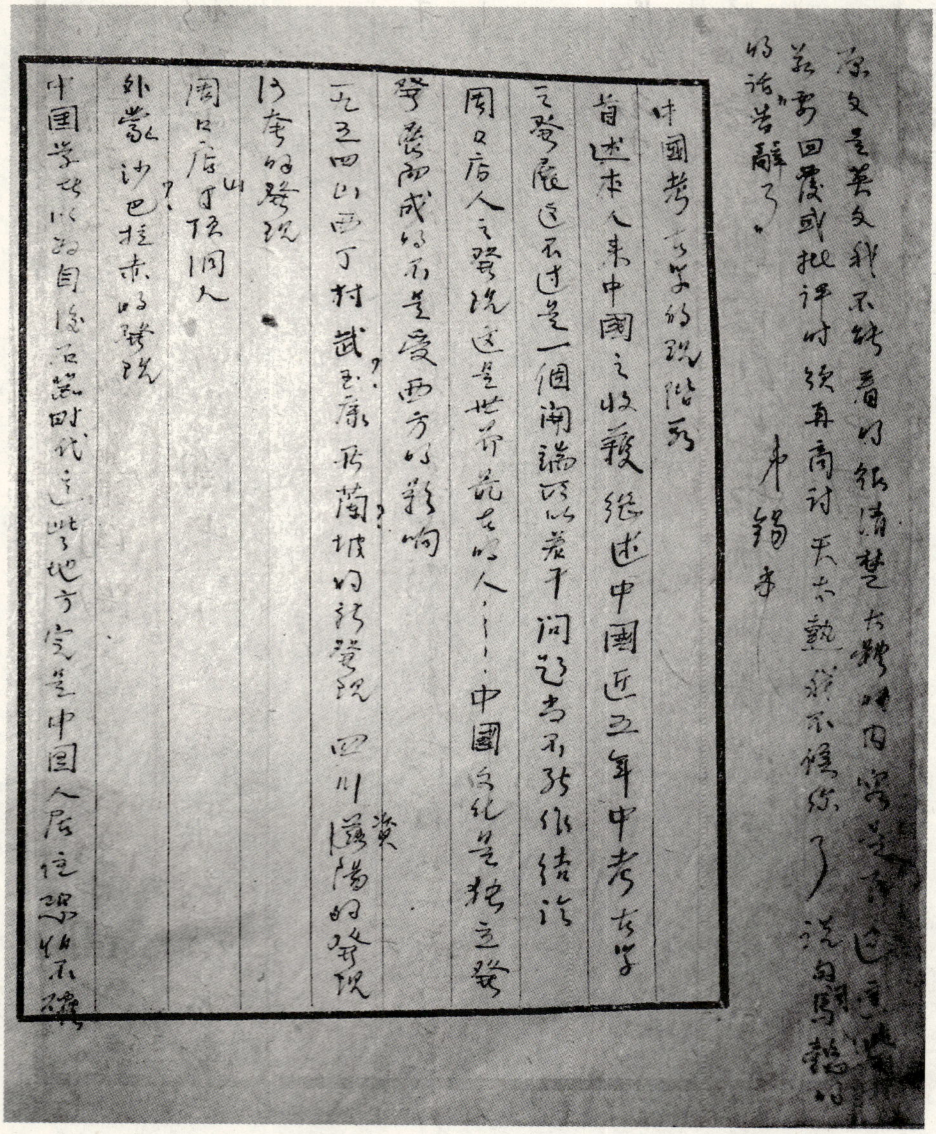

原文是英文我不能看的很清楚 大體的内容是否已經……
如需要回覆或批评时須再商討 天太熱 我不陪你了 說句閑話
的话告辭了。

申錫手

中國考古學的現階段

首述本人來中國之收穫 繼述中國近五年中考古學
之發展 這不過是一個開端 所以若干問題尚不能作結論
周口店人之發現 這是世界最古的人…… 中國文化是獨立發
展而成的 不是受西方的影響
一九五四山西丁村 武王康? 西蘭坡?的新發現 四川資陽的發現
河套的發現
周口店山頂洞人
外蒙沙巴拉赤的發現
中国黃土以前自舊石器時代這些地方完全是中国人居住 決非不讓

實際各地文化並不一樣，許多地方有不同陶器，可以說的中國中部
及西部有仰韶彩陶，中部有龍山黑陶，中部有一種灰色的，南
有印紋陶？
特殊的是至今未見夏代的東西，而夏代的歷史存在是無可置
疑的
周代的東西發見的不少
最近在湖南長沙發現楚國的東西有木俑、竹簡——！
有以上種種，我們在最近五年內對中國古代文化有更好的認
識，將來有系統的整理出來，能更豐富我們的知識

二百三十七 敬 書二通

書第一通

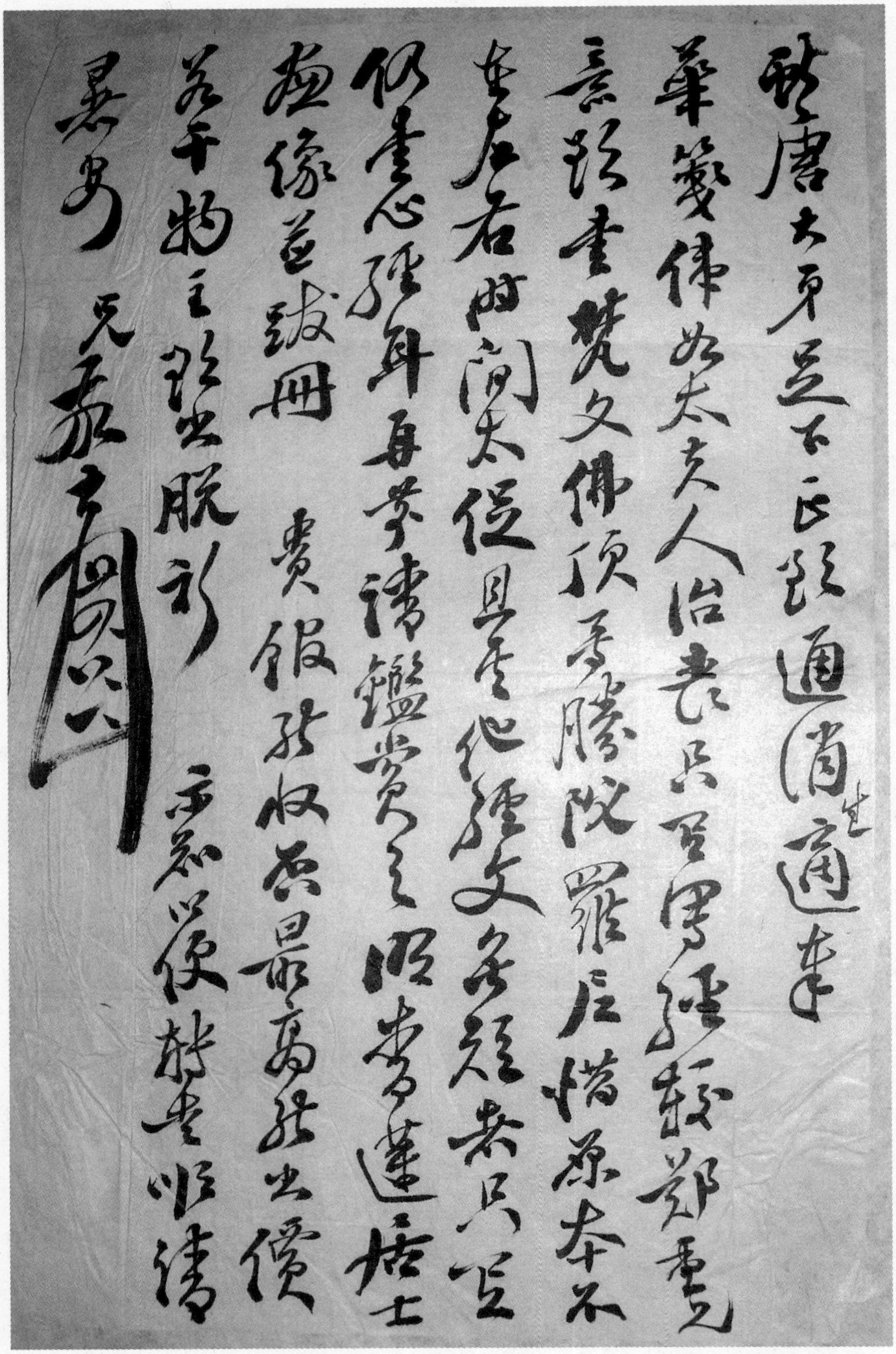

書第二通

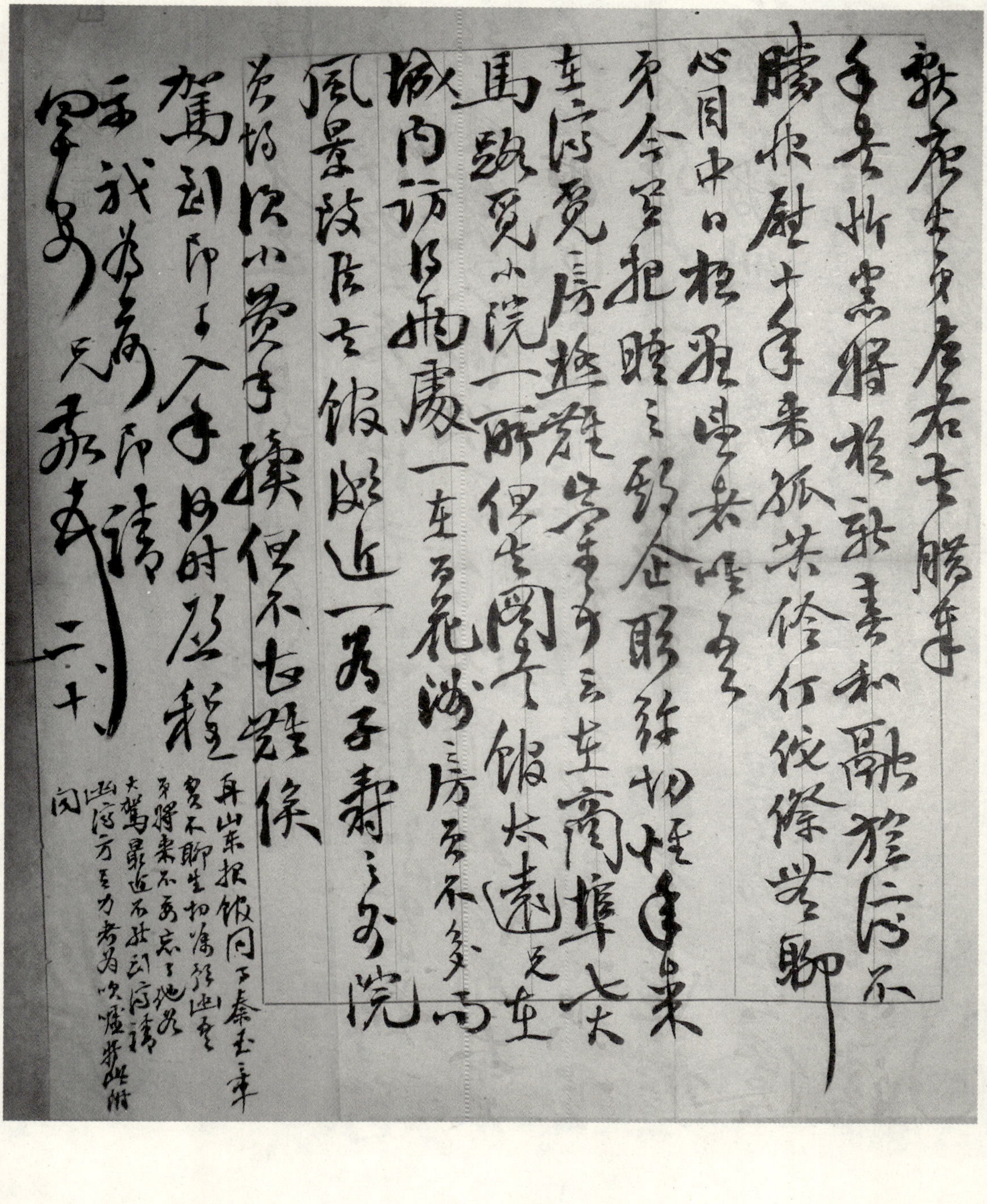

二百三十八　某氏書一通

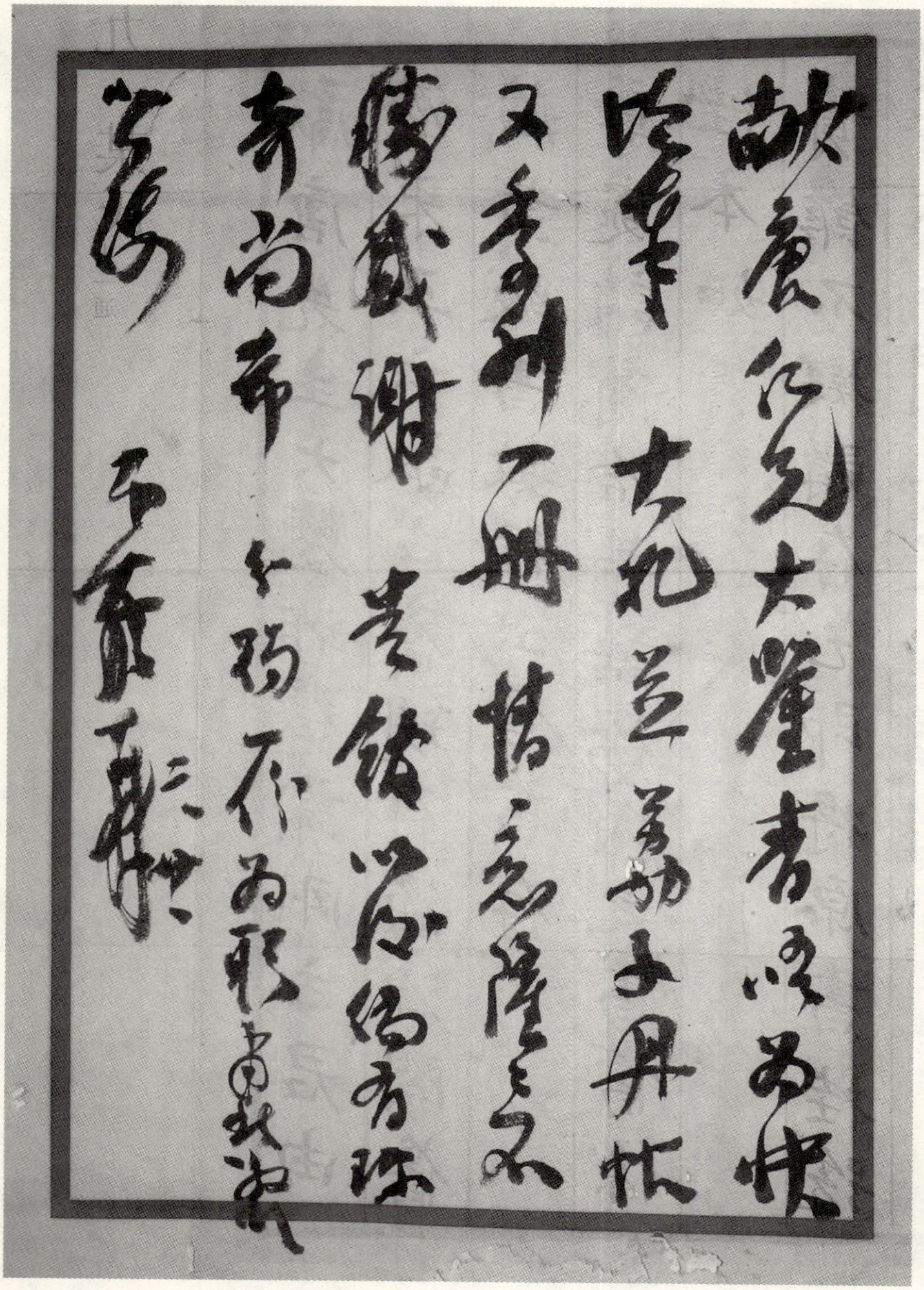

二百三十九　某氏 書一通

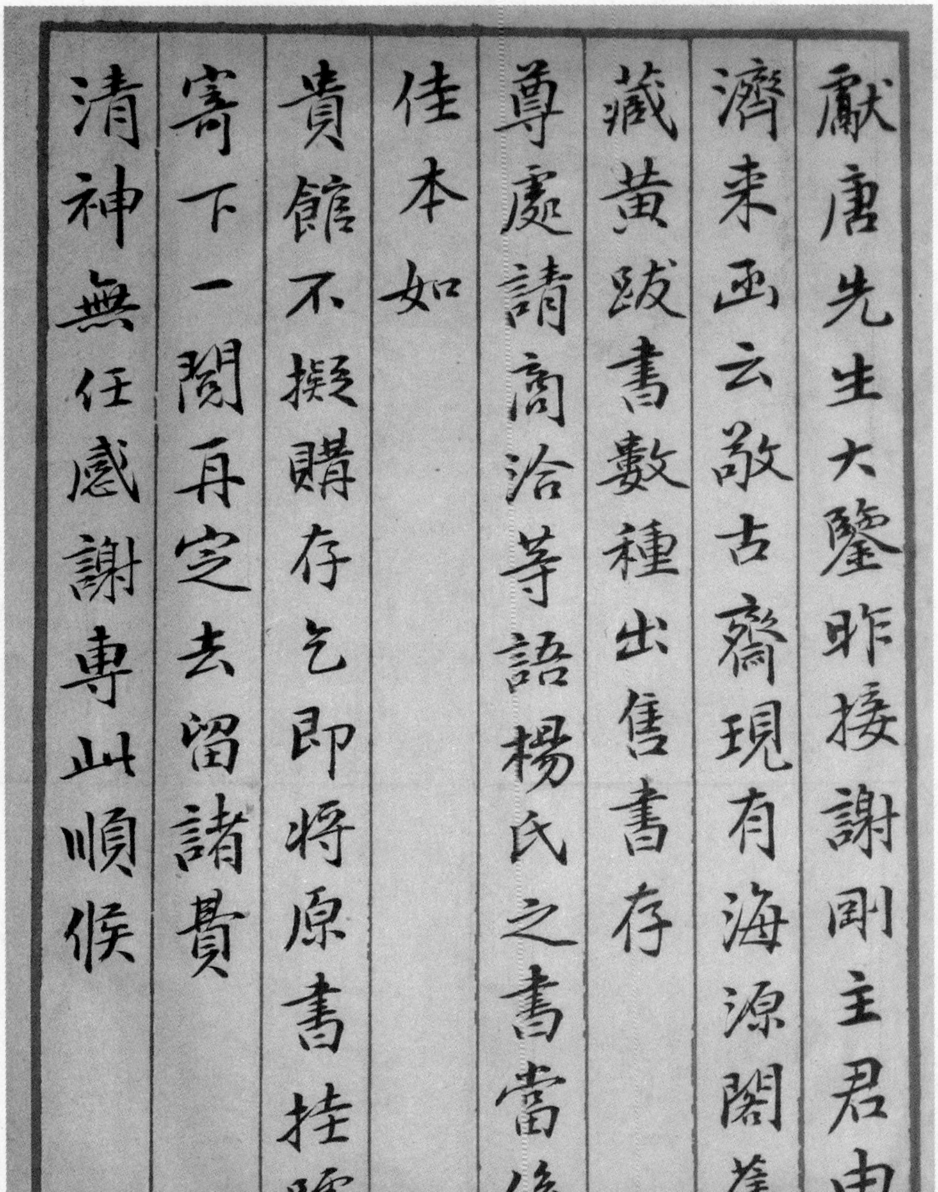

獻唐先生大鑒：昨接謝剛主君由
濟來函云，敬古齋現有海源閣舊
藏黃跋書數種出售，書存
尊處，請商洽等語。楊氏之書當係
佳本，如
貴館不擬購存，乞即將原書挂號
寄下一閱，再定去留。諸費
清神，無任感謝。專此順候

二百四十

某氏 書一通

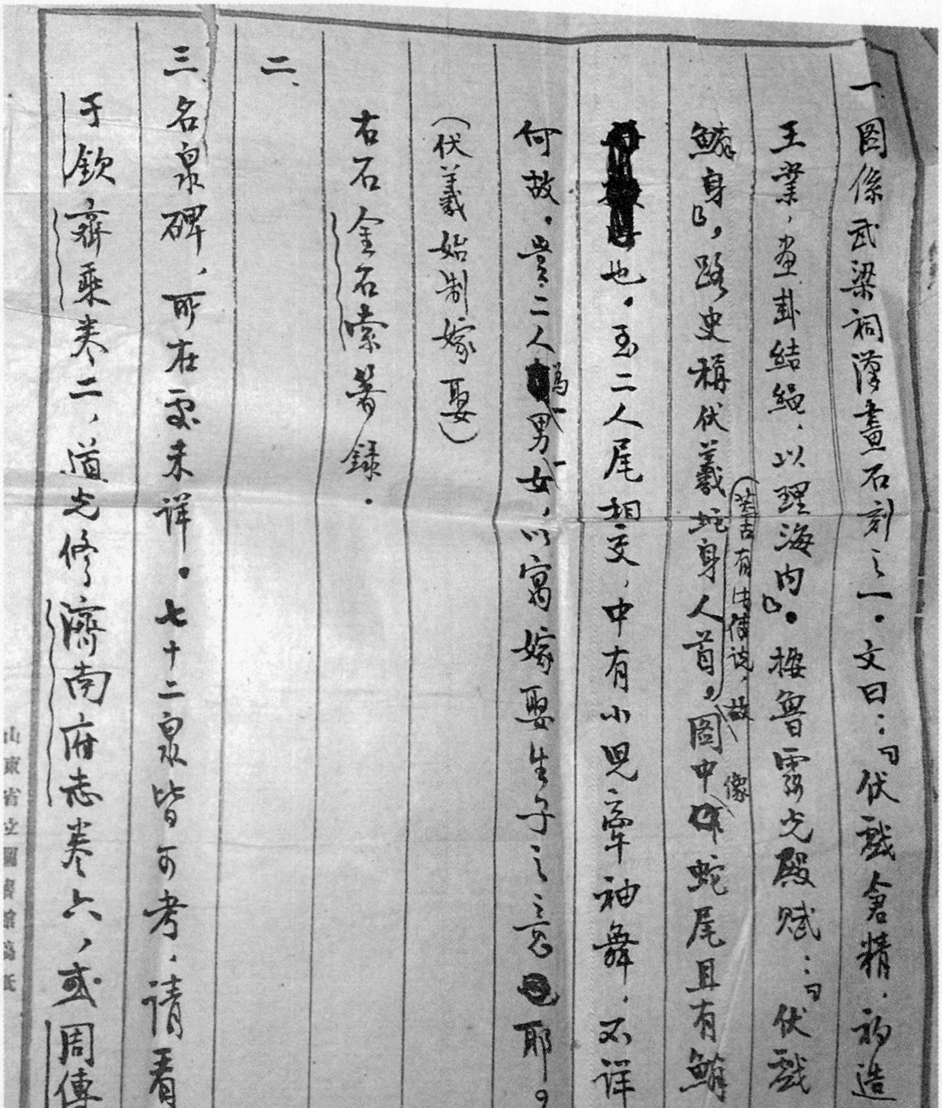

一、圖係武梁祠漢畫石刻之一。文曰：「伏戲倉精，初造
王業，畫卦結繩，以理海內」。按魯靈光殿賦：「伏戲
鱗身」，路史稱伏羲蛇身人首，（蓋古有此傳說，故）圖中[redacted]（像）蛇尾且有鱗
[redacted]也。至二人尾相交，中有小兒之牽袖舞，不詳
何故。豈二人[redacted]為男女，以寓婚娶生子之之意耶？
（伏羲始制嫁娶）
右石金石索著錄。
二、
三、名泉碑，所在亦未詳。七十二泉皆可考，請看
于欽齊乘卷二、道光修濟南府志卷六、或周傳

山東省立圖書館稿紙

銘《濟南快覽》（民十六、本市世界書局本）

四、齊臨淄城西南門名曰稷門。稷下，謂稷門之下也。濟南似不應有稷名，稱稷下蓋沿臨淄舊名。

五、曾南豐曾知齊州（宋齊州，領縣六，皆今濟南屬）

二百四十一　某氏

書一通

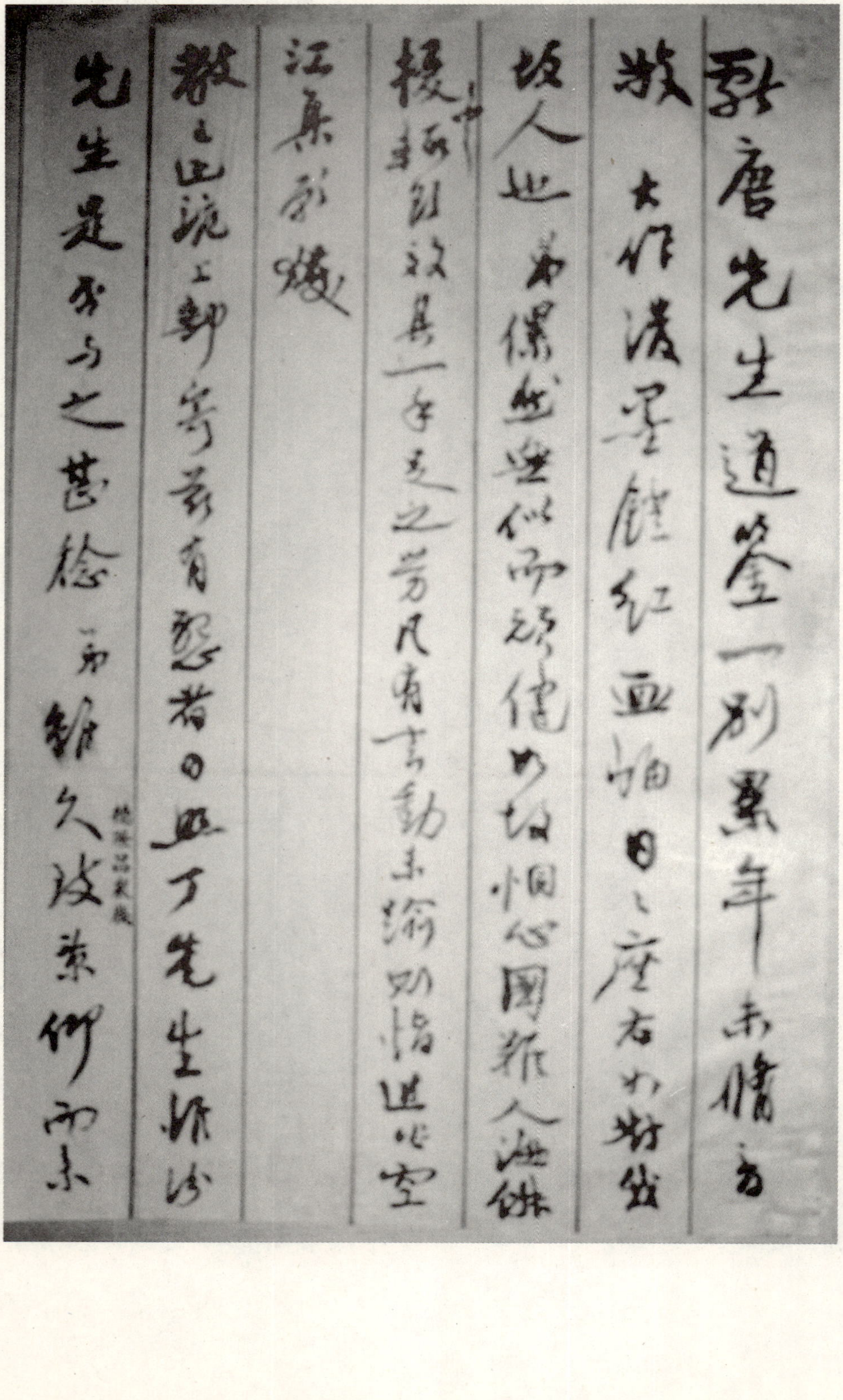

二百四十二　某氏 書一通

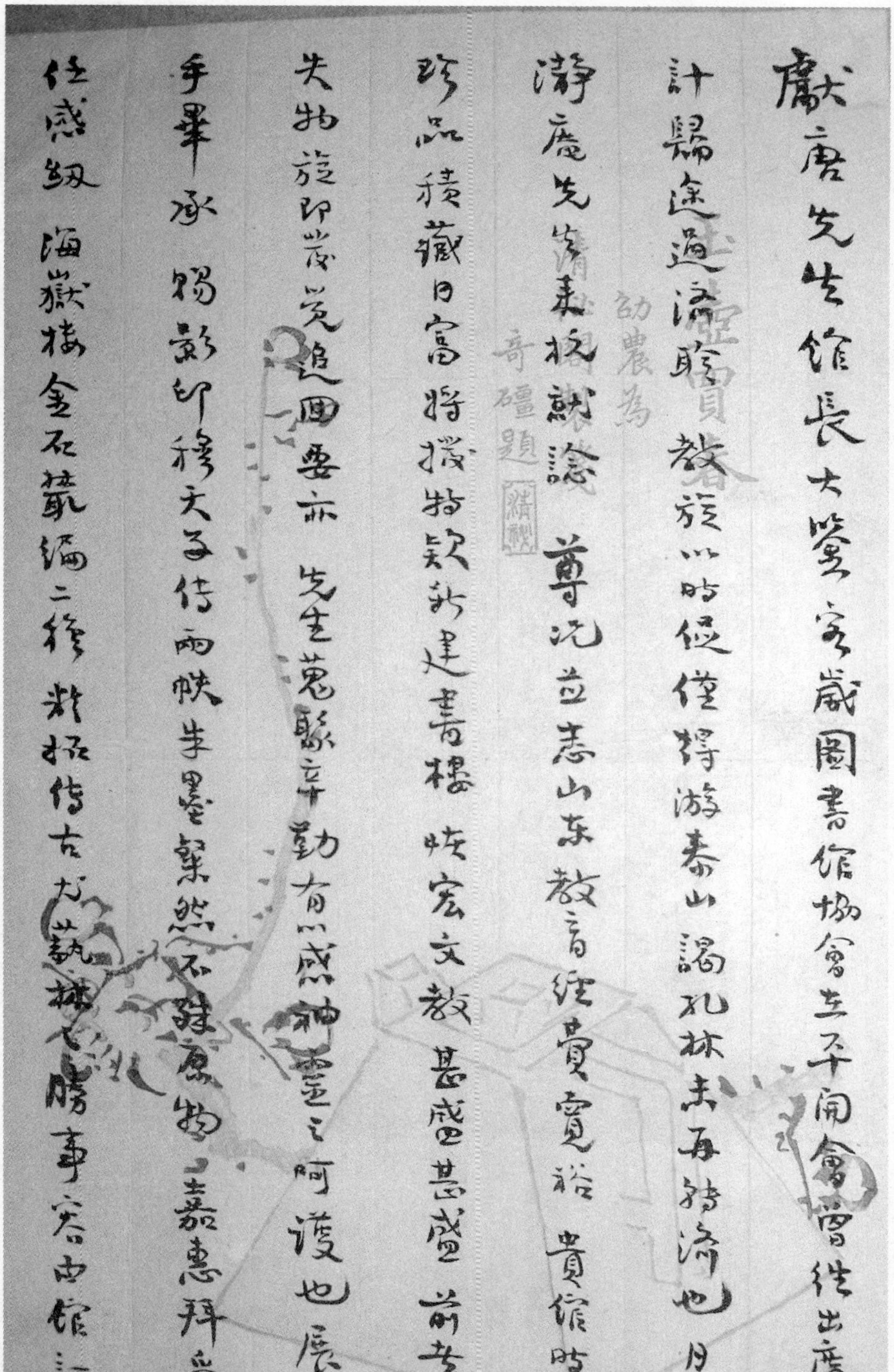

獻唐先生館長大鑒：客歲圖書館協會在平開會，曾往出席，原
計歸途過濟，聆教，旋以時促，僅得游泰山，謁孔林，未再赴濟也。月前
瀞庵先生來稿誦讀 尊況，並悉山東教育經費寬裕，貴館時設
珍品積藏日富，將撥特款新建書樓，恢宏文教，甚盛甚盛。前者報傳
失物旋即發覺，追回要亦 先生蒐輯辛勤，有以感神靈之呵護也。展誦
手畢，承 賜影印穆天子傳兩帙，朱墨粲然，不殊原物，嘉惠拜受，無
任感紉。海嶽樓金石叢編二種，擬托傳古齋執林七勝事，容由館訂購

二百四十三　某氏書一通

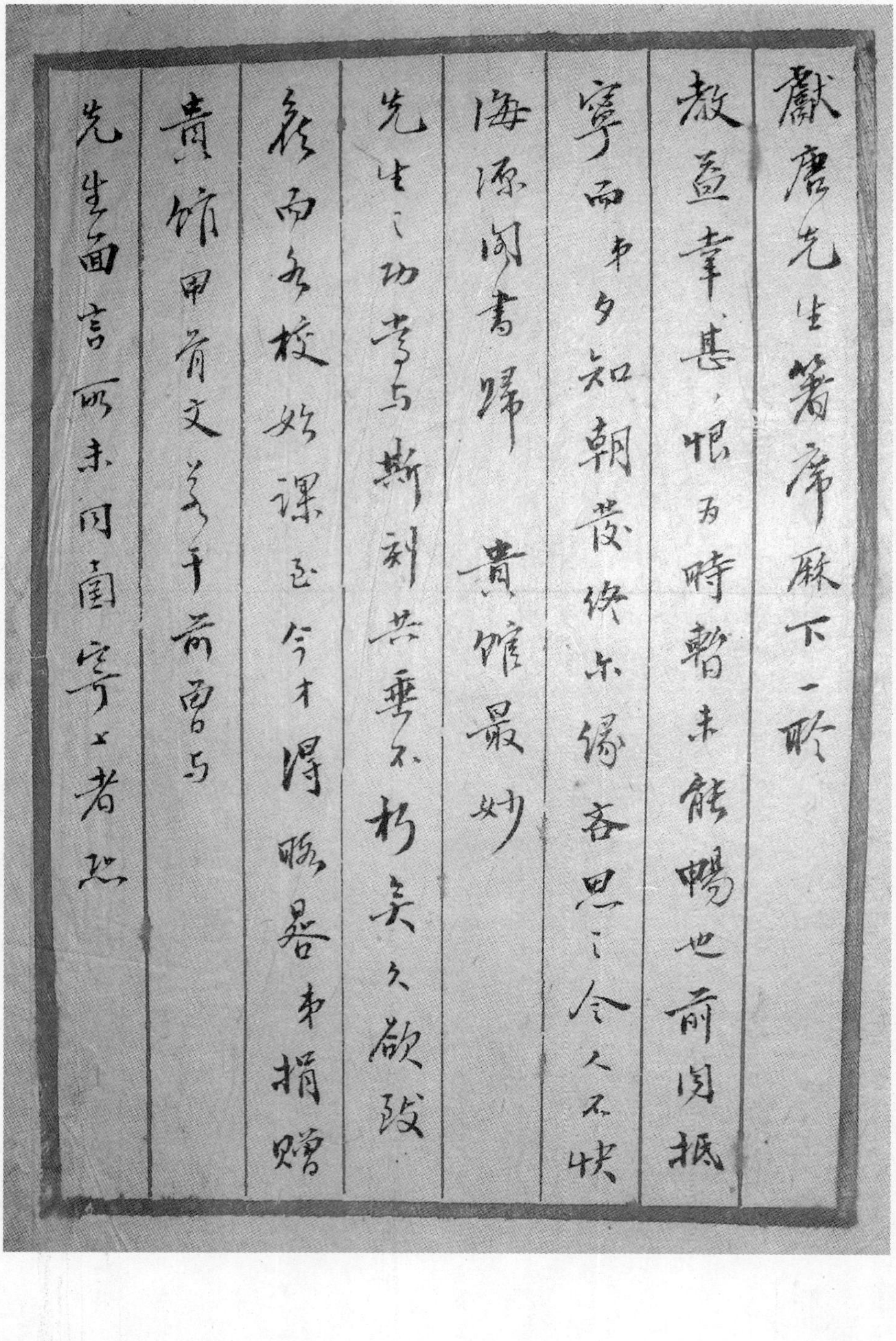

獻唐先生箸席麾下一聆
教益幸甚〻恨乃時暫未能暢也前閱報
寧而未夕知朝發後亦歸吾思〻令人不快
海源閣書歸　貴館最妙
先生之功寔與斯刻共垂不朽矣久欲致
候而無校於課至今才得暇略來捐贈
貴館甲骨文若干前曾與
先生面言所未同圖寫〻者也

二百四十四　某氏詩一首

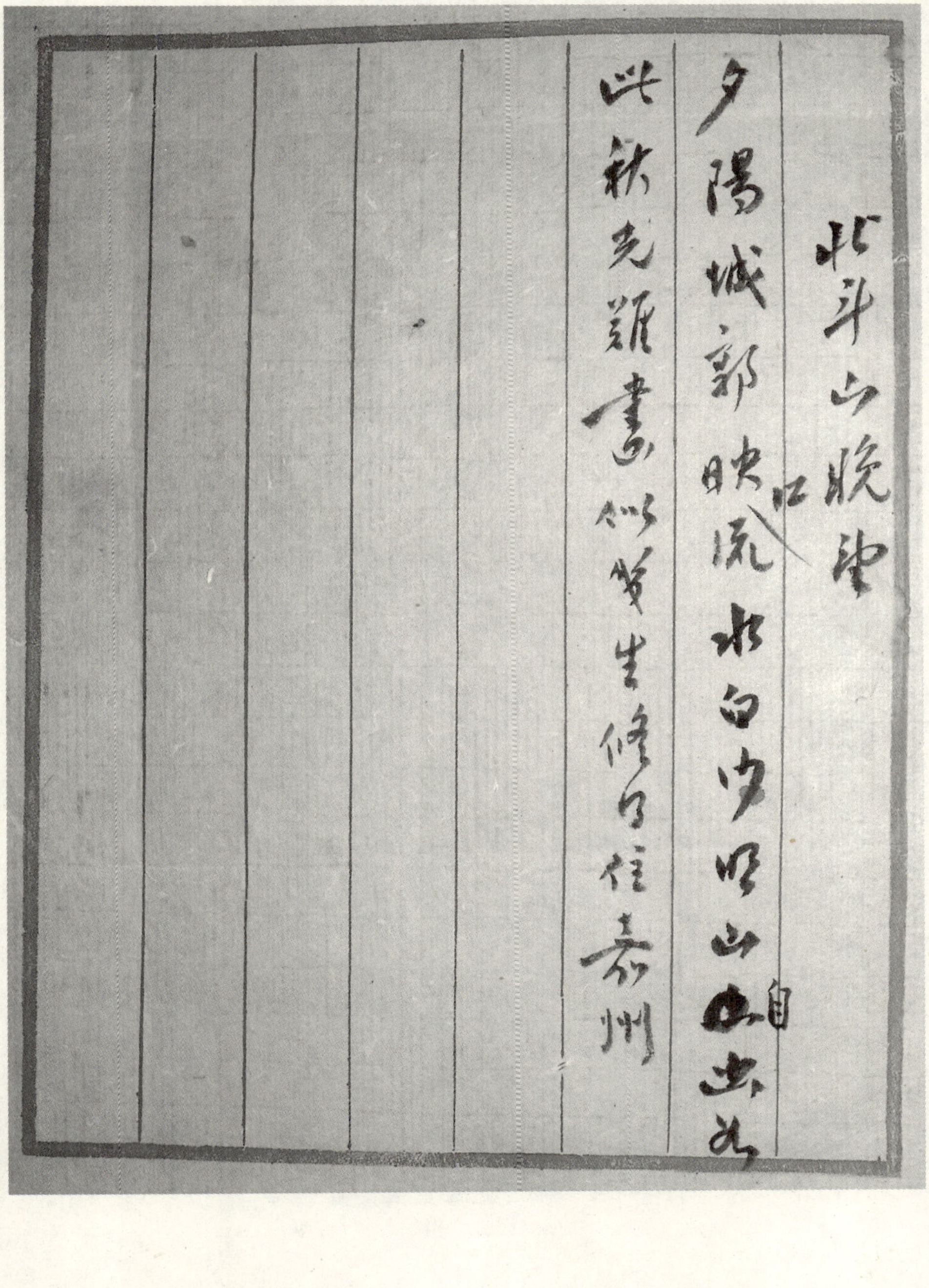
北斗山晚望
夕陽城郭映江流水白沙明山自■出如
此秋先題畫似竹生修甫住泰州

二百四十五

某氏

文一篇

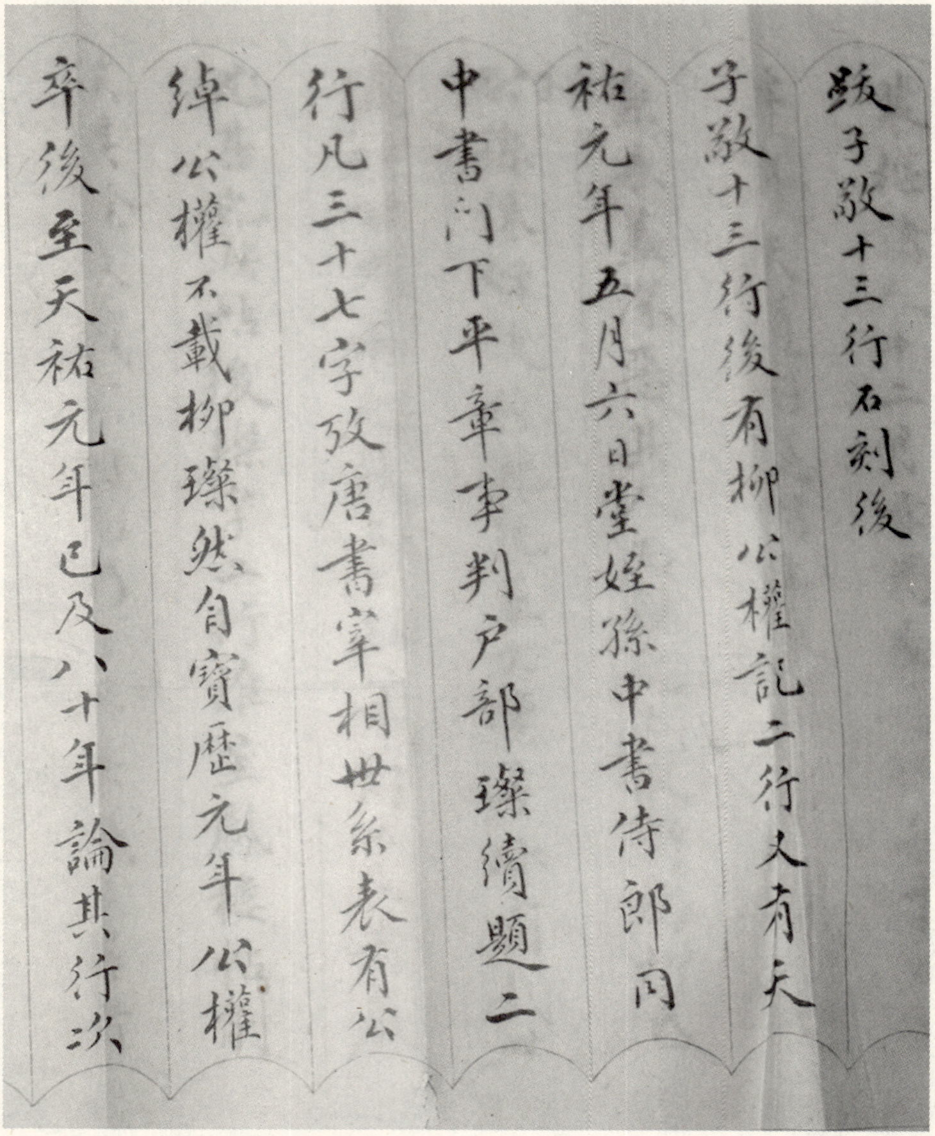

跋子敬十三行石刻後

子敬十三行後有柳公權記二行又有天祐元年五月六日堂姪孫中書侍郎同中書門下平章事判户部瓅續題二行凡三十七字攷唐書宰相世系表有公綽公權不載柳瓅然自寶歷元年公權卒後至天祐元年已及八十年論其行次

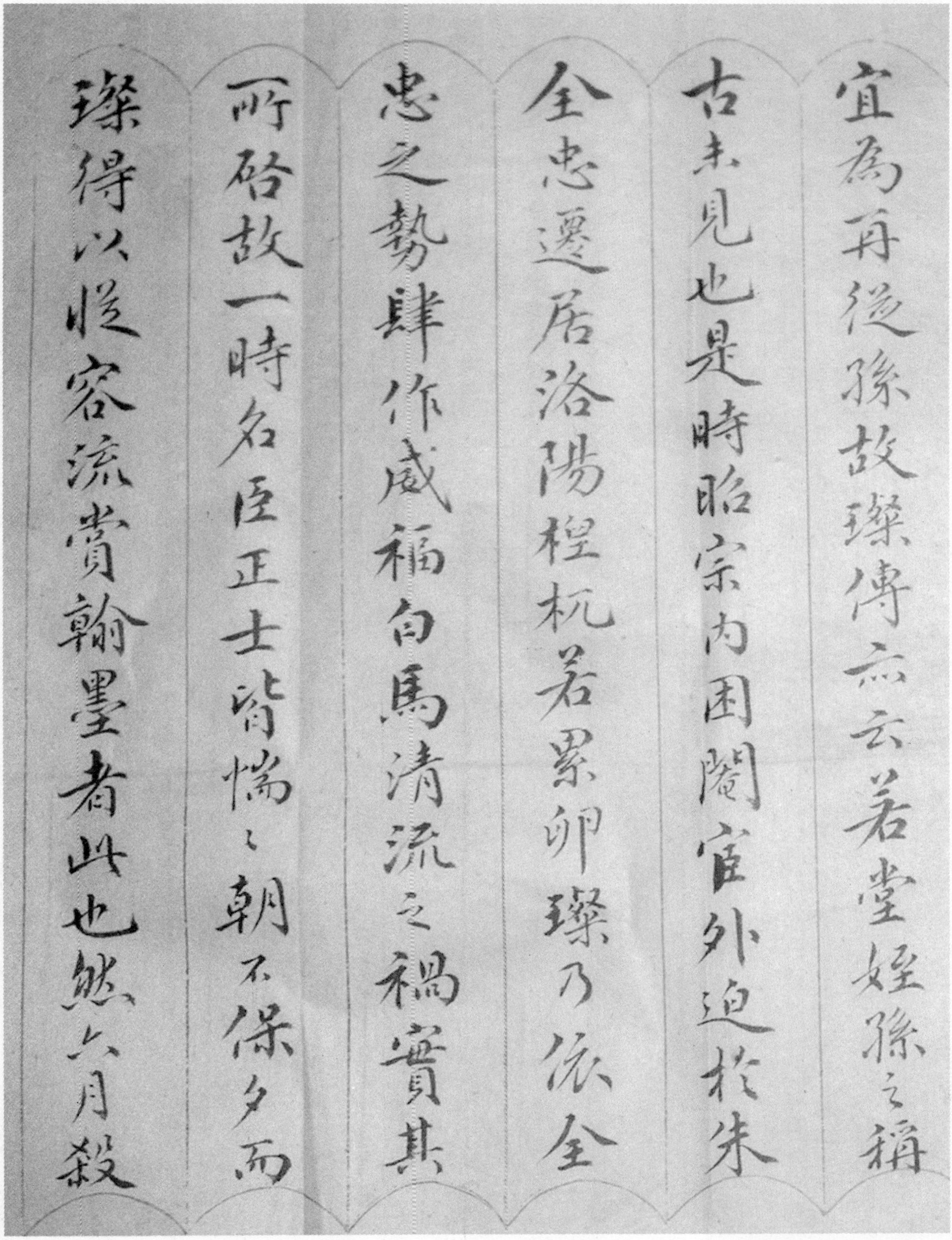

宜為再從孫故璨傳亦云若堂姪孫之稱
古未見也是時昭宗內困閹宦外迫於朱
全忠遷居洛陽楻杌若累卵璨乃依全
忠之勢肆作威福白馬清流之禍實其
所啓故一時名臣正士皆惴惴朝不保夕而
璨得以從容流賞翰墨者此也然六月殺

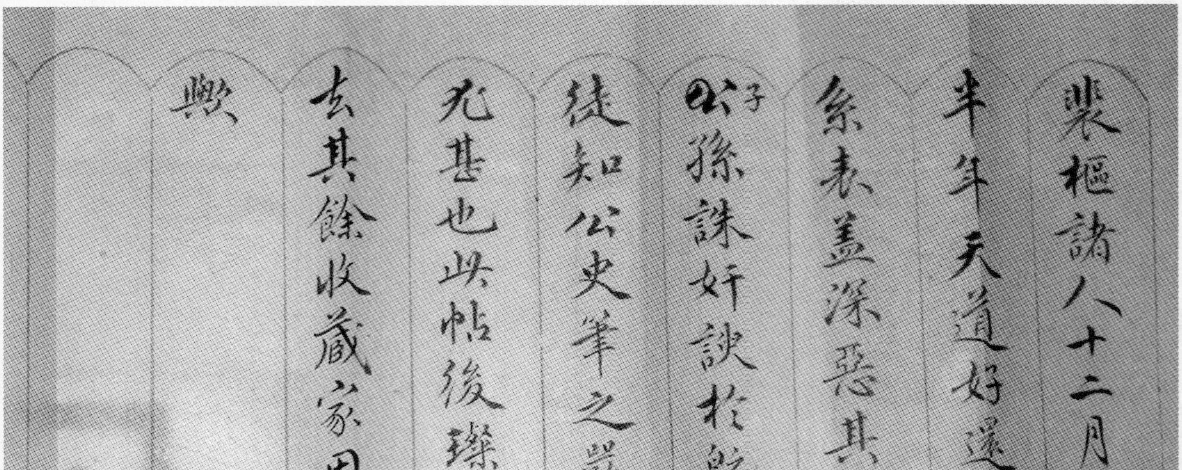
裴樞諸人十二月亦為全忠所殺事不及半年天道好還信矣歐公不列璨於世系表蓋深惡其人而黜之不使得為柳氏子孫誅奸諛於既死豈不凜若冰霜哉世徒知公史筆之嚴而不知筆所不及者嚴允甚也此帖後璨字二行惟星鳳樓帖削去其餘收藏家因而仍之非無識之甚者歟

某氏

二百四十六　某氏

錢拓一件

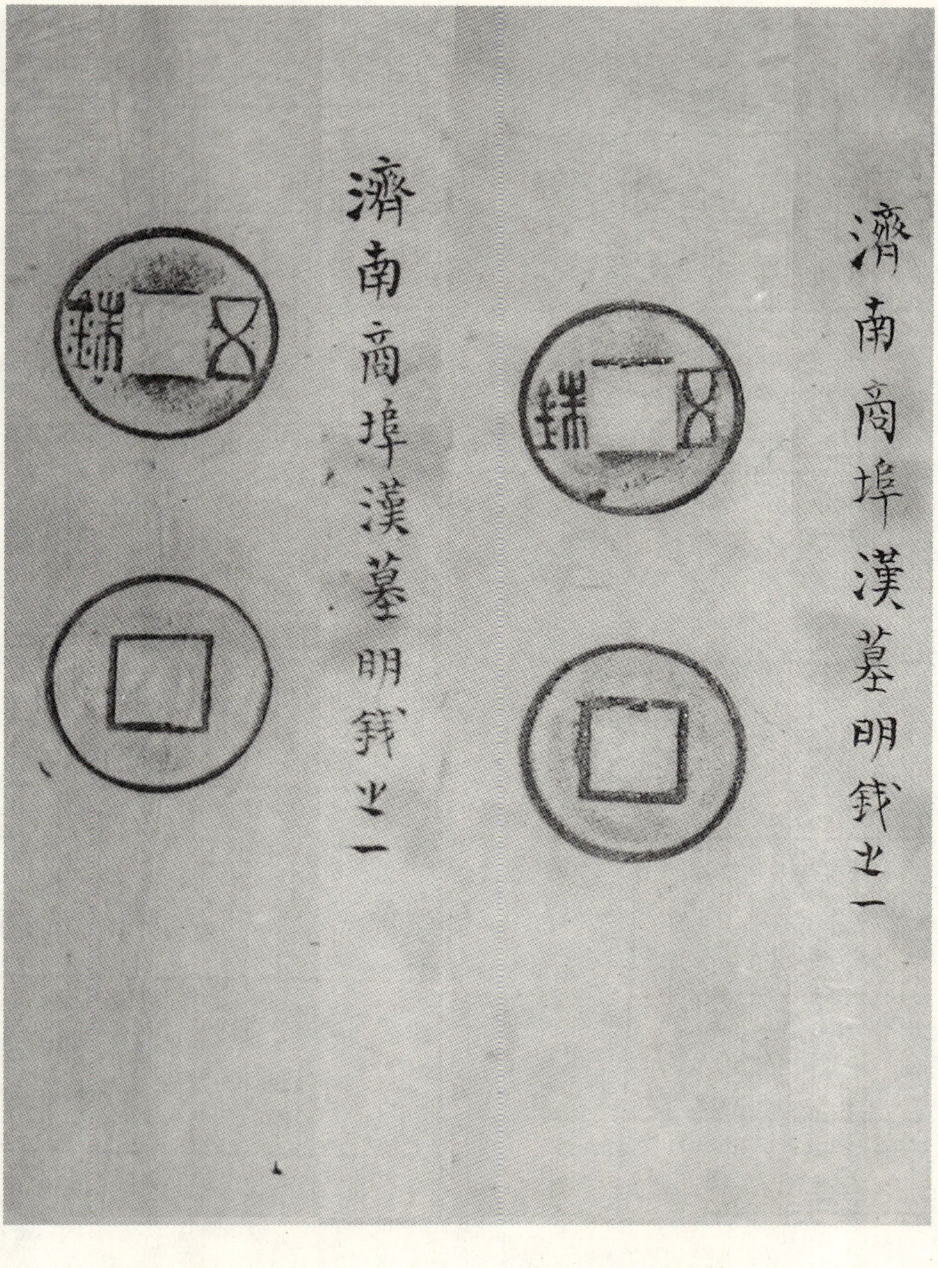

二百四十七　管理中英庚款董事會

書二通　封二件

書第一通

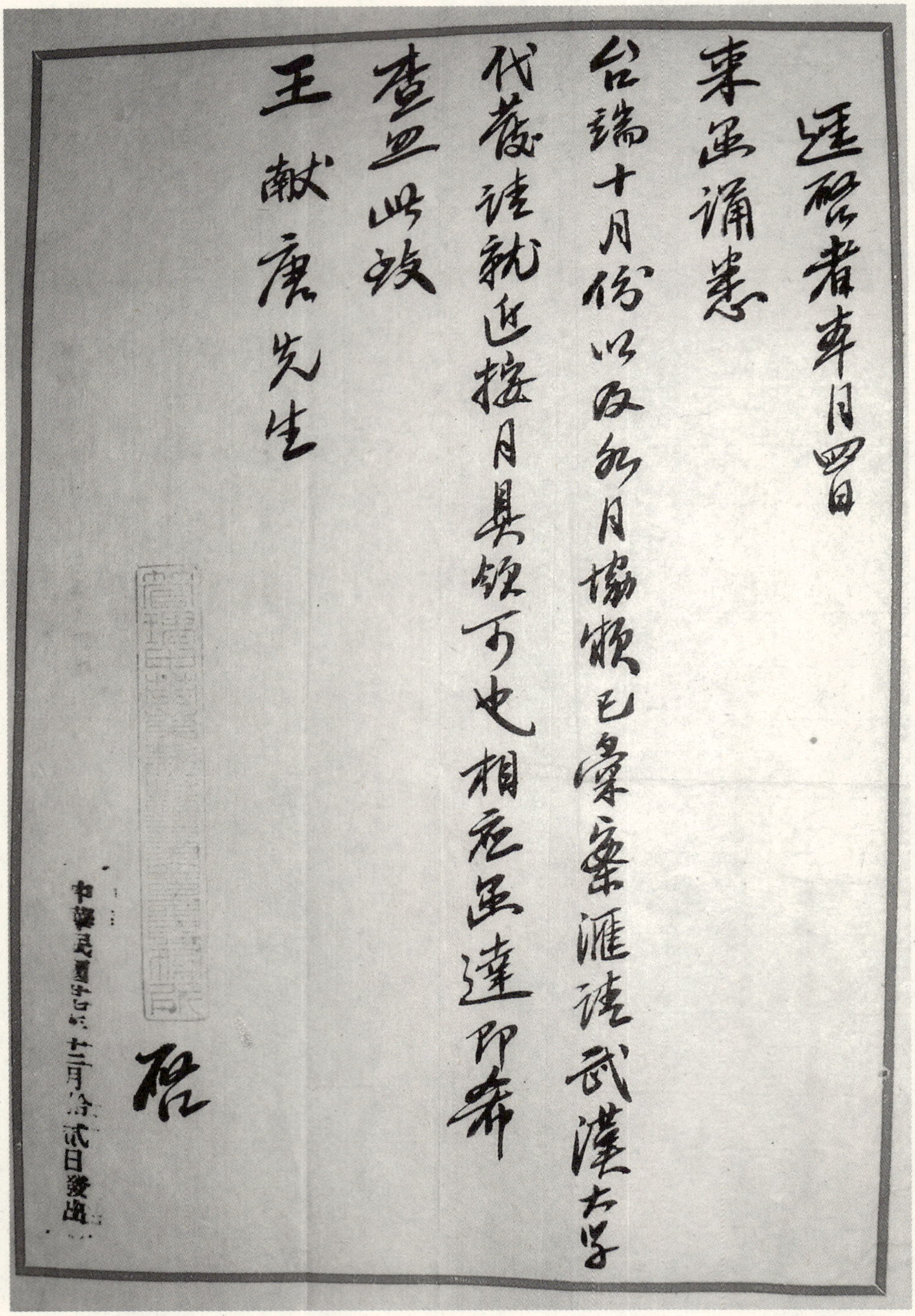

逕啓者本月四日
來函誦悉
台端十月份以後各月協款已彙案滙請武漢大學
代發請就近按月具領可也相應函達即希
查照此致
王獻唐先生

中華民國[illegible]年十二月[illegible]貳日發出
啓

書第二通

查本會協助科學工作人員一案，自辦理以來，業已一年。兹經決定、本協助初旨，就成績優異者酌予繼續協助。此項繼續協助辦法，正在審議中。在未審定適當以前，其領受協款自去年八月開始、至本年七月已限滿一年者，統予寬展一月，至八月底爲止，所有八月份協款，日內由本會匯交各工作機關轉付。如此，在本會既可有充分時間詳細審查，在受協助人亦可從容繼續工作。除分函國外，相應函達，即希

查照。此致

王獻唐先生

中華民國廿八年七月廿九日

封第一件

嘉定天后宮街大佛寺下院
王獻唐先生 啓
管理中英庚款董事會緘

封第二件

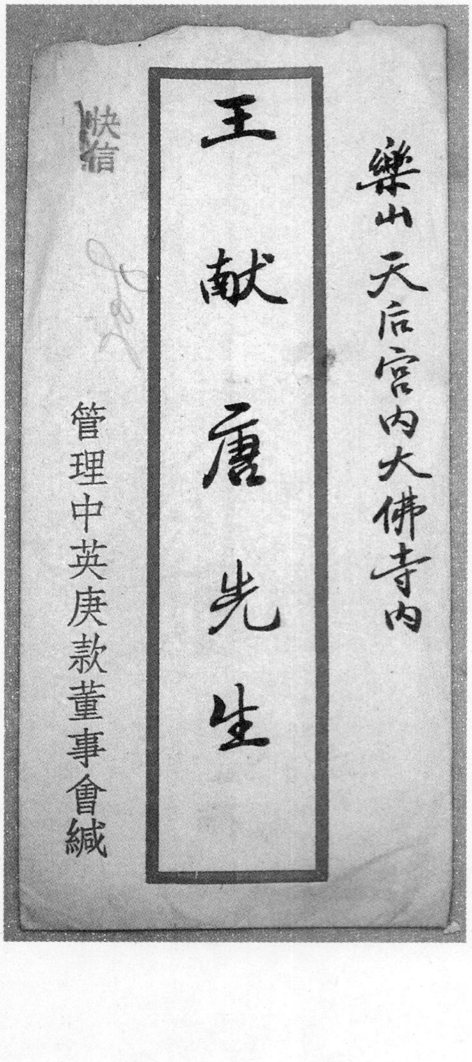
樂山天后宮内大佛寺内
王獻唐先生
管理中英庚款董事會緘
快信

二百四十八　中華圖書館協會執行委員會 書一通

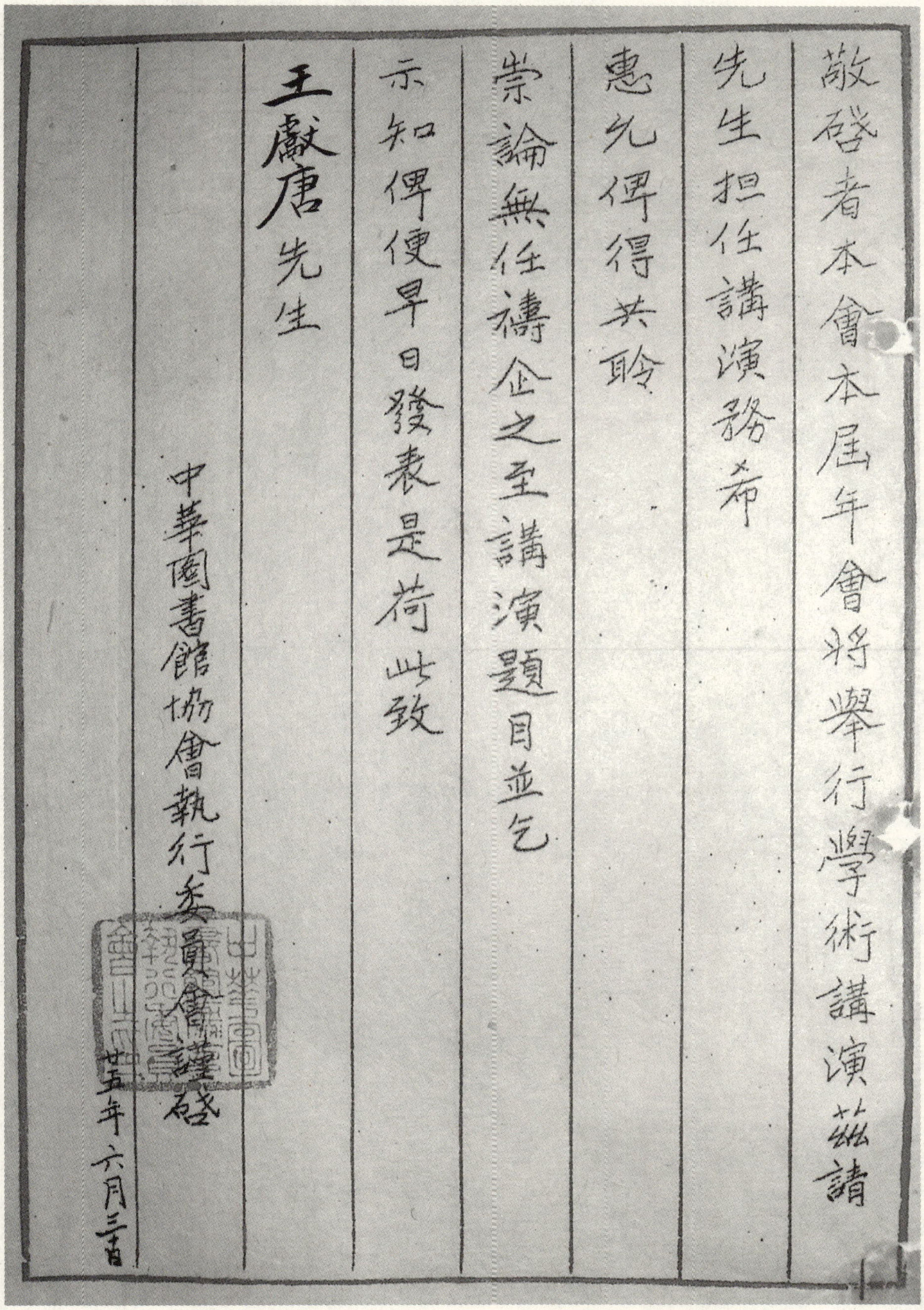
敬啓者本會本屆年會將舉行學術講演茲請
先生担任講演務希
惠允俾得共聆
崇論無任禱企之至講演題目並乞
示知俾便早日發表是荷此致
王獻唐先生
中華圖書館協會執行委員會謹啓
廿五年六月三十日

二百四十九

國立北平圖書館長沙辦事處封一件

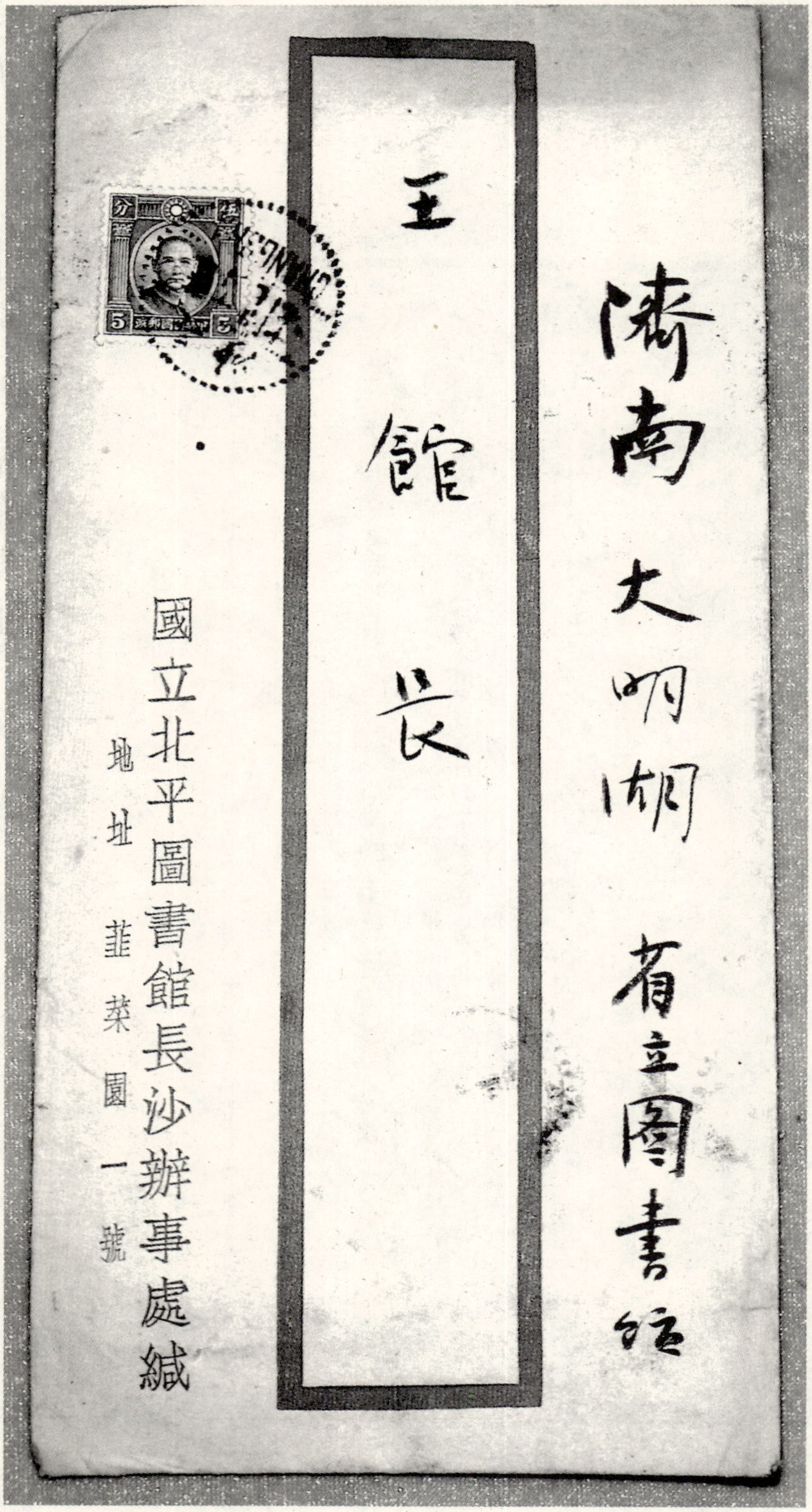

二百五十　中國科學院考古研究所

書一通　封一件

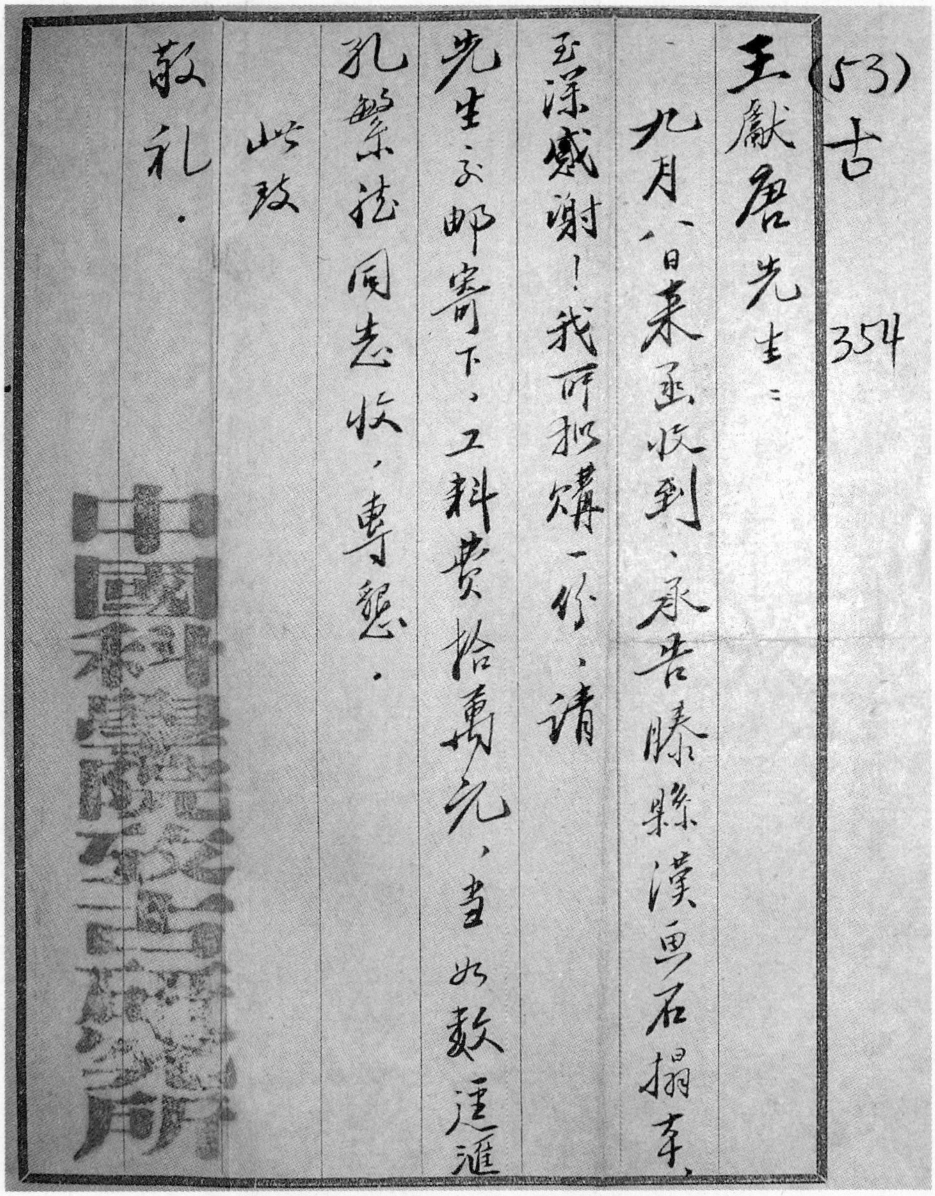

王獻唐先生：(53) 古 354

九月八日來函收到，承告滕縣漢画石搨本，

至深感謝！我所擬購一份，請

先生交郵寄下，工料費拾萬元，当如数匯

孔繁銀同志收，專懇。

此致

敬礼。

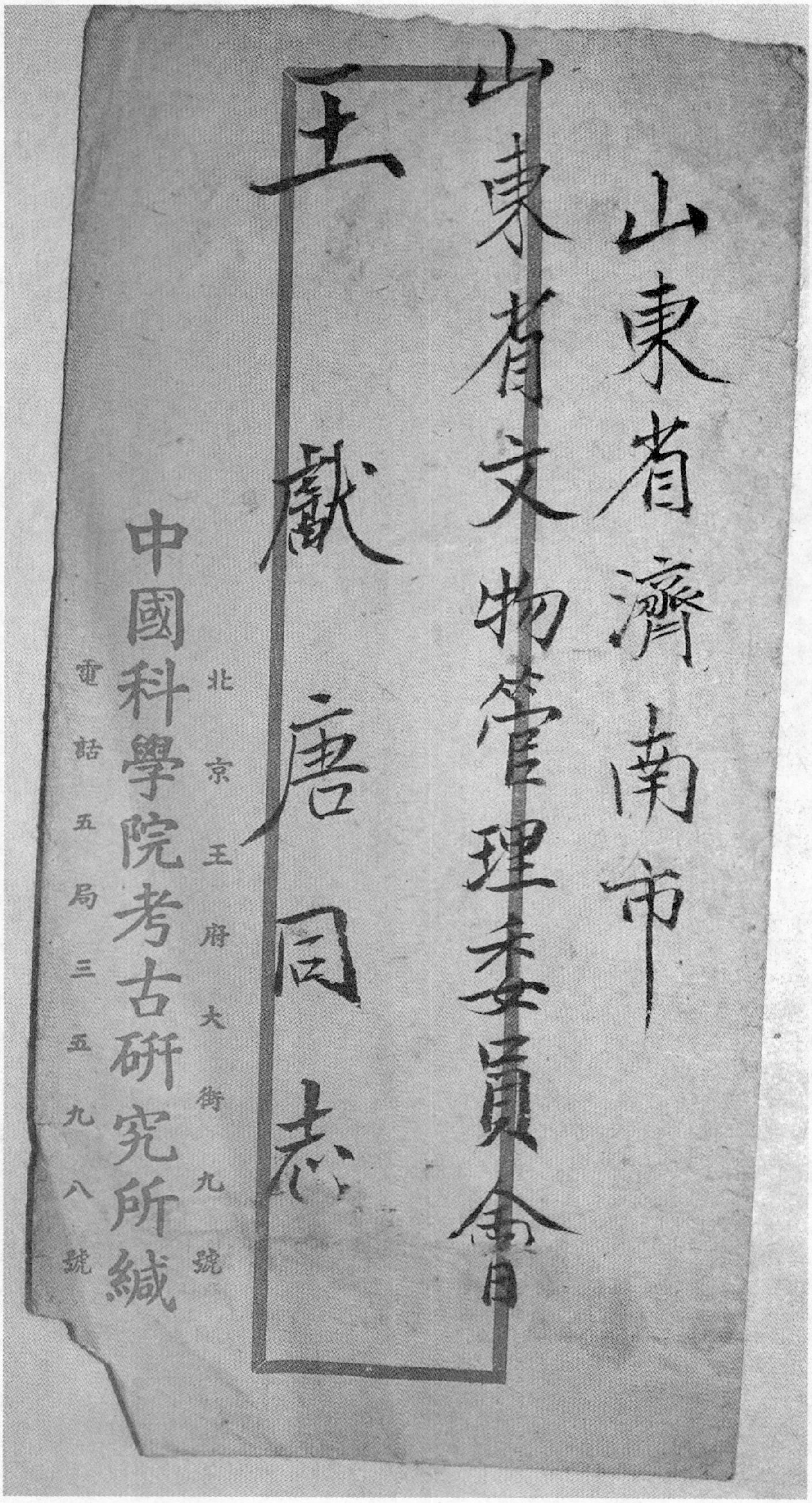
山東省濟南市
山東省文物管理委員會
王獻唐同志
北京王府大街九號
中國科學院考古研究所緘
電話五局三五九八號

二百五十一　中國科學院考古研究所編輯室

書一通　封一件

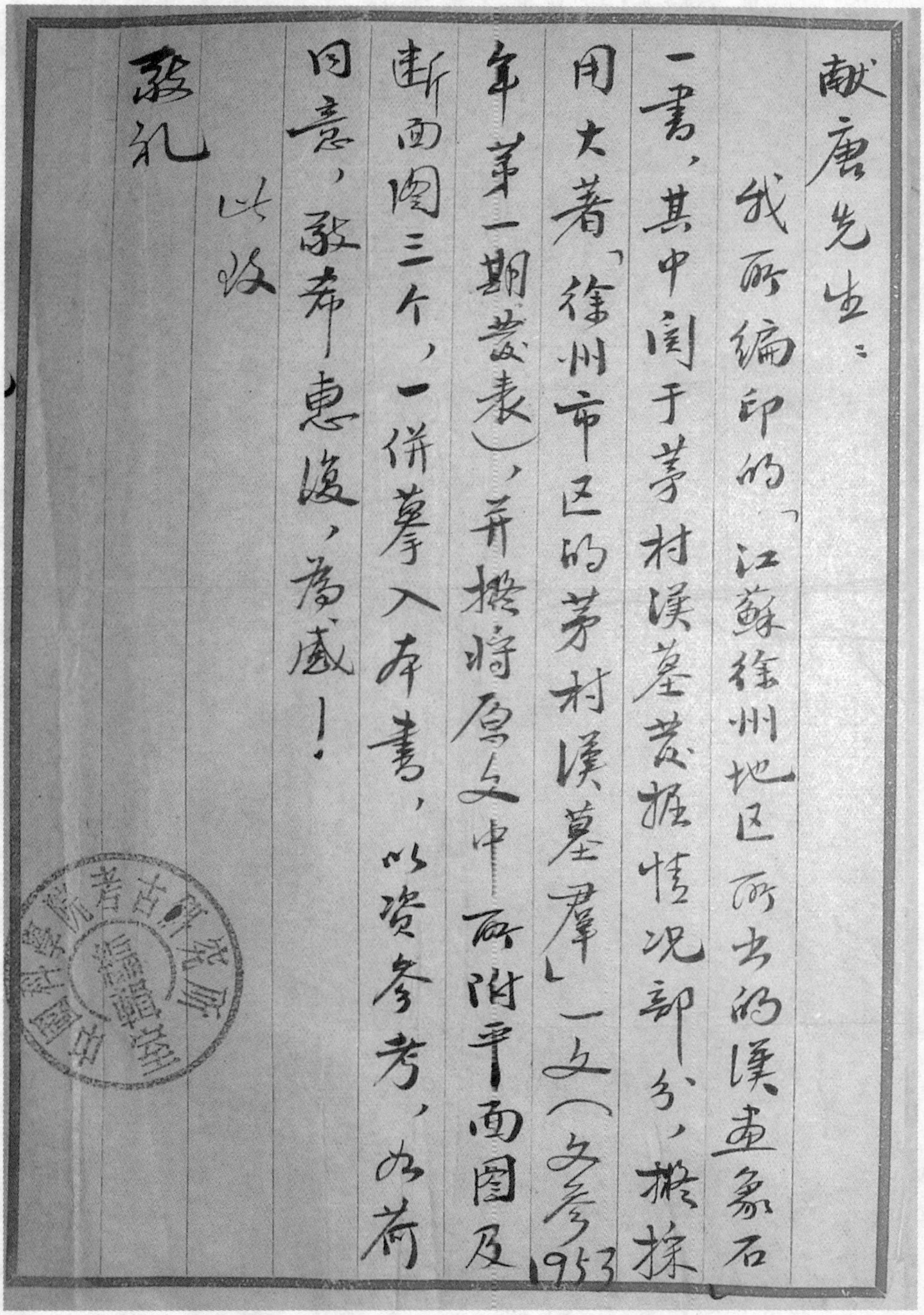
獻唐先生：

我所編印的「江蘇徐州地区所出的漢画象石」一書，其中關于茅村漢墓發掘情况部分，擬採用大著「徐州市区的茅村漢墓群」一文（文參1953年第一期發表），并擬將原文中所附平面圖及断面圖三个，一併摹入本書，以資參考，如荷同意，敬希惠復，為感！

此致

敬禮

中國科學院考古研究所編輯室

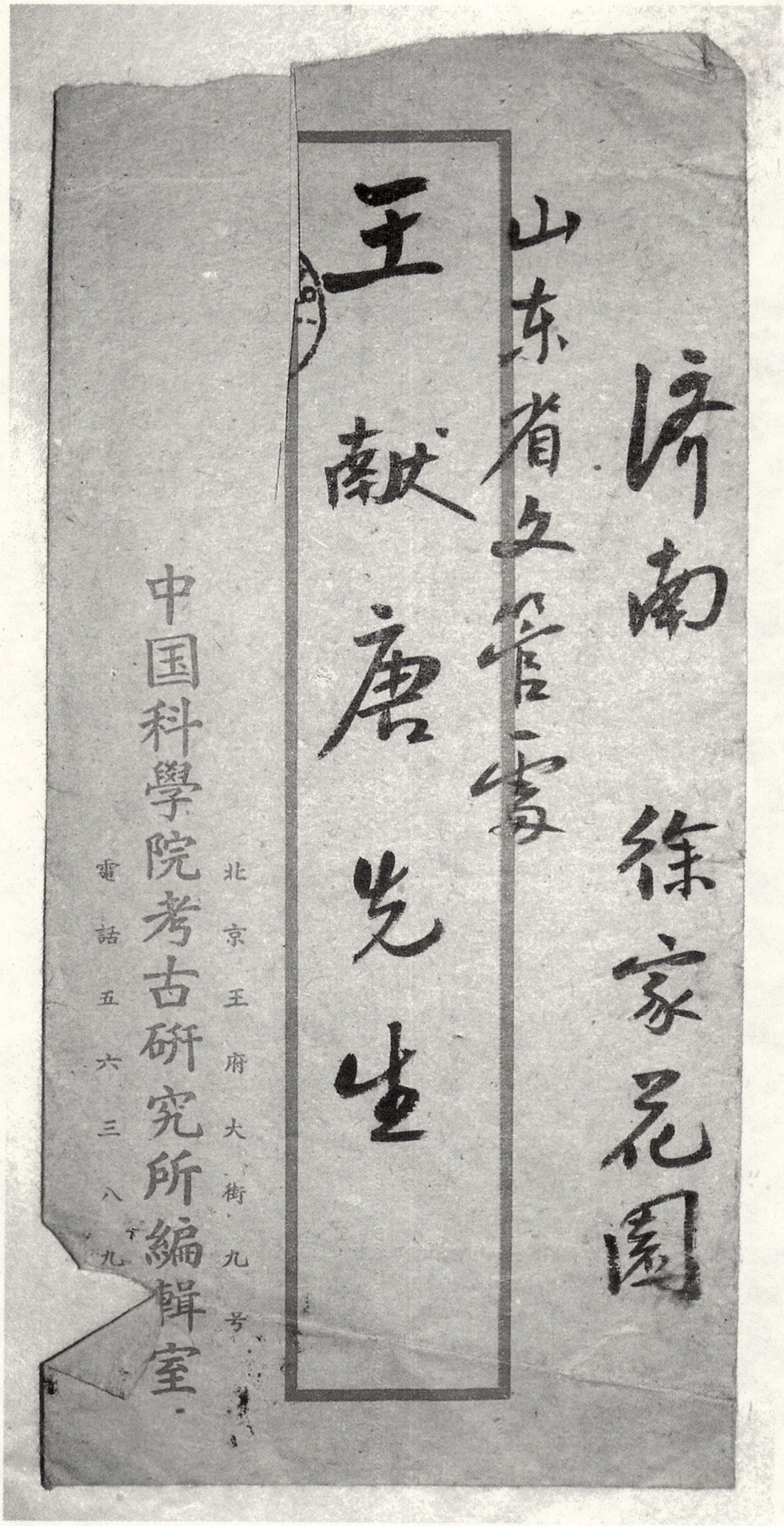

中國科學院考古研究所編輯室

二百五十二 中國科學院哲學研究所 書一通

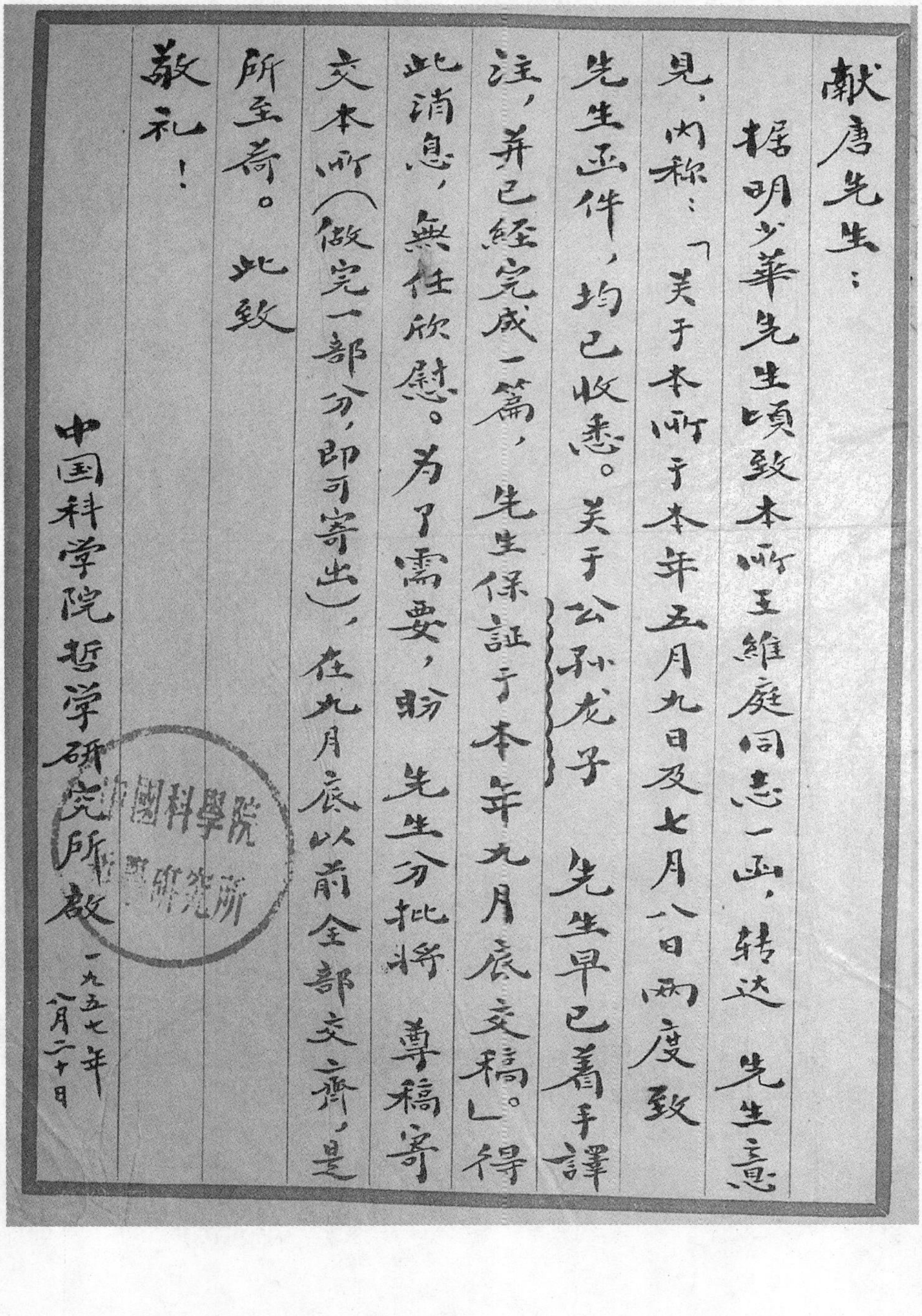

獻唐先生：

據明少華先生頃致本所王維庭同志一函，轉达 先生意見，内称：「关于本所于本年五月九日及七月八日兩度致 先生函件，均已收悉。关于公孫龙子 先生早已着手譯注，并已經完成一篇，先生保証于本年九月底交稿」。得此消息，無任欣慰。为了需要，盼 先生分批將 尊稿寄交本所（做完一部分，即可寄出），在九月底以前全部交齊，是所至荷。 此致

敬礼！

中国科学院哲学研究所啟

一九五七年八月二十日

中國科學院哲學研究所

二百五十三　中國科學院上海歷史研究所籌備處書一通

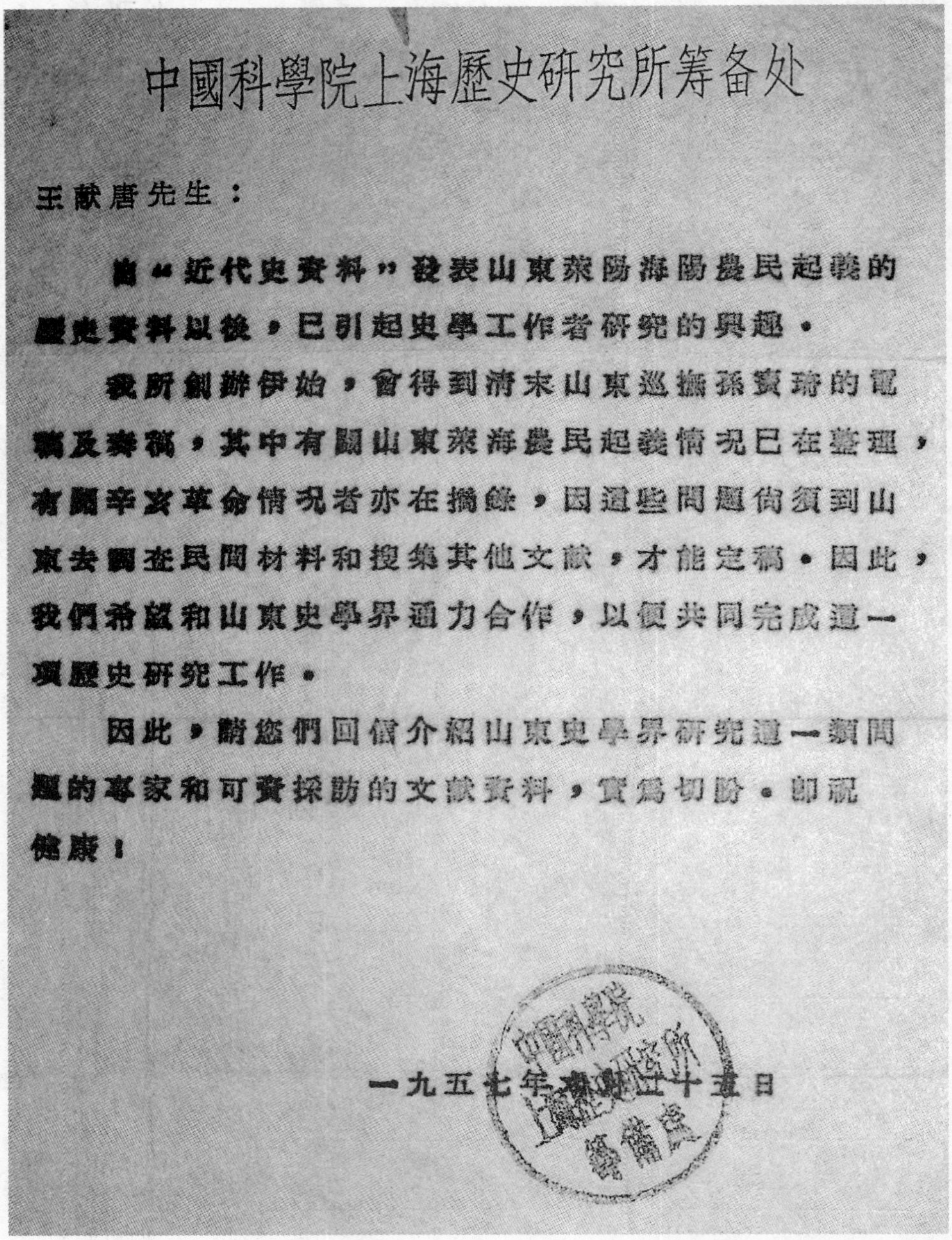

中國科學院上海歷史研究所筹备处

王献唐先生：

自"近代史資料"發表山東萊陽海陽農民起義的歷史資料以後，已引起史學工作者研究的興趣。

我所創辦伊始，曾得到清末山東巡撫孫寶琦的電稿及奏稿，其中有關山東萊海農民起義情況已在整理，有關辛亥革命情況者亦在摘錄，因這些問題尚須到山東去調查民間材料和搜集其他文獻，才能定稿。因此，我們希望和山東史學界通力合作，以便共同完成這一項歷史研究工作。

因此，請您們回信介紹山東史學界研究這一類問題的專家和可資採訪的文獻資料，實爲切盼。即祝

健康！

一九五七年[illegible]二十三日

二百五十四　北京歷史博物館

書二通　封一件

書第一通

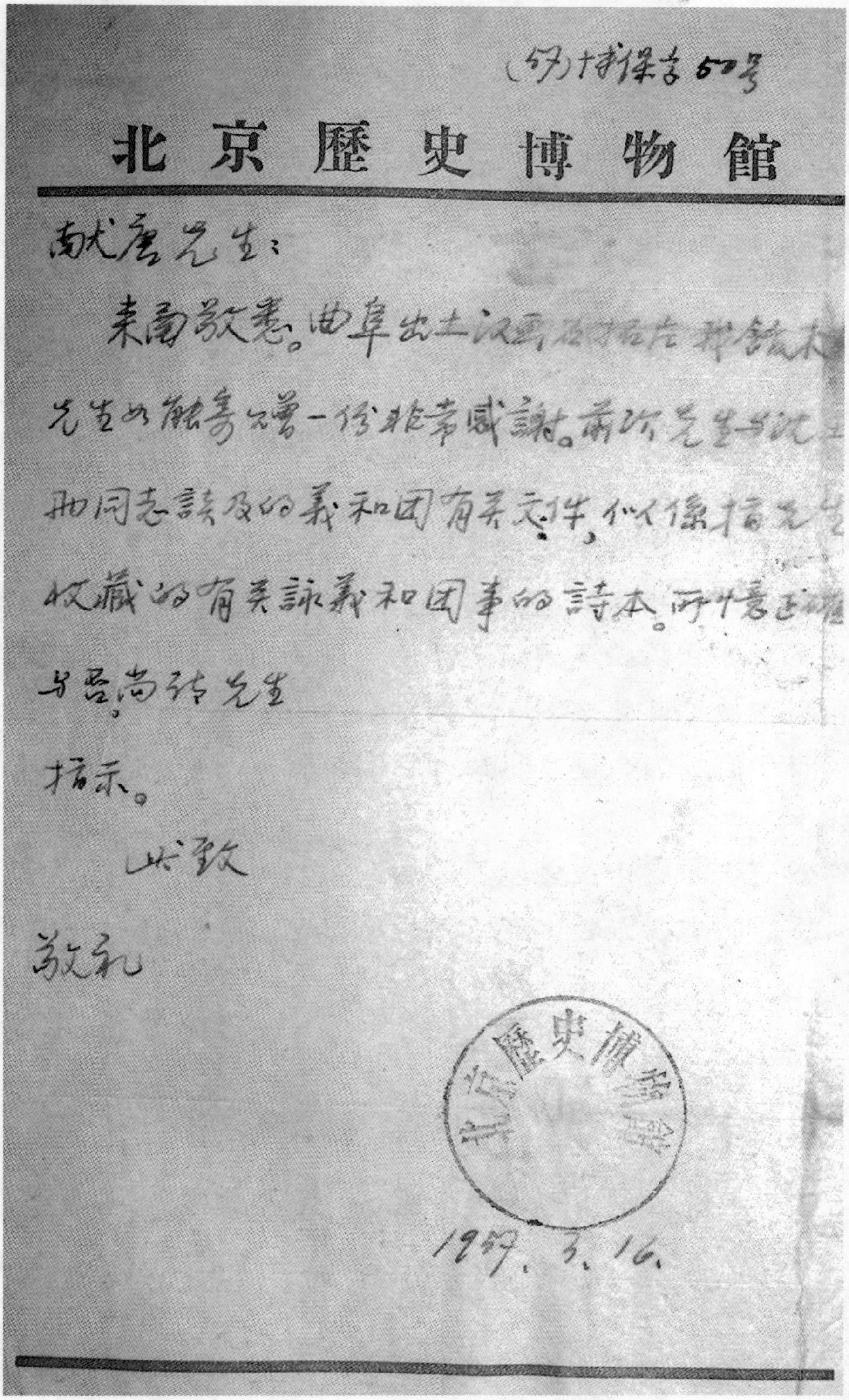

(57)博保字50号

北京歷史博物館

献唐先生：

来函敬悉。曲阜出土汉画石拓片我館未

先生如能寄贈一份非常感謝。前次先生与沈王

冊同志談及的義和团有关文件，似係指先生

收藏的有关詠義和团事的詩本。所情已

与呂尚铭先生

指示。

此致

敬礼

1957.3.16.

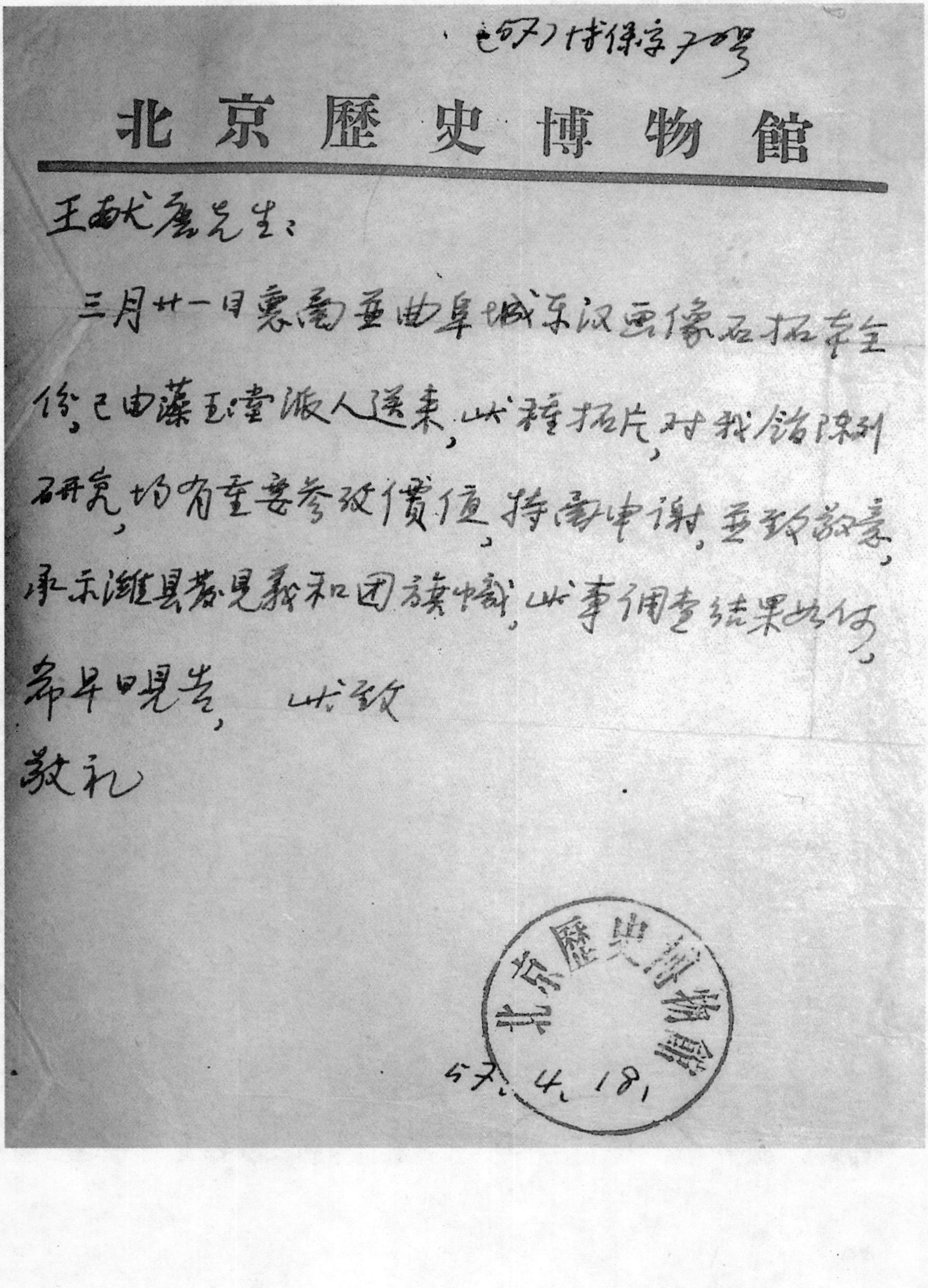

（57）博保字70号

北京歷史博物館

王献唐先生：

三月廿一日惠函並曲阜城东汉画像石拓本全份，已由藻玉堂派人送来，此种拓片对我馆陈列研究均有重要参考價值，特函申謝，並致敬意。承示潍县發見義和团旗幟，此事调查结果如何，希早日見告，此致

敬礼

北京歷史博物館

57.4.18

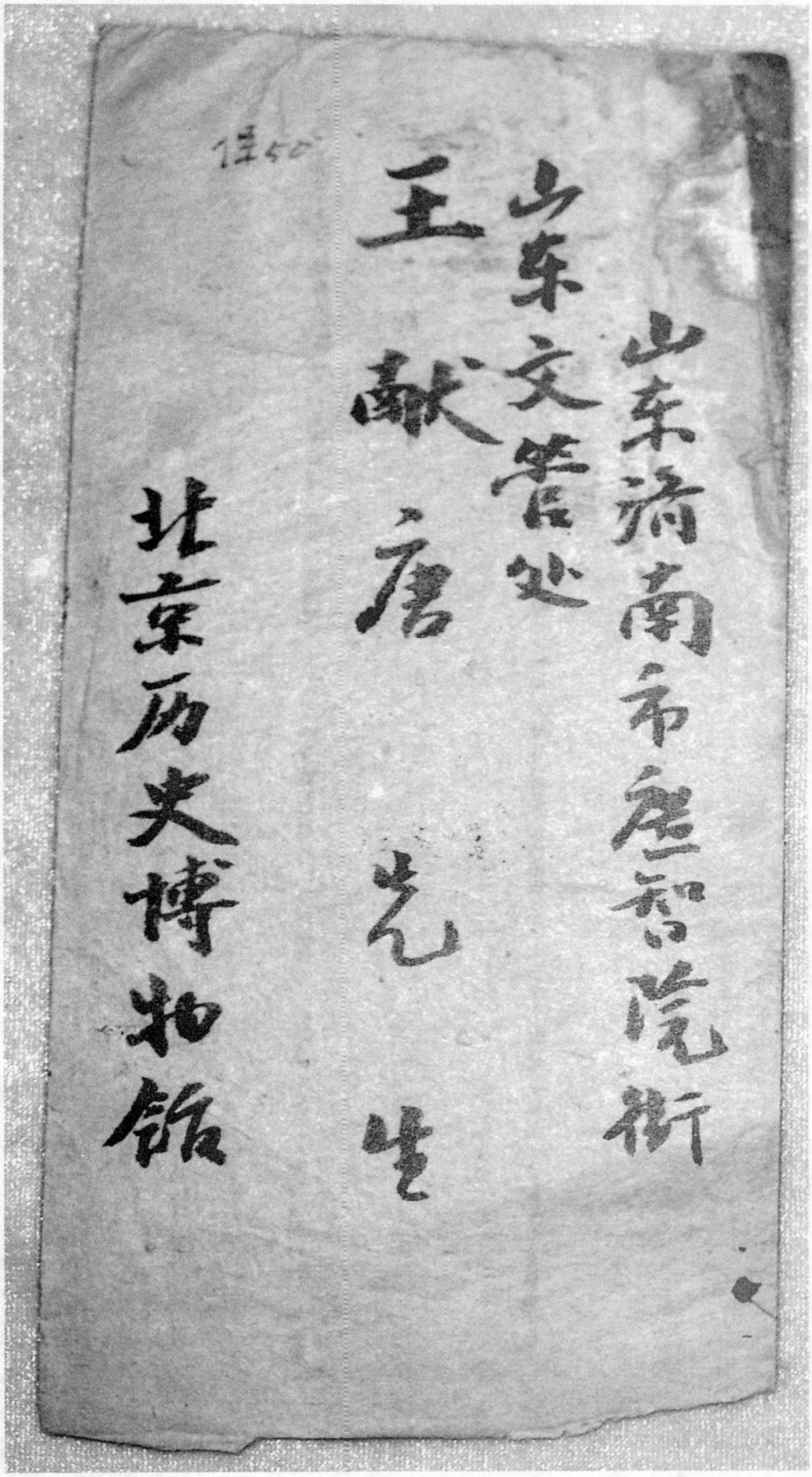
山东济南市历智院街
山东文管处
王献唐先生
北京历史博物馆

二百五十五　北京文物局 封一件

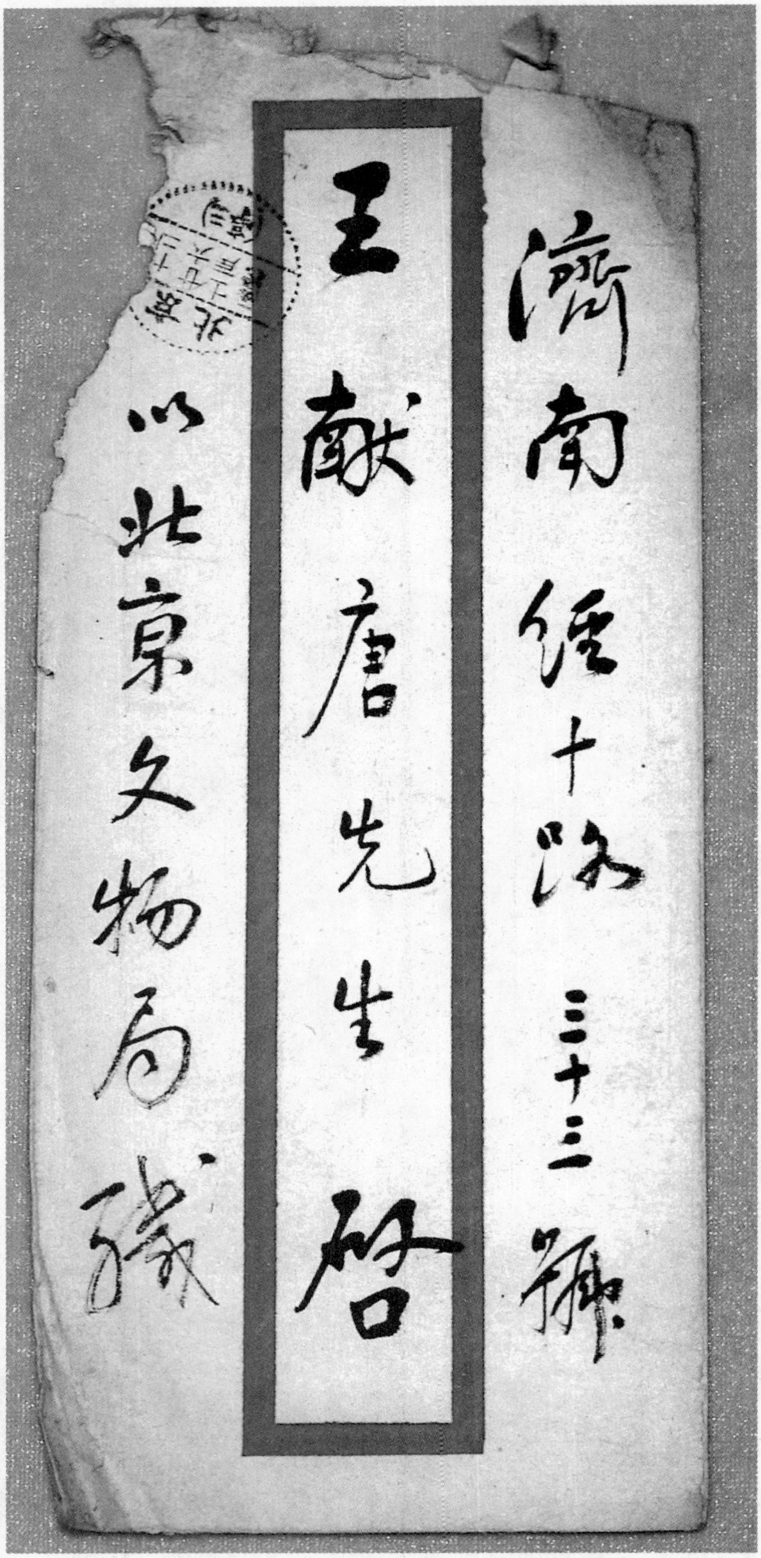

二百五十六 文物參考資料編輯部

書一通 封一件

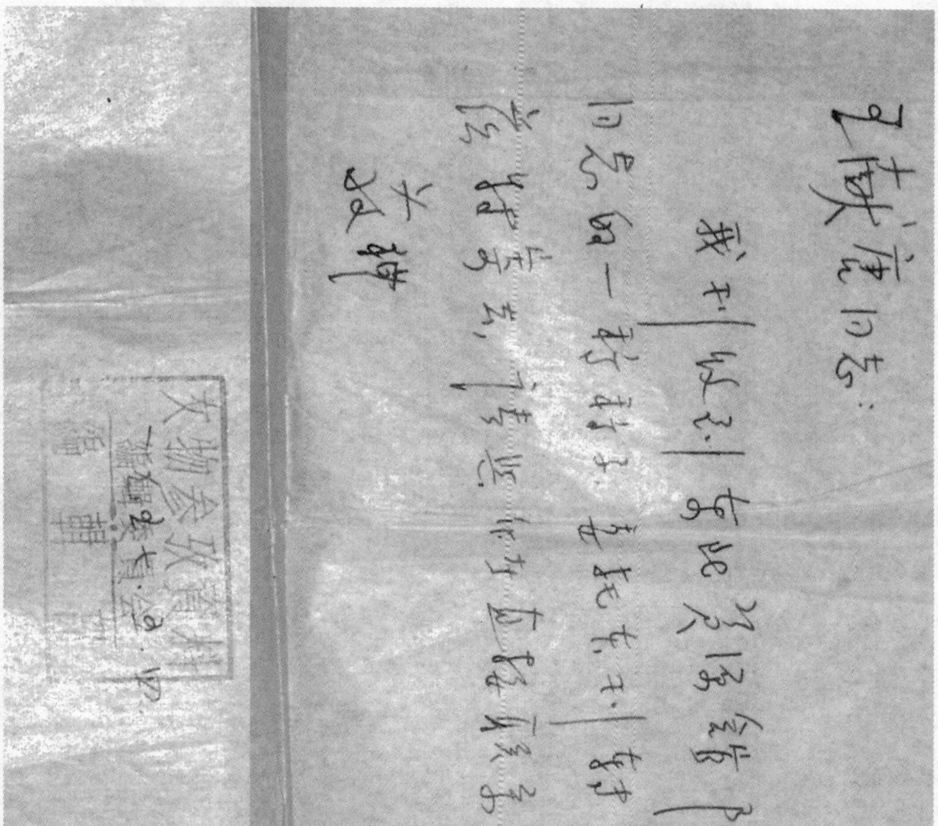

王獻唐同志：

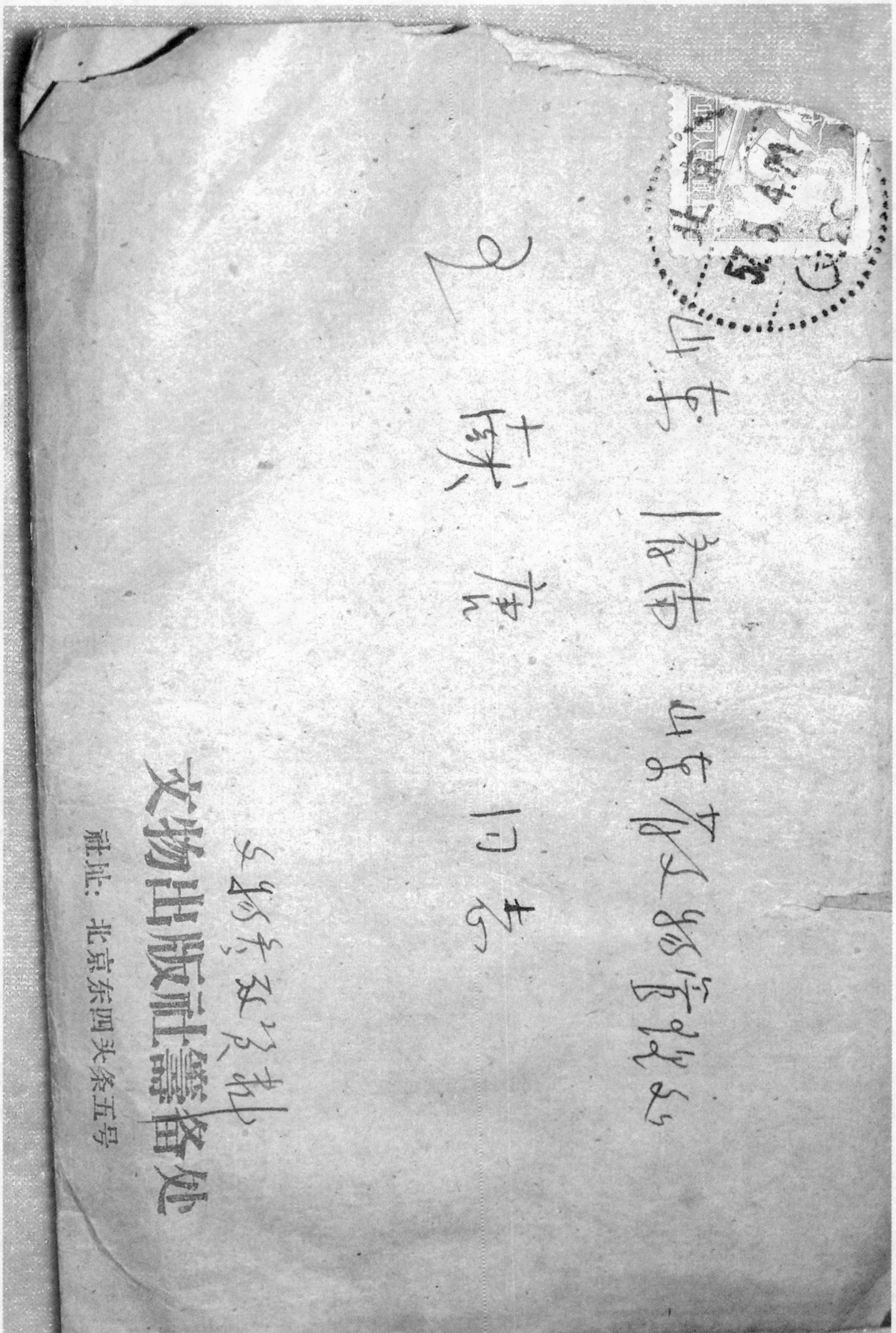

文物参考資料編輯部

二百五十七　陳星南致文物參考資料編輯部

書一通　文一篇

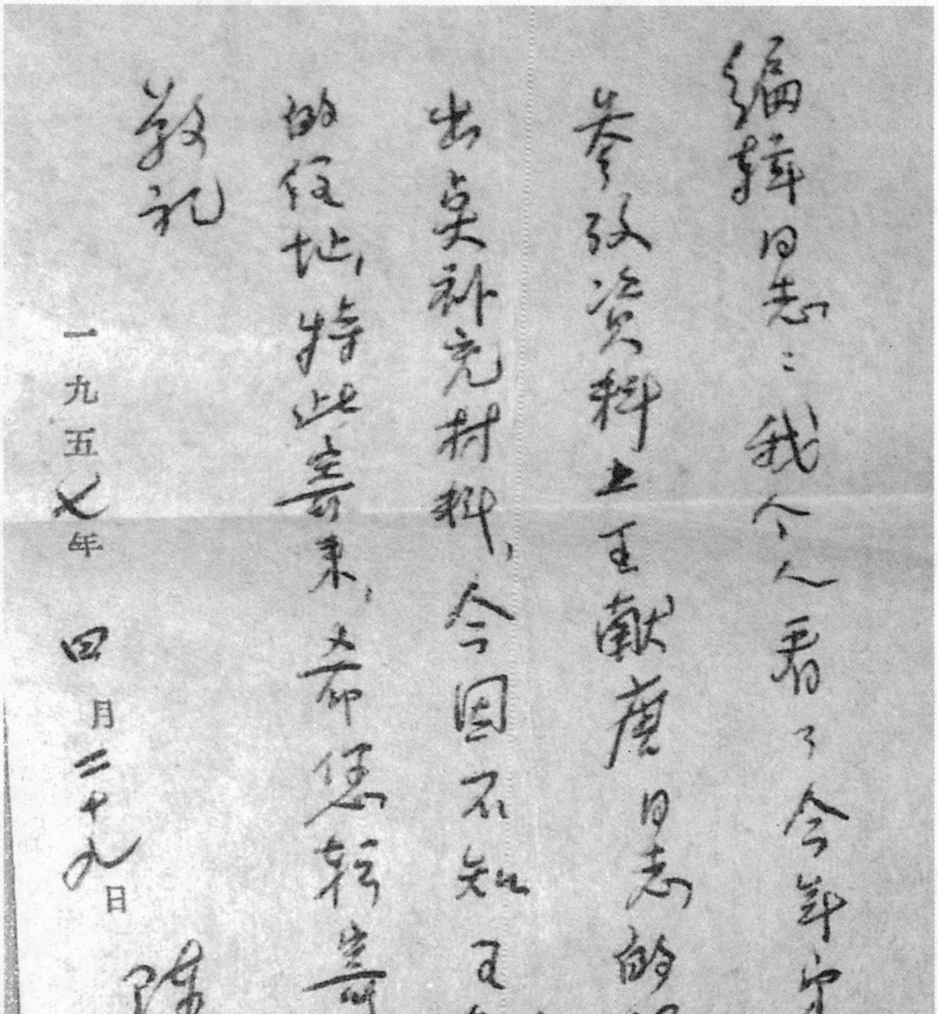

編輯同志：

我个人看了今年第二期文物參考資料上王獻唐同志的報告，特寫出点补充材料，今因不知王獻唐同志的住址，特此寄來，希您轉寄，此致

敬礼

一九五七年四月二十九日　陳星南

关于山东有关夏朝历史一点情况的介绍

一九五七年第二期文物参考资料刊登了王献唐同志在山东文物工作会议上的报告——山东的历史和文物，其中谈到有关于夏朝的文物，帝相的老婆后缗，在帝相和羿战争之际怀了孕生子就是少康，结果少康长大联合了一切势力，转战流离的终于完成了"少康中兴"事迹，——"灭"夏决胜的地点，在现今的潍县、安邱、寿光、益都。我是潍县人，对于该地的地理情况多少熟悉，[illegible]献唐同志报告文章，给我很大的启发。当一九二〇年前我在[illegible]读书的时候，每逢假日常登县城南楼远眺，遥望城西南[illegible]的有一带低峦翠岭，弯弯的象人的眉毛，虽不很高它的风味也很吸引人的，尤在夕阳返照的夹当，西南上隐约的望见覆山，也叫做浮烟山，或是叫作覆甑山，我曾到那儿走了一次，现时我离开了故乡三十多年了，还有些记忆，出潍县城南门，顺道西南行五六里地，登上了姜家埠，这是一片石灰岩露头长岗，当在城上望见蔚然深秀的就是这埠的反映，下得埠来再往西南行六七里，就到夏家庄村，地势渐高，行里许就到了山麓了，山是一色黄

土無雜質的土山，離地面有二百米高，山巔有城圍，象是从遠古
保留下来的旧城址，滿清末葉，同時捻軍过境，並包括一
部分太平軍，村民築起這个城壁孔，城门石額刻有"开基"二
字，大徑尺，城中保存了中國古建築物的特徵"台"的完整
形式，村人叫做"麓台"，滿清官僚陳官俊少時在這里讀書，在
我去遊的時候房舍猶存，按該縣旧誌載"麓台望月"算該縣八
景之一，並不提历史的一面，城中井泉離々可數，可以居
人民三四千人，山下有一[illegible]沟叫做黄泉沟，我意味着
可能是史前[illegible]下山，蒼然暮
色不可久留，乃向曾相識的村人覓宿，就詢問山的历史
和传说，言這莊夏姓最多，誰都不知是那個時代來此居住的，
是陳官俊的外祖家，他考中[illegible]在莊前叩了一个头，以謝
親友，誰知就从此破了風水，莊當中出了深深沟，聽村人的
話，雖是一些迷信之語，而陳官俊之子是陳介祺，以之以知古
謂名是否有意派灭"霞山"历史的由来，也未可知，又碍時当
并無历史分析力，就就归途，未去第二回。解放後我在旅
大市文物保管委員会工作，整理旧書籍時发現一本"士禮居
叢書"上這樣記載，霞山亦名霞甑山，夏時甚斗湛，甚斗寺

故址。今讀了王獻唐同志的文章，又聯想到“士禮居叢書”上的記載，結合我遊历霍山的感觉，當時的斟灌、斟尋的故址可能就是濰縣的“霍山”，但濰縣人不談，又無从訪問。可是濰縣城東边離城四十里地，有村莊名叫寒亭的，是夏時寒浞的故址，濰縣人全知道。霍山事就無人提及，可是形勢具在，略加发掘必弄出個名目來，謹就這些材料，做为一個意見提出，以供山东历史负责同志的參考而已。

東北資源館 陳星南 [illegible]

二百五十八 北平印社 封一件

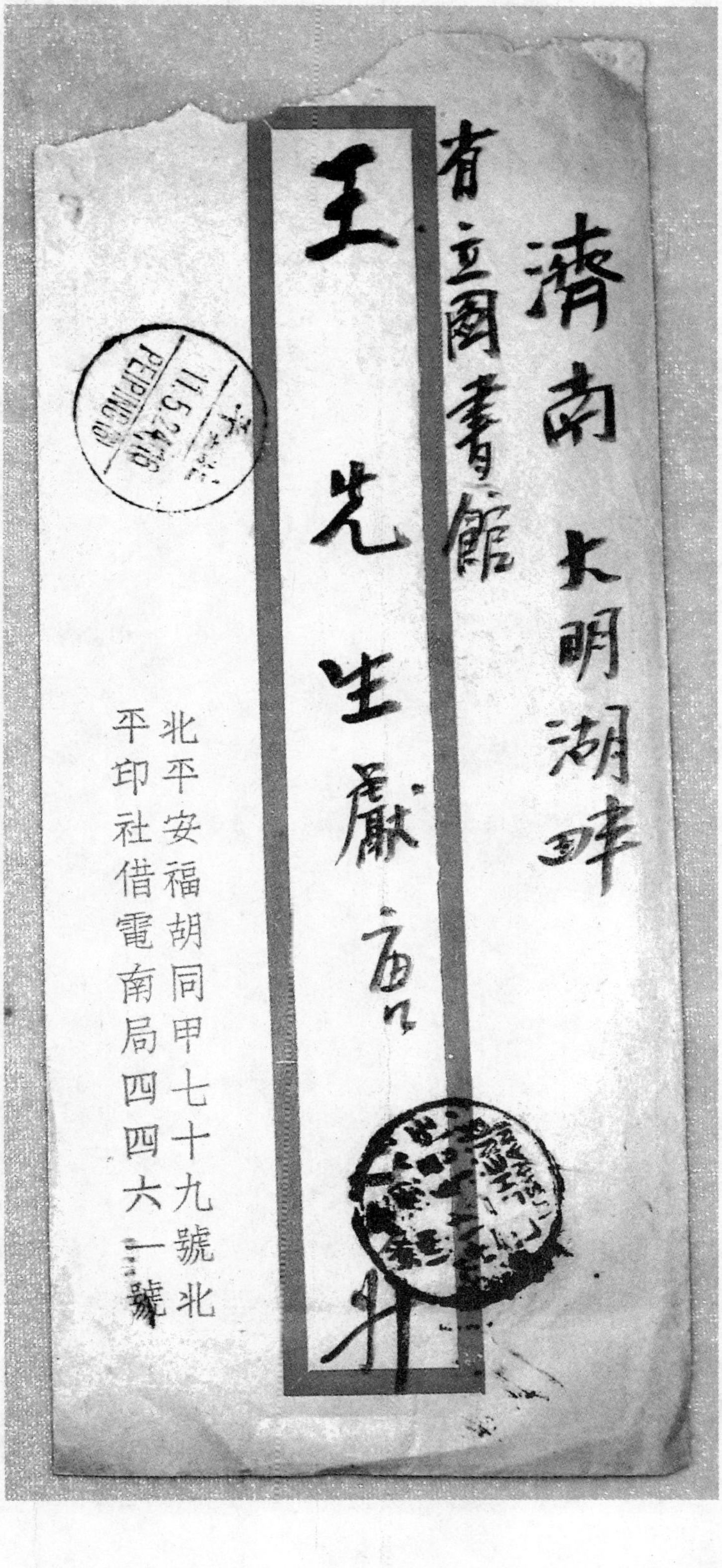

二百五十九　北平粹雅堂書莊封一件

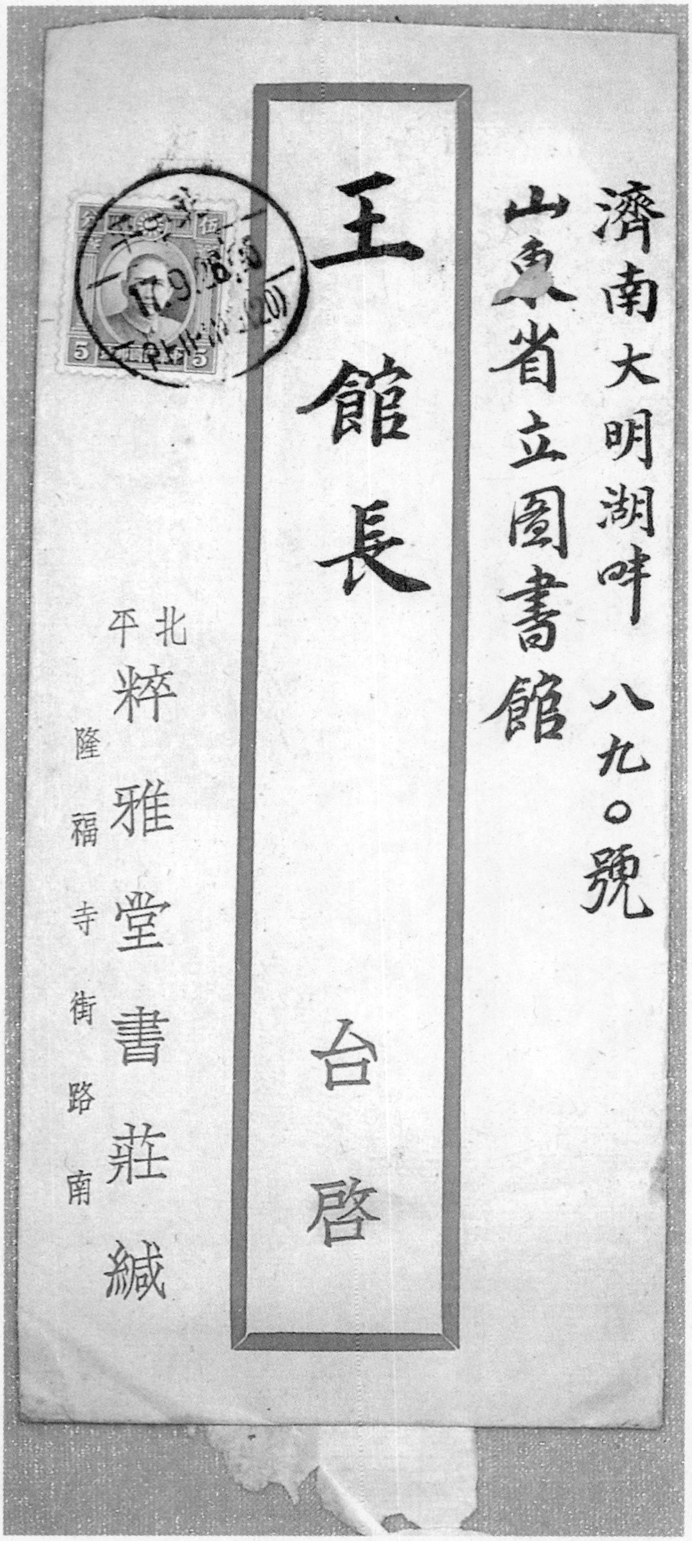

二百六十 山東省政府教育廳 封一件

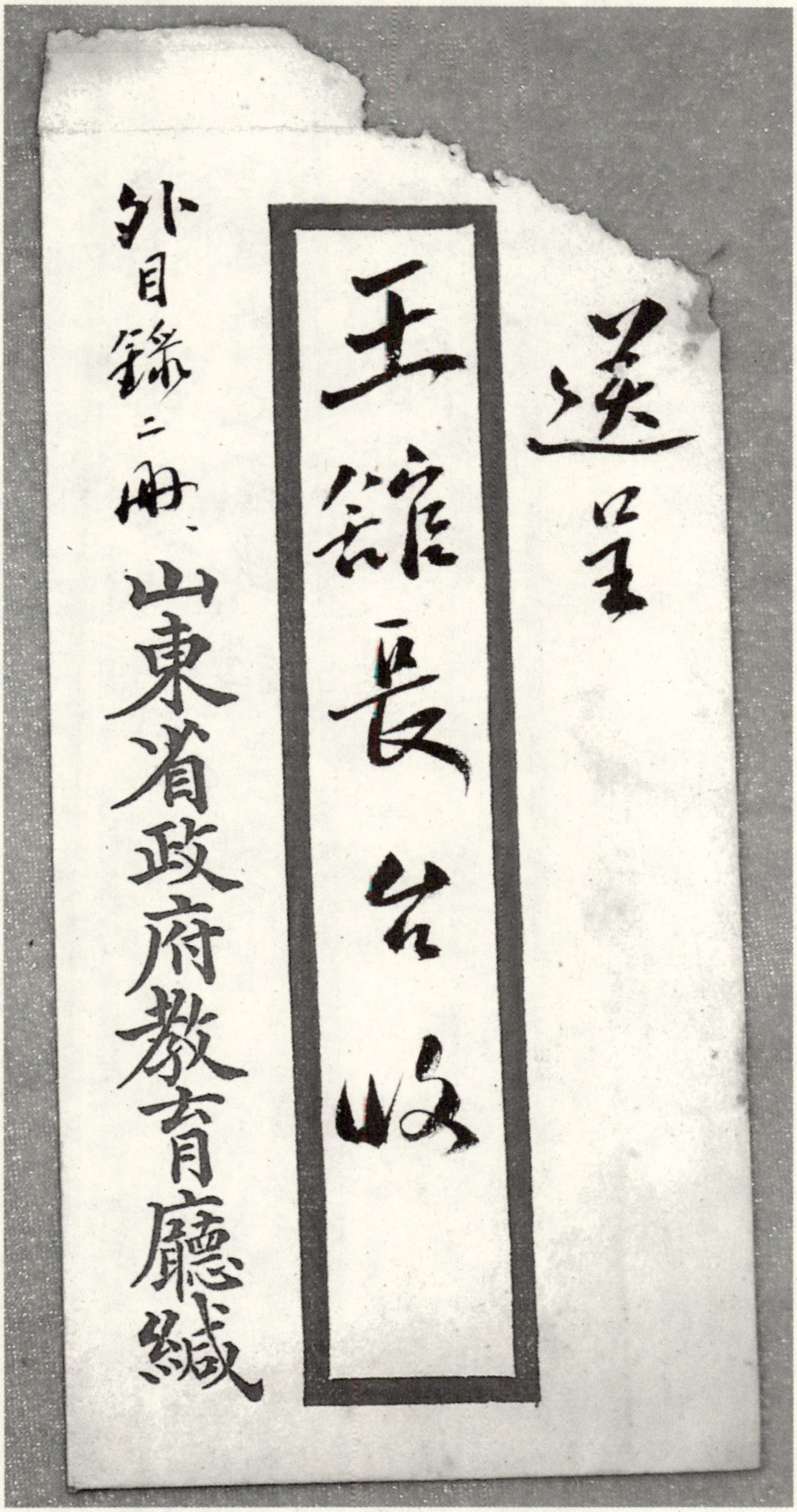

二百六十一　山東古蹟研究會封一件

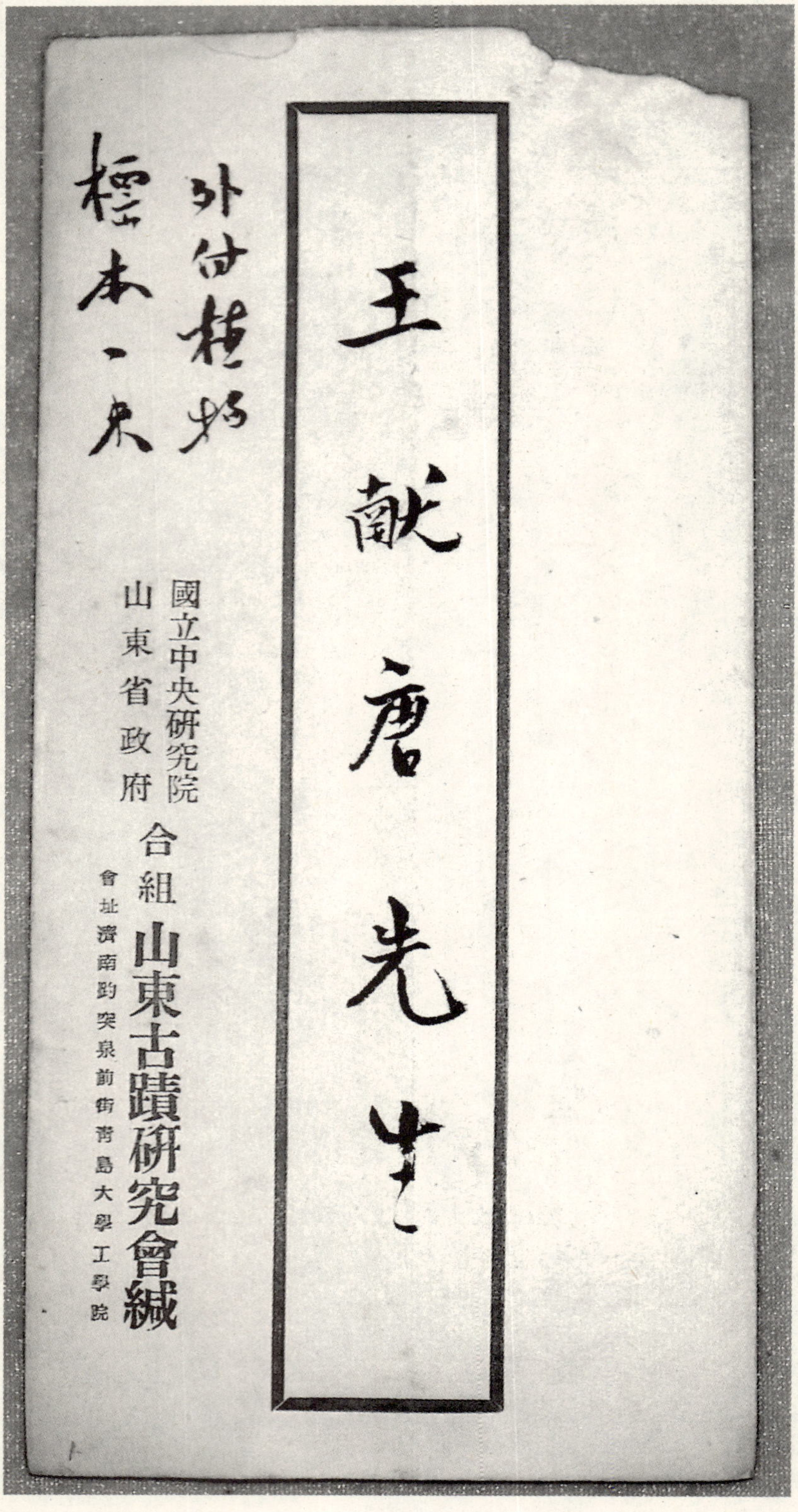

二百六十二　武訓先生百年誕辰紀念籌備委員會　書一通

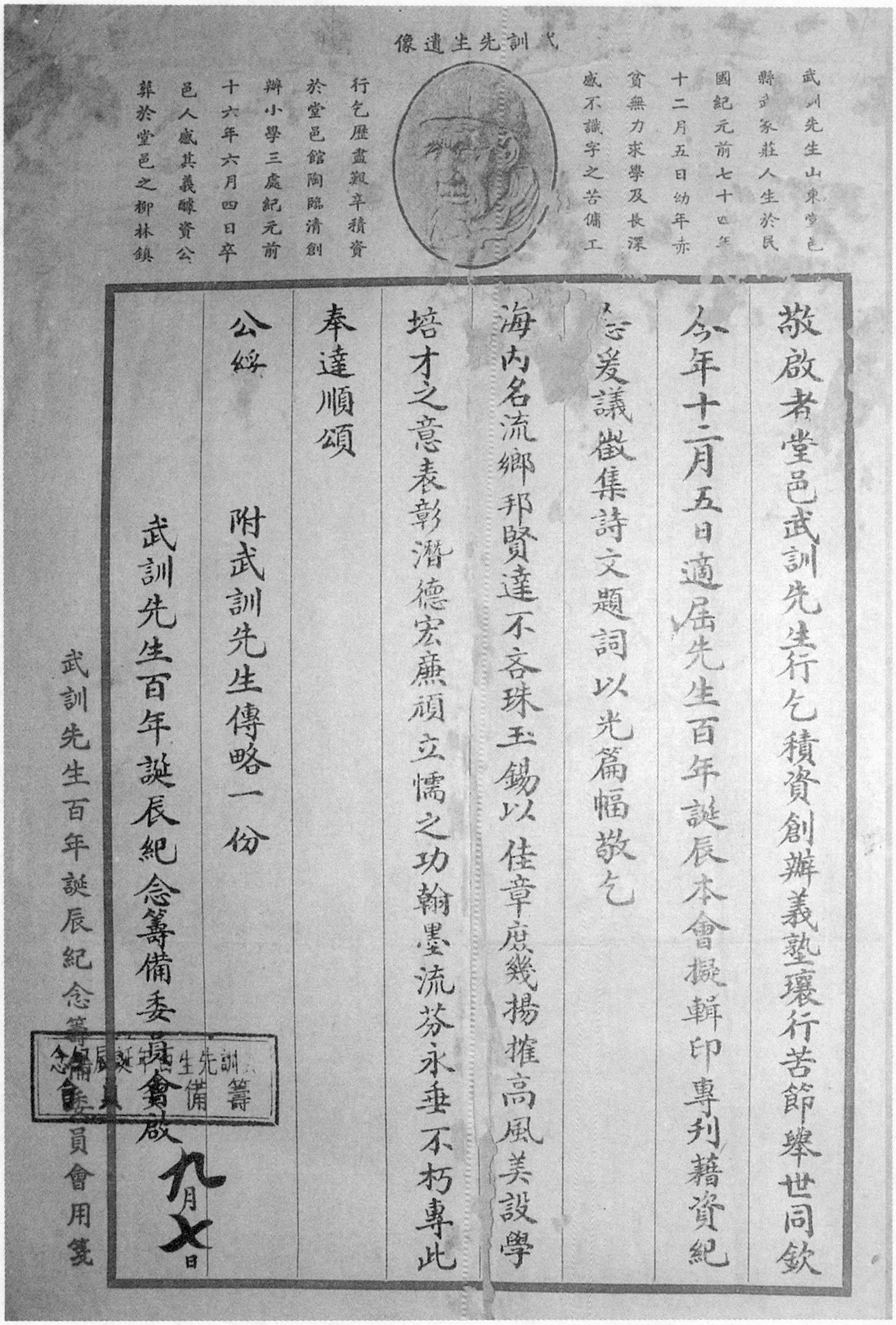

武訓先生遺像

武訓先生山東堂邑縣武家莊人生於民國紀元前七十四年十二月五日幼年赤貧無力求學及長深感不識字之苦備工行乞歷盡艱辛積資於堂邑館陶臨清創辦小學三處紀元前十六年六月四日卒邑人感其義醵資公葬於堂邑之柳林鎮

敬啟者堂邑武訓先生行乞積資創辦義塾瓌行苦節舉世同欽今年十二月五日適屆先生百年誕辰本會擬輯印專刊藉資紀念爰議徵集詩文題詞以光篇幅敬乞海内名流鄉邦賢達不吝珠玉錫以佳章庶幾揚搉高風美設學培才之意表彰潛德宏廉頑立懦之功翰墨流芬永垂不朽專此奉達順頌

公綏

附武訓先生傳略一份

武訓先生百年誕辰紀念籌備委員會啟　九月七日

武訓先生百年誕辰紀念籌備委員會

武訓先生百年誕辰紀念籌備委員會用箋

二百六十三 齊魯大學圖書館

書一通 封二件

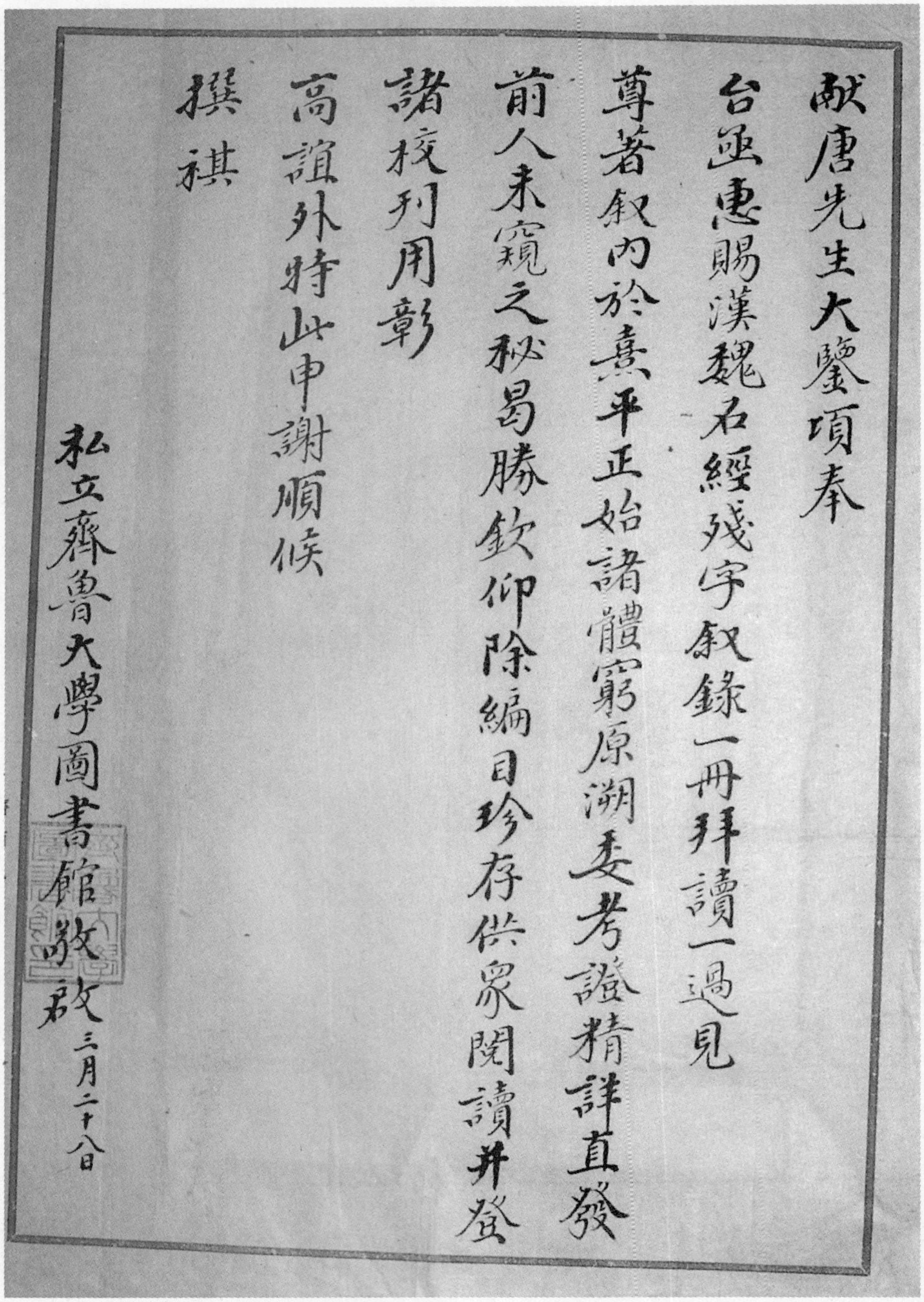

獻唐先生大鑒頃奉
台函惠賜漢魏石經残字叙録一冊拜讀一過見
尊著叙内於熹平正始諸體窮原溯委考證精詳直發
前人未窺之秘曷勝欽仰除編目珍存供衆閱讀并登
諸校刊用彰
高誼外特此申謝順候
撰祺
私立齊魯大學圖書館啟 三月二十八日

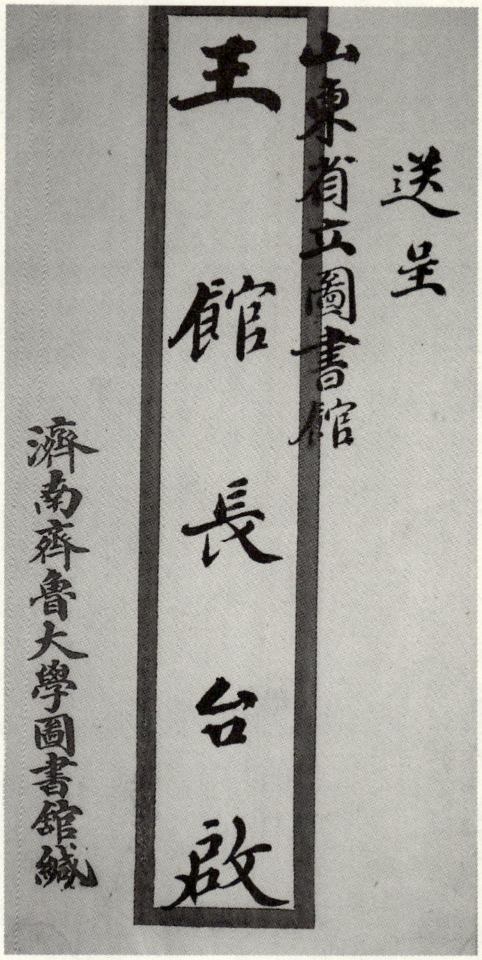
送呈
山東省立圖書館
王館長台啟
濟南齊魯大學圖書館緘

封第一件

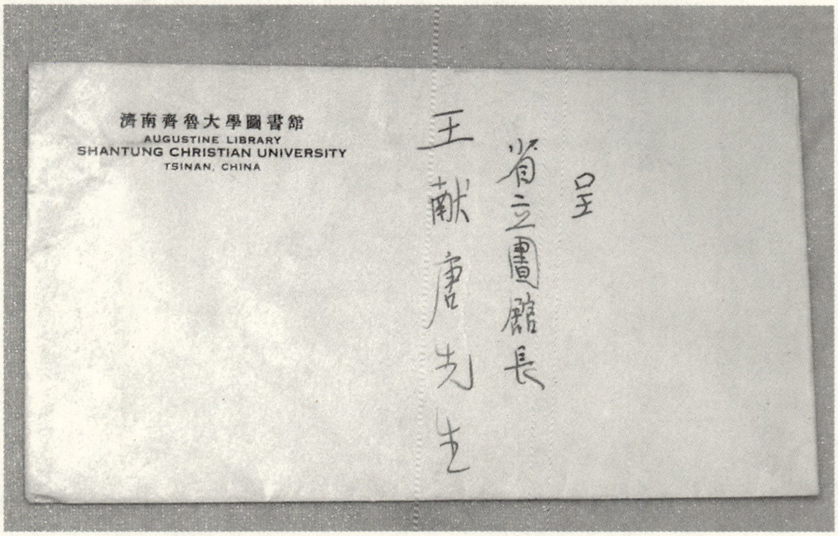
濟南齊魯大學圖書館
AUGUSTINE LIBRARY
SHANTUNG CHRISTIAN UNIVERSITY
TSINAN, CHINA
呈
省立圖館長
王獻唐先生

封第二件

二百六十四 齊魯大學 封一件

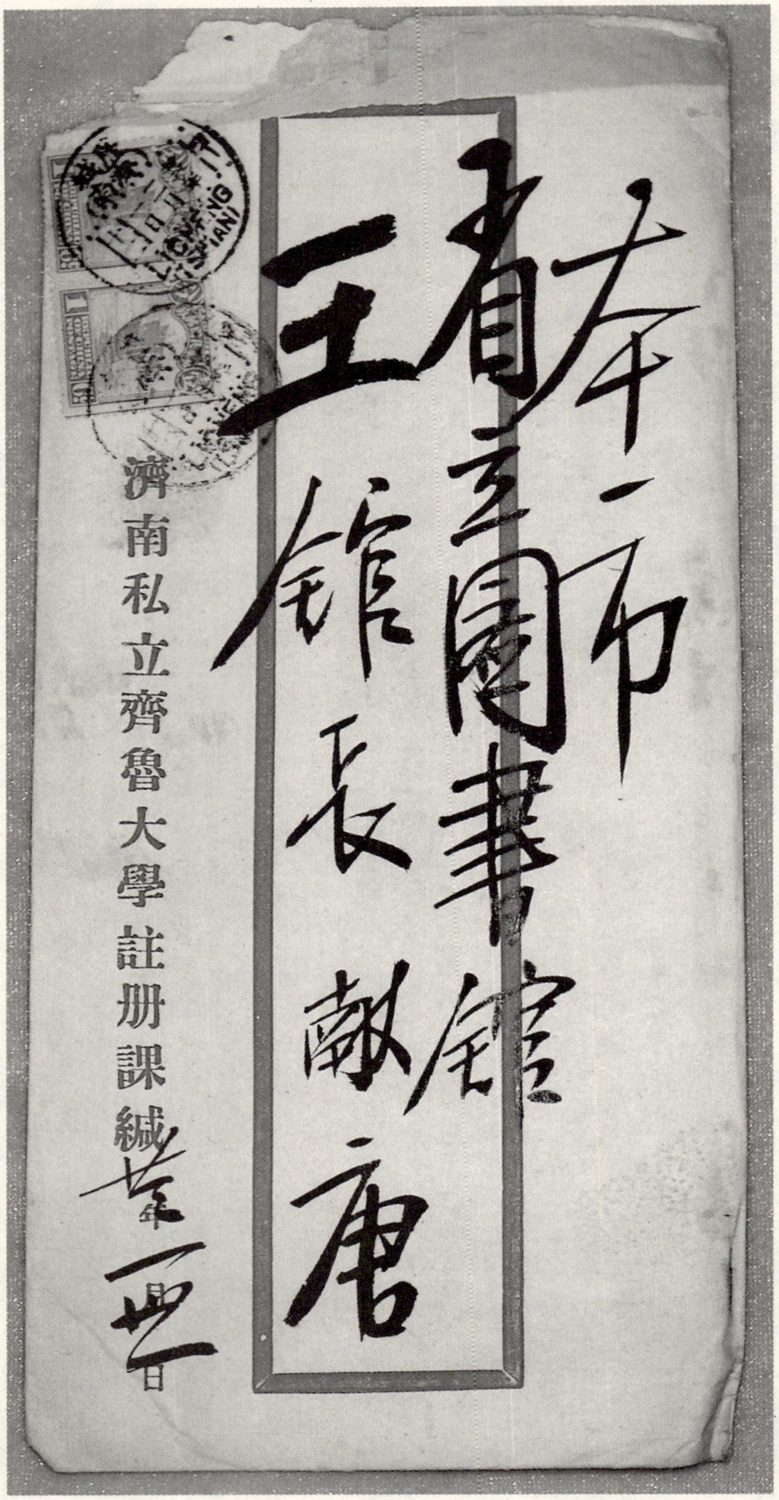

二百六十五　山東省立圖書館簡章一件

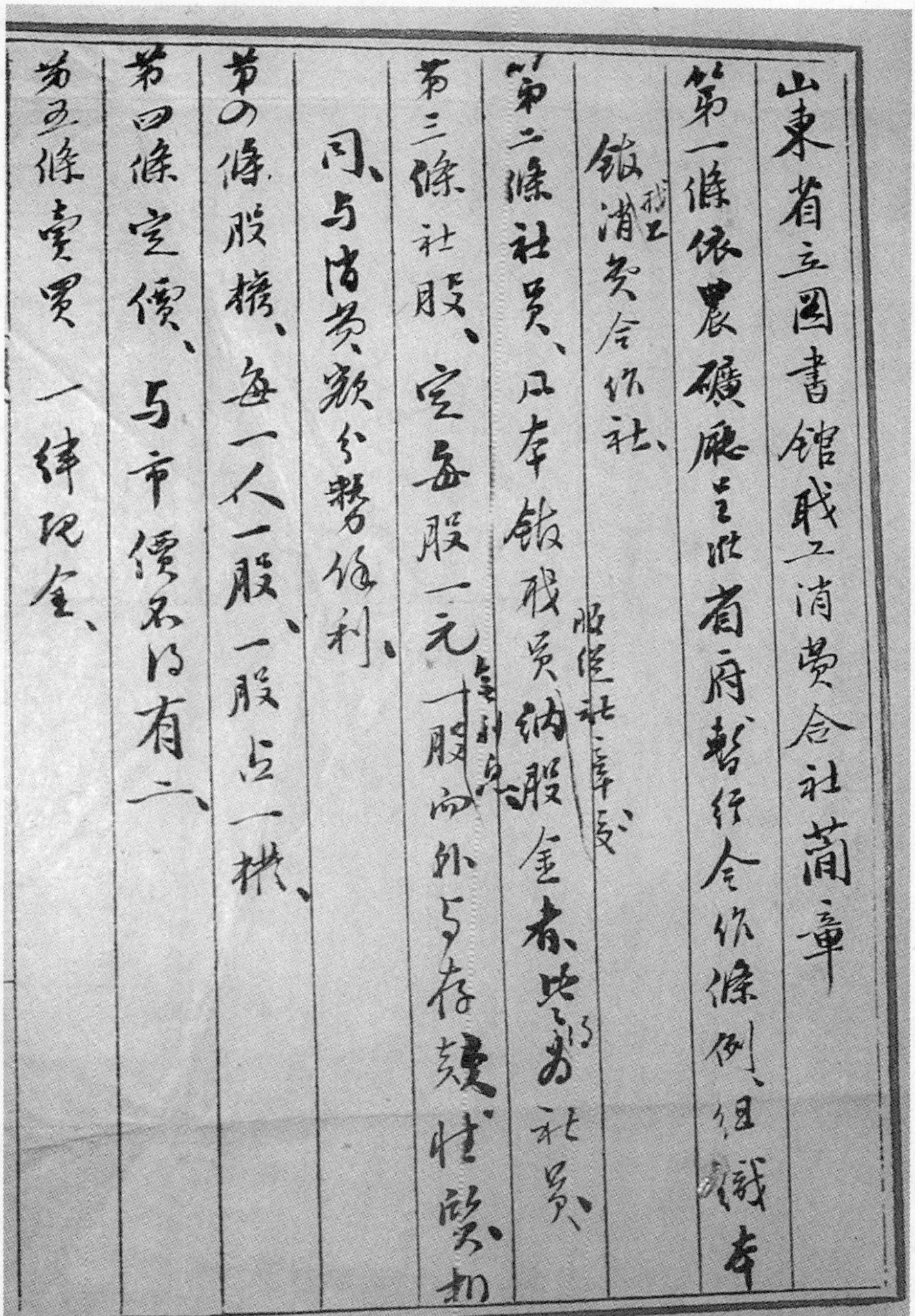
山東省立圖書館職工消費合社簡章
第一條　依農礦廳呈准省府暫行合作條例，組織本館職工消費合作社。
第二條　社員，以本館職員服從社章，納股金者，皆為社員。
第三條　社股，定每股一元，全部交足一股，向外另存，其性質與……同，與消費額分攤紅利。
第四條　股權，每一人一股，一股占一權。
第四條　定價，與市價不得有二。
第五條　賣買　一律現金。

第六條社員購買、用複寫單據、以備清算餘利、
第七條我社員之購買、另立一賬、特收入之金除本金外、所得餘利、由社員大會決定用途、
第八條餘利分配及返還、六個月總結賬目、將淨餘利分作十成、二成公積金、一成社中用人獎勵、其餘七成按社員購買量分配返還、
第九條本商之所來貨、俱照市價公價於社、等行次辦理、

山東省立圖書館

二百六十六　濟南市各界人民代表會議協商委員會 封一件

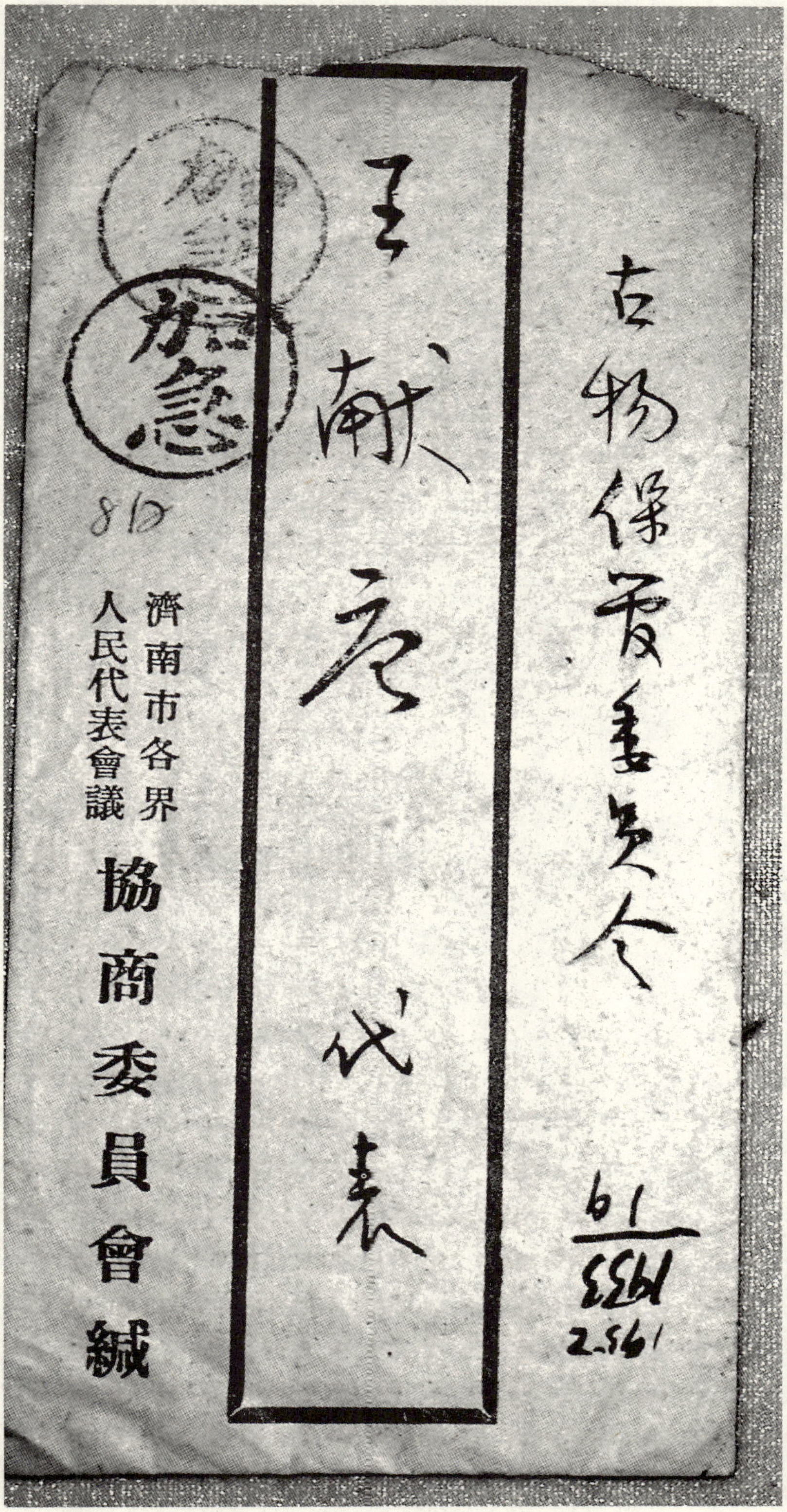

二百六十七　大衆日報社編輯部書一通

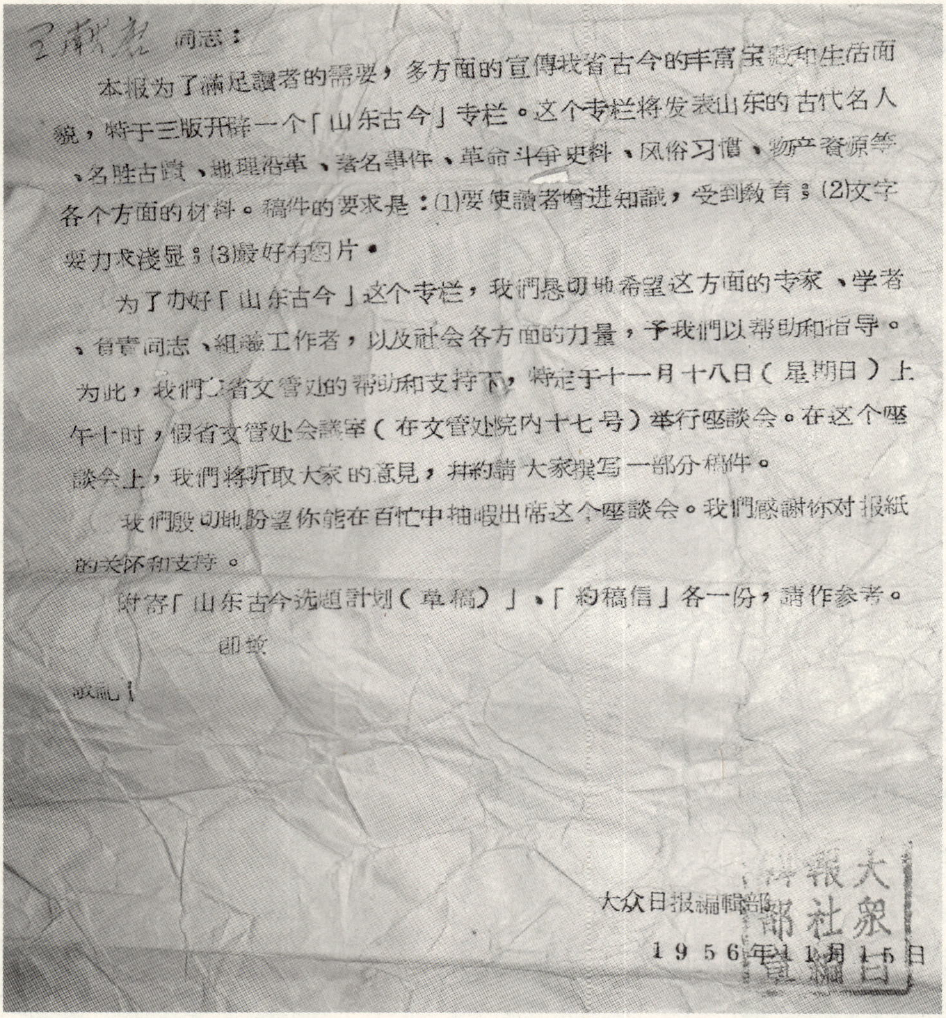

王献唐同志：

本报为了滿足讀者的需要，多方面的宣傳我省古今的丰富宝藏和生活面貌，特于三版开辟一个「山东古今」专栏。这个专栏将发表山东的古代名人、名胜古蹟、地理沿革、著名事件、革命斗爭史料、风俗习慣、物产資源等各个方面的材料。稿件的要求是：(1)要使讀者增进知識，受到教育；(2)文字要力求淺显；(3)最好有图片。

为了办好「山东古今」这个专栏，我們恳切地希望这方面的专家、学者、負責同志、組織工作者，以及社会各方面的力量，予我們以帮助和指导。为此，我們在省文管处的帮助和支持下，特定于十一月十八日（星期日）上午十时，假省文管处会議室（在文管处院内十七号）举行座談会。在这个座談会上，我們将听取大家的意見，并約請大家撰写一部分稿件。

我們殷切地盼望你能在百忙中抽暇出席这个座談会。我們感謝你对报紙的关怀和支持。

附寄「山东古今选題計划（草稿）」、「約稿信」各一份，請作参考。

此致

敬禮！

大众日报編輯部

1956年11月15日

大衆日報社編輯部

二百六十八 濟南日報社 封一件

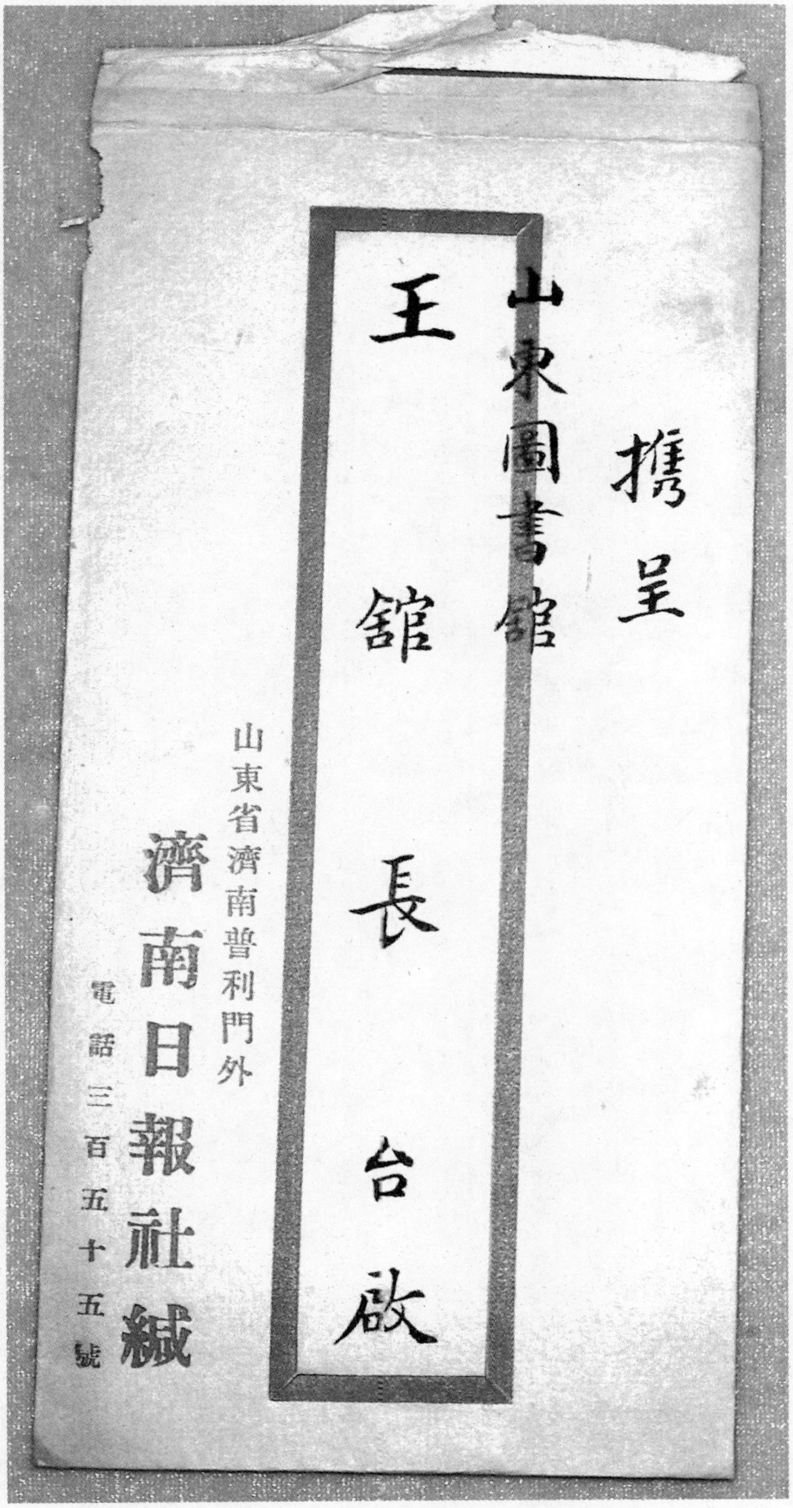

二百六十九　山東旅津同鄉會

書一通　封一件

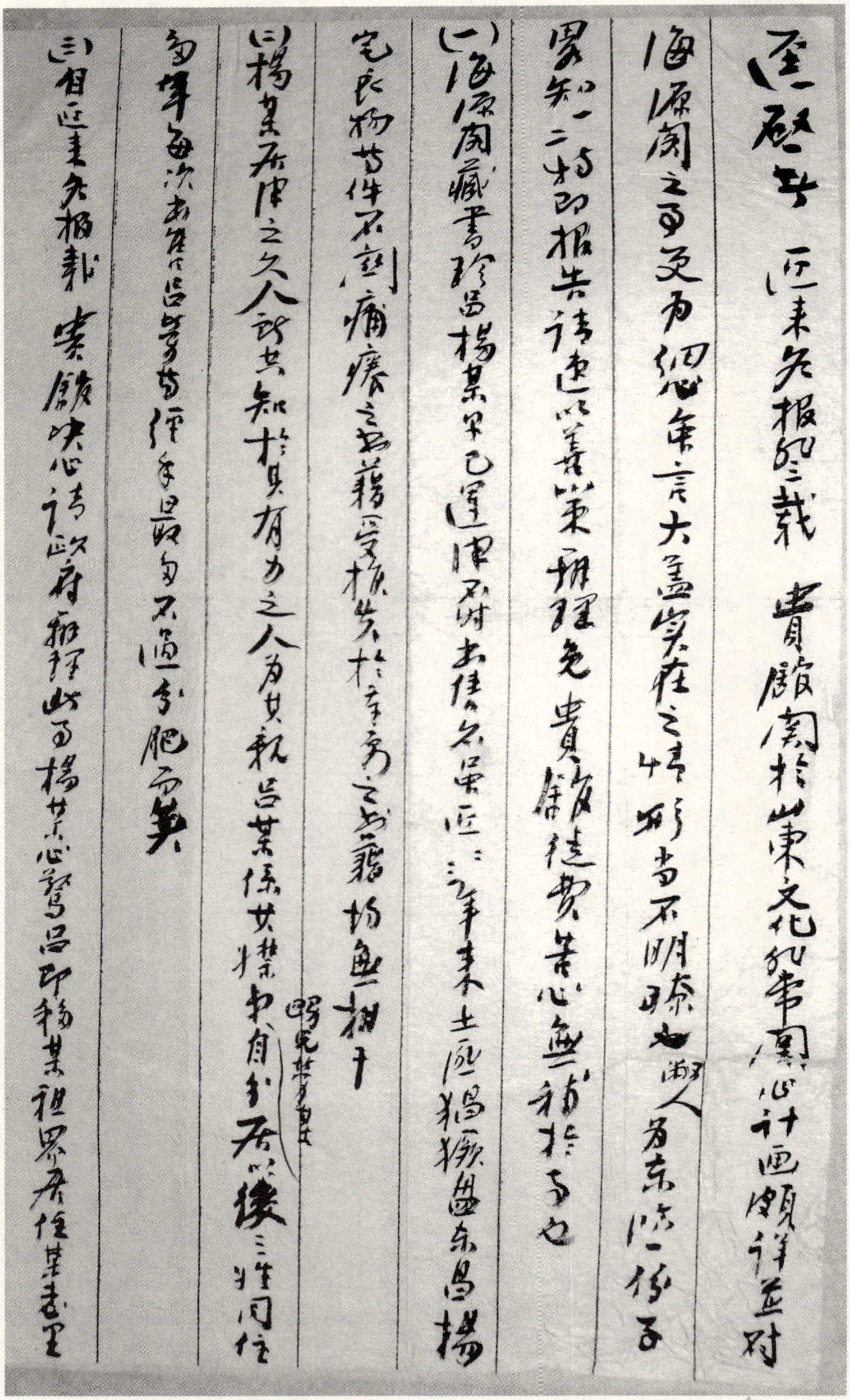

逕啓者　近來見報所載　貴館閣於山東文化非常關心計畫頗詳並對

海源閣之事更爲總念言大蓋實在之情形尚不明瞭也　鄙人爲東陸一份子

略知一二特即報告請速以善策辦理免　貴館徒費苦心無補於事也

（一）海源閣藏書珍品楊某早已運津不謂出售名品近二三年來土匪猖獗盡東昌楊

宅良物等件不到痛癢之書籍受損失於本方之書籍均無相干

（二）楊某居津之久人所共知於其有力之人爲其親旨某係其襟弟自有居以樓三姓同住

多年每次出售書品等均經手最多不過分肥而矣

（三）相近來見報載　貴館決心請政府辦理此事楊某必驚慌即移其祖界居住某書室

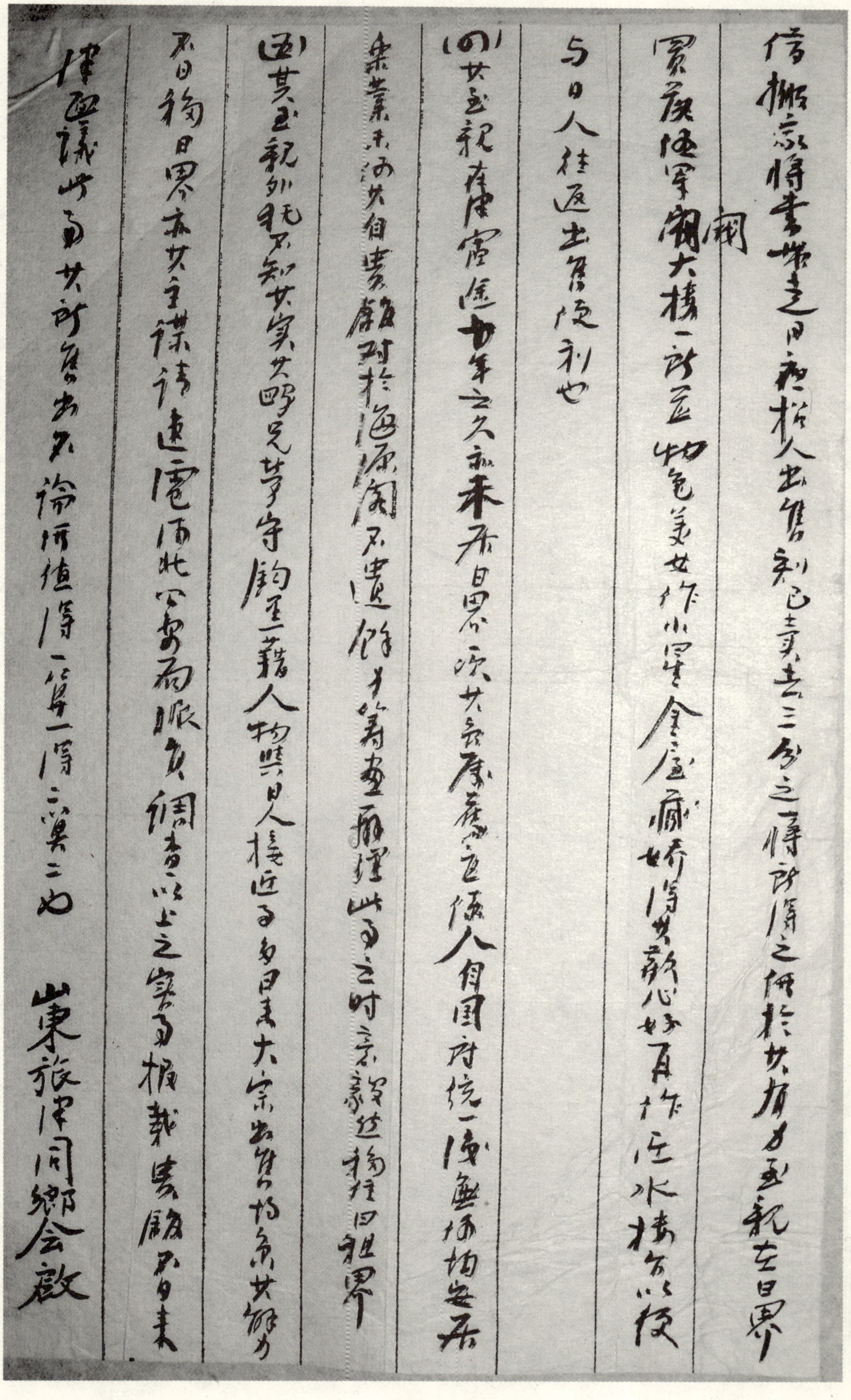
信撫宗將書業之日本於人出售，剩已賣去三分之一，得所價之價於其有力至親在日界
買庚任軍閣大樓一所，閣如色美女作小星，金屋藏嬌，得其歡心，好自作近水樓台以便
與日人往返出售便利也
（四）其至親在津寓居廿年之久，私來於日界，與其參議屋係人自國府統一後無不均安居
柔業，未聞其自賣版，對於海源閣不遺餘力，籌畫處理，此事之時，京報述稱住日租界
（五）其至親外邦，不知其真，其野心勃勃，守鈞至一籍人物，與日人接近，多日來大宗出售，均系其經手
不日移日界，亦其主謀，請速電河北省公署而派員調查，以上之實在情形，請[illegible]不日來
津面議此事，其所售出不論所值價一萬售價二萬二也
山東旅津同鄉會啟

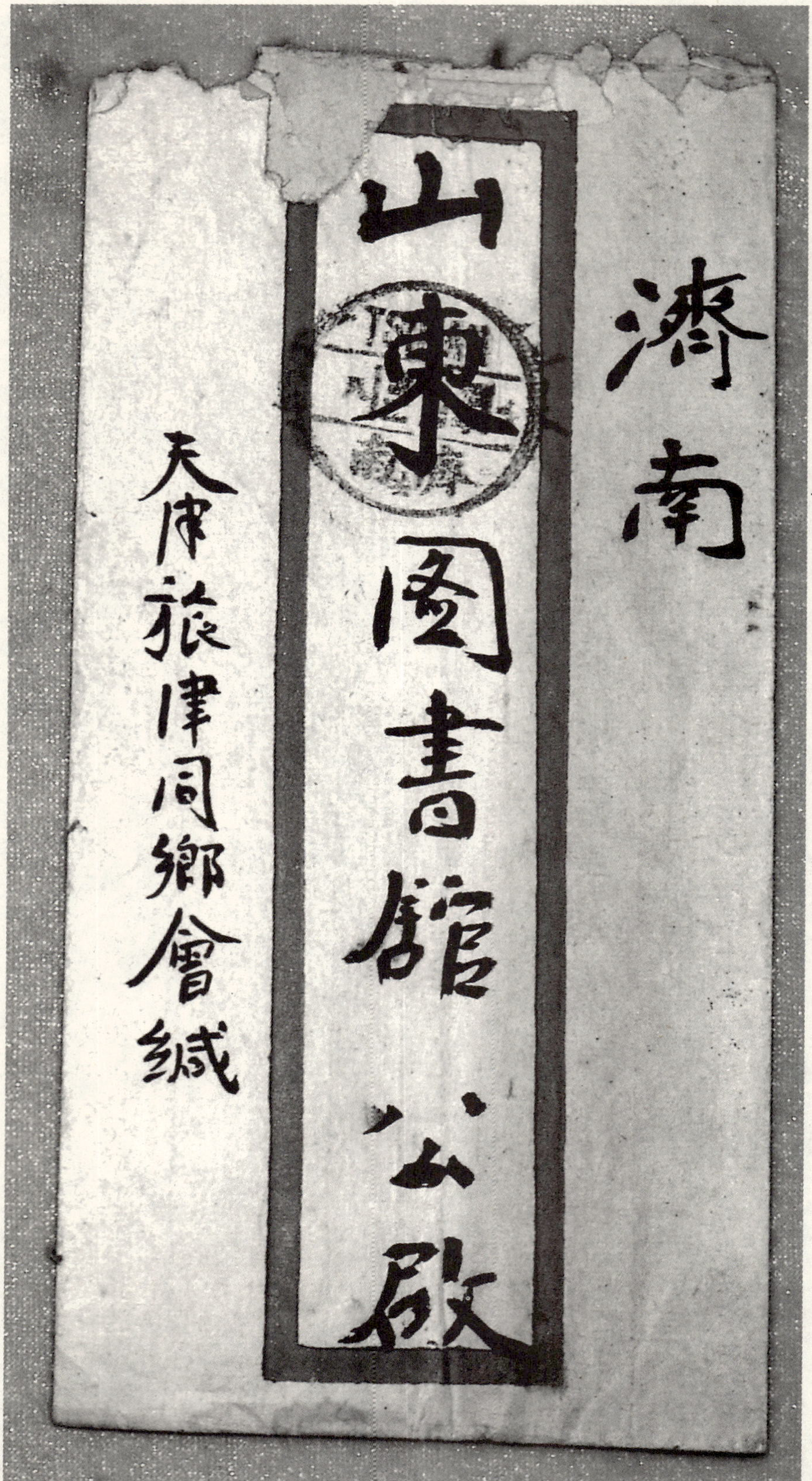
濟南
山東圖書館公啟
天津旅津同鄉會緘

二百七十　日照旅青同鄉會書二通　封一件

書第一通

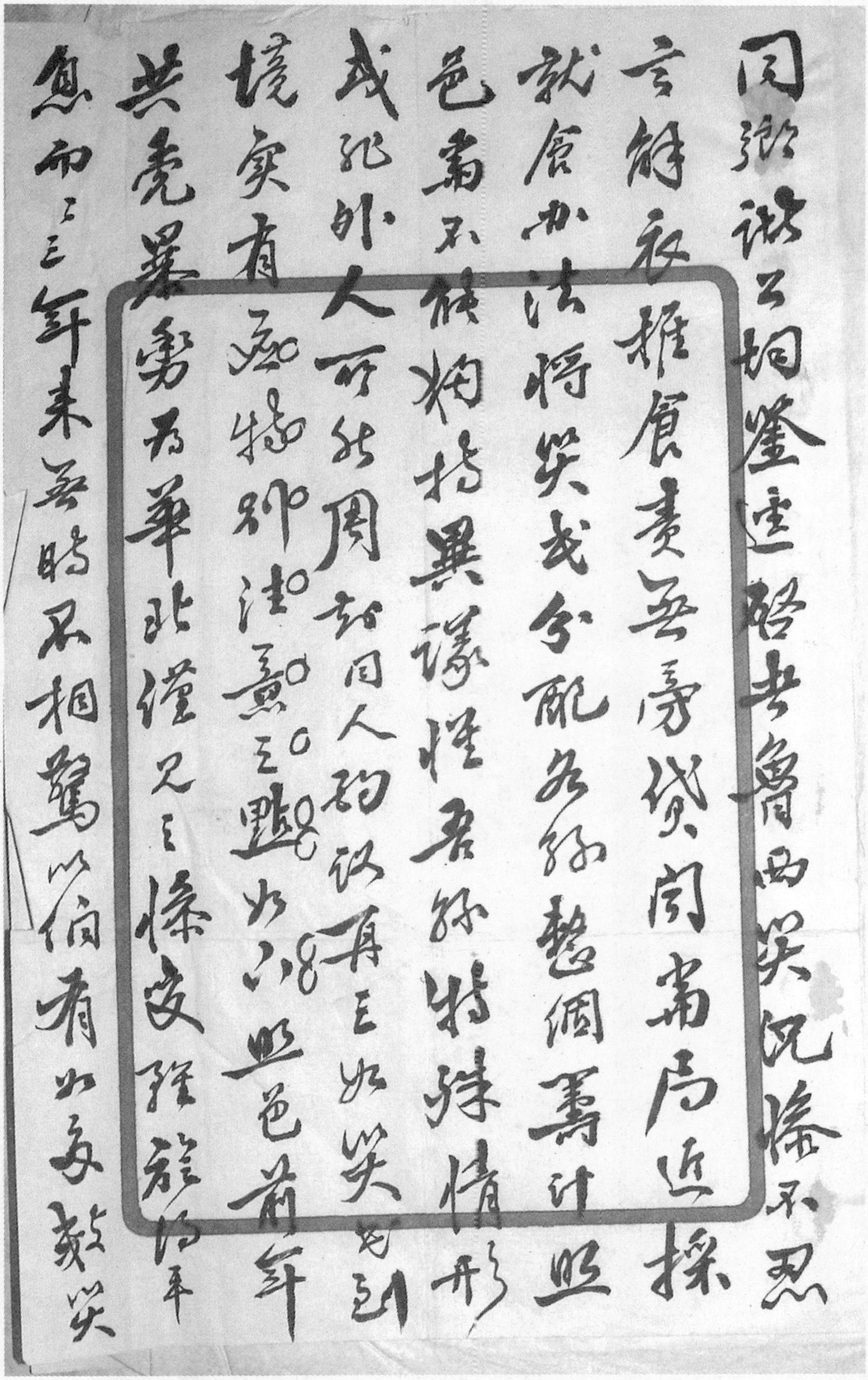
同鄉諸公均鑒：逕啓者，魯西災况，慘不忍
言。解衣推食，責無旁貸。聞當局近採
就食辦法，將災民分配各縣整個籌計。照
邑當不能獨持異議，惟吾縣特殊情形
或非外人所能周知。同人均以為一旦災民到
境，實有應特別注意之點。以照邑前年
共黨暴動，爲華北僅見之[illegible]，雖旋得平
息，而二三年來無時不相驚以備，有此多數災

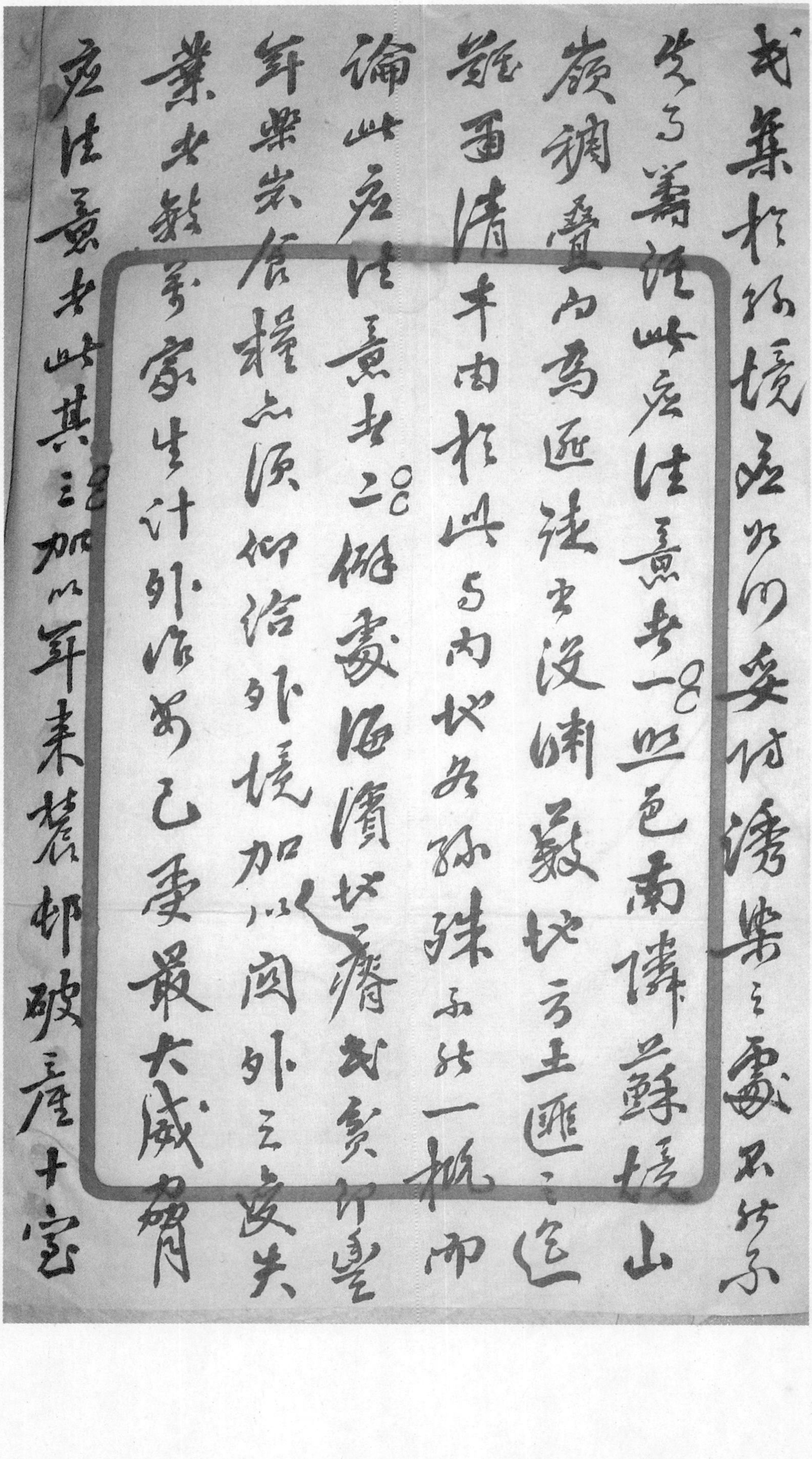
我集於縣境西北河安訪濤樂之處不勝不
覺乃籌設此店法意者一以照邑南隣蘇境山
嶺稠疊而為匪徒出沒劇藪地方土匪之追
雖西清末由於此與內地交孙殊不能一概而
論此店法意者二以備處海濱地瘠貧作崖
年樂崇信擇之須仰給外境加以國外之侵失
業者較多家生計外作乙受最大威脅
店法意者此其三加以年來農村破產十室

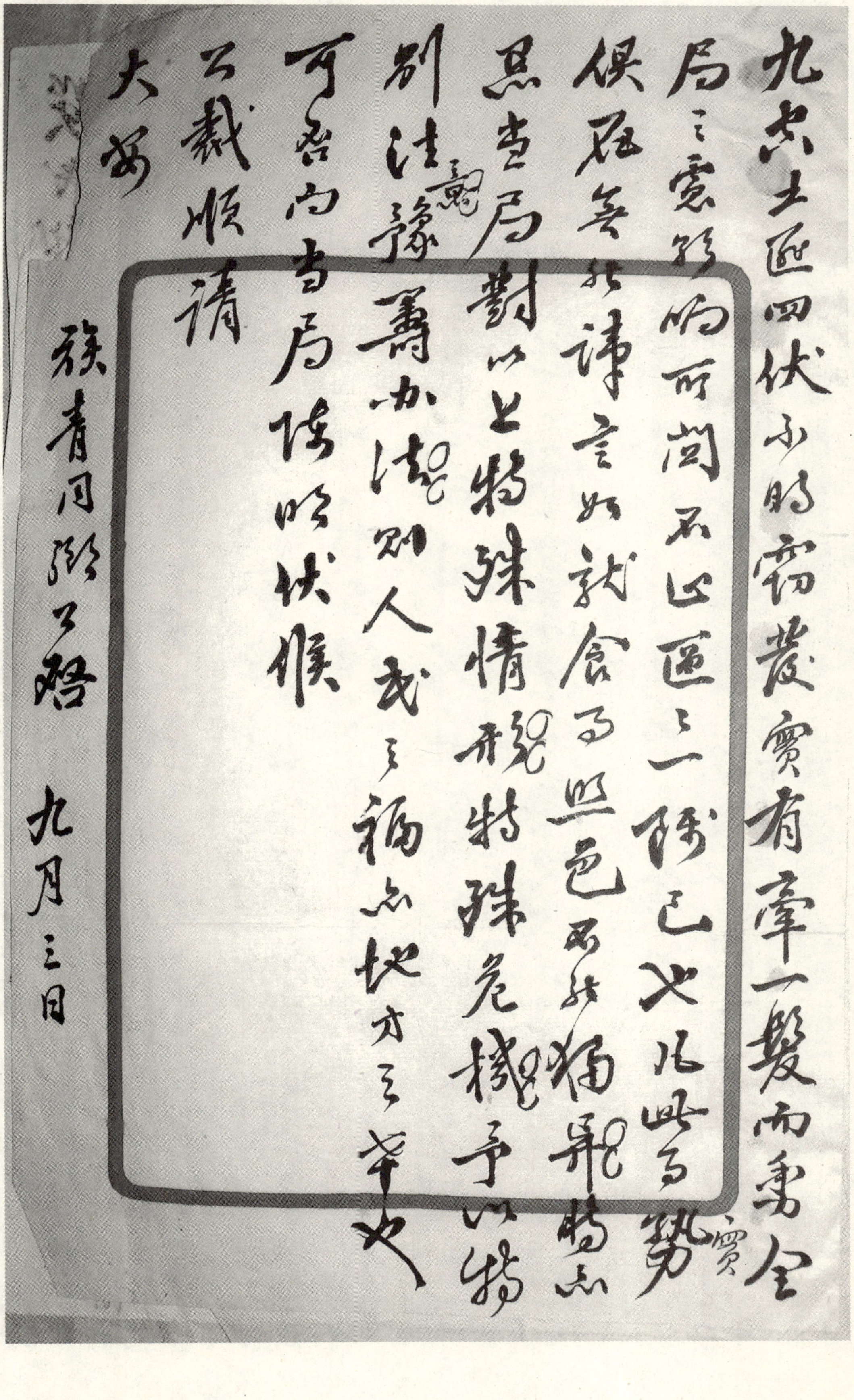

九忠土匪四伏，小股竄發，實有牽一髮而動全局之虞。殆所聞不止匪之一隅已也，以此為勢（實）
俱屆無稽諱言，如就食而照邑不可，猶飛騰之志（？）
思當局對以上特殊情形，特殊危機，予以特別注意，籌辦法，則人民之福，亦地方之幸也。
可否向當局陳明，伏候
公裁，順請
大安

族青同鄉弟啓 九月三日

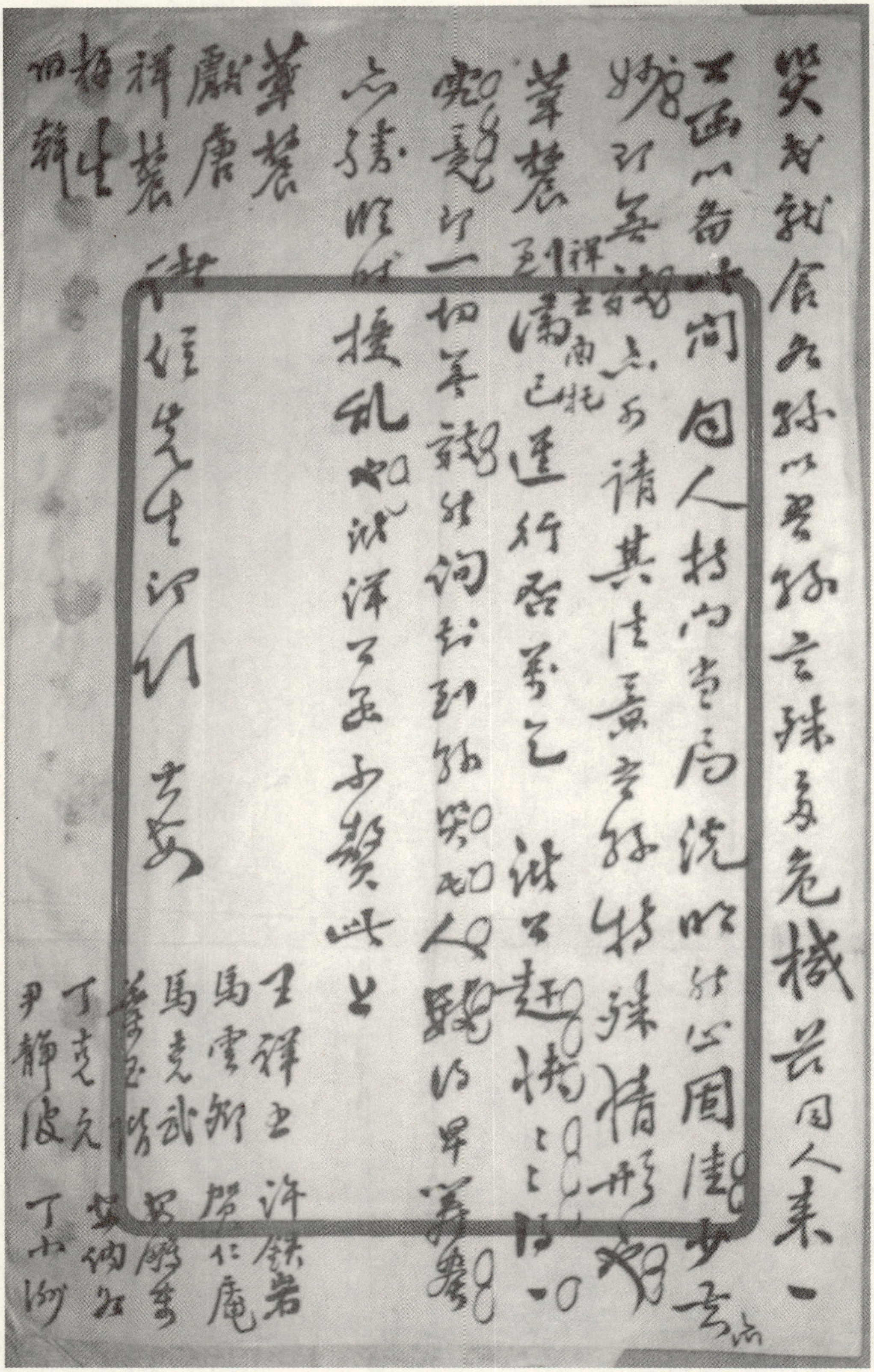
笑我就食各縣以當縣言殊多危機若同人來一函以爲此間同人[illegible]

王祥生　許鐵岩　馬雲卿　賀仁庵　馬克武　[illegible]　丁克允　[illegible]　尹靜波　[illegible]

華蓀　獻唐　祥蓀

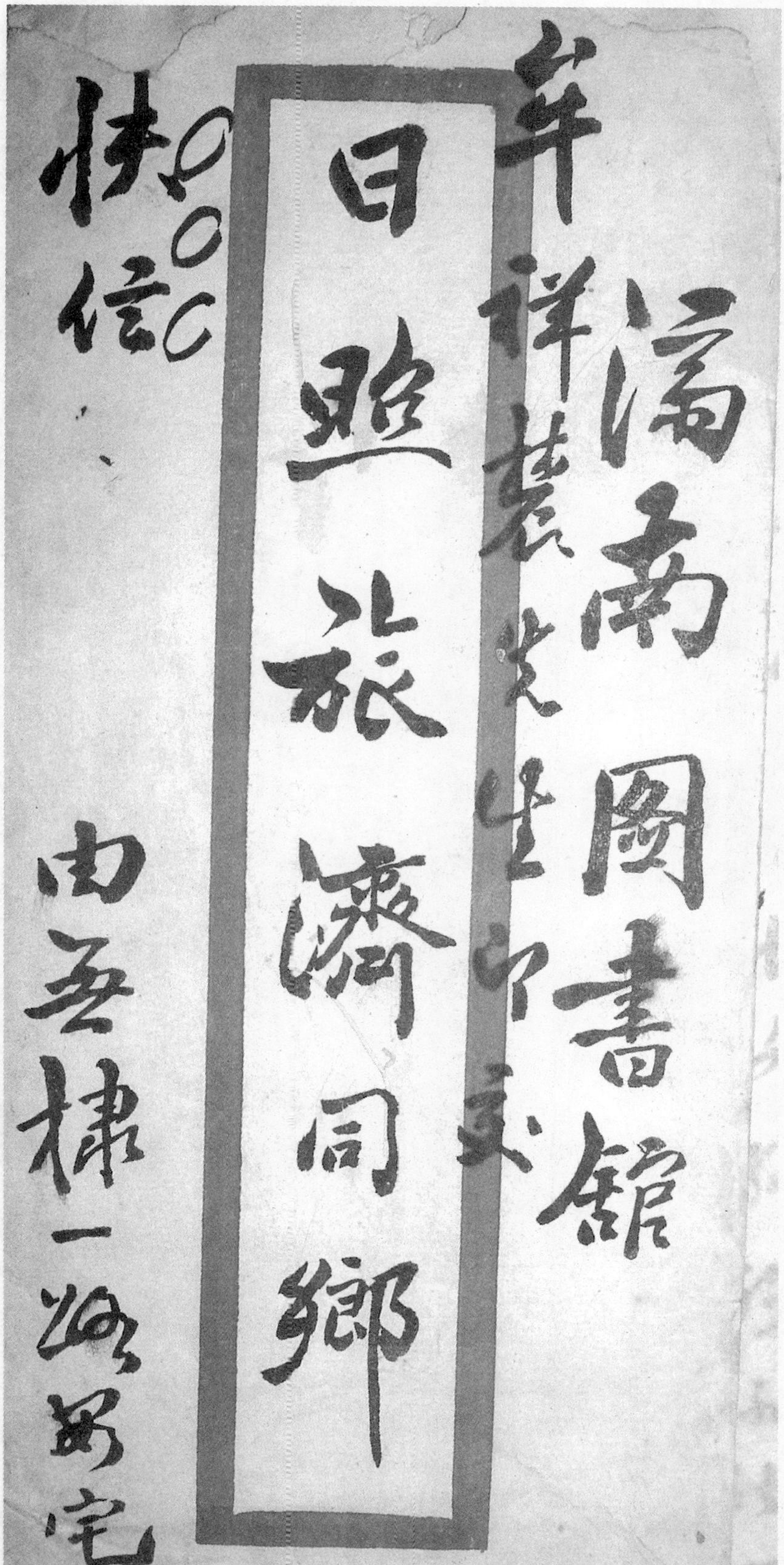
濟南圖書館
年詳甚先生印交
日照旅濟同鄉
快信○○○
由西棣一號宅

二百七十一

濰縣縣志局封一件

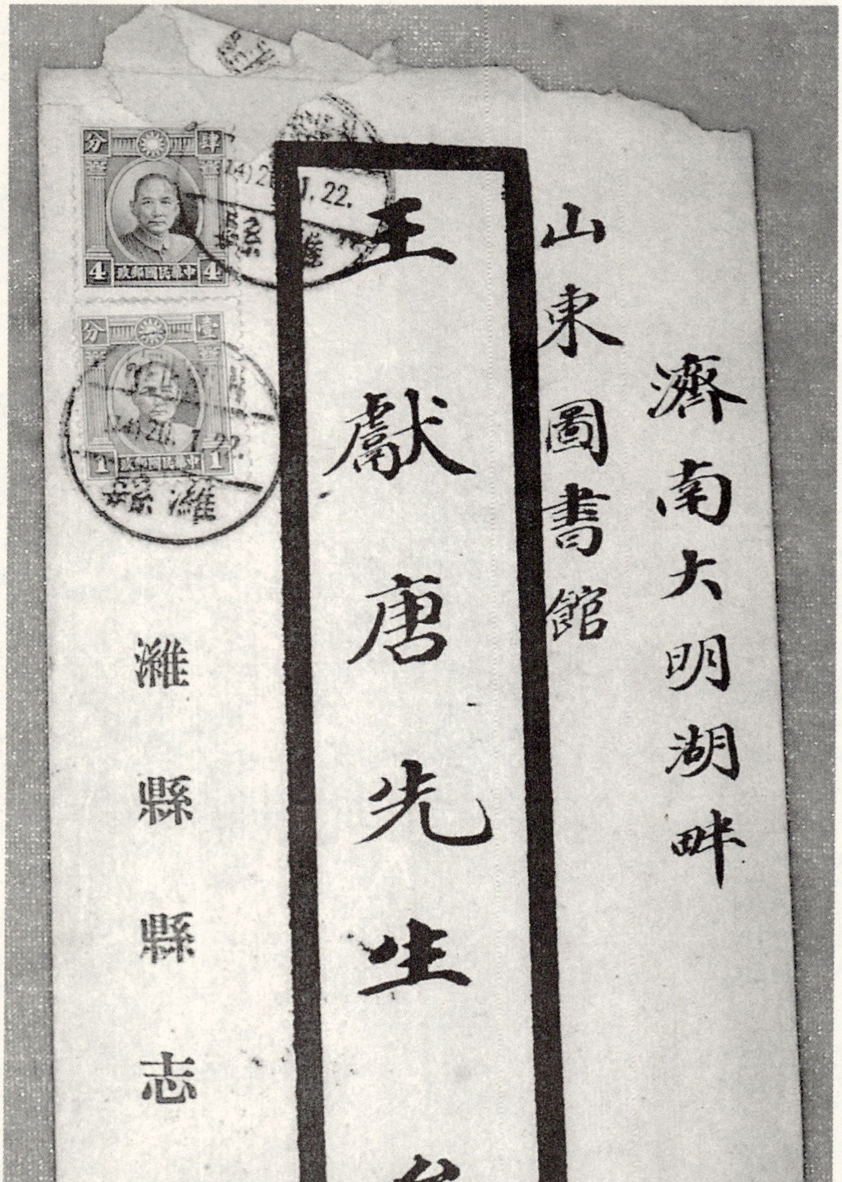

二百七十二 青島禮賢中學 封二件

封第一件

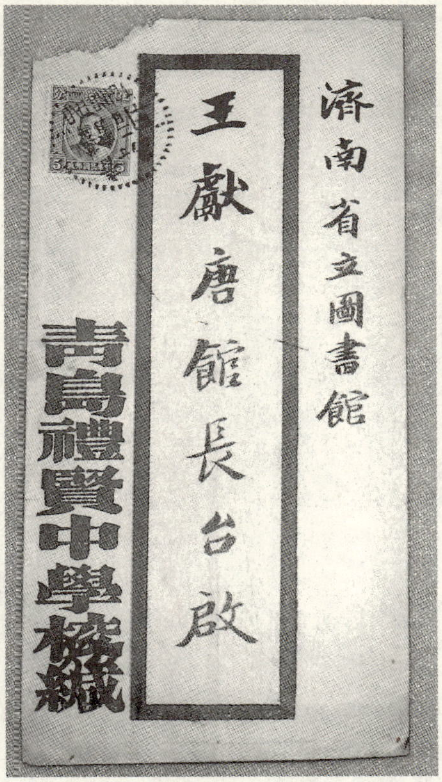

封第二件

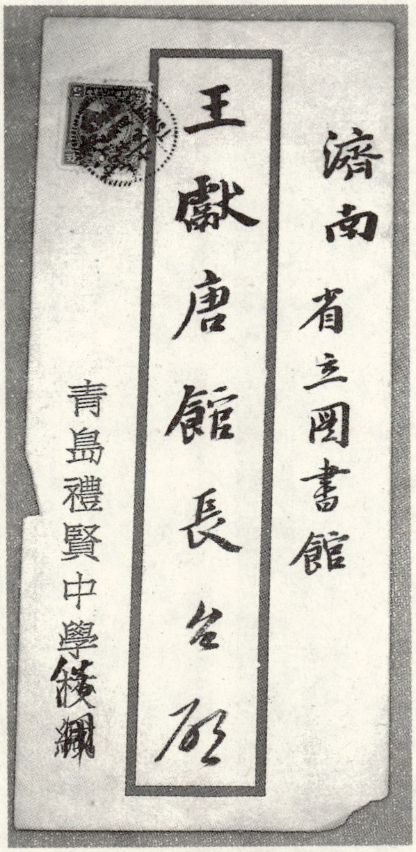

二百七十三　曲阜聚文齋印譜處封一件

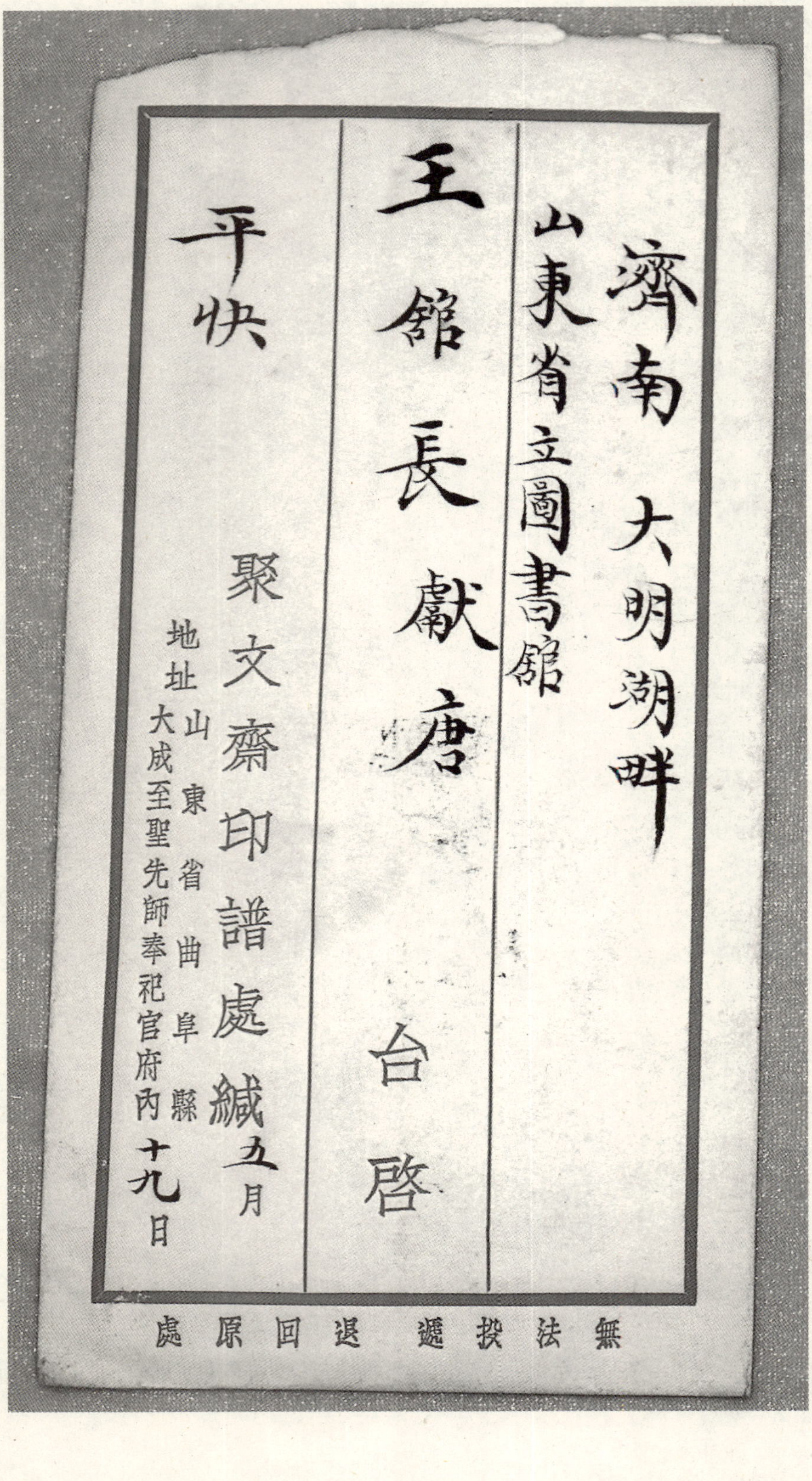

二百七十四 湖北省政府教育廳封一件

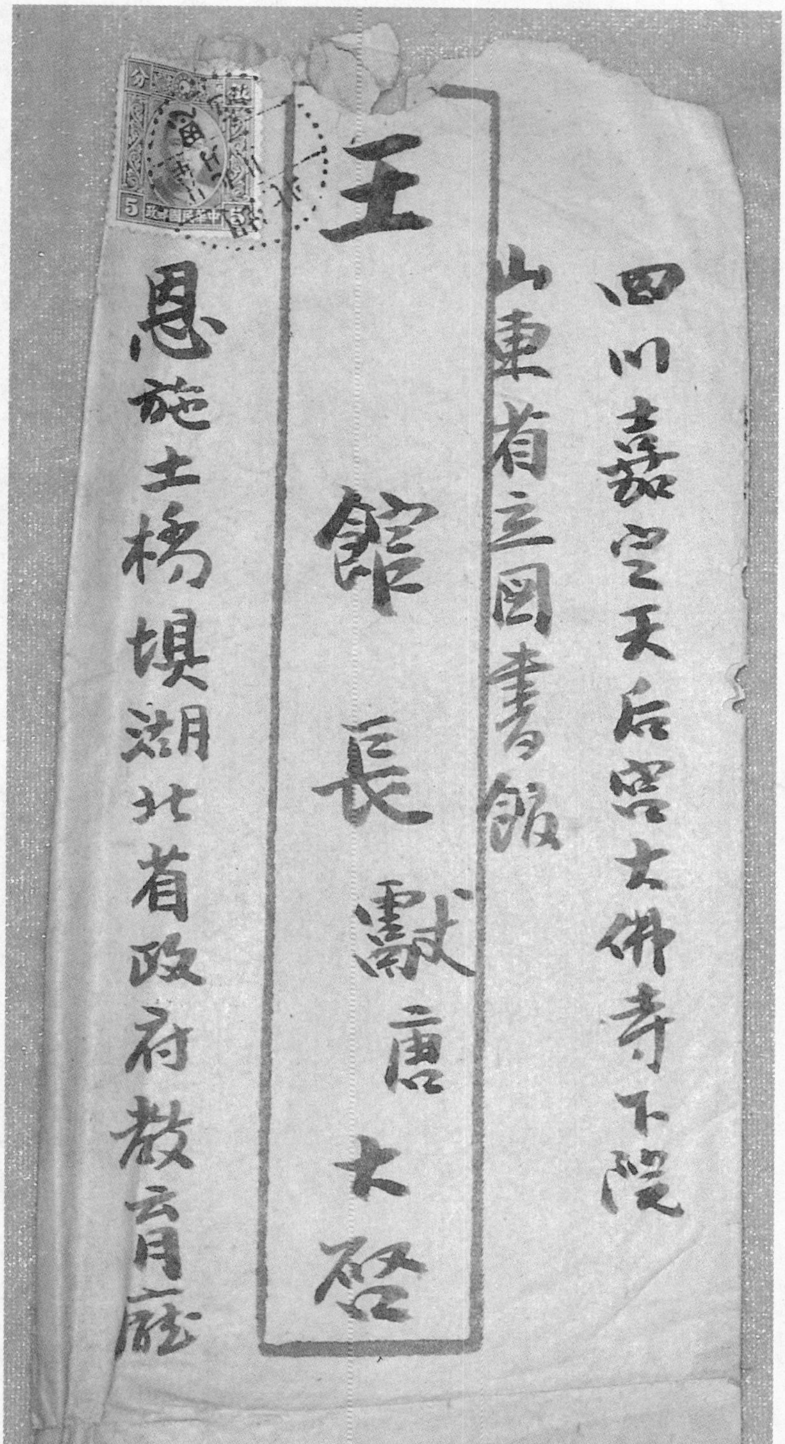

二百七十五　河北省政府秘書處封一件

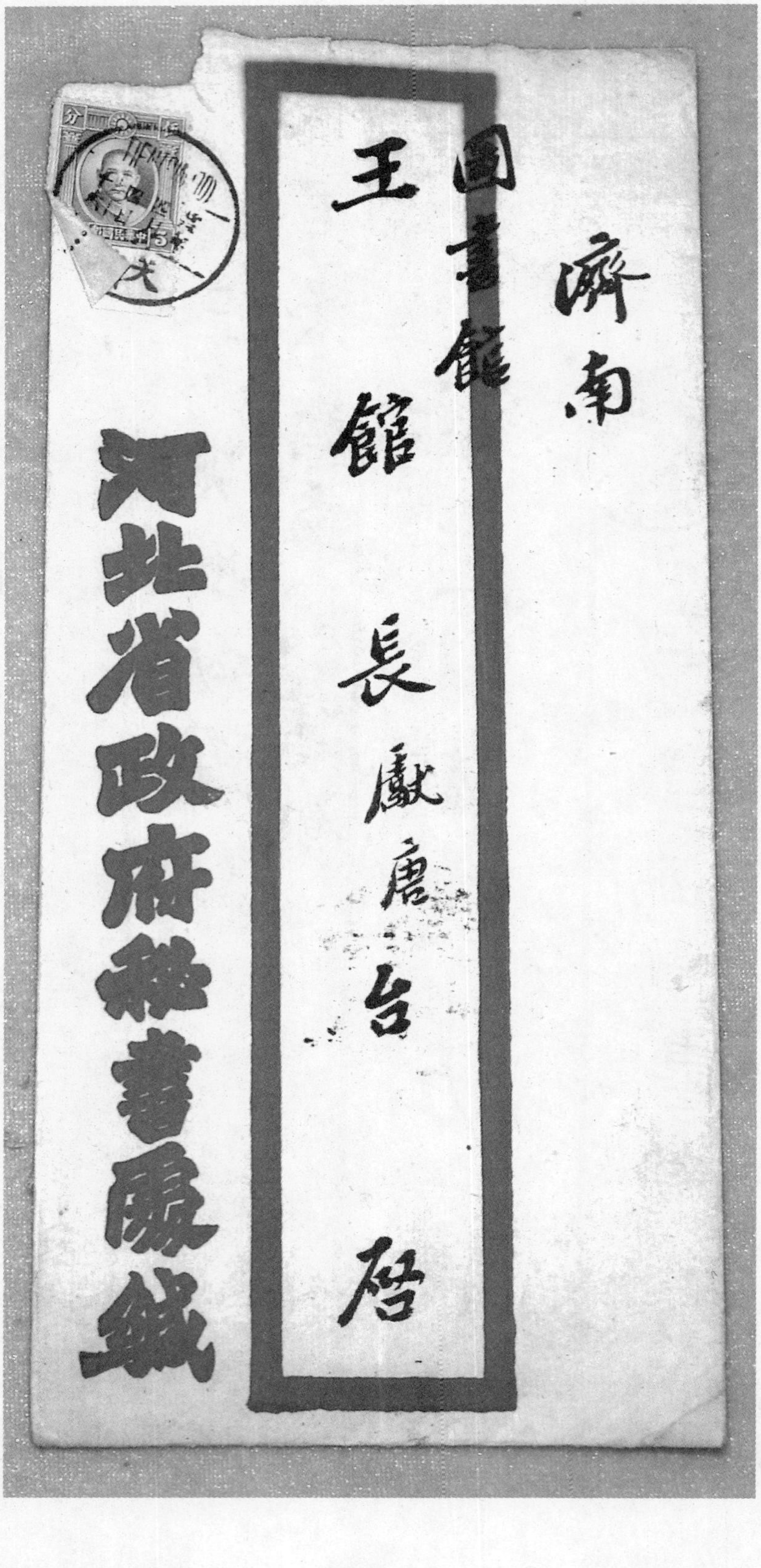

二百七十六 江西省立圖書館 封一件

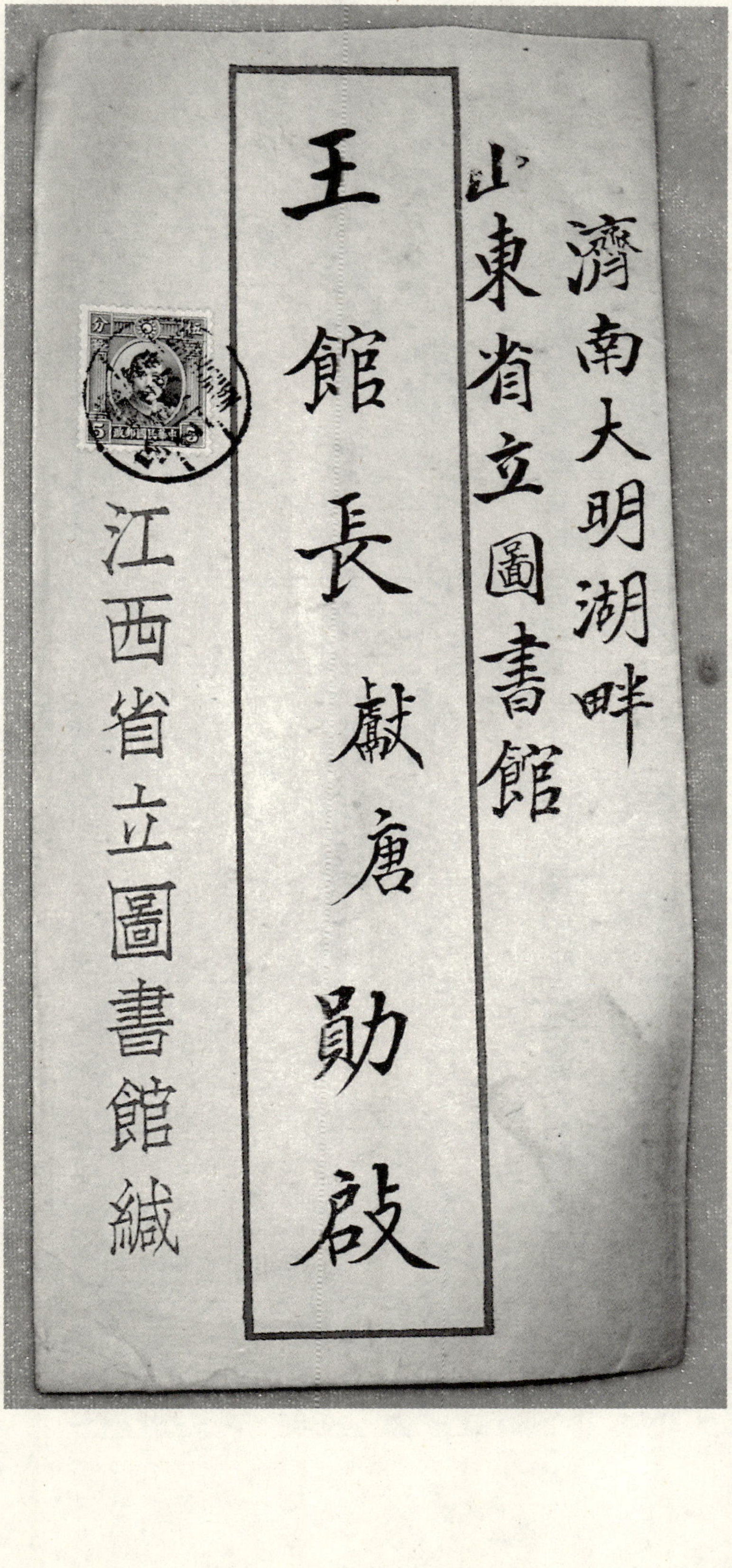

二百七十七 河南博物館封一件

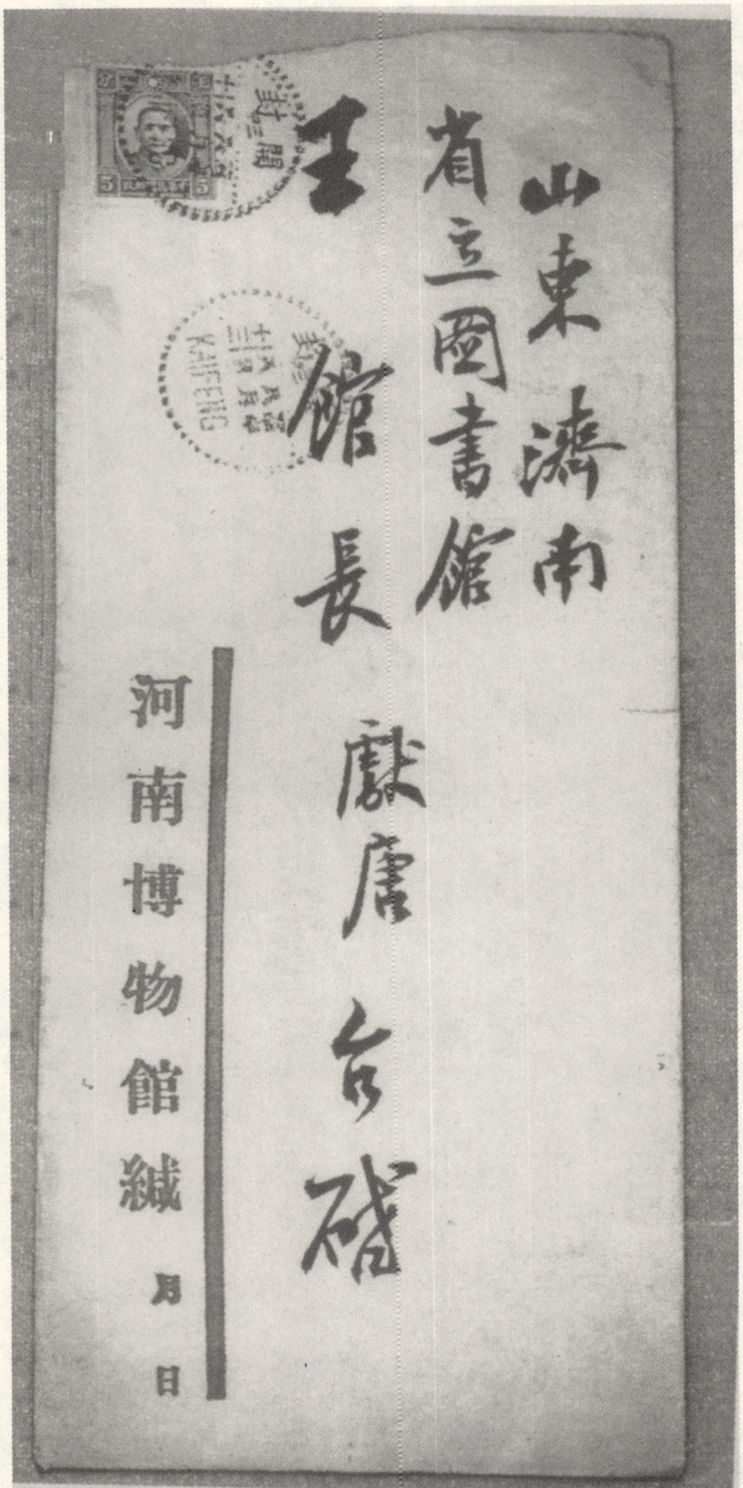

二百七十八　四川茹古書局

封一件　書目一件

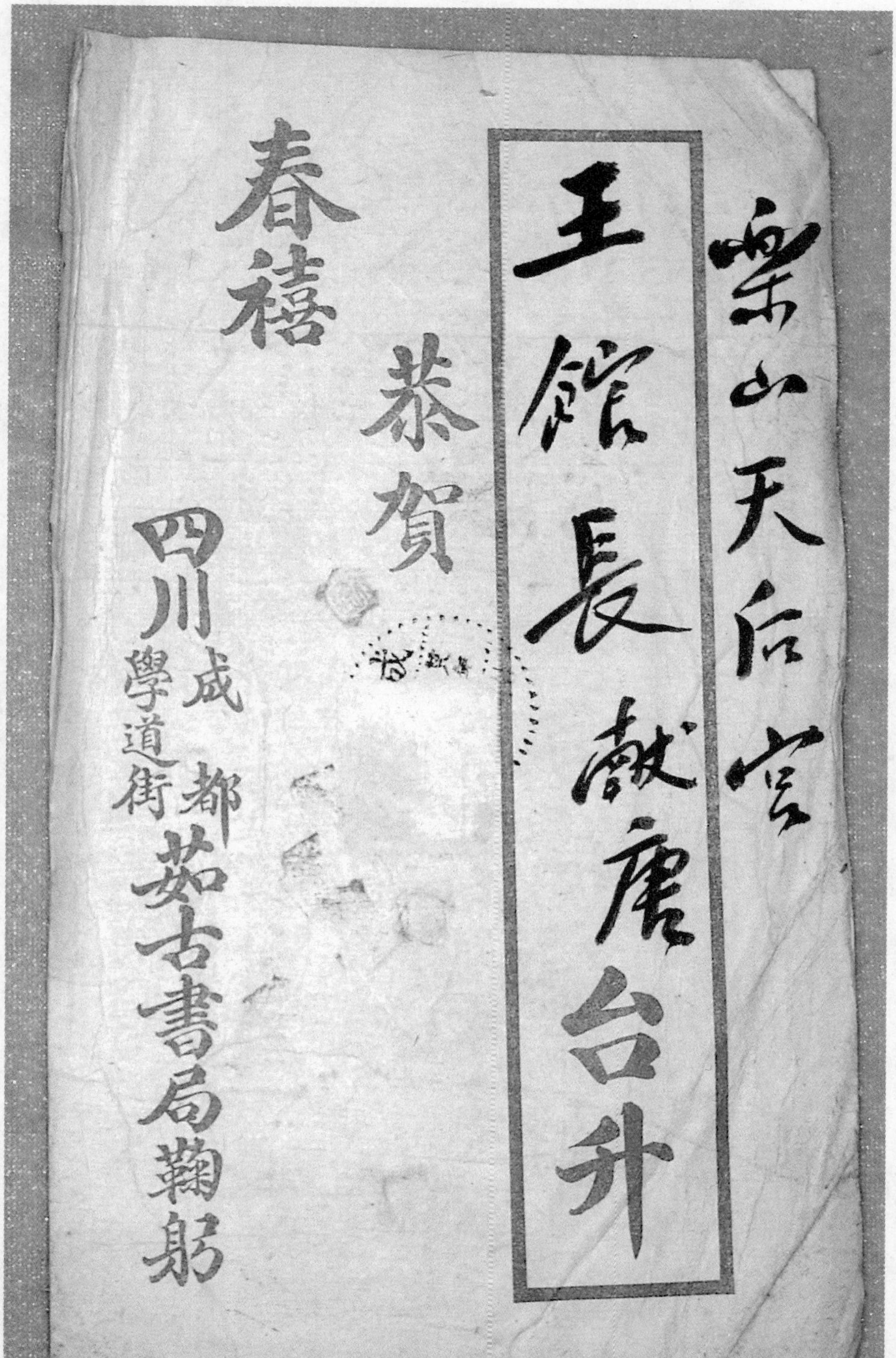

本局刊印書目選要

中學國文書目 卅三書閱記	章太炎 羅孔昭	合一本
中國文學選讀書目	吳虞	一本
四庫未收書目提要	阮元	三本
重訂三字經	章太炎	一本
毛詩古音考 屈宋古音義 合刻	陳第	六本
毛詩重言 雙聲疊韻 合刻	王筠	一厚本
毛詩重言下編補	徐仁甫	一本
毛詩正韻	丁以此	四本
聰訓齋語	張英	一本
說文部首略註	李天根	二本
傷寒九十論	許叔微	一本
六壬直指	徐端	十二本
古今女將傳	朱孔彰	一本
雙流縣志	[illegible]	四冊
荀子楊註附考證	校王先謙集解[illegible]	八厚本
黃氏重校四聲切韻表	江永原書 增讀法序	一本
容齋五筆	宋洪邁	廿四本
史記解詁	吳國泰	四本
籛園叢書	張[illegible]	十四本
觀象廬叢書	呂晴笙	六十本
槐軒全書	劉沅	百零六本
姜氏醫學叢書	姜國伊	九本
千字文註釋	江浦尹一 孫[illegible]	五本
清宗堂詩錄	林思進	二本
吳虞文續別錄 秋水集	吳又陵	四本
歷代帝王年表	齊召南	六本
文概	劉融齋	一本
西藏通覽	吳季昌	[illegible]四本
諸子評義 [illegible]	俞樾	十四本
香宋詞	趙熙	一本
目錄學	劉咸炘	二本
說文釋例	王筠	廿本
弄丸心法	楊西山	八本
新修華陽縣志	林思進	十七本
秘本天元鳥兔經	蔣大鴻	六本
[illegible]囊	李[illegible]	四本

寄售精拓四川新出土 [illegible] 每份國幣 [illegible]

四川茹古書局

二百七十九　華西協合大學圖書館 書一通

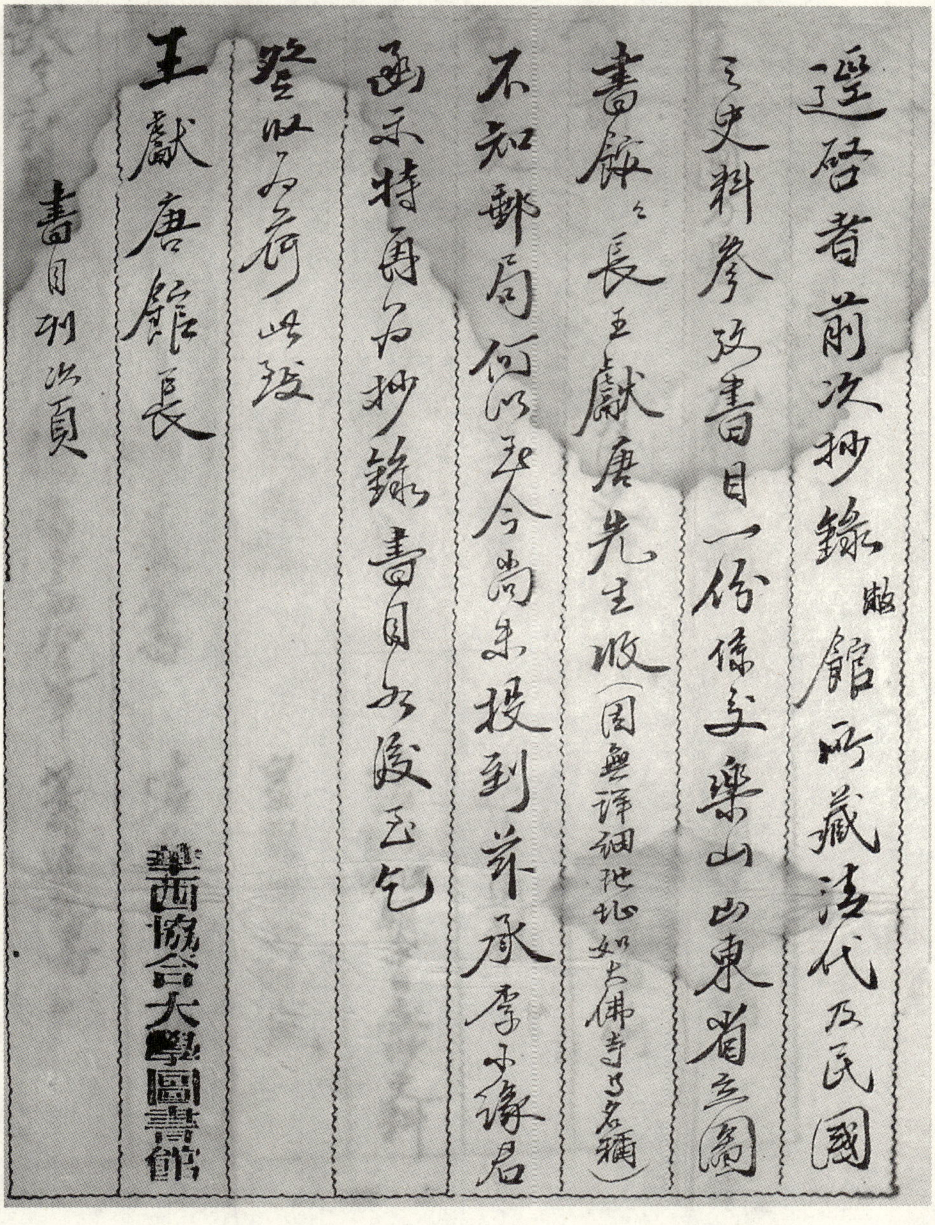

逕啓者前次抄錄敝館所藏清代及民國之史料參考書目一份係由樂山山東省立圖書館館長王獻唐先生收（因無詳細地址如大佛寺之名稱）不知郵局何以至今尚未投到兹承李小緣君函示特再另抄錄書目另寄至乞察收為荷此致

王獻唐館長

華西協合大學圖書館

書目列次頁

皇清開國方畧
九朝聖訓
皇朝經世文編

硃批諭旨
明清史料
大清會典事例

蒙古遊牧記
黃河備覽
大清通禮

清代外交史料
衛藏通志
清光緒宣統朝中日交涉史料

皇朝藩部要畧
聖武記
皇朝武功紀盛

朔方備乘
欽定學政全書
清代籌辦夷務始末

戡定新疆記
讀書堂西征隨筆
籌邊紀畧

中俄界約斠注
中俄界記
兩浙防護錄

南疆繹史
清宮史續編
國朝宮史

清代文字獄檔
鴉片事略
清內國史料

清初四種史料
李秀成供狀
荊駝逸史

東華錄及續錄
平定粵寇紀略
淮軍平捻記

平定關隴紀略
三藩紀事本末
湘軍記

綏寇紀略
山東軍興紀略
康輶紀行

辛亥四川路事紀略
[illegible]國紀遊
西藏圖考

西陲要略
欽定西域圖志
國朝先正事略

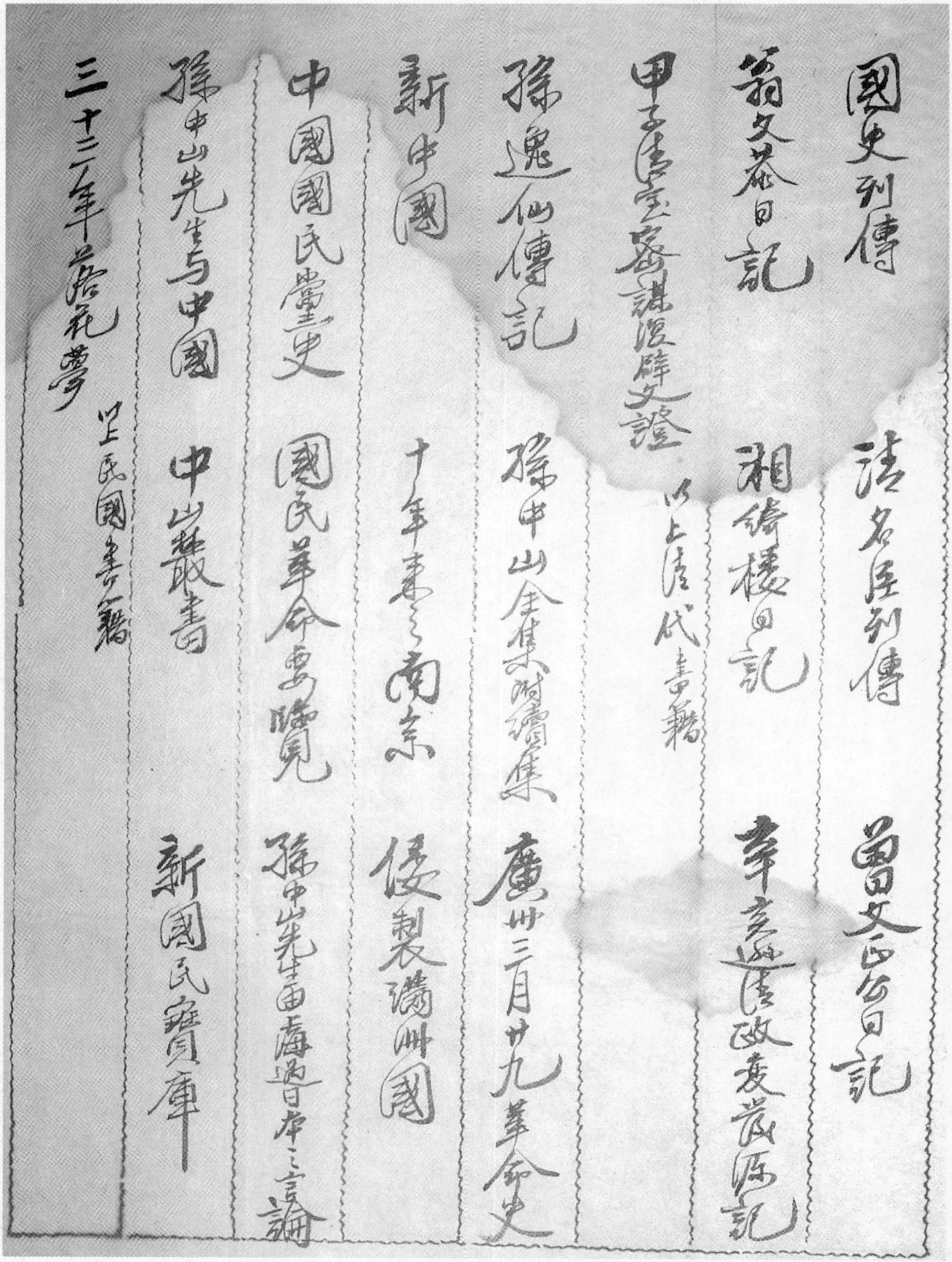
國史列傳
清名臣列傳
曾文正公日記
翁文恭日記
湘綺樓日記
辛亥遜清政變發源記
甲子清室密謀復辟文證
以上清代書籍
孫逸仙傳記
孫中山全集附續集
廣州三月廿九革命史
新中國
十年來之南京
倭製滿洲國
中國國民黨史
國民革命要覽
孫中山先生由上海過日本之言論
孫中山先生與中國
中山叢書
新國民寶庫
三十二年落花夢
以上民國書籍

華西協合大學圖書館

二百八十　常盤大定

書一通　封一件

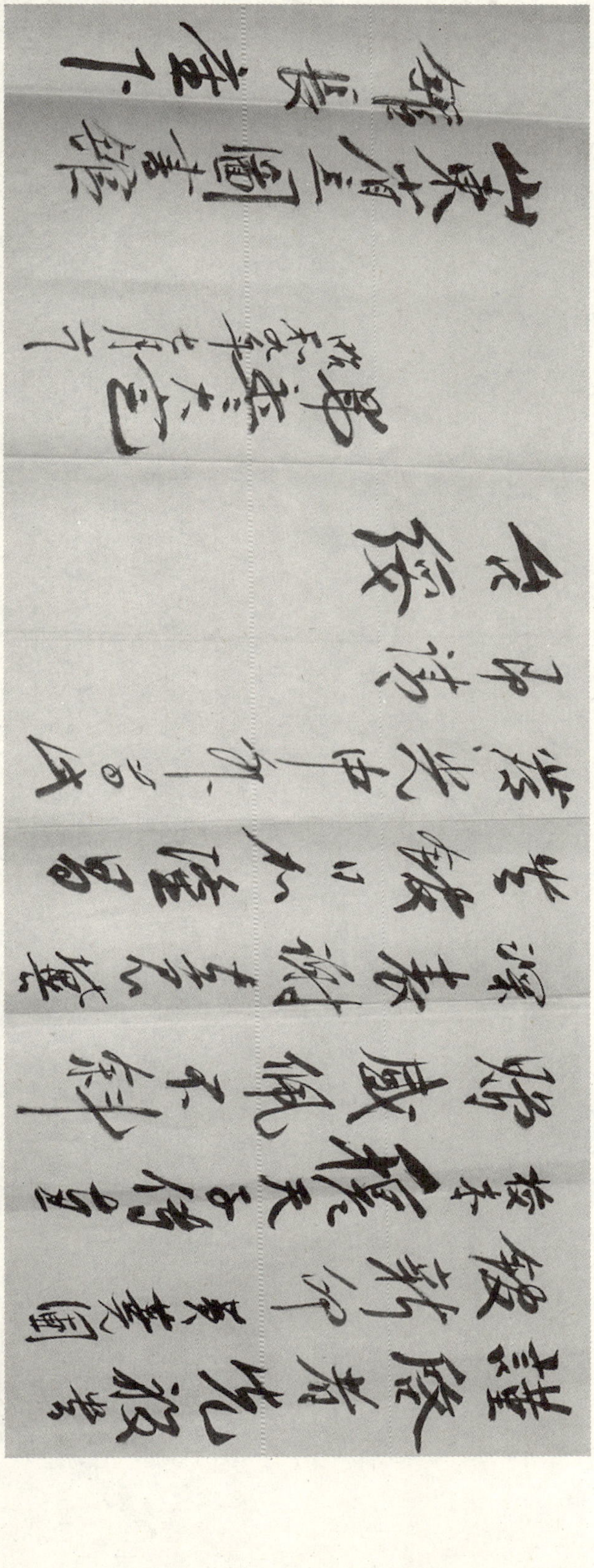

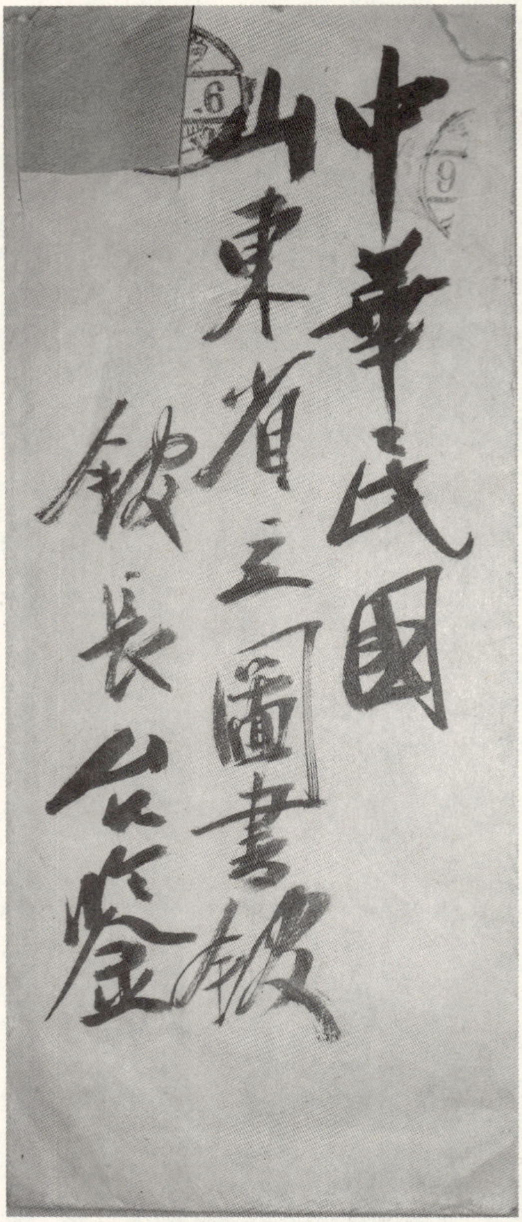

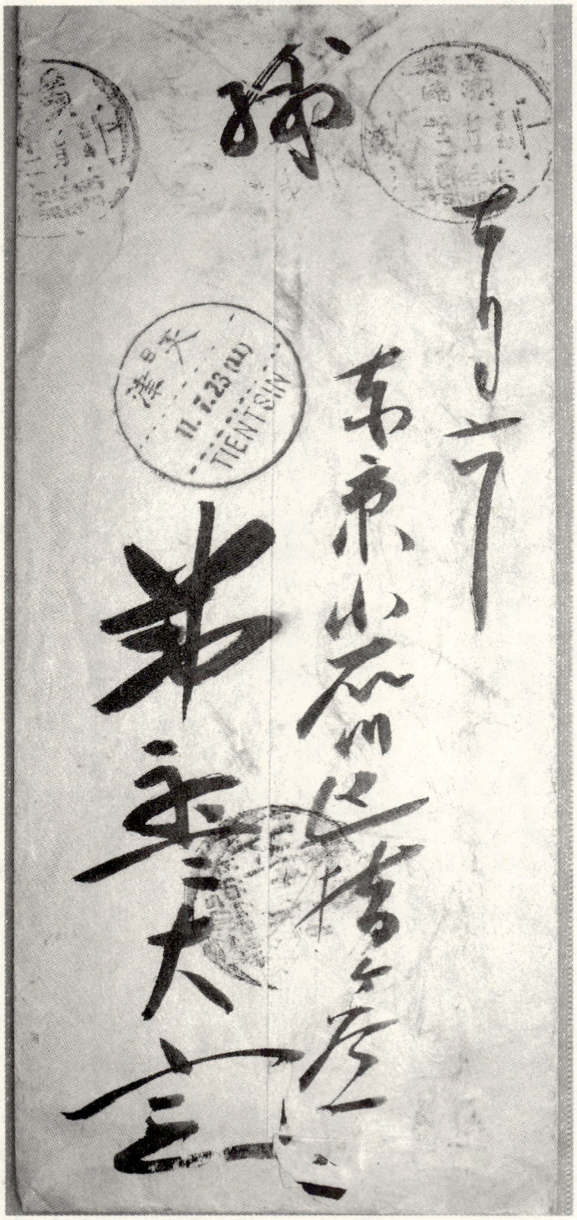
TIENTSIN

二百八十一　高田忠周

書二通　封一件

書第一通

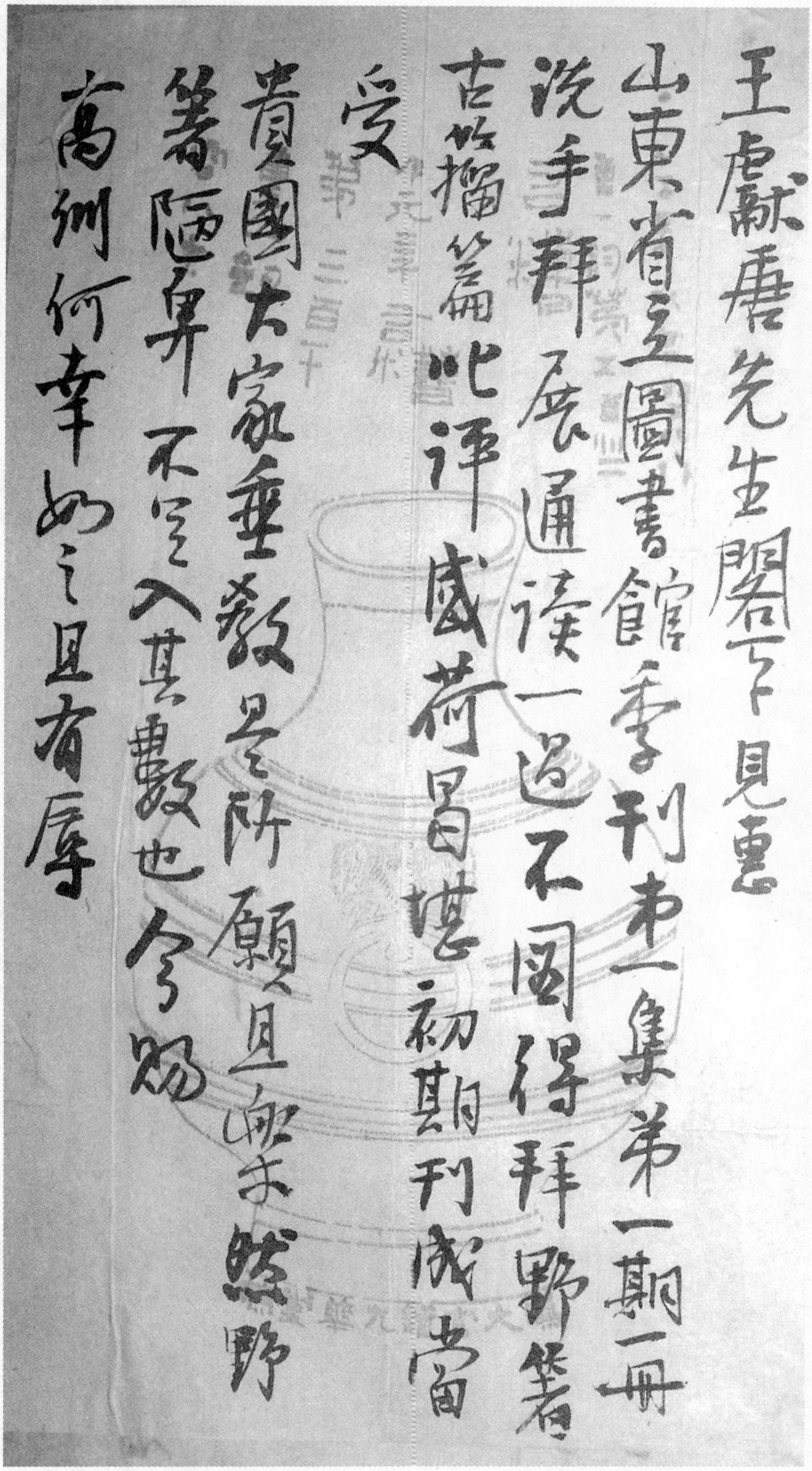
王獻唐先生閣下 見惠
山東省立圖書館季刊本集第一期一册
洗手拜展通讀一過不圖得拜野著
古籀篇批評盛荷冒堪初期刊成當
受
貴國大家垂教是所願且與子然野
著陋卑不足入其數也 令賜
高訓何幸如之且有厚

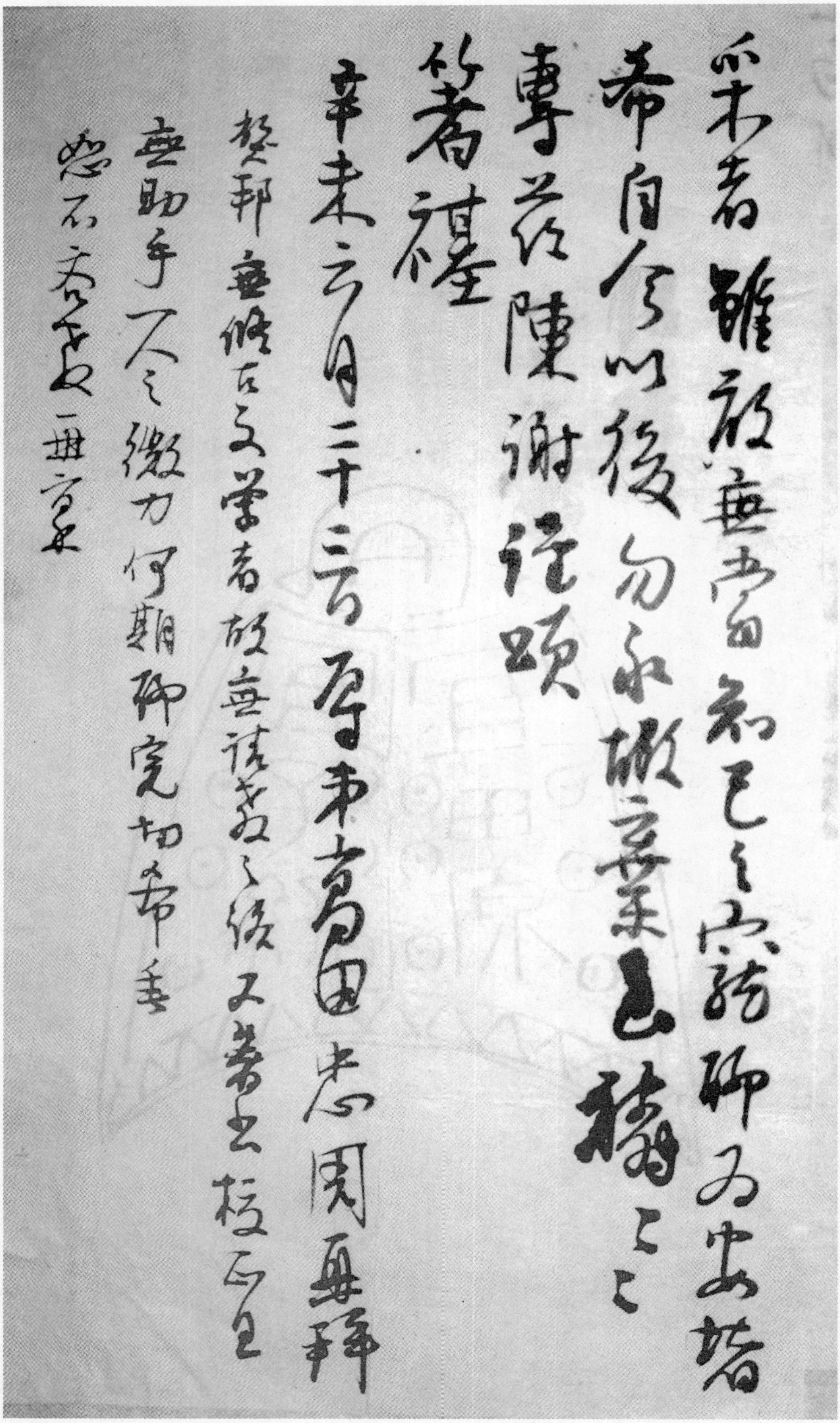

辛未六月二十二日 愚弟高田忠周再拜

書第二通

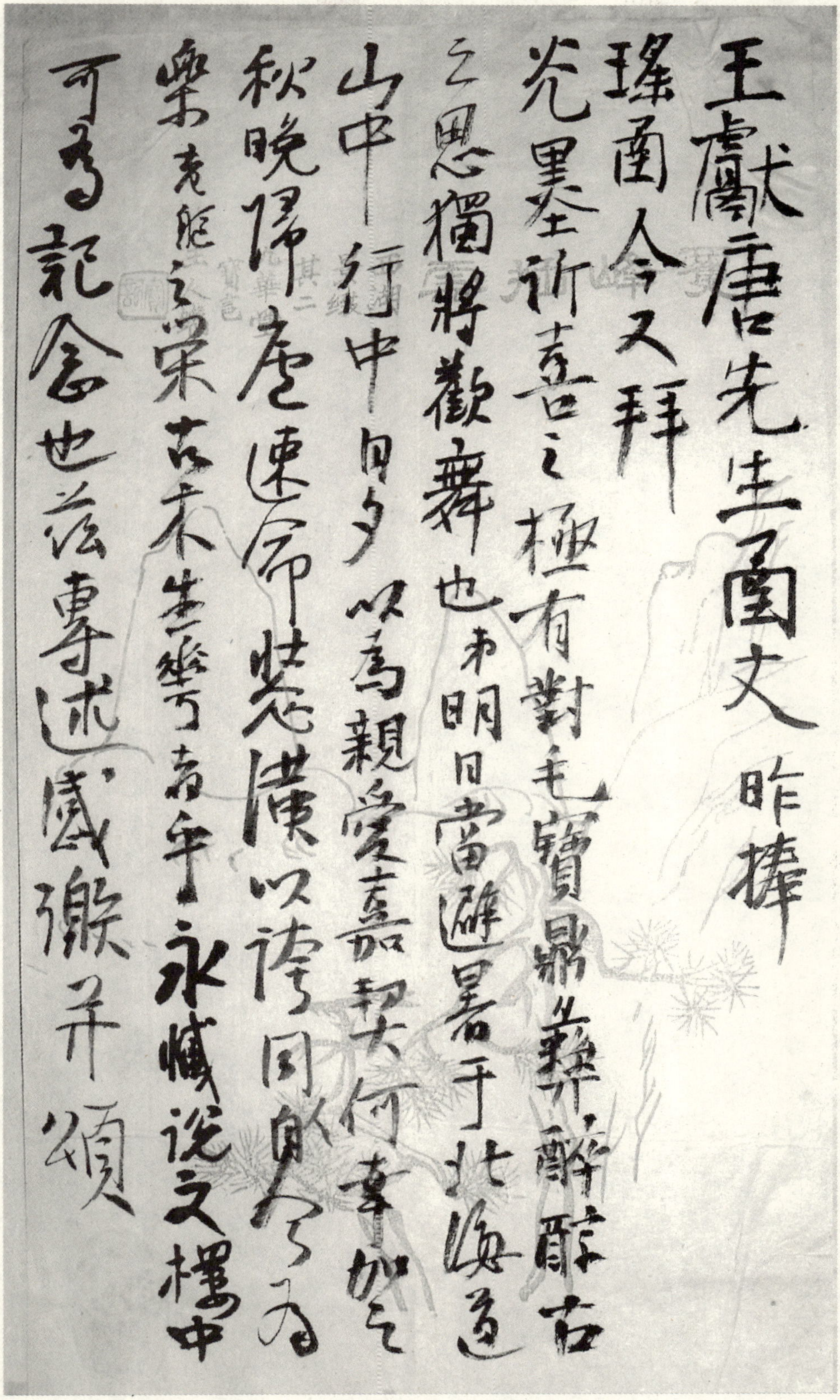

王獻唐先生函丈：昨捧
瑤函，今又拜
光墨，訢喜之極。有對毛寶鼎彝，醰醰古
之思，獨將歡舞也。弟明日當避暑于北海道
山中，一行中日夕以為親受嘉契，何幸如之。
秋晚歸庵，速命壯懷，以詩同朋，今為
樂堯既之宋本生塋于青年，永臧說文樓中，
可為記念也。茲專述歲微并頌

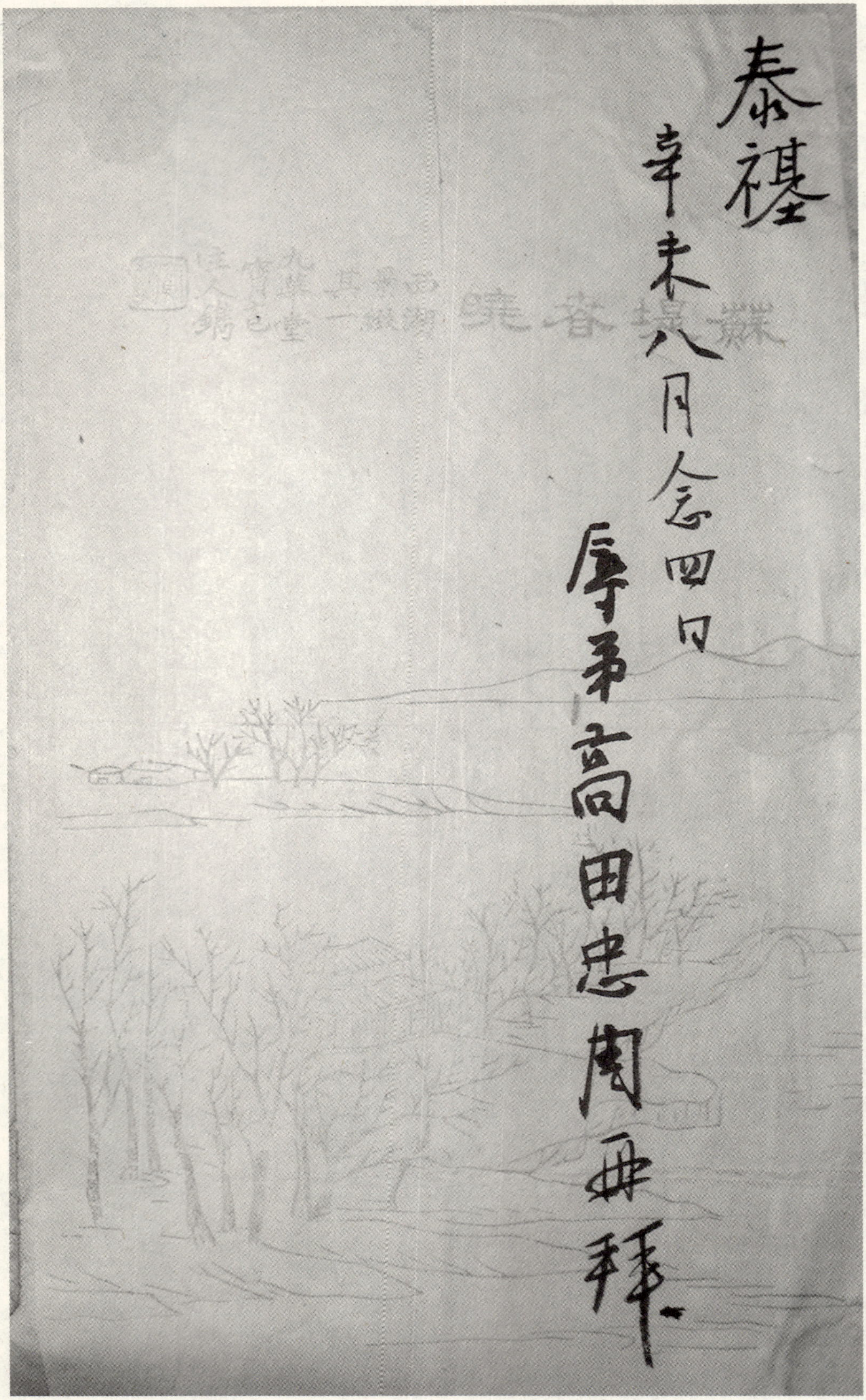
泰祺
辛未八月念四日
弟高田忠周再拜

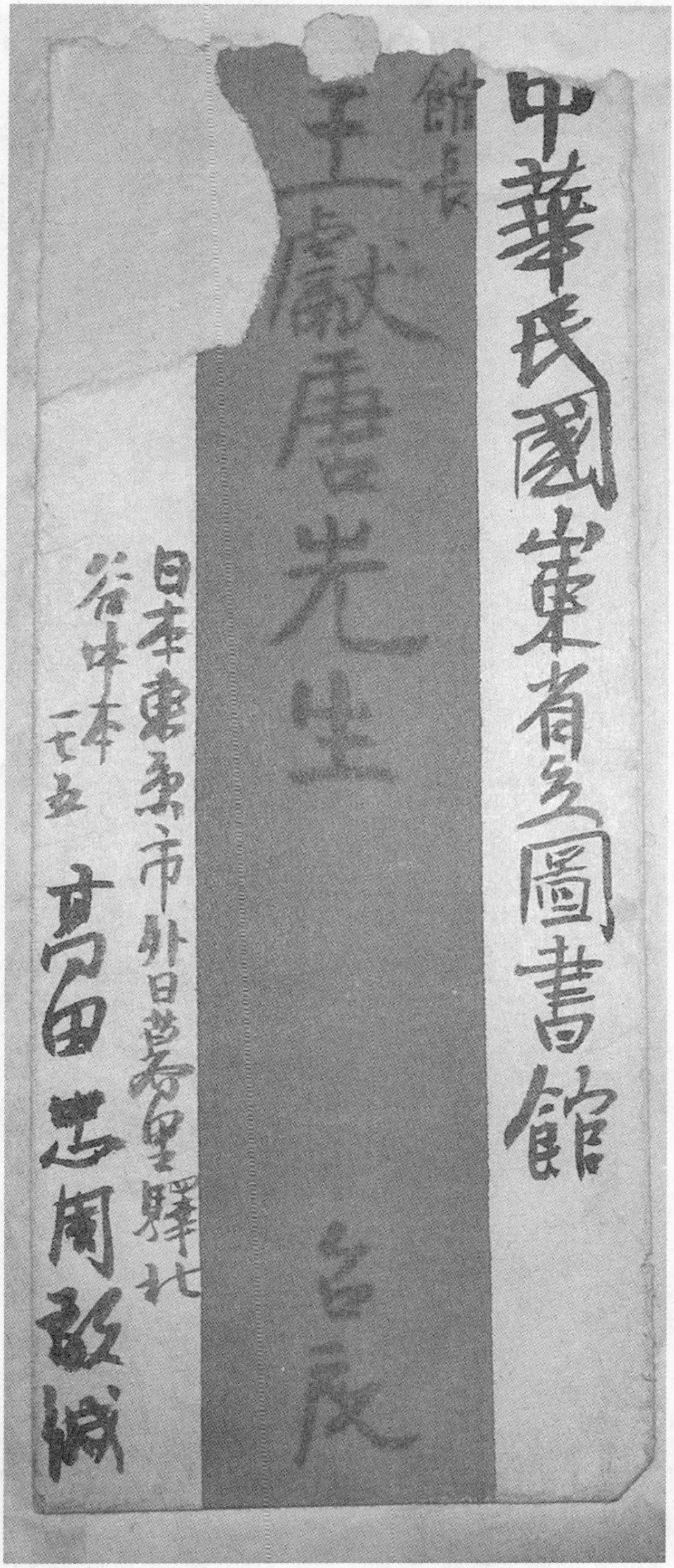
中華民國山東省立圖書館
館長
王獻唐先生
台啟
日本東京市外日暮里驛北
谷中本一七五
高田忠周敬緘

二百八十二　橋川時雄　書一通　封一件

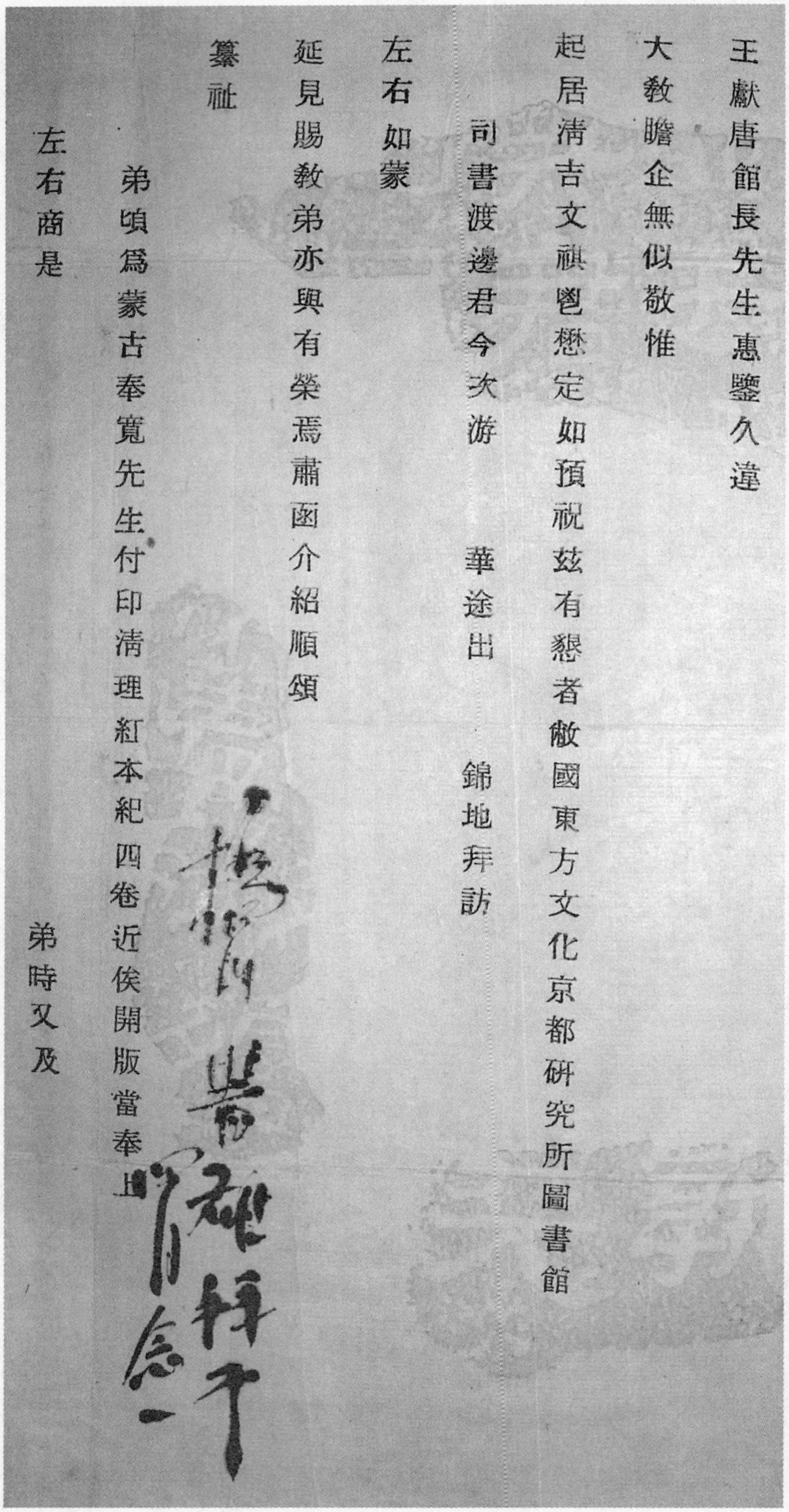

王獻唐館長先生惠鑒久違
大教瞻企無似敬惟
起居清吉文祺邕懋定如預祝兹有懇者敝國東方文化京都研究所圖書館
司書渡邊君今次游　華途出　錦地拜訪
左右如蒙
延見賜教弟亦與有榮焉肅函介紹順頌
纂祉
弟頃爲蒙古奉寬先生付印淸理紅本紀四卷近俟開版當奉上
左右商是　弟時又及
橋川時雄拜手
四月念一

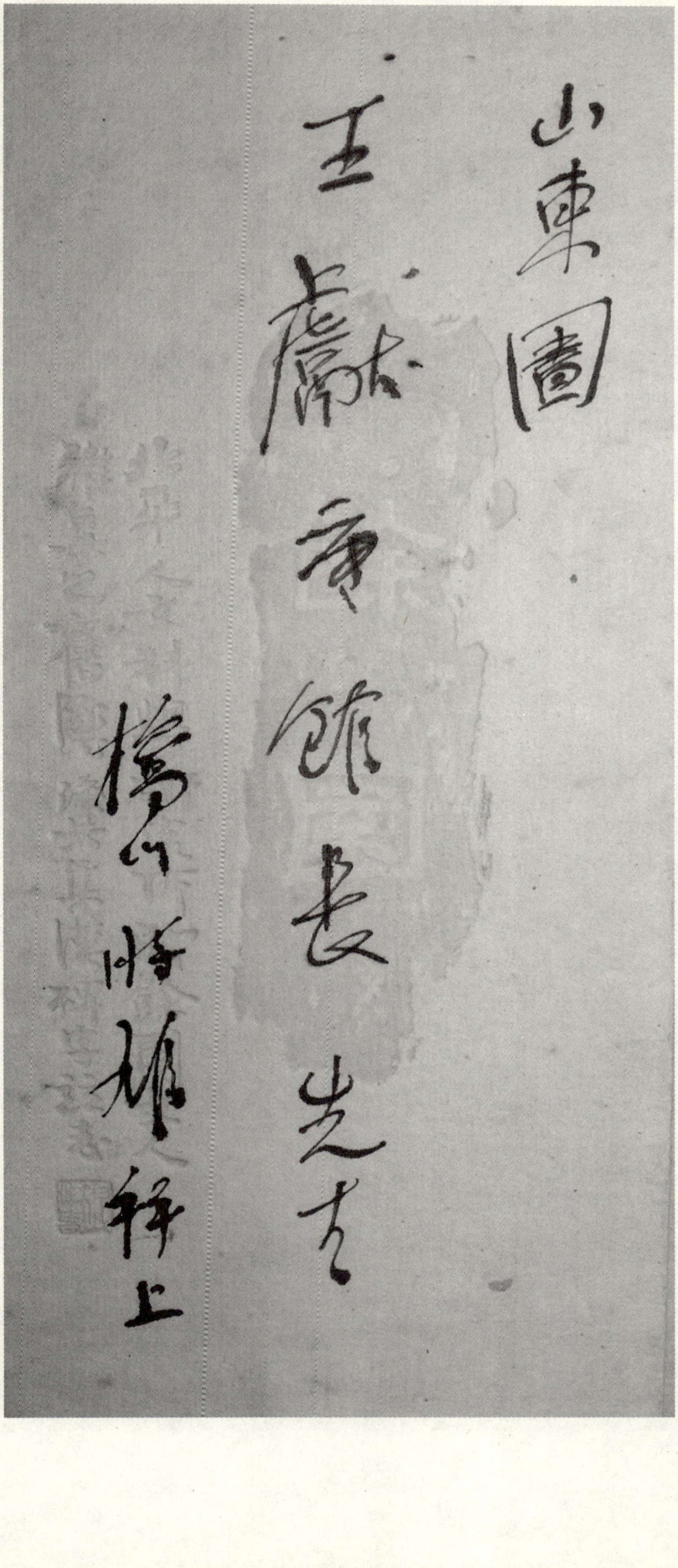
山東圖
王獻唐館長先生

二百八十三　日本斯文會書一通

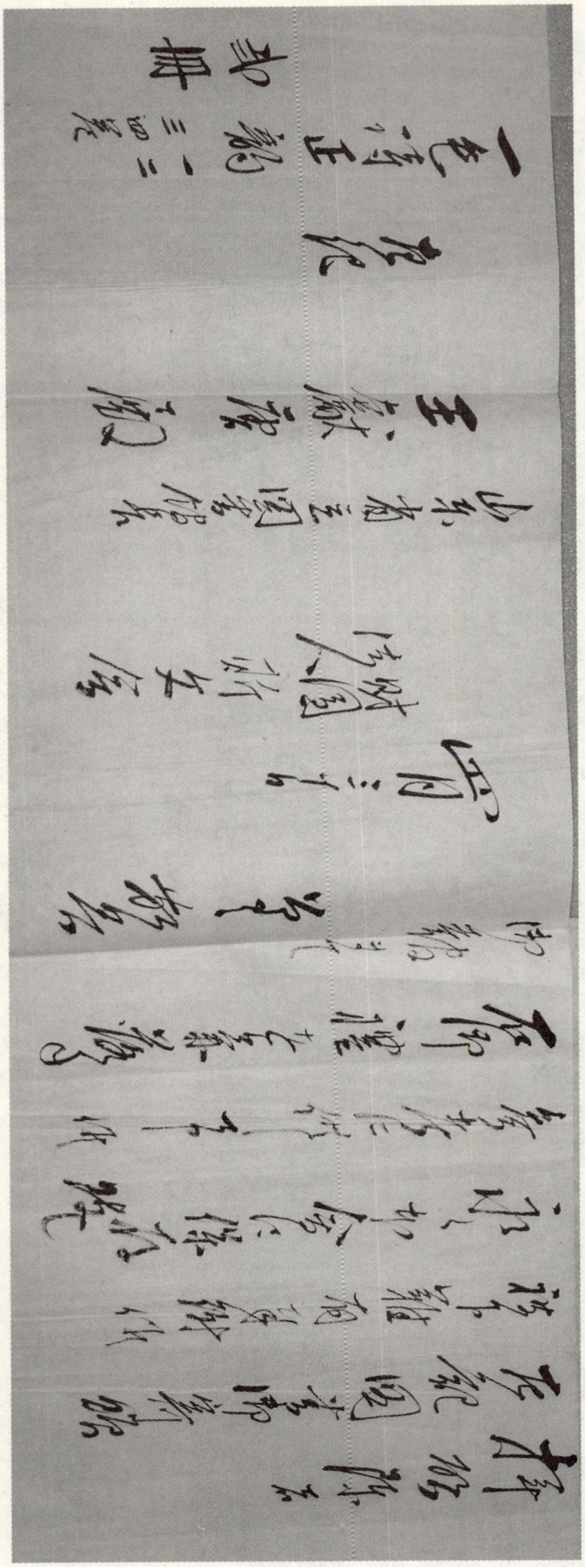

二百八十四 福開森（John Calvin）

書二通 封二件

書第一通

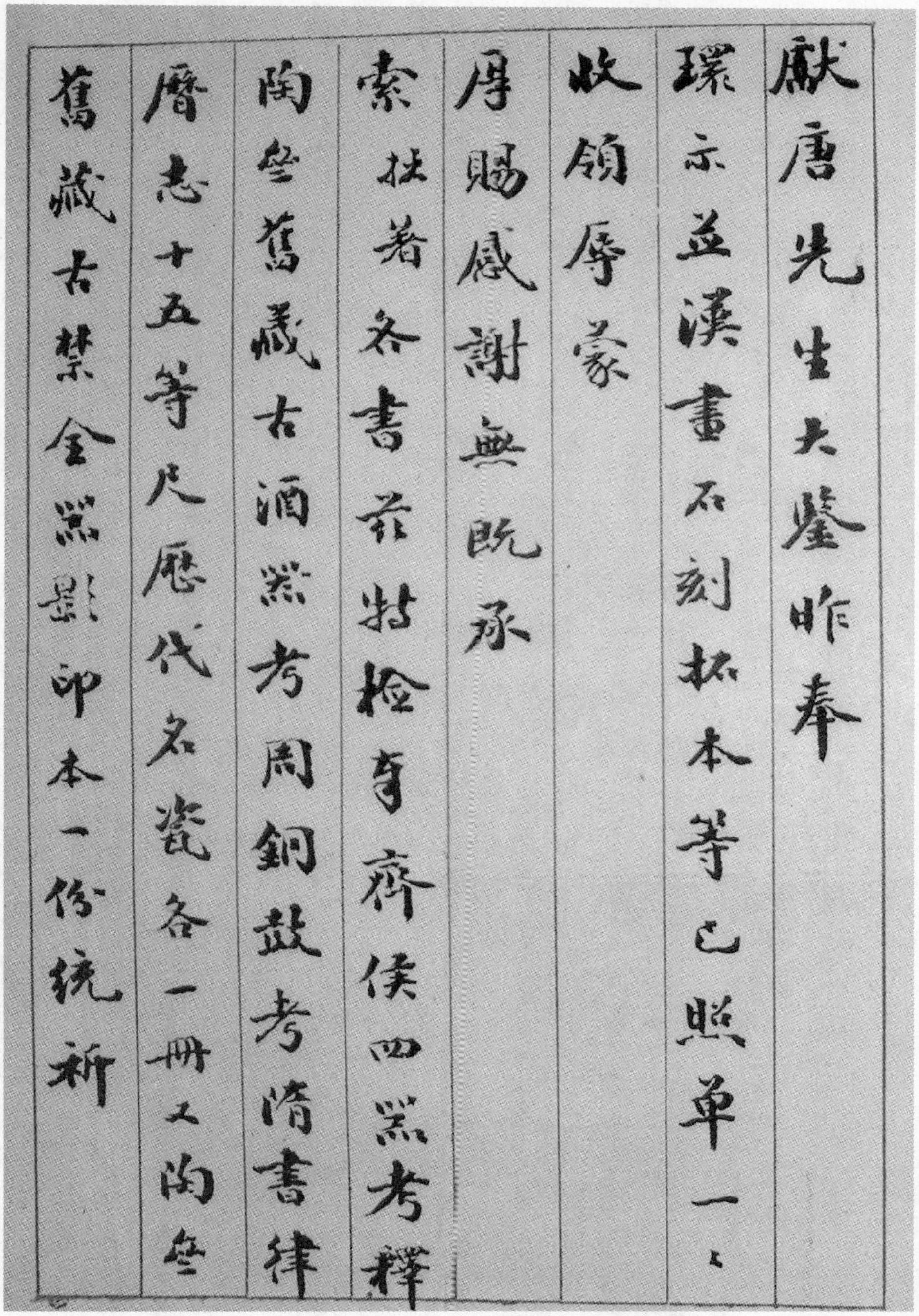

獻唐先生大鑒：昨奉
環示並漢畫石刻拓本等，已照單一一
收領。厚蒙
厚賜，感謝無既。承
索拙著各書，並將檢寄齊侯四器考釋、
陶齋舊藏古酒器考、周銅鼓考、隋書律
曆志十五等尺、歷代名瓷各一冊，又陶齋
舊藏古禁全器影印本一份，統祈

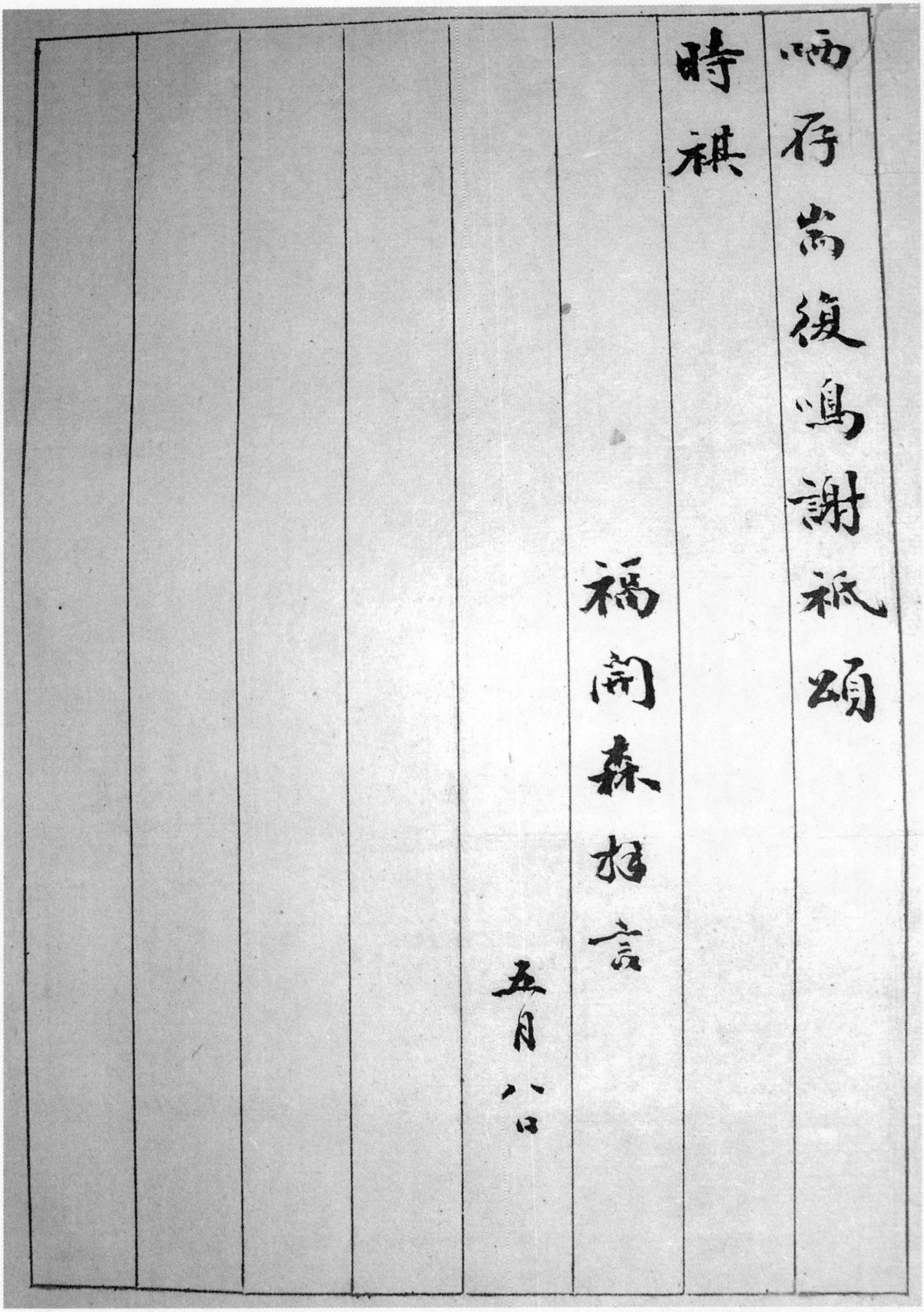

两存尚復鳴謝祇頌
時祺
福開森拜言
五月八日

書第二通

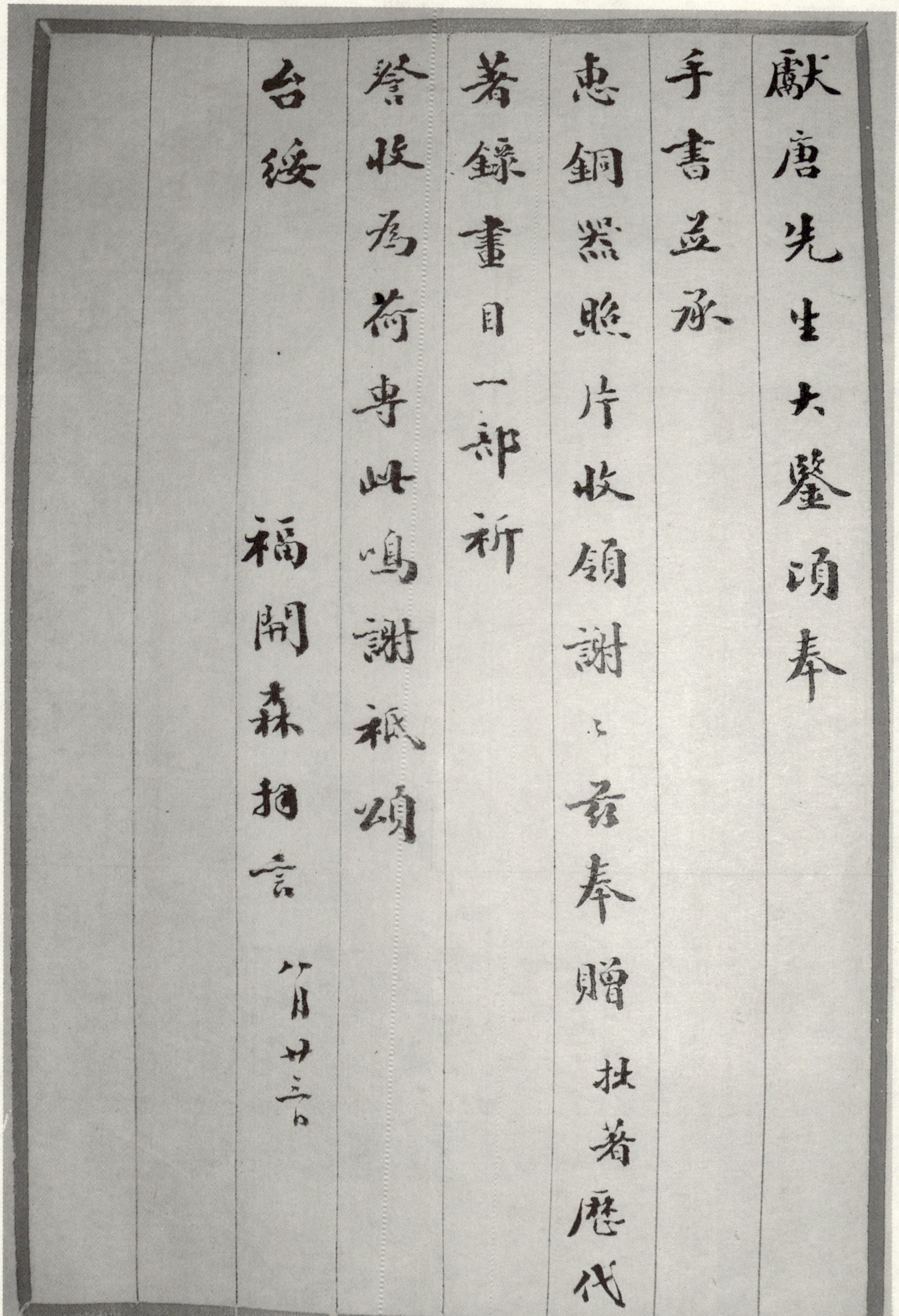

獻唐先生大鑒頃奉

手書並承

惠銅器照片收領謝謝吾奉贈拙著歷代

著錄畫目一部祈

詧收爲荷專此鳴謝祇頌

台綏　福開森拜言

八月廿三日

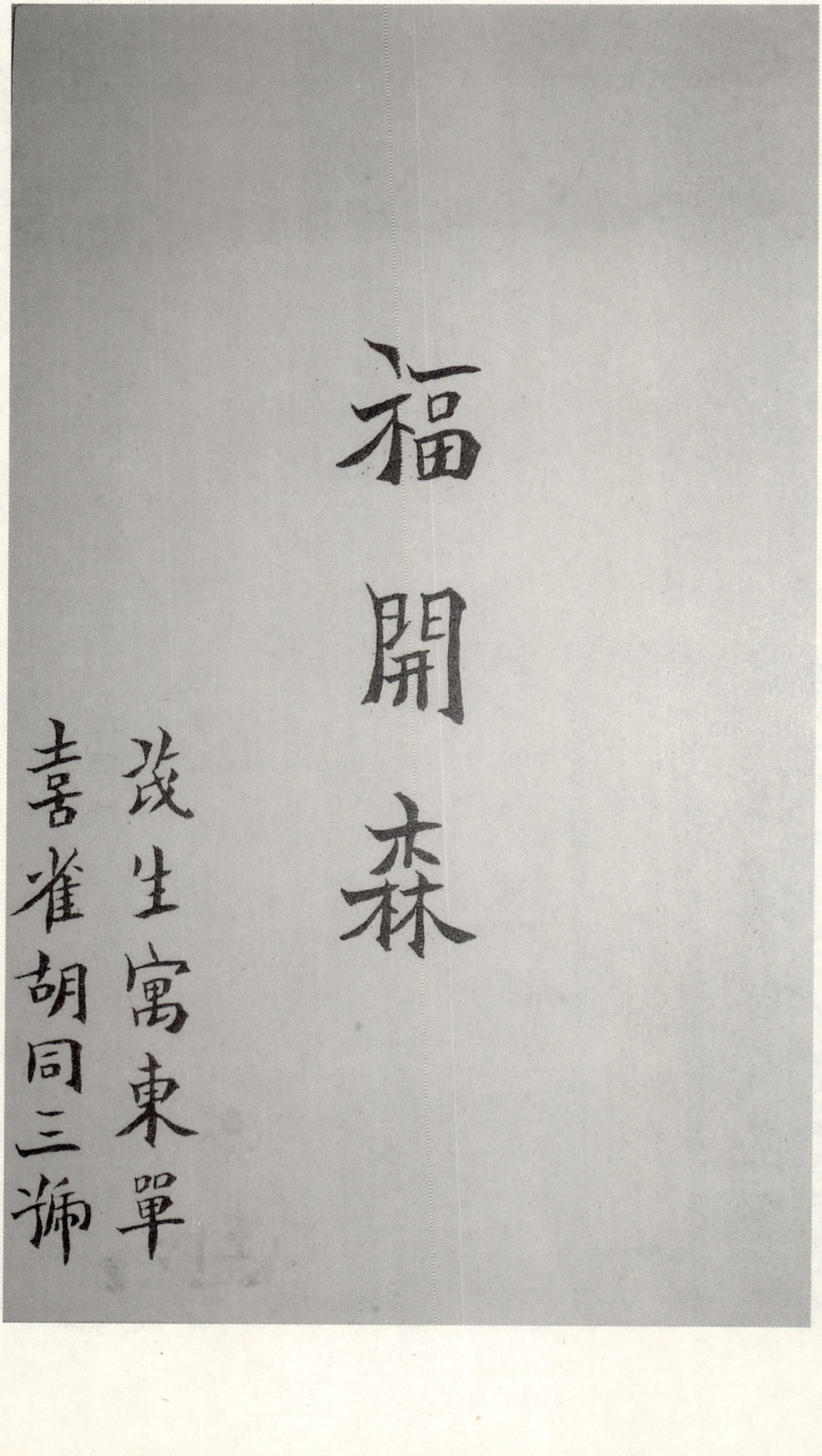

福開森（John Calvin）

封第一件

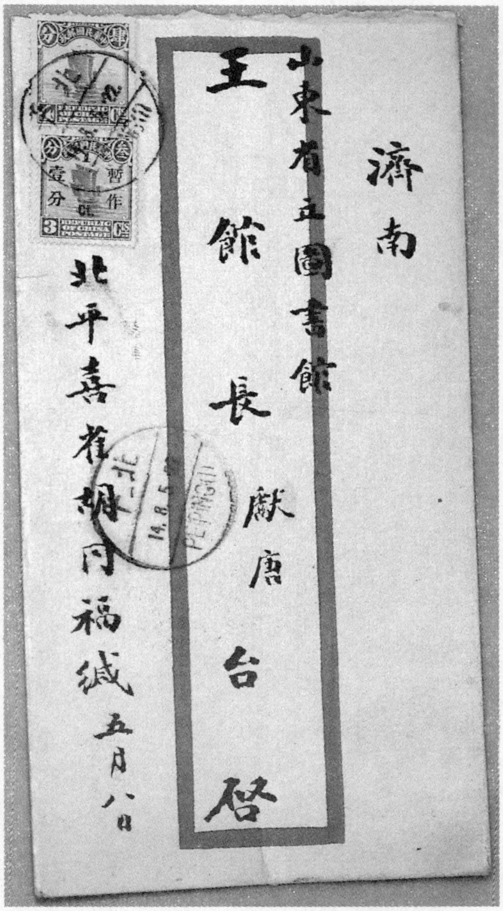
濟南
山東省立圖書館
王館長
獻唐
台啓
北平喜雀胡同福緘
五月八日

封第二件

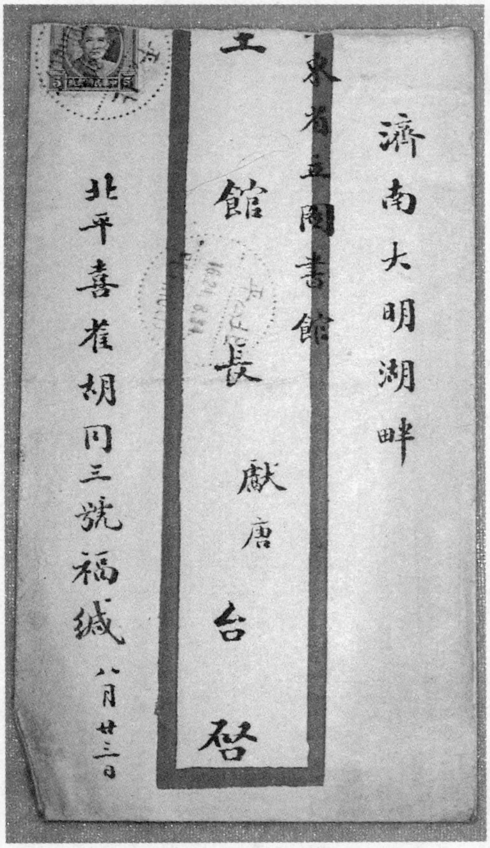
濟南大明湖畔
東省立圖書館
王館長
獻唐
台啓
北平喜雀胡同三號福緘
八月廿三日

二百八十五　舒博德

書一通　封一件

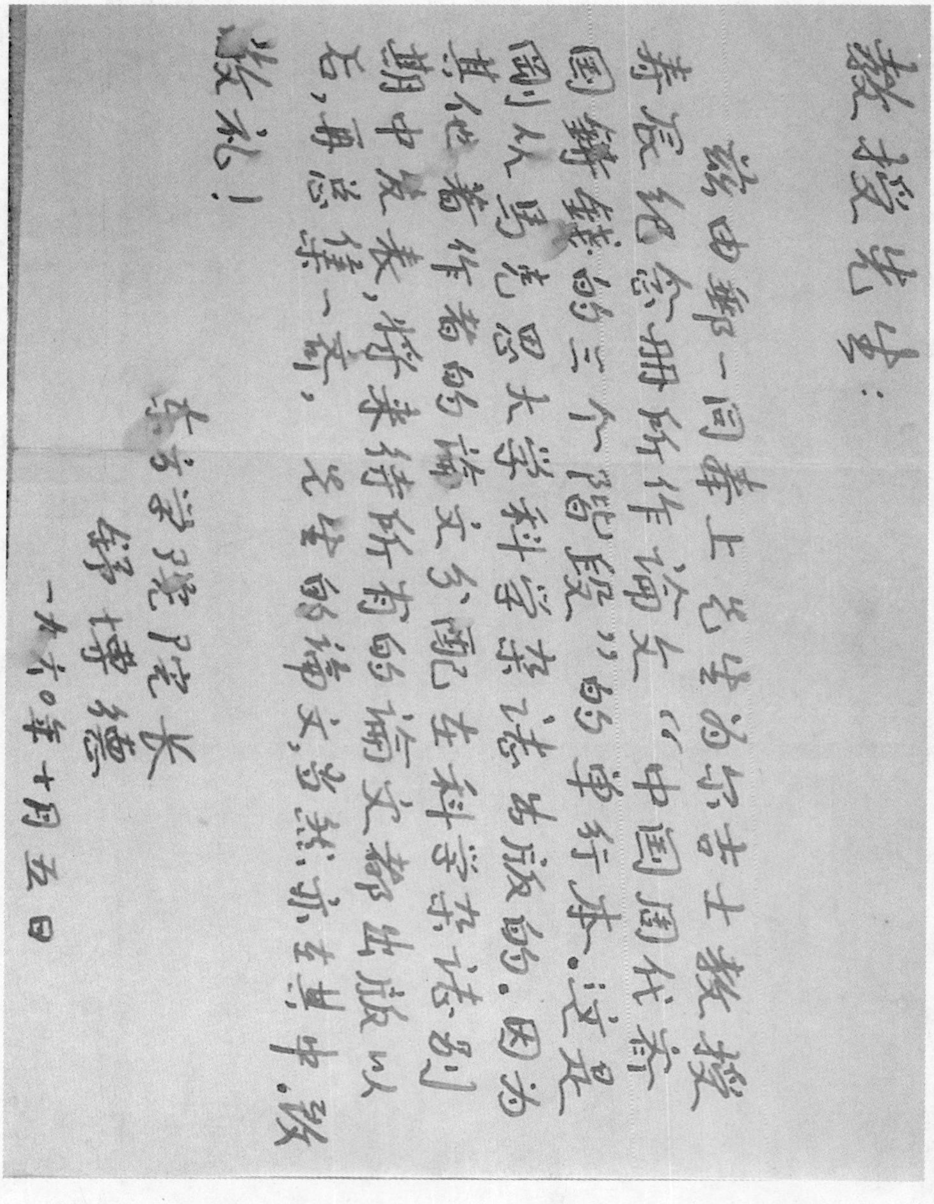

教授先生：

兹由邮一同奉上先生为尔吉士教授寿辰纪念册所作论文"中国周代各国铸钱的三个阶段"的单行本。这是刚从马克思大学科学杂志出版的。因为其他著作者的论文分配在科学杂志别期中发表，将来待所有的论文都出版以后，再总集一齐，先生的论文当然亦在其中。致

敬礼！

东方学院院长

舒博德

一九六〇年十月五日

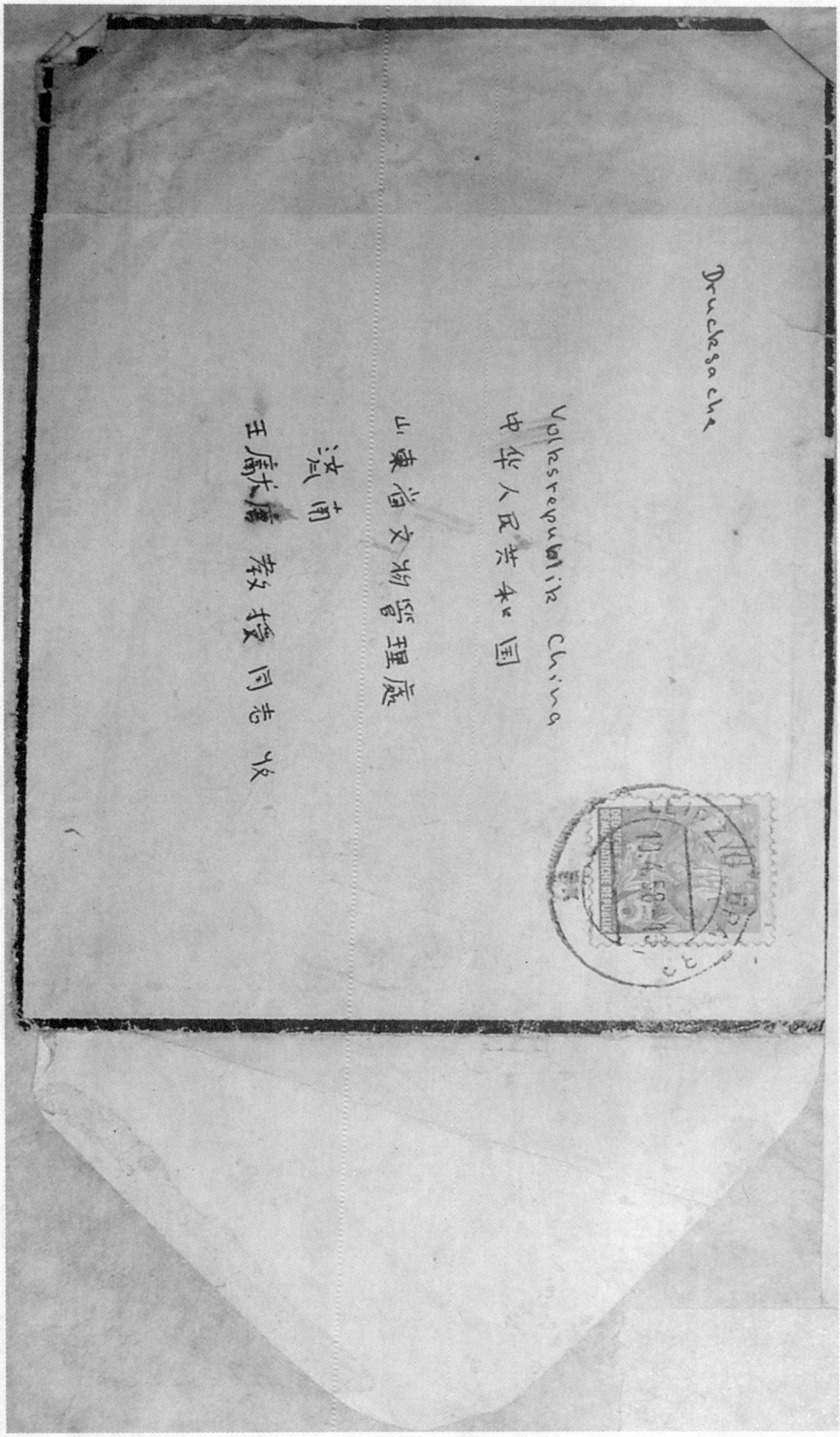
Drucksache
Volksrepublik China
中华人民共和国
山東省文物管理處
濟南
王獻唐教授同志收

二百八十六　馬牙約色斐恩（Josephine Meier）

書一通　封一件

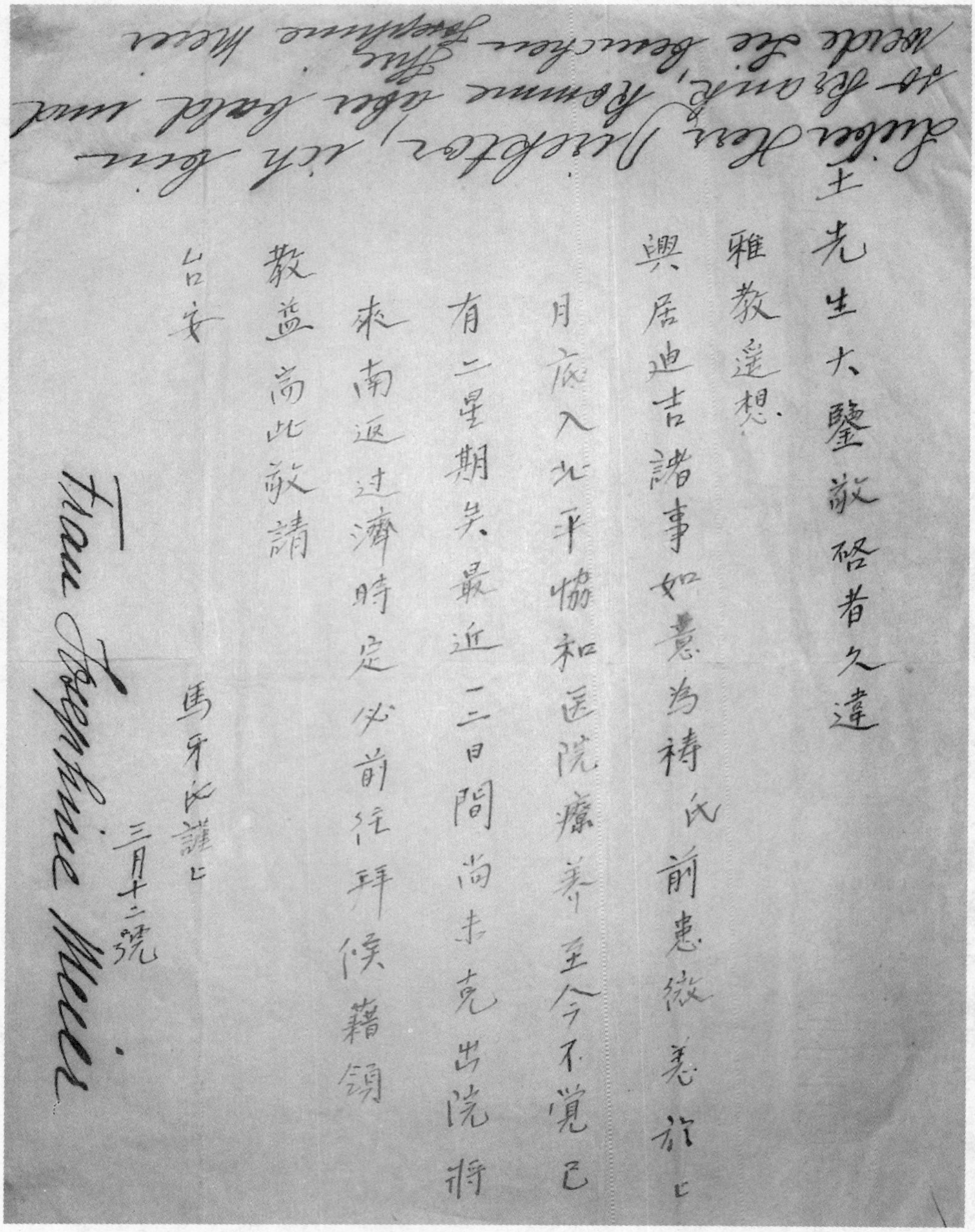

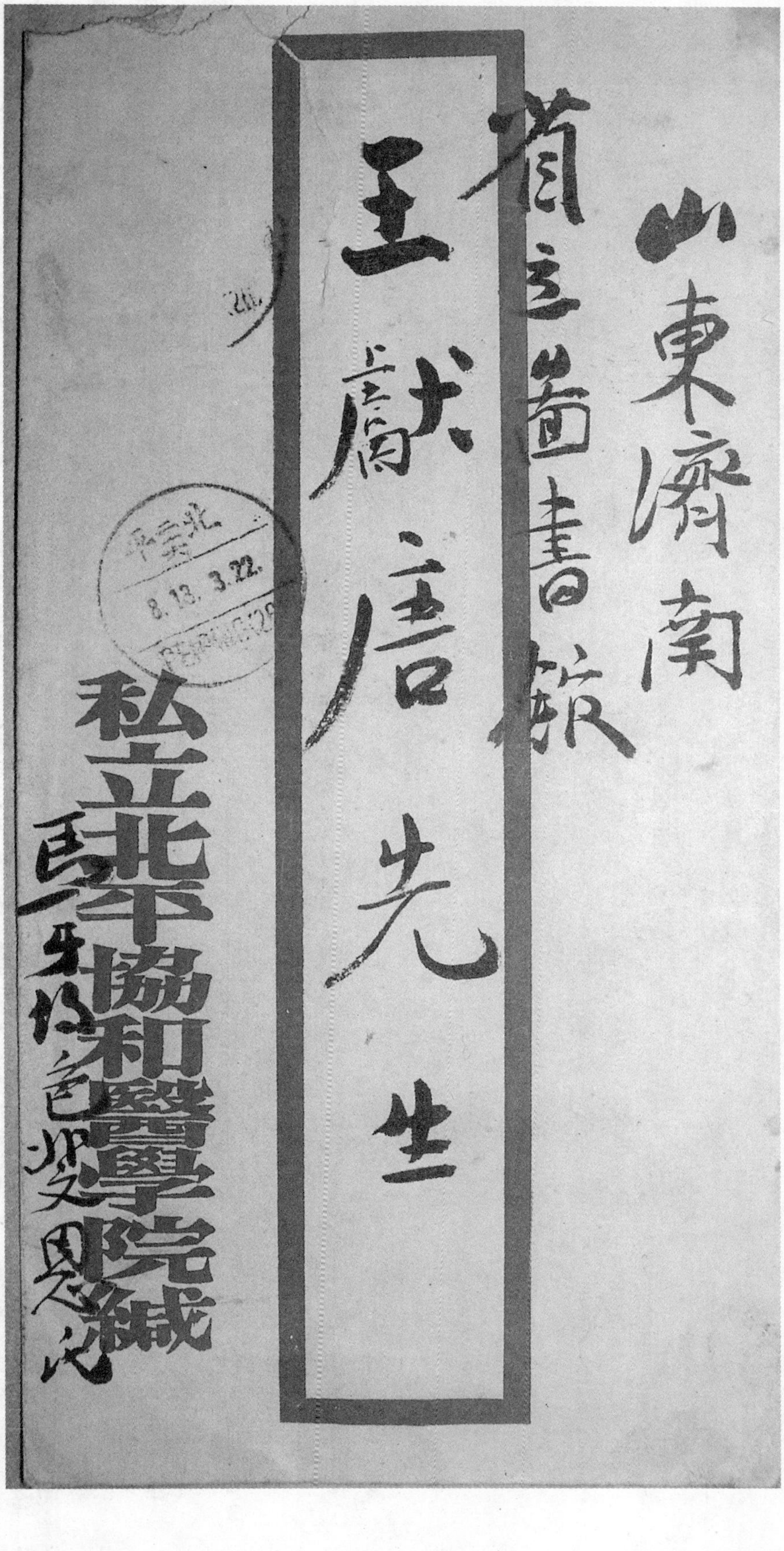
山東濟南
省立圖書館
王獻唐先生
私立北平協和醫學院緘

二百八十七 葉蒂斯書三通 封四件

書第一通

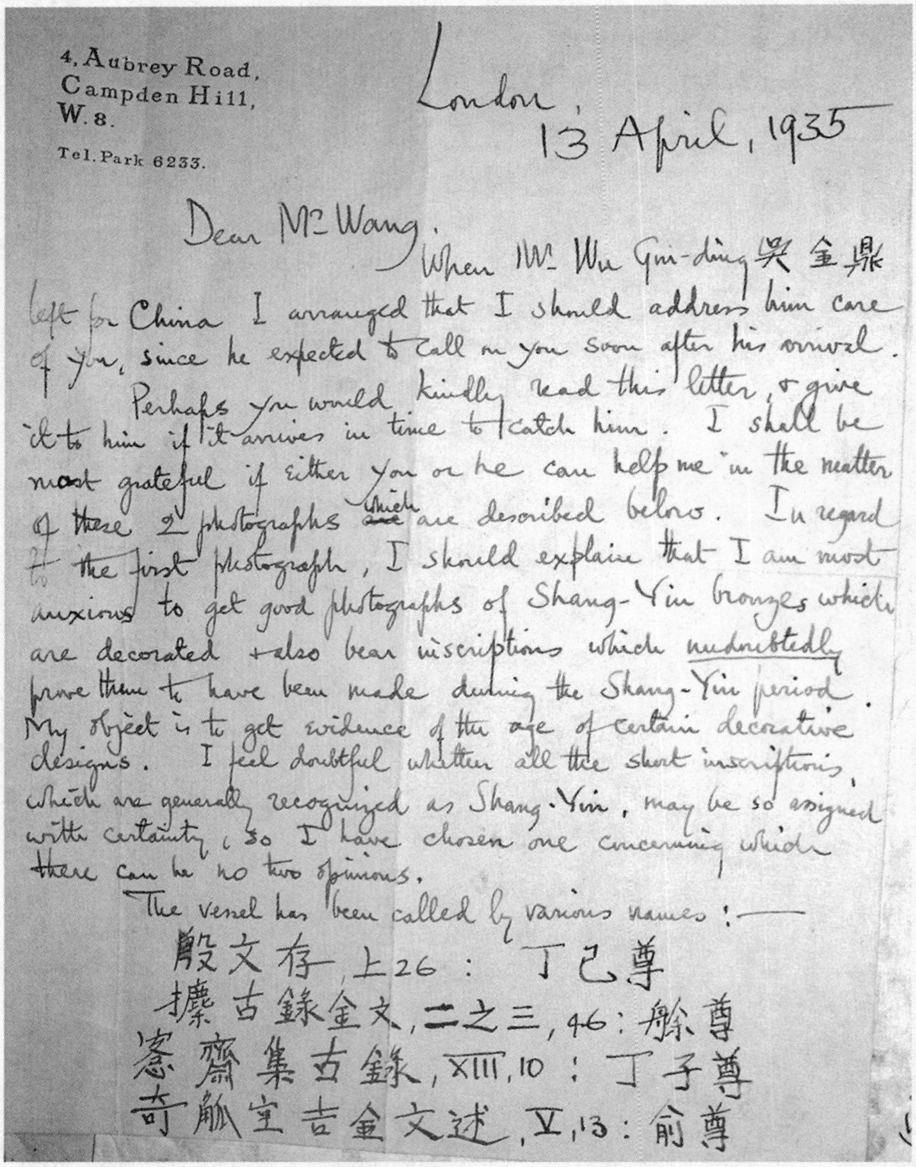

4, Aubrey Road,
Campden Hill,
W. 8.

Tel. Park 6233.

London,
13 April, 1935

Dear Mr Wang,

When Mr Wu Gin-ding 吳金鼎 left for China I arranged that I should address him care of you, since he expected to call on you soon after his arrival.

Perhaps you would kindly read this letter, & give it to him if it arrives in time to catch him. I shall be most grateful if either you or he can help me in the matter of these 2 photographs ~~are~~ which are described below. In regard to the first photograph, I should explain that I am most anxious to get good photographs of Shang-Yin bronzes which are decorated & also bear inscriptions which undoubtedly prove them to have been made during the Shang-Yin period. My object is to get evidence of the age of certain decorative designs. I feel doubtful whether all the short inscriptions, which are generally recognized as Shang-Yin, may be so assigned with certainty, so I have chosen one concerning which there can be no two opinions.

The vessel has been called by various names:—

殷文存，上26：丁己尊
攈古錄金文，二之三，46：觪尊
窓齋集古錄，XIII，10：丁子尊
奇觚室吉金文述，V，13：俞尊

Two collections are noted; but I do not know whether there are two bronzes, each bearing the same inscription — The collections are: (1) 曲阜孔氏，尚任東塘。

(2) 鄭盦，吳縣潘氏，祖蔭，伯寅。

If the foregoing be a decorated bronze, I shall be most grateful for a good photograph, & the height of the bronze, together with a "rubbing" of the inscription. The "rubbing" is not so important because I can copy it from one of the published reproductions. 曲阜 being near you, it may not be a difficult matter.

The second photograph may be more difficult because it is of a bell in the collection of 羅振玉. ~~At~~ The bell is called 楚鎛. An inked-squeeze of it is reproduced in 夢郼艸堂吉金圖, 上, f. 2; but I want a good photograph, & the measurement of the total height. After finding this bell, which had been described under the Sung, Mr Lo renamed his house 楚雨以識快. Mr Wu & I have discussed the story about Mr Lo finding the bell in a dealer's shop in Shanghai, & we were not sure about the significance of the word 雨 in the above sentence.

I hope you received my letter of the 8th March, inclosing a cheque for $80.

With kind regard

Yours sincerely

W. Perceval Yetts

P.S. Perhaps the meaning of 雨 is that of 舊雨 (劉嗣綰).

一九三五年，四月十二日，

王先生：

當吳先生回中國的時候，我曾囑託他問候於你，因為他到達以後，

即要拜訪你．

或者你將此信讀給与他聽，或轉給与他。假設你見了他的時候，我將来

是很感激的。若是你或者他能够帮助我以下兩樣照片的事情，關於第

一個照片，我要鮮明，急欲得着最好的商殷銅器照片，牠們的裝飾及
所有的刻紋，從那些裝飾刻紋，無疑是商殷時代所做的。我的目的是
要得到這個時代的裝飾花樣的證據。我覺得懷疑這些短短的
刻紋，普通都承認是商殷時代的，若是可以認[指定]為確實的，那
麼我挑選些無疑[異]議的銅器。牠們叫做些不同的名：：
殷文存，上，二六，亍己尊。攈古錄金文，二之三，四六：：觚尊。愙齋集古錄，

山東省立圖書館用牋

八、十、丁子尊・奇觥室吉金文述五、十三：俞尊・兩家收藏要注意，
但是我不知道或者有兩個銅器，每個有相同的刻紋，這兩家收藏
是：(一)曲阜孔氏尚任東塘。(二)鄭盦、吳縣潘氏、祖蔭、伯寅・前者
若是一個有裝飾的銅器，我是很喜歡的要一个好照片，與該銅器
的高度，及他的刻紋拓片・拓片是不甚重要的，因為我可以從其他
刊物上的出品鈔下來，這不是一件難了情・因你接近曲阜，那可

山東省立圖書館用牋

外國信三通十六頁

以辦到的．

這第二種照片，是較比難一点的，因為牠是一个鐘，為羅振玉所收藏，這个鐘叫做「楚鎛」，墨印片見夢郼艸堂吉金圖，上，二．但是我需要一个好照片与牠的体量高度．此鐘在宋人曾研究過，從得到以後，羅先生又名於其室為「楚雨以識快」．吳先生和我曾討論過羅先生在上海一个商店中得着此鐘的故事，而我們是不信

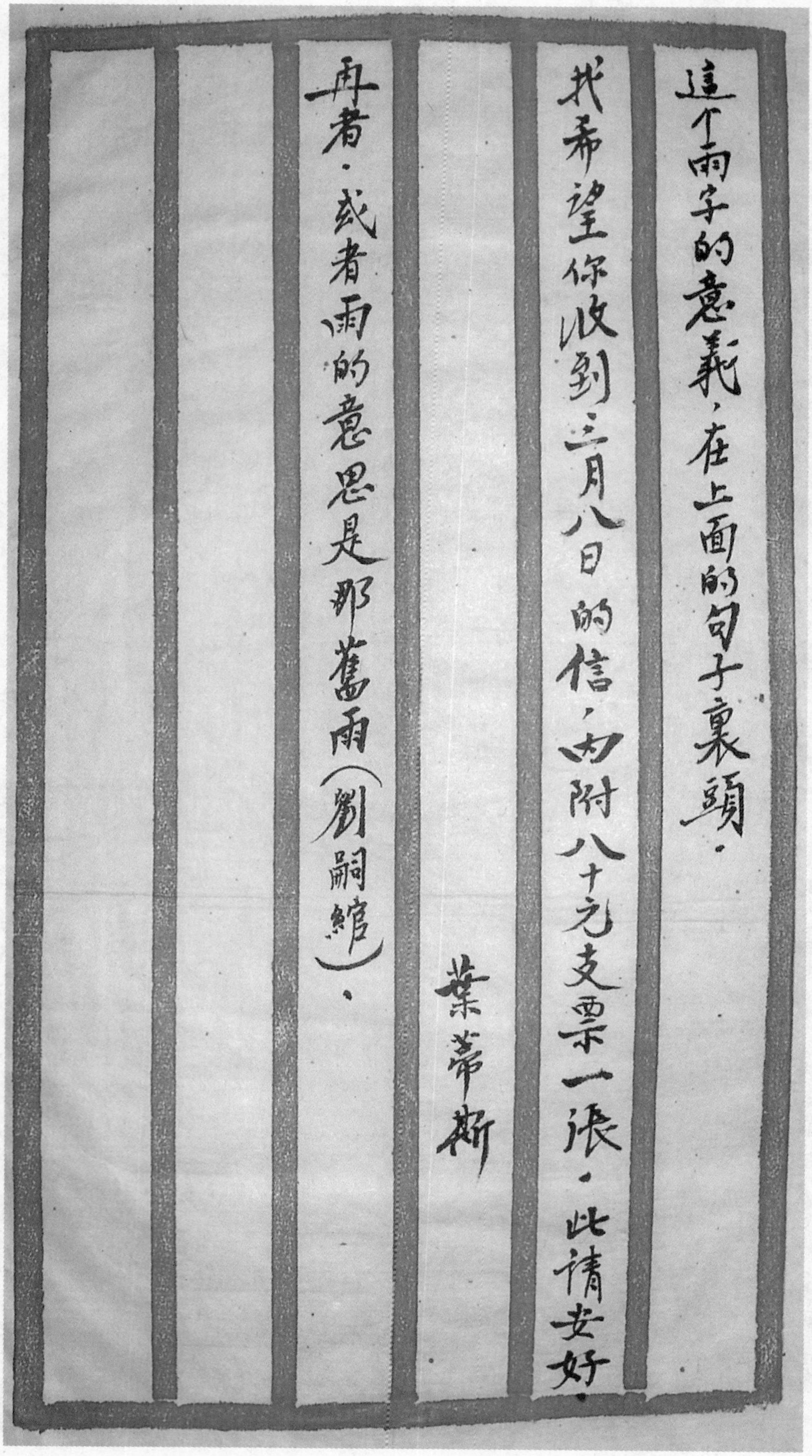
這个雨字的意義，在上面的句子裏頭。

我希望你收到三月八日的信，內附八十元支票一張。此請安好。

葉蒂斯

再者。或者雨的意思是那舊雨（劉嗣綰）、

書第二通

UNIVERSITY OF LONDON
COURTAULD INSTITUTE OF ART
20 PORTMAN SQ., LONDON, W.1
WELBECK 1388-9
(2 LINES).

27/12/34

Dear Sir

Owing to a regrettable oversight this letter has been delayed. I had intended to write to you some time ago to thank you most heartily for the photographs sent to me through Mr. 吳 Wu Jin-ding of the group of bronzes found at 滕縣. They are of the greatest interest to me as being a complete set found in one tomb & as bearing decoration which presumably was characteristic of a local school of bronze-casting. Mr. Wu tells me that

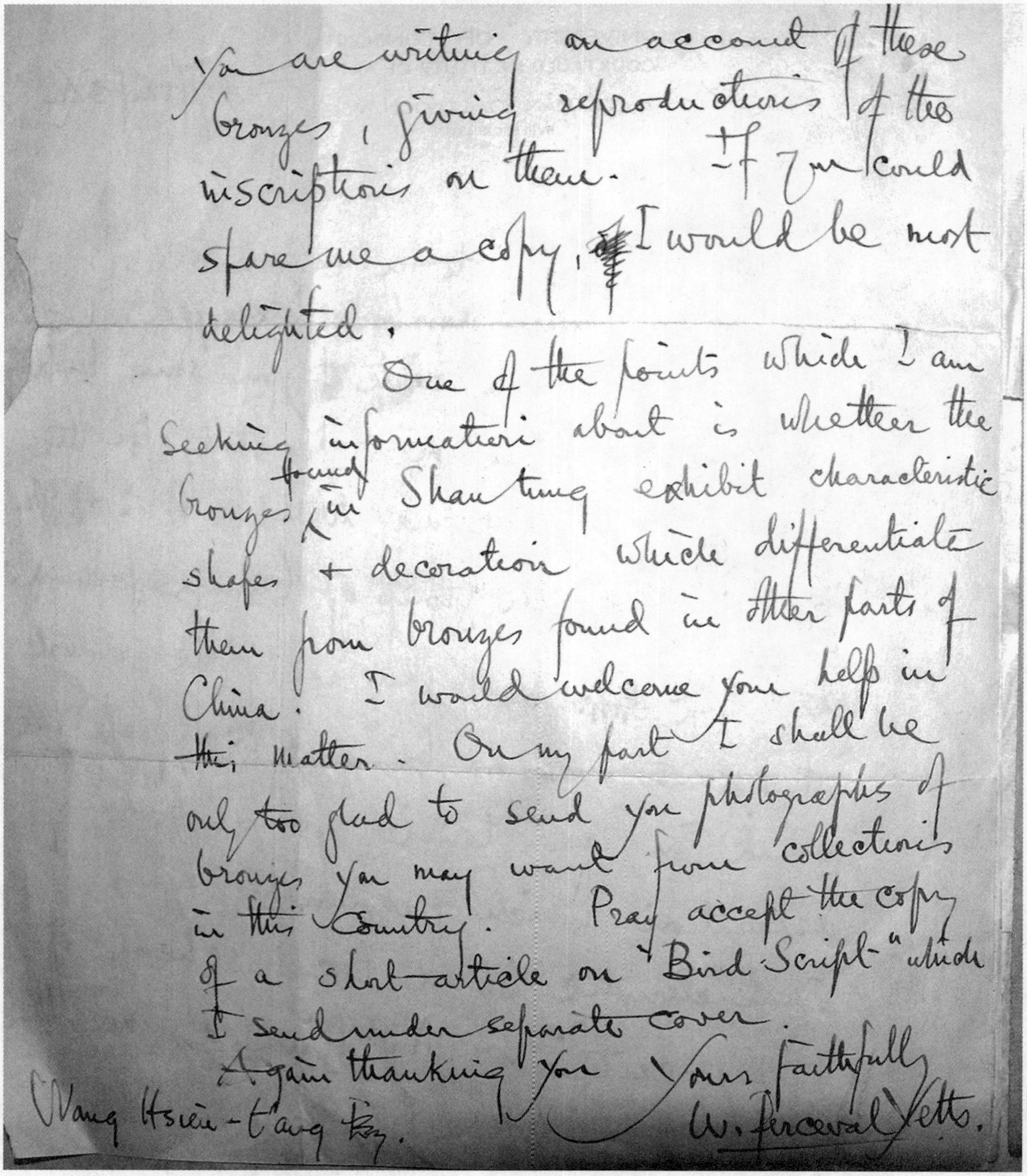

you are writing an account of these bronzes, giving reproductions of the inscriptions on them. If you could spare me a copy, I would be most delighted.

One of the points which I am seeking information about is whether the bronzes found in Shantung exhibit characteristic shapes + decoration which differentiate them from bronzes found in other parts of China. I would welcome your help in this matter. On my part I shall be only too glad to send you photographs of bronzes you may want from collections in this country. Pray accept the copy of a short article on "Bird-Script" which I send under separate cover.

Again thanking you

Yours faithfully

W. Perceval Yetts.

Wang Hsien-t'ang Esq.

書第三通

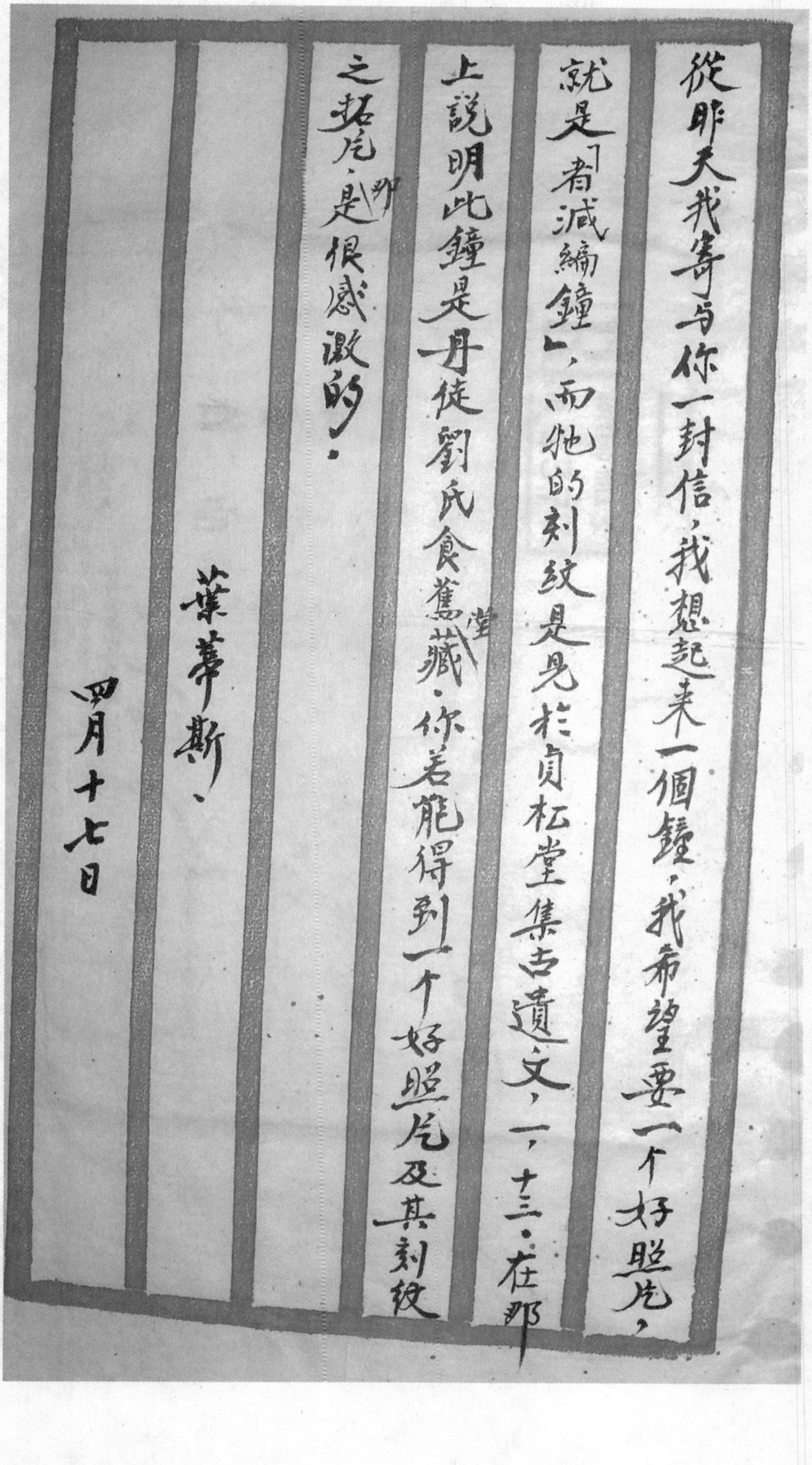

從昨天我寄与你一封信，我想起來一個鐘，我希望要一个好照片，就是「者減編鐘」，而他的刻紋是見於貞松堂集古遺文，一，十三。在那上說明此鐘是丹徒劉氏食舊堂藏。你若能得到一个好照片及其刻紋之拓片，那是很感激的！

葉慕斯、

四月十七日

封第一件

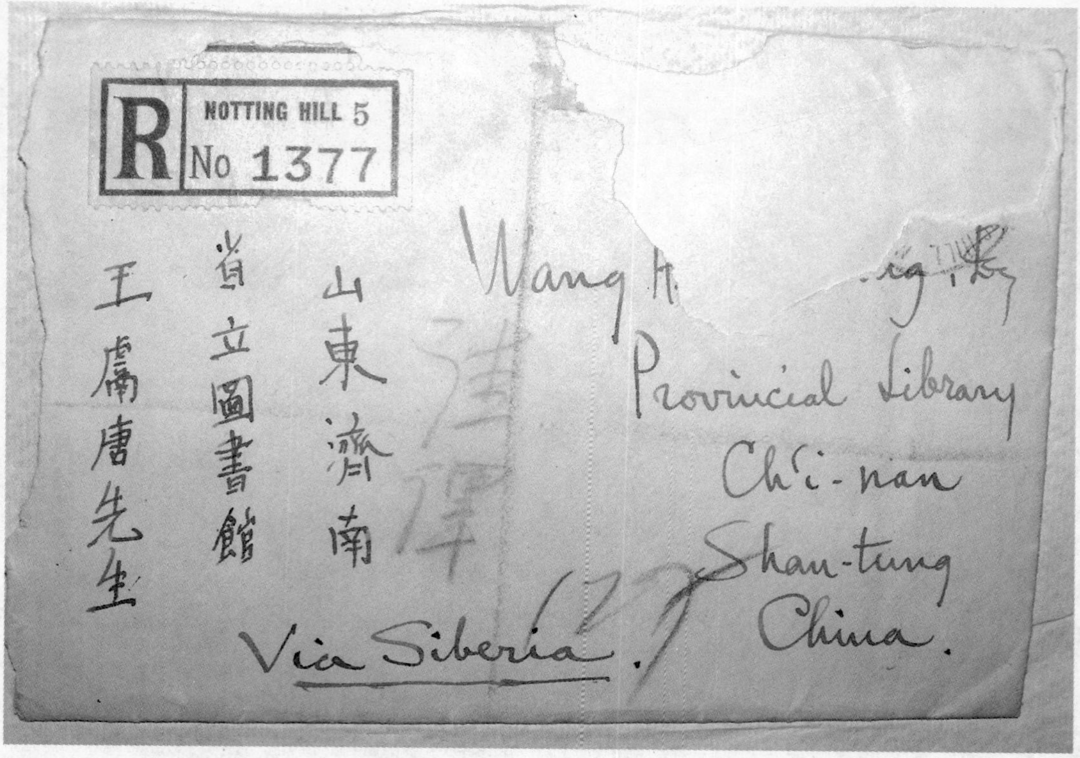
R
NOTTING HILL 5
No 1377
山東濟南
省立圖書館
王獻唐先生
Provincial Library
Ch'i-nan
Shan-tung
China.
Via Siberia

封第二件

Via Siberia
LONDON W.C.
11 15 AM
31 OCT
1936
D
Mr. Wang Hsien-t'ang,
The Provincial Library,
TSINAN, Shantung,
China.
中華民國
山東濟南
大明湖
省立圖書館
王館長

封第三件

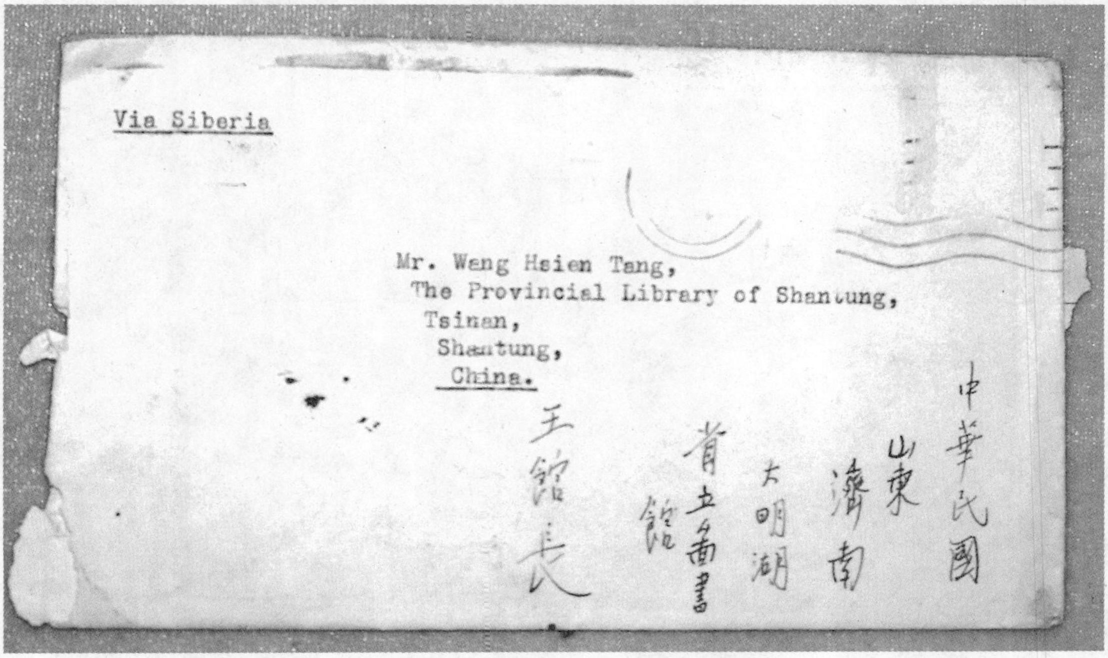
Via Siberia
Mr. Wang Hsien Tang,
The Provincial Library of Shantung,
Tsinan,
Shantung,
China.
中華民國
山東
濟南
大明湖
省立圖書館
王館長

封第四件

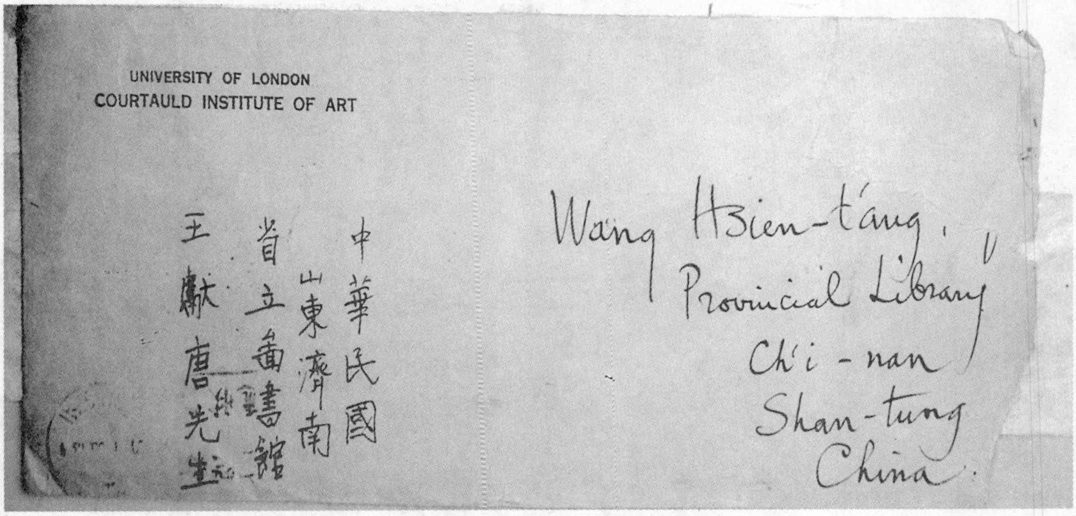
UNIVERSITY OF LONDON
COURTAULD INSTITUTE OF ART
Wang Hsien-t'ang.
Provincial Library
Ch'i-nan
Shan-tung
China.
中華民國
山東濟南
省立圖書館
王獻唐先生

二百八十八　朝鮮中華商會封一件

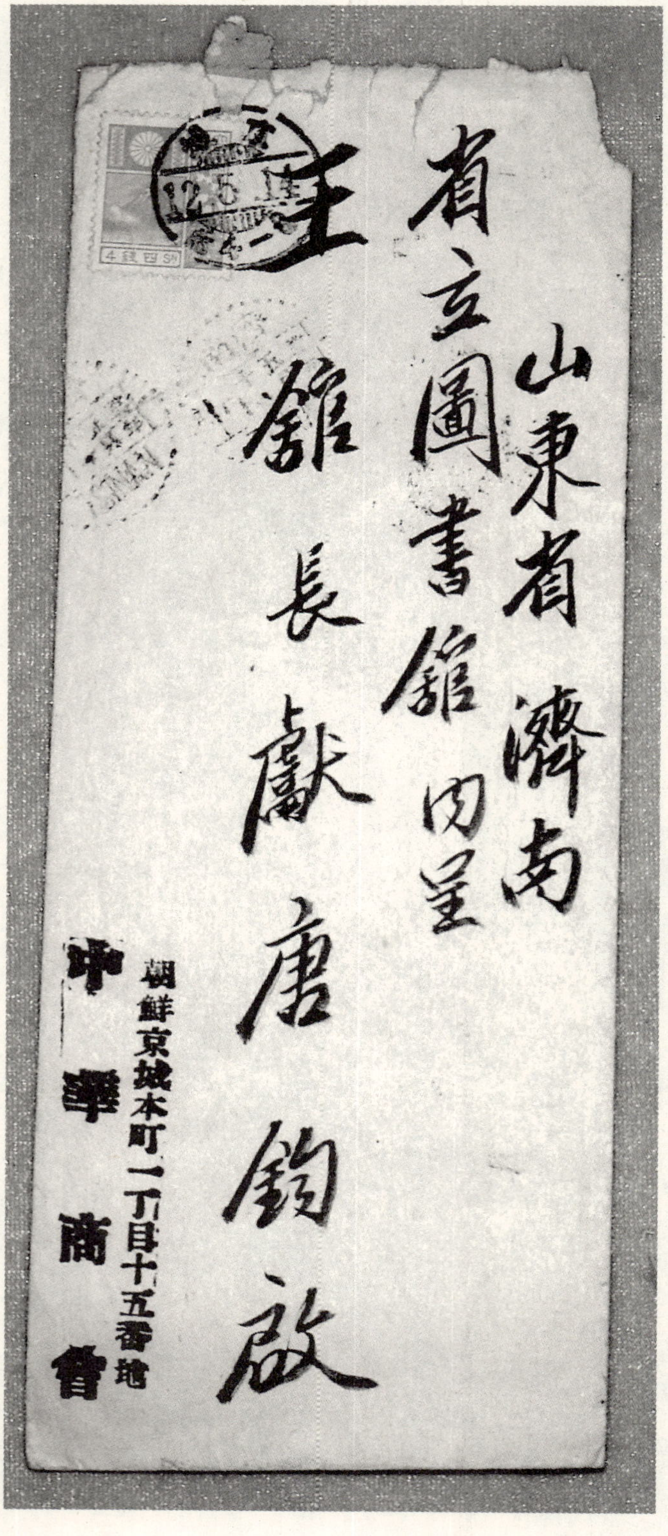

二百八十九 老鶴 封二件

封第一件

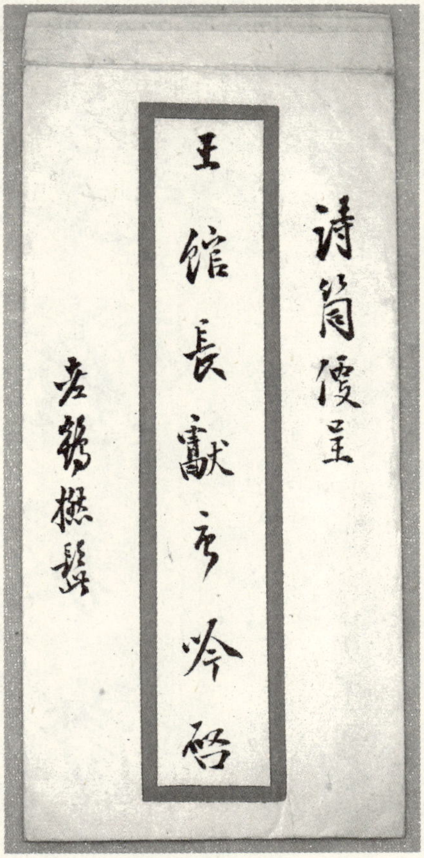

封第二件

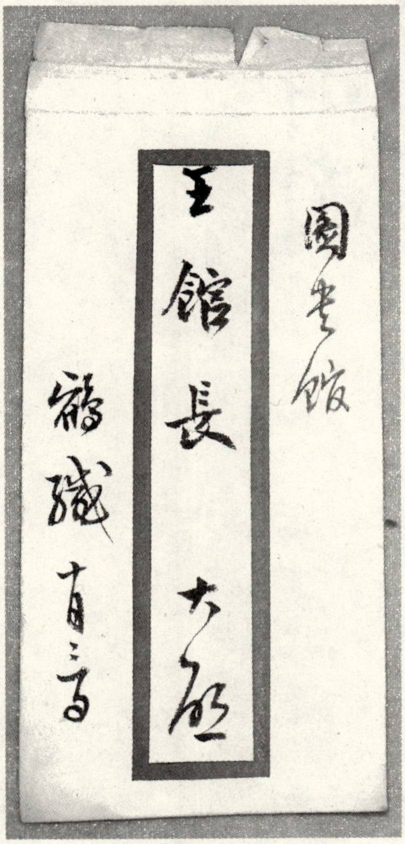

二百九十　紹武封一件

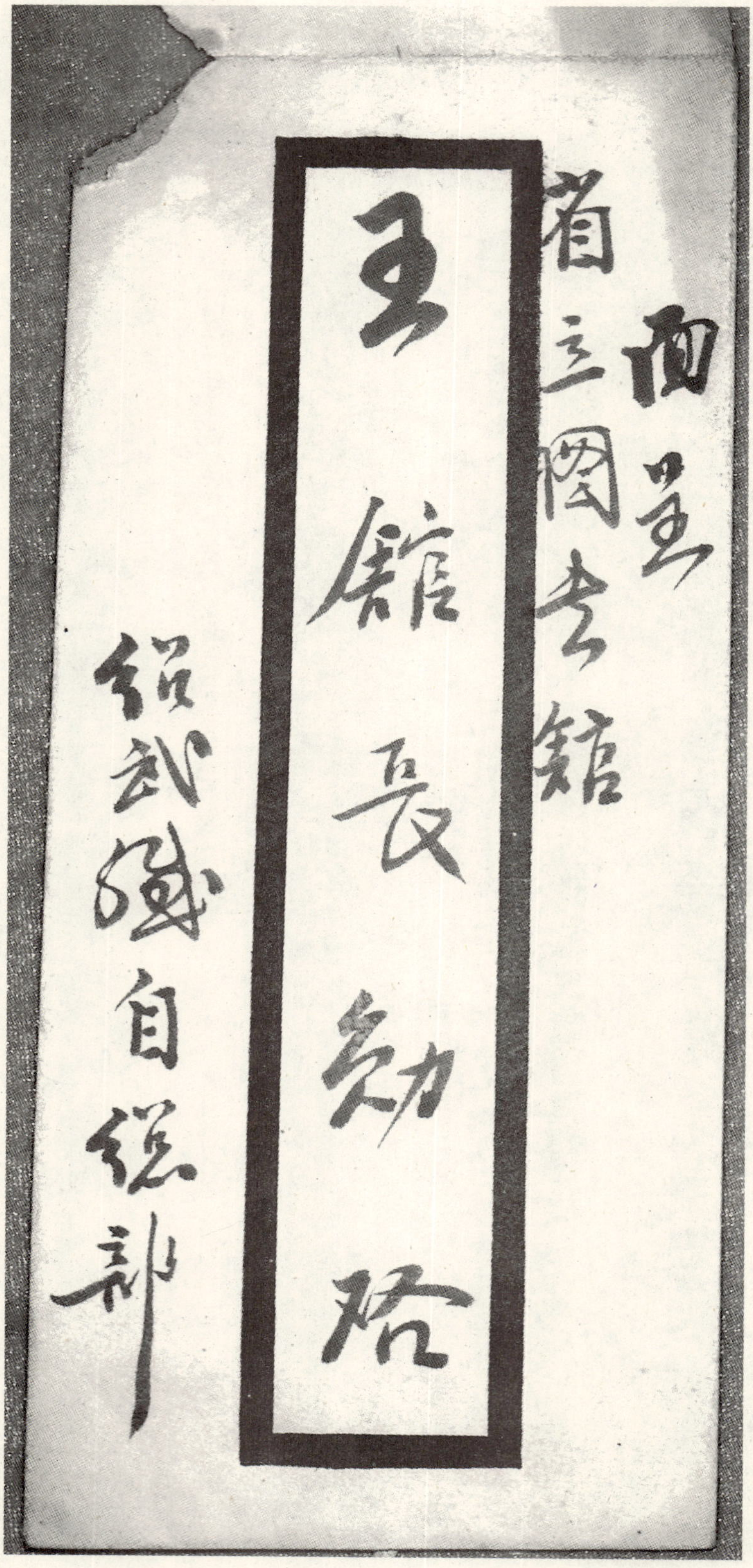

二百九十一

晉珊 封一件

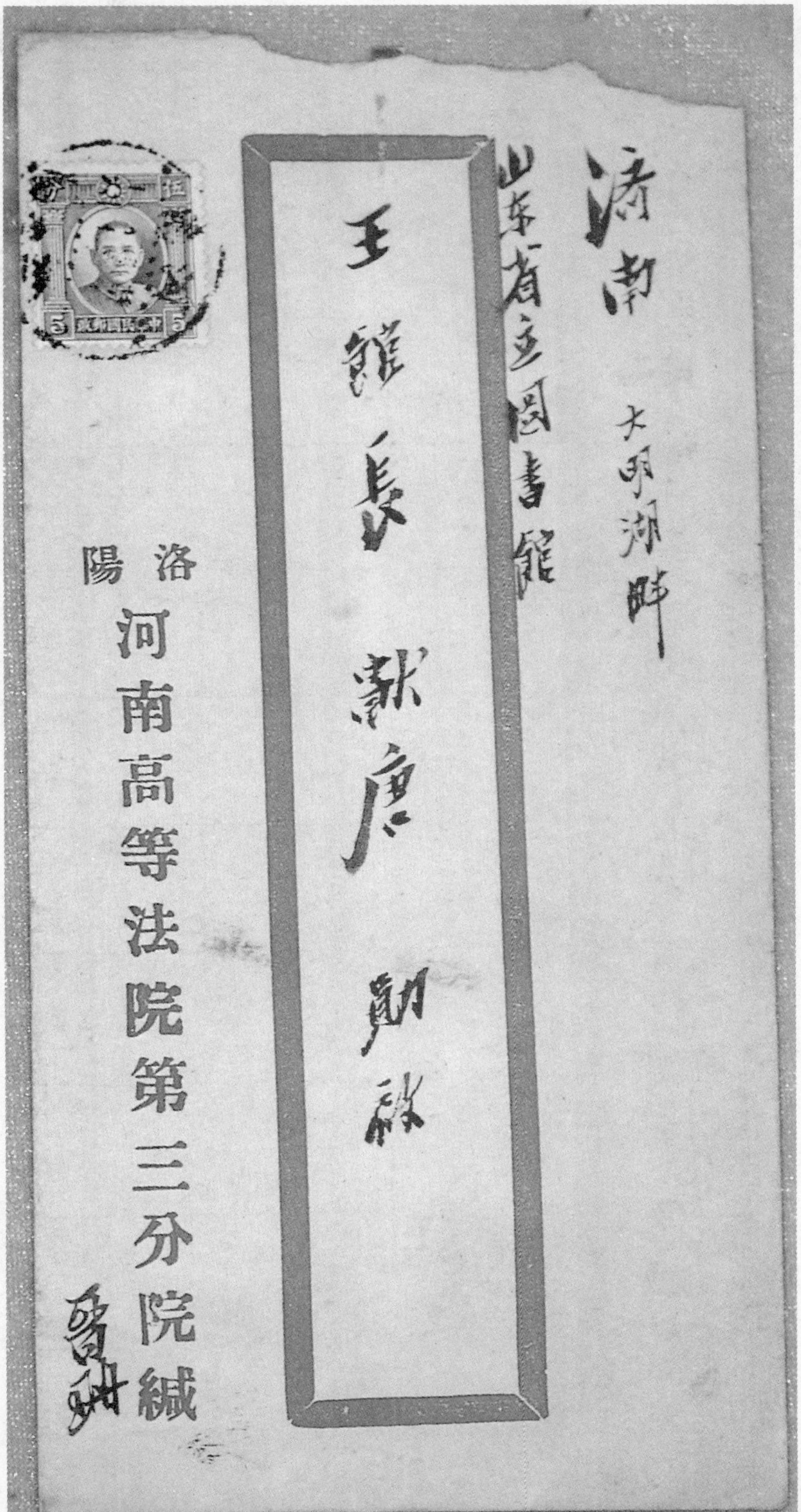

二百九十二　海秋 封二件

封第一件

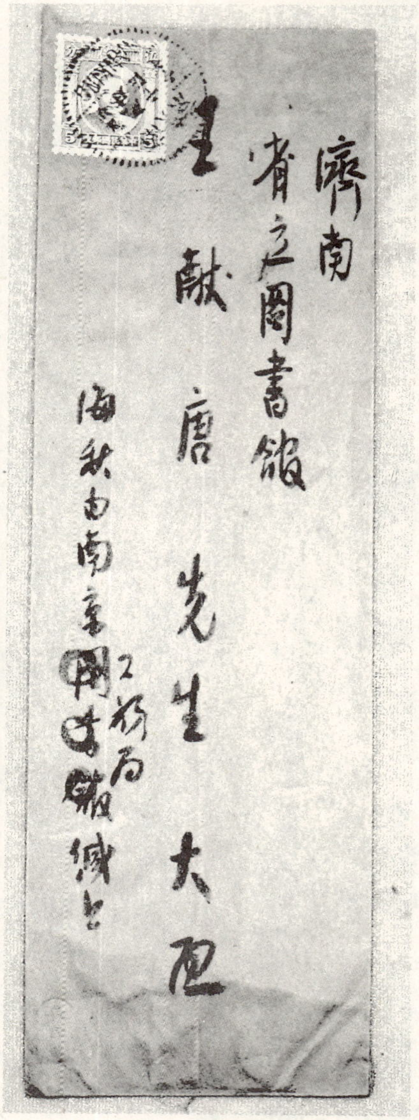

封第二件

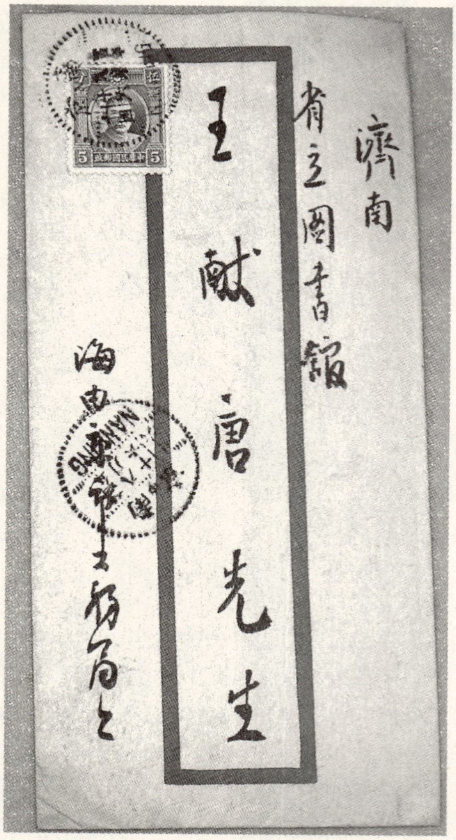

二百九十三　湘喬

封一件

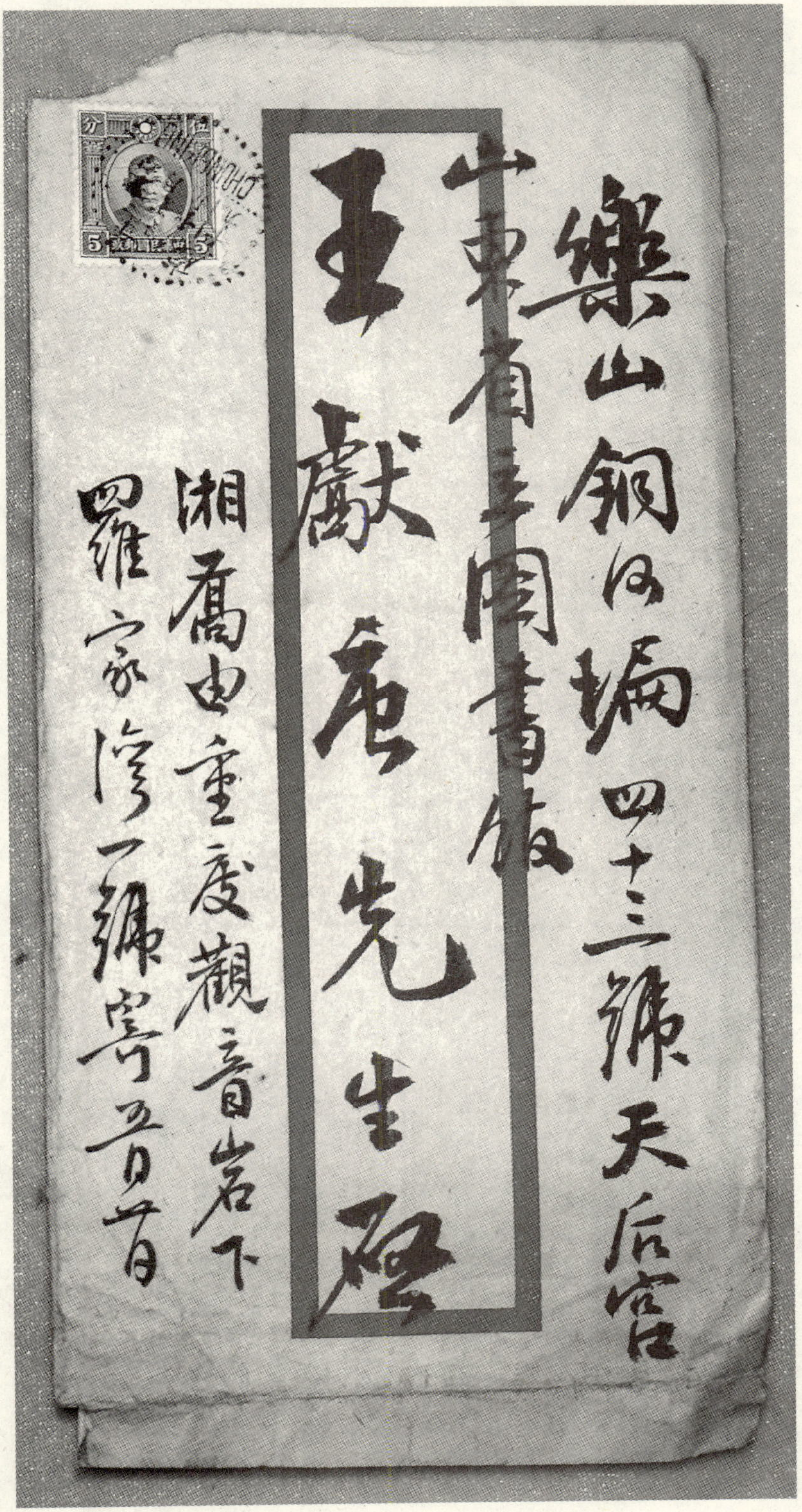

二百九十四　務庵封一件

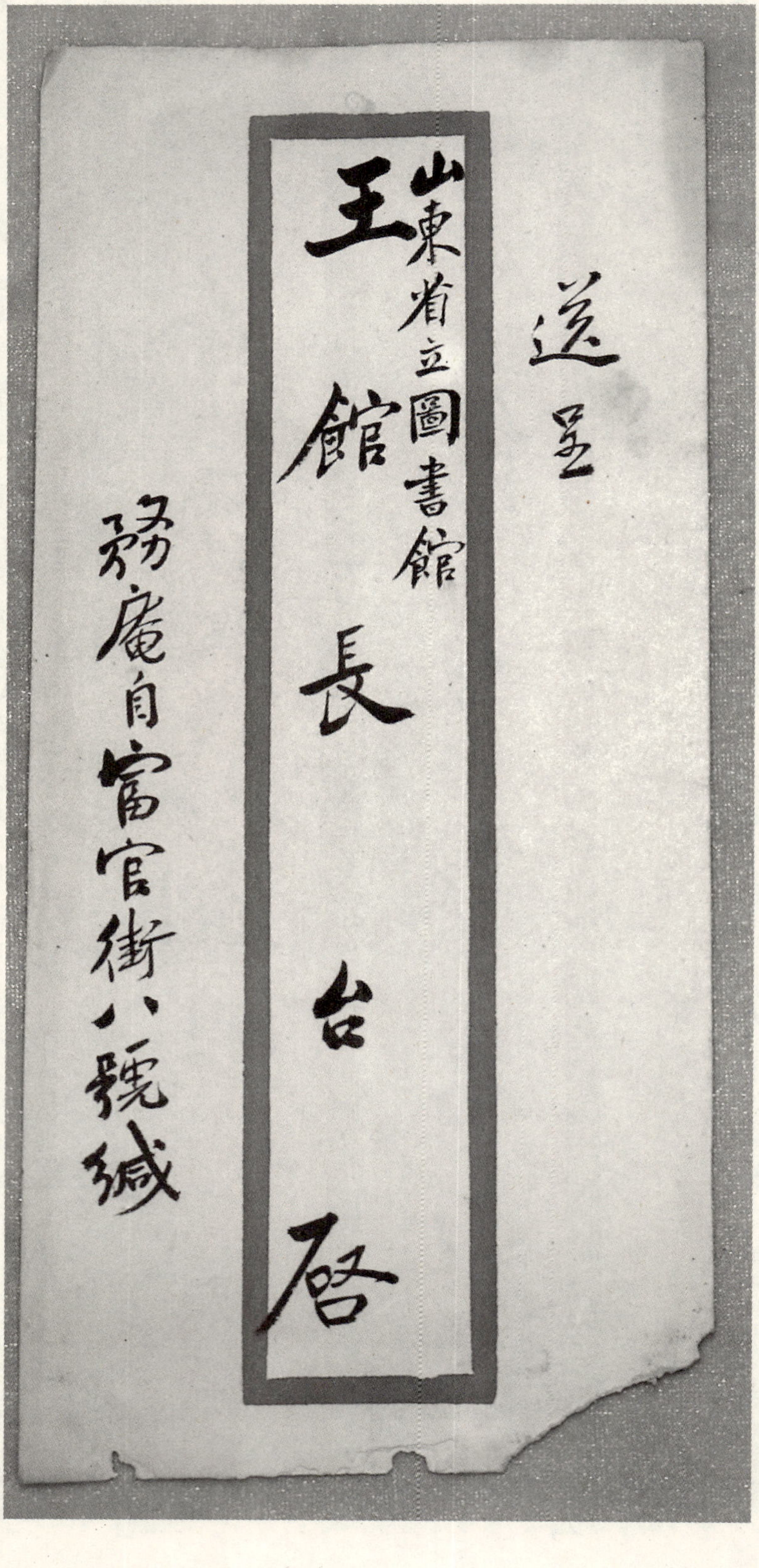
送呈
山東省立圖書館
王館長台啓
務庵自富官街八號緘

二百九十五　眉公 封一件

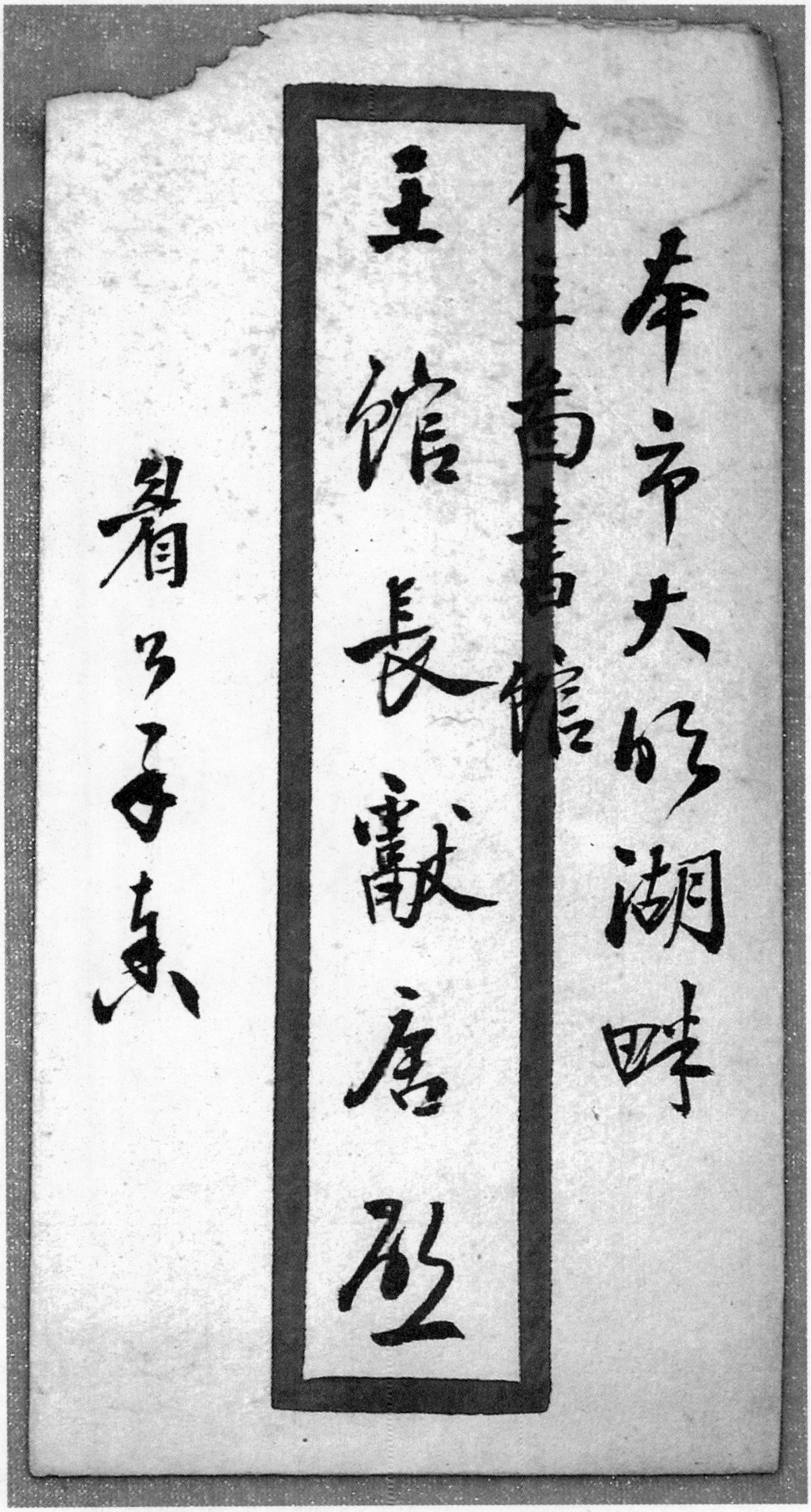

二百九十六 王 封一件

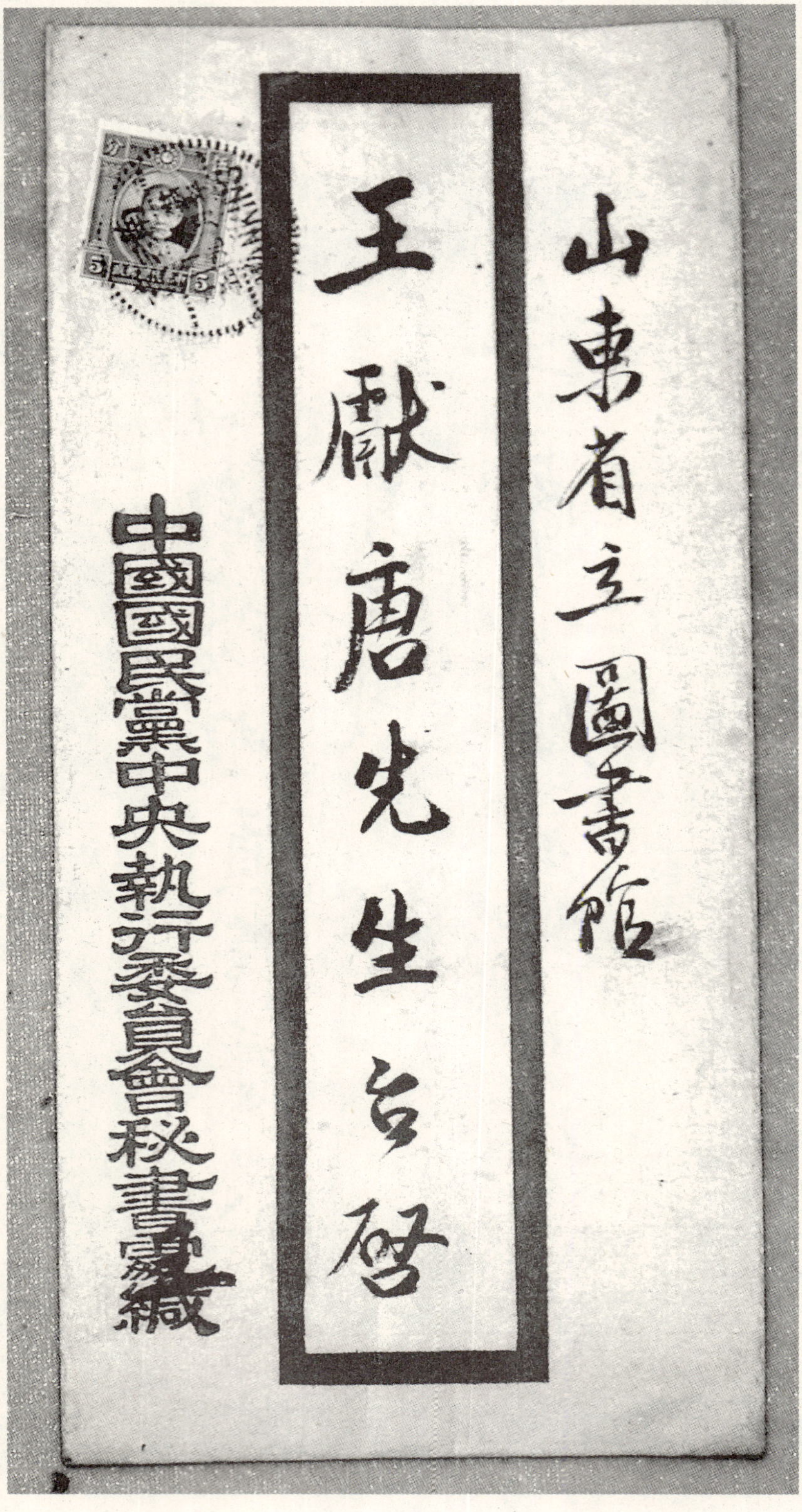

二百九十七 歐陽 封一件

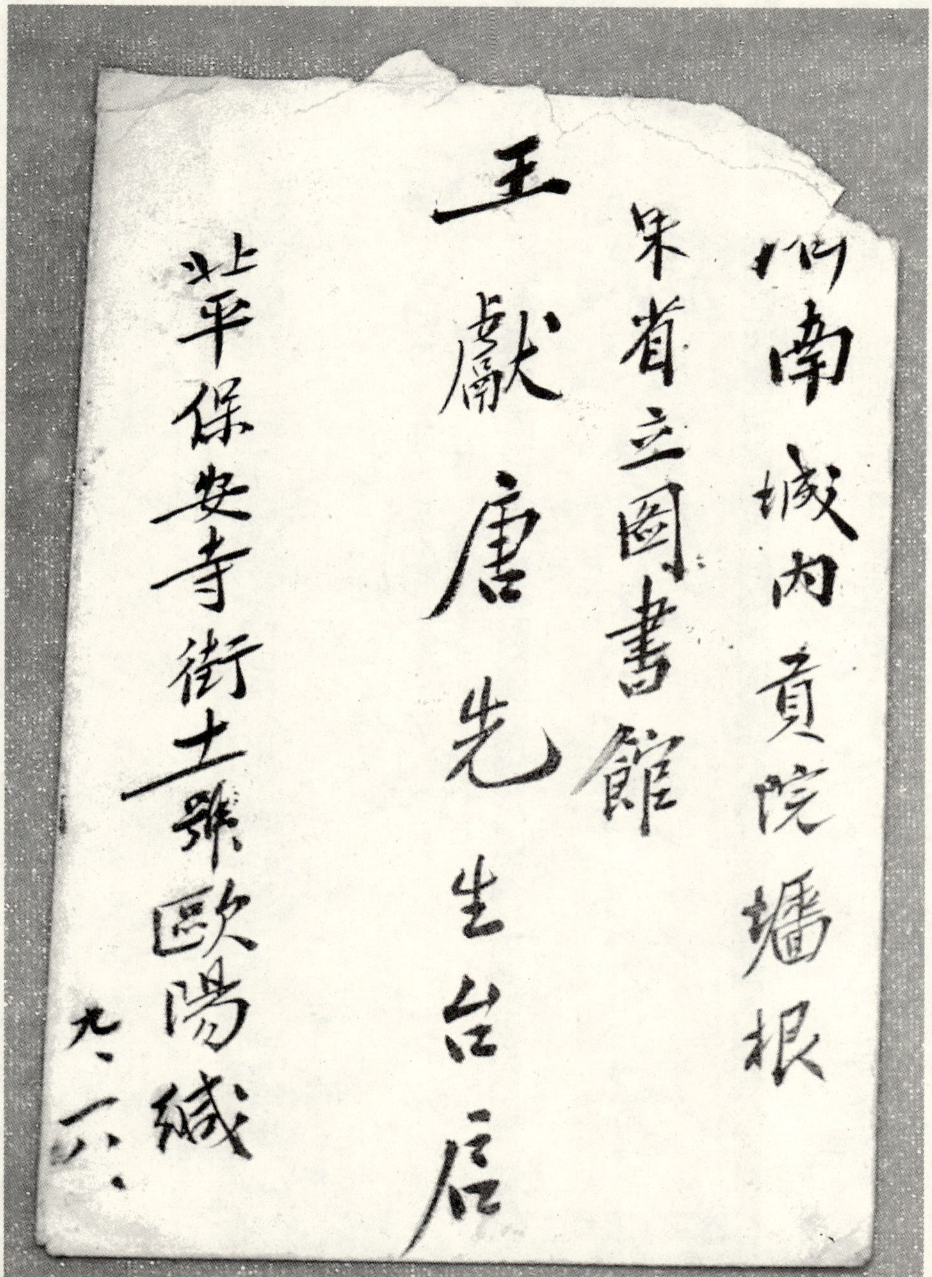

二百九十八 龔封一件

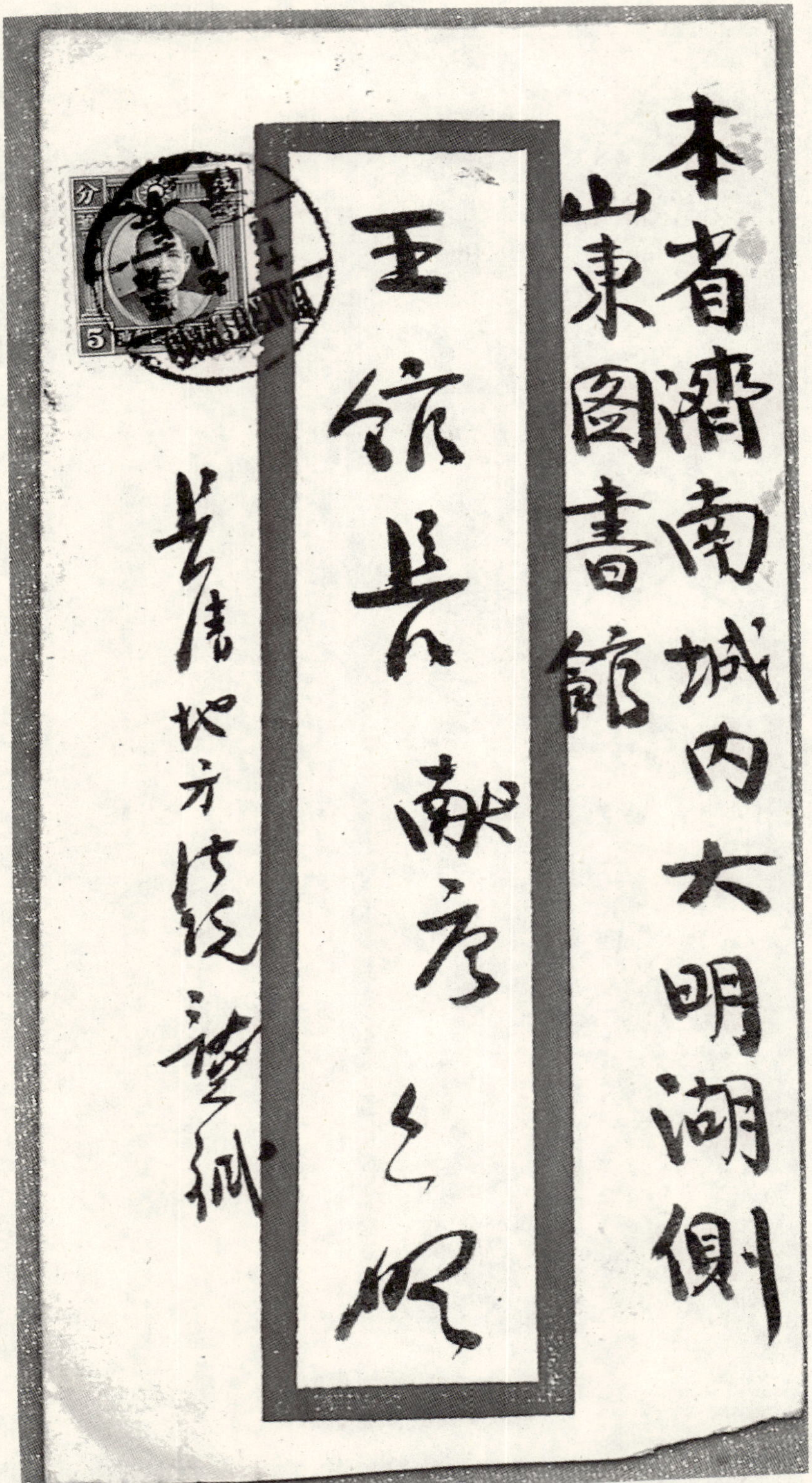
本省濟南城内大明湖側
山東圖書館
王館長獻唐之啟
莒縣地方法院謹緘

二百九十九 張 封一件

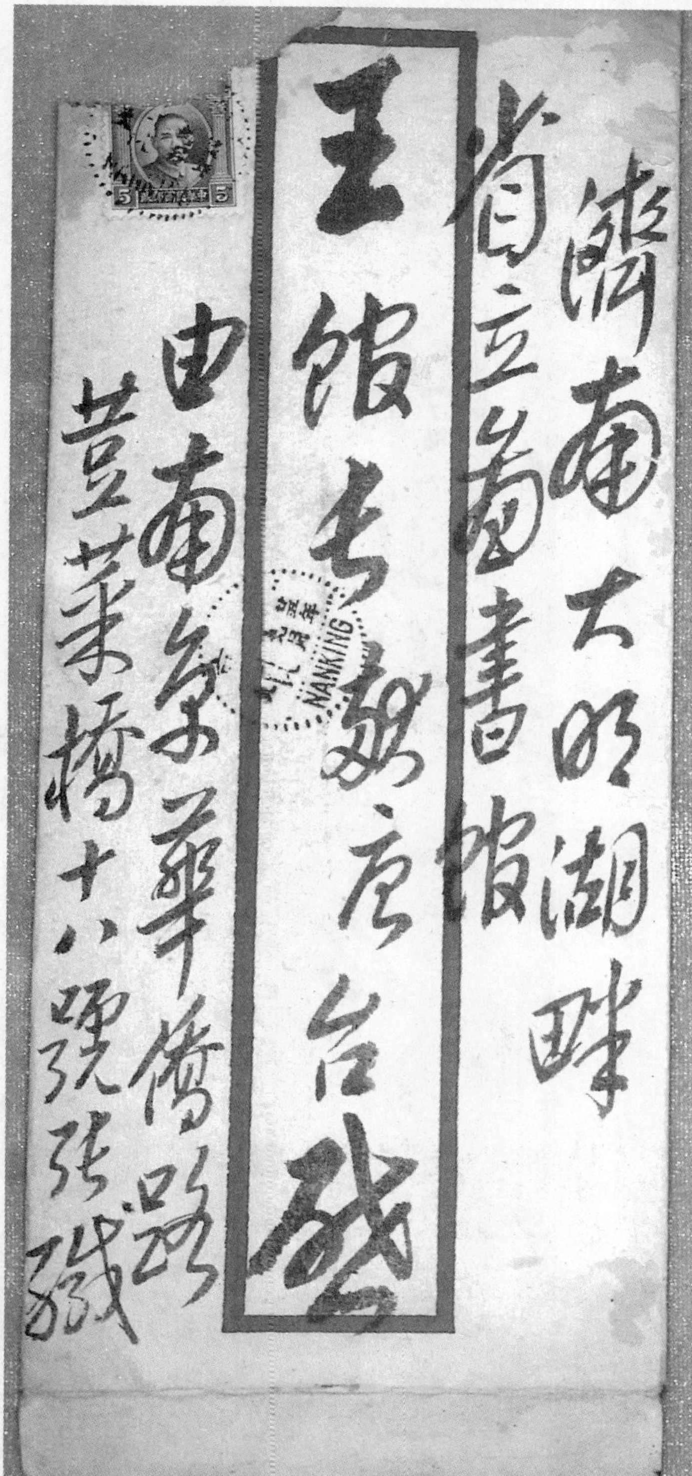

三百 馬 封一件

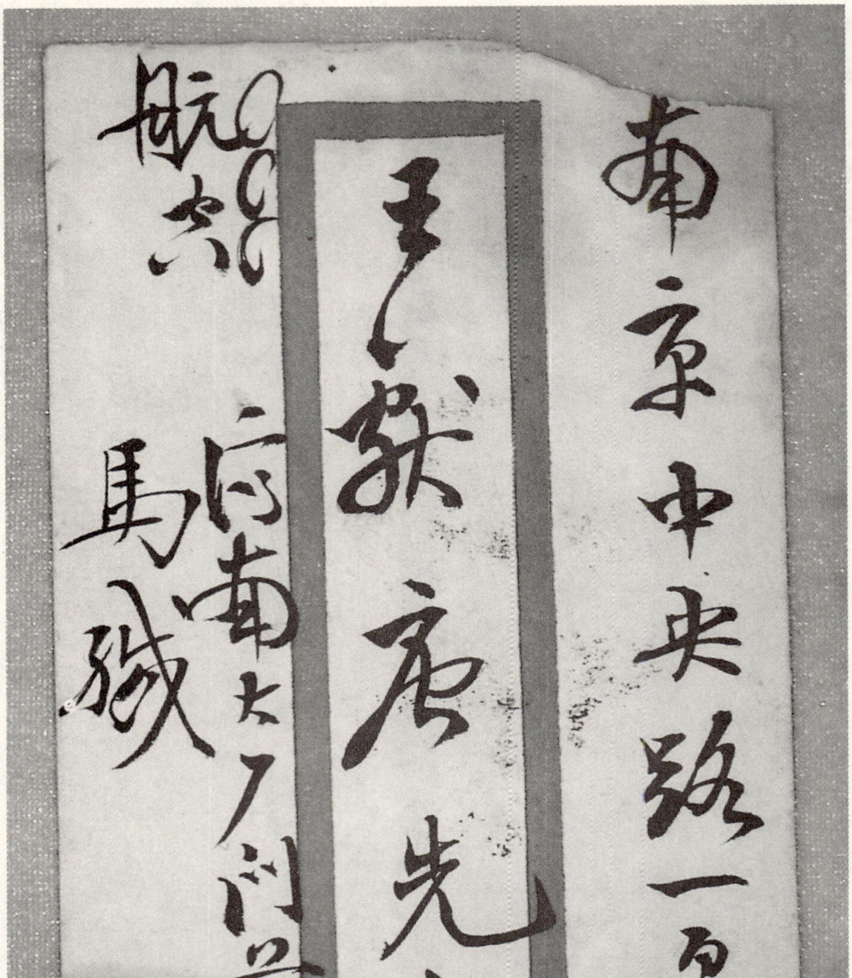

三百〇一 曹 封一件

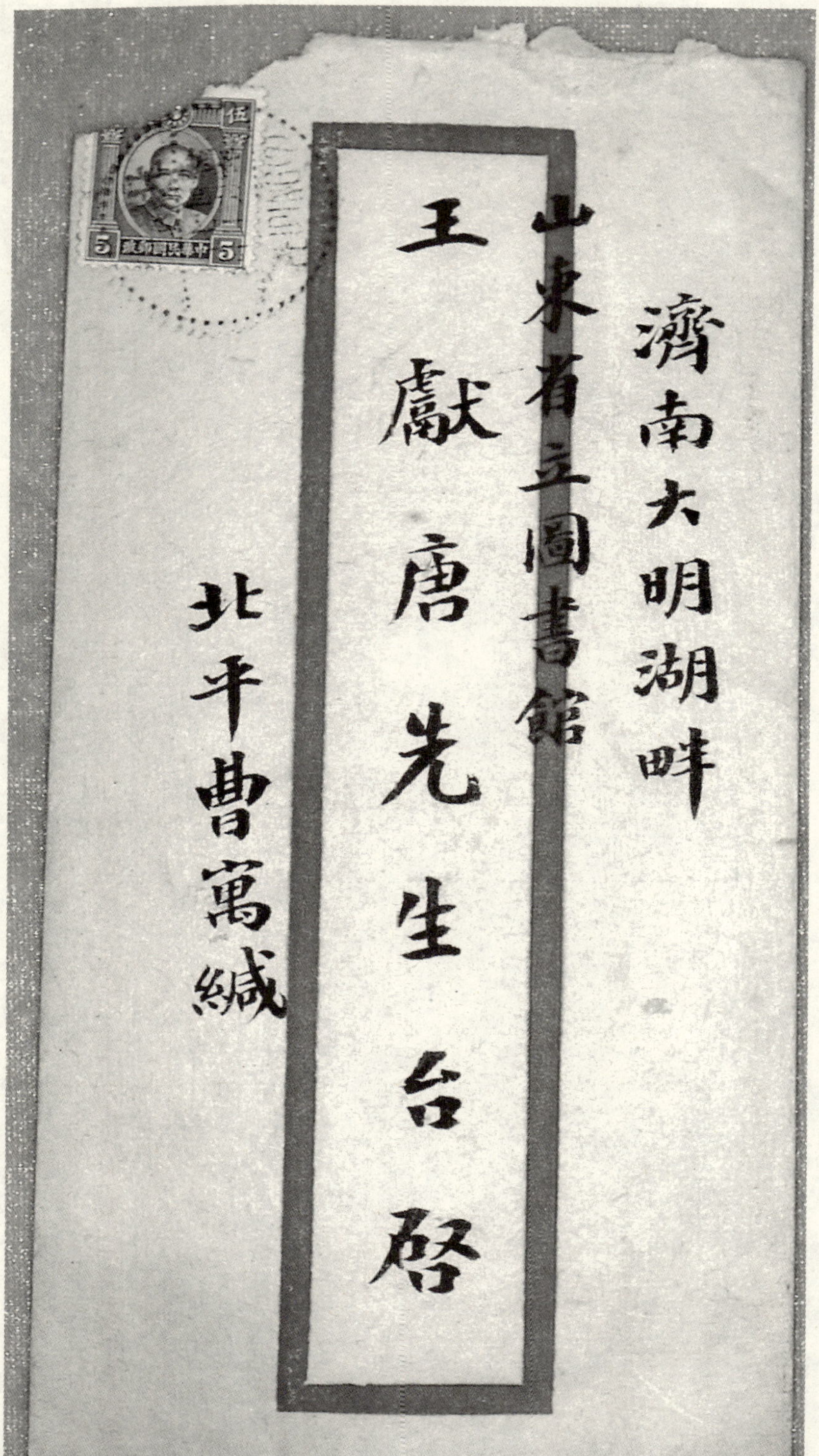

三百〇二　徐 封一件

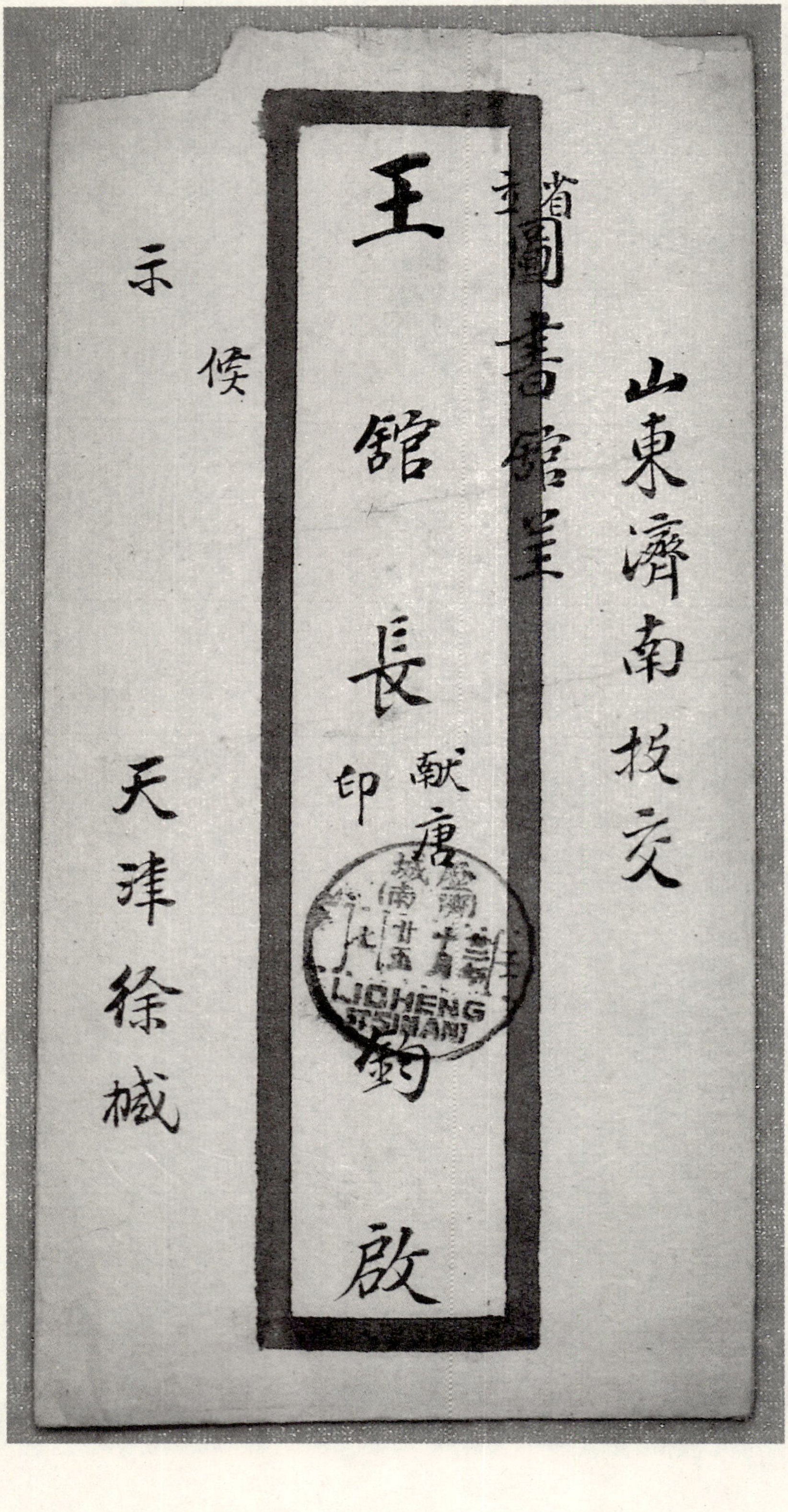

三百〇三

鍾

封一件

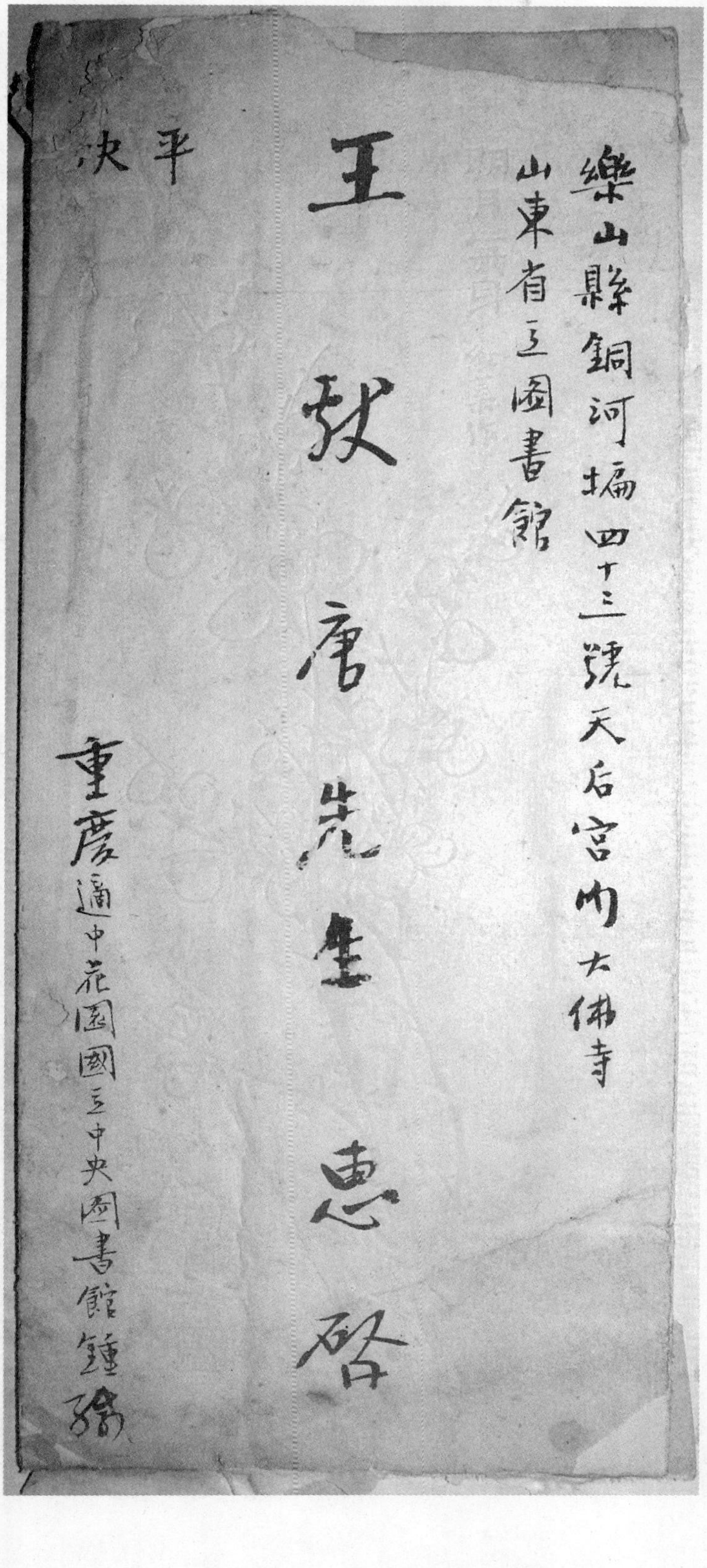

三百〇四 訢 封一件

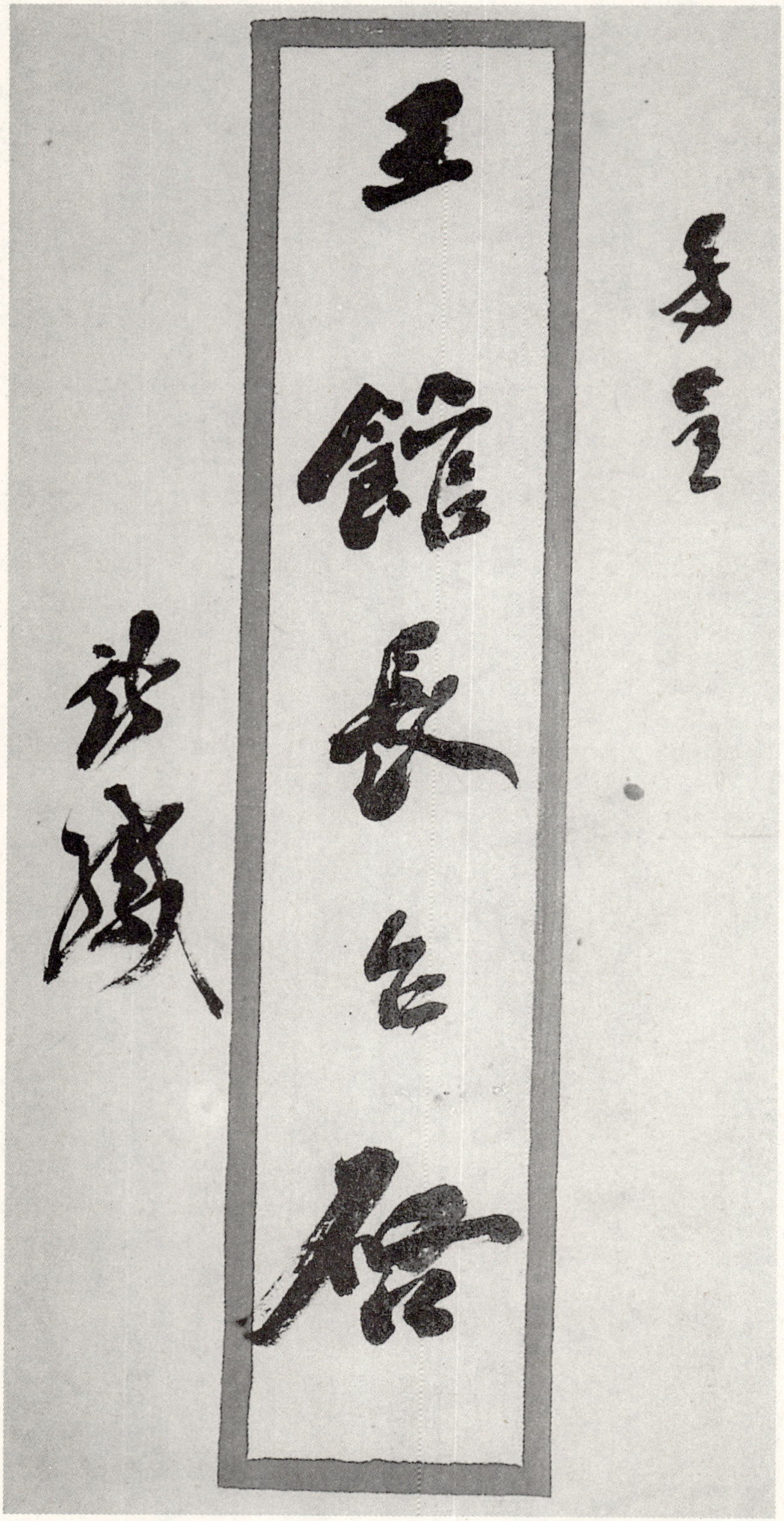

三百〇五

黄 封一件

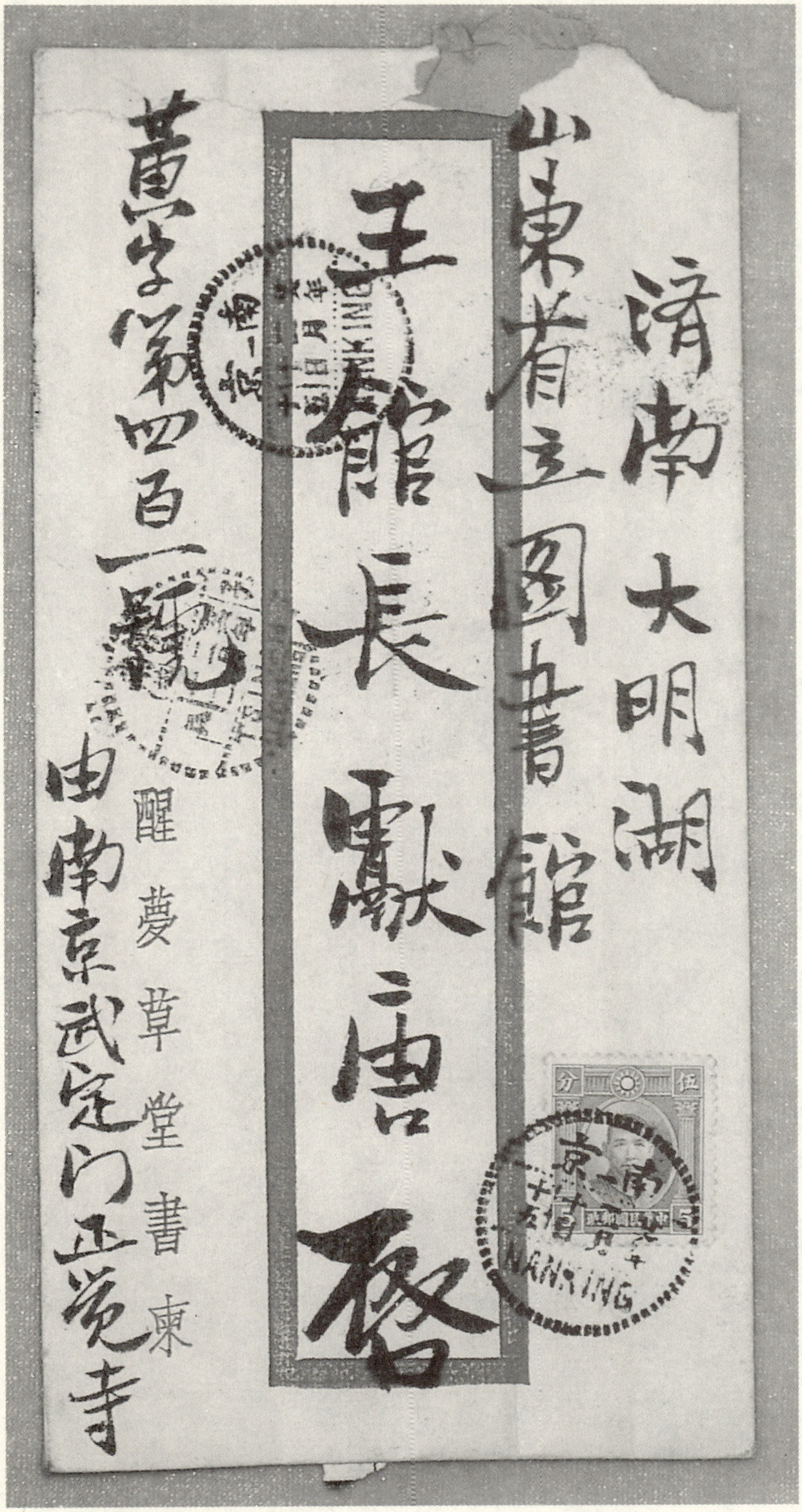

三百〇六　王 封一件

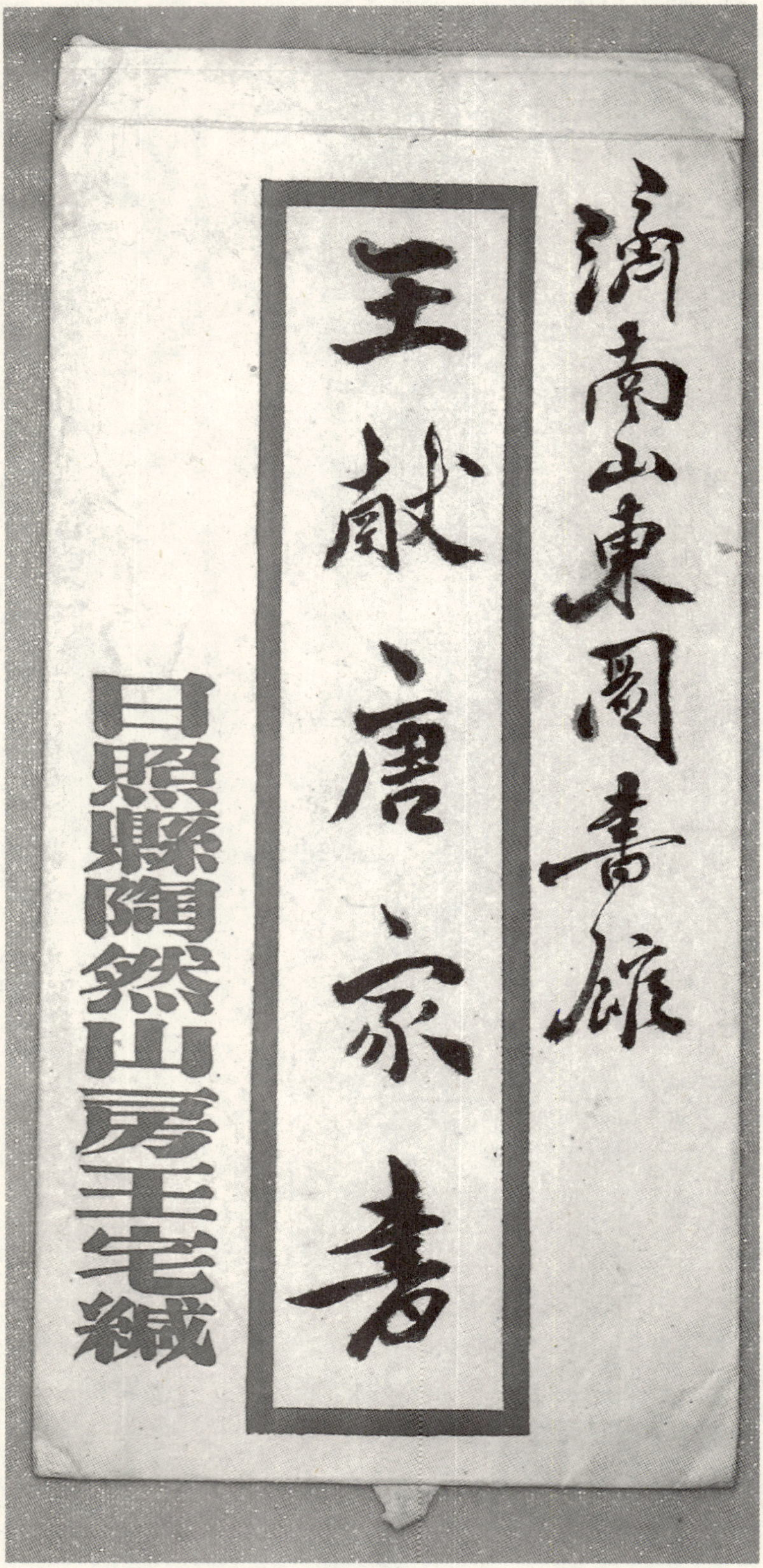

三百〇七　王

封十七件

封第一件

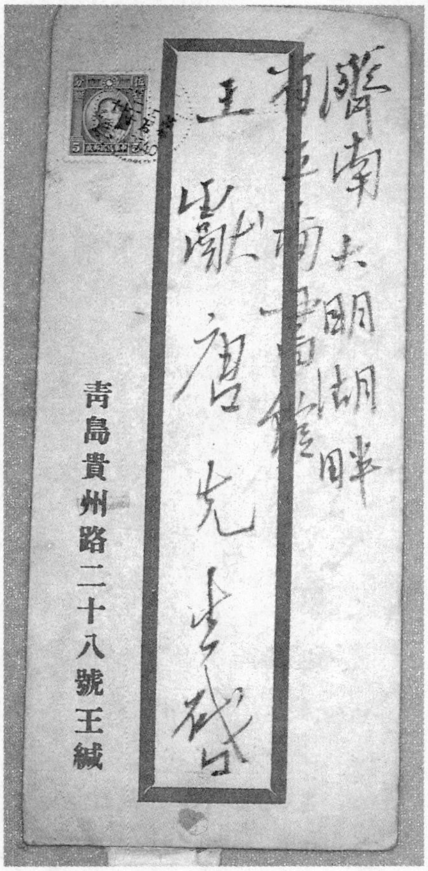

封第二件

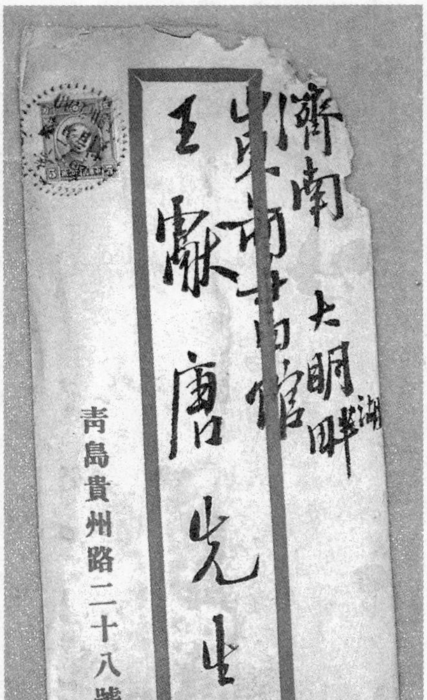

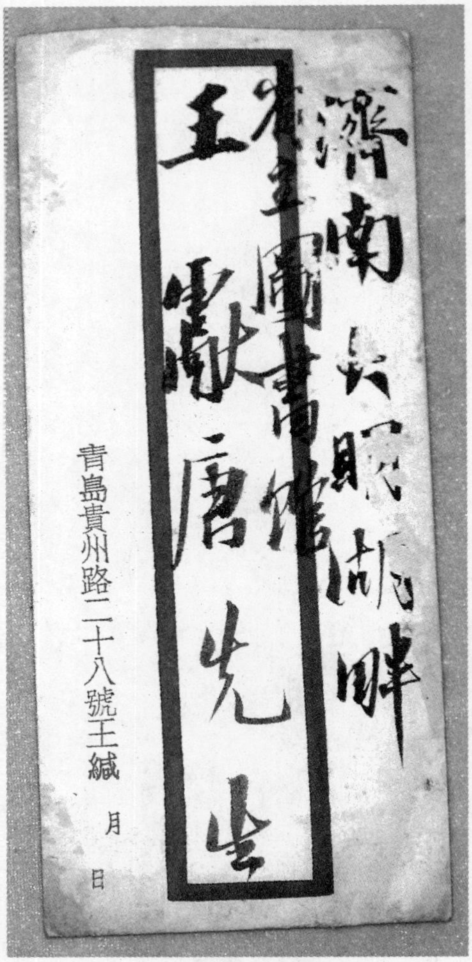
濟南大明湖畔
省立圖書館
王獻唐先生
青島貴州路二十八號王緘
月
日
封第三件

濟南大明湖畔
省立圖書館
王獻唐先生大啓
青島貴州路二十八號王緘
月
日
封第四件

封第五件

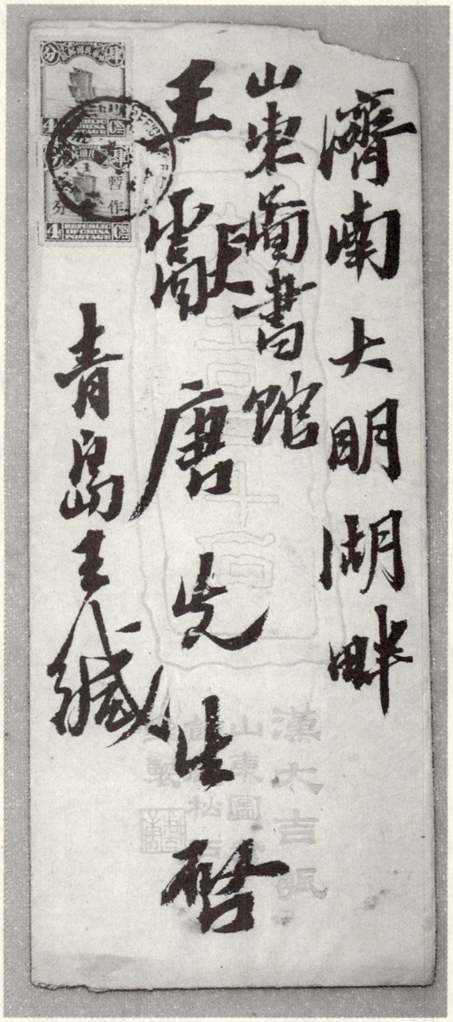

封第六件

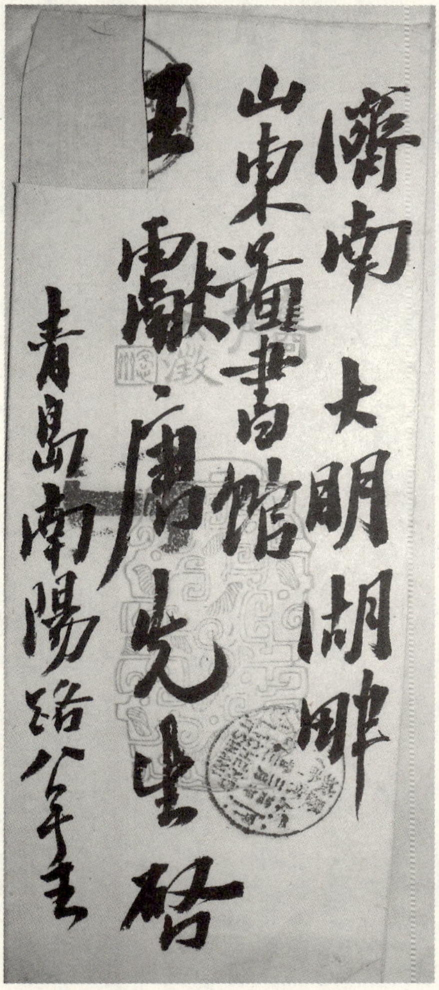

封第七件

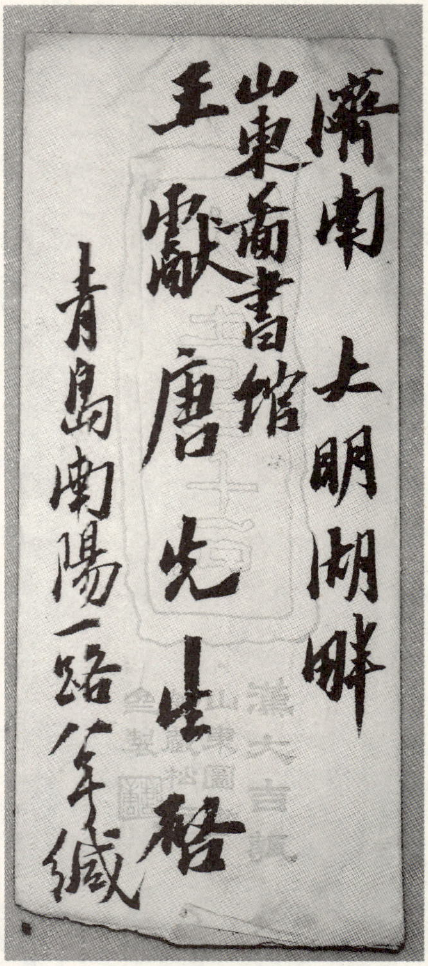

封第八件

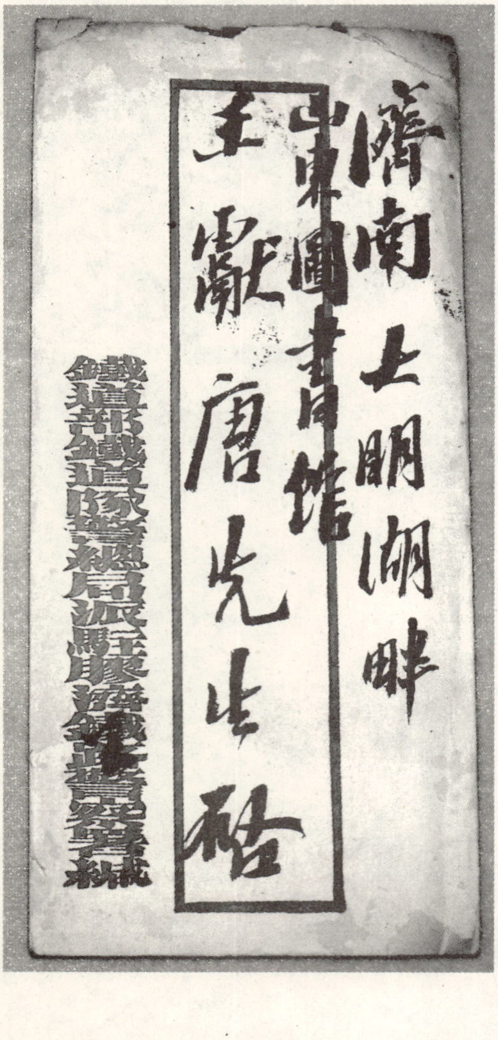

封第九件

封第十件

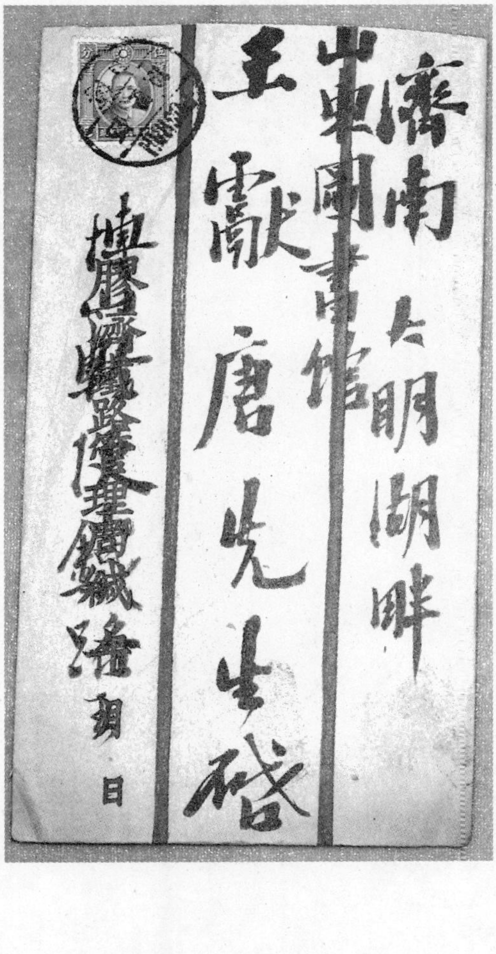

封第十一件

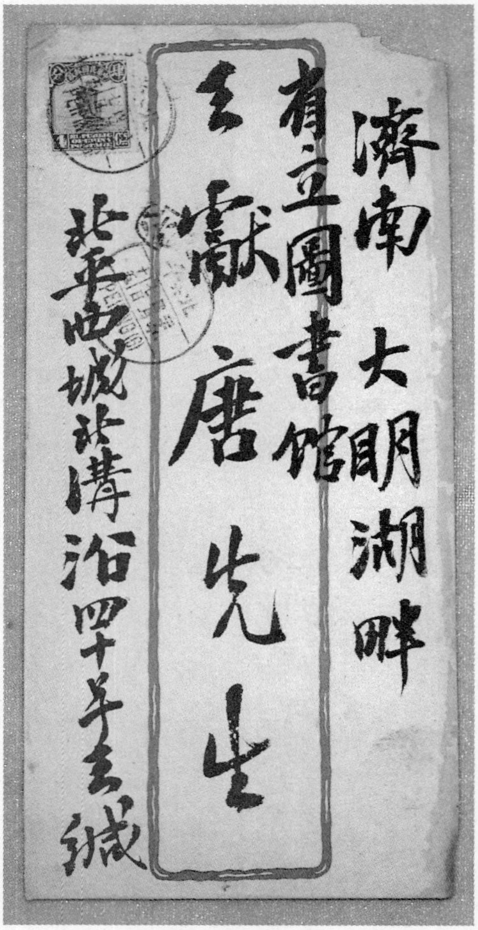

封第十二件

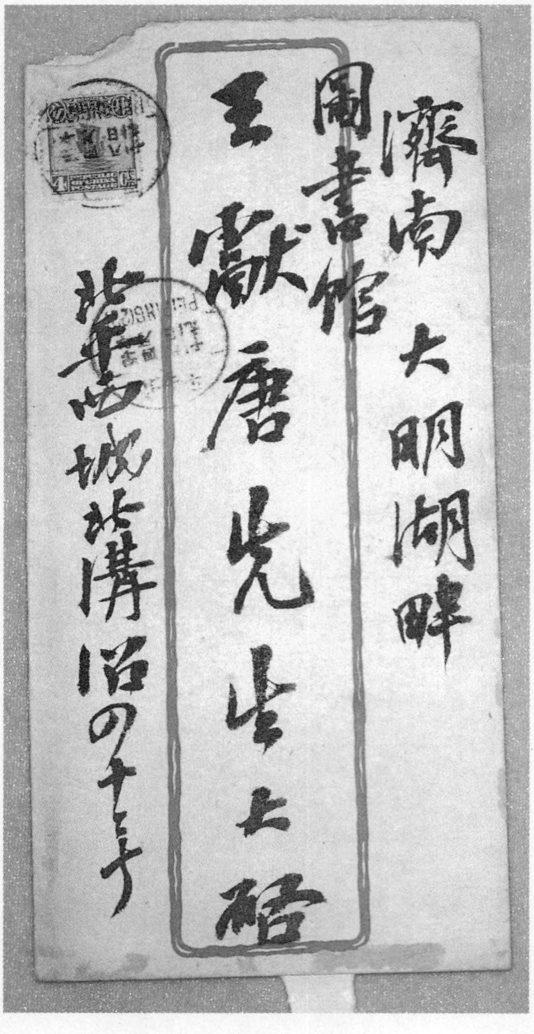

封第十三件

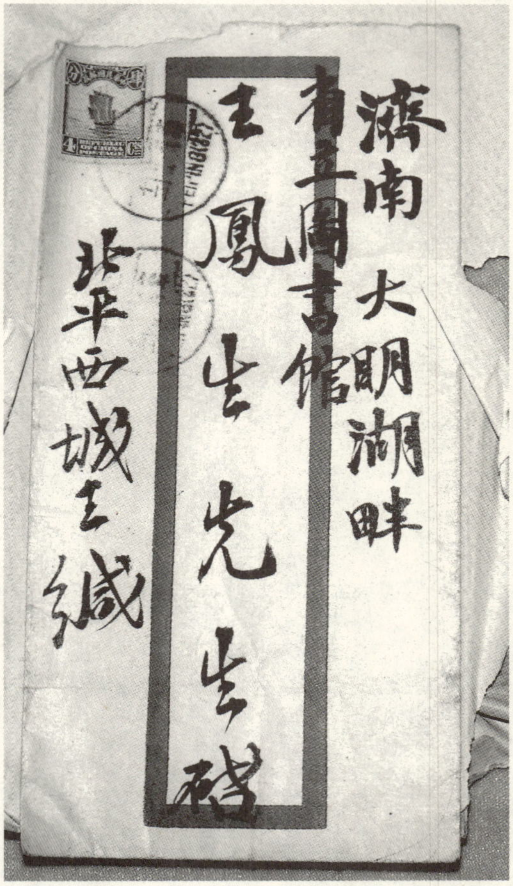

封第十四件

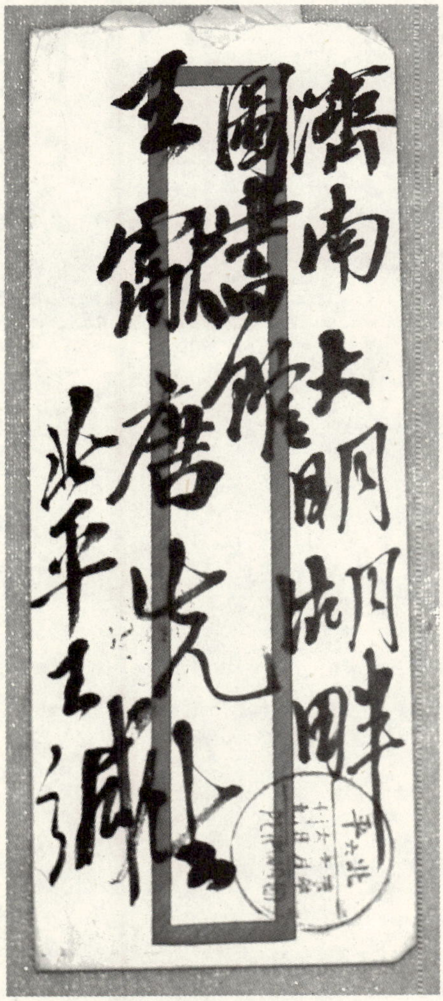

封第十五件

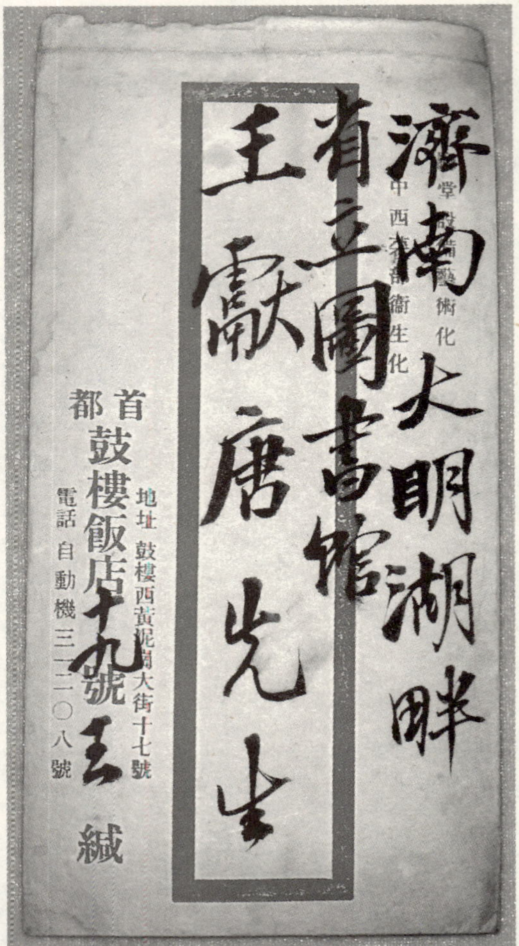
濟南大明湖畔
省立圖書館
王獻唐先生
首都鼓樓飯店
地址 鼓樓西黃泥崗大街十七號
電話 自動機三一二〇八號
中西大菜 衛生化 藝術化
十九號 王緘

封第十六件

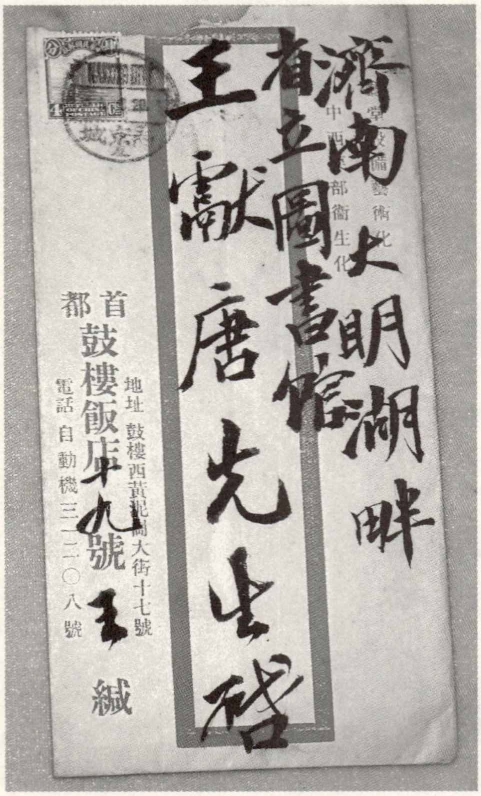
濟南大明湖畔
省立圖書館
王獻唐先生啓
首都鼓樓飯店
地址 鼓樓西黃泥崗大街十七號
電話 自動機三一二〇八號
中西 都衛生化 藝術化
十九號 王緘

封第十七件

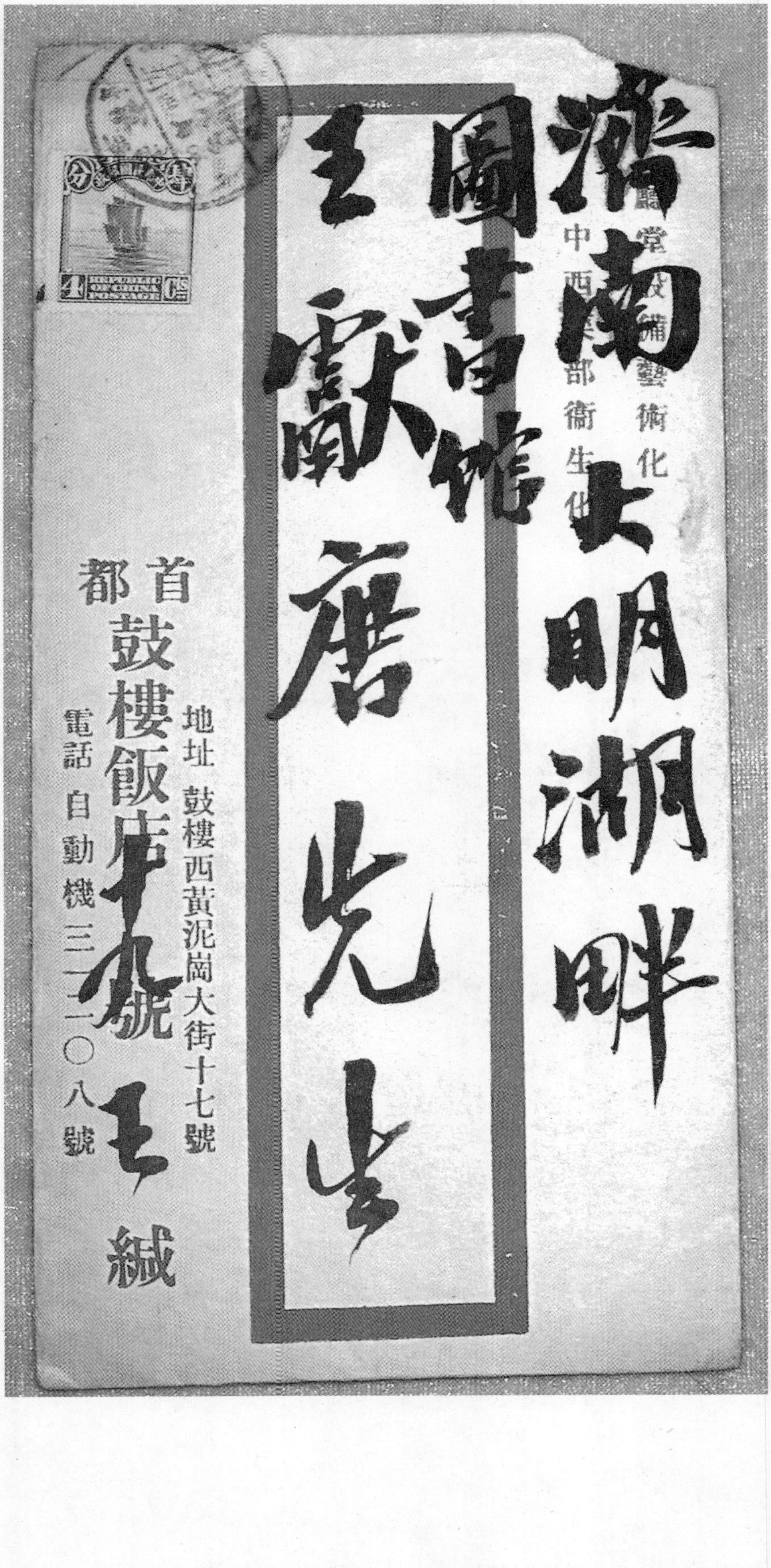
濟南大明湖畔
圖書館
王獻唐先生
首都
鼓樓飯店
地址 鼓樓西黃泥崗大街十七號
電話 自動機 三一二〇八號
十九號 王繊
REPUBLIC OF CHINA POSTAGE

三百〇八 吉林長春東站鐵路局會計科 封一件

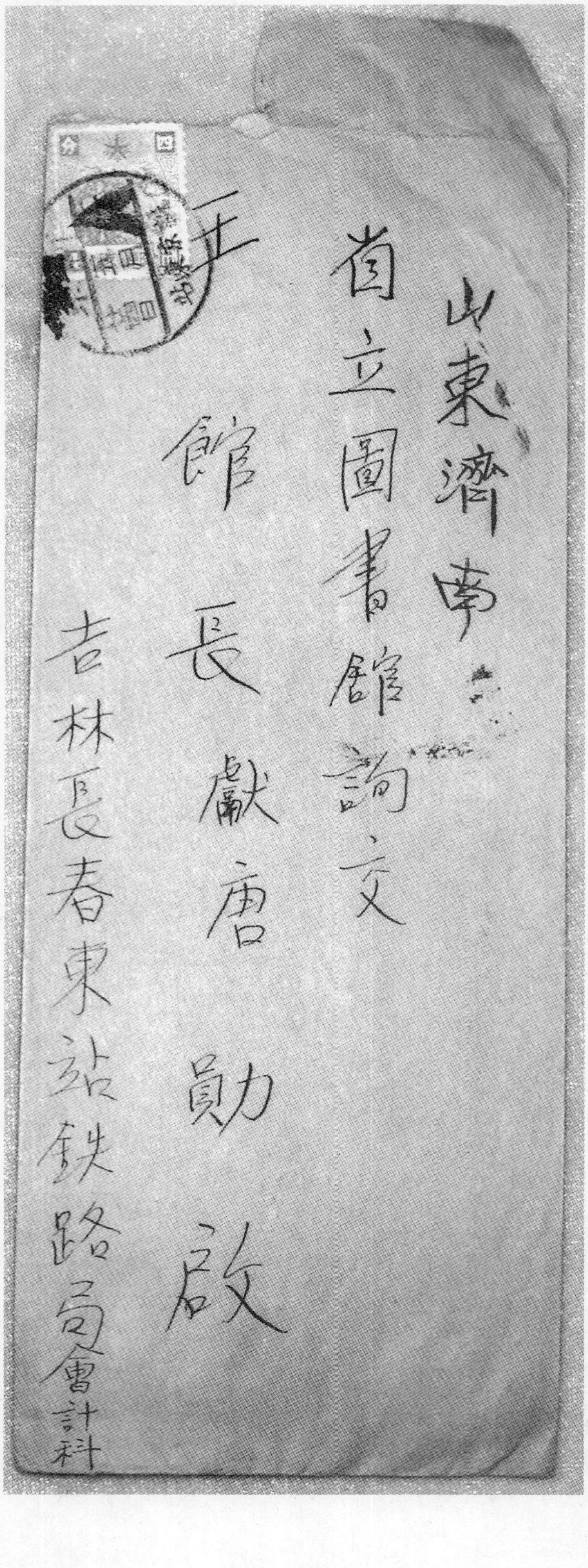

三百〇九 友

封一件

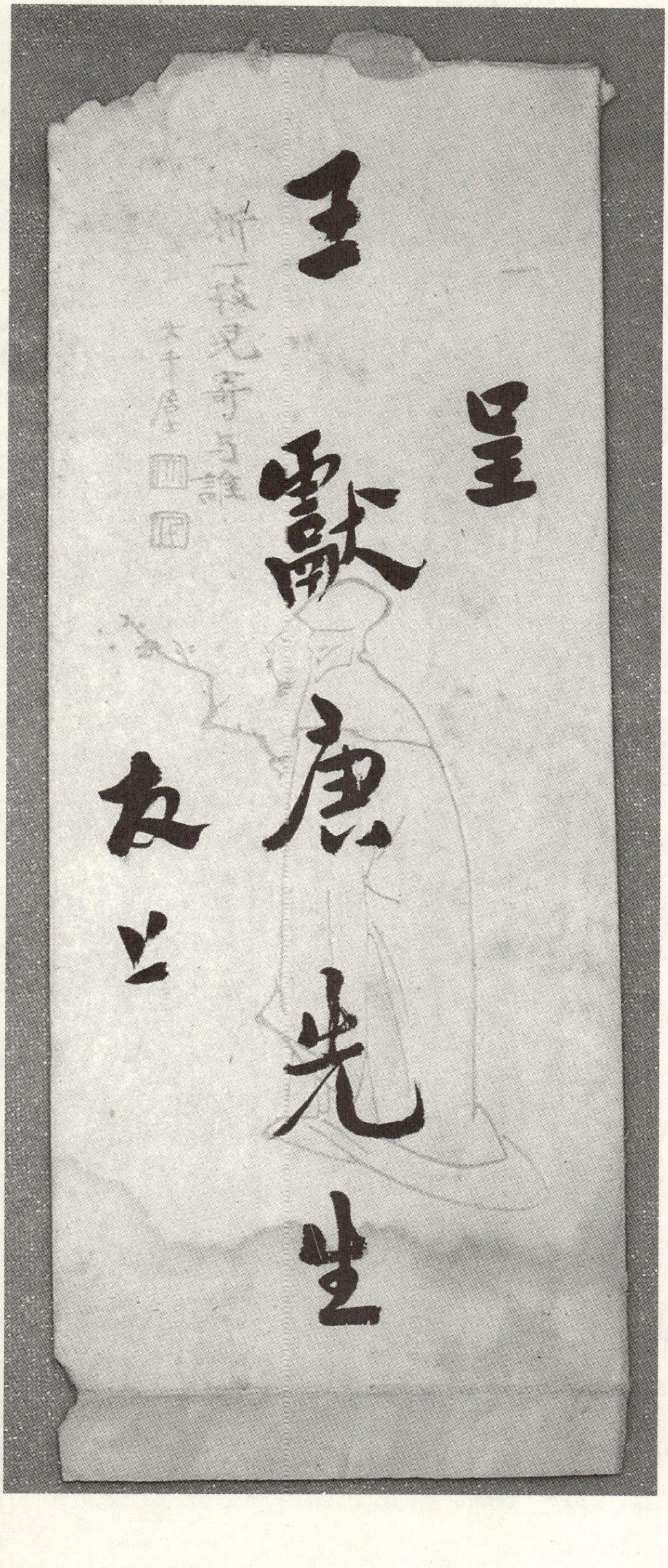

三百一十 濟寧電燈公司

封一件

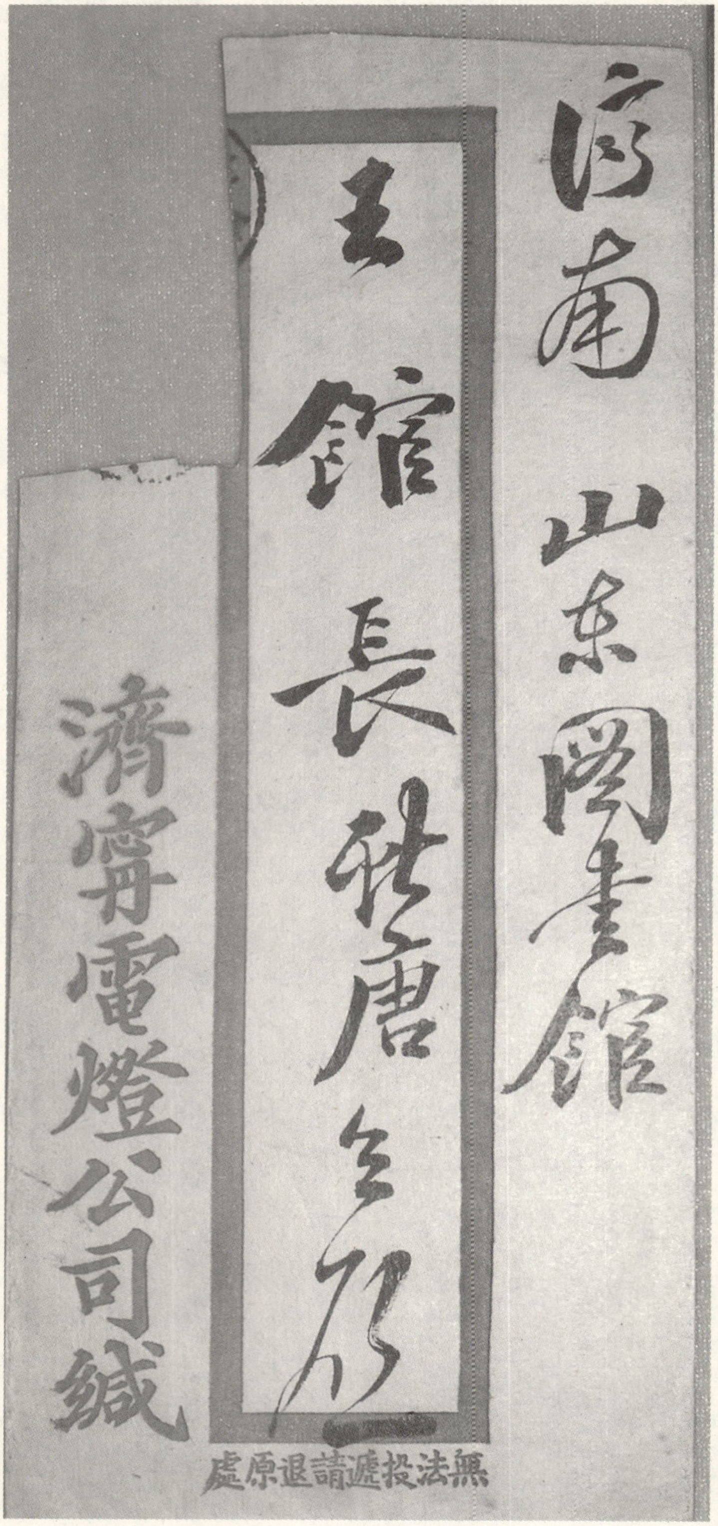

三百一十一　某氏

封一件

三百一十二　某氏封一件

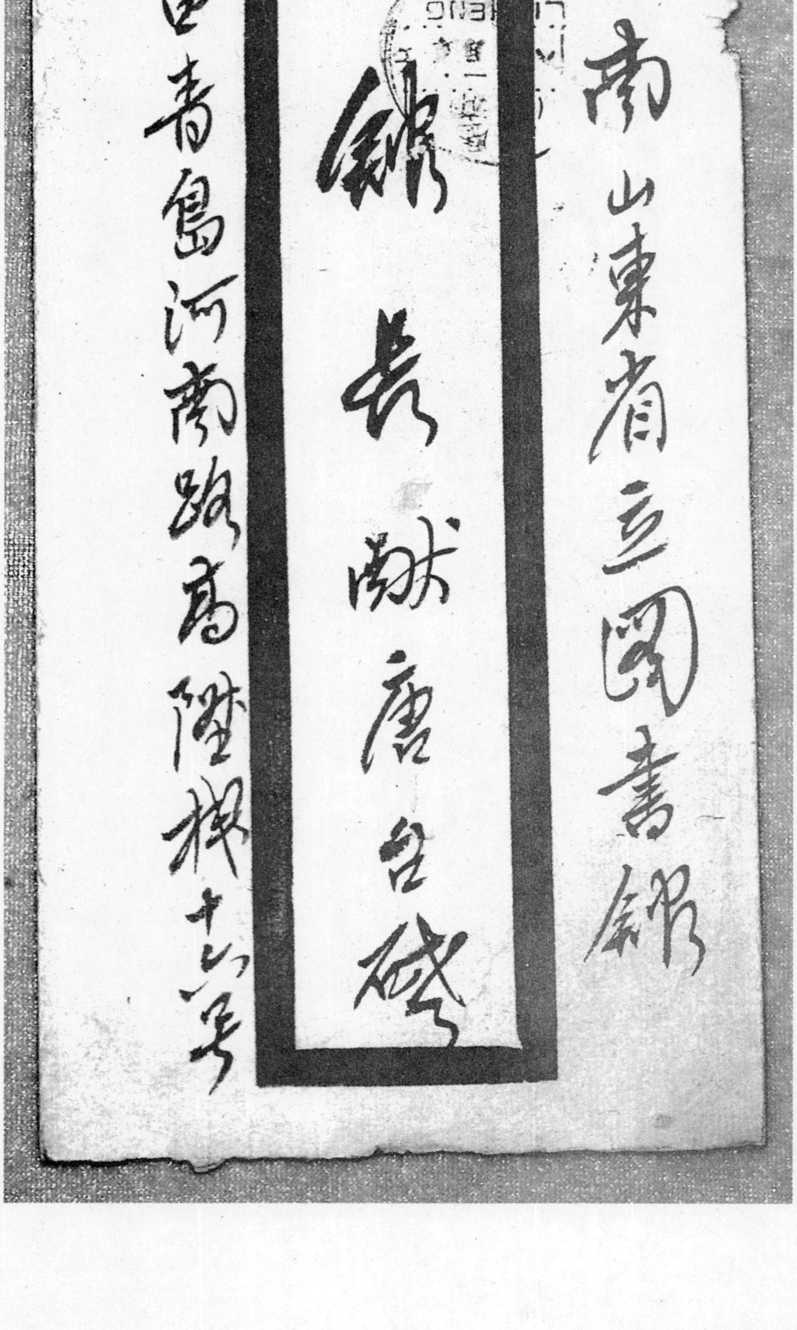

三百一十三 某氏封一件

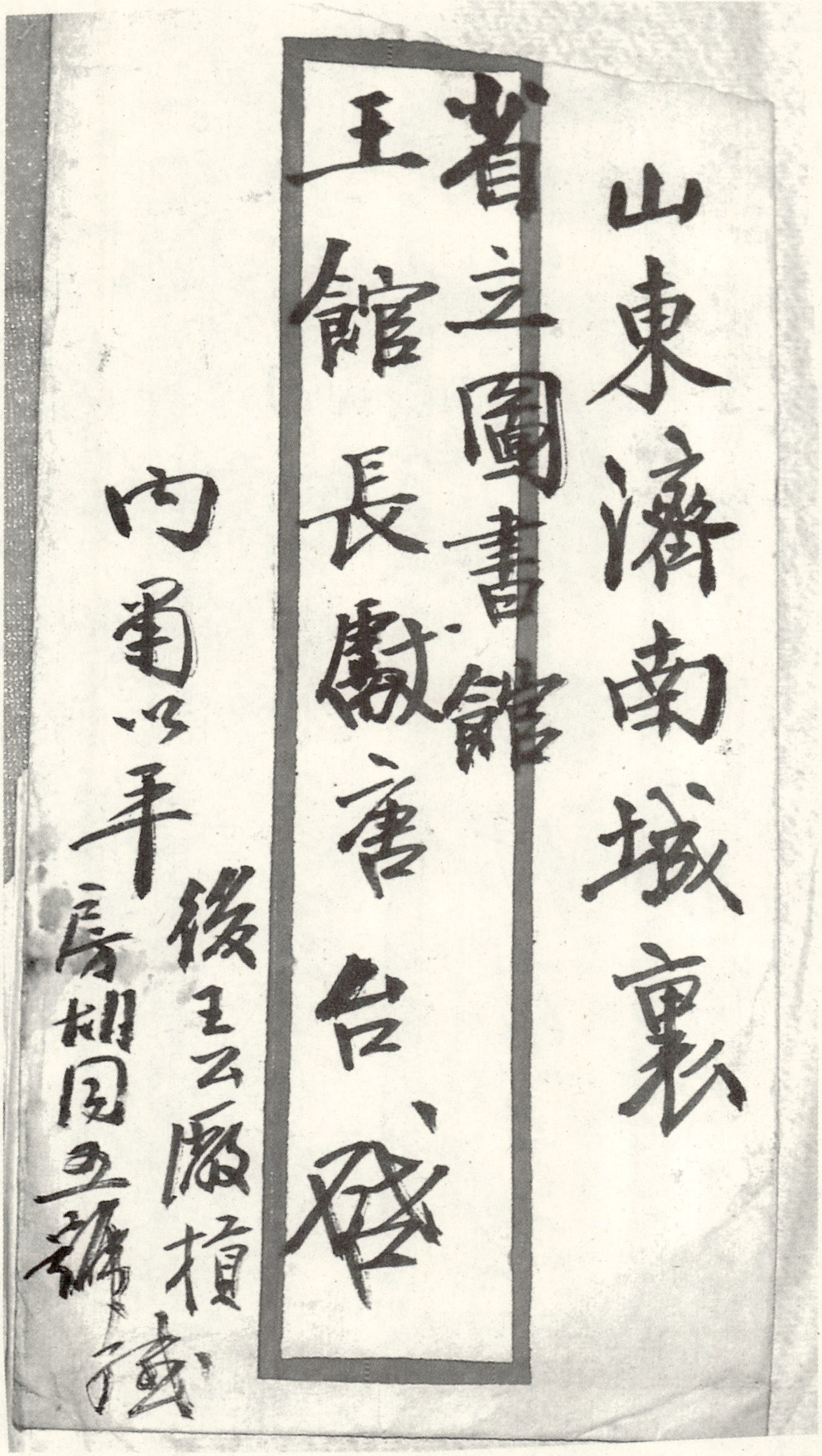
山東濟南城裏
省立圖書館
王館長獻唐台啓

三百一十四　某氏封一件

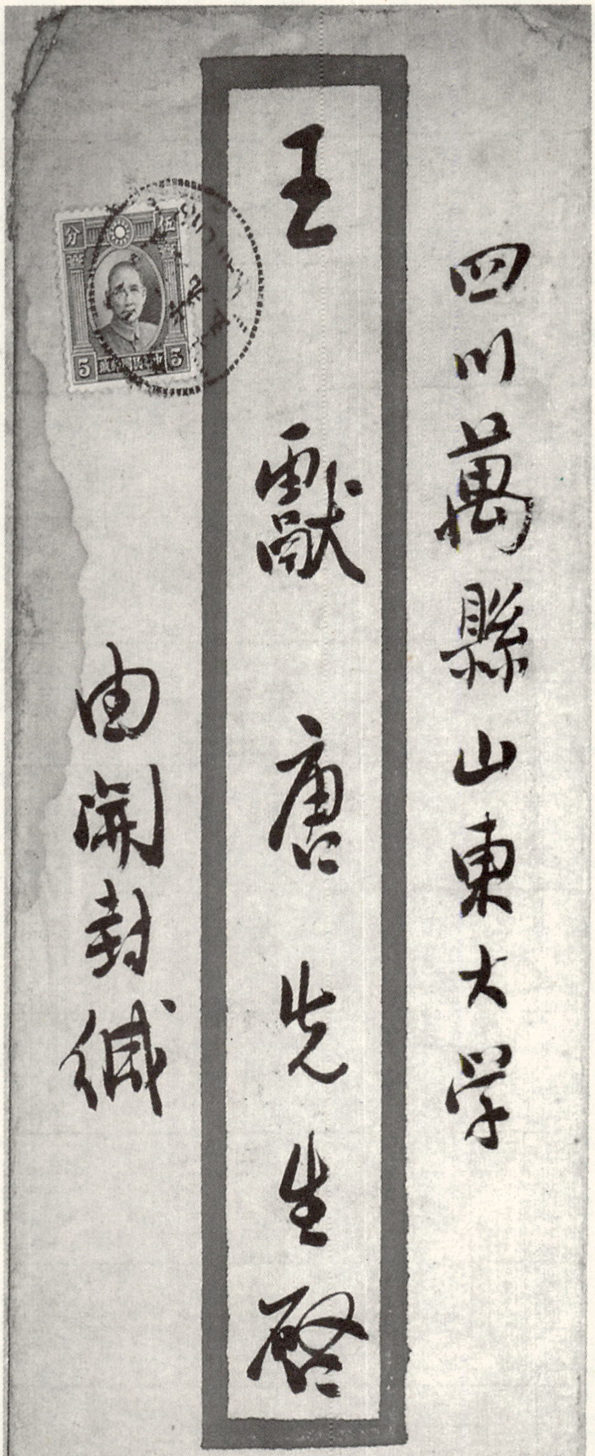

三百一十五　某氏 封一件

三百一十六 某氏 封一件

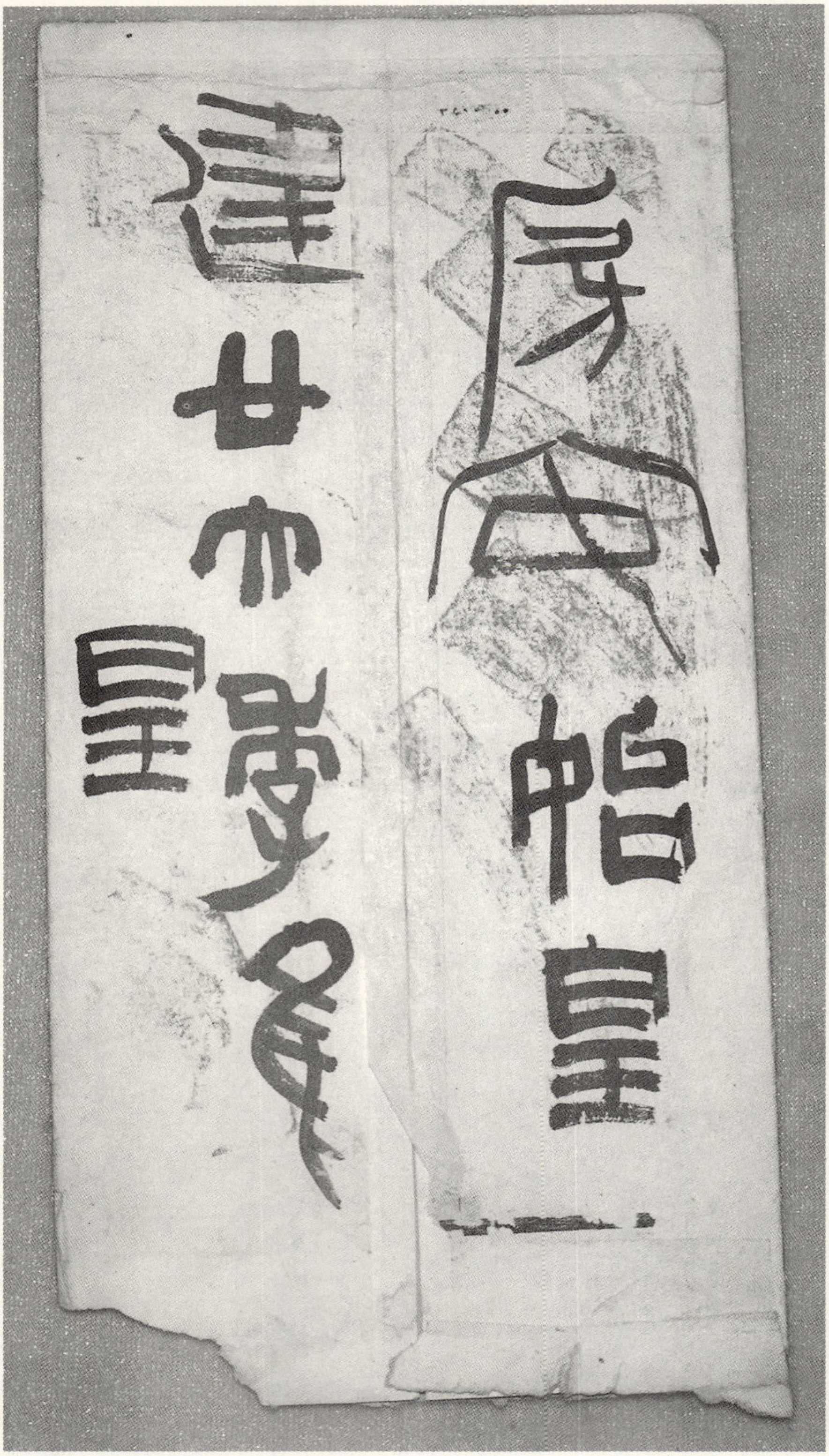

三百一十七　某氏封一件

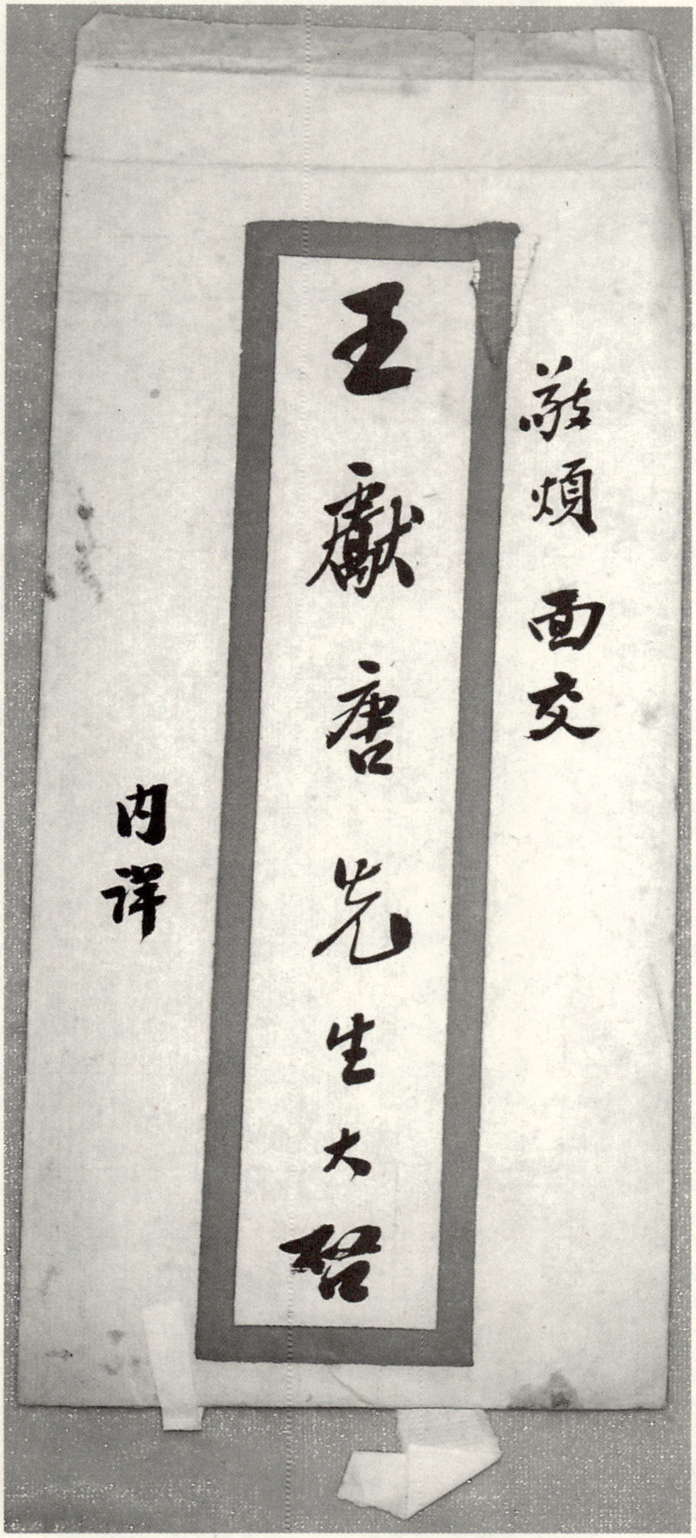

三百一十八　某氏封一件

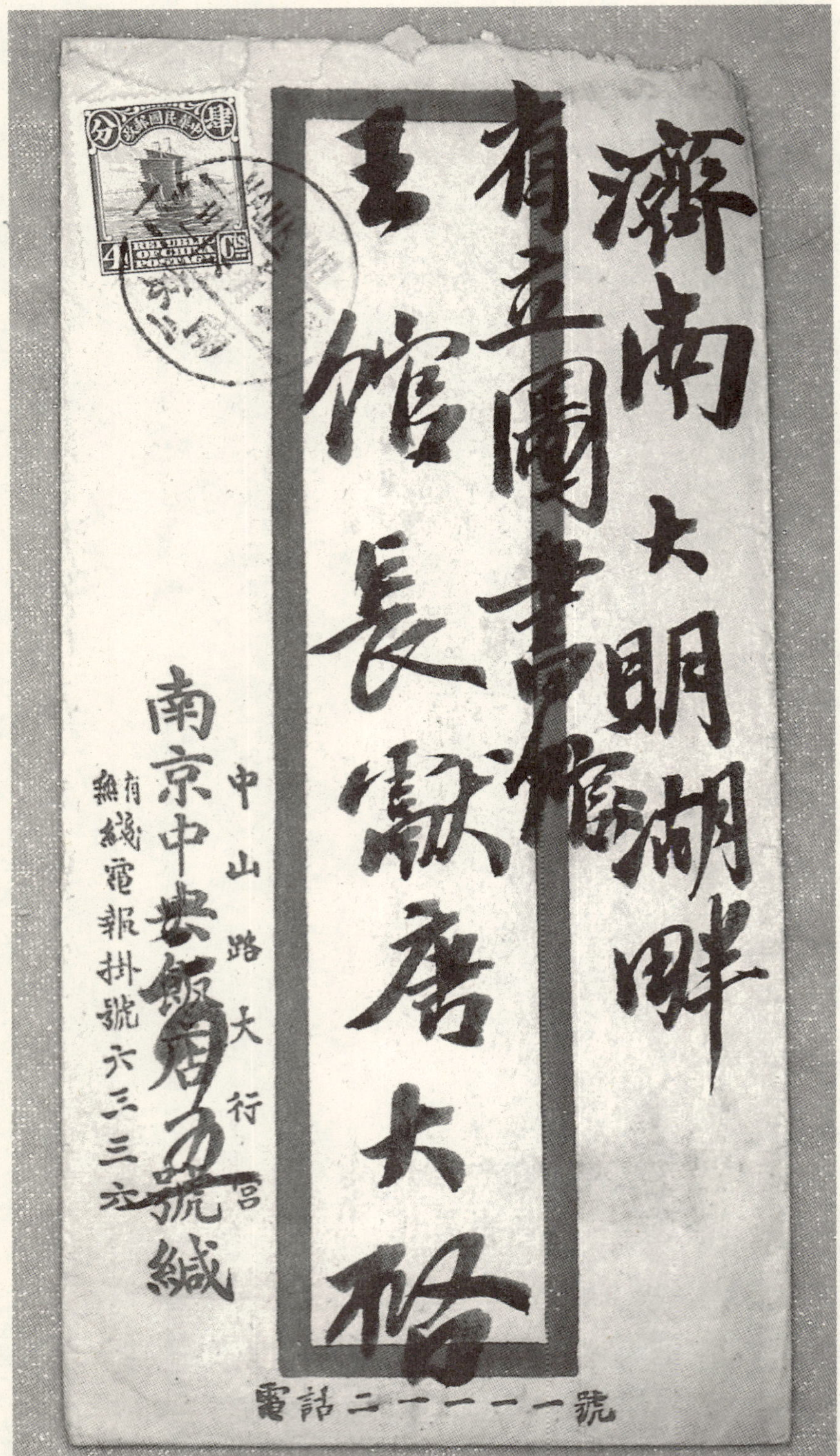
濟南大明湖畔
省立圖書館
館長獻唐大啓
南京中央飯店五號緘
中山路大行宮
有線無線電報掛號六三三六
電話二一一一一號

三百一十九 某氏封一件

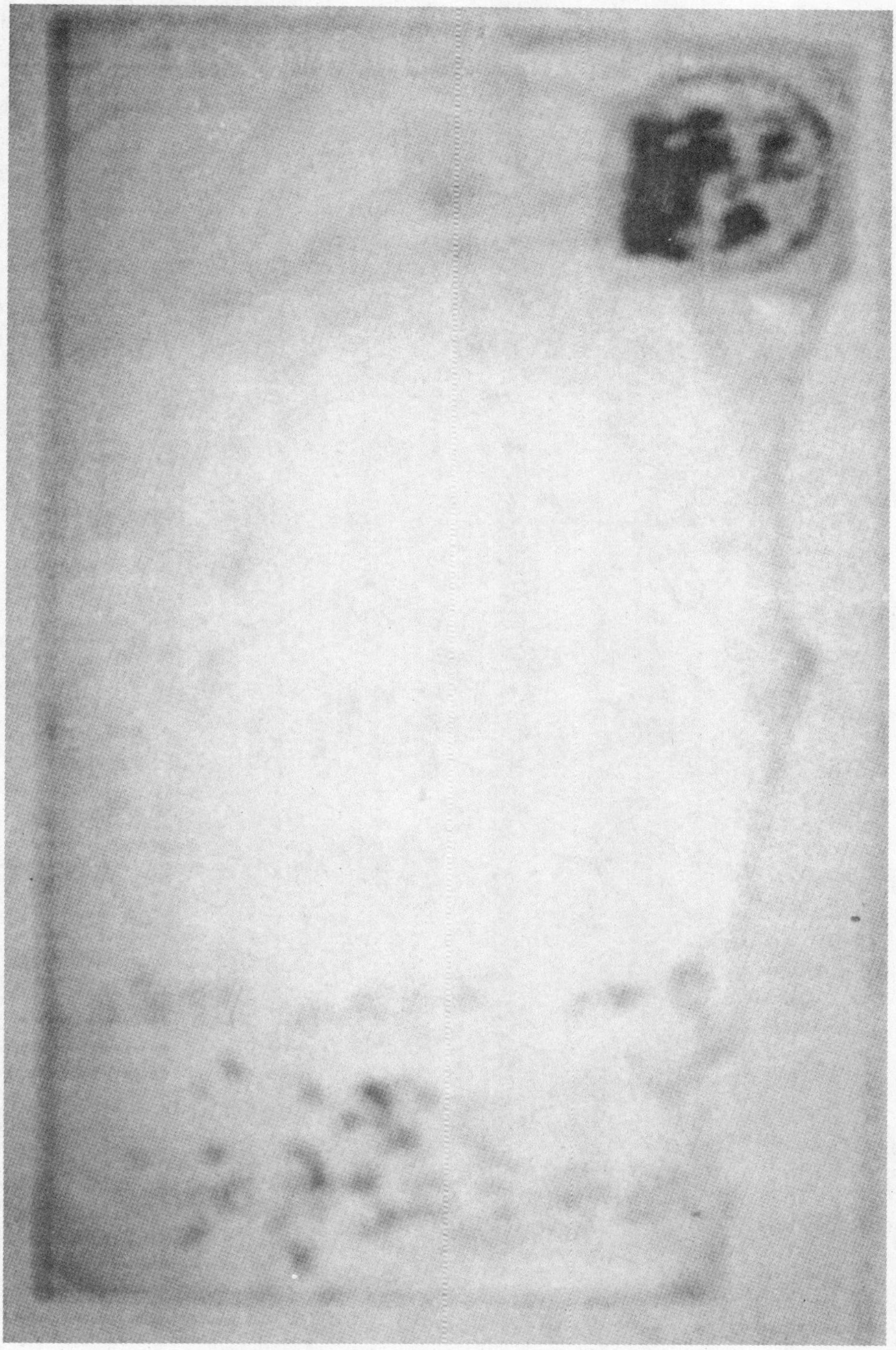

附錄

一　王獻唐致王文華書三十一通　封十二件

書第一通

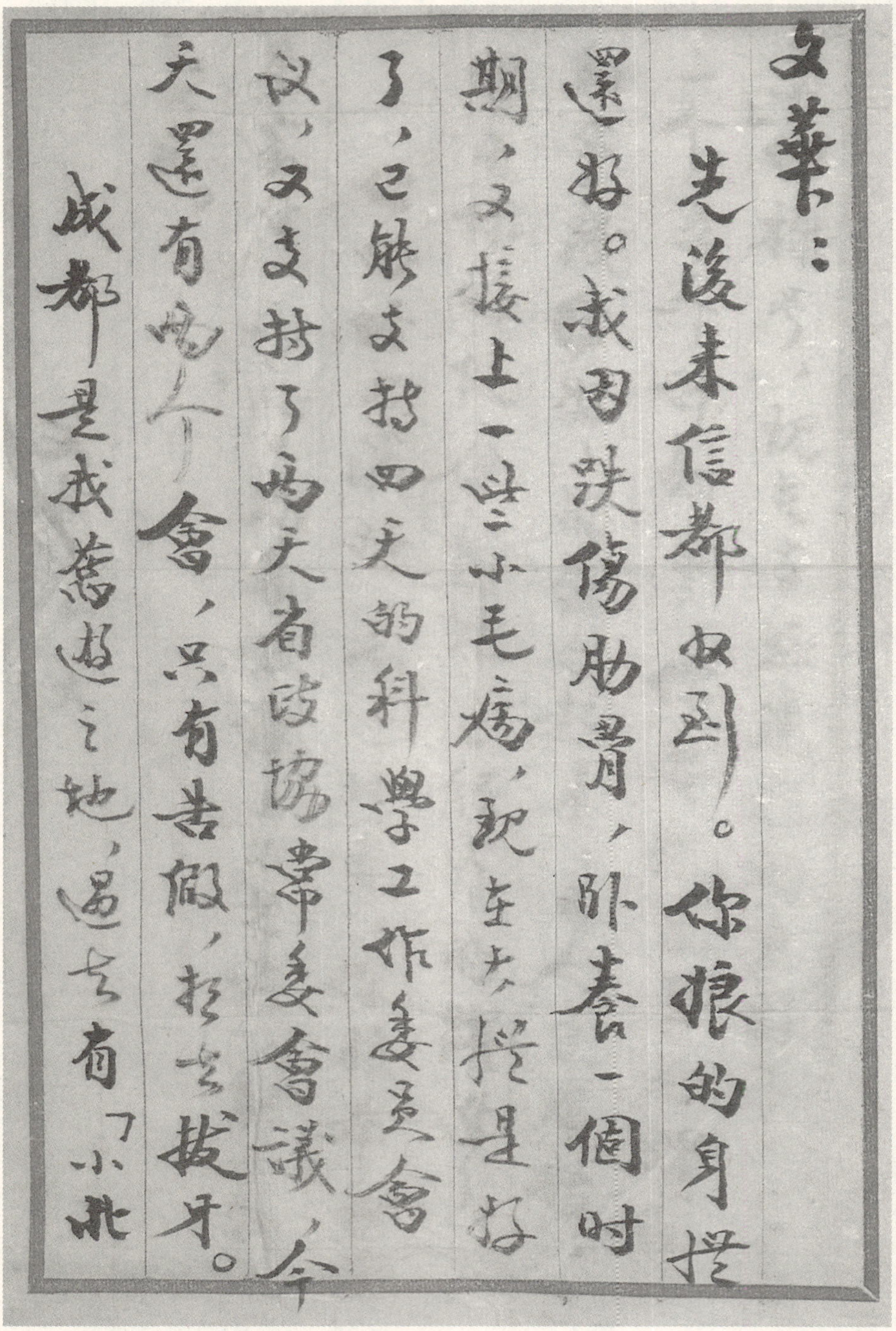

文華：

先後來信都收到。你娘的身體還好。我因跌傷肋骨，臥床一個時期，又長上一些小毛病，現在大體是好了，已能支持四天的科學工作委員會議，又支持了兩天省政協常委會議，今天還有兩个會，只有告假，抽去拔牙。

成都是我舊遊之地，過去有个小[illegible]

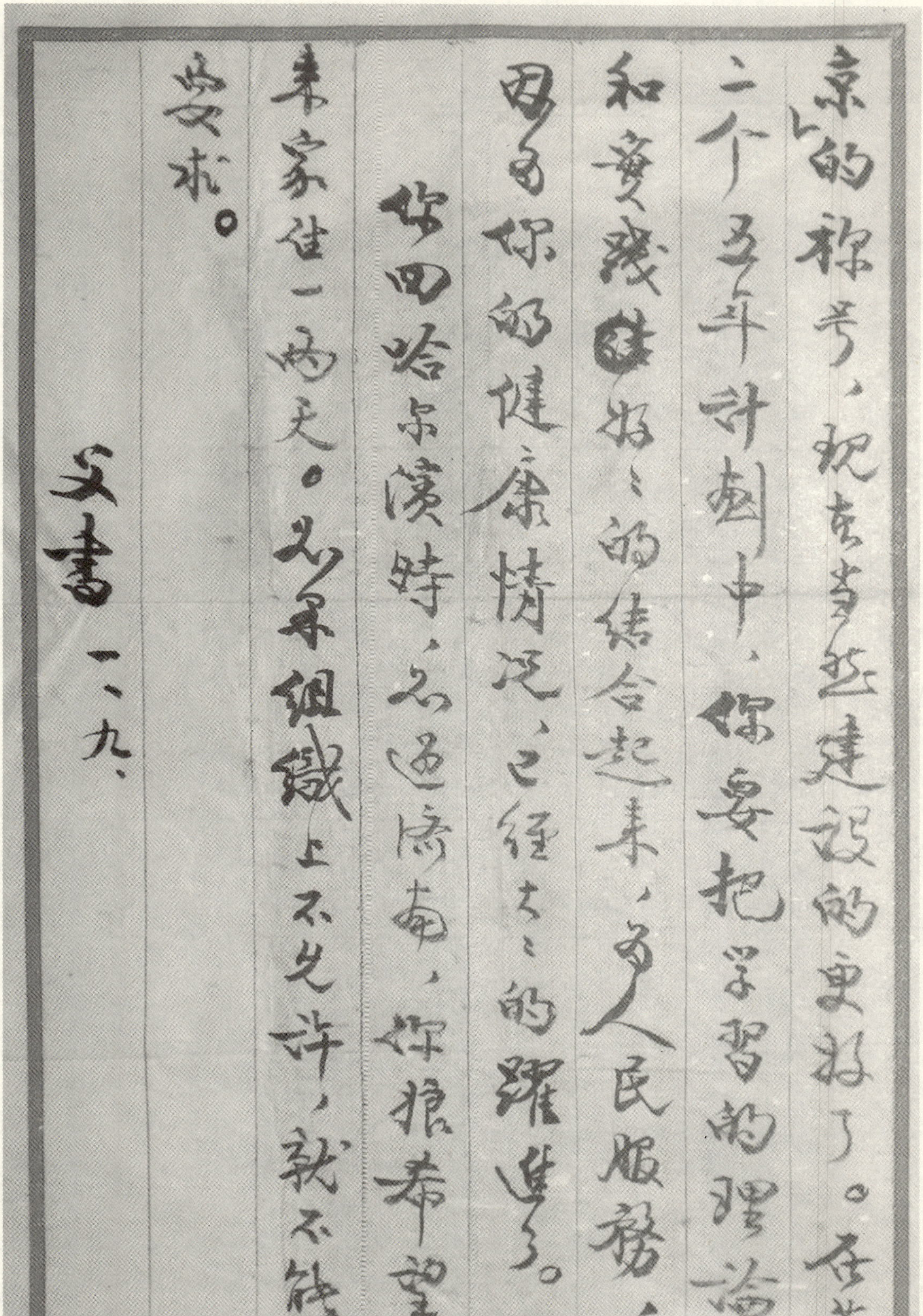

京々的樣子，现在建設的更好了。在第二个五年計劃中，你要把学習的理論和實踐好々的結合起来，為人民服務，因为你的健康情况，已經大々的躍進了。

你回哈尔濱時，不過濟南，你很希望來家住一兩天。如果組織上不允許，就不能要求。

父書 二、九、

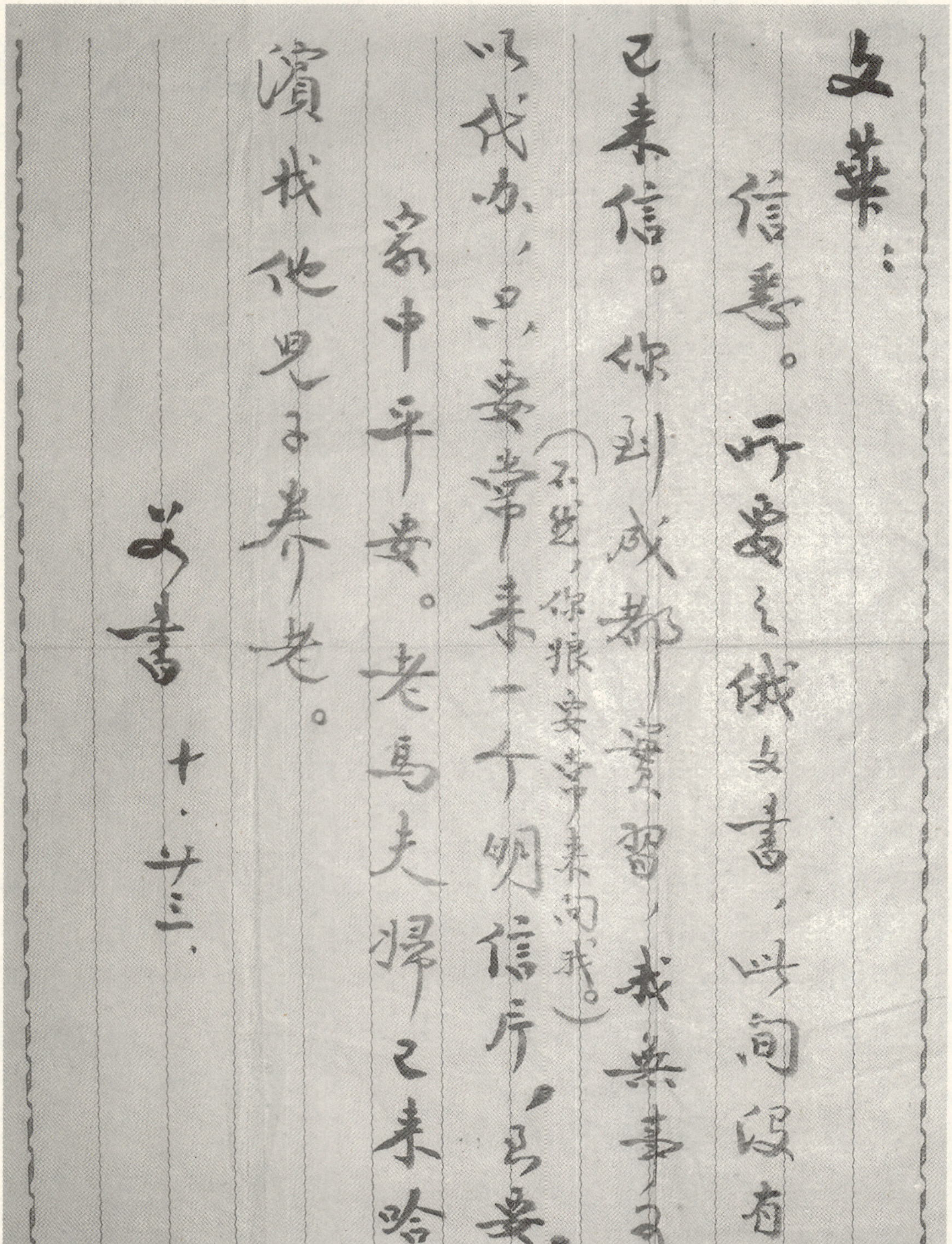

文華：

信悉。所要之俄文書，此間沒有，已來信。你到成都，實習，我無事了，所代办，只，要常常來一个明信片，（不忙，你狠要常來問我。）只要！家中平安。老馬夫婦已來哈尔濱找他兒子养老。

文書 十、廿三。

書第三通

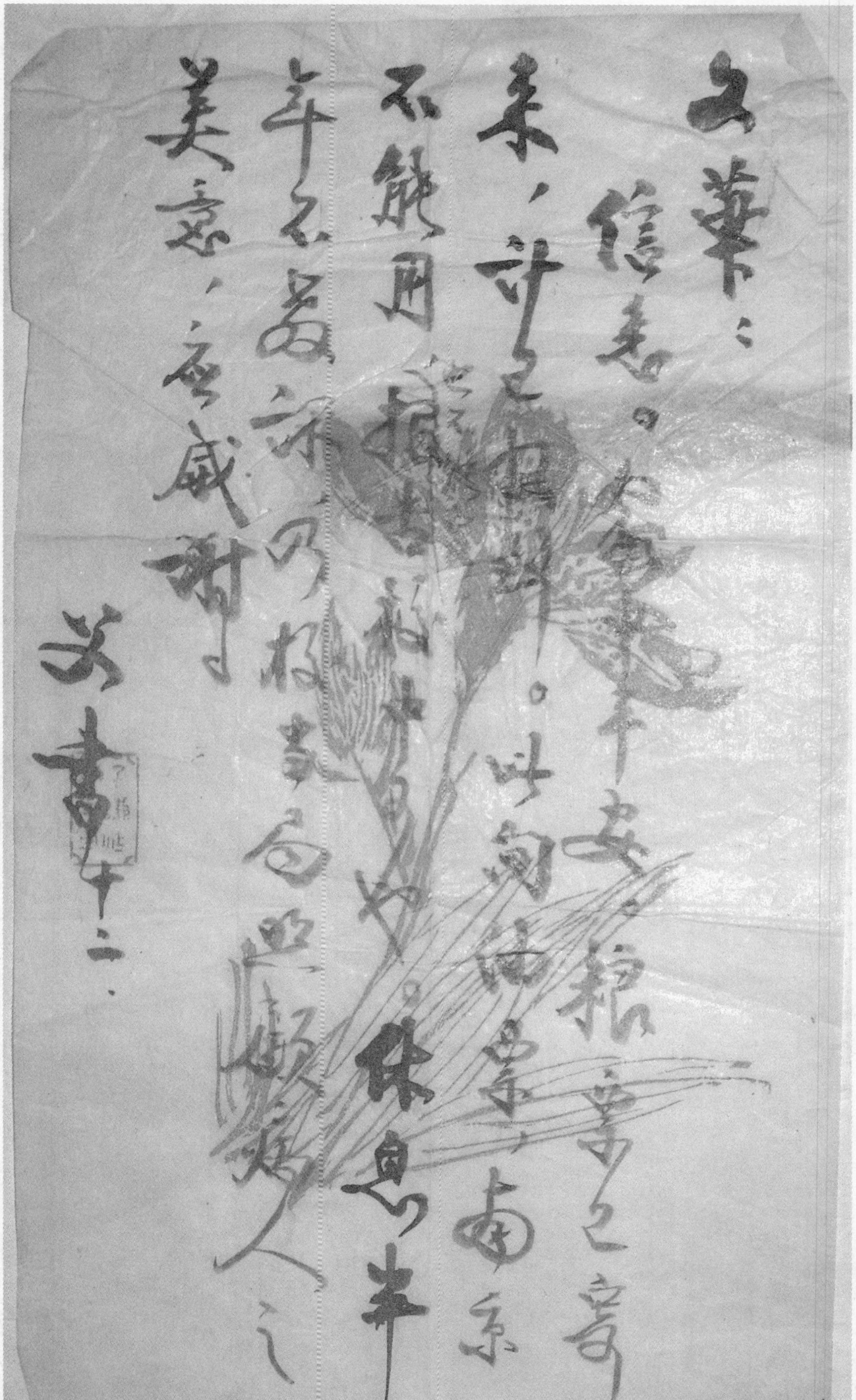

又華：
信悉。大象平安，糧票已寄
來。對之甚[illegible]。此句[illegible]兩字
不能用。[illegible]。休息半
年不為[illegible]的[illegible]書局[illegible]人之
美意，亦感謝。
[illegible]書 十二

書第四通

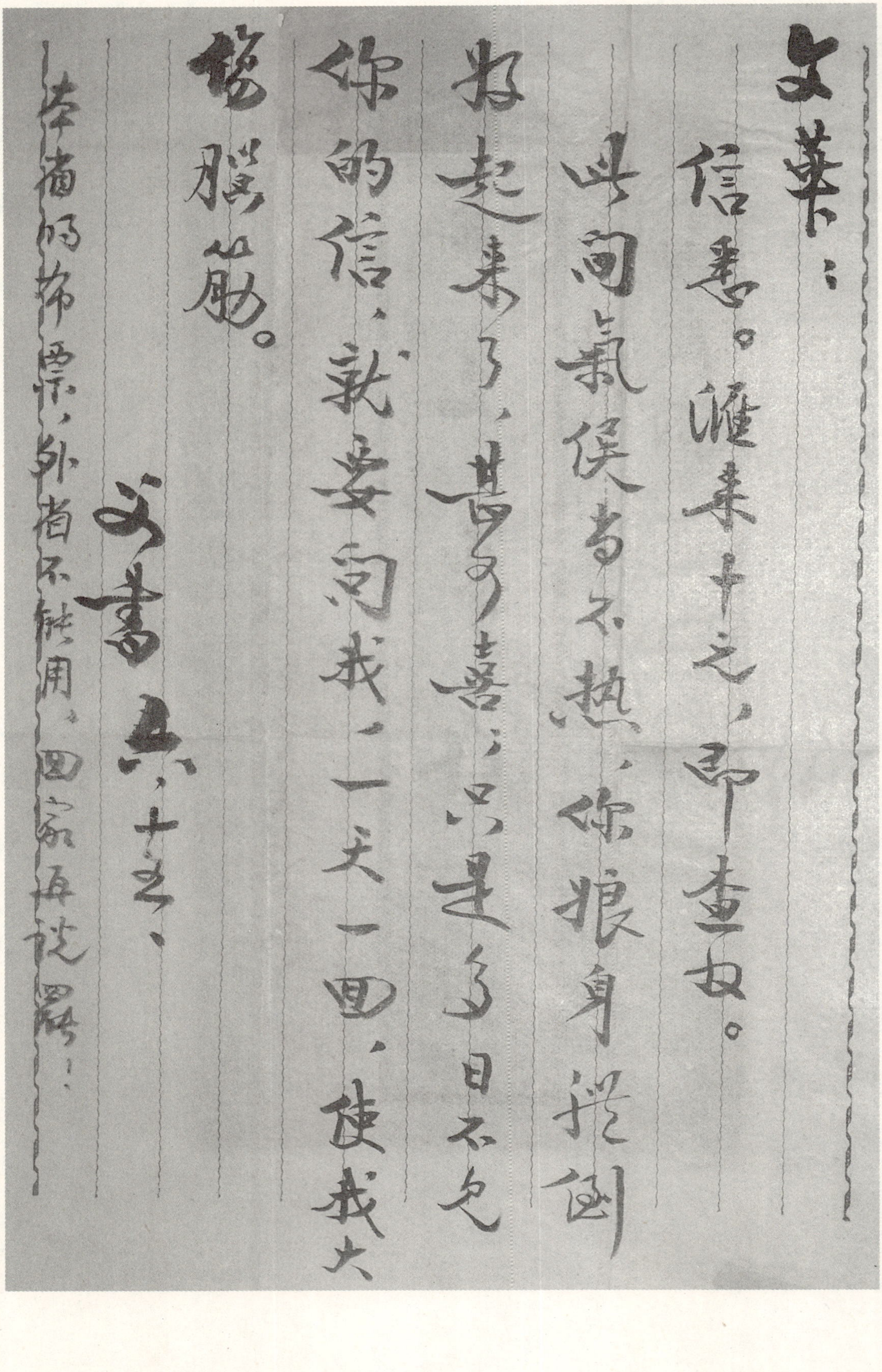
文華：
信悉。滙來十元，即查收。此間氣候尚不熱，你娘身體倒好起來了，甚喜甚喜！只是多日不見你的信，就要問我一天一回，使我大傷腦筋。

父書 五，十五，

本省仍節票，外省不能用，回家再說罷。

書第五通

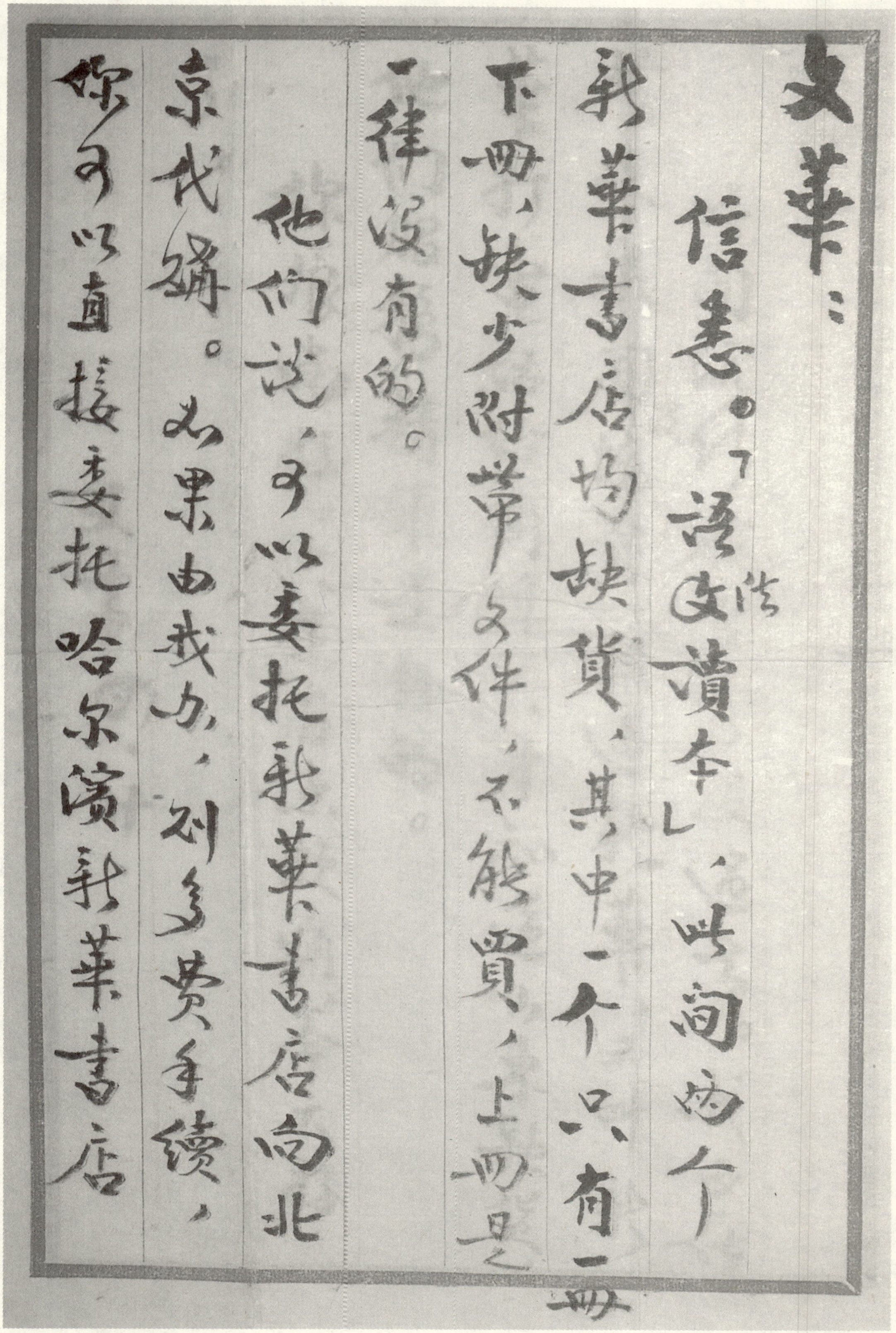

文華：

信悉。「語法讀本」，此間兩个新華書店均缺貨，其中一个只有一冊下冊，缺少附帶文件，不能買，上冊是一律沒有的。

他們說，可以委托新華書店向北京代辦。如果由我办，則多費手續，你可以直接委托哈尔濱新華書店

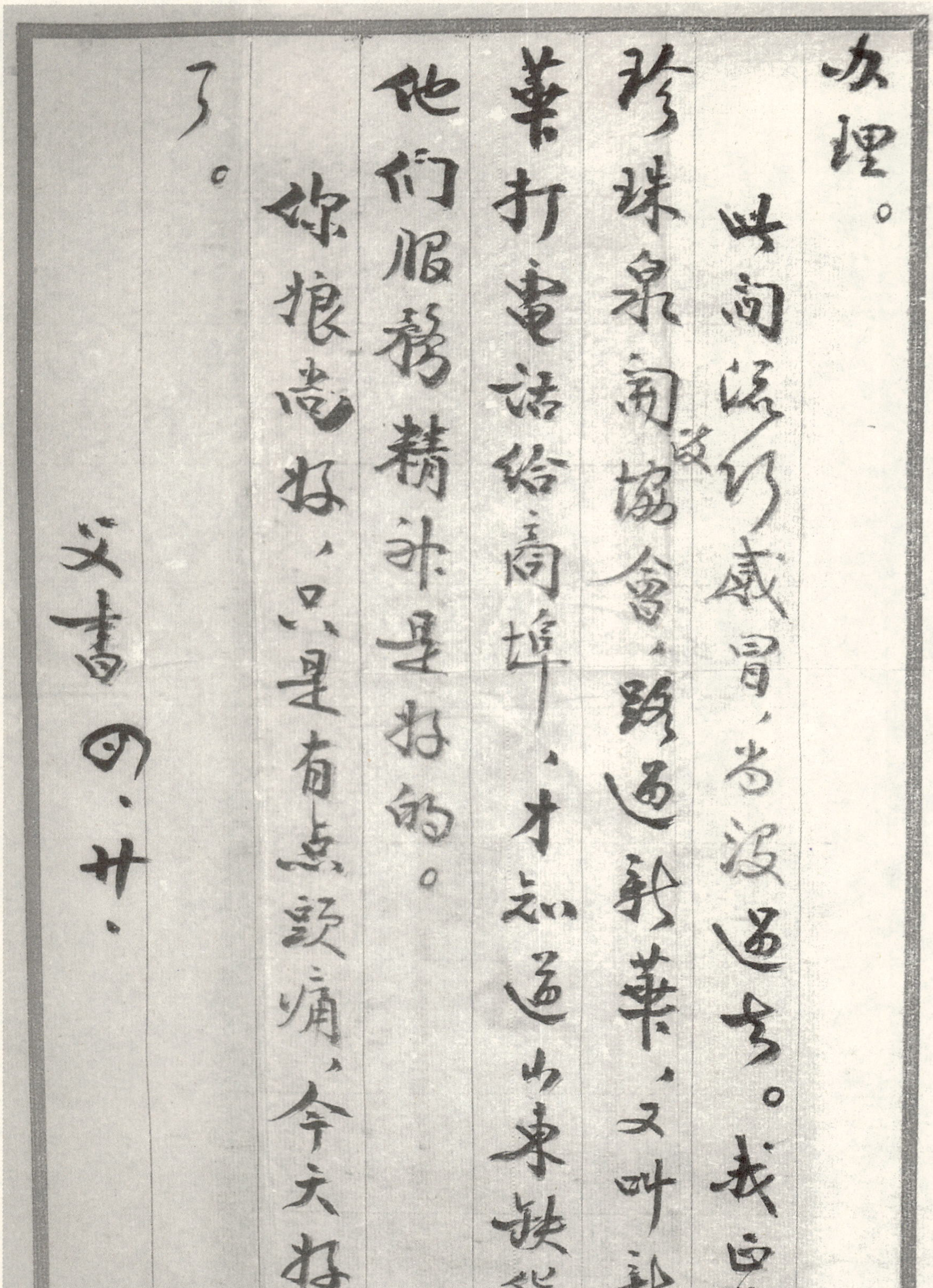
办理。
此间流行感冒，尚没过去。我自从
珍珠泉开政协会，路过新华，又叫新
华打电话给商埠，才知道小东缺货，
他们服务精神是好的。
你娘尚好，只是有点头痛，今天好
了。
父书 四.廿.

書第六通

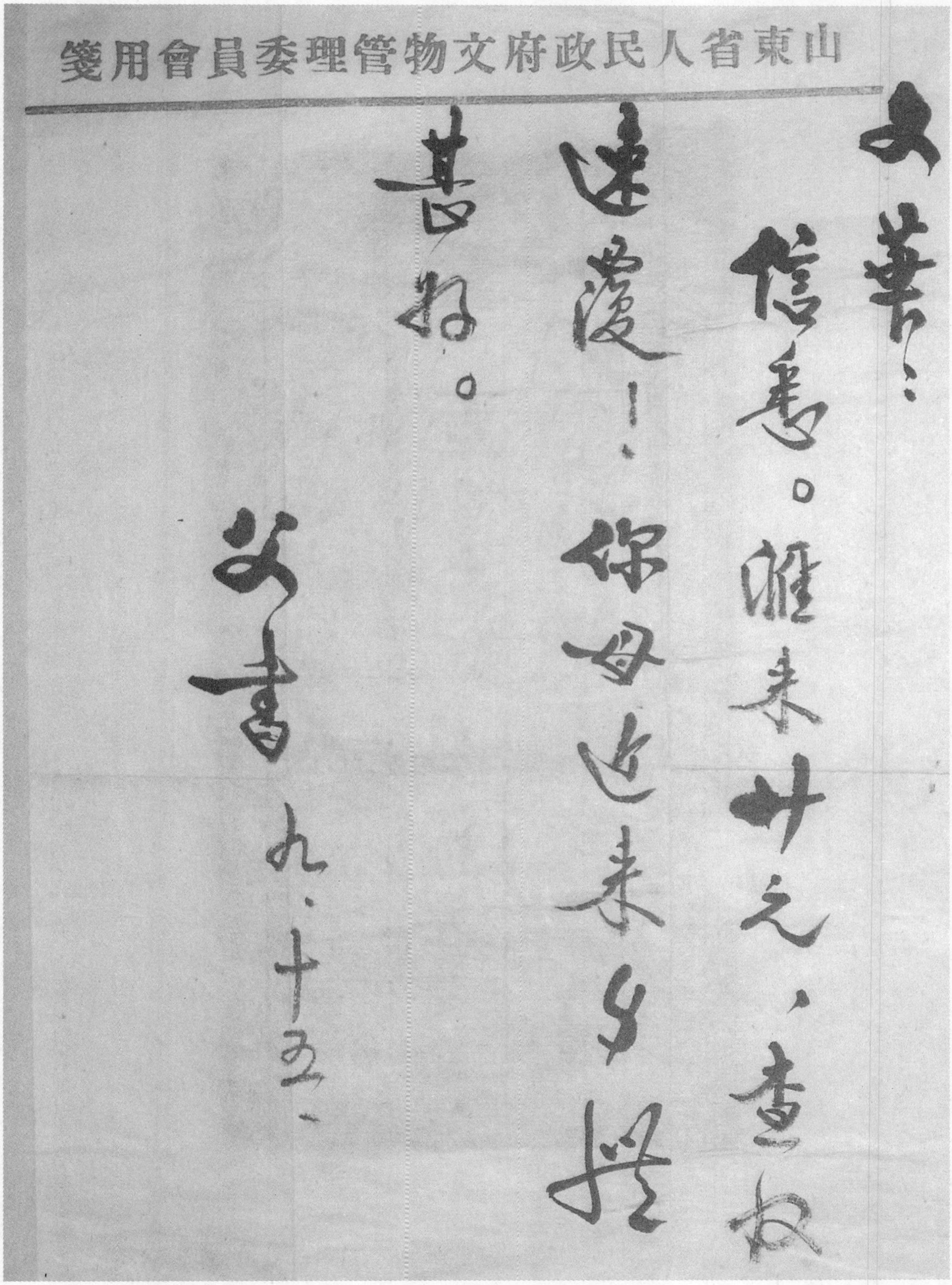
山東省人民政府文物管理委員會用箋

文華：

信悉。匯來廿元，已查收。

遲復！！你母近來身體

甚好。

父書

九、十五

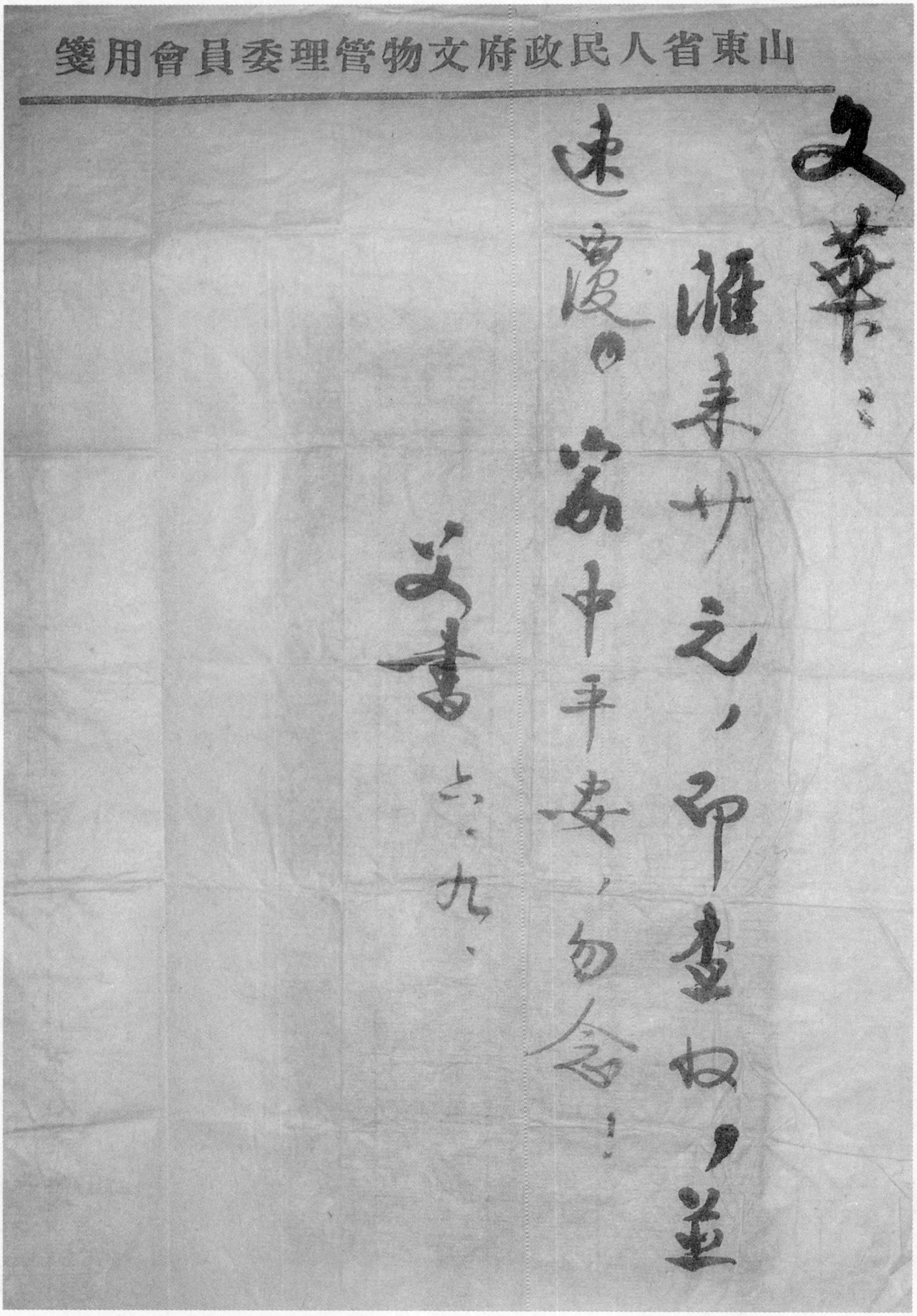
山東省人民政府文物管理委員會用箋

文華：

匯來廿元，即查收，並速覆。家中平安，勿念！！

父書 六、九、

書第八通

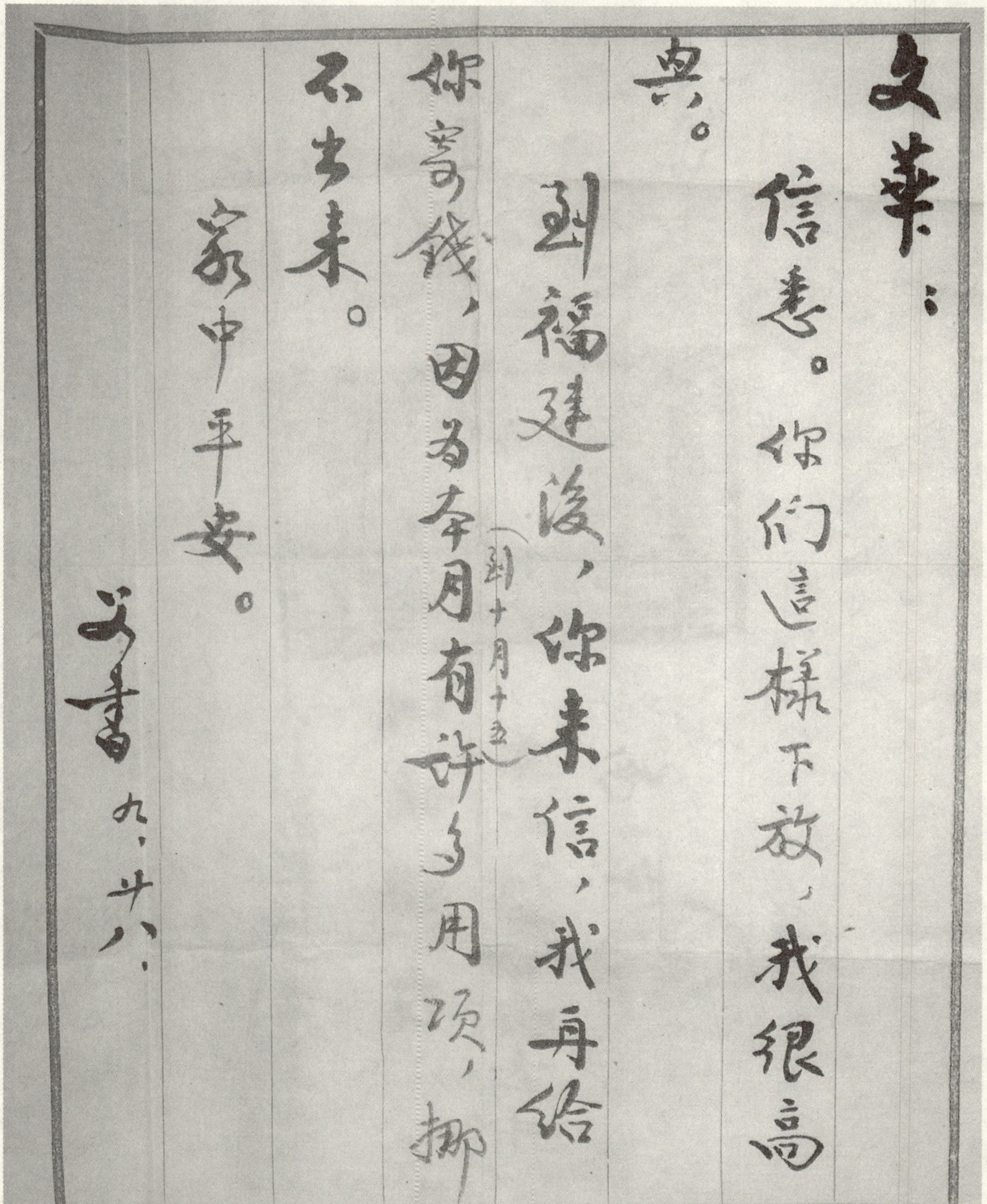

文華：

信悉。你们這樣下放，我很高興。

到福建後，你來信，我再給你寄錢，因為本月(到十月十五)有許多用項，挪不出來。

家中平安。

父書 九、廿八。

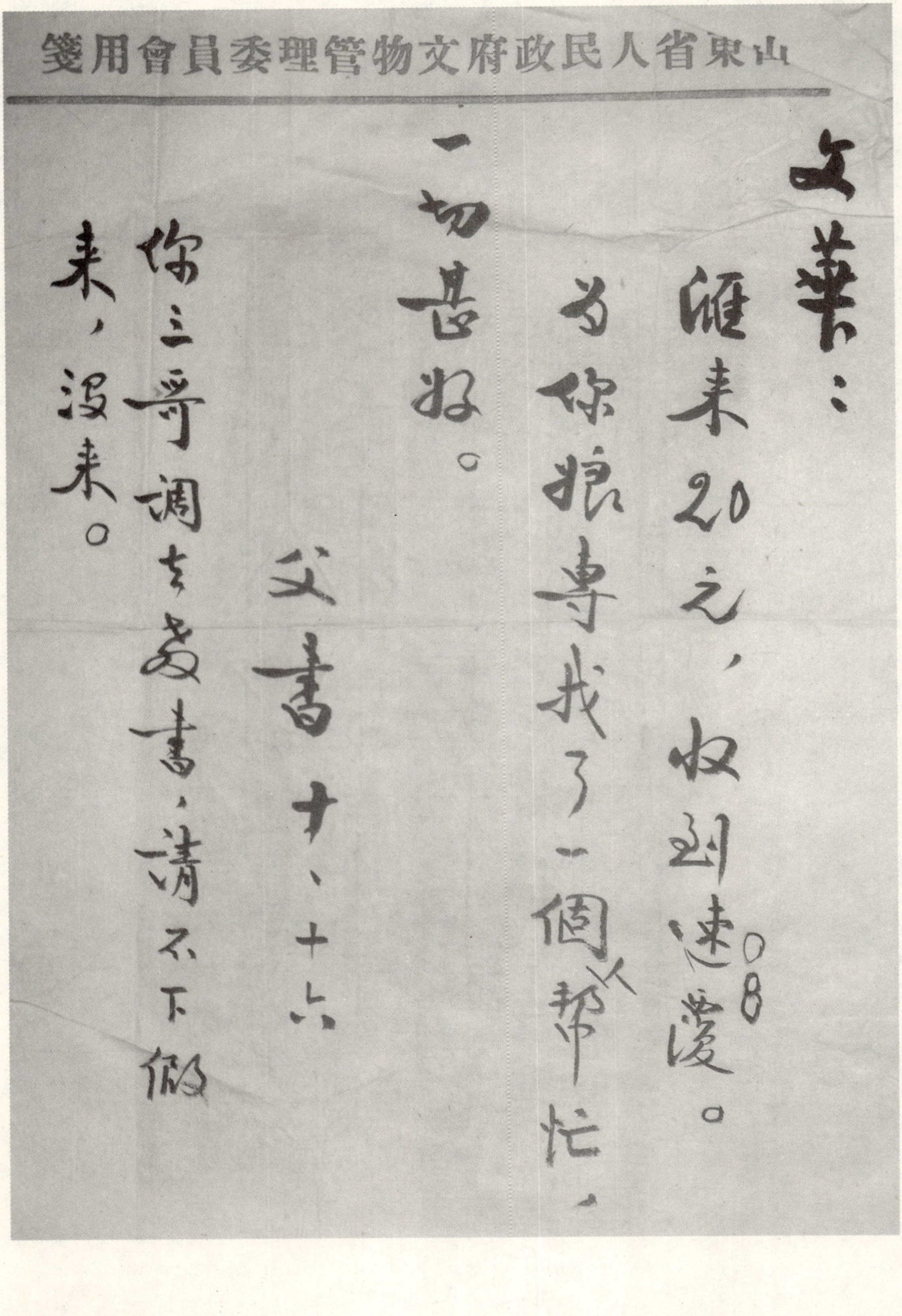

山東省人民政府文物管理委員會用箋

文華：
匯来20元，收到速覆。
为你娘專找了一個幫忙人，
一切甚好。
父書 十、十六
你三哥调去教書，请不下假
来，没来。

書第十通

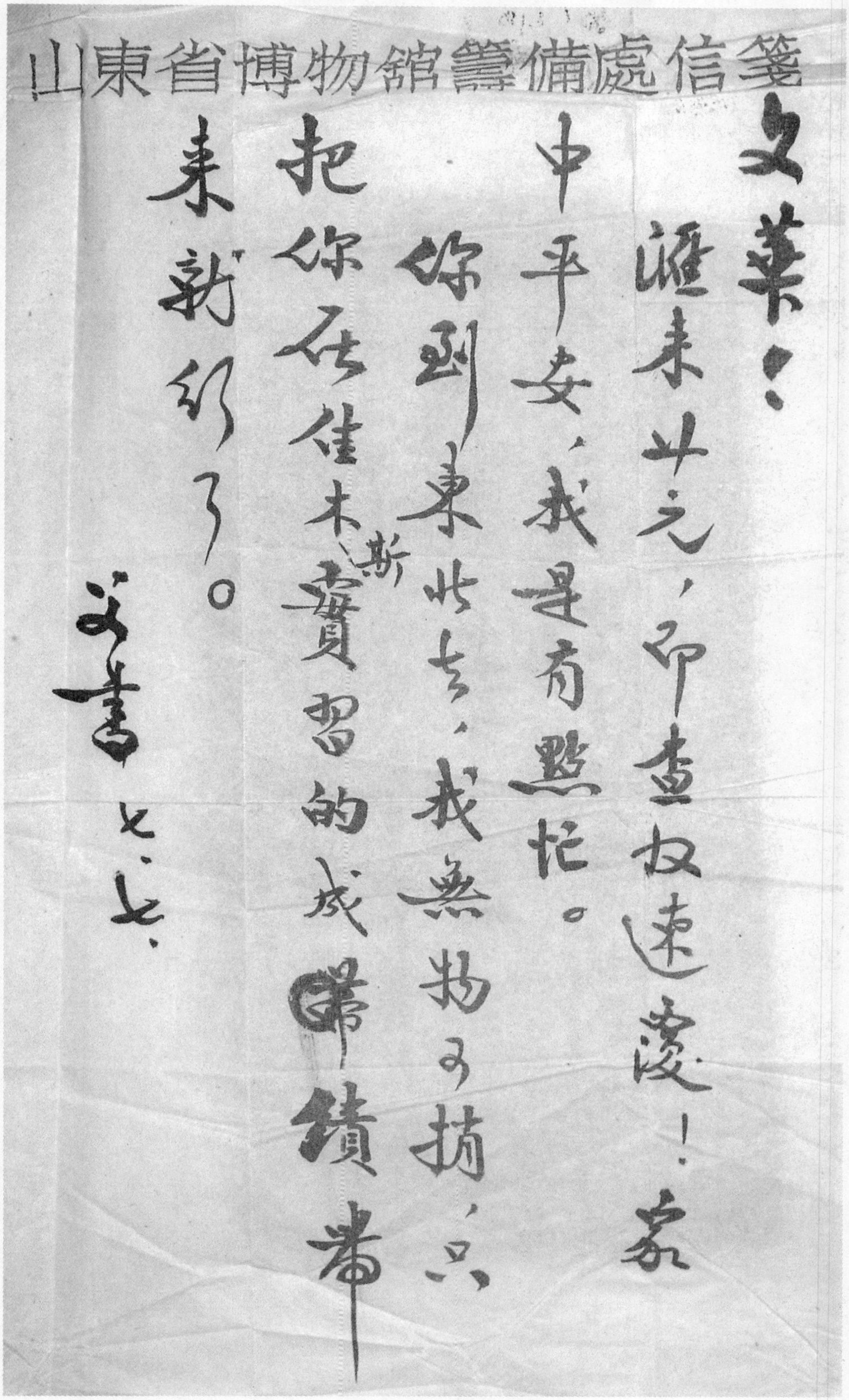

山東省博物館籌備處信箋

文華：

匯來廿元，即查收速覆！家中平安，我是有點忙。你到東北去，我無物可捐，只把你在佳木斯實習的成績帶來就行了。

父書 七、七、

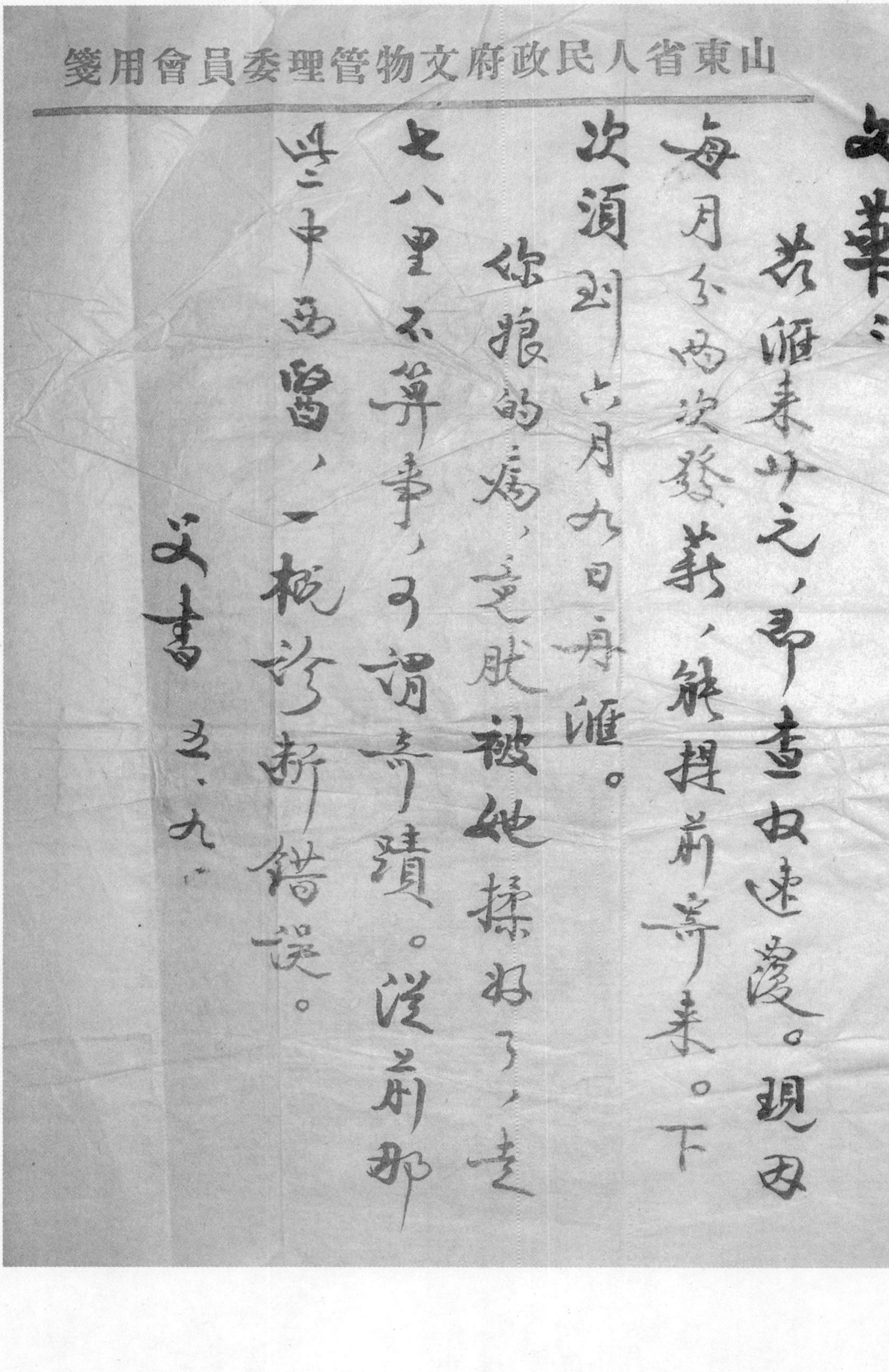

山東省人民政府文物管理委員會用箋

文華：

若滙來廿元，即查收速復。現因每月分兩次發薪，能提前寄來。下次須到六月九日再滙。

你娘的病，竟然被她揉好了，走七八里不算事，可謂奇蹟。從前那些中西醫，一概診斷錯誤。

父書　五、九。

書第十二通

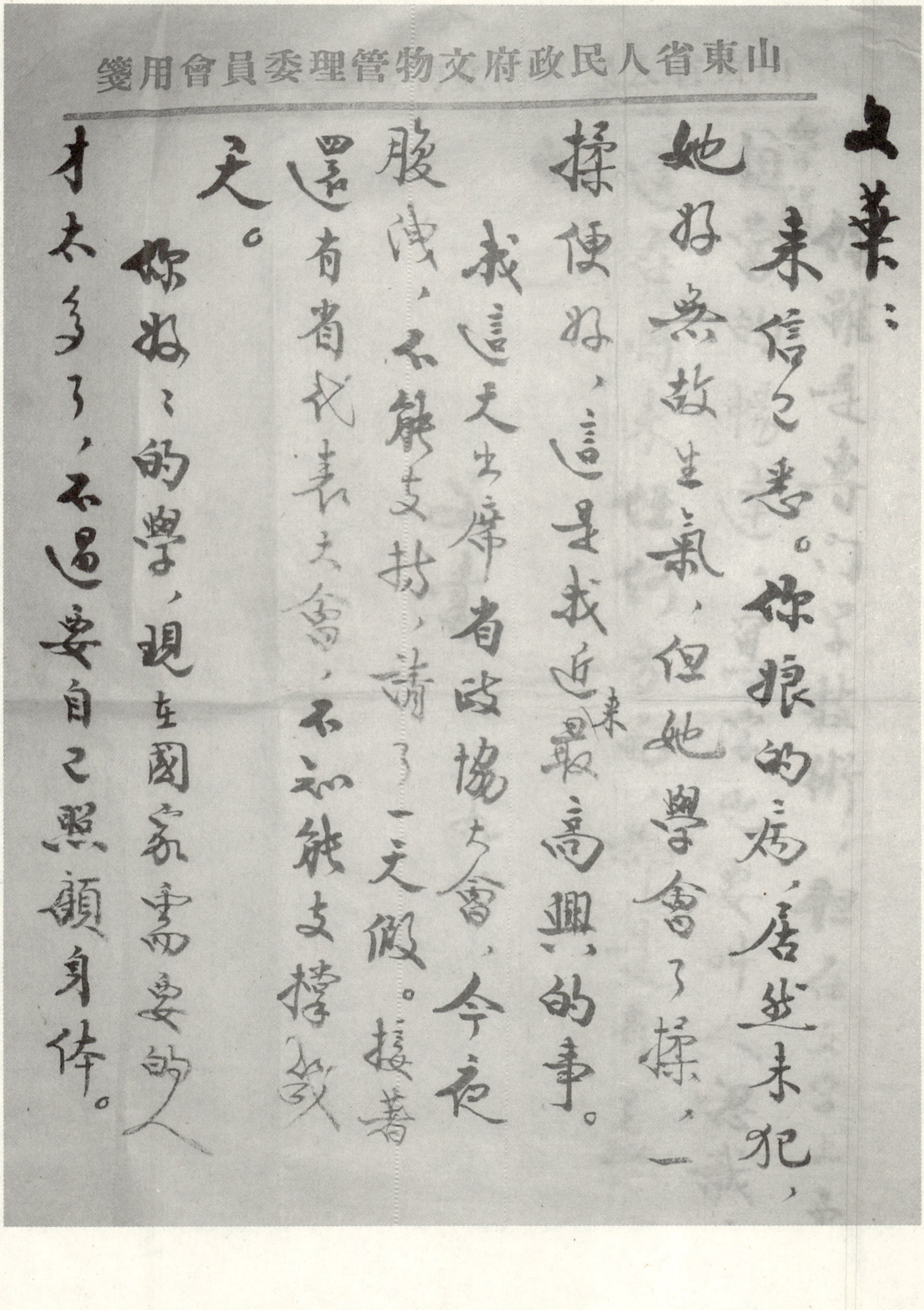

山東省人民政府文物管理委員會用箋

文華：

来信已悉。你娘的病，居然未犯，她好無故生氣，但她學會了操，一操便好，這是我近来最高興的事。

我這天出席省政協大會，今夜腹泄，不能支持，請了一天假。接著還有省代表大會，不知能支撑幾天。

你好好的學，現在國家需要的人才太多了，不過要自己照顧身体。

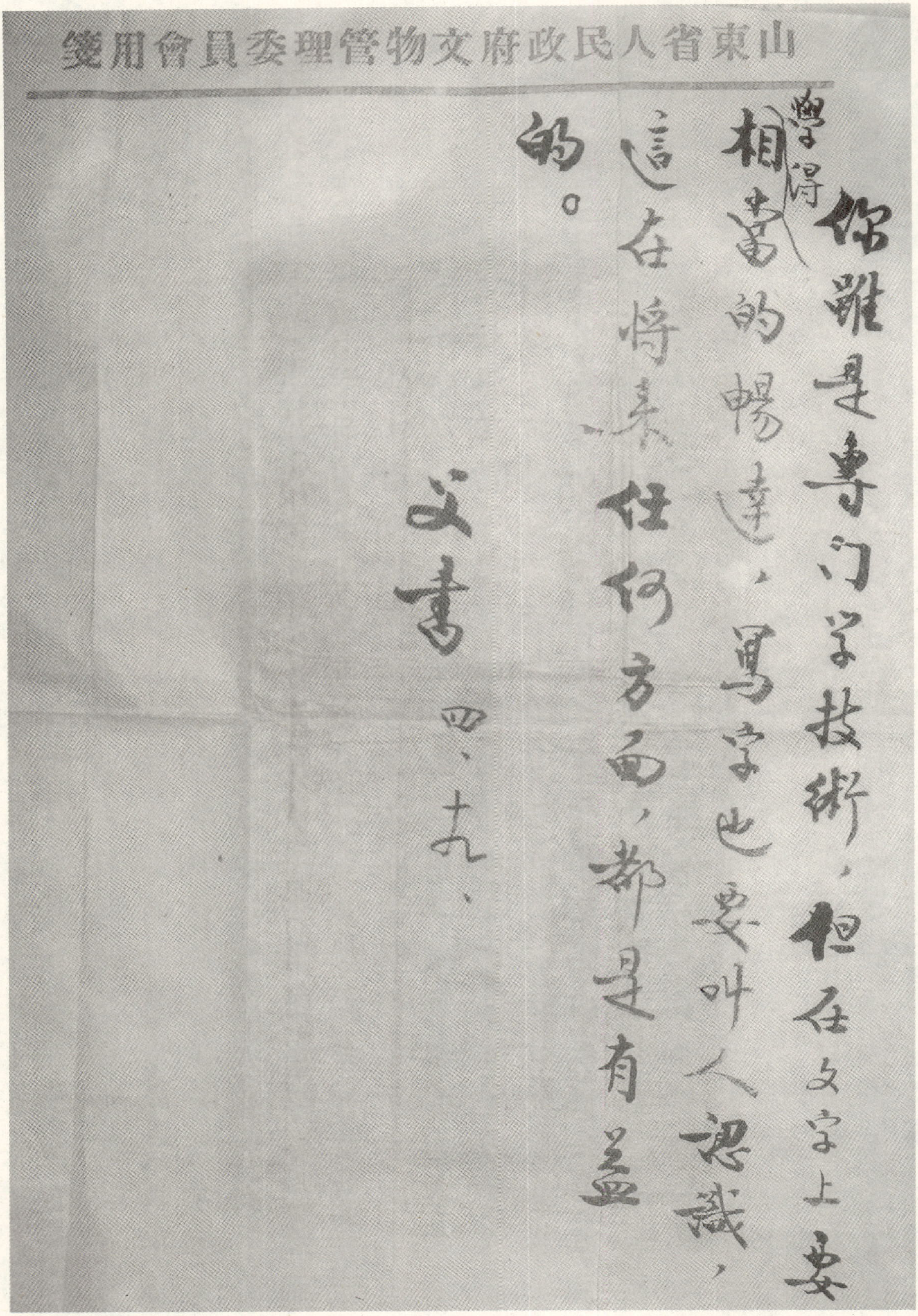
山東省人民政府文物管理委員會用箋

你雖是專门学技術，但在文字上要學得相當的暢達，寫字也要叫人認識，這在將來，任何方面，都是有益的。

文書

四、十九、

書第十三通

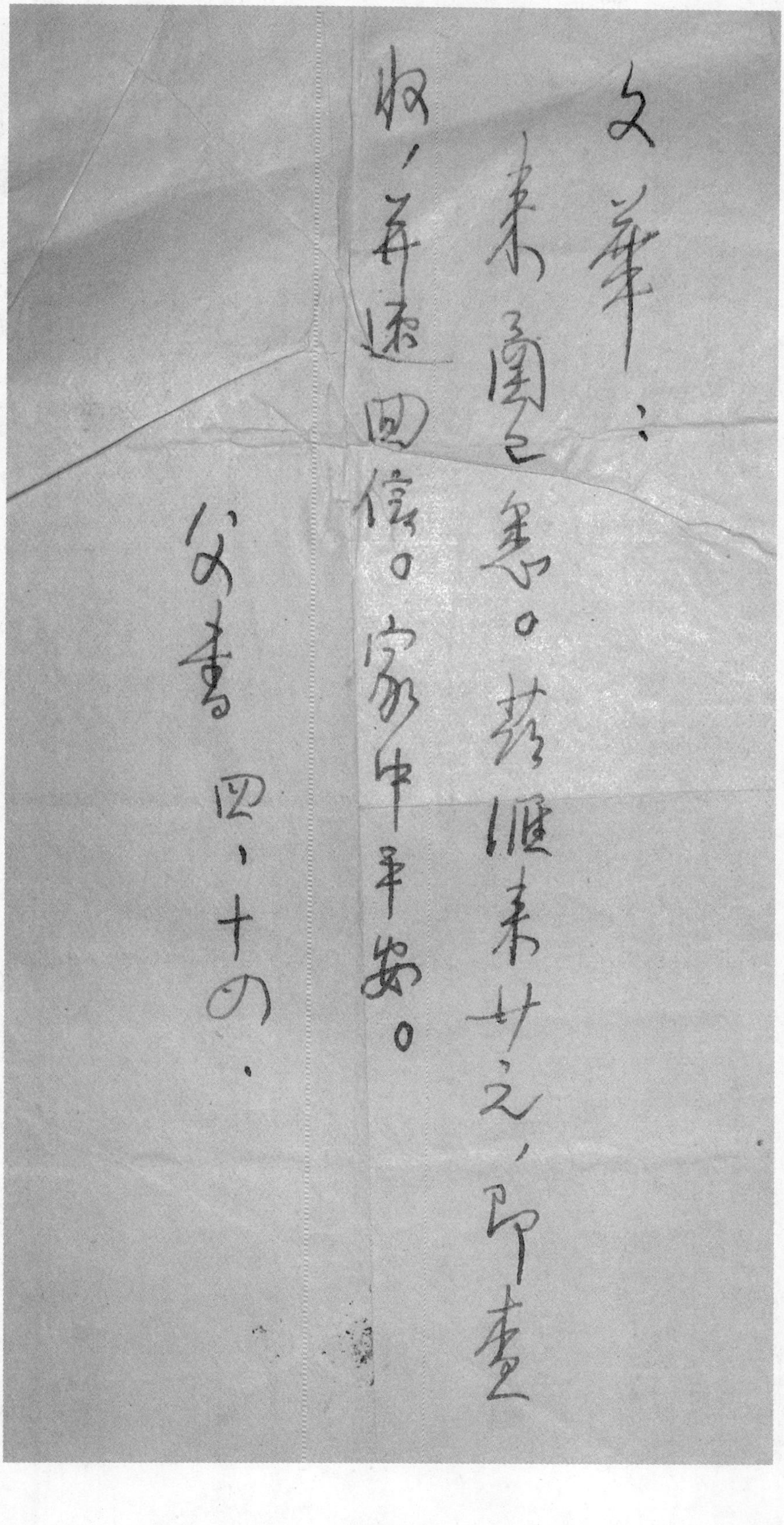

文華：

来函悉。茲匯来廿元，即查收，并速回信。家中平安。

父書 四、十四。

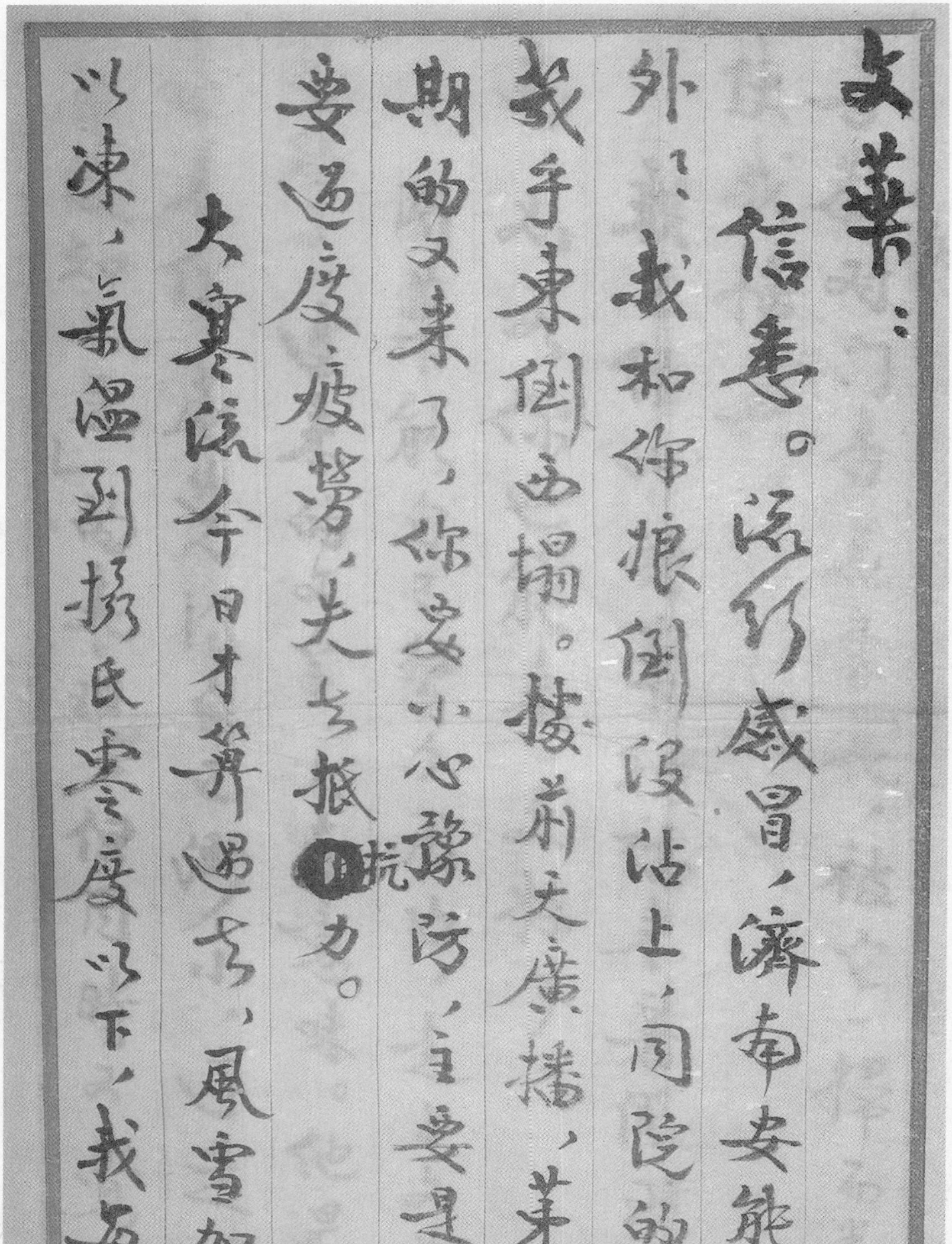

文華：

信悉。流行感冒，濟南安能例外？我和你娘倒沒沾上，同院的人幾乎東倒西塌。據前天廣播，第二期的又來了，你要小心豫防，主要是不要過度疲勞，失去抵抗力。

大寒流今日才算過去，風雪加之以凍，氣溫到攝氏零度以下，我每年

喜歡的对门杏花李花，被它一掃而光，
使我掃興。
我已經叫國華和福来暑假到濟
南，如今你也能来，更好了。
國華能自己努力用功，走上文學
的路子，近来的文字，大有意味。他最
近来信，感覺得自己渺小，這是「學
然後知不足」的表現，但同時又覺著

不如你。你只是有優越條件求學，他沒有，因為沒有，竟能苦幹，這才被我重視。任何人抹殺這一事實，就是個鄙夫，鄙夫僅是形式上有兩個眼睛。雖然你不是學文學的，文字比他差的多，寫字也快到叫人不認得的程度了。這些你應當跟他學習。我想你不會自以為是的。

你要常和他通信，並要在語氣間予以安慰、鼓勵，但應時時提醒他以健康為第一。他的手足感情極熱，而極熱的背面是極冷，我每寫信，是要溫煖他的心的，你也要這樣。

父書 四、十二

本票須到五月方能寫（五月方能用），你要多少，須先說明。

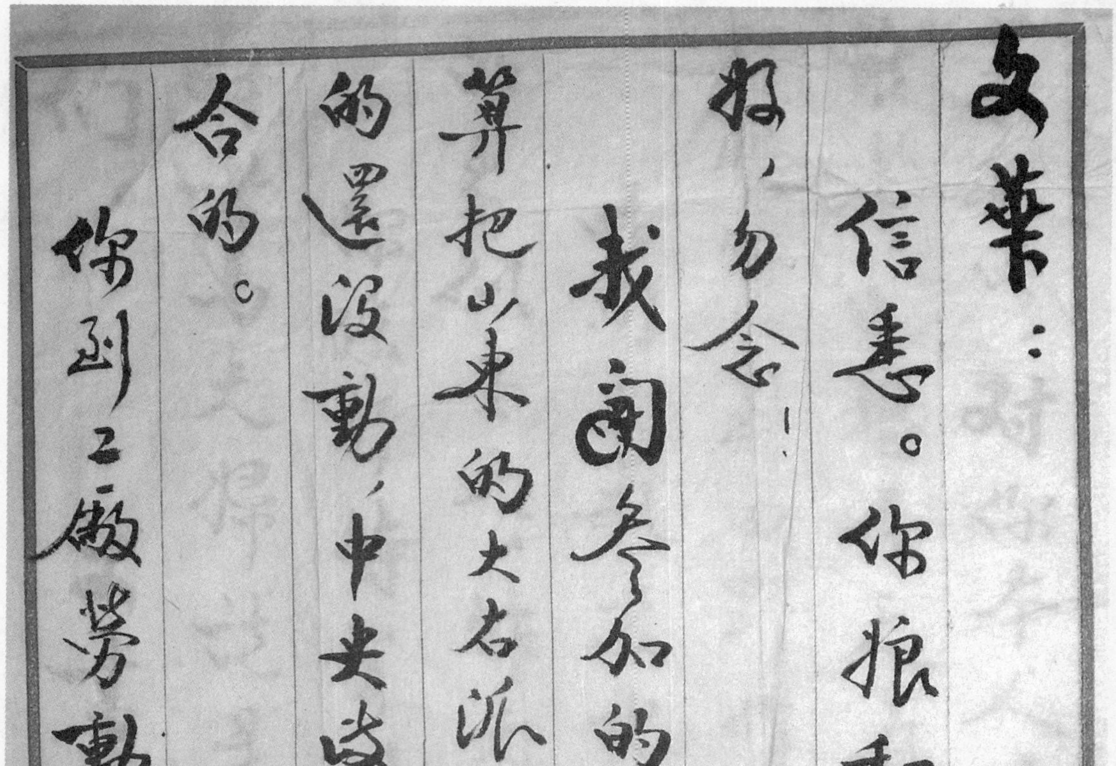
文華：
信悉。你娘和我身體都
好，勿念！
我們參加的會不少，前天總
算把山東的大右派分子處理了，小
的還沒動，中央政策是寬嚴結
合的。
你到工廠勞動半年，不但改

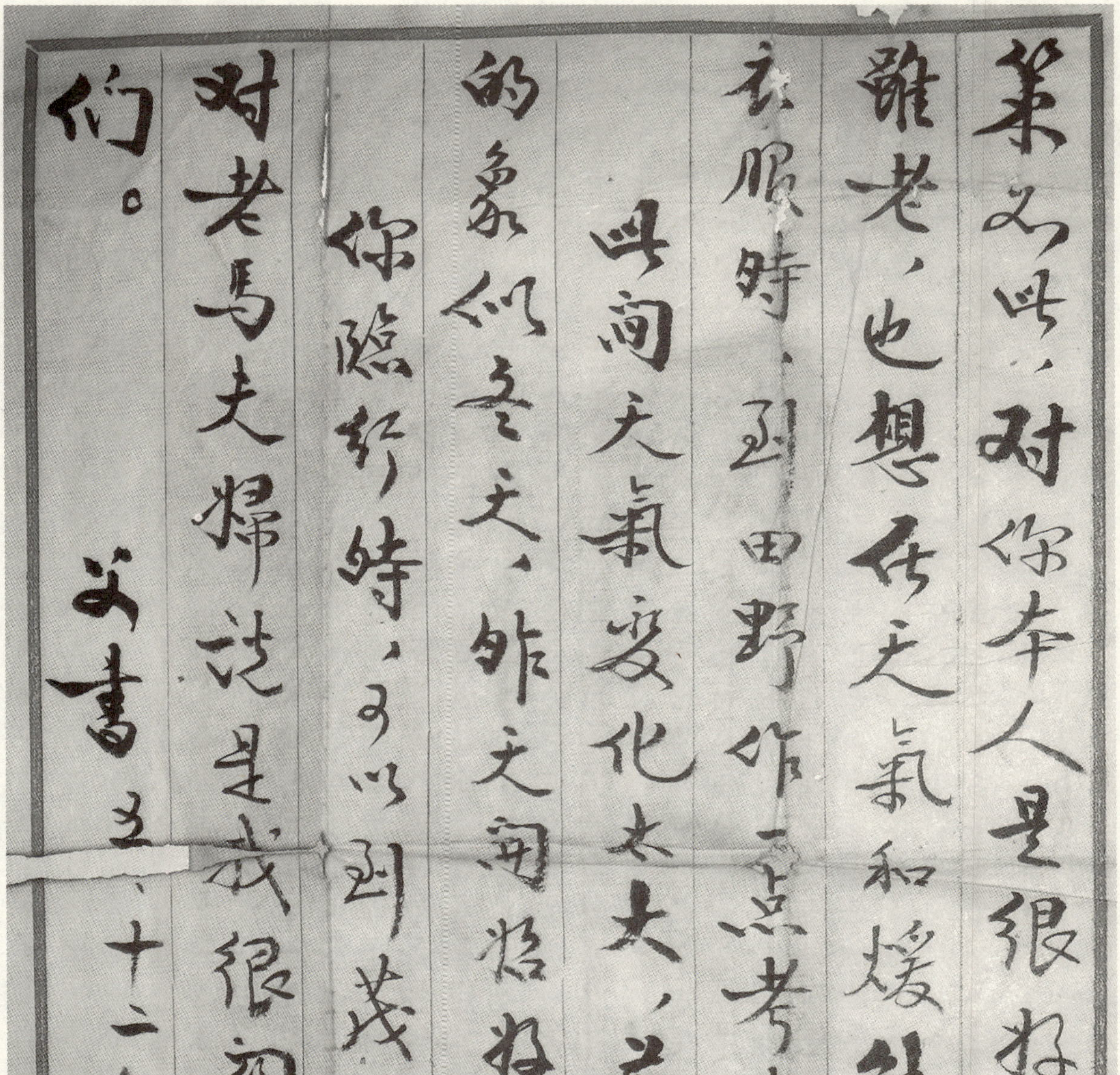
業与田，对你本人是很好的。我
雖老，也想在天氣和煖能單
衣服時，到田野作一点考古工作。
田間天氣变化太大，前天冷
的象冬天，昨天间將將一点。
你臨行時，可以到我處一談，
对老馬夫婦説是我很關懷他
們。
父書 五、十二、

山東省人民政府文物管理委員會用箋

文華：

七日来信收到。我之人在這裏吃
食堂，沒有賸餘的粮票，我每日只有
補充幾个高價的雜子。

你在八月间回家時，務必携帶粮票（全國性的），
粮票，主要是學校的證明書，沒有證明，
票也無用。這是一般的制度，必須遵守。主
要、、！　粮票等用不完，可以帶回去。

我記得只有一个山東農學院，院中
沒有林業系，山東沒設林學院。它早已遷

山東省人民政府文物管理委員會用箋

到泰安，不在濟南。至於你們的林學院，是全國著名的一所，在這一環境內，[illegible]多個方面的條件，都是比較好的。

我因有病，沒出席這一次的省代表和省政協的兩個會議，因而沒見到山東農學院的人，詳細情況不明了。

我的病，是在去年十一月底，晚間行路不慎，跌在一個坑中，將左腿折斷。入醫院住了兩個多月，施行手術，春節才回家。現在大體已愈，能在院中

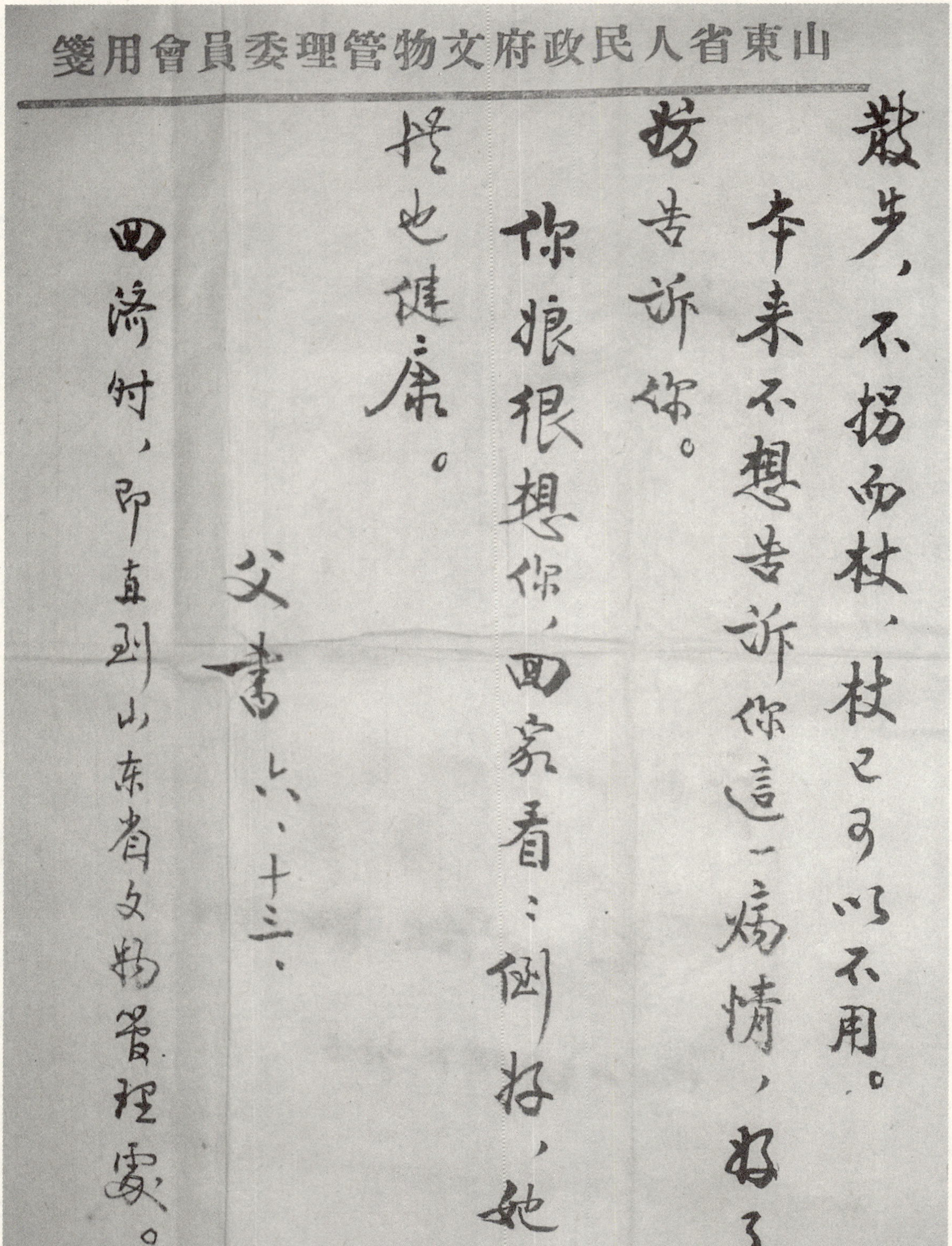

山東省人民政府文物管理委員會用箋

散步，不拐而杖，杖已可以不用。本来不想告訴你這一病情，好了，不妨告訴你。

你娘很想你，回家看看倒好，她的身體也健康。

父書 六、十三、

回濟時，即直到山东省文物管理處。

書第十七通

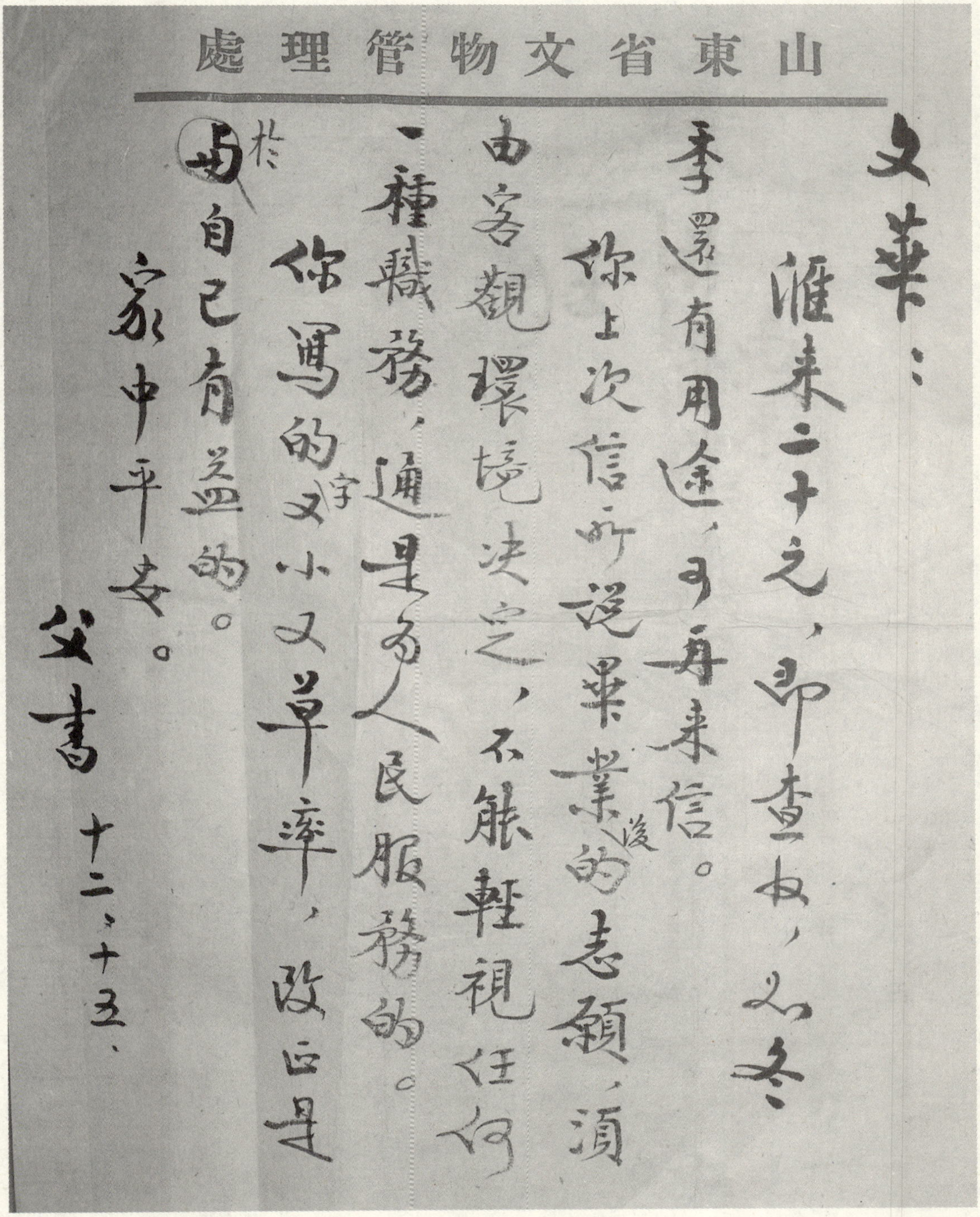

山東省文物管理處

文華：

滙來二十元，即查收，以冬季還有用途，可再來信。

你上次信所說畢業後的志願，須由客觀環境決定之，不能輕視任何一種職務，通是為人民服務的。

你寫的字小又草率，改正是於自己有益的。

家中平安。

父書　十二、十五、

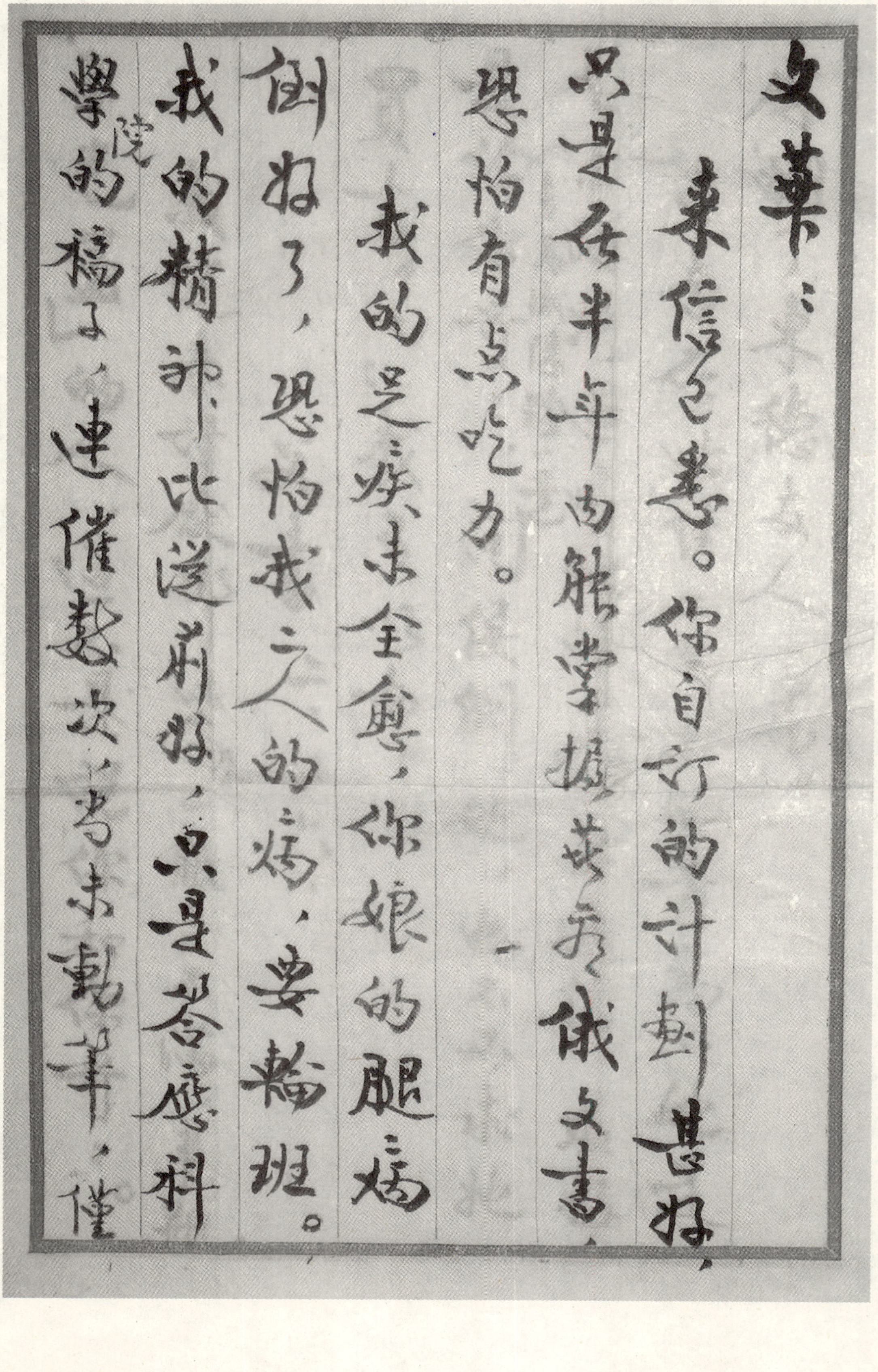

文華：

来信已悉。你自订的計劃甚好，只是在半年內能掌握英、俄文書，恐怕有点吃力。

我的足疾未全愈，你娘的腿疾倒好了，恐怕我二人的病，要輪班。我的精神比從前好，只是答應科學院的稿子，連催數次，尚未動筆，僅

應酬了東德友人一篇。

又吉在此住一日，已回青島，她是去上海路過此地的。你要通信，最好是給你哥哥（青島城陽路一号）转，伺候倒她，也不必求她買書，書我可以办。

父書 二、廿六、

我從来討厭那些「一瓶子不滿，半瓶子光盪」的人，這不是説你和你哥哥。

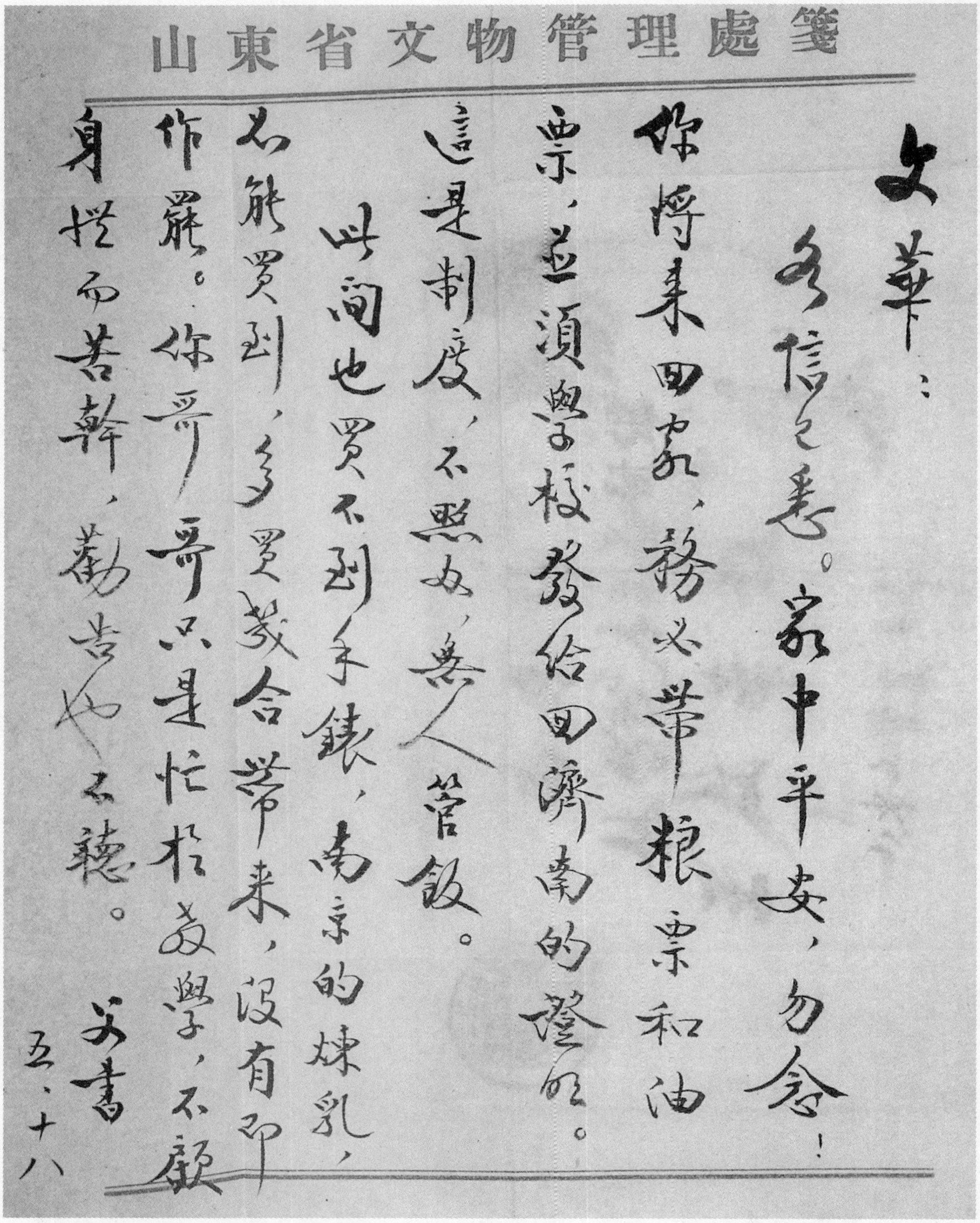
山東省文物管理處箋

文華：

來信已悉。家中平安，勿念！

你將來回家，務必帶糧票和油票，並須與學校發給回濟南的證明。

這是制度，不照辦，無人管飯。

此間也買不到手錶，南京的煉乳，不能買到，多買幾合帶來，沒有即作罷。你哥哥只是忙於教學，不顧身體而苦幹，勸告他不聽。

父書

五、十八

書第二十通

文華：

来信已悉。前月滙来十元，即查收速覆。此間圖書協会之会已開過，中央之博物館會議，我因事，另由旁人代表視察，亦請假。這幾天忙於其他業務。你的中文，將来在放假時，還要好好學習。

父書 五、十四、

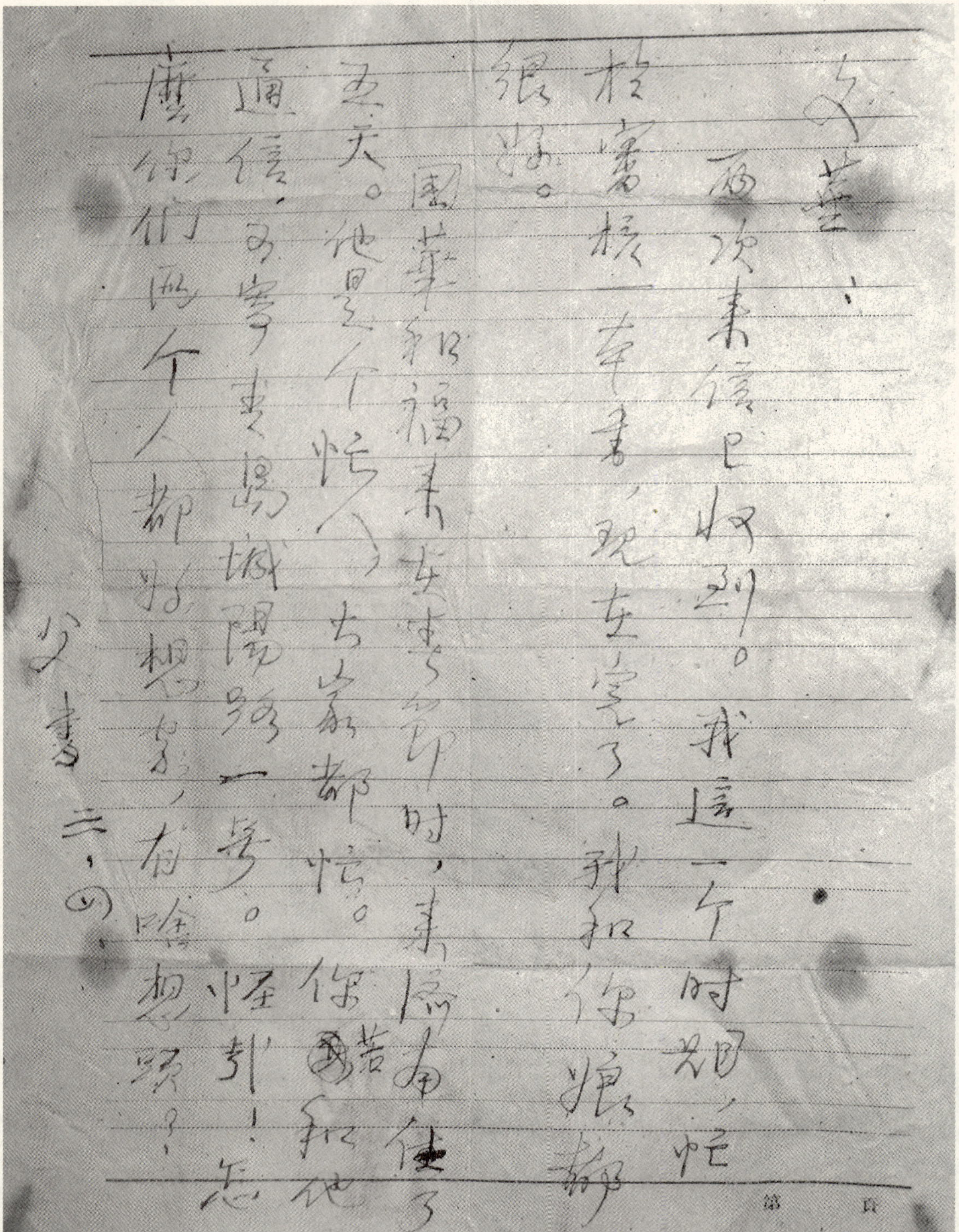
文華：
兩次來信已收到。我這一个时期，忙
於審核一本書，現在完了。我和你娘都
很好。
國華和福來去年過節时，來濟南住了
五天。他是个忙人，大家都忙。你若和他
通信，可寄青島城陽路一号。怪事！怎
麼你們兩个人都好想家，有啥想頭？
父書　二，四，

書第二十二通

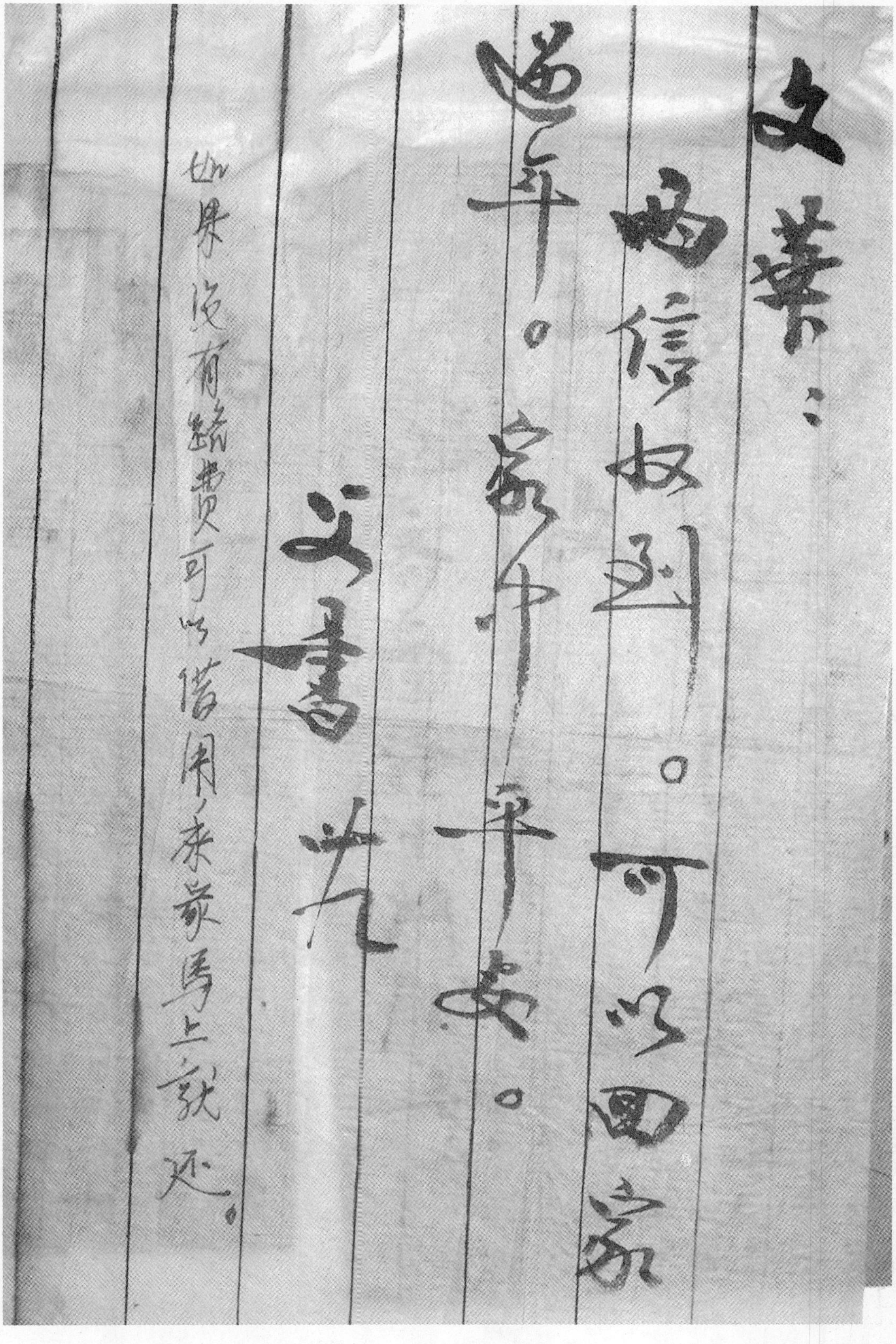

文華：

兩信收到。可以回家過年。家中平安。

父書 先

如果沒有路費可以借用，來家馬上就還。

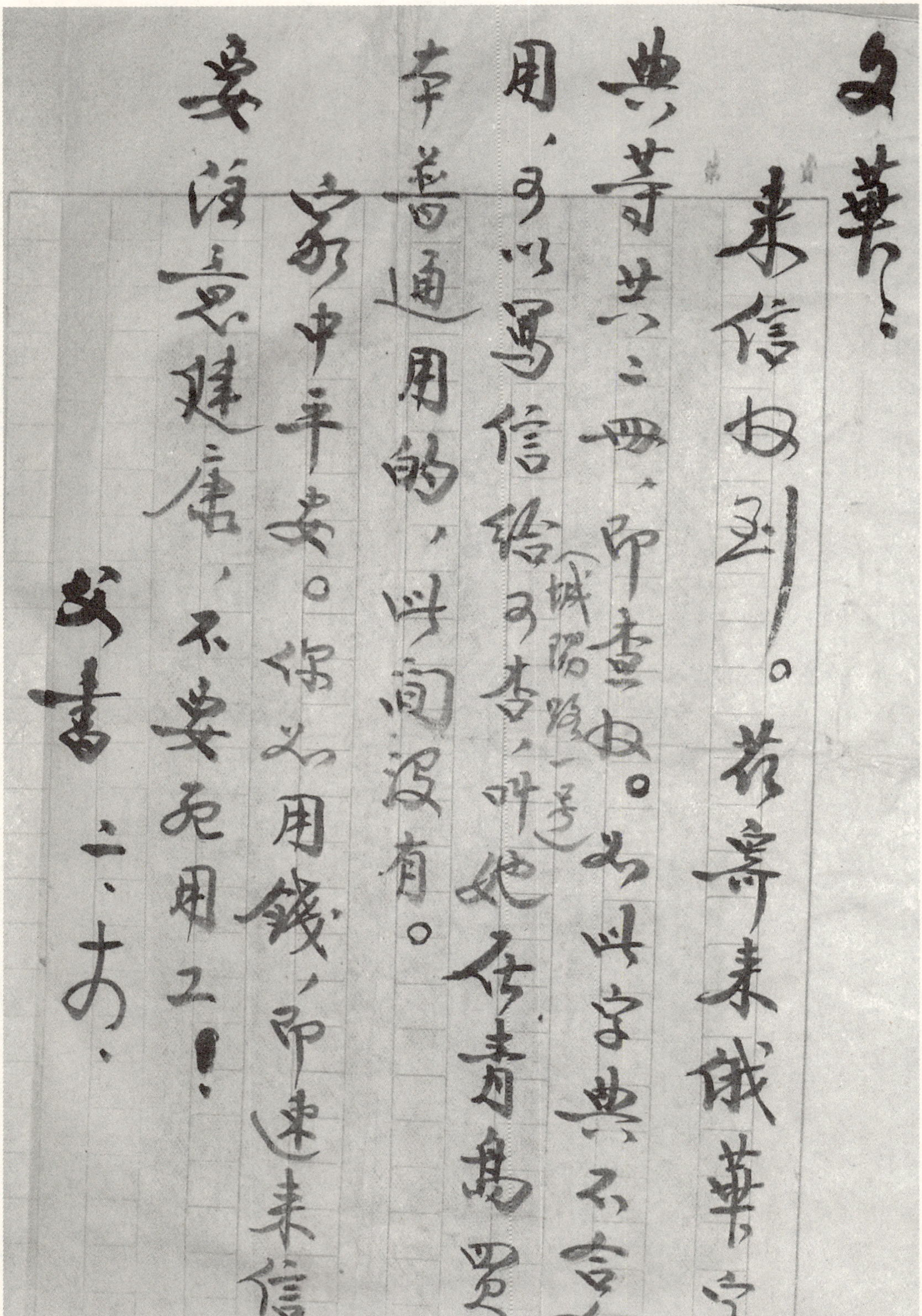

文華：
來信收到。茲寄來俄華字典等共二冊，即查收。如此字典不合用，可以寫信給（城陽路一號）李，叫她代青島買一本普通用的，此間沒有。
家中平安。你如用錢，即速來信。要注意健康，不要死用工！
父書 二、廿六、

書第二十四通

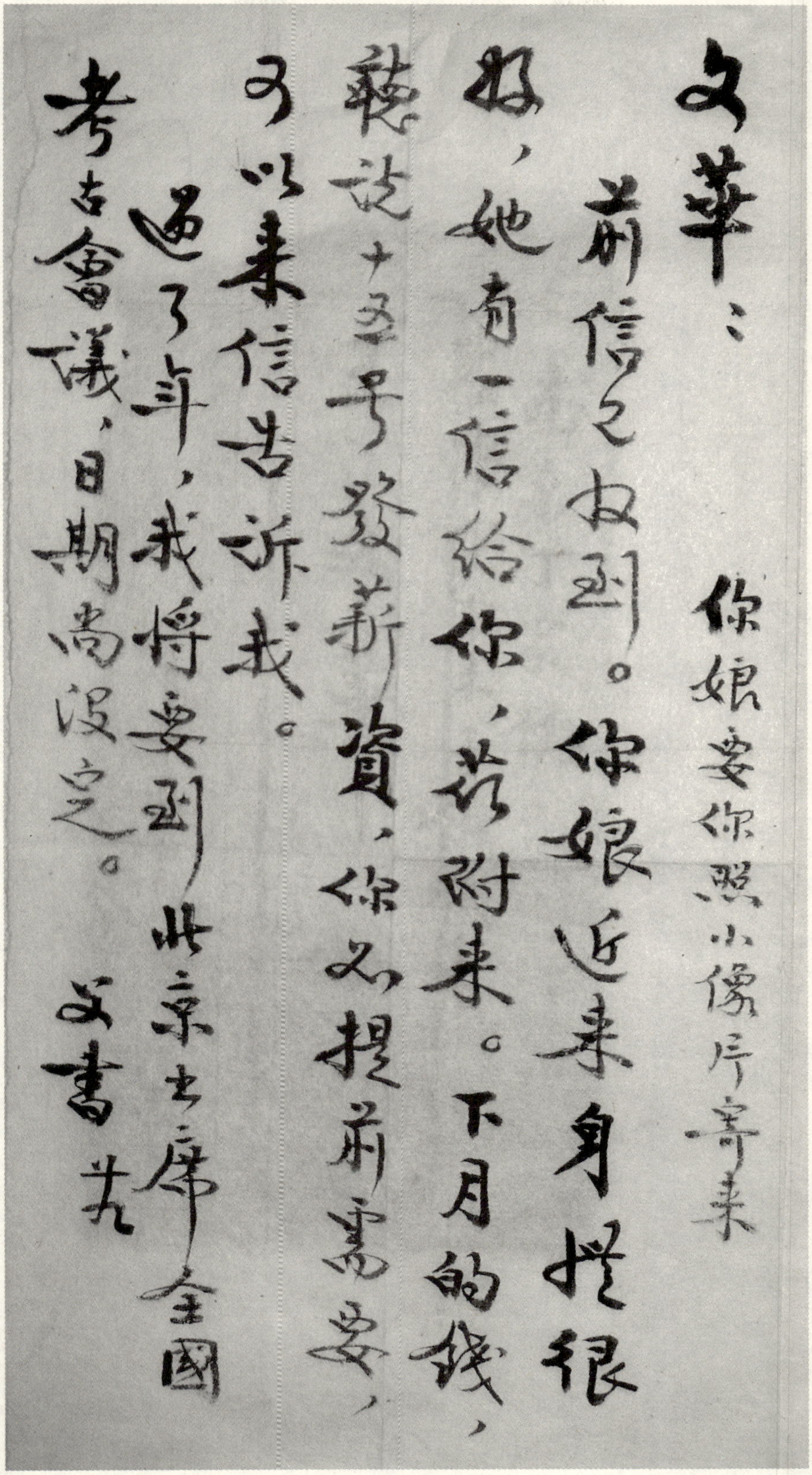
文華：你娘要你照小像片寄来
前信已收到。你娘近来身體很
好，她有一信給你，茲附来。下月的錢，
聽説十五号發薪資，你如提前需要，
可以来信告訴我。
過了年，我將要到北京去席全國
考古會議，日期尚没定。
父書 廿九

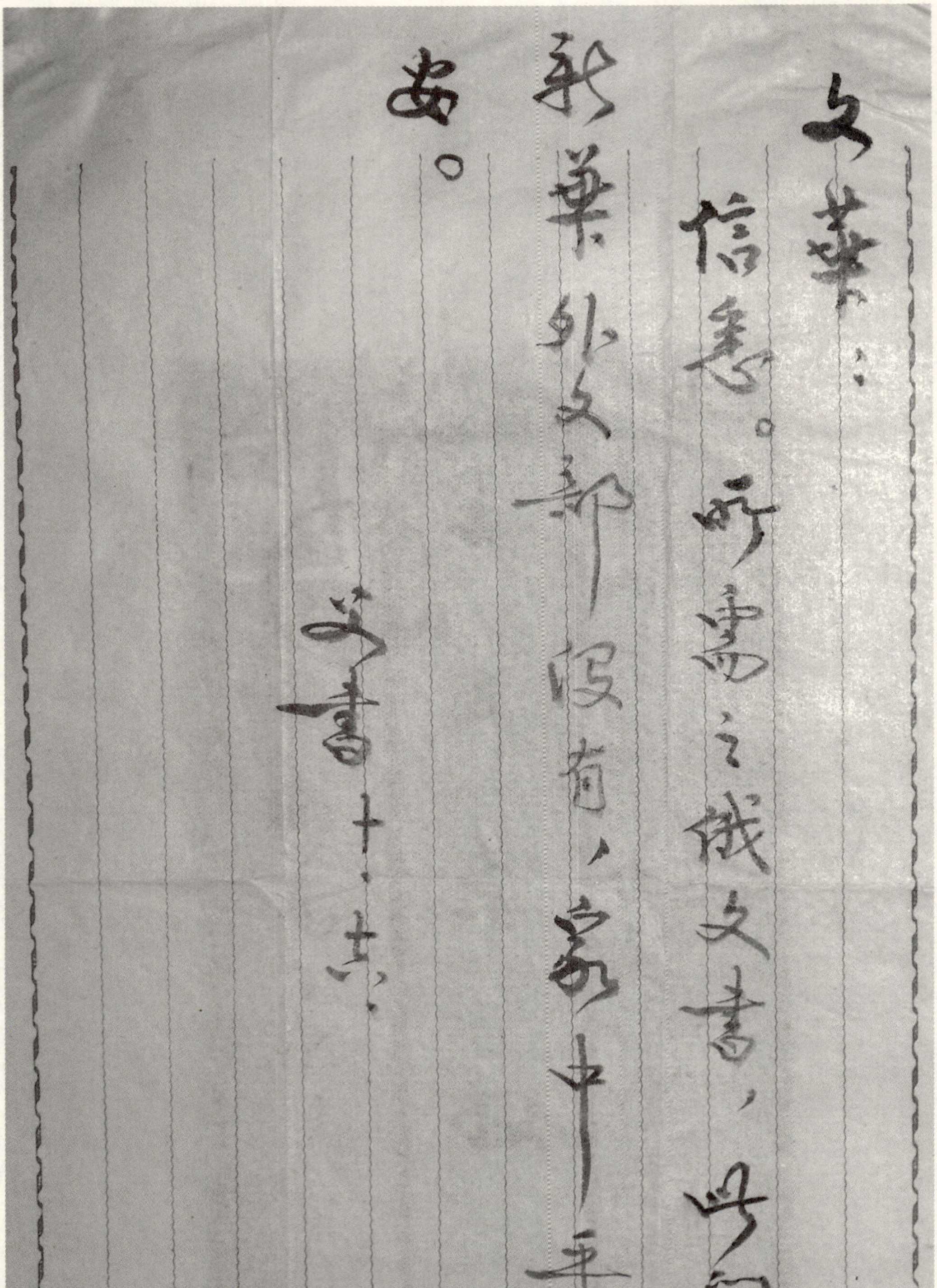

文華：

信悉。所需之俄文書，此間新華外文部沒有。家中平安。

父書 十、十七

書第二十六通

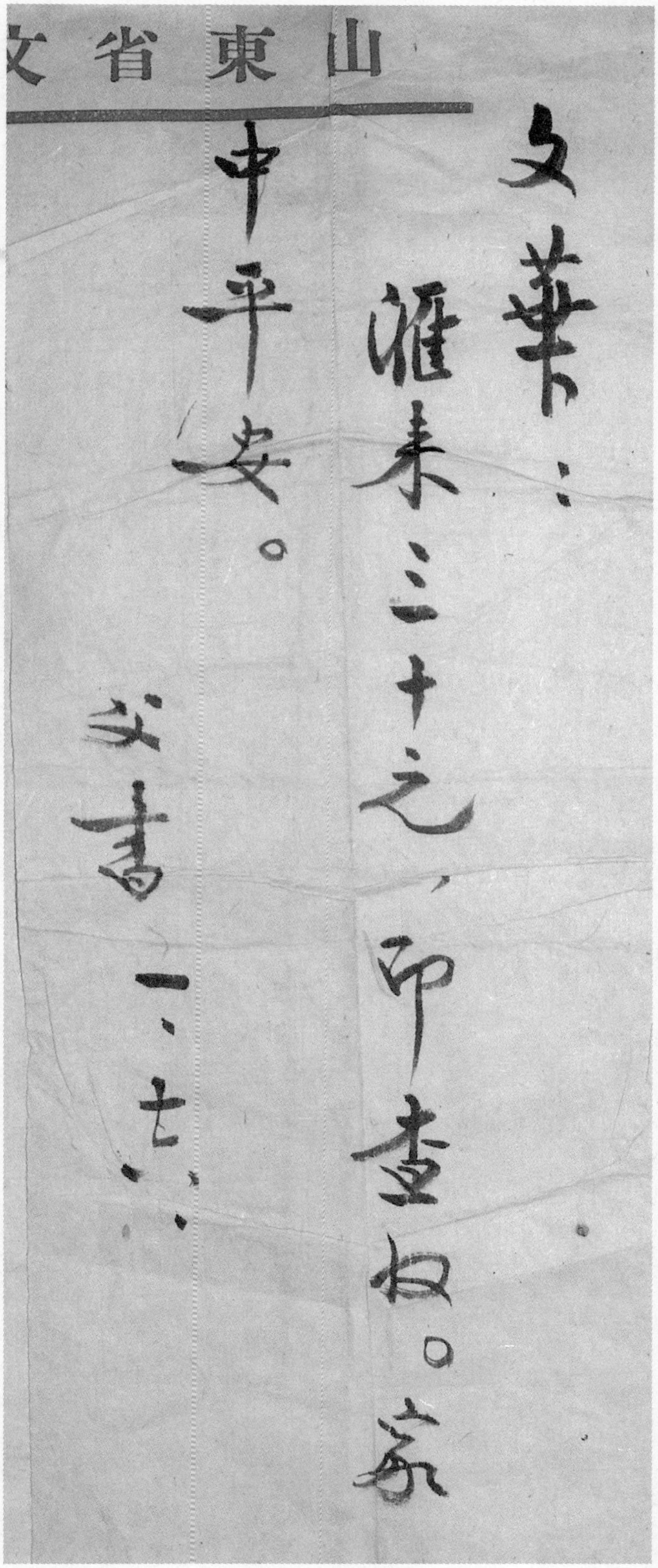
山東省文

文華：
匯來三十元，即查收。家
中平安。
父書 一、七、

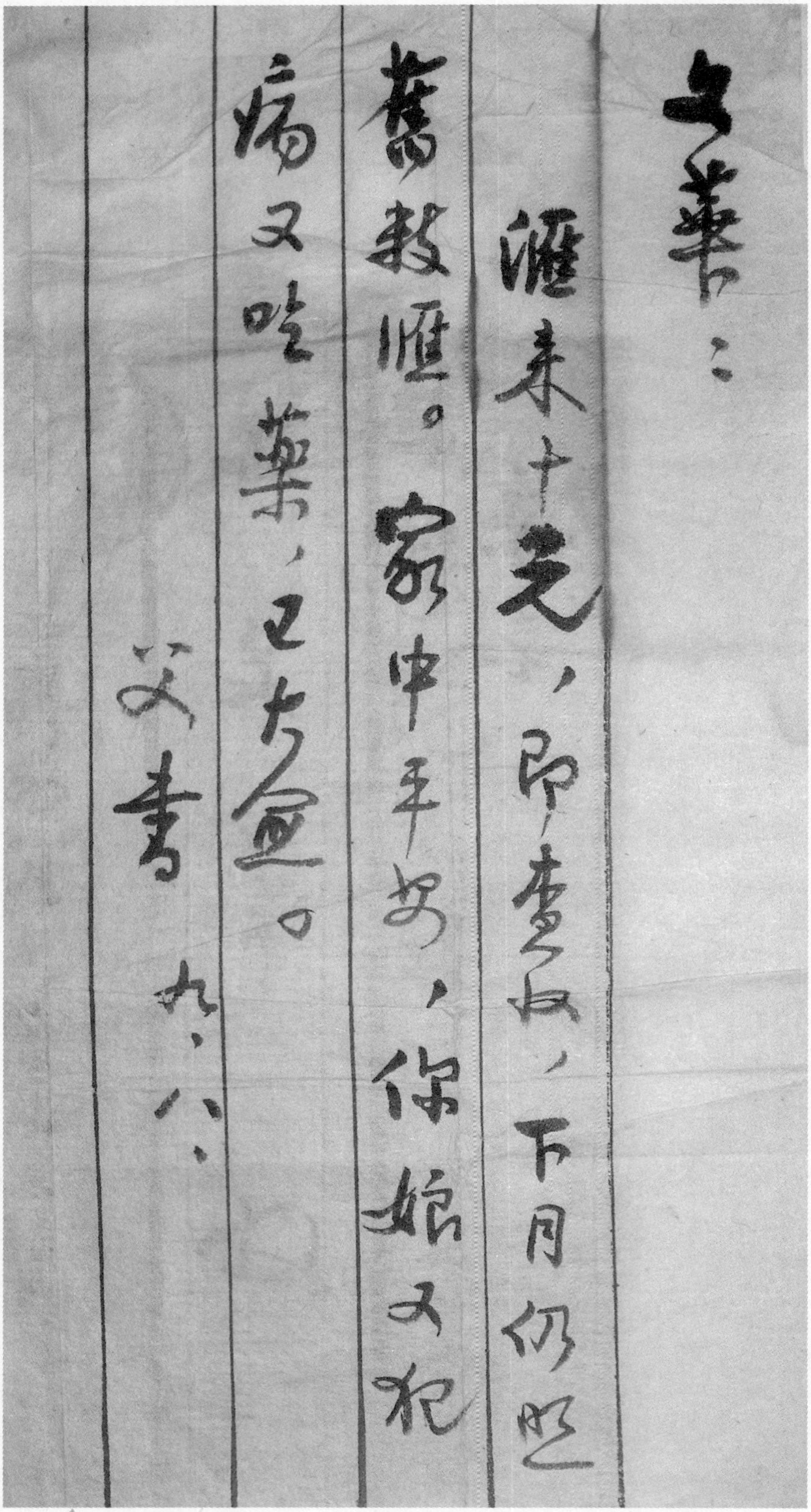
文華：
匯來十元，即查收，下月仍照
舊數匯。家中平安，你娘又犯
病又吃藥，已大愈。
父書　九、八、

書第二十八通

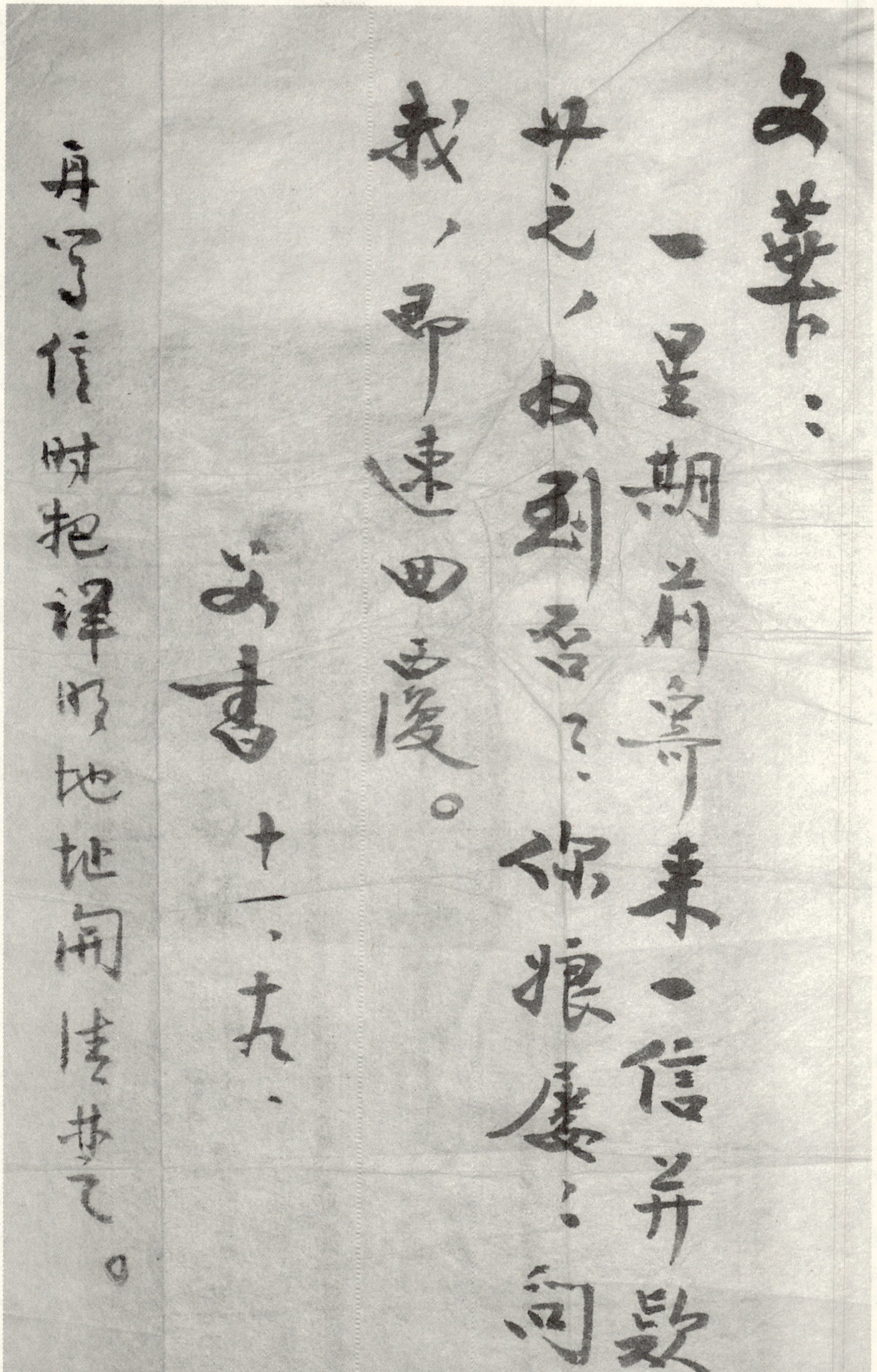
文華：
一星期前寄來一信并款廿元，收到否？你狠處處詢我，即速回覆。
父書　十一、九、
再寫信時把詳明地址開清楚。

書第二十九通

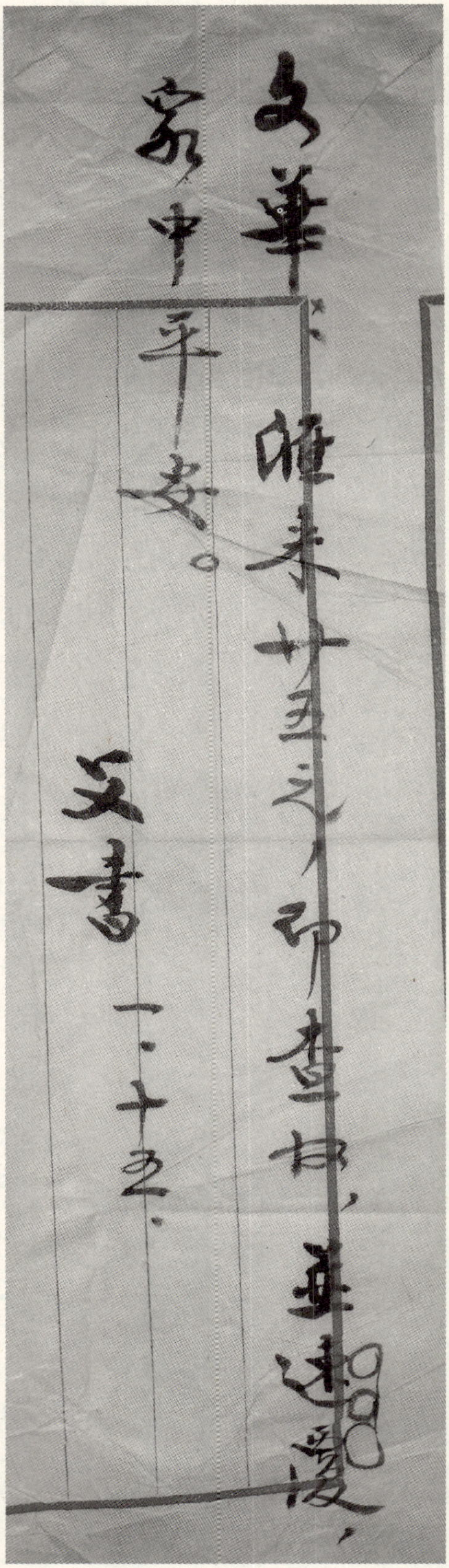

文華：匯來廿五元，即查收，並速復，家中平安。

父書 一、十三

書第三十通

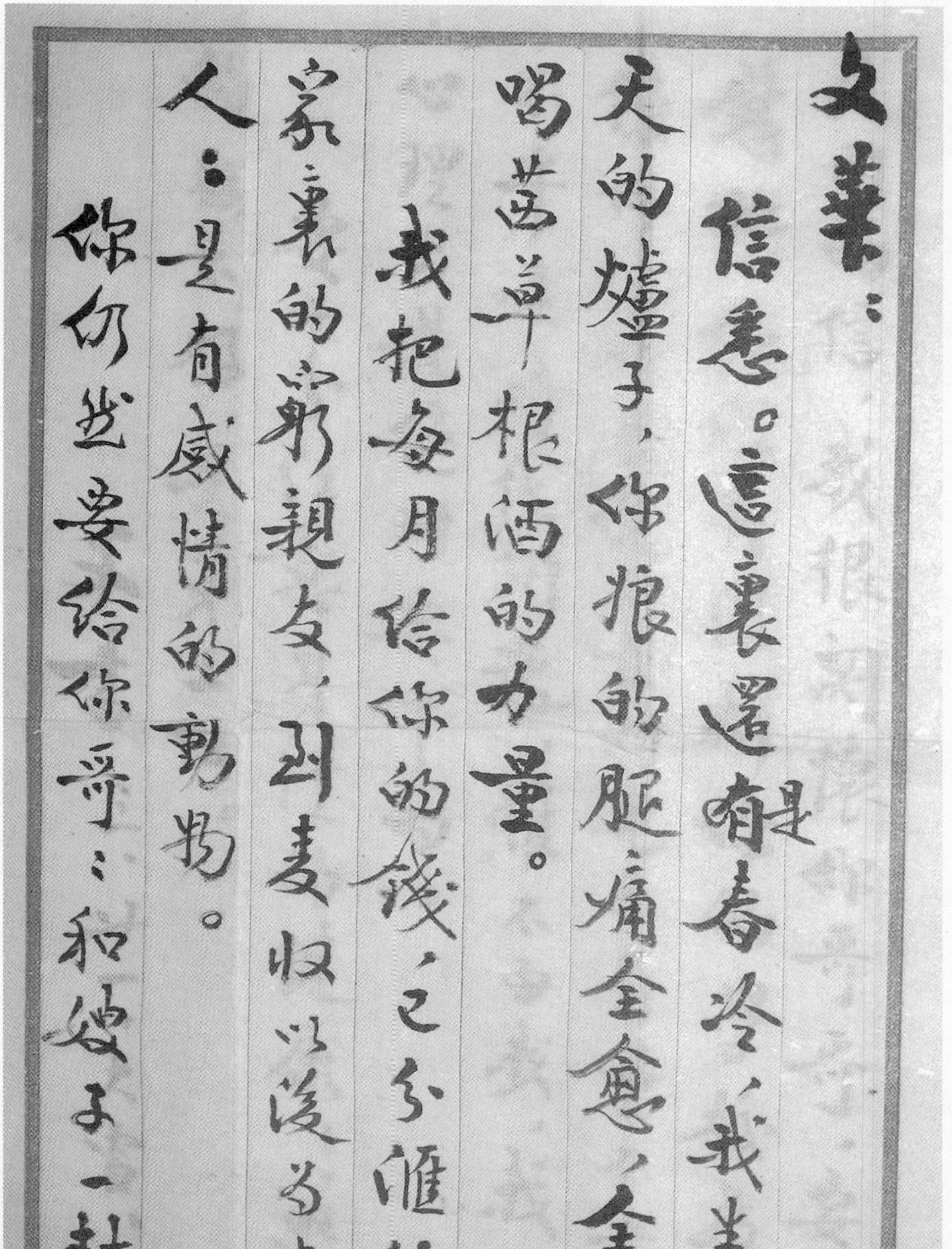

文華：

信悉。這裏還是春冷，我生半天的爐子，你娘的腿痛全愈，全是喝茜草根酒的力量。

我把每月給你的錢，已分匯給家裏的窮親友，到麥收以後為止，人人是有感情的動物。

你仍然要給你哥哥和嫂子一封

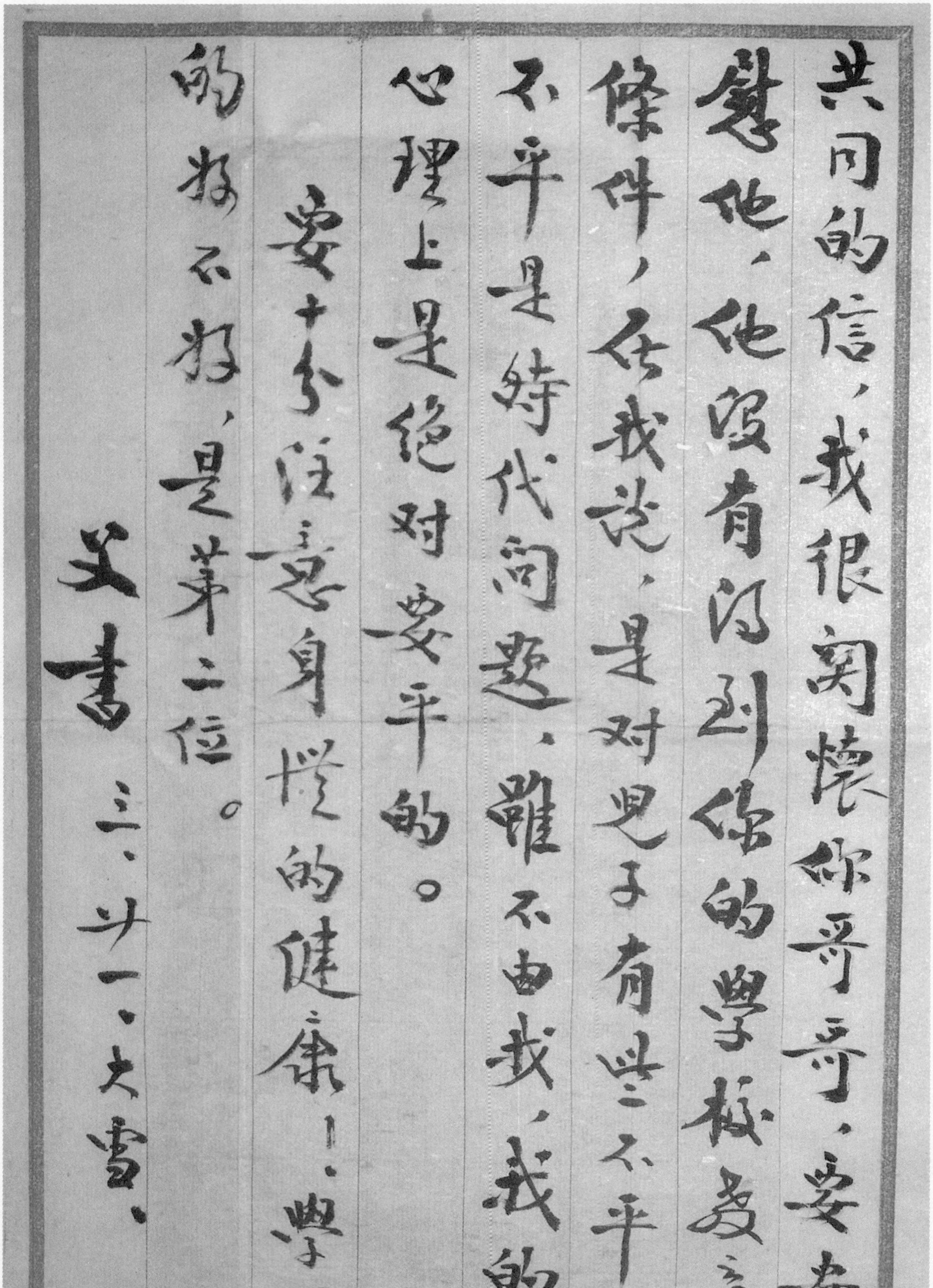
共同的信，我很関懷你哥哥，要安慰他，他没有得到你的學校教育條件，依我說，是对兒子有些不平。不平是時代問題，難不由我，我的心理上是绝对要平的。

要十分注意身體的健康！！學習的好不好，是第二位。

父書 三、廿一、大雪、

書第三十一通

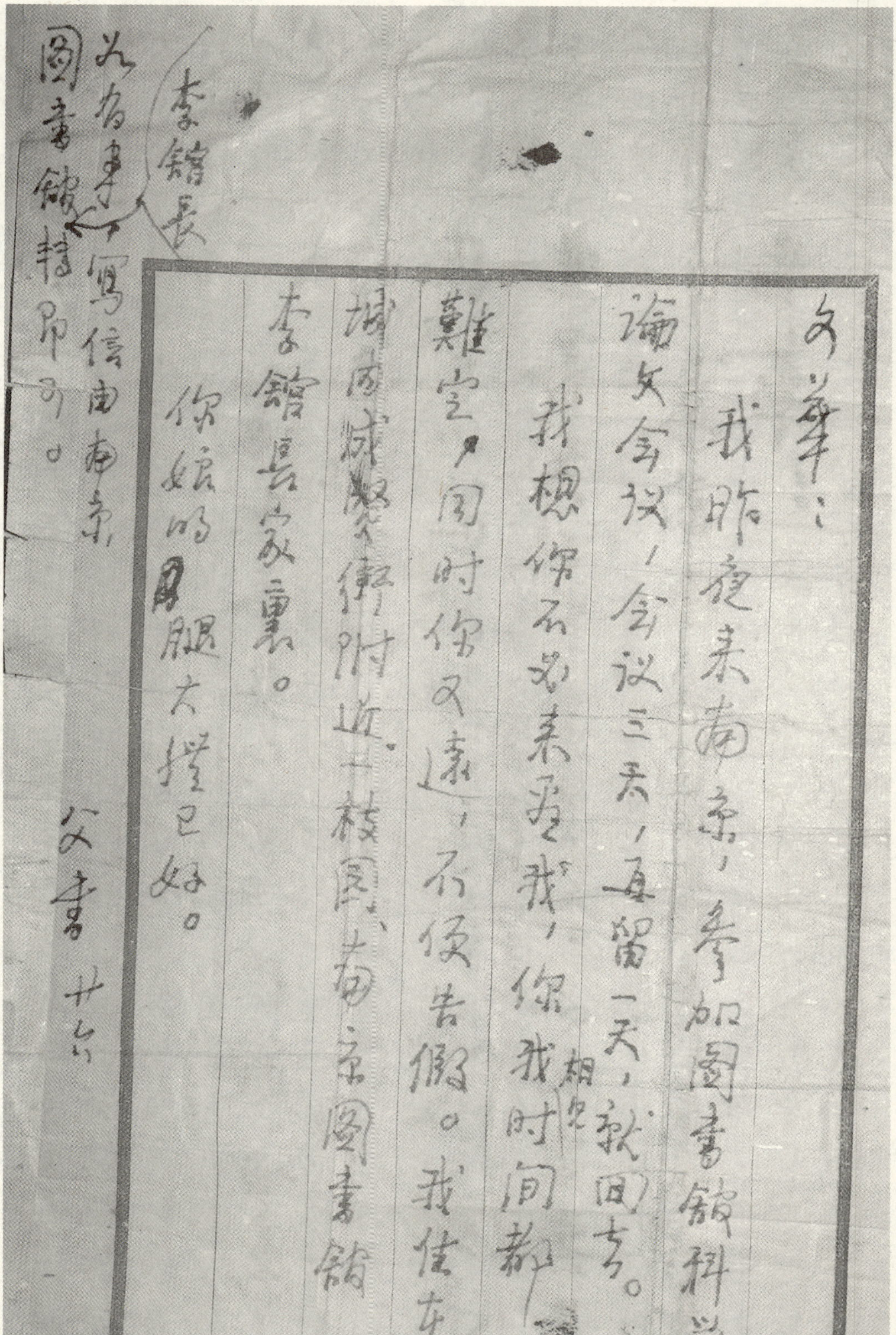
文華：
我昨夜来南京，参加圖書館科学论文会议，会议三天，再留一天，就回去。
我想你不必来看我，你我时间都難定，同时你又遠，不便告假。我住在城内成贤街附近，南京圖書館李館長家裏。
你娘的腿大概已好。
父書 廿六
為省事，寫信由南京圖書館李館長轉即可。

封第一件

哈爾濱
東北林學院 企業设计教研组
王文華 收
山東省博物館籌備處
地址：濟南廣智院街十二號
電話：九六九號

封第二件

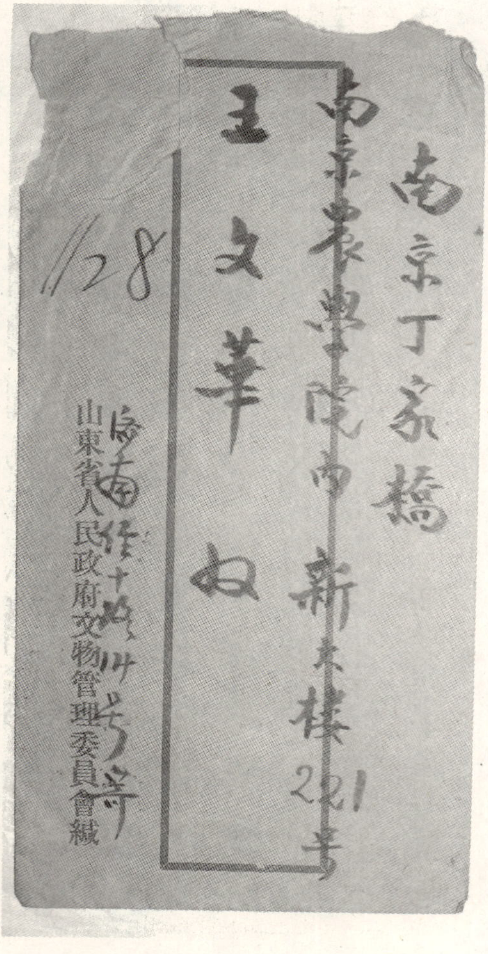
南京丁家橋
南京農學院内 新木樓221号
王文華 收
山東省人民政府文物管理委員會緘

封第三件

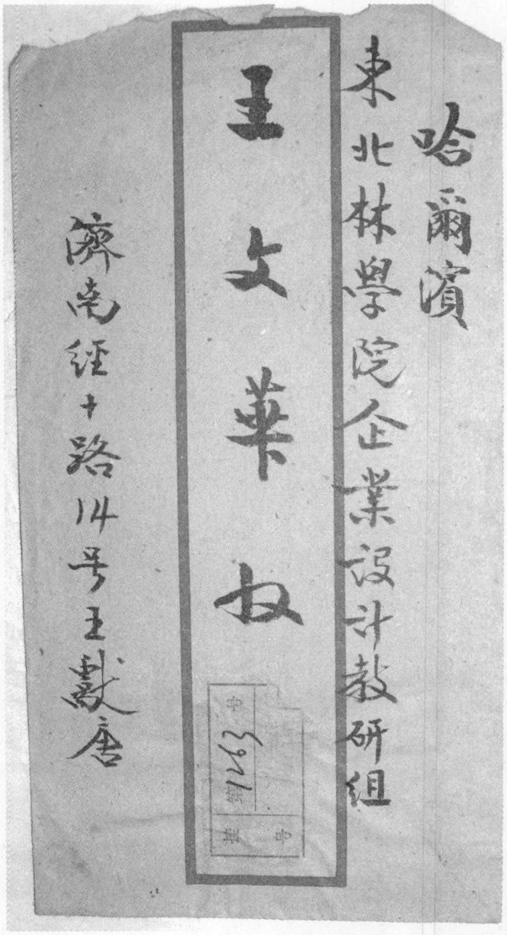
哈爾濱
東北林學院企業設計教研組
王文華 收
濟南经十路14号王獻唐

封第四件

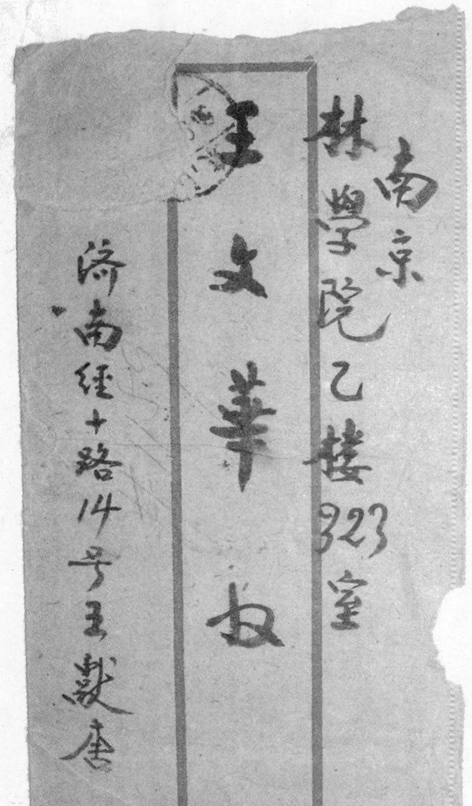
南京
林學院乙樓323室
王文華 收
濟南经十路14号王獻唐

南京
林學院木工教研组
王文華收
济南经十路14号寄

封第五件

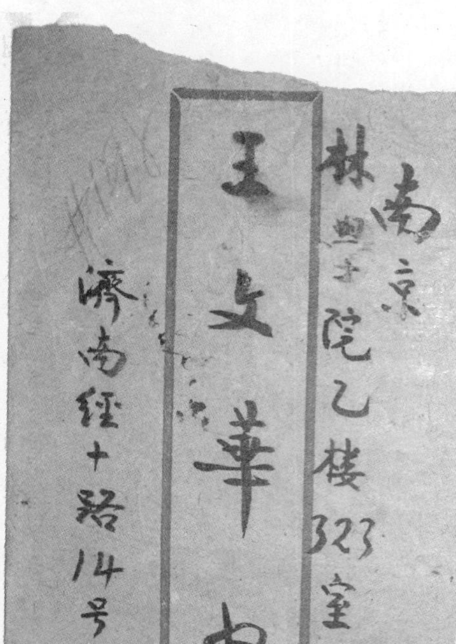
南京
林學院乙楼323室
王文華收
濟南經十路14号王獻唐寄

封第六件

封第七件

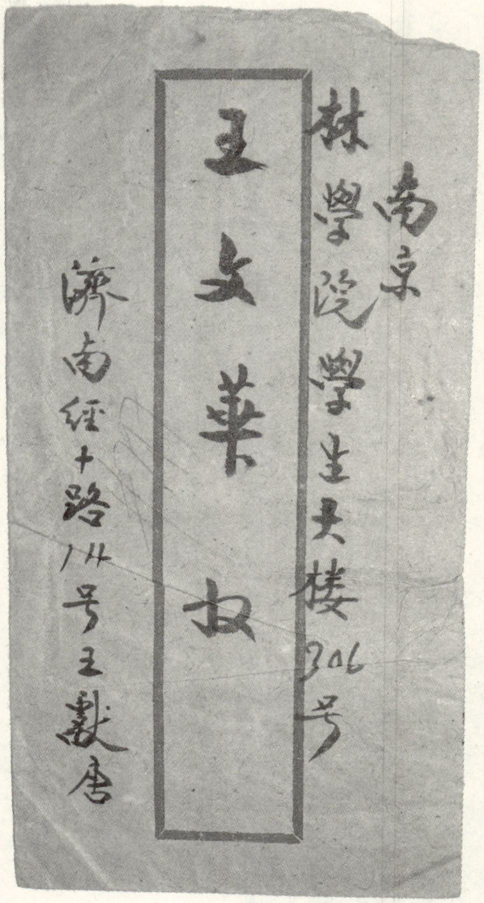
南京
林學院學生大樓306号
王文華收
濟南經十路14号王獻唐

封第八件

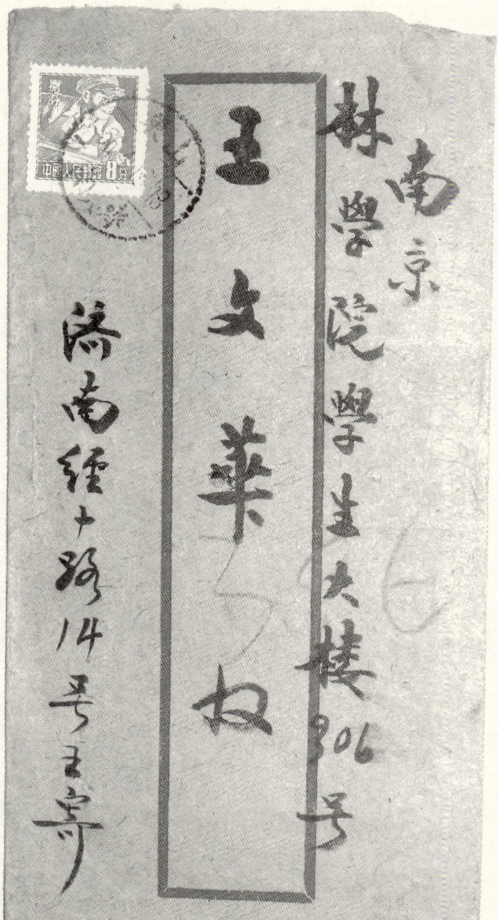
南京
林學院學生大樓306号
王文華收
濟南經十路14号王寄

封第九件

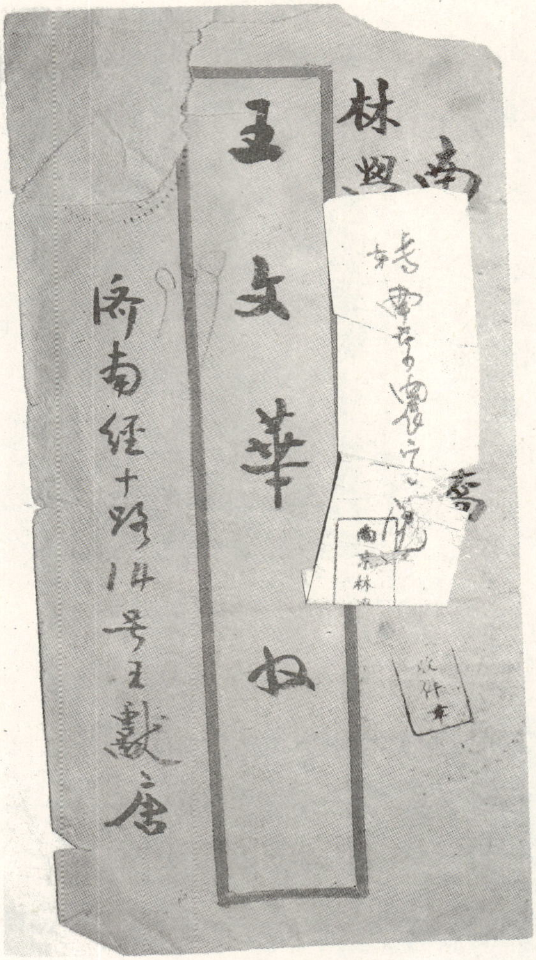

封第十件

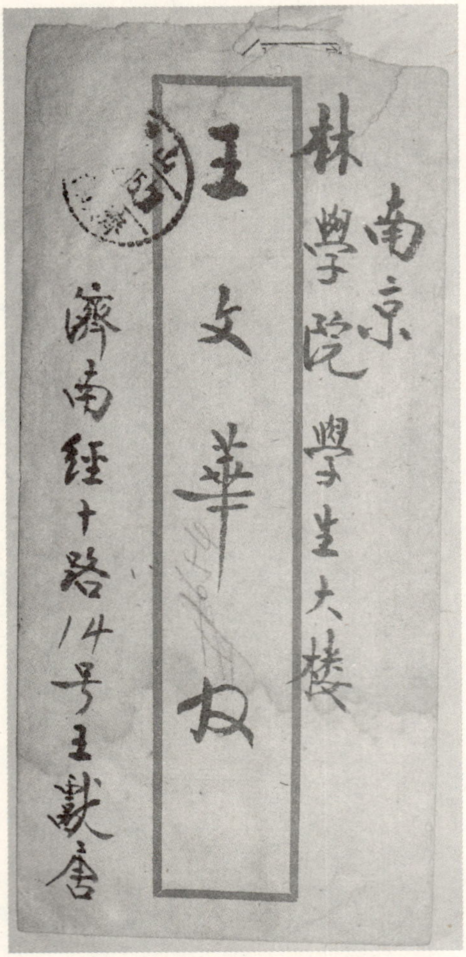

封第十一件

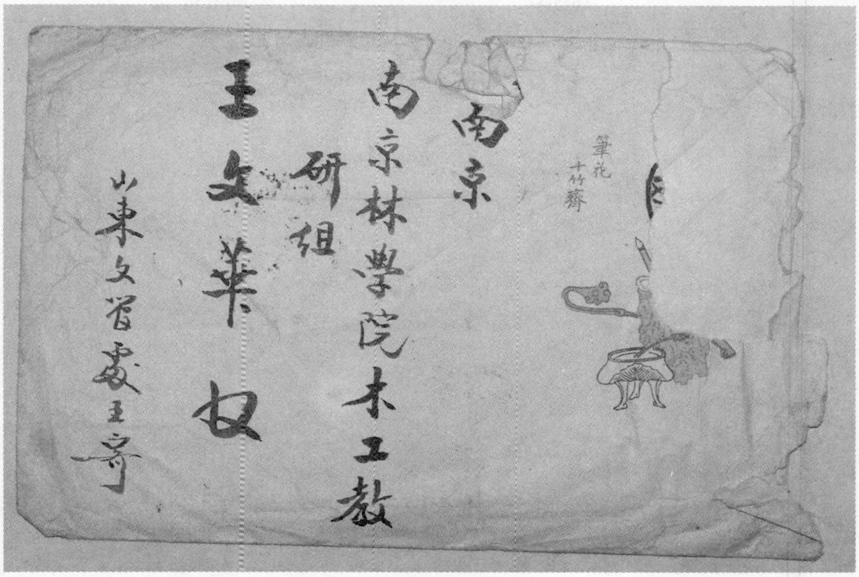
南京
南京林學院木工教
研組
王文華收
山東文管處王寄
筆花
十竹齋

封第十二件

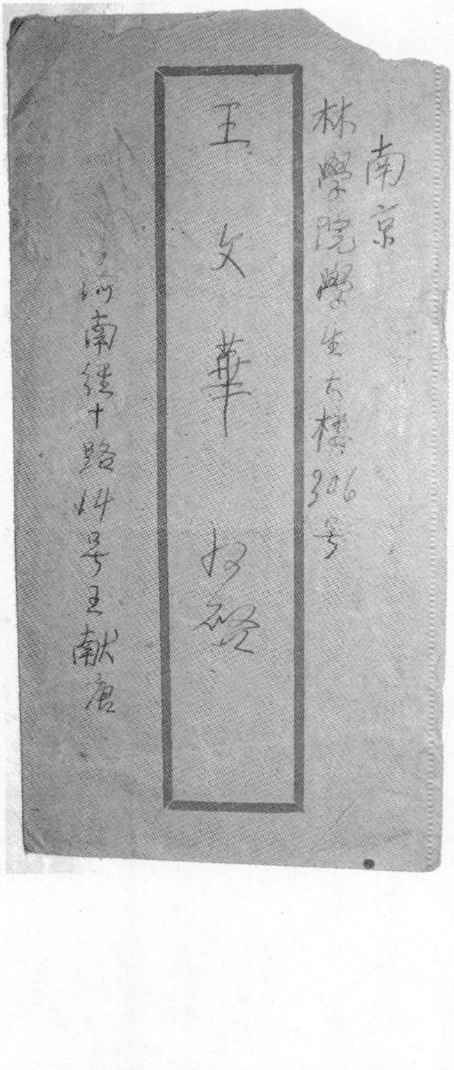
南京
林學院學生大樓306号
王文華收啟
濟南經十路14号王獻唐

二　王獻唐夫人致王文華書四通

書第一通

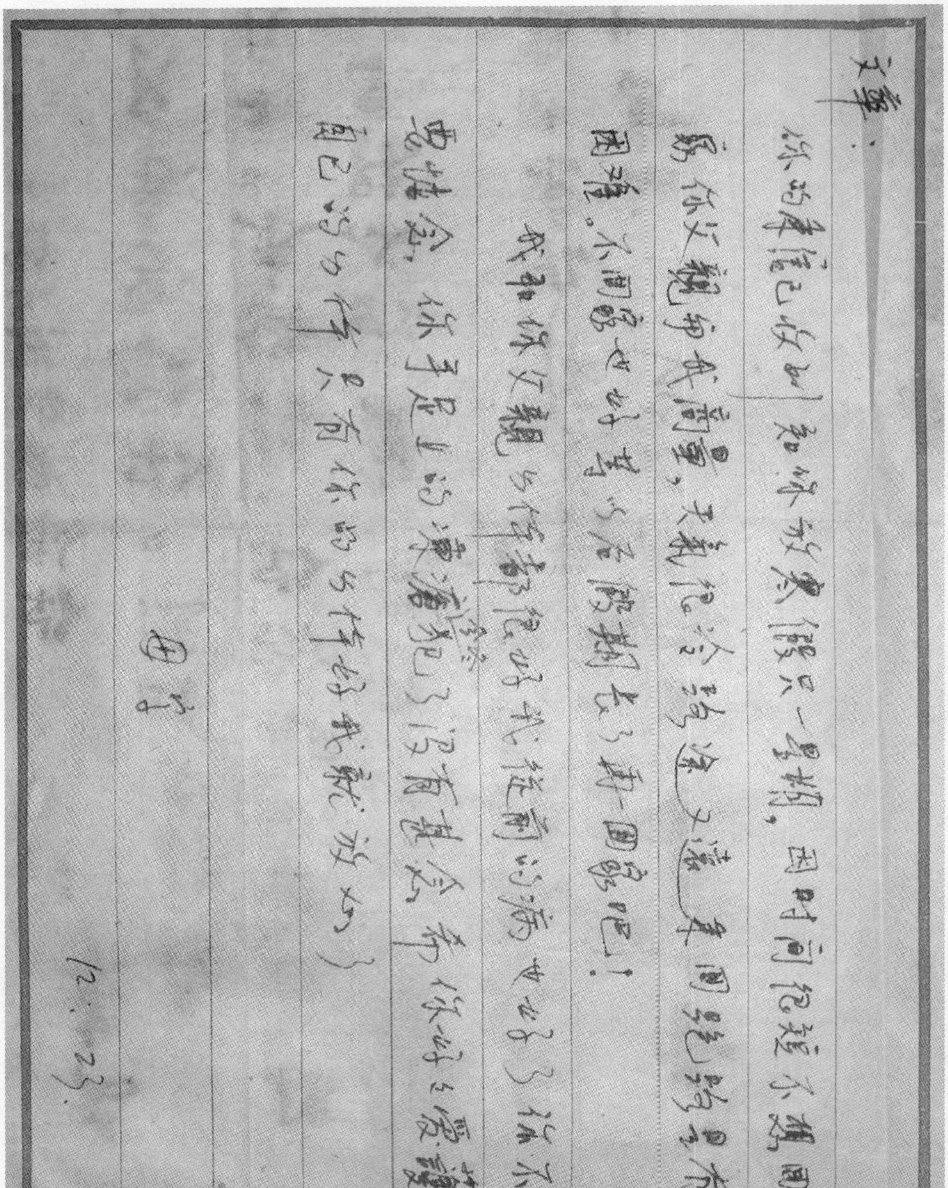
文華：
你的来信已收到，知你放寒假只一星期，因时间很短不想回家，你父親和我商量，天气很冷路途太远，来回路上也有困难，不回家也好，等以后假期长了再回家吧！
我和你父親身体都很好，我从前的病也好了，你不要挂念。你手足上的冻疮犯了没有？甚念。希你好好爱护自己的身体，只有你的身体好我就放心了。
母字
12.23.

書第二通

文華你来的信已收到了。我和你
父亲身体很好。前些日子，你父亲
生的小病早愈。勿念你那里的皮
鞋很便宜，但我和你父亲不需要，
棉的也不要，我的意思是希望你能
給你三哥買一双才好，但是你三哥
並沒說要，這是我的想法，在買的時
候鞋的大小和你相仿，但鞋的前
头要略肥一些，脚面要高一点，你如
果沒錢或是錢不寬裕，就不必買了，
如果買到最好寄到青島、城陽路一号
交你哥哥色即要，皮鞋買到后寄去可
来済一信說明，你如果幾時来済可
早来信說一下，此致

1958年元月30号　　母信

書第三通

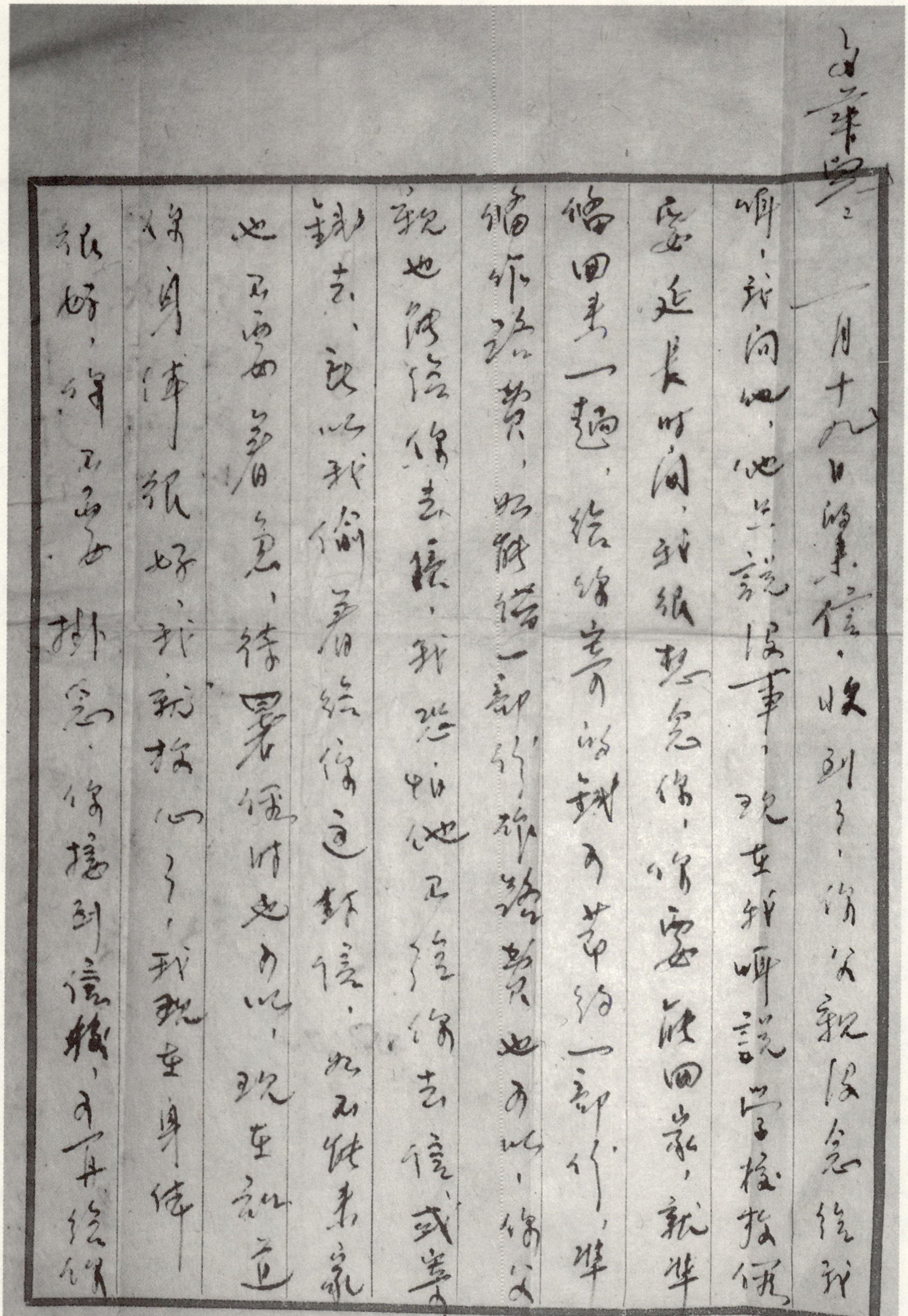
文華兒：
一月十九日的來信，收到了，你父親沒有急信我
啊，我问他，他只说沒事，现在我聽说学校放假
要延長時間，我很想念你，你要能回來，就準
備回來一趟，給你寄的錢可節約一部分，準
備作路費，如能給一部分旅路費也可以，你父
親也說給你去信，我想他也不給你去信，或寄
錢去，所以我偷着給你通知信，如不能來家
也不要着急，待暑假時也可以，現在知道
你身体很好，我就放心了，我現在身体
很好，你不要掛念，你接到信後，可再給我

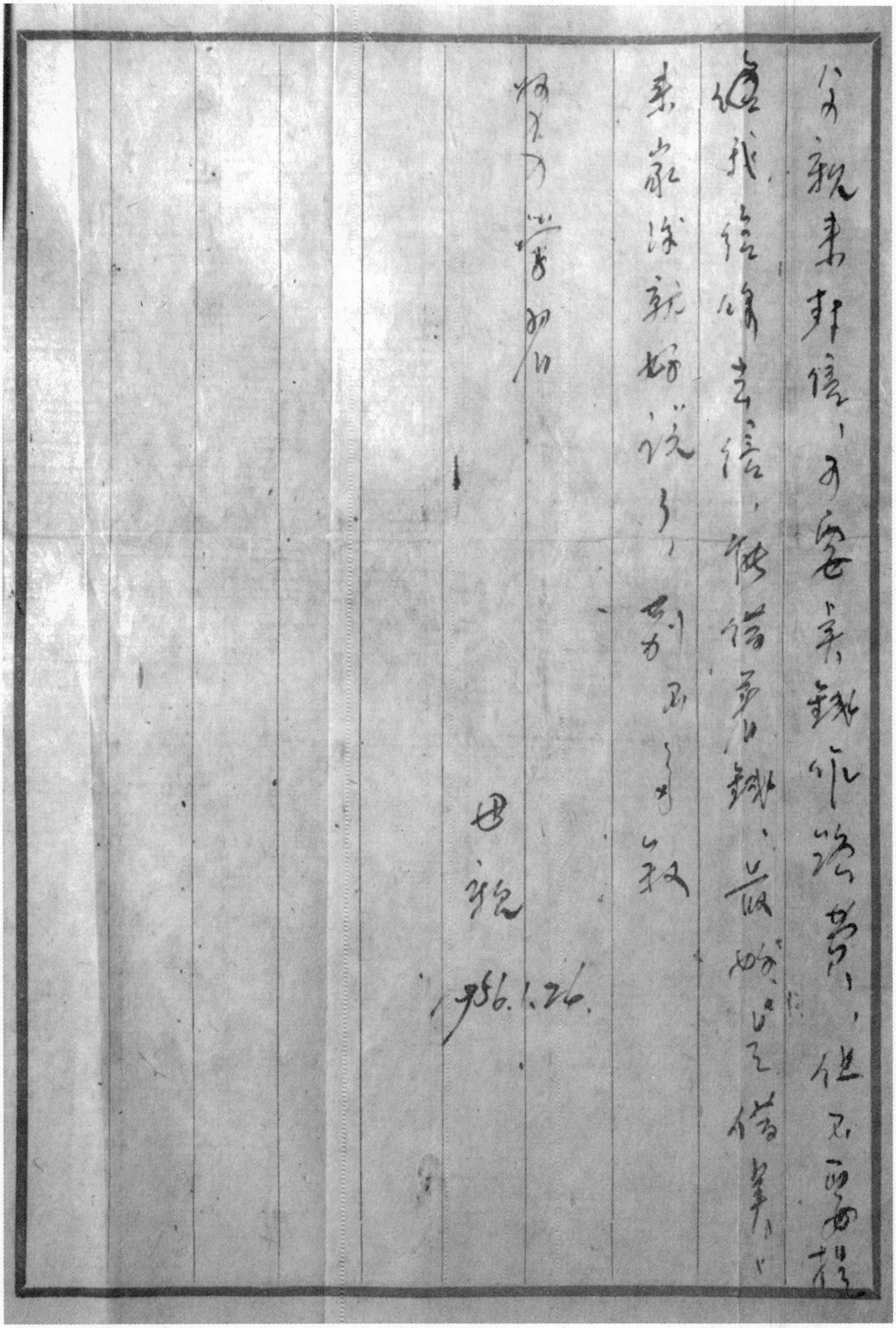

你就來封信，可寄点錢作路費，但不要要提
給我信給你寫去信，做借多少錢，最好已借到，
來家住就好說了，到不了可以救
樹本同學如晤
田錫
1956.1.26

書第四通

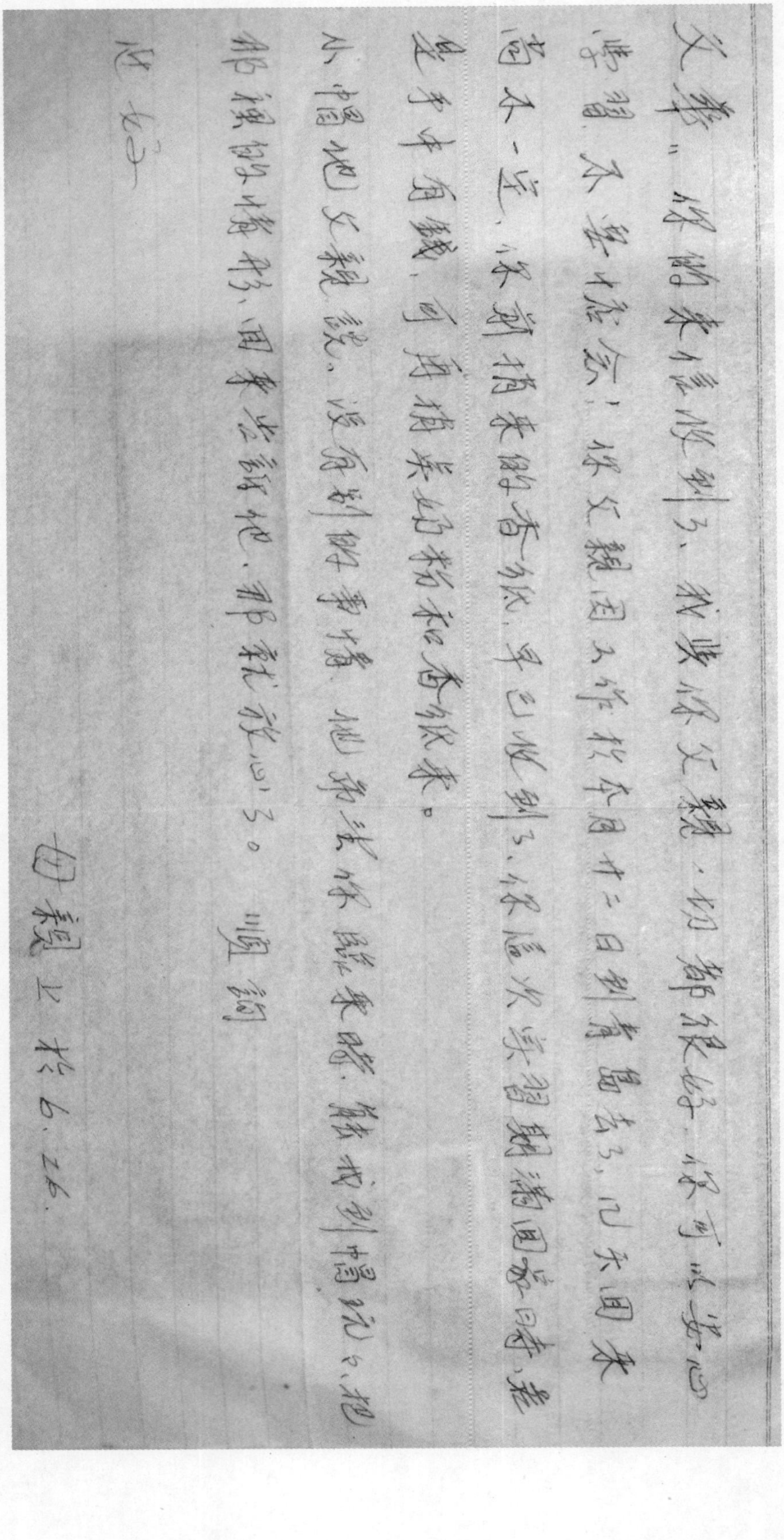

文華：你的來信收到了，我與你父親，均都很好，你可以安心
學習，不要惦念！你父親因工作於本月廿二日到青島去了，几天回來
尚不一定，你哥捎來的香皂，早已收到了，你這次實習期滿回家時，若
是手中有錢，可再捎來奶粉和香皂來。
小帽他父親說，沒有到的事情，他弟弟說你臨來時，能找到帽就找，把
那個帽的情形，回來告訴他，那就行了。順詢
近好

母親上　於6.26.

三　王國華致王文華書一通

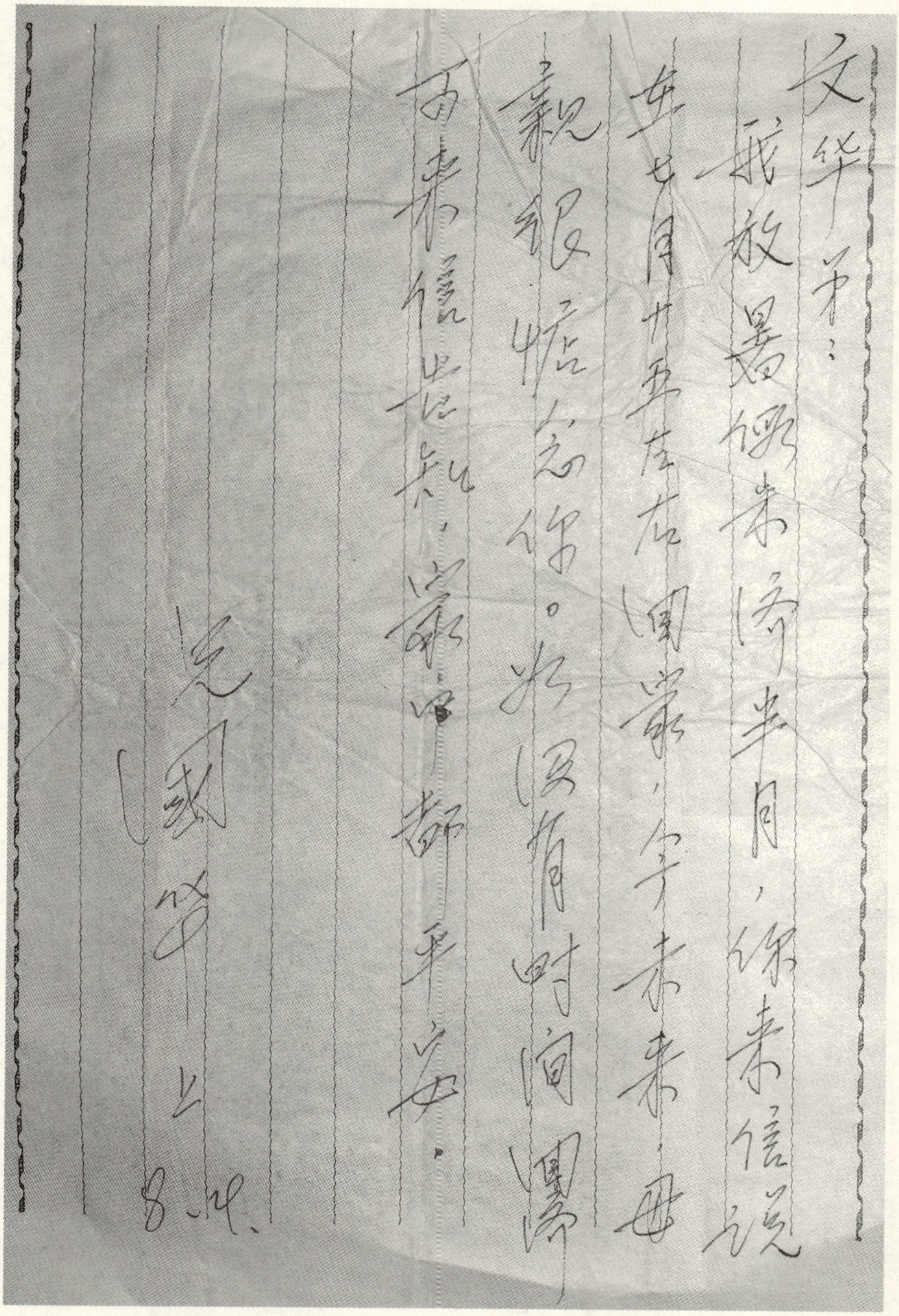

文华弟：
我放暑假来将半月，你来信说
在七月廿五左右回家，今未来，母
亲很惦念你。如没有时间回
可来信告知，家中都平安。
兄　国华　上
8.24.

四

安可行致王文華書一通

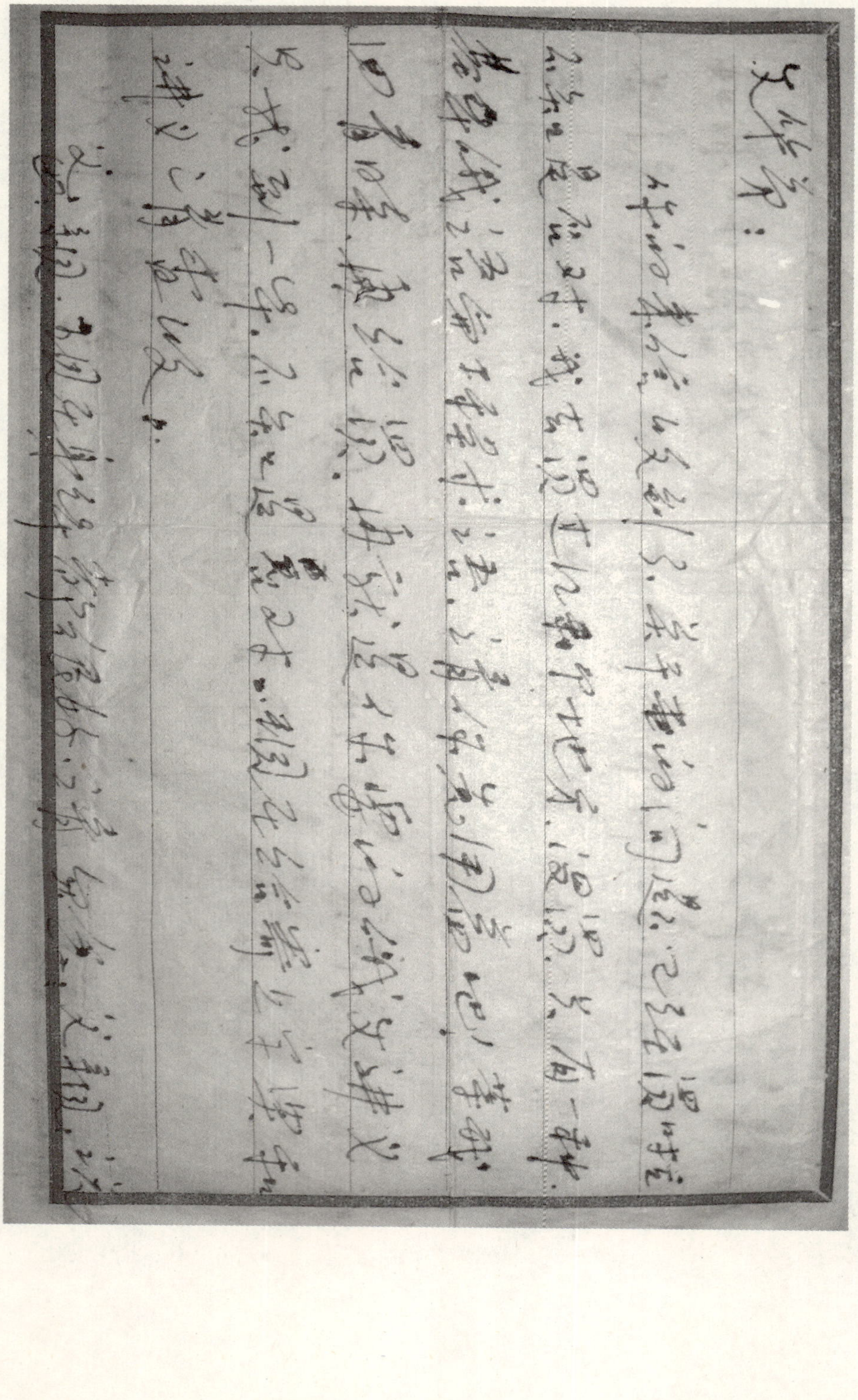

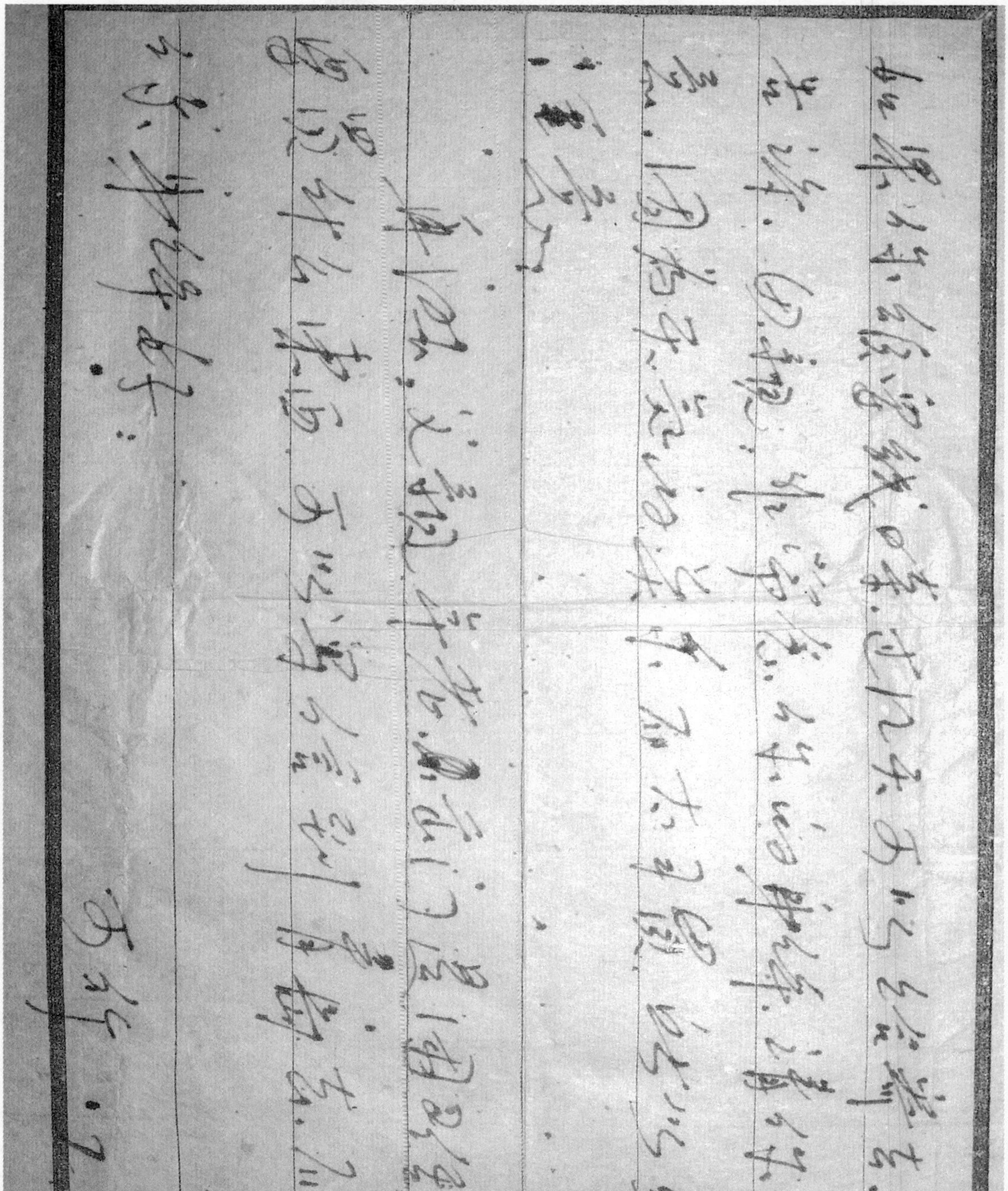

五　王獻唐致李炳南書八通

書第一通

乘峯即事

山柳深處便移家攔醉東風
單帽斜一段清涼冰雪意乘
峯西去萬梨花
不於此地試參禪銀漢無聲
月正圓過眼微雲纔一抹漫無

邊際是青天
向湖詩酒蓄還揚小劫冷傳
自舉一觴書還中天風任水哉
曾三宿戀空桑
周金漢刻意殊狀凝絕江嶂
壺上頓教把須彌藏芥子壺天

食畫不成隱

炳公法正

獻唐呈藁

今日星期畢思成之召飲華府翠來

歸几上讀 大函已遂向濟數日矣

悵然不意 大禪中結習亦未忘也

此間山名泉峯已改爲泉峯老人

不名向湖之地之大隨處者截有

亦當爲我有以諾之於向湖乎
老人又上
三月廿一日燈下

書第二通

雪廬先生左右：奉手畢，並示
大作，情文俱茂，刻更入微，此廬丈佗青
之作，人人九丈雲巖，弟則下里巴人而已。
頌多　之作，小詩並附上，近來衰々多
得承藤黃搨石獅，使作詩，因又不待之
醜此醜不了限於眾峯，故遠之
先生作見大滌子畫一和尚柱杖傴僂
行山中，上有古寺，題曰翠小畫甚敬一

摹摹成之物也，人不能承受，祇有仍
以其醜沒之。先生也以為請
晚安 弟 [illegible] 四月八日

數家脩竹壓蒼低，拄杖閒聽鷓鴣嗁。最
是煙消雲散處，十年舊夢轉淒迷。
也曾扶醉強登樓，一棹波心不繫舟。四十五
年來電掣滄桑看慣懶回頭。
射策斬蛟計未成，已將萍葉比身輕。蜀

煙巴雨鬱叢路一枝鏗朕自任行
需年馬事又成數什來呈
達正笈之　栗叟丈上
雪佛

書第三通

奉讀
雪盧先生清明見懷詩適逢雪
有西北之行亦向湖舊侶也爰
步原韻成二十八字求
政
也隨隱李越停雲閣悵青山

苦憶右衆散年来同落葉
不經風雨亦珍〻
弟獻唐拜上 四月十七日
前別遂書二什附呈 教之
夢裏逢君醒後真向湖丶別雨如塵
相思漸逐春潮長又唱陽關送故
人

江鼎爭傳第一枝更從劍外攬雄
奇平涼羯鼓金城柳萬里春
聲出塞時
紙有餘白再成一絕呈
雪公意在解與不解間也
此心蕩似御風行風不揚波
水自生一樣時光萬楊柳是

雅句出而清明

前由言偕衍大滌子歸山畫為 雪公壽
作展卷筆畫出歸山之人不似古香古色之
高僧及似東倒西歪之東叟是烏乎須
另畫之須見　逵之為冀鵬刻二小印生
字似漢万里二字似晚周印其拙耶
今想了人華作我白眼無際地矣

李叟對白

書第四通

前上一箋計已收到盡老來亦竟未及此間
做事太多候秋涼來亦好弟晚間寫稿兩足之大
受其苦須發汗一陣入晚即套上毛襪子大有五
月披裘之風歌舞者不須至此彥老為文亂
亦及新開寺中某君書件之多須求王君帶
至重慶大法師處傳語帝

後人謹啓

勝人 王君經日起行 陸師衛挂念 李英之老務請

記清逸來滬 師多知過江之鄉 院無法亦不

足為師者能通天地人 今 老夫 此面也其

雪公地乎其 雪公地乎 此請

大安 獻唐 六月廿二日

書第五通

錦水手教，煙火一案，蒙
史和尚開示小沙彌太累矣。援佛家所說
一人之業賦，年齡與其需要之資養料有
乘除密切關係，人不需要自可不必多食，
之人需要而故意減少，則精神體力必
衰弱成黃面瞿曇矣。弟篤信佛說，不
必證之生理學，試就眼前動植物觀
之，當是結論。因此不敢學古人之食無

求飽而每飯必飽，飽則貴賤多無能
供應日夜躊躇不得善法，今
先生減食而面紅腴，比余健羨，我怪
事甚願以大作寄傳於弟，使梁
峯峯之老翁變為歌樂之健叟，且使阮囊不已
十分羞澀，如雪廬每計日由郵本
數金書畫以鉛粉其之郵那之哉
鞋之土粉，未用粲不施粉須以墨

烘底子文恐千百年後收藏家之
講紙白版新也大勝舊價毋改色
更嘗於夏山中置雪雪盡益見
主人之高所謂雪也任內不任外
也此上
雪公道席並請
近綏 不多及 九月廿六日

雪公大師道座：承示三法，已感感。蚊香多人
已試之（四元一條並不知是否之廉）藥，金油為托星翼公已叙
府。鑲牙六六，便須一小合，索價四百五十元。彼作
香字牙而四牙，公今恨之，以彼肯費七八千
元自鑲牙，不肯以四百五十元為我須油也。近又
發明一法，即以白乾酒代油，亦能頗有效。丹
臺山會上發外別傳之法，謹以報
公。公以連公以怪事一詞是否為法語，為問。丹
公為解答，即所謂方便門也。口中有怪

弟心中無怪書（作平等觀）遂不執著於兄之口未同見兄之心故有此疑疑而能釋庶幾近乎道矣此請

道安

八二（小弟）再拜上

◉成都近出一晉碑上刻此象摹以補白豈遂不所謂之怪書耶

達之
雪老侍史：前篆什之 如到 鼎老所
為了本擬來渝探視旋因渝南之衛會
甚暫作罷將來有情形再說近來不忘
何故詩興大發連成長律截句十數什
長律寫來費事之餘截句博
笑此請
大安 獻唐
晚步

夾路山花自在開遠天新月漸朦朧先生飯後無常往獨步人间又獨來

山家繞道雨濛濛曲折林间路一徑通何處飛來雙溪葉亂溪轉處點杖紅

東峯有野溪樹杖後叢

右溪丹鮮過楓柏

贈某君草書

把臂鍾張古與鶏但能落筆不求安夜來一覺菁菁雨幻盡龍蛇入壁上飛

農家

家家炊火向黄昏竹木參差影到门正是天倫真樂處兒啼女笑各溫存

父老相逢說有年數升新米換豚肩猶是嬉々

叔嫂人會笑語團中庭月上圓

示小萍 董彥老之小女老人之乳女兒也

不道人間又是秋西風落葉仲宣樓亦知無奈愁

中老喜向盧家喚莫愁

七月十五日午萍特寫上

丁老望二并題首

從前那々逢人便言腿

々痛且摩娑々作痛狀噯呀

作々痛聲 貴本家某工師

言

尊腿疾久如可厭留之

徒於痛苦不已雙雙截去扶

拐杖以行豈不禁譽單人

耶自此以後耶耶絕不

言腿痛無不作痛狀痛苦

并迄今莫明其故

媽老有一藥而愈之絕藝豈

貴本家更能一藥言而愈

耶契文老字作大似耶

之柱拐杖之狀老人杖甚短

者今年枚羅書言之言之觀

其蓋信疑字作罘亦肰

弟人鋪白

書第八通

秋夜讀隋僧智顗書柬
雪盧浩之
觀不能脩止亦難殘山賸水眼前飛如何
便把身無有七尺皮囊閲歲寒
不證菩提不辟支收聽返視似希夷蒼茫
億萬百千劫恨剏開天一畫時
旋轉今生技已窮不妨來世付冥濛無

邊落木瀟瀟水只道風波是鏡中

將有作空事本難絶無從處轉求安了

講四弟〻八千偈留待侏儒能說矣

雪公道長棒喝

十二月十四日獻唐拜上

六　王獻唐致路大荒 書七通　封三件

書第一通

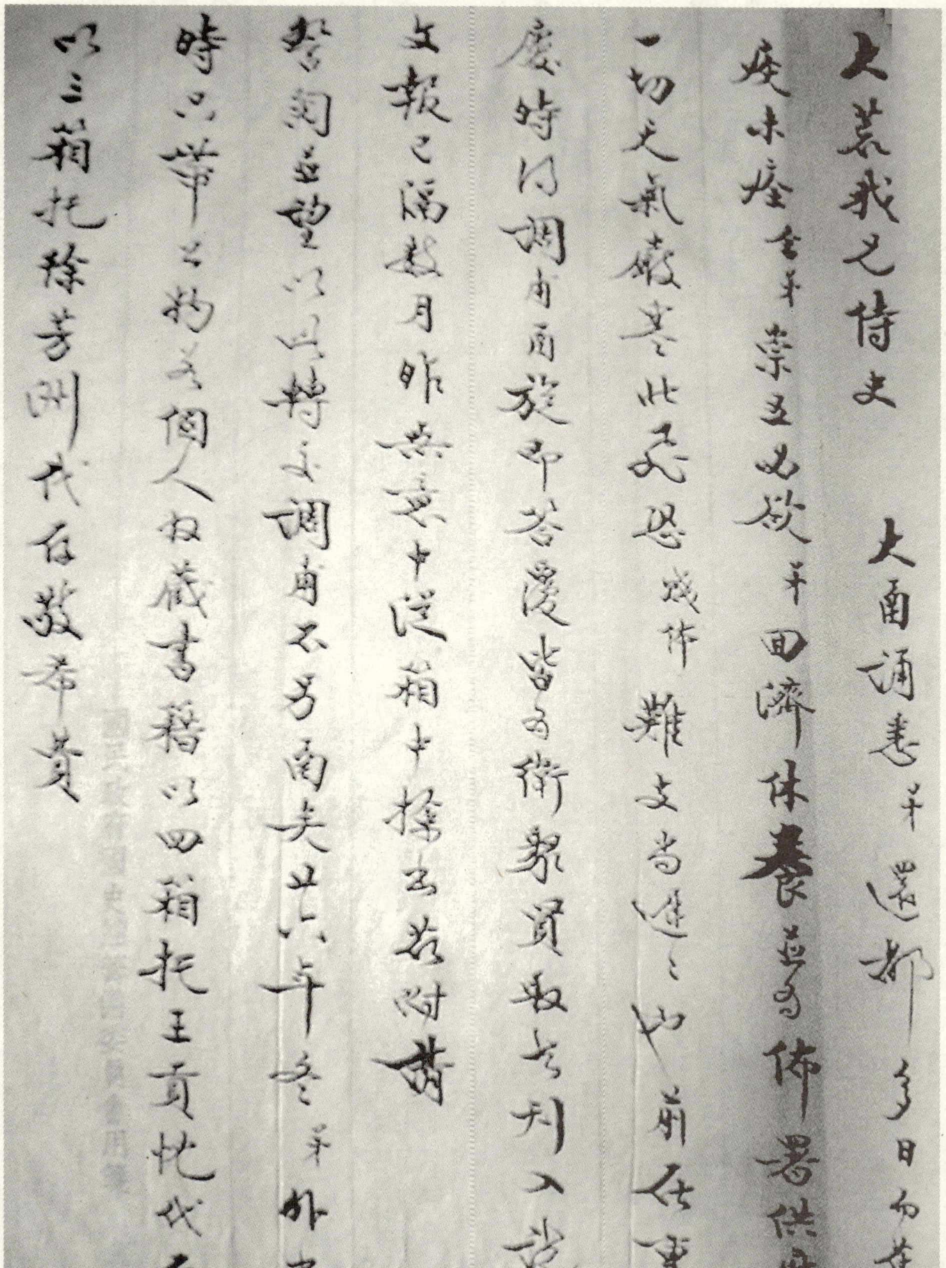

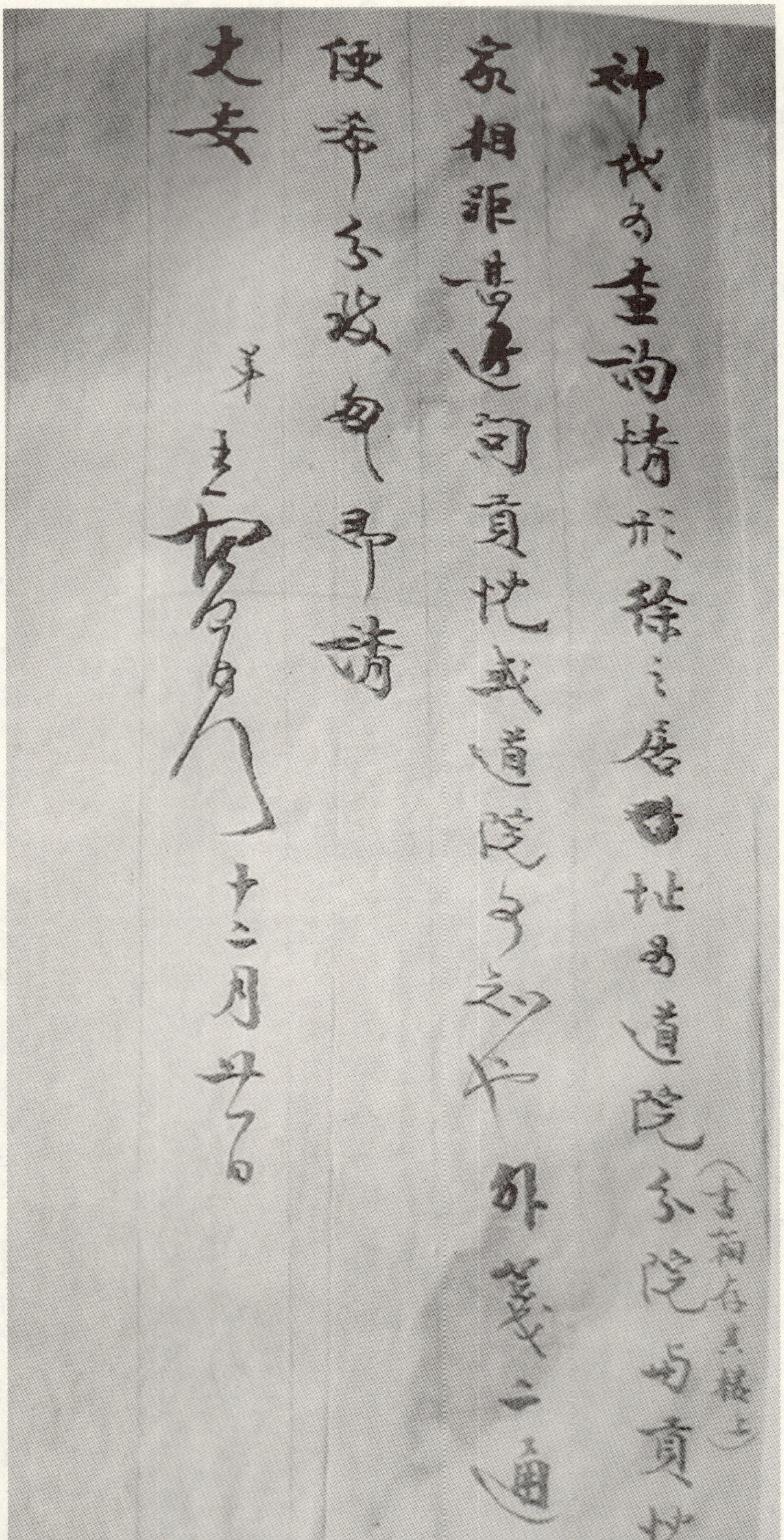

神代為查詢情形，餘之居[illegible]址為道院，分院為貢忱（書箱存其樓上）
家相距甚遠，詞貢忱或道院負之也。外箋二通
便希分致為叩請
大安
弟
十二月廿日

書第二通

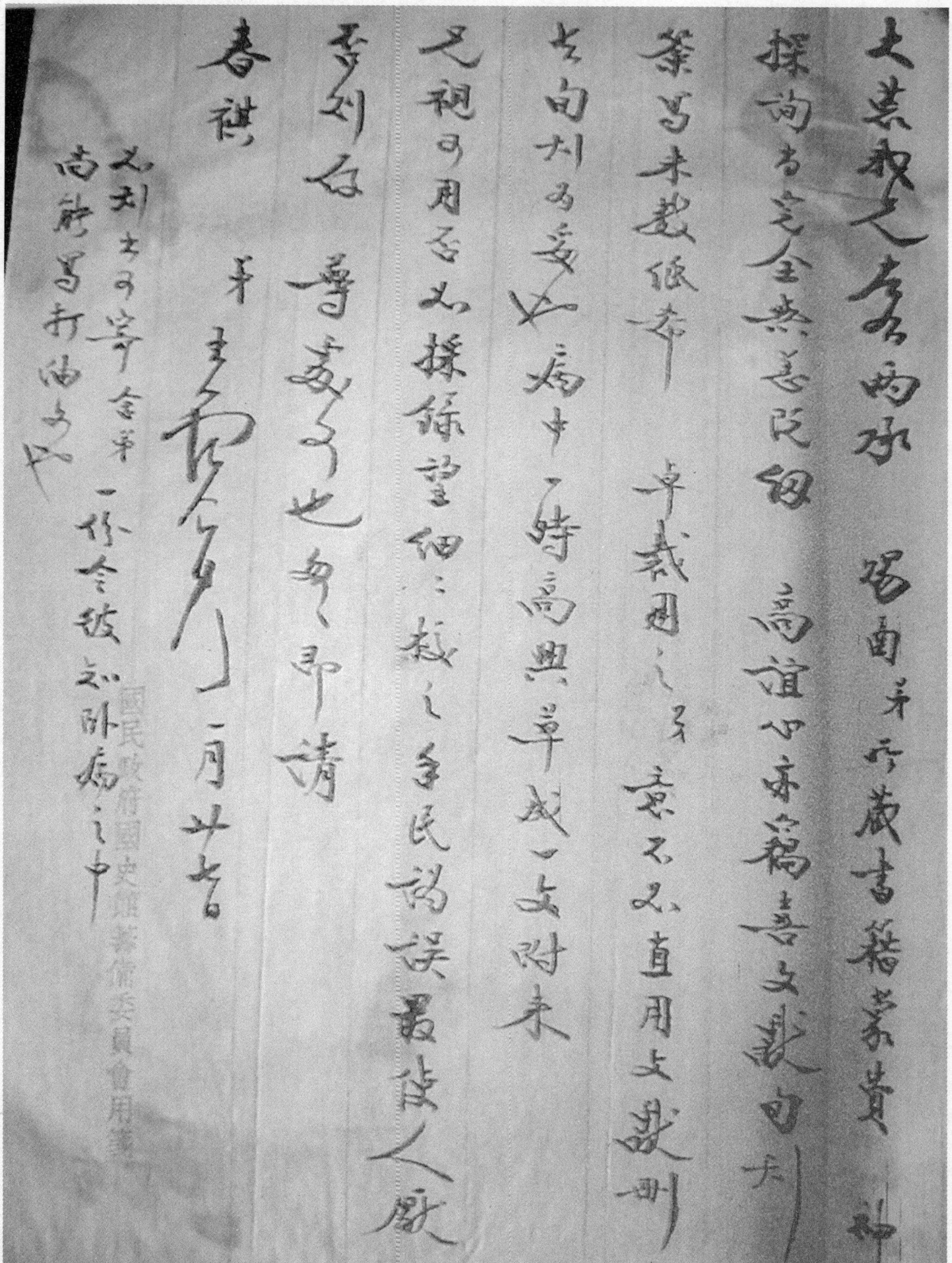

書第三通

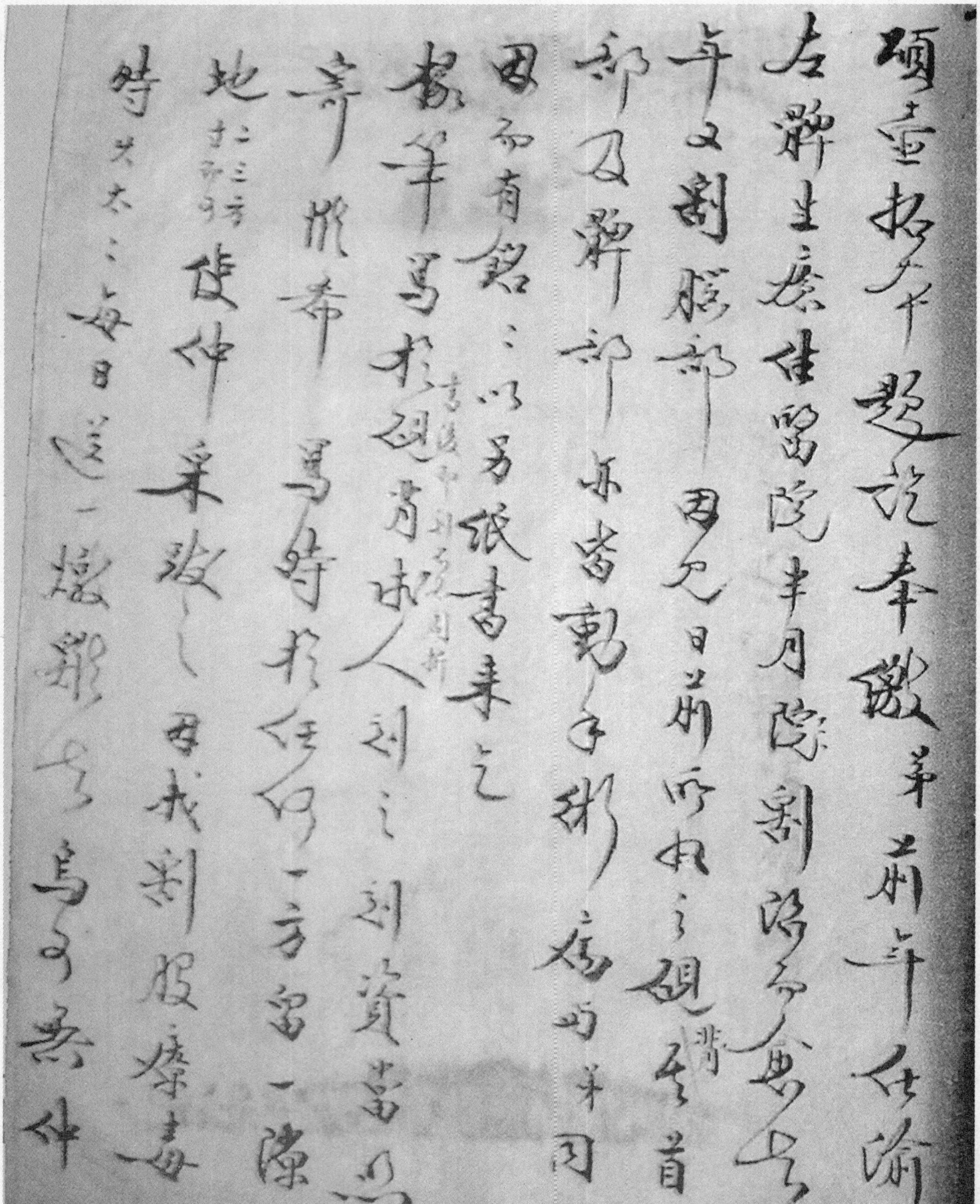

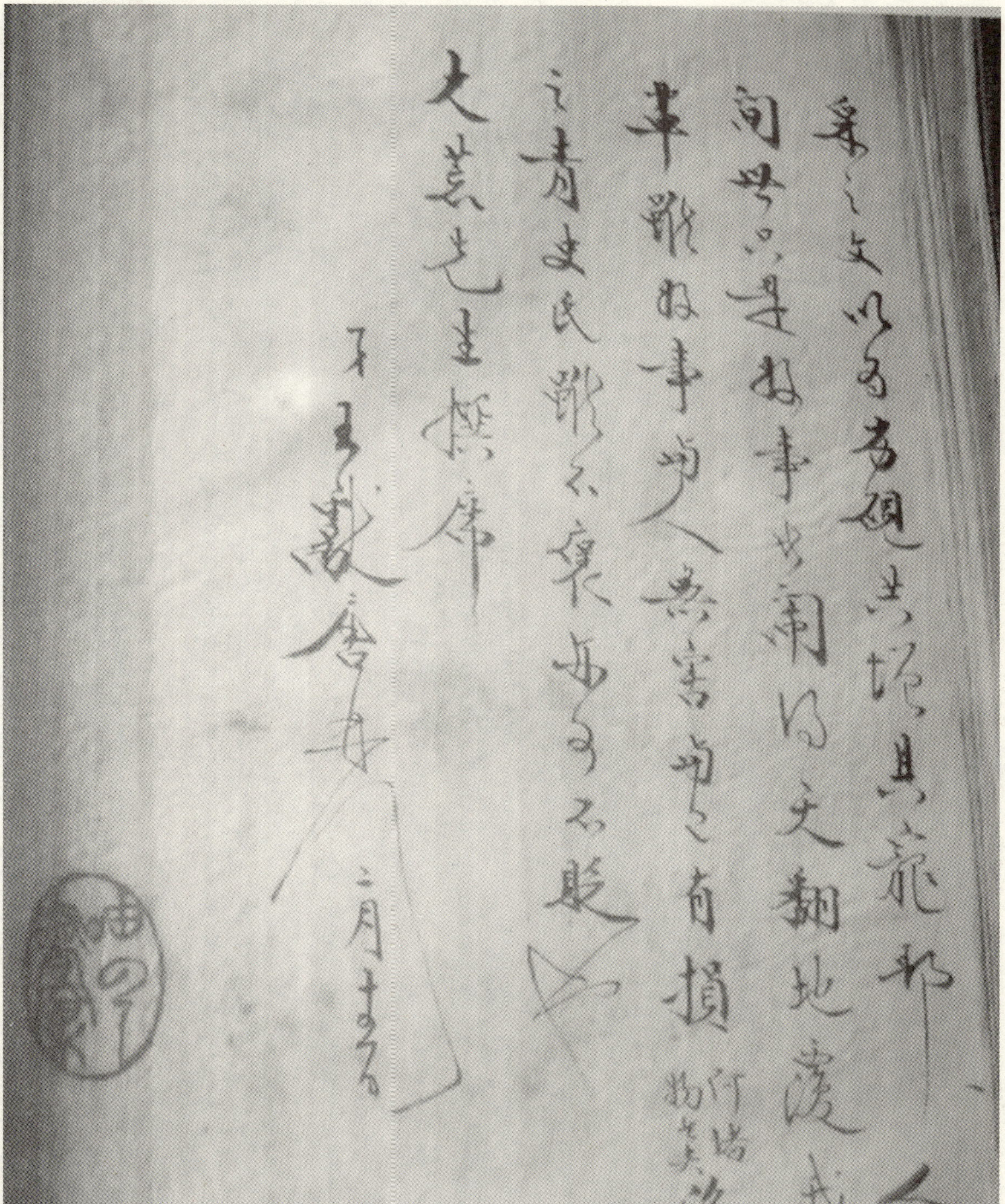

大著先生撰席

王獻唐

二月

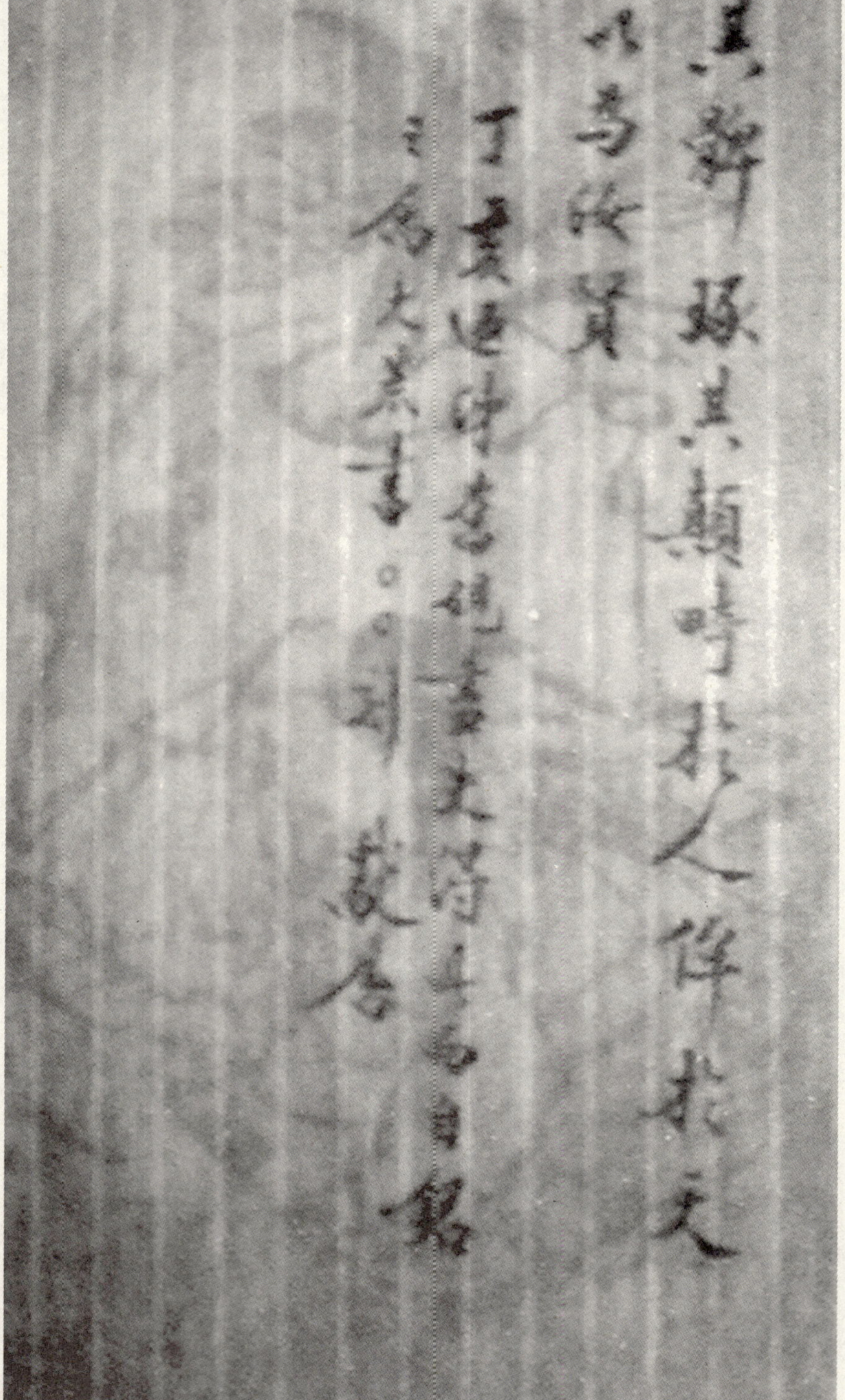

碩其新，琢其顏，時於人，倖求天

吾以爲後賞

丁亥遁仲春晚書文渭生白銘

[illegible]爲大荒書。。[illegible][illegible]

書第四通

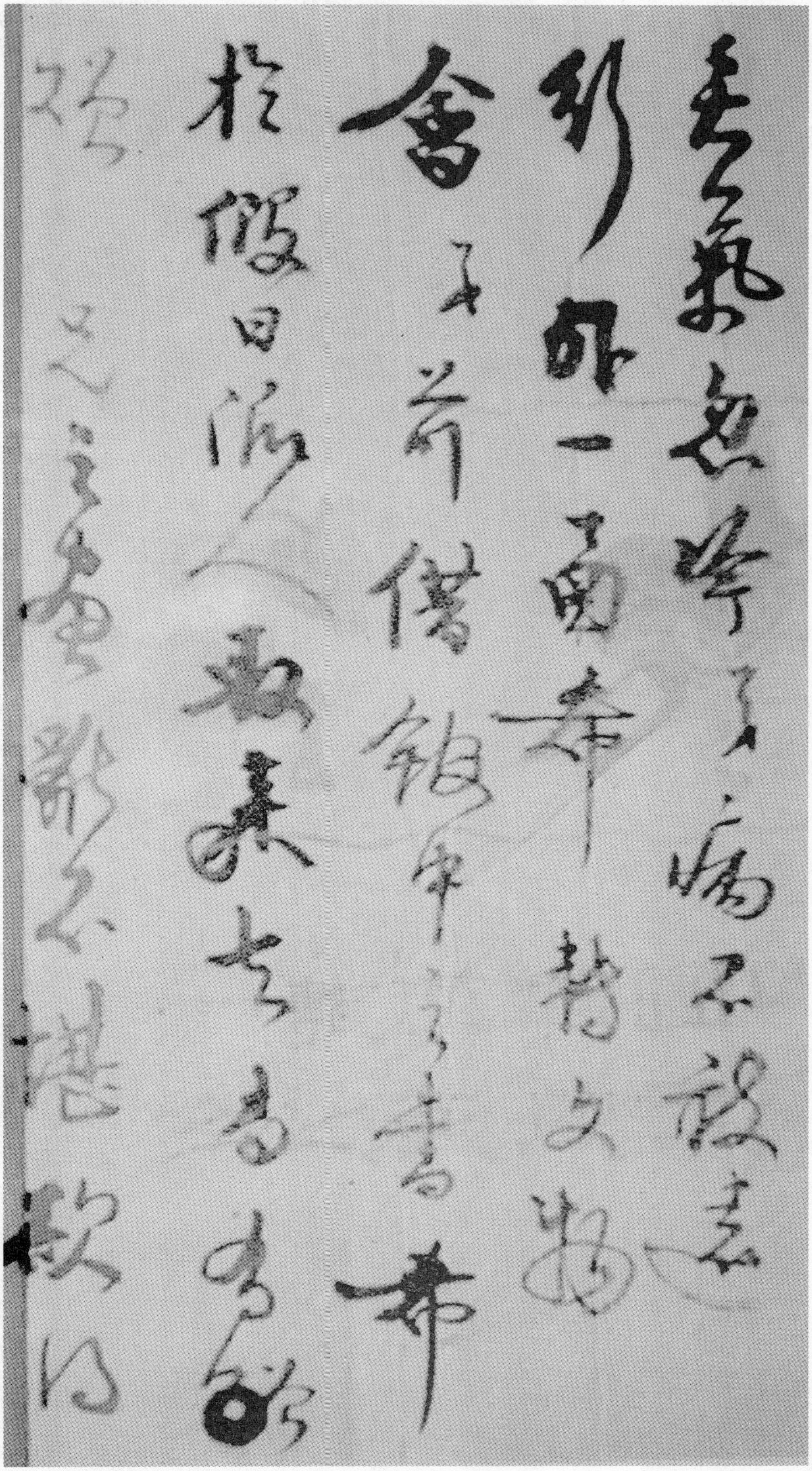

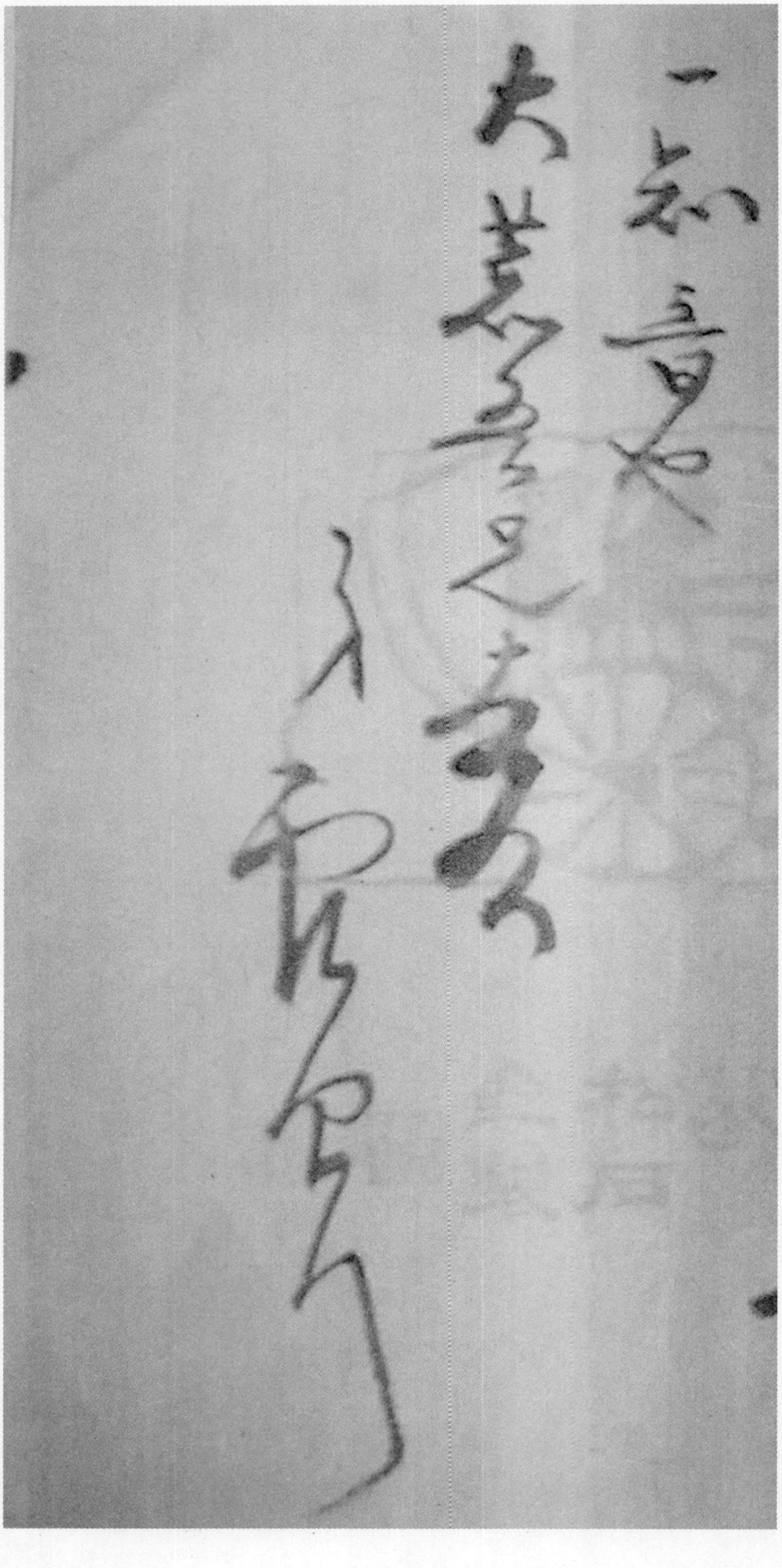

書第五通

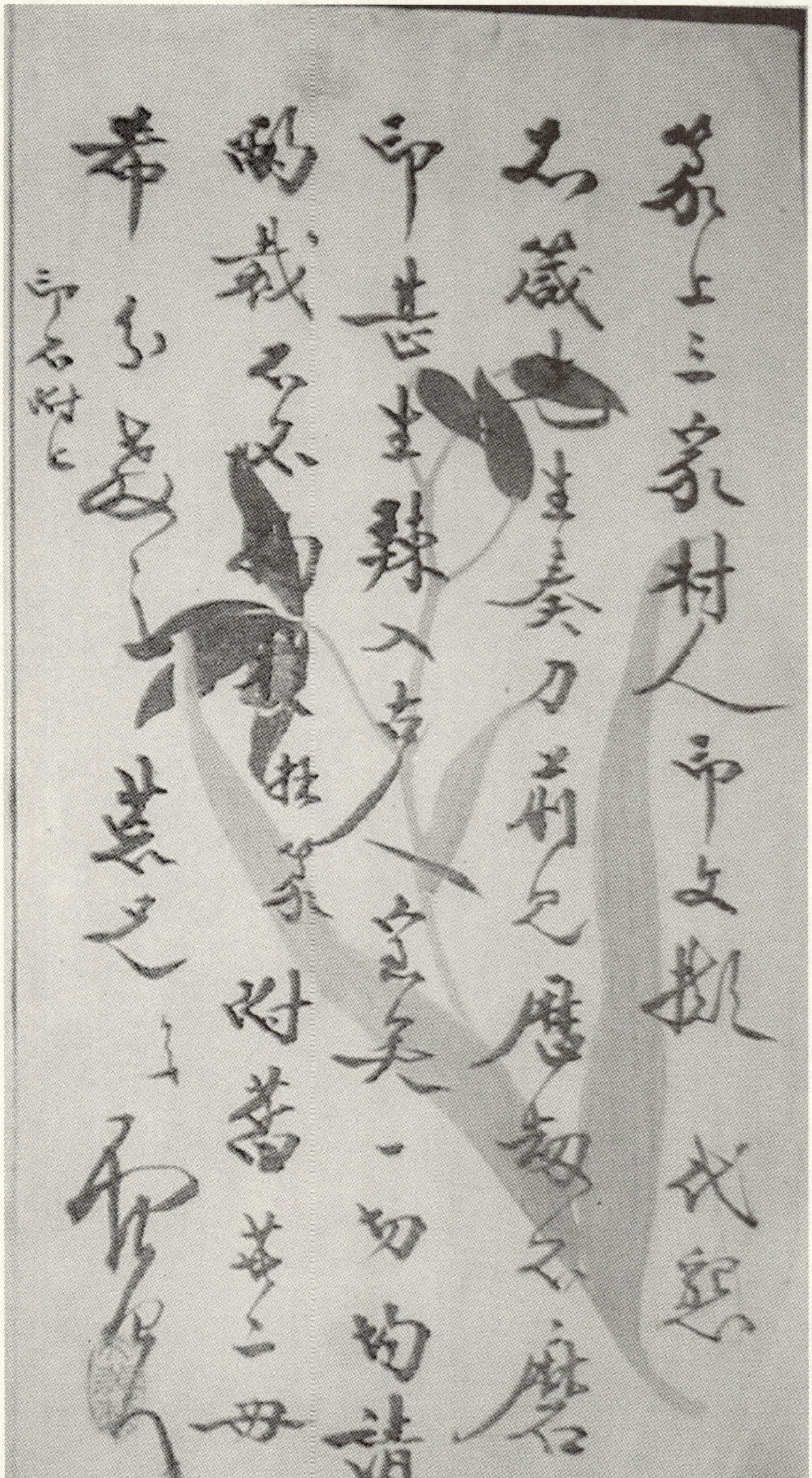

書第六通

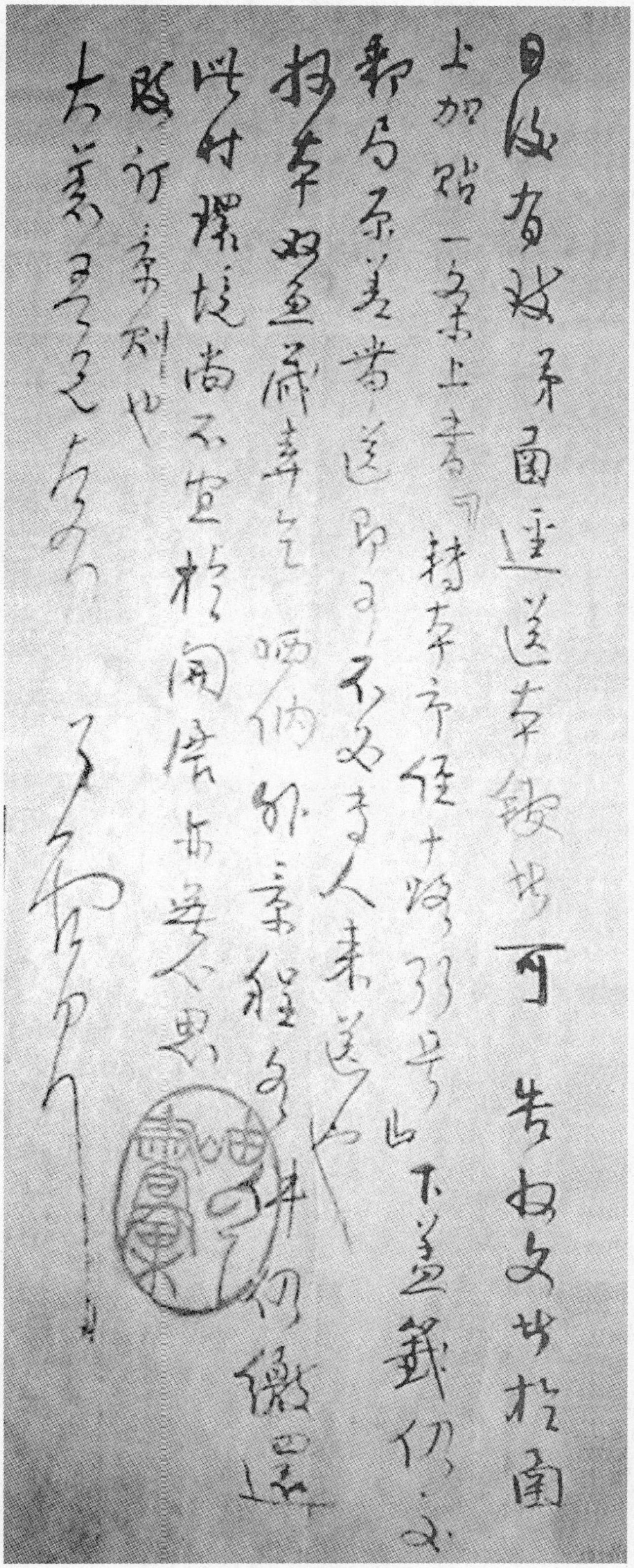

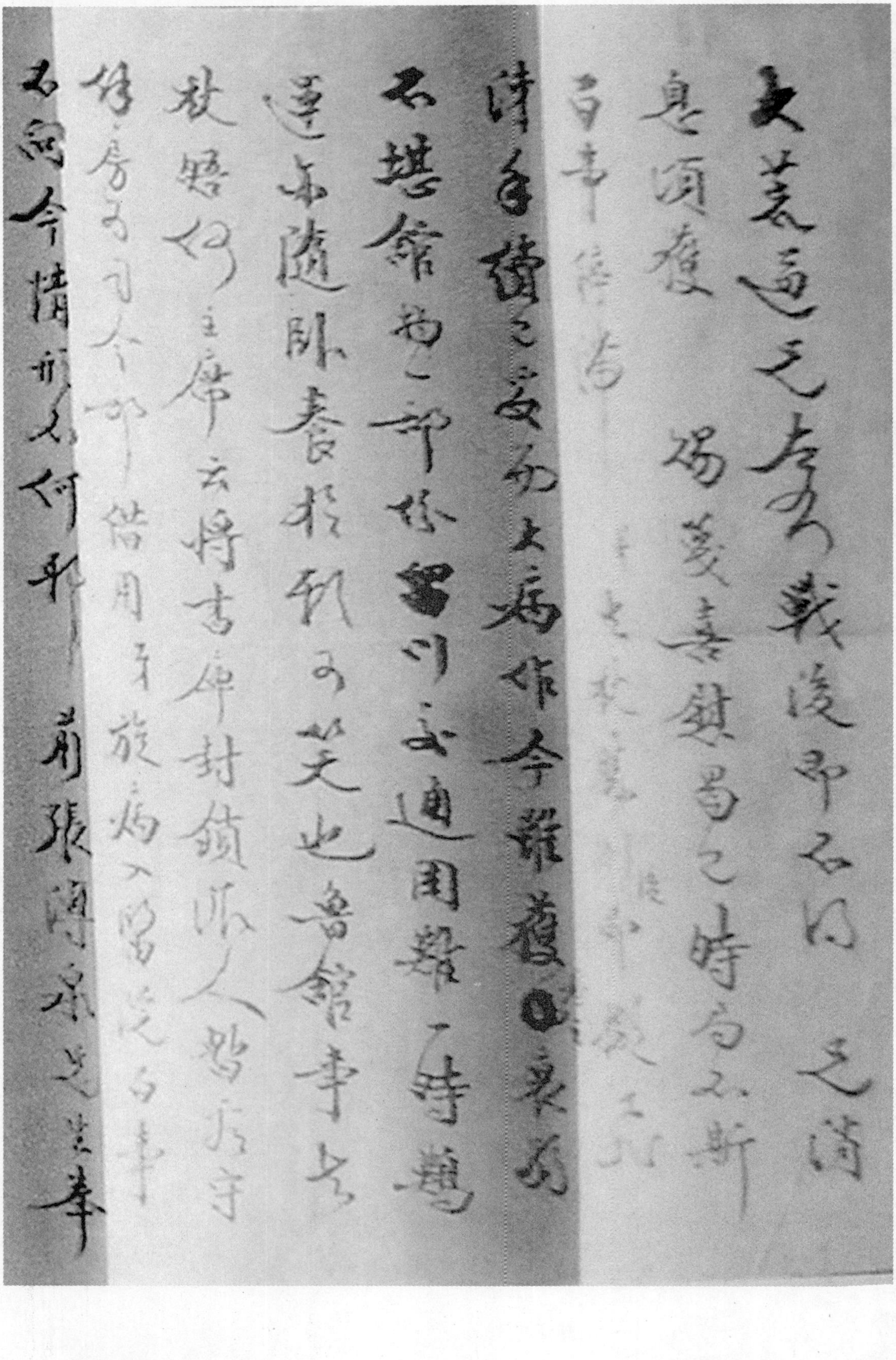

書第七通

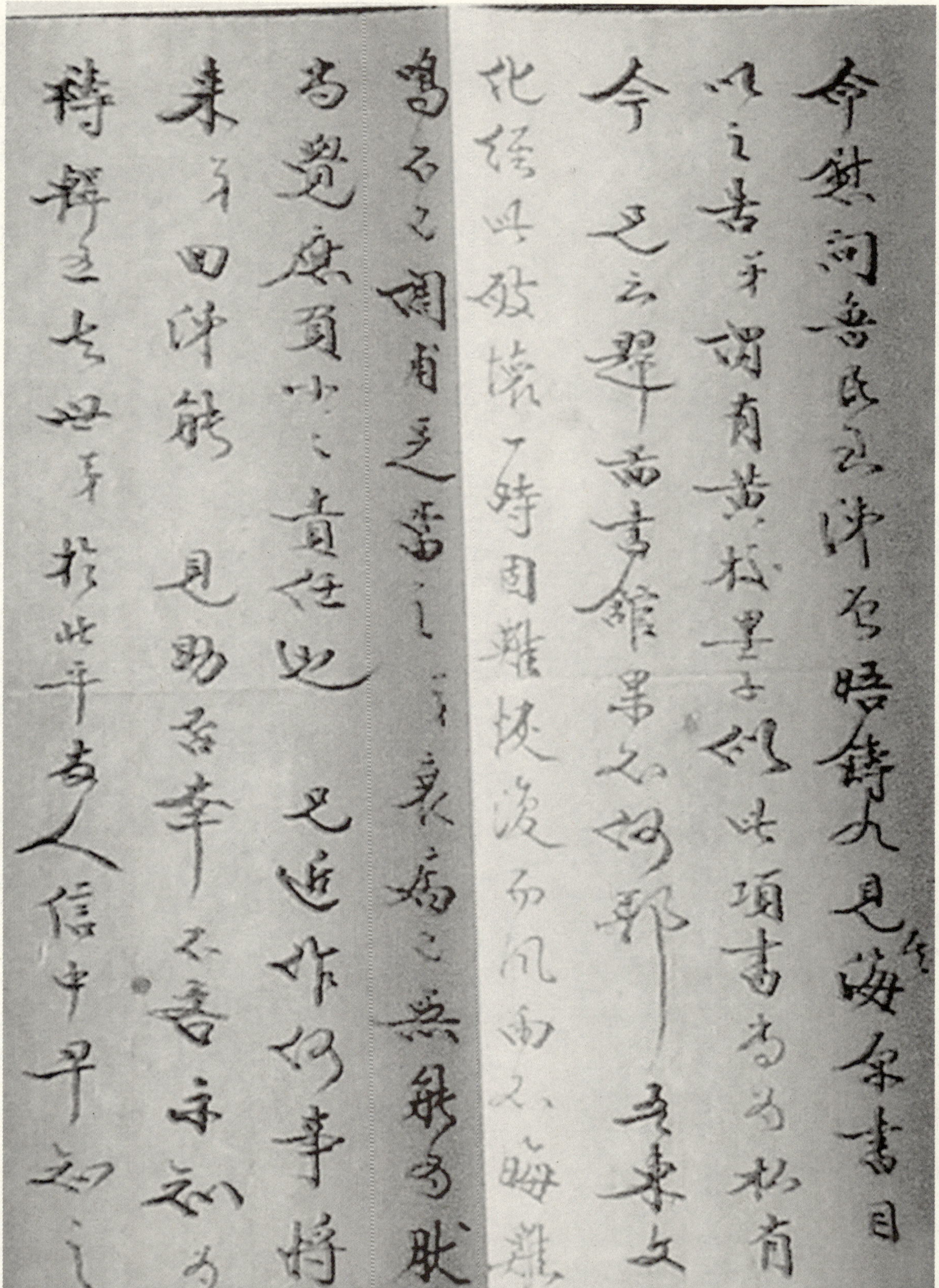
命懃詞魯氏云沖爲晤鑄人見海屋書目
以之贈弟謂有黃松墨子似此項書爲吾私有
令兄之云擇西書館畢必郵一爰秉文
化經此般壞不得因難拔後而風雨不晦難
鳴不已閣有之當之不衰病之無能爲耿
爲覺愈負此之責任也　弟之近作何事將
來弟田洋能見助否幸不吝示知爲
禱耕之長世者於此并告人信中早知之

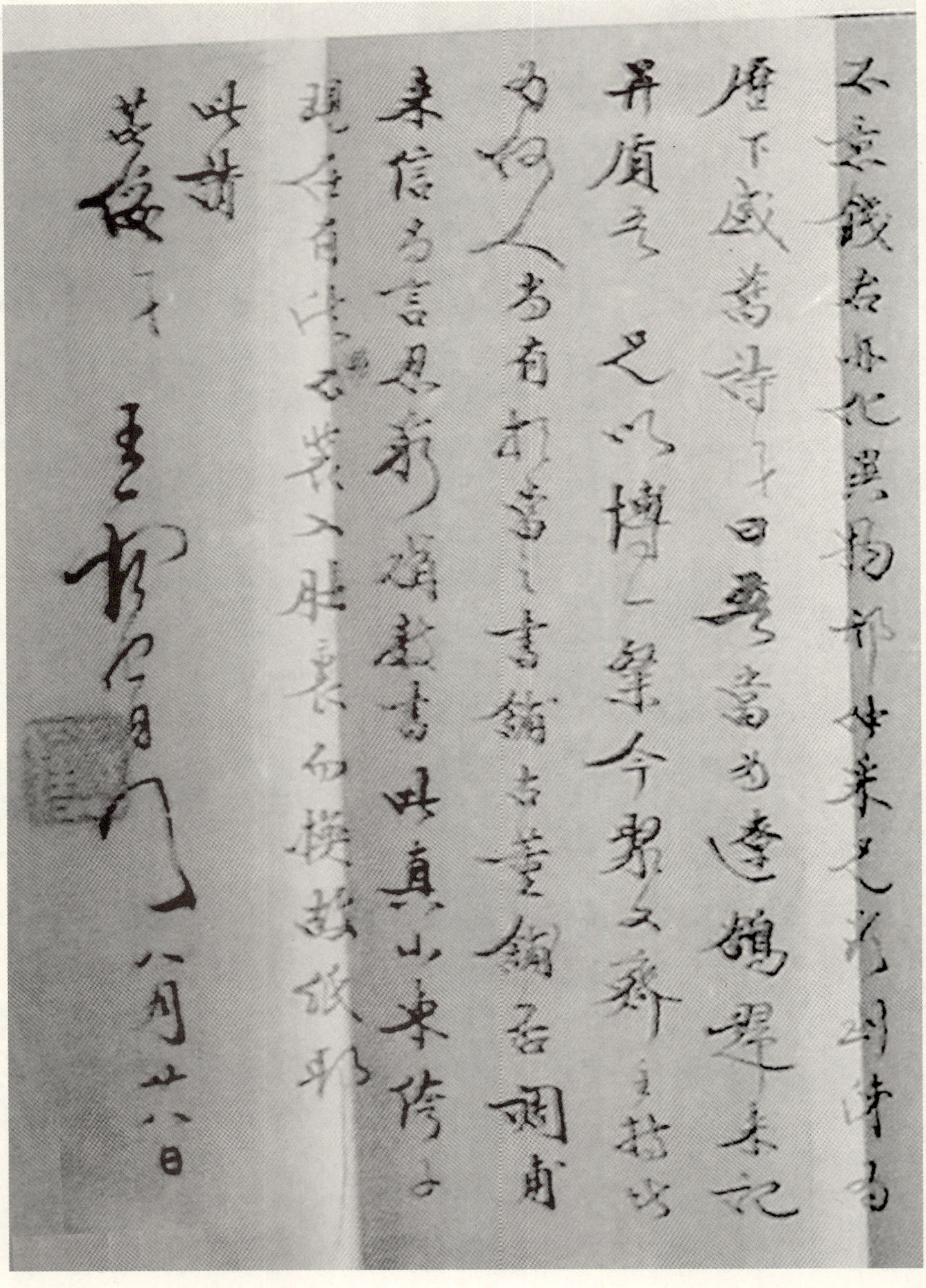

封第一件

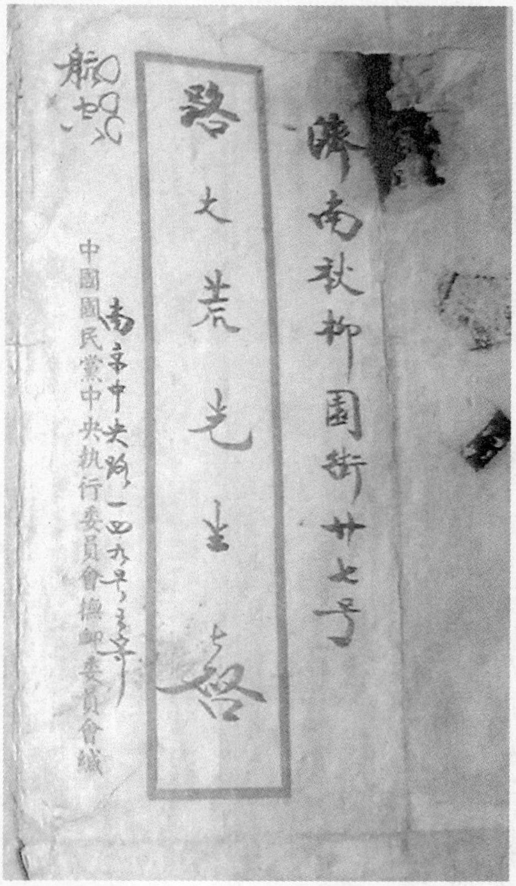

封第二件

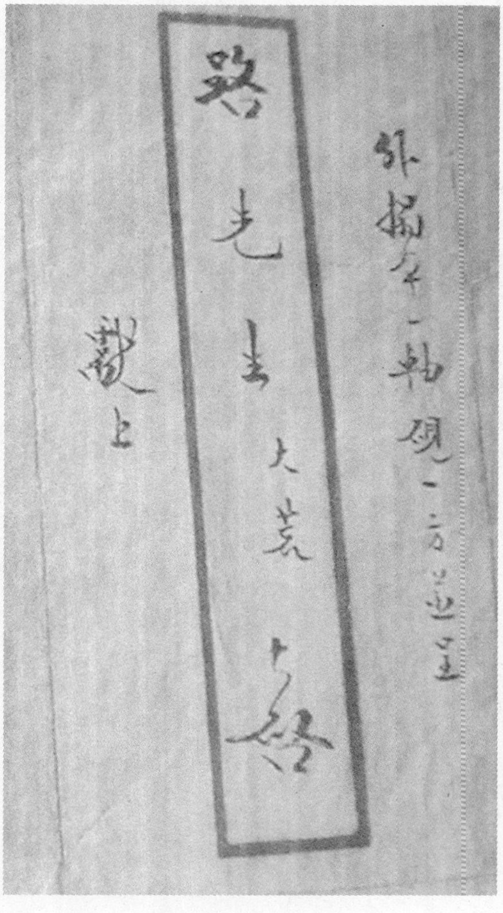

封第三件

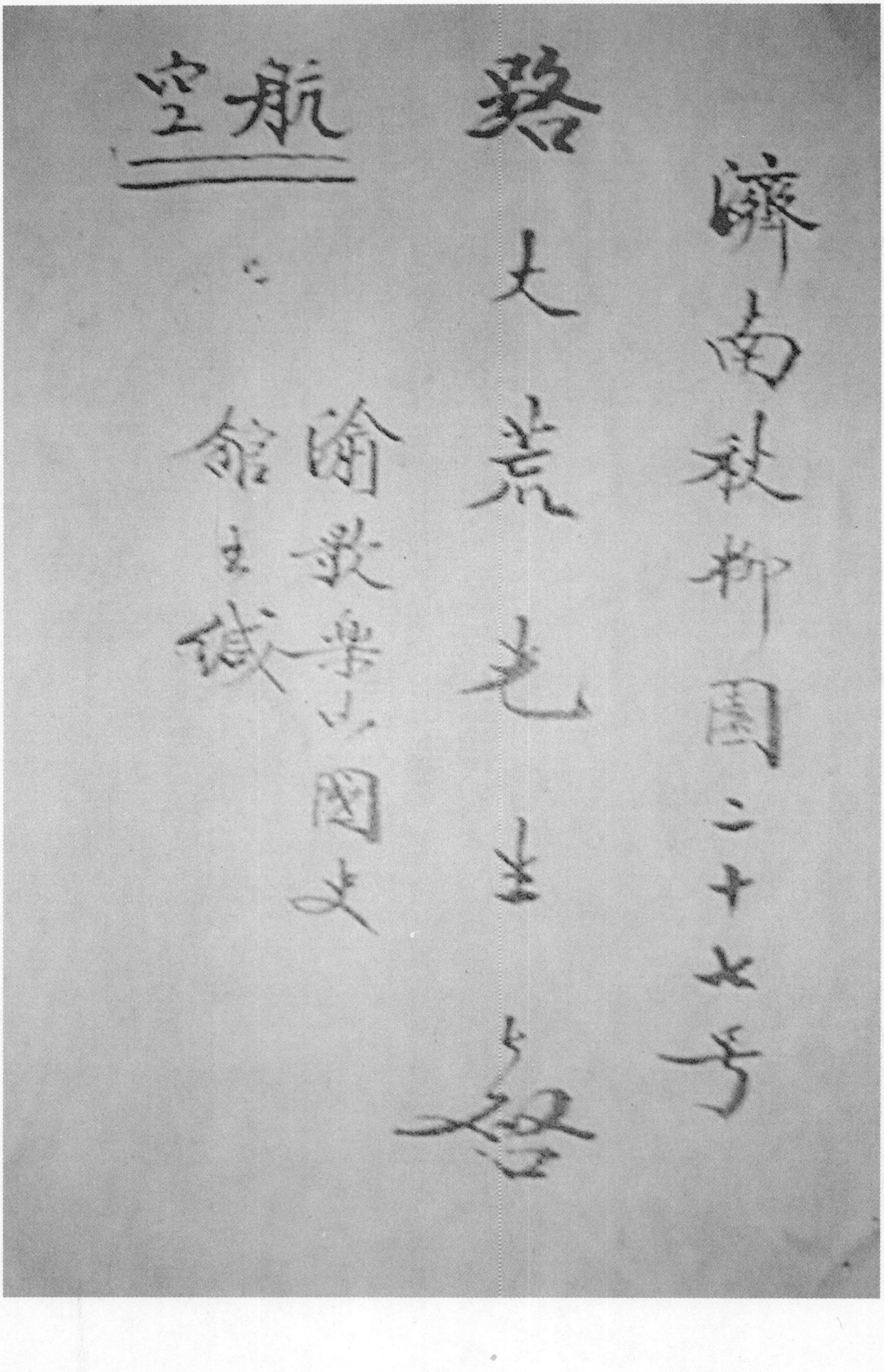

七

王獻唐致山東古代文物管理委員會 書一通

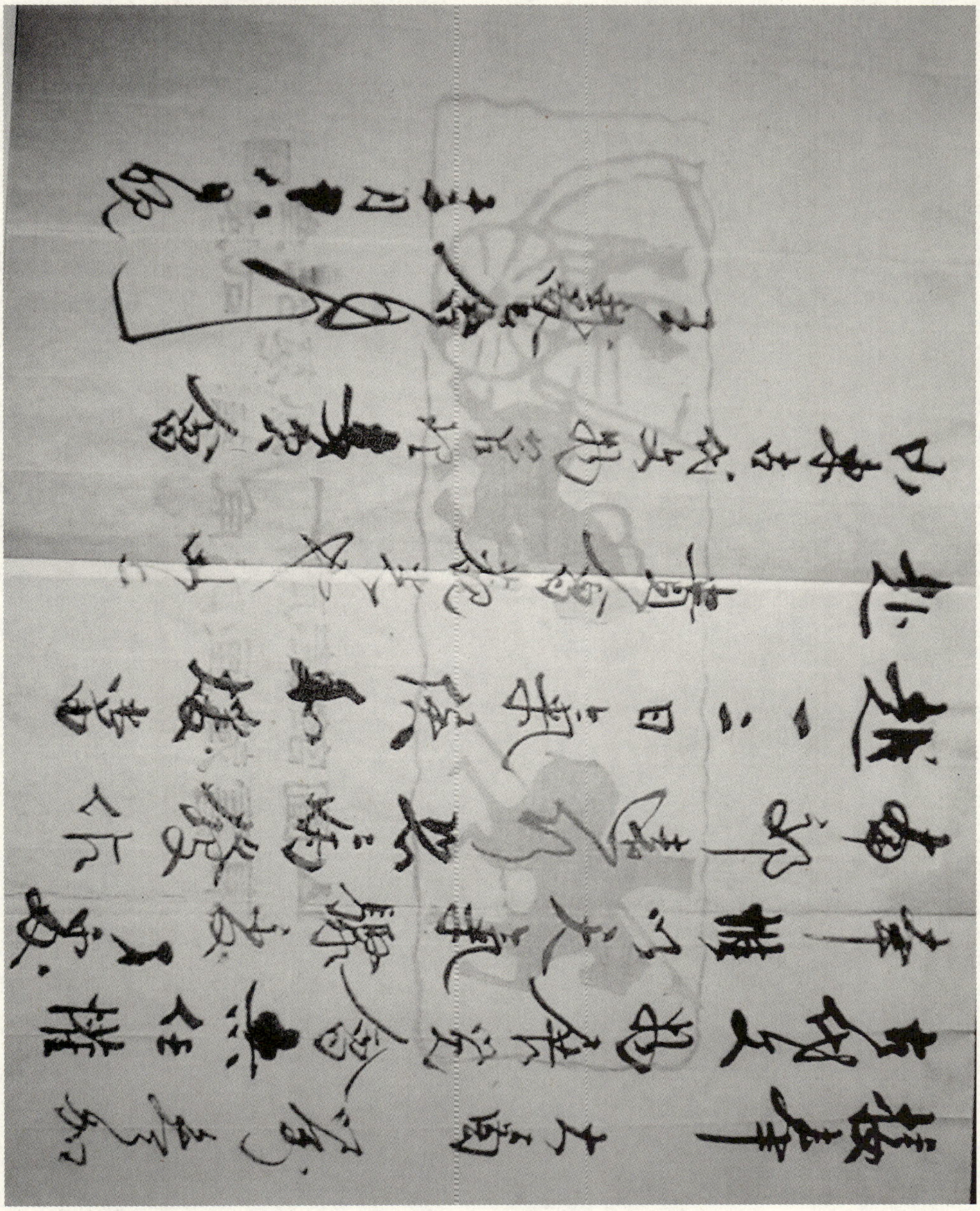

八 王獻唐

瓦范跋一件

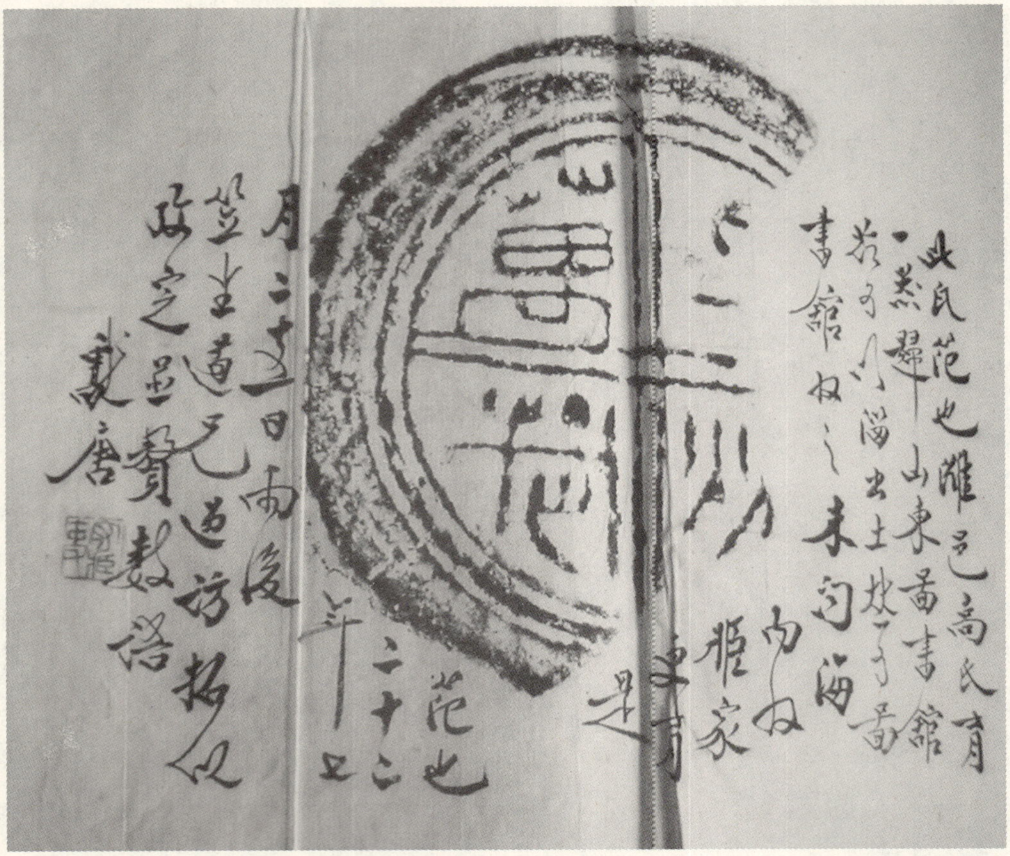

九　吴仲超致路大荒書二通

書第一通

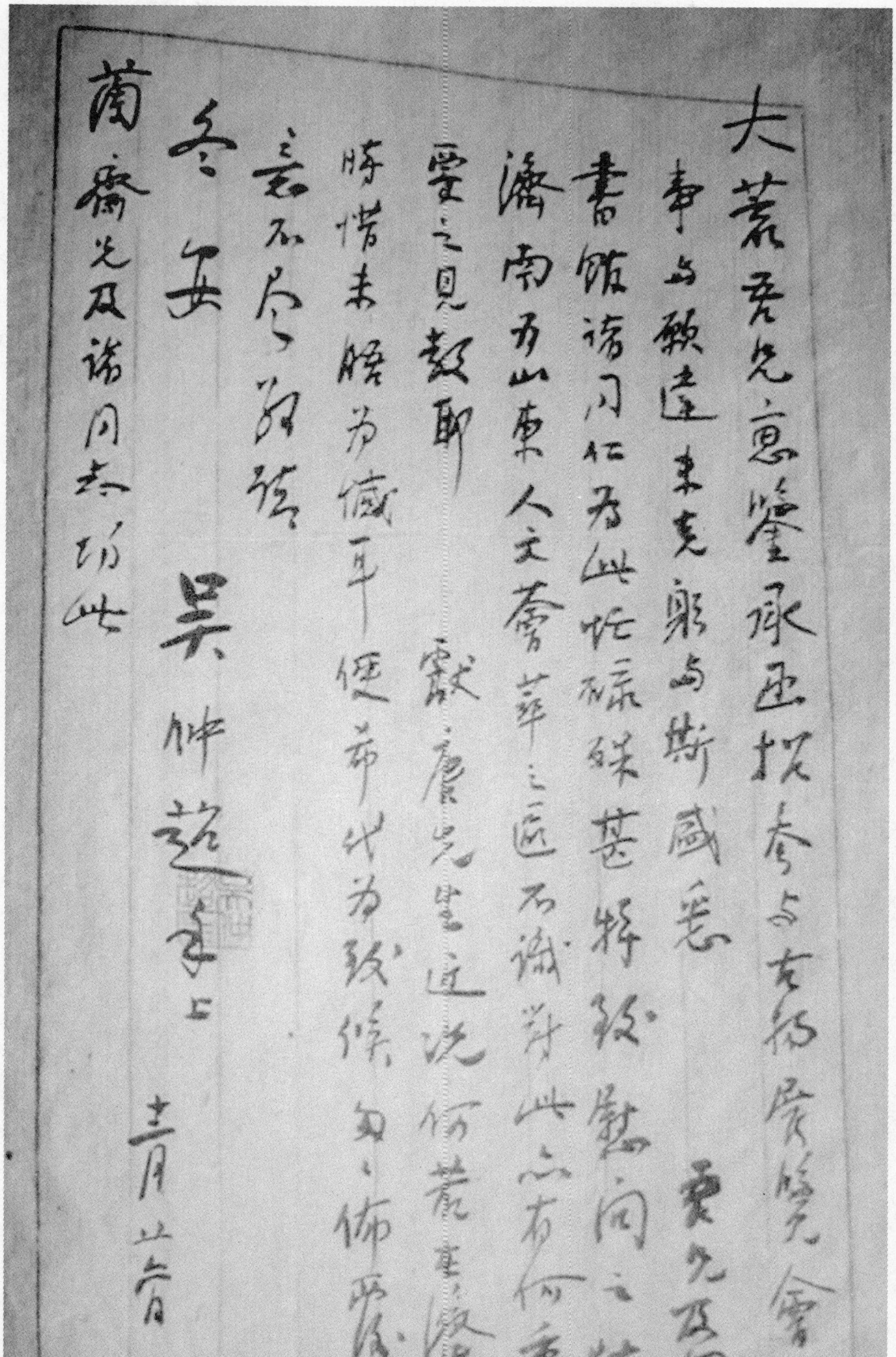

大荒吾兄惠鑒：承函拟奉与吾兄晨覺會，惜事与願違，未克躬与斯盛，悉貴兄及圖書館諸同仁為此忙碌殊甚，特致慰問之忱。濟南為山東人文薈萃之區，不識對此亦有何重要之見敎耶？獻唐先生近況何若？惠濟時惜未暇，為憾耳。便希代為致候，匆匆佈覆，言不盡意。敬請
冬安
吴仲超手上
十二月廿日
蘭齋兄及諸同志均此

書第二通

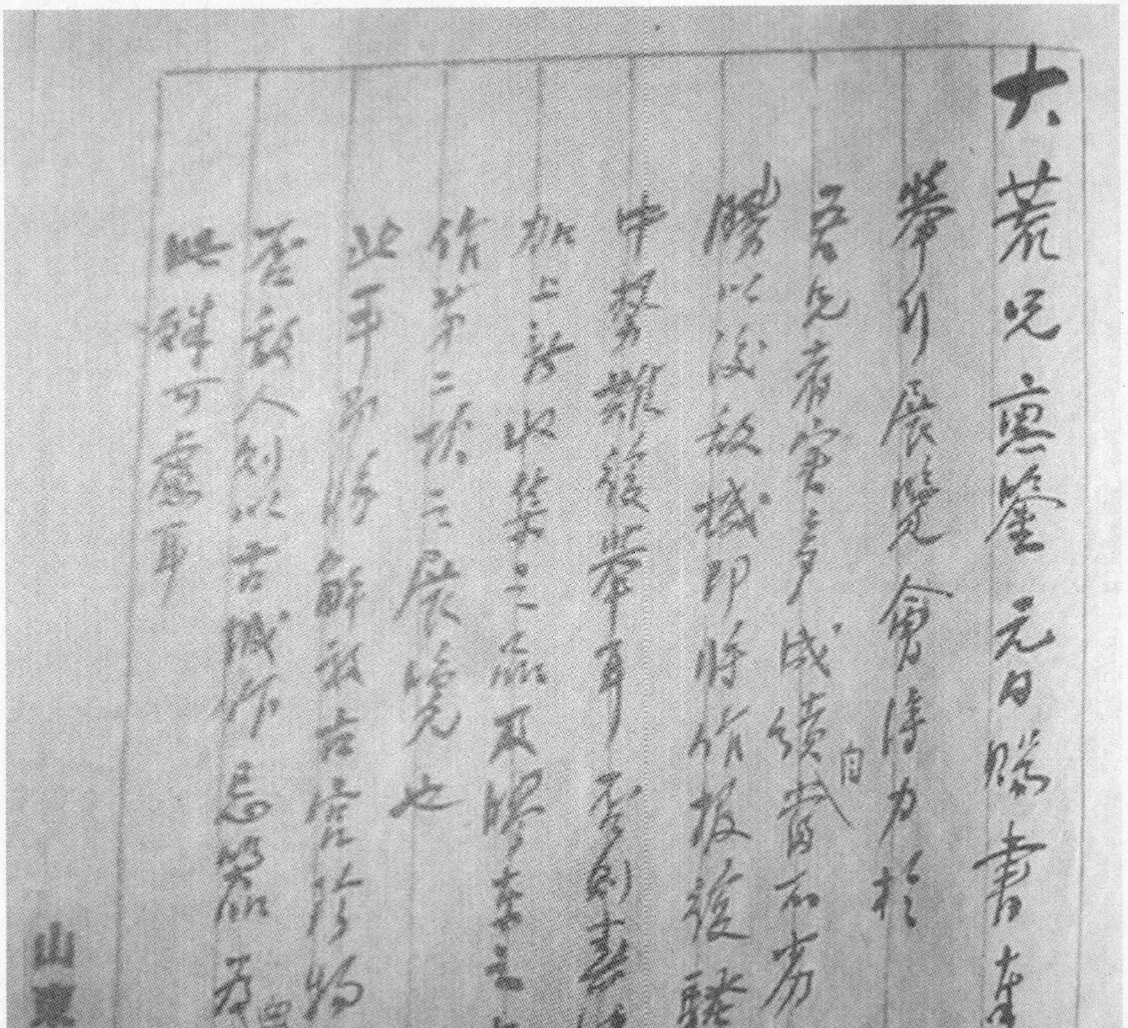

大荒兄惠鑒：元旦賜書，奉悉。此次
舉行展覽會得力於
吾兄甚多，成績（白）當不亞前方大
勝。以後敵機即將作報復轟擾，經此期
中整頓後，舉再分別書記之，決不能
加上新收集之品及山東之大批骨牢
作第二次之展覽也。
此年各得解放古官府物，不知能無
否？敵人則以古物作為忌器，而向（衆望）藏討地以
惟辯可慮耳。

山東省政府

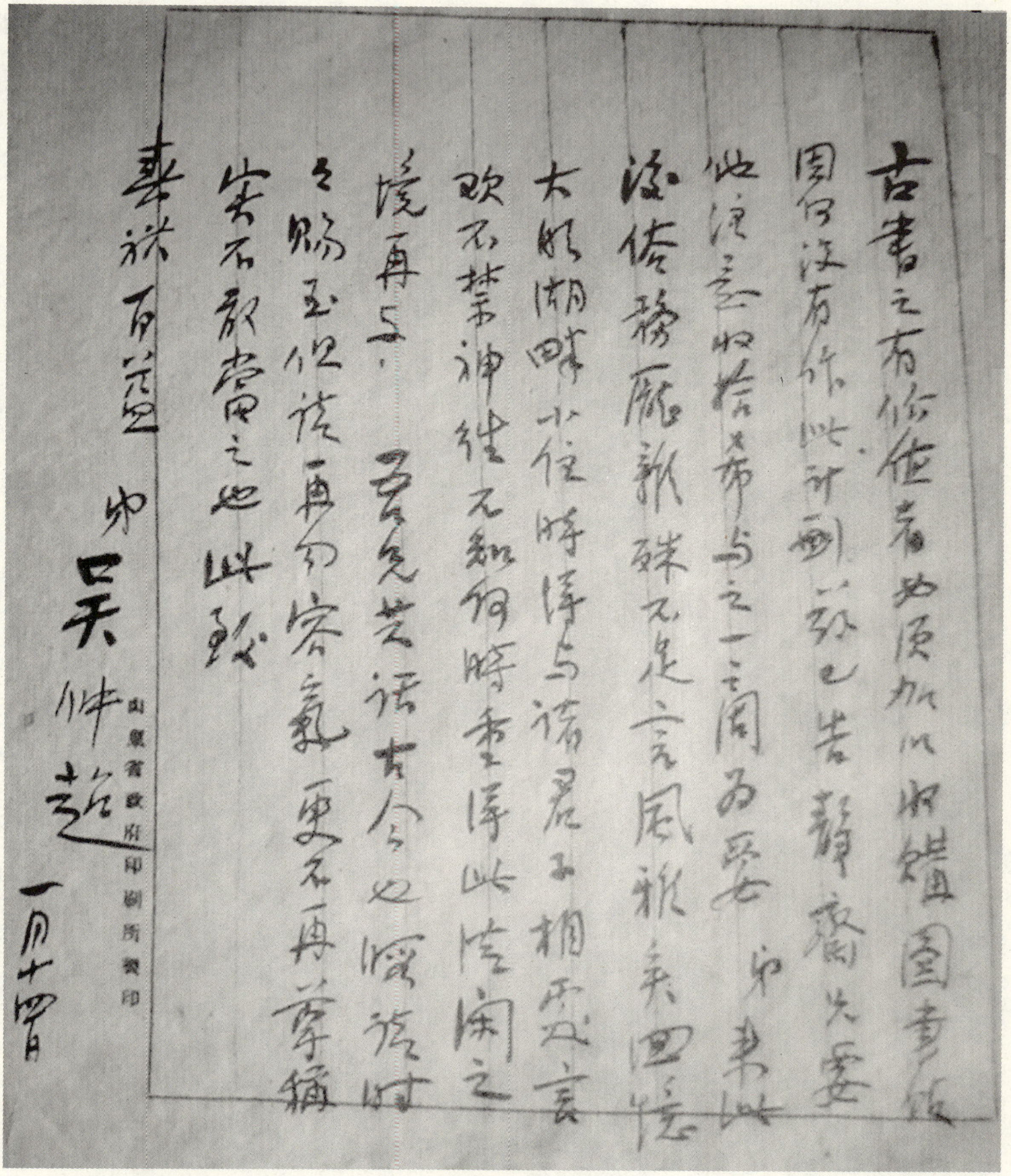

古書之有價值者必須加以收藏圖書館
固可設有作此計劃以蒐也告靜齋先生要
他注意收購希為之一閱為要　弟來此
後俗務羈絆殊不足言風雅矣回憶
大明湖畔小住時得與諸君子相處之
歡不禁神往不知何時重得此清閑之
境再與　吾兄共話古今也　深謝諸財
之賜至但請再勿客氣更不再尊稱
實不敢當之也此致
奉祺　百箴兄
弟　吳仲超
一月十四

山東省政府印刷所製印

十　王獻唐致屈萬里書十四通

書第一通

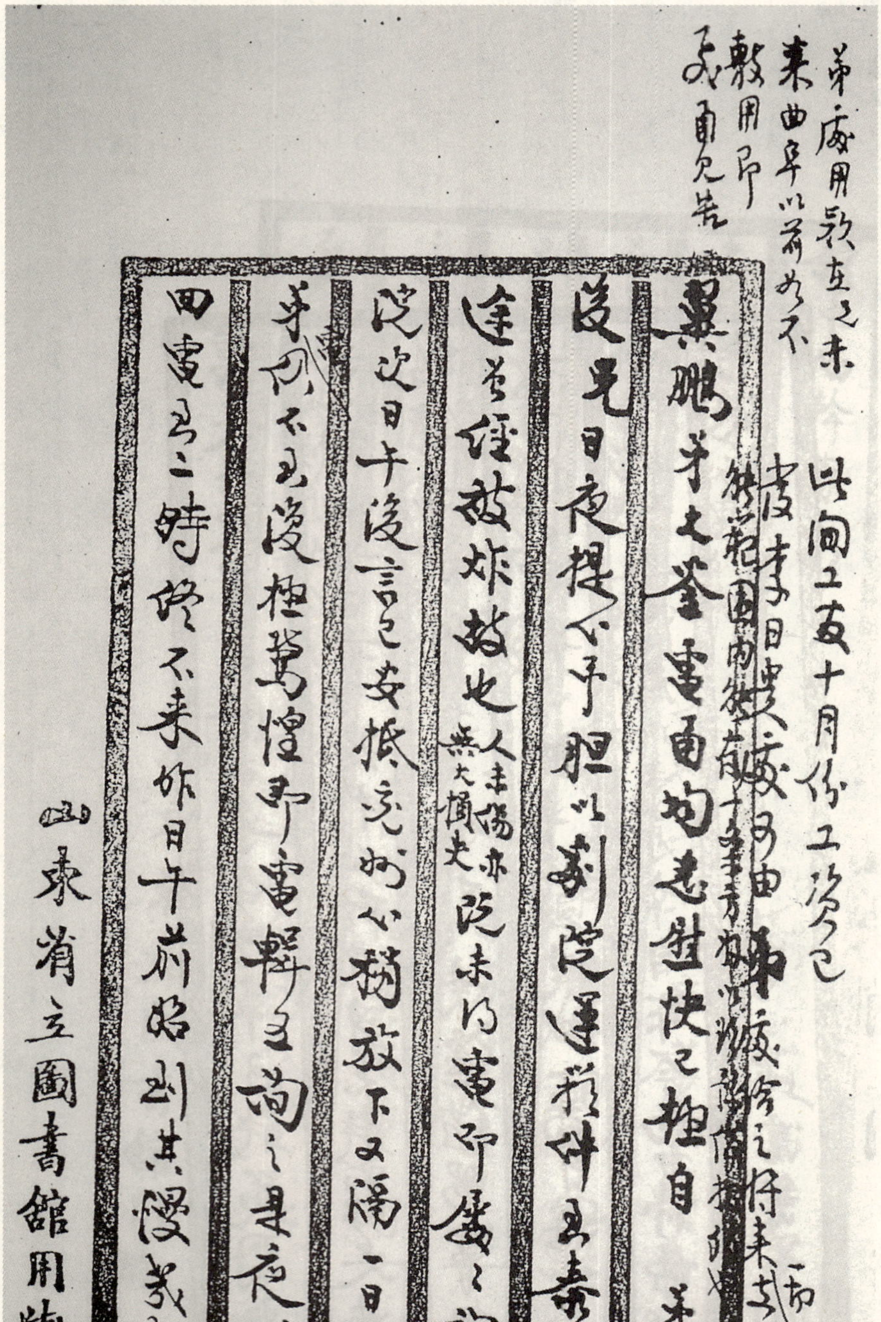

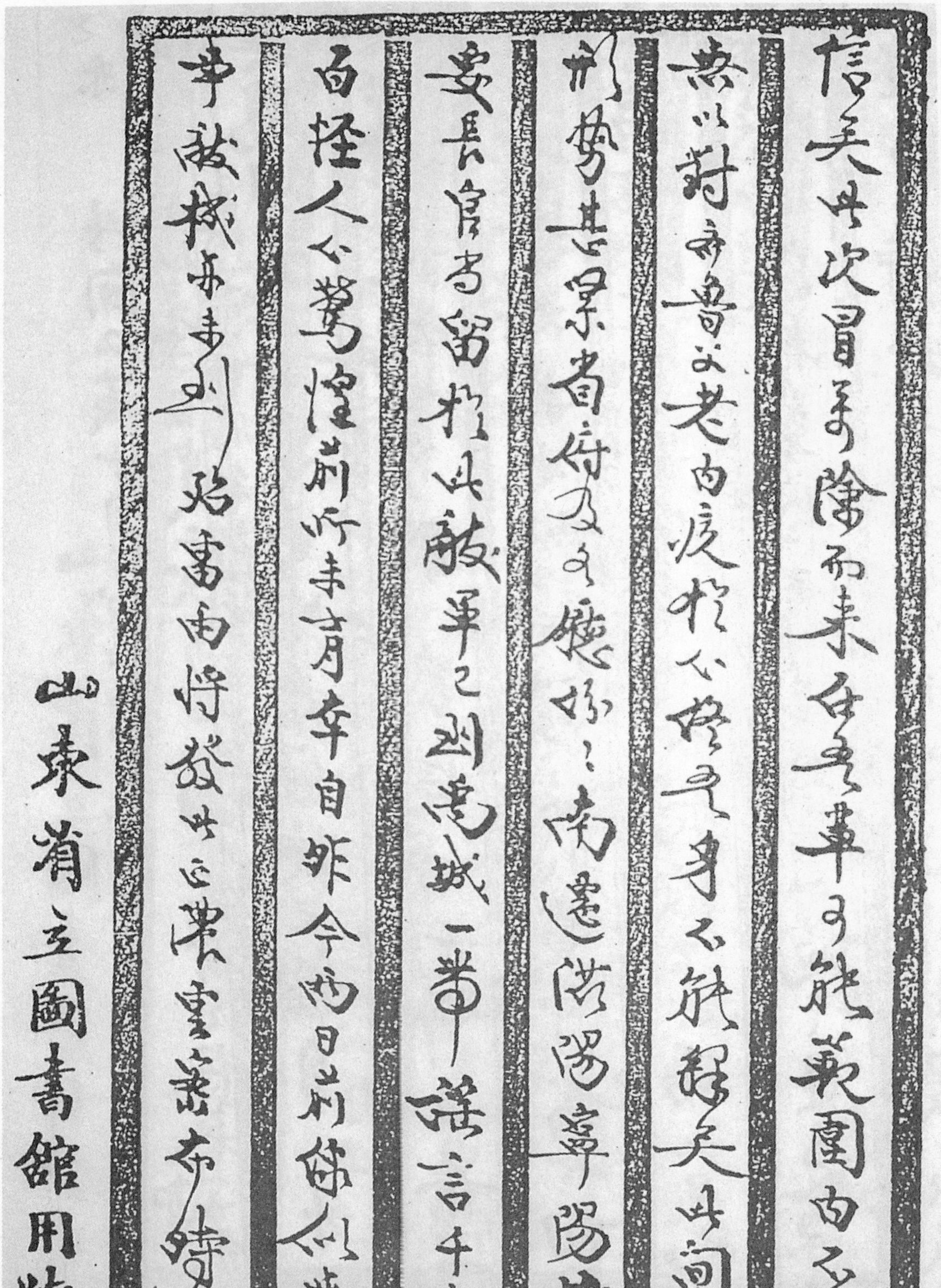
山東省立圖書館用牋

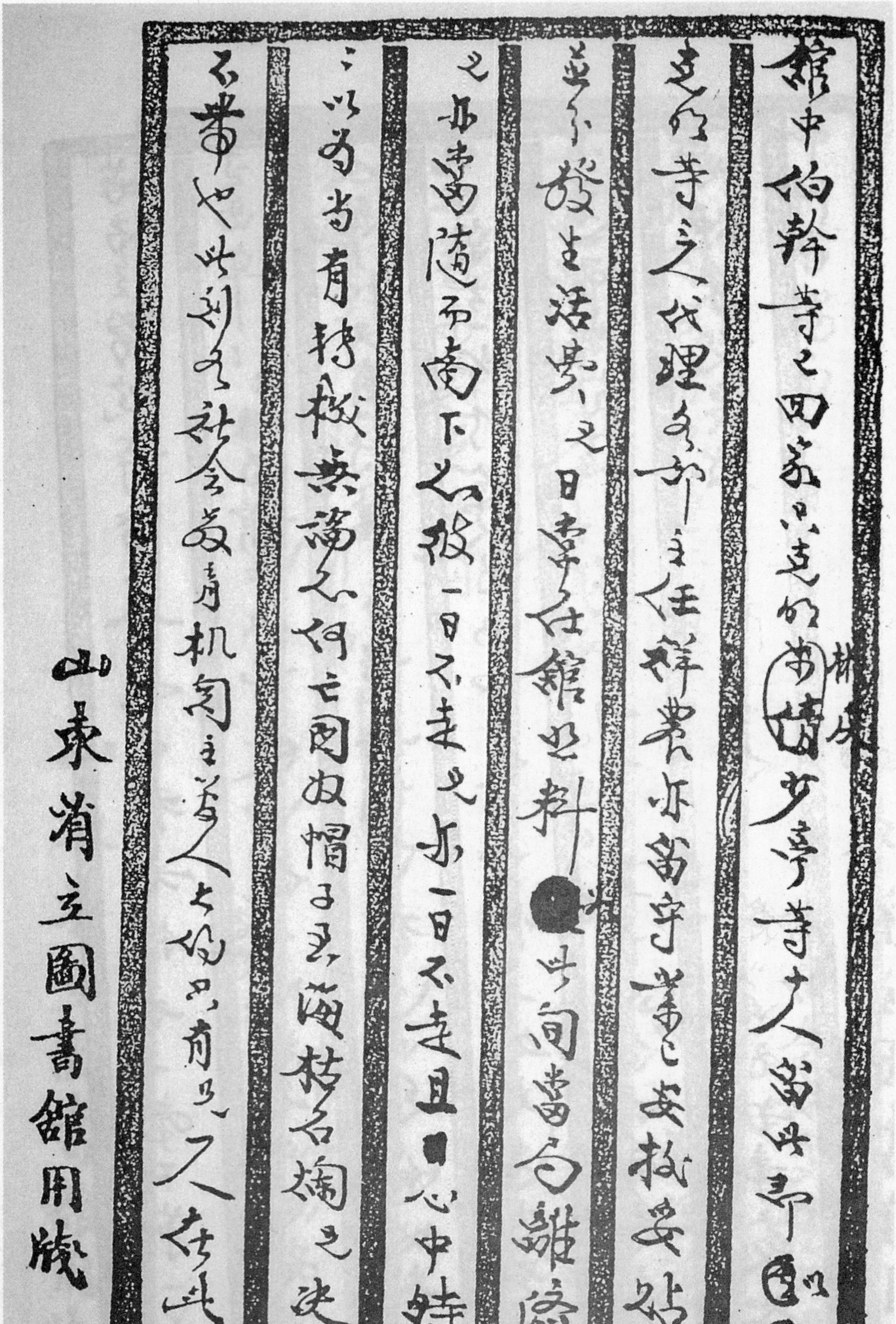
館中伯幹等之四家只走的常步亭等十人留此
走的等之人代理各部主任群衆亦留守業已安排妥帖
並另發生活費之日弟仍館中料理此間當局雖屬
之母當隨而南下之假一日不走之亦一日不走且心中時
之以為當有轉機無論如何亡國奴帽子是海枯石爛之決
不帶也此刻之社會發生機何之美人尤只有只人去此
山東省立圖書館用牋

若老之醫院等處全在南移矣將來之南下第一步即
至曲阜一一●省館中各事處處週顧甚妙地無人可問安知院有
人幫忙又有特殊之力量無形保護若遇此刻遍地荊棘矣
之已留去一部份之款為各事處之要將來之大遷書史周章
小遷又無問題兼即為李日貴長以使此事可矣房子已
為仲采說妥彼云可隨意住之又擬以此為各事處地址句

山東省立圖書館用牋

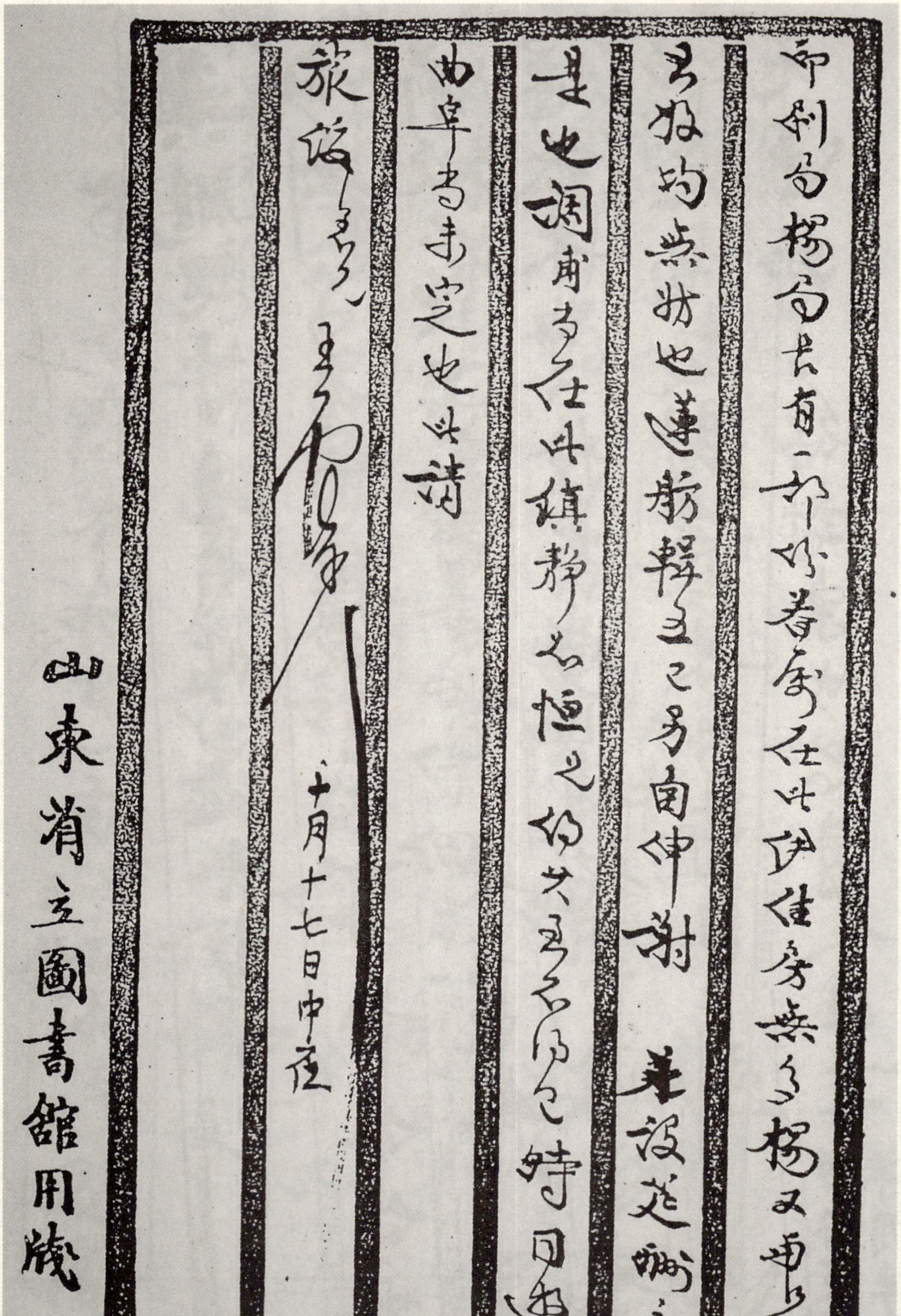

而别留楊留長有一[illegible]好着[illegible]任此伊佳房無多楊又弗之
去稍均無妨也華[illegible]歸[illegible]之[illegible]由伸謝 弟設[illegible][illegible]之
是也調甫君任此鎮靜之恒之[illegible][illegible][illegible][illegible]時日[illegible]
曲阜君來定也此請
旅綏 弟王獻唐 十月十七日中夜

山東省立圖書館用牋

書第二通

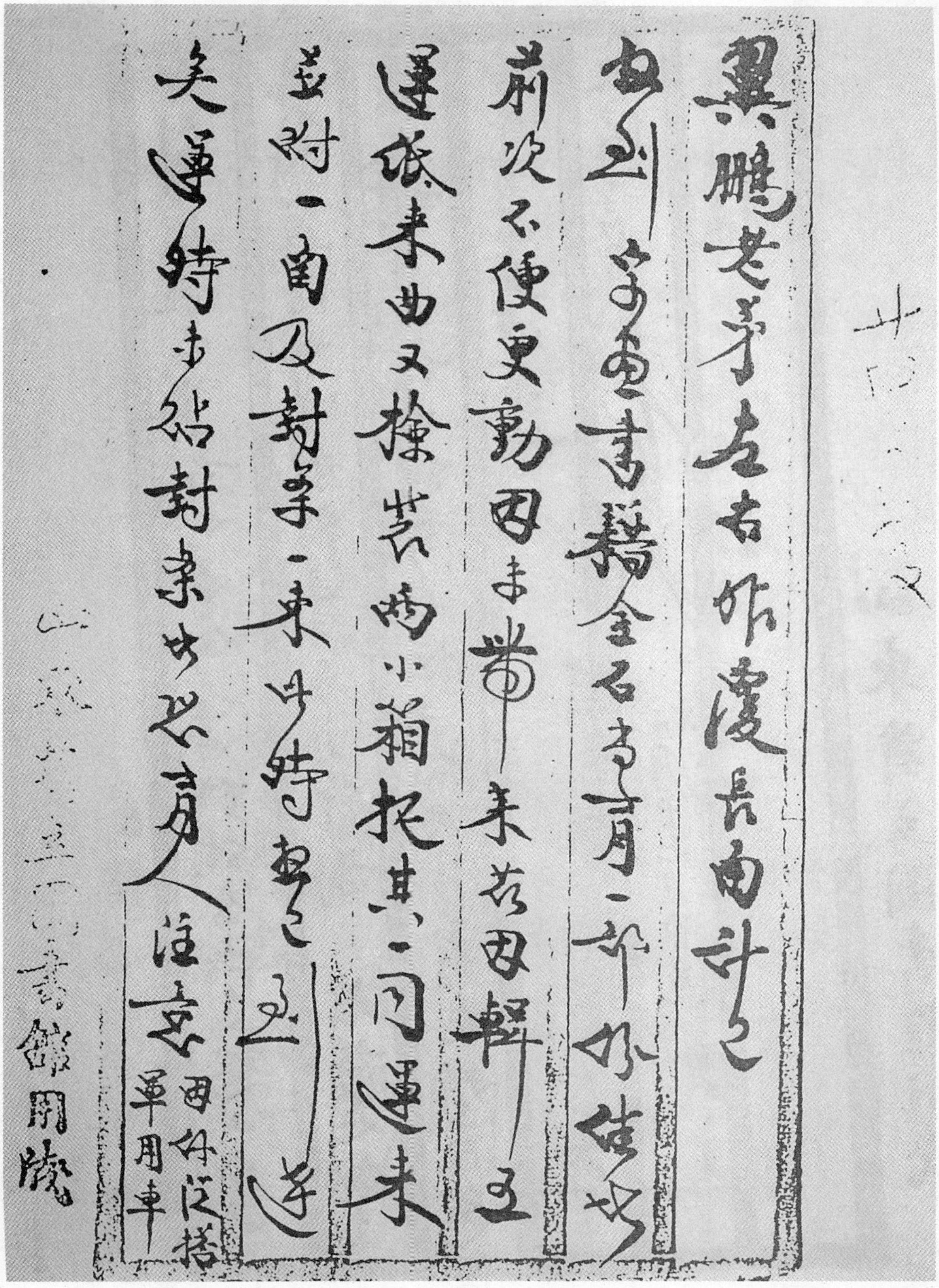

也。前後到來再加編之（未標日期並加標之）其價之

封套郵一份。弟處備不時之需可矣。

外附來第二次運來之件細目一份郵一

份，第第一次清冊合訂並存。弟所

藏件仍移奉知友付存，放又托解並之

介弟帶來，後奉知友一函（內附拓本五種）及度

山東省立圖書館用箋

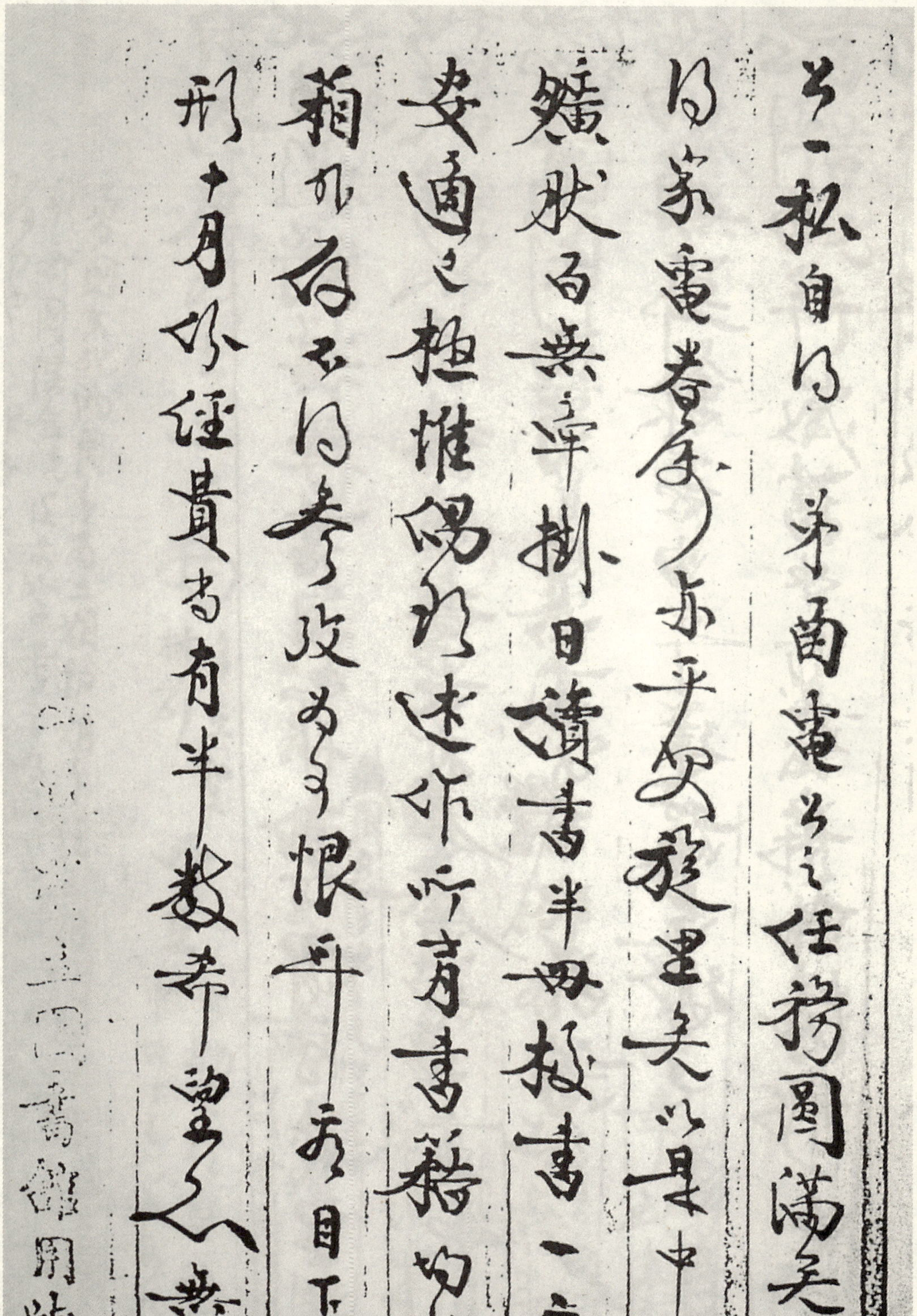

前一札自得　弟函電云云任務圓滿矣又
得家電眷屬亦平安旋里矣此是中懷
蕭然百無牽掛日讀書半冊校書一二卷
安適之極惟偶欲述作所有書籍均甚
[illegible]亂存亡不得參攷爲可恨耳　兄目下情
形十月份經費有著否半數希望之　無支

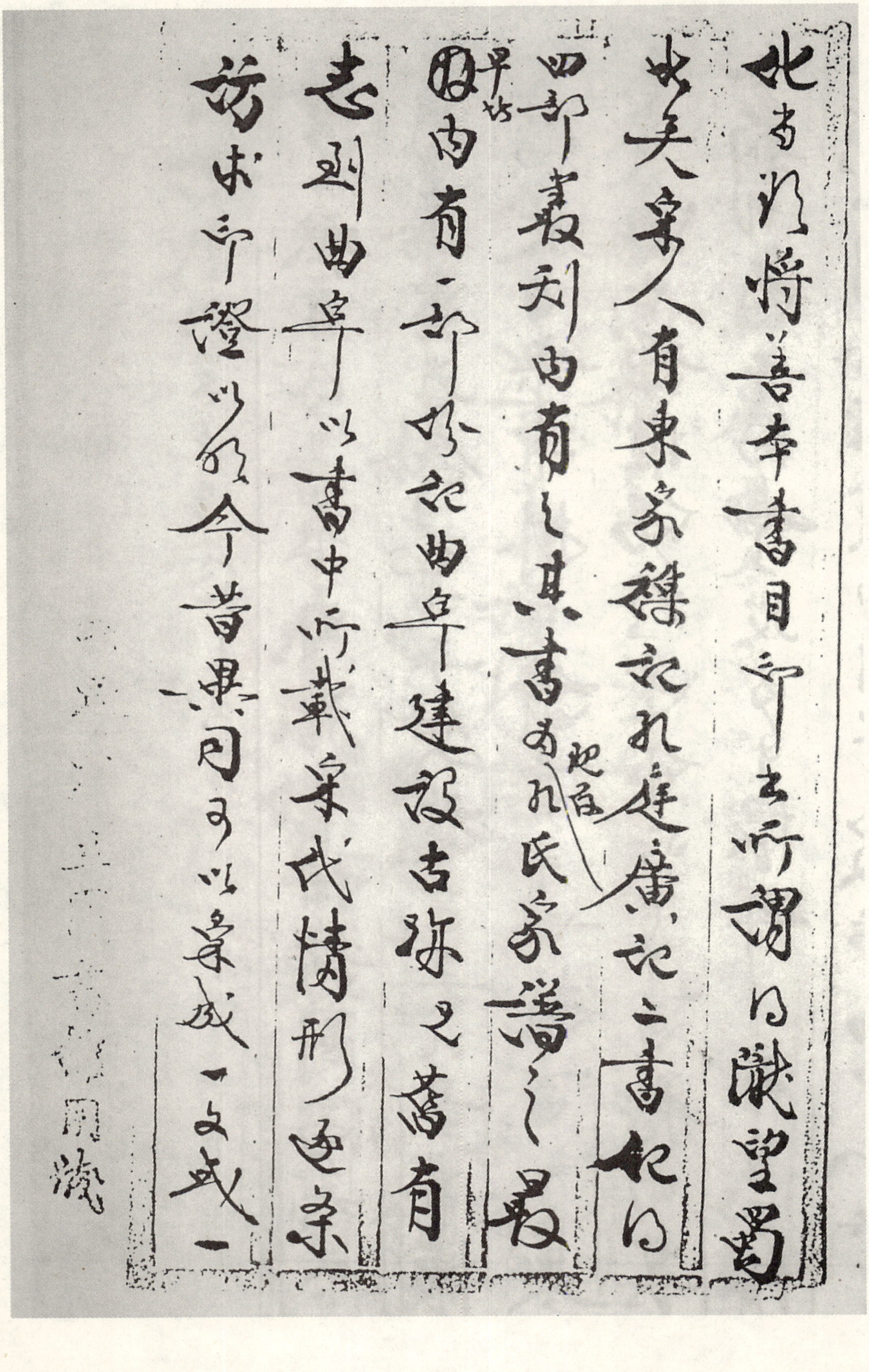
此書將善本書目之所謂得隴望蜀
也矣。吾人有東家雜記、孔庭廣記之書,紀得
四部叢刊內有其書。孔氏家譜之最
圖內有一部份記曲阜建設古蹟之舊有
志。到曲阜以書中所載與現代情形逐条
訪求印證,以明今昔異同,可以集成一文,或一

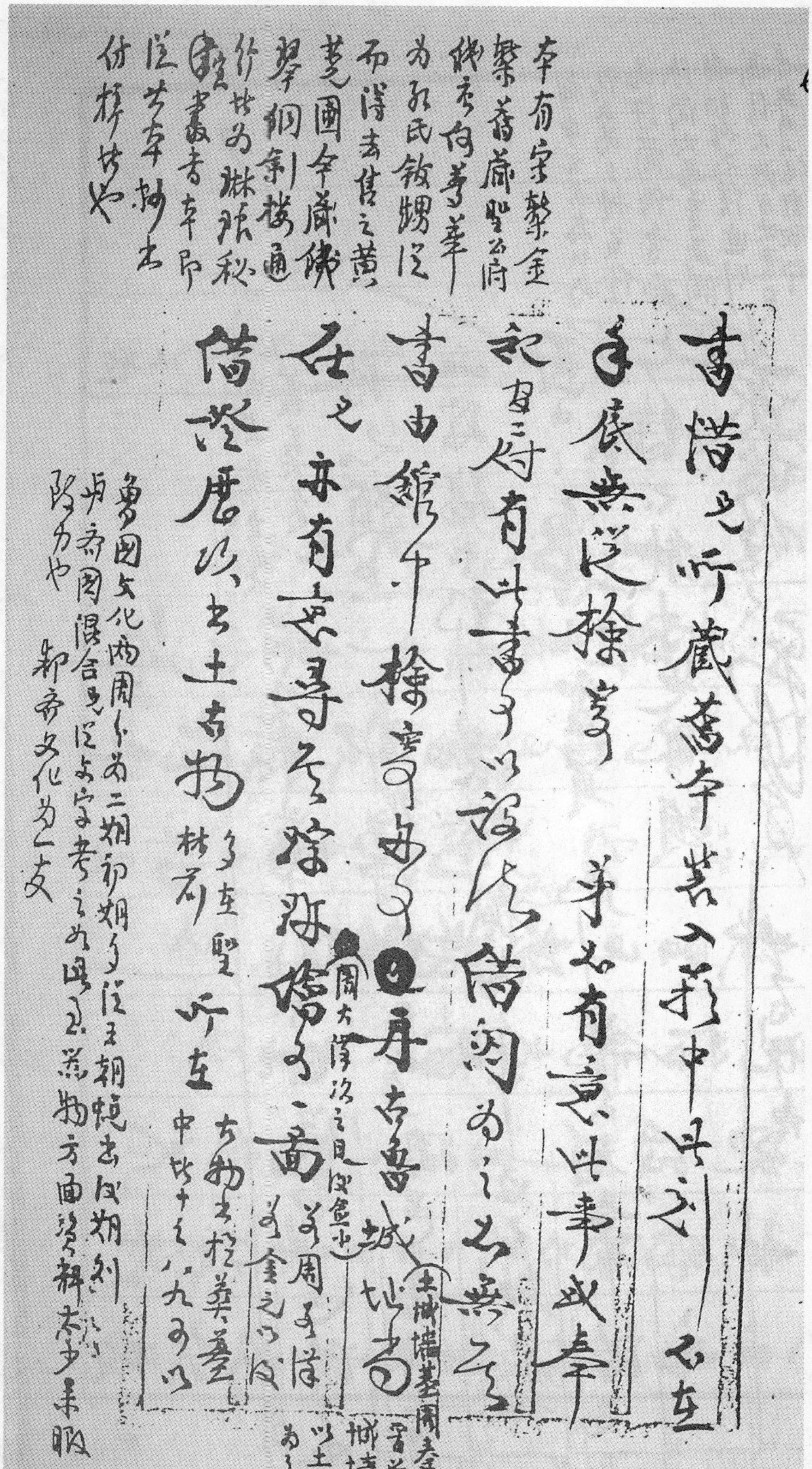

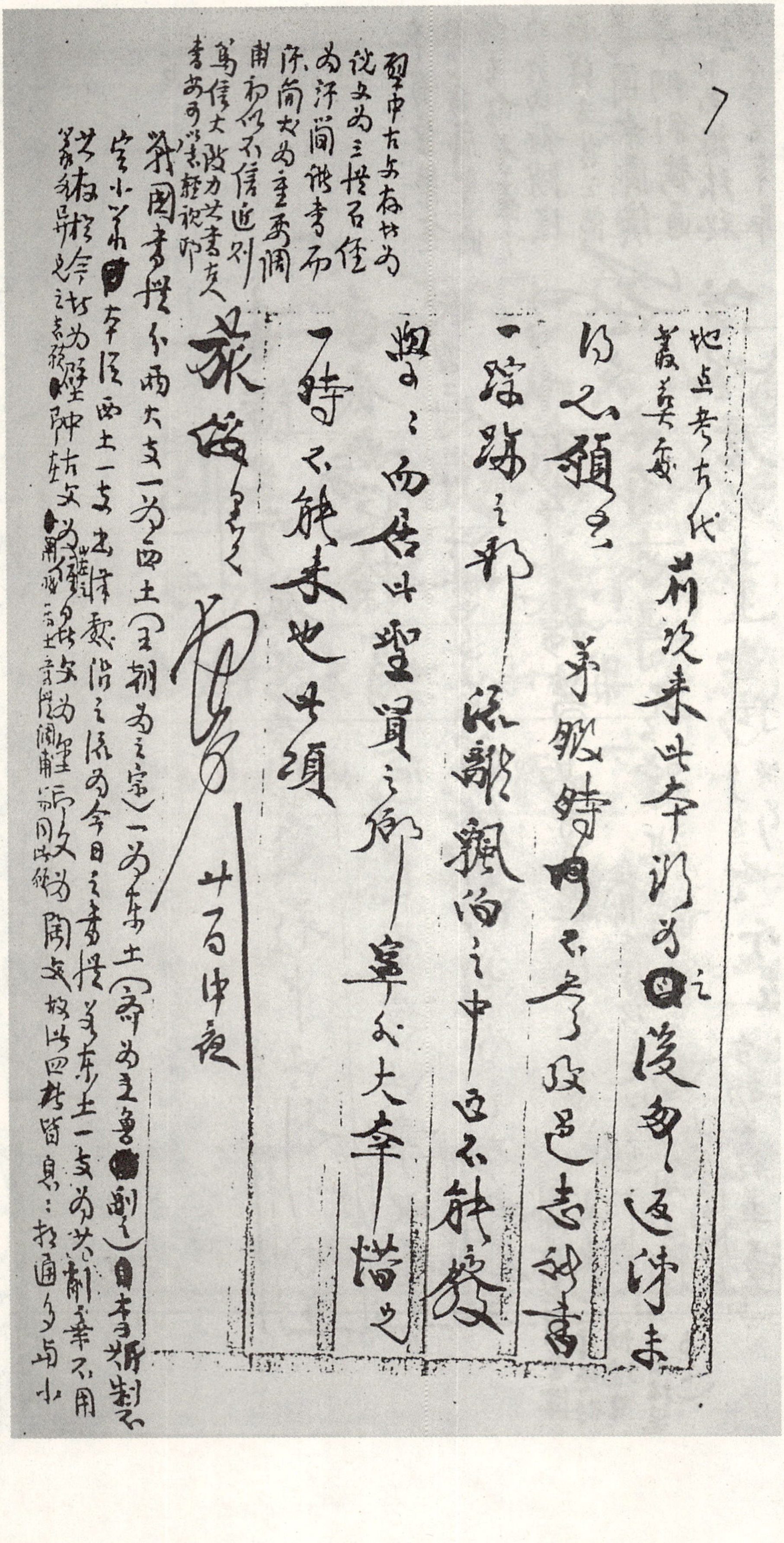

書第三通

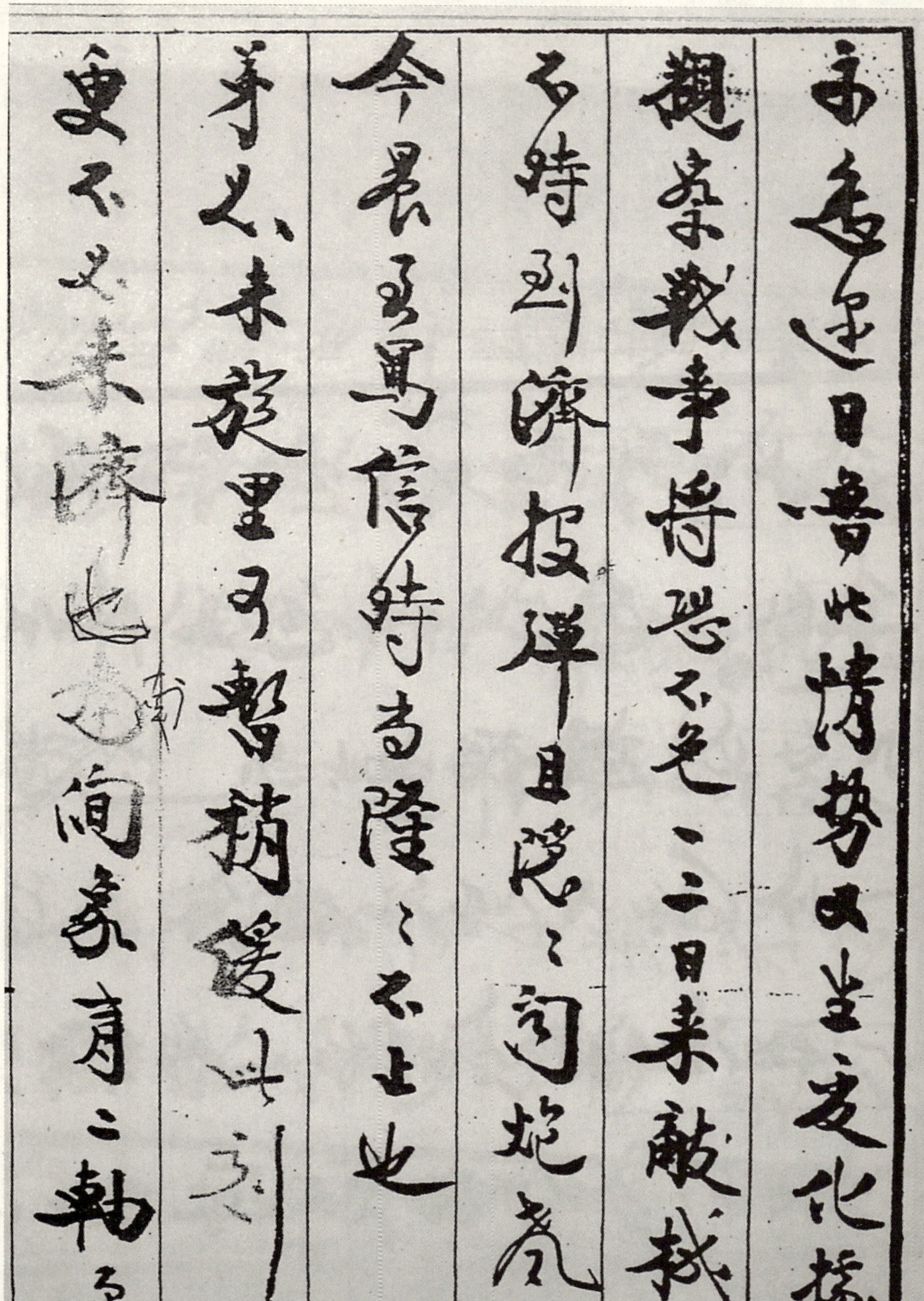

弟返日魯北情勢又生變化擬
觀察戰事得恐不免一二日來敵機
不時到濟投彈且聞之河炮聲
今晨五馬信時高隆之不止也
弟又又未旋里可暫稍緩此行
更不又來濟也向家青二軸交

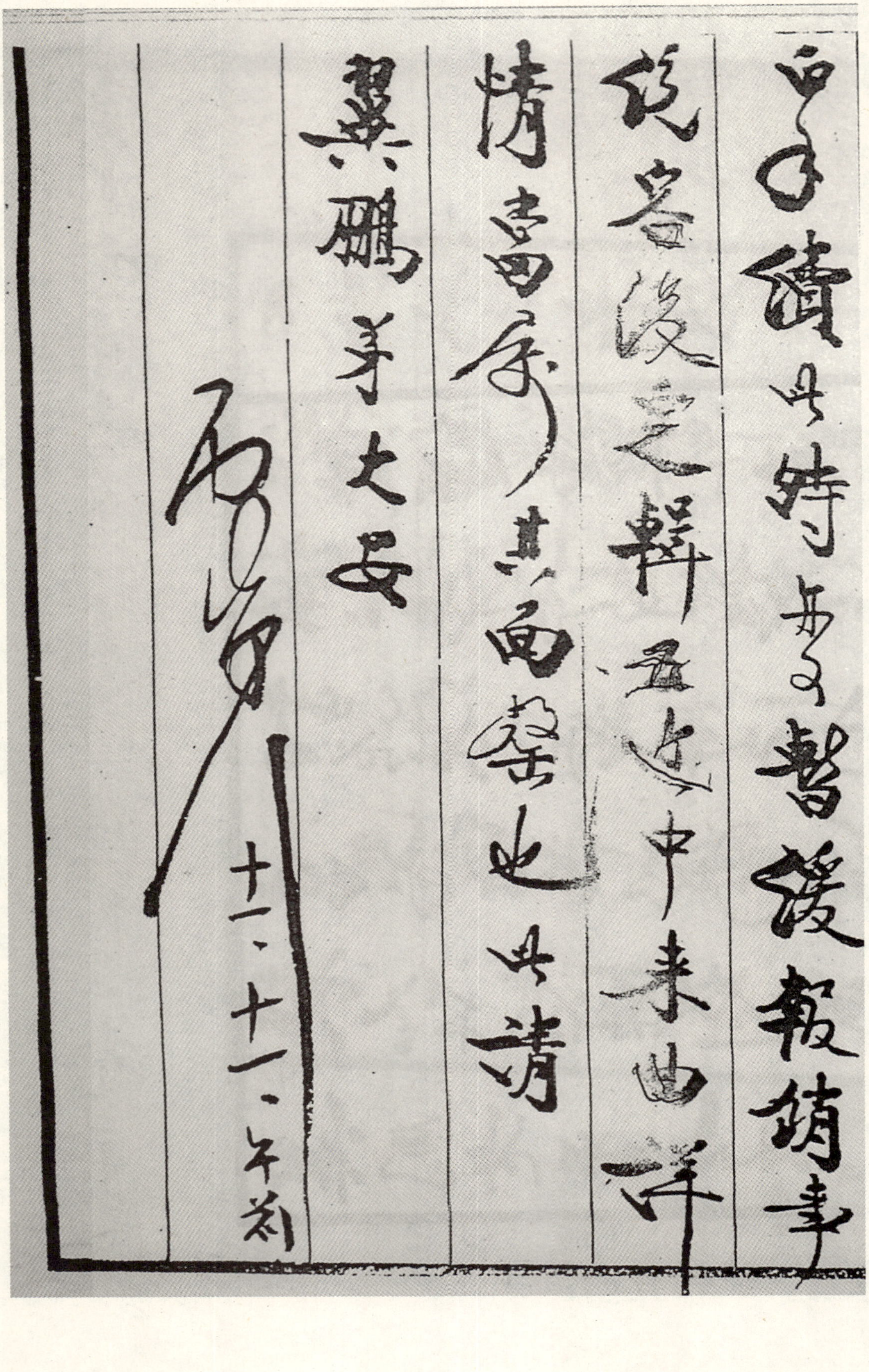

日前讀示特發暫緩報銷事
說容後之辭函達中來函詳
情當承其面罄也即請
翼鵬弟大安
獻唐
十二、十一、午刻

書第四通

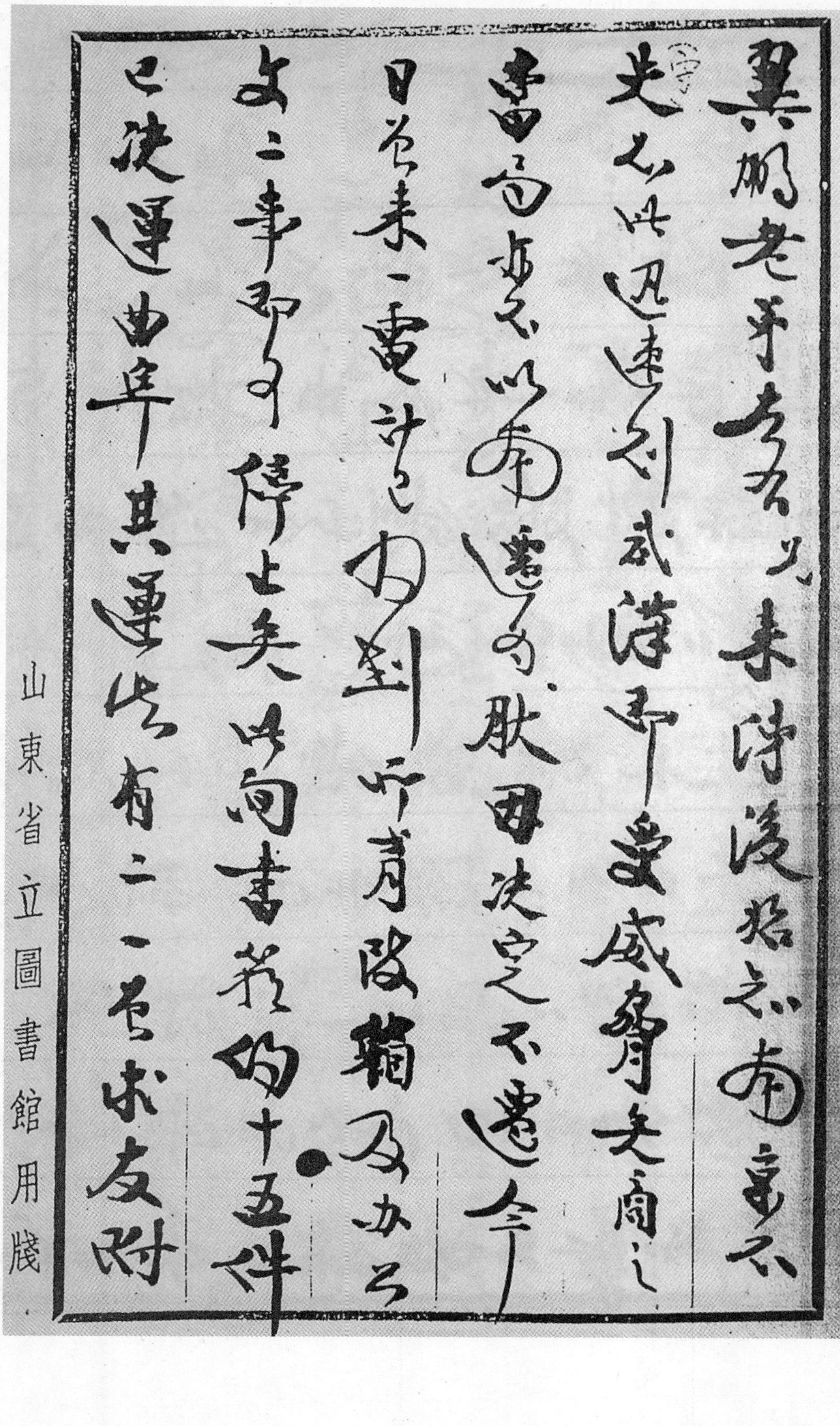

巽甫老弟：去冬以來，詩後殊之，甫竟不
史，以此迅速到武漢，即受感冒矣，前之
書局要之，以甫還之，的耿毋決定不還，今
日為來一電詢之，如到，所青段籍及如已
女二事，即可停止矣。此句書籍均十五件
已從運曲阜，其運費有二一並求友附

山東省立圖書館用牋

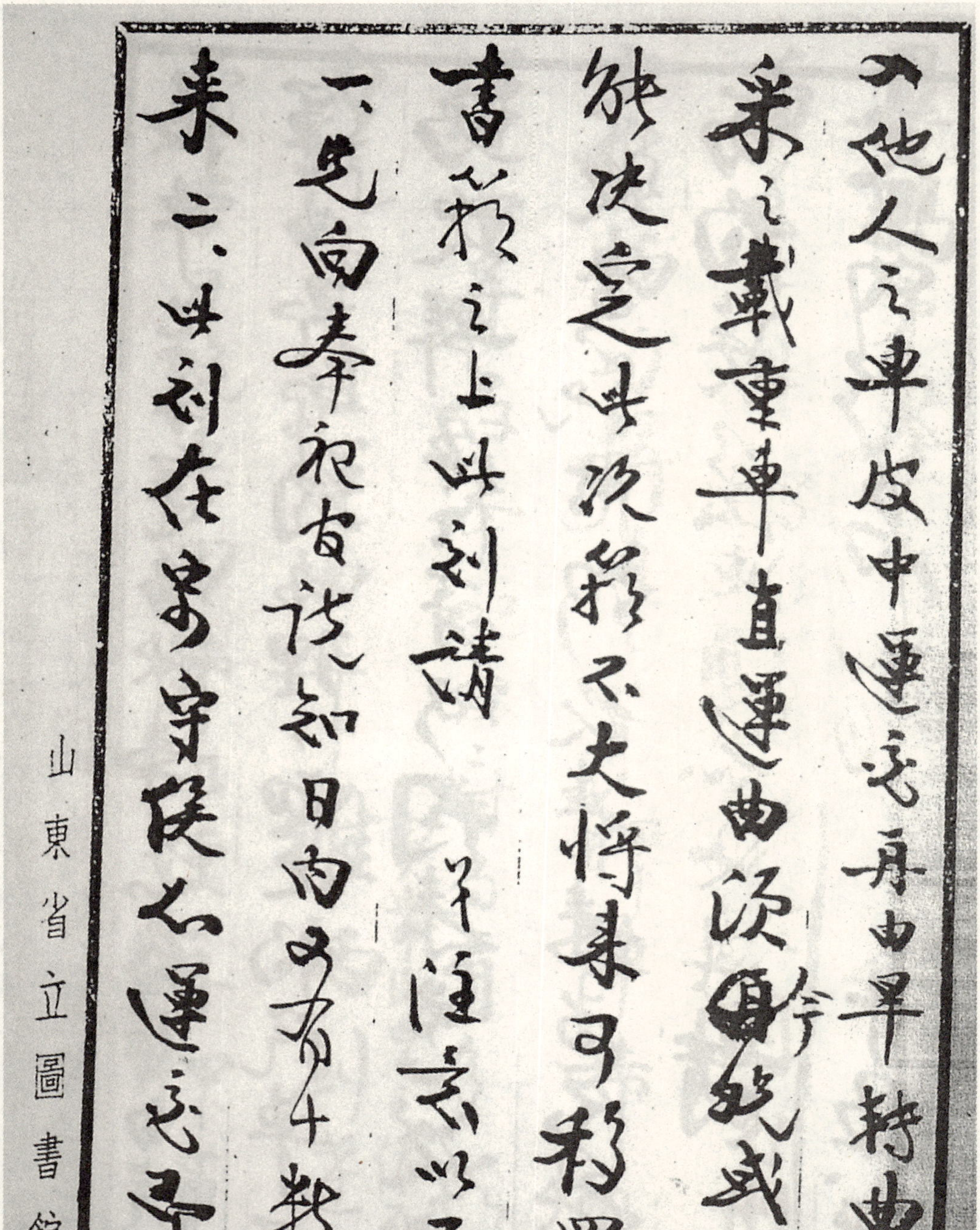

入他人之車皮中運兗，再由兗特由一僑仲乘之載重車直運曲阜，固館既成，明日方能決定。此次箱不大，將來可移置從前書籍之上。此刻請兄注意以下二事：一、先向奉祀官說知，日內又有十數箱運來；二、此刻在曲守候之運兗再赴兗

山東省立圖書館用牋

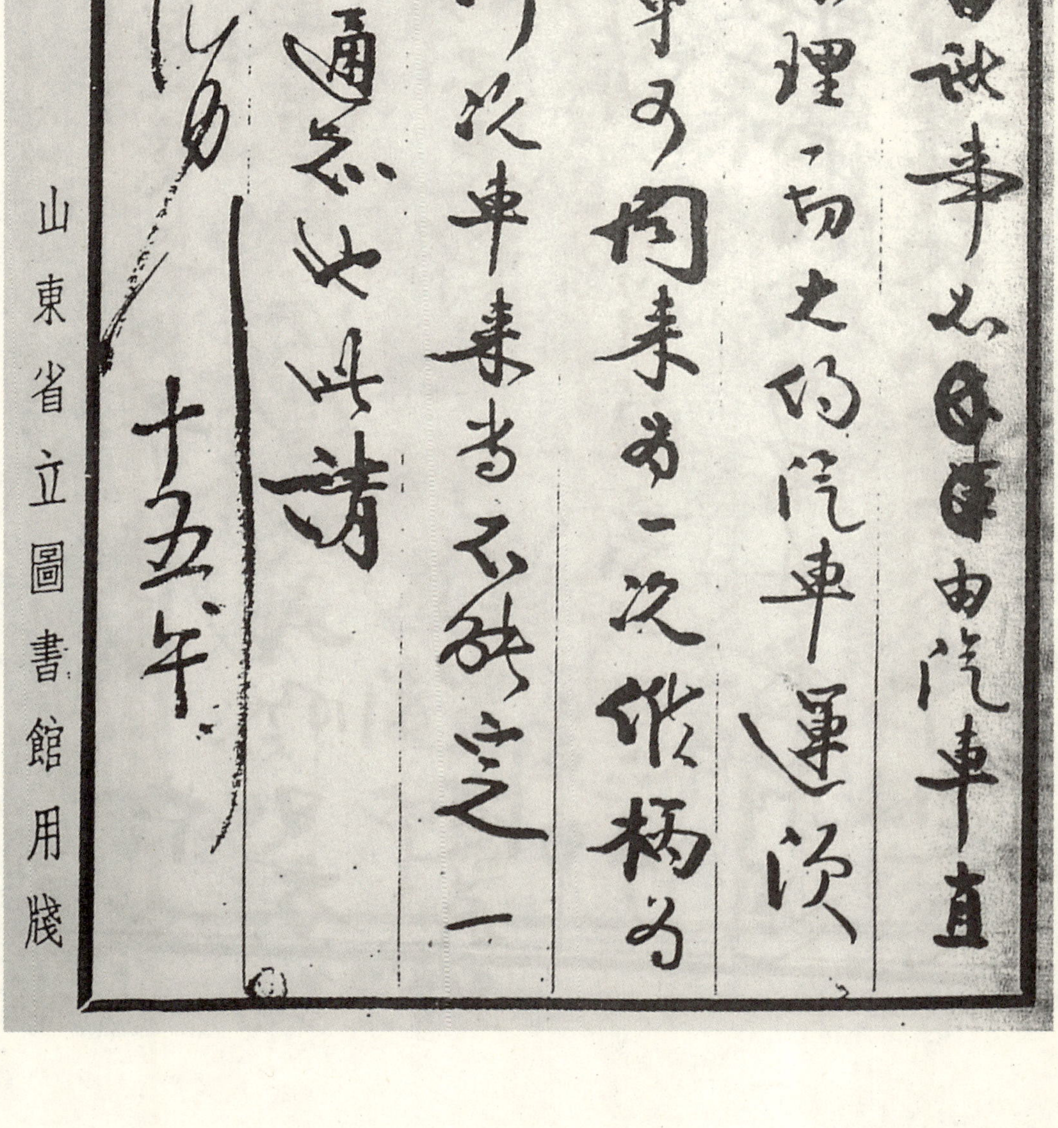
接車華办運曲站事出国庫由汽車直
運曲阜即帮同办理一切大約汽車運須
兩次解五之華又同來第一次繳柄為
一次多九隨何次車來者不敷之一
切物件以電通知此請
大安 名心叩
十五午
山東省立圖書館用牋

書第五通

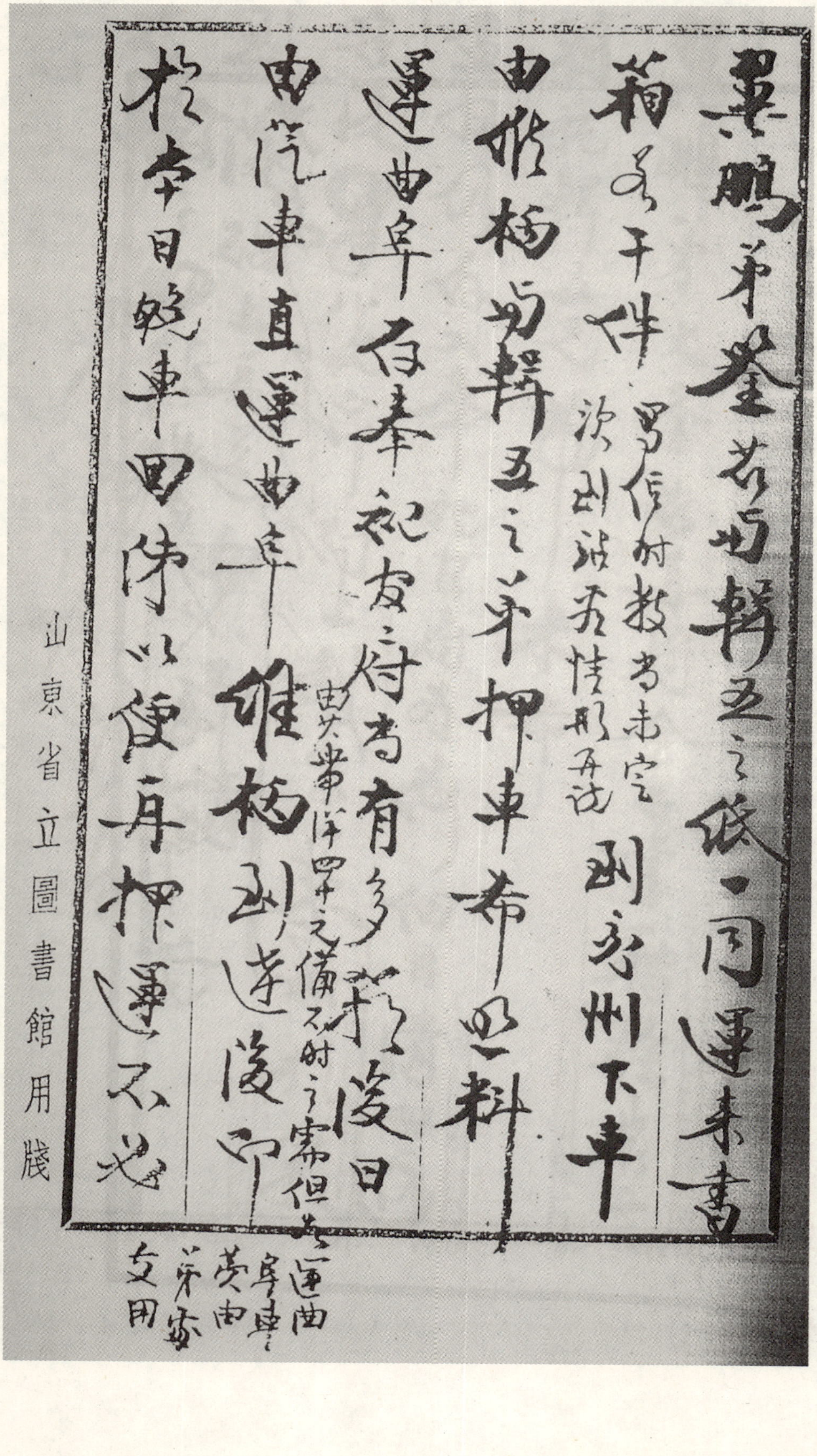
巽鵬弟鑒：茲與輯五之信一同運來書
箱子千件，[illegible]到兗州下車，
由維楊與輯五之弟押車，希照料，
運曲阜存奉祀官府者有多箱，後日
由兗車直運曲阜，維楊到達後即
於本日晚車回濟，以便再押運。不一。
[illegible]
一運曲阜車費由弟處支用。

山東省立圖書館用牋

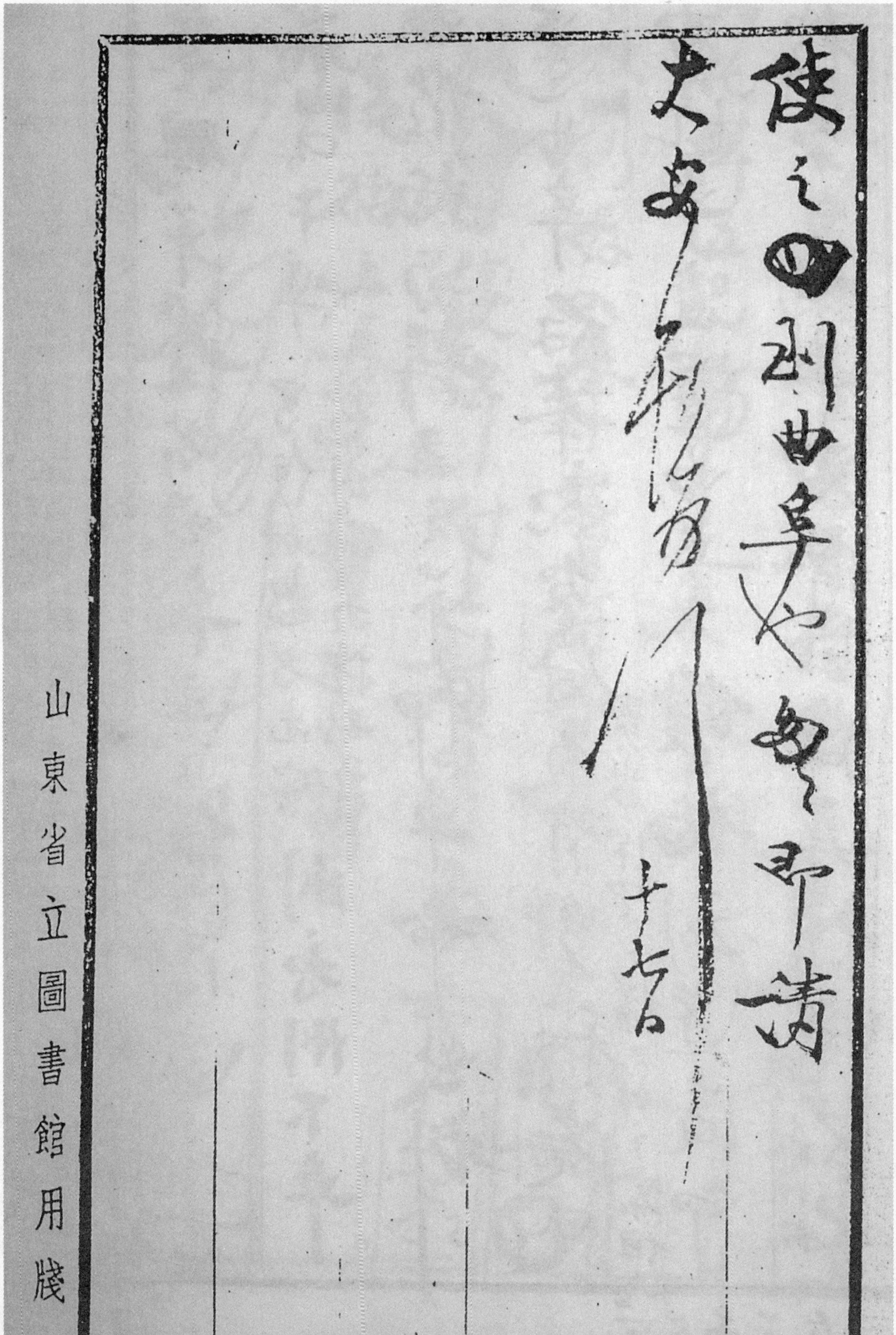
使之回到曲阜也免即請
大安 弟[illegible]
十七日

山東省立圖書館用牋

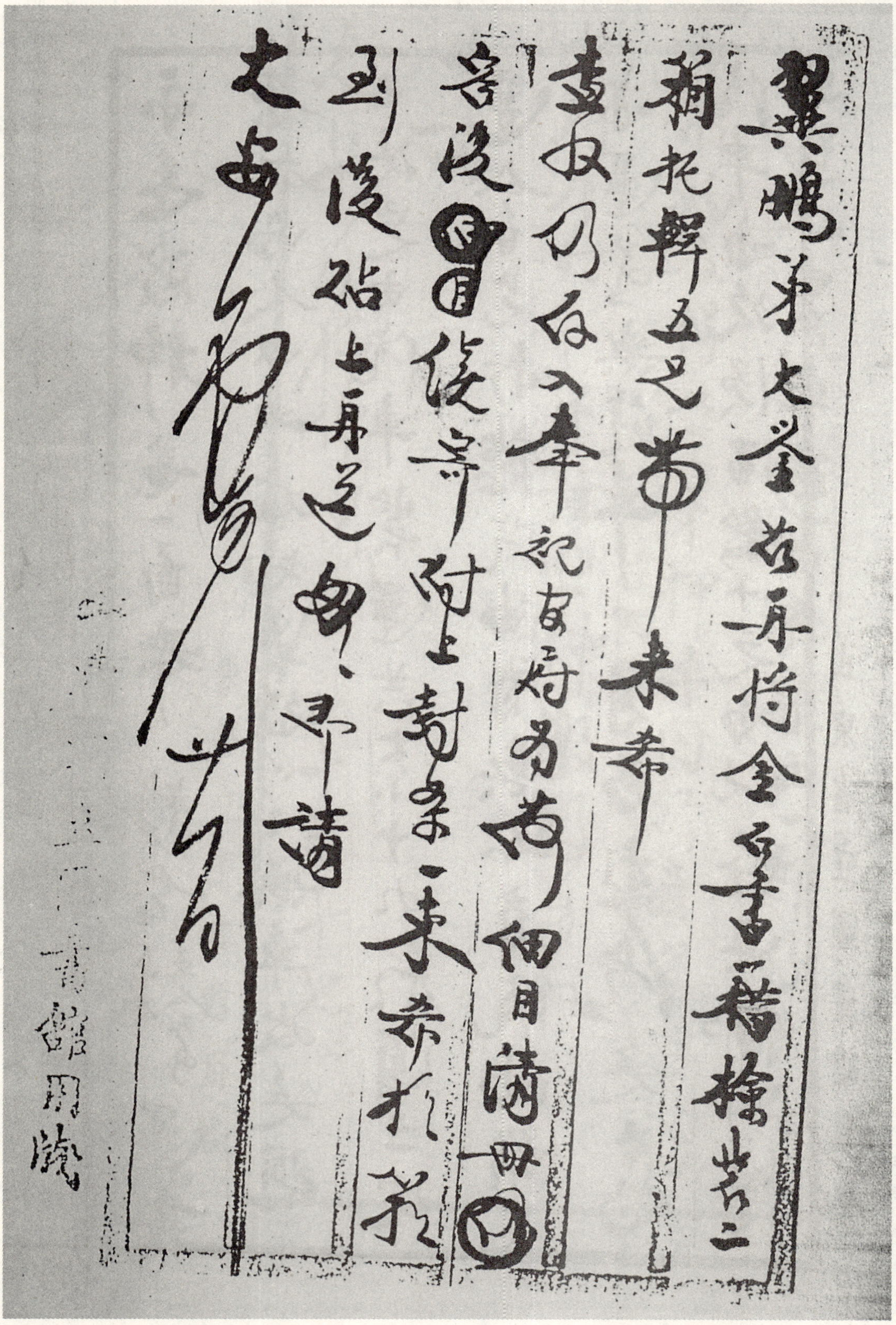

書第七通

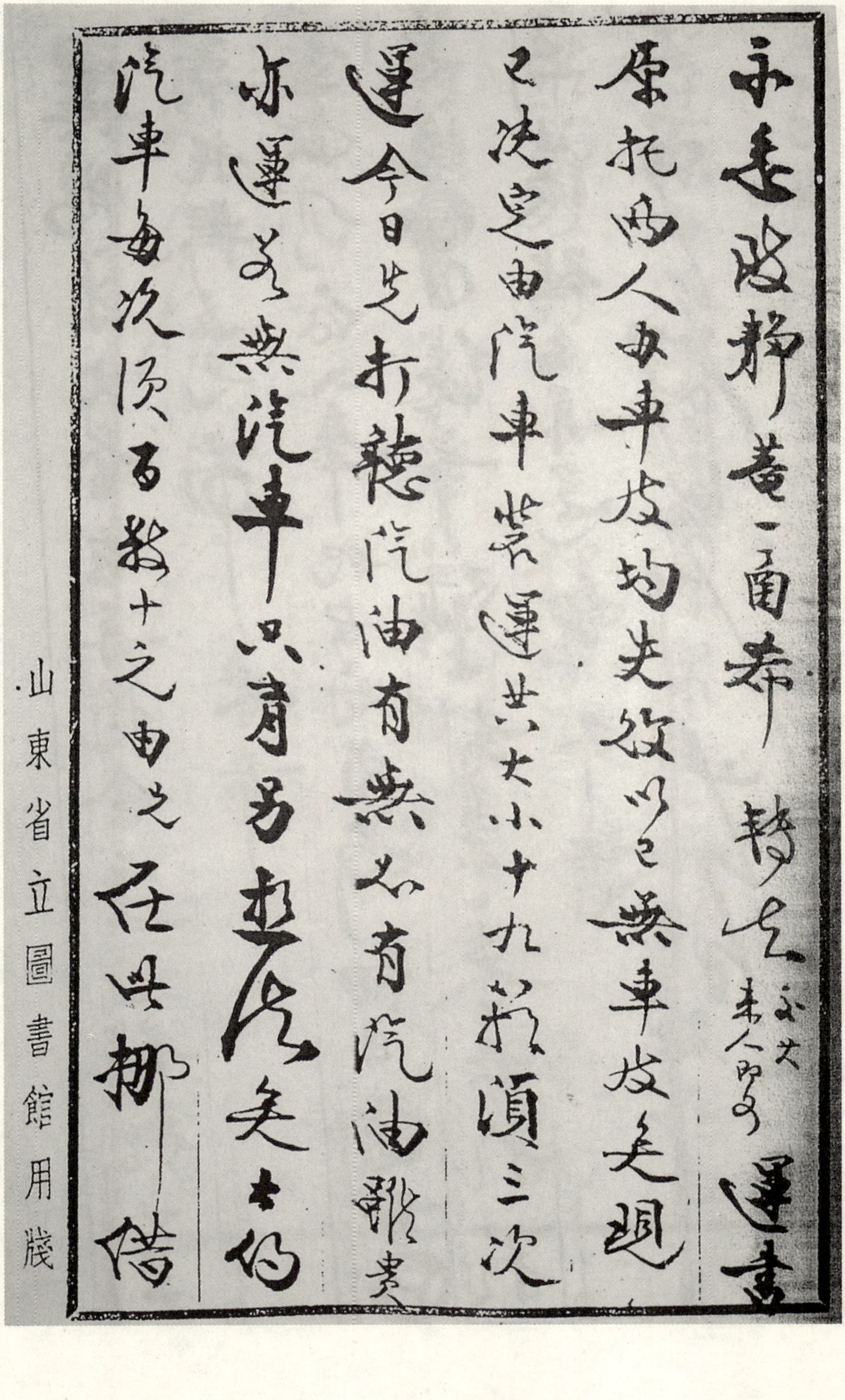
手示及静菴一函奉悉 公文未入呈 運書
原托兩人要車皮均失敗以已無車皮是趣
已決定由汽車裝運共大小十九箱須三次
運今日先打聽汽油有無如有汽油雖貴
亦運若無汽車只有另覓馬車是太仍
汽車每次須百數十元之由之任此挪借
山東省立圖書館用牋

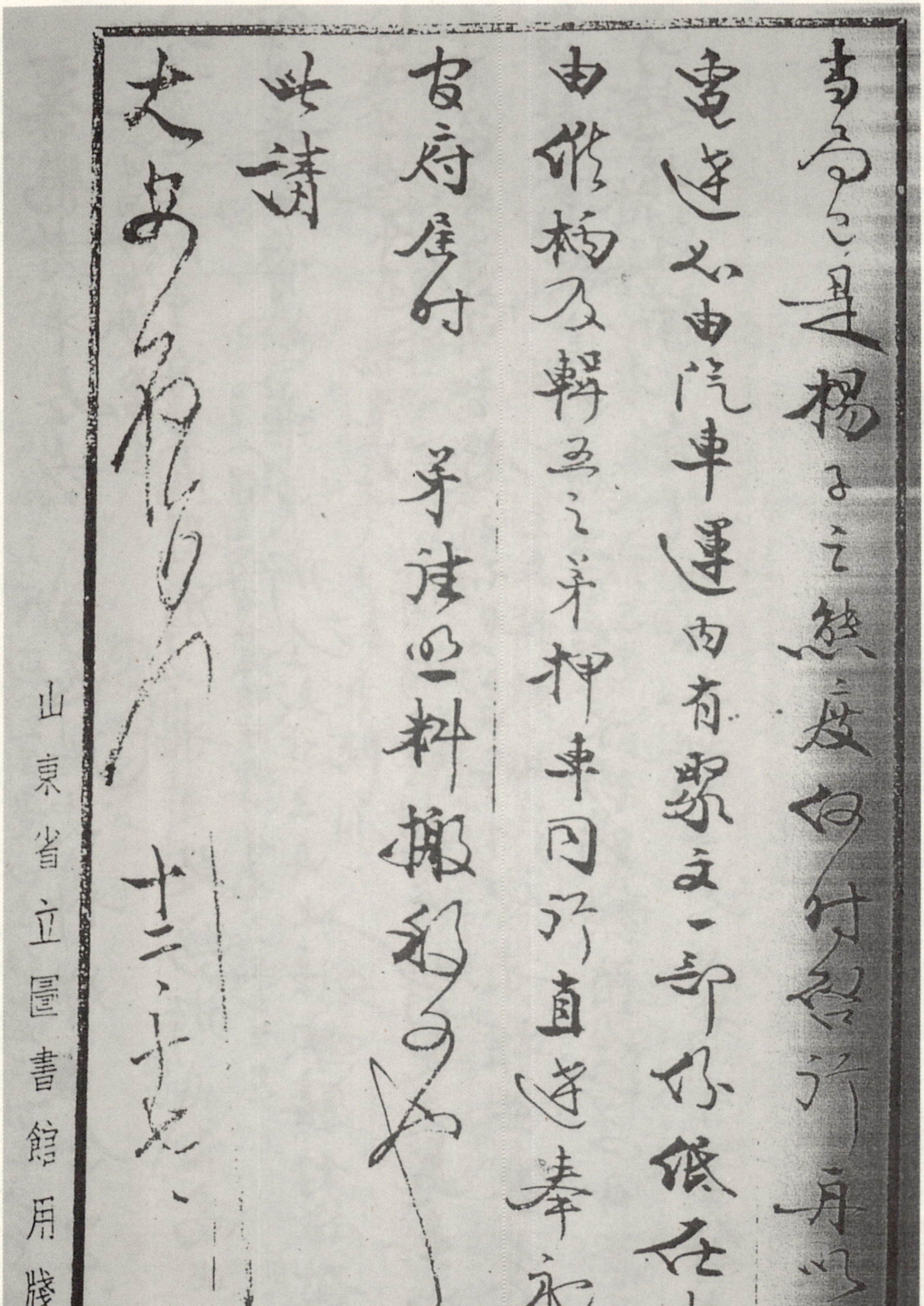
山東省立圖書館用箋

書第八通

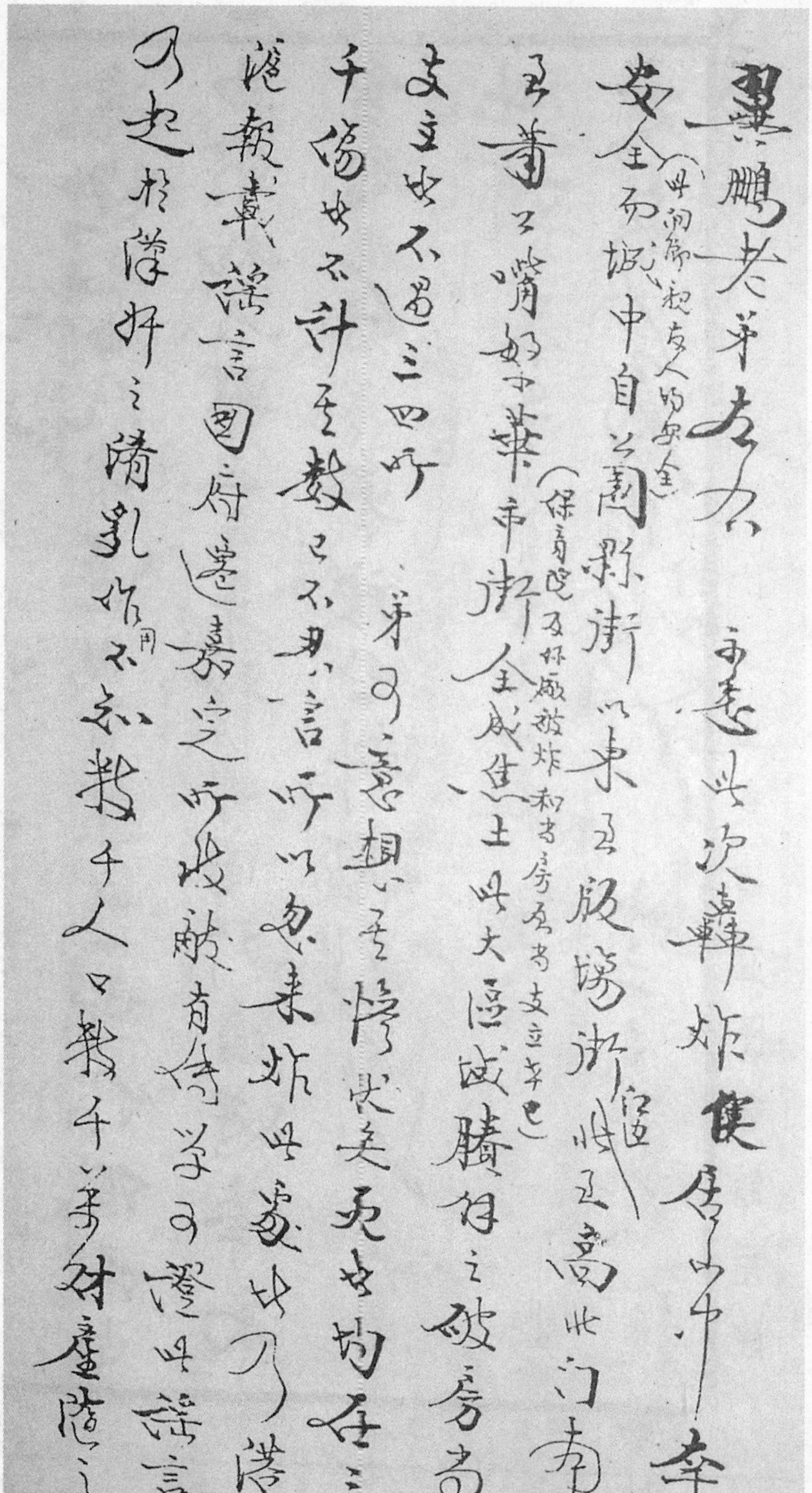
翼鵬吾弟左右：手惠悉。此次轟炸，僕居此中，幸安全（此間師部和友人均安全），而城中自文廟縣街以東至較場壩街、城隍廟至高北門南至蕭公嘴、好華市街全成焦土（保育院及懷嚴被炸，和書房存書支立無恙），此大區域僅存之破房尚支立者不過三四所，弟可意想其慘狀矣。死者約在三千，傷者不計其數。至不知言所以忽來炸此處者，乃港滬報載謠言國府遷嘉定之所致，敵有傳單可證此謠言乃起於漢奸之搗亂作用，不知數千人口數千萬財產隨之

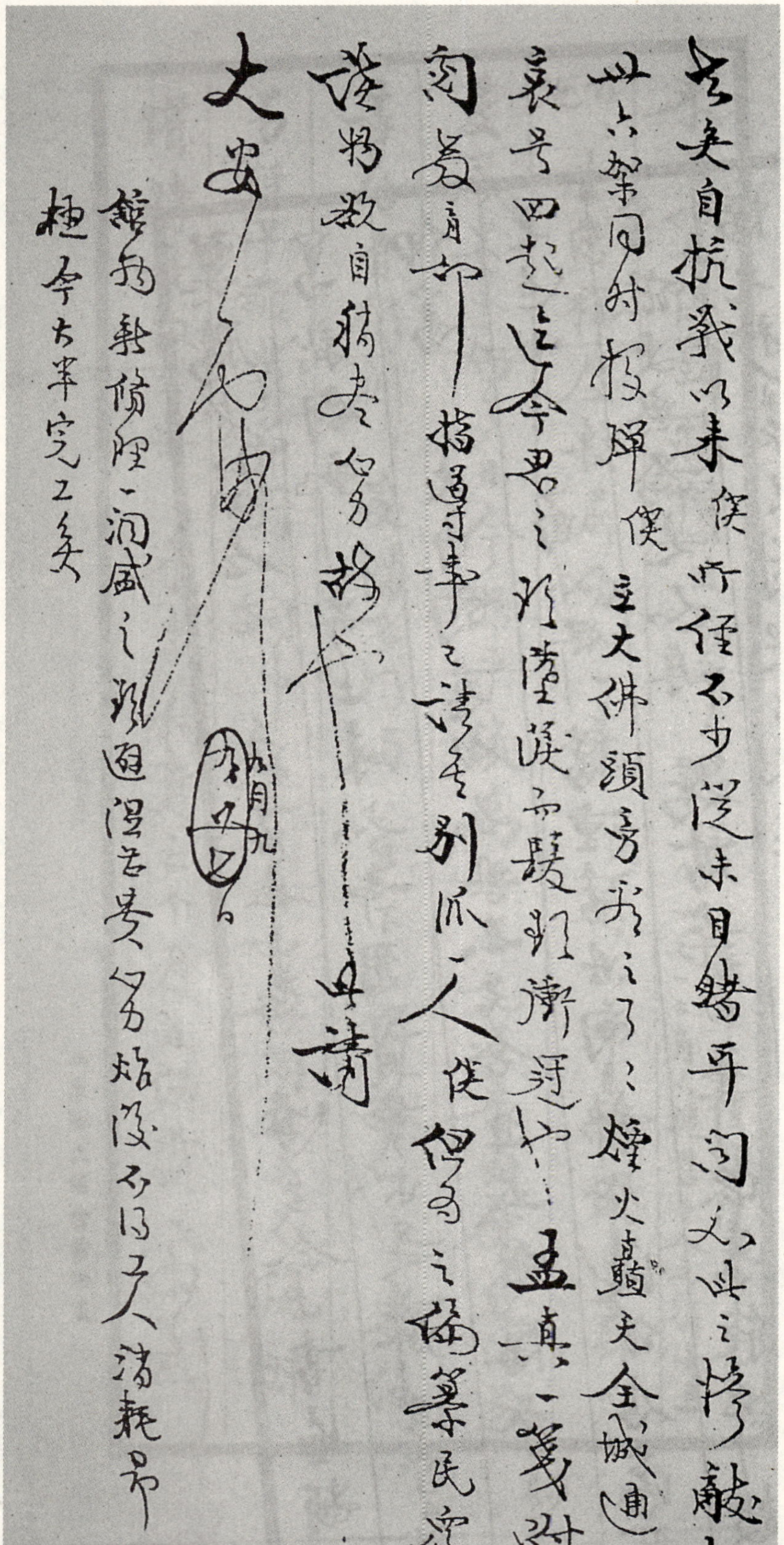

書第九通

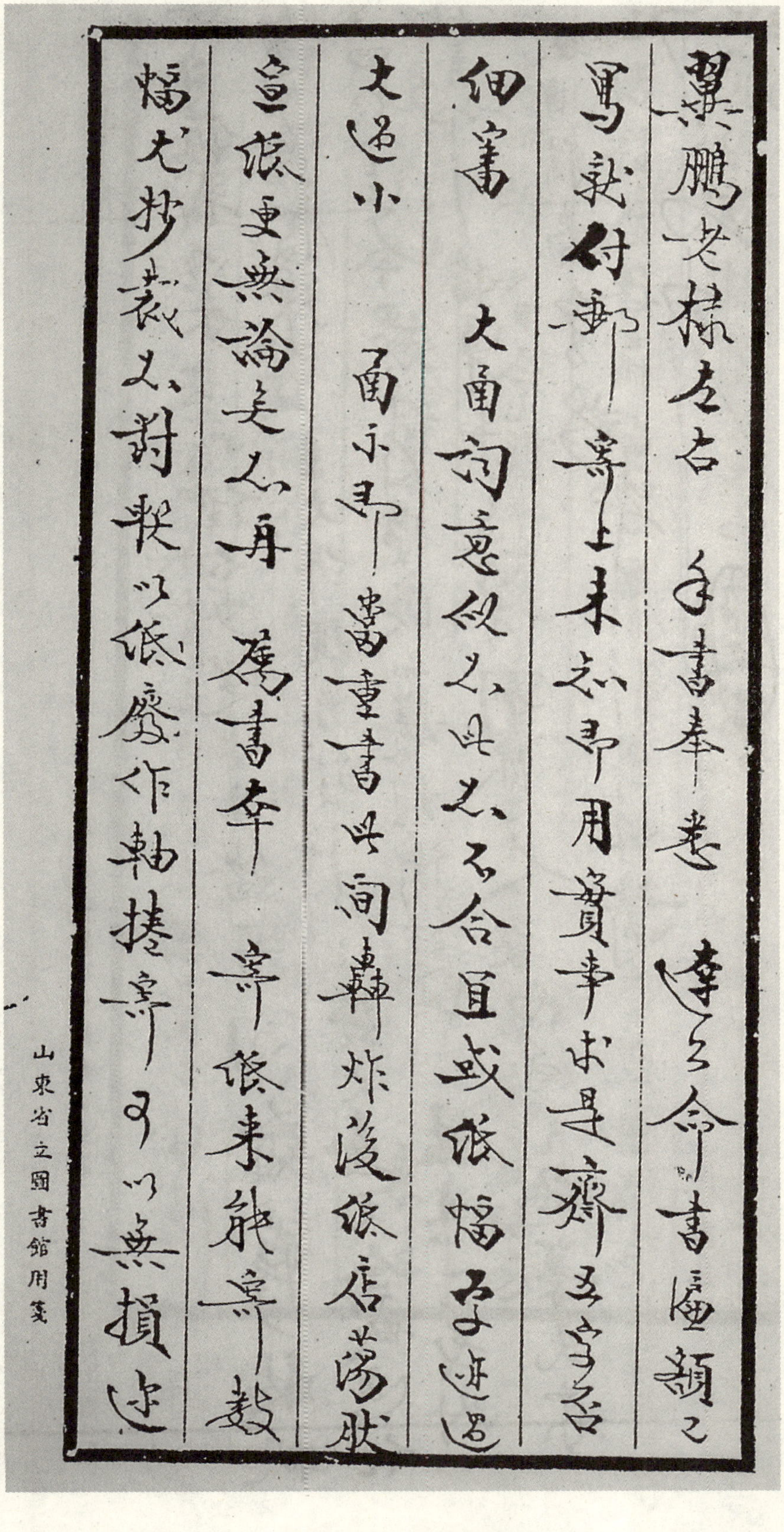
巢鵬老棣左右：手書奉悉。遠承命書匾額之
寫就付郵寄上，未知即用實事求是齋五字否？
細審大函詞意，似以此為不合，且或係摘字過
大過小，函示即當重書。此間轟炸後，紙店蕩然，
宣紙更無論矣。再屬書，奉寄紙來，能寄數
幅，尤妙。裁又對聯，以紙廢作軸，捲寄，又以無損也。

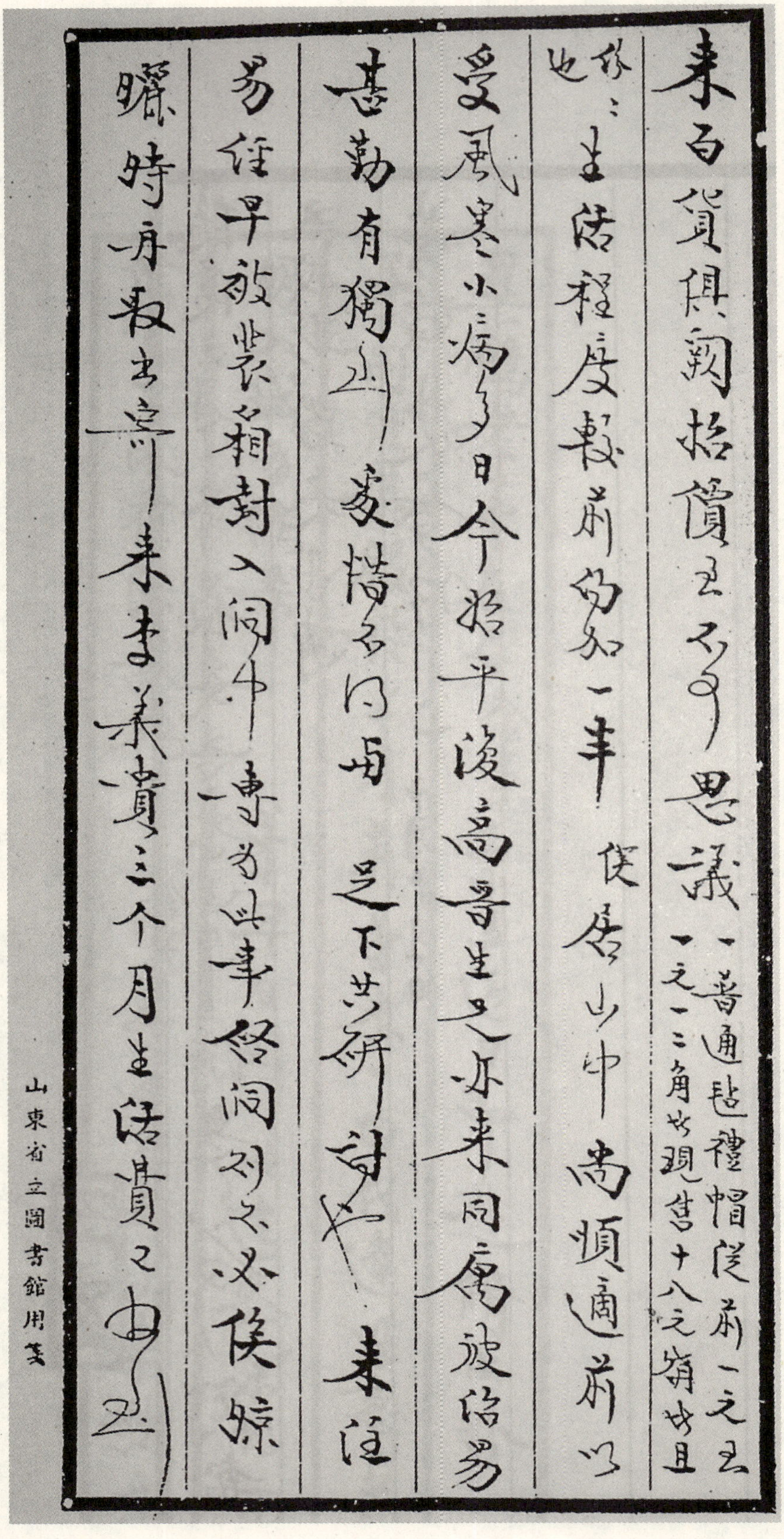
來函貨價詳細招覆，至不可思議。一普通氈禮帽從前一元五一元一二角者，現售十八元一頂者，且紛紛也。生活程度較前約加一半。使居山中，尚須適前以
受風寒小病多日，今始平復。高晉生亦來同屬，彼給易
甚勤，有獨山處情形問母足下共研討也。來信
易經早啟裝箱封入閣中，專為此事經閣內之必候晾
曬時再取出寄來。來書義費三个月生活費之由來
山東省立圖書館用箋

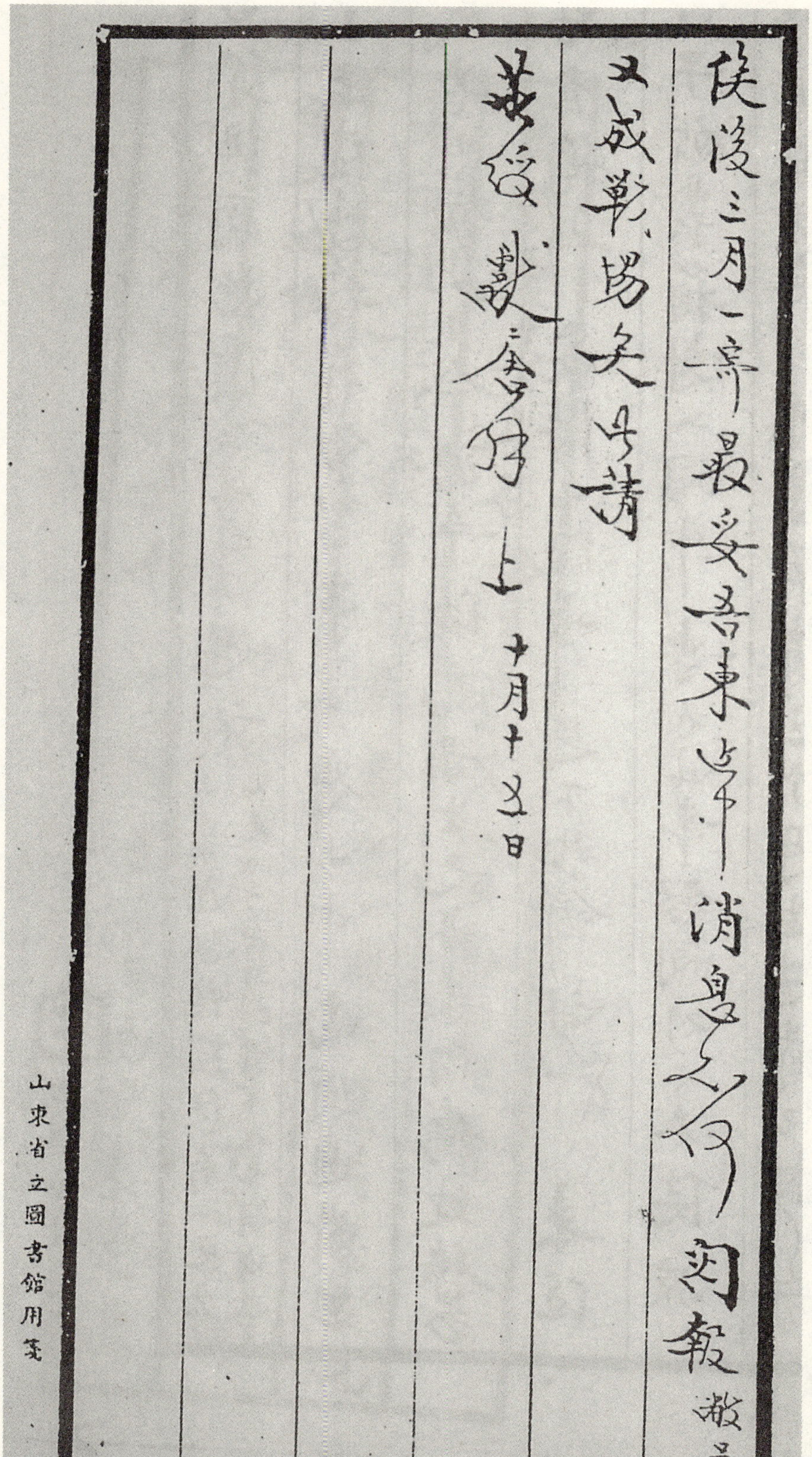
俟後三月一寄最妥。吾東近年消息如何？閲報敝邑又成歉場矣。先請
著安
獻唐上　十月十五日

山東省立圖書館用箋

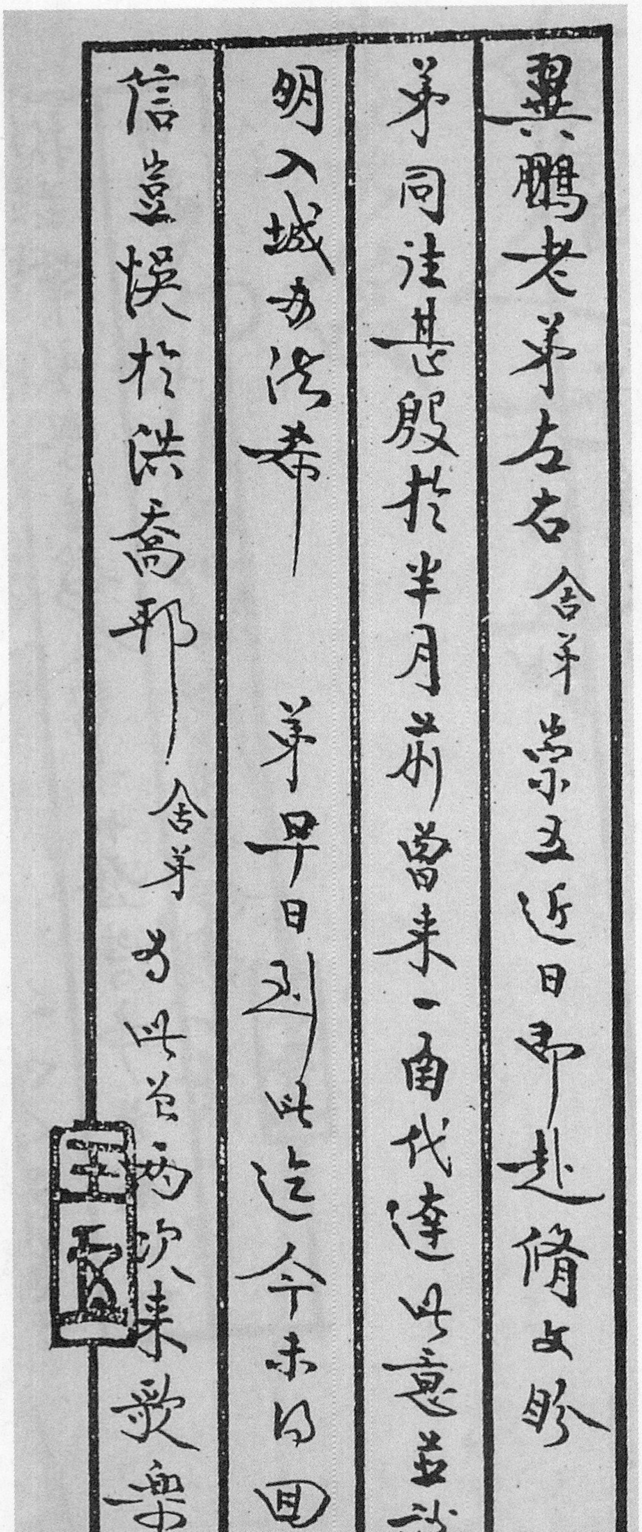

翼鵬老弟左右　舍弟崇五近日即赴脩文盼
弟同往甚殷於半月前曾來一函代達此意並望
明入城面洽爲幸　弟早日到此近今未得回
信豈悞於洪喬耶　舍弟有此意爲欲來歡樂

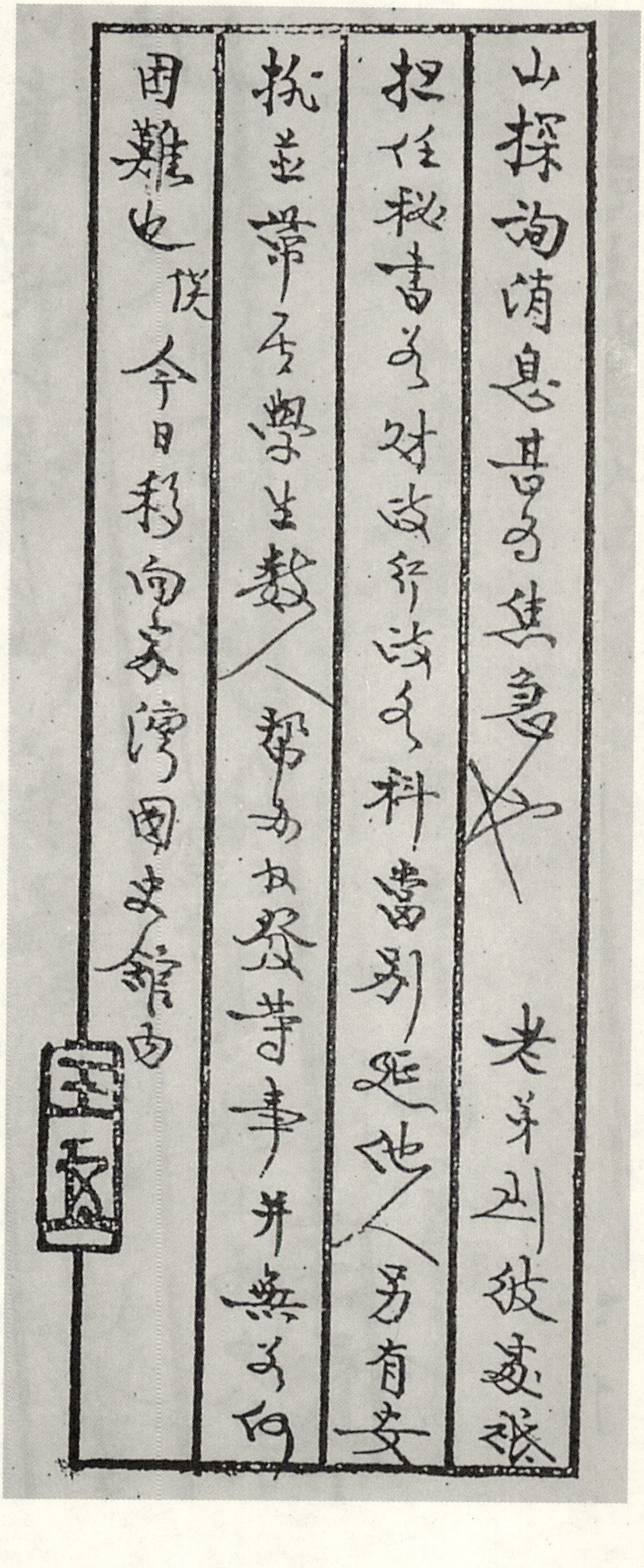
山探詢消息甚爲焦急老弟則彼處張
担任秘書之財政行政之科當別延他人另有交
執並常與學生數人幫爲收發等事并無若何
困難也從今日移向臺灣國史館西

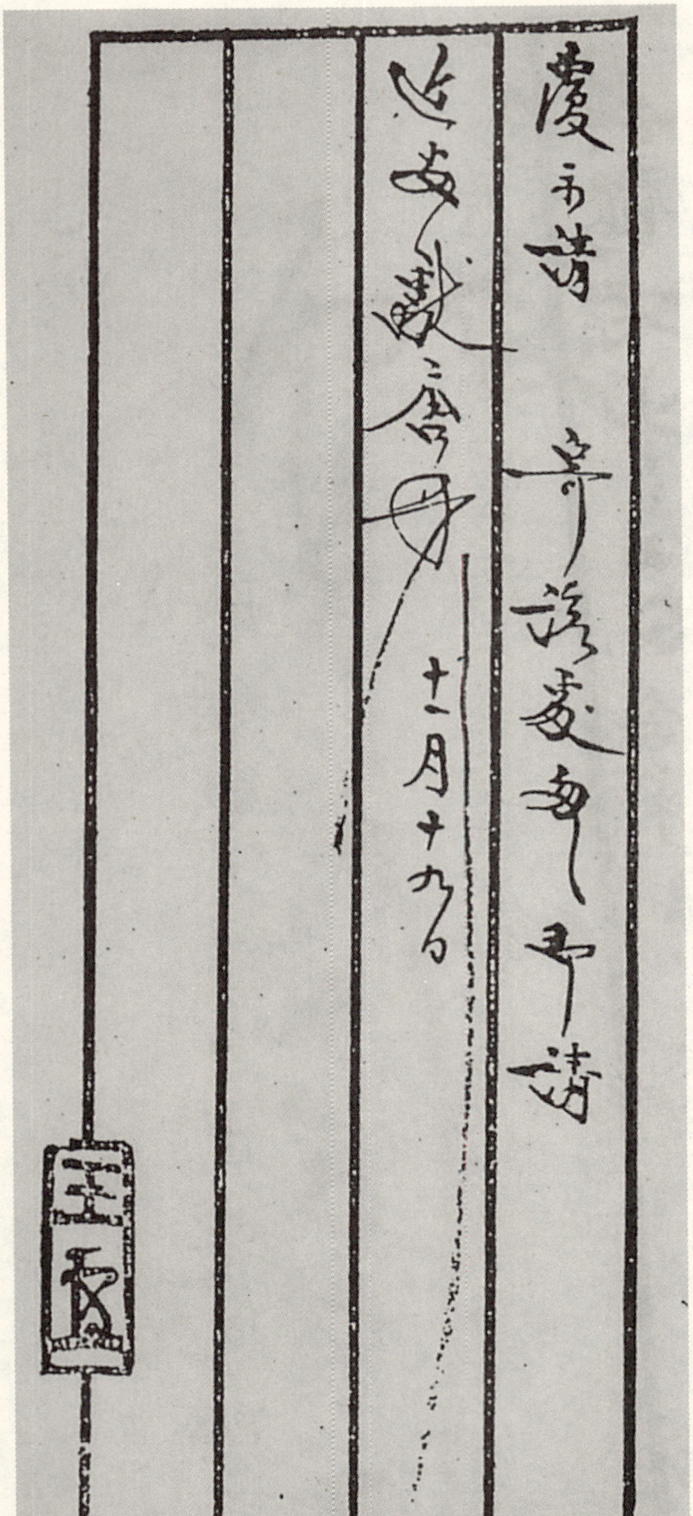
萬弟：前談委之事請
近安 獻唐手
十一月十九日

書第十一通

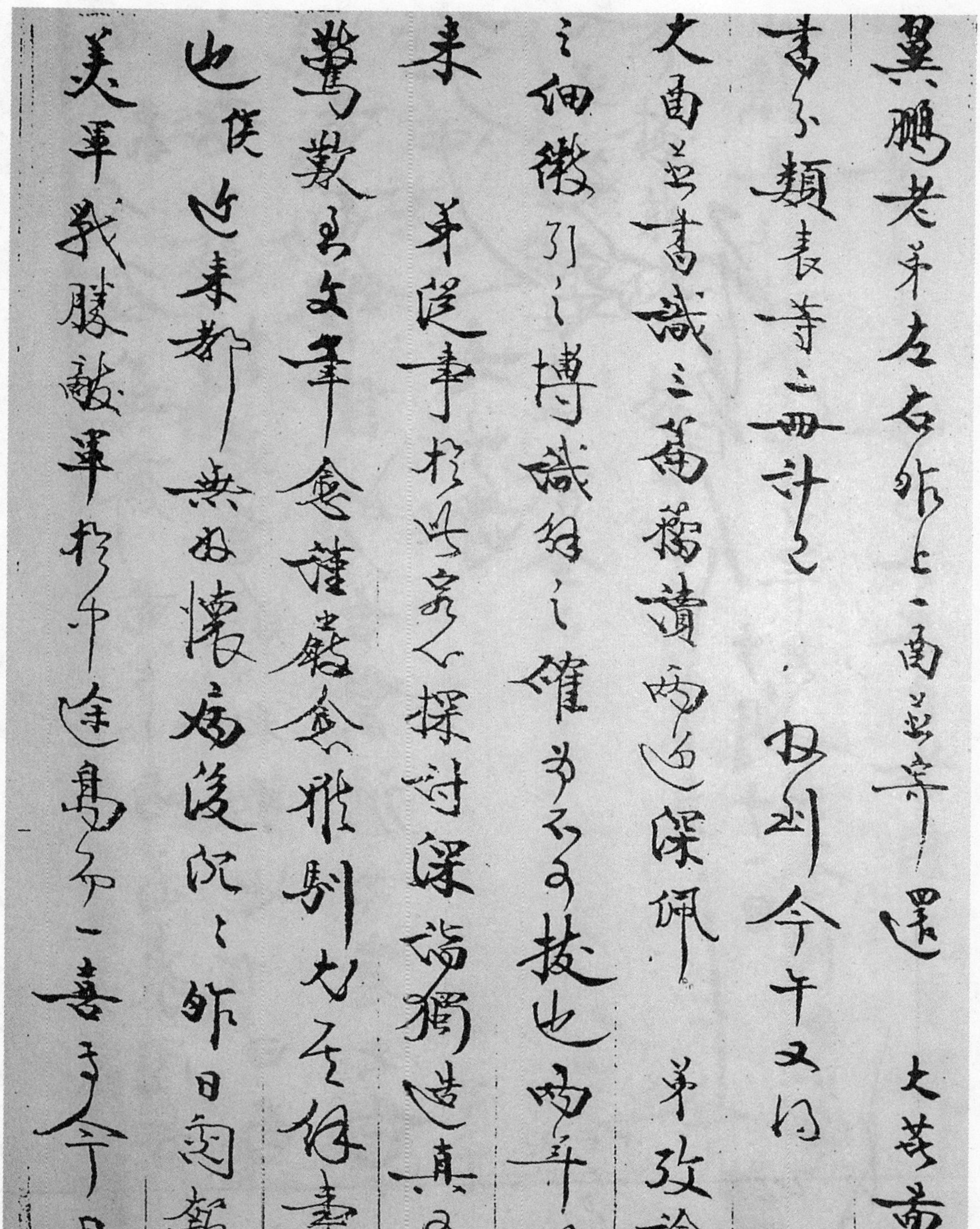
巽鵬老弟左右：昨上一函，並奉還大著
書了類表等二冊，計已收到。今午又得
大函並書識三篇，籀讀兩過，深佩。弟攷論
之細微，引之博，識之確，為不可拔也。兩年以
來，弟從事於此，探討深，論獨造，真可
驚歎。[illegible]
也。侯近來都無好懷，病後沉之。昨日匆報
美軍戰勝敵軍於南途島，亦一喜事。今日

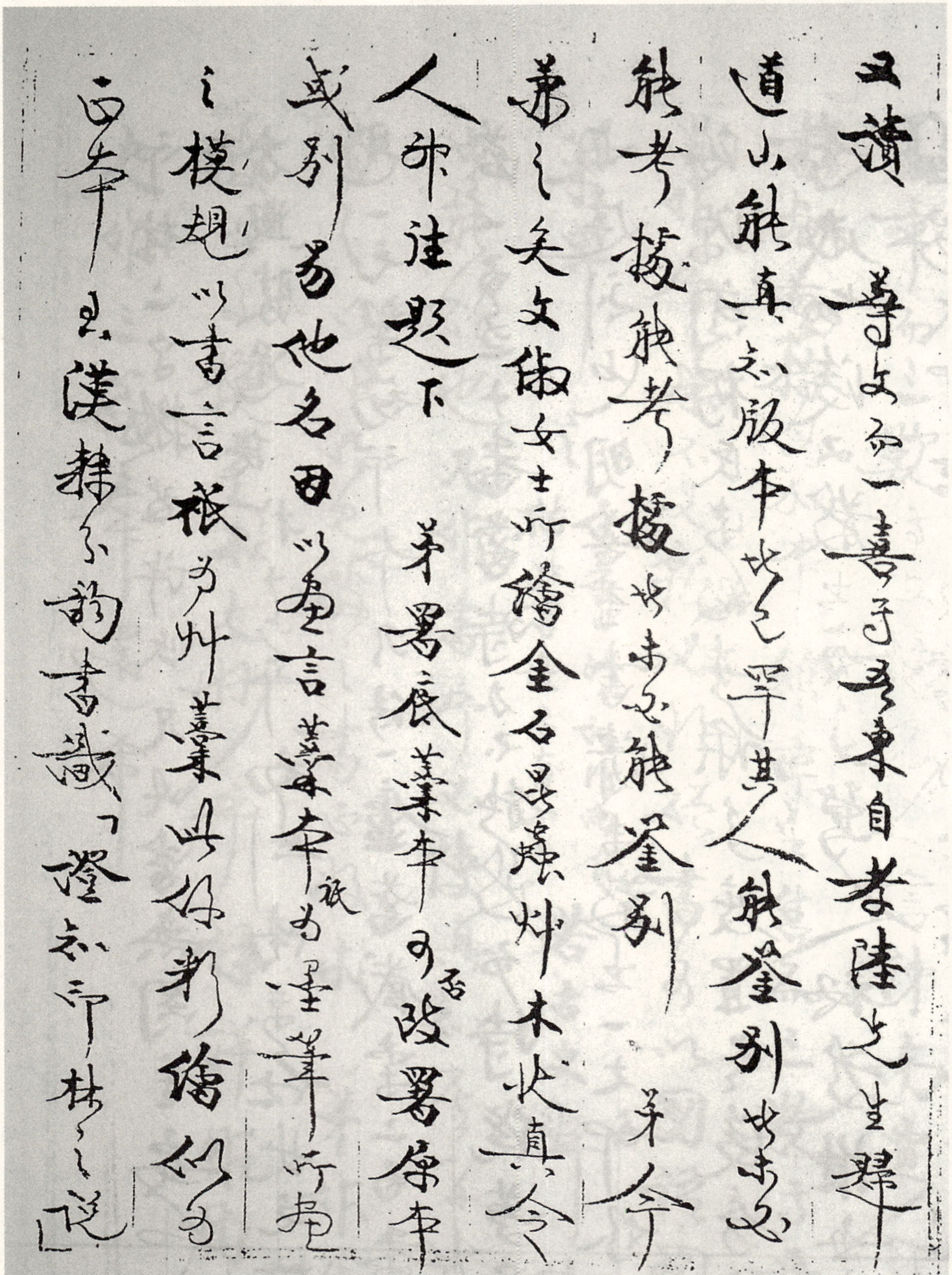

又讀
尊文，爲之一喜。予素來自喜陸之生肆
道山，能真亦版本也，已罕其人，能鑒別也，亦必
能考據，能考據也，亦必能鑒別。弟人今
兼之矣。文獻女士所論金石器物、木版真本，今
人所注題下，弟署原葉本，可（否）改署原本
或別爲他名，因以墨言葉本，（紙）爲墨筆所起
之模規，以書言，紙爲州葉，此外繪作爲
西本。其漢隸不韵書識之，證亦可林之說

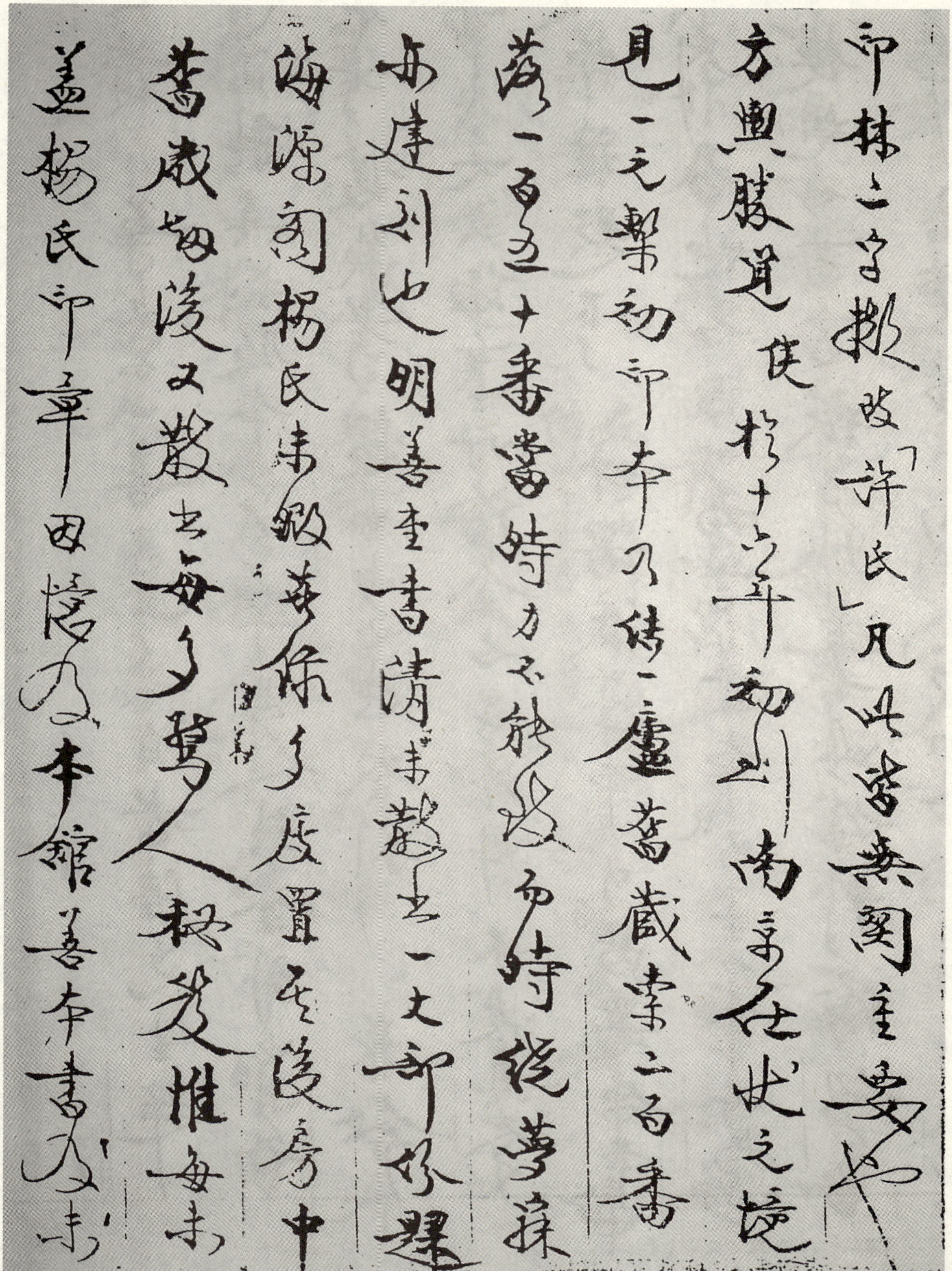
印林二字擬改「許氏」，凡此皆無關重要也。
方輿勝覽，僕於十六年初到南京任事之後
見一元槧初印本，乃傳之廬舊藏，書二百番
葉一百廿十番，當時力不能收，而時縈夢寐
今建刊也。明善堂書、清華藏書之一大部份歸
海源閣楊氏，未綴華係多度置屋後房中
舊藏均後又散出，每多為人秘笈，惟每書
蓋楊氏印章，因憶及本館善本書，凡書

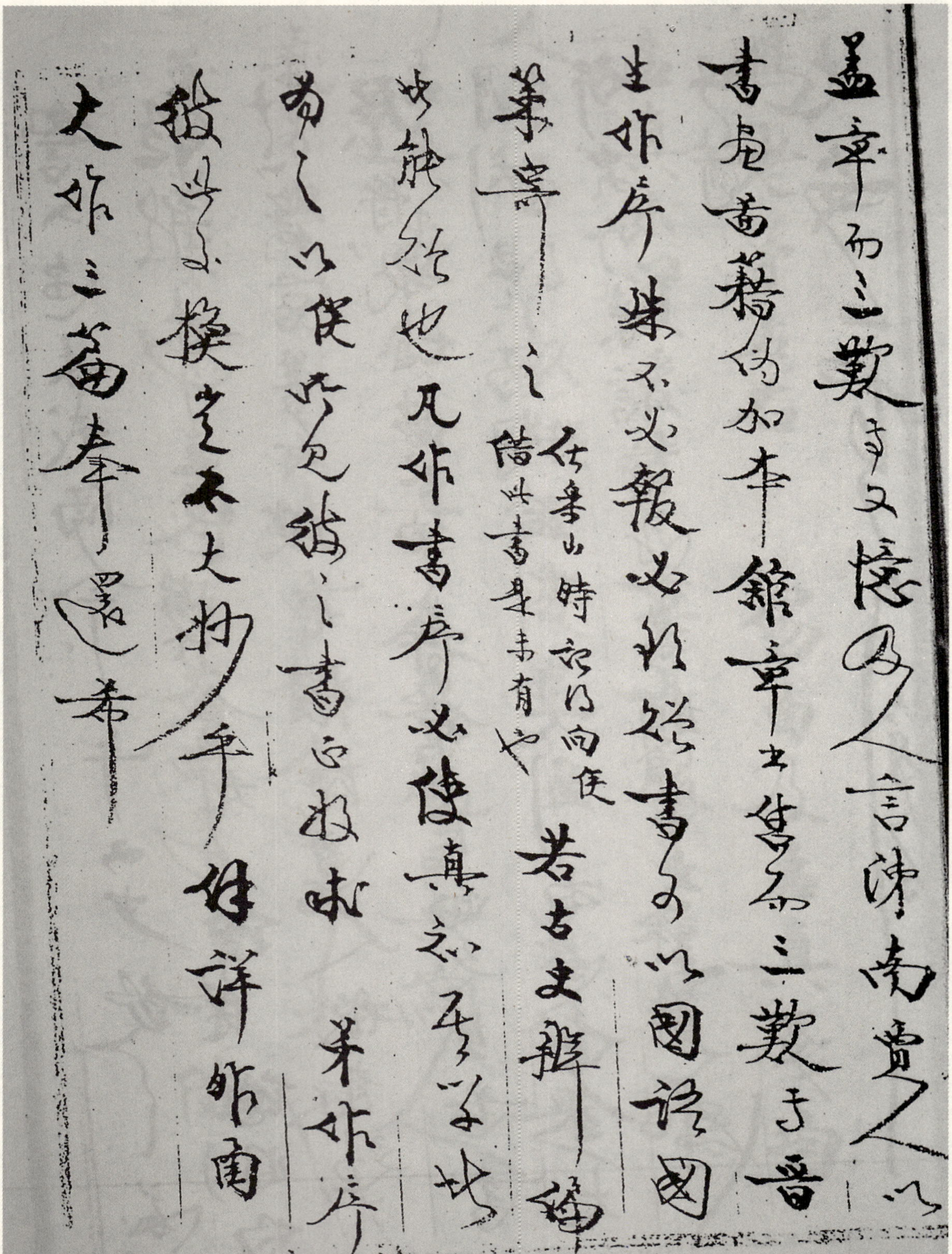
蓋章而已歎矣又憶及之言津南貴之以
書局書籍仍加本館章出售而已歎于晉
生所序殊不必報以後書之以圖説國
筆寫之 若古史辨之編
作岳山時記得向使
借此書來未有也
此能後也凡作書序必使其志函可也
苟之以便覽見後之書已收此 弟作序
欲此以換大大物乎 好詳於前
大作三篇奉還希

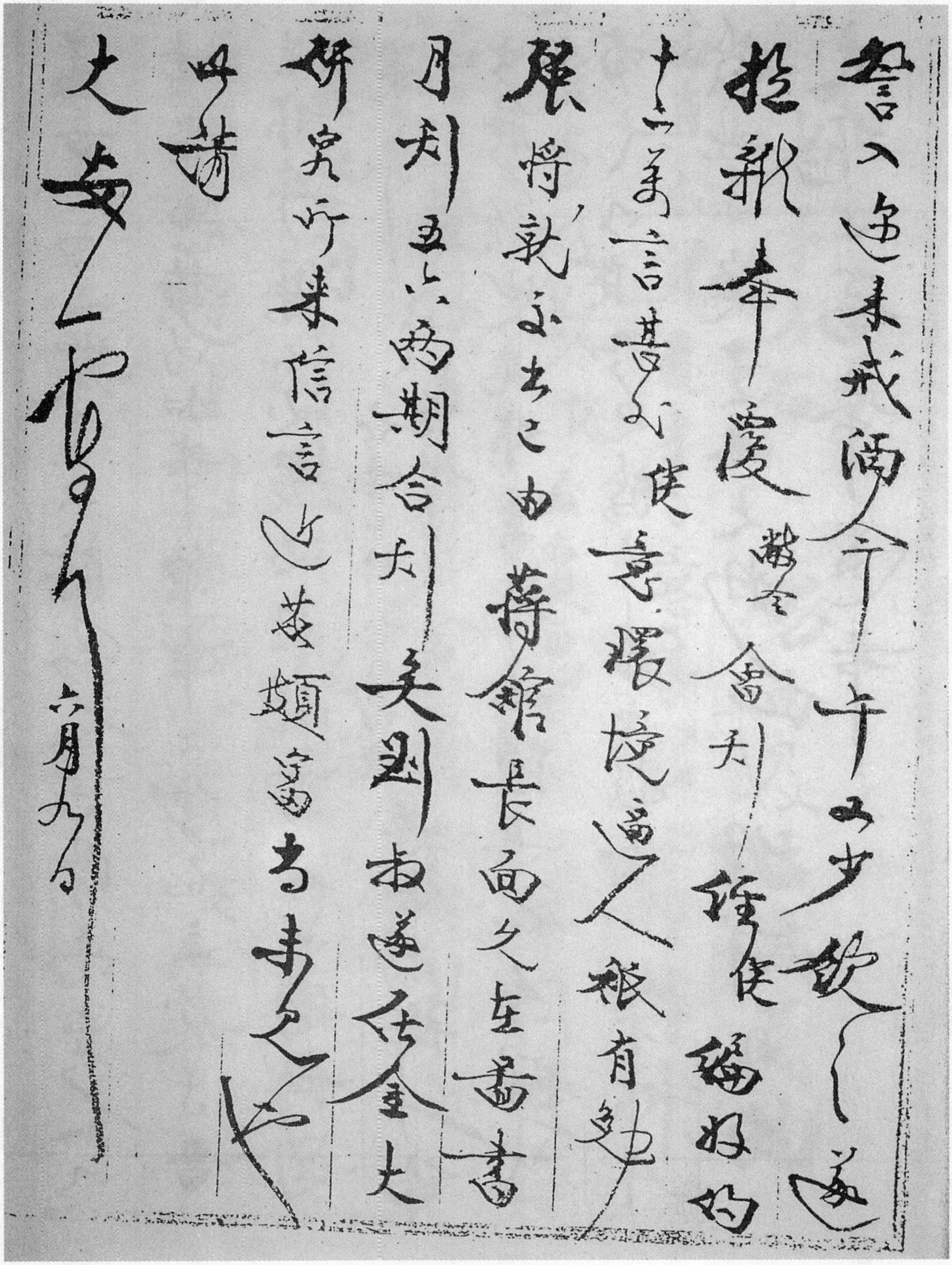

書第十二通

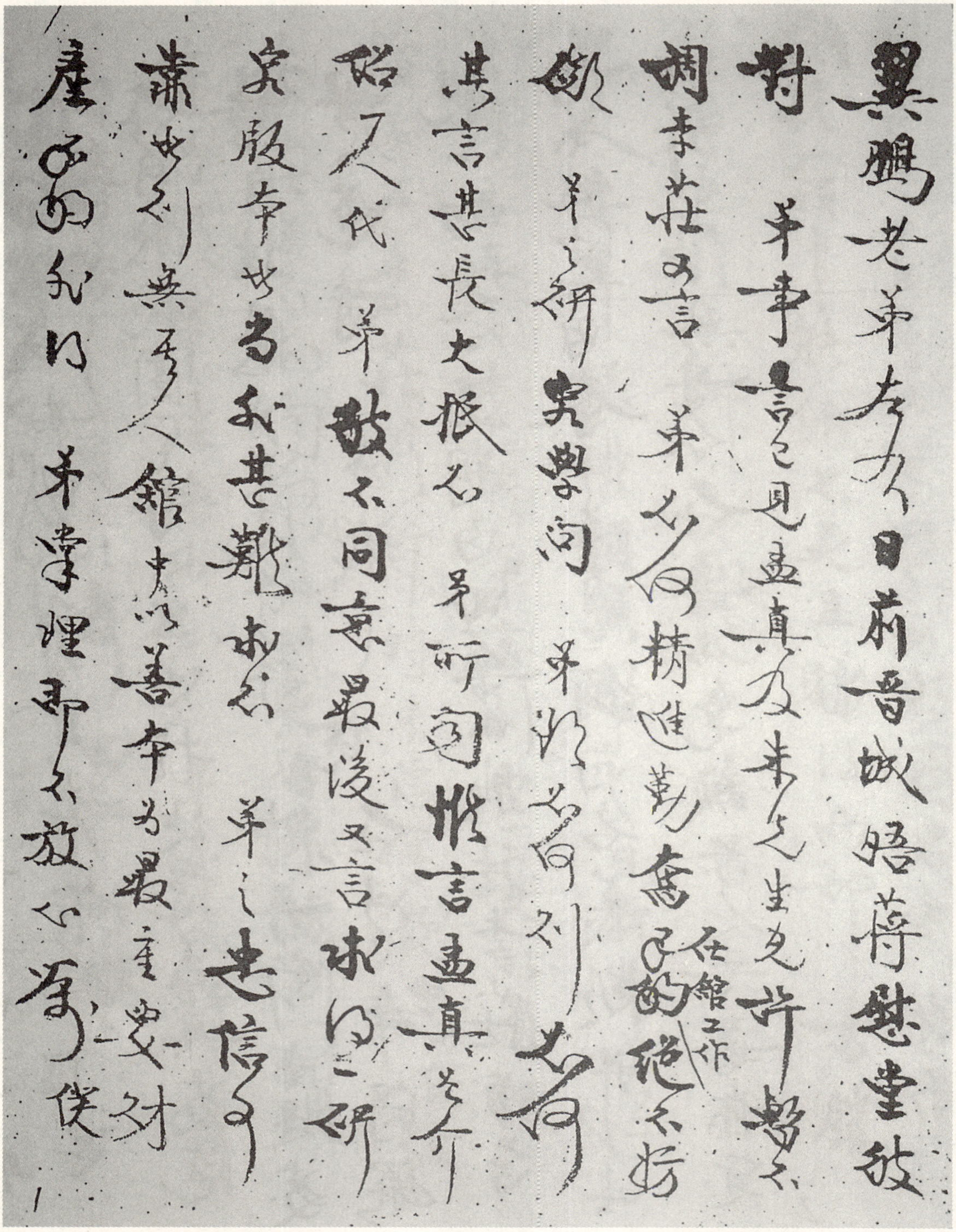
翼鵬老弟左右：日前晉城晤蔣慰堂敘
對，弟事言已見孟真及朱先生，允許將不
調李莊。又言
弟[illegible]何精進勤奮，予的（任館之作）絕不好
歟。弟之研究學問，弟擬之向不太有
其言甚長，大抵之。弟所詢，惟言孟真兄介
紹人代弟，故不同意。最後又言求得之研
究般本也為我甚難求之。弟之忠信可
靠也，至無可人館中，或以善本為最重要之對
[illegible][illegible]我們。弟掌理即不放心等俟

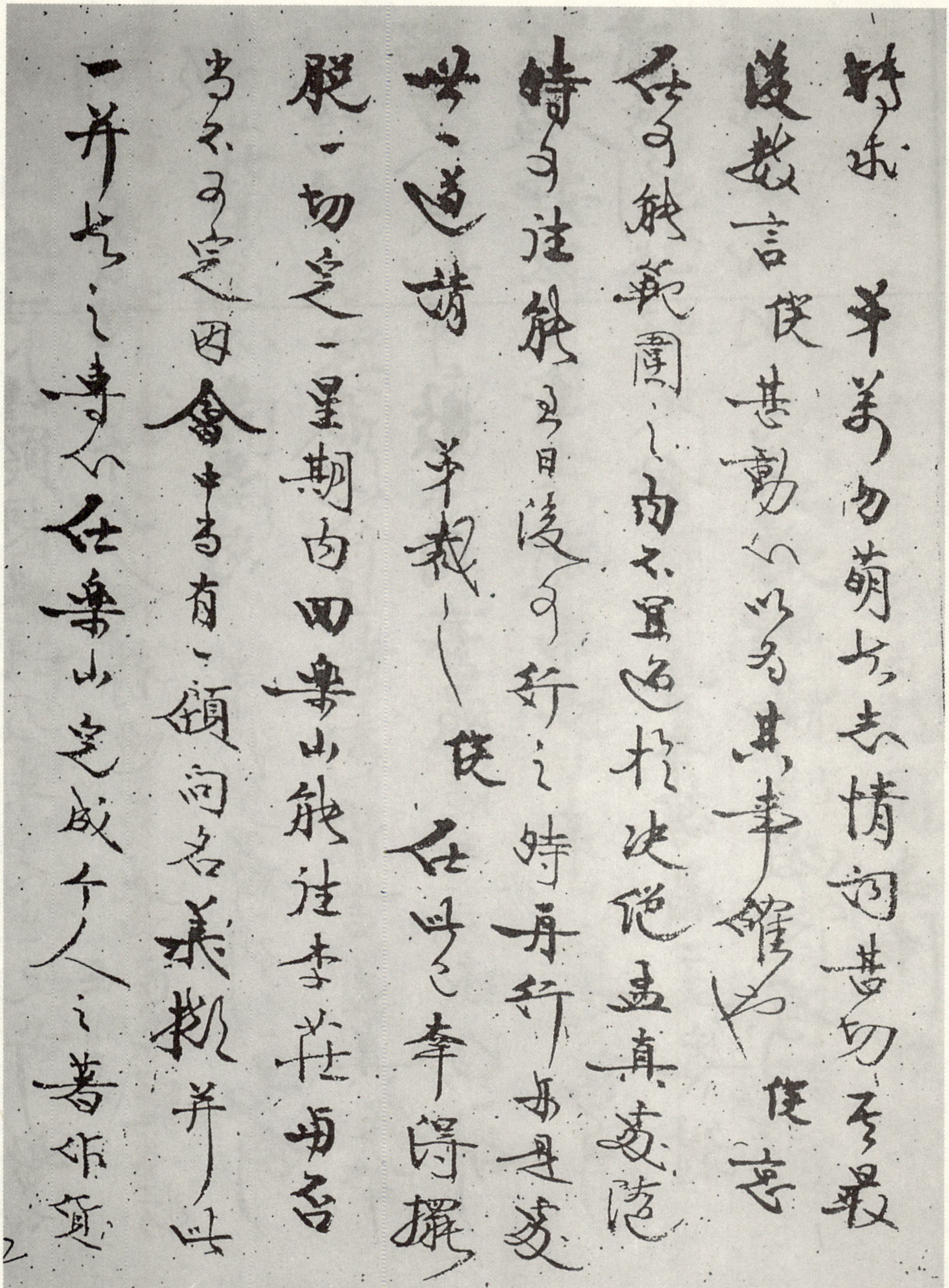

時祺
弟夙向萌出世之志，情詞甚切，至最
後教言，僕甚動心，以為其事雖難也。僕意
任之能範圍之内，不足過於此，決絕盡真處落
時之注能，是日後之行之，時再行，乃是處
此之道。請
弟裁之。僕
任此之事得擺
脫一切，定一星期内由樂山能往李莊留居
為不之定，因會中尚有一領向名義，擬并此
一并如之，專以任樂山之成千人之著作道

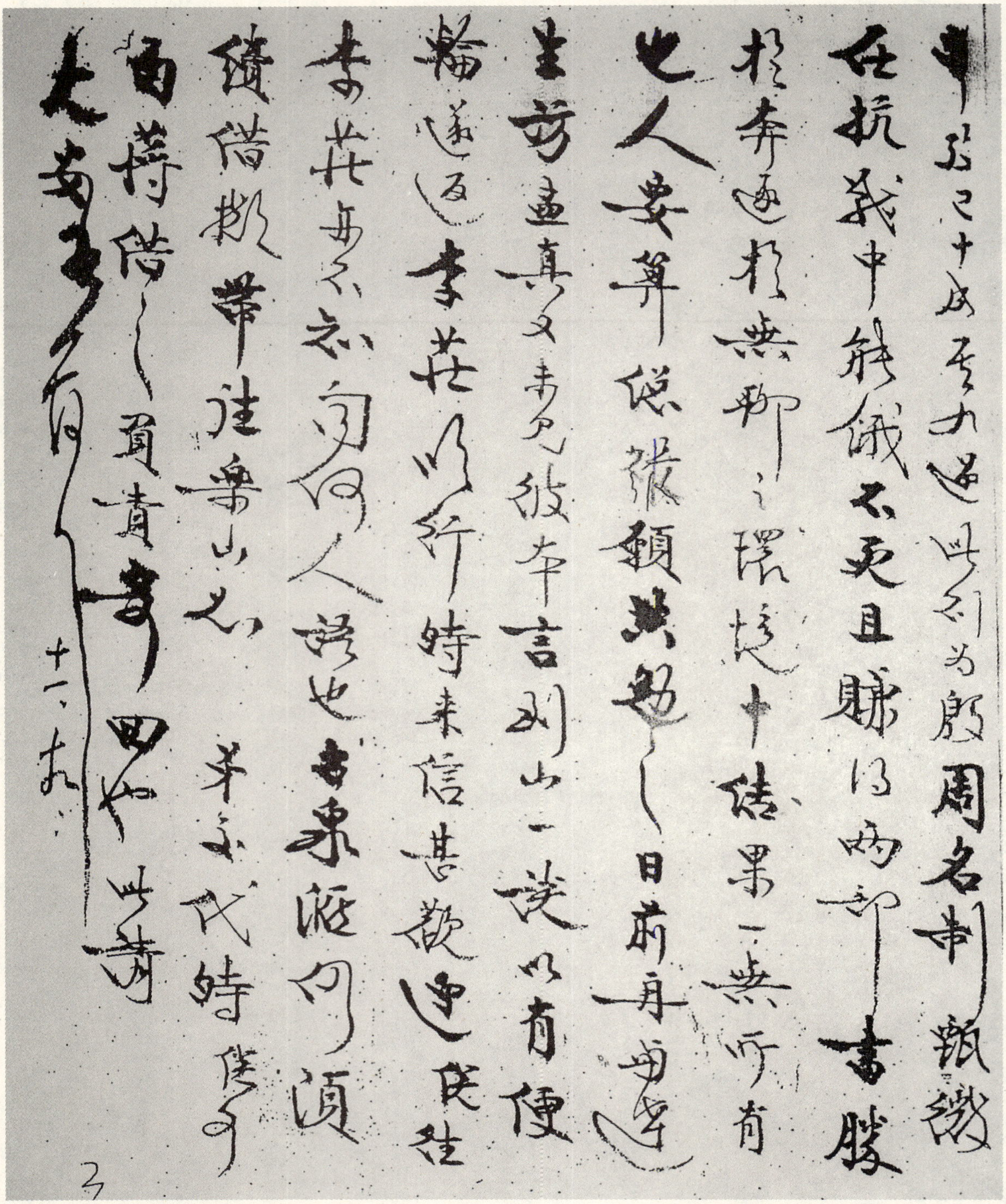

書第十三通

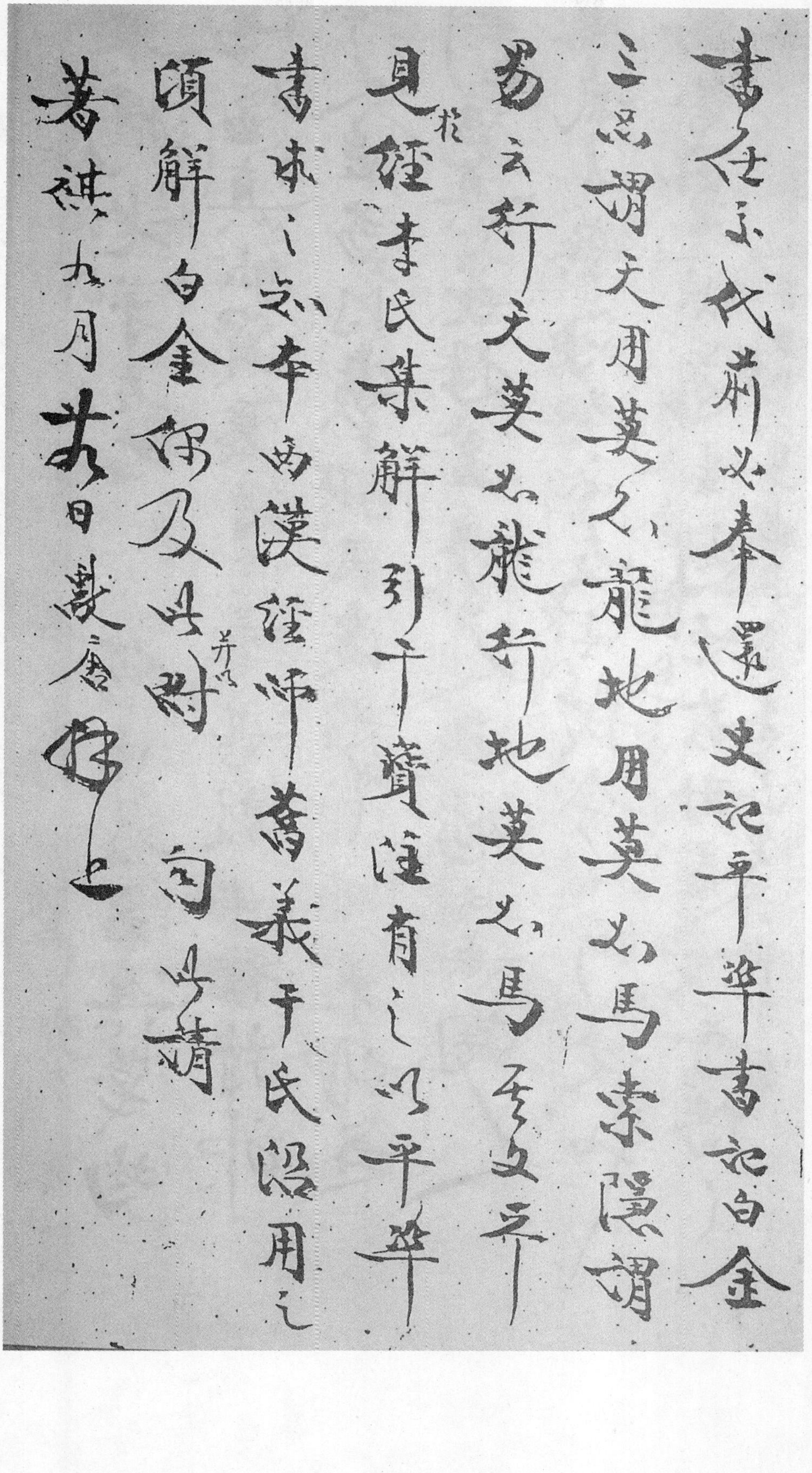
書悉。代荊公奉還史記。平準書記白金三品，謂天用莫如龍，地用莫如馬。索隱謂易云行天莫如龍，行地莫如馬，是文亦一見於經。李氏集解引干寶注有之，以平準書求之，知本西漢經師舊義，干氏沿用之。須解白金，偶及此，并以附。匆此，請著祺。九月廿日，獻唐頓上

書第十四通

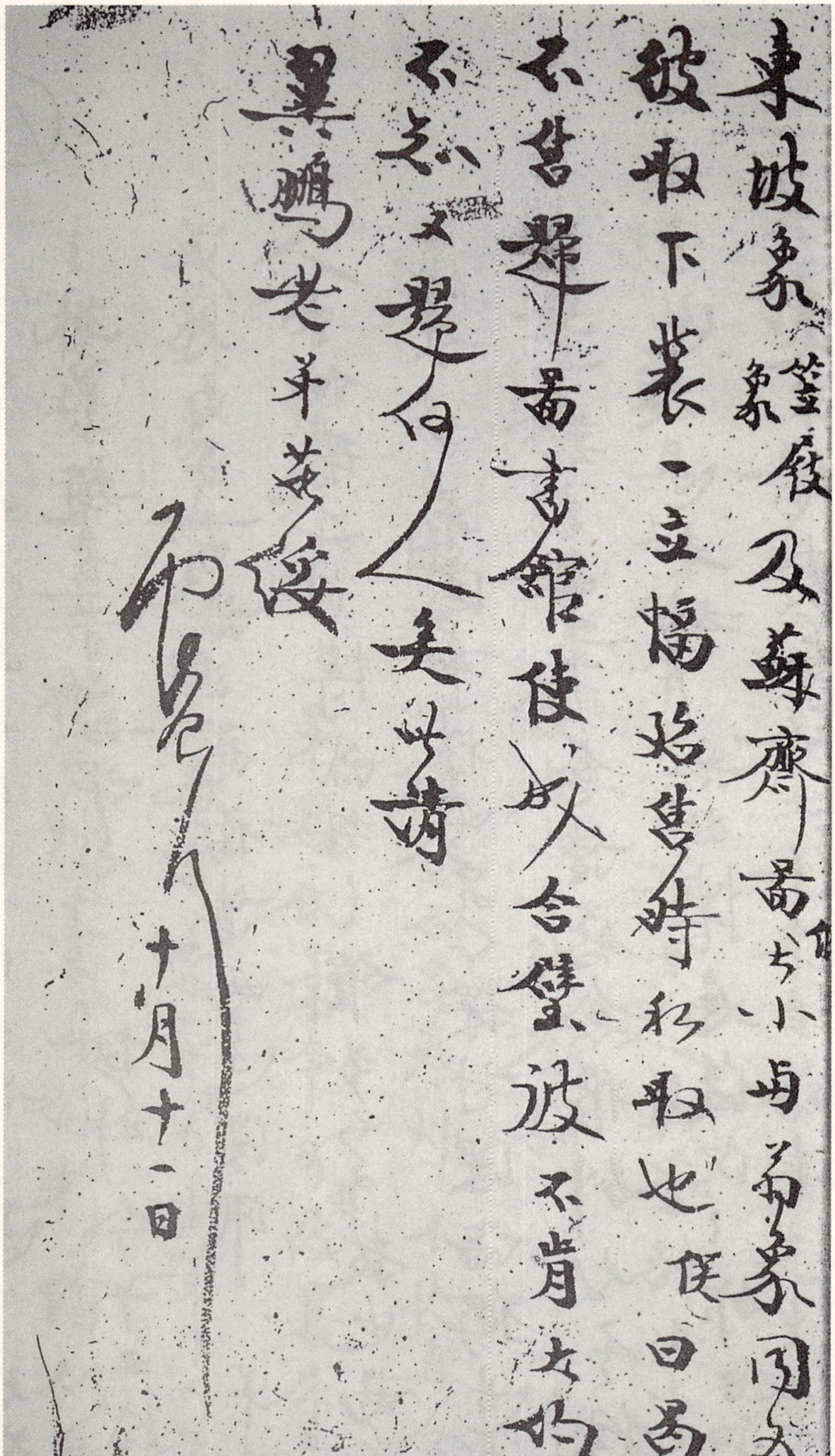

十一 王獻唐手批屈萬里稿本《載書飄流記》

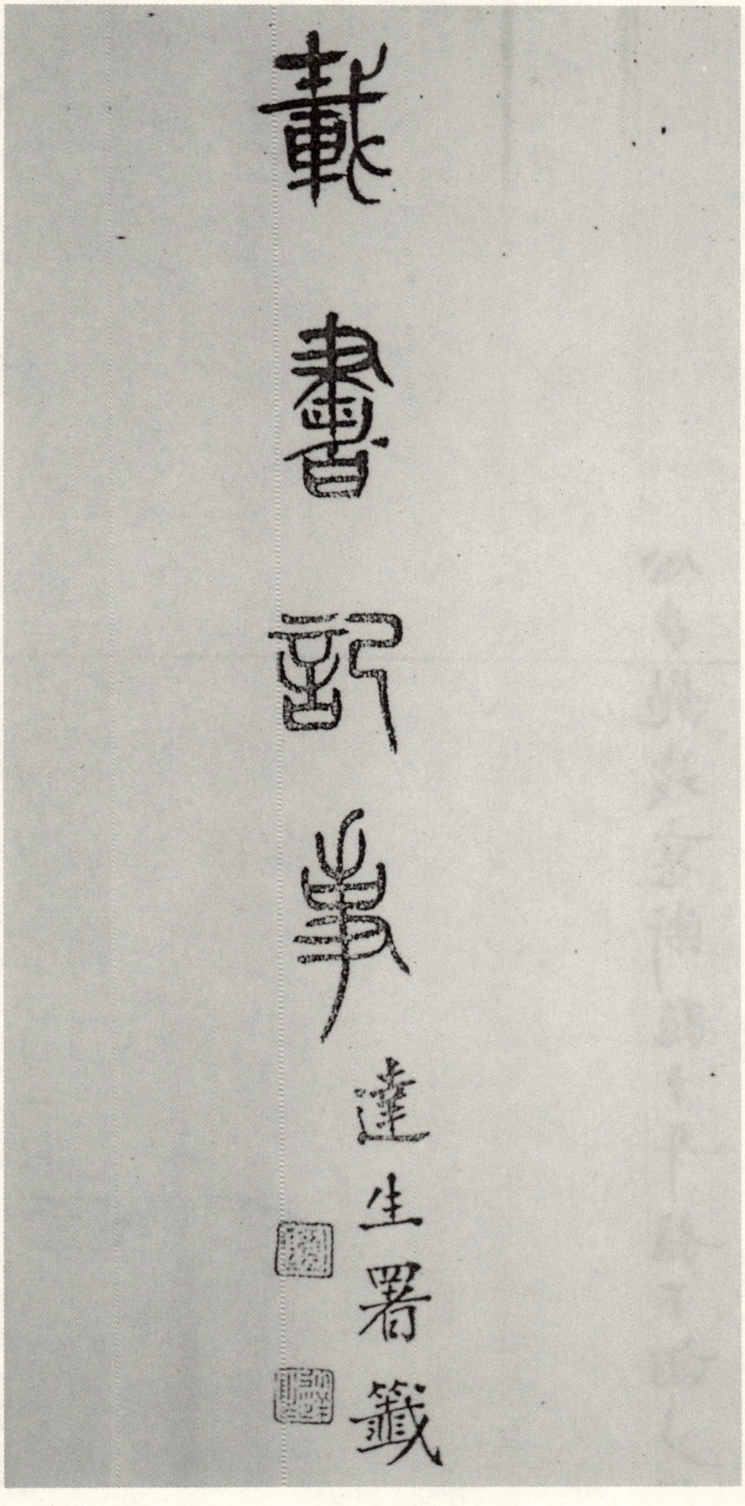

心力拋殘意漸狂十年挂下網多少雅可擣一炬
奎樓丈尺待銅駝之銷腸
埃圖十年是此君圖行猶自說忠勤華林玉軸
干何事一例樓頭哭絳雲
故家喬木數陵遲文獻千秋苦自支薪火三齊
留一脈抱殘君死待明夷
酒入愁腸日亦芒回頭忍淚說滄桑夜來重讀西

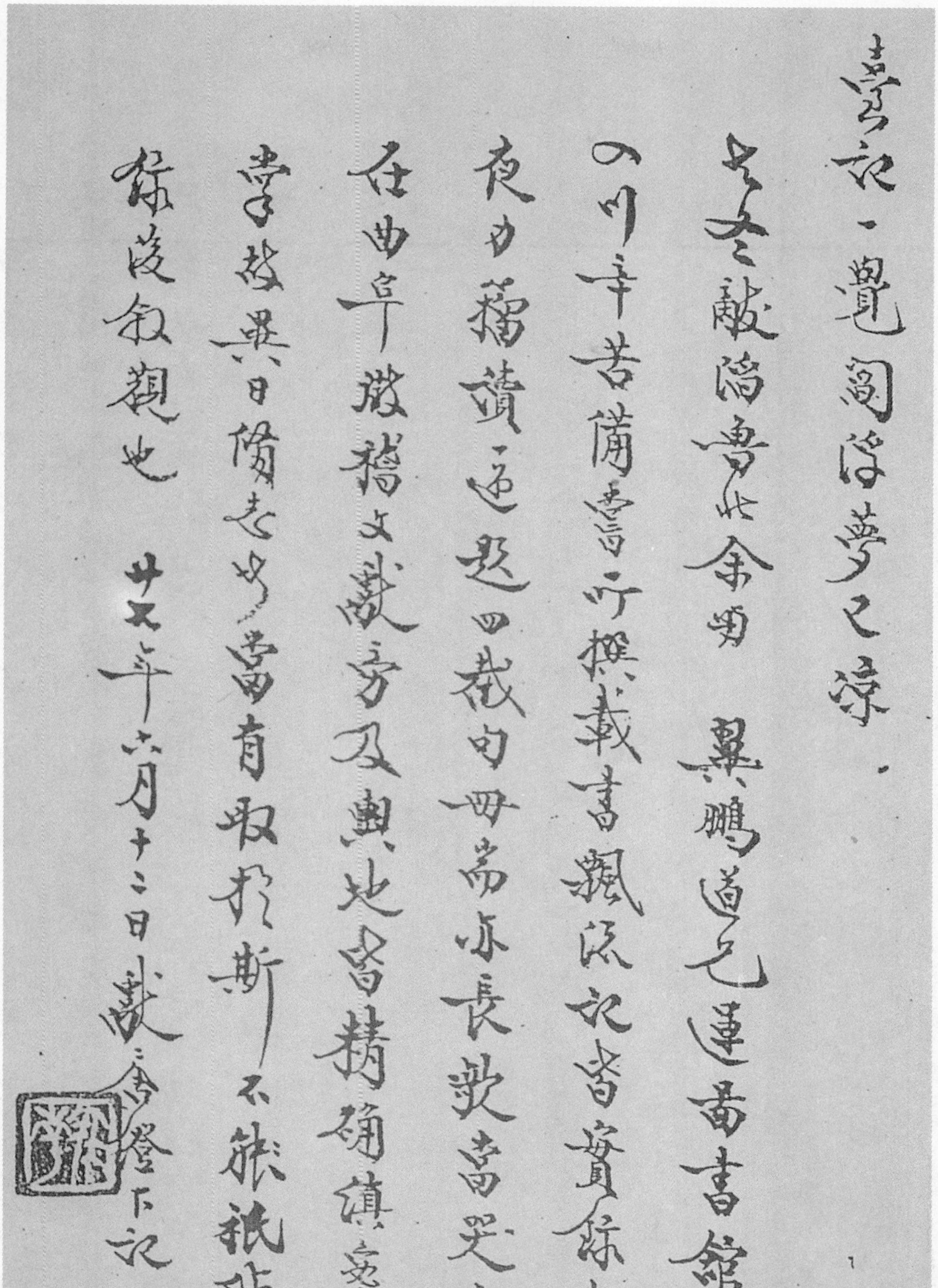

書記一覽閣學夢之源。

先文獻治魯北余也　冀鵬道之運番書館文物

之川年苦蒲書所撰載書飄流記者實係也渴而

夜力獨讀之遂起四載句毋爲亦長歎當哭之意也

在曲阜時搜禱文獻方及輿地當精確填之爲是備

孝故異日備志之當有取於斯，不能祇作金石

係後叙觀也

廿五年六月十二日獻唐燈下記

載書飄流[redacted]記 卷上

載書記事

魚台 屈萬里 翼鵬

中華民國二十有六年七月七日，駐我豐台倭軍，非法演習，藉口二人未歸，欲入宛平[redacted]搜查，我[redacted]蘆溝橋團長守軍二十九軍吉星文氏，據理拒之，戰釁遂啟。時冀察委員會委員長樂陵宋哲元氏，尚冀和平解決，未即備戰。迨二十八日，和議不成，[redacted]乃起[redacted]而拒敵。宋故兼二十九軍軍長，九一八事變，在喜峯口諸隘，屢挫倭軍，以是聲威遠播。蘆溝橋事既起，[redacted]，倭軍源源進關，數逾四萬。宋氏以[redacted]喜峯口之役，數破倭軍，謂此區區數萬之[redacted]寇，當無足慮。詎知平津各要地，倭寇

潛[redacted]力已深，重以[redacted]敵械精利，遠非我軍所及。

[redacted]以湜南苑一役，副軍長佟麟閣師長

趙登禹，力戰殉國，平津遂陷。然二十九軍將士，[redacted]敵燄益[redacted]奮於

霪雨泥濘中，轉戰兩月之久，卒以軍械懸殊，[redacted]退至

滄縣，由[redacted]某軍接防。[redacted]而師出無律，[redacted]

[redacted]前線居民，至不聊生。曾不半月，不戰而退至德縣。至

是復由第三路軍接防。三路軍總指揮韓復榘氏，受日人誘挾

，首鼠兩端，和戰未決。[redacted]

[redacted]復不戰而退至平原，濟[redacted]垣震驚，居民紛紛
遷移，機關職員，亦多請長假以去。於斯時也，本館書籍
文物，乃決[redacted]選精品南徙。

本館創始於遜清宣統元年，時山東提學使湘潭羅順
循正鈞先生，提調本館，擘劃經營，備極勤勞。今日所以有
此鴻規者，實奠基於羅氏也。開辦之初，即坿有金石保存
所，故書籍而外，兼[redacted]蓄金石。惟濫觴伊始，書籍多通行
板本，金石亦無甚奇品。厥後數易館長，胥以經費拮据，
建樹無多。逮民國十八年，日照王獻唐先生來主館政，
經費漸裕，搜集滋多。洎乎今茲，書籍達二十一萬餘冊，

善本亦三萬六千冊有奇，金石物品，至萬七千餘件，[redacted]建
奎虛書藏新樓儲之，可謂盛矣。館中組織，凡分四部，曰
[illegible]
[illegible]
同寅[redacted]都二十八人。數年辛勤，至斯圖書[redacted]目錄，行將編竣
，金石器物，亦漸次整理。方期工作將畢，同[redacted]人得以餘暇，肆
力於學術之探討。胡意大盜竊國，變生倉卒，疆吏自私，不
忠[redacted]職守，卒致國事日非，回天無術。吁，可哀矣！初，戰
端既開，獻唐先生即請於當道，擬遷書[redacted]物於[redacted]遠省，俾資安
全。當局[redacted]未暇及此。比戰事既迫，乃選善本圖籍

及金石畫書精品，（裝為十箱，）謀遷諸曲阜。適時館中同人，請假去者已多，而津浦交車，日日遭敵機轟炸，[redacted]復成畏途。獻唐先生名予曰：「本館為吾東文獻所萃，脫有不測，吾輩將何以對[redacted]齊魯父老？擬就力之所及，將此較珍秘者十箱，移於曲阜至聖奉祀官府。顧此重要事，可以肩其任者，唯余与[redacted]子耳。」津浦車時遇敵機襲擊，往即冒險，然欲為吾魯存茲一脈文獻，又不容苟辭。[redacted]子能往，固善，否則余當自往。」余聞而感奮，已拚茲藐軀，与此纍二十箱者共存亡，即慨然請行。道途之艱險，所非計矣。

十月十二日晚[redacted]附省立醫院專車啟行，翌晨九時許，抵吳村車

站，空襲警報忽發，車乃退出站外，乘客則走匿田間。移時敵機未至，警報遂解。聞飛往濟寧，投彈四枚而去，彈落田間，無甚損傷也。午後三時，抵滋陽，[redacted]思即運赴曲阜，乃遍覓車不得。[redacted]蓋載重汽車，悉為省政府徵去，獨輪車則懼載重弗勝，而[redacted]馬車又憚於徭役及敵機轟炸也。曲阜既不得即往，而箱在站臺，目標甚大，若遇敵機，必難幸免。思離此險地，移之站下逆旅中。[redacted]數高[redacted]諸力夫，命以箱重難致，雖多與之值弗應。時日已向暮，不得不於站台[redacted]度夜。然中心忐忑，終宵弗寧也。

予之南來也，有[redacted]館役李義貴隨行。次晨六時，留[redacted]義貴守箱子，以腳踏車遄赴曲阜，訪至聖奉祀官府印譜處彭君輯五，輯五本滋南聚文齋書店經理，性恭謹，無市儈氣。獻唐先生囑雇車事與彭商之。蓋彭居曲阜[redacted]久，此事易為力也。既相晤，多方雇覓，卒不可得。方躊躇思策，警鐘頻鳴，俄聞巨響[redacted]震天，窗紙欲裂。[redacted]使見敵機三架，自西北飛來，掠曲阜旁空而去。曲人以經驗度之，咸謂被炸者非滋陽即姚村，而聲響近南，殆屬滋陽。予聞其言，心膽欲碎。竊思所炸果屬滋陽，則此十箱者，必成灰燼，是避難而難適及，予將何以對獻唐先生囑託之重，與吾魯

文化累屬望之殷？殆碎吾身不足以為殉也。轉念敵機來自西北，則所炸寧非姚村？而是日為東南風，其[redacted]聲[redacted]巨如此，又疑屬鄒縣。姑意為鄒縣或姚村，以自慰其心，蓋事勢至此，不得不勉力鎮靜，俾從容將事也。輯五兩能急人之急，觀予狀，謂曰："覓車事，予獨任之，君勿[redacted]復慮，今日遲早必使車到滋陽也。"予聞而感慰，乃晉謁奉祀官孔[redacted]達生德成先生，接洽房舍，當承慨許。孔[redacted]公年甫十九，溫溫儒雅，而應事明決，[redacted]望而如為非[redacted]常[redacted]才也。時業師莒縣呂先生今山，方[redacted]任奉祀官[redacted]府西席，亦得晤面。師性耿介，肝膽照人。其授徒也，[redacted]循循善誘，如匡鼎說詩，如生公說法，析入毫

髮，使人忘倦。生平所歷中學教師、大學教授，未見其儔。予
先後在第七中學及東魯高級中學受業數載，今日粗能執
筆屬辭者，實呂師（誨導之）力也。予性亦孤冷，有似於師，以故時蒙
青眼。數年暌違，時縈夢寐，今[redacted]於（患）難中相晤，喜極欲泣，直
不知語從何起。然念書物危殆，又不敢暢[redacted]（訴）衷曲，亟辭去，馳歸
滋陽。此時情緒，殊難言喻矣。
歸滋途中，疾馳如飛，逢人輒問，僉謂滋陽（敵機未襲）。[redacted]然猶
疑信參半。既近車站，則見纍纍纍者，（累）安然無恙，心頭一塊石，
乃（遂）[redacted]落地。欣喜欲狂，幾疑身在夢中（寐）矣。亟再高之[redacted]（力）夫幾
費唇舌，始以十八人之力，舁[redacted]（箱件於）客棧。至是身始覺疲，腹始覺

饑，時已午後四鐘矣。是夜曲阜車竟未至，心復焦灼。翌晨五時車來，乃載之行，復冒陰雨，泥濘不堪。午後到達，即妥存奉祀官府。雖艱苦飽經，而此時則心泰神怡，其樂陶陶然矣。

此次所攜，凡書籍之屬四百餘種，都[redacted]二千[redacted]六百餘冊，裝五巨箱。金石器物之屬，凡七百三十餘品[redacted]，裝三巨箱。[redacted]漢魏石經殘石百三十二甴為一箱，書畫之屬凡百五十餘[redacted]軸為一箱。本館歷年所慘淡經營者，其精華略萃於此矣。昔李易安一弱女子耳，遭逢時變，猶能橐書遠還。爾時道途之險阻，以今擬之，何啻霄壤？所以如此者，亦冀

夫文物書種，長留人間，俾我先民之精神遺產，得永存不替耳。長恩有靈，其呵護之！

平日自濟南至曲阜，不過一日程耳，今乃稽遲[redacted]四日之久。此四日中，獻唐先生，以未得消息，乃先以電來詢。安置既畢，即電覆，並上長函述經過。旋得覆書，情懇語摯。以文獻攸關，附載於此：

電函均悉，快慰已極。自弟行後，兄日夜提心吊膽，以劇院運箱件至泰安，中途曾經被炸故也。既未得電，即屢々詢醫院，次日午後，言已安抵兗州，心稍放下。又隔一日，而弟電仍不至，復極驚惶，即電輯五詢之。是

夜兄僕回電至二時，終不來。昨日午前始到，其慢幾成快信矣。此次冒萬險而來，在吾輩可能範圍內不如此無以對齊魯父老，內疚於心，終吾身不能釋矣。此間日前形勢甚緊，省府及各廳，紛紛南遷滋陽、甯陽，惟主要長官，尚留於此。敵軍已到禹城一帶，謠言千奇百怪，人心驚惶，前所未有。幸自昨今兩日，前線似無戰爭，敵機亦未到，殆雷雨滂沱，此正濃雲密布時也。館中伯幹等已回家，只克明、彬侯、少亭等十人留此，即以克明等三人，代理各部主任。祥農亦留守，業已安排妥貼，並令發生活費。兄日常在館照

料，如此间當局離濟，兄亦當隨而南下，如彼一日不走，兄亦一日不走。且心中時時以爲尚有轉機，無論如何，亡國奴帽子至海枯石爛，兄決不戴也。此刻各社會教育機關主管人，大約只有兄一人在此，若省立醫院等，皆已全體南移矣。將來兄南下第一步即至曲阜，曲阜爲館中辦事處，遍觀省内各地，無如此间妥者，既有人幫忙，又有特殊力量無形保護，過此則遍地荆棘矣。兄已留出一部分公款，爲辦事處公費，將來如大遷尚費周章，小遷當無問題，弟即與李義貫長川住此可矣。房子已與仲泉説妥，彼云可隨意住之，兄擬以此爲辦事處

地址。閻印刷局楊局長有一部分眷屬在此，伊住房無多，楊又與兄至好，均無妨也。蓮舫韓五，已另函仲謝弟設筵酬之是也。調甫尚在此，鎮靜如恒，兄約其至不得已時，同遊曲阜，尚未定也。十月十七日中夜

是時敵方集中兵力，進攻太原，津浦路敵軍，抽調殆盡，所餘僅劉桂堂張廣樂[redacted]兩偽軍部屬，倭寇正規軍，殆寥若晨星，我軍如乘此時反攻，則德滄諸縣，一鼓可下，否亦牽敵西進之軍，使不得併力於一途。在常人猶見及此。乃中央嚴令韓軍反攻，忌[redacted]若罔聞。反[redacted]派烟土，搜民財，以肥其囊，致敵人遂得志於山西。嗚乎！韓氏之罪不容於死矣！三路軍既不反

攻，偽兵無力南犯，遂遥峙於禹城徒駭河一帶，相安無事。於斯時也，館中復得從容更檢書籍文物之次要者，再裝二箱，值印譜廣運紙之便，附載以來，仍存前處，時十月二十三日也。獻唐先生，旋寄書來，述移運情形，兼及學術之探討，具錄於次，以見吾輩於戎馬倥偬之際，尚未廢學也。書云：

昨覆長函，計已收到。字畫書籍金石，尚有一部份佳者，前次不便更動，因未帶來。茲因輯五運紙來曲，又檢裝兩小箱，託其一同運來，並附一函及封条一束，此時想已到達矣。運時未貼封条者，恐有人注意（因係從搭軍

用車)也。箱既到來，再加貼之，其餘之封条，即存弟處，備不時之需可矣。外附來弟二次運來各件細目一份，即与弟一次清冊合訂，並存弟所，箱件仍敍奉祀官府存放。又託辭五之介弟，帶來覆奉祀官一函(內附拓本五種)，及覆益發長毅生一函(附聯一付)，此刻想已分別送去矣。辭五介弟，此次押運各件來曲，臨行時兄付與十元，作搬運各種費用，如有餘款，即由弟收存，如不足，亦可由弟處補給，大約敷用也。此间近日甚平靜，一時當可無事。兄從前日夜焦急者二事：一公一私，自得弟函電，公之任務圓滿矣，又得家電，眷屬亦平安旋里矣。

以只中懷曠然，百無牽掛，日讀書半冊，校書一二卷，安適已極。惟偶欲述作，所有書籍均裝箱，外存，不得參考，爲可恨耳。看目下情形，十月份經費，尚有半數希望，如無變化，尚欲將善本書目印出，所謂得隴望蜀者矣。宋人有東家雜記、祖庭廣記二書，記得四部叢刊内有之，其書爲現存孔氏家譜之最早者，内有一部份記曲阜建設古迹。兄舊有志到曲阜，以書中所載宋代情形，逐條訪求印證，以明今昔異同，可以彙成一文或一書，惜兄所藏舊本，裝入箱中，此刻不在手底，無從檢寄。弟如有意此事，或奉祀官府有此書，可以設法借閲爲之，如無其書，館中

檢寄亦可。（弟有宋槧全帙，舊藏聖公府，錢塘何夢華為孔氏館甥，從而得去，售之黃蕘圃，今藏鐵琴銅劍樓。通行者為琳琅秘室叢書本，即從其本抄出付梓者也。）再古魯城址尚在。（土城牆基。周秦漢晉無磚城牆，皆以土板築為之。）兄亦有意尋其蹤跡，繪為一圖，（若周若漢，若金元以後。）借證歷次出土古物所在。（多在聖林前。古物出於葬墓中者，十之八九，可以地點考古代叢葬處。魯國文化，兩周分為二期，初期多從王朝蛻出，後期則與齊國混合，兄從文字方面考之如此。至器物方面，資料太少，未暇致力也。郳齊文化為一支。）前次來此，本欲為之，後匆匆返濟，未得如願。吾弟暇時，何不參考邑志諸書，一一蹤跡之耶？況離飄泊之中，正不能廢學。學而居此聖賢之鄉，寧非大幸？惜兄一時不能來[redacted]也。廿日中夜

戰國書體，分兩大支：一為西土（王朝為之宗），一為東土（齊為主，魯副之），李斯制定小篆，本從西土一支出，漢魏沿之流

為今日之書體。若東土一支，為其削棄不用，其存於今者，為壁中古文，為山左之鐘鼎文，為璽印文，為陶文。故此四者，皆息息相通，每與小篆各異。兄之志願，即在闡明東土書體，謂甫亦同此願。

壁中古文，存者為說文，為三體石經，為汗簡諸書，而汗簡尤為重要。謂甫初似不信，近則篤信，大致力其書。古人書安可以意輕視耶？ 又及

予即復上一函，謂擬將此次般書經過，及在曲阜見聞草為一書。末有嘔心傾腦，聊當新亭痛淚之語。蓋斯時察綏已全部淪陷，冀魯晉豫，亦皆僅存半壁矣。

憶民國二十年冬，予之初來館也，獻唐先生以二事相勗，[redacted]曰：治事期如銀行之整飭不紊，治學期如學校之師友講習。數年來黽勉以赴，雖未能盡副所期，然既竭吾力，寸心尚安。離館前已將本館善本書目初編編定，[redacted]且已校錄清本。惟本館藏書總目，尚虧一簣之功。脫再假以三月之力，亦可編定付鈔。乃時不我與，徒喚奈何，[redacted]念茲在茲，所日夜縈心者也。

函中屢及調甫先生，先生姓欒氏，蓬萊人，歷教授齊魯大學及國立山東大學。精丙部書，尤[redacted]邃於墨子。嘗著文以評梁任公墨經校釋，[redacted]任公讀後，致先生函，有頫首至地之語。

又出餘力著名學及經學源流兩書，皆卓犖不羣。近年復治
古文字，兼及鉨印。[illegible]
[illegible]
[illegible]
[illegible]
[illegible]其教人明知之為知之，不知為不知，未嘗
執可兩之說，篤實已如其為人也。
[illegible]
[illegible]
[illegible]

寄居西宇，時趨呂師處請益。公府西席三人，呂師而外，則莒縣莊心如 陔蘭 先生，萊蕪王毓華樸先生也。凡五經四書左傳公羊傳及詩文之屬，皆呂師授之。歷史地理諸科，則王先生授之。先生兼掌公府庶政，勞怨不辭，近年公府生計漸裕，先生之力居多。心如先生，則授講宋明理學，而尤注重精神之薰陶。[redacted]初公府 西席，惟呂師與毓華先生二人，間聘授西文者，無間斷時多呂師思得一經師而兼人師者，以為奉祀官傳，許莫[redacted]若心如先生，乃親往延之。先生年近古稀，家又豐饒，人固必其不出也。既晤，師言其意，先生果謝曰：「予年治來佛學，不啻孔門罪人，是烏可往也！」師請益堅，而先生辭益力，將不諧矣。[redacted]時日御向

暮，師索酒，相與對飲，至半酣，師正色曰：「吾輩今日能明義理屬文辭，[redacted]粗有聲聞者，非讀孔氏書而致之乎？」先生曰：「然。」曰：「然明聖人之裔，孤幼待教，彼德足以型之，而學足以傳之者，寧能[redacted]恕然[redacted]不顧乎！予[redacted]懷無[redacted]窮之望而來，以為聖門孤裔，永有所託，不謂先生漫然視之。既不獲命，吾其行矣。」推杯[redacted]而起。先生瞿然曰：「有是哉！吾往矣。雖然，予以三事相約，可則偕行。」師請其說，則曰：「吾不[redacted]受束脩也。」師應曰：「[redacted]諾。」繼曰：「往返路費，亦未可過豐也。」師又頷之。終曰：「吾嘗與奉祀官友，不能[redacted]為師也。」師復諾之，其議遂定。此一事也，而足驗兩先生之為人矣。

心如先生，初登翰苑，繼留學東瀛，德望既隆，經術湛深。然與後生言，至為謙撝。一日，予向先生問學，值酒後微醺，笑相謂曰：「八股匠豈知學者？祇可言八股耳。」予即以八股請。先生曰：「八股文者，實駢體文之流亞也。自楚騷啟賦之源，至漢而盛，歷六朝至唐而對仗漸工，駢四儷六，珠聯璧合。然皆句自為對，聯自為對，未有兩段兩節互對者，有之，則八股文是已。夫詩變而詞，再變至曲而極。惟文亦復如是，八股文則駢文之極則也。在昔帝王以此試士，錮蔽天下學子之聰明，俾胥趨於是途，實愚民政策之最酷者。然就文章之技術言之，斯固未可厚非也。」其論精闢如此。

[redacted]無何，濟北倭寇，又復南逼，韓氏乃令所部，退守黃河南岸，並自毀鐵橋。倭寇以鵲山為礮兵陣地，隔河射擊，彈落千佛山白馬山[redacted]間，一時人心大恐，紛紛出走。獻唐先生亦於是時來曲，時十一月十六日也。[redacted]先生來曲後，[redacted]每晝相與偕遊，夜則篝燈談學，恆至夜分，喪亂中一快意事。[redacted]先生得詩多首，以四件書為堂幅贈予，記其二曰：「手掇殘陶陌上行，頹雲半壁魯城傾。劇憐閱世蟲沙改，勞我芒鞋半日程。」書故城「少識古文薄漢京，千秋絲竹不聞聲。一塢寂寞憑誰語，擬猜麻姑海上行。」魯靈光殿故址左近，遺存漢代專瓦甚多，常撿拾其花紋，彙為靈光殿專瓦

集拓一書，故出遊輒攜數器以歸，即前詩所謂手掇殘陶者也。後竟未遂所願。次詩云云，則前錄致予第二書中意也。予亦得絕句二件，云：「沂泗迴環路幾程？防山隱隱暮雲平。魯城賸有殘垣在，一任先生曳杖行。」「漢殿魯宮幾度過，殘陶斷瓦足摩挲。芒鞋踏遍古城道，忽忘滄桑一浩歌。」一日，值夏曆十一月上丁之前夕，相與赴聖廟觀演禮，先生於東華門外冷攤上得漢薛司空半通官印一紐，篆刻甚精，饒費番佛一尊，估人已喜出望外，先生尤

沾沾自得，賦詩寄調翁先生，有「暖到心頭是冷銅」之句，情溢於辭矣。

在曲發無日不聞敵機轟炸聲，且炸（凡）郿縣、滋陽姚村吴村諸處，敵機必經曲阜，司空見慣，已不覺其可懼。一日，予以公[redacted]（務）赴滋陽，將抵泗濱，見河沙映日，一白無際，憶李太白東魯門泛舟之詩，意栩栩然。旋聞軋軋機聲，自南而至，視之凡四架，予乃避入叢林，則見冢上洞孔密布，蓋敵度林中必有人（匿）[redacted]，以機槍射擊所致也。因復趨出，偃臥道側，以察其肆虐之狀。是時我高射礮齊發，烟花綴空，如白雲朵朵。機槍（則）密如連珠，時雜以轟炸聲，[redacted]（儼）如置身戰陣閒也。約半小時，敵機遠去，我僅傷一平民而已。

[illegible]

[illegible]

[illegible]

是時寇復分其兵力，急圖南京、津浦線上，至以疑兵偽礙，以張聲勢，彼固知韓氏之不能反攻也。獻唐先生既來曲阜，予乃得乘間旋里小住。夏曆十月二十八日，為先母棄養八週[redacted]忌辰，率妻拏哭祭於母墓，次日遂返。獻唐先生[redacted]旋返濟南，再檢書籍碑瓦之屬，得十九箱，派人運來，仍存原處，時十二月二十日也。斯時南京已陷，津浦寇又將南侵

、先生四曲，乃議書物遠徙之策。顧其時館中經費，已欠兩月，運費殊無所出。適省立醫院，奉軍政部命改組為第十重傷醫院，將以專車往漢口，爰商得同意，允[redacted]俾坿載書物五箱。乃就第一次所運十箱中，更選其半，坿載而南。其餘[redacted]在奉祀官府者，為妥訂辦法[redacted]存之，不復能移遠矣。[redacted]。二十七日南行，過[redacted]銅山，經汴鄭，出武勝關，凡八日行程，三遇空襲，而抵漢口。至漢乃悉濟南已於[redacted]子韓宛之日淪陷，韓氏率所部，不三日而退至滋陽，寇遂長驅直入，肆無忌憚。魯人聞之，咸欲呈[redacted]許當局，得韓氏而甘心焉。

余由汴赴曲，特從文安部仲采乞借四百元，以示館中同人日後生活費用及三次特書由曲阜運濟南登車亦費周展。仲采通過曲，又借其汽車運之，任意翹，中君義之不能忘也。

獻記

漢口在昔僅一鎮耳，今則洋場十里，危樓切雲，有東方支加哥之號。南京陷後，軍政重心移於此間。蓋以流亡者之麕集，故市肆尤爲繁華。在漢居停十餘日，以敵機時來空襲，故出遊時少。僅與獻唐先生渡江至武昌黃鶴樓一遊。樓在蛇山西端，踞[redacted]武昌故城上，俯瞰長江，雪濤拍岸，風帆如織。而晴川閣、鸚鵡洲諸勝，隱々入目。惟舊樓燬後，不知伊何傖父，就其基起西式方樓以當之，負此江山之勝矣。燬餘石刻，猶多殘存，太抵非僞即劣，無甚可觀。而舊傳名聯，如：「何時化鶴

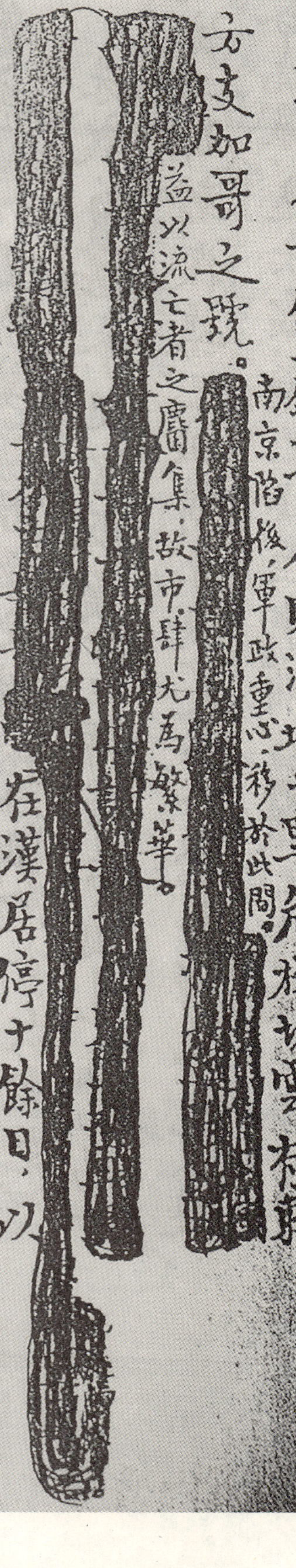

重來？且自把金樽，看洲渚千年芳草。此日白雲尚在，問誰吹玉笛，落江城五月梅花」者，今已不見。乃與獻唐先生，品茶於北勝亭下，望浮雲之悠悠，聽江水之滔滔，不覺壯懷頓生，慨然有擊楫之志。[illegible]夫[illegible]男兒具七尺[illegible]軀，值國破家亡之日，不能執戈前驅，梟倭寇之首，懸諸藁街。乃復區區事此毛錐，真[illegible][illegible]將何以對我英勇抗戰之諸將士耶？

未幾，[illegible]孔奉祀官抵漢，呂師偕來，相見甚如隔世。俄又聞韓復榘已被解來此，人心大快。蓋韓氏既不遵命抗敵，迭失要隘，已退至兗濟，[illegible]不待[illegible]換防軍至，

又復向奔，中央忍無可忍，遂捕解以來，將依法治罪。人惟恐其不死也。

時山東大學職教員，亦在漢口，奉教育部令，將遷至四川萬縣開學。校長林濟青氏，請獻唐先生任中文系教職，先生念如是則本館書物，得與大學書物偕存，計亦良得，遂允之。十九日，以箱件交太古渝[redacted]公司，負責轉運，予等乃登輪西行，即[redacted]晚泊嘉魚，次晨船開殊早，熹微中過赤壁，未獲覲當年鏖戰遺跡，甚憾事也。二十一日[redacted]薄暮抵沙市，曾登岸[redacted]小遊。市距江陵十五里，惜匆遽中不克一至。翌晨復啓碇而西，[redacted]行四百里，江岸

漸有岡巒起伏。過虎牙荊門二山，漢光武時岑彭破公孫述兵，燒其浮橋攢柱處也。兩山對立，崖陡流急，形勢殊險，竊意所謂三峽者，亦猶是矣。自是西行，群山夾江，[redacted]至於宜昌，綿[redacted]亙不絕。是時已夏歷歲杪，而山上草木，猶多碧綠，信乎江春之入舊年也。二十三日抵宜昌下船，[redacted]湖自漢口啓程，至此[redacted]航行五日，計程已[redacted]千[redacted]餘里矣。

宜昌古之夷陵，[redacted]有陸抗城郭，景純爾雅臺、桃花潭、三遊洞諸勝。顧或因駐軍，或以路阻，未克暢遊。省立宜昌中學[redacted]內，有元峽江路儒學南碑，嵌壁中。圬者塈壁，乃並其碑而[redacted]墁之，致不可讀。南中金石寡勞陋，宋

元碑刻，已如麟角鳳毛，[redacted]乃並此而不之惜，得[redacted]蒙焚琴煮鶴之譏乎？又蘇東坡詩，謂有歐陽永叔至喜堂，今土人已無知者。

到宜昌之次日，余赴輪船公司，接洽船票，街中仰見飛機六架，連翩而至。宜昌固有飛機場，飛機時時習飛，因未介意。旋聞砰轟之聲連作，則見彼六機者，方[redacted]盤旋投彈，始知敵來空襲。乃於店前簷下避之。是役，死傷甚多，飛機場被炸，損失亦重。蓋敵乃首次來襲，防空部疏忽，未發警報故也。自是，商民遂紛紛移入鄉村，向日逆旅中人滿為患者，不三日而寥寥如晨星焉。

斯時各機關職員，及東部各省難民，西上者多，船票至

不易謀。餐費周章，始得三人艙位。公司通告，定三十一日晨七時上船。是日五時起床，六時趕赴碼頭。時尚未曙，街頭燭光點點，行人憧憧[redacted]因如是日爲舊歷元旦，遥思家中此時，思念遊人之情，當不減於遊子之思家也。比至江岸，乃悉因元日故，工人紐於舊習，不任搬運，致貨物不能上船，旅客亦不克登。江干坐候竟日，薄暮乃獲登焉。次晨開行，過平善壩，而入西陵峽。[redacted]蓋自奉節舊夔州至此，六百[redacted]里間，江窄流急，舟行至險。[redacted]過此則江寬流穩，舟人每置酒相慶，此平善之所以名也。既入峽，山頭[redacted]陡峻，峭壁夾江，勢如列屏。西臣渴[redacted]湍流，以載重[redacted]逾千噸之

巨舟，當之時震震如慄。每過險灘，則左右欹側欲傾，使
人驚沮。過牛肝馬肺峽，未幾而至新灘。新灘者，古名
青灘，江枯絕險。茲值春初，適當險時。灘上下水差至四
丈，高屋建瓴。輪船馬力，不足以當之，[redacted]復以百數十人之力，
挽纜[redacted]相助[redacted]，乃克上駛。帆船過此，每致覆沉焉。既而至[redacted]香
俗[redacted]有曰走遍千灘不算灘，青灘才是鬼門關之諺。
溪，即明妃村，杜詩所謂：「羣山萬壑赴荊門」者也。又五里至黃
魚三滾，對山岸有汨羅，或指為屈子沉江處。按其處實在
今湖南長沙北湘陰縣境，有汨羅水通洞庭湖，距湘水不
遠。屈子懷沙賦言：「浩浩沅湘，分流汨兮。」漁父辭言：「寧赴
湘流，葬於江魚之腹中。」王逸九思，亦言：「悼屈子兮遭厄，
沉玉躬兮湘汨。」汨皆近湘，較然甚明，不獨水經注有詳

盡之紀[redacted]也。茲之汨羅，蓋因近屈子[redacted]故里而傅會。由此上溯二十二里，有縣曰秭歸，[redacted]屈子[redacted]故里即在其北。水經注[redacted]引袁[redacted]山松說：「屈原有賢姊，聞原放逐，亦來歸，喻令自寬全。鄉人冀其見從，因名曰秭歸。縣東北數十里，有屈原舊田宅，雖畦堰縻漫，猶保屈田之稱也。縣北一百六十里，有屈原故宅，按今在興山縣累石為屋基，名其地曰樂平里。宅之東北六十里，有女媭廟」云云。舟過其處，山高雲深，徒引領企望而已。是日泊巴東，巴東居山坳，[redacted]肆荒人少。市外有清風亭，背山面江，頗饒形勝，宋寇萊公宰是邑時初建也。蘇東坡詩，猶[redacted]有萊公手種松，[redacted]今[redacted]已不存。[redacted]

[redacted]

次日，過官渡口而入巫峽，適細雨霏霏，兩岸

亂山攢聚，所謂十二峯者，竟不詳孰是。又不[redacted]知東坡所謂『絕頂有三碑，詰曲古篆字』者，尚存乎否耶？過巫山縣，[redacted]瞿塘峽，[redacted]峽[redacted]至夔門西止，蓋江流至夔門，水面斗窄，江岸斗高，雙峯屹江，壁立千仞，如巨斧闢成，雄偉險峻，造物之工，使人驚歎。過夔門而上為灩澦堆，[redacted]堆為玲瓏石山，屹立江心，水大時絕險。[redacted]古謠謂『灩澦大如牛，瞿塘不可留。灩澦大如馬，瞿塘不可下』者，言江漲時堆沒將盡，急流直衝，下水船最易誤觸致沉也。聞今已炸毀，不似昔日之險。惜予在艙中，並此與白帝城八陣圖均未得見，真恨事也。無何，抵奉節，將樓堞依稀猶有存者。值茲兵馬倉皇之日，吟老杜秋興諸作，益令人感傷。吾輩此日依南斗，京華尚堪回首耶？至是三峽已

盡，以西山漸平衍。舟行至此，宛如聽閱西大漢，唱大江東去之後，繼以妙齡女郎，低吟楊柳岸曉風殘月。緊張情緒，為之弛緩。閒有三數奇嶂，遠插天外，則絃外餘響而已。大抵峽中江寬處不逾一里，狹處或不及五分之一。危崖夾持，如行複壁中。曲折處兩峯扼江，疑其不能通舟，至則遙天一線，豁然開朗。閒有陂陁[redacted]，則巨股長伸，若向江中濯足。股側竹樹密處，炊烟縷縷，茅屋數椽，儼如神仙中人。山坳時有徑蹊橫斷，如長帶圍腰。而細瀑曲流，又如修蛇飲江。山麓為江水冲刷，或巨塊渾成，脈理不分。或薄岩複疊，狀如積餅。邊緣或整齊如

刀斬，或參差若鼠嚙。江中[redacted]岑渚，或如伏黿，或如奔馬，或[redacted]峙如疊嶂[redacted]，或散如列星。洪流激[redacted]之，雪浪[redacted]洶湧。使人亦駭亦快。[redacted]獻唐先生笑相謂曰：「貪看山色，憑弦疲憊欲死，轉欲景物速盡，俾得小憩。然又恐其竟盡，致不克飽此[redacted]饞眼」。因憶東坡詩所謂：「旁觀不暇瞬，步步造幽邃」者，誠非虛語，信乎造物之工也。近人傅樵村，有行川必要一書，紀江中程站甚詳，茲節錄三峽中險灘於後，備入蜀者問津焉。

宜昌市　　三里　紫陽　[redacted]

五里石門

一里楠木坑　大水險

五里大平善壩

一里大廠壩　大水險

五里柿子老　大水險

十里南沱　大水險

五里紅石子　大水險

三里峃石　大水險

四里上鹿角　多亂石

五里山斗坪

五里南津關

九里小平善壩

五里偏老　大水險

六里燈影子峽

五里喜灘　大水險

五里斗船沱

六里黃陵廟　大水險

二里下鹿角

二里馬屁股　大水險

五里燈灘

五里 塔遏州 [redacted] 小水險

五里 上洋背 [redacted]

六里 美人沱 [redacted]

五里 小通崩 [redacted]

五里 大佛緣 [redacted] 大水險

十五里 射紅蹟 [redacted]

一里 二灘 [redacted] 枯水險

六里 小心灘

四里 香溪 [redacted]

三里 鉅子梁 [redacted]

五里 下洋背 [redacted]

五里 扁岩子 [redacted]

七里 黑岩子 [redacted] 枯水險

五里 柳[redacted]崩壽 [redacted]

五里 牛肝馬肺峽 [redacted]

二里 三灘 [redacted]

三里 新灘 枯水絶險

五里 兵書峽 [redacted]

五里 黃魚三滾 [redacted] 小水險

五里 兵板崎灘 [redacted] 小水險

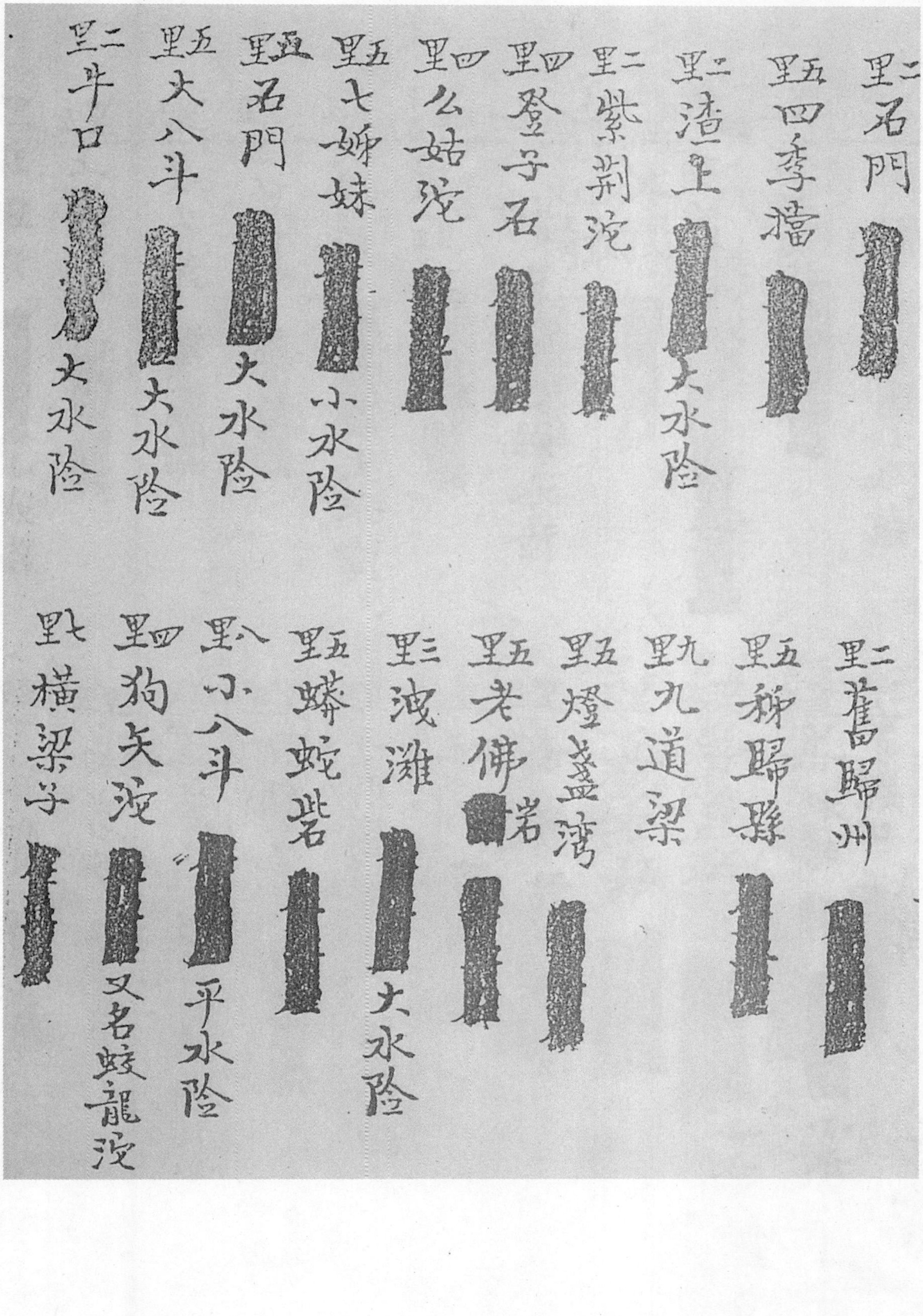
二里 石門
五里 四季檔
二里 渣上
大水險
二里 紫荆沱
四里 登子石
四里 么姑沱
五里 七姊妹
小水險
五里 石門
大水險
五里 大八斗
大水險
二里 牛口
大水險
二里 舊歸州
五里 新歸縣
九里 九道梁
五里 燈盞灣
五里 老佛岩
三里 洩灘
大水險
五里 蟒蛇砦
八里 小八斗
平水險
四里 狗矢沱
又名蛟龍沱
七里 横梁子

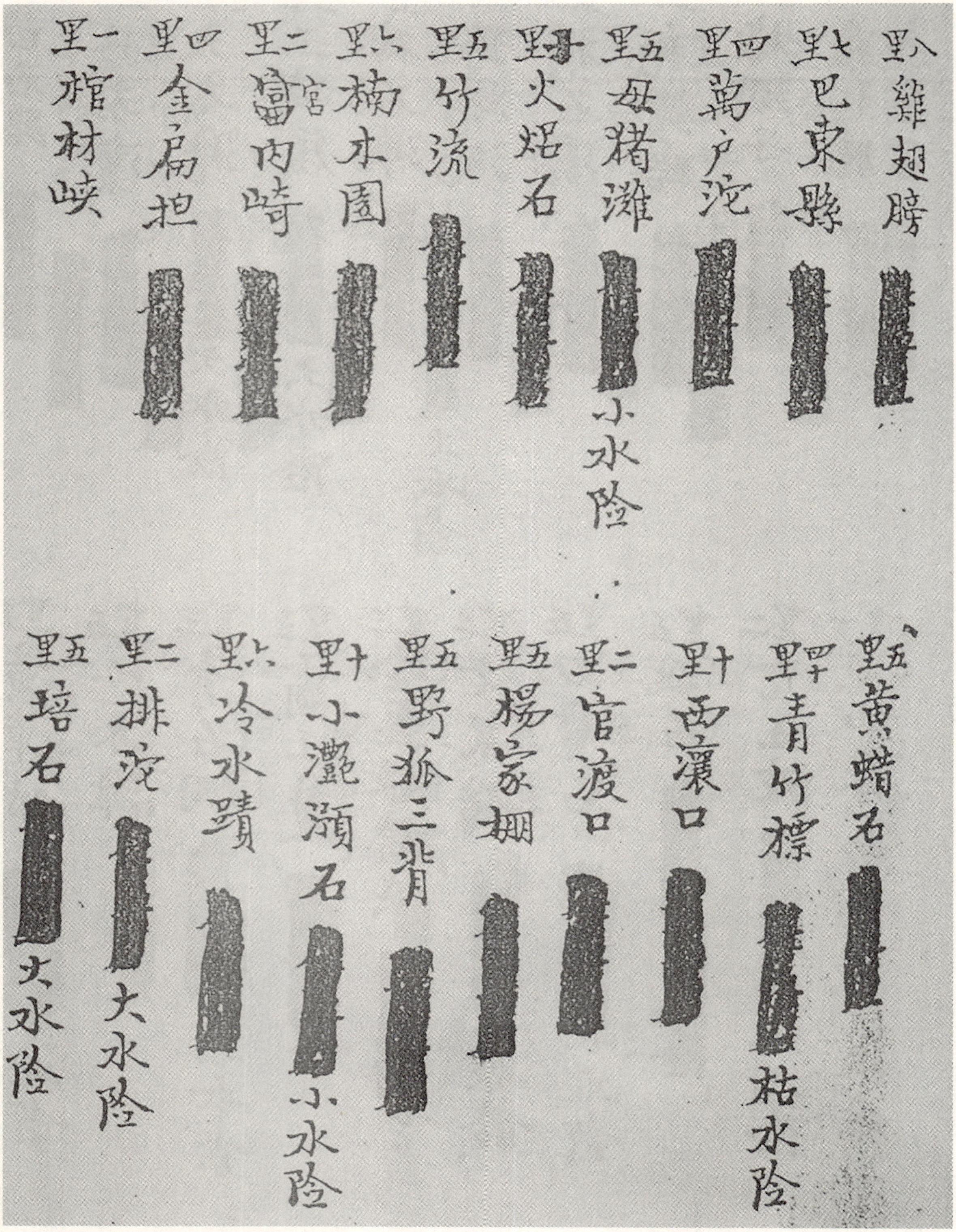
八里 雞翅膀
七里 巴東縣
四里 萬户沱
五里 母猪灘
小水险
[illegible]里 火焰石
五里 竹流
六里 楠木園
二里 富（宫）内崎
四里 金扇把
一里 棺材峽
五里 黄蜡石
四十里 青竹標
枯水险
十里 西瀼口
二里 官渡口
五里 楊家棚
五里 野狐三背
十里 小灩澦石
小水险
六里 冷水蹟
二里 排沱
大水险
五里 培石
大水险

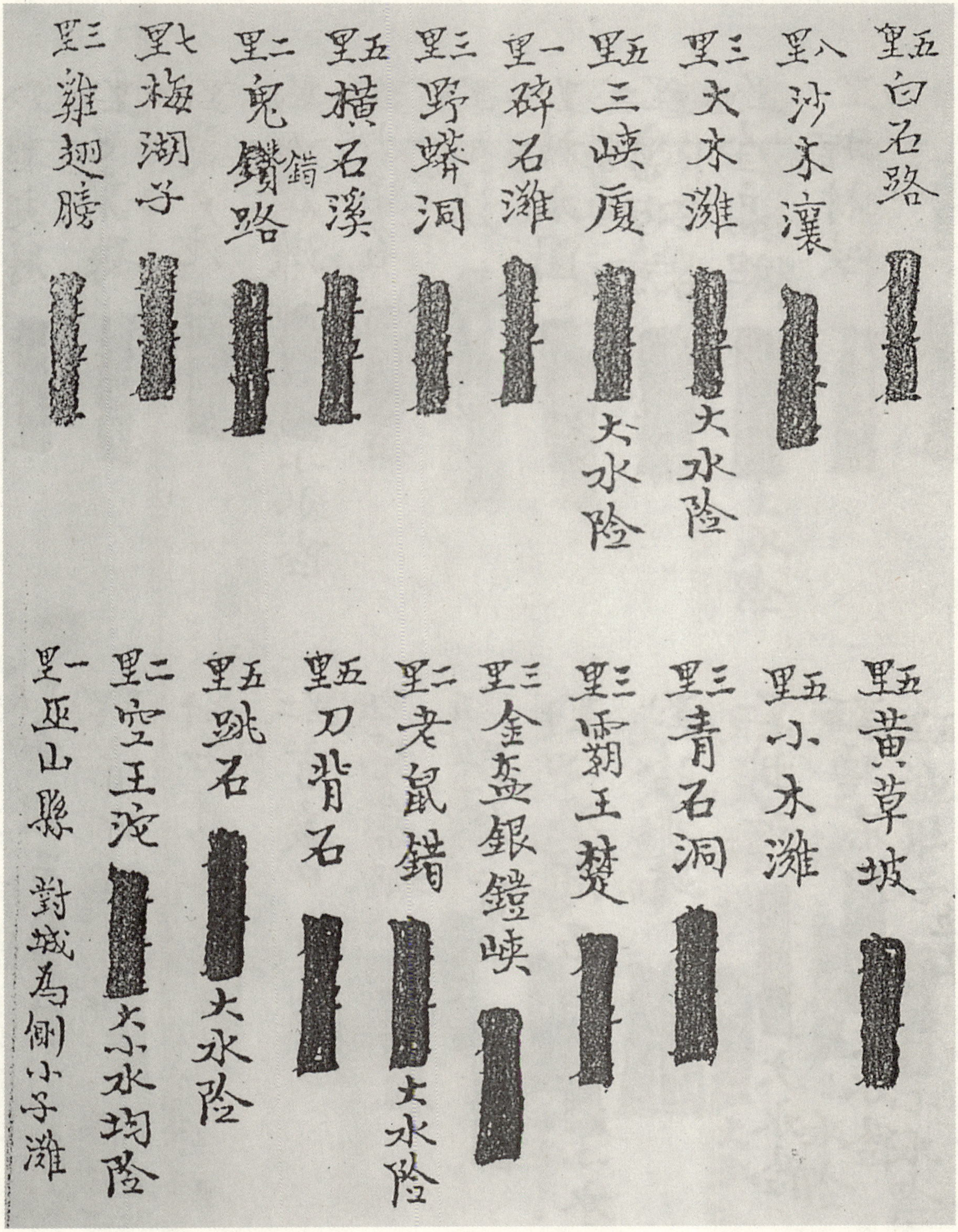
五里白石路
八里沙木瀼
三里大木灘
大水险
五里三峽厦
大水险
一里碎石灘
三里野蟒洞
五里橫石溪
二里兜鑽路
錆
七里梅湖子
三里雞翅膀
五里黃草坡
五里小木灘
三里青石洞
三里霸王[illegible]
三里金盔銀鎧峽
二里老鼠錯
大水险
五里刀背石
五里跳石
大水险
二里空王沱
大小水均险
一里巫山縣
對城為側小子灘

二里 流石

五里 紅石梁

六里 將軍灘

五里 三流子

五里 龍寶子

八里 寶子灘 大水險

五里 升子岩

三里 曹家沱

一里 餓谷堆

二里 峽門口

二里 炭廠灣

五里 巫蹟

三里 魚鬃老

五里 拖肚子 小水險

七里 焦灘 小水險

五里 荒張壩 大水險

八里 油札崎

五里 軍營河 小水險

二里 大溪口

三里 白骨背 大水險

也。獻唐先生於峽中得詩二十餘首，尋為峽江行卷。弟亦得絕句三什，茲記其二。西陵峽云：「西陵深峽畫猶冥，急湍撇舟不暫寧。山似濃雲江似電，劃然關斷萬峯青。」巴東夜泊云：「峽裏荒城氣凜森，孤舟江上旅人心。愁腸九折難成寐，卧聽波聲到夜深。」峽中獨來聞猿啼，疑今已絕跡。詢之舟子，云：「帆船高時遇之，遇即投食以飼，否則猿往往拋石擊舟。」亦趣聞也。薄暮過雲陽，對岸山坳有桓侯廟，甚壯麗。是夜泊盤沱鎮，次日而達萬縣。江中險灘仍多。蓋自蜀西下，近荆門，江行山中者三千餘里，曲折夾持，如束水長閘

。及放乎平原，奔流而東，故能瀰々瀚々，永無枯竭之虞。匯為東亞第一大川也。

萬縣周之巴國，漢之朐忍，六朝[redacted]為南浦。宋[redacted]初亦名南浦，[redacted]後改萬州，[redacted]以至遜清。今闢為商埠，城郭已毀。居民繁密，尤饒江山之勝。宋范石湖萬州詩：「晨炊維下巖，晚酌艤南浦。波心照州榜，雲腳響衙鼓。前山如屏牆，得々正當戶。西江朝宗來，循屏復東去。官曹依岩棲，市井喚船渡。瓦屋仄石磴，猿啼鬧人語。……」最足以道其形勝。前後如寇萊公蘇東坡王漁洋諸作[redacted]皆不及也。邑中名勝，以太白巖岑公洞使君灘西

山公園等為最。太白巖，在西山峭壁中，因巖造屋，下瞰江城，歷歷在目，相傳李太白曾讀書於此。其下有流杯池，為宋郡守東莊所鑿。池旁有黃魯直書西[redacted]山留題及宋孫鑑刻劉公[redacted]儀西亭記，均尚完好。岑公洞者，在江南山岸，隋唐間江陵岑道願隱居於此，因以得名。[redacted]洞廣約半畝，中有濯足泉，水注於池，聲清泠如琴[redacted]，洞內外宋明以來碑刻甚多，而以宋紹興時郡守何渠書岑公洞三大字為最著[redacted]洞內[redacted]諸宋人題記，縣志多未著錄，[redacted]蹟字缺，又得書詩之趣。使君灘，即水經注之羊腸虎臂灘，在城東二里，昔楊亮為益州，過此覆舟處也。西山公園為近年新[redacted]闢，在西山望鄉臺下，因山就壑，[redacted]景物天然。亭至萬時，園中梅花正盛，爛縵山谷，如入香國。梅叢中

時有修竹數竿，婀々迎風，益饒幽致。因與獻唐先生，合攝影於梅竹深處，以資紀念焉。

劉萬次日，聞韓復榘已（於[redacted]過前）在漢口槍決。以一省最高長官，而明正典刑者，民國以來，韓氏實第一人。又聞其貪污酷虐之軍法處長魏漢章氏，挈現銀三十萬遁河南，途中為其部屬所戕，身中七彈殞命。嗚呼！千手所指，無疾而死。吏不必以老氏「天網恢恢，疏而不失」之言說之也。

予等居市內三日，即（移）入山中，於閬洞子西馬超灣山村中，僦一椽居焉。村（環）山巖壑幽邃，竹樹蔥蘢。窗外老梅

一株，幹可合抱。其旁桂花兩樹，徑亦盈尺。又有枇杷[redacted]橘柚及娑羅樹之屬，皆吾鄉所不經見。予與獻唐先生，或靜對治學，或登峯遠眺，幾忘身世之痛。先生繪為山居圖贈予，且繫三絶句曰：「連朝陰雨趁新晴，屋後青山只半程。聽起平明無個事，蕭然一杖踏雲行。」「薄有詩書便不[redacted]貧，數間茅屋竹為鄰。彌天曠劫風輪轉，小住林泉得幾人。」「茅堂靜對日如僧，[redacted]伏案攤書冷似冰。我已無家君亦爾，空山風雨老行滕。」[redacted]惟是吾身已安，吾志亦得，而不知行將淪入異域之故鄉何如，更不知已陷於[redacted]水深火熱中之師友何如。引領河嶽，淚潛潛落，

腸寸寸斷矣。得憶家一絶曰：「家在湖陵傍水涯，東望烽火淚如絲。昨宵夢到崑山下，猶見烟波似舊時。」噫！公私塗[redacted]炭，竄身荒谷。日暮途遠，人間何世！丁兹陽九之會，哀江南賦真不堪卒讀矣。

此間氣候，較吾鄉大暖。舊曆二月之初，麥已抽穗。而菜花滿山，雜以桃李，儼如故鄉暮春時節。山中頗多稻畦，引泉灌之，夜來蛙鳴閣閣，与枝頭杜鵑啼聲相應。青燈悄對，惹人愁思。緬懷昔日之樂，不覺黯然。予[redacted]執役山東圖書館，於兹六年[redacted]。館在大明湖畔，南望[redacted]歷山，北挹鵲華，[redacted]水木明瑟，擅稷下風景之勝。館

中花繁茂，幽徑竹籬，布置具匠心。春來海棠盛開，覆掩迴廊。晨侵人靜，坐金絲櫥上，瞰曲池倒影。游魚往來，或戲枝頭，使人生濠梁閒想。入夏，明湖中蒲荷昌茂，當夕陽西下，登浯堅亭東望，則見畫舸穿綠，菡萏颭紅。而歷下亭鐵公祠諸勝，半為蒼翠蓊蔚，益饒逸致。深秋而衰柳拂塘，嚴冬而瑩雪壓柏。靜言思之，益入畫境。同人等或喜考據，或耽吟咏，退食之暇，各稽所業。仕流識為書蠹，學人羡其登仙。私心竊幸，擬終吾生於斯矣。客春眷屬來濟，僦居於鵲華橋東，食指驟添，費用遂繁，月入致不敷用。比及初夏，

拮据益甚。於是晝間以八時治公，夜歸挑燈，揮汗為文，售諸報章，以資挹注。斗室中子女繞膝，長者咿唔學讀，幼者號呶爭食，紛擾諠嚣，當時不堪其擾，及今思之，亦殊至樂。乃曾幾何時，舉目已有山河之異。回首前塵，都如夢寐。目極千里兮傷春心，情其何以堪耶？

山居月餘，乃得家書，悉寇軍尚未侵至。惟匪盜如毛，一夕數驚。聞彼輩但掠財糧，尚不劫質。吾家既無存款，食糧亦盡，當無大慮，惟家人餬口堪虞耳。旋又得友人沛縣黃君通甫元亨覆書，黃君

[redacted]天性過人。其學類顏習齋、李恕谷，其行類東漢獨行之士。平生與予及賓君海渟最契，前歲海渟病歿，君哭之三日不食。[redacted]客冬予離曲阜南下，[redacted]乃倉卒未[redacted]即報聞。比曲阜既陷，君訊予無耗，恐死賊中，日號禱於孔子像前，為予祈命。或笑其迂，而不知[redacted][redacted]季子掛劍，[redacted]非怪鬼神、隱痛中懷，固未足為常人道[redacted]。吁！如此深情，吾將何以報耶？

山中無多書可讀，日長惟讀楚辭、閒閱稗史遺聞。然以[redacted]日聆獻唐先生講述古音韵文字及古物板本之學，獲益良多。先生時方清理舊作、釋錄印諸文，每

釋一字，必求其音之源，與義之始，然後究其字形，推及[redacted]形音義之演變。[redacted]融會貫通，如理絲，如[redacted]剝筍。其精處石破天驚，令人[redacted]擊節歎絕。[redacted]

[redacted]予治考據，平庸無奇思。一日方食，先生忽投箸謂[redacted]曰：「一言君須牢記，予之學，齊派也；君之學，魯派也。」予深韙其言。蓋以漢儒學風，齊人多瑋奇之說，魯人則碻碻墨守也。

方吾輩之離魯也，南京既陷，韓氏復以節節窳退。倭寇挾其戰勝餘威，南北夾攻，徐州已岌岌可危。時李宗仁將軍，在徐坐鎮，指揮若定，屢挫敵鋒，徐州遂安

如磐石。三月杪，我軍在台莊大勝，殲敵近萬，一時人心大振，倭氣漸斂。余聞而熱血沸騰，念前線將士之辛勤，愧己之坐靡祿食，[redacted]即欲遠赴戰區，參[redacted]與戎行，卒以種種關係，未克[redacted]如願。四月上旬，館中書物，始由太古輪公司運到。爾時山東大學，已奉部令結束。吾輩則決意留萬，暫不他移。文運書物，附有參考書少許，既已到達，取而讀之，遂不似前此之寂寞。[redacted]。獻唐先生，肆力著述，晨興握管，[redacted]恒至中宵不輟。每得新[redacted]義，輒喜相告語，余或未達，則呶呶[redacted]致辯。有時互[redacted]爭，至於聲色俱厲。[redacted]結習難空，洽君梁

鄙忘矣。

[redacted]是月

中旬，得濟南[redacted]消息，乃悉韓復榘退却時，將濟南公廨、

（獻唐先生於本書題辭中，[redacted]所深致慨歎者，即為此消息而發。後得確耗，知本館為軍民所掠，非被焚也。）

太半焚燬，本館亦付諸一炬。予[redacted]等聞而悲憤，累日

不懌。予擬編為館史，以資紀念。獻唐先生忽然曰：

『休、休！……後胡為者？』是徒亂人意耳！其悲愴之情，蓋

可想見。嗚呼！焦土而不抗戰，韓氏之肉，尚足食哉！

其後銅山失陷，魯省淪入敵人後方。[redacted]私念吾

輩生活費用，[redacted]陷不能繼續發放；而館中存款無多，為持

久計，勢須節省，因[redacted]相商為予別謀枝棲。初擬薦余為

某君私人秘書，後復欲薦予任某報編輯，予[redacted]恐不能勝

任，未敢應命。獻唐先生，復致傅孟真[illegible]
欲於學術機關，謀一啖飯之地。其函畧云：「敝館同事，屈
翼鵬萬里兄，為吾東魚台縣人，都大畢業，任館中編藏
部主任多年，品粹學優，弟恃為左右手。目錄版本之
學，固其所長，尤邃於經，治易十數年。近隨弟押運館中
文物來萬縣，同居一室，以暇寫成周易彖象傳述例一書，仰
兄碩學，特囑呈教。其書實事求是，綜合全經文句，
比對詳究，求得義例。其方法似成蓉鏡，而精密過之，
又近焦里堂，而無其牽就之失。昔人恍惚幽眇之談，一掃
而空，殆以近代科學方法治之。雖易學不為時賢所喜，

然鴻識博學，廣羅萬象如兄者，必不以其不合時宜擯之也。冀其鵬在館中季刊，及齊大季刊，並報章雜誌，發表之文字尚多，以非近作，不敢呈覽。此君青年幹練，治學治事，皆極謹嚴。隨弟閒居，久非所宜，以激於愛國熱誠，欲旋里辦游擊隊，弟力止之，仍欲其服務文化界也。然苦[redacted]之機緣，迄無成就。旋聞駐陝某師長，招聘記室，曾囑宋君梅村，代為延攬。予乃決意北行，將以梅村之介，一度[redacted]戎馬生活。爾時獻唐先生，已受中英庚款委員會之約，擔任史學研究員。惟指派於何處工作，尚未發表。因相約當局如准撥經費，俾書物能隨其遷移，[redacted]

則事畢後予即另謀工作，否則，予將留萬邑寫書，研究員[redacted]例須在大學中工作，而萬邑無之，故獻唐先生必將派赴他處也。至十月，會中得[redacted]通知，被派於樂山武漢大學。館中書物，當局亦准移樂山保存。於是乃準備西上西安之行，又作罷論。

十月杪，予率[redacted]李僕，下山入城，辦理移運事宜。時我軍初由武漢撤退，江中軍運頻繁，客貨運輸已停。賴是公物，幾費周章，始得附民生公司之民憲輪西行。十一月三日，抵重慶，繼辦轉運手續。當[redacted]予以小舟[redacted]運書箱入輪時，[redacted]雨滑艙窄，於國船上失足，[redacted]幸余身健捷，得攀纜以免，

是時四圍舟子，熟視不救。以彼處江流之急，脱非迅執船纜，吾為魚矣。因念此次避難入川之魯籍同鄉，在長江及漢水溺斃者，已達二十餘人。倘觀衆肯仗義營救，必得半數不死。後聞人言：「如船危時，亟呼救得一人者，當以若干元為酬」，則極溺者必紛紛至[redacted]。[redacted]嗟乎！見死不救，楚蜀民情之薄，去齊魯燕趙之俗，殆不可以道里計[redacted]。杜工部詩云：「形勝有餘風土惡」，其信然矣。

十一月十一日，離渝西行。當日宿江津，次日泊[redacted]合[redacted]江，又次日駐瀘縣，十四日抵宜賓。計程約九百[redacted]里，羣山夾江，略似萬渝[redacted]間航[redacted]程，惟間有平[redacted]壩，則[redacted]與川東稍

異耳。在宜賓居停三日，換木船溯岷江北上。江水雖涸，其流猶急。每過險灘，則挽纜者皆匍匐而行，欵乃邪許聲震山谷。最險處若叉魚寺、道士罐諸灘，覆舟者蓋比比焉。江岸雖無大山，然皆秀麗可愛。[redacted]每當風雨之夕，繫舟江村，[redacted]細味「船底江聲蓬背雨，旅人聽得最分明」之句，殆亦不寐，覺閒愁萬種，恰似滔滔江水矣。船行八日，於二十四日抵樂山，旅居於城內天后宮中[redacted]。[redacted]載書籍緩下，流徙至此，計程凡七千餘里，爾後館中文物，當不至再遭播遷[redacted]矣。

樂山古屬大夜郎國，漢為武陽，唐為嘉州，後世為

嘉定府治。城當大渡河及岷江之交，山川迴護，風物幽清[redacted]。而凌雲九峯之峭峙，岷江東岸，竹木[redacted]蓊鬱，尤為秀絕。昔人有「天下山水在蜀，蜀之山水在嘉，嘉之山水在凌雲」之語，雖不免浮誇。然以較桂林諸山，[redacted]或亦伯仲之間耳。境內古蹟，存今者以爾雅臺為最早。所謂子雲亭、鄭通宅，皆已無[redacted]蹤跡可尋。爾雅臺在烏尤寺旁，為犍為郭舍人注爾雅處，俗謂郭景純者，非也。岷江上游距城十餘里[redacted]處[redacted]又名平羌江，太白詩「峨嵋山月半輪秋，影入平羌江水流」，即謂此。[redacted]城東隔江舊有為公樓，供揚子雲及嘉州李太白蘇東坡諸像，[redacted]在今龍泓寺左近，[redacted]

蘇長公曾於此結廬讀書。今凌雲寺旁之坡，公讀書棧
非故迹也。龍泓寺有洞四五，中多宋元人題刻，惜石質
鬆劣，剝蝕殆盡。聞程公洞唐宋以來刻辭頗多，蓋
亦猶是矣。凌雲在寺，凌雲山巔，始建於唐時。又名大佛寺，
因其旁石佛得名。石佛者，就凌雲山峭壁鑿成，創始於
初唐沙門海通，後世繼續修造，至晚唐建南節度使
韋皋始竟[redacted]全工。佛身高三百六十尺，濯足於江，露頂
於山，莊嚴[redacted]偉大，[redacted]迨無匹儔。
寺右有治易

洞，為明時邑人安磐治易之所，尚存卦圖碑四，太半剝落。稍後又有讀易洞，則宋州守吳秘故迹，有[redacted]蘇東坡題十二大字，亦皆漫漶難辨。讀易[redacted]必於洞，宋以來之易學可知。而[redacted]依附名勝，嘯傲烟霞，以終南山為捷徑者，[redacted]宋[redacted]以來亦數見矣。岷江及大渡河沿岸[redacted]多漢墓，[redacted]鑿崖為穴，俗呼蠻子洞，[redacted]謂[redacted]是六朝時夷人聚居之遺址，非也。大者[redacted]門內寬敞如堂，每進為[redacted]室二間，室闊約五六尺，深至十餘[redacted]丈，堂壁及洞口，間有刻人物或鳥獸圖飾[redacted]頗古拙可愛。今貧民尚有居之者，儼然太古之俗，重見於今日也。

在樂山居停五月，日長多暇，惟[redacted]讀書遣悶，每日[redacted]晨間以兩時治易，午後以兩時遨遊，餘時則溫習經子。計五閱月中，凡治周易一過，簽出新得四十餘條。經子之類，若周禮、公羊傳、穀梁傳、爾雅、孝經、國語、國策、管子、墨子、莊子、荀子、列子、孫子、晏子、尹文子、韓非子、呂氏春秋、賈子、春秋繁露、淮南子、大戴禮、說苑、白虎通、論衡等書，或重閱，或新讀，皆粗覽一過。得劄記二冊。蓋他日擬述為先秦兩漢五行學說流變史一書，劄記所錄，多此類材料也。然邊僻致書不易，尚多要籍，不得入覽，是可憾焉。當書物妥存之後，即擬踐萬邑之約。值教育部有[redacted]

[redacted]介紹教育界失業人員之舉，因具函聲請登記。部中審查證件，歷兩月畢事。旋派予赴江津國立安徽中學，教授國文。予以近年中學國文一科，多繙譯[redacted]之作，西洋文學，[redacted]非予所長；復因[redacted]憚於閱課。思教授國學概論或文學之屬，展轉函商，[redacted]逮五月初旬，[redacted]尚無成說。[redacted]適渝中有另[redacted]機緣，余乃決計南下。遂與獻唐先生訂後約而別。時五月十一日也。

圖書在版編目(CIP)數據

王獻唐師友書札(上、下)/安可荇、王書林手稿整理;杜澤遜編校整理.
—青島:青島出版社,2008
ISBN 978-7-5436-4949-1

Ⅰ.王... Ⅱ.①安... ②王... ③杜... Ⅲ.王獻唐-書信集
Ⅳ.K825.1

中國版本圖書館 CIP 數據核字(2008)第 165140 號

書　　名　王獻唐師友書札
手稿整理　安可荇　王書林
編校整理　杜澤遜
出版發行　青島出版社
社　　址　青島市徐州路 77 號,266071
本社網址　http://www.qdpub.com
郵購電話　13335059110　(0532)85814750(兼傳真)　80998664
責任編輯　曹永毅　金　龍　**E-mail**:cyyx2001@sohu.com
封面設計　青島出版設計中心
照　　排　青島正方文化傳播有限公司
印　　刷　青岛星球印刷有限公司
出版日期　2009 年 1 月第 1 版　2009 年 1 月第 1 次印刷
開　　本　16 開(889mm×1194mm)
印　　張　143.5
書　　號　ISBN 978-7-5436-4949-1
定　　價　520.00 元

編校質量、盜版監督免費服務電話　8009186216

青島版圖書售出後如發現印裝質量問題,請寄回青島出版社印刷物資處調換。
電話:(0532)80998826